今注本二十四史

遼史

一

紀〔一〕

元　脱脱等　撰

李錫厚　劉鳳翥　主持校注

中国社会科学出版社

圖書在版編目（CIP）數據

遼史 /（元）脱脱等撰；李錫厚，劉鳳翥主持校注．—北京：中國社會科學出版社，2021. 12

（今注本二十四史）

ISBN 978-7-5203-9361-4

Ⅰ. ①遼… Ⅱ. ①脱… ②李… ③劉… Ⅲ. ①中國歷史—遼代—紀傳體 ②《遼史》—注釋 Ⅳ. ①K246. 104. 2

中國版本圖書館 CIP 數據核字（2021）第 249780 號

出 版 人　趙劍英
項目統籌　王　茵
責任編輯　李凱凱　顧世寶　韓國茹　郝玉明　趙　威
特約編輯　徐林平　許微微　韓　悦　崔芝妹
責任校對　王思桐　鮑有情
封面設計　蔡易達
責任印製　王　超

出　　版　中國社會科學出版社
社　　址　北京鼓樓西大街甲 158 號　　郵　　編　100720
網　　址　http://www.csspw.cn
發 行 部　010-84083685　　門 市 部　010-84029450
經　　銷　新華書店及其他書店　　印刷裝訂　三河弘翰印務有限公司
版　　次　2021 年 12 月第 1 版　　印　　次　2021 年 12 月第 1 次印刷
開　　本　1/16　　成品尺寸　228mm×152mm
印　　張　188　　字　　數　2286 千字
定　　價　750. 00 元（全 10 册）

凡購買中國社會科學出版社圖書，如有質量問題請與本社營銷中心聯繫調换
電話：010-84083683

《今注本二十四史》編纂委員會

《今注本二十四史》編輯部

《今注本二十四史·遼史》項目組

主 持 人　李錫厚　劉鳳翥

成　　員　李錫厚　劉鳳翥　陳久金　靳　寶

《今注本二十四史》出版説明

二十四史，是中國古代二十四部史書的統稱，包括《史記》《漢書》《後漢書》《三國志》《晉書》《宋書》《南齊書》《梁書》《陳書》《南史》《魏書》《北齊書》《周書》《北史》《隋書》《舊唐書》《新唐書》《舊五代史》《新五代史》《宋史》《遼史》《金史》《元史》和《明史》。其成書時間自公元前二世紀下半葉至十八世紀中葉，前後相距約兩千年，總卷帙（不含複卷）達 3213 卷，共 4000 餘萬字。它們採用本紀、列傳、表、志等形式，構成了一個完整地記述清朝以前中國古代社會的著作體系。二十四史上起傳説時代的黃帝，下迄明朝滅亡，包容了我國古代的政治、軍事、經濟、思想、文化、天文、地理、民風、民俗等廣闊的社會内容，形成了一套展現中華民族起源和發展的最重要的核心典籍，被後人稱爲“正史”。世界上没有任何一個國家有如此内容涵蓋宏富、時間接續綿延、體例基本統一的歷史記載。

共同的歷史文化是一個民族賴以整體維繫的基本條件之一。而對歷史著作的不斷整合和續修，顯然有利於促進國家的統一、民族的團結、社會的進步。從《史記》到《明史》，不同地位、不同民族的史家和政治家，以同一體例連續不斷地編纂我們祖國發展演進的歷史，本質上反映了我國人民尋求構建多民族國家共同歷史的强烈願望。歷史上隨時把正史歸爲“三史”“十三史”“十七史”“廿一史”“廿二史”“廿四史”，不僅反映了人們對正史的認同，更重要的是反映了對共同歷史文化的認同，即民族的認同。而對正史進行大規模的整理，在另一個層面上，更有利於妥善保存民族文化遺産，豐富民族文化内涵，陶鑄民族文化精神，從而强化民族的尊嚴與自信心，提升國家的榮譽和國人對國家的歸屬感。

對二十四史進行整理，在此次之前規模較大的有三次。第一次是清朝乾隆年間，其成果是殿本；第二次是二十世紀三十年代張元濟先生組織的整理，其成果是百衲本；第三次即毛澤東同志倡議，由中華書局出面進行的整理，其成果是中華書局標點本。這一次是由張政烺先生等史學家倡議，由中華文化促進會主持編纂的今注，其成果是《今注本二十四史》。應當充分地注意到，這四次整理的發動，都有與其所處時代社會歷史息息相關的背景。乾隆朝的武英殿大量刊刻文化典籍，尤其是對二十四史的選本、校勘都經“欽定”，絶不是僅僅要製造盛世氣象；張元濟先生奔走於國難深重的二十世紀初的中國，“當中華文化存亡絶續之交”，有更深刻的原動力；毛澤東同志指示標點正史，倡議於中華人民共和國成立、百廢待舉之初；而我們如今正在進行的今注，則發軔於改革開放、萬象更新之時。這絶不是歷史的偶然。可以説，每每針對二十四史的重大舉措，都是應社會對具有主體性的統一的歷史文化需求而展開的。

當今世界，文化的融合過程逐漸加快，在共生的基礎上融合，在融合中保持共生，互補互融直至趨一。因此，各種文化都面臨着選擇。面臨選擇，充分展示本民族的歷史文化是學者們義不容辭的職責。而作爲歷史文化直接守護者的歷史學者，有責任爲世界提供對本民族歷史文化文本的正確詮釋，有責任努力爲民衆争取對民族歷史文化解讀的話語權。

《今注本二十四史》1994 年 8 月由中華人民共和國文化部批准立項，2005 年被中華人民共和國新聞出版總署列入“十一五”期間（2006—2010）“國家重點圖書出版規劃”。自 1994 年起，迄今已經進行了二十餘年。

《今注本二十四史》總編纂張政烺先生爲本書做了奠基性的工作。在他學術生命的最後時期，不僅親自審訂了最初的《今注本二十四史編纂總則》，還逐一遴選了各史主編。

《今注本二十四史》編纂委員會主要由各史主編與相關同仁組成。張政烺先生逝世後，根據多位主編的建議，我們陸續邀請了何兹全、林甘泉、伍傑、陳高華、陳祖武、卜憲群、趙劍英七位編委成立領導小組，全面指導編纂出版工作。他們爲本項目的編纂出版，付出了大量心血與智慧，没有他們的支持，本項目難以玉成。

本項目動員了全國三十餘所科研機構和高等學府的中國古史專家共襄其事。全書設總編纂一人，執行總編纂二人，各史設主編一人或二人；某些特殊的“志（書）”如律曆、天文、五行（靈徵）等歸類單列，各設主編一人。各史主編自選作者，全書作者總計約三百人。多年來，他們薄利求義、任勞任怨、兢兢翼翼，惟敬業畢功是務，繼承和發揚了我國史學家捨身務實的優良傳統，爲本書的完成做出了不可磨滅的貢獻！

本項目啓動之初，老一輩的歷史學家王玉哲、王毓銓、陳可畏、張博泉、萬繩楠、楊志玖、楊翼驤、漆俠、薄樹人、韓國磐等先生不僅從道義上給予全力支援，而且主動承擔各史（志）主編。何茲全、林甘泉先生更是不厭其煩，爲編纂工作提出具體建議，爲項目立項奔走呼籲。執行總編纂賴長揚先生鞠躬盡瘁，承擔了大量繁雜的組織工作。現在，雖然以上先生已經辭世，但他們學術生涯的最後抉擇所表現出的對民族、對國家的崇高責任感，永遠值得我們銘記和學習！

本項目自動議始就得到了中華文化促進會及社會各界的回應與傾力支持。中華文化促進會主席王石先生、副主席段先念先生及前任領導人蕭秧先生在本項目立項、推動、經費籌措等方面辛勤奔走，起到了關鍵作用。

香港企業家黃丕通、劉國平先生在項目前期曾給予慷慨資助。

國家出版基金與中國社會科學院也給予本項目一定的出版資助。

四川省出版集團及巴蜀書社曾在編纂和出版方面起了重要的推動作用，已出版今注本《三國志》《梁書》。

《今注本二十四史》編纂出版工作，自 1994 年立項以來，一波三折、幾經沉浮。2017 年深圳華僑城集團予以鼎力襄助，全面解决了編纂出版經費拮据的問題，編纂出版工作方步入正軌。在此，編委會全體成員向深圳華僑城集團謹表達深深敬意和感謝！

鑒古知今，學史明智。中國社會科學出版社歷來重視歷史學及中國古代典籍的整理與出版工作，爲本項目組織專門團隊，秉持專業、嚴謹、高效的原則，爲項目整體的最終出版提供了重要保障。中國社會科學出版社將與各相關單位通力協作，努力將《今注本二十四史》打造成一部具有思想穿透力與廣泛影響力的精品力作，從而爲講好中國歷史、推動中國歷史研究做出貢獻。

謹以本書紀念爲弘揚中華文化而做出貢獻的歷史學家們！
謹以本書感謝爲傳承中華文化而支援和幫助我們的人們！

《今注本二十四史》編纂委員會
中國社會科學出版社
2020 年 6 月

《今注本二十四史》凡例

《今注本二十四史》在編纂過程中一共産生了四個總體規範性質的文件。這就是：《今注本二十四史編纂總則》（1995 年，2005 年 4 月修改，2017 年 8 月修訂）、《關於〈編纂總則〉的修改和補充意見》（2006 年 3 月）、《關於編纂工作若干問題的決定》（2007 年 1 月）、《關於〈今注本二十四史編纂總則〉幾點重要的補充説明》（2017 年 10 月）。它們確定了全書編纂的目的、特點及具體操作規則。綜其要概述如下。

本書的基本特點是史家注史。工作主要集中在三個方面：版本的改誤糾謬；史實的正義疏通；史料的補充增益。由各史主編撰寫《前言》，扼要介紹該史所涉及的時代背景、作者生平、寫作過程、著作特點、史料價值、在史學史上的地位和研究概況。

本書的學術目標有兩個。一個是通過校勘，得到一套善本；另一個是通過今注，得到一套最佳的注釋本。即完成由史家校勘並加以注釋的二十四史的新校勘新注釋本。它從史家的角度出發，集數百年以來學界的研究成果，采取有圖有文的注釋形式，力圖以新的角度、新的内容、新的形式，爲二十四史創造出一套代表當代學術水準的、權威的現代善本。

一　校勘

1. 底本：原則上以商務印書館百衲本爲底本；因百衲本並非善本的另行確定底本。

2. 校勘：充分吸收包括中華書局標點本在内的前人的校勘成果，全面參校，以形成一個全新的校勘本。

各史採用的底本和參校本，在各史序言中寫出全稱和簡稱。整套書統一規定的簡稱有六個：武英殿本簡稱“殿本”；國子監本，相應簡稱“南監本”“北監本”；毛氏汲古閣本簡稱“汲古閣本”；同治五書局本簡稱“局本”；商務印書館百衲本簡稱“百衲本”。

校勘成果反映在原文中，即依據有充分把握的校勘結果，將底本中的衍、脱、誤、倒之處全部改正；刊正底本的理由，全部在相應注釋中加以説明。對無十分把握之處，不改原文，衹出校勘記質疑。

採用中華書局標點本爲工作本的史書，不録入原校勘記。直接吸收其校勘成果者則加以説明，對其提出商榷者在相應注釋中加以辨證。

二　注釋

1. 對有古注並已與原書集合行世的前四史，原則上保留古注，視同原文並加注。

2. 注釋程度：以幫助具有大專文化水準以上的讀者讀懂爲限；以給研究者提供簡要索隱爲限。注文力求做到：準確、質樸、簡練、嚴謹、規範。

3. 出注（除一些專志外）以卷（篇）爲單位。即對應當加注者，在每卷（篇）第一次出現時加注。此後即使該卷（篇）中再出現，如意義完全等同者，不再加注；而在别卷（篇）再出現時，仍另行加注。有多卷的同類志書出注時視爲同卷，即同類志書對應當加注者在首次出現時加注，其後再現如意義完全等同，亦不再加注。

4. 注釋範圍：冷僻的字音、字義、詞義，成語典故；不易理解的名物制度、地名、人名、别號、謚號、廟號；有争議或原作記述有歧誤的史實等。

（1）字音、字義、詞義的注釋衹限於生僻字、異體字、避諱字、破讀和易生歧義及晦澀難懂的語辭。對多音字，在文中必讀某音的，以漢語拼音出注。避諱字的注文應説明避諱原因，原文原則上不改，出注。字音標注採用漢語拼音。

（2）對原文中的古體、通假、異體字的處理：古體、通假字不作改動，對其中罕見或疑難者，在注中説明其今體或正體字。全書原文和古注保留異體字，今注除人名、地名、書名和職官（署）名之外，原則上不使用異體字。

（3）成語典故，出注衹限於冷僻的成語典故，注文僅簡單説明成語典故來源、内容和意義。常見的詞語一般不出注，包括常見的古漢語虚詞與實詞，但某些不注會産生歧義者除外。

（4）人名、别號、謚號等，凡係本部書中没有專傳（或紀）的人物一般出注説明係何時、何地之人，姓、氏、名、字一般不出注，有特殊來源者，可出注。常見的歷史人物名號與某些不注無礙於全文理解者不必出注；對暫不可考者則説明未詳。

（5）地名注釋：一般僅注明今地；如須説明沿革方可解讀者，則簡述其沿革。本史有《地理志》者，地名出注從簡；若古今地名相同，所治地區大致相同者，則不出注。

（6）官名、官署名及職官制度和爵位制度名稱出注，遵循以下三個原則：常見者（如丞相、太尉、太守、縣令等），若其意義與通常理解無顯著變化，一般不出注；不常見者（如太阿、決曹、次等司等），應説明品秩、職掌範圍，需敘述沿革等方能理解原文意義者，則説明沿革變化、上下級關係、置廢時間；若本史有相應專志者，此類出注即從簡略；無相應專志者，可稍詳盡。

（7）原文與史實不符處，前後文不符處，則予以辨明。考證力求言之有據，簡明扼要。

（8）紀、傳注文以疏通原文爲目的，一般不採取補注、匯注形式。力求不枝不蔓，緊扣原文。各志（書）注文可採取補注、匯注形式，以求内容豐富、全面。

（9）對有爭議的問題，客觀公允地羅列諸説，反映歧見；同時指出帶傾向性的意見。盡量不作價值評論性質的分析。

（10）今注出注各有重點："紀"（"世家""載記"）着重歷史事件；"傳"着重人物事迹及人際關係；"志"着重制度内容及沿革；"表"着重疏理時序。除《史記》外，注文内容貫徹詳本朝略前代的原則。

（11）注釋以段爲單位，統一順次編碼。出注（校）標碼與注文標碼一致，均採用［1］［2］［3］……標示。

校注側重學術性，努力吸收前人的研究成果，尤其是現代學者的研究成果，充分準確地反映當代二十四史學術研究現狀；爲相關專業的學者提供足資利用的準確原文和内容索引，亦爲一般文史讀者搭建起提高水準的階梯。

《今注本二十四史》編纂委員會

2017年10月

目　録

卷二八　本紀第二十八

卷二九　本紀第二十九

卷三〇　本紀第三十

卷三一　志第一

卷三二　志第二

卷三三　志第三

卷三四　志第四

卷三五　志第五

卷三六　志第六

卷三七　志第七

卷三八　志第八

卷四五　志第十五

卷四六　志第十六

卷四七　志第十七上

卷四八　志第十七下

卷四九　志第十八

卷五〇　志第十九

卷五一　志第二十

卷六八　表第六

卷六九　表第七

卷七〇　表第八

卷七一　列傳第一

卷七四　列傳第四

卷七五　列傳第五

卷七六　列傳第六

卷七七　列傳第七

卷七八　列傳第八

卷七九　列傳第九

卷八〇　列傳第十

卷八一　列傳第十一

卷八二　列傳第十二

卷八三　列傳第十三

卷八四　列傳第十四

卷八五　列傳第十五

卷八六　列傳第十六

卷八七　列傳第十七

卷八八　列傳第十八

卷八九　列傳第十九

卷九〇　列傳第二十

卷九一　列傳第二十一

卷九二　列傳第二十二

卷九三　列傳第二十三

卷九四　列傳第二十四

卷九五　列傳第二十五

卷九六　列傳第二十六

卷九七　列傳第二十七

卷九八　列傳第二十八

卷九九　列傳第二十九

卷一〇〇　列傳第三十

卷一〇一　列傳第三十一

卷一〇二　列傳第三十二

卷一〇三　列傳第三十三

卷一〇四　列傳第三十四

卷一〇五　列傳第三十五

卷一〇六　列傳第三十六

卷一〇七　列傳第三十七

卷一〇八　列傳第三十八

卷一〇九　列傳第三十九

卷一一〇　列傳第四十

卷一一一　列傳第四十一

卷一一二　列傳第四十二

卷一一三　列傳第四十三

卷一一四　列傳第四十四

卷一一五　二國外記第四十五

前　言

李錫厚

從公元916年耶律阿保機稱帝建元，至1125年天祚帝戰敗被女真人俘虜，遼朝享國長達209年；如果從後梁開平元年（907）阿保機奪得汗位算起，耶律氏執掌契丹政柄則長達218年。怎樣評價統治我國北方廣大地區二百多年的遼王朝歷史？怎樣評價作爲遼代歷史基本史料的《遼史》？這篇前言，試就上述問題以及我們在工作中遇到的其他具體問題，略陳管見，並以此就教於讀者。

一

契丹族自北魏始見於史籍記載。唐帝國衰落之後，契丹王朝興起，於是繼突厥和回鶻兩大汗國之後，塞北各族再一次統一在一個政權之下。此外，遼朝還占有幽薊地區。這樣，就形成了與中原的五代以及隨後興起的北宋王朝對峙的局面。陳述先生在《遼金兩朝在祖國歷史上的地位》一文中論及遼朝時，説它與五代及北宋王朝並立，形成了中國歷史上又一次南北朝。[①] 契丹興起時，後梁、後唐、後晉、後漢、後周諸王朝政令所及僅限於中原地區。後來北宋雖然結束了五代十國的分裂割據局面，實現了中國南北方大部分地區的統一，但宋太祖趙匡胤生前並没有實現他夢寐以求的“一統太平”。後來，宋太宗雖然滅了北漢，今山西省中南部地區歸入了宋朝版圖，但燕雲地區卻繼續在遼朝統治下。依照宋太祖的標準，可以説北宋一代始終都未能實現“一統太平”。所以，稱遼與五代以及宋朝的並立局面爲南北朝，是符合歷史實際的。

兩個王朝南北分立，即使在當時人看來，也衹不過是我們統一國家内部的分裂。正如南北朝時期南北雙方都以“正統”自居、都聲稱代表中國一樣，遼宋分立時期也出現類似局面：北宋自稱代表中國，遼這個先於北宋立國、以少數民族貴族爲主體的政權也同樣聲稱代表中國。遼太宗“立晉以要册禮，入汴而收法物”，當後漢政權建立，他無法在中原立足時，便“席捲法物，先致中京，蹤棄山河，不少顧慮”。[②] 據説秦漢以來帝王的法物盡入於遼，尤其是傳國璽一件，更是爲後來遼朝的歷代君主所珍視。宋

① 陳述：《遼金兩朝在祖國歷史上的地位》，《遼金史論集》（一），上海古籍出版社 1987 年版，第 2 頁。

② 《遼史》卷五八《儀衛志四》。

仁宗遣使至遼，曾見遼帝傳國璽詩云："一時製美寶，千載助興王。中原既失守，此寶歸北方。子孫皆慎守，世業當永昌。"① 遼朝用歷代帝王法物裝扮自己的統治，目的就是要證明它的統治具有合法性，代表"正統"。"故其朝廷之儀，百官之號，文武選舉之法，都邑郡縣之制以至於衣服飲食，皆雜取中國之象。"② "耶律氏修好中華有年數矣，爵號、官稱，往往倣效。"③ 這種漢化傾向愈演愈烈，到遼興宗時，他竟讚揚其父遼聖宗是"遠則有虞大舜，近則唐室文皇"④。

前後兩個南北朝之間除了相似之處，當然也還有很多不同之點。魏晉之後出現的南北朝，雙方相互輕蔑和排斥，南方稱北方爲"索虜"，北方稱南方爲"島夷"；遼宋分立時由於雙方實力對比趨於均衡，故達到相互妥協，並最終成爲"兄弟之邦"。這種一國之内兩個王朝之間新型關係的出現，始於遼朝的提議。遼景宗保寧六年（974）涿州刺史耶律琮致書宋雄州孫全興，建議通好，書云："竊思南北兩地，古今所同，曷嘗不世載歡盟、時通贄幣？"⑤ 澶淵之盟訂立以後，宋朝統治者也接受了遼朝"南北兩地，古今所同"的觀點，雙方交换文書時互稱南朝、北朝。於是，遼與宋就成了"兄弟之邦"。

魏晉以後與唐以後兩度出現的南北朝雖然都伴隨有民

---

① 宋・孔平仲：《珩璜新論》卷四。
② 宋・蘇軾：《東坡應詔集》卷五《策斷》。
③ 宋・蘇頌：《蘇魏公文集》卷六六《華夷魯衛信録總序》。
④ 《聖宗皇帝哀册》，《全遼文》，中華書局 1982 年版，第 141 頁。
⑤ 宋・李攸：《宋朝事實》卷二〇《經略幽薊》。

族大遷徙、大融合，但兩者卻有很大的不同。鮮卑建立北魏時，中原仍處在戰亂之中，因此他們得以乘虛而入，在洛陽建立起自己的統治。北方遊牧民族南下進入中原，接受漢民族的生產、生活方式及思想、文化觀念。北魏孝文帝將都城由平城（今山西省大同市）遷到洛陽，下令鮮卑貴族都改服漢族衣冠，從漢人姓氏，死後也不得歸葬代北。於是，進入中原的遊牧民族很快都融合到漢族共同體當中了。唐朝滅亡以後出現的後一個南北朝，也有民族大遷徙、大融合的趨勢，但主要不是北方的遊牧民族南下，而是中原戰亂頻仍迫使大批漢人北走塞外。遼朝興起之初，雖然契丹統治者也乘中原内部混亂之機南下，但他們掠奪了“生口”及財貨隨即返回塞北。爲安置漢族流民，塞外草原上出現了星羅棋佈的漢族居民點，這就是契丹統治者建立的所謂“漢城”和“頭下軍州”。契丹境内的漢人從事農業和手工業生產，改變了塞外草原上單一的遊牧經濟結構，促進了這一地區社會經濟的發展。不僅如此，這些漢人還爲契丹貴族帶去了中原的政治觀念和政治制度。正是在一些漢族知識分子的直接參與下，耶律阿保機的契丹王朝迅速崛起，契丹族纔得以迅速從氏族社會過渡到階級社會。初看起來，在遼朝統治下塞北遊牧民族自身的物質生產、生活方式似乎並没有發生什麽明顯改變，但遼朝的建立卻表明他們已經跨進了一個嶄新的歷史時代。如果説前一個南北朝時期民族融合的結果主要表現爲中原漢族共同體的擴大，那麽後一個南北朝時期民族大遷徙、大融合的結果則主要是中國農業文化地理範圍的擴大，以及隨之而來的塞北遊牧民族政治觀念、文化思想方面的深刻變化。這種變化促進了中華民族共同心理狀態的形成，並爲後來的金、元、清諸王朝在塞北興起以及近代我國各族人民共同抵禦殖民主義者入侵奠定了歷史基礎。

二

遼史和宋史是我國同一時代的歷史，是我們統一國家歷史的組成部分。鄧恭三先生晚年曾極力倡導整合遼宋夏金史研究，使其成爲一個完整的斷代史研究領域，藉以表明在我國歷史上雖然那是一個分裂時期，但是我們統一多民族的國家歷史卻始終是完整的、統一的。

研究遼朝興亡的歷史，對於維護國家統一和民族團結，具有重要的現實意義。但是，由於文獻資料極度貧乏，長期以來，遼史研究在遼宋夏金整個斷代史研究中，始終是一個薄弱環節。

元修《遼史》是有關這一王朝历史最基本的史料。遼朝初年，庶事草創，當時還没有如同中原王朝的史官制度。會同四年（941）二月，曾“詔有司編《始祖奇首可汗事迹》”①。這當視爲遼朝纂修皇室先世歷史之始。不過，契丹本無文字，直至阿保機即位後，始創製契丹文字。關於始祖奇首可汗的事迹，雖然可能有契丹人自己應用漢字留下的記載，但更可能是得自傳説。遼朝真正有官方編纂的本朝歷史，實際上是始於聖宗時期。這一點，現

① 《遼史》卷四《太宗本紀》。

存的元修《遼史》有所反映。《遼史》有本紀三十卷，從太祖即可汗位起到景宗五帝享國76年（907—982），衹占九卷；然而，聖宗一朝49年，卻占八卷，而且篇幅與遼初五帝的本紀幾乎相等。此無他，皆因爲遼初並無完備的史官制度，當時没有留下多少文獻。景宗乾亨初，漢臣室昉拜樞密使，兼北宰相，監修國史。至統和八年（990），他“表進所撰《實録》二十卷”[①]。這二十卷《實録》的内容，當包括遼初五帝時期的史事。至興宗時期，又詔蕭韓家奴與耶律庶成等“録遙輦可汗至重熙以來事迹，集爲二十卷，進之”[②]。遼朝這兩次修《實録》，都是追記遼朝興起和遼初史事。道宗大安元年（1085），史臣又進太祖以下《七帝實録》，即太祖、太宗、世宗、穆宗、景宗、聖宗和興宗的實録。這是見於《遼史》記載的遼朝第三次纂修實録。遼朝末年，耶律儼嘗修《皇朝實録》七十卷。[③]這是遼朝第四次纂修立國以來歷代皇帝《實録》。耶律儼字若思，析津（今北京市）人，本姓李。咸雍進士。道宗壽昌間，官至參知政事，遷知樞密院事。儼深受道宗信任，道宗彌留之際，儼曾與北院樞密使阿思同受顧命。正因爲耶律儼在遼朝地位顯赫，而且與契丹皇室關係密切，再加上他有文才，所以纔成爲遼朝實録的編纂者。

金滅遼後，耶律儼的《皇朝實録》稿本歸金朝廷。《金史》卷四《熙宗本紀》於皇統元年（1141）二月記

① 《遼史》卷七九《室昉傳》。
② 《遼史》卷一〇三《蕭韓家奴傳》。
③ 《遼史》卷九八《耶律儼傳》。

載，熙宗“自是頗讀《尚書》《論語》及五代、遼史諸書，或以夜繼焉”。這裏記載金熙宗所讀的《遼史》，當是耶律儼的《皇朝實録》。上引《熙宗本紀》於皇統八年又記載“《遼史》成”，則是金初纂修的《遼史》，表明金熙宗不僅讀遼朝留下的史書，而且他在位期間還曾下令纂修《遼史》。此事先由廣寧尹耶律固承擔，未及成書，耶律固先亡，於是又由其門人蕭永祺續成。耶律固與蕭永祺都是契丹人，當時距遼亡不久，他們可能都通曉契丹文字。因此，他們修《遼史》不僅使用漢文文獻，當時能見到的契丹文的文獻，也一定都會加以利用。這部《遼史》有紀三十卷、志五卷和傳四十卷，紀、傳卷數與今本元修《遼史》相同。書成後，未曾刊行。後至章宗時期又第二次纂修《遼史》，先後有移剌履、賈鉉、党懷英及蕭貢等人參與，至泰和七年（1207）由陳大任完成，但亦未刊行。

熙宗和章宗時期兩度纂修《遼史》都未刊行，其原因多半是與遼末女真興起的一段史事有關。女真原爲遼朝屬部，《金史》記載其初興歷史，多諱言其原本隸屬於遼，如何處理這段史事，金人是頗費斟酌的。後因宣宗南遷及哀宗自汴京出逃，這兩部未刊《遼史》也歷經波折。金亡後，蕭永祺《遼史》稿本已散佚無存，耶律儼《實録》和陳大任的《遼史》稿本也均已殘缺不全。元好問言及此事曾説：“泰和中詔修《遼史》，書成，尋有南遷之變，簡册散失，世復不見。今人語遼事至不知起滅凡幾主，下者不論也。《［續］通鑑長編》所附見及《亡遼録》《北顧備問》等書，多敵國誹謗之詞，可盡信邪？”[1] 袁桷《修遼金宋史搜訪遺書條列事狀》所列當時搜集到的關於遼朝歷史的遺書祇有《遼金誓書》和《使遼録》等，[2] 且都是宋人留下的。耶律固等人是遼末史事親歷者，如果其完整稿本爲修《遼史》的元人得見，《天祚本紀》當不必摘録《三朝北盟會編》及《契丹國志》拼凑成編，更不至於將一人一事誤書爲二人二事。

元朝修《遼史》時所能見到的遼朝文獻的確非常有限，但仍可以見到耶律儼的《實録》。據蘇天爵説：“遼人之書有耶律儼《實録》，故中書耶律楚材所藏，天曆間進入奎章閣。次則僧行均所撰《龍龕手鑑》，其他文集、小説亡者多矣。章宗初即命史官修《遼史》，當時去遼不遠，文籍必有存者，猶數勑有司搜訪事迹。其書又經党懷英、趙渢、王庭筠諸名士之手。章宗屢嘗促之，僅二十年，陳大任始克成編。”[3] 既然天曆間（1328—1330）耶律儼的《實録》已經入藏奎章閣，那麼至正初年修遼史，元朝修史官肯定見到了這部《實録》。

元中統二年（1261）和至元元年（1264）曾兩度議修《遼史》和《金史》，南宋滅亡後，又議修《宋史》。作爲《遼史》總裁官之一的歐陽玄在《進遼史表》中曾這樣提及此事：“我世祖皇帝一視同仁，深加愍惻，嘗勑詞臣撰

① 元・蘇天爵編：《元文類》卷五一《故金漆水郡侯耶律公墓誌銘》。

② 元・袁桷：《清容居士集》卷四一。

③ 元・蘇天爵：《滋溪文稿》卷二五《三史質疑》。

次三史，首及於遼。六十餘年，歲月因循，造物有待。”①在這樣一段漫長的時間裏，始終未能修成宋、遼、金三史。元末至正三年（1343）四月，又詔儒臣分撰《遼史》，這一次，僅用了不足一年的時間，至次年三月，《遼史》即草草告成。

如果從中統二年（1261）元朝開始籌劃修《遼史》算起，到最後成書，前後歷時已達八十餘年。其間遇到的困難除了資料短缺之外，還有遼、宋、金三史“義例”即誰爲“正統”的問題，這個核心難題遲遲確定不了。漢族知識分子堅持大漢族主義的民族偏見，反對實事求是地對待少數民族王朝的歷史地位問題。天曆二年（1329）揭傒斯在《通鑑綱目書法序》中說：“元魏據有中國，行政施化，卒不能絶區區江左之晉而繼之。此萬世之至公而不可易焉者而猶或易之，此《綱目》不得不繼《春秋》而作，此書法不得不爲《綱目》而發也。”② 這位曾參與修《遼史》並出任總裁官的揭傒斯贊成朱熹《通鑑綱目》的書法，反對給予北魏以“正統”地位，當然與之相類似的遼朝也不應被視爲“正統”。

元朝統治者雖然主要依靠漢族士大夫纂修遼、宋、金三史，但他們的立場、觀點卻不可能與這些漢族士大夫完全一致。元朝統治集團的主體是蒙古族，與遼、金王朝統治集團的主體一樣都屬於北方少數民族。因此，否定遼、金的正統地位，實際上對於元朝本身的正統地位也必有所

① 元·歐陽玄：《圭齋文集》卷一三。

② 元·揭傒斯：《揭文安公文集》卷八。

動搖。不過，元朝本身是一個大一統的王朝，這一點與宋、遼、金三個王朝又不一樣。他們起初是猶豫應當繼承宋還是繼承遼金的法統，對於其中的利弊得失頗費斟酌，直到元朝末年纔確定遼、宋、金三史的編修“各予正統、各繫其年號”。這樣，元末至正四年（1344），《遼史》終於得以修成。

《遼史》是一部官修史書，由當時的宰相脱脱任都總裁，其下有總裁官，除前面提及的歐陽玄和揭傒斯之外，還有鐵睦爾達世、賀惟一、張起巖及吕思誠等人，他們都是當世知名的文人。而實際擔當纂修工作的，則是廉惠山海牙、王沂、徐昺和陳繹曾四人，由他們擔任纂修官。廉惠山海牙是畏兀兒人，至治元年（1321）進士，曾任順州同知，泰定元年（1324）入史館。至正四年（1344），預修宋、遼、金三史。契丹和回鶻有密切關係，阿保機之妻述律氏就是歸化契丹的回鶻人，她的兄弟蕭敵魯及阿古只，都是阿保機的佐命功臣，分别被喻爲阿保機的“手”和“耳”。回鶻文化高於契丹，在創製契丹文字之前，契丹也許曾經使用回鶻文字記事。因此，廉惠山海牙參與修《遼史》，頗有助於釐清遼朝早期史事及契丹與回鶻的關係。王沂先世爲雲中（今山西省大同市）人，後徙真定（今河北省正定縣），延祐初進士，其六世祖，仕遼爲户部侍郎。① 沂本人曾任嵩州同知，至順三年（1332）出任國史院編修官。而至正四年三月《遼史》書成之時，他在朝廷任知制誥、同修國史兼經筵官。他被選中參與纂修《遼

① 元·馬祖常：《石田集》卷一三《監黄池税務王君墓碣銘》。

史》，可能與其先世仕於遼，因此熟悉遼朝史事有關。

元朝修遼、宋、金三史雖然確定了“各予正統、各繫其年號”的原則，但反對給予遼朝以“正統”地位者仍大有人在。紹興山陰縣（今浙江紹興）人楊維楨，元泰定四年（1327）進士，至正初，詔徵天下儒臣修遼、金、宋三史，維楨不得預。史成，正統訖無定論，至正三年（1343）維楨上表稱：“夫遼固唐之邊夷也，乘唐之衰，草竊而起。石晉氏通之，且割幽燕以與之，遂得窺釁中夏，而石晉氏不得不亡矣。而議者以遼乘晉統，吾不知其何統也”，“中華之統正而大者，不在遼金而在於天付生靈之主也”。[①] 楊維楨的觀點與擔任《遼史》纂修總裁官的揭傒斯如出一轍。漢族知識分子這種極力貶低遼朝歷史地位的傾向，自然不利於利用當時有限的物質條件來纂修一部內容翔實的《遼史》，何況當時所能見到的遼朝文獻又殘缺不全。趙汸在論及元朝纂修宋、遼、金三史時的資料條件時曾這樣說：“理度世相近而典籍散亡，遼金傳代久而記載殘闕，欲措諸辭而不失者亦難矣哉。”[②] 遼金文獻殘缺不全以及南宋末年傳世典籍的缺乏，給元朝修史造成極大困難。

元修《遼史》基本上是對前述耶律儼及陳大任兩家《遼史》稍加修定、編排，同時再以《契丹國志》《資治通鑑》等書中的資料補充而成。此外，關於契丹歷史的文

---

① 元·陶宗儀：《輟耕録》卷三《正統辨》。據《千頃堂書目》卷五，維楨書名《宋遼金正統辨》，一卷。《東維子集》原不載此篇，四庫館臣奉諭旨據《輟耕録》補入。

② 元·趙汸：《東山存稿》卷五《題三史目録紀年後》。

獻，見於宋代尤袤《遂初堂書目》者，有《契丹官儀》《契丹機宜通要》《契丹事迹》《燕京會要》《契丹實録》《契丹疆宇圖》《契丹朝獻禮物例》《契丹志》《燕北録》《慶曆奉使録》《匈奴須知》《北志》《契丹須知》《浮休居士使遼録》《陰山雜録》《契丹會要》等，[①] 共 16 種。今天，其中多數文獻已佚，存者如《燕北録》，亦已殘缺不全；《陰山雜録》又稱《虜庭雜記》，衹在他書中散見數條。但元朝修史時，這些書還都保存完好。高麗編纂的《大遼事迹》《大遼古今録》等書，今天也已不可得見，但當時尚存，因此《遼史》編修者從這些文獻中也徵引了不少有價值的史料。大體上説，《遼史》帝紀（除《天祚皇帝本紀》之外）及列傳雖然記事簡略，但其中所涉及的歷史事實，多不見於他書記載。因此，《遼史》這兩部分的内容有很高的史料價值。尤其是大量的契丹人物傳，更是如此。此外，《遼史·營衛志》三卷是我们研究遼朝政治、軍事制度——捺鉢和宫衛制度最基本的史料。《遼史·禮志》五卷是在遼末宰相耶律儼以及大儒耶律固等人留下的稿本基礎上編纂而成的，對研究遼代政治、文化、民俗及與北宋、西夏、高麗的關係，都具有重要史料價值。《遼史·地理志》五卷中關於州縣建制及社會經濟狀況的資料，也都是很可寶貴的。不過總的説來，内容貧乏和記載史事不完備仍是《遼史》最主要的缺點。

《遼史》内容貧乏及記事不完備尤其突出地表現在不能如實地反映當時的民族關係。遼王朝治下的人民，漢人

① 《説郛》卷一〇下。

占大多數，就是在其統治集團内部，漢人也占有相當大的比例。然而《遼史》一書關於遼朝漢人的歷史事迹卻反映得很少。《遼史》有列傳四十五卷，正式立傳者 240 人，而耶律氏和蕭氏合起來就有 180 多人。爲數不多的漢臣傳當中，有的又幾乎完全照録《契丹國志》，如卷七六《張礪傳》就是如此。此外，卷七四《韓延徽傳》中的絶大部分内容也與《契丹國志・韓延徽傳》相同。遼朝的漢人在其境内開發了種植業、商業及手工業，然而《遼史・食貨志》中卻缺少關於契丹境内漢人經濟生活的明確記載。遼朝有一支數目龐大的漢軍，但關於漢軍之制，在《遼史・兵衛志》中也找不到明確的記載。正因爲如此，所以後世往往誤認爲《遼史》就是契丹人的歷史。

《遼史》記事的不完備還表現爲首尾欠缺。比如，聖宗、興宗和道宗三朝史事在《遼史》中記載較詳，而在此以前的史事，因爲尚無完備的史官制度，《實録》《國史》都是後來追記和補修的，故記述甚爲疏略。又如，記載遼朝建立以前契丹史事的《遼史・世表》，完全是摘編《魏書》《北齊書》《隋書》以及《唐書》中的契丹傳而成，且間有曲解。此外，《遼史》中關於遼末史事的記載也混亂不堪。元修《遼史》"率據金陳大任等所修《遼史》爲底本。大任《遼史》於遼末事迹記述特簡。元人乃於大任舊本之外，參取宋人記載，多所增補，其最要取材之一，即葉隆禮之《契丹國志》是已。《契丹國志》乃雜抄他書而成，天祚一代史事，實多襲遼末燕人史愿之《金人亡遼録》"①。因爲修史時未加認真覈對，以致將原本是同一人者誤爲兩人。《遼史》中稱奚王回離保者實即《契丹國志》中之蕭幹，然《遼史·天祚皇帝本紀》中二名並存，一似二人。類似這種混亂情況，不獨遼末爲然。《遼史》卷一六《聖宗本紀七》開泰七年（1018）十一月壬戌記載："劉晟爲霸州節度使，北府宰相劉慎行爲彰武軍節度使。"其實，劉晟即劉慎行，彰武軍亦即霸州。此爲一事重出。此外，契丹人名、地名的異譯被誤爲二人、二地的情況就更爲多見。造成這種情況的原因是元修《遼史》主要是因襲耶律儼的《實録》及陳大任的《遼史》舊稿草率成書，同時又兼採南朝記録。史料來自不同時代，再加上五代、宋人記遼事所用人名、地名多與前述二家《遼史》不同，編纂者不加覈對，而是照單收録、雜糅一處，於是同人異名被誤爲二人二事、同地異名被誤認爲不同地點的情況即多有發生。從這樣一部殘缺不全、混亂不堪的史書反映出來的遼朝歷史，自然難免有過多的疑點。

三

《遼史》成書草率，因此長期以來治遼史者多致力於對該書作文字校勘，以及對地理、紀年、漢臣、方鎮、藝文等内容進行訂補。早年，治遼史最有成績者，當數清代的厲鶚。厲鶚字太鴻，錢塘（今浙江省杭州市）人，清康熙五十九年（1720）舉人，作有《遼史拾遺》二十四卷。

---

① 傅樂焕：《遼史叢考》，中華書局 1984 年版，第 160—169 頁。

是書全面補證《遼史》，採摭群書，多至358種，[①] 分別爲《遼史》紀、傳、志、表各部分補充了大量史料。他倣裴松之注《三國志》的辦法，有注有補，以摘録《遼史》原文爲綱，再徵引他書條目羅列於下。成書後，初刻於乾隆八年（1743）。雖然該書引用的典籍絶大多數當時尚存，但卻使治遼史者大大開闊了眼界。乾隆五十九年，楊復吉又有《遼史拾遺補》五卷刊行，但較厲鶚書大爲遜色。此外，乾嘉時代的著名學者如錢大昕等人也都在《遼史》一書的校勘、考訂方面下過功夫。

清道光中葉以後，西方殖民主義者首先自東南沿海入侵，緊接着，我國從西到東漫長的北部邊疆地區也不斷遭到蠶食。民族危機的嚴重現實迫使向來輕視實學的士大夫開始重視實際問題的研究，於是，道、咸以後治邊疆史地成爲時尚，“言經者及今文，考史者兼遼、金、元，治地理者逌四夷，務爲前人所不爲”[②]。光緒年間，李慎儒撰《遼史地理志考》，何秋濤撰《遼代北徼二國考》，二者專門考訂了遼代地理。民國以來，又有丁謙《遼史各外國地理考證》、劉師培《遼史地理考》、馮家昇《遼史地理考補證》等諸家考證訂補之作。此外，譚其驤《遼史訂補三種》、陳漢章《遼史索隱》、羅繼祖《遼史拾遺續補》、吳廷燮《遼方鎮年表》、張亮采《補遼史交聘表》等著作對《遼史》某一方面或多個方面各有補證考辨。

---

① 據柴德賡先生統計（見《史籍舉要》，北京出版社1982年版，第140頁）。

② 王國維：《觀堂集林》卷二三《沈乙庵先生七十壽序》。

總之，我們這部今注本《遼史》力求充分吸收清前期以來諸家治遼史的成果，特別是近百年來的學術成果，將遼史研究若干疑難問題的已有答案，呈現給讀者。

首先，今注本《遼史》澄清了幾個主要問題。其中，不能回避的是遼的朝廷究竟在哪裏？關於這個問題，一直是衆説紛紜。遼太祖耶律阿保機建國後，於神册三年（918）開始在今内蒙古自治區巴林左旗林東鎮以南築城，初名皇都。天顯元年（926）擴建，十三年改稱上京，並設臨潢府。澶淵之盟以後，爲適應與宋朝方面使節頻繁往來的新情況，遼聖宗又在今内蒙古寧城縣大明鎮營建了中京。上京和中京不同於歷史上其他王朝的都城，都衹是禮儀性的，皇帝在此舉辦典禮和接待宋、夏、高麗使節。禮儀結束之後，甚至不在城内過夜。皇帝平時不在都城，也就説明朝廷不在上京和中京。

那麽，遼朝皇帝平日身居何處呢？《遼史》卷三一《營衛志上》説："有遼始大，設制尤密。居有宮衛，謂之斡魯朶；出有行營，謂之捺鉢。"這種説法並不符合遼朝的歷史實際。遼朝的"宮衛"除了斡魯朶之外，還包括在其管轄下的若干州、縣。遼朝皇帝並不住在斡魯朶，他們一年四季都活動在四時捺鉢行宮中。所謂"居有宮衛""出有行營"，這是元人修史時添加的没有事實根據的解説。日本學者箭内亘誤信此説，以爲捺鉢即是"一時的牙帳也"，而斡魯朶則是"永久性的宮殿也"。[①] 姚從吾先生

---

① ［日］箭内亘著，陳捷、陳清泉譯：《元朝怯薛及斡魯朶考》，上海商務印書館1933年版，第126頁。

則更是將斡魯朶和捺鉢合二爲一，他認爲“簡單地説，《遼史》卷三一《營衛志》所説的‘宫衛’，即是可汗比較久住的冬捺鉢。‘出有行營，謂之捺鉢’，即是可汗四時巡行各地的牙帳，也就是春捺鉢，夏捺鉢，秋捺鉢”①。

傅樂焕先生在 1942 年發表的《遼代四時捺鉢考》中，就已經揭示了捺鉢在遼朝政治體制中所具有的核心地位，指出遼的朝廷不在中京，而在捺鉢，從而首次正確解讀了《遼史·營衛志》。他指出：

> 所謂捺鉢者，初視之似僅爲遼帝弋獵網鈎，避暑消寒，暫時遊幸之所。宜無足重視。然而夷考其實，此乃契丹民族生活之本色，有遼一代之大法，其君臣之日常活動在此，其國政之中心機構在此。凡遼之北南面官，蕃漢人分治，種種特制，考其本源，無不出於是。②

誠如傅先生所言，在他揭示捺鉢爲遼代政治中心以前，人們對此向來没有正確的解釋。一些遼史研究者由於不是從遼朝制度特點去解讀“春水”“秋山”，而是以之作爲專門的地名進行探索，因此所得出的結論，必然與事實相距甚遠。傅先生還指出：

> 日人池内宏《遼代春水考》（《東洋學報》第六卷

① 姚從吾：《遼朝契丹族的捺鉢文化與軍事組織、世選習慣、兩元政治及遊牧社會中的禮俗生活》，《中山學術文化集刊》第一集，臺北中山學術文化基金董事會 1968 年版。

② 傅樂焕：《遼史叢考》，中華書局 1984 年版，第 37 頁。

二號）又津田左右吉《達魯古考》（《滿鮮地理歷史研究報告》二）及《關於遼代之長春州》（《東洋學報》七卷一號）均嘗於遼之春水秋山有所論列，顧皆未能得其要領。關於春水，二氏均以長春河擬之，同誤。①

我們在校注工作中，充分吸收了傅樂煥先生關於四時捺鉢的傑出研究成果，從而得以對《遼史》中關於諸宮衛——斡魯朵以及南、北面官等問題有了新認識，並對中華點校本中的相關問題做了重新處理。中華點校本《遼史》卷三一《營衛志上》有以下一段：

遼國之法：天子踐位置宫衛，分州縣，析部族，設官府，籍户口，備兵馬。崩則扈從后妃宫帳，以奉陵寢。有調發，則丁壯從戎事，老弱居守。

根據以上標點，可以理解爲天子踐位設置宫衛之後，再分州縣、析部族。其實這一段講的是如何置“宫衛”，所謂“遼國之法”即是關於置宫衛的辦法。宫衛非天子所居，也不是朝廷之所在。所以“遼國之法”之後的冒號應當置於下一個逗號的位置上，其後則是幾個並列短語。故這一段的標點應當是：

遼國之法，天子踐位置宫衛：分州縣、析部族、設官府、籍户口、備兵馬。崩則扈從后妃宫帳，以奉陵寢；有調發，則丁壯從戎事，老弱居守。

在確定了對捺鉢的正確解釋之後，我們發現元修《遼

① 《春水秋山考》附記，見《遼史叢考》，第63頁。

史》中的相關内容有許多是遼、金固有稿本中所無，因此判定是由元人修史時妄加的，比如北、南面官。遼的朝廷設官有所謂“北面”“南面”之分，其義蓋指官員在皇帝殿帳内朝會排班的位置關係：契丹人拜日，殿帳東向，故上朝官員分列於殿帳之前，一側屬北面，另一側爲南面。元初，由於幾經戰亂，遼朝的實録、國史以及金朝據此編纂的《遼史》都已殘缺不全，元修《遼史·百官志》根據元好問所説的“南衙不主兵，北司不理民”，構擬出了無所不包的北、南面官體系，不僅有“北面朝官”“南面朝官”，還有“北面部族官”“南面方州官”。部族官、方州官不上朝，如何分北、南？

中華點校本《遼史》卷四五《百官志一》進一步“完善”了這個無所不包的北、南面官體系，該卷“校勘記”云：

> “北面”及“北面朝官”，原無此二目。按卷首目録有“北面”，下文卷四七有“南面”“南面朝官”之目，《南面朝官序》云：“遼有北面朝官。”又《續通志》一三二《遼官制》亦列“北面”“北面朝官”。道光殿本已增，今補。

這一條校勘記衹列出了增加此二目的根據，卻忽略了不應作此增補的理由。傅樂焕先生經考證，指出：

> 今《遼史·百官志》分“北面官”（卷四五、四六）“南面官”（卷四七、四八）兩大部門，愚疑此兩部門非出同源。北面官門當爲舊本《遼史》所有，南

> 面官則爲元人新撰…… 北面官爲契丹政治之核心，遼人重視，遠過南面。余更疑今《百官志》北面官門，實爲舊《百官志》之“全文”。其篇首之《契丹南樞密·契丹北樞密院》兩目（“契丹”頭銜乃元人妄加）亦係舊志固有。蓋北南兩樞密院爲北南官僚之最高衙門，乃弁之篇首。然以不重南面官，故僅列南樞密院一目，另未細裁……如以上之推測不誤，則今《百官志》南面官兩卷，乃北面“（契丹）南樞密院”一條之複出。①

《遼史》卷四七、卷四八《百官志》完全是摘録紀、傳有關資料，按照事先構擬的無所不包的北、南面官體系杜撰而成。我們雖然對一些重要官稱作了注釋，但並不表明認同這兩卷的史料價值。

1919年，日本“東洋史學”權威津田左右吉在《滿洲朝鮮地理歷史研究報告》第五本中發表了《遼國制度的二重體系》一文。島田正郎曾對“二重體系”説推崇備至，並將其修正爲“二元制”。② 津田左右吉和島田正郎將遼朝制度“二元制”説視爲一項了不起的發明，其實這個“發明”不過僅僅是爲《遼史·百官志》構擬的北、南面官體制貼上了一個新標籤。在這一新的標籤之下，他們對北、南面官制度所作的一項重要解釋，就是聲稱遼朝曾實行“漢人自行管理的行政原則”。這種觀點，在國外學術界甚

---

① 傅樂焕：《遼史叢考》，中華書局1984年版，第301—302頁。

② ［日本］島田正郎：《遼朝北面中央官制的特色》，臺灣《大陸雜誌》第29卷第12期，1964年。

爲流行，一部西方近年出版的頗有影響的中國史著作就這樣寫道：

> 世宗統治時代初期，當他返回上京後不久，就正式將帝國分爲南北兩套系統（北面、南面）。這是對遼朝領土的真正地域劃分。南面包括統治漢人與渤海人的南部和東部地區，北面爲主要居住着契丹及其屬部的地區。由於北面也包括定居的漢人、渤海人甚至回鶻人，故而它也是一個雙重管理體制。它分爲契丹北樞密院、契丹南樞密院。①

把世宗時期確立的北、南面官體制説成是“正式將帝國分爲南北兩套系統（北面、南面）”，甚至説“這是對遼朝領土的真正地域劃分”，這種論斷既反映了西方學者頭腦中先入爲主的日本人的遼朝“二元制”説的影響，同時也反映了其治學衹滿足於一知半解。遍查《遼史》可以發現，“北面”“南面”無不與官制——中央官制相聯繫，而没有一處涉及“領土劃分”。至於他們提及的北面樞密院又“分爲契丹北樞密院、契丹南樞密院”的説法，則早在二十世紀四十年代就由傅樂焕先生證明，這完全是元代修史者由於不諳遼朝史事杜撰出來的。

如果説傅樂焕先生的著作開創了正確解讀遼朝制度的總體框架，其他學者廣有影響的著作則對遼史中的若干具體問題做了科學解讀。王國維的著作，如《黑車子室韋

① ［德國］傅海波、［英國］崔瑞德編，史衛民等譯：《劍橋中國遼西夏金元史》，中國社會科學出版社 1998 年版，第87—88頁。

考》《達旦考》和《西遼都城虎思斡耳朶考》（均見《觀堂集林》卷一四）的考證，鄧恭三先生在《〈遼史·兵衛志〉“御帳親軍”“大首領部族軍”兩事目考源辨誤》（《鄧廣銘全集》第九卷）中對相關問題的澄清，以及陳得芝先生《耶律大石北行史地雜考》（《歷史地理》第二輯）對遼在漠北軍政機構以及若干地理問題的考證，是我們在注釋中解決相關疑難問題的依據。金毓黻、陳述、蓋之庸諸先生的著作也對我們有很大幫助。

其次，今注本《遼史》訂補了諸多書中疏陋。記事疏略，謬誤迭出，是《遼史》一書突出的缺陷，因此訂正書中的史實錯誤成爲歷代諸家的重任。清代厲鶚《遼史拾遺》即是爲此而作。然而，時過境遷，厲鶚的成果已有不合時宜之處。如今學術條件突飛猛進，不僅有更爲便捷的文獻檢索，而且有不斷增加的考古資料和陸續出土的遼代墓誌。這樣的客觀條件，使得《遼史》的補證可以更豐富、更接近史實。

卷一《太祖本紀》載：

> 元年春正月庚寅，命有司設壇于如迂王集會堝，燔柴告天，即皇帝位。尊母蕭氏爲皇太后，立皇后蕭氏。北宰相蕭轄剌、南宰相耶律歐里思率群臣上尊號曰天皇帝，后曰地皇后。庚子，詔皇族承遙輦氏九帳爲第十帳。

“元年”，即阿保機即汗位之年，爲後梁開平元年（907）。這一年正月庚寅，阿保機“如迂王集會堝，燔柴告天”。燔柴告天是古代天子祭天之禮。據《爾雅·釋天》："祭天曰燔柴。"然而，行此禮，未必就代表即皇帝位。且不説當初行此禮的周天子並不是皇帝，契丹遙輦可汗行此禮更非稱帝。因此，開平元年阿保機行此禮也不代表稱帝、即皇帝位。關於這個問題，《遼史拾遺》没有補證。據《舊五代史》（輯本薛史）卷一三七《外國列傳》：

> 天祐末，阿保機乃自稱皇帝，署中國官號。其俗舊隨畜牧，素無邑屋，得燕人所教，乃爲城郭宫室之制於漠北，距幽州三千里，名其邑曰西樓邑，屋門皆東向，如車帳之法。城南别作一城，以實漢人，名曰漢城，城中有佛寺三，僧尼千人。其國人號阿保機爲天皇王。

阿保機稱皇帝必與"署中國官號"及"爲城郭宫室之制"相聯繫，而"皇都"即西樓邑，亦即遼上京，是神册三年（918）始建成，故其稱皇帝亦當是在神册建元之時，即公元916年。同卷《外國列傳》又載：

> 及梁祖建號，阿保機亦遣使送名馬、女樂、貂皮等求封册。梁祖與之書曰："朕今天下皆平，唯有太原未伏，卿能長驅精甲，徑至新莊，爲我剪彼寇讎，與爾便行封册。"莊宗初嗣世，亦遣使告哀，賂以金、繒，求騎軍以救潞州。

梁開平元年（907），這一年的年初，耶律阿保機已即汗位。朱温稱帝後，他送上厚禮求封册。由於他在梁晉之爭中一直首鼠兩端，梁一直未對其行封册。最後，阿保機建元"神册"，即聲稱已經有神爲其封册，不再乞求中原皇帝封册了。至此，纔算正式即皇帝位。

《遼史》地名注釋，十分複雜。雖盡力考索，由於能力所限，仍有許多待解之迷。南北分立時期，人民遷徙、流亡或被大規模掠奪的事情常有發生。中古時期，人們總是聚族而居、舉族遷徙，因此便有地隨人遷之事，於是出現了許多僑置州縣。“唐末劉守光據州叛，暴虐尤甚，營平之地於中國爲南海隔，其民不得已歸於北虜。會石晉割賂燕薊，易定帥王郁盡驅其民入契丹，因以灤河爲名以居之，縣邑猶不改望都、安喜之名。”① 不僅塞外有漢人北上僑置的州縣，還有漢人内遷同時也有地名隨遷，如柳城縣的治所變更。據《漢書・地理志》，柳城縣屬遼西郡，唐以前營州治柳城（今遼寧省朝陽市），契丹興起以後，唐逐漸放棄柳城所在的營州，從阿保機在柳城建霸州彰武軍起，以柳城爲治所的營州就被徹底廢棄了。阿保機以定州俘户置廣寧縣，是在今昌黎縣境内，而唐時曾在這裏僑置柳城縣，所以唐柳城縣與漢柳城縣並非同一地點。

遼代的僑置州縣，還有以渤海人和朝鮮半島上的居民爲基礎而設置的。比如，遼實際上存在兩個顯州，其一爲顯陵所在之顯州（今遼寧省北鎮市），其二爲渤海顯德府之顯州（今吉林省敦化市）。兩個顯州名稱雖相同，但時空不一致。《續資治通鑑長編》卷七四宋真宗大中祥符三年（1010）九月戊辰載：“知雄州李允則言契丹由顯州東侵高麗。”這證明該顯州靠近高麗，亦即原渤海顯德府在遼仍稱顯州。《遼史・地理志》卻將兩個顯州合而爲一，

---

① 宋・曾公亮：《武經總要》前集卷一六下《幽州四面州軍》。

並將這個顯州説成是原渤海顯德府，然後又説顯陵和醫巫閭山（均在今遼西北鎮），也在原顯德府。這就錯成連環套了。

《遼史》還分不清遼上京（今内蒙古自治區巴林左旗林東鎮）與金上京（今黑龍江省哈爾濱市阿城區）的區别。卷三七《地理志一·上京道》載："淶流河自西北南流，繞京三面，東入於曲江，其北東流爲按出河。"淶流河、按出河，都是流經金上京境内的河流。《遼史·地理志》實際上是誤以金上京爲遼上京。元人犯這種錯誤並不奇怪。遼亡以後，遼上京很快就失去作爲京城的地位，衹稱臨潢府，由於名稱變易、地位降格，早在宋金時期，中原人分不清遼上京與金上京者，就已經大有人在了。南宋洪皓《松漠紀聞》載其出使金朝事："自上京至燕。二千七百五十里。上京即西樓。"所謂"西樓"，是遼上京的契丹地名，與洪皓所記金上京無關。

遼與宋、金、西夏、高麗相涉史事，在注釋中我們儘量採用兩方或三方的記載加以解説。如《遼史》卷八《景宗本紀上》載，乾亨二年（980）十一月壬寅，"休哥敗宋兵於瓦橋東，守將張師引兵出戰，休哥奮擊，敗之"。"守將張師"應是《續資治通鑑長編》卷二一宋太宗太平興國五年（980）十一月壬寅記事中的守禦瓦橋關（雄州）的龍猛副指揮使荆嗣。

《遼史·天祚本紀》四卷多用《三朝北盟會編》的相關記載，有的章節甚至一字不差。如卷二七關於"頭魚宴"阿骨打拒絶獻舞一事，我們在注中引出《三朝北盟會編》政宣上帙三的記載，即可辨明《遼史》相關記載的來源。涉及遼金和戰史事，注釋則引用《金史》有關記載。

檢查記事出處，可以發現元修《遼史》不嚴謹之處甚多。以卷一一五《二國外記》爲例，《高麗傳》載“自太祖皇帝神册間，高麗遣使進寶劍”。按：卷二《太祖本紀下》，高麗向遼遣使，初見於天贊四年（925）冬十月辛巳，“高麗國來貢”。中華點校本校勘記則云：“按《紀》，高麗進寶劍，在太祖九年十月。”進寶劍的“高麗”其實是僧人弓裔於公元901年在朝鮮半島北部建立的後高句麗。太祖九年時爲後梁乾化五年（915），當時王氏高麗尚未建立。918年，後高句麗爲王建的高麗王朝所滅。另外，《遼史》中的康肇，《高麗史》則作“康兆”，卓思正作“卓思政”，契丹使臣耶律資忠則作“耶律行平”。此外，對照《高麗史》注釋會發現《遼史》還有多處史實錯誤。

《遼史》卷一一五《西夏傳》多取材於《宋史》卷四八五、卷四八六《夏國傳》，但不免斷章取義。如《遼史·西夏傳》在言及德明“製字若符篆”時，就有“其俗，衣白窄衫，氈冠，冠後垂紅結綬。自號嵬名”一段文字。其實“衣白窄衫”既非德明之俗，亦非夏人之俗。據《宋史·夏國傳》，元昊“少時好衣長袖緋衣，冠黑冠”，“既襲封，明號令，以兵法勒諸部。始衣白窄衫，氈冠紅裹，冠頂後垂紅結綬”。自號“嵬名”者，亦非德明，而是其子元昊即位後“自號嵬名吾祖”。又如“有炮手二百人，號‘潑喜’。勇健者號‘撞令郎’”。其實據《宋史·夏國傳》，應是“得漢人勇者爲前軍，號‘撞令郎’”。

此外，爲訂正《遼史》記載訛誤，我們還利用新見史料。其一，考古工作者關於遼上京、中京以及其他城址的發掘及調查報告、遼代墓葬的發掘報告是我們確認都城、頭下軍州所處位置以及注釋《遼史·食貨志》的基礎資料；其二，遼代碑刻、墓誌亦爲補證《遼史》的重要文獻，比如卷六四《皇子表》中，耶律迭剌的後代記録缺失，據《耶律琮神道碑》可補“子允，孫琮，曾孫昌言、昌時、阿難奴”等子孫姓名，又據《蕭孝恭墓志銘》可補“孫桂、解里、筠”等子孫姓名。應當説明的是，我們引用的遼代墓誌，更多的是用劉鳳翥自拓、自藏的拓本，珍貴稀缺。

再次，今注本《遼史》利用了有關契丹文字研究的學術成果。這也是本書在内容方面的一大特色。二十世紀七十年代以來，隨着出土文獻的增多，契丹文字的解讀有了新進展，故而中國學者的研究碩果累累。契丹文字的研究成果判明了一些被塵封的不見於《遼史》的歷史問題，例如從對契丹文字的研究中可以發現，遼代實行“契丹·遼”或“遼·契丹”的雙國號。遼人在什麼情況下用“契丹·遼”，又在什麼情況下用“遼·契丹”，這是有規律可循的。同時，劉鳳翥還廣泛彙集中外研究成果，並以自己多年收藏的契丹文字墓誌拓本爲實例，編成《遼史·國語解新編》和《番漢對照遼史年表》兩份成果，附載於書後，以豐富今注本《遼史》的内容。

各個歷史時期的語言文字不僅是那一時代史料的載體，同時其本身的構形、字義等也具有重要的史料價值。

遼朝建立後創製的契丹文字不僅形制類似漢字，而且有了這種文字之後，契丹語的語彙便得以進一步豐富起來，尤其是契丹語中大量出現的漢語借詞，也成爲了遼代政治、社會、歷史研究領域中極具價值的特殊史料。這類詞彙不僅反映了契丹文化與漢文化的密切關係，同時也體現了當時的政治、社會屬性和時代特徵，應當爲我們所重視和利用。

四

（一）今注本《遼史》的版本與校勘①

元至正四年（1344）三月，《遼史》修成；至正五年，與《金史》一起下江浙、江西行省雕版印製，各印造一百部。此即至正初刻本。由於印行數量不多，元明之交板片盡失，故至正本今已不傳。今天所能見到的《遼史》最早刻本是明初洪武年間的福建覆刻本，也是百衲本《遼史》所據的底本，此本今藏中國國家圖書館、上海圖書館、臺北“中央圖書館”、日本靜嘉堂文庫等處。《遼史》的早期版本還有《永樂大典》殘本（按，經過八國聯軍兵燹，目前存世的《永樂大典》僅約占原書的百分之三，殘本中仍有數卷《遼史》）和原内閣大庫藏明初朱絲欄抄本，學界認爲二者皆源出元至正本，個別異文優於百衲本，這爲我們校勘《遼史》提供了重要參考。此外，流傳於世的明代版本尚有明嘉靖八年（1529）南京國子監刻本以及據此翻

---

① 本節内容主要由劉鳳翥提供。

刻的明萬曆三十四年（1606）北京國子監本。迨至清代，《遼史》版本漸次增多，有内府抄本、乾隆殿本、道光殿本、五省官書局本等多種。加上近現代人的各類影印本、整理本，粗略算之，《遼史》版本計有二十餘種。

經過綜合考量，今注本《遼史》的校勘使用了下列版本：

1.《遼史》116卷，《百衲本二十四史》影印明初覆刻本，商務印書館1931年上海版。簡稱“百衲本”。

2.《遼史》116卷，明嘉靖八年南京國子監刻本，清順治十五年（1658）至十六年補刊。簡稱“南監本”。

3.《遼史》116卷，明萬曆三十四年北京國子監刻本，清康熙二十五年（1686）重刊。簡稱“北監本”。

4.《遼史》116卷（存110卷），《遼史彙編》影印原内閣大庫藏明初内廷朱絲欄抄本（原闕卷九至卷一四），鼎文書局1973年臺北版。簡稱“明抄本”。

5.《遼史》116卷，影印乾隆四年（1739）武英殿校刊本，上海古籍出版社、上海書店1986年版。簡稱“殿本”。

6.《遼史》，《永樂大典》殘本（卷五二四八、卷五二四九、卷五二五一皆爲“遼”字韻，對應本紀卷五至卷一五，卷二七至卷三〇；殘本中的其他卷次也保存了部分《遼史》本紀、志、表、列傳的内容），中華書局1986年北京版。簡稱“大典本”。

此外，我們還參考了現今學界幾部通行的整理本：

1.《遼史》，中華書局點校本，1974年北京版。簡稱

“中華點校本”。

2.《遼史》，中華書局點校修訂本，2016 年北京版。簡稱“中華修訂本”。

3.《遼史補注》，陳述撰，中華書局 2018 年北京版。簡稱“補注本”。

4.《遼史長箋》，楊家駱和趙振績編纂，新文豐出版公司 2006 年臺北版。簡稱“長箋本”。

《遼史》草率修成，未及詳校，故錯字較多，這些錯字均體現在明初刻本中，但誠如張元濟在百衲本《遼史》的跋中所說：“此在元刻，誠非精本。然求較勝者，竟不可得，瑕不掩瑜，故猶取焉。”（按，張氏又在《百衲本二十四史版本述要》中言此本“恐係覆本”，蓋其時缺明證，姑且言之爲元本）當然，明初刻本源出元至正本，百衲本據以影印並描潤補版，堪稱精良，是現存最優的《遼史》版本，因此中華點校本和修訂本均以此作“底本”，同時二者據他本校正了百衲本的許多錯誤，功不可没。今注本也以百衲本爲底本，我們逐字逐句校以其他各本，目的是爲廣大讀者提供一部校勘正確的《遼史》。這一目標究竟在多大程度上得到實現，還有待廣大讀者檢驗。

（二）今注本《遼史》的標點

古人云：“句讀之不知，惑之不解。”爲古文獻添加正確標點，意在爲讀者釋疑解惑，在古籍整理工作中，其重要意義不言自明。《遼史》標點，首先遇到的困難是由於遼朝統治主體是少數民族，特殊的歷史語言環境導致從行文中區分語言的最小單位具有相當的難度。單詞、複合詞以及某些短語，在斷句過程中均不可以再分割，例如“駝鹿”“太常儀鳳”“渤海俘錦州户”“教坊監盞”“戀闕致詞”之類，都是不能再分割的最小單位，中華書局點校本《遼史》將其分割，結果則是變得難解其義或全非本義。其次相關史實考證，本書紀、志、表、傳互證也是斷句必不可少的前期工程。例如卷三二《營衛志·部族》：“契丹之初，草居野次，靡有定所。至涅里始制部族，各有分地。”（點校本第 1 册第 377 頁，修訂本第 2 册第 427 頁）涅里是阿保機的祖先，唐中葉助遙輦氏取代大賀氏，當時契丹早已有八部組織，故無“至涅里始制部族”之事，此時需要解決的是“草居野次，靡有定所”，標點無疑應是：“至涅里始制：部族各有分地。”又如卷七二《義宗倍傳》：“嘗從征烏古、党項，爲先鋒都統，及經略燕地。太祖西征，留倍守京師。”（點校本第 3 册第 1209 頁，修訂本第 5 册第 1334 頁）倍從阿保機征烏古、党項，受命爲先鋒都統與本紀記載相符，但經略燕地，倍卻没有跟隨。據卷二《太祖本紀》天贊三年（924）六月乙酉“大舉征吐渾、党項、阻卜等部。詔皇太子監國，元帥堯骨從行”。另據卷三《太宗本紀》“天贊元年，授天下兵馬大元帥，尋詔統六軍南徇地”。所謂“南徇地”亦即“經略燕地”，其間統率六軍的是德光，表明耶律倍的確未出征，而是留守京師。故上引《義宗倍傳》標點應爲：“嘗從征烏古、党項，爲先鋒都統。及經略燕地、太祖西征，留倍守京師。”此句中的“及”非“以及”，而是“待到”之義。

力求爲讀者提供正確標點，就是最有意義的實際行動，也是今注本努力奮鬬的目標之一。我們深知要完全實現這一目標非常不易，或許還需要有多位學者爲之付出，對此我們懷抱最真誠的期待。

總之，我們的工作已延續二十餘年，過程坎坷，如今成果有望付之梨棗，頗感欣慰。其間得到已故的總編纂張政烺先生、執行總編纂賴長揚先生的指導和幫助，他們優良的學風和傑出的工作，我們永志不忘。現任執行總編纂孫曉先生勤加督導，編輯部徐林平先生對本書的編輯、校對花費了很大心血，友人康鵬先生、陳曉偉先生協助我們查找資料，他們的付出推進了這項工作，在此一併致謝。我們誠懇期待讀者對本書缺點及失誤予以批評、指正。

二〇二一年九月一日

例　言

本例言根據《〈今注本二十四史〉編纂手册》(2017)之各項要求製訂，是我們從事《遼史》校注的工作細則。今注本《遼史》力求體現“史家注史”的基本特點，吸收學術界已有研究成果，旨在爲讀史者提供《遼史》文本的新校訂和新詮釋。

一、校勘。本書以百衲本《遼史》（書中簡稱爲“原本”）作底本，以明抄本、南監本、北監本、殿本爲参校本，並參考中華點校本、修訂本、陳述《遼史補注》、楊家駱和趙振績《遼史長箋》等諸家整理成果。

(一) 原文校勘主要由劉鳳翥負責，校勘記稱“劉校”。李錫厚及編委會亦根據書稿情況適當補校，稱“李校”或“靳校”。

(二) 本書根據新見史料和校注者新發現的證據對原

文加以校補。在正文中校補文字加六角括號“〔〕”（按，原中華本增補的文字一般僅出校勘記，不在文中作特殊標記），原底本中的注文以小五號字排印，以示與底本正文相區别。

（三）爲便於閲讀，本書還進行了適當的體例調整。百衲本卷首的《修三史詔》《進遼史表》《三史凡例》《修史官員》等有關修史的材料，從中華點校本移作附録；百衲本每卷卷端皆有“開府儀同三司上柱國録軍國重事中書右丞相監修、國史領經筵事都總裁臣脱脱奉勑修”之語，均删去。

二、注釋。本書注文涉及内容廣泛，包括人名、地名、官名、書名、族名、封爵名、廟號、年號以及疑難字詞、史實記載歧異辨析等，體現遼代歷史文化的多個方面。注釋者力求持之有故，言之成理。無能力解釋之文字不妄解。

（一）注釋大部分由李錫厚負責，劉鳳翥補注稱“劉注”；少部分（卷七一至七五及卷一一六）由劉鳳翥負責，李錫厚補注稱“李注”；《曆象志》部分（卷四二至四五）由陳久金負責，並由劉鳳翥補注。補注是原注内容的衍伸，也提供不同觀點之解説。此外，編委會亦根據書稿情況略加補注，稱“靳注”。

（二）劉鳳翥所補部分，個别處既有校勘之語，又有注釋之句，概稱“劉注”。李錫厚所著部分，除卷四二至四五、卷七一至七五、卷一一六外，凡有校有注者，皆省稱。

（三）爲體現文本簡潔明了，諸志以同類多卷爲單元，餘者（本紀、列傳、表、國語解）以一卷爲單元，同一單元内不重複注釋。

三、標點。全書句讀分段參考中華點校本，由李錫厚對全書句讀進行補校補訂。因此本書複雜、難解語句之標點以及分段與中華點校本多有不同。

四、附録。本書附録《國語解新編》《蕃漢對照遼史年表》（劉鳳翥編著）和《中華本〈遼史〉點校存疑舉要》（李錫厚編著）作爲本書校勘注釋工作之補充。《國語解新編》《蕃漢對照遼史年表》對本書中涉及的契丹語字詞做了統一解讀，是解讀研究《遼史》的有力工具；《中華本〈遼史〉點校存疑舉要》則例舉了一百多條示例，比對了本書點校與中華點校本的差異，表明了本書標點的根據和理由。

五、審訂。全書前 70 卷（卷一至七〇）由李錫厚負責審訂統稿；後 46 卷（卷七一至一一六）由劉鳳翥負責審訂統稿。

六、其他。

（一）爲尊重作者行文習慣，本書多依據舊字形。文中涉及的異體字，一般也從底本。

（二）全書每一條校注，如遇到兩位作者或多位作者皆有貢獻，則按如下次序編排：卷一至卷七〇、卷七六至卷一一五，李錫厚所著部分在前，劉鳳翥所著緊隨其後；卷七一至卷七六、卷一一六，劉鳳翥所著部分在前，李錫厚所著緊隨其後；卷四二至四四，陳久金所著部分在前，劉鳳翥所著緊隨其後。

（三）爲行文簡潔，本書涉及的多部文獻書名以簡稱出現，如《資治通鑑》省作《通鑑》，《續資治通鑑長編》省作《長編》，厲鶚《遼史拾遺》省作《拾遺》等。另外，常用的近現代學者著作如馮家昇《遼史初校》省作《初校》，羅繼祖《遼史校勘記》省作《羅校》，陳漢章《遼史索隱》省作《索隱》等。

（四）本書中的地理名詞所對應的當代地名及行政區劃均以《中華人民共和國行政區劃簡冊（2020）》爲準。

（五）本例言中未盡事宜由《今注本二十四史》編委會負責解釋。

本書編撰者

二〇二一年十月十二日

主要參考文獻[①]

一、古籍整理

清·阮元校刻:《十三經注疏》, 中華書局 1980 年版。
《周禮》,《四部叢刊》影印明翻宋岳氏相臺本。
《孝經》,《四部叢刊》影印宋刊本。
宋·陳暘:《樂書》, 文淵閣《四庫全書》本。
漢·司馬遷:《史記》, 點校本, 中華書局 1959 年版。
漢·班固:《漢書》, 點校本, 中華書局 1962 年版。
南朝宋·范曄:《後漢書》, 點校本, 中華書局 1965 年版。
晉·陳壽:《三國志》, 點校本, 中華書局 1959 年版。
唐·房玄齡等:《晉書》, 點校本, 中華書局 1974 年版。
南朝梁·沈約:《宋書》, 點校本, 中華書局 1974 年版。
唐·姚思廉:《梁書》, 點校本, 中華書局 1973 年版。
北齊·魏收:《魏書》, 點校本, 中華書局 1974 年版。

① 校勘用書已見《前言》。此處主要介紹注釋所引文獻。

唐·李百藥:《北齊書》, 點校本, 中華書局 1972 年版。
唐·令狐德棻:《周書》, 點校本, 中華書局 1971 年版。
唐·李延壽等:《北史》, 點校本, 中華書局 1974 年版。
唐·魏徵、令狐德棻:《隋書》, 點校本, 中華書局 1973 年版。
後晉·劉昫等:《舊唐書》, 點校本, 中華書局 1975 年版。
宋·歐陽修、宋祁:《新唐書》, 點校本, 中華書局 1975 年版。
宋·薛居正等:《舊五代史》, 點校本, 中華書局 1976 年版。
宋·歐陽修:《新五代史》, 點校本, 中華書局 1974 年版。
元·脱脱等:《宋史》, 點校本, 中華書局 1985 年版。
元·脱脱等:《金史》, 點校本, 中華書局 1975 年版。
明·宋濂等:《元史》, 點校本, 中華書局 1976 年版。
清·錢大昕著, 方詩銘、周殿傑校點:《廿二史考異》, 上海古籍出版社 2004 年版。
清·錢大昕撰, 錢侗增補:《宋遼金元四史朔閏考》, 清嘉慶二十五年 (1820) 刻本。
[朝鮮] 鄭麟趾等編:《高麗史》, 韓國首爾大學奎章閣圖書館藏乙亥字本。
宋·葉隆禮撰, 賈敬顔、林榮貴點校:《契丹國志》, 上海古籍出版社 1985 年版。
宋·陸游:《南唐書》,《五代史書彙編》本, 杭州出版社 2004 年版。
清·吳任臣撰, 徐敏霞、周瑩點校:《十國春秋》, 中華書局 1983 年版。
宋·司馬光等編著, 元·胡三省音注:《資治通鑑》, 點校本, 中華書局 1956 年版。
宋·李燾:《續資治通鑑長編》, 點校本, 中華書局 1985 年版。
宋·李心傳:《建炎以來繫年要録》, 點校本, 中華書局 1988

年版。
宋・徐夢莘：《三朝北盟會編》，影印清光緒三十四年（1908）許涵度刻本，上海古籍出版社 1987 年版。
宋・陳均撰，許沛藻等點校：《皇朝編年綱目備要》，中華書局 2006 年版。
宋・王偁：《東都事略》，清光緒九年（1883）淮南書局重刊本。
宋・李攸：《宋朝事實》，中華書局 1955 年版。
唐・杜佑撰，王文錦等點校：《通典》，中華書局 1988 年版。
清・嵇璜：《續通典》，影印《萬有文庫十通》本，浙江古籍出版社 2000 年版。
宋・王溥：《唐會要》，上海古籍出版社 1991 年版。
宋・王溥：《五代會要》，中華書局 1998 年版。
清・徐松：《宋會要輯稿》，影印本，中華書局 1957 年版。
宋・王欽若等編：《册府元龜》，中華書局 1960 年版。
元・馬端臨：《文獻通考》，影印《萬有文庫十通》本，中華書局 1986 年版。
宋・樂史撰，王文楚等點校：《太平寰宇記》，中華書局 2007 年版。
元・孛蘭肹等撰，趙萬里校輯：《元一統志》，中華書局 1966 年版。
明・李賢、彭時等纂修：《大明一統志》，文淵閣《四庫全書》本。
清・穆彰阿等修：《［嘉慶重修］大清一統志》，《四部叢刊》影印清史館藏寫本。
清・顧祖禹撰，賀次君、施和金點校：《讀史方輿紀要》，中華書局 2005 年版。
清・李鴻章修，黄彭年纂：《［光緒］畿輔通志》，河北大学出版社 2017 年版。
清·曾國荃等修:《[光緒]山西通志》,清光緒十八年(1892)刻本。
明·任洛等重修:《[嘉靖]遼東志》,《續修四庫全書》影印明刻本,上海古籍出版社 2001 年版。
清·和珅、梁志國纂修:《熱河志》,文淵閣《四庫全書》本。
清·和瑛:《熱河志略》,《續修四庫全書》影印寫本,上海古籍出版社 2001 年版。
清·于敏中等:《日下舊聞考》,北京古籍出版社 1983 年版。
清·阿桂等編修:《滿洲源流考》,文淵閣《四庫全書》本。
北魏·酈道元撰,陳橋驛點校:《水經注》,上海古籍出版社 1990 年版。
宋·陳襄:《使遼語録》,《遼海叢書》本,遼瀋書社 1985 年版。
金·王寂:《遼東行部志》,《遼海叢書》本,遼瀋書社 1985 年版。
[朝鮮]尹廷琦:《東寰録》,韓國中央研究院藏書閣圖書館藏 1911 年鉛活字本。
明·陶宗儀:《書史會要》,上海書店 1984 年版。
唐·蕭嵩:《大唐開元禮》,影印《武英殿聚珍版叢書》本,民族出版社 2000 年版。
宋·曾公亮:《武經總要》,《中國兵書集成》影印明代萬曆金陵書林唐富春刻本,解放軍出版社、遼瀋書社 1988 年版。
佚名:《三輔黄圖》,《四部叢刊》影印元刊本。
魏·王肅注:《孔子家語》,《四部叢刊》影印明翻宋本。
漢·揚雄原著,汪榮寶撰,陳仲夫點校:《法言義疏》,中華書局 1987 年版。
漢·班固原著,清·陳立疏證,吳則虞點校:《白虎通疏證》,

中華書局 1994 年版。
漢・桓寬原著，王利器校注：《鹽鐵論校注》，中華書局 1992 年版。
漢・蔡邕：《獨斷》，文淵閣《四庫全書》本。
晉・崔豹：《古今注》，《四部叢刊》影印宋刊本。
宋・黎靖德編，王星賢點校：《朱子語類》，中華書局 1986 年版。
宋・宋敏求撰，誠剛點校：《春明退朝録》，中華書局 1980 年版。
宋・程大昌：《演繁露》，明代程煦校刻本。
宋・田況：《儒林公議》，文淵閣《四庫全書》本。
宋・陸游撰，李劍雄、劉德叔點校：《老學庵筆記》，中華書局 1979 年版。
宋・葉夢得撰，宇文紹奕考異，侯忠文點校：《石林燕語》，中華書局 1984 年版。
宋・費衮撰，金圓校點：《梁谿漫志》，上海古籍出版社 1985 年版。
宋・吳曾：《能改齋漫録》，上海古籍出版社 1979 年版。
宋・江少虞：《宋朝事實類苑》，上海古籍出版社 1981 年版。
清・顧炎武著，清・黄汝成集釋，欒保群、吕宗力校點：《日知録集釋》，上海古籍出版社 2006 年版。
宋・王欽若等編：《册府元龜》，影印明刊本，中華書局 1960 年版。
宋・沈括：《夢溪筆談》，文物出版社 1975 年版。
宋・洪皓：《松漠紀聞》，《遼海叢書》本，遼瀋書社 1985 年版。
宋・洪邁撰，何卓點校：《夷堅志》，中華書局 1981 年版。
宋・高似孫：《緯略》，文淵閣《四庫全書》本。

宋·孟元老:《東京夢華録》，中州古籍出版社 2010 年版。
宋·吴自牧:《夢粱録》,《知不足齋叢書》本。
明·陶宗儀等編:《説郛三種》，上海古籍出版社 1988 年版。
清·趙翼:《廿二史劄記》，商務印書館 1958 年版。
清·趙翼:《陔餘叢考》，商務印書館 1957 年版。
清·翁樹培:《古泉彙考》，中國國家圖書館藏清代手抄本。
宋·歐陽修撰，李偉國點校:《歸田録》，中華書局 1981 年版。
宋·黄震:《黄氏日抄》，文淵閣《四庫全書》本。
元·方回:《古今考》，文淵閣《四庫全書》本。
明·周祈:《名義考》，文淵閣《四庫全書》本。
明·葉子奇:《草木子》，文淵閣《四庫全書》本。
清·錢大昕撰，陳文和、孫顯軍點校:《十駕齋養新録》，江蘇古籍出版社 2000 年版。
清·何焯:《義門讀書記》，文淵閣《四庫全書》本。
遼·王鼎:《焚椒録》，《四庫全書存目叢書》影印明萬曆秀水沈氏刻寶類堂秘笈本，齊魯書社 1996 年版。
唐·陳子昂著，徐鵬校:《陳子昂集》，中華書局上海編輯所 1960 年版。
唐·王維:《王右丞集》,《四部叢刊》影印元刊本。
唐·白居易:《白氏長慶集》，《四部叢刊》影印日本翻宋大字本。
唐·陸贄:《陸宣公翰苑集》,《四部叢刊》影印宋刊本。
宋·李昉等:《文苑英華》，中華書局 1966 年版。
宋·余靖:《武溪集》，《北京圖書館古籍珍本叢刊》影印明成化九年（1473）刻本，書目文獻出版社 1998 年版。
宋·司馬光撰，李文澤、霞紹暉校點:《司馬光集》，四川大學出版社 2010 年版。

宋・劉攽：《彭城集》》，文淵閣《四庫全書》本。
宋・歐陽修：《歐陽文忠公集・外集》，《四部叢刊》影印元刊本。
宋・蘇頌著，王同策點校：《蘇魏公文集》，中華書局 1988 年版。
宋・蘇轍：《欒城後集》，上海古籍出版社 2009 年版。
宋・曾几：《茶山集》，文淵閣《四庫全書》本。
宋・黄榦：《勉齋集》，文淵閣《四庫全書》本。
金・元好問：《遺山先生文集》，《四部叢刊》影印弘治中刊本。
元・耶律楚材：《湛然居士集》，《四部叢刊》影元寫本。
元・虞集：《道園學古録》，《四部叢刊》影印明翻元小字本。
元・蘇天爵編：《國朝文類》，《四部叢刊》影印元刊本。
清・厲鶚編：《遼史拾遺》，文淵閣《四庫全書》本。
清・李慎儒：《遼史地理志考》，清光緒二十八年（1902）丹徒李氏刻本。
陳漢章：《遼史索隱》，《遼史彙編》本，臺灣鼎文書局 1973 年版。
羅繼祖：《遼史校勘記》，上海人民出版社 1958 年版。
陳述輯校：《全遼文》，中華書局 1982 年版。
楊家洛、趙振績編纂：《遼史長箋》，臺灣新文豐出版公司 1995 年版。
元・脱脱等撰，陳述補注：《遼史補注》，中華書局 2018 年版。

二、現代著作

巴林左旗地方志編纂委員會編，曹建華、魏昌友總纂：《巴林左旗志》，内蒙古人民出版社 1996 年版。

北京市文物研究所編：《北京考古四十年》，北京燕山出版社 1990 年版。
陳述：《契丹社會經濟史稿》，三聯書店 1963 年版。
陳明達：《應縣木塔》，文物出版社 1980 年版。
陳寅恪：《隋唐制度淵源略論稿》，生活·讀書·新知三聯書店 2001 年版。
赤峰文博院編：《石墨芳華——劉鳳翥、李春敏收藏遼金碑刻拓本集》，文物出版社 2021 年版。
鄧廣銘：《鄧廣銘治史叢稿》，北京大學出版社 1997 年版。
馮家昇：《遼史研究與遼史初校》，載《遼史證誤三種》，中華書局 1959 年版。
傅樂焕：《遼史叢考》，中華書局 1984 年版。
蓋之庸編：《内蒙古遼代石刻文研究》（增訂本），内蒙古大學出版社 2007 年版。
韓儒林：《穹廬集——元史及西北民族史研究》，上海人民出版社 1982 年版。
河北省文物研究所編：《宣化遼墓（1974—1993 年考古發掘報告）》，文物出版社 2001 年版。
賈敬顔：《五代宋金元人邊疆行記十三種疏證稿》，中華書局 2004 年版。
金渭顯：《高麗史中中韓關係史料彙編》，臺灣食貨出版社 1983 年版。
金毓黻輯印：《遼陵石刻集録》，僞奉天圖書館 1934 年版。
李殿福、孫玉良：《渤海國》，文物出版社 1987 年版。
林鵠：《〈遼史〉百官志考訂》，中華書局 2015 年版。
劉海文編著：《宣化出土古代墓誌録》，遠方出版社 2002 年版。
劉鳳翥：《契丹文字研究類編》，中華書局 2014 年版。

劉鳳翥、唐彩蘭、青格勒編：《遼上京地區出土的遼代碑刻彙輯》，社會科學文獻出版社 2009 年版。
劉鳳翥、劉寧、王清林、蓋之庸輯録：《遼代漢字碑刻輯録》（待刊）。
劉鳳翥、華祖根、盧勳編：《中國民族史研究》（四），改革出版社 1992 年版。
梅寧華主編：《北京遼金史跡圖誌》上册，北京燕山出版社 2003 年版。
梅寧華主編：《北京遼金史跡圖誌》下册，北京燕山出版社 2004 年版。
苗潤博：《〈遼史〉探源》，中華書局 2020 年版。
内蒙古文物考古研究所、哲里木盟博物館編：《遼陳國公主墓》，文物出版社 1993 年版。
清格爾泰、劉鳳翥、陳乃雄、于寶麟、邢復禮編著：《契丹小字研究》，中國社會科學出版社 1985 年版。
孫進己、馮永謙總纂：《東北歷史地理》（上、下册），黑龍江人民出版社 2013 年版。
譚其驤主編：《中國歷史地圖集釋文彙編》（東北卷），中央民族學院出版社 1988 年版。
唐彩蘭：《遼上京文物擷英》，遠方出版社 2005 年版。
田衛疆：《高昌回鶻史稿》，新疆人民出版社 2006 年版。
王承禮：《渤海簡史》，黑龍江人民出版社 1984 年版。
王承禮：《中國東北的渤海國與東北亞》，吉林文史出版社 2000 年版。
王國維：《王國維遺書》，上海古籍書店 1983 年版。
王健群、陳相偉：《庫倫遼代壁畫墓》，文物出版社 1989 年版。
王晶辰編：《遼寧碑誌》，遼寧人民出版社 2002 年版。

王綿厚、王海萍主編：《遼寧省博物館藏碑誌精粹》，文物出版社 2000 年版。
魏良弢：《西遼史綱》，人民出版社 1991 年版。
楊志玖：《元史三論》，人民出版社 1985 年版。
政協巴林左旗委員會編，魏昌友、曹建華、金永田主編：《臨潢史跡》，内蒙古人民出版社 1999 年版。
中國社會科學院考古研究所編：《新中國的考古發現和研究》，文物出版社 1984 年版。
[日本] 白鳥庫吉撰，方狀猷譯：《東胡民族考》，商務印書館 1934 年版。
[德國] 傅海波、[英國] 崔瑞德編，史衛民等譯：《劍橋中國遼西夏金元史》，中國社會科學出版社 1998 年版。
[法國] 閔宣化著、馮承鈞譯：《東蒙古遼代舊城探考記》，中華書局 1956 年版。
[伊朗] 志費尼著，何高濟譯，翁獨健校訂：《世界征服者史》，内蒙古人民出版社 1980 年版。

三、學術論文

蔡美彪：《遼代后族與遼季后妃三案》，《歷史研究》1994 年第 2 期。
陳得芝：《耶律大石北行史地雜考》，《歷史地理》第二輯，1982 年。
陳述：《契丹世選考》，《歷史語言研究所集刊》第八本第二分册，1939 年。
陳述：《頭下考》（上），《歷史語言研究所集刊》第八本第三分册，1939 年。

陳述：《頭下釋義》，《東北集刊》第一期，1941年。
陳述：《哈喇契丹説——兼論拓拔改姓和元代清代的國號》，《歷史研究》1956年第2期。
陳述：《遼史朔閏正誤》，載劉鳳翥、華祖根、盧勳主編《中國民族史研究》（四），改革出版社1992年版。
陳曉偉：《再論契丹“五色紀年説”——以契丹小字爲中心》，《文史》2011年第4期。
程妮娜：《遼朝黑龍江流域屬國、屬部朝貢活動研究》，《求是學刊》2012年第1期。
東北博物館編：《義縣奉國寺調查報告》，《文物參考資料》1951年第9期。
馮永謙：《遼史外戚表補證》，《社會科學輯刊》1979年第3期。
馮永謙：《遼史外戚表補證》（續），《社會科學輯刊》1979年第4期。
馮永謙：《遼上京附近水道辨誤——兼考金上京之曲江縣故址》，載《遼金史論集》第2輯，書目文獻出版社1987年版。
郭黛姮：《獨樂寺觀音閣在建築史的地位》，載清華大學建築系編《建築史論文集》（第九輯），清華大學出版社1988年版。
景愛：《遼史研究綜述》，《北方文物》1985年第6期。
李健才：《樺甸蘇密城考》，《黑龍江文物叢刊》1983年第2期。
李義：《遼代奚“大王記結親事”碑》，載宋德金、景愛、穆連木、史金波編《紀念陳述先生逝世三周年論文集：遼金西夏史研究》，天津古籍出版社1997年版。
李逸友、遼中京發掘委員會编：《遼中京城址發掘的重要收穫》，《文物》1961年第9期。
李逸友：《遼耶律琮墓石刻及神道碑銘》，載《東北考古與歷史》第1輯，文物出版社1982年版。

連吉林：《内蒙古開魯縣遼墓發現的墨書題記與遼之龍化州》，《北方文物》2019年第2期。

遼寧省博物館、遼寧鐵嶺地區文物發掘小組：《法庫葉茂台遼墓記略》，《文物》1975年第12期。

劉鳳翥：《遼太祖尊號謚號考辨》，《社會科學輯刊》1979年第1期。

劉鳳翥、金永田：《遼代韓匡嗣與其家人三墓誌銘考釋》，香港《中國文化研究所學報》新第9期。

劉鳳翥：《釋契丹語"迤邐免"和"乙林免"》，《瀋陽師範學院學報》1980年第1期。

劉鳳翥：《契丹王朝何時何故改稱大遼》，《昭烏達蒙族師專學報》1987年第2期。

劉鳳翥：《遼代太宗朝並無皇太子》，《北方文物》1998年第2期。

劉浦江：《再論阻卜與韃靼》，《歷史研究》2005年第2期。

馬冬：《"黏韎帶"綜論》，《藏學學刊》第5輯，2010年。

滿岩：《遼王朝對渤海國遺民的治理策略》，《蘭臺世界》2015年9月下旬版。

内蒙古文物考古研究所編：《遼上京城址勘查報告》，載《内蒙古文物考古文集》第1輯，中國大百科全書出版社1994年版。

内蒙古文物考古研究所、赤峰市博物館、阿魯科爾沁旗文物管理所編：《遼耶律羽之墓發掘簡報》，《文物》1996年第1期。

邱靖嘉：《遼太宗朝的"皇太子"名號問題——兼論遼代政治文化的特徵》，《歷史研究》2010年第6期。

邱靖嘉：《遼道宗“壽隆”年號探源——金代避諱之新證》，《中華文史論叢》2014 年第 4 期。
邵國田：《敖漢旗羊山 1—3 號遼墓清理簡報》，《内蒙古自治區文物考古》1999 年第 1 期。
宿白：《獨樂寺觀音閣與薊州玉田韓家》，《文物》1985 年第 7 期。
宿白：《宣化考古三題——宣化古建築、宣化城沿革、下八里遼墓群》，《文物》1998 年第 1 期。
孫勐：《遼代道教文化與信仰的考古考察》，《中國道教》2010 年第 5 期。
魏志江：《論遼帝國對漠北蒙古的經略及其對草原絲綢之路的影響》，載《元史及民族與邊疆集刊》第 34 輯，上海古籍出版社 2017 年版。
姚從吾：《遼朝契丹族的捺鉢文化與軍事組織、世選習慣、兩元政治及遊牧社會中的禮俗生活》，《中山學術文化集刊》第一集，臺北中山學術文化基金董事會 1968 年版。
閻萬章：《遼道宗宣懿皇后父爲蕭孝惠考》，《社會科學輯刊》1979 年第 2 期。
閻萬章：《〈遼史補正三則〉辨正》，《社會科學輯刊》1983 年第 3 期。
閻萬章：《點校本〈遼史〉正誤》，《遼海文物學刊》1995 年第 1 期。
張少珊：《遼代耶律李胡與和魯斡的封號》，《民族研究》2016 年第 2 期。
《耶律隆運（韓德讓）墓誌銘》，拓片載《考古》2020 年第 4 期、録文載《考古》2020 年第 5 期。
[日本] 島田正郎：《遼朝北面中央官制的特色》，臺灣《大陸

雜誌》第29卷第12期，1964年。
［日本］津田左右吉：《遼の制度の二重體系》，《津田左右吉全集》，岩波書店1964年版。

遼史　卷一

本紀第一

太祖上

太祖大聖大明神烈天皇帝姓耶律氏，[1]諱億，[2]字阿保機，小字啜里只，契丹迭剌部霞瀨益石烈鄉耶律彌里人，[3]德祖皇帝長子，[4]母曰宣簡皇后蕭氏，[5]唐咸通十三年生。[6]初，母夢日墮懷中有娠。及生，室有神光異香，體如三歲兒，即能匍匐。祖母簡獻皇后異之，[7]鞠爲己子，常匿於别幕，[8]塗其面，不令他人見。三月能行，晬而能言，知未然事，自謂左右若有神人翼衛。雖齠齔，[9]言必及古務，時伯父當國，[10]疑輒咨焉。既長，身長九尺，豐上鋭下，目光射人，關弓三百斤，[11]爲撻馬狘沙里。[12]時小黄室韋不附，[13]太祖以計降之。伐越兀及烏古、六奚、比沙狘諸部，[14]克之。國人號阿主沙里。[15]

[1]太祖：遼朝開國皇帝耶律阿保機的廟號。　大聖大明神烈

天皇帝：阿保機謚號。詳本書卷二《太祖本紀下》。　耶律：遼代契丹皇族的姓氏。據《新五代史》卷七二《四夷附録第一》，阿保機"以其所居横帳地名爲姓，曰世里。世里，譯者謂之耶律"。

[2]諱億：億是遼太祖的漢名。他生前無漢名。漢名億是在其死後由其子德光爲其所定。據《新五代史》卷七二《四夷附録第一》：德光"葬阿保機木葉山，謚曰大聖皇帝，後更其名曰億"。以是知阿保機有漢名，是在其即葬之後。【劉注】《通鑑》卷二六六注引趙志忠《虜庭雜記》云："太祖諱億，番名阿保謹，又諱斡里。"根據對契丹文字的研究成果，契丹男人的契丹語名字有"小名（孩子名）""第二個名"和"全名"之分，三者均可單獨作名字使用。"全名"是把"小名"和"第二個名"疊加在一起，疊加時，"第二個名"置於"小名"之前。漢字文獻在處理契丹人的契丹語名字時，把"小名"作"名"，把"第二個名"處理爲"字"。凡"第二個名"均有尾音 n。"阿保機"和"阿保謹"是同名異譯，是番名，即契丹語的"第二個名"。"阿保謹"的翻譯更符合尾音 n 的規律。"小字"即小名。"啜里只"和"斡里"爲同名異譯，是小名。

[3]迭剌部：契丹部族名。據本書卷三二《營衛志・部族》，遙輦氏時期，原來耶律（即世里）有七部，後合併爲一，成爲迭剌部。　霞瀨益石烈鄉耶律彌里：契丹部族組織名稱。"石烈"是構成部族的小單位，"彌里"是構成石烈的小單位，《遼史・百官志》以之分別對應爲"縣"和"鄉"。這里稱"霞瀨益石烈鄉"，是音譯再加意譯。【劉校】"鄉"原本誤作"卿"，據南監本和北監本改。　契丹：【劉注】一爲中國北方古代民族名。源於東胡後裔鮮卑。金富軾《三國史記》卷一八《小獸林王》八年（378）條："九月，契丹犯北邊，陷八部落。"這是契丹之名見於史書的最早確切年代。《魏書》始立《契丹傳》。是後《北史》《隋書》《舊唐書》《新唐書》《舊五代史》《新五代史》均有契丹傳。二爲國號，朝代名。

［4］德祖：阿保機父親的廟號。重熙二十一年（1052）七月追尊。名撒剌的。

［5］宣簡皇后：阿保機母親的謚號。重熙二十一年七月追尊。死於天顯八年（933），本書卷七一有傳。

［6］唐：李淵所建立的朝代名（618—907）。　咸通：唐懿宗年號（860—874）。

［7］簡獻皇后：阿保機祖母的謚號。本書卷七一有傳。

［8］别幕：本書卷七一《簡獻皇后傳》作“别帳”，即其寢帳之外的另一帳幕。

［9］齠（tiáo）齔（chèn）：古代稱男八歲、女七歲换牙爲齠齔。

［10］伯父當國：指阿保機幼年時，其三伯父述瀾任于越，實際主持契丹八部聯盟的軍政事務。本書卷一一二《耶律轄底傳》稱轄底“與耶律釋魯（述瀾）同知國政”。阿保機之父撒剌的（後追尊爲德祖簡獻皇帝）有兄弟四人：長曰麻魯，早卒；次曰巖木，任迭剌部夷离堇；三曰述瀾，任于越；撒剌的行四。

［11］關弓：即彎弓，滿張弓以備發矢。

［12］撻馬狘（xuè）沙里：音譯的契丹語官名。意爲“管率扈從的郎君”。這是阿保機即位前首次擔任的官職，本書卷一一六稱“撻馬，人從也。沙里，郎君也。管率衆人之官”。在契丹語中，謂語置於賓語後面。從語法分析，“狘”應爲作謂語用的動詞“管率”之義。陳漢章《索隱》“狘即管轄之義”，是。

［13］小黄室韋：部族名。據本書卷三三《營衛志下》，小黄室韋實即突吕不室韋的一部分，本名大、小二黄室韋户。阿保機爲撻馬狘沙里時，以計降伏大、小黄室韋，並且仍置爲二部。後設節度使，戍泰州（今吉林省白城市），隸屬東北路統軍司。

［14］越兀：部族名。其事不詳。　烏古：部族名。又稱嫗厥律、于厥律，居契丹西北。《新五代史》卷七四《四夷附録第一》：“嫗厥律，其人長大，髦頭，酋長全其髮，盛以紫囊。地苦寒，水

出大魚，契丹仰食。又多黑、白、黄貂鼠皮，北方諸國皆仰足。其人最勇，鄰國不敢侵。”　六奚：即“六部奚”。奚族六個部的總稱。奚族最初有遙里、伯德、奥里、梅只、楚里五部。天贊二年（923），東扒里斯胡損恃險抗命，被遼太祖消滅，遂以奚府給役户，併括諸部隱丁，收合流散而置墮瑰部。連同以前的五部共爲六部。　比沙狘：部族名。居地不詳。

[15]阿主沙里：契丹人對阿保機的尊稱。契丹人稱父祖爲“阿主”。【劉注】“阿主沙里”是契丹語“小祖宗”的音譯。即以阿保機這位郎君爲長輩，也是對阿保機的昵稱。

唐天復元年歲辛酉，[1]痕德堇可汗立。[2]以太祖爲本部夷离堇，[3]專征討，連破室韋、于厥及奚帥轄剌哥，[4]俘獲甚衆。冬十月，授大迭烈府夷离堇。[5]

[1]天復：唐昭宗年號（901—904）。

[2]痕德堇：契丹遙輦氏末代可汗名，又稱“欽德”，其立爲契丹可汗應早於天復元年。據《新唐書》卷二一九《契丹傳》，咸通（860—874）間，契丹可汗爲習爾之。“習爾之死，族人欽德嗣。光啓時天下盜興，北疆多故，乃鈔奚、室韋，小部種皆役服之，因入寇幽、薊。”可見，光啓時（885—888），欽德已在可汗位。

[3]夷离堇：契丹部族官名。本書卷一一六《國語解》：“夷离堇，統軍馬大官。會同初，改爲大王。”源於突厥語官名“俟斤”（Irkin）。突厥各部的最高元首稱“可汗”（Qaghan），其他各部酋長則稱爲俟斤。初，契丹“其君大賀氏，有勝兵四萬，臣於突厥，以爲俟斤”（《新唐書》卷二一九《契丹傳》）。後，契丹首領自立爲可汗，其下所屬各部酋長則稱爲“俟斤”，亦即夷离堇。契丹立國後，大部族之夷离堇稱王，小部族之夷离堇則稱爲節度使。舉凡一部之軍政、民政皆由其統掌。參見韓儒林《穹廬集》（上海人民

出版社 1982 年版，第 314—316 頁）。

［4］室韋：部族名。北魏始見於記載，分佈於黑龍江、嫩江流域，唐時分爲許多部。契丹多爲其役屬。

［5］大迭烈府：即迭剌部之府。

明年秋七月，[1]以兵四十萬伐河東代北，[2]攻下九郡，獲生口九萬五千，駞、馬、牛、羊不可勝紀。九月城龍化州於潢河之南，[3]始建開教寺。

［1］明年：指唐天復二年（902）。

［2］河東代北：唐河東道代北軍。又稱鴈門軍，治代州（今山西省代縣），領代、忻二州，光啓中併入河東節度使。【劉校】代北，原本誤作“伐北”，南監本和北監本誤作“河北”，中華點校本據本書卷三四《兵衛志上》及《大典》（道光殿本《考證》引）改。今從。

［3］龍化州：地名。傳説契丹始祖奇首可汗居此，原稱龍庭。地當今内蒙古自治區奈曼旗東北。唐天復二年阿保機成爲迭剌部夷离堇，破代北，遷徙代北居民於此建州。詳本書卷三七《地理志一·上京道》。【劉注】據孫進己、馮永謙《東北歷史地理》下册（黑龍江人民出版社 2013 年版），今内蒙古自治區庫倫旗扣河子鎮酒局子村古城址爲遼代龍化州治所。　潢河：河流名。今内蒙古自治區境内的西拉木倫河，即西遼河上游。

明年春伐女直，[1]下之，獲其户三百。九月復攻下河東懷遠等軍。[2]冬十月引軍略至薊北，[3]俘獲以還。先是德祖俘奚七千户，徙饒樂之清河，[4]至是創爲奚迭剌部，[5]分十三縣。遂拜太祖于越、總知軍國事。[6]

[1]明年：指唐天復三年（903）。 女直：部族名。本作“女真”，因避遼興宗宗真名諱，改稱女直。遼時居東北地區東部。其在南者入遼籍，稱“熟女真”或“合蘇館女真”；在北者不入遼籍，稱“生女真”。

[2]懷遠軍：唐軍鎮名。陳漢章《索隱》“案唐志河東道無懷遠軍”。據《新唐書·地理志》，懷遠軍屬范陽道。另據《唐會要》卷七八，該軍鎮係天寶二年（743）經安禄山奏請所置。

[3]冬十月引軍：【劉校】原本誤作“十月引軍冬”，據南監本和北監本改。 薊北：地區名，唐薊州北部。薊州治所在今天津市薊州區。

[4]饒樂：唐代都督府名。唐初置饒樂都督府，統轄奚族各部。

[5]奚迭剌部：奚部族組織名。契丹征服奚族以後，以其一部分所置的新部族。

[6]于越：契丹語官名。爲契丹貴官，據本書卷一一六《國語解》，“于越，貴官，無所職。其位居北、南大王上。非有大功德者不授”。

明年歲甲子三月廣龍化州之東城。[1]九月討黑車子室韋，[2]唐盧龍軍節度使劉仁恭發兵數萬遣養子趙霸來拒，[3]霸至武州，[4]太祖諜知之，伏勁兵桃山下。[5]遣室韋人牟里詐稱其酋長所遣，約霸兵會平原，既至，四面伏發擒霸，殲其衆。乘勝大破室韋。

[1]明年：指唐天復四年（904）。

[2]黑車子室韋：部族名。室韋之一部，即《舊唐書·回紇傳》的“和解室韋”。其住地當今内蒙古自治區東部的呼倫湖東南，南與契丹接。詳見王國維《觀堂集林》卷一四《黑車子室韋考》。

[3]盧龍軍：唐軍鎮名。據《唐會要》卷七八，該軍鎮係天寶二年（743）設置，治所在今河北省盧龍縣。　劉仁恭：人名，唐末割據軍閥，深州樂壽（今河北省獻縣）人。早年爲晉王李克用壽陽鎮將，乾寧元年（894）又爲盧龍軍節度使。其子守文爲横海軍節度使，父子率兩鎮兵十萬，號稱三十萬，稱雄一方。仁恭後爲另一子守光所囚禁。乾化元年（911）守光自號大燕皇帝。次年仁恭父子爲晉王所擒殺。《新唐書》卷二一二有傳。《舊五代史》卷一三七《外國列傳》："劉仁恭鎮幽州，素知契丹軍情僞，選將練兵，乘秋深入，踰摘星嶺討之，霜降秋暮，即燔塞下野草以困之，馬多饑死，即以良馬賂仁恭，以市牧地。仁恭季年荒恣，出居大安山，契丹背盟，數來寇鈔。"看來，劉仁恭的攻擊，使契丹受到了嚴重的損失。

[4]武州：【劉注】陳漢章《索隱》："案此武州非遼西京道之武州，亦非唐關内道之武州，爲唐河東道之武州。"州治故址在今河北省張家口市宣化區。

[5]桃山：【劉注】山名。陳漢章《索隱》："案《一統志》，桃山在萬全縣西北，新河口堡東北三里，亦名桃山臺。"

明年七月復討黑車子室韋。[1]唐河東節度使李克用遣通事康令德乞盟，[2]冬十月太祖以騎兵七萬會克用于雲州。[3]宴酣，克用借兵以報劉仁恭木瓜澗之役，[4]太祖許之。易袍馬，約爲兄弟。及進兵擊仁恭，拔數州，盡徙其民以歸。

[1]明年：指唐天祐二年（905）。

[2]李克用（856—908）：人名。沙陀部人。朱邪赤心（唐懿宗賜姓名李國昌）之子。早年因參與鎮壓黄巢起義，爲唐朝收復長安，而被任命爲河東節度使。後進封晉王。曾長期與朱温交戰。克

用死後，其子存勗在後梁龍德元年（923）建立後唐，追尊克用爲太祖。　通事：唐官名。唐於中書省置通事舍人十六人，從六品上，掌朝見引納、殿庭通奏。四夷入貢，也經由通事舍人轉呈皇帝。後，任此職者多通“四夷”語言。

[3]會克用于雲州：據《通鑑》與《舊五代史》所記，此事發生在天祐四年（梁開平元年，907）。據《通鑑》胡注，李克用與阿保機會於雲州城東，列兵相去五里，使人馬上持盃往來以展酬酢之禮。延入帳中，約爲兄弟，李克用謂曰：“唐室爲賊臣所簒，吾以今冬大舉，弟助我精騎二萬，同收汴、洛。”阿保機許諾。阿保機謂李克用曰：“我番中酋長，舊法三年則罷。若他日見公，復相禮否？”李克用曰：“我受朝命鎮太原，亦有遷移之制，但不受則可，何憂罷乎！”阿保機由此用其教。阿保機留旬日乃去，晉王贈以金繒數萬，阿保機留馬三千匹、雜畜萬計以酬之。　雲州：故址在今山西省大同市。

[4]木瓜澗之役：唐著名戰役。此役發生在乾寧四年（897），是年八月李克用在蔚州（今河北省蔚縣）木瓜澗爲劉仁恭部將楊師侃所敗，亡失大半。此事距克用與阿保機雲州會盟，已經過去了十年，已是事過境遷，劉仁恭不僅不再是李克用的敵人，而且成了他的盟友，他們共同的敵人是後梁朱温。因此，李克用與阿保機會盟的目的，不可能是爲報木瓜澗之仇，而是“約以今冬共擊梁”。

明年二月復擊劉仁恭還，[1]襲山北奚，[2]破之。汴州朱全忠遣人浮海奉書幣、衣帶、珎玩來聘。[3]十一月遣偏師討奚、霫諸部及東北女直之未附者，[4]悉破降之。十二月痕德堇可汗殂，群臣奉遺命請立太祖。曷魯等勸進。[5]太祖三讓，從之。[6]

[1]明年：指唐天祐三年（906）。

[2]山北奚：部族名。爲奚族的一部分。契丹強大後，奚爲其役屬，其中一部分不堪忍受契丹奴役者，在首領去諸率領下，歸附中原，遷居嬀州（今河北省懷來縣）。唐稱新、嬀、儒、武等州爲"山後"又稱"山北"。"山北奚"當即指這部分南遷的奚族。

[3]汴州：治所在今河南省開封市。 朱全忠（852—912）：即朱温，後梁王朝的建立者。公元907—912年在位。宋州碭山（今屬安徽省）人。早年曾參加黄巢起義，中和二年（882）降唐，被任爲河中行營招討副使。因鎮壓起義有功，受封爲梁王。天祐四年（907）代唐稱帝，建立後梁。

[4]霫（xí）：古代部族名。原居土河（今老哈河）以北，其俗與契丹略同。後被契丹役屬，與奚、契丹諸族逐漸融合。

[5]曷魯（872—918）：即耶律曷魯。契丹迭剌部人。阿保機"佐命功臣"之一。匣馬葛之孫，偶思之子。阿保機即位後以曷魯爲"阿魯敦于越"。本書卷七三有傳。

[6]太祖三讓，從之：此係史家爲阿保機諱。他取代遙輦氏，實爲強取，並不是被動所爲。《五代會要》卷二九《契丹》："其八族長皆號曰大人，稱刺史，内推一人爲王，建旗鼓以尊之。每三年，第其名以代之。唐末有耶律阿保機者，怙強好勇，不受諸侯之代，吞侵鄰部，兵力漸盛，嘗與後唐太祖會盟于雲中，結爲兄弟。其後僭稱帝號，以妻述律氏爲皇后，燕人韓延徽爲宰相，法令嚴明，諸部皆畏伏之。"《舊五代史》卷一三七《外國列傳》也有大體相同的記載。

元年，[1]春正月庚寅命有司設壇于如迂王集會堝，[2]燔柴告天，[3]即皇帝位，尊母蕭氏爲皇太后，[4]立皇后蕭氏。[5]北宰相蕭轄剌、南宰相耶律歐里思率群臣上尊號曰天皇帝，[6]后曰地皇后。庚子詔皇族承遙輦氏九帳爲第十帳。[7]

[1]元年：耶律阿保機即汗位的第一年。因開國草創，沒有年號。此年爲後梁開平元年（907）。【劉注】公元907年，耶律阿保機建國稱契丹。此後時稱契丹時稱遼。會同元年（938）遼太宗改國號爲遼。統和元年（983）遼聖宗又改國號爲契丹，咸雍二年（1066）遼道宗又改國號爲遼。根據對契丹文字的解讀，漢文文獻稱國號爲契丹的時候，例如重熙二十二年（1053）契丹文字《耶律宗教墓誌銘》中稱國號爲“契丹·遼”的雙國號，“契丹”置於“遼”之前。在漢文文獻稱國號爲遼的時候，例如咸雍二年之後的一些契丹文字墓誌銘中，稱國號爲“遼·契丹”的雙國號，“遼”置於“契丹”之前。

[2]如迂王集會堝：契丹語地名。其義不詳。據中華點校本校勘記，即是本書卷三《太宗本紀》天顯五年（930）所記之“如迂正集會堝”。其地既建有《太祖聖功碑》，則當在阿保機陵寢（今內蒙古自治區巴林左旗查干哈達蘇木石房子嘎查）附近。

[3]燔柴告天：古代天子祭天之禮。又簡稱爲“燔柴”。《爾雅·釋天》：“祭天曰燔柴。”行禮時，積薪於壇，取玉及牲置於柴上焚燒。

[4]蕭氏：契丹后族姓氏。隋唐時期，與契丹可汗通婚的乙室已（根據對契丹文字的解讀，應爲“乙室己”）部和拔里部，被稱爲“審密”，又稱孫氏，後來的蕭氏爲其異譯。參見蔡美彪《遼代后族與遼季后妃三案》（《歷史研究》1994年第2期）。　皇太后：指阿保機母宣簡皇后。本書卷七一有傳。

[5]皇后蕭氏（879—953）：即阿保機妻述律氏。漢名平，小字月里朶。其先爲回鶻人。本書卷七一有傳。

[6]宰相：契丹部族官名。契丹可汗之下有北、南二府，各部族則分屬二府，分設宰相，故北宰相亦稱北府宰相，南宰相亦稱南府宰相。

[7]遙輦氏九帳：即遙輦氏九個可汗的宮帳。“宮帳”又稱“宮衛”，負責管理可汗在掠奪戰爭中所俘獲的生口及其他私産。遙

輦氏九可汗依次是：遙輦洼可汗、阻午可汗、胡剌可汗、蘇可汗、鮮質可汗、昭古可汗、耶瀾可汗、巴剌可汗以及痕德堇可汗。

二月戊午以從弟迭栗底爲迭烈府夷离堇。[1]是月征黑車子室韋，降其八部。

[1]迭栗底：亦作“迭里特”。本書卷一一二有傳。

夏四月丁未朔唐梁王朱全忠廢其主，[1]尋弒之，[2]自立爲帝，[3]國號梁，遣使來告。[4]劉仁恭子守光囚其父，[5]自稱幽州盧龍軍節度使。秋七月乙酉其兄平州刺史守奇率其衆數千人來降，[6]命置之平盧城。[7]冬十月乙巳討黑車子室韋，破之。

[1]朱全忠廢其主：據《通鑑》卷二六六唐昭宣帝天祐四年（907）三月甲辰，“唐昭宣帝降御劄禪位於梁”。

[2]尋弒之：據《通鑑》卷二六六後梁太祖開平二年二月癸亥，朱全忠將被廢爲濟陰王的唐帝李柷酖殺，追謚爲唐哀皇帝。

[3]自立爲帝：據《通鑑》卷二六六，朱全忠在天祐四年四月甲子即皇帝位。

[4]梁遣使來告：《舊五代史》卷一三七《外國列傳第一》：“及梁祖建號，阿保機亦遣使送名馬、女樂、貂皮等求封册。梁祖與之書曰：‘朕今天下皆平，唯有太原未伏，卿能長驅精甲，徑至新莊，爲我翦彼寇讎，與爾便行封册。’”

[5]劉仁恭子守光囚其父：《通鑑》卷二六六繫此事於後梁開平元年（907）四月己酉。

[6]平州：唐置，治所在今河北省盧龍縣。　守奇：據《通

鑑》卷二六六梁開平元年四月："守光弟守奇奔契丹，未幾，亦奔河東。"守奇是守光之弟，而非其兄。守光另有兄，名守文。

［7］平盧城：唐置平盧軍節度使，治所在營州柳城（今遼寧省朝陽市），其地於五代初已在契丹治下，故將劉守奇安置於此。

二年，[1]春正月癸酉朔御正殿，受百官及諸國使朝。辛巳始置惕隱，[2]典族屬，以皇弟撒剌爲之。[3]河東李克用卒，[4]子存勗襲，[5]遣使弔慰。

［1］二年：阿保機即汗位之第二年。此年是梁開平二年（908）。

［2］惕隱：契丹官名。又稱梯里已，掌皇族政教。本書卷一一六《國語解》："惕隱，典族屬官，即宗正職也。"

［3］撒剌：即阿保機之弟剌葛。剌葛字率懶，"撒剌"乃"率懶"同名異譯，其事蹟詳載本書卷六四《皇子表》。

［4］河東李克用卒：【劉校】原本、南監本、北監本和殿本均無"卒"字。據中華點校本補。

［5］存勗：即後唐莊宗李存勗（885—926）。五代時期後唐的建立者，晉王李克用之子。初嗣位爲晉王，據太原，與梁逐鹿中原。天祐二十年（923）稱帝，國號唐，史稱後唐，都洛陽。同年十月攻陷大梁（今河南省開封市），梁末帝死於兵間。三年後，李存勗也死於內亂。

夏五月癸酉詔撒剌討烏丸、黑車子室韋。[1]

［1］烏丸：古代部族名。又作"烏桓"，東胡的一支，原附匈奴，漢武帝擊敗匈奴後，始轉而附漢。建安十二年（207）曹操將其一部分遷至中原。撒剌所征之烏丸應是留居東北地區烏桓之

後裔。

秋八月壬子幽州進合歡瓜。冬十月己亥朔建明王樓。[1]築長城於鎮東海口。[2]遣輕兵取吐渾叛入室韋者。[3]

[1]明王樓：契丹建築名。據本書本卷記載：七年三月剌葛“其黨神速姑復劫西樓，焚明王樓”，以是知明王樓建在西樓，即後來的遼上京（今内蒙古自治區巴林左旗林東鎮）。

[2]鎮東海口：其地在大連市金州區。“遼太祖所建的鎮東海口長城，後世簡稱‘哈斯罕關’。哈斯罕關址乃該長城的望臺，由此往北，依稀可見斷斷續續的地隔，當地人俗稱土崗子，經考證，這些土隔應爲當年的城牆”（張松《中國“最短的長城”在大連》，《遼瀋晚報》2017年1月3日）。

[3]吐渾：古代部族名。據《新五代史》卷七四，吐渾“自後魏以來，名見中國，居於青海之上。當唐至德中，爲吐蕃所攻，部族分散，其内附者，唐處之河西。其大姓有慕容、拓拔、赫連等族。懿宗時，首領赫連鐸爲陰山府都督，與討勛，以功拜大同軍節度使。爲晉王所破，其部族益微，散處蔚州界中”。“晉高祖立，割鴈門以北入於契丹，於是吐渾爲契丹役屬，而苦其苛暴”。【劉注】“吐谷渾”的省稱，鮮卑語音譯，義爲“泥土”。

三年，[1]春正月幸遼東。二月丁酉朔梁遣郎公遠來聘。三月滄州節度使劉守文爲弟守光所攻，[2]遣人來乞兵討之，命皇弟舍利素、夷离堇蕭敵魯以兵會守文於北淖口，[3]進至横海軍近淀，[4]一鼓破之，守光潰去。因名北淖口爲會盟口。

[1]三年：阿保機即汗位之第三年，此年是梁開平三年(909)。

[2]劉守文（？—909）：劉守光之兄。《新五代史》卷三九《劉守光傳》："其兄守文聞父且囚，即率兵討守光，至於盧台，爲守光所敗，進戰玉田，又敗，乃乞兵於契丹。明年，守文將契丹、吐渾兵四萬人戰於鷄蘇，守光兵敗，守文陽爲不忍，出於陣而呼其衆曰：'毋殺吾弟！'守光將元行欽識守文，躍馬而擒之，又囚之於別室，既而殺之。"守文與守光戰於玉田，《通鑑》繫於開平二年。此後守文借契丹兵與守光復戰於鷄蘇，則是在開平三年五月。鷄蘇，據胡三省注在薊州（今天津市薊州區）西。

[3]舍利素：即阿保機異母弟蘇。據本書卷六四《皇子表》，滄州節度使劉守文求救，蘇曾奉阿保機之命，前去解滄州之圍。　蕭敵魯（？—919）：阿保機妻述律氏之弟，阿保機即汗位以後，敵魯與曷魯等總宿衛事，爲佐命功臣。後拜北府宰相。本書卷七三有傳。　北淖口：其地不詳。疑即薊運河入海之北塘口，當年劉守文與守光會戰於薊州境内，當去此不遠。

[4]横海軍：唐軍鎮名。故址在今河北省滄州市。

夏四月乙卯詔左僕射韓知古建碑龍化州大廣寺，[1]以紀功德。

[1]左僕射：唐官名。唐不設尚書令，最初以左僕射、右僕射與中書令、侍中同爲宰相。中宗以後，不加同中書門下平章事者即不爲宰相。　韓知古：薊州玉田（今屬河北省）人，早年爲契丹俘獲，阿保機即位後，受命爲中書令。爲遼代開國功臣。本書卷七四有傳。

五月甲申置羊城於炭山之北，[1]以通市易。

[1]炭山：山名。《新五代史》卷七二："漢城在炭山東南灤河上，有鹽鐵之利，乃後魏滑鹽縣也。其地可植五谷，阿保機率漢人耕種，爲治城郭、邑屋、廛市如幽州制度，漢人安之，不復思歸。"

冬十月己巳遣鷹軍討黑車子室韋，[1]破之。西北嗢娘改部族進挽車人。[2]

[1]己巳：【劉校】原本誤作"紀巳"，中華點校本據南監本、北監本和殿本改。今從。 鷹軍：遼軍號。鷹，鷙鳥，以之名軍，取速捷之義。

[2]嗢娘改：亦曰"斡朗改"，部族名。遊牧於今俄羅斯貝加爾湖以東地區。元代稱"烏梁海"。

四年，[1]秋七月戊子朔以后兄蕭敵魯爲北府宰相，[2]后族爲相自此始。

[1]四年：阿保機即汗位的第四年，此年是梁開平四年(910)。

[2]后兄：遼太祖淳欽皇后之兄。【劉注】《蕭義墓誌銘》稱"其先迪烈寧，太祖姑表弟，應天皇后之長兄也"。"迪烈寧"即"敵魯"的同名異譯。"應天皇后"即"淳欽皇后"。

冬十月烏馬山奚庫支及查剌底、[1]鋤勃德等叛，討平之。

[1]烏馬山：山名。今地不詳。

五年，[1]春正月丙戌朔日有食之。丙申上親征西部奚。[2]奚阻險，叛服不常，數招諭弗聽。是役所向輒下，遂分兵討東部奚，亦平之。於是盡有奚、霫之地，東際海，南暨白檀，[3]西踰松漠，[4]北抵潢水，凡五部咸入版籍。

[1]五年：阿保機即汗位之第五年，此年是後梁開平五年（911）。

[2]西部奚：奚族的一部分。據《五代會要》卷二八，"自天祐初，契丹兵力漸盛，室韋、奚、霫皆受制焉。故奚之部族爲契丹代守邊土，既虜人虐其首領，去諸怨之，以別部内附，徙於嬀州，依北山而居，漸至數千帳，故有東、西奚之號"。所謂"西部奚"，即内徙至嬀州（今河北省懷來縣）的那一部分奚族，因其住地在古北口外那部分奚人之西，故稱"西部奚"。

[3]白檀：漢縣名。故城在今河北省承德市西。

[4]松漠：契丹原住地。即今内蒙古自治區赤峰市松山區和翁牛特旗一帶，又稱"平地松林"，唐初在此置松漠都督府以統契丹諸部。

三月次灤河，[1]刻石紀功。復略地薊州。

[1]灤河：發源於今河北省沽源縣，流經該省北部，至灤州市、樂亭縣分道入海。

夏四月壬申遣人使梁。[1]

[1]遣人使梁：據《五代會要》卷二九《契丹》，後梁開平

“五年四月，（契丹）又遣使實柳梅老來朝貢”。

五月皇弟剌葛、迭剌、寅底石、安端謀反。[1]安端妻粘睦姑知之以告，得實，上不忍加誅，乃與諸弟登山，刑牲告天地爲誓而赦其罪。出剌葛爲迭剌部夷离堇，封粘睦姑爲晉國夫人。

[1]剌葛：字率懶，阿保機之二弟。其事蹟詳載本書卷六四《皇子表》。　迭剌：字雲獨昆，阿保機之三弟。聰明過人，是契丹小字的創製者。曾參與其兄剌葛謀反。其事蹟詳載本書卷六四《皇子表》。　寅底石：字阿辛，阿保機之四弟。其事蹟詳載本書卷六四《皇子表》。　安端：字偎隱，阿保機之五弟。也曾參與“謀反”。世宗天禄初賜號“明王”，成爲東丹國的統治者。其事蹟詳載本書卷六四《皇子表》。　謀反：關於剌葛與諸弟謀反作亂事，《通鑑》卷二七〇後梁貞明四年（918）於事後追述此事説：“初，契丹主之弟撒剌·阿撥，號北大王，謀作亂於其國。事覺，契丹主數之曰：‘汝與吾如手足，而汝興此心，我若殺汝，則與汝何異！’乃囚之。期年而釋之。撒剌·阿撥帥其衆奔晉。晉王厚遇之，養爲假子，任爲刺史。胡柳之戰，以其妻子來奔。”剌葛字率懶，“率懶”與“撒剌”乃同名異譯。所謂“撒剌·阿拔”就是剌葛。另據《通鑑》卷二七二同光元年（923）十月條，後唐莊宗李存勗詔曰：“契丹撒剌·阿撥叛兄棄母，負恩背國，宜與［趙］巖等並族誅於市。”

秋七月壬午朔斜离底洎諸蕃使來貢。[1]

[1]斜离底：部族名。本書僅此一見，其活動地區不詳。

八月甲子劉守光僭號幽州，[1]稱燕。

[1]劉守光僭號：《通鑑》卷二六八後梁乾化元年（911）八月條："甲子，守光即皇帝位，國號大燕，改元應天。以梁使王瞳爲左相，盧龍判官齊涉爲右相，史彦羣爲御史大夫。受册之日，契丹陷平州，燕人驚擾。"

冬十月戊午置鐵冶。[1]十一月壬午遣人使梁。

[1]置鐵冶：設置冶鐵機構。據本書卷二，耶律阿保機的父親撒剌的"仁民愛物，始置鐵冶，教民鼓鑄"。

六年，[1]春正月以化葛爲惕隱。[2]

[1]六年：阿保機即汗位的第六年，此年是後梁乾化二年（912）。

[2]化葛：亦作"化葛里"，即耶律化葛里。阿保機之弟寅底石之子。本書卷一一三有傳。【劉注】契丹語人名譯爲漢語時脱落尾音"里"是常有的事。例如耶律仁先大女兒兀欲丈夫的漢名叫蕭闛，《蕭闛墓誌銘》説他契丹語的名字是"蒲打里"，耶律仁先的兒子叫耶律慶嗣，《耶律慶嗣墓誌銘》説他的妹丈叫"普達"，"蒲打里"即"普達"之異譯，脱掉了尾音"里"。

二月戊午親征劉守光。

三月至自幽州。

六月梁郢王友珪弑父自立。[1]

[1]六月：【劉校】諸本均作“夏四月”。中華點校本校勘記云，《新五代史》卷二及《通鑑》卷二六八，均把梁郢王友珪弑父自立事繫於乾化二年（912）六月。據改。

秋七月丙午親征朮不姑，[1]降之，俘獲以數萬計。命弟剌葛分兵攻平州。

[1]朮不姑：一作“阻卜”，部族名。遊牧於今蒙古國的鄂爾渾河上游地區，對遼朝叛服不常。

八月壬辰上次恩德山。皇子李胡生。[1]

[1]李胡（912—960）：阿保機第三子。一名洪古，字奚隱。爲其母述律氏所鍾愛。太宗即位後，天顯五年（930）立爲皇太弟，兼天下兵馬大元帥。太宗死後，應天皇太后反對世宗兀欲而欲立李胡，失敗，母子被囚。穆宗時因參與其子喜隱謀反事而下獄死。興宗時，更謚“章肅皇帝”。本書卷七二有傳。

冬十月戊寅剌葛破平州。還，復與迭剌、寅底石、安端等反。甲申遣人使梁致祭。[1]壬辰還次北阿魯山，聞諸弟以兵阻道，引軍南趨十七濼。是日燔柴。翼日次七渡河，[2]諸弟各遣人謝罪。上猶矜憐，許以自新。

[1]遣人使梁致祭：祭梁太祖朱全忠。

[2]七渡河：河名。發源於今北京市懷柔區北部，至通州區流入北運河。

是歲以兵討兩冶，以所獲僧崇文等五十人歸西樓，[1]建天雄寺以居之，[2]以示天助雄武。

[1]西樓：遼地名。遼上京的别稱。陳述《阿保機營建四樓説證誤》（見《契丹社會經濟史稿·附録》）認爲，所謂“西樓”，也就是“世里”的異譯。而“四樓”則是漢人根據契丹有“西樓”附會而成，其實並無營建四樓之事。

[2]天雄寺：遼上京佛寺名。爲阿保機主持修建的寺廟，在上京城内東南隅，其寺内奉安阿保機之父德祖撒剌的的遺像。今已不存。

七年，[1]春正月甲辰朔以用兵免朝。[2]晉王李存勗拔幽州，[3]擒劉守光。[4]甲寅王師次赤水城，弟剌葛等乞降。上素服乘赭白馬，以將軍耶律樂姑、轄剌僅阿鉢爲御，解兵器、肅侍衛以受之，因加慰諭。剌葛等引退，上復數遣使撫慰。

[1]七年：阿保機即汗位的第七年，此年是後梁乾化三年（913）。

[2]用兵：指阿保機鎮壓諸弟反叛之戰。

[3]晉王李存勗拔幽州：《通鑑》卷二六八乾化三年十月條：“盧龍巡屬皆入于晉，燕主守光獨守幽州城，求援於契丹；契丹以其無信，竟不救。守光屢請降於晉，晉人疑其詐，終不許。”十一月“壬戌，晉王（李存勗）督諸軍四面攻城，克之，擒劉仁恭及其妻妾。守光帥妻子亡去。癸亥，晉王入幽州”。

[4]擒劉守光：《通鑑》卷二六九乾化三年十二月條：“燕主守光將奔滄州就劉守奇，涉寒，足腫，且迷失道。至燕樂之境，晝匿

阬谷，數日不食。令妻祝氏乞食於田父張師道家。師道怪婦人異狀，詰知守光處，並其三子擒之。癸酉，晉王方宴，將吏擒守光適至。”

二月甲戌朔梁均王友貞討殺其兄友珪，[1]嗣立。

[1]梁均王友貞：朱全忠第四子（含假子友文）。其兄朱友珪弑父自立，友貞討殺其兄，自立爲帝，即梁末帝。其事蹟詳載《舊五代史》卷八至卷一〇。

三月癸丑次蘆水。弟迭剌哥圖爲奚王，[1]與安端擁千餘騎而至，紿稱入覲。[2]上怒曰："爾曹始謀逆亂，朕特恕之，使改過自新，尚爾反覆，將不利於朕!”遂拘之。以所部分隸諸軍。而剌葛引其衆至乙室堇淀，具天子旗鼓，[3]將自立。皇太后陰遣人諭令避去。[4]會弭姑乃、懷里陽言車駕且至，其衆驚潰，掠居民北走。上以兵追之。剌葛遣其黨寅底石引兵徑趍行宮，[5]焚其輜重、廬帳，[6]縱兵大殺。皇后急遣蜀古魯救之，[7]僅得天子旗鼓而已。其黨神速姑復劫西樓，焚明王樓。上至土河，[8]秣馬休兵，若不爲意。諸將請急追之，上曰："俟其遠遁，人各懷土，懷土既切，其心必離，我軍乘之，破之必矣!”盡以先所獲資畜分賜將士，留夷离畢直里姑總政務。[9]

[1]迭剌哥：即“迭剌”之異譯，耶律阿保機之三弟。其事蹟詳載本書卷六四《皇子表》。

[2]入覲：入朝晉見皇帝。原以諸侯朝見天子稱“覲”。

[3]天子旗鼓：儀仗名。遼有國仗，據《新唐書》卷二一九，貞觀三年（629）契丹首領摩會入朝，唐朝賜其鼓纛，此即契丹國仗，又稱“天子旗鼓”，即唐天子賜給契丹可汗的儀仗。

[4]皇太后：指阿保機之母德祖宣簡皇后。

[5]行宮：亦稱行帳，即阿保機轉徙隨時的車帳組成的朝廷，契丹語稱“捺鉢”，遼朝中葉逐漸形成“四時捺鉢”制度。

[6]輜重：【劉校】原本誤作“輜其”。中華修訂本據南監本、北監本和殿本改。今從。

[7]蜀古魯：【劉校】據中華點校本校勘記，本書卷五八《儀衛志四》作“曷古魯”，是。

[8]土河：即今老哈河，發源於今河北省平泉市馬盂山。流經今内蒙古自治區赤峰市境内，在今翁牛特旗與西拉木倫河匯合。

[9]夷离畢：遼契丹語官名。爲執政官，相當於副宰相參知政事。後來官分南、北，北面官有夷离畢院，主要掌刑政。　直里姑：人名，本書僅此一見，其事蹟不詳。

夏四月戊寅北追剌葛，己卯次彌里，聞諸弟面木葉山射鬼箭厭禳，[1]乃執叛人解里向彼，[2]亦以其法厭之。至達里淀，選輕騎追及培只河，盡獲其黨輜重、生口。先遣室韋及吐渾酋長拔剌、迪里姑等五人分兵伏其前路，命北宰相迪里古爲先鋒進擊之。剌葛率兵逆戰，迪里古以輕兵薄之，其弟遏古只臨陣射數十人斃，[3]衆莫敢前。相拒至晡衆乃潰，[4]追至柴河，遂自焚其車乘廬帳而去。前遇拔剌、迪里姑等，伏發合擊，遂大敗之。剌葛奔潰，遺其所奪神帳於路，[5]上見而拜奠之。所獲生口盡縱歸本土。其黨庫古只、磨朵皆面縛請罪。師次劄堵河，大雨暴漲。

［1］聞諸弟：【劉校】“聞”原作“問”。據馮家昇《遼史初校》改。意爲阿保機得悉諸弟面向木葉山射鬼箭，以祓除不祥。木葉山：山名。契丹語稱“大”爲“木葉”。“木葉山”可以泛指任何“大山”，也可專指某一大山爲“木葉山”。此處指永州境内一座山，契丹人視此山爲神山，其地在今内蒙古自治區翁牛特旗新蘇莫蘇木的西拉木倫河與老哈河匯合處一帶。“上建契丹始祖廟，奇首可汗在南廟，可敦（可汗之妻）在北廟，繪塑二聖并八子神像。”詳見本書卷三七《地理志一》永州條。　射鬼箭：契丹人的巫術、刑罰。皇帝出征及祭祀先帝時，都要行這種巫術。即取死囚一人，置於所要前往之方向，以亂箭射殺，名爲射鬼箭。契丹人認爲，以此可以祓除不祥。班師歸來則以俘虜射鬼箭。後來則以此作爲刑罰的一種。

［2］向彼：即阿保機向諸弟方向射鬼箭。

［3］遏古只：即蕭敵魯之弟阿古只。兄弟二人一同爲阿保機掌腹心部。剌葛叛亂，阿古只追擒之於榆河。本書卷七三有傳。

［4］晡：申時，即午後三至五時。

［5］神帳：即載有天子旗鼓的車帳。

五月癸丑遣北宰相迪輦率驍騎先渡。[1]甲寅奏擒剌葛、涅里衮阿鉢於榆河，[2]前北宰相蕭實魯、寅底石自刭不殊。[3]遂以黑白羊祭天地。壬戌剌葛、涅里衮阿鉢詣行在，以稾素自縛，牽羊望拜。[4]上還至大嶺。時大軍久出，輜重不相屬，士卒煮馬駒、採野菜以爲食。孳畜道斃者十七八，物價十倍，[5]器服資貨委棄於楚里河，狼藉數百里，更剌葛名暴里。丙寅至庫里，以青牛白馬祭天地。[6]以生口六百、馬二千三百分賜大、小鶻軍。[7]

[1]迪輦：即蕭敵魯。其字迪輦。本書卷七三有傳。

[2]涅里衮阿鉢：阿保機族叔轄底，字涅里衮。早年曾經以欺詐手段自取夷离堇位。後主使阿保機諸弟謀亂，失敗後被縊殺（一説命其自投崖而死）。本書卷一一二有傳。【劉注】阿鉢，陳述《遼史補注》卷一，“阿鉢，爲稱號”。　榆河：河流名。流經今遼寧省西南部，入大淩河。

[3]自剄不殊：自己以刀斷首而未至死。

[4]行在：皇帝出行時所在之地。　稾索自縛：以草索將自己綁縛起來。稾，草。　牽羊望拜：戰敗者牽羊向勝利者行禮。羊代表吉祥，表示爲勝利者祝賀。

[5]物價：【劉校】“價”，原本、南監本均作“賈”，中華點校本據北監本和殿本改。今從。

[6]以青牛白馬祭天地：契丹禮儀之一種。契丹祭祀天地用青牛白馬，表示不忘祖先。本書卷三七《地理志一》永州條：“相傳有神人乘白馬，自馬盂山浮土河而東，有天女駕青牛車由平地松林泛潢河而下。至木葉山，二水合流，相遇爲配偶，生八子。其後族屬漸盛，分爲八部。每行軍及春秋時祭，必用白馬青牛，示不忘本云。”

[7]大、小鶻軍：大、小黄室韋部的軍號。

六月辛巳至榆嶺，以轄賴縣人掃古非法殘民，磔之。[1]甲申上登都庵山，撫其先奇首可汗遺跡，[2]徘徊顧瞻而興歎焉。聞獄官涅离擅造大校，[3]人不堪其苦有至死者，命誅之。壬辰次狼河，[4]獲逆黨雅里、彌里，生瘞之銅河南軌下。[5]放所俘還，多爲于骨里所掠。[6]上怒，引輕騎馳擊。復遣驍將分道追襲，盡獲其衆並掠者。庚子次阿敦濼，以養子涅里思附諸弟叛，以鬼箭射殺之。其餘黨六千，各以輕重論刑。于厥掠生口者三十餘人，亦俾贖其罪，放歸本部。至石嶺西，詔收回軍乏食所棄兵仗，召北府兵驗而還之。以夷离堇涅里衮附諸弟爲叛，不忍顯戮，命自投崖而死。[7]

[1]磔（zhé）：古代的一種酷刑。分裂肢體。當契丹興起時，中原地區早已廢除。據《唐律疏議·名例律》，唐朝死刑祇有二等，爲“絞”和“斬”。

[2]奇首可汗遺跡：據本書卷三七《地理志一》永州條，契丹在永州木葉山建有始祖廟。故奇首可汗遺跡當在永州，即今内蒙古自治區翁牛特旗新蘇莫蘇木的西拉木倫河與老哈河匯合處一帶。

[3]擅造大校（jiào）：擅自製造不如式的、過大、過重的枷。校，古代的一種刑具，即“枷”。

[4]狼河：河流名。其地不詳。

[5]生瘞：契丹特有的酷刑之一，即活埋。“瘞”同“埋”。

[6]于骨里：古代部族名。即烏古。

[7]投崖：契丹特有的酷刑。主要用於處罰犯反逆罪的親王，不予斬首，而令其自投懸崖而死。

秋八月己卯幸龍眉宫，[1]轘逆黨二十九人，[2]以其妻女賜有功將校，所掠珎寶、孳畜還主，亡其本物者，命責償其家；不能償者，賜以其部曲。

[1]龍眉宫：契丹地名。即後來的遼上京臨潢府。據本書卷一一六《國語解》：“太祖取天梯、蒙國、别魯三山之勢，於葦淀射金

齪箭以識之，名龍眉宮。神册三年築都城於其地，臨潢府是也。”

[2]轘（huàn）：當時中原早已廢除的古代酷刑之一，即車裂。

九月壬戌上發自西樓。冬十月庚午駐赤崖。戊寅和州回鶻來貢。[1]癸未乙室府人迪里古、迷骨离部人特里以從逆誅。[2]詔群臣分決滯訟，[3]以韓知古録其事，只里姑掌捕亡。[4]

[1]和州回鶻：回鶻之一部。又稱西州回鶻、高昌回鶻。和州，今新疆吐魯番以東高昌故城。

[2]乙室府：即乙室部。契丹部族名。爲阿保機時期二十部之一，統以本部夷离堇。會同二年（939）該部夷离堇稱大王，隸南府。其大王及都監率部鎮守西南境，負責防禦西夏。　迷骨离部：部族名。本書僅此一見，其情不詳。

[3]決滯訟：判決久拖不決的訟案。

[4]掌捕亡：逮捕人犯及追捕逃犯。

十一月祠木葉山。還次昭烏山，省風俗，見高年，議朝政，定吉凶儀。[1]十二月戊子燔柴於蓮花濼。

[1]吉凶儀：遼朝的兩類禮儀，吉儀和凶儀。吉儀包括祭山儀、瑟瑟儀、柴册儀、拜日儀、告廟儀、謁廟儀、孟冬朝拜陵儀、熱節儀和歲除儀等；凶儀包括喪葬儀、忌辰儀、宋使祭奠吊慰儀、宋使進遺留物儀，以及高麗、夏國告終儀等。

八年，[1]春正月甲辰以曷魯爲迭剌部夷离堇，忽烈爲惕隱。於骨里部人特离敏執逆党怖胡、亞里只等十七人來獻，上親鞫之。[2]辭多連宗室及有脅從者，乃杖殺首惡怖胡，餘並原釋。于越率懶之子化哥屢蓄奸謀，[3]上每優容之，而反復不悛，召父老群臣正其罪，并其子戮之，分其財以給衛士。有司所鞫逆黨三百餘人，獄既具，[4]上以人命至重死不復生，賜宴一日，隨其平生之好使爲之：酒酣，或歌、或舞、或戲射、角觝，[5]各極其意。明日，乃以輕重論刑。首惡剌葛，其次迭剌哥，上猶弟之，不忍寘法，杖而釋之。以寅底石、安端性本庸弱，爲剌葛所使，皆釋其罪。前于越赫底里子解里、剌葛妻轄剌已實預逆謀，命皆絞殺之。[6]寅底石妻涅離脅從，安端妻粘睦姑嘗有忠告，並免。因謂左右曰："諸弟性雖敏黠，而蓄奸稔惡。嘗自矜有出人之智，安忍兇狠，谿壑可塞而貪黷無厭。[7]求人之失，雖小而可恕，謂重如泰山；身行不義，雖入大惡，謂輕於鴻毛。昵比群小、謀及婦人，同惡相濟以危國祚，雖欲不敗其可得乎！北宰相實魯妻餘盧覩姑于國至親，[8]一旦負朕，從於叛逆，未寘之法而病死，此天誅也。解里自幼與朕常同寢食，眷遇之厚冠於宗屬，亦與其父背大恩而從不軌，茲可恕乎！"

[1]八年：阿保機即汗位的第八年，此年是後梁乾化四年（914）。
[2]鞫：審訊。
[3]率懶：即阿保機之弟剌葛。
[4]獄既具：審理完畢。
[5]角觝：類似今日的摔跤，宋人稱之爲"相撲"。
[6]解里（？—914）：即耶律轄底之子迭里特。據本書卷一一

二《轄底傳》：迭里"太祖在潛，已加眷遇，及即位拜迭剌部夷离堇"。後從剌葛亂，與其父轄底俱被縊殺。

[7]谿壑可塞：【劉校】"可"原本作"奇"，中華點校本據南監本和北監本改。今從。

[8]實魯妻餘盧覩姑：即阿保機之女質姑。

秋七月丙申朔，有司上諸帳族與謀逆者三百餘人罪狀，皆棄市。[1]上嘆曰："致人於死豈朕所欲，若止負朕躬尚可容貸，此曹恣行不道，殘害忠良、塗炭生民、剽掠財産，民間昔有萬馬，今皆徒步，有國以來所未嘗有，實不得已而誅之。"

[1]棄市：執行死刑。古代在鬧市上行刑，並暴屍於街頭，稱爲棄市。

冬十月甲子朔，建開皇殿于明王樓基。[1]

[1]開皇殿：宫殿名。遼上京三大殿之一。

九年，[1]春正月烏古部叛，討平之。

[1]九年：阿保機即汗位的第九年，此年是後梁乾化五年（915）。

夏六月，幽州軍校齊行本舉其族及其部曲男女三千人請降，詔授檢校尚書、左僕射，[1]賜名兀欲，給其廩食。[2]數日亡去，幽帥周德威納之。[3]及詔索之，德威語不遜，乃議南征。

［1］檢校尚書：唐宋皆有檢校官，屬加官而非正授。

［2］廩食：官府供給糧食。

［3］周德威（？—918）：晉王李克用的一員勇將，後事其子李存勗。天祐十年（913）平幽州，擒劉守光，授幽州盧龍軍節度使。天祐十五年攻汴州，死於是役。

冬十月戊申鈎魚于鴨渌江。[1]新羅遣使貢方物，高麗遣使進寶劍，[2]吴越王錢鏐遣滕彦休來貢。[3]

［1］鈎魚：鑿冰捕魚。　鴨渌江：即今鴨緑江。

［2］新羅：朝鮮半島古國，公元4世紀成爲半島東南部的强國。7世紀中葉滅百濟和高句麗，不久，統一半島大部。至9世紀衰落，公元935年爲王氏高麗所取代。　高麗：此處指僧人弓裔於公元901年在今朝鮮半島北部建立的後高句麗，後爲王建的高麗王朝所滅。

［3］吴越（907—978）：五代時十國之一。都杭州。共歷五主七十二年。　錢鏐（852—932）：五代時吴越國的建立者，字具美（一作巨美），杭州臨安（今屬浙江省）人。公元907年至932年在位。

是歲，君基太一神數見，[1]詔圖其像。

［1］君基太一神：福神名。據本書卷一一六《國語解》："其神所臨之國，君能建極，孚於上下，則治化升平，民享多福。"

神册元年,[1]春二月丙戌朔，上在龍化州，迭烈部夷离堇耶律曷魯等率百僚請上尊號,[2]三表乃允。丙申，群臣及諸屬國築壇州東，上尊號曰大聖大明天皇帝，后曰應天大明地皇后。大赦，建元神册。初，闕地爲壇得金鈴，因名其地曰金鈴岡。[3]壇側滿林曰册聖林。

[1]神册：遼太祖耶律阿保機年號（916—922）。

[2]上尊號：《新五代史》卷七二《四夷附録第一》："又制婚嫁，置官號。乃僭稱皇帝，自號天皇王。"因此，阿保機的所謂"尊號"，當即是"天皇王"。"大聖大明天皇帝"是他死後的謚號。

[3]金鈴岡：遼地名。據本書卷三七《地理志一》，在龍化城東。

三月丙辰，以迭烈部夷离堇曷魯爲阿盧朶里于越,[1]百僚進秩、頒賚有差，賜酺三日,[2]立子倍爲皇太子。[3]

[1]阿盧朶里：契丹語"貴顯"之義，又作"阿魯敦"。

[2]進秩：增加廩給。　頒賚：頒給賞賜。　酺（pú）：大飲酒。

[3]倍：即遼太祖耶律阿保機長子耶律倍（898—936）。倍爲漢名，契丹名圖欲（突欲）。生母爲淳欽皇后述律氏。天顯元年（926），遼滅渤海建東丹國，突欲被册爲人皇王，主東丹國政。阿保機死後，其母述律氏立德光，突欲被迫浮海投奔後唐。後唐明宗賜其姓名李贊華。清泰三年（遼天顯十一年，936）石敬瑭率軍攻入洛陽，後唐末帝李從珂約倍與之同死，倍不從，遇害。本書卷七二《宗室傳·義宗倍》也記載"神册元年春立爲皇太子"。然而，

即使確有此事，耶律倍也是徒具“皇太子”名義而已。當時契丹皇太子並不被視爲法定繼承人，因此阿保機死後，耶律倍還得與其弟德光一同參加選汗，而且最終竟被德光所排除。

夏四月乙酉朔，晉幽州節度使盧國用來降，[1]以爲幽州兵馬留後。[2]甲辰，梁遣郎公遠來賀。

[1]盧國用：即盧文進。文進字國用。他投降契丹是在第二年二月，此處所記“盧國用來降”與神册二年（917）二月所記“晉新州裨將盧文進殺節度使李存矩來降”爲同一件事。

[2]留後：官名。唐朝節度使如遇事故，往往自擇將吏以統馭其軍，稱“兵馬留後”。那些殺長官而自立的野心家也往往自稱“留後”，並迫使朝廷予以承認。

六月庚寅，吴越王遣滕彦休來貢。秋七月壬申，親征突厥、吐渾、党項、小蕃、沙陀諸部，[1]皆平之。俘其酋長及其户萬五千六百，鎧甲、兵仗、器服九十餘萬，寶貨、駝馬、牛羊不可勝算。

[1]突厥：古代族名。曾建立强大的突厥汗國，至公元6世紀分裂爲東西兩汗國。當阿保機建立契丹王朝時，突厥汗國早已滅亡。這里所謂“突厥”可能是指東突厥汗國的餘部。　党項：中國古代族名。又稱党項羌，唐以後主要活動於靈、慶、銀、夏等州，即今甘肅、寧夏、陝西和内蒙古等省區交界地區。　小蕃：契丹對某些吐蕃部落的稱呼。本書卷四六《百官志二·北面屬國官》所記“西蕃國王府”“大蕃國王府”“小蕃國王府”和“吐蕃國王府”，當都是指吐蕃各部。　沙陀：中國古代族名。爲突厥别部，原來遊

牧於西北地區，唐末遷至河東（今山西省北部）。

八月，拔朔州，[1]擒節度使李嗣本。[2]勒石紀功於青塚南。[3]

[1]朔州：治所在今山西省朔州市。

[2]李嗣本：唐振武節度使。其治所在蔚州（今河北省蔚縣），李嗣本爲契丹所擒，當是在蔚州，而非朔州。《舊五代史》卷二八《唐書·莊宗紀》："是月，契丹入蔚州，振武節度使李嗣本陷於契丹。"另據《舊五代史》卷一二七："天祐十三年八月，阿保機率諸部號稱百萬，自麟、勝陷振武，長驅雲、朔，北邊居擾，莊宗赴援於代，敵衆方退。"契丹雖然一開始取得了勝利，但最後還是被李存勖擊退了。

[3]青塚：即王昭君墓，在今内蒙古自治區呼和浩特市南面。

冬十月癸未朔，乘勝而東。十一月攻蔚、新、武、嬀、儒五州，[1]斬首萬四千七百餘級。自代北至河曲踰陰山，[2]盡有其地。遂改武州爲歸化州，[3]嬀州爲可汗州，[4]置西南面招討司，[5]選有功者領之。其圍蔚州，敵樓無故自壞，衆軍大噪乘之，不踰時而破。時梁及吳越二使皆在焉，詔引環城觀之，因賜滕彦休名曰述呂。十二月，收山北八軍。[6]

[1]蔚州：治所在今河北省蔚縣。　新州：治所在今河北省涿鹿縣。　武州：治所在今河北省張家口市宣化區。　嬀州：治所在今河北省懷來縣。　儒州：治所在今北京市延慶區。

[2]河曲：【靳注】古地名。在今内蒙古自治區鄂爾多斯市境

內。陰山：昆侖山的西北支。西起河套西北，向東綿亘於内蒙古、河北等省區，與大興安嶺相接。該山脈隨地易名，此所謂“陰山”，可能是指内蒙古境内的大青山。

[3]歸化州：即武州。據本書卷四一《地理志五・西京道》，武州改歸化州是在後晉石敬瑭割獻於遼以後。本書卷四《太宗本紀下》記此事，也繫於會同元年（938）十一月。

[4]可汗州：據本書卷四一《地理志・西京道》，嬀州改稱可汗州是在阿保機之先。“五代時，奚王去諸以數千帳徙嬀州，自别爲西奚，號可汗州，太祖因之。”

[5]西南面招討司：契丹軍事機構名。設招討使一人，駐西京大同，負責對西夏的防務。

[6]山北八軍：山北八個軍鎮的統稱。“山北”又稱“山後”，即新、嬀、儒、武等州。契丹“收山北八軍”與盧文進投降爲同一件事，也應當是在下一年。詳見後。

二年春二月，晉新州稗將盧文進殺節度使李存矩來降。[1]進攻其城，刺史安金全遁，[2]以文進部將劉殷爲刺史。

[1]盧文進殺節度使李存矩來降：盧文進原係李存矩部將。《舊五代史》卷九七《盧文進傳》：“初，莊宗得山後八軍，以愛弟存矩爲新州團練使以總領之。莊宗與劉鄩對壘於莘縣，命存矩於山後召募勁兵，又令山北居民出戰馬器仗，每鬻牛十頭易馬一匹，人心怨咨。時存矩團結五百騎，令文進將之，與存矩俱行。至祁溝關，軍士聚謀曰：‘我輩邊人，棄父母妻子，爲他血戰，千里送死，固不能也。’衆曰：‘擁盧將軍卻還新州，據城自守，奈我何！’因大呼揮戈，趣傳舍，害存矩於榻下。文進撫膺曰：‘汝輩累我矣。’因環屍而泣曰：‘此輩既害郎君，我何面目見王！’因爲亂軍所擁，

反攻新州，不克，又攻武州，又不利。周德威命將追討，文進遂奔契丹，僞命爲幽州兵馬留後，部分漢軍，常别爲營寨。”另據《新五代史》卷四八《盧文進傳》：“盧文進字大用，范陽人也。爲劉守光騎將。唐莊宗攻范陽，文進以先降拜壽州刺史，莊宗以屬其弟存矩……文進有女幼而美，存矩求之爲側室，文進以其大將不敢拒，雖與，心常歉之也，因與亂軍殺存矩反。攻新州，不克，攻武州，又不克，遂奔於契丹，契丹使守平州。”

[2]安金全：李存勗委任的新州刺史。安金全逃走，此事發生在當年三月，即盧文進降契丹之後。《通鑑》卷二六九《後梁紀四》均王貞明三年（917）：“三月，盧文進引契丹兵急攻新州，刺史安金全不能守，棄城走；文進以其部將劉殷爲刺史，使守之。晉王使周德威合河東、鎮、定之兵攻之，旬日不克。契丹主帥衆三十萬救之，德威衆寡不敵，大爲契丹所敗，奔歸。”

三月辛亥攻幽州，[1]節度使周德威以幽、并、鎮、定、魏五州之兵拒于居庸關之西，[2]合戰於新州東，大破之，斬首三萬餘級，殺李嗣恩之子武八。[3]以後弟阿骨只爲統軍，[4]實魯爲先鋒，東出關略燕趙，不遇敵而還。己未，於骨里叛，命室魯以兵討之。

[1]攻幽州：《通鑑》卷二六九《後梁紀四》均王貞明三年（917）載：“契丹乘勝進圍幽州，聲言有衆百萬，氈車毳幕彌漫山澤。盧文進教之攻城，爲地道，晝夜四面俱進，城中穴地燃膏以邀之，又爲土山以臨城，城中熔銅以灑之，日殺千計，而攻之不止。周德威遣間使詣晉王告急，王方與梁相持河上，欲分兵則兵少，欲勿救恐失之，謀於諸將，獨李嗣源、李存審、閻寶勸王救之，王喜曰：‘昔太宗得一李靖猶擒頡利，今吾有猛將三人，復何憂哉！’存審、寶以爲虜無輜重，勢不能久，俟其野無所掠，食盡自還，然後

踵而擊之。李嗣源曰：‘周德威社稷之臣，今幽州朝夕不保，恐變生於中，何暇待虜之衰！臣請身爲前鋒以赴之。’王曰：‘公言是也。’即日，命治兵。”另據《舊五代史》卷九七《盧文進傳》：“未幾，文進引契丹寇新州，自是戎師數至。”《新五代史》卷四八《盧文進傳》：“文進身長七尺，狀貌偉然，自其奔契丹也，數引契丹攻掠幽薊之間，虜其人民，教契丹以中國織紝工作無不備，契丹由此益強。同光中，契丹數以奚騎出入塞上，攻掠燕趙，人無寧歲。唐兵屯涿州，歲時饋運，自瓦橋關至幽州，嚴兵斥候，常苦抄奪，爲唐患者十餘年，盧文進爲之也。”

[2]并州：治所在今山西省太原市。　鎮州：治所在今河北省正定縣。　定州：治所在今河北省定州市。　魏州：治所在今河北省大名縣。　居庸關：要塞名。在今北京市昌平區西北。

[3]李嗣恩之子武八：【劉校】據中華點校本校勘記，“嗣恩”原誤“嗣本”，“按新、舊《五代史·李嗣本傳》均不稱有子武八。檢《舊五代史》五二《李嗣恩傳》：‘有子二人，長曰五八……戰契丹於新州，歿焉。’”據改。

[4]阿骨只：亦名阿古只，阿保機妻述律氏之弟，契丹王朝建立之初，與其兄蕭敵魯掌腹心部，神册三年（918）以功拜北府宰相。本書卷七三有傳。

夏四月壬午，圍幽州，不克。[1]

[1]圍幽州，不克：《通鑑》卷二六九《後梁紀四》均王貞明三年（917）載：“夏四月晉王命嗣源將兵先進，軍于淶水，閻寶以鎮、定之兵繼之。”（秋七月）“晉王以李嗣源、閻寶兵少，未足以敵契丹，辛未，更命李存審將兵益之。”另據《舊五代史》卷二八《唐書·莊宗紀第二》天祐十四年（917）：“夏四月，命李嗣源率師赴援，次於淶水，又遣閻寶率師夜過祁溝，俘擒而還。周德威遣人

告李嗣源曰：‘契丹三十萬，馬牛不知其數，近日所食羊馬過半，阿保機責讓盧文進，深悔其來。契丹勝兵散佈射獵，阿保機帳前不滿萬人，宜夜出奇兵，掩其不備。’嗣源具以事聞。”

六月乙巳，望城中有氣如煙火狀，上曰：“未可攻也。”以大暑霖潦班師，[1]留易魯、盧國用守之。剌葛與其子賽保里叛入幽州。[2]

[1]班師：契丹以攻幽州不克而退兵，此事《舊五代史》及《通鑑》失載。

[2]剌葛與其子賽保里叛入幽州：據本書卷六四《皇子表》：剌葛自幽州南竄，爲人所殺。

秋八月，李存勗遣李嗣源等救幽州，[1]曷魯等以兵少而還。[2]

[1]李存勗遣李嗣源等救幽州：《舊五代史》卷二八《唐書·莊宗紀第二》天祐十四年（917）載：“秋七月辛未，帝遣李存審領軍與嗣源會於易州，步騎凡七萬。於是三將同謀，銜枚束甲，尋澗谷而行，直抵幽州。八月甲午，自易州北循山而行，李嗣源率三千騎爲前鋒。庚子，循大房嶺而東，距幽州六十里。契丹萬騎遽至，存審、嗣源極力以拒之，契丹大敗，委棄毳幕、氈廬、弓矢、羊馬不可勝紀，進軍追討，俘斬萬計。辛丑，大軍入幽州，德威見諸將，握手流涕。翌日，獻捷於鄴。九月，班師，帝授存審檢校太傅，嗣源檢校太保，閻寶加同平章事。”

[2]曷魯等以兵少而還：此役並非契丹主動退兵，而是爲李嗣源等所敗。《通鑑》卷二七〇後梁均王貞明三年（917）八月載：

“契丹圍幽州且二百日，城中危困。李嗣源、閻寶、李存審步騎七萬會於易州……甲午，自易州北行，庚子，踰大房嶺，循澗而東。嗣源與養子從珂將三千騎爲前鋒，距幽州六十里，與契丹遇，契丹驚卻，晉兵翼而隨之。契丹行山上，晉兵行澗下，每至谷口，契丹輒邀之，嗣源父子力戰，乃得進。至山口，契丹以萬餘騎遮其前，將士失色；嗣源以百餘騎先進，免胄揚鞭，胡語謂契丹曰：‘汝無故犯我疆埸，晉王命我將百萬衆直抵西樓，滅汝種族！’因躍馬奮檛，三入其陣，斬契丹酋長一人。後軍齊進，契丹兵卻，晉兵始得出。李存審命步兵伐木爲鹿角，人持一枝，止則成寨。契丹騎環寨而過，寨中發萬弩射之，流矢蔽日，契丹人馬死傷塞路。將至幽州，契丹列陳待之。存審命步兵陳於其後，戒勿動，先令羸兵曳柴然草而進，煙塵蔽天，契丹莫測其多少；因鼓噪合戰，存審乃趣後陣起乘之，契丹大敗，席捲其衆自北山去，（取古北口路而去。）委棄車帳鎧仗羊馬滿野，晉兵追之，俘斬萬計。”

三年春正月丙申，以皇弟安端爲大内惕隱，命攻雲州及西南諸部。[1]

[1]雲州：治所在今山西省大同市。　西南諸部：指陝西、寧夏、内蒙、甘肅等省區一帶的党項、回鶻、吐蕃等部族。

二月，達旦國來聘。[1]癸亥城皇都，[2]以禮部尚書康默記充版築使。[3]梁遣使來聘。晉、吴越、渤海、高麗、回鶻、阻卜、党項及幽、鎮、定、魏、潞等州各遣使來貢。[4]

[1]達旦：即韃靼。中國古代族名。唐末始見於史籍。分佈至

廣，在南者，近塞，東起陰山，西逾黄河、黑河流域，至北宋中葉並散居青海附近。在《遼史》中也被稱爲“阻卜”“朮不姑”。

［2］城皇都：即築上京臨潢府。據本書卷七四《康默記傳》：“神册三年始建都，默記董役，人咸勸趨，百日而迄事。”

［3］康默記（？—927）：原爲薊州衙校，後爲阿保機俘獲。爲阿保機辦理與中原交涉事宜，並參與執法斷獄及軍事活動，還曾主持修建遼上京及阿保機陵墓。爲阿保機佐命功臣之一。本書卷七四有傳。

［4］渤海：唐代中國東北地區的割據政權名。粟末靺鞨族人大祚榮於公元698年所建，始稱粟末。唐玄宗先天二年（713，當年十二月改元“開元”）遣使封大祚榮爲左驍衛大將軍、渤海郡王，又設置忽汗州，加授大祚榮爲忽汗州大都督，始去靺鞨之號，專稱渤海。共傳十五王，歷229年，天顯元年（926）亡於契丹。其事詳見《新唐書》卷二一九《渤海傳》。【劉注】渤海國最初的國號爲“靺鞨”，不爲“震國”或“振國”。《新唐書》卷二一九《渤海傳》：“睿宗先天中（應爲‘玄宗先天二年’），遣使拜祚榮爲左驍衛大將軍、渤海郡王。以所統爲忽汗州，領忽汗州都督，自是始去靺鞨號，專稱渤海。”這裹不稱“始去震國之號，專稱渤海”，而稱“始去靺鞨之號，專稱渤海”。可見，稱“大祚榮建立震國”是混淆了封號與國號的區别。《新唐書》卷二一九《渤海傳》稱“武后封乞四比羽爲許國公，乞乞仲象（大祚榮之父）爲震國公”。“許國公”和“震國公”都是封號，並不意味着有“許國”“震國”等政权。乞乞仲象死後。他兒子大祚榮繼承了“震國公”的封號，但他不滿足“公”級别，所以“自號震國王”。“震國王”僅僅是封號，並不意味着有“震國”。少數民族往往以其民族名爲國號，如“契丹”“蒙古”等。渤海也應如此。　回鶻：古代民族名，即回紇。本突厥别部。北魏時稱袁紇，亦曰烏護、烏紇，至隋稱韋紇。大業元年（605），因反抗突厥的壓迫，與僕固、同羅、拔野古等成立聯盟，總稱回紇。唐天寶三年（744）破東突厥，建政權於

今鄂爾渾河流域，有今蒙古高原之地。唐時助平安史之亂，可汗屢尚公主。貞元四年（788）自請改稱回鶻。開成五年（840），爲轄戛斯所破，部衆分三支西遷：一支遷吐魯番盆地，稱高昌回鶻或西州回鶻；一支遷蔥嶺以西楚河一帶，即蔥嶺以西回鶻：一支遷河西走廊，稱河西回鶻。歷五代遼金，回鶻皆嘗入貢。元明時稱畏吾兒。其族在唐時奉摩尼教，宋元以來改奉伊斯蘭教。　阻卜：即朮不姑、達旦。亦稱韃靼。元人諱言達旦，而稱達旦爲阻卜，詳見王國維《觀堂集林》卷一四《達旦考》。　潞州：治所在今山西省長治市。

夏四月乙巳，皇弟迭烈哥謀叛。事覺，知有罪當誅，預爲營壙，[1]而諸戚請免。上素惡其弟寅底石妻涅里衮，乃曰："涅里衮能代其死則從。"涅里衮自縊壙中，並以奴女古、叛人曷魯只生瘞其中。[2]遂赦迭烈哥。

[1]壙：墓穴。

[2]生瘞（yì）：即活埋，是遼朝特有的酷刑。詳見本書卷六一《刑法志上》。

五月乙亥，詔建孔子廟、佛寺、道觀。[1]

[1]建孔子廟：此事據本書卷七二《義宗倍傳》是在神册元年（916），且不與建佛寺、道觀同時。

秋七月乙酉，于越曷魯薨，上震悼久之，輟朝三日，[1]贈賻有加。[2]

[1]輟（chuò）朝：中止臨朝聽政。

[2]贈賻：贈送財物給辦喪事的人家。

冬十二月庚子朔，幸遼陽故城。[1]辛丑，北府宰相蕭敵魯薨，戊午，以于越曷魯弟汙里軫爲迭烈部夷离堇，蕭阿古只爲北府宰相。甲子，皇孫隈欲生。[2]

[1]遼陽故城：在今遼寧省遼陽市。

[2]隈欲：即遼世宗兀欲，東丹王耶律倍之子。其事蹟詳見本書卷五《世宗本紀》。

（李錫厚注　劉鳳翥校）

遼史　卷二

本紀第二

太祖下

四年春正月丙申，射虎東山。

二月丙寅，修遼陽故城，[1]以漢民渤海户實之，[2]改爲東平郡，[3]置防禦使。[4]

[1]遼陽故城：今遼寧省遼陽市。

[2]漢民渤海户：原屬渤海的人户。渤海國是靺鞨粟末部在今東北地區建立的政權，天顯元年（926）被契丹滅亡前，其統治範圍曾及於遼東地區，“漢民渤海户”可能是指渤海統治下的漢民，也可能是指漢民户及渤海人户。

[3]東平郡：即遼寧遼陽。

[4]防禦使：原爲唐官名。在遼爲防禦州的長官，官階低於團練使而高於刺史。

夏五月庚辰，至自東平郡。

秋八月丁酉，謁孔子廟，[1]命皇后、皇太子分謁寺觀。[2]

[1]孔子廟：遼上京孔子廟，係神册三年（918）所建。

[2]皇后：即阿保機妻述律氏（879—953），漢名平，小字月里朵。其先爲回鶻人。本書卷七一有傳。　皇太子：即遼太祖耶律阿保機長子倍（898—936），契丹名圖欲（突欲），生母爲淳欽皇后述律氏。天顯元年（926），阿保機滅渤海建東丹國，突欲被册爲人皇王，主東丹國政。本書卷七二《義宗倍傳》也記載“神册元年春立爲皇太子”。阿保機死後，其母述律氏立德光，突欲被迫浮海投奔後唐。後唐明宗賜其姓名李贊華。清泰三年（遼天顯十一年，936）石敬瑭率軍攻入洛陽，後唐末帝李從珂約倍與之同死，倍不從，遇害。

九月，征烏古部，[1]道聞皇太后不豫，[2]一日馳六百里還侍太后。病間，[3]復還軍中。

[1]烏古：部族名。又稱嫗厥律、于厥律，居契丹西北。《新五代史》卷七三《四夷附録第二》：“嫗厥律，其人長大，髦頭，酋長全其髪，盛以紫囊。地苦寒，水出大魚，契丹仰食。又多黑、白、黄貂鼠皮，北方諸國皆仰足。其人最勇，鄰國不敢侵。”

[2]皇太后：阿保機生母德祖宣簡皇后蕭氏。本書卷七一有傳。　不豫：【劉注】天子有病的諱稱。亦泛稱尊長有疾。

[3]病間：【劉注】亦作“病閒”，指病初愈。

冬十月丙午，次烏古部，天大風雪兵不能進，上禱於天，俄頃而霽。命皇太子將先鋒軍進擊，[1]破之，俘獲生口萬四千二百，[2]牛馬、車乘、廬帳、器物二十餘萬。自是舉部來附。

[1]先鋒軍：作戰時衝鋒在先的軍隊。《武經總要》後集卷五《故事》載，唐太宗嘗選精鋭千餘騎爲奇兵，皆皂衣黑甲，分爲左右隊。隊建大旗，令騎將秦叔寶、程咬金、尉遲敬德、翟長孫等分統之。每臨敵，太宗躬被黑甲，先鋒率之，候機而進，所向摧靡，常以少擊衆，賊徒氣懾。

[2]生口：指俘虜。

五年，春正月乙丑，始製契丹大字。[1]

[1]契丹大字：一種採用漢字筆劃結構而創製的表意兼拼音契丹文字，用以記録契丹語。製成後，通行於遼代及金前期。

夏五月丙寅，吳越王復遣滕彦休貢犀角、[1]珊瑚，授官以遣。庚辰，有龍見於拽剌山陽水上，上射獲之，藏其骨内府。[2]

[1]吳越（907—978）：五代時十國之一。都杭州。共歷五主七十二年。

[2]内府：皇室的倉庫。

閏六月丁卯，以皇弟蘇爲惕隱，[1]康默記爲夷离畢。[2]

[1]皇弟蘇（？—926）：即阿保機幼弟，名蘇。神册五年

(920) 爲惕隱。次年爲南府宰相。據本書卷六四《皇子表》，滄州節度使劉守文求救，蘇曾奉阿保機之命，前去解滄州之圍。天顯元年（926）從太祖征渤海還，卒。　惕隱：契丹官名。掌皇族政教。

[2]康默記（？—927）：原爲薊州衙校，後爲阿保機俘獲。爲阿保機辦理與中原交涉事宜，並參與執法斷獄及軍事活動，還曾主持修建遼上京及阿保機陵墓。爲阿保機佐命功臣之一。本書卷七四有傳。　夷离畢：契丹官名。爲執政官，相當於副宰相參知政事。後來官分南、北，北面官有夷离畢院，主要掌刑政。

秋八月己未朔，党項諸部叛。[1]辛未，上親征。

[1]党項：中國古代族名。又稱党項羌，唐以後主要活動於靈、慶、銀、夏等州，即今甘肅、寧夏、陝西和内蒙古等省區交界地區。部分爲契丹征服。

九月己丑朔，梁遣郎公遠來聘。[1]壬寅，大字成，詔頒行之。皇太子率迭剌部夷离堇汙里軫等略地雲内、天德。[2]

[1]梁：指後梁，公元907年朱温代唐稱帝，建都汴（今河南省開封市），國號梁，史稱後梁。有今河南、山東兩省和陝西、山西、河北、寧夏、湖北、安徽、江蘇各一部分。公元923年爲後唐所滅。共歷三帝十七年。

[2]迭剌部：據《遼史》卷三二《營衛志·部族》，遙輦氏時期，原來耶律（即世里）有七部，後合併爲一，成爲迭剌部。　夷离堇：原爲突厥語官名。亦譯爲“俟斤”（Irkin）。突厥各部的最高元首稱“可汗”（Qaghan），其他各部酋長則稱爲俟斤。初，契丹“其君大賀氏，有勝兵四萬，臣於突厥，以爲俟斤”（《新唐書·

契丹傳》)。後，契丹首領自立爲可汗，其下所屬各部酋長則稱爲“俟斤”，亦即夷离堇。契丹立國後，大部族之夷离堇稱王，小部族之夷离堇則稱爲節度使。舉凡一部之軍政、民政皆由其統掌。參見韓儒林《穹廬集》(上海人民出版社 1982 年版，第 314—316 頁)。

雲内：據陳得芝考證，應在天德軍以東，大黑河下游，即《古豐識略》所記歸化城西南八十里西白塔古城。　天德：唐軍鎮名。即豐州。遼太祖阿保機於神册五年（920）平党項，仍以此地爲天德軍。治所在今内蒙古自治區呼和浩特市東白塔一帶。　汙里軫：【劉注】耶律覿烈的字，本書卷七五本傳作“兀里軫”。《耶律羽之墓誌銘》稱“次兄汙里整”。“汙里軫”“汙里整”和“兀里軫”均爲同名異譯。

冬十月辛未，攻天德。癸酉，節度使宋瑤降，賜弓矢、鞍馬、旗鼓，更其軍曰應天。[1]甲戌，班師。宋瑤復叛。丙子，拔其城，擒宋瑤，俘其家屬，徙其民於陰山南。[2]

十二月己未，師還。

[1]更其軍曰應天：即改天德軍爲應天軍，此事本書卷四一《地理志五・西京道》失載。

[2]陰山：崑崙山北支。西起河套西北，向東綿亘於今内蒙、河北等省區，與大興安嶺相接，隨地易名。此處所謂“陰山”，可能是指内蒙古境内的大青山。

六年，春正月丙午，以皇弟蘇爲南府宰相，[1]迭里爲惕隱。南府宰相，自諸弟構亂府之名族多罹其禍，故其位久虚，以鋤得部轄得里、只里古攝之。府中數請擇任宗室，上以舊制不可輒變；[2]請不已，乃告於宗廟而後授之。宗室爲南府宰相自此始。

[1]南府宰相：契丹部族官名。契丹可汗之下有北、南二府，各部族則分屬二府，並分設宰相統之。乙室、楮特、突舉等部隸南府。遼建國後，南府宰相以皇族充任。聖宗以後，也用漢人任此職。

[2]舊制：指契丹立國以前的傳統。依舊制，南府宰相以南府所屬各部的"名族"成員充，而契丹可汗族人是不出任宰相之職的。

夏五月丙戌朔，詔定法律、正班爵。[1]丙申，詔畫前代直臣像爲招諫圖，及詔長吏四孟月詢民利病。[2]

[1]正班爵：論功行賞，授臣下以官爵。《晉書》卷七一《王鑒傳》："班爵序功，酬將士之勞。"

[2]四孟月：每一季的第一個月，即一月、四月、七月和十月。

六月乙卯朔，日有食之。

冬十月癸丑朔，晉新州防御使王郁以所部山北兵馬内附。[1]丙子，上率大軍入居庸關。[2]

[1]晉：此指與後梁對抗的以河東爲基地的李存勗政權。存勗稱晉王。　新州：治所在今河北省涿鹿縣。　王郁：京兆萬年（今陝西省西安市）人。唐義武軍（治所在今河北省定州市）節度使王處直之子，晉王李克用的女婿，爲新州防禦使。神册六年（921）攜家室及所部降遼。本書卷七五有傳。　山北：唐稱新、嬀、儒、

武等州爲“山北”，又稱“山後”。

[2]居庸關：要塞名。在今北京市昌平區西北。

十一月癸卯，下古北口。[1]丁未，分兵略檀、順、安遠、三河、良鄉、望都、潞、滿城、遂城等十餘城，[2]俘其民徙内地。[3]

[1]古北口：在今北京市密雲區東北，爲長城上的要塞之一。

[2]檀：檀州。治所在今北京市密雲區。 順：順州。治所在今北京市順義區。 安遠：唐末所置軍鎮。治所在今天津市薊州區西北。 三河：縣名。治所在今河北省三河市。 良鄉：舊縣名。治所在今北京市房山區境内。三河、良鄉都是趙德鈞鎮幽州時所置，據《新五代史》卷七二《四夷附録第一》：“莊宗之末，趙德鈞鎮幽州，於鹽溝置良鄉縣，又於幽州東五十里築城，皆戍以兵。及破賀邈等，又於其東置三河縣。由是幽薊之人，始得耕牧，而輸餉可通。” 望都：縣名。治所在今河北省望都縣。 潞：潞縣。治所在今北京市通州區。 滿城：縣名。治所在今河北省保定市滿城區。 遂城：縣名。治所在今河北省保定市徐水區。

[3]内地：契丹稱其原住地爲“内地”。

十二月癸丑，王郁率其衆來朝，上呼郁爲子，賞賚甚厚，而徙其衆於潢水之南。[1]庚申，皇太子率王郁略地定州，[2]康默記攻長蘆。[3]唐義武軍節度使王處直養子都囚其父，[4]自稱留後。[5]癸亥，圍涿州，[6]有白兔緣壘而上，是日破其郛。癸酉，刺史李嗣弼以城降。[7]乙亥，存勗至定州，[8]王都迎謁馬前。[9]存勗引兵趍望都，[10]遇我軍秃餒五千騎，圍之，存勗力戰數四，不解。李嗣昭領三百騎來救，我軍少卻，[11]存勗乃得出，大戰，我軍不利，引歸。存勗至幽州，[12]遣二百騎躡我軍後，我軍反擊，悉擒之。己卯，還次檀州，幽人來襲，擊走之，擒其裨將。詔徙檀、順民於東平瀋州。[13]

[1]潢水：今内蒙古自治區境内的西拉木倫河，即西遼河上游。

[2]定州：治所在今河北省定州市。

[3]長蘆：舊縣名。治所在今河北省滄州市西。

[4]唐義武軍節度使王處直養子都囚其父：此事起源於鎮州的趙王王鎔爲其養子王德明（即張文禮）所害。晉王李存勗討伐張文禮，使定州的王處直受到威脅。《通鑑》卷二七一後梁均王龍德元年（921）秋七月載："張文禮雖受晉命，内不自安，復遣間使因盧文進求援於契丹；又遣間使來告［後梁均王］曰：'王氏爲亂兵所屠，公主無恙。今臣已北召契丹，乞朝廷發精甲萬人相助，自德、棣渡河，則晉人遁逃不暇矣。'帝疑未決。"後梁以文禮坐持兩端，欲以自固，而未出兵相救。阿保機率契丹軍援救王處直，爲晉王李存勗所敗。《新五代史》卷七二《四夷附録第一》載："莊宗討張文禮，圍鎮州。定州王處直懼鎮且亡，晉兵必並擊己，遣其子郁説契丹，使入塞以牽晉兵。郁謂阿保機曰：'臣父處直使布愚款曰：故趙王王鎔，王趙六世，鎮州金城湯池，金帛山積，燕姬趙女，羅綺盈庭。張文禮得之而爲晉所攻，懼死不暇，故皆留以待皇帝。'阿保機大喜。其妻述律不肯，曰：'我有羊馬之富，西樓足以娱樂，今舍此而遠赴人之急，我聞晉兵强天下，且戰有勝敗，後悔何追？'阿保機躍然曰：'張文禮有金玉百萬，留待皇后，可共取之。'於是空國入寇。郁之召契丹也，定人皆以爲後患不可召，而處直不聽。郁已去，處直爲其子都所廢。阿保機攻幽州不克，又攻涿州，陷之。聞處直廢而都立，遂攻中山，渡沙河。都告急於莊宗。莊宗自將鐵騎五千，遇契丹前鋒於新城，晉兵自桑林馳出，人馬精甲，光

明燭日，虜騎愕然，稍卻，晉軍乘之，虜遂散走，而沙河冰薄，虜皆陷没。阿保機退保望都。會天大雪，人馬饑寒，多死，阿保機顧盧文進以手指天曰：'天未使我至此。'乃引兵去。莊宗躡其後，見其宿處，環秸在地，方隅整然，雖去而不亂，歎曰：'虜法令嚴，蓋如此也！'"《舊五代史》卷二九《唐書·莊宗紀三》載，天祐十八年（遼神册六年，921）"十二月辛未，王郁誘契丹阿保機寇幽州，遂引軍涿州，陷之。又寇定州，王都遣使告急，帝（指晉王李存勗）自鎮州率五千騎赴之"。【靳校】唐義武軍節度使，中華修訂本校勘記云，"唐"原本作"晉"，"據本書卷七五《王郁傳》、《舊唐書》卷一八二《王處直傳》及《通鑑》卷二六二《唐紀》七八昭宗光化三年九月癸未改"。今從改。

[5]留後：官名。唐朝節度使如遇事故，往往自擇將吏以統馭其軍，稱"兵馬留後"。那些殺長官而自立的野心家也往往自稱"留後"，並迫使朝廷予以承認。

[6]涿州：治所在今河北省涿州市。

[7]李嗣弼：後唐太祖李克用之弟克修之子，曾爲涿州刺史。

[8]李存勗（885—926）：即後唐莊宗，五代時期後唐的建立者，晉王李克用之子。初嗣位晉王，據太原與梁逐鹿中原。天祐二十年（923）稱帝，國號唐，史稱後唐，都洛陽。同年十月攻陷大梁（開封），梁末帝死於兵間。三年後，李存勗也死於内亂。

[9]存勗至定州，王都迎謁馬前：《舊五代史》卷二九《唐書·莊宗紀三》載此事於天祐十九年正月甲午，"帝（李存勗）至定州，王都迎謁，是夜宿於開元寺"。

[10]存勗引兵趨望都：《舊五代史》卷二九《唐書·莊宗紀三》載：李存勗至定州之"翌日，引軍至望都，契丹逆戰，帝身先士伍，馳擊數四，敵退而結陣，帝之徒兵亦陣於水次。李嗣昭躍馬奮擊，敵衆大潰，俘斬數千，追擊至易水，獲氊裘、毳幕、羊馬不可勝紀。時歲且北至，大雪平地五尺，敵乏芻糧，人馬斃踣道路，纍纍不絶，帝乘勝追襲至幽州"。

[11]李嗣昭領三百騎來救，我軍少卻：《舊五代史》卷一三七《外國列傳第一》載："莊宗次定州，翌日出戰，遇奚長禿餒五千騎，莊宗親軍千騎與之鬭，爲敵所圍，外救不及，莊宗挺馬奮躍，出入數四，酣戰不解。李嗣昭聞其急也，灑泣而往，攻破敵陣，掖莊宗而歸。"

[12]幽州：治所在今北京市。《舊五代史》卷一三七《外國列傳》載："莊宗至幽州，發二百騎偵之，皆爲契丹所獲，莊宗乃還。"

[13]瀋州：治所在今遼寧省瀋陽市。

天贊元年，[1]春二月庚申，復徇幽薊地。[2]癸酉，詔改元，赦軍前殊死以下。

[1]天贊：遼太祖年號（922—925）。

[2]幽薊地：指今北京市、天津市及河北省北部地區。

夏四月甲寅，攻薊州。戊午拔之，擒刺史胡瓊，以盧國用、涅魯古典軍民事。[1]壬戌，大饗軍士。癸亥，李存勗圍鎮州，[2]張文禮求援，[3]命郎君迭烈、將軍康末怛往擊，敗之，殺其將李嗣昭。[4]辛未，攻石城縣，[5]拔之。

[1]盧國用：即盧文進。原係幽州軍官，後降契丹。

[2]鎮州：治所在今河北省正定縣。

[3]張文禮（？—921）：鎮州趙王王鎔養子，原姓王名德明。天祐十八年（921）背叛趙王王鎔後，李存勗前來討伐，於是年八月間憂懼而卒。其子處瑾等秘不發喪，故至次年四月間，仍以文禮

名義向遼求援。

[4]李嗣昭（？—922）：李克用弟代州刺史克柔假子。據《舊五代史》卷五二《唐書·李嗣昭傳》："［天祐］十九年，莊宗親征張文禮於鎮州。冬，契丹三十萬奄至，嗣昭從莊宗擊之，敵騎圍之數十重，良久不解。嗣昭號泣赴之，引三百騎橫擊重圍，馳突出没者數十合，契丹退，翼莊宗而還。"可知嗣昭並未死於與契丹作戰中。嗣昭是在契丹退軍之後，於攻真定的戰役中爲王處球軍所殺。

[5]石城縣：舊縣名。元廢，當今河北省灤州市西南。

五月丁未，張文禮卒，其子處瑾遣人奉表來謝。[1]

[1]張處瑾（？—922）：張文禮之子。文禮死後，仍據鎮州抗拒晉王李存勗攻擊。天祐十九年（922）九月城破被俘死。

六月，遣鷹軍擊西南諸部，[1]以所獲賜貧民。

[1]鷹軍：契丹軍號。本書卷一一六《國語解》："鷹，鷙鳥，以之名軍，取捷速之義。"西南諸部：指今陝西、寧夏、内蒙、甘肅一帶的党項、回鶻、吐蕃等部族。

冬十月甲子，以蕭霞的爲北府宰相。[1]分迭剌部爲二院，[2]斜涅赤爲北院夷离堇，[3]綰思爲南院夷离堇。詔分北大濃兀爲二部，立兩節度使以統之。[4]

[1]北府宰相：契丹部族官名。契丹可汗之下有北、南二府，各部族則分屬二府，並分設宰相統之。五院部、六院部、品部、烏隗部、涅剌部、突呂不部等隸北府。阿保機取代遙輦氏後，世以后

族爲北府宰相。遼聖宗以後，漢人也有任此官者。

［2］分迭剌部爲二院：天贊元年（922），以迭剌部強大難制，析五石烈爲五院，六爪爲六院，各置夷离堇。會同元年（938），更夷离堇爲大王，部隸北府，以鎮南境。

［3］斜涅赤：字撒剌，契丹六院部舍利褭古直之族。早隸太祖阿保機幕下。太祖即位，掌腹心部。天贊元年迭剌部分爲北、南二院，斜涅赤爲北院夷离堇。曾隨太祖西征流沙及討渤海。爲佐命功臣之一。天顯中卒，年七十。本書卷七三有傳。

［4］分北大濃兀爲二部，立兩節度使以統之：本書卷三四《兵衛制上》載："天贊元年，以户口滋繁，糺轄疏遠，分北大濃兀爲二部，立兩節度使以統之。"

十一月壬寅，命皇子堯骨爲天下兵馬大元帥，[1]略地薊北。

［1］堯骨：漢名德光，即遼太宗。　天下兵馬大元帥：遼最高軍職名。遼朝歷代皇儲，多加此名號。

二年春正月丙申，大元帥堯骨克平州，[1]獲刺史趙思温、裨將張崇。[2]

［1］平州：唐置，治所在今河北省盧龍縣。

［2］趙思温（？—939）：盧龍（今屬河北省）人，字文美。原爲燕帥劉仁恭部將，後降晉王李存勗，任平州刺史兼平營薊三州都指揮使。降遼後從太祖征渤海，爲漢軍都團練使。太宗時，爲南京留守、盧龍軍節度使。本書卷七六有傳。　張崇：【劉校】據中華點校本校勘記，《新五代史》卷四七、《舊五代史》卷八八本傳並作"張希崇"。此避天祚延禧名諱，去"希"字。

二月，如平州。甲子，以平州爲盧龍軍，置節度使。

三月戊寅，軍於箭笴山，[1]討叛奚胡損，獲之，射以鬼箭。[2]誅其黨三百人，沉之狗河。置奚墮瑰部，[3]以勃魯恩權總其事。

[1]箭笴（gǎn）山：地名。胡損奚所居地。【靳注】此爲山名。在今河北省撫寧縣東北葦子峪外。

[2]射鬼箭：契丹人的巫術、刑罰。皇帝出征及祭祀先帝時，都要行這種巫術。取死囚一人，置於所要前往之方向，以亂箭射殺，名爲射鬼箭。契丹人認爲，以此可以祓除不祥。班師歸來則以俘虜射鬼箭。後來則以此作爲刑罰的一種。

[3]奚墮瑰部：據本書卷三三《營衛志下》：奚初爲五部，太祖盡降之，號五部奚。天贊二年（923）三月，"有東扒里廝胡損者，恃險堅壁於箭笴山以拒命，揶揄曰：'大軍何能爲，我當飲墮瑰門下矣！'太祖滅之，以奚府給役户，併括諸部隱丁，收合流散，置墮瑰部，因墮瑰門之語爲名，遂號六部奚。命勃魯恩主之，仍號奚王"。

夏四月己酉，梁遣使來聘，吳越王遣使來貢。癸丑，命堯骨攻幽州，[1]迭剌部夷离堇覿烈徇山西地。[2]庚申，堯骨軍幽州東，節度使符存審遣人出戰，[3]敗之，擒其將裴信父子。

[1]命堯骨攻幽州：據《通鑑》卷二七二後唐莊宗同光元年（923），"［閏四月］甲午，契丹寇幽州，至易定而還。時契丹屢入寇，鈔掠饋運，幽州食不支半年。衛州爲梁所取，潞州内叛，人情

岌岌，以爲梁未可取，帝患之"。《舊五代史》卷二九《唐書·莊宗紀第三》亦載："［同光元年閏四月］甲午，契丹寇幽州，至易、定而還。"

[2]覿烈（880—935）：即蕭覿烈，字兀里軫，契丹六院部人，偶思之子。太祖即位，其兄曷魯典宿衛，覿烈亦入侍帷幄，與聞政事。神册三年（918）爲迭剌部夷离堇。五年討党項，皇太子倍爲先鋒，覿烈副之，至天德、雲内。天贊二年（923）徇山西，所至城堡皆下。四年從征渤海拔扶餘城，留寅底石與覿烈守之。天顯二年（927）留守南京。十年卒。本書卷七五有傳。

[3]符存審：字德祥，陳州宛丘（今河南省淮陽縣）人。乾符末，歸於李克用，爲義兒，賜姓李。《通鑑》卷二七二後唐莊宗同光元年二月載："契丹寇幽州，晉王問帥於郭崇韜，崇韜薦横海節度使李存審。時存審卧病，己卯，徙存審爲盧龍節度使，輿疾赴鎮。"

閏月庚辰，堯骨抵鎮州。壬午，拔曲陽。[1]丙戌，下北平。[2]是月，晉王李存勗即皇帝位，國號唐。[3]

[1]曲陽：縣名。治所在今河北省曲陽縣。

[2]北平：舊縣名。在今河北省順平縣東北。

[3]李存勗即皇帝位：據《通鑑》卷二七二後唐莊宗同光元年（923），"夏四月己巳，升壇，祭告上帝，遂即皇帝位，國號大唐，大赦，改元"。

五月戊午，堯骨師還。癸亥，大饗軍士，賞賚有差。

六月辛丑，波斯國來貢。[1]

[1]波斯國：古代國家名，今稱伊朗。

秋七月，前北府宰相蕭阿古只及王郁徇地燕趙。[1]冬十月辛未朔，日有食之。己卯，唐兵滅梁。

[1]蕭阿古只：即迪里姑，蕭敵魯之弟，均爲阿保機述律皇后之弟。兄弟二人一同爲阿保機掌腹心部。剌葛叛亂，阿古只追擒之於榆河。本書卷七三有傳。　徇地燕趙：關於蕭阿古只與王郁"徇地燕趙"一事，據《通鑑》卷二七二後唐莊宗同光元年（923）九月載："盧文進、王郁引契丹屢過瀛、涿之南，傳聞俟草枯冰合，深入爲寇，又聞梁人欲大舉數道入寇，帝深以爲憂。"

三年春正月，遣兵略地燕南。[1]

[1]略地燕南：據《舊五代史》卷三一《唐書·莊宗紀第五》，同光二年"［春正月］甲辰，幽州上言，契丹入寇至瓦橋。以天平軍節度使李嗣源爲北面行營都招討使，陝州留後霍彦威爲副，率軍援幽州……［癸丑］幽州北面軍前奏，契丹還塞，詔李嗣源班師"。《通鑑》卷二七三後唐莊宗同光二年（924）載，"春正月甲辰，幽州奏契丹入寇，至瓦橋。以天平軍節度使李嗣源爲北面行營都招討使，陝州留後霍彦威副之，宣徽使李紹宏爲監軍，將兵救幽州"。

夏五月丙午，以惕隱迭里爲南院夷离堇。是月，徙薊州民實遼州地。[1]渤海殺其刺史張秀實而掠其民。[2]

[1]遼州：遼置。故治在今遼寧省瀋陽市西北一百八十里。

[2]渤海殺其刺史張秀實而掠其民：《五代會要》卷二九《契丹》："後唐同光二年三月，阿保機率所部入寇新城。其年七月，又率兵東攻渤海國。至九月，爲鄰部室韋、女真、回鶻所侵。"《舊五代史》卷三二《唐書·莊宗紀六》：同光二年"［九月］庚戌，有司自契丹至者，言女真、迴鶻、黄頭室韋合勢侵契丹"。按：徙薊州民實遼州地，應是在渤海殺遼州刺史張秀實而掠其民之後的事，也應當是在該地區一系列戰事停止之後。

六月乙酉，召皇后、皇太子、大元帥及二宰相、諸部頭等，[1]詔曰："上天降監惠及烝民，[2]聖主明王萬載一遇。朕既上承天命下統群生，每有征行皆奉天意，是以機謀在己，取捨如神。國令既行，人情大附；舛訛歸正，遐邇無愆。[3]可謂大含溟海，安納泰山矣。[4]自我國之經營，爲群方之父母，憲章斯在，胤嗣何憂！[5]升降有期，去來在我。良籌聖會，自有契於天人；[6]衆國群王，豈可化其凡骨？三年之後歲在丙戌，時值初秋，必有歸處。然未終兩事，豈負親誠！日月非遙，戒嚴是速。"聞詔者皆驚懼，莫識其意。是日，大舉征吐渾、党項、阻卜等部。[7]詔皇太子監國，[8]大元帥堯骨從行。

[1]二宰相：指南府宰相和北府宰相。　諸部頭：指各部族首領。

[2]監：古代官名。傳説黄帝置左、右監。"上天降監"猶如説上天降下管理者。　烝民：衆民。"烝"是衆多的意思。"惠及烝民"即爲民衆帶來恩惠。

[3]舛訛：錯亂，謬誤。　遐邇無愆：遠近都没有失誤。

[4]溟海："溟"即海。"大含溟海"，是説大到足以包含四海。

安納泰山：穩穩地容納下泰山。

[5]憲章：法制。“憲章斯在”即法制在此的意思。　胤嗣：繼承者，後繼者。

[6]契：合。“自有契於天人”，是説上天與人間自然會有契合之處。

[7]吐渾：古代部族名。即吐谷渾。據《新五代史》卷七四《四夷附録第三》，吐渾“自後魏以來，名見中國，居於青海之上。當唐至德中，爲吐蕃所攻，部族分散，其内附者，唐處之河西。其大姓有慕容、拓拔、赫連等族。懿宗時，首領赫連鐸爲陰山府都督，與討龐勛，以功拜大同軍節度使。爲晉王所破，其部族益微，散處蔚州界中”。“晉高祖立，割鴈門以北入於契丹，於是吐渾爲契丹役屬，而苦其苛暴”。另據《五代會要》卷二八《吐渾》：“至開運中，捍虜於澶州，召承福等率其部衆從行，屬歲多暑熱，部下多死，復遣歸太原，移帳於嵐石州界。然承福馭下無法，多幹軍令。其族子白可久，名在承福之亞，因牧馬率本帳北遁，契丹授以官爵，復遣潛誘承福。承福亦思叛去，事未果，漢高祖知之，乃以兵環其部族，擒承福與其族白鐵櫃、赫連海龍等五家，凡四百有餘人，伏誅。籍其牛馬，命别部長王義宗統其餘屬。”　阻卜：即達旦、韃靼，古代族名。元人諱言達旦，而稱達旦爲阻卜，詳見王國維《觀堂集林》卷一四《達旦考》。

[8]監國：國君出行，由太子或親王留守而代行國事。

秋七月辛亥，曷刺等擊素昆那山東部族，破之。

八月乙酉，至烏孤山，以鵝祭天。甲午，次古單于國，[1]登阿里典壓得斯山，以麃鹿祭。[2]

[1]古單于國：指古代北方匈奴族部落聯盟。匈奴聯盟的首領稱爲“單于”。公元前3世紀末以後，匈奴征服鄰近各族，統一蒙

古高原，遊牧的國家政權機構逐步形成。其王庭設在龍城，當今蒙古國鄂爾渾河西側和碩柴達木湖附近。

[2]麃（páo）：即“麅”，鹿的一種。

九月丙申朔，次古回鶻城，[1]勒石紀功。庚子，拜日于蹛林。[2]丙午，遣騎攻阻卜。南府宰相蘇、南院夷离堇迭里略地西南。乙卯，蘇等獻俘。丁巳，鑿金河水、取烏山石，[3]輦致潢河、木葉山，[4]以示山川朝海宗嶽之意。癸亥，大食國來貢。[5]甲子，詔礲闢遏可汗故碑，[6]以契丹、突厥、漢字紀其功。是月，破胡母思山諸蕃部，次業得思山，以赤牛青馬祭天地。回鶻霸里遣使來貢。[7]

[1]古回鶻城：即本書卷三〇《天祚本紀四·大石傳》所記之卜古罕城。其地當在今蒙古國鄂爾渾河上游左岸哈喇八喇哈孫。

[2]蹛林：古時匈奴、鮮卑等族繞林而祭之處。契丹乃鮮卑的一支，俗同。每年秋季馬肥之時，他們都要會祭於林，無林木者則豎以柳枝，衆騎馳繞三周乃止，並課計人畜之數。此其自古相傳之法。據本書卷一一六《國語解》：蹛林爲地名，即松林故地。

[3]鑿金河水，取烏山石：【劉校】據中華點校本校勘記，“按‘鑿’‘取’二字互舛”。

[4]潢河：今西拉木倫河，即西遼河上游。　木葉山：山名。契丹語稱“大”爲“木葉”。“木葉山”可以泛指任何“大山”，也可專指某一大山爲“木葉山”。此處指永州境内一座山，契丹人視此山爲神山，其地在今内蒙古自治區翁牛特旗新蘇莫蘇木的西拉木倫河與老哈河匯合處一帶。“上建契丹始祖廟，奇首可汗在南廟，可敦（可汗之妻）在北廟，繪塑二聖并八子神像。”詳見本書卷三

七《地理志一》永州條。

[5]大食國：唐、宋時期中國對阿拉伯人的專稱與對伊朗語地區穆斯林的泛稱。當時人們還不知阿拉伯人、波斯人、穆斯林三者的區别，統稱爲大食。《遼史》有關於契丹遣嫁公主於大食王子等記載，其中大食顯然不是指遠在西方的阿拉伯人，而應是指中亞地區的某個穆斯林政權。

[6]闢遏可汗故碑：即毗伽可汗碑，立於735年。1889年，以俄國學者H. M. 亞德林采夫爲首的考察隊於今蒙古國境内呼舒柴達木湖畔發現此碑及闕特勤碑。二碑所在地南距元上都遺址六十里，西距古回鶻城三十里。碑文皆用突厥文和漢文刻成。主要記述後突厥汗國建立者毗伽可汗和其弟闕特勤的事蹟。二碑文字多雷同。【劉注】"闢遏可汗故碑，即毗伽可汗碑"的説法似有值得商榷之處。此處説磨掉闢遏可汗故碑上的字，刻上契丹、突厥、漢字紀其功。毗伽可汗碑現在仍存在，上面仍是突厥文的毗伽可汗碑文，並没有契丹等字紀功碑内容。

[7]回鶻：古代部族名。據本書卷三三《營衛志下》，爲遼朝外十部之一。即回紇。本突厥别部。北魏時稱袁紇，亦曰烏擴、烏紇，至隋稱韋紇。大業元年（605），因反抗突厥的壓迫，與僕固、同羅、拔野古等成立聯盟，總稱回紇。唐天寶三年（744）破東突厥，建政權於今鄂爾渾河流域，有今蒙古高原之地。唐時助平安史之亂，可汗屢尚公主。唐貞元四年（788）自請改稱回鶻。開成五年（840），爲轄戛斯所破，部衆分三支西遷：一支遷吐魯番盆地，稱高昌回鶻或西州回鶻；一支遷葱嶺以西楚河一帶，即葱嶺以西回鶻；一支遷河西走廊，稱河西回鶻。歷五代、遼、金，回鶻皆嘗入貢。元明時稱畏吾兒。其族在唐時奉摩尼教，宋元以來改奉伊斯蘭教。

冬十月丙寅朔，獵寓樂山，[1]獲野獸數千，以充軍食。丁卯，軍於霸離思山。[2]遣兵踰流沙，[3]拔浮圖城，[4]盡取西鄙諸部。

[1]寓樂山：【靳注】據《西域歷史文化大辭典》，今新疆維吾爾自治區哈密市東北之哈爾力克山。

[2]霸離思山：【靳注】陳漢章《索隱》以爲是北天山之鹽池山。《遼史紀事本末》認爲是巴爾斯山。“霸離思”“巴爾斯”爲突厥語 Parisi 之音譯，亦即“虎”之義。其地當在今新疆維吾爾自治區哈密市東北之巴里坤山脉。地多湖泊，蒙古語謂“巴爾斯庫勒”，意即虎之湖（參見魏志江《論遼帝國對漠北蒙古的經略及其對草原絲綢之路的影響》，載《元史及民族與邊疆集刊》第 34 輯，2017 年）。

[3]流沙：指我國西部廣大沙漠地區。古代亦稱現新疆境内羅布泊附近的白龍堆沙漠爲流沙。

[4]浮圖城：即可汗浮圖城。在今新疆維吾爾自治區吉木薩爾縣北。唐庭州與北庭都護府治所在此。據《舊唐書》卷四〇《地理志三》，貞觀十四年（640）侯君集討高昌，西突厥曾屯兵於此。拔浮圖城：【劉校】原本作“授浮圖城”，中華點校本據南監本、北監本和殿本改。今從。

十一月乙未朔，獲甘州回鶻都督畢离遏，[1]因遣使諭其主烏母主可汗。射虎於烏剌邪里山，抵霸室山。六百餘里且行且獵，日有鮮食，軍士皆給。

[1]甘州回鶻：遊牧於甘州一帶的回鶻。9 世紀中葉，回鶻的一支西遷，分佈在甘州、沙州、涼州、賀蘭山、秦州、合羅川（今額濟納河）等地。其中以遊牧於甘州一帶的“甘州回鶻”最爲強盛。

四年春正月壬寅，以捷報皇后、皇太子。

二月丙寅，大元帥堯骨略党項。丁卯，皇后遣康末怛問起居，進御服、酒膳。乙亥，蕭阿古只略燕趙還，[1]進牙旗兵仗。辛卯，堯骨獻党項俘。

[1]蕭阿古只略燕趙還：《五代會要》卷二六《契丹》：同光三年（925）二月，“復入寇幽州，爲王師所敗，俘其首領衢多等”。《舊五代史》卷三二《唐書·莊宗紀第六》：“（同光三年春正月丙申）契丹寇幽州……（二月）丙子，李嗣源奏，涿州東南殺敗契丹，生擒首領三十人。”

三月丙申，饗軍于水精山。

夏四月甲子，南攻小蕃，下之。[1]皇后、皇太子迎謁於劄里河。癸酉，回鶻烏母主可汗遣使貢謝。

[1]小蕃：契丹對某些吐蕃部落的稱呼。本書卷四六《百官志二·北面屬國官》所載“西蕃國王府”“大蕃國王府”“小蕃國王府”和“吐蕃國王府”，當都是指吐蕃各部。

五月甲寅，清暑室韋北陘。

秋九月癸巳，至自西征。

冬十月丁卯，唐以滅梁來告，即遣使報聘。庚辰，日本國來貢。辛巳，高麗國來貢。[1]

[1]高麗：指王建創建的高麗王朝（918—1392）。統治地域在今朝鮮半島，首都在開京（今朝鮮開城市）。

十一月丁酉，幸安國寺，飯僧，赦京師囚，縱五坊鷹鶻。己酉，新羅國來貢。[1]

[1]新羅：朝鮮半島古國。新羅於公元4世紀成爲半島東南部的強國。7世紀中滅百濟和高句麗，不久，統一半島大部。至9世紀衰落，公元935年爲王氏高麗所取代。

十二月乙亥，詔曰："所謂兩事，一事已畢，惟渤海世讎未雪，豈宜安駐！"乃舉兵親征渤海大諲譔。[1]皇后、皇太子、大元帥堯骨皆從。

[1]大諲譔：渤海國末王，其世不詳。公元906年即位，926年春正月，契丹攻陷渤海都城，大諲譔降而復叛，被俘，送遼上京西，築城居之。契丹更其名爲烏魯古，其妻名阿里只。烏魯古與阿里只爲遼太祖及述律後受大諲譔降時所乘二馬之名。　乃舉兵親征渤海大諲譔：按，契丹征渤海的時間，據《高麗史》記載則要早於十二月。《高麗史》卷一《太祖世家》於八年（925）秋九月庚子載：渤海禮部卿大和鈞均、老司政大元鈞、工部卿大福謨、左右衛將軍大審理等率民一百户來附。渤海本粟末靺鞨也，唐武后時高句麗人大祚榮走保遼東，睿宗封爲渤海郡王。因自稱渤海國，並有扶餘、肅慎等十餘國，有文字、禮樂、官府制度，五京十五府六十二州，地方五千餘里，衆數十萬，鄰於我境而與契丹世讎。至是契丹主謂左右曰："世讎未雪，豈宜安處。"乃大舉攻渤海大諲譔，圍忽汗城。大諲譔戰敗乞降，遂滅渤海。於是其國人來奔者相繼。

閏月壬辰，祠木葉山。壬寅，以青牛白馬祭天地於烏山。[1]己酉，次撒葛山，[2]射鬼箭。丁巳，次商嶺，夜圍扶餘府。[3]

[1]以青牛白馬祭天地：契丹禮儀。本書卷三七《地理志一·上京道》："相傳有神人乘白馬，自馬盂山浮土河而東，有天女駕青牛車由平地松林泛潢河而下。至木葉山，二水合流，相遇爲配偶，生八子。其后族屬漸盛，分爲八部。每行軍及春秋時祭，必用白馬青牛，示不忘本云。"

[2]撒葛山：【靳注】山名。在今吉林省雙遼市。

[3]扶餘府：渤海國地名。治所在今吉林省農安縣。

天顯元年春正月己未，[1]白氣貫日。庚申，拔扶餘城，誅其守將。丙寅，命惕隱安端、前北府宰相蕭阿古只等將萬騎爲先鋒，遇諲譔老相兵，破之。皇太子、大元帥堯骨、南府宰相蘇、北院夷离堇斜涅赤、南院夷离堇迭里是夜圍忽汗城。[2]己巳，諲譔請降。庚午，駐軍於忽汗城南。辛未，諲譔素服，稾索牽羊，[3]率僚屬三百餘人出降。上優禮而釋之。甲戌，詔諭渤海郡縣。丙子，遣近侍康末怛等十三人入城索兵器，爲邏卒所害。丁丑，諲譔復叛，攻其城，破之。駕幸城中，諲譔請罪馬前。詔以兵衛諲譔及族屬以出。祭告天地，復還軍中。

[1]天顯：遼太祖耶律阿保機與遼太宗耶律德光的年號（926—938）。

[2]忽汗城：即渤海上京龍泉府，在今黑龍江省寧安市渤海鎮。

[3]稾索牽羊：用草繩將自己捆縛起來，向勝利者謝罪，並牽着羊向勝利者表示祝賀。

二月庚寅，安邊、鄚頡、南海、定理等府洎諸道節度、刺史來朝，[1]慰勞遣之。以所獲器幣諸物賜將士。壬辰，以青牛白馬祭天地。大赦，改元天顯。以平渤海遣使報唐。[2]甲午，復幸忽汗城，閱府庫物，賜從臣有差。以奚部長勃魯恩、王郁自回鶻、新羅、吐蕃、党項、室韋、沙陀、烏古等從征有功，優加賞賚。丙午，改渤海國爲東丹，[3]忽汗城爲天福。册皇太子倍爲人皇王以主之。以皇弟迭剌爲左大相，渤海老相爲右大相，渤海司徒大素賢爲左次相，耶律羽之爲右次相。[4]赦其國内殊死以下。丁未，高麗、濊貊、鐵驪、靺鞨來貢。[5]

[1]安邊：渤海國府名。治所在安州，今俄羅斯境内奥耳加城。　鄚頡：渤海國府名。治所在莫州，即今黑龍江省哈爾濱市阿城區。　定理：渤海國府名。治所在今俄羅斯濱海邊疆區蘇城。按，以上三地據李殿福等《渤海國》（文物出版社 1987 年版，第 66 頁）。　南海：渤海國府名。其地不詳。

[2]以平渤海遣使報唐：《通鑑》卷二七四後唐明宗天成元年（926）春正月載："契丹主擊女真及渤海，恐唐乘虛襲之，遣梅老鞋里赴唐修好。"滅渤海後，又遣使報唐。

[3]東丹：中國古代政權名。天顯元年（926），契丹耶律阿保機滅渤海，改稱東丹國，意即"東契丹"，以其長子耶律倍爲東丹王，賜天子冠服，建元甘露。初，仍都忽汗城（渤海上京龍泉府），稱天福。天顯三年耶律德光下令將東丹國都城遷往遼陽。天顯五年人皇王浮海投奔後唐。【劉注】"東丹意即東契丹"的説法似有值得商榷之處。在契丹小字中，"契丹"作。"東丹"作。二者没有音或義的關聯。"契丹"是一個不能再分割的完整的單詞，

在契丹語中，“契丹”不能簡稱爲“丹”。

[4]大素賢：渤海王族。末王大諲譔時，官司徒。渤海滅亡後，建東丹國，大素賢爲左次相。天顯五年，東丹王浮海投奔後唐，大素賢繼續輔佐王妃蕭氏主國政。會同三年（940）六月，東京宰相、契丹權貴耶律羽之言其不法，被解職。　耶律羽之（889—941）：契丹人，嗜學，通諸部族語言。天顯元年建東丹國，羽之任中臺省右次相。德光即位後，建議徙渤海遺民實東平。東丹王投奔後唐，羽之遷中臺省左相。據《耶律羽之墓誌銘》記載，羽之“以會同四年（941）歲次辛丑八月十一戊戌薨於官，春秋五十有二”。而《遼史》卷七五《耶律羽之傳》則不載其生卒年。墓誌還記載：“比及大聖大明昇天皇帝收伏渤海，革號東丹，册皇太子爲人皇王，乃授公中臺右平章事。雖居四輔之末班，獨承一人之顧命。”所謂“右平章事”即《遼史》紀、傳所記“右次相”，在中臺省四相中位居第四，但因受到太宗信任而大權獨攬。

[5]濊貊：朝鮮半島古代部族名。據《三國志·魏書·東夷傳》曹魏間南與辰韓、北與高麗、沃沮接，東臨大海。大約佔據朝鮮半島東部。户二萬。自漢以來，其官有侯邑君、三老，由他們管領下户。貴族自謂與高麗同種。其民言語法俗大抵與高麗相同，衣服則有區别。　鐵驪：族名，遼置鐵驪國王府，以統其衆。其地當今黑龍江省東部松花江流域。　靺鞨：部族名。爲肅慎、勿吉後裔。隋唐時稱靺鞨，分爲數十部，其中的粟末部，建渤海國。此外，北部的黑水部也很強大，遼代的生女真，主要爲該部，後建立金朝。遼置國王府，以統之。

三月戊午，遣夷离畢康默記、左僕射韓延徽攻長嶺府。[1]甲子，祭天。丁卯，幸人皇王宫。己巳，安邊、鄚頡、定理三府叛，遣安端討之。丁丑，三府平。壬午，安端獻俘，誅安邊府叛帥二人。癸未，宴東丹國僚佐，頒賜有差。甲申，幸天福城。[2]乙酉，班師，以大諲譔舉族行。

[1]韓延徽（882—959）：安次（今河北省廊坊市）人，字藏明。奉燕帥劉守光之命出使契丹，阿保機留之，令其參與謀議。長嶺府：渤海國府名。治所在今吉林省樺甸縣蘇密城遺址（參見李殿福等《渤海國》，第65頁）。

[2]天福城：即渤海上京龍泉府，在今黑龍江省寧安市渤海鎮。後來東丹國都遷遼陽，東京遼陽亦稱天福城。

夏四月丁亥朔，次繖子山。[1]辛卯，人皇王率東丹國僚屬辭。是月，唐養子李嗣源反，[2]郭存謙弒其主存勗，[3]嗣源遂即位。

[1]繖子山："繖"同"傘"。【劉校】"繖"，原本及明抄本、北監本、南監本、殿本同。中華點校本、修訂本徑改爲"傘"。

[2]李嗣源：李克用養子。因屢建戰功，爲宣武軍節度使，兼蕃漢内外馬步軍總管。後唐莊宗李存勗當面許諾"天下與爾共之"。同光元年（923）拜中書令。以名位高，見疑忌。天成元年（926），趙在禮反於魏，嗣源奉命討除，與叛軍合，南下入汴州。莊宗在洛陽爲亂軍所殺。嗣源隨即入洛陽即位。更名亶，是爲後唐明宗。卒於長興四年（933）。

[3]郭存謙：【劉校】《新五代史》卷五與《舊五代史》卷三四作"郭從謙"。

五月辛酉，南海、定理二府復叛，大元帥堯骨討之。

六月丁酉，二府平。丙午，次慎州，唐遣姚坤以國哀來告。[1]

[1]唐遣姚坤以國哀來告：《新五代史》卷七二《四夷附録第一》載：莊宗崩，明宗遣供奉官姚坤告哀於契丹。坤至西樓而阿保機方東攻渤海，坤追至慎州見之。阿保機錦袍大帶垂後，與其妻對坐穹廬中，延坤入謁。阿保機問曰："聞爾河南、北有兩天子，信乎？"坤曰："天子以魏州軍亂，命總管令公將兵討之，而變起洛陽，凶問今至矣。總管返兵河北，赴難京師，爲衆所推，已副人望。"阿保機仰天大哭曰："晉王與我約爲兄弟，河南天子，即吾兒也。昨聞中國亂，欲以甲馬五萬往助我兒，而渤海未除，志願不遂。"又曰："我兒既没，理當取我商量，新天子安得自立？"坤曰："新天子將兵二十年，位至大總管，所領精兵三十萬，天時人事，其可得違？"其子突欲在側曰："使者無多言，蹊田奪牛，豈不爲過！"坤曰："應天順人，豈比匹夫之事。至如天皇王得國而不代，豈強取之邪？"阿保機即慰勞坤曰："理正當如是爾！"又曰："吾聞此兒有宫婢二千人，樂官千人，放鷹走狗，嗜酒好色，任用不肖，不惜人民，此其所以敗也。我自聞其禍，即舉家斷酒，解放鷹犬，罷散樂官。我亦有諸部樂官千人，非公宴不用。我若所爲類吾兒，則亦安能長久？"又謂坤曰："吾能漢語，然絶口不道於部人，懼其効漢而怯弱也。"因戒坤曰："爾當先歸，吾以甲馬三萬會新天子幽、鎮之間，共爲盟約，與我幽州，則不復侵汝矣。"

秋七月丙辰，鐵州刺史衛鈞反。[1]乙丑，堯骨攻拔鐵州。庚午，東丹國左大相迭剌卒。[2]辛未，衛送大諲譔於皇都西，築城以居之。[3]賜諲譔名曰烏魯古，妻曰阿里只。盧龍行軍司馬張崇叛，奔唐。[4]甲戌，次扶餘府，上不豫。是夕，大星隕於幄前。辛巳平旦，子城上見黃龍繚繞，可長一里，光耀奪目，入於行宮，有紫黑氣蔽天，踰日乃散。[5]是日上崩，年五十五。[6]天贊三年上所謂"丙戌秋初，必有歸處"，至是乃驗。壬午，皇后稱制，權決軍國事。[7]

[1]鐵州：渤海置，治所在今吉林省和龍市西北一百里之太陽城古城（見《中國歷史地圖集釋文彙編》東北卷，中央民族學院出版社1988年版，第99頁）。

[2]左大相：契丹東丹國宰輔機構中臺省設左、右大相及左、右次相。　迭剌卒：【劉校】"迭"原本誤作"送"，明抄本、南監本、北監本和殿本均作"迭"。中華點校本及修訂本徑改。今從改。

[3]皇都：即遼上京臨潢府，在今內蒙古自治區巴林左旗林東鎮。

[4]盧龍軍：唐軍鎮名。據《唐會要》卷七八，該軍係天寶二年（743）置，治所在今河北省盧龍縣。

[5]子城上見黃龍：【劉校】原本作"于城上見黃龍"，亦通。南監本、北監本和殿本均作"子城上見黃龍"。中華點校本據改，今從。　行宮：亦稱行帳，即阿保機轉徙隨時的宮帳。

[6]是日上崩：據此，阿保機崩於七月辛巳（二十七日），而《舊五代史》卷三七《唐書·明宗記》載："（天成元年十月）辛丑，契丹遣使來告哀，言國主阿保機以今年七月二十七日卒。"

[7]皇后稱制，權決軍國事：此是北方民族傳統，大汗死後，在選立新汗之前，由大汗之妻權決軍國事。

八月辛卯，康默記等攻下長嶺府。[1]甲午，皇后奉梓宮西還。壬寅，堯骨討平諸州，奔赴行在。[2]乙巳，人皇王倍繼至。[3]

[1]長嶺府：渤海國地名。治所在今吉林省樺甸市蘇密城古城。

[2]行在：皇帝出行時所在之地。當時阿保機已死，不當仍稱“行在”。

[3]人皇王倍繼至：據本書卷七二《義宗倍傳》：“太祖訃至，倍即日奔赴山陵。”耶律倍與堯骨都不是“奔赴行在”。

九月壬戌，南府宰相蘇薨。丁卯，梓宫至皇都，權殯於子城西北。[1]己巳，上謚昇天皇帝，廟號太祖。

[1]子城：指遼上京皇城。

冬十月，盧龍軍節度使盧國用叛，奔于唐。

十一月丙寅，殺南院夷离堇耶律迭里、郎君耶律匹魯等。

二年八月丁酉，葬太祖皇帝于祖陵，[1]置祖州天城軍節度使以奉陵寢。[2]統和二十六年七月，進謚大聖大明天皇帝。重熙二十一年九月，加謚大聖大明神烈天皇帝。太祖所崩行宫在扶餘城西南兩河之間，後建昇天殿於此，而以扶餘爲黄龍府云。[3]

[1]祖陵：遼太祖耶律阿保機的葬所。位於祖州西南約五里，其地在今内蒙古自治區巴林左旗查干哈達蘇木石房子嘎查。

[2]祖州：州名。遼置，因阿保機的高祖、曾祖、祖、父皆出生於此，故名。治所在今内蒙古巴林左旗西南查干哈達蘇木石房子嘎查。轄境相當於今内蒙古巴林左旗、巴林右旗的一部分。阿保機

秋季多在此狩獵。金天會八年（1130）改爲奉州。

[3]黄龍府：治所在今吉林省農安縣。

贊曰：遼之先出自炎帝，[1]世爲審吉國，[2]其可知者蓋自奇首云。[3]奇首生都菴山，徙潢河之濱。傳至雅里，[4]始立制度、置官屬，刻木爲契、穴地爲牢，[5]讓阻午而不肯自立。[6]雅里生毗牒，毗牒生頦領。頦領生耨里思，大度寡欲，令不嚴而人化，是爲肅祖。[7]肅祖生薩刺德，嘗與黄室韋挑戰，[8]矢貫數劄，[9]是爲懿祖。[10]懿祖生匀德實，始教民稼穡，善畜牧，國以殷富，是爲玄祖。[11]玄祖生撒剌的，仁民愛物，始置鐵冶，教民鼓鑄，是爲德祖，[12]即太祖之父也。世爲契丹遥輦氏之夷离菫，[13]執其政柄。德祖之弟述瀾，[14]北征于厥、室韋，[15]南略易、定、奚、霫，[16]始興板築，[17]置城邑，教民種桑麻、習織組，已有廣土衆民之志。而太祖受可汗之禪，遂建國，東征西討如折枯拉朽。東自海，西至於流沙，北絶大漠，[18]信威萬里，歷年二百，[19]豈一日之故哉！周公誅管、蔡，[20]人未有能非之者。剌葛、安端之亂，[21]太祖既貸其死而復用之，非人君之度乎！舊史扶餘之變，亦異矣夫！

[1]炎帝：傳説中上古姜姓部族首領。號烈山氏，一作厲山氏。相傳少典娶於蟜氏而生。原居姜水流域，後向東發展到中原地區。曾與黄帝戰於阪泉（今河北省涿鹿東南），被打敗。一説炎帝即神農氏。

[2]審吉國：本書僅此一見。

［3］奇首：據卷三七《地理志一》，契丹始祖奇首可汗是在永州木葉山，因此後來契丹在那里建始祖廟。故奇首可汗遺迹當在永州，即今内蒙古自治區東部赤峰市境内西拉木倫河與老哈河匯合處一帶。

［4］雅里：遼太祖阿保機之始祖。又稱涅里、泥里。

［5］穴地爲牢：在地面挖掘坑穴作爲居室。

［6］阻午：契丹遙輦氏當政時期的第二任可汗。

［7］肅祖：遼太祖耶律阿保機之四代祖耨里思的廟號。重熙二十一年（1052）七月追尊。耶律儼《紀》載，唐玄宗天寶年間，太祖四代祖耨里思爲迭剌部夷离堇，曾遣將只里姑、括里，大敗范陽安禄山於潢水。

［8］黄室韋：部族名。據本書卷三三《營衛志下》，小黄室韋實即突呂不室韋的一部分，本名大、小二黄室韋户。阿保機爲撻馬狘沙里時，以計降伏大、小黄室韋，仍置爲二部。後設節度使，戍泰州（今吉林省白城市），隸屬東北路統軍司。

［9］劄：盔甲頁片。

［10］懿祖：遼太祖耶律阿保機的曾祖父薩剌德的廟號。重熙二十一年七月追尊。

［11］玄祖：遼太祖耶律阿保機祖父匀德實的廟號。重熙二十一年七月追尊。本書卷五九《食貨志上》載："匀德實爲大迭烈府夷离堇，喜稼穡，善畜牧，相地利以教民耕。"

［12］德祖：阿保機父親撒剌的的廟號。重熙二十一年七月追尊。

［13］遙輦氏：契丹氏族。唐開元二十三年（734），可突於殘黨泥禮殺李過折，立阻午可汗，傳九世，至公元 907 年阿保機建國。遙輦九可汗繼位後各建宫衛，遼朝立國後，有遙輦九帳大常衮司之設，掌遙輦九世宫分之事務。

［14］述瀾：即釋魯。玄祖匀德實第三子，阿保機的伯父。本書卷六四《皇子表》："賢而有智，爲迭剌部于越時教民種植桑麻。年

五十七，爲子滑哥所弑。重熙中追封爲隋國王。”

［15］于厥：部族名。即烏古。　室韋：部族名。北魏始見於記載，分佈於黑龍江、嫩江流域，唐時分爲許多部。契丹多爲其役屬。

［16］易州：治所在今河北省易縣。　奚：古族名。南北朝時稱庫莫奚。分佈於今内蒙古東部西拉木倫河流域。《五代會要》卷二八《奚》：“自天祐初，契丹兵力漸盛，室韋、奚、霫皆受制焉。故奚之部族爲契丹代守邊土。既虜人虐其首領，去諸怨之，以别部内附，徙於嬀州，依北山而居，漸至數千帳，故有東、西奚之號。去諸卒，其子掃剌代立。後唐莊宗破幽州，賜掃剌姓李，名紹威。”東、西奚先後附遼，漸與契丹人相融合。　霫：古代部族名。原居潢水（今西拉木倫河）以北，其俗與契丹略同。後被契丹役屬，與奚、契丹諸族逐漸融合。

［17］板築：泛指土木建築。漢代劉向《説苑·建本》：“毋淫宫室，以妨人宅；板築以時，毋奪農功。”

［18］大漠：指我國北部一帶的廣大沙漠地區。

［19］歷年二百：遼自公元 907 年建國，至 1125 年亡於金，享國 219 年。

［20］周公：周人。姬姓，周武王之弟，名旦，亦稱叔旦。因采邑在周（今陝西省岐山縣北），稱爲周公。曾助武王滅商。武王死後，繼立者成王年幼，周公攝政，管叔、蔡叔散佈流言，稱周公將不利於年幼的周成王，並乘機作亂，後被平定。

［21］剌葛：阿保機之弟，在其兄弟中排行第二，字率懶。太祖即位，爲惕隱。討涅烈部，破之，改爲迭剌部夷离堇。從太祖親征，統本部攻下平州。後與弟迭剌、安端等多次謀亂，神册二年（917）南竄，爲人所殺。　安端：亦阿保機之弟，在其兄弟中排行第五。字猥隱。與兄剌葛謀亂，太祖釋之。神册三年爲惕隱。天禄初，以功王東丹國，賜號明王，成爲東丹國的統治者。穆宗時，子察割弑逆被誅，穆宗赦其通謀罪，放歸田里。關於剌葛與諸弟謀反

作亂事，《通鑑》卷二七〇後梁均王貞明四年（918）於事後追述此事説：“初，契丹主之弟撒剌阿撥號北大王，謀作亂於其國。事覺，契丹主數之曰：‘汝與吾如手足，而汝興此心，我若殺汝，則與汝何異！’乃囚之期年而釋之。撒剌阿撥帥其衆奔晉，晉王厚遇之，養爲假子，任爲刺史；胡柳之戰，以其妻子來奔。”另據本書卷六四《皇子表》，剌葛後南竄。所謂“撒剌阿拔”可能就是剌葛，爲後唐莊宗李存勗所殺。《通鑑》卷二七二後唐莊宗同光元年（923）冬十月詔：“契丹撒剌阿撥叛兄棄母，負恩背國，宜與［趙］岩等並誅於市。”

（李錫厚注　劉鳳翥校）

遼史　卷三

本紀第三

太宗上

太宗孝武惠文皇帝諱德光，[1]字德謹，小字堯骨，[2]太祖第二子，母淳欽皇后蕭氏。[3]唐天復二年生，[4]神光異常，獵者獲白鹿、白鷹，人以爲瑞。及長，貌嚴重而性寬仁，軍國之務多所取決。

[1]太宗孝武惠文皇帝（902—947）：耶律德光尊號。天顯元年（926）遼太祖耶律阿保機死，由其母述律后立爲帝。十一年領兵南攻後唐，立石敬瑭爲帝，得燕雲十六州地。會同三年（940）至南京（幽州，即今北京）。連年領兵攻打後晉。大同元年（947）正月攻下晉都汴州（今河南開封）。二月，建國號大遼。四月，自汴州北返，行至欒城（今河北省石家莊市欒城區）病死。廟號太宗，墓號懷陵。統和二十六年（1008）七月上尊謚孝武皇帝，重熙二十一年（1052）九月，增謚孝武惠文皇帝。【劉注】根據《新五代史》卷七二《四夷附録第一》“改天顯十一年爲會同元年，更其國號爲大遼”，《東都事略》卷一二三“改元曰會同，國號爲大遼”

和《契丹國志》卷二“改元會同，國號大遼”等記載，遼代的國號由“契丹”改爲“大遼”的時間爲會同元年，不是大同元年。本書卷四大同元年“二月丁巳朔，建國號大遼”是指把後晉的國號改爲“大遼”，即把後晉合併到遼國的版圖中去。《契丹國志》稱此事爲“以晉國稱大遼”，措辭比《遼史》更爲確切。

[2]堯骨：又譯爲耀屈之。據《五代會要》卷二九《契丹》：德光本名曜屈之，慕中國之名，故改爲德光。【劉注】契丹族男人的契丹語名字有“小名（孩子名）”“第二個名”和“全名”之分。三者都可以用作名字。全名是把“第二個名”和“小名”疊加在一起，疊加時“第二個名”置於“小名”之前。凡“第二個名”都有尾音 n。漢字文獻在處理契丹語名字時，把“小名”處理爲“名”或“小字”，把“第二個名”處理爲“字”。“德謹”是遼太宗的契丹語“第二個名”，“堯骨”是遼太宗的契丹語“小名”。

[3]淳欽皇后：遼太祖阿保機皇后述律氏的謚號。遼興宗重熙二十一年九月追謚。本書卷七一有傳。

[4]天復：唐昭宗年號（901—904）。

天贊元年，[1]授天下兵馬大元帥，[2]尋詔統六軍南徇地。明年，下平州，[3]獲趙思温、張崇。[4]回破箭笴山胡遜奚，[5]諸部悉降。復以兵掠鎮、定，[6]所至皆堅壁不敢戰。師次幽州，[7]符存審拒於州南，[8]縱兵邀擊，大破之，擒裨將裴信等數十人。及從太祖破于厥里諸部，[9]定河壖党項，[10]下山西諸鎮，取回鶻單于城，[11]東平渤海，[12]破達盧古部，[13]東西萬里，所向皆有功。

[1]天贊：遼太祖年號（922—926）。

［2］天下兵馬大元帥：遼最高軍職。天贊元年（922）十一月，太祖以皇子堯骨（耶律德光）爲天下兵馬大元帥，後繼皇帝位。此後，遼朝歷代皇帝立皇儲，多加此號，成爲皇帝以下的最高尊稱。

［3］平州：唐置，治所在今河北省盧龍縣。

［4］趙思温（？—939）：盧龍（今屬河北省）人，字文美。原爲燕帥劉仁恭部將，後降後唐莊宗李存勗，任平州刺史兼平營薊三州都指揮使。降遼後從太祖征渤海，爲漢軍都團練使。太宗時，爲南京留守、盧龍軍節度使。本書卷七六有傳。　張崇：《新五代史》卷四七、《舊五代史》卷八八本傳並作"張希崇"。此避天祚延禧名諱，去"希"字。

［5］箭笴（gǎn）山：地名。胡損奚所居地。【靳注】此爲山名。在今河北省撫寧縣東北葦子峪外。　胡遜奚：即奚族首領胡損所部，見本書卷三三《營衛志下》。

［6］鎮州：又稱恒州，治所在今河北省正定縣。　定州：治所在今河北省定州市。

［7］幽州：治所在今北京市。

［8］符存審：後唐將領。字德，陳州宛丘（今河南省淮陽縣）人。乾符末，歸於李克用，爲其義兒，賜姓李。《通鑑》卷二七二後唐莊宗同光元年（923）二月載："契丹寇幽州，晉王問帥於郭崇韜，崇韜薦横海節度使李存審。時存審卧病，己卯，徙存審爲盧龍節度使，輿疾赴鎮。"　裨將：副將。

［9］于厥里：又稱于厥，部族名。即烏古。

［10］河壖党項：党項之一部，居黄河地區。黄河邊素不耕墾之地稱"河壖"。党項又稱党項羌，唐以後主要活動於靈、慶、銀、夏等州，即今甘肅、寧夏、陝西和内蒙古等省區交界地區。

［11］回鶻單于城：地名。即本書卷一《太祖本紀》所記之古回鶻城及卷三〇《天祚本紀·大石傳》所記之卜古罕城。其地當在今蒙古國鄂爾渾河上游。

［12］渤海：古代少數民族王朝名。唐武后聖曆元年（698），

靺鞨粟末部首領大祚榮建立振國（亦稱震國）。唐玄宗先天二年（713，當年十二月改元“開元”）遣使封大祚榮爲左驍衛大將軍、渤海郡王，又設置忽汗州，加授大祚榮爲忽汗州大都督，並改稱渤海。寶應元年（762）晉爲國。天顯元年（926）爲遼所滅，改稱東丹。【劉注】渤海國最初的國號爲“靺鞨”，不爲“震國”或“振國”。《新唐書》卷二一九《渤海傳》：“睿宗先天中（應爲‘玄宗先天二年’），遣使拜祚榮爲左驍衛大將軍、渤海郡王。以所統爲忽汗州，領忽汗州都督，自是始去靺鞨號，專稱渤海。”這裏不稱“始去震國之號，專稱渤海”，而稱“始去靺鞨之號，專稱渤海”。可見，稱“大祚榮建立震國”是混淆了封號與國號的區别。《新唐書》卷二一九《渤海傳》稱“武后封乞四比羽爲許國公，乞乞仲象（大祚榮之父）爲震國公”。“許國公”和“震國公”都是封號，並不意味着有“許國”“震國”等政权。乞乞仲象死後。他兒子大祚榮繼承了“震國公”的封號，但他不滿足“公”級别，所以“自號震國王”。“震國王”僅僅是封號，並不意味着有“震國”。少數民族往往以其民族名爲國號，如“契丹”“蒙古”等。渤海也應如此。

[13]達盧古部：女真之一部。該部有城，稱達盧古城，位於拉林河以西地區。一説位於今吉林省前郭爾羅斯蒙古族自治縣興隆堡附近。

天顯元年七月，[1]太祖崩，皇后攝軍國事。[2]

[1]天顯：遼太祖年號（926），遼太宗即位初期沿用未改（927—938）。

[2]攝：代理，兼理。

明年秋，治祖陵畢。[1]冬十一月壬戌，人皇王倍率群臣請於后曰：[2]“皇子大元帥勳望，中外攸屬，宜承大統。”后從之，是日即皇帝位。癸亥，謁太祖廟。丙寅，行柴册禮。[3]戊辰，還都。壬申，御宣政殿，群臣上尊號曰嗣聖皇帝。[4]大赦。有司請改元，不許。十二月庚辰，尊皇太后爲太皇太后，[5]皇后爲應天皇太后，[6]立妃蕭氏爲皇后。[7]禮畢，閱近侍班局。[8]辛巳，諸道將帥辭歸鎮。己丑，祀天地。庚寅，遣使諭諸國。辛卯，閱群牧於近郊。[9]戊戌，女直遣使來貢。[10]壬寅，謁太祖廟。甲辰，閱旗鼓、客省諸局官屬。[11]丁未，詔選遙輦氏九帳子弟可任官者。[12]

[1]祖陵：遼太祖耶律阿保機的葬所。位於祖州西南五里，其地在今内蒙古自治區巴林左旗查干哈達蘇木石房子嘎查。

[2]人皇王：即遼太祖耶律阿保機長子倍，契丹名圖欲（突欲，898—936），生母爲淳欽皇后述律氏。天顯元年（926）阿保機滅渤海建東丹國，突欲被册爲人皇王，主東丹國政。據本傳載“神册元年春立爲皇太子”。阿保機死後，其母述律氏立德光，突欲被迫浮海投奔後唐。後唐明宗賜其姓名李贊華。清泰三年（遼天顯十一年，936）石敬瑭率軍攻入洛陽，後唐末帝李從珂約倍與之同死，倍不從，遇害。本書卷七二有傳。　即皇帝位：關於德光嗣立，《通鑑》卷二七五後唐明宗天成元年（926）九月癸酉載：“契丹述律后愛中子德光，欲立之，至西樓，命與突欲俱乘馬立帳前，謂諸酋長曰：‘二子吾皆愛之，莫知所立，汝曹擇可立者執其轡。’酋長知其意，爭執德光轡讙躍曰：‘願事元帥太子。’后曰：‘衆之所欲，吾安敢違。’遂立之天皇王。突欲愠，帥數百騎欲奔唐，爲邏者所遏；述律后不罪，遣歸東丹。天皇王尊述律后爲太后，國事皆決焉。太后復納其姪爲天皇王后。天皇王性孝謹，母病不食亦不食，

侍於母前應對或不稱旨，母揚眉視之，輒懼而趨避，非復召不敢見也。以韓延徽爲政事令。聽姚坤歸復命，遣其臣阿思没骨餒來告哀。”

［3］柴册禮：此禮源於中國傳統的“燔柴告天”，是古代天子祭天之禮。《爾雅·釋天》：“祭天曰燔柴。”行禮時，積薪於壇，取玉及牲置於柴上焚燒。此禮與契丹的再生禮合併舉行，是爲契丹部落聯盟選汗和遼建國後新皇帝即位舉行的禮儀。相傳遥輦氏阻午可汗始製此儀，遼朝建國後有所增飾。

［4］嗣聖皇帝：遼太宗耶律德光的尊號。

［5］太皇太后：指阿保機母宣簡皇太后。本書卷七一有傳。

［6］應天皇太后（879—953）：即阿保機妻述律氏，漢名平，小字月里朶。其先爲回鶻人。本書卷七一有傳。

［7］立妃蕭氏爲皇后：蕭氏，小字温，淳欽皇后弟室魯之女。德光爲大元帥時納爲妃，生穆宗。即位後立爲皇后。天顯十年（935）死，謚彰德，葬奉陵。興宗重熙二十一年（1052）更謚靖安皇后。本書卷七一有傳。

［8］近侍：皇帝身邊的奴僕。

［9］群牧：此指畜群。契丹有專門機構管理畜群，這類機構亦稱“群牧”。諸路設群牧使司，下設某群太保、某群侍中、某群敞史；朝廷設總典群牧使司，有總典群牧部籍使、群牧都林牙。以“群”爲單位設某群牧司，設群牧使、群牧副使。此外，還有衹管理馬及牛群的機構。遼亡之後，金稱契丹群牧爲“烏魯古”。

［10］女直：本作女真，因避遼興宗耶律宗真名諱，改稱女直。遼時居東北東部。在南者入遼籍，稱熟女真，或合蘇館女真；在北者不入遼籍，稱生女真。

［11］客省：官署名。唐代宗時始置。遼會同元年（938）沿置，掌接待諸國使節。設官有都客省、客省使、左右客省使等。

［12］遥輦氏九帳：即遥輦氏九個可汗的宫帳。“宫帳”又稱“宫衛”，負責管理可汗在掠奪戰爭中所俘獲的生口及其他私産。遥

輦氏九可汗依次是：遙輦洼可汗、阻午可汗、胡剌可汗、蘇可汗、鮮質可汗、昭古可汗、耶瀾可汗、巴剌可汗以及痕德堇可汗。

三年春正月己酉，閲北剋兵籍。庚戌，閲南剋兵籍。[1]丁巳，閲皮室、拽剌、墨離三軍。[2]己未，黄龍府羅涅河女直達盧古來貢。[3]庚午，以王郁爲興國軍節度使，[4]守中書令。[5]

[1]北剋、南剋：相當於北軍、南軍，負責宫帳警衛。本書卷四六《百官志二》載有“奚王南剋軍詳穩司”及“奚王北剋軍詳穩司”，同時記載：“諸帳並有剋官爲長。” 庚戌：【劉校】原本誤作“庚戍”，中華點校本據南監本、北監本和殿本改。今從。

[2]皮室：契丹軍名。“皮室”，意爲“金剛”。初爲阿保機所置，稱“腹心部”。後有南、北、左、右皮室及黄皮室等，皆掌精甲。 拽剌：契丹語“走卒”謂之“拽剌”，後爲軍官名。有掌旗鼓者，稱“旗鼓拽剌”，還有專司偵候、探報等職者。 墨離：遼軍名。意思不詳。

[3]黄龍府：治所在今吉林省農安縣。

[4]王郁：京兆萬年（今陝西省西安市）人。唐義武軍（治定州）節度使王處直之子，晉王李克用的女婿，爲新州防禦使。神册六年（921）攜家室及所部降遼。本書卷七五有傳。 興國軍：遼軍鎮名。治龍化州，其地在今内蒙古自治區奈曼旗東北。

[5]守中書令：暫攝中書令。唐制，以品級較低之人任較高職務，稱爲守某官。中書令爲中書省長官，在遼爲虚銜，非實職。

二月，幸長濼，[1]己亥，惕隱涅里衮進白狼。[2]辛丑，達盧古來貢。

[1]長濼：湖泊名。又作長泊，亦稱魚兒濼，是遼春捺鉢的地點，在长春州（治所在今吉林省前郭爾羅斯蒙古族自治縣塔虎城）境内。宋大中祥符六年（遼開泰二年，1013），晁迥使遼，回來後向宋廷報告此行至長泊所見遼帝四時捺鉢活動的情況。

[2]惕隱：契丹官名。又稱梯里已，掌皇族政教。

三月乙卯，東蒐。[1]癸亥，獵殺獾山。乙丑，獵松山。[2]唐義武軍節度使王都遣人以定州來歸。[3]唐主出師討之，[4]使來乞援，命奚秃里鐵剌往救之。[5]

[1]東蒐：上古天子東巡，諸侯從行助祭泰山，稱"東蒐"。遼帝"東蒐"，實即東獵。《左傳》定公四年"正義"説："東蒐則爲從王巡守，助祭泰山。爲湯沐之邑若鄭之祊田，葢近泰山也。王巡守者，諸侯爲王守土，天子以時出巡行之。今言蒐，則王之巡守，亦因田獵，以教習兵士。"

[2]松山：在今内蒙古自治區赤峰市松山區。

[3]唐：即後唐，五代王朝之一。同光元年（923）由李存勗建立，國號唐，都洛陽（今屬河南省），史稱後唐。　義武軍：後唐軍鎮名。治所在定州（今屬河北省）。　王都：後唐義武軍節度使王處直養子。處直以其爲節度副使。處直使王郁招契丹入援，王都與諸將反對此舉，遂囚處直，並殺之。後唐明宗即位以後，惡王都爲人，王都遂投契丹。

[4]唐主：指後唐明宗李嗣源，李克用養子。因屢建戰功，爲宣武軍節度使，兼蕃漢内外馬步軍總管。後唐莊宗李存勗當面許諾"天下與爾共之"。同光元年拜中書令。以名位高，見疑忌。天成元年（926），趙在禮反於魏，嗣源奉命討除，與叛軍合，南下入汴州。莊宗在洛陽爲亂軍所殺。嗣源隨即入洛陽即位。更名亶，是爲唐明宗。卒於長興四年（933）。

[5]秃里鐵刺：即秃餒。

四月戊寅，東巡。己卯，祭麃鹿神。[1]丁亥，於獵所縱公私取羽毛革木之材。甲午，取箭材赤山。[2]丙申，獵三山。鐵刺敗唐將王晏球於定州。[3]唐兵大集，鐵刺請益師。辛丑，命惕隱涅里衮、都統查剌赴之。[4]

[1]祭麃鹿神：契丹族多神崇拜之一種。據本書卷一一六《國語解》，“遼俗好射麃鹿，每出獵，必祭其神以祈多獲”。

[2]赤山：今内蒙古自治區赤峰市境内紅山。【劉注】據《巴林左旗志》（内蒙古人民出版社 1996 年版，第 168 頁），“烏蘭達壩，遼代稱‘赤山’”。遼代的“赤山”應是今内蒙古自治區巴林左旗境内的烏蘭達壩。

[3]王晏球（871 或 873—932）：唐末五代洛陽（今屬河南省）人，字瑩之。初爲朱温帳下親軍，後以征戰有功，累遷至龍驤四軍都指揮使。同光元年（923）降後唐。賜姓李，名紹虔。明宗時拜宋州節度使、齊州防禦使，駐瓦橋關抵禦契丹。天成三年（928），定州節度使王都叛亂，勾引契丹，此時他爲北面招討使，大敗叛軍。次年，收復定州，不戮一卒，獲王都首級，擒契丹將秃餒。以功授天平軍節度使，後移鎮青州。

[4]都統：官名。唐乾元中，始以都統名官，總諸道征伐。後若調諸道兵馬會戰，多置此職，爲臨時軍事長官，不賜旌節，事解即罷。遼設諸路兵馬都統署司，下有諸路兵馬都統署，都統爲其長官。

五月丙午，建天膳堂。[1]獵索剌山。戊申，至自獵。丁卯，命林牙突呂不討烏古部。[2]己巳，女直來貢。

[1]天膳堂：遼太祖陵祭祀用殿。本書卷三七《地理志一》："太祖陵鑿山爲殿，曰明殿。殿南嶺有膳堂，以備時祭。"《契丹國志》卷一一《天祚皇帝中》："金人攻上京路，祖州則太祖之天膳堂，懷州則太宗德光之崇元殿。"

[2]林牙：契丹官名。掌文翰，相當於翰林學士。　突呂不（？—942）：契丹六院部人，字鐸衮。曾參與創製契丹大字。數從德光征伐，有戰功。本書卷七五有傳。　烏古部：部族名。又稱嫗厥律、于厥律，居契丹西北。《新五代史》卷七三《四夷附録第二》："嫗厥律，其人長大，髦頭，酋長全其髮，盛以紫囊。地苦寒，水出大魚，契丹仰食。又多黑、白、黄貂鼠皮，北方諸國皆仰足。其人最勇，鄰國不敢侵。"

六月己卯，行瑟瑟禮。[1]

[1]瑟瑟禮：契丹禮儀名。大旱時，舉行此禮儀，祈求上天降雨。

秋七月丁未，突呂不獻討烏古捷。壬子，王都奏唐兵破定州，[1]鐵刺死之，涅里衮、查刺等數十人被執。上以出師非時，甚悔之，厚賜戰殁將校之家。庚午，有事於太祖廟。

[1]唐兵破定州：《舊五代史》卷三九《唐書·明宗紀第五》天成三年（928）載，五月"丁卯，鎮州奏，今月十八日，王師不利於新樂。壬申，王晏球奏，今月二十一日，大破定州賊軍及契丹於曲陽，斬獲數千人，王都與秃餒以數十騎入於定州"。另據《新五代史》卷七二《四夷附録第一》："定州王都反，唐遣王晏球討

之。都以臘丸書走契丹求援，德光遣秃餒、荝剌等以騎五千救都，都及秃餒擊晏球於曲陽，爲晏球所敗。德光又遣惕隱赫邈益秃餒以騎七千，晏球又敗之於唐河。赫邈與數騎返走，至幽州，爲趙德鈞所執，而晏球攻破定州，擒秃餒、荝剌，皆送京師。明宗斬秃餒等六百餘人，而赦赫邈，選其壯健者五十餘人爲‘契丹直’。”《通鑑》卷二七六後唐明宗天成三年五月載：王晏球聞契丹發兵救定州，將大軍趣望都，遣張延朗分兵退保新樂。延朗遂之真定，留趙州刺史朱建豐將兵修新樂城。契丹已自他道入定州，與王都夜襲新樂，破之，殺建豐。乙丑，王晏球、張延朗會於行唐，丙寅，至曲陽。王都乘勝，悉其衆與契丹五千騎合萬餘人，邀晏球等於曲陽，丁卯，戰於城南。晏球集諸將校令之曰：“王都輕而驕，可一戰擒也。今日，諸君報國之時也。悉去弓矢，以短兵擊之，回顧者斬！”於是騎兵先進，奮檛揮劍，直沖其陣，大破之，僵屍蔽野；契丹死者過半，餘衆北走；都與秃餒得數騎，僅免。盧龍節度使趙德鈞邀擊契丹，北走者殆無孑遺。

八月丙子，突厥來貢。[1]庚辰，詔建《應天皇太后誕聖碑》於儀坤州。[2]

[1]突厥：古代族名。曾建立強大的突厥汗國，至公元6世紀分裂爲東西兩汗國。當阿保機建立契丹王朝時，突厥汗國早已滅亡。這里所謂“突厥”可能是指東突厥汗國的餘部。

[2]儀坤州：德光生母應天皇太后出生地，治所在今内蒙古自治區翁牛特旗西北。【劉注】一説治所在今内蒙古自治區敖漢旗雙廟鄉五十家子村古城址。

九月己卯，突呂不遣人獻討烏古俘。癸未，詔分賜群臣。己丑，幸人皇王倍第。[1]庚寅，遣人使唐。辛卯，再幸人皇王第。癸巳，有司請以上生日爲天授節，皇太后生日爲永寧節。[2]

[1]人皇王倍第：人皇王在上京的寓所。人皇王耶律倍來上京參加太祖葬禮，一直未返回東丹。

[2]天授節：遼以太宗德光生日爲天授節。　皇太后：即太宗德光生母應天皇太后述律氏。　永寧節：遼以應天皇太后述律氏生日爲永寧節。

冬十月癸卯朔，以永寧節，上率群臣上壽於延和宮。[1]己酉，謁太祖廟。唐遣使遺玉笛。甲子，天授節，上御五鸞殿受群臣及諸國使賀。[2]

[1]延和宮：遼上京的宮殿之一。

[2]五鸞殿：遼上京臨潢府三大殿之一。

十一月丙子，鼻骨德來貢。[1]辛丑，自將伐唐。

[1]鼻骨德：又作鱉古德，遼時黑龍江流域部族名。聖宗時分置伯斯鼻古德部與撻馬鼻古德部，均屬東北路統軍司。所在地相當於今黑龍江省富錦市至俄羅斯境内哈巴羅夫斯克（伯力）沿江一帶。

十二月癸卯，祭天地。庚戌，聞唐主復遣使來聘，[1]上問左右，皆曰："唐數遣使來，實畏威也。未可輕舉，觀釁而動可也。"上然之。甲寅，次杏堝，唐使至，遂班師。時人皇王在皇都，[2]詔遣耶律羽之遷東丹民以實東平。[3]其民或亡入新羅、女直，[4]因詔困乏不能遷者，許上國富民給贍而隸屬之。[5]升東平郡爲南京。[6]

［1］唐主：指後唐明宗李嗣源。

［2］皇都：即遼上京臨潢府，治所在今内蒙古自治區巴林左旗林東鎮。

［3］耶律羽之（889—941）：契丹迭剌部人。通諸部族語言。天顯元年（926）滅渤海以後，建東丹國，立耶律倍爲東丹王，羽之爲中臺省右次相，受德光信任。建議徙渤海遺民實東平（後稱東京遼陽府，即今遼寧省遼陽市）。東丹王投唐後，羽之實爲東京最高長官。本書卷七五有傳。　東丹：中國古代政權名。天顯元年，契丹耶律阿保機滅渤海，改稱東丹國，意即“東契丹”，以其長子耶律倍爲東丹王，賜天子冠服，建元甘露。初，仍都忽汗城（渤海上京龍泉府），稱天福。天顯三年耶律德光下令將東丹國都城遷往遼陽。天顯五年人皇王浮海投奔後唐。【劉注】“東丹意即東契丹”的説法似有值得商榷之處。在契丹小字中，“契丹”作。“東丹”作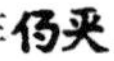。二者没有音或義的關聯。“契丹”是一個不能再分割的完整的單詞，在契丹語中，“契丹”不能簡稱成爲“丹”。　東平：後稱東京遼陽府，即今遼寧省遼陽市。

［4］新羅：朝鮮半島古國，公元 4 世紀成爲半島東南部的强國。7 世紀中滅百濟和高句麗，不久，統一半島大部。至 9 世紀衰落，公元 935 年爲王氏高麗所取代。

［5］上國：指契丹。

［6］南京：本屬渤海。太宗天顯三年升爲南京，府名遼陽。天顯十三年，改爲東京遼陽府。即今遼寧省遼陽市。

四年春正月壬申朔，宴群臣及諸國使，觀俳優角觝戲。[1]己卯，如瓜堝。

[1]俳優：古代指以樂舞諧戲爲業的藝人。　角觝：類似今日的摔交，宋人稱之爲“相撲”。

二月庚戌，閱遙輦氏户籍。[1]

[1]遙輦氏户籍：遙輦九帳大常衮司所掌遙輦九世宫分之户籍。遙輦九可汗繼位後各建宫衛，遼朝立國後，遙輦氏宫帳繼續存在，歸遙輦九帳大常衮司管轄。

三月甲午，望祀群神。

夏四月辛亥，至自瓜堝。壬子，謁太祖廟。癸丑，謁太祖行宫。[1]甲寅，幸天城軍，[2]謁祖陵。辛酉，人皇王倍來朝，癸亥，録囚。

[1]太祖行宫：行宫亦稱行帳，“太祖行宫”即阿保機轉徙隨時的車帳。

[2]天城軍：遼軍鎮名。治所在祖州，即今内蒙古自治區巴林左旗查干哈達蘇木石房子嘎查。【靳注】本書卷三七《地理志一》：“祖州，天成軍，上，節度。”中華點校本本卷校勘記：“天成軍，《大典》同。《太祖紀》《太宗紀》並作‘天城軍’。”

五月癸酉，謁二儀殿，[1]宴群臣。女直來貢。戊子，射柳於太祖行宫。[2]癸巳，行瑟瑟禮。

[1]二儀殿：【劉注】本書卷三七《地理志一·祖州》：“殿曰

兩明，奉安祖考御容；曰二儀，以白金鑄太祖像。”從而知道遼代的二儀殿在祖州。

[2]射柳：遼朝的一種禮儀。《長編》卷一一〇宋仁宗天聖九年（1031）六月丁丑載：契丹“每謁木葉山即射柳枝，譚子唱沓歌，前導彈胡琴和之，已事而罷”。此外，祈雨也射柳。金初接待宋使，亦以射柳作爲一種遊樂項目，元朝、明朝也有此類活動。

六月丙午，突呂不獻烏古俘。戊申，分賜將士。己酉，西巡。己未，選輕騎數千獵近山。癸亥，駐蹕涼陘。[1]

[1]涼陘：遼帝夏季納涼處。遼、金、元皇帝夏季都到涼陘納涼、狩獵。【劉注】“涼陘”又稱“涼淀”。本書卷三七《地理志一·上京臨潢府》：“臨潢西北二百里號涼淀，在饅頭山南，避暑之處，多豐草，掘地丈餘即有堅冰。”

秋七月庚辰，觀市，曲赦繫囚。[1]甲午，祠太祖而東。

[1]曲赦：猶特赦。《通鑑》卷八三晉惠帝元康元年（291）八月“曲赦洛陽”，胡三省注曰：“不普赦天下而獨赦洛陽，故曰曲赦。”

八月辛丑，至自涼徑，謁太祖廟。癸卯，幸人皇王第。己酉，謁太祖廟。

九月庚午，如南京。戊寅，祠木葉山。[1]己卯，行再生禮。[2]癸巳，至南京。

[1]木葉山：山名。契丹語稱“大”爲“木葉”。“木葉山”可以泛指任何“大山”，也可專指某一大山爲“木葉山”。此處指永州境内一座山，契丹人視此山爲神山，其地在今内蒙古自治區翁牛特旗新蘇莫蘇木的西拉木倫河與老哈河匯合處一帶。“上建契丹始祖廟，奇首可汗在南廟，可敦（可汗之妻）在北廟，繪塑二聖并八子神像。”詳見本書卷三七《地理志一》永州條。

[2]再生禮：契丹傳統禮儀之一。據本書卷一一六《國語解》，依契丹故俗，此種禮儀每隔十二年纔舉行一次，而且祇有皇帝、太后、太子及夷离堇得行此禮。這是與選汗儀式同時舉行的禮儀，禮儀十分煩瑣。

冬十月壬寅，幸人皇王第，宴群臣。甲辰，幸諸營，閱軍籍。[1]庚戌，以雲中郡縣未下，[2]大閱六軍。甲子，詔皇弟李胡帥師趣雲中討郡縣之未附者。[3]

[1]軍籍：本書卷三二《營衛志中》：“奚六部以下，多因俘降而置。勝兵甲者即著軍籍，分隸諸路詳穩、統軍、招討司。番居内地者，歲時田牧平莽間。”此外，遼在南京（今北京市）、西京（今山西省大同市）、奉聖州（今河北省涿鹿縣）和平州（今河北省盧龍縣）以及中京、東京和上京設提轄司，提轄司所管轄的人户也是有軍籍的。提轄司是軍事機構，遇有戰事，負責點集兵馬。

[2]雲中：即雲州，治所在今山西省大同市。

[3]李胡（912—960）：阿保機第三子，天顯五年（930）立爲皇太弟兼天下兵馬大元帥。遼太宗死後，應天皇太后反對世宗兀欲而欲立李胡，失敗，母子被囚。穆宗時因參與其子喜隱謀反事而下獄死。本書卷七二有傳。

十一月丙寅朔，以出師告天地，丁卯，餞皇弟李胡於西郊。壬申，命大内惕隱告出師於太祖行宮。[1]甲申，觀漁三叉口。

[1]大内惕隱：掌契丹皇族四帳政教的官員。

十二月戊申，女直來貢。戊午，至自南京。

五年春正月庚午，皇弟李胡拔寰州捷至。[1]甲午，朝皇太后。

[1]寰州：五代後唐置，遼廢。故治在今山西省朔州市東。

二月己亥，詔修南京。癸卯，李胡還自雲中，朝於行在。[1]丙午，以先所俘渤海户賜李胡。丙辰，上與人皇王朝皇太后。[2]太后以皆工書，命書於前以觀之。辛酉，召群臣議軍國事。

[1]行在：皇帝出行時所在之地，契丹稱之爲捺鉢。

[2]人皇王：【劉校】原本、南監本和北監本均誤作“太皇王”，中華點校本據殿本改。今從。

三月丙寅，朝皇太后。丁卯，皇弟李胡請赦宗室舍利郎君以罪繫獄者，[1]詔從之。己巳，幸皇叔安端第。[2]辛未，人皇王獻白紵。乙亥，册皇弟李胡爲壽昌皇太弟兼天下兵馬大元帥。[3]壬午，以龍化州節度使劉居言同中書門下平章事。[4]乙酉，宴人皇王僚屬便殿。庚寅，駕發南京。

[1]舍利：契丹官名。即郎君。本書卷一一六《國語解》："契丹豪民要裹頭巾者，納牛駞十頭，馬百匹，乃給官名曰舍利。"

[2]安端：在阿保機兄弟中排行第五，也曾參與"謀反"。世宗天禄初賜號"明王"，成爲東丹國的統治者。

[3]册皇弟李胡爲壽昌皇太弟：【劉校】"弟"原誤"子"。中華點校本據下文八年正月、本書卷七二本傳和卷六四《皇子表》改。今從。

[4]龍化州：傳説契丹始祖奇首可汗居此，原稱龍庭。地當今内蒙古自治區奈曼旗東北。唐天復二年（902）阿保機成爲迭剌部夷离堇，破代北，遷徙代北居民於此建州。詳見本書卷三七《地理志一·上京道》。　同中書門下平章事：唐制，大臣中有此名義者即爲事實上的宰相。遼襲唐制，在分設北、南面官之後，以同中書門下平章事爲南面宰相。

夏四月乙未，詔人皇王先赴祖陵謁太祖廟。丙辰，會祖陵。人皇王歸國。[1]

[1]人皇王歸國：即返回東京遼陽府。

五月戊辰，詔修裹潭離宫。乙酉，謁太祖廟。

六月己亥，[1]射柳於行在。乙卯，如沿柳湖。丁巳，拜太祖御容於明殿。[2]己未，敵烈德來貢。[3]

[1]六月己亥：【劉校】據中華點校本校勘記，"六月"二字原脱。按本書卷四四《朔考》，五月甲子朔，是月無"己亥""乙卯""丁巳""己未"。此四日應屬六月，據補。

[2]明殿：遼祖州本契丹右八部世没里地，太祖秋獵多於此。

州西有祖山，太祖陵鑿山爲殿，稱明殿。殿南嶺有膳堂，以備時祭。門曰黑龍。東偏有聖蹤殿，立碑述太祖遊獵之事。殿東有樓，立碑以記太祖創業之功。太宗於天顯中建，隸弘義宫。《新五代史》卷七二《四夷附録第一》："明殿，若中國陵寢下宫之制，其國君死，葬，則於其墓側起屋，謂之明殿，置官屬職司，歲時奉表起居如事生，置明殿學士一人掌答書詔，每國有大慶吊，學士以先君之命爲書以賜國君，其書常曰報兒皇帝云。"

[3]敵烈德：遼金時北邊族名。又譯迪烈、迭烈德、達里底。遼時以遊牧、捕獵爲業，分佈於臚朐河（今克魯倫河）流域。有八部，稱爲八部敵烈或八石烈敵烈。與烏古部並稱爲北邊大部。遼聖宗以敵烈部降人置迭魯敵烈部和北敵烈部。遼開泰四年（1015）築河董城於臚朐河北，安置敵烈、烏古降人。壽昌二年（1096），徙敵烈、烏古於烏納水西。金末元初，敵烈人逐漸同化於女真人、蒙古人等。

秋七月壬申，烏古來貢。戊子，薦時果於太祖廟。

八月丁酉，以大聖皇帝、皇后宴寢之所號日月宫，[1]因建《日月碑》。丙午，如九層臺。

[1]大聖皇帝：遼太祖耶律阿保機的謚號。　皇后：指遼太祖皇后述律氏。

九月己卯，詔舍利普寧撫慰人皇王。庚辰，詔置人皇王儀衛。丁亥，至自九層臺，謁及祖廟。[1]

[1]及祖廟：【劉校】原本、南監本、北監本和殿本均作"及祖廟"。《初校》曰："'及'當作'太'。"中華點校本作"太祖

廟”，中華修訂本仍作“及祖廟”。

冬十月戊戌，遣使賜人皇王胙。癸卯，建《太祖聖功碑》於如迂正集會堝。[1]甲辰，人皇王進玉笛。

[1]《太祖聖功碑》：【劉注】石碑立於祖州和祖陵之間今稱龜趺山的山頂，用契丹大字和漢字刻寫。已經碎爲幾百片殘片。原石現存遼上京博物館。

十一月戊寅，東丹奏人皇王浮海適唐。[1]

[1]人皇王浮海適唐：《新五代史》卷六《唐本紀第六》於長興元年（930）十一月記載：“丙戌，契丹東丹王突欲來奔。”《通鑑》卷二七七《後唐紀六》也將此事繫於後唐明宗長興元年十一月丙戌：“契丹東丹王突欲自以失職，帥部曲四十人越海自登州來奔。”而《册府元龜》卷一七〇《帝王部・來遠》則記載：“長興二年正月，東丹王突欲率衆自渤海國内附。上御文明殿對突欲及其部曲慰勞久之。”《册府元龜》記載的是東丹王到達後唐都城受到明宗接見的時間。

六年春正月甲子，西南邊將以慕化轄戛斯國人來。[1]乙丑，敵烈德來貢。丁卯，如南京。

[1]轄戛斯：唐代西北民族名。原居西伯利亞葉尼塞河流域。契丹興起並據有漠北時，稱轄戛斯，遼朝在其地設有轄戛斯大王府。金代稱之爲紇里迄斯，蒙古人稱之爲吉利吉斯，清代隨着准噶爾人的叫法稱之爲布魯特。西遼的西遷和13世紀蒙古的西征都影

響到轄戛斯，促成部分轄戛斯人南遷。15 世紀以後，轄戛斯人被准噶爾人驅逐到中亞費爾干納一帶。18 世紀中葉，清朝平定准噶爾，部分轄戛斯返回七河流域故居。俄國至今有哈卡斯自治共和國。其主體民族即古代的轄戛斯。　西南邊將：【劉校】據中華點校本校勘記，轄戛斯在契丹的西北，“西南”疑爲“西北”之誤。

三月辛未，召大臣議軍國事。丁亥，人皇王倍妃蕭氏率其國僚屬來見。[1]

[1]人皇王妃蕭氏（？—940）：耶律倍正妻。耶律倍浮海投奔後唐，蕭氏未從行，主持東丹國政。會同三年（940）春正月庚寅朝見太宗德光。當年七月人皇王妃患病，德光從皇太后探視。蕭氏死後，德光“徙人皇王行宮於其妃薨所”。後倍妃蕭氏被追謚爲端順皇后。

夏四月己酉，唐遣使來聘。是月置中臺省於南京。[1]

[1]中臺省：東丹國宰輔機構。設左、右大相及左、右次相。

五月乙丑，祠木葉山。乙亥，至自南京。壬午，謁太祖陵。

閏月庚寅，射柳於近郊。

六月壬申，如涼陘，壬午，烏古來貢。

秋七月丁亥，女直來貢。己酉，命將校以兵南略。壬子，薦時果於太祖廟。東幸。

八月庚申，皇子述律生，[1]告太祖廟。辛巳，鼻骨德來貢。

[1]述律（931—969）：遼太宗耶律德光長子，生母爲靖安皇后蕭氏。會同二年（939）封壽安王。天禄五年（951）即皇帝位，改元應曆，群臣上尊號曰天順皇帝。應曆十九年（969）遇弑。廟號穆宗。

九月甲午，詔修京城。

冬十月丁丑，鐵驪來貢。[1]

[1]鐵驪：族名。遼置鐵驪國王府，以統其衆。其地當今黑龍江省東部松花江流域。

十一月乙酉，唐遣使來聘。

十二月甲寅朔，祭太祖廟。丙辰，遣人以詔賜唐盧龍軍節度使趙德鈞。[1]

[1]盧龍軍：唐軍鎮名。據《唐會要》卷七八，該軍係天寶二年（743）設置，治所在今河北省盧龍縣。　趙德鈞：幽州人，本名行實。先事劉守文、劉守光。後唐莊宗伐幽州，德鈞又遁歸莊宗。遷滄州節度使。同光三年（925）移鎮幽州。明宗即位，尤承倚重。始改名德鈞。其子延壽尚明宗女興平公主。鎮幽州凡十餘年，有善政，累官至檢校太師、兼中書令，封北平王。清泰三年（936）石敬瑭在晉陽（今山西省太原市）起兵，邀契丹入援。唐以德鈞爲諸道行營都統，以其子延壽爲太原南面招討使。德鈞父子首鼠兩端，一方面向朝廷要求委任延壽爲節度使，另一方面又要求契丹立自己爲帝。契丹由於已經決定立石敬瑭，德鈞求爲傀儡不

果，最後父子雙雙作了俘虜。德鈞羞憤而死。

七年春正月壬辰，征西將軍課里遣拽剌鐸括奏軍事。己亥，唐遣使來聘。癸卯，遣人使唐。戊申，祠木葉山。

二月壬申，拽剌迪德使吴越還，吴越王遣使從，獻寶器。[1]復遣使持幣往報之。

[1]吴越（907—978）：五代時十國之一。都杭州。共歷五主72年。

三月己丑，林牙迪离畢指斥乘輿，[1]囚之。丁未，遣使諸國。戊申，上率群臣朝於皇太后。

[1]指斥乘輿：見《史記》卷九《吕太后本紀》，猶言斥責皇帝。《史記集解》引蔡邕説："天子至尊，不敢渫瀆言之，故託於乘輿也。乘猶載也，輿猶車也。天子以天下爲家，不以京師宫室爲常處，則當乘車輿以行天下。故群臣託乘輿以言之也。"

夏四月甲戌，唐遣使來聘，致人皇王倍書。己卯，女直來貢。

五月壬午朔，幸祖州，謁太祖陵。

六月戊辰，御製《太祖建國碑》。戊寅，烏古、敵烈德來貢。庚辰，觀角牴戲。

秋七月辛巳朔，賜中外官吏物有差。癸未，賜高年布帛。丙戌，召群臣耆老議政。壬辰，唐遣使遺紅牙筌。癸巳，使復至，懼報定州之役也。[1]壬寅，唐盧龍軍節度使趙德鈞遣人進時果。丁未，薦新於太祖廟。[2]

[1]定州之役：指天顯三年（928）契丹援救王都，爲唐軍敗於定州之役。

[2]薦新：祭祀祖宗陵廟的禮儀之一，唐制定在每年九月一日薦衣於陵寢。天寶二年（743）八月制（《唐大詔令集》卷七七《九月一日薦衣陵寢制》）："禋祀者，所以展誠敬之心；薦新者，所以申霜露之思。是知先王制禮，蓋緣情而感時。朕纘承丕業，肅恭祀事，至於諸節，當修薦享。""自今以後，每至九月一日薦衣於陵寢。貽範千載，庶展孝思。"顧炎武《日知録》卷一五《陵》："今關中之俗有所謂送寒衣者，其遺教也，今俗乃用十月一日。"而遼制則四時有薦新。

八月壬戌，捕鵝於沿柳湖，風雨暴至，舟覆，溺死者六十餘人，命存恤其家，識以爲戒。戊辰，林牙迪离畢逸囚，復獲而鞫之，知其事本誣構，釋之。

九月庚子，阻卜來貢。[1]

[1]阻卜：即達旦、韃靼。元人諱言達旦，而稱達旦爲阻卜，詳見王國維《觀堂集林》卷一四《達旦考》。

冬十月乙卯，唐遣使來聘。己巳，遣使雲中。

十一月丁亥，遣使存問獲里國。丁未，阻卜貢海東青鶻三十連。[1]

[1]海東青鶻：猛禽。能擊殺天鵝。渤海國故地以東大海盛産

珍珠，天鵝食蚌，珍珠藏於嗉内。契丹人放出海東青鶻擊殺天鵝，獲取珍珠。

十二月辛亥，以叛人泥离衮家口分賜群臣。[1]丁巳，西狩，駐蹕平地松林。[2]

[1]家口：指犯人的父、子、母、女、妻、妾。《唐律疏議》卷四《名例律·疏議》云："即雖謀反，詞理不能動衆，威力不足率人者，亦皆斬。父、子、母、女、妻、妾並流三千里。其女及妻妾年十五以下、十一以上，亦免流配，征銅一百斤。婦人犯，會赦猶流。唯造畜蠱毒並同居家口仍配。"

[2]平地松林：遼上京地區的平原。《新五代史》卷七三據胡嶠《陷虜記》載："自上京東去四十里，至真珠寨，始食菜。明日，東行，地勢漸高，西望平地松林鬱然數十里。遂入平川。"

八年春正月戊子，女直來貢。庚子，命皇太弟李胡、左威衛上將軍撒割率兵伐党項。癸卯，上親餞之。

二月辛亥，吐谷渾、阻卜來貢。[1]乙卯，剋實魯使唐還，以附獻物分賜群臣。[2]

[1]吐谷渾：古代部族名。即吐渾。據《新五代史》卷七四《四夷附録第三》，吐渾"自後魏以來，名見中國，居於青海之上。當唐至德中，爲吐蕃所攻，部族分散，其内附者，唐處之河西。其大姓有慕容、拓拔、赫連等族。懿宗時，首領赫連鐸爲陰山府都督，與討龐勛，以功拜大同軍節度使。爲晉王所破，其部族益微，散處蔚州界中……晉高祖立，割鴈門以北入於契丹，於是吐渾爲契丹役屬，而苦其苛暴"。另據《五代會要》卷二八《吐渾》："至開

運中，捍虜於澶州，召承福等率其部衆從行，屬歲多暑熱，部下多死，復遣歸太原，移帳於嵐石州界。然承福馭下無法，多幹軍令。其族子白可久，名在承福之亞，因牧馬率本帳北遁，契丹授以官爵，復遣潛誘承福。承福亦思叛去，事未果，漢高祖知之，乃以兵環其部族，擒承福與其族白鐵櫃、赫連海龍等五家，凡四百有餘人，伏誅。籍其牛馬，命別部長王義宗統其餘屬。”

［2］分賜群臣：【劉校】原本和南監本均作“入賜群臣”，中華點校本據北監本和殿本改。今從。

三月辛卯，皇太弟討党項勝還，[1]宴勞之。丙申，唐遣使請罷征党項兵，上以戰捷及党項已聽命報之。

［1］皇太弟討党項勝還：此事起源於親契丹的党項首領、定難節度使李仁福亡故，後唐欲乘機除掉党項親契丹的勢力，以仁福之子彝超爲彰武留後，徙彰武節度使安從進爲定難留後，意在從此直接控制党項。党項不從，契丹則乘機出兵。據《通鑑》二七八後唐明宗長興四年（933）二月：“戊午，定難節度使李仁福卒；庚申，軍中立其子彝超爲留後。”“先是，河西諸鎮皆言李仁福潛通契丹，朝廷恐其與契丹連兵，併吞河右，南侵關中，會仁福卒，三月癸未，以其子彝超爲彰武留後，徙彰武節度使安從進爲定難留後，仍命靜塞節度使藥彥稠將兵五萬，以宫苑使安重益爲監軍，送從進赴鎮。從進，索葛人也。”“丁亥，敕諭夏、銀、綏、宥將士吏民，以‘夏州窮邊，李彝超年少，未能捍禦，故使（“使”應作“徙”）之延安，從命則有李從曮、高允韜富貴之福，違命則有王都、李匡賓覆族之禍。’夏四月，彝超上言，爲軍士百姓擁留，未得赴鎮，詔遣使趣之。”“李彝超不奉詔，遣其兄阿羅王守青嶺門，集境内党項諸胡以自救。藥彥稠等進屯蘆關（蘆子關在延州延昌縣北，趙珣《聚米圖經》曰：蘆關在延州塞門寨北十五里），彝超遣党項抄糧

運及攻具，官軍自蘆關退保金明。”“其後有知李仁福陰事者，云：‘仁福畏朝廷除移，揚言結契丹爲援，契丹實不與之通也；致朝廷誤興是役，無功而還。’自是夏州輕朝廷，每有叛臣，必陰與之連以邀賂遺。上疾久未平，征夏州無功，軍士頗有流言，乙酉，賜在京諸軍優給有差；既賞賚無名，士卒由是益驕。”

夏四月戊午，党項來貢。

五月己丑，獵獨牛山，惕隱迪輦所乘内廄騮馬斃，因賜名其山曰騮山。戊戌，如沿柳湖。

六月甲寅，阻卜來貢。甲子，回鶻阿薩蘭來貢。

秋七月戊寅，行納后禮。癸未，皇子提離古生。[1]丁亥，鐵驪、女直、阻卜來貢。

[1]皇子提離古（933—979）：當即本書卷六四《皇子表》所載敵烈，宫人蕭氏生，保寧初封冀王。乾亨初北宋進攻北漢，敵烈往援，戰死於白馬嶺。

冬十月乙巳，阻卜來貢。丙午，至自沿柳湖。辛亥，唐遣使來聘。己未，遣拔剌使唐。辛未，烏古吐魯没來貢。

十一月辛丑，太皇太后崩，[1]遣使告哀于唐及人皇王倍。是月，唐主嗣源殂，子從厚立。[2]

十二月丁卯，党項來貢。

[1]太皇太后：阿保機生母（？—933）。後追尊爲德祖宣簡皇后，姓蕭氏，小字巖母斤。

[2]唐主嗣源殂：長興四年（933）以病卒，其子從厚即位。

李從厚（？—934）：後唐閔帝，明宗第五子。長興四年（933）明宗病故，從厚即位。應順元年（934），潞王從珂反，廢閔帝爲鄂王，隨即遇弑。

九年春正月癸酉，漁于土河。[1]丙申，党項貢駝鹿。[2]己亥，南京進白麞。

[1]土河：即老哈河，源出永安山（又稱馬盂山，即今河北省平泉縣柳溪鎮光頭山），流經今内蒙古自治區東部赤峰地區，與西拉木倫河匯合。

[2]駝鹿：英文名稱 Moose。是世界上最大的鹿科動物，因其肩高於臀與駱駝相似，故名駝鹿。滿語稱堪達罕（犴達罕）。

閏月戊午，唐遣使告哀，即日遣使弔祭。壬戌，東幸。女直來貢。

二月壬申，祠木葉山。戊寅，葬太皇太后於德陵。[1]前二日，發喪於菆塗殿，上具衰服以送。後追謚宣簡皇后，[2]詔建碑於陵。

[1]德陵：遼太祖耶律阿保機之父撒剌的之墓號。

[2]宣簡皇后：阿保機母親的謚號，重熙二十一年（1052）七月追謚。

三月癸卯，女直來貢。

夏四月，唐李從珂弑其主自立。[1]人皇王倍自唐上書請討。

[1]李從珂（？—936）：後唐明宗李嗣源養子。初封潞王，爲左衛大將軍、西京留守。明宗死後，閔帝即位，從珂爲北京留守，不降制書而宣授，從珂不自安，據城反。應順元年（934）四月入京師，即帝位，改元清泰。

五月甲辰，如沿柳湖。癸丑，女直來貢。大星晝隕。

六月己巳朔，[1]鼻骨德來貢。辛未，唐李從厚謝弔祭所遣使初至闕。

[1]六月己巳朔：【劉校】據中華點校本校勘記，本書卷四四《曆象志下·朔考》六月庚午朔。

秋八月壬午，自將南伐。乙酉，拽剌解里手接飛鴈，上異之，因以祭天地。

九月庚子，西南星隕如雨。乙卯，次雲州。丁巳，拔河陰。[1]

[1]河陰：遼置縣名。因在桑乾河南岸而得名，金時改名山陰縣。治所在今山西省山陰縣東南。

冬十月丁亥，略地靈丘，[1]父老進牛酒犒師。

[1]靈丘：縣名。治所在今山西省靈丘縣。

十一月辛丑，圍武州之陽城。[1]壬寅，陽城降。癸卯，洼只城降，括所俘丁壯，籍於軍。[2]

[1]武州：治所在今河北省張家口市宣化區。

[2]括所俘丁壯籍於軍：以所俘丁壯編入軍籍。

十二月壬辰，皇子阿鉢撒葛里生，[1]皇后不豫。是月駐蹕百湖之西南。

[1]皇子阿鉢撒葛里（934—?）：遼太宗之子。不載本書卷六四《皇子表》，其事蹟不詳。

十年春正月戊申，皇后崩于行在。

二月戊寅，百僚請加追謚，不許。辛巳，宰相涅里衮謀南奔，事覺，執之。

三月戊午，党項來貢。

夏四月，吐谷渾酋長退欲德率衆内附。丙戌，皇太后父族及母前夫之族二帳並爲國舅，[1]以蕭緬思爲尚父領之。己丑，録囚。

[1]國舅：指國舅帳。遼朝有大國舅司，掌乙室已、拔里二帳之事。世宗以其舅氏爲國舅别部，剌只撒古魯應掌國舅别部。

五月甲午朔，始製服行后喪。丙午，葬於奉陵。[1]上自製文，謚曰彰德皇后。[2]癸丑，以舍利王庭鶚爲龍化州節度使。

[1]奉陵：遼太宗彰德皇后陵，在懷州（懷州奉陵軍，治所在今内蒙古自治區巴林右旗幸福之路蘇木之崗根嘎查古城址）。

[2]彰德皇后：即遼太宗皇后蕭氏。天顯十年（935）死，謚曰“彰德”。重熙二十一年（1052），更謚“靖安”。

六月乙丑，吐渾來貢。辛未，幸品不里淀。

秋七月乙卯，獵南赤山。

冬十一月丙午，幸弘福寺爲皇后飯僧，[1]見觀音畫像，乃大聖皇帝、應天皇后及人皇王所施，顧左右曰：“昔與父母兄弟聚觀于此，歲時未幾，今我獨來！”悲嘆不已。乃自製文題於壁，以極追感之意。讀者悲之。

[1]飯僧：向僧人施飯，奉佛藉以祈福。史籍中有關於飯僧事蹟的記載，如《舊唐書》卷一一八《王縉傳》：“初，代宗喜祠祀，未甚重佛，而元載、杜鴻漸與［王］縉喜飯僧徒。代宗嘗問以福業報應事，載等因而啟奏，代宗由是奉之過當，嘗令僧百餘人於宮中陳設佛像，經行念誦，謂之内道場。其飲膳之厚，窮極珍異，出入乘廄馬，度支具廩給。每西蕃入寇，必令羣僧講誦《仁王經》，以攘虜寇。苟幸其退，則横加錫賜。”

十二月庚辰，如金瓶濼，遣拽剌化哥、窟魯里、阿魯掃姑等捉生敵境。[1]

[1]拽剌：契丹官名。【靳注】拽剌，在契丹語中爲勇士之意。在朝廷掌護衛，在軍中司偵候。　捉生：捉俘虜。《武經總要》前集卷三《捉生》：“凡軍中立威怖敵，莫重捉生。獲賊千兵，不如生擒一將。”

十一年春正月，鉤魚於土河。[1]庚申，如潢河。[2]

[1]鉤魚：鑿冰捕魚。【劉校】鉤魚，原本、南監本、北監本和殿本均作“釣魚”，據中華點校本改。

[2]潢河：今西拉木倫河，即西遼河上游。

三月庚寅朔，女直來貢。

夏四月庚申，謁祖陵。戊辰，還都，謁太祖廟。辛未，燕民之復業者陳汴州事宜。癸酉，女直諸部來貢。癸未，賜回鶻使衣有差。

五月戊戌，清暑沿柳湖。

六月戊午朔，鼻骨德來貢。乙酉，吐谷渾來貢。

秋七月辛卯，烏古來貢。壬辰，蒲割𩑶公主率三河烏古來朝。丙申，唐河東節度使石敬瑭爲其主所討，[1]遣趙瑩因西南路招討盧不姑求救，[2]上白太后曰：“李從珂弒君自立，神人共怒，宜行天討。”時趙德鈞亦遣使至。河東復遣桑維翰來告急，[3]遂許興師。

[1]石敬瑭（892—942）：五代時後晉王朝開國皇帝，後唐明宗婿。清泰帝李從珂即位，當時敬瑭爲河東節度使，從珂令其移鎮天平（鄆州軍號）。由於雙方本來相互猜忌，敬瑭不受命，並上表論從珂不當立。從珂下詔討除，敬瑭向契丹稱臣、稱兒、割地以求援，遂被契丹册立爲皇帝，國號晉，都汴州（今河南省開封市）。天福七年（942）病死。

[2]趙瑩（885—951）：字玄輝，華陰（今屬陝西省）人。石敬塘爲河東節度使，瑩爲節度判官。敬瑭稱帝建號，以瑩爲門下侍郎，同平章事，監修國史。石重貴即位後，爲開封尹。契丹滅晉，

隨少帝北遷，遼世宗時，官太子太傅。卒於契丹。歸葬華陰。　西南路招討：即西南路招討司，契丹軍事機構名。設招討使一人，駐西京大同，負責對西夏的防務。　盧不姑：當即西南路招討使。

[3]桑維翰（898—947）：後晉宰相。洛陽（今屬河南省）人。字國橋。後唐同光三年（925）進士。石敬瑭爲河東節度使，桑維翰爲掌書記，爲敬瑭求見契丹耶律德光，獲得援助，遂取代後唐。末帝石重貴即位後，桑維翰仍力主與契丹和好。契丹軍攻入汴京後，爲降將張彦澤所殺。

八月己未，遣蕭轄里報河東師期，丙寅，吐谷渾來貢。庚午，自將以援敬瑭。九月癸巳，有飛鶯自墜而死，南府夷离堇曷魯恩得之以獻。[1]卜之，吉。上曰："此從珂自滅之兆也!"丁酉，入鴈門。[2]戊戌，次忻州，祀天地。己亥，次太原。[3]庚子，遣使諭敬瑭曰："朕興師遠來，當即與卿破賊。"會唐將高行周、符彦卿以兵來拒，[4]遂勒兵陳於太原。及戰，佯爲之卻。唐將張敬達、楊光遠又陣於西，[5]未成列，以兵薄之。而行周、彦卿爲伏兵所斷，首尾不相救。敬達、光遠大敗，棄仗如山，斬首數萬級。敬達走保晉安寨，[6]夷离堇的魯與戰，死之。敬瑭率官屬來見，上執手撫慰之。癸卯，圍晉安。甲辰，以的魯子徒离骨嗣爲夷离堇，仍以父字爲名，以旌其忠。南宰相鶻离底、奚監軍寅你已、將軍陪阿臨陣退懦，[7]上召切責之。[8]

[1]南府夷离堇曷魯恩：羅繼祖《遼史校勘記》云："府"當作"院"。"夷离堇"原爲突厥語官名，亦譯爲"俟斤"（Irkin）。突厥各部的最高元首稱"可汗"（Qaghan），其他各部酋長則稱爲

俟斤。初，契丹“其君大賀氏，有勝兵四萬，臣於突厥，以爲俟斤”（Irkin）（《新唐書》卷二一九《契丹傳》）。後，契丹首領自立爲可汗，其下所屬各部酋長則稱爲“俟斤”，亦即夷离堇。契丹立國後，大部族之夷离堇稱王，小部族之夷离堇則稱爲節度使。舉凡一部之軍政、民政皆由其統掌。參見韓儒林《穹廬集》（上海人民出版社 1982 年版，第 314—316 頁）。

[2]鴈門：古鴈門關在關西鴈門山上，又稱西徑關。元廢。今鴈門關在代縣西北，係明代所置。“丁酉，入鴈門”，《舊五代史》卷七五《晉書·高祖紀第一》作：“九月辛丑，契丹主率衆自鴈門而南。”按：遼與中原曆法不同。《新五代史》卷八《晉本紀》稱“敬瑭求援於契丹。九月，契丹耶律德光入自鴈門”。《通鑑》卷二八〇後晉高祖天福元年（936）亦不記契丹入鴈門日期，而云九月“辛丑，契丹主至晉陽”。

[3]太原：今屬山西省。

[4]高行周（？—951）：嬀州（今河北省懷來縣）人。字尚質。父思繼，兄弟皆以武勇雄於北邊，爲幽州節度使李匡威戍將。李克用以劉仁恭守幽州，高氏兄弟分掌燕兵，後爲克用盡誅之。時行周年十餘歲，爲劉仁恭收之帳下，稍長，補以軍職。劉守光背晉，行周與其兄行珪以武州降晉。初，行周隸李嗣源帳下，爲裨將，後唐莊宗滅後梁，以功領端州刺史。明宗時，從平朱守殷，克王都，遷潁州團練使、振武軍節度使。後晉高祖時，爲西京留守，徙鎮天雄。出帝時，代景延廣爲侍衛親軍都指揮使。契丹滅晉，後漢高祖入京師，加行周守中書令，徙鎮天平軍，封臨清王。後周太祖入立，封齊王。卒，贈尚書令，追尊秦王。　符彦卿（897—975）：陳州宛丘（今河南省淮陽縣）人，字冠侯。父存審，後唐宣武軍節度使、蕃漢步軍都總管、中書令。彦卿年十三，能騎射。事莊宗於太原，爲親從指揮使。滅後梁，遷散員指揮使。勇略有謀，善用兵。天成三年（928）討王都於定州，大破契丹於嘉山。清泰初爲易州刺史，兼領北面騎軍。後晉天福初授同州節度使。少帝即

位，遼人南侵，彦卿與諸將屢敗契丹，少帝嘉之，改武寧軍節度使、同平章事。後爲左右所間，會張彦澤引遼兵入汴，彦卿歸遼。漢高祖劉知遠入汴，彦卿改鎮兖州，加兼侍中。後周太祖即位，封淮陽王。後爲大名尹、天雄軍節度，進封衛王。宋太祖即位，加守太師。開寶八年（975）六月卒，年七十八。

[5]張敬達（？—936）：代州（今山西省代縣）人。字志通，小字生鐵。少以騎射事後唐莊宗。明宗時爲河東馬步軍都指揮使，累遷彰國、大同軍節度使。清泰二年（935）契丹數犯邊，清泰帝以河東節度使石敬瑭有異志，乃以敬達爲北面副總管，以分其兵。次年夏敬瑭反。即以敬達爲太原四面招討使，率兵圍太原。敬瑭求救於契丹。九月契丹耶律德光自鴈門入。敬達收軍於晉安寨，契丹圍之。救兵不至，副招討使楊光遠斬敬達降。契丹耶律德光聞敬達死，哀其忠，遣人收葬之。　楊光遠（？—944）：字德明，沙陀部人。初名阿檀，爲後唐莊宗騎將，從周德威戰契丹於新州。久之，以爲幽州馬步軍都指揮使。光遠不通文字，然有辨智。明宗時，爲嬀、瀛、冀、易四州刺史，以治稱。後自易州刺史拜振武軍節度使。清泰二年，徙鎮中山，兼北面行營都虞候，禦契丹於雲、應之間。石敬瑭起兵太原，清泰帝以光遠佐張敬達爲太原四面招討副使，爲契丹所敗，退守晉安寨。契丹圍之數月，乃殺敬達出降。德光令其“事晉”，後晉高祖以光遠爲宣武軍節度使、侍衛馬步軍都指揮使。陰以寶貨奉契丹。出帝即位，乃反。召契丹入寇，陷貝州、博州，但爲晉軍所敗，契丹已北。開運元年（944）年末，青州陷，李守貞遣客省副使何延祚殺之於其家。

[6]晉安寨：地名。《嘉慶重修一統志·太原府》：“在太原西南三十餘里，晉祠南。”

[7]南宰相：宰相爲契丹部族官。契丹可汗之下有北、南二府，各部族則分屬二府。南府長官爲南宰相或稱南府宰相。

[8]切責之：【劉校】原本、南監本均作“切責三”，中華點校本據北監本和殿本改。今從。

冬十月甲子，封敬瑭爲晉王，[1]幸其府。敬瑭與妻李率其親屬捧觴上壽。初圍晉安，分遣精兵守其要害，以絶援兵之路。而李從珂遣趙延壽以兵二萬屯團栢谷，[2]范延廣以兵二萬屯遼州，[3]幽州趙德鈞以所部兵萬餘由上黨趍延壽軍，[4]合勢進擊。知此有備，皆逗留不進，從珂遂將精騎三萬出次河陽，[5]親督諸軍。然知其不救，但日酣飲悲歌而已。丁卯，召敬瑭至行在所，賜坐。上從容語之曰："吾三千里舉兵而來，一戰而勝，殆天意也。觀汝雄偉弘大，宜受兹南土，世爲我藩輔。"遂命有司設壇晉陽，備禮册命。

[1]封敬瑭爲晉王：《通鑑》不載契丹封石敬瑭爲晉王一事。《舊五代史》卷七五《晉高祖本紀》載天顯十一年（936）十一月丁酉契丹册石敬瑭爲帝的册文中有"子晉王"字樣，可證《遼史》所記無誤。

[2]趙延壽（？—946）：恒山（今河北省正定）人，本姓劉。後爲劉守光偏將趙德鈞養子，改姓趙，並娶後唐明宗李嗣源之女爲妻。明宗即位，延壽爲駙馬都尉，樞密使。清泰三年（天顯十一年，936），在契丹圍攻晉安寨之役中與其父德鈞一同降遼。遼以延壽爲南京留守，總山南事。會同初加政事令。大同元年（947）遼滅晉，趙延壽率漢軍攻入汴京，求爲皇太子，遼太宗不許。授中京留守。太宗死後又與兀欲爭位，失敗後被囚禁。次年病死。本書卷七六有傳。　團栢谷：又稱團栢鎮，在今山西省祁縣境内。

[3]范延廣：《新五代史》卷五一本傳作"范延光"，此避太宗德光名諱改。　遼州：治所在今山西省左權縣。

[4]上黨：縣名。治所在今山西省長治市。

[5]河陽：孟州（今河南省孟州市）舊稱。【劉校】河陽，原

本、南監本、北監本、殿本均作“河橋”。中華點校本作“河陽”。其校勘記稱“據《新五代史》七及《通鑑》改”。今從改。

十一月丁酉，册敬瑭爲大晉皇帝。[1]自戊戌至戊申，候騎兩奏南有兵至，復於西有兵至，[2]命惕隱迪輦涅拒之。唐將張敬達在圍八十餘日，[3]内外隔絶，軍儲殆盡，至濯馬糞、屑木以飼馬，馬饑至自相啖其騣尾，死則以充食。光遠等勸敬達出降，敬達曰：“吾有死而已。爾欲降，寧斬吾首以降。”

[1]册敬瑭爲大晉皇帝：《通鑑》卷二八〇天福元年（丙申，936）十一月丁酉載：“契丹主謂石敬瑭曰：‘吾三千里赴難，必有成功。觀汝氣貌識量，真中原之主也。吾欲立汝爲天子。’敬瑭辭讓數四，將吏復勸進，乃許之。契丹主作册書，命敬瑭爲大晉皇帝，自解衣冠授之，築壇於柳林。是日，即皇帝位。”

[2]復奏西有兵至：【劉校】“奏”原作“於”。中華點校本據《大典》卷四八〇改。今從。

[3]唐將張敬達在圍八十餘日：【劉校】“唐將張”三字原脱，中華點校本據《大典》卷四八〇補。今從。

閏月甲子，楊光遠、安審琦殺敬達以降。[1]上聞敬達至死不變，謂左右曰：“凡爲人臣，當如此也！”命以禮葬。所降軍士及馬五千匹以賜晉帝。丙寅，祀天地以告成功。庚午，僕射蕭酷古只奏趙德鈞等諸援兵將遁，[2]詔夜發兵追擊。德鈞等軍皆投戈棄甲，自相蹂踐，擠於川谷者不可勝紀。仍命皇太弟馳輕騎據險要，[3]追及步兵萬餘，悉降之。辛未，兵度團柏谷，以酒肴祀天地。俄追及德鈞父子，乃率衆降。[4]次潞州，召諸將議，皆請班師，從之。[5]命南宰相解領、鶻离底、奚監軍寅你已、將軍陪阿先還。壬申，惕隱迭、林牙迪離畢來獻俘。晉帝辭歸，上與宴飲。酒酣，執手約爲父子。[6]以白貂裘一、廏馬二十、戰馬千二百餞之。命迪離畢將五千騎送入洛。臨别謂之曰："朕留此，候亂定乃還耳。"辛巳，晉帝至河陽，李從珂窮蹙，召人皇王倍同死，不從，遣人殺之，乃舉族自焚。詔收其士卒戰殁者瘞之汾水上，以爲京觀。[7]晉命桑維翰爲文，紀上功德。[8]

[1]楊光遠、安審琦殺敬達以降：《通鑑》卷二八〇後晉高祖天福元年（936）閏十一月載："張敬達性剛，時謂之'張生鐵'，楊光遠、安審琦勸敬達降於契丹，敬達曰："吾受明宗及今上厚恩，爲元帥而敗軍，其罪已大，況降敵乎！今援兵旦暮至，且當俟之。必若力盡勢窮，則諸軍斬我首，攜之出降，自求多福，未爲晚也。"光遠目審琦欲殺敬達，審琦未忍。高行周知光遠欲圖敬達，常引壯騎尾而衛之，敬達不知其故，謂人曰：'行周每踵余後，何意也？'行周乃不敢隨之。諸將每旦集於招討使營，甲子，高行周、符彦卿未至，光遠乘其無備，斬敬達首，帥諸將上表降於契丹。"

[2]僕射：唐官名。唐不設尚書令，最初以中書令、侍中爲宰相。中宗以後，不加同中書門下平章事者即不爲宰相。

[3]皇太弟：【劉校】原本、南監本、北監本、殿本均作"皇太子"，中華點校本和修訂本亦作"皇太子"。今據劉鳳翥《遼代太宗朝並無皇太子》一文改。

[4]俄追及德鈞父子，乃率衆降：據《舊五代史》卷九八《趙德鈞傳》：及楊光遠以晉安寨降於契丹，德鈞父子自團柏谷南走潞州，一行兵士投戈棄甲，自相騰踐，死者萬計。時德鈞有愛將時

賽，率輕騎東還漁陽，其部曲尚千餘人，與散亡之卒俱集於潞州。是日，潞州節度使高行周亦自北還，及至府門，見德鈞父子在城闉上，行周謂曰："某與大王鄉人，宜以忠言相告，城中無斗粟可食，請大王速迎車駕，自圖安計，無取後悔焉。"德鈞遂與延壽出降契丹。高祖至，德鈞父子迎謁於馬前，高祖不禮之。時契丹主問德鈞曰："汝在幽州日，所置銀鞍契丹直何在?"德鈞指示之，契丹盡殺於潞之西郊，遂鎖德鈞父子入蕃。

[5]潞州：治所在今山西省長治市。

[6]執手約爲父子：《舊五代史》卷四八《末帝本紀下》[清泰三年十一月]：丁卯，戎王立石敬瑭爲大晉皇帝，約爲父子之國。

[7]京觀：古代勝利者收葬敵方戰死士卒的屍體，封土其上以成高塚，即所謂"京觀"。

[8]晉命桑維翰爲文，紀上功德：此即太原汾河岸邊的《聖德神功碑》。後晉所建原碑被後周所毁。今存《聖德神功碑》是北漢重建。參本書卷六《穆宗本紀上》。

十二月乙酉朔，遣近侍撻魯存問晉帝。丙戌，以晉安所獲分賜將校。戊子，遣使馳奏皇太后，及報諸道師還。庚寅，發太原。辛卯，聞晉帝入洛，遣郎君解里德撫問。壬辰，次細河，閱降將趙德鈞父子兵馬。[1]戊戌，次鴈門，以沙太保所部兵分隸諸將。[2]庚戌，幸應州。[3]癸丑，唐大同、彰國、振武三節度使迎見，留之不遣。[4]

[1]閱降將趙德鈞父子兵馬：此事當是指德鈞降後，德光殺其所部銀鞍契丹直。故不應繫於此，而應繫於上月。

[2]沙太保：即後唐大同節度使沙彦珣。《通鑑》卷二八一後

晉高祖天福二年（937）二月戊子載："契丹主自上黨過雲州，大同節度使沙彦珣出迎，契丹主留之，不使還鎮。"

[3]應州：治所在今山西省應縣。

[4]振武：唐、五代軍鎮名。治所在今内蒙古自治區和林格爾縣上土城。

十二年春正月丙辰，次堆子口。[1]唐大同軍節度判官吳巒閉城拒命，遣崔廷勳圍其城。[2]庚申，上親征，至城下諭之，巒降。[3]辛酉，射鬼箭於雲州北。壬戌，祀天地。癸亥，遣國舅安端發奚西部民各還本土。丙寅，皇太后遣侍衛實魯趣行，是夕，率輕騎先進。丁丑，皇子述律迎謁於濼河，[4]告功太祖行宫。戊寅，朝於皇太后，進珎玩爲壽。

[1]堆子口：地名。《通鑑》卷二八一後晉天福二年（937）二月戊子載，契丹主自上黨歸，過雲州。可知堆子口當在今山西省大同市附近。

[2]吳巒（？—944）：鄆州盧縣（今山東省茌平縣）人，字寶川。後唐清泰中爲大同節度判官。契丹過雲州，節度使沙彦珣出城迎謁，爲契丹所掠。城中推巒主州事，巒即閉門拒守。契丹以兵圍城七月而未能攻下。出帝即位與契丹絶盟，河北諸州危急，遣吳巒代王令温守貝州。開運元年（944）正月契丹圍貝州，有叛徒自南門引契丹入。城陷，吳巒投井死。

[3]"唐大同軍節度判官吳巒閉城拒命"至"巒降"：按下卷會同七年（944）正月吳巒投井死，與此歧異。清人厲鶚《遼史拾遺》（以下簡稱《拾遺》）引《通鑑》《新五代史》俱稱巒守雲中不下，後守貝州，城破投井死。此有脱誤。

[4]灤河：發源於今河北省沽源縣，流經該省北部，至灤州市、樂亭縣分道入海。

二月丁亥，以軍前所獲俘叛入幽州者皆斬之。壬寅，詔諸部休養士卒。癸卯，晉遣唐所掠郎君剌哥、文班吏蕭嗕里還朝。

三月庚申，晉遣使來貢。丁卯，晉天雄軍節度使范延廣潛遣人請内附，[1]不納。己巳，遣郎君的烈古、梅里迭烈使晉。[2]壬午，晉使及諸國使來見。

[1]天雄軍：唐、五代方鎮名。治魏州，在今河北省大名縣。

[2]梅里：契丹部族官名。又作梅録。

夏四月甲申，地震。幸平地松林，觀潢水源。

五月甲寅，幸頻蹕淀。壬申，震開皇殿。

六月甲申，晉遣户部尚書聶延祚等請上尊號，及歸鴈門以北與幽薊之地，仍歲貢帛三十萬疋，詔不許。庚戌，侍中列率言，[1]范延廣叛晉，引兵南向。

[1]侍中：唐官名。唐不設尚書令，最初以左僕射、右僕射與中書令、侍中同爲宰相。中宗以後，不加同中書門下平章事者即不爲宰相。【靳注】始置於秦。即原丞相史，因往來宫中奏事，故名。遼襲唐制，多爲重臣、封疆大吏甚至著名僧人的加官。

秋七月辛亥朔，詔諸部治兵甲。癸丑，幸懷州，[1]謁奉陵。甲子，晉遣使來告范延廣反。庚午，遣耶律裹古里使晉議軍事。

[1]懷州：州治故址在今内蒙古自治區巴林右旗幸福之路蘇木崗根嘎查古城址。

八月癸未，晉遣使復請上尊號，不許。庚寅，晉及太原劉知遠、南唐李昪各遣使來貢。[1]庚子，晉遣使以都汴及范延廣降來告。

[1]劉知遠（894—948）：五代後漢開國皇帝。其先是沙陀部人。初爲後唐明宗偏將。後與桑維翰一同爲石敬瑭謀劃，助其稱帝。後晉天福間，爲鄴都留守，後拜河東節度使、北京留守。出帝即位，封北平王。開運四年（947）初，契丹滅後晉，同年二月稱帝。六月至汴京，改國號漢。　南唐：五代時十國之一。公元937年，李昪代吳稱帝，建都金陵（今江蘇省南京市），國號唐，史稱南唐。曾滅閩、楚，極盛時有今江蘇、安徽淮河以南和福建、江西、湖南及湖北東部。975年爲北宋所滅。共歷三主，三十九年。　李昪（888—943）：南唐國的建立者。字正倫，小字彭奴。少孤，爲楊行密大將徐温養子，因姓徐，名知誥。後梁貞明四年（918），徐温以知誥爲淮南節度行軍副使、内外馬步軍都指揮副使，居廣陵（今江蘇省揚州市）。後晉天福二年（937），知誥廢楊溥，自稱皇帝，建都金陵，國號大齊。次年，自稱唐玄宗子永王澤（一云唐憲宗子建王恪）之裔，改姓李，名昪，國號大唐，史稱南唐。

九月壬子，鼻骨德來貢。庚申，遣直里古使晉及南唐。癸亥，術不姑、女直來貢。辛未，遣使高麗、鐵驪。[1]癸酉，回鶻來貢。

[1]高麗：指王建創建的高麗王朝（918—1392）。統治地域在今朝鮮半島，首都在開京（朝鮮開城市）。

冬十月庚辰朔，皇太后永寧節，晉及回鶻、燉煌諸國皆遣使來賀。[1]壬午，詔回鶻使胡离只、阿剌保，問其風俗。丁亥，諸國使還，就遣蒲里骨皮室胡末里使其國。

[1]燉煌：這里是指唐、五代間的一個割據政權。唐置河西節度使，治涼州（今甘肅省武威市），統涼、甘、肅、伊、西、瓜、沙七州。唐德宗間，吐蕃陷涼州，大曆中河西軍移治沙州（今甘肅省敦煌市）。貞元中又爲吐蕃所陷。大中間，沙州人張義潮率所屬十州地歸唐，因改置歸義軍，至宋初復陷於西夏。

十一月己未，遣使求醫於晉。丁卯，鐵驪來貢。

十二月甲申，東幸，祀木葉山。己丑，醫來。

（李錫厚注　劉鳳翥校）

遼史　卷四

本紀第四

太宗下

會同元年春正月戊申朔,[1]晉及諸國遣使來賀。[2]晉使且言已命和凝撰《聖德神功碑》。[3]戊辰，遣人使晉。

[1]會同：遼太宗年號（938—947)。

[2]晉：此指石敬瑭創立的後晉（936—946)。五代第三個王朝。初，石敬瑭獲得契丹耶律德光支持建立後晉，他向德光割地、稱臣、稱兒以爲回報。少帝石重貴繼位後，與契丹交惡，爲契丹所滅。

[3]《聖德神功碑》：後晉所建原碑被後周所毀。今存《聖德神功碑》是北漢重建。参本書卷六《穆宗本紀上》應曆三年(953）五月壬寅，“漢遣使言石晉樹先帝《聖德神功碑》爲周人所毀，請再刻，許之”。

二月壬午，室韋進白麃。戊子，鐵驪來貢。[1]丁酉，獵松山。[2]戊戌，幸遼河東。丙申，上思人皇王，遣惕隱率宗室以下祭其行宮。[3]丁未，詔增晉使所經供億户。

[1]鐵驪：族名。遼置鐵驪國王府，以統其衆。住地當今黑龍江省東部松花江流域。

[2]松山：位於今内蒙古自治區赤峰市松山區。

[3]惕隱：契丹官名。又稱梯里己，掌皇族政教。　人皇王行宫：亦稱行帳、捺鉢，即由轉徙隨行的車帳組成的行宫。人皇王作爲東丹王，具有“天子”身份，故與契丹可汗一樣，有自己的“行宫”。

三月壬戌，將東幸，三剋言農務方興，請減輜重，促還朝，從之。丙寅，女直來貢。[1]癸酉，東幸。

[1]女直：本作女真，因避遼興宗耶律宗真名諱，改稱女直。遼時居東北東部。在南者入遼籍，稱熟女真，或合蘇館女真；在北者不入遼籍，稱生女真。

夏四月戊寅朔，如南京。甲申，女直來貢。乙酉，幸温泉。己丑，還宫，朝于皇太后。丁酉，女直貢弓矢。己亥，西南邊大詳穩耶律魯不古奏党項捷。[1]

[1]大詳穩：遼朝軍官名。元帥府下設大詳穩司。“詳穩”即漢語“將軍”的轉譯。【劉注】“詳穩”即漢語“將軍”的轉譯的説法似有值得商榷之處。在契丹小字中，“詳穩”作，“將軍”作，或、。“詳穩”不是漢語“將軍”的轉譯，而是音譯的契丹語，“將軍”是漢語借詞。　耶律魯不古（898—952）：阿保機從侄，曾受命創製契丹大字。後隨

太宗征伐，屢立戰功。　党項：中國古代族名。又稱党項羌。唐以後主要活動於靈、慶、銀、夏等州，即今甘肅、寧夏、陝西和内蒙古等省區交界地區。

五月甲寅，晉復遣使請上尊號，從之。

六月丙子朔，吐谷渾及女直來貢。[1]辛卯，南唐來貢。[2]癸巳，詔建日月四時堂，圖寫古帝王事於兩廡。

[1]吐谷渾：古代部族名。即吐渾。據《新五代史》卷七四《四夷附録第三》，吐渾“自後魏以來，名見中國，居於青海之上。當唐至德中，爲吐蕃所攻，部族分散，其内附者，唐處之河西。其大姓有慕容、拓拔、赫連等族。懿宗時，首領赫連鐸爲陰山府都督，與討龐勛，以功拜大同軍節度使。爲晉王所破，其部族益微，散處蔚州界中”。“晉高祖立，割鴈門以北入於契丹，於是吐渾爲契丹役屬，而苦其苛暴”。另據《五代會要》卷二八《吐渾》：“至開運中，捍虜於澶州，召承福等率其部衆從行，屬歲多暑熱，部下多死，復遣歸太原，移帳於嵐石州界。然承福馭下無法，多幹軍令。其族子白可久，名在承福之亞，因牧馬率本帳北遁，契丹授以官爵，復遣潛誘承福。承福亦思叛去，事未果，漢高祖知之，乃以兵環其部族，擒承福與其族白鐵櫃、赫連海龍等五家，凡四百有餘人，伏誅。籍其牛馬，命別部長王義宗統其餘屬。”

[2]南唐（937—975）：五代時十國之一。公元937年李昪代吴稱帝，建都金陵（今江蘇省南京市），國號唐，史稱南唐。曾滅閩、楚，極盛時有今江蘇、安徽淮河以南和福建、江西、湖南及湖北東部。975年爲北宋所滅。共歷三主，三十九年。

秋七月癸亥，遣使賜晉馬。丁卯，遣鶻离底使晉，梅里了古使南唐。[1]戊辰，遣中臺省右相耶律述蘭·迭烈哥使晉，[2]臨海軍節度使趙思温副之，[3]册晉帝爲英武明義皇帝。

[1]梅里：又作梅録，契丹部族官名。掌皇族軍政事務。

[2]中臺省：東丹國宰輔機構。設左、右大相及左、右次相。　耶律述蘭·迭烈哥：【劉注】遼代契丹男人的契丹語名字有“第二個名”“小名”和“全名”之分。“全名”是把“第二個名”和“小名”疊加在一起，疊加時“第二個名”置於“小名”之前。凡“第二個名”均有尾音n。“述蘭”是“第二個名”，“迭烈哥”是“小名”，“述蘭·迭烈哥”是“全名”。中華點校本把“耶律述蘭·迭烈哥”標點爲“耶律述蘭、迭烈哥”，一個人變成了兩個人；中華修訂本作“耶律述蘭迭烈哥”，比點校本好一些，但看不出“第二個名”“小名”和“全名”的關係。

[3]趙思温（？—939）：盧龍（今屬河北省）人，字文美。原爲燕帥劉仁恭部將，後降後唐莊宗李存勗，任平州刺史兼平營薊三州都指揮使。降遼後從太祖征渤海，爲漢軍都團練使。太宗時，爲南京留守、盧龍軍節度使。本書卷七六有傳。　臨海軍：治所在滄州（今屬河北省），不在遼境内。

八月戊子，女直來貢。庚子，吐谷渾、烏孫、靺鞨皆來貢。[1]

[1]烏孫：古代民族名。漢代至北魏中葉居於天山北麓伊犂河上游、伊塞克湖畔及納林河流域的遊牧部族。它的族屬有突厥族、雅利安族諸説，尚無定論。　靺鞨：古代部族名。爲肅慎、勿吉後裔。唐時分爲數十部，其中的粟末部，建渤海國。此外，北部的黑水部也很強大，遼代的生女真，主要爲該部，後建立金朝。

九月庚戌，黑車子室韋貢名馬。[1]邊臣奏晉遣守司空馮道、左散騎常侍韋勳來上皇太后尊號，[2]左僕射劉煦、[3]右諫議大夫盧重上皇帝尊號，[4]遂遣監軍寅你已充接伴。[5]壬子，詔群臣及高年，凡授大臣爵秩，皆賜錦袍、金帶、白馬、金飾鞍勒，著於令。

[1]黑車子室韋：室韋之一部，即《舊唐書·回紇傳》的“和解室韋”。其住地當今内蒙古自治區東部的呼倫湖東南，南與契丹接。詳見王國維《黑車子室韋考》（《觀堂集林》卷一四）。

[2]馮道（882—954）：字可道，瀛州景城（今河北省滄州市）人，歷仕後唐、後晉、後漢、遼和後周，居相位。晚年自稱“長樂老”，頗以能在時勢多變的情況下自保榮華富貴而得意。但亦能提醒統治者不忘民間疾苦。此外，他還是首先宣導雕印“九經”者。

[3]僕射：唐官名。唐不設尚書令，最初以中書令、侍中爲宰相。中宗以後，不加同中書門下平章事者即不爲宰相。　劉煦（888—947）：亦作“劉昫”，《新五代史》卷八《晉高祖紀》及卷五五《劉昫傳》均作“昫”。涿州（今屬河北省）人。後唐明宗時拜相。後晉天福初，爲東都留守，判河南府事。曾奉使契丹。開運初復拜相。契丹耶律德光陷汴京，仍舊以煦爲宰相。同年以病卒。

[4]上皇帝尊號：《通鑑》卷二八一後晉高祖天福三年（938）七月辛酉載：帝上尊號於契丹主及太后，［八月］戊寅，以馮道爲太后册禮使，（考異曰：《周世宗實録·馮道傳》云：“虜遣使加徽號於晉祖，晉亦獻徽號於虜。始命兵部尚書王權銜其命，權辭以老病。晉祖謂道曰：‘此行非卿不可。’道無難色。”按晉高祖實録：“天福三年八月戊寅，道爲契丹太后册禮使。十月戊寅，北朝命使上帝徽號。戊子，王權以不受爲使，停任。”周世宗實録誤也。）左僕射劉煦爲契丹主册禮使，備鹵簿、儀仗、車輅，詣契丹行禮，契丹主大悦。

[5]接伴：接待使臣。遼宋稱負責接待對方使臣的官員爲接伴使。

冬十月甲戌朔，遣郎君迪里姑等撫問晉使。壬寅，晉遣使來謝册禮。是日，復有使進獨峰駞及名馬。

十一月甲辰朔，命南北宰相及夷离堇就館賜晉使馮道以下宴。[1]丙午，上御開皇殿，[2]召見晉使。壬子，皇太后御開皇殿，馮道、韋勳册上尊號曰廣德至仁昭烈崇簡應天皇太后。甲子，行再生柴册禮。[3]丙寅，皇帝御宣政殿，[4]劉煦、盧重册上尊號曰睿文神武法天啟運明德章信至道廣敬昭孝嗣聖皇帝。大赦，改元會同。是月，晉復遣趙瑩奉表來賀，[5]以幽、薊、瀛、莫、涿、檀、順、嬀、儒、新、武、雲、應、朔、寰、蔚十六州並圖籍來獻。於是詔以皇都爲上京，府曰臨潢。升幽州爲南京，[6]南京爲東京。改新州爲奉聖州，[7]武州爲歸化州。[8]升北、南二院及乙室夷离堇爲王，以主簿爲令，令爲刺史，刺史爲節度使，二部梯里已爲司徒，[9]達剌幹爲副使，麻都不爲縣令，[10]縣達剌幹爲馬步。[11]置宣徽、閤門使，控鶴、客省、御史大夫、中丞、侍御、判官、文班牙署、諸宫院世燭，[12]馬群、遙輦世燭，[13]南北府、國舅帳郎君官爲敞史，諸部宰相、節度使帳爲司空，二室韋闥林爲僕射，鷹坊、監冶等局官長爲詳穩。

[1]南北宰相：即南府宰相與北府宰相。　館：招待使節的賓館。遼初以上京皇城内的大同驛接待宋使。

[2]開皇殿：宫殿名。遼上京三大殿之一。

[3]再生柴册禮：柴册禮和再生禮合併舉行的禮儀。柴册禮源於中國傳統的“燔柴告天”，是古代天子祭天之禮。《爾雅·釋天》：“祭天曰燔柴。”行禮時，積薪於壇，取玉及牲置於柴上焚燒。此禮與契丹的再生禮合併舉行，是爲契丹部落聯盟選汗和遼建國後新皇帝即位舉行的禮儀。相傳遙輦氏阻午可汗始製此儀，遼朝建國後有所增飾。其儀或選九人扮作皇帝，與將要即位的皇帝本人分别進入十頂廬帳，由契丹大臣“捉認天子”，而後行册禮，上尊號；或由八部耆老引皇帝拜日，由后族長者爲皇帝駕車，皇帝登高阜，諸部帥遥拜，皇帝謙辭，群臣表示“唯皇帝命是從”而後皇帝登柴壇，行册禮，上尊號。

[4]宣政殿：上京宫殿之一。

[5]趙瑩（885—951）：字玄輝，華陰（今屬陝西省）人。石敬塘爲河東節度使，瑩爲節度判官。敬瑭稱帝建號，以瑩爲門下侍郎，同平章事，監修國史。石重貴即位後，爲開封尹。契丹滅晉，隨少帝北遷，遼世宗時，官太子太傅。卒於契丹。歸葬華陰。

[6]幽州：治所在今北京市境内。

[7]新州：治所在今河北省涿鹿縣。

[8]武州：治所在今河北省張家口市宣化區。

[9]梯里已：又稱惕隱，契丹官名。後升司徒。掌皇族之政教。

[10]麻都不：達剌幹的副手，會同元年（938）升爲縣令。

[11]馬步：契丹官名。即縣達剌幹。爲縣令之副。

[12]閤門使：官名。即古之儐相之職。唐末、五代凡取稟旨命、供奉乘輿、朝會遊宴及贊導三公、群臣、蕃國朝見、辭謝，糾彈失儀之事，由閤門使、副掌管。閤門使多以處武臣。參見《文獻通考·職官十二》。　客省：官署名。會同元年（938）置，掌接待諸國使節。設官有都客省、客省使、左右客省使等。　世燭：契丹官名。即“侍中”的音譯。

[13]遥輦：契丹氏族。開元二十三年（734），可突于殘黨泥禮殺李過折，立阻午可汗，傳九世，至907年阿保機建國。遥輦九

可汗繼位後各建宮衛，遼朝立國後，有遥輦九帳大常衮司之設，掌遥輦九世宮分之事務。

十二月戊戌，遣同括、阿鉢等使晉，制加晉馮道守太傅，[1]劉煦守太保，[2]餘官各有差。

[1]馮道守太傅：《新五代史》卷五四《馮道傳》載，“晉滅唐，道又事晉，晉高祖拜道守司空、同中書門下平章事，加司徒，兼侍中，封魯國公。高祖崩，道相出帝，加太尉，封燕國公”，不載“守太傅”。《舊五代史》卷一二六《馮道傳》亦不載此事。

[2]劉煦守太保：劉煦，亦作“劉昫”。據《新五代史》卷五五《劉昫傳》載，“開運中，拜司空、同中書門下平章事，復判三司。契丹犯京師，昫以目疾罷爲太保”，則劉昫“守太保”當是開運三年（946）的事。

二年春正月乙巳，以受晉册，遣使報南唐、高麗。丁未，御開皇殿，宴晉使馮道以下，賜物有差。戊申，晉遣金吾衛大將軍馬從斌、考功郎中劉知新來貢珎幣，[1]命分賜群臣。丙辰，晉遣使謝免沿邊四州錢幣。[2]

[1]劉知新：《舊五代史》卷七七《晉書·高祖紀》載，天福三年（遼會同元年，938）十月戊子“以右金吾大將軍馬從斌爲契丹國信使，考功郎中劉知新副之”。此是晉使出發的日期。

[2]沿邊四州：當指本卷會同三年春正月戊子所載并、鎮、忻、代四州。并，治所在今山西省太原市。鎮，治所在今河北省正定縣。忻，治所在今山西省忻州市。代，治所在今山西省代縣。晉遣使謝挽四州錢幣事不見於《通鑑》《新五代史》及《舊五代史》等

書記載。

二月戊寅，宴諸王及節度使來賀受册禮者，仍命皇太弟、惕隱迪輦餞之。[1]癸巳，謁太祖廟，[2]賜在京吏民物及内外群臣官賞有差。丁酉，加兼侍中、左金吾衛上將軍王郜檢校太尉。

[1]皇太弟：【劉校】原本、南監本、北監本、殿本均誤作“皇太子”，中華點校本和修訂本亦作“皇太子”。今據劉鳳翥《遼代太宗朝並無皇太子》一文改。　迪輦：遼太祖耶律阿保機第四子。宫人蕭氏生。天顯三年（928）救耶律沙於定州，爲李嗣源所獲，至石晉立，始得還，爲惕隱。

[2]太祖廟：【劉注】本書卷三七《地理志一·祖州》稱“有祖山，山有太祖天皇帝廟”。

三月，畋於裹潭之側。戊申，女直來貢。丁巳，封皇子述律爲壽安王，[1]罨撒葛爲太平王。[2]己巳，大賚百姓。

[1]皇子述律（931—969）：即遼穆宗。遼太宗德光長子，漢名璟。會同二年（939）封壽安王。天禄五年（951）九月遼世宗耶律阮遇弑，璟即位，改元應曆。十九年（969）二月爲近侍小哥等人所殺，享年39歲。

[2]罨撒葛（934—972）：即阿鉢撒葛里。德光第二子，靖安皇后蕭氏生，會同二年（939）封太平王。穆宗在位時，因謀亂貶戍西北邊。景宗即位後釋罪，召還，以病卒。

夏四月乙亥，幸木葉山。[1]癸巳，東京路奏狼食人。

[1]木葉山：山名。契丹語稱“大”爲“木葉”。“木葉山”可以泛指任何“大山”，也可專指某一大山爲“木葉山”。此處指永州境内一座山，契丹人視此山爲神山，其地在今内蒙古自治區翁牛特旗新蘇莫蘇木的西拉木倫河與老哈河匯合處一帶。“上建契丹始祖廟，奇首可汗在南廟，可敦（可汗之妻）在北廟，繪塑二聖并八子神像。”詳見本書卷三七《地理志一》永州條。

五月乙巳，禁南京鬻牝羊出境。[1]思奴古多里等坐盜官物籍其家。[2]南唐遣使來貢。丁未，以所貢物賜群臣。戊申，回鶻單于使人乞授官，詔第加刺史、縣令。

[1]南京：今北京。

[2]思奴古：本書卷一一六《國語解》：“思奴古，官與敞史相近。”

六月丁丑，雨雪。是夏駐蹕頻蹕淀。

秋七月戊申，晉遣使進犀帶。庚戌，吐谷渾來貢。乙卯，敞史阿鉢坐奉使失職，[1]命笞之。

[1]敞史：本書卷一一六《國語解》：“敞史，官府之佐吏也。”

閏月癸未，乙室大王坐賦調不均，[1]以木劍背撻而釋之，並罷南、北府民上供及宰相、節度諸賦役非舊制者。[2]乙酉，遣的烈賜晉烏古良馬。[3]己丑，以南王府二刺史貪蠹，各杖一百，仍繫虞候帳，備射鬼箭，[4]選群臣爲民所愛者代之。

[1]賦調不均：這是遼初乙室部移居山後地區，一部分人開始從事農業生産之後纔出現的新問題，故在《治契丹及諸夷之法》中没有相應的規定，而祇能執行《唐律》。依《唐律疏議》卷一三《户婚》，“諸差科賦役違法及不均平，杖六十”。乙室大王所受處罰，顯然是以這一規定爲依據的。

[2]舊制：即契丹立國以前的傳統。

[3]烏古：部族名。又稱嫗厥律、于厥律，居契丹西北。《新五代史》卷七四《四夷附録第三》：“嫗厥律，其人長大，髦頭，酋長全其髮，盛以紫囊。地苦寒，水出大魚，契丹仰食。又多黑、白、黄貂鼠皮，北方諸國皆仰足。其人最勇，鄰國不敢侵。”

[4]射鬼箭：契丹人的巫術、刑罰。皇帝出征及祭祀先帝時，都要行這種巫術。取死囚一人，置於所要前往之方向，以亂箭射殺，名爲射鬼箭。契丹人認爲，以此可以祓除不祥。班師歸來則以俘虜射鬼箭。後來則以此作爲刑罰的一種。

八月乙丑，晉遣使貢歲幣，[1]奏輸戊、亥二歲金幣於燕京。

[1]歲幣：石晉每年向契丹貢獻的財物。《舊五代史》卷一三七《外國列傳第一》載，清泰三年（遼天顯十一年，936）十一月，耶律德光册石敬瑭“爲大晉皇帝，約爲父子之國，割幽州管内及新、武、雲、應、朔州之地以賂之，仍每歲許輸帛三十萬”。此外，《通鑑》卷二八〇後晉高祖天福元年十一月則載：晉“割幽、薊、瀛、莫、涿、檀、順、新、嬀、儒、武、雲、應、寰、朔、蔚十六州以與契丹，仍許歲輸帛三十萬匹”。

九月甲戌，阻卜阿离底來貢。[1]己卯，遣使使晉。

[1]阻卜：即達旦、韃靼。元人諱言達旦，而稱達旦爲阻卜，詳見王國維《觀堂集林》卷一四《達旦考》。

冬十月丁未，上以烏古部水草肥美，詔北、南院徙三石烈户居之。[1]

[1]石烈：契丹部族組織名。爲構成部族的小單位，相當於鄉。

十一月丁亥，鐵驪、燉煌並遣使來貢。[1]

[1]燉煌：這里是指唐、五代間的一個割據政權。唐置河西節度使，治涼州（今甘肅省武威市），統涼、甘、肅、伊、西、瓜、沙七州。唐德宗間，吐蕃陷涼州，大曆中河西軍移治沙州（今甘肅省敦煌市）。貞元中又爲吐蕃所陷。大中間，沙州人張義潮率所屬十州地歸唐，因改置歸義軍，至宋初復陷於西夏。

十二月庚子，鉤魚於土河。[1]甲子，回鶻使者傔人有以刃相擊者，[2]詔付其使處之。

[1]土河：即老哈河，源出永安山（又稱馬盂山，即今河北省平泉縣柳溪鎮光頭山），流經今内蒙古自治區東部赤峰地區，與西拉木倫河匯合。

[2]傔人：隨從佐吏；隨身的差役。

三年春正月戊子，吳越王遣使來貢。[1]庚寅，人皇王妃來朝。[2] 回鶻使乞觀諸國使朝見禮，從之。壬辰，遣陪謁阿鉢使晉致生辰禮。晉以並、鎮、忻、代之吐谷渾來歸。

[1]吳越（907—978）：五代時十國之一。都杭州。共歷五主，七十二年。

[2]人皇王妃蕭氏（？—940）：耶律倍正妻。耶律倍浮海投奔後唐，其妻蕭氏未從行，主持東丹國政。會同三年（940）春正月庚寅朝見太宗德光。當年七月人皇王妃患病，德光從皇太后探視。蕭氏死後，德光"徙人皇王行宮於其妃薨所"。後蕭氏被追謚爲端順皇后。

二月己亥，奚王勞骨寧率六節度使朝貢。[1] 庚子，烏古遣使獻伏鹿國俘，賜其部夷离堇旗鼓以旌其功。[2] 壬寅，女直來貢。辛亥，墨离鶻末里使回鶻阿薩蘭還，賜對衣勞之。乙卯，鴨渌江女直遣使來覲。[3]

[1]奚王：對奚族首領的稱呼。本書卷四六《百官志二》："奚六部在朝曰奚王府。"

[2]夷离堇：契丹部族官名。源於突厥語官名"俟斤"(Irkin)。突厥各部的最高元首稱"可汗"（Qaghan)，其他各部酋長則稱爲俟斤。初，契丹"其君大賀氏，有勝兵四萬，臣於突厥，以爲俟斤"（《新唐書》卷二一九《契丹傳》）。後，契丹首領自立爲可汗，其下所屬各部酋長則稱爲"俟斤"，亦即夷离堇。契丹立國後，大部族之夷离堇稱王，小部族之夷离堇則稱爲節度使。舉凡一部之軍政、民政皆由其統掌。參見韓儒林《穹廬集》（上海人民出版社1982年版，第314—316頁）。

［3］鴨渌江：即中朝界河鴨緑江。

三月戊辰，遣使使晉，報幸南京。己巳，如南京。辛未，命惕隱耶律涅离骨德率萬騎先驅。壬申，次石嶺，以奚王勞骨寧監軍。寅你已朝謁不時，切責之。丙子，魯不姑上党項俘獲數。癸未，獵水門，獲白鹿。庚寅，詔扈從擾民者從軍律。甲午，幸薊州。[1]乙未，晉及南唐各遣使來覲。

［1］薊州：治所在今天津市薊州區。

夏四月庚子，至燕，備法駕，[1]入自拱辰門，[2]御元和殿，行入閤禮。[3]壬寅，遣人使晉。乙巳，幸留守趙延壽别墅。[4]丙午，晉遣宣徽使楊端、王朓等來問起居。[5]壬子，御便殿，宴晉及諸國使。丙辰，晉遣使進茶藥。壬戌，御昭慶殿，宴南京群臣。癸亥，晉遣使賀端午，以所進節物賜群臣。乙丑，南唐進白龜。

［1］法駕：天子出行時的羽儀導從。契丹原無禮樂制度，當然也就没有這些代表天子身份的“法駕”。這是馮道等人自後晉帶來爲德光及述律太后上尊號用的，德光從此感受到這些法物的重要作用，其至燕京，備法駕，入自拱辰門，在這套儀衛導引下進入燕京大内。

［2］拱辰門：遼南京北門之一。南京城共八門。

［3］入閤禮：這是自唐末以來皇帝見群臣最隆重的禮儀。

［4］趙延壽（？—946）：恒山（今河北省正定縣）人，本姓劉。後爲劉守光偏將趙德鈞養子，改姓趙，並娶後唐明宗李嗣源之

女爲妻。明宗即位，延壽爲駙馬都尉，樞密使。清泰三年（天顯十一年，936），在契丹圍攻晉安寨之役中與其父德鈞一同降遼。遼以延壽爲南京留守，總山南事。會同初加政事令。大同元年（947）遼滅晉，趙延壽率漢軍攻入汴京，求爲皇太子，遼太宗不許。授中京留守。太宗死後又與兀欲爭位，失敗後被囚禁。次年病死。本書卷七六有傳。

[5]晉遣王眺等來問起居：【劉校】據中華點校本校勘記，“眺”，本書卷五四《樂志》作“朓”。

五月庚午，以端午宴群臣及諸國使，命回鶻、敦煌二使作本俗舞，俾諸使觀之。庚辰，晉遣使進弓矢。甲申，遣皇子天德及檢校司徒邸用和使晉。[1]戊子，閱騎兵於南郊。

[1]皇子天德（？—948）：耶律德光第三子。猛悍驕捷，討石重貴有戰功。世宗即位，奉命護送太宗靈柩還上京，與李胡戰於泰德泉。後與蕭翰謀反，下獄。

六月乙未朔，東京宰相耶律羽之言渤海相大素賢不法，[1]詔僚佐部民舉有才德者代之。丙申，閱步卒於南郊。庚子，晉及轄剌骨只遣使來見。壬寅，駕發燕京，命中書令蕭僧隱部諸道軍於長坐營。癸丑，次奉聖州。甲寅，勞軍士。

[1]耶律羽之（889—941）：契丹人，嗜學，通諸部族語言。天顯元年（926）建東丹國，羽之任中臺省右次相。德光即位後，建議徙渤海遺民實東平。東丹王投奔後唐，羽之遷中臺省左相。墓

誌記載羽之“以會同四年歲次辛丑八月十一戊戌薨於官，春秋五十有二”。本書卷七五有傳。

秋七月己巳，獵猾底烈山。癸酉，朝于皇太后。丙子，從皇太后視人皇王妃疾。戊寅，人皇王妃蕭氏薨。己卯，以安重榮據鎮州叛晉，[1]詔征南將軍柳嚴邊備。丙戌，徙人皇王行宮於其妃薨所。[2]辛卯，晉遣使請行南郊禮，[3]許之。

[1]安重榮（？—942）：朔州（今山西省朔州市）人，小字鐵胡。善騎射，爲振武巡邊指揮使。五代後晉高祖石敬瑭即位，拜成德軍（鎮州軍號）節度使。重榮起於軍卒，暴至富貴，而見後唐廢帝、後晉高祖皆自籓侯得國，嘗對人説：“天子寧有種邪？兵強馬壯者爲之爾！”是時，後晉高祖石敬瑭與契丹耶律德光約爲父子，奉之愈謹，重榮憤然，以爲是“此晉萬世耻也！”天福六年（941）夏上表數千言，又爲書致朝廷大臣及四方籓鎮，皆以契丹可取爲言。敬瑭患之。重榮雖以契丹爲言，暗中遣人與契丹幽州節度使劉晞相勾結。這一年冬，安從進反於襄陽，重榮聞之，乃亦舉兵。唐瑭遣杜重威討之。次年初，重榮失敗被擒斬。敬瑭命漆其首送於契丹。《新五代史》卷五一有傳。

[2]人皇王行宮：即人皇王衛從，後併入世宗積慶宫。

[3]南郊禮：特指帝王祭天的大禮。

八月己亥，詔東丹吏民爲其王倍妃蕭氏服。庚子，阻卜來貢。壬寅，遣使南唐。乙巳，阻卜、黑車子室韋、賃烈等國來貢。南唐遣使求青氊帳，賜之。戊申，以安端私城爲白川州。[1]辛亥，鼻骨德使乞賜爵，以其國相授之。甲寅，阻卜來貢。乙卯，置白川州官屬。丙辰，詔以于諧里河、臚朐河之近地，[2]給賜南院歐堇突呂、乙斯勃、北院温納何剌三石烈人爲農田。[3]

[1]白川州：遼代州名。據《嘉慶重修一統志·承德府》，舊城在朝陽縣（今遼寧省朝陽市）東北六十七里。初置川州，會同中改爲白川州。【劉注】遼代川州，前期治所爲今遼寧省北票市南八家子鄉四家板村古城址；後期治所爲今遼寧省北票市黑城子鎮駐地黑城子村古城址。

[2]臚朐河：黑龍江支流。據《水道提綱》卷二五，"克魯倫河即臚朐河，源出肯忒山東南百餘里支峰西南麓"。

[3]"于諧里河"至"温納何剌"：【劉校】據中華點校本校勘記，依本書卷五九《食貨志上》，"于諧里河"作"諧里河"，"温納何剌"作"温納河剌"。又本書卷三三《營衛志下》，五院部有甌昆、亦習本，即歐堇突呂、乙斯勃；六院部有斡納阿剌，即温納何剌。

九月庚午，侍中崔窮古言："晉主聞陛下數游獵，意請節之。"上曰："朕之畋獵，非徒從樂，所以練習武事也。"乃詔諭之。壬午，邊將奏破吐谷渾，擒其長。詔止誅其首惡及其丁壯，餘並釋之。丙戌，晉遣使貢名馬。戊子，女直及吴越王遣使來貢。

冬十月辛丑，遣剋郎使吴越，略姑使南唐。庚申，晉遣使貢布及請親祠南嶽，[1]從之。

[1]請親祠南嶽：中華點校本校勘記以爲"南嶽"疑當作"南郊"。非是。"南郊"是祭天，稱"祀"，不能稱"祠"。

十一月己巳，南唐遣使奉蠟丸書言晉密事。[1]丁丑，詔有司教民播種紡績。除姊亡妹續之法。[2]

[1]南唐遣使奉蠟丸書：據陸游《南唐書》卷一：升元四年(即遼會同三年，940）九月“戊辰，契丹使摩哩魯庫梅棱來聘”。南唐奉蠟丸書在此之後，雙方交往密切。臘丸書，指封在蠟丸中的密件。

[2]姊亡妹續之法：【劉注】遼朝有一條和婚姻有關的習慣法：姐姐死了，妹妹有義務給姐丈續弦。根據《記大王接親事碑》，如果没有妹妹，岳父也有義務出馬、牛、羊做聘禮聘别家閨女爲姑爺續弦。

十二月壬辰朔，率百僚謁太祖行宫。[1]甲午，燔柴禮畢，祠於神帳。[2]丙申，遣使使晉。丙辰，詔契丹人授漢官者從漢儀，聽與漢人婚姻。丁巳，詔燕京皇城西南堞建涼殿。是冬，駐蹕於傘淀。

[1]太祖行宫：即耶律阿保機宫衛弘義宫。

[2]神帳：即載有天子旗鼓的車帳。

四年春正月壬戌，以乙室、品卑、突軌三部鰥寡不能自存者官爲之配。[1]丙子，南唐遣使來貢。庚辰，涅剌、烏隗部獻党項俘獲數。[2]己丑，詔定征党項功。

[1]乙室：契丹部族名。遙輦氏阻午可汗時始置爲部。隸南府，駐守西南之境。　品卑：即品部，隸北府。　突軌：即突舉部，隸南府。

[2]涅剌、烏隗部：烏隗部與涅剌部，均隸北府。

二月丙申，皇太弟獲白麞。[1]甲辰，晉遣使進香藥。丙子，鐵驪來貢。丁巳，詔有司編始祖《奇首可汗事跡》。[2]己未，晉遣楊彦詢來貢，且言鎮州安重榮跋扈狀，遂留不遣。是月，晉鎮州安重榮執遼使者拽剌。[3]

[1]皇太弟：【劉校】原本、南監本、北監本、殿本均作“皇太子”，中華點校本和修訂本亦作“皇太子”。今據劉鳳翥《遼代太宗朝並無皇太子》一文改。　白麞（zhāng）：【靳注】麞，同“獐”，形似鹿。

[2]《奇首可汗事跡》：是爲遼朝纂修先世歷史之始。不過，契丹本無文字，直至阿保機即位後，始創製契丹文字。因此，關於始祖奇首可汗的事跡，衹能是得自傳説，並無文獻依據。

[3]鎮州安重榮執遼使者拽剌：據《新五代史》卷五一《安重榮傳》，“天福六年夏，契丹使者拽剌過鎮，重榮侵辱之，拽剌言不遜，重榮怒，執拽剌”。

三月，特授回鶻使闊里于越，[1]並賜旌旗、弓劍、衣馬，餘賜有差。癸酉，晉以許祀南郊，遣使來謝，進黄金十鎰。

[1]于越：契丹語官名。爲契丹貴官，非有大功德者不授。位在北、南大王之上。

夏四月己卯，[1]晉遣使進櫻桃。

[1]夏四月己卯：【劉校】據中華點校本校勘記，按本書卷四四《曆象志下·朔考》是月庚寅朔，不應有己卯。

五月庚辰，吐谷渾夷离堇蘇等叛入晉。[1]遣牒蠟往諭晉及太原守臣。

[1]吐谷渾夷离堇蘇等叛入晉：吐谷渾原隸後唐，散居蔚州界。據《通鑑》卷二八五胡注：天福元年（936），石晉割鴈門以北及幽州之地給契丹，由是吐谷渾部族皆隸於契丹。“其後苦契丹之虐政，復爲鎮州節度使安重榮所誘，乃背契丹，率車帳羊馬取五臺路歸國。契丹大怒，以朝廷招納叛亡，遣使責讓。至六年正月，高祖命供奉官張澄等率兵二千搜索并、鎮、忻、代四州山吐谷渾還其舊地。然亦以契丹誅求無厭，心不平之。命漢高祖出鎮太原，潛加慰撫。其年五月，大首領白承福及麾下來朝。九月又遣首領白可久來朝”。

六月辛卯，振武軍節度副使趙崇逐其節度使耶律畫里，以朔州叛，[1]附晉。丙午，命宣徽使褭古只赴朔州，[2]以兵圍其城，有晉使至，請開壁，即勿聽，驛送闕下。

[1]朔州：治所在今山西省朔州市。

[2]宣徽使：遼朝官名。遼設北、南宣徽，分隸北南樞密院之下。宣徽北院使常執行軍事使命。此外，宣徽使還掌領朝會、宴饗、禮儀、祭祀及御前祇應之事。

秋七月癸亥，南唐遣使奉蠟丸書。丙寅，褭古只奏請遣使至朔令降，守者猶堅壁弗納。且言晉有貢物，命即以所貢物賜攻城將校。己巳，有司奏神纛車有蜂巢成蜜，史占之，吉。壬申，晉遣使進水晶硯。

八月癸巳，南唐奉蠟丸書。[1]庚子，晉遣使進犀弓、竹矢。吳越王遣使奉蠟丸書。[2]

[1]南唐奉蠟丸書：此是對當年五月遼使至南唐的應答。據陸游《南唐書》，升元五年（遼會同四年，941）“五月戊辰契丹使來”。

[2]吳越王：吳越統治者錢鏐，在其境内即用遼朝紀年。據宋樓鑰撰《攻媿集》卷七三《跋趙振文經幢碑》：“趙振文爲臨安郡從事，寄示小碑得於井中，蓋錢氏專知回圖酒務曹從暉所立經幢也，從書‘會同十年歲在丁未七月十五日’……錢氏兼有兩浙，自唐乾寧二年至皇朝太平興國三年，凡八十五年。當五代時，貢奉中國不絶。惟唐明宗時安重誨奏削鏐王爵、元帥、尚父，以太師致仕，時嘗稱寶正年號。安重誨死復鏐官爵，復用中國正朔。今乃用契丹年號，耶律滅晉時大赦改晉國爲大遼國，開運四年爲會同十年，意必亦頒正朔於諸國，故錢氏用之，此史氏所未見也。”

九月壬申，有星孛於晉分。丁丑，幸歸化州。

冬十月辛丑，有司奏燕薊大熟。癸卯，吳越王遣使來貢。

十一月丙寅，晉以討安重榮來告。庚午，吐谷渾請降，遣使撫諭。阻卜來貢，以其物賜左右。丙子，鴨渌江女直來貢。壬午，以永寧、天授二節及正旦、重午、冬至、臘並受賀，[1]著令。

[1]永寧節：即太宗德光生母應天皇太后述律氏生日。　天授節：遼以太宗德光生日爲天授節。　正旦、重午、冬至、臘並受賀：本書卷四二《曆象志》載："大同元年，太宗皇帝自晉汴京收百司僚屬、伎術、曆象，遷於中京，遼始有曆……聖宗統和十二年，可汗州刺史賈俊進新曆，則大明曆是也。"遼初無曆，當然也就無正旦、立春、冬至等禮儀。後來遼宋雙方曆法不同，但正旦等朝賀儀式卻相似，因爲遼多摹仿宋。《宋史》卷一一六《禮志·大朝會》載："宋承前代之制，以元日、五月朔、冬至行大朝會之禮。太祖建隆二年正月朔，始受朝賀於崇元殿，服衮冕，設宮縣，仗衛如儀。仗退，羣臣詣皇太后宮門奉賀，帝常服，御廣德殿，羣臣上壽，用教坊樂。"遼與宋通好之後，正旦、立春、冬至朝賀儀式，多模倣宋朝，但此前也曾模倣唐和五代，從《遼史》關於儀式細節的不同記載，我們可以發現其變化過程。

十二月戊子，晉遣使來告山南節度使安從進反。[1]詔以便宜討之。庚寅，南唐遣使奉蠟丸書。戊戌，晉遣王升鸞來貢。戊申，晉以敗安重榮來告，遂遣楊彦詢歸。[2]辛亥，晉遣使乞罷戍兵，詔惕隱朔古班師。甲寅，攻拔朔州，遣控鶴指揮使諧里勞軍。時裹古只戰歿城下，上怒，命誅城中丁壯，仍以叛民上户三十爲裹古只部曲。

[1]安從進（？—942）：振武索葛部人。初事後唐莊宗，爲護駕馬軍都指揮使。清泰中徙鎮山南東道。後晉高祖即位，加同中書門下平章事。高祖對籓鎮過爲姑息，而籓鎮之臣，或心慕高祖所爲，謂舉可成事，故在位七年，而反者六起，從進最後反。他與安重榮陰相結托，期爲表裏。天福六年（941）安重榮反，從進亦乘

機反，引兵攻鄧州不克，大敗，以數十騎奔還襄陽。晉高祖遣高行周圍之，逾年糧盡，從進自焚死。《舊五代史》卷九八、《新五代史》卷五一有傳。

[2]楊彦詢（870—944）：河中寶鼎（今山西省萬榮縣）人，字成章。爲人聰悟。石敬瑭鎮太原，清泰帝以彦詢爲太原節度副使。敬瑭起兵，乞兵於契丹，契丹耶律德光立敬瑭於太原，彦詢爲宣徽使，數往來德光帳中，德光亦愛其爲人。天福四年（939）使於契丹。六年春授邢州節度使、檢校太傅。時鎮州安重榮反狀已現，對契丹進行挑釁，敬瑭復命彦詢出使，契丹主果怒重榮，彦詢具言“非高祖本意，蓋如人家惡子，無如之何”（《舊五代史·楊彦詢傳》）。後聞安重榮果與石晉兵戎相見，乃放彦詢還。開運初以風痹授右金吾衛上將軍，不久卒於官，年七十四。《舊五代史》卷九〇、《新五代史》卷四七有傳。

五年春正月丙辰朔，上在歸化州，御行殿受群臣朝。以諸道貢物進太后及賜宗室百僚。戊午，詔求直言，北王府郎君耶律海思應詔，召對稱旨，特授宣徽使。詔政事令僧隱等以契丹户分屯南邊。[1]戊辰，晉函安重榮首來獻。上數欲親討重榮，至是乃止。癸酉，遣使使晉。是月，晉以朔州平，遣使來賀，[2]遂遣客省使耶律化哥使晉并致生辰禮。[3]

[1]政事令：遼朝南面宰相。遼世宗天禄四年（950）建政事省之前，漢人宰相無定稱；建政事省之後，南面宰相稱“政事令”，且多由契丹貴族擔任這一職務。

[2]遣使來賀：【劉校】原本、南監本、北監本和殿本均作“請使來賀”，今據中華點校本改。

[3]并致生辰禮：【劉校】原本作"升致生辰禮"，中華點校本據南監本、北監本和殿本改。今從。

二月壬辰，上將南幸，以諸路有未平者，召太弟及群臣議，[1]皆曰："今襄、鎮、朔三州雖已平，然吐谷渾爲安重榮所誘，猶未歸命，宜發兵討之，以警諸部。"上曰："正與朕合。"[2]遂詔以明王隈恩代于越信恩爲西南路招討使以討之，[3]且諭明王宜先練習邊事，而後之官。甲午，如南京。遣使使晉索吐谷渾叛者。乙未，鼻骨德來貢。

[1]太弟：【劉校】原本、南監本、北監本、殿本均作"太子"，中華點校本和修訂本亦作"太子"。今據劉鳳翥《遼代太宗朝並無皇太子》一文改。

[2]正與朕合：【劉校】原本作"王與朕合"，中華點校本據南監本、北監本和殿本改。今從。

[3]明王隈恩：【劉校】原本作"明王隈思"，中華點校本據南監本、北監本和殿本改。今從。

三月乙卯朔，晉遣齊州防禦使宋暉業、[1]翰林茶酒使張言來問起居。閏月，駐蹕陽門。[2]

[1]宋暉業：《舊五代史》卷八〇作"宋光鄴"，此避太宗德光名諱改。

[2]陽門：《新唐書·地理志三》：嬀州有陽門城，爲戍守處。《讀史方輿紀要》卷一八北直隸九，"遼置陽門鎮，屬順聖縣。金貞祐二年，升爲縣，屬弘州"。在宣化府懷安縣北。據《嘉慶重修

一統志·大同府》，在大同府天鎮縣東。

夏四月甲寅朔，鐵驪來貢，以其物分賜群臣。丙子，晉遣使進射柳鞍馬。[1]

[1]射柳：遼朝的一種禮儀。《長編》卷一一〇宋仁宗天聖九年（1031）六月丁丑載：契丹“每謁木葉山即射柳枝，諢子唱沓歌，前導彈胡琴和之，已事而罷”。此外，祈雨也射柳。金初接待宋使，亦以射柳作爲一種遊樂項目，元朝、明朝也有此類活動。

五月五日戊子，[1]禁屠宰。

[1]五月五日戊子：【劉校】“子”原誤“午”。中華點校本校勘記云，按本書卷四四《曆象志下·朔考》，五月甲申朔，五日爲戊子。據改。

六月癸丑朔，晉齊王重貴遣使來貢。丁巳，徒睹古、素撒來貢。乙丑，晉主敬瑭殂，[1]子重貴立。戊辰，晉遣使告哀，輟朝七日。庚午，遣使往晉弔祭。丁丑，聞皇太后不豫，上馳入侍，湯藥必親嘗。仍告太祖廟，幸菩薩堂，飯僧五萬人。七月乃愈。

[1]晉主敬瑭殂：據《新五代史》卷八《晉本紀》，本年六月乙丑，“皇帝崩於保昌殿”。《舊五代史》卷八〇《晉高祖紀》載：“［六月］乙丑，帝崩於保昌殿，壽五十一。遺制齊王重貴於柩前即皇帝位。”

秋七月庚寅，晉遣金吾衛大將軍梁言、判四方館事朱崇節來謝，[1]書稱“孫”，不稱“臣”，遣客省使喬榮讓之。[2]景延廣答曰：“先帝則聖朝所立，[3]今主則我國自册。爲鄰爲孫則可，奉表稱臣則不可。”榮還，具奏之。[4]上始有南伐之意。辛卯，阻卜、鼻骨德、烏古來貢。將軍闥德里、蒲骨等率降將轄德至闕，並獻所獲。丁未，晉遣使以祖母哀來告。

[1]判四方館事朱崇節：【劉校】據中華點校本校勘記，《新五代史》卷九《晉本紀九》作“四方館使宋崇節”。

[2]喬榮：《新五代史》作“喬瑩”，《遼史》《通鑑》及《契丹國志》並作“喬榮”。《契丹國志》卷二《太宗嗣聖皇帝紀》云：“先是，河陽牙將喬榮從趙延壽入遼，遼帝以爲回圖使，往來販易於晉，置邸大梁。至是，景延廣説晉帝囚榮於獄，凡遼國販易在晉境者，皆殺之，奪其貨。大臣皆言遼國不可負，乃釋榮，慰賜而歸之。”

[3]景延廣（891—947）：陝州（今河南省三門峽市陝州區）人，字航川。後晉高祖石敬瑭在位時，任馬步軍都指揮使。出帝立，延廣有功，故得以大權在握。爲出帝致書契丹，稱孫而不稱臣，致使契丹以此爲藉口，大舉南下。石晉滅亡後，延廣被拘禁，將送之北行，自殺而死。《舊五代史》卷八八、《新五代史》卷二九有傳。

[4]具奏之：【劉校】原本作“其奏之”，中華點校本據南監本、北監本和殿本改。今從。

八月辛酉，女直、阻卜、烏古各貢方物。甲子，晉復襄州。[1]戊辰，詔河東節度使劉知遠送叛臣烏古指揮使由燕京赴闕。[2]癸酉，遣天城軍節度使蕭拜石弔祭於晉。

［1］晉復襄州：天福六年（941）冬，安從進據襄州起兵反晉。至是爲高行周率軍平定。襄州，治所在今湖北省襄陽市。

［2］劉知遠（894—948）：後更名皓。其先沙陀部人，後世居於太原。初與石敬瑭俱事後唐明宗，爲偏將。石敬瑭將舉兵，知遠與桑維翰密爲其謀畫。後晉天福二年（937）遷侍衛馬步軍都指揮使，領忠武軍節度使。五年徙鄴都留守。開運二年（945）四月封北平王。四年出帝北遷，劉知遠遣牙將王峻奉表契丹，耶律德光呼之爲兒，賜以木拐一。木拐，契丹法貴之如中國几杖，非優大臣不可得。峻持拐歸，契丹人望之皆避道。王峻還，對知遠説："契丹必不能有中國。"乃議建號稱帝。當年二月辛未稱帝，六月至汴京，改國號漢。死於乾祐元年（948）春正月。

九月壬辰，遣使賀晉帝嗣位。

冬十月己巳，征諸道兵。遣將軍密骨德伐党項。

十一月乙未，武定軍奏松生棗。[1]

十二月癸亥，晉遣使來謝。

是冬，駐蹕赤城。

［1］武定軍：遼代軍號。治奉聖州（今河北省涿鹿縣）。

六年春二月乙卯，晉遣使進先帝遺物。辛酉，晉遣使請居汴，從之。

三月己卯朔，吳越王遣使來貢。甲申，梅里喘引來歸。戊子，南唐遣使奉蠟丸書。[1]丁未，晉至汴，遣使來謝。

[1]南唐遣使：據陸游《南唐書》卷一《烈祖本紀》，升元七年（943）“春正月契丹使達嚕噶等二十七人來聘，獻馬三百、羊三萬五千”。看來，雙方交往也具有貿易性質。

夏四月戊申朔，日有食之。

五月己亥，遣使如晉致生辰禮。

六月丁未朔，鐵驪來貢。己未，奚鋤骨里部進白麏。辛酉，莫州進白鵲。[1]晉遣使貢金。

[1]莫州：治所在今河北省任丘市。

秋八月丁未朔，晉復貢金。己未，如奉聖州。晉遣其子延煦來朝。[1]

[1]延煦：晉出帝石重貴之子。開運二年（945）爲鄭州刺史。延煦年少，不能視事，宦者專政事。三年拜鎮寧軍節度使。是時，河北用兵，天下旱蝗，民餓死者百萬計。貪官趙在禮所積鉅萬，在宋州，宋人視其爲“眼中釘”，他竟向管内每人徵收錢一千，自號“拔釘錢”。出帝利其貲財，乃以延煦娶在禮女。君臣窮極奢侈，毫無廉恥。延煦後從出帝北遷，不知其所終。【劉注】據遼寧省博物館所存《石延煦墓誌銘》，石延煦卒於統和五年（987），葬於晉州（今遼寧省朝陽縣烏蘭河碩蒙古族鄉黄營子村）。

冬十一月辛卯，上京留守耶律迪輦得晉諜，知有二心。甲辰，鐵驪來貢。

十二月丁未，如南京，議伐晉。命趙延壽、趙延昭、安端、解里等由滄、恒、易、定分道而進，[1]大軍繼之。

[1]滄：滄州。治所在今河北省滄州市。　恒：恒州，治真定（今河北省正定縣）。　易：易州。治所在河北省易縣。　定：定州。治所在今河北省定州市。《通鑑》卷二八三後晉開運元年（遼會同七年，944）春正月"太原奏契丹入鴈門關。恒、邢、滄皆奏契丹入寇"。

是歲，楊彥昭請移鎮奈灤及新鎮，[1]從之。

[1]新鎮：據《畿輔通志》，新鎮原屬涿州。宋太平興國六年（981）以涿州新鎮建平戎軍，明清屬霸州。

七年春正月甲戌朔，趙延壽、延昭率前鋒五萬騎次任丘。丙子，安端入鴈門，圍忻、代。己卯，趙延壽圍貝州，[1]其軍校邵珂開南門納遼兵，[2]太守吳巒投井死。己丑，次元城，[3]授延壽魏、博等州節度使，封魏王，率所部屯南樂。[4]丙申，遣兵攻黎陽，[5]晉張彥澤來拒。[6]辛丑，晉遣使來修舊好，詔割河北諸州，及遣桑維翰、景延廣來議。[7]

[1]貝州：治所在今河北省清河縣。

[2]軍校邵珂開南門納遼兵：據《通鑑》卷二八三後晉開運元年（944）正月乙亥記事：軍校邵珂性凶悖，永清節度使王令溫黜之。珂怨望，密遣人亡入契丹，言"貝州粟多而兵弱，易取也"。

會令温入朝，執政以前復州防禦使吳巒權知州事。巒至，推誠撫士。會契丹入寇，巒書生，無爪牙，珂自請願效死。巒使將兵守南門，巒自守東門。契丹主自攻貝州，巒悉力拒之，燒其攻具殆盡。己卯，契丹復攻城，珂引契丹自南門入。巒赴井死。

[3]元城：舊縣名。與大名同城而治。民國併入大名縣。【靳注】治所在今河北省大名縣城區。

[4]南樂：縣名。清屬大名府。【靳注】治所在今河南省南樂縣。

[5]黎陽：舊縣名。治所在今河南省浚縣。

[6]張彦澤（？—947）：其先突厥部人，以善射爲騎將，與石敬瑭聯姻。開運初契丹入侵，彦澤在兵間，數立戰功，拜彰國軍節度使。開運三年（946）隨杜重威投降契丹。隨即率先攻入汴京。德光入城後，聞彦澤在城内劫掠及殺害無辜，將其處死。

[7]桑維翰（898—947）：後晉宰相，字國橋，洛陽（今屬河南省）人。後唐同光三年（925）進士。石敬瑭爲河東節度使，桑維翰爲掌書記，爲敬瑭求見契丹主耶律德光，獲得援助，遂取代後唐。末帝石重貴即位後，桑維翰仍力主與契丹和好。當契丹軍攻入汴京後，爲降將張彦澤所殺。《舊五代史》卷八九、《新五代史》卷二九有傳。此次南侵，契丹大軍被晉軍擊退。《通鑑》卷二八三後晉開運元年正月丙申載，晉“遣右武衛上將軍張彦澤等將兵拒契丹於黎陽”，“帝復遣譯者孟守忠致書於契丹，求修舊好。契丹主復書曰：‘已成之勢，不可改也。’辛丑，太原奏破契丹偉王於秀容，斬首三千級。契丹自鴉鳴谷遁去”。

二月甲辰朔，[1]攻博州，[2]刺史周儒以城降。晉平盧軍節度使楊光遠密道遼師自馬家口濟河。[3]晉將景延廣命石斌守麻家口，白再榮守馬家口。[4]未幾，周儒引遼軍麻荅營於河東，[5]攻鄆州北津，[6]以應光遠。晉遣李守貞、皇甫遇、梁漢璋、薛懷讓將兵萬人,[7]緣河水陸俱進。遼軍圍晉别將於戚城,[8]晉主自將救之,遼師解去。守貞等至馬家口,麻荅遣步卒萬人築營壘,騎兵萬人守於外,餘兵屯河西。渡未已,晉兵薄之,遼軍不利。[9]

[1]二月甲辰朔:【劉校】"朔"字原無,中華點校本據本書卷四四《曆象志下·朔考》補。今從。

[2]博州:治所在今山東省聊城市。

[3]平盧軍:五代軍鎮名。治營州,在今河北省昌黎縣。 馬家口:黄河津渡名。在今山東省東平縣西北。

[4]白再榮(?—951):五代後唐、後晉之間爲護聖軍指揮使。契丹滅晉後,從契丹北歸。公元947年,鎮州漢軍驅逐麻答,推舉白再榮爲留後。爲人貪而無謀,後爲其部下所殺。《舊五代史》卷一〇六、《新五代史》卷四八有傳。

[5]麻荅(?—947):即遼太祖阿保機弟剌葛之子耶律拔里得。他隨德光南下滅後晉,於大同元年(947)入汴,以功授安國軍節度使,總領河北道事。德光北返之後,州郡多叛遼以應劉知遠,拔里得不得不北歸。世宗即位後,遷中京留守,尋即病死。

[6]鄆州:治所在今山東省東平縣。

[7]李守貞(?—947):河陽(今河南省孟州市南)人,後晉高祖時爲宣徽使。出帝即位後,楊光遠反,召契丹入寇,守貞率軍抗禦契丹有功。開運三年(946)與杜重威一同降契丹。後漢初,爲河中節度使。隱帝時,守貞反,失敗後與妻子自焚而死。 皇甫遇(?—946):常山真定(今河北省正定縣)人,後晉將領。開運元年(944)青州楊光遠據城反,與入侵契丹軍相呼應,皇甫遇在馬家渡阻擊契丹軍,獲勝。次年,再與契丹軍殊死戰。三年冬,不得已隨都招討使杜重威投降契丹,契丹遣皇甫遇與張彦澤先入汴京,遇於進軍途中絶吭而死。 梁漢璋(897—946):後晉永清軍

節度使，多次率軍抵禦契丹。後陣亡。　薛懷讓（891—960）：其先係北方少數民族，後徙居太原。初隸後唐莊宗帳下，累歷軍職。後晉時，歷沂、遼、密、懷四州刺史，所至無善政。以平定楊光遠叛亂功，改宿州團練使。開運中隨杜重威降契丹。契丹北歸，奉表歸後漢，高祖即授以安國軍節度。後周太祖登位，加同平章事，復以懷讓爲左屯衛上將軍。世宗顯德五年（958），拜太子太師致仕。《宋史》卷二四五有傳。

［8］戚城：據《舊五代史》卷八二《少帝紀第二》，當時晉軍是前去解汶陽（今山東省汶上縣）之圍途中與契丹軍遭遇於戚城，故戚城當在汶陽附近。《通鑑》卷二八四開運元年二月丙午載："先是景延廣令諸將分地而守，無得相救。行周等告急，延廣徐白帝，帝自將救之。契丹解去，三將泣訴救兵之緩，幾不免。"

［9］遼軍不利：實際上是遼軍遭遇嚴重失敗。《通鑑》卷二八四《後晉紀五》開運元年二月戊申載："李守貞等至馬家口。契丹遣步卒萬人築壘，散騎兵於其外，餘兵數萬屯河西，船數千艘渡兵，未已，晉兵薄之，契丹騎兵退走，晉兵進攻其壘，拔之。契丹大敗，乘馬赴河溺死者數千人，俘斬亦數千人。河西之兵慟哭而去，由是不敢復東。"

三月癸酉朔，趙延壽言："晉諸軍沿河置栅，皆畏怯不敢戰。若率大兵直抵澶淵，[1]據其橋梁，晉必可取。"是日，晉兵駐澶淵，其前軍高行周在戚城。乃命延壽、延昭以數萬騎出行周右，上以精兵出其左。戰至暮，上復以勁騎突其中軍，晉軍不能戰。會有諜者言晉軍東面數少，沿河城栅不固，乃急擊其東偏，衆皆奔潰。縱兵追及，遂大敗之。[2]壬午，留趙延昭守貝州，徙所俘户於内地。

[1]澶淵：地名。在今河南省濮陽市。

[2]關於後晉與契丹在澶淵的戰事，《通鑑》卷二八四後晉開運元年（944）記載與《遼史》多有不同："契丹僞棄元城去，伏精騎於古頓丘城，以俟晉軍與恒、定之兵合而擊之。鄴都留守張從恩屢奏虜已遁去；大軍欲進追之，會霖雨而止。契丹設伏旬日，人馬饑疲。趙延壽曰：'晉軍悉在河上，畏我鋒鋭，必不敢前；不如即其城下，四合攻之，奪其浮梁，則天下定矣。'契丹從之，三月，癸酉朔，自將兵十餘萬陳於澶州城北，東西横掩城之兩隅，登城望之，不見其際。高行周前軍在戚城之南，與契丹戰，自午至晡，互有勝負。契丹主以精兵當中軍而來，帝亦出陳以待之。契丹主望見晉軍之盛，謂左右曰：'楊光遠言晉兵半已餒死，今何其多也！'以精騎左右略陳，晉軍不動，萬弩齊發，飛矢蔽地。契丹稍卻；又攻晉陳之東偏，不克。苦戰至暮，兩軍死者不可勝數。昏後，契丹引去，營於三十里之外。"

夏四月癸丑，還次南京。辛未，如涼陘。[1]

[1]涼陘：地名。遼帝夏季納涼處。遼、金、元皇帝夏季都到涼陘納涼、狩獵。【劉注】"涼陘"又稱"涼淀"。據本書卷三七《地理志·上京臨潢府》，"臨潢西北二百里號涼淀，在饅頭山南，避暑之處，多豐草，掘地丈餘即有堅冰"。

五月癸酉，耶律拔里得奏破德州，[1]擒刺史尹居璠及將吏二十七人。

[1]德州：治所在今山東省德州市。《通鑑》卷二八四後晉開運元年（944）三月載："契丹主自澶州北分爲兩軍，一出滄、德，一出深、冀而歸。所過焚掠，方廣千里，民物殆盡。留趙延照爲貝

州留後。麻荅陷德州，擒刺史尹居璠。”契丹是在北返途中攻陷德州。時間也與《遼史》記載不同。

六月甲辰，黑車子室韋來貢。乙巳，紇没里、要里等國來貢。

秋七月己卯，晉楊光遠遣人奉蠟丸書。辛卯，晉遣張暉奉表乞和，[1]留暉不遣。

[1]晉遣張暉奉表乞和：《新五代史》卷二九《景延廣傳》載："延廣居洛陽，鬱鬱不得志。見晉日削，度必不能支契丹，乃爲長夜之飲。大治第宅、園置妓樂，惟意所爲。後帝亦追悔，遣供奉官張暉奉表稱臣以求和。德光報曰：'使桑維翰、景延廣來，而割鎮、定與我，乃可和。'晉知其不可，乃止。"《新五代史》卷七二《四夷附録第一》載此事於開運二年（遼會同八年，945）："是時，天下旱蝗，晉人苦兵，乃遣開封府軍將張暉假供奉官聘於契丹，奉表稱臣，以修和好。德光語不遜。然契丹亦自厭兵。德光母述律嘗謂晉人曰：'南朝漢兒爭得一向卧邪？自古聞漢來和蕃，不聞蕃去和漢，若漢兒實有回心，則我亦何惜通好！'晉亦不復遣使，然數以書招趙延壽。"

八月辛酉，回鶻遣使請婚，不許。是月，晉鎮州兵來襲飛狐，[1]大同軍節度使耶律孔阿戰敗之。

[1]飛狐：1. 古縣名。治所在今河北省淶源縣。淶源縣在隋、唐、遼、宋、金、元時名飛狐縣。2. 要塞名。在今淶源縣北、蔚縣南有飛狐口。

九月庚午朔，北幸。

冬十月丁未，鼻骨德來貢。壬戌，天授節，諸國進賀，惟晉不至。

十一月壬申，詔征諸道兵，以閏月朔會温榆河北。[1]

[1]温榆河：發源於今北京市昌平區軍都山麓。在通州區匯入大運河。

十二月癸卯，南伐。甲子，次古北口。[1]

閏月己巳朔，閱諸道兵於温榆河。己卯，圍恒州，下其九縣。

[1]古北口：要塞名。位於今北京市密雲區境内。

八年春正月庚子，分兵攻邢、洺、磁三州，[1]殺掠殆盡，入鄴都境。[2]張從恩、馬全節、安審琦兵悉陳于相州安陽水之南。[3]皇甫遇與濮州刺史慕容彦超將兵千騎來覘遼軍，[4]至鄴都，遇遼軍數萬，且戰且卻，至榆林店。[5]遼軍繼至，遇與彦超力戰百餘合。遇馬斃，步戰，審琦引騎兵踰水以救，遼軍乃還。

[1]邢：邢州，治所在今河北省邢臺市。　磁：磁州，治所在今河北省磁縣。　洺：洺州，治所在今河北省邯鄲市永年區。

[2]鄴都：今河北省大名縣。後唐同光三年（925），以魏州光唐府爲鄴都，明宗天成四年（929）廢。後晉天福三年（938）改

光唐府爲廣晉府，復建鄴都。

[3]馬全節（890—945）：字大雅，大名元城（今屬河北省）人，後晉將領。開運二年（945）契丹入寇，爲副招討使，率軍大敗契丹白團衛村。　相州：治所在今河南省安陽市。

[4]慕容彦超（？—952）：吐谷渾部人，後漢高祖劉知遠同母弟。漢以其爲泰寧軍節度使。後周廣順二年（952），彦超聯合契丹、北漢及南唐謀反，失敗，投井死。據《通鑑》卷二八四後晉開運二年（945）正月壬子載：張從恩、馬全節、安審琦悉以行營兵數萬，陳於相州安陽水之南。皇甫遇與濮州刺史慕容彦超將數千騎前覘契丹，至鄴縣，將渡漳水，遇契丹數萬，遇等且戰且卻，至榆林店，契丹大至，二將謀曰："吾屬今走，死無遺矣！"乃止，布陳，自午至未，力戰百餘合，相殺傷甚衆。遇馬斃，因步戰；其僕杜知敏以所乘馬授之，遇乘馬復戰。久之，稍解；顧知敏已爲契丹所擒，遇曰："知敏義士，不可棄也。"與彦超躍馬入契丹陳，取知敏而還。俄而契丹繼出新兵來戰，二將曰："吾屬勢不可走，以死報國耳。"日且暮，安陽諸將怪覘兵不還，安審琦曰："皇甫太師寂無音問，必爲虜所困。"語未卒，有一騎白遇等爲虜數萬所圍；審琦即引騎兵出，將救之，張從恩曰："此言未足信。必若虜衆猥至，盡吾軍，恐未足以當之，公往何益！"審琦曰："成敗，天也，萬一不濟，當共受之。借使虜不南來，坐失皇甫太師，吾屬何顔以見天子！"遂踰水而進。契丹望見塵起，即解去。遇等乃得還，與諸將俱歸相州，軍中皆服二將之勇。彦超本吐谷渾也，與劉知遠同母。

[5]榆林店：地名。位於今河南省臨漳縣西南四十里。

二月，圍魏，晉將杜重威率兵來救。戊子，晉將折從阮陷勝州。[1]

[1]晉將折從阮陷勝州：【劉校】"勝"原誤"滕"，中華點校

本據本書卷四一《地理志五》、《舊五代史》卷八三《少帝本紀三》及《通鑑》改。今從。　勝州：遼置，治所在今内蒙古自治區托克托縣。

三月戊戌，師拔祁州，[1]殺其刺史沈斌。庚戌，杜重威、李守貞攻泰州。[2]戊子，趙延壽率前鋒薄泰城。己未，重威、守貞引兵南遁，追至陽城，[3]大敗之。復以步卒爲方陣來拒，與戰二十餘合。壬戌，復搏戰十餘里。癸亥，圍晉兵于白團衛村，[4]晉兵下鹿角爲營。[5]是夕大風。至曙，命鐵鷂軍下馬，[6]拔其鹿角，奮短兵入擊。順風縱火揚塵，以助其勢。晉軍大呼曰："都招討何不用兵，令士卒徒死！"諸將皆奮出戰。張彦澤、藥元福、皇甫遇出兵大戰，[7]諸將繼至，遼軍卻數百步。風益甚，晝晦如夜。符彦卿以萬騎横擊遼軍，率步卒並進，遼軍不利。上乘奚車退十餘里，[8]晉追兵急，獲一橐駞乘之乃歸。晉兵退保定州。[9]

[1]祁州：治所在今河北省安國市。

[2]泰州：此爲保州之舊稱。治清苑（今河北省保定市清苑區），後徙滿城（今河北省保定市滿城區）。

[3]陽城：即今河北省保定市清苑區西南四十里阳城镇。

[4]白團衛村：據《嘉慶重修一統志·保定府》：白團衛村在清苑縣（今河北省保定市清苑區）西南四十里。又有白團衛集，在縣西南三十里。白團衛村，《契丹國志》三作"白團村"。

[5]鹿角：據《通鑑》卷二五二唐咸通十一年（870）正月胡注："斬木爲鹿角，植之城外，以限衝突。今人謂之排杈者是。"

[6]鐵鷂軍：據《通鑑》卷二八四開運二年（945）三月胡注：

“契丹稱精騎爲‘鐵鷂’，因其身被鐵甲，而馳突輕疾，如鷂之搏鳥雀也。”

［7］藥元福：并州晉陽（今山西省太原市）人。幼有膽氣，善騎射。後晉天福中爲深州刺史。開運初元福以左千牛衛將軍領兵與契丹戰於澶淵、陽城，大敗契丹，以功爲威州刺史。又歷後漢、後周，多次參與抗擊契丹戰斗。宋初，加檢校太師，卒，年七十七，贈侍中。《宋史》卷二五四有傳。《通鑑》卷二八四《後晉紀五》開運二年（945）三月癸亥載：馬軍左廂都排陳使張彦澤召諸將問計，皆曰：“虜得風勢，宜俟風回與戰。”彦澤亦以爲然。諸將退，馬軍右廂副排陳使太原藥元福獨留，謂彦澤曰：“今軍中饑渴已甚，若俟風回，吾屬已爲虜矣。敵謂我不能逆風以戰，宜出其不意急擊之，此兵之詭道也。”馬步左右廂都排陳使符彦卿曰：“與其束手就擒，曷若以身徇國！”乃與彦澤、元福及左廂都排陳使皇甫遇引精騎出西門擊之，諸將繼至。契丹卻數百步。彦卿等謂守貞曰：“且曳隊往來乎？直前奮擊，以勝爲度乎？”守貞曰：“事勢如此，安可回鞚！宜長驅取勝耳！”彦卿等躍馬而去，風勢益甚，昏晦如夜，彦卿等擁萬餘騎横擊契丹，呼聲動天地，契丹大敗而走，勢如崩山。

［8］上乘奚車退十餘里：《新五代史》卷七二《四夷附録第一》載：“契丹歸至古北，聞晉軍且至，即復引而南，及重威戰於陽城、衛村。晉軍饑渴，鑿井輒壞，絞泥汁而飲。德光坐奚車中，呼其衆曰：‘晉軍盡在此矣，可生擒之，然後平定天下。’會天大風，晉軍奮死擊之，契丹大敗。德光喪車，騎一白橐駞而走。”

［9］晉兵退保定州：《通鑑》卷二八四《後晉紀五》開運二年三月癸亥載：“契丹散卒至陽城東南水上，稍復布列。杜威曰：‘賊已破膽，不宜更令成列！’遣精騎擊之，皆渡水去。契丹主乘奚車走十餘里，追兵急，獲一橐駞，乘之而走。諸將請急追之。杜威揚言曰：‘逢賊幸不死，更索衣囊邪？’李守貞曰：‘兩日人馬渴甚，今得水飲之，皆足重，難以追寇，不若全軍而還。’乃退保定州。”

夏四月甲申，還次南京，杖戰不力者各數百。庚寅，宴將士於元和殿。癸巳，如涼陘。

六月戊辰，回鶻來貢。辛未，吐谷渾、鼻骨德皆來貢。辛巳，黑車子室韋來貢。丁亥，趙延壽奏晉兵襲高陽，[1]戍將擊走之。

[1]高陽：治所在今河北省高陽縣。

秋七月乙卯，獵平地松林。[1]晉遣孟守中奉表請和，[2]仍以前事荅之。

[1]平地松林：西遼河上游中古時期生態良好，有茂密的松林，稱“平地松林”。《新五代史》卷七三《四夷附録第二》引胡嶠《陷虜記》説：“自上京東去四十里至真珠寨，始食菜。明日東行，地勢漸高，西望平地松林，鬱然數十里，遂入平川，多草木。”

[2]孟守中：有關孟守中其人及赴契丹乞和一事，不見《通鑑》及《新五代史》《舊五代史》記載。

八月己巳，詔侍衛蕭素撒閱群牧於北陘。[1]

[1]群牧：此指畜群。契丹有專門機構管理畜群，這類機構亦稱“群牧”。諸路設群牧使司，下設某群太保、某群侍中、某群敞史；朝廷設總典群牧使司，有總典群牧部籍使、群牧都林牙。以“群”爲單位設某群牧司，設群牧使、群牧副使。此外，還有衹管理馬群及牛群的機構。遼亡之後，金稱契丹群牧爲“烏魯古”。

九月壬寅，次赤山，[1]宴從臣，問軍國要務。對曰：

"軍國之務，愛民爲本。民富則兵足，兵足則國強。"上以爲然。辛酉，還上京。

[1]赤山：今内蒙古自治區赤峰市境内紅山。【劉注】據《巴林左旗志》（内蒙古人民出版社1996年版，第168頁），"烏蘭達壩，遼代稱'赤山'"。烏蘭達壩在今内蒙古自治區巴林左旗東北部。

冬十月辛未，祠木葉山。

十一月戊戌，女直、鐵驪來貢。

十二月癸亥朔，朝謁太祖行宫。乙丑，雲州節度使耶律孔阿獲晉諜者。戊辰，臘，賜諸國貢使衣馬。

九年春正月庚子，回鶻來貢。丁未，女直來貢。

二月戊辰，鼻骨德奏軍籍。[1]

[1]軍籍：據本書卷三二《營衛志中》，"奚六部以下，多因俘降而置。勝兵甲者即著軍籍，分隸諸路詳穩、統軍、招討司。番居内地者，歲時田牧平莽間"。此外，遼在南京（今北京市）、西京（今山西省大同市）、奉聖州（今河北省涿鹿縣）和平州（今河北省盧龍縣）以及中京、東京和上京設提轄司，提轄司所管轄的人户也是有軍籍的。提轄司是軍事機構，遇有戰事，負責點集兵馬。

三月己亥，吐谷渾遣軍校恤烈獻生口千户，授恤烈檢校司空。

夏四月辛酉朔，吐谷渾白可久來附。是月，如涼陘。

五月庚戌，晉易州戍將孫方簡請内附。[1]

[1]孫方簡：《舊五代史》卷八四《晉書·少帝紀第四》開運三年（946）六月庚申朔載“狼山招收指揮使孫方簡叛，據狼山歸契丹”。孫方簡用邪教組織信衆入契丹境鈔掠，據《通鑑》卷二八五《後晉紀六·齊王下》開運三年（946）三月載：“方簡時入契丹境鈔掠，多所殺獲。既而邀求不已，朝廷小不副其意，則舉寨降於契丹，請爲鄉道以入寇。時河北大饑，民餓死者所在以萬數，兖、鄆、滄、貝之間，盜賊蜂起，吏不能禁。天雄節度使杜威遣元隨軍將劉延翰市馬於邊，方簡執之，獻於契丹。延翰逃歸，六月壬戌至大梁，言：‘方簡欲乘中國凶饑，引契丹入寇，宜爲之備。’”孫方簡，《契丹國志》卷三同。《新五代史》卷九《出帝紀》及卷四九本傳、《册府元龜》作“孫方諫”。《通鑑》卷二八五《後晉紀六》胡注：“蓋孫方簡後避周太祖皇考諱，遂改名方諫也。”

六月戊子，謁祖陵，更閟神殿爲長思。

秋七月辛亥，詔徵諸道兵，敢傷禾稼者，以軍法論。癸丑，女直來貢。乙卯，以阻卜酋長曷剌爲本部夷离堇。

八月丙寅，烏古來貢。是月，自將南伐。

九月壬辰，閱諸道兵於漁陽西棗林淀。[1]是月，趙延壽與晉張彦澤戰於定州，敗之。

[1]漁陽：縣名。治所在今天津市薊州區。此漁陽縣自隋大業末年改無終縣（今天津市薊州區）而置。唐以後之薊州以此爲治。按，前有漁陽縣（今北京市密雲區），北齊時廢，省入密雲縣。

十一月戊子朔，進圍鎮州。丙申，先遣候騎報晉兵至，遣精兵斷河橋，晉兵退保武強。南院大王迪輦、將軍高模翰分兵由瀛州間道以進，[1]杜重威遣貝州節度使梁漢璋率衆來拒。與戰，大敗之，殺梁漢璋。[2]杜重威、張彦澤引兵據中渡橋，趙延壽以步卒前擊，高彦温以騎兵乘之，追奔逐北，殭屍數萬，斬其將王清，宋彦筠墮水死。重威等退保中渡寨。[3]義武軍節度使李殷以城降，[4]遂進兵，夾滹沱而營。去中渡寨三里，分兵圍之。夜則列騎環守，晝則出兵抄掠。復命大内惕隱耶律朔骨里及趙延壽分兵圍守。自將騎卒夜渡河出其後，攻下欒城，[5]降騎卒數千。分遣將士據其要害。下令軍中預備軍食，三日不得舉煙火，但獲晉人，即黥而縱之。諸餽運見者皆棄而走。於是晉兵内外隔絶，食盡勢窮。

[1]南院大王：契丹部族官。初名迭剌部夷离堇，太祖析迭剌部爲五院部和六院部。太宗會同元年（938）改夷离堇爲大王。北院大王和南院大王即是五院部和六院部的首領，握有兵權。　迪輦：據本書卷七七本傳，洼字敵輦，會同中遷北院大王。本書卷五《世宗本紀》大同元年（947）八月亦作“北院大王洼”。　高模翰：《新五代史》七二、《舊五代史》一三七《契丹傳》並作“高牟翰”。　瀛州：治所在今河北省河間市。

[2]殺梁漢璋：《舊五代史》卷一三七《外國列傳第一》載：“［開運］三年樂壽監軍王巒繼有密奏，苦言瀛、鄚可取之狀。十月少帝遣杜重威、李守貞等率兵經略。十一月蕃將高牟翰敗晉師於瀛州之北，梁漢璋死之。”

[3]中渡寨：恒州（今河北省正定縣）境内滹沱河上有渡口，時稱中渡橋，中渡寨當即在該渡口處。

[4]義武軍：後唐軍鎮名。治定州（今河北省定州市）。

[5]欒城：縣名。治所在今河北省石家莊市欒城區。《舊五代史》卷一〇九《漢書十一》《杜重威傳》載："［開運］三年冬，晉少帝詔重威與李守貞等率師經略瀛、鄚。師至瀛州城下，晉騎將梁漢璋進與契丹接戰，漢璋死焉。重威即時命迴軍，次武強，聞契丹主南下，乃西趨鎮州，至中渡橋，與契丹夾滹水而營。十二月八日，宋彥筠、王清等率軍數千人渡滹沲，陣於北岸，爲敵所破。時契丹遊軍已至欒城，道路隔絶，人情危蹙，重威密遣人詣敵帳潛布腹心。"

十二月丙寅，杜重威、李守貞、張彥澤等率所部二十萬衆來降。[1]上擁數萬騎，臨大阜，立馬以受之。授重威守太傅、鄴都留守，守貞天平軍節度使，[2]餘各領舊職。分降卒之半付重威，半以隸趙延壽。命御史大夫解里、監軍傅桂兒、張彥澤持詔入汴，[3]諭晉帝母李氏，以安其意，且召桑維翰、景延廣先來。留騎兵千人守魏，[4]自率大軍而南。壬申，解里等至汴，晉帝重貴素服拜命，與母李氏奉表請罪。[5]初，重貴絶和好，維翰數諫止之，不從。至是彥澤殺維翰，[6]紿言自經死。詔收葬之，復其田園第宅，仍厚恤其家。甲戌，彥澤遷重貴及其母若妻於開封府署，以控鶴指揮使李榮督兵衛之。壬午，次赤岡。[7]重貴舉族出封丘門，[8]稾索牽羊以待。[9]上不忍臨視，命改館封禪寺。晉百官縞衣紗帽，俯伏待罪。上曰："其主負恩，其臣何罪。"命領職如故，即授安叔千金吾衛上將軍。[10]叔千出班獨立，上曰："汝邢州之請，朕所不忘。"乃加鎮國軍節度使，蓋在邢嘗密請内附也。將軍康祥執景延廣來獻，詔以牙籌數其罪，凡八，縶送都，道自殺。

[1]杜重威、李守貞、張彦澤等率所部二十萬衆來降：晉軍投降，並非由於戰敗，完全是統帥杜重威爲契丹利誘從而叛變所致。《通鑑》卷二八五開運三年（946）十二月壬戌載："奉國都指揮使王清言於杜威（避出帝石重貴諱）曰：'今大軍去恒州五里，守此何爲！營孤食盡，勢將自潰。請以步卒二千爲前鋒，奪橋開道，公帥諸軍繼之，得入恒州，則無憂矣。'威許諾，遣清兵與宋彦筠俱進。清戰甚鋭，契丹不能支，勢小卻；諸將請以大軍繼之，威不許。彦筠爲契丹所敗，浮水抵岸得免。清獨帥麾下陳於水北力戰，互有殺傷，屢請救於威，威竟不遣一騎助之。清謂其衆曰：'上將握兵，坐觀吾輩困急而不救，此必有異志。吾輩當以死報國耳！'衆感其言，莫有退者，至暮，戰不息。契丹以新兵繼之，清及士衆盡死。由是諸軍皆奪氣。清，洺州人也。甲子，契丹遙以兵環晉營，内外斷絶，軍中食且盡。杜威與李守貞、宋彦筠謀降契丹，威潛遣腹心詣契丹牙帳，邀求重賞。契丹主紿之曰：'趙延壽威望素淺，恐不能帝中國。汝果降者，當以汝爲之。'威喜，遂定降計。丙寅，伏甲召諸將，出降表示之，使署名。諸將駭愕，莫敢言者，但唯唯聽命。威遣閤門使高勳賫詣契丹，契丹主賜詔慰納之。是日，威命軍士出陳於外，軍士皆踴躍，以爲且戰，威親諭曰：'今食盡途窮，當與汝曹共求生計。'因命釋甲。軍士皆慟哭，聲振原野。威、守貞仍於衆中揚言：'主上失德，信任奸邪，猜忌於己。'聞者無不切齒。契丹主遣趙延壽衣赭袍至晉營慰撫士卒，曰：'彼皆汝物也。'杜威以下，皆迎謁於馬前；亦以赭袍衣威以示晉軍，其實皆戲之耳。以威爲太傅，李守貞爲司徒。"

[2]天平軍：治鄆州，在今山東省東平縣。

[3]解里：契丹官員。《通鑑》卷二八五《後晉紀・齊王下》

開運三年（946）八月載李守貞言：“與契丹千餘騎遇於長城北，轉鬬四十里，斬其酋帥解里，擁餘衆入水溺死者甚衆。”對照《遼史》記載，可知李守貞奏報不實。　傅桂兒：【劉校】據中華點校本校勘記，《新五代史》卷七二、《契丹國志》卷三及《通鑑》並作“傅住兒”。

［4］魏：即魏州，治所在今河北省大名縣。

［5］晉帝與母李氏奉表請罪：《通鑑》卷二八五《後晉紀·齊王下》開運三年（946）十二月癸酉載：“未明，彦澤自封丘門斬關而入，李彦韜帥禁兵五百赴之，不能遏。彦澤頓兵明德門外，城中大擾。帝於宮中起火，自攜劍驅後宮十餘人將赴火，爲親軍將薛超所持。俄而彦澤自寬仁門傳契丹主與太后書慰撫之，且召桑維翰、景延廣，帝乃命滅火，悉開宮城門。帝坐苑中，與后妃相聚而泣，召翰林學士范質草降表，自稱：‘孫男臣重貴，禍至神惑，運盡天亡。今與太后及妻馮氏，舉族於郊野面縛待罪次。遣男鎮寧節度使延煦、威信節度使延寶，奉國寶一、金印三出迎。’太后亦上表稱‘新婦李氏妾’。”

［6］張彦澤殺桑維翰：《通鑑》卷二八五《後晉紀·齊王下》開運三年十二月甲戌載：“是夕，彦澤殺桑維翰。以帶加頸，白契丹主，云其自經。”《舊五代史》卷八九《桑維翰傳》載：“開運三年十二月十日，王師既降契丹，十六日，張彦澤以前鋒騎軍陷都城，戎王遣使遺太后書云：‘可先使桑維翰、景延廣遠來相接，甚是好事。’是日淩旦，都下軍亂，宮中火發。維翰時在府署，左右勸使逃避，維翰曰：‘吾國家大臣，何所逃乎？’即坐以俟命。時少帝已受戎王撫慰之命，乃謀自全之計，因思維翰在相時，累貢謀畫，請與契丹和，慮戎王到京窮究其事，則顯彰己過，故欲殺維翰以滅其口，因令圖之。張彦澤既受少帝密旨（案《通鑑》考異云：彦澤既降契丹，豈肯復受少帝之命，當係彦澤自以私怨殺維翰，非受命於少帝也。《舊五代史考異》），復利維翰家財，乃稱少帝命召維翰。維翰束帶乘馬，行至天街，與李崧相遇，交談之次，有軍

吏於馬前揖維翰赴侍衛司，維翰知其不可，顧謂崧曰：‘侍中當國，今日國亡，翻令維翰死之，何也？’崧甚有愧色。是日，彦澤遣兵守之，十八日夜，爲彦澤所害，時年四十九。即以衣帶加頸，報戎王云，維翰自經而死。戎王報曰：‘我本無心害維翰，維翰不合自刭。’戎王至闕，使人驗其狀，令殯於私第，厚撫其家，所有田園邸第，並令賜之。”

[7]赤岡：據《嘉慶一統志·開封府》：“赤岡在祥符縣東北二十里。”祥符縣治所在今河南省開封市。

[8]封丘門：大梁城北門。《新五代史》卷七二《四夷附録第一》載：“[開運]四年正月丁亥朔旦，晉文武百官班於都城北，望帝拜辭，素服紗帽以待。德光被甲衣貂帽，立馬於高岡，百官俯伏待罪。德光入自封丘門，登城樓，遣通事宣言諭衆曰：‘我亦人也，可無懼。我本無心至此，漢兵引我來爾。’遂入晉宫，宫中嬪妓迎謁，皆不顧，夕出宿於赤岡。”

[9]槀索牽羊：戰敗者以草索將自己綁縛起來，牽羊向勝利者行禮。羊代表吉祥，表示爲勝利者祝賀。《通鑑》卷二八六後漢高祖天福十二年（947）春正月丁亥朔載：“百官遥辭晉主於城北，乃易素服紗帽，迎契丹主，伏路側請罪。契丹主貂帽、貂裘、衷甲，駐馬高阜，命起，改服，撫慰之。”

[10]安叔千（880—952）：沙陀三部落人，字胤宗。少善騎射，初事後唐莊宗、明宗。後晉天福中，歷邠、滄、邢、晉四鎮節度使。叔千狀貌堂堂，而不通文字，人謂之“没字碑”。晉出帝時，爲左金吾衛上將軍。契丹入汴，晉百官迎見耶律德光於赤岡，叔千出班對德光講契丹語，德光撫慰説：“是安没字否？汝在邢州，已通誠款，吾今至此，當與汝一吃飯處。”叔千再拜，乃以爲鎮國軍節度使。後周太祖兵入京師，爲軍士棰掠，傷重而亡，時廣順二年（952）冬，年七十二。《舊五代史》卷一二三、《新五代史》卷四八有傳。

大同元年春正月丁亥朔，備法駕入汴，御崇元殿受百官賀。戊子，以樞密副使劉敏權知開封府，[1]殺秦繼旻、李彦紳及鄭州防禦使楊承勳，[2]以其弟承信爲平盧軍節度使，襲父爵。初，楊光遠在青州求内附，其子承勳不聽，殺其判官丘濤及弟承祚等自歸於晉，故誅之。己丑，以張彦澤擅徙重貴開封，殺桑維翰，縱兵大掠，不道，斬於市。晉人臠食之。[3]辛卯，降重貴爲崇禄大夫、檢校太尉，封負義侯。[4]癸巳，以張礪爲平章事，[5]晉李崧爲樞密使，[6]馮道爲太傅，和凝爲翰林學士，[7]趙瑩爲太子太保，劉煦守太保，馮玉爲太子少保。[8]癸卯，遣趙瑩、馮玉、李彦韜將三百騎送負義侯及其母李氏、太妃安氏、妻馮氏、弟重睿、子延煦、延寶等於黄龍府安置。[9]仍以其宫女五十人、内宦三人、東西班五十人、醫官一人、控鶴四人、庖丁七人、茶酒司三人、儀鸞三人、健卒十人從之。[10]

[1]劉敏：原爲後晉樞密副使。【斠校】劉敏，《通鑑》作“劉密”。《通鑑》卷二八六後漢高祖天福十二年（947）正月載“以其樞密副使劉密權開封尹事”。

[2]殺秦繼旻、李彦紳：據《新五代史》卷七三《四夷附録第二》，契丹兵助石敬瑭起兵於太原，後唐廢帝遣宦者秦繼旻、皇城使李彦紳殺東丹王突欲。德光滅晉，殺繼旻、彦紳，籍其家貲，悉以賜東丹王之子兀欲。

[3]斬張彦澤：《通鑑》卷二八六後漢高祖天福十二年（947）正月載：“高勳訴張彦澤殺其家人於契丹主，契丹主亦怒彦澤剽掠京城，并傅住兒鎖之。以彦澤之罪宣示百官，問：‘應死否？’皆言：‘應死。’百姓亦投牒爭疏彦澤罪。己丑，斬彦澤、住兒於北

市，仍命高勳監刑。彦澤前所殺士大夫子孫，皆經杖號哭，勳命斷腕出鎖，剖其心以祭死者。市人爭破其腦取髓，臠其肉而食之。"

[4]崇禄大夫：《舊五代史》卷八五作"光禄大夫"，此避太宗德光名諱改。

[5]張礪（？—947）：磁州滏陽（今河北省磁縣）人，字夢臣。後唐同光初，擢進士第，初仕後唐，後入契丹。會同初升翰林承旨，兼吏部尚書，從德光伐晉。入汴，建言"宜以中國人治之，不可專用國人及左右近習"。德光不聽。德光死後，爲蕭翰迫害致死。本書卷七六及《舊五代史》卷九八有傳。

[6]李崧（？—947）：深州饒陽（今屬河北省）人。初爲後唐魏王繼岌掌書記，從繼岌破蜀。明宗時，力薦以石敬瑭捍衛太原，其後敬瑭以兵入京師建立後晉，拜中書侍郎、同中書門下平章事兼樞密使。出帝即位，以崧兼判三司，與馮玉對掌樞密。崧等又信趙延壽詐降，並數稱杜重威之材，卒以重威將大兵，其後敗於中渡，後晉遂以亡。契丹耶律德光入汴，對人説："吾破南朝，得崧一人而已！"乃拜崧太子太師。契丹北還，崧與馮道等得還。後漢初，河中李守貞反。李澄乃教葛延遇告變，言崧與其甥王凝謀因山陵放火焚京師，被誣以蠟丸書通守貞，族誅。《舊五代史》卷一〇八及《新五代史》卷五七有傳。

[7]和凝（898—955）：鄆州須昌（今山東省東平縣西北）人，字成績。舉進士，後梁義成軍節度使賀瓌辟爲從事。後唐天成中，拜殿中侍御史，累遷翰林學士，知貢舉。後晉天福五年（940），拜中書侍郎、同中書門下平章事。出帝即位，加右僕射，歲餘，罷平章事，遷左僕射。後漢高祖時，拜太子太傅，封魯國公。顯德二年（955）卒，年五十八，贈侍中。《舊五代史》卷一二七及《新五代史》卷五六有傳。

[8]馮玉（？—956）：定州（今屬河北省）人，字璟臣。少舉進士不中。玉不知書，嘗以"姑息"二字問他人。後晉出帝時以後戚知制誥，拜中書舍人。遷樞密使、中書侍郎、同中書門下平章

事，軍國大務，一決於玉。契丹滅晉，自言願得持晉玉璽獻契丹，以冀恩獎。出帝之北，玉從入契丹，契丹以爲太子太保。周顯德三年（956），其子傑自契丹逃歸，玉懼，以憂卒。《新五代史》卷五六有傳。輯本《舊五代史》有傳，殘甚。

[9]太妃安氏：【劉校】據中華點校本校勘記，“太、安二字原闕，道光殿本已據《大典》補入，與《新五代史》八五合，據補”。　黄龍府：治所在今吉林省農安縣。

[10]内宦三人至健卒十人：【劉校】據中華點校本校勘記，“《舊五代史》八五作内官三十人、軍健二十人。餘同”。

二月丁巳朔，建國號大遼，[1]大赦，改元大同。升鎮州爲中京。以趙延壽爲大丞相兼政事令、樞密使、中京留守。[2]中外官僚將士爵賞有差。辛未，河東節度使北平王劉知遠自立爲帝，國號漢。詔以耿崇美爲昭義軍節度使，[3]高唐英爲昭德軍節度使，崔廷勳爲河陽軍節度使，分據要地。

[1]建國號大遼：【劉注】據《新五代史》卷七二《四夷附録第一》，“改天顯十一年爲會同元年，更其國號爲大遼”。《東都事略》卷一二三“改元曰會同，國號爲大遼”和《契丹國志》卷二“改元會同，國號大遼”等記載，遼代的國號由“契丹”改爲“大遼”的時間爲會同元年（938），不是大同元年（947）。本書此處大同元年“二月丁巳朔，建國號大遼”是指把後晉的國號改爲“大遼”，即把後晉合併到遼國的版圖中去。不是契丹始稱“大遼”。《契丹國志》稱此事爲“以晉國稱大遼”，措辭比《遼史》更爲確切。

[2]以趙延壽爲大丞相兼政事令、樞密使、中京留守：據《通鑑》卷二八六後漢高祖天福十二年（947）二月載，趙延壽原以爲

德光讓他做中原傀儡皇帝，没想到德光竟自爲之。“趙延壽以契丹主負約，心怏怏，令李崧言於契丹主曰：‘漢天子所不敢望，乞爲皇太子。’崧不得已爲言之。契丹主曰：‘我於燕王，雖割吾肉，有用於燕王，吾無所愛。然吾聞皇太子當以天子兒爲之，豈燕王所可爲也！’因令爲燕王遷官。時契丹以恒州爲中京，翰林承旨張礪奏擬燕王中京留守、大丞相、録尚書事、都督中外諸軍事，樞密使如故。契丹主取筆塗去‘録尚書事都督中外諸軍事’而行之。”《新五代史》卷七二《四夷附録第一》：翰林學士張礪進擬延壽中京留守、大丞相、録尚書事、都督中外諸軍事。德光索筆，塗其録尚書事、都督中外諸軍事，止以爲中京留守、大丞相，而延壽前爲樞密使、封燕王皆如故。

[3]耿崇美（893—948）：【劉注】其先高陽（今河北省高陽市）人。據其墓誌銘所載，“曾祖諱俊，好閑樂道，遁跡全真。祖諱用，字用其。經綸偉器，文武全才。烈考諱去賦，剸鍾利刃，搆廈宏材”。崇美“善騎射，聰敏絶倫，曉北方語”，當阿保機立國之初，即歸降契丹，初授“國通事”。天顯間，隨遼太宗參加滅亡後晉的戰爭，有戰功。其子耿紹紀娶燕京留守、尚父秦王韓匡嗣之女。其孫耿延毅兩娶，皆爲大族韓氏（賜姓耶律）。耿氏“入居環衛，出領藩維；改職版圖，扈隨輦下”。《耿崇美墓誌銘》2002年出土於遼寧省朝陽市姑營子村耿氏家族墓群。原石現存於遼寧省朝陽博物館。

三月丙戌朔，以蕭翰爲宣武軍節度使，[1]賜將吏爵賞有差。壬寅，晉諸司僚吏、嬪御、宦寺、方技、百工、圖籍、曆象、石經、銅人、明堂刻漏、太常樂譜、諸宫縣、鹵簿法物及鎧仗，悉送上京。磁州帥梁暉以相州降漢，[2]己酉，命高唐英討之。

[1]蕭翰（？—949）：契丹外戚，應天皇太后述律氏之侄。大同元年（947）從太宗入汴，爲宣武軍節度使。世宗即位後，附世宗反對應天皇太后，娶世宗妹阿不里。天禄間一再謀反，伏誅。本書卷一一三有傳。

[2]梁暉以相州降漢：《新五代史》卷七二《四夷附録第一》：相州梁暉殺契丹守將，閉城距守。德光引兵破之，城中男子無少長皆屠之，婦女悉驅以北。後漢以王繼弘鎮相州，得髑髏十數萬枚，爲大塚葬之。《舊五代史》卷一三七《外國列傳第一》："時賊帥梁暉據相州，德光親率諸部以攻之。四月四日屠其城而去。"《通鑑》卷二八六《後漢紀一》高祖天福十二年（947）三月載：滏陽賊帥梁暉，有衆數百，送款晉陽求效用，帝許之。磁州刺史李谷密通表於帝，令暉襲相州；暉偵知高唐英未至，相州積兵器，無守備，丁丑夜，遣壯士踰城入，啟關納其衆，殺契丹數百，其守將突圍走。暉據州自稱留後，表言其狀。

夏四月丙辰朔，發自汴州，以馮道、李崧、和凝、李澣、徐臺符、張礪等從行。次赤岡，夜有聲如雷，起於御幄，大星復隕於旗鼓前。乙丑，濟黎陽渡，顧謂侍臣曰："朕此行有三失：縱兵掠芻粟，[1]一也；括民私財，二也；不遽遣諸節度還鎮，三也。"皇太弟遣使問軍前事。上報曰："初以兵二十萬降杜重威、張彦澤，下鎮州。及入汴，視其官屬具員者省之，當其才者任之。司屬雖存，官吏廢墮，猶雛飛之後，徒有空巢。久經離亂，一至於此。所在盜賊屯結，土功不息，餽餉非時，民不堪命。河東尚未歸命，西路酋帥亦相黨附，夙夜以思，制之之術，惟推心庶僚、和協軍情、撫綏百姓三者而已。今所歸順凡七十六處，得户一百九萬百一十八。非汴州炎熱，水土難居，止得一年，太平可指掌而致。且改鎮州爲中京，以備巡幸。欲伐河東，姑俟别圖。其槩如此。”戊辰，次高邑，[2]不豫。丁丑，崩於欒城，年四十六。是歲九月壬子朔，葬於鳳山，陵曰懷陵，[3]廟號太宗。統和二十六年七月，上尊謚孝武皇帝。重熙二十一年九月，增謚孝武惠文皇帝。

[1]縱兵掠芻粟：即所謂“打草穀”。《通鑑》卷二八六後漢高祖天福十二年（947）正月載：“趙延壽請給上國兵廩食。契丹主曰：‘吾國無此法’。乃縱胡騎四出，以牧馬爲名，分番剽掠，謂之打草穀。”又四月：“契丹主聞河陽亂，歎曰：‘我有三失，宜天下之叛我也！諸道括錢，一失也；令上國人打草穀，二失也；不早遣諸節度使還鎮，三失也。’”

[2]高邑：縣名。治所在今河北省柏鄉縣。

[3]懷陵：遼太宗、穆宗之陵。其址位於懷州境内。大同元年（947）遼置懷州奉陵軍，治所在今内蒙古自治區巴林右旗幸福之路蘇木崗根嘎查古城址。州隸永興宫。【靳注】懷陵在今崗根嘎查以北三公里的床金河東南側溝谷中。

贊曰：太宗甫定多方，遠近向化。建國號、備典章，至於釐庶政、閲名實、録囚徒、教耕織、配鰥寡。求直言之士，得郎君海思即擢宣徽；嘉唐張敬達忠於其君，卒以禮葬。輟遊豫而納三剋之請；憫士卒而下休養之令。親征晉國，重貴面縛。斯可謂威德兼弘，英略間見者矣。入汴之後，無幾微之驕，[1]有“三失”之訓。《傳》稱鄭伯之善處勝，[2]《書》進《秦誓》之能悔過，[3]太宗蓋兼有之，其卓矣乎！

[1]幾微：微細之意。《後漢書》卷七六《陳寵傳》：夏陽侯瑰曰："陳寵奉事先帝深見納任，故久留臺閣，賞賜有殊。今不蒙忠能之賞，而計幾微之故。"幾微，言微細也。

[2]鄭伯：見《左傳》隱公元年（前722）夏五月"鄭伯克段於鄢"。以之喻契丹伐後晉師出有名。

[3]《秦誓》：《尚書·周書》的一篇。秦穆公遣三帥帥師伐鄭，晉襄公率師敗之，三帥歸國後秦穆公誓衆，自悔己過。

（李錫厚注　劉鳳翥校）

遼史　卷五

本紀第五

世宗

世宗孝和莊憲皇帝諱阮，小字兀欲，讓國皇帝長子，[1]母柔貞皇后蕭氏。[2]帝儀觀豐偉，内寬外嚴，善騎射，樂施予，人望歸之，太宗愛之如子。會同九年從伐晉。[3]大同元年二月封永康王。[4]

[1]讓國皇帝（898—936）：遼太祖耶律阿保機長子，漢名倍，契丹名圖欲（突欲），生母爲淳欽皇后述律氏。天顯元年（926），遼滅渤海建東丹國，被册爲人皇王，主東丹國政。阿保機死後，其母述律氏立德光，圖欲被迫浮海投奔後唐。後唐明宗賜其姓名李贊華。清泰三年（遼天顯十一年，936）石敬瑭率軍攻入洛陽，後唐末帝李從珂約圖欲與之同死，圖欲不從，遇害。其子世宗兀欲即位後，天禄元年（947）追謚爲“讓國皇帝”。本書卷七二有傳。

[2]柔貞皇后蕭氏（？—951）：據卷七二《義宗倍傳》：倍有二后，曰端順，曰柔貞。天禄五年（951）柔貞后與世宗一同死於察割叛亂。

［3］會同：遼太宗年號（938—947）。　晉：此指石敬瑭創立的後晉（936—946），五代第三個王朝。初，敬瑭獲得契丹耶律德光支持，並向德光割地、稱臣、稱兒。少帝石重貴繼位後，與契丹交惡，爲契丹所滅。

［4］大同：遼太宗年號（947）。

四月丁丑，太宗崩於欒城。[1]戊寅，梓宫次鎮陽，[2]即皇帝位於柩前。[3]甲申，次定州，[4]命天德、朔古、解里等護梓宫先赴上京。[5]太后聞帝即位，遣太弟李胡率兵拒之。[6]

［1］欒城：縣名。治所在今河北省石家莊市欒城區。

［2］鎮陽：即鎮州。治所在今河北省正定縣。據《舊五代史》卷一二四《何福進傳》，"屬契丹陷中原，令中朝文武臣僚凡數十人隨帳北歸，時福進預其行。行次鎮州，聞北主已斃，其黨尚據鎮陽，遂與李筠、白再榮之儔合謀力戰，盡逐契丹，據有鎮陽"。

［3］即皇帝位於柩前：永康王兀欲在鎮州即位，是經過與趙延壽爭奪的結果。《通鑑》卷二八六《後漢紀一》高祖天福十二年（947）四月載："趙延壽恨契丹主負約，謂人曰：'我不復入龍沙矣。'即日，先引兵入恒州，契丹永康王兀欲及南、北二王，各以所部兵相繼而入。延壽欲拒之，恐失大援，乃納之。時契丹諸將已密議奉兀欲爲主，兀欲登鼓角樓受叔兄拜；而延壽不之知，自稱受契丹皇帝遺詔，權知南朝軍國事，仍下教佈告諸道，所以供給兀欲與諸將同，兀欲銜之。恒州諸門管鑰及倉庫出納，兀欲皆自主之。延壽使人請之，不與。""或説趙延壽曰：'契丹諸大人數日聚謀，此必有變。今漢兵不下萬人，不若先事圖之。'延壽猶豫不決。壬午，延壽下令，以來月朔日於待賢館上事（上事者，言欲禮上以領權知南朝軍國事。）受文武官賀。其儀：宰相、樞密使拜於階上，

節度使以下拜於階下。李崧以虜意不同，事理難測，固請趙延壽未行此禮，乃止。”《通鑑》卷二八七《後漢紀二》高祖天福十二年（947）載：“五月乙酉朔，永康王兀欲召延壽及張礪、和凝、李崧、馮道於所館飲酒。兀欲妻素以兄事延壽，兀欲從容謂延壽曰：‘妹自上國來，寧欲見之乎？’延壽欣然與之俱入。良久，兀欲出，謂礪等曰：‘燕王謀反，適以鎖之矣。’又曰：‘先帝在汴時，遺我一籌，許我知南朝軍國。近者臨崩，別無遺詔。而燕王擅自知南朝軍國，豈理邪！’下令：‘延壽親黨，皆釋不問。’間一日，兀欲至待賢館受蕃、漢官謁賀，笑謂張礪等曰：‘燕王果於此禮上，吾以鐵騎圍之，諸公亦不免矣。’後數日，集蕃、漢之臣於府署（恒州府署也），宣契丹主遺制。其略曰：‘永康王，大聖皇帝之嫡孫，人皇王之長子，太后鍾愛，群情允歸，可於中京即皇帝位。’（德光取中國，以恒州爲中京。）於是始舉哀成服。既而易吉服見群臣，不復行喪，歌吹之聲不絕於内。”

［4］定州：治所在今河北省定州市。《舊五代史》卷一〇〇《漢書·高祖紀下》：［天福十二年五月］乙巳，契丹永康王兀欲自鎮州還蕃，行次定州（按：《遼史》作甲申，次定州，與薛史異。《舊五代史》考異。），以定州節度副使耶律忠爲定州節度使，孫方簡爲雲州節度使。方簡不受命，遂歸狼山。戊申，車駕至絳州，本州刺史李從朗以郡降。初，契丹遣偏校成霸卿、曹可番等守其郡，帝建義之始，不時歸命，及車駕至，帝耀兵於城下，不令攻擊，從朗等遂降。

［5］天德（？—948）：耶律德光第三子。猛捍驕捷，討石重貴有戰功。世宗即位，奉命護送太宗靈柩還上京，與李胡戰於泰德泉。後與蕭翰謀反，下獄。

［6］李胡（912—960）：耶律阿保機第三子。太宗天顯五年（930）立爲皇太弟兼天下兵馬大元帥。太宗死後，應天皇太后反對世宗兀欲而欲立李胡，失敗，母子被囚。穆宗時又因參與其子喜隱謀反事而下獄死。本書卷七二有傳。

六月甲寅朔，次南京，五院夷离堇安端、詳穩劉哥遣人馳報，[1]請爲前鋒，至泰德泉遇李胡軍，戰敗之。[2]上遣郎君勤德等詣兩軍諭解。

[1]五院：契丹部族名。天贊元年（922）以迭剌部強大難制，析五石烈爲五院，六爪爲六院，各置夷离堇。會同元年（938）更夷离堇爲大王，部隸北府，以鎮南境。　夷离堇：原爲突厥語官名。亦譯作“俟斤”（Irkin）。突厥諸部最高元首稱“可汗”（Qaghan），其他諸部君長則稱爲俟斤、亦都護。初，契丹“其君大賀氏，有勝兵四萬，析八部，臣於突厥，以爲俟斤”（《新唐書·契丹傳》）。後，契丹首領自立爲可汗，所屬各部長則稱爲“俟斤”，亦即“夷离堇”。契丹立國後，大部族之夷离堇稱王，小部族夷离堇稱爲節度使。舉凡一部軍政、民政皆由其統掌（參見韓儒林《穹廬集》第314—316頁）。　安端：在阿保機兄弟中排行第五，也曾參與“謀反”。世宗天祿初，賜號“明王”，成爲東丹國的統治者。　劉哥：字明隱，阿保機之弟寅底石之子。本書卷一一三有傳。

[2]至泰德泉遇李胡軍，戰敗之：《舊五代史》卷八八《李彥韜傳》載：“及少帝北遷，戎王遣彥韜從行，洎至蕃中，隸於國母帳下。永康王舉兵攻國母，以偉王爲前鋒，國母發兵拒之，以彥韜爲排陣使，彥韜降於偉王，偉王置之帳下，其後卒於幽州。”（《永樂大典》卷一萬三百八十九）泰德泉，契丹地名。據本書卷三三《營衛志下》，六院部大王及都監春夏居泰德泉之北，以鎮南境。

秋閏七月，次潢河，[1]太后、李胡整兵拒於横渡，相持數日，用屋質之謀各罷兵。趨上京，既而聞太后、李胡復有異謀，遷于祖州。[2]誅司徒劃設及楚補里。

[1]潢河：河流名。今内蒙古自治區境内的西拉木倫河，即西遼河上游。

[2]祖州：遼地名。在今内蒙古自治區巴林左旗林東鎮西南查干哈達蘇木石房子嘎查，因係阿保機祖先出生之地，故名。遼在此置祖州天成軍。

八月壬午朔，尊母蕭氏爲皇太后，以太后族剌只撒古魯爲國舅帳，[1]立詳穩以總焉。以崇德宫户分賜翼戴功臣及北院大王洼、南院大王吼各五十，[2]安摶、楚補各百。的魯、鐵剌子孫先以非罪籍没者歸之。癸未，始置北院樞密使，[3]以安摶爲之。

[1]剌只撒古魯：【劉注】《羅校》云："疑《外戚表》國舅別部北府宰相只魯即此剌只撒古魯之省文。"　國舅帳：遼朝有大國舅司，掌乙室已、拔里二帳之事。世宗以其舅氏爲國舅別部。

[2]南院大王與北院大王：契丹部族官。初名迭剌部夷离堇，太祖析迭剌部爲五院部和六院部。太宗會同元年（938）改夷离堇爲大王。北院大王和南院大王即是五院部和六院部的首領，握有兵權。　以崇德宫户分賜翼戴功臣：按崇德宫爲景宗承天太后宫衛，不得出現於世宗朝。崇德宫應是長寧宫，即應天太后宫衛。

[3]北院樞密使：即契丹樞密院之樞密使，爲北面官之最高官職，掌軍事、部族。詳見《遼史》卷四五《百官志一》。

九月壬子朔，[1]葬嗣聖皇帝於懷陵。[2]丁卯，行柴册禮，[3]群臣上尊號曰天授皇帝。大赦，改大同元年爲天禄元年。追謚皇考曰讓國皇帝。以安端主東丹國，[4]封明王，察割爲泰寧王，[5]劉哥爲惕隱，[6]高勳爲南院樞密使。[7]

[1]壬子朔：【劉校】原本、南監本和北監本均誤作“壬子崩”，據大典本、殿本改。

[2]懷陵：遼太宗、穆宗之陵。位於懷州境内。大同元年（947）遼置懷州奉陵軍，治所在今内蒙古自治區巴林右旗幸福之路蘇木崗根嘎查古城址。州隸永興宮。

[3]柴册禮：此禮源於中國傳統的“燔柴告天”，是古代天子祭天之禮。《爾雅·釋天》：“祭天曰燔柴。”行禮時，積薪於壇，取玉及牲置於柴上焚燒。此禮與契丹的再生禮合併舉行，是爲契丹部落聯盟選汗和遼朝建國後新皇帝即位舉行的禮儀。相傳遙輦氏阻午可汗始製此儀，遼朝建國後有所增飾。其儀，選九人扮作皇帝，與將要即位的皇帝本人分别進入十頂廬帳，由契丹大臣“捉認天子”，而後行册禮，上尊號；或由八部耆老引皇帝拜日，由后族長者爲皇帝牽馬，皇帝登高阜，諸部帥遥拜，皇帝謙辭，群臣表示“唯皇帝命是從”。而後皇帝登柴壇，行册禮，上尊號。

[4]東丹：中國古代政權名。天顯元年（926），契丹耶律阿保機滅渤海，改稱東丹國，意即“東契丹”，以其長子耶律倍爲東丹王，賜天子冠服，建元甘露。初，仍都忽汗城（渤海上京龍泉府，今黑龍江省寧安市東京城），稱天福。天顯三年耶律德光下令將東丹國都城遷往遼陽。天顯五年人皇王浮海投奔後唐。【劉注】“東丹意即東契丹”的説法似有值得商榷之處。在契丹小字中，“契丹”作。“東丹”作。二者没有音或義的關聯。“契丹”是一個不能再分割的完整的單詞，在契丹語中，“契丹”不能簡稱爲“丹”。

[5]察割：即耶律察割（？—951），遼皇族，其父明王安端爲阿保機同母弟。世宗即位，察割封泰寧王。天禄五年（951）九月，南伐途中行弑逆，隨即爲壽安王誘殺。

[6]惕隱：契丹官名。又稱梯里已，掌皇族政教。

[7]高勳（？—978）：字鼎衛，初仕後晉，爲閤門使。會同九年（開運三年，946）隨杜重威降遼，後北遷。世宗即位，爲樞密使，總漢軍。穆宗應曆間，封趙王，任上京留守、南京留守。景宗即位，以定策功，封秦王。後謀殺蕭思温事發，伏誅。　南院樞密使：即漢人樞密院之樞密使。爲南面官最高官職。詳見本書卷四七《百官志三》。

二年春正月，天德、蕭翰、劉哥、盆都等謀反。[1]誅天德，杖蕭翰，遷劉哥於邊，罰盆都使轄戛斯國。[2]漢主劉知遠殂，[3]子承祐立。[4]

[1]蕭翰（？—949）：契丹外戚，應天皇太后述律氏之侄。大同元年（947）從太宗入汴，爲宣武軍節度使。世宗即位後，附世宗反對應天皇太后，娶世宗妹阿不里。天禄間一再謀反，伏誅。　盆都（？—950）：阿保機弟寅底石之子。天禄中與其兄劉哥謀反，四年（950）伏誅。

[2]轄戛斯：唐代西北民族名。原居西伯利亞葉尼塞河流域。契丹興起並據有漠北時，稱轄戛斯，遼朝在其地設有轄戛斯大王府。金代稱之爲紇里迄斯（即吉爾吉斯），蒙古人稱之爲吉利吉斯，清代隨着准噶爾人的叫法稱之爲布魯特。西遼的西遷和13世紀蒙古的西征都影響到轄戛斯，促成部分轄戛斯人南遷。15世紀以後，轄戛斯人被准噶爾人驅逐到中亞費爾干納一帶。18世紀中葉，清朝平定准噶爾，部分轄戛斯人返回七河流域故居。俄國至今有哈卡斯自治共和國，首府阿巴坎，其主體民族即古代的轄戛斯。

[3]劉知遠（894—948）：後漢開國皇帝。其先是沙陀部人，初爲後唐明宗偏將，後與桑維翰一同爲石敬瑭謀劃，助其稱帝。後晉天福間，爲鄴都留守，後拜河東節度使、北京留守。出帝即位，

封北平王。開運四年（947）年初契丹滅後晉，同年二月稱帝。六月至汴京，改國號漢。

[4]承祐：劉承祐（？—950），後漢隱帝。

夏四月庚辰朔，南唐遣李朗、王祚來慰且賀，[1]兼奉蠟丸書，議攻漢。[2]

[1]南唐：五代時十國之一。公元937年李昪代吳稱帝，建都金陵（今江蘇南京），國號唐，史稱南唐。曾滅閩、楚，極盛時有今江蘇、安徽淮河以南和福建、江西、湖南及湖北東部。975年爲北宋所滅。共歷三主，三十九年。關於遼與南唐的關係，《通鑑》卷二九〇後周太祖廣順元年（951）載："唐自烈祖以來，常遣使泛海與契丹相結，欲與之共制中國，更相餽遺，約爲兄弟。然契丹利其貨，徒以虚語往來，實不爲唐用也。"

[2]本月遼世宗曾在遼陽會見後晉出帝石重貴。《舊五代史》卷八五《少帝本紀第五》載：漢乾祐元年（遼天禄二年，948）四月，"永康王至遼陽，帝與太后並詣帳中，帝御白衣紗帽，永康止之，以常服謁見。帝伏地雨泣，自陳過咎，永康使左右扶帝上殿，慰勞久之，因命設樂行酒，從容而罷。永康帳下從官及教坊内人望見故主，不勝悲咽，内人皆以衣帛藥餌獻遺於帝。及永康發離遼陽，取内官十五人、東西班十五人及皇子延煦，並令隨帳上陘，陘即蕃王避暑之地也"。

秋七月壬申，皇子賢生。[1]

[1]皇子賢：即世宗第二子耶律賢，後即位，廟號景宗。

冬十月壬午，南京留守魏王趙延壽薨，[1]以中臺省右相牒蠟爲南京留守，封燕王。[2]

[1]趙延壽（？—948）：恒山（今河北省正定縣）人。本姓劉，後爲劉守光偏將趙德鈞養子，改姓趙，並娶後唐明宗李嗣源之女爲妻。明宗即位，延壽爲駙馬都尉，樞密使。後晉清泰三年（天顯十一年，936）在契丹圍攻晉安寨之役中與其父德鈞一同降遼。遼以延壽爲南京留守，總山南事。會同初加政事令。大同元年（947）遼滅後晉，趙延壽率漢軍攻入汴，求爲皇太子，遼太宗不許。授中京留守。太宗死後又與兀欲爭位，失敗後被囚禁。本書卷七六有傳。

[2]中臺省：東丹國宰輔機構。設左、右大相及左、右次相。

十一月，駐蹕彰武南。[1]

[1]彰武：霸州軍號。後升興中府，治所在今遼寧省朝陽市。

三年春正月，蕭翰及公主阿不里謀反，翰伏誅，阿不里瘐死獄中。庚申，肆赦。[1]內外官各進一階。

[1]肆赦：猶緩刑，赦免。《舊唐書·憲宗紀上》："癸巳，以册儲，肆赦繫囚，死罪降從流，流以下遞降一等。"

夏六月戊寅，以敞史耶律胡离軫爲北院大王。己卯，惕隱頹昱封漆水郡王。[1]

[1]漆水郡王：遼宗室耶律氏的封爵。

秋九月辛丑朔，召群臣議南伐。

冬十月，遣諸將率兵攻下貝州高老鎮，[1]徇地鄴都、南宫、堂陽，[2]殺深州刺史史萬山，[3]俘獲甚衆。

[1]貝州：治所在今河北省南宫市東南。

[2]鄴都：後唐同光三年（925），以魏州光唐府爲鄴都，明宗天成四年（929）廢。後晉天福三年（938）改光唐府爲廣晉府，復建鄴都。治所在今河北省大名縣。　南宫：縣名。治所在今河北省南宫市。　堂陽：舊鎮名。在今河北省新河縣滏陽河北岸。

[3]深州：治所在今河北省深州市南。

四年春二月辛未，泰寧王察割來朝，留侍。是月，建政事省。[1]

[1]政事省：遼官署，後改稱中書省，爲南面官宰輔機構。

三月戊戌朔，南唐遣趙延嗣、張福等來賀南征捷。

秋九月乙丑朔，如山西。

冬十月，自將南伐，攻下安平、内丘、束鹿等城，[1]大獲而還。

是歲，册皇后蕭氏。

[1]安平：治所在今河北省安平縣。　内丘：治所在今河北省内丘縣。　束鹿：治所在今河北省辛集市。

五年春正月癸亥朔，如百泉湖。漢郭威弒其主自立,[1]國號周，遣朱憲來告。即遣使致良馬。漢劉崇自立於太原。[2]

[1]郭威（904—954）：五代後周開國皇帝，字文仲，邢州堯山（今河北省隆堯縣）人。早年孤貧，18歲應募從軍。天福十二年（947）助劉知遠建立後漢。乾祐元年（948）正月，劉知遠死，隱帝劉承祐繼位，以郭威爲樞密使。威率軍平定河中李守貞等反叛，打退契丹攻擊。三年拜鄴都留守，節制河北諸州。然而，隱帝謀殺郭威及其他將領，事泄，威於同年十一月舉兵，攻入開封。次年即位，國號周，史稱後周，改元廣順，在位三年，以病卒。

[2]劉崇（895—955）：後漢高祖劉知遠同母弟，後改名旻。劉知遠即位，崇爲太原尹、北京留守、同中書門下平章事。郭威代漢自立，崇於後周廣順元年（951）正月即皇帝位於太原，與契丹約爲父子之國，致書遼世宗兀欲，稱其爲“叔”。

二月，周遣姚漢英、華昭胤來,[1]以書辭抗禮，留漢英等。

[1]姚漢英：此處所言姚漢英使遼時間有誤。據《通鑑》二九〇後周太祖廣順元年（951）五月載，“己巳遣左金吾將軍姚漢英等使於契丹，契丹留之”（胡注：契丹以北漢交之厚，遂留周使）。《舊五代史》卷一一一《周書·太祖紀第二》也於廣順元年五月己巳記載：“遣左金吾衛將軍姚漢英、前右神武將軍華光裔使於契丹。”漢英滯留契丹，隸籍漢人宮分。其孫景行，道宗時官至南院樞密使。本書卷九六有傳。

夏五月壬戌朔，太子太傅趙瑩薨,[1]輟朝一日,[2]命歸葬於汴。詔州縣録事参軍、主簿委政事省銓注。

[1]趙瑩（885—951）：華陰（今屬陝西省）人。字玄輝。石敬塘爲河東節度使，瑩爲節度判官。敬瑭稱帝建號，以瑩爲門下侍郎，同平章事，監修國史。石重貴即位後，瑩爲開封尹。契丹滅晉，隨少帝北遷，遼世宗時，官太子太傅。卒於契丹。歸葬華陰。

[2]輟（chuò）朝：中止臨朝聽政。

六月辛卯朔，劉崇爲周所攻，遣使稱姪乞援，且求封册。即遣燕王牒蠟、樞密使高勳册爲大漢神武皇帝。南唐遣蔣洪來，乞舉兵應援。是夏，清暑百泉嶺。[1]

[1]百泉嶺：【劉注】即九十九泉，位於今内蒙古自治區卓資縣北二十里。

九月庚申朔，自將南伐。壬戌，次歸化州祥古山。[1]癸亥，祭讓國皇帝于行宫。[2]群臣皆醉，察割反，帝遇弑，[3]年三十四。應曆元年葬於顯州西山，[4]陵曰顯陵。二年謚孝和皇帝，廟號世宗。統和二十六年七月，加謚孝和莊憲皇帝。

[1]歸化州：即武州（今河北省張家口市宣化區）。本書卷四《太宗本紀》記載，會同元年（938）十一月改武州爲歸化州。祥古山：本書卷一一二《察割傳》作“詳古山”。

[2]行宫：亦稱行帳，隨皇帝轉徙隨時的車帳。

[3]帝遇弑：《通鑑》卷二九〇後周太祖廣順元年（951）九月載：“北漢主遣招討使李存瓌將兵自團柏入寇。契丹欲引兵會之，與酋長議於九十九泉。諸部皆不欲南寇，契丹主强之，癸亥，行至

新州之火神淀，燕王述軋及偉王之子太寧王漚僧作亂，弑契丹主而立述軋。契丹主德光之子述律逃入南山，諸部奉述律以攻述軋、漚僧，殺之，并其族黨。立述律爲帝，改元應曆。自火神淀入幽州，遣使告於北漢，北漢主遣樞密直學士上黨王得中如契丹，賀即位，復以叔父事之，請兵以擊晉州。”九十九泉又稱百泉嶺，在今内蒙古自治區卓資縣北灰騰梁。

[4]顯州：治所在今遼寧省北鎮市。

贊曰：世宗中才之主也。入繼大統，曾未三年，納唐丸書，即議南伐，既乏持重，宜乖周防，蓋有致禍之道矣。然而孝友寬慈，亦有君人之度焉。未及師還，變起沉湎，[1]豈不可哀也哉！

[1]變起沉湎：世宗嗜酒。據《通鑑》二九〇《後周紀一》太祖廣順元年（951）五月末記載，北漢禮部侍郎、同平章事鄭珙卒於契丹。（考異曰：《晉陽見聞録》：“鄭珙既達虜庭，虜君恩禮周厚。虜俗以酒池肉林爲名，雖不飲酒如韋曜輩者，亦加灌注，縱成疾，無復信之。珙魁岸善飲，罹無量之逼，宴罷，載歸，一夕腐脇於穹廬之氊堵間，輿屍而復命。”）《九域志》：“契丹宴犒漢使，必厚具酒肉，以示誇大。高祖鎮河東，嘗命韋曜北使，曜羸瘠不能飲酒，虜人強之，遂卒。”按韋曜，孫皓時人韋昭也，不能飲酒。王保衡引以爲文章，而路振云五代時人，誤也。

（李錫厚注　劉鳳翥校）

遼史　卷六

本紀第六

穆宗上

穆宗孝安敬正皇帝諱璟，[1]小字述律。太宗皇帝長子，母曰靖安皇后蕭氏。[2]會同二年封壽安王。[3]

[1]諱璟：【劉注】據中華點校本校勘記，“《契丹國志》卷五，穆宗名璟，後更名明。《通鑑》亦稱璟曾更名明。李燾《長編》，開寶二年，契丹主明爲帳下所殺，即指穆宗”。

[2]靖安皇后蕭氏（？—935）：遼太宗皇后。淳欽皇后弟室魯之女，小字温。天顯六年（931）八月庚申生穆宗。本書卷七一有傳。

[3]會同：遼太宗年號（938—947）。　壽安王：會同二年（939）三月丁巳受封。

天禄五年九月癸亥，[1]世宗遇害，逆臣察割等伏誅。[2]丁卯，即皇帝位，群臣上尊號曰天順皇帝，改元應曆。[3]戊辰，如南京。是月遣劉承訓告哀於漢。[4]

[1]天禄：遼世宗年號（947—951）。

[2]察割（？—951）：即耶律察割。遼宗室。其父明王安端爲阿保機同母弟。世宗即位，察割封泰寧王。天禄五年（951）九月南伐途中行弑逆，隨即爲壽安王誘殺。

[3]應曆：遼穆宗年號（951—969）。

[4]漢（951—979）：【靳注】此指北漢。五代十國之一。乾祐四年（951），河東節度使劉旻（崇）稱帝，建都太原（今山西省太原市），國號漢，是依附於契丹的割據政權。

冬十一月，漢、周、南唐各遣使來弔。[1]乙亥，詔朝會依嗣聖皇帝故事，用漢禮。[2]

[1]周（951—960）：即後周。五代王朝之一。郭威所建。都開封（今河南省開封市）。盛時疆域約爲今山東、河南兩省，陝西、安徽、江蘇的大部，河北南部、湖北北部及内蒙古、寧夏、甘肅、山西等省區的一部分。歷三帝（二姓），共十年。　南唐（937—975）：五代時十國之一。公元937年李昪代吴稱帝，建都金陵（今江蘇省南京市），國號唐，史稱南唐。曾滅閩、楚，極盛時有今江蘇、安徽淮河以南和福建、江西、湖南及湖北東部。975年爲北宋所滅。共歷三主，三十九年。

[2]漢禮：本書卷四九《禮志一》稱："太宗克晉，稍用漢禮。"其實在此以前，會同三年（940）四月行入閤禮，即已採用漢禮。

十二月甲辰，漢遣使獻弓矢、鞍馬。壬子，鐵驪、鼻骨德皆來貢。[1]

[1]鐵驪：族名。遼置鐵驪國王府，以統其衆。其地當今黑龍

江省東部松花江流域。 鼻骨德：又作鱉古德，遼時黑龍江流域部族名。聖宗時分置伯斯鼻古德部與撻馬鼻古德部，均屬東北路統軍司。所在地相當於今黑龍江省富錦市至俄羅斯境内哈巴羅夫斯克（伯力）沿江一帶。

二年春正月戊午朔，南唐遣使奉蠟丸書及進犀兕甲萬屬。[1]壬戌，太尉忽古質謀逆，伏誅。

[1]南唐遣使奉蠟丸書：《通鑑》卷二九〇《後周紀一》太祖廣順二年（952）二月記“唐自烈主（李昪）以來，常遣使泛海與契丹相結，欲與之共制中國，更相饋遺，約爲兄弟”。

二月癸卯，女直來貢。[1]

[1]女直：本作女真，因避遼興宗耶律宗真名諱，改稱女直。遼時居東北東部。在南者入遼籍，稱熟女真，或合蘇館女真；在北者不入遼籍，稱生女真。

三月癸亥，南唐遣使奉蠟丸書。丁卯，復遣使來貢。甲申，以耶律撻烈爲南院大王。[1]

[1]南院大王：契丹部族官。遼朝析迭剌部爲五院部和六院部。五院部有知五院事，在朝曰北大王院；六院部有知六院事，在朝曰南大王院。北院大王和南院大王即是五院部和六院部的首領，握有兵權。

夏四月丙戌朔，日有食之。己亥，鐵驪進鷹鶻。

五月丙辰朔，視朝。壬午，南唐遣使來貢。

六月壬辰，國舅政事令蕭眉古得、宣政殿學士李澣等謀南奔，[1]事覺，詔暴其罪。乙未，祭天地。壬寅，漢爲周所侵，遣使求援，命中臺省右相高模翰赴之。[2]丁未，命乳媪之兄曷魯世爲阿速石烈夷离堇。[3]

[1]政事令：遼朝南面宰相。　蕭眉古得：【劉校】據中華點校本校勘記，《舊五代史》卷一一二作“蕭海貞”，《契丹國志》卷五及《通鑑》卷二九〇並作“蕭海真”。　李澣等謀南奔：《通鑑》卷二九〇後周太祖廣順二年（952）六月記此事：“太子賓客李濤之弟李澣，在契丹爲勤政殿學士，與幽州節度使蕭海真善。海真，契丹主兀欲之妻弟也，澣説海真内附，海真欣然許之。澣因定州諜者田重霸齎絹表以聞，且與濤書，言：‘契丹主童騃，專事宴遊，無遠志，非前人之比，朝廷若能用兵，必克；不然，與和，必得。二者皆利於速，度其情勢，他日終不能力助河東者也。’壬寅，重霸至大梁，會中國多事，不果從。”

[2]高模翰（？—959）：一名松，其先渤海國扶餘府魚谷縣烏惹里人。遼太祖平渤海，模翰曾避地高麗。天顯十一年（936）七月，隨遼太宗出兵援助石敬瑭。模翰以功授上將軍。石重貴立，遼出師伐後晉。模翰爲統軍副使，入汴，加特進檢校太師，封惹郡開國公，天禄二年（948）加開府儀同三司。應曆初召爲中臺省右相。九年（959）正月遷左相，卒。其子儒出任勝州刺史，後裔定居今山西省朔州市。本書卷七六有傳。

[3]石烈：構成部族的小單位。本書卷四五《百官志一》載：“石烈，縣也。”　夷离堇：原爲突厥語官名。亦譯作“俟斤”（Irkin）。突厥諸部最高元首稱“可汗”（Qaghan），其他諸部君長則稱爲俟斤、亦都護。初，契丹“其君大賀氏，有勝兵四萬，析八部，臣於突厥，以爲俟斤”（《新唐書》卷二一九《契丹傳》）。後，契

丹首領自立爲可汗，所屬各部長則稱爲“俟斤”，亦即“夷离堇”。契丹立國後，大部族之夷离堇稱王，小部族夷离堇稱爲節度使。舉凡一部軍政、民政皆由其統掌（參見韓儒林《穹廬集》第314—316頁）。

秋七月乙亥，政事令婁國、林牙敵烈、侍中神都、郎君海里等謀亂就執。[1]

[1]婁國（？—952）：字勉辛，東丹王耶律倍之子。天禄五年（951），遥授武定軍節度使。及察割作亂，婁國手刃察割。改南京留守。誘敵獵及群不逞謀逆。事覺，縊於可汗州西谷。本書卷一一二有傳。　林牙：契丹官名。掌文翰，相當於翰林學士。

八月己丑，眉古得、婁國等伏誅，杖李澣而釋之。

九月甲寅朔，雲州進嘉禾四莖，[1]二穗。戊午，詔以先平察割日，用白黑羊、玄酒祭天，[2]歲以爲常。壬戌，獵炭山。[3]祭天。庚辰，敵烈部來貢。[4]

[1]雲州：治所在今山西省大同市。

[2]祭天：古代的重大祭祀。《儀禮·喪服》以爲天是“天子及其始祖之所自出”。契丹傳統是以青牛白馬祭天地。用白黑羊、玄酒祭天，表明穆宗脱離傳統祭天地的儀式，改用漢禮。

[3]炭山：山名。《新五代史》卷七二《四夷附録第一》：“漢城在炭山東南灤河上，有鹽鐵之利，乃後魏滑鹽縣也。其地可植五穀，阿保機率漢人耕種，爲治城郭、邑屋、廛市如幽州制度，漢人安之，不復思歸。”另據本書卷四一《地理志五·西京道》，炭山在歸化州（即武州），歸化州治所在今河北省張家口市宣化區。

[4]敵烈部：遼金時北邊族名。又譯迪烈、迭烈德、敵烈德、達里底。遼時以遊牧、捕獵爲業，分佈於臚朐河（今克魯倫河）流域。有八部，稱爲八部敵烈或八石烈敵烈。與烏古部並稱爲北邊大部。遼聖宗以敵烈部降人置迭魯敵烈部和北敵烈部。開泰四年（1015）築河董城於臚朐河北，安置敵烈、烏古降人。壽昌二年（1096）徙敵烈、烏古於烏納水西。金末元初，敵烈人逐漸同化於女真人、蒙古人等。

冬十月甲申朔，漢遣使進葡萄酒。甲午，司徒老古等獻白雉。戊申，回鶻及轄戛斯皆遣使來貢。[1]

[1]回鶻：中國古代民族名。原爲鐵勒，8世紀40年代，骨咄禄毗伽可汗曾建立回紇汗國。唐貞元四年（788）自請改稱回鶻。公元840年左右，回鶻汗國崩潰。除一部分人南下附屬唐朝外，其餘分3支向西北遷徙，和西域原住的同族人匯合，而先後建成高昌回鶻、河西回鶻（甘州回鶻）和喀喇汗王朝（黑汗王朝）3個政權。回鶻西遷後，和中原諸王朝仍然保持着密切關係。甘州回鶻對五代、北宋朝貢不絶；高昌回鶻曾同時爲遼朝及北宋的屬國。　轄戛斯：即黠戛斯，唐代西北民族名。原居西伯利亞葉尼塞河流域。契丹興起並據有漠北時，稱轄戛斯，遼朝在其地設有轄戛斯大王府。金代稱之爲紇里迄斯（即吉爾吉斯），蒙古人稱之爲吉利吉斯，清代隨着准噶爾人的叫法稱之爲布魯特。西遼的西遷和13世紀蒙古的西征都影響到轄戛斯，促成部分轄戛斯人南遷。15世紀以後，轄戛斯人被准噶爾人驅逐到中亞費爾干納一帶。18世紀中葉，清朝平定准噶爾，部分轄戛斯人返回七河流域故居。俄羅斯至今在葉尼塞河流域有哈卡斯自治共和國，首府阿巴坎。其主體民族即古代的轄戛斯。西遷的稱吉爾吉斯，留在當地的仍稱轄戛斯（哈卡斯）。

十一月癸丑朔，視朝。己巳，地震。己卯，日南至，始用舊制行拜日禮。[1]朔州民進黑兔。[2]

[1]舊制：即契丹立國以前的傳統。　拜日禮：爲契丹故俗。本書卷四九《禮志一》記載，遼朝皇帝有拜日儀。此外，卷五三《禮志六・皇后生辰儀》也記載“臣僚昧爽朝。皇帝、皇后大帳前拜日，契丹、漢人臣僚陪拜”。契丹人拜日，在宋人詩中多有反映。劉攽有詩云：“飲冰重見古人心，絶幕仍當暮雪深。朝出穹廬隨拜日，夜鳴刁斗候横參。胡兒射鴈爭娱客，羌女聽笳卻走林。聞説虜情親博望，一言珍重萬黄金。”（《彭城集》卷一三《次韻和張舍人使北歸》）他的另一首詩，也言及契丹人拜日：“朔雪如沙萬里程，幽陰戴斗正嚴凝。終軍何必功横草，沈尹無煩夕飲冰。茗粥邇來誇湩酪，氊裘仍自愧綿繒。歲寒拜日穹廬外，想見東南瑞氣升。”（《彭城集》卷一三《王仲至使北》）

[2]朔州：治所在今山西省朔州市。

十二月癸未朔，高模翰及漢兵圍晉州。[1]辛卯，以生日飯僧、釋繫囚。[2]甲辰，獵於近郊。祀天地。辛亥，明王安端薨。[3]

[1]漢兵：指北漢軍隊。　晉州：治所在今山西省臨汾市。

[2]以生日飯僧：【劉校】據中華點校本校勘記，“本書卷三《太宗紀上》天顯六年八月稱‘皇子述律生’，下文應曆三年、十三年、十四年、十七年生日亦在八月，此作十二月，誤，或‘生日’上有脱文”。　飯僧：向僧人施飯，奉佛藉以祈福。《舊唐書》卷一一八《王縉傳》：“初，代宗喜祠祀，未甚重佛，而元載、杜鴻漸與［王］縉喜飯僧徒。代宗嘗問以福業報應事，載等因而啟奏，代宗由是奉之過當，嘗令僧百餘人於宫中陳設佛像，經行念誦，謂

之内道場。其飲膳之厚，窮極珍異，出入乘廐馬，度支具廩給。每西蕃入寇，必令群僧講誦《仁王經》，以攘虜寇。苟幸其退，則橫加錫賜。”

[3]明王安端（？—952）：阿保機之弟。排行第五，字猥隱。據本書卷六四《皇子表》載，阿保機即汗位，安端與兄剌葛謀亂，太祖誓而免之。復叛，兵敗見擒，杖而釋之。神册三年（918）爲惕隱。太宗即位，有定策功。會同中伐晉，率兵先出鴈門，下忻、代。世宗初立，以兵往應，及李胡戰於泰德泉，敗之。天禄初以功王東丹國，賜號明王。天顯四年（929）爲北院夷离堇。子察割弑逆被誅，穆宗赦安端通謀罪，放歸田里。

三年春閏正月壬午朔，漢以高模翰卻周軍，遣使來謝。

二月辛亥朔，詔用嗣聖皇帝舊璽。甲子，太保敵烈修易州城，[1]鎮州以兵來挑戰，[2]卻之。

[1]易州：治所在今河北省易縣。

[2]鎮州：治所在今河北省正定縣。《通鑑》卷二九一後周太祖廣順三年（953）閏正月載：“契丹寇定州，圍義豐軍，定和都指揮使楊弘裕夜擊其營，大獲，契丹遁去。又寇鎮州，本道兵擊走之。”

三月庚辰朔，南唐遣使來貢，因附書於漢，詔達之。庚寅，如應州擊鞠。[1]丁酉，漢遣使進毬衣及馬。庚子，觀漁於神德湖。

[1]應州：治所在今山西省應縣。　擊鞠：即打馬球，是當時

流行的競技活動。因爲參賽者都在馬上擊球，奔馳的快馬有時會失控，因此具有一定的危險性。統和六年（988），一日承天太后觀看臣下擊鞠，她的寵臣韓德讓被胡里室衝撞墜馬，太后一怒之下，竟下令將胡里室斬首。内蒙古自治區敖漢旗皮匠溝 1 號遼墓墓門西側的穹隆頂下部，有一幅打馬球圖。現存寬 180 釐米、高 50 釐米。畫面有多處剥落，但大體可辨。

夏四月庚申，鐵驪來貢。

五月壬寅，漢遣使言石晉樹先帝《聖德神功碑》爲周人所毁，[1]請再刻，許之。

［1］《聖德神功碑》：立於太原汾河岸邊，後晉所建，桑維翰爲文，紀耶律德光助石敬瑭立晉“功德”。原碑被後周所毁。今存《聖德神功碑》是北漢重建。

六月丁卯，應天皇太后崩。[1]

［1］應天皇太后（879—953）：即阿保機妻述律氏，漢名平，小字月里朵。其先爲回鶻人。本書卷七一有傳。

秋七月，不視朝。

八月壬子，以生日釋囚。己未，漢遣使求援。三河烏古、吐蕃、吐谷渾、鼻骨德皆遣使來貢。[1]

［1］烏古：部族名。又稱嫗厥律、于厥律，居契丹西北。據《新五代史》卷七四《四夷附録第三》：“嫗厥律，其人長大，髦頭，酋長全其髮，盛以紫囊。地苦寒，水出大魚，契丹仰食。又多黑、

白、黄貂鼠皮，北方諸國皆仰足。其人最勇，鄰國不敢侵。”　吐蕃：原爲中國古代藏族政權名。公元7世紀至9世紀在青藏高原建立。吐蕃政權崩潰以後，宋元及明初史籍稱青藏高原上的土著族、部爲吐蕃。　吐谷渾：古代部族名。即吐渾。據《新五代史》卷七四《四夷附録第三》，吐渾“自後魏以來，名見中國，居於青海之上。當唐至德中，爲吐蕃所攻，部族分散，其内附者，唐處之河西。其大姓有慕容、拓拔、赫連等族。懿宗時，首領赫連鐸爲陰山府都督，與討龐勛，以功拜大同軍節度使。爲晉王所破，其部族益微，散處蔚州界中……晉高祖立，割鴈門以北入於契丹，於是吐渾爲契丹役屬，而苦其苛暴”。另據《五代會要》卷二八《吐渾》：“至開運中，捍虜（契丹）於澶州……其族子白可久，名在承福之亞，因牧馬率本帳北遁，契丹授以官爵，復遣潛誘承福。承福亦思叛去，事未果，漢高祖知之，乃以兵環其部族，擒承福與其族白鐵櫃、赫連海龍等五家，凡四百有餘人，伏誅。籍其牛馬，命别部長王義宗統其餘屬。”

九月庚子，漢遣使貢藥。

冬十月己酉，命太師唐骨德治大行皇太后園陵。[1]李胡子宛、郎君嵇幹、敵烈謀反，[2]事覺，辭逮太平王罨撒葛、林牙華割、郎君新羅等，皆執之。[3]

[1]皇太后：此處皇太后爲穆宗祖母，應是太皇太后。此沿舊稱。

[2]李胡（912—960）：阿保機第三子。天顯五年（930）立爲皇太弟兼天下兵馬大元帥。遼太宗死後，應天皇太后反對世宗兀欲而欲立李胡，失敗，母子被囚。穆宗時，因參與其子喜隱謀反事而下獄死。

[3]罨撒葛（934—972）：即阿鉢撒葛里。德光第二子。靖安

皇后蕭氏生，會同二年（939）封太平王。穆宗在位時，因謀亂貶戍西北邊。景宗即位後釋罪，召還，以病卒。

十一月辛丑，謚皇太后曰貞烈，葬祖陵。[1]漢遣使來會。

[1]祖陵：遼太祖耶律阿保機的葬所。位於祖州西五里，其地在今内蒙古自治區巴林左旗查干哈達蘇木石房子嘎查。

冬，[1]駐蹕奉聖州。[2]以南京水，詔免今歲租。

[1]冬：【劉校】原本、南監本、北監本、殿本均作"冬"。中華點校本和修訂本作"是冬"，未出校。

[2]奉聖州：即新州。治所在今河北省涿鹿縣。

四年春正月戊寅，回鶻來貢。己丑，華割、嵇斡等伏誅，宛及罨撒葛皆釋之。是月，周主威殂，[1]養子晉王柴榮嗣立。

[1]周主威殂：據《新五代史》卷一一《周本紀》，後周太祖郭威死於本月壬辰。

二月丙午朔，周攻漢，[1]命政事令耶律敵禄援之。丙辰，漢遣使進茶藥。幸南京。

[1]周攻漢：是北漢懼後周發動攻擊，向契丹求援，以先發制人。《通鑑》卷二九一《後周紀二》顯德元年（954）二月載："北

漢主聞太祖晏駕，甚喜，謀大舉入寇，遣使請兵於契丹。二月，契丹遣其武定節度使、政事令楊兖將萬餘騎如晉陽。北漢主自將兵三萬，以義成節度使白從暉爲行軍都部署，武寧節度使張元徽爲前鋒都指揮使，與契丹自團柏南趣潞州。"初戰，北漢驟勝，後周將樊愛能等敗逃。北漢主劉崇益驕，甚至悔召契丹入援，説："吾自用漢軍可破也，何必契丹！今日不惟克周，亦可使契丹心服。"周世宗親臨前綫督戰，在高平大敗北漢軍。劉崇退守晉陽，並再次向契丹求救。

夏五月乙亥，忻、代二州叛漢，[1]遣南院大王撻烈助敵禄討之。丁酉，撻烈敗周將符彦卿於忻口。[2]

[1]忻：忻州。治所在今山西省忻州市。　代：代州。治所在今山西省代縣。

[2]符彦卿（897—975）：陳州宛丘（今河南省淮陽縣）人。字冠侯。父存審，後唐宣武軍節度使、蕃漢馬步軍都總管、中書令。彦卿年十三，能騎射。事莊宗於太原，爲親從指揮使。滅後梁，遷散員指揮使。勇略有謀，善用兵。天成三年（928）討王都於定州，大破契丹於嘉山。清泰初爲易州刺史，兼領北面騎軍。後晉天福初授同州節度使。少帝即位，遼人南侵，彦卿與諸將屢敗契丹，少帝嘉之，改武寧軍節度使、同平章事。後爲左右所間，會張彦澤引遼兵入汴，彦卿歸遼。後漢高祖劉知遠入汴，彦卿改鎮夔州，加兼侍中。後周太祖郭威即位，封淮陽王。後爲大名尹、天雄軍節度使，進封衛王。宋太祖即位，加守太師。開寶八年（975）六月，卒，年七十八。傳見《宋史》卷二五一。

六月癸亥，撻烈獻所獲。

秋七月乙酉，漢民有爲遼軍誤掠者，遣使來請，詔悉歸之。

九月丙申，漢爲周人所侵，遣使來告。

冬十一月，彰國軍節度使蕭敵烈、大保許從贇奏忻、代二州捷。[1]

[1]彰國軍節度使蕭敵烈、大保許從贇奏忻、代二州捷：契丹與後周軍在忻、代之間的戰事，發生在本年五月，契丹並未獲勝。據《通鑑》卷二九二後周顯德元年（954）五月載："契丹數千騎屯忻、代之間，爲北漢之援，庚辰，遣符彦卿等將步騎萬餘擊之。彦卿入忻州，契丹退保忻口。"《宋史》卷二五一《符彦卿傳》亦記載，援救北漢的契丹軍，在忻州以北被後周軍擊退，"遼人駐忻北，遊騎及近郊，史彦超以二千騎當其鋒，左右馳擊，彦超死之；敗遼衆二千餘，遼騎遁走"。彰國軍，遼代軍號。治應州，在今山西省應縣。

十二月辛酉朔，[1]謁祖陵。庚午，漢遣使來貢。

是冬，駐蹕杏堝。

[1]辛酉朔：【劉校】據中華點校本校勘記，"按次年正月辛未朔，本年十二月是辛丑朔。辛酉誤"。

五年春正月辛未朔，鼻骨德來貢。

二月庚子朔，日有食之。庚申，漢遣使請上尊號，不許。壬戌，如褭潭。

夏四月己酉，周侵漢，漢遣使求援。癸丑，命郎君蕭海瓈世爲北府宰相。[1]

[1]宰相：契丹部族官名。契丹可汗之下有北、南二府，各部族則分屬二府，分設宰相，故北宰相亦稱北府宰相，南宰相亦稱南府宰相。

秋九月庚辰，漢主有疾，遣使來告。

冬十月壬申，女直來貢。丁亥，謁太宗廟。庚寅，南唐遣使來貢。

十一月乙未朔，漢主崇殂，子承鈞遣使來告，[1]且求嗣立。遣使弔祭，遂封册之。

十二月乙丑朔，謁太祖廟。辛巳，漢遣使來議軍事。

[1]承鈞：北漢劉崇病死及劉承鈞即位，都發生於前一年即應曆四年（後周顯德元年，954）十一月。《通鑑》卷二九二後周太祖顯德元年十一月載："北漢主疾病，命其子承鈞監國，尋殂。遣使告哀於契丹。契丹遣驃騎大將軍、知内侍省事劉承訓册命承鈞爲帝，更名鈞。北漢孝和帝性孝謹，既嗣位，勤於爲政，愛民禮士，境内粗安。每上表於契丹主稱男，契丹主賜之詔，謂之'兒皇帝'。"

六年夏五月丁酉，謁懷陵。[1]

[1]懷陵：即遼太宗、穆宗之陵，位於懷州境内。大同元年（947）遼置懷州奉陵軍，治所在今内蒙古自治區巴林右旗幸福之路蘇木崗根嘎查古城址。州隸永興宮。

六月甲子，漢遣使來議軍事。[1]

[1]漢遣使來議軍事：《新五代史》卷六二《南唐世家・李璟》顯德三年（遼應曆六年，956），後周世宗下詔親征，指責江南統治者“勾誘契丹，入爲邊患，結連并壘，實我世仇”。所謂“并壘”即指北漢割據政權。

秋七月，不視朝。

九月戊午，謁祖陵。

冬十一月壬寅，鼻骨德來貢。

十二月己未朔，謁太祖廟。

七年春正月庚子，鼻骨德來貢。

二月辛酉，南唐遣使奉蠟丸書。[1]辛未，駐蹕潢河。[2]

[1]南唐遣使：據《通鑑》卷二九三後周顯德四年（957）十二月載，此唐使當爲陳處堯，“唐使者陳處堯在契丹，白契丹主請南遊太原，北漢主厚禮之；留數日，北還，竟卒於契丹”。

[2]潢河：今内蒙古自治區境内的西拉木倫河，即西遼河上游。

夏四月戊午朔，還上京。[1]初，女巫肖古上延年藥方，當用男子膽和之。不數年，殺人甚多。至是，覺其妄。辛巳，射殺之。

[1]上京：遼前期都城。稱臨潢府，其址在今内蒙古自治區巴林左旗林東鎮波羅城。

五月辛卯，漢遣使來貢。

六月丙辰朔，[1]周遣使來聘。南唐遣使來貢。

[1]丙辰朔：【劉校】“朔”字原無，中華點校本校勘記云，據本書卷四四《朔考》補。

八月己未，周遣使來聘。

是秋，不聽政。

冬十月庚申，獵於七鷹山。

十二月丁巳，詔大臣曰：“有罪者法當刑，朕或肆怒，濫及無辜，卿等切諫，無或面從。”辛巳，還上京。

八年春二月乙丑，駐蹕潢河。

夏四月甲寅，南京留守蕭思温攻下沿邊州縣，[1]遣人勞之。

[1]蕭思温（？—970）：宰相蕭敵魯族弟忽没里之子。小字寅古，通書史。穆宗時爲南京留守，但畏懦不敢戰。應曆八年（958），後周占束城，遼軍退渡滹沱河而屯，思温飾他説請濟師。已而，後周圍瀛州，陷益津、瓦橋、淤口三關，迫近固安，思温不知計所出。十九年（969）穆宗遇弒，思温與南院樞密使高勳、飛龍使女里等立景宗。保寧初爲北院樞密使，兼北府宰相，仍命世預其選。思温女册爲皇后（即睿智皇后），加尚書令，封魏王。保寧二年（970）爲賊所害。本書卷七八有傳。

五月，周陷束城縣。[1]

[1]束城縣：治所在今河北省河間市東北。《通鑑》卷二九四後周顯德五年（958）五月載：成德節度使郭崇攻契丹束城，拔之，

（東城，漢勃海郡之東州縣也，隋改曰東城，唐屬瀛州。宋熙寧六年省東城爲鎮，屬河間。）以報其入寇也。

六月辛未，蕭思温請益兵，乞駕幸燕。

秋七月，獵於拽剌山。迄於九月，射鹿諸山，不視朝。

冬十一月辛酉，漢遣使來告周復來侵。乙丑，使再至。

十二月庚辰，又至。

九年春正月戊辰，駐蹕潢河。

夏四月丙戌，周來侵。戊戌，以南京留守蕭思温爲兵馬都總管擊之。是月，周拔益津、瓦橋、淤口三關。[1]

[1]三關：宋與契丹分界的三關，淤口關（在今河北省霸州市東）、益津關（在今霸州市）、瓦橋關（在今河北省雄縣）。《新五代史》卷七三《四夷附録第二》載："顯德六年夏，世宗北伐，以保大軍節度使田景咸爲淤口關部署，右神武統軍李洪信爲合流口部署，前鳳翔節度使王晏爲益津關部署、侍衛親軍馬步都虞候韓通爲陸路都部署。世宗自乾寧軍御龍舟，艘船戰艦，首尾數十里，至益津關，降其守將，而河路漸狹，舟不能進，乃舍舟陸行。瓦橋淤口關、瀛、莫州守將，皆迎降。方下令進攻幽州，世宗遇疾，乃置雄州於瓦橋關、霸州於益津關而還。周師下三關、瀛、莫，兵不血刃。述律聞之，謂其國人曰：'此本漢地，今以還漢，又何惜耶？'"《通鑑》卷二九四後周顯德六年（959）夏四月載："庚寅，韓通奏自滄州治水道入契丹境，柵於乾寧軍南，補壞防，開遊口三十六，遂通瀛、莫。辛卯，上至滄州，即日帥步騎數萬發滄州，直

趨契丹之境。河北州縣非車駕所過，民間皆不之知。壬辰，上至乾寧軍，契丹寧州刺史王洪舉城降。乙未，大治水軍，分命諸將水陸俱下，以韓通爲陸路都部署，太祖皇帝爲水路都部署。丁酉，上御龍舟沿流而北，舳艫相連數十里。己亥，至獨流口，泝流而西。辛丑，至益津關，契丹守將終廷暉以城降。自是以西，水路漸隘，不能勝巨艦，乃舍之。壬寅，上登陸而西，宿於野次，侍衛之士不及一旅，從官皆恐懼。胡騎連群出其左右，不敢逼。癸卯，太祖皇帝先至瓦橋關，契丹守將姚内斌舉城降，上入瓦橋關。内斌，平州人也。”

五月乙巳朔，陷瀛、莫二州。[1]癸亥，如南京。辛未，周兵退。[2]

[1]瀛、莫二州：瀛州，治所在今河北省河間市；莫州，治所在今河北省任丘市。《通鑑》卷二九四後周顯德六年（959）夏四月：“甲辰，契丹莫州刺史劉楚信舉城降。五月乙巳朔，侍衛親軍都揮使、天平節度使李重進等始引兵繼至，契丹瀛州刺史高彦暉舉城降。彦暉，薊州人也。於是關南悉平。丙午，宴諸將於行宫，議取幽州。諸將以爲：‘陛下離京四十二日，兵不血刃，取燕南之地，此不世之功也，今虜騎皆聚幽州之北，未宜深入。’上不悦。是日，趣先鋒都指揮使劉重進先發，據固安。上自至安陽水，命作橋，會日暮，還宿瓦橋，是日，上不豫而止。契丹主遣使者日馳七百里詣晉陽，命北漢主發兵撓周邊，聞上南歸，乃罷兵。戊申，孫行友奏拔易州，擒契丹刺史李在欽，獻之，斬於軍市。己酉，以瓦橋關爲雄州，割容城、歸義二縣隸之。以益津關爲霸州，割文安、大城二縣隸之。發濱、棣丁夫數千城霸州，命韓通董其役。”

[2]周兵退：指後周兵因爲柴榮發病撤退了。

六月乙亥朔，視朝。戊寅，復容城縣。[1]庚申，西幸，如懷州。是月，周主榮殂，子宗訓立。

[1]容城：後周以瓦橋關建雄州（治所在今河北省雄縣），容城爲該州屬縣。

秋七月，發南京軍戍范陽。[1]

[1]范陽：古縣名。治所在今河北省涿州市。

冬十二月戊寅，還上京。庚辰，王子敵烈、前宣徽使海思及蕭達幹等謀反，[1]事覺鞫之。辛巳，祀天地、祖考，告逆黨事敗。丙申，召群臣議時政。

[1]宣徽使：遼朝官名。遼設北、南宣徽，分隸北南樞密院之下。宣徽北院使常執行軍事使命。此外，宣徽使還掌領朝會、宴饗、禮儀、祭祀及御前祇應之事。

十年春正月，周殿前都點檢趙匡胤廢周自立，[1]建國號宋。

[1]趙匡胤（927—976）：即宋太祖，宋朝開國皇帝，公元960年至976年在位。涿州（今河北省涿州市）人，曾任後周殿前都點檢，掌握禁軍。於960年發動陳橋兵變，取代後周，建立宋朝。

夏五月乙巳，謁懷陵。壬子，漢以潞州歸附來告。[1]丙寅，至自懷陵。

[1]潞州：原爲上黨郡。始置於北周，治所在今山西省長治市。《宋史》卷四八二《北漢劉氏世家》："是夏（建隆元年，即遼應曆十年，960），李筠以上黨叛，令判官囚監軍周光遜等送於鈞，稱臣求援。鈞自至太平驛與筠會，遣其宣徽使盧贊將騎數千隨筠入寇，又遣其河陽節度范守圖援之。及太祖親討，前軍石守信、高懷德破筠衆於澤州，獲守圖，殺鈞兵數千。鈞之沙谷砦又爲折德扆所破，斬首五百級。九月，昭義李繼勳率師入鈞平遙，虜獲甚衆。"

六月庚申，漢以宋兵圍石州來告，[1]遣大同軍節度使阿剌率四部往援，詔蕭思温以三部兵助之。

[1]此處據《長編》卷四載，宋乾德元年（963）十二月乙巳，"遣内客省使曹彬、通事舍人王繼筠分詣晉、潞州，與節度使趙彦徽、李繼勳會兵入北漢境，攻其邊邑及遼、石州"。説明應曆十年（960），宋尚未攻下石州。石州，治所在今山西省離石縣。

秋七月己亥朔，宋兵陷石州，潞州復叛，漢使來告。辛酉，政事令耶律壽遠、太保楚阿不等謀反，伏誅。以酒脯祠天地於黑山。[1]

[1]祠天地：祭祀天地，爲皇家盛典。　黑山：本書卷三二《營衛志中》載，"黑山在慶州北十三里，上有池，池中有金蓮"，黑山近慶陵，故"道宗每歲先幸黑山，拜聖宗、興宗陵，賞金蓮，乃幸子河避暑"。另據本書卷三七《地理志一·慶州》："在州西二十里。有黑山、赤山、太保山、老翁嶺、饅頭山、興國湖、轄失

濼、黑河。”

八月，如秋山，[1]幸懷州。庚午，以鎮茵石狻猊擊殺近侍古哥。[2]

[1]秋山：即秋捺鉢，主要活動是狩獵。秋獵於山，故稱“秋山”。聖宗以後，其主要地點是在慶州（治所在今内蒙古自治區巴林右旗索博日嘎鎮）西部諸山。

[2]近侍：皇帝身邊的奴僕。

冬十月丙子，李胡子喜隱謀反，[1]辭連李胡，下獄死。

十一月，海思獄中上書，陳便宜。

[1]喜隱（？—981）：阿保機幼子李胡之子。字完德。初封趙王，穆宗時曾兩次謀反下獄。景宗保寧初，宥之，妻以皇后之姊，封宋王，授西南面招討使。稍見進用，復誘群小謀叛，囚於祖州。乾亨三年（981）宋降卒二百餘人欲劫立喜隱，以城堅不得入，立其子留禮壽，上京留守除室擒之。留禮壽伏誅，賜喜隱死。本書卷七二有傳。

十一年春二月丙寅，釋喜隱。辛亥，司徒烏里只子迭刺哥誣告其父謀反，復詐乘傳及殺行人，以其父請，杖而釋之。

三月丙辰，[1]蕭思温奏老人星見，[2]乞行赦宥。

[1]三月丙辰：【劉校】“三月”二字原闕。中華點校本校勘記

云，按本書卷四四《曆象志下·朔考》二月乙丑朔，推至丙辰五十二日，已入三月。據補。

[2]老人星：又稱“南極老人星”“壽星”。《宋史》卷一〇三《禮儀志》：景德三年，詔定壽星之祀。太常禮院言：“按《月令》：‘八月，命有司享壽星於南郊。’《注》云：‘秋分日，祭壽星於南郊。壽星，南極老人星也。’《爾雅》云：‘壽星，角、亢也。’《注》云：‘數起角、亢，列宿之長，故云壽星。’唐開元中，特置壽星壇，常以千秋節日祭老人星及角、亢七宿。請用祀靈星小祠禮，其壇亦如靈星壇制，築於南郊，以秋分日祭之。”

閏月甲子朔，[1]如潢河。

[1]閏月甲子朔：【劉校】“朔”字原闕，中華點校本據本書卷四四《曆象志下·朔考》補。今從。

夏四月癸巳朔，日有食之。是月，射鹿，不視朝。

五月乙亥，司天王白、李正等進曆。

六月甲午，赦。

冬十一月，歲星犯月。

十二年春正月甲戌，夜觀燈。

二月己丑朔，以御史大夫蕭護思爲北院樞密使，[1]賜對衣、鞍馬。

[1]北院樞密使：即契丹樞密院之樞密使，爲北面官之最高官職，掌軍事、部族。詳見本書卷四五《百官志一》。

夏五月庚午，以旱命左右以水相沃，頃之，果雨。

六月甲午，祠木葉山及潢河。[1]

秋，如黑山、赤山射鹿。

[1]木葉山：山名。契丹語稱“大”爲“木葉”。“木葉山”可以泛指任何“大山”，也可專指某一大山爲“木葉山”。此處指永州境内一座山，契丹人視此山爲神山，其地在今内蒙古自治區翁牛特旗新蘇莫蘇木的西拉木倫河與老哈河匯合處一帶。“上建契丹始祖廟，奇首可汗在南廟，可敦（可汗之妻）在北廟，繪塑二聖并八子神像。”詳見本書卷三七《地理志一》永州條。

十三年春正月，自丁巳，晝夜酣飲者九日。丙寅，宋欲城益津關，命南京留守高勳、統軍使崔廷勳以兵擾之。[1]癸酉，殺獸人海里。

[1]高勳（？—978）：字鼎衛，初仕後晉爲閤門使。會同九年（開運二年，946）隨杜重威降遼，後北遷。世宗即位，爲樞密使，總漢軍。穆宗應曆間，封趙王，任上京留守、南京留守。景宗即位，以定策功，封秦王。後謀殺蕭思温，事發伏誅。　崔廷勳：【靳注】《通鑑》卷二八六後漢高祖天福十二年（947）癸巳引宋白曰：“崔廷勳，本河内人。少陷虜。”《舊五代史》卷九八《晉書二十四》引《大典》卷二七四〇：“崔廷勳，不知何許人也。案，《通鑑注》引宋白曰：廷勳本河内人。”《舊五代史考異》云，崔廷勳“形貌魁偉，美鬚髯。幼陷契丹，歷僞命雲州節度使，官至侍中”。【劉校】中華點校本校勘記云，“廷”原誤作“延”，“據《紀》天顯十二年正月、大同元年二月及《契丹國志》卷一九、《舊五代史》卷九八改”。

二月庚寅，漢遣使來告，欲巡邊徼，乞張聲援。壬辰，如潢河。癸巳，觀群臣射，賜物有差。乙巳，老人星見。三月癸丑朔，殺鹿人彌里吉，梟其首以示掌鹿者。

夏四月壬寅，獵於潢河。

五月壬戌，視斡朗改國所進花鹿生麛。[1]

[1]視斡朗改：【劉校】“視”字原脱，中華點校本據本書卷七〇《屬國表》及文義補。今從。

六月癸未，近侍傷獐，杖殺之。甲申，殺獐人霞馬。壬辰，詔諸路録囚。

秋七月辛亥朔，漢以宋侵來告。[1]乙丑，薦時羞於廟。[2]

[1]漢以宋侵來告：《宋史》卷四八二《北漢劉氏》載：[建隆]四年（遼應曆十三年，963）八月邢州王全贇率師攻樂平，[劉]鈞拱衛指揮使王超、散指揮使元威、侯霸榮率所部千八百人降全贇。未幾，鈞侍衛都指揮使蔚進、馬軍都指揮使郝貴超與契丹悉兵來救樂平，三戰皆敗之，遂下其城，詔建爲平晉軍，以降兵爲效順軍，賜以錢帛，靜陽十八砦遂相率來降。九月，鈞復引契丹攻平晉軍，太祖遣州防禦使郭進、濮州防禦使張彦進、客省使曹彬、趙州刺史陳萬通將步騎萬餘救之，未至而鈞遁去。

[2]薦時羞：向鬼神進獻應時的美味。宋人李之儀《姑溪居士前集》卷五《金陵懷古二首》中有“舊穴依然披信汐，古祠誰爲薦時羞”。明人文徵明《甫田集》卷三《人日立春》有“東風剪韭薦時羞”的詩句；明人韓雍《襄毅文集》卷一《沃壤西成》有詩

句："孝子薦時羞，取以供粢盛。"這種祭祀活動僅流行於民間。皇帝"薦時羞"，正史上僅此一見。

八月甲申，以生日，縱五坊鷹鶻。戊戌，幸近山，呼鹿射之，旬有七日而後返。

九月庚戌朔，以青牛白馬祭天地。[1]飲於野次，終夕乃罷。辛亥，以酒脯祭天地，復終夜酣飲。

[1]以青牛白馬祭天地：契丹祭祀天地用青牛白馬，表示不忘祖先。本書卷三七《地理志一·上京道》："相傳有神人乘白馬，自馬盂山浮土河而東，有天女駕青牛車由平地松林泛潢河而下。至木葉山，二水合流，相遇爲配偶，生八子。其后族屬漸盛，分爲八部。每行軍及春秋時祭，必用白馬青牛，示不忘本云。"

冬十月丙申，漢以宋侵來告。

十一月庚午，獵，飲于虞人之家，[1]凡四日。

[1]虞人：古代掌山澤苑囿之官。《周禮·夏官·大司馬》："虞人萊所田之野爲表。"賈公彦疏："虞人者，若田在澤，澤虞；若田在山，山虞。"《左傳·昭公二十年》："十二月，齊侯田於沛，招虞人以弓，不進。"杜預注："虞人，掌山澤之官。"

十二月戊子，射野鹿，賜虞人物有差。庚寅，殺彘人曷主。

（李錫厚注　劉鳳翥校）

今注本二十四史

遼史

元 脱脱等 撰

李錫厚 劉鳳翥 主持校注

一〇

傳〔四〕

二國外記

國語解

中国社会科学出版社

遼史　卷一一三

列傳第四十三

逆臣中

蕭翰　耶律牒蠟　耶律朗　耶律劉哥　盆都　耶律海思　耶律敵獵　蕭革[1]

[1]“蕭翰”至“蕭革”：【劉校】原本、明抄本、南監本、北監本、殿本無。今據中華點校本補。

蕭翰一名敵烈，字寒真，宰相敵魯之子。[1]

[1]宰相：契丹部族官名。契丹可汗之下有北、南二府，各部族則分屬二府，故北宰相亦稱北府宰相，南宰相亦稱南府宰相。敵魯（？—919）：阿保機妻述律氏之弟。阿保機即汗位以後，敵魯與曷魯等總宿衛事，爲佐命功臣。後拜北府宰相。本書卷七三有傳。

天贊初唐兵圍鎮州，[1]節度使張文禮遣使告急，[2]翰受詔與康末怛往救，克之，殺其將李嗣昭，[3]拔石城。[4]會同初領漢軍侍衛。[5]八年伐晉，[6]敗晉將杜重威，[7]追至望都。[8]翰奏曰："可令軍下馬而射。"帝從其言，軍士步進，敵人持短兵猝至，我軍失利。帝悔之曰："此吾用言之過至此！"及從駕入汴，爲宣武軍節度使。

[1]天贊：遼太祖耶律阿保機年號（922—926）。　唐：即後唐，五代之一。同光元年（923）由李存勗建立，國號唐，都洛陽（今屬河南省），史稱後唐。　鎮州：州名。又稱恒州，治所在今河北省正定縣。

[2]張文禮（？—921）：鎮州趙王王鎔養子。原姓王，名德明。天祐十八年（921）背叛趙王王鎔後，李存勗前來討伐，於是年八月間憂懼而卒。其子處瑾等秘不發喪，故至次年四月間，仍以文禮名義向遼求援。《舊五代史》卷六二有傳。

[3]李嗣昭（？—922）：李克用弟代州刺史克柔假子。據《舊五代史》卷五二《唐書·李嗣昭傳》："［天祐］十九年，莊宗親征張文禮於鎮州。冬，契丹三十萬奄至，嗣昭從莊宗擊之，敵騎圍之數十重，良久不解。嗣昭號泣赴之，引三百騎横擊重圍，馳突出没者數十合，契丹退，翼莊宗而還。"可知嗣昭並未死於與契丹作戰中。嗣昭是在契丹退軍之後，於攻真定的戰役中爲王處球軍所殺。《新五代史》卷三六有傳。

[4]石城：縣名。元廢，治所當在今河北省灤州市西南。

[5]會同：遼太宗耶律德光年號（938—947）。　漢軍：也稱"漢兵"。遼朝有衆多的漢軍，其中有阿保機收編的"山北八軍"以及趙延壽的軍隊。此外，遼朝還有按照中原軍隊編制自己組建的漢軍，其中最重要的是燕京等地的禁軍。據《長編》卷五五宋真宗咸平六年（1003）七月己酉記李信云："國中所管幽州漢兵，謂之神武、控鶴、羽林、驍武等，約萬八千餘騎。"其中"羽林""控

鶴”是唐、五代禁軍舊有的名號。因此可以斷定李信所說的遼燕京的“漢兵”就是戍衛京城的禁軍。

[6]晉：此指石敬瑭創立的後晉（936—946），五代第三個王朝。初，石敬瑭獲得契丹耶律德光支持，並向德光割地、稱臣、稱兒。少帝石重貴繼位後，與契丹交惡，爲契丹所滅。

[7]杜重威（？—948）：朔州（今山西省朔州市）人。其妻石氏是晉高祖石敬瑭之妹。出帝與契丹絶好，契丹連歲入侵。重威爲北面行營招討使、鄴都留守。開運三年（946）秋重威有異志，遣人向契丹請降，契丹許以重威爲中原皇帝，重威信以爲然，乃伏甲士召諸將，出降表，令諸將署名，並告軍士以糧盡出降，軍士解甲大哭，聲震原野。明年契丹北歸，漢高祖劉知遠攻鄴，重威食盡請降。爲漢大臣共誅之。《舊五代史》卷一〇九、《新五代史》卷五二有傳。

[8]望都：縣名。治所在今河北省望都縣。

會帝崩欒城，[1]世宗即位。翰聞之，委事於李從敏，[2]徑趨行在。是年秋，世宗與皇太后相拒於潢河横渡，[3]和議未定。太后問翰曰：“汝何怨而叛？”對曰：“臣母無罪，太后殺之，以此不能無憾。”初耶律屋質以附太后被囚，[4]翰聞而快之，即因所謂曰：“汝嘗言我輩不及，今在狴犴，何也？”對曰：“第願公不至如此！”翰默然。

[1]欒城：縣名。治所在今河北省石家莊市欒城區。

[2]李從敏：字叔達，後唐明宗之子。《舊五代史》卷一二三有傳。據該書卷五一《李從益傳》，蕭翰非委事李從敏，而是委事李從益。“會契丹主死，其汴州節度使蕭翰謀歸北地，慮中原無主，軍民大亂，則已亦不能按轡徐歸矣。乃詐稱契丹主命，遣人迎從益

於洛陽，令知南朝軍國事。從益與王妃逃於徽陵以避之。使者至，不得已而赴焉。從益於崇元殿見群官，蕭翰率蕃首列拜於殿上，群官趨拜於殿下……翰北歸，從益餞於北郊。及漢高祖將離太原，從益召高行周、武行德欲拒漢高祖，行周等不從，且奏其事，漢高祖怒。車駕將至闕，從益與王妃俱賜死於私第，時年十七，時人哀之。"

[3]皇太后：即阿保機妻述律氏（879—953）。漢名平，小字月里朵。其先爲回鶻人。本書卷七一有傳。　潢河：河流名。即今内蒙古自治區境内的西拉木倫河，爲西遼河上游。

[4]耶律屋質（916—973）：遼宗室。字敵輦，會同間爲惕隱。太宗死後，世宗初立，屋質調解太后與世宗的矛盾，得以避免大規模内戰。天禄二年（948）助世宗挫敗天德、蕭翰等謀反。三年又表列泰寧王察割陰謀事，世宗不聽。後平定察割之亂及立穆宗，皆有功。本書卷七七有傳。

天禄二年尚帝妹阿不里。[1]後與天德謀反，[2]下獄。復結惕隱劉哥及其弟盆都亂，[3]耶律石剌告屋質，屋質遽入奏之，翰等不伏。帝不欲發其事，屋質固諍以爲不可，乃詔屋質鞫案。翰伏辜，帝竟釋之。復與公主以書結明王安端反，[4]屋質得其書以奏，翰伏誅。

[1]天禄：遼世宗耶律阮年號（947—951）。

[2]天德（？—948）：耶律德光第三子。猛捍驕捷，討石重貴有戰功。世宗即位，奉命護送太宗靈柩還上京，與李胡戰於泰德泉。後與蕭翰謀反，下獄。

[3]惕隱：契丹官名。又稱梯里已，掌皇族政教。

[4]安端：阿保機弟。在阿保機兄弟中排行第五，也曾參與"謀反"。世宗天禄初，賜號"明王"，成爲東丹國的統治者。

牒蠟字述蘭，六院夷离堇蒲古只之後。[1]

[1]六院：契丹部族名。天贊元年（922），以迭剌部強大難制，析五石烈爲五院，六爪爲六院，各置夷离堇。會同元年(938)，更夷离堇爲大王，部隸北府，以鎮南境。　夷离堇：契丹部族官名。源於突厥語官名“俟斤”（Irkin）。突厥各部的最高元首稱“可汗”（Qaghan），其他各部酋長則稱爲俟斤。初，契丹“其君大賀氏，有勝兵四萬，臣於突厥，以爲俟斤”（《新唐書》卷二一九《契丹傳》）。後，契丹首領自立爲可汗，其下所屬各部酋長則稱爲“俟斤”，亦即夷离堇。契丹立國後，大部族之夷离堇稱王，小部族之夷离堇則稱爲節度使。舉凡一部之軍政、民政皆由其統掌。參韓儒林《穹廬集》(上海人民出版社 1982 年版，第 314—316 頁)。　蒲古只：本書卷七五《耶律鐸臻傳》:“耶律鐸臻，字敵輦，六院部人。祖蒲古只，遙輦氏時再爲本部夷离堇。耶律狼德等既害玄祖，暴横益肆。蒲古只以計誘其黨，悉誅夷之。”

天顯中爲中臺省右相。[1]會同元年與趙思温持節册晉帝。[2]及我師伐晉至滹沱河，[3]降晉將杜重威，牒蠟功居多。大同元年平相州之叛，[4]斬首數萬級。

[1]天顯：遼太祖耶律阿保機年號。天顯元年（926）遼太宗耶律德光即位而未改元（926—938）。　中臺省：東丹國宰輔機構。設左、右大相及左、右次相。

[2]趙思温（？—939）：盧龍（今河北省盧龍縣）人。字文美。原爲燕帥劉仁恭部將，後降後唐莊宗李存勗，任平州刺史兼平營薊三州都指揮使。降遼後從太祖征渤海，爲漢軍都團練使。太宗時，爲南京留守、盧龍軍節度使。本書卷七六有傳。　會同元年與趙思温持節册晉帝：【劉校】據中華點校本校勘記，“元”原誤

“二”。本書卷四《太宗本紀下》記録此事在會同元年（938）七月，《新五代史》《舊五代史》《通鑑》並同，據改。

[3]滹沱河：河流名。流經今山西、河北境内，匯入子牙河，歷史上河道屢次變遷。

[4]大同：遼太宗耶律德光年號（947）。　相州：州名。治所在今河南省安陽市南。金明昌三年（1192）改爲彰德府。

世宗即位，遣使馳報，仍命牒蠟執偏將朮者以來。其使誤入朮者營，朮者得詔反誘牒蠟，執送太后，牒蠟亡歸世宗。和約既成封燕王，爲南京留守。[1]

[1]南京：遼五京之一。故址在今北京市。

天禄五年察割弑逆，[1]牒蠟方醉，其妻扶入察割之幕，因從之。明旦壽安王討亂，凡脅從者皆棄兵降，牒蠟不降，陵遲而死，妻子皆誅。

[1]察割：即耶律察割（？—951）。遼皇族。其父即明王安端，爲阿保機同母弟。世宗即位，察割封泰寧王。天禄五年（951）九月南伐途中行弑逆，隨即爲壽安王誘殺。本書卷一一二有傳。

朗字歐新，季父房罨古只之孫。[1]性輕佻，多力，人呼爲“虎斯”。[2]天顯間以材勇進，每戰輒克，由是得名。

[1]季父房：契丹以玄祖之後爲皇族，分爲三房：孟父房、仲父房和季父房。德祖之元子是爲太祖天皇帝，謂之横帳；次曰剌

葛，曰迭剌，曰寅底石，曰安端，曰蘇，皆曰季父房。

[2]虎斯：契丹語。形容力大。

會同九年太宗入汴，命知澶淵，[1]控扼河渡。天禄元年燕趙已南皆應劉知遠，[2]朗與汴守蕭翰棄城歸闕。先是，朗祖罨古只爲其弟轄底詐取夷离堇，自是族中無任六院職事者，世宗不悉其事，以朗爲六院大王。[3]

[1]澶淵：地名。即澶州，因古稱澶淵，故名。澶州治所在今河南省濮陽市西南。統和二十二年（1004）十一月，承天太后曾親自率兵侵宋至此。雙方通過使臣談判，最後達成澶淵盟約。盟約規定：各自維持固有疆界，互不相侵。宋朝每年贈給契丹銀十萬兩、絹二十萬匹。戰爭經過和談判過程以及盟約全文詳載《長編》卷五七和五八。

[2]劉知遠（894—948）：後漢開國皇帝。其先是沙陀部人。初爲後唐明宗偏將。後與桑維翰一同爲石敬瑭謀劃，助其稱帝。後晉天福間，爲鄴都留守，後拜河東節度使、北京留守。出帝即位，封北平王。開運四年（947）初契丹滅後晉，同年二月稱帝。六月至汴京，改國號漢。《舊五代史》卷九九、《新五代史》卷一〇有紀。

[3]六院大王：六院的最高長官。

及察割作亂，遣人報朗曰："事成矣!"朗遣詳穩蕭胡里以所部軍往，[1]命曰："當持兩端，助其勝者。"穆宗即位，伏誅，籍其家屬。

[1]詳穩：遼朝軍官名。元帥府下設大詳穩司。本書卷一一六

《國語解》："詳穩，諸官府監治長官。""詳穩"即漢語"將軍"的轉譯。【劉注】"詳穩"即漢語"將軍"的轉譯的説法似有值得商榷之處。在契丹小字中，"詳穩"作，"將軍"作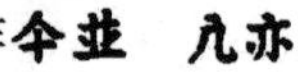，或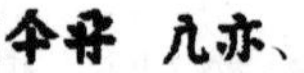、；在契丹大字中，"詳穩"作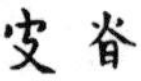，"將軍"作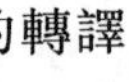。"詳穩"不是漢語"將軍"的轉譯，而是音譯的契丹語，契丹語中"將軍"是漢語借詞。

劉哥字明隱，太祖弟寅底石之子。[1]幼驕狠好陵侮人，長益兇狡。太宗惡之，使守邊徼，累遷西南邊大詳穩。

[1]寅底石：阿保機之弟。字阿辛，排行第四，參與叛亂，太祖釋之，封許國王。太祖命輔東丹王，淳欽皇后遣司徒劃沙殺於路。　劉哥字明隱，太祖弟寅底石之子：【劉校】據中華點校本校勘記，劉哥，本書卷六四《皇子表》、卷七二《李胡傳》作"留哥"。"弟"原誤"兄"。據《皇子表》改。

會同十年叔父安端從帝伐晉，[1]以病先歸，與劉哥鄰居。世宗立於軍中，安端議所往，劉哥首建附世宗之策，以本部兵助之。時太后命皇太弟李胡率兵而南，[2]劉哥、安端遇於泰德泉，[3]既接戰，安端墜馬。王子天德馳至，欲以鎗刺之，劉哥以身衛安端射天德，貫甲不及膚。[4]安端得馬復戰，太弟兵敗。[5]劉哥與安端朝于行在。及和議成，太后問劉哥曰："汝何怨而叛？"對曰："臣父無罪，太后殺之，以此怨耳。"事平，以功爲惕隱。

[1]會同十年叔父安端從帝伐晉：【劉校】據中華點校本校勘記，本書卷四《太宗本紀下》，太宗侵晉始於會同六年（943）十二月，至九年十二月晉帝出降，十年二月已改元大同。

[2]李胡（912—960）：阿保機第三子。一名洪古，字奚隱。爲其母述律氏所鍾愛。太宗即位後，天顯五年（930）立爲皇太弟，兼天下兵馬大元帥。太宗死後，應天皇太后反對世宗兀欲而欲立李胡，失敗，母子被囚。穆宗時因參與其子喜隱謀反事而下獄死。興宗時，更謚“章肅皇帝”。本書卷七二有傳。

[3]泰德泉：契丹地名。據本書卷三三《營衛志下》，六院部大王及都監春夏居泰德泉之北，以鎮南境。

[4]貫甲不及膚：【劉校】“膚”原本誤作“虜”。《馮校》謂：“‘膚’，《百》作‘虜’，非。”明抄本、南監本、北監本和殿本均作“膚”。中華點校本、修訂本和補注本徑改。今從。

[5]太弟：【劉校】原本作“大弟”，明抄本、南監本、北監本、殿本作“太弟”。中華點校本、修訂本和補注本徑改。今從改。

天禄中與其弟盆都、王子天德、侍衛蕭翰謀反，耶律石剌發其事，劉哥以飾辭免。後請帝博，欲因進酒弑逆，帝覺之不果，被囚。一日，召劉哥鎖項以博。帝問：“汝實反耶?”劉哥誓曰：“臣若有反心，必生千頂疽死!”遂貰之。耶律屋質固諍，以爲罪在不赦。上命屋質按之，具服。詔免死流烏古部，[1]果以千頂疽死。弟盆都。

[1]烏古部：部族名。又稱嫗厥律、于厥律，居契丹西北。

盆都，殘忍多力，膚若蛇皮。天禄初以族屬爲皮室詳穩。[1]二年與兄劉哥謀反，免死，使於轄戛斯國。[2]既還，復預察割之亂，陵遲而死。

[1]皮室：契丹軍名。意爲“金剛”。初爲阿保機所置，稱“腹心部”。後有南、北、左、右皮室及黄皮室等，皆掌精甲。

[2]轄戛斯：即黠戛斯，唐代西北民族名。原居西伯利亞葉尼塞河流域。契丹興起並據有漠北時，稱轄戛斯，遼朝在其地設有轄戛斯大王府。金代稱之爲紇里迄斯，蒙古人稱之爲吉利吉斯，清代隨着准噶爾人的叫法稱之爲布魯特。西遼的西遷和十三世紀蒙古的西征都影響到黠戛斯，促成部分黠戛斯人南遷。十五世紀以後，黠戛斯人被准噶爾人驅逐到中亞費爾干納一帶。十八世紀中葉，清朝平定准噶爾，部分黠戛斯返回七河流域故居。

異母弟二人：化葛里、奚蹇。應曆初無職任，[1]以族子甚見優禮。三年或告化葛里、奚蹇與衛王宛謀逆，[2]下獄，飾辭獲免。四年春復謀反，伏誅。

[1]應曆：遼穆宗耶律璟年號（951—969）。

[2]衛王宛：李胡之子。

海思字鐸衮，隋國王釋魯之庶子。[1]機警口辯。[2]

[1]隋國王釋魯：即述瀾。玄祖匀德實第三子，阿保機的伯父。據本書卷六四《皇子表》，其人賢而有智，爲迭剌部于越時教民種樹桑麻。年五十七，爲子滑哥所弑。重熙中追封爲隋國王。《耶律仁先墓誌》稱他爲“述刺·實魯于越”。《耶律慶嗣墓誌》稱他爲“於越蜀國王述列·實魯，即太祖天皇帝之伯父也”。

[2]機警口辯：【劉校】“辯”原本誤作“辨”，《初校》謂：“‘辯’，《百》作‘辨’。”明抄本、南監本、北監本和殿本均作“辯”。中華點校本、修訂本和補注本徑改。今從。

會同五年詔求直言，時海思年十八，衣羊裘，乘牛詣闕。有司問曰：“汝何故來？”對曰：“應詔言事。苟不以貧稚見遺，亦可備直言之選。”有司以聞。會帝將出獵，使謂曰：“俟吾還則見之。”海思曰：“臣以陛下急於求賢，是以來耳；今反緩於獵，請從此歸。”帝聞，即召見賜坐，問以治道。命明王安端與耶律頗德試之，[1]數日，安端等奏曰：“海思之材，臣等所不及。”帝召海思問曰：“與汝言者何如人也？”對曰：“安端言無收檢，若空車走峻坂；頗德如着靴行曠野射鴇。”帝大笑。擢宣徽使，[2]屢任以事。帝知其貧，以金器賜之，海思即散于親友。後從帝伐晉有功。

[1]耶律頗德：本書卷三八另有一同名之人，會同間任採訪使。

[2]宣徽使：遼朝官名。遼設北、南宣徽，分隸北、南樞密院之下。宣徽北院使常執行軍事使命。此外，宣徽使還掌領朝會、宴饗、禮儀、祭祀及御前祗應之事。

世宗即位於軍中，皇太后以兵逆於潢河横渡。太后遣耶律屋質責世宗自立，屋質至帝前諭旨不屈，世宗遣海思對，亦不遜，且命之曰：“汝見屋質勿懼！”海思見太后還，不稱旨。既和，領太后諸局事。

穆宗即位，與冀王敵烈謀反，[1]死獄中。

[1]冀王敵烈：即太宗德光庶子提離古（933—979）。字巴速堇。保寧元年（969）受封冀王。曾領兵援北漢，退宋兵。本書卷六《穆宗本紀上》載應曆九年（959）冬十二月，“庚辰，王子敵烈，前宣徽使海思及蕭達干等謀反，事覺，鞫之”。乾亨元年（979）爲監軍再援北漢，兵敗，戰死於白馬嶺。

敵獵字烏輦，六院夷离堇朮不魯之子。少多詐。

世宗即位，爲群牧都林牙。[1]察割謀亂，官僚多被囚繫。及壽安王與耶律屋質率兵來討，諸黨以次引去。察割度事不成，即詣囚所，持弓矢脅曰：“悉殺此曹！”敵獵進曰：“殺何益於事？竊料屋質將立壽安王，故爲此舉，且壽安未必知。若遣人藉此爲辭，庶可免。”察割曰：“如公言。誰可使者？”敵獵曰：“大王若不疑，敵獵請與罨撒葛同往説之。”察割遣之。壽安王用敵獵計，誘殺察割，凡被脅之人無一被害者，皆敵獵之力。

[1]群牧：契丹專門管理畜群的機構。諸路設群牧使司，下設某群太保、某群侍中、某群敞史；朝廷設總典群牧使司，有總典群牧部籍使、群牧都林牙。以“群”爲單位設某群牧司，設群牧使、群牧副使。此外，還有僅管理馬及牛群的機構。遼亡之後，金稱契丹群牧爲“烏魯古”。　林牙：契丹官名。掌文翰，相當於翰林學士。

亂既平，帝嘉賞然未顯用。敵獵失望，居常怏怏，結群不逞，陰懷不軌。應曆二年與其黨謀立婁國，[1]事覺，陵遲死。

[1]婁國（？—952）：字勉辛，東丹王耶律倍之子。天禄五年（951）遥授武定軍節度使。及察割作亂，婁國手刃察割，改南京留守。誘敵獵及群不逞謀逆。事覺，縊於可汗州西谷。本書卷一一二有傳。

蕭革小字滑哥，字胡突堇，國舅房林牙和尚之子。警悟多智數。[1]太平初累遷官職。[2]游近習間，以諛悅相比昵，爲流輩所稱，由是名達於上。

[1]警悟多智數：【劉校】“智”原本作“定”，明抄本、南監本同。中華修訂本據北監本、殿本改。今從。

[2]太平：遼聖宗耶律隆緒年號（1021—1031）。

重熙初拜北面林牙。[1]十二年爲北院樞密副使。[2]帝嘗與近臣宴，謂革曰：“朕知卿才，故自拔擢，卿宜勉力！”革曰：“臣不才，誤蒙聖知，無以報萬一，惟竭愚忠，安敢怠。”明年拜北府宰相。十五年改同知北院樞密事。革怙寵專權，同僚具位而已。時夷离畢耶律義先知革姦佞，[3]因侍燕，言革所短，用之將敗事。帝不聽。一日，上令義先對革巡擲，[4]義先酒酣曰：“臣備位大臣，縱不能進忠去佞，安能與賊博乎！”革銜之，佯言曰：“公相謔，不既甚乎！”義先詬詈不已。帝怒，皇后解之曰：“義先酒狂，醒可治也。”翌日，上詔革謂曰：“義先無禮，可痛繩之。”革曰：“義先之才，豈逃聖鑒！[5]然天下皆知忠直。今以酒過爲罪，恐咈人望。”帝以革犯而不校，眷遇益厚。其矯情媚上多此類。拜南院樞密使，詔班諸王上，封吴王。改知北院，進王鄭兼中書令。帝大㦗，[6]詔革曰："大位不可一日曠，朕若弗瘳，宜即令燕趙國王嗣位。"[7]

[1]重熙：遼興宗耶律宗真年號（1032—1055）。

[2]北院樞密副使：契丹樞密院之樞密使。爲北面官之最高官職，樞密副使位在其下。掌軍事、部族。詳本書卷四五《百官志一》。

[3]夷离畢：遼官名。爲執政官，相當於副宰相参知政事。後來官分南、北，北面官有夷离畢院，主要掌刑政。　耶律義先（1010—1052）：于越仁先之弟。重熙初補祗候郎君班詳穩。十六年（1047）爲殿前都點檢，討蒲奴里，多所招降，獲其酋長陶得里以歸，以功改南京統軍使，封武昌郡王。本書卷九〇有傳。

[4]巡擲：【靳注】古時酒令之一種。巡迴擲博，賞罰飲酒以助宴娱。巡，指筵席上飲酒循環一輪；擲，指擲骰子。

[5]豈逃聖鑒：【劉校】"鑒"，原本、明抄本、南監本、北監本均作"監"。《初校》謂："'鑒'，《百》、《南》作'監'。"中華修訂本據殿本改。中華點校本和補注本徑改。

[6]帝大漸：【劉校】"漸"原本誤作"㦗"。《初校》謂："'漸'，《百》作'㦗'，非。"明抄本、南監本、北監本和殿本均作"漸"。中華點校本、修訂本和補注本徑改今從改。

[7]燕趙國王：遼道宗耶律洪基即位前的封號。

清寧元年復爲南院樞密使，[1]更王楚。復徙北院，與國舅蕭阿剌同掌朝政。[2]革多私撓，阿剌每裁正之，由是有隙，出阿剌爲東京留守。[3]會南郊，[4]阿剌以例赴闕，帝訪群臣以時務，阿剌陳利病，言甚激切。革伺帝意不悦，[5]因譖曰："阿剌恃寵，有慢上心，非臣子禮。"帝大怒，縊阿剌于殿下。

[1]清寧：遼道宗耶律洪基年號（1055—1064）。

[2]蕭阿剌（？—1061）：契丹外戚。北院樞密使孝穆之子。字阿里懶。幼養宮中，重熙二十一年（1052）拜西北路招討使，封西平郡王。尚秦晉國王公主，拜駙馬都尉。本書卷九〇有傳。

[3]東京：遼五京之一。故址在今遼寧省遼陽市。

[4]南郊：即南郊禮。特指帝王祭天的大禮。

[5]革伺帝意不悦：【劉校】"伺"原本作"同"。明抄本、南監本、北監本、殿本均作"伺"。中華點校本、修訂本和補注本徑改。今從改。

後上知革姦計，寵遇漸衰。八年致仕，封鄭國王。九年秋革以其子爲重元壻，[1]革預其謀，陵遲殺之。

[1]革以其子爲重元壻：【劉校】據中華點校本校勘記，《初校》認爲，"革"當作"帝"。

（李錫厚注　劉鳳翥校）

遼史　卷一一四

列傳第四十四

逆臣下

蕭胡覩　蕭迭里得　古迭　耶律撒剌竹　奚回离保　蕭特烈[1]

[1]“蕭胡覩”至“蕭特烈”：【劉校】原本、明抄本、南監本、北監本、殿本無。今據中華點校本補。

蕭胡覩字乙辛。[1]口吃、視斜、髮鬈，伯父孝穆見之曰：“是兒狀貌，[2]族中未嘗有。”及壯，魁梧桀傲，好揚人惡。

[1]字乙辛：【劉注】“乙辛”應作“乙辛隱”。契丹語中，男性的名字有“小名”和“第二個名”之分。在本書中把“小名”處理爲“名”，把“第二個名”處理爲“字”。凡“第二個名字”均有尾音 n。“乙辛”是契丹小字**仐杓**的音譯，是小名，其“第二

個名”爲，即“乙辛隱”。此處既然稱“字乙辛”，“乙辛”後面脱“隱”。契丹語的“第二個名”在譯成漢語時脱落尾音 n 是常有現象，例如“解里寧”被譯成“解里”。此處“乙辛隱”被譯成“乙辛”也是這種情況。

[2]孝穆：即蕭孝穆（？—1043）。小字胡獨堇，淳欽皇后弟阿古只五世孫。重熙六年（1037）進封吳國王，拜北院樞密使。十二年（1043）復爲北院樞密使，更王齊，死後追贈大丞相、晉國王。本書卷八七有傳。

重熙中爲祗候郎君，[1]俄遷興聖宫使。[2]尚秦國長公主，[3]授駙馬都尉，以不諧離婚；復尚齊國公主，[4]爲北面林牙。[5]

[1]重熙：遼興宗耶律宗真年號（1032—1055）。

[2]興聖宫：聖宗耶律隆緒宫分。

[3]秦國長公主：聖宗之女巖母堇。欽愛皇后生。開泰七年（1018）封魏國公主，進封秦國長公主，改封秦晉國長公主。清寧初加大長公主。下嫁蕭啜不，不諧，離異；改適蕭海里，不諧，離之；再適蕭胡覩，不諧，又離之，乃適韓國王蕭惠。事見本書卷六五《公主表》。

[4]齊國公主：在本書卷六五《公主表》中，進封齊國公主者衹有兩人：一個是景宗長女觀音女，睿智皇后生。封魏國公主，進封齊國，興宗時封燕國大長公主。下嫁北府宰相蕭繼先。曾受賜奴婢萬口，重熙中薨。另一個是道宗第二女糾里，宣懿皇后生。封齊國公主，進封趙國，下嫁蕭撻不也，大安五年（1089）以疾薨。看來二人都不是下嫁蕭胡覩的齊國公主。

[5]林牙：契丹官名。掌文翰，相當於翰林學士。

清寧中歷北、南院樞密副使，[1]代族兄朮哲爲西北路招討使。[2]時蕭革與蕭阿剌俱爲樞密使，不協，革以朮哲爲阿剌所愛嫉之。朮哲受代赴闕，先嘗借官粟，留直而去。胡覩希革意，發其事，朮哲因得罪。

[1]清寧：遼道宗耶律洪基年號（1055—1064）。　北、南院樞密副使：北、南樞密院分别爲北、南面官的首腦機構，是遼朝的實際宰輔機構。北樞密院又稱契丹樞密院，掌軍事、部族。南樞密院又稱漢人樞密院，掌漢人州縣之事。樞密使是北、南樞密院之最高長官，樞密副使位在其下。

[2]西北路招討使：遼朝官名。西北路招討司的最高長官。該機構是遼朝統治漠北屬部的最高軍政機構，又稱西北路都招討司。

胡覩又欲要權，歲時獻遺珍玩、畜産于革，二人相愛過于兄弟。胡覩族弟敵烈爲北剋，薦國舅詳穩蕭胡篤于胡覩，胡覩見其辨給壯勇，傾心交結。每遇休沐，[1]言論終日，人皆恠之。會胡覩同知北院樞密事，奏胡篤及敵烈可用，帝以敵烈爲旗鼓拽剌詳穩，[2]胡篤爲宿直官。及革構陷其兄阿剌，[3]胡篤陰爲之助，時人醜之。

[1]休沐：官吏休息日。《文選》卷二七《休沐重還道中五言》李善注："善曰：休，假也；沐，洗也。《漢書》'張安世休沐未嘗出'。如淳曰：'五日得下一沐。'良曰：'休沐，謂休假沐浴也。'"明人楊慎《丹鉛總録》卷三《三澣》："蓋本唐制十日一休沐，故韋應物詩曰'九日驅馳一日閒'，白樂天詩'公假月三旬'。"

[2]拽剌：契丹語"走卒"謂之"拽剌"，後爲軍官名。有掌旗鼓者，稱"旗鼓拽剌"，還有專司偵候、探報等職者。

[3]阿剌：即蕭阿剌（？—1061）。契丹外戚，北院樞密使孝穆之子。字阿里懶。幼養宮中。尚秦晉國王公主，拜駙馬都尉。清寧二年（1056）任北院樞密使，徙王陳。後出任東京留守。七年入朝陳時政得失。蕭革以事中傷，道宗怒，縊殺阿剌。本書卷九〇有傳。

耶律乙辛知北院樞密事，[1]胡覩位在乙辛下，意怏怏不平。初，胡覩嘗與重元子涅魯古謀逆，[2]欲其速發。會車駕獵太子山，遂與涅魯古脅弩手軍犯行宮，[3]既戰，涅魯古中流矢而斃，衆皆逃散。時同黨耶律撒剌竹適在圍場，聞亂率獵夫來援。其黨謂胡覩等曰："我軍甚衆，乘其無備，中夜決戰事冀有成，若至明日其誰從我？"胡覩曰："倉卒中黑白不辨若内外軍相應則吾事去矣。黎明而發何遲之有！"重元聽胡覩之計，令四面巡警待旦。是夜，同黨立重元僭位號，胡覩自爲樞密使。

[1]耶律乙辛（？—1083）：五院部人。字胡覩衮。重熙中爲文班吏。道宗清寧五年（1059）爲南院樞密使，改知北院，封趙王。九年重元亂平，拜北院樞密使，進封魏王。咸雍五年（1069）加守太師。詔四方有軍旅，許以便宜從事，勢震中外。大康元年（1075）誣皇后蕭觀音致死，三年又害死太子耶律濬。本書卷一一〇有傳。

[2]重元（1021—1063）：原稱宗元，因避興宗諱，改重元，小字孛吉只，亦作孛已只，聖宗次子。太平三年（1023）封秦國王。聖宗死後，欽愛皇后稱制，曾密謀立重元。重元以所謀告於興宗，封爲皇太弟。賜以金券誓書。道宗即位，册爲皇太叔，爲天下兵馬大元帥，復賜金券。清寧九年（1063）與其子涅魯古謀亂，失敗自

殺。本書卷一一二有傳。　涅魯古（？—1063）：耶律重元之子。有傳附本書卷一一二《耶律重元傳》後。

[3]行宫：亦稱行帳，即遼代皇帝轉徙隨行的車帳組成的朝廷，契丹語稱“捺鉢”，遼中葉逐漸形成“四時捺鉢”制度。

明日戰敗，胡覩被創單騎遁走，至十七濼投水死。五子，同日誅之。

蕭迭里得字胡覩堇，[1]國舅少父房之後。[2]父雙古尚鈿匿公主，[3]仕至國舅詳穩。[4]

[1]字胡覩堇：【劉注】“胡覩堇”爲契丹語“第二個名”的音譯，漢義爲“福”。

[2]國舅少父房：據本書卷六七《外戚表序》：“契丹外戚，其先曰二審密氏：曰拔里，曰乙室已。至遼太祖，娶述律氏。述律，本回鶻糯思之後。大同元年，太宗自汴將還，留外戚小漢爲汴州節度使，賜姓名曰蕭翰，以從中國之俗，由是拔里、乙室已、述律三族皆爲蕭姓。拔里二房，曰大父、少父；乙室已亦二房，曰大翁、小翁；世宗以舅氏塔列葛爲國舅别部。”又本書卷四五《百官志一》不稱“房”，稱“帳”，各設常衮以治之。

[3]鈿匿公主：聖宗第六女鈿匿。蕭氏生，初封平原郡主，進封荆國公主，下嫁蕭雙古。

[4]詳穩：遼朝軍官名。元帥府下設大詳穩司。本書卷一一六《國語解》：“詳穩，諸官府監治長官。”“詳穩”即漢語“將軍”的轉譯。【劉注】“詳穩”即漢語“將軍”的轉譯的説法似有值得商榷之處。在契丹小字中，“詳穩”作，“將軍”作，或、；在契丹大字中，“詳穩”作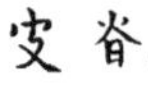，

“將軍”作将吴。“詳穩”不是漢語“將軍”的轉譯，而是音譯的契丹語，契丹語中“將軍”是漢語借詞。

迭里得幼警敏不羈，好射獵。太平中以外戚補祗候郎君，[1]歷延昌宮使、殿前副點檢。[2]重熙十三年伐夏，[3]迭里得將偏師首入敵境，[4]多所俘掠，遷都點檢，改烏古敵烈部都詳穩。[5]十八年再舉西伐，迭里得奏："軍馬器械之事務在選將。夏人豈爲難制，但嚴設斥候，不用掩襲計，何慮不勝！"帝曰："卿其速行，無後軍期。"既而迭里得失利還，復爲都點檢。十九年夏人來侵金肅軍，[6]上遣迭里得率輕兵督戰，至河南三角川，斬候者八人，擒觀察使，以功命知漢人行宮都部署事，[7]出爲西南面招討使。[8]

[1]太平：遼聖宗耶律隆緒年號（1021—1031）。

[2]延昌宮：穆宗所置宮衛。　殿前副點檢：後周世宗設置殿前司，以都點檢、副都點檢爲正副長官，位在都指揮使之上，爲禁軍統帥。宋初廢。遼設殿前都點檢、副都點檢當係模倣後周制。

[3]夏：即夏國（1038—1227），是以党項民族爲主體建立的政權。公元1038年，元昊叛宋稱帝，建立大夏王朝，傳十代，至1227年爲蒙古所滅。元昊稱帝以前，其作爲北宋境内的地方割據政權，已經具有獨立性。故遼亦稱之爲夏國或西夏。

[4]偏師：非主力之師。《左傳·桓公八年》：季梁曰："楚人上，左君必左。無與王遇，且攻其右。右無良焉，必敗。偏敗，衆乃攜矣。"

[5]烏古敵烈部：部族名。原爲二部。烏古又稱嫗厥律、于厥律，居契丹西北；敵烈又譯迪烈、敵烈德、迭烈德、達里底。遼時

以遊牧、捕獵爲業，分佈於臚朐河（今克魯倫河）流域。有八部，稱爲八部敵烈或八石烈敵烈。與烏古部並稱爲北邊大部。遼聖宗以敵烈部降人置迭魯敵烈部和北敵烈部。開泰四年（1015）築河董城於臚朐河北，安置敵烈、烏古降人。壽昌二年（1096），徙敵烈、烏古於烏納水西。遼置烏古敵烈統軍司以應對阻卜諸部的反抗。金末元初，敵烈人逐漸與女真人、蒙古人等同化。

[6]金肅軍：亦名金肅州。治所在今内蒙古自治區准格爾旗西北。

[7]漢人行宫都部署：遼在北南面官系統中，分别設契丹行宫都部署和漢人行宫都部署，其上則有諸行宫都部署。行宫都部署完全是倣中原王朝官制設置的，它不同於專管斡魯朶事務的某宫都部署的宫官。宋朝皇帝巡幸亦有行宫，且亦有行宫都部署之設。後避英宗趙曙名諱，改稱行宫都總管。詳本書卷四七《百官志三》。

[8]西南面招討使：西南面招討司長官。駐西京大同（今山西省大同市），負責對夏防務。

族弟黄八家奴告其主私議宫掖事，迭里得寢之。事覺，決大杖，削爵爲民。清寧中上以所坐事非迭里得所犯，起爲南京統軍使。[1]至是，從重元子涅魯古等亂，敗走被擒，伏誅。

[1]南京：遼五京之一。故址在今北京市。

古迭本宫分人，[1]不知姓氏。好戲狎，不喜繩檢。膂力過人，善擊鞠。[2]

[1]宫分人：有宫籍之人。宫籍起源甚早，遙輦氏時已經有宫分人存在。有宫籍的宫分人，多是統治者的私奴，但宫分人中也有

契丹權貴。宮籍是世襲的，宮分人“出宮籍”需要經皇帝特許。如韓德讓，就是既貴並且賜姓耶律之後纔“出宮籍”的。繼韓德讓之後，興宗時的漢人宮分人姚景行出宮籍也是在其官至翰林學士、樞密副使、參知政事以後。漢臣梁援，累世在遼朝作官，同時也具有宮籍。壽昌七年（1101）正月，道宗死後，由他充玄宮都部署，並撰上謚册文。喪事既畢，始詔免其宮籍，而且“勑格餘人不以爲例，示特寵也”（《遼寧省博物館藏碑誌精粹》，文物出版社 2000 年版）。遼朝諸宮衛（斡魯朶）有所管轄人丁的統計數字，但奴婢不計算在内。遼亡之後，諸宮衛機構雖已不存，但那些宮户、宮分人的身份並未改變，他們仍隸宮籍。於是，金朝始有宮籍監之設，用以管理這些宮户，並依照新機構的名稱，稱他們爲“宮籍監户”或“監户”。遼朝一部分專門在皇帝身邊服役的“宮户”又稱爲“著帳户”。散居州縣當中的宮户與民户一樣要向國家交納賦税，説明這些宮户的身份已經發生了改變。宮户所受剥削和壓迫定是相當沉重的，以至他們被迫逃亡。

[2]擊鞠：即打馬球，是當時流行的競技活動。因爲參賽者都在馬上擊球，奔馳的快馬有時會失控，因此具有一定的危險性。統和六年（988），一日承天太后觀看臣下擊鞠，她的寵臣韓德讓被胡里室衝撞墜馬，太后一怒之下，竟下令將胡里室斬首。今内蒙古自治區敖漢旗皮匠溝 1 號遼墓墓門西側的穹隆頂下部，有一幅打馬球圖。現存寬 180 釐米、高 50 釐米。畫面有多處剥落，但大體可辨。

重熙初爲護衛，歷宿直官。十三年西征，以古迭爲先鋒。夏人伏兵掩之，古迭力戰，麾下士多殁，乃單騎突出。遇夏王李元昊來圍，[1]勢甚急。古迭馳射，應弦輒仆；躍馬直擊中堅，夏兵不能當，晡乃還營。[2]改興聖宮太保。

清寧九年從重元、涅魯古亂，與扈從兵戰，敗而遁，追擒之，陵遲而死。

[1]李元昊（1003—1048）：小字嵬理，後更名曩霄，李德明長子。謚武烈皇帝，廟號景宗，陵號泰陵。宋天聖九年（1031）李德明死後嗣位，宋授爲定難軍節度、夏銀綏宥静等州觀察處置押蕃落使、西平王。遼封他爲夏國王。宋寶元元年（1038）十月，他更名曩霄，建國號大夏，年號天授禮法延祚，自稱皇帝。進表宋朝，要求承認建國稱帝的既成事實，雙方隨即發生戰爭。七年後雙方重新談和。西夏國主稱臣，宋朝同意每年給予銀、絹、茶共二十五萬五千兩、匹、斤。夏宋談和，夏遼矛盾隨之激化。西夏景宗與遼興平公主婚後失和，再加上這時遼境内的党項部落多叛附西夏，糾紛益形擴大。遼興宗親征西夏，遭遇失敗。從此夏、宋、遼三方鼎峙的局勢形成。

[2]晡：申時。即午後三至五時。

撒剌竹，孟父房滌洌之孫。[1]性兇暴。

[1]孟父房：契丹以玄祖之後爲皇族，分爲三房：孟父房、仲父房和季父房。本書卷四五《百官志一》："玄祖伯子麻魯無後，次子巖木之後曰孟父房。"

清寧中累遷宣徽使，[1]改殿前都點檢，首與重元謀亂。會帝獵灤河，[2]重元恐事泄，與扈從軍倉卒而戰。其子涅魯古既死，同黨潰散。撒剌竹適在畋所，聞亂劫獵夫以援。既至，知涅魯古已死，大悔恨之，謂曰："我輩惟有死戰，胡爲若兒戲，自取殞滅？今行宫無備，乘夜劫之大事可濟。若俟明旦，彼將有備，安知我衆不攜貳。一失機會悔將無及。”重元、蕭胡覩等曰：“今夕但可四面圍之，勿令外軍得入，彼何能備！”不從。遲明投仗而走，撒剌竹戰死。

［1］宣徽使：遼朝官名。遼設北、南宣徽院，分隸北、南樞密院之下。宣徽北院使常執行軍事使命。此外，宣徽使還掌領朝會、宴饗、禮儀、祭祀及御前祗應之事。

［2］灤河：河流名。發源於今河北省張家口市境内，流經該省北部，至灤州市、樂亭縣分道入海。

奚回离保一名翰，字挼懶，奚王忒鄰之後。[1]善騎射，趫捷而勇，與其兄鼈里剌齊名。

［1］奚王：對奚部族首領的稱呼。據《五代會要》卷二八《奚》：“奚，本匈奴别種，即東胡之地，人物風俗與突厥同。族有五姓：一曰阿會部，管縣六；二曰啜米部，管縣四；三曰奥質部，管縣六；四曰奴皆部，管縣四；五曰黑訖支部，管縣三。每部有刺史，每縣有令，酋長號奚王。”此奚王是被契丹降伏以後的奚部族酋長。《新五代史》卷七四《四夷附録第三》所記奚各部名稱與《五代會要》相同：奚“分爲五部：一曰阿薈部，二曰啜米部，三曰粵質部，四曰奴皆部，五曰黑訖支部。後徙居琵琶川，在幽州東北數百里。地多黑羊，馬趫前蹄堅善走，其登山逐獸，下上如飛”。奚本來衹有五部，阿保機在降伏五部奚之後又設置墮瑰部，而成六部。詳本書卷三三《營衛志下·部族下》。

大安中車駕幸中京，[1]補護衛，稍遷鐵鷂軍詳穩。[2]天慶間徙北女直詳穩，[3]兼知咸州路兵馬事，[4]改東京統軍。[5]既而諸蕃入寇悉破之，遷奚六部大王兼總知東路兵馬事。

[1]大安：遼道宗耶律洪基年號（1085—1094）。　中京：遼五京之一。稱大定府，故址在今内蒙古自治區寧城縣大明鎮。

[2]鐵鷂軍：據《通鑑》卷二八四後晉齊王開運二年（945）三月胡注：契丹稱精騎爲"鐵鷂"，因其身被鐵甲，而馳突輕疾，如鷂之搏鳥雀也。

[3]天慶：遼天祚帝耶律延禧年號（1111—1120）。　女直：部族名。本作"女真"，因避遼興宗宗真名諱，改稱"女直"。遼時居東北地區東部。其在南者入遼籍，稱"熟女真"或"合蘇館女真"；在北者不入遼籍，稱"生女真"。

[4]咸州：州名。治所在今遼寧省開原市東北。

[5]東京：遼五京之一。故址在今遼寧省遼陽市。

保大二年金兵至，[1]天祚播遷，回离保率吏民立秦晉國王淳爲帝。[2]淳僞署回离保知北院樞密事兼諸軍都統，[3]屢敗宋兵。淳死其妻普賢女攝事。[4]是年金兵由居庸關入，[5]回离保知北院，即箭笴山自立，[6]號奚國皇帝，改元天復。[7]設奚、漢、渤海三樞密院，[8]改東、西節度使爲二王，分司建官。

[1]保大：遼天祚帝耶律延禧年號（1121—1125）。

[2]秦晉國王淳：即耶律淳（1062—1122）。興宗第四孫，南京留守、宋魏王和魯斡之子。遼亡前夕保大二年（1122）在燕京立爲帝，年號建福，降封天祚先帝爲湘陰王。數月後死去，廟號宣宗。傳附本書卷三〇《天祚皇帝本紀四》。

[3]都統：官名。唐乾元中，始以都統名官，總諸道征伐。後若調諸道兵馬會戰，多置此職，爲臨時軍事長官，不賜旌節，事解即罷。遼設諸路兵馬都統署司，下有諸路兵馬都統署，都統爲其長官。

[4]普賢女：耶律淳妻德妃。耶律淳死，遺命遙立天祚第五子秦王定爲帝，德妃爲皇太后，稱制。保大二年（944）六月改建福爲德興元年。十二月金兵至居庸關，德妃奔天德軍，見天祚，被殺。

[5]居庸關：要塞名。在今北京市昌平區西北。《畿輔通志》卷四〇："居庸關在昌平州西北二十四里，關門南北相距四十里。兩山夾峙，下有巨澗、懸崖峭壁，稱爲絶險。《淮南子》：'天下九塞，居庸其一也。'……《水經注》：'居庸關在上谷沮陽城東南六十里，絶谷累石，崇墉峻壁，山岫層深，側道褊狹，林障邃險，路僅容軌。'杜氏《通典》：北齊改居庸爲納欵關。《唐十道志》居庸亦名薊門關，《新唐書·地理志》居庸關亦謂之軍都關。"

[6]箭笴（gǎn）山：地名。胡損奚所居地。【靳注】此爲山名。在今河北省撫寧縣東北葦子峪外。

[7]號奚國皇帝，改元天復：【劉校】據中華點校本校勘記，本書卷二九《天祚皇帝本紀三》載，保大二年十一月金人下居庸關。保大三年正月，回离保自立，改元天復。

[8]渤海樞密院：負責管理渤海遺民事務。

時奚人巴輒、韓家奴等引兵擊附近契丹部落，劫掠人畜，群情大駭。會回离保爲郭藥師所敗，[1]一軍離心，其黨耶律阿古哲與其甥乙室八斤等殺之，僞立凡八月。[2]

[1]郭藥師：渤海鐵州（今吉林省和龍市西北一百里太陽城古城）人。遼末，募遼東饑民爲怨軍，藥師爲怨軍首領。後耶律淳改怨軍爲常勝軍，藥師附於宋，又降金。《宋史》卷四七二、《金史》卷八二有傳。

[2]僞立凡八月：【劉校】據中華點校本校勘記，按回离保於三年正月自立，五月爲衆所殺，實不及八月。

蕭特烈字訛都椀，遙輦洼可汗宮分人。[1]乾統中入宿衛，出爲順義軍節度使。天慶四年同知咸州路兵馬事。五年以兵敗奪節度使。

[1]遙輦洼可汗：遙輦氏第一任可汗。

保大元年遷隗古部節度使。[1]及天祚在山西集群牧兵，[2]特烈爲副統軍。聞金兵將至，特烈諭士卒以君臣之義死戰于石輦鐸。[3]金兵不戰，特烈伺間欲攻之。天祚喜甚，召嬪御諸子登高同觀，將詫之。金兵望日月旗，知天祚在其下，以勁兵直趨奮擊，無敢當者，天祚遁走。特烈所至招集散亡，尋爲中軍都統，復敗于梯己山。

[1]隗古部：【劉校】據中華點校本校勘記，本書卷三三《營衛志下》、卷三五《兵衛志中》並作“隗烏古部”。

[2]群牧：契丹專門管理畜群的機構。諸路設群牧使司，下設某群太保、某群侍中、某群敞史；朝廷設總典群牧使司，有總典群牧部籍使、群牧都林牙。以“群”爲單位設某群牧司，設群牧使、群牧副使。此外，還有衹管理馬及牛群的機構。遼亡之後，金稱契丹群牧爲“烏魯古”。

[3]石輦鐸：【靳注】亦作“石輦驛”。地名。在今山西省大同市西北。

天祚決意渡河奔夏，從臣切諫不聽，人情惶懼不知所爲。特烈陰謂耶律兀直曰："事勢如此，億兆離心，正我輩效節之秋，不早爲計奈社稷何！"遂共劫梁王雅里奔西北諸部，[1]僞立爲帝，特烈自爲樞密使。[2]

[1]梁王雅里：梁王是遼中期以後皇位繼承人的封號。聖宗早年曾受封爲梁王，開泰七年（1018）宗真三歲時即受封爲梁王。這表明，宗真作爲皇位繼承人的地位，已經確定。雅里是天祚第二子，七歲封梁王。保大三年（1123）天祚奔夏，衆推雅里稱帝，改元神曆。後以疾卒，年三十。

[2]特烈自爲樞密使：【劉校】據中華點校本校勘記，本書卷三〇《天祚皇帝本紀四》保大五年（1125）附雅里紀事，以耶律敵烈爲樞密使，特母哥副之。

雅里卒，欲擇可立者。會耶律兀直言朮烈才德純備，兼興宗之孫，衆皆曰可，遂僭立焉，特烈僞職如故。未三旬，與朮烈俱爲亂兵所殺。

論曰：遼之秉國鈞，握兵柄，節制諸部帳，非宗室外戚不使，豈不以爲帝王久長萬世之計哉。及夫肆叛逆，致亂亡，皆是人也。有國家者可不深戒矣乎！[1]

[1]可不深戒矣乎：【劉校】可不，原本誤作"不可"。明抄本、南監本、北監本和殿本均作"可不"。中華點校本、修訂本和補注本徑改。今從改。

（李錫厚注　劉鳳翥校）

遼史　卷一一五

二國外記第四十五

高麗

高麗自有國以來，傳次久近、人民土田歷代各有其志，[1]然高麗與遼相爲終始二百餘年。[2]

[1]人民土田：《宋史》卷四八七《高麗傳》載："其國東西二千里，南北五百里，西北接契丹，恃鴨緑江以爲固，江廣三百步。其東所臨，海水清澈，下視十丈，東南望明州，水皆碧。""凡三京、四府、八牧、郡百有十八、縣鎮三百九十、洲島三千七百。郡邑之小者，或只百家。男女二百十萬口，兵、民、僧各居其一。地寒多山，土宜松栢，有秔、黍、麻、麥而無秫，以秔爲酒。少絲蠶，匹縑直銀十兩，多衣麻紵。王出，乘車駕牛，歷山險乃騎。紫衣行前，捧《護國仁王經》以導。出令曰教，曰宣。臣民呼之曰聖上，私謂曰嚴公，后妃曰宮主。百官名稱、階、勳、功臣、檢校，頗與中朝相類。"【劉注】"南北五百里"，"五"前脱"千"字。《宋史》卷四八七《高麗傳》大中祥符八年（1015）條載"國境南北千五百里，東西二千里。"

[2]高麗與遼相爲終始二百餘年：王氏高麗（918—1392）享國474年，遼亡於1125年，兩國並立時間達207年。《新五代史》卷七四《四夷附録第三》“高麗”載：“長興三年權知國事王建遣使者來，明宗乃拜建玄菟州都督、充大義軍使，封高麗國王。”王建立國15年後，始受後唐明宗册封。

自太祖皇帝神册間，[1]高麗遣使進寶劍。[2]天贊三年來貢。[3]太宗天顯二年來貢。[4]會同二年受晉上尊號册，[5]遣使往報。

[1]神册：遼太祖耶律阿保機年號（916—922）。

[2]高麗遣使進寶劍：【劉校】據中華點校本校勘記，本書卷一《太祖本紀上》載太祖九年（915）十月，“高麗遣使進寶劍”。按，進寶劍的“高麗”其實是僧人弓裔於公元901年在今朝鮮半島北部建立的後高句麗。太祖九年時爲後梁乾化五年（915），至918年，後高句麗爲王建的高麗王朝所滅。

[3]天贊三年來貢：天贊，遼太祖耶律阿保機年號（922—926）。《高麗史》卷一《太祖世家一》載：“壬午五年（922）春二月，契丹來遺槖駞、馬及氊。”天贊三年高麗“來貢”，當是對天贊元年（壬午，922）“槖駞、馬及氊”的酬答。本書卷二《太祖本紀下》，高麗向遼遣使，初見於天贊四年（925）冬十月辛巳，“高麗國來貢”。

[4]天顯：遼太宗耶律德光年號（926—938）。

[5]會同：遼太宗耶律德光年號（938—947）。《宋史》卷四八七《高麗傳》載：“晉天福中復來朝貢。”是指契丹立晉及接受晉上尊號册禮後，高麗仍向晉稱臣。

聖宗統和三年秋七月，[1]詔諸道各完戎器，以備東征高麗。八月以遼澤沮洳罷師。十年以東京留守蕭恒德伐高麗。[2]十一年，王治遣朴良柔奉表請罪，[3]詔取女直國鴨淥江東數百里地賜之。[4]十二年入貢。三月王治遣使請所俘生口，詔贖還之，[5]仍遣使撫諭。十二月王治進妓樂，詔却之。十三年治遣李周楨來貢，又進鷹。十月遣李知白奉貢。十一月遣使册治爲王。遣童子十人來學本國語。十四年王治表乞爲婚姻，[6]以東京留守駙馬蕭恒德女下嫁之。六月遣使來問起居。自是至者無時。

[1]統和：遼聖宗年號（983—1012）。

[2]東京：遼五京之一。治所在今遼寧省遼陽市。　蕭恒德（？—997）：字遜寧。國舅少父房之後。蕭排押弟，本書卷八八有傳。

[3]王治（？—994）：高麗國王。太平興國七年（982）襲位，並接受宋朝封册。但亦不敢得罪契丹。此次遣使契丹，奉表請罪，是因上年末受到契丹征伐。事後又求助於宋，宋未能相助，故此後倒向契丹。據《宋史》卷四八七《高麗傳》載：淳化五年（遼統和十二年，994）六月，"遣使元郁來乞師，愬以契丹寇境。朝廷以北鄙甫寧，不可輕動干戈，爲國生事，但賜詔慰撫，厚禮其使遣還。自是受制于契丹，朝貢中絶"。《高麗史》卷三《成宗世家》甲午十三年（遼統和十二年，994）四月，"是月遣侍中朴良柔奉表如契丹，告行正朔，乞還俘口"。行遼正朔，即向遼稱臣。但隨後仍"六月遣元鬱如宋，乞師以報前年之役。宋以北鄙甫寧，不宜輕動，但優禮遣還。自是與宋絶"。

[4]女直：部族名。本作"女真"，因避遼興宗宗真名諱，改稱"女直"。遼時居東北地區東部。其在南者入遼籍，稱"熟女真"或"合蘇館女真"；在北者不入遼籍，稱"生女真"。　鴨淥

江：即今鴨緑江。

[5]詔贖還之：【劉校】據中華修訂本校勘記，“贖”原作“續”。本書卷一三《聖宗本紀四》統和十二年三月丁巳云：“高麗遣使請所俘人畜，詔贖還。”今據改。《羅校》謂：“‘續’當作‘贖’。”

[6]婚姻：【劉校】原本作“昏姻”，明抄本、南監本、北監本、殿本作“婚姻”。中華點校本和補注本徑改。今從。中華修訂本仍作“昏姻”。

十五年韓彦敬來納聘幣，[1]弔駙馬蕭恒德妻越國公主薨。[2]十一月治薨，其姪誦遣王同穎來告。[3]十二月遣使致祭，詔其姪誦權知國事。[4]十六年遣使册誦爲王。二十年誦遣使賀伐宋之捷。七月來貢本國《地里圖》。二十二年以南伐事詔諭之。二十三年高麗聞與宋和，遣使來賀。二十六年進龍鬚草席，及賀中京城。[5]二十七年，承天皇太后崩，[6]遣使報以國哀。二十八年誦遣魏守愚等來祭。[7]三月使來會葬。

[1]韓彦敬：【劉校】據中華修訂本校勘記，本書卷一三《聖宗本紀四》統和十五年（997）七月丙子同，《高麗史》卷三《成宗世家》成宗十五年（遼統和十四年，996）三月作“韓彦卿”。

[2]越國公主（976—997）：景宗第三女延壽女。生母爲睿智皇后。下嫁蕭恒德。公主疾，太后遣宫人賢釋侍之，恒德私焉。公主恚而薨，太后怒，恒德賜死。

[3]誦：王誦（？—1010），高麗國王。遼統和十五年十一月其叔治卒，誦繼位，十六年遼遣使册誦爲高麗國王。二十八年高麗西京留守康肇弑誦，擅立誦從兄詢。

[4]詔其姪誦權知國事：【劉校】中華點校本校勘記云，“誦”原誤“記”。據下文及道光殿本改。今從。

[5]中京：遼中京稱大定府。治所在今内蒙古自治區寧城縣大明鎮。　“二十六年”至“中京城”：本書卷一四《聖宗本紀五》統和二十六年（1008）五月丙寅，“高麗進龍鬚草席。己巳，遣使賀中京成”。另據卷七〇《屬國表》，統和二十六年“高麗進文化、武功兩殿龍鬚草地席”。可知高麗所進龍鬚草席是爲中京新建的文化、武功二殿鋪地用的。

[6]承天皇太后（？—1009）：諱綽，小字燕燕，北府宰相蕭思温女。景宗即位，選爲貴妃。尋册爲皇后，生聖宗。景宗崩，尊爲皇太后，攝國政。統和元年（983），上尊號曰承天皇太后。

[7]魏守愚：據本書卷一五《聖宗本紀六》，承天太后崩，統和二十八年（1010）二月“己亥，高麗遣魏守愚等來祭”。

五月高麗西京留守康肇弑其主誦，[1]擅立誦從兄詢。[2]八月，聖宗自將伐高麗，報宋。遣引進使韓杞宣問詢。[3]詢奉表乞罷師，不許。十一月大軍渡鴨渌江，康肇拒戰于銅州，[4]敗之。肇復出，右皮室詳穩耶律敵魯擒肇等[5]，追奔數十里，獲所棄糧餉、鎧仗，銅、霍、貴、寧等州皆降。詢上表請朝，許之。禁軍士俘掠。以政事舍人馬保祐爲開京留守，[6]安州團練使王八爲副留守。[7]太子太師乙凛將騎兵一千，送保祐等赴京。守將卓思正殺我使者韓喜孫等十人，[8]領兵出拒，保祐等復還。乙凛領兵擊之，思正遂奔西京。[9]圍之五日不克，駐蹕于城西佛寺。高麗禮部郎中渤海陁失來降。[10]遣排押、盆奴攻開京，[11]遇敵于京西，敗之。詢棄城遁走，遂焚開京，至清江而還。二十九年正月班師，所降諸城復叛。至貴州南嶺谷，[12]大雨連日，霽乃得渡，馬駞皆疲乏，甲仗多遺棄。次鴨渌江，以所俘人分置諸陵廟，餘賜内戚、大臣。

［1］康肇：又作“康兆”。據《高麗史》卷三《穆宗世家》，己酉十二年（統和二十七年，1009）正月壬申“西京都巡檢使康兆領甲卒而至，遂謀廢立。二月戊子，請王出御龍興歸法寺。己丑，日色如張紅幕，兆兵闌入宫門，王知不免，與太后號泣出御法王寺。俄而俞義等奉院君而至，遂即位。兆廢王爲讓國公，遣兵殺金致陽父子及庾行簡等七人。王出自宣仁門，侍臣初皆步從，至是始有騎而從者。至歸法寺，解御衣，換食而進。兆召還沆等供職，王謂沆曰：‘頃府庫災而變起所忽，皆由予不德，夫復何怨。但願歸老於鄉，卿可奏新君且善輔佐。’遂向忠州。太后欲食，王親奉盤盂，太后欲御馬，王親執鞚。行至積城縣，兆使人弑之。以王自刎聞。取門扇爲棺，權厝於館。王在位十二年，壽三十”。契丹是通過女真人得知高麗王誦遇弑的。《高麗史》卷四《顯宗世家一》庚戌元年（遼統和二十八年，1010）五月甲申“女真訴于契丹，契丹主謂群臣曰：‘高麗康兆弑君，大逆也，宜發兵問罪’”。此次戰爭，女真助高麗抗拒契丹。《三朝北盟會編》卷三“政宣上帙三”載，大中祥符三年（1010），“契丹征高麗，過其國（女真），乃與高麗合拒契丹。”

［2］詢：王詢，高麗王朝第八任君主，字安世，公元992年至1031年在位。廟號顯宗。擅立誦從兄詢：【劉校】據中華點校本校勘記，按《宋史》卷四八七《高麗傳》作“誦卒，弟詢權知國事”。

［3］韓杞：《高麗史》卷四《顯宗世家一》庚戌元年冬（統和二十八年，1010）十月癸丑，“契丹遣給事中高正、閤門引進使韓杞來告興師。參知政事李禮均、右僕射王同穎如契丹請和”。

[4]銅州：渤海置，遼屬東京道。下轄析木縣，治所在今遼寧省海城市。【劉校】據中華修訂本校勘記，此處“銅州”，當作“通州”。《高麗史》卷四《顯宗世家》顯宗元年十一月己亥、《東國統鑑》卷一五《高麗紀·顯宗元文王》元年十一月丁酉均作“通州”。又據《長編》卷七四宋真宗大中祥符三年（1010）十一月壬辰、《宋史》卷四八七《高麗傳》載，是時高麗於北邊築通州等六城，此處“銅州”當爲“通州”之誤。

[5]皮室：契丹軍名。意爲“金剛”。初爲阿保機所置，稱“腹心部”。後有南、北、左、右皮室及黄皮室等，皆掌精甲。　詳穩：遼朝軍官名。元帥府下設大詳穩司。本書卷一一六《國語解》：“詳穩，諸官府監治長官。”“詳穩”即漢語“將軍”的轉譯。【劉注】“詳穩”即漢語“將軍”的轉譯的説法似有值得商榷之處。在契丹小字中，“詳穩”作，“將軍”作，或、；在契丹大字中，“詳穩”作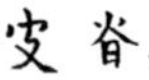，“將軍”作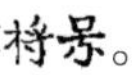。“詳穩”不是漢語“將軍”的轉譯，而是音譯的契丹語，契丹語中“將軍”是漢語借詞。　耶律敵魯：善醫，其先本屬五院部，早年隸屬宫分。本書卷八八有傳。

[6]開京：高麗國都。治所在今朝鮮開城市。《高麗史》卷二《光宗世家》：十一年（遼應曆十年，960）“改開京爲皇都；西京爲西都”。《宋史》卷四八七《高麗傳》：“王居開州蜀莫郡，曰開成府。依大山置宫室，立城壁，名其山曰神嵩。民居皆茅茨，大止兩椽，覆以瓦者才十二。以新羅爲東州樂浪府，號東京。百濟爲金州金馬郡，號南京。平壤爲鎮州，號西京。西京最盛。”宋人徐兢《宣和奉使高麗圖經》卷三《國城》：“今王城在鴨緑水之東南千餘里，非平壤之舊矣。其城周圍六十里，山形繚繞，雜以沙礫，隨其地形而築之，無濠塹，不施女牆，列構延屋如廊廡狀，頗類敵樓，雖施兵仗以備不虞，而因山之勢非盡堅高，至其低處則不能受敵。萬一有警，信知其不足守也。”

［7］安州：原渤海國安邊府。治所在今俄羅斯濱海邊疆區奥莉加。以漢臣馬保佑與渤海地方官王八爲開京正、副留守，是爲了緩和當地人民的反抗。

［8］卓思正：《高麗史》作“卓思政”，康肇同黨，開京守將，本書卷一五《聖宗本紀六》統和二十八年（1010）十一月“壬辰，守將卓思正殺遼使者韓喜孫等十人，領兵出拒，保祐等還。遣乙凛領兵擊之，思正遂奔西京。”

［9］西京：高麗以平壤爲西京。《高麗史》卷七七《百官志二》載“西京留守官：太祖元年置平壤大都護府，遣重臣二人守之。置参佐四五人。成宗十四年，置知西京留守事一人，三品以上；副留守一人，四品以上……忠宣王以後，改平壤府，置尹，從二品；少尹，正四品；判官，正五品；參軍，正七品。忠肅王以安定道存撫使兼平壤府尹”。

［10］高麗禮部郎中渤海陁失來降：契丹滅亡渤海後，逃到高麗者甚衆。《高麗史》卷一《太祖世家一》載：乙酉八年（遼天顯四年，925）“秋九月丙申，渤海將軍申德等五百人來投。庚子，渤海禮部卿大和鈞、老司政大元鈞、工部卿大福謨、左右衛將軍大審理等率民一百户來附。渤海本粟末靺鞨也。唐武后時高勾麗人大祚榮走保遼東，睿宗封爲渤海郡王，因自稱渤海國。併有扶餘、肅慎等十餘國，有文字、禮樂、官府制度、五京、十五府、六十二州，地方五千餘里，衆數十萬。鄰於我境而與契丹世讎。至是契丹主謂左右曰：‘世讎未雪，豈宜安處。’乃大舉攻渤海大諲譔，圍忽汗城。大諲譔戰敗乞降，遂滅渤海。於是其國人來奔者相繼”。

［11］排押：即蕭排押（？—1023）。字韓隱，國舅少父房之後。統和二十二年與宋和議成，爲北府宰相。兩度從聖宗征高麗。本書卷八八有傳。　盆奴：即耶律盆奴，字胡獨堇，惕隱涅魯古之孫。統和二十八年征高麗，盆奴爲先鋒。至銅州，盆奴率耶律弘古擊破三水營，擒肇，擊潰李玄藴等軍，追至開京，本書卷八八有傳。

[12]貴州南嶺谷：【劉校】據中華點校本校勘記，“貴州”原誤“貴德州”。本書卷一五《聖宗本紀六》統和二十八年十一月“戊子，銅、霍、貴、寧等州皆降”，二十九年正月“至貴州南峻嶺谷”。今據改。“南嶺谷”，《紀》作“南峻嶺谷”。

開泰元年詢遣蔡忠順來乞稱臣如舊，[1]詔詢親朝。八月遣田拱之奉表，稱病不能朝。[2]詔復取六州之地。二年耶律資忠使高麗取地，[3]未幾還。三年資忠復使，如前索地。五月詔國舅詳穩蕭敵烈、東京留守耶律團石等造浮梁于鴨淥江，城保（宣義）、〔宣〕（定遠）等州。[4]四年命北府宰相劉慎行爲都統，[5]樞密使耶律世良爲副，[6]殿前都點檢蕭虚烈爲都監。慎行挈家邊上，致緩師期，追還之。[7]以世良、虚烈總兵伐高麗。五年世良等與高麗戰于郭州西，[8]破之。六年樞密使蕭合卓爲都統、[9]漢人行宮都部署王繼忠爲副、[10]殿前都點檢蕭虚烈爲都監進討。蕭合卓攻興化軍不克，[11]師還。七年詔東平郡王蕭排押爲都統，蕭虚烈爲副統，[12]東京留守耶律八哥爲都監，復伐高麗。十二月蕭排押與戰于茶、陁二河之間，[13]我軍不利，天雲、右皮室二軍没溺者衆，天雲軍詳穩海里、遙輦帳詳穩阿果達、客省使酌古、渤海詳穩高清明等皆没于陣。八年詔數排押討高麗罪，釋之。加有功將校，益封戰没將校之妻，録其子弟。以南皮室軍校有功，[14]賜衣物銀絹有差，出金帛賜肴里、涅哥二奚軍。八月遣郎君曷不吕等率諸部兵，會大軍同討高麗。詢遣使來乞貢方物。九年資忠還，以詢降表進，釋詢罪。

［1］乞稱臣如舊：《高麗史》卷四《顯宗世家一》元年（遼統和二十八年，1010）十月戰事開始後，高麗即“遣河拱辰及户部員外郎高英起奉表往丹營請和”。

［2］稱病不能朝：據《高麗史》卷四《顯宗世家一》三年（遼開泰元年，1012）六月甲子“遣刑部侍郎田拱之如契丹夏季問候，且告王病不能親朝。丹主怒，詔取興化、通州、龍州、鐵州、郭州、龜州等六城”。

［3］耶律資忠：字沃衍，小字札剌，系出仲父房。博學，工辭章。開泰中授中丞。初，高麗臣服，遼取女直六部地賜高麗。後與高麗交惡，遼聖宗詔資忠前往索還六州舊地。高麗無歸地意。三年（1014）再使高麗，被留。資忠每懷君親，輒有著述，號《西亭集》。返回後，出知來遠城事，歷保安、昭德二軍節度使。本書卷八八有傳。《高麗史》卷四《顯宗世家一》於顯宗四年（遼開泰二年，1013）三月戊申載“契丹使左監門衛大將軍耶律行平來，責取興化等六城”。秋七月戊申又載：“契丹使耶律行平復來索六城。”乙卯（開泰四年，1015）夏四月庚申又載：“契丹使將軍耶律行平來，又索六城，拘留不遣。”此耶律行平即《遼史》中的耶律資忠。行平（資忠）直至開泰九年（1020）纔被高麗放回。《高麗史》卷四《顯宗世家一》於顯宗十一年（遼開泰九年，1020）三月癸丑載：“歸契丹使耶律行平。”《宋史》卷四八七《高麗傳》：“先是，契丹既襲高麗，遂築六城曰興州、曰鐵州、曰通州、曰龍州、曰龜州、曰郭州于境上。契丹以爲貳已，遣使來求六城，詢不許。遂舉兵，奄至城下，焚蕩宫室，剽劫居人。詢徙居昇羅州以避之，兵退，乃遣使請和。契丹堅以六城爲辭，自是調兵守六城。大中祥符三年，大舉來伐，詢與女真設奇邀擊，殺契丹殆盡。”

［4］城保（宣義）、〔宣〕（定遠）等州：中華點校本作“城保、宣義、定遠等州”。保，即保州。初治今遼寧省丹東市九連城附近，後治於今朝鮮平安北道義州。據本書卷三八《地理志二·東京道》：“保州，宣義軍，節度。高麗置州，故縣一，曰來遠。聖宗

以高麗王詢擅立，問罪不服，統和末高麗降，開泰三年取其保、定二州，於此置榷場。隸東京統軍司。”宣義是保州軍號，不是州名。定遠是宣州軍號，也不是州名。故原文中“定遠”二字前當加“宣”字。又據本書《地理志二·東京道》：“宣州，定遠軍，刺史。開泰三年徙漢户置。隸保州。”宣州治所在今朝鮮平安北道義州附近。

[5]劉慎行：河間（今河北省河間市）人。官至北府宰相、監修國史。其三子㬙、四子端俱尚主，二子劉二玄又是遼聖宗之弟秦晉國王隆慶之妃的第三任丈夫。重熙七年（1038）十二月，慎行之子劉六符出任參知政事，曾多次出使宋朝，在與宋朝辦理交涉中，以強硬著稱，本書卷八六有傳。本書卷一五《聖宗本紀六》，“劉慎行”又作“劉晟”。

[6]耶律世良（？—1016）：小字斡，六院部人。開泰四年（1015）伐高麗，爲副部署。本書卷九四有傳。

[7]追還之：本書卷九四《耶律世良傳》：“都統劉慎行逗留失期，執還京師。”

[8]郭州：地當自鴨緑江進軍西京平壤途中。屬高麗“江東六州”之一。《高麗史》卷四《顯宗世家一》顯宗元年（遼統和二十八年，1010）十一月己亥“康兆與契丹戰於通州，敗績就擒。庚戌丹兵陷郭州。壬子丹兵至清水江，安北都護府使、工部侍郎朴暹棄城遁，州民皆潰。癸丑，丹兵至西京，焚中興寺塔”。

[9]蕭合卓（？—1025）：突呂不部人。字合魯隱。始爲本部吏。統和十八年（1000）使宋還，遷北院樞密副使。開泰三年（1014）爲左夷离畢。本書卷八一有傳。

[10]王繼忠（？—1023）：宋降將。本書卷八一有傳。《宋史》卷二七九《王繼忠傳》載：“［繼忠］開封人。真宗在藩邸，得給事左右，以謹厚被親信。即位，補内殿崇班，累遷至殿前都虞候，領雲州觀察使，出爲深州副都部署，改鎮、定、高陽關三路鈐轄兼河北都轉運使，遷高陽關副都部署，俄徙定州。咸平六年，契丹數

萬騎南侵，至望都，繼忠與大將王超及桑贊等領兵援之。繼忠至康村，與契丹戰，自日昳至乙夜，敵勢小卻。遲明復戰，繼忠陣東偏，爲敵所乘，斷餉道，超、贊皆畏縮退師，竟不赴援。繼忠獨與麾下躍馬馳赴，服飾稍異，契丹識之，圍數十重。士皆重創，殊死戰，且戰且行，旁西山而北，至白城，遂陷於契丹。真宗聞之震悼，初謂已死，優詔贈大同軍節度，賵賻加等，官其四子。景德初，契丹請和，令繼忠奏章，乃知其尚在。朝廷從之，自是南北戢兵，繼忠有力焉。歲遣使至契丹，必以襲衣、金帶、器幣、茶藥賜之，繼忠對使者亦必泣下。嘗附表懇請召還，上以誓書約各無所求，不欲渝之，賜詔諭意。契丹主遇繼忠甚厚，更其姓名爲耶律顯忠，又改名宗信，封楚王。”

[11]興化軍：《高麗史》作“興化鎮”。卷四《顯宗世家一》顯宗八年（遼開泰六年，1017）秋七月癸巳“契丹蕭合卓圍興化鎮，攻之九日，不克。將軍堅一、洪光、高義出戰，大敗之，斬獲甚多”。

[12]蕭虛烈爲副統：【劉校】“蕭”原本誤作“肅”，明抄本、南監本、北監本和殿本均作“蕭”。中華點校本、修訂本、補注本徑改。今從。

[13]茶、陀二河：據本書卷八八《蕭排押傳》：“（開泰）七年，再伐高麗，至開京，敵奔潰，縱兵俘獲而還。渡茶、陀二河，敵夾射。”此二河應在開京以北朝鮮半島境内。

[14]以南皮室軍校有功：【劉校】據中華點校本校勘記，“軍校”二字原闕，本書卷一六《聖宗本紀七》開泰八年六月乙巳，“以南皮室軍校等討高麗有功，賜金帛有差”。今據補。

太平元年詢薨，[1]遣使來報嗣位，即遣使册王欽爲王。九年賜欽物。十一年聖宗崩，遣使告哀。[2]七月使來慰奠。

[1]詢薨：此處記載有誤。據《高麗史》卷五，王詢卒於1031年，時年當遼太平十一年或景福元年。《高麗史》載王詢薨年四十，在位二十二年。【劉校】據中華點校本校勘記，《高麗史》卷五《德宗世家》，詢卒於辛未（遼太平十一年），五月辛未。本書卷一六《聖宗本紀七》，太平二年十二月辛丑，"高麗王詢薨"，亦誤。

[2]聖宗崩，遣使告哀：《高麗史》卷五《德宗世家》辛未年秋七月己未，"契丹報哀使工部郎中南承顔來告聖宗崩，宣詔於顯宗返魂堂。辛酉，王引契丹報哀使舉哀於内殿。"

興宗重熙七年，來貢。十二年三月以加上尊號，來賀。十三年遣使來貢。十四年三月又來貢。[1]十五年入貢。八月王欽薨，[2]遣使來告。十六年來貢。明年又來貢。十九年，復貢。六月遣使來賀伐夏之捷。二十二年入貢。二十三年四月王徽請官其子，詔加檢校太尉。[3]

[1]十四年三月：【劉校】據中華修訂本校勘記，"十四年"前原衍"三"字，顯誤，今删。從删。

[2]王欽薨：據《高麗史》卷五《德宗世家》，甲戌年（遼重熙三年，1034）"九月癸卯王寢疾，顧命曰：'朕疾不瘳，已至大漸，宜以愛弟平壤君亨纘登寶位。'遂薨於延英殿，殯於宣德殿，在位三年，壽十九"。卒於重熙十五年（1046）的不是王欽，而是其繼立者、弟王亨。《高麗史》卷六《靖宗世家》丙戌年（遼重熙十五年，1046）五月丁酉"王疾彌留，召弟樂浪君徽入卧内，詔令權摠國事。詔曰：'朕承先君之末，命嗣累聖之丕圖十有二載，賴天之休，國内乂安。春夏以來，憂勞爽和，藥石無效，遂至大漸。欲以神器歸之有德。内史令樂浪君徽，朕之愛弟也，仁孝恭儉，聞於鄰國，宜傳大寶，以顯耿光。'是日薨，壽三十三，在位十二年"。

[3]檢校：職官制度用語。唐宋皆有檢校官，屬加官而非正授。

興宗崩，道宗即位，清寧元年八月遣使報國哀，以先帝遺留物賜之。十一月使來會葬。二年、三年皆來貢。四年春遣使報太皇太后哀。五月使來會葬。咸雍七年、八年來貢。[1]十二月以佛經一藏賜徽。九年、十年來貢。大康二年三月皇太后崩，遣使報哀。[2]六月使來弔祭。四年王徽乞賜鴨渌江以東地，不許。[3]九年八月王徽薨，[4]以徽子三韓國公勳權知國事。十二月勳薨。[5]大安元年册勳子運爲國王。[6]二年遣使來謝封册。三年來貢。四年三月免歲貢。五年、六年連貢。九年賜王運羊。十年運薨，子昱遣使來告，即賻贈。壽隆元年來貢。十一月王昱病，命其子顒權知國事。[7]二年來貢。三年三月王昱薨。五年王顒乞封册。六年封顒爲三韓國公。[8]

[1]咸雍七年、八年來貢：【劉校】據中華點校本校勘記，“咸雍”二字原脱，本書卷二二《道宗本紀二》咸雍七年（1071）十一月丙午，“高麗遣使來貢”；本書卷二三《道宗本紀三》咸雍八年六月丁丑，“高麗遣使來貢”。今據補。

[2]大康二年三月皇太后崩，遣使報哀：【劉校】據中華點校本校勘記，“二”原誤“元”。本書卷二三《道宗本紀三》大康二年（1076）三月辛酉，“皇太后崩，遣使報哀於高麗”。據改。

[3]乞賜鴨渌江以東地：本書卷二三《道宗本紀三》載此事於大康四年夏四月辛亥，“高麗遣使乞賜鴨渌江以東地，不許”。

[4]王徽薨：《高麗史》卷九《文宗本紀》癸亥年（大康九年）秋七月辛酉，“王疾篤……遂薨於重光殿，殯於宣德殿之西。壽六

十五，在位三十七年。”

[5]十二月勳薨：【劉校】據中華點校本校勘記，按《高麗史》卷九《文宗世家三》，勳死於大康九年十月乙未。

[6]勳子運：王運是王勳之弟。《高麗史》卷一〇《宣宗世家》：“宣宗安成思孝大王諱運，字繼天，古諱蒸，又祈，文宗第二子，順宗母弟。文宗三年九月庚子生……三十七年七月順宗即位，加守太師兼中書令。十月乙未順宗薨，丙申奉遺詔服衮冕即位於宣政殿，受百官賀。”

[7]命其子顒權知國事：《高麗史》卷一一《肅宗世家一》：“肅宗明孝大王諱顒，字天常，古諱熙，文宗第三子，順宗母弟……獻宗即位進守太師兼尚書令，明年八月爲中書令，十月己巳獻宗下制禪位，王謙讓再三，庚午即位於重光殿。”

[8]封顒爲三韓國公：封三韓國公者非顒，而是其子俣。《高麗史》卷一一《肅宗世家一》庚辰五年（壽昌六年，1100）十月壬子“遼遣蕭好古、高士寧來册王太子，敕曰：‘卿嗣膺祖服，遙臨海表之區，將建後昆，虔俟天朝之命。……册命卿長子俣爲三韓國公。’”

七年道宗崩，天祚即位改爲乾統元年，報道宗哀，使來慰奠。十二月遣使來賀。五年三韓國公顒薨，子俣遣使來告。[1]八月封俣爲三韓國公，贈其父顒爲國王。[2]十二月遣使來謝。九年來貢。天慶二年王俣母薨，來告，遣使致祭，起復。三年遣使來謝致祭，又來謝起復。十年乞兵于高麗以禦金，[3]而金人責之。至是遼國亡矣。

[1]子俣遣使來告：【劉校】“俣”，原本、明抄本、南監本、

北監本和殿本均誤作“侯”，《羅校》謂：“‘侯’，《紀》（卷二七）作‘俁’，是。下二‘侯’，均當作‘俁’。”中華點校本、修訂本和補注本徑改。據改。

[2]封俁爲三韓國公，贈其父顒爲國王：【劉校】據中華點校本校勘記，按《高麗史》卷一一《肅宗世家一》，壽昌三年（1097）封顒爲高麗王，六年封俁爲三韓國公。又卷一二《睿宗世家一》，六年二月，遼遣使册俁爲高麗王，顒無追封之事。

[3]乞兵于高麗以禦金：當時金亦與高麗聯絡，而且高麗見遼將亡，並無救援之意。《高麗史》卷一四《睿宗世家三》載，丙申年（遼天慶六年，1116）夏四月“金主阿骨打遣阿只來”。“辛未，中書門下奏：‘遼爲女真所侵，有危亡之勢。所禀正朔不可行，自今公私文字宜除去天慶年號，但用甲子。’從之。”

西夏

西夏本魏拓跋氏後，[1]其地則赫連國也。[2]遠祖思恭，[3]唐季受賜姓曰李，涉五代至宋，世有其地。至李繼遷始大，[4]據夏、銀、綏、宥、靜五州，[5]緣境七鎮，其東西二十五驛，南北十餘驛。子德明，[6]曉佛書，通法律，嘗觀《太一金鑑訣》《野戰歌》，製番書十二卷，又製字若符篆。

[1]魏拓跋氏後：西夏統治者是党項拓跋部首領，自稱北魏王室之後。《宋史》卷四八五《夏國傳上》宋仁宗寶元二年（1039）

元昊上表於宋稱："臣祖宗本出帝胄，當東晉之末運，創後魏之初基。"

［2］赫連國：即赫連勃勃建立的政權。赫連勃勃，匈奴右賢王去卑之後，劉元海之族。晉亂，赫連勃勃建都於朔方，於黑水城之南營都曰統萬，後爲北魏所滅。

［3］思恭：党項羌首領。據《宋史》卷四八五《夏國傳上》："唐末，拓跋思恭鎮夏州，統銀、夏、綏、宥、靜五州地，討黃巢有功，復賜李姓。"《舊唐書》卷一九八《党項傳》："有羌酋拓拔赤辭者，初臣屬吐谷渾，甚爲渾主伏允所暱，與之結婚。及貞觀初，諸羌歸附……率衆内屬，拜赤辭爲西戎州都督，賜姓李氏。自此職貢不絕。其後吐蕃強盛，拓拔氏漸爲所逼，遂請内徙，始移其部落於慶州，置靜邊等州以處之。其故地陷於吐蕃，其處者爲其役屬，吐蕃謂之'弭藥'。"

［4］李繼遷（963—1004）：党項首領。西夏王朝的奠基者。叛宋前任定難軍都知蕃落使。公元982年集結部衆，叛宋。985年襲據銀州（今陝西省米脂縣），自稱定難軍留後，向遼稱臣。995年擊敗宋朝五路討伐。997年宋真宗立，李繼遷遣使求和，宋授爲夏州刺史、定難軍節度、夏銀綏宥靜等州觀察處置押蕃落等使。1002年李繼遷攻占靈州，改名西平府。次年率軍西征，占領西涼府。因受詐降的吐蕃族大首領潘羅支的突襲，負重傷而死。子李德明嗣立，追尊繼遷爲皇帝。夏景宗時謚神武，廟號太祖，陵號裕陵。

［5］夏、銀、綏、宥、靜五州：西夏境土。涵蓋今寧夏回族自治區全部、甘肅省大部、陝西省北部以及青海省、内蒙古自治區的部分地區。

［6］德明：即李德明（981—1031），小字阿移，母野利氏，時年二十三即位。據《宋史》卷四八五《夏國傳上》，宋天禧四年（遼開泰九年，1020）遼聖宗親"將兵五十萬，以狩爲言，來攻涼甸，德明帥衆逆拒，敗之。五年遼爲遣金吾衛上將軍蕭孝誠賫玉册金印，册爲尚書令、大夏國王"。德明接受宋、遼兩方封册。宋天

聖九年（1031）十月德明卒，時年五十一，追謚曰光聖皇帝，廟號太宗，墓號嘉陵。宋贈太師、尚書令兼中書令。

其俗衣白窄衫，[1]氈冠，冠後垂紅結綬。自號嵬名，[2]設官分文武。[3]其冠用金縷貼，[4]間起雲，銀紙帖，緋衣，金塗銀帶，佩蹀躞、解錐、短刀、弓矢，穿靴，禿髮，耳重環，紫旋襴六襲。出入乘馬，張青蓋，以二旗前引，從者百餘騎。民庶衣青緑。革樂之五音爲一音，裁禮之九拜爲三拜。凡出兵先卜，[5]有四：一炙勃焦，以艾灼羊髀骨；二擗筭，擗竹于地以求數，若揲蓍然；三咒羊，其夜牽羊，焚香禱之，又焚穀火于野，次晨屠羊，腸胃通則吉，羊心有血則敗；四矢擊紘，聽其聲，知勝負及敵至之期。病者不用醫藥，召巫者送鬼，西夏語以巫爲"厮"也；或遷他室，謂之"閃病"。喜報仇，有喪則不伐人，負甲葉於背識之。仇解，用雞豬犬血和酒，貯於髑髏中飲之，乃誓曰："若復報仇，穀麥不收，男女禿癩，六畜死，蛇入帳。"有力小不能復仇者，集壯婦，享以牛羊酒食，趍讎家縱火，焚其廬舍。俗曰敵女兵不祥，輒避去。訴于官，官擇舌辯氣直之人爲和斷官，聽其屈直。殺人者納命價錢百二十千。

[1]其俗衣白窄衫：此非德明之俗，亦非夏人之俗。據《宋史》卷四八五《夏國傳上》，元昊"少時好衣長袖緋衣，冠黑冠"。"既襲封，明號令，以兵法勒諸部。始衣白窄衫，氈冠紅裏，冠頂後垂紅結綬"。

[2]自號嵬名：據《宋史》四八五《夏國傳上》，元昊"自號

嵬名吾祖”。

［3］設官分文武：據《宋史》四八五《夏國傳上》：“其官分文武班，曰中書，曰樞密，曰三司，曰御史臺，曰開封府，曰翊衛司，曰官計司，曰受納司，曰農田司，曰群牧司，曰飛龍院，曰磨勘司，曰文思院，曰蕃學，曰漢學。自中書令、宰相、樞使、大夫、侍中、太尉已下，皆分命蕃漢人爲之。”

［4］其冠用金縷貼：西夏冠服制度。《宋史》卷四八五《夏國傳上》載：“文資則幞頭、鞾笏、紫衣、緋衣；武職則冠金帖起雲鏤冠、銀帖間金縷冠、黑漆冠，衣紫旋襴，金塗銀束帶，垂蹀躞，佩解結錐、短刀、弓矢韣，馬乘鯢皮鞍，垂紅纓，打跨鈸拂。便服則紫皂地繡盤球子花旋襴，束帶。民庶青緑，以別貴賤。”

［5］出兵先卜：以下四種占卜方法，《宋史》卷四八六《夏國傳下》所載更詳明。“每出兵則先卜。卜有四：一、以艾灼羊脾骨以求兆，名‘炙勃焦’；二、擗竹于地，若揲蓍以求數，謂之‘擗算’；三、夜以羊焚香祝之，又焚穀火布静處，晨屠羊，視其腸胃通則兵無阻，心有血則不利；四、以矢擊弓弦，審其聲，知敵至之期與兵交之勝負，及六畜之災祥、五穀之凶稔。”

土産大麥、蓽豆、青稞、[1]床子、古子蔓、鹹地蓬實、蓯蓉苗、小蕪荑、席雞草子、地黃葉、登廂草、沙葱、野韭、拒灰蓧、白蒿、鹹地松實。

民年十五爲丁，有二丁者取一爲正軍。負擔雜使一人爲抄，四丁爲兩抄。餘人得射它丁，皆習戰鬭。[2]正軍馬駞各一，每家自置一帳。團練使上，帳、弓、矢各一，馬五百疋，橐駞一，旗鼓五，槍、劍、棍棓、粆袋、雨氊、渾脱、鍬、钁、箭牌、鐵笊籬各一；[3]刺史以下，人各一駞，箭三百，毛幕一；餘兵三人共一幕。[4]有砲手二百人，號“潑喜”。勇健者號“撞令郎”。[5]齎糧不過一旬。晝則舉煙、揚塵，夜則篝火爲候。若獲人馬，射之，號曰殺鬼招魂。或射草縛人。出軍用單日，避晦日。多立虛寨，設伏兵。衣重甲，乘善馬，以鐵騎爲前鋒，用鉤索絞聯，[6]雖死馬上不落。其民俗勇悍，衣冠、騎乘、土産品物、子姓傳國，亦略知其大槩耳。

［1］青稞：【劉校】“稞”，原本、明抄本、南監本、北監本和殿本均誤作“裸”，據中華點校本改。

［2］餘人得射它丁，皆習戰鬬：【劉校】據中華點校本校勘記，按《宋史》卷四八六《夏國傳下》：“男年登十五爲丁，率二丁取正軍一人。每負贍一人爲一抄；負贍者，隨軍雜役也。四丁爲兩抄，餘號空丁。願隸正軍者，得射他丁爲負贍，無則許射正軍之疲弱者爲之。故壯者皆習戰鬬，而得正軍爲多。”《宋史》是。

［3］“團練使上”至“鐵笊籬各一”：【劉校】據中華點校本校勘記，《宋史》卷四八六《夏國傳下》作“團練使以上，帳一，弓一，箭五百，馬一，槖駝五，旗、鼓、槍、劍、棍棓、粆袋、披氈、渾脱、背索、鍬钁、斤斧、箭牌、鐵爪籬各一”。《宋史》是。

［4］餘兵三人共一幕：【劉校】“餘”原本作“余”，《羅校》謂：“‘餘’，元本誤‘余’。”明抄本、南監本、北監本和殿本均作“餘”。中華點校本、修訂本和補注本徑改。今從改。

［5］勇健者號“撞令郎”：《宋史》卷四八六《夏國傳下》：“得漢人勇者爲前軍，號‘撞令郎’。若脆怯無他伎者，遷河外耕作，或以守肅州。”勇健者，【劉校】《羅校》謂：“‘健’，元本誤‘楗’。”據改。明抄本、南監本、北監本和殿本均作“健”，中華點校本、修訂本和補注本徑改。

［6］用鉤索絞聯：【劉校】“絞”原本作“校”，《初校》謂：

"'絞',《百》作'校',非。"明抄本、南監本、北監本、殿本均作"絞"。中華點校本和修訂本徑改。今從。

初，西夏臣宋有年，賜姓曰趙;[1]迨遼聖宗統和四年，繼遷叛宋,[2]始來附遼，授特進檢校太師、都督夏州諸軍事，遂復姓李。[3]十月遣使來貢。六年入貢。七年來貢，以王子帳耶律襄之女封義成公主下嫁繼遷。[4]八年正月來謝。三月又來貢。九月繼遷遣使獻宋俘。十月以敗宋軍來告。十二月下宋麟、鄜等州來告，遣使封繼遷爲夏國王。九年二月遣使告伐宋之捷。四月遣李知白來謝封册。[5]七月復綏、銀二州，來告。十月繼遷以宋所授敕命遣使來上。是月定難軍節度使李繼捧來附，授開府儀同三司、檢校太師兼侍中，封西平王，仍賜推忠効順啓聖定難功臣。十二月繼遷潛附于宋，遣韓德威持詔諭之。[6]十年二月韓德威還，奏繼遷託故不出，至靈州俘掠以還。[7]西夏遣使來奏德威俘掠，賜詔撫諭。十月來貢。十二年入貢。十三年敗宋師，遣使來告。十四年又來貢。十五年三月以破宋兵來告，封繼遷爲西平王。六月遣使來謝封册。十六年來貢。十八年授繼遷子德明朔方軍節度使。十九年遣李文冀來貢。[8]六月奏下宋恒、環、慶三州，賜詔褒美。二十年遣使來進馬、駞。六月遣劉仁勗來告下靈州。二十一年繼遷薨，其子德昭遣使來告。[9]六月贈繼遷尚書令，遣西上閤門使丁振弔慰。[10]八月德昭遣使來謝弔贈。二十二年三月德昭遣使上繼遷遺留物。七月封德昭爲西平王。十月遣使來謝封册。二十三年下宋青城，來告。二十五年德昭母薨，遣使弔祭，起復。二十七年承天皇太后崩，遣使報哀于夏。二十八年遣使册德昭爲夏國王。開泰元年德昭遣使進良馬。二年遣引進使李延弘賜夏國王李德昭及義成公主車馬。太平元年來貢。十一年聖宗崩，報哀于夏，德昭遣使來進賻幣。

［1］賜姓曰趙：據《長編》卷三二宋太宗淳化二年（991）秋七月己亥："李繼遷聞翟守素將兵來討，恐懼，奉表歸順。丙午，授繼遷銀州觀察使，賜以國姓，名曰保吉。"此前，端拱元年（988）五月，繼遷族兄繼捧先入朝賜姓名。"賜姓趙名保忠，命管夏、銀、綏、宥、静五州。初朝廷數論，繼遷不肯降，益侵盗邊境。用趙普之議，復繼捧夏臺故地，令圖之。"（《宋九朝編年備要》卷四）

［2］繼遷叛宋：本書卷一一《聖宗本紀二》統和四年（宋雍熙三年，986）二月"癸卯，西夏李繼遷叛宋來降，以爲定難軍節度使、銀夏綏宥等州觀察處置等使、特進檢校太師、都督夏州諸軍事"。按，繼遷在遼宋之間叛附無常。《宋史》卷四八五《夏國傳上》載："遂與弟繼冲、破丑重遇貴、張浦、李大信等起夏州，乃詐降，誘殺曹光實于葭蘆川，遂襲銀州據之，時雍熙二年二月也。"

［3］復姓李：遼統和四年即宋雍熙三年，當時李繼遷尚未賜姓趙。五年後，淳化二年又附宋，並接受賜姓名。三年後又叛宋。《長編》卷三五宋太宗淳化五年四月甲申，"上聞趙保忠既成擒，詔以趙光嗣爲夏州團練使，高文岯爲綏州團練使，削保吉所賜姓名，復爲李繼遷（《稽古録》載復李繼遷姓名在至道元年九月，與實録、本傳不同，今兩存之）"。

［4］義成公主下嫁：中華點校本卷一二校勘認爲："以耶律襄之女封義成公主下嫁李繼遷，按以襄女出嫁事，已見四年十二月。檢卷一一五《西夏外記》出嫁在本年。或是請婚在四年，七年

成行。”

［5］李知白：【劉校】據中華點校本校勘記，本書卷一三《聖宗本紀四》統和九年四月作“杜白”。

［6］韓德威（941—996）：韓匡嗣之子、韓德讓之弟。保寧初自燕臺軍旅之列校，授西頭供奉官、銀青崇禄大夫、檢校右散騎常侍兼侍御史、驍騎尉。不數年，授羽林軍將軍，檢校司徒。這是御林軍的官職，即所謂“登環衛之資，厠勾陳之列”。保寧十一年（979）德威“擢居親近之用，首冠殿庭之班，授宣徽北院使，彰武軍節度使、檢校太尉，進封開國伯，增食邑，賜功臣四字”。其墓誌出土於今内蒙古自治區巴林左旗白音烏拉蘇木白音罕山，現存遼上京博物館。

［7］靈州：治所在今寧夏回族自治區靈武市。據《宋史》卷四八五《夏國傳上》宋真宗咸平五年（遼統和二十年，1002）三月，繼遷大集蕃部，攻陷靈州，以爲西平府。

［8］遣李文冀來貢：【劉校】據中華點校本校勘記，“文冀”，本書卷一四《聖宗本紀五》統和十九年三月作“文貴”，是。按《宋史》卷四八五《夏國傳》，文貴曾使宋被留，遣還後又使宋，並作“文貴”。

［9］德昭：即李德明，遼避景宗諱，改德明爲德昭。據本書卷八《景宗本紀》：景宗“諱賢，字賢寧，小字明扆。”【劉注】遼代把李德明改稱李德昭並不是避景宗諱，而是避穆宗諱。《長編》卷一〇宋太祖開寶二年（969）：“是歲，契丹主明爲帳下所弑，明性嚴忌，會醉，索食不得，欲斬庖者，庖者奉食挾刀，殺明於黑山下。明立凡十九年，謚穆宗。”《契丹國志》卷五，“穆宗諱璟，番名述律，後更名明”。《通鑑》卷二九〇《後周紀一》廣順元年（951）亦稱璟“後更名明”。

［10］閤門使：官名。即古者擯相之職。唐末、五代凡取稟旨命、供奉乘輿、朝会遊宴及贊導三公、群臣、蕃國朝見、辭謝，糾彈失儀之事，由閤門使、副掌管。閤門使多以處武臣。參見《文獻

通考》卷五八《職官考十二》。

興宗即位，以興平公主下嫁李元昊，以元昊爲駙馬都尉。重熙元年夏國遣使來賀。李德昭薨，册其子夏國公元昊爲王。二年來貢。十二月禁夏國使沿路私市金鐵。七年來貢。李元昊與興平公主不諧，公主薨，遣北院承旨耶律庶成持詔問之。[1]九年宋遣郭禎以伐夏來報。[2]十年夏國獻所俘宋將及生口。十一年遣使問宋興師伐夏之由。十二月禁吐渾鬻馬于夏，[3]沿邊築障塞以防之。十二年正月遣同知析津府事耶律敵烈、樞密都承旨王惟吉諭夏國與宋和。[4]二月元昊以加上尊號，遣使來賀。耶律敵烈等使夏國還，奏元昊罷兵，遣使報宋。四月夏國遣使進馬、駞。七月元昊上表請伐宋，不從。十月夏人侵党項，[5]遣延昌宮使高家奴讓之。十三年四月党項及山西部族節度使屈烈以五部叛入西夏，[6]詔徵諸道兵討之。六月阻卜酋長烏八遣其子執元昊所遣求援使窊邑改來。[7]八月夏使對不以情，羈之。使復來，詢事宜，不實對，笞之。十月元昊上表謝罪，欲收集叛黨以獻，從之；進方物，命北院樞密副使蕭革迓之。元昊親率党項三部來降，詰其納叛背盟，元昊伏罪。初，夏人執蕭胡覩，[8]至是請以被執者來歸。詔所留夏使亦還其國。十二月胡覩來歸，又遣使來貢。

[1]耶律庶成：皇族，季父房之後。通曉契丹文及漢文，善於作詩。聖宗時曾參與修訂律、令；興宗時又參與修史及奉命譯《方脉書》行於遼。爲妻所誣，以罪奪官，使吐蕃凡十二年，清寧間始

歸。本書卷八九有傳。

[2]宋遣郭禎以伐夏來報：本書卷一八《興宗本紀一》重熙九年“七月癸酉，宋遣郭禎以伐夏來報”。此前夏人攻擊宋沿邊村寨。《長編》卷一二六宋仁宗康定元年（重熙九年，1040）二月癸卯記事：“初，元昊既陷金明寨，遂攻安遠、塞門、永平等寨，而安遠最居極邊，賊攻破其門再重，至第三門，都監邵元吉等縋軍士擊却之，拒守累日，乃引去。”

[3]吐渾：古代部族名。即吐谷渾。據《新五代史》卷七四《四夷附録第三》，吐渾“自後魏以來，名見中國，居於青海之上。當唐至德中，吐蕃所攻，部族分散，其内附者，唐處之河西。其大姓有慕容、拓拔、赫連等族。懿宗時，首領赫連鐸爲陰山府都督，與討龐勛，以功拜大同軍節度使。爲晉王所破，其部族益微，散處蔚州界中”。“晉高祖立，割雁門以北入于契丹，於是吐渾爲契丹役屬，而苦其苛暴”。另據《五代會要》卷二八《吐渾》：“至開運中，捍虜（契丹）於澶州”，“其族白可久，名在承福之亞，因牧馬率本帳北遁，契丹授以官爵，復遣潛誘承福。承福亦思叛去，事未果，漢高祖知之，乃以兵環其部族，擒承福與其族白鐵匱、赫連海龍等五家，凡四百有餘人，伏誅。籍其牛馬，命別部長王義宗統其餘屬。”

[4]遣同知析津府事耶律敵烈、樞密都承旨王惟吉諭夏國與宋和：【劉校】據中華點校本校勘記，“同知析津府事耶律敵烈”十字原脱，據本書卷一九《興宗本紀二》重熙十二年正月“遣同知析津府事耶律敵烈”及下文“耶律敵烈等使夏國還”補。

[5]党項：中國古代族名。又稱党項羌，唐以後主要活動於靈、慶、銀、夏等州，即今甘肅、寧夏、陝西和内蒙古等省區交界地區。

[6]党項及山西部族節度使屈烈以五部叛入西夏：據《宋史》卷四八五《夏國傳上》，此次遼夏戰爭爆發於慶曆四年，即遼重熙十三年（1044），“遼夾山部落呆兒族八百户歸元昊，興宗責還，元

昊不遣。遂親將騎兵十萬出金肅城，弟天齊王馬步軍大元帥將騎七千出南路，韓國王將兵六萬出北路，三路濟河長驅。興宗入夏境四百里，不見敵，據得勝寺南壁以待。八月五日，韓國王自賀蘭北與元昊接戰，數勝之，遼兵至者日益，夏乃請和，退十里，韓國王不從。如是退者三，凡百餘里矣，每退必赭其地，遼馬無所食，因許和。夏乃遷延，以老其師，而遼之馬益病，因急攻之，遂敗，復攻南壁，興宗大敗。入南樞王蕭孝友砦，擒其鶻突姑駙馬，興宗從數騎走，元昊縱其去。”　党項及山西部族節度使屈烈：【劉校】據中華點校本校勘記，“族”字原脱，據本書卷一九《興宗本紀二》重熙十三年四月補。

［7］阻卜：即達旦、韃靼。元人諱言達旦，而稱達旦爲阻卜，詳見王國維《觀堂集林》卷一四《達旦考》。　阻卜酋長烏八遣其子執元昊所遣求援使窊邑改來：【劉校】據中華點校本校勘記，按此句原脱誤爲“阻卜子烏八執元昊”八字，據本書卷一九《興宗本紀二》重熙十三年六月及《屬國表》補正。。

［8］蕭胡覩（？—1063）：遼外戚。字乙辛。重熙中尚秦國長公主，授駙馬都尉，以不諧離婚，復尚齊國公主，爲北面林牙。清寧中歷北、南院樞密副使，清寧九年（1063）七月參與重元叛亂，失敗投水死。五子，同日伏誅。本書卷一一四有傳。

十七年元昊薨，其子諒祚遣使來告，[1]上其父遺留物。鐵不得國乞以本部軍助攻夏國，[2]不許。十八年復議伐夏，留其賀正使不遣，遣北院樞密副使蕭惟信以伐夏告宋。[3]六月夏國遣使來貢，留之。七月親征。八月渡河，夏人遁。九月蕭惠爲夏人所敗。[4]十月招討使耶律敵古率阻卜軍至賀蘭山，獲元昊妻及其官屬。遇其軍三千來拒，殪之。詳穩蕭慈氏奴、南剋耶律斡里歿于陣。[5]十九年正月遣使問罪于夏。夏將洼普等攻金肅城,[6]耶律高家奴等破之，洼普被創遁去，殺猥貨乙靈紀。[7]三月殿前都點檢蕭迭里得與夏軍戰于三角川,[8]敗之。招討使蕭蒲奴、[9]北院大王宜新等帥師伐夏，都部署別古得爲監戰。五月蕭蒲奴等入夏境不遇敵，縱軍俘掠而還。夏國洼普來降。十月，李諒祚母遣使乞依舊稱臣。[10]十二月諒祚上表如母訓。二十年二月遣使索党項叛户。五月蕭爻括使夏回，進諒祚母表：乞代党項權進馬駞牛羊等物，又求唐隆鎮，仍乞罷所建城邑。以詔答之。六月獲元昊妻，及俘到夏人置于蘇州。二十一年十月諒祚遣使乞弛邊備，遣爻括賫詔諭之。二十二年七月諒祚進降表，遣林牙高家奴賫詔撫諭。二十三年正月貢方物。五月乞進馬、駞，詔歲貢之。七月諒祚遣使求婚。十月進誓表。二十四年興宗崩，遣使報哀于夏。[11]

[1]諒祚：即李諒祚，公元1047年至1067年在位。元昊之子，生母爲没藏氏。幼年繼位，國相没藏訛龐與其妹太后没藏氏盡攬朝權。1049年遼興宗乘西夏景宗元昊新死，大舉親征，但爲夏軍所敗。1061年訛龐父子陰謀殺害諒祚，諒祚在大將漫咩支持下，擒殺訛龐父子，盡誅其家族，廢皇后没藏氏（訛龐女），納梁氏爲后，以后弟梁乙埋爲國相。諒祚下令停止使用蕃禮，改行漢禮。死於1067年，廟號毅宗。

[2]鐵不得：鐵不得即吐蕃，此與上文西蕃、大蕃等並是當時吐蕃不同部落朝貢於遼者，故以不同名稱存於史册。

[3]蕭惟信：契丹楮特部人。歷南京留守、左右夷离畢、北院樞密副使。卒於大康中。本書卷九六有傳。

[4]蕭惠（983—1056）：契丹外戚。淳欽皇后弟阿古只五世

孫。興宗即位，出任西南面招討使，加開府儀同三司、檢校太師兼侍中，封鄭王。贊成復取三關，與太弟帥師壓宋境，迫使宋朝增歲幣請和。惠以首事功，進王韓。本書卷九三有傳。

[5]蕭慈氏奴（999—1049）：契丹外戚。重熙十八年（1049）伐夏，授西北路招討都監，領保大軍節度使。中流矢卒。本書卷九三有傳。

[6]金肅城：據本書卷四一《地理志五》，金肅州，重熙十二年（1043）伐西夏置，割燕民三百户、防秋軍一千實之，屬西南面招討司。另據《陝西通志》卷五，金肅"在府谷縣北，河套中"。

[7]殺猥貨乙靈紀：修訂本標點爲"殺猥貨、乙靈紀"。

[8]蕭迭里得（？—1063）：國舅少父房之後，字胡覩堇。重熙十九年以伐夏功命知漢人行宫都部署事，出爲西南面招討使。後從重元子涅魯古等亂，敗走被擒，伏誅。本書卷一一四有傳。

[9]蕭蒲奴：奚王楚不寧之後，字留隱。開泰間選充護衛，稍進用。後遷奚六部大王。太平九年（1029）討平大延琳叛亂有功，加兼侍中。本書卷八七《蕭蒲奴傳》記載：重熙十五年（1046），"爲西南面招討使，西征夏國"。"明年，復西征，懸兵深入，大掠而還，復爲奚六部大王。致仕，卒"。年代與本紀相關記載不符。

[10]李諒祚母遣使乞依舊稱臣：據《宋史》卷四八五《夏國傳上》"諒祚幼養於母族訛龐，訛龐因專國政"。

[11]興宗崩，遣使報哀于夏：【劉校】據中華點校本校勘記，此九字原在"二十四年"之前。本書卷二〇《興宗本紀三》載，興宗卒於重熙二十四年八月，同時道宗接位，今移此。

道宗即位，清寧元年遣使來賀。九月以先帝遺物賜夏。四年四月遣使會葬。[1]九年正月禁民鬻銅于夏。咸雍元年五月來貢。三年十一月遣使進回鶻僧《金佛梵覺經》。[2]十二月諒祚薨。四年二月諒祚子秉常遣使報哀，[3]即遣使弔祭。秉常上其父遺物。十月册秉常爲夏國王。十二月來貢。五年七月遣使來謝封册。閏十一月秉常乞賜印綬。[4]九年遣使來貢。大康二年正月仁懿皇后崩，[5]遣使報哀于夏，以皇太后遺物賜之。[6]遣使來弔祭。五年來貢。八年二月遣使以所獲宋將張天益來獻。大安元年十月秉常遣使報其母哀。二年十月秉常薨，遣使詔其子乾順知國事。[7]十二月李乾順遣使上其父秉常遺物。四年七月册乾順爲夏國王。五年六月遣使來謝封册。八年六月夏爲宋所侵，遣使乞援。壽隆三年六月以宋人置壁壘于要地，遣使來告。四年六月求援。十一月遣樞密直學士耶律儼使宋，諷與夏和。夏復遣使來求援。[8]五年正月詔乾順伐拔思母等部。[9]十一月夏以宋人罷兵，遣使來謝。六年十一月遣使請尚公主。七年道宗崩，遣使告哀于夏。遣使來慰奠。

[1]四年四月，遣使會葬：【劉校】據中華點校本校勘記，本書卷二一《道宗本紀一》載，太皇太后卒於清寧三年（1057）十二月；四年正月，遣使報哀於宋、夏。此次遣使即會太皇太后葬。

[2]回鶻僧《金佛梵覺經》：《遼史拾遺》卷一六《補經籍志》有“回鶻僧撰《金佛梵覺經》。”中華點校本和修訂本均標點爲“回鶻僧、金佛，《梵覺經》”。

[3]秉常：即西夏第三任皇帝李秉常。公元1067年至1086年在位。七歲繼位，母梁太后攝政，梁乙埋任國相。改行蕃禮。1076年，親政，又下令以漢禮代替蕃禮。這項措施雖得到皇族的支持，但遭到朝中后黨的強烈反對，無法施行。梁太后並將秉常囚禁，後迫於擁帝勢力的強大，又讓其復位。死於1086年，廟號惠宗。

[4]閏十一月：【劉校】據中華點校本校勘記，“閏”字原脱，

據本書卷二二《道宗本紀二》咸雍五年（1069）及卷四三《曆象志中・閏考》補。

[5]仁懿皇后：遼興宗仁懿皇后蕭氏（？—1076）。小字撻里，欽愛皇后弟孝穆之長女。重熙四年（1035）立爲皇后。二十三年號貞懿慈和文惠孝敬廣愛崇聖皇后。道宗即位，尊爲皇太后。本書卷七一有傳。

[6]“大康二年正月”至“以皇太后遺物賜之”：【劉校】據中華點校本校勘記，本書卷二三《道宗本紀三》將此事繫於大康二年（1076）三月。

[7]乾順：李乾順，即夏崇宗（1083—1139），西夏第四代皇帝。三歲即位。母梁氏，與弟乙逋擅政。永安元年（1098）梁太后死，乾順親政，年十七，謹事遼朝，但與宋交惡。遼以宗室女封公主下嫁。遼亡前夕，他曾出兵援遼，後臣於金。

[8]求援：【靳校】“援”原本誤作“偠”，據中華點校本改。

[9]拔思母：遼朝西北部叛服不常的部族之一。本書卷九四《耶律那也傳》：“大安九年爲倒塌嶺節度使。明年冬，以北阻卜長磨古斯叛，與招討都監耶律胡呂率精騎二千往討，破之。那也薦胡呂爲漢人行宮副部署。壽隆元年復討達理得、拔思母等有功，賜詔褒美，改烏古敵烈部統軍使，邊境以寧。部民乞留，詔許再任。”這場由阻卜長磨古斯開始的西北諸部叛亂，茶扎剌、拔斯母、耶覩刮等部也同時反叛，直至壽昌末年纔被平定。　詔乾順伐拔思母等部：【劉校】據中華點校本校勘記，“詔”字原脱，“拔思母”原倒舛作“拔母思”，本書卷二六《道宗本紀六》壽隆五年（1099）正月乙酉，“詔夏國王李乾順伐拔思母等部”。據此補正。

天祚即位，乾統元年夏遣使來賀。二年復請尚公主。又以爲宋所侵，遣李造福、田若水來求援。三年復遣使請尚公主。十月使復來求援。四年、五年李造福等至，乞援。以族女南仙封成安公主下嫁乾順。六年正月遣牛温舒使宋，[1]令歸所侵夏地。六月遣李造福來謝。八年乾順以成安公主生子，遣使來告。九年以宋不歸地來告。十年遣李造福等來貢。天慶三年六月來貢。保大二年天祚播遷，乾順率兵來援，爲金師所敗，乾順請臨其國。六月遣使册乾順爲夏國皇帝，而天祚被執歸金矣。[2]

[1]牛温舒（？—1105）：范陽（今河北涿州市）人。咸雍（1065—1074）年間進士及第。兩度出任參知政事，乾統五年（1105）使宋，調解宋夏關係，歸來加中書令。本書卷八六有傳。另據《宋史》卷三五〇《楊應詢傳》：“朝廷多取西夏地，契丹以姻婭爲言，遣使乞還之，不得，擁兵並塞，中外恫疑。應詢曰：‘是特爲虚聲嚇我耳，願治兵積粟，示有備，彼將聞風自戢。’明年果還兵，復遣其相臣蕭保先、牛温舒來請，詔應詢逆於境。既至，帝遣問所以來。應詢對：‘願固守前議。’”

[2]“保大二年”至“天祚被執歸金矣”：【劉校】據中華點校本校勘記，本書卷二九《天祚皇帝本紀三》載，乾順請臨其國在保大三年（1123）五月；遣使册乾順亦三年六月事；天祚被執歸金在五年八月。

論曰：高麗、西夏之事遼，雖嘗請婚下嫁，[1]烏足以得其固志哉。三韓接壤，反復易知；涼州負遠，[2]納叛侵疆，乘隙輒動。貢使方往，事釁隨生；興師問罪，屢煩親征。取勝固多，敗亦貽悔。昔吴趙咨對魏之言曰：“大國有征伐之兵，小國有備禦之固。”[3]豈其然乎！先王柔遠以德而不以力，尚矣。遼亡求援，二國雖能出師，豈金敵哉。

［1］請婚下嫁：【劉校】“婚”各本均作“昏”。今據中華點校本改。

［2］涼州：原是指唐、五代間的一個割據政權。唐置河西節度使，治涼州（今甘肅省武威市），統涼、甘、肅、伊、西、瓜、沙七州。唐德宗間，吐蕃陷涼州，大曆中（766—779）河西軍移治沙州（今甘肅省敦煌市）。貞元中（785—805）又爲吐蕃所陷。大中間（847—860），沙州人張義潮率所屬十州地歸唐，因改置歸義軍，至宋初復陷於西夏。“涼州負遠”，是指西夏依仗地勢辟遠，與遼抗衡。

［3］趙咨對魏之言：見《三國志》卷四七《吳書二·孫權傳》裴注：《吳書》咨字德度，南陽人，博聞多識，應對辯捷。權爲吳王，擢中大夫，使魏。魏文帝善之，嘲咨曰：“吳王頗知學乎？”咨曰：“吳王浮江萬艘，帶甲百萬，任賢使能，志存經略。雖有餘閑，博覽書傳、歷史，藉採奇異，不效諸生尋章摘句而已。”帝曰：“吳可征不？”咨對曰：“大國有征伐之兵，小國有備禦之固。”又曰：“吳難魏不？”咨曰：“帶甲百萬，江漢爲池，何難之有！”又曰：“吳如大夫者幾人？”咨曰：“聰明特達者八九十人；如臣之比，車載斗量，不可勝數。”

（李錫厚注　劉鳳翥校）

遼史　卷一一六

國語解第四十六

史自遷、固，[1]以迄晉、唐，[2]其爲書雄深浩博，讀者未能盡曉。於是裴駰、顔師古、李賢、何超、董衝諸儒訓詁、音釋，[3]然後制度、名物、方言、奇字，可以一覽而周知。其有助於後學多矣。

[1]遷：即司馬遷（前145或前135—?），字子長，西漢左馮翊郡夏陽（今陝西省韓城市）人。我國古代著名的史學家，《史記》的作者。《漢書》卷六二有傳。　固：即班固（32—92），字孟堅，東漢扶風郡安陵（今陝西省咸陽市）人。我國古代著名的史學家。著有《漢書》。《後漢書》卷四〇有傳。

[2]晉：朝代名。265年司马炎建立，420年亡於南朝宋。唐：朝代名。618年李淵創建，907年亡於後梁。

[3]裴駰：南朝宋著名史學家。河東聞喜（今山西省聞喜縣）人，字龍駒，注司馬遷《史記》。其父裴松之，注《三國志》。其孫裴子野把《宋書》删編成《宋略》。裴松之、裴駰、裴子野被稱爲“史學三裴”。　顔師古（581—645）：名籀（zhòu），字師古，以字行。雍州萬年（今陝西省西安市）人，祖籍琅邪臨沂（今山東省臨沂市）。唐朝初年經學家、訓詁學家、歷史學家，名儒顔之推之孫、顔思魯之子。少傳家業，遵循祖訓，博覽群書，學問通

博，擅長於文字訓詁、聲韻、校勘之學；他還是研究《漢書》的專家，對兩漢以來的經學史也十分熟悉。其保留至今的著作有《漢書注》及《匡謬正俗》。　李賢（655—684）：字明允，唐高宗李治第六子，武則天次子，係高宗朝所立的第三位太子，後遭廢殺，世稱章懷太子。曾招諸儒注《後漢書》（今稱“章懷注”），是研究《後漢書》的重要史料。　何超：唐代歷史學家。著有《晉書音義》。　董衝：宋代歷史學家。撰有《唐書考證》。　訓詁：對古書字句所作的解釋。清人陳澧《東塾讀書記》卷一一《小學》：“詁者，古也。古今異言，通之使人知也。蓋時有古今，猶地有東西，有南北，相隔遠則言語不通矣。地遠則有翻譯，時遠則有訓詁。有翻譯則能使別國如鄉鄰，有訓詁則能使古今如旦暮，所謂通之也，訓詁之功大矣哉！”

遼之初興與奚、室韋密邇，[1]土俗言語大槩近俚。至太祖、太宗奄有朔方，[2]其治雖參用漢法，而先世奇首、遙輦之制尚多存者，[3]子孫相繼亦遵守而不易。故史之所載官制、宮衛、部族、地理，率以國語爲之稱號，[4]不有注釋以辨之，則世何從而知、後何從而考哉。今即本史參互研究，撰次《遼國語解》以附其後，庶幾讀者無齟齬之患云。

[1]奚：古族名。分布在饒樂水（今内蒙古自治區西拉木倫河）流域。南北朝時稱庫莫奚。隋、唐時稱奚。以遊牧爲生，後漸與契丹人同化。　室韋：亦作“失韋”，中國古代東北地區民族名。至公元十世紀主要活動在今嫩江、綽爾河、額爾古納河、黑龍江流域。

[2]太祖：遼代皇帝耶律阿保機的廟號。　太宗：遼代皇帝耶

律德光的廟號。　朔方：北方。《尚書・堯典》："申命和叔，宅朔方，曰幽都。"

[3]奇首：唐代契丹族的可汗名。傳説是契丹族始祖。　遙輦：即遙輦氏。唐代中、晚期直至契丹建國前契丹族可汗的姓氏，開元二十三年（734）可突于殘黨泥禮殺李過折，立阻午可汗，傳九世，至907年阿保機建國。遙輦九可汗繼位後各建宮衛，遼朝立國後，有遙輦九帳大常衮司之設，掌遙輦九世宮分之事務。也泛指這一時期。

[4]國語：國家法定的通用語言，此處專指契丹語。遼朝是契丹族建立的王朝，並且兩次以"契丹"爲國號，契丹語是其境内通用的主要語言，所以遼朝稱契丹語爲國語。

帝紀

太祖紀：

耶律氏、蕭氏　《本紀》首書太祖姓耶律氏，[1]繼書皇后蕭氏，[2]則有國之初已分二姓矣。有謂始興之地曰世里，譯者以世里爲耶律，故國族皆以耶律爲姓；有謂述律皇后兄子名蕭翰者，[3]爲宣武軍節度使，[4]其妹復爲皇后，故后族皆以蕭爲姓。其説與紀不合，故陳大任不取。又有言以漢字書者曰耶律、蕭，以契丹字書者曰移剌、石抹，[5]則亦無可考矣。

[1]耶律：遼代契丹皇族的姓氏。據《新五代史》卷七二《四夷附録第一》，阿保機"以其所居横帳地名爲姓，曰世里。世里，譯者謂之耶律"。

[2]蕭氏：契丹后族姓氏。

[3]蕭翰：一名敵烈，字寒真，宰相敵魯之子。會同九年

(946)，隨遼太宗耶律德光滅後晉。入汴，爲宣武軍節度使。後與天德謀反，復結惕隱劉哥及其弟盆都亂，復與公主以書結明王安端反，伏誅。本書卷一一三有傳。

[4]宣武軍節度使：宣武軍，唐五代方鎮名。治汴州（今河南省開封市）。節度使，官名。唐初，武將行軍稱總管，本道則稱都督。高宗永徽以後，都督帶使持節者稱節度使。唐代節度使一般封郡王，總掌軍旅，專誅殺。其初，僅在邊地設置，目的在於使軍事行動敏捷靈活。以後遍設於國内。起初，一節度使總管一道或數州。後來衹管一州的軍事民政，用人理財，皆得自專。五代、遼、宋、金皆設此官，元廢。

[5]以契丹字書者曰移剌、石抹：遼代皇族姓氏契丹小字作（耶律）。后族姓氏契丹小字作（乙室己）。《遼史》中的“乙室已”，根據對契丹字的解讀，應作“乙室己”。

霞瀨益石烈[1]　鄉名。諸宫下皆有石烈，設官治之。

弭里　鄉之小者。

撻馬狘沙里[2]　撻馬，人從也；沙里，[3]郎君也。管率衆人之官。後有止稱撻馬者。

大迭烈府　即迭剌部之府也。初，阻午可汗與其弟撒里本領之，[4]及太祖以部夷离堇即位，[5]因強大難制，析爲二院。烈、剌音相近。

夷离堇　統軍馬大官。會同初改爲大王。

集會堝下窩、陀二音　地名。

阿主沙里[6]　阿主，父祖稱。

惕隱[7]　典族屬官。即宗正職也。

奚、霫[8]下音習　國名。中京地也。[9]

黑車子[10]　國也。以善製車帳得名。契丹之先嘗遣人往學之。

于越[11]　貴官。無所職。其位居北、南大王上，[12]非有大功德者不授。

鷹軍　鷹，鷙鳥。[13]以之名軍，取捷速之義。後記龍軍、虎軍、鐵鷂軍者，倣此。[14]

[1]石烈：音譯的契丹語行政單位名。漢語意思爲“縣”，也可以譯爲“大鄉”。

[2]撻馬狘沙里：音譯的契丹語官名。漢語意思爲“管率扈從的郎君”。這是阿保機即位前首次擔任的官職，在契丹語中，謂語置於賓語後面。從語法分析，“狘（xuè）”應爲作謂語用的動詞“管率”之義。陳漢章《索隱》“狘即管轄之義”，是。

[3]沙里：契丹小字的音譯。漢語意思爲“郎君”。

[4]阻午可汗：契丹族遙輦氏部落聯盟的第二任可汗。據本書卷三二《營衛志中》：“當唐開元、天寶間，大賀氏既微，遼始祖涅里立迪輦祖里（《世表》作迪輦俎里）爲阻午可汗。”傳九世，至耶律阿保機開國。

[5]夷离堇：契丹語官名的音譯。漢語意思爲“部长”。

[6]阿主沙里：契丹語“小祖宗”的音譯。對耶律阿保機的昵稱。

[7]惕隱：契丹語官名的音譯。掌皇族事務。

[8]霫：我國古代東北少數民族名。居土河（今老哈河）流域。以射獵爲生，風俗與契丹略同。

[9]中京：即中京大定府。遼代五京之一，故址在今内蒙古自

治區寧城縣大明鎮。

[10]黑車子：即黑車子室韋，爲室韋族的一部。

[11]于越：契丹語官名[illegible]的音譯。

[12]北、南大王：原闕“王”字，《羅校》謂：“‘大’下奪‘王’字。”據上下文意補。

[13]鷹，鷙鳥：“鳥”字原脱。據中華點校本補正。

[14]後記龍軍、虎軍、鐵鷂軍者，倣此：《羅校》謂：“‘託’當作‘記’。”據中華點校本補正。

嘔娘改上音兀[1]　地名。

西樓[2]　遼有四樓：[3]在上京者曰西樓，[4]木葉山曰南樓，[5]龍化州曰東樓，[6]唐州曰北樓。歲時遊獵，常在四樓間。

阿點夷离的　阿點，貴稱；夷离的，[7]大臣夫人之稱。

糺轄　糺，軍名；轄者，管束之義。[8]

夷离畢[9]　即參知政事，後置夷离畢院以掌刑政。宋刁約使遼有詩云“押宴夷离畢”，知其爲執政官也。

射鬼箭　凡帝親征，服介冑，祭諸先帝，出則取死囚一人，置所向之方，亂矢射之，名射鬼箭，以祓不祥。及班師，則射所俘。後因爲刑法之用。

暴里　惡人名也。

[1]嘔娘改上音兀：據中華修訂本校勘記，“兀”原作“九”，按“嘔”“九”字音不合。日本學者箭内亘《兀良哈及韃靼考》謂“嘔娘改”即《遼史》中之“斡朗改”，《元朝秘史》之“兀良孩”“兀良合”。又本書之“兀惹”，《松漠記聞》卷上及《契丹國志》

卷二六《諸蕃記》並作“嗢熱”，知“嗢”“兀”音同，“九”當係“兀”之誤，據改。中華點校本徑作“丸”，不確。

［2］西樓：地名。遼上京的代稱。《契丹國志》卷一謂：“大部落之内置樓，謂之西樓，今上京是。”又同書卷二五《胡嶠陷北記》云：“又行三日，遂至上京，所謂西樓也。”《蕭興言墓誌銘》《耶律宗政墓誌銘》《法均大師遺行碑銘》《鮮演大師墓碑》均有以西樓代指上京的情況。

［3］遼有四樓：陳述先生認爲四樓則是漢人根據契丹有“西樓”附會而成，其實並無營建四樓之事（詳見《契丹社會經濟史稿》所附《阿保機營建四樓説證誤》）。

［4］上京：遼代五京之一，故址在今内蒙古自治區巴林左旗林東鎮。

［5］木葉山：木葉爲契丹語“大”的音譯，“木葉山”即指“大山”，可以泛指任何山爲大山，也可以專指某一座山。此處指永州的木葉山。《契丹國志》卷一：“九月，葬太祖於木葉山。”卷三：“明年八月，葬（太宗）於木葉山。”遼太祖葬於祖州（今内蒙古自治區巴林左旗查干哈達蘇木石房子嘎查），遼太宗葬於懷州（今内蒙古自治區巴林右旗幸福之路蘇木崗根嘎查），説明祖州、懷州也有木葉山。

［6］龍化州：治所故址在今内蒙古自治區奈曼旗東北。

［7］夷离的：在遼代漢字碑刻中又作“乙林免”“迤邐免”“乙里免”。是契丹語封號的音譯。已婚女人在丈夫的封號爲王時纔有可能得到這種封號，漢語意思爲“王妃”。

［8］管束之義：“束”原本作“速”，《羅校》謂：“‘束’，元本誤‘速’。”明抄本、南監本、北監本和殿本均作“束”。中華點校本和修訂本徑改。今從。

［9］夷离畢：契丹語官名用屮的音譯。漢語意思爲“執政官”。

大、小鶻軍　二室韋軍號也。

神纛[1]　從者所執。以旄牛尾爲之，纓槍屬也。

龍眉宮　太祖取天梯、蒙國、别魯三山之勢于葦淀，射金齪箭以識之，名龍眉宮。神册三年築都城于其地，臨潢府是也。齪，測角切，箭名。

峭里　室韋部名。

君基太一神　福神名。其神所臨之國，君能建極，孚于上下，則治化升平，民享多福。

撻林　官名。後二室韋部改爲僕射，又名司空。

舍利　契丹豪民要裹頭巾者，納牛駞十頭、馬百疋，乃給官名曰舍利。後遂爲諸帳官，以郎君繫之。

阿廬朶里一名阿魯敦[2]　貴顯名。遼于越官兼此者，惟曷魯耳。[3]

選底　主獄官。

常衮　官名。掌遙輦部族户籍等事；奚六部常衮掌奚之族屬。

諲譔[4]　渤海國主名。[5]

尅釋魯　尅，官名。釋魯，[6]人名。後尅朗、尅臺哂倣此。[7]

烏魯古、阿里只　太祖及述律后受諲譔降時所乘二馬名也，因賜諲譔夫婦以爲名。

[1]纛：帝王車上用犛牛尾或雉尾製成的飾物。

[2]阿廬朶里：契丹語音譯，又可音譯爲“阿魯敦”，漢語意思爲“盛名”。

[3]惟曷魯耳：“惟”原作“維”，明抄本、南監本、北監本、

殿本均作“惟”。中華點校本和修訂本徑改。今從。　曷魯：即耶律曷魯，遼太祖耶律阿保機的堂兄弟，本書卷七三有傳。

[4]諲譔：即大諲譔，人名。渤海國的亡國之君。926年被契丹俘獲後押送到遼上京之西，築城以居。

[5]渤海：唐代中國東北地區的割據政權名。粟末靺鞨族人大祚榮於公元698年所建，共傳十五王，歷229年，於926年亡於契丹。其事詳見《新唐書》卷二一九《渤海傳》和今人王承禮著《渤海簡史》（黑龍江人民出版社1984年版）。

[6]釋魯：即耶律釋魯。本書卷二稱他“北征于厥、室韋，南略易、定、奚、霫，始興板築，置城邑，教民種桑麻，習組織，已有廣土衆民之志”。本書卷六四稱他“字述瀾，重熙中，追封爲隋國王，于越。駢脅多力，賢而有智。先遙輦氏可汗歲貢于突厥，至釋魯爲于越，始免”。《耶律仁先墓誌銘》稱他爲“述剌·實魯于越”。《耶律慶嗣墓誌銘》稱他爲“于越蜀國王述列·實魯，即太祖天皇帝之伯父也”。“述瀾”“述剌”“述列”爲同一個契丹語單詞的不同音譯。“釋魯”和“實魯”亦爲同一個契丹語單詞的不同音譯。由此看來，契丹人的名字一般由兩個單詞組成。“釋魯”僅是此人名字中的一個單詞，其全名應爲“述瀾·釋魯”“述剌·實魯”或“述列·實魯”。

[7]朗：即耶律朗，字歐新，季父房罨古只之孫。本書卷一一三有傳。　臺哂：即蕭臺哂，與耶律述瀾·釋魯之子耶律滑哥合夥害死釋魯。

太宗紀：

箭笴山笴音簳[1]　胡損奚所居。

柴册　禮名。積薪爲壇，受群臣玉册。禮畢，燔柴祀天。阻午可汗制也。

遙輦氏九帳[2]　遙輦九可汗宮分。

北尅、南尅　掌軍官名。猶漢南北軍之職。

祭麃鹿神　遼俗好射麃鹿，每出獵，必祭其神以祈多獲。

林牙[3]　掌文翰官。時稱爲學士。其群牧所設，止管簿書。

瑟瑟禮　祈雨射柳之儀，遙輦蘇可汗制。

再生禮　國俗。每十二年一次，行始生之禮，名曰再生。惟帝與太后、太子及夷离得行之。又名覆誕。

神速姑　宗室人名。能知蛇語。

蒲割𩕳下乃頂切　公主名也。

三尅　統軍官，猶云三帥也。

詳穩[4]　諸官府監治長官。

梯里己　諸部下官也，後陞司徒。

達剌干　縣官也，後陞副使。

麻都不　縣官之佐也，後陞爲令。

馬步　未詳何官，以達剌干陞爲之。

牙署　官名。疑即牙書，石烈官也。

世燭　遙輦帳侍中之官。

敞史　官府之佐吏也。

思奴古　官與敞史相近。

徒覩古　邊徼外小國。

[1]笴音簳：中華修訂本校勘記云，“音”原作“言”，據明抄本、南監本、北監本、殿本改。今從。中華點校本徑作“音”。

[2]遙輦氏九帳：【李注】即遙輦氏九个可汗的宫帳。“宫帳”又稱“宫衛”，負責管理可汗在掠奪戰爭中所俘獲的生口及其他私

産。遥輦氏九可汗依次是：遥輦洼可汗、阻午可汗、胡剌可汗、蘇可汗、鮮質可汗、昭古可汗、耶瀾可汗、巴剌可汗以及痕德堇可汗。

［3］林牙：契丹語官名的音譯。漢語意思爲“翰林學士”。

［4］詳穩：契丹語官名的音譯。漢語意思爲“監治長官”。

世宗、穆宗紀：[1]

躑林上音帶　地名。即松林故地。

闡撒狘　抹里司官。亦掌宫衛之禁者。

撻馬　扈從之官。

濃兀　部分名。

葉格戲　宋錢僖公家有葉子揭格之戲。

［1］世宗：遼代皇帝耶律阮的廟號。　穆宗：遼代皇帝耶律璟的廟號。

景宗、聖宗紀：[1]

飛龍使　掌馬官。亦爲導騎。

横帳[2]　德祖族屬號三父房，[3]稱横帳，宗室之尤貴者。

著帳　凡世官之家洎諸色人，[4]因事籍没者爲著帳户，官有著帳郎君。

杓窊印　杓窊，鷙鳥總稱，[5]以爲印紐，取疾速之義。凡調發軍馬則用之，與金魚符、銀牌略同。

國舅帳剋　官制有大國舅帳，[6]此則本帳下掌兵之官。

拜奥禮　凡納后，即族中選尊者一人當奥而坐，以主其禮，爲之奥姑。[7]送后者拜而致敬，故云拜奥禮。

拜山禮　祀木葉山之儀。

敞穩　諸帳下官。亦作常袞，蓋字音相近也。

萬役陷河冶[8]　地名。本漢土垠縣，有銀礦。太祖募民立寨以專採煉，故名陷河冶。

合蘇袞　女直别部名。又作曷蘇館。

執手禮　將帥有克敵功，上親執手慰勞；若將在軍，則遣人代行執手禮。優遇之意。

阿札割只　官名。位在樞密使下，蓋墩官也。

四捷軍　遼以宋降者分立二部：一曰四捷軍，一曰歸聖軍。

山金司　以陰山産金，置冶採煉，故以名司，後改統軍政。[9]

[1]景宗：遼代皇帝耶律賢的廟號。　聖宗：遼代皇帝耶律隆緒的廟號。

[2]横帳：皇族。契丹小字作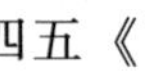，本義是“兄弟”，即與皇帝稱兄道弟者即是皇族。本書卷四五《百官志一》謂：“遼俗東嚮而尚左，御營東嚮，遥輦九帳南嚮，皇族三父房帳北嚮。東西爲經，南北爲緯，故謂御營爲横帳云。”

[3]德祖：遼太祖耶律阿保機的父親撒剌的之廟號。　三父房：遼代皇族的三個父房是玄祖（遼太祖的祖父）次子巖木之後曰孟父房；叔子釋魯之后曰仲父房；遼太祖兄弟的後人爲季父房。

[4]洎（jì）：同“及”。

[5]鷙鳥總稱："鳥"原誤作"烏"，明抄本、南監本、北監本、殿本均作"鳥"。中華點校本和修訂本徑改。今從。

[6]大國舅帳：據本書卷六七《外戚表》和卷四五《百官志一》，遼代皇后都姓蕭，源於乙室已和拔里兩個姓氏，乙室已有國舅大翁帳和國舅小翁帳。拔里有國舅大父房帳和國舅少父房帳。

[7]爲之奥姑：中華修訂本校勘記云，"奥姑"原作"奥始"，據殿本改。按本書卷六五《公主表》稱質古"幼爲奥姑，契丹故俗，凡婚燕之禮，推女子之可尊敬者坐於奥，謂之'奥姑'"。又此處"爲"字與"謂"義通。中華點校本徑改。

[8]萬役陷河冶：據中華點校本校勘記，"按'萬'爲人名，見《紀》開泰元年七月。下文只釋陷河冶，'萬役'二字當删"。

[9]統軍政：據中華修訂本校勘記，明抄本、南監本、北監本、殿本皆作"統軍司"。

興宗紀：[1]

別輂斗　地名。

虎黻下北潘切　婆離八部人名。

解洗禮　解裝前祓，飲至之義。[2]

獨盧金　地名。六院官屬秋冬居之。

行十二神纛禮　神纛解見前。凡大祭祀、大朝會，以十二纛列諸御前。

南撒葛柏　地名。

合只忽里　地名。

拖古烈　地名。

曷里狘　地名。

[1]興宗：遼代皇帝耶律宗真的廟號。

[2]飲至：指出征奏凱，至宗廟祭祀宴飲慶功之禮。《左傳·桓公二年》："凡公行，告於宗廟。反行，飲至，舍爵，策勳焉，禮也。"

道宗紀：[1]

塔里捨　地名。

撒里乃　地名。

三班院祗候　左、右班并寄班爲三班。祗候，官名。

高墩　遼排班圖，有高墩、矮墩、方墩之列。自大丞相至阿札割只皆墩官也。

[1]道宗：遼代皇帝耶律弘基的廟號。

天祚紀：[1]

侯里吉[2]　地名。

頭魚宴[3]　上歲時鉤魚，得頭魚輒置酒張宴，與頭鵝宴同。

訛莎烈　地名。

漚里謹　地名。

懽撻新查剌　地名。

射粮軍　射，請也。

女古底　地名。

落昆髓　地名。

阿里軫斗　地名。

忽兒珊　西域大軍將名。[4]

起兒漫　地名。

虎思斡魯朶　思，亦作斯，有力稱。斡魯朶，宮帳名。

葛兒罕　漠北君王稱。

[1]天祚：遼代皇帝耶律延禧的尊號。

[2]侯里吉：據中華修訂本校勘記，本書卷二〇《興宗本紀三》重熙十七年（1048）閏正月癸亥、十九年七月壬子及卷二七《天祚皇帝本紀一》乾統五年（1105）六月己丑、九年七月甲寅並作“候里吉”。

[3]頭魚宴：遼代皇帝在春捺鉢時，天鵝未至，卓帳冰上，鑿冰鈎魚，鈎到頭一條大魚時舉行的宴會。

[4]西域大軍將名：據中華點校本校勘記，本書卷三〇《天祚皇帝本紀四》保大五年（1125）後附耶律大石紀事，應作“西域大軍名”，“將”字衍。

志

《禮》、《樂》志：[1]

祭東　國俗，凡祭皆東向，故曰祭東。

敵烈麻都　掌禮官。

旗鼓拽剌　拽剌，[2]官名。軍制有拽剌司。此則掌旗鼓者也。

爇節　歲時雜禮名。

九奚首　奚首，營帳名。

食羖之次　大行殯出，[3]群臣以羖羊祭于路，名曰食羖之次。

禬祭上於琰切　凡出征，以牝牡麃各一祭之曰禬，詛敵也。

勘箭　車駕遠歸，閤門使持雄箭，勘箭官持雌箭，比較相合，而後入宫。

擔牀　一人肩任曰擔擔，兩人以手共舁曰牀。

攢隊　士卒攢簇，各爲隊伍。

方裀、朶殿　凡御宴，官卑地坐殿中方墩之上；其不應升殿，則賜坐左右朶殿。

地拍　田鼠名。正旦日，上於牕間擲米團，得隻數爲不利，則燒地拍鼠以禳之。

廼捏咿唲[4]　正月朔旦也。

悝里廻[5]　悝讀作押，[6]廻讀作頗。二月一日也。六月十八日宴國舅族，亦曰悝里廻。

陶里樺[7]　上巳日，射兔之節名。

討賽咿唲[8]　重午日也。

賽伊唲奢[9]　日辰之好也。

捏褐耐　犬首也。[10]

必里遲離　重九日也。

戴辣　燒甲也。[11]

炒伍侕廻[12]　戰名也。

卓帳　卓，立也；帳，氊廬也。

[1]《禮》、《樂》志：中華修訂本校勘記云，“樂志”二字原闕，據明抄本、南監本、北監本及殿本補。今從。

[2]拽剌：【李注】音譯詞。契丹語“走卒”謂之“拽剌”，後爲軍官名。

［3］大行：【李注】古代稱剛死而尚未定謚號的皇帝、皇后爲“大行皇帝”“大行皇后”。《後漢書》卷五《安帝紀》：“孝和皇帝懿德巍巍，光於四海；大行皇帝不永天年。”李賢注引韋昭曰：“大行者，不反之辭也。天子崩，未有謚，故稱大行也。”

［4］迺捏咿唲：契丹小字之音譯，漢語意思爲“首日”“頭一天”。

［5］忙里：契丹語音譯詞。漢語意思爲“請”。 尀：契丹小字的音譯，漢語意思爲“時”“節”。忙里尀，請客的節日。

［6］忙讀作押：本書卷五三《禮志六》作“忙，讀若狎”。

［7］陶里樺：陶里，契丹小字的音譯，漢語意思爲“兔”。“樺”，契丹語音譯，漢語意思爲“射”。契丹語的謂語置於賓語之後，陶里樺，漢語意思爲射兔。

［8］討賽咿唲：契丹語“五月節”的音譯。“討”，契丹小字的音譯，漢語意思爲“五”。本書卷五三《禮志六》謂“討，五；賽咿唲，月也”。

［9］賽伊唲奢：契丹語“好日子”的音譯。本書卷五三《禮志六》謂“‘奢’，好也”。

［10］捏褐耐：契丹小字之音譯，漢語意思爲“狗頭”。犬首：據中華點校本校勘記，“犬”原誤“大”。據本書卷五三《禮志六》及《契丹國志》卷二七改。

［11］戴辣燒甲也：本書卷五三《禮志六》謂“歲十月，五京進紙造小衣甲、槍刀、器械萬副。十五日，天子與群臣望祭木葉山，用國字書狀，並焚之。國語謂之‘戴辣’。‘戴’，燒也；‘辣’，甲也”。

［12］炒伍侕尀：炒伍侕，契丹小字的音譯，漢語意思爲“戰”；尀，契丹小字的音譯，漢語意思爲“時”“節日”“季節”。

百官志：

石烈辛衮　石烈官之長。

令穩　官名。

弭里馬特本　官名。後陞辛衮。

麻普　即麻都不，縣官之副也，初名達剌干。

知聖旨頭子事　掌誥命奏事官。

提轄司　諸宮典兵官。

皮室[1]　軍制，有南、北、左、右皮室及黄皮室，皆掌精兵。

廳房　即工部。

梅里　貴戚官名。述律皇后族有慎思梅里、婆姑梅里，[2]未詳何職。

抹鶻　瓦里司之官。[3]

先离撻覽　奚、渤海等國官名。疑即撻林字訛。

[1]皮室：【李注】契丹軍名。皮室，意爲“金剛”。初爲阿保機所置，稱“腹心部”。後有南、北、左、右皮室及黄皮室等，皆掌精甲。

[2]述律皇后：遼太祖耶律阿保機的淳欽皇后述律平。本書卷七一有傳。　慎思梅里：淳欽皇后述律平的祖父。　婆姑梅里：淳欽皇后述律平的父親。

[3]瓦里：契丹語音譯詞。漢語意思爲“監獄”。

營衛志：

象吻　黄帝治宫室，陶蚩尤象置棟上，名曰蚩吻。[1]

瓦里　官府名。宮帳、部族皆設之。凡宗室、外戚、大臣犯罪者，家屬没入於此。[2]

抹里　官府名。閘撒狘亦抹里官之一。

算斡魯朵　算，腹心拽剌也。斡魯朵，宫也。已下國阿輦至監母，皆斡魯朵名；其注語則始置之義也。

國阿輦　收國也。

奪里本　討平也。

耶魯盌　興旺也。

蒲速盌　義與耶魯碗同。

女古[3]　金也。

孤穩[4]　玉也。

窩篤盌　孳息也。[5]

阿斯　寬大也。[6]

阿魯盌[7]　輔佑也。

得失得本[8]　孝也。

監母　遺留也。

[1]蚩吻：又作“鴟吻”，傳説中的怪獸名。舊時多以爲屋脊的飾物。明代李東陽《記龍生九子》：“龍生九子，不成龍，各有所好……蚩吻平生好吞，今殿脊獸頭是其遺像。”

[2]宮帳、部族皆設之。凡宗室、外戚、大臣犯罪者，家屬没入於此：中華點校本校勘記云，“族”字原脱。“宗”原誤“宮”。據《大典》卷五二五二及本書卷四五《百官志一》補正。

[3]女古：契丹小字山的音譯，漢語意思爲“金”和“黄”。

[4]孤穩：契丹小字九亥的音譯，漢語意思爲“玉”。

[5]孳息也：中華點校本校勘記云，“孳”原誤“慈”。據本書

卷三一《營衛志上》改。

[6]寬大也：中華點校本校勘記云，“寬”原誤“實”。據本書卷三一《營衛志上》改。

[7]阿魯盌：中華點校本校勘記云，“阿”原誤“何”。據本書卷三一《營衛志上》改。

[8]得失得本：中華點校本校勘記云，本書卷三一《營衛志上》作“赤寔得本”。契丹小字作，讀音接近“赤寔得本”。

地理志：

屬珊　應天皇后從太祖征討，[1]所俘人户有技藝者隸之帳下，[2]名屬珊，蓋比珊瑚之寶。

永州　其地居潢河、土河二水之間，[3]故名永州，[4]蓋以字從二、從水也。

鄚頡上慕各切，下胡結切　渤海郡府名。

且慮皆平聲　興中府縣名。

豯養上音奚　幽州澤藪名。見《周職方》。

菑、時　幽州浸名。出同上。

墮瑰　門名。遼有墮瑰部。

野旅寅　野謂星野，旅謂躔次；寅者，辰舍。東北之位，燕分析津之所也。

[1]應天皇后：遼太祖耶律阿保機的皇后述律平。神册元年(916)，上尊號爲應天大明地皇后。

[2]所俘人户有技藝者隸之帳下：中華修訂本校勘記云，“技藝者隸”，原作四字空格，據《大典》卷五二五二引《遼史·國語解》補。“隸”，陳士元《諸史夷語音義》卷三作“置”。

[3]潢河：河名。今内蒙古自治區赤峰市境内的西拉木倫河。土河：河名。今老哈河，發源於馬盂山即今河北省平泉市柳溪鎮上卧鋪村之北的光頭山，流經内蒙古自治區寧城縣、敖漢旗，在翁牛特旗與西拉木倫河匯合。

[4]永州：治所在今内蒙古自治區翁牛特旗白音他拉古城址。

儀衛志：

金𩭤下祖叢切　馬首飾也。

果下馬　馬名。謂果樹下可乘行者，言其小也。

實里薛衮　祭服之冠，行拜山禮則服之。

鞊鞢帶上他協切，下徒協切　武官束帶也。

扞腰　即拄腰，以鵝項、鴨頭爲之。

胡木鍪　胄名。

𩊤馬上音誕　馬不施鞍轡曰𩊤。

白毦音餌　以白鷺羽爲綱，又罽也。

兵衛志：

捉馬　拘刷馬也。

欄子軍　居先鋒前二十餘里，偵候敵人動静。

弓子鋪　遼軍馬頓舍，不設營塹，折木稍爲弓，以爲團集之所。又諸國使來，道旁簽置木稍弓，以充欄楯。

食貨志：

云爲户[1]　義即營，運字之訛。

刑法志：

鍾院　有冤者擊鍾，以達于上，猶怨鼓云。

楚古　官名。掌北面訊囚者。[2]

[1]云爲户：中華點校本校勘記云，“户”原誤“所”。據《大典》卷五二五二及本書卷五九《食貨志上》改。

[2]掌北面訊囚者：中華點校本校勘記云，“訊”原誤“詔”。據《大典》卷五二五二改。

表

皇子表：

五石烈　即五院。非是分院爲五，以五石烈爲一院也。

六爪　爪，百數也。遼有六百家奚，後爲六院，[1]義與五院同。二院，即迭剌部析之爲二者是也。

裂麛皮　麛，牡鹿。力能分牡鹿皮。

[1]後爲六院：據中華點校本校勘記，六字原脱，依《大典》卷五二五二補。

世表：

莫弗紇　諸部酋長稱。又云莫弗賀。

蠕蠕而宣切　國名。

俟斤　突厥官名。

遊幸表：

舐鹹鹿　鹿性嗜鹹，灑鹻於地以誘鹿，射之。

女瑰[1]　虞人名。

[1]女瑰：據中華點校本校勘記，“瑰”原誤“瓌”。依《大典》卷五二五二及本書卷七《穆宗本紀下》應曆十四年（964）八月、十八年九月改。

列傳

可敦[1]　突厥皇后之稱。[2]

忒里蹇　遼皇后之稱。

耨斡麼　麼，亦作改。耨斡，后土稱。麼，母稱。

乙室、拔里　國舅帳二族名。

[1]可敦：又作“恪尊”“可賀敦”“哈敦”，我國古代鮮卑語、突厥語、契丹語、蒙古語等北方民族語言中“皇后”一詞的音譯。1980年在今内蒙古自治区鄂倫春自治旗嘎仙洞發現的北魏太平真君四年（443）的石刻祝詞中即有“可敦”一詞。契丹語中的這個單詞是從其祖語鮮卑語那裏繼承下來的，並非突厥語借詞。

[2]突厥：我國古代北方和西北方的民族名。曾建立強大的突厥汗國，至公元6世紀分裂爲東西兩汗國。《周書》《北史》《隋書》《新唐書》《舊唐書》均有傳。當阿保機建立契丹王朝時，突厥汗國早已滅亡。這裏所謂的“突厥”可能是指東突厥汗國的餘部。

諸功臣傳：

龍錫金佩　太祖從兄鐸骨札以本帳下蛇鳴，命知蛇語者神速姑解之，知蛇謂穴傍樹中有金，往取之，果得金，[1]以爲帶，名“龍錫金”。

撒剌　酒樽名。

遙輦糺　遙輦帳下軍也。其書永興宫分糺、十二行糺、黄皮室糺者，倣此。

吐里　官名。與奚六部秃里同。吐、秃字訛。

寢殿小底　官名。遼制多小底官，餘不注。

雜丁黄　禮，男幼爲黄，四歲爲小，十六爲中，二十一爲丁。軍中雜幼弱，以疑敵也。

遙輦尅　遙輦帳下掌兵官。

柢枑　宫衛門外行馬也。[2]

榾柮犀　千歲蛇角，又爲篤訥犀。

珠二琲下蒲味切　珠五百枚爲琲。

題里司徒　題里，官府名。

庢中上陟栗切　地名。

堂印　博之采名。

臨庫　以帛爲通曆，具一庫之物，盡數籍之，曰臨庫。

堂帖　遼制，宰相凡除拜，行頭子堂帖權差，俟再取旨，[3]出給告勑。故官有知頭子事。見《陰山雜録》。

夷離堇畫者　畫者人名，爲夷离堇官。

虎斯　有力稱。《紀》言“虎思”，義同。

[1]穴傍樹中有金，往取之，果得金：據中華點校本校勘記，

“樹中有金往取之果”八字原闕，依《大典》卷五二五二補。

[2]柢枑宫衛門外行馬也：據中華點校本校勘記，“柢枑”，《周禮·天官·掌舍》作“梐枑”，注云：“梐枑，謂行馬。”

[3]俟再取旨：據中華點校本校勘記，“旨”原誤作“二日”。依本書卷三二《營衛志中》改。

（劉鳳翥校注　李錫厚補）

附録一

百衲本《遼史》卷首[1]

修三史詔

聖旨：至正三年三月十四日，篤憐帖木兒怯薛第三日，咸寧殿裏有時分，速古兒赤江家奴、云都赤鑾子、殿中俺都剌哈蠻、給事中孛羅帖木兒等有來，脱脱右丞相、也先帖木兒平章、鐵睦爾達世平章、太平右丞、長仙參議、孛里不花郎中、老老員外郎、孛里不花都事等奏：[2]遼、金、宋三國史書不曾纂修來，歷代行來的事跡合纂修成書有俺商量來。如今選人將這三國行來的事跡交纂修成史，不交遲滯。但凡合舉行事理，俺定擬了呵。怎生奏呵，奉聖旨那般者。

三月二十八日，別兒怯不花怯薛第二日，咸寧殿裏有時分，速古兒赤不顔帖木兒、云都赤鑾子、殿中俺都剌哈蠻、給事中孛羅帖木兒等有來，脱脱右丞相、也先帖木兒平章、鐵睦爾達世平章、太平右丞、吴參政、買术丁參議、長仙參議、韓參議、別里不花郎中、王郎中、老老員外郎、孔員外郎、觀音奴都事、孛里不花都事、杜都事、直省舍人倉赤也先、蒙古必闍赤鎖住、都馬等奏：昨前遼、金、宋三國行來的事跡，選人交纂修成史書者麼道奏了來。這三國爲聖朝所取，制度、典章、治亂、興亡之由恐因歲久散失，合遴選文臣分史置局，纂修成書，以見祖宗盛德得天下遼、金、宋三國之由，垂鑒後世，做一代盛典。交翰林國史院分局纂修，職專其事。集賢、秘書、崇文并内外諸衙門裏，著文學博雅、才德修潔，堪充的人每斟酌區用。纂修其間，予奪議論不無公私偏正，必須交總裁官質正是非、裁決可否。遴選位望老成、長於史才，爲衆所推服的人交做總裁官。這三國實録、野史、傳記、碑文、行實，多散在四方，交行省及各處正官提調，多方購求，許諸人呈獻，量給價直，咨達省部，送付史館以備采擇。合用紙札、筆墨，一切供需物色，於江西、湖廣、江浙、河南省所轄各學院并貢士莊錢糧——除祭祀、廩膳、科舉、修理存留外，都交起解將來，以備史館用度。如今省裏脱脱右丞相監修國史做都總裁。交鐵睦爾達世平章、太平右丞、張中丞、歐陽學士、呂侍御、揭學士做總裁官。提調官，省裏交也先帖木兒平章、吴參政，樞密院裏塔失帖木兒同知、姚副樞，臺裏狗兒侍御、張治書、買术丁參議、長仙參議、韓參議、右司王郎中、左司王郎中、老老員外郎、孔員外郎、觀音奴都事、杜都事，六部各委正官并首領官提調。其餘修史的凡例、合行事理，交總裁官、修史官集議舉行呵。怎生奏呵，奉聖旨那般者。

[1]【靳注】此附録一之内容原在百衲本《遼史》卷首，今附録於書後，題目爲編者所加。

[2]脱脱（1314—1356）：【靳注】又作托克托、脱脱帖木兒。元人。蔑里乞氏，字大用。歷任同知宣政院事、御史大夫、中書右丞相等職。元至正三年（1343），主持纂修宋、遼、金三史，任都總裁官。《元史》卷一三八有傳。　也先帖木兒：【靳注】生卒年不詳，約1300年至1360年在世。元人。蔑里乞氏。馬札爾台次子，脱脱之弟。嘗爲御史大夫、知樞密院事。善書法，尤以大字著稱。鐵睦爾達世（1302—1347）：【靳注】又譯作鐵木兒塔識、帖木兒達識等。元人。康里氏，字九齡。康里脱脱之子。資禀宏偉，補國子學諸生，讀書聰穎絶人。嘗事明宗於潛邸。歷任禮部尚書、奎章閣侍書學士、同知樞密院事、御史大夫等職。至正間預修宋、遼、金三史，任總裁官。後任左丞相，然不久病死。《元史》卷一四〇有傳。

進遼史表

開府儀同三司、上柱國、録軍國重事、中書右丞相、監修國史、領經筵事臣脱脱言：竊惟天文莫驗於璣衡，[1]人文莫證於簡策。人主監天象之休咎，則必察乎璣衡之精；監人事之得失，則必考乎簡策之信。是以二者所掌，俱有太史之稱。然天道幽而難知，人情顯而易見。動靜者吉凶之兆，敬怠者興亡之機。史臣雖述前代之設施，大意有助人君之鑑戒。

遼自唐季，基于朔方。造邦本席於干戈，致治能資於黼黻。[2]敬天尊祖而出入必祭，親仁善鄰而和戰以宜。南府治民，北府治兵；春狩省耕，秋狩省斂。吏課每嚴於芻牧，歲饑屢賜乎田租。至若觀市赦罪，則脗合六典之規；臨軒策士，則恪遵三歲之制。享國二百一十九載，政刑日舉、品式備具，蓋有足尚者焉。迨夫子孫失御，上下離心。驕盈盛而釁隙生，讒賊興而根本蹙。變強爲弱，易於反掌。吁，可畏哉！

天祚自絶，大石苟延；國既丘墟，史亦蕪茀。耶律儼語多避忌，陳大任辭乏精詳；五代史繫之終篇，宋舊史埒諸“載記”。予奪各徇其主，傳聞況失其真。我世祖皇帝一視同仁，深加愍惻，嘗敕詞臣撰次三史，首及於遼。六十餘年歲月因循，造物有待。

臣脱脱誠惶誠恐頓首，欽惟皇帝陛下，如堯稽古而簡寬容衆，若舜好問而濬哲冠倫。講經兼誦乎祖謨，訪治旁求乎往牒。玆修史事，斷自宸衷。睿旨下而徵聘行，朝士賀而遺逸起。於是命臣脱脱以中書右丞相領都總裁，中書平章政事臣鐵睦爾達世、[3]中書右丞今平章政事臣賀惟一、御史中丞今翰林學士承旨臣張起巖、翰林學士臣歐陽玄、侍御史今集賢侍講學士兼國子祭酒臣呂思誠、翰林侍講學士臣揭傒斯奉命爲總裁官。中書遴選儒臣宗文太監今兵部尚書臣廉惠山海牙、翰林直學士臣王沂、秘書著作佐郎臣徐昺、國史院編修官臣陳繹曾分撰《遼史》，起至正三年四月，迄四年三月。發故府之櫝藏，集遐方之匭獻，蒐羅剔抉，删潤研劘。紀志表傳備成一代之書，臧否是非不迷千載之實。臣脱脱叨承隆寄，幸覩成功。載宣日月之光華，願效涓埃之補報。我朝之論議歸正，氣之直則辭之昌，遼國之君臣有知，善者喜而惡者懼。所撰本紀三十卷、志三十二卷、[4]表八卷、列傳四十六卷，各著論贊，具存體裁，隨表以聞，上塵天覽。下情無任，慚懼戰汗，屏營之至。臣脱脱誠惶誠懼，頓首頓首謹言。

至正四年三月__日，開府儀同三司、上柱國、録軍國重事、中書右丞相、監修國史、領經筵事臣脱脱上表。

[1]璣衡：【靳注】“璇璣玉衡”的省稱。古代觀測天體星象的儀器。天文學亦常被稱爲“璣衡之學”。

[2]黼黻：【靳注】原義指官服上的精美花紋。這裏借指朝廷政綱。

［3］鐵睦爾達世：【劉校】鐵睦，原誤“或陸”。據前《修三史詔》改正。

［4］志三十二卷：【劉校】“二”字，原誤“一”，據正文改正。又下文“列傳四十六卷”，“四十六”當作“四十五”，《國語解》一卷，不當計入列傳。

三史凡例

一、帝紀：

三國各史書法，準《史記》《西漢書》《新唐書》。各國稱號等事，準《南》、《北》史。

一、志：

各史所載，取其重者作志。

一、表：

表與志同。

一、列傳：

后妃，宗室，外戚，群臣，雜傳。

人臣有大功者，雖父子各傳。餘以類相從，或數人共一傳。

三國所書事有與本朝相關涉者，當稟。金、宋死節之臣，皆合立傳，不須避忌。其餘該載不盡，從總裁官與修史官臨文詳議。

一、疑事傳疑，信事傳信，準《春秋》。

修史官員

都總裁：

開府儀同三司、上柱國、録軍國重事、中書右丞相、監修國史、領經筵事臣脱脱。

總裁官：

光禄大夫、中書平章政事、知經筵事、提調都水監臣鐵睦爾達世。[1]

榮禄大夫、中書平章政事、知經筵事臣賀惟一。

翰林學士承旨、榮禄大夫、知制誥兼修國史臣張起巖。

翰林學士、資善大夫、知制誥、同修國史臣歐陽玄。

集賢侍講學士、通奉大夫兼國子祭酒臣吕思誠。

翰林侍講學士、中奉大夫、知制誥、同修國史、同知經筵事臣揭傒斯。

纂修官：

正議大夫、兵部尚書臣廉惠山海牙。

翰林直學士、朝請大夫、知制誥、同修國史兼經筵官臣王沂。

文林郎、秘書監著作佐郎臣徐昺。

將仕佐郎、翰林、國史院編修官臣陳繹曾。

提調官：
資德大夫、中書右丞臣伯彦。
榮禄大夫、中書左丞臣姚庸。
奉議大夫、參議中書省事臣長仙。
通議大夫、參議中書省事臣吕彬。
朝散大夫、中書右司郎中臣悟良哈台。
嘉議大夫、中書左司郎中臣趙守禮。
亞中大夫、中書左司員外郎臣偰哲篤。
亞中大夫、中書省左司員外郎臣何執禮。
儒林郎、右司都事臣觀音奴。
奉議大夫、左司都事臣烏古孫良楨。
嘉議大夫、禮部尚書臣王守誠。
中憲大夫、工部尚書臣丁元。
奉議大夫、禮部侍郎臣老老。
嘉議大夫、禮部侍郎臣杜秉彝。

[1]鐵睦爾達世：【劉校】"鐵"字原脱，據前《修三史詔》補入。《金史》作"帖"。

附録二

百衲本《遼史》跋

《遼史·進史表》是史成於至正四年三月，先於《金史》者八月。按元刻《金史》卷首有江浙等處行中書省准中書省至正五年四月十三日咨文，去年教纂修遼、金、宋三代史書，即目遼、金史書纂修了。有“如今將這史書令江浙、江西二省開板”等語，是遼、金二史必同時鐫刻，然以此刊本與北平圖書館所藏初刻《金史》相較，字體絶異。刻工姓名亦無一相合，而與涵芬樓所補之五十五卷較，則字體相類，刻工姓名同者亦有四十六人，是此決非初刻無疑。然徧觀海内外所存《遼史》，衹有此本。是否别有初刻？殊難言也。是本刊版粗率，譌字亦多，如廷之誤延，宫之誤官，徙之誤徒，蕭之誤簫及肅，幾成通病，其他譌舛，亦指不勝屈。然究是最古之本，足以校正後出諸本者，猶自不少。本紀第十八重熙二年“即遣興聖宫使耶律壽寧、給事中知制誥李奎充祭奠使”句，諸本均作“遼遣延昌宫使，又以耶律寔、高升、耶律迪、王惟允充兩宫賀宋生辰使、副”句。諸本於第一人均作“耶律楚”。余所見數本是葉均極漫漶，疑明代重刻所據之本，此數字亦不可辨，故輒取他宫以實耶律壽寧所居之職，同時改“即”字爲“遼”字。然《遼史》自稱爲遼，語氣亦殊不合。至“寔”则匡廓微存，故揣爲形似之“楚”字而不知，亦非其人。又志第十六《百官志二》五國部後有“以上四十九節度爲小部族”一行。南監本行格猶存，文字已佚，而北監本及武英殿本則並此空行去之。按上文大部族、小部族兩者並舉，四大王府後有“已上四大王府爲大部族”一語。總結上文，使“四十九節度”後無此一語則文理爲不完矣。又志第三十一《刑法志下》“伶人張隋，本宋所遣汋者”。按《周禮·秋官》“掌士之八成，一曰邦汋”。鄭氏注“斟汋，盜取國家密事”。若今時刺探。尚書事張隋爲宋遣至遼之間諜。汋者取義蓋本於此。明人覆刻，不加深究，竟認爲殘缺之的字妄補數筆，而文義遂不可通。猶不止此。本紀第八保寧三年，“又以潛邸給使者爲撻馬部，置官堂之”，“堂”必“掌”字之誤，而諸本竟改爲“主”字矣。志第三十一“遼二百餘年，骨肉屢相殘滅”，“屢”字僅存半形，然細辨實非他字，而諸本又改爲“自”字矣。本紀第十九重熙十三年“詔富者遣行，餘留屯疑天德軍”，諸本“疑”作“田”。又第二十重熙十九年“敵魯疑遣六院軍將海里擊敗之”，諸本“疑”作“古”。又第二十一重熙二十四年“百僚上表固疑許之”，諸本“疑”作“請”。又第二十四大安元年“以樞密直學士杜公疑參知政事”，諸本“疑”作“謂”。志第二《行營》“長城以南多疑多暑”，諸本“疑”作“雨”。《隋契丹十部》“元魏疑莫勿賀勿于畏高麗、蠕蠕侵逼”，諸本“疑”作“末”。又第四《兵衛志上》“四年疑親征渤海”，諸本“疑”作“又”。以上七“疑”字，殆鐫板之時，原書本文俱已損佚，究爲何字，不敢臆斷，故著一“疑”字以代之。此在宋刊南北諸史多有其例，但彼則旁注小字，此則列入正文，後人疏忽，斷爲訛字，任意改竄，不知妄作，殊失闕疑之意矣。此在元刊，誠非精本，然求較勝者，竟不可得。瑕不掩瑜，故猶取焉。海鹽張元濟。

附録三

國語解補編

契丹小字是記録契丹語言的符號。解讀契丹小字是研究契丹語言文字的重要任務之一。經過中外學者八十多年的努力，雖然已經解讀出一大部分契丹小字的字義，但就目前狀況而言，仍然是解讀出來的少，尚未解讀的多，距離契丹小字的徹底解讀的目標還很遙遠，有待有志於此的同行們繼續努力。現在把中外學者共同努力解讀出來的比較可靠的契丹小字分類列舉如下。並且一一注明一個或多個資料出處。對於出處採用簡稱的辦法，以減少篇幅。契丹小字資料的簡稱規定如下：

《耶律宗教墓誌銘》簡稱“教”，《遼興宗皇帝哀册》簡稱“興”，《蕭高寧·富留太師墓誌銘》（舊稱《蕭令公墓誌》殘石）簡稱“留”，《蕭奮勿膩·圖古辭墓誌銘》簡稱“辭”，《耶律仁先墓誌銘》簡稱“仁先”，《仁懿皇后哀册》簡稱“仁”，《耶律（韓）高十墓誌銘》簡稱“高”，《蕭特每·闊哥駙馬第二夫人韓氏墓誌銘》簡稱“二夫人”，《耶律兀里本·慈特墓誌蓋》簡稱“慈蓋”，《耶律兀里本·慈特墓誌銘》簡稱

“慈”，《耶律永寧郎君墓誌銘》簡稱“永”，《耶律迪烈墓誌銘》簡稱“迪”，《耶律智先墓誌銘》簡稱“智”《蕭太山和永清公主墓誌銘》簡稱“清”，《耶律奴墓誌銘》簡稱“奴”，《耶律弘用墓誌銘》簡稱“用”，《撒懶·室魯太師墓誌碑》簡稱“室”，《耶律（韓）迪烈墓誌銘》簡稱“韓迪”，《遼道宗皇帝哀册篆蓋》簡稱“道蓋”，《遼道宗皇帝哀册文》簡稱“道”，《宣懿皇后哀册篆蓋》簡稱“宣蓋”，《宣懿皇后哀册文》簡稱“宣”，《耶律副部署墓誌銘》簡稱“署”，《耶律貴安·迪里姑墓誌銘》簡稱“貴”，《許王墓誌蓋》簡稱“許蓋”，《許王墓誌銘》簡稱“許”，《梁國王墓誌銘》簡稱“梁”，《澤州刺史墓誌銘》簡稱“澤”，《皇太叔祖哀册篆蓋》簡稱“叔蓋”，《皇太叔祖哀册》簡稱“叔”，《宋魏國妃墓誌蓋》簡稱“宋蓋”，《宋魏國妃墓誌銘》簡稱“宋”，《故耶律氏銘石》簡稱“故”，《大金皇弟都統經略郎君行記》簡稱“郎”，《蕭仲恭墓誌蓋》簡稱“仲蓋”，《蕭仲恭墓誌銘》簡稱“仲”，《金代博州防禦使墓誌銘》簡稱“博”，《蕭居士墓誌銘》簡稱“居”，《阜新縣海棠山發現的墓誌殘石》簡稱“海”。簡稱後面的數字表示原石（如果僅是手抄本傳世者則指原抄本）的行數，例如“韓迪五”表示出處在《耶律（韓）迪烈墓誌銘》第五行。

一　年款

契丹小字中的年號並不完全是漢字年號的翻譯。例如年號“景福”的契丹小字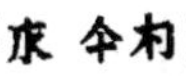的本意是“長壽”，年號“清寧”的契丹小字的本意可能是“天眷祐”。亦有與漢字年號意義相近者，例如年號“壽昌”的契丹小字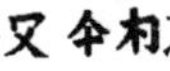之義爲“大壽”。現在把傳世的契丹小字資料中出現的年款按着年號時代的先後順序列舉如下，每個年號均出舉幾個用例與出處。

保寧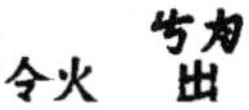【奴六】

保寧中【奴六、貴六】

統和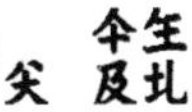【韓迪五、清六】

統和元年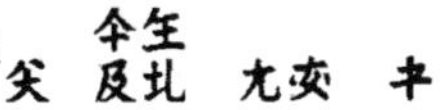【韓迪五】

統和、開泰中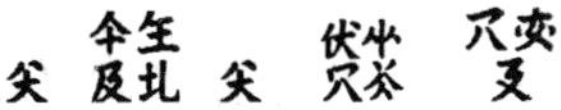【韓迪六】

開泰【梁五】【用二】

開泰二癸丑年【仁先八】

於開泰八己未年十一月廿九日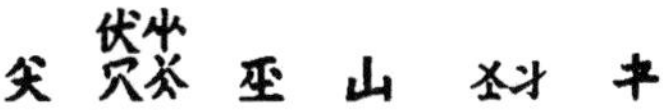【梁五】

於開泰四乙卯年六月二日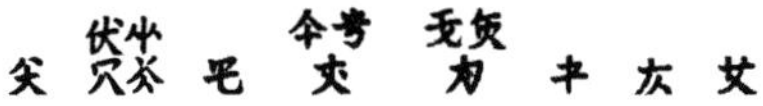【高十三】

太平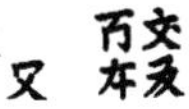【迪十三】

於太平丙寅年正月廿九日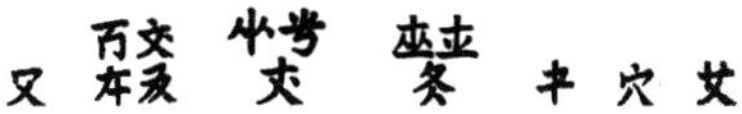【迪十三】

於太平三丁亥年閏九月二日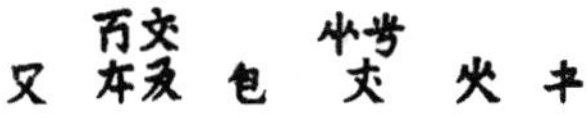

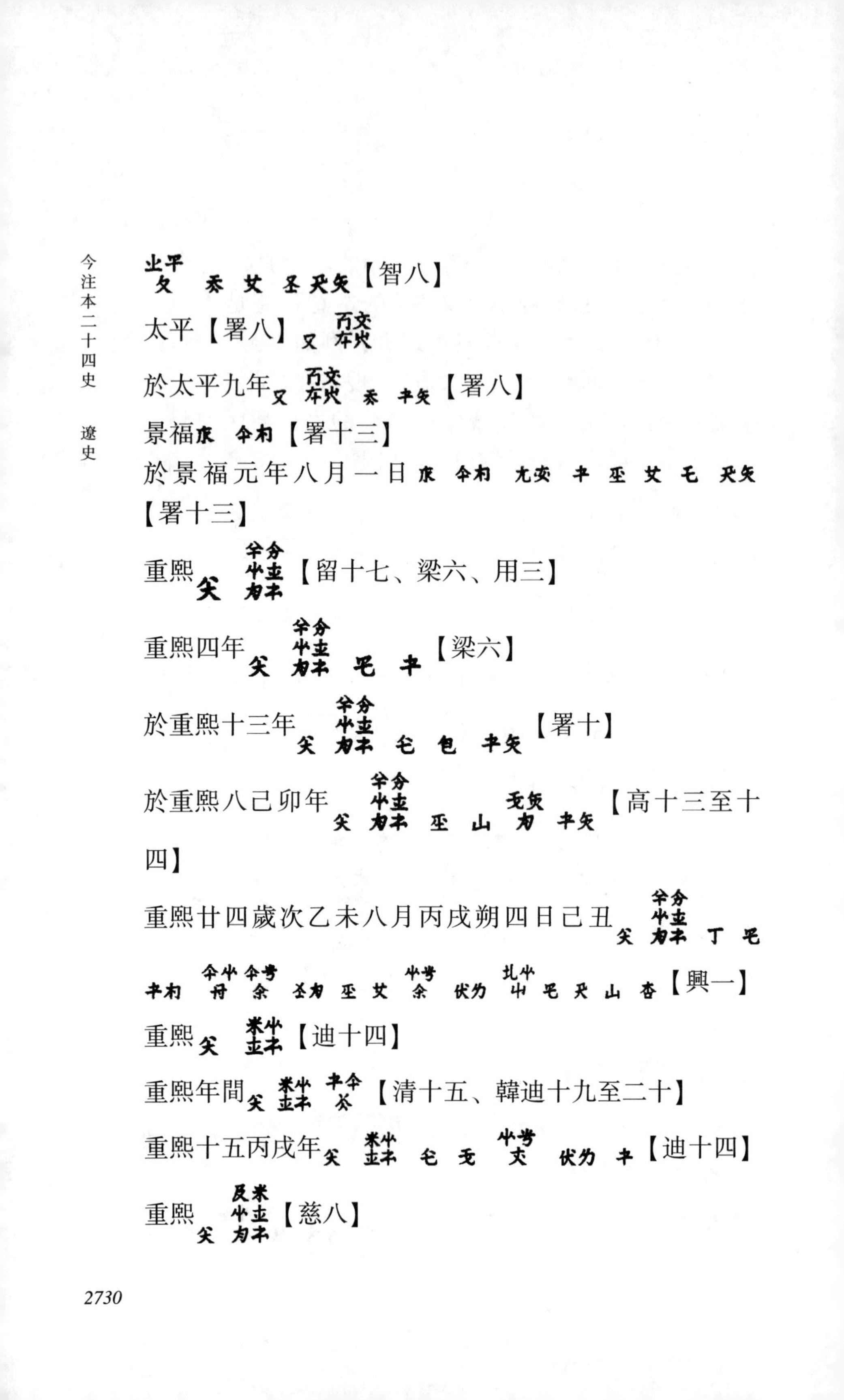

【智八】

太平【署八】

於太平九年【署八】

景福【署十三】

於景福元年八月一日【署十三】

重熙【留十七、梁六、用三】

重熙四年【梁六】

於重熙十三年【署十】

於重熙八己卯年【高十三至十四】

重熙廿四歲次乙未八月丙戌朔四日己丑【興一】

重熙【迪十四】

重熙年間【清十五、韓迪十九至二十】

重熙十五丙戌年【迪十四】

重熙【慈八】

重熙年間矢 及米㐅亚为本 丰仐【慈八】

重熙矢 米㐅亚为本【慈十】

重熙年間矢 米㐅亚为本 丰仐公【慈十】

清寧矢 冬本【清十六】

清寧年間矢 冬本 丰仐【清十六】

清寧元年矢 冬本 尢夾 丰【梁八】

於清寧元乙未年矢 冬本 尢夾 仐号文 圣为 丰矢【高十九】

清寧二年矢 冬本 圣 丰【梁八】

於清寧三年二月廿七日矢 冬本 包 丰圣 艾 丁 戸 尺矢【留二十五】

清 寧 五 己 亥 春 二 月 十 四 日 之 夜 丑 時 矢 冬本 乇 山 火 介夾 圣 艾 乇 乇 尺村 仐杏 杏 非朱【永二十七】

於清寧七年矢 冬本 戸 丰矢【梁九】

於清寧九年矢 冬本 禾 丰矢【梁九】

咸雍矢 令火【高二十二】

咸雍元己巳年春矢 令火 尢夾 山 伕扎及 丰 介夾【高二十二】

咸雍二甲午年四月十日於酉時矢 令火 圣 仐号文（應爲㐅号文［丙］字之誤）叉化 丰 乇 艾 乇 尺矢 令为为 非朱【永三十二至三十三】

大康又 令丙刃【署十八】

大康元年歲次乙卯十一月己未朔三日辛酉
又 令丙刃 九夾 丰 丰朩 伞쑤舟 伞岑夾 乇仮为 乇 毛 丈 山 圣为
北仦屮 包 夬 朿 令为为【宣四】

大康二年春又 令丙刃 圣 丰 介夾【署十八】

大康二丙辰年三月丙辰朔六日辛酉
又 令丙刃 圣 仦岑夾 笑 丰 包 丈 仦岑夾 发 北仦屮 灰 夬 朿 令为为
【仁十一】

大康七年九月十九日於巳時又 令丙刃 尸 丰 忝 丈 乇 忝 夬矢
仕北及 非朱【慈十五】

大康又 爷丙刃【高二十五】

大康元乙卯年又 爷丙刃 九夾 伞岑夾 乇仮为 丰【高二十五】

大安又 伞分廾及肉【許十六】

大安四戊辰年正月己酉朔十三日又 伞分廾及肉 乇 山 发 丰
穴 丈 山 令为为 北仦屮 乇 包 夬【永四十三】

於大安十甲戌年八月九日又 伞分廾及肉 乇 伞岑夾 伏为 丰 丕 丈
忝 夬矢【智二十】

大安又 米廾及肉【迪四十一】

大安八壬申年八月七日又 米廾及肉 丕 由火 业及及 丰 丕 丈 尸 夬

【迪四十一】

大安三年春又 米廾及内 包 丰 介交【清十七至十八】

大安又 米仌及内【迪七】

壽昌又 仐村【室十二、清二十一】

壽昌元乙亥年二月廿丙戌日丑時又 仐村 九交 仐号夾

火 丰 圣 女 丁 小号夾 伏为 买 杏 非朱【清二十一】

壽昌四戊寅年十二月四戊寅日

又 仐村 乇 山 亟立冬 丰 乇 圣 女 乇 山 亟立冬 买【奴三】

壽昌六庚辰年四月丁酉朔廿四庚申日又 仐村 大 釆

芡 丰 乇 女 小号夾 仐为为 圠小舟伏 丁 乇 釆 业及 买【用二十】

壽昌七年歲次辛巳正月壬戌朔十三甲戌又 仐村 尸 丰

丰村 仐小舟 釆 仕圠及 穴 女 由及 伏为 圠小山 乇 包 仐号夾 伏为

【道四】

壽昌七辛巳年二月壬辰朔廿八己未日又 仐村 尸 釆

仕圠及 丰 圣 女 由火 芡 圠小舟伏 丁 巫 山 圣才 买【韓迪二十二】

乾統矢 木廾及圠【梁十七】

於乾統元年矢 木廾及圠 九交 丰矢【梁十七】

乾統七丁亥年四月十四日矢 木廾及圠 尸 小号夾 火 丰 乇

女 乇 乇 买【梁二十九】

戊子十月八日之夜四更初刻山 火列 乇 女 巫 买村

仐杏 乇 八夾刃及 九交 非朱【澤二十三】

乾統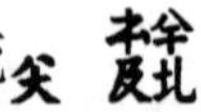【澤二十一】

乾統二年歲次壬午十二月辛亥朔十一日辛酉

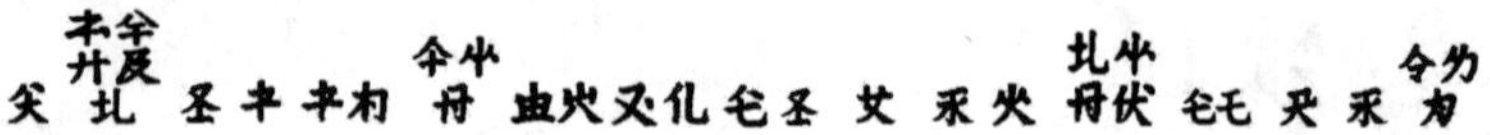

【貴十七】

乾統十年歲次庚寅閏八月丁酉朔廿五辛酉

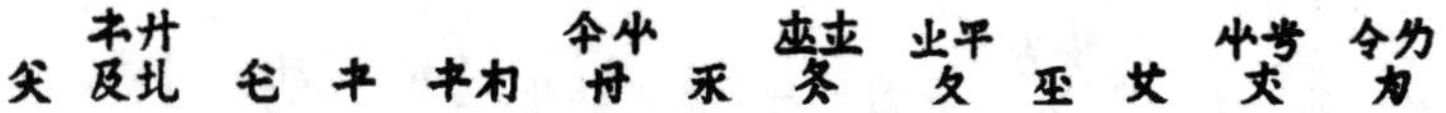

【叔四】

天慶【故十三】

天慶五乙未年四月庚子朔十己酉日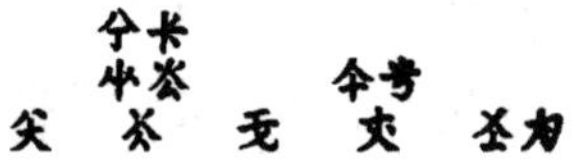

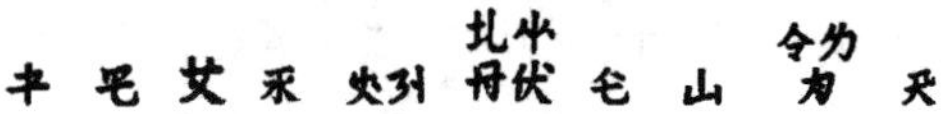【故二十五】

天輔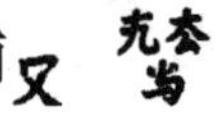【仲十】

於天輔六年正月十六日

【仲十】

天會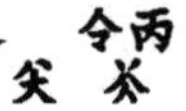【郎四、博十】

天會十二甲寅年仲冬十四日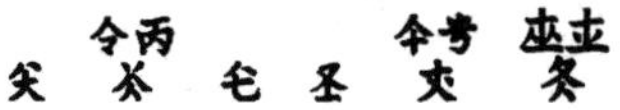

【郎四至五】

天會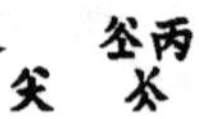【仲十九】

天會十一年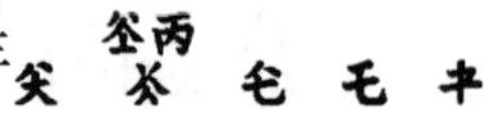【仲十九】

天眷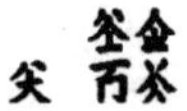【仲二十、博二十二】同一篇墓誌中首次用

矢 仝金丙尖，再次用時可省略爲仝金丙尖。

於天眷元年矢 仝金丙尖 九㚒 丰矢【仲二十】

天眷二年今金丙尖 圣 丰【仲二十】

於天眷三年仝金丙尖 包 丰矢【仲二十一】

皇統今业 囯朩舟伏【仲二十一】同一篇墓誌中首次用今业 囯朩舟伏，

再次用時可省略爲囯朩舟伏。

於皇統元年今业 囯朩舟伏 九㚒 丰矢【仲二十一】

於皇統二年囯朩舟伏 圣 丰矢【仲二十一】

於皇統五年囯朩舟伏 乇 丰矢【仲二十一】

皇統仝业 囯朩舟伏【博二十二】同一篇墓誌中首次用仝业 囯朩舟伏，

再次用時可省略爲囯朩舟伏。

皇統元年仝业 囯朩舟伏 九㚒 丰【博二十二】

天德矢 仝丙刃【仲二十三】

天德二年歲次庚午九月甲戌朔十九日矢 仝丙刃 圣 丰

丰杓 仐朩舟 求 㕛化 秂 丈 仐夬余 伏为 北朩屮 乇 秂 乑

【仲五十】

大定又 号为出【博三十八】

大定十庚寅年十二月丙午朔廿五庚午日又 号为出 乇 求

巫圭冬 丰 乇圣 丈 朩号余 㕛化 北朩屮 丁 乇 求 㕛化 乑

【博三十八】
該、此□【道六】
該年該月該日該時□ □ □ □ □ □ □ □【仲四十二至四十三】
該年六月廿三壬子□ □ □ □ □ □ □ □【道六】
該、此□【仲二十二】
該年□ □【仲二十二】

二　天干

在契丹語中，用五個單詞表示十個天干。即“甲”“乙”同用一個單詞，“丙”“丁”同用一個單詞，“戊”“己”同用一個單詞，“庚”“辛”同用一個單詞，“壬”“癸”同用一個單詞。五個單詞的本意是五種顔色。即用青色表示“甲”或“乙”，用紅色表示“丙”或“丁”，同黄色表示“戊”或“己”，用白色表示“庚”或“辛”。用黑色表示“壬”或“癸”。我們一般按漢語習慣徑直釋爲相應的天干。契丹小字是拼音文字，由於正字法不嚴密，故而有同音互借的現象。例如原字□與原字□同音，所以□、□同音。□、□作爲字雖然是兩個字，但它們拼寫的却是同一個單詞。所以我們説契丹語是用五個單詞表示十個天干，而不説用五個字表示十個天干。如果用字的話，不僅不是五個，十個都不止。表示“甲”“乙”的字有□、

[illegible]、[illegible]三個同音字；表示“丙”“丁”的有[illegible]、[illegible]兩個同音字；表示“戊”“己”的有**山**、**山**兩個同音字；表示“庚”“辛”的有[illegible]、[illegible]兩個同音字；表示“壬”“癸”的有**由**[illegible]、**由**[illegible]、**由**[illegible]三個同音字。現把傳世契丹小字中出現的天干列舉如下，並列舉出若干個出處。

甲（青）[illegible]【清三十一、道四】

甲（青）[illegible]【興三】

甲（青）[illegible]【仲五十】

乙（青）[illegible]【高十三、宣四、清二十一】

乙（青）[illegible]【興一】

丙（紅）[illegible]【迪十三、署三十七】

丙（紅）[illegible]【興一】

丁（紅）[illegible]【梁二十九、清二十】

戊（黄）**山**【永四十三】

戊（黄）**山**【博二十四】

己（黄）**山**【興一、梁五、高十三、宣四】

庚（白）[illegible]【奴十、慈十八】

庚（白）[illegible]【仲六、仲五十】

辛（白）[illegible]【仁十一、宣四】

壬（黑）**由**[illegible]【迪四十一、韓迪二十二、慈十八】

壬（黑）**由**[illegible]【道四】

壬（黑）**由**[illegible]【署三十七】

癸（黑）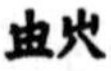【仁先八】

三　地支

在契丹語中，用十二生肖來表示地支。在紀年部分，我們按漢語的習慣徑直把生肖字釋爲相應的地支。現把傳世的契丹小字資料中出現的十二生肖列舉如下，並列舉其若干個出處。

子（鼠）【奴四、道六】

丑（牛）【清二十三、興一】

寅（虎）【仁十四、奴三、郎五】

卯（兔）【高十三、清二十、奴三、宣四】

辰（龍）【永四十三、奴十、韓迪二十二】

辰（龍）【仁十一】

巳（蛇）【道四、慈十五】

午（馬）【仁十四、永三十三、仲六、仲五十】

未（羊）【高十九、宣四】

未（羊）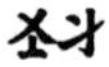【梁五】

申（猴）【清二十、清三十一、用二十】

申（猴）【迪二十六、迪四十一、慈十八】

申（猴）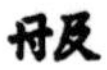【清二十三】

酉（雞）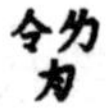【仁十一、永四十三、用二十、宣四】

戌（狗）【興一、迪十四、清三十一、道四】

亥（豬）【永二十七、智八、梁二十九】

四　數字

一毛（用於陰性和中性）【興二】

一乇（用於陽性）【教三十二、智十一】

二圣（用於陰性和中性）【梁八、智八、韓迪三十二】

二垩（用於陽性）【留二十三、博四十六】

於二圣矢（時位格）【教十六、智二十】

二的、二人之圣わ（所有格）【教二十】

三包（用於陰性和中性）【道四】

三乜（用於陽性）【智三、智六】

於三包矢（時位格）【仲七、博二十三】

三令化【韓迪七、用十一】

三令为乃（漢語借詞）【仲二十三】

四乇（用於陰性和中性）【故二十五、梁二十九】

四乇（用於陽性）【韓迪十七】

於四乇矢（時位格）【仲八】

四令号令（用於陰性和中性）【用四】

四令号坌（用於陽性）【韓迪十六】

五乏（用於陰性和中性）【用十四、故二十五、梁三】

五乏（用於陽性）【仲六】

於五乏矢（時位格）【仲七、用十四】

六灰（用於陰性和中性）【清三十一】

六犬（用於陽性）【道十四、韓迪九】

於六灰矢（時位格）【仲八】

七（用於陰性和中性）【迪四十一、迪四十一、梁二十九】

七（用於陽性）【梁三】

於七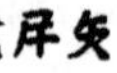（時位格）【貴八、仲八】

八（用於陰性和中性）【迪四十一】

八（用於陽性）【高四】

於八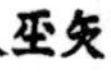（時位格）【梁八、仲七】

九（用於陰性和中性）【迪十三】

於九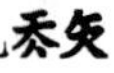（時位格）【貴十五】

十（用於陽性）【梁二十九】

十一【清二十、貴十七】

十二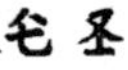（用於陰性和中性）【教二十二】

十三【韓迪七】

於十六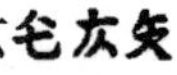（時位格）【梁六】

於十八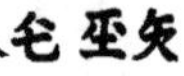（時位格）【梁六】

於十九（時位格）【梁六】

二十【教二十二】

廿二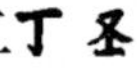【教二十二、梁八】

二十四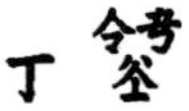【韓迪十六】

三十【梁八】

三十二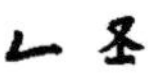【用十六】

三十五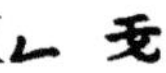【用十六】

於三十八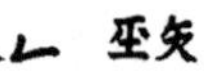（時位格）【梁八】

三十九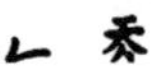【用十六】

於三十九（時位格）【梁八】

四十了【梁八】

四十一了　乇【興三十一】

於四十五了　乏矢（時位格）【用十四】

五十乙【梁十一】

於五十一乙 乇矢（時位格）【梁十一】

六十乂【仁先五十五、用四】

於六十二乂 圣矢（時位格）【教十六、教三十三】

六十四乂令号令【用四】

六十四乂　乇【興三十一】

七十冂【智二十】

七十冃【許三十八】

於七十二冂 圣矢（所有格）【智二十】

七十三冂 令化【韓迪九】

八十厶【韓迪七】

於八十厶矢（時位格）【韓迪七】

八十ㄅ【梁十八】

於八十八ㄅ　坙矢（所有格）【梁十八】

百弜【仁先六十九、博二十三】

千癸【留六、博二十三】

千之癸有（所有格）【教七】

千伞文考（漢語借詞）【教二十一】

萬癹【仁三十一】

萬升【仁先三十五】

五　序數詞

第一【梁三、許四十八】

第一【海四、故十九】

第一【故十六、故十七】

第一、第一個【清六】

第二、第二個（用於陰性）【用十五】

第二、第二個（用於陽性）【用十五】

第二的、第二個名（所有格）【用二】

第二次、再次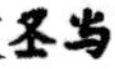【郎三】

第二、第二個（用於男性）【教三、教二十一、海四】

第二、第二個（用於女性）【教二十一、署三十七】

第二的、第二個名【奴四、梁二】

第三、第三個（用於男性）【高五、用十五】

第三、第三個（用於女性）【高四】

第三、第三個（用於女性）【署二十五】

第三、第三個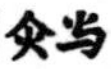（用於女性）【韓迪十三】

第三、第三個（用於男性）【海四、貴五】

第四、第四個（用於男性）【高五】

第四、第四個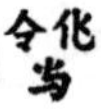（用於女性）【韓迪十九】

第四、第四個（用於男性）【許四十九、海四】

第四、第四個（用於女性）【許五十二】

第五、第五個（用於男性）【高六、韓迪五、海四】

第五、第五個（用於女性）【教二十、故三】

第五、第五個（用於男性）【教三、宋十一】

第六、第六個（用於男性）【興十、海四】

第六、第六個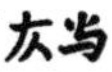（用於女性）【清十二】

第七、第七個（用於男性）【高七、海四】

第八、第八個（用於男性）【高九、迪四】

六　時令和朔閏

年【教二十二、梁八】

於年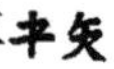（時位格）【梁十七】

年之、歲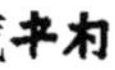（所有格）【興一、道四】

月【興一、道四】

於月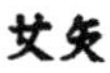（時位格）【梁十一】

正月【永四十三】

日【興一、永四十三】

日之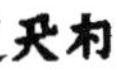（所有格）【澤二十三、仲二十五】

於日【梁五】

夜【辭八、澤二十三、仲二十六】

夜之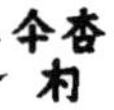（所有格）【仲九】

時【郎四】

時（複數格）【宣二十五】

時、季（複數格加所有格）【道十七】

時（複數格）【奴三十七】

時、刻（時位格）【永二十七、澤二十三】

更【澤二十三】

春【清十八、故十三】

夏【高二十一、貴十三】

秋【迪四十、宣三十】

冬【高二十一、郎五】

朔【用二十、慈十八】

朔【興一、道四】

朔【署三十七】

閏【智八、貴十三、叔四】

七　國號和國名

燕（漢語借詞）【智八】

蜀國（漢語借詞）【仁先二】

蜀國（漢語借詞）【智五】

齊國的（所有格）【仲十九】

遼、契丹【道蓋、博二十七、仲四十七】

遼國之[illegible]（所有格）【仁先十八】

韓國[illegible]（漢語借詞）【教二十】

越國[illegible]（漢語借詞）【仲蓋】

鄭[illegible]（漢語借詞）【仁先二十三】

楚國[illegible]（漢語借詞）【仁先二】

丹國之[illegible]（東丹國之）【教四】

秦國[illegible]（漢語借詞）【梁十七】

晉國[illegible]（漢語借詞）【教三】

宋國[illegible]（漢語借詞）【梁十七】

隋國[illegible]（漢語借詞）【用十七】

宋[illegible]（漢語借詞）【宋一】

於宋國[illegible]（時位格）【署十九】

大宋國之[illegible]（所有格）【仁八】

金國之[illegible]（所有格）【博十一】

南宋之[illegible]（所有格）【仲十七】

隋國[illegible]（漢語借詞）【智五】

遼[illegible]（漢語借詞）【仁先三十七】

梁国[illegible]（漢語借詞）【梁一】

魏[illegible]（漢語借詞）【宋一】

國[illegible]（契丹語）【興二十八】

國[illegible]（漢語借詞）【教三】

許國[illegible]（漢語借詞）【許五】

契丹[illegible]【道蓋、仲十七、博二十七】

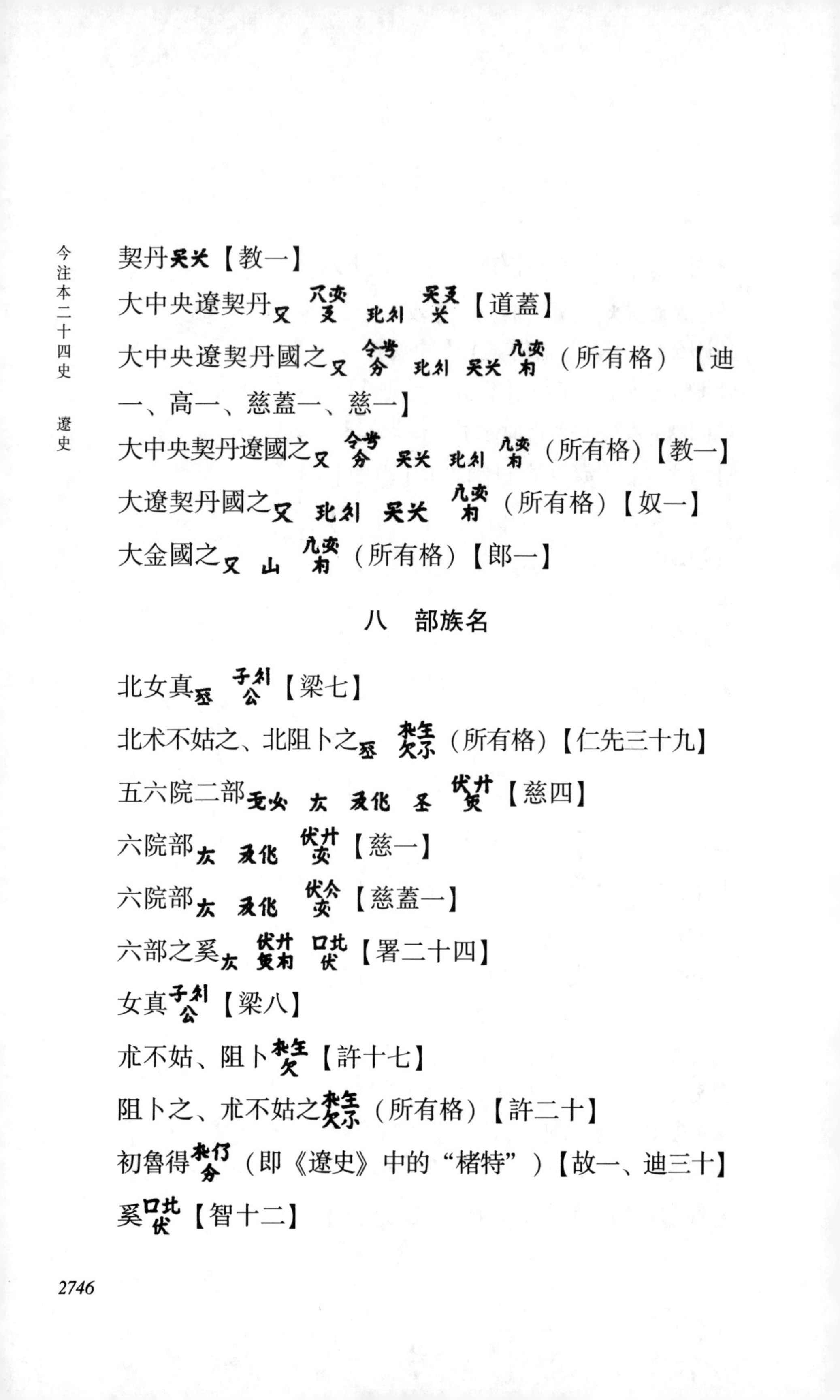

契丹【教一】

大中央遼契丹【道蓋】

大中央遼契丹國之（所有格）【迪一、高一、慈蓋一、慈一】

大中央契丹遼國之（所有格）【教一】

大遼契丹國之（所有格）【奴一】

大金國之（所有格）【郎一】

八　部族名

北女真【梁七】

北术不姑之、北阻卜之（所有格）【仁先三十九】

五六院二部【慈四】

六院部【慈一】

六院部【慈蓋一】

六部之奚【署二十四】

女真【梁八】

朮不姑、阻卜【許十七】

阻卜之、朮不姑之（所有格）【許二十】

初魯得（即《遼史》中的“楮特”）【故一、迪三十】

奚【智十二】

九　地名

北東路 （按漢語語序爲“東北路”）【梁七】

宥郡 【郎五】

野魯里山之 （所有格）【故十六】

朔州之 （所有格）【梁十一】

慎州之 （所有格）【興三十六、留二】

瀋州 【韓迪二十一】

瀋州之 （所有格）【梁八至九】

瀋州之 （所有格）【高二十二】

漆水郡 （漢語借詞）【博五】

漆水郡 （漢語借詞）【博二十三】

於曷魯爾山 （時位格）【梁二十三、仲四十三】

永慶陵 【叔五】

永福陵 【道六】

雲慶山之 （所有格　按漢語語序爲“慶雲山之”）【道六】

武安州之 （所有格）【迪十八】

武清之 （所有格）【故十一】

黃龍府之 （漢語借詞）（所有格）【署十二】

黄龍府之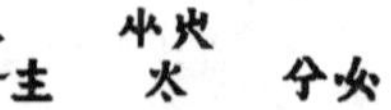（漢語借詞）（所有格）【室十二】

顯陵之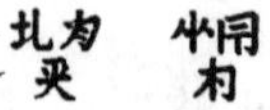（所有格）【教十六】

東京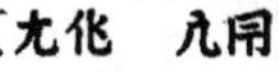【署八】

東京之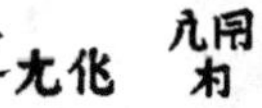（所有格）【仁先二十一】

上京之（所有格）【迪三十三、用四】

中京（漢語借詞）【博十九】

中京之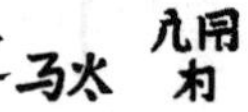（所有格）【留十一】

混同郡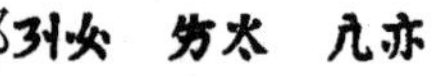（漢語借詞）【許二】

於唐之乾陵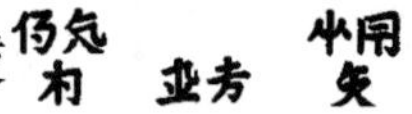（時位格）【郎二】

東平縣之（所有格）【居二十四】

新城縣之（所有格）【仁先二十五】

於僊遊殿（時位格）【道六】

漆水縣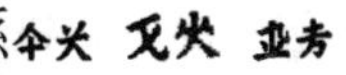（漢語借詞）【故二】

漆水縣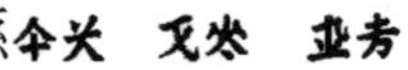（漢語借詞）【迪一、用八】

於西京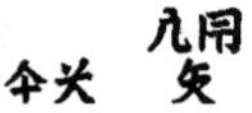（時位格）【仲十六】

武清縣之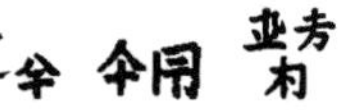（所有格）【仁先十四】

大同軍之（所有格）【迪十三】

塌母城之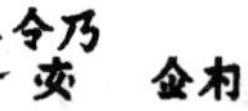（所有格）【教十一】

塌母里（塌母）城之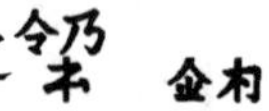（所有格）【迪二十五】

南京之（所有格）【署十二】

南京【仲十六】

南京之（所有格）【仲一、二十三】

靜江軍（漢語借詞）【許十一】

漆水郡（漢語借詞）【許二十四】

柳城郡（漢語借詞）【梁十】

梁山（漢語借詞）【郎一至二】

洛京之（所有格）【許一】

蘭陵郡（漢語借詞）【仲二十一、許九】

龍州【叔二】

醴州之（所有格）【郎三】

宜州之（所有格）【教十一】

永州之（所有格）【迪十六】

平州之（所有格）【教十五】

於奉聖州（時位格）【故八】

應州之（所有格）【教十一、清八】

博州之（所有格）【博二十三】

宮殿【郎二】

廣陵郡（漢語借詞）【教十五】

高州之（所有格）【故二】

顯州【教二十四】

渠劣山之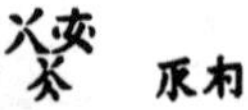（所有格）【韓迪二十二】

顯州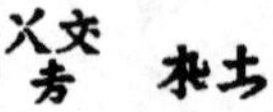【韓迪二十一、居蓋一】

顯州之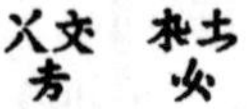（所有格）【二夫人三】

慶州之殿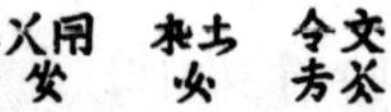【署二十】

興中府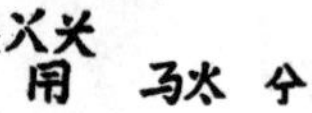【教十六】

尚洛【奴二十一】

元帥府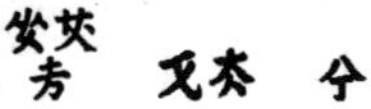（漢語借詞）【仁先三十八】

十　官名

北西招討（按漢語語序爲“西北招討”）【梁八】

北東路達領詳穩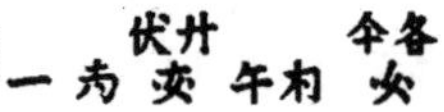（按漢語語序爲“東北路達領詳穩”）【梁七】

北東路達領詳穩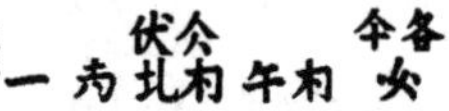（按漢語語序爲“東北路達領詳穩”）【教十三】

北院承旨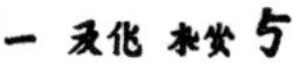【迪十七】

北院宣徽【教十三】

北院副部署都監之事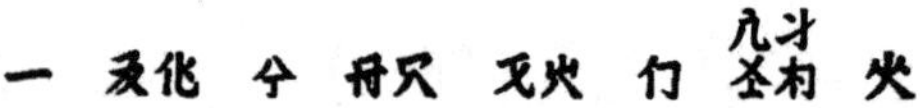【梁七】

北女真詳穩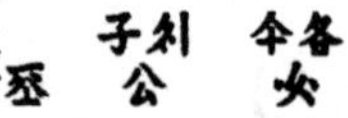【梁七】

北府之宰相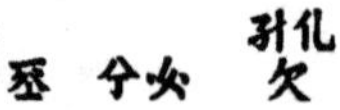【梁十】

右丞[illegible]（漢語借詞）【仲二十二】

右丞相[illegible]（漢語借詞）【仲二十二】

右僕射[illegible]（漢語借詞）【故二】

右監門衛上將軍[illegible]（漢語借詞）【二夫人二】

實封食一百賜[illegible]（按漢語語序爲“賜食實封一百［户］”）【博二十三】

延慶宮之都宮使[illegible]【奴十三】

延昌宮之副使[illegible]【宋十】

崇禄大夫[illegible]（漢語借詞）【迪一】

崇禄大夫[illegible]（漢語借詞）【道二、宣二】

都統[illegible]【博十二】

都統[illegible]【郎一】

一品[illegible]【故六】

守司徒[illegible]（漢語借詞）【仁先二十三、用四】

守司農少卿[illegible]（漢語借詞）【清二十二】

守司空[illegible]（漢語借詞）【仲五】

守司空之號[illegible]【仁先二十三】

守太師[illegible]（漢語借詞）【許三十五】

守太傅[illegible]（漢語借詞）【許三十四】

守太傅[illegible]（漢語借詞）【仁先三十七】

守太尉【仁先二十四】

守太保（漢語借詞）【仁先二十七】

少傅（漢語借詞）【韓迪十九】

朔州之事知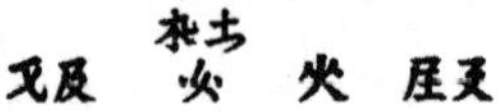（按漢語語序爲“朔州之知事”）【梁十一】

率府率（漢語借詞）【梁六】

率府副率（漢語借詞）【故十、署十四】

率府帥（漢語借詞）【奴十二】

率府副率之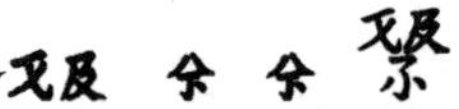（所有格）【奴十一】

尚父（漢語借詞）【許二、仁先三十五】

上將軍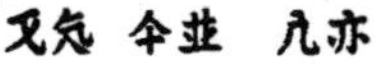（漢語借詞）【許十二】

上將軍（漢語借詞）【仲八】

上將軍之號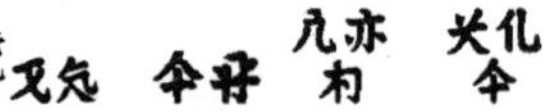（複數格）【署十七】

上輕車都尉（漢語借詞）【博二十二】

樞密（漢語借詞）【梁十、用六】

樞密院同知【迪二十】

樞密副使（漢語借詞）【許十三】

瀋州之度使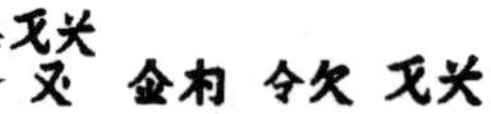【高二十二】

少師（漢語借詞）【仲十一】

五院大王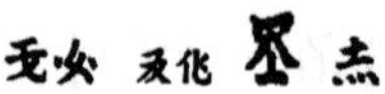【仁先十五】

户部尚書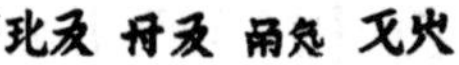（漢語借詞）【高二十二】

户部之尚書[illegible]【博四十五】

弘儀宫之副宫使[illegible]【署十六】

護軍[illegible]（漢語借詞）【博二十三】

惕隱[illegible]【教十四、韓迪六】

字掌之事知[illegible]（按漢語語序爲“知掌管文字之事”，即“總知翰林院事”）【道二】

武安州之觀察[illegible]【迪十八】

武清之兵馬都監[illegible]【故十一】

武騎尉[illegible]（漢語借詞）【道二】

王子班郎君詳穩[illegible]【教十一】

黄龍府之府尹[illegible]【辭十一】

刺史[illegible]（漢語借詞）【貴十一】

司徒[illegible]（漢語借詞）【高五】

司徒之[illegible]（所有格）【署五十一】

賜紫金魚袋[illegible]（漢語借詞）【清二十二】

六字之功臣[illegible]【梁一】

六院大王[illegible]【迪二十二】

六部之都統[illegible]【博十二】

鎮國大將軍之號[illegible]【署十九】

政事令之（所有格）【韓迪二】

政事令（漢語借詞）【留六】

鎮國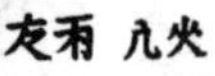（“鎮國大將軍”的簡稱）【博三】

鎮國上將軍（漢語借詞）【博二十三】

東京之户部令之錢帛二司之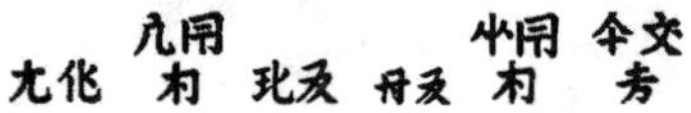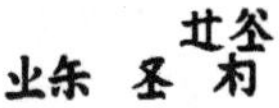（複數格與所有格）【迪十九】

東京之通判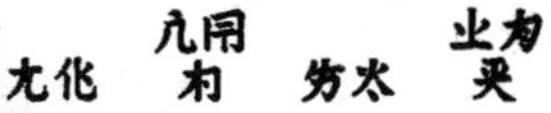【高二十三】

東京留守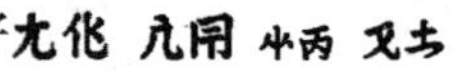【仁先二十一】

同知【署十五】

同知【梁八】

充本州防禦使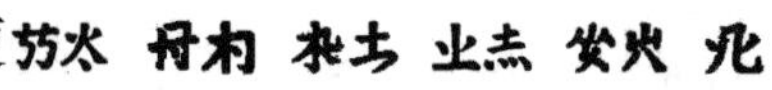（漢語借詞）【叔二】

充本州防禦使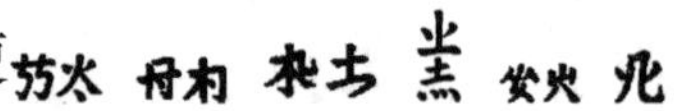（漢語借詞）【宋二】

字之事掌管知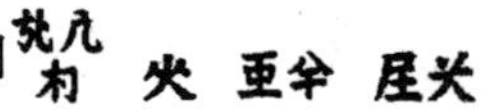（按漢語語序爲“知掌管文字之事”，即“總知翰林院事”）【智二】

左院奉宸之號【用七】

左院千牛衛將軍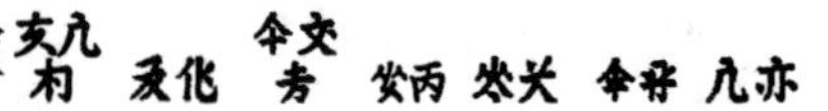【用八】

昭武大將軍（漢語借詞）【博二十三】

昭武大將軍（漢語借詞）【仲

二十七】

行臺尚書省之左丞相 [illegible]【仲二十二】

上京之留守 [illegible]【韓迪二】

上京之留守 [illegible]【迪三十三、用四至五】

上京之通判 [illegible]【辭十至十一】

中書門下平章事 [illegible]（漢語借詞）【許十三】

中書令 [illegible]（漢語借詞）【許七】

中書令之 [illegible]（所有格）【仁先二十二】

忠正軍節度使 [illegible]（漢語借詞）【迪二十】

中京之同知 [illegible]【迪十八】

中京之留守 [illegible]【留十一】

彰愍敦睦延慶三宮之副宮使 [illegible]【奴十二】

宰相 [illegible]【永三】

於宰相 [illegible]（時位格）【仁先八】

宰相之 [illegible]（所有格）【梁二】

宰相 [illegible]【梁二、仁先六】

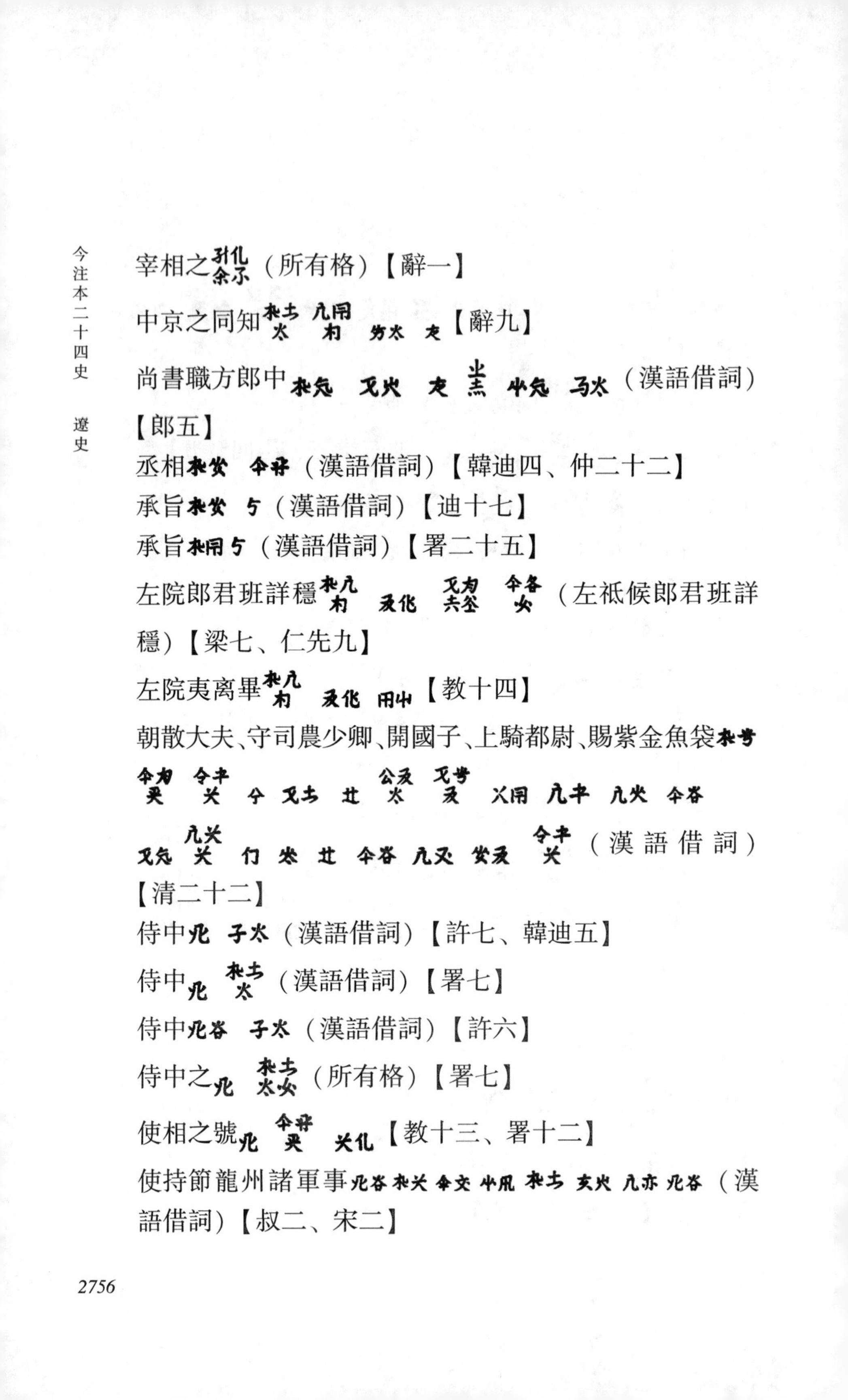

宰相之（所有格）【辭一】

中京之同知【辭九】

尚書職方郎中（漢語借詞）【郎五】

丞相（漢語借詞）【韓迪四、仲二十二】

承旨（漢語借詞）【迪十七】

承旨（漢語借詞）【署二十五】

左院郎君班詳穩（左祗候郎君班詳穩）【梁七、仁先九】

左院夷离畢【教十四】

朝散大夫、守司農少卿、開國子、上騎都尉、賜紫金魚袋（漢語借詞）【清二十二】

侍中（漢語借詞）【許七、韓迪五】

侍中（漢語借詞）【署七】

侍中（漢語借詞）【許六】

侍中之（所有格）【署七】

使相之號【教十三、署十二】

使持節龍州諸軍事（漢語借詞）【叔二、宋二】

安州之刺史为买 朱土火 令谷 兆【辭八】

安國軍之度使为买 几火 几亦村 令欠 又关【許六】

同知劣太 发（漢語借詞）【仁先十四】

同監修國史劣太 几才乃 令丙 几火 兆（漢語借詞）【仲二十三】

同中書門下平章事劣太 马太 又火 又村 不 业用 刃気 兆（漢語借詞）【許十三】

同中書門下平章事劣太 马太 又火 又村 不才 业用 朱気 兆（漢語借詞）【迪一、宋十】

統軍之劣太 几亦村（所有格）【故十八】

猛安吳买（所有格）【仲二十二】

猛安之首長吳买 穴坐【博十四】

團練生不 小文寿（漢語借詞）【仲七】

團練使生不 小文寿 兆（漢語借詞）【宋十一】

團練防禦生不 小文寿 业太 发火（漢語借詞）【智十】

大丞相六平 朱发 令牙（漢語借詞）【高六】

大將軍六平 令牙 几亦（漢語借詞）【高十五】

大將軍久平 令业 几亦（漢語借詞）【許十一】

印牌司之郎君亐 业平辻村 又为夫【迪十五、高二】

印牌司之郎君亐 业平辻村 又为夫坐（複數格）【智二】

兵馬都監付用 又为 亻 几才坐（漢語借詞）【故十一】

檀州之事知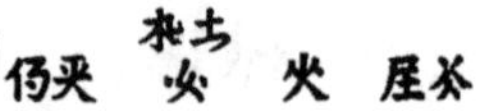（按漢語語序爲“檀州之知事”）【宋十】

夷離菫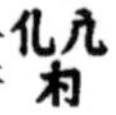（音譯的契丹語官名，意爲“部長”）【迪四】

都統（漢語借詞）【許十八】

都宮使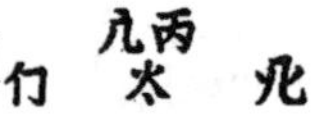（漢語借詞）【署十七、梁六】

都監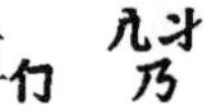（漢語借詞）【博四】

都監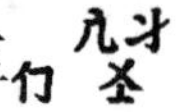（漢語借詞）【辭八、迪十三】

敦睦宮判官（漢語借詞）【迪十三】

副使（漢語借詞）【宋十】

副使（漢語借詞）【居十四】

副署（漢語借詞）【署三】

副署【署二十】

副點檢之（所有格）【仁先九】

副元帥（漢語借詞）【署四、署五】

副元帥之（所有格）【署六】

駙馬（漢語借詞）【仲五】

駙馬都尉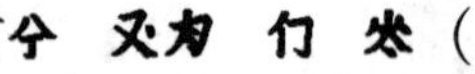（漢語借詞）【宋八】

副部署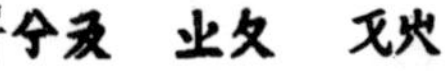（漢語借詞）【仁先十九】

副部署（漢語借詞）【署十九】

副宮使（漢語借詞）【仲八】

副部署之事知【署十八】

府尹（漢語借詞）【室二】

輔國上將軍（漢語借詞）【仲八】

副宮使（漢語借詞）【智十一】

輔國大將軍（漢語借詞）【奴十五】

輔國上將軍（漢語借詞）【博四十一】

天下都統大元帥（天下兵馬大元帥）【署五】

天雲軍詳穩事知【博七】

夜日官（宿直官）【韓迪十三】

將軍（漢語借詞）【許十一】

宣徽（漢語借詞）【梁九】

宣武將軍（漢語借詞）【博三十九】

宣徽（漢語借詞）【仲十九】

採訪（漢語借詞）【迪八】

採訪（漢語借詞）【故五】

積慶宮之副宮使【署十六】

詳穩仐各/火【署十二】

左率府副率仐及　丸及　仒　仒　丸及（漢語借詞）【許三】

左奉宸仐及　业当　朩朩（漢語借詞）【署二】

左監門衛上將軍仐及　九才/圣　叐朩　尖　丸気　仐吊　九亦（漢語借詞）【仁先六十一至六十二】

將軍仐吊　九亦（漢語借詞）【署二、梁四】

相公仐吊　九太（漢語借詞）【教二十】

相公之仐吊　九火/火（所有格）【慈十二】

千牛衛將軍仐文/夯　兴丙　尖关　仐吊　九亦（漢語借詞）【教二十一】

先鋒、前鋒仐文/夯　业当（漢語借詞）【署十二】

漆水縣開國伯仐关　丸火　並夯　乂半　九火　舟糸（漢語借詞）【故二】

漆水郡開國公仐关　丸尖　九亦　叔丙　九火　九太（漢語借詞）【迪一】

漆水縣開國子仐关　丸尖　並夯　乂半　九火　仐谷（漢語借詞）【叔二、宋二】

積慶副宮使仐关　乂用　仒及　九丙/太　兆（漢語借詞）【高十五】

小將軍仐号　仐吊　九亦（漢語借詞）【梁六】

南府之宰相仒方　仒火　引化/欠【高二十五、韓迪八】

南京之留守仒方　九丙/太火　半丙　丸圡【韓迪三】

南京之步軍令夯 几用村 将及 几亦【高十八】

南京之統軍令夯 几用村 令火 几亦【高二十四】

大丞相令丰火 釆关 伞将（漢語借詞）【韓迪四】

大内惕隱令丰火 公火 王峇雨（漢語借詞）【教十四】

大將軍之令丰火 伞将 几亦村（所有格）【用二】

度使令欠 乏关（漢語借詞）【署十七】

度使之號令欠 乏关雨 关化【署十】

度使之號令欠 乏关村 关化伞（複數格）【教十一】

度使令欠 兆（漢語借詞）【留二十】

塌母里城之度使之事知令乃本 金村 令余 乏关村 火 尽及羽矢【迪二十五】

度使令余 乏关（漢語借詞）【辭十】

南京之侍衛令文灰丕 几用村 兆 炎关【署十二】

南京之留守令文万 几用村 业丙 乏圡【仁先三十七】

殿中侍御史令文夯 马火 兆吝 尖火 兆（漢語借詞）【叔二、宋二】

公䒑交（契丹語的官名）【慈三】

世襲猛安之號、多代之猛安之號公不伞村 癸采 关化矢（時位格）【博十五】

寧遠大將軍公关冂 犾夯 久丰 伞将 几亦（漢語借詞）

【博二十二】

特進（漢語借詞）【仲二十一】

南京之留守【仲一】

南府之宰相【許二十五】

大將軍之（所有格）【辭九】

點檢同知【宋十一】

殿前都點檢（漢語借詞）【仲二十】

左丞相（漢語借詞）【仲二十二】

左金衛上將（漢語借詞）【仲二十】

左金吾衛上將軍（漢語借詞）【宋七至八】

靜江軍節度使（漢語借詞）【許十一】

將軍（漢語借詞）【博五】

節度使（漢語借詞）【許十一、迪一】

留守（漢語借詞）【仲一】

洛京之留守【許一】

郎中（漢語借詞）【郎五】

龍虎衛上將軍（漢語借詞）【仲二十】

龍虎軍上將軍（漢語借

詞）【高二十三】

龍州刺史[illegible]（漢語借詞）【叔二、宋二】

龍州團練使[illegible]（漢語借詞）【宋十一】

林牙[illegible]【教十一、迪二十】

林牙[illegible]【許十二】

林牙之[illegible]（所有格）【署二十四】

令公[illegible]（漢語借詞）【留五、梁三】

令公之[illegible]（所有格）【梁三、居三】

禮賓使[illegible]（漢語借詞）【宋七】

禮賓使[illegible]（漢語借詞）【署十五】

禮部侍郎[illegible]（漢語借詞）【仲二十七】

吏部尚書[illegible]（漢語借詞）【高二十二至二十三】

銀青崇禄大夫[illegible]（漢語借詞）【道二、宣二】

銀青崇禄大夫[illegible]（漢語借詞）【叔二、宋二】

銀青光禄大夫[illegible]（漢語借詞）【仲二十一】

元帥[illegible]（漢語借詞）【仲十八】

御院通进[illegible]（漢語借詞）【道二、宣二】

儀同三司[illegible]（漢語借詞）【仲二十一】

沁州之刺史[illegible]【博二十二】

開國公[illegible]（漢語借詞）【迪一】

開府儀同三司[illegible]（漢語借詞）【許一、留六、仲二十一】

開府儀同三司[illegible]（漢語借詞）【仲五】

勑字知[illegible]（按漢語語序爲“知勑字”，也就是“知制誥”）【署六】

永州之同知[illegible]【迪十六】

南西招討[illegible]（按漢語語序爲“西南招討”）【高二十、韓迪五】

南東統軍[illegible]（按漢語語序爲“東南統軍”，即“東南面統軍使”）【署十】

南院同知[illegible]【署十六】

南院同知[illegible]【迪二十】

南院同知[illegible]【梁七】

南院副部署[illegible]【教十二】

南院副部署[illegible]【貴八】

南院林牙[illegible]【仁先七】

南院林牙[illegible]【教十一】

防禦使[illegible]（漢語借詞）【教十】

實封食二百户（按漢語語序爲“食實封二百户”）【迪一】

部署司同知【奴十三】

邑食二千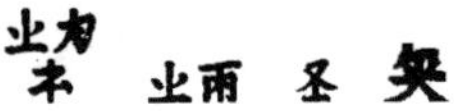（按漢語語序爲“食邑二千”）【迪一】

平章政事（漢語借詞）【仲二十二】

平亂功臣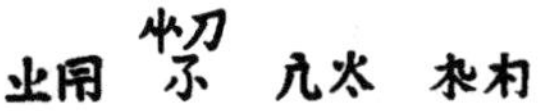（漢語借詞）【仁先六十二】

奉聖州之事知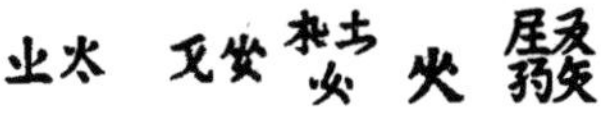（按漢語語序爲“知奉聖州之事”）【高二十六】

奉宸之號【署二十五】

奉宸之號【用七】

防禦使之號【迪十八】

部署司同知【宋八】

夷離畢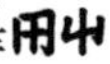【教十四】

應州之度使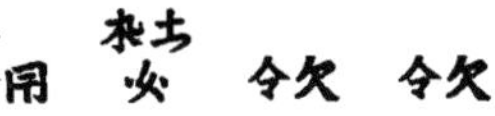【清八】

右院宣徽之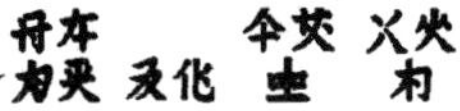（所有格）【仲十九】

僕射（漢語借詞）【高三】

步軍之事知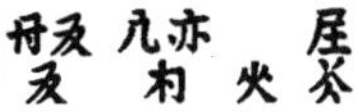【辭十一】

驃騎大將軍（漢語借詞）【仲十九】

博州之防禦使[illegible]（漢語借詞）【博二十三】

觀察之號[illegible]【梁六】

觀察使[illegible]（漢語借詞）【教十、故二】

觀察使[illegible]（漢語借詞）【仲八】

雲騎尉[illegible]（漢語借詞）【宋二】

雲騎尉[illegible]（漢語借詞）【叔二】

首長、長官[illegible]【留十四、郎四】

首長、長官[illegible]【郎三】

宮之使[illegible]【高十九】

光禄大夫[illegible]（漢語借詞）【仲二十一】

金紫崇禄大夫[illegible]（漢語借詞）【故二】

金吾衛上將軍[illegible]（漢語借詞）【許十二】

金吾衛上將軍[illegible]（漢語借詞）【高二十】

高州之觀察使[illegible]【故二】

觀察使之號[illegible]【博十九至二十】

檢校國子祭酒[illegible]（漢語借詞）【道二】

檢校國子祭酒[illegible]（漢語借詞）【宣二】

兼中書令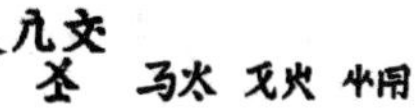（漢語借詞）【高一、許一】

兼侍中（漢語借詞）【用四】

檢校太尉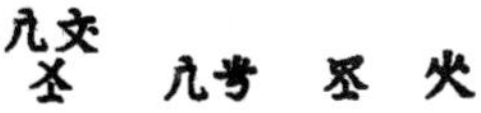（漢語借詞）【留六】

檢校尚書右僕射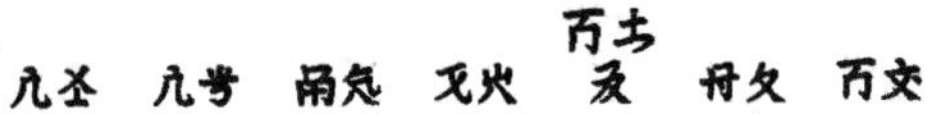（漢語借詞）【故二、叔二、宋二】

檢校太師（漢語借詞）【貴五】

檢校工部尚書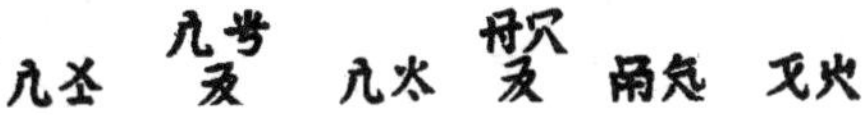（漢語借詞）【用八至九】

經略（漢語借詞）【郎一】

監門衛上將軍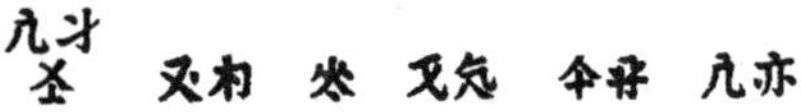（漢語借詞）【迪二十一】

於宮使都監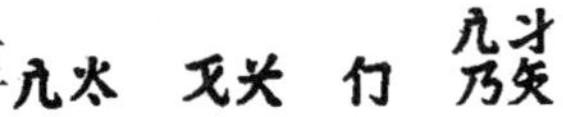（時位格）【用十八】

功臣（漢語借詞）【許十六】

功臣八字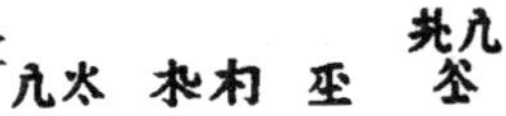（複數格）【留六】

功臣二字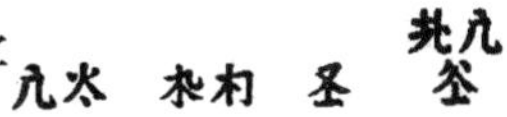（複數格）【高二十五】

工部尚書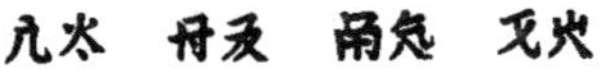（漢語借詞）【高二十一】

騎都尉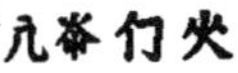（漢語借詞）【居一】

開國公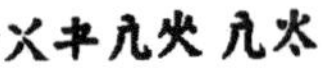（漢語借詞）【高一】

顯武將軍（漢語借詞）【居蓋一、居一】

顯州之度使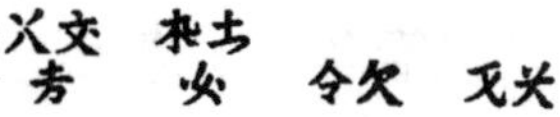【二夫人三】

興聖都宮使（漢語借詞）【高十八】

四字之功臣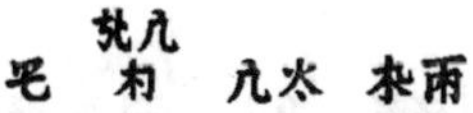【許一】

四字功臣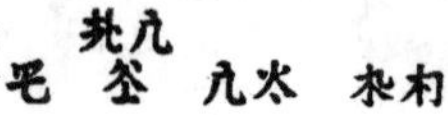【用三】

于越之（契丹語官名“于越”簡化後加所有格詞尾）【署四】

于越（音譯的契丹語官名）【許二、署四】

太師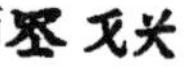（漢語借詞）【故五、迪十】

太子少師之（所有格）【留十一】

太子太傅（漢語借詞）【貴八】

太師（漢語借詞）【留三、署七】

太師（漢語借詞）【教二十一、慈十二】

太師之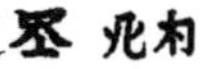（所有格）【署七】

於太師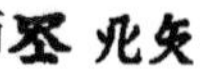（時位格）【仁先七】

於太師（時位格）【韓迪二十一】

太傅（漢語借詞）【許三十四】

太傅領三省事（漢語借詞）【仲二十三】

太尉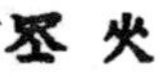（漢語借詞）【仁先二十四】

於太尉（時位格）【梁十九】

太尉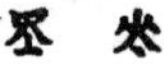（漢語借詞）【梁四、梁七、慈七、許四十

九】

太尉之（所有格）【慈五】

太保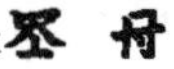（漢語借詞）【韓迪二、署十】

太保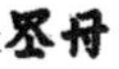（漢語借詞）【留十七、梁六】

太保之（所有格）【梁十九】

於太保（時位格）【教二十二】

太子少師（漢語借詞）【仲二十】

尚書右丞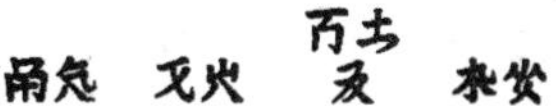（漢語借詞）【仲二十一】

尚書右丞相（漢語借詞）【仲二十二】

尚書禮部侍郎（漢語借詞）【仲二十八】

敞史（漢語借詞）【留十六】

長寧宮副宮使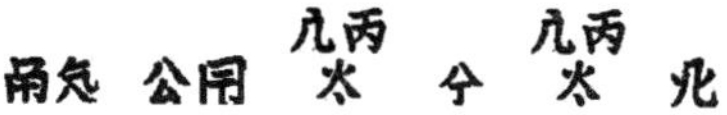（漢語借詞）【迪十九】

長寧宮之副部署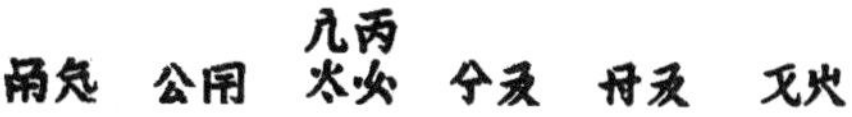【許四十九】

指揮使（漢語借詞）【居十二】

十一　尊號、廟號、謚號、爵位

仁聖大孝文皇帝之（指遼道宗）【道蓋】

燕王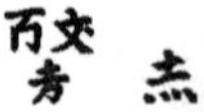（漢語借詞）【智八、奴五】

燕國王之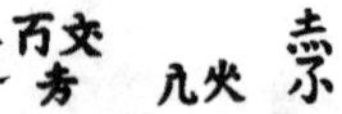（所有格）【奴二十六、奴二十七】

蜀國王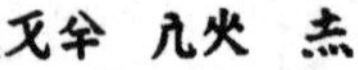（漢語借詞）【仁先二】

聖宗皇帝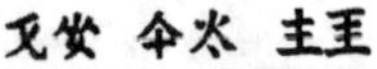（漢語借詞）【韓迪七】

聖宗皇帝之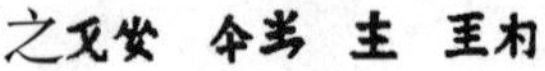（所有格）【留十四】

聖宗皇帝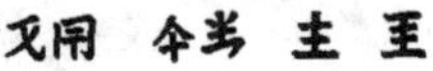（漢語借詞）【教五】

聖宗皇帝之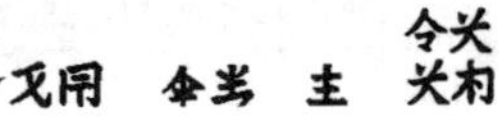（所有格）【用二】

順宗皇帝之（所有格）【梁十九】

順宗之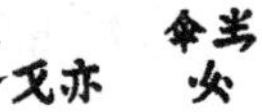（所有格）【仲三】

聖宗皇帝之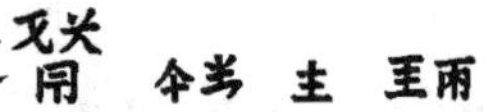（所有格）【許四十六】

蜀國王（漢語借詞）【智五】

蜀國王之（所有格）【智六】

淑儀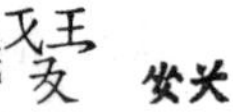（漢語借詞）【用二】

漆水郡夫人（漢語借詞）【博四十二】

漆水郡太夫人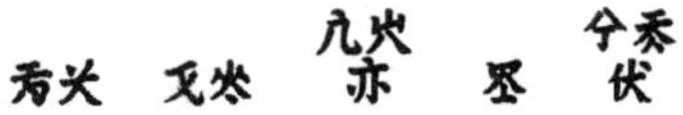（漢語借詞）【博五】

漆水郡開國伯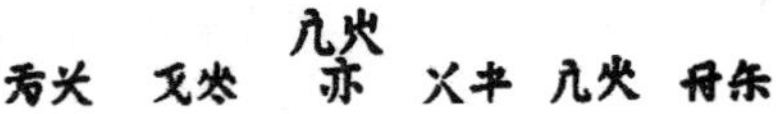（漢語借詞）【博二十二】

韓國公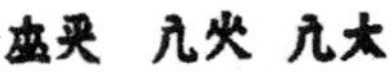（漢語借詞）【仲二十一】

皇帝（漢語借詞）【仁七】

皇帝（漢語借詞）【用十五】

皇太叔（漢語借詞）【迪十七】

皇太叔祖之（所有格）【叔一】

皇太后（漢語借詞）【仁四】

越國王（漢語借詞）【仲蓋】

越國妃（漢語借詞）【仲二十七】

越國公主之（所有格）【仲五】

鄭王（漢語借詞）【仲二十三】

趙國公主之（所有格）【宋九】

道宗仁聖大孝文皇帝【道五】

道宗皇帝之（所有格）【仲二】

混同郡王（漢語借詞）【許二】

混同郡王之（所有格）【用四】

陳留國王之（所有格）【仲五】

郕王（漢語借詞）【仲二十二】

楚國王（漢語借詞）【仁先二】

承天皇太后（漢語借詞）【教五】

玄祖皇帝（漢語借詞）【仁先二】

玄祖皇帝（漢語借詞）【智五】

聖元天金皇帝【慈三】

惠文天子皇帝之（所有格）【署五】

聖興宗皇帝伏及药 乂用 仐当 圭 王【仁先三】

富春郡王之號仐及 本亦 九亦 杰不 关化【仁先六】

天皇帝关 圭 王（指遼太祖）【迪五】

天皇帝之关 圭 王丙（所有格）【迪五】

於天皇帝圭 王矢（時位格）【梁二】

清寧皇帝关 冬本 圭 仐关关【用十五】

統和皇帝之关 仐乍及扎 圭王丙（所有格）【清六】

天子皇帝之关 舟力 圭 王朩（指遼太宗）（所有格）【署五】

天授皇帝之关 穴氺 圭 王丙（指遼世宗）（所有格）【迪九】

秦王仐丙 杰（漢語借詞）【高三】

秦國王仐丙 九火 杰（漢語借詞）【梁十七】

晉國公主仐丙 九火 九火 交火（漢語借詞）【居三】

晉國太夫人仐丙 九火 丞 仐秀伏（漢語借詞）【許八】

秦國太妃之號仐丙 九火 丞 业关丙 关化仐【梁十七】

秦晉國王仐丙 仐丙 九火 杰（漢語借詞）【教三】

宣懿皇后仐芡虫 关关 穴券 丙【宣五】

宣懿皇后之仐芡虫 关关 穴券 丙公（所有格）【宣一】

曹王仐丸 杰（漢語借詞）【仲二十三】

隋國王之仐火 九火 杰不（所有格）【智六】

漆水縣開國伯仐关 乏火 业方 火丰 九火 舟糸（漢語借詞）【故二】

漆水縣開國男 [illegible]（漢語借詞）【用八】

齊國王 [illegible]（漢語借詞）【宋四】

宗天皇太后之 [illegible]（所有格）【署十八】

宋國王 [illegible]（漢語借詞）【梁十七】

宋王之號 [illegible]【仁先二十】

宋國太妃 [illegible]（漢語借詞）【梁十七】

宋魏國王之 [illegible]（所有格）【用十七至十八】

宋國王之 [illegible]（所有格）【奴四】

宋魏國妃 [illegible]（漢語借詞）【宋四】

德祖皇帝之 [illegible]（所有格）【迪六】

德祖皇帝之 [illegible]（所有格）【故五】

德祖皇帝 [illegible]（漢語借詞）【智六】

德宗之 [illegible]（所有格）【仲三十六】

隋國王 [illegible]（漢語借詞）【智五】

漆水郡王 [illegible]（漢語借詞）【許二十四】

柳城郡王之號 [illegible]【梁十】

蘭陵郡王 [illegible]（漢語借詞）【宋四、仲二十一】

蘭陵縣開國男 [illegible]（漢語借詞）【居一】

魯王仆全 杰（漢語借詞）【仲二十三】

梁國王仆竏 几火 杰【梁四】

梁國太妃仆竏 几火 丞 业关（漢語借詞）【梁十五】

遼王之號仆芳 杰不 关化【仁先三十七】

吳王之號关丞 杰不 关化【仁先二十二】

義和仁壽皇太叔祖关关 夾 戈雨 叉土丞 主 丞 叉刃 伞全（漢語借詞）【叔四】

儀天皇太后之关关 令交芳 主 丞 介火（所有格）【用十二】

開國公叔丙 几火 几水（漢語借詞）【迪一】

開國男叔丙 几火 力乃（漢語借詞）【清三十二】

開國男叔丰 几火 力乃（漢語借詞）【用八】

永清郡主火同 伞同 几亦 亥火（漢語借詞）【清一】

別胥业艾伞火（宰相夫人的契丹語封號）【教二十五、仁先六】

豳國公舟雨 几火 几水（漢語借詞）【仲五】

族系汗曲込 丞（指當今皇帝，此處指遼興宗）【教十四】

族系可汗之朝曲込 丞圭夹 叉雨（此處指天祚皇帝之朝）【梁十七】

族系可汗曲込 丞圭东（指當今皇帝）【用七】

族系可汗曲込 丞圭火（指當今皇帝）【用九】

仁宗戈雨 伞当（漢語借詞）【仁八】

仁懿皇后之戈雨 酒关 主 介火（所有格）【仁一至二】

仁懿皇后[illegible]（漢語借詞）【仁十四】
皇后[illegible]【宣五、梁十九】
皇后之[illegible]（所有格）【宣一】
開國子[illegible]（漢語借詞）【清二十二】
廣陵郡王之[illegible]（所有格）【教一】
廣陵郡王之號[illegible]【教十五】
景宗皇帝[illegible]（漢語借詞）【教三】
景宗皇帝[illegible]（漢語借詞）【留七】
郡主[illegible]（漢語借詞）【清十九】
懿祖皇帝[illegible]（漢語借詞）【故四】
開國子[illegible]（漢語借詞）【叔二、宋二】
開國伯[illegible]（漢語借詞）【故二】
開國公[illegible]（漢語借詞）【高一】
許王[illegible]（漢語借詞）【許二】
許國王[illegible]（漢語借詞）【許五】
興宗皇帝[illegible]（漢語借詞）【用七】
興宗之[illegible]（所有格）【署七、梁十五】
興宗之朝[illegible]【署九】
興宗[illegible]（漢語借詞）【興二】
興宗[illegible]（漢語借詞）【故八】
太叔祖之[illegible]（所有格）【叔蓋】
大聖天金皇帝之[illegible]（所有格）【留

四】

太祖天金皇帝之丞 仐仐 关 山 主 王雨（所有格）【許五】

太祖大聖天金皇帝丞 仐仐 丞 叉用 关 山 主 王【仁先三】

太子丞 仐谷（漢語借詞）【許三】

太祖聖元皇帝之丞 仐仐 叉岁 岁芡公 主 王朸（所有格）【故四】

太宗丞 仐岀（漢語借詞）【仲十九】

十二　姓名

蘇朮（意譯爲“白”）【教一、教二十六、仁先二十七、二夫人十三】

昭弜【慈六】

昭兀爾弜夾【清七】

昭古維弜欠火【永九】

乙你割雨九伏【智十四】

偶寧丙久伏【高九】

伊德古丙币余【署二十六】

耶律丙卆叐火【道二】

耶律木里丙卆叐火 叉化（耶律穆里）【智五、貴二、迪五】

耶律穆里丙卆叐火 叉化关（耶律木里）【署三、慈三】

耶律固丙卆叐火 九叐夂【道二、宣二、故二】

耶律、耶律氏丙本及火关【教三、貴二、故一、居三】

姚景禧丙夾 凡用 乂关【仁先三十五】

揚哈丙気 刭为【二夫人三】

揚節丙気 伞交【仁先八】

揚節丙気 伞交【智十三】

楊九丙気 凡丙（指蕭楊九）【署二十一、韓迪十七】

楊從越丙気 伞爪 芡【仁先二十五】

楊寧丙気伏【辭一】

揚寧・水軍奴丙気伏 叉火 凡亦 公及【貴十四】

月椀丙仌不【梁二】

延壽丙文秀 叉圡【慈五、署七】

閻氏丙文秀 兆【慈十】

延留丙文秀 平丙【故八】

燕哥丙文秀 凡劵【韓迪十八】

燕哥丙文秀 乂劵【仁先七】

燕尚女丙文秀 吊気 公火【貴十五】

燕寧・呼哩西丙文秀伏 北安伞【慈六】

延寧・汗哈丙文秀伏 巫刭为【仁先七】

延寧・蘇里赫丙文秀伏 伞廾朩刭【高四】

延寧・乙辛丙文秀伏 伞村【永十三】

延寧·謝十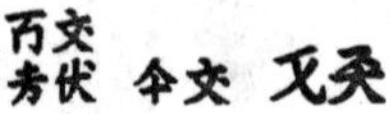【韓迪六】

耶魯（指太平奴）【智五】

嚴實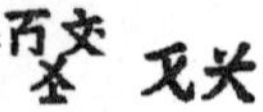【慈六】

永寧【永十九、永四十二】

旗幟【韓迪九】

慈特【慈三】

慈寧【教二】

十三（指蕭十三）【署二十】

十哥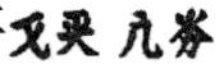【永十八】

守期【永十三】

述瀾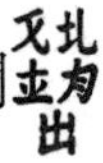【仁先八】

時時里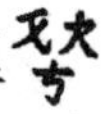【故十七】

時時里·迪烈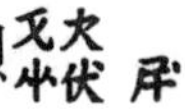【梁四】

沙里懶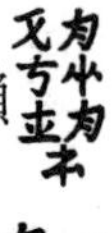【博三十九】

沙里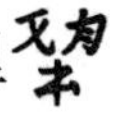【梁四】

尚芬【貴七】

石魯隱【梁二】

石魯隱【仁先八】

石魯隱·朮里者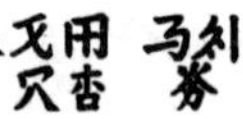【智十二】

聖光奴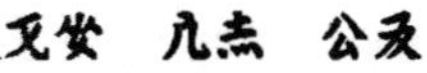【永二十一】

室魯【室額一】

時時里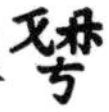【用五】

時時里·迪烈【用十二】

時時里·迪烈【宋四】

善哥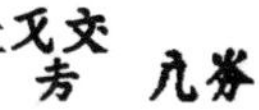【永十四、清六、清十一】

善寧·廣富奴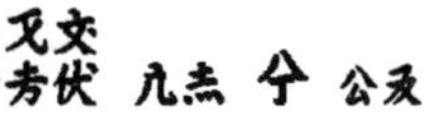【迪十二、故六】

順利【迪三十】

舜之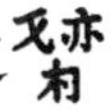（所有格）【智三】

世神奴【永二十二】

室臘【智七】

實突寧·安利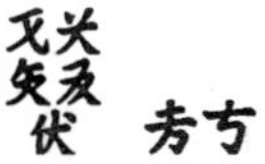【清五】

實突寧·安利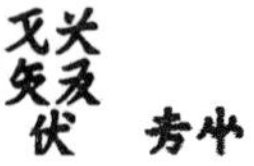【居三】

松峨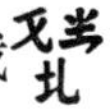【韓迪二十一】

實翁兀哩【慈五】

陶得里之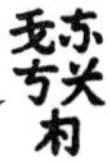（所有格）【梁七】

陶寧【署二十六】

弘用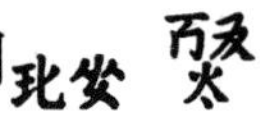【用九】

迪斯格【永十三】

於迪斯格（時位格）【智十二】

帝德【奴二十七】

曷魯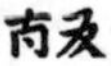【迪七】

何魯兀哩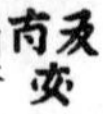【二夫人一】

曷魯·曉古【許六】

曷魯寧·轄麥哥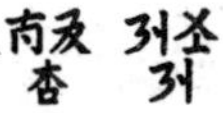【迪七】

曷魯寧·敵魯【署四、慈四】

曷魯本·阿布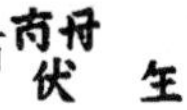【博四十二】

曷魯·吼、曷魯本·吼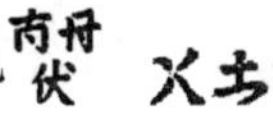【迪八、故五】

哈里【永十八】

韓家奴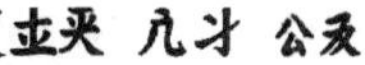【海四】

韓家奴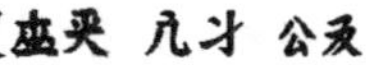【清十三、用十九】

韓九【永十九】

韓國單哥【清六】

何你、韓寧【韓迪六、博五】

韓寧·宜新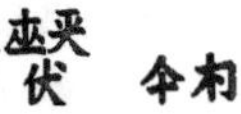【署八】

何你·雱金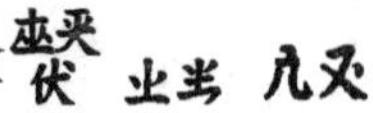【韓迪六】

汗哈【智十一】

漢阿哈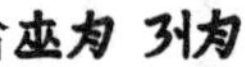【高七】

和尚奴[illegible]【永七】

擺撒里[illegible]【署二十七】

擺撒寧[illegible]【韓迪十九】

擺撒寧[illegible]【清十四】

歐里本[illegible]【高十二】

歐懶[illegible]【清一、居四】

吳家[illegible]【二夫人六】

文安[illegible]【故十六】

王寧・高十[illegible]【高十三】

王留[illegible]【留二十三、韓迪二十一】

王五[illegible]【迪十二、清六、居四】

王日[illegible]【故十八、迪三十三】

王圭[illegible]【郎五】

王家童[illegible]【許四十五】

王家奴[illegible]【高十一】

帖剌[illegible]【故四】

帖剌、鐵剌[illegible]【迪四、梁二】

迪里鉢[illegible]【仁先八、智十三】

鐵離[illegible]【教二十一】

黄應期[illegible]【郎五】

額[illegible]【慈六】

烏也里、敖耶里[illegible]【永十八、海五】

烏演北丙当【仲二、清十四】

訛里北仆【用五】

訛里本北仆出【宋七】

烏魯姑北欠【韓迪十六】

訛里本、烏盧本、斡里本北仆舟伏【用二、智一、韓迪十五】

訛里本・除鉢北仆舟伏 私仍北【梁四】

訛里本北仆舟叉【用十四】

越留夾 仆丙【清十一】

延哥夾村 九券【清十二】

司家奴壮 九才 公叐【署二、奴二】

司哥壮 九券【署八】

律來在仆反【高六】

魏北也廾火 业丙当【韓迪六】

乌猥・烏特賴廾火叉 米仆圡为出【韓迪十七】

娓怡廾火关【迪十三】

脱倫尢夾【署三】

李韓九ち 血买 九丙【永十五】

醜女哥艻 公火 九券【梁十九】

醜哥艻 九券【用十三】

醜穆洋艻 半叐 欠气【博四十三】

醜女哥艻伏 九夯【智十五】

酬利艻厼【故十九、迪三十三】

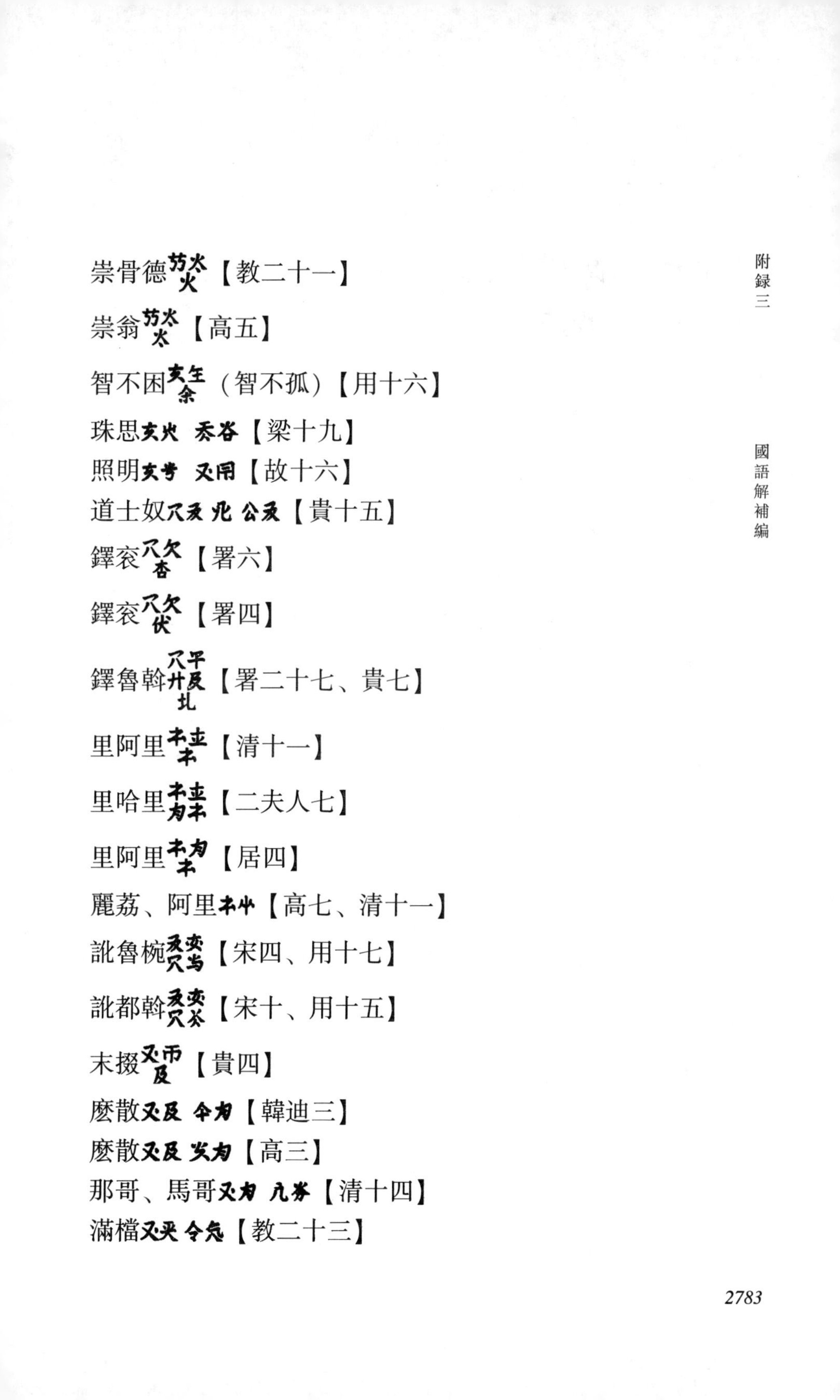

崇骨德[illegible]【教二十一】

崇翁[illegible]【高五】

智不困[illegible]（智不孤）【用十六】

珠思[illegible]【梁十九】

照明[illegible]【故十六】

道士奴[illegible]【貴十五】

鐸衮[illegible]【署六】

鐸衮[illegible]【署四】

鐸魯斡[illegible]【署二十七、貴七】

里阿里[illegible]【清十一】

里哈里[illegible]【二夫人七】

里阿里[illegible]【居四】

麗荔、阿里[illegible]【高七、清十一】

訛魯椀[illegible]【宋四、用十七】

訛都斡[illegible]【宋十、用十五】

末掇[illegible]【貴四】

麼散[illegible]【韓迪三】

麼散[illegible]【高三】

那哥、馬哥[illegible]【清十四】

滿檔[illegible]【教二十三】

磨魯堇·古昱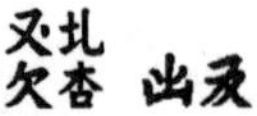【署七】

馬福【博四十二】

模奴【叔三、宋三】

穆里給【教三】

穆里格【貴四】

穆尼茨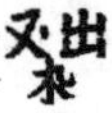【慈六】

木楊家奴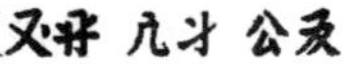【韓迪三十四】

彌勒女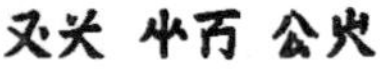【辭七】

貴安【貴一】

古也里【永十九】

華嚴奴【故七】

朮者、朮哲、朮里者【梁二、仲二】

質古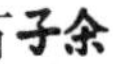【高七】

章高十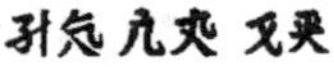【二夫人六】

知禮家【永二十三】

只哥【二夫人六】

洪古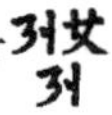【許五】

賀古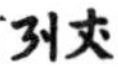【博四】

渾不魯【韓迪十八】

匣馬葛、轄麥哥、轄麥割【迪七】

黑德哥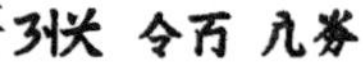【永十八】

奥盧斡丸平廾及内【故七、用二】

陳十保朩丙 叉舟【清十四】

陳家奴朩丙 几才 公叐【海四】

周公之朩土 几太火（所有格）【叔二十三】

慈露德朩丰公【永十四】

輳里朩丮平【博四】

陳團奴朩村 生不 公叐【韓迪一、貴一】

陳甫朩村 今【仁三十二】

陳家奴朩村 几才 公叐【故十八

智不困、智不孤朩生余【宋十一】

嫦娥朩気 扎【迪十二】

張誠願朩気 朩労 労文秀【迪二十七】

楚木古朩乃欠【高十】

遲女朩伏叐【教三】

成治朩労 友矢（時位格）【奴二十七】

主哥朩火 乂券【教二十三】

豬糞朩火汁【教六】

確恩朩券村券【奴九】

曹桂·楚哥朩考 余火 丙 几券【高四】

大延琳久丰 丙文秀 小又村【署八】

太師奴久丰 叉关 公叐【博四十六】

兀立寧·空古里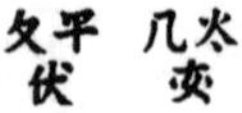【慈七】

兀立寧·特末、兀立寧·特末里【仲五】

菩里寧·頗得·同順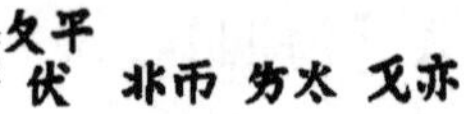【貴五】

野里補【仲六】

阿撒里【智十三】

阿撒林【永三十二】

庫古哩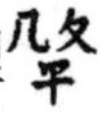【故五】

庫·普達里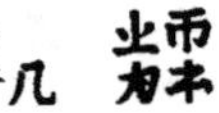【慈五】

空寧·迪烈【韓迪一】

孔文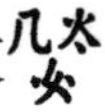【署二十四】

控骨里、孔古里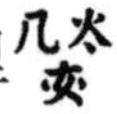【教二十二、韓迪二十】

師姑【清十二】

師古【二夫人十一】

查剌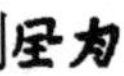【教二十九、仁先六、迪四十一】

查剌·鄶引、查剌·瑰引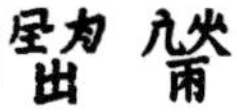【仁先五、梁十五】

查剌·鄶引、查剌·瑰引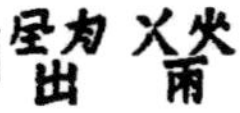【慈十二】

阿姆哈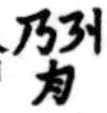【清十一、用十二】

安【智七】

安姓奴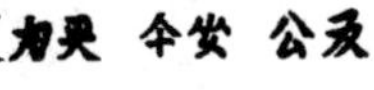【清十】

安哥【韓迪十八】

孥思九当伏【高三、韓迪四】

阿不寧之生伏村（所有格）【迪三十】

童子女芀水 仐谷 公火【奴二十一】

同哥芀水 乂芬【教二十五】

團寧生不伏【智六、辭二】

突里生反【署六】

大夫奴穴丰 付 公叐【二夫人十五】

大延琳穴丰 丙文夯 爿叉村【署八】

奴哩伏廾交【永十八】

涅魯、尼里伏丰【永十、二夫人十】

涅魯古伏丰欠【仁先二十七】

涅魯袞伏丰欠伏【貴五】

涅魯隱伏丰伏【許五十一】

尼里寧・沙里伏丰伏 又为丰【梁三至四】

涅魯古伏丰余【智十一】

涅里袞・娃古只伏丰余伏 令刃分【教二十】

烏古伏丸欠【貴六】

捏褐、狗伏为【奴二十七】

捏褐、狗伏为【清三十二】

巖木、涅睦古伏行欠）【貴三】

涅睦衮、涅睦**伏行 欠伏**【梁十五、高十一】

巖木、涅睦古**伏行 余**【仁先二】

涅睦衮、拈母渾**伏行 余伏**【智十二、韓迪五】

涅里衮**伏平 欠伏**【高十一】

裹古直**伏里 药**【用一】

睦里寧·烏理**住本 伏 夂平**【慈五】

畢家女**付 凡才 伏火**【留二十四、韓迪十七】

丹哥**仍关 九券**【清五、居三】

唐**仍乞**【故十八】

都哥**仃 九券**【永十七】

董哥、東哥**仃太 九券**【仁先八、二夫人十四、辭七、智十二】

佟哥、東哥**仃太 火券**【仁先八】

傅散女**今 令为 公火**【辭六】

富留**今 小丙**【留三、仁先八、慈十二】

富留節、佛留節**今 小丙 令交**【仁先六十二、二夫人七】

福得爾**今长 入当**【用十九】

蒲速里**今卡 穴太**【清十二】

蒲速·實六**今卡 穴当 兀小 穴交**【梁四】

福德女**今 圣丙 公火**【二夫人十三】

奮勿膩**今火 及杏**【辭一】

佛頂仐 峑吊【梁二十三、智十四】

普古仐佘【梁三】

富哥仐 乃劵【仲二十七】

馮家奴仐太 乂才 公叐【高十】

富哥仐 乃劵【高九】

範仐文夯【高五】

福利仐平【貴五】

普你·大漢仐平伏 雨 盀关（指韓德威）【高六、辭四、韓迪五】

普你·穆維仐平伏 叉火【貴四】

奉國仐太 乃火【仲六】

豐哥仐太 乃劵【博四十六】

秦仐雨【梁十七】

信陵、信寧仐雨伏【教二十一、永十四】

秦樂仐雨屮厽当【署二十八】

晉涅仐雨厽当【貴十三】

習撚·蘇仐雨当 求【留二、辭一】

斜哥仐夯 乃劵【永十】

斜荗仐夯朩【留二十四、二夫人七、清十】

斜寧·何魯不仐夯伏 冇付【故五、迪十】

撒剌德仐木立东【智五】

撒剌的、薩剌德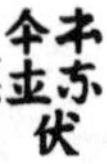【仁先三、署三】

撒剌的寧（撒剌的）·敵魯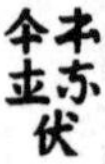【仁先三】

撒懶【迪一、故三】

撒懶·室魯【室額一】

撒懶·盧不古【迪七】

撒懶·阿古只、撒本·阿古只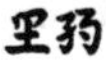【梁二】

西剌【迪十三】

蘇哥【永八】

宜新、乙辛、乙信、阿信、阿僧、意辛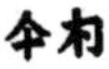【署八、署十九、梁十九、智十四、清十三、奴二十一】

乙辛隱、意信寧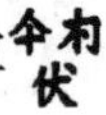【許二、奴七】

乙辛寧·燕五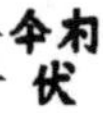【韓迪十九】

乙辛寧·高八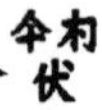【故七】

三匹連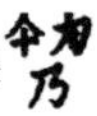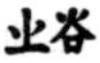【永二十】

三司【智七】

三寧【韓迪七】

三寧·定哥【高七】

撒八、撒八里【韓迪十七、韓迪十九】

希不嗅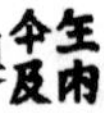【貴七】

撒八、撒巴里【二夫人十四、永十九】

遵寧、遜寧【韓迪七、奴六】

遵寧・瑰理【貴十五】

遵寧・滌魯【韓迪七】

遜寧・休哥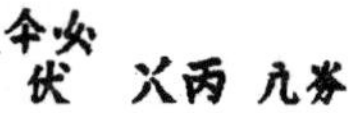【奴六】

居士女【辭七】

謝家奴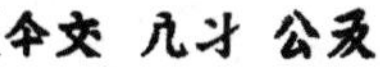【署二十八、海四】

熙格・麗【永十四】

西哥【奴二十七】

宋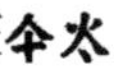【梁十七】

（人名）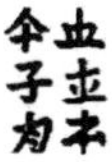【用十九】

烏特斡、兀没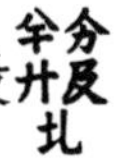【署二十四】

烏特斡、兀没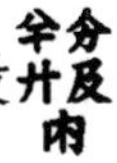【署一】

斡特剌、烏特蘭、烏特賴、烏獨賴【用十八、博四】

窩里朶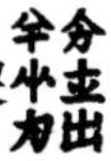【居五】

窩里朶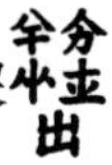【清十一】

迪里姑【智十四、貴二】

迪里衮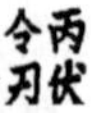【仁先一、智十】

得哥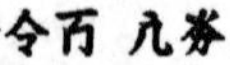【清十二】

杜里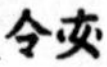【永八】

撻得里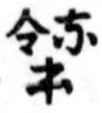【高十一】

達得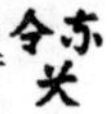（達德）【故一、迪三十一、博五】

德古（韓知古契丹語名）【韓迪二】

圖古辭【故十七】

撻不也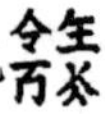【永二十六、仲二、宋八、用十五】

撻不演、撻不也【智十四、清十三、用十一】

當爾【高十】

圖古辭【辭二、迪三十】

頹昱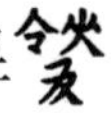【智六】

當哥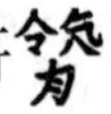【韓迪十五】

特末姸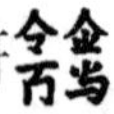【奴二十八】

特末里、特每、特末【清十三、辭七、用十六】

特每、特勉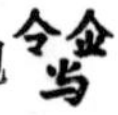【教二十一】

特每・楊九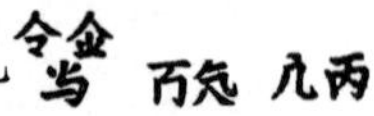（指蕭楊九）【署二十一】

敵魯、滌魯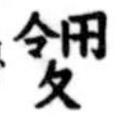【永四、韓迪七】

敵魯寧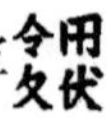【故一】

敵魯寧·華嚴奴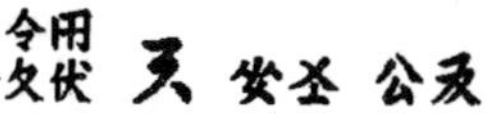【故七】

得利德【永十二】

迪烈、敵烈【韓迪一】

迪輦、敵輦、迪里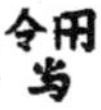【故五、慈四、高十、智六】

敵輦·訛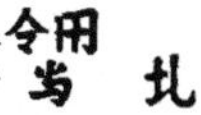【故十八】

敵輦·敵魯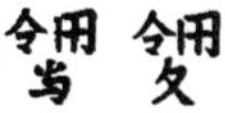【清三】

敵輦·解里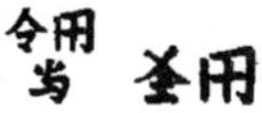【故五至六】

定光奴【仁先八】

地安【高五】

定光奴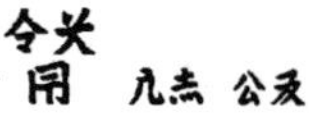【用十七】

鈿匿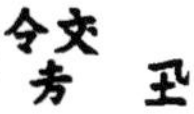【辭六】

天你（殿寧）·堯治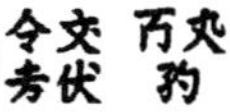【高三、韓迪三】

度突里、達骨德【清十二、故十八】

諸里【用十八】

內懶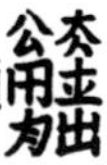【韓迪十九】

寧哥【迪三十】

迪里姑·胡獨古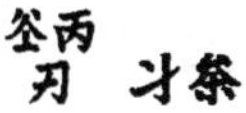【仲二十九】

特末、特末里【仲五】

特末、特勉【仲二】

里阿里【居四】

特每·闊哥【二夫人十五】

點茨【博四十五】

迪烈、敵烈【宋四】

迪輦·阿不【仲二十八】

定光奴【智十二】

度突里【居七】

每格之（所有格）【梁九】

劉四哥【梁四】

留芳祖奴（漢語借詞）【永九】

留家奴、劉家奴（漢語借詞）【迪四十一】

留哥【永六】

留寧【博四十六】

留寧·安哥【清六】

留寧·郭三【高九】

留寧·郭三【二夫人八】

六温·高九、留温·高九【梁三、用十二】

婁室【仲十六】

藺秀【永二十五】

老師古【仲二十九】

老衮【奴五】

龍虎【梁四】

剌罕【梁三】

魯家【永十八】

盧不古、盧不姑、魯不古【故五、韓迪十六】

盧不衮·孔古里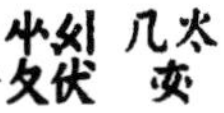【韓迪二十】

驢糞、旅墳【教二】

麗節【留二十二、仁先七、慈十二】

麗節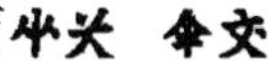【智十二】

李元昊【署十】

李宜【仁先十四】

李權之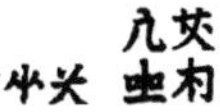（所有格）【清二十二】

維里【室九、用一】

五齊【仲二十七】

五節【迪三十】

五斤、五根【清十四】

魏【宋一】

迎日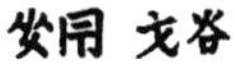【永十三】

迎使【清七】

宜蒸【清十三】

堯【智三】

堯、舜之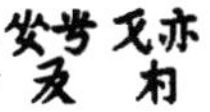（所有格）【智三】

堯之（所有格）【道二十三】

解里【永十三】

解里、諧里寧、解里寧、諧領、海里【宋四】【梁三】【署一】

解里・桃隈【宋四、梁三】

解里【清二】

破得【韓迪十七】

可汗奴【仁先七】

可汗奴【智十一】

普得漢哩【慈五】

蒲打里、普達【仁先六十二】

北也【韓迪六】

普麗利【迪十一】

福蔚・留【慈五】

蒲古只【署四、迪四】

蒲古只【慈蓋二】

八哥【慈十二】

奮兀【貴六】

本烏尼・突里【署六】

奉節【韓迪十九】

不魯寧、浦魯寧【高二、二夫人二】

古昱（意爲“臣”）【貴九、署七】

英哥【二夫人十】

兀欲、骨欲【仁先六十二】

骨欲·迷己【仁先六十二】

兀里本【永二十四】

兀勒本【慈二十八】

訛里本、兀里本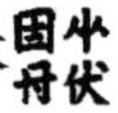【慈蓋二、慈三、智十四】

拔里旗幟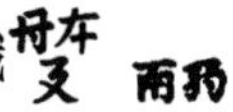（指蕭旗幟）【韓迪九】

拔里寧寧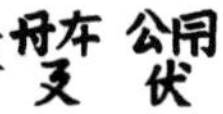（指蕭寧寧）【韓迪十八】

拔里胡都古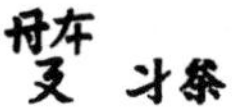（指蕭胡都古）【韓迪十五】

拔里胡覩堇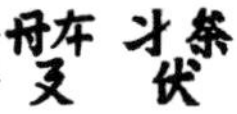【用六】

拔里尚哥（指蕭尚哥）【奴二十六】

博里赫【永二十三】

婆姑·月椀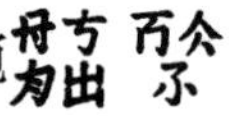【梁二】

保格寧【仁先二】

冠睦【貴十四】

管寧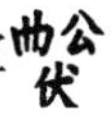【清三十二、仁先六十三】

管寧·圖固辭【二夫人四】

管寧【留十二】

阿娜野·拈母渾虫才屮 伏行欠伏【高七】

潤哥戈亦 九券【故十六】

九節九丙 伞文【永十一】

宮寧·高王留九丙太伏 九夾 杰 小丙【韓迪九】

耿氏九並 兆【用二】

荀斯九去夭夵【智十一】

金剛奴九又 九気 公夊【署十三】

高十九夾 又犬【高十三】

高九九夾 九丙【智十四、梁三】

高寧九夾伏【留十二】

高寧·富留九夾伏 分 小丙【仁先八、慈十二】

高奴九夾 公夊【永十七、智十三】

高家奴九夾 九才 公夊【二夫人九】

國引寧九火雨伏【奴一、奴四】

鄶引、瑰引、國隱九火雨【仁先五、智八、梁十五、奴二十六】

貴哥九火 九券【高十二、清十二】

哥慕寧九券金伏【永二】

哥梅氏、葛美施九券 企 兆【永二十】

胡靦、胡靦古、胡都姑、胡獨古才条【教二十二、智十三、署二十六】

胡獨堇、胡靦堇才条伏【仁先八、智十、慈二、署五十

一】

休哥、秀哥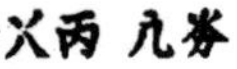【奴六、奴二十一、慈九】

庫林【慈四】

酷【二夫人十五】

痕得（確切音譯應爲“痕得寧”或“痕鼎”）【迪四、故四】

興哥【智十一、仁先七】

興寧·姚哥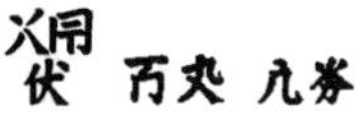【高五至六、韓迪四】

賢聖哥【清十一】

仙丹女【教二十四】

齊世【梁三】

興哥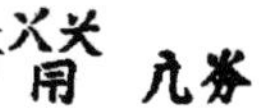【清六】

烏圖拉·八哥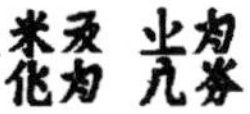【慈十二】

烏特賴、烏獨賴【韓迪十七、韓迪十九】

只刺【梁四】

突呂不【署四】

大舜之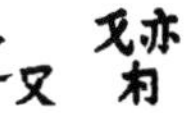（所有格）【道二十三】

太山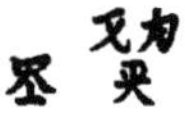【清一、居四】

巢、許（指巢父、許由二古人）【智三】

尚家奴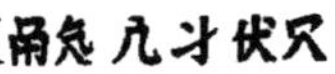【貴十六】

尚哥【慈七、辭五、永二十五】

阿顧里丞【慈十二、辭六】
阿古只里扔【梁二】
阿古真里扔伏【署十三、辭三】
阿號里及【高四、貴六】
阿古文哥里火夯【智十五】
迪烈、敵烈屖【慈六】
迪烈、敵烈屖公【迪四】
匀德實火丹【仁先二】
乳奴、如奴圧火 公丞【清十四、韓迪十七】

十三　親屬稱謂

婿朿及【教二十四】
母丙【用二、慈六】
母之丙公（所有格）【韓迪十六】
女人丙 几（妻）【慈十二、梁三】
女人丙 几穴火（妻）【居三】
叔叉圡（漢語借詞）【仁先二十七】
叔叉习（漢語借詞）【叔一】
夫君夫小叉【用十五】
弟方【慈六、智十一、郎一】
叔父方　本【仁先二十七、慈六】
弟方伏叉【博四十六】
仲子穴分　丹为【慈六】
父本【教三、用二、慈五】

男人丰 几（丈夫）【用十四】

祖母叉勺 丙【慈五】

舅父力立丰【梁九】

舅舅力立女【梁十九】

姐叉【用十七】

内侄、外甥朩芬【梁二十九】

嫡妻、大妻朩将【署二十四】

孫丸【叔九】

祖父生 丰【教三、慈五、博四】

曾祖父生 生 丰【宋四、博四】

姐尔伏仌【故十七】

娘子尔火【慈十二、智十四、署二十四、梁十九、故三】

娘子之尔火朩（所有格）【清十三】

嗣子伏芬 舟力【署十三】

胞姐、胞妹伏岑【智十五、用十一】

同胞、兄弟、姐妹伏岑伏叉【用十四、韓迪二十一】

同胞、兄弟伏岑伏仌【教二十五、故十七】

曾孫化【叔九】

夫人个禿伏（漢語借詞）【慈九、梁三】

夫人之个禿伏朩（所有格）【梁三】

妹叔火【故十七】

姨母、姨媽叔火 丙公（所有格）【故十二】

兒子、女兒、孩子丹为【教二十一、署四、梁二】

孫女丹为　丸【居二十三】

兒子、女兒、孩子們丹列出（複數格）【教二十、署八】

孩子丹为关【署三】

孫、孫女丹为关　丹为【慈六、留九】

兄才【慈六】

伯祖父才　生　丰【永十七至十八、貴七】

伯父才　丰【教五、慈六】

兄才幺伏太（複數格）【智十】

堂侄才幺呆　丹为【辭二十六】

表姐火关雨　丸【奴二十七】

十四　日常用語

北西一　十（按漢語語序爲“西北”）【署五十一】

北南院一　小　及化【留十四】

於山之宮爪有　九丙太尼（時位格）【署十八】

北丞【興十】

百官弗　穴【仁二十一】

奉雨仝【道三、宣三】

卒丙【用十八】

倒塌丙火尘【故二】

旋丙土犳【宣五】

實封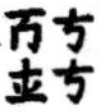【澤二】二

女性、女兒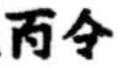【梁三】

女眷、妻室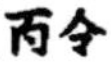 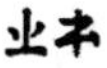（）【高九、迪三十、署二十四】

女孩子 【署二十八】

謂、説【清二十六】

軍事（時位格）【迪十二】

承祧【用三】

承祧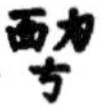【梁九】

承祧【梁十九】

承祧【高八】

承祧【韓迪七】

承祧【仲五】

新【辭十二、仲二十】

露【教三十四、許蓋】

新【郎三】

權且【魏六、宣五】

郎君【署六、郎一】

郎君之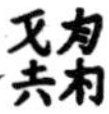（所有格）【署七】

郎於君（時位格）【教二十一】

郎君們、郎君班、孩兒班[illegible]（複數格）【梁七】

《尚書》中曰[illegible] [illegible] [illegible]【署三十一】

五經百家之字[illegible] [illegible] [illegible] [illegible] [illegible]【奴三十五】

追封[illegible] [illegible]【慈五】

追封[illegible] [illegible]【宋十】

五帝之[illegible] [illegible]（複數格和所有格）【智三】

曷魯爾[illegible]（意爲“黑”）【梁二十三】

誌銘[illegible] [illegible]【興五】

誌銘[illegible] [illegible]【道八】

誌[illegible]【留三十二】

誌曰[illegible] [illegible]【教二十八】

汗[illegible]【教三】

可汗之[illegible]（所有格）【梁十七、署二十四】

座遷[illegible] [illegible]【宣五至六、宋七】

殯[illegible]【仁十三、叔五】

永、久[illegible]【道六、教二十五】

永福陵[illegible] [illegible] [illegible]【道六】

歲[illegible]【署十三】

無圡伏【郎一】

夭折圡火【韓迪十六、居二十三】

與、和圡九伏关【韓迪四】

雲圡平【興三、道六】

雲龍圡平 攴矢（時位格）【興三】

字北九【署五】

字北九本（複數格）【梁十】

字北九本村（複數格加所有格）【梁一】

夫君、賜六小叉【用十五、仁先二十三】

賜六从【許三十二】

賜六关【教十四】

文杰火（漢語借詞）【道一、宣一】

王子圡朱【教十一】

王之圡示（所有格）【梁一】

東坡内支 伏欠内【韓迪二十三、署三十七】

序、朔北小丹伏【梁一、故二十五】

於月女矢（於……月）【高十六】

六院太 癸化【署一】

六部之太 伏廾叏村（所有格）【慈九】

六部之奚太 伏廾叏村 口北伏【許五十二】

第六代之太从 公不村【慈四】

同[illegible]【郎四、署十五】

同知[illegible]【署十五】

同知[illegible]【奴十三】

左院（左宮）[illegible]【用七】

仲子[illegible]【慈六、永二十七】

枝[illegible]【梁十九】

父親的、父房、年之[illegible]【署二十四】

爺們[illegible]（複數格）【高八】

男的二個[illegible]【署二十七】

男性孩子[illegible]【梁三】

父房之、舍利房[illegible]【仁先三、韓迪一】

祖宗、祖先[illegible]（上輩的爺）【署三】

祖宗、祖先[illegible]（上輩的爺）【梁二】

上面[illegible]【高八】

可以、故[illegible]【清二十六、居蓋一】

嫁[illegible]【清十二】

朝、墓[illegible]（“墓”義是漢語借詞所有格）【梁十七、署一】

墓之誌銘[illegible]【梁一】

宮壼事[illegible]【署二十一】

長子、第一個兒子[illegible]【奴十】

長子、第一個兒子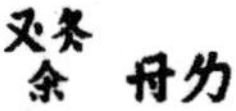【居六】

大、孟、大者【署八】

大翁帳【教二十一】

孟父房【署二十六】

大印之字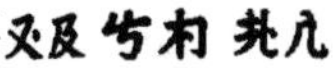（大禮之字）【署五】

昊天【署三十一、奴三十四、貴二十一】

長子、大兒子【署七】

第一個、長【奴二十一】

二人之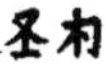【教二十、博五】

户、寫【迪一、迪四十一】

早卒、夭折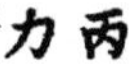【奴二十一】

國舅【署二十四】

國舅之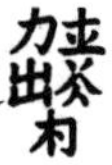（所有格）【慈二】

知【署十五】

知【梁十一】

知【仁先九】

知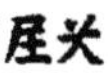【教十四】

知（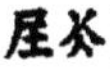）【教十三】

今聖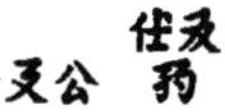【高十八】

像、面貌、顏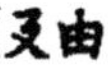【郎三、仲二十四】

中的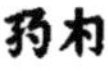【故九】

降【許蓋】

任職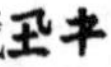【署二十五】

周禮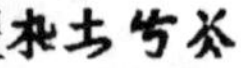（憑借格）【仲四十三】

序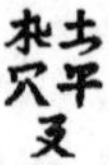【故一、智一】

祔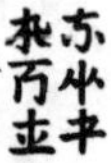【叔五】

昔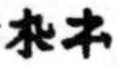【郎一】

册文（漢語借詞）【道一、宣一】

第二的、第二個名【教二、智五】

嫡妻、大妻【署二十四】

左院（左宫）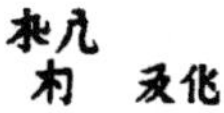【道二、梁七】

孝【興二】

孝【仲十九】

題、寫【郎五、慈二十八】

户【叔二、宋二】

并【教一、梁一】

居士、局使【居一】

三王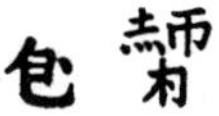（複數格和所有格）【智三】

三父之横帳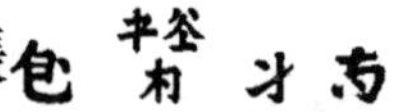【慈四】

户、家【仁先十三】

掩閉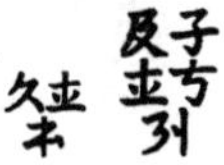【奴三十九】

掩閉久亚木 及子亚为出【道六、叔五】

掩閉久亚木 及子亚为女【奴四、韓迪二十三、博二十四】

掩閉久亚木 及子叉【清三十】

掩閉日久亚木 及子刈 尺【許蓋】

掩閉久亚木 及子亚木【仲十七】

掩閉之日於久亚木 及子亚亏刈 公企矢【博四十六】

掩閉六亚木 及子亚为出【梁二十二】

眷顧冬木【教八】

人几【教七】

詩曰兆 今勺【許十三】

因乃仐【郎一】

於閉之事及子刈 火矢（時位格）【署十八】

小者、少者州欠【署二十七】

小州欠朱【教六】

小翁帳州欠 廿利【梁一】

小翁帳州欠 女利【署十三】

少父房、季父房州欠 キ利【教十九、韓迪二、梁三】

季父房州余 キ利【迪二、辭四】

小翁帳州余 女利【清一】

蕘为交山【教十六】

薨[illegible]【署十三】

薨[illegible]【梁十八】

陵[illegible]【仁十六】

龍顔[illegible]【仲二十四】

第七代之祖宗[illegible]【梁二、居三】

印、禮[illegible]【署十五、道六】

印牌司之郎君班[illegible]【迪二、署十五】

禮也[illegible]【梁二十三、道六】

以禮[illegible]（憑借格）【梁十七】

部[illegible]【留二十】

部之[illegible]（所有格）【梁七】

穴[illegible]【韓迪二十三】

聖[illegible]【教六】

繼室[illegible]【清十】

生[illegible]【用二、博四】

生[illegible]【慈五】

誕生[illegible]（男姓使用）【梁五】

生[illegible]（女性使用）【梁十五】

駙馬[illegible]【奴二十一】

天【教九】

天長地久【道三十七】

天地【仁先三十六】

天下【署五】

夜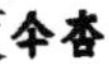【仲二十六】

夜之月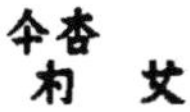【教三十四】

左【許三】

府衙、公署、任所、行帳【教十六、用五、叔四】

打獵、狩獵【郎二】

病、因病（憑借格）【教十六、梁十一】

次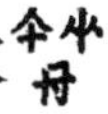【興一】

宋國之新可汗之朝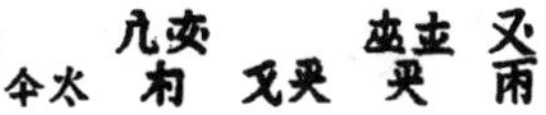【辭十二】

青山黄泉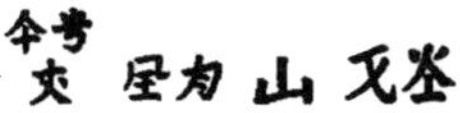【叔二十五】

等【教十二】

南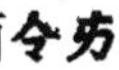【興十】

第五代之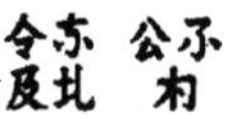【慈四】

曰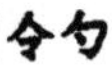【教二十八】

厝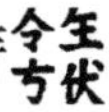【宣五】

厝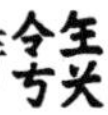【宋六】

第四代之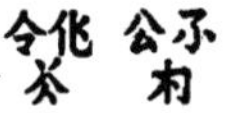【慈五】

封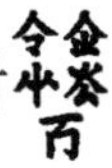【署十】

封【署十四】

封【教十一、署八】

封【室九】

封【署十七】

封【仁先五】

故【署二十三】

故（用於男性）【教一、用十一】

故（用於女性）【宋一、署七】

小者、少年【梁十九、奴二十一、仲五】

墓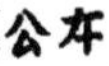【永四十二】

墓誌銘【教一】

宗室【興七】

宗室之【教三】

代【高十三】

代之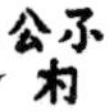（所有格）【貴三】

代之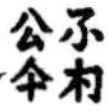（複數格加所有格）【故九】

秋露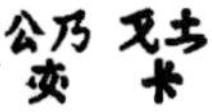【教三十四】

秋獮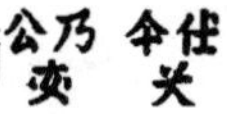【署二十】

配偶、遺孀【智十三、居二十三】

封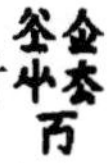【梁六、許十一】

封【辭九】

封【仲八】

封【仲二十一】

封【博四十二】

封【許六】

封【許二】

死後封、追封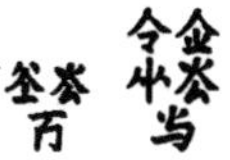【仁先五、許四十六】

崩【署十八】

崩（用於男性）【道五】

崩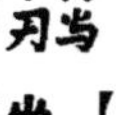（用於女性）【宣五】

事【郎一、教十三】

户【仁先十三】

時【郎四】

時[illegible]（複數格）【宣二十五】

也、哉[illegible]【教七】

也、哉[illegible]【道三十七】

勑[illegible]【教二十二】

勑奉[illegible] [illegible]（按漢語語序爲“奉勑”）【教二十二】

於金殿[illegible]（時位格）【留十六】

金烏[illegible]【宣二十九】

瓦里[illegible]（監獄）【宋九】

甘露降[illegible]【許蓋】

同胞之[illegible]【教六】

再次[illegible]【梁八】

食[illegible]【仁先十三】

小名[illegible]（[illegible]）[illegible]【智四、許八、居三】

别胥[illegible]（宰相夫人契丹語封號）【仁先六】

銘[illegible]【仲四十五】

是、即[illegible]【梁四、梁十八、宋十四】

成爲、拜[illegible]【仲二十三】

拜、成爲[illegible]【高二十五】

成爲、拜[illegible]【仲二十】

成爲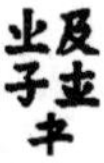【教五】

拜、除、成爲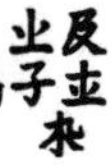【仁先十四】

拜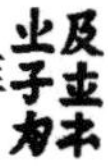【博二十一】

拜【高十八】

拜、成爲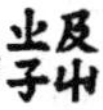【梁十】

拜、除、成爲【教十、仁先二十一】

成爲、拜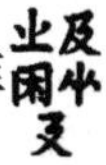【教十二】

成爲、拜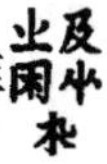【故五】

成爲、拜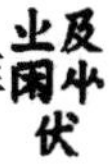【永六】

成爲、拜【韓迪五、二十一】

碑之銘【二夫人一】

邑【仁先十三】

邑食一萬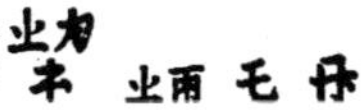（按漢語語序爲“食邑一萬”）【仁先三十五】

邑食五千户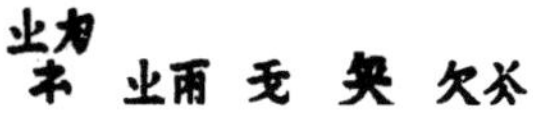（按漢語語序爲“食邑五千户”）【仁先十三】

碑、妃【室額二、室十三、梁十七】

防禦业太 发火【智十】

先业平夊犳【教六】

閏业平夊【智八、貴十三、叔四】

臣人出及 几【興三十六、道二、宣二】

撰冈及犳村【仁二十二】

撰冈及犳村【道八】

撰冈叉【仲七】

撰冈为本【慈二、道三、宣三】

撰冈伏【署五】

撰冈小业中【韓迪二十六】

撰冈小列【署二】

撰冈关【仲二十】

右舟尔为买【教二十一、用九、署署二十一】

是舟及【迪四】

孩子舟列出（複數格）【清十】

兒子、女兒、孩子舟为【教二十一、留八、梁十五】

孩子名、小名舟为关 关化【用二、署三】

又舟冬【梁七】

又曰舟冬 令勺【署三十二】

拜、成爲舟反子比【署十九】

拜、成爲舟反子伏【署五】

拜、成爲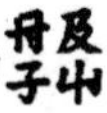【高二十三】

拜、成爲【署十、署十一】

成爲、拜【署五】

銘曰【興五】

官誥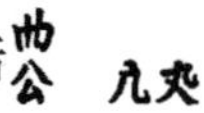【仁先十一】

官誥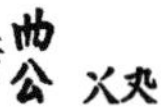【教十五】

族系、家族、家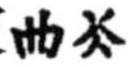【梁九】

族系、家族、家【韓迪七】

族系的、家族的（所有格）【用一、署二十四】

族系的、家族的（所有格）【奴三十五、故三】

該年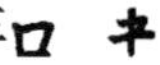【署八】

該【高十九】

者、人【仲四十四】

地【宋十四】

宮殿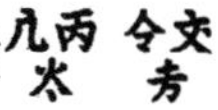【郎二】

國（契丹語）【興二十八】

國之（所有格）【教一、郎一】

國（複數格）【興十】

公主【仲四】

玉【宣二十九、奴十三】

玉兔【宣二十九】

哀【仁二、道一、宣一】

哀册文【道一、宣一】

哀銘【仁二】

國王【梁二】

國王之（所有格）【梁三】

兼（漢語借詞）【高一】

君子（漢語借詞）【奴三十三】

功臣（漢語借詞）【梁十】

公主（漢語借詞）【用十一】

公主（漢語借詞）【辭六】

兄弟、横帳【慈四】

兄弟之、横帳之（漢語借詞）【梁三】

兄【智十】

福【署三十二】

無【郎二】

名、諱、號【署三、署七、梁二】

號（時位格）【慈五】

號（複數格）【教十四】

號（複數格加憑借格）【教十二】

皆【高五】

至乂火本【郎二】

徒乂火化夯丙【道六】

公主乂太 本火（漢語借詞）【教二十五】

先【券高三】

出使冇为本【署十九、仲十七】

用契丹大禮买叉关 叉及 写夯（澴借格）【梁十七】

疆場之事孔为买 火【教十四、郎一】

嫁夂平夯丙【仲二十九】

嫁夯小伏【仁先六十二、智十一、智十二、許九】

嫁夂平夯当【教二十一、梁十九】

大、大者又【梁十八】

大限俄至又 亦券 公币固 乂火化叉【教十六】

大限俄至又 亦券 公币固 乂火化仒北【仲二十五】

大哀呼哉又 几竹叉 小杀及 収北及犳（嗚呼哀哉）【道三十七】

大哀呼哉又 几竹叉 小杀仐 収北及犳（嗚呼哀哉）【署三十一】

大王圣 杰（漢語借詞）【教二、署八】

大王之圣 杰不（所有格）【署七】

太廟於圣 又兮矢（時位格）【興三十二】

太夫人圣 仒秀伏（漢語借詞）【許八】

翁帳[illegible]【梁一、仲蓋一、仲五】

十五　方位

北[illegible]【梁七】

北西[illegible]（按漢語語序爲“西北”）【梁八】

北東[illegible]（按漢語語序爲“東北”）【梁七】

西[illegible]【梁八】

東[illegible]【道六】

南[illegible]【梁八】

南西[illegible]（按漢語語序爲“西南”）【道五、梁七】

十六　書名

《新禮》[illegible]【仲二十】

於《尚書》[illegible]（按漢語語序爲“於《尚書》中”）（時位格）【署三十一】

於《書》[illegible]（按漢語語序爲“於《書》中”，《書》指《尚書》）【奴三十四】

於《論語》[illegible]（按漢語語序爲“於《論語》中”）（時位格）【清二十五】

於《周易》[illegible]（按漢語語序爲“於《周易》中”）（時位格）【貴二十一】

《契丹史》[illegible]【仲七】

七聖之日事[illegible]（即《七朝實録》）【奴二、

署二】

【補充資料】契丹原字擬音

契丹小字是拼音文字。每個契丹小字都是一個單詞。契丹語是黏着語，單詞往往多音節。因此，每個契丹小字由一至七個不等的原字（拼音符號，最小的讀寫單位）拼成。據現有傳世的契丹小字資料統計，原字共有 409 多個。其中能够拟音的爲 216 個。現在把 216 個契丹原字的擬音列舉如下：

夹 [tʂï]	太 [uŋ]	夰 [uei]	夯 [e]
夻 [ni]	杏 [ï]	㚏 [i]	夬 [ku]
尺 [ta]	火 [ʃi]	丰 [ai/ie]	本 [lu/li]
考 [rə]	关 [an]	王(压) [ɽu]	不 [ɣa]
及 [u]	义 [mu]	圣 [cərə]	丞 [cərə]
刀 [uan]	丹 [ku/tsh]	玥 [ou]	力 [na]
朽 [ən]	屏 [tilie]	天 [ɣwa]	叉 [n]
马 [ʧ]	子 [ʧ]	孙 [ʧa]	列 [ɣə]
豹 [tʂi]	豹 [tʂi]	不 [ɔn]	丸 [au]
来 [ʧh]	业 [kh/x]	勺 [ku]	包 [ɣərə]
包 [ɣərə]	为 [xəi]	欠 [ku]	久 [ta]
久 [u]	冬 [jeli]	冬 [as]	各 [iaŋ]
刹 [litʃi]	几 [khu]	兆 [ʂï]	朊 [uŋ]
星 [tʂha]	乃 [am]	反 [uo/o]	州 [xu]
为 [a]	丸 [mu]	午 [tal]	生 [apu]
条 [ai]	氖 [aŋ]	另 [thu]	矢 [tə]
负 [li]	央 [meŋan]	发 [lu]	发 [lu]
生 [tho]	六 [ta]	久 [ta]	兮 [tor]
行 [mu]	伏 [ni]	仕 [mə]	付 [pi]
件 [uiæ]	仍 [tha]	役 [ji]	化 [ri]
化 [rə]	们 [tu]	仐 [fu/pu]	仐 [fu/pu]
伞 [si]	伞 [u]	余 [ku]	令 [t/th]

[xu]	[thɘ]	[ɤou]	[n]
[u]	[as]	[t]	[mɘ]
[ʦ]	[ɤɘrə]	[ɤə]	[lə]
[uei]	[uei]	[ŋ]	[hai]
[iæm]	[puk]	[un]	[pho]
[aŋ]	[kh]	[niku]	[niku]
[pən]	[iu]	[ni]	[ph/f]
[ku]	[li]	[iŋ]	[u]
[p/pau]	[lie]	[iaŋ]	[ʃi]
[ko]	[hər]	[hər]	[en]
[iæ]	[iun]	[ʅ̌]	[nai]
[k/ku]	[a]	[ʈʂi]	[i]
[i]	[kh/x]	[li]	[thul/kut]
[uŋ]	[uŋ]	[e]	[ni]
[i]	[ï]	[s/ʈʂï]	[uth]
[uŋ]	[mu]	[phaŋ]	[an]
[iau]	[ʈʂi]	[khitan]	[ul]
[tərə]	[tərə]	[thulyb]	[u]
[thai/tai]	[ʈʂha]	[aku]	[xutuku]
[p]	[fen]	[tilie]	[ʈʂi]

（劉鳳翥　編撰）

附録四

蕃漢對照遼史年表

本表共有六欄：一、帝王姓名；二、廟號；三、年號；四、年數；五、公元；六、干支。每一詞語凡能譯成契丹文字則譯成契丹字。不能譯成契丹字者則暫付闕如。契丹語用五種顔色表示十個天干。即用青色表示甲和乙，用紅色表示丙和丁，用黄色表示戊和己，用白色表示庚和辛，用黑色表示壬和癸。用十二生肖表示地支。

帝王姓名	廟號	年號	年數	公元	甲子
耶律阿保機	太祖 		一年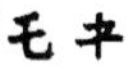	907	丁卯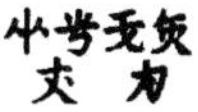
			二年	908	戊辰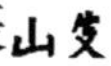
			三年	909	己巳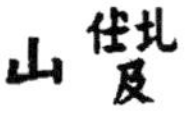
			四年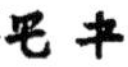	910	庚午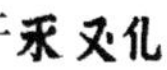
			五年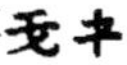	911	辛未
			六年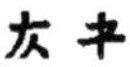	912	壬申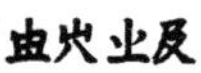

（續表）

帝王姓名	廟號	年號	年數	公元	甲子
			七年屎 丰	913	癸酉由火 令为力
			八年丞 丰	914	甲戌令号余 伏为
			九年委 丰	915	乙亥令号余 火
			十年乇 丰	916	丙子小号余 尖列
		神册 夫爪先	元年 九交 丰	916	丙子小号余 尖列
			二年圣 丰	917	丁丑小号余 杏
			三年包 丰	918	戊寅山 巫圭冬
			四年毛 丰	919	己卯山 乇反力
			五年乇 丰	920	庚辰豕 艾
			六年灰 丰	921	辛巳豕 仕扎及
		天贊	元年 九交 丰	922	壬午由火 又化
			二年圣 丰	923	癸未由火 圣为
			三年包 丰	924	甲申令号余 业反
			四年毛 丰	925	乙酉令号余 令为力

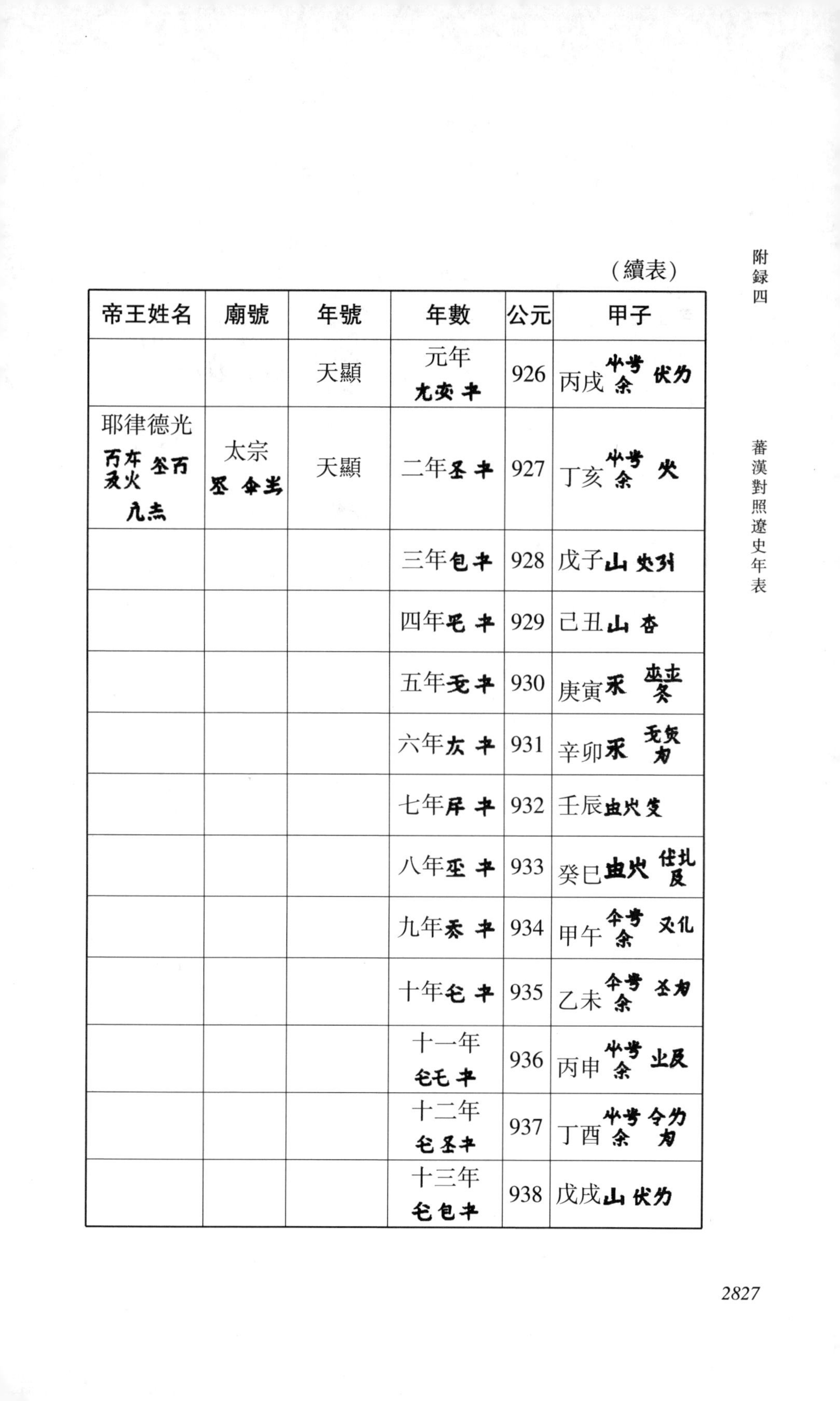

（續表）

帝王姓名	廟號	年號	年數	公元	甲子
		天顯	元年	926	丙戌
耶律德光	太宗	天顯	二年	927	丁亥
			三年	928	戊子
			四年	929	己丑
			五年	930	庚寅
			六年	931	辛卯
			七年	932	壬辰
			八年	933	癸巳
			九年	934	甲午
			十年	935	乙未
			十一年	936	丙申
			十二年	937	丁酉
			十三年	938	戊戌

（續表）

帝王姓名	廟號	年號	年數	公元	甲子
		會同	元年 尢夾 半	938	戊戌山 伏为
			二年圣 半	939	己亥豕 虫列
			三年包 半	940	庚子豕 虫列
			四年毛 半	941	辛丑豕 杏
			五年丢 半	942	壬寅由火 巫立冬
			六年灰 半	943	癸卯由火 丢矢力
			七年屏 半	944	甲辰仐号余 文
			八年巫 半	945	乙巳仐号余 仕扎及
			九年秂 半	946	丙午仆号余 又化
			十年乇 半	947	丁未仆号余 圣力
		大同	元年 尢夾 半	947	丁未仆号余 圣力
耶律兀欲	世宗	天禄	元年 尢夾 半	947	丁未仆号余 圣力
			二年圣 半	948	戊申山 业及

（續表）

帝王姓名	廟號	年號	年數	公元	甲子
			三年[illegible]	949	己酉[illegible]
			四年[illegible]	950	庚戌[illegible]
			五年[illegible]	951	辛亥[illegible]
耶律述律	穆宗 [illegible]	應曆	元年 [illegible]	951	辛亥[illegible]
			二年[illegible]	952	壬子[illegible]
			三年[illegible]	953	癸丑[illegible]
			四年[illegible]	954	甲寅[illegible]
			五年[illegible]	955	乙卯[illegible]
			六年[illegible]	956	丙辰[illegible]
			七年[illegible]	957	丁巳[illegible]
			八年[illegible]	958	戊午[illegible]
			九年[illegible]	959	己未[illegible]
			十年[illegible]	960	庚申[illegible]

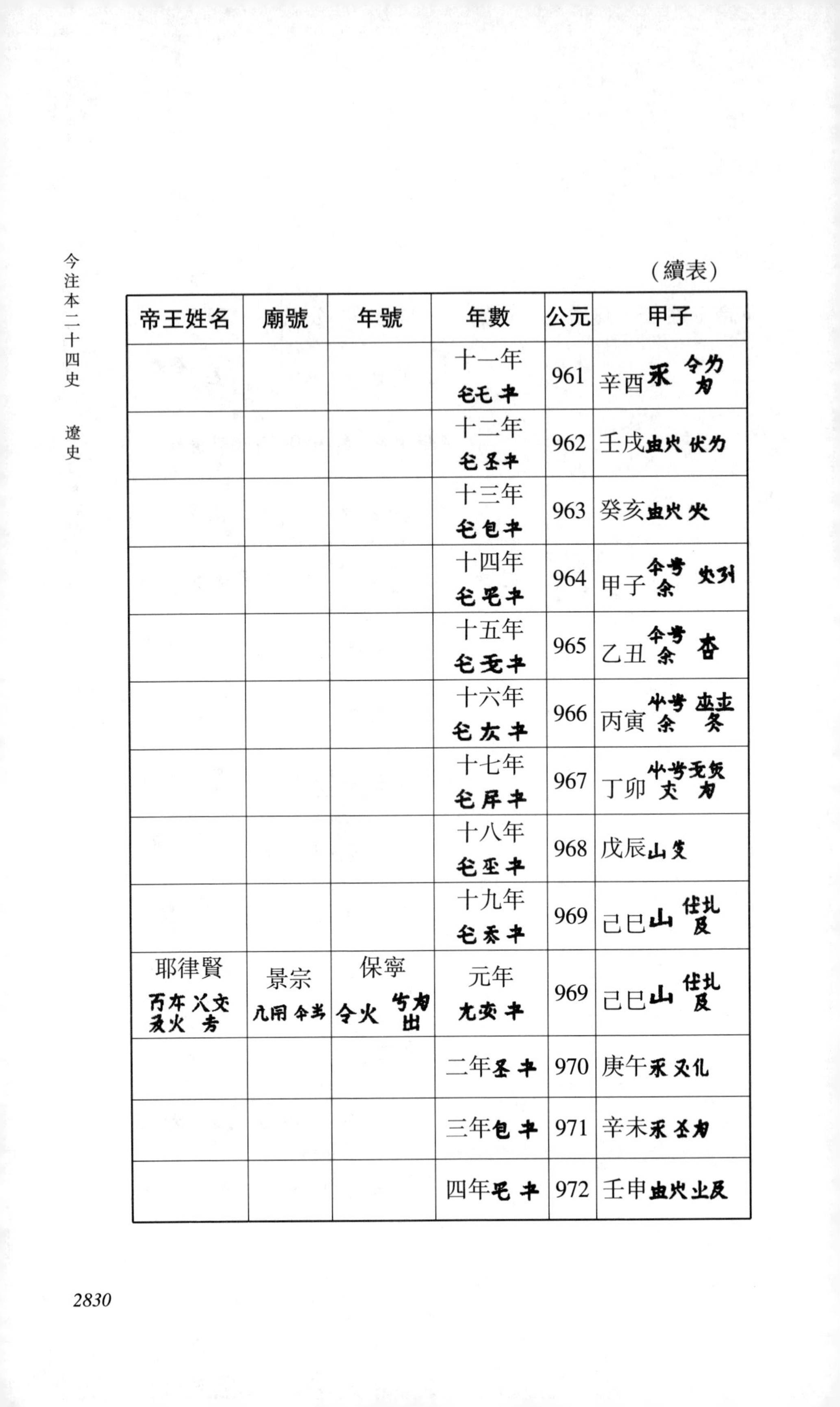

（續表）

帝王姓名	廟號	年號	年數	公元	甲子
			十一年 [illegible]	961	辛酉 [illegible]
			十二年 [illegible]	962	壬戌 [illegible]
			十三年 [illegible]	963	癸亥 [illegible]
			十四年 [illegible]	964	甲子 [illegible]
			十五年 [illegible]	965	乙丑 [illegible]
			十六年 [illegible]	966	丙寅 [illegible]
			十七年 [illegible]	967	丁卯 [illegible]
			十八年 [illegible]	968	戊辰 [illegible]
			十九年 [illegible]	969	己巳 [illegible]
耶律賢 [illegible]	景宗 [illegible]	保寧 [illegible]	元年 [illegible]	969	己巳 [illegible]
			二年 [illegible]	970	庚午 [illegible]
			三年 [illegible]	971	辛未 [illegible]
			四年 [illegible]	972	壬申 [illegible]

（續表）

帝王姓名	廟號	年號	年數	公元	甲子
			五年[illegible]	973	癸酉[illegible]
			六年[illegible]	974	甲戌[illegible]
			七年[illegible]	975	乙亥[illegible]
			八年[illegible]	976	丙子[illegible]
			九年[illegible]	977	丁丑[illegible]
			十年[illegible]	978	戊寅[illegible]
			十一年[illegible]	979	己卯[illegible]
		乾亨	元年[illegible]	979	己卯[illegible]
			二年[illegible]	980	庚辰[illegible]
			三年[illegible]	981	辛巳[illegible]
			四年[illegible]	982	壬午[illegible]
			五年[illegible]	983	癸未[illegible]
耶律隆绪	聖宗	統和	元年[illegible]	983	癸未[illegible]
		[illegible]	二年[illegible]	984	甲申[illegible]

（續表）

帝王姓名	廟號	年號	年數	公元	甲子
			三年包丰	985	乙酉仐号余令为力
			四年乇丰	986	丙戌仐号余伏为
			五年乏丰	987	丁亥仐号余火
			六年灰丰	988	戊子山火引
			七年岸丰	989	己丑山杏
			八年丕丰	990	庚寅禾坐圭冬
			九年杰丰	991	辛卯禾乏饭力
			十年乇丰	992	壬辰由火叏
			十一年乇乇丰	993	癸巳由火仕扎及
			十二年乇圣丰	994	甲午仐号余叉化
			十三年乇包丰	995	乙未仐号余圣力
			十四年乇乇丰	996	丙申仐号余业及
			十五年乇乏丰	997	丁酉仐号余令为力
			十六年乇灰丰	998	戊戌山伏为

（續表）

帝王姓名	廟號	年號	年數	公元	甲子
			十七年 乇戽丰	999	己亥采 央列
			十八年 乇丞丰	1000	庚子采 央列
			十九年 乇夯丰	1001	辛丑采 杏
			二十年 丁丰	1002	壬寅由火 巫立冬
			廿一年 丁乇丰	1003	癸卯由火 乇负为
			廿二年 丁圣丰	1004	甲辰仐号余 笅
			廿三年 丁包丰	1005	乙巳仐号余 仕扎反
			廿四年 丁乇丰	1006	丙午小号余 叉化
			廿五年 丁乇丰	1007	丁未小号余 圣为
			廿六年 丁太丰	1008	戊申山 业反
			廿七年 丁戽丰	1009	己酉山 令为为
			廿八年 丁丞丰	1010	庚戌采 伏为
			廿九年 丁夯丰	1011	辛亥采 火
			三十年 乚丰	1012	壬子由火 央列

（續表）

帝王姓名	廟號	年號	年數	公元	甲子
		開泰 [illegible]	元年 [illegible]	1012	壬子 [illegible]
			二年 [illegible]	1013	癸丑 [illegible]
			三年 [illegible]	1014	甲寅 [illegible]
			四年 [illegible]	1015	乙卯 [illegible]
			五年 [illegible]	1016	丙辰 [illegible]
			六年 [illegible]	1017	丁巳 [illegible]
			七年 [illegible]	1018	戊午 [illegible]
			八年 [illegible]	1019	己未 [illegible]
			九年 [illegible]	1020	庚申 [illegible]
			十年 [illegible]	1021	辛酉 [illegible]
		太平 [illegible]	元年 [illegible]	1021	辛酉 [illegible]
			二年 [illegible]	1022	壬戌 [illegible]
			三年 [illegible]	1023	癸亥 [illegible]

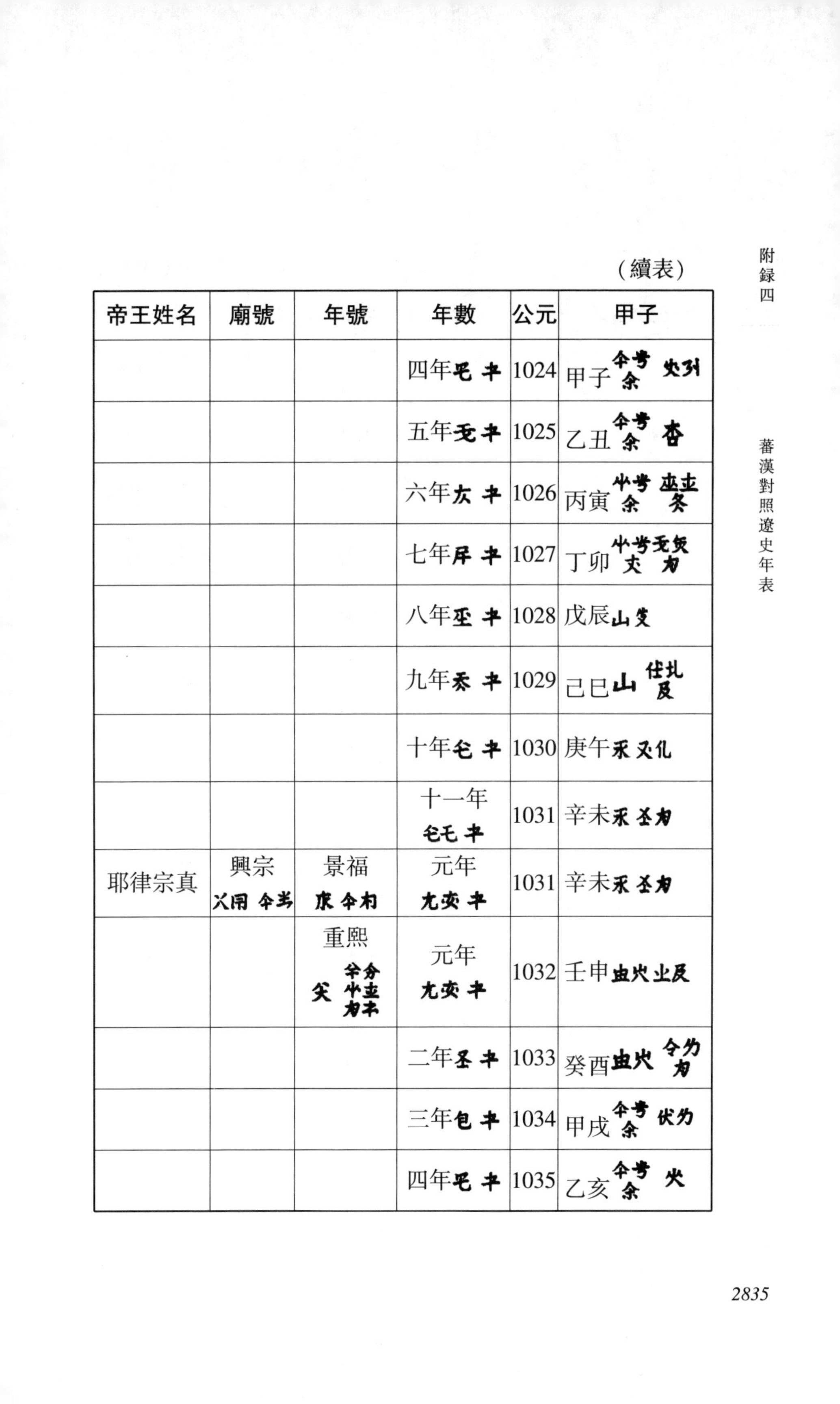

（續表）

帝王姓名	廟號	年號	年數	公元	甲子
			四年[illegible]	1024	甲子[illegible]
			五年[illegible]	1025	乙丑[illegible]
			六年[illegible]	1026	丙寅[illegible]
			七年[illegible]	1027	丁卯[illegible]
			八年[illegible]	1028	戊辰[illegible]
			九年[illegible]	1029	己巳[illegible]
			十年[illegible]	1030	庚午[illegible]
			十一年[illegible]	1031	辛未[illegible]
耶律宗真	興宗[illegible]	景福[illegible]	元年[illegible]	1031	辛未[illegible]
		重熙[illegible]	元年[illegible]	1032	壬申[illegible]
			二年[illegible]	1033	癸酉[illegible]
			三年[illegible]	1034	甲戌[illegible]
			四年[illegible]	1035	乙亥[illegible]

（續表）

帝王姓名	廟號	年號	年數	公元	甲子
			五年乭丰	1036	丙子仐号余 央列
			六年灰丰	1037	丁丑仐号余 杏
			七年屛丰	1038	戊寅山 亟圭冬
			八年丕丰	1039	己卯山 乭欠为
			九年汞丰	1040	庚辰汞 叏
			十年乇丰	1041	辛巳汞 伏乩及
			十一年乇乇丰	1042	壬午出火 又化
			十二年乇圣丰	1043	癸未出火 圣为
			十三年乇包丰	1044	甲申仐号余 业及
			十四年乇乇丰	1045	乙酉仐号余 今力为
			十五年乇乭丰	1046	丙戌仐号余 伏力
			十六年乇灰丰	1047	丁亥仐号余 火
			十七年乇屛丰	1048	戊子山 央列
			十八年乇丕丰	1049	己丑山 杏

（續表）

帝王姓名	廟號	年號	年數	公元	甲子
			十九年 [illegible]	1050	庚寅 [illegible]
			二十年 [illegible]	1051	辛卯 [illegible]
			廿一年 [illegible]	1052	壬辰 [illegible]
			廿二年 [illegible]	1053	癸巳 [illegible]
			廿三年 [illegible]	1054	甲午 [illegible]
			廿四年 [illegible]	1055	乙未 [illegible]
耶律洪基	道宗 [illegible]	清寧 [illegible]	元年 [illegible]	1055	乙未 [illegible]
			二年 [illegible]	1056	丙申 [illegible]
			三年 [illegible]	1057	丁酉 [illegible]
			四年 [illegible]	1058	戊戌 [illegible]
			五年 [illegible]	1059	己亥 [illegible]
			六年 [illegible]	1060	庚子 [illegible]
			七年 [illegible]	1061	辛丑 [illegible]
			八年 [illegible]	1062	壬寅 [illegible]

（續表）

帝王姓名	廟號	年號	年數	公元	甲子
			九年[illegible]	1063	癸卯[illegible]
			十年[illegible]	1064	甲辰[illegible]
		咸雍 [illegible]	元年 [illegible]	1065	乙巳[illegible]
			二年[illegible]	1066	丙午[illegible]
			三年[illegible]	1067	丁未[illegible]
			四年[illegible]	1068	戊申[illegible]
			五年[illegible]	1069	己酉[illegible]
			六年[illegible]	1070	庚戌[illegible]
			七年[illegible]	1071	辛亥[illegible]
			八年[illegible]	1072	壬子[illegible]
			九年[illegible]	1073	癸丑[illegible]
			十年[illegible]	1074	甲寅[illegible]
		大康 [illegible]	元年 [illegible]	1075	乙卯[illegible]

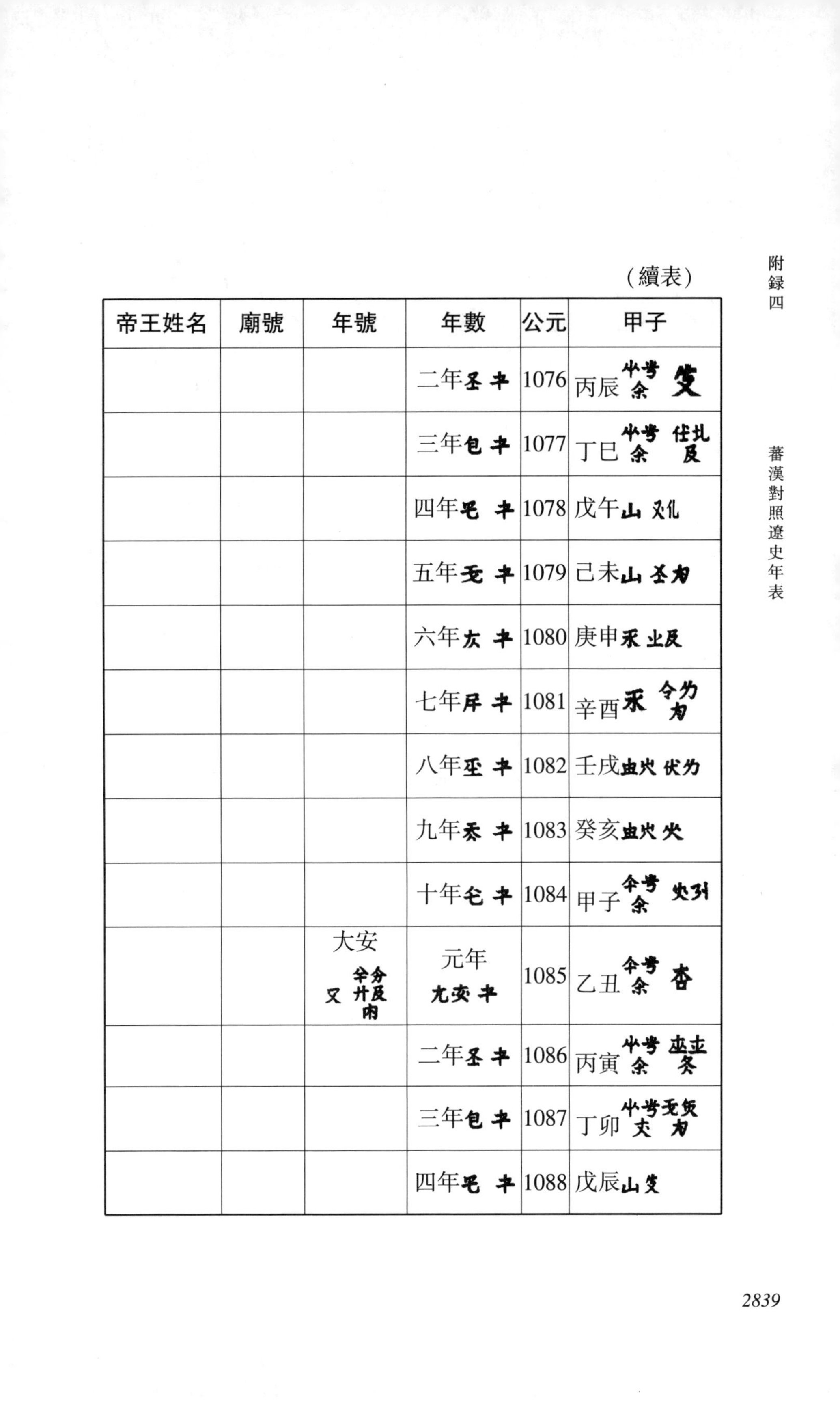

（續表）

帝王姓名	廟號	年號	年數	公元	甲子
			二年[illegible]	1076	丙辰[illegible]
			三年[illegible]	1077	丁巳[illegible]
			四年[illegible]	1078	戊午[illegible]
			五年[illegible]	1079	己未[illegible]
			六年[illegible]	1080	庚申[illegible]
			七年[illegible]	1081	辛酉[illegible]
			八年[illegible]	1082	壬戌[illegible]
			九年[illegible]	1083	癸亥[illegible]
			十年[illegible]	1084	甲子[illegible]
		大安 [illegible]	元年 [illegible]	1085	乙丑[illegible]
			二年[illegible]	1086	丙寅[illegible]
			三年[illegible]	1087	丁卯[illegible]
			四年[illegible]	1088	戊辰[illegible]

（續表）

帝王姓名	廟號	年號	年數	公元	甲子
			五年乇 卆	1089	己巳山 仕扎及
			六年亢 卆	1090	庚午豕 爻化
			七年戸 卆	1091	辛未豕 圣为
			八年巫 卆	1092	壬申由火 业及
			九年炁 卆	1093	癸酉由火 令为为
			十年乇 卆	1094	甲戌仐号余 伏为
		壽昌 又 仐村	元年 尢亥 卆	1095	乙亥仐号余 火
			二年圣 卆	1096	丙子仆号余 忠列
			三年包 卆	1097	丁丑仆号余 杏
			四年乇 卆	1098	戊寅山 本业冬
			五年乇 卆	1099	己卯山 乇欠为
			六年亢 卆	1100	庚辰豕 生
			七年戸 卆	1101	辛巳豕 仕扎及

（續表）

帝王姓名	廟號	年號	年數	公元	甲子
耶律延禧 [illegible]	天祚帝	乾統 [illegible]	元年 [illegible]	1101	辛巳[illegible]
			二年[illegible]	1102	壬午[illegible]
			三年[illegible]	1103	癸未[illegible]
			四年[illegible]	1104	甲申[illegible]
			五年[illegible]	1105	乙酉[illegible]
			六年[illegible]	1106	丙戌[illegible]
			七年[illegible]	1107	丁亥[illegible]
			八年[illegible]	1108	戊子[illegible]
			九年[illegible]	1109	己丑[illegible]
			十年[illegible]	1110	庚寅[illegible]
		天慶 [illegible]	元年 [illegible]	1111	辛卯[illegible]
			二年[illegible]	1112	壬辰[illegible]
			三年[illegible]	1113	癸巳[illegible]

（續表）

帝王姓名	廟號	年號	年數	公元	甲子
			四年[illegible]	1114	甲午[illegible]
			五年[illegible]	1115	乙未[illegible]
			六年[illegible]	1116	丙申[illegible]
			七年[illegible]	1117	丁酉[illegible]
			八年[illegible]	1118	戊戌[illegible]
			九年[illegible]	1119	己亥[illegible]
			十年[illegible]	1120	庚子[illegible]
		保大	元年[illegible]	1121	辛丑[illegible]
			二年[illegible]	1122	壬寅[illegible]
			三年[illegible]	1123	癸卯[illegible]
			四年[illegible]	1124	甲辰[illegible]
			五年[illegible]	1125	乙巳[illegible]

（劉鳳翥　編撰）

附録五

中華本《遼史》點校存疑舉要

近讀中華書局《遼史》點校本，存疑不少，《禮志》《列傳》等處問題尤多。現僅就其中存在的句讀之誤、標點不當以及校勘記存疑等問題，舉要如下。本文舉例僅限與文義不合的標點，特别是斷句不當以及因句號、逗號錯用而致文義成疑者，其他如逗號非必要地過多使用、分号使用不當但尚能正解其義，則概不入例（按：以下“點校本”指中華書局《遼史》1974 年版，“修訂本”指中華書局《遼史》2016 年版）。

一　中華本《遼史·禮志》點校存疑舉要

【例 1】卷四九《禮志·吉儀·柴册儀》

壇之制，厚積薪，以木爲三級壇，置其上。席百尺氈，龍文方茵。（點校本第 2 册頁 836、修訂本第 3 册頁 930）

該卷校勘記〔二〕云：“壇之制至龍文方茵　按《燕北録》：“柴籠之制，高三十二尺，用帶皮榆柴疊成，上安黑漆木壇三層，壇安御帳。”（頁838）按：校記引文與正文標點不一致，依正文，應是“上安黑漆木壇三層壇，安御帳”。所謂“三層壇”即正文中“三級壇”，並非壇有三層，而是壇有三級臺階。《漢書·高帝紀》：“漢王齋戒設壇場，拜（韓）信爲大將軍。”師古曰：“築土而高曰壇，除地爲場。”壇是平臺，其本身不可能是三層。《孔子家語·相魯》：“定公與齊侯會于夾谷，孔子攝相事……至會所爲壇位，土階三等，以遇禮相見。”契丹柴册儀不是築土爲高以爲壇，而是以木柴築壇，“以木爲三級”仍相當於“土階三等”，即三級臺階之上置壇。壇上鋪百尺氈，再上是龍文方茵。“翼日，皇帝出册殿，護衛太保扶翼升壇。奉七廟神主置龍文方茵。”依漢禮，“神主”就是供奉的牌位，王易《燕北録》説是小木人（見《遼史拾遺·禮志一》）。總之，道宗皇帝與七廟神主都在同一龍文方茵之上，亦即同在柴册壇的同一平臺之上。壇雖有三級臺階，其本身衹有一層。故標點應是：

壇之制，厚積薪，以木爲三級，壇置其上，席百尺氈，龍文方茵。

【例2】同卷《禮志·吉儀·拜日儀》

皇帝升露臺，設褥，向日再拜，上香。門使通，閤使或副、應拜臣僚殿左右階陪位，再拜。（點校本第2册頁836、修訂本第3册頁930）

拜日是塞北故有習俗。遼的其他禮儀中也拜日，如《遼史》卷五三《禮志·皇后生辰儀》記載“臣僚昧爽朝。皇帝、皇后大帳前拜日，契丹、漢人臣僚陪拜”。在露臺拜日，應是在冬、夏捺鉢中東向的宮殿舉行的儀式。露臺是宮殿建築的一部分。明代周祈《名義考》卷三《堂室》引《爾雅》：“古者爲室，自半以前虚之，謂之堂；半以後實之，謂之室。”所謂“半以前虚之”，也就是屋室前與之相接的露臺。拜日作爲盛大的禮儀，有衆臣僚陪同參拜，要有司儀主持。“門使”即閤門使；“閤使”當是指乾文閣的官員。《遼史》卷二二《道宗本紀二》清寧十年（1064）十一月“丁丑詔求乾文閣所闕經籍，命儒臣校讎”，乾文閣有學士，有待制，“閤使”的地位當更低。“門使”和“閤使”都不屬於“應拜臣僚”，也不在“左、右階陪位”，他們衹是充當司儀。皇帝在露臺上拜日，門使用契丹語通報，閤使或其副使也要用漢語宣告：應該參與拜日的臣僚在露臺左、右階下陪位拜。這一段的標點應是：

皇帝升露臺，設褥，向日再拜，上香。門使通，閤使或副：“應拜臣僚殿左、右階陪位，再拜。”

【例3】同卷《禮志·吉儀·謁廟儀》

合班定，皇帝升露臺褥位。宣徽贊皇帝再拜，殿上下臣僚陪位皆再拜。上香畢，退，復位，再拜。分引臣僚左右上殿位立，進御容酒依常禮。若即退，再拜。（點校本第2册頁837、修訂本第3册頁931）

傳統禮節，來時見面要行禮，分别時要再行禮，這是“常禮”，上至統治者，下至平民百姓概莫能外。這裏是講：進酒之後，若立即引退，則要“依常禮再拜”。

故標點應是：

合班定，皇帝升露臺褥位。宣徽贊，“皇帝再拜”。殿上、下臣僚陪位皆再拜。上香畢，退，復位，再拜。分引臣僚左、右上殿位立，進御容酒。依常禮：若即退，再拜。

【例4】同卷《禮志·吉儀·孟冬朔拜陵儀》

閤門使贊皇帝、皇后詣位四拜訖，巫贊祝燔胙及時服，酹酒薦牲。大臣，命婦以次燔胙，四拜。（點校本第2冊頁837、修訂本第3冊頁931）

同卷《柴册儀》：“北、南府宰相率羣臣圜立，各舉氊邊贊祝訖，樞密使奉玉寶、玉册入。”巫贊祝，也就是巫説一堆贊祝的套話，然後焚燒胙肉和時服，再酹酒、薦牲，這些事不一定是由巫來做。故標點應是：

閤門使贊，“皇帝、皇后詣位，四拜”訖。巫贊祝，燔胙及時服，酹酒、薦牲。大臣、命婦以次燔胙，四拜。

【例5】卷五〇《禮志·凶儀·宋使祭奠弔慰儀》

次宣賜使副并從人，祭奠使副別賜讀祭文例物。（點校本第2冊頁842、修訂本第3冊頁936）

这段文字的意思是：其次宣布賞賜弔慰大使、副使以及隨從人等，還有祭奠使和副使。另外對讀祭文者也依例賜物。讀祭文者祇能由遼朝廷依例賞賜，如依以上標點，則變成了“祭奠使副別賜讀祭文例物”。故標點應是：

次宣賜使副并從人，祭奠使副。別賜讀祭文例物。

【例 6】同卷《禮志・凶儀・宋使進遺留禮物儀》

契丹通，漢人贊，殿上臣僚皆拜，稱“萬歲”。贊各就坐，行酒殽、茶膳、饅頭畢，從人出水飯畢，臣僚皆起。契丹通，漢人贊，皆再拜，稱“萬歲”。各祗候。(點校本第 2 册頁 844、修訂本第 3 册頁 938)

遼的臣僚既有契丹人，也有漢人，語言不通。“漢人贊”是司儀用漢語唱：“殿上臣僚皆拜。”同時用契丹語翻譯一遍，即“契丹通”。隨從人員無資格享用殿上的國宴，故出去飲水、吃飯。從前遼寧農家盛夏時節將煮熟的高粱米飯過水，稱爲“水飯”。但這裏並不能理解爲這種“水飯”，而是飲水、吃飯。這一段的標點應是：

契丹通、漢人贊：“殿上臣僚皆拜!”稱“萬歲”。贊“各就坐”。行酒、殽、茶、膳、饅頭畢，從人出，水、飯畢，臣僚皆起。契丹通、漢人贊“皆再拜”，稱“萬歲”。各祗候。

【例 7】卷五一《禮志・賓儀・常朝起居儀》

豎班諸司并供奉官，於東西道外相向立定。當直閤使副贊放起居，再拜，各祗候。（點校本第 2 册頁 846、修訂本第 3 册頁 942）

司儀贊唱（宣告）接下去應該如何行禮如儀，因此，下面應當加引號，但中華點校本《遼史・禮志》類似情況下都未加。這一段的標點應是：

豎班諸司并供奉官於東西道外相向立定。當直閤使、副贊“放起居，再拜，各祗候”。

【例8】同卷《禮志·賓儀·常朝起居儀》於此儀末附注云

燕京嘉寧殿，西京同文殿。朝服，幞頭、袍笏；公服，紫衫、帽。（點校本第2册頁846、修訂本第3册頁942）

遼朝皇帝有時在燕京和西京上朝，當地的京官絕大多數是漢人，這條注文是規定這些漢官上殿參加起居儀時，應當著"朝服"，其下不應用句號。標點應是：

燕京嘉寧殿、西京同文殿朝服：幞頭、袍笏；公服：紫衫、帽。

【例9】同卷《禮志·賓儀·宋使見皇帝儀》

閤使北階下殿，受書匣，使人捧書匣者跪，閤使搢笏立，受於北階。上殿，欄内鞠躬，奏"封全"訖，授樞密開封。（點校本第2册頁850）

閤使北階下殿，受書匣，使人捧書匣者跪，閤使搢笏立，受。於北階上殿，欄内鞠躬，奏"封全"訖，授樞密开封。（修訂本第3册頁946）

閤使下殿是向宋使接受書匣，宋使手捧書匣跪地，閤使代表皇帝接受，故立受。二人是就地交接，閤使不可能再回到北階上接受，而是接受書匣後於北階上殿。因此標點應是：

閤使北階下殿，受書匣。使人捧書匣者跪，閤使搢笏，立受。於北階上殿，欄内鞠躬，奏"封全"訖，授樞密開封。

【例10】同卷《禮志·賓儀·賀生辰正旦宋使朝辭

太后儀》

皇太后升殿坐，殿前契丹文武起居、上殿畢。（點校本第 2 册頁 852、修訂本第 3 册頁 948）

"殿前"是指殿前班。同卷"曲宴宋使儀"言"皇帝升殿，殿前、教坊、契丹文武班，皆如初見之儀"。"殿前班"是皇帝的警衛——近衛軍。宋人王應麟《玉海》卷一四五《兵制》："五代承唐，衛兵雖衆未嘗訓練，太祖首議教閲，或召近臣觀陣伍，幸殿前班。馬射所過池苑，多令衛士射雕、截柳，其後常加訓習弓力。"皇帝上朝，衛士在殿上依班位侍立，待命。他們不屬於契丹文、武班。故標點應是：

皇太后升殿坐，殿前、契丹文武起居、上殿畢。

【例 11】同卷《禮志·賓儀·賀生辰正旦宋使朝辭太后儀》

引使副六人於欄内拜跪，受書匣畢，直起立，揖少前，鞠躬，受傳答語訖，退。（點校本第 2 册頁 853、修訂本第 3 册頁 949）

這一節是説宋使拜太后完畢之後，不起身，而跪着接受遼朝致宋朝皇帝的書匣。"跪受書匣畢，直起立"，至此告一段落，應有句號。"揖少前"是司儀作揖示意宋使少向前接近太后，然後鞠躬，聆聽太后讓他們向宋朝皇帝轉達的話語。標點應是：

引使副六人於欄内拜，跪受書匣畢，直起立。揖"少前"，鞠躬，受傳答語訖，退。

【例 12】同卷《禮志·賓儀·賀生辰正旦宋使朝辭

皇帝儀》

揖大使三人少前，俛伏跪，搢笏，閤門使授别録賜物。過畢，俛起，復位立。揖副使三人受賜，亦如之。(點校本第2册頁853、修訂本第3册頁949)

“别録”即目録或曰清單。這句話的意思是閤門使將賜物的清單交給宋使，然後“賜物”在朝廷上展示一遍。因此，標點應是：

揖“大使三人少前”，俛伏跪，搢笏。閤門使授别録。賜物過畢，俛起，復位立；揖“副使三人受賜”，亦如之。

【例13】同卷《禮志·賓儀·賀生辰正旦宋使朝辭皇帝儀》

揖生辰、正旦大使二人少前，齊跪，受書畢，起立，揖磬折受起居畢，退。引北階下殿，丹墀内並鞠躬。(點校本第2册頁853、修訂本第3册頁950)

“磬折”，言站立姿勢，《曲禮》曰：“因以磬折曰肅立，因以垂佩曰卑立。立容也。”① “揖磬折受起居”，如不點斷，則祇能理解爲宋使肅立接受“起居”。“起居”，不論是“常朝起居”，還是“大朝起居”，都是臣下問候皇帝的禮儀。有皇帝在殿上，宋使怎能“受起居”呢？司儀揖——告訴宋使：“暫且肅立，待皇帝接受起居後再告退。”這一段的標點應是：

揖生辰、正旦大使二人：“少前，齊跪，受書畢，

① 見朱熹《儀禮經傳通解》卷一一。

起立。”揖：“磬折。受起居畢，退。”引北階下殿，丹墀内並鞠躬。

【例14】同卷《禮志·賓儀·高麗使入見儀》

肴膳不贊，起，再拜，稱“萬歲”。引下殿，舞蹈，五拜。贊“各祇候”。引出，於幕次内，别差使臣伴宴（按，修訂本作“於幕次内别差使臣伴宴”）。起，宣賜衣物訖，遥謝，五拜畢，歸館。（點校本第2册頁854、修訂本第3册頁950）

肴膳衹有兩味，故很快吃罷，然後舍人不贊唱“起，再拜，稱‘萬歲’”。而是直接引使節下殿，在殿内舞蹈，五拜。舍人贊“各祇候”。引出。在幕次内，另差使臣伴高麗使赴宴。宴罷起立，宣布賜使節衣物，然後高麗使就在幕次内遥謝，向皇帝五拜完畢，歸館。禮儀進行中，司儀“贊”與“不贊”，都與禮拜動作有關聯。如《五禮通考》卷一三五《嘉禮·朝禮》引《明會典》神宗十二年“又令衆将見朝，在京營者照京官儀不贊跪，在外者照外官儀贊跪，失儀俱面糾”。同样，“高麗使入見儀”中“不贊”是指肴膳後免除的一系列禮節，直接引高麗使下殿。故標點應是：

肴膳不贊“起，再拜，稱‘萬歲’”。引下殿，舞蹈，五拜。贊“各祇候”。引出，於幕次内，别差使臣伴宴。起，宣賜衣物訖，遥謝，五拜畢，歸館。

【例15】同卷《禮志·賓儀·曲宴高麗使儀》

大臣進酒，契丹舍人通，漢人閤使贊，上殿臣僚皆拜。贊各祇候，進酒。大臣復位立，贊應坐臣僚拜，贊各就坐

行酒。（點校本第2册頁855、修訂本第3册頁951）

大臣一人起身上殿向皇帝進酒，當“上殿臣僚皆拜”以後，各自恭候，此時進酒大臣復歸原位肅立，與應坐臣僚一起拜過之後，就坐。故標點就是：

大臣進酒，契丹舍人通，漢人閤使贊：“上殿臣僚皆拜。”贊“各祗候”，進酒大臣復位立，贊“應坐臣僚拜”，贊“各就坐”。行酒。

【例16】卷五二《禮志·嘉儀·皇帝受册儀》

前期一日，尚舍奉御設幄於正殿北墉下，南面設御坐。（點校本第2册頁857、修訂本第3册頁953）

“尚舍奉御”是唐官，其職“掌殿庭張設，供其湯沐而潔其灑掃。直長爲之貳，凡大駕行幸，預設三部帳幕”。[1]“幄”即尚舍奉御爲皇帝設的帳幕，不能設在殿内，卷五〇《禮志·凶儀·上謚册儀》“先一日，於菆塗殿西廊設御幄并臣僚幕次”。如果是設在殿外北墻下，皇帝進出“幄”就得走正殿的東、西兩洞門。因此帳幕祇能搭在殿前面廊下，以便於皇帝從正門出入。“御坐”則設在正殿北墻下的南面，因此是南向的。皇帝的坐位總是南向的，絶不能面北坐。因此標點應是：

前期一日，尚舍奉御設幄，於正殿北墉下南面設御坐。

【例17】同卷《禮志·嘉儀·皇帝受册儀》

皇帝御輦至宣德門。宣徽使押内諸司班起居，引皇

① 《唐六典·殿中省卷十一·尚舍局》。

帝至閤，服衮冕。侍中東階下，解劍履，上殿，版奏外辦（按，修訂本作“侍中東階下解劍履，上殿，版奏‘外辦’”）。太常博士引太常卿，太常卿引帝。内諸司出。協律郎舉麾，太樂令令撞黄鍾之鍾，左五鍾皆應，工人鼓柷，樂作；皇帝即御坐，宣徽使贊扇合，樂止；贊簾捲，扇開。（點校本第2册頁858、修訂本第3册頁954）

皇帝至宣德門，然後宣徽使引皇帝至閤，服衮冕，準備在閤——便殿内升御座，接受册禮。“太常博士引太常卿，太常卿引皇帝。”這句話不完整。據《通典》卷一二二《臨軒行事》：“皇帝出自西房。太常博士引太常卿、太常卿引皇帝即御座，南向立。樂止（太常卿與博士退，立於皇帝之左）。”《遼史·禮志》編者從《通典》中抄出這段不完整的話，漏掉了引皇帝“即御座，南向立”。這一省略，使下面文字均費解。因爲皇帝在御座前南向站立，然後内諸司出現在殿庭上，協律郎舉麾，太樂令下令撞黄鍾之鍾，當音樂再奏響時，皇帝即御坐。宣徽使贊“扇合”，樂止；贊“簾捲”，因此，補足缺字之後應是：

皇帝御輦至宣德門，宣徽使押内諸司班起居，引皇帝至閤，服衮冕。侍中東階下解劍履，上殿，版奏“外辦”。太常博士引太常卿，太常卿引帝［即御座，南向立］。内諸司出。協律郎舉麾，太樂令令撞黄鍾之鍾，左五鍾皆應，工人鼓柷，樂作；皇帝即御坐，宣徽使贊“扇合”，樂止；贊“簾捲”，扇開。

【例 18】同卷《禮志・嘉儀・皇帝受册儀》

通事舍人引押册官押册自西階下，至丹墀，當殿置香案册案。(點校本第 2 册頁 858、修訂本第 3 册頁 954)

“香案”供典禮上香用，與“册案”分置。《元史》卷六七《禮樂志・群臣上皇帝尊號禮成受朝賀儀》：“侍儀司設册案于香案南，寶案又于其南。禮儀使位于前，册使、册副位于廷中，北面。”遼代也是如此。例 18 標點應是：

通事舍人引押册官押册自西階下，至丹墀，當殿置香案、册案。

【例 19】同卷《禮志・嘉儀・册皇太后儀》

册入，侍從班入，門外金吾列仗，文、武分班。侍中解劍，奏“中嚴”。宣徽使請木契、唤仗皆如之。(點校本第 2 册頁 859)

册入，侍從班入，門外金吾列仗，文武分班。侍中解劍，奏“中嚴”。宣徽使請木契、唤仗。皆如之。(修訂本第 3 册頁 956)

“木契”即木製的符信或憑證。《舊唐書》卷四三《職官志》云：“木契所以重鎮守、慎出納。”歷代皆用之。“契分雌、雄，各執其一，合而後放行”。[①]“宣徽使請木契唤仗”，謂請求頒給木契，以便召儀仗上殿。

---

① 清代顧炎武《日知録》卷三二《雌雄牝牡》云：“符契亦可稱雌雄。《隋書・高祖紀》：頒木魚符于總管、刺史，雌一、雄一。《唐六典》：太府寺置木契九十五隻，雄付少府將作監，雌留太府寺是也。”

“皆如之”是説“門外金吾列仗”以下諸事，直至“木契喚仗”都與皇帝受册之儀相同。這一段的標點應是：

册入，侍從班入。門外金吾列仗、文武分班、侍中解劍奏“中嚴”、宣徽使請木契喚仗皆如之。

【例20】同卷《禮志·嘉儀·册皇太后儀》

宣徽使押内諸司供奉官天橋班候。皇太后御紫宸殿，乘平頭輦，童子、女童隊樂引。至金鑾門，閤使奏……（點校本第2册頁860、修訂本第3册頁956）

此處句讀停頓、標點皆有誤。標點應是：

宣徽使押内諸司供奉官天橋班，候皇太后御紫宸殿，乘平頭輦，童子、女童隊樂引至金鑾門。閤使奏……

【例21】同卷《禮志·嘉儀·册皇太后儀》

宣徽使贊皇帝再拜，稱“萬歲”，群臣陪位，揖。翰林學士四人、大将軍四人舁册。皇帝捧册行，三舉武，授册……（點校本第2册頁860、修訂本第3册頁956）

“群臣陪位”後省略“皆再拜”三字。皇帝拜皇太后、稱萬歲時，群臣也都陪拜，不能衹是作揖。“揖”是舍人作揖示意翰林學士和大將軍“舁册”。“三舉武”如何舉法，令人費解。愚以爲或許應是皇帝捧册行進過程中三次上舉，“武授册”即大將軍將册授予皇帝。因此標點應是：

宣徽使贊“皇帝再拜”，稱“萬歲”，群臣陪位。揖：翰林學士四人、大将軍四人舁册。皇帝捧册行，三舉，武授册……

【例 22】同卷《禮志·嘉儀·册皇太子儀》

守宮設皇太子次于朝堂北，西向；乘黄令陳金輅朝堂門外，西向；皇太子儀仗、笳簫、鼓吹等陳宣慶門外；典儀設皇太子板位于殿横街南，近東北向；設文武官五品以上位于樂縣東西；餘官如常儀。至日，門下侍郎奉册，中書侍郎奉寶綬，各置于案。令史二人絳服，對舉案立。寶案在横街北西向，册案在北。（點校本第2册頁862、修訂本第3册頁958）

據本書卷一八《興宗本紀一》，“太平元年册爲皇太子”。當時遼中期以後的禮儀性都城“中京”早已建成，册封宗真爲皇太子的典禮正是在中京宣慶殿舉行的。卷三九《地理志三·中京道》載，中京“郛郭、宮掖、樓閣、府庫、市肆、廊廡，擬神都之制”。這是一座模仿唐東都洛陽興建的漢式都城，不同於上京，宮殿都是南向的。殿横街北是宮殿，皇太子板位設在横街南，[①] 近東，而不是正對着宮殿的正面，即不是正對着皇帝的御座；“北向”，因爲宮殿在横街北。標點應是：

守宮設皇太子次於朝堂北，西向；乘黄令陳金輅朝堂門外，西向；皇太子儀仗、笳簫、鼓吹等陳宣慶門

---

① 所謂“板位”，就是典禮開始前，準備進入殿廷受册列隊的位置。《元史》卷六七《禮樂志》：“侍儀司設板位，太尉、册使副位于大明殿廷，太尉位居中，册官位于右，寶官位于左，禮儀使位于前，主節官位于太尉之左。太子殿廷亦如之，樂位布置亦如之。”（點校本第6册頁1676）

外；典儀設皇太子板位於殿横街南，近東，北向；設文武官五品以上位於樂縣東、西；餘官如常儀。至日，門下侍郎奉册，中書侍郎奉寶綬，各置於案。令史二人絳服，對舉案立。寶案在横街北，西向，册案在北。

【例 23】同卷《禮志·嘉儀·册王妃公主儀》

若册禮同日，先上皇太后册寶，次臨軒同制，遣使册皇后、諸王妃主，次册皇太子。（點校本第 2 册頁 863、修訂本第 3 册頁 959）

若册禮在同一天舉行，先上皇太后册寶，然後皇帝頒同一制命，册皇后、諸王、皇妃以及公主，再次頒制册立皇太子。故標點應是：

若册禮同日，先上皇太后册寶，次臨軒同制，遣使册皇后、諸王妃、主，次册皇太子。

【例 24】同卷《禮志·嘉儀·皇帝納后之儀》

乃詣神主室三拜，南北向各一拜，酹酒。向謁者一拜。起居訖，再拜。（點校本第 2 册頁 863、修訂本第 3 册頁 960）

“三拜”是指南、北方向各一拜，謁者一拜。“起居訖，再拜”是指謁者向皇后拜。故標點應是：

乃詣神主室三拜：南、北向各一拜；酹酒，向謁者一拜；起居訖，再拜。

【例 25】同卷《禮志·嘉儀·皇帝納后之儀》

宴后族及群臣，皇族、后族偶飲如初，百戲、角觝、戲馬較勝以爲樂。（點校本第 2 册頁 864、修訂本第 3 册頁 960）

角觝戲類似今日的摔跤，宋人稱之爲“相撲”。《舊五代史》卷一二四《唐景思傳》：“唐景思，秦州人也，幼以屠狗爲業，善角觝戲。”“馬較勝”即賽馬以爭勝負。故標點應是：

宴后族及群臣，皇族、后族偶飲如初，百戲、角觝戲、馬較勝以爲樂。

【例 26】同卷《禮志·嘉儀·公主下嫁儀》

賜公主青幰車二，螭頭、蓋部皆飾以銀，駕駞。（點校本第 2 册頁 864、修訂本第 3 册頁 961）

《續文獻通考》卷九八《玉禮考》：“公主青幰車二螭頭，蓋部皆飾以銀，駕用駞。”中華點校本《遼史》卷五五校勘記〔二〕：“青幰車二螭頭蓋部皆飾以銀　按《禮志》五《公主下嫁儀》：‘賜公主青幰車二，螭頭、蓋部皆飾以銀。’此蓋沿用前文而誤衍‘二’字，當删。”按：“賜公主青幰車二”其實是斷句之誤。據《遼史》卷五五《儀衛志》：“青幰車，二螭頭、蓋部皆飾以銀，駕用駝，公主下嫁以賜之。古者王姬下嫁，車服不繫其夫，下王后一等。此其遺意歟。”公主相當於上古的“王姬”，她們用以代表自己身份等級的車、服不受其服身份限制，是按照低於王后一等實行。“青幰車”有“二螭頭”，即有兩個螭龍頭像，這是代表公主身份。公主“車服不繫其夫”，即其車服高過其夫的等級。其夫受賜“鞍馬”，出行時，公主乘青幰車，其夫騎馬隨行。故標點應是：

賜公主青幰車，二螭頭、蓋部皆飾以銀，駕駞。

【例27】卷五三《禮志・嘉儀・皇后生辰儀》

教坊、監琖、臣僚上殿祗候如儀。（點校本第2册頁870、修訂本第3册頁966）

北方飲酒，你飲一杯，我也同樣飲一杯，如少飲，要受罰。有人"監琖"，是爲了杜絶不公平。所以這裏指的是在皇后生辰宴會上，由教坊監琖。"教坊"和"監琖"不應點斷。故此處標點應是：

教坊監琖，臣僚上殿祗候如儀。

【例28】同卷《禮志・嘉儀・正旦朝賀儀》

引宰臣以下并諸國使副，方裀朶殿臣僚，西階上殿就位立。不應坐臣僚并于西洞門出。二人監琖，教坊再拜。贊各上階、下殿謝宴，如皇太后生辰儀。（點校本第2册頁875、修訂本第3册頁971）

引宰臣以下及諸國使、副，還有在殿上就方裀朶坐位的臣僚，從西階上殿就位站立。不應坐臣僚一併由西洞門退出。二人監琖，教坊再拜。舍人贊"各上階、下殿謝宴"，如皇太后生辰儀。因爲"不應坐臣僚"已經於西洞門退出，所以讓他們"上階謝宣宴"，留在殿内者則"下殿謝"。"如皇太后生辰儀"，即"引臣僚、使副下殿。契丹臣僚謝宴畢，出；漢人臣僚、使副舞蹈，五拜"。故標點應是：

引宰臣以下并諸國使副、方裀朶殿臣僚西階上殿就位立。不應坐臣僚并于西洞門出。二人監琖，教坊再拜贊。各上階、下殿謝宴，如皇太后生辰儀。

【例29】同卷《禮志・嘉儀・歲時雜儀》

立春，婦人進春書，刻青繒爲幟，像龍御之；或爲蟾蜍，書幟曰“宜春”。(點校本第2册頁877、修訂本第3册頁974)

“立春，婦人進春書”一段文字，引自唐代段成式《酉陽雜俎》。該書卷一載：“北朝婦人……立春進春書，以青繒爲幟，刻龍像銜之，或爲蝦蟇。”據《舊唐書》卷一六七《段文昌傳附成式傳》，其父爲宰相，故“以蔭入官，爲秘書省校書郎，研精苦學，秘閣書籍披閱皆遍”。成式生當唐末，他披閱皆遍的秘閣藏書中所稱“北朝”是指隋統一以前的北朝，與遼宋時期所稱“北朝”無關。南宋末年書商以葉隆禮名義拼凑《契丹國志》時，見成式所記有“北朝”字樣，即作爲契丹國俗編入書中。元修《遼史》不加考究，徑入禮志。《契丹國志》卷二七《歲時雜記》：“立春日，婦人進春書：刻青繒爲幟，象龍象銜之，或爲蝦蟆。”“象龍象銜之”第一個“象”字當係“刻”。而“銜”字則《遼史》誤爲“御”字。“刻青繒爲旗幟，像龍御之”，句中“青繒”如何能刻爲旗幟？“像龍御之”亦殊不可解。其實應是“以青繒爲幟，刻龍像銜之”。“或爲蟾蜍”，即刻成蝦蟆，銜在旗幟上，並在旗幟上書寫“宜春”二字。

二　中華本《遼史·列傳》點校存疑舉要

【例1】卷七一《后妃傳序》

司馬遷列呂后于紀；班固因之，而傳元后于外戚之後；范曄登后妃于帝紀。（點校本第3册頁1198、修訂本第5册頁1318）

《史記》有《呂后本紀》，《漢書》無，而列《高祖呂皇后傳》於《外戚傳》中。《後漢書》則在《憲帝紀》之後有《皇后紀》。以上三者非並列關係，不應當以分號分隔。"班固因之"，《白話遼史》據點校本譯爲"班固沿襲之"。班固並未沿襲司馬遷，此"因之"無沿襲之意。《後漢書·袁紹傳》載伍瓊等説董卓曰："袁氏樹恩四世，門生故吏遍於天下，若收豪傑以聚徒衆，英雄因之而起，則山東非公之有也。"這里"因之"用法與《遼史·后妃傳序》同，都是"隨後"義。"班固因之"不應與其下"而傳元后於外戚之後"分開。標點應當是：

司馬遷列呂后于《紀》，班固因之而傳元后于外戚之後，范曄登后妃于《帝紀》。

【例2】同卷《后妃傳序》

等以徽稱，加以美號，質於隋、唐，文於故俗。（點校本第3册頁1198、修訂本第5册頁1318）

這是兩個句子，前一句講稱號，後一句講質與文，即實質與外表。兩句中間應以分號分隔。隋與唐雖是兩個朝代，但唐承隋制，史家歷來以"隋唐"作爲一個時代，中間不應再分隔。類似的還有"燕趙""齊魯"，春秋、戰國時期雖然都曾爲二國，但後世泛稱河北地區爲燕趙，稱山東地區爲齊魯，遼宋時期早已如此，故亦不當分隔。標點應是：

等以徽稱，加以美號；質於隋唐，文於故俗。

【例 3】卷七二《義宗倍傳》

嘗從征烏古、党項，爲先鋒都統，及經略燕地。太祖西征，留倍守京師。（點校本第 3 册頁 1209、修訂本頁 1334）

倍從征烏古、党項，受命爲先鋒都統。“及經略燕地”與上句無關，是説待到太祖經略燕地和西征時，倍則留守京師。《白話遼史·義宗倍傳》據點校本之標點，譯爲“耶律倍曾經隨從太祖征討烏古、党項，擔任先鋒都統，又經營治理燕地。太祖西征，留下耶律倍守京師”，與原義不合。據本書卷三《太宗本紀上》“天贊元年，授天下兵馬大元帥，尋詔統六軍南徇地。明年，下平州，獲趙思温、張崇”。所謂“南徇地”亦即經略燕地，其間統率六軍的是德光，表明耶律倍的確未出征，而是留守京師。故標點應爲：

嘗從征烏古、党項，爲先鋒都統。及經略燕地、太祖西征，留倍守京師。

【例 4】同卷《章肅皇帝李胡傳》

及會議，世宗使解劍而言。和約既定，趨上京。（點校本第 3 册頁 1213、修訂本第 5 頁 1337）

古人佩劍用以防身，“解劍”有放棄敵意的意思，是言和的前提。世宗使者“解劍”，表明此行有言和誠意。故“和”不能與“言”字斷開。“約既定”是文言常見的表達方式，是説雙方達成了協定。標點應是：

及會議，世宗使解劍而言和。約既定，趨上京。

【例5】卷七三《耶律海里傳》

海里多先帝知人之明，而素服太祖威德，獨歸心焉。以故太祖託爲耳目，數從征討。既清内亂，始置遙輦敞穩，命海里領之。（點校本第3册頁1227、修訂本第5册頁1353）

海里對太祖“獨歸心”“以故太祖託爲耳目”。前爲因，後爲果，是一句話。“數從征討”則應歸下句。故標點應爲：

海里多先帝知人之明，而素服太祖威德，獨歸心焉，以故太祖託爲耳目。數從征討，既清内亂，始置遙輦敞穩，命海里領之。

【例6】卷七四《康默記傳》

時諸部新附，文法未備，默記推析律意，論決重輕，不差毫釐。罹禁網者，人人自以爲不冤。（點校本第3册頁1230、修訂本第5册頁1356）

以上是一句話，“不差毫釐”不當用句號。故標點應爲：

時諸部新附，文法未備，默記推析律意論決重輕，不差毫釐，罹禁網者人人自以爲不冤。

【例7】同卷《韓延徽附德樞傳》

德樞年甫十五，太宗見之，謂延徽曰：“是兒卿家之福，朕國之寶，真英物也！”未冠，守左羽林大將軍，遷特進太尉。（點校本第3册頁1232、修訂本第5册頁1358）

“特進”是官名。（漢）蔡邕《獨斷》卷下：漢制群臣異姓“功德優盛、朝廷所異者賜位特進，位在三公下”。魏、晉、南北朝相沿，皆以特進爲加官。唐爲文散官，位開府儀同三司之下。故標點應是：

德樞年甫十五，太宗見之，謂延徽曰：“是兒卿家之福，朕國之寶，真英物也!”未冠，守左羽林大將軍，遷特進、太尉。

【例8】卷七五《耶律圖魯窘傳》

圖魯窘厲色進曰：“……若中路而止，適爲賊利，則必陷南京，夷屬邑。若此，則爭戰未已，吾民無奠枕之期矣。且彼步我騎，何慮不克。況漢人足力弱而行緩，如選輕鋭騎先絶其餉道，則事蔑不濟矣。”（點校本第3册頁1242、修訂本第5册頁1370）

“夷”，本義爲討平、平定，引申爲除去、誅滅、鏟平等義。圖魯窘認爲，若中路而止，則敵方就會反過來攻陷南京，必然會將遼的屬邑夷爲平地。“陷南京”與“夷屬邑”都是中路而止的必然後果，都與前面的“必”字相關連，故中間當用頓號。標點應是：

圖魯窘厲色進曰：“……若中路而止，適爲賊利，則必陷南京、夷屬邑。若此則爭戰未已，吾民無奠枕之期矣。且彼步我騎，何慮不克。況漢人足力弱而行緩，如選輕鋭騎先絶其餉道，則事蔑不濟矣。”

【例9】同卷“論曰”

神册初元，將相大臣拔起風塵之中，翼扶王運，以任職取名者，固一時之材；亦由太祖推誠御下，不任獨

斷，用能總攬羣策而爲之用歟！（點校本第3册頁1243、修訂本第5册頁1371）

這是完整的一句話，中間不能用分號。標點應是：

神册初元，將相大臣拔起風塵之中，翼扶王運以任職取名者，固一時之材，亦由太祖推誠御下，不任獨斷，故（用）能總攬羣策而爲之用歟！

【例10】卷七六《趙延壽傳》

延壽至滹沱河，據中渡橋，與晉軍力戰，手殺其將王清，兩軍相拒。太宗潛由他渡濟，留延壽與耶律朔古據橋，敵不能奪，屢敗之，杜重威掃厥衆降。（點校本第3册頁1248、修訂本第5册頁1376）

"手殺其將王清"者，乃趙延壽。至此爲一句結束。其下言兩軍相拒過程中太宗"潛由他渡"來至陣前，指揮延壽等屢敗敵軍，直至杜重威率衆歸降。故標點應當是：

延壽至滹沱河，據中渡橋，與晉軍力戰，手殺其將王清。兩軍相拒，太宗潛由他渡濟，留延壽與耶律朔古據橋，敵不能奪，屢敗之，杜重威掃厥衆降。

【例11】同卷《耶律漚里思傳》

既而晉將杜重威逆于望都，據水勒戰。漚里思介馬突陣，餘軍繼之。被圍，衆言陣薄處可出，漚里思曰："恐彼有他備。"竟引兵衝堅而出；回視衆所指，皆大塹也。其料敵多此類。（點校本第3册頁1251、修訂本第5册頁1380）

"被圍"者是漚里思及繼至的"餘軍"，因此"繼之”後當是逗號。“竟引兵衝堅而出”之後當用逗號或句號，不當用分號。標點應是：

既而晉將杜重威逆于望都，據水勒戰。漚里思介馬突陣，餘軍繼之，被圍。衆言“陣薄處可出”，漚里思曰：“恐彼有他備。”竟引兵衝堅而出，回視衆所指，皆大塹也。其料敵多此類。

【例12】卷七七《耶律屋質傳》

屋質正色曰：“人皇王捨父母之國而奔唐，子道當如是耶？大王見太后，不少遜謝，惟怨是尋。太后牽于偏愛，託先帝遺命，妄授神器。如此何敢望和，當速交戰！”（點校本第3册頁1256、修訂本第5册頁1386）

屋質這番話是對太后及永康王兩人説的，指責雙方各有錯誤。如其不知悔悟，則必導致兵戎相見。“惟怨是尋”以上是指責永康王，其下是指責太后。此処應是分號。標點應是：

屋質正色曰：“人皇王捨父母之國而奔唐，子道當如是耶？大王見太后，不少遜謝，惟怨是尋；太后牽于偏愛，託先帝遺命，妄授神器。如此何敢望和？當速交戰！”

【例13】同卷《耶律屋質傳》

天禄二年，耶律天德、蕭翰謀反下獄，惕隱劉哥及其弟盆都結天德等爲亂。耶律石剌潛告屋質，屋質遽引入見，白其事。劉哥等不服，事遂寢。未幾，劉哥邀駕觀樗蒲，捧觴上壽，袖刃而進。帝覺，命執之，親詰其事。劉哥自誓，帝復不問。屋質奏曰：“當使劉哥與石刺對狀，不可輒恕。”帝曰：“卿爲朕鞫之。”屋質率劍士往訊之，天德等伏罪，誅天德，杖翰，遷劉哥，以盆都使轄戛斯國。（點校本第 3 册頁 1257、修訂本第 5 册頁 1387）

“惕隱劉哥及其弟盆都結天德等爲亂”，以下至“以盆都使轄戛斯國”，都是追述“天禄二年，耶律天德、蕭翰謀反下獄”事件的具體過程，而非“謀反下獄”後的進一步發展，故當用冒號或句號。這一段標點應是：

天禄二年，耶律天德、蕭翰謀反下獄：惕隱劉哥及其弟盆都結天德等爲亂。耶律石刺潛告屋質，屋質遽引入見，白其事。劉哥等不服，事遂寢。未幾，劉哥邀駕觀樗蒲，捧觴上壽，袖刃而進。帝覺，命執之，親詰其事。劉哥自誓，帝復不問。屋質奏曰：“當使劉哥與石刺對狀，不可輒恕。”帝曰：“卿爲朕鞫之。”屋質率劍士往訊之，天德等伏罪，誅天德，杖翰，遷劉哥，以盆都使轄戛斯國。

【例 14】同卷《耶律安摶傳》

耶律安摶，曾祖巖木，玄祖之長子；祖楚不魯，爲本部夷离堇。父迭里，幼多疾，時太祖爲撻馬狘沙里，常加撫育。神册六年，爲惕隱，從太祖將龍軍討阻卜、党項有功。天贊三年，爲南院夷离堇，征渤海，攻忽汗城，俘斬甚衆。（點校本第 3 册頁 1259—1260、修訂本第 5 册頁 1390）

本傳開頭記安摶上三代事，其間皆應以分號分隔。

其父事蹟雖字數多，亦當作爲一句，否則主語不明。即：

耶律安摶曾祖巖木，玄祖之長子；祖楚不魯爲本部夷离堇；父迭里幼多疾，時太祖爲撻馬狘沙里，常加撫育，神册六年爲惕隱，從太祖將龍軍討阻卜、党項有功，天贊三年爲南院夷离堇，征渤海，攻忽汗城，俘斬甚衆。

【例 15】同卷《耶律安摶傳》

太祖崩，淳欽皇后稱制，欲以大元帥嗣位。迭里建言，帝位宜先嫡長；今東丹王赴朝，當立。由是忤旨。以黨附東丹王，詔下獄，訊鞫，加以炮烙。不伏，殺之，籍其家。（點校本第 3 册頁 1260、修訂本第 5 册頁 1390）

“迭里建言”其後應當有冒號、引號：

太祖崩，淳欽皇后稱制，欲以大元帥嗣位。迭里建言：“帝位宜先嫡長；今東丹王赴朝，當立。”由是忤旨，以“黨附東丹王”，詔下獄，訊鞫，加以炮烙。不伏，殺之，籍其家。

【例 16】卷七八《蕭繼先傳》

統和四年，宋人來侵，繼先率邏騎逆境上，多所俘獲，上嘉之，拜北府宰相。自是出師，繼先必將本府兵先從。拔狼山石壘，從破宋軍應州，上南征取通利軍，戰稱捷力。（點校本第 3 册頁 1268、修訂本第 5 册頁 1398）

“自是出師，繼先必將本府兵先”，是説從此之後，遼軍出師，蕭繼先都是率先領北府兵參戰。“從”字應斷於下句，成爲兩個一樣的句型。“從拔”“從破”，皆言其是役中非主帥。標點應是：

統和四年宋人來侵，繼先率邏騎逆境上，多所俘獲，上嘉之，拜北府宰相。自是出師，繼先必將本府兵先，從拔狼山石壘，從破宋軍應州。上南征取通利軍，戰稱捷力。

【例 17】同卷“論曰”

嗚呼！人君之過，莫大於殺無辜。湯之伐桀也，數其罪曰“並告無辜於上下神祇”；武王之伐紂也，數其罪曰“無辜籲天”；堯之伐苗民也，呂侯追數其罪曰“殺戮無辜”。迹是言之，夷臘葛之諫，凛凛庶幾古君子之風矣。雖然，善諫者不諫於已然。蓋必先得於心術之微，如察脉者，先其病而治之，則易爲功。（點校本第 3 册頁 1268、修訂本第 5 册頁 1399）

“凛凛”是形容夷臘葛之諫有大義凛然狀，不應斷在後面。這一段標點應如下：

嗚呼！人君之過莫大於殺無辜。湯之伐桀也，數其罪曰“並告無辜於上下神祇”；武王之伐紂也，數其罪曰“無辜籲天”；堯之伐苗民也，呂侯追數其罪曰“殺戮無辜”。迹是言之，夷臘葛之諫凛凛，庶幾古君子之風矣。雖然，善諫者不諫於已然，蓋必先得於心術之微，如察脉者先其病而治之，則易爲功。

【例 18】卷七九《郭襲傳》

十餘年間，征伐未已，而寇賊未弭；年穀雖登，而

瘡痍未復。（點校本第 3 册頁 1274、修訂本第 5 册頁 1404）

以上是一句話，“征伐未已”與“瘡痍未復”都是在此十餘年間發生的事，中間不用分號而用逗號更明白。故標點應是：

十餘年間，征伐未已而寇賊未弭，年穀雖登而瘡痍未復。

【例 19】同卷“論曰”

景宗之世，人望中興，豈其勤心庶績而然，蓋承穆宗酳虐之餘，爲善易見；亦由羣臣多賢，左右弼諧之力也。室昉進無逸之篇，郭襲陳諫獵之疏，阿没里請免同氣之坐，所謂仁人之言，其利博哉。賢適忠介，亦近世之名臣。女里貪猥，後人所當取鑑者也。（點校本第 3 册頁 1275、修訂本第 5 册頁 1405）

“景宗之世，人望中興，豈其勤心庶績而然”是疑問句，其下則是對這一問題——“人望中興原因何在”的回答。故標點應當是：

景宗之世人望中興，豈其勤心庶績而然？蓋承穆宗酳虐之餘，爲善易見，亦由羣臣多賢，左右弼諧之力也。室昉進《無逸》之篇，郭襲陳諫獵之疏，阿没里請免同氣之坐，所謂仁人之言，其利博哉。賢適忠介，亦近世之名臣；女里貪猥，後人所當取鑑者也。

【例 20】卷八〇《馬得臣傳》

臣聞唐太宗侍太上皇宴罷，則挽輦至内殿；玄宗與兄弟懽飲，盡家人禮。（點校本第 3 册頁 1280、修訂本

第 5 册頁 1410）

“宴罷”當斷於後。標點應是：

臣聞唐太宗侍太上皇，宴罷則挽輦至内殿；玄宗與兄弟懽飲，盡家人禮。

【例 21】卷八一《王繼忠傳》

二十二年，宋使來聘，遺繼忠孤矢、鞭策及求和劄子，有曰：“自臨大位，愛養黎元。豈欲窮兵，惟思息戰。每敕邊事，嚴諭守臣。至於北界人民，不令小有侵擾，衆所具悉，爾亦備知。向以知雄州何承矩已布此懇，自後杳無所聞。汝可密言，如許通和，即當别使往請。”（點校本第 3 册頁 1284、修訂本第 5 册頁 1416）

“求和劄子”中有宋真宗嚴諭守臣及委託王繼忠向遼廷密言的話，皆應在引號内再加單引號。即：

二十二年，宋使來聘，遺繼忠孤矢、鞭策及求和劄子，有曰：“自臨大位，愛養黎元；豈欲窮兵，惟思息戰。每敕邊事，嚴諭守臣：‘至於北界人民，不令小有侵擾。’衆所具悉，爾亦備知。向以知雄州何承矩已布此懇，自後杳無所聞。汝可密言：‘如許通和，即當别使往請。’”

【例 22】卷八二《耶律隆運傳》

景宗疾大漸，與耶律斜軫俱受顧命，立梁王爲帝，皇后爲皇太后，稱制，隆運總宿衛事，太后益寵任之。（點校本第 3 册頁 1290、修訂本第 5 册頁 1422）

據《遼史》卷九《景宗本紀下》，乾亨四年（982）九月景宗駕崩，“遺詔梁王隆緒嗣位，軍國大事聽皇后命”。而“隆運總宿衛事”則不在遺命之内。故標點應是：

景宗疾大漸，與耶律斜軫俱受顧命：立梁王爲帝，皇后爲皇太后，稱制。隆運總宿衛事，太后益寵任之。

【例 23】同卷《耶律隆運傳》

十二年六月，奏三京諸鞫獄官吏，多因請託，曲加寬貸，或妄行搒掠，乞行禁止。上可其奏。（點校本第 3 册頁 1290、修訂本第 5 册頁 1412）

“奏”應加引號。“諸鞫獄官吏多因請託”，言鞫獄官吏受賄、索賄，罪犯行賄者，官吏即對其曲加寬貸，否則即妄行搒掠。標點應是：

十二年六月奏：“三京諸鞫獄官吏多因請託，曲加寬貸或妄行搒掠。乞行禁止。”上可其奏。

【例 24】卷八三《耶律斜軫傳》

乾亨初，宋再攻河東，從耶律沙至白馬嶺遇敵，沙等戰不利；斜軫赴之，令麾下萬矢齊發，敵氣褫而退。（點校本第 3 册頁 1302、修訂本第 5 册頁 1434）

“沙等戰不利”與“斜軫赴之”，非並列關係，而是前因後果，中間用分號則文意不明。故標點應用逗號，即：

乾亨初，宋再攻河東，從耶律沙至白馬嶺遇敵，沙等戰不利，斜軫赴之，令麾下萬矢齊發，敵氣褫而退。

【例 25】卷八四《耶律沙傳》

是年，復從韓匡嗣伐宋，敗績，帝欲誅之，以皇后營救得免。（點校本第 3 册頁 1308、修訂本第 5 册頁

1440）

“帝欲誅之”者，是韓匡嗣，非耶律沙。見卷七四《韓知古附匡嗣傳》。

【例 26】卷八五《耶律題子傳》

宋兵守蔚州急，召外援，題子聞之，夜伏兵道傍。黎明，宋兵果來，過未半而擊之；城中軍出，斜軫復邀之。兩軍俱潰，奔飛狐，地隘不得進，殺傷甚衆。賀令圖復集敗卒來襲蔚州，題子逆戰，破之，應州守將自遁。進圍寰州，冒矢石登城，宋軍大潰。（點校本第 3 册頁 1315、修訂本第 5 册頁 1447）

“宋兵守蔚州急，召外援”應是“宋兵守蔚州，急召外援”。以下則言題子擊敗宋援兵及斜軫復邀城中突圍宋兵。“州守將自遁，進圍寰州”則是蔚州之戰後的事。句號不當，因此層次欠分明，標點應是：

宋兵守蔚州，急召外援。題子聞之，夜伏兵道傍，黎明宋兵果來，過未半而擊之；城中軍出，斜軫復邀之。兩軍俱潰，奔飛狐，地隘不得進，殺傷甚衆。賀令圖復集敗卒來襲蔚州，題子逆戰，破之。應州守將自遁，進圍寰州，冒矢石登城，宋軍大潰。

【例 27】同卷《蕭柳傳》

十七年，南伐，宋將范庭召列方陣而待。時皇弟隆慶爲先鋒，問諸將佐誰敢當者，柳曰：“若得駿馬，則願爲之先。”隆慶授以甲騎。柳攬轡，謂諸將曰：“陣若動，諸君急攻。”遂馳而前，敵少却。隆慶席勢攻之，南軍遂亂。（點校本第 3 册頁 1316、修訂本第 5 册頁

1449）

“柳攬轡謂諸將曰”，“攬轡”是形容柳説話時的姿態，古人也以“攬轡”這一動作表達感情，如（唐）張文琮《蜀道難》詩：“攬轡獨長息，方知斯路難。”因此不能用逗號斷開。“敵少却”“隆慶席勢攻之”，兩句中間應是逗號。即：

十七年，南伐，宋將范庭召列方陣而待。時皇弟隆慶爲先鋒，問諸將：“佐誰敢當者？”柳曰：“若得駿馬，則願爲之先。”隆慶授以甲騎，柳攬轡謂諸將曰：“陣若動，諸君急攻。”遂馳而前。敵少却，隆慶席勢攻之，南軍遂亂。

【例 28】卷八六《耶律裹履傳》

裹履將娶秦晉長公主孫，其母與公主婢有隙，謂裹履曰：“能去婢，乃許爾婚。”裹履以計殺之，婚成。事覺，有司以大辟論。裹履善畫，寫聖宗真以獻，得減，坐長流邊戍。（點校本第 3 册頁 1324、修訂本第 5 册頁 1458）

這一段大義是言裹履殺人及事發獲罪的經過，其婚事衹是犯罪之因，故重點不在敘述裹履如何成婚，而在於説明案發經過。標點應爲：

裹履將娶秦晉長公主孫，其母與公主婢有隙，謂裹履曰：“能去婢，乃許爾婚。”裹履以計殺之。婚成事覺，有司以大辟論。裹履善畫，寫聖宗真以獻，得減，坐長流邊戍。

【例 29】卷八八《蕭敵烈傳》

敵烈諫曰："國家連年征討，士卒抏敝。況陛下在諒陰；年穀不登，創痍未復。島夷小國，城壘完固。勝不爲武；萬一失利，恐貽後悔。不如遣一介之使，往問其故。彼若伏罪則已；不然，俟服除歲豐，舉兵未晚。"（點校本第3册頁1339、修訂本第5册頁1473）

敵烈諫伐高麗，"國家連年征討，士卒抏敝"是他提出的此時不該伐高麗的主要理由。"陛下在諒陰，年穀不登，創痍未復"是對前述理由的補充，"況"（即"況且"）是轉折詞，之前不當用分號，標點應是：

敵烈諫曰："國家連年征討，士卒抏敝，況陛下在諒陰，年穀不登，創痍未復。島夷小國，城壘完固，勝不爲武；萬一失利，恐貽後悔。不如遣一介之使，往問其故。彼若伏罪則已；不然，俟服除、歲豐，舉兵未晚。"

【例30】同卷《蕭排押附匹敵傳》

［太平］九年，渤海大延琳叛，劫掠鄰部，與南京留守蕭孝穆往討。孝穆欲全城降，乃築重城圍之，數月，城中人陰來納款，遂擒延琳，東京平。以功封蘭陵郡王。（點校本第3册頁1343、修訂本第5册頁1477）

"乃築重城圍之，數月"，應是"乃築重城，圍之數月"云云。據卷一七《聖宗本紀八》太平十年（1030）"三月甲寅朔，詳穩蕭匹敵至自遼東，言都統蕭孝穆去城四面各五里許築城堡以圍之……八月丙午，東京賊將楊詳世密送款，夜開南門納遼軍擒延琳，渤海平"。孝穆圍城，自三月至八月，凡五個月，故曰"圍之數月”。標點應是：

［太平］九年，渤海大延琳叛，劫掠鄰部，與南京留守蕭孝穆往討。孝穆欲全城降，乃築重城，圍之數月，城中人陰來納款，遂擒延琳。東京平，以功封蘭陵郡王。

【例31】同卷“論曰”

高句驪弑其君誦而立詢，遼興問罪之師，宜其簞食壺漿以迎，除舍以待；而迺乘險旅拒，俾智者竭其謀，勇者窮其力。雖得其要領，而顓顓獨居一海之中自若也。豈服人者以德而不以力歟？況乎殘毀其宮室，係累其民人，所謂以燕伐燕也歟？嗚呼！朱崖之棄，捐之之力也，敵烈之諫有焉。（點校本第3册頁1347—1348、修訂本第5册頁1481—1482）

“乘險旅拒”，言高麗之過。“而迺”是轉折語，緊接上述，不能用分號。“俾智者竭其謀”以下言遼朝不能徹底降伏高麗的原因。標點應是：

高句驪弑其君誦而立詢，遼興問罪之師，宜其簞食壺漿以迎、除舍以待，而迺乘險旅拒。俾智者竭其謀、勇者窮其力，雖得其要領，而顓顓獨居一海之中自若也。豈服人者以德而不以力歟？況乎殘毀其宮室，係累其民人，所謂以燕伐燕也歟？嗚呼！朱崖之棄，捐之之力也，敵烈之諫有焉。

【例32】卷八九《耶律韓留傳》

韓留對曰：“臣昔有目疾，才數月耳；然亦不至於昏。第臣駑拙，不能事權貴，是以不獲早睹天顔。非陛

下聖察，則愚臣豈有今日耶!”（點校本第3册頁1352、修訂本第5册頁1488）

“然亦不至於昏”也是承上的轉折語，其前用分號則令人費解。標點應是：

韓留對曰：“臣昔有目疾，才數月耳，然亦不至於昏。第臣駑拙，不能事權貴，是以不獲早睹天顏。非陛下聖察，則愚臣豈有今日耶!”

【例33】同卷《楊佶傳》

丁母憂，起復工部尚書。歷忠順軍節度使，朔、武等州觀察、處置使，天德軍節度使，加特進檢校太師、同中書門下平章事，復拜參知政事，兼知南院樞密使。（點校本第3册頁1353、修訂本第5册頁1489）

“加特進、檢校太師、同中書門下平章事”是加三官。標點應是：

丁母憂，起復工部尚書。歷忠順軍節度使，朔、武等州觀察、處置使，天德軍節度使，加特進、檢校太師、同中書門下平章事，復拜參知政事兼知南院樞密使。

【例34】同卷《楊佶傳》

三請致政，許之，月給錢粟傔隸，四時遣使存問。（點校本第3册頁1353、修訂本第5册頁1489）

“傔隸”即僕役之屬。標點應是：

三請致政，許之，月給錢粟、傔隸，四時遣使存問。

【例35】卷九一《耶律唐古傳》

遷西南面巡檢，歷豪州刺史、唐古部詳穩。嚴立科條，禁姦民鬻馬於宋、夏界。因陳弭私販，安邊境之要。太后嘉之，詔邊郡遵行，著爲令。（點校本第3册頁1362、修訂本第5册頁1500）

“弭私販安邊境之要”是唐古書面或口頭上奏的主旨或標題，可加引號，且中間不應以逗號斷開。標點應是：

還西南面巡檢，歷豪州刺史、唐古部詳穩。嚴立科條，禁姦民鬻馬於宋、夏界，因陳“弭私販安邊境之要”。太后嘉之，詔邊郡遵行，著爲令。

【例36】同卷“論曰”

玦以忠直見稱於上，僕里篤以幹敏爲宰相佐，在鎮俱以獄空聞。之數人者，豈特甲胄之士，抑亦李牧、程不識之亞歟。（點校本第3册頁1365、修訂本第5册頁1503）

雖然“以獄空聞”乃通常説法，多一“之”字亦通，但“之”字斷於後，成“之數人者”則不通。故標點應是：

玦以忠直見稱於上，僕里篤以幹敏爲宰相佐，在鎮俱以獄空聞之。數人者，豈特甲胄之士，抑亦李牧、程不識之亞歟。

【例37】卷九二《蕭奪剌傳》

先是，有詔方面無事，招討、副統軍、都監内一員入覲。是時同僚皆闕，奪剌以軍事付幕吏而朝，坐是免官。（點校本第3册頁1368、修訂本第5册頁1506）

詔令内容應加引號。標點應是：

先是有詔：“方面無事，招討、副統軍、都監内一員入覲。”是時同僚皆闕，奪剌以軍事付幕吏而朝，坐是免官。

【例38】同卷“論曰”

烏古敵烈，大部也，奪剌爲統軍，克敵有功；普達居詳穩，悦以使人。西北，重鎮也，侯哂巡邊以廉稱；古昱鎮撫而民富；獨攧駐金肅而夏人不敢東獵。噫！部人内附，方面以寧，雖朝廷處置得宜，而諸將之力抑亦何可少哉。（點校本第3册頁1371、修訂本第5册頁1509）

“論曰”概述烏古部、西北二地軍政官員安邊富民的功績，應以分號將内容區分爲二：

烏古敵烈，大部也，奪剌爲統軍克敵有功；普達居詳穩悦以使人；西北，重鎮也，侯哂巡邊以廉稱，古昱鎮撫而民富，獨攧駐金肅而夏人不敢東獵。噫！部人内附，方面以寧，雖朝廷處置得宜而諸將之力抑亦何可少哉。

【例39】卷九四《耶律化哥傳》

後邊吏奏，自化哥還闕，糧乏馬弱，勢不可守，上復遣化哥經略西境，化哥與邊將深入。聞蕃部逆命居翼只水，化哥徐以兵進。敵望風奔潰，獲羊馬及輜重。（點校本第3册頁1381、修訂本第5册頁1519—1520）

上一段該用引號而未用，還有句號、逗號使用不當。標點應是：

後邊吏奏：“自化哥還闕，糧乏馬弱，勢不可守。”上復遣化哥經略西境。化哥與邊將深入，聞蕃部逆命居翼只水，化哥徐以兵進，敵望風奔潰，獲羊馬及輜重。

【例40】同卷“論曰”

大之懷小也以德，制之也以威。德不足懷，威不足制，而欲服人也難矣。化哥利俘獲，而諸蕃不附，何魯掃古誤擊磨古斯，而阻卜叛命，是皆喜於一旦之功，而不圖後日之患，庸何議焉。若斡臘之戒深入，速撒之務安集，亦鐵中之錚錚者邪？（點校本第3册頁1386、修訂本第5册頁1524—1525）

這一段主要是逗號及問號使用不當。標點應是：

大之懷小也以德，制之也以威。德不足懷、威不足制而欲服人也難矣。化哥利俘獲而諸蕃不附，何魯掃古誤擊磨古斯而阻卜叛命，是皆喜於一旦之功而不圖後日之患，庸何議焉。若斡臘之戒深入，速撒之務安集，亦鐵中之錚錚者邪！

【例41】卷九六《耶律仁先傳》

乃環車爲營，拆行馬，作兵仗，率官屬近侍三十餘騎陣柢枑外。（點校本第3册頁1396、修訂本第5册頁1536）

“行馬”，俗稱鹿角，攔阻人馬通行的木架；官屬、近侍們没有武器，於是衹好拆掉行馬作爲兵仗，亦即“拆行馬作兵仗”爲一事，不應斷開。《白話遼史·耶律仁先傳》據點校本譯爲“拆開行馬，製作兵器”。敵人就在眼前，現製作兵器來得及嗎？此“作”應是“作爲”，而非“製作”。“陣柢枑外”，是説仁先率衆在原架行馬處前方列陣。標點應是：

乃環車爲營，折行馬作兵仗，率官屬、近侍三十餘騎陣柢柸外。

【例 42】卷九八“論曰”

劉伸三爲大理，民無冤抑；一登户部，上下兼裕，至與耶律玦並稱忠直，不亦宜乎。（點校本第 3 册頁 1418、修訂本第 5 册頁 1560）

此爲一簡單句，衹要逗號使用得當，則無須使用分號。標點應爲：

劉伸三爲大理民無冤抑，一登户部上下兼裕，至與耶律玦並稱“忠直”，不亦宜乎。

【例 43】卷九九《蕭巖壽傳》

密奏乙辛以皇太子知國政，心不自安，與張孝傑數相過從，恐有陰謀，動搖太子。上悟，出乙辛爲中京留守。（點校本第 3 册頁 1419、修訂本第 5 册頁 1563—1564）

蕭巖壽“密奏”内容應加引號。“恐有陰謀，動搖太子”是密奏語。標點爲：

密奏“乙辛以皇太子知國政心不自安，與張孝傑數相過從。恐有陰謀，動搖太子”。上悟，出乙辛爲中京留守。

【例 44】同卷《耶律撻不也傳》

耶律撻不也，字撒班，系出季父房。父高家。仕至林牙，重熙間破夏人于金肅軍有功，優加賞賚。（點校本第 3 册頁 1421、修訂本第 5 册頁 1555—1556）

“父高家”不當點句號，因爲其下都是言高家歷官及軍功。標點應是：

耶律撻不也，字撒班，系出季父房。父高家仕至林牙，重熙間破夏人于金肅軍有功，優加賞賚。

【例 45】卷一〇二《張琳傳》

初，天祚之敗於女直也，意謂蕭奉先不知兵，乃召琳付以東征事。琳以舊制，凡軍國大計，漢人不與，辭之。上不允，琳奏曰：“前日之敗，失於輕舉。若用漢兵二十萬分道進討，無不克者。”（點校本第 3 册頁 1441—1442、修訂本第 5 册頁 1588）

這一段標點多有不當。應是：

初，天祚之敗於女直也，意謂蕭奉先不知兵，乃召琳付以東征事。琳以舊制“凡軍國大計，漢人不與”辭之，上不允。琳奏曰：“前日之敗，失於輕舉。若用漢兵二十萬分道進討，無不克者。”

【例 46】同卷《耶律余覩傳》

［耶律余覩］其妻天祚文妃之妹；文妃生晉王，最賢，國人皆屬望。時蕭奉先之妹亦爲天祚元妃，生秦王。奉先恐秦王不得立，深忌余覩，將潛圖之。（點校本第 3 册頁 1442、修訂本第 5 册頁 1589）

文妃生晉王與元妃生秦王二事，當以分號表明其並列關係。標點應是：

［耶律余覩］其妻天祚文妃之妹。文妃生晉王，最賢，國人皆屬望；時蕭奉先之妹亦爲天祚元妃，生秦王。奉先恐秦王不得立，深忌余覩，將潛圖之。

【例47】卷一〇三《蕭韓家奴傳》

乃者選富民防邊，自備糧糗。道路脩阻，動淹歲月；比至屯所，費已過半；隻牛單轂，鮮有還者。其無丁之家，倍直傭僦，人憚其勞，半途亡竄，故戍卒之食多不能給。求假于人，則十倍其息，至有鬻子割田，不能償者。或逋役不歸，在軍物故，則復補以少壯。其鴨淥江之東，戍役大率如此。（點校本第3册頁1446、修訂本第5册頁1594）

“乃者……半途亡竄”是講造成防邊戍卒食多不能給的原因，其中又分述自備糧糗者及無丁之家兩類。然後講述防邊富民多致破産的慘狀。標點未能分清層次，應是：

乃者，選富民防邊自備糧糗，道路脩阻，動淹歲月，比至屯所費已過半，隻牛單轂鮮有還者；其無丁之家倍直傭僦，人憚其勞，半途亡竄。故戍卒之食多不能給，求假于人則十倍其息，至有鬻子割田不能償者。或逋役不歸、在軍物故，則復補以少壯，其鴨淥江之東，戍役大率如此。

【例48】同卷《蕭韓家奴傳》

夫帑廩雖隨部而有，此特周急部民一偏之惠，不能均濟天下。如欲均濟天下，則當知民困之由，而窒其隙。節盤遊，簡驛傳，薄賦歛，戒奢侈。期以數年，則困者可蘇，貧者可富矣。（點校本第3册頁1447—1448、修訂本第5册頁1596）

以上有斷錯及標點不當者，標點應是：

夫帑廪雖隨部而有，此特周急部民。一偏之惠不能均濟天下，如欲均濟天下，則當知民困之由而窒其隙，節盤遊、簡驛傳、薄賦斂、戒奢侈，期以數年則困者可蘇、貧者可富矣。

【例49】卷一〇七《耶律氏傳》

君以民爲體，民以君爲心。人主當任忠賢，人臣當去比周；則政化平，陰陽順。欲懷遠，則崇恩尚德；欲強國，則輕徭薄賦。四端五典爲治教之本，六府三事寔生民之命。淫侈可以爲戒，勤儉可以爲師。錯枉則人不敢詐，顯忠則人不敢欺。勿泥空門，崇飾土木；勿事邊鄙，妄費金帛。滿當思溢，安必慮危。刑罰當罪，則民勸善。不寶遠物，則賢者至。建萬世磐石之業，制諸部強横之心。欲率下，則先正身；欲治遠，則始朝廷。(點校本第3册頁1472、修訂本第5册頁1620)

這一段的第一個分號使用不當。另，“刑罰當罪，則民勸善。不寶遠物，則賢者至。”雖非嚴格對仗，但是結構相似的兩個短句，故不能用句號分割。此外“四端”“五典”等專有名詞各有固定含義，也應分割開。標點應是：

君以民爲體，民以君爲心。人主當任忠賢，人臣當去比周，則政化平、陰陽順。欲懷遠則崇恩尚德，欲強國則輕徭薄賦。“四端”“五典”爲治教之本，“六府”“三事”寔生民之命。淫侈可以爲戒，勤儉可以爲師。錯枉則人不敢詐，顯忠則人不敢欺。勿泥空門，崇飾土木；勿事邊鄙，妄費金帛。滿當思溢，安必慮危。刑罰當罪則民勸善，不寶遠物則賢者至。建萬世磐石之業，制諸部強横之心。欲率下則先正身，欲治遠則始朝廷。

【例50】卷一一一“論曰”

舜流共工，孔子誅少正卯，治姦之法嚴矣。後世不是之察，反以爲忠而信任之，不至於流毒宗社而未已。道宗之於乙辛是也。當其留仁先，討重元，若真爲國計者；不知包藏禍心，待時而發耳。一旦專權，又得孝傑、燕哥、十三爲之腹心，故肆惡而無忌憚。始誣皇后，又殺太子及其妃，其禍之酷，良可悲哉。嗚呼！君之所親，莫皇后、太子若也。姦臣殺之而不知，羣臣言之而不悟。一時忠讜，廢戮幾盡。雖黑山親見官屬之盛，僅削一字王號。至私藏甲兵，然後誅之。吁！乙辛之罪，固非一死可謝天下，抑亦道宗不明無斷，有以養成之也。如蕭余里也輩，忘君黨惡，以饕富貴，雖幸而死諸牖下，其得免於遺臭之辱哉！（點校本第3册頁1495、修訂本第5册頁1645）

“舜流共工……道宗之於乙辛是也。”是説道宗與乙辛就是昏君與奸臣的關係，“而未已”之後應爲逗號。“當其留仁先……良可悲哉”，是述乙辛之禍。所謂“留仁先討重元”，是説當初道宗要將仁先外放，乙辛請將其留下，以致後來有仁先討平重元叛亂之事。“留仁先討重元”本爲一事，中間加逗號則變成二事，致使其後文字不得其解。“嗚呼”以下是指出道宗其實是助成乙辛之禍。標點應是：

舜流共工，孔子誅少正卯，治姦之法嚴矣。後世不是之察，反以爲忠而信任之，不至於流毒宗社而未已，道宗之於乙辛是也。當其留仁先討重元，若真爲國計者，不知包藏禍心，待時而發耳。一旦專權，又得孝傑、燕哥、十三爲之腹心，故肆惡而無忌憚。始誣皇后，又殺太子及其妃，其禍之酷，良可悲哉。嗚呼！君之所親，莫皇后、太子若也。姦臣殺之而不知，羣臣言之而不悟，一時忠讜廢戮幾盡，雖黑山親見官屬之盛，僅削一字王號。至私藏甲兵，然後誅之。吁！乙辛之罪，固非一死可謝天下，抑亦道宗不明無斷，有以養成之也。如蕭余里也輩，忘君黨惡，以饕富貴，雖幸而死諸牖下，其得免於遺臭之辱哉！

【例51】卷一一五“論曰”

高麗、西夏之事遼，雖嘗請婚下嫁，烏足以得其固志哉？三韓接壤，反覆易知；涼州負遠，納叛侵疆，乘隙輒動；貢使方往，事釁隨生。興師問罪，屢煩親征。取勝固多，敗亦貽悔。昔吴趙咨對魏之言曰：“大國有征伐之兵，小國有備禦之固。”豈其然乎！先王柔遠，以德而不以力，尚矣。遼亡，求援二國，雖能出師，豈金敵哉。(點校本第3册頁1529、修訂本第5册頁1681)

這一段標點、斷句均有可改進之處。修改如下：

高麗、西夏之事遼，雖嘗請婚下嫁，烏足以得其固志哉。三韓接壤，反覆易知；涼州負遠，納叛侵疆，乘隙輒動。貢使方往，事釁隨生；興師問罪，屢煩親征。取勝固多，敗亦貽悔。昔吴趙咨對魏之言曰：“大國有征伐之兵，小國有備禦之固。”豈其然乎！先王柔遠以德而不以力，尚矣。遼亡求援，二國雖能出師，豈金敵哉！

三　中華本《遼史·本紀》及其他諸志部分存疑舉要

【例1】卷一《太祖本紀》

［神册四年］二月丙寅，修遼陽故城，以漢民、渤海户實之，改爲東平郡，置防禦使。（點校本第1册頁15、修訂本第1册頁17）

按，渤海統治範圍曾及於遼東，“漢民渤海户”即渤海治下的漢民户。故標點應是：

［神册四年］二月丙寅，修遼陽故城，以漢民渤海户實之，改爲東平郡，置防禦使。

【例2】同卷《太祖本紀》

［神册六年十二月］己卯，還次檀州，幽人來襲，擊走之，擒其裨將。詔徙檀、順民於東平、瀋州。（點校本第1册頁17、修訂本第1册頁19）

按，瀋州屬東平郡，“東平瀋州”是大名冠小名，是一地而非兩地，故標點應是：

［神册六年十二月］己卯，還次檀州，幽人來襲，擊走之，擒其裨將。詔徙檀、順民於東平瀋州。

【例3】卷一五《聖宗本紀》

［開泰三年］是夏，詔國舅詳穩蕭敵烈、東京留守耶律團石等討高麗，造浮梁于鴨渌江，城保、宣義、定

遠等州。(點校本第 1 册頁 175、修訂本第 1 册頁 191)

據卷三八《地理志》:“保州宣義軍，節度。”據此“宣義”係保州軍號，二者爲一地。“宣義”二字應是注文。另據《地理志》:“宣州，定遠軍，刺史。開泰三年徙漢户置。隸保州。”據此“定遠”乃宣州軍號，亦是注文，前脱“宣”字。校補後的標點應是:

[开泰三年] 是夏，詔國舅詳穩蕭敵烈、東京留守耶律團石等討高麗，造浮梁于鴨淥江，城保(宣義)、〔宣〕(定遠)等州。

【例 4】卷二九《天祚本紀》

天祚所有，沙漠已北，西南、西北路兩都招討府、諸蕃部族而已。(點校本第 1 册頁 344、修訂本第 1 册頁 386)

播遷以後，天祚所能控制的衹剩沙漠以北隸屬兩路都招討司的各部族。標點應是:

天祚所有沙漠已北西南、西北路兩都招討府諸蕃部族而已。

【例 5】卷三一《營衛志・宮衛》

有遼始大，設制尤密。居有宮衛，謂之斡魯朶;出有行營，謂之捺鉢;分鎮邊圉，謂之部族。有事則以攻戰爲務，閒暇則以畋漁爲生。無日不營，無在不衛。立國規模，莫重於此。作《營衛志》。(點校本第 1 册頁 361—362、修訂本第 2 册頁 409—410)

標點符號使用不當，標點應爲:

有遼始大，設制尤密:居有宮衛謂之斡魯朶，出有行營謂之捺鉢，分鎮邊圉謂之部族。有事則以攻戰爲務，閒暇則以畋漁爲生。無日不營，無在不衛，立國規模莫重於此，作《營衛志》。

【例6】同卷《營衛志·宫衛》

遼國之法：天子踐位，置宫衛，分州縣，析部族，設官府，籍户口，備兵馬。崩則扈從后妃宫帳，以奉陵寢。有調發，則丁壯從戎事，老弱居守。（點校本第1册頁362、修訂本第2册頁410）

這一段説的是依照遼國之法如何設置宫衛，故冒號應在“宫衛”後。其下連續使用幾個短語來解釋如何置宫衛，應用頓號。標點應爲：

遼國之法天子踐位置宫衛：分州縣、析部族、設官府、籍户口、備兵馬。崩則扈從后妃宫帳，以奉陵寢。有調發則丁壯從戎事，老弱居守。

【例7】同卷《營衛志·宫衛》

［弘義宫］以心腹之衛置，益以渤海俘，錦州户。（點校本第1册頁362、修訂本第2册頁410）

“渤海俘錦州户”即居住在錦州的原渤海俘中的漢户。據卷三九《地理志·中京道》，隸屬錦州的岩州保肅軍，“本漢海陽縣地。太祖平渤海，遷漢户雜居興州境，聖宗於此建城焉，隸弘義宫”。古漢語有一種構詞法，晚清學者俞樾在《古書疑義舉例》卷三中稱之爲“以大名冠小名”並闡釋其例：“《荀子·正名篇》曰：‘物也者，大共名也；鳥獸者，大别名也。’”在此“渤海俘”是大名，“錦州户”是小名。故“渤海俘錦州户”是一個詞，中間不能再斷開。標點應是：

［弘義宫］以心腹之衛置，益以渤海俘錦州户。

【例8】卷三二《營衛志·部族》

契丹之初，草居野次，靡有定所。至涅里始制部族，各有分地。（點校本第1册頁377、修訂本第2册頁427）

涅里是阿保機的祖先，其助遥輦氏取代大賀氏，時當唐中葉，契丹早已有八部組織，故無“至涅里始制部族”之事，而是由他定制：諸部各有分地。標點應是：

契丹之初草居野次，靡有定所。至涅里始制：部族各有分地。

【例9】卷三四《兵衛志·兵制》

凡舉兵，帝率蕃漢文武臣僚，以青牛白馬祭告天地、日神，惟不拜月，分命近臣告太祖以下諸陵及木葉山神，乃詔諸道徵兵。惟南、北、奚王，東京渤海兵馬，燕京統軍兵馬，雖奉詔，未敢發兵，必以聞。上遣大將持金魚符，合，然後行。（點校本第1册頁397、修訂本第2册頁451）

按，契丹祭告天地，是分别祭天神和地祇，由卷四九《禮志·祭山儀》“祭山儀：設天神、地祇位於木葉山”“必以聞上遣大將持金魚符合，然後行”，即知朝廷派遣大將軍持金魚符來與諸道合符無誤，然後纔能發兵。標點應是：

凡舉兵，帝率蕃漢文武臣僚以青牛白馬祭告天、地、日神，惟不拜月，分命近臣告太祖以下諸陵及木葉山神，乃詔諸道徵兵。惟南、北、奚王、東京渤海兵馬、燕京統軍兵馬，雖奉詔未敢發兵，必以聞上遣大將持金魚符合，然後行。

【例 10】同卷《兵衛志·兵制》

曆二三日，待其困憊，又令打草穀家丁馬施雙箒，因風疾馳，揚塵敵陣，更互往來。中既飢疲、目不相睹，可以取勝。若陣南獲勝，陣北失利，主將在中，無以知之，則以本國四方山川爲號，聲以相聞，得相救應。（點校本第 1 册頁 399、修訂本第 2 册頁 453）

按，“更互往來。中既饑疲”應是“更互往來中既饑疲”，是説這些打草穀家丁在因風揚塵過程中更相往來，都已經饑疲，此時開戰可以取勝。標點應是：

歷二三日待其困憊，又令打草穀家丁馬施雙箒，因風疾馳，揚塵敵陣，更互往來中既飢疲、目不相睹，可以取勝。若陣南獲勝、陣北失利，主將在中無以知之，則以本國四方山川爲號，聲以相聞，得相救應。

【例 11】卷三六《兵衛志·兵制》

遼之爲國，鄰于梁、唐、晉、漢、周、宋。晉以恩故，始則父子一家，終則寇讎相攻；梁、唐、周隱然一敵國；宋惟太宗征北漢，遼不能救，餘多敗衄，縱得亦不償失。良由石晉獻土，中國失五關之固然也。高麗小邦，屢喪遼兵，非以險阻足恃故歟。西夏彈丸之地，南敗宋，東抗遼。雖西北士馬雄勁，元昊、諒祚智勇過人，能使党項、阻卜掣肘大國，蓋亦襟山帶河，有以助其勢耳。雖然，宋久失地利，而舊《志》言兵，唯以敵宋爲務。逾三關，聚議北京，猶不敢輕進。豈不以大河在前，三鎮在後，臨事好謀之審，不容不然歟。（點校本第1册頁433、修訂本第2册頁489）

“縱得亦不償失”及“南敗宋，東抗遼”後面的句號都係錯用，同時還有其他標點不當。標點應當如下：

遼之爲國，鄰於梁、唐、晉、漢、周、宋。晉以恩故，始則父子一家，終則寇讎相攻；梁、唐、周隱然一敵國。宋惟太宗征北漢遼不能救，餘多敗衄，縱得亦不償失，良由石晉獻土，中國失五關之固然也。高麗小邦，屢喪遼兵，非以險阻足恃故歟！西夏彈丸之地，南敗宋、東抗遼，雖西北士馬雄勁，元昊、諒祚智勇過人，能使党項、阻卜掣肘大國，蓋亦襟山帶河有以助其勢耳。雖然，宋久失地利，而舊《志》言兵，唯以敵宋爲務。逾三關，聚議北京，猶不敢輕進。豈不以大河在前、三鎮在後，臨事好謀之審，不容不然歟。

【例12】同卷《兵衛志·兵制》

二帳、十二宮一府、五京，有兵一百六十四萬二千八百。宮丁、大首領、諸部族，中京、頭下等州，屬國之衆，皆不與焉。不輕用之，所以長世。（點校本第1册頁433、修訂本第2册頁489）

按，前言遼國有兵總數，已包括五京，故中京之兵也已統計在内，以下又言中京、頭下等州“皆不與焉”，豈不矛盾？其實是標點錯誤造成此一矛盾。“中京頭下等州”是指中京境内的頭下等州。標點應是：

二帳、十二宮一府、五京有兵一百六十四萬二千八百。宫丁、大首領、諸部族、中京頭下等州、屬國之衆皆不與焉，不輕用之，所以長世。

【例 13】卷三七《地理志・上京道》

周廣順中，胡嶠《記》曰：上京西樓，有邑屋市肆，交易無錢而用布。有綾錦諸工作、宦者、翰林、伎術、教坊、角觝、儒、僧尼、道士。中國人并、汾、幽、薊爲多。（點校本第 1 册頁 441、修訂本第 2 册頁 499）

按，胡嶠《記》即胡嶠《陷虜記》，見《新五代史》卷七三《四夷附録》，這一段文字因缺誤而致文義不通，據《陷虜記》校補，應是：

西樓有邑屋市肆，交易無錢而用布。有綾錦諸工作、宦者、翰林、伎術、教坊、角觝、秀才、僧、尼、道士等，皆中國人，而并、汾、幽、薊之人尤多。

【例 14】同卷《地理志・上京道・祖州》

東偏有聖蹤殿，立碑述太祖游獵之事。殿東有樓，立碑以紀太祖創業之功。皆在州西五里。天顯中太宗建，隸弘義宫。統縣二、城一。（點校本第 1 册頁 442—443、修訂本第 2 册頁 501）

“隸弘義宫”之前用逗號，即成爲聖蹤殿隸弘義宫，實際上應是祖州隸弘義宫。故標點應是：

東偏有聖蹤殿，立碑述太祖遊獵之事；殿東有樓，立碑以紀太祖創業之功。皆在州西五里，天顯中太宗建。隸弘義宫，統縣二、城一。

【例 15】同卷《地理志・上京道・頭下州》

順州。本遼隊縣地。橫帳南王府俘掠燕、薊、順州之民，建城居之。在顯州東北一百二十里，西北至上京九百里。户一千。（點校本第1册頁450、修訂本第2册頁508）

按，上京之順州是以橫帳南王府俘掠燕薊地區的順州之民所建。“燕薊順州”是依“大名冠小名”構成的合成詞，“燕薊”乃大名，“順州”爲隸屬前者的小名。標點應爲：

順州本遼隊縣地。橫帳南王府俘掠燕薊順州之民，建城居之。在顯州東北一百二十里，西北至上京九百里。户一千。

【例16】卷三八《地理志·東京道》

武帝元封三年，定朝鮮爲真番、臨屯、樂浪、玄菟四郡。後漢出入青、幽二州，遼東、玄菟二郡，沿革不常。（點校本第1册頁455、修訂本第2册頁517）

按，“後漢出入青、幽二州”是説後漢時真番等四郡時出時入青、幽二州。標點應爲：

武帝元封三年，定朝鮮爲真番、臨屯、樂浪、玄菟四郡，後漢出入青、幽二州。遼東、玄菟二郡沿革不常。

【例17】同卷《地理志·東京道》

街西有金德寺；大悲寺；駙馬寺，鐵幡竿在焉；趙頭陀寺；留守衙；户部司；軍巡院，歸化營軍千餘人，河、朔亡命，皆籍于此。（點校本第1册頁456、修訂本第2册頁518）

這一段是講街西一系列建築，“鐵幡竿”在駙馬寺內，是注文。標點應是：

街西有金德寺、大悲寺、駙馬寺鐵幡竿在焉、趙頭陀寺、留守衙、户部司、軍巡院。歸化營軍千餘人，河朔亡命皆籍於此。

【例 18】同卷《地理志·東京道》

開州，鎮國軍，節度。本濊貊地，高麗爲慶州，渤海爲東京龍原府。有宫殿。都督慶、鹽、穆、賀四州事。故縣六：曰龍原、永安、烏山、壁谷、熊山、白楊，皆廢。（點校本第 1 册頁 458、修訂本第 2 册頁 520）

按，有宫殿及都督四州、廢縣六，都是屬於渤海龍原府，而與高麗慶州無關。故標點應爲：

開州，鎮國軍，節度。本濊貊地，高麗爲慶州。渤海爲東京龍原府，有宫殿。都督慶、鹽、穆、賀四州事；故縣六：曰龍原、永安、烏山、壁谷、熊山、白楊，皆廢。

【例 19】同卷《地理志·東京道》

遼州，始平軍，下，節度。本拂涅國城，渤海爲東平府。唐太宗親征高麗，李世勣拔遼城；高宗詔程振、蘇定方討高麗，至新城，大破之；皆此地也。（點校本第 1 册頁 467、修訂本第 2 册頁 529）

按，“唐太宗親征高麗，李世勣拔遼城；高宗詔程振、蘇定方討高麗，至新城，大破之；皆此地”，實爲一句話，意即唐太宗親征高麗時李世勣拔遼城，高宗詔程振、蘇定方討高麗至新城並大破之，皆系此地。其間用兩個分號使文義不明。標點應是：

遼州，始平軍，下，節度。本拂涅國城，渤海爲東平府。唐太宗親征高麗，李世勣拔遼城，高宗詔程振、蘇定方討高麗，至新城大破之；皆此地也。

【例 20】卷四〇《地理志·南京道》

職方，東北幽州，山鎮醫巫閭，澤藪貕養，川河、泲，浸菑、時。其利魚、鹽，其畜馬、牛、豕，其穀黍、稷、稻。(點校本第 1 册頁 493、修訂本第 2 册頁 561)

《職方》，即《周禮·夏官·職方氏》。其下引“東北幽州……稻”，脱漏太甚，標點亦有問題。校改如下：

《職方》，“東北〔曰〕幽州，〔其〕山鎮〔曰〕醫巫閭，〔其〕澤藪〔曰〕貕養，〔其〕川河泲，〔其〕浸菑時，其利魚、鹽，其畜馬、牛、豕，其穀黍、稷、稻。”

【例 21】卷四一《地理志·西京道》

清寧八年建華嚴寺，奉安諸帝石像、銅像。又有天王寺、留守司衙。南曰西省。(點校本第 1 册頁 506、修訂本第 2 册頁 578)

“西省”即遼西京的中書省。明代彭大翼撰《山堂肆考》卷四四載：“門下尚書省爲左省，中書省爲右省，又謂之西省。”“又有天王寺”是説華嚴寺之外有天王寺，而“留守司衙”並不在“又有”之内。標點應是：

清寧八年建華嚴寺，奉安諸帝石像、銅像。又有天王寺，留守司衙南曰西省。

【例 22】卷四五《百官志總序》

官生於職，職沿於事，而名加之。後世沿名，不究其實。吏部一太宰也，爲大司徒，爲尚書，爲中書，爲門下。兵部一司馬也，爲大司馬，爲太尉，爲樞密使。沿古官名，分今之職事以配之，於是先王統理天下之法，如治絲而棼，名實淆矣。（點校本第 2 册 685 頁、修訂本第 3 册頁 773）

以上句讀不當，重新標點如下：

官生於職，職沿於事而名加之，後世沿名不究其實。吏部一太宰也，爲大司徒、爲尚書、爲中書、爲門下；兵部一司馬也，爲大司馬、爲太尉、爲樞密使。沿古官名，分今之職事以配之，於是先王統理天下之法如治絲而棼，名實淆矣。

【例 23】同卷《百官志・北面宫官》

部族、蕃户，統以北面宫官。（點校本第 2 册頁 716、修訂本第 3 册頁 804）

遼的諸宫斡魯朵是“析部族”而成，即從某些部族中分出若干個石烈、瓦里等單位組成。“部族蕃户”亦即從諸部族中分出而隸屬斡魯朵的蕃户，由北面諸宫官統轄。

標點應是：

部族蕃户統以北面宫官。

【例 24】卷五六《儀衛志》

太祖帝北方，太宗制中國，紫銀之鼠，羅綺之篚，麇載而至。纖麗耎毳，被土綢木。於是定衣冠之制，北班國制，南班漢制，各從其便焉。（點校本第 2 册頁 905、修訂本第 3 册頁 1007）

前面先説遼朝定衣冠之制的前提條件，後面是説遼的衣冠之制有“國制”與“漢制”之別。標點應是：

太祖帝北方，太宗制中國，紫銀之鼠、羅綺之篚麇載而至，纖麗奘毳被土綢木，於是定衣冠之制：北班國制，南班漢制，各從其便焉。

【例 25】同卷《儀衛志・衮冕》

玄衣、纁裳十二章：八章在衣，日、月、星、龍、華蟲、火、山、宗彝；四章在裳，藻、粉米、黼、黻。衣褾領，爲升龍織成文，各爲六等。龍、山以下，每章一行，行十二，白紗中單，黼領，青褾襈裾，黻革帶、大帶，劍佩綬，舄加金飾。《元日朝會儀》，皇帝服衮冕。（點校本第 2 册頁 908、修訂本第 3 册頁 1010）

黼（fǔ）、黻（fú）是冕服十二章花紋中的兩種紋樣，前者是左黑而右白的斧形圖案，後者是半黑半青。褾（biǎo）是袖端或衣服上的緄邊，襈（zhuàn）是衣裳的邊飾，裾是衣裳的大襟，“襈、裾黻”説的是衣裳邊飾和大襟的紋樣。標點應是：

玄衣、纁裳十二章：八章在衣，日、月、星、龍、華蟲、火、山、宗彝；四章在裳，藻、粉米、黼、黻。衣褾領，爲升龍織成文，各爲六等，龍、山以下每章一行，行十二；白紗中單，黼領，青褾，襈、裾黻；革帶、大帶，劍佩綬，舄加金飾。“元日朝會儀”皇帝服衮冕。

【例 26】卷五七《儀衛志・木契》

宣徽使請陽面木契下殿，至于殿門，以契授西上閤門云："授契行勘。"勘契官聲喏，跪受契，舉手勘契同，俛、興，鞠躬，奏："内外勘契同。"（點校本第2册頁915—916、修訂本第3册頁1017—1018）

"宣徽使請陽面木契"即他請求頒給木契，然後持契下殿；"俛興"是言起身的姿式，即躬身起。卷四九《禮志·告廟儀》："中書舍人俛跪讀訖，俛興，退。"這一段標點應是：

宣徽使請陽面木契，下殿至于殿門，以契授西上閤門使云："授契行勘。"勘契官聲喏，跪受契，舉手勘契同，俛興，鞠躬，奏"内外勘契同"。

【例27】卷五九《食货志上》

南京歲納三司鹽鐵錢折絹，大同歲納三司税錢折粟。開遠軍故事，民歲輸税，斗粟折五錢，耶律抹只守郡，表請折六錢，亦皆利民善政也。（點校本第2册頁926、修訂本第3册頁1028—1029）

"皆利民善政"指的是前面三件事，故"折粟"後不能用句號。標點應是：

南京歲納三司鹽鐵錢折絹，大同歲納三司税錢折粟，開遠軍故事民歲輸税斗粟折五錢，耶律抹只守郡表請折六錢，亦皆利民善政也。

【例28】卷六〇《食貨志下》

一時産鹽之地如渤海、鎮城、海陽、豐州、陽洛城、廣濟湖等處，五京計司各以其地領之。（點校本第2册頁930、修訂本第3册頁1032）

海陽，据卷三九《地理志》："潤州，海陽軍，下，刺史。聖宗平大延琳，遷寧州之民居此，置州。統縣一：海陽縣。本漢陽樂縣地，遷潤州，本東京城内渤海民户，因叛移於此。”故有“渤海鎮城海陽”之说；陽洛城則屬豐州，豐州在呼和浩特東白塔。因此標點應是：

一時産鹽之地如渤海鎮城海陽、豐州陽洛城、廣濟湖等處，五京計司各以其地領之。

【例29】同卷《食貨志下》

［點校本校勘記］神册初平渤海得廣州：“按紀，天顯元年二月平渤海，非神册初。《地理志》二，初爲渤海鐵利郡，太祖建鐵利州，開泰七年置爲廣州。”（點校本第2册頁933）

《食貨志下》云“神册初平渤海”不確，但廣州之地神册初確已爲契丹所得。据《松漠紀聞》卷二記載，從金上京至燕京的行程，途經“瀋州六十里至廣州”。即廣州在瀋州西南六十里處。由此可知，遼廣州是在遼瀋地區，這一地區雖原屬渤海，但早在遼初即爲契丹所得，据卷三八《地理志·東京道》：“神册四年葺遼陽故城，以渤海漢户建東平郡，爲防禦州。”

【例30】卷六一《刑法志上》

神册六年，克定諸夷，上謂侍臣曰：“凡國家庶務，鉅細各殊，若憲度不明，則何以爲治，群下亦何由知禁。”乃詔大臣定治契丹及諸夷之法，漢人則斷以律令，仍置鐘院以達民冤。（點校本第2册頁937、修訂本第3册頁1039）

《治契丹及諸夷之法》是成文法，《律》《令》即《唐律》《唐令》，故標點應是：

神册六年克定諸夷，上謂侍臣曰："凡國家庶務鉅細各殊，若憲度不明則何以爲治，群下亦何由知禁。"乃詔大臣定《治契丹及諸夷之法》，漢人則斷以《律》《令》。仍置鐘院以達民冤。

【例31】同卷《刑法志上》

嘗敕諸處刑獄有冤，不能申雪者，聽詣御史臺陳訴，委官覆問。往時大理寺獄訟，凡關覆奏者，以翰林學士、給事中、政事舍人詳決；至是始置少卿及正主之。猶慮其未盡，而親爲録囚。（點校本第2册頁939、修訂本第3册頁1041）

句讀不準確，應修正爲：

嘗敕諸處刑獄有冤不能申雪者，聽詣御史臺陳訴，委官覆問。往時大理寺獄訟，凡關覆奏者以翰林學士、給事中、政事舍人詳決，至是始置少卿及正主之，猶慮其未盡，而親爲録囚。

【例32】卷六二《刑法志下》

諸帳郎君等於禁地射鹿，決杖三百，不徵償；小將軍決二百已下；至百姓犯者決三百。（點校本第2册頁944、修訂本第3册頁1046）

"小將軍決二百已下"不通，刑律如此模糊不清，官吏如何執行？"已下"應斷於後。"已下至百姓犯者決三百"，即小將軍以下犯者與百姓同。標點應是：

諸帳郎君等於禁地射鹿決杖三百，不徵償，小將軍決二百，已下至百姓犯者決三百。

【例33】同卷《刑法志下》：

四年，復詔左夷离畢曰："比詔外路死刑，聽所在官司即決。然恐未能悉其情，或有枉者。自今雖已款伏，仍令附近官司覆問。無冤然後決之，有冤者即具以聞。"（點校本第2册頁945、修訂本第3册頁1047）

句讀不準確，應修正爲：

四年復詔左夷离畢曰："比詔外路死刑聽所在官司即決，然恐未能悉其情或有枉者。自今雖已款伏，仍令附近官司覆問，無冤然後決之；有冤者即具以聞。"

【例34】同卷《刑法志下》

時校定官即重熙舊制，更竊盜贓二十五貫處死一條，增至五十貫處死；又删其重復者二條，爲五百四十五條；取《律》一百七十三條，又創增七十一條，凡七百八十九條，增重編者至千餘條。皆分類列。以大康間所定，復以《律》及《條例》參校，續增三十六條。其後因事續校，至大安三年止，又增六十七條。（點校本第2册頁945、修訂本第3册頁1047）

"時校定官……凡七百八十九條"是一整句。"增重編者至千餘條，皆分類列以大康間所定"，是説大康間所制定的律條，皆分類列於重編者各類之下。故標點應是：

時校定官即重熙舊制，更竊盜贓二十五貫處死一條增至五十貫處死，又删其重復者二條，爲五百四十五條，取《律》一百七十三條，又創增七十一條，凡七百八十九條。增重編者至千餘條，皆分類列以大康間所定，復以《律》及《條例》參校，續增三十六條。其後因事續校，至大安三年止，又增六十七條。

（李錫厚　編撰）

今注本二十四史

遼史

九

傳〔三〕

元 脱脱等 撰

李錫厚 劉鳳翥 主持校注

中國社会科学出版社

遼史　卷九一

列傳第二十一

耶律韓八　耶律唐古　蕭朮哲　藥師奴　耶律玦　耶律僕里篤[1]

［1］“耶律韓八”至“耶律僕里篤”：【劉校】原本、明抄本、南監本無，據北監本和殿本補。

耶律韓八字嘲隱，倜儻有大志，北院詳穩古之五世孫。[1]

［1］詳穩：遼朝軍官名。元帥府下設大詳穩司。本書卷一一六《國語解》：“詳穩，諸官府監治長官。”“詳穩”即漢語“將軍”的轉譯。【劉注】“詳穩”即漢語“將軍”的轉譯的説法似有值得商榷之處。在契丹小字中，“詳穩”作，“將軍”作，或、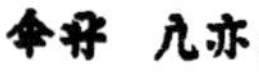；在契丹大字中，“詳穩”作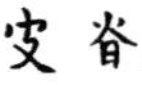，“將軍”作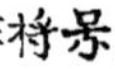。“詳穩”不是漢語“將軍”的轉譯，而是音譯的契丹語，契丹語中“將軍”是漢語借詞。

太平中游京師，[1]寓行宫側，[2]惟囊衣匹馬而已。帝微服出獵，見而問之曰："汝爲何人？"韓八初不識，漫應曰："我北院部人韓八，[3]來覓官耳。"帝與語，知有長才，陰識之。會北院奏南京疑獄久不決，[4]帝召韓八馳驛審録，舉朝皆驚。韓八量情處理，人無冤者。上嘉之。籍群牧馬闕其二，[5]同事者考尋不已，韓八略不加詰，即先馳奏，帝益信任。

[1]太平：遼聖宗耶律隆緒年號（1021—1031）。

[2]行宫：亦稱行帳，即遼代皇帝轉徙隨行的車帳組成的朝廷，契丹語稱"捺鉢"，遼中葉逐漸形成"四時捺鉢"制度。此處"京師"即指"捺鉢"。

[3]北院部：即五院部。

[4]南京：遼五京之一。故址在今北京市。

[5]群牧：契丹有專門機構管理畜群，這類機構稱"群牧"。諸路設群牧使司，下設某群太保、某群侍中、某群敞史；朝廷設總典群牧使司，有總典群牧部籍使、群牧都林牙。以"群"爲單位設某群牧司，設群牧使、群牧副使。此外，還有僅管理馬及牛群的機構。遼亡之後金稱契丹群牧爲"烏魯古"。

景福元年爲左夷离畢，[1]徙北面林牙，[2]眷遇優異。重熙六年改北院大王，[3]政務寬仁，復爲左夷离畢。十二年再爲北院大王。[4]入朝，帝從容謂曰："卿守邊任重，當實府庫、振貧乏以報朕。"既受詔，愈竭忠謹，知無不言，便益爲多。[5]卒，年五十五。上聞悼惜。死之日篋無舊蓄，椸無新衣，[6]遣使弔祭，給葬具。韓八平居不屑細務，喜愠不形。嘗失所乘馬，家僮以同色者代之，數月不覺。

［1］景福：遼興宗耶律宗真年號（1031—1032）。本爲唐昭宗年號（892—893）。　夷离畢：契丹官名。爲執政官，相當於副宰相參知政事。後來官分南、北，北面官有夷离畢院，主要掌刑政。

［2］林牙：契丹官名。掌文翰，相當於翰林學士。

［3］重熙：遼興宗耶律宗真年號（1032—1055）。

［4］十二年再爲北院大王：【劉校】據中華點校本校勘記，“按《紀》重熙十二年五月作南院大王，又十七年十月南院大王耶律韓八薨。與此歧互”。

［5］便益爲多：應是“便宜爲多”。韓八守邊，許多事不及奏報而相機行事。《史記》卷八一《廉頗藺相如列傳》：“李牧者，趙之北邊良將也。常居代雁門備匈奴，以便宜置吏。”《史記》卷五三《蕭相國世家》：“漢二年，漢王與諸侯擊楚，何守關中，侍太子，治櫟陽。爲法令約束，立宗廟社稷宮室縣邑，輒奏上，可，許以從事；即不及奏上，輒以便宜施行，上來以聞。”《集解》引應劭曰：“上來還，乃以所爲聞之。”

［6］椸（yí）無新衣：衣架上没有新衣服。椸，晾衣服的竹竿，也指衣架。

耶律唐古字敵隱，于越屋質之庶子。[1]廉謹善屬文。

［1］于越：契丹語音譯詞。官名。爲契丹貴官，非有大功德者不授。位在北、南大王之上。　屋質（916—973）：即耶律屋質，遼宗室。會同間爲惕隱。世宗初立，屋質調解太后與世宗的矛盾，得以避免大規模内戰。天禄二年（948）助世宗挫敗天德、蕭翰等謀反。三年又表列泰寧王察割陰謀事，世宗不聽。後平定察割之亂及立穆宗，皆有功。本書卷七七有傳。

統和二十四年述屋質安民治盜之法以進，[1]補小將軍。遷西南面巡檢，歷豪州刺史、唐古部詳穩。[2]嚴立科條，禁姦民鬻馬於宋、夏界。因陳“弭私販安邊境之要”。太后嘉之，詔邊郡遵行，著爲令。

[1]統和：遼聖宗耶律隆緒年號（983—1012）。

[2]豪州：【劉校】據中華點校本校勘記，“《紀》開泰二年四月、保大三年正月同”，本書卷三六《兵衛志下》、卷三七《地理志一》並作“壕州”。　唐古部：當係遼朝西南部的吐蕃部族。聖宗時有匿訖唐古部、北唐古部、南唐古部、鶴剌唐古部等。大石西行所歷諸部中也有唐古部。詳本書卷三三《營衛志下・部族下》。

朝議欲廣西南封域，黑山之西綿亘數千里。[1]唐古言：“戍壘太遠，卒有警急赴援不及，非良策也。”從之。西蕃來侵，[2]詔議守禦計，命唐古勸督耕稼以給西軍，田于臚朐河側，[3]是歲大熟。明年移屯鎮州，[4]凡十四稔，積粟數十萬斛，斗米數錢。

[1]黑山：本書卷三二《營衛志中》載，“黑山在慶州北十三里，上有池，池中有金蓮”。黑山近慶陵，故“道宗每歲先幸黑山，拜聖宗、興宗陵，賞金蓮，乃幸子河避暑”。另據本書卷三七《地理志一・慶州》，“在州西二十里。有黑山、赤山、太保山、老翁嶺、饅頭山、興國湖、轄失濼、黑河”。慶州州城遺址在今内蒙古自治區巴林右旗索博日嘎鎮。

[2]西蕃：指西部的吐蕃部族。

[3]臚朐河：據清人齊召南《水道提綱》卷五，“克魯倫河即臚朐河，源出肯忒山東南百餘里支峰西南麓”。

[4]鎮州：本古可敦城。故址在今蒙古國布爾干省青托羅蓋古城。遼置建安軍。陳得芝《耶律大石北行史地雜考》(《歷史地理》第二輯）説，遼朝統治漠北屬部的最高軍政機構是西北路招討司(又稱西北路都招討司)。遼聖宗統和十二年（994)，因西北“阻卜”諸部作亂，以蕭撻凜爲西北路招討使，命隨皇太妃（齊王妃)出征，“屯西鄙驢駒兒河，西捍韃靼，盡降之”。蕭撻凜鑒於達旦諸部叛服不常，上表乞建三城以鎮之。統和二十二年三城完工，設置鎮、防、維三州。

重熙間改隗衍党項部節度使。[1]先是，築可敦城以鎮西域。[2]諸部縱民畜牧，反招寇掠。重熙四年上疏曰：“自建可敦城已來西蕃數爲邊患，每煩遠戍。歲月既久國力耗竭，不若復守故疆，省罷戍役。”不報。是年致仕。乞勒其父屋質功于石，帝命耶律庶成製文，勒石上京崇孝寺。[3]卒，年七十八。

[1]隗衍党項部：遼朝境内的党項部族。

[2]可敦城：即鎮州。州城故址在今蒙古國布爾干省青托羅蓋古城。

[3]上京：遼五京之一。前期都城，稱臨潢府，故址在今内蒙古自治區巴林左旗林東鎮波羅城。

蕭朮哲字石魯隱，[1]孝穆弟高九之子。[2]以戚屬加監門衛上將軍。

[1]蕭朮哲字石魯隱（1019—1069)：【劉注】契丹小字《梁國王墓誌銘》就是蕭朮哲的墓誌銘。該墓誌銘第二行説**九火**（國）**杰**

（王）（名）（术者）（第二個名）（石魯隱）。漢字文獻一般把“第二個名”處理爲“字”。蕭朮哲還有漢名叫蕭知微，他是耶律仁先的妹夫，還是天祚帝的外祖父。墓誌銘對其生平的介紹遠比《遼史》本傳詳細得多。

［2］孝穆：即蕭孝穆（？—1043）。小字胡獨堇，淳欽皇后弟阿古只五世孫。統和二十八年（1010），累遷西北路招討都監。開泰元年（1012）冬進軍可敦城，敗阻卜結五群牧長謀叛，拜北府宰相。太平九年（1029）平定大延琳謀反，改東京留守。本書卷八七有傳。　高九：【劉注】“高九”是契丹語名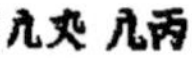的音譯，其第二個名是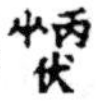（六温）。據漢字《晉國夫人墓誌銘》，高九還有漢名“孝誠”，爲蕭孝穆三弟，亦是大國舅、蘭陵郡王。父諱諧里，贈魏王。母齊國太妃。

重熙十三年將衛兵討李元昊有功，[1]遷興聖宫使。[2]蒲奴里部長陶得里叛，[3]术哲爲統軍都監，從都統耶律義先擊之，[4]擒陶得里。术哲與義先不協，誣義先罪，免官。稍遷西南面招討都監，[5]坐事下獄，以太后言杖而釋之。

［1］李元昊（1003—1048）：小字嵬理，後更名曩霄，李德明長子。公元1031年，李德明死後嗣位，宋授爲定難軍節度、夏銀綏宥静等州觀察處置押蕃落使、西平王。遼封他爲夏國王。宋寶元元年（1038）十月，他更名曩霄，建國號大夏，年號天授禮法延祚，自稱皇帝。進表宋朝，要求承認建國稱帝的既成事實，雙方隨即發生戰爭。七年後，雙方重新講和。西夏國主稱臣，宋朝同意每年給予銀、絹、茶、綵共二十五萬五千兩、匹、斤。夏宋講和之後，夏遼矛盾隨之激化。西夏景宗與遼興平公主婚後失和，再加上這時遼

境内的党項部落多叛附西夏，糾紛益形擴大。遼興宗親征西夏，遭遇失敗。從此夏、宋、遼三方鼎峙的局勢形成。死後謚武烈皇帝，廟號景宗，陵號泰陵。

[2]興聖宮使：契丹官名。興聖宮長官。興聖宮，宫帳名。屬遼聖宗宮衛。詳見本書卷三一《營衛志上》。

[3]蒲奴里：遼東北部族名。與越里篤、剖阿里、奧里米和越里吉統稱五國部。

[4]都統：官名。唐乾元中，始以都統爲官名，總諸道征伐。後若調諸道兵馬會戰，多置此職，爲臨時軍事長官，不賜旌節，事解即罷。遼設諸路兵馬都統署司，下有諸路兵馬都統署，都統爲其長官。　耶律義先（1010—1052）：于越仁先之二弟。重熙十六年（1047）爲殿前都點檢，討蒲奴里多所招降，獲其酋長陶得里以歸，以功改南京統軍使。本書卷九〇有傳。

[5]西南面招討都監：負責監督西南面招討司的官員。西南面招討司亦稱西南路招討司，契丹軍事機構名。設招討使一人，駐西京大同（今山西省大同市），負責對西夏的防務。

清寧初，[1]爲國舅詳穩、西北路招討使，[2]私取官粟三百斛，及代，留畜産令主者鬻之以償。後族弟胡覩到部發其事，[3]帝怒，決以大杖，免官。尋起爲昭德軍節度使，[4]徵爲北院宣徽使。[5]九年上以术哲先爲招討，威行諸部，復爲西北路招討使。訓士卒、增器械、省追呼、嚴號令，人不敢犯，邊境晏然。十年入朝，封柳城郡王。

[1]清寧：遼道宗耶律洪基年號（1055—1064）。

[2]西北路招討使：遼朝官名。西北路招討司主官。西北路招討司（又稱西北路都招討司）是遼朝統治漠北屬部的最高軍政

機構。

［3］胡覩：即蕭胡覩（？—1063）。字乙辛，遼外戚。重熙中尚秦國長公主，授駙馬都尉，以不諧離婚，復尚齊國公主，爲北面林牙。清寧中歷北、南院樞密副使，清寧九年（1063）七月參與重元叛亂，失敗投水死。五子，同日誅之。本書卷一一四有傳。

［4］昭德軍：遼代軍號。治瀋州（今遼寧省瀋陽市）。《武經總要》前集卷一六下《戎狄舊地》："瀋州，德光所建，仍曰昭德軍，契丹舊地也，東至大遼水。水東即女真界。西南至東京一百三十里，北至雙州八十里。"

［5］宣徽使：遼朝官名。遼設北、南宣徽，分隸北、南樞密院之下。宣徽北院使常執行軍事使命。此外，宣徽使還掌領朝會、宴饗、禮儀、祭祀及御前祇應之事。

咸雍二年拜北府宰相，[1]爲北院樞密使耶律乙辛所忌，[2]誣术哲與護衛蕭忽古等謀害乙辛。[3]詔獄無狀，罷相，出鎮順義軍。[4]卒，追王晉、宋、梁三國。姪藥師奴。

［1］咸雍：遼道宗耶律洪基年號（1065—1074）。　北府宰相：契丹部族官名。契丹可汗之下有北、南二府，各部族則分屬二府，故北宰相亦稱北府宰相，南宰相亦稱南府宰相。

［2］耶律乙辛（？—1083）：五院部人。字胡覩衮。重熙中爲文班吏。道宗清寧五年（1059）爲南院樞密使，改知北院，封趙王。九年重元亂平，拜北院樞密使，進封魏王。咸雍五年（1069）加守太師。詔四方有軍旅，許以便宜從事，勢震中外。大康元年（1075）誣皇后蕭觀音致死，三年又害死太子耶律濬。七年冬坐以禁物鬻入外國，幽於來州。九年謀奔宋及私藏兵甲事發伏誅。本書卷一一〇有傳。

［3］蕭忽古（？—1077）：道宗護衛，後爲乙辛所害。本書卷九九有傳。

［4］順義軍：遼代軍號。治朔州（今屬山西省）。

藥師奴幼穎悟，謹禮法，補祗候郎君。大康中爲興聖宮使，[1]累遷同知殿前點檢司事。[2]上嘉其宿衛嚴肅，遷右夷离畢。夏王李乾順爲宋所攻，[3]求解，帝命藥師奴持節使宋，請罷兵通好，宋從之。拜南面林牙，改漢人行宮副部署。[4]乾統初出爲安東軍節度使，[5]卒。

［1］興聖宮：【劉校】"聖"原本誤作"勝"，《初校》謂："'聖'，《百》作'勝'，非。"明抄本、南監本、北監本和殿本均作"聖"。中華點校本、修訂本和補注本徑改。今從改。

［2］殿前點檢司：遼南面官名。後周世宗設置殿前司，以都點檢、副都點檢爲正副長官，位在都指揮使之上，爲禁軍統帥。宋初廢。遼設殿前都點檢，爲南面軍官，當係模倣後周制。

［3］李乾順（1083—1139）：即夏崇宗，西夏第四代皇帝。三歲即位，母梁氏與弟乙逋擅政。永安元年（1098）梁太后死，乾順親政，謹事遼朝，但與宋交惡。遼以宗室女封公主下嫁。遼亡前夕他曾出兵援遼，後臣於金。

［4］漢人行宮副部署：漢人行宮都部署的副職。遼在北南面官系統中，分別設契丹行宮都部署和漢人行宮都部署，其上則有諸行宮都部署。行宮都部署完全是倣中原王朝官制設置的，它不同於專管斡魯朶事務的某宮都部署的宮官。宋朝皇帝巡幸亦有行宮，且亦有行宮都部署之設。後避英宗趙曙名諱，改稱行宮都總管。詳本書卷四七《百官志三》。

［5］乾統：遼天祚帝耶律延禧年號（1101—1110）。　安東軍：遼代軍號。治咸州（今遼寧省開原市東北）。

耶律玦字吾展，遥輦鮮質可汗之後。重熙初召修國史，補符寶郎，累遷知北院副部署事。[1]入見太后，后顧左右曰："先皇謂玦必爲偉人，果然。"除樞密副使，[2]出爲西南面招討都監，歷同簽南京留守事、南面林牙。皇弟秦國王爲遼興軍節度使，[3]以玦同知使事，多所匡正。十年復爲樞密副使。咸雍初兼北院副部署。及秦國王爲西京留守，[4]請玦爲佐，從之。歲中獄空者三，召爲孟父房敞穩。[5]

[1]北院副部署：即北面官中的契丹行宮副部署。

[2]樞密副使：樞密使的副職。遼在北、南面官系統中分設北、南樞密使，作爲實際的宰輔。

[3]遼興軍：遼代軍號。治平州（今河北省盧龍縣）。

[4]秦國王：即宗元（？—1063）。因避興宗諱改重元，小字孛吉只，亦作孛已只，聖宗次子。太平三年（1023）封秦國王。聖宗死後，欽愛皇后稱制，曾密謀立重元。重元以所謀告於興宗，封爲皇太弟。賜以金券誓書。道宗即位册爲皇太叔，爲天下兵馬大元帥，復賜金券。清寧九年（1063）與其子涅魯古謀亂，失敗自殺。本書卷一一二有傳。　西京：遼五京之一。故址在今山西省大同市。

[5]孟父房：契丹以玄祖之後爲皇族，分爲三房：孟父房、仲父房和季父房。本書卷四五《百官志一》："玄祖伯子麻魯無後，次子巖木之後曰孟父房。"　敞穩：原誤作"敞隱"，今據上下文意改。

玦不喜貨殖，帝知其貧賜宫户十。嘗謂宰相曰："契丹忠正無如玦者，漢人則劉伸而已。然熟察之，玦僾於伸。”先是，西北諸部久不能平，上遣玦問狀，執弛慢者痛繩之。以酒疾卒。

耶律僕里篤字燕隱，六院林牙突呂不也四世孫。[1]開泰間爲本班郎君。[2]有捕盜功，樞密使蕭朴薦之，遷率府率。太平中同知南院宣徽事，累遷彰聖軍節度使。

[1]六院林牙突呂不也四世孫：【劉校】據中華點校本校勘記，本書卷七五有《突呂不傳》，卷九二《耶律古昱傳》亦作“突呂不”。

[2]開泰：遼聖宗耶律隆緒年號（1012—1021）。

重熙十六年知興中府，[1]以獄空聞。十八年伐夏，攝西南面招討使。[2]十九年夏人侵金肅軍，[3]敗之，斬首萬餘級，加右武衛上將軍。時近邊群牧數被寇掠，遷倒塌嶺都監以治之，[4]桴鼓不鳴。二十年知金肅軍事。宰相趙惟節總領邊城橋道芻粟，請貳，帝命僕里篤副之，以稱職聞。

[1]重熙十六年：【劉校】據中華點校本校勘記，“重熙”二字原脱。按太平止十一年，以後爲重熙，據補。今從。　興中府：遼六府之一。治所在今遼寧省朝陽市。

[2]攝：代理，兼理。

[3]金肅軍：遼代軍號。重熙十二年（1043）伐西夏置。在今内蒙古自治區准格爾旗西北。

[4]倒塌嶺：地近阻卜，故遼在此駐軍守護西路群牧。

清寧初歷長寧、匡義二軍節度使,[1]致仕。咸雍間卒。子阿固質,終倒塌嶺都監。

[1]長寧軍:遼代軍號。治川州。據《大清一統志》卷二八:“白川州故城在朝陽縣東北六十七里。遼置川州,會同中改爲白川州,治咸康縣。……今縣境東北之四角阪有廢城,週二里餘,蒙古名卓索喀喇城,城内有遼開泰二年《佛頂尊勝陀羅尼石幢記》,爲白川州官吏所建,知即故白川州地。”　匡義軍:遼代軍號。治饒州(今内蒙古自治區林西縣)。

論曰:韓八因帝微行,才始見售。及任以事,落落知大體,不負上之知矣。唐古、朮哲經略西北邊,勸農積粟,訓練士卒,敵人不敢犯。玦以忠直見稱於上,僕里篤以幹敏爲宰相佐,在鎮俱以獄空聞之。數人者,豈特甲胄之士,抑亦李牧、程不識之亞歟。[1]

[1]李牧:戰國時期名將。《史記·廉頗藺相如列傳》:“李牧者,趙之北邊良將也。常居代鴈門備匈奴,以便宜置吏。”　程不識:西漢名將。據《史記·李將軍列傳》:武帝時“程不識故與李廣俱以邊太守將軍屯。及出擊胡,而廣行無部伍行陳,就善水草屯,舍止,人人自便,不擊刀斗以自衛,莫府省約文書籍事,然亦遠斥候,未嘗遇害”。

(李錫厚注　劉鳳翥校)

遼史 卷九二

列傳第二十二

蕭奪剌 蕭普達 耶律侯哂 耶律古昱 耶律獨攧
蕭韓家 蕭烏野[1]

[1]“蕭奪剌”至“蕭烏野”:【劉校】原本、明抄本、南監本無,據北監本和殿本補。

蕭奪剌字挼懶,遙輦洼可汗宫人。[1]祖涅魯古,北院樞密副使。父撒抹,[2]字胡獨堇,重熙初補祗候郎君,[3]累遷北面林牙。[4]十九年從耶律宜新、蕭蒲奴伐夏,[5]至蕭惠敗績之地,[6]獲偵候者,知人煙聚落,多國人陷没而不能還者,盡俘以歸,拜大父敞穩,[7]知山北道邊境事。清寧初歷西南面、西北路招討使,[8]加同中書門下平章事,[9]卒。

[1]遙輦洼可汗宫人:洼可汗爲遙輦氏當政時期的第一個可汗。遼有遙輦九帳大常衮司。掌遙輦洼可汗、阻午可汗、胡剌可汗、蘇

可汗、鮮質可汗、昭古可汗、耶瀾可汗、巴剌可汗、痕德菫可汗九世宮分之事。即遼仍然保留遙輦氏諸可汗的宮分，所謂“遙輦洼可汗宮人”即遙輦洼可汗宮分的宮分人。

[2]父撒抹：【劉注】“抹”原本作“抹”，《初校》謂：“‘抹’《百》作‘抹’，非。”明抄本、南監本、北監本、殿本均作“抹”。中華點校本、修訂本和補注本徑改。今從改。

[3]重熙：遼興宗耶律宗真年號（1032—1055）。

[4]林牙：契丹官名。掌文翰，相當於翰林學士。

[5]蕭蒲奴：奚王楚不寧之後。本書卷八七《蕭蒲奴傳》記載：重熙十五年（1046）“爲西南面招討使，西征夏國”。“明年復西征，懸兵深入，大掠而還，復爲奚六部大王。致仕，卒”。年代與本紀相關記載不符。

[6]蕭惠敗績：《長編》卷一六八宋仁宗皇祐二年（1050）三月庚子記事：“契丹遣殿前副點檢忠正節度使耶律益、彰德節度使趙柬之來告伐夏國還。益自言契丹三路進討，契丹主出中路，大捷。北路兵至西涼府，獲羊百萬、橐駝二十萬、牛五百，俘老幼甚衆，惟南路小失利，恐夏人妄説軍勝，誇南朝。然得邊奏，皆以謂遼主濟河不遇賊，無水草，馬多死。耶律貫寧大敗於師子口。惟劉五常獲陝西所陷屬户羌二十餘人，因而來獻。其言多俘獲，蓋妄也。”

[7]大父敞穩：即孟父房敞穩。

[8]清寧：遼道宗耶律洪基年號（1055—1064）。　西南面、西北路招討使：遼在境内西南和西北部設置的最高軍政機構，前者用於對西夏防禦，後者用於鎮壓西北阻卜等部族的反叛。

[9]同中書門下平章事：唐制，大臣中有此名義者即爲事實上的宰相。遼襲唐制，在分設北南面官之後，以同中書門下平章事爲南面宰相。

奪刺體貌豐偉，騎射絶人。由祗候郎君陞漢人行宫副部署。[1]後爲烏古敵烈統軍使，[2]克敵有功，加龍虎衛上將軍，授西北路招討使。因陳北邊利害，請以本路諸部與倒塌嶺統軍司連兵屯戍。[3]再表不納。改東北路統軍使。[4]

[1]漢人行宫副部署：職官名。漢人行宫都部署的副職。遼在北南面官系統中，分别設契丹行宫都部署和漢人行宫都部署，其上則有諸行宫都部署。行宫都部署完全是倣中原王朝官制設置的，它不同於專管斡魯朶事務的某宫都部署的宫官。宋朝皇帝巡幸亦有行宫，且亦有行宫都部署之設。後避英宗趙曙名諱，改稱行宫都總管。

[2]烏古敵烈：原爲二部。烏古又稱嫗厥律、于厥律，居契丹西北；敵烈又譯迪烈、敵烈德、迭烈德、達里底。遼時以遊牧、捕獵爲業，分佈於臚朐河（今克魯倫河）流域。有八部，稱爲八部敵烈或八石烈敵烈。與烏古部並稱爲北邊大部。遼聖宗以敵烈部降人置迭魯敵烈部和北敵烈部。開泰四年（1015）築董城於臚朐河北，安置敵烈、烏古降人。壽昌二年（1096）徙敵烈、烏古於烏納水西。遼置烏古敵烈統軍司以應對阻卜諸部的反抗。金末元初，敵烈人逐漸與女真人、蒙古人等同化。

[3]倒塌嶺統軍司：西北路軍事機構。倒塌嶺地近阻卜，故遼在此駐軍守護西路群牧。

[4]東北路統軍使：遼末防禦女真的軍事機構東北路統軍司的主官。原來，對女真的防禦在遼朝的軍事部署中並不佔有重要地位，故一直由東京的軍事機構兼管。當生女真完顔部發動叛亂時，遼朝主持戰事始有東北路統軍司。該機構設在寧江州（今吉林省松原市寧江區伯都訥古城）。

乾統元年以久練邊事，[1]復爲西北路招討使。北阻卜耶覩刮率鄰部來侵，[2]奪剌逆擊，追奔數十里。二年乘耶覩刮無備，以輕騎襲之，獲馬萬五千疋，牛羊稱是。

[1]乾統：遼天祚帝耶律延禧年號（1101—1110）。

[2]阻卜：即達旦、韃靼。元人諱言達旦，而稱達旦爲阻卜。詳王國維《觀堂集林》卷一四《達旦考》。

先是有詔："方面無事，招討、副統軍、都監内一員入覲。"[1]是時同僚皆闕，奪剌以軍事付幕吏而朝，坐是免官。改西京留守，[2]復爲東北路統軍使。卒于官。

[1]入覲：入朝晉見皇帝。原來諸侯朝見天子稱"覲"。

[2]西京：遼五京之一。故址在今山西省大同市。

蕭普達字彈隱。統和初爲南院承旨。[1]開泰六年出爲烏古部節度使。[2]七年，敵烈部叛，討平之，徙烏古敵烈部都監。遣敵烈騎卒取北阻卜名馬以獻，賜詔褒獎。重熙初改烏古敵烈部都詳穩，[3]討諸蕃有功。

[1]統和：遼聖宗耶律隆緒年號（983—1012）。

[2]開泰：遼聖宗耶律隆緒年號（1012—1021）。

[3]詳穩：遼朝軍官名。元帥府下設大詳穩司。本書卷一一六《國語解》："詳穩，諸官府監治長官。""詳穩"即漢語"將軍"的轉譯。【劉注】"詳穩"即漢語"將軍"的轉譯的説法似有值得商榷之處。在契丹小字中，"詳穩"作，"將軍"作，

或[illegible]、[illegible]；在契丹大字中，“詳穩”作[illegible]，“將軍”作[illegible]。“詳穩”不是漢語“將軍”的轉譯，而是音譯的契丹語，契丹語中“將軍”是漢語借詞。

普達深練邊事，能以悦使人。有所俘獲，悉散麾下，由是大得衆心。歷西南面招討使。党項叛入西夏，[1]普達討之，中流矢歿于陣。帝聞惜之，賻贈加厚。

[1]党項：中國古代族名。又稱党項羌，唐以後主要活動於靈、慶、銀、夏等州，即今甘肅、寧夏、陝西和内蒙古等省區交界地區。　西夏：即夏國（1038—1227），是以党項民族爲主體建立的政權。1038年元昊叛宋稱帝建立大夏王朝，傳十代，至1227年爲蒙古所滅。元昊稱帝以前，其作爲北宋境内的地方割據政權，已經具有獨立性。故遼亦稱之爲夏國或西夏。

耶律侯哂字秃寧，北院夷离堇蒲古只之後。[1]祖查只，北院大王。父忽古，黄皮室詳穩。[2]

[1]北院夷离堇：契丹部族官名。即五院部夷离堇。“夷离堇”源於突厥語官名“俟斤”（Irkin）。突厥各部的最高元首稱“可汗”（Qaghan），其他各部酋長則稱爲俟斤。初，契丹“其君大賀氏，有勝兵四萬，臣於突厥，以爲俟斤”（《新唐書》卷二一九《契丹傳》）。後，契丹首領自立爲可汗，其下所屬各部酋長則稱爲“俟斤”，亦即夷离堇。契丹立國後，大部族之夷离堇稱王，小部族之夷离堇則稱爲節度使。舉凡一部之軍政、民政皆由其統掌（參韓儒林《穹廬集》上海人民出版社1982年版，第314—316頁）。

[2]皮室：契丹軍名。“皮室”意爲“金剛”。初爲阿保機所

置，稱“腹心部”。後有南、北、左、右皮室及黄皮室等，皆掌精甲。

侯哂初爲西南巡邊官，以廉潔稱，累遷南京統軍使，尋爲北院大王。[1]重熙十一年党項部人多叛入西夏，侯哂受詔，巡西邊沿河要地，多建城堡以鎮之，徙東京留守。十三年與知府蕭歐里斯討蒲盧毛朵部有功，[2]加兼侍中。致仕，卒。

[1]累遷南京統軍使，尋爲北院大王：【劉校】據中華點校本校勘記，本書卷一八《興宗本紀一》重熙六年（1037）六月“丙申，以北院大王侯哂爲南京統軍使”。南京，遼五京之一。故址在今北京市。

[2]蕭歐里斯：【劉校】據中華點校本校勘記，本書卷一九《興宗本紀二》重熙十三年四月作“耶律歐里斯”。　蒲盧毛朵部：女真部族名。遼屬部，爲遼國外十部之一。

耶律古昱字磨魯堇，[1]北院林牙突呂不四世孫。[2]有膂力，工馳射。開泰間，爲烏古敵烈部都監。會部人叛，從樞密使耶律世良討平之，[3]以功詔鎮撫西北部。教以種樹、畜牧，不數年民多富實。中京盜起，[4]命古昱爲巡邏使，悉擒之。上親征渤海，[5]將黄皮室軍，有破敵功，累遷御史中丞，尋授開遠軍節度使，[6]徙鎮歸德。[7]

[1]古昱：【劉注】人名。契丹語名出及的音譯，漢語意思爲“臣”。

[2]突呂不四世孫：【劉注】據契丹小字《耶律副部署墓誌銘》，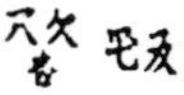（鐸衮·突呂不）的兒子是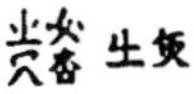（本烏尼·突里）（郎君），突里郎君的兒子是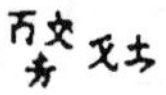（延壽）（太師），长子是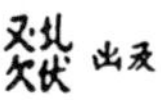（磨鲁堇·古昱）侍中。“突呂不”漢義爲“四”。

[3]耶律世良（？—1016）：小字斡，六院部人。統和末爲北院大王。開泰初加檢校太尉、同政事門下平章事。拜北院樞密使。四年（1015）伐高麗爲副部署。都統劉慎行逗留失期，執還京師，世良獨進兵。本書卷九四有傳。

[4]中京：遼五京之一。稱大定府，故址在今内蒙古自治區寧城縣大明鎮。

[5]上親征渤海：【劉校】據中華點校本校勘記，按此即開泰四年（1015）用兵事，應指高麗，非渤海。渤海遼初已亡。

[6]開遠軍：遼代軍號。治開州（今遼寧省鳳城市）。《武經總要》前集卷一六下《戎狄舊地》載：“開州，渤海古城也。遼主東討，新羅國都其城，要害，建爲州，仍曰開遠軍，西至來遠城一百二十里，西南至吉州七十里，東南至石城六十里。”

[7]歸德：即歸德軍。遼代軍號。治來州（今遼寧省綏中縣北）。

重熙二十一年改天成軍節度使，[1]卒于官，年七十，贈同中書門下平章事。二子：宜新，兀没。[2]

[1]重熙二十一年：【劉校】據中華點校本校勘記，“重熙”二字原脱。按開泰、太平均無二十一年，太平之後爲重熙，故據補。今從。另，本書卷一七《聖宗本紀八》太平七年（1027）十一月，“甲子，以左千牛衛上將軍耶律古昱爲北院大王”，傳亦漏載。　天

成軍：遼代軍號。治祖州（今内蒙古自治區巴林左旗查干哈達蘇木石房子嘎查）。

［2］宜新，兀没：【劉注】據契丹小字《耶律副部署墓誌銘》，兀没是宜新之子。宜新、兀没是父子，不是兄弟。耶律古昱的“二子”應作“宜新、獨攧”。

宜新，[1]重熙間從蕭惠討西夏。惠敗績，宜新一軍獨全，拜北院大王。

［1］宜新（991—1049）：【劉注】人名。契丹語小名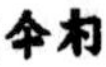的音譯，漢義爲“壽”。據契丹小字《耶律副部署墓誌銘》，其契丹語全名爲（韓寧・宜新）。是耶律古昱的長子，生於統和九年（991）。太平九年（1029），參與平定大延琳之亂。興宗時，拜太保，封節度使之號、東南統軍使。重熙十三年（1044），參與平定李元昊之叛，封六院大王（即北院大王）。封使相之號。十八年（1049）薨，享年五十九歲。娶小翁帳金剛奴之女闍古真爲妻，生子兀没。

兀没，[1]大康三年爲漢人行宫副部署。乙辛誣害太子，[2]詞連兀没，帝釋之。是秋，乙辛復奏與蕭楊九私議宫壼事，[3]被害。乾統間，贈同中書門下平章事。

［1］兀没（1031—1077）：【劉注】據契丹小字《耶律副部署墓誌銘》，其契丹語第二個名字是（窩篤盌）。韓寧・宜新大王之子。生於景福元年（1031）八月一日。重熙二十二年（1053）封帥府副帥。清寧元年（1055）封禮賓使。九年，二十三歲時，爲牌印司郎君，權任同知北院承旨。咸雍元年（1065），遷北院承旨。

三年，遷積慶宫之副宫使。五年，拜弘儀宫之副宫使，任南院同知。該年冬，拜都宫使。七年，封節度使、上將軍等號。大康二年（1076）春，宗天皇太后崩，負責修建山宫之事。二年六月，知副宫使之事。該年十月十五日，封鎮國大將軍之號，拜副部署，使宋。三年夏，樞密使耶律乙辛在秋獮慶陵之宫殿時，污蔑兀没與蕭十三參與太子謀反事，同右院郎君詳穩特免·楊九私議宫壺事。同年八月十九日被害，享年四十七歲。乾統元年（1101）平反。乾統二年十一月二十五日遷葬於裂山之陽（今内蒙古自治區阿魯科爾沁旗罕蘇木蘇木古曰布霍哨嘎查）。

[2]乙辛誣害太子：【劉校】“辛”原本誤作“卒”，明抄本、南監本、北監本和殿本作“辛”。中華點校本、修訂本、補注本和長箋本徑改。今從。

[3]私議宫壺事：私下議論宫中機密事。

耶律獨攧字胡獨堇，太師古昱之子。[1]重熙初爲左護衛，將禁兵從伐夏有功，授十二行糺司徒。再舉伐夏，獨攧括山西諸郡馬。還，遷拽剌詳穩。[2]西南未平，命獨攧同知金肅軍事，[3]夏人來侵，擊敗之，進涅剌奥隗部節度使。

[1]太師古昱之子：【劉注】“昱”原本誤作“昰”，《初校》謂：“‘昱’，《百》作‘昰’，非。”明抄本、南監本、北監本和殿本“昱”。中華點校本、修訂本和補注本徑改。今從。

[2]拽剌：契丹語“走卒”謂之“拽剌”，後爲軍官名。有掌旗鼓者，稱“旗鼓拽剌”，還有專司偵候、探報等職者。

[3]金肅軍：遼代軍號。重熙十二年（1043）伐西夏置。治所在今内蒙古自治區准格爾旗西北。

清寧元年召爲皇太后左護衛太保。[1]四年改寧遠軍節度使。東路饑，奏振之。歷五國、烏古部、遼興軍三鎮節度使，[2]四捷軍詳穩。[3]大康元年卒，[4]追贈同中書門下平章事。子阿思，有傳。[5]

［1］皇太后左護衛太保：官名。遼朝置。北面官。皇太后宮設左、右護衛，左護衛太保統領左護衛。掌皇太后宮護衛事。

［2］五國：即五國部。遼東北部族名。越里篤、剖阿里、奥里米、蒲奴里和越里吉，統稱五國部。　遼興軍：遼代軍號。治平州（今河北省盧龍縣）。

［3］四捷軍：遼以宋降者分立二部：一曰四捷軍，一曰歸聖軍。

［4］大康：遼道宗耶律洪基年號（1075—1084）。

［5］阿思（1034—1108）：【劉注】即耶律阿思，字撒班。據漢字《耶律祺墓誌銘》殘石和契丹大字《耶律祺墓誌銘》，“阿思”是契丹語名正来的音譯，更確切的譯法應爲“阿思里”，契丹語第二個名爲月 丙（撒班）。另有漢名祺。第八代的祖宗是解里寧·蒲古只。清寧初，補祗候郎君。重元之亂，與護衛蘇射殺涅魯古，賜號靖亂功臣，徙契丹行宮都部署。壽昌元年（1095），爲北院樞密使，監修國史。道宗崩，受顧命，加于越。受賂，包庇乙辛黨人。卒於乾統八年（1108）正月二十三日，享年七十五歲。葬裂峯山之陽，其地在今内蒙古自治區阿魯科爾沁旗罕蘇木蘇木古日班胡碩嘎查朝克圖山之陽。本書卷九六有傳。

蕭韓家，[1]國舅之族。性端簡、謹愿，動循禮法。清寧中爲護衛太保。大康二年遷知北院樞密副使。三年經畫西南邊天池舊塹，立堡砦，正疆界，刻石而還，爲漢人行宮都部署。是年秋獮，墮馬卒。

[1]蕭韓家：【劉校】據中華點校本校勘記，本書卷二三《道宗本紀三》大康三年（1077）七月、八月並作“蕭韓家奴”。此脱“奴”字。

蕭烏野字草隱，其先出興聖宫分，[1]觀察使塔里直之孫也。性孝悌，尚禮法，雅爲鄉黨所稱。

[1]興聖宫：聖宗隆緒宫分。

重熙中補護衛，興宗見其勤恪，遷護衛太保。清寧九年佐耶律仁先平重元亂，[1]以功加團練使。時敵烈部數爲鄰部侵擾，民多困弊，命烏野爲敵烈部節度使，恤困窮，省徭役，不數月部人以安。尋以母老，歸養于家。母亡，尤極哀毁。服闋，歷官興聖、延慶二宫使，[2]卒。

[1]清寧九年：【劉校】原本無清寧紀年。中華點校本校勘記云，本書卷二二《道宗本紀二》載，重元叛亂在清寧九年（1063）七月。中華點校本據補。今從。　耶律仁先（1012—1072）：契丹皇族。孟父房之後。九年，重元謀逆，仁先受命討賊。事後，加尚父，進封宋王，爲北院樞密使。本書卷九六有傳。　重元（1021—1063）：原稱宗元，因避興宗諱，改重元，小字孛吉只，亦作孛已只，聖宗次子。太平三年（1023）封秦國王。聖宗死後，欽愛皇后稱制，曾密謀立重元。重元以所謀告於興宗，封爲皇太弟。賜以金券誓書。道宗即位，册爲皇太叔，爲天下兵馬大元帥，復賜金券。清寧九年與其子涅魯古謀亂，失敗自殺。卷一一二有傳。

[2]延慶宫：興宗宗真宫分。

論曰：烏古敵烈，大部也，奪剌爲統軍克敵有功；普達居詳穩悦以使人；西北，重鎮也，侯哂巡邊以廉稱，古昱鎮撫而民富，獨攧駐金肅而夏人不敢東獵。噫！部人内附，方面以寧，雖朝廷處置得宜而諸將之力抑亦何可少哉。

（李錫厚注　劉鳳翥校）

遼史　卷九三

列傳第二十三

蕭惠　慈氏奴　蕭迂魯　鐸盧斡　蕭圖玉　耶律鐸軫[1]

[1]“蕭惠”至“耶律鐸軫”：【劉校】原本、明抄本、南監本無，據北監本和殿本補。

蕭惠字伯仁，小字脱古思，淳欽皇后弟阿古只五世孫。[1]

[1]淳欽皇后：遼太祖阿保機皇后述律氏的謚號。遼興宗重熙二十一年（1052）九月追謚。本書卷七一有傳。　阿古只：即迪里姑，蕭敵魯之弟，均爲阿保機述律皇后之兄弟。兄弟二人一同爲阿保機掌腹心部。剌葛叛亂，阿古只將其追擒於榆河。本書卷七三有傳。

初以中宫親爲國舅詳穩。[1]從伯父排押征高麗，[2]至奴古達北嶺，高麗阻險以拒，惠力戰破之。及攻開京，[3]以軍律整肅聞，授契丹行宫都部署。[4]開泰二年改南京統軍使。[5]未幾爲右夷离畢,[6]加同中書門下平章事。[7]朝議以遼東重地，非勳戚不能鎮撫，乃命惠知東京留守事。改西北路招討使，封魏國公。

[1]詳穩：遼朝軍官名。元帥府下設大詳穩司。本書卷一一六《國語解》："詳穩，諸官府監治長官。""詳穩"即漢語"將軍"的轉譯。【劉注】"詳穩"即漢語"將軍"的轉譯的説法似有值得商榷之處。在契丹小字中，"詳穩"作，"將軍"作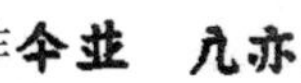，或、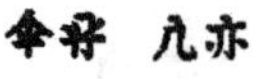；在契丹大字中，"詳穩"作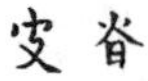，"將軍"作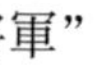。"詳穩"不是漢語"將軍"的轉譯，而是音譯的契丹語，契丹語中"將軍"是漢語借詞。

[2]排押：即蕭排押（？—1023）。字韓隱，國舅少父房之後。統和初爲左皮室詳穩。四年（986）破宋將曹彬、米信兵於望都，與樞密使耶律斜軫收復山西所陷城邑。是冬攻宋，以功改南京統軍使。十三年歷北、南院宣徽使。十五年加政事令，遷東京留守。二十二年與宋和議成，爲北府宰相。兩度從聖宗征高麗。本書卷八八有傳。　高麗：古國名。即王建創建的高麗王朝（918—1392）。統治地域在今朝鮮半島，首都在開京（今朝鮮開城市）。

[3]開京：高麗國首都。治所在今朝鮮開城市。統和二十八年（1010）曾爲遼所侵。亦曾短暫爲李氏朝鮮國都。

[4]契丹行宫都部署：遼北面行宫官。遼在北南面官系統中，分别設契丹行宫都部署和漢人行宫都部署，其上則有諸行宫都部署。行宫都部署完全是倣中原王朝官制設置的，它不同於專管斡魯朶事務的某宫都部署的宫官。宋朝皇帝巡幸亦有行宫，且亦有行宫都部署之設。後避英宗趙曙名諱，改稱行宫都總管。

[5]開泰：遼聖宗耶律隆緒年號（1012—1021）。　南京：遼五京之一。故址在今北京市。

[6]夷离畢：契丹官名。爲執政官，相當於副宰相參知政事。後來官分南、北，北面官有夷离畢院，主要掌刑政。

[7]同中書門下平章事：唐制，大臣中有此名義者即爲事實上的宰相。遼襲唐制，在分設北南面官之後，以同中書門下平章事爲南面宰相。

太平六年討回鶻阿薩蘭部，[1]徵兵諸路，獨阻卜酋長直剌後期，[2]立斬以徇。進至甘州，[3]攻圍三日不克而還。時直剌之子聚兵來襲，阻卜酋長烏八密以告，惠未之信。會西阻卜叛，襲三剋軍，都監涅魯古、突舉部節度使諧理、阿不呂等將兵三千來救，[4]遇敵于可敦城西南。[5]諧理、阿不呂戰歿，[6]士卒潰散。惠倉卒列陣，敵出不意攻我營，衆請乘時奮擊，惠以我軍疲敝未可用，弗聽。烏八請以夜斫營，惠又不許。阻卜歸，惠乃設伏兵擊之。前鋒始交，敵敗走。惠爲招討累年，屢遭侵掠，士馬疲困。七年左遷南京侍衛親軍馬步軍都指揮使，尋遷南京統軍使。

[1]太平：遼聖宗耶律隆緒年號（1021—1031）。　回鶻阿薩蘭部：亦稱阿薩蘭回鶻，即高昌回鶻，是回鶻西遷、匯合後主要的一支，直到元代，它仍自認是回鶻的嫡系。其疆域東至今哈密烏納格什湖，西通天山西部，南接酒泉，北達天山北麓。首府設在喀拉和卓（今新疆維吾爾自治區吐魯番市東高昌故城），陪都設在天山北麓別失八里（即北庭，位於今新疆維吾爾自治區吉木薩爾縣北破城子）。其王早期稱阿薩蘭汗（意爲獅子王），較晚則稱亦都護。

[2]阻卜：即達旦、韃靼。元人諱言達旦，而稱達旦爲阻卜。詳王國維《觀堂集林》卷一四《達旦考》。

[3]甘州：州名。治所在今甘肅省張掖市。

[4]突舉部：契丹阻午可汗時期部族名。據本書卷三三《營衛志下·部族下》，太祖二十部中的突呂不部，“其先曰塔古里，領三營。阻午可汗命分其一與弟航斡爲突舉部；塔古里得其二，更爲突呂不部。隸北府，節度使屬西北路招討司，司徒居長春州西”。

[5]可敦城：即鎮州。故城在今蒙古國布爾干省青托羅蓋古城。陳得芝《耶律大石北行史地雜考》（《歷史地理》第二輯）説：遼朝統治漠北屬部的最高軍政機構是西北路招討司（又稱西北路都招討司），遼聖宗統和十二年（994）因西北“阻卜”諸部作亂，以蕭撻凜爲西北路招討使，命隨皇太妃（齊王妃）出征，“屯西鄙驢駒兒河，西捍韃靼，盡降之。”蕭撻凜鑒於達旦諸部叛服不常，上表乞建三城以鎮之。統和二十二年三城完工，設置鎮、防、維三州。

[6]“都監涅魯古”至“阿不呂戰歿”：【劉校】據中華點校本校勘記，本書卷一七《聖宗本紀八》載太平六年（1026）八月作“監軍涅里姑，國舅帳太保曷不呂死之”。

興宗即位知興中府，[1]歷順義軍節度使、東京留守、西南面招討使，[2]加開府儀同三司、檢校太師兼侍中，[3]封鄭王，賜推誠協謀竭節功臣。重熙六年復爲契丹行宮都部署，[4]加守太師，徙王趙。拜南院樞密使，[5]更王齊。

[1]興中府：遼六府之一。治所在今遼寧省朝陽市。

[2]順義軍：遼代軍號。治朔州（今屬山西省）。　東京：遼五京之一。故址在今遼寧省遼陽市。　西南面招討使：西南面招討司的長官，負責對西夏防禦。

[3]檢校：職官制度用語。唐宋皆有檢校官，屬加官而非正授。

［4］重熙：遼興宗耶律宗真年號（1032—1055）。

［5］南院樞密使：即漢人樞密院之樞密使。爲南面官最高官職。詳見本書卷四七《百官志三》。

是時帝欲一天下，謀取三關，[1]集群臣議。惠曰："兩國彊弱聖慮所悉。宋人西征有年，師老民疲，陛下親率六軍臨之，其勝必矣。"蕭孝穆曰：[2]"我先朝與宋和好，無罪伐之，其曲在我，況勝敗未可逆料。願陛下熟察。"帝從惠言，迺遣使索宋十城，[3]會諸軍于燕。惠與太弟帥師壓宋境，宋人重失十城，增歲幣請和。[4]惠以首事功，進王韓。十二年兼北府宰相，[5]同知元帥府事，[6]又爲北樞密使。[7]

［1］三關：宋與契丹分界的三關，淤口關（今河北省霸州市東）、益津關（今霸州市）、瓦橋關（今河北省雄縣）。

［2］蕭孝穆（？—1043）：小字胡獨堇，淳欽皇后弟阿古只五世孫。統和二十八年（1010），累遷西北路招討都監。開泰元年（1012）冬，進軍可敦城。敗阻卜結五群牧長謀叛，拜北府宰相。本書卷八七有傳。

［3］遣使索宋十城：在宋夏戰事連年不絕的情況下，遼興宗認爲對宋要脅的時機已經成熟，於是他首先與北、南樞密院謀劃了一個奪回當年被後周攻佔的關南十縣地的方案，隨後，重熙十一年（宋慶曆二年，1042）正月，遼正式派遣南院宣徽使蕭英和翰林學士劉六符與北宋交涉，他們帶去了遼興宗致宋仁宗的一封信，就以下四個問題對宋朝進行指責：第一，周世宗不該奪取瓦橋關以南十縣地；第二，宋太宗進攻燕薊，師出無名；第三，西夏元昊與遼有甥舅之親，且早已向遼稱臣，宋興師伐夏，不應不事先告知遼；第

四，宋朝不應在邊界上增築工事，添置邊軍。在提出以上各項指責之後，還提出應將原來遼的藩屬北漢的領土及關南十縣地歸還遼朝，衹有如此，纔能“益深兄弟之懷，長守子孫之計”（《長編》卷一三五仁宗慶曆二年三月己巳記事）。宋仁宗命王拱辰起草復信，對遼方提出的指責一一予以駁斥，指出景德元年（1004）雙方訂立盟好，已確認前此諸細故“咸不置懷”，況且宋太宗進攻燕薊完全是由於遼援救北漢、阻撓宋朝統一所致，曲不在宋。瓦橋關南十縣地，已是異代之事，故不應重提。至於西夏問題，宋朝認爲元昊先人早已“賜姓稱藩，禀朔受禄”，現在僭號擾邊，理應討除，並且事先已聞達於遼。關於遼朝指責宋“備塞隘路，閲集兵夫”，復信認爲這都是“邊臣謹職之常”。最後，復信提出，雙方應令“緣邊各守疆界，誓書之外一無所求”（《長編》卷一三五仁宗慶曆二年四月庚辰記事）。

[4]增歲幣請和：宋復遣富弼、張茂實奉書聘遼，據《宋史》卷一三三《富弼傳》：及至，契丹不復求婚，專欲增幣，曰：“南朝遺我之辭當曰‘獻’，否則曰‘納’。”弼爭之，契丹主曰：“南朝既懼我矣，於二字何有？若我擁兵而南，得無悔乎！”弼曰：“本朝兼愛南北，故不憚更成，何名爲懼？或不得已至於用兵，則當以曲直爲勝負，非使臣之所知也。”契丹主曰：“卿勿固執，古亦有之。”弼曰：“自古唯唐高祖借兵於突厥，當時贈遺，或稱獻納。其後頡利爲太宗所擒，豈復有此禮哉！”弼聲色俱厲，契丹知不可奪，乃曰：“吾當自遣人議之。”復使劉六符來。弼歸奏曰：“臣以死拒之，彼氣折矣，可勿許也。”朝廷竟以“納”字與之。

[5]北府宰相：契丹部族官名。契丹可汗之下有北、南二府，各部族則分屬二府，故北宰相亦稱北府宰相，南宰相亦稱南府宰相。

[6]元帥府：主持遼朝南邊防務的機構。遼朝往往以皇位繼承人出任天下兵馬大元帥，早年德光、李胡都曾具有大元帥頭銜。後來，大元帥在燕京開府。余靖《武溪集》卷一七《契丹官儀》說：

“胡人之掌兵者，燕中有元帥府，雜掌番漢兵，太弟總判之……大抵胡人以元帥府守山前，故有府官，又有統軍，掌契丹、渤海之兵。馬軍步軍一，掌漢兵。以乙室王府守山後，又有雲、應、蔚、朔、奉聖等五節度營兵，逐州又置鄉兵。”

[7]北樞密使：契丹官名。亦稱北院樞密使，即契丹樞密院之樞密使，爲北面官之最高官職，掌軍事、部族。詳本書卷四五《百官志一》。

十三年夏國李元昊誘山南党項諸部，[1]帝親征，元昊懼請降。惠曰：“元昊忘奕世恩，萌姦計，車駕親臨，不盡歸所掠。天誘其衷，使彼來迎；天與不圖，後悔何及?”帝從之。詰旦進軍，夏人列拒馬于河西，[2]蔽盾以立，惠擊敗之。元昊走，惠麾先鋒及右翼邀之，夏人千餘潰圍出，我師逆擊。大風忽起，飛沙眯目，軍亂，夏人乘之，蹂踐而死者不可勝計。詔班師。

[1]夏國（1038—1227）：以党項民族爲主體建立的政權。公元1038年，元昊叛宋稱帝，建立大夏王朝，傳十代，至1227年爲蒙古所滅。元昊稱帝以前，其作爲北宋境内的地方割據政權，已經具有獨立性。史稱西夏，先後與遼、北宋及金、南宋並立於今中國境内。境土包括今寧夏回族自治區全部、甘肅省大部、陝西省北部以及青海省、内蒙古自治區的部分地區。　李元昊（1003—1048）：謚武烈皇帝，廟號景宗，陵號泰陵。小字嵬理，後更名曩霄，李德明長子。1031年李德明死後嗣位，宋授爲定難軍節度、夏銀綏宥靜等州觀察處置押蕃落使、西平王。遼封他爲夏國王。宋寶元元年（1038）十月，他更名曩霄，建國號大夏，年號天授禮法延祚，自稱皇帝。進表宋朝，要求承認建國稱帝的既成事實，雙方隨即發生戰爭。七年後雙方重新談和。西夏國主稱臣，宋朝同意每年給予

銀、絹、茶、綵共二十五萬五千兩、匹、斤。夏宋媾和之後，夏遼矛盾隨着激化。西夏景宗與遼興平公主婚後失和，再加上這時遼境内的党項部落多叛附西夏，糾紛益形擴大。遼興宗親征西夏，遭遇失敗。從此夏、宋、遼三方鼎峙的局勢形成。　党項：中國古代族名。又稱党項羌，唐以後主要活動於靈、慶、銀、夏等州，即今甘肅、寧夏、陝西和内蒙古等省區交界地區。

[2]拒馬：一種可以移動的障礙物，古時用以防騎兵，故名。

十七年尚帝姊秦晉國長公主，[1]拜駙馬都尉。明年帝復征夏國，惠自河南進，戰艦粮船綿亘數百里。既入敵境，偵候不遠，鎧甲載于車，軍士不得乘馬。諸將咸請備不虞，惠曰："諒祚必自迎車駕，何暇及我？無故設備，徒自弊耳。"數日，我軍未營，候者報夏師至，惠方詰妄言罪，諒祚軍從阪而下，惠與麾下不及甲而走。[2]追者射惠，幾不免，軍士死傷尤衆。師還，以惠子慈氏奴歿于陣，詔釋其罪。

[1]秦晉國長公主：聖宗女，欽愛皇后生，本書卷六五《公主表》名巖母，開泰七年（1018）封魏國公主。進封秦國長公主，改封秦晉國長公主。清寧初加大長公主。

[2]惠與麾下不及甲而走：遼諱言此次戰敗。《長編》卷一六八宋仁宗皇祐二年（1050）三月庚子記事："契丹遣殿前副點檢忠正節度使耶律益、彰德節度使趙柬之來告伐夏國還。益自言契丹三路進討，契丹主出中路，大捷。北路兵至西涼府，獲羊百萬、槖駝二十萬、牛五百，俘老幼甚衆，惟南路小失利，恐夏人妄説軍勝，誇南朝。然得邊奏，皆以謂遼主濟河不遇賊，無水草，馬多死。耶律貫寧大敗於師子口。惟劉五常獲陝西所陷屬户羌二十餘人，因而

來獻。其言多俘獲，蓋妄也。”

十九年請老，詔賜肩輿入朝，策杖上殿。辭章再上，乃許之，封魏國王。詔冬夏赴行在，[1]參決疑議。既歸，遣賜湯藥及佗錫賚不絶。每生日輒賜詩以示尊寵。清寧二年薨，[2]年七十四，遺命家人薄葬。訃聞，輟朝三日。[3]

[1]行在：皇帝出行時所在之地，遼爲行國，皇帝一年四季居無定所，皆在遷徙中度過。其行在又稱“行宫”，契丹語爲“捺鉢”。

[2]清寧：遼道宗耶律洪基年號（1055—1064）。

[3]輟（chuò）朝：中止臨朝聽政。

惠性寬厚，自奉儉薄。興宗使惠恣取珍物，惠曰：“臣以戚屬據要地，禄足養廉，奴婢千餘，不爲闕乏。陛下猶有所賜，貧於臣者何以待之。”帝以爲然。故爲將雖數敗衄，不之罪也。

弟虚列，武定軍節度使。[1]二子：慈氏奴，兀古匿。兀古匿終北府宰相。

[1]武定軍：遼代軍號。治奉聖州（今河北省涿鹿縣）。

慈氏奴字寧隱。太平初以戚屬補祇候郎君。上愛其勤慎，陞閘撒狘，[1]加右監門衛上將軍。

[1]閘撒狘：契丹部族官名。據本書卷一一六《國語解》，係

“抹里司官，亦掌宮衛之禁者”。

西邊有警，授西北路招討都監，領保大軍節度使。政濟恩威，諸部悦附。入爲殿前副點檢，[1]歷烏古敵烈部詳穩。[2]征李諒祚，[3]爲統軍都監，與西北路招討使敵魯古率蕃部諸軍由北路趨涼州，獲諒祚親屬。夏人扼險以拒，慈氏奴中流矢卒，年五十一，贈中書門下平章事。

[1]殿前副點檢：殿前都點檢的副職。後周世宗設置殿前司，以都點檢、副都點檢爲正副長官，位在都指揮使之上，爲禁軍統帥。宋初廢。遼設殿前都點檢，爲南面軍官，當係模倣後周制。

[2]烏古敵烈部：部族名。原爲二部。烏古又稱嫗厥律、于厥律，居契丹西北；敵烈又譯迪烈、敵烈德、迭烈德、達里底。遼時以遊牧、捕獵爲業，分佈於臚朐河（今克魯倫河）流域。有八部，稱爲八部敵烈或八石烈敵烈。與烏古部並稱爲北邊大部。遼聖宗以敵烈部降人置迭魯敵烈部和北敵烈部。開泰四年（1015），築董城於臚朐河北，安置敵烈、烏古降人。壽昌二年（1096），徙敵烈、烏古於烏納水西。遼置烏古敵烈統軍司以應對阻卜諸部的反抗。金末元初，敵烈人逐漸與女真人、蒙古人等同化。

[3]李諒祚：公元1047年至1067年在位。元昊之子，生母爲没藏氏。幼年繼位，國相没藏訛龐與其妹太后没藏氏盡攬朝權。1049年，遼興宗乘西夏景宗元昊新死，大舉親征，但爲夏軍所敗。1061年訛龐父子陰謀殺害諒祚，諒祚在大將漫咩支持下，擒殺訛龐父子，盡誅其家族，廢皇后没藏氏（訛龐女），納梁氏爲后，以后弟梁乙埋爲國相。諒祚下令停止使用蕃禮，改行漢禮。死於1067年，廟號毅宗。

蕭迂魯字胡突堇，五院部人。[1]父約質，歷官節度使。

[1]五院部：契丹部族名。天贊元年（922）以迭剌部強大難制，析五石烈爲五院，六爪爲六院，各置夷离堇。會同元年（938）更夷离堇爲大王，部隸北府，以鎮南境。

迂魯重熙間爲牌印郎君。清寧九年國家既平重元之亂，[1]其黨郭九等亡，詔迂魯追捕，獲之，遷護衛太保。[2]咸雍元年使宋議邊事，[3]稱旨，知殿前副點檢事。

[1]重元之亂：耶律重元，遼聖宗次子。欽愛皇后稱制，曾密謀立重元。重元以所謀告於興宗，封爲皇太弟。賜以金券誓書。道宗即位册爲皇太叔，爲天下兵馬大元帥，復賜金券。清寧九年（1063）與其子涅魯古謀亂，失敗自殺。

[2]護衛太保：遼北面官。北、南護衛府官員。各設左、右護衛司，以護衛太保領之。【劉校】護衛太保，原本誤作“護尉太保”，今據中華點校本改。

[3]咸雍：遼道宗耶律洪基年號（1065—1074）。　使宋議邊事：當時遼宋邊境有衝突。據《長編》卷二〇五英宗治平二年（1065）六月己酉司馬光言：“近者聞契丹之民有於界河捕魚及於白溝之南翦伐柳栽者，此乃邊鄙之小事，何足介意？而朝廷以前知雄州李中祐不能禁禦爲不材，别選州將以代之。臣恐新將之至，必以中祐爲戒，而以趙滋爲法，妄殺敵人，則戰鬬之端，往來無窮矣。況今民力彫弊，倉庫虛竭，將帥乏人，士卒不練。夏國既有憤怨，屢來侵寇，禍胎已成，若又加以契丹失歡，臣恐國力未易支也。伏望陛下嚴戒北邊將吏，若契丹不循常例，小小相侵，如魚船、柳栽之類，止可以文牒勑會，道理曉諭，使其官司自行禁約，不可以矢

刃相加。若再三曉諭不聽，則聞於朝廷，雖專遣使臣至其王廷，與之辨論曲直，亦無傷也。”

五年阻卜叛，[1]爲行軍都監，擊敗之，俘獲甚衆。初，軍出止給五月粮，過期粮乏，士卒往往叛歸。迂魯坐失計免官，降戍西北部。未行，會北部兵起，迂魯將烏古敵烈兵擊敗之，每戰以身先，繇是釋前罪，命總知烏古敵烈部。

[1]阻卜：古代民族名。達旦即韃靼。元人諱言達旦，而稱達旦爲阻卜。詳王國維《觀堂集林》卷一四《達旦考》。

九年，敵烈叛，都監耶律獨迭以兵少不戰，屯臚朐河。[1]敵烈合邊人掠居民，迂魯率精騎四百力戰，敗之，盡獲其輜重。繼聞酋長合朮三千餘騎掠附近部落，縱兵躡其後，連戰二日，斬數千級，盡得被掠人畜而還。值敵烈黨五百餘騎劫捕鷹户，逆擊走之，俘斬甚衆，自是敵烈勢沮。

[1]臚朐河：黑龍江支流。據《水道提綱》卷二五，“克魯倫河即臚朐河，源出肯忒山東南百餘里支峰西南麓”。

時敵烈方爲邊患，而阻卜相繼寇掠，邊人以故疲弊。朝廷以地遠不能時益援軍，而使疆圉帖然者，皆迂魯力也。帝嘉其功，拜左皮室詳穩。[1]

[1]皮室：契丹軍名。意爲“金剛”。初爲阿保機所置，稱“腹心部”。後有南、北、左、右皮室及黄皮室等，皆掌精甲。

會宋求天池之地，詔迂魯兼統兩皮室軍屯太牢古山以備之。[1]大康初阻卜叛，遷西北招討都監，[2]從都統耶律趙三征討有功，[3]改南京統軍都監、黄皮室詳穩。未幾，遷東北路統軍都監，卒。弟鐸盧斡。

[1]太牢古山：【劉校】據中華點校本校勘記，“按《紀》壽隆五年七月、天慶三年九月、卷八六《耶律頗的傳》並作大牢古山”。

[2]西北招討都監：西北路招討司官員。西北路招討司又稱西北路都招討司，遼朝統治漠北屬部的最高軍政機構。聖宗以後，主要負責鎮壓阻卜。

[3]都統：官名。唐乾元中，始以都統爲官名，總諸道征伐。後若調諸道兵馬會戰，多置此職，爲臨時軍事長官，不賜旌節，事解即罷。遼設諸路兵馬都統署司，下有諸路兵馬都統署，都統爲其長官。

鐸盧斡字撒板。幼警悟異常兒。三歲失母，哭盡哀，見者傷之。及長，魁偉沉毅，好學善屬文，有才幹。年三十始仕，爲朝野推重，給事北院知聖旨事。

大康二年乙辛再入樞府，[1]鐸盧斡素與蕭巖壽善，[2]誣以罪，謫戍西北部。坐皇太子事特恩減死，[3]仍錮終身。在戍十餘年，太子事稍直，始得歸鄉里，屏居謝人事。一日臨流，聞雉鳴，三復孔子“時哉”語，[4]作古詩三章見志。當時名士稱其高情雅韻，不減古人。

[1]大康：遼道宗耶律洪基年號（1075—1084）。

[2]蕭巖壽（1028—1077）：道宗時任北面林牙，因反對耶律乙辛謀害太子，被誣"謀廢立"，於大康三年（1077）被處死。本書卷九九有傳。

[3]皇太子事：指太子濬被誣、被廢事。參見本書卷七二《順宗濬傳》。

[4]孔子"時哉"語：見《論語·鄉黨》："山梁雌雉，時哉！時哉！"何晏集解："言山梁雌雉得其時，而人不得時，故歎之。"意思是看到雌鳥在山上産卵，育雛，發出"時哉！時哉！"的感歎，即歎人生不逢時。

壽隆六年卒，[1]年六十一。乾統初贈彰義軍節度使。[2]

[1]壽隆：遼道宗耶律洪基年號（1095—1101）。據遼代碑刻和錢幣，此年號本爲"壽昌"。元代修《遼史》時誤書爲"壽隆"。

[2]乾統：遼天祚帝耶律延禧年號（1101—1110）。　彰義軍：遼代軍號。爲遙授，治所在今河南省汝南縣，不在遼境内。

蕭圖玉字兀衍，北府宰相海瓈之子。統和初皇太后稱制，[1]以戚屬入侍，尋爲烏古部都監。[2]討速母緌等部有功，遷烏古部節度使。十九年總領西北路軍事。後以本路兵伐甘州，降其酋長牙懶。[3]既而牙懶復叛，命討之，克肅州，[4]盡遷其民于土隗口故城。師還，詔尚金鄉公主，[5]拜駙馬都尉，加同政事令門下平章事。[6]

[1]統和：遼聖宗耶律隆緒年號（983—1012）。

[2]烏古：部族名。又稱嫗厥律、于厥律，居契丹西北。

[3]牙懶：【劉校】據中華點校本校勘記，本書卷一四《聖宗本紀五》統和二十六年（1008）十二月作“耶剌里”。

[4]肅州：州名。治所在今甘肅省酒泉市。

[5]金鄉公主：聖宗第十三女塞哥，李氏生。封金鄉郡主，進封公主。統和中下嫁蕭圖玉。因殺奴婢被貶，死於貶所。

[6]同政事令門下平章事：亦稱同政事門下平章事，遼朝南面宰相。遼世宗天禄四年（950）建政事省之前，漢人宰相無定稱；建政事省之後，南面宰相稱“政事令”，且多由契丹貴族擔任這一職務。但政事令不常置，平章事亦同真宰相。

上言曰：“阻卜今已服化，宜各分部治以節度使。”上從之。自後，節度使往往非材，部民怨而思叛。開泰元年十一月，[1]石烈太師阿里底殺其節度使，西奔窩魯朶城，蓋古所謂龍庭單于城也。[2]已而阻卜復叛，圍圖玉于可敦城，[3]勢甚張。圖玉使諸軍齊射却之，屯于窩魯朶城。明年北院樞密使耶律化哥引兵來救，[4]圖玉遣人誘諸部皆降。帝以圖玉始雖失計，後得人心，釋之，仍領諸部。請益軍，詔讓之曰：“叛者既服，兵安用益？且前日之役死傷甚衆，若從汝謀，邊事何時而息。”遂止。

[1]十一月：【劉校】原本作“七月”。據中華點校本校勘記，本書卷一五《聖宗本紀六》將此事繫於開泰元年（1012）十一月，“甲辰，西北招討使蕭圖玉奏七部太師阿里底因其部民之怨，殺本部節度使霸暗并屠其家以叛，阻卜執阿里底以獻，而沿邊諸部皆叛”。中華點校本據改。今從。

[2]單于城：地名。即本書卷一《太祖本紀上》所記之古回鶻城及卷三〇《天祚本紀四》所記之卜古罕城。其地當在今蒙古國鄂爾渾河上游。

[3]可敦城：即鎮州。故城在今蒙古國布爾干省托羅蓋古城。陳得芝《耶律大石北行史地雜考》（《歷史地理》第二輯）説：遼朝統治漠北屬部的最高軍政機構是西北路招討司（又稱西北路都招討司），遼聖宗統和十二年（994），因西北“阻卜”諸部作亂，以蕭撻凜爲西北路招討使，命隨皇太妃（齊王妃）出征，“屯西鄙驢駒兒河，西捍韃靼，盡降之”。蕭撻凜鑒於達旦諸部叛服不常，上表乞建三城以鎮之。統和二十二年三城完工，設置鎮、防、維三州。

[4]耶律化哥：字弘隱，孟父楚國王之後。乾亨初爲北院林牙。統和四年拜上京留守，遷北院大王。十六年侵宋，爲先鋒，以功遷南院大王，尋改北院樞密使。開泰元年伐阻卜，以功封豳王。伐阻卜過程中掠阿薩蘭回鶻，諸蕃由此不附。聖宗使按之，削王爵。本書卷九四有傳。

會公主坐殺家婢降封郡主，[1]圖玉罷使相。[2]尋起爲烏古敵烈部詳穩。以老代，還。卒。子雙古，[3]南京統軍使。孫訛篤斡，[4]尚三韓郡王合魯之女骨浴公主，[5]終烏古敵烈部統軍使，以善戰名于世。

[1]郡主：唐制，太子之女爲郡主。宋沿唐制，而宗室女亦得封郡主。宋代歐陽脩《歸田録》卷二：“宗室女封郡主者，謂其夫爲郡馬。”遼封宗室女爲郡主，亦是沿襲唐制。

[2]降封郡主，圖玉罷使相：【劉校】據中華點校本校勘記，本書卷一五《聖宗本紀六》載，開泰六年（1017）二月作“降公主爲縣主，削圖玉同平章事”。

［3］雙古：【劉注】據劉鳳翥、唐彩蘭、青格勒編著《遼上京地區出土的遼代碑刻彙輯》（中國社會科學出版社2009年版）著録的《蕭興言墓誌銘》，雙古是音譯的契丹語名，他還有單字的漢名“恭”，居官北宰相兼侍中、燕京都統軍。妻别胥，孫你大王之妹。

［4］訛篤斡（1032—1087）：【劉注】據《蕭興言墓誌銘》，訛篤斡是音譯的契丹語小名，他還有漢名“興言”。“清寧間，以其性賦雄毅，承祖之廕，寘于宿直禁衛之列，次授宫使。時年二十七，因迪烈子叛，上以公世鎮西北隅，特簡授遥郡節度使，利用討伐。公既承命，止率人騎五十入其境，會彼首領，説而質其子。由是，不破一甲而和焉。復還所虜人物。是歲從貢，今匪闕供。兼給役使十一道。上重其□，轉加金吾衛上將軍。改詳穩司爲統軍司，復授三十萬兵都統軍。詔制：‘閫外專以生殺’。後又以萌骨子不尅，公乃九征而五帥其師。矛鉞所指，罔不畏從。或犯他守，則公亦越境而制之矣。是故，四懷款附之誠，一無犬吠之警者，皆公之力焉。以此，又加龍虎衛上將軍、招討使、守太子太保，兼賜勤力功臣。疆場内外，聆其威名，嚮其風聲。雖孩提無識，尚猶屏氣跼脊，莫敢呱呱而啼焉。”

［5］三韓郡王合魯：【劉注】據劉鳳翥、唐彩蘭撰《遼〈蕭興言墓誌〉和〈永寧郡公主墓誌〉考釋》（載《燕京學報》2003年新第14期），合魯是契丹語小名的音譯，他還有漢名“宗範”。他是遼聖宗三弟耶律隆裕（《遼史》誤作隆祐）第二子。　骨浴公主（1033—1091）：【劉注】骨浴是音譯的契丹語名字，漢語意思爲“臣”。她最後的封號是永寧郡公主。有契丹大字墓誌銘出土，原石現存遼上京博物館。

耶律鐸軫字敵輦，積慶宫人。[1]仕統和間。性踈簡，不顧小節，人初以是短之。

［1］積慶宫人：即積慶宫宫分人。宫分人是隸屬宫衛的百姓，身份是世襲的。積慶宫爲世宗宫分。

後侵宋，分總羸師以從。及戰，取緋帛被介冑以自標顯，馳突出入敵陣，格殺甚衆。太后望見喜，召謂之曰："卿勠力如此，何患不濟！"厚賞之。由是多以軍事屬任。俄授東北詳穩。開泰二年進討阻卜，克之。

重熙間歷東路統軍使、天德軍節度使。[1]十七年城西邊，命鐸軫相地及造戰艦，因成樓船百三十艘。上置兵，下立馬，規制堅壯，稱旨。及西征，詔鐸軫率兵由别道進，會于河濱。敵兵阻河而陣，帝御戰艦絶河擊之，大捷而歸。親賜卮酒，仍問所欲，鐸軫對曰："臣幸被聖恩，得效駑力，萬死不能報國，又將何求？"帝愈重之，手書鐸軫衣裾曰：[2]"勤國忠君，舉世無雙。"卒于官，年七十。子低烈，歷觀察、節度使。

［1］東路：【劉校】中華點校本作"東北路"，修訂本復改爲"東路"。　天德軍：唐軍鎮名。即豐州。遼太祖阿保機於神册五年(920)平党項，仍以此地爲天德軍。其地在今内蒙古自治區呼和浩特市東白塔。

［2］衣裾（jū）：【劉校】中華點校本作"衣裙"，修訂本復改爲"衣裾"。"裾"，衣服的前襟。

論曰：初，遼之謀復三關也，蕭惠贊伐宋之舉而宋人增幣請和。狃於一勝，移師西夏而勇智俱廢，敗潰隨之，豈非貪小利、迷遠圖而然。況所得不償所亡，利果安在哉？同時諸將撫綏邊圉，若迂魯忠勤不伐，鐸魯斡高情雅韻，鐸軫雖廉不逮蕭惠而無邀功啓釁之罪，[1]亦庶乎君子之風矣。

[1]鐸魯斡高情雅韻，鐸軫雖廉不逮蕭惠：【劉校】據中華點校本校勘記，此處“原‘鐸魯斡’與‘鐸軫’倒舛，誤作‘鐸軫高情雅韻，鐸魯斡雖廉不逮蕭惠’，據本傳傳文改。又‘鐸魯斡’，傳文作‘鐸盧斡’”。今從。

（李錫厚注　劉鳳翥校）

遼史　卷九四

列傳第二十四

耶律化哥　耶律斡臘　耶律速撒　蕭阿魯帶　耶律那也　耶律何魯掃古　耶律世良[1]

［1］“耶律化哥”至“耶律世良”：【劉校】原本、明抄本、南監本無，據北監本和殿本補。

耶律化哥字弘隱，孟父楚國王之後。[1]善騎射。

［1］孟父楚國王：耶律阿保機的伯父巖木，見本書卷六六《皇族表》。契丹以玄祖之後爲皇族，分爲三房：孟父房、仲父房和季父房。季父房一系德祖之元子是爲太祖天皇帝，謂之橫帳；次曰剌葛、曰迭剌、曰寅底石、曰安端、曰蘇，皆曰季父房。

乾亨初爲北院林牙。[1]統和四年南侵宋，[2]化哥擒諜者，知敵由海路來襲，即先據平州要地。[3]事平，拜上京留守，[4]遷北院大王。[5]十六年復侵宋爲先鋒，破敵于遂城，[6]以功遷南院大王，尋改北院樞密使。[7]

[1]乾亨：遼景宗耶律賢年號（979—983）。　林牙：契丹官名。掌文翰，相當於翰林學士。

[2]統和：遼聖宗耶律隆緒年號（983—1012）。

[3]平州：州名。唐置，治所在今河北省盧龍縣。

[4]上京：遼五京之一。前期都城，稱臨潢府，故址在今内蒙古自治區巴林左旗林東鎮波羅城。

[5]北院大王：契丹部族官名。遼朝析迭剌部爲五院部和六院部。五院部有知五院事，在朝曰北大王院。北院大王即是五院部的首領，握有兵權。

[6]遂城：縣名。治所在今河北省保定市徐水區。

[7]以功遷南院大王，尋改北院樞密使：【劉校】據中華點校本校勘記，本書卷一四《聖宗本紀五》統和二十三年（1005）二月，以惕隱化哥爲南院大王。又卷一五《聖宗本紀六》統和二十九年六月，以南院大王化哥爲北院樞密使。

開泰元年伐阻卜，[1]阻卜棄輜重遁走，俘獲甚多。帝嘉之，封豳王。後邊吏奏："自化哥還闕，糧乏馬弱，勢不可守。"上復遣化哥經略西境。化哥與邊將深入，聞蕃部逆命居翼只水，[2]化哥徐以兵進，敵望風奔潰，獲羊馬及輜重。

[1]開泰：遼聖宗耶律隆緒年號（1012—1021）。　阻卜：即達旦、韃靼。元人諱言達旦，而稱達旦爲阻卜。詳王國維《觀堂集林》卷一四《達旦考》。

[2]翼只水：【靳注】河名。即元代之也兒的石河，今新疆維吾爾自治區天山北部的額爾齊斯河。詳參田衛疆《高昌回鶻史稿》（新疆人民出版社2006年版，第63頁）。

路由白拔烈,[1]遇阿薩蘭回鶻,[2]掠之。都監裹里繼至，謂化哥曰："君誤矣！此部實効順者。"化哥悉還所俘。諸蕃由此不附，上使案之，削王爵。以侍中遥領大同軍節度使,[3]卒。

[1]白拔烈：【靳注】地名。突厥語音譯詞。亦稱獨山城，即唐之蒲類。其地在今新疆維吾爾自治區木壘縣南。詳参田衛疆《高昌回鶻史稿》(新疆人民出版社 2006 年版，第 63 頁)。

[2]阿薩蘭回鶻：即高昌回鶻，是回鶻西遷、匯合後主要的一支，直到元代，它仍自認是回鶻的嫡系。其疆域東至今哈密烏納格什湖，西通天山西部，南接酒泉，北達天山北麓。首府設在喀拉和卓（今新疆維吾爾自治區吐魯番市東高昌故城），陪都設在天山北麓别失八里（即北庭，位於今新疆維吾爾自治區吉木薩爾縣北破城子）。其王早期稱阿薩蘭汗（意爲獅子王），較晚則稱亦都護。

[3]大同軍：遼代軍號。治雲州，在今山西省大同市。

耶律斡臘字斯寧，奚迭剌部人。[1]趫捷有力，善騎射。

[1]奚迭剌部：奚部族組織名。契丹征服奚族以後，以其一部分所置的新部族。

保寧初補護衛,[1]車駕獵頡山，適豪豬伏叢莽。帝射中，豬突出，御者托滿捨轡而避，厩人鶴骨翼之，斡臘復射而斃。帝嘉賞。及獵赤山,[2]適奔鹿奮角突前，路隘不容避，垂犯蹕，斡臘以身當之，鹿觸而顛。帝謂曰："朕因獵兩瀕于危，賴卿以免，始見爾心。"遷護衛太保。[3]

[1]保寧：遼景宗耶律賢年號（969—979）。

[2]赤山：今内蒙古自治區赤峰市境内紅山。

[3]護衛太保：【靳注】官名。遼北面官。北、南護衛府官員，各設左、右護衛司，以護衛太保領之。

從樞密使耶律斜軫破宋將楊繼業軍于山西。[1]統和十三年秋爲行軍都監，從都部署奚王和朔奴伐兀惹烏昭度，[2]數月至其城。昭度請降，和朔奴利其俘掠，令四面急攻。昭度率衆死守，隨方捍禦。依埤堄虛構戰棚，誘我軍登陴，俄徹枝柱，登者盡覆。和朔奴知不能下，欲退。蕭恒德謂“師久無功，[3]何以藉口，若深入大掠，[4]猶勝空返”。斡臘曰：“深入，恐所得不償所損。”恒德不從，略地東南，循高麗北鄙還。[5]道遠糧絶，人馬多死。詔奪諸將官，惟斡臘以前議得免。

[1]耶律斜軫（？—999）：字韓隱，于越曷魯之孫。保寧初受命節制西南面諸軍，仍援河東。改南院大王。乾亨元年（979）秋，宋軍攻下河東，乘勝襲燕，高梁河一戰，他與耶律休哥分左右翼夾擊，大敗宋軍。統和初，承天皇太后蕭綽稱制，益見委任，爲北院樞密使。四年（986）宋軍三路來攻，斜軫指揮擊退西路來攻的宋軍，以功加守太保。本書卷八三有傳。　楊繼業（？—986）：即楊業，麟州（今陝西省神木縣）人。父信爲漢麟州刺史。業早年爲戰將，屢立戰功，所向克捷，國人號爲“無敵”。隨其主劉繼元降宋，宋太宗以業熟悉邊事，授代州兼三交駐泊兵馬都部署，以功遷雲州觀察使，仍判鄭州、代州，自是契丹望見業旌旗即退走。雍熙三年

（遼統和四年，986）副雲應路行營都部署、忠武軍節度使潘美北上攻遼。諸軍連拔雲、應、寰、朔四州，師次桑乾河，會曹彬之師不利，諸路班師。太宗詔遷四州之民於宋朝内地，令潘美等以所部之兵護送。當時契丹國母蕭氏領衆十餘萬復陷寰州，潘美等迫楊業出戰，苦戰殺敵，馬重傷不能進，遂爲契丹所俘，不食三日而死。《宋史》卷二七二有傳。

[2]奚王和朔奴："奚王"是對奚部族首領的稱呼。據《五代會要》卷二八《奚》："奚，本匈奴别種，即東胡之地，人物風俗與突厥同。族有五姓：一曰阿會部，管縣六；二曰啜米部，管縣四；三曰奥質部，管縣六；四曰奴皆部，管縣四；五曰黑訖支部，管縣三。每部有刺史，每縣有令，酋長號奚王"。此奚王是被契丹降伏以後的奚部族酋長。《新五代史》卷七四《四夷附録第三》所記奚各部名稱與《五代會要》相同：奚"分爲五部：一曰阿薈部，二曰啜米部，三曰粵質部，四曰奴皆部，五曰黑訖支部。後徙居琵琶川，在幽州東北數百里。地多黑羊，馬趫前蹄堅善走，其登山逐獸，下上如飛"。奚本來衹有五部，阿保機降伏五部奚之後設置墮瑰部，而成六部。詳本書卷三三《營衛志下·部族下》。　兀惹：又作烏惹。遼金時北邊族名。本書卷一四《聖宗本紀五》統和二十一年夏四月"兀惹、渤海、奥里米、越里篤、越里吉等五部遣使來貢"。説明該兀惹部是在遼東北境，與渤海餘部及五國部相鄰。

[3]蕭恒德：字遜寧。國舅少父房之後。蕭排押弟，有膽略而善謀。統和元年尚越國公主，拜駙馬都尉，遷南面林牙。從宣徽使耶律阿没里征高麗還，改北面林牙。後爲東京留守。十四年爲行軍都部署，伐蒲盧毛朶部。還，公主疾，太后遣宫人賢釋侍之，恒德私焉。公主恚而薨，太后怒，賜死。後追封蘭陵郡王。本書卷八八有傳。

[4]若深入大掠：【劉校】據中華修訂本校勘記，"掠"原作"涼"，據馮家昇《遼史初校》改。

[5]高麗：古國名。即王建創建的高麗王朝（918—1392）。統

治地域在今朝鮮半島，首都在開京（今朝鮮開城市）。

尋加同政事門下平章事，[1]爲東京留守。[2]開泰中卒。

[1]同政事門下平章事：或同中書門下平章事。唐制，大臣中有此名義者即爲事實上的宰相。遼襲唐制，在分設北南面官之後，以同中書門下平章事爲南面宰相。

[2]東京：遼五京之一。故址在今遼寧省遼陽市。

耶律速撒字阿敏，性忠直簡毅，練武事。應曆初爲侍從，[1]累遷突呂不部節度使。[2]歷霸、濟、祥、順、聖五州都總管，[3]俄爲敦睦宮太師。[4]保寧三年改九部都詳穩。[5]四年伐党項，[6]屢立戰功，手詔勞之。

[1]應曆：遼穆宗耶律璟年號（951—969）。

[2]突呂不部：契丹部族名。據本書卷三三《營衛志下》，該部爲太祖二十部之一，創建於阻午可汗之時，隸北府，節度使屬西北路招討司，司徒居長春州西。

[3]歷霸、濟、祥、順、聖五州都總管：本書卷四八《百官志四》作"義、霸、祥、順、聖五州都總管"。義州，治所在今遼寧省義縣；霸州，治所在今遼寧省朝陽市。兩地相近。祥州應是以渤海俘在中京道内僑置；順、聖二州也是中京道内僑置。五州壤地相接，故設都總管。故應以《百官志》爲是。

[4]敦睦宮：孝文皇太弟宮分。

[5]詳穩：遼朝軍官名。元帥府下設大詳穩司。本書卷一一六《國語解》："詳穩，諸官府監治長官。""詳穩"即漢語"將軍"的轉譯。【劉注】"詳穩"即漢語"將軍"的轉譯的説法似有值得商

椎之處。在契丹小字中，“詳穩”作仐各夊，“將軍”作仐並 凡亦，或仐将 凡亦、仐将 凡亦；在契丹大字中，“詳穩”作安谷，“將軍”作将另。“詳穩”不是漢語“將軍”的轉譯，而是音譯的契丹語，契丹語中“將軍”是漢語借詞。

[6]党項：中國古代族名。又稱党項羌，唐以後主要活動於靈、慶、銀、夏等州，即今甘肅、寧夏、陝西和内蒙古等省區交界地區。

統和初皇太后稱制，西邊甫定，速撒務安集諸蕃，利害輒具以聞，太后益信任之。凡臨戎，與士卒同甘苦，所獲均賜將校。賞順討逆，威信大振。在邊二十年，卒。

蕭阿魯帶字乙辛隱，烏隗部人。[1]父女古，仕至糺詳穩。

[1]烏隗部：據本書卷三三《營衛志下·部族下》，烏隗部亦稱奥隗部，是契丹古老的部族組織。此外，契丹還有乙室奥隗部和楮特奥隗部，均係以所俘奚人設置。都活動於東京轄區。

阿魯帶少習騎射，曉兵法。清寧間始仕，[1]累遷本部司徒，改烏古敵烈統軍都監。[2]

[1]清寧：遼道宗耶律洪基年號（1055—1064）。

[2]烏古敵烈：部族名。原爲二部。烏古又稱嫗厥律、于厥律，居契丹西北；敵烈又譯迪烈、敵烈德、迭烈德、達里底。遼時以遊

牧、捕獵爲業，分佈於臚朐河（今克魯倫河）流域。有八部，稱爲八部敵烈或八石烈敵烈。與烏古部並稱爲北邊大部。遼聖宗以敵烈部降人置迭魯敵烈部和北敵烈部。開泰四年（1015），築董城於臚朐河北，安置敵烈、烏古降人。壽昌二年（1096），徙敵烈、烏古於烏納水西。遼置烏古敵烈統軍司以應對阻卜諸部的反抗。金末元初，敵烈人逐漸與女真人、蒙古人等同化。

大安七年遷山北副部署。[1]九年達理得、拔思母二部來侵，[2]率兵擊却之。達理得復劫牛羊去，阿魯帶引兵追及，盡獲所掠，斬渠帥數人。是冬，達理得等以三百餘人梗邊，復戰却之，斬首二百餘級，加金吾衛上將軍，封蘭陵縣公。壽隆元年，[3]第功加同中書門下平章事，進爵郡公，改西北路招討使。[4]

[1]大安：遼道宗耶律洪基年號（1085—1094）。

[2]達理得：即敵烈。　拔思母：遼朝西北部叛服不常的部族之一。本書本卷《耶律那也傳》“大安九年爲倒塌嶺節度使。明年冬以北阻卜長磨古斯叛，與招討都監耶律胡呂率精騎二千往討，破之。那也薦胡呂爲漢人行宮副部署。壽隆元年復討達理得、拔思母等有功，賜詔褒美，改烏古敵烈部統軍使，邊境以寧。部民乞留，詔許再任”。這場由阻卜古斯開始的西北諸部叛，茶扎剌、拔斯母、耶覩刮等部也同時反叛，直至壽昌末年纔被平定。

[3]壽隆：遼道宗耶律洪基年號（1095—1101）。據遼代碑刻和錢幣，此年號本爲“壽昌”。元代修《遼史》時誤書爲“壽隆”。

[4]西北路招討使：西北路招討司的軍政長官。西北路招討司又稱西北路都招討司，是遼朝統治漠北屬部的最高軍政機構。

乾統三年坐留宋俘當遣還者爲奴，[1]免官。後被徵，以老疾致仕，卒。

［1］乾統：遼天祚帝耶律延禧年號（1101—1110）。

耶律那也字移斯輦，夷离堇蒲古只之後。[1]父斡嘗爲北剋，[2]從伐夏戰歿。季父趙三，始爲宿直官，累遷至北面林牙。咸雍四年拜北院大王，[3]改西南面招討使。[4]大康中西北諸部擾邊，[5]議欲往討，帝以爲非趙三不可，遂拜西北路招討使，兼行軍都統，[6]平之，以功復爲北院大王。

［1］夷离堇：契丹部族官名。源於突厥語官名“俟斤”（Irkin）。突厥各部的最高元首稱“可汗”（Qaghan），其他各部酋長則稱爲俟斤。初，契丹“其君大賀氏，有勝兵四萬，臣於突厥，以爲俟斤”（《新唐書》卷二一九《契丹傳》）。後，契丹首領自立爲可汗，其下所屬各部酋長則稱爲“俟斤”，亦即夷离堇。契丹立國後，大部族之夷离堇稱王，小部族之夷离堇則稱爲節度使。舉凡一部之軍政、民政皆由其統掌。參韓儒林《穹廬集》（上海人民出版社1982年版，第314—316頁）。

［2］父斡嘗爲北剋：【劉校】“嘗”原本作“常”，中華點校本作“嘗”，中華修訂本仍作“常”，今從中華點校本。據中華點校本校勘記，本書卷二〇《興宗本紀三》重熙十八年（1049）十月及卷一一五《西夏外記》並作“南剋耶律斡里”。

［3］咸雍：遼道宗耶律洪基年號（1065—1074）。

［4］西南面招討使：西南面招討司長官。駐西京大同（今山西省大同市），負責對西夏防務。

［5］大康：遼道宗耶律洪基年號（1075—1084）。

[6]都統：官名。唐乾元中，始以都統爲官名，總諸道征伐。後若調諸道兵馬會戰，多置此職，爲臨時軍事長官，不賜旌節，事解即罷。遼設諸路兵馬都統署司，下有諸路兵馬都統署，都統爲其長官。

那也敦厚才敏。上以其父斡死王事，九歲加諸衛小將軍，爲題里司徒，尋召爲宿直官。大康三年爲遙輦剋。[1]大安九年爲倒撻嶺節度使。[2]明年冬以北阻卜長磨古斯叛，與招討都監耶律胡吕率精騎二千往討，破之。那也薦胡吕爲漢人行宫副部署。壽隆元年復討達理得、拔思母等有功，[3]賜詔褒美，改烏古敵烈部統軍使，邊境以寧。部民乞留，詔許再任。乾統六年拜中京留守，[4]改北院大王，薨。

[1]遙輦剋："剋"在此作部族官解。

[2]倒撻嶺：一作"倒塌嶺"。地近阻卜，故遼在此駐軍守護西路群牧。

[3]達理得、拔思母：【劉校】據中華點校本校勘記，原作"達里、拔思"，據本書本卷《蕭阿魯帶傳》改，"《紀》大安九年十月、十年二月達理得亦作達理底"。

[4]中京：遼五京之一。稱大定府，故址在今内蒙古自治區寧城縣大明鎮。

那也爲人廉介，長于理民，每有鬬訟，親覈曲直，不尚威嚴，常曰："凡治人，本欲分别是非，何事迫憎以立名。"[1]故所至以惠化稱。

[1]迫愶（xié）："愶"，意爲膽怯，又意爲威脅，故"愶"同"脅"，此處即爲後者。中華點校本、修訂本徑改爲"脅"。

耶律何魯掃古字烏古鄰，孟父房之後。

重熙末補祗候郎君。[1]清寧初加安州團練使。[2]大康中歷懷德軍節度使、奚六部禿里太尉。[3]詔與樞密官措畫東北邊事，改左護衛太保。侍上言多率易，察無他腸，以故上優貸之。

[1]重熙：遼興宗耶律宗真年號（1032—1055）。

[2]安州：渤海國安邊府治所。故址在今俄羅斯濱海邊疆區奧耳加城。　團練使：軍官名。據《文獻通考》卷五九《職官考·團練使》，"唐肅宗乾元初置團練使、守捉使，大領十州，小者三五州。代宗時元載當國，令刺史悉帶團練"。

[3]懷德軍：遼代軍號。治恩州。據《欽定熱河志》卷六〇，遼恩州故址在大定縣恩化鎮（今内蒙古自治區喀喇沁旗東土城子）。《武經總要》前集卷一六下《戎狄舊地》：恩州，德光所建，本烏桓舊地。南至中京六十里，西至馬盂（盂）山六十里，西北曼頭山三十里，山地至宜坤州五十里，西南至上京二百五十里，北至高州百二十里。　奚六部：奚本來衹有五部，阿保機降伏五部奚之後設置墮瑰部，而成六部。詳本書卷三三《營衛志下·部族下》。

大安八年知西北路招討使事。[1]時邊部耶都刮等來侵，何魯掃古誘北阻卜酋豪磨古斯攻之，俘獲甚衆，以功加左僕射。[2]復討耶覩刮等，誤擊磨古斯，北阻卜由是叛命。遣都監張九討之，[3]不克，二室韋與六院部、特滿群牧、宮分等軍俱陷于敵。[4]何魯掃古不以實聞，坐是削官，决以大杖。

［1］“大康中”至“大安八年知西北路招討使事”：【劉校】據中華點校本校勘記，“大安”二字原脱。按何魯掃古，“《紀》《屬國表》亦作阿魯掃古，大康中未任西北路官職，惟《紀》《表》大安九年三月，並有西北路招討使耶律阿魯掃古追磨古斯還，八年應是大安八年，據補。官名互歧，或有遷升”。

［2］左僕射：唐官名。唐不設尚書令，最初以左、右僕射與中書令、侍中同爲宰相。中宗以後，不加同中書門下平章事者即不爲宰相。遼襲唐制，爲南面官。

［3］張九：即蕭張九。【劉校】據中華點校本校勘記，“見《紀》大安九年三月及《屬國表》”。

［4］室韋：部族名。北魏始見於記載，分佈於今黑龍江、嫩江流域，唐時分爲許多部。契丹立國之後，多爲其役屬。　六院部：太祖析迭剌部爲五院部和六院部。太宗會同元年（938）改夷离堇爲大王。北院大王和南院大王即是五院部和六院部的首領。　群牧：契丹專門管理畜群的機構。諸路設群牧使司，下設某群太保、某群侍中、某群敞史；朝廷設總典群牧使司，有總典群牧部籍使、群牧都林牙。以“群”爲單位設某群牧司，設群牧使、群牧副使。此外，還有袛管理馬及牛群的機構。遼亡之後，金稱契丹群牧爲“烏魯古”。　宫分軍：諸宫帳的軍隊。

壽隆間累遷惕隱兼侍中，[1]賜保節功臣。道宗崩，與宰相耶律儼總山陵事。[2]乾統中致仕，卒。

［1］惕隱：契丹官名。又稱梯里已，掌皇族政教。

［2］耶律儼（？—1113）：析津人（今北京市），字若思。本姓李氏。咸雍進士。壽昌初授樞密直學士。拜参知政事。修《皇朝實

録》七十卷。本書卷九八有傳。　山陵：帝、后的墳墓。《水經注》卷一九《渭水三》："秦名天子塚曰山，漢曰陵，故通曰山陵矣。"

耶律世良，小字斡，六院部人。才敏給，練達國朝典故及世譜。上書與族弟敵烈爭嫡庶，帝始識之。時北院樞密使韓德讓病，[1]帝問："孰可代卿？"德讓曰："世良可。"北院大王耶律室魯復問北院之選，德讓曰："無出世良。"統和末爲北院大王。

[1]韓德讓（942—1011）：韓匡嗣第四子。統和初年承天稱制，韓德讓以南院樞密使的身份"總宿衛事"。統和十七年（999）北院樞密使、魏王耶律斜軫病故，承天皇太后以韓德讓兼知北院樞密使事，至此，遼朝的蕃漢軍政大權就集於一身了。統和二十二年承天皇太后又賜韓德讓姓耶律，徙封晉王，並且仍舊爲大丞相，事無不統。次年十一月又詔德讓"出宮籍，屬於横帳"。二十八年更名耶律隆運。【劉注】另據契丹小字《耶律（韓）高十墓誌銘》，韓德讓還有契丹語名字，其全名是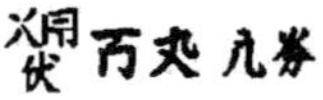（興寧·姚哥）。足見其"契丹化"的程度。

開泰初因大册禮，加檢校太尉、同政事門下平章事。[1]時邊部拒命，詔北院樞密使耶律化哥將兵、以世良爲都監往禦之。明年化哥還，將罷兵。世良上書曰："化哥以爲無事而還，不思師老粮乏，敵人已去，焉能久守？若益兵，可克也。"帝即命化哥益兵，與世良追之。至安真河，[2]大破而還。自是邊境以寧。以功王岐，拜北院樞密使。

[1]檢校：職官制度用語。唐宋皆有檢校官，屬加官而非正授。太尉：【劉校】“太”原本作“大”，《羅校》謂：“‘太’，元本誤‘大’。”明抄本、南監本、北監本和殿本均作“太”。中華點校本、修訂本和補注本徑改。今從改。

[2]安真河：在西北部阻卜地區。據本書卷一五《聖宗本紀六》開泰二年（1013）秋七月“己酉，化哥等破阻卜酋長烏八之衆”。

三年命選馬駞于烏古部。會敵烈部人夷剌殺其酋長稍瓦而叛，鄰部皆應，攻陷巨母古城。[1]世良率兵壓境，遣人招之，降數部，各復故地。

[1]巨母古城：當是敵烈或烏古敵烈原有的城池。《中國歷史地名辭典》以爲在今内蒙古自治區滿洲里市東南。

四年伐高麗，爲副部署。都統劉慎行逗留失期，[1]執還京師，世良獨進兵。明年至北都護府，破追兵于郭州。[2]以暴疾卒。

[1]劉慎行：河間（今河北省河間市）人。官至北府宰相、監修國史。其子嘏、端俱尚主，劉二玄又是遼聖宗之弟秦晉國王隆慶之妃的第三任丈夫。重熙七年（1038）十二月，慎行之子劉六符出任參知政事。曾多次出使宋朝，在與宋朝交涉中，以強硬著稱。本書卷八六有傳。

[2]郭州：其地在今朝鮮半島。《高麗史》卷四《顯宗世家》顯宗三年（遼統和三十年，1012），“（六月）甲子遣刑部侍郎田拱之如契丹夏季問候，且告王病不能親朝。丹主怒，詔取興化、通州、龍州、鐵州、郭州、龜州等六城”。按，此六州原係女真故地，

遼以之賜高麗。本書卷一五《聖宗本紀六》開泰二年（1013）十月有知高麗事之女真人建議："若大軍行由前路，取曷蘇館女直北，直渡鴨淥江，並大河而上，至郭州與大路會，高麗可取而有也。"

論曰：大之懷小也以德，制之也以威。德不足懷、威不足制而欲服人也難矣。化哥利俘獲而諸蕃不附，何魯掃古誤擊磨古斯而阻卜叛命，是皆喜於一旦之功而不圖後日之患，庸何議焉。若斡臘之戒深入，速撒之務安集，亦鐵中之錚錚者邪！

（李錫厚注　劉鳳翥校）

遼史　卷九五

列傳第二十五

耶律弘古　耶律馬六　蕭滴冽　耶律適禄　耶律陳家奴
耶律特麽　耶律仙童　蕭素颯　耶律大悲奴[1]

[1]“耶律弘古”至“耶律大悲奴”:【劉校】原本、明抄本、南監本無,據北監本和殿本補。

耶律弘古字胡篤堇,樞密使化哥之弟。[1]統和間累遷順義軍節度使,[2]入爲北面林牙。[3]太平元年加同政事門下平章事,[4]出爲彰國軍節度使兼山北道兵馬都部署,[5]徙武定軍節度使。[6]六年拜惕隱。[7]討阻卜有功。[8]聖宗嘗刺臂血與弘古盟爲友,禮遇尤異,拜南府宰相,[9]改上京留守。[10]

[1]樞密使:官名。樞密院之首長。遼有北、南樞密院,爲遼朝的實際宰輔機構,分別總領北、南面官。北樞密院又稱契丹樞密院,掌軍事、部族。南樞密院又稱漢人樞密院,掌漢人州縣之事。化哥:即耶律化哥。字弘隱,孟父楚國王之後。統和十六年

（998）侵宋爲先鋒，以功遷南院大王，尋改北院樞密使。開泰間伐阻卜過程中掠阿薩蘭回鶻，諸蕃由此不附。聖宗使按之，削王爵。本書卷九四有傳。

[2]統和：遼聖宗耶律隆緒年號（983—1012）。　順義軍：遼代軍號。治朔州（今山西省朔州市）。

[3]林牙：契丹官名。掌文翰，相當於翰林學士。

[4]太平：遼聖宗耶律隆緒年號（1021—1031）。　同政事門下平章事：即同中書門下平章事。唐制，大臣中有此名義者即爲事實上的宰相。遼襲唐制，在分設北南面官之後，以同中書門下平章事爲南面宰相。

[5]彰國軍：遼代軍號。治應州（今山西省應縣）。　山北道：唐稱新、嬀、儒、武等州爲"山北"，又稱"山後"。

[6]武定軍：遼代軍號。治奉聖州（今河北省涿鹿縣）。

[7]惕隱：契丹官名。又稱梯里己，掌皇族政教。　六年拜惕隱：【劉校】據中華點校本校勘記，"拜惕隱"三字原錯於"六年"之上，"據《紀》太平六年四月改"。今從改。

[8]阻卜：即達旦、韃靼。元人諱言達旦，而稱達旦爲阻卜。詳王國維《觀堂集林》卷一四《達旦考》。

[9]南府宰相：契丹部族官名。契丹可汗之下有北、南二府，各部族則分屬二府，故北宰相亦稱北府宰相，南宰相亦稱南府宰相。

[10]上京：遼五京之一。前期都城，稱臨潢府，故址在今內蒙古自治區巴林左旗林東鎮波羅城。

重熙六年遷南院大王，[1]御製誥辭以寵之。十二年加于越。[2]帝閔其勞，復授武定軍節度使，卒。訃聞，上哭曰："惜哉善人！"喪至，親臨奠焉。

[1]重熙：遼興宗耶律宗真年號（1032—1055）。　南院大王：契丹官名。遼太祖析迭剌部爲五院部和六院部。北院大王和南院大王即是五院部和六院部的首領。

[2]十二年：【劉校】據中華點校本校勘記，“二”原誤作“三”。按本書卷一九《興宗本紀二》重熙十二年（1043）八月，“于越耶律洪古薨”。洪古即弘古，據改。今從。　于越：契丹語官名。爲契丹貴官，非有大功德者不授。位在北、南院大王之上。

耶律馬六，字揚隱，孟父楚國王之後。[1]性寬和，善諧謔，親朋會遇，一坐盡傾。恬于榮利，與耶律弘古爲刺血友。[2]弘古爲惕隱，薦補宿直官，重熙初遷旗鼓拽剌詳穩。[3]爲人畏慎容物，或有面相陵折者，恬然若弗聞。不臧否世務，以故上益親狎。三年遷崇德宮使，[4]爲惕隱，[5]御制誥辭以褒之。拜北院宣徽使，[6]寵遇過宰輔，帝常以兄呼之。改遼興軍節度使，[7]卒，年七十。子奴古達終南京宣徽使。

[1]孟父楚國王：耶律阿保機的伯父巖木，見本書卷六六《皇族表》。契丹以玄祖之後爲皇族，分爲三房：孟父房、仲父房和季父房。

[2]刺血友：結盟、結社。顧炎武《日知録》卷二三《社》：“《元史·泰定帝紀》‘禁饑民結扁擔社，傷人者杖一百。’不知後之士人何取而名此也。天啓以後士子書刺往來，社字猶以爲汎，而曰盟、曰社盟。此《遼史》之所謂刺血友也。”

[3]拽剌：契丹語“走卒”謂之“拽剌”，後爲軍官名。有掌旗鼓者，稱“旗鼓拽剌”，還有專司偵候、探報等職者。　詳穩：遼朝軍官名。元帥府下設大詳穩司。本書卷一一六《國語解》：

“詳穩，諸官府監治長官。”“詳穩”即漢語“將軍”的轉譯。【劉注】“詳穩”即漢語“將軍”的轉譯的説法似有值得商榷之處。在契丹小字中，“詳穩”作，“將軍”作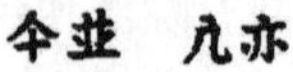，或、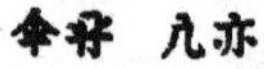；在契丹大字中，“詳穩”作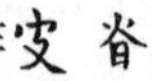，“將軍”作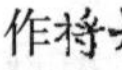。“詳穩”不是漢語“將軍”的轉譯，而是音譯的契丹語，契丹語中“將軍”是漢語借詞。

［4］崇德宮：承天皇太后宮分。

［5］三年遷崇德宮使，爲惕隱：【劉校】據中華點校本校勘記，本書卷一八《興宗本紀一》重熙五年（1036）四月，以崇德宮使耶律馬六爲惕隱。

［6］宣徽使：遼朝官名。遼設北、南宣徽，分隸北、南樞密院之下。宣徽北院使常執行軍事使命。此外，宣徽使還掌領朝會、宴饗、禮儀、祭祀及御前祇應之事。

［7］遼興軍：遼代軍號。治平州（今河北省盧龍縣）。

蕭滴冽，字圖寧，遙輦鮮質可汗宮人。[1]重熙初遙攝鎮國軍節度使。[2]六年奉詔使宋，[3]傷足而跛，不告遂行，帝怒。及還，決以大杖，降同簽南京留守事。[4]遙授静江軍節度使，[5]歷群牧都林牙，[6]累遷右夷离畢。[7]以才幹見任使。

［1］遙輦鮮質可汗宮人：【劉校】據中華點校本校勘記，“宮”下疑脱“分”字。

［2］鎮國軍：唐、五代方鎮名。治華州（今陝西省渭南市華州區），另外陝州（今河南省三門峽市陝州區）也設鎮國軍。此兩地均不在遼境。

［3］奉詔使宋：蕭滴冽不見諸宋朝方面記載。

[4]南京：遼五京之一。故址在今北京市。

[5]静江軍：唐、五代方鎮名。治桂州（今廣西壯族自治區桂林市）。因其不在遼朝境内，爲遥授。

[6]群牧：契丹有專門機構管理畜群，這類機構稱“群牧”。諸路設群牧使司，下設某群太保、某群侍中、某群敞史；朝廷設總典群牧使司，有總典群牧部籍使、群牧都林牙。以“群”爲單位設某群牧司，設群牧使、群牧副使。此外，還有僅管理馬及牛群的機構。遼亡之後，金稱契丹群牧爲“烏魯古”。

[7]夷离畢：遼官名。爲執政官，相當於副宰相参知政事。後來官分南、北，北面官有夷离畢院，主要掌刑政。

會車駕西征，元昊乞降，[1]帝以前後反覆，遣滴洌往覘誠否，因爲元昊陳述禍福，聽命乃還。拜北院樞密副使，出爲中京留守。[2]十九年改西京留守，[3]卒。

[1]元昊（1003—1048）：即李元昊。小字嵬理，後更名曩霄，李德明長子。1031年，李德明死後嗣位，宋授爲定難軍節度、夏銀綏宥静等州觀察處置押蕃落使、西平王。遼封爲夏國王。宋寶元元年（1038）十月更名曩霄，建國號大夏，年號天授禮法延祚，自稱皇帝。進表宋朝，要求承認建國稱帝的既成事實，雙方隨即發生戰爭。七年後雙方重新媾和。西夏國主稱臣，宋朝同意每年給予銀、絹、茶、綵共二十五萬五千兩、匹、斤。夏宋媾和，夏遼矛盾隨之激化。西夏景宗與遼興平公主婚後失和，再加這時遼境内的党項部落多叛附西夏，糾紛益形擴大。遼興宗親征西夏，遭遇失敗。從此夏、宋、遼三方鼎峙的局勢形成。死後謚武烈皇帝，廟號景宗，陵號泰陵。

[2]中京：遼五京之一。稱大定府，故址在今内蒙古自治區寧城縣大明镇。

[3]西京：遼五京之一。故址在今山西省大同市。

耶律適禄字撒懶。清寧初爲本班郎君，[1]稍遷宿直官。

[1]清寧：遼道宗耶律洪基年號（1055—1064）。　郎君：即“舍利”，契丹官名。本書卷一一六《國語解》：“契丹豪民要裹頭巾者，納牛駝十頭，馬百匹，乃給官名曰舍利。”

乾統中從伐阻卜有功，[1]加奉宸。歷護衛太保，改弘義宫副使。[2]時上京梟賊趙鍾哥跋扈自肆，適禄擒之，加泰州觀察使，[3]爲達魯虢部節度使。[4]

[1]乾統：遼天祚帝耶律延禧年號（1101—1110）。

[2]弘義宫：遼太祖阿保機宫分。

[3]泰州：州名。治所在今吉林省白城市東南。

[4]達魯虢部：活動於上京東北部的部族。

天慶中知興中府，[1]加金吾衛上將軍。爲盜所殺。

[1]天慶：遼天祚帝耶律延禧年號（1111—1120）。　興中府：遼六府之一。治所在今遼寧省朝陽市。

耶律陳家奴字綿辛，懿祖弟葛剌之八世孫。[1]

[1]懿祖：遼太祖耶律阿保機曾祖父薩拉德的廟號。重熙二十一年（1052）七月追封。

重熙中補牌印郎君，坐直日不至，降本班。會帝獵，陳家奴逐鹿圍内，鞭之二百。時耶律仁先薦陳家奴健捷比海東青鶻，[1]授御盞郎君。[2]歷鷹坊、尚厩、四方館副使，[3]改徒魯古皮室詳穩。[4]會太后生辰，進詩獻馴鹿，太后嘉獎，賜珠二琲，雜綵二百段。兄撒鉢卒，陳家奴聞訃不告而去，帝怒，鞭之。

[1]耶律仁先（1012—1072）：契丹皇族。孟父房之後。清寧初爲南院樞密使。九年（1063），重元謀逆，仁先受命討賊。事後，加尚父，進封宋王，爲北院樞密使。本書卷九六有傳。　海東青鶻：猛禽。能擊殺天鵝。今俄羅斯遠東地區以東大海盛産珍珠，天鵝食蚌，珍珠藏於蚌嗉内。契丹人放出海東青鶻擊殺天鵝，獲取珍珠。

[2]御盞郎君：掌管茶、酒盃的郎君。

[3]四方館：官署名。隋置四方館，對東西南北四方少數民族，各設使者一人，掌管往來及互相貿易等事，隸屬鴻臚寺。唐以通事舍人主管，隸屬中書省。宋置四方館使，掌管文武官朝見辭謝，國祭賜香及諸道元日、冬至、朔旦、慶賀章表、郊祀、朝蕃官、貢舉人、進奉使、京官、致仕官、道釋、父老陪位等事。其職務與隋唐不同。遼的四方館，當是倣宋制。

[4]皮室：契丹軍名。“皮室”意爲“金剛”。初爲阿保機所置，稱“腹心部”。後有南、北、左、右皮室及黄皮室等，皆掌精甲。

清寧初累遷右夷离畢。適帝與燕國王射鹿俱中，[1]王時年九歲，帝悦，陳家奴應制進詩。帝喜，解衣以賜。後皇太子廢，[2]帝疑陳家奴黨附，罷之。

[1]燕國王：遼封爵名。【劉注】此處的燕國王當指遼道宗的太子耶律濬的封號，非指天祚帝耶律延禧即位前的封號。

[2]皇太子：即昭懷太子耶律濬（1055—1077）。道宗長子，天祚帝生父。大康三年（1077）被廢，隨即被耶律乙辛殺害。九年追謚昭懷太子。本書卷七二有傳。

時西北諸部寇邊，以陳家奴爲烏古部節度使行軍都監，[1]賜甲一屬、馬二疋，討諸部，擒其酋送于朝。偵候者見馬蹤，意寇至，陳家奴遣報元帥，耶律愛奴視之曰："此野馬也！"將出獵，賊至，愛奴戰歿。有司詰案，陳家奴不伏，詔釋之。由是感激，每事竭力。後諸部復來侵，陳家奴率兵三往，皆克，邊境遂寧。

[1]烏古：部族名。又稱嫗厥律、于厥律，居契丹西北。

以老告歸，不從。道宗崩，爲山陵使，[1]致仕。年八十卒。

[1]山陵使：官名。唐代始置。遼、宋襲之。掌議帝后陵寢制度，監造帝后陵寢。山陵，帝、后的墳墓。《水經注》卷一九《渭水三》："秦名天子塚曰山，漢曰陵，故通曰山陵矣。"

耶律特麼，季父房之後。重熙間爲北剋，累遷六部禿里太尉。[1]

[1]累遷六部禿里太尉：【劉校】據中華點校本校勘記，本書卷四六《百官志二》："奚六部在朝曰奚王府，有二常袞，有二宰

相，又有吐里太尉。”秃里太尉即吐里太尉，六部疑應作奚六部。

大安四年爲倒撻嶺節度使。[1]頃之，爲禁軍都監。是冬，討磨古斯，斬首二千餘級。十年復討之。既捷，授南院宣徽使。壽隆元年爲北院大王。[2]四年知黄龍府事，[3]薨。

[1]倒撻嶺：一作“倒塌嶺”。地近阻卜，故遼在此駐軍守護西路群牧。

[2]壽隆：遼道宗耶律洪基年號（1095—1101）。據遼代碑刻和錢幣，此年號本爲“壽昌”。元代修《遼史》時誤書爲“壽隆”。【劉注】據中華修訂本前言，此係陳大任《遼史》避金欽慈皇后“壽昌”諱而改，後爲元修《遼史》所承襲。

[3]黄龍府：遼六府之一。治所在今吉林省農安縣。

耶律仙童，仲父房之後。[1]重熙初爲宿直官，累遷惕隱、都監。以寬厚稱。

[1]仲父房：皇族中阿保機伯父釋魯一系。據本書卷四五《百官志一》：“玄祖伯子麻魯無後，次子巖木之後曰孟父房；叔子釋魯曰仲父房；季子爲德祖，德祖之元子是爲太祖天皇帝，謂之横帳；次曰剌葛，曰迭剌，曰寅底石，曰安端，曰蘇，皆曰季父房。”

蒲奴里叛，仙童爲五國節度使率師討之，[1]擒其帥陶得里。又擊烏隗叛，[2]降其衆，改彰國軍節度使，拜北院大王。清寧二年，知黄龍府事，遷侍衛親軍馬步軍都指揮，[3]歷忠順、武定二軍節度使。[4]致仕封蔣國公。

咸雍初徙封許國，[5]卒。

[1]五國：即五國部。遼東北部族名。越里篤、剖阿里、奥里米、蒲奴里和越里吉統稱五國部。

[2]烏隗：部族名。據本書卷三三《營衛志下·部族下》，烏隗部亦稱奥隗部，是契丹古老的部族組織。此外，契丹還有乙室奥隗部和楮特奥隗部，均係以所俘奚人設置。都活動於東京轄區。

[3]侍衛親軍馬步軍都指揮：遼南京有侍衛親軍馬步軍都指揮使司，是漢軍的指揮機構，其長官爲侍衛親軍馬步軍都指揮使。

[4]忠順軍：遼代軍號。治蔚州（今河北省蔚縣）。

[5]咸雍：遼道宗耶律洪基年號（1065—1074）。

蕭素颯字特免，五院部人。[1]重熙間始仕，累遷北院承旨，彰愍宮使。[2]

[1]五院部：契丹部族名。天贊元年（922）以迭剌部強大難制，析五石烈爲五院，六爪爲六院，各置夷离堇。會同元年（938）更夷离堇爲大王，部隸北府，以鎮南境。

[2]彰愍宮：遼景宗耶律賢宮分。

清寧初，歷左皮室詳穩、右夷离畢。咸雍五年剖阿里部叛，素颯討降之，率其酋長來朝。帝嘉其功，徙北院林牙，改南院副部署，卒。

子謀魯斡字回璉，初補夷离畢郎君，遷文班太保。[1]大康中改南京統軍使，[2]爲右夷离畢。與樞密使耶律阿思論事不合，[3]見忌，出爲馬群太保。北部來侵，謀魯斡破之，以功遷同知烏古敵烈統軍，仍許便宜行事。後以讒毁，降領西北路戍軍，復爲馬群太保，卒。

［1］文班太保：【靳注】官名。遼太祖置。爲文班司長官。屬北面官。

［2］大康：遼道宗耶律洪基年號（1075—1084）。

［3］耶律阿思（1034—1108）：【劉注】字撒班。據漢字《耶律祺墓誌銘》殘石和契丹大字《耶律祺墓誌銘》，阿思爲契丹大字小名的音譯，確切的譯法應爲“阿思里”，第二個名爲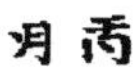（撒班），漢名爲祺。清寧初，補祗候郎君。重元之亂，與護衛蘇射殺涅魯古，賜號靖亂功臣，徙契丹行宫都部署。壽昌元年（1095），爲北院樞密使，監修國史。道宗崩，受顧命，加于越。受賂，包庇乙辛黨人。卒於乾統八年（1108）正月二十三日，享年七十五歲。本書卷九六有傳。

耶律大悲奴字休堅，王子班聶里古之後。

大康中歷永興、延昌宫使，[1]右皮室詳穩。會阻卜叛，奉詔招降之。壽隆二年拜殿前都點檢。[2]乾統初歷上京留守、惕隱，復爲都點檢，改西南面招討使。[3]請老，不許。天慶中留守上京，領北南樞密院點檢中丞諸司等事。以彰國軍節度使致仕，卒。大悲奴舉止馴雅，好禮儀，爲時人所稱。

［1］延昌宫：穆宗所置宫分。

［2］殿前都點檢：後周世宗設置殿前司，以都點檢、副都點檢爲正副長官，位在都指揮使之上，爲禁軍統帥。宋初廢。遼設殿前都點檢，爲南面軍官，當係模倣後周制。

［3］西南面招討使：西南面招討司長官。駐西京大同（今山西

省大同市)，負責對西夏防務。

論曰：遼自神册而降，席富彊之勢，内修法度，外事征伐，一時將帥震揚威靈，風行電埽，討西夏，[1]征党項，[2]破阻卜，平敵烈。諸部震慴，聞鼙鼓而膽落股弁，斯可謂雄武之國矣。其戰勝攻取，必有奇謀秘計神變莫測者，將前史所載，未足以發之邪？抑天之所授，衆莫與爭而能然邪？雖然，兵者凶器，可戢而不可玩；爭者末節，可遏而不可召。此黄石公所謂柔能制剛，[3]弱能制彊也。又況乎仁者之無敵哉。遼之君臣智足守此，金人果能乘其敝而躡其後乎？是以於耶律弘古輩諸將，不能無慨然也。

［1］西夏：即夏國（1038—1227），是以党項民族爲主體建立的政權。公元1038年，元昊叛宋稱帝，建立大夏王朝，傳十代，至1227年爲蒙古所滅。元昊稱帝以前，其作爲北宋境内的地方割據政權，已經具有獨立性。故遼亦稱之爲夏國或西夏。

［2］党項：中國古代族名。又稱党項羌，唐以後主要活動於靈、慶、銀、夏等州，即今甘肅、寧夏、陜西和内蒙古等省區交界地區。

［3］黄石公：《史記·留侯世家》所載傳説人物。據稱張良微時遇一老者，“出一編書，曰：‘讀此則爲王者師矣。後十年興。十三年孺子見我濟北，穀城山下黄石即我矣。’遂去，無他言，不復見。旦日視其書，乃太公兵法也”。《史記正義》引七録云：“太公兵法一袠三卷。太公，姜子牙，周文王師，封齊侯也。”

（李錫厚注　劉鳳翥校）

遼史　卷九六

列傳第二十六

耶律仁先　撻不也　耶律良　蕭韓家奴　蕭德　蕭惟信
蕭樂音奴　耶律敵烈　姚景行　耶律阿思[1]

[1]“耶律仁先”至“耶律阿思”:【劉校】原本、明抄本、南監本無，據北監本和殿本補。

耶律仁先字糺鄰，小字查剌，孟父房之後。[1]父瑰引南府宰相，[2]封燕王。

[1]孟父房：契丹以玄祖之後爲皇族，分爲三房：孟父房、仲父房和季父房。本書卷四五《百官志一》:“玄祖伯子麻魯無後，次子巖木之後曰孟父房。”【劉注】孟父房之後，據漢字《耶律仁先墓誌銘》謂:“遠祖曰仲父述剌·實魯，于越，即第二横帳。太祖皇帝之諸父也。”述剌·實魯即述瀾·釋魯。可知，耶律仁先祖輩不屬孟父房，而屬仲父房。

[2]父瑰引:【劉注】據契丹小字《梁國王墓誌銘》，“瑰引”爲契丹語小名的音譯，又作“餽引”。其第二個名爲（查剌梲）。　南府宰相：契丹部族官名。契丹可汗之下有北、南二府，

各部族則分屬二府，故北宰相亦稱北府宰相，南宰相亦稱南府宰相。

仁先魁偉爽秀，有智略。重熙三年補護衛。[1]帝與論政，才之。仁先以不世遇，言無所隱，授宿直將軍。[2]累遷殿前副點檢，[3]改鶻刺唐古部節度使，[4]俄召爲北面林牙。[5]

[1]重熙：遼興宗耶律宗真年號（1032—1055）。

[2]宿直將軍：遼北面御帳官有宿直司，掌輪直官員宿直之事。宿直將軍隸屬該司。

[3]殿前副點檢：後周世宗設置殿前司，以都點檢、副都點檢爲正副長官，位在都指揮使之上，爲禁軍統帥。宋初廢。遼設殿前都點檢，副點檢爲南面軍官，當係模倣後周制。

[4]鶻刺唐古部：遼朝西南部的吐蕃族之一部。聖宗時有匿訖唐古部、北唐古部、南唐古部、鶻刺唐古部等。大石西行所歷諸部中也有唐古部。詳本書卷三三《營衛志下·部族下》。

[5]林牙：契丹官名。掌文翰，相當於翰林學士。

十一年陞北院樞密副使。時宋請增歲幣銀絹以償十縣地産，[1]仁先與劉六符使宋，[2]仍議書“貢”，宋難之。仁先曰：“曩者石晉報德本朝，割地以獻，周人攘而取之，是非利害灼然可見。”宋無辭以對。乃定議增銀絹十萬兩、匹，仍稱“貢”。[3]既還，同知南京留守事。[4]

[1]十縣地産：《九朝編年備要》卷一一宋仁宗慶曆二年

(1042）二月載："契丹遣其臣蕭英、劉六符來求石晉所割瓦橋關十縣。其書略曰'李元昊於北朝問我甥舅之親，設罪合致討，曷不以一介爲報？況營築長堤、填塞隘路、歸決塘水、添置邊軍，既稔猜疑，慮隳信睦。倘思久好，共遣疑懷，以晉陽舊附之區、關南元割之縣見歸敝國，共康黎元。'初有涿州進士梁濟世嘗主文書遼帳下，一日得罪來歸，言彼將有割地之請。又知雄州杜推序亦先得其事以聞。至是上發書示輔臣，色皆不動，六符亦疑其書之先漏。"

[2]劉六符（？—1055）：劉慎行之子。重熙初遷政事舍人，擢翰林學士。十一年（1042）與宣徽使蕭特末使宋索十縣地，還，爲漢人行宮副部署。會宋遣使增歲幣以易十縣，復與耶律仁先使宋，還，加同中書門下平章事。及宋幣至，命其爲三司使以受之。本書卷八六有傳。

[3]仍稱"貢"：此説與史實不符。據《宋史》卷一三三《富弼傳》：弼歸復命，復持二議及受口傳之詞於政府以往。行次樂壽，謂副使張茂實曰："吾爲使者而不見國書，脱書詞與口傳異，吾事敗矣。"啓視果不同，即馳還都，以晡時入見，易書而行。及至，契丹不復求婚，專欲增幣，曰："南朝遺我之辭當曰'獻'，否則曰'納'。"弼爭之，契丹主曰："南朝既懼我矣，於二字何有？若我擁兵而南，得無悔乎！"弼曰："本朝兼愛南北，故不憚更成，何名爲懼？或不得已至於用兵，則當以曲直爲勝負，非使臣之所知也。"契丹主曰："卿勿固執，古亦有之。"弼曰："自古唯唐高祖借兵於突厥，當時贈遺，或稱獻納。其後頡利爲太宗所擒，豈復有此禮哉！"弼聲色俱厲，契丹知不可奪，乃曰："吾當自遣人議之。"復使劉六符來。弼歸奏曰："臣以死拒之，彼氣折矣，可勿許也。"朝廷竟以"納"字與之。

[4]南京：遼五京之一。故址在今北京市。

十三年伐夏，[1]留仁先鎮邊。未幾召爲契丹行宮都部署，[2]奏復王子班郎君及諸宮雜役。十六年遷北院大王，[3]奏今兩院户口殷庶，乞免他部助役，[4]從之。十八年再舉伐夏，仁先與皇太弟重元爲前鋒。[5]蕭惠失利于河南，[6]帝猶欲進兵，仁先力諫乃止。後知北院樞密使，遷東京留守。[7]女直恃險，[8]侵掠不止，仁先乞開山通道以控制之，邊民安業。封吴王。

［1］夏：即夏國（1038—1227），是以党項民族爲主體建立的政權。公元1038年，元昊叛宋稱帝，建立大夏王朝，傳十代，至1227年爲蒙古所滅。元昊稱帝以前，其作爲北宋境内的地方割據政權，已經具有獨立性。故遼亦稱之爲夏國或西夏。

［2］契丹行宫都部署：遼北面行宫官。遼在北南面官系統中，分别設契丹行宫都部署和漢人行宫都部署，其上則有諸行宫都部署。行宫都部署完全是倣中原王朝官制設置的，它不同於專管斡魯朶事務的某宫都部署的宫官。宋朝皇帝巡幸亦有行宫，且亦有行宫都部署之設。後避英宗趙曙名諱，改稱行宫都總管。

［3］北院大王：契丹官名。北院大王和南院大王即是五院部和六院部的首領，握有兵權。

［4］乞免他部助役：要求免除對“兩院”的服役。“兩院”是指五院部和六院部，亦稱北、南院，原爲一部——迭剌部，耶律阿保機即出自該部。後因强大難制，分而爲二。因其地位特殊，其他部族要爲其服役，故有“助役”之説。

［5］皇太弟重元（1021—1063）：原稱宗元，因避興宗諱，改重元，小字孛吉只，亦作孛己只，聖宗次子。太平三年（1023）封秦國王。聖宗死後，欽愛皇后稱制，曾密謀立重元。重元以所謀告於興宗，封爲皇太弟。賜以金券誓書。道宗即位，册爲皇太叔，爲天下兵馬大元帥，復賜金券。清寧九年（1063）與其子涅魯古謀亂，失敗自殺。本書卷一一二有傳。

[6]蕭惠（982—1056）：契丹外戚，淳欽皇后弟阿古只五世孫。興宗即位，出任西南面招討使，加開府儀同三司、檢校太師兼侍中，封鄭王。贊成復取三關，與太弟帥師壓宋境，迫使宋朝增歲幣請和。惠以首事功，進王韓。本書卷九三有傳。

[7]東京：遼五京之一。故址在今遼寧省遼陽市。

[8]女直：部族名。本作“女真”，因避遼興宗宗真名諱，改稱“女直”。遼時居東北地區東部。其在南者入遼籍，稱“熟女真”或“合蘇館女真”；在北者不入遼籍，稱“生女真”。

清寧初爲南院樞密使。[1]以耶律化哥譖，[2]出爲南京兵馬副元帥，守太尉，更王隋。六年復爲北院大王，民歡迎數百里，如見父兄。時北、南院樞密官涅魯古、蕭胡覩等忌之，[3]請以仁先爲西北路招討使。[4]耶律乙辛奏曰：“仁先舊臣，德冠一時，不宜補外。”[5]復拜南院樞密使，更王許。

[1]清寧：遼道宗耶律洪基年號（1055—1064）。

[2]耶律化哥：字弘隱，孟父楚國王之後。統和十六年（998）侵宋爲先鋒，以功遷南院大王，尋改北院樞密使。開泰間伐阻卜過程中掠阿薩蘭回鶻，諸蕃由此不附。聖宗使按之，削王爵。本書卷九四有傳。

[3]涅魯古（？—1063）：耶律重元之子。有傳附本書卷一一二《耶律重元傳》後。　蕭胡覩（？—1063）：遼外戚，字乙辛。重熙中尚秦國長公主，授駙馬都尉，以不諧離婚，復尚齊國公主，爲北面林牙。清寧中歷北、南院樞密副使，清寧九年（1063）七月參與重元叛亂，失敗投水死。五子，同日誅之。本書卷一一四有傳。

[4]西北路招討使：遼朝官名。西北路招討司的最高長官。該

機構是遼朝統治漠北屬部的最高軍政機構，又稱西北路都招討司。

[5]耶律乙辛（？—1083）：五院部人。字胡覩袞。重熙中爲文班吏。道宗清寧五年爲南院樞密使，改知北院，封趙王。九年重元亂平，拜北院樞密使，進封魏王。咸雍五年（1069）加守太師。詔四方有軍旅，許以便宜從事，勢震中外。大康元年（1075）誣皇后蕭觀音致死，三年又害死太子耶律濬。七年冬坐以禁物鬻入外國，幽於來州。九年謀奔宋及私藏兵甲事發，伏誅。本書卷一一〇有傳。

九年七月上獵太子山，[1]耶律良奏重元謀逆，帝召仁先語之，仁先曰："此曹兇狠，臣固疑之久矣。"帝趣仁先捕之。仁先出，且曰："陛下宜謹爲之備！"未及介馬，重元犯帷宮。帝欲幸北、南院，仁先曰："陛下若舍扈從而行，賊必躡其後，且南、北大王心未可知。"仁先子撻不也曰："聖意豈可違乎？"仁先怒，擊其首。帝悟，悉委仁先以討賊事。乃環車爲營，拆行馬作兵仗，[2]率官屬、近侍三十餘騎陣柢枑外。[3]及交戰，賊衆多降。涅魯古中矢墮馬，擒之，重元被傷而退。仁先以五院部蕭塔刺所居最近，亟召之，分遣人集諸軍。黎明，重元率奚人二千犯行宮，[4]蕭塔刺兵適至。仁先料賊勢不能久，竢其氣沮攻之。乃背營而陣，乘便奮擊，賊衆奔潰，追殺二十餘里，重元與數騎遁去。帝執仁先手曰："平亂皆卿之功也。"加尚父，進封宋王，爲北院樞密使，親製文以褒之，詔畫《灤河戰圖》以旌其功。[5]

[1]九年七月：【劉校】中華點校本校勘記云，“九年”二字原脱，“據《紀》清寧九年七月補”。今從。

[2]行馬：俗稱鹿角，攔阻人馬通行的木架。

[3]近侍：皇帝身邊的奴僕。　柢（dǐ）枑（hù）：即行馬。

[4]行宫：亦稱行帳，即遼代皇帝轉徙隨行的車帳組成的朝廷，契丹語稱“捺鉢”，遼中葉逐漸形成“四時捺鉢”制度。

[5]灤河：發源於河北省張家口市境内，流經該省北部，至灤州市、樂亭縣分道入海。

咸雍元年加于越，[1]改封遼王，與耶律乙辛共知北院樞密事。乙辛恃寵不法，仁先抑之，由是見忌，出爲南京留守，改王晉。恤孤惸，禁姦慝，宋聞風震服。議者以爲自于越休哥之後，[2]惟仁先一人而已。

[1]咸雍：遼道宗耶律洪基年號（1065—1074）。

[2]于越：契丹語官名。爲契丹貴官，非有大功德者不授。位在北、南院大王之上。　休哥（？—998）：即耶律休哥。字遜寧。出身皇族，應曆末爲惕隱。乾亨元年（979）與耶律斜軫分左右翼，擊敗宋軍於高梁河。是年冬休哥率本部兵從韓匡嗣等戰於滿城。匡嗣敗績。休哥整兵進擊，敵乃却。詔總南面戍兵，爲北院大王。聖宗即位，太后稱制，令休哥總南面軍務，多有戰功。統和四年（986）封宋國王。本書卷八三有傳。

阻卜塔里干叛命，[1]仁先爲西北路招討使，賜鷹紐印及劍。[2]上諭曰：“卿去朝廷遠，每俟奏行，恐失機會，可便宜從事。”仁先嚴斥候，扼敵衝，懷柔服從，庶事整飭。塔里干復來寇，仁先逆擊，追殺八十餘里。

大軍繼至,[3]又敗之。别部把里斯、秃没等來救，見其屢挫，不敢戰而降。北邊遂安。

八年卒，年六十，遺命家人薄葬。弟義先、信先，俱有傳。子撻不也。

[1]阻卜：即達旦、韃靼。元人諱言達旦，而稱達旦爲阻卜。詳王國維《觀堂集林》卷一四《達旦考》。

[2]鷹紐印：又稱杓窊印。遼代皇帝賜給將帥調發軍馬的信物。杓窊義爲鷹，印紐作鷹鶻形，取迅疾之義，故名。

[3]大軍繼至：【劉校】“至”原本誤作“室”，《初校》謂：“‘至’,《百》作‘室’，非。”明抄本、南監本、北監本和殿本均作“至”。中華點校本、修訂本和補注本徑改。今從。

撻不也字胡獨堇。清寧二年補祗候郎君，累遷永興宫使。[1]以平重元之亂，遥授忠正軍節度使,[2]賜定亂功臣，同知殿前點檢司事。[3]歷高陽、臨海二軍節度使、左皮室詳穩。[4]

[1]永興宫：太宗德光宫分。

[2]忠正軍：遼代軍號。治壽州（今安徽省壽縣），不在遼境内。爲遥授。

[3]殿前點檢司：後周世宗設置殿前司，以都點檢、副都點檢爲正副長官，位在都指揮使之上，爲禁軍統帥。宋初廢。遼設殿前都點檢，爲南面軍官，當係模倣後周制。

[4]高陽軍：遼代軍號。治易州（今河北省易縣）。　臨海軍：遼代軍號。治滄州（今河北省滄州市），不在遼境内。　皮室：契丹軍名。“皮室”意爲“金剛”。初爲阿保機所置，稱“腹心部”。

後有南、北、左、右皮室及黄皮室等，皆掌精甲。　詳穩：遼朝軍官名。元帥府下設大詳穩司。本書卷一一六《國語解》：“詳穩，諸官府監治長官。”“詳穩”即漢語“將軍”的轉譯。【劉注】“詳穩”即漢語“將軍”的轉譯的説法似有值得商榷之處。在契丹小字中，“詳穩”作，“將軍”作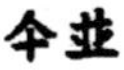 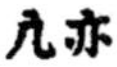，或 、 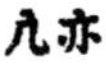；在契丹大字中，“詳穩”作 ，“將軍”作。“詳穩”不是漢語“將軍”的轉譯，而是音譯的契丹語，契丹語中“將軍”是漢語借詞。

大康六年授西北路招討使，[1]率諸部酋長入朝，加兼侍中。自蕭敵禄爲招討之後，朝廷務姑息，多擇柔愿者用之，諸部漸至跋扈。撻不也含容尤甚，邊防益廢，尋改西南面招討使。[2]

[1]大康：遼道宗耶律洪基年號（1075—1084）。

[2]西南面招討使：西南面招討司的主官，駐西京大同（今山西省大同市），負責對西夏防務。

阻卜酋長磨古斯來侵，西北路招討使何魯掃古戰不利，[1]詔撻不也代之。磨古斯之爲酋長，由撻不也所薦，至是遣人誘致之。磨古斯紿降，撻不也逆于鎮州西南沙磧間，[2]禁士卒無得妄動。敵至，裨將耶律綰斯、徐烈見其勢鋭，不及戰而走，遂被害，年五十八。贈兼侍中，謚曰貞愍。

[1]何魯掃古：字烏古鄰，是孟父房的後代。大安八年

(1092) 爲知西北路招討使事，以功加左僕射銜。再討耶都刮等部族，結果誤擊阻卜酋長磨古斯，北阻卜因此背叛朝命。何魯掃古不以實情奏聞，被削去官職。本書卷九四有傳。

[2]鎮州：本古可敦城。故城在今蒙古國布爾干省青托羅蓋古城。陳得芝《耶律大石北行史地雜考》(《歷史地理》第二輯）載，遼朝統治漠北屬部的最高軍政機構是西北路招討司（又稱西北路都招討司)。遼聖宗統和十二年（994)，因西北“阻卜”諸部作亂，以蕭撻凜爲西北路招討使，命隨皇太妃（齊王妃）出征，“屯西鄙驢駒兒河，西捍韃靼，盡降之”。蕭撻凜鑒於達旦諸部叛服不常，上表乞建三城以鎮之。統和二十二年三城完工，設置鎮、防、維三州。

撻不也少謹愿，後爲族嫠婦所惑，[1]出其妻，終以無子。人以此譏之。

[1]族嫠（lí）婦：本氏族的寡婦。

耶律良字習撚，[1]小字蘇，[2]著帳郎君之後。生於乾州，[3]讀書醫巫閭山。[4]學既博，將入南山肄業，友人止之曰：“爾無僕御驅馳千里，縱聞見過人，年亦垂暮。今若即仕已有餘地。”良曰：“窮通命也，非爾所知。”不聽，留數年而歸。

[1]耶律良：【劉校】據中華點校本校勘記，“按《紀》清寧六年五月、咸雍六年六月、八月，並作耶律白”。

[2]小字蘇：【劉注】“蘇”是契丹小字小名求的音譯，漢義爲“白”。

[3]乾州：遼代州名。《明一統志》卷二五《登州府》："乾州城在廣寧衛西南七里，本漢無慮縣地，遼置乾州廣德軍。"【劉注】州城故址在今遼寧省北鎮市廣寧鎮小常屯遼城址。

[4]醫巫閭山：山名。位於今遼寧省北鎮市。

重熙中補寢殿小底，尋爲燕趙國王近侍。[1]以家貧詔乘厩馬。遷修起居注。會獵秋山，[2]良進《秋游賦》，上嘉之。

[1]燕趙國王：耶律洪基的封爵。此指耶律洪基。

[2]秋山：即秋捺鉢，主要活動是狩獵。聖宗以後，其主要地點是在慶州（今内蒙古自治區巴林右旗索博日嘎鎮瓦林茫哈地方）的西部諸山。

清寧中上幸鴨子河，[1]作《捕魚賦》，由是寵遇稍隆，遷知制誥兼知部署司事。奏請編御製詩文，目曰《清寧集》；上命良詩爲《慶會集》，親製其序。頃之，爲敦睦宫使兼權知皇太后宫諸局事。[2]

[1]鴨子河：即混同江，今稱松花江。

[2]敦睦宫：孝文皇太弟宫分。

良聞重元與子涅魯古謀亂，以帝篤於親愛，不敢遽奏，密言於皇太后。[1]太后託疾，召帝白其事。帝謂良曰："汝欲間我骨肉耶？"良奏曰："臣若妄言，甘伏斧鑕。陛下不早備，恐墮賊計。如召涅魯古不來，可卜其事。"帝從其言。使者及門，涅魯古意欲害之，羈於帳下。使者以佩刀斷帟而出，馳至行宫以狀聞。帝始信。亂平，以功遷漢人行宫都部署。

[1]皇太后：即道宗生母、興宗仁懿皇后蕭氏。本書卷七一有傳。

咸雍初同知南院樞密使事，爲惕隱，[1]出知中京留守事。[2]未幾卒，帝嗟悼，遣重臣賻祭，給葬具，追封遼西郡王，謚曰忠成。

[1]惕隱：契丹官名。又稱梯里已，掌皇族政教。

[2]中京：遼五京之一。稱大定府，故址在今内蒙古自治區寧城縣大明鎮。

蕭韓家奴字括寧，奚長渤魯恩之後。性孝友。太平中補祗候郎君，[1]累遷敦睦宫使。伐夏，爲左翼都監，遷北面林牙。俄爲南院副部署，賜玉帶，改奚六部大王，[2]治有聲。

[1]太平：遼聖宗耶律隆緒年號（1021—1031）。

[2]奚六部大王：遼對歸附以後的奚族首領的稱呼。奚本來祇有五部，阿保機降伏五部奚之後又設置墮瑰部，而成六部。詳本書卷三三《營衛志下·部族下》。

清寧初封韓國公，歷南京統軍使、北院宣徽使，[1]封蘭陵郡王。[2]九年上獵太子山，聞重元亂，馳詣行在。帝倉卒欲避于北、南大王院，與耶律仁先執轡固諫，乃止。明旦，重元復誘奚獵夫來。韓家奴獨出諭之曰："汝曹去順効逆，徒取族滅。何若悔過，轉禍爲福！"獵夫投仗首服。以功遷殿前都點檢，封荆王，賜資忠保義奉國竭貞平亂功臣。

[1]宣徽使：遼朝官名。遼設北、南宣徽院，分隸北、南樞密院之下。宣徽北院使常執行軍事使命。此外，宣徽使還掌領朝會、宴饗、禮儀、祭祀及御前祗應之事。

[2]蘭陵郡：蕭氏郡望。戰國楚置蘭陵縣，在今山東省蘭陵縣西南。西晉置蘭陵郡，治丞縣（今山東省棗莊市嶧城區南，在古蘭陵縣西）。

咸雍二年遷西南面招討使。大康初徙王吳，賜白海東青鶻。[1]皇太子爲乙辛誣構，幽于上京。韓家奴上書力言其冤，不報。四年，復爲西南面招討使。例削一字王爵，改王蘭陵，薨。子楊九，終右祗候郎君班詳穩，贈同中書門下平章事。[2]

[1]海東青鶻：猛禽。能擊殺天鵝。今俄羅斯遠東地區以東大海盛産珍珠，天鵝食蚌，珍珠藏於蚌嗉内。契丹人放出海東青鶻擊殺天鵝，獲取珍珠。

[2]同中書門下平章事：唐制，大臣中有此名義者即爲事實上的宰相。遼襲唐制，在分設北南面官之後，以同中書門下平章事爲南面宰相。

蕭德字特末隱，楮特部人。[1]性和易，篤學好禮法。太平中，領牌印、直宿，累遷北院樞密副使，敷奏詳明，多稱上旨。詔與林牙耶律庶成修律令，[2]改契丹行宮都部署，賜宮户十有五。[3]

[1]楮特部：契丹部族名。阻午可汗以其營爲部。隸南府。

[2]耶律庶成：皇族，季父房之後。通曉契丹文及漢文，善於作詩。聖宗時曾參與修訂律、令；興宗時又參與修史，與蕭韓家奴録遥輦可汗至重熙事蹟。原來契丹醫人很少懂得切脉、審藥，庶成奉命譯《方脉》書行於遼。本書卷八九有傳。

[3]宮户：亦稱“宮分户”，是遼代諸宮衛所管轄的人户。他們隸屬宮分而不隸州縣。“以繼忠家無奴隸，賜宮户三十”，證明宮户的身份就是奴隸。宮户的宮籍是世襲的，未經統治者宣佈廢除，子孫則世代爲宮分人户。宮分出身的人亦可任大官。顯貴後經皇帝批准可改變宮分的出身，即出宮籍。例如韓德讓、姚景行即是如此。遼亡之後，諸宮衛機構雖已不存，但那些宮户、宮分人的身份並未改變；他們仍隸宮籍。於是，金朝始有宮籍監之設，用以管理這些宮户，並依照新機構的名稱，稱他們爲“宮籍監户”或“監户”。

清寧元年遷同知北院樞密使，封魯國公。上以德爲先朝眷遇，拜南府宰相。五年轉南京統軍使。九年，復爲南府宰相。重元之亂推鋒力戰，斬涅魯古首以獻，論功封漢王。咸雍初以告老歸，優詔不許。久之，加尚父，致仕。卒，年七十二。

蕭惟信字耶寧，楮特部人。五世祖霞賴，南府宰相。曾祖烏古，中書令。祖阿古只，知平州。[1]

[1]平州：州名。唐置，治所在今河北省盧龍縣。

父高八，多智數，博覽古今。開泰初爲北院承旨，[1]稍遷右夷离畢，[2]以幹敏稱，拜南府宰相。累遷倒塌嶺節度使，知興中府，[3]復爲右夷离畢。陵青誘衆作亂，事覺，高八按之，止誅首惡，餘並釋之。歸奏，稱旨。

[1]開泰：遼聖宗耶律隆緒年號（1012—1021）。

[2]夷离畢：遼官名。爲執政官，相當於副宰相參知政事。後來官分南、北，北面官有夷离畢院，主要掌刑政。

[3]興中府：遼六府之一。治所在今遼寧省朝陽市。

惟信資沉毅，篤志于學，能辨論。重熙初始仕，累遷左中丞。十五年徙燕趙國王傅，帝諭之曰："燕趙左右多面諛，不聞忠言，浸以成性。汝當以道規誨，使知君父之義。有不可處王邸者，以名聞。"惟信輔導以禮。十七年遷北院樞密副使，坐事免官。尋復職，兼北面林牙。

清寧九年重元作亂，犯灤河行宮，惟信從耶律仁先破之，賜竭忠定亂功臣。歷南京留守、左右夷离畢，復爲北院樞密副使。大康中以老乞骸骨，不聽。樞密使耶律乙辛譖廢太子，中外知其冤，無敢言者，惟信數廷爭，不得復。告老，加守司徒，卒。

蕭樂音奴字婆丹，奚六部敞穩突呂不六世孫。父拔剌三歲居父母喪，毁瘠過甚，養于家奴奚列阿不。重熙初興宗獵奚山，過拔剌所居，奚列阿不言于近臣，拔剌得見上。年甫十歲，氣象如成人，帝悦之，錫賚甚厚。既長，有遠志，不樂仕進，隱于奚王嶺之插合谷。[1]上以其名家，又有時譽，就拜舍利軍詳穩。[2]

[1]奚王嶺：山名。此山應在奚族地區，南近幽薊。

[2]舍利軍：遼代軍名。由貴族子弟組成。

樂音奴貌偉言辨，通遼、漢文字，[1]善騎射擊鞠，[2]所交皆一時名士。年四十始爲護衛。平重元之亂，以功遷護衛太保，改本部南剋，俄爲旗鼓拽剌詳穩。[3]監障海東青鶻，獲白花者十三，賜榾柮犀并玉吐鶻。拜五蕃部節度使，卒。子陽阿，有傳。

[1]遼、漢文字：即契丹文字和漢字。遼代契丹族有自己創製的文字。神册五年（920）創製“契丹大字”。此後，太祖阿保機弟迭剌又創製“契丹小字”。契丹大字採用漢字筆劃結構創製，基本上是表意文字，但也有部分拼音文字。契丹小字是拼音文字。自金明昌二年（1191），契丹文字已被明令停止使用，後逐漸湮没無聞。近數十年來，兩種契丹文字的碑刻皆有發現，但因與漢字對譯的資料很少，特别是還没有發現契丹文字的字典，所以釋讀工作非常艱難。

[2]擊鞠：即打馬球，是當時流行的競技活動。因爲參賽者都在馬上擊球，奔馳的快馬有時會失控，因此具有一定的危險性。統和六年（988），一日承天皇太后觀看臣下擊鞠，她的寵臣韓德讓被

胡里室衝撞墜馬，太后一怒之下，竟下令將胡里室斬首。今内蒙古自治區敖漢旗皮匠溝1號遼墓墓門西側的穹隆頂下部，有一幅打馬球圖。現存寬180釐米、高50釐米。畫面有多處剥落，但大體可辨。

[3]拽剌：契丹語“走卒”謂之“拽剌”，後爲軍官名。有掌旗鼓者，稱“旗鼓拽剌”，還有專司偵候、探報等職者。

耶律敵烈字撒懶，[1]採訪使吼五世孫。[2]寬厚，好學，工文詞。重熙末補牌印郎君兼知起居注。

[1]耶律敵烈（1026—1097）：【劉注】人名。據契丹小字《耶律迪烈墓誌銘》，“敵烈”爲契丹語名**庠令**的音譯，漢義爲“七”。

[2]採訪使吼五世孫：【劉注】據契丹小字《耶律迪烈墓誌銘》，耶律敵烈是蒲古只夷离堇家族的人。其第八代祖宗痕得·帖剌夷离堇是遼太祖耶律阿保機祖父玄祖皇帝的胞兄。

清寧元年稍遷同知永州事，[1]禁盜有功，改北面林牙承旨。九年重元作亂，敵烈赴援，力戰平之，遙授臨海軍節度使。[2]十年徙武安州觀察使。[3]咸雍五年累遷長寧宫使。[4]撿括户部司乾州錢帛逋負，立出納經畫法，公私便之。大康四年爲南院大王。秩滿，部民請留，同知南京留守事。有疾，上命乘傳赴闕，遣太醫視之。遷上京留守。

大安中改塌母城節度使。以疾致仕，加兼侍中，賜一品俸。八年卒。

[1]永州：州名。州城故址在今西拉木倫河與老哈河合流處。

《武經總要》前集卷一六下《戎狄舊地》載，永州在木葉山之陽，潢水之北，契丹國舊地也。一路西北至韡淀二百里，一路西北至上京三百里。

[2]臨海軍：遼代軍號。治滄州（今屬河北省），不在遼境内，爲遥授。

[3]武安州：州名。阿保機初俘漢民，置木葉山下，因建城於此以遷之，初名杏堝新城。復以遼西户益之，更名新州。統和八年(990)，改曰武安州。州城故址在今内蒙古自治區敖漢旗東。

[4]長寧宫：遼代宫帳名。應天皇太后术律平宫衛。

姚景行始名景禧。祖漢英，本周將，應曆初來聘，[1]用敵國禮，帝怒留之，隸漢人宫分。[2]及景行既貴始出籍，貫興中縣。[3]

[1]應曆：遼穆宗耶律璟年號（951—969）。

[2]隸漢人宫分：隸屬宫分中的漢人宫分。

[3]興中縣：屬遼中京道興中府，治所在今遼寧省朝陽市。

景行博學。重熙五年擢進士乙科，爲將作監，[1]改燕趙國王教授。不數年至翰林學士，樞密副使，參知政事。[2]性敦厚廉直，人望歸之。

[1]將作監：官名。北魏始置。遼屬南面官。掌營繕宫室。

[2]參知政事：始見於唐前期，宋初作爲副宰相，至真宗以後，其地位更與宰相同平章事等。遼朝參知政事的地位類似宋朝的參知政事，與同中書門下平章事一樣，都是中書省長官，都是宰相。“不數年”至“參知政事”：【劉校】據中華點校本校勘記，“按《紀》清寧元年十二月以樞密副使姚景行爲參知政事”。

道宗即位多被顧問，爲北府宰相。九年秋告歸，[1]道聞重元亂，收集行旅得三百餘騎勤王。比至，賊已平。帝嘉其忠，賜以逆人財産。咸雍元年出爲武定軍節度使。[2]明年驛召拜南院樞密使。上從容問治道，引入内殿，出御書及太子書示之，賜什器車仗。帝有意伐宋，召景行問曰："宋人好生邊事，如何？"對曰："自聖宗皇帝以威德懷遠，宋修職貢，迨今幾六十年。若以細故用兵，恐違先帝成約。"上然其言而止。

[1]九年秋：【劉注】指清宁九年（1063）七月。

[2]武定軍：遼代軍號。治奉聖州（今河北省涿鹿縣）。

致仕，不踰月復舊職。丁家艱，起復，兼中書令。上問古今儒士優劣，占對稱旨，知興中府，改朔方軍節度使。[1]大康初徙鎮遼興。[2]以上京多滯獄，命爲留守，不數月，以獄空聞。

[1]朔方軍：唐、五代方鎮名。治靈州（今寧夏回族自治區靈武市），在西夏境内。

[2]遼興：遼代軍號。治平州（今河北省盧龍縣）。

累乞致政，不從。復請，許之，加守太師。卒，遣使弔祭，追封柳城郡王，[1]謚文憲。壽隆五年詔爲立祠。

[1]柳城郡：古郡名。隋煬帝廢營州，改設爲柳城郡。治柳城縣，在今遼寧省朝陽市。遼時爲霸州彰武軍。

耶律阿思字撒班。[1]清寧初補祗候郎君。以善射，掌獵事，進渤海近侍詳穩。[2]

［1］耶律阿思（1034—1108）：【劉注】人名。據契丹大字《耶律祺墓誌銘》和漢字《耶律祺墓誌銘》殘石，阿思是契丹語又名契丹大字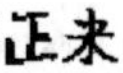的音譯。其漢名爲祺。

［2］渤海：指設在遼東京的東丹朝廷。

重元之亂，與護衛蘇射殺涅魯古，賜號靖亂功臣，徙契丹行宫都部署。大安初，爲北院大王，封漆水郡王。[1]壽隆元年爲北院樞密使，[2]監修國史。

［1］漆水郡王：遼宗室耶律氏的封爵。

［2］壽隆：遼道宗耶律洪基年號（1095—1101）。據遼代碑刻和錢幣，此年號本爲“壽昌”。元代修《遼史》時誤書爲“壽隆”。

壽隆元年爲北院樞密使：【劉校】據中華點校本校勘記，“壽隆元年”，原作“（大安）十一年”。按，大安止十年，次年壽隆（壽昌）元年。本書卷二六《道宗本紀六》壽隆元年（1095）十二月，“以知北院樞密使事耶律阿思爲北院樞密使”，據改。今從。

道宗崩，受顧命，加于越。録乙辛黨人，罪重者當籍其家，阿思受賂，多所寬貫。蕭合魯嘗言當修邊備，阿思力沮其事，或譏其以金賣國。

後以風疾失音，致仕，加尚父，封趙王。薨，年八十，[1]追封齊國王。

［1］薨，年八十：【劉校】據中華修訂本校勘記，耶律阿思即

耶律祺，契丹大字《耶律祺墓誌銘》載，阿思卒於乾統八年(1108)，年七十五。

論曰：灤河之變，重元擁兵行幄，微仁先等，道宗其危乎！當其止幸北、南院，召塔剌兵以靖大難，功宜居首。良以反謀白太后，韓家奴以逆順降奚人，德與阿思殺涅魯古，皆有討賊之力焉。仁先齊名休哥，勳德兼備，此其一節歟。

(李錫厚注　劉鳳翥校)

遼史　卷九七

列傳第二十七

耶律斡特剌　孩里　竇景庸　耶律引吉　楊績　趙徽　王觀　耶律喜孫[1]

[1]“耶律斡特剌”至“耶律喜孫”：【劉校】原本、明抄本、南監本無，據北監本和殿本補。

耶律斡特剌字乙辛隱，[1]許國王寅底石六世孫。[2]少不喜官禄，年四十一始補本班郎君。時樞密使耶律乙辛擅權，[3]讒害忠良，斡特剌恐禍及，深自抑畏。

[1]耶律斡特剌（1036—1105）：【劉注】人名。斡特剌爲契丹語名的音譯。乙辛隱爲契丹語第二個名的音譯。

[2]寅底石：阿保機之弟，字阿辛，排行第四，參與叛亂，太祖釋之，封許國王。太祖命輔東丹王，淳欽皇后遣司徒劃沙殺於路。

[3]樞密使：官名。樞密院之首長。遼有北、南樞密院，爲遼朝的實際宰輔機構，分别爲北、南面官的首腦機構。北樞密院又稱

契丹樞密院，掌軍事、部族；南樞密院又稱漢人樞密院，掌漢人州縣之事。　耶律乙辛（？—1083）：五院部人。字胡覩衮。重熙中爲文班吏。道宗清寧五年（1059）爲南院樞密使，改知北院，封趙王。九年，重元亂平，拜北院樞密使，進封魏王。咸雍五年（1069）加守太師。詔四方有軍旅，許以便宜從事，勢震中外。大康元年（1075）誣皇后蕭觀音致死，三年又害死太子耶律濬。七年冬坐以禁物鬻入外國，幽於來州。九年謀奔宋及私藏兵甲事發，伏誅。本書卷一一〇有傳。

大康中爲宿直官，[1]歷左、右護衛太保。大安元年，[2]升燕王傅，徙左夷离畢。[3]四年改北院樞密副使，帝賜詩褒之，遷知北院樞密使事，賜翼聖佐義功臣。北阻卜酋長磨古斯叛，[4]斡特剌率兵進討。會天大雪，敗磨古斯四别部，斬首千餘級，拜西北路招討使，[5]封漆水郡王，[6]加賜宣力守正功臣。尋拜南府宰相。[7]復討閘古胡里扒部，[8]破之，召爲契丹行宫都部署。[9]

[1]大康：遼道宗耶律洪基年號（1075—1084）。

[2]大安：遼道宗耶律洪基年號（1085—1094）。

[3]夷离畢：遼官名。爲執政官，相當於副宰相參知政事。後來官分南、北，北面官有夷离畢院，主要掌刑政。

[4]阻卜：即達旦、韃靼。元人諱言達旦，而稱達旦爲阻卜。詳王國維《觀堂集林》卷一四《達旦考》。

[5]西北路招討使：遼朝官名。西北路招討司的最高長官。該機構是遼朝統治漠北屬部的最高軍政機構，又稱西北路都招討司。

[6]漆水郡王：遼宗室耶律氏的封爵。

[7]南府宰相：契丹部族官名。契丹可汗之下有北、南二府，各部族則分屬二府，故北宰相亦稱北府宰相，南宰相亦稱南府

宰相。

[8]闟古胡里扒部：另見本書卷四六《百官志二》“北面部族官”。斡特剌既然是在西北路招討使任上破該部，則該部應在遼的西北部，地近阻卜。

[9]契丹行宮都部署：遼北面行宮官。遼在北南面官系統中，分別設契丹行宮都部署和漢人行宮都部署，其上則有諸行宮都部署。行宮都部署完全是倣中原王朝官制設置的，它不同於專管斡魯朶事務的某宮都部署的宫官。宋朝皇帝巡幸亦有行宮，且亦有行宮都部署之設。後避英宗趙曙名諱，改稱行宮都總管。

先是北、南府有訟，各州府得就按之。比歲，非奉樞密檄不得鞫問，以故訟者稽留，斡特剌奏請如舊，從之。壽隆五年復爲西北路招討使，[1]討耶覩刮部，俘斬甚衆，獲馬、駞、牛、羊各數萬。明年擒磨古斯，加守太保，賜奉國匡化功臣。

[1]壽隆五年：壽隆，遼道宗年號（1095—1101）。據遼代碑刻和錢幣，此年號本爲“壽昌”。元代修《遼史》據金稿本誤書爲“壽隆”。【劉校】中華點校本校勘記云，“壽隆”二字原脱，“據《紀》壽隆五年五月補”。今從。

乾統初乞致仕，[1]不許，止罷招討。復兼南院樞密使，[2]封混同郡王。[3]遷北院樞密使，加守太師，賜推誠贊治功臣。致仕，薨，[4]謚曰敬肅。

[1]乾統：遼天祚帝耶律延禧年號（1101—1110）。

[2]復兼南院樞密使：【劉校】據中華點校本校勘記，“復兼”

二字原脱。本書卷二七《天祚皇帝本紀一》乾統元年（1101）六月，“以南府宰相斡特剌兼南院樞密使”，據補。今從。

[3]封混同郡王：【劉注】據契丹小字《許國王墓誌銘》，耶律斡特剌的最後爵位是許國王。

[4]薨：【劉注】據契丹小字《許國王墓誌銘》，耶律斡特剌因病薨於乾統五年二月二日，享年七十歲。

孩里字胡輦，[1]回鶻人。其先在太祖時來貢願留，因任用之。

[1]孩里：【劉校】據中華點校本校勘記，本書卷二二《道宗本紀二》清寧九年（1063）七月作“海鄰”。

孩里重熙間歷近侍長。[1]清寧九年討重元之亂有功，[2]加金吾衛上將軍，賜平亂功臣。累遷殿前都點檢，[3]以宿衛嚴肅稱。大康初加守太子太保，二年加同中書門下平章事，[4]三年改同知南院宣徽使事。[5]會耶律乙辛出守中京，[6]孩里入賀。及議復召，陳其不可。後乙辛再入樞府，出孩里爲廣利軍節度使。[7]及皇太子被誣，孩里當連坐，有詔勿問。大安初，歷品達魯虢部節度使。[8]壽隆五年有疾，自言吾數已盡，却醫藥，卒，年七十七。

[1]重熙：遼興宗耶律宗真年號（1032—1055）。　近侍：皇帝身邊的奴僕。

[2]清寧：遼道宗耶律洪基年號（1055—1064）。　重元之亂：耶律重元，遼聖宗次子。欽愛皇后稱制，曾密謀立重元。重元以所

謀告於興宗，封爲皇太弟。賜以金券誓書。道宗即位，册爲皇太叔，爲天下兵馬大元帥，賜金券。清寧九年（1063）與其子涅魯古謀亂，失敗自殺。

［3］殿前都點檢：後周世宗設置殿前司，以都點檢、副都點檢爲正副長官，位在都指揮使之上，爲禁軍統帥。宋初廢。遼設殿前都點檢，爲南面軍官，當係模倣後周制。

［4］同中書門下平章事：唐制，大臣中有此名義者即爲事實上的宰相。遼襲唐制，在分設北南面官之後，以同中書門下平章事爲南面宰相。

［5］宣徽使：遼朝官名。遼設北、南宣徽，分隸北、南樞密院之下。宣徽北院使常執行軍事使命。此外，宣徽使還掌領朝會、宴饗、禮儀、祭祀及御前祗應之事。

［6］中京：遼五京之一。稱大定府，故址在今内蒙古自治區寧城縣大明鎮。

［7］廣利軍：遼代軍號。治銅州（今遼寧省海城市）。

［8］品達魯虢部：被契丹征服的部族名。即附屬於品部的、以被俘達魯虢人建立的部族。卷九五《耶律適禄傳》，遼末“加泰州觀察使，爲達魯虢部節度使。”達魯虢部應是活動於上京東北部的部族。

孩里素信浮圖。[1]清寧初從上獵墮馬，憒而復蘇。[2]言始見二人引至一城，宫室宏敞，有衣絳袍人坐殿上，左右列侍，導孩里升階。持牘者示之曰：“本取大腹骨欲，誤執汝。”牘上書“官至使相，壽七十七”。須臾還，擠之大壑而寤。道宗聞之，命書其事。後皆驗。

［1］浮圖：佛教語。梵語 Buddha 的音譯。指佛教。

［2］憒而復蘇：【劉校】“憒”原本作“横”，明抄本、南監本、

北監本、殿本均作“憒”。中華點校本及修訂本徑改。今從改。

竇景庸，中京人，中書令振之子。聰敏好學，清寧中第進士，授秘書省校書郎，[1]累遷少府少監。[2]咸雍六年授樞密直學士，[3]尋知漢人行宮副部署事。大安初遷南院樞密副使，監修國史，知樞密院事，賜同德功臣，封陳國公。有疾，表請致仕，不從，加太子太保，授武定軍節度使。[4]審決冤滯，輕重得宜，以獄空聞。

[1]秘書省校書郎：【靳注】南面官名。秘書監著作局屬官。始置於東漢。掌編輯校定經籍圖書。

[2]少府少監：【靳注】官名。始置於隋，爲少府監次官，佐理百工技巧之事。

[3]咸雍：遼道宗耶律洪基年號（1065—1074）。

[4]武定軍：遼代軍號。治奉聖州（今河北省涿鹿縣）。

七年拜中京留守。九年薨，謚曰肅憲。子瑜，三司副使。[1]

[1]三司：鹽鐵、度支、户部三機構的合稱，主理財賦。

耶律引吉字阿括，品部人。[1]父雙古，鎮西邊二十餘年，治尚嚴肅，不殖貨利，時多稱之。

[1]品部：契丹部族名。屬太祖二十部之列。隸北府，屬西北路招討司。

引吉寅畏好義，以廕補官，累遷東京副留守、北樞密院侍御。[1]時蕭革、蕭圖古辭等以佞見任，[2]鬻爵納賄，引吉以直道處其間，無所阿唯。改客省使。[3]時朝廷遣使括三京隱户不得，以引吉代之，得數千餘户。

[1]東京：遼五京之一。故址在今遼寧省遼陽市。

[2]蕭革（？—1063）：契丹外戚。國舅房林牙和尚之子。興宗時拜南院樞密使，詔班諸王上，封吳王。道宗即位後，與國舅蕭阿剌同掌朝政。革因譖阿剌"有慢上心。"道宗大怒，縊阿剌於殿下。清寧九年（1063）秋，重元之亂，革參預其謀，凌遲處死。本書卷一一三有傳。　蕭圖古辭：契丹楮特部人。仕重熙中，累遷左中丞。清寧六年出知黄龍府。八年拜南府宰相。頃之，爲北院樞密使。爲人奸佞，爲樞密數月，所薦引多爲重元黨與，由是免爲庶人。後没入興聖宫。本書卷一一一有傳。

[3]客省使：官名。客省長官。會同元年（938）置，掌接待諸國使節。

時昭懷太子知北南院事，[1]選引吉爲輔導。樞密使乙辛將傾太子，惡引吉在側，奏出之，爲群牧林牙。[2]大康元年乙辛請賜牧地，引吉奏曰："今牧地褊陋，畜不蕃息，豈可分賜臣下。"帝乃止。乙辛由是益嫉之，除懷德軍節度使，[3]徙漠北猾水馬群太保，[4]卒。

[1]昭懷太子：即耶律濬（1055—1077）。道宗長子。天祚帝生父。大康三年（1077）被廢，隨即被耶律乙辛殺害。九年追謚昭懷太子。本書卷七二有傳。

[2]群牧：契丹專門管理畜群的機構。諸路設群牧使司，下設

某群太保、某群侍中、某群敞史；朝廷設總典群牧使司，有總典群牧部籍使、群牧都林牙。以“群”爲單位設某群牧司，設群牧使、群牧副使。此外，還有僅管理馬及牛群的機構。遼亡之後，金稱契丹群牧爲“烏魯古”。

[3]懷德軍：遼代軍號。治恩州。據《欽定熱河志》卷六〇，遼恩州故址在大定（寧城）縣恩化鎮《武經總要》前集卷一六下《戎狄舊地》恩州，德光所建，本烏桓舊地。南至中京六十里，西至馬盂（盂）山六十里，西北曼頭山三十里，山地至宜坤州五十里，西南至上京二百五十里，北至高州百二十里。

[4]猾水：【劉校】據中華點校本校勘記，卷一〇一《蕭陶蘇斡傳》作“滑水”，字通。

楊續，[1]良鄉人。[2]太平十一年進士及第，[3]累遷南院樞密副使。與杜防、韓知白等擅給進士堂帖，[4]降長寧軍節度使，[5]徙知涿州。[6]

[1]楊續：即本書卷八九之楊晳。一人兩傳。陳襄《使遼語録》作楊晳。

[2]良鄉：舊縣名。治所在今北京市房山區境内。三河、良鄉都是趙德鈞鎮幽州時所置，據《新五代史》卷七二《四夷附録第一》：“莊宗之末，趙德鈞鎮幽州，於鹽溝置良鄉縣，又於幽州東五十里築城，皆戍以兵。及破赫邈等，又於其東置三河縣。由是幽、薊之人，始得耕牧，而輸餉可通。”按，本書卷八九《楊晳傳》作“安次人”。

[3]太平：遼聖宗耶律隆緒年號（1021—1031）。

[4]堂帖：中書省發出的指令。《通鑑》卷二四五唐太和八年（834）載：“初，宋申錫與御史中丞宇文鼎受密詔誅鄭注，使京兆尹王璠掩捕之。璠密以堂帖示王守澄，注由是得免。”胡三省注云：

"帖由政事堂出，故謂之堂帖。"

[5]長寧軍：遼代軍號。治川州。據《大清一統志》卷二八："白川州故城在朝陽縣東北六十七里。遼置川州，會同中改爲白川州，治咸康縣。……今縣境東北之四角阪有廢城，週二里餘，蒙古名卓索喀喇城，城内有遼開泰二年《佛頂尊勝陀羅尼石幢記》，爲白川州官吏所建，知即故白川州地。"

[6]涿州：州名。治所在今河北省涿州市。

清寧初拜參知政事兼同知樞密院事，[1]爲南府宰相。九年聞重元亂，與姚景行勤王，[2]上嘉之。十年知興中府。[3]咸雍初入知樞密院事。二年乞致仕，不許，拜南院樞密使。

[1]參知政事：始見於唐前期，宋初作爲副宰相，至真宗以後，其地位更與宰相同平章事等。遼朝參知政事的地位類似宋朝的參知政事，與同中書門下平章事一樣，都是中書省長官，都是宰相。

[2]姚景行（？—1075）：始名景禧。隸漢人宮分。既貴始出宮籍，貫興中縣。本書卷九六有傳。

[3]興中府：遼六府之一。治所在今遼寧省朝陽市。

帝以績舊臣，特詔燕見，論古今治亂、人臣邪正。帝曰："方今群臣忠直，耶律玦、劉伸而已，[1]然伸不及玦之剛介。"績拜賀曰："何代無賢，世亂則獨善其身，主聖則兼濟天下。陛下銖分邪正，升黜分明，天下幸甚。"累表告歸，不許，封趙王。

[1]耶律玦：字吾展。遙輦鮮質可汗之後。本書卷九一有傳。

劉伸：字濟時，宛平（今北京市）人。官至南院樞密使。本書卷九八有傳。

大康中以例改王遼西。致仕，加守太保，[1]薨。子貴忠，[2]知興中府。

[1]加守太保：【劉校】《羅校》謂："'太'，元本誤'大'。"明抄本、南監本、北監本和殿本也作"太"，據改。

[2]子貴忠：【劉校】據中華點校本校勘記："按陳襄《使遼語録》云，子二人。長規正，知順州，太傅；次規忠，即此貴忠。"

趙徽，南京人。[1]重熙五年，擢甲科，累遷大理正。[2]清寧二年銅州人妄毀三教，[3]徽按鞫之，以狀聞，稱旨。歷煩劇，有能名。累遷翰林學士承旨。咸雍初爲度支使。三年拜參知政事。出爲武定軍節度使，及代，軍民請留。後同知樞密院事兼南府宰相、門下侍郎、平章事。致仕，卒。追贈中書令，謚文憲。

[1]南京：遼五京之一。故址在今北京市。

[2]大理正：大理寺長官。聖宗統和十二年（994）置。

[3]銅州：【靳注】州名。遼置。治所在今遼寧省海城市東南。三教：即儒、釋、道。

王觀，南京人。博學有才辯，重熙七年中進士乙科。

興宗崩，充夏國報哀使，[1]還，除給事中。咸雍初遷翰林學士，五年兼乾文閣學士。七年改南院樞密副使，賜國姓，參知政事兼知南院樞密事。坐矯制修私第，[2]削爵爲民，卒。

[1]夏國（1038—1227）：以党項民族爲主體建立的政權。公元1038年，元昊叛宋稱帝，建立大夏王朝，傳十代，至1227年爲蒙古所滅。元昊稱帝以前，其作爲北宋境内的地方割據政權，已經具有獨立性。史稱西夏，先後與遼、北宋及金、南宋並立於今中國境内。境土包括今寧夏回族自治區全部、甘肅省大部、陝西省北部以及青海省、内蒙古自治區的部分地區。

[2]矯制修私第：假託君命，修建私宅。

耶律喜孫字盈隱，永興宫分人。[1]興宗在青宫，嘗居左右輔導。聖宗大漸，喜孫與馮家奴告仁德皇后同宰相蕭浞卜等謀逆事。[2]及欽愛爲皇太后稱制，[3]喜孫尤見寵任。

[1]永興宫分人：永興宫，太宗德光宫分。宫分人，有宫籍之人。有宫籍的宫分人，多是統治者的私奴，但宫分人中也有契丹權貴。宫籍是世襲的，未經統治者宣佈廢除，子孫則世代爲宫分人。遼朝諸宫衛有所管轄人丁的統計數字，但奴婢不計算在内，本書卷三一《營衛志上》："凡諸宫衛人丁四十萬八千，騎軍十萬一千。著帳釋宥、没入，隨時增損，無常額。"這些没有統計在諸宫衛人丁總數之内者即是奴婢，稱爲"宫户""宫分人"。他們自有"宫籍"，歸宫衛管理。遼亡之後，諸宫衛機構雖已不存，但那些宫户、宫分人的身份並未改變；他們仍隸宫籍。於是，金朝始有宫籍監之設，用以管理這些宫户，並依照新機構的名稱，稱他們爲"宫籍監户"或"監户"。遼朝一部分專門在皇帝身邊服役的"宫户"又稱爲"著帳户"。散居州縣當中的宫户與民户一樣要向國家交納賦税，

説明這些宫户的身份已經發生了改變。統和十五年（997）三月“壬午，通括宫分人户，免南京逋税及義倉粟”。將“通括宫分人户”一事，與“免南京逋税及義倉粟”一併實行，是因爲此二事都與賦税徵收有關。宫户所受剥削和壓迫定是相當沉重的，以至他們被迫逃亡。據壽昌二年（1096）的《孟有孚墓誌銘》載：“時朝廷命復慶陵之逋民，詔公乘驛以督之。”（《全遼文》卷九）宫籍起源甚早，遥輦氏時已經有宫分人存在。宫籍是一種法律上的身份，是不能輕易改變的。宫分人“出宫籍”需要經皇帝特許。如前面已經提到的韓德讓，就是即貴並且賜姓耶律之後纔“出宫籍”的。繼韓德讓之後，興宗時的漢人宫分人姚景行出宫籍也是在其官至翰林學士、樞密副使、參知政事以後。漢臣梁援，累世在遼朝作官，同時也具有宫籍。壽昌七年正月，道宗死後，由他充玄官都部署，並撰謚册文。喪事既畢之後，始詔免其宫籍，而且“敕格餘人不以爲例，示特寵也”（《遼寧省博物館藏碑誌精粹》，文物出版社 2000 年版，第 294—295 頁）。

［2］仁德皇后（982—1032）：即聖宗齊天皇后，姓蕭氏，小字菩薩哥，睿智皇后弟隗因之女。年十二，選入掖庭。統和十九年册爲齊天皇后。生皇子二，皆早卒。開泰五年（1016）宫人耨斤生興宗，后養爲子。興宗即位後，耨斤自立爲皇太后，並逼其自縊，死時年五十。追尊仁德皇后。與欽愛並祔慶陵。本書卷七一有傳。

［3］欽愛：指欽愛皇后（？—1057）。小字耨斤，淳欽皇后弟阿古只五世孫。爲聖宗元妃，生宗真，仁德皇后無子，取而養之如已出。聖宗死後，宗真即位，耨斤自立爲皇太后，攝政，並殺害仁德皇后，謀廢興宗，立重元。本書卷七一有傳。【劉注】原作“欽哀”，據其本人的哀册篆蓋改。

重熙中其子涅哥爲近侍，坐事伏誅。帝以喜孫有翼戴功，且悼其子罪死，欲世其官，喜孫無所出之部，因見馬印文有品部號，使隸其部，拜南府宰相。尋出爲東北路詳穩，[1]卒。

[1]詳穩：遼朝軍官名。元帥府下設大詳穩司。本書卷一一六《國語解》："詳穩，諸官府監治長官。""詳穩"即漢語"將軍"的轉譯。【劉注】"詳穩"即漢語"將軍"的轉譯的説法似有值得商榷之處。在契丹小字中，"詳穩"作，"將軍"作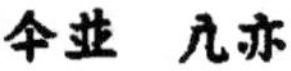，或、；在契丹大字中，"詳穩"作，"將軍"作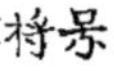。"詳穩"不是漢語"將軍"的轉譯，而是音譯的契丹語，契丹語中"將軍"是漢語借詞。

論曰：孩里、引吉之爲臣也，當乙辛擅權、蕭革貪黷之日，雖與同官，而能以正自處，不少阿唯，其過人遠矣！傳曰："歲寒知松栢之後凋。"二子有焉。若斡特剌之戰功，竇景庸之讞獄，楊績之忠告，亦賢矣夫。

（李錫厚注　劉鳳翥校）

遼史　卷九八

列傳第二十八

蕭兀納　耶律儼　劉伸　耶律胡呂[1]

[1]“蕭兀納”至“耶律胡呂”:【劉校】原本、明抄本、南監本無，據北監本和殿本補。

蕭兀納一名撻不也，字特免，六院部人。[1]其先嘗爲西南面拽剌。[2]

[1]六院部：太祖析迭剌部爲五院部和六院部。太宗會同元年(938) 改夷离堇爲大王。北院大王和南院大王即是五院部和六院部的首領。

[2]拽剌：契丹語“走卒”謂之“拽剌”，後爲軍官名。有掌旗鼓者，稱“旗鼓拽剌”，還有專司偵候、探報等職者。

兀納魁偉簡重，善騎射。清寧初兄圖獨以事入見，[1]帝問族人可用者，圖獨以兀納對，補祗候郎君。遷近侍敞史，[2]護衛太保。

[1]清寧：遼道宗耶律洪基年號（1055—1064）。

[2]近侍：皇帝身邊的奴僕。

大康初爲北院宣徽使。[1]時乙辛已害太子，[2]因言宋魏國王和魯斡之子淳可爲儲嗣，[3]群臣莫敢言，唯兀納及夷离畢蕭陶隗諫曰："舍嫡不立，是以國與人也。"[4]帝猶豫不決。五年，帝出獵，乙辛請留皇孫，[5]帝欲從之，兀納奏曰："竊聞車駕出遊將留皇孫，苟保護非人，恐有他變。果留，臣請侍左右。"帝乃悟，命皇孫從行，由此始疑乙辛。

[1]大康：遼道宗耶律洪基年號（1075—1084）。　宣徽使：遼朝官名。遼設北、南宣徽，分隸北、南樞密院之下。宣徽北院使常執行軍事使命。此外，宣徽使還掌領朝會、宴饗、禮儀、祭祀及御前祇應之事。

[2]乙辛（？—1083）：即耶律乙辛。字胡覩衮，五院部人。重熙中爲文班吏。道宗清寧五年（1059）爲南院樞密使，改知北院，封趙王。九年重元亂平，拜北院樞密使，進封魏王。咸雍五年（1069）加守太師。詔四方有軍旅，許以便宜從事，勢震中外。大康元年（1075）誣皇后蕭觀音致死，三年又害死太子耶律濬。七年冬坐以禁物鬻入外國，幽於來州。九年謀奔宋及私藏兵甲事發，伏誅。本書卷一一〇有傳。

[3]和魯斡（1041—1110）：【劉注】人名。耶律弘本契丹語小名的音譯。興宗第二子，字阿輦。重熙十七年（1048）封越王。乾統初爲天下兵馬大元帥，加守太師，免拜，不名。三年（1103）册爲義和仁壽皇太叔祖叔。其事蹟詳載漢字和契丹小字《義和仁壽皇太叔祖叔哀册》。本書把"皇太叔祖叔"誤爲"皇太叔"。

[4]蕭陶隗（？—1083）：字烏古鄰，道宗時官至契丹行宫都

部署、西南面招討使。本書卷九〇有傳。

[5]皇孫：即天祚帝耶律延禧。

頃之同知南院樞密使事，[1]出乙辛、淳等。帝嘉其忠，封蘭陵郡王，[2]人謂近於古社稷臣，授殿前都點檢。[3]上謂王師儒、耶律固等曰：[4]"兀納忠純，雖狄仁傑輔唐、屋質立穆宗無以過也。[5]卿等宜達燕王知之。"[6]自是令兀納輔導燕王，益見優寵。大安初詔尚越國公主，[7]兀納固辭。改南院樞密使，奏請掾史宜以歲月遷敘，從之。壽隆元年拜北府宰相。[8]

[1]南院樞密使：即漢人樞密院之樞密使。爲南面官最高官職。詳見本書卷四七《百官志三》。

[2]蘭陵郡王：契丹外戚蕭氏封爵。蘭陵郡是蕭氏郡望。戰國楚置蘭陵縣，在今山東省蘭陵縣西南。西晉置蘭陵郡，治丞縣（今山東省棗莊市嶧城區南，在古蘭陵縣西）。此蕭氏與契丹蕭氏並無血緣關係。

[3]殿前都點檢：後周世宗設置殿前司，以都點檢、副都點檢爲正副長官，位在都指揮使之上，爲禁軍統帥。宋初廢。遼設殿前都點檢，爲南面軍官，當係模倣後周制。

[4]王師儒（1038—1101）：范陽（今北京市）人，字通夫。年二十有六舉進士。大康九年（1083）任梁王耶律延禧伴讀。《全遼文》卷一〇有墓誌。　耶律固：大康十年與王師儒受命傅導燕國王延禧。

[5]狄仁傑（630—700）：唐并州（今山西省太原市）人，武后時拜相。當時武后欲立武三思爲太子，仁傑固諫，勸武后召還廬陵王（中宗），武后卒從其請。《舊唐書》卷八九、《新唐書》卷一一五有傳。

[6]燕王：天祚帝即位前曾進封燕國王。

[7]大安：遼道宗耶律洪基年號（1085—1094）。　越國公主：遼道宗第三女特里，宣懿皇后生。初封越國公主，乾統初進封秦晉國大長公主，徙封梁宋國長公主。下嫁蕭酬斡，離之，大安初改適蕭特末。後與金人戰，被擒。

[8]壽隆：遼道宗耶律洪基年號（1095—1101）。據遼代碑刻和錢幣，此年號本爲“壽昌”。元代修《遼史》時誤書爲“壽隆”。

壽隆元年，拜北府宰相：【劉校】據中華點校本校勘記，“按《紀》在壽隆二年十二月。又前此大康六年十二月，以蕭撻不也爲北府宰相，至大安元年十月改南院樞密使。壽隆時似是再任”。北府宰相，契丹部族官名。契丹可汗之下有北、南二府，各部族則分屬二府，故北宰相亦稱北府宰相，南宰相亦稱南府宰相。

初，天祚在潛邸，[1]兀納數以直言忤旨，及嗣位出爲遼興軍節度使，[2]守太傅。以佛殿小底王華誣兀納借内府犀角，[3]詔鞫之。兀納奏曰：“臣在先朝，詔許日取帑錢十萬爲私費，臣未嘗妄取一錢，肯借犀角乎！”天祚愈怒，奪太傅官，降寧邊州刺史，[4]尋改臨海軍節度使。[5]

[1]潛邸：指皇帝即位前的住所。

[2]遼興軍：遼代軍號。治平州（今河北省盧龍縣）。

[3]内府：皇室的倉庫。

[4]寧邊州：遼置鎮西軍。治所在今内蒙古自治區清水河縣西南窯溝鄉下城彎古城。又據《明一統志》卷二一，寧邊州城在廢東勝州（今内蒙古自治區托克托縣）東南三百里。

[5]臨海軍：遼代軍號。治滄州（今屬河北省），不在遼境内。屬遥授。

兀納上書曰："自蕭海里亡入女直,[1]彼有輕朝廷心，宜益兵以備不虞。"不報。天慶元年知黄龍府事,[2]改東北路統軍使,[3]復上書曰："臣治與女直接境，觀其所爲，其志非小。宜先其未發舉兵圖之。"章數上，皆不聽。及金兵來侵，戰于寧江州，其孫移敵蹇死之，兀納退走入城。留官屬守禦，自以三百騎渡混同江而西,[4]城遂陷。後與蕭敵里拒金兵于長濼,[5]以軍敗免官。五年天祚親征，兀納殿，復敗績。後數日乃與百官入見，授上京留守。[6]六年耶律章奴叛,[7]來攻京城，兀納發府庫以賚士卒，諭以逆順，完城池，以死拒戰，章奴無所得而去。以功授副元帥，尋爲契丹都宫使。[8]

天祚以兀納先朝重臣，有定策勳，每延問以政，兀納對甚切。上雖優容，終不能用。以疾卒，年七十。

[1]女直：部族名。本作"女真"，因避遼興宗宗真名諱，改稱"女直"。遼時居東北地區東部。其在南者入遼籍，稱"熟女真"或"合蘇館女真"；在北者不入遼籍，稱"生女真"。

[2]天慶：遼天祚帝耶律延禧年號（1111—1120）。　黄龍府：遼六府之一。治所在今吉林省農安縣。

[3]東北路統軍使：遼末防禦女真的軍事機構東北路統軍司的主官。原來，對女真的防禦在遼朝的軍事部署中並不佔有重要地位，故一直由東京的軍事機構兼管。當"生女真"完顔部發動叛亂時，遼朝主持戰事始有東北路統軍司。該機構設在寧江州（今吉林省扶餘縣東南石頭城）。

[4]混同江：即松花江。

[5]長濼：遼時湖泊名。又作長泊，亦稱魚兒濼，是遼春捺鉢的地點，在長春州境内。宋大中祥符六年（遼開泰二年，1013），

晁迥使遼，回來後向宋廷報告此行至長泊所見遼帝四時捺鉢活動的情況。【劉注】長濼，據中華點校本校勘記，“《紀》天慶四年十一月作斡鄰濼”。亦稱魚兒濼，即位於今吉林省大安市月亮泡鎮的月亮泡。

[6]上京：遼五京之一。前期都城，稱臨潢府，故址在今内蒙古自治區巴林左旗林東鎮波羅城。

[7]耶律章奴（？—1115）：字特末衍，是季父房的後代。天慶四年授東北路統軍副使。次年當天祚親征女直時，以章奴爲都監。大軍渡鴨子河，章奴與魏國王耶律淳的妻兄蕭敵里及其外甥蕭延留等謀立淳爲帝，誘軍隊將領和士卒三百餘人從前綫逃回。但耶律淳不配合他們行動。叛軍攻打上京不克，章奴於是逃往北方。女直阿鶻産率兵追趕將其擊敗，章奴伏誅。卷一〇〇有傳。　六年耶律章奴叛：據中華點校本校勘記，本書卷一〇〇《耶律章奴傳》及卷二八《天祚皇帝紀二》並繫此事於天慶五年（1115）九月。

[8]尋爲契丹都宮使：【劉校】據中華點校本校勘記，本書卷二八《天祚皇帝本紀二》天慶六年六月作“契丹行宮都部署兼副元帥”。

耶律儼字若思，析津（今北京市）人，本姓李氏。父仲禧重熙中始仕，[1]清寧初同知南院宣徽使事。四年城鴨子、混同二水間，[2]拜北院宣徽使。咸雍初坐誤奏事，[3]出爲榆州刺史。[4]俄詔復舊職，遷漢人行宮都部署。[5]六年賜國姓，封韓國公，改南院樞密使。[6]時樞臣乙辛等誣陷皇太子，詔仲禧偕乙辛鞫之，蔓引無辜，未嘗雪正。乙辛薦仲禧可任，拜廣德軍節度使，[7]復爲南院樞密使，卒，謚欽惠。

[1]重熙：遼興宗耶律宗真年號（1032—1055）。

[2]鴨子河：即混同江，今稱松花江。本書卷一六《聖宗本紀七》太平四年（1024）二月，“詔改鴨子河曰混同江”。

[3]咸雍：遼道宗耶律洪基年號（1065—1074）。

[4]榆州：【靳注】州名。治所在今遼寧省凌源市西郊十八里堡。

[5]漢人行宮都部署：遼在北南面官系統中，分别設契丹行宮都部署和漢人行宮都部署，其上則有諸行宮都部署。行宮都部署完全是倣中原王朝官制設置的，它不同於專管斡魯朶事務的某宮都部署的宫官。宋朝皇帝巡幸亦有行宮，且亦有行宮都部署之設。後避英宗趙曙名諱，改稱行宮都總管。詳本書卷四七《百官志三》。

[6]“六年”至“改南院樞密使”：據中華點校本校勘記，“按《紀》，七年十二月賜國姓，八年十二月封韓國公，九年八月爲南院樞密使”。

[7]廣德軍：遼代軍號。治乾州（今遼寧省北鎮市廟前）。《明一統志》卷二五《登州府》：“乾州城在廣寧衞西南七里，本漢無慮縣地，遼置乾州廣德軍。”

儼儀觀秀整，好學有詩名，登咸雍進士第。守著作佐郎，補中書省令史，以勤敏稱。大康初，歷都部署判官、將作少監。後兩府奏事論群臣優劣，唯稱儼才俊，改少府少監，知大理正，[1]賜紫。[2]六年遷大理少卿，奏讞詳平。明年，陞大理卿。丁父憂，奪服，[3]同簽部署司事。[4]

[1]大理正：大理寺長官。聖宗統和十二年（994）置。

[2]賜紫：即“賜紫金魚袋”。著紫色官服，佩金魚袋。宋代趙昇《朝野類要》卷三《賜借緋紫》：“本朝之制，文臣自入仕著

緑；滿二十年，换賜緋，銀魚袋；又滿二十年，换賜紫，金魚袋。又有雖未及年而推恩特賜者，又有未及而所任職不宜緋緑而借紫、借緋者，即無魚袋也。若三公、三少，則玉帶金魚矣，惟東宫［之三公、三少］，魚亦玉爲之。”

［3］奪服：亦謂“起復”，指官員居喪未滿，朝廷令其停止服喪，起而視事。宋代吴曾《能改齋漫録》卷二《起復之禮》曰：“予按前漢翟方進在喪，既葬二十六日除服，起視事；後漢桓焉爲太子太傅，以母憂，自乞聽以大夫行喪。踰年，詔使者賜牛酒，奪服。夫謂之起復者，就喪起之，復令視事耳。”

［4］同簽部署司事：遼南面宫官。漢人行宫都部署院（即南面行宫都部署院）設此官。掌行在諸宫之政令。【靳校】簽，原本作“僉”，今從中華點校本改。

大安初爲景州刺史。[1]繩胥徒、禁豪猾、撫老恤貧，未數月善政流播，郡人刻石頌德。二年改御史中丞，詔案上京滯獄，多所平反。同知宣徽院事，提點大理寺。六年冬改山西路都轉運使，[2]刮剔垢弊、奏定課額、益州縣俸給，事皆施行。壽隆初授樞密直學士。以母憂去官，尋召復舊職。宋攻夏，[3]李乾順遣使求和解，[4]帝命儼如宋平之，拜參知政事。[5]六年駕幸鴛鴦濼，[6]召至内殿，訪以政事。

［1］景州：州名。五代時，有另一景州州治在今河北省東光市。此爲遼在其境内僑置，治所在今河北省遵化市。

［2］山西路都轉運使：山西路都轉運司長官。屬南面財賦官。

［3］宋攻夏：【劉校】《羅校》謂：“‘夏’，元本誤‘憂’。”明抄本、南監本、北監本和殿本均作“夏”。説明《羅校》正確，

據改。

[4]李乾順（1083—1139）：即夏崇宗。西夏第四代皇帝。三歲即位。母梁氏與弟乙逋擅政。永安元年（1098）梁太后死，乾順親政，年十七，謹事遼朝，但與宋交惡。遼以宗室女封公主下嫁。遼亡前夕，他曾出兵援遼，後臣於金。

[5]参知政事：官名。始見於唐前期，宋初作爲副宰相，至真宗以後，其地位更與宰相同平章事等。遼朝参知政事的地位類似宋朝的参知政事，與同中書門下平章事一樣，都是中書省長官，即宰相。

[6]鴛鴦濼：湖名。在今北京市延慶區境内。舊時周八十里。其水停積不流，自遼金以來，爲放飛之所。即今野鴨湖。

帝晚年倦勤，用人不能自擇，令各擲骰子，[1]以采勝者官之。儼嘗得勝采，上曰："上相之徵也！"遷知樞密院事，賜經邦佐運功臣，封越國公。[2]修《皇朝實録》七十卷。

[1]骰子：賭具。也用以占卜、行酒令或作遊戲。多以獸骨製成，爲小正方塊，六面分刻一、二、三、四、五、六點，一、四塗以紅色，餘塗黑色。擲之視所見點數或顔色爲勝負，故又稱投子、色子。擲骰子如果擲了個雙重四，即謂得"堂印"。

[2]賜經邦佐運功臣，封越國公：【劉校】據中華點校本校勘記，按《遼文匯》卷八乾統元年（1101）所撰《道宗哀册》署銜作"經邦守正翊贊功臣、趙國公"。

帝大漸，儼與北院樞密使阿思同受顧命。乾統三年徙封秦國。[1]六年封漆水郡王。天慶中以疾命乘小車入朝，疾甚，遣太醫視之。薨，贈尚父，謚曰忠懿。

［1］乾統：遼天祚帝耶律延禧年號（1101—1110）。

儼素廉潔，一芥不取於人。經籍一覽成誦。又善伺人主意，妻邢氏有美色，嘗出入禁中，儼教之曰："慎勿失上意！"由是權寵益固。三子：處貞，太常少卿；處廉，同知中京留守事；[1]處能，少府少監。

［1］中京：遼五京之一。稱大定府，故址在今内蒙古自治區寧城縣大明鎮。

劉伸，字濟時，宛平人。[1]少穎悟，長以辭翰聞。重熙五年，登進士第，歷彰武軍節度使掌書記、大理正。[2]因奏獄上適與近臣語，不顧，伸進曰："臣聞自古帝王必重民命，願陛下省臣之奏。"上大驚異，擢樞密都承旨，權中京副留守。

［1］宛平：縣名。遼南京析津府的附郭縣。治所在今北京市。
［2］彰武軍：遼代軍號。治霸州，後升興中府，治所在今遼寧省朝陽市。

詔徙富民以實春、泰二州，[1]伸以爲不可，奏罷之。遷大理少卿，人以不冤。陞大理卿，改西京副留守。[2]以父憂終制爲三司副使，加諫議大夫，提點大理寺。以伸明法而恕，案冤獄全活者衆，徙南京副留守。[3]俄改崇義軍節度使，[4]政務簡靜，民用不擾，致烏、鵲同巢之異，優詔褒之。改户部使，歲入羨餘錢三十萬緡，拜南院樞密副使。

[1]春：州名。即長春州，治所在今吉林省前郭爾羅斯蒙古族自治縣塔虎城。　泰：州名。即泰州，治所在今吉林省白城市東南。

[2]西京：遼五京之一。故址在今山西省大同市。

[3]南京：遼五京之一。故址在今北京市。

[4]崇義軍：遼代軍號。治宜州（今遼寧省義縣）。

道宗嘗謂大臣曰："今之忠直，耶律玦、劉伸而已！"宰相楊績賀其得人，拜參知政事。[1]上諭之曰："卿勿憚宰相！"時北院樞密使乙辛勢焰方熾，伸奏曰："臣於乙辛尚不畏，何宰相之畏！"乙辛銜之，相與排詆，出爲保靜軍節度使。[2]上終欲大用，加守太子太保，遷上京留守。乙辛以事徙鎮雄武，[3]復以崇義軍節度使致仕。

適燕薊民飢，伸與致政趙徽、韓造日濟以糜粥，所活不勝筭。大安二年卒，上震悼，賻贈加等。

[1]拜參知政事：【劉校】據中華點校本校勘記，本書卷二二《道宗本紀二》咸雍二年（1066）十二月，以樞密副使劉詵參知政事。劉詵即劉伸。

[2]保靜軍：遼代軍號。治建州（今遼寧省朝陽市）。

[3]雄武：即雄武軍。遼代軍號。治歸化州，歸化州即武州，治所在今河北省張家口市宣化區。

耶律胡呂字蘇撒，弘義宮分人。[1]其先欲穩佐太祖有功,[2]爲迭烈部夷离堇。[3]父楊五左監門衛大將軍。

[1]弘義宫分人：弘義宫，遼太祖阿保機宫分。宫分人，有宫籍之人。有宫籍的宫分人，多是統治者的私奴，但宫分人中也有契丹權貴。宫籍是世襲的，未經統治者宣佈廢除，子孫則世代爲宫分人。遼朝諸宫衛有所管轄人丁的統計數字，但奴婢不計算在内，本書卷三一《營衛志上》：“凡諸宫衛人丁四十萬八千，騎軍十萬一千。著帳釋宥、没入，隨時增損，無常額。”這些没有統計在諸宫衛人丁總數之内者即是奴婢，稱爲“宫户”“宫分人”。他們自有“宫籍”，歸宫衛管理。遼亡之後，諸宫衛機構雖已不存，但那些宫户、宫分人的身份並未改變；他們仍隸宫籍。於是，金朝始有宫籍監之設，用以管理這些宫户，並依照新機構的名稱，稱他們爲“宫籍監户”或“監户”。遼朝一部分專門在皇帝身邊服役的“宫户”又稱爲“著帳户”。散居州縣當中的宫户與民户一樣要向國家交納賦税，説明這些宫户的身份已經發生了改變。統和十五年（997）三月“壬午，通括宫分人户，免南京逋税及義倉粟”。將“通括宫分人户”一事，與“免南京逋税及義倉粟”一併實行，是因爲此二事都與賦税徵收有關。宫户所受剥削和壓迫定是相當沉重的，以至他們被迫逃亡。據壽昌二年（1096）的《孟有孚墓誌銘》載：“時朝廷命復慶陵之逋民，詔公乘驛以督之。”（《全遼文》卷九）宫籍起源甚早，遥輦氏時已經有宫分人存在。宫籍是一種法律上的身份，是不能輕易改變的。宫分人“出宫籍”需要經皇帝特許。如韓德讓，就是即貴並且賜姓耶律之後纔“出宫籍”的。繼韓德讓之後，興宗時的漢人宫分人姚景行出宫籍也是在其官至翰林學士、樞密副使、參知政事以後。漢臣梁援，累世在遼朝作官，同時也具有宫籍。壽昌七年正月，道宗死後，由他充玄官都部署，並撰謚册文。喪事既畢之後，始詔免其宫籍，而且“勑格餘人不以爲例，示特寵也”（《遼寧省博物館藏碑誌精粹》，文物出版社 2000 年版，

第 284—285 頁）。

［2］欲穩：即耶律欲穩（？—926）。突呂不部人。字轄剌干。協助阿保機平定剌葛等叛亂，以功遷奚迭剌部夷离堇。本書卷七三有傳。

［3］迭烈部：契丹部族名。即迭剌部。據本書卷三二《營衛志中·部族上》，遙輦氏時期，原來耶律（即世里）有七部，後合併爲一，成爲迭剌部。　夷离堇：契丹部族官名。源於突厥語官名“俟斤”（Irkin）。突厥各部的最高元首稱“可汗”（Qaghan），其他各部酋長則稱爲俟斤。初，契丹“其君大賀氏，有勝兵四萬，臣於突厥，以爲俟斤”（《新唐書》卷二一九《契丹傳》）。後，契丹首領自立爲可汗，其下所屬各部酋長則稱爲“俟斤”，亦即夷离堇。契丹立國後，大部族之夷离堇稱王，小部族之夷离堇則稱爲節度使。舉凡一部之軍政、民政皆由其統掌。參韓儒林《穹廬集》（上海人民出版社 1982 年版，第 314—316 頁）。

胡呂性謙謹，於人無適莫。重熙末補寢殿小底。以善職，屢更華要，遷千牛衛大將軍。大安中北阻卜酋磨魯斯叛，[1]爲招討都監，與耶律那也率精騎二千討平之，以功爲漢人行宫副部署，兼知太和宫事。致仕，加同中書門下平章事，[2]卒。

［1］阻卜即達旦、韃靼。元人諱言達旦，而稱達旦爲阻卜。詳王國維《觀堂集林》卷一四《達旦考》。　磨魯斯：【劉校】據中華點校本校勘記，本書卷二五《道宗本紀五》大安八年（1092）十月作“磨古斯”。

［2］同中書門下平章事：唐制，大臣中有此名義者即爲事實上的宰相。遼襲唐制，在分設北南面官之後，以同中書門下平章事爲南面宰相。

論曰：兀納當道宗昏惑之會，擁佑皇孫，使乙辛姦計不獲復逞，而遼祚以續。比之屋質立穆宗，非溢美也。儼以俊才莅政所至有能譽，纂述遼史具一代治亂，亦云勤矣。但其固寵，不能以禮正家，惜哉。劉伸三爲大理民無冤抑，一登户部上下兼裕，至與耶律玦並稱“忠直”，不亦宜乎。

（李錫厚注　劉鳳翥校）

遼史　卷九九

列傳第二十九

蕭巖壽　耶律撒剌　蕭速撒　耶律撻不也　蕭撻不也
蕭忽古　耶律石柳[1]

[1]“蕭巖壽”至“耶律石柳”:【劉校】原本、明抄本、南監本無，據北監本和殿本補。

蕭巖壽，乙室部人。[1]性剛直，尚氣，仕重熙末。[2]道宗即位，皇太后屢稱其賢，由是進用。

[1]乙室部：契丹部族名。爲太祖阿保機時期二十部之一，統以本部夷离堇。會同二年（939）該部夷离堇稱大王，隸南府。其大王及都監率部鎮守西南境，負責防禦西夏。

[2]重熙：遼興宗耶律宗真年號（1032—1055）。

上出獵較，巖壽典其事，未嘗高下于心，帝益重之。歷文班太保、同知樞密院事。[1]咸雍四年從耶律仁先伐阻卜，[2]破之，有詔留屯，亡歸者衆，由是鐫兩官。

十年討敵烈部有功,[3]爲其部節度使。

[1]樞密院：官府名。遼有北、南樞密院，爲遼朝的實際宰輔機構，分别總領北、南面官。北樞密院又稱契丹樞密院，掌軍事、部族。南樞密院又稱漢人樞密院，掌漢人州縣之事。

[2]咸雍：遼道宗耶律洪基年號（1065—1074）。　咸雍四年從耶律仁先伐阻卜：本書卷二二《道宗本紀二》載咸雍五年（1069）春正月，"阻卜叛，以晉王仁先爲西北路招討使，領禁軍討之"。耶律仁先（1012—1072），契丹皇族。孟父房之後。重熙十一年（1042）升北院樞密副使，與劉六符使宋，定議增歲幣。十八年再舉伐夏，仁先與皇太弟重元爲前鋒。清寧九年（1063）重元謀逆，仁先受命討賊。事後，加尚父，進封宋王，爲北院樞密使。本書卷九六有傳。阻卜即達旦、韃靼。元人諱言達旦，而稱達旦爲阻卜。詳王國維《觀堂集林》卷一四《達旦考》。

[3]敵烈部：遼金時北邊族名。又譯迪烈、敵烈德、迭烈德、達里底。遼時以遊牧、捕獵爲業，分佈於臚朐河（今克魯倫河）流域。有八部，稱爲八部敵烈或八石烈敵烈。與烏古部並稱爲北邊大部。遼聖宗以敵烈部降人置迭魯敵烈部和北敵烈部。開泰四年（1015），築董城於臚朐河北，安置敵烈、烏古降人。壽昌二年（1096），徙敵烈、烏古於烏納水西。金末元初，敵烈人逐漸與女真人、蒙古人等同化。

大康元年同知南院宣徽使事,[1]遷北面林牙。[2]密奏"乙辛以皇太子知國政心不自安,[3]與張孝傑數相過從。[4]恐有陰謀，動搖太子"。上悟，出乙辛爲中京留守。[5]會乙辛生日，上遣近臣耶律白斯本賜物爲壽,[6]乙辛因私屬白上："臣見姦人在朝，陛下孤危。身雖在外，竊用寒心。"白斯本還，以聞。上遣人賜乙辛車，諭曰：

"無慮弗用，行將召矣。"由是反疑巖壽，出爲順義軍節度使。[7]

[1]大康：遼道宗耶律洪基年號（1075—1084）。 南院宣徽使：遼朝官名。遼設北、南宣徽院，分隸北、南樞密院之下。宣徽北院使常執行軍事使命。此外，宣徽使還掌領朝會、宴饗、禮儀、祭祀及御前祇應之事。

[2]林牙：契丹官名。掌文翰，相當於翰林學士。

[3]乙辛：即耶律乙辛（？—1083）。五院部人。字胡覩衮。重熙中爲文班吏。道宗清寧五年（1059）爲南院樞密使，改知北院，封趙王。九年重元亂平，拜北院樞密使，進封魏王。咸雍五年（1069）加守太師。詔四方有軍旅，許以便宜從事，勢震中外。大康元年（1075）誣皇后蕭觀音致死，三年又害死太子耶律濬。七年冬坐以禁物鬻入外國，幽於來州。九年謀奔宋及私藏兵甲事發，伏誅。本書卷一一〇有傳。

[4]張孝傑：建州永霸縣（今遼寧省朝陽市）人。咸雍三年參知政事，同知樞密院事，加工部侍郎。八年封陳國公。大康元年賜國姓。是年夏乙辛譖皇太子，誣害忠良，孝傑之謀居多。而道宗竟以其爲忠，可比狄仁傑，賜名仁傑。大安中死於鄉。本書卷一一〇有傳。

[5]中京留守：【劉校】據中華點校本校勘記，"中"原誤"上"。據本書卷二三《道宗本紀三》大康二年六月及卷九七《孩里傳》、卷一一〇《耶律乙辛傳》改。今從。

[6]耶律白斯本：本書卷二八、卷三〇均作"耶律白斯不"。

[7]順義軍：遼代軍號。治朔州（今屬山西省）。

乙辛復入爲樞密使，流巖壽于烏隗路，[1]終身拘作。巖壽雖竄逐，恒以社稷爲憂，時人爲之語曰："以狼牧羊，何能久長!”三年乙辛誣巖壽與謀廢立事，執還殺之，年四十九。

[1]烏隗路：當位於東京轄區。據本書卷三三《營衛志下·部族下》，烏隗部亦稱奧隗部，是契丹古老的部族組織。此外，契丹還有乙室奧隗部和楮特奧隗部，均係以所俘奚人設置。都活動於東京轄區。

乾統間贈同中書門下平章事，[1]繪像宜福殿。巖壽廉直，面折廷諍，[2]多與乙辛忤，故及於難。

[1]乾統：遼天祚帝耶律延禧年號（1101—1110）。　同中書門下平章事：唐制，大臣中有此名義者即爲事實上的宰相。遼襲唐制，在分設北南面官之後，以同中書門下平章事爲南府宰相。

[2]面折廷諍：語出《史記·呂太后本紀》。直言敢諫之義。【劉校】折，《羅校》謂：“‘折’，元本誤‘拆’。”明抄本、南監本、北監本和殿本均作“折”。中華點校本、修訂本和補注本徑改。今從改。

耶律撒剌字董隱，南院大王磨魯古之孫。[1]性忠直沉厚。清寧初累遷西南面招討使，[2]以治稱。咸雍九年改北院大王，[3]未幾爲契丹行宮都部署。[4]

[1]南院大王磨魯古之孫：【劉校】南院大王，據中華點校本校勘記，本書卷八二《磨魯古傳》作“北院大王”。

[2]清寧：遼道宗耶律洪基年號（1055—1064）。　西南面招討使：西南面招討司長官。駐西京大同（今山西省大同市），負責

對西夏防務。

[3]咸雍九年改北院大王：【劉校】北院大王，據中華點校本校勘記，本書卷二三《道宗本紀三》咸雍九年（1073）十二月作“南院大王”。

[4]契丹行宮都部署：遼北面行宮官。遼在北南面官系統中，分別設契丹行宮都部署和漢人行宮都部署，其上則有諸行宮都部署。行宮都部署完全是倣中原王朝官制設置的，它不同於專管斡魯朶事務的某宮都部署的宮官。宋朝皇帝巡幸亦有行宮，且亦有行宮都部署之設。後避英宗趙曙名諱，改稱行宮都總管。

大康二年耶律乙辛爲中京留守，詔百官廷議，[1]欲復召之，群臣無敢正言。[2]撒剌獨奏曰：“蕭巖壽言乙辛有罪，不可爲樞臣，故陛下出之。今復召，恐天下生疑。”進諫者三，不納，左右爲之震悚。乙辛復爲樞密使，見撒剌讓曰：“與君無憾，何獨異議？”撒剌曰“此社稷計，何憾之有！”乙辛誣撒剌與速撒同謀廢立，詔按無迹，出爲始平軍節度使。[3]及蕭訛都斡誣首，[4]竟遣使殺之。乾統間，追封漆水郡王，[5]繪像宜福殿，仍追贈三子官爵。

[1]百官廷議：這次關於復召耶律乙辛的“廷議”，就是北南臣僚會議。首先，從時間方面論，此事發生在大康二年（1076）冬十月。本書卷二三《道宗本紀三》載：“［大康二年］冬十月戊戌，召中京留守魏王耶律乙辛復爲北院樞密使。”當時正值冬捺鉢北南臣僚會議期間。其次，就參加這次“廷議”的人員而論，本書卷一一〇《耶律乙辛傳》記載，道宗詔近臣議復召乙辛事，“北面官屬無敢言者”。如果出席這次會議的衹有北面官而無南面官，則無須

強調“北面官屬”不敢表態的情況。因此，這一記載恰好可以證明這是一次在冬捺鉢期間召集的北南臣僚會議。關於“北南臣僚會議”，參本書卷三二《營衛志中》“行營”。

[2]群臣無敢正言：【劉校】《初校》謂：“‘羣’，《百》作‘郡’，非。”明抄本、南監本、北監本和殿本均作“群”。中華點校本、修訂本和補注本徑改。今從改。

[3]始平軍：遼代軍號。治遼州（今遼寧省新民市東北五十八里遼濱塔村）。遼州隸屬東京道，原屬渤海，亦稱北白川州。《武經總要》前集卷一六下《戎狄舊地》北白川州，遼州，遼縣故地，本朝天禧中契丹建爲州，仍曰始平軍。東至乾州百二十里，西北至宜州四十里，南至海二百里，北至中京五百五十里，北至醫巫閭山八十里。

[4]蕭訛都斡：國舅少父房之後。咸雍中補牌印郎君。大康三年樞密使耶律乙辛令護衛太保耶律查剌誣告耶律撒剌等謀廢立。訛都斡按乙辛旨意，實其事。後與乙辛議論不合，被誅。本書卷一一一有傳。

[5]漆水郡王：遼宗室耶律氏的封爵。

蕭速撒字禿魯堇，突呂不部人。[1]性沉毅。重熙間累遷右護衛太保。蒲奴里叛，[2]從耶律義先往討，[3]執首亂陶得里以歸。清寧中歷北面林牙、彰國軍節度使，[4]入爲北院樞密副使。咸雍十年經略西南邊，撤宋堡障，戍以皮室軍，[5]上嘉之。

[1]突呂不部：契丹部族名。據本書卷三三《營衛志下》，該部爲太祖二十部之一，創建於阻午可汗之時，隸北府，節度使屬西北路招討司，司徒居長春州西。

[2]蒲奴里叛：蒲奴里，遼東北部族名。與越里篤、剖阿里、

奥里米和越里吉統稱五國部。【劉校】"叛",《初校》謂:"'叛',《百》作'判',非。"明抄本、南監本、北監本和殿本均作"叛"。中華點校本、修訂本和補注本徑改。今從改。

[3]耶律義先(1010—1052):于越仁先之弟。重熙初補祗候郎君班詳穩。十六年(1047)爲殿前都點檢,討蒲奴里,多所招降,獲其酋長陶得里以歸,以功改南京統軍使,封武昌郡王。二十一年拜惕隱,進王富春。本書卷九〇有傳。

[4]彰國軍:遼代軍號。治應州(今山西省應縣)。

[5]皮室:契丹軍名。意爲"金剛"。初爲阿保機所置,稱"腹心部"。後有南、北、左、右皮室及黄皮室等,皆掌精甲。

大康二年知北院樞密使事。[1]耶律乙辛權寵方盛,附麗者多至通顯,速撒未嘗造門。乙辛銜之,誣構速撒首謀廢立,按之無驗,出爲上京留守。[2]乙辛復令蕭訛都斡以前事誣告,上怒,不復加訊,遣使殺之。時方盛暑,尸諸原野,容色不變,烏鵲不敢近。乾統間追封蘭陵郡王,繪像宜福殿。

[1]知北院樞密使事:【劉校】中華點校本校勘記云,"事"字原脱。本書卷二三《道宗本紀三》大康二年(1076)六月,"北院樞密副使蕭速撒知北院樞密使事",據中華點校本補。今從。

[2]上京:遼五京之一。前期都城,稱臨潢府,故址在今内蒙古自治區巴林左旗林東鎮波羅城。

耶律撻不也,字撒班,繫出季父房。[1]父高家仕至林牙,重熙間破夏人于金肅軍有功,[2]優加賞賚。

[1]季父房：契丹以玄祖之後爲皇族，分爲三房：孟父房、仲父房和季父房。德祖之元子是爲太祖天皇帝，謂之横帳；次曰剌葛，曰迭剌，曰寅底石，曰安端，曰蘇，皆曰季父房。【劉校】“父”原本誤作“文”，明抄本、南監本、北監本和殿本均作“父”。中華點校本、修訂本、補注本和長箋本徑改。今從。

[2]金肅軍：亦作金肅州。治所在今内蒙古自治區准格爾旗西北。

撻不也清寧中補牌印郎君，累遷永興宫使。[1]九年平重元之亂，[2]以功知點檢司事，[3]賜平亂功臣，爲懷德軍節度使。[4]咸雍五年遷遙輦尅。

[1]永興宫：太宗德光宫分。

[2]重元之亂：耶律重元，遼聖宗次子。欽愛皇后稱制，曾密謀立重元。重元以所謀告於興宗，封爲皇太弟。賜以金券誓書。道宗即位，册爲皇太叔，爲天下兵馬大元帥，復賜金券。清寧九年(1063)，與其子涅魯古謀亂，失敗自殺。

[3]點檢司：後周世宗設置殿前司，以都點檢、副都點檢爲正副長官，位在都指揮使之上，爲禁軍統帥。宋初廢。遼設殿前都點檢，爲南面軍官，當係模倣後周制。

[4]懷德軍：遼代軍號。治恩州。據《欽定熱河志》卷六〇，遼恩州故址在大定（寧城）縣恩化鎮。《武經總要》前集卷一六下《戎狄舊地》：“恩州，德光所建，本烏桓舊地。南至中京六十里，西至馬孟（盂）山六十里，西北曼頭山三十里，山地至宜坤州五十里，西南至上京二百五十里，北至高州百二十里。”

大康三年授北院宣徽使。耶律乙辛謀害太子，撻不也知其姦，欲殺乙辛及蕭特里得、[1]蕭十三等。乙辛知之，令其黨誣構撻不也與廢立事，殺之。乾統間追封漆水郡王，繪像宜福殿。

[1]蕭特里得：【劉校】據中華點校本校勘記，本書卷一一一本傳作“蕭得里特”，本書卷七二《順宗濬傳》作“蕭特里特”。

蕭撻不也字斡里端，國舅郡王高九之孫。[1]性剛直。咸雍中補祗候郎君。大康元年爲彰愍宮使，[2]尚趙國公主，[3]拜駙馬都尉。

[1]國舅郡王高九之孫：【劉注】據契丹小字《梁國王墓誌銘》，“高九”是契丹語小名的音譯，其全名是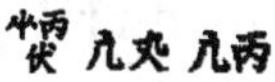（六温·高九）。他是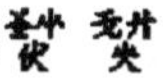（解領·桃隗）的第三子。其遠祖爲淳欽皇后之弟阿古只。

[2]彰愍宮：遼景宗耶律賢宮分。

[3]趙國公主：據本書卷六五《公主表》，道宗第二女趙國公主嫁蕭撻不也，“撻不也坐昭懷太子事被害，其弟訛都斡欲逼尚公主，公主以訛都斡黨乙辛，惡之。未幾，訛都斡以事伏誅”。

三年改同知漢人行宮都部署。與北院宣徽使耶律撻不也善，乙辛嫉之，令人誣告謀廢立事。不勝搒掠，誣伏。上引問，昏聵不能自陳，遂見殺。乾統間追封蘭陵郡王，繪像宜福殿。

蕭忽古字阿斯憐，性忠直，趫捷有力。甫冠補禁軍。咸雍初從招討使耶律趙三討番部之違命者，[1]及請降，來介有能躍駞峯而上者，以儇捷相詫。趙三問左右誰能此，忽古被重鎧而出，手不及峰一躍而上，使者大駭。趙三以女妻之。帝聞，召爲護衛。

[1]耶律趙三：本書卷二二《道宗本紀二》記載，咸雍元年(1065)爲北院大王；卷九三《蕭迂魯傳》也記載“咸雍初從招討使耶律趙三討番部之違命者”。

時北院樞密使耶律乙辛以狡佞得幸，肆行兇暴。忽古伏于橋下伺其過，欲殺之。俄以暴雨壞橋，不果。後又欲殺于獵所，爲親友所沮。大康三年復欲殺乙辛及蕭得里特等，[1]乙辛知而械繫之，考劾不服，流于邊。及太子廢，徙于上京，召忽古至，殺之。乾統初追贈龍虎衛上將軍。

[1]蕭得里特：其祖先是遙輦洼可汗時期的宮分人。清寧初年乙辛受重用執掌大權，得里特甚受重用，累經陞遷爲北面林牙、同知北院宣徽使事。是乙辛謀害太子的同夥。大康年間陞遷爲西南招討使。後因對道宗心懷不滿，全家籍沒爲興聖宮宮分人，貶至西北統軍司。本書卷一一一有傳。

耶律石柳字酬宛，六院部人。[1]祖獨攧南院大王，父安十統軍副使。

[1]六院部：太祖析迭剌部爲五院部和六院部。太宗會同元年(938)改夷离堇爲大王。北院大王和南院大王即是五院部和六院部的首領。

石柳性剛直，有經世志。始爲牌印郎君，大康初爲夷离畢郎君。[1]時樞密使耶律乙辛誣殺皇后，謀廢太子，斥忠賢，進姦黨，石柳惡其所爲，乙辛覺之。太子既廢，以石柳附太子流鎮州。[2]

[1]夷离畢：遼官名。爲執政官，相當於副宰相參知政事。後來官分南、北，北面官有夷离畢院，主要掌刑政。

[2]鎮州：本古可敦城。故址在今蒙古國布爾干省青托羅蓋古城。遼置建安軍。陳得芝《耶律大石北行史地雜考》(《歷史地理》第二輯）説，遼朝統治漠北屬部的最高軍政機構是西北路招討司(又稱西北路都招討司)。遼聖宗統和十二年（994)，因西北“阻卜”諸部作亂，以蕭撻凜爲西北路招討使，命隨皇太妃（齊王妃）出征，“屯西鄙驢駒兒河，西捍韃靼，盡降之”。蕭撻凜鑒於達旦諸部叛服不常，上表乞建三城以鎮之。統和二十二年三城完工，設置鎮、防、维三州。

天祚即位召爲御史中丞。時方治乙辛黨，有司不以爲意。石柳上書曰：

臣前爲姦臣所陷，斥竄邊郡。幸蒙召用，不敢隱默。恩賞明則賢者勸，刑罰當則姦人消。二者既舉，天下不勞而治。臣見耶律乙辛身出寒微，位居樞要，竊權肆惡，不勝名狀。蔽先帝之明，誣陷順聖，[1]構害忠讜，敗國罔上，自古所無。賴廟社之休，陛下獲纂成業，積年之冤一旦洗雪，政陛下英斷克成孝道之秋。如蕭得裹特實乙辛之黨，耶律合魯亦不爲早辨，[2]賴陛下之明，遂正其事。

[1]順聖：即昭懷太子耶律濬（1058—1077）。天祚帝之父。小字耶魯斡，是道宗獨生子，生母是宣懿皇后蕭觀音。因受姦臣乙辛陷害，於大康三年（1077）被廢，隨即被乙辛殺害。壽昌七年（1101）天祚即位後，上尊號爲大孝順聖皇帝，廟號順宗。本書卷七二有傳。

[2]耶律合魯：追隨耶律乙辛陷害太子。本書卷一一一有傳。

臣見陛下多疑，故有司顧望，不切推問。乙辛在先帝朝權寵無比。先帝若以順考爲實則乙辛爲功臣，陛下豈得立耶？先帝黜逐孽后，[1]詔陛下在左右，是亦悔前非也。陛下詎可忘父讎不報、寬逆黨不誅！今靈骨未獲而求之不切，傳曰："聖人之德，無加于孝。"[2]昔唐德宗因亂失母，[3]思慕悲傷，孝道益著；周公誅飛廉、惡來，[4]天下大悦。今逆黨未除，大冤不報，上無以慰順考之靈，下無以釋天下之憤。怨氣上結，水旱爲沴。

[1]孽后：指道宗惠妃蕭氏（？—1118），小字坦思，駙馬都尉蕭霞抹之妹。大康二年（1076）因受到乙辛讚譽，選入後宮，立爲皇后。八年皇孫延禧封梁王，坦思降爲惠妃，遷徙至乾陵。不久，其母燕國夫人厭魅，伏誅。天祚即位後，乾統二年（1102）貶惠妃爲庶人。天慶六年（1116）召其回宮，封太皇太妃。兩年後，逃奔黑頂山，死後葬於太子山。本書卷七一有傳。

[2]聖人之德，無加于孝：出自《孝經·聖治章》："曾子曰：敢問聖人之德，無以加於孝乎？"

[3]唐德宗：即李适，公元780年至805年在位。

[4]周公誅飛廉、惡來：語出《荀子·儒效》。飛廉，亦作蜚

廉，商紂王大臣。惡來，飛廉長子，紂王寵臣，後爲周武王所殺。周公：西周初年政治家。姬姓，周武王之弟，名旦，亦稱叔旦。因采邑在周（今陝西省岐山縣北），稱爲周公。曾助武王滅商。武王死後，成王年幼，由他攝政。

臣願陛下下明詔，求順考之瘞所，盡收逆黨以正邦憲，快四方忠義之心，昭國家賞罰之用，然後致治之道可得而舉矣。謹別録順聖升遐及乙辛等事，昧死以聞。

書奏不報，聞者莫不歎惋。乾統中遙授静江軍節度使，[1]卒。子馬哥，同中書門下平章事。

論曰：《易》言“履霜，堅冰至”，[2]謹始也。使道宗能從巖壽、撒剌之諫，后何得而誣、太子何得而廢哉？速撒、撻不也以忠言見殺，國欲無亂得乎？石柳之書亦幸出於乙辛既敗之後，獲行其説。[3]有國家者，可不知人哉！

[1]静江軍節度使：【靳注】官名。爲遙授虚職，非實銜。静江軍，唐、五代方鎮名。治桂州（今廣西壯族自治區桂林市）。北宋初年廢。

[2]履霜，堅冰至：出自《周易·坤卦》。意思是说脚下有霜，即表明将要遇到堅冰。

[3]獲行其説：無此事。本傳稱“書奏不報”，即石柳之言未被采納。

（李錫厚注　劉鳳翥校）

遼史　卷一〇〇

列傳第三十

耶律棠古　蕭得里底　蕭酬斡　耶律章奴　耶律朮者[1]

[1]“耶律棠古”至“耶律朮者”：【劉校】原本、明抄本、南監本無，據北監本和殿本補。

耶律棠古字蒲速宛，六院郎君葛剌之後。[1]

[1]六院：契丹部族名。天贊元年（922），以迭剌部強大難制，析五石烈爲五院，六爪爲六院，各置夷离堇。會同元年（938），更夷离堇爲大王，部隸北府，以鎮南境。

大康中補本班郎君，[1]累遷至大將軍。性坦率，好別白黑，人有不善，必盡言無隱，時號“強棠古”。在朝數論宰相得失，由是久不得調，後出爲西北戍長。

[1]大康：遼道宗耶律洪基年號（1075—1084）。

乾統三年蕭得里底爲西北路招討使，[1]以后族慢侮僚吏。[2]棠古不屈乃罷之。棠古訟之朝，不省。天慶初烏古敵烈叛，[3]召拜烏古部節度使。至部，諭降之，遂出私財及發富民積，以振其困乏，部民大悦，加鎮國上將軍。會蕭得里底以都統率兵與金人戰，[4]敗績，棠古請以軍法論，且曰："臣雖老，願爲國破敵。"不納。

[1]乾統：遼天祚帝耶律延禧年號（1101—1110）。 西北路招討使：遼朝官名。西北路招討司的最高長官。該機構是遼朝統治漠北屬部的最高軍政機構，又稱西北路都招討司。

[2]以后族慢侮僚吏：【劉校】《初校》謂"'吏'、《百》、《南》作'史'，非。"《百》、《南》指百衲本和南監本。明抄本、北監本和殿本均作"史"，證明《初校》正確，據改。中華點校本、修訂本和補注本徑改。

[3]天慶：遼天祚帝耶律延禧年號（1111—1120）。 烏古：部族名。又稱嫗厥律、于厥律，居契丹西北。

[4]都統：官名。唐乾元中，始以都統爲官名，總諸道征伐。後若調諸道兵馬會戰，多置此職，爲臨時軍事長官，不賜旌節，事解即罷。遼設諸路兵馬都統署司，下有諸路兵馬都統署，都統爲其長官。

保大元年乞致仕。[1]明年天祚出奔，棠古謁於倒塌嶺，[2]爲上流涕，上慰止之，復拜烏古部節度使。及至部，敵烈以五千人來攻，[3]棠古率家奴擊破之，加太子太傅。[4]年七十二卒。

[1]保大：遼天祚帝耶律延禧年號（1121—1125）。

[2]倒塌嶺：地近阻卜，故遼在此駐軍守護西路群牧。

[3]敵烈：又譯迪烈、敵烈德、迭烈德、達里底。遼時以遊牧、捕獵爲業，分佈於臚朐河（今克魯倫河）流域。有八部，稱爲八部敵烈或八石烈敵烈。與烏古部並稱爲北邊大部。遼聖宗以敵烈部降人置迭魯敵烈部和北敵烈部。開泰四年（1015）築董城於臚朐河北，安置敵烈、烏古降人。壽昌二年（1096）徙敵烈、烏古於烏納水西。遼置烏古敵烈統軍司以應對阻卜諸部的反抗。金末元初，敵烈人逐漸與女真人、蒙古人等同化。

[4]加太子太傅：【劉校】據中華點校本校勘記，本書卷六四《皇子表》同。卷二九《天祚皇帝本紀三》保大二年（1122）七月作“加太子太保”。

蕭得里底字紇鄰，[1]晉王孝先之孫。[2]父撒鉢歷官使相。

[1]蕭得里底：中華點校本校勘記認爲，蕭得里底與本書卷一〇二有傳之蕭奉先事蹟有重複，疑是一人兩傳。按，此判斷不能成立。得里底系元妃蕭氏之叔，奉先與元妃則爲兄妹，故此非一人二傳。

[2]孝先：即蕭孝先。契丹駙馬。娶聖宗女南陽公主。重熙初，曾與太后謀廢立。本書卷八七有傳。

得里底短而僂，外謹内倨。大康中補祗候郎君，稍遷興聖宮副使兼同知中丞司事。[1]大安中燕王妃生子，[2]得里底以妃叔故，歷寧遠軍節度使、長寧宮使。[3]壽隆二年監討達里得、拔思母二部，[4]多俘而還，改同知南京留守事。[5]

［1］興聖宮：聖宗耶律隆緒宮分。

［2］大安：遼道宗耶律洪基年號（1085—1094）。

［3］寧遠軍：遼代軍號。治貴德州（今遼寧省撫順市城北高爾山前）。　長寧宮：應天皇太后述律氏宮分。

［4］壽隆：遼道宗耶律洪基年號（1095—1101）。據遼代碑刻和錢幣，此年號本爲“壽昌”。元代修《遼史》時誤書爲“壽隆”。【劉注】據中華修訂本前言，此係陳大任《遼史》避金欽慈皇后“壽昌”諱而改，後爲元修《遼史》所承襲。　拔思母：遼代部族名。唐時稱拔悉蜜、拔悉彌，原爲鐵勒諸部之一，後爲回紇役屬。遼時叛服無常，先後爲蕭阿魯帶及西南面招討司、夏國王李乾順所破。

［5］南京：遼五京之一。故址在今北京市。

乾統元年爲北面林牙、同知北院樞密事，[1]受詔與北院樞密使耶律阿思治乙辛餘黨。[2]阿思納賄，多出其罪，得里底不能制，亦附會之。

［1］林牙：契丹官名。掌文翰，相當於翰林學士。

［2］耶律阿思（1034—1108）：字撒班。重元之亂，與護衛蘇射殺涅魯古，賜號靖亂功臣，徙契丹行宮都部署。壽昌元年（1095）爲北院樞密使，監修國史。道宗崩，受顧命，加于越。受賂，包庇乙辛黨人。卒於乾統八年（1108）。本書卷九六有傳。【劉注】據漢字《耶律祺墓誌銘》殘石和契丹大字《耶律祺墓誌銘》，阿思爲契丹大字小名的音譯，確切的譯法應爲“阿思里”，第二個名爲（撒班），漢名爲祺。

四年知北院樞密事。夏王李乾順爲宋所攻，[1]遣使請和解，詔得里底與南院樞密使牛温舒使宋平之。[2]宋

既許，得里底受書之日乃曰：“始奉命取要約歸，不見書辭豈敢徒還。”遂對宋主發函而讀。既還，朝議爲是。天慶三年加守司徒，封蘭陵郡王。

[1]李乾順（1083—1139）：即夏崇宗，西夏第四代皇帝。三歲即位。母梁氏與弟乙逋擅政。永安元年（1098）梁太后死，乾順親政，年十七，謹事遼朝，但與宋交惡。遼以宗室女封公主下嫁。遼亡前夕，他曾出兵援遼，後臣於金。

[2]牛溫舒（？—1105）：范陽（今北京市）人。咸雍年間進士及第。兩度出任參知政事，乾統五年（1105）使宋，調解宋夏關係，歸來加中書令，卒。本書卷八六有傳。

女直初起，[1]廷臣多欲乘其未備舉兵往討，得里底獨沮之，以至敗衄。天祚以得里底不合人望，出爲西南面招討使。[2]八年召爲北院樞密使，寵任彌篤。是時諸路大亂，飛章告急者絡繹而至，得里底不即上聞，有功者亦無甄別。由是將校怨怒，人無鬭志。

[1]女直：部族名。本作“女真”，因避遼興宗宗真名諱，改稱“女直”。遼時居東北地區東部。其在南者入遼籍，稱“熟女真”或“合蘇館女真”；在北者不入遼籍，稱“生女真”。

[2]西南面招討使：西南面招討司長官。駐西京大同（今山西省大同市），負責對西夏防務。

保大二年金兵至嶺東，會耶律撒八、習騎撒跋等謀立晉王敖盧斡事泄，[1]上召得里底議曰：“反者必以此兒爲名，若不除去，何以獲安。”得里底唯唯，竟無一言申理。王既死，人心益離。金兵踰嶺，天祚率衛兵西遁。元妃蕭氏得里底之姪，[2]謂得里底曰："爾任國政，致君至此，何以生爲！"得里底但謝罪，不能對。明日天祚怒，逐得里底與其子麽撒。[3]

[1]晉王敖盧斡（？—1122）：天祚皇帝長子。生母是文妃蕭氏。有人望，内外歸心。保大元年（1121）蕭奉先使人誣告南軍都統耶律余覩與晉王母文妃密謀立晉王爲帝，余覩投降金朝，文妃被誅。二年天祚帝賜敖盧斡死。本書卷七二有傳，記事與本紀多有不合。

[2]元妃蕭氏：北府宰相常哥之女。小字貴哥，燕國妃之妹。年十七册爲元妃。以疾薨。

[3]得里底與其子麽撒：【劉校】據中華點校本校勘記，"麽撒，《外戚表》作磨撒。《金史·撻懶傳》，獲遼樞密使得里底及其子磨哥、那野。磨哥即麽撒"。

得里底既去，爲耶律高山奴執送金兵。得里底伺守者怠，脱身亡歸，復爲耶律九斤所得，送之耶律淳。[1]時淳已僭號，得里底自知不免，詭曰："吾不能事僭竊之君！"不食數日，卒。子麽撒，爲金兵所殺。

[1]耶律淳（？—1122）：興宗第四孫。南京留守、宋魏王和魯斡之子。乾統六年（1106）拜南府宰相，後又徙王魏。其父和魯斡薨，即以淳襲父守南京。冬夏入朝，寵冠諸王。天慶五年（1115）進封秦晉國王。保大二年（1122）天祚入夾山，在耶律大石等擁立下即位。號天錫皇帝，改保大二年爲建福元年，事未決，即病死，年六十。百官偽謚爲孝章皇帝，廟號宣宗，葬燕西香山永

安陵。本書卷三〇《天祚皇帝本紀四》附耶律淳傳。

蕭酬斡，字訛里本，國舅少父房之後。[1]祖阿剌終採訪使，父别里剌以后父封趙王。

[1]國舅少父房：據本書卷六七《外戚表序》："契丹外戚其先曰二審密氏：曰拔里，曰乙室已。至遼太祖娶述律氏。述律，本回鶻糯思之後。大同元年，太宗自汴將還，留外戚小漢爲汴州節度使，賜姓名曰蕭翰，以從中國之俗，由是拔里、乙室已、述律三族皆爲蕭姓。拔里二房，曰大父、少父；乙室已亦二房，曰大翁、小翁；世宗以舅氏塔列葛爲國舅别部。"又本書卷四五《百官志一》不稱"房"，稱"帳"，各設常衮以治之。

酬斡貌雄偉，性和易。年十四尚越國公主，[1]拜駙馬都尉，爲祗候郎君班詳穩。[2]年十八封蘭陵郡王。[3]時帝欲立皇孫爲嗣，恐無以解天下疑，出酬斡爲國舅詳穩，降皇后爲惠妃，[4]遷于乾州。[5]初，酬斡母入朝擅取驛馬，至是覺，奪其封號。復與妹魯姐爲巫蠱，伏誅。詔酬斡與公主離婚，籍興聖宫，流烏古敵烈部。

[1]越國公主：道宗第三女特里，生母爲宣懿皇后。封越國公主。乾統初進封秦晉國大長公主，徙封梁宋國大長公主。下嫁蕭酬斡。大康八年（1082）以酬斡得罪，離之。大安初改適蕭特末。後爲金人俘獲。

[2]詳穩：遼朝軍官名。元帥府下設大詳穩司。本書卷一一六《國語解》："詳穩，諸官府監治長官。""詳穩"即漢語"將軍"的轉譯。【劉注】"詳穩"即漢語"將軍"的轉譯的説法似有值得商

權之處。在契丹小字中，“詳穩”作，“將軍”作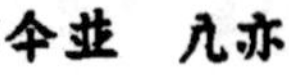，或、；在契丹大字中，“詳穩”作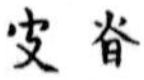，“將軍”作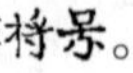。“詳穩”不是漢語“將軍”的轉譯，而是音譯的契丹語，契丹語中“將軍”是漢語借詞。

[3]蘭陵郡王：契丹外戚蕭氏封爵。蘭陵郡是蕭氏郡望。戰國楚置蘭陵縣，在今山東省蘭陵縣西南。西晉置蘭陵郡，治丞縣（今山東省棗莊市嶧城區南，在古蘭陵縣西）。此蕭氏與契丹蕭氏並無血緣關係。

[4]惠妃：即道宗惠妃蕭氏（？—1118）。駙馬都尉蕭霞抹之妹。小字坦思。大康二年因受到乙辛讚譽，選入後宮，立爲皇后。八年皇孫延禧封梁王，坦思降爲惠妃，遷徙至乾陵。不久，其母燕國夫人厭魅，伏誅。貶惠妃爲庶人。天慶六年（1116）召其回宮，封太皇太妃。兩年後逃奔黑頂山，死後葬於太子山。本書卷七一有傳。

[5]乾州：州名。遼乾亨四年（982）置，治奉陵縣。故址在今遼寧省北鎮市西南十二里觀音洞附近。《明一統志》卷二五《登州府》：“乾州城在廣寧衞西南七里，本漢無慮縣地，遼置乾州廣德軍。”

天慶中以妹復尊爲太皇太妃，召酬斡爲南女直詳穩，遷征東副統軍。時廣州渤海作亂，[1]乃與駙馬都尉蕭韓家奴襲其不備，[2]平之，復敗敵將侯槩于川州。[3]是歲東京叛，遇敵來擊，師潰，獨酬斡率麾下數人力戰，歿於陣，追贈龍虎衛上將軍。

[1]廣州：州名。遼開泰七年（1018）置，治昌義縣。金改章（彰）義縣。故址在今遼寧省瀋陽市西南大高華堡。《金史》卷二

四《地理志》瀋州章義縣"遼舊廣州，皇統三年降爲縣，來屬。有遼河、東梁河、遼河大口"。《松漠紀聞》卷二記載從金上京至燕京的行程，途經"瀋州六十里至廣州"。即廣州在瀋州西南六十里處。

[2]駙馬都尉蕭韓家奴：昭懷太子女、天祚帝之妹延壽之夫。此女初封楚國公主，徙封許國。乾統元年（1101）進封趙國公主，加秦晉國長公主。

[3]川州：即白川州。遼代州名。據《大清一統志》卷二八，舊城在朝陽縣東北六十七里（今遼寧省北票市）。初置川州，會同中改爲白川州。【劉注】遼代川州，前期治所爲今遼寧省北票市南八家子鄉四家板村古城址；後期治所爲今遼寧省北票市黑城子鎮駐地黑城子村古城址。

耶律章奴字特末衍，季父房之後。[1]父查剌養高不仕。

[1]季父房：契丹以玄祖之後爲皇族，分爲三房：孟父房、仲父房和季父房。德祖之元子是爲太祖天皇帝，謂之橫帳；次曰剌葛，曰迭剌，曰寅底石，曰安端，曰蘇，皆曰季父房。

章奴明敏善談論。大安中補牌印郎君。乾統元年累遷右中丞，[1]兼領牌印宿直事。六年以直宿不謹，降知內客省事。[2]天慶四年授東北路統軍副使。[3]五年改同知咸州路兵馬事。[4]

[1]右中丞：【靳注】即北院右中丞。遼官名。屬北樞密院，爲總知中丞司事佐官。

[2]客省：官署名。會同元年（938）置，掌接待諸國使節。

設官有都客省、客省使、左右客省使等。

[3]東北路統軍副使：遼末防禦女真的軍事機構東北路統軍司的官員，次於東北路統軍使。原來，對女真的防禦在遼朝的軍事部署中並不佔有重要地位，故一直由東京的軍事機構兼管。當“生女真”完顏部發動叛亂時，遼朝主持戰事始有東北路統軍司。該機構設在寧江州（今吉林省松原市寧江區伯都訥古城）。

[4]咸州：州名。治所在今遼寧省鐵嶺市東北。

及天祚親征女直，蕭胡篤爲先鋒都統，[1]章奴爲都監。大軍渡鴨子河，[2]章奴與魏國王淳妻兄蕭敵里及其甥蕭延留等謀立淳，誘將卒三百餘人亡歸。既而天祚爲女直所敗，章奴乃遣敵里、延留以廢立事馳報淳。淳猶豫未決。會行宮使者乙信持天祚御札至，[3]備言章奴叛命，淳對使者號哭，即斬敵里、延留首以獻天祚。

[1]蕭胡篤：字合朮隱。其先撒葛只爲太和宮分人。清寧初補近侍。大安元年（1085）爲彰愍宮太師。天慶初累遷至殿前副點檢。五年（1115）從天祚東征，爲先鋒都統，後遷知北院樞密使事，卒。卷一〇一有傳。

[2]鴨子河：即混同江，今稱松花江。

[3]行宮：亦稱行帳，即遼朝皇帝轉徙隨行的車帳組成的朝廷，契丹語稱“捺鉢”，遼中葉逐漸形成“四時捺鉢”制度。

章奴見淳不從，誘草寇數百攻掠上京，[1]取府庫財物。至祖州，[2]率僚屬告太祖廟云：“我大遼基業由太祖百戰而成，今天下土崩。竊見興宗皇帝孫魏國王淳道德隆厚，能理世安民，臣等欲立以主社稷。會淳適好草甸，大事未遂。邇來天祚惟耽樂是從，不恤萬機。強敵肆侮，師徒敗績，加以盜賊蜂起，邦國危于累卵。臣等忝預族屬，世蒙恩渥，上欲安九廟之靈，下欲救萬民之命，乃有此舉。實出至誠，冀累聖垂祐。”西至慶州，[3]復祀諸廟，仍述所以舉兵之意，移檄州縣、諸陵官僚，士卒稍稍屬心。

[1]上京：遼五京之一。遼前期都城，稱臨潢府，故址在今内蒙古自治區巴林左旗林東鎮波羅城。

[2]祖州：州名。遼置，因阿保機的高祖、曾祖、祖、父皆出生於此，故名。治所在今内蒙古自治區巴林左旗查干哈達蘇木石房子嘎查。轄境相當今巴林左旗、巴林右旗的一部分。金天會八年(1130)改爲奉州。阿保機秋季多在此狩獵。這是一座漢城，據《武經總要》前集卷一六下《戎狄舊地》：“祖州，阿保機既創西樓，又西南築一城，以貯漢人，今名祖州，在唐置饒樂府西北祖山之陽，因爲州名。阿保機葬所也，今號天成軍。南至饒州百八十里，北至上京四十里。”

[3]慶州：州名。州城遺址在今内蒙古自治區巴林右旗索博日嘎鎮。

時饒州渤海及侯槩等相繼來應，衆至數萬，趨廣平淀。[1]其黨耶律女古等暴横不法，劫掠婦女財畜。章奴度不能制，内懷悔恨。又攻上京不克，北走降虜。[2]順國女直阿鶻産率兵追敗之，殺其將耶律彌里直，擒貴族二百餘人，其妻子配役繡院，或散諸近侍爲婢，餘得脱者皆遁去。章奴詐爲使者，欲奔女直，爲邏者所獲，縛送行在，伏誅。

[1]廣平淀：亦稱平淀，在永州東南三十里（今内蒙古自治區翁牛特旗東北），遼中期以後冬捺鉢所在地。詳本書卷三二《營衛志中》。

[2]北走降虜：【劉校】據中華點校本校勘記，按“虜”下原有“上”字，衍文從删。今從。

耶律朮者字能典，于越蒲古只之後，[1]魁偉雄辨。乾統初補祇候郎君。六年因柴册加觀察使。[2]天慶五年受詔監都統耶律斡里朶戰。及敗，左遷銀州刺史，[3]徙咸州糺將。

[1]于越：契丹語音譯詞。官名。爲契丹貴官，非有大功德者不授。位在北、南院大王之上。　蒲古只：本書卷七五《耶律鐸臻傳》“耶律鐸臻字敵輦，六院部人。祖蒲古只，遙輦氏時再爲本部夷离堇。耶律狼德等既害玄祖，暴横益肆。蒲古只以計誘其黨，悉誅夷之。”

[2]柴册：即柴册禮。此禮源於中國傳統的“燔柴告天”，是古代天子祭天之禮。據《爾雅·釋天》：“祭天曰燔柴。”行禮時，積薪於壇，取玉及牲置於柴上焚燒。此禮與契丹的再生禮合併舉行，是爲契丹部落聯盟選汗和遼建國後新皇帝即位舉行的禮儀。相傳遙輦氏阻午可汗始制此儀，遼朝建國後有所增飾。

[3]銀州：州名。治所在今遼寧省鐵嶺市。本書卷三八《地理志二》云：“本渤海富州，太祖以銀冶更名。”

嘗與耶律章奴謀立魏國王淳。及聞章奴自鴨子河亡去，即引麾下數人往會之。道爲游兵所執，送行在所。上問曰：“予何負卿而反？”朮者對曰：“臣誠無憾，但以天下大亂已非遼有，小人滿朝，賢臣竄斥。誠不忍見天皇帝艱難之業一旦土崩，[1]臣所以痛入骨髓而有此舉，非爲身計。”後數日復問，朮者厲聲數上過惡，陳社稷危亡之本，遂殺之。

[1]天皇帝：遼朝開國皇帝耶律阿保機的謚號爲大聖大明神烈天皇帝。詳本書卷二《太祖本紀下》。

論曰：遼末同事之臣，其善惡何相遠也！棠古骨鯁不屈權要，兩鎮烏古，恩威並著。酬斡平亂渤海，又以討叛力戰而死，忠可尚矣。得里底縱女直而不討，寢變告而不聞。其蔽主聰明，爲國階亂，莫斯之甚也。章奴、朮者乘時多艱，潛謀廢立，將求寵倖，以犯大逆，其得免於天下之戮哉！

（李錫厚注　劉鳳翥校）

遼史　卷一〇一

列傳第三十一

蕭陶蘇斡　耶律阿息保　蕭乙薛　蕭胡篤[1]

［1］“蕭陶蘇斡”至“蕭胡篤”：【劉校】原本、明抄本、南監本無，據北監本和殿本補。

蕭陶蘇斡字乙辛隱，突呂不部人。[1] 四世祖因吉髮長五尺，時呼爲“長髮因吉”。祖里拔奥隗部節度使。[2]

［1］突呂不部：契丹部族名。據本書卷三三《營衛志下》，該部爲太祖二十部之一，創建於阻午可汗之時，隸北府，節度使屬西北路招討司，司徒居長春州西。

［2］奥隗部：據本書卷三三《營衛志下·部族下》，奥隗部亦稱烏隗部，是契丹古老的部族組織。此外，契丹還有乙室奥隗部和楮特奥隗部，均係以所俘奚人設置。都活動於東京轄區。

陶蘇斡謹愿，不妄交。伯父留哥坐事免官，聞重元亂，[1] 挈家赴行在。時陶蘇斡雖幼，已如成人，補筆硯小底。累遷祗候郎君，轉樞密院侍御。[2]咸雍五年遷崇德宫使。[3]會有訴北南院聽訟不直者，事下陶蘇斡，悉改正之，爲耶律阿思所忌。[4]帝欲召用，輒爲所沮。八年歷漠北滑水馬群太保，[5]數年不調，嘗曰："用才未盡，不若閑。"乾統中遷漠南馬群太保，[6]以大風傷草馬多死，鞭之三百，免官。九年徙天齊殿宿衛。明年穀價翔踴，宿衛士多不給，陶蘇斡出私廪賙之，召同知南院樞密使事。

[1]重元亂：重元即宗元（？—1063），因避興宗諱，改重元，小字孛吉只，亦作孛已只，聖宗次子。太平三年（1023）封秦國王。聖宗死後，欽愛皇后稱制，曾密謀立重元。重元以所謀告於興宗，封爲皇太弟。賜以金券誓書。道宗即位，册爲皇太叔，爲天下兵馬大元帥，復賜金券。清寧九年（1063）與其子涅魯古謀亂，失敗自殺。本書卷一一二有傳。

[2]樞密院：官府名。遼有北、南樞密院，爲遼朝的實際宰輔機構，分别總領北、南面官。北樞密院又稱契丹樞密院，掌軍事、部族；南樞密院又稱漢人樞密院，掌漢人州縣之事。

[3]咸雍：遼道宗耶律洪基年號（1065—1074）。　崇德宫：承天皇太后宫院。

[4]耶律阿思（1034—1108）：字撒班。【劉注】據漢字《耶律祺墓誌銘》殘石和契丹大字《耶律祺墓誌銘》，阿思爲契丹大字小名的音譯，確切的譯法應爲"阿思里"，第二個名爲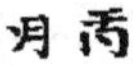（撒班），漢名爲祺。清寧初補祗候郎君。重元之亂，與護衛蘇射殺涅魯古，賜號靖亂功臣，徙契丹行宫都部署。壽昌元年（1095）爲北院樞密使，監修國史。道宗崩，受顧命，加于越。受賂，包庇乙辛黨人。本書卷九六有傳。

[5]馬群太保：遼代群牧官。屬北面官系統。

[6]乾統：遼天祚帝耶律延禧年號（1101—1110）。

天慶四年,[1]爲漢人行宫副部署。[2]時金兵初起，攻陷寧江州。[3]天祚召群臣議，陶蘇斡曰："女直國雖小其人勇而善射,[4]自執我叛人蕭海里勢益張。[5]我兵久不練，若遇强敵，稍有不利諸部離心，不可制矣。爲今之計，莫若大發諸道兵以威壓之，庶可服也。"北院樞密使蕭得里底曰：[6]"如陶蘇斡之謀，徒示弱耳。但發滑水以北兵,[7]足以拒之。"遂不用其計。

[1]天慶：遼天祚帝耶律延禧年號（1111—1120）。

[2]漢人行宫副部署：遼在北南面官系統中，分别設契丹行宫都部署和漢人行宫都部署，其上則有諸行宫都部署。行宫都部署完全是倣中原王朝官制設置的，它不同於專管斡魯朶事務的某宫都部署的宫官。宋朝皇帝巡幸亦有行宫，且亦有行宫都部署之設。後避英宗趙曙名諱，改稱行宫都總管。詳本書卷四七《百官志三》。

[3]寧江州：州名。治所在今吉林省扶松原市東南石頭城。

[4]女直：部族名。本作"女真"，因避遼興宗宗真名諱，改稱"女直"。遼時居東北地區東部。其在南者入遼籍，稱"熟女真"或"合蘇館女真"；在北者不入遼籍，稱"生女真"。

[5]蕭海里（？—1097）：遼叛將。壽昌二年（1096）冬十月乙卯蕭海里劫乾州武庫器甲，命北面林牙郝家奴捕之，蕭海里亡入女真陪朮水阿典部。翌年，女真將其殺害，並將其首級獻與遼朝。

[6]蕭得里底（？—1122）：晉王蕭孝先之孫。字紏鄰。本書卷一〇〇有傳。

[7]發滑水以北兵：【劉校】據中華點校本校勘記，本書卷二七《天祚皇帝本紀一》天慶四年（1114）七月作"發渾河北諸軍"。

數月間邊兵屢北，人益不安。饒州渤海結構頭下城以叛，[1]有步騎三萬餘，招之不下。陶蘇斡帥兵往討，擒其渠魁，斬首數千級，得所掠物悉還其主。及耶律章奴叛，[2]陶蘇斡與留守耶律大悲奴爲守禦。[3]章奴既平，陶蘇斡請曰："今邊兵懈弛，若清暑嶺西則漢人嘯聚，民心益搖。臣愚以爲宜罷此行。"不納。乃命陶蘇斡控扼東路，招集散卒。後以太子太傅致仕，卒。

[1]饒州：州名。遼太祖時置。治長樂縣。金廢。《武經總要》前集卷一六下《戎狄舊地》："饒州，唐建饒樂府都督以處奚人部落，契丹建爲饒州。在潢水之北，石橋傍，以渤海人居之。西南至平地松林百里，南至中京五百里，北至沱河十里，東至上京三十里，西北至祖州七十里。"潢水即西拉木倫河，石橋遺址爲長樂縣故城，在今内蒙古自治區林西縣新城子鎮黄土坑村南一公里處西拉木倫河上。　頭下城：塞外草原上漢人、渤海人居民點的通稱。頭下城是由頭下户組建的城。契丹俘獲漢人及渤海人等從事農耕的人户，即以之在塞外建定居點予以安置。作爲征服者，契丹人對待所俘獲的"生口"，其手段是很殘酷的。他們將被俘的漢人"以長繩連頭系之於木，漢人夜多自解逃去"（《新五代史》卷七二《四夷附録第一》），那些未逃脱者就成了契丹貴族的俘奴。這些俘奴少數用於非生産性領域，多數則用於農業及手工業生産。當契丹貴族普遍以俘奴創建漢城、頭下時，爲獲得穩定的經濟收入，就不得不考慮如何維持和發展生産的問題了。阿保機在灤河上游建立漢城，率漢人耕種，"如幽州制度"（《新五代史》卷七二《四夷附録第一》）。蘇轍在宋哲宗元祐四年（遼道宗大安五年，1089）使遼，途中賦詩云："燕疆不過古北闕，連山漸少多平田。奚人自作草屋住，契丹骈車依水泉。橐駝羊馬散川谷，草枯水盡時一遷。漢人何年被流徙，衣服漸變存語言。力耕分獲世爲客，賦役稀少聊偷安。"

（《欒城集》卷一六《奉使契丹二十八首·出山》）這首詩描寫漢人流徙到中京地區是世代爲客，他們衹能與主人分享收穫。除了靠近幽薊的奚族地區之外，東京地區也是漢人流民較多的地區。東京地區地勢平坦，雨量適中，適宜於發展農業生産。這一地區開發較早，秦漢以來即有漢人移居，是以漢族居民爲主的農業區。也有自遼初以來輾轉遷徙來的大量漢族人户以及許多頭下城。

[2]耶律章奴（？—1115）：字特末衍，是季父房的後代。遼末，章奴與魏國王耶律淳的妻兄蕭敵里及其外甥蕭延留等謀立淳爲帝失敗。章奴逃往北方，順國女直阿鶻産率兵追趕將其擊敗，章奴伏誅。本書卷一〇〇有傳。

[3]耶律大悲奴：出身契丹皇族孟父房，官至彰國軍節度使。本書卷九五有傳。

耶律阿息保字特里典，五院部人。[1]祖胡劣太祖時徙居西北部，[2]世爲招討司吏。

[1]五院部：契丹部族名。天贊元年（922），以迭剌部強大難制，析五石烈爲五院，六爪爲六院，各置夷离堇。會同元年（938），更夷离堇爲大王，部隸北府，以鎮南境。

[2]太祖時徙居西北部：【劉校】據中華點校本校勘記，“祖”原誤“子”。依道光殿本據《大典》改。今從。

阿息保慷慨有大志，年十六以才幹補内史。天慶初轉樞密院侍御。金人起兵城境上，遣阿息保問之，金人曰：“若歸阿踈，[1]敢不聽命。”阿息保具以聞。金兵陷寧江州，邊兵屢敗，遣阿息保與耶律章奴等齎書而東，冀以脅降。阿息保曰：“臣前使依詔開諭，略無所屈。

將還，謂臣曰：‘若所請不遂，無相見。’今臣請獨往。”不聽。將行，别蕭得里底曰：“不肖適異國，必無生還，願公善輔國家。”既至，阿息保見執，久乃遁歸。

[1]阿疎：女直紇石烈部首領。壽昌二年（1096），唐括部跋葛勃堇被温都部人跋忒殺害，生女直完顔部首領盈哥命其侄阿骨打率師討伐跋忒，然而竟爲紇石烈部的阿疎所阻。當盈哥親自率師前來討伐時，阿疎則向遼求援。乾統三年（1103）盈哥病故，其兄劾里鉢之子烏雅束襲位，在位十一年。這期間，完顔部進一步加强了對生女真各部的控制。天慶三年（1113）十月烏雅束病故，阿骨打襲位，稱“都勃極烈”。阿骨打襲位後，亦遣使至遼要求遣送阿疎。天慶四年再次派遣宗室習古迺及完顔銀朮可向遼索還阿疎。其實，他們的真實使命是要探聽遼朝虛實，索還叛人不過是個藉口。同年九月，阿骨打進軍寧江州。天慶六年阿疎反遼，失敗。《金史》卷六七有傳。

及天祚敗績遷都巡捕使。六年從阿疎討耶律章奴，加領軍衛大將軍。阿疎將兵而東，阿息保送至軍乃還。天祚怒其專，鞭之三百。尋爲奚六部禿里太尉。[1]後阿疎反，阿息保以偏師進擊，[2]臨陣墜馬被擒，因阿疎有舊得免。時阿疎頗好殺，阿息保謂曰：“欲舉大事，何以殺爲！”由是全活者衆。會阿疎敗乃還，以戰失利，囚中京數歲。[3]

[1]奚六部：據《五代會要》卷二八《奚》：“奚，本匈奴别種，即東胡之地，人物風俗與突厥同。族有五姓：一曰阿會部，管縣六；二曰啜米部，管縣四；三曰奥質部，管縣六；四曰奴皆部，

管縣四；五曰黑訖支部，管縣三。每部有刺史，每縣有令，酋長號奚王。”此奚王是被契丹降伏以後的奚部族酋長。《新五代史》卷七四《四夷附録第三》所記奚各部名稱與《五代會要》相同：奚“分爲五部：一曰阿薈部，二曰啜米部，三曰粤質部，四曰奴皆部，五曰黑訖支部。後徙居琵琶川，在幽州東北數百里。地多黑羊，馬趫前蹄堅善走，其登山逐獸，下上如飛”。奚本來衹有五部，阿保機降伏五部奚之後設置墮瑰部，而成六部。詳本書卷三三《營衛志下·部族下》。

[2]偏師：非主力之師。《左傳·桓公八年》：季梁曰：“楚人上，左君必左。無與王遇，且攻其右。右無良焉，必敗。偏敗，衆乃攜矣。”

[3]中京：遼五京之一。稱大定府，故址在今内蒙古自治區寧城縣大明鎮。

保大二年金兵至中京始出獄，尋爲敵烈皮室詳穩。[1]是時魏王淳僭號，屢遣人以書來招，阿息保封書以獻，因諫曰：“東兵甚鋭，[2]未可輕敵。”及石輦鐸之敗，[3]天祚奔竄，召阿息保不時至，疑有貳心，並怒爲淳所招，殺之。初，阿息保知國將亡，前後諫甚切。及死以非罪，人尤惜之。

[1]皮室：契丹軍名。“皮室”意爲“金剛”。初爲阿保機所置，稱“腹心部”。後有南、北、左、右皮室及黄皮室等，皆掌精甲。　詳穩：遼朝軍官名。元帥府下設大詳穩司。本書卷一一六《國語解》：“詳穩，諸官府監治長官。”“詳穩”即漢語“將軍”的轉譯。【劉注】“詳穩”即漢語“將軍”的轉譯的説法似有值得商榷之處。在契丹小字中，“詳穩”作，“將軍”作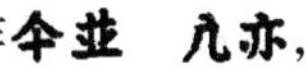，

或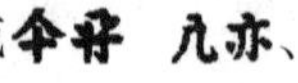、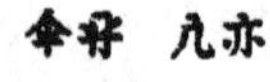；在契丹大字中，“詳穩”作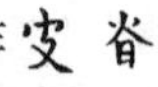，“將軍”作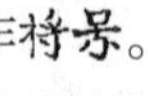。“詳穩”不是漢語“將軍”的轉譯，而是音譯的契丹語，契丹語中“將軍”是漢語借詞。

[2]東兵：女真兵。

[3]石輦鐸之敗：事在保大元年（1121），見本書卷一一四《蕭特烈傳》。《金史》七四《宗望傳》作石輦驛：“上聞遼主在大魚濼，自將精兵萬人襲之。蒲家奴、宗望率兵四千爲前鋒，晝夜兼行，馬多乏，追及遼主於石輦驛，軍士至者才千人，遼軍餘二萬五千。方治營壘，蒲家奴與諸將議。余覩曰：‘我軍未集，人馬疲劇，未可戰。’宗望曰：‘今追及遼主而不亟戰，日入而遁，則無及。’遂戰，短兵接，遼兵圍之數重，士皆殊死戰。遼主謂宗望兵少必敗，遂與嬪御皆自高阜下平地觀戰。余覩示諸將曰：‘此遼主麾蓋也。若萃而薄之，可以得志。’騎兵馳赴之，遼主望見大驚，即遁去，遼兵遂潰。宗望等還。上曰：‘遼主去不遠，亟追之。’宗望以騎兵千餘追之，蒲家奴爲後繼。”

蕭乙薛字特免，國舅少父房之後。[1]性謹愿。壽隆間累任劇官。[2]

[1]國舅少父房：據本書卷六七《外戚表序》：“契丹外戚，其先曰二審密氏：曰拔里，曰乙室已。至遼太祖，娶述律氏。述律，本回鶻糯思之後。大同元年，太宗自汴將還，留外戚小漢爲汴州節度使，賜姓名曰蕭翰，以從中國之俗，由是拔里、乙室已、述律三族皆爲蕭姓。拔里二房，曰大父、少父；乙室已亦二房，曰大翁、小翁；世宗以舅氏塔列葛爲國舅別部。”又本書卷四五《百官志一》不稱“房”，稱“帳”，各設常衮以治之。

[2]壽隆：遼道宗耶律洪基年號（1095—1101）。據遼代碑刻和錢幣，此年號本爲“壽昌”。元代修《遼史》時誤書爲“壽隆”。

天慶初知國舅詳穩事，遷殿前副點檢。金兵起，爲行軍副都統，[1]以戰失利罷職。六年出爲武定軍節度使，[2]遷西京留守。[3]明年，討劇賊董厖兒，[4]戰易水西，大破之，以功爲北府宰相，[5]加左僕射兼東北路都統。[6]十年金兵陷上京，詔兼上京留守、東北路統軍使。[7]爲政寬猛得宜，民之窮困者輒加振恤，衆咸愛之。

[1]副都統：官名。唐乾元中，始以都統爲官名，總諸道征伐。後若調諸道兵馬會戰，多置都統，爲臨時軍事長官，不賜旌節，事解即罷。遼設諸路兵馬都統署司，下有諸路兵馬都統署，都統爲其長官，副都統爲副貳。

[2]武定軍：遼代軍號。治奉聖州（今河北省涿鹿縣）。

[3]西京：遼五京之一。故址在今山西省大同市。

[4]董厖兒：天慶七年（1117）二月間，淶水縣（今屬河北省）農民董厖兒（又名董才）聚衆造反，宋朝則乘機插手。據朱勝非《秀水閒居録》載："政和末，知雄州和詵奏，契丹益發燕雲之兵，燕民日離叛。有董厖兒者率衆爲劇寇，契丹不能制……董才者，易州遼水人，少貧賤，沉雄果敢，號董厖兒，募鄉兵戰女真，敗績，主將欲斬之，才由是亡命山谷，遂爲盜，剽掠州縣，衆至千人。契丹患其蹂踐，才逾飛狐、靈丘，入雲、應、武、朔，斬牛欄監軍，函其首來獻。政和七年，知岢嵐軍解潛招降之，並其黨以聞。其表有云：'受之則全君臣之大義，不受則生胡越之異心。'上召見，董才陳契丹可取之狀甚切，賜姓趙名詡。"（《三朝北盟會編》政宣上帙一）又《宋史》卷三四八《趙遹傳》："淶水人董才得罪亡命，因聚衆爲賊，攻敗城邑，遼人不能制。中山帥府陰與才通，誘使來歸。才尋爲遼所破，遂上書請取全燕以自効。王黼、童貫大喜，將許之，遹言不可。"董才後降金。《金史》卷三《太宗本紀》載：天會四年（1126）正月丁卯"降臣郭藥師、董才皆賜

姓完顔氏”。

[5]北府宰相：契丹部族官名。契丹可汗之下有北、南二府，各部族則分屬二府，故北宰相亦稱北府宰相，南宰相亦稱南府宰相。

[6]左僕射：唐官名。唐不設尚書令，最初以左、右僕射與中書令、侍中同爲宰相。中宗以後，不加同中書門下平章事者即不爲宰相。遼襲唐制，爲南面官。

[7]東北路統軍使：遼末防禦女真的軍事機構東北路統軍司的主官。原來，對女真的防禦在遼朝的軍事部署中並不佔有重要地位，故一直由東京的軍事機構兼管。當生女真完顔部發動叛亂時，遼朝主持戰事始有東北路統軍司。該機構設在寧江州（今吉林省松原市東南石頭城）。

保大二年金兵大至，[1]乙薛軍潰，左遷西南面招討使，[2]以部民流散，不赴。及天祚播遷，給侍從不闕，拜殿前都點檢。[3]凡金兵所過，諸營敗卒復聚上京，遣乙薛爲上京留守以安撫之。

[1]保大：遼天祚帝耶律延禧年號（1121—1125）。

[2]西南面招討使：西南面招討司長官。駐西京大同（今山西省大同市），負責對西夏防務。

[3]殿前都點檢：後周世宗設置殿前司，以都點檢、副都點檢爲正副長官，位在都指揮使之上，爲禁軍統帥。宋初廢。遼設殿前都點檢，爲南面軍官，當係模倣後周制。

明年盧彦倫以城叛，[1]乙薛被執數月，以居官無過，得釋。後爲耶律大石所殺。[2]

[1]盧彦倫（1082—1151）：臨潢（今内蒙古自治區巴林左旗）人。遼天慶初授殿直、勾當兵馬公事。遼兵敗於出河店，還至臨潢，散居民家，令給養之，彦倫不滿。遼授彦倫團練使、勾當留守司公事。據《金史》卷七五本傳，天慶十年（1120）彦倫從上京留守撻不野出降。

[2]耶律大石（1094—1143）：字重德，遼太祖阿保機八代孫，通漢文及契丹文字，且善騎射，是遼末契丹皇室中少有的文武全才。登天慶五年進士第。燕京陷落後，大石在保大四年（1124）七月脱離天祚。最初，他活動於今内蒙古東部地區，要在契丹初興之地復興遼朝。但是由於抵擋不住金軍的攻擊，他也只好步步向西北的遊牧部族地區退却，並在那裏“置北、南面官屬，自立爲王，率所部西去”。號召遊牧各部與他“共救君父”。大石沿襲遼朝傳統的政治體制，建立了有南北面官的政權。這個政權的實際首領雖是大石，但它仍然承認天祚皇帝作爲遼朝合法君主的地位，這一政權爲以後西遼在中亞立國做了準備。大石約於1132年在八拉沙衮稱帝改元。號葛兒罕。復上漢尊號曰天祐皇帝，改元延慶。本書卷三〇《天祚皇帝本纪四》有傳，但所記時間未可盡信。

蕭胡篤字合朮隱。其先撒葛只，太祖時願隸宫分，遂爲太和宫分人。[1]

[1]宫分人：有宫籍之人。有宫籍的宫分人，多是統治者的私奴，但宫分人中也有契丹權貴。宫籍是世襲的，未經統治者宣佈廢除，子孫則世代爲宫分人。遼朝諸宫衛（斡魯朶）有所管轄人丁的統計數字，但奴婢不計算在内，本書卷三一《營衛志一》：“凡諸宫衛人丁四十萬八千，騎軍十萬一千。著帳釋宥、没入，隨時增損，無常額。”這些没有統計在諸宫衛人丁總數之内者即是奴婢，稱爲“宫户”“宫分人”。他們自有“宫籍”，歸宫衛管理。遼亡之後，

諸宫衛機構雖已不存，但那些宫户、宫分人的身份並未改變，他們仍隸宫籍。於是，金朝始有宫籍監之設，用以管理這些宫户，並依照新機構的名稱，稱他們爲“宫籍監户”或“監户”。遼朝一部分專門在皇帝身邊服役的“宫户”又稱爲“著帳户”。散居州縣當中的宫户與民户一樣要向國家交納賦税，説明這些宫户的身份已經發生了改變。統和十五年（997）三月“壬午，通括宫分人户，免南京逋税及義倉粟”。將“通括宫分人户”一事，與“免南京逋税及義倉粟”一併實行，是因爲此二事都與賦税徵收有關。宫户所受剥削和壓迫定是相當沉重的，以至他們被迫逃亡。據壽昌二年（1096）的《孟有孚墓誌銘》載：“時朝廷命復慶陵之逋民，詔公乘驛以督之。”（《全遼文》卷九）宫籍起源甚早，遥輦氏時已經有宫分人存在。宫籍是一種法律上的身份，是不能輕易改變的。宫分人“出宫籍”需要經皇帝特許。如前面已經提到的韓德讓，就是即貴並且賜姓耶律之後纔“出宫籍”的。繼韓德讓之後，興宗時的漢人宫分人姚景行出宫籍也是在其官至翰林學士、樞密副使、參知政事以後。漢臣梁援，累世在遼朝作官，同時也具有宫籍。壽昌七年正月，道宗死後，由他充玄官都部署，並撰謚册文。喪事既畢之後，始詔免其宫籍，而且“勑格餘人不以爲例，示特寵也”（《遼寧省博物館藏碑誌精粹》，文物出版社 2000 年版，第 284—285 頁）。

曾祖敵魯明醫，人有疾，觀其形色即知病所在。統和中宰相韓德讓貴寵，[1]敵魯希旨，言德讓宜賜國姓，籍横帳，[2]由是世預太醫選，子孫因之入官者衆。

[1]統和：遼聖宗耶律隆緒年號（983—1012）。

[2]韓德讓（942—1011）：韓匡嗣第四子。統和初年承天稱制，韓德讓以南院樞密使的身份“總宿衛事”。十七年（999）北院樞密使、魏王耶律斜軫病故，承天太后以韓德讓兼知北院樞密使

事，至此，遼朝的蕃漢軍政大權就集於其一身了。二十二年賜韓德讓姓耶律，徙封晉王，並且仍舊爲大丞相，事無不統。次年十一月又詔德讓“出宫籍，屬於横帳”。二十八年更名耶律隆運。　横帳：契丹以玄祖之後爲皇族，分爲三房：孟父房、仲父房和季父房。本書卷四五《百官志一》：“玄祖伯子麻魯無後，次子巖木之後曰孟父房；叔子釋魯曰仲父房；季子爲德祖，德祖之元子是爲太祖天皇帝，謂之横帳；次曰剌葛，曰迭剌，曰寅底石，曰安端，曰蘇，皆曰季父房。”本書卷一六《聖宗本紀七》：開泰八年（1019）冬十月癸巳，詔“横帳、三房不得與卑小帳族爲婚；凡嫁娶，必奏而後行”。

胡篤爲人便佞，與物無忤。清寧初補近侍。[1]大安元年爲彰愍宫太師，[2]壽隆二年轉永興宫太師，[3]天慶初累遷至殿前副點檢。五年從天祚東征，爲先鋒都統，臨事猶豫，凡隊伍皆以圍場名號之。進至剌离水與金兵戰敗，大軍亦却。及討耶律章奴，以籍私奴爲軍，遷知北院樞密使事，卒。

[1]清寧：遼道宗耶律洪基年號（1055—1064）。

[2]大安：遼道宗耶律洪基年號（1085—1094）。　彰愍宫：遼景宗耶律賢宫分。

[3]永興宫：太宗德光宫分。

胡篤長于騎射，見天祚好游畋，每言從禽之樂，以逢其意。天祚悦而從之。國政隳廢，自此始云。

論曰：甚矣，承平日久，上下狃於故常之可畏也！天慶之間女直方熾，惟陶蘇斡明於料敵、善於忠諫，惜乎天祚痼蔽，不見信用。阿息保不死阿踈之難，乙薛甘忍盧彦倫之執，大節已失矣，他有所長，亦奚足取。胡篤以游畋逢迎天祚而簜國政，可勝罪哉！

（李錫厚注　劉鳳翥校）

遼史　卷一〇二

列傳第三十二

蕭奉先　李處温　張琳　耶律余覩[1]

［1］“蕭奉先”至“耶律余覩”：【劉校】原本、明抄本、南監本無，據北監本和殿本補。

蕭奉先，[1]天祚元妃之兄也。[2]外寬内忌。因元妃爲上眷倚，累官樞密使，[3]封蘭陵郡王。[4]

［1］蕭奉先：中華點校本校勘記認爲，蕭奉先與本書卷一〇〇的蕭得里底事蹟重複，疑是一人兩傳。按，此判斷不能成立。二蕭氏事蹟不同，與元妃蕭氏親屬關係各異故非一人二傳。

［2］天祚元妃：小字貴哥，天祚皇后蕭氏之妹。年十七，册爲元妃。性沉靜。從天祚西狩，以疾薨。

［3］樞密使：官名。樞密院之首長。遼有北、南樞密院，爲遼朝的實際宰輔機構，分别總領北、南面官。北樞密院又稱契丹樞密院，掌軍事、部族；南樞密院又稱漢人樞密院，掌漢人州縣之事。

［4］蘭陵郡王：遼代封爵名。【靳注】蘭陵爲漢姓蕭氏郡望。遼代后族蕭氏亦以蘭陵爲郡望，且將本族附會成漢代蕭何後裔。本

書卷七一《后妃》:“以乙室、拔里比蕭相國,遂爲蕭氏。”

天慶二年上幸混同江鈎魚,[1]故事生女直酋長在千里内者皆朝行在。[2]適頭魚宴,[3]上使諸酋次第歌舞爲樂,至阿骨打但端立直視,辭以不能。再三旨諭,不從。上密謂奉先曰:“阿骨打跋扈若此,可託以邊事誅之。”奉先曰:“彼麤人不知禮義,且無大過,殺之傷向化心。設有異志,蕞爾小國亦何能爲!”上乃止。

[1]天慶:遼天祚帝耶律延禧年號(1111—1120)。　鈎魚:鑿冰捕魚。

[2]生女直:部族名。本作“女真”,因避遼興宗宗真名諱,改稱“女直”。遼時居東北地區東部。其在南者入遼籍,稱“熟女真”或“合蘇館女真”;在北者不入遼籍,稱“生女真”。

[3]頭魚宴:遼俗,春季在混同江上鑿冰鈎魚,舉行宴會,爲一歲之盛禮,屆時貴族、近臣皆以獲准出席這一盛禮爲莫大榮幸。宋仁宗至和元年(遼重熙二十三年,1054)九月王拱辰使遼,曾出席頭魚宴,見《長編》卷一七七至和元年九月記載。

四年阿骨打起兵犯寧江州,[1]東北路統軍使蕭撻不也戰失利。[2]上命奉先弟嗣先爲都統,[3]將番、漢兵往討,[4]屯出河店。[5]女直乃潛渡混同江,乘我師未備來襲,[6]嗣先敗績,軍將往往遁去。奉先懼弟被誅,乃奏“東征潰軍逃罪,所至劫掠,若不肆赦將嘯聚爲患”。[7]從之。嗣先詣闕待罪,止免官而已。由是士無鬬志,遇敵輒潰,郡縣所失日多。

[1]寧江州：州名。治所在今吉林省松原市東南石頭城。

[2]蕭撻不也（？—1067）：遼外戚，尚趙國公主，拜駙馬都尉。本書卷九九有傳。

[3]都統：官名。唐乾元中，始以都統爲官名，總諸道征伐。後若調諸道兵馬會戰，多置此職，爲臨時軍事長官，不賜旌節，事解即罷。遼設諸路兵馬都統署司，下有諸路兵馬都統署，都統爲其長官。

[4]漢兵：也稱“漢軍”。遼朝有衆多的漢軍，其中有阿保機收編的“山北八軍”以及趙延壽的軍隊。此外，遼朝還有自己按照中原軍隊編制組建的漢軍，其中最重要的是燕京等地的禁軍。據《長編》卷五五宋真宗咸平六年（1003）七月己酉記李信云：“國中所管幽州漢兵，謂之神武、控鶴、羽林、驍武等，約萬八千餘騎。”其中“羽林”“控鶴”是唐、五代禁軍舊有的名號。因此可以斷定李信所説的遼燕京的“漢兵”就是戍衛京城的禁軍。

[5]出河店：地名。在今黑龍江省肇源縣。

[6]乘我師未備來襲：【劉校】來襲，據中華點校本校勘記，原作“擊之”。據《宏簡録》卷二一三及本傳上下文義改。今從。

[7]肆赦：猶緩刑，赦免。《舊唐書》卷一四《憲宗紀上》：“癸巳，以册儲，肆赦繫囚，死罪降從流，流以下遞降一等。”

初，奉先誣耶律余覩結駙馬蕭昱謀立其甥晉王，[1]事覺殺昱。余覩在軍中聞之懼，奔女直。保大二年余覩爲女直監軍，[2]引兵奄至，上憂甚。奉先曰：“余覩乃王子班之苗裔，此來實無亡遼心，欲立晉王耳。若以社稷計，不惜一子誅之，可不戰而退。”遂賜晉王死。中外莫不流涕，人心益解體。

[1]晉王（？—1122）：即天祚皇帝長子敖盧斡，生母是文妃

蕭氏。保大元年（1121）蕭奉先使人誣告南軍都統耶律余覩與晉王母文妃密謀立晉王爲帝，余覩投降金朝，文妃被誅。二年天祚帝賜敖盧斡死。本書卷七二有傳，記事與本紀多有不合。

[2]保大：遼天祚帝耶律延禧年號（1121—1125）。

當女直之兵未至也，奉先逢迎天祚，言“女直雖能攻我上京，[1]終不能遠離巢穴。”而一旦越三千里直擣雲中，[2]計無所出，惟請播遷夾山。[3]天祚方悟，顧謂奉先曰：“汝父子誤我至此，殺之何益！汝去，毋從我行。[4]恐軍心忿怒，禍必及我。”奉先父子慟哭而去，爲左右執送女直兵。女直兵斬其長子昂，送奉先及次子昱於其國主。道遇我兵奪歸，天祚並賜死。

[1]上京：遼五京之一。前期都城，稱臨潢府，故址在今内蒙古自治區巴林左旗林東鎮波羅城。

[2]雲中：即雲州，治所在今山西省大同市。

[3]夾山：據陳得芝《耶律大石北行史地雜考》（《歷史地理》第二輯），夾山應在天德軍附近之漁陽嶺以北。據《長春真人西遊記》漁陽嶺在豐州之西五十里，當即今内蒙古自治區呼和浩特市西北之吳公壩。是夾山應指吳公壩北武川縣附近地區。

[4]毋從我行：【劉校】“毋”，原本和北監本誤作“母”。《羅校》謂：“‘母’當作‘毋’。”明抄本、南監本和殿均作“毋”。中華點校本、修訂本和補注本徑改。今從改。

李處温，析津（今北京市）人。[1]伯父儼大康初爲將作少監，[2]累官參知政事，[3]封漆水郡王，[4]雅與北樞密使蕭奉先友舊。執政十餘年，善逢迎取媚，天祚又寵任之。儼卒，奉先薦處温爲相，處温因奉先有援己力，傾心阿附以固權位，而貪污尤甚，凡所接引類多小人。

[1]析津：遼南京析津府，在今北京市。

[2]大康：遼道宗耶律洪基年號（1075—1084）。

[3]参知政事：始見於唐前期，宋初作爲副宰相，至真宗以後，其地位更與宰相同平章事等。遼朝参知政事的地位類似宋朝的参知政事，與同中書門下平章事一樣，都是中書省長官，都是宰相。

[4]漆水郡王：遼宗室耶律氏的封爵。

保大初金人陷中京，[1]諸將莫能支。天祚懼奔夾山，兵勢日迫。處温與族弟處能、子奭，[2]外假怨軍聲援，[3]結都統蕭幹謀立魏國王淳，[4]召番、漢官屬詣魏王府勸進。魏國王將出，奭乃持赭袍衣之，令百官拜舞稱賀。魏王固辭不得，遂稱天錫皇帝。以處温守太尉，處能直樞密院，奭爲少府少監，左企弓以下及親舊與其事者賜官有差。[5]

[1]中京：遼五京之一。稱大定府，故址在今内蒙古自治區寧城縣大明鎮。

[2]處温與族弟處能：【劉校】據中華點校本校勘記，“族”當作“從”。按傳文稱處温“伯父儼”，本書卷九八《耶律儼傳》稱“子處能”，應作“從”。

[3]怨軍：遼末在遼東地區招募的一支軍隊。《三朝北盟會編》卷一〇載：“遼人始以征伐女真，爲女真所敗，多殺其父兄，乃立是軍，使之報怨女真，故謂之怨軍。”然而“每女真兵入，則怨軍從以爲亂，女真退則因而復服，常以爲苦，天祚與群下謀殺怨軍，

除其患，故其中郭藥師等反，殺其首領而降都統蕭幹，遂拜金吾大將軍，俾守涿州"。郭藥師是渤海鐵州人，與多數"怨軍"將領一樣，也是一個反復之徒。保大二年（1122）耶律淳稱帝，改怨軍爲常勝軍。

[4]蕭幹：即奚回離保（？—1123）。一名翰，字挼懶，奚王忒鄰的後代。大安年間補護衛，稍陞遷爲鐵鷂軍詳穩。保大二年金兵來攻，天祚逃亡，回離保率官吏、民衆擁立秦晉國王耶律淳爲帝。同年，金兵由居庸關進入燕京，回離保知北樞密院。三年，其於箭笴山自立，號稱奚國皇帝，改元天復。後爲郭藥師的常勝軍所敗，於是一軍離心離德，回離保爲其同黨所殺。本書卷一一四有傳。　魏國王：【劉校】《羅校》謂："當作'秦晉國王'。"是。

[5]左企弓（1051—1124）：字君材。燕京（今北京市）人，天慶末拜廣陵軍節度使，同中書門下平章事、知樞密院事。天祚自鴛鴦濼亡入夾山，秦晉國王耶律淳於保大二年三月自立於燕，企弓守司徒。耶律淳死，德妃攝政，企弓加侍中。三年初金占燕京，企弓等奉表降。金既定燕京，根據當初約定，以燕京與宋人。企弓獻詩，略曰："君王莫聽捐燕議，一寸山河一寸金。"是時，金置樞密院於廣寧府。保大四年五月企弓等將赴廣寧，過平州，被張覺殺於栗林下，年七十三。《金史》卷七五有傳。

會魏國王病，自知不起，密授處温番漢馬步軍都元帥，[1]意將屬以後事。及病亟，蕭幹等矯詔南面宰執入議，[2]獨處温稱疾不至，陰聚勇士爲備，紿云奉密旨防他變。魏國王卒，蕭幹擁契丹兵，宣言當立王妃蕭氏爲太后，權主軍國事，衆無敢異者。幹以后命，召處温至，時方多難，未欲即誅，但追毁元帥劄子。處能懼及禍，落髮爲僧。

[1]馬步軍都元帥:【靳注】官名。本書僅此一見。

[2]南面宰執:南面官系統的最高官員。包括南院樞密使及參知政事等。

尋有永清人傅遵説隨郭藥師入燕被擒,[1]具言處温嘗遣易州富民趙履仁書達宋將童貫,[2]欲挾蕭后納土歸宋。后執處温問之,處温曰:"臣父子於宣宗有定策功,宜世蒙宥容,可使因讒獲罪?"后曰:"向使魏國王如周公,[3]則終享親賢之名於後世。誤王者皆汝父子,何功之有!"并數其前罪惡。處温無以對,乃賜死,奭亦伏誅。

[1]永清:縣名。今屬河北省。　傅遵説:【劉校】"傅",原本、南監本作"傳",北監本、明抄本、殿本均作"傅"。中華點校本和修訂本徑改。今據改。

[2]易州:州名。治所在今河北省易縣。　童貫(1054—1126):字道夫(一作道輔),開封(今屬河南省)人,北宋宦官,初任供奉官,得徽宗信任。蔡京爲相,薦其爲西北監軍,領樞密院事,掌兵權二十年,權傾内外。宣和四年(1122),攻遼失敗,乞金兵代取燕京,然後以百萬貫贖燕京等空城。

[3]周公:西周初年政治家。姬姓,周武王之弟,名旦,亦稱叔旦。因采邑在周(今陝西省岐山縣北),稱爲周公。曾助武王滅商。武王死後,成王年幼,由他攝政。

張琳瀋州人,[1]幼有大志。壽隆末爲秘書中允。[2]天祚即位累遷户部使,頃之,擢南府宰相。[3]

［1］瀋州：州名。治所在今遼寧省瀋陽市。

［2］壽隆：遼道宗耶律洪基年號（1095—1101）。據遼代碑刻和錢幣，此年號本爲“壽昌”。元代修《遼史》時誤書爲“壽隆”。【劉注】據中華修訂本前言，此係陳大任《遼史》避金欽慈皇后“壽昌”諱而改，後爲元修《遼史》所承襲。　秘書中允：【靳注】遼朝官名。屬南面官，秘書監官員。

［3］南府宰相：契丹部族官名。契丹可汗之下有北、南二府，各部族則分屬二府，故北宰相亦稱北府宰相，南宰相亦稱南府宰相。

初，天祚之敗於女直也，意謂蕭奉先不知兵，乃召琳付以東征事。琳以舊制“凡軍國大計，漢人不與”辭之，上不允，琳奏曰：“前日之敗，失於輕舉。若用漢兵二十萬分道進討，無不克者。”上許其半，仍詔中京、上京、長春、遼西四路計户産出軍。[1]時有起至二百軍者，生業蕩散，民甚苦之。四路軍甫集，尋復遁去。

及中京陷，天祚幸雲中，留琳與李處温佐魏國王淳守南京。處温父子召琳，欲立淳爲帝，琳曰：“王雖帝胄，初無上命。攝政則可，即真則不可。”處温曰：“今日之事天人所與，豈可易也！”琳雖有難色，亦勉從之。

淳既稱帝，諸將咸居權要，琳獨守太師，十日一朝，平章軍國大事。陽以元老尊之，實則不使與政。琳由是鬱悒而卒。

［1］長春：州名。今吉林省松原市境内塔虎城。

耶律余覩一名余都姑，國族之近者也。慷慨尚氣義。保大初歷官副都統。

其妻天祚文妃之妹。[1]文妃生晉王，最賢，國人皆屬望；時蕭奉先之妹亦爲天祚元妃，生秦王。奉先恐秦王不得立，深忌余覩，將潛圖之。適耶律撻葛里之妻會余覩之妻於軍中，奉先諷人誣余覩結駙馬蕭昱、撻葛里，謀立晉王，尊天祚爲太上皇。事覺，殺昱及撻葛里妻，賜文妃死。余覩在軍中聞之，懼不能自明被誅，即引兵千餘并骨肉軍帳叛歸女直。

[1]天祚文妃（？—1121）：蕭氏。小字瑟瑟，國舅大父房之女。乾統三年（1103）冬立爲文妃。生蜀國公主、晉王敖盧斡。本書卷七一有傳。

會大霖雨，道途留阻。天祚遣知奚王府蕭遐買、北宰相蕭德恭、大常衮耶律諦里姑、歸州觀察使蕭和尚奴、四軍太師蕭幹追捕甚急，[1]至閭山及之。[2]諸將議曰："蕭奉先恃寵蔑害官兵，[3]余覩乃宗室雄才，素不肯爲其下。若擒之，則他日吾輩皆余覩矣。不如縱之。"還，紿云追襲不及。

[1]歸州：州名。治所在今遼寧省蓋州市西南歸州鎮。《清一統志》卷三九《奉天府》："歸州故城在蓋平縣西南九十里。遼初置州，後廢。統和十九年復置，治歸勝縣。金廢州，降縣爲鎮，隸後州。今有土堡曰歸州城，週一里有奇，即其故址。"

[2]閭山：即醫巫閭山，遼西地區的名山。在今遼寧省北鎮市。

[3]恃寵：【劉校】原本作"時寵"，《羅校》謂："'恃'，元本誤'時'。"南監本、北監本、明抄本、殿本均作"恃"。中華點校

本、修訂本和補注本徑改。今從改。

余覩既入女直，爲其國前鋒，引婁室孛堇兵攻陷州郡，[1]不測而至。天祚聞之大驚，知不能敵，率衛兵入夾山。

[1]婁室孛堇：即完顏婁室（1077—1130），字斡里衍，金女真完顏部人。年二十一代父爲雅撻懶等七水部長。從阿骨打（金太祖）起兵，屢勝遼軍。以萬户守黄龍府。進爲都統，從完顏杲取中京（今内蒙古自治區寧城縣大明鎮），與闍母破西京（今山西省大同市），擒獲遼天祚帝後，取河中府（今山西省永濟市西）、京兆府（今陝西省西安市附近）、鳳翔（今屬陝西省），進克延安府（今陝西省延安市），降境内諸州、寨、堡。與婆盧火守延安。進爲右副元帥，總陝西征伐諸軍事。死於涇州（今甘肅省涇川縣），追封金源郡王，謚壯義。爲金朝開國功臣之一。《金史》卷七二有傳。

余覩在女直爲監軍，久不調，意不自安，乃假遊獵遁西夏。[1]夏人問："汝來有兵幾何？"余覩以二三百對，夏人不納，卒。

[1]西夏：即夏國（1038—1227），是以党項民族爲主體建立的政權。1038 年，元昊叛宋稱帝，建立大夏王朝，傳十代，至 1227 年爲蒙古所滅。元昊稱帝以前，其作爲北宋境内的地方割據政權，已經具有獨立性。故遼亦稱之爲夏國或西夏。

論曰：遼之亡也，雖孽降自天，亦柄國之臣有以誤之也。當天慶而後，政歸后族。奉先沮天祚防微之計，陷晉王非罪之誅，夾山之禍已見於此矣。處温逼魏王以僭號，結宋將以賣國，迹其姦佞，如出一軌。嗚呼！天祚之所倚毗者若此，國欲不亡得乎？張琳娖娖守位，[1]余覩反覆自困，則又何足議哉！

[1]娖（chuō）娖：【靳注】謹慎的樣子。

（李錫厚注　劉鳳翥校）

遼史　卷一〇三

列傳第三十三

文學上

蕭韓家奴　李澣[1]

[1]“蕭韓家奴”至“李澣”：【劉校】原本、明抄本、南監本、北監本和殿本無，據中華點校本補。

遼起松漠，[1]太祖以兵經略方内，禮文之事固所未遑。及太宗入汴，[2]取晉圖書、禮器而北，然後制度漸以修舉。至景、聖間，則科目聿興，[3]士有由下僚擢陞侍從，駸駸崇儒之美。但其風氣剛勁，三面鄰敵，歲時以蒐、獮爲務，[4]而典章文物視古猶闕。然二百年之業，非數君子爲之綜理，則後世惡所考述哉。作《文學傳》。

[1]松漠：契丹原住地。即今内蒙古自治區東部西遼河上游地區，又稱“平地松林”，唐初在此置松漠都督府以統契丹諸部。

[2]太宗入汴：事在公元946年歲末，後晉將領張彦澤等率領大軍投降契丹，開封隨即陷落。會同十年（947）正月初一，德光進入開封城，他借助“通事”用胡語向開封人宣告他的勝利。《通鑑》卷二八六後漢高祖天福十二年（947）正月有這樣的記載：“契丹主入門，民皆驚呼而走。契丹主登城樓，遣通事論之曰：‘我亦人也，汝曹勿懼！會當使汝曹蘇息。我無心南來，漢兵引我至此耳。’至明德門，下馬拜而後入宫。以其樞密副使劉密權開封尹事。日暮，契丹主復出，屯於赤岡。”

[3]科目：原指科舉考試之門類。顧炎武《日知録》卷一六《科目》：“唐制取士之科有秀才，有明經，有進士，有俊士，有明法，有明字，有明算，有一史，有三史，有開元禮……見於史者凡五十餘科，故謂之科目。明代止進士一科，則有科而無目矣，猶沿其名，謂之科目，非也。”

[4]蒐、獮：“春蒐”和“秋獮”，於農事間隙整軍講武之義。《史記》卷一二〇《主父偃列傳》：“《司馬法》曰：‘國雖大，好戰必亡；天下雖平，忘戰必危。’天下既平，天子大凱，春蒐、秋獮，諸侯春振旅、秋治兵，所以不忘戰也。”《集解》引宋均曰：“天子、諸侯必春秋講武，簡閲車徒，以順時氣，不忘戰也。”“歲時以蒐、獮爲務。”

蕭韓家奴字休堅，涅剌部人，[1]中書令安摶之孫。少好學，弱冠入南山讀書，[2]博覽經史，通遼、漢文字。[3]統和十四年始仕。[4]家有一牛不任驅策，其奴得善價鬻之。韓家奴曰：“利己誤人非吾所欲。”乃歸直取牛。二十八年爲右通進，[5]典南京栗園。[6]

[1]涅剌部：其先曰涅勒，阻午可汗分其營爲部。節度使屬西南路招討司，居黑山北，司徒居郝里河側。

[2]弱冠：男子年二十。《漢書》卷一〇〇上《敘傳》："有子曰固，弱冠而孤。"師古曰："固年二十也。"

[3]遼、漢文字：即契丹文字和漢文字。遼代契丹族有自己創製的文字。神册五年（920），創製"契丹大字"。此後，太祖阿保機弟迭剌又創製"契丹小字"。契丹大字是一種採用漢字筆畫結構創製的，基本上是表意文字，但其中也有拼音字。契丹小字是拼音文字。自金明昌二年（1191），契丹文字已被明令停止使用，後逐漸湮没無聞。近數十年來，兩種契丹文字的碑刻皆有發現，但因與漢字對譯的資料很少，特别是還没有發現契丹文字的字典，所以釋讀工作非常艱難。

[4]統和：遼聖宗耶律隆緒年號（983—1012）。

[5]右通進：官名。遼朝置。爲南面官，屬門下省通進司。另遼金有御院通進。本書卷一〇九《宦官傳》，趙安仁"統和中爲黄門令、秦晉國王府祗候。王薨，授内侍省押班、御院通進"。《金史》卷五六《百官志一》，"閤門"設御院通進四員，從七品。掌諸進獻禮物及薦享編次位序。

[6]南京栗園：《日下舊聞考》卷九五《郊垌》載："原廣恩寺，遼之奉福寺也，在白雲觀西南，地名栗園。按《遼史》南京有栗園，蕭韓家奴嘗典之，疑即此地也。土人目寺爲三教寺，中有石幢，題曰'守司空豳國公中書令爲故太尉大師特建佛頂尊勝陀羅尼幢記'，講僧真延撰並書。末云'清寧九年歲次癸卯七月庚子朔十三日壬子記'。幢南有碑，正統初太監僧保錢安立。"

重熙初同知三司使事。[1]四年遷天成軍節度使，[2]徙彰愍宫使。[3]帝與語，才之，命爲詩友。嘗從容問曰："卿居外有異聞乎？"韓家奴對曰："臣惟知炒栗，小者熟則大者必生，大者熟則小者必焦。使大小均熟始爲盡美，不知其他。"蓋嘗掌栗園，故託栗以諷諫。帝大笑。

詔作《四時逸樂賦》，帝稱善。

[1]重熙：遼興宗耶律宗真年號（1032—1055）。　三司使：唐宋以鹽鐵、度支、户部爲三司，主理財賦。其長官爲三司使。《通鑑》卷二六五唐天祐三年（906）三月戊寅：“以朱全忠爲鹽鐵、度支、户部三司都制置使。三司之名始于此。”遼代在南京設三司使司。此外，在上京設鹽鐵使司，東京設户部使司，中京設度支使司，西京設計司。

[2]天成軍：遼代軍號。治祖州（今内蒙古自治區巴林左旗查干哈達蘇木石房子嘎查）。

[3]彰愍宫：遼景宗耶律賢宫分。

時詔天下言治道之要，制問：“傜役不加于舊，征伐亦不常有，年穀既登、帑廩既實而民重困，豈爲吏者慢、爲民者惰歟？今之傜役何者最重？何者尤苦？何所蠲省則爲便益？[1]補役之法何可以復？[2]盜賊之害何可以止？”

[1]蠲（juān）：減免。

[2]補役之法：身在軍籍之男子，到達法定成丁年齡，官府令其服役，稱爲“補役”。《晉書》卷七五《范汪傳》：“官制謫兵，不相襲代，頃者小事，便從補役，一愆之違，辱及累世，親戚傍支……禮，十九爲長殤，以其未成人也。十五爲中殤，以爲尚童幼也。今以十六爲全丁，則備成人之役矣。以十三爲半丁，所任非復童幼之事矣。”明人董紀《西郊笑端集》卷一《親戚情話詩》：“最苦軍籍名猶存，丁男未大要補役，往往移文催不息。”

韓家奴對曰：

臣伏見比年以來，高麗未賓，[1]阻卜猶強，[2]戰守之備誠不容已。乃者，選富民防邊自備糧糗，道路脩阻，動淹歲月，比至屯所費已過半，隻牛單轂鮮有還者；其無丁之家倍直傭僦，人憚其勞，半途亡竄，故戍卒之食多不能給，求假于人則十倍其息，至有鬻子割田不能償者。或逋役不歸、在軍物故則復補以少壯，其鴨渌江之東，戍役大率如此。[3]況渤海、女直、高麗合從連衡，[4]不時征討，富者從軍，貧者偵候，加之水旱菽粟不登，民以日困，蓋勢使之然也。

[1]高麗：古國名。即王建創建的高麗王朝（918—1392）。統治地域在今朝鮮半島，首都在開京（今朝鮮開城市）。

[2]阻卜：即達旦、韃靼。元人諱言達旦，而稱達旦爲阻卜。詳王國維《觀堂集林》卷一四《達旦考》。

[3]鴨渌江：即今鴨緑江。

[4]渤海：靺鞨粟末部在今東北地區建立的政權。唐武后聖曆元年（698），靺鞨粟末部首領大祚榮建立振國（亦稱震國）。唐玄宗先天二年（713，當年12月改元“開元”）遣使封大祚榮爲左驍衛大將軍、渤海郡王，又設置忽汗州，加授大祚榮爲忽汗州大都督，並改稱渤海。寶應元年（762）晉爲國。天顯元年（926）爲遼所滅，改稱東丹。此處“渤海、女直、高麗合從連衡”指的是渤海遺民聯合女真、高麗的反抗鬬爭。【劉注】渤海國最初的國號爲“靺鞨”，不爲“震國”或“振國”。《新唐書》卷二一九《渤海傳》：“睿宗先天中（應爲‘玄宗先天二年’），遣使拜祚榮爲左驍衛大將軍、渤海郡王。以所統爲忽汗州，領忽汗州都督，自是始去

靺鞨號，專稱渤海。”這裏不稱“始去震國之號，專稱渤海”，而稱“始去靺鞨之號，專稱渤海”。可見，稱“大祚榮建立震國”是混淆了封號與國號的區别。《新唐書》卷二一九《渤海傳》稱“武后封乞四比羽爲許國公，乞乞仲象（大祚榮之父）爲震國公”。“許國公”和“震國公”都是封號，並不意味着有“許國”“震國”等政权。乞乞仲象死後。他兒子大祚榮繼承了“震國公”的封號，但他不滿足“公”級别，所以“自號震國王”。“震國王”僅僅是封號，並不意味着有“震國”。少數民族往往以其民族名爲國號，如“契丹”“蒙古”等。渤海也應如此。　女直：部族名。本作“女真”，因避遼興宗宗真名諱，改稱“女直”。遼時居東北地區東部。其在南者入遼籍，稱“熟女真”或“合蘇館女真”；在北者不入遼籍，稱“生女真”。

方今最重之役無過西戍。如無西戍，雖遇凶年困弊不至於此。若能徙西戍稍近，則往來不勞，民無深患。議者謂徙之非便：一則損威名，二則召侵侮，三則棄耕牧之地。臣謂不然。阻卜諸部自來有之，曩時北至臚朐河、南至邊境，[1]人多散居，無所統壹，惟往來抄掠。及太祖西征至於流沙，[2]阻卜望風悉降，[3]西域諸國皆願入貢。因遷種落内置三部，以益吾國，不營城邑，不置戍兵，阻卜累世不敢爲寇。統和間皇太妃出師西域，[4]拓土既遠，降附亦衆。自後一部或叛，鄰部討之，使同力相制，正得馭遠人之道。及城可敦，開境數千里，西北之民徭役日增，生業日殫。警急既不能救，叛服亦復不恒，空有廣地之名，而無得地之實。若貪土不已，漸至虚耗，其患有不勝言者。況邊情不可深信，亦不可頓絶，得不爲益，捨不爲損。國家大敵惟在南方，今雖連和，難保他日。若南方有變，屯戍遼邈，卒難赴援。我進則敵退，我還則敵來，不可不慮也。方今太平已久，正可恩結諸部，釋罪而歸地，内徙戍兵以增堡障，外明約束以正疆界。每部各置酋長，歲修職貢，叛則討之，服則撫之，諸部既安，必不生釁。如是則臣雖不能保其久而無變，知其必不深入侵掠也。或云棄地則損威，殊不知殫費竭財以貪無用之地，使彼小部抗衡大國，萬一有敗，損威豈淺？或又云沃壤不可遽棄。臣以爲土雖沃民不能久居，一旦敵來則不免内徙，豈可指爲吾土而惜之？

[1]臚朐河：今黑龍江支流。據清人齊召南《水道提綱》卷二五："克魯倫河即臚朐河，源出肯忒山東南百餘里支峰西南麓。"

[2]流沙：指我國西部一帶的廣大沙漠地區。古代亦稱今新疆維吾爾自治區境内白龍堆沙漠一帶爲流沙。

[3]阻卜望風悉降：達旦（韃靼）在本書中又作"阻卜"。王國維《觀堂集林》卷一四《韃靼考》有云，"唐末五代以來見於史籍者，衹有近塞韃靼，此族東起陰山，西逾黄河、額濟納河流域"。這一部分，早就附於唐，並和契丹有接觸，《新五代史》卷七四《四夷附録第三》載，"其俗善騎射，畜多駞、馬。其君長、部族名字，不可究見，惟其嘗通於中國者可見云。同光中，都督折文逋，數自河西來貢駞、馬。明宗討王都於定州，都誘契丹入寇，明宗詔達靼入契丹界，以張軍勢，遣宿州刺史薛敬忠以所獲契丹團牌二百五十及弓箭數百賜雲州生界達靼，蓋唐常役屬之"。除這一部分外，唐時還有居突厥東北的三十姓韃靼及居西方的九姓韃靼。

《遼史》將這兩部分韃靼亦都稱爲阻卜。阿保機對他們都進行過征服戰爭。天贊三年（924）六月，阿保機大舉征吐渾、党項、阻卜等部。詔礱辟遏可汗故碑，以契丹、突厥、漢字紀其功。王國維認爲阿保機征服的這一阻卜，“可擬唐時之西韃靼”，亦即“九姓韃靼”。此外，阿保機還征服過另一部分阻卜。臚朐河即今蒙古國的克魯倫河，王國維稱唐代這一地區的韃靼爲“東韃靼”，亦即三十姓韃靼。

[4]皇太妃：中華點校本卷一三校勘記引陳漢章《索隱》謂“皇太妃”當作“王太妃”。其實，作“皇太妃”並不誤。此人即齊妃，太宗第二子罨撒葛之妻。景宗即位，進封罨撒葛爲“齊王”，保寧四年（972）閏二月戊申薨，“追册爲皇太叔”，故其妻稱“皇太妃”。

夫帑廪雖隨部而有，[1]此特周急部民，一偏之惠不能均濟天下。如欲均濟天下，則當知民困之由而窒其隙，節盤遊、簡驛傳、薄賦斂、戒奢侈，[2]期以數年則困者可蘇、貧者可富矣。蓋民者國之本，兵者國之衛。兵不調則曠軍役，[3]調之則損國本。且諸部皆有補役之法。昔補役始行，居者、行者類皆富實，故累世從戍，易爲更代。近歲邊虞數起，民多匱乏，既不任役事，隨補隨缺。苟無上户則中户當之，曠日彌年，其窮益甚，所以取代爲艱也。非惟補役如此，在邊戍兵亦然。譬如一抔之土，豈能填尋丈之壑！[4]欲爲長久之便，莫若使遠戍疲兵還於故鄉，薄其傜役，使人人給足，則補役之道可復故也。

［1］帑廩：國庫。《舊唐書》卷一七二《牛僧孺傳附徽傳》徽謂所親曰：“國步方艱，皇居初復，帑廩皆虛，正賴群臣協力同心王室，而於破敗之餘，圖雄霸之舉。”金帛所藏之舍，謂之“帑”；糧倉謂之“廩”。《漢書》卷四《昭帝紀》：“詔曰：迺者民被水災，頗匱於食。朕虛倉廩，使使者振困乏。”師古曰：“倉，新穀所藏也；廩，穀所振入也。”

［2］盤遊：遊樂。《六臣注文選》卷一五張平子（張衡）《歸田賦》：“極盤（善本作‘般’）遊之至樂，雖日夕而忘劬；感老氏之遺誡，將（五臣作‘且’）迴駕乎蓬廬（善曰：《尚書》曰‘般遊無度’）。”注曰：“精神安靜，馳騁呼吸，精散氣亡，故發狂。劉向《雅琴賦》曰：‘潛坐蓬廬之中、巖石之下。’翰曰：‘劬，勞也。’老子曰：‘馳騁田獵，令人心發狂。感此誡而歸於蓬廬。’”

驛傳：我國歷代皆有驛傳之設，“驛傳”是供官員往來和遞送公文用的交通機構，《史記》卷九五《田儋列傳》“未至三十里至尸鄉廄置”。集解引應詔曰：尸鄉在偃師。瓚曰：廄置置馬，以傳驛也。

［3］兵不調則曠軍役：不調發百姓充軍，則軍役廢曠。遼有宮衛騎軍，從諸宮衛所轄州縣、部族徵調，稱爲“調發”。本書卷三一《營衛志上・宮衛》載：“遼國之法，天子踐位置宮衛：分州縣、析部族、設官府、籍户口、備兵馬……有調發，則丁壯從戎事，老弱居守。”

［4］豈能填尋丈之壑：【劉校】《羅校》謂：“‘丈’，元本誤‘文’。”明抄本、南監本、北監本和殿本均作“丈”。中華點校本、修訂本和補注本徑改。今從改。

臣又聞自昔有國家者不能無盜。比年以來群黎凋弊，利於剽竊，良民往往化爲凶暴，甚者殺人無忌，至有亡命山澤，基亂首禍。所謂民以困窮皆爲盜賊者，誠如聖慮。今欲芟夷本根，願陛下輕傜省役使民務農，衣食既足，安習教化而重犯法，則民趨禮義，刑罰罕用矣。臣聞唐太宗問群臣治盜之方，皆曰："嚴刑峻法。"太宗笑曰："寇盜所以滋者，由賦斂無度，民不聊生。今朕内省嗜欲，外罷游幸，使海内安靜，則寇盜自止。"由此觀之，寇盜多寡，皆由衣食豐儉、傜役重輕耳

今宜徙可敦城於近地，[1]與西南副都部署烏古敵烈、隗烏古等部聲援相接；[2]罷黑嶺二軍，并開、保州，皆隸東京；[3]益東北戍軍及南京總管兵。[4]增修壁壘候尉相望，繕完樓櫓，[5]浚治城隍，以爲邊防。此方今之急務也，願陛下裁之。

[1]可敦城：即鎮州。州城故址在今蒙古國布爾干省青托羅蓋古城。陳得芝《耶律大石北行史地雜考》（《歷史地理》第二輯）説，遼朝統治漠北屬部的最高軍政機構是西北路招討司（又稱西北路都招討司），遼聖宗統和十二年（994），因西北"阻卜"諸部作亂，以蕭撻凛爲西北路招討使，命隨皇太妃（齊王妃）出征，"屯西鄙驢駒兒河，西捍韃靼，盡降之"。蕭撻凛鑒於達旦諸部叛服不常，上表乞建三城以鎮之。統和二十二年三城完工，設置鎮、防、維三州。

[2]西南副都部署：西南面都部署的副職。遼設西南面都部署司，負責對夏防務。　烏古敵烈：原爲二部。烏古又稱嫗厥律、于厥律，居契丹西北；敵烈又譯迪烈、敵烈德、迭烈德、達里底。遼時以遊牧、捕獵爲業，分佈於臚朐河（今克魯倫河）流域。有八部，稱爲八部敵烈或八石烈敵烈。與烏古部並稱爲北邊大部。遼聖宗以敵烈部降人置迭魯敵烈部和北敵烈部。開泰四年（1015）築董

城於臚朐河北，安置敵烈、烏古降人。壽昌二年（1096）徙敵烈、烏古於烏納水西。遼置烏古敵烈統軍司以應對阻卜諸部的反抗。金末元初，敵烈人逐漸與女真人、蒙古人等同化。　隗烏古：本書卷一一四《蕭特烈傳》作“隗古部”。

[3]開州：州名。治所在今遼寧省鳳城市。金廢。《武經總要》前集卷一六下《戎狄舊地》載：“開州，渤海古城也。遼主東討，新羅國都其城，要害，建爲州，仍曰開遠軍。西至來遠城一百二十里，西南至吉州七十里，東南至石城六十里。遼中庚戌年討新羅國，得要害地，築城以守之，即中國大中祥符三年也。東至新羅興化鎮四十里，南至海三十里，西至保州四十里。”　保州：州名。治來遠縣。在今朝鮮新義州市。《武經總要》前集卷一六下《戎狄舊地》載：“保州，渤海古城，東控鴨緑江新羅國界，仍置榷場，通互市之利。東南至宣化軍四十里，南至海五十里，北至大陵河二十里。”《滿洲源流考》卷一〇：“遼聖宗開泰三年伐高麗，取其保、定二州。保州在平壤西北百餘里，金初割還朝鮮，今安州是也；定州在平壤西北三百餘里，遼末亦入朝鮮，今仍爲定州。”　東京：遼五京之一。故址在今遼寧省遼陽市。

[4]南京：遼五京之一。故址在今北京市。

[5]樓櫓：《後漢書》卷八九《南匈奴傳》：“初，帝造戰車可駕數牛，上作樓櫓，置於塞上以拒匈奴。”注：“櫓即樓也。《釋名》曰：樓無屋爲櫓。”

擢翰林都林牙，[1]兼修國史。仍詔諭之曰：“文章之職國之光華，非才不用。以卿文學，爲時大儒，是用授卿以翰林之職，朕之起居悉以實録。”自是日見親信，每入侍，賜坐。遇勝日，帝與飲酒賦詩，以相醻酢，[2]君臣相得無比。韓家奴知無不言，雖諧謔不忘規諷。

[1]林牙：契丹官名。掌文翰，相當於翰林學士。

[2]疇（chóu）酢（zuò）：賓主互相敬酒。泛指交際應酬。

十三年春上疏曰："臣聞先世遙輦可汗洼之後，[1]國祚中絶；自夷离堇雅里立阻午，[2]大位始定。然上世俗朴，未有尊稱，臣以爲三皇禮文未備，[3]正與遙輦氏同。後世之君以禮樂治天下，而崇本追遠之義興焉。近者唐高祖創立先廟，尊四世爲帝。[4]昔我太祖代遙輦即位，乃製文字、修禮法、建天皇帝名號，制宮室以示威服，興利除害，混一海内。厥後累聖相承，自夷离堇湖烈以下大號未加，天皇帝之考夷离堇的魯猶以名呼。臣以爲宜依唐典追崇四祖爲皇帝，則陛下弘業有光、墜典復舉矣。"疏奏，帝納之，始行追册玄、德二祖之禮。[5]

[1]遙輦可汗洼：遙輦氏第一任可汗。

[2]夷离堇：契丹部族官名。源於突厥語官名"俟斤"(Irkin)。突厥各部的最高元首稱"可汗"（Qaghan)，其他各部酋長則稱爲俟斤。初，契丹"其君大賀氏，有勝兵四萬，臣於突厥，以爲俟斤"（《新唐書》卷二一九《契丹傳》)。後，契丹首領自立爲可汗，其下所屬各部酋長則稱爲"俟斤"，亦即夷离堇。契丹立國後，大部族之夷离堇稱王，小部族之夷离堇則稱爲節度使。舉凡一部之軍政、民政皆由其統掌。參韓儒林《穹廬集》（上海人民出版社 1982 年版，第 314—316 頁)。　雅里：遼太祖阿保機之始祖。又稱涅里、泥里。開元二十三年（735)，可突于殘黨泥里殺李過折，立阻午可汗，傳九世，至公元 907 年阿保機建國。遙輦九可汗繼位後各建宮衛，遼朝立國後，有遙輦九帳大常衮司之設，掌遙輦九世宮分之事務。　阻午：契丹遙輦氏當政時期的第二任可汗。

[3]三皇：傳説中的上古帝王。所指説法不一。《尚書正義·考證》：晉皇甫謐所撰之《帝王世紀》依孔安國説，以伏羲、神農、黄帝爲三皇。

[4]唐高祖創立先廟，尊四世爲帝：此説不確。按《舊唐書》卷一《高祖本紀》，高祖李淵衹追尊上兩代，餘爲高宗儀鳳間追尊。"高祖神堯大聖大光孝皇帝姓李氏，諱淵。其先隴西狄道人，涼武昭王暠七代孫也。暠生歆。歆生重耳，仕魏爲弘農太守。重耳生熙，爲金門鎮將，領豪傑鎮武川，因家焉。儀鳳中，追尊宣皇帝。熙生天錫，仕魏爲幢主。大統中，贈司空。儀鳳中，追尊光皇帝。皇祖諱虎，後魏左僕射，封隴西郡公，與周文帝及太保李弼、大司馬獨孤信等以功參佐命，當時稱爲'八柱國家'，仍賜姓大野氏。周受禪，追封唐國公，謚曰襄。至隋文帝作相，還復本姓。武德初，追尊景皇帝，廟號太祖，陵曰永康。皇考諱昞，周安州總管、柱國大將軍，襲唐國公，謚曰仁。武德初，追尊元皇帝，廟號世祖，陵曰興寧。"

[5]始行追册玄、德二祖之禮：【劉校】中華點校本校勘記云，"按《紀》，追册玄、德二祖均在重熙二十一年"。此是帶敘。

韓家奴每見帝獵，未嘗不諫。會有司奏獵秋山，[1]熊虎傷死數十人，韓家奴書于册。帝見，命去之。既出，韓家奴復書。[2]他日，帝見之曰："史筆當如是。"帝問韓家奴："我國家創業以來，孰爲賢主？"韓家奴以穆宗對。帝怪之曰："穆宗嗜酒，喜怒不常，視人猶草芥，卿何謂賢？"韓家奴對曰："穆宗雖暴虐，省徭輕賦，人樂其生。終穆之世，無罪被戮，未有過今日秋山傷死者。臣故以穆宗爲賢。"帝默然。

［1］秋山：即秋捺鉢，主要活動是狩獵。聖宗以後，其主要地點是在慶州（今内蒙古自治區巴林右旗索博日嘎鎮瓦林茫哈地方）西部諸山。

［2］既出，韓家奴復書：【劉校】各本均作“韓家奴既出，復書”。據前後文意改。

詔與耶律庶成録遙輦可汗至重熙以來事跡，［1］集爲二十卷，進之。十五年復詔曰：“古之治天下者明禮義、正法度。我朝之興世有明德，雖中外嚮化，然禮書未作無以示後世。卿可與庶成酌古準今制爲禮典，事或有疑，與北、南院同議。”韓家奴既被詔，博考經籍，自天子達于庶人，情文制度可行於世不繆于古者，譔成三卷進之。又詔譯諸書，韓家奴欲帝知古今成敗，譯《通曆》《貞觀政要》《五代史》。［2］

［1］耶律庶成：季父房之後。通曉契丹文及漢文，善於作詩。聖宗時曾參與修訂律、令，興宗時又參與修史。曾奉命譯方脉書行於遼，自此以後，雖諸部族亦知醫事。本書卷八九有傳。

［2］《通曆》：書名。【靳注】一名《通紀》。唐馬總撰。十卷。概述上古三代至隋歷代興亡事蹟的紀傳體通史性質的史學著作。今傳本闕前三卷。宋初佚名作者有續作。　《貞觀政要》：書名。唐代吴兢撰，吴兢於太宗實録外，採其與群臣問答之語作此書。總四十篇，《新唐書》著録十卷，與今本合。　《五代史》：有二書。《舊五代史》一百五十卷，併目録二卷，宋代薛居正等撰，開寶七年（974）成書。其後歐陽脩别録《五代史記》七十五卷，藏於家。修殁後，官爲刊印，學者始不專習薛史。然二書猶並行於世。至金章宗泰和七年（1207）詔學官止用《歐陽史》，於是《薛史》

遂微。元明以來罕有援引其書者，傳本亦漸就湮没。今本是四庫館臣從《永樂大典》輯出。

時帝以其老，不任朝謁，拜歸德軍節度使。[1]以善治聞。帝遣使問勞，韓家奴表謝。召修國史，卒，年七十二。有《六義集》十二卷行于世。

[1]歸德軍：遼代軍號。治來州（今遼寧省綏中縣）。《武經總要》前集卷一六下《戎狄舊地》："來州，號歸德軍。女真國五部落相率來降，胡中因建州以居之。東至隰州七十里，西至遼州七十里，南至大海四十里，北至建州三百五十里。"

李澣初仕晉爲中書舍人，晉亡歸遼。當太宗崩、世宗立，恟恟不定，澣與高勳等十餘人羈留南京。[1]久之，從歸上京，[2]授翰林學士。

[1]高勳（？—978）：字鼎衛，初仕後晉爲閤門使。會同九年（開運三年，946）隨杜重威降遼，後北遷。世宗即位爲樞密使，總漢軍。穆宗應曆間封趙王，任上京留守、南京留守。景宗即位以定策功封秦王。後謀殺蕭思温事發伏誅。本書卷八五有傳。

[2]上京：遼五京之一。遼前期都城，稱臨潢府，故址在今内蒙古自治區巴林左旗林東鎮波羅城。

穆宗即位累遷工部侍郎。時澣兄濤在汴爲翰林學士，[1]密遣人召澣。澣得書，託求醫南京，易服夜出，欲遁歸汴，[2]至涿爲徼巡者所得，[3]送之南京下吏。澣伺獄吏熟寢，以衣帶自經不死，防之愈嚴。械赴上京，自投潢河中流，[4]爲鐵索牽掣，又不死。及抵上京，帝欲殺之。時高勳已爲樞密使，救止之，屢言於上曰："澣本非負恩，以母年八十，急於省覲致罪。且澣富於文學，方今少有倫比，若留掌詞命，可以增光國體。"帝怒稍解，仍令禁錮于奉國寺凡六年，[5]艱苦萬狀。

[1]兄濤：即李濤。《通鑑》卷二九〇後周紀一太祖廣順二年（952）六月記此事：太子賓客李濤之弟李澣，在契丹爲勤政殿學士，與幽州節度使蕭海真善。海真，契丹主兀欲之妻弟也，澣説海真内附，海真欣然許之。澣因定州諜者田重霸齎絹表以聞，且與濤書，言："契丹主童騃，專事宴遊，無遠志，非前人之比，朝廷若能用兵，必克；不然，與和，必得。二者皆利於速，度其情勢，他日終不能力助河東者也。"壬寅，重霸至大梁，會中國多事，不果從。

[2]汴：即汴州，治所在今河南省開封市。

[3]涿：即涿州，今屬河北省。

[4]潢河：河流名。此指今内蒙古自治區境内的西拉木倫河，即西遼河上游。

[5]奉國寺：坐落在遼寧省義縣城内。據碑文記載，寺原名咸熙寺，創建於遼開泰九年（1020）。寺内遼代建築現僅存大殿一座，1961 年定爲全國重點文物保護單位。面闊 9 間，通長 55 米，進深 5 間，通寬 33 米，總高度 24 米，建築面積 1800 多平方米，爲現存遼代木構建築中之最大者。奉國寺殿内供奉"過去七佛"（毗婆尸、尸棄、毗舍浮、拘留孫、拘那含牟尼、迦葉、釋迦牟尼）並存一堂，高度均在 9 米以上，千年來仍然保存完好。梁架上 42 幅遼代彩繪飛天是國内極爲罕見的，是中國最古老建築彩畫實例。

會上欲建《太宗功德碑》，[1]高勳奏曰："非李澣無可秉筆者。”詔從之。文成以進，上悦，釋囚。尋加禮部尚書，宣政殿學士，卒。

[1]《太宗功德碑》：此前已有《太宗聖德神功碑》，立於今山西省太原市汾河岸邊，爲後晉所建，桑維翰爲文，紀耶律德光助石敬瑭立晉“功德”。原碑被後周所毁。今存《聖德神功碑》是北漢重建。

論曰：統和、重熙之間，務修文治，而韓家奴對策落落累數百言，槩可施諸行事，亦遼之晁、賈哉。[1]李澣雖以詞章見稱，而其進退不足論矣。

[1]晁、賈：指晁錯和賈誼。西漢文帝時晁錯有《論貴粟疏》，見《漢書·食貨志》，論述了“貴粟”（重視糧食），主張重農抑商，入粟於官可拜爵除罪。賈誼亦漢人，生平見《史記·屈原賈生列傳》。誼有《過秦論》，分析秦王朝的過失，以作爲漢王朝建立制度、鞏固統治的借鑒。

（李錫厚注　劉鳳翥校）

遼史　卷一〇四

列傳第三十四

文學下

王鼎　耶律昭　劉輝　耶律孟簡　耶律谷欲[1]

[1]“王鼎”至“耶律谷欲”：【劉校】原本、明抄本、南監本、北監本和殿本無，據中華點校本補。

王鼎字虛中，涿州人。[1]幼好學，居太寧山數年，博通經史。時馬唐俊有文名燕薊間，[2]適上巳，[3]與同志祓禊水濱，[4]酌酒賦詩。鼎偶造席，唐俊見鼎樸野，置下坐，欲以詩困之，先出所作索賦，鼎援筆立成。唐俊驚其敏妙，因與定交。

[1]涿州：州名。治所在今河北省涿州市。

[2]燕薊：今京津地區是古燕國，薊是其都城，故這一地區稱“燕薊”。《漢書》卷二八下《地理志》：“燕王太子丹遣勇士荊軻西

刺秦王，不成而誅，秦遂舉兵滅燕。薊，南通齊、趙、勃、碣之間，一都會也。”師古曰：“薊縣，燕之所都也。勃，勃海也。碣，碣石也。”

[3]上巳：節日名。以農曆三月上旬巳日爲“上巳”節，起源甚久遠。《毛詩集解》卷一一引韓詩注云：“鄭國之俗，三月上巳之辰往溱、洧兩水之上招魂續魄，秉蘭草以祓除不祥。”宋代王觀國《學林》卷五《節令》：“魏晉以來始不用巳日而專用三月三日，至今循之以爲故事。若專用三日則不可謂之‘上巳’矣。蓋名存而實亡也。”

[4]祓禊（fú xì）：舊時民俗，上巳日在水邊舉行祭禮時，洗濯去垢，消除不祥，謂之“祓禊”。

清寧五年擢進士第。[1]調易州觀察判官，[2]改淶水縣令，[3]累遷翰林學士。當代典章多出其手。上書言治道十事，帝以鼎達政體，事多咨訪。鼎正直不阿，人有過必面詆之。

[1]清寧：遼道宗耶律洪基年號（1055—1064）。　清寧五年擢進士第：【劉校】據中華點校本校勘記，本書卷二二《道宗本紀二》云，王鼎擢進士第在清寧八年（1062）。

[2]易州：州名。治所在今河北省易縣。

[3]淶水：縣名。治所在今河北省淶水縣。　改淶水縣令：【劉校】據中華點校本校勘記，“淶水”，原誤作“漆水”。本書《地理志》無“漆水”，淶水屬易州，據改。今從。

壽隆初陞觀書殿學士。[1]一日宴主第，醉與客忤，怨上不知己，坐是下吏。狀聞，上大怒，杖黥奪官，[2]流鎮州。[3]居數歲，有赦，鼎獨不免。會守臣召鼎爲賀表，因以詩貽使者，有“誰知天雨露，獨不到孤寒”之句，上聞而憐之，即召還復其職。乾統六年卒。[4]

[1]壽隆：遼道宗耶律洪基年號（1095—1101）。據遼代碑刻和錢幣，此年號本爲“壽昌”。元代修《遼史》時誤書爲“壽隆”。壽隆初陞觀書殿學士：【劉校】據中華點校本校勘記，“按《焚椒録·序》於大安五年已稱前觀書殿學士王鼎，似非壽隆初陞”。

[2]黥：墨刑，於面部或前額刺字，塗墨。

[3]鎮州：本古可敦城。置建安軍。州城故址在今蒙古國布爾干省青托羅蓋古城。陳得芝《耶律大石北行史地雜考》（《歷史地理》第二輯）説：遼朝統治漠北屬部的最高軍政機構是西北路招討司（又稱西北路都招討司），遼聖宗統和十二年（994）因西北“阻卜”諸部作亂，以蕭撻凜爲西北路招討使，命隨皇太妃（齊王妃）出征，“屯西鄙驢駒兒河，西捍韃靼，盡降之”。蕭撻凜鑒於達旦諸部叛服不常，上表乞建三城以鎮之。統和二十二年三城完工，設置鎮、防、維三州。王鼎流放鎮州期間，著《焚椒録》。

[4]乾統：遼天祚帝耶律延禧年號（1101—1110）。　乾統六年卒：【劉校】據中華點校本校勘記，“卒”字，依道光殿本據《大典》補。今從。

鼎宰縣時憩于庭，俄有暴風舉臥榻空中。鼎無懼色，但覺枕榻俱高，乃曰：“吾中朝端士，邪無干正，可徐置之。”須臾，榻復故處，風遂止。

耶律昭字述寧，博學，善屬文。統和中坐兄國留事，[1]流西北部。

[1]統和：遼聖宗耶律隆緒年號（983—1012）。　國留：事見本書卷八三《烏不呂傳》及卷八八《耶律資忠傳》。

會蕭撻凜爲西北路招討使，[1]愛之，奏免其役，禮致門下。欲召用，以疾辭。撻凜問曰："今軍旅甫罷，三邊晏然，惟阻卜伺隙而動。[2]討之則路遠難至，縱之則邊民被掠，增戍兵則饋餉不給。欲苟一時之安，不能終保無變，計將安出？"昭以書答曰：

[1]蕭撻凜（？—1004）：字駝寧，蕭思温之再從侄。保寧初爲宿直官。統和四年（986）以諸軍副部署，從樞密使耶律斜軫敗楊繼業於朔州。十一年與東京留守蕭恒德伐高麗，破之。後攻西夏、阻卜皆有功。二十二年攻宋，進至澶淵，未接戰，中伏弩卒。本書卷八五有傳。　西北路招討使：遼朝官名。西北路招討司的最高長官。該機構是遼朝統治漠北屬部的最高軍政機構，又稱西北路都招討司。

[2]阻卜：即達旦、韃靼。元人諱言達旦，而稱達旦爲阻卜。詳王國維《觀堂集林》卷一四《達旦考》。

竊聞治得其要則仇敵爲一家，失其術則部曲爲行路。夫西北諸部，每當農時一夫爲偵候，一夫治公田，二夫給糺官之役，大率四丁無一室處。芻牧之事仰給妻孥，[1]一遭寇掠貧窮立至。春夏賑恤，吏多雜以糠粃，重以掊克，不過數月，又復告困。且畜牧者富國之本，有司防其隱没，聚之一所，不得各就水草便地。兼以逋亡戍卒隨時補調，不習風土，故日瘠月損，馴至耗竭。

[1]妻孥:【劉校】“孥”原本誤作“拏”,明抄本、南監本、北監本和殿本均作“拏”。中華點校本、修訂本、補注本和長箋本徑改。今據改。

爲今之計莫若振窮薄賦,給以牛種,使遂耕獲。置遊兵以防盜掠,頒俘獲以助伏臘,[1]散畜牧以就便地。期以數年,富彊可望。然後練簡精兵以備行伍,何守之不固,何動而不克哉?然必去其難制者,則餘種自畏;若捨大而謀小,避強而攻弱,非徒虛費財力,亦不足以威服其心。此二者,利害之機不可不察。

[1]伏臘:《後漢書》卷二《明帝紀》永平十二年(69)五月,“伏臘無糟糠,而牲牢兼於一奠”。李賢注:《史記》曰:“秦德公始爲伏祠。”《歷忌》曰:“伏者何也?金氣伏藏之日也。四氣代謝,皆以相生,至於立秋,以金代火。金畏於火,故庚日必伏。”《月令》:“孟冬之月臘先祖。”《說文》云:“臘,冬至後祭百神。”始皇更臘曰“嘉平”。奠,喪祭也。

昭聞古之名將,安邊立功在德不在衆,故謝玄以八千破苻堅百萬,[1]休哥以五隊敗曹彬十萬。[2]良由恩結士心,得其死力也。閤下膺非常之遇,專方面之寄,宜遠師古人以就勳業。上觀乾象,下盡人謀,察地形之險易,料敵勢之虛實,慮無遺策,利施後世矣。

撻凜然之。開泰中獵于拔里堵山,[3]爲羯羊所觸，卒。

[1]謝玄以八千破苻堅百萬：即著名的淝水之戰。《晉書》卷九《孝武帝紀》載，太元八年（383）“八月苻堅帥衆渡淮，[晉]遣征討都督謝石、冠軍將軍謝玄、輔國將軍謝琰、西中郎將桓伊等距之……冬十月苻堅弟融陷壽春。乙亥諸將及苻堅戰於肥水，大破之。俘斬數萬計，獲堅輿輦及雲母車”。

[2]休哥：即耶律休哥（？—998）。字遜寧，耶律釋魯之孫。南院夷离堇耶律綰恩之子。乾亨元年（979）與耶律斜軫分左右翼，擊敗宋軍於高梁河。是年冬休哥率本部兵從韓匡嗣等戰於滿城。匡嗣敗績。休哥整兵進擊，敵乃却。詔總南面戍兵，爲北院大王。聖宗即位，太后稱制，令休哥總南面軍務，多有戰功。本書卷八三有傳。　曹彬（931—999）：北宋將領。字國華。真定靈壽（今屬河北省）人。後周時累官至引進使。宋初參加滅蜀及征北漢之役，皆有功。開寶七年（974）受命率軍滅南唐，自出師至凱旋，士衆畏服，無肆意殺掠者。未幾拜樞密使、檢校太尉、忠武軍節度使。宋太宗即位，加同平章事，封魯國公，益得信任。雍熙三年（986），宋分兵三路攻遼，曹彬任幽州（今北京市）道行營前軍馬步水陸都部署，率宋軍主力自雄州（今河北省雄縣）向涿州（今屬河北省）進發。大敗於岐溝關（今河北省淶水縣東）。致使其他兩路軍也被迫退兵。《宋史》卷二五八有傳。

[3]開泰：遼聖宗年號（1012—1021）。

劉輝，好學善屬文，疏簡有遠略。大康五年第進士。[1]

[1]大康：遼道宗耶律洪基年號（1075—1084）。

大安末爲太子洗馬。[1]上書言："西邊諸番爲患，士卒遠戍，中國之民疲于飛輓，非長久之策。爲今之務，莫若城于鹽濼，[2]實以漢户，使耕田聚糧以爲西北之費。"言雖不行，識者韙之。

[1]大安：遼道宗耶律洪基年號（1085—1094）。　太子洗馬：太子儀衛之先導。宋代程大昌《演繁露》卷一〇《先馬》：《荀子·正論》"天子乘大路，諸侯持輪挾輿，先馬。"注："先馬，導馬也。"後世太子洗馬，釋者曰：洗，先也。亦此先馬之義也。天子出則有先驅，太子則有洗馬。言騎而爲太子儀衛之先也。

[2]鹽濼：湖泊名。亦名廣濟湖。即今内蒙古自治區東烏珠穆沁旗西南達布蘇鹽池（額吉淖爾鹽池）。宋人曾公亮《武經總要》前集卷一六下《戎狄舊地》："大鹽泊，周圍三百里。東至上京一千五百里。契丹中更名廣濟湖虜中呼爲麋到斯裊。"

壽隆二年復上書曰："宋歐陽脩編《五代史》附我朝於四夷，[1]妄加貶訾。且宋人賴我朝寬大，許通和好，得盡兄弟之禮。今反令臣下妄意作史，恬不經意。臣請以趙氏初起事跡詳附國史。"上嘉其言，遷禮部郎中。

[1]宋歐陽脩編《五代史》附我朝於四夷：歐陽脩《五代史記》（《新五代史》）將契丹史事附於卷七二《四夷附録第一》和卷七三《四夷附録第二》。

詔以賢良對策，[1]輝言多中時病。擢史館脩撰，卒。

[1]賢良：唐宋考試選拔人才的科目。宋代徐度《却掃編》卷

下："國朝制科初因唐制，有賢良方正，能直言極諫；經學優深，可爲師法；詳明吏理，達於教化。凡三科，應内外職官、前資見任、黄衣草澤人並許諸州及本司解送上吏部對御試策一道，限三千字以上。"宋代高承《事物紀原》卷三《學校舉貢部》："漢唐逮今，取士之制有賢良方正、茂才異等六科，謂之制舉，亦曰大科，通謂之賢良。其制蓋自漢文帝始。《史記·文紀》一年十二月日食，令舉賢良方正能直言極諫，以輔不逮。"遼朝策賢良，蓋承唐制。

耶律孟簡字復易，于越屋質之五世孫。[1]父劉家奴官至節度使。

[1]于越：契丹語官名。爲契丹貴官，非有大功德者不授。位在北、南院大王之上。　屋質（916—973）：即耶律屋質。字敵輦，遼宗室，會同間爲惕隱。太宗死後，世宗初立，屋質調解太后與世宗的矛盾，得以避免大規模内戰。天禄二年（948）助世宗挫敗天德、蕭翰等謀反。三年又表列泰寧王察割陰謀事，世宗不聽。後平定察割之亂及立穆宗，皆有功。本書卷七七有傳。

孟簡性穎悟。六歲，父晨出獵，俾賦《曉天星月詩》，孟簡應聲而成，父大奇之。既長善屬文。大康初樞密使耶律乙辛以姦憸竊柄，[1]出爲中京留守，孟簡與耶律庶箴表賀。[2]未幾乙辛復舊職，銜之，謫巡磁窯關。時雖以讒見逐，不形辭色。遇林泉勝地，終日忘歸。明年流保州。[3]及聞皇太子被害，[4]不勝哀痛，以詩傷之，作《放懷詩》二十首。自序云："禽獸有哀樂之聲，螻蟻有動静之形，在物猶然，況於人乎！然賢達哀樂不在窮通、禍福之間。《易》曰：'樂天知命，故不憂。'[5]是以顔淵簞瓢自得，此知命而樂者也。予雖流放，以道自安，又何疑耶?”

[1]大康：遼道宗耶律洪基年號（1075—1084）。 耶律乙辛（？—1083)：五院部人。字胡覩袞。重熙中爲文班吏。道宗清寧五年（1059）爲南院樞密使，改知北院，封趙王。九年重元亂平，拜北院樞密使，進封魏王。咸雍五年（1069）加守太師。詔四方有軍旅，許以便宜從事，勢震中外。大康元年（1075）誣皇后蕭觀音致死，三年又害死太子耶律濬。七年冬坐以禁物鬻入外國，幽於來州。九年謀奔宋及私藏兵甲事發，伏誅。本書卷一一〇有傳。

[2]耶律庶箴：季父房後。庶成弟。有傳，附本書卷九八《耶律庶成傳》。

[3]保州：州名。治所在今朝鮮新義州市。《武經總要》前集卷一六下《戎狄舊地》:“保州，渤海古城，東控鴨緑江新羅國界，仍置榷場，通互市之利。東南至宣化軍四十里，南至海五十里，北至大陵河二十里。”

[4]皇太子：即昭懷太子耶律濬（1058—1077)。小字耶魯斡，是道宗獨生子，生母是宣懿皇后蕭觀音。六歲封梁王。八歲立爲皇太子。大康元年兼管北南樞密院事。因受姦臣乙辛陷害，於大康三年被廢，隨即被乙辛殺害。壽昌七年（1101）天祚即位後，上尊號爲大孝順聖皇帝，廟號順宗。本書卷七二有傳。

[5]樂天知命，故不憂：見《周易·繫辭》,“樂天知命，故不憂”，注：“順天之化，故曰樂也。”

大康中始得歸鄉里。詣闕上表曰：“本朝之興幾二百年，宜有國史以垂後世。”乃編耶律曷魯、屋質、休哥三人行事以進。[1]上命置局編修。孟簡謂餘官曰：“史筆天下之大信，一言當否百世從之，苟無明識、好惡徇情則禍不測。故左氏、司馬遷、班固、范曄俱罹殃禍，[2]可不慎歟！”

[1]耶律曷魯（872—918）：契丹迭刺部人。阿保機“佐命功臣”之一。其父偶思，與阿保機之父撒剌的爲從兄弟。阿保機即位後以曷魯爲“阿魯敦于越”。本書卷七三有傳。

[2]左氏：左丘明，著《春秋左氏傳》。　司馬遷：生當漢武帝時，字子長，夏陽（今陝西省韓城市南）人。所著《史記》130篇（卷），上起遠古，下迄西漢武帝，是我國第一部紀傳體通史。　班固：東漢人。字孟堅，扶風安陵（今陝西省咸陽市東北）人，生於東漢光武帝建武八年（32）。所著《漢書》，是我國第一部紀傳體斷代史。　范曄（398—445）：【劉注】字尉宗，南朝宋順陽（今河南省淅川縣）人。范曄早年曾任鼓城王劉義康的參軍，後官至尚書吏部郎，宋文帝元嘉元年（424）因事觸怒劉義康，左遷爲宣城郡（郡治在今安徽省宣城市）太守。後來他又幾次升遷，官於左衛將軍、太子詹事。元嘉二十二年，因有人告發他密謀擁立劉義康，於是以謀反的罪名被處以死刑。范曄是南北朝時期著名史學家，著有《後漢書》，記事上起漢光武帝劉秀建武元年，下訖漢獻帝建安二十五年（220），囊括東漢一代196年的歷史。

乾統中遷六院部太保。[1]處事不拘文法，時多笑其迂。孟簡聞之曰：“上古之時，無簿書法令而天下治。蓋簿書法令適足以滋姦倖，非聖人致治之本。”改高州觀察使，[2]修學校，招生徒。遷昭德軍節度使。[3]以中京饑，詔與學士劉嗣昌減價糶粟。事未畢，卒。

[1]六院部：太祖析迭剌部爲五院部和六院部。太宗會同元年

(938) 改夷离堇爲大王。北院大王和南院大王即是五院部和六院部的首領。

[2]高州：州名。統和八年（990）更名武安州，隸大定府。治所在今内蒙古自治區敖漢旗東。

[3]昭德軍：遼代軍號。治瀋州（今遼寧省瀋陽市）。《武經總要》前集卷一六下《戎狄舊地》："瀋州，德光所建，仍曰昭德軍，契丹舊地也，東至大遼水。水東即女真界。西南至東京一百三十里，北至雙州八十里。"

耶律谷欲字休堅，六院部人。父阿古只官至節度使。谷欲冲澹有禮法，工文章。統和中爲本部太保，開泰中稍遷塌母城節度使。[1]鞫霸州疑獄稱旨，[2]授啓聖軍節度使。[3]太平中復爲本部太保。[4]謝病歸，俄擢南院大王。歎風俗日頹，請老，不許。

[1]塌母城：本書卷四六《百官志二》：遼有塌母城節度使司，屬西路諸司，即塌母城當在西部。

[2]霸州：後升興中府，治所在今遼寧省朝陽市。　稱旨：【劉注】《初校》謂："'旨'《百》作'真'，非。"明抄本、南監本、北監本和殿本均作"旨"。中華點校本、修訂本和補注本徑改。今從改。

[3]啓聖軍：儀坤州軍號。治所在今内蒙古自治區翁牛特旗西北。《武經總要》前集卷一六下《戎狄舊地》："宜坤州，契丹爲啓聖軍節度，即應天太后所生地也。東至長泊十五里，西南至上京二百里，北至踏弩河二千里，河北至大水泊五十里。"

[4]太平：遼聖宗耶律隆緒年號（1021—1031）。

興宗命爲詩友，數問治要，多所匡建。奉詔與林牙耶律庶成、蕭韓家奴編遼國上世事跡及諸帝《實録》，未成而卒，年九十。

論曰：孔子言："誦《詩》三百，授之以政，不達……雖多，亦奚以爲？"[1]王鼎忠直達政，劉輝侍青宮建言國計，昭陳邊防利害，皆洞達閫敏。孟簡疾乙辛姦邪，黜而不怨。孰謂文學之士無益於治哉。

[1]"誦《詩》三百"至"亦奚以爲"：見《論語·子路》："子曰：誦《詩》三百，授之以政，不達；使於四方，不能專對。雖多，亦奚以爲？"注："專，猶獨也。"《正義》曰："此章言人之才學，貴於適用。若多學而不能用，則如不學也。"

（李錫厚注　劉鳳翥校）

遼史　卷一〇五

列傳第三十五

能吏

大公鼎　蕭文　馬人望　耶律鐸魯斡　楊遵勗　王棠[1]

[1]“大公鼎”至“王棠”：【劉校】原本、明抄本、南監本、北監本和殿本無，據中華點校本補。

漢以璽書賜二千石，[1]唐疏刺史、縣令于屏，以示獎率，故二史有《循吏》《良吏》之傳。[2]

[1]璽書：皇帝下達詔命，謂之“賜璽書”。因詔書必以囊盛之，加封，又用璽，故謂之璽書。參宋代王觀國《學林》卷五《尺一》。　二千石：漢稱郡守爲“二千石”。《漢書》卷六一《李廣利傳》：“諸侯相、郡守、二千石百餘人，千石以下千餘人。”《漢書》卷九二《遊俠傳·陳遵傳》：“及宣帝即位，用遂（遵祖父）稍遷至太原太守，乃賜遂璽書。”

[2]二史有《循吏》《良吏》之傳：《史記》《漢書》皆有《循

吏傳》。《晉書》則有《良吏傳》。後世紀傳體史書多宗班馬，作《循吏傳》。

遼自太祖創業，太宗撫有燕薊，[1]任賢使能之道亦略備矣。然惟朝廷參置國官，吏州縣者多遵唐制。歷世既久，選舉益嚴。時又分遣重臣巡行境内，察賢否而進退之，是以治民、理財、決獄、弭盜，各有其人。考其德政，雖未足以與諸循、良之列，抑亦可謂能吏矣，作《能吏傳》。

[1]燕薊：今京津地區是古燕國，薊是其都城，故這一地區稱"燕薊"。《漢書》卷二八下《地理志》："燕王太子丹遣勇士荆軻西刺秦王，不成而誅，秦遂舉兵滅燕。薊，南通齊、趙、勃、碣之間，一都會也。"師古曰："薊縣，燕之所都也。勃，勃海也。碣，碣石也。"

大公鼎，渤海人，[1]先世籍遼陽率賓縣。[2]統和間徙遼東豪右以實中京，[3]因家于大定。曾祖忠禮賓使，父信興中主簿。[4]

[1]渤海人：【靳注】此指内遷到今遼寧南部地區的原渤海國遺民。天顯三年（928），遼將東丹國建制及其渤海貴族人家與大多數渤海民衆，盡行遷徙至遼南地區落户定居，并在税賦方面給予優待。穆宗時，東丹國被撤銷，聖宗時對遼南渤海人加以重税盤剥，激起民憤。太平九年（1029），守衛東京遼陽府（今遼寧省遼陽市）的渤海人軍官大延琳率衆反叛，斬殺遼廷酷吏。遼聖宗指派蕭孝穆統領重兵、耗時一年方纔平叛。事後，遼南渤海人再度被遷徙

至遼上京臨潢府（今内蒙古自治區巴林左旗）附近及遼東灣沿海的來、隰、遷、潤等州（今遼寧省興城市、綏中縣以及河北省秦皇島市一帶）居住，與漢人雜居，逐漸融合。詳參滿岩《遼王朝對渤海國遺民的治理策略》，載《蘭臺世界》，2015 年 9 月下旬版。

[2]率賓縣：縣名。治所在今遼寧省北鎮市境内。按本書卷三八《地理志二》，該縣隸屬康州，遷率賓府人户置。率賓府原屬渤海西京。據《新唐書》卷二一九《渤海傳》："高麗故地爲西京……率賓故地爲率賓府，領華、益、建三州。"大公鼎祖先是在渤海亡後，落籍遼東的。

[3]統和：遼聖宗耶律隆緒年號（983—1012）。　中京：遼五京之一。稱大定府，故址在今内蒙古自治區寧城縣大明鎮。

[4]興中：即興中府，治所在今遼寧省朝陽市。

公鼎幼莊愿，長而好學。咸雍十年登進士第，[1]調瀋州觀察判官。[2]時遼東雨水傷稼，北樞密院大發瀕河丁壯以完隄防，[3]有司承令峻急，公鼎獨曰："邊障甫寧，大興役事非利國便農之道。"乃疏奏其事，朝廷從之，罷役，水亦不爲灾。瀕河千里，人莫不悦。改良鄉令，[4]省傜役，務農桑，建孔子廟學，部民服化。累遷興國軍節度副使。[5]

[1]咸雍：遼道宗耶律洪基年號（1065—1074）。

[2]瀋州：州名。治所在今遼寧省瀋陽市。《武經總要》前集卷一六下《戎狄舊地》："瀋州，德光所建，仍曰昭德軍，契丹舊地也，東至大遼水。水東即女真界。西南至東京一百三十里，北至雙州八十里。"

[3]北樞密院：官府名。遼有北、南樞密院，爲遼朝的實際宰

輔機構，分别總領北、南面官。北樞密院又稱契丹樞密院，掌軍事、部族。南樞密院又稱漢人樞密院，掌漢人州縣之事。

［4］良鄉：縣名。治所在今北京市房山區境内。三河、良鄉都是趙德鈞鎮幽州時所置，據《新五代史》卷七二《四夷附録第一》："莊宗之末，趙德鈞鎮幽州，於鹽溝置良鄉縣，又於幽州東五十里築城，皆戍以兵。及破賀逖等，又於其東置三河縣。由是幽、薊之人，始得耕牧，而輸餉可通。"

［5］興國軍：遼代軍號。治所在龍化州（今内蒙古自治區奈曼旗東北）。

時有隸鷹坊者以羅畢爲名擾害田里，[1]歲久民不堪。公鼎言于上，即命禁戢。會公鼎造朝，大臣諭上嘉納之意，公鼎曰："一郡獲安誠爲大幸，他郡如此者衆，願均其賜于天下。"從之。徙長春州錢帛都提點。[2]車駕如春水，[3]貴主例爲假貸，[4]公鼎曰："豈可輟官用、徇人情？"拒之。頗聞怨詈語，曰："此吾職，不敢廢也。"俄拜大理卿，[5]多所平反。

［1］鷹坊：遼在北面坊場局中設有鷹坊，居遼水東，掌羅捕飛鳥。

［2］長春州：州名。治所在今吉林省白城市洮北區德順蒙古族鄉城四家子古城。《武經總要》前集卷一六下《戎狄舊地》："長春州，契丹國舊地，仍曰昭陽軍，亦爲罪讁者配隸之所。北至黄龍府百里，東北至龍化州四百里，南至徽州三百五十里，西至新州四百里，西北至上京二百里。"　錢帛都提點：遼在鹽鐵諸利日以滋殖，而得燕、代之後益加富饒，於是在諸州、路設錢帛司。都提點爲錢帛司的長官。

［3］春水：春捺鉢的地點多在長春州魚兒濼，又稱長濼、長泊。

因其活動多在水上，故稱“春水”。

[4]貴主例爲假貸：【劉校】“假”原本誤作“暇”，明抄本、南監本、北監本和殿本均作“假”。中華點校本、修訂本、補注本和長箋本徑改。今據改。

[5]大理卿：大理寺長官。察理刑獄、掌刑辟。

天祚即位，歷長寧軍節度使、南京副留守，[1]改東京户部使。[2]時盜殺留守蕭保先，始利其財，因而倡亂。民亦互生猜忌，家自爲鬬。公鼎單騎行郡，陳以禍福，衆皆投兵而拜曰：“是不欺我，敢弗聽命。”安輯如故。拜中京留守，賜貞亮功臣，乘傳赴官。時盜賊充斥，有遇公鼎于路者，即叩馬乞自新。公鼎給以符約，俾還業，聞者接踵而至。不旬日，境内清肅。天祚聞之，加賜保節功臣。時人心反側，公鼎慮生變，請布恩惠以安之，爲之肆赦。[3]

[1]長寧軍：遼代軍號。治川州（今遼寧省北票市西南）。據《大清一統志》卷二八：“白川州故城在朝陽縣東北六十七里。遼置川州，會同中改爲白川州……治咸康縣。……今縣境東北之四角阪有廢城，週二里餘，蒙古名卓索喀喇城，城内有遼開泰二年《佛頂尊勝陀羅尼石幢記》，爲白川州官吏所建，知即故白川州地。”南京：遼五京之一。故址在今北京市。

[2]東京：遼五京之一。故址在今遼寧省遼陽市。　户部使：户部使司之長官。屬南面官。掌東京路賦税、度支、鹽鐵事。

[3]肆赦：猶緩刑，赦免。《舊唐書》卷一四《憲宗紀上》：“癸巳，以册儲，肆赦繫囚，死罪降從流，流以下遞降一等。”

公鼎累表乞歸，不許。會奴賊張撒八率無賴嘯聚，公鼎欲擊而勢有不能。歎曰："吾欲謝事久矣。爲世故所牽，不幸至此，豈命也夫！"因憂憤成疾。保大元年卒，[1]年七十九。

[1]保大：遼天祚帝耶律延禧年號（1121—1125）。

子昌齡，左承制；[1]昌嗣，洺州刺史；[2]昌朝，鎮寧軍節度。[3]

[1]左承制：官名。朝會、典禮時承制官負責承接、宣達皇帝詔旨。

[2]洺州：州名。治所在今河北省永年縣。

[3]鎮寧軍：五代方鎮名。據《太平寰宇記》卷五七，後晉於澶州（今河南省濮陽市南）置鎮寧軍。北宋初廢。

蕭文字國華，外戚之賢者也。父直善安州防禦使。[1]

[1]安州：州名。渤海國安邊府治所，在今俄羅斯境内奧耳加城。　防禦使：原爲唐官名。在遼爲防禦州的長官，官階低於團練使而高於刺史。

文篤志力學，喜愠不形。大康初掌秦越國王中丞司事，[1]以才幹稱。尋知北面貼黄。[2]王邦彦子爭廕數歲不能定，有司以聞，上命文詰之，[3]立決。車駕將還宮，承詔閱習儀衛，雖執事林林指顧如一。遷同知奉國軍節度使，[4]歷國舅都監。[5]

[1]大康：遼道宗耶律洪基年號（1075—1084）。 秦越國王：即耶律阿璉（？—1087），阿璉是契丹語名字的音譯。據漢字《耶律弘世墓誌銘》，其漢語名爲弘世。字康時。興宗之子，仁懿皇后生。重熙十七年（1048）封許王。清寧初徙陳王、秦王，進封秦越國王。清寧中出爲遼興軍節度使。咸雍間歷西京、上京留守。死於大安三年（1087），追封秦魏國王。

[2]尋知北面貼黄：【劉校】“貼黄”，原本、明抄本、南監本、北監本和殿本均作“帖黄”。按本書卷四五《百官志一》有“知北院貼黄”，今據改。

[3]上命文詰之：【劉校】《初校》謂：“‘詰’，《百》作‘誥’，非。”明抄本、南監本、北監本和殿本均作“詰”。中華點校本、修訂本和補注本徑改。今從改。

[4]奉國軍：本高麗蓋牟城（即蓋州故城，在今遼寧省蓋州市）。渤海改爲蓋州又改辰州，以辰韓得名。井邑駢列，最爲冲會。遼徙其民於祖州。初曰長平軍。户二千。隸東京留守司。

[5]國舅都監：國舅乙室己大翁帳詳穩司的長官，位在國舅詳穩之下。

壽隆末知易州兼西南面安撫使。[1]高陽土沃民富，[2]吏其邑者每黷于貨，民甚苦之。文始至悉去舊弊，務農桑、崇禮教、民皆化之。時大旱，百姓憂甚，文禱之輙雨。屬縣又蝗，議捕除之，文曰：“蝗，天灾，捕之何益！”但反躬自責，蝗盡飛去；遺者亦不食苗，散在草莽爲烏鵲所食。會霪雨不止，文復隨禱而霽，是歲大熟。朝廷以文可大用，遷唐古部節度使，[3]高陽勒石頌之。後不知所終。

[1]壽隆：遼道宗耶律洪基年號（1095—1101）。據遼代碑刻和錢幣，此年號本爲“壽昌”。元代修《遼史》時誤書爲“壽隆”。　易州：州名。治所在今河北省易縣。　西南面安撫使：西南面安撫使司的軍政長官。宋稱經略安撫使。《宋史》卷一六七《職官志》：“經略安撫司，經略安撫使一人，以直秘閣以上充，掌一路兵民之事，皆帥其屬而聽其獄訟、頒其禁令、定其賞罰、稽其錢穀甲械出納之名籍，而行以法。”

[2]高陽：縣名。治所在今河北省高陽縣。

[3]唐古部：當係遼朝西南部的吐蕃部族。聖宗時有匿訖唐古部、北唐古部、南唐古部、鶴剌唐古部等部。大石西行所歷諸部中也有唐古部。詳本書卷三三《營衛志下·部族下》。

馬人望字儼叔，高祖胤卿爲石晉青州刺史。[1]太宗兵至堅守不降，城破被執，太宗義而釋之，[2]徙其族于醫巫閭山，[3]因家焉。曾祖廷煦南京留守，祖淵中京副留守，父詮中京文思使。[4]

[1]青州：州名。治所在今山東省青州市。

[2]“太宗兵至”至“太宗義而釋之”：【劉校】據中華點校本校勘記，“宗”原誤作“祖”。按用兵石晉爲太宗時事，據改。今從。

[3]醫巫閭山：遼西地區的名山。位於今遼寧省北鎮市。

[4]父詮：【劉校】據《羅校》，“詮”，本書卷四八《百官志四》作“佺”。　文思使：【靳注】官名。中京文思院長官。

人望穎悟，幼孤，長以才學稱。咸雍中第進士，爲松山縣令。[1]歲運澤州官炭，[2]獨役松山，人望請于中京留守蕭吐渾均役他邑。吐渾怒，下吏，繫幾百日，復引詰之，人望不屈。蕭喜曰："君爲民如此，後必大用。"以事聞于朝，悉從所請。

[1]松山：縣名。治所在今内蒙古自治區赤峰市松山區。

[2]澤州：州名。遼太祖俘蔚州民，在松亭關以北立寨居之，採煉陷河銀冶。開泰中大延琳反叛被鎮壓之後，原東京海州下轄的刺史州澤州民被遷移至此，置澤州。治神山縣，在今河北省平泉縣西南察罕城。

徙知涿州新城縣。[1]縣與宋接境，驛道所從出，人望治不擾，吏民畏愛。近臣有聘宋還者，帝問以外事，多薦之，擢中京度支司鹽鐵判官。[2]轉南京三司度支判官，公私兼裕。遷警巡使，[3]京城獄訟填委，人望處決，無一冤者。會檢括户口，未兩旬而畢，同知留守蕭保先怪而問之，人望曰："民産若括之無遺，他日必長厚斂之弊，大率十得六七足矣。"保先謝曰："公慮遠，吾不及也。"

[1]涿州：州名。治所在今河北省涿州市。　新城縣：縣名。治所在今河北省高碑店市。

[2]度支司：指遼在中京所設的度支使司，是主理財賦的機構之一。

[3]警巡使：遼於諸京設警巡院、軍巡院，負責維持治安。其長官稱警巡使、軍巡使。

先是樞密使乙辛竊弄威柄，[1]卒害太子。及天祚嗣位將報父仇，選人望與蕭報恩究其事。人望平心以處，所活甚衆。改上京副留守。會劇賊趙鐘哥犯闕，劫宫女、御物，人望率衆捕之右臂中矢，炷以艾，力疾馳逐，賊棄所掠而遁。人望令關津譏察行旅，悉獲其盜，尋擢樞密都承旨。

[1]乙辛：即耶律乙辛（？—1083）。字胡覩衮，五院部人。重熙中爲文班吏。道宗清寧五年（1059）爲南院樞密使，改知北院，封趙王。九年重元亂平，拜北院樞密使，進封魏王。咸雍五年（1069）加守太師。詔四方有軍旅，許以便宜從事，勢震中外。大康元年（1075）誣皇后蕭觀音致死，三年又害死太子耶律濬。七年冬坐以禁物鬻入外國，幽於來州。九年謀奔宋及私藏兵甲事發，伏誅。卷一一〇有傳。

宰相耶律儼惡人望與己異，[1]遷南京諸宫提轄制置，歲中爲保静軍節度使。[2]有二吏兇暴，民畏如虎。人望假以辭色，陰令發其事，黥配之。[3]是歲諸處飢乏，惟人望所治粒食不闕，路不鳴桴。遥授彰義軍節度使。[4]遷中京度支使，[5]始至府廪皆空，視事半歲積粟十五萬斛、錢二十萬繦。徙左散騎常侍，累遷樞密直學士。

[1]耶律儼（？—1113）：析津（今北京市）人，字若思。本姓李氏。咸雍進士。壽昌初授樞密直學士。拜參知政事。修《皇朝實録》七十卷。本書卷九八有傳。

[2]保静軍：遼代軍號。治建州（今遼寧省朝陽市）。

[3]黥：墨刑，於面部或前額刺字，塗墨。

[4]彰義軍：遼代軍號。治蔡州（今河南省汝南縣），不在遼

境内，爲遥授。

［5］度支使：度支使司的長官。

未幾拜參知政事，[1]判南京三司使事。[2]時錢粟出納之弊惟燕爲甚，人望以縑帛爲通曆，凡庫物出入皆使别籍，名曰“臨庫”。姦人黠吏莫得軒輊，乃以年老揚言道路，朝論不察，改南院宣徽使，[3]以示優老。踰年天祚手書“宣馬宣徽”四字詔之，[4]既至，諭曰：“以卿爲老，誤聽也。”遂拜南院樞密使。人不敢干以私，用人必公議所當與者。如曹勇義、虞仲文嘗爲姦人所擠，[5]人望推薦，皆爲名臣。當時民所甚患者，驛遞馬牛、旗鼓、鄉正、廳隸、倉司之役，至破産不能給。人望使民出錢，官自募役，時以爲便。久之請老，以守司徒、兼侍中致仕。卒，謚曰文獻。

［1］參知政事：始見於唐前期，宋初作爲副宰相，至真宗以後，其地位更與宰相同平章事等。遼朝參知政事的地位類似宋朝的參知政事，與同中書門下平章事一樣，都是中書省長官，都是宰相。

［2］三司使：三司使司長官。唐宋以鹽鐵、度支、户部爲三司，主理財賦。其長官爲三司使。《通鑑》卷二六五唐天祐三年（906）三月戊寅：“以朱全忠爲鹽鐵、度支、户部三司都制置使。三司之名始于此。”遼在南京設三司使司，此外上京設鹽鐵使司，東京設户部使司，中京設度支使司，西京設計司。

［3］宣徽使：遼朝官名。遼設北、南宣徽，分隸北、南樞密院之下。宣徽北院使常執行軍事使命。此外，宣徽使還掌領朝會、宴饗、禮儀、祭祀及御前祇應之事。

［4］四字詔之：【劉校】據馮家昇《遼史初校》，“詔”當作

"召"。

[5]曹勇義、虞仲文：皆爲遼南京官員。南京陷，虞仲文、曹勇義、康公弼降金，保大四年（1124）金人令其東遷。路經平州時，被張瑴處死。虞、曹二人，《金史》卷七五有傳。張瑴，《金史》作張覺，卷一三三有傳。

人望有操守，喜怒不形，未嘗附麗求進。初除執政，家人賀之。人望愀然曰："得勿喜，失勿憂；抗之甚高，擠之必酷。"其畏慎如此。

耶律鐸魯斡字乙辛隱，季父房之後。[1]廉約重義。

[1]季父房：契丹以玄祖之後爲皇族，分爲三房：孟父房、仲父房和季父房。德祖之元子是爲太祖天皇帝，謂之横帳；次曰剌葛，曰迭剌，曰寅底石，曰安端，曰蘇，皆曰季父房。

重熙末給事誥院。[1]咸雍中累遷同知南京留守事。被召，以部民懇留，乃賜詔褒獎。大康初改西南面招討使，[2]爲北面林牙，[3]遷左夷离畢。[4]大安五年拜南府宰相。[5]壽隆初致仕，卒。

[1]重熙：遼興宗耶律宗真年號（1032—1055）。　誥院：五代後周有官誥院。《五代會要》卷二二《吏曹裁製》："每年及第舉人自於官誥院納官錢一千，買綾紙五張并縹軸，於當曹寫印縫，縫給於官誥院。"

[2]西南面招討使：西南面招討司的主官，駐西京大同（今山西省大同市），負責對西夏防務。

［3］林牙：契丹官名。掌文翰，相當於翰林學士。

［4］夷离畢：遼官名。爲執政官，相當於副宰相參知政事。後來官分南、北，北面官有夷离畢院，主要掌刑政。

［5］大安：遼道宗耶律洪基年號（1085—1094）。　南府宰相：契丹部族官名。契丹可汗之下有北、南二府，各部族則分屬二府，故北宰相亦稱北府宰相，南宰相亦稱南府宰相。

鐸魯斡所至有聲，吏民畏愛。及退居鄉里，子普古爲烏古部節度使，[1]遣人來迎。既至，見積委甚富。謂普古曰："辭親入仕，當以裕國安民爲事。枉道欺君，以苟貨利，非吾志也。"命駕而歸。普古後爲盜所殺。

［1］烏古部：部族名。又稱嫗厥律、于厥律，居契丹西北。

楊遵勗字益誠，[1]涿州范陽人。[2]重熙十九年登進士第，調儒州軍事判官，[3]累遷樞密院副承旨。

［1］楊遵勗字益誠：【劉校】據中華點校本校勘記，遵勗又名興工。益誠，沈括《入國别録》作"益戒"。

［2］范陽：縣名。治所在今河北省涿州市。

［3］儒州：縣名。治所在今北京市延慶區。

咸雍三年爲宋國賀正使，還，遷都承旨。天下之事叢于樞府，簿書填委。遵勗一目五行俱下，剖決如流，敷奏詳敏，上嘉之。奉詔徵户部逋錢，得四十餘萬緡，拜樞密直學士，改樞密副使。大康初參知政事徙知樞密院事，兼門下侍郎、平章事，[1]拜南府宰相。耶律乙辛誣皇太子，詔遵勗與燕哥案其事，遵勗不敢正言，時議短之。尋拜北府宰相。

[1]平章事：即同中書門下平章事。唐制，大臣中有此名義者即爲事實上的宰相。遼襲唐制，在分設北南面官之後，以同中書門下平章事爲南面宰相。

大安中暴卒，年五十六。贈守司空，謚康懿。子晦，終昭文館直學士。

王棠，涿州新城人。博古，善屬文。重熙十五年擢進士。鄉貢、禮部、廷試對皆第一。

累遷上京鹽鐵使，[1]或誣以賄，無狀，釋之。遷東京户部使。大康二年遼東饑，[2]民多死，請賑恤，從之。三年入爲樞密副使，拜南府宰相。大安末卒。

[1]鹽鐵使：鹽鐵使司長官。

[2]大康：【靳校】原本作“太康”，今據中華點校本改。

棠練達朝政，臨事不怠，在政府修明法度，有聲。

論曰：孟子謂“民爲貴，社稷次之”。[1]司牧者當如何以盡心。公鼎奏罷完隄役以息民，拒公主假貸以守法，單騎行郡，化盜爲良，庶幾召杜之美。[2]文知易州，雨暘應禱，蝗不爲災。人望爲民不避囚繫，判度支，公私兼裕，亦卓乎未易及已。鐸魯斡吏畏民愛，[3]楊遵勗决事如流，真能吏哉。

[1]民爲貴，社稷次之：見《孟子·盡心章》："孟子曰：民爲貴，社稷次之，君爲輕。是故得乎丘民而爲天子。"趙岐注："君輕於社稷，社稷輕於民。丘，十六井也。天下丘民皆樂其政，則爲天子。殷湯、周文是也。"

[2]召杜之美：對地方官的讚譽之語。西漢召信臣和東漢杜詩，先後爲南陽太守，二人都有善政。故南陽人爲之語曰："前有召父，後有杜母。"參《漢書·循吏召信臣傳》及《後漢書·杜詩傳》。

[3]鐸魯斡吏畏民愛：【劉校】《羅校》謂："'民'，元本誤作'艮'。"明抄本、南監本、北監本和殿本均作"民"。中華點校本、修訂本和補注本徑改。今從改。

（李錫厚注　劉鳳翥校）

遼史　卷一〇六

列傳第三十六

卓行

蕭札剌　耶律官奴　蕭蒲離不[1]

[1]“蕭札剌”至“蕭蒲離不”:【劉校】原本、明抄本、南監本、北監本和殿本無，據中華點校本補。

遼之共國任事，耶律、蕭二族而已。[1]二族之中有退然自足不淫於富貴，不詘於聲利，可以振頹風、激薄俗亦足嘉尚者，得三人焉。作《卓行傳》。

[1]耶律、蕭二族：耶律和蕭是契丹人的兩個姓氏。同姓並非一定同族。迭剌部、乙室部和突呂不部都有耶律氏，但非同族。蕭氏亦然。

蕭札剌字虛輦，北府宰相排押之弟。[1]性介特，不事生業。

[1]北府宰相：契丹部族官名。契丹可汗之下有北、南二府，各部族則分屬二府，故北宰相亦稱北府宰相，南宰相亦稱南府宰相。　排押（？—1023）：即蕭排押。字韓隱，國舅少父房之後。統和二十二年（1004）與宋和議成，爲北府宰相。本書卷八八有傳。

保寧間以戚屬進，[1]累遷寧遠軍節度使。[2]秩滿里居，澹泊自適。統和末召爲南京馬步軍都指揮使，[3]以疾求退，不聽，遷夷离畢。[4]又以疾辭，許之，遂入頡山，杜門不出。上嘉其志，不復徵，札剌自是家于頡山。親友或過之，終日言不及世務；凡宴游相邀亦不拒。一歲山居過半，與世俗不偶。耶律資忠重之，[5]目"曰頡山老人"。卒。

[1]保寧：遼景宗耶律賢年號（969—979）。

[2]寧遠軍：遼代軍號。治貴德州，州城故址當在今遼寧省撫順市城北高爾山前。

[3]統和：遼聖宗耶律隆緒年號（983—1012）。　南京：遼五京之一。故址在今北京市。

[4]夷离畢：遼官名。爲執政官，相當於副宰相參知政事。後來官分南、北，北面官有夷离畢院，主要掌刑政。

[5]耶律資忠：系出仲父房。博學，工辭章。初，高麗臣服，遼取女直六部地賜高麗。後與高麗交惡，遼聖宗詔資忠前往索還六州舊地。高麗無歸地意。開泰三年（1014）再使高麗，被留。返回後，出知來遠城事，歷保安、昭德二軍節度使。本書卷八八有傳。《高麗史》卷四《顯宗世家》中的耶律行平即本書中的耶律資忠。

耶律官奴字奚隱，林牙斡魯之孫。[1]沉厚多學，詳於本朝世系。嗜酒好佚。

[1]林牙：契丹官名。掌文翰，相當於翰林學士。

初，徵爲宿直將軍，重熙九年以疾去官。上以官奴屬尊，欲成其志，乃許自擇一路節度使。官奴辭曰："臣愚鈍，不任官使。"加歸義軍節度使，輒請致政。

官奴與歐里部人蕭哇友善，哇謂官奴曰："仕不能致主澤民成大功烈，何屑屑爲也！吾與若居林下，以枕簟自隨，觴詠自樂，雖不官，無慊焉。"官奴然之。時稱"二逸"。乾統間官奴卒。[1]

[1]乾統：遼天祚帝耶律延禧年號（1101—1110）。

蕭蒲離不字桵懶，魏國王惠之四世孫。[1]父母蚤喪，鞠于祖父兀古匿。性孝悌。年十三兀古匿卒，自以早失怙恃，復遭祖喪，哀毀踰禮，族里嘉歎。嘗謂人曰："我於親不得終養，今誰爲訓者？苟不自勉，何以報鞠育恩！"自是力學，於文藝無不精。

[1]魏國王惠：即蕭惠（982—1056）。本書卷九三有傳。

乾統間以兀古匿之故召之，不應。常與親識游獵山水，奉養無長物、僕隸，欣欣如也。或曰："公胡不念以嗣先世功名？"答曰："自度不足以繼先業，年踰強仕，安能益主庇民！”累徵，皆以疾辭。

晚年，謝絶人事，卜居抹古山，[1]屏遠葷茹，潛心佛書，延有道者談論彌日。人問所得何如，但曰：“有深樂！惟覺六鑿不相攘，[2]餘無知者。”一日易服，無疾而逝。

[1]抹古山：山名。據《欽定遼金元三史國語解·遼史語解》卷四，“抹古”作“瑪古”，蒙古語爲不善之義。

[2]六鑿：指人的耳、目等六孔。

論曰：隱，固未易爲也，而亦未可輕以與人。若札剌謝職不談時務，官奴兩辭節鎮，蒲離不召而不赴，雖未足謂之隱，然在當時能知内外之分，甘於肥遯，不猶愈於求富貴利達而爲妻妾羞者哉？故稱卓行可也。

（李錫厚注　劉鳳翥校）

遼史　卷一〇七

列傳第三十七

列女

邢簡妻陳氏　耶律氏常哥　耶律奴妻蕭氏
耶律朮者妻蕭氏　耶律中妻蕭氏[1]

[1]“邢簡妻陳氏”至“耶律中妻蕭氏”：原本、明抄本、南監本、北監本和殿本無，據中華點校本補。

男女居室人之大倫，與其得烈女不若得賢女。天下而有烈女之名，非幸也。《詩》讚衛共姜，[1]《春秋》褒宋伯姬，[2]蓋不得已，所以重人倫之變也。遼據北方風化視中土爲疎，終遼之世得賢女二、烈女三，以見人心之天理有不與世道存亡者。

[1]共姜：《詩·鄘風·栢舟序》：“共姜自誓也。衛世子共伯早死，其妻守義。父母欲奪而嫁之，誓而弗許。故作是詩以絶之。”

[2]伯姬：《漢書·五行志》："董仲舒以爲，伯姬如宋五年，宋恭公卒。伯姬幽居守節三十餘年，又憂傷國家之患禍，積陰生陽，故火生災也。"師古曰："伯姬，魯宣公女恭姬也。成九年歸於宋，十五年而宋公卒。今云如宋五年，則是傳寫誤。"

邢簡妻陳氏營州人，[1]父陘五代時累官司徒。

[1]邢簡：應州（今山西省應縣）人。邢抱朴之父，官至刑部郎中。參本書卷八〇《邢抱朴傳》。 營州：唐以前營州治柳城，而遼代營州州治在今河北省昌黎縣。阿保機以定州俘户置廣寧縣，是在今昌黎縣境内，是遼營州唯一屬縣。

陳氏甫笄，涉通經義，[1]凡覽詩賦輒能誦，尤好吟詠，時以女秀才名之。年二十歸於簡，孝舅姑，閨門和睦，親黨推重。有六子，陳氏親教以經。後二子抱朴、抱質皆以賢，[2]位宰相。統和十二年卒，睿智皇后聞之，[3]嗟悼，贈魯國大人，刻石以表其行。及遷祔，遣使以祭。論者謂貞靜柔順，婦道母儀始終無慊云。

[1]甫笄：女子剛到可以出嫁的年齡。《史記》卷四《周本紀》："［厲王童妾］既笄而孕。"《正義》："笄，音雞。《禮記》：云'女子許嫁而笄。'鄭玄云：笄，今簪。"

[2]抱朴（？—1004）：即邢抱朴。應州（今山西省應縣）人。保寧初爲政事舍人、知制誥。統和四年（986）加户部尚書。遷翰林學士承旨，與室昉同修《實録》。十二年拜參知政事。改南院樞密使，二十二年卒，贈侍中。本書卷八〇有傳。 抱質：即邢抱質。聖宗時曾任知南院樞密使事，官至侍中。參本書卷八〇《邢抱

朴傳》。

[3]睿智皇后（953—1009）：蕭氏，諱綽，小字燕燕，北府宰相思温女。景宗即位，選爲貴妃。尋册爲皇后，生聖宗。景宗崩，尊爲皇太后，攝國政。統和元年，上尊號曰承天皇太后。本書卷七一有傳。

耶律氏，太師適魯之妹，小字常哥。幼爽秀，有成人風。及長，操行脩潔，自誓不嫁。能詩文，不苟作。讀《通曆》，[1]見前人得失，歷能品藻。

[1]《通曆》：書名。一名《通紀》。唐馬總撰。十卷。概述上古三代至隋歷代興亡事蹟的紀傳體通史性質的史學著作。今傳本缺前三卷。宋初佚名作者有續作。

咸雍間作文以述時政，[1]其略曰："君以民爲體，民以君爲心。人主當任忠賢，人臣當去比周，[2]則政化平、陰陽順。欲懷遠則崇恩尚德，欲強國則輕徭薄賦。"四端""五典"爲治教之本，[3]"六府""三事"寔生民之命。[4]淫侈可以爲戒，勤儉可以爲師。錯枉則人不敢詐，顯忠則人不敢欺。勿泥空門，[5]崇飾土木；勿事邊鄙，妄費金帛。[6]滿當思溢，安必慮危。刑罰當罪則民勸善，不寳遠物則賢者至。建萬世磐石之業，制諸部強横之心。欲率下則先正身，欲治遠則始朝廷。"上稱善。

[1]咸雍：遼道宗耶律洪基年號（1065—1074）。

[2]人臣當去比周：爲人臣，當去除私下相近相親。《左傳·文公十八年》："醜類惡物，頑嚚不友，是與比周。"《正義》曰：

“醜亦惡也，物亦類也。指謂惡人等輩—重復而言之耳。”“比”是相近，“周”是親密。“周”還有忠信之義。《論語·爲政》：“子曰：君子周而不比；小人比而不周。”《正義》曰：“此章明君子小人德行不同之事。忠信爲周，阿黨爲比。言君子常行忠信而不私相阿黨，小人則反是。”

[3]四端：宋代王積《節考集》卷二九《荀子》：“孟子以仁、義、禮、智謂之四端。”　五典：漢孔安國《尚書序》：“少昊、顓頊、高辛、唐、虞之書謂之五典，言常道也。”

[4]六府、三事：閻若璩《尚書古文疏證》第七九：“六府、三事謂之九功。水、火、金、木、土、穀，謂之六府。正德、利用、厚生，謂之三事。”

[5]空門：佛教、佛門。宋代釋贊寧《宋高僧傳》卷二〇《唐洛京慧林寺圓觀傳》：“釋圓觀，不知何許人也。居於洛宅，率性踈簡，或勤梵學而好治生，獲田園之利，時謂之空門猗頓也。”

[6]妄費金帛：【劉校】《羅校》謂：“‘費’，元本、南監本誤作‘廢’。”明抄本和北監本亦誤作“廢”。殿本作“費”。中華點校本、修訂本和補注本據殿本徑改。今據改。

時樞密使耶律乙辛愛其才，[1]屢求詩，常哥遺以回文。乙辛知其諷己，銜之。大康三年皇太子坐事，[2]乙辛誣以罪，按無跡，獲免。會兄適魯謫鎮州，[3]常哥與俱，常布衣蔬食。人問曰：“何自苦如此?”對曰：“皇儲無罪遭廢，我輩豈可美食安寢。”及太子被害，不勝哀痛。年七十，卒于家。

[1]耶律乙辛（？—1083）：五院部人。字胡覩衮。重熙中爲文班吏。道宗清寧五年（1059）爲南院樞密使，改知北院，封趙王。九年重元亂平，拜北院樞密使，進封魏王。咸雍五年（1069）

加守太師，勢震中外。大康元年（1075）誣皇后蕭觀音致死，三年又害死太子耶律濬。七年冬坐以禁物鬻入外國，幽於來州。九年謀奔宋及私藏兵甲事發，伏誅。本書卷一一〇有傳。

[2]大康：遼道宗耶律洪基年號（1075—1084）。

[3]鎮州：本古可敦城。置建安軍。州城故址在今蒙古國布爾干省青托羅蓋古城。陳得芝《耶律大石北行史地雜考》（《歷史地理》第二輯）説，遼朝統治漠北屬部的最高軍政機構是西北路招討司（又稱西北路都招討司）。遼聖宗統和十二年（994），因西北“阻卜”諸部作亂，以蕭撻凜爲西北路招討使，命隨皇太妃（齊王妃）出征，“屯西鄙驢駒兒河，西捍韃靼，盡降之”。蕭撻凜鑒於達旦諸部叛服不常，上表乞建三城以鎮之。統和二十二年三城完工，設置鎮、防、維三州。

耶律奴妻蕭氏，[1]小字意辛，[2]國舅駙馬都尉陶蘇斡之女。[3]母胡獨公主。意辛美姿容，年二十始適奴。事親睦族，以孝謹聞。嘗與娣姒會，[4]爭言厭魅以取夫寵，[5]意辛曰：“厭魅不若禮法。”衆問其故，意辛曰：“脩己以潔，奉長以敬，事夫以柔，撫下以寬，毋使君子見其輕易，此之爲禮法，自然取重於夫。以厭魅獲寵，獨不愧於心乎！”聞者大慙。

[1]耶律奴（1041—1098）：【劉注】人名。據契丹小字《耶律奴墓誌銘》，“奴”是契丹語小名的音譯，其第二個名爲（國隱寧）。横帳仲父房人。曾祖老衮大王，爲遼太祖兄弟輩的人，初任五院部夷离堇，遼太宗時封燕王。祖父爲遜寧·休哥于越。父爲（確恩）郎君，母爲國舅大翁帳解里寧相公之女訛里本娘子。重熙十年（1041）二月十日生。清寧五年（1059）初仕惕隱。

轉赴牌印司任職。封率府副率之號。十年封率府率。咸雍元年（1065）改拜彰愍、敦睦、延慶三宮之副宮使，七年拜延慶宮之都宮使，授部署司同知。同年，封左監門衛上將軍之號，又賜玉器。九年，拜郎君班（詳穩）。大康元年（1075）冬，封輔國大將軍、樞密院同知。大康二年夏，出使宋國，歸，拜中京留守。壽昌四年（1098）十二月四日，因病薨於公署，享年五十九歲。次年四月二十八日，葬於迪里布山（今遼寧省阜新蒙古族自治縣大板鎮腰衙門村北山）之陽，祔祖父宋國王之塋。一弟，某郎君。二妹：長童子女，適大翁帳秀哥太保。次妹早亡。妻爲意辛夫人。生二子二女。長子（國隱），娶妻安保寧，宣徽使蕭尚哥之女，是燕國王（即後來的天祚帝）的表姐。次子名（帝德）。長女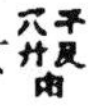（德魯斡），嫁國舅涅褐太師之子成治。小女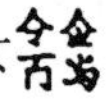（特梅妍）。

［2］意辛：【劉注】契丹語音譯詞，漢義爲“壽”。

［3］陶蘇斡：即蕭陶蘇斡。字乙辛隱，契丹突呂不部人。天慶四年（1114）爲漢人行宮副部署。當時金兵初起，攻陷寧江州。陶蘇斡主張大規模征發諸道兵，以威勢壓制女直。其計不被採用。本書卷一〇一有傳。

［4］娣姒：【劉注】1. 妯娌。兄妻爲姒，弟妻爲娣。《爾雅·釋親》：“長婦謂稚婦爲娣婦，娣婦謂長婦爲姒婦。”郭璞注：“今相呼先後，或云妯娌。”2. 古代同夫諸妾互稱，年長的爲姒，年幼的爲娣。《爾雅·釋親》：“女子同出，謂先生爲姒，後生爲娣。”郭璞注：“同出，謂俱嫁事一夫。”郝懿行《義疏》：“娣姒即衆妾相謂之詞，不關嫡夫人在内。”

［5］厭魅：亦作“厭媚”。謂用迷信方法祈禱鬼神以迷惑或傷害别人。

初，奴與樞密使乙辛有隙。及皇太子廢，被誣奪爵，没入興聖宫，[1]流烏古部。[2]上以意辛公主之女，欲使絶婚，[3]意辛辭曰："陛下以妾葭莩之親，[4]使免流竄，實天地之恩。然夫婦之義，生死以之。妾自笄年從奴，一旦臨難，頓爾乖離，背綱常之道，於禽獸何異。幸陛下哀憐，與奴俱行，妾即死無恨！"帝感其言，從之。

[1]没入興聖宫：被籍没爲興聖宫的奴婢——宫分人。中國古代依照法律，登記罪犯所有的家産，予以没收，稱爲"籍没"。遼代的籍没之法，還包括將犯罪者親屬收爲官奴婢。

[2]烏古部：部族名。又稱嫗厥律、于厥律，居契丹西北。

[3]絶婚：【劉校】原本作"絶昏"，明抄本、南監本、北監本、殿本均作"婚"。中華點校本、補注本和長箋本徑改。今據改。修訂本仍舊。

[4]葭（jiā）莩（fú）之親：喻疏遠的親屬關係。《漢書》卷五三《景十三王傳》中山靖王劉勝曰："今群臣非有葭莩之親、鴻毛之重，群居黨議，朋友相爲使。"師古曰："葭，蘆也；莩者，其筩中白皮至薄者也。'葭莩'喻著鴻毛，喻輕薄甚也。"

意辛久在貶所，親執役事，雖勞無難色。事夫禮敬，有加于舊。壽隆中上書乞子孫爲著帳郎君。[1]帝嘉其節，召舉家還。

[1]壽隆：遼道宗耶律洪基年號（1095—1101）。據遼代碑刻和錢幣，此年號本爲"壽昌"。元代修《遼史》時誤書爲"壽隆"。

子國隱，[1]乾統間始仕。保大中意辛在臨潢，[2]謂諸子曰："吾度盧彦倫必叛，[3]汝輩速避，我當死之。"賊至，遇害。

［1］子國隱：【劉注】據契丹小字《耶律奴墓誌銘》，“國隱”是契丹語小名的音譯。契丹有父子連名的习俗。子連父名。其方法是把父亲的第二个名中的詞尾 n 切掉，變成小名的形式。“國隱”就是把他父親耶律奴的第二名（國隱寧）中的尾音切掉而成的（國隱）。契丹語名字中的“第二個名字”被漢字文獻處理爲“字”。本書卷三《太宗本紀上》天顯十一年（936）九月晉安寨戰役中“夷离堇的魯與戰，死之。……以的魯子徒離骨嗣爲夷离堇，仍以父字爲名，以旌其忠”。“以父字爲名”就是把父親的“第二個名”改變爲小名。耶律奴和蕭意辛夫婦還有第二個兒子小名（帝德）。

［2］保大：遼天祚帝耶律延禧年號（1121—1125）。　臨潢：遼上京稱臨潢府，在今内蒙古自治區巴林左旗林東鎮。【劉注】“潢”原本誤作“漢”，《初校》謂：“‘漢’當作‘潢’。”今據改。

［3］盧彦倫（1082—1151）：臨潢人。遼天慶初，授殿直、勾當兵馬公事。遼兵敗於出河店，還至臨潢，散居民家，令給養之，彦倫不滿。遼授彦倫團練使、勾當留守司公事。據《金史》卷七五本傳，天慶十年（1120）彦倫從上京留守撻不野出降。

耶律朮者妻蕭氏，小字訛里本，國舅孛堇之女。性端殼，[1]有容色，自幼與他女異。年十八歸朮者。謹裕貞婉，娣姒推尊之。

［1］性端殼：【劉校】“殼”，原本、南監本、北監本、明抄本同。《羅校》稱：“‘慤’，元本、南監誤‘殼’。”中華點校本據殿本改作“慤”。中華修訂本仍從原本。

及居朮者喪，極哀毁。既葬，謂所親曰："夫婦之道，如陰陽表裏。無陽則陰不能立，無表則裏無所附。妾今不幸失所天，且生必有死，理之自然。朮者早歲登朝，有才不壽。天禍妾身，罹此酷罰，復何依恃。儻死者可見則從，不可見則當與俱。"侍婢慰勉，竟無回意，自刃而卒。

耶律中妻蕭氏，小字挼蘭，韓國王惠之四世孫。[1]聰慧謹愿。年二十歸於中，事夫敬順，親戚咸譽其德。中嘗謂曰："汝可粗知書，以前貞淑爲鑑。"遂發心誦習，多涉古今。

[1]韓國王惠：即蕭惠（982—1056）。契丹外戚，淳欽皇后弟阿古只五世孫。重熙十七年（1048）尚帝姊秦晉國長公主，拜駙馬都尉。本書卷九三有傳。

天慶中爲賊所執，[1]潛置刃於履，誓曰："人欲汙我者，即死之。"至夜，賊遁而免。久之，帝召中爲五院都監，[2]中謂妻曰："吾本無宦情，今不能免。我當以死報國，汝能從我乎？"挼蘭對曰："謹奉教。"及金兵徇地嶺西盡徙其民，[3]中守節死。挼蘭悲戚不形於外，人怪之。俄躍馬突出，至中死所自殺。

[1]天慶：遼天祚帝耶律延禧年號（1111—1120）。

[2]五院：契丹部族名。天贊元年（922），以迭剌部強大難制，析五石烈爲五院，六爪爲六院，各置夷离菫。會同元年

(938)，更夷离堇爲大王，部隸北府，以鎮南境。

[3]金兵徇地嶺西：事在保大三年（1123）。據本書卷三〇《天祚本紀附梁王雅里傳》："保大三年，金師圍青塚寨，雅里在軍中。太保特母哥挾之出走，間道行至陰山。聞天祚失利趨雲内……天祚渡河奔夏，隊帥耶律敵列等劫雅里北走。至沙嶺，見蛇横道而過，識者以爲不祥。後三日，群僚共立雅里爲主。"所謂"陰山"，可能是指今内蒙古自治區境内的大青山。"雲内"，據陳得芝考證，應在天德軍以東，大黑河下游，即《古豐識略》所記歸化城西南八十里西白塔古城。因此，"徇地嶺西"，應是指金軍在今内蒙古自治區呼和浩特市附近追擊遼天祚帝。此事亦見《金史》卷七二《習古廼傳》："遼梁王雅里在紇里水自立，不知果在何處，至是始知之。於是，徙遼降人於泰州，時暑未可徙，習古廼請姑處之嶺西。"

論曰：陳氏以經教二子，並爲賢相，耶律氏自潔不嫁，居閨閫之内而不忘忠其君，非賢而能之乎。三蕭氏之節，雖烈丈夫有不能者矣。

（李錫厚注　劉鳳翥校）

遼史　卷一〇八

列傳第三十八

方技

直魯古　王白　魏璘　耶律敵魯　耶律乙不哥[1]

[1]“直魯古”至“耶律乙不哥”:【劉校】原本、明抄本、南監本、北監本和殿本無,據中華點校本補。

孔子稱“小道必有可觀”,[1]醫卜是已。醫以濟夭札,[2]卜以决猶豫,皆有補於國,有惠於民。前史録而不遺,故傳。

[1]小道必有可觀:此非孔子觀點。見《論語·子張》:“子夏曰:雖小道必有可觀者焉。”《正義》曰:“此章勉人,學爲大道、正典也。小道謂異端之説,百家語也。雖曰小道,亦必有少理可觀覽者焉。然致遠經,久則恐泥難不通,是以君子不學也。”

[2]夭札:遭疫病而早死。札,疫病。《周禮·地官·大司徒》:“大荒大札,則令邦國移民。”鄭玄注:“大札,大疫病也。”

直魯古，吐谷渾人。[1]初，太祖破吐谷渾，一騎士棄橐，反射不中而去。及追兵開橐視之，中得一嬰兒，即直魯古也。因所俘者問其故，乃知射橐者嬰之父也。世善醫，雖馬上視疾亦知標本。[2]意不欲子爲人所得，欲殺之耳。

[1]吐谷渾：古代部族名。即吐渾。據《新五代史》卷七四《四夷附録第三》，吐渾“自後魏以來，名見中國，居於青海之上。當唐至德中，爲吐蕃所攻，部族分散，其内附者，唐處之河西。其大姓有慕容、拓拔、赫連等族。懿宗時，首領赫連鐸爲陰山府都督，與討龐勛，以功拜大同軍節度使。爲晉王所破，其部族益微，散處蔚州界中”。“晉高祖立，割雁門以北入于契丹，於是吐渾爲契丹役屬，而苦其苛暴”。另據《五代會要》卷二八《吐渾》：“至開運中，捍虜於澶州，召承福等率其部衆從行，屬歲多暑熱，部下多死，復遣歸太原，移帳於嵐石州界。然承福馭下無法，多干軍令。其子族白可久，名在承福之亞，因牧馬率本帳北遁，契丹授以官爵，復遣潛誘承福。承福亦思叛去，事未果，漢高祖知之，乃以兵環其部族，擒承福與族白鐵櫃、赫連海龍等五家，凡四百有餘人，伏誅。籍其牛馬，命别部長王義宗統其餘屬。”

[2]標本：中國傳統醫學概念。金代劉完素《素問玄機原病式·寒類》：“標本：標，上首也；本，根元也。故《經》言先病爲本，後病爲標。標本相傳，先以治其急者。又言六氣爲本，三陰、三陽爲標。故病氣爲本，受病經絡臟腑謂之標也。”

由是進於太祖，淳欽皇后收養之。[1]長亦能醫，專事鍼灸。太宗時以太醫給侍。嘗撰《脉訣》《鍼灸書》行于世。[2]年九十卒。

[1]淳欽皇后：遼太祖阿保機皇后述律氏的謚號。遼興宗重熙二十一年（1052）九月追謚。本書卷七一有傳。

[2]《脉訣》：【劉校】據中華點校本校勘記，“訣”原誤作“諸”。據《大典》卷二〇八八九改。今從。

王白冀州人，[1]明天文，善卜筮，晉司天少監，[2]太宗入汴得之。[3]

[1]冀州：州名。在宋境内，治所在今河北省衡水市冀州區。轄區在今河北省南部，統南宫、衡水、武邑、棗強等縣。

[2]晉：此指石敬瑭創立的後晉（936—946），五代第三個王朝。初，石敬瑭獲得契丹耶律德光支持，並向德光割地、稱臣、稱兒。少帝石重貴繼位後，與契丹交惡，爲契丹所滅。　司天少監：唐五代官名。《續通典·職官中》：“太史局令，至唐改爲司天監，設監一人，少監二人，掌察天文、稽曆數，凡日、月、星辰、風雲氣色之異，率其屬而占。”

[3]汴：古州名。北周時攻梁州置。治所在今河南省開封市。五代梁定都於此，昇爲開封府。五代晉、漢、周及北宋亦以此爲都。又稱汴梁、汴京。

應曆十九年王子只没以事下獄，[1]其母求卜，白曰：“此人當王，未能殺也，毋過憂！”[2]景宗即位釋其罪，封寧王，竟如其言。凡決禍福多此類。

[1]應曆：遼穆宗耶律璟年號（951—969）。　只没：即景宗第三子質睦，妃甄氏生，字和魯。景宗封爲寧王，保寧八年（976）奪爵。統和元年（983）皇太后稱制，詔復舊爵。應曆、保寧間又兩度奪爵。通契丹、漢字，能詩。詳見本書卷六四《皇子表》。

[2]毋過憂：【劉校】“毋”，原本、明抄本、南監本和北監本均作“母”，殿本作“毋”。《初校》謂：“‘母’，《百》、《南》作‘毋’，是。”《百》、《南》不作“毋”，引文有誤。中華點校本、修訂本和補注本徑改。今從改。

保寧中歷彰武、興國二軍節度使。[1]撰《百中歌》行于世。

[1]保寧：遼景宗耶律賢年號（969—979）。　彰武：遼代軍號。治霸州，後陞興中府，在今遼寧省朝陽市。　興國：遼代軍號。治龍化州（今内蒙古自治區奈曼旗東北）。

魏璘，不知何郡人，以卜名世，太宗得于汴。天禄元年，[1]上命馳馬較遲疾以爲勝負問王白及璘孰勝，白奏曰：“赤者勝。”璘曰：“臣所見，驄馬當勝。”既馳，竟如璘言。上異而問之，白曰：“今日火王，故知赤者勝。”璘曰：“不然，火雖王，而上有煙。以煙察之，青者必勝。”上嘉之。五年，察割謀逆，[2]私卜于璘。璘始卜，謂曰：“大王之數得一日矣，宜慎之！”及亂果敗。應曆中周兵犯燕，[3]上以勝敗問璘。璘曰：“周姓柴也，燕分火也。柴入火必焚。”其言果驗。

[1]天禄：遼世宗耶律阮年號（947—951）。

[2]察割：即耶律察割（？—951）。遼皇族，其父即明王安端，爲阿保機同母弟。世宗即位，察割封泰寧王。天禄五年（951）九月，南伐途中行弑逆，隨即爲壽安王誘殺。本書卷一二〇有傳。

[3]周兵犯燕：事在應曆九年（959）。據《通鑑》卷二九四後

周世宗顯德六年（959）二月記事：周世宗下詔要“幸滄州”，開始秘密向北方調遣軍隊，緊接着就出其不意地攻寧州（遼乾寧軍，即今河北省青縣），刺史王洪舉城降周。然後周又大治水軍，以韓通、趙匡胤等分統水陸大軍繼續北進，隨即攻克了益津關和瓦橋關，遼在兩地的守將終廷輝和姚内斌分别以城降，莫州（今河北省任丘市）刺史劉楚信、瀛州（今河北省河間市）刺史高彦暉在大軍壓境的情况下，也都舉城降周，於是燕京以南地區盡入於周。周世宗要一鼓作氣，直取幽州。已令先頭部隊進據固安（今河北省固安縣）。但就在他準備對遼燕京發動攻擊時，突發重病，不得不罷兵南歸。

璘嘗爲太平王罨撒葛卜僭立事，[1]上聞之，免死流烏古部。[2]一日節度使召璘，適有獻雙鯉者，戲曰：“君卜此魚何時得食？”璘良久答曰：“公與僕不出今日有不測禍，奚暇食魚？”亟命烹之。未及食寇至，俱遇害。

[1]罨撒葛（934—972）：即阿鉢撒葛里。德光第二子，靖安皇后蕭氏生，會同二年（939）封太平王。穆宗在位時，因謀亂貶戍西北邊。景宗即位後釋罪，召還，以病卒。

[2]烏古部：部族名。又稱嫗厥律、于厥律，居契丹西北。

耶律敵魯字撒不椀。其先本五院之族，[1]始置宫分，[2]隸焉。

[1]五院：契丹部族名。天贊元年（922），以迭剌部强大難制，析五石烈爲五院，六爪爲六院，各置夷离堇。會同元年（938），更夷离堇爲大王，部隸北府，以鎮南境。

[2]宫分：即諸宫衛。早在契丹立國之前，宫衛制度就已經産

生了。遼朝建立後有遙輦九帳大常衮司之設，掌遙輦九世宫分之事，阿保機即位後繼續按照這種制度組建自己的宫衛。遼的十二宫及五京都管轄有若干漢人州縣，上京、中京及東京地區的漢人、渤海人多是俘掠來的。遙輦九世宫分即遙輦氏先後在位的九個可汗宫衛，同樣主要由契丹立國前俘掠來的漢人構成，並且歸屬於遙輦氏。宫衛又稱“宫院”，隸屬皇帝及攝政太后。

敵魯精于醫，察形色即知病原，雖不診候有十全功。統和初爲大丞相韓德讓所薦，[1]官至節度使。

[1]統和：遼聖宗耶律隆緒年號（983—1012）。　韓德讓（942—1011）：韓匡嗣第四子。統和初年承天稱制，韓德讓以南院樞密使的身份“總宿衛事”。統和十七年（999）北院樞密使、魏王耶律斜軫病故，承天皇太后以韓德讓兼知北院樞密使事，至此，遼朝的蕃漢軍政大權就集於其一身了。統和二十二年承天皇太后又賜韓德讓姓耶律，徙封晉王，並且仍舊爲大丞相，事無不統。次年十一月又詔德讓“出宫籍，屬於横帳”。二十八年更名耶律隆運。

初，樞密使耶律斜軫妻有沉痾，[1]易數醫不能治。敵魯視之曰：“心有蓄熱，[2]非藥石所及，當以意療。因其聵，聒之使狂，用泄其毒則可。”於是令大擊鉦鼓於前。翌日果狂，叫呼怒駡，力極而止，遂愈。治法多此類，人莫能測。年八十卒。

[1]耶律斜軫（？—999）：字韓隱，于越曷魯之孫。保寧初受命節制西南面諸軍，仍援河東。改南院大王。乾亨元年（979）秋，宋軍攻下河東，乘勝襲燕，高梁河一戰，他與耶律休哥分左右翼夾

擊，大敗宋軍。統和初，承天皇太后蕭綽稱制，益見委任，爲北院樞密使。四年（986）宋軍三路來攻，斜軫指揮擊退西路來攻的宋軍，以功加守太保。本書卷八三有傳。

[2]蓄熱：【劉校】諸本均作“畜熱”，據中華點校本改。中華修訂本仍從原本。

耶律乙不哥字習撚，六院郎君褭古直之後。[1]幼好學，尤長於卜筮，不樂仕進。

嘗爲人擇葬地曰：“後三日有牛乘人逐牛過者，即啓土。”至期，果一人負乳犢引牸牛而過。其人曰：“所謂‘牛乘人’者，此也。”遂啓土。既葬，吉凶盡如其言。又爲失鷹者占曰：“鷹在汝家東北三十里濼西榆上。”往求之，果得。當時占候無不驗。

[1]六院：契丹部族名。天贊元年（922），以迭剌部強大難制，析五石烈爲五院，六爪爲六院，各置夷离堇。會同元年（938），更夷离堇爲大王，部隸北府，以鎮南境。

論曰：方技，術者也。苟精其業而不畔于道，君子必取焉。直魯古、王白、耶律敵魯無大得失，録之宜矣。魏璘爲察割卜謀逆，爲罨撒葛卜僭立，罪在不貰，雖有寸長，亦奚足取哉。存而弗削，爲來者戒。

（李錫厚注　劉鳳翥校）

遼史　卷一〇九

列傳第三十九

伶宦

羅衣輕

伶，官之微者也。《五代史》列鏡新磨於《傳》，[1]是必有所取矣。遼之伶官當時固多，然能因恢諧示諫以消未形之亂，[2]惟羅衣輕耳。孔子曰："君子不以人廢言。"[3]是宜傳。

[1]《五代史》列鏡新磨於《傳》：鏡，《新五代史》卷三七作"敬"。

[2]恢諧：同"詼諧"。滑稽諧趣之意。漢荀悦《漢紀·武帝紀二》："朔又上書自訟……文旨放蕩，頗復以恢諧。"宋人陳亮《衆祭潘用和文》："歲時無事，懷酒相命，劇談滿引恢諧笑謔，醉倒而不相責禮。"

[3]不以人廢言：見《論語·衛靈公》："子曰：君子不以言舉人，不以人廢言。"《正義》曰："此章言君子用人，取其善節也。

有言者不必有德，故不可以言舉人，當察言觀行，然後舉之。夫婦之愚，可以與知，故不可以無德而廢善言也。”

羅衣輕，不知其鄉里。滑稽通變，一時諧謔多所規諷。興宗敗於李元昊也，[1]單騎突出幾不得脱。先是，元昊獲遼人輒劓其鼻，有奔北者，惟恐追及。故羅衣輕止之曰：“且觀鼻在否？”上怒，以毳索繫帳後，將殺之。太子笑曰：“打諢底不是黄幡綽！”[2]羅衣輕應聲曰：“行兵底亦不是唐太宗！”上聞而釋之。

[1]李元昊（1003—1048）：謚武烈皇帝，廟號景宗，陵號泰陵。小字嵬理，後更名曩霄，李德明長子。宋天聖九年（1031）李德明死後嗣位，宋授爲定難軍節度、夏銀綏宥静等州觀察處置押蕃落使、西平王。遼封他爲夏國王。宋寶元元年（1038）十月他更名曩霄，建國號大夏，年號天授禮法延祚，自稱皇帝。進表宋朝，要求承認建國稱帝的既成事實，雙方隨即發生戰爭。七年後雙方重新談和。西夏國主稱臣，宋朝同意每年給予銀、絹、茶、綵共二十五萬五千兩、匹、斤。夏宋談和，夏遼矛盾隨之激化。西夏景宗與遼興平公主婚後失和，再加這時遼境内的党項部落多叛附西夏，糾紛益形擴大。遼興宗親征西夏，遭遇失敗。從此夏、宋、遼三方鼎峙的局勢形成。《宋史》卷四八五有傳。

[2]黄幡綽：唐玄宗時伶人。沈自南《藝林匯考·稱謂篇》卷九：“《輟耕録》直以‘參軍’爲後世‘副’‘淨’。據云，開元中黄幡綽張野狐，善弄參軍，然則戲中孤酸，皆可名‘參軍’也。豈必‘副’‘淨’爲之哉。按‘弄參軍’者，漢和帝免館陶令石耽罪，每讌樂令衣白夾衫，命優伶戲弄辱之。終年乃放，後爲‘參軍戲’所由始矣。”

上嘗與太弟重元狎昵，[1]宴酣，許以千秋萬歲後傳位。重元喜甚，驕縱不法。又因雙陸，[2]賭以居民城邑。帝屢不競，前後已償數城。重元既恃梁孝王之寵，[3]又多鄭叔段之過，[4]朝臣無敢言者，道路以目。一日復博，羅衣輕指其局曰："雙陸休癡，和你都輸去也！"帝始悟，不復戲。清寧間以疾卒。[5]

[1]重元（1021—1063）：原稱宗元，因避興宗諱，改重元，小字孛吉只，亦作孛已只，聖宗次子。太平三年（1023）封秦國王。聖宗死後，欽愛皇后稱制，曾密謀立重元。重元以所謀告於興宗，封爲皇太弟。賜以金券誓書。道宗即位，册爲皇太叔，爲天下兵馬大元帥，復賜金券。清寧九年（1063）與其子涅魯古謀亂，失敗自殺。本書卷一一二有傳。

[2]雙陸：局如棋盤，是我國中古時代流行的一種博戲。

[3]梁孝王：名武，漢文帝子、景帝同母弟。有寵於其母竇太后，太后欲以梁孝王爲皇位繼承人，梁孝王亦謀取皇位，事敗，憂死。事見《史記》卷五八《梁孝王世家》及《漢書》卷四七《梁孝王傳》。

[4]鄭叔段：事蹟見《左傳·隱公元年》："夏五月，鄭伯克段於鄢。初，鄭武公娶於申，曰武姜，生莊公及共叔段。莊公寤生，驚姜氏，故名曰'寤生'，遂惡之，愛共叔段，欲立之，亟請於武公，公弗許。及莊公即位，爲之請制。公曰：'制，巖邑也，虢叔死焉，他邑唯命。'請京，使居之，謂之京城大叔。"

[5]清寧：遼道宗耶律洪基年號（1055—1064）。

宦官

王繼恩　趙安仁

《周禮》"寺人掌中門之禁"。[1] 至巷伯詩列于《雅》,[2] 勃貂功著于晉,[3] 雖忠於所事而非其職矣。漢、唐中世竊權蠹政，有不忍言者，是皆寵遇之過。遼宦者二人，其賢不肖皆可爲後世鑑，故傳焉。

[1]《周禮》：儒家經典。秦焚書之後，漢興，大收篇籍，廣開獻書之路。武帝時，河間獻王著録《周禮》，於諸經之中其出最晚，其真僞問題，學者亦聚訟紛紜。有《周禮注疏》四十二卷，漢鄭玄注，唐代賈公彦疏。　寺人：《周禮・天官》："寺人，王之正内五人。"注："寺之言侍也。《詩》云寺人。孟子正内路寢。"疏釋曰："在此者案，其職云掌王之内人及女宫之戒令，故在此。"又釋曰："云'寺之言侍者'。欲取親近侍御之義，此閹人也。"

[2]巷伯：周幽王宫中的寺人。《詩經》以之作爲篇名。《詩・小雅・巷伯》序："'巷伯'，刺幽王也。寺人傷於讒，故作是詩也。"箋："巷伯，奄官寺人，内小臣也。奄官上士四人，掌王后之命，於宫中爲近，故謂之'巷伯'，與寺人之官相近，讒人譖寺人，寺人又傷其將及巷伯，故以名篇。"

[3]勃貂：晉文公的宦者寺人披。《後漢書》卷七八《宦者列傳序》："然宦人之在王朝者，其來舊矣。將以其體非全氣，情志專良，通關中人，易以役養乎？然而後世因之，才任稍廣，其能者則勃貂、管蘇，有功於楚、晉。"注："勃貂，即寺人披也，一名勃鞮，字伯楚。《左傳》曰：吕却畏偪，將焚公宫，殺晉文公。寺人披見公以難告，遂殺吕郤。《新序》曰楚恭王有疾，告諸大夫曰管

蘇犯我以義，違我以禮，與處不安，不見不思，然而有得焉。吾死之後，爵之於朝也。”

王繼恩，棣州人。[1]睿智皇后南征，[2]繼恩被俘。

[1]棣州：州名。當時屬宋，治所在今山東省惠民縣。

[2]睿智皇后南征：【劉校】“智”原本作“知”，中華修訂本據本書卷一〇《聖宗本紀一》及卷二〇《興宗本紀三》重熙二十一年（1052）十一月丁未改。今從。睿智皇后（？—1009），蕭氏，諱綽，小字燕燕，北府宰相思温女。景宗即位，選爲貴妃。尋册爲皇后，生聖宗。景宗崩，尊爲皇太后，攝國政。統和元年（983），上尊號曰承天皇太后。本書卷七一有傳。

初，皇后以公私所獲十歲已下兒容貌可觀者近百人，載赴涼陘，[1]並使閹爲豎，繼恩在焉。聰慧，通書及遼語。[2]擢内謁者、内侍左厢押班。[3]聖宗親政，累遷尚衣庫使、左承宣、監門衛大將軍、靈州觀察使、内庫都提點。[4]

繼恩好清談，不喜權利，每得賜賚，市書至萬卷，載以自隨，誦讀不倦。每宋使來聘，繼恩多充宣賜使。後不知所終。

[1]涼陘：遼帝夏季納涼處。遼、金、元皇帝夏季都到涼陘納涼、狩獵。

[2]遼語：即契丹語。

[3]内謁者、内侍左厢押班：均爲内侍省官員。

[4]靈州：州名。治所在今寧夏回族自治區靈武市。十一世紀

地屬西夏。據《宋史》卷四八五《夏國傳》咸平五年（遼統和二十年，1002）三月，繼遷大集蕃部，攻陷靈州，以爲西平府。

趙安仁字小喜，深州樂壽人，[1]自幼被俘。

[1]深州：【靳注】州名。當時屬宋。治所在今河北省深州市。　樂壽：縣名。治所在今河北省獻縣。本隸瀛州，唐大曆中來屬，後又歸獻州。

統和中爲黄門令、秦晉國王府祗候。[1]王薨，授内侍省押班、御院通進。[2]開泰八年，[3]與李勝哥謀奔南土，爲游兵所擒。初，仁德皇后與欽愛有隙，[4]欽愛密令安仁伺皇后動静，無不知者。仁德皇后威權既重，安仁懼禍，復謀亡歸。仁德欲誅之，欽愛以言營救。聖宗曰："小喜言父母兄弟俱在南朝，每一念神魂隕越。今爲思親，冒死而亡，亦孝子用心，寔可憐憫。"赦之。

[1]統和：遼聖宗耶律隆緒年號（983—1012）。　秦晉國王：即隆緒同母弟隆慶（？—1016），統和中進封爲梁國王，拜南京留守，手握重兵，稱雄一方。統和十七年（999）南征，隆慶率軍爲先鋒，至瀛州（今河北省河間市），與宋將范廷召相遇，隆慶命蕭柳迎戰，將宋軍擊潰，並圍而殲之。十九年他復敗宋人於行唐（今河北省行唐縣）。開泰初更王晉國，後進王秦晉。他的權勢、地位不斷上升，威脅著遼聖宗。《宋朝事實類苑》卷七七引《乘軺録》稱其"調度之物，悉侈於隆緒"。

[2]御院通進：遼金官名。《金史》卷五六《百官志二》，"閣門"設御院通進四員，從七品。掌諸進獻禮物及薦享編次位序。

［3］開泰：遼聖宗耶律隆緒年號（1012—1021）。

［4］欽愛（？—1057）：姓蕭氏，小字耨斤，太祖淳欽皇后弟阿古只五世孫。爲聖宗元妃，生宗真。仁德皇后無子，取宗真而養之如己出。聖宗死後，宗真即位，耨斤自立爲皇太后，攝政，並殺害仁德皇后，謀廢興宗立重元。本書卷七一有傳。【劉注】“愛”原本作“哀”，據其本人的哀册篆蓋改。

重熙初欽愛攝政，[1]欲廢帝立少子重元。帝與安仁謀遷太后慶州守陵，[2]授安仁左承宣、監門衛大將軍，充契丹漢人渤海内侍都知兼都提點。會上思太后，親馭奉迎，太后責曰：“汝負萬死，我嘗營救，不望汝報，何爲離間我母子耶！”安仁無答。後不知所終。

［1］重熙：遼興宗耶律宗真年號（1032—1055）。

［2］慶州：州名。州城遺址在今内蒙古自治區巴林右旗索博日嘎镇。

論曰：名器所以礪天下，[1]非賢而有功則不可授，況宦者乎。繼恩爲内謁者，安仁爲黄門令，似矣，何至溺於私愛而授以觀察使、大將軍耶？《易》曰：“負且乘，致寇至。”[2]此安仁所以不克有終，繼恩幸而免歟？

［1］名器：統治者的權柄。《通鑑》卷一“臣光曰”：名以命之，器以别之，然後上下粲然有倫，此禮之大經也。名器既亡，則禮安得獨在哉！昔仲叔、於奚有功於衛辭邑而請繁纓，孔子以爲不如多與之邑。惟名與器不可以假人，君之所司也。

［2］負且乘，致寇至：見《周易注疏》卷七：“六三負且乘，致

寇至，貞吝。”《正義》曰：“乘者，君子之器也；負者，小人之事也。施之於人，即在車騎之上而負於物也。故寇盜知其非己所有，於是競欲奪之。故曰負且乘，致寇至也。”

（李錫厚注　劉鳳翥校）

遼史　卷一一〇

列傳第四十

姦臣上[1]

耶律乙辛　張孝傑　耶律燕哥　蕭十三[2]

[1]列傳第四十姦臣上：【劉校】據中華修訂本校勘記，原作“姦臣傳第四十”，明抄本、南監本同。今據北監本、殿本改。

[2]“耶律乙辛”至“蕭十三”：【劉校】原本、明抄本、南監本、北監本、殿本無。今據中華點校本補。

《春秋》褒貶，[1]善惡並書，示勸懲也。故遷、固傳佞幸、酷吏，[2]歐陽脩則并姦臣録之，[3]將俾爲君者知所鑒，爲臣者知所戒。此天地聖賢之心，國家安危之機，治亂之原也。遼自耶律乙辛而下姦臣十人，其敗國皆足以爲戒，故列于《傳》。

[1]《春秋》褒貶：相傳《春秋》是孔子刪定，往往以一字成

褒貶，後世稱爲“春秋筆法”。唐代劉知幾認爲修史就應承繼這種楷式。他的《史通·内篇·稱謂第十四》説：“孔子曰‘唯名不可以假人……’是知名之折中，君子所急。況復列之篇籍、傳之不朽者耶！昔夫子修《春秋》，吳、楚稱王而仍舊曰‘子’，此則褒貶之大體，爲前修之楷式也。馬遷撰《史記》，項羽僭盜而‘紀’之曰‘王’，此則真僞莫分，爲後來所惑云云。”

[2]遷：指司馬遷。生當漢武帝時，字子長，夏陽（今陝西省韓城市南）人。所著《史記》一百三十篇（卷），上起遠古，下迄西漢武帝，是我國第一部紀傳體通史。　固：指班固。東漢人，字孟堅，扶風安陵（今陝西省咸陽市東北）人，生於東漢光武帝建武八年（32）。所著《漢書》一百二十卷，是我國第一部紀傳體斷代史。

[3]歐陽脩：北宋文學家、史學家。纂修《新唐書》《新五代史》等書，有《歐陽文忠集》傳世。

耶律乙辛字胡覩衮，[1]五院部人。[2]父迭剌家貧，服用不給，部人號“窮迭剌”。

[1]耶律乙辛字胡覩衮：【劉注】“乙辛”爲契丹語小名的音譯，漢義爲“壽”。“胡覩衮”爲契丹語第二個名的音譯，漢義爲“福”。

[2]五院部：契丹部族名。天贊元年（922），以迭剌部強大難制，析五石烈爲五院，六爪爲六院，各置夷离堇。會同元年（938），更夷离堇爲大王，部隸北府，以鎮南境。

初，乙辛母方娠，夜夢手搏羖羊，拔其角尾。既寤占之，術者曰：“此吉兆也。羊去角尾爲王字，汝後有子當王。”及乙辛生，適在路無水以浴，廻車破轍忽見湧泉。迭剌自以得子，欲酒以慶，聞酒香，于草棘間得二榼，[1]因祭東焉。[2]

[1]榼（kē）：【靳注】古代盛酒或貯水的器具。

[2]祭東：本書卷一一六《國語解》：“國俗，凡祭皆東向，故曰祭東。”

乙辛幼慧黠，嘗牧羊至日昃，[1]迭剌視之，乙辛熟寢。迭剌觸之覺，乙辛怒曰：“何遽驚我！適夢人手執日月以食我，我已食月，啗日方半而覺，惜不盡食之。”迭剌自是不令牧羊。及長，美風儀，外和内狡。重熙中爲文班吏，[2]掌太保印，陪從入宫。皇后見乙辛詳雅如素宦令補筆硯吏，帝亦愛之，累遷護衛太保。道宗即位，以乙辛先朝任使，賜漢人户四十，同知點檢司事，[3]常召決疑議，陞北院同知，歷樞密副使。清寧五年爲南院樞密使，[4]改知北院，封趙王。

[1]日昃：【劉校】“昃”原本誤作“是”。《初校》謂：“‘昃’，《百》作‘是’，非。”明抄本、南監本、北監本和殿本均作“昃”。中華點校本、修訂本和補注本徑改。今從改。

[2]重熙：遼興宗耶律宗真年號（1032—1055）。

[3]同知點檢司事：即殿前都點檢，後周世宗設置殿前司，以都點檢、副都點檢爲正、副長官，位在都指揮使之上，爲禁軍統帥。宋初廢。遼設殿前都點檢，爲南面軍官，當係模倣後周制。

[4]清寧：遼道宗耶律洪基年號（1055—1064）。 樞密使：官名。樞密院長官。遼有北、南樞密院，爲遼朝的實際宰輔機構，分

别總領北、南面官。北樞密院又稱契丹樞密院，掌軍事、部族；南樞密院又稱漢人樞密院，掌漢人州縣之事。

九年耶律仁先爲南院樞密使，[1]時駙馬都尉蕭胡覩與重元黨，[2]惡仁先在朝，奏曰："仁先可任西北路招討使。"[3]帝將從之。乙辛奏曰："臣新參國政，未知治體。仁先乃先帝舊臣，不可遽離朝廷。"帝然之。重元亂平，拜北院樞密使，[4]進王魏，賜匡時翊聖竭忠平亂功臣。咸雍五年加守太師。[5]詔四方有軍旅，許以便宜從事，勢震中外，門下饋賂不絶。凡阿順者蒙薦擢，忠直者被斥竄。

[1]耶律仁先（1012—1072）：契丹皇族。孟父房之後。字紏鄰，小字查剌。清寧初爲南院樞密使。本書卷九六有傳。

[2]蕭胡覩（？—1063）：遼外戚。清寧九年（1063）七月參與重元叛亂，失敗投水死。五子，同日誅之。本書卷一一四有傳。

[3]西北路招討使：遼朝官名。西北路招討司長官。該機構是遼朝統治漠北屬部的最高軍政機構，又稱西北路都招討司。

[4]重元亂平，拜北院樞密使：【劉校】據中華點校本校勘記，本書卷二二《道宗本紀二》清寧九年七月，重元亂平後，以耶律仁先爲北院樞密使，乙辛爲南院樞密使。

[5]咸雍：遼道宗耶律洪基年號（1065—1074）。

大康元年皇太子始預朝政，[1]法度修明，乙辛不得逞，謀以事誣皇后。后既死，乙辛不自安，又欲害太子。乘間入奏曰："帝與后如天地並位，中宫豈可曠？"盛稱其黨駙馬都尉蕭霞抹之妹美而賢，上信之，納于宫，尋册爲皇后。時護衛蕭忽古知乙辛姦狀，[2]伏橋下欲殺之，俄暴雨壞橋，謀不遂。林牙蕭巖壽密奏曰：[3]“乙辛自皇太子預政，内懷疑懼，又與宰相張孝傑相附會，恐有異圖，不可使居要地。”出爲中京留守。[4]乙辛泣謂人曰：“乙辛無過，因讒見出。”其黨蕭霞抹輩以其言聞於上，上悔之。[5]無何，出蕭巖壽爲順義軍節度使，[6]詔近臣議召乙辛事，北面官屬無敢言者，[7]耶律撒剌曰：[8]“初以蕭巖壽奏出乙辛。若所言不當宜坐以罪，若當則不可復召。”累諫不從。乃復召爲北院樞密使。

[1]大康：遼道宗耶律洪基年號（1075—1084）。

[2]蕭忽古（？—1077）：道宗護衛，後爲乙辛所害。本書卷九九有傳。

[3]蕭巖壽（1028—1077）：道宗時任北面林牙，因反對耶律乙辛謀害太子，被誣“謀廢立”，於大康三年（1077）被處死。本書卷九九有傳。

[4]中京：遼五京之一。稱大定府，故址在今内蒙古自治區寧城縣大明鎮。

[5]上悔之：【劉校】“悔”原本誤作“海”。明抄本、南監本、北監本和殿本均作“悔”。中華點校本、修訂本、補注本和長箋本徑改。今據改。

[6]順義軍：遼代軍號。治朔州（今山西省朔州市）。

[7]北面官：遼中央官之一類。遼中央官分北、南面。皇帝殿帳東向，上朝時，契丹臣僚列於殿前之北面，漢官列於南面，分別稱爲北、南面官。北面官掌軍事、宫帳、部族；南面官掌漢人州縣。

[8]耶律撒剌：字董隱，南院大王磨魯古之孫。爲乙辛所害。

本書卷九九有傳。

時皇太子以母后之故憂見顏色。乙辛黨欣躍相慶，讒謗沸騰，忠良之士斥逐殆盡。乙辛因蕭十三之言，夜召蕭得裹特謀構太子，[1]令護衛太保耶律查剌誣告耶律撒剌等同謀立皇太子。詔按無迹而罷。又令牌印郎君蕭訛都斡詣上誣首：[2]“耶律查剌前告耶律撒剌等事皆實，臣亦與其謀，本欲殺乙辛等而立太子。臣等若不言，恐事白連坐。”詔使鞫劾，乙辛迫令具伏。上怒，命誅撒剌及速撒等。乙辛恐帝疑，引數人庭詰，各令荷重校，繩系其頸不能出氣，人人不堪其酷，惟求速死。反奏曰：“别無異辭。”時方暑，尸不得瘞，以至地臭。乃囚皇太子於上京，[3]監衛者皆其黨。尋遣蕭達魯古、撒把害太子。乙辛黨大喜，聚飲數日。上京留守蕭撻得以卒聞。上哀悼，欲召其妻，乙辛陰遣人殺之，以滅其口。

[1]蕭得裹特：其祖先是遙輦洼可汗時期的宫分人。清寧初年乙辛受重用執掌大權，得裹特甚受重用，累經陞遷爲北面林牙、同知北院宣徽使事。是乙辛謀害太子的同夥。本書卷一一一有傳。

[2]蕭訛都斡：國舅少父房之後。咸雍中補牌印郎君。大康三年（1077）樞密使耶律乙辛令護衛太保耶律查剌誣告耶律撒剌等謀廢立。訛都斡希乙辛旨意，實其事。後與乙辛議論不合，被誅。本書卷一一一有傳。

[3]上京：遼五京之一。前期都城，稱臨潢府，故址在今内蒙古自治區巴林左旗林東鎮波羅城。

五年正月上將出獵，乙辛奏留皇孫，上欲從之。同知點檢蕭兀納諫曰：[1]“陛下若從乙辛留皇孫，皇孫尚幼，左右無人，願留臣保護，以防不測。”遂與皇孫俱行。由是上始疑乙辛，頗知其姦。會北幸，將次黑山之平淀，[2]上適見扈從官屬多隨乙辛後，惡之，出乙辛知南院大王事。[3]及例削一字王爵，改王混同，意稍自安。及赴闕入謝，帝即日遣還，改知興中府事。[4]

[1]蕭兀納：六院部人。一名撻不也，字特免。大康初年爲北院宣徽使。當時乙辛已經陷害了太子，兀納護衛皇孫即後來的天祚皇帝，得免被乙辛所害。天祚即位後，兀納外放爲遼興軍節度使，加守太傅。本書卷九八有傳。

[2]黑山之平淀：本書卷三二《營衛志中》載，“黑山在慶州北十三里，上有池，池中有金蓮”。黑山近慶陵，故“道宗每歲先幸黑山，拜聖宗、興宗陵，賞金蓮，乃幸子河避暑”。另據本書卷三七《地理志一·慶州》：“在州西二十里。有黑山、赤山、太保山、老翁嶺、饅頭山、興國湖、轄失濼、黑河。”

[3]南院大王：契丹官名。遼太祖析迭剌部爲五院部和六院部。北院大王和南院大王即是五院部和六院部的首領。

[4]興中府：遼六府之一。治所在今遼寧省朝陽市。

七年冬坐以禁物鬻入外國，下有司議，法當死。乙辛黨耶律燕哥獨奏當入八議，[1]得減死論，擊以鐵骨朶，[2]幽於來州。[3]後謀奔宋及私藏兵甲事覺，縊殺之。乾統二年發冢，[4]戮其屍。

[1]八議：唐律中關於對權貴犯罪應減免處罰的規定，爲“八議”。《唐律疏義》卷二《名例律》：“議者，原情議罪，稱定刑之

律而不正決之”。

[2]骨朶：衛士手執的武器。亦用作刑具。宋代程大昌《演繁露》卷一二《骨朶》：“宋景文公筆録謂俗以撾爲骨朶者，於古無稽。據國朝既名衛士執撾扈從者，爲骨朶子班，遂不可攷……然則謂撾爲骨朶，雖不雅馴，其來久也。”《遼史拾遺》卷一五引《燕北録》曰：“鐵爪以熟鐵打作，八片虛合，或用柳木作柄，約長三尺，兩邊鐵裹。打數不過七。”

[3]來州：州名。遼聖宗時置。治來賓縣，在今遼寧省綏中縣西南前衛鎮。金天德三年（1151）改爲宗州。《武經總要》前集卷一六下《戎狄舊地》：“來州，號歸德軍。女真國五部落相率來降，胡中因建州以居之。東至隰州七十里，西至遼州七十里，南至大海四十里，北至建州三百五十里。”

[4]乾統：遼天祚帝耶律延禧年號（1101—1110）。

張孝傑建州永霸縣人，[1]家貧好學，重熙二十四年擢進士第一。清寧間累遷樞密直學士。咸雍初坐誤奏事，出爲惠州刺史，[2]俄召復舊職兼知户部司事。三年參知政事，[3]同知樞密院事，加工部侍郎。八年封陳國公。上以孝傑勤幹，數問以事，爲北府宰相，[4]漢人貴幸無比。大康元年賜國姓。明年秋獵，帝一日射鹿三十，燕從官，酒酣，命賦《雲上于天》詩，詔孝傑坐御榻旁。上誦《黍離》詩：[5]“知我者謂我心憂，不知我者謂我何求。”孝傑奏曰：“今天下太平，陛下何憂？富有四海，陛下何求？”帝大悦。三年，群臣侍燕，上曰：“先帝用仁先、化葛，以賢智也。朕有孝傑、乙辛，不在仁先、化葛下，誠爲得人。”歡飲至夜乃罷。

[1]永霸縣：縣名。爲建州州治。治所在今遼寧省朝陽縣西南大平房鎮黄花灘。據鄧寶學等《遼寧朝陽遼趙氏族墓》（《文物》1983年第9期）。1972、1977和1979年，在遼寧朝陽縣先後發現三座遼代趙氏墓葬，即商家溝1號墓、趙匡禹墓和趙爲幹墓。《趙匡禹墓誌》還記載，匡禹"葬於州之南白楊口"。據《盧龍趙氏家傳》，匡禹之父延威（匡禹墓誌作延寧），"葬建州永霸縣白羊峪"，此城址應是遼聖宗時搬遷後的建州永霸縣故址。此墓誌的發現，進一步證實了黄花灘古城即是遼建州故址。

[2]惠州：州名。治所在今遼寧省建平縣北。《武經總要》前集卷一六下《中京四面諸州》："惠州，阿保機所建，在鮮卑之地。本朝景德初，契丹入寇，河北德清軍失守，俘虜人民，於此置城居之。城方二里，之至低小，城内瓦舍、倉廩，人多漢服。"

[3]參知政事：官名。始見於唐前期，宋初作爲副宰相，至真宗以後，其地位更與宰相同平章事等。遼朝參知政事的地位類似宋朝的參知政事，與同中書門下平章事一樣，都是中書省長官，都是宰相。

[4]北府宰相：契丹部族官名。契丹可汗之下有北、南二府，各部族則分屬二府，故北宰相亦稱北府宰相，南宰相亦稱南府宰相。

[5]《黍離》：《詩・王風・序》："《黍離》，閔宗周也。周大夫行役至於宗周，過故宗廟、宫室，盡爲禾黍。閔周室之顛覆，彷徨不忍去而作是詩也。"

是年夏，耶律乙辛譖皇太子，孝傑同力相濟。及乙辛受詔按皇太子黨人，誣害忠良，孝傑之謀居多。乙辛薦孝傑忠於社稷，帝謂孝傑可比狄仁傑，賜名仁傑，乃許放海東青鶻。[1]六年既出乙辛，上亦悟孝傑姦佞，尋出爲武定軍節度使。[2]坐私販廣濟湖鹽及擅改詔旨，[3]削爵，貶安肅州，[4]數年乃歸。大安中死於鄉。[5]乾統初剖棺戮屍，[6]以族産分賜臣下。

[1]海東青鶻：猛禽名。能擊殺天鵝。渤海國故地以東大海盛産珍珠，天鵝食蚌，珍珠藏於天鵝嗉内。契丹人放出海東青鶻擊殺天鵝，獲取珍珠。

[2]武定軍：遼代軍號。治奉聖州（今河北省涿鹿縣）。

[3]廣濟湖：據《武經總要》前集卷一六下《北番地理》，即大鹽泊，“大鹽泊周圍三百里，東至上京一千五百里，契丹中更名廣濟湖”。在今内蒙古自治區東烏珠穆沁旗西南達布蘇諾爾。

[4]安肅州：治所在今河北省保定市徐水區，不在遼境，宋置安肅軍。

[5]大安：遼道宗耶律洪基年號（1085—1094）。

[6]戮屍：刑罰的一種。陳屍示衆，以示羞辱。

孝傑久在相位，貪貨無厭，[1]時與親戚會飲，嘗曰：“無百萬兩黄金，不足爲宰相家。”初，孝傑及第詣佛寺，忽迅風吹孝傑幞頭與浮圖齊，[2]墜地而碎。有老僧曰：“此人必驟貴，然亦不得其死。”竟如其言。

[1]貪貨無厭：【劉校】“貪”，原本作一空格。《羅校》謂：“元本缺‘貪’。”中華修訂本據明抄本、南監本、北監本、殿本改作“貪”。中華點校本和補注本徑改。今據改。

[2]幞頭：中古時男子佩戴的頭巾。宋代沈括《夢溪筆談》卷一《故事》：“襆頭，一謂之‘四脚’，乃四帶也。二帶繫腦後垂之，折帶反繫頭上，令曲折附頂，故亦謂之‘折上巾’。唐制，唯人主得用硬脚。晚唐方鎮擅命，始僭用硬脚。本朝襆頭有直脚、局脚、交脚、朝天、順風凡五等，唯直脚貴賤通服之。又庶人所戴頭巾，

唐人亦謂之‘四脚’，蓋兩脚繫腦後，兩脚繫頷下，取其服勞不脱也。無事則反繫於頂上。今人不復繫頷下，兩帶遂爲虚設。”《太平御覽》卷五〇八《逸民部》：“又曰郭泰字林宗，太原人也。少事父母，以孝聞。身長八尺餘，家貧，郡縣欲以爲吏。歎曰：‘丈夫何能執鞭斗筲哉！’乃辭母，與同郡宗仲至京師，從屈伯彦學《春秋》，博洽無不通。又審於人物，由是名著於陳、梁之間。步行遇雨，巾一角墊，衆人慕之，皆折巾角，士爭往從之。”是折巾、襆頭本流行於南朝士人間。　浮圖：佛教語。梵語 Buddha 的音譯。指佛教。此指佛塔。《吴都文粹》卷九陸綠《新建佛殿記》：“姑蘇走百里有邑常熟，邑西偏有佛宇曰寶嚴，即梁天監中所建也。倚山面湖，秀若屏障。嘗有希辯師者心悟大乘，是焉棲處。錢氏伯國時以名聞，名歸餘杭，錢氏獻土，隨詔請見，賜紫方袍，號曰惠明大師。既而厭居京國，歸隱舊刹，錢氏以師人境俱勝，復施金五百兩造七級浮圖。”

耶律燕哥字善寧，季父房之後。[1]四世祖鐸穩太祖異母弟，[2]父曰豁里斯官至太師。

[1]季父房：契丹以玄祖之後爲皇族，分爲三房：孟父房、仲父房和季父房。德祖之元子是爲太祖天皇帝，謂之横帳；次曰剌葛，曰迭剌，曰寅底石，曰安端，曰蘇，皆曰季父房。

[2]四世祖鐸穩：【劉校】據中華點校本校勘記，依下文，如燕哥與太子濬爲兄弟行，則鐸穩應是七世祖。　太祖異母弟：【劉注】據本書卷六四《皇子表》，太祖異母弟名蘇，字雲獨昆。鐸穩可能是雲獨昆的異譯。

燕哥狡佞而敏，清寧間爲左護衛太保。大康初，轉北面林牙。[1]初，耶律乙辛自中京留守復爲樞密使，以燕哥爲耳目，凡聞見必以告。乙辛愛而薦之，帝亦以爲賢，拜左夷离畢。[2]及皇太子被誣，帝遣燕哥往訊之，太子謂燕哥曰："帝惟我一子，今爲儲嗣復何求，敢爲此事！公與我爲昆弟行，當念無辜，達意於帝。"禱之甚懇。蕭十三聞之謂燕哥曰："宜以太子言，易爲伏狀。"燕哥頷之，盡如所教以奏。及太子被逐，乙辛殺害忠良，多燕哥之謀，爲契丹行宮都部署。[3]五年夏拜南府宰相，遷惕隱。[4]

[1]林牙：契丹官名。掌文翰，相當於翰林學士。

[2]夷离畢：遼官名。爲執政官，相當於副宰相參知政事。後來官分南、北，北面官有夷离畢院，主要掌刑政。

[3]契丹行宮都部署：遼北面行宮官。遼在北南面官系統中，分别設契丹行宮都部署和漢人行宮都部署，其上則有諸行宮都部署。行宮都部署完全是倣中原王朝官制設置的，它不同於專管斡魯朶事務的某宮都部署的宮官。宋朝皇帝巡幸亦有行宮，且亦有行宮都部署之設。後避英宗趙曙名諱，改稱行宮都總管。

[4]惕隱：契丹官名。又稱梯里已，掌皇族政教。

大安三年爲西京留守，[1]致仕。壽隆初以疾卒。[2]

[1]西京：遼五京之一。故址在今山西省大同市。

[2]壽隆：遼道宗耶律洪基年號（1095—1101）。據遼代碑刻和錢幣，此年號本爲"壽昌"。元代修《遼史》時誤書爲"壽隆"。

蕭十三，蔑古乃部人。父鐸魯斡歷官節度使。

十三辨黠，善揣摩人意，清寧間以年勞遷護衛太保。大康初耶律乙辛復入樞府，益横恣。時十三出入乙辛家，以朝臣不附者輒使出之，十三由宿衛遷殿前副點檢。

三年夏護衛蕭忽古等謀殺乙辛，事覺下獄。十三謂乙辛曰："今太子猶在，臣民屬心。大王素無根柢之助，復有誣皇后之怨。若太子立，王置身何地？宜熟計之。"乙辛曰："吾憂此久矣。"是夜，召蕭得裹特謀所以構太子事。十三計既行，尋遷殿前都點檢兼同知樞密院事。復令蕭訛都斡等誣首：耶律查剌前告耶律撒剌等事皆實。詔究其事，太子不服。别遣夷离畢耶律燕哥問太子，太子具陳所以見誣之狀。十三聞之，謂燕哥曰："如此奏，則大事去矣！當易其辭爲伏款。"燕哥入，如十三言奏之。上大怒，廢太子。太子將出，曰："我何罪至是！"十三叱令登車，遣衛卒闔車門。是年遷北院樞密副使，復陳陰害太子計，乙辛從之。

及乙辛出知南院大王事，亦出十三爲保州統軍使，[1]卒。乾統間剖棺戮屍。二子：的里得、念經，皆伏誅。

[1]保州：州名。治所在今朝鮮新義州市。《武經總要》前集卷一六下《戎狄舊地》："保州，渤海古城，東控鴨緑江新羅國界，仍置榷場，通互市之利。東南至宣化軍四十里，南至海五十里，北至大陵河二十里。"

（李錫厚注　劉鳳翥校）

遼史　卷一一一

列傳第四十一

姦臣下[1]

蕭余里也　耶律合魯　蕭得裏特　蕭訛都斡　蕭達魯古
耶律塔不也　蕭圖古辭[2]

[1]列傳第四十一姦臣下：【劉校】原作“姦臣傳第四十一”，明抄本、南監本同。今據北監本、殿本改。

[2]“蕭余里也”至“蕭圖古辭”：【劉校】原本、明抄本、南監本、北監本、殿本無。今據中華點校本補。

蕭余里也字訛都椀，國舅阿剌次子。便佞滑稽，善女工。重熙間以外戚進。[1]清寧初補祇候郎君，[2]尚鄭國公主，[3]拜駙馬都尉，累遷南面林牙。[4]以父阿剌爲蕭革所譖，[5]出余里也爲奉先軍節度使。[6]十年冬召爲北面林牙。

[1]重熙：遼興宗耶律宗真年號（1032—1055）。

[2]清寧：遼道宗耶律洪基年號（1055—1064）。

[3]鄭國公主：興宗第二女斡里太，母爲仁懿皇后。初封鄭國公主，清寧間加長公主，壽隆間加大長公主。下嫁蕭余里也。

[4]林牙：契丹官名。掌文翰，相當於翰林學士。

[5]蕭革（？—1063）：契丹外戚。國舅房林牙蕭和尚之子。小字滑哥，字胡突堇。道宗即位後，與國舅蕭阿剌同掌朝政。帝訪群臣以時務，阿剌陳利病，言甚激切。革因譖阿剌"有慢上心"。道宗大怒，縊阿剌於殿下。本書卷一一三有傳。

[6]奉先軍：遼代軍號。治顯州（今遼寧省北鎮市）。

咸雍中，[1]會有告余里也與族人朮哲謀害耶律乙辛，[2]按無狀，出爲寧遠軍節度使。[3]自後余里也揣乙辛意，傾心事之，薦爲國舅詳穩。[4]大康初封遼西郡王。時乙辛擅恣，凡不附己者出之，乃引余里也爲北府宰相，[5]兼知契丹行宮都部署事。[6]及乙辛謀構皇太子，余里也多助成之，遂知北院樞密事，賜推誠協贊功臣。以女姪妻乙辛子綏也，恃勢横肆，至有無君之語，朝野側目。

[1]咸雍：遼道宗耶律洪基年號（1065—1074）。

[2]耶律乙辛（？—1083）：五院部人。字胡覩衮。道宗即位後爲南院樞密使。重元亂平，拜北院樞密使，進封魏王。咸雍五年（1069）加守太師。詔四方有軍旅，許以便宜從事，勢震中外。大康元年（1075）誣皇后蕭觀音致死，三年又害死太子耶律濬。本書卷一一〇有傳。

[3]寧遠軍：遼代軍號。治貴德州，州城故址當在今遼寧省撫

顺市城北高爾山前。

[4]詳穩：遼朝軍官名。元帥府下設大詳穩司。本書卷一一六《國語解》："詳穩，諸官府監治長官。""詳穩"即漢語"將軍"的轉譯。【劉注】"詳穩"即漢語"將軍"的轉譯的説法似有值得商榷之處。在契丹小字中，"詳穩"作，"將軍"作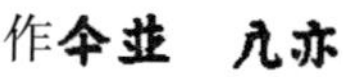，或、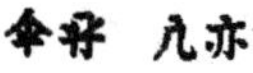；在契丹大字中，"詳穩"作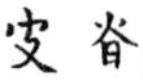，"將軍"作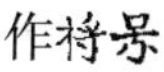。"詳穩"不是漢語"將軍"的轉譯，而是音譯的契丹語，契丹語中"將軍"是漢語借詞。

[5]北府宰相：契丹部族官名。契丹可汗之下有北、南二府，各部族則分屬二府，故北宰相亦稱北府宰相，南宰相亦稱南府宰相。

[6]契丹行宫都部署：遼北面行宫官。遼在北南面官系統中，分别設契丹行宫都部署和漢人行宫都部署，其上則有諸行宫都部署。行宫都部署完全是倣中原王朝官制設置的，它不同於專管斡魯朶事務的某宫都部署的宫官。宋朝皇帝巡幸亦有行宫，且亦有行宫都部署之設。後避英宗趙曙名諱，改稱行宫都總管。

帝出乙辛知南院大王事，[1]坐與乙辛黨，以天平軍節度使歸第。[2]尋拜西北路招討使。[3]以母憂去官，卒。

[1]南院大王：契丹官名。遼太祖析迭剌部爲五院部和六院部。北院大王和南院大王即是五院部和六院部的首領。

[2]天平軍：治鄆州（今山東省東平縣），不在遼境内。爲遥授。

[3]西北路招討使：遼朝官名。西北路招討司長官。該機構是遼朝統治漠北屬部的最高軍政機構，又稱西北路都招討司。

耶律合魯字胡都堇，六院舍利褭古直之後。[1]柔佞，喜苟合。仕清寧初。

[1]六院：契丹部族名。天贊元年（922），以迭剌部強大難制，析五石烈爲五院，六爪爲六院，各置夷离堇。會同元年（938），更夷离堇爲大王，部隸北府，以鎮南境。

時乙辛引用群小，合魯附之，遂見委任，俄擢南面林牙。乙辛譖皇太子，殺忠直，合魯多預其謀。弟吾也亦黨乙辛，時號“二賊”。乙辛薦爲北院大王，[1]卒。吾也亦至南院大王。

[1]北院大王：契丹官名。是五院部的首領，握有兵權。

蕭得裏特，遙輦洼可汗宮分人。[1]善阿意順色。清寧初乙辛用事，[2]甚見引用，累遷北面林牙、同知北院宣徽使事。[3]

[1]宮分人：有宮籍之人。宮籍起源甚早，遙輦氏時已經有宮分人存在。有宮籍的宮分人，多是統治者的私奴，但宮分人中也有契丹權貴。宮籍是世襲的，宮分人“出宮籍”需要經皇帝特許。如韓德讓，就是既貴並且賜姓耶律之後纔“出宮籍”的。繼韓德讓之後，興宗時的漢人宮分人姚景行出宮籍也是在其官至翰林學士、樞密副使、參知政事以後。漢臣梁援，累世在遼朝作官，同時也具有宮籍。壽昌七年（1101）正月，道宗死後，由他充玄官都部署，並撰謚册文。喪事既畢之後，始詔免其宮籍，而且“勑格餘人不以爲例，示特寵也”（《遼寧省博物館藏碑誌精粹》，文物出版社 2000

年版，第284—285頁）。遼朝諸宫衛（斡魯朶）有所管轄人丁的統計數字，但奴婢不計算在内。遼亡之後，諸宫衛機構雖已不存，但那些宫户、宫分人的身份並未改變；他們仍隸宫籍。於是，金朝始有宫籍監之設，用以管理這些宫户，並依照新機構的名稱，稱他們爲“宫籍監户”或“監户”。遼朝一部分專門在皇帝身邊服役的“宫户”又稱爲“著帳户”。散居州縣當中的宫户與民户一樣要向國家交納賦税，説明這些宫户的身份已經發生了改變。宫户所受剥削和壓迫定是相當沉重的，以至他們被迫逃亡。據壽昌二年（1096）的《孟有孚墓誌銘》載，“時朝廷命復慶陵之逋民，詔公乘驛以督之”（《全遼文》卷九）。

［2］清寧初：【劉校】據中華點校本校勘記，按“清寧初”應作“清寧末”。

［3］宣徽使：遼朝官名。遼設北、南宣徽使，分隸北、南樞密院之下。宣徽北院使常執行軍事使命。此外，宣徽使還掌領朝會、宴饗、禮儀、祭祀及御前祗應之事。

及皇太子廢，遣得裹特監送上京。[1]得裹特促其行，不令下車，起居飲食數加陵侮，至則築圜堵囚之。大康中遷西南招討使，[2]歷順義軍節度使，[3]轉國舅詳穩。

［1］上京：遼五京之一。前期都城，稱臨潢府，故址在今内蒙古自治區巴林左旗林東鎮波羅城。

［2］大康：遼道宗耶律洪基年號（1075—1084）。　西南招討使：西南面招討司長官。駐西京大同（今山西省大同市），負責對夏防務。

［3］順義軍：遼代軍號。治朔州（今山西省朔州市）。

壽隆五年，[1]坐怨望，以老免死，圞門籍興聖宫，[2]

貶西北統軍司，卒。二子：得末、訛里，乾統間以父與乙辛謀，伏誅。

[1]壽隆：遼道宗耶律洪基年號（1095—1101）。據遼代碑刻和錢幣，此年號本爲“壽昌”。元代修《遼史》時誤書爲“壽隆”。

[2]籍興聖宮：籍没入興聖宮爲奴。興聖宮是聖宗耶律隆緒宮分。

蕭訛都斡，國舅少父房之後。[1]咸雍中補牌印郎君。

[1]國舅少父房：據本書卷六七《外戚表序》：“契丹外戚，其先曰二審密氏：曰拔里，曰乙室已。至遼太祖，娶述律氏。述律，本回鶻糯思之後。大同元年，太宗自汴將還，留外戚小漢爲汴州節度使，賜姓名曰蕭翰，以從中國之俗，由是拔里、乙室已、述律三族皆爲蕭姓。拔里二房，曰大父、少父；乙室已亦二房，曰大翁、小翁；世宗以舅氏塔列葛爲國舅別部。”又本書卷四五《百官志一》不稱“房”，稱“帳”，各設常衮以治之。

大康三年樞密使乙辛陰懷逆謀，乃令護衛太保耶律查剌誣告耶律撒剌等廢立事，[1]詔按無狀，皆補外。頃之，訛都斡希乙辛意欲實其事，與耶律塔不也等入闕誣首：“耶律撒剌等謀害乙辛、欲立皇太子事，臣亦預謀。今不自言，恐事泄連坐。”帝果怒，徙皇太子于上京。

[1]耶律撒剌：南院大王磨魯古之孫。字董隱，爲乙辛所害。本書卷九九有傳。

訛都斡尚皇女趙國公主,[1]爲駙馬都尉。後與乙辛議不合，銜之,[2]復以車服僭擬人主，被誅。訛都斡臨刑語人曰:“前告耶律撒剌事，皆乙辛教我。恐事彰，殺我以滅口耳!”

[1]訛都斡尚皇女趙國公主:【劉校】據中華點校本校勘記，按《公主表》:道宗第二女趙國公主嫁蕭撻不也,“撻不也坐昭懷太子事被害，其弟訛都斡欲逼尚公主，公主以訛都斡黨乙辛，惡之。未幾，訛都斡以事伏誅”。

[2]後與乙辛議不合，銜之:【劉校】“銜”，原本誤作“御”,《羅校》謂:“‘銜’，元本誤‘御’。”明抄本、南監本、北監本、殿本均作“銜”。中華點校本、修訂本和補注本徑改。今從改。

蕭達魯古，遙輦嘲古可汗宮分人。[1]性姦險。

[1]遙輦嘲古可汗:本書卷四五《百官志一》作“昭古可汗”。是遙輦氏第六任可汗。

清寧間乙辛爲樞密使，竊權用事，陰懷逆謀。達魯古比附之，遂見獎拔，稍遷至旗鼓拽剌詳穩。[1]乙辛欲害太子，以達魯古兇果可使，遣與近侍直長撒把詣上京,[2]同留守蕭撻得夜引力士至囚室，紿以有赦，召太子出，殺之，函其首以歸，詐云疾薨。以達魯古爲國舅詳穩。達魯古恐殺太子事白，出入常佩刀，有急召，即欲自殺。

[1]拽剌:契丹語“走卒”謂之“拽剌”，後爲軍官名。有掌

旗鼓者，稱“旗鼓拽剌”。軍中有拽剌司，專司偵候、探報等職。著帳局亦設拽剌官。

[2]近侍：皇帝身邊的奴僕。

乾統間詔樞密使耶律阿思大索乙辛黨人，[1]達魯古以賂獲免。後以疾卒。

[1]乾統：遼天祚帝耶律延禧年號（1101—1110）。 耶律阿思（1034—1108）：【劉注】字撒班。據漢字《耶律祺墓誌銘》殘石和契丹大字《耶律祺墓誌銘》，阿思爲契丹大字小名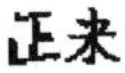的音譯，確切的譯法應爲“阿思里”，第二個名爲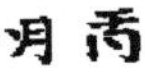（撒班），漢名爲祺。清寧初補祗候郎君。重元之亂，與護衛蘇射殺涅魯古，賜號靖亂功臣，徙契丹行宮都部署。壽昌元年（1095）爲北院樞密使，監修國史。道宗崩，受顧命，加于越。受賂，包庇乙辛黨人。卒於乾統八年（1108）正月二十三日，享年七十五歲。本書卷九六有傳。

耶律塔不也，仲父房之後。[1]以善擊鞠幸於上，[2]凡馳騁鞠不離杖。

[1]仲父房：皇族中阿保機伯父釋魯一系。據本書卷四五《百官志一》：“玄祖伯子麻魯無後，次子巖木之後曰孟父房；叔子釋魯曰仲父房；季子爲德祖，德祖之元子是爲太祖天皇帝，謂之橫帳；次曰剌葛，曰迭剌，曰寅底石，曰安端，曰蘇，皆曰季父房。”

[2]擊鞠：即打馬球，是當時流行的競技活動。因爲參賽者都在馬上擊球，奔馳的快馬有時會失控，因此具有一定的危險性。統和六年（988），一日承天太后觀看臣下擊鞠，她的寵臣韓德讓被胡里室衝撞墜馬，太后一怒之下，竟下令將胡里室斬首。今内蒙古自

治區敖漢旗皮匠溝1號遼墓墓門西側的穹隆頂下部，有一幅打馬球圖。現存寬180釐米、高50釐米。畫面有多處剥落，但仍大體可辨。

咸雍初補祗候郎君。與耶律乙辛善，故内外畏之。及太子被譖，按無迹，塔不也附乙辛，欲實其誣，與訛都斡等密奏："太子謀亂事本實，臣不首，恐事覺連坐。"帝信之，廢太子。改延慶宫副使。[1]壽隆元年爲行宫都部署。

[1]延慶宫：興宗耶律宗真宫分。

天祚嗣位，以塔不也黨乙辛，出爲特免部節度使。[1]及樞密使耶律阿思大索乙辛舊黨，塔不也以賂獲免。徙敵烈部節度使，[2]復爲敦睦宫使。[3]天慶元年出爲西北路招討使。[4]以疾卒。

[1]特免部：據本書卷三三《營衛志下》，有特里特免部，該部"初於八部各析二十户以戍奚，偵候落馬河及速魯河側，置二十詳穩。聖宗以户口蕃息，置爲部"。卷三二《營衛志中》稱其與稍瓦、曷术同爲"部而不族"。他們原本就是遼朝統治者以行政手段造成的部族。一部分人户或以諸宫衛及横帳大族的奴隸構成，而並非由氏族組成的部落，朝廷更不賜予他們以"耶律"和"蕭"這樣的姓氏，所以是"部而不族"，這一類，較奚和室韋的地位低。

[2]敵烈部：遼金時北邊族名。又譯迪烈、敵烈德、迭烈德、達里底。遼時以遊牧、捕獵爲業，分佈於臚朐河（今克魯倫河）流域。有八部，稱爲八部敵烈或八石烈敵烈。與烏古部並稱爲北邊大

部。遼聖宗以敵烈部降人置迭魯敵烈部和北敵烈部。開泰四年(1015)，築董城於臚朐河北，安置敵烈、烏古降人。壽昌二年(1096)，徙敵烈、烏古於烏納水西。金末元初，敵烈人逐漸與女真人、蒙古人等同化。

[3]敦睦宫：孝文皇太弟宫分。

[4]天慶：遼天祚帝耶律延禧年號（1111—1120）。

蕭圖古辭字何寧，褚特部人。[1]仕重熙中，以能稱，累遷左中丞。

[1]褚特部：契丹部族名。阻午可汗以其營爲部。隸南府。

清寧初歷北面林牙，改北院樞密副使。辨敏，善伺顔色，應對合上意。皇太后嘗曰："有大事非耶律化哥、蕭圖古辭不能決。"[1]眷遇日隆。知北院樞密使事。六年出知黄龍府。[2]八年拜南府宰相。頃之爲北院樞密使，詔許便宜從事。

[1]耶律化哥：字弘隱，孟父楚國王之後。統和十六年（998）侵宋爲先鋒，以功遷南院大王，尋改北院樞密使。本書卷九四有傳。

[2]黄龍府：遼六府之一。治所在今吉林省農安縣。

爲人姦佞有餘，好聚斂，專愎，變更法度。爲樞密數月，所薦引多爲重元黨與，由是免爲庶人。後没入興聖宫，卒。

論曰：舜流共工，[1]孔子誅少正卯，[2]治姦之法嚴矣。後世不是之察，反以爲忠而信任之，不至於流毒宗社而未已，道宗之於乙辛是也。當其留仁先討重元，若真爲國計者，不知包藏禍心，待時而發耳。一旦專權，又得孝傑、燕哥、十三爲之腹心，故肆惡而無忌憚。始誣皇后，又殺太子及其妃，其禍之酷，良可悲哉。嗚呼！君之所親，莫皇后、太子若也，姦臣殺之而不知，羣臣言之而不悟。一時忠讜廢戮幾盡，雖黑山親見官屬之盛，僅削一字王號。至私藏甲兵，然後誅之。吁！乙辛之罪，固非一死可謝天下，抑亦道宗不明無斷，有以養成之也。如蕭余里也輩，忘君黨惡，以饕富貴，雖幸而死諸牖下，其得免於遺臭之辱哉！

[1]舜流共工：《史記》卷一《五帝本紀》：“［三苗］數爲亂，於是舜歸而言於帝，請流共工於幽陵，以變北狄。”《集解》引馬融曰：“（幽陵）北裔也。”《正義》引《神異經》云：“西北荒有人焉，人面，朱鬚、蛇身、人手足，而食五穀禽獸，頑愚，名曰共工。”《索隱》曰：“變，謂變其形及衣服，同於夷狄也。”《正義》言：“四凶流四裔，各於四夷放共工等爲中國之風俗也。”按，帝堯試共工掌刑法，然共工淫辟，故舜請流共工開幽陵，用改變北逖，以從中國風俗。

[2]孔子誅少正卯：《史記》卷四七《孔子世家》：定公十四年，孔子年五十六，由大司寇行攝相事。有喜色。門人曰：“聞君子禍至不懼，福至不喜。”孔子曰：“有是言也，不曰‘樂其以貴下人乎！’”於是誅魯大夫亂政者少正卯，與聞國政三月。《孔子家語·始誅第二》：“子貢進曰：‘夫少正卯，魯之聞人也。今夫子爲政而始誅之，或者爲失乎？’孔子曰：‘居吾語汝以其故，天下有大惡者五，而竊盗不與焉：一曰心逆而險，二曰行僻而堅，三曰言僞

而辯，四曰記醜而博（醜謂非義），五曰順非而澤。此五者，有一於人則不免君子之誅，而少正卯皆兼有之，其居處足以撮徒成黨（撮，聚），其談説足以飾褒榮衆，其強御足以反是獨立，此乃人之姦雄者也，不可以不除。’”

（李錫厚注　劉鳳翥校）

遼史　卷一一二

列傳第四十二

逆臣上

耶律轄底　迭里特　耶律察割　耶律婁國　耶律重元
涅魯古　耶律滑哥[1]

[1]“耶律轄底”至“耶律滑哥”：【劉校】原本、明抄本、南監本、北監本、殿本無，今據中華點校本補。

《易》曰：“天尊地卑，乾坤定矣；[1]卑高以陳，貴賤位矣。”貴賤位而後君臣之分定，君臣之分定而後天地和，天地和而後萬化成。五帝三王之治，用此道也。三代而降，臣弑其君者有之，子弑其父者有之。孔子作《春秋》以寓王法，[2]誅死者於前，懼生者於後，其慮深遠矣。歐陽脩作《唐書》，創《逆臣傳》，[3]蓋亦《春秋》之意也。遼叛逆之臣二十有二，迹其事則又有甚焉者，然豈一朝一夕之故哉。列于《傳》，所以公天下之貶，以示夫戒云。

［1］天尊地卑，乾坤定矣：見《周易·繫辭上》：“天尊地卑，乾坤定矣（韓康伯注：乾坤，其易之門户。先明天尊地卑，以定乾坤之體）。卑高以陳，貴賤位矣（天尊地卑之義既列，則涉乎萬物，貴賤之位明矣）。”

［2］孔子作《春秋》以寓王法：《史記》卷一二一《儒林列傳》序：“仲尼干七十餘君無所遇，曰‘苟有用我者，期月而已矣。’西狩獲麟，曰‘吾道窮矣’。故因史記作《春秋》，以當王法，其辭微而指博，後世學者多録焉。”按此言《春秋》是根據當時歷史文獻創作，言雖簡而寓義深遠。《孟子·滕文公下》：“昔者禹抑洪水而天下平，周公兼夷狄、驅猛獸而百姓寧。孔子成《春秋》而亂臣賊子懼（抑，治也。周公兼懷夷狄之人，驅害人之猛獸也。言亂臣賊子懼《春秋》之貶責也）。

［3］歐陽脩作《唐書》，創《逆臣傳》：《新唐書》由歐陽脩、宋祁等負責修撰，全書共二百二十五卷，包括本紀十卷，志五十卷，表十五卷，列傳一百五十卷。其中《逆臣傳》見該書卷二四六至卷二四八。

轄底字涅烈衮，肅祖孫夷离堇帖剌之子。[1]幼黠而辯，時險佞者多附之。

［1］肅祖：遼太祖耶律阿保機四代祖耨里思的廟號，重熙二十一年（1052）七月追封。耶律儼《紀》云，唐玄宗天寶年間，太祖四代祖耨里思爲迭剌部夷离堇，曾遣將只里姑、括里，大敗范陽安禄山於潢水。　夷离堇：契丹部族官名。源於突厥語官名“俟斤”（Irkin）。突厥各部的最高元首稱“可汗”（Qaghan），其他各部酋長則稱爲俟斤。初，契丹“其君大賀氏，有勝兵四萬，臣於突

厥，以爲俟斤”（《新唐書》卷二一九《契丹傳》）。後，契丹首領自立爲可汗，其下所屬各部酋長則稱爲“俟斤”，亦即夷离堇。契丹立國後，大部族之夷离堇稱王，小部族之夷离堇則稱爲節度使。舉凡一部之軍政、民政皆由其統掌。參韓儒林《穹廬集》（上海人民出版社 1982 年版，第 314—316 頁）。

遙輦痕德堇可汗時，[1]異母兄罨古只爲迭剌部夷离堇。[2]故事，爲夷离堇者得行再生禮。[3]罨古只方就帳易服，轄底遂取紅袍、貂蟬冠乘白馬而出，乃令黨人大呼曰：“夷离堇出矣！”衆皆羅拜，因行柴册禮，[4]自立爲夷离堇。與于越耶律釋魯同知國政。[5]及釋魯遇害，轄底懼人圖己，挈其二子迭里特、朔刮奔渤海，[6]僞爲失明。後因毬馬之會，與二子奪良馬奔歸國。益爲姦惡，常以巧辭獲免。

[1]遙輦痕德堇：遙輦氏第九任可汗。

[2]迭剌部：契丹部族名。據本書卷三二《營衛志中·部族上》，遙輦氏時期，原來耶律（即世里）有七部，後合併爲一，成爲迭剌部。

[3]再生禮：契丹傳統禮儀之一。據本書卷一一六《國語解》載，依契丹故俗，此種禮儀每隔十二年纔舉行一次，而且祇有皇帝、太后、太子及夷离堇得行此禮。這是與選汗儀式同時舉行的禮儀，禮儀十分煩瑣。先期，候選者入一帳中，“再生母后”入帳搜索，並與在場衆人反復問答。

[4]柴册禮：此禮源於中國傳統的“燔柴告天”，是古代天子祭天之禮。據《爾雅·釋天》：“祭天曰燔柴。”行禮時，積薪於壇，取玉及牲置於柴上焚燒。此禮與契丹的再生禮合併舉行，是爲契丹

部落聯盟選汗和遼建國後新皇帝即位舉行的禮儀。相傳遙輦氏阻午可汗始制此儀，遼朝建國後有所增飾。

［5］于越：契丹語官名。爲契丹貴官，非有大功德者不授。位在北、南大王之上。　耶律釋魯：玄祖勻德實第三子，阿保機的伯父。據本書卷六四《皇子表》：賢而有智，爲迭剌部于越時教民種樹桑麻。年五十七，爲子滑哥所弑。重熙中追封爲隋國王。《耶律仁先墓誌》稱他爲"述剌·實魯于越"。《耶律慶嗣墓誌》稱他爲"于越蜀國王述列·實魯，即太祖天皇帝之伯父也"。"述瀾""述剌""述列"爲同一個契丹語單詞的不同音譯。"釋魯"和"實魯"亦爲同一個契丹語單詞的不同音譯。由此看來，契丹人的名字一般由兩個單詞組成。"釋魯"僅是此人名字中的一個單詞，其全名應爲"述瀾·釋魯""述剌·實魯"或"述列·實魯"。

［6］渤海：靺鞨粟末部在今中國東北地區建立的政權。唐武后聖曆元年（698），靺鞨粟末部首領大祚榮建立振國（亦稱震國）。唐玄宗先天二年（713，當年十二月改元"開元"）遣使封大祚榮爲左驍衛大將軍、渤海郡王，又設置忽汗州，加授大祚榮爲忽汗州大都督，並改稱渤海。寶應元年（762）晉爲國。天顯元年（926）爲遼所滅，改稱東丹。【劉注】渤海國最初的國號爲"靺鞨"，不爲"震國"或"振國"。《新唐書》卷二一九《渤海傳》："睿宗先天中（應爲'玄宗先天二年'），遣使拜祚榮爲左驍衛大將軍、渤海郡王。以所統爲忽汗州，領忽汗都督，自是始去靺鞨之號，專稱渤海。"這裏不稱"始去震國之號，專稱渤海"，而稱"始去靺鞨之號，專稱渤海"。可見，稱"大祚榮建立震國"是混淆了封號與國號的區別。《新唐書》卷二一九《渤海傳》稱"武后封乞四比羽爲許國公，乞乞仲象（大祚榮之父）爲震國公。""許國公"和"震國公"都是封號，並不意味着有"許國""震國"等政權。乞乞仲象死後。他兒子大祚榮繼承了"震國公"的封號，但他不滿足"公"級別，所以"自號震國王"。"震國王"僅僅是封號，並不意味着有"震國"。少數民族往往以其民族名爲國號，如"契丹"

"蒙古"等。渤海也應如此。

太祖將即位，讓轄底，轄底曰："皇帝聖人由天所命，臣豈敢當！"太祖命爲于越。及自將伐西南諸部，[1]轄底誘剌葛等亂，[2]不從者殺之。車駕還至赤水城，轄底懼，與剌葛俱北走，至榆河爲追兵所獲。[3]太祖問曰："朕初即位嘗以國讓，叔父辭之，今反欲立吾弟，何也？"轄底對曰："始臣不知天子之貴，及陛下即位衛從甚嚴，與凡庶不同，臣嘗奏事心動，始有窺覦之意。度陛下英武必不可取，諸弟懦弱，得則易圖也。事若成，豈容諸弟乎。"太祖謂諸弟曰"汝輩乃從斯人之言耶！"迭剌曰："謀大事者須用如此人，事成亦必去之。"轄底不復對。囚數月，縊殺之。

[1]西南諸部：指歷史上活動於今陝西、寧夏、内蒙古、甘肅一帶的党項、回鶻、吐蕃等部族。

[2]剌葛：阿保機兄弟，排行第二。關於他與諸弟謀作亂事，《通鑑》卷二七〇後梁均王貞明四年（918）於事後追述此事："初，契丹主之弟撒剌阿撥號北大王，謀作亂於其國。事覺，契丹主數之曰：'汝與吾如手足，而汝興此心，我若殺汝，則與汝何異！'乃囚之期年而釋之。撒剌阿撥帥其衆奔晉，晉王厚遇之，養爲假子，任爲刺史。"天祐十五年（918），晉軍渡河攻汴州，與梁戰於胡柳，失利，撒剌攜妻子奔梁。另據本書卷六四《皇子表》，剌葛後南竄。所謂"撒剌阿撥"可能就是剌葛，爲後唐莊宗李存勗所殺。《通鑑》卷二七二後唐莊宗同光元年（923）（冬十月）詔："契丹撒剌阿撥叛兄棄母，負恩背國，宜與［趙］巖等並誅於市。"

[3]榆河：河流名。流經今遼寧省西南部，入大靈河。

將刑，太祖謂曰："叔父罪當死，朕不敢赦。事有便國者宜悉言之。"轄底曰："迭剌部人衆勢强，故多爲亂，宜分爲二，以弱其勢。"子迭里特。

迭里特字海隣。有膂力，善馳射，馬躓不仆。尤神于醫，視人疾若隔紗覩物，莫不悉見。太祖在潛已加眷遇，[1]及即位，拜迭剌部夷离堇。太祖嘗思鹿醢解酲，[2]以山林所有，問能取者。迭里特曰："臣能得之。"乘内厩馬逐鹿射其一，欲復射，馬跌而斃，迭里特躍而前，弓猶不弛，復獲其一。帝歡甚曰："吾弟萬人敵！"會帝患心痛，召迭里特視之。迭里特曰："膏肓有瘀血如彈丸，[3]然藥不能及，必鍼而後愈。"帝從之。嘔出瘀血，痛止。帝以其親，每加賜賚，然知其爲人，未嘗任以職。後從剌葛亂，與其父轄底俱縊殺之。

[1]在潛：即位之前。皇帝即位前的住所稱"潛邸"。

[2]鹿醢（hǎi）：鹿肉製成的醬。《孔子家語·六本》："曾子從孔子之齊，齊景公以下卿之禮聘曾子，曾子固辭。將行，晏子送之曰：'吾聞之，君子遺人以財，不若善言。今夫蘭本三年，湛之以鹿酳，既成噉之，則易之匹馬。非蘭之本性也。所以湛者，美矣。願子詳其所湛者。'"此言鹿肉醬味美，三年之蘭湛之，貴可易馬。晏子以此喻曾子，欲其明白，自己身份所以尊貴，衹是因爲有同行的孔子。　酲（chéng）：醉酒，神志不清狀。

[3]膏肓：深度疾患，喻絶症。《後漢書》卷三五《鄭玄傳》："時任城何休好公羊學，遂著《公羊墨守》《左氏膏肓》《穀梁廢疾》；玄乃發《墨守》，針《膏肓》，起《廢疾》。休見而歎曰：'康成入吾室，操吾矛，以伐我乎！'"注："言公羊義理深遠，不可

駁難，如墨翟之守城也。《説文》曰：肓，隔也。心下爲膏，喻左氏之疾不可爲也。”

察割字歐辛，[1]明王安端之子。[2]善騎射。貌恭而心狡，人以爲懦。太祖曰：“此兇頑，非懦也。”其父安端嘗使奏事，太祖謂近侍曰：“此子目若風駝，面有反相。朕若獨居，無令入門。”

［1］歐辛：【劉校】據中華點校本校勘記，本書卷三八《地理志二》作“漚里僧王”。

［2］安端：在阿保機兄弟中排行第五，也曾參與“謀反”。世宗天禄初，賜號“明王”，成爲東丹國的統治者。

世宗即位于鎮陽，[1]安端聞之欲持兩端。察割曰：“太弟忌刻，若果立豈容我輩！永康王寬厚，且與劉哥相善，[2]宜往與計。”安端即與劉哥謀歸世宗。及和議成，以功封泰寧王。

［1］鎮陽：即鎮州，治所在今河北省正定縣。

［2］劉哥：阿保機弟寅底石之子。字明隱。本書卷一一三有傳。

會安端爲西南面大詳穩，[1]察割佯爲父惡，陰遣人白於帝，即召之。既至上前，泣訴不勝哀，帝憫之，使領女石烈軍。[2]出入禁中，數被恩遇。帝每出獵，察割託手疾不操弓矢，但執鍊鎚馳走。屢以家之細事聞於上，上以爲誠。

[1]詳穩：遼朝軍官名。元帥府下設大詳穩司。本書卷一一六《國語解》："詳穩，諸官府監治長官。""詳穩"即漢語"將軍"的轉譯。【劉注】"詳穩"即漢語"將軍"的轉譯的說法似有值得商榷之處。在契丹小字中，"詳穩"作，"將軍"作，或、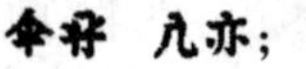；在契丹大字中，"詳穩"作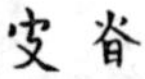，"將軍"作。"詳穩"不是漢語"將軍"的轉譯，而是音譯的契丹語，契丹語中"將軍"是漢語借詞。

[2]使領女石烈軍：【劉校】據中華點校本校勘記，本書卷三八《百官志二》有女古烈詳穩司，似源於此。女石烈、女古烈，未知孰是。

察割以諸族屬雜處，不克以逞，漸徙廬帳迫於行宮。[1]右皮室詳穩耶律屋質察其姦邪，[2]表列其狀。帝不信，以表示察割。察割稱屋質疾己，哽咽流涕。帝曰："朕固知無此，何至泣耶！"察割時出怨言，屋質曰："汝雖無是心，因我過疑汝，勿爲非義可也。"他日屋質又請於帝，帝曰："察割捨父事我，可保無他。"屋質曰："察割於父既不孝，於君安能忠！"帝不納。

[1]行宮：亦稱行帳，即遼代皇帝轉徙隨行的車帳組成的朝廷，契丹語稱"捺鉢"，遼中葉逐漸形成"四時捺鉢"制度。

[2]皮室：契丹軍名。意爲"金剛"。初爲阿保機所置，稱"腹心部"。後有南、北、左、右皮室及黃皮室等，皆掌精甲。　耶律屋質（916—973）：遼宗室，字敵輦，會同間爲惕隱。太宗死後，世宗初立，屋質調解太后與世宗的矛盾，得以避免大規模内戰。天祿二年（948）助世宗挫敗天德、蕭翰等謀反。三年又表列泰寧王察割陰謀事，世宗不聽。後平定察割之亂及立穆宗，皆有功。本書

卷七七有傳。

天禄五年七月帝幸太液谷,[1]留飲三日,察割謀亂不果。帝伐周,[2]至詳古山,太后與帝祭文獻皇帝于行宫,[3]群臣皆醉。察割歸見壽安王,[4]邀與語,王弗從。察割以謀告耶律盆都,[5]盆都從之。是夕,同率兵入弑太后及帝,因僭位號,百官不從者執其家屬。至夜閲内府物,[6]見碼碯盌曰:“此希世寶,今爲我有!”詫于其妻,妻曰:“壽安王、屋質在,吾屬無噍類,此物何益!”察割曰:“壽安年幼,屋質不過引數奴詰旦來朝,固不足憂。”其黨矧斯報壽安、屋質以兵圍于外,察割尋遣人弑皇后於柩前,倉惶出陣。壽安遣人諭曰:“汝等既行弑逆,復將若何?”有夷离堇劃者委兵歸壽安王,餘衆望之,徐徐而往。察割知其不濟,乃繫群官家屬,執弓矢脅曰:“無過殺此曹爾!”叱令速出。時林牙耶律敵獵亦在繫中,[7]進曰:“不有所廢,壽安王何以興。籍此爲辭,猶可以免。”察割曰:“誠如公言,誰當使者?”敵獵請與罨撒葛同往説之,[8]察割從其計。

[1]天禄:遼世宗耶律阮年號(947—951)。

[2]周:朝代名。五代時,郭威繼後漢稱帝,國號周,史稱後周(951—960)。

[3]文獻皇帝:遼太祖耶律阿保機長子。漢名倍,契丹名圖欲(突欲,898—936),生母爲淳欽皇后述律氏。遼天顯元年(926),遼滅渤海建東丹國,突欲被册爲人皇王,主東丹國政。阿保機死後,其母述律氏立德光,突欲被迫浮海投奔後唐。後唐明宗賜其姓

名李贊華。後晉清泰三年（遼天顯十一年，936）石敬瑭率軍攻入洛陽，後唐末帝李從珂約倍與之同死，倍不從，遇害。世宗即位，謚讓國皇帝，陵曰顯陵。統和中，更謚文獻。重熙二十年，增謚文獻欽義皇帝，廟號義宗。

［4］壽安王：名述律（931—969），遼太宗耶律德光長子，生母爲靖安皇后蕭氏。會同二年（939）封壽安王。天禄五年（951）即皇帝位，改元應曆，群臣上尊號曰天順皇帝。應曆十九年（969）遇弒。廟號穆宗。

［5］耶律盆都：劉哥之弟。

［6］内府：皇室的倉庫。

［7］林牙：契丹官名。掌文翰，相當於翰林學士。　耶律敵獵：字烏輦，六院夷离堇朮不魯之子。本書卷一一三有傳。

［8］罨撒葛（934—972）：即阿鉢撒葛里，德光第二子，靖安皇后蕭氏生，會同二年（939）封太平王。穆宗在位時，因謀亂貶戍西北邊。景宗即位後釋罪，召還，以病卒。

壽安王復令敵獵誘察割，謷殺之。諸子皆伏誅。

婁國字勉辛，文獻皇帝之子。天禄五年遥授武定軍節度使。[1]及察割作亂，穆宗與屋質從林牙敵獵計，誘而出之，婁國手刃察割，改南京留守。[2]

［1］武定軍：遼代軍號。治奉聖州（今河北省涿鹿縣）。

［2］南京：遼五京之一。故址在今北京市。

穆宗沉湎，不恤政事，婁國有覬覦之心，誘敵獵及群不逞謀逆。事覺，按問不服。帝曰："朕爲壽安王時，卿數以此事説我，今日豈有虚乎?”婁國不能對。及餘黨盡服，遂縊於可汗州西谷，[1]詔有司擇絶後之地以葬。[2]

[1]可汗州：州名。治所在今河北省懷來縣。據本書卷四一《地理志五·西京道》，嬀州改稱可汗州是在阿保機之先。“五代時，奚王去諸以數千帳徙嬀州，自别爲西奚，號可汗州，太祖因之”。

[2]絶後之地：【靳注】風水術數之語。葬於此地使其子嗣斷絶。

重元小字孛吉只，亦作孛己只，聖宗次子。材勇絶人，眉目秀朗，寡言笑，人望而畏。

太平三年封秦國王。[1]聖宗崩，欽愛皇后稱制，[2]密謀立重元。重元以所謀白於上，上益重之，封爲皇太弟。歷北院樞密使、南京留守、知元帥府事。[3]重元處戎職，未嘗離輦下。先是契丹人犯法，例須漢人禁勘，受枉者多。重元奏請五京各置契丹警巡使，[4]詔從之，賜以金券誓書。[5]道宗即位，册爲皇太叔，免拜不名，爲天下兵馬大元帥，[6]復賜金券、四頂帽、二色袍，尊寵所未有。

[1]太平：遼聖宗耶律隆緒年號（1021—1031）。

[2]欽愛皇后（？—1057）：姓蕭氏，小字耨斤，太祖淳欽皇后弟阿古只五世孫。爲聖宗元妃，生宗真。仁德皇后無子，取宗真而養之如己出。聖宗死後，宗真即位，耨斤自立爲皇太后，攝政，並殺害仁德皇后，謀廢興宗立重元。本書卷七一有傳。【劉注】愛，

原本作“哀”，據其本人的哀册篆蓋改　稱制：此是北方民族傳統。大汗死後，在選立新汗之前，由大汗之妻權決軍國事。

［3］歷北院樞密使：【劉校】據中華點校本校勘記，本書卷一八《興宗本紀一》重熙七年（1038）十二月作“判北南院樞密使事”，本書卷四六《皇子表》作“歷南、北院樞密使”。　元帥府：主持遼朝南邊防務的機構。遼朝往往以皇位繼承人出任天下兵馬大元帥，早年德光、李胡都曾具有大元帥頭銜。後來，大元帥在燕京開府。余靖《武溪集》卷一七《契丹官儀》説：“胡人之掌兵者，燕中有元帥府，雜掌番漢兵，太弟總判之……大抵胡人以元帥府守山前，故有府官，又有統軍，掌契丹、渤海之兵。馬軍步軍一，掌漢兵。以乙室王府守山後，又有雲、應、蔚、朔、奉聖等五節度營兵，逐州又置鄉兵。”

［4］警巡使：遼於諸京設警巡院、軍巡院，負責維持治安。其長官稱警巡使、軍巡使。

［5］金券：鐵券的美稱。鐵券即鐵契。《續古今考》卷五：“後世賜鐵券，謂不死。”《長編》卷七九宋真宗大中祥符五年（1012）冬十月己酉載：以主客郎中知制誥王曾爲契丹國主生辰使，宫苑使榮州刺史高繼勳副之。“契丹使邢祥接伴，祥詫其國中親賢賜鐵券，曾折之曰：‘鐵券者，衰世以寵權臣，用安反側，豈所以待親賢耶。’祥媿不復語。”《宋朝事實類苑》卷九：“祥符中王沂公奉使契丹，館伴邢祥頗肆談辨，深自衒鬻，且矜賜鐵券。公曰：‘鐵券蓋勳臣有功高不賞之懼，賜之以安反側耳。何爲輒及？’邢祥大沮。”

［6］天下兵馬大元帥：遼尊號。天贊元年（922）十一月，太祖以皇子堯骨（耶律德光）爲天下兵馬大元帥，後繼位。此後，遼朝歷代皇帝立皇儲，多加此號，成爲皇帝以下的最高尊稱。

清寧九年車駕獵灤水，[1]以其子涅魯古素謀，與同黨陳國王陳六、知北院樞密事蕭胡覩等凡四百餘人，[2]

誘脅弩手軍陣于帷宫外。將戰，其黨多悔過效順，各自奔潰。重元既知失計，北走大漠，[3]歎曰："涅魯古使我至此！"遂自殺。

[1]清寧：遼道宗耶律洪基年號（1055—1064）。　灤水：即灤河，發源於今河北省張家口市境内，流經該省北部，至灤州市、樂亭縣分道入海。

[2]蕭胡覩（？—1063）：遼外戚。字乙辛。重熙中尚秦國長公主，授駙馬都尉，以不諧離婚，復尚齊國公主，爲北面林牙。清寧中歷北、南院樞密副使，清寧九年（1063）七月參與重元叛亂，失敗投水死。五子，同日誅之。本書卷一一四有傳。

[3]大漠：指我國北部一帶的廣大沙漠地區。

先是重元將舉兵，帳前雨赤如血，識者謂敗亡之兆。子涅魯古。

涅魯古小字耶魯綰，性陰狠。興宗一見，謂曰："此子目有反相。"

重熙十一年，封安定郡王。[1]十七年進王楚，爲惕隱。[2]清寧三年出爲武定軍節度使。[3]七年知南院樞密使事，説其父重元詐病，竢車駕臨問因行弑逆。

[1]重熙：遼興宗耶律宗真年號（1032—1055）。

[2]惕隱：契丹官名。又稱梯里已，掌皇族政教。

[3]清寧三年出爲武定軍節度使：【劉校】據中華點校本校勘記，"三"原誤"二"。"按《紀》在清寧三年二月，據改"。今從。

九年秋獵，[1]帝用耶律良之計，[2]遣人急召涅魯古。涅魯古以事泄，遽擁兵犯行宮。南院樞密使許王仁先等率宿衛士討之。涅魯古躍馬突出，爲近侍詳穩渤海阿廝、護衛蘇射殺之。[3]

[1]秋獵：即秋捺鉢，主要活動是狩獵。聖宗以後，其主要地點是在慶州（今内蒙古自治區巴林右旗索博日嘎鎮）西部諸山。

[2]耶律良（？—1065）：著帳郎君之後，字習撚，小字蘇。重熙中補寢殿小底，尋爲燕趙國王近侍。清寧中爲敦睦宫使，兼權知皇太后宫諸局事。良聞重元與子涅魯古謀亂，密言於皇太后。太后託疾，召帝白其事。亂平，以功遷漢人行宫都部署。咸雍初同知南院樞密使事，爲惕隱，出知中京留守事。未幾卒。本書卷九六有傳。

[3]近侍詳穩渤海阿廝：【劉校】據中華點校本校勘記，“阿斷”，本書卷九六本傳作“阿思”。“近侍詳穩渤海”，本傳作“渤海近侍詳穩”，檢卷四五《百官志一》有“渤海近侍詳穩司”，此處“渤海”與“近侍詳穩”互倒。

滑哥字斯懶，隋國王釋魯之子。[1]性陰險。初烝其父妾，懼事彰，與剋蕭臺哂等共害其父，歸咎臺哂，滑哥獲免。

[1]隋國王釋魯：即耶律釋魯。年五十七，爲子滑哥所弒。重熙中追封爲隋國王。《耶律仁先墓誌》稱他爲“述剌·實魯于越”。《耶律慶嗣墓誌》稱他爲“于越蜀國王述列·實魯，即太祖天皇帝之伯父也”。“述瀾”“述剌”“述列”爲同一個契丹語單詞的不同的音譯。

太祖即位，務廣恩施，雖知滑哥兇逆，姑示含忍，授以惕隱。六年滑哥預諸弟之亂。事平，群臣議其罪，皆謂滑哥不可釋，於是與其子痕只俱陵遲而死，[1]勑軍士恣取其産。帝曰："滑哥不畏上天，反君弑父，其惡不可言。諸弟作亂，皆此人教之也。"

［1］陵遲：死刑的一種。明人周祈《名義考》卷七：宋代趙與時《賓退録》卷八："律文，罪雖甚重，不過絞、斬而已。凌遲一條，五季方有之，至今俗稱爲'法外'云。"明人丘濬《大學衍義補》卷一〇四："自隋唐以來，除去前代慘刻之刑，死罪惟有斬、絞二者。至元人，又加之以凌遲處死之法焉。所謂凌遲處死，即前代所謂咼也，前代雖於法外有用之者，然不著於刑書。著於刑書，始於元焉。"

（李錫厚注　劉鳳翥校）

今注本二十四史

遼史

六

志〔四〕表〔一〕

元 脫脫等 撰

李錫厚 劉鳳翥 主持校注

中国社会科学出版社

遼史　卷五一

志第二十

禮志三

軍儀

皇帝親征儀：常以秋冬，應敵制變或無時。[1]將出師必先告廟，乃立三神主祭之：曰先帝，曰道路，曰軍旅。刑青牛白馬以祭天地。[2]其祭常依獨樹，無獨樹，即所舍而行之。或皇帝服介冑祭諸先帝宮廟，乃閲兵。將行，牝牡麃各一爲禡祭。[3]將臨敵，結馬尾，祈拜天地而後入。下城克敵祭天地，牲以白黑羊。班師以所獲牡馬、牛各一祭天地。出師以死囚、還師以一諜者植柱縛其上，于所向之方亂射之，矢集如蝟，謂之“射鬼箭”。[4]

[1]常以秋冬，應敵制變或無時：这一句話無主語，主語應是“皇帝親征”。

[2]青牛白馬：契丹祭祀天地用青牛白馬，表示不忘祖先。本

書卷三七《地理志一·上京道》:“相傳有神人乘白馬,自馬盂山浮土河而東,有天女駕青牛車由平地松林泛潢河而下。至木葉山,二水合流,相遇爲配偶,生八子。其後族屬漸盛,分爲八部。每行軍及春秋時祭,必用白馬青牛,示不忘本云。”

[3]麃(páo):獸名。似鹿而小。

[4]射鬼箭:契丹人的巫術、刑罰。皇帝出征及祭祀先帝時,都要行這種巫術。即取死囚一人,置於所要前往之方向,以亂箭射殺,名爲射鬼箭。契丹人認爲,以此可以祓除不祥。班師歸來則以俘虜射鬼箭。後來則以此作爲刑罰的一種。

臘儀:臘,十二月辰日。前期一日詔司獵官選獵地。其日,皇帝、皇后焚香拜日畢,設圍,命獵夫張左右翼。[1]司獵官奏成列,皇帝、皇后升轝。敵烈麻都以酒二尊、盤飧奉進,北、南院大王以下進馬及衣。[2]皇帝降輿,祭東畢,乘馬入圍中。皇太子、親王率群官進酒,分兩翼而行。皇帝始獲兔,群臣進酒上壽,各賜以酒。至中食之次,親王、大臣各進所獲。及酒訖,賜群臣飲,還宮。應曆元年冬漢遣使來賀,自是遂以爲常儀。統和中罷之。

[1]張左右翼:應曆元年(951)冬,北漢遣使來賀,穆宗當即進行了這樣一場演習:先是焚香拜日,然後“設圍,命獵夫張左右翼”,皇帝乘馬入圍中,參加演習者分兩翼而行。這的確是一場實戰演習。兵分三路,皇帝率中路,張左、右翼,這是契丹“南伐”的經典戰法。本書卷三四《兵志》:“既入南界,分爲三路,廣信軍、雄州、霸州各一。駕必由中道,兵馬都統、護駕等軍皆從。”這一戰法也爲女真人繼承。鄧廣銘(恭三)先生指出,宋人所說的

"拐子馬就是指遼金方面的左右翼騎兵"（《鄧廣銘治史叢稿》，北京大學出版社 1997 年版，第 606 頁）。統和二十二年（宋景德元年，1004）遼宋訂立澶淵之盟，實現了南北雙方長期和平，故自此以後，遼接待南朝來使不再展示這種軍事演習的場面。

[2]北、南院大王：官名。是五院部和六院部的首領，屬於北面官。太祖析迭剌部爲五院部和六院部。太宗會同元年（938）改夷离堇爲大王。

出軍儀：制見《兵志》。

禮志四

賓儀

常朝起居儀：[1]昧爽，臣僚朝服入朝，各依幕次。內侍奏"班齊"。先引京官班於三門外，[2]當直舍人放起居，[3]再拜，各祗候。次依兩府以下文武官於丹墀內面殿立，暨班諸司并供奉官於東西道外相向立定。當直閤使、副贊"放起居，再拜，各祗候"。退還幕次，公服。帝昇殿坐，兩府并京官丹墀內聲"喏"，各祗候。教坊司同北班起居畢，[4]奏事。

燕京嘉寧殿、西京同文殿朝服：幞頭、袍笏；公服：紫衫、帽。[5]

[1]常朝起居儀：百官集體朝見並向皇帝問安的禮儀。《玉海》卷八〇引衛宏《漢舊儀》云："皇帝起居儀，宮司馬内百官所傳，按籍而後出入，營衛周廬，晝夜誰何，殿外門屬衛尉，殿内郎舍屬光禄勳，黄門鉤盾屬少府。輦動則左右帷幄者稱警，車駕則衛官填街、騎士塞路，出殿則傳蹕止人，清道建五旗，丞相、九卿執兵奉引。先置索清宮而後往，所以重威、防未然也。乘輿冠高山冠，飛羽之纓幘耳，赤丹素裹，帶七尺，斬蛇劍履虎尾絇履。"後唐明宗定五日一起居。《宋史》卷一一六《禮志一九》："起居儀有常朝與大朝之分。凡常起居兩拜，大起居則七拜。"

[2]京官：遼朝的朝會——常朝起居儀，太宗初行於燕京。本書卷六《穆宗本紀上》載，應曆元年（955）冬十一月"乙亥，詔朝會依嗣聖皇帝故事，用漢禮"。後來多行於遼中期以後的禮儀性的都城——中京。本書卷三二《營衛志中·行營》載："皇帝四時巡守，契丹大小内外臣僚并應役次人，及漢人宣徽院所管百司皆從。漢人樞密院、中書省唯摘宰相一員，樞密院都副承旨二員，令史十人，中書令史一人，御史臺、大理寺選摘一人扈從。""宰相以下還於中京居守，行遣漢人一切公事。"所謂"京官"，即指這些官員。參見本卷"正座儀"三門：遼中京大定府"擬神都之制"，即仿唐東都洛陽，城分爲外城、内城和皇城三部分。此三門是指中京皇城的三個門。

[3]舍人：據《新唐書》卷四七《百官志二》，中書舍人六人，"掌侍進奏、參議表章，……大朝會，諸方起居，則受其表狀"。意思是説，當京官於三門外排班之時，舍人方向皇帝行起居——問安。

[4]教坊：官署名。負責宮廷中表演的機構。有衆多樂舞表演者，《唐會要》卷三載：貞元二十一年（805）三月"出後宮及教坊女妓六百人，聽其親戚迎於九仙門，百姓莫不叫呼大喜"。

[5]"燕京嘉寧殿"至"公服，紫衫、帽"：這一段是《遼史》中的注文，意思是説，燕京喜寧殿和西京同文殿的常朝起居儀也大

體與中京同。遼朝皇帝有時在燕京和西京上朝，當地的京官絕大多數是漢人，這条注文是規定這些漢官上殿參加起居儀時，應當着“朝服”，其下不應用句號。

正座儀：[1]皇帝升殿坐，警聲絕。契丹、漢人殿前班畢，各依位侍立。次教坊班畢，捲退。京官班入拜畢，揖“於右横街西依位班立”。次武班入拜畢，依位立。文班入拜畢，依位立。北班入，起居畢，於左横街東序班立。次兩府班入，鞠躬，通宰臣某官已下起居，拜畢，引上殿奏事。已上六班起居並七拜。内有不帶節度使，班首止通名，亦七拜。捲班，與常朝同。直院有旨入文班。留守司、三司、統軍司、制置司謂之京官。都部署司、宫使、副宫使，都承以下令史，北面主事以下隨駕諸司爲武官。館、閣、大理寺，堂後以下，御史臺、隨駕閑員、令史、司天臺、翰林、醫官院爲文官。天慶二年冬，教坊並服袍。

[1]正座儀：即大朝會時的起居儀，臣下並七拜。

臣僚接見儀：皇帝御座，奏見牓子畢，臣僚左入，鞠躬。通文武百僚宰臣某官以下祗候見。引面殿鞠躬，起居，凡七拜。引班首出班，謝面天顔，復位。舞蹈，五拜，鞠躬。宣答問制，再拜。宣訖，謝宣諭，五拜。各祗候畢，可矮墩以上引近前，[1]問“聖躬萬福”。傳宣問“跋涉不易”，鞠躬。引班舍人贊各祗候畢，引右上，准備宣問。其餘臣僚並於右侍立。

宣答云：“卿等久居鄉邑，來奉乘輿。時屬霜寒（或云炎蒸），諒多勞止。卿各平安好。想已知悉。”

[1]可矮墩以上：言契丹官員級别。據本書卷一一六《國語解》：“遼《排班圖》，有高墩、矮墩、方墩之列。自大丞相至阿札割只，皆墩官也。”朝會時，臣僚有坐有立，所謂墩官，即在朝會時可就座者，因此，宋人陸游《老學庵筆記》卷八徑稱高墩官爲高座官：“契丹僭號有高坐官。”地位顯然比侍立者高。矮墩官地位則在高墩之下。宋使路振於大中祥符元年（遼統和二十六年，1008）使遼，遼聖宗在中京大内武功殿上接見。他在《乘軺録》（《宋朝事實類苑》卷七七）中記載聖宗見宋使的儀式説聖宗“左右侍立凡數人，皆胡豎。黄金飾扭案，四面懸金紡絳絲結網而爲案帳。漢官凡八人，分東西偏而坐，坐皆繡墩”。

問聖體儀：皇帝行幸，車駕至捺鉢，[1]坐御帳。臣僚公服，問“聖躬萬福”。贊再拜，各祇候。奏事。宣徽以下常服，教坊與臣僚同。

保大元年夏，特旨通名再拜，不稱宰臣。

[1]捺鉢：契丹語音譯詞。意爲“行在所”。

車駕還京儀：前期一日，宣徽以下横班，諸司、閤門並公服，於宿帳祇候。至日詰旦，皇帝乘玉輅，[1]閤門宣諭軍民訖，導駕。時相以下進至内門，閤副勘箭畢，[2]通事舍人鞠躬，奏“臣宣放仗”。[3]禮畢。

[1]玉輅：皇帝所乘專車，祀天、祭地、享宗廟、朝賀、納后

用之。詳本書卷五五《儀衛志一》。

[2]閤副勘箭畢：【劉校】“箭”原作“前”，中華修訂本據下文《勘箭儀》改。今從改。

[3]放仗：儀仗結束。

勘箭儀：[1]皇帝乘玉輅，至内門。北南臣僚於輅前對班立。勘箭官執雌箭門中立。[2]東上閤門使詣車前，執雄箭在車左立，[3]勾勘箭官進。勘箭官揖進，至車約五步，面車立。閤使言“受箭行勘”。勘箭官拜，跪受箭；舉手勘訖，鞠躬，奏“内外勘同”。閤使言“准勑行勘”。勘箭官平立，退至門中舊位立，當胷執箭，贊“軍將門仗官近前”。門仗官應聲開門，舉聲兩邊齊出，並列左右立。勘箭官舉右手贊“呈箭”，次贊“内出唤仗御箭一隻，[4]准勑付左金吾仗行勘”。贊：“合不合？”應：“合、合、合。”贊：“同不同？”應：“同、同、同。”訖。勘箭官再進，依位立，鞠躬，自通全銜臣某對御勘箭同，退門中立。贊：“其箭謹付閤門使進入。”事畢，其箭授閤使，轉付宣徽。

[1]勘箭儀：此儀宋初行之，後廢。《宋會要輯稿·禮》二之三四真宗咸平二年（999）八月二十九日，禮儀使言：“皇帝自朝元門（出）[乘]玉輅出乾元門，至太廟門，禮畢，回（伏）[仗]至南熏門，入乾元門。四處並左右金吾仗，與合門對鸞駕前勘箭。請編入儀注施行。”從之。《宋會要輯稿·禮》二之三五又載：元豐元年（1078）七月二十三日，禮院言：“按儀注，親祠，皇帝所過之門皆勘箭契。自熙寧四年始罷勘箭，而猶存勘契之禮。若車駕入太廟、皇城、京城門，鹵簿前仗已從門入，而天子將至，則復閉

中門，稽留玉輅。竊詳此禮於衆人則通之，於至尊則限之，非所以爲順也。所有太廟及宣德、朱雀、南熏門勘契伏請不行。明堂文德殿門亦乞准此。”從之。

[2]勘箭官執雌箭：【劉校】“勘”原作“場”，中華修訂本據上下文改。今從改。

[3]執雄箭在車左立：【劉校】“執”原作“諸”，中華修訂本據明抄本、南監本、北監本、殿本改。今從改。

[4]唤仗：召唤儀仗至皇帝所在的便殿。宋人高似孫《緯略》卷七《入閤》：“唐故事，天子日御殿見群臣，曰‘常參’。朔望薦食諸陵寢，有思慕之心，不能臨前殿，則御便殿見群臣，曰‘入閤’。宣政，前殿也，謂之‘衙’，衙有仗；紫宸，便殿也，谓之‘入阁’，其不御前殿而御紫宸也，迺自正衙唤仗。”

宋使見皇太后儀：宋使賀生辰、正旦。至日臣僚昧爽入朝，使者至幕次。臣僚班齊，皇太后御殿坐。宣徽使押殿前班起居畢，捲班。次契丹臣僚班起居畢，引應坐臣僚上殿就位立，其餘臣僚不應坐者退於東面侍立。漢人臣僚東洞門入，面西鞠躬。舍人鞠躬，通某以下起居，凡七拜畢，贊“各祗候”。引應坐臣僚上殿，就位立。中書令、大王西階上殿，[1]奏宋使并從人牓子訖，[2]就位立。其餘臣僚不應坐者退於西面侍立。次引宋使、副六人於東洞門入，丹墀内面殿齊立。閤使自東階下，受書匣，使人捧書匣者皆跪，閤使搢笏，立受書匣。[3]自東階上殿，欄内鞠躬，奏“封全”訖，授樞密開封。宰臣對皇太后讀訖，引使副六人東階上殿，欄内立。使者揖生辰節大使少前，[4]使者俛伏跪附起居訖，起，復位立。次引賀皇太后正旦大使附起居，如前儀。皇太后宣問“南朝皇帝聖躬萬福？”[5]舍人揖生辰大使并皇太后正旦大使少前，皆跪，唯生辰大使奏“來時聖躬萬福”，皆俛伏興。引東階下殿，丹墀内面殿齊立。引進使引禮物於西洞門入，殿前置擔牀。控鶴官起居，四拜，擔牀於東便門出畢，揖使副退於東方西面，皆鞠躬。舍人鞠躬，通南朝國信使某官某以下祗候見，舞蹈，五拜畢；不出班奏“聖躬萬福”，再拜。揖班首出班，謝面天顔訖，復位，舞蹈，五拜畢，贊各上殿祗候，引各使副西階上殿就位。勾從人兩洞門入，面殿鞠躬，通名，贊拜，[6]起居，四拜畢，贊“各祗候”，分班引兩洞門出。若宣問使副“跋涉不易”，引西階下殿，丹墀内舞蹈，五拜畢，贊“各上殿祗候”，引西階上殿，就位立。契丹舍人、漢人閤使齊贊拜，[7]應坐臣僚并使、副皆拜，稱“萬歲”。贊“各就坐”，行湯、行茶。供過人出殿門，揖“臣僚并使、副起，鞠躬”。契丹舍人、漢人閤使齊贊，皆拜，稱“萬歲”。贊“各祗候”。先引宋使副西階下殿，西洞門出，次揖臣僚出畢，報閤門無事。皇太后起。

[1]中書令：官名。中書省的長官。隋、唐以中書令、侍中、尚書令俱爲宰相，但僅存虚名，而以他官之同中書門下平章事者爲宰相之職。遼之中書令亦屬授予勳望卓著者的加官。

[2]牓子：唐時文書名。用於臣下奏事，即宋人所謂“劄子”。是一種比較簡單的、非表非狀的文書。《通鑑》卷二七九《後唐紀六》潞王清泰二年（935）載：“或事應嚴密，不以其日；或異日聽於閤門奏牓子。”

[3]閤使搢笏，立受書匣：閤使將笏板插於腰帶，立身接受書匣。“笏”是官僚上朝拿着的手板，用玉、象牙或竹片製成，上面可以記事。

[4]使者揖生辰節大使少前：【劉校】中華點校本校勘記云，“使者”疑是“閤使”或“舍人”之誤。

[5]南朝：契丹對宋朝的稱呼。遼宋和好之後，契丹主張與宋互稱南北朝，爲兄弟之國。

[6]贊拜：古代舉行朝拜、祭祀或婚禮儀式時由贊禮的人唱導行禮。《隋書·百官志上》：“鴻臚卿，位視尚書左丞，掌導護贊拜。”

[7]契丹舍人：官名。當屬北面官，但《百官志》失載。《欽定歷代職官表》卷三三《鴻臚寺表》注意到契丹舍人一職：“以《遼史·禮志》考之，當時殿廷行禮，凡引群臣合班北向起居、引宋使入門及通名祗候、贊謝、宣諭，皆通事舍人之職。祭祀讀祝、贊帝后詣拜位、受宋使國書、奏牓子、引高麗使至殿下、引新進士至丹墀，皆閤門使之職，而贊拜一節則舍人與閤門使通掌之。是今鴻臚職事在進時亦專屬此二官也。惟是拜起之節，只應以一人傳唱，而《遼史》載宋使見皇太后、皇帝諸儀，有契丹舍人、漢人閤使齊贊拜之文，未喻其故。殆以宋之使臣不諳國語，故别令漢人贊唱，與他禮不同耳”。其實不僅宋使不諳契丹語，遼的漢人臣僚也未必通胡語，故當大臣進酒、皇帝飲酒時，“契丹通、漢人贊：‘殿上臣僚皆拜’。”即漢人贊唱“殿上臣僚皆拜”的同時，契丹人還要將此節翻譯成契丹語。擔任翻譯者，即是契丹舍人。

宋使見皇帝儀：宋使賀生辰、正旦，至日臣僚昧爽入朝，使者至幕次。奏“班齊”，聲警，皇帝升殿坐。宣徽使押殿前班起居畢，捲班出。契丹臣僚班起居畢，引應坐臣僚上殿就位立，其餘臣僚不應坐者並退於北面侍立。次引漢人臣僚北洞門入，面殿鞠躬。舍人鞠躬，[1]通“某官某以下起居”，皆七拜畢，引應坐臣僚上殿就位立。引首相南階上殿，奏宋使并從人牓子就位立。臣僚並退於南面侍立。教坊入，起居畢，引南使、副北洞門入，丹墀内面殿立。閤使北階下殿，受書匣。使人捧書匣者跪，閤使搢笏立受，於北階上殿，欄内鞠躬，奏“封全”訖，授樞密開封。宰相對皇帝讀訖，舍人引使、副北階上殿，欄内立。揖“生辰大使少前”，俛伏跪附起居，俛伏興，復位立；大使俛伏跪，奏訖，俛伏興，退。引北階下殿，揖“使、副北方南面鞠躬”。舍人鞠躬，通“南朝國信使某官某以下祗候見”，起居，七拜畢。揖“班首出班”，謝面天顔，舞蹈，五拜畢；出班，謝遠接、御筵、撫問、湯藥，舞蹈，五拜畢。贊各祗候，引出，歸幕次。閤使傳“宣賜對衣、金帶”。勾從人以下入見。舍人贊班首姓名以下再拜，不出班，奏“聖躬萬福”，贊“再拜“，稱“萬歲”。贊“各祗候”。引出。舍人傳宣賜衣，使、副并從人服賜衣畢，舍人引使、副入，丹墀内面殿鞠躬。舍人贊“謝恩，拜，舞蹈”，五拜畢，贊“上殿祗候”。引使、副南階上殿就位立。勾從人入，贊“謝恩，拜”，稱“萬歲”。贊“有勑賜宴”，再拜，稱“萬歲”。贊“各祗候”。承受官引北廊下立。[2]御牀入，大臣進酒，皇帝飲酒。契丹舍人、漢人閤使齊贊拜，應坐并侍立臣僚皆拜，稱“萬歲”。贊“各祗候”。卒飲，贊拜，應坐臣僚皆拜，稱“萬歲”。贊“各就坐行酒”，親王、使相、使、副共樂曲。若宣令“飲盡”，並起立飲訖。放琖，[3]就位謝。贊“拜”，並隨拜，稱“萬歲”。贊各就坐。次行方茵地坐臣僚等官酒。若宣令飲盡，贊謝如初。殿上酒一行畢，贊“廊下從人拜”，稱“萬歲”。贊“各就坐”。若傳宣令“飲盡”，並拜，稱“萬歲”。贊“各就坐”。殿上酒三行，行茶、行殽、行膳。酒五行，候曲終，揖“廊下從人起”，贊拜，稱“萬歲”。贊“各祗候”，引出。曲破，[4]臣僚并使、副並起，鞠躬。贊“拜”，應坐臣僚并使、副皆拜，稱“萬歲”。贊“各祗候”。引使、副南階下殿，丹墀内舞蹈，五拜畢，贊“各祗候”。引出。次引衆臣僚下殿出畢，報閤門無事。皇帝起，聲蹕。

[1]鞠躬：【劉校】“躬”原本誤作“射”，明抄本、南監本、北監本和殿本均作“躬”。中華點校本、修訂本徑改。今據改。

[2]承受官：官名。宋屬東宫官。據《宋史》卷一六二《職官志》：“承受官一人，以内侍充。仁宗、神宗升儲，並置。中興後置官並同”。

[3]琖：同“盞”。

[4]曲破：唐宋樂舞名。大面的第三段稱“破”，單演唱此段稱“曲破”。“曲破”亦成爲獨立曲種，《宋史》卷一四二《樂志》記載宋有“曲破二十九”，包括“大石調轉春鶯、小石調舞霓裳”等，表演時當是歌舞配合。遼宫廷中上演的“曲破”當是有歌有舞的樂舞。此外上引《樂志》還記載有“琵琶獨彈曲破”十五首。

曲宴宋使儀：昧爽，臣僚入朝，宋使至幕次。皇帝升殿，殿前、教坊、契丹文武班皆如初見之儀。宋使、副綴翰林學士班東洞門入，面西鞠躬。舍人鞠躬，通“文、武百僚臣某以下起居”，七拜。謝宣召赴宴，致詞訖，舞蹈，五拜畢，贊“各上殿祗候”。舍人引大臣、使相、臣僚、使、副及方茵朶殿應坐臣僚並於西階上殿就位立，其餘不應坐臣僚並於西洞門出。勾從人入，起居、謝賜宴，兩廊立，如初見之儀。二人監琖，教坊再拜，贊“各上殿祗候”。入御床，大臣進酒。舍人、閤使贊拜、行酒，皆如初見之儀。次行方茵朶殿臣僚酒，傳宣“飲盡”如常儀。殿上酒一行畢，兩廊從人行酒如初。殿上行餅、茶畢，教坊致語，揖臣僚、使副并廊下從人皆起立，候口號絶，揖臣僚等皆鞠躬。贊拜，殿上應坐并侍立臣僚皆拜，稱“萬歲”。贊“各就坐”。次贊“廊下從人拜”，亦如之。歇宴，揖“臣僚起立”，御牀出，皇帝起，入閤。引臣僚東西階下殿，[1]還幕次內，賜花。承受官引從人出，賜花亦如之。簪花畢，[2]引從人復兩廊位立。次引臣僚、使副兩洞門入，復殿上位立。皇帝出閤，復坐。御牀入，揖“應坐臣僚、使、副及侍立臣僚鞠躬”。贊“拜”，稱“萬歲”，贊“各就坐”。贊兩廊從人亦如之。行單茶，行酒，行膳，行果。殿上酒九行，使相樂曲聲絶，[3]揖“兩廊從人起”，贊“拜”，稱“萬歲”，贊“各好去”，承受引出。曲破，殿上臣僚、使、副皆起立，贊“拜”，稱“萬歲”。贊“各祗候”。引臣僚、使、副東西階下殿。契丹班謝宴出，漢人并使、副班謝宴，舞蹈，五拜畢，贊“各好去”。引出畢，報閤門無事。皇帝起。

[1]引臣僚東西階下殿：據下文“次引臣僚、使副兩洞門入”，可知“引臣僚東西階下殿”之“臣僚”二字後應有“等”字或“使副”二字。【劉校】中華點校本校勘記云，“臣僚”下疑脱“使副”二字。

[2]簪花：逢喜慶，百官插花於冠之謂。《宋史》卷一一二《禮志》：“淳熙二年十一月詔太上皇帝聖壽無疆，新歲七十，以十一日冬至加上尊號册寶，十二月十七日立春行慶壽禮，是日早文武百僚並簪花赴文德殿立班，聽宣慶壽赦。”

[3]使相樂曲聲絶：宴會上爲使相演奏的樂曲結束。宋派往遼的大使有人帶宰相銜，故稱“使相”。

賀生辰正旦宋使朝辭太后儀：臣僚、使副班齊如曲宴儀。皇太后升殿坐，殿前、契丹文武起居、上殿畢。[1]宰臣奏宋使、副、從人朝辭牓子畢，就位立。舍人引使、副北洞門入，面南鞠躬。舍人鞠躬，通南朝國信使某官某以下祗候辭，再拜；不出班奏“聖躬萬福”，再拜；出班，戀闕致詞訖，[2]又再拜。贊“各上殿祗候”。舍人引南階上殿，就位立。引從人贊姓名再拜，奏“聖躬萬福”，再拜，稱“萬歲”。贊“各好去”，引出。殿上，揖“應坐臣僚并使、副就位鞠躬”。贊“拜”，稱“萬歲”。贊“各就坐”。行湯、行茶畢，揖“臣僚并南使起立”，與應坐臣僚鞠躬。贊“拜”，稱“萬歲”。贊“各祗候”，立。引使副六人於欄内拜，跪受書匣畢，直起立。揖“少前”，鞠躬，受傳答語訖，退。於北階下殿，丹墀内面殿鞠躬。舍人贊“各好去”，引出。臣僚出。

[1]殿前：是指殿前班。爲皇帝的警衛——近衛軍。宋人王應麟《玉海》卷一四五《兵制》："五代承唐，衛兵雖衆未嘗訓練，太祖首議教閲，或召近臣觀陣伍，幸殿前班。馬射所過池苑，多令衛士射雕、截柳，其後常加訓習弓力。"皇帝上朝，衛士在殿上依班位侍立，待命。他們不屬於契丹文、武班。

[2]戀闕致詞："南朝國信使"臨别戀闕致詞——表示依依不捨之情。《金史》卷三八《禮志·朝辭儀》也有"使出班，戀闕致詞"。"戀闕"是説明"致詞"内容的。

賀生辰正旦宋使朝辭皇帝儀：臣僚入朝如常儀，宋使至幕次，於外賜從人衣物。皇帝升殿，宣徽、契丹文武班起居上殿如曲宴儀。中書令奏宋使、副并從人朝辭牓子畢，臣僚並於南面侍立。教坊起居畢，舍人引使、副六人北洞門入，丹墀北方面南鞠躬。舍人鞠躬，通南朝國信使某官某以下祇候辭，再拜、起居、戀闕如辭皇太后儀。贊"各祇候"，平身立。揖"使、副鞠躬"。宣徽贊"有敕"，使、副再拜，鞠躬，平身立。宣徽使贊"各賜卿對衣、金帶、疋段、弓箭、鞍馬等，想宜知悉"，使、副平身立，揖"大使三人少前"，俛伏跪，搢笏。閤門使授别録。賜物過畢，[1]俛起，復位立；揖"副使三人受賜"，亦如之。贊"謝恩"，舞蹈，五拜。贊"上殿祇候"，舍人引使、副南階上殿就位立。引從人贊"謝恩"，再拜、起居、再拜，贊"賜宴"，再拜，皆稱"萬歲"。贊"各祇候"，承受引兩廊立。御牀入，皇帝飲酒，舍人、閤使贊"臣僚、使、副拜"，稱"萬歲"，皆如曲宴。應坐臣僚拜，稱"萬歲"。就坐、行酒、樂曲，方茵、兩廊皆如之；行殽、行茶、行膳亦如之。行饅頭畢，從人起，如登位使之儀。曲破，臣僚、使、副皆起立，拜，稱“萬歲”，如辭太后之儀。使、副下殿，舞蹈，五拜。贊“各上殿祗候”，引北階上殿，欄内立。揖生辰、正旦大使二人：“少前，齊跪，受書畢，起立。”揖：“磬折，受起居畢，退。”[2]引北階下殿，丹墀内並鞠躬。舍人贊“各好去”，引南洞門出。次引殿上臣僚南北洞門出畢，報閤門無事。

[1]别録：賜物的目録或清單。“閤門使授别録，賜物過畢”這句話的意思是閤門使將賜物的清單交給宋使，然後將“賜物”在朝廷上展示一遍。

[2]磬折：言站立姿勢。朱熹《儀禮經傳通解》卷一一引《曲禮》曰“因以磬折曰肅立，因以垂佩曰卑立。立容也”。

高麗使入見儀：臣僚常服，[1]起居，應上殿臣僚殿上序立。閤門奏牓子，引高麗使、副面殿立。引上露臺拜，[2]跪附奏起居訖，拜，起立。閤門傳宣“王詢安否？”[3]使、副皆跪，大使奏：“臣等來時詢安。”引下殿，面殿立。進奉物入，列置殿前。控鶴官起居畢，引進使鞠躬，通“高麗國王詢進奉”。宣徽使殿上贊“進奉赴庫”，馬出，擔牀出畢，引使、副退，面西鞠躬。舍人鞠躬，通高麗國謝恩進奉使某官某以下祗候見：舞蹈，五拜；不出班奏“聖躬萬福”，再拜；出班謝面天顔，五拜；出班謝遠接、湯藥，五拜。贊各祗候。使、副私獻入，列置殿前。控鶴官起居，引進使鞠躬，通

“高麗國謝恩進奉某官某以下進奉”。宣徽使殿上贊如初。引使、副西階上殿序立。皇帝不入御牀，臣僚伴酒。契丹舍人通，漢人閤使贊“再拜”，稱“萬歲”，各就坐。酒三行，肴膳二味。若宣令“飲盡”，就位拜，稱“萬歲”，贊“各就坐”。肴膳不贊“起，再拜，稱‘萬歲’”。引下殿，舞蹈，五拜。[4]贊“各祗候”。引出，於幕次内，別差使臣伴宴。起，宣賜衣物訖，遙謝，五拜畢，歸館。

[1]常服：古指軍服。《詩·小雅·六月》：“四牡騤騤，載是常服。”毛傳：“常服，戎服也。”因軍情緊急，著裝不講究，故引申爲通常之服。高麗爲大遼藩屬，遼臣僚服常服見高麗使節，以示遼尊而高麗位卑。

[2]露臺：露天臺榭。《史記》卷一〇《孝文本紀》：“嘗欲作露臺，召匠計之，直百金。上曰：‘百金中民十家之産，吾奉先帝宮室，常恐羞之，何以臺爲！’”後遂以“露臺”爲帝王節儉之典。引高麗使臣上露臺拜跪，示輕慢。

[3]王詢：高麗王朝第八任君主。字安世，公元992年至1031年在位。廟號顯宗。

[4]肴膳不贊“起，再拜，稱‘萬歲’”：肴膳祇有二味，故很快吃罷，然後舍人不贊唱“起，再拜，稱‘萬歲’”，而是直接引使節下殿，在殿内舞蹈，五拜。舍人贊“各祗候”。引出。在幕次内，另差使臣伴高麗使赴宴。宴罷起立，宣佈賜使節衣物，然後高麗使就在幕次内遙謝，向皇帝五拜完畢，歸館。禮儀進行中，司儀“贊”與“不贊”，都與禮拜動作有關連。如《五禮通考》卷一二三《禮·賢臣祀典》引《明会典》神宗十二年“又令粂将見朝，在京營者照京官儀不贊跪，在外者照外官儀贊跪，失儀俱面糾”。

同样，“高麗使入見儀”中“不贊”是指肴膳後免除的一系列禮節，直接引高麗使下殿。

曲宴高麗使儀：臣僚入朝，班齊，皇帝升殿。宣徽、教坊、控鶴、文、武班起居，皆如常儀。謝宣宴，如宋使儀。贊“各上殿祇候”。契丹臣僚謝宣宴。勾高麗使入，面南鞠躬。舍人鞠躬，通“高麗國謝恩進奉使某官某以下起居”，“謝宣宴”，共十二拜。贊“各上殿祇候”，臣僚、使、副就位立。大臣進酒，契丹舍人通，漢人閤使贊：“上殿臣僚皆拜。”贊“各祇候”，進酒大臣復位立，贊“應坐臣僚拜”，贊“各就坐”。行酒。若宣令“飲盡”，贊“再拜”，贊“各就坐”。教坊致語，臣僚皆起立。口號絶，贊“再拜”，贊“各就坐”。凡拜，皆稱“萬歲”。曲破，臣僚起，下殿。契丹臣僚謝宴，中書令以下謝宴畢，引使、副謝，七拜。贊“各好去”。控鶴官門外祇候，報閤門無事。供奉官捲班出。來日問聖體。

高麗使朝辭儀：臣僚起居、上殿如常儀。閤門奏高麗使朝辭牓子，起居、戀闕，如宋使之儀。贊“各上殿祇候”，引西階上殿立。契丹舍人贊“拜”，稱“萬歲”。贊“各就坐”，中書令以下伴酒三行，肴膳二味，皆如初見之儀。既謝，贊“有勑宴”，五拜。贊“各好去”，引出，於幕次内別差使臣伴宴。畢賜衣物，跪受。遙謝，五拜。歸館。

西夏國進奉使朝見儀：臣僚常朝畢，引使者左入，至丹墀面殿立。引使者上露臺立。揖“少前”，拜，跪附奏起居訖，俛興，復位。閤使宣問：“某安否?”鞠躬聽旨，跪奏“某安”。[1]俛伏興，退，復位。引左下，至丹墀，面殿立。禮物右入左出畢，閤使鞠躬，通某國進奉使姓名候見，共一十七拜。贊“祗候”，平立。有私獻，過畢，揖使者鞠躬，贊“進奉收訖”。贊“祗候”，引左上殿，就位立。臣僚、使者齊聲“喏”。酒三行，引使左下，至丹墀謝宴，五拜。畢，贊“有敕宴”，五拜。祗候，引右出。禮畢。於外賜宴，客省伴宴，[2]仍賜衣物。

[1]此處是指遼皇帝問夏國在位國王安否。“某”即皇帝直接稱呼夏國在位君主的姓名。因夏對遼稱臣。

[2]客省：官署名。會同元年（938）置，掌接待諸國使節。設官有都客省、客省使、左右客省使等。

西夏使朝辭儀：常朝畢，引使者左入，通某國某使祗候辭，再拜。不出班，起居，再拜。出班，戀闕致詞，復再拜。賜衣物，謝恩如常儀。若賜宴，五拜。畢，贊“好去”，引右出。

（李錫厚注　劉鳳翥校）

遼史　卷五二

志第二十一

禮志五

嘉儀上

皇帝受册儀：前期一日，尚舍奉御設幄，[1]於正殿北墉下南面設御坐。奉禮郎設官僚、客使幕次於東西朝堂。[2]太樂令設宮懸於殿庭，舉麾位在殿第二重西階上，東向。乘黄令陳車輅，[3]尚輦奉御陳輿輦，[4]尚舍奉御設解劍席于東西階。設文官六品已上位横街南，東方西向；武官五品已上位横街南，西方東向。皆北上重行，每等異位。將士各勒所部六軍仗屯諸門。金吾仗、黄麾仗陳于殿庭。[5]至日，押册官引册自西便門入，置册案西階上。通事舍人引侍從班入，就位。侍中東階下解劍履，上殿，欄外俛伏跪，奏"中嚴"；下殿，劍履，復位立。閤使西階上殿，欄外跪請木契，面殿鞠躬，奏"奏敕喚仗"。殿中監、少監、殿中丞等押金吾四色仗入，[6]位臣僚後。協律郎入，就舉麾位。符寶郎詣閤奉迎。[7]通事舍人引文官四品至六品、武官三品至五品就門外位。皇帝御輦至宣德門，宣徽使押内諸司班起居，引皇帝至閤，服衮冕。[8]侍中東階下解劍履，上殿，版奏“外辦”。太常博士引太常卿，太常卿引帝［即御座，南向立］。[9]内諸司出。協律郎舉麾，太樂令令撞黄鍾之鍾，[10]左五鍾皆應，工人鼓柷，樂作；皇帝即御坐，宣徽使贊“扇合”，樂止；贊“簾捲”，扇開。符寶郎奉寶進，左右金吾報平安。通事舍人引文官三品、武官二品已上入門，樂作；就相向位畢，樂止。通事舍人引侍從班、南班文官三品、武官二品已上合班，北向。東班西上，西班東上起居，七拜。分班，各復位。通事舍人引押册官押册自西階下，至丹墀，當殿置香案、册案。置册訖樂作，就位樂止。捧册官近後東西相對立。舍人引侍從班並南班合班，北向如初。贊“再拜”，在位者皆再拜，舞蹈，五拜。分班，各復位如初。捧册官就西階下解劍席解劍履，捧册西階上殿，樂作，置册御坐前，東西立，北向；捧册官西墉下立，北上，樂止。讀册官出班當殿立，贊“再拜”，三呼“萬歲”。就西階下解劍席解劍履，西階上殿欄内立，當御坐前。侍中取册，捧册官捧册匣至讀册官前跪，相對捧册。讀册官俛伏跪讀訖，俛伏興。捧册官跪左膝，以册授侍中。侍中受册，以册授執事者，降自西階，劍履訖，復當殿位。贊“再拜”，三呼“萬歲”，復分班位。舍人引侍從班、南班合班，北向如初。贊拜，在位者皆拜，舞蹈、鞠躬如初。通事舍人引班首西階下解劍履上殿，樂作；就欄内位，樂止。俛伏跪，通全銜臣某等致詞稱賀訖，俛伏興。降西階下，帶劍、納舄，[11]樂作；復位，樂止。贊“拜”，在位者皆再拜，舞蹈，五拜，鞠躬。侍中臨軒西向稱“有制”，皆再拜。侍中宣荅訖，贊“皆再拜”，舞蹈，五拜，分班各復位。三品已上出，樂作；出門畢，樂止。侍中當御坐俛伏跪，通全銜奏“禮畢”，俛伏興。退，東階下殿，帶劍、納履，復位。宣徽使贊“扇合，下簾”。太常博士、太常卿引皇帝起，樂作；至閤，樂止。舍人引文官四品、武官三品以下出，門外分班立；次引侍從班出，次兵部、吏部出，次金吾出，次起居郎、舍人出，次殿中監、少監押金吾細仗出，仍位臣僚後。次東西上閤門使於丹墀内鞠躬，奏“衙内無事”，捲班出。閤門使丹墀内鞠躬，揖“奉勑放仗”。[12]出，門外文武班中間立，喚承受官。承受官聲“喏”，至閤使後，鞠躬，揖。閤使鞠躬，稱“奉勑放仗”。承受聲“喏”，鞠躬，揖，平身立，引聲“奉勑放仗”。[13]聲絶，趨退。文武合班，再拜。舍人一員攝詞令官，[14]殿前鞠躬，揖，稱“奉勑放黄麾仗”，出。放金吾仗亦如之。翼日，文武臣僚入問聖躬。

[1]尚舍奉御設幄：“尚舍奉御”是唐官，遼代沿置。其職“掌殿庭張設，供其湯沐而潔其灑掃。直長爲之貳，凡大駕行幸，預設三部帳幕”。“幄”即是尚舍奉御爲皇帝設的帳幕，不能設在殿上，本書卷五〇《禮志·凶儀·上謚册儀》：“先一日，於菆塗殿西廊设御幄并臣僚幕次。”如果是設在殿外北牆下，皇帝進出“幄”就得走正殿的東、西兩洞門。因此帳幕只能塔在殿前面廊下，

以便於皇帝從正門出入。“御坐”則設在正殿北牆下的南面，因此是南向的。皇帝的坐位總是南向的，絶不能面北坐。

[2]東西朝堂：遼隋唐制。唐代宫城南門稱“承天門”，東西朝堂在承天門外。

[3]乘黄令陳車輅：皇帝乘黄令陳車輅，本於唐“開元禮”，其制未詳。【靳注】乘黄令，遼南面官名。掌皇帝乘輿及御廄諸馬。

[4]尚輦奉御：官名。據《唐六典·殿中省》載，其職“掌輿輦、繖扇之事，分其次序而辨其名數。直長爲之貳，凡大朝會則陳於庭，大祭祀則陳於廟”。

[5]黄麾仗：皇帝出行的儀仗。據范文瀾、蔡美彪等《中國通史》第四編第五章第二節記載：“皇帝用黄麾仗（出行時的一種儀仗）一萬零八百餘人，騎三千九百餘，共分八節，皇帝、皇太后、皇后等在第六節。”

[6]金吾四色仗：金吾衛士兵組成的儀仗。遼禁軍有金吾衛。

[7]符寶郎：官名。唐改符璽郎爲符寶郎，遼代沿置。據《文獻通考·職官考·門下省》載：“其符節並納於宫中，有行從則請之。郎掌諸進符寶、出納幡節也。”

[8]衮冕：古代帝王與上公的禮服和禮冠。《國語·周語中》：“棄衮冕而南冠以出，不亦簡彝乎。”韋昭注：“衮，衮龍之衣也；冕，大冠也。”亦單指穿衮服時所用的冕。《新唐書·車服志》：“首飾大小華十二樹，以象衮冕之旒。”《宋史·輿服志四》：“衮冕十有二旒，其服十有二章，以享先王。”

[9]太常博士引太常卿，太常卿引帝：這句話不完整。據《通典》卷一二二《臨軒行事》：“皇帝出自西房。太常博士引太常卿、太常卿引皇帝即御座，南向立。樂止。（太常卿與博士退，立於皇帝之左）”《遼史·禮志》編者從《通典》中抄出這段不完整的話，漏掉了引皇帝“即御座，南向立”。這一省略，使下面文字均費解。因爲皇帝在御座前南向站立，然後内諸司出現在殿庭上，協律郎舉麾，太樂令下令撞黄鍾之鐘，當音樂再奏響時，皇帝即御

坐。宣徽使贊"扇合"，樂止；贊"簾捲"。

[10]黄鍾之鍾：宫廷樂器名。《通典》卷一二二《臨軒行事》載，"皇帝將出，太樂令令撞黄鍾之鐘，右五鐘皆應。協律郎舉麾，鼓吹奏，太和之"。

[11]納舃：即"納履"，意爲穿鞋，引申爲辭别之意。

[12]閤門使丹墀内鞠躬，揖"奉勑放仗"：中華點校本校勘記認爲，"揖"字，按前後情節及文例似應作"奏"。下文《册皇太后儀》："閤使奏'放仗'，皆如皇帝受册之儀。"即指此。此言非是。按，此時皇帝已下殿至閤，閤門使"揖'奉勑放仗'"是向承受官傳令，因此，"揖"字不誤。

[13]引聲：故意放長説話聲音。

[14]攝：代理，兼理。

太平元年，行此儀，大略遵唐、晉舊儀。[1]又有《上契丹册儀》，以阻午可汗柴册禮合唐禮雜就之，又有《上漢册儀》，與此儀大同小異，加以《上寶儀》。

[1]晉：此指石敬瑭創立的後晉（936—946），係五代時期的第三個王朝。初，石敬瑭獲得契丹耶律德光支持，並向德光割地、稱臣、稱兒。少帝石重貴繼位後，與契丹交惡，爲契丹所滅。

册皇太后儀：前期，陳設於元和殿如皇帝受册之儀。至日，皇帝御弘政殿。册入，侍從班入。門外金吾列仗、文武分班、侍中解劍奏"中嚴"、宣徽使請木契唤仗皆如之。[1]樂工入，閤使門外文武班中間立，唤承受官。聲"喏"，趨至閤使後立。[2]閤使鞠躬，揖，稱"奉勑唤仗"。承受官鞠躬，聲"喏"，揖，引聲"奉勑喚仗”。文武合班，再拜。殿中監押仗入、文武班入，亦如之。宣徽使押内諸司供奉官天橋班，候皇太后御紫宸殿，乘平頭輦，[3]童子、女童隊樂引至金鑾門。閤使奏内諸司起居訖，贊“引駕”，自下先行至元和殿。皇太后入西北隅閤内更衣。侍中解劍上殿奏外辦，宣徽受版入奏。侍中降，復位。協律郎舉麾，樂作。太樂令、太常卿導引皇太后升坐。宣徽使贊“扇合”，簾捲；“扇開”，樂止。符寶郎奉寶置皇太后坐右。左右金吾大將軍對揖，鞠躬，奏“軍國内外平安”。東上閤門副使引丞相東門入、西上閤門副使引親王西門入、通事舍人引文武班入，如儀樂作，至位樂止。文武班趨進，相向再拜，退，復位。東西上閤門使、宣徽使自弘政殿引皇帝御肩輿至西便門下，[4]引入門樂作，至殿前位樂止。宣徽使贊“皇帝拜”，問皇太后“聖躬萬福”，拜。皇帝御西閤坐，合班，起居如儀。北府宰相押册，[5]中書、樞密令史八人舁册，[6]東西上閤門使引册，宣徽使引皇帝送册，樂作，至殿前置册位樂止。宣徽使贊“皇帝再拜”，稱“萬歲”，群臣陪位。揖：翰林學士四人、大將軍四人舁册。[7]皇帝捧册行，三舉，武授册，舁之，[8]西階上殿樂作，[9]置太后坐前樂止。皇帝册西面東立。舍人引丞相當殿再拜，[10]三呼“萬歲”，解劍，西階上殿樂作，至讀册位樂止。俛伏跪讀册訖，俛伏三呼“萬歲”，復班位。宣徽使引皇帝下殿樂作，至殿前位樂止。皇帝拜，舞蹈，拜訖，引皇帝西階上殿，至皇太后坐前位，俛跪致詞訖，俛伏興。引西堦下，至殿前位拜，舞蹈，拜，鞠躬。侍中臨軒，宣太后答稱“有制”，皇帝再拜。宣訖，引皇帝上殿樂作，至西閤，樂止。丞相、親王、侍從、文、武合班，贊“拜”，舞蹈，三呼“萬歲”如儀。丞相上賀，侍中宣答如儀。丞相以下出，舉樂；出門，樂止。侍中奏“禮畢”，宣徽索扇，扇合，下簾。皇太后起，舉樂；入閤，樂止。文、武官出，門外分班。侍從、兵部、吏部起居，金吾仗出，如儀。閤使奏“放仗”，皆如皇帝受册之儀。

［1］木契：木製的符信或憑證。《舊唐書》卷四三《職官志二》云：“木契所以重鎮守、慎出納。”契分雌、雄，各執其一，合而後放行。顧炎武《日知録》卷三二《雌雄牝牡》云：“符契亦可稱雌雄。《隋書·高祖紀》：頒木魚符於總管、刺史，雌一、雄一。《唐六典》：太府寺置木契九十五隻，雄付少府將作監，雌留太府寺是也。”“宣徽使請木契喚仗”，謂請求頒給木契，以便召儀仗上殿。

［2］聲“喏”，趨至閤使後立：中華點校本校勘記認爲，“聲喏”上疑脱“承受官”三字。按，前已有“喚承受官”，故下文省略。

［3］平頭輦：本爲皇帝平常出行所乘的車。《宋史》卷一四九《輿服志一》載：“平輦，又名平頭輦，亦曰太平輦。飾如逍遙輦而無屋。輦官十二人，服同逍遥輦。常行幸所御。”同書卷一五〇《輿服志二》又載：“神宗嗣位，尊皇太后爲太皇太后，其行幸依治平元年之制，而皇太后、皇后常出止用副金塗銀裝白藤輿，覆以椶櫚屋，飾以鳳。輦官服同乘輿平頭輦之制。”平頭輦原是皇帝常行所乘，遼則以之作爲皇太后乘輿。

［4］肩輿：即轎。明人方以智《通雅》卷三五謂：“凡器有横梁者，匠皆呼曰‘橋’，今之肩輿亦謂其如橋也。山行之橋本是轎。”

優禮老臣，准其“肩輿入宫”，則肩輿是君臣通用之交通工具。

[5]北府宰相：官名。爲契丹部族官。契丹可汗之下有北、南二府，各部族則分屬二府，並分設宰相統之。五院部、六院部、品部、烏隗部、涅剌部、突呂不部等隸北府。阿保機取代遙輦氏後，世以后族爲北府宰相。遼聖宗以後，漢人也有任此官者。

[6]樞密令史：本書《百官志》未載。漢代蘭臺尚書屬官有令史，居郎之下，掌文書事務，歷代因之。隋唐以後，三省、六部及御史臺都置令史，爲低級事務員。

[7]翰林學士：唐代始設翰林學士，以專知制誥。此外，遼代尚有宣政殿、觀書殿諸學士，其職掌不見於《遼史》，當亦如宋之雜學士以爲加銜，並不司文翰之事。遼又稱學士爲“林牙”。

[8]皇帝捧册行，三舉，武授册，舁之：皇帝捧册行進過程中三次上舉，“武授册，舁之”即皇帝將册授予大將軍，用手抬着。

[9]西階上殿樂作：【劉校】“樂作”二字原闕，中華修訂本據北監本、殿本補。今從。

[10]丞相：即大丞相韓德讓（941—1011），韓匡嗣第四子。統和初年，承天稱制，韓德讓以南院樞密使的身份“總宿衛事”。統和十七年（999），北院樞密使、魏王耶律斜軫病故，承天太后以韓德讓兼知北院樞密使事，至此，遼朝的蕃漢軍政大權就集於一身了。統和二十二年，承天太后又賜韓德讓姓耶律，徙封晉王，並且仍舊爲大丞相，事無不統。次年十一月，她又詔德讓“出宫籍，屬於横帳”。二十八年更名耶律隆運。即與遼聖宗耶律隆緒是一個字輩。本書卷八二有傳。

册皇后儀：至日，北、南臣僚、内外命婦詣端拱殿幕次。皇后至閤，侍中奏“中嚴”，引命婦班入，就東西相向位立。皇帝臨軒，命使發册，使、副押册至端拱殿門外幕次。侍中奏外辦。所司承旨索扇，扇上。舉麾，樂作，皇后出閤升坐，扇開，簾捲；偃麾，樂止。引命婦合班面殿起居，八拜。皇后降坐，樂作；至殿下褥位，樂止。引册入，置皇后褥位前。侍中傳宣，皇后四拜，命婦陪位皆拜。引讀册官至皇后褥位前，俛伏跪讀訖，皇后四拜，陪位者皆拜。引皇后升殿，使臣引册置皇后坐前册案，退，西向侍立。命婦當殿稱賀，四拜。引班首東階上殿，致詞訖，東階下殿，復位，四拜。侍中奏宣答稱“有教旨”，[1]四拜。宣答訖，四拜。班首上殿進酒，皇后賜押册使、副等酒訖，侍中奏“禮畢”。承旨索扇，樂作；皇后起，入閤，樂止。分引命婦等東、西門出。

[1]教旨：上對下的告諭，如皇后、皇太后的命令。宋人司馬光《傳家集》卷三二《言任守忠第三劄子》：“皇后正位尚新，天下聳觀令德。守忠輒爲皇后畫策，並不稟問皇太后，矯傳教旨，開祖宗寶藏，擅取金珠數萬兩，以獻皇后。既取悦一時，又坐享厚賜。逆婦姑之禮，開驕侈之源，使皇后受其惡名而己身收其重利。爲臣姦邪孰甚於此。”

册皇太子儀：前期一日，設幄坐于宣慶殿，設文武官幕次于朝堂，并殿庭板位，太樂令陳宮縣，皆如皇帝受册儀。守宮設皇太子次于朝堂北，西向；[1]乘黄令陳金輅朝堂門外，西向；皇太子儀仗、笳簫、鼓吹等陳宣慶門外；[2]典儀設皇太子板位于殿横街南，近東，北向；設文武官五品以上位於樂縣東、西；餘官如常儀。至日，門下侍郎奉册，中書侍郎奉寶綬，各置于案。[3]令史二人絳服，對舉案立。寶案在横街北，西向，册案在北。門下侍郎、中書侍郎並立案後。侍中板奏“中嚴”，皇太子遠遊冠、絳紗袍，秉珪出。[4]太子舍人引入，就板位北面殿立。東宫官三師以下皆從，立皇太子東南，西向。太子入門樂作，至位樂止。典儀贊“皇太子再拜”，在位者皆再拜。中書令立太子東北，西向。[5]門下侍郎引册案，中書侍郎取册進授中書令，退復位。傳宣官稱“有制”，皇太子再拜。傳宣訖，再拜。中書令跪讀册訖，俛伏興。皇太子再拜，受册，退授左庶子。[6]中書侍郎取寶進授中書令，皇太子進受寶，退授左庶子。中書令以下退，復位。舁案者以案退。典儀贊“再拜”，皇太子拜，在位者皆再拜。太子舍人引皇太子退，樂作，出門樂止。侍中奏“禮畢”。皇太子升金輅，左庶子以下夾侍，儀仗、鼓吹等並列宣慶門外，三師、三少、諸宫臣於金輅前後導從，鳴鐃而行，還東宫。宫庭先設仗衛如式，至宫門，鐃止。皇太子降金輅，舍人引入就位坐，文、武宫臣序班稱賀。禮畢。

[1]守宫設皇太子次于朝堂北：依上文“設文武官幕次于朝堂”，疑“次”前或脱一“幕”字。

[2]鼓吹：即鼓吹樂，古代的一種器樂合奏曲。亦即《樂府詩集》中的鼓吹曲。用鼓、鉦、簫、笳等樂器合奏。源於我國古代民族北狄。漢初邊軍用之，以壯聲威，後漸用於朝廷。宋人姜夔《白石道人歌曲》卷一《聖宋鐃歌鼓吹曲十四首》詩序：“臣聞鐃歌者，漢樂也。殿前謂之鼓吹，軍中謂之騎吹。”此則謂編入儀仗隊中演奏鼓吹曲的樂隊。宋人司馬光《傳家集》卷二六《論董淑妃謚議

策禮劄子》:“鹵簿本以賞軍功，未嘗施於婦人。唯唐平陽公主有舉兵佐高祖定天下之功，方給鼓吹。”

[3]門下侍郎：官名。本書卷四七《百官志三》門下省有門下侍郎，品秩、職掌未詳。據《唐六典·門下省》有黄門侍郎二人，正四品上。“掌貳侍中之職，凡政之弛張，事之與奪，皆參議焉。若大祭祀則從升壇以陪禮。皇帝盥手，則奉巾以進；既帨，則奠巾於篚。奉匏爵以贊獻。凡元正、冬至，天子視朝則以天下祥瑞奏聞。”天寶元年（742）黄門侍郎改門下侍郎。唐初以三省之長中書令、侍中、尚書令爲宰相，後罷尚書令不置，而左右僕射亦爲宰相。自中葉以後，則以他官之同平章事者獨預機務，而中書令、侍中、僕射遂僅存虚名。唐宋侍中、僕射爲二三品，而中書、門下侍郎之同平章事者僅四品，卻是真宰相。據本書卷七六《張礪傳》，滅後晉後，太宗德光曾以張礪爲右僕射，兼門下侍郎、平章事。但這是在張礪受契丹權貴攻擊而失勢之後的虚職。　中書侍郎：官名。據本書卷四七《百官志三》，遼中書省置中書侍郎。品秩、職掌未詳。《唐六典·中書省》置中書侍郎二人，正四品上。作爲中書令之副職，凡邦國之庶務、朝廷之大政，皆參議焉。凡臨軒册命大臣，令爲之使，則持册書以授之。若自内册，則以册書授使者；册后，則奉琮璽及綬；册太子則奉璽，皆以授使者。凡四夷來朝，臨軒則授其表疏，升於西階而奏之。若獻贄幣則受之，以授於所司。宋承唐制，以同中書門下平章事爲宰相。

[4]遠遊冠：古代冠名。據《通典》卷五七《禮典》，遠遊冠係“秦採楚制。楚莊王通梁組纓，似通天冠而無山述，有展筩横之於前”。《晉書》卷二五《輿服志》:“遠游冠，傅玄云秦冠也。似通天而前無山述，有展筩横於冠前。皇太子及王者後、帝之兄弟、帝之子封郡王者服之。諸王加官者自服其官之冠服，惟太子及王者後常冠焉。太子則以翠羽爲緌，綴以白珠，其餘但青絲而已。”　秉珪：以示對上天的敬畏。《史記》卷三三《魯周公世家》載：“周公於是乃自以爲質，設三壇，周公北面立，戴璧秉圭告於大王、王

季、文王，史策祝曰……”《集解》引孔安國曰：“璧以禮神，圭以爲贄。”所謂“贄”者，見面禮也。

[5]中書令：官名。中書省的長官。隋、唐以中書令、侍中、尚書令俱爲宰相，但僅存虛名，而以他官之同中書門下平章事者爲宰相之職。遼之中書令亦屬授予勳望卓著者的加官。

[6]左庶子：官名。即太子左庶子，東宫官。遼沿唐制，左春坊置左庶子。據本書卷四七《百官志三》，凡東宫官多見《遼朝雜禮》。《唐六典·東宫三師府》，太子左春坊置左庶子二人，正四品上。據《禮記》，古者周天子有“庶子”之官，負責諸侯、卿、大夫之庶子事務，“掌其戒令、與其教理，别其等、正其位”。至秦漢因之置中庶子員，主管宫中並諸吏之適子及支庶版籍。隋門下坊置左庶子二人領之，典書坊置右庶子二人領之。唐朝因之，龍朔二年改門下坊爲左春坊，左庶子爲太子左中護。咸亨元年復故。左庶子在東宫，職擬侍中，職掌侍從、贊相禮儀、駁正啟奏、監省封題等事。

册王妃公主儀：至日，押册使、副并讀册等官押册東便門入，持節前導至殿。册案置横街北少東。引使、副等面殿立而鞠躬。侍中臨軒稱“有制”，皆再拜，鞠躬。宣制訖，舞蹈，五拜，引册於宣慶門出。使、副等押領儀仗、册案，赴各私第廳前，向闕陳列。設傳宣受册拜褥，册案置褥左，去羃蓋。使、副案右序立。受册者就位立，傳宣稱“有制”，再拜。宣制畢，舁册人舉册匣於褥前跪捧，引讀册者與受册者皆俛伏跪，讀訖，皆俛伏興。受册者謝恩，國王五拜，王妃、公主四拜。若册禮同日，先上皇太后册寶，次臨軒同制，遣使册皇后、諸王妃、主，次册皇太子。[1]

［1］次臨軒同制，遣使册皇后、諸王妃、主，次册皇太子：若册禮在同一天舉行，先上皇太后册寶，然後皇帝頒同一制命，册皇后、諸王、皇妃以及公主，再次頒制册立皇太子。

皇帝納后之儀：擇吉日，至日，后族畢集。詰旦，后出私舍坐于堂。皇帝遣使及媒者，以牲、酒、饔餼至門。執事者以告，使及媒者入謁，再拜，平身立。少頃，拜，進酒于皇后，次及后之父母、宗族、兄弟。酒偏再拜。納幣、[1]致詞、再拜訖，后族皆坐。惕隱夫人四拜，請就車。后辭父母、伯叔父母、兄，各四拜；宗族長者皆再拜。皇后升車，父母飲后酒，致戒詞，偏及使者、媒者、送者。發軔，伯叔父母、兄飲后酒如初。教坊遮道贊祝，后命賜以物。后族追拜，[2]進酒，遂行。將至宮門，宰相傳勑，賜皇后酒，偏及送者。既至，惕隱率皇族奉迎，再拜。皇后車至便殿東南七十步止，惕隱夫人請降車。負銀罌、捧縢履黄道行。[3]後一人張羔裘若襲之，前一婦人捧鏡却行。置鞍于道，后過其上。[4]乃詣神主室三拜：南北向各一拜；酹酒，向謁者一拜；起居訖，再拜。次詣舅姑御容拜，奠酒，選皇族諸婦宜子孫者再拜之，授以罌、縢。又詣諸帝御容拜，奠酒，神賜襲衣、珠玉、珮飾，拜受服之。后姊若妹、陪拜者各賜物。皇族迎者、后族送者偏賜酒，皆相偶飲訖，后坐别殿，送后者退食于次。媒者傳旨，命送后者列于殿北。竢皇帝即御坐，選皇族尊者一人當奥坐，[5]主婚禮。命執事者往來致辭于后族，引后族之長率送后者升當御坐，皆再拜；又一拜，少進，附奏送后之詞；

退復位，再拜。后族之長及送后者向當奧者三拜，南、北向各一拜，向謁者一拜。后族之長跪問“聖躬萬福”，再拜；復奏送后之詞，又再拜。當奧者與媒者行酒三周，命送后者再拜，皆坐，終宴。翼日，皇帝晨興，詣先帝御容拜，奠酒訖，復御殿，宴后族及群臣，皇族、后族偶飲如初，百戲、角觝戲、馬較勝以爲樂。[6]又翼日，皇帝御殿，賜后族及贐送后者各有差。受賜者再拜，進酒，再拜。皇帝御别殿，有司進皇后服飾之籍。酒五行，送后者辭訖，皇族獻后族禮物；后族以禮物謝當奧者。禮畢。

[1]納幣：男方向女方致送聘禮。以上基本上采漢禮。《後漢書》卷一〇《梁皇后紀》載：“桓帝懿獻梁皇后……依孝惠皇帝納后故事，聘黄金二萬斤，納采鴈、璧、乘馬、束帛，一如舊典。建和元年六月始入掖庭，八月立爲皇后。”李賢注：“《漢書》舊儀：‘聘皇后，黄金萬斤’。吕后爲惠帝娶魯元公主女，故特優其禮也。”《儀禮》曰“納採用鴈”，鄭玄注曰：“納其采擇之禮。用鴈，取順陰陽往來也。”《周禮》“王者穀圭以聘女”。

[2]后族：即與皇族通婚的蕭氏。隋唐時期，與契丹可汗通婚的乙室己部和拔里部，被稱爲“審密”，又稱孫氏，后來的蕭氏爲其異譯。參蔡美彪《遼代后族與遼季后妃三案》（《歷史研究》1994年第2期）。　皇太后：指阿保機母宣簡皇太后。

[3]負銀罌，捧滕（téng）履黄道行：皇后背負銀罌、捧着香囊，在黄道吉日入宫。銀罌，器皿。唐制，臘日宣賜口脂、面藥。清人仇兆鰲《杜詩詳注》卷五《臘日》載：“口脂面藥隨恩澤，翠管銀罌下九霄。”注云，“口脂、面藥以禦寒凍”，“翠管、銀罌，指所盛之器”。捧滕，捧着香囊之類的袋子。滕，通“幐”。《後漢

書》卷七九《儒林傳》："大則連爲帷蓋，小乃制爲縢囊。"所謂"履黄道行"，因爲入宫與皇帝成婚，事前必選定大吉之日、大吉之時。長期以來就有"黄道吉日"之説，"黄道"即是良辰吉日所經之道。

[4]置鞍于道，后過其上：可從當時北宋民間婚俗朔源。《東京夢華録》卷五《娶婦》載："新婦下車子，有陰陽人執斗，内盛穀豆、錢、菓、草節等，呪祝望門而撒，小兒輩爭拾之，謂之撒穀豆。俗云厭青羊等，殺神也。新人下車、簷，踏青布條或氊席，不得踏地。一人捧鏡倒行，引新人跨鞍驀草及秤上過。"過"鞍"，取其諧音"安"——平安之義。《舊唐書》卷一八五下《强循傳》載，睿宗時，突厥默啜請尚公主，和逢堯充使報命。默啜對所送金鏤鞍檢乃銀胎金塗，不悦，欲罷和親。逢堯謂曰："漢法重女壻，令送鞍者，衹取平安長久之義，何必以金銀爲升降耶?"遼朝皇帝納后之儀，多參雜漢族民間婚禮習俗，多與皇帝大婚禮儀不合。

[5]當奥：即西南隅坐，主持婚禮。

[6]角觝戲：類似現在的摔跤，宋人稱之爲"相撲"。《舊五代史》卷一二四《唐景思傳》："唐景思，秦州人也，幼以屠狗爲業，善角觝戲。初事僞蜀爲軍校。"　馬較勝：當是賽馬。

公主下嫁儀：選公主諸父一人爲婚主，凡當奥者、媒者致詞之儀，自納幣至禮成大略如納后儀。擇吉日，詰旦媒者趣尚主之家詣宫，竢皇帝、皇后御便殿，率其族入見。進酒訖，命皇族與尚主之族相偶飲。翼日，尚主之家以公主及婿率其族入見，致宴于皇帝、皇后。獻賵送者禮物訖，朝辭。賜公主青幰車，二螭頭、蓋部皆飾以銀，駕駞；[1]送終車一，車樓純錦，銀螭、懸鐸、後垂大氊，駕牛，載羊一，謂之祭羊，擬送終之具，至覆尸儀物咸在。賜其婿朝服、四時襲衣、鞍馬，凡所須無不備，選皇族一人，送至其家。

親王女封公主者婚儀：倣此，以親疏爲差降。

［1］賜公主青幰車，二螭頭，盖部皆飾以銀，駕駞：據本書卷五五《儀衛志一》："青幰車，二螭頭、蓋部皆飾以銀，駕用駞，公主下嫁以賜之。古者王姬下嫁，車服不繫其夫，下王后一等。此其遺意歟。"公主相當於上古的"王姬"，她們用以代表自己身份等級的車、服不受其服身份限制，是按着低於王后一等實行。"青幰車"有"二螭頭"，即有兩個螭龍頭像，這是代表公主身份。公主"車服不繫其夫"，即其車服高過其夫的等級。其夫受賜"鞍馬"，出行時，公主乘青幰車，其夫騎馬隨行。

（李錫厚注　劉鳳翥校）

遼史　卷五三

志第二十二

禮志六

嘉儀下

皇太后生辰朝賀儀：至日，臣僚入朝、國使至幕、班齊如常儀。[1]皇太后昇殿坐，皇帝東面側坐。契丹舍人殿上通名，[2]契丹、漢人臣僚、宋使副綴翰林學士班東西兩洞門入，[3]合班稱賀，班首上殿祝壽，分班引出，皆如正旦之儀。教坊起居，[4]七拜，契丹、漢人臣僚入，進酒，皆如正旦之儀，[5]唯宣答稱“聖旨”。皇帝降御座，進奉皇太后生辰禮物過畢，皇帝殿上再拜，殿下臣僚皆再拜。皇帝昇御座。引臣僚分班出，引中書令、北大王西階上殿，奏契丹臣僚進奉。次漢人臣僚并諸道進奉。控鶴官置擔牀，起居，四拜畢，引進使鞠躬，通文武百僚某官某以下、高麗、夏國、諸道進奉。[6]宣徽使殿上贊“進奉各付所司”，控鶴官聲喏。擔牀過畢，契丹、漢人臣僚以次謝，五拜。贊“各祗候”，引出。教坊、諸道進奉使謝如之。契丹臣僚謝宣宴，引上殿就位立。漢人臣僚并宋使、副東洞門入，面西謝宣宴，如正旦儀。贊“各上殿祗候”，臣僚、使副上殿就位立，亦如之。監琖教坊上殿，從人入東廊立，皆如之。御牀入，皇帝初進酒，臣僚就位陪拜。皇太后飲酒，殿上應坐、侍立臣僚皆拜，稱“萬歲”。贊“各祗候，立”。皇太后卒飲，手賜皇帝酒。皇帝跪，卒飲，退就褥位，再拜，臣僚皆陪拜。若皇帝親賜使相、臣僚、宋使副酒，皆立飲。皇帝昇坐，贊應坐臣僚并使、副皆拜，稱“萬歲”。贊“各就坐”。行方裀朶殿臣僚酒，如正旦儀。一進酒，兩廊從人拜，稱“萬歲”，各就坐。親王進酒，如正旦儀。若皇太后手賜親王酒，跪飲訖，退露臺上，五拜。贊“祗候”。殿上三進酒，行餅茶訖，教坊跪致語，揖臣僚、使副、廊下從人皆立。口號絶，贊拜亦如之。[7]行茶、行殽膳皆如之。大饌入，行粥盌。殿上七進酒，使相、臣僚樂曲終，揖廊下從人起，拜，稱“萬歲”。“各好去”，承受官引兩門出。曲破，[8]揖臣僚、使副起，鞠躬。贊拜，皆拜，稱“萬歲”。贊“各祗候”，引臣僚、使副下殿。契丹臣僚謝宴畢，出。漢人臣僚、使副舞蹈，五拜畢，贊“各好去”。出洞門畢，報閤門無事，皇太后、皇帝起。

應聖節，[9]宋遣使來賀生辰、正旦，始制此儀，故詳見《賓儀》。

凡五拜：拜，興。再拜，興。跪，搢笏，[10]三舞蹈，三扣頭，出笏，就拜，興。拜，興。再拜，興。其就拜，亦曰俛伏興。

《賓儀》，臣僚皆曰坐，於此儀曰高裍，與方裍別。

[1]常儀：即“常朝起居儀”，是百官集體朝見並向皇帝問安的禮儀。《玉海》卷八〇引衛宏《漢舊儀》云：“皇帝起居儀，宫司馬内百官所傳，按籍而後出入，營衛周廬，晝夜誰何，殿外門屬衛尉，殿内郎舍屬光禄勳，黄門鉤盾屬少府。輦動則左右帷幄者稱警，車駕則衛官填街、騎士塞路，出殿則傳蹕止人，清道建五旗，丞相、九卿執兵奉引。先置索清宫而後往，所以重威、防未然也。乘輿冠高山冠，飛羽之纓幘耳，赤丹素裹，帶七尺，斬蛇劍履虎尾絇履。”後唐明宗定五日一起居。《宋史》卷一一六《禮志》：“起居儀有常朝與大朝之分。凡常起居兩拜，大起居則七拜。”

[2]契丹舍人：官名。當屬北面官，但本書《百官志》失載。《欽定歷代職官表》卷三三《鴻臚寺表》注意到契丹舍人一職，“以《遼史·禮志》考之，當時殿廷行禮，凡引群臣合班北向起居、引宋使入門及通名祇侯、贊謝、宣諭，皆通事舍人之職。祭祀讀祝、贊帝后詣拜位、受宋使國書、奏牓子、引高麗使至殿下、引新進士至丹墀，皆閤門使之職，而贊拜一節則舍人與閤門使通掌之。是今鴻臚職事在進時亦專屬此二官也。惟是拜起之節，只應以一人傳唱，而《遼史》載宋使見皇太后、皇帝諸儀，有契丹舍人、漢人閤使齊贊拜之文，未喻其故。殆以宋之使臣不諳國語，故别令漢人贊唱，與他禮不同耳。”其實不僅宋使不諳契丹語，遼的漢人臣僚也未必通胡語，故當大臣進酒、皇帝飲酒時，“契丹通、漢人贊：‘殿上臣僚皆拜’。”即漢人贊唱“殿上臣僚皆拜”的同時，契丹人還要將此節翻譯成契丹語。擔任翻譯者，即是契丹舍人。

[3]翰林學士：唐代始設翰林學士，以專知制誥。此外，遼代尚有宣政殿、觀書殿諸學士，其職掌不見於《遼史》，當亦如宋之雜學士以爲加銜，並不司文翰之事。遼又稱學士爲“林牙”。

[4]教坊：官署名，負責宫廷中表演的機構。有衆多樂舞表演者，《唐會要》卷三載：貞元二十一年（805）三月“出後宫及教坊女妓六百人，聽其親戚迎於九仙門，百姓莫不叫呼大喜”。

[5]皆如正旦之儀：【劉校】“旦”字原闕，中華修訂本據明抄本、南監本、北監本、殿本補。今從。

[6]諸道：遼有五京，各自統轄下的地區稱“道”，全境計有上京道、東京道、中京道、南京道和西京道。

[7]贊拜：古代舉行朝拜、祭祀或婚禮儀式時由贊禮的人唱導行禮。《隋書》卷二六《百官志上》：“鴻臚卿，位視尚書左丞，掌導護贊拜。”

[8]曲破：唐宋樂舞名。大曲的第三段稱“破”，單演唱此段稱“曲破”。“曲破”亦成爲獨立曲種，《宋史》卷一四二《樂志十七》記載宋有“曲破二十九”，包括“大石調轉春鶯、小石調舞霓裳”等，表演時當是歌舞配合。遼宫廷中上演的“曲破”當是有歌有舞的樂舞。另外上引《樂志》還記載有“琵琶獨彈曲破”十五首。

[9]應聖節：開泰十一年（1031）聖宗駕崩，興宗即位，其生母蕭耨斤殺害齊天皇后，自立爲皇太后，攝政，以其生辰爲應聖節。

[10]搢笏：“笏”是官僚上朝拿着的手板，用玉、象牙或竹片製成，上面可以記事。“搢笏”即將笏板插於腰帶。

皇帝生辰朝賀儀：臣僚、國使班齊，皇帝昇殿坐。臣僚、使副入，合班稱賀，合班出，皆如皇太后生辰儀。中書令、北大王奏諸道進奉表目。教坊起居，七拜。臣僚東西門入，合班再拜。贊“進酒”，班首上殿進酒。宣徽使宣答，群臣謝宣諭，分班；奏樂，皇帝卒飲，合班；班首下殿，分班出皆如正旦之儀。進奉皆如皇太后生辰儀。皇帝詣皇太后殿，近上皇族、外戚、大臣並從，[1]奉迎太后即皇帝殿坐。皇太后御小輦，皇帝輦側步從，臣僚分行序引，宣徽使、諸司、閤門攢隊前引。教坊動樂，控鶴起居，四拜。引駕臣僚並於山樓南方立候。[2]皇太后入閤，揖使、副并臣僚入幕次。皇太后昇殿坐，皇帝東方側坐。引契丹、漢人臣僚、使副兩洞門入，合班起居，舞蹈，五拜。贊"各祗候"，面殿立。皇帝降御坐，殿上立，進皇太后生辰物過畢，皇帝殿上再拜，殿上下臣僚皆拜。皇帝昇御座，引臣僚分班出。契丹臣僚入，謝宣宴。漢人臣僚、使副入，通名謝宣宴，上殿就位。不應坐臣僚出、從人入皆如儀。御牀入，皇帝初進皇太后酒，皇太后賜皇帝酒，皆如皇太后生辰儀。贊"各就坐"，行酒。宣"飲盡"，就位謝如儀。殿上一進酒畢，從人入，就位如儀。親王進酒，行餅、茶，教坊致語如儀。行茶、行肴膳如儀。七進酒，使相樂曲終，[3]從人起。曲破，臣僚、使副起，餘皆如正旦之儀。

[1]近上皇族：指皇族三父房。契丹以玄祖之後爲皇族，分爲三房：玄祖伯子麻魯無後，次子巖木之後曰孟父房；叔子釋魯曰仲父房；季子爲德祖，德祖之元子是爲太祖天皇帝，謂之横帳；次曰剌葛，曰迭剌，曰寅底石，曰安端，曰蘇，皆曰季父房。

[2]山樓：當是在皇城上所建觀景的樓閣。

[3]使相：宋派往遼的大使。因多帶宰相銜，故稱"使相"。

皇后生辰儀：臣僚昧爽朝。皇帝、皇后大帳前拜日，[1]契丹、漢人臣僚陪拜。皇帝昇殿坐，皇后再拜，臣僚殿下合班陪拜。[2]皇帝賜皇后生辰禮物，皇后殿上謝，再拜，臣僚皆拜。契丹舍人通名，契丹、漢人臣僚以次入賀。璲入，舍人贊"舞蹈，五拜"，起居不表"聖躬萬福"。贊"再拜"。班首上殿拜，跪自通全銜祝壽訖，引下殿，復位，鞠躬。贊"舞蹈"，五拜。贊"各祗候"。引宰臣一員上殿復奏百僚諸道進表目。[3]教坊起居，七拜，不賀。控鶴官起居，四拜。諸道押衙附奏起居，賜宴，共八拜。契丹、漢人合班進壽酒，舞蹈，五拜。引大臣一員上殿，欄外褥位搢笏，執臺璲進酒，皇帝、皇后受璲。退，復褥位。授臺出笏，欄内拜，跪自通全銜祝壽"臣等謹進千萬歲壽酒"訖，[4]引下殿，復位，舞蹈，五拜，鞠躬。宣徽使奏宣答如儀，引上殿，搢笏，執臺。[5]皇帝、皇后飲，殿下臣僚分班，教坊奏樂，皆拜，稱"萬歲"。卒飲，皇帝、皇后授璲。引下殿，舞蹈，五拜。贊"各祗候"，引出。臣僚進奉如儀，宣宴如儀。教坊監璲，臣僚上殿祗候如儀。皇后進皇帝酒，殿上贊拜，侍臣僚皆拜。皇帝受璲，皆拜。皇后坐，契丹舍人、漢人閤使殿上贊拜，皆拜，稱"萬歲"。贊"各就坐"。大臣進皇帝、皇后酒，行酒如儀。酒三行，行殽，行膳。又進皇帝、皇后酒。酒再行，大饌入，行粥。教坊致語，臣僚皆起立。口號絶，贊拜，稱"萬歲"，引下殿謝宴，引出，皆如常儀。

[1]拜日：即拜日禮。爲契丹故俗。遼朝有拜日儀，在宋人詩中多有反映。劉攽有詩云："飲冰重見古人心，絶幕仍當暮雪深。

朝出穹廬隨拜日，夜鳴刁斗候横參。胡兒射鴈爭娱客，羌女聽笳卻走林。聞説虜情親博望，一言珍重萬黄金。”（《彭城集》卷一三《次韻和張舍人使北歸》）他的另一首詩，也言及契丹人拜日：“朔雪如沙萬里程，幽陰戴斗正嚴凝。終軍何必功横草，沈尹無煩夕飲冰。茗粥遡來誇湩酪，氊裘仍自愧綿繒。歲寒拜日穹廬外，想見東南瑞氣升。”（《彭城集》卷一三《王仲至使北》）

［2］臣僚殿下合班陪拜：【劉校】“班”原作“以”，中華修訂本據北監本、殿本改。今從改。

［3］進表目：【劉校】據中華點校本校勘記，當作“進奉表目”。今據補。

［4］臣等謹進千萬歲壽酒：皇后稱“千歲”，疑“萬”字當衍。

［5］搢笏執臺：【劉校】後面有“卒飲，皇帝、皇后授琖”語句。本書卷五三《正旦朝賀儀》有“搢笏，執臺琖”語句。疑此處“臺”字下脱“琖”字。

進士接見儀：其日，舉人從時相至御帳側，[1]通名牓子與時相牓子同奏訖，[2]時相朝見如常儀。畢，揖“進士第一名以下丹墀内面殿鞠躬”，通名，四拜。贊各“祗候”，皆退。若有進文字者不退，奉卷平立。閤門奏受，跪左膝授訖，直起退。禮畢。

［1］時相：當時的宰相。《建炎以來朝野雜記》甲集卷九《渡江後改謚》載：“韓師樸丞相初請謚王剛中爲博士曰‘文禮’，取其爲禮官時不主王荆公坐講之議也。而韓氏子謂自來未有以禮爲謚者，以白時相范覺民。”另據《文獻通考·郊社考·明堂》載：“紹興元年，上在會稽，將行明堂禮，命邇臣議之。王剛中居正爲禮部郎官，首建合祭之議。宰相范覺民主之。”可證范覺民者，乃高宗時宰相。

[2]牓子：唐時文書名。用於臣下奏事，即宋人所謂“劄子”。是一種比較簡單的、非表非狀的文書。《通鑑》卷二九後唐潞王清泰二年（935）載：“或事應嚴密，不以其日；或異日聽於閤門奏牓子。”

進士賜等甲敕儀：[1]臣僚起居畢，讀卷官奏訖，於左方依等甲唱姓名序立。閤門交收敕牒，閤使奏，引至丹墀，依等甲序立。閤使稱“有敕”，再拜，鞠躬。舍人宣敕“各依等甲賜卿敕牒一道，想宜知悉”。揖“拜”，各跪左膝，受敕訖，鞠躬，皆再拜。各祗候，分引左右相向侍立。候奏事畢，引兩階上殿，就位，齊聲“喏”，賜坐。酒三行，起，聲“喏”如初。退，揖“出”，禮畢。牌印郎君行酒，[2]閤使勸飲。

[1]等甲：即名次。據《松漠記聞》，金會試“凡六人取一，牓首曰敕頭，亦曰狀元。分三甲，曰上甲、中甲、下甲”。每甲再分名次。

[2]牌印郎君：契丹官名。屬北面著帳官。遼在著帳郎君院下設牌印局，有牌印郎君，掌符牌印信的收藏。

進士賜章服儀：[1]皇帝御殿，臣僚公服引進士入，東方面西再拜。揖“就丹墀位”，面殿鞠躬。閤使稱“有敕”，再拜，鞠躬。舍人宣敕：“各依等甲賜卿敕牒一道，兼賜章服，想宜知悉。”揖“再拜”，跪受敕訖，再拜。退，引至章服所，更衣訖。揖“復丹墀位”，鞠躬。贊“謝恩”，舞蹈，五拜。各祗候，殿東亭内序立。

聲“喏”，坐。賜宴，簪花。[2]宣閤使一員、閤門三人或二人勸飲終日。[3]禮畢。

[1]章服：用以標識身份的服飾。官員章服之制代有不同，據本書卷五五《儀衛志一・輿服》：“遼國自太宗入晉之後，皇帝與南班漢官用漢服；太后與北班契丹臣僚用國服，其漢服即五代晉之遺制也。”宋人黄履翁《古今源流至論别集》卷八：“唐制其服則三品紫，四品、五品朱，六品、七品緑，八品、九品青。其魚袋則高宗時五品以上用銀，三品以上用金。”按，遼漢服，五品以上服紫，佩金魚袋；六品、七品服緋，佩銀魚袋；八品、九品服緑，佩石魚。

[2]簪花：逢喜慶，百官插花於冠之謂。《宋史》卷一一二《禮志十五》：“淳熙二年十一月詔太上皇帝聖壽無疆，新歲七十，以十一日冬至加上尊號册寶，十二月十七日立春行慶壽禮，是日早文武百僚並簪花赴文德殿立班，聽宣慶赦。”

[3]閤使一員、閤門三人：據本書卷四七《百官志三》，遼有東上閤門司和西上閤門司，分别設閤門使和閤門副使，其下屬員不見載。唐制，隸屬中書省如抽赴閤門，並稱“閤門祇侯”，後授通事舍人。

宰相中謝儀：皇帝常服昇殿坐，諸班起居如常儀。應坐臣僚上殿，其餘臣僚殿下東西侍立，[1]皆如宋使初見之儀。引中謝官左入，至丹墀面西立。舍人當殿鞠躬，通新受具官姓名，祇候中謝。宣徽殿上索通班舍人就贊禮位，贊“某官至”。宣徽贊“通班舍人二人對立”，揖“中謝官鞠躬”。贊“就拜位”，舍人二人引面殿鞠躬。贊拜，中謝官舞蹈，五拜，不出班，奏“聖躬萬福”。贊“再拜”。揖“出班跪”，敘官，[2]致詞訖，俛伏興，復位。贊拜，舞蹈，五拜。又出班，中謝致詞如初儀，共十有七拜。贊“祗候”，引右階上殿，就位。揖：應坐臣僚聲“喏”，坐。供奉官行酒。[3]傳宣“飲盡”，臣僚搢笏，執琖起，位後立飲。[4]置琖，出笏。贊拜，臣僚皆再拜。贊“各坐”，搢笏，執琖，授供奉官琖。酒三行，揖：應坐臣僚聲“喏”立。引中謝官右階下殿，至丹墀，面殿鞠躬。贊拜，舞蹈，五拜，引右出。臣僚皆出。丞相、樞密使同，餘官不升殿、賜酒。不帶節度使不通班，[5]止通名，七拜；衆謝，班首一人出班中謝。

[1]殿下東西侍立：宫殿坐北朝南，故臣僚在殿下東西侍立。此一情況，説明此儀行之中京，即聖宗建中京以後。因爲早年創建的遼上京“屋門皆東向，如車帳之法”。

[2]敘官：敘述爲官經歷，亦稱“敘官閥”。唐代封演《封氏聞見記》卷五《壁記》云：“朝廷百司諸廳皆有壁記，敘官秩創置及遷授始末。原其作意，蓋欲著前政履歷而發將來健羨焉。”然“敘官”多有不實。最常見者即爲年齡造假。《容齋四筆》卷三《實年官年》士大夫敘官閥有所謂“實年”“官年”兩説，前此未嘗見於官文書。大抵布衣應舉，必減歲數，蓋少壯者欲藉此爲求昏地。不幸潦倒場屋，勉從特恩，則年未六十，始許入仕，不得不豫爲之圖。至公卿任子，欲其早列仕籍，或正在童孺，故率增擡庚甲，有至數歲者。

[3]供奉官：遼、宋置供奉官是承唐之舊制。宫中作爲皇帝的侍從有西頭供奉官和東頭供奉官。本書卷八二《耶律隆運傳》載隆運早年“侍景宗，以謹飭聞，加東頭承奉官”。其弟韓德威，據墓

誌載早年曾授西頭供奉官。供奉官數量甚衆，宋代曾鞏在《元豐類稿》卷三一《再議經費劄子》中曾提及由供奉官和左、右班殿直構成的“三班”，“初三班吏員止於三百或不及之，至天禧之間，迺總四千二百有餘，至於今迺總一萬一千六百九十”。遼供奉官員額雖不可考，但據文獻記載，許多權貴子弟甚至尚未成年即授供奉官。

[4]執琖起，位後立飲：據《文獻通考·王禮考·元正冬至大朝·儀注》，宋舉行此儀，亦是“群官立於席後”“百僚立於席後”。

[5]不帶節度使不通班：不帶節度使銜的官員雖獲得“平章事”等頭銜，因其不具有“使相”身份，故不入中謝班列，衹由司儀通報其姓名。

拜表儀：[1]其日，先於東上閤門陳設氈位，分引南北臣僚、諸國使副於氈位合班。通事舍人二人舁表案置班首前，[2]揖：“鞠躬，再拜，平身。”中書舍人立案側，班首跪，搢笏，興，捧表，跪左膝，以表授中書舍人。出笏，就拜，興，再拜。中書舍人復置表案上。通事舍人舁表案於東上閤門入，捲班，分引出。禮畢。

元日，皇帝不御坐行此儀，餘應上表有故皆倣此。

[1]拜表：臣下上表的禮儀。據《朱子語類》卷一二八，宋時“進表者先拜卻跪進，其受者亦拜”。

[2]通事舍人：唐官名。唐於中書省置通事舍人十六人，從六品上，掌朝見引納，殿庭通奏。四夷入貢，也經由通事舍人轉呈皇帝。後，任此職者多通“四夷”語言。

賀生皇子儀：其日，奉先帝御容，設正殿，皇帝御八角殿昇坐。聲警畢，北、南宣徽使殿階上左右立，北、南臣僚金冠盛服，合班入。班首二人捧表立，讀表官先於左階上側立。二宣徽使東、西階下殿受表，捧表者跪左膝授訖，就拜，興，再拜。各祗候。二宣徽使俱左階上，授讀表官，讀訖。揖“臣僚鞠躬”。引北面班首左階上殿，欄内稱賀訖，引左階下殿，復位，舞蹈，五拜。禮畢。

賀祥瑞儀：[1]聲警，北、南臣僚金冠盛服合班立。班首二人各奉表賀，北、南宣徽使左階下殿受表，上殿授讀表大臣，讀訖。揖：殿下臣僚鞠躬，五拜畢，鞠躬。引班首二人左階上殿，欄内拜，跪稱賀致詞訖，引左階下殿，復位，五拜畢，鞠躬。宣答、聽制訖，再拜，鞠躬。謝宣諭，五拜畢，各祗候，分班侍立。禮畢，兩府奏事如常。

乾統六年木葉山瑞雲見，始行此儀。天慶元年天雨穀，[2]謝宣諭後，趙王進酒，[3]教坊動樂，臣僚酒一行。禮畢，奏事。

[1]祥瑞：即吉祥的徵兆。《後漢書》卷一三《隗囂傳》：“故新都侯王莽，慢侮天地，悖道逆理，鴆殺孝平皇帝，篡奪其位，矯託天命，僞作符書，欺惑衆庶，震怒上帝，反戾飾文以爲祥瑞。”李賢注：“大風毀莽玉路堂，又拔其昭寧堂，池東榆樹，大十圍。莽乃曰‘念紫閣仙圖，天意立太子，正其名。’乃立其子臨爲太子，以爲祥應也。”可見，所有異常的自然現象，統治者都可以隨心所欲地稱其爲祥瑞。天祚帝即位後，遼朝統治已是風雨飄搖，處於行

將覆滅之際，還一再行此儀讓臣下恭賀有祥瑞呈現，實在是自我麻醉的鬧劇。

[2]雨穀：指布穀鳥。天雨穀，指天空中出現很多布穀鳥。宋人盧祖皋《月城春·壽無爲趙秘書》詞："雨穀催耕，風簾戲鼓，家家歡笑。"【劉注】天雨穀，在"賀祥瑞儀"中的意思應是天上掉穀粒。

[3]趙王：據本書卷六五《皇子表》，天祚帝第四子習泥烈曾受封趙王，後"從天祚至白水濼，爲金師所獲"。

賀平難儀：皇帝、皇后昇殿坐，北、南臣僚并命婦合班，五拜。揖：班首二人出班，俛跪，搢笏，執表，舁案近前。閤使受表，置案上，皆再拜。通事舍人二人舁案，左階上殿，置露臺上。讀表官受，入讀表。對御讀訖，臣僚殿下五拜，鞠躬。引班首二人左右階上殿，欄内並立。先引北面班首少前，跪致詞訖，退，復褥位；次引南面班首亦如之，畢。分引左、右階下殿，復位，五拜，鞠躬。宣徽稱"有勑"，再拜，宣答"内難已平，與公等内外同慶"。謝宣諭，五拜。捲班。臣僚從皇帝、命婦從皇后，詣皇太后殿，見先帝御容，陪位皆再拜。皇太后正坐，稱賀，共十拜，並引上殿，賜宴如儀。

平難之儀，道宗清寧九年，太叔重元謀逆，[1]仁懿太后親率衛士與逆黨戰。[2]事平，因制此儀。

[1]太叔重元（1021—1063）：本名宗元，因避興宗諱，改重元，小字孛吉只，亦作孛己只，聖宗次子。太平三年（1023），封秦國王。聖宗死後，欽愛皇后稱制，曾密謀立重元。重元以所謀告

於興宗，封皇太弟。賜以金券誓書。道宗即位，册爲皇太叔，爲天下兵馬大元帥，復賜金券。清寧九年（1063），與其子涅魯古謀亂，事敗自殺。本書卷一一二有傳。

[2]仁懿太后：即興宗仁懿皇后蕭氏（？—1076），小字撻里，欽哀皇后弟孝穆之長女。重熙四年，立爲皇后。二十三年，號貞懿慈和文惠孝敬廣愛崇聖皇后。道宗即位，尊爲皇太后。本書卷七一有傳。

正旦朝賀儀：[1]臣僚并諸國使昧爽入朝，奏“班齊”。皇帝昇殿坐，契丹舍人殿上通訖，引契丹臣僚東洞門入；引漢人臣僚并諸國使西洞門入。合班，舞蹈，五拜，鞠躬，平身。引親王東階上殿，欄内褥位俛伏跪，自通全銜臣某等祝壽訖，伏興，退，引東階下殿，復位，舞蹈，五拜畢，鞠躬。宣徽使殿上鞠躬，奏“臣宣答”，稱“有勑”，班首以下聽制訖，再拜，鞠躬。宣徽傳宣云：“履新之慶，與公等同之。”舍人贊“謝宣諭”，拜，舞蹈，五拜。贊“各祗候”，分班引出，引班首西階上殿，奏表目訖，教坊起居，賀，十二拜，畢，贊“各祗候”。引契丹、漢人臣僚并諸國使東、西洞門入，合班再拜。贊“進酒”，引親王東階上殿，就欄内褥位，搢笏，執臺琖，進酒訖，退，復褥位。置臺，出笏，少前俛跪，自通全銜臣某等謹進千萬歲壽酒。俛伏興，退，復褥位，與殿下臣僚皆再拜，鞠躬。俟宣徽使殿上鞠躬，奏“臣宣答”，稱“有制”，[2]親王以下再拜如初儀。傳宣云：“飲公等壽酒，與公等内外同慶。”舍人贊“謝宣諭”如初。贊“各祗候”，親王搢笏，執臺，殿下臣僚分班。皇帝飲酒，教坊奏樂，殿上下臣僚皆拜，稱“萬歲”。贊“各祗候”。樂止，教坊再拜。皇帝卒飲，親王進受琖，復褥位，置臺琖，出笏。揖臣僚合班，引親王東階下殿，復位，鞠躬，再拜。贊“各祗候”，分班引出。皇帝起，詣皇太后殿，臣僚并諸國使皆從。皇太后昇殿，皇帝東方側坐。引契丹、漢人臣僚并諸國使兩洞門入，合班稱賀，進酒，皆如皇帝之儀。畢，引出。教坊入起居、進酒亦如之。皇太后宣答，稱“聖旨”。契丹班謝宣宴，上殿就位立。漢人臣僚并諸國使東洞門入，丹墀東方，面西鞠躬。[3]舍人鞠躬，通文武百僚宰臣某已下謝宣宴，再拜；出班致詞訖，退，復位，舞蹈，五拜。贊“各上殿祗候”，引宰臣以下并諸國使副、方裀朶殿臣僚西階上殿就位立。不應坐臣僚並於西洞門出。二人監琖，教坊再拜贊。各上階、下殿謝宴，[4]如皇太后生辰儀。

[1]正旦朝賀儀：據明代周祈《名義考》卷二《節令所起》：“正旦朝賀始於漢制朝賀儀……冬至朝賀始於魏，儀亞於歲朝。”正旦與冬至，是一年四季中最重要的節令。除了正旦，冬至朝賀，遼宋也基本相同。本書卷四二《曆象志》載：“大同元年，太宗皇帝自晉汴京收百司僚屬、伎術、曆象，遷於中京，遼始有曆……聖宗統和十二年，可汗州刺史賈俊進新曆，則大明曆是也。”遼初無曆，當然也就無正旦、立春、冬至等禮儀。後來遼宋雙方曆法不同，但正旦等朝賀儀式卻相似，因爲遼多摹仿宋。

[2]有制：【劉校】原本、殿本皆作“有制”。明抄本、南監本、北監本作“有勑”。

[3]面西鞠躬：太后胡服，東向坐，故臣僚面西鞠躬。

[4]贊“各上階、下殿謝宴”：因爲“不應坐臣僚”已經於西洞門退出，所以讓舍人“上階謝宣宴”，留在殿内者則“下殿謝”。

冬至朝賀儀：臣僚班齊如正旦儀。皇帝、皇后拜日，臣僚陪位再拜。皇帝、皇后昇殿坐，契丹舍人通，臣僚入，合班，親王祝壽、宣答，皆如正旦之儀。謝訖，舞蹈，五拜，鞠躬。出班奏“聖躬萬福”，復位，再拜，鞠躬。班首出班俛伏跪，祝壽訖，伏興，舞蹈，五拜，鞠躬。贊“各祗候”。分班，不出，合班。御牀入，再拜，鞠躬。贊“進酒”。臣僚平身。引親王左階上殿，就欄内褥位，搢笏，執臺琖進酒。皇帝、皇后受琖訖，退，就褥位，置臺，出笏，俛伏跪。少前，自通全銜臣某等謹進千萬歲壽酒。俛伏興，退，復褥位，再拜，鞠躬。殿下臣僚皆再拜，鞠躬。宣答如正旦儀。親王搢笏，執臺，分班。皇帝、皇后飲酒，奏樂；殿上下臣僚皆拜，稱“萬歲壽”，樂止。教坊再拜，臣僚合班。親王進受琖，至褥位，置臺琖，出笏，引左階下殿。御牀出。[1]親王復丹墀位，再拜，鞠躬。贊“祗候”。分班引出。班首右階上殿奏表目，進奉。諸道進奉、教坊進奉過訖，贊“進奉收”。班首舞蹈，五拜，鞠躬。贊“各祗候”。班首出，臣僚復入，合班謝，舞蹈，五拜，鞠躬。贊“各祗候”。分班引出。聲警，皇帝、皇后起，赴北殿。皇太后於御容殿，與皇帝、皇后率臣僚再拜。皇太后上香，皆再拜。贊“各祗候”。可矮墩以上上殿。皇太后三進御容酒，陪位皆拜。皇太后昇殿坐。皇帝就露臺上褥位，親王押北、南臣僚班丹墀内立。皇帝再拜，臣僚皆拜，鞠躬。皇帝欄内跪，祝皇太后壽訖，復位，再拜。凡拜皆稱“萬歲”。贊“各祗候”。臣僚不出，皇帝、皇后側座，親王進酒，臣僚陪拜，皇太后宣答皆如正旦之儀。臣僚分班，不出，班首右階上殿奏表目，合班謝宣宴，上殿就位如儀。御牀入。皇帝進皇太后酒如初，各就座行酒，宣“飲盡”，如皇太后生辰之儀。皇后進酒如皇帝之儀。三進酒，行茶，教坊致語，行殽饍，大饌，七進酒。曲破，臣僚起，御牀出，謝宴，皆如皇太后生辰儀。

[1]御牀出：【劉校】原本作“出御牀”，中華修訂本據北監本、殿本及上下文例改。今從改。

立春儀：皇帝出就内殿，拜先帝御容，北、南臣僚丹墀内合班，再拜。可矮墩以上入殿，賜坐。帝進御容酒，陪位并侍立皆再拜。一進酒，臣僚下殿，左右相向立。皇帝戴幡勝，[1]等第賜幡勝。臣僚簪畢，皇帝於土牛前上香，三奠酒，不拜。教坊動樂，侍儀使跪進綵杖。皇帝鞭土牛，[2]可矮墩以上北、南臣僚丹墀内合班，跪左膝，受綵杖，直起，再拜。贊“各祗候”。司辰報春至，鞭土牛三匝。矮墩鞭止，引節度使以上上殿，撒穀豆，擊土牛。撒穀豆，許衆奪之。臣僚依位坐，酒兩行，春盤入。酒三行，畢，行茶。皆起。禮畢。

[1]幡勝：即綵勝。用金銀箔羅綵製成，在歡慶春日來臨之時，用作裝飾或饋贈之物。宋人高承《事物紀原·歲時風俗·春幡》：

"《後漢書》曰：立春皆青幡幘。今世或剪綵錯緝爲幡勝，雖朝廷之制，亦鏤金銀或繒絹爲之，戴於首。"宋人孟元老《東京夢華録·立春》："春日，宰執親王百官，皆賜金銀幡勝，入賀訖，戴歸私第。"

[2]鞭土牛：又稱擊土牛、鞭春牛、鞭春。此非契丹故俗。這種習俗甚爲久遠。《大唐開元禮》卷三載："凡立春前，兩京及諸州縣門外並造土牛。"宋元時鞭牛習俗盛行。孟元老《東京夢華録·立春》："立春前一日，開封府進春牛入禁中，鞭春。開封、祥符兩縣置春牛於府前，至日絶早，府僚打春如方州儀。"元代馬端臨《文獻通考·郊社考》："立春前五日，於州大門外之東造青土牛兩頭、耕夫、犂具。立春有司迎春於東郊，豎青幡於青牛之旁。"以上記載可證，迎春造土牛乃各地官府之事，並無皇帝"鞭土牛"事。鞭打土牛亦是小兒遊戲，比如《宋詩抄》卷四〇七有楊萬里《觀小兒戲打春牛》詩。

重午儀：至日，臣僚昧爽赴御帳，皇帝繫長壽綵縷昇車坐，[1]引北、南臣僚合班如丹墀之儀。所司各賜壽縷，揖臣僚跪受，再拜。引退，從駕至膳所，酒三行。若賜宴，臨時聽勑。

[1]長壽綵縷：即壽縷。五月端五，繫壽縷，與紀念屈原有關。《御定歷代賦彙》卷一一《歲時》有唐代闕名《五絲續寶命賦》："始鳴楝葉，結綵絲襭；祭彼三閭，蛟龍不竊。祭之水曰汨羅，祭之日曰端午。情既本乎楚俗，奉又告乎壽縷。"

重九儀：北、南臣僚旦赴御帳，從駕至圍場，賜茶。皇帝就坐，引臣僚御前班立，所司各賜菊花酒，跪受，再拜。酒三行，揖起。

藏鬮儀：[1]至日，北、南臣僚常服入朝，皇帝御天祥殿，臣僚依位賜坐。契丹南面，漢人北面分朋行鬮。或五，或七籌，賜鐥。入食畢，皆起。頃之，復坐行鬮如初。晚賜茶，三籌或五籌，罷。教坊承應。若帝得鬮，臣僚進酒訖，以次賜酒。

大康十年十二月二十二日始行是儀。是日不御朝。

[1]藏鬮：俗稱“抓鬮”。宋人洪邁《夷堅志》丁集卷七《蕪湖龍祠》“紹熙五年春，江西安撫司將官林應趾部豫章米綱往金陵，抵蕪湖。內一舟最大，所載千斛。中夜忽漏，作水如湧，舟中之人惶窘無計。林具衣冠謁龍祠，拜禱曰：‘應趾以貧爲此役，今若是，將大有損失，何力以償？勢須徙出，又非倉卒可辦。舟有七倉，輒用甲乙次敘書七鬮，以卜所向，願大神威靈曲垂昭告。’遂得第三鬮，水及舟運而漏自止。”

歲時雜儀：正旦，國俗以糯飯和白羊髓爲餅，[1]丸之若拳，每帳賜四十九枚。戊夜，各於帳內窗中擲丸於外。數偶，動樂，飲宴。數奇，令巫十有二人鳴鈴，執箭，繞帳歌呼，帳內爆鹽爐中，燒地拍鼠，謂之驚鬼，居七日乃出。國語謂正旦爲“迺捏咿唲”。“迺”，正也；“捏咿唲”，旦也。

[1]此事見於《契丹國志》卷二七《歲時雜記》，“國俗”作“國主”。其餘文字雖略有不同但大義不差。看來這是慶新年時宮廷舉辦的遊戲，故作“國主”爲是。將大量的糯米飯拋擲於地，如係一般民俗，在普遍不富裕的契丹殊難想象。

立春，婦人進春書，刻青繒爲幟，像龍御之，或爲蟾蜍，書幟曰“宜春”。[1]

[1]“立春，婦人進春書”一段文字，引自唐代段成式《酉陽雜俎》。該書卷一載：“北朝婦人……立春進春書，以青繒爲幟，刻龍像銜之，或爲蝦蟇。”據《舊唐書》卷一六七《段文昌傳附成式傳》，其父爲宰相，故“以蔭入官爲秘書省校書郎，研精苦學，秘閣書籍披閱皆遍”。成式生當唐末，他披閱皆遍的秘閣藏書中所稱“北朝”是指隋統一以前的北朝，與遼宋時期所稱“北朝”無關。南宋末年書商以葉隆禮名義拼湊《契丹國志》時，見成式所記有“北朝”字樣，即作爲丹國俗編入書中。元修《遼史》不加考究，徑入《禮志》。《契丹國志》卷二七《歲時雜記》：“立春日，婦人進春書：刻青繒爲幟，象龍象銜之，或爲蝦蟆書，幟曰‘宜春’。”“象龍象銜之”第一個“象”字當係“刻”。而“銜”字則爲《遼史》誤爲“御”字。“刻青繒爲旗幟，像龍御之”，“青繒”如何能刻爲旗幟？“像龍御之”亦殊不可解，其實應是“以青繒爲幟，刻龍像銜之”。或爲蟾蜍——即刻成蝦蟆，銜在旗幟上，並在旗幟上書寫“宜春”二字。

人日，[1]凡正月之日，一雞、二狗、三豕、四羊、五馬、六牛，七日爲人。其占，晴爲祥，陰爲災。[2]俗煎餅食於庭中，謂之“薰天”。

[1]人日：“人日”之説見《説郛》卷六九下引元代韓鄂《歲華紀麗》卷一《人日》：“一二稱雞狗，六七爲馬人。”注引《董勳問禮俗》曰：“正月一日爲雞，二日爲狗，三日爲羊，四日爲豬，五日爲牛，六日爲馬，七日爲人。以陰晴爲豐耗。正旦畫雞於門，七日鏤人於金薄。”《歲華紀麗·人日》又曰：“稽董勳之問俗，時

則罔愆；考陳氏之見儀，事乃不忒鏤人、熏天、捩狗耳。翦人形，趙伯符七日之歡。”注引《述征記》云：“人日作煎餅於中庭，謂之熏天。《荆楚歲時記》云：“人日夜多鬼鳥過人家，槌牀打户，捩狗耳，滅燈燭以禳之。”趙伯符七日之歡《壽陽記》曰：“趙伯符爲豫州刺史，立義樓，每至元日人日、七日月半，乃於樓上作樂，樓下男女盛飾，遊看作樂。”

[2]陰爲災：這是儒家的傳統觀念。《通典》卷七八《禮》載：後漢制，朔前後各二日牽羊酒至社下以祭日。日有變，割羊以祠，社用救日……月朔日蝕，博士孫瑞議：“按八座書以爲正月之日，太陽虧曜，謫見於天，而冠者必有裸享之儀，金石之樂、飲燕之娱、獻酧之報，是爲聞災不祇肅，見異不怵惕也。”

二月一日爲中和節，[1]國舅族蕭氏設宴，以延國族耶律氏，歲以爲常。國語是日爲“悍里叵”。“悍里”，請也；“叵”，時也。悍，讀若狎；叵，讀若頗。

[1]中和節：本唐朝節日。據《舊唐書》卷一三《德宗本紀》，貞元五年（789）正月十四日詔：“朕以春方發生，候及仲月，勾萌畢達，天地和同，俾其昭蘇，宜助暢茂。自今宜以二月一日爲中和節，以代正月晦日，備三令節數。内外官司休假一日。”

二月八日爲悉達太子生辰，[1]京府及諸州雕木爲像，儀仗百戲導從，循城爲樂。悉達太子者西域淨梵王子，姓瞿曇氏，名釋迦牟尼。以其覺性，稱之曰“佛”。[2]

[1]二月八日爲悉達太子生辰：相傳皆以四月八日爲佛誕辰，二月八日爲悉達多太子出家之日。南朝梁釋僧祐《弘明集》卷一：

"太子不貪世樂，意存道德，年十九二月八日夜半，呼車匿勒犍陟跨之，鬼神扶舉，飛而出宮，明日廓然不知所在。"

[2]佛：遼統治者崇佛，道宗尤甚，"飯僧"記載史不絶書。

三月三日爲上巳，[1]國俗，刻木爲兔，分朋走馬射之。先中者勝，負朋下馬列跪進酒，勝朋馬上飲之。國語謂是日爲"陶里樺"。"陶里"，兔也；"樺"，射也。

[1]上巳：節日名。以農曆三月上旬巳日爲"上巳"節，起源甚久遠。《毛詩集解》卷一一引韓詩注云："鄭國之俗，三月上巳之辰往溱、洧兩水之上招魂續魄，秉蘭草以祓除不祥"。宋人王觀國《學林》卷五《節令》："魏晉以來始不用巳日而專用三月三日，至今循之以爲故事。若專用三日則不可謂之'上巳'矣。蓋名存而實亡也。"

五月重五日，午時，採艾葉和綿著衣七事，以奉天子，北南臣僚各賜三事，君臣宴樂，渤海膳夫進艾糕。以五綵絲爲索纏臂，謂之"合歡結"。又以綵絲宛轉爲人形簪之，謂之"長命縷"。國語謂是日爲"討賽咿唲"。"討"，五；"賽咿唲"，月也。

夏至之日，俗謂之"朝節"。[1]婦人進綵扇，以粉脂囊相贈遺。

[1]朝節：民間謂朝廷過節。《漢書》卷八三《薛宣傳》："及日至休吏，賊曹掾張扶獨不肯休，坐曹治事。宣出教曰：'蓋禮貴和，人道尚通。日至，吏以令休，所繇來久。曹雖有公職事，家亦望私恩意。掾宜從衆，歸對妻子，設酒肴，請鄰里，一笑相樂，斯

亦可矣！’扶慚愧。官屬善之。”顏師古對“日至休吏”的解釋是“冬、夏至之日，不省官事，故休吏”。

六月十有八日，國俗，耶律氏設宴，以延國舅族蕭氏，亦謂之“怦里尀”。

七月十三日夜，天子於宮西三十里卓帳宿焉。[1]前期，備酒饌。翼日，諸軍部落從者皆動蕃樂，飲宴，至暮乃歸行宮，謂之“迎節”。十五日中元，動漢樂，大宴。十六日昧爽，復往西方，隨行諸軍部落大譟三，[2]謂之“送節”。國語謂之“賽咿唲奢”。“奢”，好也。

[1]宮：即行宮，亦稱行帳，是契丹國主轉徙隨行的車帳組成的朝廷，契丹語稱“捺鉢”，遼中葉逐漸形成“四時捺鉢”制度。據本書卷三二《營衛志·夏捺鉢》遼主“五月末旬、六月上旬至。居五旬。與北、南臣僚議國事，暇日遊獵。七月中旬乃去”七月中旬正是皇帝要離開夏捺鉢行宮的時候。沈括《熙寧使虜圖抄》（《永樂大典》卷一〇八七七）載，他於熙寧八年（遼大康元年，1075）使遼，當年五月至遼廷——道宗設在犢山（又作拖古烈，在永安山附近）的夏捺鉢，他見到的情形是這樣的：“有屋，單于（道宗）之朝寢、蕭后之朝寢凡三，其餘皆氈廬，不過數十，悉東向，庭以松幹表其前，一人持牌，立松幹之間，曰‘閣門’。”七月十三日夜，遼帝在行宮外宿營，並事前先在營地備酒饌。翼日——十四日，隨皇帝宿營的諸軍、部落皆奏本民族音樂，飲宴進行至日暮，始返回行宮，此謂之“迎節”——迎皇帝回宮。次日——十五日中元，奏漢樂，大宴。十六日天明，再往西方，隨行諸軍、部落大噪三聲，謂之“送節”——表示夏捺鉢納涼結束，皇帝將前往秋捺鉢。契丹語謂之“賽咿唲奢”。“奢”乃“好”之義。

過“中元”本是漢俗，遼朝將其與四時捺鉢遷徙活動結合起來。《説郛》卷六九上引元人費著《歲華紀麗譜·中元》：“七月十五日，道家謂之中元節，各有齋醮等會。僧寺則於此日作盂蘭盆齋，而人家亦以此日祀先，例用新米、新醬、冥衣、時果、綵段、麵棊，而茹素者幾十八九。屠門爲之罷市焉。”

[2]大譟三：【靳注】據《契丹國志》卷二七，其意爲大喊三聲。

八月八日，國俗屠白犬，於寢帳前七步瘞之，露其喙。後七日中秋，移寢帳於其上。國語謂之“捏褐耐”。“捏褐”，犬也；“耐”，首也。

九月重九日，天子率群臣、部族射虎，少者爲負，罰重九宴。射畢，擇高地卓帳，賜蕃、漢臣僚飲菊花酒。兔肝爲臡，鹿舌爲醬，又研茱萸酒，[1]洒門户以禬禳。國語謂是日爲“必里遲離”，九月九日也。

[1]茱萸：植物名。香氣辛烈，可入藥。古俗農曆九月九日重陽節，佩茱萸能祛邪避惡。《西京雜記》卷三：“九月九日，佩茱萸，食蓬餌，飲菊華酒，令人長壽。”九月九日飲茱萸酒，是宋遼金時期普遍的習俗。《朱子禮纂》卷四：“向南軒廢俗節之祭，某問‘於端午能不食粽乎？重陽能不飲茱萸酒乎？’”

歲十月，[1]五京進紙造小衣甲、槍刀、器械萬副。十五日，天子與群臣望祭木葉山，用國字書狀，并焚之。國語謂之“戴辣”。“戴”，燒也；“辣”，甲也。

[1]歲十月：南朝梁宗懔《荆楚歲時記》謂十月“天氣和暖似

春，故曰小春”。這個原本是漢俗的節令，遼朝賦予它特殊的紀念意義。每年十月十五日，皇帝率群臣在木葉山舉行一個契丹語稱爲“戴辣”的儀式，祭祀死者，活動的内容顯然與軍事有關。記載採自《契丹國志》，但不如後者完備。《契丹國志·歲時雜記·小春》載：“十月内，五京進紙造小衣甲並槍刀器械各一萬副。十五日一時推垛，國主與押番臣寮望木葉山葬太祖處奠酒拜，用番字書狀一紙，同焚燒奏木葉山神，云‘寄庫’。北呼此時爲‘戴辣’，漢人譯云‘戴’是‘燒’，‘辣’是‘甲’。”《遼史》所載不言“望木葉山葬太祖處奠酒拜”。在木吐山焚燒紙造小衣甲、槍刀、器械萬副，是送給死去的太祖阿保機的戰士們的，他們生爲戰士，死後在另一世界也仍然需要武裝。這些紙造的武器、裝備由五京進貢，説明此儀形成的時間較晚。重熙十三年（1044）十一月，興宗爲加強對宋夏防禦，改雲州爲西京大同府。至此，遼始備五京之制。五京下轄各州縣的居民是漢人、渤海人等從事農耕的民族，讓他們向朝廷進獻紙造的衣甲的象徵意義在於讓他們不要忘記有爲契丹人提供武器、裝備的義務。

冬至日，國俗，屠白羊、白馬、白鴈，各取血和酒，天子望拜黑山。[1]黑山在境北，俗謂國人魂魄其神司之，猶中國之岱宗云。每歲是日，五京進紙造人馬萬餘事，祭山而焚之。俗甚嚴畏，非祭不敢近山。

[1]黑山：本書卷三二《營衛志中》載：“黑山在慶州北十三里，上有池，池中有金蓮。”黑山近慶陵，故“道宗每歲先幸黑山，拜聖宗、興宗陵，賞金蓮，乃幸子河避暑”。另據卷三七《地理志一·慶州》：“在州西二十里。有黑山、赤山、太保山、老翁嶺、饅頭山、興國湖、轄失濼、黑河。”慶州在今内蒙古自治區巴林右旗索博日嘎鎮。

臘辰日，[1]天子率北、南臣僚並戎服，戊夜坐朝，作樂、飲酒，等第賜甲仗、羊、馬。國語謂是日爲“炒伍侕尀”。“炒伍侕”，戰也。

[1]臘辰日：關於“臘辰日”活動的記載，是對《軍儀·臘儀》的補充。兩者都是在臘月（十二月）辰日。《軍儀》記載了這一日“設圍”及“北、南院大王以下進馬及衣”，而未提及皇帝對臣下“第賜甲仗、羊、馬”。經此補充，這一日的活動就完整了。蔡邕《獨斷》卷上：“臘者，歲終大祭，縱吏民宴飲，非迎氣，故但送不迎；正月歲首，亦如臘儀。”宋人吳曾《能改齋漫録》卷四《臘》：“臘祭之名起於三代，廢於始皇而興於漢。”臘日，歷代也不同，契丹以十二月辰日爲臘。其俗焚香拜日、圍獵，與漢俗祭祖、祭神不同。遼朝的臘儀除祭拜、宴飲之外，更有以圍獵形式的軍事演習。

再生儀：[1]凡十有二歲，皇帝本命前一年季冬之月，擇吉日。前期，禁門北除地置再生室、母后室、先帝神主輿。在再生室東南倒植三岐木。其日，以童子及產醫嫗置室中。一婦人執酒、一叟持矢箙立於室外。有司請神主降輿，致奠。奠訖，皇帝出寢殿，詣再生室。群臣奉迎，再拜。皇帝入室，釋服、跣。以童子從，三過岐木之下。每過，產醫嫗致詞，拂拭帝躬。童子過岐木七，皇帝卧木側，叟擊箙曰：“生男矣。”[2]太巫幪皇帝首，興，群臣稱賀，再拜。產醫嫗受酒于執酒婦以進，太巫奉繈褓、綵結等物贊祝之。預選七叟各立御名繫于綵，皆跪進。皇帝選嘉名受之，賜物。再拜，退。群臣皆進繈褓、綵結等物。皇帝拜先帝諸御容，遂宴群臣。

［1］再生儀：與柴册儀合併舉行，是契丹部落聯盟選汗和遼建國後新皇帝即位舉行的禮儀。相傳遙輦氏阻午可汗始制此儀，遼朝建國後有所增飾。參見本書卷四九《禮志一》“柴册儀”。漢族也有“本命年”之説，將本命年視爲人生歷程中的一個艱難階段，宋人便有這樣的詩句：“告卧春明日，災逢本命年。”（宋人蘇頌《蘇魏公集》卷一四《國史龍圖侍郎宋次道五首》之三）但與契丹人認爲每十二歲爲生命的一個週期不同，文人雅士、精英階層更重視六十甲子輪回，以爲度過一甲子之後遭逢的本命年更爲兇險。白居易詩云：“今朝吴与洛，相忆一欣然；梦得君知否，俱過本命年。”注：“余與蘇州劉郎中同壬子歲，今年六十二。”（《白氏长庆集》卷三一《七年元日对酒五首》第五）一甲子之後的本命年，虚歲恰好是六十二。宋人陳師道《代醮青詞》有云：“天運有敘，六十餘而一周；人心所歸，五千言之大典。惟此庚辰之歲，是爲本命之年。數之所窮，理有必反。不勝恐懼，是用祈禳。”（《后山集》卷一七）關於本命年，除了十二與六十之不同，還有化解之道的不同。宋人作道場，祈求上天保佑。“上自人主，下至臣庶用道科儀，奏事於天帝者，皆青藤朱字，名爲青詞。”（宋人程大昌《演繁露》卷九）契丹人則以象徵“再生”的遊戲方式化解不祥。一文一質，正反映了南北兩地遊牧文化和農業文化的區别。

［2］叟擊箙曰：【劉校】“擊”原本作“繫”，據各本及上下文意改。

善哉，阻午可汗之垂訓後嗣也。孺子無不慕其親者。嗜欲深而愛淺，妻子具而孝衰，人人皆然，而況天子乎！再生之儀，歲一周星使天子一行是禮，以起其孝心。夫體之也真，則其思之也切，孺子之慕將有油然發于中心者。感發之妙，非言語文字之所能及。善哉，阻午可汗之垂訓後嗣也。始之以三過岐木，母氏劬勞能無念乎？終之以拜先帝御容，敬承宗廟宜何如哉。《詩》曰：“無念爾祖，聿修厥德。”

（李錫厚注　劉鳳翥校）

遼史　卷五四

志第二十三

樂志

遼有國樂，有雅樂，有大樂，有散樂，有鐃歌、横吹樂。舊史稱聖宗、興宗咸通音律聲氣、歌辭舞節，[1]徵諸太常儀鳳、教坊不可得。[2]按《紀》《志》《遼朝雜禮》，[3]參考史籍，定其可知者，以補一代之闕文。

[1]聖宗、興宗咸通音律：本書卷一〇《聖宗本紀一》記載他“曉音律”。卷一八《興宗本紀一》説他“通音律”。《契丹國志》卷八《興宗文成皇帝》還以他與酷愛音樂、戲劇的後唐莊宗李存勗相提並論，“伶人樂工固優雜也，而帷薄蕩情，循同光故轍而覆之。”

[2]太常儀鳳：指太常寺所轄的太樂署和鼓吹署，因其是負責演奏宮廷音樂的機構，故以之喻爲鳥獸鳴叫之所。宋人程大昌《演繁録》卷一《韶鳳石獸》曰：“《黄圖》曰‘文王立辟雍而知人之歸附，靈臺靈沼而知鳥獸之得其所’，以爲音聲之道與政通，故合樂以識之。案此類而言，即簫韶、儀鳳非真有鳳來也。”　教坊：官署名。負責宮廷中表演的機構。有衆多樂舞表演者，《唐會要》

卷三載：貞元二十一年（805）三月“出後宮及教坊女妓六百人，聽其親戚迎於九仙門，百姓莫不叫呼大喜”。

[3]《遼朝雜禮》：書名。今已不存，但《遼史》禮、樂、儀衛諸志多取材於是書。

嗚呼，《咸》《韶》《夏》《武》之樂，[1]聲亡書逸，河間作《記》，[2]史遷因以爲《書》，寥乎希哉。遼之樂觀此足矣。

[1]《咸》：傳説黄帝作《咸池》樂。　《韶》：傳説舜有《大韶》樂。　《夏》：傳説禹有《大夏》樂。　《武》：周武王有《大武》之樂。

[2]河間作《記》：西漢河間獻王劉德作《樂記》。《漢書·藝文志》有《樂記》二十三篇，“武帝時河間獻王好儒，與毛生等共採《周官》及諸子言樂事者以作《樂記》。獻八佾之舞，與制氏不相遠。其内史丞王定傳之，以授常山王禹。禹，成帝時爲謁者，數言其義，獻二十四卷記。劉向校書得《樂記》二十三篇，與禹不同”。《史記·樂書》有録無書，現存《史記·樂書》則是在《小戴禮》成書當時或稍後的人（一説爲褚少孫）補入的。

國樂

遼有國樂猶先王之風，[1]其諸國樂猶諸侯之風，[2]故志其略。

正月朔日朝賀用宫懸雅樂，[3]元會用大樂，曲破後用散樂，[4]角觝終之。[5]是夜皇帝燕飲用國樂。

[1]先王之風：指《詩·國風》中的“周南”“召南”，即周

公、召公時期各地的民歌。朱熹《詩經集傳·序》："凡詩之所謂風者，多出於里巷歌謠之作。所謂男女相與詠歌，各言其情者也。惟《周南》《召南》，親被文王之化以成德，而人皆有以得其性情之正。故其發於言者，樂而不過於淫，哀而不及於傷。是以二篇獨爲《風詩》之正經。""武王崩，子成王誦立，周公相之，製作禮樂，乃采文王之世風化所及民族之詩，被之筦弦，以爲房中之樂，而又推之以及於鄉黨邦國。所以著明先王風俗之盛，而使天下後世之修身齊家治國平天下者，皆得以取法焉。蓋其得之國中者，雜以南國之詩，而謂之'周南'。"

[2]諸侯之風：即春秋時期各諸侯國的民歌。朱熹《詩經集傳·序》："自邶而下，則其國之治亂不同，人之賢否亦異，其所感而發者，有邪正是非之不齊。而所謂先王之風者於此焉變矣。"

[3]宮懸：古代鐘磬等樂器懸掛在架上，其形制因用樂者身份地位不同而有別。帝王懸掛四面，象徵宮室四面的牆壁，故名"宮縣"。宮懸之樂多用於祭祀大典。

[4]曲破：唐宋樂舞名。大曲的第三段稱"破"，單演唱此段稱"曲破"。"曲破"亦成爲獨立曲種，《宋史》卷一四二《樂志》記載宋有"曲破二十九"，包括"大石調轉春鶯、小石調舞霓裳"等，表演時當是歌舞配合。遼宮廷中上演的"曲破"當是有歌有舞的樂舞。此外《宋史·樂志》還記載有"琵琶獨彈曲破"十五首。

[5]角觝：類似今日的摔跤，宋人稱之爲"相撲"。

七月十三日，皇帝出行宮三十里卓帳。[1]十四日設宴，應從諸軍隨各部落動樂。十五日中元大宴，[2]用漢樂。

[1]行宮：亦稱行帳，即阿保機轉徙隨時的車帳組成的朝廷，契丹語稱"捺鉢"，遼中葉逐漸形成"四時捺鉢"制度。

[2]中元：即農曆七月十五日，是日遼宮中動樂。據《武林舊事》卷三："七月十五日，道家謂之'中元節'，各有齋醮等會。"

春飛放杏堝，[1]皇帝射獲頭鵞，薦廟燕飲，樂工數十人執小樂器侑酒。

[1]杏堝：早在阿保機時代即在此建城，初名新州，後更名武安州，在今内蒙古自治區敖漢旗東。本書卷三《太宗本紀上》載，德光於天顯三年（928）十二月"次杏堝"，説明早期這裏並不是春季放飛之地。本書卷一五《聖宗本紀六》開泰五年（1016）九月"乙丑，駐蹕杏堝"，此時春捺鉢地點已經定在鴨子河濼，在長春州（今吉林省前郭爾羅斯蒙古族自治縣塔虎城）東北三十五里。

諸國樂

太宗會同三年，晉宣徽使楊端、王朓等及諸國使朝見，皇帝御便殿賜宴。端、朓起進酒，作歌舞，[1]上爲舉觴極歡。

[1]此處晉宣徽使楊端等"作歌舞"不應視爲"諸國樂"。本書卷四《太宗本紀下》會同三年"夏四月庚子，至燕，備法駕，入自拱辰門，御元和殿，行入閤禮"。入閤禮是自唐末以來皇帝見群臣最隆重的禮儀。説明此時德光已經用漢禮儀。

會同三年端午日，百僚洎諸國使稱賀，如式燕飲，命回鶻、燉煌二使作本國舞。[1]

[1]回鶻：古代民族名。即回紇。本突厥别部。北魏時稱袁紇，

亦曰烏攗、烏紇，至隋稱韋紇。隋大業元年（605），因反抗突厥的壓迫，與僕固、同羅、拔野古等成立聯盟，總稱回紇。唐天寶三載（744）破東突厥，建政權於今鄂爾渾河流域，有今蒙古高原之地。唐時助平安史之亂，屢尚公主。唐貞元四年（788）自請改稱回鶻。開成五年（840），爲轄戛斯所破，部衆分三支西遷：一支遷吐魯番盆地，稱高昌回鶻或西州回鶻；一支遷葱嶺以西楚河一帶，即葱嶺以西回鶻：一支遷河西走廊，稱河西回鶻。歷五代遼金，回鶻皆嘗入貢。元明時稱畏吾兒。其族在唐時奉摩尼教，宋元以來改奉回教。　燉煌：這裏是指唐、五代間的一個割據政權。唐置河西節度使，治涼州（今甘肅省武威市），統涼、甘、肅、伊、西、瓜、沙七州。唐德宗間，吐蕃陷涼州，大曆中河西軍移治沙州（今甘肅省敦煌市）。貞元中又爲吐蕃所陷。大中間，沙州人張義潮率所屬十州地歸唐，因改置歸義軍，至宋初復陷於西夏。《唐會要》卷三三《讌樂》："武德初未暇改作，每讌享因隋舊制奏九部樂：一讌樂，二清商，三西涼，四扶南，五高麗，六龜兹，七安國，八疎勒，九康國。"西涼樂當與後來的燉煌樂有關。龜兹樂，即是回鶻樂，因爲龜兹乃回鶻别種。《文獻通考·樂考·樂舞》載："晉高祖初詔崔棁等制定樂舞。棁等講求唐制，盡復其器服、工員，改文曰'昭德之舞'，武曰'成功之舞'，始爲大會陳之，並推取教坊諸工以備行列。"後晉的樂舞完全是沿用唐樂舞舊制。晉爲契丹所滅。本書卷四《太宗本紀下》載，大同元年（947）三月"壬寅，晉諸司僚吏、嬪御、宦寺、方技、百工、圖籍、曆象、石經、銅人、明堂刻漏、太常樂譜、諸宫縣、鹵簿、法物及鎧仗，悉送上京"。這説明，晉的太常樂譜以及表演人員已盡爲遼所得。遼的諸國樂自當有西涼、龜兹、康國、高麗等樂舞。

天祚天慶二年駕幸混同江，[1]頭魚酒筵半酣，[2]上命諸酋長次第歌舞爲樂，女直阿骨打端立直視，[3]辭以不能。上謂蕭奉先曰：[4]“阿骨打意氣雄豪，顧視不常，可託以邊事誅之。不然，恐貽後患。”奉先奏：“阿骨打無大過，殺之傷向化之意。蕞爾小國，又何能爲。”

[1]天慶：遼天祚帝年號（1111—1120）。　混同江：河流名。即松花江。

[2]頭魚酒筵：即頭魚宴。遼俗，春季在混同江上鑿冰鉤魚，舉行宴會，爲一歲之盛禮，屆時貴族、近臣皆以獲准出席這一盛禮爲莫大榮幸。宋仁宗至和元年（遼重熙二十三年，1054）九月王拱辰使遼，曾出席頭魚宴，見《長編》卷一七七至和元年九月記載。

[3]女直：部族名。本作“女真”，因避遼興宗宗真名諱，改稱女直。遼時居東北地區東部。其在南者入遼籍，稱“熟女真”或“合蘇館女真”；在北者不入遼籍，稱“生女真”。阿骨打拒絶爲天祚帝歌舞，見本書卷二七《天祚本紀一》及卷一〇二《蕭奉先傳》。《三朝北盟會編》政宣上帙宋徽宗重和二年（1119）正月十日丁巳記此事，則謂此前生女真既謀反遼。　阿骨打（1068—1123）：即金太祖。金代皇帝。公元1115年至1123年在位。漢名旻。女真族完顏部人。遼天祚帝天慶三年（1113）爲女真各部的都勃極烈（都部長）。連敗遼兵於寧江州（今吉林省松原市寧江區伯都鄉伯都村古城）、出河店（今黑龍江省肇源縣）。天慶五年，建金國，稱帝，年號收國。取遼黄龍府（今吉林省農安縣），擊潰遼天祚帝親征軍。次年擊滅渤海人高永昌軍，招降保（今朝鮮新義州北）、開（今遼寧省鳳城市）等州的系遼籍女真人。天輔三年（1119）命完顏希尹創制女真文字。四年，取遼上京（今内蒙古自治區巴林左旗林東鎮）。六年，取遼中京（今内蒙古自治區寧城縣西北大明城）、南京（今北京市）。次年，西逐天祚帝，病死途中。廟號太祖，謚武元皇帝，墓號睿陵。

[4]蕭奉先（？—1122）：天祚元妃之兄。因元妃故，奉先得

以累次陞遷，最後官至樞密使，封蘭陵郡王。天慶四年（1114），阿骨打起兵進犯寧江州，天祚命奉先弟嗣先爲都統，率領番、漢兵前去征討，於出河店敗績逃走。奉先擔心其弟嗣先被誅，奏請天祚肆赦。從此以後士無鬬志，遇敵即潰。當初，蕭奉先曾誣告耶律余覩勾結駙馬蕭昱陰謀立其外甥晉王爲帝，導致蕭昱被殺，余覩投奔女直。本書卷一〇二有傳。

雅樂

自漢以後相承，雅樂有古《頌》焉，[1]有古《大雅》焉。遼闕郊廟禮無頌樂，大同元年，太宗自汴將還，得晉太常樂譜、諸宮懸，樂架，[2]委所司先赴中京。

[1]雅樂：源自先秦《詩》百篇的曲調，自漢至曹魏以至北魏太和間的傳承過程，明人方以智有詳細考證。他在《通雅》卷二九《樂曲》一節中說："《詩》三百篇皆樂也。正調即雅樂也，樂不過高下、疾徐、中節而已。五經無樂，獨以樂記當之乎！《記》曰'誦詩三百，歌詩三百，弦詩三百，舞詩三百。'""古樂之存者，至魏猶有《鹿鳴》《騶虞》《伐檀》《文王》四曲，皆古聲辭。魏武平荆州，獲雅樂郎杜夔，故始設軒縣。及太和中左延年改夔《騶虞》《伐檀》《文王》三曲，更自作聲節，惟《鹿鳴》不改。每正旦大會，太尉奉璧君後行禮，東廂雅樂常作者是也。"

[2]得晉太常樂譜：【劉校】中華修訂本校勘記云，"譜"字原闕，本書卷四《太宗本紀下》大同元年（947）三月壬寅，以晉"太常樂譜、諸宮縣、鹵簿、法物及鎧仗，悉送上京"，據補。今從。

聖宗太平元年尊號册禮：設宮懸於殿庭，舉麾位在殿第三重西階之上，協律郎各入就舉麾位，[1]太常博士引太常卿、太常卿引皇帝。[2]將仗動，協律郎舉麾、太樂令令撞黄鍾之鍾，[3]左右鍾皆應。工人舉柷樂作，[4]皇帝即御坐，扇合、樂止；王公入門樂作，至位樂止。通事舍人引押册大臣初動樂作，[5]置册殿前香案訖，就位樂止；舁册官奉册初動樂作，升殿，置册御坐前，就西墉北上位樂止；大臣上殿樂作，至殿欄内位樂止；大臣降殿階樂作，復位樂止；王公三品以上出，樂作，太常博士引太常卿、太常卿引皇帝降御坐入閤樂止。

[1]協律郎：官名。負責宫廷音樂創作及演奏。漢稱協律都尉。據《通典·職官典七》："晉改爲協律校尉，後魏有協律郎，又有協律中郎。北齊及隋協律郎皆二人，大唐因之。掌舉麾節樂、調和律吕、監試樂人典課。"

[2]太常博士、太常卿：官名。唐制，太常寺設卿一人，掌禮儀、祭祀，總判寺事；少卿二人，通判領丞一人，主簿二人，博士四人，太祝三人，奉禮郎、協律郎各二人。詳《通典·職官典·諸卿》。

[3]太樂令：官名。太樂署長官。其職掌調樂器的音律及音樂人才的培養。《新唐書》卷四八《百官志三》載："大樂署，令二人，從七品下……掌調鐘律，以供祭饗。凡習樂，立師以教，而歲考其師之課業，爲三等，以上禮部，十年大校，未成，則五年而校，以番上下。有故及不任供奉，則輸資錢以充伎衣、樂器之用。"

[4]柷（zhù）：古樂器名。屬打擊樂。《爾雅·釋樂》："所以鼓柷，謂之止。"鄭注云："柷，狀如漆桶，中有椎合之者，投椎於其中而撞之。"清人應撝謙《古樂書》卷下："以柷起樂而謂之止者，所以止樂聲發之過驟也。"所以"工人舉柷"，示意開始演奏。

[5]通事舍人：官名。唐於中書省置通事舍人十六人，從六品上，掌朝見引納，殿庭通奏。四夷入貢，也經由通事舍人轉呈皇帝。後，任此職者多通“四夷”語言。遼襲唐制。　册：即玉册，亦作“玉策”。古代册書的一種，帝王祭祀告天或上尊號用之。用玉簡製成。

興宗重熙九年，上契丹册，皇帝出，奏《隆安》之樂。[1]

[1]《隆安》之樂：見後。

聖宗統和元年册承天皇太后，[1]設宫懸簨虡，[2]太樂工、協律郎入。太后儀衛動，舉麾《太和》樂作，[3]太樂令、太常卿導引昇御坐，簾捲樂止。文武三品以上入，《舒和》樂作，至位樂止。皇帝入門，《雍和》樂作，至殿前位樂止。宰相押册、皇帝隨册樂作，至殿前置册於案樂止。翰林學士、大將軍舁册樂作，[4]置御坐前樂止。丞相上殿樂作，[5]至讀册位樂止。皇帝下殿樂作，至位樂止。太后宣答訖樂作，皇帝至西閤樂止。親王、丞相上殿樂作，退班出樂止。下簾樂作，皇太后入内樂止。

[1]承天皇太后（？—1009）：諱綽，小字燕燕，北府宰相蕭思温女。景宗即位，選爲貴妃。尋册爲皇后，生聖宗。景宗崩，尊爲皇太后，攝國政。聖宗統和元年（983），上尊號曰承天皇太后。本書卷七一有傳。

[2]簨（sǔn）虡（jù）：懸鐘鼓的木架。明人馮復京《六家詩

名物疏》卷四七:“《釋名》云:懸鐘鼓者,横曰簨。簨,峻也,在上高峻也。縱曰虡。虡,舉也,在旁舉簨也。”

[3]《太和》樂:樂章名。屬十二和樂之一。以下《舒和》樂、《雍和》樂亦同。十二和樂是唐代的雅樂,據宋人李上交《近事會元》卷四《大唐雅樂》:“唐太宗貞觀二年太常少卿祖孝孫斟酌南北樂,考以古音,作爲大唐雅樂,以十二律各順其月旋相爲宫,制十二和之樂,合三十一曲、八十四調。”“唐文宗開成三年四改法曲爲仙韶曲”。

[4]翰林學士:官名。唐代始設翰林學士,以專知制誥。此外,遼代尚有宣政殿、觀書殿諸學士,其職掌不見於《遼史》,當亦如宋之雜學士以爲加銜,並不司文翰之事。契丹語稱學士爲“林牙”。

[5]丞相:即大丞相韓德讓(941—1011)。韓匡嗣第四子。統和初年承天稱制,韓德讓以南院樞密使的身份“總宿衛事”。統和十七年(999),北院樞密使、魏王耶律斜軫病故,承天太后以韓德讓兼知北院樞密使事,至此,遼朝的蕃漢軍政大權就集於一身了。統和二十二年,承天太后又賜韓德讓姓耶律,徙封晉王,並且仍舊爲大丞相,事無不統。次年十一月,她又詔德讓“出宫籍,屬於横帳”。二十八年更名耶律隆運。

册皇太子儀:太子初入門,《貞安》之樂作。[1]

[1]《貞安》之樂:十二安樂中的一個樂章。

册禮樂工次第:四隅各置建鼓一虡,[1]樂工各一人。宫懸每面九虡,每虡樂工一人,樂虡近北置柷、敔各一,[2]樂工各一人。樂虡内坐部樂工,[3]左右各一百二人。樂虡西南武舞六十四人,執小旗二人。樂虡東南文舞六十四人，執小旗二人。協律郎二人，太樂令一人。

［1］建鼓：鼓名。《漢書》卷七七《何並傳》："林卿既去，北渡涇橋，令騎奴還至寺門，拔刀剥其建鼓。"顔師古注："建鼓，一名植鼓。建，立也，謂植木而旁懸鼓也。"

［2］敔：樂器名。狀如伏虎，背上刻之，其作用與"柷"略同，鼓之以掌握音樂節奏。

［3］坐部樂：即坐部伎。明人彭大雅《山堂肆考》卷一六二《萬歲樂》云：武后喜鸜鵒和吉了能言，以高平調奏之。"明皇分爲二部：堂上立奏，謂之立部伎，其曲最多；堂上坐奏，謂之坐部伎，則僅六曲耳，而此曲居其四焉"。

唐《十二和樂》，遼初用之：《豫和》祀天神，《順和》祭地祇，《永和》享宗廟，《肅和》登歌、奠玉帛，《雍和》入俎接神，《壽和》酌獻飲神，《太和》節升降，[1]《舒和》節出入，《昭和》舉酒，《休和》以飯，《正和》皇后受册以行，《承和》太子以行。

［1］《太和》節升降：【劉校】原本、明抄本和南監本皆作"大和節升降"，中華點校本及修訂本據北監本和殿本徑改。今從改。

遼《十二安》樂：[1]初，梁改唐《十二和》樂爲《九慶》樂，[2]後唐建唐宗廟，仍用《十二和》樂，晉改爲《十二同》樂。[3]《遼雜禮》"天子出入奏《隆安》，太子行奏《貞安》"，則是遼嘗改樂名矣。餘十《安》樂名缺。

[1]《十二安》樂：本宋樂。《九朝編年備要》卷一載，建隆元年（960）夏四月“改周樂文舞《崇德之舞》爲《文德之舞》；武舞《衆咸之舞》爲《武功之舞》；《十二順》爲《十二安》。樂章皆竇儀所定也”。

[2]梁：指後梁。公元907年朱温代唐稱帝，建都汴（今河南省開封市），國號梁，史稱後樑。有今河南、山東兩省和陝西、山西、河北、寧夏、湖北、安徽、江蘇等省區各一部分。923年被後唐所滅。共歷三帝十七年。

[3]晉：此指石敬瑭創立的後晉（936—946），五代第三個王朝。初，石敬瑭獲得契丹耶律德光支持，並向德光割地、稱臣、稱兒。少帝石重貴繼位後，與契丹交惡，爲契丹所滅。

遼雅樂歌辭文闕不具，八音器數大抵因唐之舊。

八音：

金鎛、鍾。

石球、磬。

絲琴、瑟。

竹籥、簫、篴。

匏笙、竽。

土壎。

革鼓、鞉。

木柷、敔。

十二律用周黍尺九寸管，[1]空徑三分爲本。道宗大康中詔行秬黍所定升斗，[2]嘗定律矣，其法大抵用古律焉。

[1]十二律：古樂的十二調。《呂氏春秋·古樂》：“次制十二

筒，以之阮隃之下，聽鳳皇之鳴，以別十二律。其雄鳴爲六，雌鳴亦六，以比黄鐘之宫，適合。”

［2］大康：遼道宗年號（1075—1084）。

大樂

自漢以來因秦、楚之聲置樂府。[1]至隋高祖詔求知音者，鄭譯得西域蘇祇婆七旦之聲，[2]求合七音八十四調之説，[3]由是雅俗之樂，皆此聲矣。用之朝廷別於雅樂者，謂之大樂。[4]

［1］樂府：官署名。秦漢奉常屬官有太樂令，漢武帝時定郊祀禮，始立樂府，掌管宫廷、巡行、祭祀所用的音樂，兼採民歌配以樂曲，以李延年爲協律都尉掌樂府。隋唐時期的太樂署有太樂令、丞，掌習音樂及樂人簿籍。《通典·樂典六》：“自漢以來北狄樂總歸鼓吹署，後魏樂府始有北歌。”

［2］蘇祇婆：龜兹人。善彈琵琶，將七音——即比五音多出兩個“半音程”的音（鍵盤上的 F 和 B）傳入中國。《隋書》卷一四《音樂志中》：“周武帝時，有龜兹人曰蘇祇婆，從突厥皇后入國，善胡琵琶。聽其所奏，一均之中間有七聲，因而問之，答云：‘父在西域稱爲知音，代相傳習，調有七種。’以其七調，勘校七聲，冥若合符。一曰‘娑陁力’，華言平聲，即宫聲也；二曰‘雞識’，華言長聲，即商聲也；三曰‘沙識’，華言質直聲，即角聲也；四曰‘沙侯加濫’，華言應聲，即變徵聲也；五曰‘沙臘’，華言應和聲，即徵聲也；六曰‘般贍’，華言五聲，即羽聲也；七曰俟利箑，華言斛牛聲，即變宫聲也。（鄭）譯因習而彈之，始得七聲之正。”明人方以智《通雅》卷二九《樂曲》：“六代多吳音，北樂襲外國。乃隋平得樂，存者什四，世以爲中外正聲，蓋俗樂也。至是沛國公鄭譯復因龜兹人白蘇祇婆善琵琶，而翻七調，遂以制樂。故

今樂家猶有大石、小石、大食般涉等調。大石等國本在西域，而般涉即是般瞻，華言羽聲，隋人且以是爲太蔟羽矣。教坊色長張俣曾製《大樂玄機論》，七音、六十律、八十四調不脱白蘇之舊。”

[3]七音八十四調：宋人沈括《夢溪筆談》卷六《樂律》：“古法一律有七音，十二律共八十四調。更細分之，尚不止八十四，逸調至多。”

[4]大樂：漢稱大予樂，爲殿中御飯食——即皇帝進餐時演奏的音樂。明人方以智《通雅》卷二九《樂曲》：“大樂十三曲，魏時省《遠期》《承元氣》《海淡淡》三曲，皆大予樂官掌之。”

晉高祖使馮道、劉昫册應天太后、太宗皇帝，[1]其聲器、工官與法駕同歸於遼。

[1]馮道（882—954）：字可道，瀛州景城（今河北省滄州市）人，歷仕後唐、後晉、後漢、遼和後周，居相位。晚年自稱“長樂老”，頗以能在時勢多變的情況下自保榮華富貴而得意。但亦能提醒統治者不忘民間疾苦。此外，他還是首先宣導雕印“九經”者。劉昫（888—947）：涿州（今屬河北省）人。後唐明宗時拜相。後晉天福初，爲東都留守，判河南府事。曾奉使契丹。後晉出帝開運初復拜相。契丹德光陷汴京，仍舊以昫爲宰相。同年以病卒。《通鑑》卷二八一後晉高祖天福三年（937）載：“帝上尊號於契丹主及太后，［八月］戊寅，以馮道爲太后册禮使（《考異》曰：《周世宗實録·馮道傳》云：‘虜遣使加徽號於晉祖，晉亦獻徽號於虜。始命兵部尚書王權銜其命，權辭以老病。晉祖謂道曰：“此行非卿不可。”道無難色。’按晉高祖實録：‘天福三年八月戊寅，道爲契丹太后册禮使。十月戊寅，北朝命使上帝徽號。戊子，王權以不受北狄使，停任。’《周世宗實録》誤也）。左僕射劉昫爲契丹主册禮使，備鹵簿、儀仗、車輅，詣契丹行禮，契丹主大悦。”【劉校】

劉昫，原作“劉煦”，據《新五代史》卷五五《劉昫傳》改。

聖宗統和元年册承天皇太后，[1]童子弟子隊樂引太后輦至金鑾門。[2]

[1]統和元年：【劉校】原誤作“太平元年”，中華點校本校勘記云，“據上文及《紀》統和元年六月、卷七一《后妃傳》改”。今從改。

[2]童子弟子隊：本書卷五二《禮志四·册皇太后儀》作“童子、女童隊樂引至金鑾門”。

天祚皇帝天慶元年上壽儀：皇帝出東閤，鳴鞭樂作，簾卷，扇開樂止。太尉執臺，分班，太樂令舉麾樂作，皇帝飲酒訖樂止。應坐臣僚東西外殿，太樂令引堂上，樂升。大臣執臺，太樂令奏“舉觴”，登歌，[1]樂作，[2]飲訖樂止。行臣僚酒遍，太樂令奏“巡周”，舉麾樂作，飲訖樂止。太常卿進御食，太樂令奏“食遍”，[3]樂作，《文舞》入，三變，[4]引出樂止。次進酒，行臣僚酒，舉觴、巡周樂作，飲訖樂止。次進食，食遍，樂作《武舞》入，三變，引出樂止。扇合、簾下，鳴鞭樂作，皇帝入西閤，樂止。

[1]登歌：突出歌聲，歌聲蓋過伴奏的歌唱。明人楊慎《丹鉛總録》卷八引晉代孟嘉《論樂》云：絲不如竹，竹不如肉。或問其故，曰：“漸近自然，此語殊有鑒别。古者登歌，下管與清聲在上，貴人聲也，謂之登歌。匏竹在下，謂之下管，即是此意。古人清曠高爽，故其語意暗與古合。”顧炎武《日知録》卷五《樂章》：

“是以登歌在上，而堂上堂下之器應之，是之謂以樂從詩。”

［2］樂作：【劉校】中華修訂本校勘記云，“樂”字原闕，據明抄本、南監本、北監本、殿本補。中華點校本徑改。今從改。

［3］太樂令：【劉校】據中華點校本校勘記，“樂”原誤“官”。今從改。

［4］三變：舞蹈的三個單元，三個樂章。《通典·樂典·坐部伎》：“貞觀七年制《破陣樂舞圖》……令起居郎呂才依圖教樂工百二十人被甲執戟而習之，凡爲三變：每變爲四陣，有往來、疾徐、擊刺之象，以應歌節。數日而就。”

大樂器：本唐太宗《七德》《九功》之樂。[1]武后毀唐宗廟，《七德》《九功》樂舞遂亡，自後宗廟用隋《文》《武》二舞。朝廷用高宗《景雲》樂代之，[2]元會，第一奏《景雲》樂舞。杜佑《通典》已稱諸樂並亡，唯《景雲》樂舞僅存。唐末、五代版蕩之餘，在者希矣。遼國大樂，晉代所傳。《雜禮》雖見坐部樂工左右各一百二人，蓋亦以《景雲》遺工充坐部。其坐、立部樂自唐已亡，可考者唯《景雲》四部樂舞而已。

玉磬。

方響。

搊箏。

筑。

臥箜篌。

大箜篌。

小箜篌。

大琵琶。

小琵琶。
大五絃。
小五絃。
吹葉。
大笙。
小笙。
觱篥。
簫。
銅鈸。
長笛。
尺八笛。
短笛。
　　以上皆一人。[3]
毛員鼓。
連鼗鼓。
貝。[4]
　　以上皆二人，餘每器工一人。
歌二人。
舞二十人，分四部：
　《景雲》舞八人，[5]
　《慶雲》樂舞四人，[6]
　《破陣》樂舞四人，
　《承天》樂舞四人。

［1］《七德》《九功》：唐太宗時所作兩部樂舞名，前者頌揚太宗的武功，後者頌揚其文治。宋人陳暘《樂書》卷一六八："唐舞

先《七德》，後《九功》，其意以謂武以威衆而平難，文以附衆而守成。平難在所先，守成在所後。”《新唐書》卷二一《禮樂志十一》：“《七德舞》者，本名《秦王破陣樂》。太宗爲秦王，破劉武周，軍中相與作《秦王破陣樂》曲。及即位，宴會必奏之，謂侍臣曰：‘雖發揚蹈厲，異乎文容，然功業由之，被於樂章，示不忘本也。’右僕射封德彝曰：‘陛下以聖武戡難，陳樂象德，文容豈足道哉！’帝矍然曰：‘朕雖以武功興，終以文德綏海内，謂文容不如蹈厲，斯過矣。’乃製舞圖，左圓右方，先偏後伍，交錯屈伸，以象魚麗、鵝鸛。命吕才以圖教樂工百二十八人，被銀甲執戟而舞，凡三變，每變爲四陣，象擊刺往來，歌者和曰：‘秦王破陣樂’。後令魏徵與員外散騎常侍褚亮、員外散騎常侍虞世南、太子右庶子李百藥更製歌辭，名曰《七德舞》。舞初成，觀者皆扼腕踴躍，諸將上壽，群臣稱萬歲，蠻夷在庭者請相率以舞。”“《九功舞》者，本名《功成慶善樂》。太宗生於慶善宫，貞觀六年幸之，宴從臣，賞賜閭里，同漢沛、宛。帝歡甚，賦詩，起居郎吕才被之管絃，名曰《功成慶善樂》。以童兒六十四人，冠進德冠，紫袴褶，長袖，漆髻，屣履而舞，號《九功舞》。進蹈安徐，以象文德。”

［2］《景雲》：唐高宗時的樂舞名。據《新唐書》卷二一《禮樂志十一》，張文收採用古代關於太平盛世出現“河清”之説，“爲《景雲河清歌》，亦名燕樂。有玉磬、方響、搊箏、筑、卧箜篌、大小箜篌、大小琵琶、大小五絃、吹葉、大小笙、大小觱篥、簫、銅鈸、長笛、尺八、短笛，皆一；毛員鼓、連鞉鼓、桴鼓、貝，皆二。每器工一人，歌二人。工人絳袍，金帶，烏鞾。舞者二十人。分四部：一《景雲舞》，二《慶善舞》，三《破陣舞》，四《承天舞》。《景雲樂》，舞八人，五色雲冠，錦袍，五色袴，金銅帶”。

［3］以上皆一人：【劉校】中華修訂本校勘記云，“人”字原闕，據明抄本、南監本、北監本、殿本補。中華點校本徑改。今從改。

[4]觱（bì）篥（lì）：亦作篳篥。一種古代簧管樂器。 貝：【劉校】原誤作“具”，中華點校本據《新唐書·禮樂志》改。今從改。

[5]《景雲》舞：【劉校】中華點校本校勘記云，據上文及以下三例，應作“《景雲》樂舞”。

[6]《慶雲》樂舞：:【劉校】中華點校本校勘記云：“慶雲樂舞《新唐書》二一《禮樂志》十一、《舊唐書》二九《音樂志》二並作《慶善》樂舞，以唐太宗生於慶善宮。”按，《慶雲》非《慶善》。後者即《九功》，參注[1]。《慶雲》爲樂曲名，據《新唐書·禮樂志》，《慶雲》之曲，是高宗所作《上元舞》演奏的曲目之一，“大祠享皆用之”。《宋史》卷一四二《樂志十七》：“凡游行酒，惟慶節上壽及將相入辭賜酒，則止奏樂。所奏凡十八調四十六曲。”《慶雲曲》屬“歇指調”。

大樂調：雅樂有七音，大樂亦有七聲，謂之七旦：一曰娑陁力，[1]平聲；二曰雞識，長聲；三曰沙識，質直聲；四曰沙侯加濫，應聲；五曰沙臘，應和聲；[2]六曰般贍，五聲；七曰俟利箑，斛牛聲。[3]自隋以來，樂府取其聲，四旦二十八調爲大樂。

娑陁力旦：

正宮，

高宮，

中呂宮，

道調宮，

南呂宮，

仙呂宮，

黄鍾宮。

雞識旦：
　越調，
　大食調，
　高大食調，
　雙調，
　小食調，
　歇指調，
　林鍾商調。
沙識旦：
　大食角，
　高大食角，
　雙角，
　小食角，
　歇指角，
　林鍾角，
　越角。
般涉旦：[4]
　中呂調，
　正平調，
　高平調，
　仙呂調，
　黄鍾調，
　般涉調，
　高般涉調。
右四旦二十八調不用黍律，以琵琶絃叶之。皆從濁至清，迭更其聲，下益濁，上益清。七七四十九調，餘二十一調失其傳。蓋出《九部》樂之《龜兹部》云。

大樂聲：各調之中，度曲協音，其聲凡十，曰：五、凡、工、尺、上、一、四、六、勾、合，近十二雅律，於律呂各闕其一，猶雅音之不及商也。

[1]娑陁力：【劉校】中華點校本校勘記云，"娑"原作"婆"。據《隋書》卷一四《音樂志中》改。下文"娑陁力旦"同。今從改。

[2]"沙侯加濫"至"應和聲"：【劉校】中華點校本校勘記云，"沙侯加濫"下原脱"應"字，"應和聲"原誤作"皆應聲"。按《隋書》卷一四《音樂志中》："沙侯加濫，華言應聲。沙臘，華言應和聲。"今從改。

[3]俟利篷（shà），觓牛聲：篷，扇子。【劉校】中華點校本校勘記云，"篷"原本作"箑"，"牛"原本作"先"，並據《隋書》卷一四《音樂志中》改。今從改。

[4]般涉旦：【劉校】中華點校本校勘記云，"般涉"原作"沙侯加濫"。邱瓊蓀《歷代樂志校釋》云："般涉爲羽聲，沙侯加濫爲變徵聲，有《隋志》可證。此七調，《新唐志》、《樂府雜録》、《宋志》皆謂之七羽，則當作般涉旦無疑。""般涉"，《隋志》作"般贍"，唐人作"般涉"。按，調名内有"般涉""高般涉"之目，因從之。今從改。

散樂

殷人作靡靡之樂，其聲往而不反，流爲鄭衛之聲。[1]秦漢之間，秦楚聲作，[2]鄭衛寖亡。漢武帝以李延年典樂府，[3]稍用西涼之聲。[4]今之散樂、俳優、歌舞、雜進，[5]往往漢樂府之遺聲。晉天福三年，[6]遣劉昫以伶官來歸，遼有散樂，蓋由此矣。

[1]鄭衛之聲：亦作鄭衛之音。春秋時期鄭國及衛國的民間俗樂不同於雅樂，故被貶斥爲淫靡之音。

[2]秦楚聲：春秋戰國時期秦地和楚地的民間音樂。秦滅六國，楚尤悲憤，故其歌調特爲激昂。

[3]李延年：西漢中山（今河北省定州市）人。生於音樂世家。武帝時，其妹有寵，號李夫人，善歌，延年因此機緣得以展現才華。時武帝耽於祠祀，司馬相如等爲詩頌，延年依詩爲製新聲曲。曾貴爲協律郎，佩二千石印。

[4]西涼之聲：即指南北朝時期涼州地區的音樂。當時北方戰亂，河西涼州仍保留漢魏文化、音樂，但因其地處中西交通要衝，故西涼樂多吸收胡樂，後輾轉流傳，卻被隋唐統治者視爲華夏正聲。"自周隋以來管絃雜曲將數百曲多用西涼樂，鼓舞曲多用龜兹樂，其曲度皆時俗所知也。唯彈琴家猶傳楚漢舊聲"（《通典·樂六·清樂》）。

[5]散樂：本民間音樂。《隋書》卷一五《音樂志下》，北周時"鄭譯有寵於宣帝，奏徵齊散樂人並會京師爲之，蓋秦角抵之流者也。開皇初並放遣之。及大業二年突厥染干來朝，煬帝欲誇之，總追四方散樂，大集東都"。據《文獻通考·樂考·俗部樂》，唐代"凡祭祀、大朝會則用太常雅樂；歲時宴享則用教坊諸部樂。前代有宴樂、清樂、散樂，隸太常，後稍歸教坊"。　俳優：古代指以樂舞諧戲爲業的藝人。

[6]天福：後晉高祖年號（936—942）。

遼册皇后儀：呈百戲、角抵戲、馬［較勝］以爲樂。[1]

皇帝生辰樂次：

酒一行　觱篥起，[2]歌。

酒二行　歌，手伎入。[3]

酒三行　琵琶獨彈。

　　　　餅、茶、致語。

　　　　食入，雜劇進。

酒四行　闕。

酒五行　笙獨吹，鼓笛進。

酒六行　箏獨彈，築毬。[4]

酒七行　歌，曲破，角觝。

[1]角抵戲、馬［較勝］：按，此處原無“較勝”二字，今據本書卷五二《禮志四·皇帝納后之儀》補。

[2]觱（bì）篥（lì）：吹奏樂器名。源自回鶻。《太平御覽》卷五六八《樂部》載，武后時“有一士人陷冤獄，仍籍没家族，其妻配入掖庭。本初善吹觱篥，因撰此曲，寄其哀情，始名‘大郎神’，蓋取其良人行第也。畏人知，遂三易其名：‘悲切子’‘離别難’，終名‘怨回鶻’。”

[3]手伎：又稱“雜手伎”，一種模仿猴子等動物動作的徒手表演。宋人洪邁《翰苑群書》卷一二《翰苑遺事》：“唐故事，學士禮上例弄獮猴戲，不知何意。國初久廢不講，至是乃使勑設日舉行，而易以教坊雜手伎，後遂以爲例。”

[4]築毬：中國古代足球。亦作“蹴踘”。宋人江少虞《事實類苑》卷五四《蹴踘》：“蹴踘，以皮爲之，中實以物，蹴踘蹋爲戲樂也。亦謂爲毬焉。今所作牛彘胞納氣而張之，則善跳躍，然或俚俗數少年簇圍而跳之，終無墮地，以失蹴爲恥，以不墮爲樂。”宋人曾慥《類説》卷四九《煉腿》：“僖宗在藩邸，好築毬，有煉腿之

語。”卷五四《毬塲》：“武崇訓用油灑地以築毬塲。”

曲宴宋國使樂次：

酒一行　觱篥起，歌。
酒二行　歌。
酒三行　歌，手伎入。
酒四行　琵琶獨彈。
　　　　餅、茶、致語。
　　　　食入，雜劇進。
酒五行　鬬。
酒六行　笙獨吹，合《法曲》。[1]
酒七行　箏獨彈。
酒八行　歌，擊架樂。
酒九行　歌，角觝。

［1］《法曲》：唐代宮廷音樂。宋人李上交《近事會元》卷四《雅歌雜胡夷音法曲》唐玄宗時太常舊相傳有宮、商、角、徵、羽讌樂五調，歌各一奏，太常卿韋縚“令元成更相整比爲七卷。又自開元已來歌者雜用胡夷、里巷之曲，其元成所集者工人多不能曉，相傳謂之法曲也”。

散樂以三音該三才之義，四聲調四時之氣，應十二管之數。截竹爲四竅之笛，以叶音聲而被之絃歌。三音：天音揚，地音抑，人音中，皆有聲無文。四時：春聲曰平，夏聲曰上，秋聲曰去，冬聲曰入。

散樂器：觱篥、簫、笛、笙、琵琶、五絃箜篌、[1]

箏、方響、杖鼓、第二鼓、第三鼓、腰鼓、大鼓、鞚、[2]拍板。

[1]五絃箜篌：絃樂器名。原是西域康國樂器。《魏書》卷一〇二《康國傳》載"其國有大小鼓、琵琶、五絃箜篌"。宋人陳暘《樂書》卷一五八《乞寒》："乞寒本西國外蕃康國之樂也，其樂器有大鼓、小鼓、琵琶、五絃箜篌、笛。"

[2]鞚（kòng）：【劉注】古代樂器名。鼓的一種。《新唐書·禮樂志》："土則附革而爲鞚，木有拍板、方響，以體金應石而備八音。"

雜戲：自齊景公用倡優侏儒，至漢武帝設魚龍蔓延之戲，[1]後漢有繩舞、自刳之伎，杜佑以爲多幻術，皆出西域。哇俚不經，故不具述。

[1]魚龍蔓延：【靳注】亦作"魚龍曼衍"。古代由藝人執持製作的珍異動物表演，有幻化的情節。魚龍、蔓延皆爲獸名。

鼓吹樂

鼓吹樂，[1]一曰短簫鐃歌樂，[2]自漢有之，謂之軍樂。《遼雜禮》，朝會設熊羆十二案，法駕有前後部鼓吹，百官鹵簿皆有鼓吹樂。[3]

前部：

鼓吹令二人，

掆鼓十二，

金鉦十二，
大鼓百二十，
長鳴百二十，
鐃十二，
鼓十二，
歌二十四，
管二十四，
簫二十四，
笳二十四。
後部：
大角百二十，
鼓吹丞二人，
羽葆十二，[4]
鼓十二，
管二十四，
簫二十四，
鐃十二，
鼓十二，
簫二十四，
笳二十四。

右前後鼓吹，行則導駕奏之，朝會則列仗，設而不奏。

[1]鼓吹樂：漢代的軍樂。後演變爲朝廷和地方官用樂。宋人程大昌《演繁露》卷七《馬後樂》："今郡守馬後樂即古鼓吹也。《古今樂録》曰：後漢以給邊將萬人將軍得之。劉熙《釋名》曰：

橫吹、麾幢，皆大將所有。”卷六《鼓吹》又曰：“後魏永熙中，諸州鎮各給鼓吹，人多少各以大小等級爲差。”《通典·職官典》：“大唐鼓吹署，令、丞各一人，所掌頗與太樂同。”

[2]短簫鐃歌樂：《古今注》卷下稱其爲軍樂，又曰：“短簫鐃歌鼓吹之一章耳，亦以賜有功諸侯也。”

[3]鹵簿：漢代蔡邕《獨斷》卷下謂：“天子出，車駕次第謂之鹵簿。有大駕，有小駕，有法駕。大駕則公卿奉引，大將軍參乘，太僕御屬車八十一乘，備千乘萬騎。在長安時出祠天於甘泉備之，百官有其儀注，名曰‘甘泉鹵簿’。中興以來，希用之。先帝時，時備大駕。上原陵也，不常用，唯遭大喪乃施之。法駕，公卿不在鹵簿。”

[4]羽葆：即羽葆鼓吹。陳暘《樂書》卷一三八：“唐羽葆之制縣於架上，其架飾以五彩流蘇，植羽也。蓋鐃鼓、羽葆鼓皆飾以丹青，形制頗類捆鼓。今大常鼓吹後部用之。《律樂圖》云：羽葆一部，五色十八曲。”用於獎賞功臣。

橫吹樂

橫吹亦軍樂，與鼓吹分部而同用，皆屬鼓吹令。

前部：

大橫吹百二十，
節鼓二，
笛二十四，
觱篥二十四，
笳二十四，
桃皮觱篥二十四，
捆鼓十二，
金鉦十二，

小鼓百二十，
中鳴百二十，[1]
羽葆十二，
鼓十二，
管二十四，
簫二十四，
笳二十四。
後部：
小横吹百二十四，
笛二十四，
簫二十四，
觱篥二十四，
桃皮觱篥二十四。

百官鼓吹、横吹樂，自四品以上，各有增損，見《儀衛志》。自周衰，先王之樂寖以亡缺，《周南》變爲《秦風》。始皇有天下，鄭、衛、秦、燕、趙、楚之聲迭進，而雅聲亡矣。漢、唐之盛，文事多西音，是爲大樂、散樂；武事皆北音，是爲鼓吹、横吹樂。雅樂在者，其器雅，其音亦西云。

[1]中鳴：吹奏樂器名。原有長鳴，據陳暘《樂書》卷一三〇："魏武帝北征烏桓，越沙漠，軍士聞之，靡不動鄉關之思。於是武帝半減之爲中鳴，其聲尤更悲切。"

（李錫厚注　劉鳳翥校）

遼史　卷五五

志第二十四

儀衛志一

遼太祖奮自朔方，太宗繼志述事以成其業。於是舉渤海，[1]立敬瑭，[2]破重貴，[3]盡致周、秦、兩漢、隋、唐文物之遺餘而居有之。路車法物以隆等威，[4]金符玉璽以布號令。是以傳至九主二百餘年，豈獨以兵革之利，士馬之強哉。文謂之儀，武謂之衛，足以成一代之規模矣。[5]考遼所有輿服、符璽、儀仗，作《儀衛志》。

[1]渤海：靺鞨粟末部在今中國東北地區建立的政權。唐武后聖曆元年（698），靺鞨粟末部首領大祚榮建立振國（亦稱震國）。唐玄宗先天二年（713，當年十二月改元“開元”）遣使封大祚榮爲左驍衛大將軍、渤海郡王，又設置忽汗州，加授大祚榮爲忽汗州大都督，並改稱渤海。寶應元年（762）晉爲國。天顯元年（926）爲遼所滅，改稱東丹。【劉注】渤海國最初的國號爲“靺鞨”，不爲“震國”或“振國”。《新唐書》卷二一九《渤海傳》：“睿宗先天中（應爲‘玄宗先天二年’），遣使拜祚榮爲左驍衛大將軍、渤

海郡王。以所統爲忽汗州，領忽汗州都督，自是始去靺鞨號，專稱渤海。”這裏不稱“始去震國之號，專稱渤海”，而稱“始去靺鞨之號，專稱渤海”。可見，稱“大祚榮建立震國”是混淆了封號與國號的區别。《新唐書》卷二一九《渤海傳》稱“武后封乞四比羽爲許國公，乞乞仲象（大祚榮之父）爲震國公”。“許國公”和“震國公”都是封號，並不意味着有“許國”“震國”等政权。乞乞仲象死後。他兒子大祚榮繼承了“震國公”的封號，但他不滿足“公”級别，所以“自號震國王”。“震國王”僅僅是封號，並不意味着有“震國”。少數民族往往以其民族名爲國號，如“契丹”“蒙古”等。渤海也應如此。

[2]敬塘（892—942）：即後晉高祖石敬塘。本沙陀部人，爲後唐明宗李嗣源婿，任河東節度使，擁重兵。後唐末帝清泰三年（936）起兵，向契丹乞援，建立後晉。即位後割幽薊十六州，以答謝契丹。在位六年。

[3]重貴（914—964）：即後晉出帝石重貴。後晉高祖石敬瑭之侄，後晉末代皇帝，公元942年至946年在位。即位後與契丹交惡，開運三年（946）契丹攻入開封，被俘，後死於建州（治所在今遼寧省朝陽市西南）。

[4]路車：【靳注】古代帝王或諸侯貴族所乘的車。　法物：古代帝王用於儀仗、祭祀能代表其身份的器物。《史記》卷二五《律書》：“王者制事立法，物度軌則，壹稟於六律。六律爲萬事根本焉。”法物最重要的特性是必須合律、中度。《長編》卷七宋太祖乾德四年（966）五月甲戌：“先是，上遣右拾遺孫逢吉（逢吉，未見）。至成都收僞蜀圖書法物。乙亥，逢吉還，所上法物皆不中度，悉命焚毁，圖書付史館。”

[5]規模：【劉校】原本、明抄本、南監本、北監本均作“規摹”。中華點校本據殿本徑改。今從改。修訂本仍從原本。

輿服

自黄帝而降，輿服之制其來遠矣。禹乘四載作小車，[1]商人得桑根之瑞爲大輅，[2]周人加金玉，象飾益備。秦取六國儀物而分别其用，先王之制，置而弗御。至漢中葉，鋭意稽古，然禮文之事，名存實亡，蓋得十一於千百焉。唐之車輅因周、隋遺法，[3]損益可知。而祭服皆青，朝服皆絳，常服用宇文制，[4]以紫、緋、绿、碧分品秩。五代頗以常服代朝服。遼國自太宗入晉之後，皇帝與南班漢官用漢服，太后與北班契丹臣僚用國服，[5]其漢服即五代晉之遺制也。

考之載籍之可徵者，著《輿服篇》，冠諸《儀衛》之首。

[1]禹乘四載作小車：《尚書·虞書》："予乘四載，隨山刊木，所載者四謂水乘舟，陸乘車，泥乘輴，山乘樏。隨行九州之山林，刊槎其木，開通道路以治水也。"

[2]大輅：帝王所乘的車。《通典·禮典·天子車輅》："殷因鉤車而制大輅。"注引《禮緯》曰：山車乘鉤乃鉤車之象，昔成湯用而郊祀有山車之瑞。山車亦謂之桑根車，以金根之色。亦謂之大輅。

[3]唐之車輅因周、隋遺法：此説不確。陳寅恪先生論證隋唐禮樂等制度"不出三源：一曰（北）魏、（北）齊，二曰梁、陳，三曰（西）魏、周"。"在三源之中，此（西）魏、周之源遠不如其他二源之重要。然後世史家以隋唐繼承（西）魏、周之遺業，遂不能辨析名實真僞，往往於李唐之法制誤認爲（西）魏、周之遺物"（見陳寅恪《隋唐制度淵源略論稿》，生活·讀書·新知三聯書店 2001 年版，第 3—4 頁）。

[4]宇文制：即後周制度。後周國主爲宇文氏。

[5]南班、北班：遼帝在捺鉢朝會，東向坐，臣僚排班，漢臣在南，故稱南班，亦即所謂南面官；契丹臣僚在北，稱北班，亦即北面官。其“衣服之制，國母與蕃臣皆胡服，國主與漢官即漢服。蕃冠戴氊，冠上以金華爲飾或加珠玉翠毛，蓋漢魏時遼人搖冠之遺象也。額後……（原印空缺）夾帶貯髮一。服紫窄袍加義……窄袍中單多紅緑色，貴者被貂裘，以紫黑水色爲貴，青色爲次。又有銀鼠，尤潔白。賤者被貂毛、羊鼠、沙狐裘”（《宋會要輯稿·蕃夷》二之十）。

國輿

契丹故俗，便於鞍馬。隨水草遷徙，則有氊車，任載有大車，婦人乘馬，亦有小車，貴富者加之華飾。禁制疎闊，貴適用而已。帝后加隆，勢固然也。輯其可知著于篇。

大輿，“柴册再生儀”載神主見之。[1]

輿，“臘儀”見皇帝、皇后升輿、降輿。

總纛車，駕以御駞。“祭山儀”見皇太后升總纛車。

車，“納后儀”見皇后就車。

青幰車，二螭頭、蓋部皆飾以銀，駕用駝，公主下嫁以賜之。古者王姬下嫁，車服不繫其夫，下王后一等。此其遺意歟。

送終車，車樓純飾以錦，螭頭以銀，下縣鐸，後垂大氊，駕以牛。上載羊一，謂之祭羊，以擬送終之用。亦賜公主。

椅，“册皇太后儀”，皇帝乘椅，[2]自便殿轝至西便門。

鞍馬，“祭山儀”，皇帝乘馬，侍皇太后行。“臘儀”，皇帝降輿，祭東畢，[3]乘馬入獵圍。“瑟瑟儀”，俱乘馬東行，群臣在南，命婦在北。[4]

[1]柴册再生儀：契丹禮儀名。本書卷四九《禮志一》祇稱柴册儀，並未言及“大輿”。此禮源於中國傳統的“燔柴告天”，是古代天子祭天之禮。據《爾雅·釋天》：“祭天曰燔柴。”行禮時，積薪於壇，取玉及牲置於柴上焚燒。契丹行此禮與傳統的再生禮合併舉行，是爲契丹部落聯盟選汗和遼建國後新皇帝即位舉行的禮儀。相傳遙輦氏阻午可汗始制此儀，遼朝建國後有所增飾。

[2]皇帝乘椅：【劉校】據中華點校本校勘記，“椅”，按本書卷五二《禮志五·册皇太后儀》作“肩輿”。

[3]祭東：本書卷一一六《國語解》：“國俗，凡祭皆東向，故曰祭東。”

[4]命婦：有封號的婦人稱爲“命婦”。宮廷中的妃嬪等稱爲内命婦，臣下之母、妻有封號者則稱爲外命婦。《禮記·禮器》：“卿大夫從君，命婦從夫人。”唐代陳鴻《長恨歌傳》：“每歲十月，駕幸華清宮，内外命婦，熠耀景從。”

漢輿

太宗皇帝會同元年，晉使馮道、劉昫等備車輅法物，[1]上皇帝、皇太后尊號册禮。自此天子車服昉見於遼。太平中行漢册禮，乘黄令陳車輅，[2]尚輦奉御陳輿輦。[3]盛唐輦輅，盡在遼廷矣。

[1]馮道（882—954）：瀛州景城（河北省滄州市）人。字可

道。歷仕後唐、後晉、後漢、遼和後周，居相位。晚年自稱“長樂老”，頗以能在時勢多變的情況下自保榮華富貴而得意。但亦能提醒統治者不忘民間疾苦。此外，他還首先宣導雕印“九經”。劉昫（888—947）：涿州（今屬河北省）人。後唐明宗時拜相。後晉天福初，爲東都留守，判河南府事。曾奉使契丹。開運初復拜相。契丹耶律德光陷汴京，仍舊以昫爲宰相。同年以病卒。《通鑑》卷二八一後晉高祖天福三年（938）載：“帝上尊號於契丹主及太后，[八月] 戊寅，以馮道爲太后册禮使（《考異》曰：《周世宗實録·馮道傳》云：‘虜遣使加徽號於晉祖，晉亦獻徽號於虜。始命兵部尚書王權銜其命，權辭以老病。晉祖謂道曰：“此行非卿不可。”道無難色。’按《晉高祖實録》：‘天福三年八月戊寅，道爲契丹太后册禮使。十月戊寅，北朝命使上帝徽號。戊子，王權以不受北狄使，停任。’《周世宗實録》誤也）。左僕射劉昫爲契丹主册禮使，備鹵簿、儀仗、車輅，詣契丹行禮，契丹主大悦。”

[2]黄令陳車輅：皇帝乘黄令陳車輅，本於唐“開元禮”，其制未詳。

[3]尚輦奉御：官名。據《唐六典·殿中省》載，其職“掌輿輦、繖扇之事，分其次序而辨其名數。直長爲之貳，凡大朝會則陳於庭，大祭祀則陳於廟”。

五輅：《周官》典輅有五輅。[1]秦亡之後，漢創製。[2]

[1]五輅（lù）：據《四部叢刊》影印明翻宋本《周禮》卷六《典路》：“典路掌王及后之五路，辨其名物與其用説（用，謂將有朝祀之事而駕之。鄭司農云：説，謂舍車也。《春秋》傳曰：雞鳴而駕，日中而説。用，謂所宜用）。”文淵閣《四庫全書》本《周禮注疏》卷二六《典路》亦同。“五輅”應是“五路”之誤。“五

輅”之義，其説不一。《通典·禮典·天子車輅》：“晉武帝承魏陳留王命，乘金根車，駕六馬，備五時副車。及受禪，設玉、金、象、革、木五輅，並爲法駕。”

［2］漢創製：《南齊書》卷一七《輿服志》：“漢武天漢四年朝諸侯甘泉宫，定輿服制，班於天下。光武建武十三年，得公孫述，葆車、輿輦始具。”

玉輅，祀天、祭地、享宗廟、朝賀、納后用之。青質，玉飾，黄屋，左纛。十二鑾在衡，二鈴在軾。龍輈左建旂，[1]十二斿，[2]皆畫升龍，長曳地。駕蒼龍，金錽，[3]鏤鍚，鞶纓十二就。遼國“勘箭儀”，皇帝乘玉輅至内門。聖宗開泰十年，上升玉輅自内三門入萬壽殿，進七廟御容酒。[4]

［1］龍輈（zhōu）：【劉注】裝飾龍的車。《楚辭·九歌·東君》：“駕龍輈兮乘雷，載雲旗兮委蛇。”

［2］十二斿（liú）：《周禮注疏》卷二七《巾車》：“王之五路，一曰玉路，鍚樊纓，十有再就。建大常十有二斿以祀。鄭司農云：十二就，就，成也。大常九旗之畫日月者，正幅爲縿斿，則屬焉。斿，音留。”

［3］金錽（zōng）：指馬頭上的裝飾。“錽”同“鑁”。

［4］七廟：明人周祈《名義考》卷七《宗廟》：“唐虞五廟，夏因之；商七廟，周因之。五廟，親廟四與太祖而五；七廟，三昭、三穆與太祖而七。”所謂昭穆即宗廟或宗廟中神主的排列次序，始祖居中，以下父子（祖、父）遞爲昭穆，左爲昭，右爲穆。

金輅，饗射、祀還、飲至用之。赤質，金飾，餘如玉輅，色從其質。駕赤騮。

象輅，行道用之。黃質，象飾，餘如金輅。駕黃騮。

革輅，巡狩、武事用之。白質，革鞔。駕白翰。

木輅，田獵用之。黑質，漆飾。駕黑駱。

車：制小於輅，小事乘之。

耕根車，耕藉用之。青質，蓋三重，餘如玉輅。

安車，一名進賢車，臨幸用之。金飾，重輿，[1]曲壁，八鑾在衡，[2]紫油纁朱裏幰，朱絲絡網。駕赤騮，朱鞶纓。

[1]重輿：兩個車箱。

[2]八鑾在衡：鑾是裝在車衡上的鈴，衡是車轅前端的横木。

四望車，[1]一名明遠車，拜陵、臨弔則用之。金飾，青油纁朱裏通幰。駕牛，餘同安車。

[1]四望車：軺車一類。亦用於加禮貴臣。《南齊書》卷一七《輿服志》考證：按《東宫舊事》曰：太子納妃用四望車。又軺車。《釋名》曰：軺，遙也，遠也。四向遠望之車也。據此則四望車亦軺車之類。《通典》曰：三公有勳德者，特加皁輪，故《志》云以加禮貴臣也。

涼車，[1]省方、罷獵用之。[2]赤質，金塗，銀裝。五綵龍鳳織，藤油壁，緋條，蓮座。駕以橐馳。

[1]涼車：即輼涼車，皇帝出行的卧車。據《史記·秦始皇本紀》，始皇死後"丞相斯爲上崩在外，恐諸公子及天下有變，乃祕之，不發喪。棺載輼涼車中，故幸宦者參乘，所至上食。百官奏事如故，宦者輒從輼涼車中可其奏事"。按，"涼車"後原有"赤質"二字，錯簡，據删。

[2]省方：巡視四方。漢代班固《東都賦》："省方巡狩，窮覽萬國之有無。考聲教之所被，散皇明以燭幽。"李善注：《易》曰"先王以省方觀人設教"。

輦，用人挽，本宫中所乘。唐高宗始制七輦。《周官》巾車有輦，以人組挽之。太平册禮，皇帝御輦。

大鳳輦，[1]赤質，頂有金鳳，壁畫雲氣金翅。前有軾，下有构欄。絡帶皆繡雲鳳，銀梯。主輦八十人。

[1]大鳳輦：唐制七種輦之一。《宋史》卷一四九《輿服志一》："唐制輦有七，一曰大鳳輦，二曰大芳輦，三曰仙遊輦，四曰小輕輦，五曰芳亭輦，六曰大玉輦，七曰小玉輦。"

大芳輦。

仙遊輦。

小輦，[1]"永壽節儀"，皇太后乘小輦。

[1]小輦：當是小輕輦。

芳亭輦，黑質，幕屋緋欄，皆繡雲鳳。朱緑夾窗，花板紅網，兩簾四竿，銀飾梯。主輦百廿人。

大玉輦。

小玉輦。

逍遙輦，常用之。椶屋，[1]赤質，金塗，銀裝，紅絛。輦官十二人，春夏緋衫，秋冬素錦服。

[1]椶（zōng）屋：以棕櫚爲屋。“椶”，同“棕”，指棕衣或棕毛。

平頭輦，常行用之。制如逍遙，無屋。册承天皇太后儀，[1]皇太后乘平頭輦。

步輦，聖宗統和三年，駐蹕土河，[2]乘步輦聽政。

[1]册承天皇太后儀：【劉校】原本作“册承天太儀”，缺“皇”“后”二字，據南監本、北監本和殿本補。

[2]土河：即老哈河，流經今内蒙古自治區東部赤峰地區，與西拉木倫河匯合。

羊車，[1]古輦車。赤質，兩壁龜文、鳳翅，緋幰，絡帶、門簾皆繡瑞羊，畫輪。駕以牛，隋易果下馬。[2]童子十八人，服繡。瑞羊挽之。

[1]羊車：南宋王應麟《漢制考》卷二：但知在宫内所用，故差小爲之，謂之羊車也。

[2]果下馬：體型很小的馬。《通典》卷一八五《邊防》：樂浪産果下馬，“高三尺，乘之可於果樹下行”。

輿，以人肩之，天子用韝絡臂綰。

腰輿，前後長竿各二，金銀螭頭，緋繡鳳襴，上施錦褥，别設小床。奉輿十六人。

小輿，赤質，青頂，曲柄，緋繡絡帶。制如鳳輦而小，上有御座。奉輿二十四人。

皇太子車輅：

金輅，從祀享、正冬大朝、納妃用之。“册皇太子儀”，乘黄令陳金輅，皇太子升、降金輅。

軺車，五日常朝、享宫臣、出入行道用之。金飾，紫幰朱裹。駕一馬。

四望車，弔臨用之。金飾，紫油纁通幰。駕一馬。

（李錫厚注　劉鳳翥校）

遼史　卷五六

志第二十五

儀衛志二

國服

上古之人網罟禽獸，食肉衣皮，以儷鹿韋掩前後，謂之韠。[1]然後夏葛、冬裘之製興焉。周公陳王業，[2]《七月》之詩，[3]至於一日于貉，三月條桑，八月載績，公私之用由是出矣。

[1]韠（bì）：【靳注】同"韠"，古代一種遮蔽在身前的皮製服飾，即後世之蔽膝。

[2]周公：西周初年政治家。姬姓，周武王之弟，名旦，亦稱叔旦。因采邑在周（今陝西省岐山縣北），稱爲周公。曾助武王滅商。武王死後，成王年幼，由他攝政。

[3]《七月》：《詩·豳風》中的一篇。"豳"是戎狄之地名。夏道衰，后稷之曾孫公劉自邰而出居於此。其封域在雍州岐山之北，漢屬古扶風郇邑。該詩反映的是周先民的社會生活。"一日于貉""三月條桑""八月載績"都是《豳風·七月》中的詩句，可

見，周先民通過狩獵、栽桑、織麻布來解決貴族和平民穿衣問題。

契丹轉居薦草之間，去邃古之風猶未遠也。太祖仲父述瀾，[1]以遙輦氏于越之官占居潢河沃壤，[2]始置城邑，爲樹藝、桑麻、組織之教，有遼王業之隆，其亦肇迹於此乎！太祖帝北方，太宗制中國，紫銀之鼠、羅綺之篚麇載而至。[3]纖麗耎毳被土綢木，[4]於是定衣冠之制：北班國制，[5]南班漢制，各從其便焉。詳國服以著厥始云。

[1]述瀾：即釋魯。玄祖勻德實第三子，阿保機的伯父。據本書卷六四《皇子表》，此人賢而有智，爲迭剌部于越時教民種樹桑麻。年五十七，爲子滑哥所弑。重熙中追封爲隋國王。

[2]遙輦氏：契丹氏族。唐開元二十三年（735），可突于殘黨泥禮殺李過折，立阻午可汗，傳九世，至907年阿保機建國。遙輦九可汗繼位後各建宮衛，遼朝立國後，有遙輦九帳大常衮司之設，掌遙輦九世宮分之事務。　于越：契丹語官名。爲契丹貴官，非有大功德者不授。位在北、南大王之上。　潢河：河流名。即今內蒙古自治區境內的西拉木倫河，屬西遼河上游。

[3]紫銀之鼠：指高官穿的名貴毛皮服裝。紫、銀分别指金紫光禄大夫和銀青光禄大夫，在唐、五代都是很高的官階。　羅綺之篚："羅綺"是絲織品，"篚"是用以盛放絲帛的容器，也稱帛篚。　麇（jūn）載而至：是説那些名貴的毛皮和絲織品捆載而至。

[4]纖麗耎毳（ruǎn cuì）：形容動物的絨毛纖細、華麗而柔軟。

[5]北班：遼帝在捺鉢朝會，東向坐，臣僚排班，漢臣在南，故稱南班，即所謂南面官；契丹臣僚在北，稱北班，即北面官。

祭服：遼國以祭山爲大禮，服飾尤盛。

大祀，[1]皇帝服金文金冠，白綾袍，紅帶，縣魚，[2]三山紅垂。飾犀玉刀錯，絡縫烏韡。

小祀，皇帝硬帽，紅克絲龜文袍。皇后戴紅帕，服絡縫紅袍，縣玉佩，雙同心帕，絡縫烏韡。

臣僚、命婦服飾，各從本部旗幟之色。

[1]大祀：帝王最隆重的祭祀。指祭祀天地、宗廟等。《周禮·春官·肆師》："立大祀用玉帛、牲牷，立次祀用牲幣，立小祀用牲。"鄭玄注："大祀天地，次祀日月星辰，小祀司命已下。玄謂：大祀又有宗廟，次祀又有社稷、五祀、五嶽，小祀又有司中、風師、雨師、山川百物。"《隋書》卷六《禮儀志一》："昊天上帝、五方上帝、日月、皇地祇、神州社稷、宗廟等爲大祀，星辰五祀四望等爲中祀，司中、司命、風師、雨師及諸星、諸山川等爲小祀。"

[2]縣魚：唐代官吏佩帶盛放魚符（朝廷頒發的魚形符契）的袋，稱縣魚。宋以後，無魚符，仍佩魚袋。《宋史》卷一五三《輿服志五》："魚袋。其制自唐始，蓋以爲符契也……宋因之，其制以金銀飾爲魚形，公服則繫於帶而垂於後，以明貴賤，非復如唐之符契也。"

朝服：太祖丙寅歲即皇帝位，[1]朝服衷甲，以備非常。其後行瑟瑟禮、大射柳，[2]即此服。聖宗統和元年册承天皇太后，[3]給三品以上用漢法服，[4]三品以下用大射柳之服。[5]

[1]太祖丙寅歲即皇帝位：阿保機於丁卯歲（907）代遙輦氏痕德堇可汗即可汗位，至神册元年（916）始稱帝。

［2］瑟瑟禮：契丹禮儀名。大旱時，舉行此禮儀，祈求上天降雨。　射柳：源於古鮮卑族秋祭時馳馬繞柳枝三周的儀式。《漢書·匈奴傳上》“大會蹛林”。顏師古注：“蹛者，繞林木而祭也。鮮卑之俗，自古相傳，秋天之祭，無林者尚豎柳枝，衆騎馳遶三周乃止。此其遺法。”《金史》卷三五《禮志八·拜天》：“金因遼舊俗，以重五、中元、重九日行拜天之禮”，“射柳、擊球之戲，亦遼俗也，金因之。凡重五日拜天禮畢，插柳球場，爲兩行，當射者以尊卑序”。射柳是拜天儀式的一部分。《長編》卷一一〇宋仁宗天聖九年（1031）六月丁丑載：契丹“每謁木葉山即射柳枝，諢子唱番歌，前導彈胡琴和之，已事而罷”。此外，祈雨也射柳。金初接待宋使，亦以射柳作爲一種遊樂項目，元朝、明朝也有此類活動。

［3］聖宗統和元年册承天皇太后：據本書卷一〇《聖宗本紀一》，事在統和元年（983）“六月乙酉朔，詔有司，册皇太……甲午，上率群臣上皇太后尊號曰承天皇太后”。

［4］法服：漢官不同等級的服飾。宋人孟元老《東京夢華録·車駕宿大慶殿》：“宰執百官，皆服法服，其頭冠各有品從。”

［5］大射柳之服：當即拜天之服。

皇帝服實里薛衮冠、絡縫紅袍、垂飾犀玉帶錯、絡縫鞾，[1]謂之國服衮冕。太宗更以錦袍、金帶。

臣僚戴氊冠，金花爲飾，或加珠玉翠毛，額後垂金花，織成夾帶，中貯髮一總。或紗冠，制如烏紗帽，無簷，不擫雙耳。額首碼金花，上結紫帶，末綴珠。服紫窄袍，繫鞊鞢帶，以黄紅色條裹革爲之，用金玉、水晶、靛石綴飾，謂之“盤紫”。太宗更以錦袍、金帶。會同元年，群臣高年有爵秩者，皆賜之。

[1]實里薛衮:【靳注】契丹語音譯詞。冠名。本書卷一一六《國語解》云:"實里薛衮,祭服之冠,行拜山禮則服之。"

公服:謂之"展裹",著紫。興宗重熙二十二年,詔八房族巾幘。[1]道宗清寧元年,詔非勳戚之後及夷离堇副使並承應有職事人,[2]不帶巾。

皇帝紫皂幅巾、紫窄袍、玉束帶,或衣紅襖;臣僚亦幅巾,紫衣。

[1]八房族:耶律欲穩子孫,在諸宫分稱爲"八房"。見本書卷七三《耶律欲穩傳》。

[2]夷离堇:契丹部族官名。源於突厥語官名"俟斤"(Irkin)。突厥各部的最高元首稱"可汗"(Qaghan),其他各部酋長則稱爲俟斤。初,契丹"其君大賀氏,有勝兵四萬,臣於突厥,以爲俟斤"(《新唐書》卷二一九《契丹傳》)。後,契丹首領自立爲可汗,其下所屬各部酋長則稱爲"俟斤",亦即夷离堇。契丹立國後,大部族之夷离堇稱王,小部族之夷离堇則稱爲節度使。舉凡一部之軍政、民政皆由其統掌。參韓儒林《穹廬集》(第314—316頁)。

常服:"宰相中謝儀",帝常服。"高麗使入見儀",臣僚便衣,謂之"盤裹"。緑花窄袍,中單多紅緑色。[1]貴者披貂裘,以紫黑色爲貴,青次之。又有銀鼠,尤潔白。賤者貂毛、羊、鼠、沙狐裘。

[1]中單:古時朝服、祭服中的裏衣。按,原本"中單"之前有"緑"字,據中華點校本删。

田獵服：皇帝幅巾，擐甲戎裝，以貂鼠或鵝項、鴨頭爲扞腰。[1]蕃漢諸司使以上並戎裝，衣皆左衽，黑緑色。

弔服：太祖叛弟剌哥等降，[2]素服受之。素服乘赭白馬。

[1]扞腰：【靳注】護衛腰部的一種裝飾。

[2]剌哥：即剌葛，爲阿保機兄弟中排行第二。關於他與諸弟謀作亂事，《通鑑》卷二七〇後梁均王貞明四年(918)於事後追述此事："初，契丹主之弟撒剌阿撥號北大王，謀作亂於其國。事覺，契丹主數之曰：'汝與吾如手足，而汝興此心，我若殺汝，則與汝何異！'乃囚之期年而釋之。撒剌阿撥帥其衆奔晉，晉王厚遇之，養爲假子，任爲刺史。"貞明四年，晉軍渡河攻汴州，與梁戰於胡柳，失利，撒剌攜妻子奔梁。另據本書卷六四《皇子表》，剌葛後南竄。所謂"撒剌阿撥"可能就是剌葛，後爲唐莊宗李存勗所殺。《通鑑》卷二七二後唐莊宗同光元年（923）冬十月詔："契丹撒剌阿撥叛兄棄母，負恩背國，宜與［趙］巖等並誅於市。"

漢服

黄帝始制冕冠章服，[1]後王以祀、以祭、以享。夏收、殷冔、周弁以朝，[2]冠端以居，所以別尊卑、辨儀物也。厥後唐以冕冠、青衣爲祭服，[3]通天、絳袍爲朝服，平巾幘、袍襴爲常服。大同元年正月朔太宗皇帝入晉，備法駕，受文武百官賀于汴京崇元殿，自是日以爲常。是年北歸，唐、晉文物，遼則用之左右，采訂摭其常用者存諸篇。

[1]章服：用以標識身份的服飾。官員章服之制代有不同，

“唐制其服則三品紫，四品、五品朱，六品、七品緑，八品、九品青。其魚袋則高宗時五品以上用銀，三品以上用金”（宋人黄履翁《古今源流至論别集》卷八）。據本書卷五五《儀衛志一》，“遼國自太宗入晉之後，皇帝與南班漢官用漢服；太后與北班契丹臣僚用國服，其漢服即五代晉之遺制也”。其漢服，五品以上服紫，佩金魚袋；六品、七品服緋，佩銀魚袋；八品、九品服緑，佩石魚。

[2]夏收、殷冔（xū）、周弁：夏商周三代冠的不同稱謂。明人方以智《通雅》卷三六《衣服》：古分冕、弁、冠，然亦通稱，猶漢晉來分幘、巾、帽而亦通稱也。古冠制三：曰冕者，朝祭服，所謂十二旒、九旒而下是也，惟有位者得服之；曰弁，亞於冕，所謂夏收、殷冔、周弁是也；曰冠，亞於弁，所謂委貌毋追章甫是也。弁與冠自天子至士皆得服之。【劉校】夏收、殷冔、周弁，中華點校本校勘記云，原作“唐收、殷冔、周弁”，按《儀禮·士冠禮》“周弁，殷冔，夏收”之句改。今從改。

[3]祭服：古代祭祀時所穿的禮服。歷代形制各異。

祭服：終遼之世，郊丘不建，大裘冕服不書。

衮冕，祭祀宗廟、遣上將出征、飲至、踐阼、加元服、納后、若元日受朝則服之。金飾，垂白珠十二旒，以組爲纓，色如其綬，黈纊充耳，[1]玉簪導。[2]玄衣、纁裳十二章：八章在衣，日、月、星、龍、華蟲、火、山、宗彝；[3]四章在裳，藻、粉米、黼、黻。[4]衣褾領，[5]爲升龍織成文，各爲六等，龍、山以下，每章一行，行十二；白紗中單，黼領，青褾，襈、裾黻；革帶、大帶，劍佩綬，舄加金飾。“元日朝會儀”，皇帝服衮冕。

[1]黈（tǒu）纊（kuàng）充耳：所以塞聰，即祭祀時不受外界干擾，但何謂“黈纊充耳”却有不同解釋。元代方回《續古今考》卷二八引如淳曰：“謂以玉爲瑱，用黈纊懸之也。”又引顔師古曰：“如説非也。黈，黄色也；纊，綿也。以黄綿爲丸，用組懸之於冕，垂兩耳傍，示不外聽。非玉瑱之懸也。”

[2]玉簪導：古代冠飾名。即束發用的簪子，玉製。據《通典》卷五七《禮十七·沿革十七·嘉禮二》引，《釋名》云：“簪，建也，所以建冠於後也。亦謂之笄，所以拘冠使不墜也。導以擽鬢，使入巾幘之中。”

[3]宗彝：指天子祭服上所繡虎與蜼的圖像。宗彝常以虎、蜼爲圖飾，因以借稱。蜼，一種長尾猿猴，古人傳説其性孝。

[4]黼（fǔ）、黻（fú）：古代重要的服飾紋樣，是冕服十二章花紋中的兩種紋樣。黼是左黑而右白的斧形圖案，黻是半黑半青。

[5]褾（biǎo）：袖端；衣服上的緄邊。

朝服：乾亨五年聖宗册承天太后，[1]給三品以上法服。雜禮，册承天太后儀，侍中就席，解劍脱履。重熙五年尊號册禮，皇帝服龍衮，北南臣僚並朝服，蓋遼制。會同中，太后、北面臣僚國服；皇帝、南面臣僚漢服。乾亨以後，大禮雖北面三品以上亦用漢服；重熙以後，大禮並漢服矣。常朝仍遵會同之制。

[1]乾亨：遼景宗耶律賢年號（979—983）。聖宗册承天太后蕭綽應在乾亨五年改元統合後。

皇帝通天冠，[1]諸祭還及冬至、朔日受朝、臨軒拜王公、元會、冬會服之。[2]冠加金博山，附蟬十二首，施珠翠。黑介幘，髮纓翠緌，玉若犀簪導。絳紗袍，白紗中單，褾領，朱襈、裾，[3]白裙襦，絳蔽膝，白假帶，方心曲領。其革帶佩劍綬，襪、舄。[4]若未加元服，則雙童髻，空頂黑介幘，雙玉導，加寶飾。“元日上壽儀”，皇帝服通天冠、絳紗袍。

[1]通天冠：這一段文字抄自《舊唐書》卷四五《輿服志》，有訛漏。《舊唐書》原文是：“通天冠，加金博山，附蟬十二首，施珠翠，黑介幘，髮纓翠緌，玉若犀簪導。絳紗裹，白紗中單，領，褾，飾以織成。朱襈、裾，白裙，白裙襦。亦裙衫也。絳紗蔽膝，白假帶，方心曲領。其革帶、珮、劍、綬、襪、舄與上同。若未加元服，則雙童髻，空頂黑介幘，雙玉導，加寶飾。諸祭還及冬至朔日受朝、臨軒拜王公、元會、冬會則服之。”《新唐書》卷二四《車服志》的有關記載，有助於理解《舊唐書》的相關文字：“通天冠者，冬至受朝賀、祭還、燕群臣、養老之服也。二十四梁，附蟬十二首，施珠翠、金博山，黑介幘，組纓翠緌，玉、犀簪導，絳紗袍，朱裹紅羅裳，白紗中單，朱領、褾、襈、裾，白裙、襦，絳紗蔽膝，白羅方心曲領，白韈，黑舄。白假帶，其制垂二條帛，以變祭服之大帶。天子未加元服，以空頂黑介幘，雙童髻，雙玉導，加寶飾。”

[2]元會：皇帝於元旦朝會群臣稱正會，也稱元會。始於漢。魏、晉以降因之。　冬會：立冬的祭祀活動。《續漢志》第八《祭祀》（附見《後漢書》）：“立冬之日，迎冬於北郊，祭黑帝玄冥。車旗服飾皆黑。歌《玄冥》，八佾舞《育命》之舞。”

[3]朱襈（zhuàn）、裾（jū）：【靳注】“朱”原誤作“宋”，據中華點校本改。襈，衣服的邊飾。裾，一種有前後連襟的衣服。

[4]舄（xì）：履，鞋。

皇太子遠遊冠，[1]謁廟還宫、元日、冬至、朔日入朝服之。三梁，冠加金附蟬九首，施珠翠。[2]黑介幘，髮纓翠緌，犀簪導。絳紗袍，白紗中單，皂領、褾、襈、裾，白裙襦，白假帶、方心曲領，絳紗蔽膝。其革帶、劍佩綬、韈、舄與上同，後改用白襪、黑舄。未冠則雙童髻，空頂黑介幘，雙玉導，加寶飾。“册皇太子儀”，皇太子冠遠遊、服絳紗袍。

[1]遠遊冠：古代冠名。據《通典》卷五七《禮典》，遠遊冠係“秦採楚制。楚莊王通梁組纓，似通天冠而無山述，有展筩横之於前”。《晉書》卷二五《輿服志》：“遠遊冠，傅玄云秦冠也。似通天而前無山述，有展筩横於冠前。皇太子及王者後、帝之兄弟、帝之子封郡王者服之。諸王加官者自服其官之冠服，惟太子及王者後常冠焉。太子則以翠羽爲緌，綴以白珠，其餘但青絲而已。”

[2]三梁，冠加金附蟬九首，施珠翠：意思是遠遊冠有三梁，冠加金附蟬九枚，並施以珠翠。

親王遠遊冠，陪祭、朝饗、拜表、大事服之。[1]冠三梁，加金附蟬。黑介幘，青緌導。[2]絳紗單衣，白紗中單，皂領，襈、裾，白裙襦。革帶鉤艓，假帶、曲領方心，絳紗蔽膝，襪、舄，劍佩綬。二品以上同。

[1]拜表：臣下上表的禮儀。據《朱子語類》卷一二八，宋時“進表者先拜卻跪進，其受者亦拜”。

[2]緌導：古代冠飾名。用以束髮。《釋名·釋首飾》云：“簪，建也，所以建冠於髮也……導，所以導擽鬢髮，使入巾幘之裹也。”《新唐書》卷二四《車服志》：“毳冕者，三品之服也。七旒，寶飾

角簪導。"

諸王遠遊冠，三梁，黑介幘，青綏。

三品以上進賢冠，[1]三梁，寶飾。

[1]進賢冠：漢代蔡邕《獨斷》卷下："進賢冠，文官服之，前高七寸，後三寸，長八寸。公侯三梁，卿、大夫、尚書、博士兩梁，千石、六百石以下一梁。漢制禮無文。"

五品以上進賢冠，二梁，金飾。

九品以上進賢冠，一梁，無飾。

七品以上去劍佩綬。

八品以下同公服。[1]

公服："勘箭儀"，閤使公服，繫履。遼國嘗用公服矣。

[1]公服：舊時官吏的制服。《通鑑》卷一三六齊武帝永明四年（486）四月條，胡三省注云："公服，朝廷之服；五等，朱，紫，緋，緑，青。"宋人程大昌《演繁露》卷一二："國初有王易者，著《燕北録》載契丹受諸國聘覲，皆繪畫其人物、冠服，惟新羅使人公服、襆頭，略同唐裝。其正使著窄袖短公服，横烏正與唐制同。其上節亦服紫，同正使，惟襆頭則垂脚。疑唐制以此爲等差，故流傳新羅者如此也。"

皇帝翼善冠，[1]朔視朝用之。柘黃袍，九環帶，白練裙襦，六合鞾。

[1]翼善冠：唐朝皇帝服常服時配戴。宋人李上交《近事會元》卷一："唐太宗貞觀中制翼善冠，朔望視朝以常服及白練裙襦通著之。"

皇太子遠遊冠，五日常朝、元日、冬至受朝服。絳紗單衣，白裙襦，革帶，金鈎䚢，假帶、方心，紛鞶囊，白襪，烏皮履。

一品以下、五品以上，冠幘纓，簪導，謁見東宫及餘公事服之。絳紗單衣，白裙襦，帶鈎䚢，假帶、方心，襪、履，紛鞶囊。

六品以下，冠幘纓，簪導，去紛鞶囊，餘並同。

常服：遼國謂之"穿執"。起居禮，臣僚穿執。言穿鞾、執笏也。

皇帝柘黄袍衫，折上頭巾，九環帶，六合鞾，起自宇文氏。唐太宗貞觀已後，非元日、冬至受朝及大祭祀，皆常服而已。

皇太子進德冠，[1]九琪，金飾，絳紗單衣，白裙襦，白襪，烏皮履。

[1]進德冠：《通雅》卷三六載唐太宗"又制進德冠以賜貴臣，玉璂，制如弁服，以金飾梁，花趺，三品以上加金絡，五品以上附山雲，則是近時之朝冠矣"。

五品以上，襆頭，亦曰折上巾，紫袍，牙笏，金玉帶。文官佩手巾、筭袋、刀子、礪石、金魚袋；武官鞊鞢七事：佩刀、刀子、磨石、契苾真、噦厥、針筒、火石袋，[1]烏皮六合鞾。

六品以下，幞頭，緋衣，木笏，銀帶，銀魚袋佩，鞾同。

八品、九品，幞頭，緑袍，鍮石帶，鞾同。

[1]“武官鞊鞢七事”至“火石袋”：【劉校】據中華點校本校勘記，“‘針筒’原誤‘計筒’，‘火石袋’原誤‘大石袋’。按《新唐書》卷二四《車服志》：‘武官五品以上佩各占跕鞢七事：佩刀、刀子、礪石、契苾真、噦厥、針筒、火石是也。’據改。”今從改。【靳注】鞊（tié）鞢（xiè）七事，係武官品階服制，其稱始見於唐。鞊鞢應指裝配有“古眼”帶銙的腰帶，具有北方少數民族風格。詳參馬冬《“鞊鞢帶”綜論》（《藏學學刊》第5輯，2010）一文。

（李錫厚注　劉鳳翥校）

遼史　卷五七

志第二十六

儀衛志三

符印

遙輦氏之世受印于回鶻。[1]至耶瀾可汗請印於唐，[2]武宗始賜“奉國契丹印”。[3]太祖神册元年，梁幽州刺史來歸，詔賜印綬。[4]是時，太祖受位遙輦十年矣。會同九年，太宗伐晉，末帝表上傳國寶一、金印三，[5]天子符瑞於是歸遼。

[1]回鶻：古代民族名。即回紇。本突厥别部。北魏時稱袁紇，亦曰烏擴、烏紇，至隋稱韋紇。大業元年（605），因反抗突厥的壓迫，與僕固、同羅、拔野古等成立聯盟，總稱回紇。唐天寶三載（744）破東突厥，建政權於今鄂爾渾河流域，有今蒙古高原之地。唐時助平安史之亂，屢尚公主。唐貞元四年（788）自請改稱回鶻。開成五年（840），爲轄戛斯所破，部衆分三支西遷：一支遷吐魯番盆地，稱高昌回鶻或西州回鶻；一支遷葱嶺以西楚河一帶，即葱嶺以西回鶻；一支遷河西走廊，稱河西回鶻。歷五代、遼、金，回鶻

皆嘗入貢。元明時稱畏吾兒。其族在唐時奉摩尼教，宋元以來改奉回教。

[2]耶瀾可汗：契丹遙輦氏時期第七位可汗。

[3]奉國契丹印：據《新唐書》卷二一九《北狄傳·契丹》，受印者是屈戍可汗。“會昌二年，回鶻破，契丹酋屈戍始復内附，拜雲麾將軍、守右武衛將軍，於是幽州節度使張仲武爲易回鶻所與舊印，賜唐新印，曰‘奉國契丹之印’。咸通中，其王習爾之再遣使者入朝，部落寖彊。習爾之死，族人欽德嗣。”《舊唐書》卷一九九下《契丹傳》記載同。《太平寰宇記》卷一九九《契丹》：“會昌二年，幽州節度使張仲武奏契丹新立王屈戍等云：契丹舊用迴紇印，今懇請當道聞奏，乞國家賜印。敕以‘奉國契丹之印’爲文。”《唐會要》卷九六：“會昌二年九月制：‘契丹新立王屈戍，可雲麾將軍、守右武衛將軍、員外同正。’幽州節度使張仲武奏：契丹新立王屈戍等云：‘契丹舊用回鶻印，今懇請當道聞奏，乞國家賜印，伏望聖慈允。’許敕旨宜依，乃以‘奉國契丹之印’爲文。”

[4]印綬：印信和繫印信的絲帶。古人印信上繫有絲帶，佩帶在身，用以表明身份。《舊唐書》卷一七〇《裴度傳》：“帶丞相之印綬，所以尊其名；賜諸侯之斧鉞，所以重其命。”

[5]末帝表上傳國寶一：按末帝即指石重貴。重貴在《舊五代史》稱少帝，《新五代史》作出帝，此是一般稱呼。石重貴（914—964），後晉高祖石敬瑭之侄，後晉末代皇帝，公元942年至946年在位。即位後與契丹交惡，開運三年（946）契丹攻入開封，被俘，後死於建州（治所在今遼寧省朝陽市西南）。

傳國寶，[1]秦始皇作，用藍玉，螭紐。六面，其正面文“受命于天，既壽永昌”，魚鳥篆。子嬰以上漢高祖，王莽篡漢，平皇后投璽殿階，螭角微玷。獻帝失之，孫堅得于井中，傳至孫權，以歸于魏。魏文帝隸刻肩際曰“大魏受漢傳國之寶”。唐更名“受命寶”。晉亡歸遼。自三國以來，僭僞諸國往往模擬私製，歷代府庫所藏不一，莫辨真僞。聖宗開泰十年，馳驛取石晉所上玉璽于中京。[2]興宗重熙七年，以《有傳國寶者爲正統賦》試進士。天祚保大二年，遺傳國璽于桑乾河。[3]

[1]傳國寶：此傳國寶應是後晉製作。《册府元龜》卷五九四《掌禮部·奏議》：“同光末内難作，亂兵犯蹕，寶爲火所灼，文字訛缺。明宗、清泰復傳之。清泰敗，以傳國寶隨身自焚而死，其寶遂亡……天福初，晉高祖以傳國寶爲清泰所焚，特置寶一坐。開運末契丹陷中原，張彦澤入京城，晉主奉表歸命於遼主，遣皇子延煦等奉國寶並命印三面送與遼主，其國寶即天福初所造者也。延煦等回遼主與晉帝詔曰：‘所進國寶，驗來非真傳國寶。其真寶速進來。’晉主奏曰：‘真傳國寶因清泰末僞主從珂以寶自焚，自此亡失。先帝登極之初，特製此寶，左右臣寮備知，固不敢别有藏匿也’。”

[2]中京：稱大定府，故址在今内蒙古自治區寧城縣西北大明鎮。

[3]桑乾河：源出今山西省朔州市朔城區。遼西京大同府近桑乾河上游。

玉印，太宗破晉北歸得于汴宫，[1]藏隨駕庫。[2]穆宗應曆二年詔用太宗舊寶。

[1]汴宫：汴京的宫中。汴京是五代梁、晉、漢、周以及北宋的都城。故址在今河南省開封市。

[2]隨駕庫：契丹是“行國”，皇帝與百姓一樣居無定所，隨

陽遷徙，故有“隨駕庫”，亦即聖宗以後的四時捺鉢藏庫。

御前寶，金鑄，文曰“御前之寶”，以印臣僚宣命。詔書寶，文曰“書詔之寶”，凡書詔批答用之。契丹寶，受契丹册儀，符寶郎捧寶置御坐東。[1]

[1]符寶郎：官名。唐官。據《文獻通考》卷五〇《職官考·門下省》載，“其符節並納於宫中，有行從則請之。郎掌諸進符寶、出納幡節也”。

金印三，[1]晉帝所上，其文未詳。

[1]金印：非帝王用印。據《漢書·百官公卿表》丞相、太尉皆金印紫綬。宋人王楙《野客叢書》卷一一：“唐以金紫、銀青光禄大夫爲階官，此沿漢制金印紫綬、銀印青綬之稱也。”另據《舊唐書》卷一三《德宗本紀下》貞元十年（794）七月“賜南詔異牟尋金印銀窠，其文曰‘貞元册南詔印’”。

皇太后寶，制未詳。天顯二年應天皇太后稱制，[1]群臣上璽綬。册承天皇太后儀，符寶郎奉寶置皇太后坐右。

[1]天顯二年應天皇太后稱制：按，此處“二年”應作“元年”，據本書卷三《太宗本紀》：“天顯元年七月，太祖崩，皇后攝軍國事。明年秋，治祖陵畢。冬十一月壬戌，人皇王倍率群臣請於后曰：‘皇子大元帥勳望，中外攸屬，宜承大統。’后從之，是日即皇帝位。”“十二月庚辰，尊皇太后爲太皇太后，皇后爲應天皇太

后。”是應天皇后稱制、攝軍國事在德光即位之先，亦在其被册爲皇太后之先。中華點校本將本條之“應天皇后”改作“應天皇太后”，非是。

皇后印，文曰“皇后教印”。

皇太子寶，未詳其制。重熙九年册皇太子儀，中書令授皇太子寶。[1]

[1]中書令：官名。中書省的長官。隋、唐以中書令、侍中、尚書令俱爲宰相，但僅存虚名，而以他官之同中書門下平章事者爲宰相之職。遼之中書令亦屬授予勳望卓著者的加官。

印

吏部印，文曰“吏部之印”，銀鑄，以印文官制誥。

兵部印，文曰“兵部之印”，銀鑄，以印軍職制誥。[1]

契丹樞密院、契丹諸行軍部署、漢人樞密院、中書省、漢人諸行宫都部署印，[2]並銀鑄。文不過六字以上，以銀朱爲色。

南北王以下内外百司印，並銅鑄，以黄丹爲色，諸税務以赤石爲色。

杓窊印，[3]杓窊，鷙鳥之總名，以爲印紐，取疾速之義。行軍詔賜將帥用之。道宗賜耶律仁先鷹紐印，[4]即此。

[1]以印軍職制誥：【劉校】據中華修訂本校勘記，“以”字原

闕，據明抄本、南監本、北監本、殿本補。中華點校本徑改。今從改。

[2]契丹諸行軍部署：此官署名僅此一見，應是“契丹諸行宮都部署”之誤。

[3]杓窊印：印紐刻成鷙鳥形的印。

[4]耶律仁先（1012—1072）：契丹皇族。孟父房之後。字糺鄰，小字查剌。重熙三年（1034），補護衛。十一年，升北院樞密副使。與劉六符使宋，定議增歲幣。既還，同知南京留守事。十八年，再舉伐夏，仁先與皇太弟重元爲前鋒。清寧初，爲南院樞密使。九年（1063），重元謀逆，仁先受命討賊。事後，加尚父，進封宋王，爲北院樞密使。本書卷九六有傳。

符契

自大賀氏八部用兵，則合契而動，不過刻木爲牉合。太祖受命，易以金魚。

金魚符七枚，黄金鑄，長六寸，各有字號，每魚左右判合之。有事，以左半先授守將，使者執右半，大小、長短、字號合同，然後發兵。事訖，歸于内府。

銀牌二百面，長尺，刻以國字，文曰“宜速”，又曰“敕走馬”牌。[1]國有重事，皇帝以牌親授使者，手劄給驛馬若干。驛馬闕，取它馬代。法，晝夜馳七百里，其次五百里。所至如天子親臨，須索更易，無敢違者。使回，皇帝親受之，手封牌印郎君收掌。[2]

[1]“敕走馬”牌：即銀牌，本唐制，遼宋因之。《文獻通考》卷一一五《王禮考》：“銀牌：唐制，差發驛遣使，則門下省給傳符以通天下之信。宋符券皆樞密院主之，舊有銀牌，以給乘驛者，潤

一寸半、長五寸，面刻隸字曰‘勑走馬銀牌’凡五字，首爲竅貫以革帶。其後罷之，樞密院給券，謂之‘頭子’。太平興國三年李飛雄詐乘驛謀亂伏誅，遂罷樞密院券，别製新牌。”

[2]牌印郎君：契丹官名。屬北面著帳官。遼在著帳郎君院下設牌印局，有牌印郎君，掌符牌印信的收藏。

木契，[1]正面爲陽，背面爲陰，閤門喚仗則用之。[2]朝賀之禮，宣徽使請陽面木契，下殿至于殿門，[3]以契授西上閤門使云："授契行勘。"[4]勘契官聲喏，跪受契，舉手勘契同，俛興，鞠躬，奏"内外勘契同"。閤門使云："准勑勘契，行勘。"勘契官執陰面木契聲喏，平身立，少退近後，引聲云："軍將門仗官！"齊聲喏。勘契官云："内出喚仗木契一隻，准勑付左右金吾仗行勘。"勘契官云："合不合？"門仗官云："合。"凡再。勘契官云："同不同？"門仗官云："同。"亦再。勘契官近前鞠躬，奏："勘官左金吾引駕仗、勾畫都知某官某，對御勘同。"平身，少退近後，右手舉契云："其契謹付閤門使進入。"閤門使引聲喏，門仗官下聲喏。勘契官跪以契授，閤門使上殿納契，宣徽使受契。閤門使下殿，奉勑喚仗。

[1]木契：木製的符信或憑證。《舊唐書》卷四三《職官志二》云："木契所以重鎮守、慎出納。"契分雌、雄，各執其一，合而後放行。顧炎武《日知録》卷三二《雌雄牝牡》云："符契亦可稱雌雄。《隋書·高祖紀》：頒木魚符於總管、刺史，雌一、雄一。《唐六典》：太府寺置木契九十五隻，雄付少府將作監，雌留太府寺是也。"

[2]唤仗：召唤儀仗至皇帝所在的便殿。宋人高似孫《緯略》卷七“入閤”有載：“唐故事，天子日御殿見群臣，曰‘常參’。朔望薦食諸陵寢，有思慕之心，不能臨前殿，則御便殿見群臣，曰‘入閤’。宣政，前殿也，謂之‘衙’，衙有仗；紫宸，便殿也，謂之‘入閤’，其不御前殿而御紫宸也，迺自正衙唤仗。”

[3]宣徽使：遼朝官名。遼設北、南宣徽，分隸北、南樞密院之下。宣徽北院使常執行軍事使命。此外，宣徽使還掌領朝會、宴饗、禮儀、祭祀及御前祇應之事。

[4]閤門使：官名。即古者擯相之職。唐末、五代凡取稟旨命、供奉乘與、朝會游宴及贊導三公、群臣、蕃國朝見、辭謝，糾彈失儀之事，由閤門使、副掌管。閤門使多以處武臣。參見《文獻通考·職官十二》。

木箭，内箭爲雄，外箭爲雌，皇帝行幸則用之。還宫，勘箭官執雌箭，東上閤門使執雄箭，如勘契之儀，詳具《禮儀志》。

（李錫厚注　劉鳳翥校）

遼史　卷五八

志第二十七

儀衛志四

儀仗[1]

帝王處則重門擊柝，[2]出則以師兵爲營衛，勞人動衆，豈得已哉。天下大患生於大欲，不得不遠慮深防耳。智英勇傑、魁臣雄藩於是乎在，寓武備於文物之中，此儀仗所由設也。

金吾、黄麾六軍之仗，[3]遼受之晉，晉受之後唐，後唐受之梁、唐，其來也有自。耶律儼、陳大任舊《志》有未備者，[4]兼考之《遼朝雜禮》云。[5]

[1]儀仗：【劉校】據中華點校本校勘記，“原脱此目。按本《志》總序：‘考遼所有輿服、符璽、儀仗，作《儀衛志》。’前此既有‘輿服’‘符印’兩目，據補”。今從。

[2]重門擊柝：意思是設置重重門户，并派更夫巡夜，以嚴加防範。語出《周易·繫辭》：“重門擊柝，以待暴客。”

［3］金吾、黄麾六軍之仗：即左右金吾衛軍士設的黄麾仗。唐制禁軍有十六衛，計左右衛、左右驍衛、左右武衛、左右威衛、左右領軍衛、左右金吾衛、左右監門衛和左右千牛衛。下六衛皆是拱衛京師的軍隊，是天子的軍隊，故都稱“六軍”。《唐六典·尚書禮部》：“凡元日大陳設於太極殿，皇帝衮冕臨軒，展宮縣之樂，陳歷代寶玉、輿輅，備黄麾仗。”《通典·禮典·皇帝拜陵》：“拜謁日，未明五刻諸衛量設黄麾仗於陵寢陳布（注：其陵寢舊宿衛人，各依本職掌，不得移動）。”是諸衛都可被用來設黄麾仗，故遼有“金吾黄麾六軍之仗”説。

［4］耶律儼（？—1113）：析津（今北京市）人。字若思，本姓李氏。咸雍進士。壽昌初，授樞密直學士。拜參知政事。修《皇朝實録》七十卷。本書卷九八有傳。　陳大任：金人。曾參與纂修《遼史》。金初纂修《遼史》，此事先由廣寧尹耶律固承擔。未及成書，耶律固先亡，於是又由其門人蕭永祺續成。這部《遼史》有紀三十卷，志五卷和傳四十卷，紀、傳卷數與今本元修《遼史》相同。書成後，未曾刊行。後至章宗時期，先後有移剌履、賈鉉、黨懷英及蕭貢等人參與刊修，至泰和七年（1207）由陳大任完成，但亦未刊行。金亡後，蕭永祺《遼史》稿本已散佚無存，陳大任《遼史》稿本也均已殘缺不全。

［5］《遼朝雜禮》：書名。原書今已不存，但《遼史》禮、樂、儀衛諸志多取材於是書。

國仗

王通氏言，[1]舜歲徧四岳，[2]民不告勞，營衛省、徵求寡耳。遼太祖匹馬一麾，斥地萬里，經營四方，未嘗寧居，所至樂從，用此道也。太宗兼制中國，秦皇、漢武之儀文日至，後嗣因之。旄頭豹尾馳驅五京之間，[3]終歲勤動，轍迹相尋，民勞財匱，此之故歟。[4]

[1]王通：隋朝學者。宋人對其學問多持否定評價。宋人徐積《節孝語録》："王通一見隋煬帝，陳十七策，弟子編爲三卷。文帝不用，退而作《皇極之歌》，此自取亡宗赤族有餘，擬法《論語》，何足道哉。"《朱子語類》卷一三七："正如梅聖俞説歐陽永叔，它自要做韓退之，却將我來比孟郊。王通便是如此。它自要做孔夫子，便胡亂捉別人來爲聖、爲賢，殊不知秦漢以下君臣人物，斤兩已定，你如何能加重？《中説》一書固是後人假託，非王通自著，然畢竟是王通平生好自誇大，續《詩》、續《書》，紛紛述作，所以起後人假託之過。後世子孫見他學周公、孔子學不成，都冷淡了。"

[2]四岳：東岳泰山、西岳華山、南岳衡山、北岳恒山的總稱。《詩經·大雅·崧高》："崧高維岳。"毛傳："岳，四岳也。東岳，岱；南岳，衡；西岳，華；北岳，恒。"

[3]旄頭豹尾：皇帝出行的前導。《通雅》卷四六《動物》："古以熊配虎爲旗，又執罼者冠熊謂之旄頭。乘輿之出，則前旄頭而後豹尾，以熊出而不迷，豹往而能返也。"後世又以旄頭豹尾爲軍隊的前導。元代黄溍《文獻集》卷一〇上《安慶武襄王神道碑》："身屬櫜鞬，取彼叛王；旄頭豹尾，凱旋京闕。" 五京：上京臨潢府（今内蒙古自治區巴林左旗林東鎮）、中京大定府（今内蒙古自治區寧城縣大明鎮）、東京遼陽府（今遼寧省遼陽市）、南京析津府（今北京市）和西京大同府（今山西省大同市）。

[4]此之故歟：【劉校】"之故"原作"故之以"，中華修訂本據《永樂大典》卷七七七〇二引《遼史·儀衛志》及明抄本、南監本、北監本、殿本改。中華點校本徑改。今從改。

遼自大賀氏摩會受唐鼓纛之賜，[1]是爲國仗。其制甚簡，太宗伐唐、晉以前，所用皆是物也。著于篇首，以見艱難創業之主，豈必厚衛其身云。

十二神纛，
十二旗，
十二鼓，
曲柄華蓋，
直柄華蓋。

遙輦末主遺制：[2]迎十二神纛、天子旗鼓置太祖帳前。諸弟剌哥等叛，匀德實縱火焚行宮，[3]皇后命曷古魯救之，[4]止得天子旗鼓。太宗即位，置旗鼓、神纛于殿前。聖宗以輕車儀衛拜帝山。[5]

[1]大賀氏摩會受唐鼓纛之賜：《新唐書》卷二一九《北狄傳》載："貞觀二年，摩會來降……明年，摩會復入朝，賜鼓纛，由是有常貢。"

[2]遙輦末主：即痕德菫（亦作"欽德"）可汗。

[3]匀德實縱火焚行宮：此說有誤。匀德實爲遼太祖耶律阿保機祖父，廟號玄祖，重熙二十一年（1052）七月追封。本書卷五九《食貨志》載："匀德實爲大迭烈府夷离菫，喜稼穡，善畜牧，相地利以教民耕。"縱火焚行宮的不可能是匀德實，當是參與叛亂的阿保機四弟寅底石。據本書卷一《太祖本紀上》，叛亂中，"剌葛遣其黨寅底石引兵徑趨行宮，焚其輜重、廬帳，縱兵大殺。皇后急遣蜀古魯救之，僅得天子旗鼓而已"。

[4]曷古魯：當即蜀古魯。

[5]拜帝山：拜木葉山。

渤海仗

天顯四年太宗幸遼陽府，人皇王備乘輿羽衛以迎。[1]乾亨五年聖宗東巡，[2]東京留守具儀衛迎車駕。此故渤海儀衛也。

［1］人皇王：即遼太祖耶律阿保機長子倍。契丹名圖欲（突欲，898—936），生母爲淳欽皇后述律氏。天顯元年（926），阿保機滅渤海建東丹國，突欲被册爲人皇王，主東丹國政。據其傳載“神册元年春立爲皇太子”。阿保機死後，其母述律氏立德光，突欲被迫浮海投奔後唐。後唐明宗賜其姓名李贊華。清泰三年（遼天顯十一年，936）石敬瑭率軍攻入洛陽，後唐末帝李從珂約倍與之同死，倍不從，遇害。本書卷七二有傳。

［2］聖宗東巡：遼聖宗於乾亨四年（982）即位，五年四月“幸東京”，六月辛卯改元統和，但《遼史》記載則以本年開始爲統和元年。

漢仗

大賀失活入朝于唐，[1]娑固兄弟繼之尚主、封王，[2]飫觀上國。開元東封邵固扈從，[3]又覽太平之盛，自是朝貢歲至于唐。遼始祖涅里立遥輦氏，世爲國相，目見耳聞，歆企帝王之容輝有年矣。遥輦致鼓纛於太祖帳前，曾何足以副其雄心霸氣之所睥睨哉。厥後交梁聘唐，不憚勞勩。至於太宗，立晉以要册禮，[4]入汴而收法物，[5]然後累世之所願欲者，一舉而得之。太原擅命，[6]力非不敵，席捲法物，先致中京，[7]蹝棄山河，不少顧慮，志可知矣。於是秦、漢以來帝王文物盡入于遼；周、宋按圖更製，乃非故物。遼之所重，此其大端，故特著焉。

［1］失活：唐開元二年（714），李盡忠族弟失活率契丹各部脱

離突厥，復歸唐，唐朝設置松漠府，並以失活爲都督，封松漠郡王，以永樂公主妻之，仍以其府置静析軍，以失活爲經略大使，統率八部。

［2］娑固：開元六年（718）李失活卒，其弟娑固襲封，統率契丹諸部。次年，娑固入朝，静析軍副使可突于乘機奪得統率權。娑固返回松漠之後不久，即被可突于驅逐到營州，旋即戰死。

［3］開元東封：據《舊唐書》卷八《玄宗本紀》，事在開元十三年（725）冬十月“辛酉，東封泰山，發自東都。十一月丙戌，至兖州岱宗頓……庚寅，祀昊天上帝於上壇，有司祀五帝百神于下壇。禮畢，藏玉册於封祀壇之石磩。然後燔柴”。

［4］立晉以要册禮：遼天顯十一年（後唐清泰三年，936）十一月，耶律德光册石敬瑭“爲大晉皇帝，約爲父子之國”。會同三年（940），德光至燕京，備法駕，入自拱辰門。《通鑑》卷二八一後晉高祖天福三年（938）八月載：“帝上尊號於契丹主及太后，戊寅，以馮道爲太后册禮使（《考異》曰：《周世宗實録·馮道傳》云：‘虜遣使加徽號於晉祖，晉亦獻徽號於虜。始命兵部尚書王權銜其命，權辭以老病。晉祖謂道曰：“此行非卿不可。”道無難色。’按《晉高祖實録》：‘天福三年八月戊寅，道爲契丹太后册禮使。十月戊寅，北朝命使上帝徽號。戊子，王權以不受北狄使，停任。’《周世宗實録》誤也）。左僕射劉煦爲契丹主册禮使，備鹵簿、儀仗、車輅，詣契丹行禮，契丹主大悦。”

［5］入汴而收法物：滅晉後，契丹掠奪汴京法物北返。《通鑑》卷二八六後漢高祖天福十二年（947）四月載：“契丹主以船數十艘載晉鎧仗，將自汴溯河歸其國。”

［6］太原擅命：指劉知遠在太原建立後漢政權。劉知遠（894—948），後晉天福間爲鄴都留守，後拜河東節度使、北京（今山西省太原市）留守。出帝即位，封北平王。開運四年（947）初，契丹滅後晉，同年二月，稱帝。六月至汴京，改國號漢。

［7］中京：即鎮州。又稱鎮陽，治所在今河北省正定縣。本書

卷四《太宗本紀下》大同元年（947）“二月丁巳朔，建國號大遼，大赦，改元大同。升鎮州爲中京”。另據《舊五代史》卷一二四《何福進傳》：“屬契丹陷中原，令中朝文武臣僚凡數十人隨帳北歸，時福進預其行。行次鎮州，聞北主已斃，其黨尚據鎮陽，遂與李筠、白再榮之儔合謀力戰，盡逐契丹，據有鎮陽。”

太宗會同元年晉使馮道備車輅法物上皇太后册禮，[1]劉昫、盧重備禮上皇帝尊號。[2]三年上在薊州觀《導駕儀衛圖》，[3]遂備法駕幸燕，[4]御元和殿行入閤禮。[5]六年備法駕幸燕，迎導御元和殿。

[1]法物：古代帝王用於儀仗、祭祀能代表其身份的器物。《史記》卷二五《律書》：“王者制事立法，物度軌則，壹稟於六律。六律爲萬事根本焉。”法物最重要的特性是必須合律、中度。《長編》卷七乾德四年（966）五月甲戌：“先是，上遣右拾遺孫逢吉（逢吉，未見）。至成都收僞蜀圖書法物。乙亥，逢吉還，所上法物皆不中度，悉命焚毁，圖書付史館。”

[2]劉昫（888—947）：涿州（今屬河北省）人。後唐明宗時拜相。後晉天福初，爲東都留守，判河南府事。曾奉使契丹。開運初復拜相。契丹德光陷汴京，仍舊以昫爲宰相。同年以病卒。【劉校】原作“劉煦”，據《新五代史》卷四三《劉昫傳》改。

[3]薊州：治所在今天津市薊州區。

[4]法駕：天子出行時的羽儀導從。契丹原無禮樂制度，當然也就没有這些代表天子身份的“法駕”。這是馮道等人自後晉帶來爲德光及述律太后上尊號用的，德光從此感受到這些法物的重要作用。德光至燕京，備法駕，入自拱辰門，在這套儀衛導引下進入燕京大内。

[5]入閤禮：這是自唐末以來皇帝見群臣最隆重的禮儀。據宋

人宋敏求《春明退朝録》卷中："唐日御宣政［殿］，設殿中細仗、兵部旂旛等於廷，朝官退皆賜食。自開元後，朔望宗廟上牙槃食，明皇意欲避正殿，遂御紫宸殿，喚仗入閤門，遂有入閤之制，在唐時殊不爲盛禮。唐末常御殿，更無仗，遇朔望特設之，趨朝者乃給廊下食，所以鄭谷輩多形於詩詠嘆美，而五代行之不絕。"

大同元年正月朔，備法駕至汴，上御崇元殿受文武百僚朝賀，自是日以爲常。二月朔上御崇元殿，備禮受朝賀。三月將幸中京鎮陽，[1]詔收鹵簿法物，委所司押領先往。未幾鎮陽入漢，鹵簿法物隨世宗歸于上京。四月皇太弟李胡遣使問軍事，[2]上報曰，朝會起居如禮。是月太宗崩，世宗即位，鹵簿法物備而不御。

[1]中京鎮陽：【劉校】據中華點校本校勘記，依本書卷四《太宗本紀下》，大同元年（947）二月，遼升鎮州爲中京。"鎮陽"應作"鎮州"。

[2]李胡（912—960）：阿保機第三子。一名洪古，字奚隱。爲其母述律氏所鍾愛。太宗即位後，天顯五年（930）立爲皇太弟，兼天下兵馬大元帥。太宗死後，應天皇太后反對世宗兀欲而欲立李胡，失敗，母子被囚。穆宗時因參與其子喜隱謀反事而下獄死。興宗時，更謚"章肅皇帝"。本書卷七二有傳。

穆宗應曆元年詔："朝會依嗣聖皇帝故事，[1]用漢禮。"[2]

[1]嗣聖皇帝：遼太宗耶律德光的尊號。

［2］漢禮：本書卷四九《禮志一》稱："太宗克晉，稍用漢禮。"其實在此以前，會同三年（940）四月行入閤禮，即已經採用漢禮。

景宗乾亨五年二月，神柩升轀輬車，[1]具鹵簿儀衛。[2]六月聖宗至上京，留守具法駕迎導。

聖宗統和元年車駕還上京，迎導儀衛如式。三年駕幸上京，留守具儀衛奉迎。四年燕京留守具儀衛導駕入京，上御元和殿，百僚朝賀。是後，儀衛常事，史不復書。

［1］神柩：【靳注】靈柩。對棺柩的尊稱。漢代蔡邕《濟北相崔君夫人誄》："既殯神柩，薄言于歸，宰冢喪儀，循禮無遺。"

［2］鹵簿：禮制儀仗名。帝王、皇親貴族、諸侯、大臣等出行時所用的儀仗、侍衛，兼作護衛。始自秦漢時期。漢代蔡邕《獨斷》卷下謂："天子出，車駕次第謂之鹵簿。有大駕，有小駕，有法駕。大駕則公卿奉引，大將軍參乘，太僕御。屬車八十一乘，備千乘萬騎。在長安時出祠天於甘泉備之，百官有其儀注，名曰'甘泉鹵簿'。中興以來，希用之。先帝時，時備大駕。上原陵也，不常用，唯遭大喪乃施之。法駕，公卿不在鹵簿。"

鹵簿儀仗人數馬匹

步行擎執二千四百一十二人，坐馬擎執二百七十五人，坐馬樂人二百七十三人，步行教坊人七十一人，御馬牽攏官五十二人，御馬二十六匹，官僚馬牽攏官六十六人，坐馬挂甲人五百九十八人，步行挂甲人百六十人，金甲二人，神輿十二人，長壽仙一人，諸職官等三百五人，内侍一人，引稍押衙二人，[1]赤縣令一人，[2]府牧一人，府吏二人，少尹一人，司録一人，功曹一人，太常少卿一人，太常丞一人，太常博士一人，司徒一人，太僕卿一人，鴻臚卿一人，大理卿一人，御史大夫一人，侍御史二人，[3]殿中侍御史二人，監察御史一人，兵部尚書一人，[4]兵部侍郎一人，兵部郎中一人，兵部員外郎一人，符寶郎一人，左右諸衛將軍三十五人，左右諸折衝二十一人，左右諸果毅二十八人，尚乘奉御二人，排仗承直二人，左右夾騎二人，都頭六人，主帥一十四人，教坊司差，押纛二人，左右金吾四人，虞候佽飛一十六人，鼓吹令二人，漏刻生二人，押當官一人，司天監一人，令史一人，司辰一人，統軍六人，千牛備身二人，左右親勳二人，左右郎將四人，左右拾遺二人，左右補闕二人，起居舍人一人，左右諫議大夫二人，給事中、[中]書舍人二人，[5]左右散騎常侍二人，門下侍郎二人，中書侍郎二人，鳴鞭二人内侍内差，侍中一人，中書令一人，[6]監門校尉二人，排列官二人，武衛隊正一人，隨駕諸司供奉官三十人，三班供奉官六十人，通事舍人四人，御史中丞二人，乘黄丞二人，都尉一人，太僕卿一人，步行太卜令一人。職官乘馬三百四匹，進馬四匹，駕車馬二十八匹。人之數凡四千二百三十有九，馬之數凡千五百二十。

得諸本朝太常卿徐世隆家藏《遼朝雜禮》者如是。至於儀注之詳，不敢傅會云。

［1］引稍押衙：軍官名。宋人吳曾《能改齋漫録》卷三《牙門》："唐《資暇集》亦云，武職有'押衙'之目，'衙'宜作'牙'，非押衙府也，蓋押衙旗者。按《兵書》云，牙旗者，將軍之旌，故豎於門，史傳咸作牙門。"引稍押衙當是在儀仗隊中押牙旗者。

［2］赤縣令：官名。赤縣的長官。《通典·職官典》："大唐縣有赤、畿、望、緊、上、中、下七等之差。"注："京都所治爲赤縣，京之旁邑爲畿縣，其餘則以户口多少、資地美惡爲差。"遼襲唐制。【靳注】唐制以縣治与京都三府（京兆府、河南府、太原府）府治同城的縣爲赤縣。京兆府所屬有長安、萬年二縣，河南府所屬有河南、洛陽二縣，太原府所屬有太原、晉陽二縣，共爲六縣。赤縣令掌赤縣之政令，員額各一人，秩正五品上，高於一般縣令。

［3］侍御史：官名。掌糾舉百僚，推鞫獄訟。《後漢書》卷一〇《匽皇后紀》李賢注引《漢官儀》曰："侍御史在左駕馬，詢問不法者。今儀車駕故以侍御史監護焉。"

［4］兵部尚書：官名。據《通典·職官典》，唐兵部尚書"掌武官選舉、總判兵部、職方、駕部、庫部事"。後多以兵部尚書同中書門下平章事，並不具有軍權。遼的軍政大權歸北、南樞密院。鹵簿儀仗中的兵部尚書、中書令等，應是假扮。整個龐大隊伍，都與遼的職官體系無關，純屬表演性質。

［5］給事中、［中］書舍人二人：此處原本闕一"中"字，給事中、中書舍人皆唐官名。【劉校】據中華點校本校勘記，依本書卷四七《百官志三》，應作"給事中、中書舍人二人"。

［6］中書侍郎：官名。據本書卷四七《百官志》，遼中書省置中書侍郎。品秩、職掌未詳。《唐六典·中書省》置中書侍郎二人，正四品上。作爲中書令之副職，凡邦國之庶務、朝廷之大政，皆參議焉。凡臨軒册命大臣，令爲之使，則持册書以授之。若自内册，則以册書授使者；册后，則奉琮璽及綬；册太子則奉璽，皆以授使者。凡四夷來朝，臨軒則授其表疏，升於西階而奏之。若獻贄幣則受之，以授於所司。宋承唐制，以同中書門下平章事爲宰相。　中

書令：官名。中書省的長官。隋、唐以中書令、侍中、尚書令俱爲宰相，但僅存虛名，而以他官之同中書門下平章事者爲宰相之職。遼之中書令亦屬授予勳望卓著者的加官。

（李錫厚注　劉鳳翥校）

遼史　卷五九

志第二十八

食貨志上

契丹舊俗，其富以馬，[1]其彊以兵。縱馬於野，弛兵於民，有事而戰，彍騎介夫，[2]卯命辰集。馬逐水草，人仰湩酪，挽強射生，以給日用。糗糧芻茭道在是矣，[3]以是制勝，所向無前。

[1]其富以馬：因養馬而富足。《魏書》卷一〇〇《契丹傳》："真君以來，求朝獻，歲貢名馬。"

[2]彍騎介夫：《舊唐書》卷一九九下《北狄契丹傳》："逐獵往來，居無常處。其君長姓大賀氏。勝兵四萬三千人，分爲八部，若有徵發，諸部皆須議合。不得獨舉。獵則別部，戰則同行。"

[3]糗糧芻茭道在是矣：本書卷三四《兵衛志上》："人馬不給糧草，日遣打草穀騎四出抄掠以供之。"《通鑑》卷二八六後漢天福十二年（947）載："趙延壽請給上國兵廩食，契丹主曰：'吾國無此法。'乃縱胡騎四出，以牧馬爲名，分番剽掠，謂之'打草穀'。"《新五代史》卷七二《四夷附録第一》亦載："胡兵人馬不

給糧草，遣數千騎分出四野，劫掠人民，號爲‘打草穀’，東西二三千里之間，民被其毒，遠近怨嗟。”當時洛陽、開封之間及附近鄭、滑、曹、濮等州郡數百里範圍内百姓的牲畜及其他財物被掠奪一空。

及其有國，内建宗廟朝廷，外置郡縣牧守，制度日增，經費日廣，上下相師，服御浸盛，而食貨之用斯爲急矣。於是五京及長春、遼西、平州，置鹽鐵、轉運、度支、錢帛諸司以掌出納。[1]其制、數、差等雖不可悉，而大要散見舊史。若農穀、租賦、鹽鐵、貿易、坑冶、泉幣、群牧，[2]逐類採摭，緝而爲篇，以存一代食貨之略。

[1]五京：分别指上京臨潢府（今内蒙古自治區巴林左旗林東鎮）、中京大定府（今内蒙古自治區寧城縣大明鎮）、東京遼陽府（今遼寧省遼陽市）、南京析津府（今北京市）和西京大同府（今山西省大同市）。　長春：州名。治所在今吉林省前郭爾羅斯蒙古族自治縣西北部松花江畔的塔虎城。《武經總要》前集卷一六下《戎狄舊地》長春州，“契丹國舊地，仍曰昭陽軍，亦爲罪讁者配隸之所。北至黄龍府百里，東北至龍化州四百里，南至徽州三百五十里，西至新州四百里，西北至上京二百里”。　平州：唐置，治所在盧龍（今屬河北省）。

[2]群牧：契丹管理畜群的專門機構。諸路設群牧使司，下設某群太保、某群侍中、某群敞史；朝廷設總典群牧使司，有總典群牧部籍使、群牧都林牙。以“群”爲單位設某群牧司，設群牧使、群牧副使。此外，還有衹管理馬及牛群的機構。遼亡之後，金稱契丹群牧爲“烏魯古”。

初，皇祖匀德實爲大迭烈府夷离堇，[1]喜稼穡，善畜牧，相地利以教民耕。仲父述瀾爲于越，[2]飭國人樹桑麻，習組織。太祖平諸弟之亂，[3]弭兵輕賦，專意於農。嘗以户口滋繁，糺轄疎遠，分北大濃兀爲二部，[4]程以樹藝，諸部效之。

[1]匀德實：遼太祖耶律阿保機祖父。廟號玄祖，重熙二十一年（1052）七月追封。　大迭烈府：即迭剌部之府。　夷离堇：原爲突厥語官名。音 Irkin，亦譯爲“俟斤”。突厥各部的最高元首稱“可汗”（Qaghan），其他各部酋長則稱爲“俟斤”。初，契丹“其君大賀氏，有勝兵四萬，臣於突厥，以爲俟斤”（《新唐書》卷二一九《契丹傳》）。後，契丹首領自立爲可汗，其下所屬各部酋長則稱爲“俟斤”，亦即夷离堇。契丹立國後，大部族之夷离堇稱王，小部族之夷离堇則稱爲節度使。舉凡一部之軍政、民政皆由其統掌。參韓儒林《穹廬集》（第 314—316 頁）。

[2]述瀾：即釋魯。玄祖匀德實第三子，阿保機的伯父。據本書卷六四《皇子表》：賢而有智，爲迭剌部于越時教民種樹桑麻。年五十七，爲子滑哥所弑。重熙中追封爲隋國王。

[3]諸弟之亂：阿保機之弟剌葛、迭剌寅底石、安端等謀反，事情發生在阿保機即汗位之第五年，即後梁乾化元年（911），經三年多纔平定。剌葛，在阿保機兄弟中排行第二，關於他與諸弟謀作亂事，《通鑑》卷二七〇後梁均王貞明四年（918）十二月於事後追述：“初，契丹主之弟撒剌阿撥號北大王，謀作亂於其國。事覺，契丹主數之曰：‘汝與吾如手足，而汝興此心，我若殺汝，則與汝何異！’乃囚之期年而釋之。撒剌阿撥帥其衆奔晉，晉王厚遇之，養爲假子，任爲刺史。”貞明四年，晉軍渡河攻汴州，與梁戰於胡柳，失利，撒剌攜妻子奔梁。另據本書卷六四《皇子表》，剌葛後南竄。所謂“撒剌阿撥”可能就是剌葛，爲後唐莊宗李存勗所殺。

《通鑑》卷二七二後唐莊宗同光元年（923）冬十月詔："契丹撒剌阿撥叛兄棄母，負恩背國，宜與［趙］巖等並誅於市。"迭剌，阿保機弟，排行第三。聰明過人，是契丹小字的創製者。曾參與其兄剌葛謀反。寅底石，阿保機之弟，字阿辛，排行第四，參與叛亂，太祖釋之，封許國王。太祖命輔東丹王，淳欽皇后遣司徒劃沙殺於路。安端，在阿保機兄弟中排行第五，也曾參與謀反。世宗天禄初，賜號"明王"，成爲東丹國的統治者。

[4]分北大濃兀爲二部：據本書卷三四《兵衛志上》載："天贊元年，以户口滋繁，糺轄疏遠，分北大濃兀爲二部，立兩節度使以統之。"

太宗會同初將東獵，[1]三剋奏減輜重，疾趨北山取物，以備國用，無害農務。尋詔有司勸農桑、教紡績。以烏古之地水草豐美，[2]命甌昆石烈居之，[3]益以海勒水之善地爲農田。[4]三年，詔以諧里河、臚朐河近地，[5]賜南院歐堇突呂、乙斯勃、北院温納河剌三石烈人，[6]以事耕種。八年，駐蹕赤山，[7]宴從臣，問軍國要務。左右對曰："軍國之務，愛民爲本。民富則兵足，兵足則國彊。"上深然之。是年，詔徵諸道兵，[8]仍戒敢有傷禾稼者以軍法論。

[1]東獵：會同元年（938）二月丁酉，遼太宗獵松山。松山在今内蒙古自治區赤峰市松山區。

[2]烏古：部族名。又稱嫗厥律、于厥律，居契丹西北。

[3]石烈：契丹部族組織，是構成部族的小單位。

[4]海勒水：河名。即今内蒙古自治區東部的海拉爾河。

[5]臚朐河：今黑龍江支流。據《水道提綱》卷二五："克魯倫

河即臚朐河，源出肯忒山東南百餘里支峰西南麓。”

[6]南院、北院：契丹部族名。天贊元年（922），以迭剌部強大難制，析五石烈爲五院，六爪爲六院，各置夷离堇。會同元年（938），更夷离堇爲大王，部隸北府，以鎮南境。五院部又稱南院，六院部又稱北院。

[7]赤山：今内蒙古自治區赤峰市境内紅山。

[8]徵諸道兵：此事應在會同七年（945）年末。會同七年“閏月己巳朔，閱諸道兵於温榆河。己卯，圍恒州，下其九縣。八年春正月庚子，分兵攻邢、洺、磁三州，殺掠殆盡。入鄴都境”。

應曆間雲州進嘉禾，[1]時謂重農所召。保寧七年漢有宋兵，[2]使來乞糧，詔賜粟二十萬斛助之。非經費有餘，其能若是？

[1]雲州：治所在今山西省大同市。

[2]漢有宋兵：宋兵進入北漢是在保寧八年（976），非七年。據本書卷八《景宗本紀上》，保寧八年九月“壬午，漢爲宋人所侵，遣使求援，命南府宰相耶律沙、冀王敵烈赴之。戊子，漢以宋師壓境，遣駙馬都尉盧俊來告”。

聖宗乾亨五年詔曰：“五稼不登，開帑藏而代民税；螟蝗爲災，罷徭役以恤饑貧。”[1]統和三年帝嘗過藁城，[2]見乙室奥隗部下婦人迪輦等黍過熟未獲，[3]遣人助刈。太師韓德讓言，[4]兵後逋民棄業，禾稼棲畝，募人獲之，以半給獲者。政事令室昉亦言，[5]山西諸州給軍興，民力凋敝，[6]田穀多躪於邊兵，請復今年租。六年霜旱，災民饑，詔：三司，舊以税錢折粟，估價不實，其增以利民。又徙吉避寨居民三百户于檀、順、薊三州，[7]擇沃壤，給牛、種穀。十三年詔諸道置義倉。[8]歲秋社民隨所獲，户出粟庤倉，[9]社司籍其目。[10]歲儉發以振民。十五年詔免南京舊欠義倉粟，[11]仍禁諸軍官非時畋牧妨農。開泰元年詔曰："朕惟百姓徭役煩重則多給工價；年穀不登發倉以貸；田園蕪廢者則給牛、種以助之。"太平初幸燕，燕民以年豐進土産珍異。上禮高年、惠鰥寡，賜酺連日。九年燕地饑，户部副使王嘉請造船，募習海漕者移遼東粟餉燕，議者稱道險不便而寢。

［1］聖宗乾亨五年：本年六月改元統和。

［2］統和三年：【劉校】此四字原脱，中華點校本依本書卷一〇《聖宗本紀二》統和三年（985）八月補。今據改。

［3］乙室奥隗部：以所俘奚人設置的部族組織。活動於東京轄區。

［4］韓德讓（942—1011）：韓匡嗣第四子。統和初年承天稱制，韓德讓以南院樞密使的身份"總宿衛事"。統和十七年（999），北院樞密使、魏王耶律斜軫病故，承天太后以韓德讓兼知北院樞密使事，至此，遼朝的蕃漢軍政大權就集於其一身。統和二十二年，承天太后又賜韓德讓姓耶律，徙封晉王，並且仍舊爲大丞相，事無不統。次年十一月，她又詔德讓"出宫籍，屬於横帳"。二十八年更名耶律隆運。

［5］政事令：官名。遼朝南面宰相。遼世宗天禄四年（950）建政事省之前，漢人宰相無定稱；建政事省之後，南面宰相稱"政事令"，且多由契丹貴族擔任這一職務。　室昉（916—991）：南京（今北京市）人。字夢奇。會同初，登進士第。保寧間，拜樞密使，

兼北府宰相，加同政事門下平章事。乾亨初，監修國史。統和九年（991），薦韓德讓自代，不從。病劇，遣翰林學士張幹就第授中京留守，加尚父。卒，年七十五。本書卷七九有傳。

［6］民力凋敝：【劉校】據中華修訂本校勘記，"敝"原作一字空格，據明抄本、南監本、北監本、殿本補。今從。

［7］徙吉避寨居民三百户：【劉校】據中華點校本校勘記，依本書卷一一《聖宗本紀二》，此事在統和七年（989）二月，"吉避寨"作"雞壁砦"，"三百户"作"二百户"。　檀：唐州名。治所在今北京市密雲區。　順：州名。治所在今北京市順義區。　薊：州名。治所在今天津市薊州區。

［8］義倉：各地爲備荒而設置的糧倉。《隋書》卷四六《長孫平傳》："平見天下州縣多罹水旱，百姓不給，奏令民間每秋家出粟麥一石已下，貧富差等，儲之閭巷，以備凶年，名曰義倉。"宋人洪邁《容齋隨筆》卷八："與衆共之曰'義'，義倉、義社、義田、義學、義役、義井之類是也。"遼倣此於諸道置義倉。百姓必須按規定繳納義倉粟，本書卷一三《聖宗本紀四》載統和十四年（996）十月"免南京逋税及義倉粟"，説明義倉粟非自願而是強制繳納的。

［9］庤（zhì）倉：指往義倉中繳儲糧食。

［10］社司：民衆爲義倉而結社的社首。

［11］十五年：【劉校】據中華點校本校勘記，原本作"統和十五年"，據文例删"統和"二字。今據改。

興宗即位，遣使閲諸道禾稼。是年，通括户口，[1]詔曰："朕於早歲習知稼穡。力辦者廣務耕耘，罕聞輸納；家食者全虧種植，[2]多至流亡。宜通檢括，普遂均平。"禁諸職官不得擅造酒糜穀；有婚祭者，有司給文字始聽。

[1]通括户口：全面覈查登記户口。聖宗時期就曾通括户口，本書卷一三《聖宗本紀四》統和九年（991）“南京霖雨傷稼，秋七月癸卯通括户口”。此外，還針對宫分人和契丹人通括。同卷統和十五年十月“壬午，通括宫分人户”；卷一四《聖宗本紀五》統和二十一年十一月“丙申，通括南院部民”。

[2]家食者全虧種植：按，中華點校本校勘記認爲，“食”疑應作“貧”。此言非是，“力辦者”即有充足勞力者之家，“家食者”即無勞力或勞力少而食者衆。“食”字不誤。

道宗初年西北雨穀三十里，[1]春州斗粟六錢。[2]時西蕃多叛，[3]上欲爲守禦計，命耶律唐古督耕稼以給西軍。[4]唐古率衆田臚朐河側，歲登上熟。移屯鎮州，[5]凡十四稔，積粟數十萬斛，每斗不過數錢。以馬人望前爲南京度支判官[6]，公私兼裕，檢括户口，用法平恕，乃遷中京度支使。視事半歲，積粟十五萬斛，擢左散騎常侍。遼之農穀至是爲盛。而東京如咸、信、蘇、復、辰、海、同、銀、烏、遂、春、泰等五十餘城内，[7]沿邊諸州，各有和糴倉，[8]依祖宗法出陳易新，許民自願假貸，收息二分。所在無慮二三十萬碩，雖累兵興，未嘗用乏。迨天慶間金兵大入，盡爲所有。會天祚播遷，耶律敵烈等逼立梁王雅里，[9]令群牧人户運鹽濼倉粟，人户侵耗，議籍其産以償。[10]雅里自定其直：粟一車一羊，三車一牛，五車一馬，八車一駝。從者曰：“今一羊易粟二斗尚不可得，此直太輕。”雅里曰：“民有則我有。若令盡償，衆何以堪？”事雖無及，然使天未絶遼，斯言亦足以收人心矣。

[1]雨穀：指布谷鳥。宋人盧祖皋《月城春·壽無爲趙秘書》詞："雨谷催耕，風簾戲鼓，家家歡笑。"【劉注】一説指天上掉穀粒。古人以之爲灾異。

[2]春州：即長春州，治所在今吉林省前郭爾羅斯蒙古族自治縣西北部松花江畔的塔虎城。

[3]西蕃：指西部的吐蕃部族。

[4]命耶律唐古督耕稼以給西軍：據本書卷九一《耶律唐古傳》，其受命"田於艫朐河側"事在遼聖宗統和年間而非道宗時期。

[5]鎮州：即可敦城。位於今蒙古國布爾干省青托羅蓋古城。陳得芝《耶律大石北行史地雜考》（《歷史地理》第二輯）説：遼朝統治漠北屬部的最高軍政機構是西北路招討司（又稱西北路都招討司），遼聖宗統和十二年（994），因西北"阻卜"諸部作亂，以蕭撻凛爲西北路招討使，命隨皇太妃（齊王妃）出征，"屯西鄙驢駒兒河，西捍韃靼，盡降之"。蕭撻凛鑒於達旦諸部叛服不常，上表乞建三城以鎮之。統和二十二年城完工，設置鎮、防、維三州。

[6]馬人望：字儼叔。高祖馬胤卿，原爲石晉青州刺史，被俘，一族被遷徙至醫巫閭山。人望曾祖廷煦，官至南京留守。人望咸雍年間（1065—1074），進士及第，任松山縣令。轉任涿州新城縣知縣。被擢升中京度支司鹽鐵判官。天祚即位後，轉任南京三司度支判官，改任警巡使，後拜參知政事，判南京三司使事，又拜南院樞密使。本書卷一〇五有傳。

[7]咸、信、蘇、復、辰、海、同、銀、烏、遂、春、泰等五十餘城：以上諸城又都稱"州"。都是漢人或渤海人的聚居區，這些農業居民都城居。按，中華點校本校勘記云，烏、春、泰三州均隸上京道，不屬東京。

[8]和糴倉：儲藏和糴糧的糧倉，亦稱常平倉。《通典·職官典·太府卿》："凡天下倉廩，和糴者爲常平倉，正租爲正倉，地子爲義倉。"和糴是兩税以外的"誅求"，名爲和糴，實爲強取。《通

鑑》卷二三三唐德宗貞元三年（787）十二月記事："興元以來，是歲最爲豐稔，米斗直錢百五十、粟八十。詔所在和糴。庚辰，上畋於新店，入民趙光奇家，問百姓樂乎？對曰：'不樂。'上曰：'今歲頗稔，何爲不樂？'對曰：'詔令不信。前云兩稅之外悉無他徭，今非稅而誅求者殆過於稅。後又云"和糴"，而實強取之，曾不識一錢。始云所糴粟麥納於道次，今則遣致京西，行營動數百里，車摧馬斃，破產不能支。愁苦如此，何樂之有。每有詔書優恤，徒空文耳。恐聖主深居九重，皆未知之也。'上命復其家。"

［9］梁王：遼中期以後皇位繼承人的封號。聖宗早年亦曾受封爲梁王，開泰七年（1018 年），宗真三歲時即受封爲梁王。這表明，宗真作爲皇位繼承人的地位，已經確定。梁王雅里是天祚帝確定的皇位繼承人。

［10］籍其產：登記並沒收家產。晉人崔豹《古今注》卷下："牛亨問曰：'籍者何也？'答曰：'籍者，尺二竹牒，記人之年、名字、物色，縣之宮門，案省相應乃得入也'。"

夫賦稅之制，自太祖任韓延徽始制國用。[1]太宗籍五京户丁以定賦稅，户丁之數無所於考。聖宗乾亨間以上京"雲爲户"訾具實饒，[2]善避繇役遺害貧民，遂勒各户，凡子錢到本悉送歸官，[3]與民均差。統和中耶律昭言西北之衆，每歲農時，一夫偵候、一夫治公田，[4]二夫給糺官之役。[5]當時沿邊各置屯田戍兵，易田積穀以給軍餉。[6]故太平七年詔，諸屯田在官斛粟不得擅貸，在屯者力耕公田，不輸稅賦，此公田制也。餘民應募，或治閑田，或治私田，[7]則計畝出粟以賦公上。十五年，募民耕灤河曠地，[8]十年始租，此在官閑田制也。又詔山前後未納稅户，[9]並於密雲、燕樂兩縣，[10]占田置業入稅，此私田制也。各部大臣從上征伐，俘掠人户，自置郛郭爲頭下軍州。[11]凡市井之賦，[12]各歸頭下，惟酒稅赴納上京，此分頭下軍州賦爲二等也。

[1]韓延徽（882—959）：安次（今河北省廊坊市）人，字藏明。奉燕帥劉守光之命出使契丹，阿保機留之，令其參與謀議。本書卷七四有傳。

[2]聖宗乾亨間：【劉校】據中華點校本校勘記，乾亨爲景宗年號，聖宗乾亨，或指繼位後改元統和之前。上文“聖宗乾亨五年”同此。 雲爲户：意指放高利貸的富户。【劉校】原本、南監本、北監本作“云爲户”，中華點校本據殿本改。今從改。

[3]子錢：以物質押並附利息而貸錢，稱利息爲子錢。《史記》卷一二九《貨殖列傳》：“吴楚七國兵起時，長安中列侯封君行從軍旅，齎貸子錢，子錢家以爲侯邑國在關東，關東成敗未決，莫肯與。唯無鹽氏出捐千金貸，其息什之。”《索隱》：“貸，假也，與人物云齎。《周禮》注‘齎所給與’也。”

[4]治公田：遼代的一種徭役。遼稱屯田民所耕之田爲公田。“在屯者力耕公田，不輸稅賦，此公田制也。”《春秋穀梁傳·宣公十五年》：“藉而不稅。”注：“藉此公田而收其入，言不稅民。”疏引徐邈曰：“藉，借也。謂借民力治公田，不稅民之私也。”

[5]糺官之役：【劉注】“糺”应作“乣”，是混入漢字中的契丹大字。

[6]易田積穀：變賣田産，换得糧食繳納田賦。

[7]私田：産權爲私之田，“計畝出粟以賦公上”，即田主要向國家繳納田賦。遼沿襲唐制，田賦爲夏、秋二稅。據本書卷四《太宗本紀下》會同元年（938）十一月，“是月，晉復遣趙瑩奉表來賀，以幽、薊、瀛、莫、涿、檀、順、嬀、儒、新、武、雲、應、朔、寰、蔚十六州並圖籍來獻”。“圖籍”是地圖和户籍，後者是

徵收賦税、行使統治權的依據。遼朝接收幽薊等十六州，同時接收全部圖籍一事表明，該地區統治權雖然易手，但土地、賦税制度並未改變。遼宋時期，由於商品經濟的發展，作爲不動産的田宅，其所有權轉移加速，私有化程度較隋唐時期有了很大提高。宋仁宗慶曆七年（遼重熙十六年，1047），賈昌朝判大名，兼北京留守、河北安撫使，“邊人以地外質，公請重禁絶，主不時贖，人得贖而有之。地則盡歸，邊以不爭”。（王安石《臨川集》卷八七《贈司空兼侍中文元賈魏公神道碑》。另據《宋史》卷二八五《賈昌朝傳》載：“邊人以地外質，契丹故稍侵邊界，昌朝爲立法，質地而主不時贖，人得贖而有之，歲餘，地悉復。”）這表明，以土地所有權典質與人這種土地私有制下常見的所有權轉移方式，不僅通行於宋朝境内，而且也通行於遼朝境内，因此遼朝得以越界承典宋朝人的土地，而宋人也得以贖回。除了典質之外，遼朝還流行土地買賣。錢大昕曾在京城歸義寺“特建起院碑”中發現遼咸雍二年（1066）賣地券一件，券云：“今賣自己在京宣化坊門裏、面街西小巷子内空閒地，内有井一眼，槐樹兩株。”同時這件賣地券也如同一般此類文書一樣，“末有東鄰、南鄰、西北鄰姓名”，即比鄰的署字（錢大昕《潛研堂詩集》卷五《過歸義廢寺詩》自注），與同一時期宋朝境内出賣田宅的手續相同。乾統七年（1107）的《董承德妻郭氏墓誌》，1956 年出土於山西大同南郊十里鋪村東南約里許處。該墓誌稱：“大遼西京警巡院右廂住人久居系通百姓董承德，今爲亡妻郭氏於京西南約五里買到雲中縣孫權堡劉士言地五畝，長三十八步，闊三十二步，其塋方二十九步，其妻葬在甲穴。”（向南《遼代石刻文編》，河北教育出版社 1995 年版，第 573 頁）天慶九年（1119）的《劉承遂墓誌》，1958 年出土於山西大同城西南六公里新添堡村東北。據該墓誌記載，劉承遂死後，其家“准價五十貫文，於孫權堡劉士言處買地九畝，擇其日，選其時，卜宅兆而乃葬之”（《遼代石刻文編》，第 676 頁）。巧的是在董家從劉士言處購買五畝墓地之後十二年，劉承遂也從同一劉士言處購買了五畝墓地，“准價五十貫文”，算起來每畝還賣不到六貫錢。1989 年 4 月，内蒙古自治區寧城縣文物管理所在文物普查過程中徵集到一通“大王記結親事”石碑，天贊二年（923）刊刻。石碑出土於遼中京故址西北約三〇公里處，應是當年的奚族地區。碑中不僅記載了“大王”爲其弟以羊馬六畜求婦事，而且言及“父母大帳”遺産的處理：“有好弱物，並在弟處，我處無。”（李義《遼代奚“大王記結親事”碑》，《遼金西夏史研究》，天津古籍出版社 1997 年版）顯然這裏衹涉及動産，並不涉及土地，但這也可以證明，直到遼初，在契丹及奚的遊牧部族中，一般情況下，土地仍然没有成爲私有財産。

[8]十五年，募民耕灤河曠地：按，本書卷一三《聖宗本紀四》統和十五年（997）三月“戊辰，募民耕灤州荒地，免其租賦十年。”可知“十五年”之前脱“統和”二字。中華點校本據此補，今從。　灤河：發源於今河北省沽源縣，流經該省北部，至灤州市、樂亭縣分道入海。

[9]山前：石敬瑭割讓給契丹的十六州地，分爲山前、山後兩部分。山前是指幽、薊、瀛、莫、涿、檀、順七州，是中原防範北方遊牧民族南下的一道天然屏障，軍事上極爲重要。

[10]於密雲、燕樂兩縣，占田置業：此事不應繫於十五年後。按，中華點校本校勘記“按《紀》在統和七年六月”。　燕樂：縣名。治所在今北京市密雲區。《太平寰宇記》卷七一《密雲縣》：“燕樂，縣東北七十五里四鄉本漢厗奚縣地名也，屬漁陽郡。按漢厗奚，今密雲是也。”

[11]頭下軍州：遼朝有頭下軍州，又稱“頭下州軍”，在歷史上，首次將頭下制度納入國家行政體制。然而，究竟什麼是頭下軍州？這個問題在《遼史》及其他典籍中並没有現成答案。衹是近年發現的遼代墓葬及出土遼代墓誌纔使我們瞭解：由頭下可以組成州，如果規模較小，則可以建成低級的行政單位：“不能州者謂之軍，不能縣者謂之城，不能城者謂之堡”。這樣的州、縣、城、堡

都是在爲“置生口”、經“團集”而成爲頭下的基礎上建立的。朝廷賜州縣額的城郭即爲頭下州、縣，不賜州縣額的漢城，因其規模較小，則可以成爲“城”或“堡”。遼朝祇允許宗室、外戚、公主建頭下州、縣，實際上就是以國家權力保證他們能夠佔有較大範圍的土地和依附於這塊土地上的俘户——漢人、渤海人或高麗人。在他們佔有的頭下州、縣範圍内，有衆多的頭下人户爲他們納税。税收歸頭下州的主人，頭下州不隸屬南面官。上京、中京諸州幾乎盡是隸屬諸宮衛以及王公、外戚的頭下州，東京地區也有大量頭下州，頭下州雖然也有朝廷任命的節度史，但刺史以下皆以本主部曲充當，官位九品之下及井邑商賈之家，徵税各歸頭下；唯酒税課納上京鹽鐵司。當然，頭下州縣内的生産，並非完全由擁有這些頭下州縣的契丹權貴直接經營，至少是有一部分土地歸漢族地主經營。據目前所能見到的資料，定居塞外的漢族地主，有的早期是契丹統治者的俘虜，本身是有“宮籍”的私奴。例如玉田韓氏，直至有了屬於他們自己的頭下州之後，纔得以“出宮籍”，並且屬於“横帳”，成爲遼王朝的權貴。漢人被契丹貴族俘獲到草原上，成爲私奴、宮分人，其中極少數因其家族原有仕宦背景，契丹統治者需要利用他們管理轉户、組織農業生産，因此這些人最終得以改變法律身份。自韓德讓“出宮籍”以後，又有其他人循此例擺脱宮籍。他們雖然不像韓氏那樣擁有自己的頭下州，但也都在屬於契丹權貴的頭下軍州中成了地主。遵化劉奉殷，先仕後唐，後降遼，遼朝賜其田宅若干，累官拜同政事門下平章事。後來其家落籍於中京金原縣。劉祜係奉殷五世孫。《劉祜墓誌》載：“重熙中，伯兄柬、季兄祁從興廟征夏。臺時，公（劉祜）留家事太夫人。乃力農蓄穀，方歲欠減，直以市人不遠數百里，負米求糴，日往來者千百人。又以里人合釜無食，盡發所有以貸。會秋熟，皆感惠相率趨納，若官廪然。比二兄還，財富甲於鄉邑。”（邵國田《敖漢旗羊山 1—3 號遼墓清理簡報》“附録”，《内蒙古自治區文物考古》1999 年第 1 期）《李知順墓誌》出土於内蒙古自治區寧城縣石橋子村。此人“若論莊宅田園，奴僕人户，牛駝車馬等，卒不能知其數矣！至如黄金白玉，珠犀佩帶，器合衣物，玩好之具，又何復暇算也”（《遼代石刻文編》，第188頁）。

[12]市井之賦：即工商税。宋人史繩祖《學齋占畢》卷三引《後漢書·循吏傳》“白首不入市井”注“因井爲市，交易而退，故稱市井也”，説“市井之名蓋出於此”。

先是，遼東新附地不榷酤而鹽麴之禁亦弛。[1]馮延休、韓紹勳相繼商利，[2]欲與燕地平山例加繩約，其民病之，遂起大延琳之亂。[3]連年詔復其租，民始安靖。南京歲納三司鹽鐵錢折絹，[4]大同歲納三司税錢折粟，開遠軍故事民歲輸税斗粟折五錢，[5]耶律抹只守郡表請折六錢，[6]亦皆利民善政也。

[1]榷酤：亦作“榷沽”。漢以後歷代政府所實行的酒專賣制度；也泛指一切管制酒業取得酒利的措施。

[2]馮延休：聖宗開泰間曾任順州刺史。　韓紹勳（？—1029）：韓延徽曾孫，德樞之孫。仕至東京户部使。大延琳叛，被殺。本書卷七四有傳。從《遼史》與墓誌記載還可以知道，平州（治所在今河北省盧龍縣）一直是在韓氏勢力控制之下。德樞自遼東被召回，“入爲南院宣徽使，遙授天平軍節度使，平、灤、營三州管内觀察處置等使”。德樞四世孫資讓，也曾“改鎮遼興”。“遼興”爲平州軍號。韓紹勳熟悉平州賦税徵收辦法，並將其用之於東平，結果引發反抗。

[3]大延琳（？—1030）：渤海人，遼東京軍將。反遼鬭爭領導人。

[4]鹽鐵錢：鹽鐵之利自漢以来即由官府壟斷。遼沿襲唐五代之制，以鹽鐵錢作爲三司向百姓徵收的一項賦税。本書卷一二《聖

宗本紀》載，統和四年（986）六月“壬子，南京留守奏百姓歲輸三司鹽鐵錢，折絹不如直，詔增之”。

[5]開遠軍：開州軍號。《武經總要》前集卷一六下《戎狄舊地》載：“開州，渤海古城也。遼主東討，新羅國都其城，要害，建爲州，仍曰開遠軍，西至來遠城一百二十里，西南至吉州七十里，東南至石城六十里。遼中庚戌年討新羅國，得要害地，築城以守之，即中國大中祥符三年也。”依據這一記載，開州初建爲開遠軍，屬新羅。庚戌年（遼統和二十八年，宋大中祥符三年，1010），遼聖宗親自率軍東討，得到了開遠軍這一“要害地”，又建城守之。按，創建來遠等城的時間，是在統和十二年。《高麗史》卷三《成宗世家》：（甲午）十三年（遼統和十二年，994）春二月，“蕭遜寧致書曰：近奉宣命，‘但以彼國信好早通，境土相接，雖以小事大固有規儀，而原始要終須存悠久。若不設於預備，慮中阻於使人。遂與彼國相議，便於要衝路陌創築城池’者。尋准宣命，自便斟酌，擬於鴨江西里，創築五城，取三月初擬到築城處下手修築。伏請大王預先指揮，從安北府至鴨江東，計二百八十里，踏行穩便田地，酌量地里遠近，并令築城。發遣役夫，同時下手。其合築城數，早與回報。所貴交通車馬，長開貢覲之途，永奉朝廷，自協安康之計”。

[6]耶律抹只（？—1012）：契丹將領。字留隱，仲父隋國王之後。初以皇族入侍。景宗即位，爲林牙。保寧間，遷樞密副使。乾亨元年（979）冬，從都統韓匡嗣伐宋，戰於滿城，諸軍奔潰；獨抹只部伍不亂，徐整旗鼓而歸。乾亨二年，拜樞密副使。統和初，爲東京留守。四年（986），宋將曹彬、米信等來攻，抹只引兵至南京，與耶律休哥逆戰於涿之東，剋之。本書卷八四有傳。

（李錫厚注　劉鳳翥校）

遼史　卷六〇

志第二十九

食貨志下

征商之法則自太祖置羊城，于炭山北起榷務以通諸道市易。[1]太宗得燕，置南京城北有市，百物山偫，命有司治其征；[2]餘四京及它州縣貨産懋遷之地，置亦如之。東平郡城中置看樓，[3]分南、北市，[4]禺中交易市北，午漏下交易市南。雄州、高昌、渤海亦立互市，[5]以通南宋、西北諸部、高麗之貨，[6]故女直以金、帛、布、蜜、蠟諸藥材，[7]及鐵离、靺鞨、于厥等部以蛤珠、青鼠、貂鼠、膠魚之皮、牛、羊、駞、馬、毳罽等物，[8]來易於遼者道路繦屬。

[1]炭山：山名。據《新五代史》卷七二《四夷附録第一》："漢城在炭山東南灤河上，有鹽鐵之利，乃後魏滑鹽縣也。其地可植五穀，阿保機率漢人耕種，爲治城郭、邑屋、廛市如幽州制度，漢人安之，不復思歸。"另據本書卷四一《地理志五》"西京道"，

炭山在歸化州（即武州，治所在今河北省張家口市宣化區）。

［2］有司治其征：設立財政機構，負責徵收工商税。《武溪集》卷一七《契丹官儀》契丹司會之官，雖於燕京置三司使，唯掌燕、薊、涿、易、檀、順等州錢帛耳；又於平州置錢帛司，營、灤等州屬焉；中京置度支使，宜、霸等州隸焉；東京置户部使，遼西、川、錦等州隸焉；上京置鹽鐵使，饒、澤等州隸焉；山後置轉運使，雲、應等州屬焉。置使雖殊，其實各分方域，董其出納也。

［3］東平郡：治所在今遼寧省遼陽市。

［4］南、北市：在城鎮中置南、北市，前代有先例。《通鑑》卷二一二唐玄宗開元六年（718）正月辛酉，“敕禁惡錢，重二銖四分以上乃得行。斂人間惡錢鎔之，更鑄如式錢。於是京城紛然，賣買殆絶。宋璟、蘇頲請出太府錢二萬緡，置南、北市，以平價買百姓不售之物可充官用者，及聽兩京百官豫假俸錢，庶使良錢流布人間。從之”。宋代商品經濟發展，衝破了坊市界限，南、北市之説也逐漸消失。

［5］雄州：治所在今河北省雄縣。　高昌：即阿薩蘭回鶻。回鶻西遷、匯合後主要的一支。直到元代，它仍自認爲是回鶻的嫡系。公元九世紀至十三世紀在我國西北建立割據政權。其疆域東至今哈密烏納格什湖，西通天山西部，南接酒泉，北達天山北麓。首府設在喀拉和卓（今新疆維吾爾自治區吐魯悉市東高昌故城），陪都設在天山北麓别失八里（即北庭，今新疆維吾爾自治區吉木薩爾縣北破城子）。其王早期稱阿薩蘭汗（意爲獅子王），較晚則稱亦都護。　渤海：靺鞨粟末部在今中國東北地區建立的政權。

［6］高麗：指王建創建的高麗王朝（918—1392）。統治地域在今朝鮮半島，首都在開京（今朝鮮開城市）。

［7］女直：部族名。本作“女真”，因避遼興宗宗真名諱，改稱“女直”。遼時居東北地區東部。其在南者入遼籍，稱“熟女真”或“合蘇館女真”；在北者不入遼籍，稱“生女真”。

［8］鐵离：亦作“鐵驪”，部族名。遼置鐵驪國王府，以統其

衆。其地當今黑龍江省東部松花江流域。　靺鞨：部族名。爲肅慎、勿吉後裔。隋唐時稱靺鞨，分爲數十部，其中的粟末部，建渤海國。此外，北部的黑水部也很強大，遼代的“生女真”，主要即爲該部，後建立金朝。遼置靺鞨國王府，以統其餘各部。　于厥：部族名。即烏古。　毳（cuì）罽（jì）：絨毛織物。

聖宗統和初燕京留守司言民艱食，[1]請弛居庸關税，[2]以通山西糴易。又令有司諭諸行宫“布帛短狹不中尺度者，不鬻於市”。[3]明年詔“以南、北府市場人少，[4]宜率當部車百乘赴集”。開奇峰路以通易州貿易。[5]二十三年振武軍及保州並置榷場。[6]時北院大王耶律室魯以俸羊多闕，[7]部人貧乏，請以羸老之羊及皮毛易南中之絹，上下爲便。至天祚之亂，[8]賦斂既重，交易法壞，財日匱而民日困矣。

[1]統和初燕京留守司言：【劉校】據中華點校本校勘記，“統和初”原誤“乾亨間”。按本書卷一〇《聖宗本紀一》乾亨五年(983)六月改元統和，燕京留守司上言在九月。中華點校本據此改。今從改。

[2]居庸關：要塞名。在今北京市昌平區西北。《畿輔通志》卷四〇：“居庸關在昌平州西北二十四里，關門南北相距四十里。兩山夾峙，下有巨澗、懸崖峭壁，稱爲絶險。《淮南子》：‘天下九塞，居庸其一也。’……《水經注》：‘居庸關在上谷沮陽城東南六十里，絶谷累石，崇墉峻壁，山岫層深，側道褊狹，林障邃險，路僅容軌。’杜氏《通典》：北齊改居庸爲納欵關；《唐十道志》：居庸亦名薊門關；《新唐書·地理志》：居庸關亦謂之軍都關。”

[3]行宫：亦稱行帳，即阿保機轉徙隨行的車帳組成的朝廷，

契丹語稱“捺鉢”，遼中葉逐漸形成“四時捺鉢”制度。　不鬻於市：【劉校】“鬻”原本作“粥”，中華點校本據南監本、北監本和殿本徑改。今從改。修訂本仍從原本。

［4］南、北府：即契丹南、北宰相府。

［5］奇峰路：本書卷一二《聖宗本紀三》統和七年（989）三月丙申“詔開奇峰路，通易州市”。這是一條從塞外通往易州（治所在今河北省易縣）的商路。

［6］振武軍：治所在今内蒙古自治區和林格爾縣上土城。　保州：《武經總要》前集卷一六下《戎狄舊地》“保州”，“渤海古城，東控鴨緑江新羅國界，仍置榷場，通互市之利。東南至宣化軍四十里，南至海五十里，北至大陵河二十里”。

［7］北院大王：契丹部族官名。遼朝析迭剌部爲五院部和六院部。五院部有知五院事，在朝曰北大王院；六院部有知六院事，在朝曰南大王院。北院大王和南院大王即是五院部和六院部的首領，握有兵權。

［8］天祚之亂：指天祚帝即位後女直對遼的戰爭。

鹽筴之法則自太祖以所得漢民數多，[1]即八部中分古漢城别爲一部治之。[2]城在炭山南，有鹽池之利，即後魏滑鹽縣也，[3]八部皆取食之。及征幽薊還，次于鶴剌濼，[4]命取鹽給軍。自後濼中鹽益多，上下足用。會同初太宗有大造於晉，晉獻十六州地而瀛、莫在焉，[5]始得河間煮海之利，[6]置榷鹽院於香河縣，[7]於是燕雲迤北暫食滄鹽。一時産鹽之地如渤海鎮城海陽、豐州陽洛城、廣濟湖等處，[8]五京計司各以其地領之。其煎取之制、歲出之額不可得而詳矣。

［1］鹽筴：【劉注】徵收鹽税的政策法令。"筴"同"策"。《管子·海王》："海王之國，謹正鹽筴。"宋人李綱《理財論中》："齊以鹽筴富，吴以鑄錢強。"《明史》卷一八《周經傳》："鹽筴佐邊，不宜濫給。"

［2］古漢城：地名。契丹境内衆多漢城中之一座。《通鑑》卷二六六後梁開平元年（907）五月胡注："阿保機居漢城在檀州西北五百五十里，城北有龍門山，山北有炭山。炭山西是契丹、室韋二界相連之地。其地濼河上源，西有鹽泊之利，則後魏滑鹽縣也。"

［3］後魏滑鹽縣：《畿輔通志》卷五三《古迹》："滑鹽故城在密雲縣塞外庢奚城東北，漢置，屬漁陽郡，後漢省。《水經注》：大榆河又東南逕舊漁陽郡之滑鹽縣南、左合縣之北谿水，其水南流逕滑鹽縣故城東，世謂之斛鹽城。"

［4］鶴剌濼：其地不詳。當在自塞外前往幽薊的路上。

［5］十六州：本書卷四《太宗本紀下》會同元年（938）"晉復遣趙瑩奉表來賀，以幽、薊、瀛、莫、涿、檀、順、媯、儒、新、武、雲、應、朔、寰、蔚十六州並圖籍來獻"。

［6］河間：縣名。治所在今河北省河間市。

［7］香河縣：治所在今河北省香河縣。

［8］海陽：據本書卷三九《地理志三》："潤州，海陽軍，下，刺史。聖宗平大延琳，遷寧州之民居此，置州。統縣一：海陽縣。本漢陽樂縣地，遷潤州，本東京城内渤海民户，因叛移於此。"豐州：治所在今内蒙古自治區呼和浩特市東白塔一帶。　廣濟湖：據《武經總要》卷一六下《北番地理》即大鹽泊，"大鹽泊周圍三百里，東至上京一千五百里，契丹中更名廣濟湖"。位於今内蒙古自治區烏珠穆沁旗西南。

坑冶則自太祖始併室韋，[1]其地産銅、鐵、金、銀，其人善作銅、鐵器。又有曷朮部者多鐵。[2]"曷朮"，國語鐵也。部置三冶：曰柳濕河，曰三黜古斯，曰手山。[3]神册初平渤海得廣州，[4]本渤海鐵利府，改曰鐵利州，[5]地亦多鐵。東平縣本漢襄平縣故地，[6]産鐵卝，[7]置採煉者三百户，隨賦供納。以諸坑冶多在國東，故東京置户部司，長春州置錢帛司。[8]太祖征幽薊，師還次山麓，得銀、鐵卝，命置冶。聖宗太平間於潢河北陰山及遼河之源各得金、銀卝，[9]興冶採煉。自此以訖天祚，國家皆賴其利。

[1]室韋：部族名。北魏始見於記載，分佈於今黑龍江、嫩江流域，唐時分爲許多部。契丹多爲其役屬。室韋地區有金屬加工業，《新五代史》卷七三引胡嶠《陷北記》載："其地多銅鐵金銀，其人工巧，銅鐵諸器皆精好。"

[2]曷朮部：本書卷三三《營衛志下》"曷朮部。初，取諸宮及横帳大族奴隸置曷朮石烈，'曷朮'，鐵也，以冶於海濱柳濕河、三黜古斯、手山。聖宗以户口蕃息置部。屬東京都部署司。"從事礦冶及金屬加工生産活動的不僅有室韋人、渤海人和曷朮部人，同時也還有大批的漢族工匠，他們帶來了中原先進的生産技術。"近年來曾在遼寧昌圖八面城（遼代韓州）、阜新紅帽子古城（遼代成州）和内蒙古赤峰等地，發現有與鑄鐵有關的鐵煉渣和鑄［造］鐵製品的陶模和陶範等，這些地方有可能是遼代的鑄鐵遺址"（安金槐：《中國考古》，上海古籍出版社 1992 年版，第 706 頁）。

[3]手山：據清人楊鑣、施鴻纂修《遼陽州志》卷七"首山"，"城西南十五里，一作手山，山頂石上有掌指狀泉出其中，挹之不竭。晉司馬懿圍公孫淵於襄平有星墜首山即此。唐太宗征高麗，駐蹕於上數日，勒石紀功，改爲駐蹕山。上有清風寺"。

[4]神册初，平渤海，得廣州：據《松漠紀聞》卷二記載從金

上京至燕京的行程，途經“瀋州六十里至廣州”。即廣州在瀋州西南六十里處。由此可知，遼廣州是在遼瀋地區，這一地區雖原屬渤海，但早在神册初即爲契丹所得。因此《食貨志》記載不誤。

[5]鐵利州：參閲本卷“鐵离”條。

[6]東平縣本漢襄平縣故地：襄平縣，戰國時燕置，治所在今遼寧省遼陽市。秦至三國魏皆爲遼東郡治。

[7]鐵丱（kuàng）：【靳注】丱，古同“礦”。

[8]長春州：治所在今吉林省前郭爾羅斯蒙古族自治縣西北部松花江畔的塔虎城。《武經總要》前集卷一六下《戎狄舊地》載：“長春州，契丹國舊地，仍曰昭陽軍，亦爲罪譴者配隸之所。北至黄龍府百里，東北至龍化州四百里，南至徽州三百五十里，西至新州四百里，西北至上京二百里。”

[9]潢河：今内蒙古自治區境内的西拉木倫河，即西遼河上游。陰山：昆侖山的西北支。西起河套西北，向東綿亘於今内蒙古、河北等省區，與内興安嶺相接。該山脈隨地易名，此所謂“陰山”，可能是指内蒙古境内的大青山。

鼓鑄之法，先代撒剌的爲夷离堇，[1]以土産多銅始造錢幣。太祖其子襲而用之，遂致富彊，以開帝業。太宗置五冶太師以總四方錢鐵。石敬瑭又獻沿邊所積錢，[2]以備軍實。景宗以舊錢不足於用，始鑄乾亨新錢，錢用流布。聖宗鑿大安山取劉守光所藏錢，[3]散諸五計司，兼鑄太平錢，新舊互用。由是國家之錢演迤域中。所以統和出内藏錢，賜南京諸軍司。開泰中詔諸道，貧乏百姓有典質男女，計傭價日以十文折盡還父母。每歲春秋，以官錢宴饗將士，錢不勝多，故東京所鑄至清寧中始用。是時，詔禁諸路不得貨銅鐵以防私鑄，又禁銅鐵賣入回鶻,[4]法益嚴矣。道宗之世，錢有四等：曰咸雍，曰大康，曰大安，曰壽隆,[5]皆因改元易名。其肉好、銖數亦無所考。[6]第詔楊遵勗徵户部司逋户舊錢，得四十餘萬繦，拜樞密直學士；劉伸爲户部使，歲入羨餘錢三十萬繦，擢南院樞密使；其以災沴，出錢以振貧乏及諸宮分邊戍人户。[7]是時，雖未有貫朽不可較之積，亦可謂富矣。至其末年，經費浩穰，鼓鑄仍舊，國用不給。雖以海雲佛寺千萬之助，受而不拒，尋禁民錢不得出境。天祚之世，更鑄乾統、天慶二等新錢,[8]而上下窮困，府庫無餘積。

［1］撒剌的：人名。阿保機之父。其時是否確已開始鑄造錢币，現已不得而知。但總的看來，遼鑄錢很少。境内多流通唐、宋錢，或乾脆實行以物易物，其商品經濟的發展程度較之同時期的中原地區低得多。　夷离堇：契丹部族官名。源於突厥語官名“俟斤”(Irkin)。突厥各部的最高元首稱“可汗”（Qaghan），其他各部酋長則稱爲俟斤。初，契丹“其君大賀氏，有勝兵四萬，臣於突厥，以爲俟斤”（《新唐书》卷二一九《契丹傳》）。後，契丹首領自立爲可汗，其下所屬各部酋長則稱爲“俟斤”，亦即夷离堇。契丹立國後，大部族之夷离堇稱王，小部族之夷离堇則稱爲節度使。舉凡一部之軍政、民政皆由其統掌。參韓儒林《穹廬集》（上海人民出版社 1982 年版，第 314—316 頁）。

［2］石敬瑭（892—942）：後晉王朝開國皇帝，後唐明宗婿。清泰帝李從珂即位，當時敬瑭爲河東節度使，清泰帝令其移鎮天平(鄆州軍號)。由於雙方本來相互猜忌，於是，敬瑭不受命，並上表論從珂不當立。清泰帝下詔討除，敬瑭向契丹稱臣、稱兒、割地以求援，遂被契丹册立爲皇帝，國號晉，都汴州（治所在今河南省開

封市)。天福七年（942）病死。

［3］取劉守光所藏錢：另據《通鑑》卷二六八後梁乾化元年（911）八月載："守光即皇帝位，國號大燕，改元應天。以梁使王瞳爲左相，盧龍判官齊涉爲右相，史彦群爲御史大夫。受册之日，契丹陷平州，燕人驚擾。"守光藏錢的大安山在今北京市房山區境内。【劉校】據中華點校本卷一三校勘記，"畢沅《續資治通鑑》作劉仁恭所藏錢，《拾遺》亦稱大安山藏錢，《唐書》《御覽》俱作劉仁恭事，非劉守光"。

［4］回鶻：古代民族名。即回紇。本突厥别部。北魏時稱袁紇，亦曰烏擴、烏紇，至隋稱韋紇。隋大業元年（605），因反抗突厥的壓迫，與僕固、同羅、拔野古等成立聯盟，總稱回紇。唐天寶三載（744）破東突厥，建政權於今鄂爾渾河流域，有今蒙古高原之地。唐時助平安史之亂，屢尚公主。唐貞元四年（788）自請改稱回鶻。開成五年（840），爲轄戛斯所破，部衆分三支西遷：一支遷吐魯番盆地，稱高昌回鶻或西州回鶻；一支遷葱嶺以西楚河一帶，即葱嶺以西回鶻；一支遷河西走廊，稱河西回鶻。歷五代、遼、金，回鶻皆嘗入貢。元明時稱畏吾兒。其族在唐時奉摩尼教，宋元以來改奉回教。

［5］"道宗之世"至"曰壽隆"：今所見有咸雍通寶，面文旋讀，背無文，分大小，有折二、折三錢；大康通寶，面文皆旋讀，背無文；大安元寶，面文旋讀，背無文；壽昌元寶，面文旋讀，背無文。此錢所鑄年號可證明《遼史》所記"壽隆"實即"壽昌"。

［6］肉好：錢幣的兩個部分。《漢書》卷二四《食貨志》周景王"鑄大錢，文曰'寶貨'，肉好皆有周郭，以勸農澹不足，百姓蒙利焉"。注引韋昭曰："肉，錢形也；好，孔也。"

［7］宫分邊戍人户：指宫分人户和邊戍人户。宫分人户即有宫籍的人户。遼朝諸宫衛（斡魯朶）有所管轄人丁的統計數字，但奴婢不計算在内，本書卷三一《營衛志上》："凡諸宫衛人丁四十萬八千，騎軍十萬一千。著帳釋宥、没入，隨時增損，無常額。"這些

没有統計在諸宫衛人丁總數之内者即是奴婢，稱爲“宫户”“宫分人”。他們自有“宫籍”，歸宫衛管理。遼亡之後，諸宫衛機構雖已不存，但那些宫户、宫分人的身份並未改變；他們仍隸宫籍。於是，金朝始有宫籍監之設，用以管理這些宫户，並依照新機構的名稱，稱他們爲“宫籍監户”或“監户”。遼朝一部分專門在皇帝身邊服役的“宫户”又被稱爲“著帳户”。散居州縣當中的宫户與民户一樣要向國家交納賦税，説明這些宫户的身份已經發生了改變。統和十五年（997）三月“壬午，通括宫分人户，免南京逋税及義倉粟”。將“通括宫分人户”一事，與“免南京逋税及義倉粟”一併實行，是因爲此二事都與賦税徵收有關。宫户所受剥削和壓迫定是相當沉重的，以至他們被迫逃亡。據壽昌二年（1096）的《孟有孚墓誌銘》載：“時朝廷命復慶陵之逋民，詔公乘驛以督之。”（《全遼文》卷九）這些守陵的人户都是宫分人户。宫籍起源甚早，遙輦氏時已經有宫分人存在。宫籍是一種法律上的身份，是不能輕易改變的。宫分人“出宫籍”需要經皇帝特許。如前面已經提到的韓德讓，就是即貴並且賜姓耶律之後纔“出宫籍”的。繼韓德讓之後，興宗時的漢人宫分人姚景行出宫籍也是在其官至翰林學士、樞密副使、參知政事以後。又如漢臣梁援，累世在遼朝作官，同時也具有宫籍。壽昌七年正月，道宗死後，由他充玄宫都部署，並撰謚册文。喪事既畢之後，始詔免其宫籍，而且“格餘人不以爲例，示特寵也”（《遼代石刻文編》，第519—520頁）。

[8]乾統、天慶二等新錢：乾統元寶平錢，天祚帝鑄，面文旋讀，背無文；天慶元寶，面文旋讀，背無文。

始太祖爲迭烈府夷离堇也，懲遙輦氏單弱，[1]於是撫諸部、明賞罰、不妄征討，因民之利而利之，群牧蓄息，[2]上下給足。及即位，伐河東、下代北郡縣，[3]獲牛、羊、駞、馬十餘萬。樞密使耶律斜軫討女直，[4]復獲馬二十餘萬，分牧水草便地，數歲所增不勝筭。當時，括富人馬不加多，賜大、小鶻軍萬餘疋不加少，蓋畜牧有法然也。咸雍五年，蕭陶隗爲馬群太保，上書猶言群牧名存實亡，上下相欺，宜括實數以爲定籍。厥後東丹國歲貢千疋，[5]女直萬疋，直不古等國萬疋，阻卜及吾獨婉、惕德各二萬疋，[6]西夏、室韋各三百疋，越里篤、剖阿里、奧里米、蒲奴里、鐵驪等諸部三百疋；[7]仍禁朔州路羊馬入宋，吐渾、党項馬鬻于夏。[8]以故群牧滋繁，數至百有餘萬，諸司牧官以次進階。自太祖及興宗垂二百年，群牧之盛如一日。天祚初年，馬猶有數萬群，每群不下千疋。祖宗舊制，常選南征馬數萬疋，牧于雄、霸、清、滄間，[9]以備燕雲緩急，復選數萬，給四時遊畋，餘則分地以牧，法至善也。至末年，累與金戰，番漢戰馬損十六七，雖增價數倍，竟無所買，乃冒法買官馬從軍。諸群牧私賣日多，畋獵亦不足用，遂爲金所敗。棄衆播遷以訖于亡，松漠以北舊馬，[10]皆爲大石林牙所有。[11]

[1]遙輦氏：契丹氏族。唐開元二十三年（735），可突于殘黨泥禮殺李過折，立阻午可汗，傳九世，至907年阿保機建國。遙輦九可汗繼位後各建宮衛，遼朝立國後，有遙輦九帳大常衮司之設，掌遙輦九世宮分之事務。

[2]群牧：契丹管理畜群的專門機構。諸路設群牧使司，下設某群太保、某群侍中、某群敞史，朝廷設總典群牧使司，有總典群牧部籍使、群牧都林牙。以“群”爲單位設某群牧司，設群牧使、群牧副使。此外，還有祇管理馬及牛群的機構。遼亡之後，金稱契

丹群牧爲“烏魯古”。　蓄息：【劉校】據中華點校本校勘記，“蓄”應作“蕃”。

[3]及即位，伐河東，下代北郡縣：此事在太祖即位之前。【劉校】據中華點校本校勘記，依本書卷一《太祖本紀上》，伐河東下代北在唐天復二年（902），阿保機即位前五年。

[4]耶律斜軫（？—999）：字韓隱，于越曷魯之孫。保寧初受命節制西南面諸軍，仍援河東。改南院大王。乾亨元年（979）秋，宋軍攻下河東，乘勝襲燕，高梁河一戰，他與耶律休哥分左右翼夾擊，大敗宋軍。統和初，承天皇太后蕭綽稱制，益見委任，爲北院樞密使。四年（986）宋軍三路來攻，斜軫指揮擊退西路來攻的宋軍，以功加守太保。本書卷八三有傳。

[5]厥後東丹國歲貢千疋：所言不確。諸部貢馬應是東丹國建立後——即太宗時期以及其後的事。

[6]阻卜：即達旦、韃靼。元人諱言達旦，而稱達旦爲阻卜。詳王國維《觀堂集林》卷一四《達旦考》。　吾獨婉：本書卷三一《營衛志上》有窩篤盌斡魯朵，“興宗置。是爲延慶宮。孳息曰‘窩篤盌’”。　惕德：【劉校】中華點校本校勘記云，原誤“惕隱”，據本書卷二五《道宗本紀五》大安十年（1094）正月、六月及卷六九《部族表》改。今從改。

[7]越里篤、剖阿里、奧里米、蒲奴里：均是遼境内東北地區部族名。加上越里吉，統稱五國部。

[8]吐渾：古代部族名。即吐谷渾。據《新五代史》卷七四《四夷附録第三》，吐渾“自後魏以來，名見中國，居於青海之上。當唐至德中，爲吐蕃所攻，部族分散，其内附者，唐處之河西。其大姓有慕容、拓拔、赫連等族。懿宗時，首領赫連鐸爲陰山府都督，與討龐勛，以功拜大同軍節度使。爲晉王所破，其部族益微，散處蔚州界中……晉高祖立，割鴈門以北入於契丹，於是吐渾爲契丹役屬，而苦其苛暴”。另據《五代會要》卷二八“吐渾”，“至開運中，捍虜（契丹）於澶州”，“其族白可久，名在承福之亞，因

牧馬率本帳北遁，契丹授以官爵，復遣潛誘承福。承福亦思叛去，事未果，漢高祖知之，乃以兵環其部族，擒承福與其族白鐵櫃、赫連海龍等五家，凡四百有餘人，伏誅。籍其牛馬，命别部長王義宗統其餘屬”。 党項：中國古代族名。又稱党項羌，唐以後主要活動於靈、慶、銀、夏等州，即今甘肅、寧夏、陝西和内蒙古等省區交界地區。

[9]牧于雄、霸、清、滄間：即在燕京以南與宋相鄰地區放牧戰馬。雄、霸、清、滄，均爲州名。雄州，治所在今河北省雄縣；霸州，治所在今遼寧省朝陽市；清州，治所在今河北省青州市；滄州，治所在今河北省滄州市。

[10]松漠：契丹原住地。即今内蒙古自治區東部西遼河上游地區，又稱“平地松林”，唐初在此置松漠都督府以統契丹諸部。

[11]大石林牙（1094—1143）：即耶律大石。字重德，是遼太祖阿保機的八代孫，通漢文及契丹文字，且善騎射，亦是遼末契丹皇室中少有的文武全才。天慶五年（1115）登進士第。燕京陷落後，大石在保大四年（1124）七月脱離天祚。最初，他活動於今内蒙古自治區東部地區，要在契丹初興之地復興遼朝。但是由於抵擋不住金軍的攻擊，他也衹好步步向西北的遊牧部族地區退却，並在那裏“置北、南面官屬，自立爲王，率所部西去”。號召遊牧各部與他“共救君父”。大石沿襲遼朝傳統的政治體制，建立了有南北面官的政權。這個政權的實際首領雖是大石，但它仍然承認天祚皇帝作爲遼朝合法君主的地位，這一政權爲以後西遼在中亞立國做了準備。大石約於1132年在八拉沙衮稱帝改元，號葛兒罕。復上漢尊號曰天祐皇帝，改元延慶。本書卷三〇有傳，但所記時間未可盡信。【劉注】此外，西遼國號“哈喇契丹”，亦沿襲遼朝的雙國號“遼·契丹”。

遼之食貨其可見者如是耳。[1]至於鄰國歲幣，[2]諸屬國歲貢土宜，[3]雖累朝軍國經費多所仰給，然非本國所出，況名數已見《本紀》，茲不復載。

[1]遼之食貨其可見者如是耳：遼之食貨可見者尚多，如考古工作者在今内蒙古自治區、遼寧省以及北京市等地的遼代遺址和墓葬中發現了大批的陶器和瓷器。其中大多數是遼朝境内各族工匠燒製的，此即在我國陶瓷史上别具一格的遼瓷。後來的遼瓷與遼早期契丹貴族墓葬出土的瓷器有一脉相承的特點。今内蒙古自治區阿魯科爾沁旗寶山1號遼墓和耶律羽之墓是兩座遼早期貴族墓葬，出土的瓷器中有一部分可能是神册建元以前生產的。這兩座遼早期貴族墓葬中的白瓷和青瓷，可能與赤峰松山遼代窑址有關係。遼上京是塞外最大的陶瓷生産基地，附近的重要窑址有：上京皇城西山坡下的遼代窑址、上京漢城南山窑址和白音高洛窑址。燕京地區的陶瓷生産興起於遼佔領這一地區之後，它對先期已獲得發展的定窑陶瓷技術多所借鑒，同時又融合了遼朝境内各地陶瓷的燒製經驗，形成自己的特點。近年來在北京發現多座遼代窑址，有門頭溝龍泉務村北永定河西岸的遼金窑址、房山區河北鎮磁家務窑址、密雲區小水峪瓷窑址和平谷區劉家店鎮寅洞村窑址等。其中龍泉務和磁家務的窑址尤爲重要。遼瓷中最具代表性的就是體現遊牧民族特色的雞冠壺和黄釉瓷器。此外，三彩器和緑釉瓷器，在遼瓷中也具有代表性。再如紡織業，遼的絲織品種類繁多，織造工藝水準也很高。契丹從虜掠的漢人那裏學習織造技藝，“中國織紝工作無不備”。僅耶律羽之墓隨葬的紡織品就有錦、絹、羅、綺、綾、紗等，採用編織、印染、刺繡、描繪等多種工藝製作，品質佳，圖案精美。内蒙古自治區察右前旗豪欠營第6號遼墓出土的四經絞幾何紋花羅，在經向單位1.8釐米、緯向單位1釐米範圍内有七朵小花散點排列，視覺效果類似今天的隱花或隱條。豪欠營第6號遼墓女屍身上最外面的一件繡花羅地錦袍，是十經絞花羅，看上去，絞經構成的一組

圖案花紋猶如龜背，所以這種花羅又叫龜背紋羅。1990年上半年，遼上京遺址附近連續發現了三座被盜遼墓，每個墓葬裏都出現了殘損的絲織品。這批絲織品有絹、縐紗、羅、綺、綾、錦。絹在這幾個墓葬中出土較多，有藍、黄、紅、白等顔色。縐紗採用特殊的生産工藝，産生强烈的起縐效果，這種生産原理至今還在沿用。這裏的羅都是四經絞羅，在漢唐之際使用極盛，流行時間很長，綾和綺也是在這三座遼墓中多見的品種，它們的圖案有一個共同特徵，即多用幾何紋或小團花。巴林右旗慶州白塔内也曾出土這樣的綾綺。錦是比較高檔的絲織品，在這批墓葬中出土的每一塊錦都相當珍貴。據宋人路振《乘軺録》記載，中京地區沿靈河"有靈、錦、顯、霸四州地，生桑麻貝錦，州民無田租，但供蠶織，名曰太后絲蠶户"。這一帶的桑麻種植及絲織品和麻織品的生産，在遼朝都佔有重要地位，每年向北宋輸送的布帛，多書"白川州税户所輸"。此外，造紙及印刷業、金屬工具及器皿加工製造等都有，能滿足當時社會生活的需要。

[2]歲幣：石晉與北宋每年向遼輸送的巨額錢絹。石晉每年向契丹貢獻的財物。《舊五代史》卷一三七《外國列傳》載，清泰三年（遼天顯十一年，936）十一月，耶律德光册石敬瑭"爲大晉皇帝，約爲父子之國，割幽州管内及新、武、雲、應、朔州之地以賂之，仍每歲許輸帛三十萬"。此外，《通鑑》卷二八〇晉高祖天福元年（936）十一月則載，晉"割幽、薊、瀛、莫、涿、檀、順、新、媯、儒、武、雲、應、環、朔、蔚十六州以與契丹，仍許歲輸帛三十萬匹"。統和二十四年（宋景德元年，1004）遼宋議和，雙方訂立了"澶淵之盟"，商定宋每年送給遼朝銀十萬兩、絹二十萬匹。重熙十一年（1042）正月，遼又派出使節至宋，以要求歸還關南十縣地等事相威脅，迫使宋增加歲幣金帛二十萬。

[3]諸屬國歲貢土宜：指高麗、夏國等每年向遼進貢土産。

夫冀北宜馬，海濱宜鹽，無以議爲。遼地半沙磧，三時多寒，春秋耕獲及其時，黍稌高下因其地，蓋不得與中土同矣。然而遼自初年農穀充羨，振饑恤難用不少靳，旁及鄰國，沛然有餘，果何道而致其利歟？此無他，勸課得人，規措有法故也。世之論錢幣者，恒患其重滯之難致、鼓鑄之弗給也，於是楮幣權宜之法興焉。西北之通舟楫，比之東南十纔一二。遼之方盛貨泉流衍，國用以殷，給戍賞征，賜與億萬，未聞有所謂楮幣也，[1]又何道而致其便歟？此無他，舊儲新鑄並聽民用故也。孟子曰："周于利者凶年不能殺。"[2]人力苟至，一夫猶足以勝時災，況爲國乎。以是知善謀國者，有道以制天時、地利之宜，無往而不遂其志。食莫大於穀，貨莫大於錢，特志二者，以表遼初用事之臣亦善裕其國者矣。

[1]楮幣：紙錢。《日知録》卷一一《鈔》："今日上下皆銀，輕裝易致，而楮幣自無所用。"注："周必大《二老堂雜誌》：近歲用會子，乃四川交子法，特官券耳。不知何人目爲'楮幣'，遂入殿試御題。若正言之，猶紙錢也，乃以爲文，何邪？"

[2]周于利者凶年不能殺：見《孟子·盡心下》，意思是説人們追求物質豐厚，生活有保障，故凶荒之年亦無生路斷絶之憂。

（李錫厚注　劉鳳翥校）

遼史　卷六一

志第三十

刑法志上

刑也者，始於兵而終於禮者也。鴻荒之代，生民有兵如蠭有螫，自衛而已。蚩尤惟始作亂，[1]斯民鴟義，[2]姦宄並作，刑之用豈能已乎？帝堯清問下民，[3]乃命三后恤功于民，[4]伯夷降典，折民惟刑。故曰刑也者，始於兵而終於禮者也。先王順天地四時以建六卿。[5]秋，刑官也，象時之成物焉。秋傳氣於夏，變色於春，推可知也。

[1]蚩尤惟始作亂：《史記》卷一《五帝本紀》："蚩尤作亂，不用帝命。"《正義》曰："言蚩尤不用黄帝之命也。於是黄帝乃徵師諸侯，與蚩尤戰於涿鹿之野，遂禽殺蚩尤。"

[2]斯民鴟義：言平民都産生了惡義。"鴟義"見《尚書·吕刑》："蚩尤惟始作亂，延及於平民，罔不寇賊，鴟義姦宄，奪攘矯虔。"明人丘濬《大學衍義補》卷一三三引蔡沈曰："言鴻荒之世，

渾厚敦厖，蚩尤始開暴亂之端，驅扇熏炙，延及平民，無不爲寇、爲賊。‘鴟義’者，以鴟張跋扈爲義；矯虔者，矯詐虔劉也。”

[3]帝堯：傳説上古時代帝名。帝嚳之子，初封於陶，又封於唐，故號陶唐氏。以子丹朱不肖，傳位於舜。参《史記·五帝本紀》。

[4]乃命三后恤功于民：“三后”指伯夷、禹和稷。見《尚書·呂刑》：“乃命三后，恤功于民：伯夷降典，折民惟刑；禹平水土，主名山川；稷降播種，農殖嘉穀。”孔傳：“伯夷下典禮，教民而斷以法；禹治洪水，山川無名者主名之；后稷下教民播種，農畝生善穀。所謂堯命三君，憂功於民。”

[5]六卿：指《周禮·考工記》所記之六官，即天官、地官、春官、夏官、秋官和冬官。《周禮注疏·原目》漢鄭氏目録：“六官之記，可見者堯育重黎之後，羲和及其仲叔四子掌天地、四時。《夏書》亦云‘乃召六卿’。商周雖稍增改，其職名六官之數則同矣。”《考工記》所記“六卿”雖上古之官制，實是戰國時期之人僞託。賈公彦疏釋曰：“《冬官》一篇其亡已久，有人尊集舊典，録此三十工以爲《考工記》，雖不知其人，又不知作在何日，要之在於秦前。是以得遭秦滅焚典籍，韋氏、裘氏等闕也。故鄭云前世識其事者，記録以備大數耳。”

遼以用武立國，禁暴戢姦，莫先於刑。國初制法，有出於五服、三就之外者，[1]兵之勢方張、禮之用未遑也。及阻午可汗知宗室雅里之賢，[2]命爲夷离堇以掌刑辟，[3]豈非士師之官非賢者不可爲乎。太祖、太宗經理疆土，擐甲之士歲無寧居，威克厥愛，[4]理勢然也。子孫相繼，其法互有輕重，中間能審權宜，終之以禮者，惟景、聖二宗爲優耳。

[1]五服、三就：見《尚書·虞書》："五刑有服，五服三就。""服"是服從的意思，刑罰有五，五刑既然服從，即就三處行刑。孔傳："五刑，墨、劓、剕、宫、大辟；服，從也，言得輕重之中正。"又曰："既從五刑，謂服罪也。行刑當就三處：大罪於原野，大夫於朝，士於市。"

[2]阻午：契丹遙輦氏當政時期的第二任可汗。　雅里：遼太祖阿保機之始祖。又稱涅里、泥里。

[3]夷离堇：契丹部族官名。源於突厥語官名"俟斤"（Irkin）。突厥各部的最高元首稱"可汗"（Qaghan），其他各部酋長則稱爲俟斤。初，契丹"其君大賀氏，有勝兵四萬，臣於突厥，以爲俟斤。"（《新唐書》卷二一九《契丹傳》）後，契丹首領自立爲可汗，其下所屬各部酋長則稱爲"俟斤"，亦即夷离堇。契丹立國後，大部族之夷离堇稱王，小部族之夷离堇則稱爲節度使。舉凡一部之軍政、民政皆由其統掌。參韓儒林《穹廬集》（第314—316頁）。

[4]威克厥愛：見《尚書·夏書·胤征》："嗚呼！威克厥愛，允濟；愛克厥威，允罔功。"意思是能以威嚴克服寵愛，則必有成功；反之以寵愛勝過威嚴，則無以濟衆信，必然無功。

然其制，刑之凡有四：曰死，曰流，曰徒，曰杖。[1]死刑有絞、斬、凌遲之屬，[2]又有籍没之法。[3]流刑量罪輕重，置之邊城、部族之地，遠則投諸境外，又遠則罰使絶域。徒刑一曰終身，二曰五年，三曰一年半。終身者决五百，其次遞減百。又有黥刺之法。[4]杖刑自五十至三百，[5]凡杖五十以上者，以沙袋决之；又有木劍、大棒、鐵骨朵之法。[6]木劍、大棒之數三，自十五至三十；鐵骨朵之數，或五、或七。有重罪者，將決以沙袋，先于脽骨之上及四周擊之。

[1]刑制之凡有四：唐律在杖刑以下還有"笞"，所以凡五種。

[2]凌遲：死刑的一種。明人周祈《名義考》卷七：宋人趙與旹《賓退録》卷八"律文，罪雖甚重，不過絞、斬而已。凌遲一條，五季方有之，至今俗稱爲'法外'云"。明人丘濬《大學衍義補》卷一〇四："自隋唐以來，除去前代慘刻之刑，死罪惟有斬、絞二者。至元人，又加之以凌遲處死之法焉。所謂凌遲處死，即前代所謂咼也，前代雖於法外有用之者，然不著於刑書。著於刑書，始於元焉。"

[3]籍没：中國古代依照法律登記罪犯所有的家産，予以没收的稱爲"籍没"。遼代的籍没之法，還包括將犯罪者親屬收爲官奴婢。

[4]黥刺：亦稱墨刑，刑罰的一種。《尚書·吕刑》："爰始淫爲劓、刵、椓、黥。"即面上刺字。宋人葉夢得《石林燕語》卷七："狄武襄，起行伍，位近臣，不肯去其黥文，時特以酒濯面，使其文顯，士卒亦多譽之。"

[5]杖刑自五十至三百：【劉校】三百，原本作"二百"，中華修訂本據明抄本、南監本、北監本和殿本改。今從改。

[6]鐵骨朵：《遼史拾遺》卷一五引《燕北録》曰："鐵爪（番呼髮覩）以熟鐵打作，八片虚合，或用柳木作柄，約長三尺，兩邊鐵裹。打數不過七下。"

拷訊之具，有麄、細杖及鞭、烙法。麄杖之數二十；細杖之數三，自三十至于六十。鞭、烙之數，凡烙三十者鞭三百，烙五十者鞭五百。被告諸事應伏而不服者，以此訊之。

品官公事誤犯，民年七十以上、十五以下犯罪者，聽以贖論。贖銅之數，杖一百者，輸錢千。亦有八議、八縱之法。[1]

[1]八議：【劉注】又稱“八辟”，八種人的犯罪須經特别審議，並可減免刑罰的方法。漢代改名八議，三國魏正式寫入法典，一直沿用到清代。唐代長孫無忌《唐律疏議·名例》：“八議：一曰議親，謂皇帝袒免以上親，及太皇太后、皇太后緦麻以上親，皇后小功以上親；二曰議故，謂故舊；三曰議賢，謂有大德行；四曰議能，謂有大才業；五曰議功，謂有大功勳；六曰議貴，謂職事官三品以上，散官二品以上，及爵一品者；七曰議勤，謂有大勤勞；八曰議賓，謂承先代之後爲國賓者。”後來成爲歷代封建帝王的親族、近臣減刑免刑的特權規定。

籍没之法始自太祖爲撻馬狘沙里時，奉痕德堇可汗命，[1]案于越釋魯遇害事，[2]以其首惡家屬没入瓦里。[3]及淳欽皇后時析出，[4]以爲著帳郎君，[5]至世宗詔免之。其後内外戚屬及世官之家，犯反逆等罪復没入焉，餘人則没爲著帳户。其没入宫分、分賜臣下者亦有之。[6]

[1]痕德堇：契丹遥輦氏末代可汗名。又稱“欽德”，其立爲契丹可汗應早於天復元年（901）。據《新唐書》卷二一九《契丹傳》，唐咸通（860—874）間，契丹可汗爲習爾之。“習爾之死，族人欽德嗣。光啓時，方天下盜興，北疆多故，乃鈔奚、室韋，小小部種皆役服之，因入寇幽、薊”。可見，光啓（885—888）時，欽德已在位。

[2]于越：契丹語官名。爲契丹貴官，非有大功德者不授。位在北、南大王之上。

[3]瓦里：本書卷一一六《國語解》“瓦里：官府名，宮帳、部族皆設之。凡宗室、外戚、大臣犯罪者，家屬没入於此”。另據本書卷三一《營衛志上》，諸宮衛轄“石烈二十三，瓦里七十四，抹里九十八”。由此可知“瓦里”衹是部族組織中小於石烈、大於抹里的單位。“没入瓦里”的貴族，實際上是交契丹民衆監管。

[4]淳欽皇后：遼太祖阿保機皇后述律氏的謚號。遼興宗重熙二十一年（1052）九月追謚。本書卷七一有傳。

[5]著帳郎君：皇族、外戚及世官犯罪者没入者獲免之後授予的官職。

[6]没入宮分：即没入斡魯朶諸宮衛爲著帳户。

木劍、大棒者，太宗時制：木劍面平背隆，大臣犯重罪，欲寬宥則擊之。沙袋者，[1]穆宗時制，其制用熟皮合縫之，長六寸，廣二寸，柄一尺許。徒刑之數詳于《重熙制》，杖刑以下之數詳于《咸雍制》，其餘非常用而無定式者，不可殫紀。

[1]沙袋：刑具。金代猶用之，參見《建炎以來繫年要録》卷四七末紹興元年（1131）“是秋”。

太祖初年，庶事草創，犯罪者量輕重決之。其後治諸弟逆黨權宜立法。親王從逆，不磬諸甸人，[1]或投高崖殺之；淫亂不軌者，五車轘殺之；逆父母者視此；訕詈犯上者，[2]以熟鐵錐摏其口殺之。從坐者，量罪輕重杖決。杖有二：大者重錢五百，小者三百。又爲梟磔、生瘞、射鬼箭、炮擲、支解之刑，[3]歸於重法，閑民使不爲變耳。歲癸酉下詔曰：[4]“朕自北征以来，四方獄訟積滯頗多。今休戰息民，群臣其副朕意詳決之，無或冤枉。”乃命北府宰相蕭敵魯等分道疏決。[5]有遼欽恤之意，昉見于此。神册六年，[6]克定諸夷，上謂侍臣曰：“凡國家庶務鉅細各殊，若憲度不明則何以爲治，群下亦何由知禁。”乃詔大臣定《治契丹及諸夷之法》，[7]漢人則斷以《律》《令》，[8]仍置鍾院以達民冤。[9]

[1]不磬諸甸人：【劉注】磬，彎腰。表示謙恭、服從。《禮記·曲禮上》“立如齊”，鄭玄注：“磬且聽也。”孔穎達疏：“磬者謂屈身如磬之折殺。”甸人，古官名。掌田野之事及公族死刑。《禮記·文王世子》：“公族，其有死罪，則磬於甸人；其刑罪，則纖剸，亦告於甸人。”

[2]訕詈：譏毀詬罵。《長編》卷二三六熙寧五年（1072）閏七月庚申載神宗曰：“聞開封近勘到府界百姓但有作褉，已典買弓箭，因致怨讟，慮亦有不易者。先是，皇城司察保丁以教閱不時及買弓箭、衣著勞費，往往訕詈。”

[3]射鬼箭：契丹人的巫術、刑罰。皇帝出征及祭祀先帝時，都要行這種巫術。即取死囚一人，置於所要前往之方向，以亂箭射殺，名爲射鬼箭。契丹人認爲，以此可以祓除不祥。班師歸來則以俘虜射鬼箭。後來則以此作爲刑罰的一種。

[4]歲癸酉：指後梁乾化三年（913）。

[5]宰相：契丹部族官名。契丹可汗之下有北、南二府，各部族則分屬二府，故北宰相亦稱北府宰相，南宰相亦稱南府宰相。蕭敵魯（？—918）：阿保機妻述律氏之兄。阿保機即汗位以後，敵魯與曷魯等總宿衛事，爲佐命功臣。後拜北府宰相。本書卷七三有傳。

[6]神册：遼太祖耶律阿保機年號（916—922）。

[7]《治契丹及諸夷之法》：專門適用於契丹及遼境内其他少

數民族的法律。遼朝“以國制治契丹，以漢制待漢人”。所謂“國制”即契丹部族社會的舊制，而“漢制”則主要是指唐制。神册六年（921），阿保機“詔大臣定《治契丹及諸夷之法》，漢人則斷以《律》《令》”。本書卷七四《康默記傳》載，神册立法之前，“時諸部新附，文法未備，默記推析《律》意，論決重輕，不差毫釐。罹禁網者，人人自以爲不冤”。由於《治契丹及諸夷之法》不健全、不完備，所以立法之後，在許多情況下，也仍然需要執行《唐律》中的規定。比如，本書卷四《太宗本紀下》載，會同二年（939），“乙室大王坐賦調不均，以木劍背撻而釋之”。“賦調不均”這是遼初乙室部移居山後地區、一部分人開始從事農業生産之後纔出現的新問題，故在《治契丹及諸夷之法》中没有相應的規定。《唐律·户婚律》：“諸差科賦役違法及不均平，杖六十。”乙室大王所受處罰，顯然是以這一規定爲依據的。又如，本書卷一二《聖宗本紀三》統和六年（988）“奚王籌寧殺無罪人李浩，所司議貴，請貸其罪，令出錢贍浩家，從之”。“議貴”是《唐律》中關於對權貴犯罪應減免處罰的規定，爲“八議”之一：“議者，原情議罪，稱定刑之律而不正決之”（《唐律疏議》卷二《名例律》）。正因爲遼朝統治者在制定了《治契丹及諸夷之法》後，仍需在部族中繼續輔之以推行《唐律》，所以統和元年（983），聖宗纔同意樞密院把南京所進《律》文譯成契丹文。

［8］《律》《令》：即《唐律》《唐令》。

［9］鍾院：供冤發擊鍾陳達於皇帝，以便訴冤情。《續文獻通考·刑考》：“謹按，鐘院者，凡有冤，擊鐘以達於上，猶怨鼓云。至穆宗時廢，窮民冤無所訴。景宗詔復之，仍命鑄鐘，紀詔其上，道所以廢置之意。”

至太宗時，治渤海人一依漢法，[1]餘無改焉。會同四年，[2]皇族舍利郎君謀毒通事解里等，[3]已中者二人，命重杖之，及其妻流于厥拔離弭河，[4]族造藥者。[5]

[1]渤海人：即遼滅渤海國以後其治下的渤海人。因其生産、生活方式與漢人相近，故治渤海人一依漢法。

[2]會同：遼太宗耶律德光年號（938—947）。

[3]通事：唐官名。唐於中書省置通事舍人十六人，從六品上。掌朝見引納，殿庭通奏。四方入貢，也經由通事舍人轉呈皇帝。後，任此職者多通“四夷”語言。　解里（？—914）：即耶律轄底之子迭里特。據本書卷一一二《轄底傳》：迭里“太祖在潛，已加眷遇，及即位拜迭剌部夷离堇”。後從剌葛亂，與其父轄底俱被縊殺。

[4]于厥：部族名。即烏古。

[5]族：即夷三族，古稱爲“孥戮”。《唐律疏議·進律表》：“周罪人不孥，謂罪止其身，不及其家之人。秦始作夷三族法，謂父族、母族、妻族也。”

世宗天禄二年，天德、蕭翰、劉哥及其弟盆都等謀反，[1]天德伏誅，杖翰，流劉哥，遣盆都使轄戛斯國。[2]夫四人之罪均而刑異。遼之世，同罪異論者蓋多。

[1]蕭翰（？—949）：契丹外戚。應天皇太后述律氏之侄。大同元年（947）從太宗入汴，爲宣武軍節度使。世宗即位後，附世宗反對應天皇太后，娶世宗妹阿不里。天禄間，一再謀反，伏誅。本書卷一一三有傳。

[2]轄戛斯：即黠戛斯，唐代西北民族名。原居西伯利亞葉尼塞河流域。契丹興起並據有漠北時，稱轄戛斯，遼朝在其地設有轄戛斯大王府。金代稱之爲紇里迄斯，蒙古人稱之爲吉利吉斯，清代隨着准噶爾人的叫法稱之爲布魯特。西遼的西遷和十三世紀蒙古的

西征都影響到黠戛斯，促成部分黠戛斯人南遷。十五世紀以後，黠戛斯人被准噶爾人驅逐到中亞費爾干納一帶。十八世紀中葉，清朝平定准噶爾，部分黠戛斯人返回七河流域故居。【劉注】俄羅斯至今有哈卡斯共和國。首府阿巴坎，其主體民族即古代的轄戛斯。

穆宗應曆十二年，國舅帳郎君蕭延之奴海里彊陵拽剌禿里年未及之女，[1]以法無文，[2]加之宮刑，[3]仍付禿里以爲奴。因著爲令。十六年，諭有司："自先朝行幸頓次必高立標識以禁行者。比聞楚古輩，故低置其標深草中，利人誤入，因之取財。自今有復然者，以死論。"然帝嗜酒及獵，不恤政事，五坊、掌獸、近侍、奉膳、掌酒人等，[4]以獐鹿、野豕、鶻雉之屬亡失傷斃，及私歸逃亡，在告踰期，召不時至，或以奏對少不如意，或以飲食細故，或因犯者遷怒無辜，輒加炮烙、鐵梳之刑，[5]甚者至于無筭。或以手刃刺之，斬、擊、射、燎、斷手足、爛肩股、折腰脛、劃口碎齒、棄屍于野，且命築封于其地，死者至百有餘人。京師置百尺牢以處繫囚。蓋其即位未久，惑女巫肖古之言，取人膽合延年藥，故殺人頗衆。後悟其詐，以鳴鏑叢射、騎踐殺之。[6]及海里之死爲長夜之飲，五坊、掌獸人等及左右給事誅戮者相繼不絕。雖嘗悔其因怒濫刑，諭大臣切諫，在廷畏愞，鮮能匡捄，[7]雖諫又不能聽。當其將殺壽哥、念古，殿前都點檢耶律夷臘葛諫曰：[8]"壽哥等斃所掌雉，畏罪而亡，法不應死。"帝怒，斬壽哥等，[9]支解之。命有司盡取鹿人之在繫者凡六十五人，斬所犯重者四十四人，餘悉痛杖之。中有欲寘死者，賴王子必攝等諫得免。[10]已而怒頗德飼鹿不時，致傷而斃，遂殺之。季年，暴虐益甚，嘗謂太尉化葛曰："朕醉中有處決不當者，醒當覆奏。"徒能言之，竟無悛意，故及於難。雖云虐止褻御，[11]上不及大臣，下不及百姓，然刑法之制，豈人主快情縱意之具邪。

[1]國舅帳：遼朝有大國舅司，掌乙室已、拔里二帳之事。世宗以其舅氏爲國舅別部，刺只撒古魯應掌國舅別部。　拽剌：契丹語"走卒"謂之"拽剌"，後爲軍官名。有掌旗鼓者，稱"旗鼓拽剌"，還有專司偵候、探報等職者。　年未及之女：【劉校】據中華點校本校勘記，"及"下疑脱"笄"字。

[2]法無文：表明當時没有成文法。

[3]宫刑：閻若璩《尚書古文疏證》卷四："（鄭）康成注《周禮》云'宫者，丈夫割其勢，女子閉於宫中'。若今宦男女是。是暫罷旋復矣。直至隋文帝開皇元年方永行停止……隋初始革男子宫刑，婦人猶幽閉於宫。"

[4]五坊：契丹北面官機構名。唐始置。唐設雕、鶻、鷂、鷹、狗五坊，專供皇帝狩獵時用。　近侍：皇帝身邊的侍從。宋人王楙《野客叢書》卷一五："漢《起居注》在宫爲女史之職，自魏晉以來，《起居注》皆近侍之人所録，不復女職矣。"

[5]炮烙、鐵梳之刑：用燒紅的鐵烙人的刑罰謂之炮烙。又據《太平御覽》卷六〇五："作筆當以鐵梳梳兔豪毛及羊青毛。"以鐵梳施刑罰，僅見於遼。

[6]鳴鏑："大頭矢，或曰鳴鏑。"見明人方以智《通雅》卷三五。《史記》卷一一〇《匈奴列傳》："冒頓乃作爲鳴鏑，習勒其騎射，令曰'鳴鏑所射而不悉射者，斬之'。"《集解》引《漢書音義》曰："鏑，箭也，如今鳴射也。韋昭曰：矢鏑飛則鳴。"

[7]匡捄（jiù）：【靳注】匡扶挽救。"捄"，同"救"。

[8]殿前都點檢：官名。後周世宗設置殿前司，以都點檢、副都點檢爲正副長官，位在都指揮使之上，爲禁軍統帥。宋初廢。遼設殿前都點檢，爲南面軍官，當係模倣周制。

[9]斬壽哥等：【劉校】原本作“斬壽奇等”，明抄本、南監本、北監本、殿本作“哥”，中華點校本及修訂本徑改。今從改。

[10]必攝：太宗第五子。

[11]褻御：指宦官，他們多是皇帝最信任的人。宋人晁補之《雞肋集》卷四五論唐代的宦官之患説：“肅宗以興復大功，神器所歸不在宦官輔翊也，猶驕李輔國用爲兵部尚書，令宰臣送上，遂離間兩宫，虧損上德。而代宗又甚焉，至加輔國尚父，位三公，而元振尤親近用事，譖害大臣。方迫於戎寇，播越憂懼，故一賤士足以悟之，而竟牽褻御之愛，優柔不斷，以毀大刑。然則唐之患藩鎮、宦官，皆代宗啓之。”

景宗在潛已監其失。及即位，以宿衛失職，斬殿前都點檢耶律夷臘葛。[1]趙王喜隱自囚所擅去械鎖，[2]求見自辯，語之曰：“枉直未分，焉有出獄自辯之理？”命復縶之。既而躬録囚徒，盡召而釋之。保寧三年，以穆宗廢鍾院，窮民有冤者無所訴，故詔復之，仍命鑄鍾，紀詔其上，道所以廢置之意。吴王稍爲奴所告，[3]有司請鞫，帝曰：“朕知其誣，若案問，恐餘人效之。”命斬以徇。五年，近侍實魯里誤觸神纛，[4]法應死，杖而釋之。庶幾寬猛相濟。然緩于討賊，應曆逆黨至是始獲而誅焉，議者以此少之。

[1]斬殿前都點檢耶律夷臘葛：【劉校】中華修訂本校勘記云，“斬”原誤“監”。據本書卷八《景宗紀上》保寧元年（969）二月

及卷七八本傳改。今從改。

[2]趙王喜隱（？—981）：阿保機幼子李胡之子。字完德，初封趙王。穆宗時曾兩次謀反，下獄。景宗保寧初，宥之，妻以皇后之姊，封宋王，授西南面招討使。稍見進用，復誘群小謀叛，囚於祖州。乾亨三年（981）宋降卒二百餘人欲劫立喜隱，以城堅不得入，立其子留禮壽，上京留守除室擒之。留禮壽伏誅，賜喜隱死。本書卷七二有傳。

[3]吳王稍：東丹王耶律倍第三子。無傳，《皇子表》亦不載。聖宗時曾任上京留守。

[4]神纛：據本書卷一一六《國語解》："神纛，從者所執。以旄牛尾爲之，纓槍屬也。"

聖宗沖年嗣位，睿智皇后稱制，[1]留心聽斷，嘗勸帝宜寬法律。帝壯，益習國事，鋭意於治。當時更定法令凡十數事，多合人心，其用刑又能詳慎。先是契丹及漢人相毆致死，其法輕重不均，至是一等科之。統和十二年詔契丹人犯十惡，[2]亦斷以"律"。舊法死囚尸市三日，至是一宿即聽收瘞。二十四年詔："主非犯謀反、大逆及流、死罪者，[3]其奴婢無得告首；若奴婢犯罪至死，聽送有司，其主無得擅殺。"二十九年以舊法"宰相、節度使世選之家子孫犯罪徒、杖如齊民，[4]惟免黥面"，詔自今但犯罪當黥，即准法同科。開泰八年以竊盜贓滿十貫，爲首者處死，其法太重，故增至二十五貫，其首處死，從者決流。嘗敕諸處刑獄有冤不能申雪者，聽詣御史臺陳訴，[5]委官覆問。往時大理寺獄訟，凡關覆奏者以翰林學士、給事中、政事舍人詳決，[6]至是始置少卿及正主之，猶慮其未盡，而親爲録囚。數遣使詣諸道審決冤滯，如邢抱朴之屬，[7]所至，人自以爲無冤。

［1］睿智皇后（？—1009）：北府宰相蕭思温女。諱綽，小字燕燕。景宗即位，選爲貴妃。尋册爲皇后，生聖宗。景宗崩，尊爲皇太后，攝國政。統和元年（983），上尊號曰承天皇太后。本書卷七一有傳。

［2］十惡：《唐律疏議》卷一《名例》所開列的“其數甚惡”的十類罪過，有“謀反”“謀大逆”“謀叛”“惡逆”“不道”“大不敬”“不孝”“不睦”“不義”和“内亂”。關於懲治“十惡”的規定，其核心在於維護統治秩序。阿保機稱帝前，契丹尚處在氏族社會末期，故在他們的傳統觀念中是没有所謂“十惡”的。遼朝建國後，在專制皇權形成和鞏固的過程中，統治者始利用《唐律》中有關“十惡”的規定，鎮壓契丹人的反抗活動。

［3］大逆：《唐律疏議·名例》：“二曰謀大逆。”注：“謂謀毁宗廟、山陵及宫闕。”疏議曰：“此條之人干紀犯順，違道悖德，逆莫大焉，故曰大逆。”

［4］世選：氏族社會遺留下來的選任首領和官員的制度。契丹立國初期汗位繼承在形式上仍實行世選。世選與世襲的區别在於：世襲之制即專制時代盛行的嫡長子繼承制。在這種制度下，嫡長子是當然的繼承人。世襲制度下的繼承問題是皇帝自己的事情，不容許他人介入。世選之制則不同，在這種制度下，有權勢、地位的貴族們可以介入確定汗位繼承人之事，由他們在可汗的兄弟子侄中量才推選繼承人。這種“世選”制度不僅存在於契丹社會中，在這一發展階段上的各個民族，無不如此。

［5］御史臺：專司監察與糾彈的機構。《唐六典·御史臺》：“御史大夫一人，從三品……魏、晉、宋、齊曰蘭臺，梁、陳、後魏、北齊、隋皆曰御史臺，皇朝因之……專知在京百司更置。右肅政臺

專知按察諸州。”《通典·選舉典·雜議論下》:“若官長選用濫失,有聞而吏部不舉,請委御史臺彈之;御史臺不舉,即左右彈之。(按《六典》御史有糾不當者,即左右丞得彈奏)。”

[6]大理寺:察理刑獄,掌刑辟的機構。主官爲大理卿。　翰林學士、給事中、政事舍人:此三者都參與冤案的覆審。翰林學士,唐代始設,以專知制誥。此外,遼代尚有宣政殿、觀書殿諸學士,其職掌不見於本書,當亦如宋之雜學士以爲加銜,並不司文翰之事。遼又稱學士爲“林牙”。給事中,《唐六典·門下省》有記,“給事中四人,正五品上”。“掌侍奉左右,分判省事。凡百司奏抄侍中審定,則先讀而署之,以駁正違失”。漢時,給事中多名儒國親爲之,掌左右顧問。政事舍人,《通典·刑典·詳讞》有記,“諸處刑獄有冤不能申雪者,聽詣御史臺陳訴,委官覆問。往時大理寺獄訟凡關覆奏者,以翰林學士、給事中、政事舍人詳決”。

[7]邢抱朴(?—1004):應州(今山西省應縣)人。保寧初,爲政事舍人、知制誥。統和四年(986),加户部尚書。遷翰林學士承旨,與室昉同修《實録》。十二年,拜參知政事。改南院樞密使,二十二年卒,贈侍中。本書卷八〇有傳。

五院部民有自壞鎧甲者,[1]其長佛奴杖殺之,上怒其用法太峻,詔奪官。吏以故不敢酷。撻剌干乃方十因醉言宫掖事,[2]法當死,特貰其罪。五院部民偶遺火,延及木葉山兆域,[3]亦當死,杖而釋之,因著爲法。至於敵八哥始竊薊州王令謙家財,[4]及覺,以刃刺令謙,幸不死。有司擬以盜論,止加杖罪。又那母古犯竊盜者十有三次,皆以情不可恕,論棄市。[5]因詔自今三犯竊盜者黥額、徒三年,四則黥面、徒五年,至于五則處死。若是者,重輕適宜,足以示訓。近侍劉哥、烏古斯嘗從齊王妻而逃，[6]以赦，後會千齡節出首，[7]乃詔諸近侍、護衛集視而腰斬之。於是國無倖民，綱紀修舉，吏多奉職，人重犯法。故統和中，南京及易、平二州以獄空聞。[8]至開泰五年，諸道皆獄空，有刑措之風焉。[9]

[1]五院：契丹部族名。天贊元年（922），以迭剌部強大難制，析五石烈爲五院，六爪爲六院，各置夷离堇。會同元年(938)，更夷离堇爲大王，部隸北府，以鎮南境。

[2]宮掖：指皇宮。掖，即掖庭，爲宮中的旁舍，嬪妃居住的地方。《後漢書》卷二三《竇憲傳》："憲恃宮掖聲勢，遂以賤直請奪沁水公主園田。"竇憲是外戚。

[3]木葉山：此指永州境内一座山，契丹人視此山爲神山，其地在西拉木倫河與老哈河匯合處一帶。上建契丹始祖廟，奇首可汗在南廟，可敦（可汗之妻）在北廟，"繪塑二聖並八子神像"。《長編》卷九七宋天禧五年（1021）八月甲申（《宋會要・蕃夷》作天禧四年）記載，宋綬等始至木葉山，"山在中京東微北。自中京東過小河……度土河，亦云撞撞水，聚沙成墩，少人煙，多林木，其河邊平處，國主曾於此過冬。凡八十里至張司空館，七十里至木葉館。離中京皆無館舍，但宿穹帳，欲至木葉三十里許，始有居人瓦屋及僧舍。又歷荆榛荒草，復渡土河，至木葉山，本阿保機葬處。又云祭天之地。東向設氈屋，署曰省方殿，無階，以氈藉地，後有二大帳。次北，又設氈屋，曰慶壽殿，去山尚遠。國主帳在氈屋西北，望之不見"。按，據本書卷三二《營衛志中》"省方殿"是冬捺鉢的殿帳，冬捺鉢在廣平淀，在永州東南三十里。可知木葉山即距此不遠。

[4]敵八哥始竊：依《唐律疏議・賊盜律》，類似這種"先盜後強"，即"先竊其財，事覺之後，始加威力"，當屬"強盜"。依律："其持杖者，雖不得財，流三千里；五匹，絞；傷人者，斬。"

得財達五匹者處絞刑。敵八哥強盜傷人，本應處斬，然而却衹加杖刑。這足以説明，契丹與漢人之間在法律上還存在着不平等。針對這種情況，興宗時期又曾進一步採取措施："往時北人殺漢人者罰，漢人殺北人者死，近聞反此二法，欲悦漢人。漢人未能收其心，而北人亦以怒矣。"事見《長編》卷一五六慶曆五年（1045）閏五月癸丑歐陽脩言。　薊州：治所在今天津市薊州區。

[5]棄市：執行死刑。古代在鬧市上行刑，並暴屍於街頭，稱爲棄市。

[6]齊王：太宗第二子罨撒葛。會同元年（938）封太平王。景宗封齊王，贈皇太叔，後貶西北邊戍。

[7]千齡節：遼以聖宗生日爲千齡節。

[8]南京：治所在今北京市。　易：州名。治所在今河北省易縣。　平：州名。唐置，治所在今河北省盧龍縣。

[9]刑措之風：刑措，言犯罪者稀少，故刑罰廢而不用。【劉校】刑措之風，原本、南監本、北監本作"刑錯之風"，明抄本、殿本作"刑措之風"，中華點校本及修訂本徑改。今從改。

故事，樞密使非國家重務未嘗親決，凡獄訟惟夷离畢主之。[1]及蕭合卓、蕭朴相繼爲樞密使，[2]專尚吏才，始自聽訟。時人轉相效習，以狡智相高，風俗自此衰矣。故太平六年下詔曰："朕以國家有契丹、漢人，故以南、北二院分治之，蓋欲去貪枉除煩擾也；若貴賤異法，則怨必生。夫小民犯罪，必不能動有司以達於朝，惟内族、外戚多恃恩行賄，[3]以圖苟免，如是則法廢矣。自今貴戚以事被告，不以事之大小，並令所在官司案問，具申北、南院覆問得實以聞；其不案輒申及受請託爲奏言者，以本犯人罪罪之。"七年詔中外大臣曰："制條中有遺闕及輕重失中者，其條上之，議增改焉。”

[1]夷离畢：遼官名。爲執政官，相當於副宰相參知政事。後來官分南、北，北面官有夷离畢院，主要掌刑政。【劉校】據中華修訂本校勘記，“夷离畢”，諸本皆作“夷离堇”，按本書卷一一六《國語解》云“後置夷离畢院以掌刑政”。今據改。

[2]蕭合卓（？—1025）：突呂不部人，字合魯隱。始爲本部吏。統和十八年（1000），使宋還，遷北院樞密副使。開泰三年，爲左夷离畢。本書卷八一有傳。

[3]内族：遼稱耶律氏爲“内族”，是循金修《遼史》之例。據《金史》卷五九《宗室表》：“金人初起完顔十二部，其後皆以部爲氏，史臣記録有稱‘宗室’者，有稱完顔者。稱完顔者亦有二焉，有同姓完顔，蓋疏族，若石土門、迪古乃是也；有異姓完顔，蓋部人，若歡都是也。大定以前稱‘宗室’，明昌以後避睿宗諱稱‘内族’，其實一而已，書名不書氏，其制如此。”遼之耶律氏不入宗室屬籍者，稱“庶耶律”，如本書卷八九《耶律庶成傳》，此人本是季父房之後，“爲妻胡篤所誣，以罪奪官，絀爲‘庶耶律’”。

（李錫厚注　劉鳳翥校）

遼史　卷六二

志第三十一

刑法志下

興宗即位，欽哀皇后始得志[1]，昆弟專權。馮家奴等希欽哀意，誣蕭浞卜等謀反，[2]連及嫡后仁德皇后。[3]浞卜等十餘人與仁德姻援坐罪者四十餘輩，皆被大辟，[4]仍籍其家。[5]幽仁德于上京，[6]既而遣人弑之。迫殞非命，中外切憤。

[1]欽哀皇后（？—1057）：淳欽皇后弟阿古只五世孫。小字耨斤。爲聖宗元妃，生宗真，仁德皇后無子，取而養之如己出。聖宗死後，宗真即位，耨斤自立爲皇太后，攝政，並殺害仁德皇后，謀廢興宗，立重元。本書卷七一有傳。欽哀，據《遼陵石刻集録》，欽哀皇后哀册篆蓋作“欽愛皇后哀册”。

[2]蕭浞卜：興宗即位初期的北府宰相。

[3]仁德皇后（982—1032）：聖宗皇后。姓蕭氏，小字菩薩哥，睿智皇后弟隗因之女，母爲韓匡嗣之女。年十二，選入掖庭。統和十九年（1001），册爲齊天皇后。生皇子二，皆早卒。開泰五

年（1016），宫人耨斤生興宗，后養爲子。興宗即位後，耨斤自立爲皇太后，將其殺害，年五十。追尊仁德皇后。與欽哀並祔慶陵。

[4]大辟：死刑。《漢書》卷二三《刑法志》"大辟之罰，其屬二百"。師古曰："大辟，死刑也。"

[5]籍：亦稱"籍没"，古代依照法律，登記罪犯所有的家産，予以没收，稱爲"籍没"。遼代的籍没之法，還包括將犯罪者親屬收爲官奴婢。

[6]上京：遼代五京之一。遺址在今内蒙古自治區巴林左旗林東鎮。

欽哀後謀廢立，遷于慶州。[1]及奉迎以歸，頗復預事，其酷虐不得逞矣。然興宗好名，喜變更，又溺浮屠法，務行小惠，數降赦宥，釋死囚甚衆。

[1]慶州：州城遺址在今内蒙古自治區巴林右旗索博日嘎鎮。

重熙元年詔："職事官公罪聽贖、私罪各從本法，[1]子弟及家人受賕，不知情者止坐犯人。"先是南京三司銷錢作器皿三斤、持錢出南京十貫及盜遺火家物五貫者處死。至是銅逾三斤、持錢及所盜物二十貫以上處死。二年有司奏："元年詔曰，犯重罪徒終身者加以捶楚而又黥面，是犯一罪而具三刑，宜免黥。其職事官及宰相、節度使世選之家，子孫犯姦罪至徒者，未審黥否？"上諭曰："犯罪而悔過自新者亦有可用之人，一黥其面，終身爲辱，朕甚憫焉。後犯終身徒者，止刺頸。奴婢犯逃，若盜其主物，主無得擅黥其面，刺臂及頸者聽。犯竊盜者，初刺右臂，再刺左，三刺頸之右，四刺左，至于五則處死。”五年，《新定條制》成，詔有司凡朝日執之，[2]仍頒行諸道。蓋纂修太祖以來法令，參以古制。其刑有死、流、杖及三等之徒而五，凡五百四十七條。

[1]職事官：執掌具體政務的官吏。《新唐書》卷一五七《陸贄傳》："按甲令，有職事官、有散官、有勳官、有爵號。其賦事受奉者，惟職事一官，以敘才能，以位勳德，所謂施實利而寓虛名也；勳、散、爵號，止於服色、資蔭，以馭崇貴，以甄功勞，所謂假虛名佐實利者也。"

[2]詔有司凡朝日執之：【斳校】"凡"原作"定"，中華修訂本據明抄本、南監本、北監本和殿本改。今從改。

時有群牧人竊易官印以馬與人者，[1]法當死，帝曰：[2]"一馬殺二人，不亦甚乎？"減死論。又有兄弟犯彊盜當死，以弟從兄，且俱無子，特原其弟。至於枉法受賕、詐敕走遞、僞學御書、盜外國貢物者例皆免死。郡王貼不家奴彌里吉告其主言涉怨望，[3]鞫之無驗，當反坐，以欽哀皇后裹言，竟不加罪，亦不斷付其主，僅籍没焉。寧遠軍節度使蕭白彊掠烏古敵烈都詳穩敵魯之女爲妻，[4]亦以后言免死，杖而奪其官。梅里狗丹使酒殺人而逃，會永壽節出首，[5]特赦其罪。皇妹秦國公主生日，帝幸其第，伶人張隋本宋所遣汮者，[6]大臣覺之以聞，召詰，款伏，乃遽釋之。後詔："諸職官私取官物者以正盜論。諸帳郎君等於禁地射鹿決杖三百，不徵償，[7]小將軍決二百，已下至百姓犯者決三百。"聖宗之風替矣。

[1]群牧：契丹管理畜群的專門機構。諸路設群牧使司，下設某群太保、某群侍中、某群敞史，朝廷設總典群牧使司，有總典群牧部籍使、群牧都林牙。以“群”爲單位設某群牧司，設群牧使、群牧副使。此外，還有衹管理馬及牛群的機構。遼亡之後，金稱契丹群牧爲“烏魯古”。

[2]帝曰：【劉校】原本作“常曰”，明抄本、南監本、北監本、殿本作“帝曰”。中華點校本及修訂本徑改。今從改。

[3]怨望：怨恨；心懷不滿。漢代賈誼《過秦論》中：“百姓怨望，而海内叛矣。” 貼不：聖宗弟隆佑之子。

[4]詳穩：遼朝軍官名。元帥府下設大詳穩司。“詳穩”即漢語“將軍”的轉譯。【劉注】“詳穩”即漢語“將軍”的轉譯的説法似有值得商榷之處。在契丹小字中，“詳穩”作，“將軍”作，或、。在契丹大字中，“詳穩”作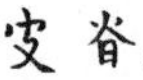，“將軍”作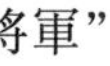。“詳穩”不是漢語“將軍”的轉譯，而是音譯的契丹語，契丹語中“將軍”是漢語借詞。

[5]永壽節：遼以興宗生辰爲永壽節。

[6]汋（zhuó）者：即間諜。“汋”音酌，與“酌”通。《周禮·秋官》：“士師之職，掌士之八成。一曰邦汋。”注引鄭司農云：“汋讀如酌，酒尊中之酌。國汋者斟酌盗取國家密事，若今時刺探尚書事。”

[7]徵償：強制賠償。《唐律疏議·雜律·棄毁官私器物》：“諸棄毁、亡失及誤毁官私器物者，各備償；若被強盜者，各不坐、不償；即雖在倉庫，故棄毁者徵償；如法其非可償者，坐而不備。”疏議曰：“官私器物，其有故棄毁或亡失及誤毁者，各備償。注云：謂非在倉庫而別持守者，謂倉庫之外別處持守而有棄毁、亡失及誤毁官私器物，始合備償。若被強盗，各不坐、不償。雖在倉庫之内，若有故棄毁，徵償如法。其非可償者，止坐其罪，不合徵償。故注云‘謂符印、門鑰、官文書類者，實節、木契、制敕並是’。”

道宗清寧元年詔諸宮都部署曰：[1]“凡有機密事即可面奏，餘所訴事以法施行。有投誹訕之書，其受及讀者皆棄市。”[2]二年命諸郡長吏如諸部例，與僚屬同決罪囚，無致枉死獄中。下詔曰：“先時諸路死刑皆待決于朝，[3]故獄訟留滯。自今凡強盜得實者，聽即決之。”四年復詔左夷离畢曰：“比詔外路死刑聽所在官司即決，然恐未能悉其情或有枉者。自今雖已款伏，仍令附近官司覆問，無冤然後決之；有冤者即具以聞。”咸雍元年詔獄囚無家者給以糧。六年帝以契丹、漢人風俗不同，國法不可異施，於是命惕隱蘇、樞密使乙辛等更定《條制》，[4]凡合于《律》《令》者具載之，其不合者別存之。時校定官即重熙舊制，更竊盜贓二十五貫處死一條增至五十貫處死，又刪其重復者二條，爲五百四十五條。取《律》一百七十三條，又創增七十一條，凡七百八十九條。增重編者至千餘條，皆分類列以大康間所定，復以《律》及《條例》參校，續增三十六條。其後因事續校，至大安三年止，又增六十七條。條約既繁，典者不能徧習，愚民莫知所避，犯法者衆，吏得因緣爲姦。故五年詔曰：“法者所以示民信而致國治，簡易如天地，不忒如四時，使民可避而不可犯。比命有司纂修刑法，然不能明體朕意，多作條目以罔民于罪，朕甚不取。自今復用舊法，餘悉除之。”

[1]諸宮都部署：應即諸行宮都部署。遼在北、南面官系統中，分別設契丹行宮都部署和漢人行宮都部署，其上則有諸行宮都部署。行宮都部署完全是倣中原王朝官制設置的，它不同於專管斡魯

朶事務的某宫都部署的宫官。宋朝皇帝巡幸亦有行宫，且亦有行宫都部署之設。後避英宗趙曙名諱，改稱行宫都總管。詳本書卷四七《百官志三》。

[2]棄市：執行死刑。古代在鬧市上行刑，並暴屍於街頭，稱爲棄市。

[3]待決于朝：【劉校】“待”，原本、北監本作“侍”，明抄本、南監本和殿本作“待”。中華點校本及修訂本徑改。今從改。

[4]惕隱：契丹官名。又稱梯里已，掌皇族政教。　樞密使：官名。樞密院之首長。遼有北、南樞密院，爲遼朝的實際宰輔機構，分别爲北、南面官的首腦機構。北樞密院又稱契丹樞密院，掌軍事、部族；南樞密院又稱漢人樞密院，掌漢人州縣之事。　乙辛（？—1083）：即耶律乙辛。字胡覩袞，五院部人。重熙中，爲文班吏。道宗清寧五年（1059），爲南院樞密使，改知北院，封趙王。九年，重元亂平，拜北院樞密使，進封魏王。咸雍五年（1069），加守太師。詔四方有軍旅，許以便宜從事，勢震中外。大康元年（1075），誣皇后致死，三年又害死太子耶律濬。七年冬，坐以禁物鬻入外國，幽於來州。九年，謀奔宋及私藏兵甲事發，伏誅。本書卷一一〇有傳。

然自大康元年北院樞密使耶律乙辛等用事，宫婢單登等誣告宣懿皇后，[1]乙辛以聞，即詔乙辛劾狀，因實其事。上怒，族伶人趙惟一，斬高長命，皆籍其家，仍賜皇后自盡。[2]三年乙辛又與其黨謀搆昭懷太子，[3]陰令右護衛太保耶律查剌，告知樞密院事蕭速撒等八人謀立皇太子。[4]詔案無狀，出速撒、達不也外補，流護衛撒撥等六人。詔告首謀逆者重加官賞，否則悉行誅戮。乙辛教牌印郎君蕭訛都斡自首“臣嘗預速撒等謀”，[5]因籍姓名以告。帝信之，以乙辛等鞫案，至杖皇太子，囚之宮中別室，殺撻不也、撒剌等三十五人。又殺速撒等諸子，其幼稚及婦女、奴婢、家産皆籍没之，或分賜群臣。燕哥等詐爲太子爰書以聞，上大怒，廢太子，徙上京，乙辛尋遣人弒于囚所。帝猶不寤，朝廷上下，無復紀律。

[1]宣懿皇后（？—1075）：小字觀音，欽愛皇后蕭耨斤弟樞密使蕭惠之女。清寧初年，立爲懿德皇后。生太子濬，有專房之寵。大康元年（1075），賜自盡。天祚帝乾統元年（1101），追謚爲宣懿皇后，與道宗合葬慶陵。本書卷七一有傳。

[2]賜皇后自盡：此即遼史上的“十香詞冤案”。大康元年（1075）六月，道宗詔皇太子總領朝政。奸臣乙辛發現皇太子年輕有爲，正是他專權固寵的最大障礙。他决定通過誣陷皇后，進而達到動摇皇太子地位的目的。道宗在位日久，昏庸愈甚，飾非拒諫，無以復加，對知書達禮的宣懿皇后越來越疏遠。皇后嘗作《回心院詞》排解心中的苦悶，並被之管弦，與伶人趙惟一在宮中演唱。遼朝没有類似中原王朝那樣嚴格的後宮制度，伶人出入宮禁，陪伴皇后消遣，本不足怪。然而皇后身邊有一宮女名單登，是漢人，見此情景甚爲驚異。不久，此事便被乙辛知道了，乙辛以爲可以大加利用。於是，指使單登與教坊朱頂鶴一同誣陷皇后私通趙惟一。其證據據説是皇后爲單登手書的《十香詞》及《懷古詩》。然而《十香詞》格調低下，淫俗不堪，與皇后的身份、教養及性格絶不相類，明眼人不問便可發現是故意栽贓陷害。至於《懷古詩》，乙辛一夥更是肆意曲解。詩云：“宮中只數趙家妝，敗雨殘雲誤漢王；惟有知情一片月，曾窺飛燕入昭陽。”詩中寫的是漢成帝皇后趙飛燕，誣陷者以詩中有“趙惟一”三字，即硬説是皇后與之私通的證據。道宗並不認真分析和調查，而是把此案交給原本是幕後策劃者的耶

律乙辛及張孝傑處理，於是一切都被“證實”了。大康元年(1075)十一月，道宗賜皇后自盡，無辜的伶官趙惟一亦遭族誅。宣懿皇后遭誣陷的《十香詞》冤案始末，在《遼史》中並無具體記載，而是詳載於王鼎《焚椒録》中。王鼎字虚中，涿州（今屬河北省）人，清寧進士，官至翰林學士，壽昌間升任觀書殿學士，後因細故，遭奪官，被流放到遼朝境内西北部的鎮州。《焚椒録》即是他流放期間所作，前有自敘，内稱冤案初起時，他正在宫禁中侍奉道宗。當時他家奶母有女名蒙哥，是乙辛家婢女，甚得寵，王鼎即通過這條渠道獲悉此事的詳細經過。除此之外，還有名“蕭司徒”者亦向他講述過這件事的始末。這就是説，《焚椒録》所記《十香詞》冤案實有所本。清王士禛作《居易録》，以王鼎書所記與《契丹國志》不合，即懷疑爲僞書，這是没有根據的。《契丹國志》基本上是雜抄宋人著作成書，其中失實、缺漏之處不一而足。《焚椒録》所記這一冤案雖不見《契丹國志》記載，但與《遼史》所記不但並無牴牾，而且恰好可以互爲補充，王鼎書基本可信。

[3]昭懷太子：即耶律濬（1058—1077）。道宗長子。天祚帝生父。大康三年（1077）被廢，隨即被耶律乙辛殺害。九年（1083）追謚昭懷太子。乾統元年（1101），追謚爲大孝順聖皇帝，廟號順宗。本書卷七二有傳。

[4]蕭速撒（？—1077）：字秃魯堇，突呂不部人。清寧中，歷北面林牙、彰國軍節度使，入爲北院樞密副使。大康二年，乙辛銜之，誣構速撒首謀廢立；按之無驗，出爲上京留守。乙辛復令蕭訛都斡以前事誣告，上怒，不復加訊，遣使殺之。本書卷九九有傳。

[5]蕭訛都斡：國舅少父房之後。咸雍中，補牌印郎君。大康三年（1077），樞密使乙辛令護衛太保耶律查剌誣告耶律撒剌等廢立。訛都斡按乙辛旨意，實其事。後與乙辛議論不合，被誅。本書卷一一一有傳。

天祚乾統元年凡大康三年預乙辛所害者悉復官爵，籍没者出之，流放者還鄉里。至二年始發乙辛等墓，剖棺戮尸，[1]誅其子孫，餘黨子孫減死，徙邊，其家屬奴婢皆分賜被害之家。如耶律撻不也、蕭達魯古等黨人之尤兇狡者，[2]皆以賂免。至于覆軍失城者，第免官而已。行軍將軍耶律涅里三人有禁地射鹿之罪，皆棄市。其職官諸局人有過者，鐫降決斷之外悉從軍。賞罰無章，怨讟日起；[3]劇盜相挻，叛亡接踵。天祚大恐，益務繩以嚴酷，由是投崖、砲擲、釘割、臠殺之刑復興焉。[4]或有分尸五京，[5]甚者至取其心以獻祖廟。雖由天祚救患無策，流爲殘忍，亦由祖宗有以啓之也。

[1]戮尸：刑罰的一種。陳屍示衆，以示羞辱。

[2]耶律撻不也（？—1077）：字撒班，係出季父房。清寧年間（1055—1064）補牌印郎君，累經升遷爲永興宫使。大康三年（1077），授北院宣徽使。耶律乙辛謀害太子，撻不也知乙辛姦惡，想要殺乙辛及蕭特里得、蕭十三等人。乙辛知道這一消息後，令其同黨誣構撻不也參與廢立事，於是撻不也被殺。本書卷九九有傳。

[3]怨讟（dú）：【靳注】亦作“怨黷”，指怨恨誹謗。《左傳·宣公十二年》：“民不罷勞，君無怨讟。”

[4]投崖：契丹特有的酷刑。不予斬首，而令其自投懸崖而死。主要用於處罰犯反逆罪的親王。　臠殺：【靳注】一種酷刑。使割肉碎裂而殺之。本書卷一一二《逆臣上·耶律察割傳》：“壽安王復令敵獵誘察割，臠殺之。”《宋史》卷四四九《忠義傳四》：“（趙汝嗣）宣城人，善射。城破被執，先斷其兩臂，而後臠殺之。”

[5]五京：遼代五京分别爲上京臨潢府（今内蒙古自治區巴林左旗林東鎮）、中京大定府（今内蒙古自治區寧城縣大明鎮）、東

京遼陽府（今遼寧省遼陽市）、南京析津府（今北京市）和西京大同府（今山西省大同市）。

遼之先代用法尚嚴，使其子孫皆有君人之量，知所自擇，猶非祖宗貽謀之道，不幸一有昏暴者少引以藉口，何所不至。然遼之季世，與其先代用刑同而興亡異者何歟？蓋創業之君施之于法未定之前，民猶未敢測也，亡國之主施之于法既定之後，民復何所賴焉！此其所爲異也。傳曰“新國輕典”，[1]豈獨權事宜而已乎？

[1]新國輕典：見《周禮·大司寇》：“大司寇之職掌建邦之三典以佐王，刑邦國、詰四方：一曰刑新國用輕典，二曰刑平國用中典，三曰刑亂國用重典。”鄭玄注：“新國者，新辟地、立君之國。用輕法者，爲其民未習於教。”

天祚末年遊畋無度，頗有倦勤意。諸子惟文妃所生敖盧斡最賢，[1]蕭奉先乃元妃兄，[2]深忌之。會文妃之女兄適耶律撻曷里，[3]女弟適耶律余覩，[4]奉先乃誣告余覩等謀立晉王，尊天祚爲太上皇。遂戮撻曷里及其妻，賜文妃自盡。敖盧斡以不與謀得免。及天祚西狩奉聖州，[5]又以耶律撒八等欲劫立敖盧斡，遂誅撒八，盡其黨與。敖盧斡以有人望，即日賜死。當時從行百官、諸局承應人及軍士聞者皆流涕。

[1]文妃（？—1121）：即天祚文妃蕭氏。小字瑟瑟，國舅大父房之女。乾統三年（1003）冬，立爲文妃。生蜀國公主、晉王敖盧斡。敖盧斡平素在衆人之中有威望。天祚元妃之兄蕭奉先對敖盧

斡深懷妒忌，於是誣巙南軍都統耶律余覩陰謀立晉王敖盧斡，以爲文妃參與此事，賜死。本書卷七一有傳。　敖盧斡（？—1122）：天祚皇帝長子，生母是文妃蕭氏。有人望，内外歸心。保大元年（1121），蕭奉先使人誣告南軍都統耶律余覩與文妃密謀立晉王敖盧斡爲帝，余覩被逼投降金朝，文妃被誅。二年，天祚帝賜敖盧斡死。本書卷七二有傳，記事與本紀多有不合。

[2]蕭奉先（？—1122）：天祚元妃之兄。因元妃故，奉先得以累次陞遷，最後官至樞密使，封蘭陵郡王。天慶四年（1114），阿骨打起兵進犯寧江州，天祚命奉先弟嗣先爲都統，率領蕃、漢兵前去征討，於出河店敗績逃走。奉先擔心其弟嗣先被誅，奏請天祚肆赦。從此以後士無鬥志，遇敵即潰。當初，蕭奉先曾誣告耶律余覩勾結駙馬蕭昱陰謀立其外甥晉王爲帝，導致蕭昱被殺，余覩被逼投奔女直。本書卷一〇二有傳。

[3]耶律撻曷里：【劉注】其妻爲天祚文妃之姐，蕭奉先誣告耶律余覩勾結駙馬蕭昱和耶律撻曷里陰謀立其外甥晉王爲帝，耶律撻曷里遇害。

[4]耶律余覩（？—1132）：皇族。保大初年，曾任副都統。其妻是天祚文妃之妹。文妃生晉王；蕭奉先之妹是天祚元妃，生秦王。奉先擔心秦王不能繼承皇位，於是指使人誣陷余覩結納駙馬蕭昱等陰謀立晉王爲帝。天祚爲此殺蕭昱，賜文妃死。余覩在軍中得知此事後，恐怕不能自明而被誅，即率千餘士兵，連同軍帳中的親信叛歸女直。本書卷一〇二有傳。

[5]奉聖州：即新州。治所在今河北省涿鹿縣。

蓋自興宗時遽起大獄，仁德皇后戕于幽所，遼政始衰。道宗殺宣懿皇后，遷昭懷太子，太子尋被害。天祚知其父之冤而己亦幾殆，至是又自殺其子敖盧斡。傳曰："於所厚者薄，無所不薄矣。"[1]遼二百餘年，骨肉屢相殘滅。天祚荒暴尤甚，遂至于亡。噫！

[1]於所厚者薄，無所不薄矣：見《孟子·盡心上》。意思是説如果對於應厚待者反而薄待，那麼就會對一切人都刻薄。

（李錫厚注　劉鳳翥校）

遼史　卷六三

表第一

世表

天開於子，地闢於丑，人生於寅。[1]天地人之初，一焉耳矣。天動也，有恒度；地靜也，有恒形；人動靜無方，居止靡常。天主流行，地主蓄泄，二氣無往而弗達，[2]亦惟人之所在而畀付焉。庖犧氏降，[3]炎帝氏、黄帝氏子孫衆多，[4]王畿之封建有限，[5]王政之布濩無窮，故君四方者，多二帝子孫，而自服土中者本同出也。考之宇文周之書，[6]遼本炎帝之後，而耶律儼稱遼爲軒轅後。[7]儼志晚出，盍從《周書》。蓋炎帝之裔曰葛烏菟者，世雄朔陲，後爲冒頓可汗所襲，[8]保鮮卑山以居，號鮮卑氏。[9]既而慕容燕破之，[10]析其部曰宇文、曰庫莫奚、曰契丹。[11]契丹之名，昉見于此。

[1]天開於子，地闢於丑，人生於寅：據宋人趙順孫《論語纂疏》卷八，此説始於宋儒邵雍（邵康節），"此是邵子《皇極經世》

中説”。

［2］二氣：中國古代哲學有一種觀點，認爲陰陽二氣是世界的本元。《周易正義》卷首：“然變化運行在陰陽二氣，故聖人初畫八卦，設剛柔兩畫，象二氣也。”

［3］庖犧氏：即伏羲氏。唐代司馬貞《補史記・三皇本紀》：“太皞、庖犧氏風姓，代燧人氏繼天而王。母曰華胥，履大人跡於雷澤而生庖犧於成紀，蛇身人首，有聖德。”“庖犧”“伏犧”又作“宓犧”。《漢書》卷八七《揚雄傳》：“是以宓犧氏之作易也，緜絡天地，經以八卦。文王附六爻，孔子錯其象而彖其辭，然後發天地之臧，定萬物之基。”師古曰：“宓”音“伏”。

［4］黄帝：華夏民族傳説中的始祖。即軒轅氏。　炎帝：華夏民族另一傳説中的祖先。姜姓。一説炎帝即神農氏。

［5］王畿：此爲周制，指王都周圍千里的地域。《周禮・夏官・職方氏》：“乃辨九服之邦國，方千里曰王畿。”《後漢書》卷七〇《孔融傳》：“王畿之制，千里寰内不以封建諸侯。”

［6］宇文周之書：即《周書》五十卷，唐代令狐德棻等撰。記載北周一代歷史。北周統治者屬鮮卑宇文部，故稱“宇文周”。

［7］耶律儼（？—1113）：析津（今北京市）人。字若思。本姓李氏。咸雍進士。壽昌初，授樞密直學士。拜參知政事。修《皇朝實録》七十卷。本書卷九八有傳。

［8］冒頓可汗：漢初匈奴首領。“葛烏菟”既云爲冒頓所滅，却不見於《漢書・匈奴傳》，顯然係僞託。《周書》卷一《太祖紀》：“其先出自炎帝神農氏，爲黄帝所滅，子孫遯居朔野。有葛烏菟者，雄武多算略，鮮卑慕之，奉以爲主，遂總十二部落，世爲大人。”

［9］鮮卑：我國古代少數民族名。其語言屬東胡語系。秦、漢時曾居於遼東，附於匈奴。東漢時北匈奴西遷後，鮮卑進入匈奴故地，勢力漸盛，分東、中、西三部，各置大人統領。晉初分爲數部，其中以慕容、拓跋二氏爲最强。拓跋氏建國號魏，史稱北魏，

後分裂成東魏和西魏。取代東魏的北齊以及取代西魏的北周，其統治者也都是鮮卑人或鮮卑化的漢人。隋、唐以後境内的鮮卑人逐漸融合於漢民族中。

[10]慕容燕：史稱前燕（337—370）。文明帝慕容皝在北方建立的割據政權。

[11]庫莫奚：即奚族。《北史》卷九四《奚傳》謂："奚，本曰庫莫奚。其先東部胡宇文之别種也。"同卷《契丹傳》又云："契丹國在庫莫奚東，與庫莫奚異種同類。並爲慕容晃所破，俱竄於松漠之間。登國中，魏大破之，遂逃迸，與庫莫奚分住。"是奚與契丹原爲一族，至北魏始分而爲二。

隋、唐之際，契丹之君號大賀氏。武后遣將擊潰其衆，大賀氏微，别部長過折代之。過折尋滅，迭剌部長涅里立迪輦組里爲阻午可汗，[1]更號遥輦氏。[2]唐賜國姓，曰李懷秀。既而懷秀叛，唐更封楷落爲王。而涅里之後曰耨里思者，左右懷秀、楷落至于屈戍，幾百年，國勢復振。

[1]迭剌部：契丹部族名。據本書卷三二《營衛志中》"部族上"，遥輦氏時期，原來耶律（即世里）有七部，後合併爲一，成爲迭剌部。　阻午：契丹遥輦氏當政時期的第二任可汗。

[2]遥輦氏：契丹氏族。唐開元二十三年（735），可突于殘黨泥禮殺李過折，立阻午可汗，傳九世，至907年阿保機建國。遥輦九可汗繼位後各建宫衛，遼朝立國後，有遥輦九帳大常衮司之設，掌遥輦九世宫分之事務。

至耨里思之孫曰阿保機，[1]功業勃興，號世里氏，是爲遼太祖。於是世里氏與大賀、遥輦號“三耶律”。自時厥後，國日益大。起唐季，涉五代、宋，二百餘年。名隨代遷，字傳音轉，此其言語、文字之相通，可考而知者也。其所不可知者，有若奇首可汗、胡剌可汗、蘇可汗、昭古可汗，皆遼之先，而世次不可考矣。摭其可知者，作遼世表。

[1]耨里思之孫曰阿保機：【劉校】中華點校本校勘記，據本書卷二《太祖紀下》贊及下文“太祖四代祖耨里思”，應是玄孫。

帝統	契丹先世。
漢	冒頓可汗以兵襲東胡，滅之。[1]餘衆保鮮卑山，因號鮮卑。[2]
魏	青龍中，[3]部長比能稍桀驁，[4]爲幽州刺史王雄所害，散徙潢水之南，黄龍之北。[5]
晉	鮮卑葛烏菟之後曰普回。普回有子莫那，自陰山南徙，[6]始居遼西。九世爲慕容晃所滅，[7]鮮卑衆散爲宇文氏，或爲庫莫奚，或爲契丹。[8]

[1]冒頓可汗以兵襲東胡，滅之：《漢書》卷九四上《匈奴傳》載：冒頓既立，時東胡強，聞冒頓殺父自立，乃使使謂冒頓曰：“欲得頭曼時號千里馬。”冒頓問群臣，群臣皆曰：“此匈奴寶馬也，勿予。”冒頓曰：“奈何與人鄰國愛一馬乎？”遂與之。頃之，東胡以爲冒頓畏之，使使謂冒頓曰：“欲得單于一閼氏。”冒頓復問左右，左右皆怒曰：“東胡無道，乃求閼氏！請擊之。”冒頓曰：“奈

何與人鄰國愛一女子乎?”遂取所愛閼氏予東胡。東胡王愈驕，西侵。與匈奴中間有棄地莫居千餘里，各居其邊爲甌脱。（服虔曰:“甌脱，作土室以伺也。”師古曰:“境上候望之處，若今之伏宿舍也。”）東胡使使謂冒頓曰:“匈奴所與我界甌脱外棄地，匈奴不能至也，吾欲有之。”冒頓問群臣，或曰:“此棄地，予之。”於是冒頓大怒，曰:“地者，國之本也，奈何予人!”諸言與者，皆斬之。冒頓上馬，令國中有後者斬，遂東襲擊東胡。東胡初輕冒頓，不爲備。及冒頓以兵至，大破滅東胡王，虜其民衆、畜産。

［2］因號鮮卑:《晉書》卷一〇八《慕容廆載記》東胡“與匈奴並盛，控弦之士二十餘萬，風俗、官號與匈奴略同。秦漢之際，爲匈奴所敗，分保鮮卑山，因以爲號”。《世表》將鮮卑名號出現提前至漢代，没有根據。

［3］青龍：魏明帝年號（233—237）。

［4］比能：即軻比能。《三國志·魏書》卷二《文帝國紀》載：黄初六年（225）三月“并州刺史梁習討鮮卑軻比能，大破之”。

［5］爲幽州刺史王雄所害，散徙潢水之南，黄龍之北：這一段源自《新唐書》卷二一九《契丹傳》。

［6］陰山：昆侖山的西北支。西起河套西北，向東綿亘於今内蒙古、河北等省區，與内興安嶺相接。該山脈隨地易名，此所謂“陰山”，可能是指今内蒙古境内的大青山。

［7］爲慕容晃所滅:【劉校】據中華點校本校勘記，依《晉書》卷一〇九《前燕載記》，“晃”應作“皝”。

［8］鮮卑衆散爲宇文氏，或爲庫莫奚，或爲契丹：這一段據《周書》卷一《文帝紀上》:“有葛烏菟者，雄武多算略，鮮卑慕之，奉以爲主，遂總十二部落，世爲大人。其後曰普回，因狩得玉璽三紐，有文曰皇帝璽，普回心異之，以爲天授。其俗謂天曰宇，謂君曰文，因號宇文國，並以爲氏焉。普回子莫那，自陰山南徙，始居遼西，是曰獻侯，爲魏舅生之國。”

元魏	契丹國在庫莫奚東，異族同類，東部鮮卑之别支也，至是，始自號契丹。爲慕容氏所破，俱竄松漠之間。[1]道武帝登國間，大破之，遂與庫莫奚分背。經數十年，稍滋蔓，有部落於和龍之北數百里。太武帝太平真君以來，歲致名馬。獻文時，使莫弗紇何辰來獻，始班諸國末，欣服。[2]萬丹部、何大何部、伏弗郁部、羽陵部、日連部、匹絜部、黎部[3]吐六于部以名馬文皮來貢，得交市于和龍、密雲之間。太和三年，高句麗與蠕蠕謀取地豆于以分之，契丹懼，莫弗賀勿于率其部落車三千乘、衆萬餘口内附，止於白狼水東。[4]

[1]松漠：契丹原住地。即今内蒙古自治區東部西遼河上游地區，又稱“平地松林”，唐初在此置松漠都督府以統契丹諸部。

[2]始班諸國末，欣服：【劉校】據中華點校本校勘記，“此源於《魏書》卷一〇〇《契丹傳》：‘得班饗於諸國之末’，‘心皆忻慕’，‘莫不思服’，‘欣服’二字，語義不完”。

[3]“萬丹部”至“黎部”：【劉校】據中華點校本本卷校勘記：“萬丹部，按《營衛志》中及《魏書》卷一〇〇、《新唐書》卷二一九《契丹傳》並作悉萬丹部。日連部，連原誤‘速’，據本書卷三五《營衛志中》及《魏書》《新唐書·契丹傳》改。”另據中華點校本卷三二校勘記，伏弗郁部、羽陵部，按此二部本《魏書·契丹傳》。“《魏書·顯祖紀》兩見，並作‘具伏弗郁’‘郁羽陵部’，《册府元龜》卷九六九同。《魏書·勿吉傳》又見‘郁羽陵’之名，《魏書·契丹傳》誤，《通典·邊防典》《北史·契丹傳》及本志均沿誤”。匹絜部及黎部，按此本《魏書·契丹傳》。

"《魏書·顯祖紀》《勿吉傳》並作'匹黎爾部',《册府元龜》卷九六九、《通典·邊防典》作'匹黎部',均作一部之名。本志沿《魏書·契丹傳》誤,分爲二部"。

[4]"契丹國"以下引自《魏書》卷一〇〇《契丹傳》,有删節。原文是:"契丹國,在庫莫奚東,異種同類,俱竄於松漠之間。登國中,國軍大破之,遂逃迸,與庫莫奚分背。經數十年,稍滋蔓,有部落,於和龍之北數百里,多爲寇盜。真君以來,求朝獻,歲貢名馬。顯祖時,使莫弗紇何辰奉獻,得班饗於諸國之末。歸而相謂,言國家之美,心皆忻慕,於是東北群狄聞之,莫不思服。悉萬丹部、何大何部、伏弗郁部、羽陵部、日連部、匹絜部、黎部、吐六于部等,各以其名馬文皮入獻天府,遂求爲常。皆得交市於和龍、密雲之間,貢獻不絶。太和三年,高句麗竊與蠕蠕謀,欲取地豆于分之。契丹懼其侵軼,其莫弗賀勿于率其部落車三千乘、衆萬餘口,驅徙雜畜,求入内附,止於白狼水東。"

北齊	天保四年九月,契丹犯塞,文宣帝親討之,至平州,乃趨長塹。[1]司徒潘相樂率精騎五千,自東道趨青山;安德王韓軌帥騎四千東斷走路。帝親踰山嶺奮擊,虜男女十餘萬,雜畜數十萬。相樂又於青山大破别部,所虜生口分置諸州。復爲突厥所逼,又以萬家寄處高麗境内。[2]

[1]長塹:【劉校】"塹"原誤"漸",中華點校本據《北齊書》卷四《文宣帝紀》及《北史》卷九四《契丹傳》改。今從改。

[2]"天保四年"至"高麗境内":這一段摘自《北齊書·文宣帝紀》,原文是:"九月,契丹犯塞。壬午,帝北巡冀、定、幽、安,仍北討契丹。冬十月丁酉,帝至平州,遂從西道趣長塹。詔司

徒潘相樂率精騎五千自東道趣青山。辛丑，至白狼城。壬寅，經昌黎城。復詔安德王韓軌率精騎四千東趣，斷契丹走路。癸卯，至陽師水，倍道兼行，掩襲契丹。甲辰，帝親踰山嶺，爲士卒先，指麾奮擊，大破之，虜獲十萬餘口、雜畜數十萬頭。樂又於青山大破契丹別部。所虜生口皆分置諸州。是行也，帝露頭袒膊，晝夜不息，行千餘里，唯食肉飲水，壯氣彌厲。丁未，至營州。”

隋	開皇四年，率諸莫弗賀來謁。五年，悉衆款塞，高祖納之，聽居故地。六年，諸部相攻不止，又與突厥相侵，高祖使使諭解之。别部出伏等違高麗，率衆内附，置於渴奚那頡之北。開皇末，别部四千餘户違突厥來降，高祖給糧遣還；固辭不去，部落漸衆。遂北徙，逐水草，當遼西正北二百里，依紇臣水而居。[1]東西亘五百里，南北三百里，分爲十部，兵多者三千，少者千餘。有征伐，酋帥相與議之，興兵則合符契。[2]突厥沙鉢略可汗遣吐屯潘垤統之，契丹殺吐屯。大業七年，貢方物。[3]

［1］紇臣水：【劉校】據中華點校本校勘記，“按《隋書》卷八四、《北史》卷九四《契丹傳》作託紇臣水”。

［2］“開皇四年”至“興兵則合符契”：摘引自《隋書》卷八四《契丹傳》，原文是：“開皇四年，率諸莫賀弗來謁。五年，悉其衆款塞，高祖納之，聽居其故地。六年，其諸部相攻擊，久不止，又與突厥相侵，高祖使使責讓之。其國遣使詣闕，頓顙謝罪。其後契丹别部出伏等背高麗，率衆内附。高祖納之，安置於渴奚那

頡之北。開皇末，其别部四千餘家背突厥來降。上方與突厥和好，重失遠人之心，悉令給糧還本，勑突厥撫納之。固辭不去。部落漸衆，遂北徙逐水草，當遼西正北二百里，依託紇臣水而居。東西亘五百里，南北三百里，分爲十部。兵多者三千，少者千餘。逐寒暑，隨水草畜牧。有征伐，則酋帥相與議之，興兵動衆合符契。”

[3]“突厥沙鉢略可汗”至“貢方物”：以上見《北史》卷九四《契丹傳》。

唐	契丹地直京師東北五千里而羸，東距高麗，西奚，南營州，北靺鞨、室韋，阻冷陘山以自固。射獵居處無常。其君大賀氏有勝兵四萬，析八部，臣于突厥，以爲俟斤。凡調發攻戰，則諸部畢會，獵則部得自行。與奚不平，每鬭不利，輒遁保鮮卑山。[1]武德初，[2]大帥孫敖曹與靺鞨長突地稽俱來朝。二年，入犯平州境。六年，君長咄羅獻名馬、豐貂。貞觀二年，摩會來降，突厥請以梁師都易契丹，太宗曰：“契丹、突厥不同類，師都唐編户，我將擒之，不可易降者。”三年，摩會入朝，賜鼓纛，由是有常貢。帝伐高麗，悉發契丹、奚首領從軍。還過營州，以窟哥爲左武衛將軍。大帥辱紇主據曲率衆來歸，[3]即其部爲玄州，以據曲爲刺史，隸營州都督府。窟哥舉部内屬，乃置松漠都督府，以窟哥爲都督，封無極男，賜姓李氏。以達稽部爲峭落州，紇便部爲彈汗州，獨活部爲無

	逢州，芬問部爲羽陵州，突便部爲日連州，芮奚部爲徒河州，墜斤部爲萬丹州，伏部爲匹黎、赤山二州，俱隸松漠府，以辱紇主爲刺史。窟哥死，與奚叛，行軍總管阿史德樞賓執松漠都督阿不固，[4]獻于東都。窟哥二孫：曰枯莫離，彈汗州刺史、歸順郡王；曰盡忠，松漠都督。敖曹曾孫曰萬榮，[5]歸誠州刺史。時營州都督趙文翽數侵侮其下，盡忠等怨望，與萬榮共舉兵，殺文翽，據營州，自號“無上可汗”，推萬榮爲帥。不二旬，衆數萬，攻崇州，執擊討副使許欽寂。武后怒，詔將軍曹仁師等二十八將擊之，更號萬榮曰“萬斬”，盡忠曰“盡滅”。戰西硤石黄獐谷，王師敗績。進攻平州，不克。武后益發兵擊契丹。萬榮夜襲檀州，清邊道副總管張九節拒戰，萬榮敗走。俄盡忠死，突厥默啜襲破其部。萬榮收散兵，復振。别將駱務整、何阿小入冀州，殺刺史陸寶積，掠數千人。武后聞盡忠死，詔夏官尚書王孝傑等率兵十七萬討萬榮，戰東硤石，敗績，孝傑死之，萬榮進屠幽州。又詔御史大夫婁師德等率兵二十萬擊之，萬榮乘鋭，鼓行而南，殘瀛州屬縣。[6]神兵道總管楊玄基率奚兵掩擊，[7]大破萬榮，執何阿小，别將李楷固、駱務整降。萬榮委軍走，玄基與奚四面合擊，萬榮衆潰，東走。張九節設三伏待之。

	萬榮窮蹙，與家奴輕騎走潞河東，[8]僨甚，卧林下。奴斬其首以獻，九節傳東都。契丹餘衆不能立，遂附突厥。開元二年，盡忠從父弟失活率部落歸唐。 失活，玄宗賜丹書鐵券。開元四年，與奚長李大酺偕來，詔復置松漠府，以失活爲都督，封松漠郡王；仍置靜析軍；以失活爲經略大使，八部長皆爲刺史。五年，以楊氏爲永樂公主下嫁失活。[9]六年，卒。 娑固，失活之弟，帝以娑固襲爵。開元七年十一月，娑固與公主來朝。衙官可突于勇悍，得衆心，娑固欲除之；事泄，可突于攻之，娑固奔營州。都督許欽澹及奚君李大酺攻可突于，不勝，娑固、大酺皆死。韓愈作“可突干”，劉昫、宋祁及《唐會要》皆作“可突于”。

［1］“契丹地直京師東北五千里”至“輒遁保鮮卑山”：以上見《新唐書》卷二一九《契丹傳》。

［2］武德初：【劉校】原作“武德中”，中華點校本據下文及《舊唐書》卷一九九《契丹傳》改。今從改。

［3］辱紇主據曲：【劉校】中華點校本校勘記云，原闕“辱”字，據《新唐書·契丹傳》改。據曲，《新唐書·契丹傳》《地理志》並作“曲據”，《舊唐書·地理志》作“李去閭”。

［4］阿不固：【劉校】據中華點校本校勘記，依《新唐書·契丹傳》作“阿卜固”。

［5］敖曹曾孫曰萬榮：【劉校】據中華點校本校勘記，曾孫，

《舊唐書·契丹傳》同。《新唐書·契丹傳》作“有孫曰萬榮”。

[6]瀛州：治所在今河北省河間市。

[7]神兵道總管楊玄基：【劉校】據中華點校本校勘記，原作“神兵總管楊立基”，據《新唐書·契丹傳》改。

[8]潞河：源出今河北省张家口市宣化區，流經北京市密雲、通州兩區，經天津合於衛河入海。

[9]五年，以楊氏爲永樂公主下嫁失活：【劉校】據中華點校本校勘記，依《舊唐書·契丹傳》，唐開元三年（715），其首領李失活内附。“明年，失活入朝，封宗室外甥女楊氏爲永樂公主以妻之”。

唐	鬱于，娑固從父弟也，可突于推以爲主，遣使謝罪，玄宗册立襲娑固位。開元十年，鬱于入朝，以慕容氏爲燕郡公主下嫁鬱于，卒。 咄于，[1]鬱于之弟，襲官爵。開元十三年，咄于復與可突于猜阻，與公主來奔，改封遼陽王。[2] 邵固，咄于之弟，[3]國人共立之。開元十三年冬，朝于行在，從封禪泰山，改封廣化郡王，以陳氏爲東光公主下嫁邵固。[4]十八年，爲可突于所弑，以其衆降突厥，東光公主走平盧。 屈列，[5]不知其世系，可突于立之。開元二十二年六月，幽州節度使張守珪大破可突于。[6]十二月，又破之，斬屈列及可突于等，傳首東都，餘衆散走山谷。

	過折，[7]本契丹部長，爲松漠府衙官，斬可突于及屈列歸唐。幽州節度使張守珪立之，封北平郡王。是年，可突于餘黨泥禮弑過折，屠其家，一子刺乾走安東，拜左驍衛將軍。自此，契丹中衰，大賀氏附庸於奚王，以通于唐，朝貢歲至。至德、寶應間再至，大曆中十三至，[8]貞元九年、十年、十一年三至，元和中七至，太和、開成間四至。泥禮，耶律儼《遼史》書爲涅里，陳大任書爲雅里，蓋遼太祖之始祖也。 李懷秀，唐賜姓名，契丹名迪輦俎里，[9]本八部大帥。天寶四年降唐，拜松漠都督。安禄山表請討契丹，懷秀發兵十萬，[10]與禄山戰潢水南，禄山大敗，自是與禄山兵連不解。耶律儼《紀》云，太祖四代祖耨里思爲迭刺部夷离堇，遣將只里姑、括里，大敗范陽安禄山于潢水，適當懷秀之世。則懷秀固遥輦氏之首君，爲阻午可汗明矣。 楷落，以唐封恭仁王，代松漠都督，遂稱契丹王。其後寖大。貞元四年，犯北邊，幽州以聞。自禄山反，河北割據，道隔不通，世次不可悉考。[11] 契丹王屈戍，武宗會昌二年授雲麾將軍，是爲耶瀾可汗。[12]幽州節度使張仲武

	奏契丹舊用回鶻印，乞賜聖造，詔以“奉國契丹”爲文。《高麗古今録》作“屈戍”。 　　契丹王習爾，[13]是爲巴刺可汗。咸通中，再遣使貢獻，部落寖強。 　　契丹王欽德，習爾之族也，是爲痕德堇可汗。光啓中，鈔掠奚、室韋諸部，皆役服之，數與劉仁恭相攻。晚年政衰。八部大人，法常三歲代，迭剌部耶律阿保機建旗鼓，[14]自爲一部，不肯受代，自號爲王，盡有契丹國，遥輦氏遂亡。 　　蕭韓家奴有言，先世遥輦可汗洼之後，國祚中絶，自夷离堇雅里立阻午可汗，大位始定。以《唐史》《遼史》參考，大贺氏絶于邵固，雅里所立則懷秀秀也，其間唯屈列、過折二世。屈列乃可突于所立，過折以别部長爲雅里所殺。《唐史》稱泥里爲可突于餘黨，則洼可汗者，殆爲屈列耶。

[1]咄于：【劉校】據中華點校本校勘記，新、舊《唐書·契丹傳》及《通考》卷三四五並作“吐于”。

[2]遼陽王：【劉校】據中華點校本校勘記，新、舊《唐書·契丹傳》作“遼陽郡王”。

[3]邵固，咄于之弟：【劉校】據中華點校本校勘記，新、舊《唐書·契丹傳》作“李盡忠之弟”。

[4]東光公主：【劉校】據中華點校本校勘記，新、舊《唐書·契丹傳》作“東華公主”。

[5]屈列：【劉校】據中華點校本校勘記，新、舊《唐書·契丹傳》作“屈烈”，張九齡《曲江集》卷八作“據埒”。

［6］幽州節度使張守珪：【劉校】據中華點校本校勘記，“新、舊《唐書·契丹傳》並作‘幽州長史張守珪’。按當時張守珪官銜爲‘幽州節度副大使、幽州長史兼御史大夫’，見《曲江集》卷九”。按張九齡《曲江集》卷七《勑擇日告廟》作“幽州節度使、副大使張守珪”。《舊唐書》卷九九《蕭嵩傳》載開元二十四年（736）“幽州節度使張守珪坐賂遺中官牛仙童，貶爲括州刺史”。

［7］過折：【劉校】據中華點校本校勘記，按《曲江集》卷五、卷八作“鬱捷”，卷九、卷一一作“過折”。“遇”“鬱”音同，“過”似應作“遇”。

［8］大曆中十三至：【劉校】據中華點校本校勘記，“原誤‘大曆十二年’，據《新唐書·契丹傳》改。按大曆凡十四年，約每年一次”。今從改。

［9］契丹名迪輦俎里：【劉校】據中華點校本校勘記，按上文作“迪輦組里”。

［10］懷秀發兵十萬：【劉校】中華點校本校勘記云，“據《新唐書·契丹傳》，安禄山發幽州、雲中、平盧、河東兵十餘萬。非懷秀發兵十萬”。

［11］世次不可悉考：【劉校】據中華點校本校勘記，按本書卷四五《百官志一》，遙輦九帳大常衮司已列遙輦九世可汗世次。

［12］授雲麾將軍，是爲耶瀾可汗：【劉校】據中華點校本校勘記，“‘是爲耶瀾可汗’原在下文‘幽州節度使’下，誤以屈戍爲幽州節度使。據《新唐書·契丹傳》改”。今從改。

［13］習爾：【劉校】據中華點校本校勘記，《新唐書》卷二一九《契丹傳》作“習爾之”。

［14］建旗皷：設立象徵部族首領權威的儀仗。皷，即鼓。

（李錫厚注　劉鳳翥校）

遼史　卷六四

表第二

皇子表

帝官天下，王者家焉。[1]至于親九族，[2]敬五宗，[3]其揆一也。三代以上，[4]封建久長，故吳、魯、燕、蔡、衛、晉、鄭，太史遷既著世家，[5]又列年表，不厭其詳。自漢以降，封建實亡，猶有其名，長世者登世家，自絶者置列傳，然王子侯猶可以年表也。班固以爲文無實，併諸侯削年而表，世君子韙之。自魏以降，不帝不世，王侯身徙數封，朝不謀夕，於是列而傳之。功不足以垂法，罪不足以著戒，碌碌然，[6]抑又甚焉。今摘其功罪傑然者列諸傳；敘親親之恩，敬長之義，而無他可書者，略表見之，爲皇子表。

[1]帝官天下，王者家焉：歷史上統治者的兩種截然不同的傳承方式。據《册府元龜》卷二五七《儲宫部·建立》，唐代宗廣德二年（764）正月己卯，立元帥尚書令雍王适爲皇太子，适上表稱：

“且五帝三王立嗣殊制。王者家天下，以傳子；帝者官天下，以傳賢。胡有居五帝之時，行三王之禮？”

［2］九族：《白虎通義》卷八《宗族》曰：“生相親愛，死相哀痛，有會聚之道，故謂之族。《尚書》曰：‘以親九族’。族所以九何？九之爲言‘究’也。親疏恩愛，究竟也。謂父族四、母族三、妻族二。父族四者：謂父之姓一族也，父女昆弟適人有子爲二族也，身女昆弟適人有子爲三族也，身女子適人有子爲四族也；母族三者：母之父母一族也，母之昆弟二族也，母昆弟子三族也。母昆弟者，男女皆在外親，故合言之。妻族二者：妻之父爲一族，妻之母爲二族。妻之親略，故父母各一族。”

［3］五宗：大宗爲一，小宗有四，合爲“五宗”。《白虎通義》卷八《宗族》曰：“聖者所以必有宗，何也？所以長和睦也。大宗能率小宗，小宗能率群弟，通於有無，所以紀理族人者也。宗其爲始祖後者爲大宗，此百世之所宗也。宗其爲高祖後者，五世而遷者也。高祖遷於上，宗則易於下。宗其爲曾祖後者，爲曾祖宗；宗其爲祖後者，爲祖宗；宗其爲父後者，爲父宗。以上至高祖宗皆爲小宗，以其轉遷别於大宗也。别子者，自爲其子孫爲，祖繼别也各自爲宗。小宗有四，大宗有一，凡有五宗，人之親所以備矣。”

［4］三代：指夏、商、周。

［5］太史遷：即太史公司馬遷，著《太史公書》（《史記》），有“世家”三十篇，並有“十二諸侯年表”。【劉校】太史，原本和明抄本作“大史”，中華點校本及修訂本據南監本、北監本、殿本徑改。今從改。

［6］碌碌然：【劉校】原本作“録録然”，中華點校本據明抄本、南監本、北監本、殿本徑改。今從改。

帝系	名字	第行	封爵	官職	功	罪	薨壽	子孫
肅祖四子：[1]昭烈皇后蕭氏生，懿祖第二，[2]見《帝紀》。	洽昚，字牙新。	第一。		迭剌部夷离堇。[3]	有德行。分五石烈爲七，六爪爲十一。			房在五院司。[4]
	葛剌，字古昆。	第三。		舍利。			早卒。	房在六院司。[5]
	洽禮，字敵輦。	第四。		舍利。				房在六院司。

［1］肅祖：爲遼太祖耶律阿保機之四代祖耨里思的廟號，重熙二十一年（1052）七月追封。耶律儼《紀》云，唐玄宗天寶年間，太祖四代祖耨里思爲迭剌部夷离堇，曾遣將只里姑、括里，大敗范陽安禄山於潢水。

［2］懿祖：爲遼太祖耶律阿保機的曾祖父薩拉德的廟號，重熙二十一年（1052）七月追封。

［3］迭剌部：契丹部族名。據本書卷三二《營衛志中·部族上》，遙輦氏時期，原來耶律（即世里）有七部，後合併爲一，成爲迭剌部。　夷离堇：契丹部族官名。源於突厥語官名“俟斤”（Irkin）。突厥各部的最高元首稱“可汗”（Qaghan），其他各部酋

長則稱爲俟斤。初，契丹“其君大賀氏，有勝兵四萬，析八部，臣於突厥，以爲俟斤”（《新唐書》卷二一九《契丹傳》）。後，契丹首領自立爲可汗，其下所屬各部酋長則稱爲“俟斤”，亦即夷离堇。契丹立國後，大部族之夷离堇稱王，小部族之夷离堇則稱爲節度使。舉凡一部之軍政、民政皆由其統掌。參韓儒林《穹廬集》（上海人民出版社 1982 年版，第 314—316 頁）。

［4］五院司：即五院部，契丹部族名。原爲迭剌部一部分。太祖阿保機以迭剌部強大難制，析爲五院部和六院部。

［5］六院司：即六院部。

懿祖四子：莊敬皇后蕭氏生，[1]玄祖第三，[2]見《帝紀》。	叔剌。	第一。		舍利。			早卒。	
	帖剌，字痕得。	第二。		九任迭剌部夷离堇。			卒年七十。	六院司，呼爲夷离堇房。〔子轄底〕。[3]

	褭古直，字巖母根。	第四。		舍利。	善射。		年幾冠，墮馬卒。	六院司，呼爲舍利房。

[1]莊敬皇后：小字牙里辛，肅祖曾過其家，爲懿祖聘。乾統三年（1103），追尊爲莊敬皇后。

[2]玄祖：遼太祖耶律阿保機祖父匀德實的廟號。重熙二十一年（1052）七月追封。本書卷五九《食貨志上》載："匀德實爲大迭烈府夷离堇，喜稼穡，善畜牧，相地利以教民耕。"

[3]子轄底：【劉校】原無此三字，據本書卷一一二《轄底傳》補。本傳稱轄底爲"肅祖孫夷离堇帖剌之子"。

玄祖四子：簡獻皇后蕭氏生，[1]德祖第四，[2]見《帝紀》。	麻魯。	第一。		舍利。			早卒。	

	巖木，字敵輦。	第二。	重熙中，[3]追封蜀國王。	三爲迭剌部夷离堇。	身長八尺，多力，能裂麛皮。[4]語音如鍾，彌里本嶺去家數里，嘗登嶺呼其從，家人悉聞之。		年四十五薨。	三子：胡古只、末掇、楚不魯。[5]其後即三父房之孟父。[6]
	釋魯，[7]字述瀾。	第三。	重熙中，追封爲隋國王。	于越。[8]	骿脅多力，[9]賢而有智。先遥輦氏可汗歲貢于突厥，[10]至釋魯爲于越始免。教民種樹桑麻。		年五十七，爲子滑哥所弒。	子滑哥。其後即三父房之仲父。[11]

[1]簡獻皇后：阿保機祖母的謚號。本書卷七一有傳。

[2]德祖：阿保機父親撒剌的的廟號。重熙二十一年（1052）七月追封。

[3]重熙：遼興宗年號（1032—1055）。

[4]能裂麚（jiā）皮：【劉校】據中華修訂本校勘記，“麚”原作“付”，據明抄本、北監本、殿本及本書卷一一六《國語解》改。今從改。

[5]三子：【劉校】“三”原作“二”，據文意改。　胡古只、末掇、楚不魯：【劉校】據中華修訂本校勘記，“末”原作“求”，據本書卷六六《皇族表》及卷七七《耶律頽昱傳》改。今從改。又按，原無“楚不魯”三字，據本書卷六六《皇族表》補。

[6]三父房：【劉注】契丹以玄祖之後爲皇族，分爲三房：玄祖伯子麻魯無後，次子巖木之後曰孟父房；叔子釋魯曰仲父房；季子爲德祖，德祖之元子是爲太祖天皇帝，謂之横帳；次曰剌葛，曰迭剌，曰寅底石，曰安端，曰蘇，皆曰季父房。遙輦九帳和皇族三父房都是耶律氏，是氏族而不是部落。此處“三父房”原本作“主父房”，明抄本、南監本、北監本、殿本均作“三父房”。中華點校本及修訂本徑改。今從改。

[7]釋魯：即述瀾，玄祖匀德實第三子，阿保機的伯父。據本書卷六四《皇子表》，賢而有智，爲迭剌部于越時教民種樹桑麻。年五十七，爲子滑哥所弑。重熙中追封爲隋國王。

[8]于越：契丹語官名。爲契丹貴官，非有大功德者不授。位在北、南大王之上。

[9]多力：【劉校】“多”原本作“人”，明抄本、南監本、北監本、殿本均作“多”。中華點校本及修訂本徑改。今從改。

[10]遙輦氏：契丹氏族。唐開元二十三年（735），可突于殘黨泥禮殺李過折，立阻午可汗，傳九世，至907年阿保機建國。遙輦九可汗繼位後各建宫衛，遼朝立國後，有遙輦九帳大常袞司之設，掌遙輦九世宫分之事務。　突厥：古代族名。曾建立突厥汗

國，至6世紀時分裂爲東西兩汗國。當阿保機建立契丹王朝時，突厥汗國早已滅亡。此處的“突厥”可能是指東突厥汗國的餘部。

[11]其後即三父房之仲父：【劉校】“即”原本誤作“良”，諸本均作“即”。中華點校本及修訂本徑改。今從改。

德祖六子：宣簡皇后蕭氏生五子，[1]太祖第一，見《帝紀》。	剌葛，[2]字率懶。	第二。		太祖即位，爲惕隱，[3]改迭剌部夷离堇。	爲惕隱，討涅烈部，破之，改爲迭剌部夷离堇。從太祖親征，統本部兵攻下平州。[4]	性愚險。破涅烈部而驕，與弟迭剌、安端等謀亂。[5]事覺，按問，具伏，太祖令誓而捨之。太祖曰：“汝謀此事，不過欲富貴爾。”出爲迭剌部夷离堇。	自幽州南竄，[7]爲人所殺。[8]	子賽保。即三父房之季父。

						復謀爲亂，誘群弟據西山以阻歸路，太祖聞而避之，次赤水城。剌葛詐降，復使神速焚明王樓，大掠而去。至擘只、喝只二河，[6]與追兵戰，衆潰。及鴨里河，女骨部人邀擊之，剌葛輕騎遁去。		

						至榆河，先鋒敵魯生擒之。太祖念其同氣，不忍加刑，杖而釋之。神册二年，南奔。		

［1］宣簡皇后：阿保機母親的謚號。重熙二十一年（1052）七月追封。死於天顯八年（933），本書卷七一有傳。

［2］剌葛：阿保機兄弟，排行第二。關於他與諸弟謀作亂事，《通鑑》卷二七〇後梁均王貞明四年（918）於事後追述此事："初，契丹主之弟撒剌阿撥號北大王，謀作亂於其國。事覺，契丹主數之曰：'汝與吾如手足，而汝興此心，我若殺汝，則與汝何異！'乃囚之期年而釋之。撒剌阿撥帥其衆奔晉，晉王李存勗厚遇之，養爲假子，任爲刺史。"天祐十五年（918），晉軍渡河攻汴州，與梁戰於胡柳，失利，撒剌携妻子奔梁。所謂"撒剌阿撥"可能就是剌葛，爲後唐莊宗李存勗所殺。《通鑑》卷二七二後唐莊宗同光元年冬十月（923）詔："契丹撒剌阿撥叛兄棄母，負恩背國，宜與趙巖等並族誅於市。"

［3］惕隱：契丹官名。又稱梯里己，掌皇族政教。

［4］平州：唐置，治所在今河北省盧龍縣。

［5］迭剌：阿保機弟。排行第三，聰明過人，是契丹小字的創

製者。曾參與其兄剌葛謀反。　安端：在阿保機兄弟中排行第五，也曾參與“謀反”。世宗天禄初，賜號“明王”，成爲東丹國的統治者。

［6］至擘只、喝只二河：【劉校】據中華點校本校勘記，“按《紀》太祖二年四月作培只河、柴河”。

［7］幽州：治所在今北京市。

［8］爲人所殺：【劉注】據《舊五代史》卷三〇《莊宗紀第四》，剌葛於同光元年（923）十月丙戌，被後唐莊宗斬於汴橋下。

迭剌，字雲獨昆。[1]	第三。		天顯元年，[2]爲中臺省左大相。[3]	性敏給。太祖曰“迭剌之智，卒然圖功，吾所不及；緩以謀事，不如我。”回鶻使至，[4]無能通其語者，太后謂太祖曰：“迭剌聰敏可使。”遣迓之。相從二旬，能習其言與書，因制契丹小字，[5]數少而該貫。		與兄剌葛謀反，剌葛遁，迭剌與安端降，太祖杖而釋之。神册三年，[6]欲南奔，事覺，親戚請免於上，又赦之。		〔子允，孫琮，曾孫昌言、昌時、阿難奴。[7]孫桂、解里、篘〕。[8]

［1］字雲獨昆：【劉注】《耶律琮神道碑》作："烈祖諱匀睹衮，乃大聖皇帝之同母弟也。"雲獨昆、匀睹衮乃契丹語第二個名的同名異譯。

［2］天顯：遼太祖耶律阿保機年號。天顯元年（926）遼太宗耶律德光即位而未改元，沿用十三年（926—938）。

［3］中臺省：東丹國宰輔機構。設左、右大相及左、右次相。

［4］回鶻：古代民族名，即回紇。本突厥别部。北魏時稱袁紇，亦曰烏獷、烏紇，至隋稱韋紇。大業元年（605），因反抗突厥的壓迫，與僕固、同羅、拔野古等成立聯盟，總稱回紇。唐天寶三載（744）破東突厥，建政權於今鄂爾渾河流域，有今蒙古高原之地。唐時助平安史之亂，屢尚公主。唐貞元四年（788）自請改稱回鶻。開成五年（840），爲轄戛斯所破，部衆分三支西遷：一支遷吐魯番盆地，稱高昌回鶻或西州回鶻；一支遷葱嶺以西楚河一帶，即葱嶺以西回鶻；一支遷河西走廊，稱河西回鶻。歷五代、遼、金，回鶻皆嘗入貢。元明時稱畏吾兒。其族在唐時奉摩尼教，宋元以來改奉回教。

［5］契丹小字：遼代契丹族有自己創制的文字。神册五年（920），創制"契丹大字"。後來，太祖阿保機弟迭剌又制"契丹小字"。契丹小字是拼音文字。自金明昌二年（1191），契丹文字已被明令停止使用，後逐漸湮没無聞。近數十年來，兩種契丹文字的碑刻皆有發現，但因與漢字對譯的資料很少，特别是還没有發現契丹文字的字典，所以釋讀工作非常艱難。

［6］神册：遼太祖耶律阿保機年號（916—922）。

［7］子允，孫琮，曾孫昌言、昌時、阿難奴：【劉校】原無此十三字，據《耶律琮神道碑》補。耶律琮，字伯玉，本書卷八六《耶律合住傳》作"耶律合住"。琮是漢名，合住是契丹語小名的音譯。

［8］孫桂、解里、筠：【劉校】原無此三孫，據劉鳳翥、唐彩蘭、青格勒編著《遼上京地區出土的遼代碑刻彙輯》（社會科學文

獻出版社 2009 年版）收録的《蕭孝恭墓誌銘》補。墓誌稱“此三人皆大聖皇帝親弟大内相之孫也”。

	寅底石，字阿辛。[1]	第四。	重熙間，追封許國王。	太祖遺詔寅底石守太師、政事令，[2]輔東丹王。[3]		生而闇懦。與兄剌葛作亂，兵敗，太祖赦之。後復與剌葛遁至榆河，自剌不死，被擒，太祖釋之。	太祖命輔東丹王，淳欽皇后遣司徒劃沙殺于路。[4]	孫阿烈。

［1］阿辛：【劉注】劉鳳翥、唐彩蘭、青格勒編著《遼上京地區出土的遼代碑刻彙輯》所收《蕭和妻秦國太妃耶律氏墓誌銘》稱“太祖聖元皇帝同母弟、守太師兼中書令、贈許國王諱亞思，夫人蘭陵氏，曾王父母也”。阿辛、亞思爲契丹語第二個名的不同音譯。第二個名均有尾音 n，阿辛的音譯更加接近實際讀音。

［2］政事令：遼朝南面宰相。遼世宗天禄四年（950）建政事省之前，漢人宰相無定稱；建政事省之後，南面宰相稱“政事令”，且多由契丹貴族擔任這一職務。

［3］東丹王：即遼太祖耶律阿保機長子，漢名倍，契丹名圖欲（突欲，899—936），生母爲淳欽皇后述律平。天顯元年（926）太祖滅渤海建東丹國，突欲被册爲人皇王，主東丹國政。阿保機死後，其母述律氏立德光，突欲被迫浮海投奔後唐。後唐明宗賜其姓名李贊華。清泰三年（遼天顯十一年，936）石敬瑭率軍攻入洛陽，後唐末帝李從珂約倍與之同死，倍不從，遇害。本書卷七二《義宗

倍傳》也記載“神册元年春立爲皇太子”。然而，即使確有此事，耶律倍也是徒具“皇太子”名義而已。當時契丹皇太子並不被視爲法定繼承人，因此，阿保機死後，耶律倍還得與其弟德光一同參加選汗，而且最終被德光所排除。

［4］淳欽皇后：遼太祖阿保機皇后述律平的謚號。遼興宗重熙二十一年（1052）九月追謚。本書卷七一有傳。

	安端，字猥隱。	第五。	天禄初，[1]以功王東丹國，[2]賜號明王。	神册三年，爲惕隱。天顯四年，爲北院夷离堇。[3]	神册三年，討平雲州。[4]天顯元年，征渤海，[5]破老相兵三萬餘人；安邊、鄚頡、定理三府叛，[6]平之。太宗即位，有定策功，會同中，[7]伐晉，率兵先出鴈門，下忻、代。[8]世宗初立，以兵往應，及李胡戰于泰德泉，[9]敗之。	與兄剌葛謀亂，妻粘睦姑告變，太祖誓而免之。復叛，兵敗，見擒，杖而釋之。子察割弑逆被誅，穆宗赦通謀罪，放歸田里。	〔應曆二年十二月辛亥薨〕。[10]	

［1］天禄：遼世宗年號（947—951）。

［2］東丹國：天顯元年（926）正月，耶律阿保機率軍攻入渤海王都忽汗城，滅掉了號稱“海東盛國”的渤海國。《五代會要·契丹》記載：“天成元年七月，攻渤海國扶餘城，下之，命其長子突欲爲國主，號東丹王。”天成元年即遼天顯元年。可能是由於直至當年七月，消息始傳到中原。阿保機以渤海故地建東丹國，意即“東契丹”，並以其長子耶律倍爲東丹王，賜天子冠服，建元“甘露”。東丹建立之初仍都忽汗城，改稱天福城。【劉注】“東丹意即東契丹”的説法似有值得商榷之處。在契丹小字中，“契丹”作“”。“東丹”作“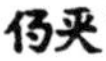”。二者没有音或義的關聯。“契丹”是一個不能再分割的完整的單詞，在契丹語中，“契丹”不能簡稱成爲“丹”。

［3］天顯四年，爲北院夷离堇：【劉校】據中華點校本校勘記，“天顯”原誤“天贊”。“按《紀》天顯元年安端猶爲惕隱，時北院夷离堇爲斜涅赤。卷七三《耶律斜涅赤傳》載斜涅赤天顯中卒。安端繼之”。今從改。

［4］雲州：治所在今山西省大同市。　神册三年，討平雲州：【劉注】“三年”原作“元年”，據本書卷一《太祖本紀上》神册“三年正月丙申，以皇弟安端爲大内惕隱，命攻雲州及西南諸部”改。

［5］渤海：靺鞨粟末部在今中國東北地區建立的政權。唐武后聖曆元年（698），靺鞨粟末部首領大祚榮建立振國（亦稱震國）。唐玄宗先天二年（713，當年十二月改元“開元”）遣使封大祚榮爲左驍衛大將軍、渤海郡王，又設置忽汗州，加授大祚榮爲忽汗州大都督，並改稱渤海。寶應元年（762）晉爲國。天顯元年（926）爲遼所滅，改稱東丹。【劉注】渤海國最初的國號爲“靺鞨”，不

爲“震國”或“振國”。《新唐書》卷二一九《渤海傳》：“睿宗先天中（應爲‘玄宗先天二年’），遣使拜祚榮爲左驍衛大將軍、渤海郡王。以所統爲忽汗州，領忽汗州都督，自是始去靺鞨號，專稱渤海。”這裏不稱“始去震國之號，專稱渤海”，而稱“始去靺鞨之號，專稱渤海”。可見，稱“大祚榮建立震國”是混淆了封號與國號的區别。《新唐書》卷二一九《渤海傳》稱“武后封乞四比羽爲許國公，乞乞仲象（大祚榮之父）爲震國公”。“許國公”和“震國公”都是封號，並不意味着有“許國”“震國”等政权。乞乞仲象死後。他兒子大祚榮繼承了“震國公”的封號，但他不滿足“公”級别，所以“自號震國王”。“震國王”僅僅是封號，並不意味着有“震國”。少數民族往往以其民族名爲國號，如“契丹”“蒙古”等。渤海也應如此。　天顯元年征渤海：【劉校】據中華點校本校勘記，“天顯”原誤“天贊”。“按《紀》神册三年正月攻雲州。天顯元年正月征渤海，據改”。今從改。

[6]安邊、鄚頡、定理：三者皆渤海國府名。安邊，治所在安州，今俄羅斯境内奥耳加城。鄚頡，治所在鄚州，故城在今黑龍江省哈爾濱市阿城區。定理，治所在今俄羅斯濱海地區蘇城。

[7]會同：遼太宗年號（938—947）。

[8]忻、代：前者指忻州，治所在今山西省忻州市；後者指代州，治所在今山西省代縣。

[9]李胡（912—960）：阿保機第三子，一名洪古，字奚隱。爲其母述律氏所鍾愛。太宗即位後，天顯五年（930）立爲皇太弟，兼天下兵馬大元帥。太宗死後，應天皇太后反對世宗兀欲而欲立李胡，失敗，母子被囚。穆宗時因參與其子喜隱謀反事而下獄死。興宗時，更謚“章肅皇帝”。本書卷七二有傳。　泰德泉：契丹地名。據本書卷三三《營衛志下》，六院部大王及都監春夏居泰德泉之北，以鎮南境。　及李胡戰於泰德泉：【劉注】“及”原本誤作“以”，

中華修訂本據明抄本、南監本、北監本、殿本改作“及”。中華點校本徑改。今從改。

[10]應曆二年十二月辛亥薨：【劉校】原本無此十字。據本書卷六《穆宗本紀上》補。

	蘇,字雲獨昆。[1]	第六。[2]		神册五年,爲惕隱。六年,爲南府宰相。[3]	言無隱情，太祖尤愛之。滄州節度使劉守文求救,[4]太祖命往救，解滄州圍。刺葛詐降，蘇往來其間。既平，蘇力爲多。天贊三年,[5]與迭里略地西南。天顯初，征渤海，攻破忽汗城,[6]大諲譔降。性柔順，事上忠謹。太祖二十功臣，蘇居其一。	在南府，以賄聞，民頗怨。	征渤海國還，薨。	已上並係季父房。〔孫豁里斯，四世孫燕哥〕。[7]〔四世孫蒲古，五世孫鐵驪〕。[8]

[1]字雲獨昆：【劉注】本書卷一一〇《耶律燕哥傳》："耶律燕哥，字善寧。季父房之後。四世祖鐸穩，太祖異母弟，父曰豁里斯。"雲獨昆、鐸穩乃同一個契丹語第二個名的不同音譯。

[2]第六：【劉校】據中華修訂本校勘記，原作"第四"，"據明抄本、南監本、北監本、殿本改。據下文，知陳大任《遼史·皇族傳》係以諸子年齒排序，而本表改以嫡庶爲序。疑蘇序齒本爲第四，底本因襲陳氏舊文漏改"。中華點校本徑改，今從。

[3]南府宰相：契丹部族官名。契丹可汗之下有北、南二府，各部族則分屬二府，故北宰相亦稱北府宰相，南宰相亦稱南府宰相。

[4]劉守文（？—909）：劉守光之兄。據《新五代史》卷三九《劉守光傳》："其兄守文聞父且囚，即率兵討守光，至於盧臺，爲守光所敗，進戰玉田，又敗，乞兵于契丹。明年，守文將契丹、吐渾兵四萬人戰于鷄蘇，守光兵敗，守文陽爲不忍，出於陣而呼其衆曰：'毋殺我弟'！守光將元行欽識守文，躍馬而擒之，又囚之於别室，既而殺之。"守文與守光戰於玉田，《通鑑》繫於開平二年（908）。此後守文借契丹兵與守光復戰於鷄蘇，則是在開平三年五月。鷄蘇，據胡三省注在薊州（今天津市薊州區）西。

[5]天贊：遼太祖年號（922—926）。

[6]忽汗城：即渤海上京龍泉府，治所在今黑龍江省寧安市渤海鎮。

[7]孫豁里斯，四世孫燕哥：【劉校】原無此九字，據本書卷一一〇《耶律燕哥傳》補。其本傳稱"耶律燕哥，字善寧，季父房之後。四世祖鐸穩，太祖異母弟。父曰豁里斯"。

[8]四世孫蒲古，五世孫鐵驪：【劉校】原無此十字，據本書卷八七《耶律蒲古傳》補。其本傳稱"耶律蒲古，字提隱，太祖弟蘇之四世孫。……爲子鐵驪所弑"。

太祖四子：淳欽皇后蕭氏生三子，太宗第二，見《帝紀》。	倍，小字圖欲，唐明宗賜姓東丹，[1]名慕華，改賜姓李，名贊華。	第一。	神册元年，立爲皇太子。天顯元年，爲東丹國人皇王，建元甘露，稱制行事，置左右大相及百官，一用漢法。太宗立，詔居東平郡，[2]升爲南京。[3]太宗謚曰文武元皇王。	唐遣人來招，倍浮海奔唐，[5]唐人迎以天子儀衛，改瑞州爲懷化軍，拜懷化軍節度使，瑞、慎等州觀察使。移鎮滑州。[6]召入，遥領虔州節度使。	聰敏好學，通陰陽、醫藥、箴灸之術，知音律，善畫，工文章。太祖征烏古、党項，[7]倍爲先鋒都統。[8]經略燕地，至定州。[9]聞太祖與李存勗拒於雲碧店，[10]	外寬内忍，刻急，喜殺人。	唐主從珂將自焚，遣壯士李彦紳害之，薨年三十八，葬醫巫閭山。[11]	子婁國、隆先、道隱。已下並係横帳。[12]

			世宗謚讓國皇帝。統和中，[4]更謚文獻皇帝。重熙二十年，增謚文獻欽義皇帝。		引兵馳赴，存勗退走。陳渤海可取之計。天顯元年，從征渤海，拔扶餘城，太祖欲括户口，諫止，且勸乘勢攻忽汗城，夜圍降之。唐李從珂自立，密報太宗曰“從珂弑君，不可不討”。			

[1]唐明宗（867—933）：即李克用養子李嗣源。因其屢建戰功，爲宣武軍節度使，兼蕃漢内外馬步軍總管。後唐莊宗李存勗曾當面許諾“天下與爾共之”。同光元年（923）拜中書令。以名位

高，見疑忌。天成元年（926），趙在禮反於魏，嗣源奉命討除，與叛軍合，南下入汴州。莊宗在洛陽爲亂軍所殺。嗣源隨即入洛陽，即位。更名亶，是爲唐明宗。卒於長興四年（933）。

[2]東平：後稱東京遼陽府。即今遼寧省遼陽市。

[3]南京：本屬渤海。遼太祖滅渤海，以其地設東平郡，太宗天顯三年（928）升爲南京，府名遼陽。天顯十三年（938）改爲東京遼陽。

[4]統和：遼聖宗年號（983—1012）。

[5]唐：五代之一。同光元年（923）由李存勗建立，國號唐，都洛陽（今屬河南省），史稱後唐。

[6]滑州：治所在今河南省滑縣。

[7]烏古：部族名。又稱嫗厥律、于厥律，居契丹西北。　党項：中國古代族名。又稱党項羌，唐以後主要活動於靈、慶、銀、夏等州，即今甘肅、寧夏、陝西和内蒙古等省區交界地區。

[8]都統：官名。唐乾元中，始以都統名官，總諸道征伐。後若調諸道兵馬會戰，多置此職，爲臨時軍事長官，不賜旌節，事解即罷。遼設諸路兵馬都統署司，下有諸路兵馬都統署，都統爲其長官。

[9]定州：治所在今河北省定州市。

[10]李存勗（885—926）：即後唐莊宗。五代時期後唐的建立者。晉王李克用之子。初嗣位爲晉王，據太原，與梁逐鹿中原。龍德三年（923）稱帝，國號唐，史稱後唐，都洛陽。同年十月攻陷梁都汴（今河南省開封市），梁末帝死於兵間。三年後，李存勗死於内亂。

[11]醫巫閭山：遼西名山。位於今遼寧省北鎮市。

[12]婁國（？—952）：東丹王耶律倍之子。字勉辛。天禄五年（951），遙授武定軍節度使。及察割作亂，婁國手刃察割。改南京留守。誘敵獵及群不逞謀逆。事覺，縊於可汗州西谷。本書卷一一二有傳。

李胡，一名洪古，字奚隱。	第三。	天顯五年，立爲皇太弟。[1]統和中，追謚欽順皇帝。[2]重熙二十一年，更謚章肅皇帝。	天顯五年，兼天下兵馬大元帥。[3]	勇悍多力。天顯五年，徇代北，攻寰州，[4]多俘而還。太宗凡親征，常留守京師。	性酷忍，小怒，輒黥人面，或投水火中。世宗即位于鎮陽，[5]太后怒，遣李胡將兵往擊，至泰德泉，爲安端、劉哥所敗。耶律屋質諫太后，[6]李胡作色曰："我在，兀欲安得立？"屋質曰："民心畏公酷暴，無如之何！"太后曰："我與太祖愛汝異於諸子。諺曰：'偏憐之子不保業，難得之婦不主家。'我非不欲立汝，汝自不能矣。"李胡往世宗軍議和，解劍而後見。和約定，趍上京。有告李胡與太后謀廢立，徙祖州。[7]穆宗時，喜隱反，辭連李胡，囚之。	死于囚所，年五十，葬玉峰山西谷。	二子：宋王喜隱、衛王宛。

［1］皇太弟：【劉校】“弟”原本作“第”，明抄本、南監本、北監本、殿本均作“弟”。中華點校本及修訂本徑改。今從改。

［2］統和中，追謚欽順皇帝：【劉校】據中華點校本校勘記，“中”字原脱，據本書卷七二本傳補。又，“欽順，《紀》重熙二十一年九月及《遼文匯》六《韓椅墓誌》均作恭順，此與本傳作欽順者，因陳大任避金章宗父允恭名改”。

［3］天下兵馬大元帥：遼尊號。天贊元年（922）十一月，遼太祖以皇子堯骨（耶律德光）爲天下兵馬大元帥，後繼位，即遼太宗。此後，遼朝歷代皇帝立皇儲，多加此號，成爲皇帝以下的最高尊稱。

［4］寰州：五代後唐置，遼廢。故治在今山西省朔州市東。

［5］鎮陽：即鎮州，故址在今蒙古國布爾幹省青托羅蓋古城。

［6］耶律屋質（917—973）：遼宗室，字敵輦，會同間，爲惕隱。太宗死後，世宗初立，屋質調解太后與世宗的矛盾，得以避免大規模内戰。天禄二年（948），助世宗挫敗天德、蕭翰等謀反。三年，又表列泰寧王察割陰謀事，世宗不聽。後平定察割之亂及立穆宗，皆有功。本書卷七七有傳。

［7］徙祖州：【劉校】“徙”原本作“徒”，明抄本、南監本、北監本、殿本均作“徙”。中華點校本及修訂本徑改。今從改。

宫人蕭氏生一子。	牙里果，字敵輦。	第四。[1]		自晉還，始爲惕隱。	性沉默，善騎射。	天顯三年，救耶律沙于定州，[2]爲李嗣源所獲，[3]至石晉立，[4]始得還。	以病薨。	二子：敵烈、奚底，皆知名。

[1]第四：【劉校】二字原脱，中華修訂本據明抄本、南監本、北監本、殿本補。中華點校本徑補。今從。

[2]耶律沙（？—988）：字安隱。景宗即位，總領南面邊防務。保寧間，宋攻河東，沙將兵救之，有功，加守太保。乾亨初，沙將兵再援北漢，敗於白馬嶺。復與宋戰於高粱河，並從韓匡嗣攻宋。本書卷八四有傳。

[3]李嗣源：李克用養子，即唐明宗。

[4]石晉：此指石敬瑭創立的後晉（936—946），五代第三個王朝。初，石敬瑭獲得契丹耶律德光支持，並向德光割地、稱臣、稱兒。少帝石重貴繼位後，與契丹交惡，爲契丹所滅。

太宗五子：靖安皇后蕭氏生二子，[1]穆宗第一，見《帝紀》。	罨撒葛。	第二。	會同元年，封太平王。[2]世宗詔許與晉主往復以昆弟禮。景宗封齊王，贈皇太叔，謚欽靖。	穆宗委以國政。		謀亂，令司天魏璘卜日，覺，貶西北邊戍。景宗即位，〔罨〕撒葛懼，[3]竄于大漠，召還，釋其罪。	保寧四年，[4]病疽薨。	

[1]靖安皇后蕭氏（？—935）：遼太宗皇后，淳欽皇后弟室魯之女，小字温。天顯六年（931）八月庚申，生穆宗。本書卷七一有傳。

[2]會同元年封太平王：【劉校】據中華點校本校勘記，本書

卷二《太宗本紀下》載，封罨撒葛爲太平王在會同二年（948）三月。

［3］罨撒葛懽：【劉校】各本均脱“罨”字，據本書本卷“名字”欄補。

［4］保寧：遼景宗年號（969—979）。

宮人蕭氏生三子。	天德，[1]字苾扇。	第三。			猛悍趫捷，人望而畏。太宗討石重貴，[2]至望都，[3]晉將杜重威率兵十萬先據河梁。[4]上欲以計破之，募能斷糧道者，天德請以五千騎行。許之。從間道擊走衛送之軍，火其輜重。重威窮蹙，乃降。會同三年，與邸用和使晉。世宗即位，遣天德護送太宗靈柩于上京。[5]太后遣李胡拒世宗，遇耶律留哥等于泰德泉，戰甚力，敗之。	與李胡戰于泰德泉，太后聞之不悦，後不復用。與侍衛蕭翰謀反，[6]繫獄。耶律留哥、盆都等辭連天德，併按之。天德斷鎖，不能出。	天祿二年，伏誅。	

［1］天德（？—948）：耶律德光第三子。猛悍趫捷，討石重貴有戰功。世宗即位，奉命護送太宗靈柩還上京，與李胡戰於泰德泉。後與蕭翰謀反，下獄。

［2］石重貴（914—964）：即後晉出帝。後晉高祖石敬瑭之侄，後晉末代皇帝，公元942年至946年在位。即位後與契丹交惡，開運三年（946）契丹攻入開封，被俘，後死於建州（今遼寧省朝陽市西南）。

［3］望都：縣名。治所在今河北省望都縣。

［4］杜重威（？—948）：朔州（今屬山西省）人。其妻石氏是晉高祖石敬瑭之妹。出帝與契丹絶好，契丹連歲入侵。重威爲北面行營招討使、鄴都留守。開運三年（946）秋重威有異志，遣人向契丹請降，契丹許以重威爲中原皇帝，重威信以爲然，乃伏甲士召諸將，出降表，令諸將署名，並告軍士以糧盡出降，軍士解甲大哭，聲震原野。明年契丹北歸，漢高祖劉知遠攻鄴，重威食盡請降。爲漢大臣共誅之。《舊五代史》卷一〇九、《新五代史》卷五二有傳。

［5］上京：遼前期都城。稱臨潢府，治所在今内蒙古自治區巴林左旗林東鎮波羅城。

［6］蕭翰（？—949）：契丹外戚。應天皇太后述律氏之侄。大同元年（947）從太宗入汴，爲宣武軍節度使。世宗即位後，附世宗反對應天皇太后，娶世宗妹阿不里。天禄間，一再謀反，伏誅。本書卷一一三有傳。

	敵烈，字巴速堇。	第四。	保寧初，封冀王。		多力善射。保寧初，宋人侵漢，[1]與南府宰相耶律沙將兵往援，却敵而還。	與宣徽使耶律海思等謀反，[2]事覺，穆宗釋之。乾亨初，[3]宋主攻河東，至白馬嶺，敵烈以先鋒度澗，未半，宋軍逆擊，師潰。	歿于陣。	子哇哥，白馬嶺之敗，俱歿。
	必攝，字箴堇。	第五。	景宗封爲越王。[4]		應曆間，[5]族人恒特及蕭啜里有罪，欲亡，必攝密以聞。上以爲忠，常以侍從。上好畜鹿，有傷斃及逸去，即殺主者。適欲誅一監養鹿官，必攝諫而免。景宗時，討党項有功。		以疾薨。	

［1］漢：指五代時期的北漢，是十國之一。後漢乾祐四年（951）河東節度使劉崇稱帝，國號仍稱漢，都晉陽（今山西省太原市），史稱北漢。依附契丹。太平興國四年（979）爲北宋所滅。歷四主，凡二十九年。

［2］宣徽使：遼朝官名。遼設北、南宣徽，分隸北、南樞密院之下。宣徽北院使常執行軍事使命。此外，宣徽使還掌領朝會、宴饗、禮儀、祭祀及御前祇應之事。

［3］乾亨：遼景宗年號（979—983）。

［4］景宗封爲越王：【劉校】景宗，據中華點校本校勘記，原誤“穆宗”。“按《紀》封越王在保寧元年四月，據改”。今從改。

［5］應曆：遼穆宗年號（951—969）。

世宗三子：景宗第二。	吼阿不。	第一。舊史《皇族傳》書在第三，且云未詳所出。按《景宗本紀》云，景宗皇帝，世宗第二子。又按舊史《本傳》云，景宗立，親祭於墓，追册爲皇太子。當是世宗嫡長子也。	景宗立，追册爲皇太子，謚莊聖。				早薨。墓號太子院。	

妃甄氏生一子。	只沒，[1]字和魯堇。	第三。舊史《皇族傳》書在第一。	景宗封爲寧王。保寧八年奪爵。統和元年，皇太后稱制，[2]詔復舊爵。		敏給好學，通契丹、漢字，[3]能詩。統和元年，應皇太后命，賦《移芍藥詩》。	應曆末，與宮人私通，上聞，怒，榜掠數百，刺一目而宮之，繫獄，將棄市。景宗即位，釋之，賜以所私宮人。保寧八年，妻造鴆毒，奪爵，貶烏古部。賦《放鶴詩》，徵還。		

[1]只沒：【劉校】據中華點校本校勘記，本書卷一〇《聖宗本紀一》統和元年（983）正月作“先帝庶兄質睦”。

[2]皇太后稱制：皇后稱制是北方民族傳統，大汗死後，在選立新汗之前，由大汗之妻權決軍國事。此皇太后指承天太后，聖宗年幼即位，故太后稱制。

[3]契丹、漢字：即契丹文字和漢文字。神册五年（920）創制的契丹大字，是一種採用漢字筆畫結構而創製的表意文字。契丹小字是拼音文字。

景宗四子：睿智皇后蕭氏生三子，[1]聖宗第一，見《帝紀》。	隆慶，[2]字燕隱，小字普賢奴。	第二。	八歲封恒王。統和十六年，徙王梁國。開泰初，[3]更王晉國，進王秦晉，追贈〔孝貞〕皇太弟。[4]	初兼侍中。[5]統和中，拜南京留守。[6]開泰初，加守太師，兼政事令，尋拜大元帥，[7]賜金券。[8]	統和十七年南征，爲先鋒，至瀛州，遇宋將范庭召列陣以待。隆慶遣蕭柳擊敗之，逃入空墅，圍而盡殪。十九年，復敗宋人於行唐。[9]		入覲，還至北安州，[10]浴温泉，疾薨，[11]葬醫巫閭山。	子五人：查葛、遂哥、謝家奴、驢糞、蘇撒。[12]

[1]睿智皇后蕭氏（？—1009）：諱綽，小字燕燕，北府宰相思温女。景宗即位，選爲貴妃。尋册爲皇后，生聖宗。景宗崩，尊爲皇太后，攝國政。統和元年（983），上尊號曰承天皇太后。本書卷七一有傳。

[2]隆慶（？—1016）：遼聖宗耶律隆緒同母弟。統和中進封爲梁國王，拜南京留守，手握重兵，稱雄一方。統和十七年（999）南征，隆慶率軍爲先鋒，至瀛州（今河北省河間市），與宋將范廷

召相遇，隆慶命蕭柳迎戰，將宋軍擊潰，並圍而殲之。十九年(1001)，他復敗宋人於行唐（今屬河北省）。他的權勢、地位不斷上升，威脅到遼聖宗。《宋朝事實類苑》卷七七引《乘軺録》稱其“調度之物，悉侈於隆緒”。【劉注】隆慶又名贇，《長編》卷五五宋真宗咸平六年（1003）七月己酉，李信云，景宗“凡四子，長名隆緒，即戎主；次名贇，僞封梁王”。

[3]開泰：遼聖宗年號（1012—1021）。

[4]追贈孝貞皇太弟：【劉校】原無“孝貞”二字，據劉鳳翥、唐彩蘭、青格勒編著《遼上京地區出土的遼代碑刻彙輯》收録的《秦晉國大長公主墓誌銘》補。墓誌稱大長公主的長女“適秦晉國王追謚孝貞皇太弟隆慶”。《契丹國志》卷一四《諸王傳》則作“孝文皇太弟”。

[5]侍中：唐官名。唐不設尚書令，最初以左、右僕射與中書令、侍中同爲宰相。中宗以後，不加同中書門下平章事者即不爲宰相。

[6]南京：今北京市。

[7]大元帥：即天下兵馬大元帥，遼尊號。

[8]金券：鐵券的美稱。鐵券即鐵契。《續古今考》卷五：“後世賜鐵券，謂不死。”《長編》卷七九宋真宗大中祥符五年（1012）冬十月己酉載：“以主客郎中、知制誥王曾爲契丹國主生辰使，宫苑使榮、州刺史高繼勳副之……契丹使邢祥接伴，祥詫其國中親賢賜鐵券，曾折之曰：‘鐵券者，衰世以寵權臣，用安反側，豈所以待親賢耶。’祥媿不復語。”《宋朝事實類苑》卷九：“祥符中王沂公奉使契丹，館伴邢祥頗肆談辨，深自衒鬻，且矜新賜鐵券。公曰：‘鐵券蓋勳臣有功高不賞之懼，賜之以安反側耳。何爲輒及親賢?’祥大沮失。”

[9]行唐：此係遼境内之行唐縣。本書卷四〇《地理志四·南京道》：“本定州行唐縣。太祖掠定州，破行唐，盡驅其民，北至檀州，擇曠土居之，凡置十寨，仍名行唐縣。隸彰愍宫。”

［10］北安州：即大興州，治所在今河北省承德市雙灤河鎮。【劉注】一説遼代北安州州治爲今河北省隆化縣隆化鎮土城子村古城址。

［11］疾蒐：【劉注】據《宋會要輯稿》卷五二五七，隆慶薨於天禧四年（1020）（中華書局1957年版，第7679頁）。

［12］查葛（1003—1062）：【劉注】查葛是契丹語小名的音譯。據《耶律宗政墓誌銘》，查葛還有漢名宗政，字去回。其最後的官銜是資忠佐理保義翊聖同德功臣、武寧軍節度，徐、宿等州觀察處置等使，開府儀同三司、檢校太師、守太傅兼中書令、行徐州大都督府長史，判武定軍節度，奉聖、歸化、儒、可汗等州觀察、處置、屯田、勸農等使，上柱國、魏國王。其生平詳載《耶律宗政墓誌銘》。　遂哥：【劉注】遂哥是契丹語小名的音譯。據《耶律宗允墓誌銘》，遂哥還有漢名"曰宗德，大内惕隱，同中書門下平章事，汧王"。　謝家奴（1005—1064）：【劉注】謝家奴爲契丹語小名的音譯。據《耶律宗允墓誌銘》，謝家奴還有漢名宗允，字保信。其最後官銜是保順協贊推誠功臣、天雄軍節度、魏州管内觀察處置等使、開府儀同三司、檢校太師、守司徒、兼中書令行魏州大都督府長史、判匡義軍節度、饒州管内觀察處置等使、上柱國、魯王、追封鄭王。其生平詳載《耶律宗允墓誌銘》。　驢糞：（992—1053）：【劉注】亦作"旅墳"，是契丹語小名的音譯。據漢字和契丹小字《耶律宗教墓誌銘》，驢糞還有漢名宗教，字希古。其最後官銜是保義軍節度使、同中書門下平章事、判奉先軍節度使事、廣陵郡王。其生平詳載《耶律宗教墓誌銘》。　蘇撒：【劉注】據契丹小字《耶律宗教墓誌銘》，蘇撒還有契丹語小名（豬糞），身份是太師大王。

	隆祐，[1]小字高七，一字胡都堇。[2]	第三。	乾亨初，封鄭王。統和中，徙王吳，更王楚。開泰初，改王齊。[3]謚仁孝。重熙間，改謚孝靖。	統和中伐宋，留守京師，拜西南面招討使。[4]及征高麗，[5]復留守京師，權知北院樞密使。[6]出守東京。[7]贈守太師。			開泰元年薨。	子三人：胡都古、合禄、貼不。[8]
一子不詳所出。	藥師奴。[9]	第四。					早卒，葬王子院。	

［1］隆祐：【劉校】《秦晉國大长公主墓誌銘》作“隆裕”。《宋會要輯稿》卷五二五七（中華書局 1957 年版，第 7659 頁）和《契丹國志》卷一四《諸王傳》亦作“隆裕”。

［2］胡都堇：【劉注】契丹語第二個名的音譯。漢語意思

爲“受福”。

［3］開泰初，改王齊：【劉校】據中華點校本校勘記，“初”原作“中”。“按《紀》開泰元年二月，楚國王隆祐徙齊國王。據改”。今從改。

［4］西南面招討使：西南面招討司的長官。負責對西夏防禦。

［5］高麗（918—1392）：王建創建的高麗王朝。統治地域在今朝鮮半島，首都在開京（今朝鮮開城市）。

［6］北院樞密使：即契丹樞密院之樞密使。爲北面官之最高官職，掌軍事、部族。詳見本書卷四五《百官志一》。

［7］東京：遼五京之一，治所在今遼寧省遼陽市。

［8］胡都古：【劉注】契丹語小名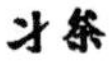的音譯。漢語意思爲“福”。由他父親的第二個名（胡都堇）轉化而來。即去掉體現父親的第二個名的尾音 n，即變成了兒子的小名。係典型的父子連名習俗。據《契丹國志》卷一八，胡都古還有漢名宗業，“宗業，本齊國王隆裕之子。始封廣王，未幾徙封周王，歷中京留守，平洲、錦州節度使。”　合禄：【劉注】契丹語小名的音譯。據《契丹國志》卷一八和《永清公主墓誌銘》，合禄還有漢名宗範。他“歷龍化州節度使、燕京留守，封韓王”。　貼不：【劉注】據《永清公主墓誌銘》，他還有漢名宗熙。“初封裕彰郡王，次封衛王”。

［9］藥師奴：【劉注】據《長編》卷五五宋真宗咸平六年（1003）七月己酉，藥師奴又“名鄭哥，八月而夭”。

聖宗六子：欽哀皇后蕭氏生二子，[1]興宗第一，見《帝紀》。	重元，[2]小字孛吉只。	第二。	太平三年，[3]封秦國王。興宗立爲皇太弟，賜金券。道宗册爲皇太叔，免拜，不名，復賜金券。	歷南、北院樞密使，[4]南京留守，知元帥府事。[5]道宗拜天下兵馬大元帥。	聖宗崩，欽哀皇后稱制，密謀立重元，重元以所謀白於上，上益重之。後雖處戎職，未嘗離輦下，尊寵古未之有。	清寧九年，[6]車駕秋獵灤水，重元子涅魯古與陳六、蕭胡覩等四百餘人謀反，[7]誘脅弩手軍攻行宮。[8]將戰，其黨多悔過効順，各奔潰。重元奔走大漠，[9]歎曰："涅魯古使我至此。"	謀反，軍潰，自殺。	子涅魯古謀反，戰殁。

[1]欽哀皇后（？—1057）：淳欽皇后弟阿古只五世孫。小字耨斤。爲聖宗元妃，生宗真，仁德皇后無子，取而養之如己出。聖宗死後，宗真即位爲興宗，耨斤自立爲皇太后，攝政，並殺害仁德皇后，謀廢興宗，立重元。後失敗。本書卷七一有傳。【劉注】欽

哀，據其哀册篆蓋，應作“欽愛”。

[2]重元（1021—1063）：聖宗次子。本名宗元，因避興宗諱，改重元，小字孛吉只，亦作孛已只。太平三年（1023），封秦國王。聖宗死後，欽愛皇后稱制，曾密謀立重元。重元以所謀告於興宗，封爲皇太弟。賜以金券誓書。道宗即位，册爲皇太叔，爲天下兵馬大元帥，復賜金券。清寧九年（1063），與其子涅魯古謀亂，失敗自殺。本書卷一一二有傳。

[3]太平：遼聖宗年號（1021—1031）。

[4]南院樞密使：即漢人樞密院之樞密使。爲南面官最高官職。詳見本書卷四七《百官志三》。

[5]元帥府：主持遼朝南邊防務的機構。遼朝往往以皇位繼承人出任天下兵馬大元帥，早年德光、李胡都曾具有大元帥頭銜。後來，大元帥在燕京開府。余靖《武溪集》卷一八《契丹官儀》説：“胡人之掌兵者，燕中有元帥府，雜掌番漢兵，太弟總判之……大抵胡人以元帥府守山前，故有府官。又有統軍，掌契丹、渤海之兵。馬軍、步軍，一掌漢兵以乙室王府。山後又有雲、應、蔚、朔、奉聖等五節度營兵，涿州又置鄉兵。”

[6]清寧：遼道宗年號（1055—1064）。

[7]涅魯古（？—1063）：耶律重元之子。有傳附本書卷一一二《耶律重元傳》後。　蕭胡覩（？—1063）：遼外戚。字乙辛。重熙中，尚秦國長公主，授駙馬都尉，以不諧離婚，復尚齊國公主，爲北面林牙。清寧中，歷北、南院樞密副使，清寧九年（1063）七月參與涅魯古叛亂，失敗投水死。五子，同日伏誅。本書卷一一四有傳。

[8]行宫：亦稱行帳。即遼朝皇帝轉徙隨行的車帳組成的朝廷，契丹語稱“捺鉢”，遼中葉逐漸形成“四時捺鉢”制度。

[9]大漠：指我國北部的廣大沙漠地區。

一子未詳所出。	别古特，字撒懶。	第三。	重熙中，封柳城郡王。	太平七年，遥領彰信軍節度使，爲王子郎君班詳穩。[1]重熙中，累遷契丹行宫都部署。[2]	明敏，善射。討夏國，[3]督戰有功。		討夏軍還，薨。	

[1]詳穩：遼朝軍官名。元帥府下設大詳穩司，屬北面軍官，掌兵馬事。“詳穩”即漢語“將軍”的轉譯。【劉注】“詳穩”即漢語“將軍”的轉譯的説法似有值得商榷之處。在契丹小字中，“詳穩”作，“將軍”作，或、；在契丹大字中，“詳穩”作，“將軍”作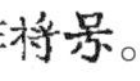。“詳穩”不是漢語“將軍”的轉譯，而是契丹語的音譯。本書卷一一六《國語解》謂：“詳穩，諸官府監治長官。”契丹語中“將軍”是漢語借詞。

[2]契丹行宫都部署：遼北面行宫官。遼在北南面官系統中，分别設契丹行宫都部署和漢人行宫都部署，其上則有諸行宫都部署。行宫都部署完全是倣中原王朝官制設置的，它不同於專管斡魯朶事務的某宫都部署的宫官。宋朝皇帝巡幸亦有行宫，且亦有行宫都部署之設，後避英宗趙曙名諱，改稱行宫都總管。

[3]夏國（1038—1227）：以党項民族爲主體建立的政權。公元1038年，元昊叛宋稱帝，建立大夏王朝，傳十代，至1227年爲蒙古所滅。元昊稱帝以前，作爲北宋境内的地方割據政權，已經具有獨立性。史稱西夏，先後與遼、北宋及金、南宋並立於中國境内。境土包括今寧夏回族自治區全部、甘肅省大部、陝西省北部以及青海省、内蒙古自治區的部分地區。

僕隗氏生二子。	吴哥，[1]字洪隱。	第四。	燕王。	開泰二年，爲惕隱，[2]出爲南京留守。			薨于南京。	四世孫敵烈、朮烈。朮烈繼梁王雅里稱帝。
	狗兒，字屠魯昆。	第五。	太平元年，拜南府宰相。				暴疾薨。	

[1]吴哥：【劉注】吴哥爲契丹語小名的音譯，他還有漢名宗訓。

[2]開泰二年，爲惕隱：【劉注】本書卷一五《聖宗紀六》開泰二年（1013）七月“丁卯，封皇子宗訓大内惕隱”。

姜氏生一子。[1]	侯古，字訛里本。[2]	第六。	重熙十七年，封饒樂郡王。[3]咸雍中，[4]徙混同郡王。	重熙初，王子郎君班詳穩，後爲上京留守。			薨於上京。	〔子弘用〕。[5]

[1]姜氏：【劉校】據劉鳳翥、唐彩蘭、青格勒編著《遼上京地區出土的遼代碑刻彙輯》收録的《寂善大師墓誌銘》，“姜氏”爲“耿氏”之誤，“祖諱崇美，……烈考諱紹忠”。

[2]侯古（1009—1072）：【劉注】侯古是契丹語小名的音譯。

根据漢字《耶律宗愿墓誌銘》侯古還有漢名宗愿，字德恭。其最後的官銜是忠亮佐國功臣、儀同三司、守司徒、兼侍中、判上京留守、臨潢府尹事、上柱國、混同郡王。　訛里本：根据契丹小字《耶律弘用墓誌銘》，訛里本是契丹語第二個名的音譯，漢語意思爲“朔”“序言”的“序”“頭一個”等。

［3］重熙十七年封饒樂郡王：【劉校】據中華點校本校勘記，原脱“十”字，依本書卷二〇《興宗本紀三》在十七年（1048）十一月，據補。今從。

［4］咸雍：遼道宗年號（1065—1074）。

［5］子弘用：【劉校】原無此三字。據契丹小字《耶律弘用墓誌銘》補。弘用（1054—1086）爲漢名，他還有契丹語小名（維里）和契丹語第二個名（敖盧斡）。生父訛里本大王是聖宗皇帝仲子。祖母爲淑儀耿氏。清寧二年（1056），封左院千牛衛將軍。其事蹟詳載契丹小字《耶律弘用墓誌銘》。

興宗三子：仁懿皇后蕭氏生三子，[1]道宗第一，	和魯斡，[2]字阿輦。	第二。	重熙十七年，封越王。清寧初，徙王魯，進王宋魏。乾統三年，[3]册爲皇太叔〔祖〕。[4]	清寧中，拜上京留守，改南京留守。乾統初，爲天下兵馬大元帥，加守太師，	重元亂，和魯斡夜赴戰。	天祚即位，弛圍場之禁。和魯斡請曰：“天子以巡幸爲大事，雖居諒陰，[6]	從獵於慶州，薨。[7]	子三人：石篤、遠、淳。淳封秦晉王，稱帝。[8]

見《帝紀》。				免拜，不名。三年，爲惕隱，加義和仁壽之號，復守南京。[5]		不可廢也。”上以爲然，復命有司促備春水之行。		
	阿璉，[9]字訛里本。	第三。	重熙十七年，封許王。清寧初，徙陳王、秦王，進封秦越國。追封秦魏國王，謚恭正。[10]	清寧中，出爲遼興軍節度使。[11]咸雍間，歷西京、上京留守。[12]			從車駕秋獮，以疾薨。[13]	

[1]仁懿皇后蕭氏（？—1076）：小字撻里，欽哀皇后弟孝穆之長女。重熙四年（1035），立爲皇后。二十三年，號貞懿慈和文

惠孝敬廣愛崇聖皇后。道宗即位，尊爲皇太后。本書卷七一有傳。

［2］和魯斡（1041—1110）：【劉注】和魯斡爲契丹語小名的音譯。據漢字《耶律弘世墓誌銘》，他還有漢名弘本。事蹟詳載漢字《義和仁壽皇太叔祖耶律弘本哀册》。

［3］乾統：遼天祚帝年號（1101—1110）。

［4］皇太叔祖：【劉校】“祖”字原脱，據汉字《義和仁壽皇太叔祖耶律弘本哀册》補。

［5］“三年”至“復守南京”：【劉校】據中華點校本校勘記，“按《紀》乾統六年十一月，以皇太叔、南京留守和魯斡兼惕隱。義和仁壽之號，《紀》作‘義和仁聖’。‘復守’應作‘仍守’，因惕隱爲兼官，並未離去南京留守”。

［6］諒陰：亦作“諒闇”。本義是居喪期間所住的房子，借指居喪。多用於皇帝。《文選》卷一六潘安仁《閒居賦》：“今天子諒闇之際。”李善注：“天子，［晉］惠帝也。諒闇，今謂凶廬裹寒涼幽闇之處，故曰諒闇。”

［7］從獵於慶州，薨：【劉注】漢字《義和仁壽皇太叔祖耶律弘本哀册文》稱：“維乾統十年，歲次庚寅。閏八月丁酉朔，皇太叔祖薨于慶州西南之行帳。” 慶州：【劉注】遼代州城。州城故址在今内蒙古自治區巴林右旗幸福之路蘇木崗根嘎查。

［8］淳：即耶律淳（1063—1122），世號爲北遼。小字涅里，興宗第四孫，南京留守、宋魏王和魯斡之子。清寧初，太后鞠育之。既長，出爲彰聖等軍節度使。天祚即位，進王鄭。乾統二年（1102），加越王。六年，拜南府宰相，後又徙王魏。其父和魯斡薨，即以淳襲父守南京。冬夏入朝，寵冠諸王。天慶五年（1115），進封秦晉國王。保大二年（1122），天祚入夾山，在耶律大石等擁立下即位。號天錫皇帝，改保大二年爲建福元年，事未決，即病死，年六十。百官僞謚爲孝章皇帝，廟號宣宗，葬燕西香山永安陵。本書卷三〇《天祚本紀四》附《耶律淳傳》。

［9］阿璉（？—1087）：【劉注】阿璉是契丹語小名的音譯。據

《耶律弘世墓誌銘》，他還有漢名弘世，字康時。其事蹟詳載《耶律弘世墓誌銘》。

[10]恭正：【劉校】“恭”原誤作“欽”，此係陳大任《遼史》避金章宗父允恭諱改。據《耶律弘世墓誌銘》“按行册禮爲秦魏國王，謚曰恭正”改。

[11]遼興軍：平州軍號。治所在今河北省盧龍縣。

[12]西京：治所在今山西省大同市。　上京：治所在今内蒙古自治區巴林左旗林東鎮波羅城。

[13]從車駕秋獵，以疾薨：【劉注】《耶律弘世墓誌銘》稱“歲在單閼秋七月，天子馭六龍，驅萬騎，雷動飈起，將狡獵於黑嶺之壄，講武事也。詔王陪行，示友愛之至也。時殘暑猶甚。王宿疾暴作，留於途次。翊日，天駕臨問，命太醫治視。久之，術盡無及。粤二十八日，遂不起”。

道宗一子：宣懿皇后蕭氏生。[1]	濬，[2]小字耶魯斡。	第一。	六歲封梁王，[3]八歲立爲皇太子，謚昭懷，以天子禮葬。乾統初，追尊大孝順聖皇	大康元年，[4]兼領北、南院樞密使。[5]	幼能言，好學，知書。文帝屢曰：“此子聰慧，殆天授。”七歲從獵，連中二鹿，上謂左右曰：“祖先騎射絶人，威振		年二十，爲乙辛誣害，[6]囚上京，見殺，葬玉峰山。	子天祚皇帝，諱延禧。

			帝，廟號順宗。		天下，是兒雖幼，當不墜祖風。”後復遇十鹿，射之，得九，帝喜，爲設宴。			

［1］宣懿皇后（1040—1075）：欽愛皇后蕭耨斤弟樞密使蕭惠之女。小字觀音。清寧初年，立爲懿德皇后。生太子濬，有專房之寵。大康元年（1075），宮中婢女單登、教坊朱頂鶴誣告皇后與伶官趙惟一有私情，道宗詔令誅殺趙惟一全族，賜皇后自盡。天祚帝乾統元年（1101），追謚爲宣懿皇后，與道宗合葬慶陵。本書卷七一有傳。

［2］濬：即太子濬（1058—1077）。小字耶魯斡。道宗長子，天祚帝生父。大康三年（1077）被廢，隨即被耶律乙辛殺害。九年（1083）追謚昭懷太子。本書卷七二有傳。

［3］梁王：遼中期以後皇位繼承人的封號。“六歲封梁王”表明，耶律濬作爲皇位繼承人的地位，已經確定。

［4］大康：遼道宗年號（1075—1084）。

［5］兼領北、南院樞密使：【劉校】據中華點校本校勘記，“按《紀》大康元年六月稱‘詔皇太子總領朝政’。本書卷七二本傳：‘大康元年，兼領北南樞密院事。’”

［6］乙辛：即耶律乙辛（？—1083）。字胡覩衮，五院部人。重熙中，爲文班吏。道宗清寧五年（1059），爲南院樞密使，改知北院，封趙王。九年，重元亂平，拜北院樞密使，進封魏王。咸雍

五年（1069），加守太師，詔四方有軍旅，許以便宜從事，勢震中外。大康元年（1075），誣皇后致死，三年又害死太子耶律濬。七年冬，坐以禁物鬻入外國，幽於來州。九年，謀奔宋及私藏兵甲事發，伏誅。本書卷一一〇有傳。

天祚六子：文妃生一子。[1]	敖盧斡。[2]	第一。出繼大丞相耶律隆運後。[3]	初封晉王。		喜揚人善，勸其不能，中外稱其長者。	保大元年，[4]南軍都統耶律余覩以敖盧斡有人望，[5]與文妃密謀立之，不果，余覩降金，文妃伏誅，敖盧斡不與謀，得免。耶律撒八等復謀立敖盧斡，事覺，或勸之亡，曰“安忍爲蕞爾之軀，失臣子之節！”聞者傷之。	保大二年，以得人心縊死。	

元妃生一子。	雅里，字撒鸞。	第二。	七歲，欲立爲太子，别置禁衛，封梁王。天祚奔夏，衆推稱帝，改元神曆。					
四子未詳所出。[6]	撻魯。	第三。	燕國王。[7]				早薨。	
	習泥烈。	第四。	趙王。				從天祚至白水濼，爲金師所獲。	

	定。	第五。	秦王。				至青塚濼，[8]爲金師所獲。	
	寧。	第六。	許王。				至青塚濼，爲金師所獲。	

[1]文妃：天祚文妃蕭氏（？—1121）。小字瑟瑟，國舅大父房之女。乾統三年（1103）冬，立爲文妃。生蜀國公主、晉王敖盧斡。敖盧斡平素在衆人之中有威望。天祚元妃之兄蕭奉先對敖盧斡深懷妒忌，於是誣巇南軍都統耶律余覩陰謀立晉王敖盧斡，以爲文妃參與此事，賜死。本書卷七一有傳。

[2]敖盧斡（？—1122）：天祚皇帝長子。生母是文妃蕭氏。封晉王有人望，内外歸心。保大元年（1121），蕭奉先使人誣告南軍都統耶律余睹與晉王母文妃密謀立晉王爲帝，余覩投降金朝，文妃被誅。二年，天祚帝賜敖盧斡死。本書卷七二有傳，記事與本紀多有不合。【劉校】“敖盧斡”之“盧”，各本皆作“魯”，據本書卷七二本傳改。

[3]耶律隆運（942—1011）：即韓德讓。韓匡嗣第四子，統和初年承天稱制，韓德讓以南院樞密使的身份“總宿衛事”。統和十七年（999），北院樞密使、魏王耶律斜軫病故，承天太后以韓德讓

兼知北院樞密使事，至此，遼朝的蕃漢軍政大權就集於韓德讓一身了。統和二十二年（1004），承天太后又賜韓德讓姓耶律，徙封晉王，並且仍舊爲大丞相，事無不統。次年十一月，她又詔德讓"出宫籍，屬於横帳"。

[4]保大：遼天祚帝年號（1121—1125）。

[5]耶律余覩（？—1132）：皇族。保大初年，曾任副都統。其妻是天祚文妃之妹。蕭奉先之妹是天祚元妃，生梁王。奉先恐梁王不能繼承皇位，於是指使人誣陷余覩結納駙馬蕭昱等陰謀立晉王爲帝。天祚爲此殺蕭昱，賜文妃死。余覩在軍中得知此事後，怕不能自明而被誅，即率千餘士兵，連同軍帳中的親信叛歸女直。本書卷一〇三有傳。

[6]四子未詳所出：【劉校】據中華點校本校勘記，"按卷七一《后妃傳》德妃生子撻魯。又《紀》保大元年正月記'趙王母昭容'"。

[7]燕國王：【劉注】本書卷二七《天祚本紀一》乾統三年十一月丙申"梁王撻魯進封燕國王"。

[8]青塚：即王昭君墓。在今内蒙古自治區呼和浩特市南面。

（李錫厚注　劉鳳翥校）

遼史　卷六五

表第三

公主表

春秋之法，王姬下嫁書于策，[1]以魯公同姓之國爲之婚主故爾。古者，婦諱不出門，[2]内言不出梱。[3]公主悉列于傳，非禮也。然遼國專任外戚，公主多見《紀》《傳》間，不得不表見之。禮，男女異長，不當與皇子同列，别爲《公主表》。[4]

[1]王姬下嫁書於策：【劉校】"王姬"，原本、南監本、明抄本、殿本均作"主姬"，中華點校本和修訂本據北監本改。今從改。

[2]婦諱不出門：《禮記注疏·曲禮上》曰："婦諱不出門。(注：婦親遠，於宫中言辟之。)大功、小功不諱。入竟而問禁，入國而問俗，入門而問諱。(注：皆爲敬主人也。禁，謂政教。俗，謂常所行與所惡也。國，城中也。)"

[3]内言不出梱：語出《禮記·曲禮上》："外言不入於梱，内言不出於梱。"明代胡廣等《禮記大全》卷一曰："梱，門限也。内外有限，故男不言内，女不言外。"

[4]别爲《公主表》:【劉校】各本均作“公主附表”。中華點校本校勘記云,《羅校》載,“附”字衍。據本卷題目改。今從改。

屬	母	名	封	下嫁	事	罪	薨	子
太祖一女:		質古。		下嫁淳欽皇后弟蕭室魯。[1]	幼爲奥姑。契丹故俗,凡婚燕之禮,推女子之可尊敬者坐於奥,[2]謂之“奥姑。”		未封而卒。	

[1]淳欽皇后:遼太祖阿保機皇后述律氏的謚號。遼興宗重熙二十一年(1052)九月追謚。本書卷七一有傳。　蕭室魯:娶太祖之女質古。爲駙馬都尉。

[2]坐於奥:即西南隅坐,主持婚禮。

太宗二女:		呂不古,第一。	應曆間,[1]封汧國長公主。保寧中,[2]進封燕國大長公主。	下嫁北府宰相蕭思温。[3]			以疾薨。	
		嘲瑰,第二。		下嫁北府宰相蕭海璆。[4]			應曆初,未封卒。	

[1]應曆:遼穆宗年號(951—969)。

[2]保寧:遼景宗年號(969—979)。

[3]北府宰相：契丹部族官名。契丹可汗之下有北、南二府，各部族則分屬二府，故北宰相亦稱北府宰相，南宰相亦稱南府宰相。　蕭思温（?—970）：宰相蕭敵魯族弟忽没里之子。小字寅古。通書史。穆宗時爲南京留守，但畏懦不敢戰。應曆八年（958），周占束城，遼軍退渡滹沱河而屯，思温飾他説請濟師。已而，後周圍瀛州，陷益津、瓦橋、淤口三關，迫近固安，思温不知計所出。十九年（969），穆宗遇弑。思温與南院樞密使高勳、飛龍使女里等立景宗。保寧初，爲北院樞密使，兼北府宰相，仍命世預其選。思温女册爲皇后（即睿智皇后），加尚書令，封魏王。保寧二年（970），爲賊所害。本書卷七八有傳。

[4]蕭海瓈（918—967）：【劉注】字寅的哂。貌魁偉，膂力過人。先娶明王安端女藹因翁主（《蕭興言墓誌銘》作“照國公主”），察割亂，藹因連坐，續娶嘲瑰公主。預北府宰相選，總知軍國事。本書卷七八有傳。

世宗三女：	懷節皇后生：[1]	和古典，第一。[2]	保寧間，封秦國長公主。	下嫁侍中蕭啜里。[3]			以疾薨。	
		觀音，第二。	保寧間，封晉國長公主。	下嫁蕭夏剌。				
		撒剌，第三。		下嫁蕭斡里。			未封卒。	

[1]懷節皇后：世宗懷節皇后蕭氏。小字撒葛只，淳欽皇后弟阿古只之女。生景宗、萌古公主。察割亂，遇害。初謚孝烈皇后，

重熙二十一年（1052）更今謚。本書卷七一有傳。

[2]和古典：【劉校】據中華點校本校勘記，“按《紀》統和元年（983）正月作胡骨典，四月作胡古典”。

[3]侍中：唐官名。唐不設尚書令，最初以左、右僕射與中書令、侍中同爲宰相。中宗以後，不加同中書門下平章事者即不爲宰相。遼承唐制。

景宗四女：	睿智皇后生三女：[1]	觀音女，[2]第一。	封魏國公主，進封齊國。景福中，[3]封燕國大長公主。	下嫁北府宰相蕭繼先。[4]	皇后尤加愛，賜奴婢萬口。		重熙中薨。[5]	〔子紹宗，[6]孫永、寧、安〕。[7]
		長壽女，[8]第二。	封吳國公主。統和初，[9]進封衛國，改封魏國長公主。	下嫁宰相蕭排押。[10]			開泰六年薨。[11]	

[1]睿智皇后（953—1009）：北府宰相思温女。諱綽，小字燕燕。景宗即位，選爲貴妃。尋册爲皇后，生聖宗。景宗崩，尊爲皇太后，攝國政。統和元年（983），上尊號曰承天皇太后。本書卷七一有傳。【劉校】據中華點校本校勘記，“智”原作“聖”。“按卷七一本傳作‘知’，《紀》《志》《表》《傳》另見者並作‘智’，據

改”。今從改。

[2]觀音女：【劉注】《宋會要輯稿》卷五二五七宋真宗咸平六年（1003）七月，李信云遼景宗“三女，長曰燕哥，今年三十四，適蕭氏弟北宰臣留住哥（本書本傳作‘小字留只哥’），僞駙馬都尉”。

[3]景福：遼興宗年號（1031—1032）。

[4]蕭繼先（913—970）：字楊隱，小字留只哥。乾亨初，尚齊國公主，拜駙馬都尉。統和四年（986），拜北府宰相。自是出師，必將本府兵先從，戰稱捷力。卒，年五十八。本書卷七八有傳。【劉校】蕭繼先，《秦晉國大長公主墓誌銘》作“蕭繼遠”。

[5]重熙：遼興宗年號（1032—1055）。

[6]子紹宗：【劉校】原無此三字。據《秦晉國大長公主墓誌銘》補。墓誌稱：“子一人：紹宗，遼興軍節度使、守太傅、兼侍中、駙馬都尉、吳王、贈中書令、魏王，尚秦國長公主。星列三階，焕祥光於拱極，山摧一柱，先壯勢於擎天。先大長公主而薨。”

[7]孫永、寧、安：【劉校】原無此四字，據《秦晉國大長公主墓誌銘》補。墓誌稱：“孫三人：長曰永，崇德宮漢兒渤海都部署、彰武軍節度使、檢校太傅，娶故宋王次子于骨迪列桑格麥女耶律氏。次曰寧，忠正軍節度使、檢校尚書、左僕射。次曰安，房州觀察使、檢校兵部尚書。龍駒鳳雛，出而爲瑞。”

[8]長壽女：【劉注】《宋會要輯稿》卷五二五七宋真宗咸平六年（1003）七月，李信云遼景宗女“次曰長壽奴，今年二十九，適（蕭）氏姪東京留守悖野”。

[9]統和：遼聖宗年號（983—1012）。

[10]蕭排押（？—1023）：國舅少父房之後。字韓隱。統和初，爲左皮室詳穩。四年（986），破宋將曹彬、米信兵於望都，與樞密使耶律斜軫收復山西所陷城邑。是冬，攻宋，以功改南京統軍使。十三年，歷北、南院宣徽使。十五年，加政事令，遷東京留守。二十二年與宋和議成，爲北府宰相。兩度從聖宗征高麗。本書

卷八八有傳。【劉校】“押”原作“神”，中華修訂本據本書卷八八《蕭排押傳》改。今從改。

[11]開泰：遼聖宗年號（1012—1021）。

		延壽女，[1]第三。	封越國公主，追封趙國。	下嫁蕭恒德。[2]	性沉厚，睿智皇后於諸女尤愛。甚得婦道，不以貴寵自驕。		年二十一，以疾薨。[3]	〔子匹敵〕。[4]
	渤海妃生一女：[5]	淑哥，第四。	無封號。	乾亨二年，[6]下嫁盧俊。[7]		與駙馬都尉盧俊不諧，表請離婚，改適蕭神奴。		

[1]延壽女：【劉注】《宋會要輯稿》卷五二五七宋真宗咸平六年（1003）七月，李信云遼景宗第三女“延壽奴，今年二十七，適悖野母弟肯頭”。

[2]蕭恒德（？—997）：國舅少父房之後。字遜寧，蕭排押弟。本書卷八八有傳。

[3]以疾薨：【劉注】《宋會要輯稿》卷五二五七宋真宗咸平六

年（1003）七月，李信云遼景宗第三女“延壽奴獵，爲鹿觸死。”

[4]子匹敵：【劉校】原無此三字。據本書卷八八《蕭恒德傳》補。匹敵，本書卷八八有傳。

[5]渤海：靺鞨粟末部在今中國東北地區建立的政權。唐武后聖曆元年（698），靺鞨粟末部首領大祚榮建立振國（亦稱震國）。唐玄宗先天二年（713，當年十二月改元“開元”）遣使封大祚榮爲左驍衛大將軍、渤海郡王，又設置忽汗州，加授大祚榮爲忽汗州大都督，並改稱渤海。寶應元年（762）晉爲國。天顯元年（926）爲遼所滅，改稱東丹。【劉注】渤海國最初的國號爲“靺鞨”，不爲“震國”或“振國”。《新唐書》卷二一九《渤海傳》：“睿宗先天中（應爲‘玄宗先天二年’），遣使拜祚榮爲左驍衛大將軍、渤海郡王。以所統爲忽汗州，領忽汗州都督，自是始去靺鞨號，專稱渤海。”這裏不稱“始去震國之號，專稱渤海”，而稱“始去靺鞨之號，專稱渤海”。可見，稱“大祚榮建立震國”是混淆了封號與國號的區别。《新唐書》卷二一九《渤海傳》稱“武后封乞四比羽爲許國公，乞乞仲象（大祚榮之父）爲震國公”。“許國公”和“震國公”都是封號，並不意味着有“許國”“震國”等政权。乞乞仲象死後。他兒子大祚榮繼承了“震國公”的封號，但他不滿足“公”級別，所以“自號震國王”。“震國王”僅僅是封號，並不意味着有“震國”。少數民族往往以其民族名爲國號，如“契丹”“蒙古”等。渤海也應如此。

[6]乾亨：遼景宗年號（979—983）。

[7]盧俊：北漢駙馬都尉。保寧八年（976）宋師壓境，俊詣遼乞師，有功。乾亨元年（979）白馬嶺之役，遼相耶律沙敗於宋軍。後耶律斜軫來援，始擊退宋軍。將趨太原，會俊以國亡出奔，言太原已陷。遼軍遂勒兵還。俊至遼，署同政事門下平章事，尚景宗公主，復拜駙馬都尉。《十國春秋》卷一〇七有傳。

聖宗十四女：	貴妃生一女：	燕哥，[1]第一。	封隨國公主，進封秦國。興宗封宋國長公主。	下嫁蕭匹里。[2]	〔事姑稱孝，敬夫如賓〕。[3]		〔重熙六年，以疾薨〕。[4]	〔子五人：蘇速、永、寧、塔北也、骨里〕。[5]

[1]燕哥（990—1037）：【劉注】據郭寶存、祁彦春《遼代〈蕭紹宗墓誌銘〉和〈耶律燕哥墓誌銘〉考釋》（《文史》2015年第三輯）所收《耶律燕哥墓誌銘》，燕哥公主爲聖宗長女，母爲貴妃蕭氏。“生而警慧，長而幽閑。桃李之華，禾穠孕秀；瑛瑤之質，温潤含章。聖宗於諸女中尤鍾眷愛，以謂非名邦奥壤不足開湯沐之封，非戚閈勳門不足求河漢之匹。統和三十年，特封梁國公主，下嫁今遼興軍節度使、守太傅、蕭吳王紹宗。……恭惟公主，始四五歲失貴妃慈育。禀公宫之訓，率禮無違。故爲女也，稱有懿行，垂三十年與吳王好合，幹侯家之事，服勤不懈。故作嬪也，稱有令儀。”其生平事蹟詳載《耶律燕哥墓誌銘》。

[2]蕭匹里（996—1038）：【劉注】匹里是契丹語小名的音譯。據郭寶存、祁彦春考釋文章所收《耶律紹宗墓誌銘》，他還有漢名紹宗，字克構。曾祖胡毛里，贈韓王。祖守興，故推誠啓運翊世同德致理功臣、樞密使、守尚書令、行政事令、駙馬都尉、贈楚國王。他是蕭繼遠和大長公主的長子。其最後官銜是遼興軍節度使、吳王、贈政事令、魏王。其事蹟詳載《耶律紹宗墓誌銘》。

[3]事姑稱孝，敬夫如賓：【劉校】原無此八字，據《耶律燕哥墓誌銘》補。

[4]重熙六年，以疾薨：【劉校】原無此七字，據《耶律燕哥

墓誌銘》補。墓誌謂“重熙六年冬十月，與吳王受詔入覲，巾車来朝。纔奉宴言，遽嬰疾恙。鑾輿省問，毉餌頒宣。彌留月餘，沉劇日甚。木名無患，謾著於靈符；香號返魂。恨遙於仙島。越十二月一日，薨于行宫之别帳，享年四十有八”。

[5]“子五人”及“蘇速、永、寧、塔北也、骨里”：【劉校】原無此十二字，據《耶律燕哥墓誌銘》補。墓誌謂“有子五人：長曰蘇速，早逝。次曰永，左威衛將軍。次曰寧，右威衛將軍。次曰塔北也，右監門衛將軍。並虎子龍駒，珠英玉蔓。其於遠大，豈易測量。次曰骨里，夭亡”。

	欽哀皇后生二女：[1]	巖母堇，第二。	開泰七年，封魏國公主。進封秦國長公主，改封秦晉國長公主。清寧初，加大長公主。[2]	下嫁蕭啜不。[3]		改適蕭海里，不諧，離之。又適蕭胡覩，[4]不諧，離之，乃適韓國王蕭惠。[5]		
		槊古，第三。	封越國公主，進封晉國。景福初，封晉蜀國長公主。清寧初，[6]加大長公主。	下嫁蕭孝忠。[7]	姿質秀麗，禮法自將。		以疾薨。	

[1]欽哀皇后（？—1057）：淳欽皇后弟阿古只五世孫。小字耨斤。爲聖宗元妃，生宗真，仁德皇后無子，取而養之如己出。聖

宗死後，宗真即位，耨斤自立爲皇太后，攝政，並殺害仁德皇后，謀廢興宗，立重元。本書卷七一有傳。

[2]改封秦晉國長公主，清寧初，加大长公主：【劉校】據中華點校本校勘記，“《遼文匯》八《妙行大師行狀碑》作‘秦越國大長公主’”。

[3]下嫁蕭啜不：【劉校】據中華點校本校勘記，依本書卷一七《聖宗本紀八》太平七年（1027）七月“巖母堇”作“粘米衮”，“蕭啜不”作“蕭鉏不”。

[4]蕭胡覩（？—1063）：遼外戚。字乙辛。重熙中，尚秦國長公主，授駙馬都尉，以不諧離婚，復尚齊國公主，爲北面林牙。清寧中，歷北、南院樞密副使，清寧九年（1063）七月參與耶律重元子涅魯古叛亂，失敗投水死。五子，同日伏誅。本書卷一一四有傳。

[5]蕭惠（983—1056）：契丹外戚。字伯仁，小字脱古思，淳欽皇后弟阿古只五世孫。初爲國舅詳穩。從伯父排押征高麗，以功，授契丹行宫都部署。開泰二年（1013），改南京統軍使。後爲西北路招討使，封魏國公。興宗即位，知興中府，歷順義軍節度使、東京留守、西南面招討使，加開府儀同三司、檢校太師，兼侍中，封鄭王。重熙六年（1037），復爲契丹行宫都部署，加守太師，徙王趙。拜南院樞密使，更王齊。惠贊成復取三關，與太弟帥師壓宋境，迫使宋朝增歲幣請和。惠以首事功，進王韓。重熙十七年，尚帝姊秦晉國長公主，拜駙馬都尉。十九年，告老辭官，封魏國王。本書卷九三有傳。

[6]清寧：遼道宗年號（1055—1064）。

[7]蕭孝忠（？—1043）：遼駙馬。尚越國公主，拜駙馬都尉，累遷殿前都點檢。太平中，擢北府宰相。重熙七年（1038），爲東京留守。十二年，入朝，封楚王，拜北院樞密使。本書卷八一有傳。

	蕭氏生二女：蕭氏，國舅夷離畢房之女。[1]	崔八，第四。	封南陽郡主，進封公主。	下嫁蕭孝先。[2]			太平末，[3]東京大延琳反，[4]遇害。	
		陶哥，第五。	封長寧郡主，[5]進封公主。	下嫁蕭楊六。				
	蕭氏生一女：[6]	鈿匿，第六。[7]	封平原郡主，[8]進封荆國公主。	下嫁蕭雙古。[9]			〔重熙二十年以疾薨〕。[10]	〔子曷魯、興言、薩板〕。[11]

[1]夷離畢：遼官名。爲執政官，相當於副宰相參知政事。後來官分南、北，北面官有夷离畢院，主要掌刑政。

[2]蕭孝先（？—1037）：契丹駙馬。娶聖宗女南陽公主。本書卷八七有傳。

[3]太平：遼聖宗年號（1021—1031）。

[4]東京：遼五京之一。治所在今遼寧省遼陽市。　大延琳（？—1030）：渤海人。遼東京軍將。反遼鬭爭領導人。

[5]郡主：唐制，太子之女爲郡主。宋沿唐制，而宗室女亦得封郡主。歐陽脩《歸田録》卷二："宗室女封郡主者，謂其夫爲郡馬。"遼封宗室女爲郡主，亦是沿襲唐制。

［6］一女：【劉校】原本、明抄本、北監本作“二女”，中華點校本據殿本徑改。今從改。中華修訂本仍作“二女”，其校勘記稱“‘二’，諸本皆同。”其説誤。殿本不同。

［7］第六：【劉注】《平原公主墓誌銘》作“聖宗大孝宣皇帝纘五聖以承祧，……公主即皇帝之長女也”。

［8］平原郡主（993—1051）：【劉注】《平原公主墓誌銘》称“（公主）幼而聰晤，長乃貞純，藴是德容，愈增愛重，乃封爲平原郡公主”。

［9］雙古：【劉注】蕭雙古爲蕭圖玉之子，蕭訛篤斡之父。據本書卷九三《蕭圖玉傳》稱：“子雙古，南京統軍使。孫訛篤斡（蕭興言）。”雙古爲契丹語小名的音譯。據《蕭興言墓誌銘》，蕭雙古還有漢名“恭”。墓誌稱：“皇考諱恭，北宰相兼侍中、燕京都統軍。自先數世，咸建巨功。遺風餘烈，國史存焉。恭之妻别胥，孫你大王之妹也。”别胥爲契丹語封號，丈夫爲宰相的女性纔有資格獲得這種封號。

［10］重熙二十年以疾薨：【劉校】原無此八字，據《平原公主墓誌銘》補。墓誌稱：“（公主）生也有涯，忽嬰疾於正寢，無何，重熙二十年歲次辛卯正月癸丑朔，十二日甲子，薨于永州東之行帳，享年五十有九。”

［11］子曷魯、興言、薩板：【劉校】原無此七字，據《蕭興言墓誌》補。墓誌稱：“（别胥）生三子：長曰曷魯將軍；季曰薩板將軍；公（興言）即别胥之中男也。”興言是漢名，據本書卷九三《蕭圖玉傳》，他還有契丹語小名訛篤斡。

	馬氏生一女：	九哥，第七。	封潯陽郡主，進封公主。	下嫁蕭璉。[1]				

	大氏生一女：	長壽，第八。	封臨海郡主，進封公主。	下嫁大力秋。			駙馬都尉大力秋坐大延琳事伏誅，改適蕭慥古。[2]	
	白氏生四女：	八哥，第九。	封同昌縣主，進封公主。	下嫁劉三嘏。[3]				
		十哥，第十。	封三河郡主，進封公主。	下嫁奚王蕭高九。[4]				
		擘失，第十一。	封仁壽縣主，進封公主。	下嫁劉四端。[5]				
		泰哥，第十二。		下嫁蕭忽烈。				

	李氏生一女：	賽哥，第十三。	封金鄉郡主，進封公主。	統和中，下嫁蕭圖玉。[6]		以殺奴婢，得罪。	薨於貶所。	〔子雙古，孫訛篤斡〕。[7]
	艾氏生一女：	興哥，第十四。		下嫁蕭王五。[8]				子太山。[9]

［1］蕭璉：【劉注】據劉鳳翥、唐彩蘭、青格勒編著《遼上京地區出土的遼代碑刻彙輯》（社會科學文獻出版社 2009 年版）所收《蕭琳墓誌銘》，蕭璉是蕭琳之弟。武定軍節度使、檢校太師、駙馬都尉、知同洲軍州事。雄才大略，神智遠謀。爲海内之冠冕，作天下之楷模。

［2］坐大延琳事伏誅，改適蕭慥古：【劉校】“誅”原作“諫”，中華修訂本據明抄本、南監本、北監本、殿本改。今從改。又此處所記係改嫁事，依本卷體例，應移置於上一格。

［3］劉三嘏：河間（今屬河北省）人，北府宰相劉慎行第三子，尚聖宗女八哥。

［4］奚王：對奚部族首領的稱呼。即奚部族酋長。

［5］劉四端：河間人。北府宰相劉慎行第四子，尚聖宗第十一女擘失。

［6］蕭圖玉：【劉注】字兀衍，北府宰相海璨之子。統和初，爲烏古部都監。討速母縷等部有功，遷烏古部節度使。十九年（1001），總領西北路軍事。詔尚金鄉公主，拜駙馬都尉，加同政事門下平章事。本書卷九三有傳。

［7］子雙古，孫訛篤斡：【劉校】原無此七字，據本書卷九三《蕭圖玉傳》補。

［8］蕭王五：【劉注】“五”原作“六”，據契丹小字《蕭太山和永清公主墓誌銘》改。另據其墓誌，“王五”爲契丹語小名的音譯，他還有契丹語第二個名“特免”，其全名爲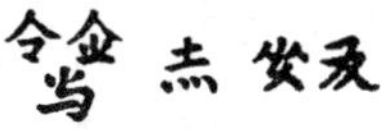（特免・王五）。他是留寧・安哥太師和善哥夫人之子。是七個兄弟中的長子，爲駙馬。其妻爲興哥公主。又《金史》卷九一《石抹卡傳》稱：“石抹卡本名阿魯古列。五代祖王五，遼駙馬都尉。”

［9］子太山：【劉注】原無此三字，據契丹小字《蕭太山和永清公主墓誌銘》補。“太山”爲契丹語小名的音譯，還有契丹語第二個名“歐懶”。其全名爲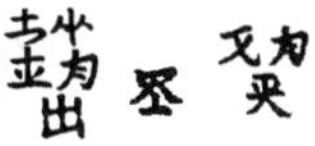（歐懶・太山），爲將軍。

興宗二女：	仁懿皇后生二女：	跋芹，第一。	封魏國公主。重熙末，徙封晉國，加長公主。	下嫁蕭撒八。		與駙馬都尉蕭撒八不諧，離之。清寧初，改適蕭阿速。以婦道不修，徙中京，[1]又嫁蕭窩匿。		
		斡里太，第二。	封鄭國公主。清寧間，加長公主。壽隆間，[2]加大長公主。	下嫁蕭余里也。[3]				

［1］中京：遼五京之一。稱大定府，故址在今内蒙古自治區寧城縣大明镇。

［2］壽隆：遼道宗年號（1095—1101）。據遼代碑刻和錢幣，此年號本爲“壽昌”。元代修《遼史》時誤書爲“壽隆”。據中華修訂本校勘記，此係陳大任《遼史》避金欽慈皇后“壽昌”諱而改。後爲元修《遼史》所承襲。

［3］蕭余里也：國舅阿剌次子。字訛都椀。清寧初，補祗候郎君，尚鄭國公主，拜駙馬都尉，累遷南面林牙。咸雍中，有人告余里也與族人朮哲謀害耶律乙辛，經按問雖無此事，仍出爲寧遠軍節度使。自後余里也揣乙辛意，傾心事之。大康初，封遼西郡王。乙辛謀構皇太子，余里也多助成之。知北院樞密使事。後坐與乙辛黨，解職。本書卷一一一有傳。【劉注】據遼寧省文物考古研究所編著《關山遼墓》所收《蕭德恭墓誌銘》（文物出版社2011年版），蕭余里也還有漢名德良。墓誌称：“次兄興宗朝駙馬都尉、知大國舅龍虎軍上將軍諱德良，妻齊國長公主耶律氏。早驂鸞馭而昇。”

道宗三女：	宣懿皇后生三女：	撒葛只，第一。	封郑国公主。咸雍中，徙封魏国。[1]	下嫁萧末。[2]	端丽有智。		大康初薨。[3]	

［1］咸雍中，徙封魏國：咸雍，遼道宗年號（1065—1074）。【劉校】據中華點校本校勘記，“雍”原作“和”，“陳大任避金世宗雍名改，元人回改遺漏，今回改”。今從改。

［2］下嫁蕭末：【劉注】據大康元年（1075）《蕭德温墓誌》，

知德温弟德讓爲駙馬都尉，尚道宗長女魏國公主。又墓誌稱德温爲惠妃父，本書卷二三《道宗紀三》大康二年六月丁未封惠妃兄“漢人行宫都部署駙馬、都尉霞抹柳城郡王”，因知霞抹即德讓之契丹語名。此處作蕭末，或有脱誤。

[3]大康：遼道宗年號（1075—1084）。

		糾里，第二。	封齊國公主，進封趙國。	下嫁蕭撻不也。[1]	駙馬都尉撻不也坐昭懷太子事被害，[2]其弟訛都斡欲逼尚公主，公主以訛都斡黨乙辛，惡之。未幾，訛都斡以事伏誅。[3]天祚幼，乙辛用事。[4]公主每以匡救爲心，竟誅乙辛。		大安五年，[5]以疾薨。	

特里，第三。	封越國公主。乾統初，[6]進封秦晉國大長公主。徙封梁宋國大長公主。	下嫁蕭酬斡。[7]	公主從天祚出奔。明年，攻應州，[8]留公主守輜重。金人圍之，公主奔行在所，天祚潛遁，爲金人所獲。	大康八年，以駙馬都尉蕭酬斡得罪，離之。[9]大安初，改適蕭特末。[10]爲都統，[11]與金人戰，敗於石輦鐸，被擒。		〔子仲恭、仲宣〕。[12]

[1]蕭撻不也（？—1077）：國舅郡王高九之孫。字斡里端。大康元年（1075），爲彰愍宫使，尚趙國公主，拜駙馬都尉。三年，改同知漢人行宫都部署。與北院宣徽使耶律撻不也善，乙辛嫉之，令人誣告謀廢立事。不勝搒掠，誣伏。上引問，昏聵不能自陳，遂見殺。本書卷九九有傳。

[2]昭懷太子：即耶律濬（1058—1077）。道宗長子。天祚帝生父。大康三年（1077）被廢，隨即被耶律乙辛殺害。九年（1083）追謚昭懷太子。本書卷七二有傳。

[3]“其弟訛都斡欲逼尚公主”至“訛都斡以事伏誅”：此處所記有所隱諱。按本書卷二三《道宗紀三》大康三年七月辛亥謂

“牌印郎君訛都斡尚皇女趙國公主”，卷一一一《蕭訛都斡傳》亦稱其“尚皇女趙國公主，爲駙馬都尉”。

［4］乙辛：耶律乙辛（？—1083）。五院部人。字胡覩衮。重熙中，爲文班吏。道宗清寧五年（1059），爲南院樞密使，改知北院，封趙王。九年，重元亂平，拜北院樞密使，進封魏王。咸雍五年（1069），加守太師，詔四方有軍旅，許以便宜從事，勢震中外。大康元年（1075），誣皇后致死，三年又害死太子耶律濬。七年冬，坐以禁物鬻入外國，幽於來州。九年，謀奔宋及私藏兵甲事發，伏誅。本書卷一一〇有傳。

［5］大安：遼道宗年號（1085—1094）。

［6］乾統：遼天祚帝年號（1101—1110）。

［7］蕭酬斡（？—116）：國舅少父房之後。字訛里本。年十四，尚越國公主，拜駙馬都尉。後因皇后蕭坦思（酬斡妹）失寵，詔酬斡與公主離婚，籍興聖宮，流烏古敵烈部。天慶中，以妹復尊爲太皇太妃，召酬斡爲南女直詳穩，遷征東副統軍。天慶六年（1116），東京高永昌叛，酬斡力戰，歿於陣。本書卷一〇〇有傳。

［8］應州：治所在今山西省應縣。

［9］“大康八年”至“離之”：【劉校】據中華修訂本校勘記，此處繫年恐誤。按本書卷二四《道宗紀四》大安二年（1086）七月丁巳，“惠妃母燕國夫人削古以厭魅梁王事覺，伏誅。子蘭陵郡王蕭酬斡除名，置邊郡，仍隸興聖宮”；卷一〇〇《蕭酬斡傳》稱酬斡母“與妹魯姐爲巫蠱，伏誅。詔酬斡與公主離婚，隸興聖宮，流烏古敵烈部”，則酬斡獲罪當在大安二年（1086）。

［10］蕭特末：【劉注】《金史》卷八二《蕭仲恭傳》稱：“父特末，爲中書令，守司空，尚主。”

［11］都統：官名。唐乾元中，始以都統名官，總諸道征伐。後若調諸道兵馬會戰，多置此職，爲臨時軍事長官，不賜旌節，事解即罷。遼設諸路兵馬都統署司，下有諸路兵馬都統署，都統爲其長官。

［12］子仲恭、仲宣：【劉注】原無此五字，據《金史》卷八二《蕭仲恭傳》和《蕭仲宣傳》以及契丹小字《蕭仲恭墓誌銘》補。

昭懷太子一女：		延壽。	封楚國公主，徙封許國。乾統元年，進封趙國，加秦晉國長公主。	下嫁蕭韓家奴。	幼遭乙辛之難，與兄天祚俱養于蕭懷忠家。後李氏進《挾穀歌》，文帝感悟，召還宮。			
天祚六女：	文妃生一女：	余里衍。	封蜀國公主。		爲金人所獲。			
	元妃生三女：				俱爲金人所獲。			
	宮人生二女：				俱爲金人所獲。[1]			

［1］俱爲金人所獲：【劉校】據中華點校本校勘記，“按《金史》卷七四《宗望傳》，天祚女为金人所俘者有骨欲、餘里衍，斡里衍、大奥野、次奥野，惟長女乘軍亂逃去。餘里衍即余里衍”。

（李錫厚注　劉鳳翥校）

遼史　卷六六

表第四

皇族表

遼太祖建國，諸弟窺覦，含容誘掖，弗忍致辟，古聖人猶難之。雖其度量恢廓，然經國之慮遠矣。終遼之世，其出於橫帳、五院、六院之間者，[1]大憝固有，元勳實多。不表見之，莫知源委。作《皇族表》。

[1]橫帳：契丹以玄祖之後爲皇族，分爲三房：孟父房、仲父房和季父房。季父房一系太祖阿保機子孫爲“橫帳”。本書卷一六《聖宗本紀七》：開泰八年冬十月癸巳，詔“橫帳、三房不得與卑小帳族爲婚；凡嫁娶，必奏而後行”。卷四五《百官志一》：“玄祖伯子麻魯無後，次子巖木之後曰孟父房；叔子釋魯曰仲父房；季子爲德祖，德祖之元子是爲太祖天皇帝，謂之橫帳；次曰剌葛，曰迭剌，曰寅底石，曰安端，曰蘇，皆曰季父房。”　五院、六院：契丹部族名，天贊元年（922），以迭剌部強大難制，析五石烈爲五院，六爪爲六院，各置夷离堇。會同元年（938），更夷离堇爲大王，部隸北府，以鎮南境。

一世	二世	三世	四世	五世	六世	七世	八世	九世
五院夷离菫房洽昚。[1]		五院夷离菫敵魯古。	北院大王圖魯窘。[2]					
六院郎君房葛剌。								侍中陳家奴。[3]
			不知世次：	太子太傅棠古。				

以上系出肅祖昭烈皇帝。[4]

[1]夷离菫：契丹部族官名。源於突厥語官名“俟斤”（Irkin）。突厥各部的最高元首稱“可汗”（Qaghan），其他各部酋長則稱爲俟斤。初，契丹“其君大賀氏，有勝兵四萬，析八部，臣於突厥，以爲俟斤”（《新唐書》卷二一九《契丹傳》）。後，契丹首領自立爲可汗，其下所屬各部酋長則稱爲“俟斤”，亦即夷离菫。契丹立國後，大部族之夷离菫稱王，小部族之夷离菫則稱爲節度使。舉凡一部之軍政、民政皆由其統掌。參韓儒林《穹廬集》（上海人民出版社 1982 年版，第 314—316 頁）。

[2]北院大王：契丹官名。北院大王和南院大王即是五院部和六院部的首領，握有兵權。　圖魯窘：【劉校】據中華點校本校勘記，“按卷七五本傳：‘肅祖子洽昚之孫，其父敵魯古。’行輩與此

不合。以下凡行輩舛誤及名字脱漏者，並存原式，不予移補”。

［3］侍中：唐官名。唐不設尚書令，最初以左、右僕射與中書令、侍中同爲宰相。中宗以後，不加同中書門下平章事者即不爲宰相。　（九世）侍中陳家奴：【劉注】據中華點校本校勘記，按本書卷九五本傳：“懿祖弟葛剌之八世孫。”行輩不合。葛剌本人爲一世，陳家奴爲八世，行輩正合適。

［4］以上：【劉校】“以上”二字原本作“右”，因今注本屬横排本，故如此。下同。　肅祖：爲遼太祖耶律阿保機之四代祖耨里思的廟號，重熙二十一年（1052）七月追封。耶律儼《紀》云，唐玄宗天寶年間，太祖四代祖耨里思爲迭剌部夷离堇，曾遣將只里姑、括里，大敗范陽安禄山於潢水。

<table>
<tr><td rowspan="2">六院夷离堇房帖剌。</td><td>夷离堇罨古只。</td><td></td><td></td><td></td><td></td><td></td><td></td><td></td></tr>
<tr><td>于越轄底。[1]</td><td>迭里特。</td><td></td><td></td><td></td><td></td><td></td><td></td></tr>
<tr><td rowspan="3">六院部舍利房褭古直。</td><td></td><td></td><td rowspan="3">不知世次：</td><td colspan="3">北院夷离堇斜涅赤。</td><td colspan="2">姪右皮室詳穩老古。[2]
大王頗德。</td></tr>
<tr><td></td><td></td><td colspan="3">政事令撻烈。[3]</td><td></td><td></td></tr>
<tr><td></td><td></td><td colspan="3">北院大王曷魯。[4]
南院大王吾也。</td><td></td><td></td></tr>
</table>

簡獻皇帝兄匣馬葛。[5]	遙輦可汗時，本部夷离堇偶思。	阿魯敦于越曷魯。	惕剌。撒剌。					
				太師斜軫。	小將軍狗兒。			

以上系出懿祖莊敬皇帝。[6]

[1]于越：契丹語官名。爲契丹貴官，非有大功德者不授。位在北、南大王之上。

[2]皮室：契丹軍名。意爲“金剛”。初爲阿保機所置，稱“腹心部”。後有南、北、左、右皮室及黄皮室等，皆掌精甲。 詳穩：“詳穩”即漢語“將軍”的轉譯的説法似有值得商榷之處。在契丹小字中，“詳穩”作，“將軍”作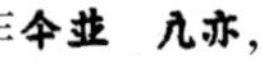，或、。在契丹大字中，“詳穩”作，“將軍”作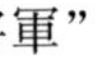。“詳穩”不是漢語“將軍”的轉譯，而是音譯的契丹語，契丹語中“將軍”是漢語借詞。

[3]政事令：遼朝南面宰相。遼世宗天禄四年（950）建政事省之前，漢人宰相無定稱；建政事省之後，南面宰相稱“政事令”，且多由契丹貴族擔任這一職務。

[4]曷魯：【劉校】據中華點校本校勘記，“《紀》大安八年十一月及卷一一一本傳作合魯，其弟吾也”。

[5]簡獻皇帝：即玄祖。爲遼太祖耶律阿保機祖父勻德實的廟

號，重熙二十一年（1052）七月追封。本書卷五九《食貨志》載：“匀德實爲大迭烈府夷离堇，喜稼穡，善畜牧，相地利以教民耕。”

簡獻皇帝兄匣馬葛：【劉校】中華修訂本校勘記云，“據契丹小字《耶律迪烈墓誌》《故耶律氏銘石》及漢文《耶律羽之墓誌》，匣馬葛當爲簡獻皇帝姪”。

［6］懿祖：爲遼太祖耶律阿保機的曾祖父薩拉德的廟號，重熙二十一年七月追封。

横帳孟父房巖木楚國王。[1]	迭剌部夷离堇胡古只。[2]	撻馬狘沙里神速。[3]						
	迭剌部夷离堇末掇。							
	迭剌部夷离堇楚不魯。	北院枢密使安摶。[4]						
		左皮室詳穩撒給。						

<table>
<tr><td rowspan="5"></td><td rowspan="5"></td><td rowspan="3">孟父房，
不知世次：</td><td colspan="2">惕隱朔古。[5]</td><td colspan="2"></td><td></td><td></td></tr>
<tr><td colspan="2" rowspan="2">于越屋質。[6]</td><td colspan="2"></td><td>節度劉家奴。</td><td>昭德節度孟簡。[7]</td></tr>
<tr><td colspan="2">党項節度使唐古。[8]</td><td></td><td></td></tr>
<tr><td colspan="2" rowspan="2">孟父房楚國王之後，不知世次：</td><td colspan="4">匡義節度大悲奴。</td><td></td></tr>
<tr><td colspan="4">惕隱何魯掃古。</td><td></td></tr>
<tr><td rowspan="5"></td><td rowspan="5"></td><td colspan="2" rowspan="5"></td><td>滌洌。</td><td colspan="2"></td><td>撒剌竹。[9]</td><td></td></tr>
<tr><td colspan="4">漆水郡王頽昱。[10]</td><td></td></tr>
<tr><td colspan="4">北院宣徽使敵禄。</td><td></td></tr>
<tr><td colspan="4">右皮室詳穩奚低。</td><td></td></tr>
<tr><td colspan="4">南院大王善補。</td><td></td></tr>
</table>

[1]横帳孟父房巖木楚國王：【劉校】據中華點校本校勘記，楚國王，本書卷七七《耶律頽昱傳》同。本書卷二〇《興宗本紀三》重熙二十一年（1052）七月、卷六四《皇子表》並作“蜀國王”。又“楚國王”三字應移“巖木”之前。

[2]迭剌部：契丹部族名。據本書卷三二《營衛志中·部族上》，遙輦氏時期，原來耶律（即世里）有七部，後合併爲一，成爲迭剌部。

[3]撻馬狘沙里：契丹官名的音譯。這是阿保機即位前首次擔任的官職，大概這一職位是爲契丹貴族子弟所獨擅，其地位高於一般撻馬（詳見楊志玖《元史三論》，人民出版社 1985 年版，第 32 頁）。一般撻馬爲扈從官。“沙里”爲契丹語“郎君”的音譯，指契丹貴族青年。【劉校】據中華點校本校勘記，“撻馬”前原有“捕”字，衍文從删。

[4]北院樞密使：即契丹樞密院之樞密使，爲北面官之最高官職，掌軍事、部族。詳本書卷四五《百官志一》。（三世）北院樞密使安摶：【劉校】據中華點校本校勘記，“按卷七七本傳：‘祖楚不魯，父迭里，侄撒給。’表行輩不合，缺迭里”。

[5]惕隱：契丹官名。又稱梯里已，掌皇族政教。

[6]屋質：即耶律屋質（917—973）。遼宗室。字敵輦。會同間，爲惕隱。太宗死後，世宗初立，屋質調解太后與世宗的矛盾，得以避免大規模内戰。天祿二年（948），助世宗挫敗天德、蕭翰等謀反。三年，又表列泰寧王察割陰謀事，世宗不聽。後平定察割之亂及立穆宗，皆有功。本書卷七七有傳。

[7]昭德：即昭德軍，置於瀋州，治所在今遼寧省瀋陽市。《武經總要》前集卷一六下《戎狄舊地》：瀋州，德光所建，仍曰昭德軍，契丹舊地也，東至大遼水。水東即女真界。西南至東京一百三十里，北至雙州八十里。

[8]党項：中國古代族名。又稱党項羌，唐以後主要活動於靈、慶、銀、夏等州，即今甘肅、寧夏、陝西和内蒙古等省區交界地區。　唐古：【劉校】“古”字原闕，中華修訂本據明抄本、南監本、北監本、殿本補。中華點校本徑改。今從改。

[9]“滌洌”及“撒剌竹”：【劉校】據中華點校本校勘記，

“按‘滌冽’與‘撒剌竹’之間世次原不明確。檢卷一一四《撒剌竹傳》稱‘孟父房滌冽之孫’，今於二人之間空一格”。

［10］（不知世次）漆水郡王頹昱：【劉校】據中華點校本校勘記，“按卷七七本傳：‘父末掇。’頹昱應在二世迭剌部夷离堇末掇之下，非不知世次”。

			侍中化哥。于越弘古。[1]		
			北院宣徽使馬六。[2]		南京宣徽使奴古達。
			燕王瑰引。[3]		于越仁先。[4] 惕隱許王義先。[5] 南面林牙信先。[6]

	滑哥。	痕只。						
		于越洼。		惕隱學古。				
仲父房隋國王釋魯。[7]				東路統軍使烏古不。[8]				
				國留。				
				昭德節度資忠。				
				昭。				

［1］“侍中化哥”及“于越弘古”：【劉校】據中華點校本校勘記，本書卷九五《耶律弘古傳》載，弘古爲化哥弟。二人應平列。

［2］北院宣徽使：遼朝官名。遼設北、南宣徽，分隸北南樞密院之下。宣徽北院使常執行軍事使命。

［3］瑰引：【劉注】耶律仁先父親的契丹語小名的音譯。耶律仁先之妹《蕭知微妻梁國太妃墓誌銘》又音譯爲郿引。他還有契丹語第二個名，被音譯爲“查剌柅”。其全名爲“查剌柅·郿

引”。《蕭知微妻梁國太妃墓誌銘》謂：“曾大王父諱室羅，兼中書令。王父諱薩割里，左皮室詳穩。父查剌梠·鄶引，南宰相，漆水郡王。”瑰引之上還有室羅和薩割里兩代。

[4]仁先：即耶律仁先（1013—1072）。字紏鄰，小字查剌。契丹皇族，孟父房之後。重熙三年（1034），補護衛。十一年，陞北院樞密副使。與劉六符使宋，定議增歲幣。既還，同知南京留守事。十八年，再舉伐夏，仁先與皇太弟重元爲前鋒。清寧初，爲南院樞密使。九年（1055），重元謀逆，仁先受命討賊。事後，加尚父，進封宋王，爲北院樞密使，加于越。本書卷九六有傳。【劉校】據中華點校本校勘記，本書卷九六本傳載，父瑰引，表誤爲祖。又有子撻不也，表缺。

[5]義先：耶律義先（1013—1052）。于越仁先之弟。重熙初，補祗候郎君班詳穩。十六年，爲殿前都點檢，討蒲奴里，多所招降，獲其酋長陶得里以歸，以功改南京統軍使，封武昌郡王。二十一年，拜惕隱，進王富春。本書卷九〇有傳。

[6]林牙：契丹官名。掌文翰，相當於翰林學士。　“燕王瑰引”至“南面林牙信先”：【劉校】據中華修訂本校勘記，“按《耶律仁先墓誌》《耶律慶嗣墓誌》及《耶律智先墓誌》均謂仁先爲仲父房之後，此處繫於孟父房，蓋源出《仁先傳》，又據《仁先傳》，瑰引爲仁先、義先、信先之父，《表》誤爲祖”。

[7]隋國王釋魯：即耶律釋魯。年五十七，爲子滑哥所弒。重熙中追封爲隋國王。《耶律仁先墓誌》稱他爲“述剌·實魯于越”。《耶律慶嗣墓誌》稱他爲“于越蜀國王述列·實魯，即太祖天皇帝之伯父也”。“述瀾”“述剌”“述列”爲同一個契丹語單詞的不同音譯。

[8]烏古不：【劉校】據中華點校本校勘記，本書卷八三本傳作“烏不呂”。

	于越休哥。[1]		于越高十。					
				匡義節度馬哥				
	仲父房，不知世次：		北院大王的祿					
			北面林牙韓留。					
			武定節度仙童。[2]					
			西北招討使塔不也。[3]					
	太祖從侄，[4]不知所出：	于越魯不古。	西平郡王賢適。	大同節度觀音。[5]				

以上系出玄祖簡獻皇帝。[6]

[1]休哥：耶律休哥（？—998）。字遜寧。出身皇族，應曆末，爲惕隱。乾亨元年（979），與耶律斜軫分左右翼，擊敗宋軍於高梁河。是年冬，休哥率本部兵從韓匡嗣等與宋軍戰於滿城。匡嗣敗績，休哥整兵進擊，敵乃却。詔總南面戍兵，爲北院大王。聖宗即位，太后稱制，令休哥總南面軍務，多有戰功。統和四年（986），封宋國王。本書卷八三有傳。【劉校】據中華點校本校勘記，“卷七七《耶律洼傳》及卷八三《休哥傳》並稱父綰思，又休哥有子高八、高九、道士奴，表並缺”。

[2]武定：即武定軍，奉聖州軍號。治所在今河北省涿鹿縣。【劉校】據中華點校本校勘記，“武定節度仙童”中“武定”原誤“定武”，據本書卷九五本傳及卷四一《地理志五》、卷四八《百官志四》改。今從改。

[3]西北路招討使：職官名。西北路招討司的軍政長官。西北路招討司又稱西北路都招討司，是遼朝統治漠北屬部的最高軍政機構。

[4]太祖從侄：【劉注】據本書卷七六《耶律魯不古傳》：“耶律魯不古，字信寧，太祖從姪也。”“太祖從侄”是耶律魯不古的定語。此四字在表中放入魯不古的上一輩的欄内，誤。應放在“于越魯不古”的欄内，加在“于越魯不古”五字之前。

[5]大同：即大同軍，雲州軍號。重熙十三年（1044）陞爲西京，治所在今山西省大同市。

[6]玄祖簡獻皇帝：遼太祖耶律阿保機祖父勻德實的廟號。重熙二十一年追封。本書卷二稱其“始教民稼穡，善畜牧，國以殷富”。

季父房夷离堇剌葛。[1]	賽保。[2]						
	中京留守拔里。[3]						
左大相迭剌。[4]		鎮國節度合住。[5]					
		中書令阿烈。				混同郡王斡特剌。[7]	
許國王寅底石。[6]	劉哥。[8]						
	盆都。[9]						
	化葛里。						
	奚蹇						

[1]剌葛：即剌哥。爲阿保機兄弟中排行第二。關於他與諸弟謀反作亂事，《通鑑》卷二七〇後梁均王貞明四年（918）於事後追述此事："初，契丹主之弟撒剌阿撥號北大王，謀作亂於其國。事覺，契丹主數之曰：'汝與吾如手足，而汝興此心，我若殺汝，

則與汝何異!’乃囚之期年而釋之。撒剌阿撥帥其衆奔晉，晉王厚遇之，養爲假子，任爲刺史”；天祐十五年（918），晉軍渡河攻汴州，與梁戰於胡柳，失利，撒剌携妻子奔梁。另據本書卷六四《皇子表》，剌葛後南竄。所謂“撒剌阿撥”可能就是剌葛，爲後唐莊宗李存勗所殺。《通鑑》卷二七二後唐莊宗同光元年（923）（冬十月）詔：“契丹撒剌阿撥叛兄棄母，負恩背國，宜與［趙］巖等並族誅於市。”

［2］賽保：【劉校】據中華點校本校勘記，本書卷一《太祖本紀上》神册二年（917）六月作“賽保里”。

［3］中京留守拔里：【劉校】據中華點校本校勘記，本書卷七六本傳作“拔里得”。

［4］迭剌：阿保機弟，排行第三。聰明過人，是契丹小字的創制者。曾參與其兄剌葛謀反。

［5］鎮國軍：治華州（治所在今陝西省渭南市華州區），另外陝州（治所在今河南省三門峽市西）也設鎮國軍。此兩地均不在遼境。

［6］寅底石：阿保機之弟。字阿辛。排行第四，參與叛亂，太祖釋之，封許國王。太祖命輔東丹王，淳欽皇后遣司徒劃沙殺於路。

［7］（八世）混同郡王斡特剌：【劉注】據中華點校本校勘記，本書卷九七本傳：“許國王寅底石六世孫。”行輩不合。耶律斡特剌（1036—1105），字乙辛隱，許國王寅底石六世孫。大安四年，遷知北院樞密使事，賜翼聖佐義功臣。兩度出任西北路招討使，討伐耶覩刮部，因功加守太保，賜奉國匡化功臣。本書卷九七有傳。據契丹小字《許王墓誌》，封爵爲許王，死於乾統五年（1105），享年七十歲。

［8］劉哥：阿保機弟寅底石之子。字明隱。本書卷一一三有傳。

［9］盆都：劉哥之弟。【劉校】據中華點校本校勘記，“盆都”

原作“盆哥”，依本書卷五《世宗本紀》天禄二年（948）正月、卷六一《刑法志上》及卷一一三本傳改。

明王安端。[1]	察割。[2]							
南府宰相蘇。[3]		尚父奴瓜。		北院樞密使頗的。	北院樞密使霞抹。[4]			
				惕隱蒲古。	鐵驪。			
鐸穩。[5]			太師豁里斯。	惕隱燕哥。				

			平章的烈。			
			中京路按問使和尚。			
			林牙高家。[6]	漆水郡王撻不也。[7]		
			南府宰相鐸魯斡。[8]	烏古部節度使普古。[9]		
		季父房，不知世次：	北面大王特麽。			
			先鋒都監張奴。			
			檢校太師吳九。	林牙庶成。		
				都林牙庶箴。		
			罨古只。			朗。[10]

以上系出德祖宣簡皇帝。[11]

[1]明王安端（？—952）：阿保機之弟。排行第五。字猥隱。阿保機即皇帝位，安端與兄剌葛謀亂，太祖誓而免之。復叛，兵敗，見擒，杖而釋之。神册三年（918），爲惕隱。太宗即位，有定策功。會同中，伐晉，率兵先出雁門，下忻、代。世宗初立，以兵往應，與李胡戰於泰德泉，敗之。天禄初，以功王東丹國，賜號明王。天顯四年（929），爲北院夷离堇。子察割弑逆被誅，穆宗赦安端通謀罪，放歸田里。

[2]察割（？—951）：遼皇族。其父即明王安端，爲阿保機同母弟。世宗即位，察割封泰寧王。天禄五年（951）九月，南伐途中行弑逆，隨即爲壽安王誘殺。

[3]南府宰相：契丹部族官名。契丹可汗之下有北、南二府，各部族則分屬二府，故北宰相亦稱北府宰相，南宰相亦稱南府宰相。蘇（？—926）：阿保機幼弟，名蘇。神册五年爲惕隱。次年，爲南府宰相。據本書卷六四《皇子表》，滄州節度使劉守文求救，蘇曾奉阿保機之命，前去解滄州之圍。天顯元年，從太祖征渤海還，卒。

[4]北院樞密使霞抹：【劉校】據中華點校本校勘記，本書卷八六《耶律頗的傳》："子霞抹，北院樞密副使。"

[5]鐸穩：【劉校】據中華點校本校勘記，本書卷四《皇子表》載，太祖異母弟蘇，字雲獨昆；卷一一〇《耶律燕哥傳》，稱"四世祖鐸穩，太祖異母弟"。疑鐸穩即是雲獨昆。

[6]林牙高家：【劉校】據中華點校本校勘記，"按《興宗本紀三》重熙十九年二月作南面林牙高家奴"。

[7]漆水郡王：遼宗室耶律氏的封爵。　撻不也：即耶律撻不也（？—1077）。字撒班，其世系出於季父房。清寧年間（1055—1064）補牌印郎君，累經陞遷爲永興宮使。大康三年（1077），授北院宣徽使。耶律乙辛謀害太子，撻不也知乙辛奸惡，想要殺乙辛及蕭特里得、蕭十三等人。乙辛知道這一消息後，令其同黨誣構撻不也參與廢立事，於是撻不也被殺。本書卷九九有傳。

[8]南府宰相鐸魯斡：【劉校】據中華點校本校勘記，"鐸"原作"釋"，依本書卷二六《道宗本紀六》壽隆二年（1096）十二月及卷一〇五本傳改。

[9]烏古部：部族名。又稱嫗厥律、于厥律，居契丹西北。據《新五代史》卷七三《四夷附録第二》："嫗厥律，其人長大，髦頭，酋長全其髮，盛以紫囊。地苦寒，水出大魚，契丹仰食。又多黑、白、黄貂鼠皮，北方諸國皆仰足。其人最勇，鄰國不敢侵。"

[10]"罨古只"及"朗"：【劉校】據中華點校本校勘記，本書卷一一三《耶律朗傳》："郎，祖罨古只，爲其弟轄底詐取夷离堇。"卷一一二《耶律轄底傳》："轄底，肅祖孫夷离堇帖剌之子。""異母兄罨古只。"罨古只、郎並應在帖剌欄内。

[11]德祖：阿保機父親撒剌的的廟號。重熙二十一年（1052）七月追封。

讓國文獻皇帝倍。[1]	平王隆先。[2]	陳哥。						
	晉王道隱。[3]							
	婁國。[4]							
章肅皇帝李胡。[5]	宋王喜隱。[6]	留禮壽。						
	衛王宛。							
惕隱牙里果。	南府宰相敵烈。							
	室魯。							
	北院大王奚底。							

以上系出太祖天皇帝。[7]

[1]讓國文獻皇帝倍（899—936）：遼太祖耶律阿保機長子。漢名倍，契丹名圖欲（突欲），生母爲淳欽皇后述律氏。天顯元年（926），遼滅渤海建東丹國，突欲被册爲人皇王，主東丹國政。阿

保機死後，其母述律氏立德光，突欲被迫浮海投奔後唐。後唐明宗賜其姓名李贊華。清泰三年（遼天顯十一年，936）石敬瑭率軍攻入洛陽，後唐末帝李從珂約倍與之同死，倍不從，遇害。本書卷七二《義宗倍傳》也記載“神册元年春立爲皇太子”。然而，即使確有此事，耶律倍也是徒具“皇太子”名義而已。當時契丹皇太子並不被視爲法定繼承人，因此，阿保機死後，耶律倍還得與其弟德光一同參加選汗，而且最終被德光所排除。

[2]平王隆先：東丹王耶律倍之子。母大氏。景宗即位，始封平王。未幾，兼政事令，留守東京。本書卷七二有傳。

[3]道隱（？—983）：東丹王耶律倍之子。字留隱，母高氏。生於唐，人皇王遇害時年尚幼，洛陽僧匿而養之，因名道隱。太宗滅唐，還。景宗即位，封蜀王，爲上京留守。乾亨元年（979），遷南京留守。本書卷七二有傳。

[4]婁國（？—952）：東丹王耶律倍之子。字勉辛。天禄五年(951)，遥授武定軍節度使。及察割作亂，婁國手刃察割。改南京留守。誘敵獵及群小逞謀逆。事覺，縊於可汗州西谷。本書卷一一二有傳。

[5]李胡（912—960）：阿保機第三子，一名洪古，字奚隱。爲其母述律氏所鍾愛。太宗即位後，天顯五年立爲皇太弟，兼天下兵馬大元帥。太宗死後，應天皇太后反對世宗兀欲而欲立李胡，失敗，母子被囚。穆宗時因參與其子喜隱謀反事而下獄死。興宗時，更謚“章肅皇帝”。本書卷七二有傳。

[6]喜隱（？—981）：阿保機幼子李胡之子。字完德，初封趙王。穆宗時曾兩次謀反，下獄。景宗保寧初，宥之，妻以皇后之姊，封宋王，授西南面招討使。稍見進用，復誘群小謀叛，囚於祖州。乾亨三年宋降卒二百餘人欲劫立喜隱，以城堅不得入，立其子留禮壽，上京留守除室擒之。留禮壽伏誅，賜喜隱死。本書卷七二有傳。

[7]天皇帝：遼朝開國皇帝耶律阿保機的謚號爲大聖大明神烈天皇帝。詳本書卷二《太祖本紀》。

冀王敵烈。[1]	蛙哥。							

以上系出太宗孝武惠文皇帝。

[1]冀王敵烈：即太宗德光庶子提離古（933—979）。宫人蕭氏生，保寧初，封冀王。乾亨初，北宋進攻北漢，敵烈往援，戰死於白馬嶺。

皇太弟隆慶。[1]	魏國王查葛。[2]							
	豳王遂哥。[3]							
	陳王謝家奴。[4]							
	遼西郡王驢糞。[5]							
	漆水郡王蘇撒。[6]		祇候郎君王家奴。					
			祇候郎君羅漢奴。					

齊國王隆祐。[7]	周王胡都古。[8]							
	魏王合禄。[9]							

以上系出景宗孝成康靖皇帝。

[1]隆慶（？—1016）：遼聖宗耶律隆緒的同母弟。統和中進封爲梁國王，拜南京留守，手握重兵，稱雄一方。統和十七年（999）南征，隆慶率軍爲先鋒，至瀛州（今河北省河間市），與宋將范廷召相遇，隆慶命蕭柳迎戰，將宋軍擊潰，並圍而殲之。十九年，他復敗宋人於行唐（今屬河北省）。他的權勢、地位不斷上升，威脅着遼聖宗。《宋朝事實類苑》卷七七引《乘軺録》稱其“調度之物，悉侈於隆緒”。【劉注】隆慶又名贇，《長編》卷五五宋真宗咸平六年（1003）七月己酉，李信云，景宗“凡四子，長名隆緒，即戎主；次名贇，僞封梁王”。追贈孝貞皇太弟。

[2]查葛（1003—1062）：【劉注】查葛是契丹語小名的音譯。據《耶律宗政墓誌銘》，查葛還有漢名宗政，字去回。其最後的官銜是資忠佐理保義翊聖同德功臣、武寧軍節度，徐、宿等州觀察處置等使，開府儀同三司、檢校太師、守太傅兼中書令、行徐州大都督府長史，判武定軍節度，奉聖、歸化、儒、可汗等州觀察、處置、屯田、勸農等使，上柱國、魏國王。其生平詳載《耶律宗政墓誌銘》。

[3]遂哥：【劉注】遂哥是契丹語小名的音譯。據《耶律宗允墓誌銘》，遂哥還有漢名“曰宗德，大内惕隱，同中書門下平章事，汧王”。

［4］謝家奴（1005—1064）：【劉注】謝家奴爲契丹語小名的音譯。據《耶律宗允墓誌銘》，謝家奴還有漢名宗允，字保信。其最後官銜是保順協贊推誠功臣、天雄軍節度、魏州管内觀察處置等使、開府儀同三司、檢校太師、守司徒、兼中書令行魏州大都督府長史、判匡義軍節度、饒州管内觀察處置等使、上柱國、魯王、追封鄭王。其生平詳載《耶律宗允墓誌銘》。

［5］驢糞：（992—1053）：【劉注】亦作“旅墳”，是契丹語小名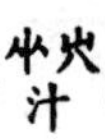的音譯。據漢字和契丹小字《耶律宗教墓誌銘》，驢糞還有漢名宗教，字希古。其最後官銜是保義軍節度使、同中書門下平章事、判奉先軍節度使事、廣陵郡王。其生平詳載《耶律宗教墓誌銘》。

［6］蘇撒：【劉注】據契丹小字《耶律宗教墓誌銘》，蘇撒還有契丹語小名（豬糞），身份是太師大王。

［7］隆祐：【劉注】《秦晉國大长公主墓誌銘》作“隆裕”。《宋會要輯稿》卷五二五七（中華書局 1957 年版，第 7659 頁）和《契丹國志》卷一四《諸王傳》亦作“隆裕”。

［8］胡都古：【劉注】契丹語小名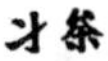的音譯，漢語意思爲“福”。由他父親的第二個名（胡都堇）轉化而來。即去掉體現父親的第二個名的尾音 z，即變成了兒子的小名。這是典型的父子連名習俗。據《契丹國志》卷一八，胡都古還有漢名宗業。“宗業，本齊國王隆裕之子。始封廣王，未幾徙封周王，歷中京留守，平洲、錦州節度使”。

［9］合禄：【劉注】合禄是契丹語小名的音譯。據《契丹國志》卷一八和《永清公主墓誌銘》，合禄還有漢名宗範。他“歷龍化州節度使、燕京留守，封韓王”。

重元。[1]	涅魯古。[2]							
燕王吴哥。[3]				敵烈术烈，稱帝。[4]				

以上系出聖宗文武大孝宣皇帝。[5]

[1]重元（1021—1063）：本名宗元，因避興宗諱，改重元，小字孛吉只，亦作孛己只，聖宗次子。太平三年（1023），封秦國王。聖宗死後，欽愛皇后稱制，曾密謀立重元。重元以所謀告於興宗，封爲皇太弟。賜以金券誓書。道宗即位，册爲皇太叔，爲天下兵馬大元帥，復賜金券。清寧九年（1063），與其子涅魯古謀亂，失敗自殺。卷一一二有傳。

[2]涅魯古（？—1063）：耶律重元之子。有傳附於本書卷一一二《耶律重元傳》後。

[3]吴哥：聖宗第四子。字洪隱。僕隗氏生。

[4]术烈：燕王吴哥四世孫。繼梁王雅里稱帝。

[5]聖宗：【劉注】遼代皇帝耶律隆緒的廟號。景福元年（1031）封。　文武大孝宣皇帝：遼代皇帝耶律隆緒的謚號。景福元年封。

皇太叔〔祖〕和魯斡。[1]	漆水郡王石篤。							
	匡義節度遠。							
	秦晉國王淳，[2]稱帝。							

以上系出興宗神聖孝章皇帝。[3]

[1]皇太叔祖和魯斡（1041—1110）：【劉注】“祖”字原脱，據漢字和契丹小字《義和仁壽皇太叔祖耶律弘本哀册》補。和魯斡爲耶律弘本契丹語小名的音譯。興宗第二子，字阿輦。重熙十七年（1048），封越王。乾統初，爲天下兵馬大元帥，加守太師，免拜，不名。三年，册爲義和仁壽皇太叔祖。其事蹟詳載漢字和契丹小字《義和仁壽皇太叔祖耶律弘本哀册》。

[2]淳：耶律淳（1063—1122）。世號爲北遼。小字涅爲，興宗第四孫，南京留守、宋魏王和魯斡之子。清寧初，太后鞠育之。既長，出爲彰聖等軍節度使。天祚即位，進王鄭。乾統二年（1102），加越王。六年，拜南府宰相，後又徙王魏。其父和魯斡薨，即以淳襲父守南京。冬夏入朝，寵冠諸王。天慶五年（1115），進封秦晉國王。保大二年（1122），天祚入夾山，在耶律大石等擁立下即位。號天錫皇帝，改保大二年爲建福元年，事未決，即病死，年六十。百官僞謚爲孝章皇帝，廟號宣宗，葬燕西香山永安陵。本書卷三〇

《天祚本紀四》附《耶律淳傳》。

[3]興宗：遼代皇帝耶律宗真廟號。　神聖孝章皇帝：遼代皇帝耶律宗真謚號。

（李錫厚注　劉鳳翥校）

今注本二十四史

遼史

八

傳〔二〕

元 脱脱等 撰

李錫厚 劉鳳翥 主持校注

中國社會科學出版社

遼史　卷七四

列傳第四

耶律敵剌　蕭痕篤　康默記　延壽　韓延徽　德樞
紹勳　紹芳　資讓　韓知古　匡嗣　德源　德凝[1]

[1]“耶律敵剌”至“德凝”：原本、南監本和明抄本均無，據北監本和殿本補。

耶律敵剌字合魯隱，遙輦鮮質可汗之子。[1]太祖踐阼，[2]與敞穩海里同心輔政。[3]太祖知其忠實，命掌禮儀，且諉以軍事。後以平内亂功，[4]代轄里爲奚六部吐里。[5]卒。敵剌善騎射，頗好禮文。

[1]遙輦：契丹氏族名。開元二十三年（734），可突于殘黨泥禮殺李過折，立阻午可汗，傳九世，至907年阿保機建國。遙輦九可汗繼位後各建宮衛，遼朝立國後，有遙輦九帳大常衮司之設，掌遙輦九世宮分之事務。亦指唐朝中晚期至契丹建國前的可汗姓氏，或稱這一時期爲遙輦氏時期。　鮮質可汗：契丹遙輦氏部落聯盟時期的第五任可汗。可汗，鮮卑語、突厥語和契丹語稱“王”或

“皇帝”爲“可汗”或“可寒”。

[2]太祖：遼代皇帝耶律阿保機的廟號。　踐阼：皇帝即位。

[3]敞穩：【李注】又作“常衮”，契丹語音譯詞。官名。遙輦九帳有常衮司之設，掌遙輦九宮分事務。此外奚六部也設常衮。據本書卷八五《高勳傳》，統和八年上表曰：“臣竊見太宗之時，奚六部二宰相、二常衮，詔命大常衮班在酋長左右，副常衮總知酋長五房族屬，二宰相匡輔酋長，建明善事。今宰相職如故，二常衮別無所掌，乞依舊制。”從之。　海里：人名。即耶律海里。本書卷七三有傳。

[4]内亂：指以剌葛爲首的遼太祖諸弟的多次叛亂。

[5]轄里：人名。本書卷七三作“霞里”。　奚六部：亦稱“六部奚”。奚族六個部的總稱。奚族最初秖有遙里、伯德、奥里、梅只、楚里五部。天贊二年（923），東扒里厮胡損恃險抗命，被遼太祖消滅，遂以奚府給役户，併括諸部隱丁，收合流散而置墮瑰部。連同以前的五部共爲六部。遼聖宗時又把奥里、梅只、墮瑰三部合爲一部，另外特設了兩個剋部，仍爲六部之數。【李注】另據《五代會要》卷二八《奚》：“奚，本匈奴别種，即東胡之地，人物風俗與突厥同。族有五姓：一曰阿會部，管縣六；二曰啜米部，管縣四；三曰奥質部，管縣六；四曰奴皆部，管縣四；五曰黑訖支部，管縣三；每部有刺史，每縣有令，酋長號奚王。”此奚王是被契丹降伏以後的奚部族酋長。《新五代史》卷七四《四夷附録第三》所記奚各部名稱與《五代會要》相同：奚“分爲五部：一曰阿薈部，二曰啜米部，三曰粤質部，四曰奴皆部，五曰黑訖支部。後徙居琵琶川，在幽州東北數百里。地多黑羊，馬趫前蹄堅善走，其登山逐獸，下上如飛。”詳本書卷三三《營衛志下》“部族下”。

吐里：亦作“禿里”，契丹語音譯詞。官名。經常以音譯和意譯相結合的“禿里太尉”的形式出現，因而“禿里”含有“太尉”之義，但不是漢語中的“太尉”本意。官名“禿里”也被金代採用。據《金史》卷五五《百官志一》，“鎮撫邊民之官曰禿里”。又據《金史》卷五七《百官志三》，“禿里一員，從七品，掌部落詞訟，防察違背之事”。

蕭痕篤字兀里軫，[1]迭剌部人。[2]其先相遙輦氏。

[1]兀里軫：諸本均作“元里軫”。中華修訂本校勘記云，契丹人字“兀里軫”者屢見，如耶律觀烈字兀里軫。今據改。中華點校本和補注本徑改。長箋本引《初校》出校。

[2]迭剌部：契丹部族名。遙輦部落聯盟時期八部之外的強不可制的大部。遼代建國之後把此部析爲五院、六院二部。【李注】據本書卷三二《營衛志中·部族上》，遙輦氏時期，原來耶律（即世里）有七部，後合併爲一，成爲迭剌部。

痕篤少慷慨，以才能自任。早隸太祖帳下，[1]數從征討。既踐阼，除北府宰相。[2]痕篤事親孝，爲政尚寬簡。

[1]早隸太祖帳下：“早”原本誤作“旱”，明抄本、南監本、北監本和殿本作“早”。中華點校本、修訂本和補注本徑改。

[2]北府宰相：契丹部族官名。遼朝官分南、北面。北面官中又有北、南宰相府。北府宰相掌佐理軍國之大政。后族世預其選。本書卷一《太祖本紀上》太祖四年（910）條載，“秋七月戊子朔，以后兄蕭敵魯爲北府宰相。后族爲相自此始”。《蕭義墓誌銘》稱：“其先迪烈寧，太祖姑表弟，應天皇后之長兄也。佐佑風雲，贊翊日月。初置北宰相，首居其位。”

康默記本名照。少爲薊州衙校。[1]太祖侵薊州得之，愛其材，隸麾下。一切蕃、漢相涉事屬默記折衷之，悉合上意。

[1]薊州：州名。州治故址在今天津市薊州區。　衙校：州衙中的軍官。

時諸部新附，文法未備，默記推析律意論決重輕，不差毫釐，罹禁網者人人自以爲不冤。頃之，拜左尚書。[1]神册三年始建都，[2]默記董役，人咸勸趨，百日而訖事。五年爲皇都夷离畢。[3]會太祖出師居庸關，[4]命默記將漢軍進逼長蘆水寨，[5]俘馘甚衆。[6]

[1]左尚書：官名。本書卷一《太祖本紀上》神册三年（918）二月條作“禮部尚書康默記”。

[2]神册：遼太祖耶律阿保機年號（916—922）。

[3]皇都：地名。亦稱“上京”。遼朝的首都。故址在今内蒙古自治區巴林左旗林東鎮。　夷离畢：契丹語音譯詞。官名。爲執政官。掌刑獄。

[4]居庸關：【李注】要塞名。在今北京市昌平區西北。《畿輔通志》卷四〇：“居庸關在昌平州西北二十四里，關門南北相距四十里。兩山夾峙，下有巨澗、懸崖峭壁，稱爲絶險。《淮南子》：天下九塞，居庸其一也……《水經注》：居庸關在上谷沮陽城東南六十里，絶谷累石，崇墉峻壁，山岫層深，側道褊狹，林障邃險，路僅容軌。”杜氏《通典》：“北齊改居庸爲納欵關，《唐十道志》居庸亦名薊門關，《新唐書·地理志》居庸關亦謂之軍都關。”

[5]漢軍：【李注】也稱“漢兵”。遼朝有衆多的漢軍，其中有阿保機收編的“山北八軍”以及趙延壽的軍隊。此外，遼朝還有自己按照中原軍隊編制組建的漢軍，其中最重要的是燕京等地的禁軍。據《長編》卷五五宋真宗咸平六年（1003）七月己酉記李信

云："國中所管幽州漢兵，謂之神武、控鶴、羽林、驍武等，約萬八千餘騎。"其中"羽林""控鶴"是唐、五代禁軍舊有的名號。因此可以斷定李信所説的遼燕京的"漢兵"就是戍衛京城的禁軍。　長蘆：地名。故址在今河北省滄州市西。《明一統志》卷三有"長蘆溝"條："在冀州西二里，《金史·地志》衡水、武邑下皆有長蘆河，即此溝也。"

[6]馘（guó）：割取敵人的耳朵以計軍功。

天贊四年親征渤海，[1]默記與韓知古從。[2]後大諲譔叛，[3]命諸將攻之。默記分薄東門，[4]率驍勇先登。既拔，與韓延徽下長嶺府。[5]軍還，已下城邑多叛，默記與阿古只平之。[6]

[1]天贊：遼太祖耶律阿保機年號（922—926）。　渤海：唐代中國東北地區的割據政權名。粟末靺鞨族人大祚榮於公元698年所建，共傳15王，歷229年，於公元926年亡於契丹。其事詳見《新唐書》卷二一九《渤海傳》和今人王承禮著《渤海簡史》。

[2]韓知古：人名。本書本卷有傳。

[3]大諲譔：人名。渤海國末代王。其世不詳。公元906年即位，926年春正月，契丹攻陷渤海都城，大諲譔降而復叛，被俘，送遼上京西，築城居之。契丹更其名爲烏魯古，其妻名阿里只。烏魯古與阿里只爲遼太祖及述律后受諲譔降時所乘二馬之名。

[4]東門：指渤海國國都忽汗城的東門。忽汗城故址在今黑龍江省寧安市渤海鎮。

[5]韓延徽：人名。其後人韓佚的墓誌銘稱延徽"諱潁"。本書本卷有傳。　長嶺府：渤海國府名。府治故址在今吉林省梅河口市山城鎮。【李注】一説治所故址在今吉林省樺甸市蘇密城遺址。參李殿福等《渤海國》（文物出版社1987年版，第65頁）。

[6]阿古只：人名。本書卷一《太祖本紀上》太祖七年（913）四月條作“曷古只”，神册二年（917）三月條作“阿骨只”。即蕭阿古只，字撒本，遼代初年名將。總領遼太祖的警衛部隊腹心部。平定剌葛等人的叛亂和征渤海均有功。本書卷七三有傳。

既破回跋城，[1]歸營太祖山陵畢，[2]卒。佐命功臣其一也。

[1]回跋城：渤海國的地名。故址在今吉林省輝南縣輝發城。

[2]山陵：【李注】帝、后的墳墓。《水經注》卷一九《渭水三》：“秦名天子塚曰山，漢曰陵，故通曰山陵矣。”

孫延壽字胤昌，少倜儻，謂其所親：“大丈夫爲將，當效節邊垂，[1]馬革裹屍。”景宗特授千牛衛大將軍。[2]宋人攻南京，[3]諸將既成列，延壽獨奮擊陣前，敵遂大潰。以功遙授保大軍節度使。[4]乾亨三年卒。[5]

[1]邊垂：垂，據羅繼祖《遼史校勘記》：“‘垂’當作‘陲’。”

[2]景宗：遼代皇帝耶律賢的廟號。　千牛衛大將軍：禁衛官名。據《莊子·養生主》，庖丁宰牛十九年，解牛數十頭，所用刀刃仍像在磨刀石新磨過一樣鋒利。後世因稱鋒利的刀爲千牛刀，禁衛叫千牛衛、千牛備身、千牛仗等。北魏、北齊、北周都有千牛備身，執掌御刀。領左、右二府，所以有左、右千牛衛的名稱。唐置左、右千牛衛，各設大將軍一員，正三品；將軍二員，從三品。遼因襲唐制，亦設左、右千牛衛，每衛亦設大將軍、將軍。

[3]南京：亦稱“燕京”，遼代的五京之一。爲遼代文化和用兵中原的重要陪都，南京道的治所。故址在今北京市西城區南部。

[4]遙授：授給空頭官銜，不去任所任職。　保大軍：唐、五

代方鎮名。北宋初廢。治鄜州（今陝西省富縣）。　節度使：官名。唐初，武將行軍稱總管，本道則稱都督。永徽以後，都督帶使持節者稱節度使。唐代節度使一般封郡王，總掌軍旅，專誅殺。起初，僅在邊地設置，目的在於使軍事行動敏捷靈活。一節度使總管一道或數州。以後遍設於國内。祇管一州的軍事民政，用人理財，皆得自專。五代、遼、宋、金皆設此官。元廢。

[5]乾亨：原本、明抄本、南監本、北監本和殿本均誤作“乾寧”，據馮家昇《遼史初校》改。中華點校本和補注本徑改。長箋本引《初校》出校。乾亨爲遼景宗耶律賢年號（979—983）。

韓延徽字藏明，幽州安次人。[1]父夢殷累官薊、儒、順三州刺史。[2]延徽少英，燕帥劉仁恭奇之，[3]召爲幽都府文學、平州録事參軍，[4]同馮道祗候院，[5]授幽州觀察度支使。[6]

[1]幽州：州名。州治故址在今北京市西城區南部。　安次：縣名。縣治故址在今河北省廊坊市境内。韓延徽後人的墓誌中關於其籍貫的記載各不一樣。《韓佚墓誌銘》作“其先昌黎人也。昔自起家。世居於薊”。《韓資道墓誌銘》作“其先南陽人也”。《韓詠墓誌》作“中都宛平人”。昌黎是韓氏名族的郡望。凡姓韓者，往往因攀附而自稱昌黎韓氏。韓延徽的祖籍最先可能是南陽（今屬河南省），後來落籍於幽州的依郭縣薊縣。唐朝建中二年（781），又從薊縣分出幽都縣。遼代開泰元年（1012），又改幽都縣爲宛平縣。因此，薊縣、幽都縣、宛平縣實際是同一地方的不同時期的名字。其縣治故址在今北京市西城區南部。韓延徽籍貫爲安次之説似不足信。

[2]夢殷：人名。《韓佚墓誌》稱“曾祖諱夢殷，太子庶子”。　儒：州名。州治故址在今北京市延慶區。　順：州名。州治故址

在今北京市順義區。　刺史：官名。秦朝初設刺史，監督各郡。刺，檢舉不法；史，皇帝所使。漢武帝元封五年（前106）設部（州）刺史，督察郡國，官階低於郡守。成帝綏和元年（前8）改爲州牧。東漢建武十八年（42）復設刺史。魏晉時期，重要的州均由都督兼任刺史，權力更大。隋以後，刺史爲一州的行政長官。唐代刺史的品階爲從三品至正四品下階。遼承唐制，在某些州設刺史，作爲一州之長。這種州稱刺史州。

[3]燕：地名。泛指今北京市、天津市與河北省北部地區。因爲周代曾在此地建立燕國而得名。　劉仁恭（？—914）：【李注】唐末割據軍閥。深州樂壽（今河北省獻縣）人。早年爲晉王李克用壽陽鎮將，乾寧元年（894）又爲盧龍軍節度使。其子守文爲横海軍節度使，父子率兩鎮兵十萬，號稱三十萬，稱雄一方。仁恭後爲另一子守光所囚禁。乾化元年（911），守光自號大燕皇帝。次年仁恭父子爲晉王所擒殺。《新唐書》卷二一二有傳。據《舊五代史》卷一三七《外國列傳》："劉仁恭鎮幽州，素知契丹軍情僞，選將練兵，乘秋深入，逾摘星嶺討之，霜降秋暮，即燔塞下野草，以困之，馬多饑死，即以良馬賂仁恭，以市牧地。仁恭季年荒恣，出居大安山，契丹背盟，數來寇鈔。"看來，劉仁恭的攻擊，使契丹受到了嚴重的損失。

[4]幽都：縣名。幽州的依郭縣薊縣。縣治故址在今北京市西城區南部。　文學：官名。漢代州郡皆置文學，略如後世的教官。唐初，州縣置經學博士。德宗時改稱文學。　平州：唐置，治所在今河北省盧龍縣。　録事參軍：官名。晉朝置録事參軍，本爲公府官，非州郡職。掌總録衆官文簿，舉彈善惡。後代刺史領軍而開府者並置此官，省稱録事。隋初以録事參軍爲郡官，相當於漢代州郡的主簿之職。唐代上州的録事參軍爲從七品上階。五代和宋的州均設此官，元廢。

[5]馮道（882—954）：【李注】字可道，瀛州景城（今河北省滄州市）人，歷仕後唐、後晉、後漢、遼和後周，居相位二十餘

年。晚年自稱“長樂老”，頗以能在時勢多變的情況下自保榮華富貴而得意。但亦能提醒統治者不忘民間疾苦。此外，他還是首先宣導雕印“九經”者。《舊五代史》卷一二六和《新五代史》卷五四均有傳。　祗候院：州政府下屬的機關名。祗候，官署中辦雜務的衙役。

[6]觀察度支使：官名。觀察使和度支使的合稱。唐於諸道置觀察使，地位次於節度使。唐中葉以後，多以節度使兼領其職。無節度使之州，亦特設觀察使，管轄一道或數州，並兼領刺史之職。後來改爲採訪處置使，又改爲觀察處置使。凡兵甲賦稅民俗之事無所不領，謂之都府，權任甚重。度支使掌管財賦的統計和支調。

後守光爲帥，[1]延徽來聘，[2]太祖怒其不屈，[3]留之。[4]述律后諫曰：[5]“彼秉節弗撓，賢者也，奈何困辱之？”太祖召與語，合上意，立命參軍事。[6]攻党項、室韋，[7]服諸部落，延徽之籌居多。乃請樹城郭、分市里，以居漢人之降者。又爲定配偶、教墾藝，以生養之。以故逃亡者少。

[1]守光（？—914）：【李注】即劉守光。唐末割據軍閥劉仁恭之子，深州樂壽（今河北省獻縣）人。《通鑑》卷二六八後梁太祖乾化元年（911）八月載：“守光即皇帝位，國號大燕，改元應天。以梁使王曈爲左相，盧龍判官齊涉爲右相，史彥群爲御史大夫。受册之日，契丹陷平州，燕人驚擾。”次年仁恭父子爲晉王李存勗所擒殺。《舊五代史》卷一三五和《新五代史》卷三九有傳。

[2]來聘：《契丹國志》卷一六作“求援”。

[3]不屈：《契丹國志》卷一六作“不拜”。

[4]留之：《契丹國志》卷一六作“留之，使牧馬於野”。

[5]述律后：即遼太祖的皇后述律平。本書卷七一有傳。述律

后對遼太祖説的話在《契丹國志》卷一六作“延徽能守節不屈，此今之賢者。奈何辱以牧圉，宜禮用之”。

[6]命參軍事：《契丹國志》卷一六作“以爲謀主，舉動訪焉”。

[7]党項：又稱党項羌，中國西北古代民族名。是古代羌人的一支。南北朝末期（6世紀後期）開始活動於今青海省東南部黄河上游和四川省松潘縣以西山谷地帶。當時“每姓别爲一部落，大者五千餘騎，小者千餘騎”，“俗尚武力，無法令，各爲生業，有戰陣則相屯聚，無傜役，不相往來。牧養犛牛、羊、豬以供食，不知稼穡”。隋、唐時期歸順朝廷並不時北遷。至宋朝寶元元年（1038），李元昊正式稱帝，建西夏國。詳見《隋書》卷八三《党項傳》和《舊唐書》卷一九八《党項羌傳》。　室韋：亦作“失韋”“失圍”，中國東北古代民族名。公元5至10世紀主要活動在今嫩江、綽爾河、額爾古納河、黑龍江流域一帶。

居久之，慨然懷其鄉里，賦詩見意，遂亡歸唐。[1]已而與他將王緘有隙，[2]懼及難，[3]乃省親幽州，匿故人王德明舍。[4]德明問所適，延徽曰：“吾將復走契丹。”德明不以爲然。延徽笑曰：“彼失我，如失左右手，其見我必喜。”既至，太祖問故。延徽曰：“忘親非孝，棄君非忠。臣雖挺身逃，臣心在陛下。臣是以復來。”上大悦，賜名曰“匣列”。匣列，遼言“復來”也。[5]即命爲守政事令、崇文館大學士，[6]中外事悉令參決。

[1]唐：五代時期的朝代名。史稱後唐。李存勗於公元923年所建。936年亡於後晉。

[2]王緘（？—921）：原爲劉仁恭的故吏，博學善屬文。後歸

順後唐，官至檢校司空、魏博節度副使。參加了胡柳之役，後被張文禮所殺。《舊五代史》卷六〇有傳。

[3]懼及難：據《契丹國志》卷一六，韓延徽給晉王李存勗的信説："非不戀英主，非不思故鄉，所以不留，正懼王緘之讒耳。"

[4]王德明（？—922）：原名張文禮，燕（今北京市）人。初爲劉仁恭裨將，性兇險，多奸謀。後來投奔鎮州（今河北省正定縣）節度使王鎔。王鎔收他爲義子，賜他姓王，改名德明。每令將兵。自栢鄉戰勝之後，常從莊宗行營。隨從周德威討滅了劉守光。殺王鎔父子而奪其權。身在晉境，南通朱氏，北結契丹。莊宗遣將討伐，驚恐而死。《舊五代史》卷六二有傳。

[5]遼言：遼朝的語言，即契丹語。

[6]守：官階低而所擔任的官職高稱守。　政事令：【李注】官名。遼朝南面宰相。遼世宗天禄四年（950）建政事省之前，漢人宰相無定稱；建政事省之後，南面宰相稱"政事令"，且多由契丹貴族擔任這一職務。　崇文館大學士：官名。宰相的兼職和榮譽銜。唐貞觀十三年（639），爲太子設崇賢館，招生就讀。上元二年（675），因避太子名諱改稱崇文館，掌經籍圖書及教授學生。有學士、直學士及讎校（後改稱校書郎）等職。皆無常員。乾元初，以宰相爲學士，總領館事，遂成定制。遼承唐制，在南面官中設崇文館大學士以作爲宰相的榮譽銜。

天贊四年從征渤海，大諲譔乞降，既而復叛，與諸將破其城，以功拜左僕射。[1]又與康默記攻長嶺府，拔之。師還，太祖崩，哀動左右。

[1]左僕射：官名。據本書卷四七《百官志三》，屬南面朝官，爲尚書省的官員，是尚書令的副貳。【李注】遼承唐制。唐不設尚書令，最初以左、右僕射與中書令、侍中同爲宰相。中宗以後，不

加同中書門下平章事者即不爲宰相。

太宗朝，[1]封魯國公，[2]仍爲政事令。使晉還，[3]改南京三司使。[4]

[1]太宗：遼代皇帝耶律德光的廟號。

[2]魯國公：封爵。

[3]晉：五代時期的朝代名。史稱後晉。石敬瑭於公元936年所建。946年被遼太宗耶律德光所滅。據《新五代史》卷八《晉本紀》，韓熲（即韓潁，亦即韓延徽）使晉，册封石敬瑭爲英武明義皇帝是在天福三年（938）十月。

[4]三司使：【李注】官名。三司之長官。唐宋以鹽鐵、度支、户部爲三司，主理財賦。其長官爲三司使。《通鑑》卷二六五唐昭宣帝天祐三年（906）三月戊寅："以朱全忠爲鹽鐵、度支、户部三司都制置使。三司之名始於此。"遼在南京設三司使司，此外上京設鹽鐵使司、東京設户部使司、中京設度支使司、西京設計司。

世宗朝遷南府宰相。[1]建政事省，[2]設張理具，稱盡力吏。天禄五年六月，[3]河東使請行册禮，[4]帝詔延徽定其制，延徽奏一遵太宗册晉帝禮，從之。

[1]世宗：遼代皇帝耶律阮的廟號。　南府宰相：官名。南宰相府長官，屬北面朝官。分左、右。掌佐理軍國之大政。神册六年（921）遼太祖始以其弟蘇爲此官。雖説皇族四帳世預其選，但國舅和漢人任此官者亦不少。

[2]政事省：遼代南面朝官的最高行政機關。其首長爲政事令。

[3]天禄五年六月：據中華點校本校勘記，"五"原作"三"，"按《紀》天禄五年正月，劉崇子立于太原；六月，求册封。據

改”。今從。天禄爲遼世宗耶律阮年號（947—951）。

[4]河東：地名。約當今山西省。此處指劉崇所建立的北漢政權。據本書卷五《世宗本紀》，天禄五年（951）“六月辛卯朔，劉崇爲周所攻，遣使稱侄乞援，且求封册”。

應曆中致仕。[1]子德樞鎮東平，[2]詔許每歲東歸省。九年卒，年七十八。[3]上聞震悼，贈尚書令，[4]葬幽州之魯郭，[5]世爲崇文令公。[6]

[1]應曆：遼穆宗耶律璟年號（951—969）。　致仕：辭官歸里。典出《公羊傳·宣公元年》條：“古之道不即人心，退而致仕。”注：“致仕，還禄位於君。”原本、南監本、北南監、明抄本和殿本“仕”均誤作“事”。據中華點校本改。

[2]德樞：人名。本書本卷有傳。　東平：郡名。治所故址在今遼寧省遼陽市。

[3]年七十八：應曆九年爲公元959年。據此推算，韓延徽應當生於唐僖宗中和二年（882）。

[4]贈：死後追封。　尚書令：官名。尚書省長官。遼代屬南面朝官。

[5]魯郭：里名。即今北京市石景山區魯谷村。韓延徽的後人韓資道、韓佚、韓詠等人的墓地均發現於今魯谷村北八寶山革命公墓院内。此處曾爲韓延徽的家族墓地。

[6]崇文：崇文館大學士的簡稱。　令公：尚書令的别稱。

初，延徽南奔，太祖夢白鶴自帳中出；比還，復入帳中。詰旦，謂侍臣曰：“延徽至矣。”已而果然。太祖初元，庶事草創，凡營都邑、建宫殿、正君臣、定名分，法度井井，延徽力也。爲佐命功臣之一。子德樞。[1]

[1]子德樞：據《韓佚墓誌》和《韓資道墓誌》，韓延徽除了長子德樞之外，還有次子德鄰。德鄰有三個兒子，分别叫佚、倬、偉。倬的兒子叫紹文。紹文的兒子叫造。造的兒子叫資道。資道的兒子叫迎恩奴。

德樞年甫十五，太宗見之，謂延徽曰："是兒卿家之福，朕國之寶，真英物也！"未冠，守左羽林大將軍，[1]遷特進、太尉。[2]

[1]左羽林大將軍：官名。左羽林軍的首長。掌禁軍。

[2]特進：文散官。漢制諸侯功德優盛者得封此官，位在三公下。唐制文散官正二品爲特進。遼因唐制，設此特進文散官以表示品階。　太尉：官名。實際爲"檢校太尉"的簡稱。爲表示榮譽的散官，並無實權。

時漢人降與轉徙者多寓東平。丁歲菑，[1]饑饉疾厲，德樞請往撫字之，[2]授遼興軍節度使。[3]下車整紛剔蠹，恩煦信孚。勸農桑、興教化，期月民獲蘇息。

[1]丁歲菑（zāi）：丁，當也。菑，同"災"。

[2]字：撫養。典出《逸周書·本典》："字民之道，禮樂所生。"

[3]遼興軍：遼代行政區劃名，即平州。治所在今河北省盧龍縣。

入爲南院宣徽使，[1]遥授天平軍節度使，[2]平、灤、營三州管内觀察處置等使，[3]門下平章事。[4]已而加開府儀同三司、行侍中，[5]封趙國公。保寧元年卒。[6]孫紹勳、紹芳。[7]

[1]南院宣徽使：官名。宣徽南院的首長。遼代屬北面朝官。掌南院朝會、宴饗、禮儀、祭祀及御前祗應事。【李注】遼設北、南宣徽，分隸北南樞密院之下。另，宣徽北院使常執行軍事使命。

[2]天平軍：五代時期的行政區劃名，即鄆州。不在遼境。治所在今山東省東平縣。

[3]灤：州名。今屬河北省。　營：州名。治所在今河北省昌黎縣。　觀察處置等使：官名。唐於諸道設觀察使，位次於節度使。唐中葉以後，多以節度使兼領其職。無節度使之州，亦特設觀察使，管轄一道或數州，並兼領刺史之職。後來改爲採訪處置使，又改爲觀察處置使。凡兵甲賦税民俗之事無所不領，謂之都府。遼承唐制，在某些州内亦設觀察處置等使。

[4]門下平章事：官名。“同中書門下平章事”的簡稱。唐代原爲宰相銜，後來逐漸成爲加在節度使、觀察使等地方官身上的虚銜，稱爲使相。

[5]開府儀同三司：官名。文散官，表示一品官階。　行：官階高而所擔任的官職低稱“行”。　侍中：官名。門下省長官。掌受天下之成事、審查詔令、駁正違失、收發通進奏狀、進請寶印等。遼代屬南面朝官。

[6]保寧：遼景宗耶律賢年號（969—979）。

[7]孫：此處指韓德樞之孫。韓德樞的兒子與韓佚、韓倬、韓偉是叔伯兄弟。雖然史書失載其名，但根據按字輩起名的規律，其名也應爲類似佚、倬、偉等字的立人旁的單字。韓延徽的曾孫除了這裏提到的紹勳、紹芳和《韓資道墓誌》提到的紹文之外，還應有

紹雍、紹榮、紹一、紹昇等人。《丁文道墓誌》有“其配韓氏，故樞密使、守司空兼中書令韓紹雍之孫女也。子男二人：曰元孫，曰洪。洪，韓氏之出也”。《丁洪墓誌》有“父文道，太子左翊衛率府率。母即大族韓氏崇文公五代孫也”。崇文公即韓延徽。從而可以確定丁文道之妻韓氏的祖父韓紹雍是韓延徽的曾孫之一。至於韓紹雍之父、祖則待考。本書卷一六《聖宗本紀七》太平三年（1023）條有“閏九月壬辰朔，以蕭伯達、韓紹雍充賀宋正旦使副”。《契丹國志》卷一九有“韓紹雍，行宮都部署兼侍中”。《秦晉國大長公主墓誌銘》有“特遣樞密使兼侍中南陽韓紹雍夙夜襄事”。韓紹一之名見於本書卷一七《聖宗本紀八》太平九年（1029）六月條。韓紹榮之名見於本書卷二〇《興宗本紀三》重熙十六年（1047）十二月條。韓紹昇之名見於《長編》卷九七天禧五年（1021）十二月條。從字輩和時間上推測，紹一、紹榮和紹昇也均應爲韓延徽的曾孫。

紹勳，仕至東京户部使。[1]會大延琳叛，[2]被執，辭不屈，賊以鋸解之，憤駡至死。

[1]東京：遼代五京之一。亦爲東京道遼陽府的治所。故址在今遼寧省遼陽市。　户部使：官名。遼代東京户部使司的首長。爲南面京官，掌户口賦税之事。

[2]大延琳（？—1030）：人名。渤海國遺民的後裔，官至東京舍利軍詳穩。據本書卷一七《聖宗本紀八》，遼東地區自神册年間歸附遼朝之後，本來没有榷酤鹽麴之税，關市之徵也甚寬弛。馮延休、韓紹勳相繼把燕京地區的一些徵税辦法用在了遼東，民不堪命。又值燕京地區連年鬧饑荒。東京户部副使王嘉向户部使韓紹勳建議造船從海上運東京的糧食去賑濟燕京地區。水路艱險，許多人因翻船而喪命。大延琳則利用民怨思亂的情緒，於太平九年

(1029）八月殺死韓紹勳等人而叛亂。大延琳自立爲帝，國號興遼，年號天慶。至次年八月纔被鎮壓下去。

紹芳，重熙間參知政事，[1]加兼侍中。[2]時廷議征李元昊，[3]力諫不聽，出爲廣德軍節度使。[4]聞敗，嘔血卒。

[1]重熙：遼興宗耶律宗真年號（1032—1055）。 參知政事：爲副宰相的職稱。唐代武德、貞觀年間，以尚書省左右僕射、侍中、中書令爲宰相，以其他官參議國政，稱爲"参知政事"。位次於宰相，不押班，不知印。遼承唐制，在中書省設參知政事，屬南面朝官。據本書卷四七《百官志三》，韓紹芳曾在開泰九年(1020）任樞密都承旨。又據本書卷一六《聖宗本紀七》，韓紹芳曾於太平四年（1024）任樞密直學士。

[2]加兼侍中：據本書卷一八《興宗本紀一》，重熙七年(1038）十二月己巳（初七日），"宰相韓紹芳加侍中"。

[3]李元昊（1003—1048）：西夏開國皇帝。党項羌族人，生於靈州（今寧夏回族自治區靈武市）。公元1038年正式建國稱帝。漢語國號爲大夏，西夏語國號爲"白上"，年號爲天授禮法延祚。晚年被他的兒子寧令哥刺死。謚武烈皇帝，廟號景宗。其事詳載《宋史》卷二四四《夏國傳上》。

[4]廣德軍：遼代軍號，即乾州。治所故址在今遼寧省北鎮市西南七里小常屯古城。據本書卷一九《興宗本紀二》，韓紹芳出任廣德軍節度使是在重熙十二年（1043）十月辛亥（十七日）。又據本書卷八六《杜防傳》，韓紹芳不是因爲力諫征李元昊而被調任廣德軍節度使，而是因爲嫉妒杜防出使西夏，調解宋、夏罷兵議和有功。

孫資讓，[1]壽隆初拜中書侍郎、平章事。[2]會宋徽宗嗣位，[3]遣使來報，[4]有司按籍，有“登寶位”文，[5]坐是，出爲崇義軍節度使。[6]改鎮遼興，卒。

[1]孫資讓：韓紹芳之孫韓資讓。據《韓訡墓誌》，韓紹芳有子名逑，任諸行宮都部署。逑生子名資愍，任安州團練使。資愍生三子分别叫訡、該、諒，皆仕金朝。韓訡官至威州同知事，天德二年（1150）卒於應州私第，享年六十一歲。韓該官至輔國上將軍、寧邊州同知。韓諒官至閤門舍人。韓訡有子四人“長景彰，供奉；次景隆，不仕；次景莊，顯武將軍、相州都軍；次景修，承信校尉、秦州臈家城主簿”。韓訡還有孫四人：汶、淑、汴、洙。韓資讓的父親是否爲韓逑，史書和相關墓誌均失載。韓資讓的父親如果不是韓逑，則應是韓逑的親兄弟和韓造的堂兄弟。其名也應是類似逑、造等字的“辶”部首的單字。本書卷二一《道宗本紀一》清寧元年（1055）九月條載遣翰林學士韓運以先帝遺物遺宋。從時間和字輩上推測，韓運也應是韓紹芳子侄輩的人。

[2]壽隆：據中華修訂本校勘記，“壽隆”當爲“壽昌”之誤。按此係陳大任《遼史》避金欽慈皇后“壽昌”諱而改，後爲元修《遼史》所承襲。遼道宗耶律洪基年號（1095—1101）。據本書卷二十五《道宗本紀五》，韓資讓在壽昌年間之前就已經做大官。例如大安八年（1092）十一月戊子（初九日），以權參知政事韓資讓爲參知政事。　中書侍郎：官名。中書省的官員，屬南面朝官。　平章事：官名。即“中書門下平章事“的簡稱。

[3]宋徽宗：宋代皇帝趙佶的廟號。據《宋史》卷一九《徽宗本紀》，宋徽宗嗣位在元符三年（1100）正月己卯（十二日）。

[4]遣使來報：據《宋史》卷一九《徽宗本紀》，元符三年三月“庚午（初三日），遣韓治、曹譜告即位於遼”。

[5]有“登寶位”文：據本書卷二六《道宗本紀六》，壽昌六

年（1100）“六月庚子（初五日），遣使賀宋主。辛丑（初六日），以有司案牘書宋帝‘嗣位’爲‘登寶位’詔奪宰相鄭顓以下官，出顓知興中府事，韓資讓爲崇義軍節度使，御史中丞韓君義爲廣順軍節度使”。從而得知，不是宋朝遣使來報的文件中有“登寶位”的文字，而是遼朝遣使賀宋帝即位的文件中把“嗣位”寫成了“登寶位”。爲此事而被奪官外放的有上自宰相下至御史中丞的一大批人。

[6]崇義軍：遼代軍號。治宜州（今遼寧省義縣）。

韓知古薊州玉田人，[1]善謀有識量。太祖平薊時知古六歲，[2]爲淳欽皇后兄欲穩所得。[3]后來嬪，知古從焉，[4]未得省見。久之，負其有，[5]怏怏不得志，[6]挺身逃庸保以供資用。

[1]韓知古：據劉鳳翥編著《契丹文字研究類編》所收《韓匡嗣墓誌銘》拓本：“曾祖（知古祖父）諱懿，不仕。王父（知古之父）諱融，任薊州司馬。或林泉長往，或簪紱暫維。不辱其身，共得伯夷之道；必有餘慶，竟符尼父之言。烈考諱知古，彰武軍節度使、太師、中書令。會九五龍飛之主，當經綸草昧之時。征伐四方，鄧禹贊開基之略；參謀萬務；葛亮成佐命之功，直氣陵雲。精誠介石，居然廊廟之器，真爲社稷之臣。事載朝經，美談人口。”又據《契丹文字研究類編》所收《耶律宗福（韓滌魯）墓誌銘》，韓知古契丹語名字曰“延你”，其夫人契丹語名字曰“麼散”。所收契丹小字《耶律（韩）高十墓誌銘》，韩知古夫人的契丹字名字作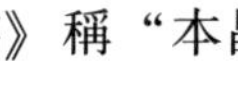。　玉田：縣名。今屬河北省。關於韓知古的籍貫，其後人墓誌的記載與《遼史》有歧異。《韓德威墓誌銘》稱“世爲昌黎人”。據《契丹文字研究類編》所收《耶律隆祐（韓德凝）墓誌銘》稱“本昌黎人也”；所收《耶律遂正墓誌銘》稱“世出昌黎郡

人也”。《韓相墓誌銘》則稱“大燕國人也”。昌黎是韓氏名族郡望，如唐代的韓愈，凡姓韓者，往往因攀附郡望而自稱昌黎韓氏。大燕國即劉守光割據幽州時僭越國號。韓知古籍貫應以本傳所書玉田爲準。

[2]太祖平薊時知古六歲：據中華點校本校勘記，按下文其子匡嗣已得“親近太祖，因間言”，則與六歲被掠不合，疑有漏字。

[3]淳欽皇后：遼太祖的皇后述律平的謚號。本書卷七一有傳。欲穩：人名。應姓述律或蕭。本書僅此一見。

[4]焉：原本作“馬”，據明抄本、南監本、北監本和殿本改。中華點校本、修訂本和補注本徑改。長箋本引《羅校》出校。

[5]負其有：從文意推斷，“有”字下似有脱字。

[6]不得志：原本作“不得忠”，據明抄本、南監本、北監本和殿本改。中華點校本、修訂本和補注本雖然也作“不得志”，但未出注。長箋本引《羅校》出校。

其子匡嗣得親近太祖，[1]因間言。太祖召見與語，賢之，命參謀議。神册初遥授彰武軍節度使。[2]久之，信任益篤，總知漢兒司事兼主諸國禮儀。[3]時儀法疏闊，知古援據故典、參酌國俗、與漢儀雜就之，使國人易知而行。

[1]匡嗣（917—982）：人名。本書本卷有傳。據《耶律遂忠墓誌》，韓匡嗣字昌世。又據《耶律宗福墓誌銘》，韓匡嗣契丹語名字曰“天你”，據劉鳳翥編著《契丹文字研究類編》所收契丹小字《耶律（韩）迪烈墓誌銘》和《耶律（韩）高十墓誌銘》，韩匡嗣的契丹小字全名作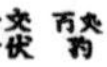（天你·堯治）。又據《韓匡嗣墓誌銘》和本書卷一〇《聖宗本紀一》，韓匡嗣卒於乾亨四年（982），享年六十六歲。以此推算，韓匡嗣當生於神册二年（917）。遼太祖死時

(926)，韓匡嗣纔九歲。又據本書卷一《太祖本紀上》，太祖三年(909)“夏四月乙卯，詔左僕射韓知古建碑龍化州大廣寺，以記功德”。太祖七年（913）十月，“詔群臣分決滯訟，以韓知古録其事”。韓匡嗣誕生前八年，韓知古就任左僕射的大官。因此，所謂韓匡嗣因親近太祖而向太祖推薦其父韓知古，韓知古纔得以做官的説法不足信。

[2]彰武軍：霸州軍號。後升興中府，治所在今遼寧省朝陽市。

[3]總知漢兒司事：官名。漢兒司的首長。掌漢人兵馬之政。遼太宗時，漢兒司改稱漢人樞密司，其首長稱漢人樞密使。

頃之，拜左僕射。與康默記將漢軍征渤海，有功遷中書令。[1]天顯中卒，爲佐命功臣之一。[2]子匡嗣。[3]

[1]中書令：官名。遼代南面朝官中書省的首長。關於韓知古的官銜，《韓匡嗣墓誌銘》作“彰武軍節度使、太師、中書令”。《韓瑜墓誌銘》作“臨潢府留守、守尚書左僕射兼政事令”。《韓椅墓誌銘》作“彰武軍節度使、東南路處置使、開府儀同三司、守尚書左僕射兼中書令”。契丹小字《耶律（韓）高十墓誌銘》作“上京留守兼政事令”。

[2]佐命功臣：《韓椅墓誌》作“推忠契運宣力功臣”。

[3]子匡嗣：據《韓匡嗣墓誌銘》，韓知古共有十一個兒子。長子匡圖，彰國軍衙内都將；次子匡業，天成軍節度使、司徒；三子匡嗣；四子匡祐，臨海軍節度使、太傅；五子匡美，燕京統軍使、天雄軍節度使、太師、政事令、鄴王；六子匡胤，鎮安軍節度使、司徒；八子匡文，殿中侍御史；九子匡道，東頭供奉官；十子圖育氏，彰武軍中軍使；十一子唐兀都，熊軍將軍。

匡嗣以善醫直長樂宫，[1]皇后視之猶子。應曆十年，爲太祖廟詳穩。[2]後宋王喜隱謀叛，[3]辭引匡嗣，上置不問。

[1]善醫：韓匡嗣除了“善醫”的特長外，他的墓誌還説他“善騎射而敦詩書，尊德義而重然諾”。　長樂宫：遼代宫衛中並没有長樂宫。根據其所處的時代，應爲“長寧宫”之誤。長寧宫是應天皇太后的宫衛。

[2]應曆十年，爲太祖廟詳穩：《韓匡嗣墓誌銘》稱“嗣聖皇帝（指遼太宗）以勳舊之胤，有幹濟之材，乃議褒昇，罔循資級，特授右驍衛將軍。在公既彰於勤瘁；進秩宜處於深嚴。改授二儀殿將軍。此官之設，自公始也”。據本書卷三七《地理志一》，二儀殿在祖州。裏面供奉着用白金鑄造的遼太祖的神像。因此，二儀殿將軍即太祖廟詳穩。授此官於韓匡嗣者是遼太宗而不是遼穆宗。所以此處的“應曆十年”應移至“爲太祖廟詳穩”的後面。下文的“喜隱謀叛”恰在應曆十年（960）。　詳穩：【李注】契丹官名。遼在元帥府下設大詳穩司。本書卷一一六《國語解》：“詳穩，諸官府監治長官。”“詳穩”即漢語“將軍”的轉譯。【劉注】“詳穩”即漢語“將軍”的轉譯的説法似有值得商榷之處。在契丹小字中，“詳穩”作，“將軍”作，或、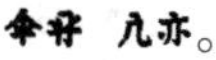。在契丹大字中，“詳穩”作，“將軍”作。“詳穩”不是漢語“將軍”的轉譯，而是音譯的契丹語，契丹語中“將軍”是漢語借詞。

[3]宋王：封爵名。　喜隱：即耶律喜隱（？—981），字完德。耶律李胡之子，遼太祖之孫。初封趙王。穆宗時曾兩次謀反，下獄。景宗保寧初，宥之，妻以皇后之姊，封宋王，授西南面招討使。稍見進用，復誘群小謀叛，囚於祖州。乾亨三年（981）宋降卒二百餘人欲劫立喜隱，以城堅不得入，立其子留禮壽，上京留守除室擒之。留禮壽伏誅，賜喜隱死。本書卷七二有傳。

初，景宗在藩邸，善匡嗣。[1]即位，拜上京留守。[2]頃之，王燕，改南京留守。[3]保寧末，以留守攝樞密使。[4]

[1]善匡嗣："匡"，原本誤作"国"，據明抄本、南監本、北監本和殿本改。中華點校本、修訂本和補注本雖然也作"匡"，但未出注。長箋本引《羅校》出校。據本書卷八《景宗本紀上》，"（景宗）既長，穆宗酗酒怠政，帝（指景宗）一日與韓匡嗣語及時事，耶律賢適止之"。景宗未稱帝時能與韓匡嗣説知心話，足見他們相善的程度。

[2]拜上京留守：《韓匡嗣墓誌銘》稱"孝成皇帝（即景宗）纘紹宗祧，振拔淹滯。一見奇表，便錫徽章。授始平軍節度使、特進、太尉，封昌黎縣開國公。尋加推誠奉上宣力功臣。靈鶴飛來，暫留華表；仙查上去，須泛明河。俄授上京留守、同政事門下平章事、臨潢尹"。

[3]改南京留守：《韓匡嗣墓誌銘》稱"雄燕之地，皇朝所都。宗九服而表則諸侯；屯萬旅而控則南夏。非威武不可以統率；非仁惠不可以保釐。授南面行營都統、燕京留守、盧龍軍節度使、幽都尹。封燕王，加匡運協贊功臣"。

[4]攝：代理。　樞密使：官名。此處指漢人樞密院的首長。爲南面朝官，掌漢人兵馬之政。

時耶律虎古使宋還，[1]言宋人必取河東，[2]合先事以爲備。匡嗣詆之曰："寧有是！"已而宋人果取太原，[3]乘勝逼燕。匡嗣與南府宰相沙、惕隱休哥侵宋，[4]軍于滿城，[5]方陣，宋人請降。匡嗣欲納之，休哥曰："彼軍氣甚鋭，疑誘我也。可整頓士卒以禦。"匡嗣不聽。俄而宋軍鼓譟薄我，衆蹙踐，塵起漲天。匡嗣倉卒諭諸將，無當其鋒。衆既奔，遇伏兵扼要路，匡嗣棄旗鼓遁，其衆走易州山，[6]獨休哥收所棄兵械，全軍還。

[1]耶律虎古：人名。本書卷八二有傳。

[2]言宋人必取河東：河東指北漢。據本書卷八二《耶律虎古傳》："（保寧）十年，（虎古）使宋還，以宋取河東之意聞於上。燕王韓匡嗣曰：'何以知之？'虎古曰：'諸僭號之國，宋皆並取，惟河東未下。今宋講武習戰，意必取漢。'匡嗣力阻，乃止。"

[3]太原：地名。當時爲北漢首都。今屬山西省。

[4]沙：人名。即耶律沙，本書卷八四有傳。　惕隱：官名。大惕隱司的首長。掌皇族之政教。　休哥：【李注】人名。即耶律休哥（？—998），字遜寧。應曆末爲惕隱。乾亨元年（979）與耶律斜軫分左右翼，擊敗宋軍於高粱河。是年冬，休哥率本部兵從韓匡嗣等戰於滿城。匡嗣敗績。休哥整兵進擊，敵乃却。詔總南面戍兵，爲北院大王。聖宗即位太后稱制，令休哥總南面軍務，多有戰功。統和四年（986）封宋國王。本書卷八三有傳。

[5]滿城：縣名。今屬河北省。

[6]易州：州名。治所故址在今河北省易縣。

帝怒匡嗣，數之曰："爾違衆謀，[1]深入敵境，爾罪一也；號令不肅，行伍不整，爾罪二也；棄我師旅，挺身鼠竄，爾罪三也；偵候失機，守禦弗備，爾罪四也；捐棄旗鼓，損威辱國，爾罪五也。"促令誅之。皇后引諸内戚徐爲開解，[2]上重違其請。良久，威稍霽，乃杖而免之。

[1]爾違：原本、南监本、北监本、明抄本和殿本均作“違爾”，據馮家昇《遼史初校》改。中華點校本、修訂本、補注本徑改。長箋本引《初校》出校。

[2]皇后：指遼景宗的皇后蕭倬（小名燕燕）。她與韓匡嗣的四兒子韓德讓有着特殊的關係。《契丹國志》卷一八稱“隆運（即韓德讓）自在景宗朝翼決庶政，帝后少年，有辟陽之幸”。基於這種關係，皇后當然要爲韓匡嗣講情。

既而遥授晉昌軍節度使。[1]乾亨三年改西南面招討使，[2]卒。[3]睿智皇后聞之，[4]遣使臨弔，賻贈甚厚，[5]後追贈尚書令。五子：[6]德源，德讓——後賜名隆運，德威，德崇，德凝。德源、德凝附傳，餘各有傳。[7]

[1]晉昌軍：五代時期的行政區劃名。後晉始在京兆府（今陝西省西安市）設晉昌軍。此地不在遼境。遼景宗時，中原已是宋朝，已經裁撤了晉昌軍的建制。從時間和地點兩方面説，韓匡嗣的這一徒有其名的職務衹能是“遥授”。據本書卷九《景宗本紀下》，乾亨元年（979）“十二月乙卯（初十日），燕王韓匡嗣遥授晉昌軍節度使，降封秦王”。《韓匡嗣墓誌銘》稱“東井分野，西漢河山。將啓真封，允歸元輔。授晉昌軍節度使，加尚父、京兆尹，進封秦王”。把“降封”寫成“進封”是墓誌作者馬得臣爲墓主人避諱的筆法。

[2]乾亨三年：據中華點校本校勘記，“三”，原作“二”，按本書卷九《景宗本紀下》，乾亨三年三月乙卯“以秦王韓匡嗣爲西南面招討使”。今據改。　西南面招討使：官名。西南面招討司的首長。負責對西夏的用兵。屬北面邊防官。

[3]卒：本書卷一〇《聖宗本紀一》稱，乾亨四年（982）十二月“辛未（十四日），西南面招討使秦王韓匡嗣薨”。《韓匡嗣墓

誌》稱“乾亨五年，孝成皇帝登遐。公思鳳翼之早依，龍髯之遽謝。因懷永歎，旋遘沈痾。以當年十二月八日薨於神山之行帳，享年六十六”。《韓匡嗣妻蕭氏墓誌》稱“乾亨五年壬午冬，秦王先夫人而薨”。《遼史》記載的年月是對的，但日期不對，書中把接到韓匡嗣死亡奏報的日期記成了死亡的日期。而《韓匡嗣墓誌銘》説韓匡嗣與孝成皇帝（即遼景宗）同年而死是對的，但據本書卷九和卷一〇《景宗本紀》，孝成皇帝不是死於乾亨五年，而是死於乾亨四年九月壬子（二十四日）。因此，《韓匡嗣墓誌銘》説韓匡嗣死於十二月八日的記載也是對的。《韓匡嗣妻蕭氏墓誌銘》説韓匡嗣死於壬午冬也是對的，但壬午不是乾亨五年，而是乾亨四年。綜合上述正確記載，韓匡嗣應卒於乾亨四年十二月八日。享年六十六歲。以此推算，他應生於神册二年（917）。

［4］睿智皇后：遼景宗皇后蕭綽的謚號。

［5］賻贈甚厚：《韓匡嗣墓誌銘》稱“聖上方賴殿邦，忽聞捐館。傷悼之意，有異於常倫；祭贈之恩，有加於常典”。

［6］五子：《韓匡嗣墓誌銘》稱“有子九人：長曰德源，始平軍節度使、太尉；次曰德慶，左監門衛將軍、司徒，早亡；次曰德彰，氊毯使、左散騎常侍，早亡；次曰德讓，樞密使、太師兼侍中；次曰德威，西南面招討使兼五押、彰武軍節度使、太師；次曰德沖，户部使、威勝軍節度使、太尉；次曰德顒，右神武大將軍、太尉；次曰德晟，未仕而卒；次曰德昌，任盧龍軍節院使，後公一年而終。浮葉十枝，擢秀而高低捧日；洪河九派，激濁而遠近朝宗。閲世者不泯令名，肯構者多膺大用。有女七人：一適昭義軍節度使、太傅耿紹紀；一適遼興軍節度使、太尉、同政事門下平章事蕭猥恩；一適大國舅蕭罕。餘皆早亡”。本書中的“德崇”即墓誌中的“德沖”，屬同音異寫。本書中的“德凝”即墓誌中的“德顒”，屬音近異寫。

［7］餘各有傳：本書中並無韓德崇傳，其事蹟僅在其子韓制心傳中追述了幾句。此處當是沿襲耶律儼或陳大任的舊史之文。元代

修《遼史》時已把舊史中的韓德崇傳删去了。

德源性愚而貪，早侍景宗邸。及即位，列近侍。統和間官崇義、興國二軍節度使，[1]加檢校太師。[2]以賄名，德讓貽書諫之，[3]終不悛。以故論者少之。後加同政事門下平章事，遙攝保寧軍節度使。[4]開泰初卒。[5]

[1]統和：遼聖宗耶律隆緒年號（983—1012）。原本、明抄本、南監本、北監本和殿本此處均作“統和”，是。中華點校本根據下文“乾亨初卒”與此矛盾而改爲“保寧”，誤。《韓匡嗣墓誌銘》撰於統和三年（985），《韓匡嗣妻蕭氏墓誌銘》撰於統和十一年。兩墓誌提到他們的九個兒子時，凡是已經去世者均注明。兩墓誌均未説德源已死。足見直至統和十一年韓德源還活著。所以此處維持原本原貌不變。　興國：遼代軍號名，治龍化州（今内蒙古自治區奈曼旗平安地鄉西孟家段村村北古城址）。

[2]檢校：官職用語。初謂代理，隋及唐初皆有。中唐以後，使職、外官多帶中央臺省官銜，其加三公、尚書僕射、尚書、丞郎等高級官銜者，稱檢校官，爲寄銜之意，僅表示官品高下，不掌其職事。五代、遼、宋因之。　太師：官名。爲加官、贈官的最高階，正一品。名崇位尊，無實際執掌。

[3]貽：原本誤作“貼”，據明抄本、南監本、北監本和殿本改。中華點校本、修訂本和補注本雖然也作“貽”，但未出注。長箋本引《羅校》出校。

[4]保寧軍：遼代軍號名。治定州（今遼寧省丹東市）。

[5]開泰：遼聖宗耶律隆緒年號（1012—1021）。開泰，原本、明抄本、南監本、北監本、殿本以及中華點校本、補注本、長箋本此處均作“乾亨”。“乾亨”爲“統和”之前的年號。前已考定，韓德源在統和十一年還活着，不可能死於乾亨初。此處的“乾亨”

應是“開泰”之誤。據改。

德凝謙遜廉謹。[1]保寧中遷護軍司徒。[2]統和中累遷護衛太保、都宮使、崇義軍節度使。[3]移鎮廣德，秩滿，部民請留，從之。改西南面招討使，党項隆益答叛，[4]平之。遷大同軍節度使，[5]卒于官。[6]

[1]德凝（953—1010）：據其父韓匡嗣的墓誌應作“德顒”。據其本人的《耶律隆祐墓誌銘》，他晚年隨其四兄韓德讓一起被“賜之已國姓，仍連御署，得系皇親，今氏歸耶律”。“連御署”就是按遼聖宗名諱的字輩起名。因此，韓德凝起了“隆祐”的名字，字道寧。遼聖宗叫耶律隆緒，韓德讓叫耶律隆運，韓德凝叫耶律隆祐。從字面上看，三人像兄弟一般。而且遼聖宗有一個親弟弟也叫耶律隆祐（其實是本書誤作“隆祐”，根據《契丹國志》和《秦晉國大長公主墓誌銘》應作“隆裕”）。

[2]護軍司徒：官名。護軍司的首長。屬北面朝官。據其本人的《耶律隆祐墓誌銘》，“乾亨四年，自燕京山河都指揮使特授崇禄大夫、檢校太尉、行右神武大將軍”。

[3]統和：各本均作“開泰”，據其本人的《耶律隆祐墓誌銘》：“以庚戌歲季冬壬戌日薨於雲州之官舍。”即於統和二十八年（1010）十二月十八日卒於雲州即大同軍的官署。“開泰”是“統和”之後的年號。“統和”年間就死了，不可能在“開泰”年間還做官。今據改。又據本書卷一〇《聖宗本紀一》，統和三年五月，以彰武軍節度使韓德凝爲崇義軍節度使。進一步證明此處的“開泰”應作“統和”。　護衛太保：官名。北護衛府和南護衛府均有此官。掌護衛之事。屬北面御帳官。　都宮使：官名。宮衛的首長。屬北面著帳官。

[4]隆益答：人名。本書僅此一見。

[5]大同軍：遼代軍號名。治西京大同府（今山西省大同市）。據其本人的《耶律隆祐墓誌銘》："（統和）二十八年，授大同軍節度使。晨辭宮闕，夕判山河。涉二千里之康莊，逾川跨谷；帶八百口之生聚，犯露蒙霜。"

[6]卒于官：據其本人的《耶律隆祐墓誌銘》："以庚戌歲季冬壬戌日薨於雲州之官舍，享年六十有四。"即於統和二十八年（1010）十二月十八日卒於雲州即大同軍的官署。

侄郭三，[1]終天德軍節度使。[2]孫高家奴，[3]終南院宣徽使；高十，[4]終遼興軍節度使。

[1]侄：原本、明抄本、南監本、北監本和殿本均作"子"。據《韓德昌墓誌銘》《耶律隆祐墓誌銘》《耶律遂忠（韓郭三）墓誌銘》和契丹小字《耶律（韓）高十墓誌銘》改。《韓德昌墓誌銘》稱"有子二人：郭三、解里·阿鉢"。《耶律遂忠（韓郭三）墓誌銘》稱"烈考諱德昌，字克柔，盧龍軍節度使檢校太保"。契丹小字《耶律（韓）高十墓誌銘》第九行有一段話譯爲漢字爲"富哥（韓德昌契丹語名字的音譯）妻歐妮·偶寧娘子，兒子一個：留寧·郭三宰相"。《耶律隆祐墓誌銘》稱韓德凝"有子二人，女一人。渤海娘子大氏之所出也。先公而亡。長曰遂贇，右千牛衛將軍。勾陳就列，寧欠父風。次曰遂成，銜内都指揮使。啓戟從戎，豈無公器。女適奚王府相之息也"。韓德凝的兒子中僅有遂贇和遂成，並没有郭三。這從正反兩方面都説明韓郭三爲韓德昌之子，並不是韓德凝之子，而是韓德凝之侄。之所以把韓德昌之子説成韓德凝之子，是因爲元代修《遼史》時所依據的底本——遼朝耶律儼編的《皇朝實録》和金朝陳大任修的《遼史》中，給包括韓德昌在内的韓匡嗣的八個做過官的兒子都立了傳，韓郭三附在韓德昌傳後。元代修《遼史》時覺得韓德昌官太小，僅是盧龍軍節度

使，二十九歲就死了，没有突出的政績。於是删除韓德昌傳。又覺得韓德昌之子韓郭三是宰相，不能删。又保留了“子郭三”等内容。因爲韓德昌傳緊挨着前面韓德凝傳，删去韓德昌傳時，没有進行編輯加工，所以“子郭三”就成了韓德凝之子了。　郭三：契丹語人名音譯。根據對契丹小字《耶律（韓）高十墓誌銘》的解讀，韓郭三的契丹語全名應音譯爲“留寧·郭三”，簡稱“郭三”。契丹小字《耶律（韓）高十墓誌銘》稱，郭三官至宰相。有妻二人。大者爲解里夫人，爲國舅小翁帳迪里駙馬郡王之女，生男孩四個。長曰馮家奴相公，次曰□□將軍，三曰撻不里將軍，四曰□□郎君。第二妻有别胥的封號，爲國舅□□相公之女，生男孩四個，女孩兩個。另據契丹小字《蕭特每·闊哥駙馬第二夫人韓氏墓誌銘》，韓郭三拜惕隱、南府宰相。他的第二夫人所生四男爲“大者何魯寧·高家奴相公，第二個五□郎君，第三個揚九郎君，第四個王寧·高十宰相。女孩子兩個，大者滿夫人”。第二個女孩即蕭特每·闊哥駙馬第二夫人韓氏。

[2]天德軍：遼代軍號名。治豐州（今内蒙古自治區呼和浩特市東郊太平莊鄉白塔村）。

[3]孫：指韓德昌之孫。　高家奴：人名。據契丹小字《蕭特每·闊哥駙馬第二夫人韓氏墓誌銘》，韓郭三的第二個妻子所生的第一個兒子是“何魯寧·高家奴相公”，就是此人。本書僅此一見。

[4]高十：契丹語人名音譯。根據對契丹小字《耶律（韓）高十墓誌銘》的尚不完全的解讀，韓高十的契丹語名字全名是王寧·高十。他是韓知古的玄孫，韓匡嗣的曾孫，韓德昌之孫，韓郭三的第八子，生於開泰四年（1015）六月二日。至重熙八年（1039）二十四歲時出任牌印司郎君。十一年，封小將軍之號。十三年，拜積慶宫副宫使，封大將軍之號。十七年，拜興聖宫都宫使。十九年正月，拜四□之詳穩。該年冬，統領南京之步軍。二十二年，封節度使之號，復拜興聖宫都宫使。清寧元年（1055），罷都宫使，復封節度使之號。四年，復統領南京之步軍。六年，任渌州之節度

使。七年，任詳穩。八年冬，封金吾衛上將軍，拜西南面招討。九年冬，封工部尚書。十年夏，封户部尚書之號。咸雍元年（1065）春，拜瀋州之節度使，封吏部尚書之號。二年夏，封龍虎軍上將軍，拜東京之通判，復任西南面招討。四年夏，封使相之號。五年冬，任某處同知。七年，復拜東京通判。大康元年（1075）夏，拜南府宰相，賜功臣二字。二年冬，封侍中之號，任奉聖州之知事。由於發現的契丹小字《耶律（韓）高十墓誌銘》僅有一半，韓高十的結局尚不得而知。有待另一半墓誌的發現。

（劉鳳翥校注　李錫厚補）

遼史　卷七五

列傳第五

耶律覿烈　羽之　耶律鐸臻　古　突呂不　王郁
耶律圖魯窘[1]

[1]“耶律覿烈”至“耶律圖魯窘”：原本、南監本、明抄本無。據北監本、殿本補。

耶律覿烈字兀里軫，[1]六院部蒲古只夷离菫之後。[2]父偶思，[3]亦爲夷离菫。

[1]兀里軫：本書卷一《太祖本紀上》神册三年（918）十二月條有“于越曷魯弟汙里軫”。《耶律羽之墓誌》稱“次兄汙里”。“汙里軫”“汙里”和“兀里軫”爲同名異譯。根據《耶律羽之墓誌》，耶律羽之的曾祖諱勤德·迭列，祖父諱曷魯·匣麥，烈考諱滬思·涅列。名字均由兩個單詞組成。我們用間隔號“·”把兩個單詞隔開。在本書中往往把一個契丹語名字的兩個單詞處理爲一個是名，一個是字。耶律覿烈的名字在契丹語中很可能作“覿烈·兀里軫”。曷魯·匣麥，《耶律元寧墓誌銘》作“曷魯·轄麥哥”。

[2]六院部蒲古只夷离堇之後：據中華修訂本校勘記，由契丹小字《耶律迪烈墓誌》《故耶律氏銘石》及漢文《耶律羽之墓誌》可知，耶律覿烈爲蒲古只弟匣馬葛之後。六院部，遼代契丹的部族名。天贊元年（922），由迭剌部分化出來。因有六個“爪”而得名。“爪”是契丹語“百”的音譯。【李注】遼太祖析迭剌部爲五院部和六院部。太宗會同元年（938）改夷离堇爲大王。北院大王和南院大王即是五院部和六院部的首領。蒲古只，人名。夷离堇，契丹語音譯詞。官名。漢語意思爲“部長”。源於突厥語官名“俟斤”（Irkin）。突厥各部的最高元首稱“可汗”（Qaghan），其他各部酋長則稱爲俟斤。初，契丹“其君大賀氏，有勝兵四萬，臣於突厥，以爲俟斤”（《新唐書》卷二一九《契丹傳》）。後，契丹首領自立爲可汗，其下所屬各部酋長則稱爲“俟斤”，亦即夷离堇。契丹立國後，大部族之夷离堇稱王，小部族之夷离堇則稱爲節度使。舉凡一部之軍政、民政皆由其統掌。參韓儒林《穹廬集》（上海人民出版社 1982 年版，第 314—316 頁）。

[3]偶思：人名。《耶律羽之墓誌》作“漚思·涅列”。

初，太祖爲于越時，[1]覿烈以謹愿、寬恕見器使。既即位，兄曷魯典宿衛，[2]以故覿烈入侍帷幄，與聞政事。神册三年曷魯薨，[3]命覿烈爲迭剌部夷离堇，[4]屬以南方事。會討党項，[5]皇太子爲先鋒，[6]覿烈副之。軍至天德、雲内，[7]分道並進。覿烈率徧師渡河力戰，[8]斬獲甚衆。

[1]太祖：遼代皇帝耶律阿保機的廟號。原本誤作“本祖”，據明抄本、南監本、北監本和殿本改。中華點校本、修訂本、補注本和長箋本徑改。　于越：契丹語音譯詞。官名。本書卷一一六《國語解》稱“于越，貴官，無所職。其位居北、南大王上，非有

大功德者不授”。

[2]曷魯（872—918）：人名。即耶律曷魯。本書卷七三有傳。典宿衛：即統率稱爲腹心部的警衛部隊。據本書卷七三《耶律曷魯傳》，“太祖行營始置腹心部，選諸部豪健二千餘充之，以曷魯及蕭敵魯總焉”。

[3]神册：遼太祖耶律阿保機年號（916—922）。

[4]迭剌部：契丹部族名。遙輦部落聯盟時期八部之外的強不可制的大部。遼代建國之後把此部析爲五院、六院二部。

[5]党項：又稱党項羌，中國西北古代民族名。古代羌人的一支。南北朝末期（6世紀後期）開始活動於今青海省東南部黄河上游和四川省松潘縣以西山谷地帶。當時“每姓别爲一部落，大者五千餘騎，小者千餘騎”，“俗尚武力，無法令，各爲生業，有戰陣則相屯聚，無傜役，不相往來。牧養犛牛、羊、豬以供食，不知稼穡”。隋、唐時期歸順朝廷並不時北遷。至宋朝寶元元年（1038），李元昊正式稱帝，建西夏國。詳見《隋書》卷八三《党項傳》和《舊唐書》卷一九八《党項羌傳》。

[6]皇太子：指遼太祖的皇太子耶律倍。本書卷七一有傳。

[7]天德：遼軍號。治豐州。唐天寶中於大同川西築城，名曰天安軍。乾元後改爲天德軍。【李注】遼太祖阿保機於神册五年（920）平党項，仍以此地爲天德軍。其地在今内蒙古自治區呼和浩特市東白塔一帶。　雲内：州名。本中受降城地。遼初置代北雲朔招討司，改雲内州。明初廢。故城在今内蒙古自治區土默特右旗西北。【李注】據陳得芝考證，應在天德軍以東，大黑河下游，即《古豐識略》所記歸化城西南八十里西白塔古城。

[8]河：此指黄河。

天贊初析迭剌部爲北、南院，[1]羅夷离堇。[2]時大元帥率師由古北口略燕地，[3]覩烈徇山西，[4]所至城堡皆下，太祖嘉其功，錫賚甚厚。從伐渤海，[5]拔扶餘城，[6]留覲烈與寅底石守之。[7]

[1]天贊：遼太祖耶律阿保機年號（922—926）。　北、南院：此處指五院部和六院部。

[2]羅夷离堇：據中華點校本校勘記，按“羅”字誤，似應作“置”或“罷”。

[3]大元帥：“天下兵馬大元帥”的簡稱。此處指遼太宗耶律德光，因爲他當時正擔任天下兵馬大元帥。　古北口：【李注】地名。在今北京市密雲區東北，爲長城上的要塞之一。《畿輔通志》卷四〇：“古北口關在密雲縣東北百二十里，兩崖壁立，中有路僅通一車，下有深澗，巨石磊砢，凡四十五里，爲險絶之道。亦曰虎北口。”是遼東平原和内蒙古通往中原地區的“咽喉”，古往今來都是兵家必爭之地。　燕：地名。指今河北省北部地區。因此地古代曾建立過燕國而得名。

[4]山西：地名。指太行山以西地區，約當今山西省北部地區。

[5]渤海：唐代中國東北地區的割據政權名。粟末靺鞨族人大祚榮於公元698年所建，共傳十五王，歷二百二十九年，於公元926年亡於契丹。其事詳見《新唐書》卷二一九《渤海傳》和今人王承禮著《渤海簡史》。

[6]扶餘城：渤海國的地名。故址在今吉林省松原市。

[7]寅底石（？—926）：人名。字阿辛，亦作亞思。官至守太師兼政事令。追封許國王。遼太祖命他去輔佐東丹王，淳欽皇后遣司徒劃沙殺於路。其事詳載本書卷六四《皇子表》。

天顯二年留守南京。[1]十年卒，年五十六。[2]弟羽之。

[1]天顯：遼太祖耶律阿保機和遼太宗耶律德光共用的年號（926—938）。 南京：地名。遼代天顯三年（928）始升東平爲南京。會同元年（938）又改此地爲東京。故址在今遼寧省遼陽市。

[2]年五十六：以此推算，耶律覿烈生於唐僖宗廣明元年（880）。

羽之小字兀里，[1]字寅底哂。幼豪爽不群，長嗜學，[2]通諸部語。太祖經營之初，多預軍謀。

[1]羽之（890—941）：據其本人墓誌，他的父親是漚思·涅列，夷离堇，金雲大王。他的母親邈屈耐奇是叔劃宰相之女。羽之是金雲大王第四子。

[2]嗜學：其本人墓誌稱“公星辰誕粹，河嶽降靈。德符九三；賢當五百。幼勤事業，長負才能。儒、釋、莊、老之文，盡窮旨趣；書、算、射、御之藝，無不該通。咸謂生知，亦曰天性。事有寓目歷耳者，終身不忘；言有可記堪録者，一覽無遺。博辯洽聞，光前絶後”。

天顯元年渤海平，立皇太子爲東丹王，[1]以羽之爲中臺省右次相。[2]時，人心未安，左大相迭剌不踰月薨，[3]羽之莅事勤恪，威信並行。

[1]東丹王：此即遼朝藩屬東丹國的人皇王耶律倍。

[2]中臺省：東丹國的最高行政機關。 右次相：官名。東丹國最高行政機關中臺省的第四位長官。《耶律羽之墓誌銘》作“乃授公中臺右平章事。雖居四輔之末班；獨承一人之顧命。尋授鉞專征，克致大功”。

[3]左大相：官名。東丹國最高行政機關中臺省的長官。 迭

剌：即耶律迭剌，字雲獨昆（《耶律琮神道碑》作“匀賭衮”），性敏給。遼太祖的三弟。曾創契丹小字。其事蹟詳載本書卷六四《皇子表》。

太宗即位上表曰：[1]“我大聖天皇始有東土，[2]擇賢輔以撫斯民，不以臣愚而任之，國家利害敢不以聞。渤海昔畏南朝，阻險自衛，居忽汗城。[3]今去上京遼邈，既不爲用，又不罷戍，果何爲哉？先帝因彼離心，乘釁而動，故不戰而克。天授人與，彼一時也。遺種浸以蕃息，今居遠境，恐爲後患。梁水之地乃其故鄉。[4]地衍土沃，有木鐵鹽魚之利。乘其微弱，徙還其民，萬世長策也。彼得故鄉，又獲木鐵鹽魚之饒，必安居樂業。然後選徒以翼吾左，突厥、党項、室韋夾輔吾右，[5]可以坐制南邦，混一天下，成聖祖未集之功，貽後世無疆之福。”表奏，帝嘉納之。是歲，詔徙東丹國民於梁水，時稱其善。

[1]太宗：遼代皇帝耶律德光的廟號。

[2]大聖天皇：遼太祖耶律阿保機的尊號。

[3]忽汗城：亦稱“上京城”，地名。渤海國的首都。故址在今黑龍江省寧安市渤海鎮。

[4]梁水：河名。即今遼寧省境内的太子河。

[5]突厥：古民族名。居於中國古代北方和西北地區。曾建立强大的突厥汗國，至公元6世紀分裂爲東、西兩汗國。當阿保機建立契丹王朝時，突厥汗國早已滅亡。《周書》《北史》《隋書》《新唐書》《舊唐書》均有傳。　室韋：亦作“失韋”“失圍”，中國東北地區古代民族名。公元5至10世紀主要活動在今嫩江、綽爾河、

額爾古納河、黑龍江流域。【李注】北魏始見於記載，唐時分爲許多部。契丹多爲其役屬。

人皇王奔唐，[1]羽之鎮撫國人，一切如故。以功加守太傅，[2]遷中臺省左相。會同初，[3]以册禮赴闕，加特進。[4]表奏左次相渤海蘇貪墨不法事，[5]卒。[6]子和里，[7]終東京留守。[8]

[1]人皇王：東丹國的國王耶律倍的尊號。　唐：五代時期的朝代名。史稱後唐。李存勗於公元 923 年所建。936 年亡於後晉。據本書卷三《太宗本紀上》，人皇王浮海適唐是在天顯五年（930）十一月。

[2]守：官階低而所擔任的官職高稱守。　太傅：官名。加官、贈官的最高階，正一品名崇位尊，無實際執掌。《耶律羽之墓誌銘》稱“旋加太尉，招撫邊城。比及班師倒載，又加太傅，判鹽鐵，封東平郡開國公”。

[3]會同：遼太宗耶律德光年號（938—947）。

[4]特進：文散官。漢制諸侯功德優盛者得封此官，位在三公下。唐制文散官正二品爲特進。遼因唐制，設此特進以表示文散官品階。《耶律羽之墓誌銘》稱“嗣聖皇帝受大晉之册禮也，即表公通敏博達啓運功臣，加特進，階上柱國，食邑二千五百户”。

[5]左次相渤海蘇：據中華點校本校勘記，本書卷四《太宗本紀下》載，會同三年（940）六月條作渤海相大素賢。

[6]卒：據《耶律羽之墓誌銘》，耶律羽之卒於會同四年（941）八月十一日。享年五十二歲。据此推算，他应生於唐大顺元年（890）。

[7]和里：人名。據《耶律羽之墓誌銘》，耶律羽之的夫人“生子十一人，諸夫人生子四人。嫡子佛奴，幼年謝世”。耶律羽之

的孫子耶律元寧墓誌銘説，耶律羽之有子曰甘露。不知甘露與和里是否爲同一個人。

[8]東京留守：官名。東京留守司的最高行政長官。

耶律鐸臻字敵輦，六院部人。祖蒲古只，遙輦氏時再爲本部夷离堇。[1]耶律狼德等既害玄祖，[2]暴横益肆。蒲古只以計誘其黨悉誅夷之。

[1]遙輦氏：契丹氏族名。開元二十三年（735），可突于殘黨泥禮殺李過折，立阻午可汗，傳九世，至907年阿保機建國。遙輦九可汗繼位後各建宮衛，遼朝立國後，有遙輦九帳大常衮司之設，掌遙輦九世宮分之事務。亦指唐朝中晚期至契丹建國前的契丹族可汗姓氏，或稱這一時期爲遙輦氏時期。

[2]耶律狼德：人名。本書卷七一作"狠德"。　玄祖：遼太祖耶律阿保機的祖父勻德實的廟號。重熙二十一年（1052）七月追封。【李注】本書卷五九《食貨志上》載："勻德實爲大迭烈府夷离堇，喜稼穡，善畜牧，相地利以教民耕。"

鐸臻幼有志節，太祖爲于越，常居左右。後即位，梁人遣使求轅軸材，[1]太祖難之。鐸臻曰："梁名求材，實覘吾輕重。宜答曰：'材之所生，必深山窮谷，有神司之，須白鼻赤驢禱祠，然後可伐。'如此則其語自塞矣。"已而果然。

[1]梁：五代時期的朝代名。史稱後梁。朱温於公元907年篡唐所建。公元923年亡於後唐。

天贊三年將伐渤海，鐸臻諫曰："陛下先事渤海，則西夏必躡吾後。[1]請先西討，庶無後顧憂。"太祖從之。及淳欽皇后稱制，[2]惡鐸臻，囚之，誓曰："鐵鎖朽，當釋汝!"既而召之，使者欲去鎖，鐸臻辭曰："鐵未朽，可釋乎?"后聞嘉歎，趣召釋之。天顯二年卒。弟古、突呂不。

[1]則西夏必躡吾後：據中華修訂本校勘記，"必"字原置於"西夏"上，據明抄本及南監本、北監本、殿本乙正。今從。西夏，朝代名。党項族首領李元昊（1003—1048）於公元1038年所建。漢語國號爲"大夏"，西夏文字的國號譯爲漢字爲"白上"，宋人稱其爲"西夏"，後世沿用。首都興慶府（後改稱中興府，今寧夏回族自治區銀川市）。初期疆域"東盡黄河，西界玉門，南極蕭關，北控大漠"，轄二十二州。極盛時期包括今寧夏、陝北、甘肅西北部、青海東北部、内蒙古西南部以及新疆部分地區。先與北宋和遼鼎峙，後與南宋和金併存。居民有党項、漢、吐蕃、回鶻等族。制度多倣唐、宋。境内通行西夏文字和漢字，公元1227年亡於蒙古。傳十帝，凡一百九十年。其事詳載《宋史》卷二四四《夏國傳上》。

[2]淳欽皇后：遼太祖的皇后述律平的謚號。重熙二十一年（1052）所謚。

古字涅剌昆，初名霞馬葛。太祖爲于越，嘗從略地山右。[1]會李克用於雲州。[2]古侍，克用異之曰："是兒骨相非常，不宜使在左右。"以故太祖頗忌之。時方西討，諸弟亂作。聞變，太祖問古與否?曰："無。"喜曰："吾無患矣。"趣召古議。古陳殄滅之策，後皆如言，以故錫賚甚厚。

[1]山右：山西。指太行山以西地區。

[2]李克用（849—908）：本姓朱耶氏，沙陀族人。唐末大同軍節度使。因鎮壓黄巢起義有功而升爲河東節度使。唐朝亡後，割據河東與後梁對抗。後唐莊宗即位後，追謚其爲太祖武皇帝。《舊五代史》卷二五至卷二六有本紀。　雲州：治所故址在今山西省大同市。

神册末南伐，以古佐右皮室詳穩老古，[1]與唐兵戰于雲碧店。[2]老古中流矢，傷甚，太祖疑古陰害之。古知上意，跪曰："陛下疑臣恥居老古麾下耶？及今老古在，請遣使問之。"太祖使問老古，對曰："臣于古無可疑者。"上意乃釋。老古卒，遂以古爲右皮室詳穩。既卒，太祖謂左右曰："古死，猶長松自倒，非吾伐之也。"

[1]皮室：亦作"比室"，契丹語音譯詞。軍種名。《契丹官儀》稱"契丹謂金剛爲比室，取其堅利之名也"。《契丹國志》卷二三稱"有皮室兵約三萬人騎，皆精甲也，爲其爪牙"。本書卷一一六《國語解》稱"皮室，軍制。有南、北、左、右皮室及黄皮室，皆掌精兵"。　詳穩：契丹語音譯詞。官名。本書卷一一六《國語解》釋爲"諸官府監治長官"。　老古：又作"樂姑"。人名。即耶律老古，字撒懶。他的母親是淳欽皇后的姐姐。他沉靜有謀略，是遼太祖的佐命功臣之一。本書卷七三有傳。

[2]雲碧店：地名。今地不詳。

突呂不字鐸衮，幼聰敏嗜學。事太祖，見器重。及製契丹大字，[1]突呂不贊成爲多。未幾，爲文班林牙，[2]領國子博士、知制誥。[3]明年，受詔撰《決獄法》。[4]

[1]契丹大字：遼代初年參照漢字的形體結構而創造的記録契丹語的一種初級拼音文字。因爲後來又創造了一種更加進步的拼音文字，爲了便於區分這兩種文字，把先創造的文字稱契丹大字，後創造的文字稱契丹小字。目前傳世的契丹大字資料有《北大王墓誌銘》《耶律延寧墓誌銘》《蕭孝忠墓誌銘》《蕭袍魯墓誌銘》《永寧郡公主墓誌銘》《耶律昌允墓誌銘》《耶律習涅墓誌銘》《耶律祺墓誌銘》以及印章、錢幣和銅鏡邊款等。

[2]文班："文班司"的簡稱。遼代官署名。屬北面朝官。所掌未詳。置文班太保、文班林牙、文班牙署、文班吏等。　林牙：契丹語音譯詞。官名。相當於漢語的"翰林"。據本書卷一一六《國語解》，"掌文翰官，時稱爲學士"。

[3]國子博士：國子監教師的職稱。　知制誥：官銜名。唐初中書舍人掌草擬詔勑，稱知制誥。玄宗開元以後，或以尚書省諸司郎中領其職，稱兼知制誥。其後翰林學士入院一年即加此銜，專掌内職，草擬機密詔令；以他官兼者，則掌外職，起草政府文書。遼因唐制，於翰林院置此官。

[4]《決獄法》：【李注】遼代法典名。唐稱"斷獄律"。《唐律疏議》卷二〇《斷獄上》疏云："斷獄律之名起自於魏。魏分李悝囚法而出此篇，至北齊與捕律相合，更名捕斷律。至後周復爲斷獄律。《釋名》云：'獄者，確也，以實囚情'……漢以來名獄，然諸篇罪名各有類例，訊捨出入各立章程，此篇錯綜一部條流以爲決斷之法。"【靳注】《決獄法》源於唐律，爲遼代最早頒布的一部法典，契丹從此進入成文法時代。

太祖略燕，詔與皇太子及王郁攻定州。[1]師還，至順州，[2]幽州馬步軍指揮使王千率衆來襲，[3]突呂不射其馬躓，擒之。天贊二年皇子堯骨爲大元帥，[4]突呂不爲副，既克平州，[5]進軍燕趙，[6]攻下曲陽、北平。[7]至易州，[8]易人來拒，踰濠而陣。李景章出降，[9]言城中人無鬭志。大元帥將修攻具，突呂不諫曰："我師遠來，人馬疲憊，勢不可久留。"乃止。軍還，大元帥以其謀聞，[10]太祖大悅，賜賚優渥。

[1]王郁：人名。本書本卷有傳。　定州：州治故址在今河北省定州市。据本書卷二《太祖本紀下》，神册六年（921）十二月"庚申，皇太子率王郁略地定州"。

[2]順州：州治故址在今北京市順義區。

[3]幽州：州治故址在今北京市。　馬步軍指揮使：軍官名。五代時期於各州所設馬步軍指揮使司的首長。統領步兵和騎兵。遼代屬南面方州官。　王千：人名。本書僅此一見。

[4]堯骨：遼太祖的第二子遼太宗耶律德光的契丹語名字。

[5]平州：唐置，州治故址在今河北省盧龍縣。

[6]燕趙：泛指今河北省北部地區。因春秋戰國時期這裏曾建立過燕國和趙國而得名。

[7]曲陽：縣名。治所故址在今河北省曲陽縣。　北平：縣名。治所故址在今河北省順平縣。

[8]易州：州治故址在今河北省易縣。

[9]李景章：易州守將。本書僅此一見。

[10]大元帥以其謀：大元帥，原本誤作"太元帥"。南監本一處爲"大元帥"，一處爲"太元帥"。據明抄本、北監本和殿本改。中華點校本、修訂本和補注本徑改。長箋本引《初校》出校。（下

文的“大元帥爲先鋒”與此同)

車駕西征，突呂不與大元帥爲先鋒，伐党項有功，太祖犒師水精山。大元帥東歸，突呂不留屯西南部，復討党項，多獲而還。太祖東伐，大諲譔降而復叛，[1]攻之，突呂不先登。渤海平，承詔銘《太祖功德》于永興殿壁。班師，已下州郡往往復叛，突呂不從大元帥攻破之。

[1]大諲譔：渤海國末代王。其世不詳。公元906年即位，926年春正月，契丹攻陷渤海都城，大諲譔降而復叛，被俘，送遼上京西，築城居之。契丹更其名爲烏魯古，其妻名阿里只。烏魯古與阿里只爲遼太祖及述律后受諲譔降時所乘二馬之名。

淳欽皇后稱制，有飛語中傷者，后怒，突呂不懼而亡。太宗知其無罪，召還。天顯三年討烏古部，[1]俘獲甚衆。伐唐，以突呂不爲左翼，攻唐軍霞沙寨，降之。十一年送晉主石敬瑭入洛。[2]及大册，突呂不總禮儀事，加特進、檢校太尉。[3]會同五年卒。

[1]烏古：部族名。又稱“嫗厥律”“于厥律”，居契丹西北。

[2]石敬瑭（892—942）：後晉王朝開國皇帝。後唐明宗婿。清泰帝李從珂即位，當時敬瑭爲河東節度使，清泰帝令其移鎮天平（鄆州軍號）。由於雙方本來相互猜忌，於是敬瑭不受命，並上表論從珂不當立。清泰帝下詔討除，敬瑭向契丹稱臣、稱兒、割地以求援，遂被契丹册立爲皇帝，國號晉，都汴州（今河南省開封市）。天福七年（942）病死。

[3]檢校：職官制度用語。唐宋皆有檢校官，屬加官而非正受。

王郁京兆萬年人，唐義武軍節度使處直之孽子。[1]伯父處存鎮義武，卒，三軍推其子郜襲，處直爲都知兵馬使。[2]光化三年梁王朱全忠攻定州，[3]郜遣處直拒于沙河。兵敗，入城逐郜，郜奔太原。亂兵推處直爲留後，[4]遣人請事梁王。梁與晉王克用絶好，表處直爲義武軍節度使。

[1]義武軍：後唐軍鎮名。治定州（今河北省定州市）。

[2]都知兵馬使：【靳注】官名。唐、五代方鎮軍將，唐肅宗至德以後爲藩鎮儲師。

[3]光化：唐昭宗李曄年號（898—901）。　朱全忠：即朱温（852—912）。後梁王朝的建立者。公元907年至912年在位。宋州碭山（今屬安徽省）人。早年曾參加黄巢起義，中和二年（882）降唐，被任爲河中行營招討副使。因鎮壓起義有功，受封爲梁王。天祐四年（907）代唐稱帝，建立後梁。

[4]留後：官名。唐朝節度使如遇事故，往往自擇將吏以統馭其軍，稱“兵馬留後”。那些殺長官而自立的野心家也往往自稱“留後”，並迫使朝廷予以承認。

初，郜之亡也，郁從之。晉王克用妻以女，用爲新州防禦使。[1]處直料晉必討張文禮，[2]鎮亡則定不獨存，益自疑。陰使郁北導契丹入塞以牽晉兵，且許爲嗣。郁自奔晉，常恐失父心，得使，大喜。神册六年奉表送款，舉室來降。太祖以爲養子。未幾，郁兄都囚父自爲留後，帝遣郁從皇太子討之。至定州，都堅壁不出，掠居民而還。

[1]新州：治所在今河北省涿鹿縣。　防禦使：原爲唐官名。在遼爲防禦州的長官，官階低於團練使而高於刺史。

[2]張文禮（？—921）：燕（今河南省延津縣東北）人。鎮州趙王王鎔養子，原姓王名德明。後背叛王鎔，李存勗前來討伐，憂懼而卒。其子處瑾等秘不發喪，仍以文禮名義向遼求援。

明年，從皇太子攻鎮州，[1]遇唐兵于定州，破之。天贊二年秋，郁及阿古只略地燕趙，攻下磁窯務。[2]從太祖平渤海，戰有功，加同政事門下平章事，[3]改崇義軍節度使。[4]

[1]鎮州：治所在今河北省正定縣。

[2]磁窯務：據中華點校本校勘記，按本書卷七三《阿古只傳》作"磁窯鎮"。

[3]同政事門下平章事：唐制，大臣中有此名義者即爲事實上的宰相。遼襲唐制，在分設北南面官之後，以同中書門下平章事或同政事門下平章事爲南面宰相。

[4]崇義軍：宜州軍號。治所在今遼寧省義縣。

太祖崩，郁與妻會葬，其妻泣訴於淳欽皇后，求歸鄉國，許之。郁奏曰："臣本唐主之壻，主已被弑，此行夫妻豈能相保。願常侍太后。"后喜曰："漢人中惟王郎最忠孝。"以太祖嘗與李克用約爲兄弟故也。尋加政事令。[1]還宜州，卒。

[1]政事令：遼朝南面宰相。遼世宗天禄四年（950）建政事省之前，漢人宰相無定稱；建政事省之後，南面宰相稱“政事令”，且多由契丹貴族擔任這一職務。

耶律圖魯窘字阿魯隱，肅祖子洽昚之孫，[1]勇而有謀略。

[1]肅祖：遼太祖耶律阿保機之四代祖耨里思的廟號，重熙二十一年（1052）七月追封。據本書卷六三《世表》，耶律儼《紀》云，唐玄宗天寶年間，太祖四代祖耨里思爲迭剌部夷离菫，曾遣將只里姑、括里，大敗范陽安禄山於潢水。

太宗立晉之役，其父敵魯古爲五院夷离菫，[1]歿于兵。帝即以其職授圖魯窘。會同元年改北院大王，嘗屏左右與議大事，占對合上意。

[1]五院：契丹部族名。天贊元年（922），以迭剌部強大難制，析五石烈爲五院，六爪爲六院，各置夷离菫。會同元年（938），更夷离菫爲大王，部隸北府，以鎮南境。

從討石重貴，[1]杜重威擁十萬餘衆拒滹沱橋，[2]力戰數日不得進。帝曰：“兩軍爭渡，人馬疲矣，計安出？”諸將請緩師，爲後圖，帝然之。圖魯窘厲色進曰：“臣愚竊以爲陛下樂於安逸，則謹守四境可也；既欲擴大疆宇，出師遠攻，詎能無廑聖慮！若中路而止，適爲賊利，則必陷南京、夷屬邑。若此則爭戰未已，吾民無奠枕之期矣。且彼步我騎，何慮不克。況漢人足力弱而行緩，如選輕鋭騎先絶其餉道，則事蔑不濟矣。”帝喜曰：“國強則其人賢，海巨則其魚大。”於是塞其餉道，數出師以牽撓其勢，重威果降如言。以功獲賜甚厚。明年春，卒軍中。

[1]石重貴（914—964）：即後晉出帝。後晉高祖石敬瑭之侄，後晉末代皇帝。公元942年至946年在位。即位後與契丹交惡，開運三年（946）契丹攻入開封，被俘，後死於建州（今遼寧省朝陽市西南）。

[2]杜重威（？—948）：朔州（今山西省朔州市）人。其妻石氏是晉高祖石敬瑭之妹。出帝與契丹絶好，契丹連歲入侵。重威爲北面行營招討使、鄴都留守。開運三年（946）秋重威有異志，遣人向契丹請降，契丹許以重威爲中原皇帝，重威信以爲然，乃伏甲士召諸將，出降表，令諸將署名，並告軍士以糧盡出降，軍士解甲大哭，聲震原野。明年契丹北歸，漢高祖劉知遠攻鄴，重威食盡請降。爲漢大臣共誅之。《舊五代史》卷一〇九、《新五代史》卷五二有傳。　滹沱：河流名。滹沱河流經今山西、河北境内，匯入子牙河，歷史上河道屢次變遷。

論曰：神册初元，將相大臣拔起風塵之中，翼扶王運以任職取名者，固一時之材，亦由太祖推誠御下，不任獨斷，用能揔攬群策而爲之用歟！[1]其投天隙而列功庸，至有心腹、耳目、手足之諭，豈偶然哉！討党項，走敵魯，平剌葛，[2]定渤海，功亦偉矣。若默記治獄不冤，頗德持論不撓，延徽立經陳紀，紹勳秉節而死，圖魯窘料敵制勝，豈器博者無近用，道長者其功遠歟！稱爲“佐命”，固宜。

［1］用能：【靳注】任用賢能。

［2］剌葛：阿保機兄弟，排行第二。關於他與諸弟謀作亂事，《通鑑》卷二七〇後梁均王貞明四年（918）於事後追述道：“初，契丹主之弟撒剌阿撥號北大王，謀作亂於其國。事覺，契丹主數之曰：‘汝與吾如手足，而汝興此心，我若殺汝，則與汝何異！’乃囚之期年而釋之。撒剌阿撥帥其衆奔晉，晉王厚遇之，養爲假子，任爲刺史。”天祐十五年（918），晉軍渡河攻汴州，與梁戰於胡柳，失利，撒剌攜妻子奔梁。另據本書卷六四《皇子表》，剌葛後南竄。所謂“撒剌阿撥”可能就是剌葛，爲後唐莊宗李存勗所殺。《通鑑》卷二七二後唐莊宗同光元年（923）（冬十月）詔：“契丹撒剌阿撥叛兄棄母，負恩背國，宜與［趙］巖等並誅於市。”

（劉鳳翥校注　李錫厚補）

遼史　卷七六

列傳第六

耶律解里　耶律拔里得　耶律朔古　耶律魯不古
趙延壽　高模翰　趙思温　耶律漚里思　張礪[1]

[1]“耶律解里”至“張礪”:【劉校】原本、南監本、明抄本無。據北監本和殿本補。

耶律解里字潑單，突呂不部人。[1]世爲小吏。解里早隸太宗麾下，擢爲軍校。天顯間唐攻定州，[2]既陷，解里爲唐兵所獲。晉高祖立，[3]始歸國，太宗貰其罪，拜御史大夫。

[1]突呂不部：契丹部族名。據本書卷三三《營衛志下》，該部爲太祖二十部之一，創建於阻午可汗之時，隸北府，節度使屬西北路招討司，司徒居長春州西。

[2]天顯：遼太祖耶律阿保機年號。天顯元年遼太宗耶律德光即位而未改元（926—938）。　唐：指五代第二個王朝。同光元年（923）由李存勗建立，國號唐，都洛陽（今屬河南省），史稱“後

唐”。　定州：五代州名。治所在今河北省定州市。

[3]晉高祖：即後晉王朝開國皇帝石敬瑭。

會同九年伐晉,[1]師次滹沱河,[2]奪中渡橋，降其將杜重威。[3]上命解里與降將張彦澤率騎兵三千疾趨河南,[4]所至無敢當其鋒。既入汴，解里等遷晉主重貴于開封府。[5]彦澤恣殺掠、亂宫掖，解里不能禁，百姓騷然，莫不怨憤。車駕至京，數彦澤罪，斬于市，汴人大悦；解里亦被詰責，尋釋之。

[1]會同：遼太宗耶律德光年號（938—947）。　晉：此指石敬瑭創立的後晉（936—946），五代第三個王朝。初，石敬瑭獲得契丹耶律德光支持，並向德光割地、稱臣、稱兒。少帝石重貴繼位後，與契丹交惡，爲契丹所滅。

[2]滹沱河：流經今山西省、河北省境内，匯入子牙河，歷史上河道屢次變遷。

[3]杜重威（？—948)：朔州（今山西省朔州市）人。其妻石氏是晉高祖石敬瑭之妹。出帝與契丹絶好，契丹連歲入侵。重威爲北面行營招討使、鄴都留守。開運三年（946）秋重威有異志，遣人向契丹請降，契丹許以重威爲中原皇帝，重威信以爲然，乃伏甲士召諸將，出降表，令諸將署名，並告軍士以糧盡出降，軍士解甲大哭，聲震原野。明年契丹北歸，漢高祖劉知遠攻鄴，重威食盡請降。爲漢大臣共誅之。《舊五代史》卷一〇九、《新五代史》卷五二有傳。

[4]張彦澤（？—947)：其先突厥部人。以善射爲騎將，與石敬瑭聯姻。開運初，契丹入侵，彦澤在兵間，數立戰功，拜彰國軍節度使。開運三年（946）隨杜重威投降契丹。隨即率先攻入汴京。德光入城後，聞彦澤在城内劫掠及殺害無辜，將其處死。

［5］重貴（914—964）：即後晉出帝石重貴。後晉高祖石敬瑭之侄，後晉末代皇帝，公元942年至946年在位。即位後與契丹交惡，開運三年（946）契丹攻入開封，被俘，後死於建州（今遼寧省朝陽市西南）。

天禄間加守太子太傅。[1]應曆初置本部令穩，[2]解里世其職。卒。

［1］天禄：遼世宗耶律阮年號（947—951）。

［2］應曆：遼穆宗耶律璟年號（951—969）。　令穩：據本書卷三三《營衛志下·部族下》："太祖更諸部夷离堇爲令穩。統和中。又改節度使。"

耶律拔里得字孩鄰，太祖弟剌葛之子。[1]太宗即位以親愛見任。

［1］剌葛：阿保機兄弟，排行第二。關於他曾與諸弟謀作亂，《通鑑》卷二七〇後梁均王貞明四年（918）年末於事後追述道："初，契丹主之弟撒剌阿撥號北大王，謀作亂於其國。事覺，契丹主數之曰：'汝與吾如手足，而汝興此心，我若殺汝，則與汝何異！'乃囚之期年而釋之。撒剌阿撥帥其衆奔晉，晉王厚遇之，養爲假子，任爲刺史。"同年晉軍渡河攻汴州，與梁戰於胡柳，失利，撒剌攜妻子奔梁。另據本書卷六四《皇子表》，剌葛後南竄。所謂"撒剌阿撥"可能就是剌葛，爲後唐莊宗李存勗所殺。《通鑑》卷二七二後唐莊宗同光元年（923）（冬十月）詔："契丹撒剌阿撥叛兄棄母，負恩背國，宜與［趙］巖等並誅於市。"

會同七年討石重貴，拔里得進圍德州，[1]下之，擒刺史師居璠等二十七人。[2]九年再舉兵，次滹沱河，降杜重威，戰功居多。太宗入汴，以功授安國軍節度使，[3]總領河北道事。師還，州郡往往叛以應劉知遠，[4]拔里得不能守而歸。

[1]德州：治所故址在今山東省陵縣。

[2]擒刺史師居璠等：【劉校】據中華點校本校勘記，師居璠，本書卷二《太宗本紀下》會同七年（945）五月及《舊五代史》卷八二、《通鑑》卷二八四並作“尹居璠”。此是陳大任避金章宗父允恭嫌名改。

[3]安國軍：遼代軍號。治邢州（今河北省邢臺市）。

[4]劉知遠（894—948）：後漢開國皇帝。其先是沙陀部人。初爲後唐明宗偏將。後與桑維翰一同爲石敬瑭謀劃，助其稱帝。後晉天福間，爲鄴都留守，後拜河東節度使、北京留守。出帝即位，封北平王。開運四年（947）初，契丹滅後晉，同年二月稱帝。六月至汴京，改國號漢。

世宗即位，遷中京留守，[1]卒。

[1]中京：遼太宗耶律德光以鎮州（今河北省正定縣）爲中京。

耶律朔古字彌骨頂，横帳孟父之後。[1]幼爲太祖所養。既冠爲右皮室詳穩。[2]從伐渤海，[3]戰有功。

[1]横帳：契丹以玄祖之後爲皇族，分爲三房：孟父房、仲父房和季父房。季父房一系太祖阿保機子孫爲“横帳”。本書卷一六

《聖宗本紀七》載，開泰八年冬十月癸巳，詔“橫帳、三房不得與卑小帳族爲婚；凡嫁娶，必奏而後行”。本書卷四五《百官志一》：“玄祖伯子麻魯無後，次子巖木之後曰孟父房；叔子釋魯曰仲父房；季子爲德祖，德祖之元子是爲太祖天皇帝，謂之橫帳；次曰剌葛，曰迭剌，曰寅底石，曰安端，曰蘇，皆曰季父房。”【劉注】契丹小字“橫帳”爲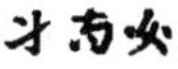，本義是“兄弟的”，即與皇帝稱兄道弟的，就是皇族。

［2］皮室：契丹軍名。意爲“金剛”。初爲阿保機所置，稱“腹心部”。後有南、北、左、右皮室及黃皮室等，皆掌精甲。 詳穩：遼朝軍官名。元帥府下設大詳穩司。“詳穩”即漢語“將軍”的轉譯。【劉注】右皮室：原本作“右度室”，據明抄本、南監本、北監本和殿本改。中華點校本、修訂本、補注本和長箋本雖然也作“右皮室”，但均未出注。“詳穩”即漢語“將軍”的轉譯的説法似有值得商榷之處。在契丹小字中，“詳穩”作，“將軍”作 ，或 、 ；在契丹大字中，“詳穩”作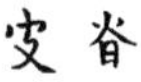，“將軍”作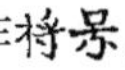。“詳穩”不是漢語“將軍”的轉譯，而是音譯的契丹語。契丹語中“將軍”是漢語借詞。

［3］渤海：靺鞨粟末部在今東北地區建立的政權。唐武后聖曆元年（698），靺鞨粟末部首領大祚榮建立振國（亦稱“震國”）。唐玄宗先天二年（713，當年十二月改元開元）遣使封大祚榮爲左驍衛大將軍、渤海郡王，又設置忽汗州，加授大祚榮爲忽汗州大都督，並改稱渤海。寶應元年（762）晉爲國。天顯元年（926）爲遼所滅，改稱東丹。【劉注】渤海國最初的國號爲“靺鞨”，不爲“震國”或“振國”。《新唐書》卷二一九《渤海傳》：“睿宗先天中（應爲‘玄宗先天二年’），遣使拜祚榮爲左驍衛大將軍、渤海郡王。以所統爲忽汗州，領忽汗州都督，自是始去靺鞨號，專稱渤海。”這裏不稱“始去震國之號，專稱渤海”，而稱“始去靺鞨之號，專稱渤海”。可見，稱“大祚榮建立震國”是混淆了封號與國

號的區别。《新唐書》卷二一九《渤海傳》稱“武后封乞四比羽爲許國公，乞乞仲象（大祚榮之父）爲震國公”。“許國公”和“震國公”都是封號，並不意味着有“許國”“震國”等政权。乞乞仲象死後。他兒子大祚榮繼承了“震國公”的封號，但他不滿足“公”級别，所以“自號震國王”。“震國王”僅僅是封號，並不意味着有“震國”。少數民族往往以其民族名爲國號，如“契丹”“蒙古”等。渤海也應如此。

天顯七年授三河烏古部都詳穩。[1]平易近民，民安之，以故久其任。會同間爲惕隱。[2]時晉主石重貴渝盟，帝親征，晉將杜重威擁衆拒滹沱。月餘，帝由他渡濟。朔古與趙延壽據中渡橋，重威兵却，遂降。是歲入汴。

[1]烏古：部族名。又稱“嫗厥律”“于厥律”，居契丹西北。
[2]惕隱：契丹官名。又稱“梯里己”，掌皇族政教。

世宗即位，朔古奉太宗喪歸上京，[1]佐皇太后出師，坐是免官，卒。

[1]上京：遼五京之一。前期都城，稱臨潢府，故址在今内蒙古自治區巴林左旗林東鎮波羅城。

耶律魯不古字信寧，[1]太祖從姪也。初，太祖制契丹國字，[2]魯不古以贊成功授林牙、監修國史。[3]

[1]耶律魯不古：【劉注】人名。據其六代孫耶律習涅的契丹大字《耶律習涅墓誌銘》，耶律魯不古爲横帳季父房人。其契丹大

字全名爲序芥仗平（信寧·魯不古）。

[2]契丹國字：即指神册五年（920）創製的“契丹大字”。契丹大字是一種採用漢字横豎點撇捺的筆劃結構而創製的表意與拼音相結合文字，用以記録契丹語。【劉注】據契丹大字《耶律習涅墓誌銘》，契丹大字又稱“大禮之字”或“大印之字”。

[3]林牙：契丹官名。掌文翰，相當於翰林學士。

後率偏師，[1]爲西南邊大詳穩，從伐党項有功。[2]會河東節度使石敬瑭爲其主所討，[3]遣人求援，魯不古導送于朝，如其請。帝親率師往援，魯不古從擊唐將張敬達于太原北，[4]敗之。會同初從討党項，俘獲最諸將，師還。

[1]偏師：非主力之師。《左傳·桓公八年》：“季梁曰：‘楚人上左，君必左，無與王遇。且攻其右，右無良焉，必敗。偏敗，衆乃攜矣。’”

[2]党項：中國古代族名。又稱党項羌，唐以後主要活動於靈、慶、銀、夏等州，即今甘肅、寧夏、陝西和内蒙古等省區交界地區。

[3]石敬瑭（892—942）：後晉王朝開國皇帝。後唐明宗婿。清泰帝李從珂即位，當時敬瑭爲河東節度使，清泰帝令其移鎮天平（鄆州軍號）。由於雙方本來相互猜忌，於是敬瑭不受命，並上表論從珂不當立。清泰帝下詔討除，敬瑭向契丹稱臣、稱兒、割地以求援，遂被契丹册立爲皇帝，國號晉，都汴州（今河南省開封市）。天福七年（942）病死。

[4]張敬達（？—936）：代州（今山西省代縣）人。字志通，小字生鐵。少以騎射事唐莊宗。明宗時，爲河東馬步軍都指揮使，累遷彰國、大同軍節度使。清泰二年（935），契丹數犯邊，清泰帝

以河東節度使石敬瑭有異志，乃以敬達爲北面副總管，以分其兵。明年夏，敬瑭反。即以敬達爲太原四面招討使，率兵圍太原。敬瑭求救於契丹。九月，契丹耶律德光自鴈門入。敬達收軍於晉安寨，契丹圍之。救兵不至，副招討使楊光遠斬敬達降。契丹耶律德光聞敬達死，哀其忠，遣人收葬之。

天册中拜于越。[1]六年爲北院大王。[2]終年五十五。

[1]于越：契丹語音譯詞。官名。爲契丹貴官，非有大功德者不授，位在北、南大王之上。

[2]“天册中”至“爲北院大王”：【劉校】據中華修訂本校勘記，“天册”，諸本皆同，馮家昇《遼史初校》謂遼無“天册”紀元，疑作“天禄”。按天禄無六年，且本書卷四《太宗本紀下》會同五年（942）二月云：“詔以明王隗恩代于越信恩爲西南路招討使以討之。”“信恩”當即“信寧”之異譯。據此，“天册”或爲“天會”之誤。

趙延壽本姓劉，恒山人。[1]父邧，令蓨。梁開平初，[2]滄州節度使劉守文陷蓨，[3]其稗將趙德鈞獲延壽，[4]養以爲子。

[1]恒山：郡名。治所在今河北省正定縣，漢初稱恒山郡，後避漢文帝諱改常山郡。

[2]開平：後梁太祖朱温年號（907—911）。

[3]劉守文（？—909）：劉守光之兄。據《新五代史》卷三九《劉守光傳》：“其兄守文聞父且囚，即率兵討守光，至於盧臺，爲守光所敗，進戰於玉田，又敗，乞兵於契丹。明年，守文將契丹、吐渾兵四萬人戰於雞蘇，守光兵敗，守文陽爲不忍，出陣而呼其衆

曰：毋殺我弟！守光將元行欽識守文，躍馬而擒之，又囚之於別室，既而殺之。”守文與守光戰於玉田，《通鑑》繫於開平二年(908)。此後守文借契丹兵與守光復戰於鷄蘇，則是在開平三年五月。鷄蘇，據胡三省注在薊州（今天津市薊州區）西。 蓨：縣名。治所在今河北省景縣。

[4]趙德鈞：幽州（今北京市）人。本名行實。先事劉守文、劉守光。唐莊宗伐幽州，德鈞又遁歸莊宗。遷滄州節度使。同光三年（925），移鎮幽州。明宗即位，尤承倚重，始改名德鈞。其子延壽尚明宗女興平公主。鎮幽州凡十餘年，有善政，累官至檢校太師兼中書令，封北平王。清泰三年（936），石敬瑭在晉陽（今山西省太原市）起兵，邀契丹入援。唐以德鈞爲諸道行營都統，以其子延壽爲太原南面招討使。德鈞父子首鼠兩端，一方面向朝廷要求委任延壽爲節度使，另一方面德鈞又要求契丹立自己爲帝。契丹由於已經決定立石敬瑭，德鈞求爲傀儡不果，最後父子雙雙作了俘虜。德鈞羞憤而死。

少美容貌，好書史。唐明宗先以女妻之，[1]及即位，封其女爲興平公主，拜延壽駙馬都尉、樞密使。[2]明宗子從榮恃權跋扈，内外莫不震慴，延壽求補外避之，出爲宣武軍節度使。[3]清泰初加魯國公，[4]復爲樞密使，鎮許州。[5]石敬瑭發兵太原，唐遣張敬達往討。會敬達敗保晉安寨，[6]延壽與德鈞往救，聞晉安已破，走團栢峪。[7]太宗追及，延壽與其父俱降。

[1]唐明宗：即李克用養子李嗣源。因屢建戰功，爲宣武軍節度使，兼蕃漢内外馬步軍總管。後唐莊宗李存勗當面許諾“天下與爾共之”。同光元年（923）拜中書令。以名位高，見疑忌。天成元年（926），趙在禮反於魏，嗣源奉命討除，與叛軍合，南下入汴

州。莊宗在洛陽爲亂軍所殺。嗣源隨即入洛陽，即位。更名亶，是爲唐明宗。卒於長興四年（933）。

[2]樞密使：官名。樞密院之首長。

[3]宣武軍節度使：【劉注】官名。唐朝在今河南省東部設立的節度使。中和三年（883）朱温爲節度使，以此爲根據地，兼併中原，建立後梁。治所在汴州（今河南省開封市）。

[4]清泰：後唐末帝李從珂年號（934—936）。

[5]許州：【劉注】治所在今河南省许昌市。

[6]晉安寨：地名。據《大清一統志》，地在今山西省太原市晉源區西南三十餘里，晉祠南。

[7]團栢峪：地名。又稱團栢谷、團栢鎮，在今山西省祁縣境内。

明年，德鈞卒，以延壽爲幽州節度使，[1]封燕王；及改幽州爲南京，遷留守，總山南事。天顯末，以延壽妻在晉，詔取之以歸。自是益自激昂圖報。

[1]幽州：治所在今北京市。

會同初，帝幸其第，加政事令。[1]六年冬晉人背盟，[2]帝親征，延壽爲先鋒，下貝州，[3]授魏、博等州節度使，封魏王。敗晉軍于南樂，[4]獲其將賽項羽。軍元城，[5]晉將李守貞、高行周率兵來逆，[6]破之。至頓丘，會大霖雨，帝欲班師。延壽諫曰："晉軍屯河濱，不敢出戰，若徑入澶州，[7]奪其橋，則晉不足平。"上然之。適晉軍先歸澶州，高行周至析城，[8]延壽將輕兵逆戰，上親督騎士突其陣，敵遂潰。師還，留延壽徇貝、冀、深三州。[9]

[1]政事令：遼朝南面宰相。遼世宗天禄四年（950）建政事省之前，漢人宰相無定稱；建政事省之後，南面宰相稱“政事令”，且多由契丹貴族擔任這一職務。

[2]六年冬晉人背盟：【劉校】據中華點校本校勘記，“六年”二字原脱，據本書卷四《太宗本紀下》會同六年（943）十二月補。今從。

[3]貝州：治所在今河北省清河縣。

[4]南樂：縣名。治所在今河南省南樂縣。

[5]元城：縣名。治所在今河北省大名縣。

[6]李守貞（？—947）：河陽（今河南省孟州市）人。後晉高祖時爲宣徽使。出帝即位後，楊光遠反，召契丹入寇，守貞率軍抗禦契丹有功。開運三年（946），與杜重威一同降契丹。後漢初，爲河中節度使。隱帝時，守貞反，失敗後與妻子自焚而死。《新五代史》卷五二有傳。　高行周（？—951）：嬀州（今河北省懷來縣）人。字尚質。父思繼兄弟皆以武勇雄於北邊，爲幽州節度使李匡威戍將。李克用以劉仁恭守幽州，高氏兄弟分掌燕兵，後爲克用盡誅之。時行周年十餘歲，爲劉仁恭收之帳下，稍長，補以軍職。劉守光背晉，行周與其兄行珪以武州降晉。初，行周隸李嗣源帳下，爲裨將，莊宗滅梁，以功領端州刺史。明宗時，從平朱守殷，克王都，遷潁州團練使、振武軍節度使。晉高祖時，爲西京留守，徙鎮天雄。出帝時，代景延廣爲侍衛親軍都指揮使。契丹滅晉，漢高祖入京師，加行周守中書令，徙鎮天平軍，封臨清王。周太祖入立，封齊王。卒，贈尚書令，追封秦王。《舊五代史》卷一二三有傳。

[7]澶州：治所在今河南省濮陽市。

[8]高行周至析城：【劉校】據中華點校本校勘記，《舊五代史》卷八二、《新五代史》卷九、《弘簡録》卷二〇三及《通鑑》

並稱“戰高行周於戚城”。

[9]徇貝、冀、深三州：【劉校】“貝”原本作“具”，據明抄本、南監本、北監本和殿本改。中華點校本、修訂本和補注本徑改。長箋本引《羅校》出校。

八年再伐晉，晉主遣延壽族人趙行實以書來招。時晉人堅壁不出，延壽紿曰：“我陷虜久，寧忘父母之邦？若以軍逆，我即歸。”晉人以爲然，遣杜重威率兵迎之。[1]延壽至滹沱河，據中渡橋，與晉軍力戰，手殺其將王清。[2]兩軍相拒，太宗潛由他渡濟，留延壽與耶律朔古據橋，敵不能奪，屢敗之，杜重威埽厥衆降。上喜，賜延壽龍鳳赭袍，且曰：“漢兵皆爾所有，[3]爾宜親往撫慰。”延壽至營，杜重威、李守貞迎謁馬首。

[1]率兵迎之：【劉校】“率”原本作“卒”，據明抄本、南監本、北監本和殿本改。中華點校本、修訂本徑改。長箋本引《初校》出校。

[2]手殺其將王清：【劉校】“清”原作“靖”。中華點校本據本書卷四《太宗本紀下》會同九年（946）十一月、《舊五代史》卷九五、《新五代史》卷三三本傳、《契丹國志》卷三及《通鑑》改。今從。

[3]漢兵：也稱“漢軍”。遼朝有衆多的漢軍，其中有阿保機收編的“山北八軍”以及趙延壽的軍隊。此外，遼朝還有自己按照中原軍隊編制組建的漢軍，其中最重要的是燕京等地的禁軍。據《長編》卷五五宋真宗咸平六年（1003）七月己酉記李信云：“國中所管幽州漢兵，謂之神武、控鶴、羽林、驍武等，約萬八千餘騎。”其中“羽林”“控鶴”是唐、五代禁軍舊有的名號。因此可以斷定

李信所説的遼燕京的“漢兵”就是戍衛京城的禁軍。

後太宗克汴，延壽因李崧求爲皇太子，[1]上曰：“吾於魏王雖割肌肉亦不惜，但皇太子須天子之子得爲，魏王豈得爲也?”蓋上嘗許滅晉後，以中原帝延壽，以故摧堅破敵，延壽常以身先。至是以崧達意，上命遷延壽秩。翰林學士承旨張礪進擬“中京留守、大丞相、録尚書事、都督中外諸軍事”，上塗“録尚書事、都督中外諸軍事”。世宗即位，以翊戴功，授樞密使。天禄二年薨。

[1]李崧（？—947）：深州饒陽（今屬河北省）人。初爲唐魏王李繼岌掌書記，從繼岌破蜀。明宗時，力薦以石敬瑭捍衛太原，其後晉高祖石敬瑭以兵入京師，拜中書侍郎、同中書門下平章事兼樞密使。出帝即位，以崧兼判三司，與馮玉對掌樞密。崧等又信趙延壽詐降，並數稱杜重威之材，晉卒以重威將大兵，其後敗於中渡。晉亡，契丹耶律德光入汴，稱：“吾破南朝，得崧一人而已!”乃拜崧太子太師。契丹北還，崧與馮道等得還。北漢初，河中李守貞反，崧因被誣以蠟丸書通守貞，族誅。《舊五代史》卷一〇八及《新五代史》卷五七有傳。

高模翰，一名松，渤海人。有膂力，善騎射，好談兵。初，太祖平渤海，模翰避地高麗，[1]王妻以女。因罪亡歸。坐使酒殺人下獄，太祖知其才，貰之。[2]

[1]高麗：古國名。即王建創建的高麗王朝（918—1392）。統治地域在今朝鮮半島，首都在開京（今朝鮮開城市）。

[2]貰（shì）：赦免。

天顯十一年七月，唐遣張敬達、楊光遠帥師五十萬攻太原，[1]勢鋭甚。石敬瑭遣人求救，太宗許之。九月，徵兵出鴈門，[2]模翰與敬達軍接戰，敗之。太原圍解，敬瑭夜出謁帝，約爲父子。帝召模翰等賜以酒饌，親饗士卒，士氣益振。翌日復戰，又敗之，敬達鼠竄晉安寨，模翰獻俘于帝。會敬瑭自立爲晉帝，光遠斬敬達以降，諸州悉下。上諭模翰曰："朕自起兵百餘戰，卿功第一，雖古名將無以加。"乃授上將軍。會同元年，册禮告成，宴百官及諸國使于二儀殿。[3]帝指模翰曰："此國之勇將，朕統一天下，斯人之力也。"群臣皆稱萬歲。

[1]楊光遠（？—944）：沙陀部人。字德明，初名阿檀。爲後唐莊宗騎將，從周德威戰契丹於新州。久之，以爲幽州馬步軍都指揮使。光遠不通文字，然有辨智。明宗時爲嬀、瀛、冀、易四州刺史，以治稱。後自易州刺史拜振武軍節度使。清泰二年（935）徙鎮中山，兼北面行營都虞候，禦契丹於雲、應之間。石敬瑭起兵太原，清泰帝以光遠佐張敬達爲太原四面招討副使，爲契丹所敗，退守晉安寨。契丹圍之數月，乃殺敬達出降。德光令其"事晉"。晉高祖以光遠爲宣武軍節度使、侍衛馬步軍都指揮使。陰以寶貨奉契丹。出帝即位乃反，召契丹入寇，陷貝州、博州，但爲晉軍所敗，契丹已北。開運元年（944）年末，青州陷，李守貞遣客省副使何延祚殺之於其家。《新五代史》卷五一有傳。

[2]鴈門：古鴈門關在今鴈門關西鴈門山上，又稱西陘關。元廢。今鴈門關在今山西省代縣西北，係明代所置。

[3]二儀殿：遼上京宮殿之一。會同元年（938）十一月，晉

遣使爲德光及太后上尊號，並行再生册禮。據本書卷四《太宗本紀下》，册禮是在上京舉行，故知二儀殿亦在上京。【劉注】據本書卷三七《地理志一》“祖州”：“殿曰兩明，奉安祖考御容；曰二儀，以白金鑄太祖像。”説明二儀殿在祖州，不在上京。

及晉叛盟，出師南伐。模翰爲統軍副使，與僧遏前驅，拔赤城，破德、貝諸寨。是冬兼總左、右鐵鷂子軍，[1]下關南城邑數十。三月，勑虎官楊覃赴乾寧軍，[2]爲滄州節度使田武名所圍，模翰與趙延壽聚議往救。俄有光自模翰目中出，縈繞旗矛，燄燄如流星久之。模翰喜曰：“此天贊之祥！”遂進兵，殺獲甚衆。以功加侍中。略地鹽山，[3]破饒安，[4]晉人震怖，不敢接戰。加太傅。

[1]鐵鷂子軍：據《通鑑》卷二八四開運二年（945）三月胡注：契丹謂精騎爲“鐵鷂”，謂其身被鐵甲，而馳突輕疾，如鷂之搏鳥雀也。

[2]乾寧軍：據《續通典》卷一二六《州郡》：“清州，本乾寧軍，幽州蘆臺軍之地，晉陷契丹。”另據《明一統志》卷二《保定府》：“蘆臺城在青縣衛河西岸，周迴三里，唐於此置蘆臺軍，基址猶存。”蘆臺，位於今天津市寧河區。

[3]鹽山：【劉注】縣名。治所故址在今河北省滄州市鹽山縣。

[4]饒安：【劉注】縣名。治所故址在今河北省滄州市鹽山縣千童鎮。20世紀50年代千童鎮叫舊縣，當時注者在舊縣鎮北關原爲一座古廟的殘碑上親眼所見有“饒安縣”字樣，故注。

晉以魏府節度使杜重威領兵三十萬來拒，[1]模翰謂左右曰："軍法在正不在多。以多陵少，不義必敗，其晉之謂乎！"詰旦，[2]以麾下三百人逆戰，殺其先鋒梁漢璋，[3]餘兵敗走。手詔褒美，比漢之李陵。頃之，杜重威等復至滹沱河，帝召模翰問計。上善其言曰："諸將莫及此。"乃令模翰守中渡橋。及戰，復敗之，上曰："朕憑高觀兩軍之勢，顧卿英鋭無敵，如鷹逐雉兔。當圖形麟閣，爵貤後裔。"已而杜重威等降。車駕入汴，加特進、檢校太師，[4]封悊郡開國公，賜璽書、劍器。爲汴州巡檢使，[5]平汜水諸山土賊，遷鎮中京。

天禄二年加開府儀同三司，賜對衣、鞍勒、名馬。應曆初召爲中臺省右相。至東京，父老歡迎曰："公起戎行，致身富貴，爲鄉里榮，相如、買臣輩不足過也。"九年正月遷左相，卒。

[1]魏府：即大名府。唐魏州，爲天雄軍治。後唐曰興唐府。治所在今河北省大名縣。

[2]詰旦：次日清晨。【劉注】原本作"誥旦"，據明抄本、南監本、北監本和殿本改。中華點校本、修訂本、補注本和長箋本徑改。

[3]梁漢璋（897—946）：晉永清軍節度使。多次率軍抵禦契丹。後陣亡。《舊五代史》卷九五有傳。

[4]檢校：職官制度用語。唐宋皆有檢校官，屬加官而非正受。

[5]汴州：治所在今河南省開封市。

趙思温字文美，盧龍人。[1]少果鋭，膂力兼人，[2]隸燕帥劉仁恭幕。[3]李存勗問罪于燕，[4]思温統偏師拒之。

流矢中目，裂裳漬血，戰猶不已。爲存勗將周德威所擒，[5]存勗壯而釋其縛。久之，日見信用。與梁戰於莘縣，以驍勇聞，授平州刺史兼平、營、薊三州都指揮使。[6]

[1]盧龍：縣名。治所在今河北省盧龍縣。

[2]膂力兼人：【劉校】“力”原本誤作“方”，據明抄本、南監本、北監本和殿本改。中華點校本、修訂本、補注本和長箋本徑改。

[3]劉仁恭（？—912）：深州樂壽（今河北省獻縣）人。唐末割據軍閥。早年爲晉王李克用壽陽鎮將，乾寧元年（894）又爲盧龍軍節度使。其子守文爲横海軍節度使，父子率兩鎮兵十萬，號稱三十萬，稱雄一方。仁恭後爲另一子守光囚禁。乾化元年（911）守光自號大燕皇帝。次年仁恭父子爲晉王所擒殺。《新唐書》卷二一二有傳。

[4]李存勗（885—926）：即後唐莊宗，五代時期後唐的建立者，晉王李克用之子。初嗣位爲晉王，據太原，與梁逐鹿中原。龍德三年（923）稱帝，國號唐，史稱後唐，都洛陽（今屬河南省）。同年十月攻陷大梁（今河南省開封市），梁末帝死於兵間。三年後，李存勗也死於内亂。

[5]周德威（？—918）：晉王李克用的一員勇將。後事後唐莊宗李存勗。天祐十年（913）平幽州，擒劉守光，授幽州盧龍軍節度使。天祐十五年攻汴州，死於是役。

[6]平州：唐置，治所在今河北省盧龍縣。

神册二年太祖遣大將經略燕地，思温來降。及伐渤海，以思温爲漢軍都團練使，[1]力戰拔扶餘城。[2]身被數創，太祖親爲調藥。[3]

[1]漢軍：也稱“漢兵”。參上文“漢兵”注。

[2]扶餘城：渤海國地名。故址在今吉林省松原市。

[3]太祖親爲調藥：【劉校】“太祖”，原本誤作“大祖”，據明抄本、南監本、北監本和殿本改。中華點校本、修訂本、補注本和長箋本雖然都作“太祖”，但均未出注。

太宗即位，以功擢檢校太保、保靜軍節度使。[1]天顯十一年，唐兵攻太原，石敬瑭遣使求救，上命思温自嵐、憲間出兵援之。[2]既罷兵，改南京留守、盧龍軍節度使、管内觀察處置等使、開府儀同三司，[3]兼侍中，賜協謀靜亂翊聖功臣，尋改臨海軍節度使。

[1]保靜軍：遼代軍號。治建州（今遼寧省朝陽市）。

[2]嵐：即嵐州。【靳注】治所在今山西省嵐縣。　憲：即憲州。【靳注】治所在今山西省婁煩縣。

[3]觀察處置等使：唐乾元元年（758），改採訪處置使爲觀察處置使，掌考察州縣官吏政績，後兼理民事，轄一道或數州。凡不設節度使者即以觀察使爲一道的行政長官；設節度使之處，亦兼觀察使。至宋代，觀察使一職成爲武將升遷時兼帶的虛銜。

會同初從耶律牒蠟使晉行册禮還，加檢校太師。二年有星隕于庭，卒。上遣使賻祭，贈太師、衛國公。子延照、延靖，[1]官至使相。[2]

[1]延照、延靖：均爲趙思温子。據《秋澗先生大全文集》卷四八《盧龍趙氏家傳》，趙思温十二子，但衹列出十一人名。分别爲延照、延祚、延卿、延構、延威、延希、延誨、延光、延玉、延

煦、延旭。第五子延威之後定居建州（今遼寧省朝陽縣境内）。延威官至保静軍節度使、特進檢校太師。趙思温有一女嫁韓知古之子韓匡美；還有一女嫁韓延徽之子韓德樞。兩韓氏都是遼朝漢族第一等高門。據鄧寶學等《遼寧朝陽遼趙氏族墓》（《文物》1983 年第 9 期），1972 年、1977 年和 1979 年，在遼寧省朝陽縣先後發現三座遼代趙氏墓葬，即商家溝 1 號墓、趙匡禹墓和趙爲幹墓。商家溝 1 號墓位於朝陽西南 35 公里的大凌河南岸商家溝村東南 0.5 公里的山谷北坡上。趙匡禹墓東北隔山與商家溝 1 號墓相距 6.5 公里。而趙爲幹墓則與趙匡禹墓爲同一墓地。據《趙匡禹墓誌》載，爲幹是趙匡禹第五子，而匡禹則係趙思温之孫。匡禹和爲幹生前都曾在遼朝爲官，匡禹於開泰八年（1019）九月十日“薨於建州之私第”，表明建州正是趙氏定居之地。《趙匡禹墓誌》還記載，匡禹“葬於州之南白楊□”。據《盧龍趙氏家傳》，匡禹之父延威（匡禹墓誌作延寧），“葬建州永霸縣白羊峪”。則趙匡禹墓地，當年應屬建州永霸縣，因此，上引墓誌中的“白楊□”，即延威葬地“白羊峪”。墓誌證實家傳所記無誤。上述趙氏三墓葬，都是規模較大的磚室墓，雖早期經嚴重破壞，但仍可發現繪有壁畫，並有許多隨葬器物，顯示趙氏在當地不僅政治上有很高的地位，同時經濟上也相當富裕。【劉校】延照，原本作“延昭”，據明抄本、南監本、北監本和殿本改。

[2]使相：【靳注】官名。唐末常以宰相官銜（同平章事）加予節度使，作爲榮典，叫做使相。遼、宋相延。

耶律漚里思，六院夷离菫蒲古只之後。負勇略，每戰被重鎧，揮鐵槊所向披靡。會同間伐晉，上至河而獵，適海東青鶻搏雉，[1] 晉人隔水以鴿引去。上顧左右曰：“誰爲我得此人？”漚里思請内厩馬，濟河擒之，並殺救者數人還。上大悦，優加賞賚。

[1]海東青鶻（hú）：動物名。猛禽，能擊殺天鵝。渤海國故地以東大海盛産珍珠，天鵝食蚌，珍珠藏於蚌嗉内。契丹人放出海東青鶻擊殺天鵝，獲取珍珠。

既而晉將杜重威逆于望都，[1]據水勒戰。漚里思介馬突陣，餘軍繼之，被圍。衆言“陣薄處可出”。漚里思曰：“恐彼有他備。”竟引兵衝堅而出。迴視衆所指，皆大塹也。其料敵多此類。

是年總領敵烈皮室軍。坐私免部曲奪官，卒。

[1]望都：縣名。治所在今河北省望都縣。

張礪，磁州人，[1]初仕唐爲掌書記，遷翰林學士。會石敬瑭起兵，唐主以礪爲招討判官，從趙德鈞援張敬達于河東。及敬達敗，礪入契丹。

[1]磁州：治所在今河北省磁縣。

後太宗見礪剛直，有文彩，擢翰林學士。礪臨事必盡言，無所避，上益重之。未幾，謀亡歸，爲追騎所獲。上責曰：“汝何故亡？”礪對曰：“臣不習北方土俗、飲食、居處，意常鬱鬱，以是亡耳。”上顧通事高彦英曰：[1]“朕嘗戒汝善遇此人，何乃使失所而亡？礪去，可再得耶？”遂杖彦英而謝礪。

[1]通事：官名。掌翻譯。契丹以熟習漢俗、精通漢語者爲之。

會同初陞翰林承旨兼吏部尚書。從太宗伐晉，入汴。諸將蕭翰、耶律郎五、麻答輩肆殺掠，[1]礪奏曰："今大遼始得中國，宜以中國人治之，不可專用國人及左右近習。苟政令乖失，則人心不服，雖得之亦將失之。"上不聽。改右僕射兼門下侍郎、平章事。

[1]蕭翰（？—949）：契丹外戚。應天皇太后述律氏之侄。大同元年（947）從太宗入汴，爲宣武軍節度使。世宗即位後，附世宗反對應天皇太后，娶世宗妹阿不里。天禄間，一再謀反，伏誅。本書卷一一三有傳。　麻答（？—947）：即太祖阿保機弟剌葛之子耶律拔里得。他隨德光南下滅後晉，於大同元年入汴，以功授安國軍節度使，總領河北道事。德光北返之後，州郡多叛遼以應劉知遠，拔里得不得不北歸。世宗即位後，遷中京留守，尋即病死。

頃之，車駕北還，至欒城崩。[1]時礪在恒州，蕭翰與麻答以兵圍其第。礪方卧病，出見之。翰數之曰："汝何故於先帝言國人不可爲節度使？我以國舅之親，有征伐功，先帝留我守汴以爲宣武軍節度使，汝獨以爲不可。又譖我與解里好掠人財物、子女。今必殺汝！"趣令鎖之。礪抗聲曰："此國家大體，安危所繫，吾實言之。欲殺即殺，奚以鎖爲！"麻答以礪大臣，不可專殺，乃救止之。是夕，礪恚憤卒。

[1]欒城，縣名。治所在今河北省石家莊市欒城區。　至欒城崩：【劉注】據本書卷四《太宗本纪下》大同元年（947）四月"丁丑，崩于欒城"。

論曰：初，晉因遼之兵而得天下，故兼臣禮而父事之：割地以爲壽、輸帛以爲貢。未久也，而會同之師次滹沱矣。[1]豈群帥貪功黷武而致然歟，抑所謂信不由衷也哉！模翰以功名自終，可謂良將。若延壽之勳雖著，至於覬覦儲位，謬矣。利令智昏，固無足議。若乃成末釁以虧儁功如解里者，何譏焉！

[1]滹沱：河流名。流經山西省、河北省境内，匯入子牙河，歷史上河道屢次變遷。

（李錫厚注　劉鳳翥校）

遼史　卷七七

列傳第七

耶律屋質　耶律吼　何魯不　耶律安摶　耶律洼
耶律頹昱　耶律撻烈[1]

[1]“耶律屋質”至“耶律撻烈”：【劉校】原本、南監本、明抄本無。據北監本、殿本補。

耶律屋質字敵輦，系出孟父房。[1]姿簡靜，有器識，重然諾。遇事造次，處之從容，人莫能測。博學，知天文。

[1]孟父房：契丹以玄祖之後爲皇族，分爲三房：孟父房、仲父房和季父房。本書卷四五《百官志一》：“玄祖伯子麻魯無後，次子巖木之後曰孟父房；叔子釋魯曰仲父房，季子爲德祖，德祖之元子爲太祖天皇帝，謂之横帳，次曰剌葛，曰寅底石，曰安端，曰蘇，皆曰季父房。”

會同間爲惕隱。[1]太宗崩，諸大臣立世宗。太后聞之怒甚，遣皇子李胡以兵逆擊，[2]遇安端、劉哥等于泰德泉，[3]敗歸。李胡盡執世宗臣僚家屬，謂守者曰："我戰不克，先殪此曹！"人皆恟恟相謂曰："若果戰，則是父子兄弟相夷矣！"軍次潢河横渡，[4]隔岸相拒。

[1]會同：遼太宗耶律德光年號（938—947）。　惕隱：契丹語音譯詞。官名。又稱梯里已，掌皇族政教。據本書卷一六《國語解》："惕隱，典族屬官，即宗正職也。"

[2]李胡（912—960）：阿保機第三子。一名洪古，字奚隱。爲其母述律氏所鍾愛。太宗即位後，天顯五年（930）立爲皇太弟，兼天下兵馬大元帥。太宗死後，應天皇太后反對世宗兀欲而欲立李胡，失敗，母子被囚。穆宗時因參與其子喜隱謀反事而下獄死。興宗時，更謚"章肅皇帝"。本書卷七二有傳。

[3]安端：在阿保機兄弟中排行第五，也曾參與"謀反"。世宗天禄初，賜號"明王"，成爲東丹國的統治者。　泰德泉：契丹地名。據本書卷三三《營衛志下》，六院部大王及都監春夏居泰德泉之北，以鎮南境。

[4]潢河：河流名。即今内蒙古自治區境内的西拉木倫河，爲西遼河上游。

時屋質從太后，世宗以屋質善籌，[1]欲行間，乃設事奉書以試太后。太后得書以示屋質。屋質讀竟，言曰："太后佐太祖定天下，[2]故臣願竭死力。若太后見疑，臣雖欲盡忠，得乎？爲今之計，莫若以言和解，事必有成；否，即宜速戰，以決勝負。然人心一搖，國禍不淺，惟太后裁察。"太后曰："我若疑卿，安肯以書示汝？"屋質對曰："李胡、永康王皆太祖子孫，神器非移他族,[3]何不可之有？太后宜思長策，與永康王和議。”太后曰：“誰可遣者？”對曰：“太后不疑臣，臣請往。萬一永康王見聽，廟社之福。”太后乃遣屋質授書於帝。

[1]善籌：言其善於出謀劃策。《舊唐書》卷一九五《回紇傳》：“菩薩勁勇，有膽氣，善籌策，每對敵臨陣，必身先士卒，以少制衆。”

[2]定天下：【劉校】原本作“宣天下”，據明抄本、南監本、北監本、殿本改。中華點校本、修訂本和補注本徑改。長箋本引《初校》出校。

[3]神器：帝王之權柄。《漢書》卷一〇〇上《敘傳上》：“游説之士至比天下於逐鹿，幸捷而得之，不知神器有命，不可以智力求也。”顔師古注引劉德曰：“神器，璽也。”李奇曰：“帝王賞罰之柄也。”顔師古曰：“李説是也。”

帝遣宣徽使耶律海思復書,[1]辭多不遜。屋質諫曰：“書意如此，國家之憂未艾也。能釋怨以安社稷，則臣以爲莫若和好。”帝曰：“彼衆烏合，安能敵我？”屋質曰：“即不敵，奈骨肉何？況未知孰勝。借曰幸勝，諸臣之族執於李胡者無噍類矣。[2]以此計之，惟和爲善。”左右聞者失色。帝良久，問曰：“若何而和？”屋質對曰：“與太后相見，各紓忿恚，和之不難；不然，決戰非晚。”帝然之，遂遣海思詣太后約和。往返數日，議乃定。

[1]宣徽使：遼朝官名。遼設北、南宣徽，分隸北、南樞密院之下。宣徽北院使常執行軍事使命。此外，宣徽使還掌領朝會、宴

饗、禮儀、祭祀及御前祇應之事。

［2］無噍（jiào）類：言全部死掉。《漢書》卷一《高帝本紀》言項羽"嘗攻襄城，襄城無噍類"。如淳曰："無復有活而噍食者也。青州俗呼'無孑遺'爲無噍類。"

始相見，怨言交讓，殊無和意。太后謂屋質曰："汝當爲我畫之。"屋質進曰："太后與大王若能釋怨，臣乃敢進説。"太后曰："汝第言之。"屋質借謁者籌執之，謂太后曰："昔人皇王在，[1]何故立嗣聖？"[2]太后曰："立嗣聖者，太祖遺旨。"又曰："大王何故擅立，不禀尊親？"帝曰："人皇王當立而不立，所以去之。"屋質正色曰："人皇王捨父母之國而奔唐，子道當如是耶？大王見太后，不少遜謝，惟怨是尋；太后牽于偏愛，託先帝遺命，妄授神器。如此何敢望和？當速交戰！"擲籌而退。太后泣曰："向太祖遭諸弟亂，天下荼毒，瘡痍未復，庸可再乎！"乃索籌一。帝曰："父不爲而子爲，又誰咎也？"亦取籌而執。左右感激大慟。

［1］人皇王：即遼太祖耶律阿保機長子倍（898—936）。契丹名圖欲（突欲），生母爲淳欽皇后述律氏。天顯元年（926），阿保機滅渤海建東丹國，突欲被册爲人皇王，主東丹國政。據其傳載"神册元年春立爲皇太子"。阿保機死後，其母述律氏立德光，突欲被迫浮海投奔後唐。後唐明宗賜其姓名李贊華。清泰三年（遼天顯十一年，936）石敬瑭率軍攻入洛陽，後唐末帝李從珂約倍與之同死，倍不從，遇害。本書卷七二有傳。

［2］嗣聖：即嗣聖皇帝。遼太宗耶律德光的尊號。

太后復謂屋質曰："議既定，神器竟誰歸？"屋質曰："太后若授永康王，順天合人，復何疑？"李胡厲聲曰："我在，兀欲安得立！"屋質曰："禮有世嫡，不傳諸弟。[1]昔嗣聖之立，尚以爲非，況公暴戾殘忍，人多怨讟。萬口一辭，願立永康王，不可奪也。"太后顧李胡曰："汝亦聞此言乎？汝實自爲之！"乃許立永康。

[1]禮有世嫡，不傳諸弟：依禮，世世代代應立嫡子，不當傳於弟。《公羊傳注疏》隱公元年："立適（嫡）以長不以賢，立子以貴不以長。"注："適（嫡）謂適（嫡）夫人之子，尊無與敵，故以齒；子謂左右媵及姪娣之子。位有貴賤，又防其同時而生，故以貴也。《禮》：適（嫡）夫人無子，立右媵；右媵無子，立左媵；左媵無子，立嫡姪娣。"

帝謂屋質曰："汝與朕屬尤近，何反助太后？"屋質對曰："臣以社稷至重，不可輕付，故如是耳。"上喜其忠。

天禄二年，[1]耶律天德、蕭翰謀反下獄；[2]惕隱劉哥及其弟盆都結天德等爲亂。耶律石剌潛告屋質，屋質遽引入見，白其事。劉哥等不服，事遂寢。未幾，劉哥邀駕觀樗蒲，[3]捧觴上壽，袖刃而進。帝覺，命執之，親詰其事。劉哥自誓，帝復不問。屋質奏曰："當使劉哥與石剌對狀，不可輒恕。"帝曰："卿爲朕鞫之。"屋質率劍士往訊之，天德等伏罪，誅天德，杖翰，遷劉哥，以盆都使轄戛斯國。

［1］天禄：遼世宗耶律阮年號（947—951）。

［2］蕭翰（？—949）：契丹外戚。應天皇太后述律氏之侄。大同元年（947）從太宗入汴，爲宣武軍節度使。世宗即位後，附世宗反對應天皇太后，娶世宗妹阿不里。天禄間，一再謀反，伏誅。本書卷一一三有傳。

［3］樗（chū）蒲：古代游戲名。因其用於擲采的投子最初由樗木製成，故而得名。今朝鮮半島還可見到。

三年表列泰寧王察割陰謀事，[1]上不聽。五年爲右皮室詳穩。[2]秋，上祭讓國皇帝于行宫，[3]與群臣皆醉，[4]察割弑帝。屋質聞有言"衣紫者不可失"，[5]乃易衣而出，亟遣人召諸王，及喻禁衛長皮室等同力討賊。時壽安王歸帳，屋質遣弟冲迎之。王至，尚猶豫。屋質曰："大王嗣聖子，賊若得之，必不容。群臣將誰事，社稷將誰賴？萬一落賊手，悔將何及？"王始悟。諸將聞屋質出，相繼而至。遲明整兵，出賊不意圍之，遂誅察割。

［1］察割（？—951）：遼皇族。其父即明王安端，爲阿保機同母弟。世宗即位，察割封泰寧王。天禄五年（951）九月，南伐途中行弑逆，隨即爲壽安王誘殺。

［2］皮室：契丹軍名。意爲"金剛"。初爲阿保機所置，稱"腹心部"。後有南、北、左、右皮室及黄皮室等，皆掌精甲。　詳穩：遼朝軍官名。元帥府下設大詳穩司。"詳穩"即漢語"將軍"的轉譯。【劉注】"詳穩"即漢語"將軍"的轉譯的説法似有值得商榷之處。在契丹小字中，"詳穩"作，"將軍"作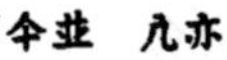，或、；在契丹大字中，"詳穩"作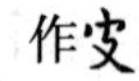，"將軍"

作将号。“詳穩”不是漢語“將軍”的轉譯，而是音譯的契丹語，契丹語中“將軍”是漢語借詞。

[3]讓國皇帝：即遼太祖耶律阿保機長子人皇王倍的尊謚。行宫：亦稱行帳，即阿保機轉徙隨時的車帳組成的朝廷。契丹語稱“捺鉢”，遼中葉逐漸形成“四時捺鉢”制度。

[4]與群臣皆醉：【劉校】“群臣”，原本作“郡臣”，據明抄本、南監本、北監本、殿本改。中華點校本、修訂本和補注本徑改。長箋本引《初校》出校。

[5]聞有言：【劉校】原本作“聞有吉”，據明抄本、南監本、北監本、殿本改。中華點校本、修訂本和補注本徑改。長箋本引《初校》出校。

亂既平，穆宗即位，謂屋質曰：“朕之性命，實出卿手。”命知國事，以逆黨財産盡賜之，屋質固辭。應曆五年爲北院大王，[1]總山西事。

[1]應曆：遼穆宗耶律璟年號（951—969）。　北院大王：契丹官名。北院大王和南院大王即是五院部和六院部的首領，握有兵權。

保寧初宋圍太原，[1]以屋質率兵往援，至白馬嶺，遣勁卒夜出間道，疾馳駐太原西，鳴鼓舉火。宋兵以爲大軍至，懼而宵遁。以功加于越。[2]四年，漢劉繼元遣使來貢，[3]致幣於屋質，屋質以聞，帝命受之。五年五月薨，[4]年五十七。帝痛悼，輟朝三日。[5]後道宗詔上京立祠祭享，[6]樹碑以紀其功云。

［1］保寧：遼景宗耶律賢年號（969—979）。

［2］于越：契丹語音譯詞。官名。爲契丹貴官，非有大功德者不授。位在北、南大王之上。

［3］劉繼元：北漢開國皇帝劉崇養子。天會十二年（遼應曆十八年，968）九月即位，次年，遼册立其爲大漢皇帝。廣運二年（遼保寧七年，975）遼册繼元爲大漢英武皇帝。廣運六年（宋太平興國四年，979）降於宋，北漢亡。

［4］“四年，漢劉繼元遣使來貢”至“五年五月薨”：【劉校】據中華點校本校勘記，“五年”原作“是年”，即四年。“按《紀》漢遣使來貢，在三年十月。四年二月，漢以皇子生遣使來賀。五年五月癸亥，于越屋質薨。”據改。

［5］輟（chuò）朝：中止臨朝聽政。

［6］上京：遼五京之一。前期都城。稱臨潢府，故址在今内蒙古自治區巴林左旗林東鎮波羅城。

耶律吼字曷魯，六院部夷离堇蒲古只之後。[1]端愨好施，不事生産。太宗特加倚任。

［1］六院部：遼太祖析迭剌部爲五院部和六院部。太宗會同元年（938）改夷离堇爲大王。北院大王和南院大王即是五院部和六院部的首領。　夷离堇：契丹部族官名。源於突厥語官名“俟斤”（Irkin）。突厥各部的最高元首稱“可汗”（Qaghan），其他各部酋長則稱爲俟斤。初，契丹“其君大賀氏，有勝兵四萬，臣於突厥，以爲俟斤”（《新唐書》卷二一九《契丹傳》）。後，契丹首領自立爲可汗，其下所屬各部酋長則稱爲“俟斤”，亦即夷离堇。契丹立國後，大部族之夷离堇稱王，小部族之夷离堇則稱爲節度使。舉凡一部之軍政、民政皆由其統掌。參韓儒林《穹廬集》（上海人民出版社 1982 年版，第 314—316 頁）。　蒲古只：【靳注】人名。契丹

遥輦氏部落聯盟貴族。曾在内部爭鬭中誅殺耶律狼德、耶律釋魯等，後又爲阿保機所殺，其家眷淪爲官奴婢。

會同六年爲南院大王，莅事清簡，人不敢以年少易之。時晉主石重貴表不稱臣，[1]辭多踞慢，吼言晉罪不可不伐。及帝親征，以所部兵從。既入汴，諸將皆取内帑珍異，吼獨取馬鎧，帝嘉之。

[1]石重貴（914—964）：即後晉出帝。後晉高祖石敬瑭之侄，後晉末代皇帝，公元942年至946年在位。即位後與契丹交惡，開運三年（946）契丹攻入開封，被俘，後死於建州（今遼寧省朝陽市西南）。

及帝崩于欒城，[1]無遺詔，軍中憂懼不知所爲。吼詣北院大王耶律洼議曰："天位不可一日曠。若請于太后，則必屬李胡。李胡暴戾殘忍，詎能子民！必欲厭人望，則當立永康王。"洼然之。會耶律安摶來，意與吼合，遂定議立永康王，是爲世宗。

[1]欒城：縣名。治所在今河北省石家莊市欒城區。

頃之，以功加採訪使，賜以寶貨。吼辭曰："臣位已高，敢復求富！臣從弟的琭諸子坐事籍没，[1]陛下哀而出之，則臣受賜多矣。"上曰："吼舍重賞，以族人爲請，其賢遠甚。"許之，仍賜宫户五十。[2]時有取當世名流作《七賢傳》者，吼與其一。天禄三年卒，年三十九。子何魯不。

[1]籍没：中國古代依照法律登記罪犯所有的家産，予以没收的稱爲“籍没”。遼代的籍没之法，還包括將犯罪者親屬收爲官奴婢。

[2]宫户：又稱宫分户、“宫分人户”。他們是隸屬宫分斡魯朶而不隸州縣的人户。宫分人户有宫籍，多是統治者的私奴。宫籍是世襲的，未經統治者宣佈廢除，子孫則世代爲宫分人户。

何魯不字斜寧，嘗與耶律屋質平察割亂。穆宗以其父吼首議立世宗，故不顯用。晚年爲本族敞史。[1]

[1]敞史：【靳注】官名。契丹北面官。爲各官衙之佐吏。掌文書案牘之事，有時亦領兵作戰。

及景宗即位，以平察割功，授昭德軍節度使，[1]爲北院大王。時黄龍府軍將燕頗殺守臣以叛，[2]何魯不討之，[3]破於鴨緑江。坐不親追擊，以至失賊，杖之。乾亨間卒。[4]

[1]昭德軍：遼代軍號。治瀋州（今遼寧省瀋陽市）。《武經總要》前集卷一六下《戎狄舊地》：“瀋州，德光所建，仍曰昭德軍，契丹舊地也，東至大遼水。水東即女真界。西南至東京一百三十里，北至雙州八十里。”

[2]黄龍府：治所在今吉林省農安市。

[3]何魯不討之：【劉校】據中華點校本校勘記，本書卷八《景宗本紀上》保寧七年（975）七月，“黄龍府衛將燕頗殺都監張

據以叛，遣敞史耶律曷里必討之”。曷里必即何魯不。

[4]乾亨：遼景宗耶律賢年號（979—983）。

耶律安摶曾祖巖木，玄祖之長子；祖楚不魯，爲本部夷离堇；父迭里幼多疾，時太祖爲撻馬狘沙里，常加撫育，神册六年爲惕隱，從太祖將龍軍討阻卜、党項有功，[1]天贊三年爲南院夷离堇，[2]征渤海，[3]攻忽汗城，[4]俘斬甚衆。太祖崩，淳欽皇后稱制，[5]欲以大元帥嗣位。迭里建言：“帝位宜先嫡長，今東丹王赴朝，當立。”由是忤旨，以“黨附東丹王”，詔下獄，訊鞫，加以炮烙。[6]不伏，殺之，籍其家。

[1]阻卜：即達旦、韃靼。元人諱言達旦，而稱達旦爲阻卜。詳王國維《觀堂集林》卷一四《達旦考》。　党項：中國古代族名。又稱党項羌，唐以後主要活動於靈、慶、銀、夏等州，即今甘肅、寧夏、陝西和内蒙古等省區交界地區。

[2]天贊：遼太祖耶律阿保機年號（922—926）。

[3]渤海：靺鞨粟末部在今中國東北地區建立的政權。唐武后聖曆元年（698），靺鞨粟末部首領大祚榮建立振國（亦稱震國）。唐玄宗先天二年（713，當年十二月改元“開元”）遣使封大祚榮爲左驍衛大將軍、渤海郡王，又設置忽汗州，加授大祚榮爲忽汗州大都督，並改稱渤海。寶應元年（762）晉爲國。天顯元年（926）爲遼所滅，改稱東丹。【劉注】渤海國最初的國號爲“靺鞨”，不爲“震國”或“振國”。《新唐書》卷二一九《渤海傳》：“睿宗先天中（應爲‘玄宗先天二年’），遣使拜祚榮爲左驍衛大將軍、渤海郡王。以所統爲忽汗州，領忽汗州都督，自是始去靺鞨號，專稱渤海。”這裏不稱“始去震國之號，專稱渤海”，而稱“始去靺鞨

之號，專稱渤海”。可見，稱“大祚榮建立震國”是混淆了封號與國號的區别。《新唐書》卷二一九《渤海傳》稱“武后封乞四比羽爲許國公，乞乞仲象（大祚榮之父）爲震國公”。“許國公”和“震國公”都是封號，並不意味着有“許國”“震國”等政权。乞乞仲象死後。他兒子大祚榮繼承了“震國公”的封號，但他不滿足“公”級别，所以“自號震國王”。“震國王”僅僅是封號，並不意味着有“震國”。少數民族往往以其民族名爲國號，如“契丹”“蒙古”等。渤海也應如此。

[4]忽汗城：即渤海上京龍泉府，故址在今黑龍江省寧安市渤海鎮。

[5]淳欽皇后：遼太祖阿保機皇后述律氏的謚號。遼興宗重熙二十一年（1052）九月追謚。本書卷七一有傳。　稱制：此是北方民族傳統，大汗死後，在選立新汗之前，由大汗之妻權決軍國事。

[6]炮烙：用燒紅的鐵烙人的刑罰。

安摶自幼若成人，居父喪，哀毀過禮，見者傷之。太宗屢加慰諭，嘗曰：“此兒必爲令器。”既長寡言笑、重然諾，動遵繩矩，事母至孝。以父死非罪，未葬，不預宴樂。世宗在藩邸，[1]尤加憐恤，安摶密自結納。

[1]藩邸：藩王的邸第。世宗非太宗子，是以藩邸入繼大統。歸安茅星來撰《近思録集注》：“胡氏曰：唐宋人率稱東宫及諸王邸第爲藩邸，謂藩國邸第也。”

太宗伐晉還，至欒城崩。諸將欲立世宗，以李胡及壽安王在朝，[1]猶豫未決。時安摶直宿衛，世宗密召問計。安摶曰：“大王聰安寬恕，人皇王之嫡長。先帝雖有壽安，天下屬意多在大王。今若不斷，後悔無及。”會有自京師來者，安摶詐以李胡死傳報軍中，皆以爲信。於是安摶詣北、南二大王計之。北院大王洼聞而遽起曰：[2]“吾二人方議此事。先帝嘗欲以永康王爲儲貳，[3]今日之事有我輩在，孰敢不從！但恐不白太后而立，爲國家啓釁。”安摶對曰：“大王既知先帝欲以永康王爲儲副，況永康王賢明，人心樂附。今天下甫定，稍緩則大事去矣。[4]若白太后，必立李胡。且李胡殘暴，行路共知，果嗣位，如社稷何？”南院大王吼曰：“此言是也。吾計決矣！”乃整軍，召諸將奉世宗即位于太宗柩前。

[1]壽安王（931—969）：名述律，遼太宗耶律德光長子，生母爲靖安皇后蕭氏。會同二年（939）封壽安王。天禄五年（951）即皇帝位，改元應曆，群臣上尊號曰天順皇帝。應曆十九年（969）遇弒，廟號穆宗。

[2]聞而遽起：【劉校】“遽”原本作“據”，據南監本、北監本、明抄本及殿本改。中華點校本、修訂本和補注本徑改。長箋本引《羅校》出校。

[3]儲貳：太子。明人陳耀文《天中記》卷一二《太子》：“少微星一名處士星，儲君副主之宫。儲貳副天庭，延三吏。‘儲二’謂太子。”

[4]稍緩則大事去矣：【劉校】“則”原本爲空格，中華修訂本據南監本、北監本、明抄本及殿本補，今從。

帝立，以安摶爲腹心，總知宿衛。是歲，約和于潢河横渡。太后問安摶曰：“吾與汝有何隙？”安摶以父死爲對，太后默然。[1]及置北院樞密使，[2]上命安摶爲之，賜奴婢百口，寵任無比，事皆取決焉。然性太寬，事循苟簡，豪猾縱恣不能制。天禄末察割兵犯御幄，又不能討，由是中外短之。

[1]太后默然：【劉校】默然，原本作“黜然”，據明抄本、南監本、北監本、殿本改。中華點校本、修訂本和補注本徑改。長箋本引《初校》出校。

[2]北院樞密使：即契丹樞密院之樞密使，爲北面官之最高官職，掌軍事、部族。詳本書卷四五《百官志一》。

穆宗即位，以立世宗之故，不復委用。應曆三年，或誣安摶與齊王罨撒葛謀亂，繫獄死。侄撒給，左皮室詳穩。

耶律洼字敵輦，隋國王釋魯孫，[1]南院夷离堇綰思子。少有器識，人以公輔期之。

[1]釋魯：即述瀾。玄祖勻德實第三子，阿保機的伯父。據本書卷六四《皇子表》，賢而有智，爲迭剌部于越時教民種樹桑麻。年五十七爲子滑哥所弒。重熙中追封爲隋國王。

太祖時雖未官，常任以事。太宗即位爲惕隱。天顯末帝援河東，洼爲先鋒，敗張敬達軍於太原北。[1]會同中遷北院大王。及伐晉，復爲先鋒，與梁漢璋戰於瀛州，[2]敗之。

[1]張敬達（？—936）：代州（今山西省代縣）人。字志通，小字生鐵。少以騎射事後唐莊宗。明宗時，爲河東馬步軍都指揮使，累遷彰國、大同軍節度使。清泰二年（935），契丹數犯邊，清泰帝以河東節度使石敬瑭有異志，乃以敬達爲北面副總管，以分其兵。明年夏，敬瑭反。即以敬達爲太原四面招討使，率兵圍太原。敬瑭求救於契丹。九月，契丹耶律德光自鴈門入。敬達收軍於晉安寨，契丹圍之。救兵不至，副招討使楊光遠斬敬達降。契丹耶律德光聞敬達死，哀其忠，遣人收葬之。

[2]梁漢璋（897—946）：後晉永清軍節度使，多次率軍抵禦契丹。後陣亡。　瀛州：治所在今河北省河間市。

太宗崩于欒城，南方州郡多叛，士馬困乏，軍中不知所爲。洼與耶律吼定策立世宗，乃令諸將曰："大行在殯，[1]神器無主，永康王，人皇王之嫡長，天人所屬，當立。有不從者以軍法從事。"諸將皆曰："諾。"世宗即位，賜宫户五十，拜于越。卒，年五十四。

[1]大行在殯：古代稱剛死而尚未定謚號的皇帝、皇后爲"大行皇帝""大行皇后"。《後漢書》卷五《安帝紀》："孝和皇帝懿德巍巍，光於四海；大行皇帝不永天年。"李賢注引韋昭曰："大行者，不反之辭也。天子崩，未有謚，故稱大行也。"【劉校】在殯，原作"上賓"，據文意改。中華點校本、修訂本、補注本和長箋本仍作"上賓"。指死者入殮後停柩以待葬。

耶律頽昱字團寧，[1]孟父楚國王之後。父末掇嘗爲夷离堇。

[1]耶律頹昱：【劉校】原本作“耶律頹立”，據明抄本、南監本、北監本、殿本改。中華點校本、修訂本和補注本徑改。長箋本引《羅校》出校。

頹昱性端直。會同中領九石烈部，政濟寬猛。世宗即位爲惕隱。天禄三年兼政事令，[1]封漆水郡王。

[1]政事令：遼朝南面宰相。遼世宗天禄四年（950）建政事省之前，漢人宰相無定稱；建政事省之後，南面宰相稱“政事令”，且多由契丹貴族擔任這一職務。

及穆宗立，以匡贊功，嘗許以本部大王。後將葬世宗，頹昱懇言於帝曰：“臣蒙先帝厚恩，未能報；幸及大葬，臣請陪位。”帝由是不悦，寢其議。薨。

耶律撻烈字涅魯衮，六院部郎君褭古直之後。沉厚多智，有任重才。年四十未仕。

會同間爲邊部令穩。[1]應曆初陞南院大王，均賦役、勸耕稼，部人化之，户口豐殖。時，周人侵漢，以撻烈都統西南道軍援之。[2]周已下太原數城，漢人不敢戰。及聞撻烈兵至，周主遣郭從義、尚鈞等率精騎拒於忻口，[3]撻烈擊敗之，獲其將史彦超。周軍遁歸，復所陷城邑，漢主詣撻烈謝。及漢主殂，宋師來伐，上命撻烈爲行軍都統，發諸道兵救之。既出鴈門，[4]宋諜知而退。[5]

[1]令穩：據本書卷三三《營衛志下·部族下》："太祖更諸部夷离堇爲令穩。統和中，又改節度使。"

[2]都統：官名。唐乾元中，始以都統名官，總諸道征伐。後若調諸道兵馬會戰，多置此職，爲臨時軍事長官，不賜旌節，事解即罷。遼設諸路兵馬都統署司，下有諸路兵馬都統署，都統爲其長官。

[3]忻口：關隘名。【靳注】在今山西省忻州市北部。兩峽峙，滹沱河流淌其間，爲晉陽門户。

[4]鴈門：關隘名。古鴈門關在今鴈門關西鴈門山上，又稱西陘關。元廢。今鴈門關位於現在的山西省代縣西北，係明代所置。

[5]諜知：【靳注】探知，暗中察明。

保寧元年加兼政事令，致政。乾亨初召之，上見鬚髪皓然，精力猶健，問以政事，厚禮之。以疾薨，年七十九。

撻烈凡用兵，賞罰信明，得士卒心。河東單弱，不爲周、宋所併者，撻烈有力焉。在治所不修邊幅，百姓無稱，年穀屢稔。時耶律屋質居北院，撻烈居南院，俱有政迹，朝議以爲"富民大王"云。

贊曰：立嗣以嫡，禮也。太宗崩，非安摶、吼、洼謀而克斷策立世宗，非屋質直而能諫，杜太后之私、折李胡之暴，以成橫渡之約，則亂將誰定？四臣者，庶幾《春秋》首止之功哉。[1]

[1]首止之功：即春秋間諸侯於首止會盟，力保周太子鄭繼承王位。事在《左傳·僖公五年》：齊桓公與諸侯"會于首止，會王

大子鄭，謀甯周也。”首止，地名。在今河南省睢縣東南。

（李錫厚注　劉鳳翥校）

遼史　卷七八

列傳第八

耶律夷臘葛　蕭海璃　蕭護思　蕭思温　蕭繼先[1]

[1]“耶律夷臘葛”至“蕭繼先”：【劉校】原本、南監本、明抄本無，據北監本、殿本補。

耶律夷臘葛字蘇散，本宫分人檢校太師合魯之子。[1]

[1]宫分人：有宫籍之人。有宫籍的宫分人，多是統治者的私奴，但宫分人中也有契丹權貴。宫籍是世襲的，如未經統治者宣佈廢除，則子孫世代爲宫分人。比如韓德讓，就是即貴並且被賜姓耶律之後纔“出宫籍”的。繼韓德讓之後，興宗時的漢人宫分人姚景行出宫籍也是在其官至翰林學士、樞密副使、參知政事以後。遼亡之後，諸宫衛機構雖已不存，但那些宫户、宫分人的身份並未改變；他們仍隸宫籍。於是，金朝始有宫籍監之設，用以管理這些宫户，並依照新機構的名稱，稱他們爲“宫籍監户”或“監户”。遼朝一部分專門在皇帝身邊服役的“宫户”又稱爲“著帳户”。另

外，散居州縣當中的宫户與民户一樣要向國家交納賦税，説明這些宫户的身份已經發生了改變。統和十五年（997）三月“壬午，通括宫分人户，免南京逋税及義倉粟”。將“通括宫分人户”一事，與“免南京逋税及義倉粟”一併實行，是因爲此二事都與賦税徵收有關。宫户所受剥削和壓迫定是相當沉重的，以至他們被迫逃亡。據壽昌二年（1096）的《孟有孚墓誌銘》載：“時朝廷命復慶陵之逋民，詔公乘驛以督之。”（《全遼文》卷九）宫籍起源甚早，遥輦氏時已經有宫分人存在。　檢校：職官制度用語。唐宋皆有檢校官，屬加官而非正受。

應曆初以父任入侍，[1]數歲始爲殿前都點檢。[2]時上新即位，疑諸王有異志，引夷臘葛爲布衣交，一切機密事必與之謀。遷寄班都知，[3]賜宫户。[4]

[1]應曆：遼穆宗耶律璟年號（951—969）。

[2]殿前都點檢：官名。後周世宗設置殿前司，以都點檢、副都點檢爲正副長官，位在都指揮使之上，爲禁軍統帥。宋初廢。遼設殿前都點檢，爲南面軍官，當係模倣周制。

[3]寄班都知：屬北面御帳官。左班、右班、寄班合稱“三班”，遼三班院，三班各設都知。本書卷四五《百官志一》“三班以肅會朝”，三班都知其職掌當與糾察百官非違有關。宋代孫逢吉《職官分紀》卷二六《内侍省》載，“寄班供奉、侍禁殿直、奉職（熙寧中定寄班，祗以一十五人爲額）”。

[4]宫户：亦稱“宫分户”，是遼代諸宫衛所管轄的具有宫籍的人户。他們隸屬宫分而不隸州縣。

時上酗酒，數以細故殺人。有監雉者因傷雉而亡，獲之欲誅，夷臘葛諫曰：“是罪不應死。”帝竟殺之，以屍付夷臘葛曰：“收汝故人！”夷臘葛終不爲止。復有監鹿詳穩亡一鹿，[1]下獄當死，夷臘葛又諫曰：“人命至重，豈可爲一獸殺之！”良久，得免。

[1]詳穩：契丹語音譯詞。官名。遼在元帥府下設大詳穩司。按本書卷一一六《國語解》，“詳穩，諸官府監治長官”。“詳穩”即漢語“將軍”的音譯。【劉注】“詳穩”即漢語“將軍”的轉譯的説法似有值得商榷之處。在契丹小字中，“詳穩”作，“將軍”作，或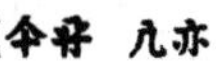、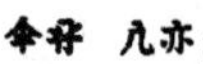；在契丹大字中，“詳穩”作，“將軍”作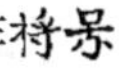。“詳穩”不是漢語“將軍”的轉譯，而是音譯的契丹語，契丹語中“將軍”是漢語借詞。

遼法，麚歧角者惟天子得射。[1]會秋獵，[2]善爲鹿鳴者呼一麚至，命夷臘葛射，應弦而踣。上大悦，賜金、銀各百兩，名馬百疋及黑山東抹真之地。[3]後穆宗被弒，坐守衛不嚴，被誅。

[1]麚（jiā）：公鹿。

[2]秋獵：即秋捺鉢，主要活動是狩獵。聖宗以後，其主要地點是在慶州（今内蒙古自治區巴林右旗索博如嘎鎮瓦林茫哈）西部諸山。

[3]黑山：本書卷三二《營衛志中》載，“黑山在慶州北十三里，上有池，池中有金蓮”。黑山近慶陵，故“道宗每歲先幸黑山，拜聖宗、興宗陵，賞金蓮，乃幸子河避暑”。另據本書卷三七《地理志一·慶州》，“在州西二十里。有黑山、赤山、太保山、老翁嶺、饅頭山、興國湖、轄失濼、黑河”。 抹真：當爲“扶真”之誤。扶真，即扶翼正統、扶翼真龍天子。遼標榜自己是正統。黑山

近慶陵，遼之聖地，故其近旁之地亦視爲對遼王朝的扶翼。明人楊爵《楊忠介集》卷二《關帝廟碑記》："大王生值衰漢，鼎祚將移，扶真抑僞，存夏誅夷，振威德於宇内，昭令聲於千古，本其所以至此者。"

蕭海璨字寅的哂，其先遙輦氏時爲本部夷离菫，[1]父塔列天顯間爲本部令穩。[2]

[1]遙輦氏：契丹氏族名。唐開元二十三年（735），可突于殘黨泥禮殺李過折，立阻午可汗，傳九世，至 907 年阿保機建國。遙輦九可汗繼位後各建宫衛，遼朝立國後有遙輦九帳大常衮司之設，掌遙輦九世宫分之事務。亦指唐朝中晚期至契丹建國前的契丹族可汗姓氏，或稱這一時期爲遙輦氏時期。　夷离菫：契丹部族官名。源於突厥語官名"俟斤"（Irkin）。突厥各部的最高元首稱"可汗"（Qaghan），其他各部酋長則稱爲俟斤。初，契丹"其君大賀氏，有勝兵四萬，臣於突厥，以爲俟斤"（《新唐書》卷二一九《契丹傳》）。後，契丹首領自立爲可汗，其下所屬各部酋長則稱爲"俟斤"，亦即夷离菫。契丹立國後，大部族之夷离菫稱王，小部族之夷离菫則稱爲節度使。舉凡一部之軍政、民政皆由其統掌。參韓儒林《穹廬集》（上海人民出版社 1982 年版，第 314—316 頁）。

[2]天顯：遼太祖耶律阿保機年號。天顯元年（926）遼太宗耶律德光即位而未改元（926—938）。　令穩：據本書卷三三《營衛志下·部族下》："太祖更諸部夷离菫爲令穩。統和中，又改節度使。"

海璨貌魁偉，膂力過人。天禄間娶明王安端女藹因翁主。[1]應曆初察割亂，[2]藹因連坐，繼娶嘲瑰翁主。上以近戚，嘉其勤篤，命預北府宰相選。[3]頃之，總知軍國事。

[1]天禄：遼世宗耶律阮年號（947—951）。　安端：在阿保機兄弟中排行第五，也曾參與“謀反”。世宗天禄初，賜號“明王”，成爲東丹國的統治者。

[2]察割：即耶律察割（？—951），遼皇族，其父即明王安端，爲阿保機同母弟。世宗即位，察割封泰寧王。天禄五年（951）九月，南伐途中行弑逆，隨即爲壽安王誘殺。

[3]宰相：契丹部族官名。契丹可汗之下有北、南二府，各部族則分屬二府，故北宰相亦稱北府宰相，南宰相亦稱南府宰相。

時諸王多坐反逆，海璆爲人廉謹，達政體。每被命案獄，多得其情，人無冤者，繇是知名。漢主劉承鈞每遣使入貢，[1]必别致幣物，詔許受之。年五十卒，帝愍悼，輟朝二日。[2]

[1]劉承鈞：北漢皇帝。即位後稱劉鈞，臣服契丹，稱遼穆宗爲父。955年至967在位。在位期間與契丹關係不睦。

[2]輟（chuò）朝：中止臨朝聽政。

蕭護思字延寧，世爲北院吏，累遷御史中丞，總典群牧部籍。[1]

[1]群牧：契丹專門管理畜群的機構。諸路設群牧使司，下設某群太保、某群侍中、某群敞史；朝廷設總典群牧使司，有總典群牧部籍使、群牧都林牙。以“群”爲單位設某群牧使、群牧副使。此外，還有僅管理馬及牛群的機構。遼亡之後，金稱契丹群牧爲

“烏魯古”。

應曆初遷左客省使。[1]未幾，拜御史大夫。時諸王多坐事繫獄，上以護思有才幹，詔窮治，稱旨，改北院樞密使，[2]仍命世預宰相選。護思辭曰：“臣子孫賢否未知，得一客省使足矣。”從之。

[1]客省：官署名。會同元年（938）置，掌接待諸國使節。設官有都客省、客省使、左右客省使等。

[2]北院樞密使：即契丹樞密院之樞密使，爲北面官之最高官職，掌軍事、部族。詳本書卷四五《百官志一》。

上晚歲酗酒，用刑多濫，護思居要地，齰齰自保，未嘗一言匡救，議者以是少之。年五十七卒。

蕭思温，[1]小字寅古，宰相敵魯之族弟忽没里之子。[2]通書史。

[1]蕭思温：【劉校】思温，據中華修訂本校勘記，“本書卷七一《后妃傳》同，重熙七年《蕭紹宗墓誌》、《長編》卷一〇太祖開寶二年、《宋史》卷二六四《宋琪傳》及《契丹國志》卷六《景宗孝成皇帝》、卷一五《外戚傳》皆作‘守興’。《長編》卷五五真宗咸平六年七月己酉作‘挾力’”。

[2]敵魯：即蕭敵魯（？—919）。阿保機妻述律氏之弟。阿保機即帝位以後，敵魯與曷魯等總宿衛事，爲佐命功臣。後拜北府宰相。本書卷七三有傳。　忽没里：【劉注】人名。又作“胡毛里”。《蕭紹宗墓誌銘》稱“曾祖諱胡毛里，贈韓王”。

太宗時爲奚禿里太尉，尚燕國公主，[1]爲群牧都林牙。[2]思温在軍中握齱、修邊幅，[3]僚佐皆言非將帥才。尋爲南京留守。[4]

[1]燕國公主：太宗長女呂不古。應曆間，封汧國長公主。保寧中，進封燕國大長公主。

[2]林牙：契丹語音譯詞。官名。掌文翰，相當於翰林學士。

[3]握齱（chuò）：【靳注】同“齷齱”，拘謹局狹之義。

[4]南京：遼五京之一。故址在今北京市。

初，周人攻揚州，[1]上遣思温躡其後，憚暑不敢進，拔緣邊數城而還。後周師來侵，圍馮母鎮，[2]勢甚張。思温請益兵，帝報曰：“敵來則與統軍司併兵拒之，敵去則務農作，勿勞士馬。”會敵入束城，[3]我軍退渡滹沱而屯。[4]思温勒兵徐行，周軍數日不動。思温與諸將議曰：“敵衆而鋭，戰不利則有後患。不如頓兵以老其師，躡而擊之，可以必勝。”諸將從之。遂與統軍司兵會，飾他説請濟師。周人引退，思温亦還。

[1]周人攻揚州：【劉校】揚州，原本和南監本作“楊州”，據明抄本、北監本及殿本改。據《新五代史》卷一二《周本紀》顯德三年（遼應曆六年，956）二月丙戌取揚州。中華點校本、修訂本和補注本徑改。長箋本引《初校》出校。

[2]馮母鎮：據《畿輔通志》卷五〇：“馮母廟在饒陽縣治西，祀漢馮異母，始建無考。明萬曆中知縣翟燿重修。”鎮當即廟所在地。

[3]束城：縣名。治所在今河北省河間市東北。

[4]滹沱：河流名。滹沱河流經今山西、河北境内，匯入子牙河，歷史上河道屢次變遷。

已而周主復北侵，與其將傅元卿、李崇進等分道並進，[1]圍瀛州，[2]陷益津、瓦橋、淤口三關，[3]垂迫固安。[4]思温不知計所出，但云車駕旦夕至；麾下士奮躍請戰，不從。已而陷易、瀛、莫等州，[5]京畿人皆震駭，[6]往往遁入西山。思温以邊防失利，恐朝廷罪己，表請親征。會周主榮以病歸，思温退至益津，僞言不知所在。遇步卒二千餘人來拒，敗之。是年，聞周喪，燕民始安，乃班師。

[1]與其將傅元卿、李崇進等分道並進：【劉校】李崇進，據中華點校本校勘記，《舊五代史》卷一一九作“李重進”。

[2]瀛州：治所在今河北省河間市。

[3]三關：宋與契丹分界的三關，淤口關（在今河北省霸縣東）、益津關（在今河北省霸縣）、瓦橋關（在今河北省雄縣）。

[4]固安：縣名。治所在今河北省固安縣。

[5]易：州名。治所在今河北省易縣。　莫：州名。治所在今河北省任丘市。

[6]京畿人皆震駭：【劉校】據中華修訂本校勘記，“畿”原本作“齊”，《初校》謂“齊”當作“畿”，據改。今從。

時穆宗湎酒嗜殺，思温以密戚預政，無所匡輔，士論不與。十九年，春蒐，[1]上射熊而中，思温與夷离畢牙里斯等進酒上壽，[2]帝醉還宫。是夜，爲庖人斯奴古等所弑。[3]思温與南院樞密使高勳、飛龍使女里等立景宗。[4]

[1]春蒐：古代帝王春獵。這裏指遼代春捺鉢的狩獵活動。

[2]夷离畢：遼官名。爲執政官，相當於副宰相參知政事。後來官分南、北，北面官有夷离畢院，主要掌刑政。

[3]爲庖人斯奴古等所弒：【劉校】據中華點校本校勘記，“按《紀》應曆十九年二月作庖人辛古”。

[4]高勳（？—978）：字鼎衛，初仕後晉爲閤門使。會同九年（開運三年，946）隨杜重威降遼，後北遷。世宗即位，爲樞密使，總漢軍。穆宗應曆間封趙王，任上京留守、南京留守。景宗即位，以定策功封秦王。後謀殺蕭思温事發，伏誅。本書卷八五有傳。女里（？—978）：字涅烈衮，積慶宫分人。景宗在藩邸，以女里出自其父世宗宫分，故待遇殊厚，女里亦傾心結納。及穆宗遇弒，女里翼戴景宗即位，以功，加政事令、契丹行宫都部署。保寧末，坐私藏甲胄及謀殺樞密使蕭思温，賜死。本書卷七九有傳。　飛龍使：【靳注】官名。遼北面飛龍院長官。飛龍院爲掌牧馬之機構。

保寧初爲北院樞密使兼北府宰相，[1]仍命世預其選。上册思温女爲后，[2]加尚書令，封魏王。從帝獵閭山，[3]爲賊所害。

[1]保寧：遼景宗耶律賢年號（969—979）。

[2]思温女爲后：指景宗睿智皇后蕭綽，小字燕燕。本書卷七一有傳。

[3]閭山：即醫巫閭山，遼西地區的名山。在今遼寧省北鎮市。

蕭繼先字楊隱，[1]小字留只哥。幼穎悟，叔思温命爲子，睿智皇后尤愛之。[2]乾亨初尚齊國公主，[3]拜駙馬都尉。

[1]蕭繼先：【劉校】繼先，據中華修訂本校勘記，“本書卷六五《公主表》、卷六七《外戚表》、卷八二《磨魯古傳》同。《蕭紹宗墓誌》《耶律燕哥墓誌》《秦晉國大長公主墓誌》《蕭闛墓誌》《蕭勃特本墓誌》及本書《聖宗紀》統和四年三月庚寅、十一月丙戌、六年十二月丁巳、十七年十月、二十年三月甲寅皆作‘繼遠’”。

[2]睿智皇后（？—1009）：北府宰相蕭思温女。諱綽，小字燕燕。景宗即位，選爲貴妃。尋册爲皇后，生聖宗。景宗崩，尊爲皇太后，攝國政。統和元年（983），上尊號曰承天皇太后。本書卷七一有傳。

[3]乾亨：遼景宗耶律賢年號（979—983）。　齊國公主：【劉注】景宗長女觀音女。睿智皇后生。初封魏國公主，進封齊國。興宗時封燕國大長公主，下嫁北府宰相蕭繼先。曾受賜奴婢萬口。其最後封號爲“雍肅恭壽仁懿秦晉國大長公主”。死後葬中京西冨峪(今河北省平泉市北五十家子鎮八王溝)。其生平詳載劉鳳翥、唐彩蘭、青格勒編著《遼上京地區出土的遼代碑刻彙輯》所收《秦晉國大長公主墓誌銘》。公主，原本誤作“公立”，據明抄本、南監本、北監本、殿本和馮氏《初校》改。中華點校本、修訂本和補注本徑改。

統和四年宋人來侵，[1]繼先率邏騎逆境上，[2]多所俘獲，上嘉之，拜北府宰相。自是出師，繼先必將本府兵先，從拔狼山石壘，從破宋軍應州。[3]上南征取通利軍，[4]戰稱捷力。及親征高麗，[5]以繼先年老留守上京。[6]卒，年五十八。繼先雖處富貴，尚儉素，所至以善治稱，故將兵攻戰，未嘗失利，名重戚里。

[1]統和：遼聖宗耶律隆緒年號（983—1012）。

[2]繼先率邏騎逆境上：據中華點校本校勘記，本書卷一一《聖宗本紀二》統和四年十一月，“遣蕭繼遠沿邊巡徼”。又本書卷一二《聖宗本紀三》統和七年二月，“駙馬都尉蕭寧遠同政事門下平章事。繼遠、寧遠均是繼先”。

[3]應州：治所在今山西省應縣。

[4]通利軍：遼代軍號。治黎陽（今河南省浚縣東）。

[5]高麗：古國名。即王建創建的高麗王朝（918—1392）。統治地域在今朝鮮半島，首都在開京（今朝鮮開城市）。公元918年，泰封君主弓裔部下起事推翻弓裔，拥立王建爲王。隨後合併新羅、滅後百濟，實現“三韓一統”。1392年，李成桂廢高麗恭讓王而自立，建立朝鮮王朝，高麗遂亡。

[6]上京：遼五京之一。前期都城，稱臨潢府，故址在今内蒙古自治區巴林左旗林東鎮波羅城。

論曰：嗚呼！人君之過莫大於殺無辜。湯之伐桀也，數其罪曰“並告無辜於上下神祇”；武王之伐紂也，數其罪曰“無辜籲天”；[1]堯之伐苗民也，呂侯追數其罪曰“殺戮無辜”。[2]迹是言之，夷臘葛之諫稟稟，庶幾古君子之風矣。雖然，善諫者不諫於已然，蓋必先得於心術之微，如察脉者先其病而治之，則易爲功。穆宗沈湎失德，蓋其資富彊之勢以自肆久矣。使群臣於造次動作之際，此諫彼諍，提而警之，以防其甚，則亦詎至是哉！于以知護思、思温處位優重，躭禄取容，真鄙夫矣！若海瓈之折獄，繼先之善治，可謂任職臣歟。

[1]無辜籲天：語出《尚書·泰誓》：“無辜籲天，穢德彰聞。”

傳云："臣下朋黨自爲仇怨，脅上權命以相誅滅。'籲'，呼也。民皆呼天告冤無辜，紂之穢德彰聞天地，言罪惡深。"

[2]殺戮無辜：語出《尚書·周書·呂刑》，言三苗之君習蚩尤之惡，不用善化民，而制以重刑。

（李錫厚注　劉鳳翥校）

遼史　卷七九

列傳第九

室昉　耶律賢適　女里　郭襲　耶律阿没里[1]

[1]“室昉”至“耶律阿没里”:【劉校】原本、南監本、明抄本無,據北監本和殿本補。

室昉字夢奇,南京人。[1]幼謹厚篤學,不出外户者二十年,雖里人莫識,[2]其精如此。

[1]南京:遼五京之一。故址在今北京市。

[2]里人莫識:【劉校】莫識,原本作“莫職”,據明抄本、南監本、北監本、殿本改。中華點校本、修訂本和補注本徑改。長箋本引《初校》出校。

會同初登進士第,[1]爲盧龍巡捕官。[2]太宗入汴受册禮,[3]詔昉知制誥,[4]總禮儀事。天禄中爲南京留守判官。[5]應曆間累遷翰林學士,[6]出入禁闥十餘年。保寧間兼政事舍人,[7]數延問古今治亂得失,奏對稱旨。上多昉有理劇才，改南京副留守，決訟平允，人皆便之。遷工部尚書，尋改樞密副使、參知政事。[8]頃之，拜樞密使兼北府宰相，[9]加同政事門下平章事。乾亨初，[10]監修國史。

[1]會同：遼太宗耶律德光年號（938—947）。

[2]盧龍：唐軍鎮名。據《唐會要》卷七八，該軍鎮係天寶二年（743）設置，治所在今河北省盧龍縣。

[3]太宗入汴受册禮：是指滅晉，在開封登基，改晉國的國號爲大遼。事在大同元年（947）春正月丁亥朔。“受册禮”是在會同元年（938）接受晉上尊號。

[4]知制誥：【劉校】原本作“知制詔”，據明抄本、南監本、北監本、殿本補。中華點校本、修訂本和補注本徑改。長箋本引《初校》出校。

[5]天禄：遼世宗耶律阮年號（947—951）。

[6]應曆：遼穆宗耶律璟年號（951—969）。

[7]保寧：遼景宗耶律賢年號（969—979）。

[8]参知政事：始見於唐前期，宋初作爲副宰相，至真宗以後，其地位更與宰相同平章事等。遼朝參知政事的地位類似宋朝的參知政事，與同中書門下平章事一樣，都是中書省長官，都是宰相。

[9]樞密使：官名。樞密院之首長。遼有北、南樞密院，爲遼朝的實際宰輔機構，分别總領爲北、南面官。北樞密院又稱契丹樞密院，掌軍事、部族。南樞密院又稱漢人樞密院，掌漢人州縣之事。　宰相：契丹部族官名。契丹皇帝之下有北、南二府，各部族則分屬二府，故北宰相亦稱北府宰相，南宰相亦稱南府宰相。

[10]乾亨：遼景宗耶律賢年號（979—983）。

統和元年告老，[1]不許。進《尚書·無逸篇》以諫，[2]太后聞而嘉獎。二年秋詔修諸嶺路，昉發民夫二十萬，一日畢功。[3]是時，昉與韓德讓、耶律斜軫相友善，[4]同心輔政，整析蠹弊、知無不言，[5]務在息民薄賦，以故法度修明，朝無異議。

[1]統和：遼聖宗耶律隆緒年號（983—1012）。

[2]《尚書·無逸篇》：傳爲周公所作。據孔氏傳，成王即位後，周公恐其貪圖安逸，故作此篇以告誡。

[3]一日畢功：【劉校】據中華點校本校勘記，“一日”疑有誤字。似是“一旬”或“一月”。

[4]韓德讓（942—1011）：韓匡嗣第四子。統和初年承天稱制，韓德讓以南院樞密使的身份“總宿衛事”。統和十七年（999），北院樞密使、魏王耶律斜軫病故，承天太后以韓德讓兼知北院樞密使事，至此，遼朝的蕃漢軍政大權就集於其一身了。統和二十二年（1004），承天太后又賜韓德讓姓耶律，徙封晉王，並且仍舊爲大丞相，事無不統。次年十一月，她又詔德讓“出宫籍，屬於横帳”。二十八年更名耶律隆運。本書卷八二有傳。　耶律斜軫（？—999）：字韓隱，于越曷魯之孫。保寧初受命節制西南面諸軍，仍援河東。改南院大王。乾亨元年（979）秋，宋軍攻下河東，乘勝襲燕，高梁河一戰，他與耶律休哥分左右翼夾擊，大敗宋軍。統和初，承天皇太后蕭綽稱制，益見委任，爲北院樞密使。四年（986）宋軍三路來攻，斜軫指揮擊退西路來攻的宋軍，以功加守太保。本書卷八三有傳。

[5]整析蠹弊：【劉校】原本作“整哲蠹弊”，據明抄本、南監本、北監本、殿本改。中華點校本、修訂本和補注本徑改。長箋本引《初校》出校。

八年復請致政，詔入朝免拜，賜几杖，太后遣閤門使李從訓持詔勞問，令常居南京，封鄭國公。初，晉國公主建佛寺于南京，[1]上許賜額。昉奏曰："詔書悉罪無名寺院。今以主請賜額，不惟違前詔，恐此風愈熾。"上從之。表進所撰《實録》二十卷，手詔褒之，加政事令，[2]賜帛六百匹。

[1]晉國公主：世宗次女。名觀音，保寧間，封晉國長公主。下嫁蕭夏剌。

[2]政事令：遼朝南面宰相。遼世宗天禄四年（950）建政事省之前，漢人宰相無定稱；建政事省之後，南面宰相稱"政事令"，且多由契丹貴族擔任這一職務。

九年薦韓德讓自代，不從。上以昉年老苦寒，[1]賜貂皮衾褥，[2]許乘輦入朝。病劇，遣翰林學士張幹就第授中京留守，[3]加尚父。卒，年七十五。上嗟悼，輟朝二日，[4]贈尚書令。遺言戒厚葬。恐人譽過情，自志其墓。

[1]苦寒：【劉校】原本作"若寒"，據明抄本、南監本、北監本、殿本改。中華點校本、修訂本和補注本徑改。長箋本引《羅校》出校。

[2]貂皮：【劉校】原本作"詔皮"，據明抄本、南監本、北監本、殿本改。中華點校本、修訂本和補注本徑改。長箋本引《羅校》出校。

[3]中京：遼五京之一。稱大定府，故址在今内蒙古自治區寧城縣大明鎮。【劉校】據中華點校本校勘記，錢大昕《廿二史考異》卷八三《遼史》以爲，中京疑是南京之訛。

[4]輟（chuò）朝：中止臨朝聽政。

耶律賢適字阿古真，于越魯不古之子。[1]嗜學有大志，滑稽玩世，人莫之知，惟于越屋質器之，[2]嘗謂人曰："是人當國，天下幸甚。"

[1]于越：契丹語音譯詞。官名。爲契丹貴官，非有大功德者不授。位在北、南大王之上。

[2]屋質：即耶律屋質（916—973）。遼宗室，字敵輦，會同間，爲惕隱。太宗死後，世宗初立，屋質調解太后與世宗的矛盾，得以避免大規模內戰。天祿二年（948），助世宗挫敗天德、蕭翰等謀反。三年，又表列泰寧王察割陰謀事，世宗不聽。後平定察割之亂及立穆宗，皆有功。本書卷七七有傳。

應曆中朝臣多以言獲譴，賢適樂於靜退，[1]游獵自娱，與親朋言不及時事。會討烏古還，[2]擢右皮室詳穩。[3]景宗在藩邸，常與韓匡嗣、女里等游，[4]言或刺譏，賢適勸以宜早踈絶，由是穆宗終不見疑，賢適之力也。

[1]賢適樂於靜退：【劉校】"靜退"，原本、修訂本作"靖退"，據明抄本、南監本、北監本、殿本改。中華點校本和補注本雖然也作"靜退"，但未出注。長箋本引《初校》出校。

[2]烏古：部族名。又稱嫗厥律、于厥律，居契丹西北。

[3]右皮室：皮室，契丹軍名。意爲"金剛"。初爲阿保機所置，稱"腹心部"。後有南、北、左、右皮室及黄皮室等，皆掌精甲。　詳穩：契丹語官名。即漢語"將軍"的轉譯。【劉注】"詳

穩”即漢語“將軍”的轉譯的説法似有值得商榷之處。在契丹小字中，“詳穩”作，“將軍”作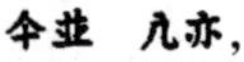，或、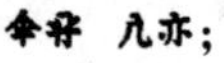；在契丹大字中，“詳穩”作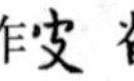，“將軍”作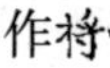。“詳穩”不是漢語“將軍”的轉譯，而是音譯的契丹語，契丹語中“將軍”是漢語借詞。

[4]韓匡嗣（917—982）：遼初著名漢臣韓知古之子。隸屬宮籍。初以善醫直長樂宮。《韓匡嗣墓誌》透露出他最初是受到太宗德光（即嗣聖皇帝）賞識，這可能與靖安皇后有關。因爲匡嗣是景宗耶律賢藩邸故人，所以景宗即位以後他很快即受到重用。保寧二年（970）景宗睿智皇后之父蕭思温遭謀殺，十年（978）景宗又發現並處決了殺害蕭思温的兇手高勳和女里。此後，韓匡嗣更成了景宗和睿智皇后僅存的心腹人物，加開府儀同三司、政事令，授南面行營都統、燕京留守，封燕王。晚年任西南面招討使，與景宗死於同一年——乾亨四年（982）。《韓匡嗣墓誌》云：“以乹亨五年，孝成皇帝登遐……以當年十二月八日薨於神山之行帳，享年六十六。”按本書卷一〇《聖宗本紀》：“四年秋九月壬子，景宗崩。”次年改元統和，乾亨無“五年”。《韓德威墓誌》亦云“四年，丁秦王之憂”，匡嗣墓誌有誤。本書卷七四有傳。

景宗立以功加檢校太保，[1]尋遙授寧江軍節度使，[2]賜推忠協力功臣。時帝初踐阼，多疑諸王或萌非望，陰以賢適爲腹心，[3]加特進、同中書門下平章事。保寧二年秋拜北院樞密使兼侍中，賜保節功臣。三年，爲西北路兵馬都部署。[4]賢適忠介膚敏、推誠待人，雖燕息不忘政務。以故百司首職，[5]罔敢媮惰，累年滯獄悉決之。

[1]檢校：職官制度用語。唐宋皆有檢校官，屬加官而非正授。

[2]寧江軍：夔州軍號。治所在今重慶市奉節縣。因其不在遼境内，故爲“遥授”。

[3]腹心：【劉校】原本作“腸心”，據明抄本、南監本、北監本和殿本改。中華點校本、修訂本和補注本徑改。長箋本引《初校》出校。

[4]三年，爲西北路兵馬都部署：據中華點校本校勘記，本書卷八《景宗本紀上》保寧三年七月載，以北院樞密使賢適爲西北路招討使。

[5]百司首職：【劉校】“百司”，原本作“百同”，據明抄本、南監本、北監本、殿本改。中華點校本、修訂本和補注本徑改。長箋本引《初校》出校。

大丞相高勳、契丹行宫都部署女里席寵放恣，[1]及帝姨母、保母勢熏灼，一時納賂請謁門若賈區。賢適患之，言于帝，不報；以病解職又不允，令鑄手印行事。乾亨初疾篤，得請。明年封西平郡王，薨，年五十三。子觀音，大同軍節度使。[2]

[1]高勳（？—978）：字鼎衛，初仕後晉爲閤門使。會同九年（開運二年，946）隨杜重威降遼，後北遷。世宗即位爲樞密使，總漢軍。穆宗應曆間封趙王，任上京留守、南京留守。景宗即位，以定策功封秦王。後謀殺蕭思温，事發伏誅。本書卷八五有傳。　契丹行宫都部署：遼北面行宫官。遼在北南面官系統中，分别設契丹行宫都部署和漢人行宫都部署，其上則有諸行宫都部署。行宫都部署完全是倣中原王朝官制設置的，它不同於專管斡魯朶事務的某宫都部署的宫官。宋朝皇帝巡幸亦有行宫，且亦有行宫都部署之設。後避英宗趙曙名諱，改稱行宫都總管。

[2]大同軍：雲州軍號。重熙十三年（1044）升爲西京，治所

在今山西省大同市。

女里字涅烈衮，[1]逸其氏族，補積慶宫人。[2]應曆初爲習馬小底，[3]以母憂去。一日至雅伯山，見一巨人，惶懼走。巨人止之曰："勿懼，我地衹也。[4]葬爾母於斯，當速詣闕，必貴。"女里從之，累遷馬群侍中。

[1]字涅烈衮：【劉校】"字"，原本、南監本、明抄本誤作"安"，據北監本、殿本改。中華點校本、修訂本和補注本徑改。長箋本引《初校》出校。

[2]積慶宫人：積慶宫的宫分人，該宫爲世宗宫分。

[3]習馬小底：【劉校】據中華修訂本校勘記，"小底"原作"不底"，據北監本及本書卷四五《百官志一》"北面著帳官"改。今從。中華點校本和補注本徑改。長箋本引《初校》出校。【靳注】習馬小底，官名。遼承應小底局屬官。養馬小吏。

[4]地衹：地神。

時景宗在藩邸，以女里出自本宫，待遇殊厚，女里亦傾心結納。及穆宗遇弑，女里奔赴景宗。是夜，集禁兵五百以衛。既即位，以翼戴功加政事令、契丹行宫都部署，賞賚甚渥，尋加守太尉。北漢主劉繼元聞女里爲上信任，[1]遇其生日必致禮。

[1]劉繼元：北漢開國皇帝劉崇養子。天會十二年（遼應曆十八年，968）九月即位，次年遼册立其爲大漢皇帝。廣運二年（遼保寧七年，975）遼册繼元爲大漢英武皇帝。廣運六年（宋太平興國四年，979）降於宋，北漢亡。

女里素貪，同列蕭阿不底亦好賄，二人相善。人有氊裘爲梟耳子所著者，或戲曰："若遇女里、阿不底必盡取之。"傳以爲笑。其貪猥如此。

保寧末坐私藏甲五百屬，有司方案詰女里，袖中又得殺樞密使蕭思温賊書，[1]賜死。女里善識馬，嘗行郊野，見數馬跡，指其一曰："此奇駿也！"以己馬易之，果然。

[1]蕭思温（？—970）：小字寅古，宰相蕭敵魯族弟忽没里之子。保寧二年（970）爲賊所害。本書卷七八有傳。

郭襲，[1]不知何郡人。性端介、識治體。久淹外調，景宗即位召見，對稱旨，知可任以事，拜南院樞密使，尋加兼政事令。

[1]郭襲：【劉校】原作"郭龍"，中華修訂本據明抄本、南監本、北監本、殿本及本卷下文改。今從。

以帝數游獵，襲上書諫曰："昔唐高祖好獵，[1]蘇世長言不滿十旬未足爲樂，[2]高祖即日罷，史稱其美。伏念聖祖創業艱難，修德布政宵旰不懈。穆宗逞無厭之欲不恤國事，天下愁怨。陛下繼統，海内翕然望中興之治。十餘年間，征伐未已而寇賊未弭，年穀雖登而瘡痍未復。正宜戒懼修省以懷永圖。側聞恣意遊獵甚於往日，萬一有銜橜之變、搏噬之虞，[3]悔將何及！况南有彊敵伺隙而動，聞之得無生心乎？伏望陛下節從禽酣飲之樂，爲生靈社稷計，則有無疆之休。”上覽而稱善，賜協贊功臣，拜武定軍節度使，[4]卒。

[1]唐高祖：唐朝開國皇帝李淵（566—635）。公元618年至626年在位。

[2]蘇世長：唐京兆武功（今陝西省武功縣）人。隨王世充降唐，拜諫議大夫。曾直諫高祖遊獵及雕飾宮殿。《舊唐書》卷七九、《新唐書》卷一一六有傳。

[3]銜橜之變：言萬一銜橜不足以制禦悍馬，而發生危險。銜橜，即馬嚼子。　搏噬之虞：言搏擊野獸吞噬或有失誤。

[4]武定軍：遼代州軍號。治奉聖州（今河北省涿鹿縣）。

耶律阿没里字蒲鄰，遙輦嘲古可汗之四世孫。[1]幼聰敏。

[1]遙輦嘲古可汗：本書卷四五《百官志一》作“昭古可汗”。

保寧中爲南院宣徽使。[1]統和初皇太后稱制，與耶律斜軫參預國論，爲都統。[2]以征高麗功遷北院宣徽使，[3]加政事令。四年春宋將曹彬、米信等侵燕，[4]上親征，阿没里爲都監，屢破敵軍。十二年行在多盜，阿没里立禁捕法，盜始息。

[1]宣徽使：遼朝官名。遼設北、南宣徽，分隸北、南樞密院之下。宣徽北院使常執行軍事使命。此外，宣徽使還掌領朝會、宴饗、禮儀、祭祀及御前祗應之事。

[2]都統：官名。唐乾元中，始以都統名官，總諸道征伐。後

若調諸道兵馬會戰，多置此職，爲臨時軍事長官，不賜旌節，事解即罷。遼設諸路兵馬都統署司，下有諸路兵馬都統署，都統爲其長官。

[3]高麗：古國名。即王建創建的高麗王朝（918—1392）。統治地域在今朝鮮半島，首都在開京（今朝鮮開城市）。

[4]曹彬（931—999）：北宋將領。字國華。真定靈壽（今屬河北省）人。後周時累官至引進使。宋初參加滅蜀及征北漢之役，皆有功。開寶七年（974），受命率軍滅南唐，自出師至凱旋，士衆畏服，無肆意殺掠者。未幾，拜樞密使、檢校太尉、忠武軍節度使。宋太宗即位，加同平章事，封魯國公，益得信任。雍熙三年（986），宋兵分三路攻遼，曹彬任幽州（今北京市）道行營前軍馬步水陸都部署，率宋軍主力自雄州（今河北省雄縣）向涿州（今屬河北省）進發。大敗於岐溝關（今河北省淶水縣東）。致使其他兩路軍也被迫退兵。《宋史》卷二五八有傳。　米信（928—994）：奚族，舊名海進。少勇悍、善射。趙匡胤總領後周禁兵，以米信隸麾下，委爲心腹。及即位補殿前指揮使。宋太宗即位轉散都頭指揮使，繼領高州團練使。太平興國八年（983）改領彰化軍節度使。雍熙三年（986）征幽薊，命信爲幽州西北道行營馬步軍都部署，敗契丹於新城。契丹率衆復來戰，王師稍却，信獨以麾下龍衛卒三百禦敵，敵圍之數重，以百餘騎突圍得免。《宋史》卷二五九有傳。

先是，叛逆之家兄弟不知情者亦連坐。[1]阿没里諫曰："夫兄弟雖曰同胞，賦性各異，一行逆謀，雖不與知輒坐以法，是刑及無罪也。自今，雖同居兄弟不知情者免連坐。"太后嘉納，著爲令。致仕，卒。

[1]連坐：一人犯法，其家屬、親友、鄰里等連帶受處罰。連坐之法始於商鞅。至漢文帝時已廢除兄弟連坐。《史記》卷一〇

《孝文本紀》載，文帝元年“今犯法已論而使毋罪之父母妻子同産坐之，及爲收孥，朕甚不取。其議之……請奉詔書除收孥諸相坐律令”。《集解》應劭曰：“孥，子也。秦法一人有罪，並坐其家室，今除此律。”

阿没里性好聚斂，每從征所掠人口聚而建城，請爲豐州，[1]就以家奴閻貴爲刺史，時議鄙之。子賢哥，左夷离畢。[2]

[1]豐州：頭下軍州名。其地成疑。《清一統志》卷一二四：“豐州故城今托克托城，即遼豐州地，本漢定襄郡地。遼置豐州天德軍，治富民縣，屬西京道。金因之，元至元四年省縣入州，屬大同路，明初廢。《大同府志》：豐州富民城在府西北五百里，近葫蘆海。按遼金時豐州州治在今歸化城呼和浩特地西，去隋唐豐州八百餘里。《遼史·地理志》誤襲舊文，謂即隋唐豐州，《元史》從之，殊爲失考。《遼史》又云本漢五原郡地。今考漢五原郡在黄河北，遼豐州與大同接壤，乃漢定襄郡地。《遼史》以隋唐豐州有五原之名，遂謂即漢之五原郡。”本書卷一三《聖宗本紀四》載，統和十三年（995）六月甲申“以宣徽使阿没里私城爲豐州”。又據本書卷三七《地理志一》載：“豐州。本遼澤大部落，遥輦氏僧隱牧地。北至上京三百五十里。户五百。”

[2]夷离畢：遼官名。爲執政官，相當於副宰相參知政事。後來官分南、北，北面官有夷离畢院，主要掌刑政。

論曰：景宗之世人望中興，豈其勤心庶績而然？蓋承穆宗醟虐之餘，[1]爲善易見，亦由群臣多賢，左右弼諧之力也。室昉進《無逸》之篇，郭襲陳諫獵之疏，阿没里請免同氣之坐，所謂仁人之言，其利博哉。賢適忠介，亦近世之名臣；女里貪猥，後人所當取鑑者也。

［1］嗇（yòng）虐：荒淫暴虐。

（李錫厚注　劉鳳翥校）

遼史　卷八〇

列傳第十

張儉　邢抱樸　馬得臣　蕭朴　耶律八哥[1]

[1]“張儉”至“耶律八哥”：【劉校】原本、明抄本、南監本無，據北監本和殿本補。

張儉，宛平人，[1]性端慤不事外飾。

[1]宛平：遼南京析津府（今北京市）的附郭縣。張氏世居仁壽鄉陳王里，在遼代是當地名門望族，儉季父《張琪墓誌銘》載，琪兩娶，宋氏、尹氏皆縣令之女。女一，宋氏生，亦嫁縣令（《全遼文》，中華書局 1982 年版，第 125 頁）。《馬直温妻張館墓誌銘》載：“馬君諱直温，字子中，扶風人。族世昌茂，雄視燕薊。”（《全遼文》，第 265 頁）其妻張館曾祖張琪是遼聖宗時的名相張儉之季父。

統和十四年舉進士第一，[1]調雲州幕官。[2]故事，車駕經行，長吏當有所獻。聖宗獵雲中，節度使進曰：

"臣境無他産，惟幕僚張儉一代之寶，願以爲獻。"先是，上夢四人侍側，賜食：人二口，至聞儉名，始悟。召見，容止朴野；訪及世務，占奏三十餘事。由此顧遇特異，踐歷清華，[3]號稱明幹。

[1]統和：遼聖宗耶律隆緒年號（983—1012）。

[2]雲州：亦稱"雲中"，治所在今山西省大同市。重熙十三年（1044），遼改雲州爲西京，設西京道大同府。

[3]踐歷清華：任職清高顯貴。歐陽脩《文忠集》卷一一〇《薦王安石呂公著劄子》："蓋緣臺諫之官資望已峻，少加進擢，便履清華。"

開泰中累遷同知樞密院事。[1]太平五年出爲武定軍節度使，[2]移鎮大同。[3]六年入爲南院樞密使，帝方眷倚，參知政事吳叔達與儉不相能，[4]帝怒，出叔達爲康州刺史，[5]拜儉左丞相，封韓王。帝不豫，受遺詔輔立太子，是爲興宗。賜貞亮弘靖保義守節耆德功臣，拜太師、中書令，加尚父，徙王陳。

[1]開泰：遼聖宗耶律隆緒年號（1012—1021）。據《張儉墓誌》（《全遼文》，第129頁），開泰四年（1015）張儉"遷樞密副使。夏六月，授宣政殿學士，守刑部尚書、參知政事、同知樞密院事。論思秘殿，參預中堂，朝廷能之，遂掌軍國"，即參與北南臣僚會議，討論軍國大事。　樞密院：官府名。遼有北、南樞密院：爲遼朝的實際宰輔機構，分别總領北、南面官。北樞密院又稱契丹樞密院，掌軍事、部族。南樞密院又稱漢人樞密院，掌漢人州縣之事。

[2]太平：遼聖宗耶律隆緒年號（1021—1031）。　武定軍：遼代軍號。治奉聖州（今河北省涿鹿縣）。

[3]大同：府名。治所在今山西省大同市。

[4]參知政事：始見於唐朝前期，宋初作爲副宰相，至真宗以後，其地位更與宰相同平章事等。遼朝參知政事的地位類似宋朝的參知政事，與同中書門下平章事一樣，都是中書省長官，都是宰相。

[5]康州：據本書卷三八《地理志二》，該州係世宗遷渤海率賓府人户置，屬顯州（今遼寧省北鎮市）。按，康州原係新羅地，遼以俘户僑置於遼西。

重熙五年，[1]帝幸禮部貢院及親試進士，[2]皆儉發之，進見不名，賜詩褒美。儉衣唯紬帛，食不重味，月俸有餘賙給親舊。方冬，奏事便殿，帝見衣袍弊惡，密令近侍以火夾穿孔記之，[3]屢見不易。帝問其故，儉對曰："臣服此袍已三十年。"時尚奢靡，故以此微諷喻之。上憐其清貧，令恣取内府物，[4]儉奉詔持布三端而出，益見獎重。儉弟五人，上欲俱賜進士第，固辭。有司獲盜八人，既戮之，乃獲正賊。家人訴冤，儉三乞申理。上勃然曰："卿欲朕償命耶！"儉曰："八家老稚無告，少加存恤使得收葬，足慰存没矣。"乃從之。儉在相位二十餘年，裨益爲多。

[1]重熙：遼興宗耶律宗真年號（1032—1055）。

[2]禮部貢院：考試士子的場所。

[3]近侍：皇帝身邊的奴僕。

[4]内府：皇室的倉庫。

致政歸第，會宋書辭不如禮，上將親征。幸儉第，尚食先往具饌，却之。進葵羹乾飯，帝食之美。徐問以策，儉極陳利害，且曰："第遣一使問之，何必遠勞車駕？"上悦而止。復即其第賜宴，器玩悉與之。二十二年薨，[1]年九十一，勑葬宛平縣。

[1]二十二年：【劉校】據中華點校本校勘記，原作"十二年"。依《張儉墓誌銘》（《全遼文》，第128頁）改。今從。

邢抱朴，應州人，[1]刑部郎中簡之子也。抱朴性穎悟，好學博古。

[1]應州：治所在今山西省應縣。

保寧初爲政事舍人、知制誥，[1]累遷翰林學士，加禮部侍郎。統和四年山西州縣被兵，命抱朴鎮撫之，民始安，加户部尚書。遷翰林學士承旨，與室昉同修《實録》。[2]決南京滯獄還，[3]優詔褒美。十年拜參知政事。[4]以樞密使韓德讓薦，[5]按察諸道守令能否而黜陟之，大協人望。尋以母憂去官，詔起視事。表乞終制，不從。宰相密諭上意，乃視事。人以孝稱。及耶律休哥留守南京，[6]又多滯獄，復詔抱朴平決之，人無冤者。改南院樞密使，卒，贈侍中。

[1]保寧：遼景宗耶律賢年號（969—979）。

[2]室昉（916—991）：南京（今北京市）人。字夢奇。會同

初登進士第。保寧間拜樞密使兼北府宰相，加同政事門下平章事。乾亨初監修國史。統和九年（991）薦韓德讓自代，不從。病劇，遣翰林學士張幹就第授中京留守，加尚父。卒，年七十五。本書卷七九有傳。

[3]南京：遼五京之一。故址在今北京市。

[4]十年拜參知政事：【劉校】據中華點校本校勘記，“按《紀》，拜參知政事在十二年七月”。

[5]韓德讓（942—1011）：韓匡嗣第四子。統和初年承天稱制，韓德讓以南院樞密使的身份“總宿衛事”。統和十七年（999），北院樞密使、魏王耶律斜軫病故，承天太后以韓德讓兼知北院樞密使事。至此，遼朝的蕃漢軍政大權就集於其一身了。統和二十二年（1004），承天太后又賜韓德讓姓耶律，徙封晉王，並且仍舊爲大丞相，事無不統。次年十一月，她又詔德讓“出宫籍，屬於橫帳”。二十八年更名耶律隆運。本書卷八二有傳。

[6]耶律休哥（？—998）：字遜寧。出身皇族，應曆末爲惕隱。乾亨元年（979）與耶律斜軫分左右翼，擊敗宋軍於高梁河。是年冬，休哥率本部兵從韓匡嗣等戰於滿城。匡嗣敗績。休哥整兵進擊，敵乃却。詔總南面戍兵，爲北院大王。聖宗即位，太后稱制，令休哥總南面軍務，多有戰功。統和四年（986）封宋國王。本書卷八三有傳。

初，抱朴與弟抱質受經于母陳氏，皆以儒術顯。抱質亦官至侍中，[1]時人榮之。

[1]侍中：【靳注】官名。遼南面官署門下省長官。始置於秦。即原丞相史，因往來宫中奏事，故名。遼時多爲重臣、封疆大吏甚至著名僧人的加官。

馬得臣，南京人，[1]好學博古，善屬文尤長於詩。保寧間累遷政事舍人、翰林學士，常預朝議，以正直稱。乾亨初宋師屢犯邊，[2]命爲南京副留守，復拜翰林學士承旨。

[1]馬得臣，南京人：燕京馬氏，元代王惲《秋澗集》卷七三《題遼太師趙思温族系後》："迄今燕之故老談勳閥富盛、照映前後者，必曰韓、劉、馬、趙四大族焉。"

[2]乾亨：遼景宗耶律賢年號（979—983）。本書卷九《景宗本紀》載乾亨二年（宋太平興國五年，980）"十一月庚子朔，宋兵夜襲營，突呂不部節度使蕭幹及四捷軍詳穩耶律痕德戰却之。壬寅，休哥敗宋兵於瓦橋東，守將張師引兵出戰，休哥奮擊，敗之。戊申，宋兵陣於水南，休哥涉水擊破之，追至莫州，殺傷甚衆。己酉，宋兵府來，擊之殆盡"。《長編》卷二一太平興國五年十一月載："［壬寅］契丹寇雄州（《實録》《本紀》皆不載此事，獨《契丹傳》十一月書此），據龍灣堤，龍猛副指揮使荆嗣率兵千人，力戰奪路。會中使有至州閱城壘者出郛外，敵進圍之。諸軍赴援，多被傷，嗣與其讎夜相失，三鼓，乃突圍走莫州。敵爲橋於界河以濟，嗣邀擊之，殺獲甚讎。"

聖宗即位，皇太后稱制，兼侍讀學士。上閲唐高祖、太宗、玄宗三《紀》，[1]得臣乃録其行事可法者進之。及扈從伐宋，進言降不可殺，亡不可追，二三其德者别議。詔從之。俄兼諫議大夫，知宣徽院事。

[1]唐高祖：即李淵（566—635）。唐朝開國皇帝。自稱出自隴西李氏。公元618年至626年在位。　太宗：即唐太宗李世民

(599—649)，唐高祖李淵次子，唐朝皇帝。公元626年至649年在位。在位期間，以亡隋爲鑑，實行法治，任人唯賢，虚懷納諫，注重吏治，貶抑山東舊士族，發展經濟，鞏固邊防，從而達到社會穩定，史稱“貞觀之治”。　玄宗：即唐玄宗李隆基（685—762）。唐睿宗第三子。唐朝皇帝。公元712年至756年在位。在位前期，勵精圖治，納諫諍，明賞罰，整軍經武，鞏固邊防，物阜民殷。這一時期被史家譽爲“開元之治”。在位後期，滋生腐敗，終致發生安史之亂，唐朝統治走向衰敗。

時上擊鞠無度，[1]上書諫曰：

臣竊觀房玄齡、杜如晦隋季書生，[2]向不遇太宗安能爲一代名相？臣雖不才，陛下在東宫幸列侍從，今又得侍聖讀，未有裨補聖明。陛下嘗問臣以貞觀、開元之事，[3]臣請略陳之。

[1]擊鞠：即打馬球，是當時流行的競技活動。因爲參賽者都在馬上擊球，奔馳的快馬有時會失控，因此具有一定的危險性。統和六年（988），一日承天太后觀看臣下擊鞠，她的寵臣韓德讓被胡里室衝撞墜馬，太后一怒之下，竟下令將胡里室斬首。今内蒙古自治區敖漢旗皮匠溝1號遼墓墓門西側的穹隆頂下部，有一幅打馬球圖。現存寬180、高50釐米。畫面有多處剥落，但大體可辨。

[2]房玄齡（578—648）：齊州臨淄（今山東省淄博市）人。名喬，以字行。年十八，本州舉進士。隋亡，歸李世民，授秦王府記室。與杜如晦等一同策劃玄武門之變。貞觀元年（627）爲中書令。爲相二十餘年，時稱賢相。　杜如晦（585—630）：字克明，京兆杜陵（今陝西省西安市東南）人。貞觀三年（629），爲尚書右僕射，與房玄齡共掌朝政。至於臺閣規模及典章人物，皆二人所定，甚獲當代之譽。唐人談良相，一直稱房、杜。《舊唐書》卷七〇、

《新唐書》卷一一九有房、杜二人傳。

[3]貞觀：唐太宗李世民年號（627—649）。　開元：唐玄宗李隆基年號（713—741）。

臣聞唐太宗侍太上皇，宴罷則挽輦至内殿；玄宗與兄弟懽飲，盡家人禮。陛下嗣祖考之祚，躬侍太后可謂至孝。臣更望定省之餘，睦六親、加愛敬，[1]則陛下親親之道比隆二帝矣。

[1]六親：指近親。具體包括哪些親屬，歷來説法不一。代表性説法大概有三種：第一種指父子、兄弟、姑姊、甥舅、婚媾、姻亞。《左傳·昭公二十五年》："爲父子、兄弟、姊姑、甥舅、昏媾、姻亞，以象天明。"晉杜預注："六親和睦，以事嚴父，若衆星之共辰極也。妻父曰昏，重昏曰媾，婿父曰姻。兩婿相謂曰亞。"第二種指父子、兄弟、夫婦。《老子》："六親不和有孝慈，國家昏亂有忠臣。"王弼注："六親，父子、兄弟、夫婦也。"《後漢書》卷七六《循吏傳·秦彭》："乃爲人設四誡，以定六親長幼之禮。"唐李賢注："六親，謂父子、兄弟、夫婦也。"第三種指父、母、兄、弟、妻子、子女。《漢書》卷四八《賈誼傳》："建久安之勢，成長治之業，以承祖廟，以奉六親，至孝也。"唐顔師古注引應劭曰："六親，父母、兄弟、妻子也。"

臣又聞二帝耽玩經史，數引公卿講學至于日昃。[1]故當時天下翕然嚮風，以隆文治。今陛下游心典籍，分解章句，臣願研究經理，深造而篤行之，二帝之治不難致矣。

[1]日昃：太陽偏西，下午二時左右。

臣又聞太宗射豕唐儉諫之，[1]玄宗臂鷹韓休言之，[2]二帝莫不樂從。今陛下以毬馬爲樂，愚臣思之有不宜者三，故不避斧鉞言之。竊以君臣同戲不免分爭，君得臣愧，彼負此喜，一不宜。躍馬揮杖，縱横馳騖，不顧上下之分，爭先取勝，失人臣禮，二不宜。輕萬乘之尊，圖一時之樂，萬一有銜勒之失，其如社稷、太后何？三不宜。儻陛下不以臣言爲迂，少賜省覽，天下之福、群臣之願也。

[1]唐儉（579—656）：并州晉陽（今山西省太原市）人。字茂約。貞觀初授民（户）部尚書。從幸洛陽苑射猛獸，有一群野豬突出林中，太宗引弓四發，射中四只，但有一雄猛野豬險些傷及太宗，唐儉忙下馬與之搏鬭，太宗拔劍斬豬，笑儉："何懼之甚？"儉回答道："漢祖以馬上得之，不以馬上治之；陛下以神武定四方，豈復逞雄心於一獸。"太宗納之，因爲罷獵。《舊唐書》卷五八、《新唐書》卷八九有傳。

[2]韓休（673—740）：京兆長安（今陝西省西安市）人。工文辭，舉賢良。開元二十一年（733）拜黄門侍郎、同中書門下平章事。時政得失，言之未嘗不盡。玄宗嘗獵苑中，或宴樂，稍有過分之舉，必問左右："韓休知否？"事後韓休進諫奏疏必到。玄宗左右都説："自韓休入朝，陛下無一日歡。"建議將其逐出朝廷。玄宗説："韓休數陳治道，多訐直，我退而思天下，寢必安。吾用休，社稷計。"《舊唐書》卷八九、《新唐書》卷一二六有傳。

書奏，帝嘉歎良久。未幾卒，贈太子太保，[1]詔有司給葬。

［1］贈太子太保：【劉校】據中華點校本校勘記，“按《紀》統和七年六月甲戌，宣政殿學士馬得臣卒，詔贈太子少保”。

蕭朴字延寧，國舅少父房之族。[1]父勞古，以善屬文爲聖宗詩友。朴幼如老成人。及長，博學多智。

［1］國舅少父房：據本書卷六七《外戚表序》：“契丹外戚，其先曰二審密氏：曰拔里，曰乙室己。至遼太祖，娶述律氏。述律，本回鶻糯思之後。大同元年，太宗自汴將還，留外戚小漢爲汴州節度使，賜姓名曰蕭翰，以從中國之俗，由是拔里、乙室已、述律三族皆蕭姓。拔里二房，曰大父、少父；乙室已亦二房，曰大翁、小翁；世宗以舅氏塔列葛爲國舅別部。”又本書卷四五《百官志一》不稱“房”，稱“帳”，各設常衮以治之。

開泰初補牌印郎君，[1]爲南院承旨，權知轉運事，尋改南面林牙。[2]帝問以政，朴具陳百姓疾苦，國用豐耗，帝悦曰：“吾得人矣！”擢左夷离畢。[3]時蕭合卓爲樞密使，[4]朴知部署院事，以酒廢事，出爲興國軍節度使，[5]俄召爲南面林牙。太平三年守太子太傅。明年，拜北府宰相，遷北院樞密使。[6]

［1］牌印郎君：【靳注】宮廷給使名。屬牌印局，遼北面官署著帳諸局之一。

［2］林牙：契丹語音譯詞。官名。掌文翰，相當於翰林學士。

［3］夷离畢：契丹語音譯詞。官名。爲執政官，相當於副宰相

参知政事。後來官分南、北，北面官有夷离畢院，主要掌刑政。

[4]蕭合卓（？—1025）：突呂不部人。字合魯隱。始爲本部吏。統和十八年（1000）使宋還，遷北院樞密副使。開泰三年（1014）爲左夷离畢。本書卷八一有傳。

[5]興國軍：遼代軍號。治龍化州，其地在今内蒙古自治區奈曼旗東北。

[6]明年，拜北府宰相，遷北院樞密使：【劉校】據中華點校本校勘記，“按《紀》太平五年十二月，以北府宰相蕭普古爲北院樞密使。普古即朴”。宰相，契丹部族官名。契丹可汗之下有北、南二府，各部族則分屬二府，故北宰相亦稱北府宰相，南宰相亦稱南府宰相。

時太平日久，帝留心翰墨，始畫譜牒以别嫡庶，由是爭訟紛起。朴有吏才，能知人主意，敷奏稱旨，朝議多取決之。封蘭陵郡王，[1]進王恒，加中書令。及大延琳叛，[2]詔安撫東京，[3]以便宜從事。

[1]蘭陵郡王：契丹外戚蕭氏封爵。蘭陵郡是蕭氏郡望。戰國楚置蘭陵縣，今屬山東省。西晉置蘭陵郡，治丞縣（今山東省棗莊市嶧城區南，在古蘭陵縣西）。此蕭氏與契丹蕭氏並無血緣關係。

[2]大延琳（？—1030）：渤海人。遼東京軍將。反遼鬬爭領導人。

[3]東京：遼五京之一。故址在今遼寧省遼陽市。

興宗即位，皇太后稱制，國事一委弟孝先。方仁德皇后以馮家奴所誣被害，朴屢言其冤，不報。每念至此，爲之嘔血。重熙初改王韓，拜東京留守。及遷太后于慶州，[1]朴徙王楚，升南院樞密使。四年王魏。薨，年五十，贈齊王。子鐸剌，國舅詳穩。[2]

[1]慶州：遼代州名。州城遺址在今内蒙古自治區巴林右旗索博日嘎鎮。

[2]詳穩：遼朝軍官名。元帥府下設大詳穩司。“詳穩”即漢語“將軍”的轉譯。【劉注】“詳穩”即漢語“將軍”的轉譯的説法似有值得商榷之處。在契丹小字中，“詳穩”作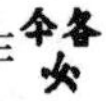，“將軍”作，或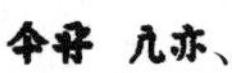、；在契丹大字中，“詳穩”作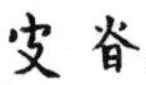，“將軍”作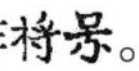。“詳穩”不是漢語“將軍”的轉譯，而是音譯的契丹語，契丹語中“將軍”是漢語借詞。

耶律八哥字烏古鄰，五院部人。[1]幼聰慧，書一覽輒成誦。

[1]五院：契丹部族名。天贊元年（922），以迭剌部強大難制，析五石烈爲五院，六爪爲六院，各置夷离堇。會同元年（938），更夷离堇爲大王，部隸北府，以鎮南境。

統和中，以世業爲本部吏。未幾，陞閘撒狘，[1]尋轉樞密院侍御。會宋將曹彬、米信侵燕，[2]八哥以扈從有功，擢上京留守。[3]

[1]閘撒狘：遼朝官名。契丹語音譯詞。屬北面官，隸北樞密院中丞司，遼太宗會同元年置。掌監察官員過犯。

[2]曹彬（931—999）：北宋將領。字國華。真定靈壽（今屬河北省）人。後周時累官至引進使。宋初參加滅蜀及征北漢之役，

皆有功。開寶七年（974），受命率軍滅南唐，自出師至凱旋，士衆畏服，無肆意殺掠者。未幾，拜樞密使、檢校太尉、忠武軍節度使。宋太宗即位，加同平章事，封魯國公，益得信任。雍熙三年（986），宋分兵三路攻遼，曹彬任幽州（今北京市）道行營前軍馬步水陸都部署，率宋軍主力自雄州（今河北省雄縣）向涿州（今屬河北省）進發。大敗於岐溝關（今河北省淶水縣東）。致使其他兩路軍也被迫退兵。《宋史》卷二五八有傳。　米信（928—994）奚族，舊名海進。少勇悍、善射。趙匡胤總領後周禁兵，以米信隸麾下，委爲心腹。及即位補殿前指揮使。太宗即位，轉散都頭指揮使，繼領高州團練使。太平興國八年（983）改領彰化軍節度使。雍熙三年征幽薊，命信爲幽州西北道行營馬步軍都部署，敗契丹於新城。契丹率衆復來戰，王師稍却，信獨以麾下龍衛卒三百禦敵，敵圍之數重，信以百餘騎突圍得免。《宋史》卷二五九有傳。

[3]上京：遼五京之一。前期都城。稱臨潢府，故址在今内蒙古自治區巴林左旗林東鎮波羅城。

開泰四年召爲北院樞密副使。頃之留守東京。七年上命東平王蕭排押帥師伐高麗，[1]八哥爲都監，至開京大掠而還。濟茶、陀二河，[2]高麗追兵至。諸將皆欲使敵渡兩河擊之，獨八哥以爲不可，曰："敵若渡兩河，必殊死戰，乃危道也；不若擊於兩河之間。"排押從之，戰，敗績。

[1]蕭排押（？—1023）：國舅少父房之後。字韓隱。統和初，爲左皮室詳穩。四年（986），破宋將曹彬、米信兵於望都，與樞密使耶律斜軫收復山西所陷城邑。是冬攻宋，以功改南京統軍使。十三年歷北、南院宣徽使。十五年加政事令，遷東京留守。二十二年與宋和議成，爲北府宰相。兩度從聖宗征高麗。本書卷八八有傳。

高麗：古國名。即王建創建的高麗王朝（918—1392）。統治地域在今朝鮮半島，首都在開京（今朝鮮開城市）。公元918年，泰封君主弓裔部下起事推翻弓裔，擁立王建爲王。隨後合併新羅、滅後百濟，實現"三韓一統"。1392年，李成桂廢高麗恭讓王而自立，建立朝鮮王朝，高麗遂亡。

[2]茶、陀二河：據本書卷八八《蕭排押傳》，"（開泰）七年，再伐高麗，至開京，敵奔潰，縱兵俘獲而還。渡茶、陀二河，敵夾射"，此二河應在開京以北朝鮮半島境内。

明年還東京，奏渤海承奉官宜有以統領之，[1]上從其言，置都知、押班。[2]後以茶、陀之敗，削使相，降西北路都監，卒。

[1]渤海承奉官：即遼東京（今遼寧省遼陽市）的承奉官。屬南面京官。本書卷四八《百官志四》載："東京渤海承奉官，聖宗開泰八年耶律八哥奏，渤海承奉班宜設官以統之，因置。"

[2]都知：官名。充當皇帝近衛的班直諸班，設都知、副都知和押班作統兵官。

論曰：張儉名符帝夢，遂結主知。服弊袍不易，志敦薄俗。功著兩朝，世稱賢相，非過也。邢抱朴甄别守令，大愜人望。兩決滯獄，民無冤濫。馬得臣引盛唐之治以諫其君。蕭朴痛皇后之誣，至於嘔血。四人者，皆以明經致位，[1]忠藎若此，[2]宜矣。聖宗得人，於斯爲盛。

[1]明經：古代科舉分秀才、明經、進士、明法、明書和明算

等科。唐初，秀才科等級最高；到唐太宗時，此科幾至廢絶，士人的趨向纔開始轉變爲明經、進士兩科。明經主要試帖經、經義及時務策。

[2]忠藎（jìn）：猶忠誠。

（李錫厚注　劉鳳翥校）

遼史　卷八一

列傳第十一

耶律室魯　歐里斯　王繼忠　蕭孝忠　陳昭衮
蕭合卓[1]

[1]“耶律室魯”至“蕭合卓”：【劉校】原本、明抄本、南監本無，據北監本和殿本補。

耶律室魯字乙辛隱，六院部人，[1]魁岸、美容儀。聖宗同年生，[2]帝愛之。甫冠補祗候郎君。未幾爲宿直官。

[1]六院部：遼太祖析迭剌部爲五院部和六院部。太宗會同元年（938）改夷离堇爲大王。北院大王和南院大王即是五院部和六院部的首領。

[2]聖宗同年生：據本書卷一〇《聖宗本紀》，聖宗乾亨四年（982）即位，時年十二歲。據此推算，他生於保寧四年（972）。

及出師伐宋爲隊帥，[1]從南府宰相耶律奴瓜、統軍使蕭撻覽略地趙、魏有功,[2]加檢校太師,[3]爲北院大王。攻拔通利軍。[4]宋和議成,[5]特進、門下平章事,賜推誠竭節保義功臣。

[1]伐宋:統和二十二年（1004）閏九月開始的戰事。本書卷一四《聖宗本紀五》"閏月己未南伐"。《九朝編年備要》卷七景德元年閏月"契丹大舉入寇"條:"契丹主同其母蕭氏大舉寇邊,遣其統軍達蘭引兵掠威虜,安順軍魏能、石普帥兵禦之,敗其前鋒。又攻北平寨,田敏等擊走之。遂東趨保州,攻城不克,乃與契丹主及其母合兵以攻定州,王超等陳於唐河以拒之。敵駐兵於陽城淀,又分兵圍岢嵐軍,守臣賈宗擊走之。"《宋史》卷七《真宗本紀》載,景德元年"閏月乙卯詔:河北吏民殺契丹者,所至援之。仍頒賞格"。癸酉,"威虜軍合兵大破契丹",乙亥"契丹統軍撻覽率衆攻威虜、順安軍,三路都部署擊敗之,斬偏將,獲其輜重。又攻北平砦及保州,復爲州、砦兵所敗。撻覽與契丹主及其母並衆攻定州,宋兵拒於唐河,擊其遊騎。契丹駐陽城淀,因王繼忠致書於莫州石普以講和。丙子,以天雄軍都部署周瑩爲駕前貝、冀路都部署,侍衛馬軍都指揮使葛霸爲駕前邢、洺路都部署。己卯,高繼勳率兵擊敗契丹數萬騎於岢嵐軍"。

[2]宰相:契丹部族官名。契丹可汗之下有北、南二府,各部族則分屬二府,故北宰相亦稱北府宰相,南宰相亦稱南府宰相。耶律奴瓜:字延寧,太祖異母弟南府宰相蘇之孫。本書卷八五有傳。　蕭撻覽:即蕭撻凜（?—1004）,字駝寧,蕭思温之再從侄。統和二十二年（1004）攻宋,進至澶淵,未接戰,中伏弩卒。本書卷八五有傳。

[3]檢校:職官制度用語。唐宋皆有檢校官,屬加官而非正授。

[4]通利軍:宋置。治黎陽（今河南省浚縣東）。

[5]宋和議成:指統和二十二年（宋景德元年,1004）的遼宋

和議，宋人稱爲“澶淵之盟”。

以本部俸羊多闕部人空乏，請以羸老之羊及皮毛歲易南中絹，彼此利之。拜北院樞密使，[1]封韓王。自韓德讓知北院職多廢曠，[2]室魯拜命之日朝野相慶。

[1]北院樞密使：遼朝職官名。即北樞密院之長官，也是北面官的最高長官。遼朝官分南北，北面官掌宮帳、部族、屬國之政，主管軍事。

[2]韓德讓（942—1011）：韓匡嗣第四子。統和初年承天稱制，韓德讓以南院樞密使的身份“總宿衛事”。統和十七年（999），北院樞密使、魏王耶律斜軫病故，承天太后以韓德讓兼知北院樞密使事，至此，遼朝的蕃漢軍政大權就集於其一身了。統和二十二年（1004），承天太后又賜韓德讓姓耶律，徙封晉王，並且仍舊爲大丞相，事無不統。次年十一月，她又詔德讓“出宮籍，屬於横帳”。二十八年更名耶律隆運。本書卷八二有傳。

從上獵松林，[1]至沙嶺卒，年四十四，贈守司徒、政事令。[2]二子：十神奴、歐里斯。十神奴，南院大王。

[1]松林：地區名。即平地松林，在西遼河上游。中古時期這一帶生態良好，有茂密的松林，故稱“平地松林”。《新五代史》卷七三《四夷附録第二》引胡嶠《陷虜記》説：“自上京東去四十里至真珠寨，始食菜。明日東行，地勢漸高，西望平地松林，鬱然數十里，遂入平川，多草木。”

[2]政事令：遼朝南面宰相。遼世宗天禄四年（950）建政事省之前，漢人宰相無定稱；建政事省之後，南面宰相稱“政事令”，且多由契丹貴族擔任這一職務。

歐里思字留隱，少有大志。未冠補祗候郎君。開泰初爲本部司徒，[1]秩滿閑居，徵爲郎君班詳穩。[2]遷右皮室詳穩，[3]將本部兵，從東平王蕭排押伐高麗，[4]至茶、陀二河，[5]戰不利。歐里斯獨全軍還，帝嘉賞。終西南面招討使。

[1]開泰：遼聖宗耶律隆緒年號（1012—1021）。　本部司徒：契丹部族官名。某部司徒，本名惕隱，又稱梯里己，掌皇族政教。

[2]詳穩：遼朝軍官名。元帥府下設大詳穩司。“詳穩”即漢語“將軍”的轉譯。【劉注】“詳穩”即漢語“將軍”的轉譯的説法似有值得商榷之處。在契丹小字中，“詳穩”作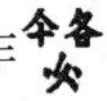，“將軍”作，或、；在契丹大字中，“詳穩”作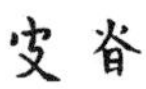，“將軍”作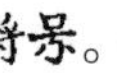。“詳穩”不是漢語“將軍”的轉譯，而是音譯的契丹語，契丹語中“將軍”是漢語借詞。

[3]皮室：契丹軍名。意爲“金剛”。初爲阿保機所置，稱“腹心部”。後有南、北、左、右皮室及黄皮室等，皆掌精甲。

[4]東平王：【劉校】原本、南監本、明抄本均作“重平王”，據北監本和殿本改。中華點校本、修訂本和補注本徑改。長箋本引《初校》出校。　蕭排押（？—1023）：字韓隱，國舅少父房之後。統和初爲左皮室詳穩。四年（986），破宋將曹彬、米信兵於望都，與樞密使耶律斜軫收復山西所陷城邑。是冬攻宋，以功改南京統軍使。十三年歷北、南院宣徽使。十五年加政事令，遷東京留守。二十二年與宋和議成，爲北府宰相。兩度從聖宗征高麗。本書卷八八有傳。　高麗：古國名。即王建創建的高麗王朝（918—1392）。統治地域在今朝鮮半島，首都在開京（今朝鮮開城市）。

[5]茶、陀二河：據本書卷八八《蕭排押傳》“（開泰）七年，再伐高麗，至開京，敵奔潰，縱兵俘獲而還。渡茶、陀二河，敵夾

射”，此二河應在開京以北朝鮮半島境内。

王繼忠，[1]不知何郡人，仕宋爲鄆州刺史、殿前都虞候。[2]

[1]王繼忠：《宋史》卷二七九《王繼忠傳》：“王繼忠，開封人，父玧爲武騎指揮使，戍瓦橋關，卒。繼忠年六歲補東西班殿侍。真宗在藩邸，得給事左右，以謹厚被親信。即位，補内殿崇班，累遷至殿前都虞候，領雲州觀察使，出爲深州副都部署，改鎮定、高陽關三路鈐轄、兼河北都轉運使。遷高陽關副都部署，俄徙定州。”

[2]鄆州：治所在今山東省東平縣。　殿前都虞候：軍職，爲侍衛親軍的軍官。遼亦設殿前司，當系模倣後周制。《唐會要》卷七九《諸使雜録》：“［太和］四年四月中書門下奏：自元年以來，頻有計代諸道薦送軍將，其數漸多。臣等商量……自今後軍官未至常侍及職兼都虞候、都知兵馬使、都押衙者不在薦送限。”

統和二十一年，[1]宋遣繼忠屯定之望都，[2]以輕騎覘我軍，遇南府宰相耶律奴瓜等獲之。太后知其賢，授户部使，以康默記族女女之。[3]繼忠亦自激昂，事必盡力。宋以繼忠先朝舊臣，[4]每遣使必有附賜，聖宗許受之。

[1]統和：遼聖宗耶律隆緒年號（983—1012）。

[2]望都：縣名。治所在今河北省望都縣。《長編》卷五四宋真宗咸平六年（1003）夏四月丙子載：“契丹入寇，定州行營都部署王超遣使召鎮州桑贊、高陽關周瑩各以所部軍來援。超先發步兵千五百人逆戰於望都，翌日，至縣南六里，與敵遇，殺戮甚衆。副部署、殿前都虞候、雲州觀察使王繼忠常以契遇深厚，思戮力自

嗟，與敵戰康村，自日昳至乙夜，敵勢稍却。遲明復戰，敵悉鯈攻東偏，出陣後焚絶糧道。繼忠率麾下躍馬馳赴，素衔儀服，敵識之，圍數十重，士皆重創。殊死戰，且戰且行，旁西山而北，至白城，陷於敵。”

[3]康默記（？—927）：原爲薊州衙校，後爲阿保機俘獲。爲阿保機辦理與中原交涉事宜，並參與執法斷獄及軍事活動，還曾主持修建皇都及阿保機陵墓。爲阿保機佐命功臣之一。本書卷七四有傳。

[4]先朝舊臣：指王繼忠是宋太宗朝舊臣。

二十二年，宋使來聘，遺繼忠孤矢、鞭策及求和劄子，[1]有曰：“自臨大位，愛養黎元。豈欲窮兵，惟思息戰。每敕邊事，嚴諭守臣：‘至于北界人民，不令小有侵擾。’衆所具悉，爾亦備知。向以知雄州何承矩已布此懇，自後杳無所聞。汝可密言：‘如許通和，即當别使往請。’”詔繼忠與宋使相見，仍許講和。以繼忠家無奴隸，賜宫户三十，[2]加左武衛上將軍，[3]攝中京留守。[4]

[1]求和劄子：此“劄子”未見諸宋人記載，其真實性殊爲可疑。本書卷一四《聖宗本紀五》載，統和二十二年（1004）十一月“丁卯，南院大王善補奏：宋遣人遺王繼忠弓失，密請求和。詔繼忠與使會，許和”。然而《長編》卷五七所載遼使李興等四人送達王繼忠“密奏”一事的時間却是景德元年（即遼統和二十二年，1004）九月乙亥，分明較宋使至遼的時間早了兩個月。《九朝編年備要》卷六於景德元年十月亦載：“初，王繼忠戰敗陷敵，敵授以官，繼忠嘗爲敵言和好之利。至是雖大舉深入，復遣李興等以繼忠

書詣莫州都部署石普，且緻密奏一封進闕下，上覽奏遂手詔諭繼忠。繼忠欲朝廷先遣命使，上未許。”這足以證明，宋朝是接待了遼朝派出的言和使節、見到王繼忠的“密奏”之後，纔派出使節至遼會見王繼忠的。《遼史》顛倒了時間順序，而且將宋真宗給王繼忠的“手詔”改爲“劄子”。其中“如許通和，即當別使往請”等語，更有宋朝自貶的含義，明顯是遼方作僞。

[2]宮户：亦稱“宮分户”，是遼代諸宮衛所管轄的人户。他們隸屬宮分而不隸州縣。“以繼忠家無奴隸，賜宮户三十”，證明宮户的身份就是奴隸。宮户的宮籍是世襲的，未經統治者宣佈廢除，子孫則世代爲宮分人户。宮分出身的人亦可任大官。顯貴後經皇帝批准可改變宮分的出身，即出宮籍。例如韓德讓、姚景行即是如此。遼亡之後，諸宮衛機構雖已不存，但那些宮户、宮分人的身份並未改變；他們仍隸宮籍。於是，金朝始有宮籍監之設，用以管理這些宮户，並依照新機構的名稱，稱他們爲“宮籍監户”或“監户”。

[3]左武衛上將軍：【靳注】官名。遼朝爲加官，位在大將軍下。

[4]攝：代理，兼理。

開泰五年爲漢人行宮都部署，[1]封琅邪郡王。六年進楚王，賜國姓。上嘗燕飲，議以蕭合卓爲北院樞密使，繼忠曰：“合卓雖有刀筆才，暗於大體。蕭敵烈才行兼備，可任。”上不納，竟用合卓。及遣合卓伐高麗，[2]繼忠爲行軍副部署，攻興化鎮月餘不下。師還，上謂明於知人，拜樞密使。

[1]開泰五年：據中華點校本校勘記，“開泰”二字原脱，據上下文補。　漢人行宮都部署：【靳注】官名。遼置，屬南面官。

總領諸行宫漢人之事。

[2]遣合卓伐高麗：《高麗史》卷四《顯宗世家》將此事繫於八年（遼開泰六年，1017）八月癸巳：“契丹蕭合卓圍興化鎮，攻之九日，不克。將軍堅一洪光、高義出戰，大敗之，斬獲甚多。”

太平三年致仕，[1]卒。子懷玉，仕至防禦使。[2]

[1]太平：遼聖宗耶律隆緒年號（1021—1031）。

[2]防禦使：原爲唐官名。在遼爲防禦州的長官，官階低於團練使而高於刺史。

蕭孝忠字撒板，小字圖古斯，志慷慨。開泰中補祗候郎君，尚越國公主、拜駙馬都尉，[1]累遷殿前都點檢。太平中擢北府宰相。

[1]越國公主：聖宗第三女槊古。生母爲欽哀皇后。封越國公主，進封晉國，景福初封晉蜀國長公主，清寧初加大長公主。下嫁蕭孝忠。以疾終。其事載本書卷六五《公主表》。

重熙七年爲東京留守，[1]時禁渤海人擊毬，[2]孝忠言：“東京最爲重鎮，無從禽之地，若非毬馬何以習武！且天子以四海爲家，何分彼此？宜弛其禁。”從之。

[1]重熙：遼興宗耶律宗真年號（1032—1055）。　東京：遼五京之一。故址在今遼寧省遼陽市。

[2]渤海人：【靳注】此指内遷到今遼寧南部地區的原渤海國遺民。天顯三年（928），遼將東丹國建制及其渤海貴族人家與大多

數渤海民衆，盡行遷徙至遼南地區落户定居，并在税賦方面給予優待。穆宗時，東丹國被撤銷，聖宗時對遼南渤海人加以重税盤剥，激起民憤。太平九年（1029），守衛東京遼陽府（今遼寧省遼陽市）的渤海人軍官大延琳率衆反叛，斬殺遼廷酷吏。遼聖宗指派蕭孝穆統領重兵、耗時一年方纔平叛。事後，遼南渤海人再度被遷徙至遼上京臨潢府（今内蒙古自治區巴林左旗）附近及遼東灣沿海的來、隰、遷、潤等州（今遼寧省興城市、綏中縣以及河北省秦皇島市一帶）居住，與漢人雜居，逐漸融合。詳參滿岩《遼王朝對渤海國遺民的治理策略》，載《蘭臺世界》，2015 年 9 月下旬版。　擊毬：又稱擊鞠，是當時流行的競技活動。因爲參賽者都在馬上擊球，奔馳的快馬有時會失控，因此具有一定的危險性。《遼史》記載統和六年（988）的某一日，承天太后觀看臣下擊鞠，她的寵臣韓德讓被胡里室衝撞墜馬，太后一怒之下，竟下令將胡里室斬首。今内蒙古自治區敖漢旗皮匠溝 1 號遼墓墓門西側的穹隆頂下部，有一幅打馬球圖。現存寬 180 釐米、高 50 釐米。畫面有多處剥落，但大體可辨。　重熙七年爲東京留守，時禁渤海人擊毬：【靳注】此事發生於重熙七年（1038），距離大延琳叛亂平息已有數年之久，大部分渤海人已被遷徙至他處，當仍有留居東京附近者。

十二年入朝封楚王，拜北院樞密使。國制以契丹、漢人分北、南院樞密治之，孝忠奏曰："一國二樞密，風俗所以不同。若併爲一，天下幸甚。"事未及行，薨。追封楚國王。帝素服哭臨，赦死囚數人，爲孝忠薦福。葬日，親臨，賜宫户守塚。子阿速，終南院樞密使。

陳昭袞，小字王九，雲州人。[1]工譯鞮，[2]勇而善射。統和中補祇候郎君，爲奚拽剌詳穩，[3]累遷敦睦宫太保兼掌圍場事。[4]

［1］雲州：治所在今山西省大同市。

［2］譯輾（dī）：即翻譯。

［3］拽剌：契丹語“走卒”謂之“拽剌”，後爲軍官名。有掌旗鼓者，稱“旗鼓拽剌”，還有專司偵候、探報等職者。

［4］敦睦宫：孝文皇太弟宫分。

開泰五年秋大獵，帝射虎，以馬馳太速矢不及發，虎怒，奮勢將犯蹕。左右辟易，昭衮捨馬捉虎兩耳騎之。虎駭且逸。上命衛士追射，昭衮大呼止之。虎雖軼山，昭衮終不墮地。伺便拔佩刀殺之。輦至上前，慰勞良久。即日設燕，悉以席上金銀器賜之，特加節鉞，遷圍場都太師，賜國姓，命張儉、吕德懋賦以美之。[1]

［1］張儉（963—1053）：宛平（今北京市）人。舉進士第一，受到聖宗賞識，太平六年（1026）爲南院樞密使。興宗立，拜太師、中書令，加尚父，徙王陳。在相位二十餘年。本書卷八〇有傳。

遷歸義軍節度使，[1]同知上京留守，[2]歷西南面招討都監，卒。

［1］歸義軍：沙州軍號。治敦煌（今屬甘肅省），不在遼境内。

［2］上京：遼五京之一。遼前期都城，稱臨潢府，故址在今内蒙古自治區巴林左旗林東鎮波羅城。

蕭合卓字合魯隱，突吕不部人，[1]始爲本部吏。統和初以謹恪補南院侍郎。十八年北院樞密使韓德讓舉合卓爲中丞，以太后遺物使宋。還，遷北院樞密副使。開泰三年爲左夷离畢。[2]

[1]突吕不部：契丹部族名。據本書卷三三《營衛志下》，該部爲太祖二十部之一，創建於阻午可汗之時，隸北府，節度使屬西北路招討司，司徒居長春州西。

[2]夷离畢：契丹官名。爲執政官，相當於副宰相參知政事。後來官分南、北，北面官有夷离畢院，主要掌刑政。

合卓久居近職，明習典故，善占對，以是尤被寵渥，陞北院樞密使。時議以爲無完行，不可大用。南院樞密使王繼忠侍宴，[1]又譏其短，帝頗不悦。六年遣合卓伐高麗，還，時求進者多附之，然其服食、僕馬不加于舊。帝知其廉，以族屬女妻其子，詔許親友饋獻，豪貴奔趨于門。

[1]南院樞密使：即漢人樞密院之樞密使。爲南面官最高官職。詳見本書卷四七《百官志三》。

太平五年有疾，帝欲臨視，合卓辭曰："臣無狀，猥蒙重任。今形容毀瘁，恐陛下見而動心。"帝從之。會北府宰相蕭朴問疾，合卓執其手曰："吾死，君必爲樞密使，慎勿舉勝己者。"朴出而鄙之。是日卒。子烏古，終本部節度使。

論曰：統和諸臣，名昭王室者多矣。室魯拜樞密使，朝野相慶，必有得民心者。繼忠既不能死國，雖通南北之和，有知人之鑑，奚足尚哉！孝忠、昭衮，皆有可稱者。合卓臨終，教蕭朴“毋舉勝己者任樞密”，其誤國之罪大矣！

（李錫厚注　劉鳳翥校）

遼史　卷八二

列傳第十二

耶律隆運　德威　滌魯　制心　耶律勃古哲　蕭陽阿　武白　蕭常哥　耶律虎古　磨魯古[1]

[1]“耶律隆運”至“磨魯古”：【劉校】原本、明抄本、南監本無，據北監本和殿本補。

耶律隆運本姓韓，名德讓，[1]西南面招討使匡嗣之子也。[2]統和十九年賜名德昌，[3]二十二年賜姓耶律，二十八年復賜名隆運。重厚有智略，明治體，喜建功立事。

[1]名德讓：【劉注】德讓是漢名，據契丹小字《耶律（韓）高十墓誌銘》，韓德讓的契丹語名字，其全名爲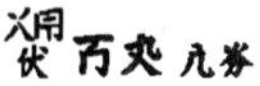（興寧·姚哥）。

[2]匡嗣：即韓匡嗣（917—982）。遼初著名漢臣韓知古之子。隸屬宮籍。初以善醫直長樂宮。《韓匡嗣墓誌》透露出他最初是受到太宗德光（即嗣聖皇帝）賞識，這可能與靖安皇后有關。因爲匡

嗣是景宗耶律賢藩邸故人，所以景宗即位以後他很快即受到重用。保寧二年（970），景宗睿智皇后之父蕭思温遭謀殺。十年（978），景宗又發現並處決了殺害蕭思温的兇手高勳和女里。此後，韓匡嗣更成了景宗和睿智皇后僅存的心腹人物，加開府儀同三司、政事令，授南面行營都統、燕京留守，封燕王。晚年任西南面招討使，與景宗死於同一年——乾亨四年（982）。《韓匡嗣墓誌》云“以乹亨五年，孝成皇帝登遐……以當年十二月八日薨於神山之行帳，享年六十六”。按本書卷一〇《聖宗本紀一》，“四年秋九月壬子，景宗崩”。次年改元統和，乾亨無“五年”。《韓德威墓誌》亦云“四年，丁秦王之憂”。匡嗣志有誤。本書卷七四有傳。

[3]統和：遼聖宗耶律隆緒年號（983—1012）。

侍景宗以謹飭聞，加東頭承奉官，[1]補樞密院通事，[2]轉上京皇城使，[3]遥授彰德軍節度使。[4]代其父匡嗣爲上京留守，權知京事，甚有聲。尋復代父守南京，[5]時人榮之。宋兵取河東，侵燕，五院糺詳穩奚底、統軍蕭討古等敗歸。[6]宋兵圍城，招脅甚急，人懷二心，隆運登城日夜守禦。援軍至，圍解。及戰高梁河，[7]宋兵敗走，隆運邀擊又破之。以功拜遼興軍節度使，徵爲南院樞密使。

[1]東頭承奉官：【靳注】官名。皇帝侍從官。

[2]通事：遼官名。掌翻譯。以熟習漢俗、精通漢語者爲之。

[3]上京皇城使：官名。遼朝南面官。上京皇城使司長官，掌上京宫城出入禁令。上京，遼五京之一。前期都城，稱臨潢府，故址在今内蒙古自治區巴林左旗林東鎮波羅城。

[4]彰德軍：相州軍號。治所在今河南省安陽市。韓德讓爲彰

德軍節度使是遥授，相州並不在遼朝境内。

[5]南京：遼五京之一，稱析津府，故址在今北京市。

[6]五院：契丹部族名。天贊元年（922），以迭剌部強大難制，析五石烈爲五院，六爪爲六院，各置夷离堇。會同元年（938）更夷离堇爲大王，部隸北府，以鎮南境。　詳穩：遼朝軍官名。元帥府下設大詳穩司。“詳穩”即漢語“將軍”的轉譯。【劉注】“詳穩”即漢語“將軍”的轉譯的説法似有值得商榷之處。在契丹小字中，“詳穩”作，“將軍”作，或、；在契丹大字中，“詳穩”作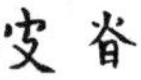，“將軍”作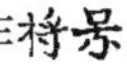。“詳穩”不是漢語“將軍”的轉譯，而是音譯的契丹語，契丹語中“將軍”是漢語借詞。

[7]高梁河：故道在今北京市西直門外。《宋史》卷四《太宗本紀一》載，太平興國四年（979）七月癸未“帝督諸軍及契丹大戰於高梁河，敗績。甲申班師”。《默記》卷中載：“太宗自燕京城下軍潰，北虜追之，僅得脱。凡行在服御寶器盡爲所奪，從人、宫嬪盡陷没。股上中兩箭，歲歲必發。其棄天下竟以箭瘡發云。”

景宗疾大漸，與耶律斜軫俱受顧命；[1]立梁王爲帝，[2]皇后爲皇太后，稱制。隆運總宿衛事，太后益寵任之。統和元年，加開府儀同三司兼政事令。[3]四年宋遣曹彬、米信將十萬衆來侵，[4]隆運從太后出師敗之，加守司空，[5]封楚國公。師還，與北府宰相室昉共執國政，[6]上言山西四州數被兵，[7]加以歲饑，宜輕税賦以來流民。從之。六年太后觀擊鞠，胡里室突隆運墜馬，命立斬之。詔率師伐宋圍沙堆，[8]敵乘夜來襲，隆運嚴軍以待，敗走之，封楚王。九年復言燕人挾姦苟免賦役，貴族因爲囊槖，[9]可遣北院宣徽使趙智戒諭。[10]從之。

［1］耶律斜軫（？—999）：字韓隱，于越曷魯之孫。保寧初受命節制西南面諸軍，仍援河東。改南院大王。乾亨元年（979）秋，宋軍攻下河東，乘勝襲燕，高梁河一戰，他與耶律休哥分左右翼夾擊，大敗宋軍。統和初，承天皇太后蕭綽稱制，益見委任，爲北院樞密使。四年（986）宋軍三路來攻，斜軫指揮擊退西路來攻的宋軍，以功加守太保。本書卷八三有傳。

［2］梁王：遼中期以後皇位繼承人的封號。乾亨二年（980），聖宗受封爲梁王，皇位繼承人的地位已經確定。

［3］政事令：遼朝南面宰相。遼世宗天禄四年（950）建政事省之前，漢人宰相無定稱；建政事省之後，南面宰相稱“政事令”，且多由契丹貴族擔任這一職務。

［4］曹彬（931—999）：北宋將領。字國華。真定靈壽（今屬河北省）人。後周時累官至引進使。宋初參加滅蜀及征北漢之役，皆有功。開寶七年（974），受命率軍滅南唐，自出師至凱旋，士衆畏服，無肆意殺掠者。未幾，拜樞密使、檢校太尉、忠武軍節度使。宋太宗即位，加同平章事，封魯國公，益得信任。雍熙三年（986），宋分兵三路攻遼，曹彬任幽州（今北京市）道行營前軍馬步水陸都部署，率宋軍主力自雄州（今河北省雄縣）向涿州（今屬河北省）進發。大敗於岐溝關（今河北省淶水縣東）。致使其他兩路軍也被迫退兵。《宋史》卷二五八有傳。　米信（928—994）：奚族，舊名海進。少勇悍、善射。趙匡胤總領後周禁兵，以米信隸麾下，委爲心腹。及即位，補殿前指揮使。太宗即位轉散都頭指揮使繼領高州團練使。太平興國八年（983）改領彰化軍節度使。雍熙三年征幽薊，命信爲幽州西北道行營馬步軍都部署，敗契丹於新城。契丹率衆復來戰，王師稍却，信獨以麾下龍衛卒三百禦敵，敵圍之數重，信以百餘騎突圍得免。《宋史》卷二五九有傳。本書卷一一《聖宗本紀二》載統和四年“三月甲戌，于越休哥奏宋遣曹彬、崔彦進、米信由雄州道，田重進飛狐道，潘美、楊繼業鴈門道來侵，岐溝、涿州、固安、新城皆陷”。

［5］守司空：【劉校】據中華點校本校勘記，本書卷一一《聖宗本紀二》統和四年（986）十一月作“守司徒”。

［6］宰相：契丹部族官名。契丹可汗之下有北、南二府，各部族則分屬二府，故北宰相亦稱北府宰相，南宰相亦稱南府宰相。室昉（919—994）：字夢奇，南京人。會同初登進士第。保寧間拜樞密使，兼北府宰相，加同政事門下平章事。乾亨初，監修國史。統和十二年（994）致仕。卒年七十五。本書卷七九有傳。

［7］山西四州數被兵：【劉校】中華點校本校勘記云，“山”“四”二字原脱，據本書卷一一《聖宗本紀二》統和四年八月及卷五九《食貨志上》補。今從。

［8］沙堆：地名。【靳注】當在今河北省中部。

［9］貴族因爲囊橐（tuó）：【靳注】貴族乘機中飽私囊。橐，原義指袋子。《詩·大雅·公劉》：“迺裹餱糧，於囊於橐。”毛傳：“小曰橐，大曰囊。”鄭玄箋：“乃裹食物於囊橐之中。”

［10］宣徽使：遼朝官名。遼設北、南宣徽，分隸北南樞密院之下。宣徽北院使常執行軍事使命。此外，宣徽使還掌領朝會、宴饗、禮儀、祭祀及御前祗應之事。

十一年丁母憂，詔彊起之。明年室昉致政，以隆運代爲北府宰相仍領樞密使，監修國史，賜興化功臣。十二年六月奏：[1]“三京諸鞫獄官吏多因請託，曲加寬貸或妄行搒掠。乞行禁止。”上可其奏。又表請任賢去邪，太后喜曰：“進賢輔政，真大臣之職。”優加賜賚。服闋，[2]加守太保兼政事令。會北院樞密使耶律斜軫薨，詔隆運兼之。久之，拜大丞相，進王齊，總二樞府事。以南京、平州歲不登，[3]奏免百姓農器錢及請平諸郡商賈價，並從之。

[1]十二年六月：【劉校】據中華點校本校勘記，此“十二年”三字當有衍誤。按上文已有“十一年”之“明年”，即十二年。

[2]服闋（què）：服喪期滿。

[3]平州：唐置，治所在今河北省盧龍縣。

二十二年從太后南征，及河，[1]許宋成而還。徙王晉，賜姓，出宮籍，[2]隸横帳季父房後，乃改賜今名，位親王上，賜田宅及陪葬地。

[1]河：即黄河。澶淵之役，契丹大軍抵達黄河北岸的澶州城北。

[2]宮籍：宮分人之籍。起源甚早，遙輦氏時已經有宮分人。宮籍是一種法律身份，不能輕易改變，而且是世襲的。宮分人“出宮籍”甚至需要經皇帝特許。如韓德讓，就是即貴並且賜姓耶律之後纔“出宮籍”的。繼韓德讓之後，興宗時的漢人宮分人姚景行出宮籍也是在其官至翰林學士、樞密副使、參知政事以後。漢臣梁援，累世在遼朝作官，同時也具有宮籍。壽昌七年（1101）正月，道宗死後，由他充玄宮都部署，並撰謚册文。喪事既畢，始詔免其宮籍，而且“勑格餘人不以爲例，示特寵也”（《遼寧省博物館藏碑誌精粹》所載《梁援墓誌銘》，文物出版社2000年版，第285頁）。遼朝諸宮衛有所管轄人丁的統計數字，但奴婢不計算在内，本書卷三一《營衛志上》：“凡諸宮衛人丁四十萬八千，騎軍十萬一千。著帳釋宥、没入，隨時增損，無常額。”這些没有統計在諸宮衛人丁總數之内者即是奴婢，稱爲“宮户”“宮分人”。遼亡之後，諸宮衛機構雖已不存，但那些宮户、宮分人的身份並未改變；他們仍隸宮籍。於是，金朝始有宮籍監之設，用以管理前朝遺留下的宮户，並依照新機構的名稱，稱他們爲“宮籍監户”或“監户”。遼朝一部分專門在皇帝身邊服役的“宮户”又稱爲“著帳户”。散居

州縣當中的宮户與民户一樣要向國家交納賦税，説明這些宮户的身份已經發生了改變。統和十五年（997）三月“壬午，通括宮分人户，免南京逋税及義倉粟”。將“通括宮分人户”一事，與“免南京逋税及義倉粟”一併實行，是因爲此二事都與賦税徵收有關。宮户因不堪忍受剥削和壓迫而被迫逃亡的事例有很多。據壽昌二年（1096）的《孟有孚墓誌銘》載：“時朝廷命復慶陵之逋民，詔公乘驛以督之。”（《全遼文》卷九）

從伐高麗還，得末疾，[1]帝與后臨視醫藥。薨，年七十一。贈尚書令，謚文忠，官給葬具，建廟乾陵側。[2]無子。清寧三年以魏王貼不子耶魯爲嗣。[3]天祚立，以皇子敖盧斡繼之。[4]弟德威，姪制心。

[1]末疾：四肢疾患。

[2]乾陵：遼景宗陵。其址位於乾州。乾州故城在今遼寧省北鎮市西郊北鎮廟前一帶。《武經總要前集》卷一六下《戎狄舊地》乾州在毉巫閭山之南，古遼澤之地，遼主景宗陵寢在焉。今置廣德軍節度，兼山陵都部署。東至顯州八里，西南至銀野砦二十五里，西至遼州六十里，北至兔兒橋四十里。《明一統志》卷二五《登州府》：“乾州城在廣寧衞西南七里，本漢無慮縣地，遼置乾州廣德軍。”

[3]清寧：遼道宗耶律洪基年號（1055—1064）。 貼不：聖宗弟隆祐之子。

[4]敖盧斡：天祚皇帝長子。嘗封晉王。本書卷七二有傳。

德威性剛介，[1]善馳射。保寧初歷上京皇城使、儒州防禦使，[2]改北院宣徽使。乾亨末丁父喪，[3]彊起復職，權西南招討使。統和初党項寇邊，[4]一戰却之。賜劍許便宜行事，領突吕不、迭剌二糺軍。以討平稍古葛功，真授招討使。

[1]德威：【劉注】據契丹小字《耶律（韓）高十墓誌銘》，韓德威的契丹語全名爲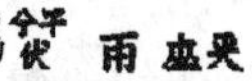（普你·大漢）。

[2]儒州：治所在今北京市延慶區。　防禦使：官名。防禦州的長官，官階低於團練使而高於刺史。

[3]乾亨末丁父喪：乾亨，遼景宗耶律賢年號（979—983）。【劉校】據中華點校本校勘記，“末”原誤“初”。“按乾亨止五年，檢《紀》德威父匡嗣卒於乾亨四年十二月。統和元年正月，德威以西南面招討使奏破党項十五部捷”。據改。

[4]党項：中國古代族名。又稱党項羌，唐以後主要活動於靈、慶、銀、夏等州，即今甘肅、寧夏、陝西和内蒙古等省區交界地區。

夏州李繼遷叛宋内附，[1]德威請納之。既得繼遷，諸夷皆從。璽書褒奬。與惕隱耶律善補敗宋將楊繼業，[2]加開府儀同三司、政事門下平章事。未幾，以山西城邑多陷，奪兵柄。李繼遷受賂潛懷二心，奉詔率兵往諭，繼遷託以西征不出，德威至靈州俘掠而還。[3]

[1]李繼遷（963—1004）：党項首領。西夏王朝的奠基者。叛宋前任定難軍都知蕃落使。公元982年集結部衆，叛宋。985年襲據銀州（今陝西省米脂縣），自稱定難軍留後，向遼稱臣。995年擊敗宋朝五路討伐。997年宋真宗立，李繼遷遣使求和，宋授爲夏州刺史、定難軍節度、夏銀綏宥静等州觀察處置押蕃落等使。1002年李繼遷攻佔靈州，改名西平府。次年率軍西征，佔領西涼府。因

受詐降的吐蕃族大首領潘羅支的突襲，負重傷而死。子李德明嗣立，追尊爲皇帝。夏景宗時謚神武，廟號太祖，陵號裕陵。

[2]惕隱：契丹官名。又稱梯里已，掌皇族政教。　耶律善補：字瑤昇，遼宗室。景宗即位，授千牛衛大將軍，遷大同軍節度使。後爲惕隱、南京統軍使、南府宰相、南院大王。凡征討，憚攻戰。年七十四卒。本書卷八四有傳。　敗宋將楊繼業：指統和四年（986）抵禦宋軍北伐的戰事，詳本書卷一一《聖宗本紀》。楊繼業（？—986），即楊業，麟州（今陝西省神木縣）人。父信爲後漢麟州刺史。業早年爲戰將，屢立戰功，所向克捷，國人號爲“無敵”。隨其主劉繼元降宋，宋太宗以業熟悉邊事，授代州兼三交駐泊兵馬都部署，以功遷雲州觀察使，仍判鄭州、代州，自是契丹望見業旌旗即退走。雍熙三年（遼統和四年，986）副雲應路行營都部署、忠武軍節度使潘美北上攻遼。諸軍連拔雲應寰朔四州，師次桑乾河，會曹彬之師不利諸路班師。太宗詔遷四州之民於宋朝内地，令潘美等以所部之兵護送。當時契丹國母蕭氏領衆十餘萬復陷寰州，潘美等迫楊業出戰，苦戰殺敵，馬重傷不能進，遂爲契丹所俘，不食三日而死。《宋史》卷二七二有傳。

[3]靈州：治所在今寧夏回族自治區靈武市。據《宋史》卷四八五《夏國傳》載咸平五年（遼統和二十年，1002）三月，繼遷大集蕃部，攻陷靈州，以爲西平府。

年五十五卒，[1]贈兼侍中。子雱金，[2]終彰國軍節度使。[3]二孫：謝十、滌魯。謝十終惕隱。

[1]年五十五卒：據《韓德威墓誌銘》（劉鳳翥手拓自存拓本）：“以丙申歲孟冬既望之翌日，薨於天德部内之公署，春秋五十五。”丙申爲統和十四年（996）。

[2]子：據《韓德威墓誌銘》（劉鳳翥手拓自存拓本），德威兩

娶，前後夫人皆蕭氏，生子四人：曰遂忠，曰昌，曰遂寧，曰遂恭；有女二人。“長曰遂忠，甚多武力，綽有父風，賦命靡長，不幸即世”。是子早亡。然而據《耶律遂忠墓誌》（胡振方存拓本），“烈考諱德昌，字克柔，盧龍軍節度使、檢校太保……重熙六年十月二日薨於上京之私弟，享壽五十有八”。兩墓誌所記遂忠，生父不同，享壽不同，必有一誤。《耶律遂正墓誌銘》：“烈考諱德威，勳業至六字功臣，履歷至五押招討……公即侍中第二子也。”據此，遂正當即德威墓誌中的次子昌。遂正有子元佐。《耶律元佐墓誌銘》（劉鳳翥手拓自存拓本）：“西南面五押招討使、同政事門下平章事耶律德威。父，故大内惕隱、同中書門下平章事諱遂正。公即長子也。甫當垂老之季，懇上辞榮之請。詔加保義推忠功臣、保大軍節度，鄜、坊等州觀察、處置等使，開府儀同三司、檢校太師、兼侍中，使持節鄜州刺史、上柱國、漆水郡開國公、食邑玖阡户、食實封玖伯户，致仕。享年八十有六。”【劉注】《韓德威墓誌銘》中的耶律遂忠和《耶律遂忠墓誌銘》中的耶律遂忠兩個人生父不同，享壽不同，並不是兩個人名“必有一誤”，而是同名的兩個人。兄弟同名者，必爲一個人死後，另一個人纔繼續用死去人的名字。例如韓德讓幼弟名德昌，在乾亨五年（983）死去之後，韓德讓纔能在統和十九年（1001）被賜名德昌。韓德威的長子耶律遂忠“賦命靡長，不幸即世”，韓德昌的兒子纔能接着叫耶律遂忠。

［3］彰國軍：遼代軍號。治應州（今山西省應縣）。

滌魯字遵寧。[1]幼養宮中，授小將軍。

［1］滌魯：【劉注】人名。此爲契丹語的小名的音譯。據劉鳳翥、唐彩蘭、青格勒編著《遼上京地區出土的遼代碑刻彙輯》所收《耶律宗福墓誌銘》，韓滌魯還有漢名“宗福”，他不僅改姓耶律，而且“連御署”，與遼興宗耶律宗真是同一字輩。

重熙初歷北院宣徽使、右林牙、副點檢,[1]拜惕隱,改西北路招討使,[2]封漆水郡王。[3]請減軍籍三千二百八十人。[4]後以私取回鶻使者獺毛裘及私取阻卜貢物事覺,[5]決大杖,削爵免官。俄起爲北院宣徽使。十九年改烏古敵烈部都詳穩,尋爲東北路詳穩,封混同郡王。

[1]重熙:遼興宗耶律宗真年號(1032—1055)。 林牙:契丹語音譯詞。官名。掌文翰,相當於翰林學士。

[2]西北路招討使:職官名。西北路招討司的軍政長官。西北路招討司又稱西北路都招討司,是遼朝統治漠北屬部的最高軍政機構。

[3]漆水郡王:遼宗室耶律氏的封爵。

[4]軍籍:據本書卷三二《營衛志中》:"奚六部以下,多因俘降而置。勝兵甲者即著軍籍,分隸諸路詳穩、統軍、招討司。番居内地者,歲時田牧平莽間。"此外,遼在南京(今北京市)、西京(今山西省大同市)、奉聖州(今河北省涿鹿縣)和平州(今河北省盧龍縣)以及中京、東京和上京設提轄司,提轄司所管轄的人户也有軍籍。提轄司是軍事機構,遇有戰事,負責點集兵馬。

[5]回鶻:古代民族名,即回紇。本突厥别部。北魏時稱袁紇,亦曰烏擴、烏紇,至隋稱韋紇。大業元年(605),因反抗突厥的壓迫,與僕固、同羅、拔野古等成立聯盟,總稱回紇。唐天寶三載(744)破東突厥,建政權於今鄂爾渾河流域,有今蒙古高原之地。唐時助平安史之亂,屢尚公主。唐貞元四年(788)自請改稱回鶻。開成五年(840),爲轄戛斯所破,部衆分三支西遷:一支遷吐魯番盆地,稱高昌回鶻或西州回鶻;一支遷葱嶺以西楚河一帶,即葱嶺以西回鶻;一支遷河西走廊,稱河西回鶻。歷五代遼金,回鶻皆嘗入貢。元明時稱畏吾兒。其族在唐時奉摩尼教,宋元以來改奉伊斯蘭教。 阻卜:即達旦、韃靼。元人諱言達旦,而稱達旦爲阻卜。

詳王國維《觀堂集林》卷一四《達旦考》。

清寧初徙王鄧，擢拜南府宰相。[1]以年老乞骸骨，更王漢。大康中薨，年八十。[2]

[1]南府宰相：官名。南宰相府長官，屬北面朝官。分左、右。掌佐理軍國之大政。神册六年（921）遼太祖始以其弟蘇爲此官。雖説皇族四帳世預其選，但國舅和漢人任此官者亦不少。

[2]大康中薨，年八十：【劉注】《耶律宗福墓誌銘》稱："於咸雍紀禩之七載，行帳至於爪堝之右，俄嬰痼疾，雖藥勿喜。是歲十月十八日午時，善若眠寢而薨于梟潭之私第，享年七十有四。"大康，遼道宗耶律洪基年號（1075—1084）。

滌魯神情秀徹，聖宗子視之，興宗待以兄禮，[1]雖貴愈謙。初爲都點檢，扈從獵黑嶺，獲熊。上因樂飲謂滌魯曰："汝有求乎？"對曰："臣富貴踰分，不敢他望。惟臣叔先朝優遇，身歿之後不肖子坐罪籍没，[2]四時之薦享，諸孫中得赦一人以主祭，臣願畢矣。"詔免籍，復其産。子燕五，官至南京步軍都指揮使。

[1]聖宗子視之，興宗待以兄禮：【劉注】《耶律宗福墓誌銘》稱："時統和中，特蒙聖宗皇帝升于子息之曹，令與興宗参于昆弟之列。貴處宸禁，榮連御署。"

[2]籍没：中國古代依照法律登記罪犯所有的家産，予以没收的稱爲"籍没"。遼代的籍没之法，還包括將犯罪者親屬收爲官奴。

制心，小字可汗奴。父德崇善醫，[1]視人形色輒決其病，累官至武定軍節度使。[2]

[1]德崇：據《韓匡嗣墓誌》，“德崇”作“德沖”，係匡嗣第六子。

[2]武定軍：遼代軍號。治奉聖州（今河北省涿鹿縣）。

制心善調鷹隼。統和中爲歸化州刺史。[1]開泰中拜上京留守，進漢人行宫都部署，封漆水郡王。以皇后外弟，[2]恩遇日隆。樞密副使蕭合卓用事，[3]制心奏合卓寡識度、無行檢，上默然。每内宴歡洽輒避之。皇后不悦曰：“汝不樂耶？”制心對曰：“寵貴鮮能長保，以是爲憂耳。”

[1]歸化州：即武州，治所在今河北省張家口市宣化區。

[2]皇后外弟：即聖宗齊天皇后的表弟。統和十九年（1001）三月，聖宗原來的皇后“以罪降爲貴妃”，五月，承天太后之弟蕭隗因之女被册爲齊天皇后。蕭隗因的妻子是韓匡嗣之女。耶律隆運（即韓德讓）弟兄是齊天皇后的舅父。

[3]蕭合卓（？—1025）：突吕不部人，字合魯隱。始爲本部吏。統和十八年，使宋還，遷北院樞密副使。開泰三年（1014），爲左夷离畢。本書卷八一有傳。

太平中歷中京留守、惕隱、南京留守，[1]徙王燕，遷南院大王。或勸制心奉佛，對曰：“吾不知佛法，惟心無私則近之矣。”一日，沐浴更衣而卧，家人聞絲竹之聲，恠而入視，則已逝矣。年五十三。贈政事令，[2]追封陳王。

[1]太平：遼聖宗年號（1021—1031）。　太平中，歷中京留守：【劉注】據中華點校本校勘記，本書卷一五《聖宗本紀六》開泰八年（1019）二月，"以前南院樞密使韓制心爲中京留守。非太平中"。

[2]贈政事令：《遼文匯》卷六《韓椅墓誌》："南大王贈政事令諱遂貞，賜名直心，譜系於國姓，再從兄也。"據中華點校本校勘記，本書卷一五《聖宗本紀六》開泰元年七月，"以耶律遂貞爲遼興軍節度使。遂貞即直心，亦即制心"。同卷開泰六年四月作"耶律制心"。

守上京時，酒禁方嚴，有捕獲私醞者，一飲而盡，笑而不詰。卒之日，部民若哀父母。

耶律勃古哲字蒲奴隱，六院夷离堇蒲古只之後，[1]勇悍，善治生。保寧中爲天德軍節度使，[2]歷南京侍衛馬步軍都指揮使，以討平党項羌阿理撒米、僕里鼈米遷南院大王。

[1]六院：契丹部族名。天贊元年（922），以迭剌部強大難制，析五石烈爲五院，六爪爲六院，各置夷离堇。會同元年（938），更夷离堇爲大王，部隸北府，以鎮南境。　夷离堇：契丹部族官名。源於突厥語官名"俟斤"（Irkin）。突厥各部的最高元首稱"可汗"（Qaghan），其他各部酋長則稱爲俟斤。初，契丹"其君大賀氏，有勝兵四萬，臣於突厥，以爲俟斤"（《新唐書》卷二一九《契丹傳》）。後，契丹首領自立爲可汗，其下所屬各部酋長則稱爲"俟斤"，亦即夷离堇。契丹立國後，大部族之夷离堇稱王，小部族之夷离堇則稱爲節度使。舉凡一部之軍政、民政皆由其統掌。參韓儒林《穹廬集》（上海人民出版社 1982 年版，第 314—

316頁）。

［2］天德軍：唐軍鎮名。即豐州。遼太祖阿保機於神册五年（920）平党項，仍以此地爲天德軍。其地在今内蒙古自治區呼和浩特市東白塔一帶。

聖宗即位，太后稱制，會群臣議軍國事，勃古哲上疏陳便宜數事稱旨，即日兼領山西路諸州事。統和四年宋將曹彬等侵燕，勃古哲擊之甚力，[1]賜輸忠保節致主功臣，總知山西五州。

［1］勃古哲擊之甚力：勃古哲抗擊的是宋將潘美、楊繼業的軍隊，而非曹彬、米信。

會有告勃古哲曲法虐民者，按之有狀，以大杖決之。八年爲南京統軍使，卒。子爻里，官至詳穩。

蕭陽阿字稍隱，端毅簡嚴，識遼、漢字，通天文、相法。父卒，自五蕃部親挽喪車至奚王嶺，[1]人稱其孝。

［1］五蕃部：即五國部。據本書卷四六《百官志二》點校本校勘記，卷九六《蕭樂音奴傳》："監障海東青鶻，獲白花者十三，拜五蕃部節度使。"海東青鶻産於五國，五蕃部即五國部。　奚王嶺：當在中京道境内的奚族地區。《蕭樂音奴傳》載，其父拔剌"既長，有遠志，不樂仕進，隱於奚王嶺之插合谷"。《清一統志》卷四〇五載，"奚王嶺在［科爾沁］左翼後旗東一百三十里，土人呼蒙古爾拖羅海"。

年十九爲本班郎君，歷鐵林、鐵鷂、大鷹三軍詳穩。[1]乾統元年由烏古敵烈部屯田太保爲易州刺史，[2]幸臣劉彦良嘗以事至州，怙寵恣横，爲陽阿所沮。彦良歸，妄加毁訾，尋遣人代陽阿，州民千餘詣闕請留，即日授武安州觀察使。[3]歷烏古涅里、順義、彰信等軍節度使，[4]權知東北路統軍使事。

[1]鐵林、鐵鷂、大鷹：【靳注】皆遼精鋭部隊之名稱。本書卷四六《百官志》有“鐵林軍詳穩司”“大鷹軍詳穩司”“左鐵鷂子軍詳穩司”“右鐵鷂子軍詳穩司”等官署名。《宋史》卷四《太宗本紀一》：“契丹鐵林厢主李札盧存以所部來降”，“觀鐵林軍人射强弩”。宋人范鎮《東齋紀事》卷二：“鐵鷂子，賊中謂之鐵林。騎士以索貫於馬上，雖死不墮，以豪族子親信者爲之。”

[2]乾統：遼天祚帝耶律延禧年號（1101—1110）。　易州：治所在今河北省易縣。

[3]武安州：阿保機初俘漢民，置木葉山下，因建城於此以遷之，初名杏堝新城。復以遼西户益之，更名新州。統和八年（990）改曰武安州。治所在今内蒙古自治區敖漢旗東。

[4]烏古涅里：契丹部族名。【靳注】又作“烏古涅剌”，亦曰“涅离”。遼太祖神册六年（921）以于骨里民户所置，爲太祖二十部之一。隸北府，置節度使統領，部族軍屬西南路招討司。　順義：遼代軍號。治朔州（今屬山西省）。　彰信：遼代軍號。【靳注】《金史》卷二四《地理志上》：“信州，下，彰信軍刺史。本渤海懷遠軍，遼開泰七年建，取諸路漢民置。”本書卷四八《百官志四》：“信州彰聖軍節度使司。”故此“彰信”即“彰聖”，治信州（今吉林省公主嶺市）。

聞耶律狼不、鐸魯斡等叛，獨引麾下三十餘人追捕之，身被二創，生擒十餘人，送之行在。坐不獲首惡，免官。未幾，權南京留守，卒。

武白，不知何郡人，爲宋國子博士，差知相州，[1]至通利軍，[2]爲我軍所俘。詔授上京國子博士，改臨潢縣令，[3]遷廣德軍節度副使。[4]

[1]相州：治所在今河南省安陽市。

[2]通利軍：宋置。治黎陽（今河南省浚縣東）。

[3]臨潢縣：治所在今内蒙古自治區巴林左旗林東鎮。

[4]廣德軍：遼代軍號。治乾州。【劉注】遼代乾州州治在今遼寧省北鎮市廣寧鎮小常屯古城址。

先是，有訟宰相劉慎行與子婦姚氏私者，[1]有司出其罪。聖宗詔白鞫之，白正其事。使高麗還，[2]權中京留守。[3]時慎行諸子皆處權要，以白斷百姓分籍事不直，坐左遷。未幾，遷尚書左丞，知樞密事，拜遼興軍節度使。致仕，卒。

[1]劉慎行：河間（今屬河北省）人。官至北府宰相、監修國史。其子嘏、端俱尚主，劉二玄又是遼聖宗之弟秦晉國王隆慶之妃的第三任丈夫。重熙七年（1038）十二月，慎行之子劉六符出任參知政事。曾多次出使宋朝，在與宋朝辦理交涉中，以強硬著稱。本書卷八六有傳。

[2]使高麗還：【劉校】據中華點校本校勘記，“高麗”原作“新羅”。按《高麗史》卷五《顯宗世家二》，白奉使在顯宗十四年，即遼太平三年（978）。

[3]中京：遼五京之一。稱大定府，故址在今内蒙古自治區寧城縣大明鎮。

蕭常哥字胡獨堇，[1]國舅之族。祖約直同政事門下平章事，父實老累官節度使。

[1]蕭常哥字胡獨堇：【劉注】常哥是音譯的契丹語的小名，胡獨堇是音譯的契丹語的第二個名。據劉鳳翥、唐彩蘭、青格勒編著的《遼上京地區出土的遼代碑刻彙輯》收録的《蕭義墓誌銘》，蕭常哥還有漢名“諱義，字子長”。

常哥魁偉寡言，年三十餘始爲祗候郎君，歷本族將軍、松山州刺史。[1]壽隆二年以女爲燕王妃，[2]拜永興宫使。[3]及妃生子，爲南院宣徽使，尋改漢人行宫都部署。乾統初加太子太師，[4]爲國舅詳穩。二年改遼興軍節度使，[5]召爲北府宰相，以柴册禮，[6]加兼侍中。

[1]松山州：遼置，爲頭下州，屬上京道。治所在今内蒙古自治區赤峰市松山區。

[2]壽隆：遼道宗耶律洪基年號（1095—1101）。據遼代碑刻和錢幣，此年號本爲“壽昌”。元代修《遼史》時誤書爲“壽隆”。

[3]永興宫：遼太宗宫分。

[4]乾統：【劉校】據中華點校本校勘記，原誤“統和”。按前有壽隆後有天慶，據改。

[5]遼興軍：遼代軍號。治平州（今河北省盧龍縣）。

[6]柴册禮：此禮源於中國傳統的“燔柴告天”，是古代天子祭天之禮。據《爾雅・釋天》：“祭天曰燔柴。”行禮時，積薪於壇，

取玉及牲置於柴上焚燒。此禮與契丹的再生禮合併舉行，是爲契丹部落聯盟選汗和遼建國後新皇帝即位舉行的禮儀。相傳遙輦氏阻午可汗始制此儀，遼朝建國後有所增飾。

天慶元年致仕，[1]卒，謚曰欽肅。[2]

[1]天慶：遼天祚帝耶律延禧年號（1111—1120）。
[2]欽肅：【劉注】《蕭義墓誌銘》稱其謚號爲“恭穆”。

耶律虎古字海鄰，六院夷离堇覿烈之孫，[1]少穎悟，重然諾。

[1]覿烈（940—935）：契丹六院部人。偶思之子，字兀里軫。本書卷七五有傳。

保寧初補御琖郎君。[1]十年使宋還，以宋取河東之意聞于上，燕王韓匡嗣曰：“何以知之？”虎古曰：“諸僭號之國宋皆併收，惟河東未下。今宋講武習戰，意必在漢。”匡嗣力沮，乃止。明年宋果伐漢，帝以虎古能料事，器之。乃曰：“吾與匡嗣慮不及此。”授涿州刺史。[2]

[1]保寧：遼景宗耶律賢年號（969—979）。
[2]涿州：州名。今屬河北省。

統和初皇太后稱制，召赴京師。與韓德讓以事相忤，德讓怒，取護衛所執戎仗擊其腦，卒。子磨魯古。

磨魯古字遙隱，有智識，善射，統和初拜南面林牙。四年宋侵燕，太后親征，磨魯古爲前鋒，手中流矢，拔而復進。太后既至，磨魯古以創不能戰，與北府宰相蕭繼先巡邏境上。[1]累遷北院大王。

[1]蕭繼先：【劉注】人名。繼先，《秦晉國大長公主墓誌銘》《蕭紹宗墓誌銘》和《耶律燕哥墓誌銘》均作“繼遠”。

六年伐宋爲先鋒，[1]與耶律奴瓜破其將李忠吉于定州。[2]以疾卒于軍。

[1]六年伐宋爲先鋒：【劉校】中華點校本校勘記云，“六”原誤“七”。據本書卷一二《聖宗本紀三》統和六年（988）九月及卷八五《耶律奴瓜傳》改。今從。

[2]耶律奴瓜：字延寧，太祖異母弟南府宰相蘇之孫。本書卷八五有傳。　定州：治所在今河北省定州市。

論曰：德讓在統和間位兼將相，其克敵制勝、進賢輔國，功業茂矣。至賜姓名，王齊、晉，抑有寵於太后而致然歟？宗族如德威平党項，滌魯完宗祀，制心不苟合，家聲益振，豈無所自哉！若勃古之忠，陽阿之孝，武白之直，亦彬彬乎一代之良臣矣。

（李錫厚注　劉鳳翥校）

遼史　卷八三

列傳第十三

耶律休哥　馬哥　耶律斜軫　耶律奚低　耶律學古　烏不呂[1]

[1]“耶律休哥”至“烏不呂”:【劉校】原本、明抄本、南監本無，據北監本和殿本補。

耶律休哥字遜寧，祖釋魯，[1]隋國王。父綰思南院夷离堇。[2]休哥少有公輔器。初，烏古、室韋二部叛，[3]休哥從北府宰相蕭幹討之。[4]應曆末爲惕隱。[5]

[1]釋魯：即述瀾。玄祖匀德實第三子，阿保機的伯父。據本書卷六四《皇子表》，其賢而有智，爲迭剌部于越時教民種樹桑麻。年五十七，爲子滑哥所弒。重熙中追封爲隋國王。《耶律仁先墓誌》稱他爲“述剌·實魯于越”。

[2]南院夷离堇：契丹官名。天贊元年（922），以迭剌部強大難制，析五石烈爲五院，六爪爲六院，又稱北院、南院，各置夷离堇。會同元年（938）更夷离堇爲大王。

[3]烏古：部族名。又稱“嫗厥律”“于厥律”，居契丹西北。　室韋：部族名。北魏始見於記載，分佈於今黑龍江、嫩江流域，唐時分爲許多部。契丹多爲其役屬。

[4]宰相：契丹部族官名。可汗之下有北、南二府，各部族則分屬二府，故北宰相亦稱北府宰相，南宰相亦稱南府宰相。

[5]應曆：遼穆宗耶律璟年號（951—969）。　惕隱：契丹官名。又稱“梯里已”，掌皇族政教。

乾亨元年宋侵燕，[1]北院大王奚底、統軍使蕭討古等敗績，[2]南京被圍。[3]帝命休哥代奚底將五院軍往救，遇大敵于高粱河，[4]與耶律斜軫分左右翼，[5]擊敗之，[6]追殺三十餘里，斬首萬餘級，休哥被三創。明旦宋主遁去，[7]休哥以創不能騎，輕車追至涿州，[8]不及而還。

[1]乾亨：遼景宗耶律賢年號（979—983）。

[2]奚底：遼太祖阿保機之孫。其父牙里果，字敵輦，宮人蕭氏生。見本書卷六四《皇子表》。　蕭討古：北府宰相蕭敵魯之孫，見卷六七《外戚表》。乾亨元年（979）宋出兵攻北漢，六月，劉繼元降宋。《續資治通通鑑長編》卷二〇太平興國四年（979）六月甲寅載：“遣使發京東、河北諸州軍儲赴北面行營。庚申車駕北征，發鎮州。”“辛酉次定州，遣使告祀北嶽。上作《悲陷蕃民》詩，令從臣和。丙寅次金臺頓，契丹據有之地也，募其民能爲鄉導者百人，人賜錢二千。遣東西班指揮使浚儀孔守正等先趣岐溝關。守正夜踰短垣，過鹿角，臨斷橋，説關使劉禹以大軍且至，宜開門出降。禹解懸橋，邀守正入，聽命。守正慰撫軍民，還詣行在所。”“己巳次鹽溝頓，民有得契丹之馬來獻，賜以束帛。庚午遲明次幽州城南，駐蹕於寶光寺。契丹萬餘衆屯城北。上親率兵乘之，斬首千餘級，餘黨遁去。”本書卷九《景宗本紀》載，乾亨元年“秋七

月癸未，沙等及宋兵戰於高梁河，少却；休哥、斜軫横擊，大敗之。宋主僅以身免，至涿州，竊乘驢車遁去”。

[3]南京：遼五京之一。故址在今北京市。

[4]高梁河：故道在今北京市西直門外。《宋史》卷四《太宗本紀》載，太平興國四年七月癸未“帝督諸軍及契丹大戰於高梁河，敗績。甲申班師”。《默記》卷中載：“太宗自燕京城下軍潰，北虜追之，僅得脱。凡行在服御寶器盡爲所奪，從人、宫嬪盡陷没。股上中兩箭，歲歲必發。其棄天下竟以箭瘡發云。”

[5]耶律斜軫（？—999）：字韓隱，于越曷魯之孫。保寧初受命節制西南面諸軍，仍援河東。改南院大王。乾亨元年（979）秋，宋軍攻下河東，乘勝襲燕，高梁河一戰，他與耶律休哥分左右翼夾擊，大敗宋軍。統和初，承天皇太后蕭綽稱制，益見委任，爲北院樞密使。四年（986）宋軍三路來攻，斜軫指揮擊退西路來攻的宋軍，以功加守太保。本書卷八三有傳。

[6]擊敗之：【劉校】原本作“繫敗之”，據明抄本、南監本、北監本、殿本改。中華點校本、修訂本和補注本徑改。長箋本引《初校》出校。

[7]宋主：指宋太宗趙匡義。

[8]涿州：治所在今河北省涿州市。

是年冬上命韓匡嗣、耶律沙伐宋，[1]以報圍城之役，休哥率本部兵從匡嗣等戰于滿城。[2]翌日將復戰，宋人請降，匡嗣信之。休哥曰：“彼衆整而鋭，必不肯屈，乃誘我耳，宜嚴兵以待。”匡嗣不聽。休哥引兵憑高而視，須臾南兵大至，鼓譟疾馳。[3]匡嗣倉卒不知所爲，士卒棄旗鼓而走，遂敗績。休哥整兵進擊，敵乃却。詔總南面戍兵，爲北院大王。

[1]韓匡嗣（917—982）：遼初著名漢臣韓知古之子。隸屬宫籍。初以善醫直長樂宫。《韓匡嗣墓誌》透露出他最初是受到太宗德光（即嗣聖皇帝）賞識，這可能與靖安皇后有關。因爲匡嗣是景宗耶律賢藩邸故人，所以景宗即位以後他很快即受到重用。保寧二年（970）景宗睿智皇后之父蕭思温遭謀殺，十年（978）景宗發現並處決了殺害蕭思温的兇手高勳和女里，此後，韓匡嗣更成了景宗和睿智皇后僅存的心腹人物，加開府儀同三司、政事令，授南面行營都統、燕京留守，封燕王。晚年任西南面招討使，與景宗死於同一年——乾亨四年（982）。《韓匡嗣墓誌》云“以乹亨五年，孝成皇帝登遐……以當年十二月八日薨於神山之行帳，享年六十六”。按本書卷一〇《聖宗本紀一》，“四年秋九月壬子，景宗崩”。次年改元統和，乾亨無“五年”。《韓德威墓誌》亦云“四年，丁秦王之憂”。匡嗣志有誤。本書卷七四有傳。

[2]滿城：縣名。治所在今河北省保定市滿城區。

[3]鼓譟：擂鼓吶喊。“譟”同“噪”。

明年車駕親征，[1]圍瓦橋關，[2]宋兵來救。守將張師突圍出，[3]帝親督戰，休哥斬師，餘衆退走入城。宋陣于水南，[4]將戰，帝以休哥馬、介獨黄，慮爲敵所識，乃賜玄甲、白馬易之。休哥率精騎渡水，擊敗之，追至莫州。[5]横屍滿道，靫矢俱罄，生獲數將以獻。帝悦，賜御馬、金盂，勞之曰：“爾勇過于名，若人人如卿，何憂不克！”師還，拜于越。[6]

[1]明年車駕親征：【劉校】據中華點校本校勘記，“明年”二字原脱。《續通志》卷四一九本傳增此二字，與本書卷九《景宗本紀下》乾亨二年（980）十月合，據補。今從。

[2]瓦橋關：在今河北省雄縣。

[3]守將張師：應是守禦瓦橋關的龍猛副指揮使荆嗣。《長編》卷二一太平興國五年（980）十一月載："［壬寅］契丹寇雄州（《實録》《本紀》皆不載此事，獨契丹傳十一月書此），據龍灣堤，龍猛副指揮使荆嗣率兵千人，力戰奪路。會中使有至州閲城壘者出郛外，敵進圍之。諸軍赴援，多被傷，嗣與其衆夜相失，三鼓，乃突圍走莫州。敵爲橋於界河以濟，嗣邀擊之，殺獲甚衆。"

[4]水南：宋遼界河之南岸。

[5]莫州：治所在今河北省任丘市。

[6]于越：契丹語官名。爲契丹貴官，非有大功德者不授。位在北、南大王之上。

聖宗即位，太后稱制，令休哥總南面軍務，以便宜從事。休哥均戍兵，立更休法，勸農桑、修武備，邊境大治。統和四年宋復來侵，[1]其將范密、楊繼業出雲州，[2]曹彬、米信出雄、易，[3]取岐溝、涿州，陷固安，[4]置屯。時北南院、奚部兵未至，休哥力寡不敢出戰。夜以輕騎出兩軍間，殺其單弱以脅餘衆；晝則以精鋭張其勢，使彼勞於防禦，以疲其力。又設伏林莽絶其糧道，曹彬等以糧運不繼退保白溝。月餘復至，休哥以輕兵薄之，伺彼蓐食，擊其離伍單出者，且戰且却。由是南軍自救不暇，結方陣，塹地兩邊而行。軍渴乏井，[5]漉淖而飲，凡四日始達于涿。聞太后軍至，彬等冒雨而遁，太后益以鋭卒追及之。彼力窮環糧車自衛，休哥圍之。至夜，彬、信以數騎亡去，餘衆悉潰。追至易州東，聞宋師尚有數萬瀕沙河而爨，[6]促兵往擊之，宋師望塵奔竄，墮岸相蹂死者過半，沙河爲之不流。太后旋旆，休哥收宋屍爲京觀。[7]封宋國王。

[1]統和：遼聖宗耶律隆緒年號（983—1012）。

[2]范密：【劉校】據中華點校本校勘記，《羅校》云："考《宋史》《長編》諸書，當時宋將無'范密'，疑是'潘美'之誤。《索隱》，范密爲潘美譯音。"　楊繼業：即楊業（？—986），麟州（今陝西省神木縣）人。父信爲後漢麟州刺史。業早年爲戰將，屢立戰功，所向克捷，國人號爲"無敵"。隨其主劉繼元降宋，宋太宗以業熟悉邊事，授代州兼三交駐泊兵馬都部署，以功遷雲州觀察使，仍判鄭州、代州，自是契丹望見業旌旗即退走。雍熙三年（遼統和四年，986）副雲應路行營都部署、忠武軍節度使潘美北上攻遼。諸軍連拔雲應寰朔四州，師次桑乾河，會曹彬之師不利諸路班師。太宗詔遷四州之民於宋朝内地，令潘美等以所部之兵護送。當時契丹國母蕭氏領衆十餘萬復陷寰州，潘美等迫楊業出戰，苦戰殺敵，馬重傷不能進，遂爲契丹所俘，不食三日而死。《宋史》卷二七二有傳。　雲州：治所在今山西省大同市。

[3]曹彬（931—999）：北宋將領。字國華。真定靈壽（今屬河北省）人。後周時累官至引進使。宋初參加滅蜀及征北漢之役，皆有功。開寶七年（974），受命率軍滅南唐，自出師至凱旋，士衆畏服，無肆意殺掠者。未幾，拜樞密使、檢校太尉、忠武軍節度使。宋太宗即位，加同平章事，封魯國公，益得信任。雍熙三年（986）宋分兵三路攻遼，曹彬任幽州（今北京市）道行營前軍馬步水陸都部署，率宋軍主力自雄州（今河北省雄縣）向涿州（今屬河北省）進發。大敗於岐溝關（今河北省淶水縣東）。致使其他兩路軍也被迫退兵。《宋史》卷二五八有傳。　米信（928—994）：奚族，舊名海進。少勇悍、善射。趙匡胤總領後周禁兵，以米信隸麾下，委爲心腹。及即位補殿前指揮使。宋太宗即位轉散都頭指揮使繼領高州團練使。太平興國八年（983）改領彰化軍節度使。雍熙三年征幽薊，命信爲幽州西北道行營馬步軍都部署，敗契丹於新城。契丹率衆復來戰，王師稍却，信獨以麾下龍衛卒三百禦敵，敵圍之數重，信以百餘騎突圍得免。《宋史》卷二六〇有傳。

[4]固安：縣名。治所在今河北省固安縣。

[5]軍渴乏井：【劉校】"乏"原本誤作"之"，據明抄本、南監本、北監本和殿本改。中華點校本、修訂本和補注本徑改。長箋本引《初校》出校。

[6]沙河：在定州南。源發山西繁峙縣東白坡頭口，經曲陽入新樂，又東經定州境而入保定府祁州界。

[7]京觀：古代勝利者收葬敵方戰死士卒的屍體，封土其上以成高塚，即所謂"京觀"。

又上言，可乘宋弱，略地至河爲界。書奏不納。及太后南征，休哥爲先鋒，敗宋兵於望都。[1]時宋將劉廷讓以數萬騎並海而出，[2]約與李敬源合兵，[3]聲言取燕。休哥聞之，先以兵扼其要地。會太后軍至，接戰，殺敬源，廷讓走瀛州。[4]七年宋遣劉廷讓等乘暑潦來攻易州，[5]諸將憚之，獨休哥率鋭卒逆擊于沙河之北，殺傷數萬，獲輜重不可計，獻于朝。太后嘉其功，詔免拜、不名。自是宋不敢北向。時宋人欲止兒啼，乃曰："于越至矣！"

[1]望都：縣名。治所在今河北省望都縣。

[2]劉廷讓（929—987）：涿州范陽（今北京市）人。唐末軍閥劉仁恭曾孫。字光乂。雍熙三年（986）宋北伐，先是主帥曹彬敗於岐溝關。宋太宗以廷讓知雄州，又徙瀛州兵馬都部署。是冬契丹數萬騎來侵，廷讓與戰君子館。時天大寒，兵士弓弩皆不能彀。廷讓被圍數重，一軍皆没，死者數萬人，僅以數騎獲免。先鋒將賀令圖、楊重進皆陷於契丹，自是河朔戍兵無鬬志。宋太宗下詔削奪廷讓在身官爵，配隸商州，行至華州而卒。《宋史》卷二五九有傳。

［3］李敬源：此人不見於《長編》及《宋史》，衹見於《遼史》，或可能是契丹方面誤記。本書卷一一《聖宗本紀二》統和四年十二月甲辰，“詔南大王與休哥合勢進討，宰相安寧領迪离部及三克軍殿。上率大軍與宋將劉廷讓、李敬源戰於莫州，敗之。乙巳，擒宋將賀令圖、楊重進等”。宋軍與契丹軍非戰於莫州（今河北省任丘市），而是戰於君子館。君子館在今河北省河間市西北三十里。《長編》卷二七宋太宗雍熙三年（986）年末，“契丹將耶律遜寧號于越者，以數萬騎入寇瀛州。都部署劉廷讓與戰於君子館。會天大寒，我師不能彀弓弩。敵圍廷讓數重，廷讓先以麾下精卒與滄州都部署李繼隆令後殿，緩急期相救。及廷讓被圍，繼隆退屯樂壽，御前忠佐神勇指揮使鉅野桑贊以所部兵力戰，自辰至申，而敵援兵復至，贊引衆先遁，廷讓全軍皆没，死者數萬人。廷讓得麾下他馬乘之，僅脱死。先鋒將六宅使、平州團練使、知雄州賀令圖，武州團練使、高陽關部署楊重進，俱陷於敵”。《九朝編年備要》卷四雍熙三年十二月，“契丹寇瀛州，劉廷讓禦之，戰於君子館，全軍敗没，廷讓僅以身免，賀令圖爲契丹所紿縛而去。令圖貪功生事，輕而無謀，初與其父懷浦首謀北伐，一歲中父子皆敗，天下笑之”。

［4］瀛州：治所在今河北省河間市。

［5］易州：治所在今河北省易縣。本書卷一二《聖宗本紀三》統和七年（989）正月癸卯，“攻易州，宋兵出遂城來援，遣鐵林軍擊之，擒其指揮使五人。甲辰，大軍齊進，破易州，降刺史劉墀，守陴士卒南遁，上帥師邀之，無敢出者”。《長編》卷二九將此事繫於宋太宗端拱元年（遼統和六年，988）十一月，“契丹大至唐河北，將入寇。諸將欲以詔書從事，堅壁清野勿與戰。定州監軍、判四方館事袁繼忠曰：‘契丹在近，今城中屯重兵而不能剪滅，令長驅深入，侵略它郡，謀自安之計可也，豈折沖禦侮之用乎！我將身先士卒，死於敵矣。’辭氣慷慨，衆皆伏。中黄門林延壽等五人猶執詔書止之，都部署李繼隆曰：‘閫外之事，將帥得專焉。往年河

間不即死者，固將有以報國家耳。’乃與繼忠出兵距戰。先是，易州静塞騎兵尤驍果，繼隆取以隸麾下，留妻子城中。繼忠言於繼隆曰：‘此精卒，止可令守城，萬一寇至，城中誰與捍敵？’繼隆不從，既而敵果入寇，易州遂陷，卒之妻子皆爲敵所掠（易州陷，守將不知主名，亦不得其月日，但於此略見事跡耳，國史疏略如此，良可惜也）”。

休哥以燕民疲弊，省賦役、恤孤寡，戒戍兵無犯宋境，雖馬牛逸于北者悉還之。遠近向化，邊鄙以安。十六年薨。是夕雨木冰。聖宗詔立祠南京。

休哥智略宏遠，料敵如神。每戰勝讓功諸將，故士卒樂爲之用。身更百戰，未嘗殺一無辜。二子：高八，官至節度使；高十，終于越。孫馬哥。

馬哥字訛特懶。興宗時以散職入見，[1]上問：“卿奉佛乎？”對曰：“臣每旦誦太祖、太宗及先臣遺訓，未暇奉佛。”帝悦。清寧中遷唐古部節度使。[2]咸雍中累遷匡義軍節度使。[3]大康初致仕，[4]卒。

[1]散職：無職事官職、衹有與職事官相對的稱號，用以表示官階，稱爲“散官”。例如唐代文散官自開府儀同三司至將士郎凡二十九階，武散官自驃騎大將軍至陪戎副尉凡四十五階。故散官亦稱階官。宋代稱爲寄禄官。

[2]清寧：遼道宗耶律洪基年號（1055—1064）。　唐古部：當係遼朝西南部的吐蕃部族。聖宗時有匿訖唐古部、北唐古部、南唐古部、鶴剌唐古部等。大石西行所歷諸部中也有唐古部。詳本書卷三三《營衛志下·部族下》。

[3]咸雍：遼道宗耶律洪基年號（1065—1074）。　匡義軍：遼代軍號。治饒州（今内蒙古自治區林西縣西南六十公里）。

[4]大康：遼道宗耶律洪基年號（1075—1084）。

耶律斜軫字韓隱，于越曷魯之孫，[1]性明敏，不事生産。

[1]曷魯：耶律曷魯（872—918）。契丹迭剌部人。阿保機"佐命功臣"之一。其父偶思，與阿保機之父撒剌的爲從兄弟。阿保機即位後以曷魯爲"阿魯敦于越"。本書卷七三有傳。

保寧元年樞密使蕭思温薦斜軫有經國才，[1]上曰："朕知之，第佚蕩，豈可羈屈？"對曰："外雖佚蕩，中未可量。"乃召問以時政，占對剴切，帝器重之，妻以皇后之姪。命節制西南面諸軍，仍援河東。[2]改南院大王。[3]

[1]保寧：遼景宗耶律賢年號（969—979）。　蕭思温（？—970）：宰相蕭敵魯族弟忽没里之子。小字寅古。保寧初爲北院樞密使兼北府宰相，仍命世預其選。思温女册爲皇后（即睿智皇后），加尚書令，封魏王。保寧二年（970）遇害。本書卷七八有傳。

[2]河東：指五代時期的北漢，是十國之一。後漢乾祐四年（951）河東節度使劉崇稱帝，國號仍稱漢，都太原（今山西省太原市），史稱北漢。依附契丹。太平興國四年（979）爲北宋所滅。歷四主，凡二十九年。

[3]南院大王：契丹官名。遼太祖析迭剌部爲五院部和六院部。北院大王和南院大王即是五院部和六院部的首領。

乾亨初，宋再攻河東，從耶律沙至白馬嶺遇敵，[1]沙等戰不利，斜軫赴之，令麾下萬矢齊發，敵氣褫而退。是年秋宋下河東，乘勝襲燕，北院大王耶律奚底與蕭討古逆戰，敗績，退屯清河北。斜軫取奚底等青幟軍于得勝口以誘敵，[2]敵果爭赴。斜軫出其後奮擊，敗之。及高梁之戰，與耶律休哥分左右翼夾擊，大敗宋軍。

[1]白馬嶺：據《山西通志》卷一五，白馬嶺在忻州（今山西省忻州市）。

[2]得勝口：據《日下舊聞考》卷一三四《京畿·昌平州》："翠平口在昌平北二里，舊名得勝口，金大定二十五年五月改名。"（《元混一方輿勝覽》）得勝口又名"德勝口"。《清一統志》卷七："德勝口在昌平州北二十里，又名翠屏口。北去雁門口五里，又東有賢莊口。"

統和初，皇太后稱制益見委任，爲北院樞密使。[1]會宋將曹彬、米信出雄、易，楊繼業出代州。[2]太后親帥師救燕，以斜軫爲山西路兵馬都統。[3]繼業陷山西諸郡，各以兵守，自屯代州。斜軫至定安遇賀令圖軍，[4]擊破之，追至五臺，[5]斬首數萬級。明日至蔚州，[6]敵不敢出，斜軫書帛射城上，諭以招慰意。陰聞宋軍來救，令都監耶律題子夜伏兵險阨，[7]俟敵至而發。城守者見救至，突出，斜軫擊其背，二軍俱潰。追至飛狐，[8]斬首二萬餘級，遂取蔚州。賀令圖、潘美復以兵來，斜軫逆于飛狐擊敗之。[9]宋軍在渾源、應州者皆棄城走。[10]斜軫聞繼業出兵，令蕭撻凜伏兵于路。[11]明旦繼業兵至，斜軫擁衆爲戰勢。繼業麾幟而前，斜軫佯退。伏兵發，斜軫進攻，繼業敗走，至狼牙村，[12]衆軍皆潰。繼業爲流矢所中，被擒。斜軫責曰：[13]"汝與我國角勝三十餘年，今日何面目相見!" 繼業但稱死罪而已。初，繼業在宋以驍勇聞，人號"楊無敵"，首建梗邊之策。至狼牙村，心惡之，欲避不可得。既擒，三日死。

[1]北院樞密使：即契丹樞密院之樞密使，爲北面官之最高官職。掌軍事、部族。詳本書卷四五《百官志一》。

[2]代州：治所在今山西省代縣。

[3]都統：官名。唐乾元中始以都統名官，總諸道征伐。後若調諸道兵馬會戰，多置此職，爲臨時軍事長官，不賜旌節，事解即罷。遼設諸路兵馬都統署司，下有諸路兵馬都統署，都統爲其長官。

[4]定安：縣名。遼置。治所在今河北省蔚縣。

[5]五臺：1. 縣名。今屬山西省。2. 山名。在今山西省境内。

[6]蔚州：治所在今河北省蔚縣。

[7]耶律題子（？—986）：一作"迪子"，本書卷八五有傳。

[8]飛狐：1. 古縣名。治所在今河北省淶源縣。2. 要塞名。在今河北省淶源縣北，蔚縣南有飛狐口。

[9]"賀令圖、潘美復以兵來"二句：《長編》卷二七雍熙三年（986）十二月乙未載："契丹將耶律遜寧號于越者，以數萬騎入寇瀛州。都部署劉廷讓與戰於君子館……先鋒將六宅使、平州團練使、知雄州賀令圖，武州團練使、高陽關部署楊重進，俱陷于敵。令圖性貪功生事，復輕而無謀。于越素知令圖，嘗使諜紿之曰：'我獲罪於契丹，旦夕願歸朝，無路自投，幸君少留意焉。'令圖不虞其詐，自以爲終獲大功，私遺于越重錦十兩。至是，于越傳言軍中，願得見雄州賀使君。令圖先爲所紿，意其來降，即引麾下數十

騎逆之，將至其帳數步外，于越據胡床罵曰：‘汝嘗好經度邊事，今乃送死來耶！’麾左右盡殺其從騎，反縛令圖而去。重進力戰，死之。初，令圖與父懷浦首謀北伐，一歲中父子皆敗，天下笑之。”是君子館一役賀令圖被俘。據《清一統志》卷一五，君子館在今河北省河間市西北三十里，宋雍熙三年劉廷讓與遼將耶律休哥戰此。

[10]渾源：縣名。今屬山西省。　應州：治所在今山西省應縣。

[11]蕭撻凜：即蕭撻覽（？—1004）。字駝寧，蕭思温之再從侄。保寧初爲宿直官。統和四年（986）以諸軍副部署，從樞密使耶律斜軫敗繼業於朔州。二十二年攻宋，進至澶淵，未接戰，中伏弩卒。本書卷八五有傳。

[12]狼牙村：據《山西通志》卷一一，狼牙村在朔州（今屬山西省）。

[13]斜軫責曰：【劉校】“責”原本誤作“貴”，今據明抄本、南監本、北監本和殿本改。中華點校本、修訂本和補注本徑改。長箋本引《初校》出校。

斜軫歸闕，以功加守太保。從太后南伐，卒于軍，[1]太后親爲哀臨，仍給葬具。庶子狗兒，官至小將軍。

[1]“以功加守太保”至“卒于軍”：【劉校】據中華點校本校勘記，本書卷一一《聖宗本紀二》載，斜軫加守太保在統和四年（986）六月。從太后用兵卒於軍，在十七年九月。

耶律奚低孟父楚國王之後，[1]便弓馬，勇於攻戰。景宗時多任以軍事。

[1]孟父楚國王：耶律阿保機的伯父巖木。見本書卷六六《皇族表》。契丹以玄祖之後爲皇族，分爲三房：孟父房、仲父房和季父房。季父房一系太祖阿保機子孫爲“横帳”。

統和四年爲右皮室詳穩。[1]時宋將楊繼業陷山西郡縣，奚低從樞密使斜軫討之。凡戰必以身先，矢無虚發。繼業敗于朔州之南，匿深林中。奚低望袍影而射，繼業墮馬。先是，軍令須生擒繼業，奚低以故不能爲功。

後太后南伐，屢有戰績。以病卒。

[1]皮室：契丹軍名。意爲“金剛”。初爲阿保機所置，稱“腹心部”。後有南、北、左、右皮室及黄皮室等，皆掌精甲。　詳穩：遼朝軍官名。元帥府下設大詳穩司。“詳穩”即漢語“將軍”的轉譯。【劉注】右皮室，原本作“右度室”，據明抄本、南監本、北監本和殿本改。中華點校本、修訂本、補注本和長箋本徑改。“詳穩”即漢語“將軍”的轉譯的説法似有值得商榷之處。在契丹小字中，“詳穩”作，“將軍”作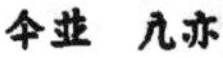，或、；在契丹大字中，“詳穩”作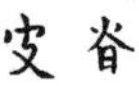，“將軍”作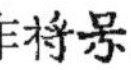。“詳穩”不是漢語“將軍”的轉譯，而是音譯的契丹語。契丹語中“將軍”是漢語借詞。

耶律學古字乙辛隱，于越洼之庶孫，[1]穎悟好學，工譯鞮及詩。保寧中補御盞郎君。

[1]于越洼：即耶律洼。官至于越，德光死後與耶律吼定策立世宗。本書卷七七有傳。

乾亨元年宋既下河東，乘勝侵燕，學古受詔往援。始至京，宋敗耶律奚底、蕭討古等，勢益張，圍城三周，穴地而進。城中民懷二心，學古以計安反側，隨宜備禦，晝夜不少懈。適有敵三百餘人夜登城，學古戰却之。會援軍至，圍遂解。學古開門列陣，四面鳴鼓，居民大呼，聲震天地，旋有高梁之捷。以功遙授保静軍節度使，[1]爲南京馬步軍都指揮使。

［1］保静軍：遼代軍號。治建州（今遼寧省朝陽市）。

二年伐宋乞將漢軍，[1]從之。改彰國軍節度使。[2]時南境未静，民思休息，學古禁寇掠以安之。會宋將潘美率兵分道來侵，學古以軍少，虛張旗幟，雜丁、黄爲疑兵。[3]是夜，適獨虎峪舉烽火，遣人偵視，見敵俘掠村野，擊之，悉獲所掠物，擒其將領。自是學古與潘美各守邊約，無相侵軼，民獲安業。以功爲惕隱，卒。弟烏不呂。

［1］漢軍：也稱“漢兵”。遼朝有衆多的漢軍，其中有阿保機收編的“山北八軍”以及趙延壽的軍隊。此外，遼朝還有自己按照中原軍隊編制組建的漢軍，其中最重要的是燕京等地的禁軍。據《長編》卷五五宋真宗咸平六年（1003）七月己酉記李信云：“國中所管幽州漢兵，謂之神武、控鶴、羽林、驍武等，約萬八千餘騎。”其中“羽林”“控鶴”是唐、五代禁軍舊有的名號。因此可以斷定李信所説的遼燕京的“漢兵”就是戍衛京城的禁軍。

［2］彰國軍：遼代軍號。治應州（今山西省應縣）。

［3］丁、黄：據《新唐書》卷五一《食貨志》，唐制“凡民始

生爲黄，四歲爲小，十六爲中，二十一爲丁，六十爲老”。遼行唐制，黄、小、丁、中、老的年齡，應同唐制。

烏不呂字留隱。嚴重，有膂力，善屬文。統和中伐宋，屢任以軍事。

嘗與爻直不相能，因曰：“爾奴才，何所知？”爻直訟于北院樞密使韓德讓。[1]德讓怒，問曰：“爾安得此奴耶？”烏不呂對曰：“三父異籍時亦易得。”德讓笑而釋之。

[1]韓德讓（942—1011）：韓匡嗣第四子。統和初年承天稱制，韓德讓以南院樞密使的身份“總宿衛事”。統和十七年（999）北院樞密使、魏王耶律斜軫病故，承天太后以韓德讓兼知北院樞密使事，至此，遼朝的蕃漢軍政大權就集於其一身了。統和二十二年（1004），承天太后賜韓德讓姓耶律，徙封晉王，並且仍舊爲大丞相，事無不統。次年十一月，又詔德讓“出宫籍，屬於横帳”。二十八年更名耶律隆運。

後從蕭恒德伐蒲盧毛朵部，[1]以功爲東路統軍都監。及德讓爲大丞相，薦其材可任統軍使，太后曰：“烏不呂嘗不遜于卿，何善而薦？”德讓奏曰：“臣忝相位，於臣猶不屈，况於其餘。以此知可用。若任使之，必能鎮撫諸蕃。”太后從之，加金紫崇禄大夫、檢校太尉。而弟國留以罪亡，烏不呂及其母俱下吏。[2]恐禍及母，陰使人召國留，紿曰：“太后知事之誣，汝第來勿畏。”國留至，送有司，坐誅。其後，退歸田里，以疾卒。

[1]蒲盧毛朶部：女真部族。遼屬部，爲遼國外十部之一。

[2]俱下吏：【劉校】“吏”原本誤作“更”，據明抄本、南監本、北監本和殿本改。中華點校本、修訂本和補注本徑改。長箋本引《羅校》出校。

論曰：宋乘下太原之鋭以師圍燕，繼遣曹彬、楊繼業等分道來伐。是兩役也，遼亦岌岌乎殆哉！休哥奮擊于高梁，敵兵奔潰；斜軫擒繼業于朔州，旋復故地。宋自是不復深入，社稷固而邊境寧，雖配古名將無愧矣。然非學古之在南京安其反側，則二將之功蓋亦難致。故曰國以人重，信哉。

（李錫厚注　劉鳳翥校）

遼史　卷八四

列傳第十四

耶律沙　耶律抹只　蕭幹　討古　耶律善補
耶律海里[1]

［1］“耶律沙”至“耶律海里”：【劉校】原本、明抄本、南監本無，據北監本和殿本補。

耶律沙字安隱，其先嘗相遙輦氏。[1]應曆間累官南府宰相，[2]景宗即位，總領南面邊事。保寧間宋攻河東，[3]沙將兵救之有功，加守太保。

［1］遙輦氏：契丹氏族名。開元二十三年（735）可突于殘黨泥禮殺李過折，立阻午可汗，傳九世，至907年阿保機建國。遙輦九可汗繼位後各建宮衛，遼朝立國後，有遙輦九帳大常衮司之設，掌遙輦九世宮分之事務。亦指唐朝中晚期至契丹建國前的契丹族可汗姓氏，或稱這一時期爲遙輦氏時期。

［2］應曆：遼穆宗耶律璟年號（951—969）。　宰相：契丹部族官名。契丹可汗之下有北、南二府，各部族則分屬二府，故北宰

相亦稱北府宰相，南宰相亦稱南府宰相。

[3]保寧：遼景宗耶律賢年號（969—979）。　河東：指五代時期的北漢，是十國之一。後漢乾祐四年（951）河東節度使劉崇稱帝，國號仍稱漢，都太原（今屬山西省），史稱北漢。依附契丹。太平興國四年（979）爲北宋所滅。歷四主，凡二十九年。

乾亨初宋復北侵，[1]沙將兵由間道至白馬嶺，[2]阻大澗遇敵。沙與諸將欲待後軍至而戰，冀王敵烈、監軍耶律抹只等以爲急擊之便，[3]沙不能奪。敵烈等以先鋒渡澗，未半，爲宋人所擊，兵潰。敵烈及其子蛙哥、沙之子德里、令穩都敏、詳穩唐筈等五將俱没。[4]會北院大王耶律斜軫兵至，[5]萬矢俱發，敵軍始退。

[1]乾亨：遼景宗耶律賢年號（979—983）。

[2]白馬嶺：據《山西通志》卷一五，白馬嶺在忻州（今山西省忻州市）。

[3]冀王敵烈：即太宗德光庶子提離古（933—979）。宮人蕭氏生，保寧初封冀王。乾亨初，北宋進攻北漢，敵烈往援，戰死於白馬嶺。

[4]詳穩：遼朝軍官名。元帥府下設大詳穩司。“詳穩”即漢語“將軍”的轉譯。“詳穩”即漢語“將軍”的轉譯的説法似有值得商榷之處。【劉注】在契丹小字中，“詳穩”作，“將軍”作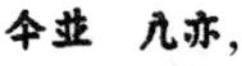，或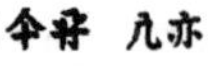、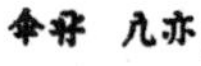；在契丹大字中，“詳穩”作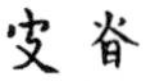，“將軍”作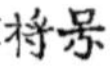。“詳穩”不是漢語“將軍”的轉譯，而是音譯的契丹語。契丹語中“將軍”是漢語借詞。

[5]耶律斜軫（？—999）：字韓隱，于越曷魯之孫。保寧初受命節制西南面諸軍，仍援河東。改南院大王。乾亨元年（979）秋，

宋軍攻下河東，乘勝襲燕，高梁河一戰，他與耶律休哥分左右翼夾擊，大敗宋軍。統和初，承天皇太后蕭綽稱制，益見委任，爲北院樞密使。四年（986）宋軍三路來攻，斜軫指揮擊退西路來攻的宋軍，以功加守太保。本書卷八三有傳。

沙將趨太原，會漢駙馬都尉盧俊來奔，[1]言太原已陷，遂勒兵還。宋乘鋭侵燕，沙與戰于高梁河，[2]稍却。遇耶律休哥及斜軫等邀擊，[3]敗宋軍。宋主宵遁，至涿州，[4]微服乘驢車間道而走。上以功釋前過。

[1]盧俊：北漢駙馬都尉。保寧八年（976）宋師壓境，俊詣遼乞師，有功。乾亨元年（979）白馬嶺之役，遼相耶律沙敗於宋軍。後耶律斜軫來援，始擊退宋軍。將趨太原，會俊以國亡出奔，言太原已陷。遼軍遂勒兵還。俊至遼，署同政事門下平章事，尚景宗公主，復拜駙馬都尉。《十國春秋》卷一〇七有傳。

[2]高梁河：故道在北京市西直門外。《宋史》卷四《太宗本紀一》載，太平興國四年（979）七月癸未“帝督諸軍及契丹大戰於高梁河，敗績。甲申班師”。《默記》卷中載：“太宗自燕京城下軍潰，北虜追之，僅得脱。凡行在服御寶器盡爲所奪，從人、宮嬪盡陷没。股上中兩箭，歲歲必發。其棄天下竟以箭瘡發云。”

[3]耶律休哥（？—998）：字遜寧。出身皇族，應曆末爲惕隱。乾亨元年（979）與耶律斜軫分左右翼，擊敗宋軍於高梁河。是年冬休哥率本部兵從韓匡嗣等戰於滿城。匡嗣敗績。休哥整兵進擊，敵乃却。詔總南面戍兵，爲北院大王。聖宗即位，太后稱制，令休哥總南面軍務，多有戰功。統和四年（986）封宋國王。本書卷八三有傳。

[4]涿州：今屬河北省。

是年，復從韓匡嗣伐宋，[1]敗績，帝欲誅之，以皇后營救得免。睿智皇后稱制，[2]召賜几杖，以優其老。復從伐宋，敗劉廷讓、李敬源之軍，[3]賜賚優渥。統和六年卒。

[1]韓匡嗣（917—982）：遼初著名漢臣韓知古之子。隸屬宫籍。初以善醫直長樂宫。《韓匡嗣墓誌》透露出他最初是受到太宗德光（即嗣聖皇帝）賞識，這可能與靖安皇后有關。因爲匡嗣是景宗耶律賢藩邸故人，所以景宗即位以後他很快即受到重用。保寧二年（970）景宗睿智皇后之父蕭思温遭謀殺，十年（978）景宗發現並處决了殺害蕭思温的兇手高勳和女里。此後，韓匡嗣更成了景宗和睿智皇后僅存的心腹人物，加開府儀同三司、政事令，授南面行營都統、燕京留守，封燕王。晚年任西南面招討使，與景宗死於同一年——乾亨四年（982）。《韓匡嗣墓誌》云：“以乹亨五年，孝成皇帝登遐……以當年十二月八日薨於神山之行帳，享年六十六。”按本書卷一〇《聖宗本紀二》：“四年秋九月壬子，景宗崩。”次年改元統和。《韓德威墓誌》亦云“四年，丁秦王之憂”。匡嗣誌有誤。本書卷七四有傳。

[2]睿智皇后（953—1009）：北府宰相思温女。諱綽，小字燕燕，景宗即位，選爲貴妃。尋册爲皇后，生聖宗。景宗崩，尊爲皇太后，攝國政。統和元年（983）上尊號曰承天皇太后。本書卷七一有傳。皇后稱制，權決軍國事，是北方民族傳統，大汗死後，在選立新汗之前，由大汗之妻權決軍國事。

[3]劉廷讓（929—987）：字光乂，涿州范陽（今北京市）人，唐末軍閥劉仁恭曾孫。雍熙三年（986）宋北伐，先是主帥曹彬敗於岐溝關。宋太宗以廷讓知雄州，又徙瀛州兵馬都部署。是冬契丹數萬騎來侵，廷讓與戰君子館。時天大寒，兵士弓弩皆不能彀。廷讓被圍數重，一軍皆没，死者數萬人，廷讓僅以數騎獲免。先鋒將

賀令圖、楊重進皆陷於契丹，自是河朔戍兵無鬭志。宋太宗下詔削奪廷讓在身官爵，配隸商州，行至華州而卒。《宋史》卷二五九有傳。

耶律抹只字留隱，[1]仲父隋國王之後。[2]初以皇族入侍，景宗即位爲林牙，[3]以幹給稱。保寧間遷樞密副使。

[1]耶律抹只：【劉校】據中華點校本校勘記，本書卷一〇《聖宗本紀一》統和元年（983）四月作“耶律末只”。

[2]仲父隋國王：契丹以玄祖之後爲皇族，分爲三房：孟父房、仲父房和季父房。仲父隋國王即玄祖匀德實第三子、阿保機的伯父釋魯。據本書卷六四《皇子表》：賢而有智，爲迭剌部于越時教民種樹桑麻。年五十七，爲子滑哥所弑。重熙中追封爲隋國王。

[3]林牙：契丹官名。掌文翰，相當於翰林學士。

乾亨元年春宋攻河東，[1]南府宰相耶律沙爲都統將兵往援，[2]抹只監其軍。及白馬嶺之敗，僅以身免。宋乘鋭攻燕，將奚兵翊休哥擊敗之，上以功釋前過。是年冬從都統韓匡嗣伐宋，[3]戰于滿城，[4]爲宋將所紿，諸軍奔潰，獨抹只部伍不亂，徐整旗鼓而歸。璽書褒諭，改南海軍節度使。[5]乾亨二年拜樞密副使。

[1]乾亨元年春：【劉校】據中華點校本校勘記，此五字原闕。據本書卷九《景宗本紀下》乾亨元年（979）二月及卷八三《耶律休哥傳》、卷八四《耶律沙傳》補。今從。

[2]都統：官名。唐乾元中始以都統名官，總諸道征伐。後若調諸道兵馬會戰，多置此職，爲臨時軍事長官，不賜旌節，事解即

罷。遼設諸路兵馬都統署司，下有諸路兵馬都統署，都統爲其長官。

[3]是年冬：【劉校】據中華點校本校勘記，此三字原誤作“十一年”。本書卷九《景宗本紀下》乾亨元年（979）十一月及卷八三《耶律休哥傳》、卷八四《耶律沙傳》改。今從。

[4]滿城：縣名。治所在今河北省滿城縣。

[5]南海軍：遼代軍號。治海州（今遼寧省海城市），屬東京道。見本書卷三八《地理志二》。

統和初爲東京留守，[1]宋將曹彬、米信等侵邊，[2]抹只引兵至南京。[3]先繕守禦備，及車駕臨幸，抹只與耶律休哥逆戰于涿之東，克之，遷開遠軍節度使。[4]故事，州民歲輸税，斗粟折錢五，抹只表請折錢六，部民便之。統和末卒。

[1]統和：遼聖宗耶律隆緒年號（983—1012）。　東京：遼五京之一。故址在今遼寧省遼陽市。

[2]曹彬（931—999）：北宋將領。真定靈壽（今屬河北省）人。字國華。後周時累官至引進使。宋初參加滅蜀及征北漢之役，皆有功。開寶七年（974）受命率軍滅南唐，自出師至凱旋，士衆畏服，無肆意殺掠者。未幾，拜樞密使、檢校太尉、忠武軍節度使。宋太宗即位，加同平章事，封魯國公，益得信任。雍熙三年（986）宋兵分三路攻遼，曹彬任幽州（今北京市）道行營前軍馬步水陸都部署，率宋軍主力自雄州（今河北省雄縣）向涿州（今屬河北省）進發。大敗於岐溝關（今河北省淶水縣東）。致使其他兩路軍也被迫退兵。《宋史》卷二五八有傳。　米信（928—994）：奚族。舊名海進。少勇悍、善射。趙匡胤總領後周禁兵，以米信隸麾下，委爲心腹。及即位，補殿前指揮使。太宗即位，轉散都頭指

揮使，繼領高州團練使。太平興國八年（983）改領彰化軍節度使。雍熙三年征幽薊，命信爲幽州西北道行營馬步軍都部署，敗契丹於新城。契丹率衆復來戰，王師稍却，信獨以麾下龍衛卒三百禦敵，敵圍之數重，信以百餘騎突圍得免。《宋史》卷二五九有傳。

[3]南京：遼五京之一。故址在今北京市。

[4]開遠軍節度使：據中華點校本校勘記，“按《紀》統和六年七月、八月並作大同軍節度使”。開遠軍，遼代軍號。治開州，故城在今遼寧省鳳城市境内。《武經總要》前集卷一六下《戎狄舊地》載：“開州，渤海古城也。遼主東討，新羅國都其城，要害，建爲州，仍曰開遠軍，西至來遠城一百二十里，西南至吉州七十里，東南至石城六十里。遼中庚戌年討新羅國，得要害地，築城以守之，即中國大中祥符三年也，東至新羅新化鎮四十里，南至海三十里。西至保州四十里。”依據這一記載，開州初建爲開遠軍，屬新羅。庚戌年（遼統和二十八年，宋大中祥符三年，1010），遼聖宗親自率軍東討，得到了開遠軍這一“要害地”，又建城守之。按，創建來遠等城的時間，是在統和十二年。《高麗史》卷三《成宗世家》載，（甲午）十三年（遼統和十二年，994）春二月，蕭遜寧致書曰：“近奉宣命，‘但以彼國信好早通，境土相接，雖以小事大固有規儀，而原始要終須存悠久。若不設於預備，慮中阻於使人。遂與彼國相議，便於要衝路陌創築城池’者。尋準宣命，自便斟酌，擬於鴨江西里創築五城，取三月初擬到築城處下手修築，伏請大王預先指揮，從安北府至鴨江東，計二百八十里，踏行穩便田地，酌量地里遠近，并令築城，發遣役夫，同時下手。其合築城數，早與回報。所貴交通車馬，長開貢覲之途，永奉朝廷自協安康之計。”

蕭幹小字項烈，字婆典，北府宰相敵魯之子，[1]性質直。

[1]敵魯：即蕭敵魯（？—919）。阿保機妻述律氏之弟，阿保機即汗位以後，敵魯與曷魯等總宿衛事，爲佐命功臣。後拜北府宰相。本書卷七三有傳。

初，察割之亂，[1]其黨胡古只與幹善，使人召之。幹曰："吾豈能從逆臣！"縛其人送壽安王。[2]賊平，上嘉其忠，拜群牧都林牙。[3]復以伐烏古功遷北府宰相，[4]改突呂不部節度使。[5]

[1]察割：即耶律察割（？—951）。遼皇族，其父即明王安端，爲阿保機同母弟。世宗即位，察割封泰寧王。天禄五年（951）九月，南伐途中行弒逆，隨即爲壽安王誘殺。

[2]壽安王（931—969）：名述律，遼太宗耶律德光長子，生母爲靖安皇后蕭氏。會同二年（939）封壽安王。天禄五年即皇帝位，改元應曆，群臣上尊號曰天順皇帝。應曆十九年（969）遇弒。廟號穆宗。

[3]群牧：契丹專門管理畜群的機構。諸路設群牧使司，下設某群太保、某群侍中、某群敞史；朝廷設總典群牧使司，有總典群牧部籍使、群牧都林牙。以"群"爲單位設某群牧司，設群牧使、群牧副使。此外，還有僅管理馬及牛群的機構。遼亡之後，金稱契丹群牧爲"烏魯古"。

[4]烏古：部族名。又稱嫗厥律、于厥律，居契丹西北。

[5]突呂不部：契丹部族名。據本書卷三三《營衛志下》，該部爲太祖二十部之一，創建於阻午可汗之時，隸北府，節度使屬西北路招討司，司徒居長春州西。

乾亨初宋伐河東，乘勝侵燕，[1]詔幹拒之，戰于高梁河。耶律沙退走，幹與耶律休哥等併力戰敗之，上手勑慰勞。自是每征伐必參決軍事，加政事令。[2]二年宋兵圍瓦橋，[3]夜襲我營，斡及耶律勻骨戰却之。

[1]乘勝侵燕：事在乾亨元年（917）三月，宋滅北漢後，乘勝侵燕京。

[2]政事令：遼朝南面宰相。遼世宗天禄四年（950）建政事省之前，漢人宰相無定稱；建政事省之後，南面宰相稱“政事令”，且多由契丹貴族擔任這一職務。

[3]瓦橋：關隘名。在今河北省雄縣。

時皇后以父呼斡。[1]及后爲皇太后稱制，斡數條奏便宜，多見聽用。統和四年卒，姪討古。

[1]時皇后以父呼斡：【劉校】據中華點校本校勘記，按本書卷七一《睿智皇后傳》，后父思温，斡與皇后應爲同輩。

討古字括寧，性忠簡，應曆初始入侍。會冀王敵烈、宣徽使海思謀反，[1]討古與耶律阿列密告於上，上嘉其忠，詔尚朴謹公主。保寧末爲南京統軍使。

[1]宣徽使：遼朝官名。遼設北、南宣徽，分隸北、南樞密院之下。宣徽北院使常執行軍事使命。此外，宣徽使還掌領朝會、宴饗、禮儀、祭祀及御前祗應之事。

乾亨初宋侵燕，討古與北院大王奚底拒之不克，軍潰。討古等不敢復戰，退屯清河。[1]帝聞其敗，遣使責之曰：“卿等不嚴偵候，用兵無法，遇敵即敗，奚以將爲!”討古懼。頃之援兵至，討古奮力以敗宋軍。上釋其罪，降爲南京侍衛親軍都指揮使。四年卒。

[1]清河：本書卷九《景宗本紀下》載，乾亨元年（917）六月“丁卯，北院大王奚底、統軍使蕭討古、乙室王撒合擊之。戰於沙河，失利。己巳，宋主圍南京。丁丑，詔諭耶律沙及奚底、討古等軍中事宜”。《明一統志》卷一“沙河在霸州城南，與塘河合，至入海處呼爲飛魚口”。“巨馬河舊在霸州治北，源自盧溝河，流經州境東，合界河。”奚底等在沙河失利，向北撤退則是巨馬河（今拒馬河）。此“清河”當是指巨馬河或附近河流。

耶律善補字瑤昇，孟父楚國王之後，純謹有才智。景宗即位授千牛衛大將軍，遷大同軍節度使。[1]及伐宋，韓匡嗣與耶律沙將兵由東路進，善補以南京統軍使由西路進。善補聞匡嗣失利，斂兵還。乾亨末與宋軍戰于滿城，爲伏兵所圍，斜軫救之獲免。以失備，大杖決之。

[1]大同軍：遼代軍號。治雲州（今山西省大同市），重熙十三年（1044）升爲西京。

統和初爲惕隱。[1]會宋來侵，善補爲都元帥逆之，不敢戰，故嶺西州郡多陷，罷惕隱。以其叔安端有匡輔世宗功，[2]上愍之，徵善補爲南府宰相，遷南院大王。

[1]惕隱：契丹官名。又稱“梯里己”，掌皇族政教。

[2]安端：在阿保機兄弟中排行第五，也曾參與“謀反”。世宗天禄初，賜號“明王”，成爲東丹國的統治者。

會再舉伐宋，欲攻魏府，[1]召衆集議。將士以魏城無備，皆言可攻。善補曰："攻固易，然城大叵量，若克其城，士卒貪俘掠，勢必不可遏。且傍多巨鎮，各出援兵，内有重敵，何以當之？"上乃止。善補性懦，守靜。凡征討，憚攻戰，急還，以故戰多不利。年七十四卒。

[1]魏府：即大名府，唐魏州，爲天雄軍治。後唐曰興唐府。在今河北省大名縣。

耶律海里字留隱，令穩拔里得之長子。[1]察割之亂，其母的魯與焉，遣人召海里，海里拒之。亂平，的魯以子故獲免。

[1]拔里得之長子：【劉校】據中華點校本校勘記，"拔"原誤"援"。據本書卷七六本傳及《大典》卷四八〇改。

海里儉素，不喜聲利，以射獵自娱。雖居閑，人敬之若貴官然。保寧初拜彰國軍節度使，[1]遷惕隱。秩滿，稱疾不仕。久之，復爲南院大王。及曹彬、米信等來侵，海里有却敵功，賜資忠保義匡國功臣。

[1]彰國軍：遼代軍號。治應州（今山西省應縣）。

帝屢親征，海里在南院十餘年，鎮以寬靜，户口增給，時議重之。封漆水郡王，[1]遷上京留守，[2]薨。詔以家貧給葬具。

[1]漆水郡王：遼宗室耶律氏的封爵。

[2]遷上京留守：【劉校】據中華點校本校勘記，“按《紀》統和十二年正月，以南院大王耶律景爲上京留守，封漆水郡王。景即海里漢名”。

論曰：當高梁、朔州之捷，[1]偏裨之將如沙與抹只，既因休哥、斜軫類見其功，所謂失之東隅，收之桑榆。[2]若蕭幹、海里拒察割之招，討古告海思之變，則不止有戰功而已。其視善補畏懦，豈不優哉。

[1]朔州：治所在今山西省朔州市。

[2]失之東隅，收之桑榆：《後漢書》卷一七《馮異傳》載，馮異破赤眉，璽書勞之，其間有“失之東隅，收之桑榆”之語。李賢注：“《淮南子》曰‘至於衡陽，是謂隅中’。”又引《漢書》卷八五《谷永傳》釋曰：“太白出自西方六十日，法當參天；今已過期，尚在桑榆間。”“桑榆”謂晚也。

（李錫厚注　劉鳳翥校）

遼史　卷八五

列傳第十五

蕭撻凛　蕭觀音奴　耶律題子　耶律諧理　耶律奴瓜
蕭柳　高勳　奚和朔奴　蕭塔列葛　耶律撒合[1]

[1]“蕭撻凛”至“耶律撒合”：【劉校】原本、明抄本、南監本無，據北監本和殿本補。

蕭撻凛字駝寧，思温之再從姪。[1]父朮魯列，善相馬，應曆間爲馬群侍中。[2]

[1]思温：即蕭思温（？—970）。宰相蕭敵魯族弟忽没里之子。小字寅古。通書史。穆宗時爲南京留守，但畏懦不敢戰。應曆八年（958），後周占束城，遼軍退渡滹沱河而屯，思温飾他説請濟師。已而，後周圍瀛州，陷益津、瓦橋、淤口三關，迫近固安，思温不知計所出。十九年（969）穆宗遇弒，思温與南院樞密使高勳、飛龍使女里等立景宗。保寧初爲北院樞密使兼北府宰相，仍命世預其選。思温女册爲皇后（即睿智皇后），加尚書令，封魏王。保寧二年（970）爲賊所害。本書卷七八有傳。

［2］應曆：遼穆宗耶律璟年號（951—969）。　馬群侍中：群牧官。屬北面官系統。

撻凜幼敦厚，有才略、通天文，保寧初爲宿直官，[1]累任鞬劇。[2]統和四年宋楊繼業率兵由代州來侵，[3]攻陷城邑。撻凜以諸軍副部署，從樞密使耶律斜軫敗之，[4]擒繼業于朔州。[5]六年秋改南院都監，從駕南征，攻沙堆力戰被創，[6]太后嘗親臨視。明年加右監門衛上將軍、檢校太師，[7]遙授彰德軍節度使。[8]

［1］保寧：遼景宗耶律賢年號（969—979）。

［2］鞬（jiān）劇：【靳注】即艱劇。鞬，“艱”之異體。

［3］統和：遼聖宗耶律隆緒年號（983—1012）。　楊繼業：即楊業（？—986），麟州（今陝西省神木縣）人。父信爲後漢麟州刺史。業早年爲戰將，屢立戰功，所向克捷，國人號爲“無敵”。隨其主劉繼元降宋，宋太宗以業熟悉邊事，授代州兼三交駐泊兵馬都部署，以功遷雲州觀察使，仍判鄭州、代州，自是契丹望見業旌旗即退走。雍熙三年（遼統和四年，986）副雲應路行營都部署、忠武軍節度使潘美北上攻遼。諸軍連拔雲、應、寰、朔四州，師次桑乾河，會曹彬之師不利，諸路班師。太宗詔遷四州之民於宋朝内地，令潘美等以所部之兵護送。當時契丹國母蕭氏領衆十餘萬復陷寰州，潘美等迫楊業出戰，苦戰殺敵，馬重傷不能進，遂爲契丹所俘，不食三日而死。《宋史》卷二七二有傳。　代州：治所在今山西省代縣。

［4］耶律斜軫（？—999）：于越曷魯之孫。字韓隱。保寧初受命節制西南面諸軍，仍援河東。改南院大王。乾亨元年（979）秋，宋軍攻下河東，乘勝襲燕，高梁河一戰，他與耶律休哥分左右翼夾擊，大敗宋軍。統和初，承天皇太后蕭綽稱制，益見委任，爲北院

樞密使。四年（986）宋軍三路來攻，斜軫指揮擊退西路來攻的宋軍，以功加守太保。本書卷八三有傳。

［5］朔州：治所在今山西省朔州市。

［6］攻沙堆：據本書卷一二《聖宗本紀三》，此役發生在遼統和六年（988）十月戊午，在攻打涿州之後。《長編》卷二九宋太宗端拱元年（988）則記遼宋此次戰事發生在十一月。

［7］檢校：職官制度用語。唐宋皆有檢校官，屬加官而非正授。

［8］“明年”至“遙授彰德軍節度使”：明年指統和七年（989）。據中華點校本校勘記，“按《紀》，統和二年二月國舅帳彰德軍節度使蕭闥覽來朝。闥覽即撻凜，彰德軍節度不始自七年”。

十一年與東京留守蕭恒德伐高麗，[1]破之，高麗稱臣奉貢。十二年，夏人梗邊，皇太妃受命總烏古及永興宮分軍討之，[2]撻凜爲阻卜都詳穩。[3]凡軍中號令，太妃並委撻凜。師還，以功加兼侍中，封蘭陵郡王。[4]十五年敵烈部人殺詳穩而叛，[5]遁于西北荒，撻凜將輕騎逐之，因討阻卜之未服者，諸蕃歲貢方物充于國，自後往來若一家焉。上賜詩嘉奬，仍命林牙耶律昭作賦，[6]以述其功。撻凜以諸部叛服不常，上表乞建三城以絶邊患，從之。俄召爲南京統軍使。[7]

［1］高麗：古國名。即王建創建的高麗王朝（918—1392）。統治地域在今朝鮮半島，首都在開京（今朝鮮開城市）。本書卷一三《聖宗本紀四》統和十年（992）十二月“以東京留守蕭恒德等伐高麗”。十一年春正月丙午“高麗王治遣朴良柔奉表請罪，詔取女直鴨淥江東數百里地賜之”。契丹與高麗衝突不斷。此次契丹入侵高麗，是爲報復高麗統和四年戰爭中援助宋朝。《河南集》卷一六

《韓公（國華）墓誌銘》："雍熙中王師北伐，聞高麗與契丹嘗爲仇怨，會公諭旨以分敵勢，公至，其王治畏葸無報復意。公爲陳中國威略，動以禍福，乃承詔，然遷延師期。公曰：'兵不即發，不若勿奉詔；出不及敵境，不若勿發兵。'口語激切，又繼以書，至十返。治憚公堅正，知大國不可欺，乃命其大相韓光、元朝趙抗兵二萬五千侵契丹，且俾光等率將校詣公，公猶留館，須其兵出境乃復命。"此次高麗王治遣使契丹，奉表請罪，是因上年末受到契丹征伐。事後又求助於宋，宋未能相助，故此後倒向契丹。據《宋史》卷四八七《高麗傳》載，淳化五年（遼統和十二年，994）六月，"遣使元郁來乞師，愬以契丹寇境。朝廷以北鄙甫寧，不可輕動干戈，爲國生事，但賜詔慰撫，厚禮其使遣還。自是受制于契丹，朝貢中絕"。《高麗史》卷三《成宗世家》（甲午）十三年（遼統和十二年，994）六月，遣元郁如宋，乞師以報前年之役。宋以北鄙甫寧，不宜輕動，但優禮遣還。自是與宋絕。

[2]皇太妃：【劉校】據中華點校本校勘記，應作"王太妃"，參本書卷一三校勘記。　烏古：部族名。又稱"嫗厥律""于厥律"，居契丹西北。　永興宮：太宗德光宮分。

[3]阻卜：即達旦、韃靼。元人諱言達旦，而稱達旦爲阻卜。詳王國維《觀堂集林》卷一四《達旦考》。　詳穩：遼朝軍官名。元帥府下設大詳穩司。"詳穩"即漢語"將軍"的轉譯。"詳穩"即漢語"將軍"的轉譯的説法似有值得商榷之處。在契丹小字中，"詳穩"作，"將軍"作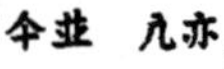，或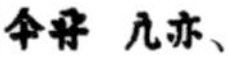、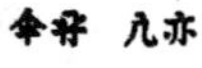；在契丹大字中，"詳穩"作，"將軍"作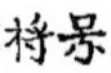。"詳穩"不是漢語"將軍"的轉譯，而是音譯的契丹語。契丹語中"將軍"是漢語借詞。

[4]蘭陵郡：蕭氏郡望。戰國楚置蘭陵縣，在今山東省蘭陵縣西南蘭陵鎮。西晉置蘭陵郡，治丞縣（今山東省棗莊市嶧城區南，在古蘭陵縣西）。

[5]敵烈部：遼金時北邊族名。又譯迪烈、敵烈德、迭烈德、達里底。遼時以遊牧、捕獵爲業，分佈於臚朐河（今克魯倫河）流域。有八部，稱爲八部敵烈或八石烈敵烈。與烏古部並稱爲北邊大部。遼聖宗以敵烈部降人置迭魯敵烈部和北敵烈部。開泰四年(1015)，築董城於臚朐河北，安置敵烈、烏古降人。壽昌二年(1096)，徙敵烈、烏古於烏納水西。金末元初，敵烈人逐漸同化於女真人、蒙古人。

[6]林牙：契丹官名。掌文翰，相當於翰林學士。

[7]南京：遼五京之一。故址在今北京市。

二十年復伐宋，擒其將王先知，[1]破其軍于遂城，[2]下祁州，[3]上手詔獎諭。進至澶淵，[4]宋主軍于城隍間，未接戰，撻凜按視地形，取宋之羊觀、鹽堆、鳧鴈，中伏弩卒。[5]明日轜車至，太后哭之慟，輟朝五日。[6]子慥古，南京統軍使。

[1]二十年復伐宋，擒其將王先知：【劉校】據中華點校本校勘記，“按《紀》統和二十一年四月及卷八五《耶律奴瓜傳》，蕭撻凜獲宋將王繼忠於望都。先知即繼忠”。

[2]遂城：古縣名。治所在今河北省保定市徐水區西。時爲宋遼邊界重鎮。亦爲宋廣信軍治。

[3]祁州：治所在今河北省安國市。

[4]澶淵：地名。即澶州。古稱澶淵。澶州治所在今河南省濮陽市西南。統和二十二年（1004）十一月，承天太后曾親自率兵侵宋至此。雙方通過使臣談判，最後達成澶淵盟約。盟約規定：各自維持固有疆界，互不相侵。宋朝每年贈給契丹銀十萬兩、絹二十萬匹。戰爭經過和談判過程以及盟約全文詳載《長編》卷五七、五八。

[5]中伏弩卒：本書卷一四《聖宗本紀五》載，統和二十二年(1004)十一月庚午，“攻破德清軍。壬申，次澶淵。蕭撻凜中伏弩死”。《九朝編年備要》卷七景德元年（遼統和二十二年）十一月“車駕至衛南，敵擁衆抵澶州，圍合三面，李繼隆等整兵成列，出禦之，敵騎將達蘭中弩死，敵大挫，退却不敢動”。

[6]輟（chuò）朝：中止臨朝聽政。

蕭觀音奴字耶寧，奚王搭紇之孫。[1]統和十二年爲右祗候郎君班詳穩，遷奚六部大王。先是，俸秩外給獐、鹿百數，皆取於民，觀音奴奏罷之。

[1]奚王：對奚部族首領的稱呼。據《五代會要》卷二八《奚》：“奚，本匈奴别種，即東胡之地，人物風俗與突厥同。族有五姓：一曰阿會部，管縣六；二曰啜米部，管縣四；三曰奥質部，管縣六；四曰奴皆部，管縣四；五曰黑訖支部，管縣三。每部有刺史，每縣有令，酋長號奚王。”此奚王是被契丹降伏以後的奚部族酋長。《新五代史》卷七四《四夷附録第三》所記奚各部名稱與《五代會要》相同：奚“分爲五部：一曰阿薈部，二曰啜米部，三曰粵質部，四曰奴皆部，五曰黑訖支部。後徙居琵琶川，在幽州東北數百里。地多黑羊，馬趫前蹄堅善走，其登山逐獸，下上如飛。”奚本來祗有五部，阿保機降伏五部奚之後設置墮瑰部，而成六部。詳本書卷三三《營衛志下·部族下》。

及伐宋與蕭撻凜爲先鋒，降祁州，下德清軍，[1]上加優賞。同知南院事，卒。

[1]德清軍：後晉軍號。治舊澶州（今河南省清豐縣西北）。據《太平寰宇記》卷五七，德清軍陸家店地，本舊澶州。後晉天福

三年（938）移澶州於得勝塞，乃於舊澶州置頓丘鎮，取縣爲名，至四年晉幸天雄軍，改鎮爲德清軍。開運二年十一月又移德清軍於陸家店，置在新澶州之北七十里。

耶律題子字勝隱，北府宰相兀里之孫。[1]善射、工畫，保寧間爲御盞郎君。九年奉使于漢，[2]具言兩國通好長久之計，其主繼元深加禮重。[3]

[1]北府宰相：契丹部族官名。契丹可汗之下有北、南二府，各部族則分屬二府，故北宰相亦稱北府宰相，南宰相亦稱南府宰相。

[2]漢：指五代時期的北漢，是十國之一。後漢乾祐四年（951）河東節度使劉崇稱帝，國號仍稱漢，都太原（今屬山西省），史稱北漢。依附契丹。太平興國四年（979）爲北宋所滅。歷四主，凡二十九年。

[3]繼元：即劉繼元。北漢開國皇帝劉崇養子，天會十二年（遼應曆十八年，968）九月即位，次年，遼册立其爲大漢皇帝。廣運二年（遼保寧七年，975）遼册繼元爲大漢英武皇帝。廣運六年（宋太平興國四年，979）降於宋，北漢亡。

統和二年將兵與西邊詳穩耶律速撒討阤羅斤，[1]大破之。四年宋將楊繼業陷山西城邑，題子從北院樞密使耶律斜軫擊之，敗賀令圖於定安，[2]授西南面招討都監。宋兵守蔚州，[3]急召外援。題子聞之夜伏兵道傍，黎明宋兵果來，過未半而擊之；城中軍出，斜軫復邀之。兩軍俱潰，奔飛狐，[4]地隘不得進，殺傷甚衆。賀令圖復集敗卒來襲蔚州，題子逆戰破之。應州守將自遁，[5]進圍寰州，[6]冒矢石登城，宋軍大潰。當斜軫擒繼業于朔州，題子功居多。

[1]耶律速撒（？—1002）：字阿敏。應曆初爲侍從，累遷突呂不部節度使。保寧三年（971）改九部都詳穩。四年伐党項，屢立戰功。統和初以來，在邊二十年，安集諸蕃，威信大振。本書卷九四有傳。

[2]敗賀令圖於定安：定安縣，據《清一統志》卷二四："在蔚州東北，遼置，屬蔚州。金貞祐三年升爲定安州，元復爲縣，明初省。《蔚州志》定安廢縣，在州東北六十里。"《長編》卷二七雍熙三年年末："令圖性貪功生事，復輕而無謀。裕悦素知令圖，嘗使諜紿之曰：'我獲罪於契丹，旦夕願歸朝，無路自投，幸君少留意焉。'令圖不虞其詐，自以爲終獲大功，私遺裕悦重錦十兩，至是裕悦傳言軍中願得見雄州賀使君。令圖先爲所紿，意其來降，即引麾下數十騎逆之。將至其帳數步外，裕悦據胡床罵曰：'汝嘗好經度邊事，今乃送死來耶。'麾左右盡殺其從騎，乃縛令圖而去，重進力戰死之。初令圖與父懷浦首謀北伐，一歲中父子皆敗，天下笑之。重進太原人也。丙午，瀛州以聞，廷讓詣闕請罪。上知爲繼隆所誤，不責。逮繼隆，令中書問狀，尋亦釋之。東頭供奉官馬知節監博州軍，聞廷讓敗，恐敵乘勝復入寇，因繕城壘、治器械、料丁壯、集芻糧，十有五日而具。始興役，官吏居民皆不悦其生事，既而寇果至，見有備乃引去，衆始歎伏。"《九朝編年備要》卷四雍熙三年十二月契丹寇瀛州，"劉廷讓禦之，戰於君子館，全軍敗没，廷讓僅以身免，賀令圖爲契丹所紿縛而去。令圖貪功生事，輕而無謀，初與其父懷浦首謀北伐，一歲中父子皆敗，天下笑之"。

[3]蔚州：治所在今河北省蔚縣。

[4]飛狐：1. 古縣名。今淶源縣在隋唐遼、宋、金、元時名飛狐縣。2. 要塞名。今河北省淶源縣北、蔚縣南有飛狐口。

［5］應州：治所在今山西省應縣。
［6］寰州：五代後唐置，遼廢。治所在今山西省朔州市東。

是年冬復與蕭撻凛由東路擊宋，俘獲甚衆。後聞宋兵屯易州，率兵逆之，至易境而卒。

初，題子破令圖，宋將有因傷而仆，題子繪其狀以示宋人，咸嗟神妙。

耶律諧理字烏古鄰，突舉部人。[1]統和四年，宋將楊繼業來攻山西，[2]諧理從耶律斜軫擊之，常居先鋒，偵候有功。是歲伐宋，宋人拒於滹沱河，[3]諧理率精騎便道先濟，獲其將康保威，以功詔世預節度使選。

［1］突舉部：契丹阻午可汗時期部族名。據本書卷三三《營衛志下·部族下》，太祖二十部中的突呂不部，“其先曰塔古里，領三營。阻午可汗命分其一與弟航斡爲突舉部；塔古里得其二，更爲突呂不部。隸北府，節度使屬西北路招討司，司徒居長春州西”。

［2］統和四年，宋將楊繼業來攻山西：【劉校】據中華點校本校勘記，“四”原誤“五”。“按《紀》繼業於四年三月出兵，七月被擒，據改”。今從。

［3］滹沱河：河流名。滹沱河流經山西、河北境内，匯入子牙河，歷史上河道屢次變遷。

太平元年稍遷本部節度使。[1]六年從蕭惠攻甘州，[2]不克。會阻卜攻圍三剋軍，諧理與都監耶律涅魯古往救，[3]至可敦城西南遇敵，[4]不能陣，中流矢卒。

［1］太平：遼聖宗耶律隆緒年號（1021—1031）。

［2］蕭惠（982—1056）：契丹外戚。淳欽皇后弟阿古只五世孫。字伯仁，小字脱古思。重熙六年（1037）惠贊成復取三關，與太弟帥師壓宋境，迫使宋朝增歲幣請和。惠以首事功進王韓。重熙十七年尚帝姊秦晉國長公主，拜駙馬都尉。本書卷九三有傳。　甘州：治所在今甘肅省張掖市。

［3］都監耶律涅魯古：【劉校】據中華點校本校勘記，本書卷一七《聖宗本紀八》太平六年（1028）八月作"監軍涅里姑"。

［4］可敦城：即鎮州。陳得芝《耶律大石北行史地雜考》（《歷史地理》第二輯）説，遼朝統治漠北屬部的最高軍政機構是西北路招討司（又稱西北路都招討司），遼聖宗統和十二年（994）因西北"阻卜"諸部作亂，以蕭撻凛爲西北路招討使，命隨皇太妃（齊王妃）出征，"屯西鄙驢駒兒河，西捍韃靼，盡降之"。蕭撻凛鑒於達旦諸部叛服不常，上表乞建三城以鎮之。統和二十二年（1004）三城完工，設置鎮、防、維三州。

耶律奴瓜字延寧，太祖異母弟南府宰相蘇之孫。[1]有膂力，善調鷹隼。

［1］蘇（？—926）：阿保機幼弟，名蘇。神册五年（920）爲惕隱。次年爲南府宰相。據本書卷六四《皇子表》，滄州節度使劉守文求救，蘇曾奉阿保機之命，前去解滄州之圍。天顯元年（926）從太祖征渤海還，卒。

統和四年宋楊繼業來侵，奴瓜爲黄皮室糺都監，[1]擊敗之，盡復所陷城邑。軍還，加諸衛小將軍。及伐宋有功，遷黄皮室詳穩。六年再舉，將先鋒軍敗宋遊兵于定州，[2]爲東京統軍使，加金紫崇禄大夫。從奚王和朔奴伐兀惹，[3]以戰失利，削金紫崇禄階。[4]

[1]皮室：契丹軍名。“皮室”意爲“金剛”。初爲阿保機所置，稱“腹心部”。後有南、北、左、右皮室及黄皮室等，皆掌精甲。

[2]先鋒軍：作戰時衝鋒在先的軍隊。《武經總要》後集卷五《故事》：“唐太宗嘗選精鋭千餘騎爲奇兵，皆皂衣黑甲，分爲左右隊。隊建大旗，令騎將秦叔寶、程咬金、尉遲敬德、翟長孫等分統之。每臨敵，太宗躬被黑甲，先鋒率之，候機而進，所向摧靡，常以少擊衆，賊徒氣懾。” 定州：今屬河北省。

[3]兀惹：遼金時東北部族名。

[4]階：官階。是表示官員品級的稱號，以别於職事官而言，衹用於封贈，並非實官。唐以金紫光禄大夫爲從三品。遼避德光諱，改“光禄”爲“崇禄”。

十九年拜南府宰相。二十一年復伐宋，擒其將王繼忠于望都，[1]俘殺甚衆，以功加同政事門下平章事。二十六年爲遼興軍節度使，尋復爲南府宰相。開泰初加尚父，卒。

[1]王繼忠（？—1023）：宋降將。本書卷八一有傳。《宋史》卷二七九《王繼忠傳》載：“［繼忠］開封人。真宗在藩邸，得給事左右，以謹厚被親信。即位，補内殿崇班，累遷至殿前都虞候，領雲州觀察使，出爲深州副都部署，改鎮、定、高陽關三路鈐轄兼河北都轉運使，遷高陽關副都部署，俄徙定州。咸平六年，契丹數萬騎南侵，至望都，繼忠與大將王超及桑贊等領兵援之。繼忠至康村，與契丹戰，自日昳至乙夜，敵勢小却。遲明復戰，繼忠陣東偏，爲敵所乘，斷餉道，超、贊皆畏縮退師，竟不赴援。繼忠獨與

麾下躍馬馳赴，服飾稍異，契丹識之，圍數十重。士皆重創，殊死戰，且戰且行，旁西山而北，至白城，遂陷於契丹。真宗聞之震悼，初謂已死，優詔贈大同軍節度，賵賻加等，官其四子。景德初，契丹請和，令繼忠奏章，乃知其尚在。朝廷從之，自是南北戢兵，繼忠有力焉。歲遣使至契丹，必以襲衣、金帶、器幣、茶藥賜之，繼忠對使者亦必泣下。嘗附表懇請召還，上以誓書約各無所求，不欲渝之，賜詔諭意。契丹主遇繼忠甚厚，更其姓名爲耶律顯忠，又改名宗信，封楚王。”　望都：縣名。治所在今河北省望都縣。

蕭柳字徒門，淳欽皇后弟阿古只五世孫。[1]幼養于伯父排押之家，多知能文，膂力絶人。

[1]淳欽皇后：遼太祖阿保機皇后述律氏的謚號。遼興宗重熙二十一年（1052）九月追謚。本書卷七一有傳。　阿古只：蕭敵魯之弟，兄弟二人均爲阿保機述律皇后之弟。一同爲阿保機掌腹心部。剌葛叛亂，阿古只將其追擒於榆河。本書卷七三有傳。

統和中，叔父恒德臨終薦其才，詔入侍衛。十七年，南伐，宋將范庭召列方陣而待。[1]時皇弟隆慶爲先鋒，[2]問諸將佐：“誰敢當者？”[3]柳曰：“若得駿馬，則願爲之先。”隆慶授以甲騎，柳攬轡，謂諸將曰：“陣若動，諸君急攻。”遂馳而前，敵少却，隆慶席勢攻之，南軍遂亂。柳中流矢，裹創而戰，[4]衆皆披靡。時排押留守東京，奏柳爲四軍兵馬都指揮使。

[1]范庭召（926—1001）：又作“范廷召”。冀州棗強（今河

北省棗強縣）人。淳化間爲定州行營都部署。咸平二年（999）契丹入塞，車駕北巡。廷召與戰瀛州西，斬首二萬級，逐北至莫州東三十里，又斬首萬餘，奪其所掠老幼數萬口，契丹遁去。師還，録功加檢校太傅，益賦邑，又改殿前都指揮使。四年正月被疾，車駕臨問，卒，年七十五，贈侍中。《宋史》卷二八九有傳。《長編》卷四五咸平二年（遼統和十七年，999）十一月丁卯載："初，河北轉運使裴莊屢條奏傅潛無將略，恐失機會。樞密使王顯與潛俱起攀附，頗庇之，莊奏至，輒不報。潛屯於定州，緣邊城堡悉飛書告急，潛麾下步騎凡八萬餘，咸自置鐵撾、鐵棰，爭欲擊敵。潛畏懦，閉門自守，將校請戰者輒醜言詈之。無何，敵破狼山諸寨，悉鋭攻威虜，兩晝夜不勝，遂引兵略寧邊軍，入祁、趙，大縱抄劫，遊騎出邢、洺間，百姓驚擾，攜挈老幼爭入城郭，鎮、定路不通者踰月。朝廷屢間道遣使，督其出師，會諸路兵合擊，其都監秦翰及定州行營都部署范廷召等屢促之，皆不聽。廷召怒，因詬潛曰：'公性怯，乃不如一嫗耳。'潛不能答。"

[2]隆慶（？—1016）：遼聖宗耶律隆緒同母弟。統和中進封爲梁國王，拜南京留守，手握重兵，稱雄一方。統和十七年（999）南征，隆慶率軍爲先鋒，至瀛州（今河北省河間市），與宋將范廷召相遇，隆慶命蕭柳迎戰，將宋軍擊潰，並圍而殲之。十九年（1001）復敗宋人於行唐（今屬河北省）。他的權勢、地位不斷上升，威脅着遼聖宗。《宋朝事實類苑》卷七七引《乘軺録》稱其"調度之物，悉侈於隆緒"。

[3]敢當者：【劉校】原本作"敢甞者"，據明抄本、南監本、北監本、殿本改。中華點校本、修訂本和補注本徑改。長箋本引《初校》出校。

[4]裹創而戰：【劉校】中華修訂本校勘記云，"裹"原作一字空格，據明抄本、南監本、北監本、殿本改。今從。中華點校本、補注本和長箋本徑改。

明年爲北女直詳穩,[1]政濟寬猛，部民畏愛。遷東路統軍使，秩滿，百姓願留復任，許之。從伐高麗，遇大蛇當路，前驅者請避，柳曰：“壯士安懼此！”拔劍斷蛇。師還，致仕。

[1]女直：部族名。本作“女真”，因避遼興宗宗真名諱，改稱“女直”。遼時居東北地區東部。其在南者入遼籍，稱“熟女真”或“合蘇館女真”；在北者不入遼籍，稱“生女真”。

柳好滑稽，雖君臣燕飲，詼諧無所忌，時人比之俳優。[1]臨終謂人曰：“吾少有致君志，不能直遂，故以諧進。冀萬有一補，俳優名何避！”頃之，被寢衣而坐，呼曰：“吾去矣！”言訖而逝。耶律觀音奴集柳所著詩千篇，目曰《歲寒集》。

[1]俳優：古代指以樂舞諧戲爲業的藝人。

高勳字鼎臣，晉北平王信韜之子。[1]性通敏，仕晉爲閤門使。[2]會同九年與杜重威來降。[3]太宗入汴授四方館使。[4]好結權貴，能服勤大臣，多推譽之。

[1]信韜：【劉校】原本、明抄本、南監本、北監本、殿本和修訂本均作“信韜”。據補注本改。補注本校勘記稱：“《舊五代史》卷一三二《世襲列傳》：高萬興兼彰武、保大兩鎮，封北平王。子允韜，後唐清泰二年卒於華州節度使任内。陳大任避金章宗父允恭諱，改‘允’爲‘信’。”中華點校本徑改。長箋本作“信韜”，引《索隱》出校。

[2]閤門使：官名。即古者擯相之職。唐末、五代凡取稟旨命、供奉乘輿、朝會遊宴及贊導三公、群臣、蕃國朝见、辭謝、糾彈失儀之事，由閤門使、副掌管。閤門使多以處武臣。參見《文獻通考·職官十二》。

[3]杜重威（？—948）：朔州（今山西省朔州市）人。其妻石氏是晉高祖石敬瑭之妹。出帝與契丹絶好，契丹連歲入侵。重威爲北面行營招討使、鄴都留守。開運三年（946）秋重威有異志，遣人向契丹請降，契丹許以重威爲中原皇帝，重威信以爲然，乃伏甲士召諸將，出降表，令諸將署名，並告軍士以糧盡出降，軍士解甲大哭，聲震原野。明年契丹北歸，漢高祖劉知遠攻鄴，重威食盡請降。爲漢大臣共誅之。《舊五代史》卷一〇九、《新五代史》卷五二有傳。

[4]四方館使：【靳注】官名。四方館長官。掌諸路驛舍及陳設器皿等事。

天禄間爲樞密使，[1]總漢軍事。[2]五年劉崇遣使來求封册，[3]詔勳册崇爲大漢神武皇帝。應曆初封趙王，出爲上京留守，[4]尋移南京。會宋欲城益津，[5]勳上書請假巡徼以擾之，[6]帝然其奏，宋遂不果城。十七年宋略地益津關，勳擊敗之，知南院樞密事。景宗即位，以定策功進王秦。

[1]天禄：遼世宗耶律阮年號（947—951）。

[2]漢軍：也稱“漢兵”。遼朝有衆多的漢軍，其中有阿保機收編的“山北八軍”以及趙延壽的軍隊。此外，遼朝還有自己按照中原軍隊編制組建的漢軍，其中最重要的是燕京等地的禁軍。據《長編》卷五五宋真宗咸平六年（1003）七月己酉記李信云：“國中所管幽州漢兵，謂之神武、控鶴、羽林、驍武等，約萬八千餘騎。”

其中“羽林”“控鶴”是唐、五代禁軍舊有的名號。因此可以斷定李信所説的遼燕京的“漢兵”就是戍衛京城的禁軍。

［3］劉崇（895—955）：後漢高祖同母弟。後改名。劉知遠即位，崇爲太原尹、北京留守、同中書門下平章事。郭威代漢自立，崇於後周廣順元年（951）正月即皇帝位於太原，與契丹約爲父子之國，致書遼世宗兀欲，稱其爲“叔”。史稱“北漢”。

［4］上京：遼五京之一。前期都城，稱臨潢府，故址在今内蒙古自治區巴林左旗林東鎮波羅城。

［5］益津：地名。在今河北省霸州市。

［6］勳上書請假巡徼以擾之：【劉校】據中華點校本校勘記，“按《紀》，勳上書在應曆十七年二月”。

保寧中以南京郊内多隙地，請疏畦種稻。帝欲從之，林牙耶律昆宣言於朝曰：“高勳此奏，必有異志。果令種稻，引水爲畦，設以京叛，官軍何自而入？”帝疑之，不納。尋遷南院樞密使。[1]以毒藥餽駙馬都尉蕭啜里，事覺，流銅州。[2]尋又謀害尚書令蕭思温，詔獄誅之，没其産，皆賜思温家。

［1］南院樞密使：即漢人樞密院之樞密使。爲南面官最高官職。詳見本書卷四七《百官志三》。

［2］銅州：渤海置，遼屬東京道。下轄析木縣，治所在今遼寧省海城市。

奚和朔奴字籌寧，奚可汗之裔。保寧中爲奚六部長。[1]

[1]奚六部長：【靳注】即奚王，又稱“奚六部大王”。爲北面官。太祖阿保機始置，終遼之世爲奚族最高長官，統領奚族軍民之政。

統和初皇太后稱制，以耶律休哥領南邊事，[1]和朔奴爲南面行軍副部署。四年宋曹彬、米信等來侵，[2]和朔奴與休哥破宋兵于燕南，手詔褒美。軍還，怙權撾無罪人李浩至死，上以其功釋之。[3]六年冬，南征，[4]將本部軍由别道進擊敵軍於狼山，俘獲甚衆。

[1]耶律休哥（？—998）：字遜寧。出身皇族，應曆末爲惕隱。乾亨元年（917）與耶律斜軫分左右翼，擊敗宋軍於高梁河。是年冬，休哥率本部兵從韓匡嗣等戰於滿城。匡嗣敗績。休哥整兵進擊，敵乃却。詔總南面戍兵，爲北院大王。聖宗即位，太后稱制，令休哥總南面軍務，多有戰功。統和四年（986）封宋國王。本書卷八三有傳。

[2]曹彬（931—999）：北宋將領。字國華。真定靈壽（今屬河北省）人。後周時累官至引進使。宋初參加滅蜀及征北漢之役，皆有功。開寶七年（974）受命率軍滅南唐，自出師至凱旋，士衆畏服，無肆意殺掠者。未幾，拜樞密使、檢校太尉、忠武軍節度使。宋太宗即位，加同平章事，封魯國公，益得信任。雍熙三年（986）宋分兵三路攻遼，曹彬任幽州（今北京市）道行營前軍馬步水陸都部署，率宋軍主力自雄州（今河北省雄縣）向涿州（今屬河北省）進發。大敗於岐溝關（今河北省淶水縣東）。致使其他兩路軍也被迫退兵。《宋史》卷二五八有傳。 米信（928—994）：奚族，舊名海進。少勇悍、善射。趙匡胤總領後周禁兵，以米信隸麾下，委爲心腹。及即位，補殿前指揮使。太宗即位，轉散都頭指揮使，繼領高州團練使。太平興國八年（983）改領彰化軍節度使。

雍熙三年征幽蓟，命信爲幽州西北道行營馬步軍都部署，敗契丹於新城。契丹率衆復來戰，王師稍却，信獨以麾下龍衛卒三百禦敵，敵圍之數重，信以百餘騎突圍得免。《宋史》卷二五九有傳。

[3]上以其功釋之：【劉校】“上”原本誤作“止”，據明抄本、南監本、北監本、殿本改。中華點校本、修訂本和補注本徑改。長箋本引《羅校》出校。

[4]六年冬，南征：【劉校】據中華點校本校勘記，“六年”二字原脱。用兵爲六年事，原連敘在四年下。據文意補。今從。

八年上表曰：“臣竊見太宗之時，奚六部二宰相、二常衮，[1]詔命大常衮班在酋長左右，副常衮總知酋長五房族屬，二宰相匡輔酋長，建明善事。今宰相職如故，二常衮别無所掌，乞依舊制。”從之。

[1]常衮：契丹官名。遙輦九帳有常衮司之設，掌遙輦九宫分事務。此外奚六部也設常衮。

十三年秋遷都部署，伐兀惹。駐于鐵驪，[1]秣馬數月，進至兀惹城。利其俘掠，請降不許，令急攻之。城中大恐，皆殊死戰。和朔奴知不能克，從副部署蕭恒德議，掠地東南，循高麗北界而還。以地遠粮絶，士馬死傷，詔降封爵，卒。子烏也，郎君班詳穩。

[1]鐵驪：族名。遼置鐵驪國王府，以統其衆。其地當今黑龍江省東部松花江流域。

蕭塔列葛字雄隱，五院部人。[1]八世祖只魯，遙輦氏時嘗爲虞人。[2]唐安禄山來攻，[3]只魯戰于黑山之陽，[4]敗之。以功爲北府宰相，世預其選。

[1]五院：契丹部族名。天贊元年（922）以迭剌部強大難制，析五石烈爲五院，六爪爲六院，各置夷离堇。會同元年（938）更夷离堇爲大王，部隸北府，以鎮南境。

[2]遙輦氏：契丹氏族名。開元二十三年（735）可突于殘黨泥禮殺李過折，立阻午可汗，傳九世，至907年阿保機建國。遙輦九可汗繼位後各建宮衛，遼朝立國後，有遙輦九帳大常衮司之設，掌遙輦九世宮分之事務。亦指唐朝中晚期至契丹建國前的契丹族可汗姓氏，或稱這一時期爲遙輦氏時期。　虞人：古代掌山澤苑囿之官。《周禮·夏官·大司馬》："虞人萊所田之野爲表。"賈公彦疏："虞人者，若田在澤，澤虞；若田在山，山虞。"《左傳·昭公二十年》："十二月，齊侯田於沛，招虞人以弓，不進。"杜預注："虞人，掌山澤之官。"

[3]安禄山（708—757）：唐營州柳城（今遼寧省朝陽市）胡人。本姓康，隨母嫁突厥人安延偃，改姓安，名禄山。初爲互市郎，被幽州節度使張守珪養以爲子。後任平盧、范陽、河東三鎮節度使。天寶十四載（755）起兵叛亂，兩年後爲其子所殺。

[4]黑山：本書卷三二《營衛志中》載，"黑山在慶州北十三里，上有池，池中有金蓮"。黑山近慶陵，故"道宗每歲先幸黑山，拜聖宗、興宗陵，賞金蓮，乃幸子河避暑"。另據本書卷三七《地理志一》，慶州"在州西二十里。有黑山、赤山、太保山、老翁嶺、饅頭山、興國湖、轄失濼、黑河"。慶州治所在今内蒙古自治區巴林右旗索博日嘎鎮。

塔列葛仕開泰間，累遷西南面招討使。[1]重熙十一年使西夏，諭伐宋事，約元昊出別道以會。[2]十二年改右夷离畢、同知南京留守,[3]轉左夷离畢，俄授東京留守，以世選爲北府宰相,[4]卒。

[1]累遷西南面招討使：【劉校】據中華點校本校勘記，本書卷一九《興宗本紀二》重熙十二年（1043）八月，“以前西北路招討使蕭塔烈葛爲右夷离畢”。官職歧互，或有脱誤。

[2]元昊：即李元昊（1003—1048）。謚武烈皇帝，廟號景宗，陵號泰陵。小字嵬理，後更名曩霄，李德明長子。公元1031年，李德明死後嗣位，宋授爲定難軍節度、夏銀綏宥靜等州觀察處置押蕃落使、西平王。遼封他爲夏國王。宋寶元元年（1038）十月，他更名曩霄，建國號大夏，年號天授禮法延祚，自稱皇帝。進表宋朝，要求承認建國稱帝的既成事實，雙方隨即發生戰爭。七年後，雙方重新媾和。西夏國主稱臣，宋朝同意每年給予銀、絹、茶、采共二十五萬五千兩、匹、斤。夏宋媾和，夏遼矛盾隨之激化。西夏景宗與遼興平公主婚後失和，再加這時遼境内的党項部落多叛附西夏，糾紛益形擴大。遼興宗親征西夏，遭遇失敗。從此夏、宋、遼三方鼎峙的局勢形成。

[3]夷离畢：契丹官名。爲執政官，相當於副宰相參知政事。後來官分南、北，北面官有夷离畢院，主要掌刑政。

[4]世選：世選是氏族社會遺留下的選任首領和官員的制度，契丹立國初期汗位繼承在形式上仍實行世選。世選與世襲的區别在於，世襲之制即專制時代盛行的嫡長子繼承制，在這種制度下，嫡長子是當然的繼承人。世襲制度下的繼承問題，是皇帝自己的事情，不容許他人介入。世選之制則不同，在這種制度下，有權勢、地位的貴族們介入確定汗位繼承人之事，由他們在可汗的兄弟子侄中量才推選繼承人。這種“世選”制度不僅存在於契丹社會中，在這一發展階段上的各個民族，無不如此。

耶律撒合字率懶，乙室部人，[1]南府宰相歐禮斯子。天禄間始仕。應曆中拜乙室大王兼知兵馬事。

[1]乙室部：契丹部族名。爲太祖阿保機時期二十部之一，統以本部夷离堇。會同二年（939）該部夷离堇稱大王，隸南府。其大王及都監率部鎮守西南境，負責防禦西夏。

乾亨初宋來侵，詔以本部兵守南京，與北院大王奚底、統軍蕭討古等逆戰，[1]奚底等敗走，獨撒合全軍還。上諭之曰："拒敵當如此，卿勉之，無憂不富貴。"加守太保。統和間卒。

[1]奚底：遼太祖阿保機之孫。其父牙里果，字敵輦，宫人蕭氏生。見本書卷六四《皇子表》。　蕭討古：北府宰相蕭敵魯之孫，事見本書卷六七《外戚表》。

論曰：遼在統和間數舉兵伐宋，諸將如耶律諧理、奴瓜、蕭柳等俱有降城擒將之功。最後，以蕭撻凛爲統軍直抵澶淵。將與宋戰，撻凛中弩，我兵失倚，和議始定。或者天厭其亂，使南北之民休息者耶！

（李錫厚注　劉鳳翥校）

遼史　卷八六

列傳第十六

耶律合住　劉景　劉六符　耶律褭履　牛温舒　杜防
蕭和尚　特末　耶律合里只　耶律頗的[1]

[1]“耶律合住”至“耶律頗的”:【劉校】原本、明抄本、南監本無，據北監本和殿本補。耶律合里只，北監本与殿本均誤作“耶律合理只”，據本書本卷本傳改。

耶律合住字粘衮，[1]太祖弟迭剌之孫。[2]幼不好弄，臨事明敏，善談論。

[1]耶律合住:【劉注】據《東北考古與歷史》創刊號（文物出版社1982年版）所載《耶律琮神道碑》，耶律合住不僅有漢名“琮”，還“字伯玉”。又據中華點校本校勘記，“合住”，本書卷八《景宗本紀上》保寧六年三月作“昌朮”。《長編》景德二年（1005）十二月作“昌主”。漢名琮，見《職官分紀》及《太平治迹統類》。羅繼祖《遼史校勘記》謂“‘朮’‘住’音近，‘合’‘昌’則殊不類，意本作‘曷’，傳寫誤‘昌’耳”。

[2]迭剌（？—926）：阿保機弟，排行第三。聰明過人，是契丹小字的創製者。曾參與其兄剌葛謀反。【劉注】《耶律琮神道碑》谓“祖諱匀睹衮，乃大聖皇帝之同母弟也。謀智深博，達於理行，咸推奇德……乃秣馬礪兵，躬擐甲冑，蒙犯霜露，跋履山川，而恭陪大聖皇帝。待有道而征無道，改霸圖而版圖。富有天下，大崇宗嗣。乃公烈祖之勳也”。匀睹衮爲迭剌的契丹語第二個名字，本書卷六四《皇子表》作“雲獨昆”，乃同名異譯。迭剌有子名允，爲耶律合住之父，謂“烈考諱允，與嗣聖皇帝爲從昆弟”。

初以近族入侍。每從征伐有功，保寧初加右龍虎衛上將軍。[1]以宋師屢梗南邊，拜涿州刺史，[2]西南兵馬都監、招安、巡檢等使，賜推忠奉國功臣。

[1]保寧：遼景宗耶律賢年號（969—979）。
[2]涿州：治所在今河北省涿州市。

合住久任邊防，雖有克獲功然務鎮靜，不妄生事以邀近功，鄰壤敬畏，屬部乂安。宋數遣人結歡，冀達和意，合住表聞其事，帝許議和。安邊懷敵，多有力焉。拜左金吾衛上將軍，秩滿遙攝鎮國軍節度使。[1]卒。

[1]鎮國軍：治華州（今陝西省渭南市華州區），另外陝州也設鎮國軍。此兩地均不在遼境。

合住智而有文，曉暢戎政。鎮范陽時嘗領數騎徑詣雄州北門，[1]與郡將立馬陳兩國利害及周師侵邊本末，[2]辭氣慷慨，左右壯之。自是邊境數年無事，識者以謂：

合住一言賢於數十萬兵。

[1]范陽：縣名。治所在今河北省涿州市。　雄州：治所在今河北省雄縣。

[2]周（951—960）：朝代名。五代時，郭威繼後漢稱帝，國號周，史稱“後周”。“周師侵邊”指應曆九年（959）夏四月周拔淤口關（在今河北省霸州市東）、益津關（在今河北省霸州市）、瓦橋關（在今河北省雄縣），以及隨後陷瀛、莫二州。《新五代史》卷七三《四夷附録第二》載：“顯德六年夏，世宗北伐……至益津關，降其守將，而河路漸狹，舟不能進，乃舍舟陸行。瓦橋、淤口關、瀛、莫州守將，皆迎降。方下令進攻幽州，世宗遇疾，乃置雄州於瓦橋關、霸州於益津關而還。周師下三關、瀛、莫，兵不血刃。述律聞之，謂其國人曰：‘此本漢地，今以還漢，又何惜耶？’”瀛州，治所在今河北省河間市；莫州，治所在今河北省任丘市。

劉景字可大，河間人。[1]四世祖怦，[2]即朱滔之甥，[3]唐右僕射、盧龍軍節度使。[4]父守敬，南京副留守。[5]

[1]河間：縣名。治所在今河北省河間市。

[2]四世祖怦：【劉注】劉怦之子爲劉濟，劉濟之子爲劉緫，劉緫之子爲劉守敬。劉怦、劉濟、劉緫、劉守敬共四代。還可以往上推，劉怦之父爲劉貢，劉貢之父爲劉宏遠。

[3]即朱滔之甥：【劉校】據中華點校本校勘記，“朱”原誤“木”。據《舊唐書》卷一四三、《新唐書》卷二一二本傳改。今從。

[4]盧龍軍：唐軍鎮名。據《唐會要》卷七八，該軍鎮係天寶

二年（743）設置，治所在今河北省盧龍縣。

[5]南京：遼五京之一。故址在今北京市。

景資端厚，好學能文，燕王趙延壽辟爲幽都府文學。[1]應曆初遷右拾遺、知制誥，[2]爲翰林學士。九年周人侵燕，留守蕭思温上急變，[3]帝欲俟秋出師，景諫曰："河北三關已陷于敵，今復侵燕，安可坐視！"上不聽。會父憂去，未幾起復舊職。一日召草赦，既成，留數月不出。景奏曰："唐制：赦書日行五百里，今稽期弗發，非也。"上亦不報。

[1]趙延壽（？—946）：恒山（今河北省正定縣）人。本姓劉。後爲劉守光偏將趙德鈞養子，改姓趙，並娶後唐明宗李嗣源之女爲妻。明宗即位，延壽爲駙馬都尉，樞密使。清泰三年（天顯十一年，936），在契丹圍攻晉安寨之役中與其父德鈞一同降遼。遼以延壽爲南京留守，總山南事。會同初加政事令。大同元年（947）遼滅晉，趙延壽率漢軍攻入汴京，求爲皇太子，遼太宗不許。授中京留守。太宗死後又與兀欲爭位，失敗後被囚禁。次年病死。本書卷七六有傳。

[2]應曆：遼穆宗耶律璟年號（951—969）。

[3]蕭思温（？—970）：宰相蕭敵魯族弟忽没里之子。小字寅古。通書史。穆宗時爲南京留守，但畏懦不敢戰。應曆八年（958），後周占束城，遼軍退渡滹沱河而屯，思温飾他説請濟師。已而周圍瀛州，陷益津、瓦橋、淤口三關，迫近固安，思温不知計所出。十九年（969）穆宗遇弒。思温與南院樞密使高勳、飛龍使女里等立景宗。保寧初爲北院樞密使兼北府宰相，仍命世預其選。思温女册爲皇后（即睿智皇后），加尚書令，封魏王。保寧二年（970）爲賊所害。本書卷七八有傳。

景宗即位，以景忠實擢禮部侍郎，遷尚書、宣政殿學士。[1]上方欲倚用，乃書其笏曰：[2]“劉景可爲宰相。”頃之，爲南京副留守。時留守韓匡嗣因扈從北上，[3]景與其子德讓共理京事。[4]俄召爲户部使，[5]歷武定、開遠二軍節度使。[6]

［1］宣政殿學士：遼代官名。屬南面官。宣政殿是唐代宫殿名，皇帝在此會見百官、命婦。

［2］笏：古代臣子朝見君主時所執的狹長板子，用玉、象牙、竹木製成。後世惟品官執之。

［3］韓匡嗣（917—982）：遼初著名漢臣韓知古之子。隸屬宫籍。初以善醫直長樂宫。《韓匡嗣墓誌》透露出他最初是受到太宗德光（即嗣聖皇帝）賞識，這可能與靖安皇后有關。因爲匡嗣是景宗耶律賢藩邸故人，所以景宗即位以後他很快即受到重用。保寧二年（970）景宗睿智皇后之父蕭思温遭謀殺。十年（978）景宗發現並處決了殺害蕭思温的兇手高勳和女里。此後，韓匡嗣更成了景宗和睿智皇后僅存的心腹人物，加開府儀同三司、政事令，授南面行營都統、燕京留守，封燕王。晚年任西南面招討使，與景宗死於同一年——乾亨四年（982）。《韓匡嗣墓誌》云：“以亁亨五年，孝成皇帝登遐……以當年十二月八日薨於神山之行帳，享年六十六。”按本書卷一〇《聖宗本紀一》“四年秋九月壬子，景宗崩”。次年改元統和，乾亨無“五年”。《韓德威墓誌》亦云“四年，丁秦王之憂”。匡嗣誌有誤。本書卷七四有傳。

［4］德讓：即韓德讓（942—1011）。韓匡嗣第四子。統和初年承天皇太后稱制，韓德讓以南院樞密使的身份“總宿衛事”。統和十七年（999）北院樞密使、魏王耶律斜軫病故，承天太后以韓德讓兼知北院樞密使事，至此，遼朝的蕃漢軍政大權就集於其一身了。統和二十二年（1004）承天太后又賜韓德讓姓耶律，徙封晉

王，並且仍舊爲大丞相，事無不統。次年十一月又詔德讓“出宫籍，屬於横帳”。二十八年更名耶律隆運。本書卷八二有傳。

[5]户部使：户部使司之長官。

[6]武定：遼代軍號。治奉聖州（今河北省涿鹿縣）。　開遠：遼代軍號。治開州（今遼寧省鳳城市）。《武經總要》前集卷一六下《戎狄舊地》載：“開州，渤海古城也。遼主東討，新羅國都其城，要害，建爲州，仍曰開遠軍，西至來遠城一百二十里，西南至吉州七十里，東南至石城六十里。”　二軍節度使：【劉校】“二”，原本作“一”，據明抄本、南監本、北監本、殿本改。中華點校本、修訂本和補注本徑改。長箋本引《羅校》出校。

統和六年致仕，[1]加兼侍中。卒，年六十七。贈太子太師。子慎行，孫一德、二玄、三嘏、四端、五常、六符，皆具《六符傳》。

[1]統和六年致仕：【劉校】據中華點校本校勘記，本書卷一二《聖宗本紀三》統和六年（988）二月，大同軍節度使、同平章政事劉京致仕。

劉六符，父慎行，由膳部員外郎累遷至北府宰相、監修國史。時上多即宴飲行誅賞，慎行諫曰：“以喜怒加威福，恐未當。”帝悟，諭政府：“自今宴飲有刑賞事，翌日稟行。”爲都統，[1]伐高麗，[2]以失軍期下吏，議貴乃免，[3]出爲彰武軍節度使。[4]賜保節功臣。子六人：一德、二玄、三嘏、四端、五常、六符。德早世。玄終上京留守。[5]常歷三司使、武定軍節度使。[6]嘏、端、符皆第進士。嘏、端俱尚主，爲駙馬都尉。三嘏獻聖宗《一矢斃雙鹿賦》，上嘉其贍麗。與公主不諧，奔宋；歸，殺之。四端以衛尉少卿使宋賀生辰，方宴，大張女樂，竟席不顧，人憚其嚴。還，拜樞密直學士。

［1］都統：官名。唐乾元中，始以都統名官，總諸道征伐。後若調諸道兵馬會戰，多置此職，爲臨時軍事長官，不賜旌節，事解即罷。遼設諸路兵馬都統署司，下有諸路兵馬都統署，都統爲其長官。

［2］高麗：古國名。即王建創建的高麗王朝（918—1392）。統治地域在今朝鮮半島，首都在開京（今朝鮮開城市）。《高麗史》卷四《顯宗世家》載，六年（乙卯，開泰四年，1015）春正月癸卯"契丹兵圍興化鎮，將軍高積餘、趙弋等擊却之，甲辰又侵通州"。七年（丙辰，開泰五年，1016）秋七月甲辰都兵馬使奏："將軍高積餘、中郎將徐肯、郎將守岩等三千一百八人曾於通州之役殺獲甚多，請不拘存没增職一級。"本書卷一五《聖宗本紀六》開泰四年五月辛巳，"命北府宰相劉晟爲都統，樞密使耶律世良爲副，殿前都點檢蕭屈烈爲都監以伐高麗。晟先攜家置邊郡，致緩師期，追還之"。劉晟即劉慎行。

［3］議貴：唐律中關於對權貴犯罪應減免處罰的規定，爲"八議"之一。《唐律疏議》卷二《名例律》："議者，原情議罪，稱定刑之律而不正決之。"

［4］彰武：遼代軍號。治霸州，後升興中府，治所在今遼寧省朝陽市。

［5］上京：遼五京之一。前期都城，稱臨潢府，故址在今内蒙古自治區巴林左旗林東鎮波羅城。　玄終上京留守：【劉校】"玄"原本誤作"亥"。據明抄本、南監本、北監本和殿本改。中華點校本、修訂本、補注本和長箋本徑改。

［6］三司使：唐宋以鹽鐵、度支、户部爲三司，主理財賦。其

長官爲三司使。《通鑑》卷二六五唐昭宣帝天祐三年三月戊寅："以朱全忠爲鹽鐵、度支、户部三司都制置使。三司之名始於此。"遼代在南京設三司使司。此外，在上京設鹽鐵使司，東京設户部使司，中京設度支使司，西京設計司。　武定軍：遼代軍號。治奉聖州（今河北省涿鹿縣）。

六符有志操，能文。重熙初遷政事舍人，[1]擢翰林學士。十一年與宣徽使蕭特末使宋索十縣地。[2]還，爲漢人行宫副部署。[3]會宋遣使增歲幣以易十縣，復與耶律仁先使宋，[4]定"進貢"名，宋難之。六符曰："本朝兵彊將勇，海内共知，人人願從事于宋。若恣其俘獲以飽所欲，與'進貢'字孰多？況大兵駐燕，萬一南進，何以禦之！顧小節，忘大患，悔將何及！"宋乃從之，歲幣稱"貢"。[5]六符還，加同中書門下平章事。[6]及宋幣至，命六符爲三司使以受之。

[1]重熙：遼興宗耶律宗真年號（1031—1055）。

[2]十縣地：《九朝編年備要》卷一一宋仁宗慶曆二年（1042）二月載："契丹遣其臣蕭英、劉六符來求石晉所割瓦橋關十縣。其書略曰：'李元昊於北朝爲甥舅之親，設罪合致討，曷不以一介爲報？況營築長堤、填塞隘路、歸決塘水、添置邊軍，既稔猜疑，慮隳信睦。倘思久好，共遣疑懷，以晉陽舊附之區、關南元割之縣見歸敝國，共康黎元。'初有涿州進士梁濟世嘗主文書遼帳下，一日得罪來歸，言彼將有割地之請。又知雄州杜推序亦先得其事以聞。至是上發書示輔臣，色皆不動，六符亦疑其書之先漏。"

[3]漢人行宫副部署：職官名。漢人行宫都部署的副職。遼在北南面官系統中，分别設契丹行宫都部署和漢人行宫都部署，其上

則有諸行宮都部署。行宮都部署完全是倣中原王朝官制設置的，它不同於專管斡魯朶事務的某宮都部署的宮官。宋朝皇帝巡幸亦有行宮，且亦有行宮都部署之設。後避英宗趙曙名諱，改稱行宮都總管。

[4]耶律仁先（1012—1072）：契丹皇族。孟父房之後。字紏鄰，小字查剌。重熙三年（1034）補護衛。十一年升北院樞密副使。與劉六符使宋，定議增歲幣。既還，同知南京留守事。十八年再舉伐夏，仁先與皇太弟重元爲前鋒。清寧初爲南院樞密使。九年（1063）重元謀逆，仁先受命討賊。事後，加尚父，進封宋王，爲北院樞密使。本書卷九六有傳。

[5]歲幣稱"貢"：此係遼單方面説詞。

[6]同中書門下平章事：唐制，大臣中有此名義者即爲事實上的宰相。遼襲唐制，在分設北南面官之後，以同中書門下平章事爲南面宰相。

六符與參知政事杜防有隙，[1]防以六符嘗受宋賂，白其事，出爲長寧軍節度使，[2]俄召爲三司使。

[1]參知政事：始見於唐前期，宋初作爲副宰相，至真宗以後，其地位更與宰相同平章事等。遼朝參知政事的地位類似宋朝的參知政事，與同中書門下平章事一樣，都是中書省長官、宰相。

[2]長寧軍：遼代軍號。治川州。據《大清一統志》卷二八："白川州故城在朝陽縣東北六十七里。遼置川州，會同中改爲白川州，治咸康縣……今縣境東北之四角阪有廢城，週二里餘，蒙古名卓索喀喇城，城内有遼開泰二年《佛頂尊勝陀羅尼石幢記》，爲白川州官吏所建，知即故白川州地。"

道宗即位將行大册禮，北院樞密使蕭革曰：[1]"行大禮備儀物，必擇廣地，莫若黄川。”六符曰：“不然。禮儀國之大體，帝王之樂不奏于野。[2]今中京四方之極，[3]朝覲各得其所，宜中京行之。”上從其議。尋以疾卒。

[1]蕭革（？—1063）：契丹外戚。國舅房林牙和尚之子。小字滑哥，字胡突堇。重熙十二年（1043）爲北院樞密副使。十三年，拜北府宰相。十五年，改同知北院樞密事。革怙寵專權，同僚以其奸佞，言用之將敗事，興宗不聽。拜南院樞密使，詔班諸王上，封吳王。道宗即位後，與國舅蕭阿剌同掌朝政。帝訪群臣以時務，阿剌陳利病，言甚激切。革因譖阿剌“有慢上心”。道宗大怒，縊阿剌於殿下。清寧九年（1063）秋重元之亂，革預其謀，陵遲處死。本書卷一一三有傳。

[2]帝王之樂不奏于野：帝王之樂又稱“王者之樂”，乃宫廷音樂，故不能在村野即民間演奏。

[3]中京：遼五京之一。稱大定府，故址在今内蒙古自治區寧城縣大明鎮。

耶律褭履字海隣，六院夷离堇蒲古只之後。[1]風神爽秀，工于畫。

[1]六院夷离堇：六院部的首領。六院部原爲迭剌部一部分。太祖阿保機以迭剌部强大難制，析爲五院部和六院部。

重熙間累遷同知點檢司事。駙馬都尉蕭胡覩爲夏人所執，[1]奉詔索之，三返以歸，轉永興宫使、右祗候郎君班詳穩。[2]褭履將娶秦晉長公主孫，[3]其母與公主婢有隙，謂褭履曰：“能去婢，乃許爾婚。”褭履以計殺之。婚成事覺，有司以大辟論。[4]褭履善畫，寫聖宗真以獻，得減，坐長流邊戍。復以寫真，召拜同知南院宣徽事。使宋賀正，寫宋主容以歸。

[1]蕭胡覩（？—1063）：遼外戚。字乙辛。重熙中尚秦國長公主，授駙馬都尉，以不諧離婚，復尚齊國公主，爲北面林牙。清寧中歷北、南院樞密副使，清寧九年（1063）七月參與重元叛亂，失敗投水死。五子，同日誅之。本書卷一一四有傳。

[2]永興宮：太宗德光宮分。　詳穩：遼朝軍官名。元帥府下設大詳穩司。“詳穩”即漢語“將軍”的轉譯。【劉注】“詳穩”即漢語“將軍”的轉譯的説法似有值得商榷之處。在契丹小字中，“詳穩”作，“將軍”作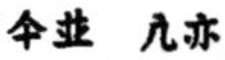，或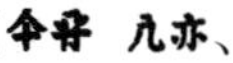、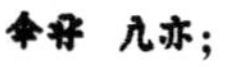；在契丹大字中，“詳穩”作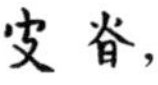，“將軍”作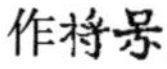。“詳穩”不是漢語“將軍”的轉譯，而是音譯的契丹語。契丹語中“將軍”是漢語借詞。

[3]秦晉長公主（970—1045）：遼景宗長女，承天太后所生，聖宗爲其同母弟。下嫁蕭繼遠。乾亨三年（981）始封齊國公主，開泰元年（1012）册爲晉國長公主。重熙七年（1038）封爲秦晉國大長公主。重熙十四年薨於龍化州西南坐冬之行帳。享年七十六歲。參見《秦晉國大長公主墓誌銘》。

[4]大辟：死刑。《尚書·吕刑》：“大辟疑赦，其罰千鍰。”孔傳：“死刑也。”孔穎達疏：“《釋詁》云：辟，罪也。死是罪之大者，故謂死刑爲大辟。”

清寧間復使宋。[1]宋主賜宴，[2]瓶花隔面，未得其真。陛辭，僅一視，及境，以像示餞者，駭其神妙。聞重元亂，[3]不即勤王。賊平入賀，帝責讓之。宴酣，顧裹履曰："重元事成，卿必得爲上客！"裹履大慙。咸雍中加太子太師，[4]卒。

[1]清寧：遼道宗耶律洪基年號（1055—1064）。

[2]宋主：當時的宋朝皇帝是仁宗。

[3]重元（1021—1063）：本名宗元，因避興宗諱，改重元，小字孛吉只，亦作孛己只，聖宗次子。太平三年（1023）封秦國王。聖宗死後，欽愛皇后稱制，曾密謀立重元。重元以所謀告於興宗，封爲皇太弟。賜以金券誓書。道宗即位册爲皇太叔，爲天下兵馬大元帥，復賜金券。清寧九年（1063）與其子涅魯古謀亂，失敗自殺。本書卷一一二有傳。

[4]咸雍：遼道宗耶律洪基年號（1065—1074）。

牛溫舒范陽人，剛正，尚節義，有遠器。

咸雍中擢進士第，滯小官。大安初累遷户部使，[1]轉給事中、知三司使事。國、民兼足，上以爲能，加户部侍郎，改三司使。壽隆中拜參知政事兼同知樞密院事，[2]攝中京留守，部民詣闕請真拜，從之。召爲三司使。

[1]大安：遼道宗耶律洪基年號（1085—1094）。

[2]壽隆：遼道宗耶律洪基年號（1095—1101）。據遼代碑刻和錢幣，此年號本爲"壽昌"。元代修《遼史》時誤書爲"壽隆"。據中華修訂本校勘記，"按此係陳大任避金欽慈皇后'壽昌'諱而改"。後爲元修《遼史》所承襲。

乾統初復參知政事，[1]知南院樞密使事。五年夏爲宋所攻，[2]來請和解。温舒與蕭得里底使宋，[3]方大燕，優人爲道士裝，索土泥藥爐。優曰："土少不能和。"温舒遽起，以手藉土懷之。宋主問其故，[4]温舒對曰："臣奉天子威命來和，若不從則當卷土收去。"宋人大驚，遂許夏和。還，加中書令，卒。

[1]乾統：遼天祚帝耶律延禧年號（1101—1110）。

[2]夏爲宋所攻：《宋史》卷四八六《夏國傳》載，崇寧四年（1105），詔西邊能招致者，毋問首從，賞同斬級令，用京計也。陶節夫在延州，大加招誘，乾順遣使巽請，皆拒之，又令殺其牧放者。夏人遂入鎮戎，略數萬口，執知鄯州高永年而去，又攻湟州，自是兵連者三年。大觀元年（1107）始遣人修貢。

[3]蕭得里底（？—1122）：字糺鄰，晉王蕭孝先之孫。乾統元年（1101）爲北面林牙、同知北院樞密事，受詔與北院樞密使耶律阿思懲治乙辛餘黨。阿思受賄，多爲乙辛餘黨減輕治罪；得里底也附會阿思的做法。女直初起，得里底阻礙發兵進討。後任北院樞密使，受到天祚信任。保大二年（1122）天祚率衛兵出逃，得里底離開天祚後，爲耶律淳所獲，不食數日而卒。本書卷一〇〇有傳。

温舒與蕭得里底使宋：【劉校】據中華點校本校勘記，"《紀》記此事在乾統六年正月"。

[4]宋主：此時的宋朝皇帝是徽宗。

杜防，涿州歸義縣人。[1]開泰五年擢進士甲科，[2]累遷起居郎、知制誥，人以爲有宰相器。太平中遷政事舍人，[3]拜樞密副使。

[1]歸義縣：治所在今河北省高碑店市東南新城鎮。據宋人歐陽忞《輿地廣記》卷一〇，該縣“晉時入於契丹，周顯德六年世宗克瓦橋關，置雄州，治歸義縣。皇朝太平興國元年改爲歸信”。後，遼置僑歸義縣於新城縣，屬涿州。

[2]開泰：遼聖宗耶律隆緒年號（1012—1021）。

[3]太平：遼聖宗耶律隆緒年號（1021—1031）。

重熙九年夏人侵宋，[1]宋遣郭積來告，[2]請與夏和。上命防使夏解之，如約罷兵，各歸侵地，拜參知政事。韓紹芳、劉六符忌之，[3]防待以誠。十二年紹芳等罷，愈見信任。十三年拜南府宰相。[4]十五年，防生子，帝幸其第，[5]賜名王門奴。以進奏有誤，出爲武定軍節度使。十七年，復召爲南府宰相。[6]二十一年秋祭仁德皇后，詔儒臣賦詩，防爲冠，賜金帶。

[1]夏人侵宋：據《宋史》卷四八五《夏國傳》載，康定元年(1040)，環慶路鈐轄高繼隆、知慶州張崇俊攻後橋，而柔遠砦主武英入自北門，拔之。未幾，夏人攻金明砦，執都監李士彬父子。破安遠、塞門、永平諸砦，圍延州，設伏三川口，執劉平、石元孫、傅偃、劉發、石遜等。又攻鎮戎軍，敗劉繼宗、李緯兵五千。環慶部署任福入白豹城，焚其積聚，破四十一族。

[2]郭積來告：【劉校】原本作“郭損來告”，南監本和殿本作“郭禎來告”，據北監本和明抄本改。中華點校本徑作“郭積來告”。修訂本作“郭禎來告”，其校勘記曰：“‘郭禎’，《長編》卷一二八仁宗康定元年（1040）秋七月乙丑，《宋史》卷三〇一本傳皆作‘郭積’，按宋仁宗諱禎，其名當作‘積’。”郭積（？—1040)，字仲微，開封祥符人。累遷尚書刑部員外郎，同修起居注。據《宋史》卷三〇一《郭積傳》“康定元年（遼重熙九年，1040）

使契丹，告用兵西鄙。契丹厚禮之，與同出觀獵，延積射。積一發中走兔，衆皆愕視，契丹主遺以所乘馬及他物甚厚”。

[3]韓紹芳：遼聖宗太平四年（1024）爲樞密直學士，興宗重熙十二年（1043）官至參知政事。

[4]南府宰相：契丹部族官名。契丹可汗之下有北、南二府，各部族則分屬二府。二府分設北府宰相、南府宰相，簡稱北宰相、南宰相。乙室、楮特、突舉等部隸南府。遼建國後，南府宰相以皇族充任。聖宗以後，也用漢人任此職。　十三年拜南府宰相：【劉校】據中華點校本校勘記，“十三年”，原誤“十二年”。本書卷一九《興宗本紀二》載，杜防爲南府宰相在重熙十三年二月，據改。今從。

[5]十五年，防生子，帝幸其第：【劉校】據中華點校本校勘記，“十五年”三字原脱。“按《遊幸表》防生子，帝幸其第在十五年八月，據補”。今從。

[6]十七年，復召爲南府宰相：【劉校】據中華點校本校勘記，“十七年”原誤“十四年”。本書卷一九《興宗本紀二》載，杜防復爲南府宰相在十七年（1048）四月，據改。今從。

道宗諒陰，[1]爲大行皇帝山陵使。[2]清寧二年上諭防曰：“朕以卿年老嗜酒，不欲煩以劇務，朝廷之事總綱而已。”頃之，拜右丞相，加尚父，卒。上歎悼不已，賵贈加等，官給葬具，贈中書令，謚曰元肅。子公謂，終南府宰相。

[1]諒陰：亦作“諒闇”。本義是居喪期間所住的房子，借指居喪。多用於皇帝。《文選》卷一六潘安仁《閒居賦》“今天子諒闇之際”李善注：“天子，［晉］惠帝也。諒闇，今謂凶廬裹寒涼幽闇之處，故曰諒闇。”

[2]大行皇帝：古代稱剛死而尚未定謚號的皇帝、皇后爲“大行皇帝”“大行皇后”。《後漢書》卷五《安帝紀》：“孝和皇帝懿德巍巍，光於四海；大行皇帝不永天年。”李賢注引韋昭曰：“大行者，不反之辭也。天子崩，未有謚，故稱大行也。”　山陵：帝、后的墳墓。《水經注》卷一九《渭水三》：“秦名天子塚曰山，漢曰陵，故通曰山陵矣。”

蕭和尚字洪寧，國舅大父房之後。忠直，多智略。開泰初補御盞郎君，尋爲内史、太醫等局都林牙。[1]使宋賀正，將宴，典儀者告，班節度使下。和尚曰：“班次如此，是不以大國之使相禮。且以錦服爲貺，如待蕃部。若果如是，吾不預宴。”宋臣不能對，易以紫服，位視執政，使禮始定。

[1]林牙：契丹官名。掌文翰，相當於翰林學士。太醫局所屬太醫，皆是讀書人，故統以林牙。

八年秋爲唐古部節度使，[1]卒。弟特末。

[1]唐古部：當係遼朝西南部的吐蕃部族。聖宗時有匿訖唐古部、北唐古部、南唐古部、鶴剌唐古部等部。大石西行所歷諸部中也有唐古部。詳本書卷三三《營衛志下·部族下》。

特末字何寧，爲人機辨任氣。太平中累遷安東軍節度使，有能稱。十一年召爲左祗候郎君班詳穩，未幾遷左夷离畢。重熙十年累遷北院宣徽使。明年，與劉六符使宋，[1]索十縣故地，宋請增銀、絹十萬兩、疋以易之。

歸，稱旨，加同政事門下平章事。詔城西南渾底甸。還，復爲北院宣徽使，[2]卒。

［1］“重熙十年”至“與劉六符使宋”：【劉校】“明年與”三字原脱。據中華點校本校勘記，本書卷一九《興宗本紀二》，“重熙十年十二月，謀取宋舊割關南十縣地，遂遣蕭英、劉六符使宋。十一年正月，遣南院宣徽使蕭特末、翰林學士劉六符使宋取晉陽及瓦橋以南十縣地。英爲特末漢名，並見《長編》《國志》及《富弼奉使録》。十年定議遣使明年成行，據補”。今從。又“北院宣徽使”《紀》作“南院宣徽使”。

［2］宣徽使：遼朝官名。遼設北、南宣徽，分隸北、南樞密院之下。宣徽北院使常執行軍事使命。此外，宣徽使還掌領朝會、宴饗、禮儀、祭祀及御前祇應之事。

耶律合里只字特滿，六院夷离菫蒲古只之後。重熙中累遷西南面招討都監。充宋國生辰使，館于白溝驛。宋宴勞，優者嘲蕭惠河西之敗。[1]合里只曰：“勝負兵家常事。我嗣聖皇帝俘石重貴，[2]至今興中有石家寨。惠之一敗，何足較哉！”宋人慚服。帝聞之曰：“優伶失辭，何可傷兩國交好！”鞭二百，免官。

［1］蕭惠河西之敗：此事在重熙十八年（1049）。據本書卷一一五《西夏傳》：“［重熙］十八年，復議伐夏，留其賀正使不遣，遣北院樞密副使蕭惟信以伐夏告宋。六月，夏國遣使來貢，留之。七月，親征。八月，渡河，夏人遁。九月，蕭惠爲夏人所敗。”《長編》卷一六八宋仁宗皇祐二年（遼重熙十九年，1050）三月庚子記事：“契丹遣殿前副點檢忠正節度使耶律益、彰德節度使趙柬之來

告伐夏國還。益自言契丹三路進討，契丹主出中路，大捷。北路兵至西涼府，獲羊百萬、槖駝二十萬、牛五百，俘老幼甚衆，惟南路小失利，恐夏人妄説軍勝，誇南朝。然得邊奏，皆以謂遼主濟河不遇賊，無水草，馬多死。耶律貫寧大敗於師子口。惟劉五常獲陝西所陷屬户羌二十餘人，因而來獻。其言多俘獲，蓋妄也。”

[2]嗣聖皇帝：遼太宗耶律德光的尊號。

清寧初起爲懷化軍節度使。七年入爲北院大王，封豳國公。歷遼興軍節度使、東北路詳穩，加兼侍中。致仕，卒。

合里只明達勤恪，懷柔有道。置諸賓館及西邊營田，皆自合里只發之。

耶律頗的字撒版，季父房奴瓜之孫。孤介寡合。重熙初補牌印郎君。清寧初稍遷知易州。去官，部民請留，許之。

咸雍八年改彰國軍節度使。[1]上獵大牢古山，頗的謁于行宫。[2]帝問邊事，對曰：“自應州南境至天池，[3]皆我耕牧之地。清寧間邊將不謹，爲宋所侵，烽堠内移，似非所宜。”道宗然之。拜北面林牙。後遣人使宋，得其侵地，命頗的往定疆界。還，拜南院宣徽使。

[1]彰國軍：遼代軍號。治應州（今山西省應縣）。

[2]行宫：亦稱行帳，即阿保機轉徙隨行的車帳組成的朝廷，契丹語稱“捺鉢”，遼中葉逐漸形成“四時捺鉢”制度。

[3]應州：治所在今山西省應縣。　天池：【靳注】湖泊名。在今山西省寧武縣。

大康四年遷忠順軍節度使，尋爲南院大王，改同知南京留守事，召拜南府宰相，賜貞良功臣，封吳國公，爲北院樞密使。廉謹奉公，知無不爲。大安中致仕，[1]卒。子霞抹，北院樞密副使。

[1]致仕：【劉校】原本作“致性”，據明抄本、南監本、北監本、殿本改。中華點校本、修訂本和補注本徑改。長箋本引《羅校》出校。

論曰：耶律合住安邊講好、養兵息民，其慮深遠矣。六符啓釁邀功，豈國家之利哉？牛、杜、頗的、合里只輩銜命出使，幸不辱命。裹履殺人婢以求婚，[1]身負罪釁，畫其主容，以冀免死，亦可醜也。

[1]裹履殺人婢以求婚：【劉校】“履”原作“里”，中華修訂本據明抄本、南監本、北監本、殿本及上下文本傳改。今從。中華點校本和補注本徑改。長箋本雖作“里”，但引《羅校》“百作‘里’，非”。

（李錫厚注　劉鳳翥校）

遼史　卷八七

列傳第十七

蕭孝穆　撒八　孝先　孝友　蕭蒲奴　耶律蒲古　夏行美[1]

[1]“蕭孝穆”至“夏行美”：【劉校】原本、明抄本、南監本無，據北監本和殿本補。

蕭孝穆小字胡獨堇，淳欽皇后弟阿古只五世孫。[1]父陶瑰爲國舅詳穩。[2]

[1]淳欽皇后：遼太祖阿保機皇后述律氏的謚號。遼興宗重熙二十一年（1052）九月追謚。本書卷七一有傳。　阿古只：即蕭阿古只。阿保機妻述律氏之弟，契丹王朝建立之初，與其兄蕭敵魯铜掌腹心部，神册三年以功拜北府宰相。本書卷七三附蕭敵魯傳後。

[2]詳穩：遼朝軍官名。元帥府下設大詳穩司。“詳穩”即漢語“將軍”的轉譯。【劉注】“詳穩”即漢語“將軍”的轉譯的説法似有值得商榷之處。在契丹小字中，“詳穩”作，“將軍”作，或、；在契丹大字中，“詳穩”作

攴 谷，“將軍”作将另。“詳穩”不是漢語“將軍”的轉譯，而是音譯的契丹語。契丹語中“將軍”是漢語借詞。

孝穆廉謹有禮法，統和二十八年累遷西北路招討都監。[1]開泰元年遥授建雄軍節度使，[2]加檢校太保。是年朮烈等變，[3]孝穆擊走之。冬，進軍可敦城，[4]阻卜結五群牧長查剌、阿覩等謀中外相應，[5]孝穆悉誅之，迺嚴備禦以待，餘黨遂潰。以功遷九水諸部安撫使。[6]尋拜北府宰相，[7]賜忠穆熙霸功臣、檢校太師、同政事門下平章事。[8]八年還京師。

[1]統和：遼聖宗耶律隆緒年號（983—1012）。　西北路招討都監：官名。西北路招討司官員。西北路招討司又稱西北路都招討司，遼朝統治漠北屬部的最高軍政機構，主官爲招討使。聖宗以後主要負責鎮壓阻卜。

[2]開泰：遼聖宗耶律隆緒年號（1012—1021）。　建雄軍：本後梁建寧軍，後唐更名。治晉州（今山西省臨汾市），不屬遼。

[3]朮烈等變：據本書卷一五《聖宗本紀六》，蕭孝穆於開泰二年（1013）十二月出任西北路招討使，所謂“朮烈等變”當是指阻卜酋長的叛亂。

[4]可敦城：即鎮州。故城在今蒙古國布爾干省青托羅蓋。陳得芝《耶律大石北行史地雜考》（《歷史地理》第二輯）説，遼朝統治漠北屬部的最高軍政機構是西北路招討司（又稱西北路都招討司），遼聖宗統和十二年（994），因西北“阻卜”諸部作亂，以蕭撻凜爲西北路招討使，命隨皇太妃（齊王妃）出征，“屯西鄙驢駒兒河，西捍韃靼，盡降之”。蕭撻凜鑒於達旦諸部叛服不常，上表乞建三城以鎮之。統和二十二年（1004）三城完工，設置鎮、防、

維三州。

［5］阻卜：即達旦、韃靼。元人諱言達旦，而稱達旦爲阻卜。詳王國維《觀堂集林》卷一四《達旦考》。　群牧：契丹專門管理畜群的機構。諸路設群牧使司，下設某群太保、某群侍中、某群敞史；朝廷設總典群牧使司，有總典群牧部籍使、群牧都林牙。以“群”爲單位設某群牧司，設群牧使、群牧副使。此外，還有僅管理馬及牛群的機構。遼亡之後，金稱契丹群牧爲“烏魯古”。

［6］九水諸部安撫使：【劉校】據中華點校本校勘記，本書卷一五《聖宗本紀六》開泰二年（1013）十二月作“西北路招討使”，三年四月作“西北路招討都監”，官名各異。

［7］宰相：契丹部族官名。契丹可汗之下有北、南二府，各部族則分屬二府，故北宰相亦稱北府宰相，南宰相亦稱南府宰相。

［8］檢校：職官制度用語。唐宋皆有檢校官，屬加官而非正授。　同政事門下平章事：唐制，大臣中有此名義者即爲事實上的宰相。遼襲唐制，在分設北南面官之後，以同中書門下平章事或同政事門下平章事爲南面宰相。

太平二年知樞密院事，[1]充漢人行宮都部署。[2]三年封燕王、南京留守、兵馬都總管。[3]九年大延琳以東京叛，[4]孝穆爲都統討之，[5]戰于蒲水。[6]中軍稍却，副部署蕭匹敵、都監蕭蒲奴以兩翼夾擊，[7]賊潰，追敗之于手山北。[8]延琳走入城，深溝自衛。孝穆圍之，築重城、起樓櫓，使内外不相通，城中撤屋以爨。其將楊詳世等擒延琳以降，遼東悉平。改東京留守，賜佐國功臣。爲政務寬簡，撫納流徙，其民安之。

［1］太平：遼聖宗耶律隆緒年號（1021—1031）。

[2]漢人行宮都部署：遼在北南面官系統中，分别設契丹行宫都部署和漢人行宫都部署，其上則有諸行宫都部署。行宫都部署完全是倣中原王朝官制設置的，它不同於專管斡魯朶事務的某宫都部署的宫官。宋朝皇帝巡幸亦有行宫，且亦有行宫都部署之設。後避英宗趙曙名諱，改稱行宫都總管。詳本書卷四七《百官志三》。

[3]南京：遼五京之一。故址在今北京市。

[4]大延琳（？—1030）：渤海人。遼東京軍將，反遼鬭爭領導人。

[5]都統：官名。唐乾元中，始以都統名官，總諸道征伐。後若調諸道兵馬會戰，多置此職，爲臨時軍事長官，不賜旌節，事解即罷。遼設諸路兵馬都統署司，下有諸路兵馬都統署，都統爲其長官。

[6]蒲水：【靳注】河名。即今渾河右岸支流，在遼寧省。

[7]蕭匹敵：聖宗時曾任殿前副點檢，與蕭孝穆一同平定大延琳叛亂。本書卷八八有傳。

[8]手山：據清代楊鑣、施鴻纂修《遼陽州志》卷七"首山""城西南十五里，一作手山，山頂石上有掌指狀泉出其中，挹之不竭。晉司馬懿圍公孫淵於襄平有星墜首山即此。唐太宗征高麗，駐蹕於上數日，勒石紀功，改爲駐蹕山。上有清風寺"。

興宗即位徙王秦，尋復爲南京留守。重熙六年進封吴國王，[1]拜北院樞密使。[2]八年表請籍天下户口以均徭役，又陳諸部及舍利軍利害。[3]從之。繇是政賦稍平，衆悦。九年徙王楚。時天下無事，[4]户口蕃息，上富于春秋，每言及周取十縣，[5]慨然有南伐之志，群臣多順旨。孝穆諫曰："昔太祖南伐，終以無功。嗣聖皇帝仆唐立晉，[6]後以重貴叛，[7]長驅入汴。[8]鑾馭始旋，[9]反來侵軼。自後連兵二十餘年，僅得和好，蒸民樂業，南北相通。今國家比之曩日雖曰富彊，然勳臣、宿將往往物故，且宋人無罪，陛下不宜棄先帝盟約。”[10]時上意已決，書奏不報。以年老乞骸骨，不許。十二年，復爲北院樞密使，[11]更王齊，薨。追贈大丞相、晉國王，謚曰貞。

[1]重熙：遼興宗耶律宗真年號（1032—1055）。

[2]北院樞密使：即契丹樞密院之樞密使，爲北面官之最高官職，掌軍事、部族。詳本書卷四五《百官志一》。

[3]又陳諸部及舍利軍：【劉校】“及”字處原本爲一空白，據明抄本、南監本、北監本、殿本補。中華點校本、修訂本和補注本徑改。長箋本引《羅校》出校。

[4]時天下無事：【劉校】“天下”處原本作二字空白，據明抄本、南監本、北監本、殿本補。中華點校本、修訂本和補注本徑改。長箋本引《羅校》出校。

[5]周取十縣：指瓦橋以南十縣地。

[6]嗣聖皇帝：遼太宗耶律德光的尊號。

[7]重貴：石重貴（914—964）。即後晉出帝。後晉高祖石敬瑭之侄，後晉末代皇帝，公元942年至946年在位。即位後與契丹交惡，開運三年（946）契丹攻入開封，被俘，後死於建州（今遼寧省朝陽市西南）。

[8]汴：即汴州。治所在今河南省開封市。

[9]鑾馭始旋：大同元年（947）二月，德光在汴京即皇帝位，建國號大遼，因遭遇中原人民激烈反抗，旋即北返。【劉注】這裏説的建國號大遼是指把後晉的國號改成大遼。即把後晉合併到遼朝去。遼朝改稱大遼在會同元年（938）。

[10]先帝盟約：指統和二十二年（1004）與宋訂立的澶淵之盟。

[11]十二年，復爲北院樞密使：【劉校】據中華點校本校勘記，“十二年”原作“十一年”。本書卷一九《興宗本紀二》載，蕭孝穆復爲此官在重熙十二年（1043）六月，據改。今從。

孝穆雖椒房親，位高益畏，太后有賜輒辭不受。[1]妻子無驕色，與人交，始終如一。所薦拔皆忠直士。嘗語人曰：“樞密選賢而用，何事不濟！若自親煩碎，則大事凝滯矣。”自蕭合卓以吏才進，[2]其後轉効，不知大體。歎曰：“不能移風易俗，偷安爵位，臣子之道若是乎？”時稱爲“國寶臣”，目所著文曰《寶老集》。二子阿剌、撒八，弟孝先、孝忠、孝友，各有傳。

[1]太后：一説爲睿智皇后蕭氏（？—1009），諱綽，小字燕燕，北府宰相思温女。景宗即位，選爲貴妃。尋册爲皇后，生聖宗。景宗崩，尊爲皇太后，攝國政。統和元年（983），上尊號曰承天皇太后。本書卷七一有傳。【劉注】指聖宗欽哀皇后蕭耨斤，重熙元年（1032）尊爲仁慈聖善欽孝廣德安靖貞純寬厚崇覺儀天皇太后。蕭孝穆是蕭耨斤之弟。本書卷七一有傳。

[2]蕭合卓（？—1025）：突吕不部人，字合魯隱。始爲本部吏。統和十八年（1000）使宋還，遷北院樞密副使。開泰三年（1014）爲左夷离畢。本書卷八一有傳。

撒八字周隱，七歲以戚屬加左右千牛衛大將軍。[1]重熙初補祗候郎君。

[1]以戚屬加左右千牛衛大將軍：【劉校】據中華點校本校勘記，本書卷一六《興宗本紀七》太平四年（1024）六月載，“辛

末，以燕王蕭孝穆子順爲千牛衛將軍”。

性廉介，風姿爽朗，善毬馬、馳射，帝每燕飲喜詣謔。撒八雖承寵顧，常以禮自持，時人稱之。以柴册禮，[1]恩加檢校太傅、永興宫使，[2]總領左右護衛，同知點檢司事。尚魏國公主，[3]拜駙馬都尉，爲北院宣徽使，[4]仍總知朝廷禮儀。重熙末出爲西北路招討使、武寧郡王。居官以治稱。清寧初薨，[5]年三十九，追封齊王。

[1]柴册禮：此禮源於中國傳統的“燔柴告天”，是古代天子祭天之禮。據《爾雅·釋天》：“祭天曰燔柴。”行禮時，積薪於壇，取玉及牲置於柴上焚燒。此禮與契丹的再生禮合併舉行，是爲契丹部落聯盟選汗和遼建國後新皇帝即位舉行的禮儀。相傳遥輦氏阻午可汗始制此儀，遼朝建國後有所增飾。

[2]永興宫：太宗德光宫分。

[3]魏國公主：名跋芹，興宗長女，仁懿皇后生。初封魏國公主。重熙末，徙封晉國，加長公主。詳本書卷六五《公主表》。

[4]宣徽使：遼朝官名。遼設北、南宣徽，分隸北、南樞密院之下。宣徽北院使常執行軍事使命。此外，宣徽使還掌領朝會、宴饗、禮儀、祭祀及御前祗應之事。

[5]清寧：遼道宗耶律洪基年號（1055—1064）。

孝先字延寧，小字海里。統和十八年補祗候郎君。尚南陽公主，[1]拜駙馬都尉。

[1]南陽公主（？—1030）：聖宗第四女崔八。蕭氏生，封南

陽郡主，進封公主。太平末東京大延琳反，遇害。見本書卷六五《公主表》。

開泰五年爲國舅詳穩，[1]將兵城東鄙。[2]還，爲南京統軍使。太平三年爲漢人行宮都部署，尋加太子太傅。五年遷上京留守，[3]以母老求侍，復爲國舅詳穩。改東京留守，會大延琳反，被圍數月，穴地而出。延琳平，留守上京。十一年帝不豫，欽愛召孝先總禁衛事。[4]

[1]開泰：遼聖宗耶律隆緒年號（1012—1021）。

[2]城東鄙：在東部邊境築城防禦高麗。

[3]上京：遼五京之一。前期都城，稱臨潢府，故址在今内蒙古自治區巴林左旗林東鎮波羅城。

[4]欽愛：原本作“欽哀”，據哀册篆蓋改。即欽愛皇后（？—1057）。小字耨斤，淳欽皇后弟阿古只五世孫。爲聖宗元妃，生宗真，仁德皇后無子，取而養之如己出。聖宗死後，宗真即位，耨斤自立爲皇太后，攝政，並殺害仁德皇后，謀廢興宗，立重元。本書卷七一有傳。

興宗諒陰，[1]欽愛弑仁德皇后，孝先與蕭浞卜、蕭匹敵等謀居多。[2]及欽愛攝政，遙授天平軍節度使，[3]加守司徒兼政事令。[4]重熙初封楚王，爲北院樞密使。孝先以椒房親爲太后所重，[5]在樞府好惡自恣，權傾人主，朝多側目。三年太后與孝先謀廢立事，帝知之，勒衛兵出宮，召孝先至，諭以廢太后意，孝先震慴不能對。遷太后于慶州，[6]孝先恒欝欝不樂。四年徙王晉。後爲南京留守，卒，謚忠肅。

［1］諒陰：亦作“諒闇”。本義是居喪期間所住的房子，借指居喪。多用於皇帝。《文選》卷一六潘安仁《閒居賦》：“今天子諒闇之際。”李善注：“天子，［晉］惠帝也。諒闇，今謂凶廬裏寒涼幽闇之處，故曰諒闇。”

［2］欽愛弒仁德皇后，孝先與蕭浞卜、蕭匹敵等謀居多：據中華點校本校勘記，按此處似有錯簡。蕭浞卜即蕭鋤不里，與蕭匹敵以黨仁德已於景福元年爲欽愛所殺，仁德被殺於後一年即重熙元年，浞卜、匹敵何能預其謀？應作：“欽愛弒仁德皇后及殺蕭浞卜、蕭匹敵等，孝先謀居多。”仁德皇后（982—1032），聖宗皇后，姓蕭氏，小字菩薩哥，睿智皇后弟隗因之女。年十二選入掖庭。統和十九年（1001）册爲齊天皇后。生皇子二，皆早卒。開泰五年（1016）宮人耨斤生興宗，后養爲子。興宗即位後，耨斤自立爲皇太后並將齊天皇后殺害，死時年五十。追尊仁德皇后。與欽愛並祔慶陵。

［3］天平軍：唐始置。北宋初廢。治鄆州（今山東省東平縣）。

［4］政事令：遼朝南面宰相。遼世宗天禄四年（950）建政事省之前，漢人宰相無定稱；建政事省之後，南面宰相稱“政事令”，且多由契丹貴族擔任這一職務。

［5］椒房：皇后所居之宫殿。《漢書》卷六六《車千秋傳》：“曩者江充先治甘泉，宫人轉至未央椒房。”師古曰：“椒房，殿名，皇后所居也，以椒和泥塗壁，取其温而芳也。”

［6］“三年，太后與孝先謀廢立事”至“遷太后于慶州”：【劉校】據中華點校本校勘記，“三年”，原作“二年”。本書卷一八《興宗本紀一》載“皇太后還政于上、躬守慶陵”，在三年五月，據改。今從。慶州，州城遺址在今内蒙古自治區巴林右旗索博日嘎鎮。

孝友字撻不衍，小字陳留。開泰初以戚屬爲小將軍。太平元年以大册加左武衛大將軍、檢校太保，賜名孝友。

重熙元年累遷西北路招討使，封蘭陵郡王。[1]八年進王陳。先是，蕭惠爲招討使，[2]專以威制西羌，諸夷多叛。孝友下車，厚加綏撫，每入貢輒增其賜物，羌人以安。[3]久之，寖成姑息，諸夷桀驁之風遂熾，[4]議者譏其過中。

[1]蘭陵郡：蕭氏郡望。戰國楚置蘭陵縣，在今山東省蘭陵縣西南蘭陵鎮。西晉置蘭陵郡，治丞縣（今山東省棗莊市嶧城區南，在古蘭陵縣西）。

[2]蕭惠（982—1056）：契丹外戚，字伯仁，小字脱古思，淳欽皇后弟阿古只五世孫。初爲國舅詳穩。從伯父排押征高麗，以功，授契丹行宫都部署。開泰二年（1013）改南京統軍使。後爲西北路招討使，封魏國公。興宗即位，知興中府，歷順義軍節度使、東京留守、西南面招討使，加開府儀同三司、檢校太師兼侍中，封鄭王。重熙六年（1037）復爲契丹行宫都部署，加守太師，徙王趙。拜南院樞密使，更王齊。惠贊成復取三關，與太弟帥師壓宋境，迫使宋朝增歲幣請和。惠以首事功，進王韓。重熙十七年，尚帝姊秦晉國長公主，拜駙馬都尉。本書卷九三有傳。

[3]羌人以安：【劉校】“安”原本作“妥”，中華點校本據南監本、北監本、明抄本及殿本改。今從。

[4]諸夷桀驁之風遂熾：【劉校】“夷”，原本作一空白，據明抄本、南監本、北監本、殿本補。中華點校本、修訂本和補注本徑改。長箋本引《羅校》出校。

十年加政事令，賜効節宣庸定遠功臣，更王吳。後以葬兄孝穆、孝忠，還京師，[1]拜南院樞密使，[2]加賜翊聖協穆保義功臣，進王趙，拜中書令。[3]丁母憂，起復北府宰相，出知東京留守。會伐夏，孝友與樞密使蕭惠失利河南，[4]帝欲誅之，太后救免。復爲東京留守，徒王燕，改上京留守，更王秦。

[1]京師：此處指遼中京，故址在今内蒙古自治區寧城縣大明鎮。

[2]南院樞密使：即漢人樞密院之樞密使。爲南面官最高官職。詳見本書卷四七《百官志三》。

[3]“十年，加政事令”至“拜中書令”：【劉校】據中華點校本校勘記，按本書卷四七《百官志三》，中書省初名政事省，重熙十三年（1044）改中書省。

[4]孝友與樞密使蕭惠失利河南：《長編》卷一六八宋仁宗皇祐二年（1050）三月庚子記事：“契丹遣殿前副點檢忠正節度使耶律益、彰德節度使趙柬之來告伐夏國還。益自言契丹三路進討，契丹主出中路，大捷。北路兵至西涼府，獲羊百萬、橐駝二十萬、牛五百，俘老幼甚衆，惟南路小失利，恐夏人妄説軍勝，誇南朝。然得邊奏，皆以謂遼主濟河不遇賊，無水草，馬多死。耶律貫寧大敗於師子口。惟劉五常獲陝西所陷屬户羌二十餘人，因而來獻。其言多俘獲，蓋妄也。”

清寧初加尚父。頃之，復留守東京。明年復爲北府宰相。帝親製誥詞以褒寵之。以柴册恩，遥授洛京留守，益賜純德功臣，致仕，[1]進封豐國王。

[1]致仕：【劉注】原本作“致位”，據明抄本、南監本、北監

本、殿本改。中華點校本、修訂本、補注本和長箋本徑改。

坐子胡覩首與重元亂，[1]伏誅，年七十三。胡覩在《逆臣傳》。

[1]重元（1021—1063）：本名宗元，因避興宗諱，改重元，小字孛吉只，亦作孛已只，聖宗次子。太平三年（1023）封秦國王。聖宗死後，欽愛皇后稱制，曾密謀立重元。重元以所謀告於興宗，封爲皇太弟。賜以金券誓書。道宗即位，册爲皇太叔，爲天下兵馬大元帥，復賜金券。清寧九年（1063）與其子涅魯古謀亂，失敗自殺。本書卷一一二有傳。

蕭蒲奴字留隱，奚王楚不寧之後。[1]幼孤貧，傭于醫家牧牛。傷人稼，數遭笞辱。醫者嘗見蒲奴熟寐，有蛇遶身，[2]異之。教以讀書，聰敏嗜學。不數年，涉獵經史，習騎射。既冠，意氣豪邁。

[1]奚王：對奚部族首領的稱呼。據《五代會要》卷二八《奚》："奚，本匈奴别種，即東胡之地，人物風俗與突厥同。族有五姓：一曰阿會部，管縣六；二曰啜米部，管縣四；三曰奥質部，管縣六；四曰奴皆部，管縣四；五曰黑訖支部，管縣三。每部有刺史，每縣有令，酋長號奚王。"此奚王是被契丹降伏以後的奚部族酋長。《新五代史》卷七四《四夷附録第三》所記奚各部名稱與《五代會要》同："（奚）分爲五部：一曰阿薈部，二曰啜米部，三曰粵質部，四曰奴皆部，五曰黑訖支部。後徙居琵琶川，在幽州東北數百里。地多黑羊，馬趟前蹄堅善走，其登山逐獸，下上如飛。"奚本來衹有五部，阿保機降伏五部奚之後設置墮瑰部，而成六部。

詳本書卷三三《營衛志下·部族下》。

[2]蛇遶身："遶"同"繞"。古人以爲有蛇繞身，或其母夢蛇繞身而生，其人皆非常人。唐代孫光憲《北夢瑣言》卷四《成令公爲蛇繞身》載，唐荆州成令公汭領蔡州，軍戍江陵，爲節度使張瓌謀害之，遂率本都奔於秭歸。一夜爲巨蛇繞身，幾至於殞，乃曰："苟有所負，死生唯命。"逡巡蛇亦亡去。爾後招輯户口，訓練士卒，沿流而鎮渚宫。尋授節旄、撫綏凋殘、勵精爲理。初年，居民唯一十七家，末年至萬户。勤王奉國，通商務農，有足稱焉。

開泰間選充護衛，稍進用。俄坐罪黥流烏古部。[1]久之，召還，累任劇，遷奚六部大王，治有聲。

[1]烏古部：古部族名。又稱"嫗厥律""于厥律"，居契丹西北。

太平九年大延琳據東京叛，蒲奴爲都監，將右翼軍遇賊戰蒲水。中軍少却，蒲奴與左翼軍夾攻之。先據高麗、女直要衝，[1]使不得求援，又敗賊于手山。延琳走入城。蒲奴不介馬而馳，追殺餘賊。已而大軍圍東京，蒲奴討諸叛邑，平吼山賊，延琳堅守不敢出。既被擒，蒲奴以功加兼侍中。

[1]高麗：古國名。即王建創建的高麗王朝（918—1392）。統治地域在今朝鮮半島，首都在開京（今朝鮮開城市）。　女直：部族名。本作"女真"，因避遼興宗耶律宗真名諱，改稱"女直"。遼時居東北地區東部。其在南者入遼籍，稱"熟女真"或"合蘇館女真"；在北者不入遼籍，稱"生女真"。

重熙六年改北阻卜副部署，再授奚六部大王。十五年爲西南面招討使，西征夏國。[1]蒲奴以兵二千據河橋，聚巨艦數十艘，仍作大鉤，人莫測。戰之日，布舟于河，綿亘三十餘里。遣人伺上流，有浮物輒取之。大軍既失利，蒲奴未知，適有大木順流而下，勢將壞浮梁、斷歸路，操舟者爭鉤致之，橋得不壞。明年復西征，懸兵深入，大掠而還，復爲奚六部大王。致仕，卒。

[1]夏國（1038—1227）：以党項民族爲主體建立的政權。公元1038年，元昊叛宋稱帝，建立大夏王朝，傳十代，至1227年爲蒙古所滅。元昊稱帝以前，其作爲北宋境内的地方割據政權，已經具有獨立性。史稱“西夏”，先後與遼、北宋及金、南宋並立於中國境内。境土包括今寧夏回族自治區全部、甘肅省大部、陝西省北部以及青海省、内蒙古自治區的部分地區。

耶律蒲古字提隱，太祖弟蘇之四世孫。[1]以武勇稱。統和初爲涿州刺史，[2]從伐高麗有功。開泰末爲上京内客省副使。[3]

[1]太祖弟蘇（？—926）：阿保機幼弟，名蘇。神册五年（920）爲惕隱。次年爲南府宰相。據本書卷六四《皇子表》，滄州節度使劉守文求救，蘇曾奉阿保機之命前去解滄州之圍。天顯元年（926）從太祖征渤海還，卒。

[2]涿州：治所在今河北省涿州市。

[3]客省：官署名。會同元年（938）置，掌接待諸國使節。設官有都客省、客省使、左右客省使等。

太平二年城鴨緑江，蒲古守之，在鎮有治績。五年改廣德軍節度使，[1]尋遷東京統軍使，莅政嚴肅，諸部慴服。九年大延琳叛，以書結保州，[2]夏行美執其人送蒲古。蒲古入據保州，延琳氣沮，以功拜惕隱。[3]

十一年爲子鐵驪所弑。[4]

[1]廣德軍：遼代軍號。治乾州（今遼寧省北鎮市西南部、盤山縣北部一帶）。《明一統志》卷二五《登州府》："乾州城在廣寧衛西南七里，本漢無慮縣地，遼置乾州廣德軍。"

[2]保州：《武經總要》前集卷一六下《戎狄舊地》："保州，渤海古城，東控鴨緑江新羅國界，仍置榷場，通互市之利。東南至宣化軍四十里，南至海五十里，北至大陵河二十里。"

[3]惕隱：契丹官名。又稱梯里己，掌皇族政教。

[4]十一年爲子鐵驪所弑：【靳注】耶律蒲古死後葬於今内蒙古自治區開魯縣東鳳鎮金寶屯東南。2016 年，考古專家在金寶屯發掘兩座大型遼代墓葬。其規格很高，用琉璃磚砌成，應是遼皇室成員墓葬。其中，1 號墓中出土墨書題記若干，有"蒲骨""夷离""惕隱""削銘誌""爲生""四女""男""女""六""聟"（同婿）"小二人""一人早［亡］""纔敀""妻生""人小若""長而""罹難""葬""於龍化州西""太［平］""歿"等字，内容所述與本書所記《耶律蒲古傳》基本吻合。"蒲古""蒲骨"當爲同一契丹名字的不同漢譯。耶律蒲古可能有六個兒女，爲四女二男，其中一男早夭。"罹難""太［平］""歿"等字也表明其於太平年間不幸身死，與本傳所載的結局和時間（太平十一年，1031）均相符。由此判定 1 號墓主人爲耶律蒲古。按，今金寶屯附近之地亦應是皇族耶律蘇的領地。詳參連吉林《内蒙古開魯縣遼墓發現的墨書題記與遼之龍化州》（《北方文物》2019 年第 2 期）一文。

夏行美渤海人。[1]太平九年大延琳叛，時行美總渤海軍于保州。[2]延琳使人説欲與俱叛，行美執送統軍耶律蒲古，又誘賊黨百人殺之。延琳謀沮，廼嬰城自守，數月而破。以功加同政事門下平章事，錫賚甚厚。明年擢忠順軍節度使。[3]

[1]渤海人：即遼滅渤海國以後其治下的渤海人。渤海國爲靺鞨粟末部在今東北地區建立的政權。天顯元年（926）爲遼所滅，改稱東丹。至遼太宗時，遼把東丹國都遷至南京（今遼寧省遼陽市），其後逐漸成爲遼的直轄領土東京道。

[2]渤海軍：遼朝四類軍隊之一，其餘有契丹軍、奚軍和漢軍。

[3]忠順軍：遼代軍號。治蔚州（今河北省蔚縣）。

重熙十七年遷副部署，從點檢耶律義先討蒲奴里，[1]獲其酋陶得里以歸。致仕，卒。上思其功，遣使祭于家。

[1]耶律義先（1010—1052）：于越仁先之弟。重熙初補祗候郎君班詳穩。十六年（1047）爲殿前都點檢，討蒲奴里，多所招降，獲其酋長陶得里以歸，以功改南京統軍使，封武昌郡王。二十一年拜惕隱，進王富春。本書卷九〇有傳。

論曰：不有君子，其能國乎？方其擒延琳、定遼東，一時諸將之功偉矣。宜其撫劍抵掌、賈餘勇以威天下也。蕭孝穆之諫南侵，其意防何其弘遠歟，是豈瞋目語難者所能知哉！至論移風俗爲治之本，親煩碎爲失大臣體，又何其深切著明也。爲“國寶臣”，宜矣。孝先預弑仁德之謀，猶依城社以逃熏灌，[1]爲國巨蠹，雖功何議焉。

[1]猶依城社以逃熏灌：此言預弑仁德皇后謀，孝先猶如城狐社鼠。

（李錫厚注　劉鳳翥校）

遼史　卷八八

列傳第十八

蕭敵烈　拔剌　耶律盆奴　蕭排押　恒德　匹敵
耶律資忠　耶律瑤質　耶律弘古　高正　耶律的琭
大康乂[1]

[1]“蕭敵烈”至“大康乂”：【劉校】原本、明抄本、南監本無，據北監本和殿本補。

蕭敵烈字涅魯衮，宰相撻烈四世孫。[1]識度弘遠，爲鄉里推重。始爲牛群敞史，[2]帝聞其賢，召入侍，遷國舅詳穩。[3]

[1]宰相：契丹部族官名。契丹可汗之下有北、南二府，各部族則分屬二府，故北宰相亦稱北府宰相，南宰相亦稱南府宰相。

[2]牛群敞史：契丹官名。群牧官中牛群司官員，屬北面官。

[3]詳穩：遼朝軍官名。元帥府下設大詳穩司。“詳穩”即漢語“將軍”的轉譯。【劉注】“詳穩”即漢語“將軍”的轉譯的説法似有值得商榷之處。在契丹小字中，“詳穩”作，“將軍”作

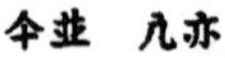，或、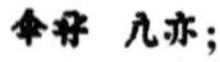；在契丹大字中，“詳穩”作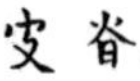，“將軍”作。“詳穩”不是漢語“將軍”的轉譯，而是音譯的契丹語，契丹語中“將軍”是漢語借詞。

統和二十八年帝謂群臣曰：[1]“高麗康肇弒其君誦，立誦族兄詢而相之，[2]大逆也。宜發兵問其罪。”群臣皆曰可。敵烈諫曰：“國家連年征討，士卒抏敝，況陛下在諒陰，[3]年穀不登，創痍未復。島夷小國，城壘完固，勝不爲武；萬一失利，恐貽後悔。不如遣一介之使，往問其故。彼若伏罪則已；不然，俟服除、歲豐，[4]舉兵未晚。”時令已下，言雖不行，識者韙之。

[1]統和：遼聖宗耶律隆緒年號（983—1012）。

[2]高麗康肇弒其君誦，立誦族兄詢而相之：高麗，古國名。即王建創建的高麗王朝（918—1392）。統治地域在今朝鮮半島，首都在開京（今朝鮮開城市）。康肇，《高麗史》作“康兆”。據《高麗史》卷三《穆宗世家》：“［（己酉）十二年（統和二十七年，1009）正月壬申］西京都巡檢使康兆領甲卒而至，遂謀廢立。二月戊子，請王出御龍興歸法寺。己丑，日色如張紅幕，兆兵闌入宮門，王知不免，與太后號泣出御法王寺。俄而俞義等奉院君而至，遂即位。兆廢王爲讓國公，遣兵殺金致陽父子及庾行簡等七人。王出自宣仁門，侍臣初皆步從，至是始有騎而從者。至歸法寺，解御衣，換食而進。兆召還沆等供職，王謂沆曰：‘頃府庫災而變起所忽，皆由予不德，夫復何怨。但願歸老於鄉，卿可奏新君且善輔佐。’遂向忠州。太后欲食，王親奉盤盂，太后欲御馬，王親執鞚。行至積城縣，兆使人弒之。以王自刎聞。取門扇爲棺，權厝於館。王在位十二年，壽三十。”契丹是通過女真人得知高麗王誦遇弒的。

《高麗史》卷四《顯宗世家》:“［（庚戌）元年（統和二十八年，1010）五月甲申］女真訴於契丹，契丹主謂群臣曰:‘高麗康兆弑君，大逆也，宜發兵問。’”

［3］諒陰：亦作“諒闇”。本義是居喪期間所住的房子，借指居喪。多用於皇帝。《文選》卷一六潘安仁《閒居賦》:“今天子諒闇之際”，李善注:“天子，［晉］惠帝也。諒闇，今謂凶廬裏寒涼幽闇之處，故曰諒闇。”蕭敵烈所言，指遼聖宗在爲承天太后服喪。

［4］服除：守喪期滿。

明年同知左夷离畢事，[1]改右夷离畢。開泰初率兵巡西邊。[2]時夷离堇部下閘撒狘撲里、失室、勃葛率部民遁，[3]敵烈追擒之，令復業，還國舅詳穩。從樞密使耶律世良伐高麗。[4]還，加同政事門下平章事，[5]拜上京留守。[6]

［1］夷离畢：契丹官名。爲執政官，相當於副宰相參知政事。後來官分南、北，北面官有夷离畢院，主要掌刑政。

［2］開泰：遼聖宗耶律隆緒年號（1012—1021）。

［3］夷离堇：契丹部族官名。源於突厥語官名“俟斤”(Irkin)。突厥各部的最高元首稱“可汗”（Qaghan)，其他各部酋長則稱爲俟斤。初，契丹“其君大賀氏，有勝兵四萬，臣於突厥，以爲俟斤。”(《新唐書》卷二一九《契丹傳》）後，契丹首領自立爲可汗，其下所屬各部酋長則稱爲“俟斤”，亦即夷离堇。契丹立國後，大部族之夷离堇稱王，小部族之夷离堇則稱爲節度使。舉凡一部之軍政、民政皆由其統掌。參韓儒林《穹廬集》（上海人民出版社 1982 年版，第 314—316 頁)。

［4］耶律世良（？—1016)：六院部人。小字斡。統和末爲北院大王。開泰初加檢校太尉、同政事門下平章事。拜北院樞密使。

四年（1015）伐高麗，爲副部署。都統劉慎行逗留失期，執還京師，世良獨進兵。本書卷九四有傳。

[5]同政事門下平章事：亦稱同中書門下平章事。唐制，大臣中有此名義者即爲事實上的宰相。遼襲唐制，在分設北、南面官之後，以同中書門下平章事或同政事門下平章事爲南面宰相。

[6]上京：遼五京之一。前期都城，稱臨潢府，故址在今内蒙古自治區巴林左旗林東鎮波羅城。

敵烈爲人寬厚，達政體，廷臣皆謂有王佐才。漢人行宫都部署王繼忠薦其材可爲樞密使，[1]帝疑其黨而止。爲中京留守，[2]卒。族子忽古，有傳。弟拔剌。

[1]漢人行宫都部署：遼在北南面官系統中，分别設契丹行宫都部署和漢人行宫都部署，其上則有諸行宫都部署。行宫都部署完全是倣中原王朝官制設置的，它不同於專管斡魯朶事務的某宫都部署的宫官。宋朝皇帝巡幸亦有行宫，且亦有行宫都部署之設。後避英宗趙曙名諱，改稱行宫都總管。詳本書卷四七《百官志三》。王繼忠（？—1023）：宋降將。本書卷八一有傳。《宋史》卷二七九《王繼忠傳》載："繼忠開封人。真宗在藩邸，得給事左右，以謹厚被親信。即位，補内殿崇班，累遷至殿前都虞候，領雲州觀察使，出爲深州副都部署，改鎮、定、高陽關三路鈐轄兼河北都轉運使，遷高陽關副都部署，俄徙定州。咸平六年，契丹數萬騎南侵，至望都，繼忠與大將王超及桑贊等領兵援之。繼忠至康村，與契丹戰，自日昳至乙夜，敵勢小卻。遲明復戰，繼忠陣東偏，爲敵所乘，斷餉道，超、贊皆畏縮退師，竟不赴援。繼忠獨與麾下躍馬馳赴，服飾稍異，契丹識之，圍數十重。士皆重創，殊死戰，且戰且行，旁西山而北，至白城，遂陷於契丹。真宗聞之震悼，初謂已死，優詔贈大同軍節度，賵賻加等，官其四子。景德初，契丹請

和，令繼忠奏章，乃知其尚在。朝廷從之，自是南北戢兵，繼忠有力焉。歲遣使至契丹，必以襲衣、金帶、器幣、茶藥賜之，繼忠對使者亦必泣下。嘗附表懇請召還，上以誓書約各無所求，不欲渝之，賜詔諭意。契丹主遇繼忠甚厚，更其姓名爲耶律顯忠，又改名宗信，封楚王。”

[2]中京：遼五京之一。稱大定府，故址在今内蒙古自治區寧城縣西。

拔剌字别勒隱。多智，善騎射。開泰間以兄爲右夷离畢，始補郎君，[1]累遷奚六部秃里太尉。[2]太平末大延琳叛，[3]拔剌將北、南院兵往討，[4]遇于蒲水，南院兵少却。至手山復與賊遇，[5]拔剌乃易兩院旗幟，鼓勇力戰，破之。上聞，以手詔褒奬，賜内厩馬。

[1]郎君：即“舍利”，契丹官名。本書卷一一九《國語解》：“契丹豪民要裹頭巾者，納牛駞十頭，馬百匹，乃給官名曰舍利。”

[2]奚六部：據《五代會要》卷二八《奚》：“奚，本匈奴别種，即東胡之地，人物風俗與突厥同。族有五姓：一曰阿會部，管縣六；二曰啜米部，管縣四；三曰奥質部，管縣六；四曰奴皆部，管縣四；五曰黑訖支部，管縣三。每部有刺史，每縣有令，酋長號奚王。”此奚王是被契丹降伏以後的奚部族酋長。《新五代史》卷七四《四夷附録第三》所記奚各部名稱與《五代會要》相同：奚“分爲五部：一曰阿薈部，二曰啜米部，三曰粵質部，四曰奴皆部，五曰黑訖支部。後徙居琵琶川，在幽州東北數百里。地多黑羊，馬趟前蹄堅善走，其登山逐獸，下上如飛”。奚本來衹有五部，阿保機降伏五部奚之後設置墮瑰部，而成六部。詳本書卷三三《營衛志下·部族下》。

[3]太平：遼聖宗耶律隆緒年號（1021—1031）。　大延琳

(？—1030)：渤海人。遼東京軍將。反遼鬭爭領導人。太平九年(1029) 八月己丑，東京舍利軍詳穩大延琳囚留守、駙馬都尉蕭孝先及南陽公主，殺户部使韓紹勳、副使王嘉、四捷軍都指揮使蕭頗得，建立政權，一年後失敗。

[4]北、南院兵：五院部有知五院事，在朝曰北大王院，六院部有知六院事，在朝曰南大王院。北院大王和南院大王即是五院部和六院部的首領，握有兵權。

[5]手山：據清代楊鑣、施鴻纂修《遼陽州志》卷七“首山”：“城西南十五里，一作手山，山頂石上有掌指狀泉出其中，挹之不竭。晉司馬懿圍公孫淵於襄平有星墜首山即此。唐太宗征高麗，駐蹕於上數日，勒石紀功，改爲駐蹕山。上有清風寺。”

重熙中遷四捷軍詳穩,[1]謝事歸鄉里。數歲，起爲昭德軍節度使,[2]尋改國舅詳穩，卒。

[1]重熙：遼興宗耶律宗真年號（1032—1055）。　四捷軍：遼以宋降者分立二部：一曰四捷軍，一曰歸聖軍。

[2]昭德軍：遼代軍號。治瀋州（今遼寧省瀋陽市）。《武經總要》前集卷一六下《戎狄舊地》：“瀋州，德光所建，仍曰昭德軍，契丹舊地也，東至大遼水。水東即女真界。西南至東京一百三十里，北至雙州八十里。”

耶律盆奴字胡獨堇，惕隱涅魯古之孫。[1]景宗時爲烏古部詳穩,[2]政尚嚴急，民苦之。有司以聞，詔曰：“盆奴任方面寄，以細故究問，恐損威望。”尋遷馬群太保。

[1]惕隱：契丹官名。又稱梯里已，掌皇族政教。

[2]烏古部：部族名。又稱嫗厥律、于厥律，居契丹西北。

統和十六年隱實燕軍之不任事者，汰之。二十八年駕征高麗，[1]盆奴爲先鋒。至銅州，高麗將康肇分兵爲三以抗我軍：一營于州西，據三水之會，肇居其中；一營近州之山；一附城而營。盆奴率耶律弘古擊破三水營，擒肇，[2]李玄藴等軍望風潰。會大軍至，斬三萬餘級，追至開京，破敵於西嶺。高麗王詢聞邊城不守，遁去。[3]

[1]駕征高麗：《高麗史》卷四《顯宗世家》顯宗元年（統和二十八年，1010）十一月丙子朔“契丹主遣將軍蕭凝來告親征”。辛卯，“契丹主自將步騎四十萬渡鴨緑江，圍興化鎮，楊規、李守和等固守不降”。

[2]擒肇：《高麗史》卷四《顯宗世家》顯宗元年十一月己亥記載，“康兆與契丹戰于通州，敗績，就擒”。

[3]高麗王詢聞邊城不守，遁去：高麗王詢居開京，《高麗史》卷四《顯宗世家》載，元年十二月“壬申夜，王與后妃避丹兵南幸”。

盆奴入開京，焚其王宫，[1]廼撫慰其民人。上嘉其功，遷北院大王，薨。

[1]盆奴入開京，焚其王宫：《高麗史》卷四《顯宗世家》記載，二年（統和二十九年，1011）春正月乙亥朔“契丹主入京城，焚燒大廟、宫闕、民屋皆盡”。

蕭排押字韓隱，國舅少父房之後。多智略，能騎射。統和初爲左皮室詳穩，[1]討阻卜有功。[2]四年破宋將曹彬、米信兵于望都。[3]凡軍事有疑，每預參决。尋總永興宫分糺及舍利、拽剌、二皮室等軍，[4]與樞密使耶律斜軫收復山西所陷城邑。[5]是冬攻宋隸先鋒，圍滿城，[6]率所部先登，拔之，改南京統軍使。[7]尚衛國公主，[8]拜駙馬都尉，加同政事門下平章事。

[1]皮室：契丹軍名。“皮室”意爲“金剛”。初爲阿保機所置，稱“腹心部”。後有南、北、左、右皮室及黄皮室等，皆掌精甲。

[2]阻卜：即達旦、韃靼。元人諱言達旦，而稱達旦爲阻卜。詳王國維《觀堂集林》卷一四《達旦考》。

[3]曹彬（931—999）：北宋將領。字國華。真定靈壽（今屬河北省）人。後周時累官至引進使。宋初參加滅蜀及征北漢之役，皆有功。開寶七年（974）受命率軍滅南唐，自出師至凱旋，士衆畏服，無肆意殺掠者。未幾，拜樞密使、檢校太尉、忠武軍節度使。宋太宗即位，加同平章事，封魯國公，益得信任。雍熙三年（986）宋分兵三路攻遼，曹彬任幽州（今北京市）道行營前軍馬步水陸都部署，率宋軍主力自雄州（今河北省雄縣）向涿州（今屬河北省）進發。大敗於岐溝關（今河北省淶水縣東）。致使其他兩路軍也被迫退兵。《宋史》卷二五八有傳。　米信（928—994）：奚族。舊名海進。少勇悍、善射。趙匡胤總領後周禁兵，以米信隸麾下，委爲心腹。及即位，補殿前指揮使。太宗即位，轉散都頭指揮使，繼領高州團練使。太平興國八年（983）改領彰化軍節度使。雍熙三年征幽薊，命信爲幽州西北道行營馬步軍都部署，敗契丹於新城。契丹率衆復來戰，王師稍却，信獨以麾下龍衛卒三百禦敵，敵圍之數重，信以百餘騎突圍得免。《宋史》卷二五九有傳。　望

都：縣名。今屬河北省。

[4]永興宮：太宗德光宮分。　拽剌：契丹語“走卒”謂之“拽剌”，後爲軍官名。有掌旗鼓者，稱“旗鼓拽剌”，還有專司偵候、探報等職者。

[5]耶律斜軫（？—999）：于越曷魯之孫。字韓隱。保寧初受命節制西南面諸軍，仍援河東。改南院大王。乾亨元年（979）秋，宋軍攻下河東，乘勝襲燕，高梁河一戰，他與耶律休哥分左右翼夾擊，大敗宋軍。統和初，承天皇太后蕭綽稱制，益見委任，爲北院樞密使。四年（986）宋軍三路來攻，斜軫指揮擊退西路來攻的宋軍，以功加守太保。本書卷八三有傳。

[6]滿城：縣名。治所在今河北省保定市滿城區。

[7]南京：遼五京之一。故址在今北京市。

[8]衛國公主（？—1017）：景宗第二女。睿智皇后生，名長壽女。封吳國公主。統和初進封衛國，改封魏國長公主。參見本書卷六五《公主表》。

十三年歷北、南院宣徽使，[1]條上時政得失及賦役法，上嘉納焉。十五年加政事令，[2]遷東京留守。[3]二十二年復攻宋，將渤海軍下德清軍。[4]後蕭撻凜卒，[5]專任南面事。宋和議成，爲北府宰相。

[1]宣徽使：遼朝官名。遼設北、南宣徽，分隸北、南樞密院之下。宣徽北院使常執行軍事使命。此外，宣徽使還掌領朝會、宴饗、禮儀、祭祀及御前祇應之事。

[2]政事令：遼朝南面宰相。遼世宗天禄四年（950）建政事省之前，漢人宰相無定稱；建政事省之後，南面宰相稱“政事令”，且多由契丹貴族擔任這一職務。

[3]東京：遼五京之一。故址在今遼寧省遼陽市。

[4]渤海軍：遼朝四類軍隊之一。其餘有契丹軍、奚軍和漢軍。德清軍：後晉置，宋廢。治所在今河南省清豐縣。

[5]蕭撻凛（？—1004）：即蕭撻覽。蕭思温之再從侄。字駝寧。保寧初，爲宿直官。統和四年（986）以諸軍副部署，從樞密使耶律斜軫敗繼業於朔州。十一年與東京留守蕭恒德伐高麗，破之。後攻西夏、阻卜皆有功。二十二年攻宋，進至澶淵，未接戰，中伏弩卒。本書卷八五有傳。

聖宗征高麗，將兵由北道進，至開京西嶺破敵兵，斬數千級。高麗王詢懼，奔平州。排押入開京，大掠而還。帝嘉之，封蘭陵郡王。[1]開泰二年以宰相知西南面招討使。五年進王東平。

[1]蘭陵郡：蕭氏郡望。戰國楚置蘭陵縣，在今山東省蘭陵縣西南。西晉置蘭陵郡，治丞縣（今山東省棗莊市嶧城區南，在古蘭陵縣西）。

排押爲政寬裕而善斷，諸部畏愛，民以殷富，時議多之。七年再伐高麗，[1]至開京，敵奔潰，縱兵俘掠而還。渡茶、陀二河，[2]敵夾射，排押委甲仗走，坐是免官。太平三年復王豳，薨。弟恒德。

[1]再伐高麗：本書卷一六《聖宗本紀七》，開泰七年（1018）十月“丙辰，詔以東平郡王蕭排押爲都統，殿前都點檢蕭虚列爲副統，東京留守耶律八哥爲都監伐高麗。仍諭高麗守吏，能率衆自歸者，厚賞；堅壁相拒者，追悔無及”。《高麗史》卷四《顯宗世家》九年（開泰七年，1018）十二月“戊戌契丹蕭遜寧以兵十萬來侵，

王以平章事姜邯贊爲上元帥，大將軍姜民瞻副之。帥兵至興化鎮，大敗之。遜寧引兵直趨京城，民瞻追及於慈州，又大敗之”。按，蕭遜寧即蕭排押。

[2]茶、陀二河：此二河應在開京以北朝鮮半島境内。

恒德字遜寧，有膽略而善謀。統和元年尚越國公主，[1]拜駙馬都尉，遷南面林牙。[2]從宣徽使耶律阿没里征高麗還，[3]改北面林牙。會宋將曹彬、米信侵燕，耶律休哥與恒德議軍事，[4]多見信用，爲東京留守。

[1]越國公主（976—997）：景宗第三女延壽女。生母爲睿智皇后。下嫁蕭恒德。年二十一，以疾終。

[2]林牙：契丹官名。掌文翰，相當於翰林學士。

[3]耶律阿没里：聖宗時期官至政事令。本書卷七九有傳。

[4]耶律休哥（？—998）：字遜寧。出身皇族，應曆末爲惕隱。乾亨元年（979）與耶律斜軫分左右翼，擊敗宋軍於高梁河。是年冬休哥率本部兵從韓匡嗣等戰於滿城。匡嗣敗績。休哥整兵進擊，敵乃却。詔總南面戍兵，爲北院大王。聖宗即位，太后稱制，令休哥總南面軍務，多有戰功。統和四年（986）封宋國王。本書卷八三有傳。

六年上攻宋，圍沙堆，[1]恒德獨當一面。城上矢石如雨，恒德意氣自若，督將士奪其陴。城陷，中流矢，太后親臨視賜藥。攻長城口復先登，[2]太后益多其功。時高麗未附，恒德受詔率兵拔其邊城，王治懼，[3]上表請降。

［1］圍沙堆：據本書卷一二《聖宗本紀三》，此役發生在遼統和六年（988）十月戊午，在攻打涿州之後。《長編》卷二九宋太宗端拱元年（988）則記遼宋此次戰事發生在十一月。當在本年十一月。

［2］長城口：此指燕趙分界處古長城之長城口，在今河北省固安縣南。

［3］王治（？—994）：高麗國王。太平興國七年（982）襲位，並接受宋朝册封。但亦不敢得罪遼朝。此次遣使契丹，奉表請罪，是因上年末受到契丹征伐。事後又求助於宋，宋未能相助，故此後倒向契丹。據《宋史》卷四八七《高麗傳》載：淳化五年（遼統和十二年，994）六月，"遣使元郁來乞師，訴以契丹寇境。朝廷以北鄙甫寧，不可輕動干戈，爲國生事，但賜詔慰撫，厚禮其使遣還。自是受制於契丹，朝貢中絶"。《高麗史》卷三《成宗世家》（甲午）十三年（遼統和十二年，994）："六月遣元郁如宋乞師，以報前年之役，宋以北鄙甫寧，不宜輕動，但優禮遣還。自是與宋絶。"

十二年八月賜啓聖竭力功臣。從都部署和朔奴討兀惹，[1]未戰，兀惹請降，恒德利其俘獲，不許。兀惹死戰，城不能拔，和朔奴議欲引退，恒德曰："以彼倔彊，吾奉詔來討，無功而還，諸部謂我何！若深入多獲，猶勝徒返。"和朔奴不得已，進擊東南諸部，至高麗北鄙。比還，道遠糧絶，士馬死傷者衆，坐是削功臣號。

［1］兀惹：又作"烏惹"。本書卷一四《聖宗本紀五》統和二十一年（1003）夏四月"兀惹、渤海、奥里米、越里篤、越里吉等五部遣使來貢"。説明該部是在遼東北境，與渤海餘部及五國部相鄰。

十四年爲行軍都部署，伐蒲盧毛朶部。[1]還，公主疾，太后遣宫人賢釋侍之，恒德私焉。公主恚而薨，太后怒，賜死。後追封蘭陵郡王。子匹敵。

[1]蒲盧毛朶部：女真部族名。遼屬部，爲遼國外十部之一。

匹敵字蘇隱，一名昌裔。生未月父母俱死，育于禁掖。

既長，尚秦晉王公主，[1]拜駙馬都尉，爲殿前副點檢。統和八年改北面林牙。[2]太平四年遷殿前都點檢，[3]出爲國舅詳穩。九年，渤海大延琳叛，[4]劫掠鄰部，與南京留守蕭孝穆往討。[5]孝穆欲全城降，乃築重城，圍之數月，城中人陰來納款，遂擒延琳。東京平，以功封蘭陵郡王。

[1]秦晉王公主：【劉校】據中華點校本校勘記，按秦晉王公主，即指秦晉國王隆慶女韓國長公主，見本書卷三七《地理志一》頭下軍州渭州。

[2]“生未月”至“改北面林牙”：據中華點校本校勘記，按上文，恒德於統和十四年（996）賜死。匹敵生未月，父母俱死，則匹敵生於統和十四年，不得於統和八年以前尚主、任官，八年又改北面林牙。“統和”似應作“開泰”。

[3]殿前都點檢：後周世宗設置殿前司，以都點檢、副都點檢爲正副長官，位在都指揮使之上，爲禁軍統帥。宋初廢。遼設殿前都點檢，爲南面軍官，當係模倣後周制。

[4]渤海：指渤海國亡後的殘餘勢力。

[5]蕭孝穆（？—1043）：小字胡獨堇，淳欽皇后弟阿古只五

世孫。統和二十八年累遷西北路招討都監。開泰元年（1012）冬進軍可敦城。敗阻卜結五群牧長謀叛，拜北府宰相，賜忠穆熙霸功臣，檢校太師，同政事門下平章事。太平九年（1029）平定大延琳謀反，改東京留守，賜佐國功臣。興宗即位，徙王秦，尋復爲南京留守。重熙六年（1037）進封吳國王，拜北院樞密使。十二年復爲北院樞密使，更王齊，死後追贈大丞相、晉國王，謚曰貞。本書卷八七有傳。

十一年聖宗不豫。先是，欽愛與仁德皇后有隙，[1]以匹敵嘗爲后所愛，忌之。時護衛馮家奴上變，誣后弟浞卜與匹敵謀逆，[2]以皇后攝政，徐議當立者。公主竊聞其謀，謂匹敵曰："爾將無罪被戮，與其死，何若奔女直國以全其生！"[3]匹敵曰："朝廷詎肯以飛語害忠良，寧死弗適他國。"及欽愛攝政，殺之。

[1]欽愛：即欽愛皇后（？—1057）。小字耨斤，淳欽皇后弟阿古只五世孫。爲聖宗元妃，生宗真，仁德皇后無子，取而養之如己出。聖宗死後，宗真即位，耨斤自立爲皇太后，攝政，並殺害仁德皇后，謀廢興宗，立重元。本書卷七一有傳。【劉注】"愛"原本作"哀"，據其本人的哀册篆蓋改。

[2]后弟浞卜：【劉校】據中華點校本校勘記，"后"字原脱。浞卜爲仁德皇后弟，據上下文義補。

[3]女直：部族名。本作"女真"，因避遼興宗耶律宗真名諱，改稱"女直"。遼時居東北地區東部。其在南者入遼籍，稱"熟女真"或"合蘇館女真"；在北者不入遼籍，稱"生女真"。

耶律資忠字沃衍，小字札剌，系出仲父房。

兄國留善屬文，聖宗重之。時妻弟之妻阿古與奴通，將奔女直國，國留追及奴，殺之，阿古自經。阿古母有寵于太后，事聞，太后怒，[1]將殺之。帝度不能救，遣人訣别，問以後事，國留謝曰："陛下憫臣無辜，恩漏九泉，死且不朽。"既死，人多冤之。在獄著《兔賦》、《寤寐歌》，爲世所稱。

[1]太后：指承天皇太后。

資忠博學、工辭章，年四十未仕。聖宗知其賢，召補宿衛。數問以古今治亂，資忠對無隱。開泰中授中丞，眷遇日隆。

初，高麗内屬，取女直六部地以賜。至是，貢獻不時至，詔資忠往問故。[1]高麗無歸地意。由是權貴數短於上，出爲上京副留守。三年再使高麗，[2]留弗遣。資忠每懷君親，輒有著述，號《西亭集》。帝與群臣宴，時一記憶曰："資忠亦有此樂乎？"九年高麗上表謝罪，始送資忠還。帝郊迎，同載以歸，命大臣宴勞，留禁中數日。謂曰："朕將屈卿爲樞密，何如？"資忠對曰："臣不才，不敢奉詔。"乃以爲林牙，知惕隱事。初，資忠在高麗也，弟昭爲著帳郎君，坐罪没家産。至是，乃復横帳，[3]且還舊産，詔以外戚女妻之。

[1]耶律資忠使高麗索六城，《高麗史》卷四《顯宗世家》顯宗四年（開泰二年，1013）三月戊申載："契丹使左監門衛大將軍耶律行平來責取興化等六城。"秋七月戊申又載："契丹使耶律行平

復來索六城。”乙卯（開泰四年）夏四月庚申又載：“契丹使將軍耶律行平來，又索六城，拘留不遣。”此耶律行平即本書中的耶律資忠。行平（資忠）直至開泰九年纔被高麗放回。《高麗史》卷四《顯宗世家》庚申年三月癸丑載：“歸契丹使耶律行平。”

[2]三年再使高麗：據中華點校本校勘記，“三”，原誤作“四”。本書卷一五《聖宗本紀六》載，耶律資忠復使高麗在開泰三年二月，《高麗史》同，據改。今從。

[3]横帳：契丹以玄祖之後爲皇族，分爲三房：孟父房、仲父房和季父房。季父房一系太祖阿保機子孫爲“横帳”。本書卷一六《聖宗本紀七》，開泰八年冬十月癸巳，詔“横帳、三房不得與卑小帳族爲婚；凡嫁娶，必奏而後行”。本書卷四五《百官志一》：“玄祖伯子麻魯無後，次子巖木之後曰孟父房；叔子釋魯曰仲父房；季子爲德祖，德祖之元子是爲太祖天皇帝，謂之横帳；次曰剌葛，曰迭剌，曰寅底石，曰安端，曰蘇，皆曰季父房。”

是時，樞密使蕭合卓、少師蕭把哥有寵，[1]資忠不肯俛附，詆之。帝怒，奪官。數歲，出知來遠城事，[2]歷保安、昭德二軍節度使。[3]

[1]蕭合卓（？—1025）：突呂不部人。字合魯隱。始爲本部吏。統和十八年（1000）使宋還，遷北院樞密副使。開泰三年（1014）爲左夷离畢。本書卷八一有傳。

[2]來遠城：位於鴨緑江西岸，築成後，成爲這一帶遼軍統帥部所在地。遼在東部邊境上是夾江設防的，而非盡在西岸設防。江東與來遠城隔江相望的開州也是遼所築。《武經總要》前集卷一六下《戎狄舊地》載：“開州，渤海古城也。遼主東討，新羅國都其城，要害，建爲州，仍曰開遠軍，西至來遠城一百二十里，西南至吉州七十里，東南至石城六十里。遼中庚戌年討新羅國，得要害

地，築城以守之，即中國大中祥符三年也，東至新羅新化鎮四十里，南至海三十里。西至保州四十里。”依據這一記載，開州初建爲開遠軍，屬新羅。庚戌年（遼統和二十八年，宋大中祥符三年），遼聖宗親自率軍東討，得到了開遠軍這一“要害地”，又建城守之。按，創建來遠等城的時間，是在統和十二年。《高麗史》卷三《成宗世家》：十三年（遼統和十二年）春二月，蕭遜寧致書曰：“近奉宣命，‘但以彼國信好早通，境土相接，雖以小事大固有規儀，而原始要終（須）存悠久。若不設於預備，慮中阻於使人。遂與彼國相議，便於要衝路陌創築城池’者。尋准宣命，自便斟酌，擬於鴨江西里創築五城，取三月初擬到築城處下手修築，伏請大王預先指揮，從安北府至鴨江東，計二百八十里踏行穩便田地，酌量地里遠近，並令築城，發遣役夫，同時下手。其合築城數，早與回報。所貴交通車馬，長開貢覲之途；永奉朝廷，自協安康之計。”

[3]保安軍：遼代軍號。治雙州（今遼寧省鐵嶺市）。《武經總要》前集卷一六下《戎狄舊地》：“雙州，契丹號保安軍，有通吳軍營壘，東至逆流河二里入生女真界，西至遼州七十里，南至瀋州七十里，北至渝州百二十里。”

聖宗崩，表請會葬。既至伏梓宮大慟曰：“臣幸遇聖明，横被構譖，不獲盡犬馬報。”氣絶而蘇，興宗命醫治疾。久之，言國舅侍中無憂國心，陛下不當復用唐景福舊號，[1]於是用事者惡之，遣歸鎮，卒。弟昭，有傳。

[1]景福：唐昭宗李曄年號（892—893）。

耶律瑶質字拔里堇，積慶宫人。[1]父侯古，室韋部節度使。[2]

[1]積慶宮：世宗耶律阮宮分。

[2]室韋部：部族名。北魏始見於記載，分佈於今黑龍江、嫩江流域，唐時分爲許多部。契丹興起時，多爲其役屬。

瑤質篤學廉介，有經世志。統和十年累遷至積慶宮使。聖宗嘗諭瑤質曰："聞卿正直，是以進用。國有利害，爾言宜無所隱。"由是所陳多見嘉納。

上征高麗，破康肇軍于銅州，[1]瑤質之力爲多。王詢乞降，群臣議皆謂宜納。瑤質曰："王詢始一戰而敗，遽求納款，此詐耳，納之恐墮其姦計。待其勢窮力屈，納之未晚。"已而詢果遁，清野無所獲。其衆阻險而壘，攻之不下，瑤質以計降之。擢拜四蕃部詳穩。

[1]破康肇軍于銅州：據本書卷一五《聖宗本紀六》，事在統和二十八年（1010）十一月，"乙酉，大軍渡鴨淥江，康肇拒戰，敗之，退保銅州。丙戌，肇復出，右皮室詳穩耶律敵魯擒肇及副將李立"。《高麗史》卷四《顯宗世家》顯宗一年（1010）"己亥，康兆與契丹戰於通州，敗績就擒"。按，銅州本渤海置，遼屬東京道。下轄析木縣在今遼寧省海城市。遼軍既已渡江，戰事發生在半島，與銅州無關。《遼史》誤。

時招討使耶律頗的爲總管，瑤質恥居其下，上表曰："臣先朝舊臣，今既垂老，乞還新命，覬得常侍左右。"帝曰："朕不使汝久處是任。"且命無隸招討，得專奏事到部。戢暴懷善，政績顯著。卒于官。

耶律弘古字盆訥隱，遙輦鮮質可汗之後。[1]

[1]鮮質可汗：遙輦第五代可汗。

統和初嘗以軍事任爲拽剌詳穩，尋徙南京統軍使。十三年徇地南鄙，克敵於四岳橋，斬首百餘級。攻宋，以戰功遷東京留守，封楚國公。後伐高麗，副先鋒耶律盆奴擒康肇于銅州。

三十年西北部叛，[1]從南府宰相耶律奴瓜討之。[2]及典禁軍，號令整肅，[3]諸部多降。尋遷侍中，卒。

[1]西北部叛：本書卷一五《聖宗本紀六》載，開泰元年（統和三十年，1012）十一月甲辰，“西北招討使蕭圖玉奏七部太師阿里底因其部民之怨，殺本部節度使霸暗並屠其家以叛，阻卜執阿里底以獻，而沿邊諸部皆叛”。

[2]耶律奴瓜：字延寧，太祖異母弟南府宰相蘇之孫。本書卷八五有傳。

[3]號令整肅：【劉校】“肅”原本誤作“蕭”。據明抄本、南監本、北監本和殿本改。中華點校本、修訂本和補注本徑改。長箋本引《初校》出校。

高正，不知何郡人。統和初舉進士第，累遷樞密直學士。上將伐高麗，遣正先往諭意。及還，遷右僕射。時高麗王詢表請入覲，[1]上許之，遣正率騎兵千人迓之，館于路，爲高麗將卓思正所圍。正以勢不可敵，與麾下壯士突圍出，士卒死傷者衆。上悔輕發，釋其罪。

明年遷工部侍郎，爲北院樞密副使。開泰五年卒。

[1]入覲：入朝晉見皇帝。原來以諸侯朝見天子稱“覲”。

耶律的琭字耶寧，仲父房之後。習兵事，爲左皮室詳穩。[1]統和二十八年伐高麗，的琭率本部軍與盆奴等擒康肇、李玄蘊于銅州。帝壯之曰："以卿英才，爲國戮力，真吾家千里駒也！"乃賜御馬及細鎧。明年爲北院大王，出爲烏古敵烈部都詳穩。年七十二卒。

[1]爲左皮室詳穩：【劉校】據中華點校本校勘記，本書卷一五《聖宗本紀六》統和二十八年（1010）十一月及《高麗外記》並作"右皮室詳穩耶律敵魯"。

大康乂，渤海人。開泰間累官南府宰相，出知黄龍府，[1]善綏撫，東部懷服。榆里底乃部長伯陰與榆烈比來附，送于朝，且言蒲盧毛朶界多渤海人，乞取之。詔從其請。康乂領兵至大石河駞準城，掠數百户以歸。未幾，卒。

[1]黄龍府：遼代六府之一，亦爲遼金軍事重鎮。治所在今吉林省農安縣。

論曰：高句驪弑其君誦而立詢，[1]遼興問罪之師，宜其簞食壺漿以迎、除舍以待，而廼乘險旅拒。俾智者竭其謀、勇者窮其力，雖得其要領，而顓顓獨居一海之中自若也。豈服人者以德而不以力歟？況乎殘毀其宫室，係累其民人，所謂以燕伐燕也歟？嗚呼！朱崖之棄，[2]捐之之力也，敵烈之諫有焉。

［1］高句驪：爲“高麗”之誤。

［2］朱崖之棄：《後漢書》卷八〇上《杜篤傳》：“郡縣日南，漂槩朱崖。”李賢注：“武帝元鼎六年平南越，以爲南海、蒼梧、鬱林、合浦、交阯、九真、日南、朱崖、儋耳九郡。”珠崖“去長安七千三百里”。宋代蘇軾《東坡全集》卷八六《伏波將軍廟碑》：“自漢以來朱崖、儋耳或置或否。揚雄有言：‘朱崖之棄，捐之之力也，否則介鱗易我衣裳。’此言施於當時可也，自漢末至五代，中原避亂之人多家於此，今衣冠、禮樂蓋斑斑然矣，其可復言棄乎！”

（李錫厚注　劉鳳翥校）

遼史　卷八九

列傳第十九

耶律庶成　庶箴　蒲魯　楊皙　耶律韓留　楊佶
耶律和尚[1]

[1]“耶律庶成”至“耶律和尚”：【劉校】原本、明抄本、南監本無，據北監本和殿本補。

耶律庶成字喜隱，小字陳六，季父房之後。[1]父吳九，檢校太師。[2]

[1]季父房：契丹以玄祖之後爲皇族，分爲三房：孟父房、仲父房和季父房。季父房一系是太祖阿保機及其兄弟的子孫。

[2]檢校：職官制度用語。唐宋皆有檢校官，屬加官而非正授。

庶成幼好學，書過目不忘，善遼、漢文字，[1]於詩尤工。重熙初補牌印郎君，[2]累遷樞密直學士。與蕭韓家奴各進《四時逸樂賦》，[3]帝嗟賞。初，契丹醫人鮮知切脉審藥，上命庶成譯方脉書行之，自是人皆通習，雖諸部族亦知醫事。時入禁中，參決疑議，偕林牙蕭韓家奴等撰《實録》及《禮書》。[4]與樞密副使蕭德修定法令，[5]上詔庶成曰："方今法令輕重不倫。法令者，爲政所先、人命所繫，不可不慎。卿其審度輕重，從宜修定。"庶成參酌古今，刊正訛謬，成書以進，帝覽而善之。

[1]遼、漢文字：即契丹文字和漢文字。遼代契丹族有自己創製的文字。神册五年（920）創製"契丹大字"。此後，太祖阿保機弟迭剌又製"契丹小字"。契丹大字是一種採用漢字筆畫的表意文字。契丹小字是拼音文字。自金明昌二年（1191），契丹文字已被明令停止使用，後逐漸湮没無聞。近數十年來，兩種契丹文字的碑刻皆有發現，但因與漢字對譯的資料很少，特别是還没有發現契丹文字的字典，所以釋讀工作非常艱難。

[2]重熙：遼興宗耶律宗真年號（1032—1055）。

[3]蕭韓家奴：涅剌部人。字休堅。中書令安摶之孫。少好學，博覽經史，通遼、漢文字。統和十四年（996）始仕。本書卷一〇三有傳。

[4]林牙：契丹官名。掌文翰，相當於翰林學士。

[5]與樞密副使蕭德修定法令：【劉校】據中華點校本校勘記，"蕭德"，原誤作"耶律德"。本書卷一八《興宗本紀一》載，耶律德曾於重熙六年（1037）十二月使宋，無修定法令事。本書卷九六《蕭德傳》載："累遷北院樞密副使，詔與林牙耶律庶成修律令。"據改。今從。

庶成方進用，爲妻胡篤所誣，以罪奪官，絀爲"庶耶律"。[1]使吐蕃凡十二年，[2]清寧間始歸。[3]帝知其誣，詔復本族，[4]仍還所奪官，卒。

[1]庶耶律：【劉注】指非皇族的耶律氏。

[2]吐蕃：原爲中國古代藏族政權名，公元七至九世紀在青藏高原建立。吐蕃政權崩潰以後，宋元及明初史籍稱青藏高原上的土著族、部爲吐蕃。

[3]清寧：遼道宗耶律洪基年號（1055—1064）。

[4]復本族：恢復皇族身份，重新隸屬季父房。

庶成嘗爲林牙，[1]夢善卜者胡呂古卜曰：“官止林牙，因妻得罪。”及置於理，法當離婚。胡篤適有娠，至期不產而死。剖視之，其子以手抱心，識者謂誣夫之報。有詩文行于世。弟庶箴。

[1]嘗爲林牙：【劉校】“爲”，原本、明抄本、南監本、北監本和殿本均作“謂”，馮氏《初校》稱：“‘謂’當作‘爲’。”是，據改。中華點校本、補注本和長箋本徑改。

庶箴字陳甫，善屬文。重熙中爲本族將軍。咸雍元年同知東京留守事，[1]俄徙烏衍突厥部節度使。[2]九年知薊州事。[3]

[1]咸雍：遼道宗耶律洪基年號（1065—1074）。　東京：遼五京之一。故址在今遼寧省遼陽市。

[2]突厥：古代族名。曾建立強大的突厥汗國，至公元六世紀分裂爲東、西兩汗國。當阿保機建立契丹王朝時，突厥汗國早已滅亡。這裏所謂“突厥”可能是指東突厥汗國的餘部。

[3]薊州：州名。治所在今天津市薊州區。

明年遷都林牙。上表乞廣本國姓氏曰："我朝創業以來法制修明，惟姓氏止分爲二，耶律與蕭而已。始太祖制契丹大字，取諸部鄉里之名續作一篇，著于卷末。臣請推廣之，使諸部各立姓氏，庶男女婚媾有合典禮。"帝以舊制不可遽釐，不聽。

大康二年出耶律乙辛爲中京留守，[1]庶箴與耶律孟簡表賀。[2]頃之，乙辛復爲樞密使，[3]專權恣虐。庶箴私見乙辛泣曰："前抗表，非庶箴之願也。"乙辛信其言，乃得自安。聞者鄙之。八年致仕，卒。子蒲魯。

[1]大康：遼道宗耶律洪基年號（1075—1084）。　耶律乙辛（？—1083）：五院部人。字胡覩衮。重熙中爲文班吏。道宗清寧五年（1059）爲南院樞密使，改知北院，封趙王。九年重元亂平，拜北院樞密使，進封魏王。咸雍五年（1069）加守太師。詔四方有軍旅，許以便宜從事，勢震中外。大康元年（1075）誣皇后蕭觀音致死，三年又害死太子耶律濬。七年冬坐以禁物鬻入外國，幽於來州。九年謀奔宋及私藏兵甲事發，伏誅。本書卷一一〇有傳。

[2]耶律孟簡：道宗時人，耶律屋質五世孫。本書卷一〇四有傳。

[3]樞密使：官名。樞密院之首長。遼有北、南樞密院，爲遼朝的實際宰輔機構，分别總領北、南面官。北樞密院又稱契丹樞密院，掌軍事、部族。南樞密院又稱漢人樞密院，掌漢人州縣之事。

蒲魯字乃展。幼聰悟好學，甫七歲能誦契丹大字。習漢文，未十年博通經籍。重熙中舉進士第。主文以國制無契丹試進士之條聞于上，以庶箴擅令子就科目，鞭之二百。尋命蒲魯爲牌印郎君。應詔賦詩，立成以進。帝嘉賞，顧左右曰："文才如此，必不能武事。"蒲魯奏曰："臣自蒙義方，[1]兼習騎射，在流輩中亦可周旋。"帝未之信。會從獵，三矢中三兔，帝奇之，轉通進。[2]

[1]義方：啓蒙教育。宋代華鎮《雲溪居士集》卷二二《書上楊帥章待制書》："某材非翹秀，識慮不敏，幸賴父兄好善，幼承義方之訓，生七年使誦書，又七年學文，又七年而應科舉。"

[2]通進：官名。遼金有御院通進。本書卷一〇九《宦官傳》趙安仁"統和中，爲黄門令、秦晉國王府祇候。王薨，授内侍省押班、御院通進"。《金史》卷五六《百官志》，"閤門"設御院通進四員，從七品。掌諸進獻禮物及薦享編次位序。

是時，父庶箴嘗寄《戒諭詩》，蒲魯答以賦，衆稱其典雅。[1]寵遇漸隆。清寧初卒。

[1]典雅：【劉校】原本作"興雅"，據明抄本、南監本、北監本、殿本改。中華點校本、修訂本、補注本和長箋本徑改。

楊晳，[1]字昌時，安次人。[2]幼通《五經》大義。[3]聖宗聞其穎悟，詔試詩，授秘書省校書郎。太平十一年擢進士乙科，[4]爲著作佐郎。

[1]楊晳：【劉校】據中華點校本校勘記，按楊晳即本書卷九七之楊績，一人兩傳。宋人陳襄《使遼語録》作楊晳。

[2]安次：縣名。治所在今河北省廊坊市。

[3]《五經》：五部儒家經典，即《詩》《書》《易》《禮》《春秋》。

[4]太平：遼聖宗耶律隆緒年號（1021—1031）。

重熙十二年累遷樞密都承旨，權度支使。[1]登對稱旨，進樞密副使。歷長寧軍節度使，[2]山西路轉運使，[3]知興中府。[4]清寧初入知南院樞密使，與姚景行同總朝政，[5]請行柴册禮。[6]封趙國公。以足疾復知興中府。咸雍初徙封齊，召賜同德功臣、尚書左僕射兼中書令，[7]拜樞密使，改封晉，給宰相、樞密使兩廳傔從，封趙王。屢請歸政，益賜保節功臣，致仕。大康五年例改遼西郡王，薨。

[1]度支使：度支使司之官。唐宋以鹽鐵、度支、户部爲三司，主理財賦。其長官爲三司使。《通鑑》卷二六五唐昭宣帝天祐三年（906）三月戊寅："以朱全忠爲鹽鐵、度支、户部三司都制置使。三司之名始于此。"遼在南京設三司使司，此外上京設鹽鐵使司，東京設户部使司，中京設度支使司，西京設計司。

[2]長寧軍：遼代軍號。治川州（今遼寧省北票市）。據《大清一統志》卷二八："白川州故城在朝陽縣東北六十七里。遼置川州，會同中改爲白川州，治咸康縣。……今縣境東北之四角阪有廢城，週二里餘，蒙古名卓索喀喇城，城内有遼開泰二年《佛頂尊勝陀羅尼石幢記》，爲白川州官吏所建，知即故白川州地。"

[3]轉運使：唐以後主管徵解錢穀及財政等事務的中央或地方官職。轉運使之名始於唐。宋太祖鑒於五代藩臣擅有財賦。自乾德以後始置諸路轉運使，以總利權。太宗至道中詔諸路轉運使並兼按察使，兼領考察地方官吏、維持治安、清點刑獄、舉賢薦能等職

責。宋真宗景德四年（1007）以前，轉運使實際上已成爲一路之最高行政長官。遼在境内南部各地設都轉運使司，各以使領之，掌管地方財政及徵解錢穀等事務。

[4]興中府：遼代六府之一。治所在今遼寧省朝陽市。

[5]姚景行（？—1075）：始名景禧。隸漢人宫分。既貴，始出宫籍，貫興中縣。重熙五年（1036）進士。不數年至翰林學士，樞密副使，參知政事。道宗即位，多被顧問，爲北府宰相。咸雍元年（1065）出爲武定軍節度使。明年驛召拜南院樞密使。大康初徙鎮遼興。本書卷九六有傳。

[6]柴册禮：此禮源於中國傳統的"燔柴告天"，是古代天子祭天之禮。據《爾雅·釋天》："祭天曰燔柴。"行禮時，積薪於壇，取玉及牲置於柴上焚燒。此禮與契丹的再生禮合併舉行，是爲契丹部落聯盟選汗和遼建國後新皇帝即位舉行的禮儀。相傳遥輦氏阻午可汗始制此儀，遼朝建國後有所增飾。

[7]左僕射：官名。始置於秦。漢以後因之。唐不設尚書令，最初以左、右僕射與中書令、侍中同爲宰相。中宗以後，不加同中書門下平章事者即不爲宰相。遼、宋均襲唐制。宋以後廢。

耶律韓留字速寧，仲父隋國王之後。[1]有明識、篤行義，舉止嚴重，工爲詩。

[1]仲父隋國王：即玄祖匀德實第三子、阿保機的伯父釋魯。據本書卷六四《皇子表》："賢而有智，爲迭剌部于越時教民種樹桑麻。年五十七，爲子滑哥所弑。重熙中追封爲隋國王。"《耶律仁先墓誌》稱他爲"述剌·實魯于越"。《耶律慶嗣墓誌》稱他爲"于越蜀國王述列·實魯，即太祖天皇帝之伯父也"。

統和間召攝御院通進。[1]開泰三年稍遷烏古敵烈部都監，[2]俄知詳穩事。[3]敵烈部叛，將宫分軍從樞密使耶律世良討平之，[4]加千牛衛大將軍。[5]

[1]攝：代理，兼理。

[2]開泰：遼聖宗耶律隆緒年號（1012—1021）。　烏古敵烈部：部族名。原爲二部。烏古又稱嫗厥律、于厥律，居契丹西北；敵烈又譯迪烈、敵烈德、迭烈德、達底。遼時以遊牧、捕獵爲業，分佈於臚朐河（今克魯倫河）流域。有八部，稱爲八部敵烈或八石烈敵烈。與烏古部並稱爲北邊大部。遼聖宗以敵烈部降人置迭魯敵烈部和北敵烈部。開泰四年（1015）築董城於臚朐河北，安置敵烈、烏古降人。壽昌二年（1096）徙敵烈、烏古於烏納水西。遼置烏古敵烈統軍司以應對阻卜諸部的反抗。金末元初，敵烈人逐漸與女真人、蒙古人等同化。

[3]詳穩：遼朝軍官名。元帥府下設大詳穩司。“詳穩”即漢語“將軍”的轉譯。【劉注】“詳穩”即漢語“將軍”的轉譯的説法似有值得商榷之處。在契丹小字中，“詳穩”作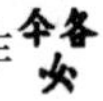，“將軍”作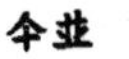，或、；在契丹大字中，“詳穩”作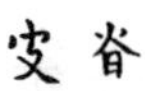，“將軍”作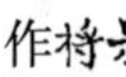。“詳穩”不是漢語“將軍”的轉譯，而是音譯的契丹語，契丹語中“將軍”是漢語借詞。

[4]宫分軍：隸屬遼朝諸宫衛的軍隊。遼朝皇帝及攝政太后都有自己的宫衛。“遼國之法，天子踐位置宫衛：分州縣、析部族、設官府、籍户口、備兵馬。崩則扈從后妃宫帳，以奉陵寢。有調發，則丁壯從戎事，老弱居守。”所謂“分州縣”即將一部分州縣劃歸宫衛管轄，在這些州縣“設官府”。在漢地則設諸宫衛提轄司負責征招軍隊。“析部族”即將一部分小於部族的組織如石烈、瓦里等從原來的部族中分離出來，隸屬宫衛。這些部族戰時也要出兵。因此，所謂“宫分軍”包括隸屬諸宫衛的部族軍和諸宫衛提轄司臨時點集、調發的軍隊。　耶律世良（？—1016）：小字斡，六

院部人。統和末爲北院大王。開泰初加檢校太尉、同政事門下平章事。拜北院樞密使。四年伐高麗，爲副部署。都統劉慎行逗留失期，執還京師，世良獨進兵。本書卷九四有傳。

[5]千牛衛大將軍：禁衛官名。據《莊子·養生主》，庖丁宰牛十九年，解牛數十頭，所用刀刃仍像在磨刀石新磨過一樣鋒利。後世因稱鋒利的刀爲千牛刀，禁衛叫千牛衛、千牛備身、千牛仗等。北魏、北齊、北周都有千牛備身，執掌御刀。領左、右二府，所以有左、右千牛衛的名稱。唐置左、右千牛衛，各設大將軍一員，正三品；將軍二員，從三品。遼因襲唐制，亦設左、右千牛衛，每衛亦設大將軍、將軍。　千牛衛：【劉校】“牛”原本誤作“年”，據明抄本、南監本、北監本和殿本改。中華點校本、修訂本和補注本徑改。長箋本引《羅校》出校。

重熙元年累遷至同知上京留守，改奚六部禿里太尉。[1]性不苟合，爲樞密使蕭解里所忌。上欲召用韓留，解里言目病不能視，議遂寢。四年召爲北面林牙。帝曰：“朕早欲用卿，聞有疾，故待之至今。”韓留對曰：“臣昔有目疾，才數月耳，然亦不至于昏。第臣駑拙，不能事權貴，是以不獲早睹天顔。非陛下聖察，則愚臣豈有今日耶!”詔進《述懷詩》，上嘉歎。方將大用，卒。

[1]禿里太尉：【劉校】“太”原本作“大”，據明抄本、南監本、北監本和殿本改。中華點校本、修訂本和補注本徑改。長箋本引《羅校》出校。

楊佶字正叔，南京人。幼穎悟異常，讀書自能成句，識者奇之。弱冠，聲名籍甚，統和二十四年舉進士第一，歷校書郎、大理正。開泰六年轉儀曹郎，典掌書命，加諫議大夫。出知易州，[1]治尚清簡，徵發期會必信。入爲大理少卿，累遷翰林學士，文章號得體。八年燕地饑疫，民多流殍，以佶同知南京留守事，發倉廩振乏絶，貧民鬻子者計傭而出之。宋遣梅詢賀千齡節，[2]詔佶迎送，多唱酬，詢每見稱賞。復爲翰林學士。

[1]易州：州名。治所在今河北省易縣。

[2]千齡節：遼以聖宗生日爲千齡節。

重熙元年陞翰林學士承旨。丁母憂，起復工部尚書。歷忠順軍節度使，[1]朔、武等州觀察、處置使，[2]天德軍節度使，[3]加特進、檢校太師、同中書門下平章事，復拜參知政事兼知南院樞密使。[4]

[1]忠順軍：遼代軍號。治蔚州（今河北省蔚縣）。

[2]朔：州名。今屬山西省。　武：州名。治所在今河北省張家口市宣化區。

[3]天德軍：唐軍鎮名。治豐州。遼太祖阿保機於神册五年（920）平党項，仍以此地爲天德軍。其地在今内蒙古自治區呼和浩特市東白塔一帶。

[4]參知政事：始見於唐前期，宋初作爲副宰相，至真宗以後，其地位更與宰相同平章事等。遼朝參知政事的地位類似宋朝，與同中書門下平章事一樣，都是中書省長官、宰相。

十五年出爲武定軍節度使。[1]境内亢旱，苗稼將槁。

視事之夕雨澤霑足。百姓歌曰："何以蘇我？上天降雨。誰其撫我？楊公爲主。"瀔陽水失故道，[2]歲爲民害，乃以己俸創長橋，人不病涉。及被召，郡民攀轅泣送。上御清涼殿宴勞之，即日除吏部尚書兼門下侍郎、同中書門下平章事。上曰："卿今日何減呂望之遇文王！"[3]佶對曰："呂望比臣遭際有十年之晚。"上悦。其居相位，以進賢爲己任，事總大綱，責成百司，人人樂爲之用。三請致政，許之，月給錢粟、傔隸，四時遣使存問。卒。有《登瀛集》行于世。

[1]武定軍：遼代軍號。治奉聖州（今河北省涿鹿縣）。

[2]瀔陽水失故道：《畿輔通志》卷二一："瀔水出鴈門陰舘縣，東北過代郡桑乾縣南，又東過涿鹿縣北，又東南出山，過廣陽薊縣北。《水經》：'盧溝河其源出於代地，名曰小黄河。'以流濁故也。自奉聖州界流入宛平縣境，至都城西四十里東麻谷分爲二派。"

[3]呂望：即周初人呂尚。"姓姜，名牙。炎帝之裔，伯夷之後，封之於呂，子孫從其封姓，尚其後也。"後文王得之渭濱，云"吾先君太公望子久矣"，故號太公望。參閲《史記》卷三二《齊太公世家》。

耶律和尚字特抹，系出季父房。善滑稽，重熙初補祗候郎君。時帝篤于親親，凡三父之後皆序父兄行第，於和尚尤狎愛。然每侍宴飲，雖詼諧未嘗有一言之過，由是上益重之。歷積慶、永興宮使，[1]累遷至同知南院宣徽使事、南面林牙。[2]十六年出爲懷化軍節度使，[3]俄召爲御史大夫。二十三年因大册加天平軍節度使、檢校太師，[4]徙中京路案問使，卒。

[1]永興宫：太宗德光宫分。

[2]宣徽使：遼朝官名。遼設北、南宣徽，分隸北、南樞密院之下。宣徽北院使常執行軍事使命。此外，宣徽使還掌領朝會、宴饗、禮儀、祭祀及御前祇應之事。

[3]懷化軍：遼置。隸屬保州。治所在今朝鮮平安北道義州一帶。

[4]天平軍：宋置。治鄆州（今山東省東平縣）。

和尚雅有美行，數以財恤親友，人皆愛重。然嗜酒不事事，以故不獲柄用。或以爲言，答曰："吾非不知，顧人生如風燈石火，不飲將何爲？"晚年沈湎尤甚，人稱爲"酒仙"云。

論曰：庶成定法令，治民者不容高下其手。庶箴雖嘗表請廣姓氏以秩典禮，其隨勢俯仰，則有愧於其子蒲魯矣。楊晳爲上寵遇，迭封王爵，而功業不少槩見。然得愛民治國之要，其楊佶哉。

（李錫厚注　劉鳳翥校）

遼史　卷九〇

列傳第二十

蕭阿剌　耶律義先　信先　蕭陶隗　蕭塔剌葛
耶律敵禄[1]

[1]“蕭阿剌”至“耶律敵禄”：【劉校】原本、明抄本、南監本無，據北監本和殿本補。

蕭阿剌字阿里懶，北院樞密使孝穆之子也。[1]幼養宮中，興宗尤愛之。重熙六年爲弘義宮使，[2]累遷同知北院樞密使，加同中書門下平章事，[3]出爲東京留守。[4]二十一年拜西北路招討使，[5]封西平郡王。[6]尋尚秦晉國王公主，[7]拜駙馬都尉。[8]

[1]北院樞密使：即契丹樞密院之樞密使，爲北面官之最高官職，掌軍事、部族。詳本書卷四五《百官志一》。　孝穆：即蕭孝穆（？—1043）。小字胡獨堇，淳欽皇后弟阿古只五世孫。統和二十八年（1010）累遷西北路招討都監。開泰元年（1012）冬進軍可敦城。敗阻卜結五群牧長謀叛，拜北府宰相，太平九年（1029）

平定大延琳謀反，改東京留守，尋復爲南京留守。重熙六年（1037）進封吳國王，拜北院樞密使。死後追贈大丞相、晉國王，謚曰貞。本書卷八七有傳。

[2]重熙：遼興宗耶律宗真年號（1032—1055）。　弘義宫：遼太祖阿保機宫分。

[3]同中書門下平章事：唐制，大臣中有此名義者即爲事實上的宰相。遼襲唐制，在分設北南面官之後，以同中書門下平章事爲南面宰相。　累遷同知北院樞密使：【劉校】“樞”原本誤作“極”，據明抄本、南監本、北監本和殿本改。中華點校本、修訂本和補注本徑改。長箋本引《羅校》出校。

[4]出爲東京留守：【劉校】據中華修訂本校勘記，“東京”原作“東宫”。馮家昇《遼史初校》謂“宫”當作“京”，今據改。東京，遼五京之一。故址在今遼寧省遼陽市。

[5]西北路招討使：遼朝官名。西北路招討司的最高長官。該機構是遼朝統治漠北屬部的最高軍政機構，又稱西北路都招討司。

[6]西平郡王：【劉校】據中華點校本校勘記，“平”字，原誤作“北”。本書卷二〇《興宗本紀三》重熙二十一年四月作“西平郡王”，據改。今從。

[7]秦晉國王公主：即聖宗之弟隆慶之女。

[8]拜駙馬都尉：【劉校】原本作“與附馬都尉”，據明抄本、南監本、北監本、殿本改。中華點校本、修訂本和補注本徑改。長箋本引《初校》出校。

清寧元年遺詔拜北府宰相兼南院樞密使，[1]進王韓。明年改北院樞密使，徙王陳，與蕭革同掌國政。[2]革諂諛不法，阿剌爭之不得，告歸。上由此惡之，除東京留守。會行瑟瑟禮，[3]入朝陳時政得失。革以事中傷，帝怒，縊殺之。皇太后營救不及，大慟曰：“阿剌何罪而遽見殺？”帝乃優加賻贈，葬乾陵之赤山。[4]

[1]清寧：遼道宗耶律洪基年號（1055—1064）。　北府宰相：契丹部族官名。契丹可汗之下有北、南二府，各部族則分屬二府，故北宰相亦稱北府宰相，南宰相亦稱南府宰相。　南院樞密使：遼朝官名。南樞密院的最高長官。南樞密院又稱漢人樞密院，是南面官中的宰輔機構。　北府宰相兼南院樞密使：據中華點校本校勘記，本書卷二一《道宗本紀一》清寧元年八月作“北府宰相，權知南院樞密使事”。

[2]蕭革（？—1063）：契丹外戚。國舅房林牙和尚之子。興宗時拜南院樞密使，詔班諸王上，封吳王。道宗即位後，與國舅蕭阿剌同掌朝政。革因譖阿剌“有慢上心”。道宗大怒，縊阿剌於殿下。清寧九年（1063）秋，重元之亂，革參預其謀，凌遲處死。本書卷一一三有傳。

[3]瑟瑟禮：契丹禮儀名。大旱時，舉行此禮儀，祈求上天降雨。

[4]乾陵：遼景宗陵，位於乾州（今遼寧省北鎮市）。《武經總要》前集卷一六下《戎狄舊地》：“乾州在醫巫閭山之南，古遼澤之地，遼主景宗陵寢在焉。今置廣德軍節度，兼山陵都署。東至顯州八里，西南至銀野砦二十五里，西至遼州六十里，北至兔兒橋四十里。”《明一統志》卷二五《登州府》：“乾州城在廣寧衞西南七里，本漢無慮縣地，遼置乾州廣德軍。”

阿剌性忠果，曉世務，有經濟才。議者以謂阿剌若在，無重元、乙辛之亂。[1]

[1]重元（1021—1063）：聖宗次子。本名宗元，因避興宗諱，改重元，小字孛吉只，亦作孛己只。太平三年（1023）封秦國王。

聖宗死後，欽愛皇后稱制，曾密謀立重元。重元以所謀告於興宗，封爲皇太弟。賜以金券誓書。道宗即位，册爲皇太叔，爲天下兵馬大元帥，復賜金券。清寧九年（1063）與其子涅魯古謀亂，失敗自殺。本書卷一一二有傳。　乙辛：即耶律乙辛（？—1083）。字胡覩衮，五院部人。重熙中爲文班吏。道宗清寧五年爲南院樞密使，改知北院，封趙王。九年重元亂平，拜北院樞密使，進封魏王。咸雍五年（1069）加守太師。詔四方有軍旅，許以便宜從事，勢震中外。大康元年（1075），誣皇后致死，三年又害死太子耶律濬。七年冬，坐以禁物鬻入外國，幽於來州。九年謀奔宋及私藏兵甲事發，伏誅。本書卷一一〇有傳。

耶律義先，于越仁先之弟也。[1]美風姿，舉止嚴重。重熙初補祗候郎君班詳穩。十三年車駕西征，[2]爲十二行糺都監，戰功最，改南院宣徽使。

[1]于越：契丹語音譯詞。官名。爲契丹貴官，非有大功德者不授。位在北、南大王之上。　仁先：即耶律仁先（1012—1072）。契丹皇族。孟父房之後。清寧初，爲南院樞密使。九年（1063），重元謀逆，仁先受命討賊。事後，加尚父，進封宋王，爲北院樞密使。本書卷九六有傳。

[2]西征：進攻西夏。

時蕭革同知樞密院事，席寵擅權，義先疾之。因侍讌，言于帝曰："革狡佞喜亂，一朝大用，必誤國家！"言甚激切，不納。它日侍宴，上命群臣博，負者罰一巨觥。義先當與革對，憮然曰："臣縱不能進賢退不肖，安能與國賊博哉！"帝止之曰："卿醉矣！"義先厲聲詬不已。上大怒，賴皇后救，得解。翌日，上謂革曰："義先無禮，當黜之。"革對曰："義先天性忠直，今以酒失而出，誰敢言人之過？"上謂革忠直，益加信任。義先欝欝不自得，然議事未嘗少沮。又於上前博，義先祝曰："向言人過，冒犯天威。今日一擲可表愚款。"俄得堂印。[1]上愕然。

[1]堂印：擲骰子如果擲了個雙重四，即謂得"堂印"。

十六年爲殿前都點檢，[1]討蒲奴里，[2]多所招降，獲其酋長陶得里以歸，手詔褒奬，以功改南京統軍使，封武昌郡王。奏請統軍司錢營息以贍貧民。未朞，軍器完整，民得休息。二十一年拜惕隱，[3]進王富春，薨，年四十二。

[1]殿前都點檢：後周世宗設置殿前司，以都點檢、副都點檢爲正副長官，位在都指揮使之上，爲禁軍統帥。宋初廢。遼設殿前都點檢，爲南面軍官，當係模倣後周制。

[2]蒲奴里：遼東北部族名。與越里篤、剖阿里、奥里米和越里吉統稱五國部。

[3]惕隱：契丹官名。又稱梯里已，掌皇族政教。

義先常戒其族人曰："國中三父房皆帝之昆弟，不孝不義尤不可爲。"其接下無貴賤賢否，皆與均禮。其妻晉國長公主之女，[1]每遇中表親，非禮服不見，故内外多化之。清寧間追贈許王。弟信先。

[1]晉國長公主：世宗次女，名觀音。保寧間，封晉國長公主。下嫁蕭夏剌。

信先，興宗以其父瑰引爲刺血友，[1]幼養于宮。善騎射。

[1]刺血友：結盟、結社。本書卷九五《耶律馬六傳》載，與耶律弘古爲刺血友。顧炎武《日知録》卷二三《社》："《元史·泰定帝紀》'禁饑民結扁擔社，傷人者杖一百'。不知後之士人何取而名此也。天啓以後士子書刺往來，社字猶以爲汎，而曰盟、曰社盟。此《遼史》之所謂刺血友也。"

重熙十四年爲左護衛太保，同知殿前點檢司事。十八年兼右祗候郎君班詳穩。上問所欲，信先曰："先臣瑰引與陛下分如同氣，[1]然不及王封。儻使蒙恩地下，臣願畢矣。"上曰："此朕遺忘之過。"追封燕王。是年從蕭惠伐夏，[2]敗於河南，例被責。

[1]瑰引：【劉注】又作"鄶引"，耶律信先父親契丹語小名的音譯。

[2]蕭惠（982—1056）：契丹外戚，淳欽皇后弟阿古只五世孫。初爲國舅詳穩。從伯父排押征高麗，以功，授契丹行宮都部署。重熙六年（1037），復爲契丹行宮都部署，拜南院樞密使。惠贊成復取三關，與太弟帥師壓宋境，迫使宋朝增歲幣請和。惠以首事功，進王韓。重熙十七年尚帝姊秦晉國長公主，拜駙馬都尉。本書卷九三有傳。

清寧初爲南面林牙，[1]卒。

[1]林牙：契丹官名。掌文翰，相當於翰林學士。

蕭陶隗字烏古鄰，宰相轄特六世孫。剛直，有威重。咸雍初任馬群太保。素知群牧名存實亡，[1]悉閱舊籍，除其羸病，録其實數，牧人畏服。陶隗上書曰："群牧以少爲多，以無爲有。上下相蒙，積弊成風。不若括見真數，著爲定籍，公私兩濟。"從之。畜産歲以蕃息。

[1]群牧：契丹有專門機構管理畜群，這類機構稱"群牧"。諸路設群牧使司，下設某群太保、某群侍中、某群敞史；朝廷設總典群牧使司，有總典群牧部籍使、群牧都林牙。以"群"爲單位設某群牧司，設群牧使、群牧副使。此外，還有僅管理馬及牛群的機構。遼亡之後，金稱契丹群牧爲"烏魯古"。

大康中累遷契丹行宫都部署。[1]上嘗謂群臣曰："北樞密院軍國重任，久闕其人，耶律阿思、蕭斡特剌二人孰愈？"[2]群臣各譽所長，陶隗獨默然。上問："卿何不言？"陶隗曰："斡特剌懦而敗事；[3]阿思有才而貪，將爲禍基。不得已而用，敗事猶勝基禍。"上曰："陶隗雖魏徵不能過，但恨吾不及太宗爾！"然竟以阿思爲樞密使。由是阿思銜之。

[1]契丹行宫都部署：遼北面行宫官。遼在北南面官系統中，

分别設契丹行宫都部署和漢人行宫都部署，其上則有諸行宫都部署。行宫都部署完全是倣中原王朝官制設置的，它不同於專管斡魯朶事務的某宫都部署的宫官。宋朝皇帝巡幸亦有行宫，且亦有行宫都部署之設。後避英宗趙曙名諱，改稱行宫都總管。

[2]耶律阿思：字撒班。清寧初，補祗候郎君。重元之亂，與護衛蘇射殺涅魯古，賜號靖亂功臣，徙契丹行宫都部署。壽昌元年（1095）爲北院樞密使，監修國史。道宗崩，受顧命，加于越。受賂，包庇乙辛黨人。本書卷九六有傳。

[3]斡特剌懦而敗事：【劉校】“斡”原作“訛”。中華點校本據上下文改。今從。

九年西圉不寧，阿思奏曰：“邊隅事大，可擇重臣鎮撫。”上曰：“陶隗何如？”阿思曰：“誠如聖旨。”遂拜西南面招討使。[1]阿思陰與蕭阿忽帶誣奏賊掠漠南牧馬及居民畜產，[2]陶隗不急追捕，罪當死。詔免官。久之，起爲塌母城節度使。未行，疽發背卒。

[1]西南面招討使：西南面招討司的長官，負責對西夏防禦。

[2]居民畜產：【劉校】“畜”原本作“蓄”，明抄本、南監本、北監本和殿本均作“畜”。中華點校本、修訂本和補注本徑改。長箋本引《羅校》出校。今從改。

陶隗負氣，怒則鬚髯輒張。[1]每有大議，必毅然決之。[2]雖上有難色，未嘗遽已。見權貴無少屈，竟爲阿思所陷，時人惜之。二子，曰圖木、轄式。阿思死，始獲進用。

[1]鬚髯：【劉校】各本均作“須髯”，據明抄本改。

[2]必毅然決之：【劉校】“決”原本誤作“快”，明抄本、南監本、北監本、殿本均作“決”。中華點校本、修訂本和補注本徑改。長箋本引《初校》出校。今從改。

蕭塔剌葛字陶哂，六院部人。[1]素剛直。太祖時，坐叔祖臺哂謀殺于越釋魯，[2]没入弘義宫。世宗即位，以舅氏故出其籍，補國舅别部敞史。

[1]六院部：太祖析迭剌部爲五院部和六院部。太宗會同元年（938）改夷离菫爲大王。北院大王和南院大王即是五院部和六院部的首領。

[2]釋魯：玄祖匀德實第三子，阿保機的伯父。據本書卷六四《皇子表》：“賢而有智，爲迭剌部于越時教民種樹桑麻。年五十七，爲子滑哥所弑。重熙中追封爲隋國王。”

或言泰寧王察割有無君心，[1]塔剌葛曰：“彼縱忍行不義，人孰肯從！”佗日侍宴，酒酣，塔剌葛捉察割耳强飲之曰：“上固知汝傲狠，[2]然以國屬曲加矜憫，使汝在左右，且度汝才何能爲。若長惡不悛，徒自取赤族之禍！”察割不能答，强笑曰：“何戲之虐也！”

天禄末塔剌葛爲北府宰相，及察割作亂，塔剌葛醉詈曰：“吾悔不殺此逆賊！”尋爲察割所害。

[1]察割：即耶律察割（？—951）。遼皇族，其父即明王安端，爲阿保機同母弟。世宗即位，察割封泰寧王。天禄五年（951）九月，南伐途中行弑逆，隨即爲壽安王誘殺。本書卷一一二有傳。

［2］傲狠：【劉校】原本、修訂本和補注本作“傲很”，據明抄本、南監本、北監本、殿本改。中華點校本和長箋本徑改。

耶律敵禄字陽隱，孟父楚國王之後。性質直，多膂力。

察割作亂，敵禄聞之，入見壽安王，慷慨言曰：“願得精兵數百破賊黨。”王嘉其忠。穆宗即位，爲北院宣徽使。上以飛狐道狹，[1]詔敵禄廣之。明年將兵援河東，[2]至太原，與漢王會于高平，擊周軍，敗之，仍降其衆。忻、代二州叛，[3]將兵討之，會耶律撻烈至，敗周師於忻口。[4]師還，卒。

［1］飛狐道：古時飛狐道有二。一爲東漢時築，由飛狐縣（今河北省淶源縣）至嬀州懷戎縣（今河北省懷來縣）；二爲北魏所開靈丘道，由今山西省大同市至今河北省定州市。

［2］河東：指五代時期的北漢，是十國之一。後漢乾祐四年（951）河東節度使劉崇稱帝，國號仍稱漢，都太原（今屬山西省），史稱北漢。依附契丹。太平興國四年（979）爲北宋所滅。歷四主，凡二十九年。

［3］忻：州名。今屬山西省。　代：州名。治所在今山西省代縣。

［4］忻口：在州北五十五里，兩山相夾，滹沱水經其中。位於今山西省忻州市北忻口村。漢高帝出平城之圍，還軍至此，六軍忻然，因名忻口。參《清一統志》卷一一三。

論曰：忠臣惟知有國而不知有身，故惡惡不避其患。阿剌以諂諛不法折蕭革，陶隗以“用必基禍”言阿思，塔剌葛以“忍行不義”徒自取赤族之罪責察割，其心可謂忠矣。言一出而禍輙隨之。吁，邪正既不辨，國焉得無亂哉！

（李錫厚注　劉鳳翥校）

今注本二十四史

遼史

七

表〔二〕傳〔一〕

元　脱脱等　撰

李錫厚　劉鳳翥　主持校注

中国社会科学出版社

遼史　卷六七

表第五

外戚表

漢外戚有新室之患，晉宗室有八王之難。《遼史》耶律、蕭氏十居八九，宗室、外戚，勢分力敵，相爲脣齒，以翰邦家，是或一道。然以是而興，亦以是而亡，又其法之弊也。

契丹外戚，其先曰二審密氏：曰拔里，曰乙室已。[1]至遼太祖，娶述律氏。述律，本回鶻糯思之後。[2]

大同元年，[3]太宗自汴將還，留外戚小漢爲汴州節度使，[4]賜姓名曰蕭翰，[5]以從中國之俗。由是，拔里、乙室已、述律三族皆爲蕭姓。拔里二房，[6]曰大父、少父；乙室已亦二房，曰大翁、小翁；世宗以舅氏塔列葛爲國舅别部。三族世預北宰相之選，自太祖神册二年命阿骨只始也。[7]一：聖宗合拔里、乙室已二國舅帳爲一，與别部爲二。此遼外戚之始末也。作《外戚表》。

[1]乙室己：【劉注】【劉注】原本、南監本、北監本作“乙室巳”，中華點校本作“乙室已”，修訂本據殿本改作“乙室己”。契丹小字作[illegible]，[illegible]中的[illegible]是復數格詞尾，[illegible]的詞幹爲[illegible]，從對契丹小字的擬音來考察，“乙室己”更爲正確。

[2]回鶻：古代民族名。即回紇。本突厥别部。北魏時稱袁紇，亦曰烏護、烏紇，至隋稱韋紇。大業元年（605），因反抗突厥的壓迫，與僕固、同羅、拔野古等成立聯盟，總稱回紇。唐天寶三年（744）破東突厥，建政權於今鄂爾渾河流域，有今蒙古高原之地。唐時助平安史之亂，屢尚公主。唐貞元四年（788）自請改稱回鶻。開成五年（840），爲轄戛斯所破，部衆分三支西遷：一支遷吐魯番盆地，稱高昌回鶻或西州回鶻；一支遷蔥嶺以西楚河一帶，即蔥嶺以西回鶻；一支遷河西走廊，稱河西回鶻。歷五代遼金，回鶻皆嘗入貢。元明時稱畏吾兒。其族在唐時奉摩尼教，宋元以來改奉回教。

[3]大同：遼太宗年號（947）。

[4]汴州：治所在今河南省開封市。

[5]蕭翰（？—949）：契丹外戚。應天皇太后述律氏之侄。大同元年從太宗入汴，爲宣武軍節度使。世宗即位後，附世宗反對應天皇太后，娶世宗妹阿不里。天禄間，一再謀反，伏誅。本書卷一一三有傳。

[6]拔里二房：本書卷四五《百官志一》不稱“房”，稱“帳”，各設常衮以治之。

[7]阿骨只：阿保機妻述律氏之弟。契丹王朝建立之初，與其兄蕭敵魯掌腹心部，神册三年（918）以功拜北府宰相。本書卷七三附《蕭敵魯傳》後。　自太祖神册二年命阿骨只始也：【劉校】據中華點校本校勘記，本書卷一《太祖本紀上》載，在神册三年十二月。

戚	一世	二世	三世	四世	五世	六世	七世	八世	九世	十世	十一世
蕭氏：	五世祖胡母里。	北府宰相敵魯。[1]		平章事討古。[2]							
			北府宰相幹。								
景宗睿智皇后父思温：[3]	忽没里。[4]	北府宰相思温。[5]	北府宰相繼先。[6] 思温無嗣，睿智皇后命爲後。	〔紹宗〕。[7]							
		群馬中侍鲁术烈。[8]	陵蘭王郡撻凜。[9]	南京統軍慥古。							

			大父房，不知世次：	林牙蕭和尚。[10]	北院樞密使革。[11]
				北院宣徽使特末。[12]	

[1]北府宰相：契丹部族官名。契丹可汗之下有北、南二府，各部族則分屬二府，故北宰相亦稱北府宰相，南宰相亦稱南府宰相。　北府宰相敵魯：【劉校】據中華點校本校勘記，“卷一一三《蕭翰傳》：‘一名敵烈，字寒真，宰相敵魯之子。’敵魯下缺翰。依原式未補。以下仿此不備注”。

[2]平章事：即同中書門下平章事。唐制，大臣中有此名義者即爲事實上的宰相。遼襲唐制，在分設北南面官之後，以同中書門下平章事爲南面宰相。

[3]景宗睿智皇后（953—1009）：諱綽，小字燕燕，北府宰相蕭思温女。景宗即位，選爲貴妃。尋册爲皇后，生聖宗。景宗崩，尊爲皇太后，攝國政。統和元年（983），上尊號曰承天皇太后。本書卷七一有傳。

[4]忽没里：【劉校】原作“忽里没”，《蕭紹宗墓誌銘》作“忽毛里”，本書卷七八《蕭思温傳》作“忽没里”，據改。

[5]思温：蕭思温（？—970）。小字寅古，宰相蕭敵魯族弟忽没里之子。通書史。穆宗時爲南京留守，但畏懦不敢戰。應曆八年（958），周占束城，遼軍退渡滹沱河而屯，思温飾他説請濟師。已而，後周圍瀛州，陷益津、瓦橋、淤口三關，迫近固安，思温不知計所出。十九年（969），穆宗遇弑。思温與南院樞密使高勳、飛龍使女里等立景宗。保寧初，爲北院樞密使，兼北府宰相，仍命世預其選。思温女册爲皇后（即睿智皇后），加尚書令，封魏王。保寧二年（970），爲賊所害。本書卷七八有傳。

［6］繼先：蕭繼先（913—970）。【劉注】《秦晉國大長公主墓誌銘》又作“繼遠”。蕭繼先字楊隱，小字留只哥。乾亨初，尚齊國公主，拜駙馬都尉，統和四年，拜北府宰相。自是出師，必將本府兵先從。戰稱捷力。卒，年五十八。本書卷七八有傳。

［7］紹宗：【劉注】原無此二字，據《蕭紹宗墓誌銘》補。

［8］术魯烈：【劉校】據中華點校本校勘記，本書卷八五《蕭撻凛傳》作“术魯列”。

［9］蘭陵郡王：契丹外戚蕭氏封爵。蘭陵郡是蕭氏郡望。戰國置蘭陵縣，在今山東省臨沂市蘭陵縣蘭陵鎮。西晉置蘭陵郡，治丞縣（今山東省棗莊市嶧城區嶧城鎮，在古蘭陵縣西）。此蕭氏與契丹蕭氏並無血緣關係。　撻凛：蕭撻凛（？—1004）。字駝寧，蕭思温之再從侄。統和二十二年，攻宋，進至澶淵，未接戰，中伏弩卒。本書卷八五有傳。

［10］林牙：契丹官名。掌文翰，相當於翰林學士。　蕭和尚（？—1019）：字洪寧，國舅大父房之後。忠直，多智略。本書卷八六有傳。

［11］北院樞密使：即契丹樞密院之樞密使，爲北面官之最高官職，掌軍事、部族。詳本書卷四五《百官志一》。　革（？—1063）：蕭革，小字滑哥，字胡突堇。契丹外戚，國舅房林牙和尚之子。重熙十二年（1043），爲北院樞密副使。明年，拜北府宰相。十五年，改同知北院樞密事。革怙寵專權，同僚以其奸佞，言用之將敗事，興宗不聽。拜南院樞密使，詔班諸王上，封吳王。道宗即位後，與國舅蕭阿剌同掌朝政。帝訪群臣以時務，阿剌陳利病，言甚激切。革因譖阿剌“有慢上心”。道宗大怒，縊阿剌於殿下。清寧九年（1063）秋，重元之亂，革預其謀，陵遲處死。本書卷一一三有傳。

［12］北院宣徽使：遼朝官名。遼設北、南宣徽，分隸北南樞密院之下。宣徽北院使常執行軍事使命。此外，宣徽使還掌領朝會、宴饗、禮儀、祭祀及御前祗應之事。　特末：蕭特末，蕭和尚之

弟。字何寧。太平中，遷安東軍節度使，有能稱。重熙十年，累遷北院宣徽使。十一年，與劉六符使宋，索十縣故地，宋請增銀、絹十萬兩、疋以易之。歸，稱旨，加同政事門下平章事。復爲北院宣徽使，卒。本書卷八六有傳。據本書卷六五《公主表》另有一蕭特末，大安初，娶道宗第三女越國公主。後爲都統，與金人戰，敗於石輦鐸，被擒。

太祖淳欽皇后父月椀：[1]	阿扎豁只月椀。[2]	北府宰相阿古只。				北府宰相排押。[3]					
世宗懷節皇后父阿古只：[4]						蘭陵郡王恒德。[5]	蘭陵郡王匹敵。[6]				
							東路統軍柳。				

[1]淳欽皇后：遼太祖阿保機皇后述律氏的謚號。遼興宗重熙二十一年（1052）九月追謚。本書卷七一有傳。

[2]阿扎豁只：即阿扎割只。本書卷四五《百官志一》稱其“所掌未詳。遙輦故官，後併樞密院”。

[3]排押：蕭排押（？—1023）。字韓隱，國舅少父房之後。統和初，爲左皮室詳穩。四年（986），破宋將曹彬、米信兵於望都，與樞密使耶律斜軫收復山西所陷城邑。是冬，攻宋，以功改南京統軍使。十三年，歷北、南院宣徽使。十五年，加政事令，遷東京留守。二十二年與宋和議成，爲北府宰相。兩度從聖宗征高麗。卷八八有傳。

[4]世宗懷節皇后：蕭氏，小字撒葛只，淳欽皇后弟阿古只之女。生景宗及萌古公主。察割作亂，遇害。謚曰孝烈皇后。重熙二十一年，更今謚。　阿古只：即蕭阿古只，也即迪里姑，蕭敵魯之弟，均爲阿保機述律皇后之弟。兄弟二人一同爲阿保機掌腹心部。剌葛叛亂，阿古只將其追擒於榆河。本書卷七三有傳。

[5]恒德（？—997）：蕭恒德，字遜寧。國舅少父房之後。蕭排押弟，本書卷八八有傳。

[6]匹敵：蕭匹敵，聖宗時曾任殿前副點檢，與蕭孝穆一同平定大延琳叛亂。本書卷八八有傳。　“蘭陵郡王恒德”至“蘭陵郡王匹敵”：【劉校】據中華點校本校勘記，“按恒德原脱‘德’字。匹敵，原誤‘恒敵’，並據本書卷八八本傳補正”。

道宗宣懿皇后父惠：[1]				蘭陵郡王某。		齊國王某。	北院樞密使惠。	西北招討使慈氏奴。[2]		兀古匿。	蒲離不。[3]

［1］道宗宣懿皇后（1040—1075）：小字觀音，欽愛皇后蕭耨斤弟樞密使蕭惠之女。清寧初年，立爲懿德皇后。生太子濬，有專房之寵。大康元年（1075），宫中婢女單登、教坊朱頂鶴誣告皇后與伶官趙惟一有私情，道宗詔令誅殺趙惟一全族，賜皇后自盡。天祚帝乾統元年（1101），追謚爲宣懿皇后，與道宗合葬永福陵。本書卷七一有傳。　惠：蕭惠（983—1056）。字伯仁，小字脱古思，契丹外戚，淳欽皇后弟阿古只五世孫。初爲國舅詳穩。從伯父排押征高麗，以功，授契丹行宫都部署。開泰二年（1013），改南京統軍使。後爲西北路招討使，封魏國公。興宗即位，知興中府，歷順義軍節度使、東京留守、西南面招討使，加開府儀同三司、檢校太師，兼侍中，封鄭王。重熙六年（1037），復爲契丹行宫都部署，加守太師，徙王趙。拜南院樞密使，更王齊。惠贊成復取三關，與太弟帥師壓宋境，迫使宋朝增歲幣請和。惠以首事功，進王韓。重熙十七年，尚帝姊秦晉國長公主，拜駙馬都尉。本書卷九三有傳。

［2］西北招討使：官名。西北路招討司的軍政長官。西北路招討司又稱西北路都招討司，是遼朝統治漠北屬部的最高軍政機構。　慈氏奴：即蕭慈氏奴（999—1049）。契丹外戚。字寧隱。魏王蕭惠子。重熙十八年（1049）伐夏，授西北路招討都監，領保大軍節度使。中流矢卒。本書卷九三有傳。

［3］“兀古匿”至“蒲離不”：【劉校】據中華點校本校勘記，兀古匿，原誤“乙古匿”，蒲離不，原脱“不”字。“按卷九三《蕭惠傳》：‘二子：慈氏奴、兀古匿。’又卷一〇六《蕭蒲離不傳》：‘魏國王惠之四世孙，父母蚤丧，鞠于祖父兀古匿。’並據補正。又兀古匿、蒲离不行輩不合，並存原式未移”。

興宗仁懿皇后父孝穆：[1]						國舅詳穩陶瑰。[2]	大丞相孝穆。	北院樞密使阿剌。[3]	趙國王別里剌。	蘭陵郡王酬斡。[4]	
								北院宣徽使撒八。[5] 使相撒磨。			
							北院樞密使孝先。[6]		蘭陵郡王得里底。[7]	磨撒。	
							北院樞密使孝忠。[8]	南院樞密使阿速。			
							北府宰相孝友。[9]	樞密副使胡覩。[10]			
			宰相撻列。						龍虎衛上將軍忽古。[11]		

									臨海節度使拔剌。[12]		

[1]興宗仁懿皇后（？—1076）：蕭氏，小字撻里，欽哀皇后弟孝穆之長女。重熙四年（1035），立爲皇后。二十三年，號貞懿慈和文惠孝敬廣愛崇聖皇后。道宗即位，尊爲皇太后。本書卷七一有傳。　孝穆：蕭孝穆（？—1043）。小字胡獨堇，淳欽皇后弟阿古只五世孫。統和二十八年（1010），累遷西北路招討都監。開泰元年（1012）冬，進軍可敦城。敗阻卜結五群牧長謀叛，拜北府宰相，賜忠穆熙霸功臣，檢校太師，同政事門下平章事。太平九年（1029），平定大延琳謀反，改東京留守，賜佐國功臣。興宗即位，徙王秦，尋復爲南京留守。重熙六年，進封吳國王，拜北院樞密使。十二年，復爲北院樞密使，更王齊，死後追贈大丞相、晉國王，謚曰貞。本書卷八七有傳。

[2]詳穩：契丹語音譯詞。官名。遼在元帥府下設大詳穩司。按本書卷一一六《國語解》："詳穩，諸官府監治長官。"【劉注】"詳穩"是音譯的契丹語，契丹語中另有"將軍"則是漢語借詞，二者有所區別。在契丹小字中，"詳穩"作，"將軍"作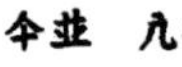，或作、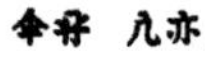；在契丹大字中，"詳穩"作，"將軍"作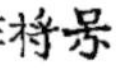。

[3]阿剌：蕭阿剌。字阿里懶，北院樞密使孝穆之子。幼養宮中，興宗尤愛之。尚聖宗弟隆慶之女秦晉國王公主，拜駙馬都尉。本書卷九〇有傳。

[4]酬斡：蕭酬斡（1062—1116）。國舅少父房之後，字訛里本。年十四尚越國公主，拜駙馬都尉。後因皇后蕭坦思（酬斡妹）

失寵，詔酬斡與公主離婚，籍興聖宫，流烏古敵烈部。天慶中，以妹復尊爲太皇太妃，召酬斡爲南女直詳穩，遷征東副統軍。天慶六年（1116），因平定東京高永昌叛而身死。本書卷一〇〇有傳。

[5]撒八：蕭撒八。字周隱。尚景宗女魏國公主，拜駙馬都尉，爲北院宣徽使，仍總知朝廷禮儀。重熙末，出爲西北路招討使、武寧郡王。居官以治稱。清寧初薨，年三十九，追封齊王。本書卷八七有傳。

[6]孝先：蕭孝先（？—1037）。契丹駙馬，娶聖宗女南陽公主。重熙初，曾與太后謀廢立。本書卷八七有傳。

[7]得里底：蕭得里底（？—1122）。字紀鄰，晉王蕭孝先之孫。乾統元年（1101），爲北面林牙、同知北院樞密事，受詔與北院樞密使耶律阿思懲治乙辛餘黨。阿思受賄，多爲乙辛餘黨減輕治罪；得里底也附會阿思的做法。女直初起，得里底阻礙發兵進討。後任北院樞密使，受到天祚信任。保大二年（1122），天祚率衛兵出逃，得里底離開天祚後，爲耶律淳所獲，不食數日而卒。本書卷一〇〇有傳。

[8]孝忠：蕭孝忠（？—1043）。遼駙馬，尚聖宗第三女越國公主，拜駙馬都尉，累遷殿前都點檢。太平中，擢北府宰相。重熙七年，爲東京留守。十二年，入朝，封楚王，拜北院樞密使。本書卷八一有傳。

[9]孝友：蕭孝友（990—1063）。契丹外戚蕭孝穆之弟，字撻不衍，小字陳留。開泰初，以戚屬爲小將軍。太平元年（1021），以大册，加左武衛大將軍、檢校太保，賜名孝友。重熙元年，累遷西北路招討使，封蘭陵郡王。八年，進王陳。十年，加政事令。清寧初，加尚父。後坐子胡覩與重元亂，伏誅，年七十三。本書卷八七有傳。

[10]胡覩：蕭胡覩（？—1063），字乙辛，遼外戚。重熙中，尚秦國長公主，授駙馬都尉，以不諧離婚，復尚齊國公主，爲北面林牙。清寧中，歷北、南院樞密副使，清寧九年（1063）七月，參與耶律重元子涅魯古叛亂，失敗投水死。五子，同日伏誅。本書卷

一一四有傳。【劉注】據中華點校本校勘記，本書卷八七《蕭孝友傳》，子胡靚。可見，胡靚應在孝友之下。

[11]龍虎衛上將軍忽古：【劉校】據中華點校本校勘記，“按卷八八《蕭敵烈傳》，‘宰相撻烈四世孫’，‘族子忽古，弟拔剌’。此脱敵烈，拔剌、忽古行輩亦不合”。

[12]臨海：臨海軍。治所在滄州（今河北省滄州市），不在遼境内。

太宗靖安皇后父室魯：[1]		駙馬都尉室魯。									
		勉思。									
			少父房，不知世次：	勞古，[2]聖宗詩友。	南院樞密使朴。[3]						
				中書令乙薛。[4]							
				始平節度使訛都斡。[5]							
				國舅詳穩雙谷。	南京統軍迭里得。[6]黃八。						

[1]靖安皇后（？—935）：蕭氏，遼太宗皇后。淳欽皇后弟室魯之女，小字温。天顯六年（931）八月庚申，生穆宗。本書卷七一有傳。

[2]勞古：蕭朴之父，國舅少父房之族。以善屬文，爲聖宗詩友。

[3]朴：蕭朴（986—1035）。字延寧，國舅少父房之族，父勞古。太平四年（1024）遷北院樞密使。重熙初，拜東京留守，升南院樞密使。四年（1035），王魏，薨，年五十。贈齊王。本書卷八〇有傳。

[4]中書令：官名。中書省長官。隋、唐以中書令、侍中、尚書令俱爲宰相，但僅存虚名，而以他官之同中書門下平章事者爲宰相之職。遼之中書令亦屬授予勳望卓著者的加官。　乙薛：蕭乙薛（？—1122）。字特免，國舅少父房之後。天慶初年，知國舅詳穩事，轉任殿前副點檢。金朝起兵，爲行軍副都統。以作戰失利，被撤職。十年（1120），金兵攻陷上京，天祚詔令乙薛兼上京留守、東北路統軍使。保大二年（1122），金兵發動大規模進攻，乙薛軍潰敗，降爲西南面招討使。天祚出逃之後，拜乙薛爲殿前都點檢。後被耶律大石所殺。

[5]始平：始平軍。遼州軍號。遼州隸屬東京道，原屬渤海，亦稱北白川州。《武經總要》前集卷一六下《戎狄舊地》：北白川州，遼州，遼縣故地，本朝天禧中契丹建爲州，仍曰始平軍。東至乾州百二十里，西北至宜州四十里，南至海二百里，北至中京五百五十里，北至醫巫閭山八十里。　訛都斡：蕭訛都斡。國舅少父房之後。咸雍中，補牌印郎君。大康三年（1077），樞密使乙辛令護衛太保耶律查剌誣告耶律撒剌等廢立。訛都斡按乙辛旨意，實其事。後與乙辛議論不合，被誅。本書卷一一一有傳。

[6]南京：今北京市。　迭里得：蕭迭里得（？—1063）。字胡覩堇，國舅少父房之後。重熙十九年，以伐夏功命知漢人行宫都部署事，出知西南面招討使。從重元子涅魯古等亂，敗走被擒，伏

誅。本書卷一一四有傳。

聖宗仁德皇后父隗因：[1]			不知房族世次：		隗因。[2]						
			國舅族，不知世次：		國舅、郡王高九。[3]	北府宰相术哲。	蘭陵郡王撻不也。[4]				
					漢人行宮都部署韓家。[5]						

[1]聖宗仁德皇后（982—1032）：小字菩薩哥，睿智皇后弟隗因之女。年十二，選入掖庭。統和十九年（1001），册爲齊天皇后。生皇子二，皆早卒。開泰五年（1016），宫人耨斤生興宗，后養爲子。興宗即位後，耨斤自立爲皇太后並將齊天皇后殺害，死時年五十。追尊仁德皇后。與欽哀並祔永慶陵。【劉注】仁德皇后的母親是韓匡嗣之女。

[2]隗因：按本卷説“隗因不知房族世次”，而本書卷七一《仁德皇后》説“她是睿智皇后弟隗因之女”，亦即是蕭思温（睿智皇后父）的孫女。【劉校】隗因，《韓匡嗣墓誌銘》作“猥恩”。又本卷“北府宰相繼先”欄内稱“思温無嗣，睿智皇后命爲後。”中華點校本校勘記云“隗因爲思温之子”，誤。

[3]國舅、郡王高九：【劉注】據中華點校本校勘記，按卷九

一《蕭朮哲傳》，“孝穆弟高九之子”，则高九爲陶隗之子。

[4]撻不也：蕭撻不也（？—1077）。國舅郡王高九之孫，字斡里端。大康元年（1075），爲彰愍宮使，尚趙國公主，拜駙馬都尉。三年，改同知漢人行宮都部署。與北院宣徽使耶律撻不也善，乙辛嫉之，令人誣告謀廢立事。不勝搒掠，誣伏。上引問，昏瞶不能自陳，遂見殺。本書卷九九有傳。

[5]漢人行宮都部署：遼在北南面官系統中，分别設契丹行宮都部署和漢人行宮都部署，其上則有諸行宮都部署。行宮都部署完全是倣中原王朝官制設置的，它不同於專管斡魯朶事務的某宮都部署的宮官。宋朝皇帝巡幸亦有行宮，且亦有行宮都部署之設。後避英宗趙曙名諱，改稱行宮都總管。詳本書卷四七《百官志三》。

			國舅別部，不知世次：	北府宰相只魯。		八世孫，世選北府宰相塔列葛。[1]				
					七世孫臺哂。					
			戚屬，不知世次：	令穩塔列。[2]	總知軍國海璙。[3]	烏古節度圖玉。[4]	南京統軍雙古。[5]	敵烈統軍詘都斡。[6]		

[1]世選：氏族社會遺留下的選任首領和官員的制度，契丹立國初期汗位繼承在形式上仍實行世選。世選與世襲的區別在於：世襲之制即專制時代盛行的嫡長子繼承制，在這種制度下，嫡長子是當然的繼承人。世襲制度下的繼承問題，是皇帝自己的事情，不容許他人介入；世選之制則不同，在這種制度下，有權勢、地位的貴族們介入確定汗位繼承人之事，由他們在可汗的兄弟子侄中量才推選繼承人。這種“世選”制度不僅存在於契丹社會中，在這一發展階段上的各個民族，無不如此。　塔列葛：蕭塔列葛，契丹五院部人。八世祖以功爲北府宰相，世預其選。塔列葛仕開泰間，累遷西南面招討使。重熙十二年，改右夷离畢、同知南京留守，轉左夷离畢，俄授東京留守，以世選爲北府宰相，卒。本書卷八五有傳。“北府宰相只魯”至“塔列葛”：【劉校】據中華點校本校勘記，“按卷八五《蕭塔列葛傳》：‘八世祖只魯，遙輦氏時嘗爲虞人。唐安禄山来攻，只魯戰于黑山之陽，敗之，以功爲北府宰相，世預其選。’又《紀》重熙十九年十二月，以東京留守蕭塔列葛爲北府宰相。是年距安禄山来攻，三百餘年，八世似不合。又卷九〇《蕭塔剌葛傳》：‘太祖时坐叔祖臺哂謀殺于越釋魯，没入弘義宫，世宗即位，以舅氏故，出其籍，補國舅别部敞史。’塔剌葛爲臺哂孫輩，仕世宗朝，塔列葛僅次臺哂一輩，仕興宗朝，亦不合”。

[2]令穩：據本書卷三三《營衛志下·部族下》“太祖更諸部夷离堇爲令穩。統和中，又改節度使”。

[3]海璨：蕭海璨（918—967）。字寅的哂，其先遙輦氏時爲本部夷离堇；父塔列，天顯間爲本部令穩。天禄間，娶明王安端女譪因翁主。應曆初，察割亂，譪因連坐，繼娶嘲瑰翁主。上以近戚，嘉其勤篤，命預北府宰相選。頃之，總知軍國事。本書卷七八有傳。

[4]烏古：部族名。又稱嫗厥律、于厥律，居契丹西北。據《新五代史》卷七三《四夷附録第二》：“嫗厥律，其人長大，髦頭，酋長全其髮，盛以紫囊。地苦寒，水出大魚，契丹仰食。又多黑、

白、黄貂鼠皮，北方諸國皆仰足。其人最勇，鄰國不敢侵。”　圖玉：蕭圖玉，字兀衍，北府宰相海瓈之子。統和初，皇太后稱制，以戚屬入侍。尋爲烏古部都監。後遷烏古部節度使。十九年（1001），總領西北路軍事。尚金鄉公主，拜駙馬都尉，加同政事令門下平章事。本書卷九三有傳。

[5]雙古：【劉注】契丹語小名的音譯。據《蕭興言墓誌銘》，他還有漢名“恭”。墓誌稱“皇考諱恭，北宰相兼侍中、燕京都統軍”。

[6]敵烈：遼金時北邊族名。又譯迪烈、敵烈德、迭烈德、達里底。遼時以遊牧、捕獵爲業，分佈於臚朐河（今克魯倫河）流域。有八部，稱爲八部敵烈或八石烈敵烈。與烏古部並稱爲北邊大部。遼聖宗以敵烈部降人置迭魯敵烈部和北敵烈部。開泰四年（1015），築董城於臚朐河北，安置敵烈、烏古降人。壽昌二年（1096），徙敵烈、烏古於烏納水西。金末元初，敵烈人逐漸同化於女真人、蒙古人。　訛都斡（1032—1087）：【劉注】本書卷九三《蕭圖玉傳》又作“訛篤斡”，爲同一個契丹語小名的不同音譯。據《蕭興言墓誌銘》，他還有漢名“興言”。“清寧間，以其性賦雄毅，承祖之廕，寘於宿直禁衛之列，次授宮使。時年二十七。因迪烈子叛，上以公世鎮西北隅，特簡授遙郡節度使，利用討伐。公既承命，止率人騎五十入其境，會彼首領，說而質其子。由是不破一甲而和焉。復還所虜人物。是歲從貢。改詳穩司爲統軍司，復授三十萬兵統軍使。”其生平詳載《蕭興言墓誌銘》。

（李錫厚注　劉鳳翥校）

遼史　卷六八

表第六

遊幸表

朔漠以畜牧射獵爲業，猶漢人之劭農，生生之資於是乎出。自遼有國，建立五京，置南、北院，控制諸夏，而遊田之習，尚因其舊。太祖經營四方，有所不暇；穆宗、天祚之世，史不勝書。今援司馬遷別書“封禪”例，[1]列于表，觀者固足以鑒云。作《遊幸表》。

[1]司馬遷別書“封禪”：《史記》有《封禪書》，記載帝王於泰山封禪的經歷。《史記正義》解釋封禪曰：“此泰山上築土爲壇以祭天，報天之功，故曰‘封’；此泰山下、小山上除地，報地之功，故曰‘禪’。言禪者，神之也。《白虎通》云：‘或曰封者，金泥銀繩，或曰石泥金繩，封之印璽也。’《五經通義》云：‘易姓而王，致太平，必封泰山、禪梁父。荷天命以爲王，使理羣生，告太平於天，報羣神之功。’”

	正月	二月	三月	四月	五月	六月	七月	八月	九月	十月	十一月	十二月
太祖七年[1]							次烏林河觀漁。					
九年						射野馬於漠北。[2]						
神册四年。[3]	射虎于東山。[4]											幸遼陽故城。[5]
五年					射龍於拽剌山陽水上，其龍一角，尾長足							

					短，身長五尺，舌二尺有半，勑藏內庫。[6]							

［1］太祖：【劉校】據中華修訂本校勘記，“此二字原置於上欄空格內，今據文例移置於此。又據本書卷六九《部族表》及和卷七〇《屬國表》例，上欄內當有‘紀年’二字”。

［2］漠北：中國北方大沙漠以北。《後漢書》卷八〇上《杜篤傳》説衛青等“席捲漠北，叩勒祁連”。李賢注：“漠，沙漠也；祁連，匈奴中山名也。叩，擊也；勒，謂銜勒也。”

［3］神册：遼太祖耶律阿保機年號（916—922）。

［4］東山：據本書卷三八《地理志二·東京道》，東梁河自東山西流，與渾河合爲小口，會遼河入於海，又名太子河，亦曰大梁水。由此可知東山應在今瀋陽東。

［5］遼陽故城：在今遼寧省遼陽市。【劉校】據中華點校本校勘記，（神册四年十二月）幸遼陽故城，依本書卷一《太祖本紀上》載，此事繫於神册三年十二月。

［6］內庫：將內庫視爲供皇帝私費的的藏庫，始於唐玄宗。《舊唐書》卷一〇五《王鉷傳》載：“玄宗在位多載，妃御承恩多賞賜，不欲頻於左右藏取之。鉷探旨意，歲進錢寶百億萬，便貯於內庫，以恣主恩錫賚。”至德宗時，內庫幾成人君私積。《唐會要》

卷五九載："國家舊制，天下財賦皆納於左庫藏……及第五琦爲度支鹽鐵使，時京師多豪將，求取無節，琦不能禁，乃悉以租賦進入太盈内庫，以中人主之。意天子以取給爲便，故不復出，是以天下公賦爲人君私積，有司不得窺其多少，國用不能計其贏縮。"

天贊二年[1]		如平州。[2]										
三年									次回鶻城。[3] 獵于野鳥篤斡山。[4] 幸回鶻城。獵于西河石堰，得白兔。觀漁烏魯古河。			

天顯元年[5]			幸天福城。[6]									
太宗四年	獵于潢河。[7]	獵于近地。				如涼陘。[8]				出獵，獲虎。		
五年			蒐于近淀。[9]			射柳。[10]如沿柳湖。						
六年		獵于近山，獲虎。		觀銀冶。射柳。				障鷹于近山。				

[1]天贊：遼太祖年號（922—926）。

[2]平州：唐置，治所在今河北省盧龍縣。

[3]回鶻城：即本書卷三〇《天祚本紀·大石傳》所記之卜古罕城。其地當在今蒙古國鄂爾渾河上游左岸哈喇八喇哈孫。

[4]野鳥篤斡山：【劉校】原本和殿本作“野鳥篤斡山”，南監本、北監本、明抄本作“野烏篤斡山”。中華點校本及修訂本徑改“烏”爲“鳥”。

[5]天顯：遼太祖耶律阿保機年號（天顯元年遼太宗耶律德光即位而未改元，926—938）。

[6]天福城：即渤海上京龍泉府，今黑龍江省寧安市渤海鎮。後來東丹國遷遼陽，東京遼陽亦稱天福城。

[7]潢河：河流名。今内蒙古自治區境内的西拉木倫河。

[8]涼陘：遼帝夏季納涼處。遼、金、元皇帝夏季都到涼陘納涼、狩獵。

[9]蒐：即春蒐，古代帝王春獵。

[10]射柳：遼朝的一種禮儀。《長編》卷一一〇宋仁宗天聖九年（1031）六月丁丑載：契丹“每謁木葉山即射柳枝，諢子唱番歌，前導彈胡琴和之，已事而罷”。此外，祈雨也射柳。金初接待宋使，亦以射柳作爲一種遊樂項目，元朝、明朝也有此類活動。

七年			是春，蒐于潢水之曲。[1]									獵于小滿得山。
九年					射柳。							
十年			蒐于滿德湖。						如金瓶濼[2]。			
十一年						射柳。						
十二年						射柳。						

會同元年。[3]			射虎于松山。[4]	觀伐木。								
三年[5]		獵于盤山。					獵于炭山。[6]					
六年								障鷹于合不剌山。				
七年							障鷹於炭山。					
九年			釣魚于土河。[7]			射柳。						

[1]潢水：即潢河。今西拉木淪河。

[2]如金瓶濼：【劉校】據中華點校本校勘記，（九月）如金瓶濼，依本書卷三《太宗本紀上》載，此事繫在十二月。

[3]會同：遼太宗年號（938—947）。

[4]松山：山名。在今内蒙古自治區赤峰市松山區。【劉校】據中華點校本校勘記，（三月）射虎於松山，依本書卷四《太宗本紀下》載，此事繫在二月。

[5]三年：【劉校】據中華修訂本校勘記，“南監本、北監本同。明抄本、殿本作‘二年’。按是年二月‘獵於盤山’、七月‘獵於炭山’兩事，本書《太宗紀》無考”。

［6］炭山：山名。據《新五代史》卷七二《四夷附録第一》："漢城在炭山東南灤河上，有鹽鐵之利，乃後魏滑鹽縣也。其地可植五穀，阿保機率漢人耕種，爲治城郭、邑屋、廛市如幽州制度，漢人安之，不復思歸。"另據本書卷四一《地理志五·西京道》，炭山在歸化州（武州，即今河北省張家口市宣化區）。

［7］土河：即老哈河，流經今内蒙古自治區東部赤峰地區，與西拉木淪河匯合，爲西遼河。　釣魚：【劉校】原本作"釣魚"，明抄本、南監本、北監本、殿本同。中華點校本、修訂本均作"鈎魚"。

世宗天禄五年。[1]							如太液谷，留飲三日。					
穆宗應曆三年。[2]						障鷹于輞山。獵于䍐羊山。	障鷹于圍鹿峪。					
四年		獵于郭里山。					障鷹于白羊山。					
五年									獵于西山。			

六年									擊鞠。[3]	與群臣水上擊髀石爲戲。		
七年						射柳。	射柳。					獵于赤山。獵于拽剌山。[4]
八年							獵赤山。					
九年					獵于鹿嶋南林。	獵于白鷹山。	射鹿于鳳凰門下。[5]	射鹿於近山，迄于九月。				獵于黑山。[6]

[1]天禄：遼世宗年號（947—951）。【劉校】原無“天禄”二字，據體例補。

[2]應曆：遼穆宗年號（951—969）。

[3]擊鞠：即打馬球，是當時流行的競技活動。因爲參賽者都在馬上擊球，奔馳的快馬有時會失控，因此具有一定的危險性。今内蒙

古自治區敖漢旗皮匠溝1號遼墓墓門西側的穹隆頂下部，有一幅打馬球圖。現存寬180、高50釐米。畫面有多處剥落，但大體可辨。

[4]赤山、拽剌山：均在遼上京西北部。據本書卷三七《地理志一・慶州》，"在州西二十里。有黑山、赤山、太保山、老翁嶺、饅頭山、興國湖、轄失濼、黑河"。遼慶州城址在今内蒙古自治區巴林右旗索博日嘎鎮。

[5]鳳凰門：在遼慶州境内或其附近。

[6]黑山：本書卷三二《營衛志中》載，"黑山在慶州北十三里，上有池，池中有金蓮"。黑山近慶陵，故"道宗每歲先幸黑山，拜聖宗、興宗陵，賞金蓮，乃幸子河避暑"。黑山即今内蒙古自治區巴林右旗北罕山。

十年		獵于圖不得泉。如褭潭。獵于成吉得井。			射舐鹹鹿于鳳凰門。[1]			次三石嶺，呼鹿射之。				獵于天梯山。[2]
十一年			射鹿于遙斯嶺。			射鹿于赤山。射柳。						

十二年		獵于蘇隱山。				是夏，射舐鹹鹿于玉山。[3]						
十三年	丁卯夜，觀燈。		獵，多獲鴈鴨。還宮，飲至終夜。自是，晝出夜飲，迄于月終。		射柳。	是夏，獵于玉山。			登高，以南唐所貢菊花酒賜群臣。是秋，射鹿於黑山、拽剌山。			獵于三嶺。

十四年		如潢河。			獵于玉山。射卧鹿于白嶺山。	射舐鹻鹿于葛德泉。	射舐鹻鹿于赤山，呼鹿射之。					幸樞密使蕭護思第。[4]
十五年									是秋，獵于黑山。			獵于七鷹山。
十六年	擊鞠。			以野鹿入馴鹿群，觀之，飲至竟日。[5]			獵于玉山。					
十七年		如潢河。		駐蹕于褭潭。								獵于碓觜嶺。

十八年	幸太師女古第，宴飲終夜。	如裹潭。				避暑于裹潭。		射鹿于近山，三旬而返。	以菊花酒飲從臣。獵熊。	射鹿于皇威嶺。復射鹿、射麅。	射鹿于皇威嶺。	
十九年		幸鹿囿飲酒。至暮，幸五坊。										

[1]射舐鹹鹿：【劉校】原本脱“舐”字，明抄本、南監本、北監本、殿本同。據中華點校本補。

[2]天梯山：在遼慶州境内或其附近。

[3]玉山：在遼慶州境内或其附近。

[4]樞密使：官名。樞密院之首長。遼有北、南樞密院，爲遼朝的實際宰輔機構，分别爲北、南面官的首腦機構。北樞密院又稱契丹樞密院，掌軍事、部族。南樞密院又稱漢人樞密院，掌漢人州縣之事。

[5]以野鹿入馴鹿群，觀之，飲至竟日：【劉校】據中華點校本校勘記，依本書卷七《穆宗本紀下》載，此事繫在閏八月而非四月。

景宗保寧元年[1]								如秋山。[2]		漁于赤山濼。		
二年						是夏，幸塌母城，[3]進幸東京。[4]						
三年					射柳。		如沿柳湖。	射鴨于惠民湖。獵于平地松林。[5]獵于遼河之源。[6]	獵于胡土白山。幸于越屋質第。[7]	駐蹕于蒲瑰泒。[8]		
四年						觀從臣射柳。	射柳。					

五年	如神得湖。如應州。[9]								駐蹕于歸化州西硬坡。[10]			
六年				幸冰井。								
七年	如查懶淀。											

[1]保寧：遼景宗年號（969—979）。

[2]秋山：即秋捺鉢，主要活動是狩獵。聖宗以後，其主要地點是在慶州（今内蒙古自治區巴林右旗索博日嘎鎮）西部諸山。

[3]塌母城：本書卷四六《百官志二》：遼有塌母城節度使司，屬西北路諸司，故塌母城當在西北部。

[4]東京：遼五京之一。治所在今遼寧省遼陽市。

[5]平地松林：遼上京地區的平原。《新五代史》卷七三《四夷附録第二》引胡嶠《陷虜記》載："自上京東去四十里，至真珠寨，始食菜。明日，東行，地勢漸高，西望平地松林鬱然數十里。遂入平川。"

[6]遼河：發源於今内蒙古自治區境内，流經遼寧省後入渤海。

[7]于越：契丹語官名。爲契丹貴官，非有大功德者不授。位在北、南大王之上。　屋質：耶律屋質（917—973）。遼宗室，字敵輦，會同間，爲惕隱。太宗死後，世宗初立，屋質調解太后與世宗的矛盾，得以避免大規模内戰。天禄二年（948），助世宗挫敗天德、蕭翰等謀反。三年，又表列泰寧王察割陰謀事，世宗不聽。後平定察割之亂及立穆宗，皆有功。本書卷七七有傳。

[8]駐蹕于蒲瑰泒：【劉校】原本作“泒”，明抄本、南監本、北監本、殿本均作“坂”，中華點校本作“阪”，中華修訂本作“坂”。

[9]應州：治所在今山西省應縣。

[10]歸化州：即武州，治所在今河北省張家口市宣化區。【劉注】據中華修訂本校勘記，（九月）駐蹕於歸化州西硬坡，本書卷八《景宗纪上》繫此事於十二月。

八年		如金瓶濼。								如長濼。[1]		
九年	如鹿嵎。									如老翁川。[2]鈎魚于赤山濼。		
十年			獵于頡山。復如長濼。					獵于赤山。		漁于裹潭。		
乾亨元年。[3]	觀燈于市。				幸惠民湖。			幸冰井。				

二年			閏月，如南京賞牡丹。[4]西幸。									如蒲瑰坂。[5]獵于檀州之南。[6]
三年		放鶻于温泉南。		幸羊城濼。				獵于炭山。				
四年									獵于炭山。			

［1］長濼：遼時湖泊名又作長泊，亦稱魚兒濼，是遼春捺鉢的地點，在長春州境内。宋大中祥符六年（遼開泰二年，1013），晁迥使遼，回來後向宋廷報告此行至長泊所見遼帝四時捺鉢活動的情況。

［2］如老翁川：【劉校】“川”原本誤作“州”，明抄本、南監本、北監本和殿本均作“川”。中華點校本、修訂本徑改。今據改。本卷以下多處如是，不一一出校。

［3］乾亨：遼景宗年號（979—983）。

［4］南京：今北京市。

［5］蒲瑰坂：【劉校】本書本卷保寧三年（971）十月作“蒲瑰汳”。

[6]檀州：治所在今北京市密雲區。

聖宗統和元年。[1]			從禽于近川，獲六鴇。幸甘露寺。駐蹕長濼。又駐蹕于閣甸旁山。獵于殺攊甸，大獲鹿豕。		幸興王寺。獵于益馬里坂。				獵于黑山。	駐蹕于老翁川。[2]	鈎魚于近川。	
二年	幸近地。	如潢河	獵于山榆甸。					幸鵝山觀障鷹。獵于嶺右。				

[1]統和：遼聖宗年號（983—1012）。

[2]駐蹕於老翁川：【劉校】據中華修訂本校勘記，（十月）駐蹕於老翁川，本書卷一〇《聖宗紀一》繫此事於統和元年九月。

三年							次庫骨水山障鷹。畋于赤山。	障鷹于斜軫山。擊鞠。獵于赤山。	渡怕里水，觀海。		獵于東古山。[1]	
四年	觀漁于新灣。獵于謁懶甸。				如炭山清暑。獵于燕山。			障鷹于炭山。獵于炭山。獵于畫達剌山。	獵于畫達剌山。駐蹕白楊嶺。	幸齊國公主第宴。[2]		

五年		幸潞縣西，[3]放鶻，擒鵝。		北幸，趣没打河避暑。			沿東山行獵。					
六年				幸延壽、延洪二寺，及秦國長公主第。[4]			觀鹿于炭山。幸黎園、温湯。	射鹿于近山。駐蹕赤城南。				獵於沙河。[5]

[1]獵于東古山：【劉校】據中華修訂本校勘記，（十一月）獵于東古山，本書卷一〇《聖宗紀一》繫此事於閏九月。

[2]齊國公主：景宗長女觀音女。睿智皇后生。封魏國公主，進封齊國。興宗時封燕國大長公主。下嫁北府宰相蕭繼先。曾受賜奴婢萬口。

[3]潞縣：後晉縣名。遼因之，金升爲通州，今北京市通州區。

[4]秦國長公主：聖宗之女巖母堇，欽哀皇后生。開泰七年(1018)，封魏國公主，進封秦國長公主，改封秦晉國長公主。清寧初，加大長公主。下嫁蕭啜不，不諧，離異；改適蕭海里，不諧，離之；再適蕭胡覩，不諧，又離之，乃適韓國王蕭惠。

［5］沙河：在今河北省定州市南。源發於今山西繁峙東白坡頭口，經河北曲陽入新樂，又東經定州境而入安國縣（古稱祁州）。

七年			擊鞠。	擊鞠。獵于新西道東。	射熊于虎特嶺。[1]	幸秦國公主第。	障鷹于花山。幸秦國公主第。					獵于薊州之南甸。[2]鉤魚于曲水濼。
八年			幸盤山諸寺。獵西括折山。									
九年		如曲水濼。						獵于盤道嶺。獵于炭山。				
十年					射鹿于湯山。				射鹿于蔚州南山。[3]	射熊于紫荊口。		

十一年	幸延芳淀。[4]											
十二年				如炭山清暑。[5]				獵于東山。	獵于宰相山。獵于黑河南。山。[6]		漁于潞縣西濼。	獵于順州西甸。[7]

[1]射熊于虎特嶺：【劉校】“熊”原誤“能”，明抄本、南監本、北監本和殿本均作“熊”。中華點校本、修訂本徑改。今從。

[2]薊州：治所在今天津市薊州區。【劉校】“薊”原誤“蘇”，明抄本、南監本、北監本和殿本均作“熊”。中華點校本、修訂本徑改。今從。

[3]蔚州：治所在今河北省蔚縣。

[4]延芳淀：在今北京通州西。遼時廣數百畝，中多菱芡、鶩雁之屬。每春季則弋獵於此。

[5]如炭山清暑：【劉校】據中華點校本校勘記，（四月）如炭山清暑，依本書卷一三《聖宗本紀四》載，此事繫在五月。

[6]黑河：河流名。據本書卷三七《地理志一・慶州》，“在州西二十里。有黑山、赤山、太保山、老翁嶺、饅頭山、興國湖、轄失濼、黑河”。【劉注】遼代黑河即發源於今內蒙古自治區巴林右旗索博日嘎鎮埋王溝的查干沐淪（蒙古語“白”的音譯）河。清代忌諱“黑”，故改稱黑河爲白河。

[7]順州：治所在今北京市順義區。

十三年		幸延芳淀。[1]							幸大王川。			
十四年	幸延芳淀。					擊鞠。						
十五年				幸延壽寺。				如秋山。				
十六年						獵于平地松林。						
十七年								獵于諸山。				
十九年		獵于崖頭川。		如高林嶋。			觀市。	駐蹕于昌平。幸南京。[2]				漁于崖頭川。漁于閣崖。
二十年								獵于平地松林。	叉魚于遼河。			

二十一年					觀市。				獵于田里不魯斡。		鈎魚于周河。	

[1]幸延芳淀：【劉校】據中華點校本校勘記，（二月）幸延芳淀，依本書卷一三《聖宗本紀四》載，此事繫在正月。

[2]昌平：今北京市昌平區。【劉校】據中華點校本校勘記，（八月）駐蹕于昌平，幸南京，依本書卷一四《聖宗本紀五》載，在九月。

二十二年								獵于裹古狘。				
二十三年					獵于抹特潦谷。	獵于畫盧打山。獵于奴穆真峪。獵于吾魯真				獵于孩里迭扎剌。獵于虎特嶺。	獵于桑乾河。[1]	

						峪。獵于野葛嶺。獵于沙渚卷峪。獵于括只阿剌阿里山。獵于青林川，射熊，獲之。						
二十八年								幸榆林湯泉。				

［1］桑乾河：位於今河北省西北部和山西省北部朔州市朔城區南河灣一帶。上源爲山西省的元子河與恢河，兩河匯合於朔州附近，匯合後稱桑乾河，是永定河的上游，也是海河的重要支流。

二十九年						獵于沙嶺。						
三十年開泰元年[1]	獵于賈曷魯林。幸興王寺。			捕魚于排得述魯濼。	幸上京。[2]					幸中京。[3]		
二年		獵于阿里濼。如薩堤濼。					獵于永安山。[4]障鷹于緬山。畋于陷嶺。	獵于赤山。		鈎魚于長濼。		
三年		觀漁于瓌泥濼。	觀漁于三樹濼。弋鵝于薩堤濼。									
四年	獵于沙阜。獵于鍋林。			獵于牛山。獵于直舍山。								

五年				獵于渾河之西。[5]								

[1]開泰:遼聖宗年號(1012—1021)。　三十年開泰元年:【劉校】據中華點校本校勘記,依本書卷一五《聖宗本紀六》載,統和三十年(1012)九月改元開泰。“原誤分二欄,據《紀》改正”。

[2]上京:遼前期都城。稱臨潢府,今内蒙古自治區巴林左旗林東鎮波羅城。

[3]中京:稱大定府,故址在今内蒙古自治區寧城縣大明鎮。

[4]永安山:在今内蒙古自治區東部西拉木倫河與老哈河匯合處。

[5]渾河:即桑乾河。以其水渾濁,故名。

六年					獵于狼林東。觀漁于蓮花濼。獵于羖羊堝。							

七年			如三樹濼。									
八年	如渾河。		獵于雪林。獵于石底水。		獵于樺山。獵于淺嶺山。獵于涅烈山。獵于跋恩山。		如秋山。障鷹于緬山。	獵於近甸。			幸中京。	幸開泰寺宴飲。[1] 幸秦晉長公主第作藏鬮宴。[2] 幸開泰寺。[3]

[1]開泰寺:燕京佛寺名。據《長編》卷七九引王曾《上契丹事》:“開泰寺,魏王耶律漢寧造。”

[2]藏鬮宴:藏鬮,俗稱“抓鬮”。宋人洪邁《夷堅志》丁卷七《蕪湖龍祠》:“紹熙五年春,江西安撫司將官林應趾。部豫章米綱往金陵,抵蕪湖。内一舟最大,所載千斛。中夜忽漏作,水入如湧,舟中之人惶窘無計。林具衣冠謁龍祠,拜禱曰:‘應趾以貧爲此役,今若是,將大有損失,何力以償?勢須盡徙出,又非倉卒可辦。舟有七倉,輒用甲乙次敘。書七鬮,以卜所向,願大神威靈,曲垂昭告。’遂得第二鬮,未及搬運而漏自止。”

[3]幸開泰寺：【劉校】據中華點校本校勘記，“設非重出，應是再至”。

九年	獵于馬盂山。[1]			如大魚濼。				獵于果里白山。獵于崖頭川。獵于蕎麥山。獵于榆林。射喚鹿于俟勒水灘。射喚鹿于鐵里必山。獵于遼河之源。	獵於松山，獵于黑山。	觀漁于沙濼。		

太平元年[2]				獵于渾河山。			獵于鷂子山。障鷹于只舍山。	獵于馬盂山。				
三年	觀漁于鴨淥江。[3]	駐蹕于魚兒濼。[4]	飛放于撻魯河。[5]									
四年		如魚兒濼。	飛放于長春河。				獵于平地松林。		射兔于平川。			

[1]馬盂山：【劉注】因其形狀像馬盂而得名。即今河北省平泉市柳溪鎮上卧鋪村之北的光頭山，亦稱光禿山和光禿嶺。

[2]太平：遼聖宗年號（1021—1031）。

[3]鴨淥江：即今鴨綠江。

[4]魚兒濼：又稱長濼、長泊，在長春州西北部。長春州治所在今吉林省前郭爾羅斯蒙古族自治縣塔虎城遺址。

[5]撻魯河：聖宗太平四年（1024）二月詔改撻魯河爲長春河，位近魚兒濼。

五年				獵黑嶺。西至銅河。				獵于檀州北山。射兔于平川。				
六年					避暑于永安山涼陘。				獵于狼河。[1]			
七年		如長春河飛放。					獵于黑嶺。					
八年	鈎魚、弋鵝于長春河。						駕至遼河源獵。					
九年				獵于陘山。								
十年							獵于沙嶺。	獵于平地松林。				

興宗景福元年[2]							幸楚姑公主帳。[3] 幸皇姊涅木衮第。[4]					幸樞密延寧第。

[1]狼河：河流名。其址不詳。今内蒙古自治區境内陰山山脉西段名“狼山”，“狼河”或許與此山相鄰。

[2]景福：遼興宗年號（1031—1032）。

[3]楚姑公主：【劉校】原本“姑”，明抄本、南監本、北監本、殿本同。中華修訂本仍作“姑”。唯獨中華點校本改作“國”，未出校記。“楚姑”應爲人名，即本書卷六五《公主表》中的聖宗第三女槊古。

[4]皇姊涅木衮：與本書卷一七《聖宗本紀》太平七年（1027）七月庚子詔諭的公主粘米衮，卷六五《公主表》中的聖宗第二女巖母堇是同一人，亦即秦國長公主。

重熙元年[1]				清暑于別輦斗。	駐蹕于別嶺甸。		障鷹于習禮吉山。	駐蹕于遼河上源。	獵于習禮吉山。獵于牛山。	幸中京。		

三年	東幸。	射柳。			駐蹕于永安山。		東幸。射鹿。					
四年	東幸。			獵于娥兒山。								
五年	獵于平地松林。				釣魚于赤項濼。次五鶻部，弋獵飲酒。	擊鞠。放海東青鶻于葦濼。[2]擊鞠。		如秋山。獵于炭山之側。	獵于沙山。			

六年	獵于鴛鴦濼。[3]	獵于野狐嶺。			擊鞠。幸于北護衛太保耶律合住帳，[4]賜物，歡飲。	幸蕭孝穆第，醉飲。[5]	射鹿于耶里山。			擊鞠。	幸晉國公主行帳。[6]	

[1]重熙：遼興宗年號（1032—1055）。

[2]海東青鶻：猛禽，能擊殺天鵝。渤海國故地以東大海盛産珍珠，天鵝食蚌，珍珠藏於蚌嗉内。契丹人放出海東青鶻擊殺天鵝，獲取珍珠。

[3]鴛鴦濼：湖名。在今北京市延慶區境内。舊時周八十里。其水停積不流，自遼金以來，爲飛放之所。

[4]幸于北護衛太保耶律合住帳：【劉校】“幸”原本誤作“華”；“護”原本誤作“獲”，明抄本、南監本、北監本、殿本均不誤。中華點校本及修訂本徑改。今從改。　耶律合住：字粘袞，太祖弟迭剌之孫。本書卷八六有傳。

[5]蕭孝穆（？—1043）：小字胡獨堇，淳欽皇后弟阿古只五世孫。統和二十八年（1010），累遷西北路招討都監。開泰元年（1012）冬，進軍可敦城。敗阻卜結五群牧長謀叛，拜北府宰相，賜忠穆熙霸功臣，檢校太師，同政事門下平章事。太平九年

(1029)，平定大延琳謀反，改東京留守，賜佐國功臣。興宗即位，徙王秦，尋復爲南京留守。重熙六年（1037），進封吳國王，拜北院樞密使。十二年，復爲北院樞密使，更王齊，死後追贈大丞相、晉國王，謚曰貞。本書卷八七有傳。

[6]晉國公主：本書卷一八《興宗本紀一》亦載：重熙六年十一月“庚申，幸晉國公主行帳視疾”。聖宗欽哀皇后所生的槊古，封越國公主，進封晉國。景福初，封晉蜀國長公主。清寧初，加大長公主。下嫁蕭孝忠，以疾薨。

七年				射柳。獵金山。			擊鞠。射麃鹿于轄刺罷。[1]射虎于束刺山。獵于頗羅扎不葛。		射鹿于麃子嶺。獵于娥兒山。		擊鞠。[2]	幸佛寺受戒。
八年	叉魚于治河。[3]	獵於武清寨之葦甸。								擊鞠。		閏月，擊鞠。

九年				獵，至于月終。駐蹕于永安山清暑。[4]						觀漁于混同江。[5]飛放于韶陽軍。		駐蹕于永安山。
十年								射虎于毉巫閭山。[6]幸外祖母齊國太妃之帳。[7]	獵于潎都。	獵于烽臺山，親射虎，立斃。		
十一年		幸牛山濼。	如赤蝸濼。						閏月，幸南京，宴于皇太弟重元			幸延壽寺飯僧。詔宋使觀擊鞠。

									第，[8]泛舟于臨水殿宴飲。			
十二年								幸慶州諸寺焚香。[9]獵于拽剌山。獵于永安山。				

[1]射麃鹿于轄剌罷：【劉校】麃鹿，原本、北監本作“鹿鹿”，明抄本、殿本作“麃鹿”，中華點校本及修訂本徑改。今從改。

[2]（十月）擊鞠：【劉校】“擊鞠”二字原闕，中華修訂本據明抄本、南監本、北監本、殿本補。中華點校本徑補。今從。

[3]叉魚于冶河：【劉校】原本“冶”，明抄本、南監本、北監本、殿本均作“治”，中華點校本和修訂本據此徑改，非是。

[4]駐蹕于永安山清暑：【劉校】據中華點校本校勘記，（四月）駐蹕于永安山清暑，依本書卷一八《興宗本紀一》載，此事繫在五月。此因上文連敘。

［5］混同江：即松花江。

［6］醫巫閭山：遼西地區的名山。位於今遼寧省北鎮市。

［7］齊國太妃：據本書卷七一《欽哀皇后傳》，興宗即位，其母欽哀皇后初攝政，“追封曾祖爲蘭陵郡王，父爲齊國王，諸弟皆王之”。故興宗稱其外祖母爲“齊國太妃”。

［8］重元（1021—1063）：本名宗元，因避興宗諱，改重元，小字孛吉只，亦作孛己只，聖宗次子。太平三年（1023），封秦國王。聖宗死後，欽愛皇后稱制，曾密謀立重元。重元以所謀告於興宗，封爲皇太弟。賜以金券誓書。道宗即位，册爲皇太叔，爲天下兵馬大元帥，復賜金券。清寧九年（1063），與其子涅魯古謀亂，失敗自殺。本書卷一一二有傳。

［9］慶州：治所故址在今内蒙古自治區巴林右旗幸福之路蘇木崗根嘎查。

十三年					射鹿于拜馬山。					獵于陰山。[1]		
十四年							獵于黑嶺。		獵于平川。			
十五年		如魚兒濼。			射鹿于淺林山。			南府宰相杜防生男，[2]幸其居。觀獲。		幸秦國長公主帳。		

十六年					射鹿于訛魯古只山。		觀市。擊鞠。射鹿于都里也剌。幸慶州諸寺焚香。障鷹于直舍山。	障鷹于霞列山。射鹿于擊輪山。[3]		觀擊鞠。	幸興王寺拜佛。	
十九年					獵于分金山。	獵于烏里嶺。	幸鷹坊使頗得帳。	射熊于醫巫閭山。	射鹿于索阿不山。		獵于不野山	

[1]陰山：昆侖山的西北支。西起河套西北，向東綿亘於今内蒙、河北等省區，與内興安嶺相接。該山脈隨地易名，此所謂“陰山”，可能是指内蒙境内的大青山。

[2]南府宰相：契丹部族官名。契丹可汗之下有北、南二府，各部族則分屬二府，故北宰相亦稱北府宰相，南宰相亦稱南府宰相。　杜防：涿州歸義縣人。開泰五年（1016），擢進士甲科，累遷起居郎、知制誥。太平中，遷政事舍人，拜樞密副使。重熙十三年（1044），拜南府宰相。道宗清寧間拜右丞相，加尚父，卒。本書卷八六有傳。

[3]射鹿于擊輪山：【劉校】據中華點校本校勘記，依本書卷一九《興宗本紀二》重熙十六年九月作“繫輪山”。

二十年			如多樹濼。									
二十一年					獵于涼陘諸山。		擊鞠。觀市。幸聖濟寺。	幸温湯。射虎于猪山。[1]	射鹿于黑山。獵于玉山。獵于白鷹山。	觀燈。	觀擊鞠。獵于柳河。[2]獵于平頂山。[3]	
二十二年		獵于黑林。			射熊于曷朗底。	射鹿于門嶺。			駐蹕于訛魯昆坡。			
二十三年	獵於水涸川。	如奪里捨澤。				幸聖濟寺。擊鞠。	擊鞠。	獵于悦只吉。			擊鞠。	

[1]射虎于猪山：【劉校】原本作“猪山”，明抄本、南監本、北監本、殿本及中華點校本、修訂本均作“諸山”。

[2]柳河：王曾於大中祥符五年（1012）十月使遼，他在行程録中記載："又過芹菜嶺，七十里至柳河館，河在館旁，西北有鐵冶，多渤海人所居，就河漉沙石煉得鐵。渤海俗，每歲時聚會作樂，先命善歌舞者數輩前行，士女相隨，更相唱和，迴旋宛轉，號曰'踏鎚'；所居屋，皆就山牆開門。"（《長編》卷七九大中祥符五年十月）。

[3]平頂山：據本書卷三九《地理志三》，"聖宗伐高麗，以俘户置高州。有平頂山、灤河。屬中京"。高州，統和八年（990）更名武安州，隸大定府。在今内蒙古自治區敖漢旗東。

道宗清寧二年[1]									獵，射虎，獲之。			
十年							獵于赤山，以皇太后射獲大鹿，[2]設宴。庚		幸七金山三學寺。	幸北牡山。		

							寅，獵，梁王濬遇十鹿，[3]射之得九。帝大喜。復設宴。					

[1]清寧：遼道宗年號（1055—1064）。

[2]皇太后：即興宗仁懿皇后蕭氏（？—1076），小字撻里，欽哀皇后弟孝穆之長女。重熙四年（1035），立爲皇后。二十三年，號貞懿慈和文惠孝敬廣愛崇聖皇后。道宗即位，尊爲皇太后。本書卷七一有傳。

[3]梁王濬：即昭懷太子耶律濬（1058—1077）。小字耶魯斡。道宗長子，天祚帝生父。大康三年（1077）被廢，隨即被姦臣耶律乙辛殺害。九年追謚爲昭懷太子。天祚皇帝即位，追尊爲大孝順聖皇帝，廟號順宗。本書卷七二有傳。

咸雍元年[1]							幸黑嶺。					

二年						如藕絲淀。						
三年	幸沙奴特。		駐蹕于細葛泊。		幸魏王乙辛第。[2]	獵于赤山。						
四年	北幸。			射柳。幸魏王乙辛第。								
六年									獵于木葉山。[3]			
七年		如魚兒濼。										
九年			如黑水濼。				幸金河寺。	獵于三門口。				
大康三年[4]						避暑于永安山。						

四年						獵于黑嶺。						
六年					獵于白石山。							
大安元年[5]								射鹿于潑山。				
二年								射鹿于查沙。				
九年		獵于拖古烈。						獵于漫牙睹山。				

[1]咸雍：遼道宗年號（1065—1074）。

[2]乙辛：耶律乙辛（？—1083）。字胡覩袞，五院部人。重熙中，爲文班吏。道宗清寧五年（1059），爲南院樞密使，改知北院，封趙王。九年，重元亂平，拜北院樞密使，進封魏王。咸雍五年（1069），加守太師，詔四方有軍旅，許以便宜從事，勢震中外。大康元年（1075），誣皇后致死，三年又害死太子耶律濬。七年冬，坐以禁物鬻入外國，幽於來州。九年，謀奔宋及私藏兵甲事發，伏誅。本書卷一一〇有傳。

[3]木葉山：契丹稱大山爲“木葉山”，此指永州境内一座山，契丹人視此山爲神山，其地在西拉木倫河與老哈河匯合處一帶。上

建契丹始祖廟，奇首可汗在南廟，可敦（可汗之妻）在北廟，“繪塑二聖並八子神像”。詳本書卷三七《地理志一・上京道》。

［4］大康：遼道宗年號（1075—1084）。

［5］大安：遼道宗年號（1085—1094）。

壽隆元年[1]								射鹿查沙。[2]				
二年											幸沙門恒策戒壇，問佛法。	
三年							射熊于排葛都。	射熊于沙只直山。				
五年							射熊于青崖。	射熊于覩里山。				
天祚皇帝乾統三年[3]									獵于吾剌里山，虎傷			

									獵夫。[4]庚子，射熊于善山。			
四年					射鹿于沙只山。				射熊于瓦石剌山。			
六年								獵于撒不烈山。				
八年								獵于栢山。				
天慶二年[5]				如斧柯水。								
四年								如慶州。射鹿于秋山。	駐蹕于藕絲淀。[6]			

七年									獵于輞子山，虎傷獵夫。			

［1］壽隆：遼道宗年號（1095—1102）。據遼代碑刻和錢幣，此年號本爲“壽昌”。元代修《遼史》時誤書爲“壽隆”。據中華修訂本校勘記，按此係陳大任《遼史》避金欽慈皇后“壽昌”諱而改，後爲元修《遼史》所承襲。

［2］射鹿查沙：【劉校】“查”原本作“杳”，明抄本、南監本、北監本和殿本均作“查”。中華點校本、修訂本徑改。今據改。

［3］乾統：遼天祚帝年號（1101—1110）。

［4］虎傷獵夫：【劉校】“傷”原本誤作“復”，明抄本、南監本、北監本和殿本均作“傷”。中華點校本、修訂本徑改。今據改。

［5］天慶：遼天祚帝年號（1111—1120）。

［6］藕絲淀：即廣平淀。在永州東南三十里，爲遼中期以後冬捺鉢所在地。詳見本書卷三二《營衛志中》。契丹語寬大曰阿斯。

（李錫厚注　劉鳳翥校）

遼史　卷六九

表第七

部族表

司馬遷作《史記》，敘四裔於篇末。[1]秦、漢以降，各有其國，彼疆此界，道里云邈。不能混一寰宇，周知種落，鄰國聘貢往來，焉能歷覽。或口傳意記，模寫梗槩耳。

遼接五代，漢地遠近，載諸簡册可考。西北沙漠之地，樹藝五穀，衣服車馬、禮文制度，文爲土產品物，得其粗而失其精；部落之名，姓氏之號，得其音而未得其字。[2]歷代踵訛，艱於考索。

遼氏與諸部相通，往來朝貢，及西遼所至之地，[3]見於《紀》《傳》亦豈少也哉。其事則書於《紀》，部族則列於《表》云。

[1]四裔：指華夏周邊的各民族。古代統治者認爲這些民族是華夏統治集團中被流放的犯罪分子的後裔。《後漢書》卷三《章帝

紀》："百僚從臣，宗室衆子，要荒四裔。"注："要、荒，二服名。要服去王城二千里，荒服去王城二千五百里。要者，言可要束以文教；荒者，言其荒忽無常也。裔，遠也，謂荒服之外也。"

［2］"西北沙漠之地"至"得其音而未得其字"："文爲"，文淵閣《四庫全書》本作"以及"。這段文字，中華點校本和修訂本爲："西北沙漠之地，樹藝五穀，衣服車馬禮文，制度文爲，土産品物，得其粗而失其精。部落之名，姓氏之號，得其音而未得其字。"（參見中華點校本第 1077 頁和中華修訂本第 1189 頁）

［3］西遼：燕京陷落後，耶律大石建立的延續遼朝法統的政權。耶律大石（1094—1143）：字重德，是遼太祖阿保機的八代孫，通漢文及契丹文字，且善騎射，是遼末契丹皇室中少有的文武全才。登天慶五年（1115）進士第。燕京陷落後，大石在保大四年（1124）七月脱離天祚。最初，他活動於今内蒙古自治區東部地區，要在契丹初興之地復興遼朝。但是由於抵擋不住金軍的攻擊，衹好步步向西北的遊牧部族地區退却，並在那裏"置北、南面官屬，自立爲王，率所部西去"。號召遊牧各部與他"共救君父"。大石沿襲遼朝傳統的政治體制，建立了有南北面官的政權。這個政權的實際首領雖是大石，但仍然承認天祚皇帝作爲遼朝合法君主的地位，這一政權爲以後西遼在中亞立國做了準備。大石約於 1132 年在八拉沙衮稱帝改元，號葛兒罕。復上漢尊號曰天祐皇帝，改元延慶。本書卷三〇有傳，但所記時間未可盡信。

紀年	正月	二月	三月	四月	五月	六月	七月	八月	九月	十月	十一月	十二月
太祖元年	黑車子室韋八部降。[1]									討黑車子室韋。		

二年					皇弟惕隱撒刺討烏丸及黑車子室韋。[2]							
三年										討黑車子室韋，破之。西北嗢娘改部族進牽車人。		
四年										烏馬山奚庫支泊查刺底、鋤勃德等部叛，討平之。		

五年	西奚部、東奚部叛，[3]討平之。											

[1]黑車子室韋：部族名。室韋之一部，即《舊唐書》卷一九五《回紇傳》的“和解室韋”。其住地當在今内蒙古自治區東部的呼倫湖東南，南與契丹接。詳王國維《觀堂集林》卷一四《黑車子室韋考》。

[2]惕隱：契丹官名。又稱梯里已，掌皇族政教。　撒剌：剌葛爲阿保機兄弟中排行第二，關於他與諸弟謀作亂事，《通鑑》卷二七〇後梁均王貞明四年（918）於事後追述此事：“初，契丹主之弟撒剌阿撥號北大王，謀作亂於其國。事覺，契丹主數之曰：‘汝與吾如手足，而汝興此心，我若殺汝，則與汝何異！’乃囚之期年而釋之。撒剌阿撥帥其衆奔晉，晉王厚遇之，養爲假子，任爲刺史”；天祐十五年（918），晉軍渡河攻汴州，與梁戰於胡柳，失利，撒剌携妻子奔梁。另據本書卷六四《皇子表》，剌葛後南竄。所謂“撒剌阿撥”可能就是剌葛，爲後唐莊宗李存勗所殺。《通鑑》卷二七二後唐莊宗同光元年（923）（冬十月）詔：“契丹撒剌阿撥叛兄棄母，負恩背國，宜與［趙］巖等並族誅於市。”　烏丸：古代部族名。又作“烏桓”，東胡的一支，原附匈奴，漢武帝擊敗匈奴後，始轉而附漢。建安十二年（207），曹操將其一部分遷至中原。撒剌所征之烏丸應是留居東北地區烏桓之後裔。

[3]西部奚：奚族的一部分。據《五代會要》卷二八《奚》：“自天祐初，契丹兵力漸盛，室韋、奚、霫皆受制焉。故奚之部族爲契丹代守邊土，既虜人虐其首領，去諸怨之，以别部内附，徙於

嬀州，依北山而居，漸至數千帳，故有東、西奚之號。去諸卒，其子掃剌代立。後唐莊宗破幽州，賜掃剌姓李，名紹威。”所謂“西部奚”，亦即内徙至嬀州的那一部分奚族，因其住地在古北口外那部分奚人之西，故稱“西部奚”。

神册元年[1]							征突厥、党項、小蕃、沙陀諸部，[2]破降之。					
三年	皇弟安端爲惕隱，[3]攻西南諸部。											
四年									征烏古部。[4]			

六年			皇太子暨諸將分擊部落，[5]以烏古、奚爲圖盧、涅离、奥畏三部。[6]									

[1]神册：遼太祖耶律阿保機年號（916—922）。

[2]突厥：古代族名。曾建立強大的突厥汗國，至公元6世紀分裂爲東西兩汗國。當阿保機建立契丹王朝時，突厥汗國早已滅亡。這裹所謂“突厥”可能是指東突厥汗國的餘部。　小蕃：契丹對某些吐蕃部落的稱呼。本書卷四六《百官志二》“北面屬國官”西蕃國王府、大蕃國王府、小蕃國王府和吐蕃國王府，當都是指吐蕃各部。　党項：中國古代族名。又稱党項羌，唐以後主要活動於靈、慶、銀、夏等州，即今甘肅、寧夏、陜西和内蒙古等省區交界地區。　沙陀：中國古代族名。爲突厥別部，原來遊牧於西北地區，唐末遷至河東（今山西省北部）。

［3］安端：阿保機兄弟。排行第五，也曾參與“謀反”。世宗天禄初，賜號“明王”，成爲東丹國的統治者。

［4］烏古：部族名。又稱嫗厥律、于厥律，居契丹西北。據《新五代史》卷七三《四夷附録第二》：“嫗厥律，其人長大，髦頭，酋長全其髪，盛以紫囊。地苦寒，水出大魚，契丹仰食。又多黑、白、黄貂鼠皮，北方諸國皆仰足。其人最勇，鄰國不敢侵。”

［5］皇太子：即耶律倍（898—936）。遼太祖耶律阿保機長子漢名倍，契丹名圖欲（突欲），生母爲淳欽皇后述律氏。神册元年（916）春，立爲皇太子。嘗從征烏古、党項，爲先鋒都統，天顯元年（926），遼滅渤海建東丹國，突欲被册爲人皇王，主東丹國政。阿保機死後，其母述律氏立德光，突欲被迫浮海投奔後唐。後唐明宗賜其姓名李贊華。清泰三年（遼天顯十一年，936）石敬瑭率軍攻入洛陽，後唐末帝李從珂約倍與之同死，倍不從，遇害。其子世宗兀欲即位後，天禄元年（947）追謚爲“讓國皇帝”。本書卷七二有傳。

［6］以烏古奚爲圖盧、涅离、奥畏三部：【劉校】據中華點校本校勘記，“按《營衛志下》‘圖盧’作‘圖魯’，‘奥畏’作‘乙室奥隗’”。

天贊元年[1]						擊西南諸部。				分迭剌部爲二院。[2]		
二年			討奚胡損，獲之，置奚墮瑰部。									

三年							擊山東部族，破之。		破胡母思山蕃部。			
天顯元年[3]		奚部長勃魯恩、王郁從征有功，[4]賞之。	安邊、鄭頡、定理三府叛，[5]討之。									
三年太宗不改元					突呂不討烏古部。[6]				突呂不獻烏古俘。		鼻骨德來貢。[7]	
四年						突呂不獻烏古俘。						
五年						敵烈來貢。[8]	烏古來貢。					

[1]天贊：遼太祖年號（922—926）。

[2]迭剌部：契丹部族名。據本書卷三二《營衛志中·部族》，遙輦氏時期，原來耶律（即世里）有七部，後合併爲一，成爲迭剌部。天贊元年（922），以迭剌部強大難制，析五石烈爲五院，六爪爲六院，各置夷离堇。會同元年（938），更夷离堇爲大王，部隸北府，以鎮南境。

[3]天顯：遼太祖耶律阿保機年號。天顯元年遼太宗耶律德光即位而未改元（926—938）。

[4]王郁：京兆萬年（今西安市）人。唐義武軍（治所在今河北省定州市）節度使王處直之子，後晉李克用的女婿。爲新州防禦使，神册六年（921）携家室及所部降遼。本書卷七五有傳。

[5]安邊：渤海國府名。治所在安州，今俄羅斯境内奥耳加城。　鄚頡：渤海國府名。治所在莫州，即今黑龍江省哈爾濱市阿城區。　定理：渤海國府名。治所在今俄羅斯濱海地區蘇城。

[6]突吕不：耶律突吕不（？—942）。契丹人。字鐸衮，聰敏嗜學，見重於太祖阿保機，創制契丹大字。

[7]鼻骨德：遼時黑龍江流域部族名。又作鱉古德。聖宗時分置伯斯鼻古德部與撻馬鼻古德部，均屬東北路統軍司。所在地相當於今黑龍江省富錦市至俄羅斯境内哈巴羅夫斯克（伯力）沿江一帶。

[8]敵烈：遼金時北邊族名。又譯迪烈、敵烈德、迭烈德、達里底。遼時以遊牧、捕獵爲業，分佈於臚朐河（今克魯倫河）流域。有八部，稱爲八部敵烈或八石烈敵烈。與烏古部並稱爲北邊大部。遼聖宗以敵烈部降人置迭魯敵烈部和北敵烈部。開泰四年（1015），築董城於臚朐河北，安置敵烈、烏古降人。壽昌二年（1096），徙敵烈、烏古於烏納水西。金末元初，敵烈人逐漸與女真人、蒙古人等同化。

六年	敵烈來貢。					烏古來貢。	鼻骨德來貢。					
七年						烏古、敵烈來貢。						
九年						鼻骨德來貢。						
十一年						鼻骨德來貢。	于厥里來貢。					
十二年									鼻骨德來貢。			
會同元年[1]		室韋進白鹿。							黑車子室韋貢名馬。			
三年	烏古獻伏鹿國俘。							黑車子室韋來貢。	术不姑三部人來貢。[2]			

四年	涅剌、烏隗二部上党項俘獲。乙室、品、突舉三部上党項俘獲。[3]	烏古來貢。于厥里來貢。[4]				阿里底來貢。[5]					术不姑來貢。女直來貢。	
五年		鼻骨德來貢。					鼻骨德、烏古來貢。术不姑、鼻骨德、于厥里來貢。					

六年						奚鋤勃德部進白麝。[6]						
七年					黑車子室韋來貢。					鼻骨德來貢。		
八年						鼻骨德來貢。黑車子室韋來貢。		鼻骨德來貢。				
九年	鼻骨德奏軍籍。							烏古來貢。				

[1]會同：遼太宗年號（938—947）。

[2]术不姑三部：本書卷三《太宗本紀》天顯十二年（937）九月，术不姑來貢。

[3]乙室：契丹部族名。遙輦氏阻午可汗時始置爲部。隸南府，駐守西南之境。　品：品部，又作品卑，屬太祖二十部之列。隸北府，屬西北路招討司。　突舉：突舉部，又作突軌。契丹阻午可汗

時期部族名。據本書卷三三《營衛志下・部族下》，太祖二十部中的突呂不部，“其先曰塔古里，領三營。阻午可汗命分其一與弟航斡爲突舉部；塔古里得其二，更爲突呂不部。隸北府，節度使屬西北路招討司，司徒居長春州西”。

［4］烏古來貢。于厥里來貢：【劉校】據中華點校本校勘記，“按于厥里即烏古，重出，或是不同部分。下文五年七月同此”。又據中華修订本校勘记，後一“貢”字原闕，據明抄本、南監本、北監本、殿本補。今從。

［5］阿里底：人名。本書卷一五《聖宗本紀六》載，開泰元年（1012）十一月甲辰，“西北招討使蕭圖玉奏七部太師阿里底因其部民之怨，殺本部節度使霸暗并屠其家以叛，阻卜執阿里底以獻”。

［6］奚鋤勃德部進白麐：【劉校】據中華點校本校勘記，依卷四《太宗本紀下》會同六年（943）六月，作“奚鋤骨里部進白麐”。

穆宗應曆元年[1]												鼻骨德來貢。
二年									敵烈部來貢。			
三年								烏古、鼻骨德來貢。		敵烈部來貢。		
五年	鼻骨德來貢。											

六年										鼻骨德來貢。		
七年	鼻骨德來貢。											
十四年									黃室韋叛。[2]			庫古只奏黃室韋掠馬牛，叛去。庫古只與黃室韋戰，敗之，降其衆。賜詔撫諭。烏古叛，掠居民財蓄。

［1］應曆：遼穆宗年號（951—969）。

［2］黄室韋：部族名。據本書卷三三《營衛志下》：小黄室韋實即突吕不室韋的一部分，本名大、小二黄室韋户。阿保機爲撻馬狘沙里時，以計降伏大、小黄室韋，並且仍置爲二部。後設節度使，戍泰州（今吉林省白城市），隸屬東北路統軍司。

十五年	烏古殺其酋長窣离底，降而復叛。	大黄室韋酋長寅底吉叛。五坊人四十户叛入烏古。[1]	小黄室韋叛去，雅里斯、楚思等擊之，爲室韋所敗。遣使讓之。	庫古只奏室韋酋長寅底吉亡入敵烈。	敵烈來降。	烏古至河德濼，[2]遣夷离菫畫里、夷离畢常恩以擊之。[3]丁丑，烏古掠上京北榆林峪居				常恩與烏古戰，大敗之。[6]		

						民，[4]遣林牙蕭幹討之。[5]						
十七年	夷离畢骨欲獻烏古之俘。											

［1］五坊：契丹北面官機構名。具體職掌不詳。據本書卷四六《百官志二》，五坊屬“北面坊場局冶牧厩等官”，大概與“農工之事”有關。

［2］河德濼：【劉校】“濼”原本作“樂”，明抄本、南監本、北監本和殿本均作“濼”。中華點校本、修訂本徑改。今據改。

［3］夷离堇：契丹部族官名。源於突厥語官名“俟斤”（Irkin）。突厥各部的最高元首稱“可汗”（Qaghan），其他各部酋長則稱爲俟斤。初，契丹“其君大賀氏，有勝兵四萬，臣於突厥，以爲俟斤”。（《新唐書》卷二一九《契丹傳》）後，契丹首領自立爲可汗，其下所屬各部酋長則稱爲“俟斤”，亦即夷离堇。契丹立國後，大部族之夷离堇稱王，小部族之夷离堇則稱爲節度使。舉凡一部之軍政、民政皆由其統掌。參韓儒林《穹廬集》（第314—316頁）。　夷离畢：遼官名。爲執政官，相當於副宰相參知政事。後來官分南、北，北面官有夷离畢院，主要掌刑政。

［4］上京：遼前期都城。稱臨潢府，今内蒙古自治區巴林左旗林東鎮波羅城。

［5］林牙：契丹官名。掌文翰，相當於翰林學士。蕭幹作爲林牙帶兵出征烏古，説明當時官員文武職掌尚不明確。

［6］“寅底吉叛”至“常恩與烏古戰”：【劉校】據中華點校本校勘記，依本書卷七《穆宗本紀七》應曆十五年（965），寅底吉，作“寅尼吉”，常恩，作“常思”。又正月至六月均應移下一格。

景宗保寧三年[1]										鼻骨德來貢。		
四年							鼻骨德來貢。					
五年									鼻骨德部長曷魯撻覽來朝。			
八年									鼻骨德來貢。			
乾亨元年[2]				敵烈來貢。								

聖宗統和元年[3]										速撒奏降敵烈部。速撒奏叛蕃來降。		
二年		五國、隈烏古部節度使耶律隈洼以所轄諸部難制，[4]請賜詔、給劍，仍便宜從事。從之。	劃離部人請今後詳穩只於當部選授，上以諸部官長惟在得人，詔不允。[5]	耶律蒲寧、都監蕭勤德東征女直回，[6]獻捷。								

［1］保寧：遼景宗年號（969—979）。

［2］乾亨：遼景宗年號（979—983）。

［3］統和：遼聖宗年號（983—1012）。

［4］五國：五國部。遼東北部族名。越里篤、剖阿里、奥里米、蒲奴里和越里吉，統稱五國部。　隗烏古部：本書卷一〇三《蕭韓家奴傳》，他在對熙宗問時説：“今宜徙可敦城於近地，與西南副都部署烏古敵烈、隗烏古等部聲援相接。”可知該部是在西南境。

［5］劃離部請令穩於當部選授，不獲准，這説明遼對其統治下的其他部族的不信任，統治這些部族的官員，不能用本族人。

［6］蕭勤德東征女直回：【劉校】“勤”原本作“勒”，明抄本、南監本同。北監本、殿本作“勤”，中華點校本和修訂本據此徑改。今從改。

三年			上閲諸部籍，以涅剌、烏隈二部額少役重，故量免之。					乙室奥隗部黍過熟未穫，[1]遣人以助收刈。	乙室姥限部族副使進物。术不姑諸部來至近地。			

四年				頻不部節度使和盧覩、黃皮室詳穩解里等各上所獲兵甲。[2]		姪里古部送輜重行宮。[3]						
五年							涅剌部節度使撒葛里有惠政，[4]部民請留，從之。					

［1］乙室奥隗部黍過熟未穫：乙室奥隗部是以被俘奚人組建。本書卷五九《食貨志上》："統和三年，帝嘗過藁城，見乙室奥隗部下婦人迪輦等黍過熟未穫，遣人助刈。太師韓德讓言，兵後逋民棄業，禾稼棲畝，募人穫之，以半給穫者。"

［2］頻不部：即品部。　皮室：契丹軍名。意爲"金剛"。初爲阿保機所置，稱"腹心部"。後有南、北、左、右皮室及黄皮室等，皆掌精甲。　詳穩：契丹語音譯詞。官名。遼在元帥府下設大詳穩司。按本書卷一一六《國語解》，"詳穩，諸官府監治長官"。"詳穩"是音譯的契丹語，契丹語中另有"將軍"則是漢語借詞，二者有所區别。在契丹小字中，"詳穩"作，"將軍"作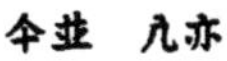，或作、；在契丹大字中，"詳穩"作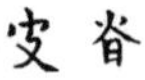，"將軍"作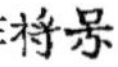。

［3］姪里古部送輜重行宫：據本書卷一一《聖宗本紀二》統和四年（986）遼宋戰爭，夷离畢姪里古部送輜重。【劉校】據中華點校本校勘記，"按《紀》統和四年六月，'以夷离畢直里古部送輜重行宫'。姪里古即直里古，人名，非部族"。

［4］涅剌部：其先曰涅勒，阻午可汗分其營爲部。節度使屬西南路招討司。

六年					詔烏隈于厥部却貢貂鼠、青鼠皮，止以馬牛入貢。		以西南面招討使韓德威討河湟路違命諸蕃。[1]					

九年			振濟室韋、烏古部。						鼻骨德來貢。			
十二年								詔皇太妃領西北路烏古部兵。[2]				
十三年										鼻骨德來貢。		

[1]西南面招討使：西南面招討司的長官。負責對西夏防禦。韓德威（941—996）：韓匡嗣之子、韓德讓之弟。保寧初，自燕臺軍旅之列校，授西頭供奉官、銀青崇禄大夫、檢校右散騎常侍兼侍禦史、驍騎尉。不數年，授羽林軍將軍，檢校司徒。這是御林軍的官職，即所謂“登環衛之資，厠勾陳之列”。保寧十一年（979），德威“擢居親近之用，首冠殿庭之班，授宣徽北院使，彰武軍節度使、檢校太尉，進封開國伯，增食邑，賜功臣四字”。有墓誌出土。

[2]皇太妃：中華點校本卷三校勘記引陳漢章《索隱》謂“皇太妃”當作“王太妃”。其實，作“皇太妃”並不誤。此人即齊妃，太宗第二子罨撒葛之妻。景宗即位，進封罨撒葛爲“齊王”，保寧四年閏二月戊申薨，“追册爲皇太叔”，故其妻稱“皇太妃”。

十五年				罷奚五部歲貢麢鹿。[1]	敵烈八部殺詳穩以叛，蕭撻凜追擊，[2]獲其部族之半。					罷奚王諸部貢物。		
十六年			鼻骨德酋長來貢。									
十九年								達盧骨部來貢。[3]			閏月，鼻骨德來貢。	
二十一年				奧里等部來貢。[4]			烏古來貢。					

[1]奚五部：《五代會要》卷二八《奚》云："奚，本匈奴別種，即東胡之地，人物風俗與突厥同。族有五姓：一曰阿會部，管

縣六；二曰啜米部，管縣四；三曰奥質部，管縣六；四曰奴皆部，管縣四；五曰黑訖支部，管縣三；每部有刺史，每縣有令，酋長號奚王。”另據《新五代史》卷七四《四夷附録第三》：奚“當唐之末，居陰涼川，在營府之西，幽州之西南，皆數百里。有人馬二萬騎。分爲五部：一曰阿薈部，二曰啜米部，三曰粵質部，四曰奴皆部，五曰黑訖支部。後徙居琵琶川，在幽州東北數百里。地多黑羊，馬趫前蹄堅善走，其登山逐獸，下上如飛”。據此可知，奚本來衹有五部。“六奚”是在五部奚之外，再加上阿保機降伏五部奚之後設置的墮瑰部。詳本書卷三三《營衛志下・部族下》。

[2]蕭撻凛（？—1004）：蕭思温之再從侄。字駝寧。統和二十二年，攻宋，進至澶淵，未接戰，中伏弩卒。本書卷八五有傳。

[3]達盧骨：亦作達盧古。女真之一部。該部有城，稱達盧古城，位於今拉林河以西地區。一説位於今吉林省前郭爾羅斯蒙古族自治縣興隆堡附近。

[4]奥里：即奥里部。奚族一部。奚“初爲五部：曰遙里，曰伯德，曰奥里，曰梅只，曰楚里。太祖盡降之，號五部奚”。

二十二年			罷蕃部賀千齡節及冬至、重五進貢。[1]				蒲奴里、剖阿里等部來貢。[2]					

二十三年							烏古來貢。			鼻骨德來貢。		
開泰元年[3]	曷蘇館大王曷里喜來朝。[4]											
二年	烏古、敵烈叛，命右皮室詳穩延壽率兵討之。						烏古、敵烈皆復故地。					

[1]蕃部：遼西南境吐蕃諸部。　千齡節：遼以聖宗生日爲千齡節。

[2]蒲奴里：遼東北部族名。與越里篤、剖阿里、奥里米、蒲奴里和越里吉，統稱五國部。

[3]開泰：遼聖宗年號（1012—1021）。

[4]曷蘇館：即熟女真。《松漠紀聞》卷上稱："居混同江之南者謂之熟女真，以其服屬契丹也。江之北爲生女真，亦臣於契丹。"

三年	鐵驪來貢。[1]			烏古叛。					八部敵烈殺其詳穩稍瓦，皆叛，詔南府宰相耶律吾剌葛招撫之。[2]釋所囚敵烈數人，令招諭其衆。壬子，耶律世良遣使獻敵烈之俘。[3]			

[1]鐵驪：古代族名。遼置鐵驪國王府，以統其衆。其地當在今黑龍江省東部松花江流域。

[2]南府宰相：契丹部族官名。契丹可汗之下有北、南二府，各部族則分屬二府，故北宰相亦稱北府宰相，南宰相亦稱南府宰相。【劉校】“府”原本誤作“有”，明抄本、南監本、北監本和殿本均作“府”，中華點校本及修訂本徑改。今從改。

[3]耶律世良（？—1016）：六院部人。小字斡。統和末，爲北院大王。開泰初，加檢校太尉、同政事門下平章事。拜北院樞密使。四年（1015），伐高麗，爲副部署。都統劉慎行逗留失期，執還京師，世良獨進兵。本書卷九四有傳。

四年	耶律世良討敵烈得部。			耶律世良討叛命烏古，盡殺之。遣使賞軍前有功將校。					以旗鼓拽剌詳穩題里姑爲六部奚王。[1]			

五年			鼻骨德酋長撒保特、賽剌等來貢。									
七年			命東北越里篤、剖阿里、奧里米、蒲奴里、鐵驪等五部歲貢貂皮六萬五千，[2]馬三						蒲奴里部來貢。[3]			

			百匹。烏古部節度使蕭普達討叛命敵烈，滅之。									
八年			回跋部太師踏刺葛來貢。[4]		曷蘇館愓隱阿不葛、宰相賽刺來貢。		回跋部太保麻門來貢。		曷蘇館愓隱阿不葛來貢。			

[1]六部奚：天贊二年（923），有東扒里厮胡損者，恃險堅壁於箭笴山以拒命，太祖滅之，置墮瑰部，並原五部，遂號六部奚。

[2]越里篤：遼東北部族名。五國部之一。

[3]蒲奴里部來貢：【劉校】據中華點校本校勘記，（九月）蒲

奴里部來貢，依本書卷一六《聖宗本紀七》載，此事繫在七月。以下月份異同不備注。

[4]回跋部：遼朝時期女真部族名。當時東北地區有大量的女真人，分佈在南部者稱“熟女真”；中部地區則有回跋女真，隸屬咸州（今遼寧省開原市老城）兵馬司；其在北者則是“生女真”。

太平元年[1]										敵烈酋長頗白來貢馬、駞。		
六年				蒲盧毛朵部内多有兀惹民户，[2]詔索之。					术不姑諸部皆叛。	曷蘇館諸部長來朝。		曷蘇館部乞建旗鼓，許之。
七年		蒲盧毛朵部遣使來貢。	女直部、蒲盧毛朵部送來州收管。[3]									查只底部民四百户來附。[4]

［1］太平：遼聖宗年號（1021—1031）。

［2］蒲盧毛朵部：女真部族。遼屬部，爲遼國外十部之一。兀惹：又作烏惹。本書卷一四《聖宗本紀五》統和二十一年（1003）夏四月“兀惹、渤海、奥里米、越里篤、越里吉等五部遣使來貢”。説明該部是在遼東北境，與渤海餘部及五國部相鄰。

［3］來州：《武經總要前集》卷一六下《戎狄舊地》：來州，號歸德軍。女真國五部落相率來降，胡中因建州以居之。東至隰州七十里，西至遼州七十里，南至大海四十里，北至建州三百五十里。

［4］查只底部：不詳所屬。

興宗重熙元年［1］											五國酋長來貢。	
三年				振濟耶迷只部。								
十年		曷蘇館人户没入蒲盧毛朵部者，索還復業。										术不姑酋長來貢。

十二年				置回跋部詳穩、都監。	以斡朵、蒲盧毛朵部二使來貢不時，釋其罪，遣之。[2]							

[1]重熙：遼興宗年號（1032—1055）。

[2]斡朵：【劉校】據中華點校本校勘記，本書卷一九《聖宗本紀二》重熙十二年（1043）五月辛卯，作“斡魯”。

十三年				耶律歐里斯將兵攻蒲盧毛朵部。西南面招	羅漢奴奏所發部兵與党項戰不利。					元昊率党項三部酋長來降。[2]		

				討都監羅漢奴、詳穩斡魯母等奏山西部族節度使屈烈以五部叛入西夏，仍乞南北府兵援送實威塞州人户。詔選富者發之，餘令								

				屯田于天德軍。[1]								

［1］天德軍：唐軍鎮名。即豐州。遼太祖阿保機於神册五年（920）平党項，仍以此地爲天德軍。治所在今内蒙古自治區呼和浩特市東白塔一帶。

［2］元昊：即李元昊（1003—1048）。小字嵬理，後更名曩霄，李德明長子。謚武烈皇帝，廟號景宗，陵號泰陵。公元1032年，李德明死後嗣位，宋授爲定難軍節度、夏銀綏宥静等州觀察處置押蕃落使、西平王。遼封他爲夏國王。宋寶元元年（1038）十月，他更名曩霄，建國號大夏，年號天授禮法延祚，自稱皇帝。進表宋朝，要求承認其建國稱帝的既成事實，雙方隨即發生戰爭。七年後，雙方重新媾和。西夏國主稱臣，宋朝同意每年給予銀、絹、茶、采共二十五萬五千兩、匹、斤。夏宋媾和，夏遼矛盾隨之激化。西夏景宗與遼興平公主婚後失和，再加這時遼境内的党項部落多叛附西夏，糾紛益形擴大。遼興宗親征西夏，遭遇失敗。從此夏、宋、遼三方鼎峙的局勢形成。

十五年		蒲盧毛朵界曷懶河人户來附。		蒲盧毛朵曷懶河一百八十户來附。			女直部長遮母率衆來附。					

十七年		振濟瑤穩、嘲穩部。[1]		蒲盧毛朶部大王蒲輦進舡工。		長白山太師柴葛、回跋太師撒剌都來貢方物。	婆离八部夷离堇虎黏等内附。[2]	伐蒲奴里酋陶得里。				
十八年	耶律義先奏蒲奴里之捷。[3]	耶律義先等執陶得里以獻。	烏古遣使送欵。		五國酋長各率其部來附。回跋部長兀迭、臺札等來朝。五國節度使耶律仙童以							

					降烏古叛人，授左監門衛上將軍。							

［1］瑤穩、嘲穩部：此二部不詳所屬。

［2］婆离八部：遼代東北北部地區的部族。【劉校】婆离，據中華點校本校勘記，“按《紀》本年作‘婆離’，下文大安十年（1094）《表》《紀》並作‘頗里’”。按，明抄本、南監本、北監本、殿本亦均作“婆离”。中華點校本及修訂本徑改爲“離”。

［3］耶律義先（1010—1052）：于越仁先之弟。重熙初，補祗候郎君班詳穩。十六年（1047），爲殿前都點檢，討蒲奴里，多所招降，獲其酋長陶得里以歸，以功改南京統軍使，封武昌郡王。二十一年，拜惕隱，進王富春。本書卷九〇有傳。

十九年				蒲盧毛朵部惕隱信篤來貢。高麗來貢。[1]	遠夷拔思母部遣使來貢。[2]	回跋、曷蘇館、蒲盧毛朵部各遣使進馬。						

二十一年							遣使詣五國及鼻骨德、烏古、敵烈四部捕海東青鶻。[3]					

[1]高麗：指王建創建的高麗王朝（918—1392）。統治地域在今朝鮮半島，首都在開京（今朝鮮開城市）。 高麗來貢：【劉校】據中華點校本校勘記，“高麗應入屬國。以下屬部、屬國互舛者不備注”。

[2]拔思母：本書卷九四《蕭阿魯帶傳》，大安九年（1093），“達理得、拔思母二部來侵”。當時阿魯帶任烏古敵烈統軍都監，達理得、拔思母二部與烏古敵烈地區相近。

[3]海東青鶻：猛禽名。能擊殺天鵝。渤海國故地以東大海盛産珍珠，天鵝食蚌，珍珠藏於蚌嗉内。契丹人放出海東青鶻擊殺天鵝，獲取珍珠。

道宗清寧二年[1]	詔二女古部與世預宰相、節度使之選者，免皮室軍役。[2]											
三年	五國部長貢方物。											
八年					吾獨婉惕隱屯禿葛等乞歲貢馬、駞，許之。[3]							

[1]清寧：遼道宗年號（1055—1064）。

[2]免皮室軍役：【劉校】“軍”，原本及諸參校本均作“庫”，中華點校本及修訂本據上下文意改。今從。

[3]吾獨婉：道宗時代的屬部。本書卷三一《營衛志一》另有窩篤盌斡魯朵，“興宗置。是爲延慶宮。孳息曰‘窩篤盌’。”此斡魯朵應是吾獨婉部被遼俘虜的人户。

咸雍五年[1]											五國剖阿里部叛命，左夷离畢蕭素颯討之。[2]	五國酋長來降，仍獻方物。
六年										五國部長來朝。		

[1]咸雍：遼道宗年號（1065—1074）。

[2]蕭素颯：契丹五院部人。字特免。重熙間始仕，累遷北院承旨，彰愍宮使。清寧初，歷左皮室詳穩、右夷离畢。咸雍五年，徙北院林牙，改南院副部署，卒。本書卷九五有傳。

九年							八石烈敵烈人殺其節度使以叛，上詔限烏古部軍分兩道擊之。					
大康元年[1]										西北路叛命酋長遐搭、雛搭、雙古等來降。		
四年									五國部長來貢。			

七年	五國部長來貢。											
八年	五國諸酋長貢方物。											
九年									五國部長來貢。			
大安元年[2]	五國酋長來貢良馬。											
二年	五國諸部長來貢。									五國部長來貢。		
三年				出絹賜隗烏古部貧民。			西北部渤海進牛。[3]					

四年	五國諸部長來貢。									詔諸部官長親鞫獄訟。		
八年										阻卜酋長磨古斯殺金吾吐古斯以叛，[4]遣奚六部吐里耶律郭三發諸蕃部兵討之。[5]		

[1]大康：遼道宗年號（1075—1084）。

[2]大安：遼道宗年號（1085—1094）。

[3]西北部渤海：太平九年（1029），大延琳領導的東京地區渤海遺民反抗遼廷的鬬爭失敗後，渤海人大量被從東京地區遷至上

京地區，以至更遥遠的西北地區。

［4］阻卜：即達旦、韃靼。元人諱言達旦，而稱達旦爲阻卜，詳見王國維《觀堂集林》卷一四《達旦考》。　磨古斯：本書卷九四《耶律那也傳》載耶律那也“大安九年，爲倒塌嶺節度使。明年冬，以北阻卜長磨古斯叛，與招討都監耶律胡呂率精騎二千往討，破之。那也薦胡呂爲漢人行宫副部署。壽隆元年，復討達理得、拔思母等有功，賜詔褒美，改烏古敵烈部統軍使，邊境以寧。部民乞留，詔許再任”。這場由阻卜磨古斯開始的西北諸部叛亂，茶扎剌、拔斯母、耶覩刮等部也同時反叛亂，直至壽昌末年纔被平定。

［5］耶律郭三：韓德凝子。終天德軍節度使。

九年										詔以戰馬三千給烏古部。烏古敵烈統軍使蕭朽哥奏討阻卜之捷。		

十年	惕德酋長來貢。			烏古部節度使耶律陳家奴奏討茶札剌之捷。[1]知北院樞密使事耶律斡特剌爲都統，[2]夷离畢耶律禿朶爲副統，龍虎衛上將軍	西北路招討司奏敵烈部入寇，統軍司兵與戰不利，招討司兵擊破之。	和烈葛部來貢。惕德酋長來貢。						是歲，惕德酋長萌得斯領所部來降，詔復舊地。頗里八部來寇，擊敗之。

					耶律胡吕爲都監，討磨古斯，遣積慶宫使蕭紇里監戰。[3]							

[1]耶律陳家奴：字綿辛，是阿保機曾祖父懿祖薩拉德之弟葛剌的八世孫。重熙中（1032—1055），歷任鷹坊、尚厩、四方館副使，改任徒魯古皮室詳穩。清寧（1055—1064）初，累經升遷爲右夷离畢。後皇太子被廢，道宗懷疑陳家奴黨附太子，予以罷官。本書卷九五有傳。　茶札剌：遼西北部部族。

[2]北院樞密使：即契丹樞密院之樞密使。爲北面官之最高官職，掌軍事、部族。詳本書卷四五《百官志一》。　耶律斡特剌：字乙辛隱，許國王寅底石六世孫。大安四年（1088），遷知北院樞密使事，賜翼聖佐義功臣。兩度出任西北路招討使，討伐耶覩刮部，因功加守太保，賜奉國匡化功臣。死於乾統初。本書卷九七有傳。

[3]積慶宫：世宗宫分。

壽隆元年[1]	敵烈入寇，掠群牧馬，[2]戍兵襲之，盡得所掠。			斡特剌奏耶覩刮之捷。			頗里八部酋長來附，且進方物。斡特剌奏磨古斯之捷。					
二年	市牛以給烏古、敵烈、隗烏古部貧民。	振達麻里別古部。						頗里八部進馬。				
三年	烏古部節度使耶律陳家奴討西北							蒲盧毛朵部長率其部民來歸。	五國部長來貢。		蒲盧毛朵部來貢。	

	諸部有功。[3]											
五年						五國部長來貢。	惕德酋長禿的等來貢。			斡特刺奏討耶覩刮之捷。		
六年	斡特刺獲叛命磨古斯來獻。				烏古部討茶扎刺，破之。		耶覩刮諸部寇西北路。	斡特刺奏耶覩刮諸部之捷。		五國諸部長來貢。		
天祚乾統二年[4]					斡特刺獻耶覩刮等部之捷。							
四年		鼻骨德遣使來貢。										
九年				五國部來貢。								

十年				五國部長來貢。								

[1]壽隆：遼道宗年號（1095—1102）。據遼代碑刻和錢幣，此年號本爲“壽昌”。元代修《遼史》時誤書爲“壽隆”。據中華修訂本校勘記，按此係陳大任《遼史》避金欽慈皇后“壽昌”諱而改。後爲元修《遼史》所承襲。

[2]群牧：契丹有專門機構管理畜群，這類機構稱“群牧”。諸路設群牧使司，下設某群太保、某群侍中、某群敞史；朝廷設總典群牧使司，有總典群牧部籍使、群牧都林牙。以“群”爲單位設某群牧司，設群牧使、群牧副使。此外，還有僅管理馬及牛群的機構。遼亡之後，金稱契丹群牧爲“烏魯古”。

[3]烏古部節度使耶律陳家奴討西北諸部有功：【劉校】據中華點校本校勘記，“‘西北諸部’四字原闕，據卷九五本傳補”。

[4]乾統：遼天祚帝年號（1101—1110）。

天慶元年[1]			五國部長來貢。									
二年	五國部長來貢。											

五年		饒州渤海古欲等反，[2]自稱大王，以蕭謝佛留等討之。										
六年								烏古部叛，遣中丞耶律撻不也等招之。[3]		烏古部降。	東面行軍副統馬哥、余覩等攻曷蘇館，[4]敗績。	

聞金主撫定南京，[8]遂由掃里關出，居四部族詳穩之家。			都統馬哥討叛命敵烈部，克之。		烏古部節度使耶律棠古破敵烈部叛命皮室，[7]加太子太保。			金師取西京，[6]沙漠以南部族皆降之，帝遁訛莎烈。				保大二年[5]

[1]天慶：遼天祚帝年號（1111—1120）。

[2]饒州：《武經總要》前集卷一六下《戎狄舊地》："饒州，唐建饒樂府都督以處奚人部落，契丹建爲饒州。在潢水之北，石橋傍，以渤海人居之。"潢水即西拉木倫河，石橋遺址在今内蒙古自治區林西縣城西南 60 公里西拉木倫河上，即新城子鎮黄土坑村南一公里處。古欲即是饒州渤海人反抗契丹統治的領袖。

[3]中丞耶律撻不也：與世系出於季父房的北院宣徽使耶律撻不也同姓名。

[4]東面行軍副統馬哥：【劉校】據中華修訂本校勘記，"軍"原作"宮"，據本書卷二八《天祚皇帝紀二》改。

[5]保大：遼天祚帝年號（1121—1125）。

[6]西京：治所在今山西省大同市。

[7]耶律棠古（1050—1122）：六院郎君葛剌的後代。字蒲速

宛。天慶（1111—1120）初年，烏古敵烈部反叛，棠古受召，拜烏古部節度使。至該部，諭令該部投降。然後拿出自己私人錢財及富民積蓄，用以振濟部民困乏，於是部民大悅，棠古加鎮國上將軍。保大元年（1121），請求致仕。明年，天祚出逃，棠古謁見於倒塌嶺，再拜烏古部節度使。及至該部，敵烈以五千人前來攻擊，棠古率家奴將來犯的敵烈人擊潰。本書卷一〇〇有傳。

[8]南京：今北京市。

三年					軍將耶律敵烈等劫梁王雅里奔西北部。[1]				耶律大石自金朝亡歸。[2]復渡河東還，居突呂不部。[3]			
四年	上北遁，謨葛失來迎，率部人防									上納突呂不部人訛哥之妻諳葛，		

	衛。時侍從乏糧數日，以衣易羊。至烏古敵烈部，[4]封謨葛失爲神于越。[5]									以訛哥爲本部節度使。[6]		

[1]梁王雅里：天祚帝第二子，七歲封梁王。保大三年（1123）天祚奔夏，衆推雅里稱帝，改元神曆。後以疾卒，年三十。

[2]耶律大石（1094—1143）：字重德，是遼太祖阿保機的八代孫，通漢文及契丹文字，且善騎射，是遼末契丹皇室中少有的文武全才。登天慶五年（1115）進士第。燕京陷落後，大石在保大四年七月脱離天祚。最初，他活動於今内蒙古自治區東部地區，要在契丹初興之地復興遼朝。但是由於抵擋不住金軍的攻擊，衹好步步向西北的遊牧部族地區退却，並在那裏“置北、南面官屬，自立爲王，率所部西去”。號召遊牧各部與他“共救君父”。大石沿襲遼

朝傳統的政治體制，建立了有南北面官的政權。這個政權的實際首領雖是大石，但仍然承認天祚皇帝作爲遼朝合法君主的地位，這一政權爲以後西遼在中亞立國做了準備。大石約於1132年在八拉沙衮稱帝改元，號葛兒罕。復上漢尊號曰天祐皇帝，改元延慶。本書卷三〇有傳，但所記時間未可盡信。

[3]（九月）“耶律大石自金朝亡歸”至“居突呂不部”：【劉校】據中華點校本校勘記，“按《紀》十月復渡河東還，接前五月辛酉渡河而言，指天祚。大石自金朝亡歸，不涉部族事”。

[4]烏古敵烈部：部族名。敵烈與烏古部並稱遼北邊大部。聖宗開泰四年（1015），築董城於臚朐河北，安置敵烈、烏古降人。後又徙敵烈、烏古於烏納水西，並置烏古敵烈統軍司以應對阻卜諸部的反抗。

[5]于越：契丹語官名。爲契丹貴官，非有大功德者不授，位在北、南大王之上。

[6]以訛哥爲本部節度使：【劉校】據中華修訂本校勘記，“哥”原作“葛”，明抄本、南監本同。“今據北監本、殿本及上文、本書卷二九《天祚皇帝本紀三》保大四年十月改”。今從改。

天祚播越，耶律大石立燕晉國王淳；[1]淳死，與蕭妃奔天德軍。上誅妃，責大石。大石率衆西去，自立爲帝。所歷諸部，附見於後：

大黄室韋部	白達旦部	敵烈部	王紀剌部	茶赤剌部	也喜部	鼻骨德部
尼剌部	達剌乖部	達密里部	密兒紀部	合主部	烏古里部	阻卜部

卷六九　表第七　部族表

普速完部	唐古部	忽母思部	奚的部	紀而畢部[2]	乃蠻部	畏吾兒城
回回大食部	尋思干地	起而漫地				

[1]淳：耶律淳（1062—1122）。興宗第四孫，南京留守、宋魏王和魯斡之子。遼亡前夕保大二年（1122），在燕京立爲帝，年號建福，降封天祚先帝爲湘陰王。數月後死去，廟號宣宗。有傳，附於本書卷三〇《天祚皇帝本紀四》。　燕晉國王：【劉校】據中華點校本校勘記，"《紀》作'秦晉國王'"。

[2]白達旦部、敵烈部、鼻骨德部、紀而畢部：【劉校】據中華點校本校勘記，"按《紀》作白達達、敵剌、鼻古德、糺而畢"。

（李錫厚注　劉鳳翥校）

遼史　卷七〇

表第八

屬國表

周有天下，不期而會者八百餘國。遼居松漠，[1]最爲強盛。天命有歸，建國改元。號令法度，皆遵漢制。命將出師，臣服諸國。人民皆入版籍，貢賦悉輸内帑。東西朔南，何啻萬里。視古起百里國而致太平之業者，亦幾矣。故有遼之盛不可不著。作《屬國表》。

[1]松漠：契丹原住地。即今内蒙古自治區東部西遼河上游地區，又稱“平地松林”，唐初在此置松漠都督府以統契丹諸部。

紀年	正月	二月	三月	四月	五月	六月	七月	八月	九月	十月	十一月	十二月
太祖元年												和州回鶻來貢。[1]
神册元年[2]	御正殿，受百僚暨諸國人使朝賀。[3]											

[1]和州回鶻：回鶻之一部。又稱西州回鶻、高昌回鶻。　和州：治所在今新疆維吾爾自治區吐魯番市以東高昌故城。

[2]神册：遼太祖耶律阿保機年號（916—922）。

[3]（神册元年正月）御正殿受百僚暨諸國人使朝賀：【劉校】據中華修訂本校勘記："此處繫年或誤。本書卷一《太祖紀》上太祖二年（908）正月癸酉云'御正殿受百官及諸國使朝'與此疑爲一事。"

三年		渤海、高麗、回鶻、阻卜、党項各遣使來貢。[1]	高麗洎西北諸蕃皆遣使來貢。回鶻獻珊瑚樹。									
四年										師次烏骨里國，[2]分路擊之，舉國歸附。		
五年								征党項。				

[1]渤海：靺鞨粟末部在今中國東北地區建立的政權。唐武后聖曆元年（698），靺鞨粟末部首領大祚榮襲封“震國公”，自號

“震國王”。唐玄宗先天二年（713，當年十二月改元“開元”）遣使封大祚榮爲左驍衛大將軍、渤海郡王，又設置忽汗州，加授大祚榮爲忽汗州大都督，自是始去靺鞨之號，專稱渤海。寶應元年（762）晉爲國。天顯元年（926）爲遼所滅，改稱東丹，並遷至遼陽。【劉注】渤海國最初的國號爲“靺鞨”，不爲“震國”或“振國”。這從《新唐書》卷二一九《渤海傳》中的一段文字可以證明，“睿宗先天中（應爲‘玄宗先天二年’），遣使拜祚榮爲左驍衛大將軍、渤海郡王。以所統爲忽汗州，領忽汗都督，自是始去靺鞨之號，專稱渤海。”不稱“始去震國之號，專稱渤海”。而稱“始去靺鞨之號，專稱渤海”。稱“大祚榮建立震國”是混淆了封號與國號的區別。《新唐書》卷二一九《渤海傳》稱“武后封乞四比羽爲許國公，乞乞仲象（大祚榮之父）爲震國公”。“許國公”和“震國公”都是封號，並不意味着有“許國”“震國”。乞乞仲象死後。他兒子大祚榮繼承了“震國公”的封號，但他不滿足“公”級别，所以“自號震國王”。“震國王”僅僅是封號，並不意味着有“震國”。少數民族往往以其民族名爲其最初國號，如“契丹”“蒙古”等。渤海也應如此。　高麗：（918—1392）：王建創建的高麗王朝，統治地域在今朝鮮半島，首都在開京（今朝鮮開城市）。　回鶻：古代民族名。即回紇。本突厥别部。北魏時稱袁紇，亦曰烏護、烏紇，至隋稱韋紇。大業元年（605），因反抗突厥的壓迫，與僕固、同羅、拔野古等成立聯盟，總稱回紇。唐天寶三年（744）破東突厥，建政權於今鄂爾渾河流域，有今蒙古高原之地。唐時助平安史之亂，屢尚公主。唐貞元四年（788）自請改稱回鶻。開成五年（840），爲轄戛斯所破，部衆分三支西遷：一支遷吐魯番盆地，稱高昌回鶻或西州回鶻；一支遷葱嶺以西楚河一帶，即葱嶺以西回鶻；一支遷河西走廊，稱河西回鶻。歷五代遼金，回鶻皆嘗入貢。元明時稱畏吾兒。其族在唐時奉摩尼教，宋元以來改奉回教。　阻卜：即達旦、韃靼。元人諱言達旦，而稱達旦爲阻卜。詳王國維《觀堂集林》卷一四《達旦考》。　党項：中國古代族名。

又稱党項羌，唐以後主要活動於靈、慶、銀、夏等州，即今甘肅、寧夏、陝西和内蒙古等省區交界地區。

[2]烏骨里：部族名。即烏古，又稱嫗厥律、于厥律，居契丹西北。【劉校】據中華修訂本校勘記，“骨里國”疑有闕誤。“按本書卷二《太祖紀下》神册四年十月丙午作‘烏古部’，本書卷三四《兵衛志上》作‘于骨里國’”。本書據中華點校本作“烏骨里國”。

天贊二年[1]						波斯國來貢。[2]						
三年						西討吐渾、党項、阻卜。[3]			大食國來貢。[4]回鶻怕里遣使來貢。[5]攻阻卜。	遣兵踰流沙，[6]拔浮圖城，[7]盡取西鄙諸部。	獲甘州回鶻烏母主可汗。[8]	

[1]天贊：遼太祖年號（922—926）。

[2]波斯國：古代國家名。今稱伊朗。

[3]吐渾：古代部族名。即吐谷渾。據《新五代史》卷七四

《四夷附録第三》，吐渾“自後魏以來，名見中國，居於青海之上。當唐至德中，爲吐蕃所攻，部族分散，其内附者，唐處之河西。其大姓有慕容、拓拔、赫連等族。懿宗時，首領赫連鐸爲陰山府都督，與討龐勛，以功拜大同軍節度使。爲晉王所破，其部族益微，散處蔚州界中”。“晉高祖立，割鴈門以北入於契丹，於是吐渾爲契丹役屬，而苦其苛暴”。另據《五代會要》卷二八《吐渾》：“至開運中，捍虜（契丹）於澶州”，“其族白可久，名在承福之亞，因牧馬率本帳北遁，契丹授以官爵，復遣潛誘承福。承福亦思叛去，事未果，漢高祖知之，乃以兵環其部族，擒承福與其族白鐵櫝、赫連海龍等五家，凡四百有餘人，伏誅。籍其牛馬，命别部長王義宗統其餘屬”。

[4]大食國：唐、宋時期中國對阿拉伯及伊朗語地區穆斯林的稱呼。當時人們還不知阿拉伯人、波斯人、穆斯林三者的區别，統稱爲大食。《遼史》有關於契丹遣嫁公主於大食王子等記載，其中的大食顯然不是指遠在西方的阿拉伯人，而應是指中亞地區的某個穆斯林政權。

[5]怕里：【劉校】據中華點校本校勘記，本書卷二《太祖本紀下》作“霸里”。

[6]流沙：據《漢書·地理志》顔師古注，流沙在燉煌西。

[7]浮圖城：即可汗浮圖城。在今新疆維吾爾自治區吉木薩爾縣北。唐庭州與北庭都護府治所在此。據《舊唐書》卷四〇《地理志》，貞觀十四年（640）侯君集討高昌，西突厥曾屯兵於此。

[8]甘州回鶻：遊牧於甘州一帶的回鶻。9世紀中，回鶻的一支西遷，分佈在甘州、沙州、涼州、賀蘭山、秦州、合羅川（今額濟納河）等地。其中以遊牧於甘州一帶的“甘州回鶻”最爲強盛。

獲甘州回鶻烏母主可汗：【劉校】據中華點校本校勘記，本書卷二《太祖本紀下》作“獲甘州回鶻都督畢離遏，因遣使諭其主烏母主可汗”。

四年		大元帥堯骨略地党項。[1]		攻小番，[2]下之。回鶻烏母主可汗遣使貢謝。						日本國來貢。	新羅國來貢。[3]	
天顯元年[4]		回鶻、新羅、吐蕃、党項、沙陀從征有功，賞之。[5]穢貊、鐵驪、										

		靺鞨來貢。[6]改渤海國爲東丹國，[7]忽汗城爲天福城。[8]										

[1]大元帥堯骨：即太宗孝武惠文皇帝（902—947）。遼太祖次子，漢名德光，契丹名堯骨。天贊元年（922）任天下兵馬大元帥。天顯元年（926）遼太祖耶律阿保機死，德光由其母述律后立爲帝。十一年，領兵南攻後唐，立石敬瑭爲帝，得燕雲十六州地。會同三年（940）至南京（今北京）。連年領兵攻打後晉。大同元年（947）正月，攻下晉都汴州（今開封）。二月，建國號大遼。四月，自汴州北返，行至欒城（今屬河北省）病死。廟號太宗，墓號懷陵。統和二十六年（1008）七月上尊謚孝武皇帝，重熙二十一年（1052）九月，增謚孝武惠文皇帝。【劉注】遼代改契丹國號爲大遼是在會同元年（938）。《新五代史》卷七二《契丹傳》稱契丹“改天顯十一年爲會同元年，更其國號爲大遼”。《東都事略》卷一二三稱“改元曰會同，國號爲大遼”。《契丹國志》卷三稱“會同元年，……是年，改元會同，國號大遼”。《遼史》卷四大同元年

(947)“二月丁巳朔，建國號大遼”是指把後晉的國號改成大遼，如《契丹國志》卷三大同元年條“以晉國號大遼”即把後晉合併到遼朝去，並不是遼朝“建國號大遼”。

［2］小番：即小蕃。契丹對某些吐蕃部落的稱呼。本書卷四六《百官志中》“北面屬國官”西蕃國王府、大蕃國王府、小蕃國王府和吐蕃國王府，當都是指吐蕃各部。

［3］新羅：朝鮮半島古國。公元 4 世紀成爲半島東南部的強國。7 世紀中滅百濟和高句麗，不久，統一半島大部。至 9 世紀衰落，公元 935 年爲王氏高麗所取代。

［4］天顯：遼太祖耶律阿保機年號。天顯元年遼太宗耶律德光即位而未改元（926—938）。

［5］吐蕃：原爲中國古代藏族政權名。公元 7 至 9 世紀在青藏高原建立。吐蕃政權崩潰以後，宋元及明初史籍稱青藏高原上的土著族、部爲吐蕃。　沙陀：中國古代族名，爲突厥别部，原來遊牧於西北地區，唐末遷至河東（今山西省北部）。　回鶻、新羅、吐蕃、党項、沙陀從征有功，賞之：據中華點校本校勘記，本書卷二《太祖本紀下》作：“以奚部長勃魯恩、王郁自回鶻、新羅、吐蕃、党項、室韋、沙陀、烏古等從征有功，優加賞賚。”非回鶻等部從征有功。

［6］穢貊：即濊貊，朝鮮半島古代部族名。據《三國志》卷三〇《魏書·東夷傳》曹魏間南與辰韓、北與高麗、沃沮接，東臨大海。大約佔據朝鮮半島東部。户二萬。自漢以來，其官有侯邑君、三老，由他們管領下户。貴族自謂與高麗同種。其民言語法俗大抵與高麗相同，衣服則有區别。　鐵驪：族名。遼置鐵驪國王府，以統其衆。其地當在今黑龍江省東部松花江流域。　靺鞨：部族名。爲肅慎、勿吉後裔。隋唐時稱靺鞨，分爲數十部，其中的粟末部，建渤海國。此外，北部的黑水部也很強大，遼代的生女真，主要爲該部，後建立金朝。遼置靺鞨國王府，以統其餘各部。

［7］東丹國：天顯元年正月，耶律阿保機率軍攻入渤海王都忽

汗城，滅掉了號稱“海東盛國”的渤海國。《五代會要·契丹》記載：“天成元年七月，攻渤海國扶餘城，下之，命其長子突欲爲國主，號東丹王。”天成元年即遼天顯元年。可能是由於直至當年七月，消息始傳到中原。阿保機以渤海故地建東丹國，意即“東契丹”，並以其長子耶律倍爲東丹王，賜天子冠服，建元“甘露”。【劉注】“東丹國意即東契丹”的説法似有值得商榷之處。在契丹小字中，“契丹”作“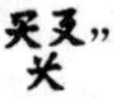”。“東丹”作“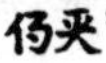”。二者没有音或義的關聯。“契丹”是一個不能再分割的完整的單詞，在契丹語中，“契丹”不能簡稱成爲“丹”。

［8］忽汗城：即渤海上京龍泉府，治所在今黑龍江省寧安市渤海鎮。　天福城：即渤海上京龍泉府，後來東丹國遷遼陽，東京遼陽亦稱天福城。

二年太宗不改元												女直國遣使來貢。[1]
三年		達盧古來貢。[2]						突厥來貢。[3]				
六年	西南邊將以慕化轄戛斯國人來。[4]									鐵驪來貢。		

七年				女直來貢。							阻卜貢海東青鶻。[5]	

[1]女直：部族名。本作“女真”，因避遼興宗宗真名諱，改稱女直。

[2]達盧古：即達魯古。女真之一部。該部有城，稱達盧古城，位於今拉林河以西地區。一説位於今吉林省前郭爾羅斯蒙古族自治縣興隆堡附近。

[3]突厥：古代族名。曾建立強大的突厥汗國，至公元 6 世紀分裂爲東西兩汗國。當阿保機建立契丹王朝時，突厥汗國早已滅亡。這裏所謂的“突厥”可能是指東突厥汗國的餘部。

[4]轄戛斯：唐代西北民族名。亦作黠戛斯。原居西伯利亞葉尼塞河流域。契丹興起並據有漠北時，稱轄戛斯遼朝在其地設有轄戛斯大王府。金代稱之爲紇里迄斯，蒙古人稱之爲吉利吉斯，清代依准噶爾人的叫法稱之爲布魯特。西遼的西遷和 13 世紀蒙古的西征都影響到轄戛斯，促成部分轄戛斯人南遷。15 世紀以後，轄戛斯人被准噶爾人驅逐到中亞費爾干納一帶。18 世紀中葉，清朝平定准噶爾，部分轄戛斯人返回七河流域故居。【劉注】俄羅斯至今有哈卡斯自治共和國。位於葉尼塞河上游流域。首府阿巴坎，其主體民族即古代的轄戛斯。

[5]海東青鶻：猛禽名。能擊殺天鵝。渤海國故地以東大海盛産珍珠，天鵝食蚌，珍珠藏於蚌嗉内。契丹人放出海東青鶻擊殺天鵝，獲取珍珠。

八年	皇太弟李胡率兵伐党項。[1]	吐渾、阻卜來貢。		党項來貢。		阻卜來貢。阿薩蘭回鶻來貢。[2]	鐵驪來貢。阻卜來貢。术不姑來貢。[3]			阻卜來貢。术不姑來貢。		
九年	党項貢駞、鹿。		女直來貢。									
十年			党項來貢。	吐谷渾酋長率衆内附。[4]		吐渾來貢。						
十一年[5]			女直國遣使來貢。			吐谷渾來貢。		吐渾來貢。				
十二年									女直國遣使來貢。回鶻來貢。		鐵驪來貢。	

[1]李胡（912—960）：阿保機第三子。一名洪古，字奚隱。爲其母述律氏所鍾愛。太宗即位後，天顯五年（930）立爲皇太弟，兼天下兵馬大元帥。太宗死後，應天皇太后反對世宗兀欲而欲立李胡，失敗，母子被囚。穆宗時因參與其子喜隱謀反事而下獄死。興宗時，更謚“章肅皇帝”。本書卷七二有傳。

[2]阿薩蘭回鶻：即高昌回鶻。回鶻西遷、匯合後主要的一支。直到元代，它仍自認是回鶻的嫡系。其王早期稱阿薩蘭汗（意爲獅子王），較晚則稱亦都護。

[3]术不姑：即阻卜。此處重出。

[4]吐谷渾：古代部族名。即吐渾。

[5]十一年：【劉校】據中華修訂本校勘記，“一”字原闕，“據明抄本、南監本、北監本、殿本及本書卷三《太宗本紀上》天顯十一年補”。今從。

會同元年[1]		鐵驪來貢。	女直國遣使來貢。	女直國遣使進弓矢。西南邊大詳穩耶律魯不古奏党項之捷。[2]	吐谷渾來貢。			吐谷渾、烏孫、靺鞨各來貢。[3]				

二年			女直國來貢。				吐谷渾來貢。		阻卜來貢。		鐵驪、燉煌並遣使來貢。[4]	
三年		女直來朝貢。						阻卜來貢。阻卜及賃烈國來貢。[5] 阻卜來貢。[6]	女直國來貢。			

[1]會同：遼太宗年號（938—947）。

[2]大詳穩：遼朝軍官名。元帥府下設大詳穩司。詳穩，契丹語音譯詞。官名。按本書卷一一六《國語解》，“詳穩，諸官府監治長官”。“詳穩”是音譯的契丹語，契丹語中另有“將軍”則是漢語借詞，二者有所區別。在契丹小字中，“詳穩”作[illegible]，“將軍”作[illegible] [illegible]，或作[illegible] [illegible]、[illegible] [illegible]；在契丹大字中，“詳穩”作[illegible] [illegible]，“將軍”作[illegible]。　耶律魯不古（898—952）：阿保機從

侄。字辛寧。初，太祖制契丹國字（即契丹大字），魯不古以贊成功，授林牙，监修国史。後隨太宗征伐，屢立戰功。本書卷七六有傳。

［3］烏孫：古代民族名。漢代至拓跋魏中葉居於天山北麓伊犁河上游、伊塞克湖畔及納林河流域的遊牧部族。它的族屬有突厥族、亞利安族諸説，尚無定論。

［4］燉煌：即敦煌。這裏是指唐、五代間的一個割據政權“沙州”。唐置河西節度使，治涼州（今甘肅省武威市），統涼、甘、肅、伊、西、瓜、沙七州。唐德宗間，吐蕃陷涼州，大曆中河西軍移治沙州（今甘肅省敦煌市）。貞元中又爲吐蕃所陷。大中間，沙州人張義潮率所屬十州地歸唐，因改置歸義軍，至宋初復陷於西夏。

［5］賃烈國：族屬不詳。遼屬國之一。遼設賃烈國王府以統其衆。

［6］阻卜來貢：【劉校】據中華點校本校勘記，“按本月三次阻卜來貢，未著不同部分，史文重複”。

四年		鐵驪來貢。		魯不古伐党項回，獻俘。							吐谷渾降。阻卜來貢。女直國遣使來貢。	

五年				鐵驪來貢。		素撒國人來貢。[1]阻卜貢方物。	阻卜來貢。			党項逆命，伐之。		
六年						鐵驪來貢。					鐵驪來貢。	
七年					賃烈、要里等國來貢。[2]			回鶻遣使請婚，不許。				
八年						回鶻來貢。吐谷渾來貢。紙没里、要里等國貢方物。[3]					鐵驪來貢。	

九年	回鶻、女直來貢。		吐渾進生口。	吐渾白可久來附。	女直來貢。							

[1]素撒國：族屬不詳。遼屬國之一。遼設素撒國王府以統其衆。　素撒國人來貢：【劉校】據中華點校本校勘記，本書卷四《太宗本紀下》作"徒覩古、素撒來貢"。

[2]要里：要里國。族屬不詳。遼屬國之一。遼設要里國王府以統其衆。按本表所載，太宗會同七年（944）五月"賃烈、要里等國來貢"。但是，本書卷四《太宗本紀下》所載却是，六月"乙巳，紕没里、要里等國來貢"。

[3]紕没里：在本書卷四六《百官志二・北面屬國官》所記的屬國中没有"没里國"，"没里"或許是"紕没里"。不過，卷四《太宗本紀下》會同八年並没有"没里、要里等國來貢"的記載。

穆宗應曆元年[1]												鐵驪來貢。
二年	女直來貢。		鐵驪貢鷹鶻。							回鶻及轄戛斯國來貢。		

三年			鐵驪來貢。					吐蕃、吐谷渾來貢。				
十二年								女直國貢鼻上有毛小兒。				
十三年					斡朗改國進花鹿生麛，[2]視之。							

[1]應曆：遼穆宗年號（951—969）。

[2]斡朗改：部族名。又作嗢娘改，其地不詳。遼設斡朗改國王府，以統其衆。

景宗保寧三年[1]		漢遣使來告。[2]				回鶻遣使來貢。	漢以宋人來攻，遣使來告。			吐谷渾來貢。		
五年	伐党項，破之，上俘獲之數。				女直國侵邊。阿薩蘭回鶻來貢。							
八年								女直國侵貴德州。[3]				轄戛斯國遣使來貢。
九年	女直國遣使來貢。				女直國二十一人來請宰相、夷离堇之職，[4]		回鶻遣使來貢。			耶律沙以党項降酋可醜買友來，[5]賜詔撫	吐谷渾叛入太原四百餘户，[6]索而還之。	

					以次授之。					諭。女直國遣使來貢。		
十年		阿薩蘭回鶻遣使來貢。		女直國遣使來貢。								

［1］保寧：遼景宗年號（969—979）。

［2］漢：指五代時期的北漢。十國之一。後漢乾祐四年（951）河東節度使劉崇稱帝，國號仍稱漢，都晉陽（今山西省太原市），史稱北漢，依附契丹。太平興國四年（979）爲北宋所滅。歷四主，凡二十九年。

［3］貴德州：治所故址當在今遼寧省撫順市城北高爾山前。

［4］宰相：契丹部族官名。契丹可汗之下有北、南二府，各部族則分屬二府，故北宰相亦稱北府宰相，南宰相亦稱南府宰相。夷离堇：契丹部族官名。源於突厥語官名“俟斤”（Irkin）。突厥各部的最高元首稱“可汗”（Qaghan），其他各部酋長則稱爲俟斤。初，契丹“其君大賀氏，有勝兵四萬，臣於突厥，以爲俟斤”。（《新唐書》卷二一九《契丹傳》）後，契丹首領自立爲可汗，其下所屬各部酋長則稱爲“俟斤”，亦即夷离堇。契丹立國後，大部族之夷离堇稱王，小部族之夷离堇則稱爲節度使。舉凡一部之軍政、民政皆由其統掌。參韓儒林《穹廬集》（第314—316頁）。

［5］耶律沙（？—988）：字安隱。景宗即位，總領南面邊防務。保寧間，宋攻河東，沙將兵救之，有功，加守太保。乾亨初，

沙將兵再援北漢，敗於白馬嶺。復與宋戰於高梁河，並從韓匡嗣攻宋。本書卷八四有傳。

［6］太原：治所在今山西省太原市。

乾亨元年[1]			女直國宰相遣使來貢。									
四年												討阻卜。
聖宗統和元年[2]	党項十五部寇邊，西南面招討使韓德威破之。[3] 破阻卜。韓德威討党項諸部。						韓德威破党項，上俘獲之數。					

二年								女直宰相海里等八族內附。			速撒等討阻卜，[4]殺其酋長撻剌干。	
三年									女直國宰相术里補來朝。			
四年										阻卜遣使來貢。	党項來貢。	
六年					閏月，阿薩蘭回鶻來貢。	党項太保阿剌悦來朝。		瀕海女直宰相速魯里來朝。[5]				

[1]乾亨：遼景宗年號（979—983）。

[2]統和：遼聖宗年號（983—1012）。

［3］西南面招討使：西南面招討司的長官。負責對西夏防禦。韓德威（941—996）：韓匡嗣之子、韓德讓之弟。保寧初，自燕臺軍旅之列校，授西頭供奉官、銀青崇禄大夫、檢校右散騎常侍兼侍御史、驍騎尉。不數年，授羽林軍將軍，檢校司徒。這是御林軍的官職，即所謂“登環衛之資，厠勾陳之列”。保寧十一年（979），德威“擢居親近之用，首冠殿庭之班，授宣徽北院使，彰武軍節度使、檢校太尉，進封開國伯，增食邑，賜功臣四字”。有墓誌出土。本書卷八二有傳。

［4］速撒：耶律速撒（？—1002）。字阿敏。應曆初，爲侍從，累遷突吕不部節度使。保寧三年，改九部都詳穩。四年，伐党項，屢立戰功。統和初以來，在邊二十年，安集諸蕃，威信大振。本書卷九四有傳。

［5］瀕海女直宰相速魯里來朝：【劉校】據中華點校本校勘記，“瀕海”二字原脱，據本書卷一二《聖宗本紀三》統和六年（988）八月補。今從。

七年		回鶻、于闐、師子等國來貢。［1］ 党項遣使來貢。	阿思懶、于闐、轄烈三國來貢。［2］ 吐蕃來貢。								于闐遣張文寶進内丹書。［3］	

八年		于闐、回鶻各遣使來貢。女直國遣使來貢。		女直國遣使來貢。	女直國宰相阿海來朝。	阿薩蘭回鶻于越、達剌干遣使來貢。[4]女直遣使來貢。			北女直國四部請内附。[5]	阻卜遣使來貢。		女直遣使來貢。回鶻來貢。
九年	女直國遣使來貢。			回鶻來貢。		突厥來貢。		女直國進唤鹿人。		阿薩蘭回鶻來貢。		
十年		兀惹來貢。[6]	鐵驪來貢。				鐵驪來貢。			鐵驪來貢。	回鶻來貢。	
十一年	回鶻來貢。											

十二年		回鶻來貢。高麗來貢。	高麗遣使請所俘生口，詔贖還之。			回鶻遣使來貢。	女直國遣使來貢。		党項、吐谷渾來貢。阻卜來貢。		鐵驪來貢。	女直國以宋人由海道賂本國及説兀惹叛，遣使來告。

[1]于闐：塞克族於古代西域，即今新疆維吾爾自治區和田地區建立的政權。自漢至唐，皆入貢中國。安、史之亂，絶不復至。晉天福中，其王李聖天自稱唐之宗屬，遣使來貢。晉高祖命供奉官張匡鄴持節册聖天爲大寶于闐國王。宋初訖於宣和，朝享不絶。塞克族，古稱塞種。其語言屬印歐語系東伊朗語族。近代發現的于闐文書使用同慶、天興、中興、天壽等年號，或採用唐代官稱，或並用漢文、于闐文，或夾用漢字，足見于闐塞克族深受唐代政治、文化影響。　師子國：即高昌，亦即阿薩蘭回鶻。

[2]阿思懶、于闐、轄烈三國來貢：據本書卷一二《聖宗本紀》載統和七年（989）二月“戊寅，阿薩蘭、于闐、轄烈並遣使來貢”，而不是三月。阿思懶，阿薩蘭回鶻大王府。亦曰阿思懶王府。

[3]内丹書：【靳注】道教書籍。張文寶進呈書籍事與遼朝皇室宗親喜好道教有關。《契丹國志》卷七載聖宗“至於道釋二教，皆洞其旨”；同書卷一四載齊王隆裕“自少時慕道，見道士則喜”，

“又别置道院，延接道流，誦經宣譙，用素饌薦獻”。以上皆可證。

［4］于越：契丹語官名。爲契丹貴官，非有大功德者不授。位在北、南大王之上。　達剌干：契丹官名。會同元年（938）定制，以達剌干爲副使。

［5］四部：【劉校】原本誤作“四齊”。明抄本、南監本、北監本、殿本均作“四部”，中華點校本及修訂本徑改。今從改。

［6］兀惹：遼金時北邊族名。

十三年		女直國遣使來貢。	夏國遣使來貢。[1]		高麗進鷹。		女直國遣使來貢。			回鶻來貢。兀惹歸欵。鼻骨來貢。[2]	阿薩蘭回鶻遣使來貢。高麗遣童子十人來學本國語。	鐵驪遣使來貢鷹、馬。
十四年		回鶻遣使來貢。女直國遣使來貢。	韓德威奏討党項之捷。			鐵驪來貢。回鶻來貢。	回鶻來貢。				阿薩蘭回鶻遣使爲子求婚，不許。	

十五年	河西党項叛，詔韓德威討之。兀惹酋長武周來降。女直國使來貢。	韓德威奏破党項之捷。	党項來貢。河西党項乞内附。兀惹烏昭慶乞歲時免進貢鷹、馬、貂皮，以其地遠，詔生辰、正旦外，並免。			鐵驪來貢。	党項酋長來貢。禁吐渾別部鬻馬於宋。		蕭撻凜奏討阻卜之捷。[3]			

十六年		夏國遣使來貢。	女直國遣使來貢。		鐵驪來貢。							
十七年						兀惹烏昭慶來降，釋之。[4]						
十八年						阻卜叛酋鶻碾之弟鐵刺不率部民來附，鶻碾無所歸，繼降，詔誅之。						回鶻來貢。

[1]夏國（1038—1227）：以党項民族爲主體建立的政權。公元1038年，元昊叛宋稱帝，建立大夏王朝，傳十代，至1227年爲

蒙古所滅。元昊稱帝以前，作爲北宋境内的地方割據政權，已經具有獨立性。史稱西夏，先後與遼、北宋及金、南宋並立於中國境内。境土包括今寧夏回族自治區全部、甘肅省大部、陝西省北部以及青海省、内蒙古自治區的部分地區。

[2]鼻骨：按鼻骨即鼻骨德，又作鱉古德。遼時黑龍江流域部族名。聖宗時分置伯斯鼻古德部與撻馬鼻古德部，均屬東北路統軍司。所在地相當於今黑龍江省富錦市至俄羅斯聯邦境内哈巴羅夫斯克（伯力）沿江一帶。　鼻骨來貢：【劉校】據中華點校本校勘記，此條已見《部族表》，係重出。

[3]蕭撻凜（？—1004）：即蕭撻覽，字駝寧，蕭思温之再從侄。統和二十二年（1004），攻宋，進至澶淵，未接戰，中伏弩卒。本書卷八五有傳。

[4]兀惹烏昭慶來降：【劉校】據中華點校本校勘記，本書卷一四《聖宗本紀五》作"兀惹烏昭慶來"，不稱"來降"。

十九年	回鶻進梵僧名醫。		西南面招討司奏討党項之捷。					達盧骨部來貢。	西南面招討司奏討吐谷渾之捷。		鼻骨德來貢。[1]	
二十年	女直國宰相夷离底來貢。	女直國大王阿改遣其子出獨		鐵驪遣使來貢。		高麗遣使來進本國地里圖。						

		你、耶剌改、塞剌來朝。										
二十一年			鐵驪來貢。	女直國來貢。兀惹、渤海、奧里米、越里篤、越里吉五部來貢。[2]		党項來貢。阻卜酋長鐵剌里率諸部來降。	阻卜鐵剌里來朝。					
二十二年		女直國遣使來貢。						党項來貢。阻卜酋鐵剌里來	南京女直國遣使獻所獲烏昭慶妻			

								朝。鐵刺里求婚，許之。[3]	子。[4]			
二十三年			振党項部。回鶻來貢。	女直國及阿薩蘭回鶻各遣使來貢。鐵驪來貢。党項來寇。		阻卜酋鐵刺里遣使賀與宋和。	党項來貢。烏古來貢。[5]女直國遣使來貢。阿薩蘭回鶻遣使來，因請先留使者，皆遣之。					

二十四年						沙州燉煌王曹壽遣使進大食馬及美玉，[6]以對衣、銀器等物賜之。							
二十五年									西北路招討使蕭圖玉討叛命阻卜，[7]破之。				

二十六年					高麗進文化、武功兩殿龍鬚草地席。							蕭圖玉馳奏討甘州回鶻，降其王耶剌里，撫慰而還。
二十八年					西北路招討使蕭圖玉奏伐甘州回鶻，破其屬郡肅州，[8]盡俘其生口。							

					詔修土隗口故城以實之。							
二十九年						詔西北路招討使、駙馬都尉蕭圖玉安撫西鄙，置阻卜等部。[9]						

[1]（八月）“達盧骨部來貢”及（十一月）“鼻骨德來貢”：【劉校】據中華點校本校勘記，“二者並見《部族表》，此處係重出”。

[2]奧里米、越里篤、越里吉五部：奧里米、越里篤、越里吉與蒲奴里、剖阿里統稱五國部，是遼屬東北部族。

[3]鐵剌里求婚，許之：【劉校】據中華點校本校勘記，本書卷一四《聖宗本紀五》作“鐵剌里求婚，不許”。

[4]南京女直國遣使獻所獲烏昭慶妻子：【劉校】據中華點校

本校勘記，“南京”二字衍。

[5]烏古：部族名。又稱嫗厥律、于厥律，居契丹西北。　烏古來貢：【劉校】據中華點校本校勘記，“此條已見《部族表》，係重出”。

[6]沙州：唐宣宗大中五年（851）至宋仁宗景祐三年（1036）的沙州地方政權。安史之亂時，吐蕃乘虚進攻隴右、河西，德宗貞元三年（787）沙州被吐蕃攻陷，直至唐宣宗大中二年（848），沙州漢族人民在張議潮領導下舉行起義，趕走吐蕃鎮將，河西地區纔復歸唐朝。大中五年朝廷定在沙州置歸義軍，以張議潮爲歸義軍節度使、十一州觀察使。但僖宗（873—888）後，沙州歸義軍所轄唯瓜、沙二州。唐亡時，張氏自立“金山國”。數年後，曹氏代替張氏掌握沙州地方政權，仍稱歸義軍節度使，向五代、北宋諸政權奉表入貢。至宋景祐三年（1036，一説景祐二年）亡於西夏。

[7]西北路招討使：官名。西北路招討司的軍政長官。西北路招討司又稱西北路都招討司，是遼朝統治漠北屬部的最高軍政機構。　蕭圖玉：字兀衍，北府宰相海瓈之子。統和初，皇太后稱制，以戚屬入侍。十九年（1001），總領西北路軍事。後尚金鄉公主，拜駙馬都尉，加同政事令門下平章事。本書卷九三有傳。

[8]肅州：治所在今甘肅省酒泉市。

[9]置阻卜等部：【劉校】據中華點校本校勘記，本書卷一五《聖宗本紀六》作“置阻卜諸部節度使”，是。

開泰元年[1]	女直國太保蒲撚等來朝。							鐵驪那沙等送兀惹百餘户至賓				

								州，[2]賜絲絹以賞之。				
二年							化哥等破阻卜酋長烏八之衆。[3]					
三年	阻卜酋長烏八朝貢，封烏八爲王。女直國及鐵驪各遣使來貢。			沙州回鶻曹順遣使來貢，回賜衣幣。								

四年		于闐國來貢。	耶律世良等破阻卜，[4]上俘獲之數。女直國遣使來貢。									
五年	耶律世良與蕭善寧東討高麗，[5]破之。	阻卜酋長來朝。	叛命党項酋長魁可來降。									

[1]開泰：遼聖宗年號（1012—1021）。

[2]賓州：據本書卷三八《地理志二》，“懷化軍，節度。本渤海城。統和十七年，遷兀惹户，置刺史於鴨子、混同二水之間，後升。兵事隸黃龍府都部署司”。治所在今吉林省農安市東北廣元店

古城遺址。

[3]化哥：即耶律化哥。字弘隱，孟父楚國王之後。乾亨初，爲北院林牙。統和四年（986），拜上京留守，遷北院大王。十六年，侵宋，爲先鋒，以功遷南院大王，尋改北院樞密使。開泰元年，伐阻卜，以功封豳王。伐阻卜過程中掠阿薩蘭回鶻，諸蕃由此不附。聖宗使按之，削王爵。本書卷九四有傳。

[4]耶律世良（？—1016）：六院部人。小字斡。統和末，爲北院大王。開泰初，加檢校太尉、同政事門下平章事。拜北院樞密使。四年，伐高麗，爲副部署。都統劉慎行逗留失期，執還京師，世良獨進兵。本書卷九四有傳。

[5]耶律世良與蕭善寧東討高麗：按本書卷一五《聖宗本紀六》開泰四年五月辛巳，“命北府宰相劉晟爲都統，樞密使耶律世良爲副，殿前都點檢蕭屈烈爲都監以伐高麗”。故與耶律世良東討高麗的是蕭屈烈，而非蕭善寧。

八年	鐵驪來貢。						詔阻卜依舊歲貢馬、駞、貂鼠、青鼠皮等物。					

九年							遣使賜沙州回鶻燉煌郡王曹順衣物。		沙州回鶻燉煌郡王曹順遣使來貢。	大食國王遣使爲其子册哥請婚，進象及方物。		
太平元年[1]			大食國王復遣使請婚，以王子班郎君胡思里女可老封公主，降之。				阻卜扎剌部來貢。			党項酋長曷魯來貢。		

二年					鐵驪遣使進兀惹人一十六户。							
六年		詔党項別部塌西設契丹節度使治之。	阻卜入寇，西北路招討使蕭惠破之。[2]		遣西北路招討使蕭惠將兵伐甘州回鶻。[3]			蕭惠攻甘州不克，師還。自是，西阻卜諸部皆叛。我軍與戰，敗績，涅里姑、曷不呂皆歿於				

								陣，遣惕隱耶律洪古等將兵討之。[4]				
七年						詔蕭惠再討阻卜。						
八年	党項寇邊，破之											

[1]太平：遼聖宗年號（1021—1031）。

[2]蕭惠（983—1056）：契丹外戚。字伯仁，小字脱古思，淳欽皇后弟阿古只五世孫。初爲國舅詳穩。從伯父排押征高麗，以功，授契丹行宫都部署。開泰二年（1013），改南京統軍使。後爲西北路招討使，封魏國公。興宗即位，知興中府，歷順義軍節度使、東京留守、西南面招討使，加開府儀同三司、檢校太師，兼侍中，封鄭王。重熙六年（1037），復爲契丹行宫都部署，加守太師，徙王趙。拜南院樞密使，更王齊。惠贊成復取三關，與太弟帥師壓宋境，迫使宋朝增歲幣請和。惠以首事功，進王韓。重熙十七年，

尚帝姊秦晉國長公主，拜駙馬都尉。本書卷九三有傳。

[3]甘州：治所在今甘肅省張掖市。

[4]惕隱：契丹官名。又稱梯里已，掌皇族政教。　耶律洪古（？—1043）：樞密使化哥之弟，孟父楚國王之後。字胡篤堇。統和間累遷順義軍節度使，入爲北面林牙。太平元年（1021），加同政事門下平章事，出爲彰國軍節度使，兼山北道兵馬都部署，徙武定軍節度使。六年，拜惕隱。討阻卜有功。聖宗嘗刺臂血與弘古盟爲友，禮遇尤異，拜南府宰相，改上京留守。重熙六年遷南院大王，十二年加于越，復授武定軍節度使，卒。本書卷九五有傳。

興宗重熙二年[1]	女直國詳穩臺押率所部來貢。											
六年											阻卜酋長來貢。	
七年		高麗遣使來貢。	夏國遣使來貢。				阻卜酋長屯秃古斯來朝。					

九年											女直國人侵邊，發黃龍府路鐵驪軍拒之。[2]	
十年									夏國遣使獻所俘宋將及生口。		回鶻遣使來貢。	
十一年												以吐渾及党項多鬻馬于夏國，詔沿邊築障塞以防之。

十二年			高麗國以加上尊號，遣使來賀。	夏國遣使進馬、駞。		阻卜大王屯秃古斯弟太尉撒葛里來朝。回鶻遣使來貢。		阻卜來貢。		夏人侵掠党項，遣延昌宮使高家奴問之。[3]		
十三年			高麗遣使來貢。	南院大王耶律高十奏党項等部叛附夏國。[4]	羅漢奴奏所發部兵與党項戰不利。[5]	阻卜酋長烏八遣其子執元昊求援使者窊邑改來，[6]且乞以兵助戰，從之。	夏國遣使來朝。[7]	夏國復遣使來詢。		獲叛命党項偵人，射鬼箭。[8]元昊親執党項三部酋長來降。[9]		

[1]重熙：遼興宗年號（1032—1055）。

[2]黄龍府：治所在今吉林省農安縣。

[3]延昌宫：穆宗所置宫衛。　高家奴：韓德凝之孫。終於南院宣徽使。

[4]南院大王：契丹官名。遼太祖析迭剌部爲五院部和六院部。北院大王和南院大王即是五院部和六院部的首領。

[5]羅漢奴奏所發部兵與党項戰不利：【劉校】據中華點校本校勘記，此條已見《部族表》，係重出。

[6]元昊：李元昊（1003—1048）。小字嵬理，後更名曩霄，李德明長子。公元1032年，李德明死後嗣位，宋授爲定難軍節度、夏銀綏宥静等州觀察處置押蕃落使、西平王。遼封他爲夏國王。宋寶元元年（1038）十月，他更名曩霄，建國號大夏，年號天授禮法延祚，自稱皇帝。進表宋朝，要求承認其建國稱帝的既成事實，雙方隨即發生戰爭。七年後，雙方重新媾和。西夏國主稱臣，宋朝同意每年給予銀、絹、茶、采共二十五萬五千兩、匹、斤。夏宋媾和，夏遼矛盾隨着激化。西夏景宗與遼興平公主婚後失和，再加這時遼境内的党項部落多叛附西夏，糾紛益形擴大。遼興宗親征西夏，遭遇失敗。從此夏、宋、遼三方鼎峙的局勢形成。李元昊死後謚武烈皇帝，廟號景宗，陵號泰陵。

[7]夏國遣使來朝：【劉校】原本闕“朝”字，明抄本、南監本、北監本和殿本不缺。中華點校本、修訂本徑補。今從。

[8]射鬼箭：契丹人的巫術、刑罰。皇帝出征及祭祀先帝時，都要行這種巫術。即取死囚一人，置於所要前往之方向，以亂箭射殺，名爲射鬼箭。契丹人認爲，以此可以祓除不祥。班師歸來則以俘虜射鬼箭。後來以此作爲刑罰的一種。

[9]元昊親執党項三部酋長來降：【劉校】據中華點校本校勘記，“此條已見《部族表》，係重出”。

十四年				高麗遣使來貢。		阻卜大王屯禿古斯率諸酋長來朝。夏國遣使來朝。					阿薩蘭回鶻遣使來貢。	
十五年			高麗遣使來貢。									
十六年[1]						阻卜大王屯禿古斷來朝，進方物。				鐵驪仙門來朝，以前此未嘗入貢，仍加右監門衛大將軍。		女直國遣使來貢。阿薩蘭回鶻王以公主生子，遣使來告。

十七年			鐵不得國遣使來，[2]乞以本部軍助攻夏國，不許。	高麗遣使來貢。		阻卜進馬、駝二萬。						
十八年			高昌國遣使來貢。[3]			阻卜來貢馬、駝、珍玩。						
十九年				高麗遣使來貢。	遠夷拔思母部遣使來貢。[4]	高麗遣使來賀伐夏之捷。[5]	阻卜酋長豁得刺弟斡得來朝，加太尉遣之。	阻卜酋長喘只葛拔里斯來朝。			阻卜酋長豁得刺遣使來貢。	

［1］十六年：【劉校】原本誤作“十八年”，明抄本、南監本、北監本和殿本不誤。中華點校本、修訂本徑改。今據改。

［2］鐵不得：中華點校本卷四六校勘記載，鐵不得即吐蕃，此與上文西蕃、大蕃等並是當時吐蕃不同部分朝貢於遼者，故以不同名稱存於史册。

［3］高昌國：即阿薩蘭回鶻。回鶻西遷、匯合後主要的一支。

［4］拔思母：遼朝西北部叛服不常的部族之一。本書卷九四《耶律那也傳》：“大安九年，爲倒塌嶺節度使。明年冬，以北阻卜長磨古斯叛，與招討都監耶律胡呂率精騎二千往討，破之。那也薦胡呂爲漢人行宫副部署。壽隆元年，討達理得、拔思母等有功，賜詔褒美，改烏古敵烈部統軍使，邊境以寧。部民乞留，詔許再任。”這場由阻卜磨古斯開始的西北諸部叛亂，茶扎剌、拔斯母、耶覩刮等部也同時叛亂，直至壽昌末年纔被平定。

［5］夏：即西夏（1038—1227），是以党項民族爲主體建立的政權。

二十年		吐蕃遣使來貢。										
二十一年											阿薩蘭回鶻遣使貢名馬、文豹。	

二十二年		阿薩蘭回鶻爲鄰國所侵，遣使求援。				高麗遣使來貢。	阻卜大王屯禿古斯率諸部長進馬、駝。					
二十三年	夏國遣使貢方物。			高麗遣使來貢。	夏國遣使來貢。	吐蕃遣使來貢。					阻卜酋長來貢。	
道宗清寧二年[1]						阻卜酋長來朝及貢方物。						
咸雍二年[2]						回鶻來貢。阻卜酋長來貢。						

四年				阿薩蘭回鶻遣使來貢。								夏國遣使來貢。
五年			阻卜酋長叛，以南京留守晉王仁先爲西北路招討使，[3]領禁軍討之。[4]			吐蕃遣使來貢。			晉王仁先遣人奏阻卜之捷。			
六年		阻卜酋長來朝，且貢方物。		西北路招討司以所降阻卜酋來。[5]			阻卜酋長來朝。			西北路招討司擒阻卜酋長來獻，		

										所阻酋圖同以降卜長木刮來。		
七年		女直國進馬。				吐蕃來貢。					高麗遣使來貢。	回鶻來貢。
八年						振易州貧民。[6] 高麗遣使來貢。				回鶻來貢。		

［1］清寧：遼道宗年號（1055—1064）。

［2］咸雍：遼道宗年號（1065—1074）。

［3］南京：今北京市。　仁先：耶律仁先（1012—1072）。字紇鄰，小字查剌。契丹皇族，孟父房之後。重熙三年（1034），補護衛。十一年，升北院樞密副使。與劉六符使宋，定議增歲幣。既還，同知南京留守事。十八年，再舉伐夏，仁先與皇太弟重元爲前鋒。清寧初，爲南院樞密使。九年，重元謀逆，仁先受命討賊。事後，加尚父，進封宋王，爲北院樞密使。本書卷九七有傳。

[4]禁軍：指燕京的漢軍。據《長編》卷五五宋真宗咸平六年(1003)七月己酉記李信云："國中所管幽州漢兵，謂之神武、控鶴、羽林、驍武等，約萬八千餘騎。"其中"羽林""控鶴"是唐、五代禁軍舊有的名號。因此可以斷定李信所説的遼燕京的"漢兵"就是戍衛京城的禁軍。

[5]西北路招討司：遼朝統治漠北屬部的最高軍政機構。聖宗以後，主要負責鎮壓阻卜。

[6]易州：治所在今河北省易縣。　振易州貧民：【劉校】據中華點校本校勘記，"無涉屬國，此五字衍"。

九年										回鶻來貢。		高麗、夏國並遣使來貢。
十年		阻卜諸酋長來貢。									高麗遣使來貢。	
大康元年[1]						吐蕃來貢。						
二年[2]						回鶻來貢。						

四年				高麗遣使乞賜鴨淥江以東地，不許。		阻卜酋長來貢。阻卜諸酋長進良馬。					回鶻遣使來貢。	
五年						阻卜酋長來貢。						
六年						女直國遣使來貢。						
七年	女直國貢良馬。					阻卜余古赧來貢。[3]					高麗遣使來貢。	
八年	鐵驪酋長貢方物。					阻卜酋長來貢。						

九年						阻卜酋長來貢。						
十年				女直國貢良馬及犬。	阻卜諸酋長來貢。							
大安二年[4]			女直國來貢良馬。			阻卜諸酋長來朝。					高麗遣使謝封册。	
三年			女直國來貢良馬。高麗遣使來貢。									
四年			免高麗歲貢。									
五年	高麗遣使來貢。				回鶻遣使貢良馬。							

六年			女直國遣使貢良馬。								高麗遣使來貢。	
七年						回鶻遣使貢方物。	回鶻遣使來貢異物，不納，厚賜遣之。		日本國遣鄭元等二十八人來貢。			

［1］大康：遼道宗年號（1075—1084）。

［2］二年：【劉校】據中華修訂本校勘記，諸本皆同。“本書卷二三《道宗本紀三》並無記載是年回鶻來貢事，但三年六月己丑云‘回鶻來貢’，則‘二年’或爲‘三年’之誤”。

［3］阻卜余古赧來貢：【劉校】據中華點校本校勘記，余古赧爲阻卜酋長名，見本書卷二四《道宗本紀四》大康七年六月及大安二年（1086）六月。故原本“阻卜”下衍“與”字，當删。今從。

［4］大安：遼道宗年號（1085—1094）。

八年	阻卜諸酋長來降。			阻卜酋長來貢。					日本國遣使來貢。	阻卜酋長磨古斯殺金吾古斯以叛，遣奚六部禿里耶律郭三發諸蕃部兵討之。[1]		
九年	磨古斯入寇。	西北路招討使耶律阿魯掃古追磨古斯還，都監蕭張九遇賊								有司奏磨古斯詣西北路招討使，耶律撻不也遇害。[3]附近		

		衆，與戰不利，二室韋、拽剌、北王府、特滿群牧、宮分等軍多陷于賊。[2]								阻卜酋長烏古扎叛去。達里底及拔思母並寇倒塌嶺路。[4] 阻卜轄底侵掠西路群牧。		
十年	烏古扎等來降。達里底、拔思母二部入寇。	西南面招討司奏拔思母之捷。[5] 達里底入寇。	山北路副部署蕭阿魯帶奏達里底之捷。[6]	閏月，達里底、拔思母二部來降。			阻卜來寇倒塌嶺，西路群牧及渾河北牧馬皆爲所			西北路統軍司獲阻卜酋拍撒葛、蒲魯等來獻。	惕德酋銅刮、阻卜酋的烈等來降。達里底及拔思	西北路統軍司奏討磨古斯之捷。

							掠。[7]東北路統軍使耶律石柳以兵追及，[8]盡獲所掠。				母等來寇，[9]山北副部署阿魯帶擊敗之。	

[1]奚六部：據《五代會要》卷二八《奚》："奚，本匈奴别種，即東胡之地，人物風俗與突厥同。族有五姓：一曰阿會部，管縣六；二曰啜米部，管縣四；三曰奧質部，管縣六；四曰奴皆部，管縣四；五曰黑訖支部，管縣三。每部有刺史，每縣有令，酋長號奚王。"此奚王是被契丹降伏以後的奚部族酋長。《新五代史》卷七四《四夷附録第三》所記奚各部名稱與《五代會要》略有不同：奚"分爲五部：一曰阿薈部，二曰啜米部，三曰粵質部，四曰奴皆部，五曰黑訖支部。後徙居琵琶川，在幽州東北數百里。地多黑羊，馬趫前蹄堅善走，其登山逐獸，下上如飛"。奚本來衹有五部，阿保機降伏五部奚之後又設置墮瑰部，而成六部。詳見本書卷三三《營衛志下》"部族下"。　耶律郭三（980—1037）：韓德凝子，終天德軍節度使。【劉注】"郭三"是契丹語小名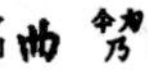的音譯。其契丹語第二个名爲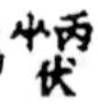，音譯爲"留寧"。他還有漢名"遂忠"。他是

韩德凝之侄，不是韩德凝之子。韩郭三是韩德昌之子。據《韓德昌墓誌銘》《耶律隆祐（韓德凝）墓誌銘》《耶律遂忠（韓郭三）墓誌銘》和契丹小字《耶律（韓）高十墓誌銘》改。《韓德昌墓誌銘》稱“有子二人：郭三、解里·阿鉢”。《耶律遂忠（韓郭三）墓誌銘》稱“烈考諱德昌，字克柔，盧龍軍節度使檢校太保”。契丹小字《耶律（韓）高十墓誌銘》第九行有一段話譯爲漢字爲“富哥（韓德昌的契丹語小名的音譯）妻歐妮·偶寧娘子，兒子一個：留寧·郭三宰相”。《耶律隆祐（韓德凝）墓誌銘》稱韓德凝“有子二人，女一人。渤海娘子大氏之所出也。先公而亡。長曰遂贇，右千牛衛將軍。勾陳就列，寧欠父風。次曰遂成，衙内都指揮使。啓戟從戎，豈無公器。女適奚王府相之息也”。韓德凝的兒子中僅有遂贇和遂成，並没有郭三。這從正反兩方面都説明韓郭三爲韓德昌之子，並不是韓德凝之子，而是韓德凝之侄。

［2］室韋：部族名。北魏始見於記載，分佈於黑龍江、嫩江流域，唐時分爲許多部。契丹多爲其役屬。　拽剌：契丹語“走卒”謂之“拽剌”，後爲軍官名。有掌旗鼓者，稱“旗鼓拽剌”，還有專司偵候、探報等職者。　群牧：契丹專門管理畜群的機構。諸路設群牧使司，下設某群太保、某群侍中、某群敞史；朝廷設總典群牧使司，有總典群牧部籍使、群牧都林牙。以“群”爲單位設某群牧司，設群牧使、群牧副使。此外，還有僅管理馬及牛群的機構。遼亡之後，金稱契丹群牧爲“烏魯古”。

［3］耶律撻不也：按本書卷二五《道宗本紀五》，大安九年（1093）“冬十月庚戌，有司奏磨古斯詒西北路招討使耶律撻不也爲降，既而乘虛來襲，撻不也死之”。此人與大康年間被耶律乙辛殺害的耶律撻不也同姓名。

［4］倒塌嶺：地近阻卜，故遼在此駐軍守護西路群牧。

［5］西南面招討司：契丹軍事機構。設招討使一人，駐西京大同，負責對西夏的防務。

［6］蕭阿魯帶：字乙辛隱，烏隗部人。少習騎射，曉兵法。大

安七年，遷山北副部署。九年，達理得、拔思母二部來侵，率兵擊却之，並多有斬獲。壽昌元年（1095），以功，加同中書門下平章事，進爵郡公，改西北路招討使。本書卷九四有傳。

[7]渾河：即桑乾河。以其水渾濁，故名。

[8]東北路統軍使：遼末防禦女真的軍事機構東北路統軍司的主官。原來對女真的防禦在遼朝的軍事部署中並不佔有重要地位，故一直由東京的軍事機構兼管。當生女真完顏部發動叛亂時，遼朝主持戰事始有東北路統軍司。該機構設在寧江州（今吉林省松原市寧江區伯都訥古城）　耶律石柳：字酬宛，六院部人。性剛直。大康初，爲夷離畢郎君。太子既廢，以石柳附太子，流鎮州。天祚即位，召爲御史中丞。時方治乙辛黨，有司不以爲意。石柳上書要求窮治乙辛黨人，書奏不報。乾統中卒。本書卷九九有傳。

[9]達里底及拔思母等來寇：【劉校】據中華修訂本校勘記，“等”原作“弟”，“依本書卷二五《道宗本紀五》大安十年十一月乙巳及卷九四《蕭阿魯帶傳》改”。今從。

壽隆元年[1]	西南面招討司奏拔思母入寇，擊敗之。蕭阿魯帶等討拔思母，	高麗遣使來貢。		女直國遣使來貢。		阻卜酋長禿里底及圖木葛來朝貢。	阻卜酋長猛達斯來貢。				女直國遣使進馬。	

	破之。[2]											
二年	西南面招討司討拔思母，破之。						阻卜來貢。			高麗來貢。		
三年		阻卜酋長猛撒葛及粘八葛酋長禿骨撒、梅里急酋長忽魯八等請復舊地，以貢方物。			斡特剌討阻卜，[3]破之。				斡特剌遣人奏梅里急之捷。			西北路統軍司奏梅里急之捷。

五年	詔夏國王李乾順伐拔拔思母部。[4]					阻卜來貢。						
六年						阻卜酋長來貢。						女直國遣使來貢。鐵驪來貢。
七年							阻卜、鐵驪酋長來貢。					

[1]壽隆：遼道宗年號（1095—1102）。據遼代碑刻和錢幣，此年號本爲“壽昌”。元代修《遼史》時誤書爲“壽隆”。又據中華修訂本校勘記，此係陳大任《遼史》避金欽慈皇后“壽昌”諱而改，後爲元修《遼史》所承襲。

[2]“西南面招討司奏拔思母入寇”至“蕭阿魯帶等討拔思母，破之”：【劉校】據中華點校本校勘記，本書卷二六《道宗本

紀六》作“西南面招討司奏，拔思母來侵，蕭阿魯帶等擊破之”。此以入寇、追討分記之。

[3]斡特剌：耶律斡特剌（1036—1105）。字乙辛隱，許國王寅底石六世孫。大安四年（1088），遷知北院樞密使事，賜翼聖佐義功臣。兩度出任西北路招討使，討伐耶覩刮部，因功加守太保，賜奉國匡化功臣。死於乾統初。本書卷九七有傳。【劉注】據契丹小字《許王墓誌》，封爵爲許王，死於乾統五年，享年七十歲。

[4]李乾順（1083—1139）：即夏崇宗。西夏第四代皇帝。三歲即位。母梁氏，與弟乙逋擅政。永安元年（1098），梁太后死，乾順親政，年十七，謹事遼朝，但與宋交惡。遼以宗室女封公主下嫁。遼亡前夕，他曾出兵援遼，後臣於金。

天祚乾統二年[1]							阻卜入寇，斡特剌等戰敗之。					
三年	女直國梟蕭海里首，[2]遣使來獻。									吐蕃遣使來貢。		

四年						吐蕃遣使來貢。						
六年							阻卜來貢。					
八年						西北路招討使蕭敵里率蕃長諸酋來朝。[3]					高麗遣使來謝。	
九年			夏國以宋不歸地，遣使來告。									高麗遣使來貢。
十年						阻卜來貢。						

[1]乾統：遼天祚帝年號（1101—1110）。

[2]蕭海里（？—1097）：遼叛將。壽昌二年（1096）冬十月乙卯，蕭海里劫乾州武庫器甲。命北面林牙郝家奴捕之，蕭海里亡入女真陪术水阿典部。翌年，女真將其殺害，並將其首級獻與遼朝。

[3]敵里：本書卷二八《天祚皇帝本紀二》作“蕭諦里”，天慶五年（1115）九月，耶律章奴反，奔上京，謀迎立魏國王耶律淳。“先遣王妃親弟蕭諦里以所謀説魏國王”。魏國王立斬蕭諦里等首以獻，上遇之如初。中華點校本卷二七校勘記以蕭敵里爲蕭嗣先，無據。詳該卷“蕭敵里亦坐免官”注。

天慶二年[1]						和州回鶻來貢。阻卜酋長來貢。						
三年						斡朗改國遣使來獻良犬。						回鶻遣使來貢。高麗遣使來謝。

四年			女直國遣使索叛人阿疏，[2]不發。				女直國復遣使來取阿疏，不發，即遣侍御阿息保往問境上建城堡之故。[3]	阿息保還，言女直國主之意，若還阿疏；朝貢如舊；不然，城未能已。女直國遣師來攻。		女直國下寧江州。[4]		鐵驪、兀惹叛歸女直。

五年	遣僧家奴持書約和，斥女直國主名。女直國主遣塞剌復書，若歸叛人阿疏，遷黃龍府於別地，[5]然後圖之。		遣耶律張家奴、蒲蘇、阿息保、聶葛、紇石保、得里底等齎書使女直國，[6]斥其名，冀以速降。		張家奴等以女直國主書來，復遣張家奴以往。	張家奴等還，女直國主復書，亦指其名，諭之使降。遣蕭辭剌使女直國，以書辭不屈，見留。	都統斡里朵等及女直軍戰于白馬濼，[7]敗績。		女直軍下黃龍府。女直國主遣塞剌以書來報，若歸我叛人阿疏，即當班師。			

六年					女直軍攻下瀋州。[8]族人痕孛、鐸剌、吳十、撻不也、道剌、酬斡、平甲、盧僕古、闢离剌、韓七、吳十、那也							

					温、曷魯十三人皆歸女直國。[9]							

[1]天慶：遼天祚帝年號（1111—1120）。

[2]阿疏：女直紇石烈部首領。壽昌二年（1096），唐括部跋葛勃堇被温都部人跋忒殺害，生女直完顔部首領盈哥命其侄阿骨打率師討伐跋忒，然而竟爲紇石烈部的阿疏所阻。當盈哥親自率師前來討伐時，阿疏向遼求援。乾統三年（1103），盈哥病故，其兄劾里鉢之子烏雅束襲位，在位十一年。這期間，完顔部進一步加強了對生女真各部的控制。天慶三年（1113）十月，烏雅束病故，阿骨打襲位，稱“都勃極烈”。阿骨打襲位後，亦遣使至遼要求遣送阿疏。天慶四年，再次派遣宗室習古廼及完顔銀术可向遼索還阿疏。其實，他們的真實使命是要探聽遼朝虚實，索還叛人不過是個藉口。同年九月，阿骨打進軍寧江州。天慶六年阿疏反遼，失敗。《金史》卷六七有傳。

[3]阿息保：耶律阿息保（？—1122）。字特里典，五院部人。天慶初年，轉任樞密院侍御。金人起兵，於其邊境上築城，遼朝曾派遣阿息保前去責問。金兵攻陷寧江州後，又與耶律章奴等人帶着天祚帝書信東去見女直首領，被拘禁，很久纔逃回。待天祚親征敗績之後，阿息保轉任都巡捕使。六年，跟隨阿疏討伐耶律章奴，加領軍衛大將軍。後來阿疏反叛，阿息保被擒。阿疏失敗，乃得以回朝。天祚從廣平淀出逃，召阿息保，因未及時趕去進見，天祚便懷

疑他有貳心，將其殺害。本書卷一〇一有傳。

[4]寧江州：治所在今吉林省松原市寧江區伯都訥古城。

[5]黄龍府：治所在今吉林省農安縣。

[6]耶律張家奴：即耶律章奴（？—1115）。字特末衍，季父房後代。天慶四年，授東北路統軍副使。次年當天祚親征女直時，以章奴爲都監。大軍渡鴨子河，章奴與魏國王耶律淳的妻兄蕭敵里及其外甥蕭延留等謀立淳爲帝，誘軍隊將領和士卒三百餘人從前綫逃回。但耶律淳不配合他們行動。叛軍攻打上京不克，章奴於是逃往北方。順國女直阿鶻產率兵追趕將其擊敗，章奴伏誅。本書卷一〇〇有傳。　得里底：即蕭得里底（？—1122）。字糺鄰，晉王蕭孝先之孫。乾統元年，爲北面林牙、同知北院樞密事，受詔與北院樞密使耶律阿思懲治乙辛餘黨。阿思受賄，多爲乙辛餘黨減輕治罪，得里底也附會阿思的做法。女直初起，得里底阻礙發兵進討。後任北院樞密使，受到天祚信任。保大二年（1122），天祚率衛兵出逃，得里底離開天祚後，爲耶律淳所獲，不食數日而卒。本書卷一〇〇有傳。

[7]都統：官名。唐乾元中，始以都統名官，總諸道征伐。後若調諸道兵馬會戰，多置此職，爲臨時軍事長官，不賜旌節，事解即罷。遼設諸路兵馬都統署司，下有諸路兵馬都統署，都統爲其長官。

[8]瀋州：治所在今遼寧省瀋陽市。

[9]撻不也：即蕭撻不也。國舅郡王高九之孫。字斡里端。大康元年（1075），爲彰愍宫使，尚趙國公主，拜駙馬都尉。三年，改同知漢人行宫都部署。與北院宣徽使耶律撻不也善，乙辛嫉之，令人誣告謀廢立事。不勝搒掠，誣伏。上引問，昏聵不能自陳，遂見殺。本書卷九九有傳。　酬斡：國舅少父房之後，字訛里本。年十四，尚越國公主，拜駙馬都尉。後因皇后蕭坦思（酬斡妹）失寵，詔酬斡與公主離婚，籍興聖宫，流烏古敵烈部。天慶中，以妹復尊爲太皇太妃，召酬斡爲南女直詳穩，遷征東副統軍。天慶六

年，東京高永昌叛，酬斡力戰，歿於陣。本書卷一〇〇有傳。據以上撻不也與酬斡傳，此二人不是此表中“歸女直”之人，應該是與其同姓名的人。 “族人痕孛”至“十三人皆歸女直國”：【劉校】據中華點校本校勘記，“按‘那也温’如爲一人，則二‘吳十’爲同時同姓名人；如‘那也、温’爲二人，則吳十爲一人重出”。

七年	女直軍攻春州，[1]女古、皮室四部及渤海人皆降。復下泰州。[2]											都元帥秦晉國王淳遇女直軍，[3]戰于蒺藜山，敗績。女直軍復攻拔顯州。[4]是歲，女直

												國主即皇帝位，建元天輔，[5]國號金。
八年	遣耶律奴哥等使金國，復議和好。保安軍節度使張崇以雙州民二百户歸金國。[6]	耶律奴哥還，金主復書，大略言，如以兄事朕，歲貢方物，歸上、中京、興中	復遣奴哥使金國。		奴哥以書來，約不逾此月見報。復遣奴哥使金國，要以酌中之議。金主遣胡突衮與奴	遣奴哥齎三國書詔、表牒，復使金國。[8]通、祺、雙、遼四州之民八百餘户歸	金朝復遣胡突衮以書來，免所取質，及上京、興中府所屬州郡，裁減歲幣之數；	奴哥、突迭復使金朝，議册禮。	突迭見留，奴哥還。金主復書謂，如不能從，勿復遣使。遣奴哥復使金朝。蕭	奴哥、突迭持金主書來。龍化州張應古、劉仲良、渤海二哥等率衆歸附金朝。[11]		以議定册禮，遣奴哥使于金。寧昌軍節度使劉宏以懿州民户三千歸金。[12]

			寳、訛里野、特末、霍石、韓慶和、王伯龍等各率衆歸于金。[10]		如能以兄事朕，册用漢儀，可以如約。	附金朝。[9]	哥持書來，大略如前所約。			府三路州縣，[7]以親王、公主、駙馬、大臣子孫爲質，及還我行人與元給信牌，并宋、夏、高麗往復書詔、表		

			牒，可以如約。									

[1]春州：即長春州，治所在今吉林省前郭爾羅斯蒙古族自治縣塔虎城。

[2]泰州：治所在今吉林省白城市東南。

[3]秦晉國王淳：即耶律淳（1062—1122）。興宗第四孫，南京留守、宋魏王和魯斡之子。遼亡前夕保大二年（1122），在燕京立爲帝，年號建福，降封天祚先帝爲湘陰王。數月後死去，廟號宣宗。有傳，附於本書卷三〇《天祚皇帝本紀四》。

[4]顯州：治所在今遼寧省北鎮市。

[5]天輔：【劉注】金太祖完顏阿骨打年號（1117—1123）。

[6]保安軍：雙州軍號。《武經總要》前集卷一六下《戎狄舊地》，雙州，契丹號保安軍，有通吳軍營壘，東至逆流河二里入生女真界，西至遼州七十里，南至瀋州七十里，北至渝州百二十里。

[7]上：上京，遼前期都城。稱臨潢府，治所在今內蒙古自治區巴林左旗林東鎮波羅城。　中京：稱大定府，故址在今內蒙古自治區寧城縣大明城鎮。　興中：即興中府，治所在今遼寧省朝陽市。

[8]遣奴哥齎三國書詔、表牒，復使金國：【劉校】據中華點校本校勘記，“奴哥”原誤“胡突衮”。“按《紀》天慶八年六月稱‘遣奴哥等齎宋、夏、高麗書詔、表牒至金’；又按上下文胡突衮爲金使，奴哥爲遼使，據改”。今從。

[9]通：通州，治所在今吉林省四平市一面城古城遺址。《滿洲源流考》卷一〇《疆域》“按”歷述遼之通州與龍州之區別：“《遼史》既言改夫餘府爲龍州，又言改龍州爲通州，而所置諸縣

或沿或併，尚仍其舊，史有訛誤，疑遼之龍州，其地本廣，因燕頗之役，舊治已廢。開泰中移黄龍府於東北，又分置通州也。黄龍府所屬長平等縣爲扶州屬邑，通州所屬夫餘等縣即爲仙州屬縣也。又按渤海夫餘府與契丹爲鄰，未能過開原以北。遼之黄龍府境又稍廣。《舊五代史》言北至混江僅百里，則又《遼史》遷府於東北之明證也。”　祺：祺州，治所在今遼寧省康平縣張強古城。《滿洲源流考》卷一〇："按遼祺州統慶雲縣，以所俘檀州密雲民建爲州治所，金廢州，以慶雲縣隸咸平府。元又廢縣爲慶雲驛，在今鐵嶺西北五十里。”　遼：遼州，治所故址在今遼寧省瀋陽市西北一百八十里新民縣。

［10］蕭寶、訛里野、特末、霍石、韓慶和、王伯龍等各率衆歸于金：【劉校】據中華點校本校勘記，“按《紀》天慶八年閏九月，‘蕭寶、訛里等十五人各率户降於金’。《金史》二太祖紀天輔二年（1118）閏九月，‘以降將霍石、韓慶和爲千户。九百奚部蕭寶、乙辛、北部訛里野、漢人王六兒、王伯龍、契丹特末、高從等各率衆來降’”。

［11］龍化州：地名。傳説契丹始祖奇首可汗居此，原稱龍庭。地當今内蒙古自治區奈曼旗東北。唐天復二年（902），阿保機成爲爲剌部夷离堇，破代北，遷徙代北居民，於此建州。《武經總要》前集卷一六下《戎狄舊地》：龍化州，州在木葉山東千。阿保機始置四樓，此即是東樓也。會病卒葬於西南山，即今祖州也。以所卒之地置州，曰“龍化門”，化州也。東至泉州二十里，西至降聖州五十里，西南至蔚州四十里，南至遂州二百里，北至夢送河五十里。

［12］懿州：據本書卷三七《地理志一·上京道》該州係“聖宗女燕國長公主以上賜媵臣户置。在顯州東北二百里”。　劉宏：【劉校】據中華點校本校勘記，原誤“劉完”，“按《紀》天慶八年十二月及《金史》二太祖紀、卷七五《孔敬宗傳》改”。

遣使送贊謨以還。			復遣蕭習泥烈、楊近忠先持册藁使于金。		金復遣烏林荅、贊謨持書來，責册文無兄事之語，不言“大金”，而云“東懷”及乖體式。如依前書所定，然後可		阻卜補疎只等反。		遣知右夷离畢事蕭習泥烈、大理寺提點楊勉等册金主爲東懷國皇帝。[1]		金遣烏林荅、贊謨持書來迎册禮。	九年

							從。楊詢卿、羅子韋率衆歸金。					
十年		金復遣贊謨以書并撰到册文副本以來，仍責乞兵于高麗。	以金朝所定册草内"大聖"二字與先世稱號相同，復遣習泥烈持書議之。		金主親師攻上京，已攻外郛，[2]留守撻不也出降。							
保大元年[3]					南京統軍耶律余覩率將吏户							

					歸于金。[4]							
二年	金師克中京，進下澤州。[5]	金師敗奚王霞末于北安州，[6]遂降其城。	聞金師將出嶺西，遂趍白水濼。群牧使謨魯斡歸金。聞金師將及，輕騎以遁。殿前點檢耶律高八率衛士歸金。[7]	金師取西京。[8]		夏國遣兵來援，爲金師所敗。		親遇金師，戰于石輦驛，敗績。夏國遣曹介來問起居。[9]	奉聖州降金。[10]	蔚州降金。[11]	金師屯奉聖，上遁於落昆髓。	金主撫定南京。

						冊李乾順爲夏國皇帝。	金帥回書，乞爲弟若子，量賜土地。夏國王李乾順請臨其國。	金師至居庸關，[14]耶律大石被擒。[15]金師圍輜重於青塚硬寨。[16]金遣人以書來招，回書請和。金帥以兵送族屬東		興中府降金。歸德軍及隰、遷、潤三州欵附金。[13]	遼興軍、宜、錦、乾、顯、成、川、豪、懿等州降金。[12]	三年

行，乃遣兵邀戰于白水濼，爲金師所敗。金帥以書來招，以書答之，金帥復書，不許請和。

[1]夷离畢：遼官名。爲執政官，相當於副宰相參知政事。後來官分南、北，北面官有夷离畢院，主要掌刑政。

[2]金主親師攻上京已攻外郛：【劉校】據中華點校本校勘記，本書卷二八《天祚皇帝本紀二》作“金主親攻上京，克外郛”。

[3]保大：遼天祚帝年號（1121—1125）。

[4]耶律余覩（？—1121）：皇族。保大初年，曾任副都統。其妻是天祚文妃之妹，生晉王；蕭奉先之妹是天祚元妃，生秦王。奉先恐怕秦王不能繼承皇位，於是指使人誣陷余覩結納駙馬蕭昱等陰謀立晉王爲帝。天祚爲此殺蕭昱，賜文妃死。余覩在軍中得知此事後，恐怕不能自明而被誅，即率千餘士兵，連同軍帳中的親信叛歸女直。本書卷一〇三有傳。

[5]澤州：遼太祖俘蔚州民，在松亭關以北立寨居之，采煉陷河銀冶。開泰中大延琳反叛被鎮壓之後，原東京海州下轄的刺史州澤州民被遷移至此，置澤州。【劉注】遼代澤州治所在今河北省平泉市南二十里的會州城村。

[6]北安州：即大興州，治所在今北京市密雲區曹家寨東北。【劉注】一説遼代北安州治所在今河北省隆化縣隆化鎮土城子村古城址。

[7]殿前點檢：即殿前都點檢。周世宗設置殿前司，以都點檢、副都點檢爲正副長官，位在都指揮使之上，爲禁軍統帥。宋初廢。遼設殿前都點檢，爲南面軍官，當係模倣周制。

[8]西京：治所在今山西省大同市。

[9]曹介：【劉校】據中華點校本校勘記，本書卷二九《天祚皇帝本紀三》作“曹价”。

[10]奉聖州：即新州。治所在今河北省涿鹿縣。

[11]蔚州：治所在今河北省蔚縣。

[12]遼興軍：平州軍號。治所在今河北省盧龍縣。　宜：宜州，治所在今遼寧省義縣。　乾：乾州。《明一統志》卷二五《登州府》：“乾州城在廣寧衛西南七里，本漢無慮縣地，遼置乾州廣德軍。”李慎儒《遼史地理志考證》以爲乾州當在今遼寧省錦州市。　成：成州，治所在今遼寧省阜新蒙古族自治縣紅帽子鄉西紅帽子村古城址。據本書卷三九《地理志·中京道》該州係聖宗女晉國長公主以上賜媵臣户置。在宜州北一百六十里。　川：即白川州。遼代州名。據《嘉慶重修一統志·承德府》，舊城在朝陽縣（今遼寧

省朝陽市）東北六十七里。初置川州，會同中改爲白川州。【劉注】遼代川州，前期治所爲今遼寧省北票市南八家子鄉四家板村古城址；後期治所爲今遼寧省北票市黑城子鎮駐地黑城子村古城址。

［13］歸德軍：來州軍號。《武經總要》前集卷一六下《戎狄舊地》：來州，號歸德軍。女真國五部落相率來降，胡中因建州以居之。東至隰州七十里，西至遼州七十里，南至大海四十里，北至建州三百五十里。　隰：隰州。《武經總要》前集卷一六下《戎狄舊地》：隰州，遼主隆緒建爲州，東至海二百里，西至來州八十里，南至海五里，北至建州三百三十里。　隰、遷、潤三州：【劉校】據中華點校本校勘記，“潤”原誤“閏”。“據《紀》及《地理志》三改”。今從改。

［14］居庸關：要塞名。在北京市昌平區西北。《畿輔通志》卷四〇：“居庸關在昌平州西北二十四里，關門南北相距四十里。兩山夾峙，下有巨澗、懸崖峭壁，稱爲絶險。《淮南子》天下九塞，居庸其一也。”《水經注》：居庸關在上谷沮陽城東南六十里，絶谷累石，崇墉峻壁，山岫層深，側道褊狹，林障邃險，路僅容軌。杜氏《通典》：“北齊改居庸爲納款關，《唐十道志》居庸亦名薊門關，《新唐書・地理志》居庸關亦謂之軍都關。”

［15］耶律大石（1094—1143）：字重德，是遼太祖阿保機的八代孫。通漢文及契丹文字，且善騎射，是遼末契丹皇室中少有的文武全才。登天慶五年（1115）進士第。燕京陷落後，大石在保大四年（1124）七月脱離天祚。最初，他活動於今内蒙古自治區東部地區，要在契丹初興之地復興遼朝。但是由於抵擋不住金軍的攻擊，衹好步步向西北的遊牧部族地區退却，並在那裏“置北、南面官屬，自立爲王，率所部西去”。號召遊牧各部與他“共救君父”。大石沿襲遼朝傳統的政治體制，建立了有南北面官的政權。這個政權的實際首領雖是大石，但仍然承認天祚皇帝作爲遼朝合法君主的地位，這一政權爲以後西遼在中亞立國做了準備。大石約於1132年在八拉沙衮稱帝改元，號葛兒罕。復上漢尊號曰天祐皇帝，改元

延慶。本書卷三〇有傳，但所記時間未可盡信。

[16]青塚：即王昭君墓，在今内蒙古自治區呼和浩特市南面。

金師圍輜重於青塚硬寨：【劉校】據中華點校本校勘記，本書卷二九《天祚皇帝本紀三》保大三年四月所記，“硬寨”二字衍。

四年	金師來攻，上棄營北遁。特母哥歸金。							蕭撻不也、察剌歸金。	建州降金。[1]	興中府降金。		
五年	党項小斛禄遣人請臨其地。上過沙漠，金師忽至，徒步出走。	上至應州新城，[2]爲金師完顏婁室等所獲。[3]										

［1］建州：地當今遼寧省朝陽市西八十里處。

［2］應州：治所在今山西省應縣。

［3］完顔婁室（1077—1130）：金女真完顔部人。字斡里衍。年二十一代父爲雅撻懶等七水部長。從阿骨打（金太祖）起兵，屢勝遼軍。以萬户守黄龍府。進爲都統，從完顔杲取中京（今内蒙古自治區寧城縣大明鎮），與闍闍破西京（今山西省大同市），擒獲遼天祚帝後，取河中府（今山西省永濟縣西）、京兆府（今陝西省西安市附近）、鳳翔（今陝西省寶鷄市鳳翔區），進克延安府（今陝西省延安市），降境内諸州、寨、堡。與婆盧火守延安。進爲右副元帥，總陝西征伐諸軍事。

（李錫厚注　劉鳳翥校）

遼史　卷七一

列傳第一[1]

后妃

肅祖昭烈皇后蕭氏	懿祖莊敬皇后蕭氏
玄祖簡獻皇后蕭氏	德祖宣簡皇后蕭氏
太祖淳欽皇后述律氏	太宗靖安皇后蕭氏
世宗懷節皇后蕭氏	世宗妃甄氏
穆宗皇后蕭氏	景宗睿智皇后蕭氏
聖宗仁德皇后蕭氏	聖宗欽哀皇后蕭氏
興宗仁懿皇后蕭氏	興宗貴妃蕭氏
道宗宣懿皇后蕭氏	道宗惠妃蕭氏
天祚皇后蕭氏	天祚德妃蕭氏
天祚文妃蕭氏	天祚元妃蕭氏[2]

[1]列傳：原作“史傳”，明抄本、南監本、北監本和殿本均作“列傳”。中華點校本、修訂本、補注本和長箋本徑改。今據改。

[2]“肅祖昭烈皇后蕭氏”至“天祚元妃蕭氏”：原本、南監

本、明抄本無，據北監本、殿本補。中華點校本、修訂本、補注本和長箋本有，但均未出校。

《書》始嬪虞，[1]《詩》興《關雎》。[2]國史記載往往自家而國，以立天下之本。然尊卑之分不可易也。[3]司馬遷列呂后于《紀》，[4]班固因之而傳元后於外戚之後，[5]范曄登后妃于《帝紀》。[6]天子紀年以敘事謂之《紀》，后曷爲而紀之？自晉史列諸后以首《傳》，[7]隋唐以來莫之能易也。[8]

[1]《書》：即《尚書》。　嬪虞：《尚書·堯典》："釐降二女于嬀汭，嬪于虞。"堯以二女嫁舜，欲觀其治家能力。舜，虞氏，居嬀水之汭。虞舜能使二女行婦道於虞氏。故"嬪虞"寓行婦道之義。嬪，本義指帝王的女兒出嫁。

[2]《詩》：即《詩經》。　《關雎》：《詩經》第一篇的篇名，内容爲君子與淑女相愛而成婚之事。

[3]分（fèn）：名份。　易：變更。

[4]司馬遷（前145或前135—?）：人名。字子長，西漢左馮翊郡夏陽（今陝西省韓城市）人。中國古代著名的史學家，《史記》的作者。《漢書》卷六二有傳。　呂后：西漢高祖劉邦的皇后呂雉，山陰郡單父（今山東省單縣）人。《漢書》卷九七上有傳。《紀》：紀傳體史書中的體裁之一，一般記一代帝王之事蹟，爲全史之綱。因爲呂后曾專權執政，無異帝王。故《史記》爲她立本紀。

[5]班固（32—92）：人名。字孟堅，東漢扶風郡安陵（今陝西省咸陽市）人。中國古代著名的史學家。著有《漢書》。《後漢書》卷四〇有傳。　元后：即指呂后，見《漢書》外戚傳。　外戚：此指《漢書》卷九七《外戚傳》。

[6]范曄（398—445）：人名。字蔚宗，順陽（今河南省淅川縣）人。南朝劉宋時期的著名史學家，著有《後漢書》。《宋書》卷六九有傳。《後漢書》在諸帝本紀之後爲后妃立紀。

[7]晉史：指記載晉朝史事的《晉書》。　傳："列傳"的簡稱。紀傳體史書中的體裁之一，主要記載歷史人物的事蹟。《晉書》之後的各正史均把后妃作爲列傳首篇。

[8]隋：朝代名。公元581年楊堅創建，公元618年亡於唐。　唐：朝代名。公元618年李淵創建，公元907年亡於後梁。

遼因突厥稱皇后曰"可敦"，[1]國語謂之"朕俚蹇"，[2]尊稱曰"耨斡麼"，[3]蓋以配后土而母之云。[4]太祖稱帝，[5]尊祖母曰太皇太后，母曰皇太后，嫡曰皇后。[6]等以徽稱，[7]加以美號；質於隋唐，文於故俗。

后族唯乙室、拔里氏，[8]而世任其國事。太祖慕漢高皇帝，[9]故耶律兼稱劉氏，[10]以乙室、拔里比蕭相國，[11]遂爲蕭氏。

[1]突厥：古民族名。居於中國古代北方和西北地區，曾建立強大的突厥汗國，至公元六世紀分裂爲東西兩汗國。《周書》《北史》《隋書》《新唐書》《舊唐書》等書均有傳。當阿保機建立契丹王朝時，突厥汗國早已滅亡。這裏所謂"突厥"可能是指東突厥汗國的餘部。　可敦：又作"恪尊""可賀敦""哈敦"，中國古代鮮卑語、突厥語、契丹語、蒙古語等北方民族語言中"皇后"一詞的音譯。1980年在今内蒙古自治区鄂倫春自治旗嘎仙洞發現的北魏太平真君四年（443）的石刻祝詞中即有"可敦"一詞。契丹語中的這個單詞是從其祖語鮮卑語那裏繼承下來的，並非突厥語借詞。

[2]國語：國家法定的通用語言。此處專指契丹語。遼朝是契丹族建立的王朝，並且兩次以"契丹"爲國號。契丹語是其境内通

用的主要語言，所以遼朝稱契丹語爲國語。　賦俚寋：本書卷一一六《國語解》作“忒里蹇”，契丹語“皇后”的漢譯音。

[3]耨斡麼（mó）：契丹語“地皇后”的漢譯音。耨斡，地。麼，本書卷一一六《國語解》作“麽”，母、后。據中華點校本校勘記，耨斡麼，《國語解》：“麼”作“麽”。

[4]后土：神祇名。即后土娘娘。全稱承天效法厚德光大后土皇地祇，是道教尊神“四御/六御”中的第四位天帝，她掌陰陽，育萬物，因此被稱爲大地之母。

[5]太祖：遼代皇帝耶律阿保機的廟號。詳見本書卷一和卷二《太祖本紀》。

[6]嬪：妻的美稱。

[7]等：按等級。　徽稱：美的稱號。

[8]后族：皇后的家族。　乙室：本書卷六七《外戚表》亦作“乙室己”，根據對契丹文字的解讀，“乙室己”應作“乙室已”。它與“拔里”均爲契丹族的部落名，借爲姓氏，後來均改稱蕭氏。此兩部與遼代皇族耶律氏世爲婚姻，故稱后族。

[9]漢高皇帝：指西漢高祖劉邦，沛縣豐邑（今江蘇省豐縣）人。《史記》卷八和《漢書》卷一均有其本紀。

[10]耶律：遼代契丹皇族的姓氏。據《新五代史》卷七二《四夷附録第一》，阿保機“以其所居横帳地名爲姓，曰世里。世里，譯者謂之耶律”。

[11]蕭相國：指西漢丞相蕭何，沛縣（今屬江蘇省）人。《史記》卷五三有世家，《漢書》卷三九有傳。

耶律儼、陳大任《遼史后妃傳》，[1]大同小異，酌取其當著于篇。

[1]耶律儼：遼人。本姓李，賜國姓，析津（今北京市）人。

官至參知政事、知樞密院事。修《皇朝實録》七十卷。本書卷九八有傳。　陳大任：金人。曾參與纂修遼史。金初纂修《遼史》，先由廣寧尹耶律固承擔。未及成書，耶律固先亡，於是又由其門人蕭永祺續成。這部《遼史》有紀三十卷，志五卷和傳四十卷，紀、傳卷數與今本元修《遼史》相同。書成後，未曾刊行。後至金代章宗時期，先後有移剌履、賈鉉、党懷英及蕭貢等人參與刊修，至泰和七年（1207）由陳大任完成，但亦未刊行。金亡後，蕭永祺《遼史》稿本已散佚無存，陳大任《遼史》稿本也均已殘缺不全。《遼史后妃傳》：指耶律儼《皇朝朝録》和陳大任《遼史》中的《后妃傳》。

肅祖昭烈皇后蕭氏，[1]小字卓真，[2]歸肅祖，[3]生四子，見《皇子表》。[4]乾統三年追尊昭烈皇后。[5]

[1]肅祖：遼太祖耶律阿保機的高祖父耨里思的廟號。乾統三年（1103）所追尊。本書卷二《太祖本紀下》稱"頦領生耨里思，大度寡欲，令不嚴而人化，是爲肅祖"。

[2]小字：小名。根據對契丹文字的解讀，"小字"亦稱"小名"。

[3]歸：出嫁。

[4]《皇子表》：本書卷六四的篇名。

[5]乾統：遼天祚帝耶律延禧年號（1101—1110）。

懿祖莊敬皇后蕭氏，[1]小字牙里辛。肅祖嘗過其家，曰："同姓可結交，異姓可結婚。"知爲蕭氏，爲懿祖聘焉。生男女七人。乾統三年追尊莊敬皇后。

[1]懿祖：遼太祖耶律阿保機的曾祖父薩剌德的廟號。乾統三

年（1103）追尊。本書卷二稱“肅祖生薩剌德，嘗與黄室韋挑戰，矢貫數札，是爲懿祖”。

玄祖簡獻皇后蕭氏，[1]小字月里朶。玄祖爲狠德所害，[2]后嫠居，恐不免，命四子往依鄰家耶律臺押，[3]乃獲安。太祖生，后以骨相異常，懼有陰圖害者，鞠之别帳。[4]重熙二十一年追尊簡獻皇后。[5]

[1]玄祖：遼太祖耶律阿保機的祖父匀德實的廟號。重熙二十一年（1052）七月追尊。本書卷二《太祖本紀下》稱“懿祖生匀德實，始教民稼穡，善畜牧，國以殷富，是爲玄祖”。

[2]玄祖爲狠德所害：據中華點校本校勘記，“狠德”各本作“狼德”，本書卷七五《耶律鐸臻傳》亦作“耶律狼德”。

[3]耶律臺押：人名。突吕不部人，遙輦時爲北邊拽剌（官名）。

[4]鞠：撫養，養育。

[5]重熙：遼興宗耶律宗真年號（1032—1055）。

德祖宣簡皇后蕭氏，[1]小字巖母斤，遙輦氏宰相剔剌之女。[2]男、女六人，太祖長子也。天顯八年崩，[3]祔德陵。[4]重熙二十一年追尊宣簡皇后。

[1]德祖：遼太祖耶律阿保機的父親撒剌的的廟號。唐契丹迭剌部首領。重熙二十一年（1052）七月追尊。本書卷二《太祖本紀下》稱“玄祖生薩剌的，仁民愛物，始置鐵冶，教民鼓鑄，是爲德祖”。

[2]遙輦氏：唐代中、晚期直至契丹建國前契丹族可汗的姓氏，

也泛指這一事期。【李注】遙輦氏，契丹氏族。開元二十三年(734)，可突于殘黨泥禮殺李過折，立阻午可汗，傳九世，至907年阿保機建國。遙輦九可汗繼位後各建宮衛，遼朝立國後，有遙輦九帳大常衮司之設，掌遙輦九世宮分之事務。　剔剌：人名。在本書中僅此一見。　宰相：【李注】契丹部族官。契丹可汗之下有北、南二府，各部族則分屬二府，故北宰相亦稱北府宰相，南宰相亦稱南府宰相。

[3]天顯八年崩：天顯，遼太祖耶律阿保機和遼太宗耶律德光共用的年號（926—938）。八年，據中華點校本校勘記，原誤“十一年”。本書卷三《太宗本紀上》載，天顯八年十一月辛丑“太皇太后崩”，此誤以“十一月”爲“十一年”。今據改。

[4]祔（fù）：合葬。　德陵：遼德祖的陵墓。今地不詳。

太祖淳欽皇后述律氏諱平，[1]小字月理朶。其先回鶻人糯思生魏寧舍利，[2]魏寧生慎思梅里，[3]慎思生婆姑梅里。[4]婆姑娶匀德恝王女，[5]生后于契丹右大部。[6]婆姑名月椀，[7]仕遙輦氏爲阿扎割只。[8]

[1]淳欽：遼太祖的皇后述律平的謚號。重熙二十一年(1052）八月所謚。　述律：遼代后族的姓氏之一。後來改爲蕭氏。

[2]回鶻：中國古代北方與西北地區民族名。【李注】即回紇。本突厥别部。北魏時稱袁紇，亦曰烏擴、烏紇，至隋稱韋紇。大業元年（605)，因反抗突厥的壓迫，與僕固、同羅、拔野古等成立聯盟，總稱回紇。唐天寶三載（744）破東突厥，建政權於今鄂爾渾河流域，有今蒙古高原之地。唐時助平安史之亂，屢尚公主。唐貞元四年（788）自請改稱回鶻。開成五年（840)，爲轄戛斯所破，部衆分三支西遷：一支遷吐魯番盆地，稱高昌回鶻或西州回鶻；一支遷葱嶺以西楚河一帶，即葱嶺以西回鶻；一支遷河西走廊，稱河

西回鶻。歷五代遼金，回鶻皆嘗入貢。元明時稱畏吾兒。其族在唐時奉摩尼教，宋元以來改奉伊斯蘭教。　糯思：人名。淳欽皇后的高祖父。據本書卷七三《蕭敵魯傳》，淳欽皇后之兄蕭敵魯的五世祖曰胡母里，應爲糯思之父。　魏寧：人名。淳欽皇后的曾祖父。　舍利：契丹語官名的音譯。

[3]慎思：人名。淳欽皇后的祖父。　梅里：契丹語音譯詞。官名。掌皇族之軍政的舍利司中的小官。

[4]婆姑梅里：據中華點校本校勘記，按本書卷三七《地理志一》作"容我梅里"。

[5]匀德恝（jiá）：人名。淳欽皇后的外祖父。亦即遼太祖耶律阿保機的祖父匀德實。本書卷七三《蕭敵魯傳》稱淳欽皇后之弟蕭敵魯的母親爲德祖女弟。

[6]右大部：契丹族的部落名。契丹族以東向爲尊，右爲南方。據本書卷三七《地理志一》，右大部後來建坤儀州。據馮永謙《遼上京道州縣叢考》，淳欽皇后的生地坤儀州的州治在今内蒙古自治區敖漢旗雙廟鄉五十家子村古城址。

[7]月椀：人名。婆姑的小名。

[8]阿扎割只：遙輦時代契丹語音譯詞。官名。所掌未詳。陳漢章《索隱》根據本書卷七三《蕭敵魯傳》，推測爲"決獄官"。遼代併入樞密院，是位在樞密使之下的墩官。

后簡重果斷，[1]有雄略。嘗至遼、土二河之會，[2]有女子乘青牛車，倉卒避路忽不見。未幾，童謠曰："青牛嫗，曾避路。"蓋諺謂地祇爲青牛嫗云。

[1]簡重：莊嚴穩重。

[2]遼：河名。指今西遼河上游的支流西拉木倫河。　土：河名。即今老哈河。　會：匯流處。其地在今内蒙古自治區翁牛特旗

東部大興鄉。

太祖即位，群臣上尊號曰地皇后。神册元年大册，[1]加號應天大明地皇后。行兵御衆，后嘗與謀。太祖嘗渡磧擊党項，[2]黄頭、臭泊二室韋乘虚襲之，[3]后知，勒兵以待，奮擊，大破之，名震諸夷。

[1]神册：遼太祖耶律阿保機年號（916—922）。　大册：大加册封。

[2]党項：又稱党項羌，中國西北地區古代民族名。是古代羌人的一支。南北朝末期（六世紀後期）開始活動於今青海省東南部黄河上游和四川省松潘縣以西山谷地帶。當時“每姓别爲一部落，大者五千餘騎，小者千餘騎”，“俗尚武力，無法令，各爲生業，有戰陣則相屯聚，無徭役，不相往來。牧養犛牛、羊、豬以供食，不知稼穡”。隋、唐時期歸順朝廷並不時北遷。至宋朝寶元元年（1038），李元昊正式稱帝，建西夏國。詳見《隋書》卷八三《党項傳》和《舊唐書》卷一九八《党項羌傳》。

[3]黄頭：它與“臭泊”均爲室韋族中的部落名稱。　室韋：亦作“失韋”，中國東北地區古代民族名。至公元十世紀主要活動於今嫩江、綽爾河、額爾古納河及黑龍江流域。

時晉王李存勗欲結援，[1]以叔母事后。[2]幽州劉守光遣韓延徽求援，[3]不拜，太祖怒，留之使牧馬。后曰：“守節不屈，賢者也。宜禮用之。”太祖乃召延徽與語，大悦，以爲謀主。

[1]晉王：原本是唐昭宗於乾寧二年（895）給李克用所加的

封號。李克用死於公元908年，時唐朝已亡。其子李存勗自行承襲了此封號。　李存勗（885—926）：人名。即後唐莊宗。【李注】初嗣位爲晉王，據太原，與梁逐鹿中原。龍德三年（923）稱帝，國號唐，史稱後唐，都洛陽。同年十月攻陷大梁（今河南省開封市），後梁末帝死於兵間。三年後，李存勗也死於内亂。《新五代史》卷四至五、《舊五代史》卷二七至三四有本紀。

［2］叔母：公元905年，遼太祖耶律阿保機與李克用會盟於雲州（今山西省大同市），約爲兄弟。當時李克用曾對阿保機説："弟助我精騎二萬，同收汴、洛。"説明阿保機比李克用年齡小。以此而論，李克用之子李存勗管耶律阿保機之妻淳欽皇后正應該叫叔母。

［3］幽州：治所故址在今北京市。　劉守光：人名。唐末五代將領。深州樂壽（今河北省獻縣）人。盧龍節度使劉仁恭之子。先奪其父之權，繼而僭號大燕皇帝。後被李存勗俘獲殺死。《新五代史》卷三九有傳。　韓延徽：人名。幽州幽都（今北京市）人。遼代開國功臣，官至政事令。本書卷七四有傳。

吴主李昪獻猛火油，[1]以水沃之愈熾，太祖選三萬騎以攻幽州。后曰："豈有試油而攻人國者？"[2]指帳前樹曰："無皮可以生乎？"太祖曰："不可。"后曰："幽州之有土有民，亦由是耳。吾以三千騎掠其四野，不過數年，困而歸我矣。何必爲此，萬一不勝爲中國笑，吾部落不亦解體乎！"其平渤海，[3]后與有謀。

［1］吴：割據政權名。五代十國時期的十國之一。《通鑑》卷二六九和《十國春秋》卷二均把吴向契丹獻猛火油繫於公元917年。此時的吴主爲楊隆演，並非李昪。李昪在吴始終爲臣而没有爲君。　李昪（888—943）：五代十國南唐開國君主。　猛火油：即

石油。

[2]試油：據中華點校本校勘記，“油”原誤“䲔”，據道光殿本及《通鑑》改。

[3]渤海：中國東北地區古代割據政權名。粟末靺鞨族大祚榮於公元698年所建，初稱靺鞨。開元元年（713），唐玄宗遣使封大祚榮爲渤海郡王，自是始去靺鞨之號，而專稱渤海。公元926年亡於契丹。共存續229年。《新唐書》卷二一九有傳。

太祖崩，后稱制，[1]攝軍國事。及葬，欲以身殉，親戚、百官力諫，因斷右腕納于柩。[2]太宗即位尊爲皇太后。[3]會同初上尊號曰廣德至仁昭烈崇簡應天皇太后。[4]

[1]稱制：行使皇帝權力。

[2]斷右腕：關於淳欽皇后斷腕有二説。一爲此處所説的斷腕置於柩中以代替殉死；二爲《通鑑》卷二七五所載，述律太后經常以“爲我達語於先帝”的手段把不馴服的舊臣押到太祖陵前殺掉，前後共殺了數百人之多。“最後，平州人趙思温當往，思温不行。后曰：‘汝事先帝嘗親近，何爲不行？’對曰：‘親近莫如后。后行，臣則繼之。’后曰：‘吾非不欲從先帝於地下也，顧嗣子幼弱，國家無主，不得往耳。’乃斷一腕，令置墓中。思温亦得免。”此二説似均不可信。

[3]太宗：遼代皇帝耶律德光的廟號。

[4]會同：遼太宗耶律德光年號（938—947）。　廣德至仁昭烈崇簡應天皇太后：“皇”字原本闕，中華點校本據本書卷二《太宗本紀下》會同元年十一月補。今從。

初，太祖嘗謂太宗必興我家，后欲令皇太子倍避之，[1]太祖册倍爲東丹王。[2]太祖崩，太宗立，東丹王避之唐。[3]太后常屬意於少子李胡。[4]太宗崩，世宗即位于鎮陽。[5]太后怒，遣李胡以兵逆擊。李胡敗，太后親率師遇于潢河之横渡。[6]賴耶律屋質諫，[7]罷兵。遷太后于祖州。[8]

[1]倍：即耶律倍（898—936）。【李注】遼太祖耶律阿保機長子漢名倍，契丹名圖欲（突欲）。生母爲淳欽皇后述律氏。天顯元年（926），遼滅渤海建東丹國，突欲被册爲人皇王，主東丹國政。阿保機死後，其母述律氏立德光，突欲被迫浮海投奔後唐。後唐明宗賜其姓名李贊華。清泰三年（遼天顯十一年，936）石敬瑭率軍攻入洛陽，後唐末帝李從珂約倍與之同死，倍不從，遇害。本書卷七二《義宗倍傳》也記載“神册元年春立爲皇太子”。然而，即使確有此事，耶律倍也是徒具“皇太子”名義而已。當時契丹皇太子並不被視爲法定繼承人，因此，阿保機死後，耶律倍還得與其弟德光一同參加選汗，而且最終竟被德光所排除。本書卷七二有傳。

[2]東丹：遼的藩屬國名。天顯元年，遼太祖耶律阿保機親自率兵滅渤海國。改渤海國名爲東丹，改渤海國上京忽汗城爲天福城，册封皇太子耶律倍爲人皇王，以主持東丹國的國政。至遼太宗時，把東丹國都遷至南京（今遼寧省遼陽市），繼而耶律倍奔後唐。東丹國遂名存實亡。逐漸成爲遼的直轄領土東京道。

[3]唐：五代時期的朝代名，史稱後唐。李存勗於公元923年所建，936年亡於後晉。耶律倍於公元930年奔後唐。

[4]李胡：即耶律李胡（911—960）。遼太祖耶律阿保機的第三子。本書卷七二有傳。

[5]世宗：遼代皇帝耶律阮的廟號。　鎮陽：地名。即鎮州，治所故址在今河北省正定縣。當時遼朝曾更名此地爲中京，爲時很短暫。

[6]潢河：即今内蒙古自治區赤峰市境内的西拉木倫河。　橫渡：渡口名。《契丹國志》卷二五《胡嶠陷北記》作“獨樹渡”。《通鑑》卷二八七後漢高祖天福十二年（947）六月條胡三省注作“沙河石橋”。即今潢河石橋。故址在今内蒙古自治區翁牛特旗毛山東鄉胡角吐村附近。

[7]耶律屋質（917—973）：人名。官至北院大王。其諫太后與世宗罷兵事詳見本書卷七七本傳。

[8]遷：實際是軟禁。　祖州：州名。因遼太祖的數代祖先均誕生於此而得名。治所故址在今内蒙古自治區巴林左旗查干哈達蘇木石房子嘎查附近。《契丹國志》卷一三稱把太后幽於太祖墓側的没打河。同書卷二五又説“囚太后于撲馬山”。

應曆三年崩，[1]年七十五，祔祖陵，[2]謚曰貞烈。[3]重熙二十一年更今謚。

[1]應曆：遼穆宗耶律璟年號（951—969）。

[2]祖陵：遼太祖耶律阿保機的陵墓。在今内蒙古自治區巴林左旗查干哈達蘇木石房子嘎查附近。

[3]貞烈：《羅校》云：“《韓椅墓誌》作‘聖元神睿貞烈皇后’。此失書‘聖元神睿’四字。”

太宗靖安皇后蕭氏，[1]小字温，淳欽皇后弟室魯之女。帝爲大元帥，[2]納爲妃，生穆宗。[3]及即位立爲皇后。性聰慧潔素，尤被寵顧，雖軍旅、田獵必與。天顯十年崩，謚彰德，葬奉陵。[4]重熙二十一年更今謚。

[1]太宗靖安皇后：《契丹國志》卷一三所説的太宗皇后與靖安皇后的事蹟有異。此處説皇后爲“室魯之女”，《契丹國志》則

謂“遼興節度使蕭延思之女也”。此處説皇后“天顯十年（936）崩”,《契丹國志》則謂“太宗崩于欒城，后時在國”。也就是説太宗於公元947年死後，皇后還活在國内。二者究竟是否爲同一個人？待考。

[2]大元帥：“天下兵馬大元帥”的簡稱。遼太宗於天贊二年（922）十一月被封爲天下兵馬大元帥。遼代獲此稱號者僅僅意味着有皇位繼承權，並不統率全國兵馬，軍權仍掌握在皇帝手中。

[3]穆宗：遼代皇帝耶律璟的廟號。

[4]奉陵：軍號名。據本書卷三七《地理志一》：“懷州，奉陵軍。”即靖安皇后葬懷州。懷州州城故址在今内蒙古自治區巴林右旗幸福之路蘇木崗根嘎查。

世宗懷節皇后蕭氏，小字撒葛只，淳欽皇后弟阿古只之女。[1]帝爲永康王納之，[2]生景宗。[3]天禄末立爲皇后。[4]明年秋，生萌古公主。[5]在薵，[6]察割作亂，[7]弑太后及帝。[8]后乘步輦，直詣察割，請畢收殮。明日遇害。謚曰孝烈皇后。重熙二十一年更今謚。

[1]阿古只：亦作“遏古只”“阿骨只”，即蕭阿古只。遼太祖的佐命功臣之一。本書卷七三有傳。蕭阿古只是遼世宗的舅爺爺，懷節皇后是遼世宗的表姑，近親結婚和娶親不論輩份，是遼代契丹人司空見慣的婚俗。

[2]永康王：遼世宗耶律阮即位前的爵位。大同元年（947）二月所封。

[3]景宗：遼代皇帝耶律賢的廟號。《契丹國志》卷一三説景宗爲甄氏所生。

[4]天禄：遼世宗耶律阮年號（947—951）。

[5]萌古：人名。此萌古公主不見本書卷六五《公主表》。羅

繼祖《遼史校勘記》:“《公主表》:‘世宗三女，皆懷節皇后生，撒剌第三。’殆萌古公主?”

[6]在蓐（rù）：正在坐月子。蓐，草席。

[7]察割：人名。即耶律察割。本書卷一一二有傳。

[8]太后：指世宗生母柔貞皇后蕭氏。大同元年八月朔日被尊爲太后。與會同三年（940）七月所薨的人皇王妃蕭氏不是一人。

世宗妃甄氏，後唐宫人，有姿色。帝從太宗南征得之，寵遇甚厚，生寧王只没。[1]及即位立爲皇后。嚴明端重，風神閑雅。内治有法，莫干以私。劉知遠、郭威稱帝，[2]世宗承強盛之資，奄奄歲時。后與參帷幄，密贊大謀，不果用。察割作亂，遇害。景宗立，葬二后于毉巫閭山，[3]建廟陵寢側。[4]

[1]只没：人名。本書卷一〇《聖宗本紀一》統和元年（983）正月條作“質睦”，乃同一個契丹語人名的異譯。景宗時封寧王。保寧八年（976）七月免爵。統和元年復封寧王，善作詩。其事詳見本書卷六四《皇子表》。

[2]劉知遠（894—948）：五代後漢開國皇帝。【李注】其先是沙陀部人。初爲後唐明宗偏將。後與桑維翰一同爲石敬瑭謀劃，助其稱帝。後晉天福間，爲鄴都留守，後拜河東節度使、北京留守。出帝即位，封北平王。開運四年（947）初，契丹滅後晉，同年二月，稱帝。六月至汴京，改國號漢。《新五代史》卷一〇《舊五代史》卷九九至一〇〇均有紀。　郭威（904—954）：五代後周開國皇帝。【李注】字文仲，邢州堯山（河北省隆堯縣）人。早年孤貧，十八歲應募從軍。天福十二年（947）助劉知遠建立後漢。乾祐元年（948）正月，劉知遠死，隱帝劉承祐繼位，以郭威爲樞密使。威率軍平定河中李守貞等反叛，打退契丹攻擊。三年，拜鄴都

留守，節制河北諸州。然而，隱帝謀殺郭威及其他將領，事泄，威於同年十一月舉兵，攻入開封。次年，即位，國號周，史稱後周，改元廣順，在位三年，以病卒。《新五代史》卷一一和《舊五代史》卷一一〇至一一三均有紀。

[3]醫巫閭山：在今遼寧省北鎮市。

[4]陵寢：指遼世宗的顯陵。在今遼寧省北鎮市。據《契丹國志》卷一三，甄后陵寢廟碑的碑文爲翰林學士李昞撰。

穆宗皇后蕭氏，父知璠，[1]内供奉翰林承旨。[2]后生，有雲氣馥郁久之。幼有儀則。[3]帝居藩納爲妃。[4]及正位中宮，[5]性柔婉，不能規正。無子。[6]

[1]知璠：即蕭知璠。

[2]内供奉翰林承旨：官名。翰林院屬官。供職於皇帝左右，隨時應對咨問。

[3]儀則：容儀的準則。《契丹國志》卷一三作“幼有儀觀，進趨軌則”。

[4]居藩：居住在藩邸的時候，即還没有當皇帝的時候。　納：娶進來。

[5]正位中宮：確定了皇后的地位。正位，確定了地位。中宮，皇后的住處，用爲皇后的代稱。

[6]無子：《契丹國志》卷五説遼穆宗“體氣卑弱，惡見婦人”“嬪御滿前，竝不一顧”。所以無子。

景宗睿智皇后蕭氏，[1]諱綽，小字燕燕，[2]北府宰相思温女。[3]早慧。思温嘗觀諸女掃地，惟后潔除，喜曰：“此女必能成家。”帝即位選爲貴妃，[4]尋册爲皇后，生聖宗。[5]

[1]睿智：諸本均作“睿知”。據中華點校本改。馮氏《初校》最早校出《本紀》卷二〇作“睿智”。

[2]燕燕：即蕭燕燕。《長編》卷一〇宋太祖開寶二年（969）條説蕭燕燕是蕭守興之女。同書卷五五宋真宗咸平六年（1003）七月條又説景宗皇后蕭氏爲挾力宰相之女。應以本書爲準。本書卷八保寧五年（973）三月條提到皇后的祖父爲胡母里，兩個伯父分别爲胡魯古、尼古只。

[3]北府宰相：官名。遼朝官分南、北面。北面官中又有北、南宰相府。北府宰相掌佐理軍國之大政。后族世預其選。　思温（？—970）：人名。即蕭思温。小字寅古。【李注】宰相蕭敵魯族弟忽没里之子。通書史。穆宗時爲南京留守，但畏懦不敢戰。應曆八年（958），周占束城，遼軍退渡滹沱河而屯，思温飾他説請濟師。已而，後周圍瀛州，陷益津、瓦橋、淤口三關，迫近固安，思温不知計所出。十九年（969），穆宗遇弑。思温與南院樞密使高勳、飛龍使女里等立景宗。保寧初，爲北院樞密使，兼北府宰相，仍命世預其選。思温女册爲皇后（即睿智皇后），加尚書令，封魏王。保寧二年（970），爲賊所害。本書卷七八有傳。

[4]貴妃：地位高的妃子，次於皇后。

[5]聖宗：遼代皇帝耶律隆緒的廟號。

景宗崩，尊爲皇太后，攝國政。后泣曰：“母寡子弱、族屬雄強、邊防未靖，[1]奈何？”耶律斜軫、韓德讓進曰：[2]“信任臣等，何慮之有！”於是后與斜軫、德讓參決大政，委于越休哥以南邊事。[3]統和元年上尊號曰承天皇太后。[4]二十四年加上尊號曰睿德神略應運啓化承天皇太后。[5]二十七年崩，[6]謚曰聖神宣獻皇后。重熙二十一年更今謚。

[1]子弱：兒子年少。當時蕭綽的長子遼聖宗耶律隆緒纔十二歲。

[2]耶律斜軫（？—999）：字韓隱，于越曷魯之孫。保寧初受命節制西南面諸軍，仍援河東。改南院大王。乾亨元年（979）秋，宋軍攻下河東，乘勝襲燕，高梁河一戰，他與耶律休哥分左右翼夾擊，大敗宋軍。統和初，承天皇太后蕭綽稱制，益見委任，爲北院樞密使。四年（986）宋軍三路來攻，斜軫指揮擊退西路來攻的宋軍，以功加守太保。本書卷八三有傳。　韓德讓（942—1011）：又名韓德昌、耶律隆運，其契丹語全名爲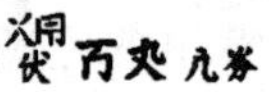（興寧·姚哥）。遼聖宗時期的賢相。韓匡嗣第四子，統和初年承天稱制，韓德讓以南院樞密使的身份“總宿衛事”。統和十七年，北院樞密使、魏王耶律斜軫病故，承天太后以韓德讓兼知北院樞密使事，至此，遼朝的蕃漢軍政大權就集於其一身。統和二十二年，承天太后又賜韓德讓姓耶律，徙封晉王，並且仍舊爲大丞相，事無不統。次年十一月，她又詔德讓“出宫籍，屬於横帳”。二十八年更名耶律隆運。本書卷八二有傳。據羅繼祖《遼承天后與韓德讓》（《吉林大學社會科學學報》1962 年第 3 期）一文的考證，承天后改嫁給了韓德讓。

[3]于越：契丹語音譯詞。官名。貴官，無固定職掌，位在北、南大王之上。非有大功德者不授與。　休哥（？—998）：即耶律休哥，遼景宗和聖宗時期的傑出將帥。本書卷八三有傳。據契丹小字《耶律奴墓誌銘》，休哥死後葬於今遼寧省阜新蒙古族自治縣大板鎮腰衙門村。

[4]統和：遼聖宗耶律隆緒年號（983—1012）。

[5]睿德神略應運啓化承天皇太后：《契丹國志》卷一三作“睿德神略應運啓化法道洪仁聖武開統承天皇太后”。多“法道洪仁聖武開統”八個字。

[6]二十七年崩：據本書卷一四《聖宗本紀五》，皇太后崩於

統和二十七年十二月辛卯（十一日）。《契丹國志》卷一三説承天太后享年五十七歲。《長編》卷七二大中祥符二年（1009）十二月條亦説太后卒于辛卯日，並説享年五十七歲。以此推算，太后應生於遼應曆三年（953）。同書卷五五咸平六年（1003）條根據降宋遼人李信的報告説“蕭氏今年五十”。以此推算，承天太后應生於公元954年。這可能是李信的報告於頭一年寫就，次年被史官照原文採入實録所致。承天太后的生年應以公元953年爲準。《宋會要輯稿·蕃夷二》説承天太后卒於十二月十二日。此説不足取。

后明達治道，聞善必從，故群臣咸竭其忠。習知軍政，澶淵之役，[1]親御戎車，指麾三軍，賞罰信明，將士用命。聖宗稱遼盛主，后教訓爲多。

[1]澶淵：地名。即澶州，因古稱澶淵，故名。澶州治所在今河南省濮陽市西南。統和二十二年（1004）十一月，承天太后曾親自率兵侵宋至此。雙方通過使臣談判，最後達成澶淵盟約。盟約規定：各自維持固有疆界，互不相侵。宋朝每年贈給契丹銀十萬兩、絹二十萬匹。戰爭經過和談判過程以及盟約全文詳載於《長編》卷五七至五八。

聖宗仁德皇后蕭氏，小字菩薩哥，睿智皇后弟隗因之女。[1]年十二，美而才，選入掖庭。[2]統和十九年册爲齊天皇后。[3]

[1]隗因：人名。即蕭隗因。《長編》卷一一〇説齊天皇后是平州節度使蕭思猥之女，耶律隆運之甥。《韓匡嗣墓誌銘》和《韓匡嗣妻蕭氏墓誌銘》均提到韓匡嗣的次女嫁給了遼興軍節度使、太尉、同政事門下平章事蕭猥恩。《長編》中的“思猥”乃“猥恩”

之誤。“隗因”與“猥恩”爲同名異譯。齊天皇后的母親爲韓匡嗣之次女。韓匡嗣是齊天皇后的外祖父，韓德讓是齊天皇后的舅父。

[2]掖庭：宫中旁舍，妃嬪居住的地方。

[3]册爲齊天皇后：本書卷一四《聖宗本紀五》統和十九年（1001）條，聖宗原有皇后蕭氏（失名），於此年三月壬辰（二十日）以罪降爲貴妃，蕭菩薩哥從而補了缺，於當年五月丙戌（十五日）被册爲齊天皇后。《長編》卷一一〇天聖九年（1031）六月條作“加號仁慈翊聖齊天彰德皇后”。《耿延毅墓誌銘》和《白川州陀羅尼經幢記》均作“齊天彰德皇后”。

嘗以草莛爲殿式，[1]密付有司，令造清風、天祥、八方三殿。[2]既成，益寵異。[3]所乘車置龍首鴟尾，[4]飾以黄金。又造九龍輅、諸子車，以白金爲浮圖，[5]各有巧思。夏秋從行山谷間，花木如繡，車服相錯，人望之以爲神仙。

[1]草莛：草的稭稈，草莖。

[2]清風：殿名。具體位置失載。　天祥：殿名。具體位置失載。　八方：殿名。【李注】八方殿爲廣平淀冬捺鉢宫殿之一。位於鹿皮帳北，又稱八方公用殿。

[3]益寵異：越發異常地受寵。《遼陵石刻集録》所載仁德皇后哀册拓本稱“寵專萬乘”。

[4]鴟尾：亦稱蚩尾、鴟吻。宫殿屋脊正脊兩端構件上的裝飾。以外形如鴟尾而得名。

[5]白金：指銀。　浮圖：亦作“浮屠”，梵語“佛”的音譯。

生皇子二，皆早卒。開泰五年宫人耨斤生興宗，[1]后養爲子。帝大漸，耨斤詈后曰：“老物寵亦有既耶！”

左右扶后出。帝崩，耨斤自立爲皇太后，[2]是爲欽愛皇后。[3]護衛馮家奴、喜孫等希旨，[4]誣告北府宰相蕭浞卜、國舅蕭匹敵謀逆。[5]詔令鞫治，連及后。[6]興宗聞之，曰："皇后侍先帝四十年，撫育眇躬，當爲太后；今不果，反罪之，可乎？"欽哀曰："此人若在，恐爲後患。"帝曰："皇后無子而老，雖在，無能爲也。"欽哀不從，遷后于上京。[7]

[1]開泰：遼聖宗耶律隆緒年號（1012—1021）。　耨斤：人名。即欽愛皇后蕭耨斤。本書本卷有傳。　興宗：遼代皇帝耶律宗真的廟號。本書卷一九《興宗本紀二》開泰五年二月條"戊戌（二十三日），皇子宗真生"。

[2]皇太后：原本誤作"皇大后"，明抄本、南監本、北監本和殿本均作"皇太后"。中華點校本、修訂本、補注本和長箋本徑改。今據改。

[3]欽愛：原本作"欽哀"，聖宗皇后蕭耨斤的謚號。據本書卷二一《道宗本紀一》，清寧四年（1058）五月朔日，蕭耨斤始被謚爲欽哀皇后。又據《遼陵石刻集録》所載該皇后的哀册篆蓋拓本作"欽愛"而不作"欽哀"。應以哀册篆蓋爲準。據改，下同。又據《長編》卷一一〇天聖九年（1031）六月條。聖宗在世時，蕭耨斤僅爲順聖元妃，並不是皇后。其皇后的稱號是追封的。

[4]喜孫：人名。即耶律喜孫。本書卷九七有傳。

[5]蕭浞（zhuó）卜：人名。據本書卷八八《蕭匹敵傳》，他是仁德皇后之弟。與本書卷一八《興宗本紀一》的蕭鉏不里爲同一個人的同名異譯。　國舅：指皇帝的母舅或妻舅。　蕭匹敵：人名。本書卷八八有傳。

[6]連及：牽連涉及。據本書卷六二《刑法志下》，與仁德皇后有姻親而連坐獲罪者四十餘人，皆被大辟。

[7]上京：地名。遼的首都。五京之一。故址在今内蒙古自治區巴林左旗林東鎮。

車駕春蒐，[1]欽愛慮帝懷鞠育恩，馳遣人加害。使至，后曰："我實無辜，天下共知。卿待我浴，而後就死，可乎？"使者退。比反，后已崩，年五十。[2]是日，若有見后于木葉山陰者，[3]乘青蓋車，衛從甚嚴。追尊仁德皇后。[4]與欽愛並袝慶陵。[5]

[1]春蒐：春季打獵。本書卷一八《興宗本紀一》重熙元年（1032）"二月，大蒐"。蒐，打獵。典出《左傳·隱公五年》："春蒐、夏苗、秋獮、冬狩。"

[2]年五十：據本書卷一五《聖宗本紀六》，仁德皇后崩於重熙元年春。以享年五十歲推算，皇后當生於統和元年（983）。

[3]木葉：契丹語"大"的音譯。"木葉山"即"大山"。既可專稱某一大山，也可泛稱大山。遼代木葉山有多處。此處的木葉山指遼祖陵附近的木葉山。

[4]追尊仁德皇后：據本書卷二〇《興宗本紀三》，重熙二十一年九月癸亥（二十一日），謚齊天皇后爲仁德皇后。

[5]慶陵：遼代的陵名。廣義的慶陵包括永慶陵（俗稱東陵）、永興陵（俗稱中陵）和永福陵（俗稱西陵）三陵。狹義的慶陵僅指遼聖宗與其兩個皇后合葬的永慶陵。陵在今内蒙古自治區巴林右旗索博日嘎鎮瓦林茫哈地方（"索博日嘎"爲蒙古語"白塔"的音譯。因爲當地有遼代慶州白塔而得名。"瓦林茫哈"爲蒙古語"有瓦片的沙灘"之音譯。因當地沙灘上有許多遼代陵寢建築倒塌後遺留的瓦礫而得名）。據仁德皇后哀册文拓本，仁德皇后的屍骨是在大康七年（1081）十月初八日由祖州西之玄寢遷袝於永慶陵的。

聖宗欽愛皇后蕭氏，小字耨斤，淳欽皇后弟阿古只五世孫。[1]黝面，狠視。[2]母嘗夢金柱擎天，[3]諸子欲上不能；后後至，與僕從皆陞。異之。

[1]五世孫：據萬熊飛、韓世明、劉鳳翥《契丹小字〈梁國王墓誌銘〉考釋》(《燕京學報》新第25期，北京大學出版社2008年版）一文，一世阿古只宰相、二世鐵剌太師、三世普古令公、四世解里·桃隈國王、五世耨斤。據本書卷八七《蕭孝穆傳》，耨斤父爲蕭陶瑰。耨斤之父即宋魏國妃的曾祖父，漢字《宋魏國妃墓誌銘》稱“曾祖名解里，小名桃隈，追贈齊國王”。又據《蕭德温墓誌》，耨斤之父漢名爲“蕭和”。《蕭和妻秦國太妃耶律氏墓誌銘》稱蕭和又名“諧領”。《契丹國志》卷一三説耨斤父爲突忽，追封陳王。“突忽”即“陶瑰”“桃隈”的異譯，爲契丹語名字的小名。“解里”即“諧領”的異譯，爲契丹語名字的“第二個名”。

[2]狠視：瞪着眼看人，言其兇狠相。《契丹國志》卷一三説她的性格“慎靜寡言”“殘忍陰毒”。

[3]母：即秦國太妃。據《蕭和妻秦國太妃墓誌銘》，蕭和之妻即蕭耨斤之母是遼太祖耶律阿保機之弟許國王亞思（寅底石）的曾孫女，大内惕隱旻隱之孫女，贈中書令陶寧之長女。生於應曆八年（958），卒於重熙十四年（1045）。享年八十八歲。“淑慧無方，柔佳有章。鍾越婺之星光，郁燕蘭之國香”。先後被封爲吳越國太夫人、魏國太妃、齊國太妃、秦國太妃。死後葬今遼寧省阜新蒙古族自治縣關山馬掌窪。

久之，入宫。嘗拂承天太后榻，獲金雞，[1]吞之，膚色光澤勝常。太后驚異，曰：“是必有奇子！”已而生興宗。仁德皇后無子，取而養之如己出。后以興宗侍仁德皇后謹，不悦。聖宗崩，令馮家奴等誣仁德皇后與蕭涅卜、蕭匹敵等謀亂，徙上京，害之。自立爲皇太后，攝政，以生辰爲應聖節。[2]

[1]金雞：可以理解爲一種宫廷健美丸藥。

[2]以生辰爲應聖節：本書卷二〇《興宗本紀三》重熙二十二年（1053）十二月條，“庚子，應聖節，曲赦徒以下罪”。此月朔日爲丙申，庚子爲初五日。從而得知欽愛皇后的生辰即應聖節爲十二月初五日。

重熙元年尊爲仁慈聖善欽孝廣德安靖貞純寬厚崇覺儀天皇太后。[1]三年，后陰召諸弟議，[2]欲立少子重元，[3]重元以所謀白帝。帝收太后符璽，遷于慶州七括宫。[4]六年秋，[5]帝悔之，親馭奉迎，侍養益孝謹。后常不懌。帝崩，殊無戚容。見崇聖皇后悲泣如禮，[6]謂曰：“汝年尚幼，何哀痛如是！”

[1]仁慈聖善欽孝廣德安靖貞純寬厚崇覺儀天皇太后：本書卷一八《興宗本紀一》重熙元年（1032）條有：“十一月己卯，帝率群臣上皇太后尊號曰法天應運仁德章聖皇太后。”本書卷二〇《興宗本紀三》重熙二十三年十一月條有：“壬申，帝率群臣上皇太后尊號曰仁慈聖善欽孝廣德安靜貞純懿和寬厚崇覺儀天皇太后。”列傳中的尊號乃重熙二十三年所上，並非重熙元年所上。

[2]召諸弟議：本書本卷興宗仁懿皇后條有“欽哀皇后弟孝穆”。據《大契丹國故晉國夫人墓誌銘》，蕭耨斤共有兄弟五人。長曰孝穆，次曰孝先，三曰孝誠，四曰孝友，五曰孝惠。年長者孝穆既爲蕭耨斤之弟，其他孝先、孝誠、孝友、孝惠四人亦爲欽哀皇后之弟。本書卷八七《蕭孝先傳》有“三年，太后與孝先謀廢立

事”。可見太后的次弟孝先是參與謀廢立的太后的諸弟之一。還有何弟參與，史書失載。《契丹國志》卷一三説欽哀皇后有“三兄二弟”，誤。

[3]重元：人名。即耶律重元。本書卷一一二有傳。漢字《耶律仁先墓誌銘》作“宗元”。據《長編》卷一七七宋仁宗至和元年(1054)九月辛巳條，宋朝吏部侍郎王拱辰作爲回謝使出使契丹時，“契丹國母愛其少子宗元，欲以爲嗣。問拱辰曰：‘南朝太祖、太宗何親屬也?’拱辰曰：‘兄弟也。’曰：‘善哉，何其義也。’契丹主(指遼興宗)曰：‘太宗、真宗何親屬也?’拱辰曰：‘父子也。’曰：‘善哉，何其禮也。’既而契丹主屏人，謂拱辰曰：‘吾有頑弟，他日得國，恐南朝未得高枕也’”。説明直至遼興宗晚年，其母蕭耨斤仍欲立重(宗)元爲帝。即使不能取而代之，也要兄終弟及。

[4]慶州：州名。治所故址在今内蒙古自治區巴林右旗索博日嘎鎮。　七括宫：宫名。《契丹國志》卷一三記載囚太后於慶州事較詳：“太后之廢也，諸舅滿朝，權勢灼奕，帝懼内難，乃與殿前都點檢耶律喜孫、護衛太保耶律劉三等定謀廢后。召硬寨拽剌護衛等凡五百餘人，帝立馬於行宫東之二里小山上，喜孫等直入太后宫，驅后登黄布車，幽于慶州。諸舅以次分兵捕獲，或死或徙，餘黨並誅。”

[5]六年秋：本書卷一八《興宗本紀一》把迎回皇太后事繫於重熙八年七月。《契丹國志》卷一三有“帝聽講《報恩經》，感悟，迎回太后”。

[6]崇聖皇后：遼興宗仁懿皇后蕭撻里的尊號。本書本卷有傳。

清寧初尊爲太皇太后。[1]崩，[2]謚曰欽愛皇后。

[1]清寧：遼道宗耶律洪基年號(1055—1064)。　尊爲太皇太后：本書卷二一《道宗本紀一》把尊皇太后爲太皇太后事繫於清

寧元年（1055）九月庚午（十五日）。

［2］崩：據《遼陵石刻集録》所載欽愛皇后哀册拓本，太皇太后蕭耨斤於清寧三年十二月二十七日崩於中會川之壽安殿。次年五月四日祔葬於永慶陵。

后初攝政，追封曾祖爲蘭陵郡王，[1]父爲齊國王，[2]諸弟皆王之，[3]雖漢五侯無以過。[4]

［1］追封曾祖爲蘭陵郡王：據萬熊飛、韓世明、劉鳳翥《契丹小字〈梁國王墓誌銘〉考釋》（《燕京學報》新第25期，北京大學出版社2008年11月版），欽愛皇后的曾祖父爲鐵剌太師。

［2］父爲齊國王：本書卷八七《蕭孝穆傳》説蕭耨斤之弟蕭孝穆的父親爲陶瑰。《大契丹國晉國夫人墓誌銘》有“父諧里，贈魏王”。晉國夫人爲欽愛皇后之胞妹。《蕭德温墓誌銘》稱蕭德温爲蕭孝穆之孫。墓誌中還説：“故贈魏國王諱和、秦國太妃耶律氏，曾王父母也。”《宋魏國妃墓誌銘》中説“曾祖名解里，小名桃隈，追贈齊國王”。“諧里”與“解里”是同名異譯，“陶瑰”和“桃隈”亦是同名異譯。從而得知欽哀皇后的父親契丹語名字第二個名爲諧里（解里），契丹語小名爲陶瑰（桃隈），另有漢語名字爲和。先後有魏王、晉國王、齊國王等封爵。根據契丹小字《宋魏國妃墓誌銘》第四行和《梁國王墓誌銘》第三行，蕭耨斤之父的契丹小字的契丹語名字作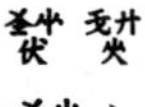，音譯成漢字爲“解里·桃隈”。其實“解里”僅僅音譯的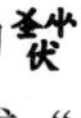字中的詞幹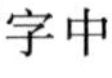的音，省略了擬音爲“ni”詞尾的音。音譯成“諧領”更接近於契丹語的讀音。

［3］諸弟皆王之：本書卷八七《蕭孝穆傳》説蕭孝穆“興宗即位，徙王秦”。蕭孝先“重熙初，封楚王”。蕭孝友於重熙元年（1032）“封蘭陵郡王”。《大契丹國故晉國夫人墓誌銘》説蕭孝穆爲吳國王，蕭孝先爲晉王，蕭孝誠爲蘭陵郡王，蕭孝友爲蘭陵郡

王，蕭孝惠爲楚王。《欽愛皇后哀册》稱“若昆若季，乃王乃侯。一門之盛，千古無儔”。

[4]漢五侯：據《漢書》卷九八《元后傳》，漢成帝河平二年（前27），封國舅王譚爲平阿侯，王商爲成都侯，王立爲紅陽侯，王根爲曲陽侯，王逢時爲高平侯。五人同日封侯，所以當時人稱之爲“五侯”。

興宗仁懿皇后蕭氏，小字撻里，欽愛皇后弟孝穆之長女。[1]性寬容，姿貌端麗。帝即位，入宫，生道宗。[2]重熙四年立爲皇后。二十三年號貞懿慈和文惠孝敬廣愛崇聖皇后。

[1]孝穆（？—1043）：人名。即蕭孝穆，小字胡獨堇，淳欽皇后弟阿古只五世孫。本書卷八七有傳。

[2]道宗：遼代皇帝耶律洪（弘）基的廟號。

道宗即位尊爲皇太后。[1]清寧二年上尊號曰慈懿仁和文惠孝敬廣愛宗天皇太后。九年秋，敦睦宫使耶律良以重元與其子涅魯古反狀密告，[2]太后乃言于帝。帝疑之，太后曰：“此社稷大事，宜早爲計。”帝始戒嚴。及戰，太后親督衛士，破逆黨。大康二年崩，[3]謚仁懿皇后。[4]

[1]尊爲皇太后：據本書卷二一《道宗本紀一》，尊爲皇太后是在清寧元年（1055）九月丙子（二十一日）。《契丹國志》卷一三稱“洪基即位，尊爲睿聖洪慈順天皇太后”。

[2]敦睦宫：遼代孝文皇太弟耶律隆慶的宫衛。詳見本書卷三

一《營衛志一》。敦睦宮使爲官名。詳見本書卷四五《百官志一》。耶律良：人名。本書卷九六有傳。　涅魯古：人名。本書卷一一二有傳。漢字《耶律仁先墓誌銘》作“涅里骨”。

[3]大康：遼道宗耶律洪基年號（1075—1084）。　崩：據劉鳳翥、唐彩蘭、青格勒編著《遼上京地區出土的遼代碑刻彙輯》著録的漢字《仁懿皇后哀册文》，皇后於大康二年三月六日崩於韶陽川之行在所。同年六月十日祔葬於永興陵。又據《遼上京地區出土的遼代碑刻彙輯》著録的契丹小字《仁懿皇后哀册文》，仁懿皇后享年六十二歲。由此推算，仁懿皇后當生於開泰四年（1015）。

[4]謚仁懿皇后：本書卷二三《道宗本紀三》大康二年條有“夏六月乙酉朔，上大行皇太后尊謚曰仁懿皇后”。

仁慈淑謹，中外感德。[1]凡正旦、生辰諸國貢幣，[2]悉賜貧瘠。嘗夢重元曰：“臣骨在太子山北，[3]不勝寒溧。”寤，即命屋之。慈憫類此。[4]

[1]中外感德：漢字《仁懿皇后哀册文》有“修鄰邦之好兮，優以恩禮；誠戚里之驕兮，順慈典常”。

[2]正旦：農曆正月初一日。

[3]太子山：靠近灤水，今地不詳。

[4]慈憫：慈祥哀憐。漢字《仁懿皇后哀册文》有“弘道惟濟，好生不傷”。

興宗貴妃蕭氏，小字三嫿，[1]駙馬都尉匹里之女。[2]選入東宫。帝即位立爲皇后。重熙初，以罪降貴妃。

[1]三嫿（jiě）：《遼史紀事本末》卷二八：“興宗貴妃蕭氏，小字纖察，一作三嫿。駙馬都尉匹勒之女。”嫿，“姐”字異體。

[2]駙馬都尉：官名。漢武帝時置，掌副車之馬，秩二千石。魏、晉以後，帝婿例加此稱號，簡稱駙馬，非實官。　匹里（996—1038）：爲契丹語“小名”的音譯。其漢名爲紹宗。據《文史》2013年第三輯所載郭寶存、祁彦春《遼代〈蕭紹宗墓誌銘〉和〈耶律燕哥墓誌銘〉考釋》所附《蕭紹宗墓誌銘》和《耶律燕哥墓誌銘》的拓本照片和録文，蕭紹宗，字克構，曾祖胡毛里，贈韓王；祖諱守興，駙馬都尉，贈楚國王；考諱繼遠（《遼史》作繼先），母爲趙魏國大長公主（其本人有墓誌作《秦晉國大長公主墓誌銘》）。未冠歲，尚秦國長公主耶律燕哥。授駙馬都尉，加左威衛大將軍，遷授林牙，改殿前都點檢，昇宣徽北院使，加永清軍節度使。歷事聖宗、興宗二朝，重熙七年（1038）十月一日殁，享年四十三歲。葬中京之西山即今河北省平泉市北五十家子鎮西山坡。

道宗宣懿皇后蕭氏，[1]小字觀音，欽愛皇后弟樞密使惠之女。[2]姿容冠絶，工詩，[3]善談論。自制歌詞，尤善琵琶。重熙中，帝王燕趙，[4]納爲妃。清寧初立爲懿德皇后。[5]

[1]宣懿皇后蕭氏：據王鼎《焚椒録》，宣懿皇后生於重熙九年（1040）五月己未（初五日）。

[2]樞密使：官名。有北院樞密使和南院樞密使之分。詳見本書卷四五《百官志一》。　惠之女：據《大契丹國故晉國夫人墓誌銘》，欽哀皇后的五個弟弟的名字均爲“孝”字輩。其第五弟爲蕭孝惠。此處“欽愛皇后蕭耨斤弟樞密使惠之女”的“惠”字之上顯然脱“孝”字。陳述《全遼文》所載《妙行大師行狀碑》有“秦越國大長公主，乃聖宗皇帝之女，興宗皇帝之妹，懿德皇后之母”。本書卷九三《蕭惠傳》，蕭惠“尚帝（興宗）姊秦晉國長公主”。蕭孝誠之子蕭知行的墓誌銘稱“公之姑，太皇太后（指欽愛

皇后）；公之伯姊，太后（指仁懿皇后）；公之堂妹，皇后（指宣懿皇后）”。説明宣懿皇后是蕭孝誠家也即蕭孝惠家的人。《契丹國志》卷一三稱宣懿皇后是“贈同平章事蕭顯烈女”。蕭孝惠是遼道宗的舅爺爺，宣懿皇后是遼道宗的表姑，娶親不論輩份和不避近親是遼代契丹人婚俗的一大特點。

[3]工詩：王鼎《焚椒録》一書收録有宣懿皇后作的《伏虎林應制》《君臣同志華夷同風應制》《回心院》《懷古》《絶命詞》等詩詞。從中可見其詩詞的造詣。

[4]帝王燕趙：本書卷一九《興宗本紀二》重熙十二年八月條，“辛丑，燕國王洪基加尚書令，知北南院樞密使事，進封燕趙國王”。

[5]立爲懿德皇后：本書卷二一《道宗本紀一》清寧二年（1056）十一月條，“甲辰，文武百僚上尊號曰天祐皇帝，后曰懿德皇后”。

皇太叔重元妻，[1]以豔冶自矜，后見之戒曰：“爲貴家婦，何必如此！”

[1]皇太叔：遼代皇帝對有皇位繼承權的叔父所加的封號。重元（宗元）爲遼道宗之叔。據本書卷二一《道宗本紀一》，重熙二十四年（1055）八月壬辰，遼道宗以重元爲皇太叔。

后生太子濬，[1]有專房寵。好音樂，伶官趙惟一得侍左右。[2]大康初，宫婢單登、教坊朱頂鶴誣后與惟一私，[3]樞密使耶律乙辛以聞。[4]詔乙辛與張孝傑劾狀，[5]因而實之。[6]族誅惟一，賜后自盡，[7]歸其尸於家。[8]

[1]濬：人名。即耶律濬。其子耶律延禧即位後追封爲大孝順

聖皇帝，廟號順宗。本書卷七二有傳。

[2]伶官：樂官。傳説黄帝命伶倫作爲律。伶氏世掌樂官而善，故後世多稱樂官爲伶官。　趙惟一：遼代善彈琵琶的樂官。唯獨他能演奏《回心院》之曲。其事詳見《焚椒録》。

[3]單登：人名。據《焚椒録》，她原是叛臣耶律重元的家婢，因罪没入宫廷，善彈箏和琵琶，與趙惟一爭能，怨皇后不知己。　教坊：掌管音樂的官署名。　朱頂鶴：人名。據《焚椒録》，其妻爲單登之姐單清子。

[4]耶律乙辛：人名。遼代道宗朝有名的奸臣。本書卷一一〇有傳。"乙辛"爲契丹語音譯，漢語意思爲"壽"。

[5]張孝傑：人名。建州永霸縣（今遼寧省朝陽市）人。【李注】咸雍三年（1067）參知政事。八年封陳國公。大康元年（1075）賜國姓。是年夏，耶律乙辛譖皇太子，誣害忠良，孝傑之謀居多。而道宗竟以其爲忠，可比狄仁傑，賜名仁傑。大安中，死於鄉。本書卷一一〇有傳。　劾狀：揭發罪狀。

[6]因而實之：《焚椒録》稱"乙辛乃縶械惟一、長命等訊鞫，加以釘、灼、蕩、錯等刑，皆爲誣服，獄成"。所謂"實之"皆爲嚴刑逼供出來的不實之詞。

[7]賜后自盡：據本書卷二三《道宗本紀三》大康元年條，"十一月辛酉（初三日），皇后被誣，賜死；殺伶人趙惟一、高長命，並籍其家屬"。又據《焚椒録》，皇后作《絶命詞》之後，"閉宫以白練自經"，即上吊而死。又據《契丹小字研究》所載漢字《宣懿皇后哀册文》，皇后自盡地點爲長慶川。【李注】此即遼史上的"十香詞冤案"。大康元年六月，道宗詔皇太子總領朝政。奸臣乙辛發現，皇太子年輕有爲，正是他專權固寵的最大障礙。他決定通過誣陷皇后，進而達到動搖皇太子地位的目的。道宗在位日久，昏庸愈甚，飾非拒諫，無以復加，對知書達禮的宣懿皇后越來越疏遠。皇后嘗作《回心院詞》排解心中的苦悶，並被之管弦，與伶人趙惟一在宫中演唱。遼朝没有中原王朝那樣嚴格的後宫制度，伶人

出入宫禁，陪伴皇后消遣，本不足怪。然而皇后身邊有一宫女名單登，是漢人，見此情景甚爲驚異。不久，此事便被乙辛知道了，乙辛以爲可以大加利用，於是，指使單登與教坊朱頂鶴一同誣陷皇后私通趙惟一。其證據據説是皇后爲單登手抄的《十香詞》及《懷古詩》。然而《十香詞》格調低下，淫俗不堪，與皇后的身份、教養及性格絶不相類，明眼人不問便可發現是故意栽贓陷害。至於《懷古詩》，乙辛一夥更是肆意曲解。詩云："宫中只數趙家妝，敗雨殘雲誤漢王；惟有知情一片月，曾窺飛燕入昭陽。"詩中寫的是漢成帝皇后趙飛燕，誣陷者以詩中有"趙惟一"三字，即硬説是皇后與之私通的證據。道宗並不認真分析和調查，而是把此案交給原本是幕後策劃者的耶律乙辛及張孝傑處理，於是一切都被"證實"了。大康元年十一月，道宗賜皇后自盡，無辜的伶官趙惟一亦遭族誅。宣懿皇后遭誣陷的《十香詞》冤案始末，在《遼史》中並無具體記載，而是詳載於王鼎《焚椒録》中。王鼎字虛中，涿州（今屬河北省）人，清寧進士，官至翰林學士，壽昌間升任觀書殿學士，後因細故，遭奪官，被流放到遼朝境内西北部的鎮州。《焚椒録》即是他流放期間所作，前有自敘，内稱冤案初起時，他正在宫禁中侍奉道宗。當時他家奶母有女名蒙哥，是乙辛家婢女，甚得寵，王鼎即通過這條渠道獲悉此事的詳細經過。除此之外，還有名"蕭司徒"者亦向他講述整件事的始末。這就是説，《焚椒録》所記《十香詞》冤案實有所本。清王士禛作《居易録》，以王鼎書所記與《契丹國志》不合，即懷疑其爲僞書，這是没有根據的。《契丹國志》基本上是雜抄宋人著作成書，其中失實、缺漏之處不一而足。《焚椒録》所記這一冤案雖不見《契丹國志》記載，但與《遼史》所記不但並無抵牾，而且恰好可以互爲補充，王鼎書基本可信。

[8]歸其尸於家：據《焚椒録》，"上怒猶未解，命裸后屍，以葦席裹還其家。春秋三十有六"。《焚椒録》又云，宣懿皇后生於"重熙九年五月己未"。

乾統初追謚宣懿皇后,[1]合葬慶陵。[2]

[1]追謚宣懿皇后：本書卷二七《天祚皇帝本紀一》乾統元年(1101) 六月條,"庚子 (十一日),追尊懿德皇后爲宣懿皇后"。

[2]合葬慶陵：本書卷二七《天祚皇帝本紀一》乾統元年六月條,"辛亥 (二十二日),葬仁聖大孝文皇帝、宣懿皇后于慶陵"。《契丹文字研究類編》所載漢字《宣懿皇后哀册文》則稱"六月庚寅朔,二十三日壬子,將遷座於永福陵"。入葬日期和陵名應以哀册文爲準。

道宗惠妃蕭氏,小字坦思,[1]駙馬都尉霞抹之妹。[2]大康二年乙辛譽之,選入掖庭,立爲皇后。

[1]坦思：人名。據本書卷一〇〇《蕭酬斡傳》,其祖父爲蕭阿剌,其父爲蕭別里剌 (亦作鼈里剌)。據閻萬章《點校本〈遼史〉正誤》(《遼海文物學刊》1995 年第 1 期),蕭阿剌即《蕭德温墓誌銘》中的蕭知足,蕭別里剌即蕭德温。據本書卷八七《蕭孝穆傳》,蕭阿剌爲蕭孝穆之子。

[2]霞抹：人名。即蕭霞抹。據本書卷二三《道宗本紀三》大康二年 (1076) 六月條,他官至漢人行宮都部署、駙馬都尉,封柳城郡王。又據本書卷六五《公主表》則作"蕭末",尚道宗長女魏國公主撒葛只。又據《蕭德温墓誌銘》,蕭霞抹的漢名爲蕭德讓,爲蕭德温的五弟。　妹：據閻萬章《點校本〈遼史〉正誤》,"妹"乃"姪"字之誤,是。

居數歲,未見皇嗣。后妹斡特懶先嫁乙辛子綏也,后以宜子言于帝,[1]離婚,納宮中。八年,[2]皇孫延禧封梁王,[3]降爲惠妃,徙乾陵;斡特懶還其家。頃之,其母燕國夫人厭魅梁王,[4]伏誅。貶妃爲庶人，幽于宜州,[5]諸弟没入興聖宮。[6]

[1]宜子：適宜生兒子。

[2]八年：指大康八年（1082）。據本書卷二四《道宗本紀四》，封皇孫延禧爲梁王是在大康六年三月庚寅（二十七日）。把蕭坦思由皇后降爲惠妃並出居乾陵是在大康八年十二月庚申（十四日）。二者並不發生在同一年。

[3]延禧：人名。即遼代亡國之君天祚帝耶律延禧。本書卷二七至三〇有本紀。　梁王：耶律延禧最初的封爵。

[4]燕國夫人：惠妃蕭坦思母親的封號。　厭魅：祈禱鬼神降災於别人。

[5]宜州：遼代州名。治所故址在今遼寧省義縣義州鎮古城址。

[6]興聖宮：遼聖宗的宮衛。詳見本書卷三一《營衛志一》。

天慶六年召還,[1]封太皇太妃。後二年，奔黑頂山，卒，葬太子山。

[1]天慶：遼天祚帝年號（1111—1120）。

天祚皇后蕭氏,[1]小字奪里懶，宰相繼先五世孫。[2]大安三年入宮。[3]明年，封燕國王妃。[4]乾統初册爲皇后。性閑淑，有儀則。兄弟奉先、保先等緣后寵柄任。[5]女直亂,[6]從天祚西狩,[7]以疾崩。[8]

[1]天祚：遼代皇帝耶律延禧的尊號。本書卷二七《天祚皇帝本紀一》壽隆七年（1101）正月條“群臣上尊號曰天祚皇帝”。

[2]繼先：人名。即蕭繼先，本書卷七八有傳。《秦晉國大長公主墓誌銘》作“繼遠”，《契丹國志》卷一三稱皇后爲“平州人，節度使蕭槁剌之女也”。　五世孫：據蓋之庸《内蒙古遼代石刻文研究》（增訂本，内蒙古大學出版社2007年版）考證：一世蕭繼遠（繼先），二世蕭紹宗，三世蕭永，四世蕭閭，五世蕭奪里懶。

[3]大安：遼道宗耶律洪基年號（1085—1094）。

[4]燕國王妃：蕭奪里懶的封號。她的丈夫耶律延禧當時正爲燕國王，故有此封號。

[5]奉先：人名。本書卷一〇二有傳。　保先：人名。官至東京留守，爲政嚴酷。於天慶六年（1116）被亂民所殺。

[6]女直：部族名。本作“女真”，因避遼興宗宗真名諱，改稱“女直”。遼時居東北地區東部。其在南者入遼籍，稱“熟女真”或“合蘇館女真”；在北者不入遼籍，稱“生女真”。

[7]西狩：向西逃跑。狩，巡狩的省稱。古代稱天子適諸侯爲巡狩。後來用巡狩來諱稱天子出逃在外。

[8]以疾崩：《契丹國志》卷一三稱皇后在山金司被金人擒獲，粘罕納爲次室。後來被兀室殺害。粘罕聽説她死後，爲之泣下。“以疾崩”是諱稱被殺害的史家之筆。

天祚德妃蕭氏，小字師姑，北府宰相常哥之女。[1]壽隆二年入宫，[2]封燕國妃，生子撻魯。[3]乾統三年改德妃。以柴册禮，[4]封撻魯爲燕國王，加妃號贊翼。[5]王薨，[6]以哀戚卒。

[1]常哥（1043—1111）：音譯的契丹語人名。亦作“長哥”，即蕭常哥。本書卷八二有傳。又據《遼上京地區出土的遼代碑刻彙輯》所收《蕭義墓誌銘》，蕭常哥漢名義，字子常。歷任南女直都監、東京四軍副都指揮使、諸行宫都部署、國舅詳穩、太子太師、

遼興軍節度使、平章事、北宰相等職。死後葬於遼川之右聖迹山之陽（今遼寧省法庫縣葉茂臺鎮西山村）。

[2]壽隆：遼道宗年號（1095—1102）。據遼代碑刻和錢幣，此年號本爲“壽昌”。修訂本校勘記以爲，此係陳大任《遼史》避金欽慈皇后“壽昌”諱而改。後爲元修《遼史》所承襲。

[3]撻魯：人名。據本書卷二六《道宗本紀六》，他生於壽隆三年三月辛酉（初七日）。又據本書卷六四《皇子表》，他爲天祚帝第三子。

[4]柴册禮：亦稱“柴册儀”。此禮源於中國傳統的“燔柴告天”，是古代天子祭天之禮。【李注】據《爾雅·釋天》：“祭天曰燔柴。”行禮時，積薪於壇，取玉及牲置於柴上焚燒。此禮與契丹的再生禮合併舉行，是爲契丹部落聯盟選汗和遼建國後新皇帝即位舉行的禮儀。相傳遙輦氏阻午可汗始制此儀，遼朝建國後有所增飾。詳見本書卷四九《柴册儀》條。

[5]贊翼：《蕭義墓誌銘》作“贊睿德妃”。

[6]王薨：據本書卷六四《皇子表》，撻魯早薨。

天祚文妃蕭氏，小字瑟瑟，國舅大父房之女。[1]乾統初帝幸耶律撻葛第，[2]見而悦之，匿宫中數月。皇太叔祖和魯斡勸帝以禮選納，[3]三年冬立爲文妃。生蜀國公主、晉王敖盧斡，[4]尤被寵幸。以柴册，加號承翼。

[1]國舅大父房：遼代外戚中原爲拔里氏的一支。拔里氏共分大父房和少父房兩支。詳見本書卷六七《外戚表序》。根據文意，“房”字下顯然脱文妃之父的名字。《契丹國志》卷一三稱“本渤海大氏人”。

[2]乾統初：據本書卷六四《皇子表》，文妃之子敖盧斡是天祚帝長子。第三子是撻魯。又據本書卷二六《道宗本紀六》，撻魯

生於壽隆三年（1097）三月辛酉。長子肯定比第三子生的早。又據本書卷二五《道宗本紀五》，大安五年（1089）“十一月丁卯朔，燕國王延禧生子，大赦，妃之族屬進爵有差”。這時延禧所生之子應爲文妃之子敖盧斡。因此，天放《〈遼史·天祚文妃蕭氏傳〉的一點質疑》（《東北地方史研究》1991第4期）認爲“乾統初”應爲“大安初”之誤，是。　耶律撻葛：人名。與本書卷一〇二《耶律余覩列傳》中的耶律撻葛里爲同一人。此處“葛”字下顯然脱“里”字。契丹語名字翻譯爲漢字時，脱落尾音“里”是常有的事。據本書卷二九《天祚本紀三》和《契丹國志》卷一三，耶律撻葛是文妃的姐夫。

[3]皇太叔祖：原作“皇太叔”，缺“祖”字。和魯斡是天祚帝爺爺輩的人，據新出土的漢字《義和仁壽皇太叔祖哀册文》補。根據遼代的傳統，“皇太叔”“皇太叔祖”和“皇太弟”與“皇太子”一樣，意味着有皇位繼承權。　和魯斡（1041—1110）：人名。即耶律和魯斡。又名胡盧斡里，字阿輦，漢名耶律弘本。遼興宗次子，遼道宗之弟。據本書卷二七《天祚皇帝本紀一》和卷六四《皇子表》，乾統元年（1101）六月封爲天下兵馬大元帥。三年十一月封爲義和仁壽皇太叔（祖）。先後被封爲越國王、魯國王和宋魏國王。曾任上京留守和南京留守等職。死後陪葬於遼慶陵的興雲山（今内蒙古自治區巴林右旗索博日嘎鎮瓦林茫哈地方）。其事詳見漢字和契丹小字《義和仁壽皇太叔祖哀册文》與本書卷六四《皇子表》。

[4]蜀國公主：據本書卷六五《公主表》，公主名余里衍，後爲金人所獲。　晉王敖盧斡（？—1122）：敖盧斡，亦作“敖魯斡”。天祚皇帝長子，生母是文妃蕭氏。馳馬善射，好讀書，喜揚人善。封晉王，出爲大丞相耶律隆運（韓德讓）後。有人望，内外歸心。【李注】保大元年（1121），蕭奉先使人誣告南軍都統耶律余覩與晉王母文妃密謀立晉王爲帝，余覩投降金朝，文妃被誅。二年，天祚帝賜敖盧斡死。本書卷七二有《耶律敖盧斡傳》，記事與

本紀多有不合。

善歌詩。女直亂作，日見侵迫。帝畋遊不恤，[1]忠臣多被踈斥。妃作歌諷諫，其詞曰："勿嗟塞上兮暗紅塵，[2]勿傷多難兮畏夷人；不如塞姦邪之路兮，選取賢臣。直須卧薪嘗膽兮，激壯士之捐身；可以朝清漠北兮，夕枕燕雲。"[3]又歌曰："丞相來朝兮劍佩鳴，千官側目兮寂無聲。養成外患兮嗟何及！禍盡忠臣兮罰不明。親戚並居兮藩屏位，私門潛畜兮爪牙兵。可怜往代兮秦天子，[4]猶向宫中兮望太平。"天祚見而銜之。[5]

[1]畋（tián）遊：打獵遊玩。畋，打獵。

[2]嗟：感歎。　暗紅塵：繁華熱鬧的地方黯淡了。紅塵，飛揚的塵土，形容繁華熱鬧，也指繁華熱鬧的地方。

[3]燕：燕京（今北京市）的簡稱。　雲：州名。治所故址在今山西省大同市。

[4]秦天子：指秦始皇。

[5]銜：懷恨。

播遷以來，[1]郡縣所失幾半，上頗有倦勤之意。諸皇子敖盧斡最賢，素有人望。元后兄蕭奉先深忌之，[2]誣南軍都統余覩謀立晉王，[3]以妃與聞，賜死。

[1]播遷：流離遷徙。

[2]元后兄蕭奉先深忌之：據中華點校本校勘記，"元后"應作"元妃"。【李注】蕭奉先（？—1122），天祚元妃之兄。因元妃故，奉先得以累次陞遷，最後官至樞密使，封蘭陵郡王。天慶四年

(1114)，阿骨打起兵進犯寧江州，天祚命奉先弟嗣先爲都統，率領番、漢兵前去征討，於出河店敗績逃走。奉先擔心其弟嗣先被誅，奏請天祚肆赦。從此以後士無鬥志，遇敵即潰。當初，蕭奉先曾誣告耶律余覩勾結駙馬蕭昱陰謀立其外甥晉王爲帝，導致蕭昱被殺，余覩投奔女直。本書卷一〇二有傳。

[3]都統：官名。唐乾元中，始以都統名官，總諸道征伐。後若調諸道兵馬會戰，多置此職，爲臨時軍事長官，不賜旌節，事解即罷。遼設諸路兵馬都統署司，下有諸路兵馬都統署，都統爲其長官。　余覩：人名。即耶律余覩。本書卷一〇二有傳。據《契丹國志》卷一三，他是文妃的妹夫。　晉王：敖盧斡的封爵。此指敖盧斡。

天祚元妃蕭氏，小字貴哥，燕國妃之妹。[1]年十七册爲元妃。性沉靜。嘗晝寢，近侍盜貂裀，妃覺而不言，宮掖稱其寬厚。從天祚西狩，以疾薨。[2]

[1]燕國妃之妹：據中華點校本校勘記，燕國妃係德妃，與元妃非姊妹。元妃之姊爲天祚皇后，曾被封爲燕國王妃，此疑脱“王”字。

[2]以疾薨：據《三朝北盟會編》卷二四所引《金虜節要》稱“粘罕之妻，乃遼主天祚元妃”。又據《大金國志》卷七，天會十年（1132）秋，兀室“擅殺粘罕次室蕭氏……蕭氏本契丹天祚元妃也”。因此，所謂“以疾薨”乃史家之諱筆。

論曰：遼以鞍馬爲家，后妃往往長於射御，軍旅、田獵未嘗不從。如應天之奮擊室韋，承天之御戎澶淵，仁懿之親破重元，古所未有，亦其俗也。靖安無毁無譽；齊天巧思，乃奢侈之漸；宣懿度曲知音，豈致誣衊之階乎？文妃能歌詩諷諫，而謂謀私其子，非矣。若簡憲之艱危保孤、懷節之從容就義，[1]雖烈丈夫何以過之。欽愛狠桀，[2]賊殺嫡后，而興宗不能防閑其母，[3]惜哉！

[1]簡憲：本卷本傳作“簡獻”。

[2]狠：原本和修訂本作“很”，據明抄本、南監本、北監本和殿本改。中華點校本和補注本徑改。長箋本引《羅校》出校。

[3]防閑：防指堤，用以防水。閑指欄，用以制獸。引申爲防備和禁阻。

（劉鳳翥校注　李錫厚補）

遼史　卷七二

列傳第二

宗室[1]

義宗倍　平王隆先　晉王道隱　章肅皇帝李胡　宋王喜隱　順宗濬　晉王敖盧斡[2]

[1]列傳第二宗室：修訂本校勘記云，原作“宗室傳第二”。明抄本、南監本同，據北監本、殿本及文例改。今從改。

[2]“義宗倍”至“敖盧斡”：原本、明抄本、南監本無，今據北監本、殿本補。中華點校本、修訂本、補注本和長箋本有，但均未出校。

義宗名倍，[1]小字圖欲，太祖長子，[2]母淳欽皇后蕭氏。[3]幼聰敏好學，外寬内摯。[4]神册元年春立爲皇太子。[5]

[1]義宗：耶律倍被追封的廟號。

[2]太祖：遼代開國皇帝耶律阿保機的廟號。

[3]淳欽皇后：遼太祖耶律阿保機的皇后的謚號。皇后姓述律，名平，小字月理朵。後來改姓蕭。本書卷七一有傳。

[4]摯：羅繼祖《遼史校勘記》稱“摯”當作“鷙”。

[5]神册：遼太祖耶律阿保機年號（916—922）。

時，太祖問侍臣曰：[1]“受命之君，當事天敬神。有大功德者，朕欲祀之，何先？”皆以佛對。[2]太祖曰：“佛非中國教。”倍曰：“孔子大聖，[3]萬世所尊，宜先。”太祖大悦，即建孔子廟，[4]詔皇太子春秋釋奠。[5]

[1]侍臣：在皇帝身邊侍奉的大臣。

[2]佛：梵文 Buddha 的音譯“佛陀”的簡稱。意譯爲“覺者”“智者”。此處用作對佛教創始人釋迦牟尼的尊稱。

[3]孔子（前 551—前 479）：即孔丘。字仲尼，春秋時魯國陬邑（今山東省曲阜市）人。中國古代著名的教育家和思想家，儒學的創始人。他的言論見於《論語》。他的事蹟詳見《史記》卷四七《孔子世家》。子，古代對人的尊稱。

[4]建孔子廟：據本書卷一，遼太祖下詔建孔子廟是在神册三年（918）五月乙亥（初三日）。【李注】孔子廟故址位於上京皇城南門内，國子監北面。

[5]釋奠：一種祭祀孔子的重禮。古代學校在春季和秋冬均由官方行此禮。祭品中要有牲牢幣帛。

嘗從征烏古、党項，爲先鋒都統。[1]及經略燕地、太祖西征，[2]留倍守京師。[3]因陳取渤海計。[4]天顯元年從征渤海，[5]拔扶餘城，[6]上欲括户口，[7]倍諫曰：“今始得地而料民，[8]民必不安。若乘破竹之勢，徑造忽汗城，[9]克之必矣。”太祖從之。倍與大元帥德光爲前鋒，[10]夜圍忽汗城。大諲譔窮蹙，[11]請降，尋復叛，太祖破之。改其國曰東丹，[12]名其城曰天福，[13]以倍爲人皇王主之。仍賜天子冠服，建元甘露，[14]稱制，置左右大次四相及百官，[15]一用漢法。歲貢布十五萬端、馬千匹。[16]上諭曰：“此地瀕海，非可久居，留汝撫治，以見朕愛民之心。”駕將還，倍作歌以獻。陛辭，太祖曰：“得汝治東土，吾復何憂。”倍號泣而出。遂如儀坤州。[17]

[1]烏古：遼代西北地區的部族名。【李注】源於室韋中的一支，又稱嫗厥律、于厥律，居契丹西北，在臚朐河（今克魯倫河）流域。　党項：又稱党項羌，中國西北古代民族名。是古代羌人的一支。南北朝末期（六世紀後期）開始活動於今青海省東南部黄河上游和四川省松潘縣以西山谷地帶。當時“每姓别爲一部落，大者五千餘騎，小者千餘騎”。“俗尚武力，無法令，各爲生業，有戰陣則相屯聚，無徭役，不相往來。牧養犛牛、羊、豬以供食，不知稼穡。”隋、唐時期歸順朝廷並不時北遷。至宋朝寶元元年（1038），李元昊正式稱帝，建西夏國。詳見《隋書》卷八三《党項傳》和《舊唐書》卷一九八《党項羌傳》。　先鋒都統：官名。“先鋒”與“都統”的合稱。率兵打仗的武官。

[2]燕：地名。泛指今河北省北部地區。因戰國時期此地曾爲燕國，故有此稱。　太祖西征：“太祖”原本作“太子”，中華修訂本據《大典》卷五二五二引《遼史·宗室傳》及北監本、殿本改。中華點校本、補注本和長箋本徑改。今從。以下多處同改。

[3]京師：首都。此處指遼的上京（故址在今内蒙古自治區巴林左旗林東鎮）。

[4]渤海：唐代中國東北地區的割據政權名。粟末靺鞨族人大祚榮於公元698年所建，共傳十五王，歷229年，於公元926年亡於契丹。其事詳見《新唐書》卷二一九《渤海傳》和今人王承禮著《渤海簡史》(黑龍江人民出版社1984年版)。

[5]天顯：遼太祖耶律阿保機和遼太宗耶律德光共用的年號(926—938)。

[6]扶餘城：渤海國的地名。【李注】故址在今吉林省松原市。

[7]括户口：搜查户口。

[8]料民：古代調查人口數。【李注】《史記》卷四《周本紀》"宣王既亡南國之師，乃料民於太原"。《集解》韋昭曰："料，數也。"亦即清查、登記户口、貲財，以便徵收賦税。

[9]忽汗城：地名。亦稱"上京城"，渤海國的首都。故址在今黑龍江省寧安市渤海鎮。

[10]大元帥："天下兵馬大元帥"的簡稱。遼太宗耶律德光於天贊二年（922）十一月被封此號。遼代獲此封號者僅僅意味着有皇位繼承權，並不實際統帥全國兵馬，軍權仍集中在皇帝手中。德光（902—947)：人名。即遼太宗耶律德光。本書卷三至卷四有本紀。

[11]大諲譔：人名。渤海國的亡國之君。公元926年被契丹俘獲後被押送到遼上京之西，築城以居。

[12]東丹：遼的藩屬國名。渤海國被滅之後，改稱東丹國，臣屬於契丹。公元930年，其王耶律倍出逃後名存實亡。至乾亨四年(982）十二月撤消東京中臺省之後，名也不存，成了遼朝直轄的東京道。

[13]天福：城名。由渤海國首都忽汗城所改稱，爲東丹國的早期首都。

[14]甘露：東丹國人皇王耶律倍的年號（926—?)。廢止時間史書失載。據推測應止於公元930年耶律倍浮海奔後唐時。

[15]左右大次四相：即左大相、右大相、左次相、右次相。皆

爲東丹國的高級官名。據本書卷二《太祖本紀下》天顯元年（926）二月條，“以皇弟迭剌爲左大相、渤海老相爲右大相、渤海司徒大素賢爲左次相、耶律羽之爲右次相”。

[16]端：古代布帛的長度單位。兩丈爲一端，一説六丈爲一端。

[17]儀坤州：遼代的州名。據馮永謙《遼代上京道州縣叢考》，州治故址在今内蒙古自治區敖漢旗雙廟鄉五十家子村。

未幾，諸部多叛，大元帥討平之。太祖訃至，倍即日奔赴山陵。[1]倍知皇太后意欲立德光，[2]乃謂公卿曰："大元帥功德及人神，中外攸屬，宜主社稷。"乃與群臣請於太后而讓位焉。[3]於是大元帥即皇帝位，是爲太宗。[4]

[1]山陵：帝、后的墳墓。【李注】《水經注》卷一九《渭水三》："秦名天子塚曰山，漢曰陵，故通曰山陵矣。"此處代指喪事。

[2]皇太后：指遼太祖的皇后述律平（879—953）。遼太宗即位後被尊爲應天皇太后。本書卷七一有傳。

[3]太后：原本作“大后”，明抄本、南監本、北監本和殿本均作“太后”。中華點校本、修訂本、補注本徑改。今據改。長箋本引《羅校》出校。

[4]太宗：遼代皇帝耶律德光的廟號。

太宗既立，見疑，以東平爲南京，[1]徙倍居之，盡遷其民。又置衛士陰伺動靜。倍既歸國，命王繼遠撰《建南京碑》，[2]起書樓于西宮，[3]作《樂田園》詩。唐明宗聞之，[4]遣人跨海持書密召倍。倍因畋海上。使再至，倍謂左右曰："我以天下讓主上，今反見疑，不如適他國，以成吴太伯之名。"[5]立木海上，刻詩曰："小山壓大山，[6]大山全無力。羞見故鄉人，從此投外國。"攜高美人載書浮海而去。[7]

[1]東平：郡名。神册四年（919）置。治所故址在今遼寧省遼陽市。

[2]王繼遠：人名。本書衹此一見。

[3]書樓：原本誤作"書數"，明抄本、南監本、北監本和殿本均作"書樓"。中華點校本、修訂本、補注本徑改。今據改。長箋本引《羅校》出校。

[4]唐明宗：後唐皇帝李嗣源（867—933）的廟號。【李注】李嗣源原爲李克用養子。因其屢建戰功，爲宣武軍節度使，兼蕃漢内外馬步軍總管。後唐莊宗李存勗曾當面許諾"天下與爾共之"。同光元年（923）拜中書令。以名位高，見疑忌。天成元年（926）趙在禮反於魏，嗣源奉命討除，與叛軍合，南下入汴州。莊宗在洛陽爲亂軍所殺。嗣源隨即入洛陽，即位。更名亶，是爲唐明宗。卒於長興四年（933）。《新五代史》卷六、《舊五代史》卷三五至卷四四有本紀。

[5]吴太伯：西周時吴國的首任伯爵。姬姓，史書失載其名。他是周太王的長子，周文王的伯父。他的三弟季歷賢能，季歷的兒子昌有聖德。他的父親太王欲讓季歷繼位再傳位於昌。太伯與二弟仲雍爲了讓賢，於是逃往荆蠻之地過着斷發文身的生活。後來周太王死後季歷果然繼位。及至季歷死後，其子昌繼位，是爲周文王。《史記》卷三一有世家。

[6]小山：喻遼太宗耶律德光。　大山：耶律倍的自喻。

[7]高美人：耶律倍的妾。生晉王道隱。　載書：用交通工具裝着書。據《新五代史》卷七三《四夷附録第二》，耶律倍奔後

唐，“載書數千卷，樞密使趙延壽每假其異書、醫經，皆中國所無者”。　浮海而去：本書卷三《太宗本紀上》天顯五年（930）“十一月戊寅（十九日），東丹奏人皇王浮海適唐”。《通鑑》卷二七七後唐明宗長興元年（930）十一月丙戌（二十七日），“契丹東丹王突欲自以失職，帥部曲四十人自登州來奔”。

唐以天子儀衛迎倍。[1]倍坐船殿，[2]衆官陪列上壽。[3]至汴，[4]見明宗。明宗以莊宗后夏氏妻之，[5]賜姓東丹，名之曰慕華。改瑞州爲懷化軍，[6]拜懷化軍節度使，[7]瑞、慎等州觀察使。[8]復賜姓李，名贊華。移鎮滑州，[9]遙領虔州節度使。[10]倍雖在異國，常思其親，問安之使不絕。

[1]唐：五代時李存勗建立的朝代名。史稱後唐。　天子儀衛：天子規格的儀仗隊和警衛。

[2]船殿：宮殿一般的豪華船。

[3]上壽：獻酒祝壽。

[4]汴：州名。州治故址在今河南省開封市。

[5]明宗以莊宗后夏氏妻之：據中華點校本校勘記，《契丹國志》卷一四作“以莊宗後宮夏氏賜之”。《五代會要》卷一《内職》謂，莊宗昭容夏氏，封虢國夫人。《新五代史》卷一四《唐太祖家人傳第二》亦稱：明宗立，悉放莊宗時宮人還其家，“獨虢國夫人夏氏無所歸，乃以河陽節度使夏魯奇同姓也，因以歸之，後嫁李贊華”。夏氏是莊宗的妃嬪，不是皇后。莊宗，後唐皇帝李存勗的廟號。

[6]瑞州：州名。《舊五代史》卷一五〇《郡縣志》注明屬河北道。《通鑑》卷二七七胡三省注稱“僑治良鄉之廣陽城”（今北京市房山區）。《五代會要》卷二九把明宗授予耶律倍的官銜記爲

"授光禄大夫、檢校太保、安東都護兼御史大夫、上柱國、渤海郡開國公、食邑一千五百户，充懷化軍節度，瑞、慎等州觀察、處置、押番落等使"。

[7]節度使：官名。唐初，武將行軍稱總管，本道則稱都督。永徽以後，都督帶使持節者稱節度使。唐代節度使一般封郡王，總掌軍旅，專誅殺。起初，僅在邊地設置，目的在於使軍事行動敏捷靈活。一節度使總管一道或數州。以後遍設於國内。衹管一州的軍事民政，用人理財，皆得自專。五代、遼、宋、金皆設此官。元廢。

[8]慎：州名。治所在今北京市房山區。　觀察使：官名。唐於諸道設觀察使，位次於節度使。唐代中葉以後，多以節度使兼領其職。無節度使之州，亦設觀察使，管轄一州或數州，並兼領刺史之職。後來改爲採訪處置使，又改爲觀察處置使。凡兵甲財賦民俗之事無所不領，謂之都府，權任甚重。五代和遼亦設此官。宋代觀察使爲虚銜，無定員。

[9]滑州：州名。治所在今河南省滑縣。

[10]遙領：擔任職名，不親往任職。　虔州：州名。治所故址在今江西省贛州市。五代時期此地不在中央政府的管轄之下，先後歸割據政權吳和南唐控制。後唐任命的此州節度使衹能是遙領而不是實授。

後，明宗養子從珂弒其君自立。[1]倍密報太宗曰："從珂弒君，盍討之。"及太宗立石敬瑭爲晉主，[2]加兵于洛。[3]從珂欲自焚，召倍與俱，倍不從，遣壯士李彦紳害之，[4]時年三十八。有一僧爲收瘞之。敬瑭入洛，喪服臨哭，以王禮權厝。[5]後太宗改葬于醫巫閭山，[6]謚曰文武元皇王。世宗即位，[7]謚讓國皇帝，陵曰顯陵。[8]統和中，[9]更謚文獻。重熙二十年增謚文獻欽義皇帝，[10] 廟號義宗，及謚二后曰端順、曰柔貞。

[1]從珂（886—936）：人名。即李從珂。原姓王，小名阿三，鎮州平山（今屬河北省）人。爲後唐明宗李嗣源養子。【李注】初封潞王，爲左衛大將軍，西京留守。明宗死後，愍帝即位，徙從珂爲北京留守，不降制書而宣授，從珂不自安，據城反。應順元年（934）四月入京師，即帝位，改元清泰。三年（遼天顯十一年）石敬瑭率軍攻入洛陽，李從珂舉族自焚。其事詳載《舊五代史》卷四六至四八《末帝紀》和《新五代史》卷七《廢帝紀》。

[2]石敬瑭（892—942）：後晉王朝開國皇帝，後唐明宗婿。【李注】清泰帝李從珂即位，當時敬瑭爲河東節度使，清泰帝令其移鎮天平（鄆州軍號）。由於雙方本來相互猜忌，於是，敬瑭不受命，並上表論從珂不當立。清泰帝下詔討除，敬瑭向契丹稱臣、稱兒、割地以求援，遂被契丹册立爲皇帝，國號晉，都汴州（今河南省開封市）。天福七年（942）病亡。其事詳載《舊五代史》卷七五至八〇《高祖紀》和《新五代史》卷八《晉本紀》。　晉：石敬瑭所建立的朝代名，史稱後晉。存續於公元936年至948年。

[3]洛：洛京的簡稱。後唐的首都。故址在今河南省洛陽市。

[4]李彦紳：人名。據《通鑑》卷二八〇天福元年（936）十一月己丑（初四日）條，“遣宦者秦繼旻、皇城使李彦紳殺昭信節度使李贊華於其第”。又據《契丹國志》卷一四《東丹王傳》，“其後太宗破石晉，入中原，求得李彦紳、秦繼旻殺之，以其家族財物賜東丹王子兀欲”。

[5]王禮：王爵的禮儀。《舊五代史》卷七六《晉書·高祖紀二》天福元年十二月丙申（十二日）條：“詔封故東丹王李贊華爲燕王，遣前單州刺史李肅部署歸葬本國。”

[6]毉巫閭山：山名。在今遼寧省北鎮市。本書卷三八《地理志二》顯州條：“大同元年，世宗親護人皇王靈駕歸自汴京，以人

皇王愛毉巫閭山水奇秀，因葬焉。”這條記載顯然有誤。葬耶律倍於毉巫閭山者應爲遼太宗而不是遼世宗，歸葬的時間爲天顯末年或會同初年而不應爲大同元年。耶律倍的靈柩是從洛京移出而不是從汴京移出。

[7]世宗：遼代皇帝耶律阮的廟號。

[8]顯陵：耶律倍的陵墓。故址在今遼寧省北鎮市西北。

[9]統和：遼聖宗耶律隆緒年號（983—1012）。

[10]重熙：遼興宗耶律宗真年號（1032—1055）。　二十年：馮家昇《遼史初校》“《紀》（卷二十），載在二十一年”。本書卷二〇《興家本紀三》，重熙二十一年“十一月壬寅朔，增謚文獻皇帝爲文獻欽義皇帝”。

倍初市書至萬卷，[1]藏于毉巫閭絶頂之望海堂。通陰陽，知音律，精醫藥、砭焫之術。[2]工遼、漢文章，嘗譯《陰符經》。[3]善畫本國人物，[4]如《射騎》《獵雪騎》《千鹿圖》，[5]皆入宋秘府。[6]然性刻急好殺，婢妾微過，常加刲灼。夏氏懼而求削髮爲尼。五子：長世宗，次婁國、稍、隆先、道隱，[7]各有傳。[8]

[1]市書：買書。據《契丹國志》卷一四《東丹王傳》：“贊華性好讀書，不喜射獵。初在東丹時，令人齎金寶私入幽州市書，載以自隨，凡數萬卷。”

[2]砭（biān）焫（ruò）：中醫用語。指用火燒石針以刺激身體穴位。砭，石針。焫，古同“爇”，點燃，焚燒。

[3]《陰符經》：道教類的書名。舊題黄帝撰。有太公、范蠡、鬼谷子、張良、諸葛亮、李筌六家注。經文三百八十四字，一卷。内容爲敘説虚無之道和修煉之術。唐代李筌自稱從驪山老母處得到，很可能是李筌托古的僞作。【李注】又據稱傳自北魏寇謙之，

本道家之僞本，用以説易相。今佚。

［4］善畫本國人物：據《宣和畫譜》卷八，李贊華“好畫，多寫貴人酋長。至於袖戈挾彈、牽黄臂蒼，服用皆縵胡之纓。鞍勒率皆瓌奇。不作中國衣冠，亦安於所習者也。然議者以爲馬尚豐肥，筆乏壯氣。其確論歟”。

［5］《射騎》：耶律倍所繪圖畫名。現存臺北故宫博物院。

［6］秘府：也稱御府，古代皇宫中珍藏秘笈的機關。據《宣和畫譜》卷八，宋朝御府中存有耶律倍的《雙騎圖》《獵騎圖》《雪騎圖》《千角鹿圖》《吉首並驅騎圖》《射騎圖》《女真獵騎圖》各一件，《番騎圖》六件，《人騎圖》兩件，總共十五件。

［7］婁國：人名。本書卷一一二有傳。　稍：人名。據本書卷八《景宗本紀上》，保寧元年（969）四月，稍被封爲吴王。又據本書卷一〇《聖宗本紀一》，統和元年（983）十月，稍任上京留守、行臨潢尹事。統和三年十一月，稍奉詔總領韓匡嗣葬祭事。

［8］各有傳：本書並無稍傳。此處當是沿襲《遼史》所據底本耶律儼或陳大任的舊史之文。

平王隆先字團隱，母大氏。[1]

［1］大氏：渤海國皇族的姓氏。此人應爲渤海皇族後裔。

景宗即位，[1]始封平王。[2]未幾，兼政事令，[3]留守東京。[4]薄賦税，省刑獄，恤鰥寡，數薦賢能之士。後與統軍耶律室魯同討高麗有功，[5]還。薨，葬醫巫閭山之道隱谷。

［1］景宗：遼代皇帝耶律賢的廟號。

［2］始封平王：據本書卷八《景宗本紀上》，耶律隆先被封平

王的時間爲保寧元年（969）四月初一日。

［3］政事令：官名。遼朝南面宰相。【李注】遼世宗天禄四年（950）建政事省之前，漢人宰相無定稱；建政事省之後，南面宰相稱“政事令”，且多由契丹貴族擔任。

［4］東京：都城名。遼代神册四年（919）稱東平郡。天顯三年（928），改稱南京，爲東丹國的首都。天顯十三年，改稱東京，爲遼陽府的治所。故址在今遼寧省遼陽市。

［5］統軍：官名。統軍使的簡稱。此處應爲東京都統軍使司的長官。　耶律室魯：人名。本書卷八〇雖有《耶律室魯傳》，但其中並没有任統軍和伐高麗之事，二者是否爲同一個人尚待考。　高麗：【李注】古國名。即王建創建的高麗王朝（918—1392）。統治地域爲今朝鮮半島，首都在開京（今朝鮮開城市）。

平王爲人聰明，博學能詩，有《閬苑集》行于世。[1]

［1］《閬（làng）苑集》：書名。今已失傳。閬苑即閬風山之苑，傳説爲仙人所居之境。

保寧之季，[1]其子陳哥與渤海官屬謀殺其父，[2]舉兵作亂，上命轘裂于市。

［1］保寧：遼景宗耶律賢年號（969—979）。

［2］陳哥：人名。即耶律陳哥。保寧十年（978）九月初一日，因謀害其父耶律隆先而被處死。

晉王道隱字留隱，母高氏。[1]

［1］高氏：即耶律倍之妾高美人。

道隱生于唐，人皇王遭李從珂之害，時年尚幼，洛陽僧匿而養之，因名道隱。太宗滅唐，還京，詔賜外羅山地居焉。[1]性沉靜，有文武才，時人稱之。

［1］外羅山：山名。今地不詳。

景宗即位，封蜀王，[1]爲上京留守。[2]乾亨元年遷守南京，[3]號令嚴肅，民獲安業。居數年，徙封荆王。[4]統和初病薨，[5]追封晉王。

［1］封蜀王：據本書卷八《景宗本紀上》，封道隱爲蜀王是在保寧元年（969）四月初一日。

［2］上京：遼朝的首都。故址在今内蒙古自治區巴林左旗林東鎮。　留守：遼代五京留守司中的最高行政長官。詳見本書卷四八《百官志四》。

［3］乾亨：遼景宗耶律賢年號（979—983）。　南京：亦稱燕京，遼代南京道的治所。故址在今北京市西城區南部。

［4］徙封荆王：據本書卷九《景宗本紀下》乾亨元年（979）十二月條，"壬戌（十七日）蜀王道隱南京留守，徙封荆王"。封荆王並非在任南京留守數年之後，而是同時。因此，馮家昇《遼史研究與遼史初校》稱"'居數歲'三字係衍文"。

［5］病薨：本書卷一〇《聖宗本紀一》統和元年（983）正月"丙寅（初九日），荆王道隱有疾，詔遣使存問。是日，皇太后幸其邸視疾"。"甲戌（十七日），荆王道隱薨，輟朝三日，追封晉王，遣使撫慰其家"。據《梁援墓誌》，晉王道隱有女嫁給了梁援的祖父梁延敬。

論曰：自古新造之國，一傳而太子讓，豈易得哉？遼之義宗，可謂盛矣！然讓而見疑，豈不兆於建元稱制之際乎？斯則一時君臣昧於禮制之過也。

東書浮海，寄跡他國，思親不忘，問安不絕，其心甚有足諒者焉。觀其始，慕泰伯之賢而爲遠適之謀，[1]終疾陳恒之惡而有請討之舉，[2]志趣之卓，蓋已見於早歲先祀孔子之言歟。善不令終，天道難詰，得非性卞嗜殺之所致也！雖然，終遼之代，賢聖繼統，皆其子孫。至德之報，昭然在兹矣。

[1]泰伯：即吳太伯。

[2]陳恒：又名田常，春秋時齊國的宰相。謚成子。【李注】魯哀公十四年（前481），陳恒殺齊簡公，代齊。《論語·憲問》：陳成子殺簡公，孔子沐浴而朝，告於哀公，曰："陳恒殺其君，請討之。"（疏云：孔子沐浴而朝，告於哀公者，魯齊同盟，分災救患，故齊亂則魯宜討之。禮，臣下凡欲告君諮謀，必先沐浴。孔子是臣，故先沐浴告於哀公。）陳恒事蹟詳載《史記》卷四六《田敬仲完世家》。

章肅皇帝，[1]小字李胡，[2]一名洪古，字奚隱，太祖第三子，[3]母淳欽皇后蕭氏。少勇悍多力，而性殘酷，小怒輒黥人面，[4]或投水火中。太祖嘗觀諸子寢，李胡縮項臥内，曰："是必在諸子下。"又嘗大寒，命三子採薪。太宗不擇而取，最先至；人皇王取其乾者束而歸，後至；李胡取少而棄多，既至，袖手而立。太祖曰："長巧而次成，少不及矣。"而母篤愛李胡。

[1]章肅皇帝：遼興宗於重熙二十一年（1052）九月甲子（二十二日）給耶律李胡所追封的謚號。

[2]李胡（912—960）：契丹語人名。即耶律李胡。《長編》卷七〇把李胡的名字記爲“阮”。據本書卷一《太祖本紀上》，李胡生於公元918年八月壬辰（十七日）。

[3]第三子：《長編》卷七〇稱李胡爲“自在太子”。

[4]黥：【李注】墨刑，於面部或前額刺字，塗墨。

天顯五年遣徇地代北，[1]攻寰州，[2]多俘而還，遂立爲皇太弟兼天下兵馬大元帥。[3]太宗親征，常留守京師。世宗即位鎮陽，[4]太后怒，遣李胡將兵擊之。至泰德泉，[5]爲安端、留哥所敗。[6]太后與世宗隔潢河而陣，[7]各言舉兵意。耶律屋質入諫太后曰：[8]“主上已立，宜許之。”時李胡在側，作色曰：“我在，兀欲安得立？”[9]屋質曰：“奈公酷暴失人心何！”太后顧李胡曰：“昔我與太祖愛汝異於諸子。諺云‘偏憐之子不保業，難得之婦不主家。’我非不欲立汝，汝自不能矣。”及會議，世宗使解劍而言和。約既定，趨上京。會有告李胡與太后謀廢立者，徙李胡祖州，[10]禁其出入。

[1]代北：代，州名。治所故址在今山西省代縣。據本書卷三《太宗本紀上》，天顯四年（929）十月“甲子（二十九日），詔皇弟李胡帥師趣雲中，討郡縣之未服者”。十一月“丁卯（初二日），餞皇弟于西郊”。代北泛指代州以北地區。

[2]寰州：州名。五代後唐天成元年（926）置。治所在今山西省朔州市東北。據本書卷三《太宗本紀上》天顯五年“正月庚午（初五日），皇弟李胡拔寰州捷至”。

[3]皇太弟：遼代皇族中最高封號之一，地位等同於皇太子和皇太叔。有此等封號者皆兼任天下兵馬大元帥的虛銜，意味着有皇位繼承權。據本書卷三《太宗本紀上》，册封李胡爲壽昌皇太弟兼天下兵馬大元帥是在天顯五年三月乙亥（十一日）。

[4]鎮陽：即鎮州。大同元年（947）二月朔日，改稱中京。治所在今河北省正定縣。據本書卷五《世宗本紀》，遼世宗在鎮陽即位是在大同元年四月戊寅（二十三日）。

[5]泰德泉：地名。今地不詳。

[6]安端（？—952）：姓耶律，字猥隱。遼太祖耶律阿保機的五弟。神册三年（918）爲惕隱。天顯四年爲北院夷离堇。天禄初，以功爲東丹國的國王。卒於應曆二年（952）十二月辛亥（二十九日）。其事蹟詳載本書卷六四《皇子表》。　留哥：即耶律留哥。本書卷一一三有傳。

[7]潢河：河名。即今西遼河上游的支流西拉木倫河。

[8]耶律屋質（916—973）：【李注】遼宗室，字敵輦。會同間爲惕隱。太宗死後，世宗初立，屋質調解太后與世宗的矛盾，得以避免大規模内戰。天禄二年（948）助世宗挫敗天德、蕭翰等謀反。後平定察割之亂及立穆宗，皆有功。本書卷七七有傳。

[9]兀欲：遼世宗的小名。

[10]徙：原本誤作"徒"，明抄本、南監本、北監本和殿本均作"徙"。中華點校本、修訂本、補注本徑改。今據改。長箋本引《羅校》出校。　祖州：遼代州名。因遼太祖的數代祖先均誕生於此而得名。境内有遼太祖的祖陵。治所故址在今内蒙古自治區巴林左旗查干哈達蘇木石房子嘎查。

穆宗時其子喜隱謀反，[1]辭逮李胡，囚之，死獄中，年五十，[2]葬玉峰山西谷。[3]統和中，追謚欽順皇帝。[4]重熙二十一年更謚章肅，后曰和敬。[5]二子：宋王喜隱、衛王宛。[6]

[1]穆宗：遼代皇帝耶律璟的廟號。　喜隱：人名。《契丹國志》卷一四《恭順皇帝傳》作名“拽剌”。本書本卷有傳。

[2]年五十：據本書卷一《太祖本紀上》，李胡生於公元912年。又據本書卷六《穆宗本紀上》，李胡死於應曆十年（960）十月丙子（初十日）。以此推算，李胡享年應爲四十九歲。

[3]玉峰山：山名。《契丹國志》卷一四《恭順皇帝傳》稱“葬于祖州”。玉峰山應在祖州境内，約在今内蒙古自治區巴林左旗查干哈達蘇木石房子嘎查西部山區。

[4]欽順皇帝：本書卷二〇《興宗本紀三》重熙二十一年（1052）九月條和《長編》卷七〇均作“恭順皇帝”，是。《遼上京地區出土的遼代碑刻彙輯》收录的《韓橁墓誌》作“壽昌恭順昭簡皇帝”。此處與本書卷一四《聖宗紀五》及卷六四《皇子表》之所以作“欽順”是因襲金代陳大任的舊文。陳大任因避金章宗的父親允恭的名諱，故改“恭順”爲“欽順”。又據本書卷一四，謚李胡爲欽順是在統和二十六年（1008）七月。

[5]后曰和敬：據《韓橁墓誌》，李胡另有一嬪爲聖元神睿貞列皇后（即淳欽皇后）娘家的姪女。後來改嫁韓匡美，被封爲鄴王妃。生有二男一女。

[6]宛：人名。應曆三年十月因謀反而被捕。次年正月釋放。保寧元年（969）四月朔日被封爲衛王。“宛”原本誤“完”。中華點校本據本書卷六《穆宗本紀上》應曆三年十月、《皇子表》《皇族表》及《永樂大典》卷五二五二改。今從改。

喜隱字完德，雄偉善騎射，封趙王。應曆中，[1]謀反事覺，[2]上臨問有狀，以親釋之。[3]未幾復反，下獄。景宗即位，聞有赦，自去其械而朝。上怒曰：“汝罪人，何得擅離禁所？”詔誅守者，復寘于獄。及改元保寧，乃宥之，妻以皇后之姊，[4]復爵，王宋。[5]

[1]應曆：遼穆宗耶律璟年號（951—969）。

[2]謀反：據本書卷六《穆宗本紀上》，喜隱謀反是在應曆十年十月。

[3]釋之：據本書卷六《穆宗本紀上》，喜隱被釋放是在應曆十一年二月丙寅（初二日）。

[4]皇后：指遼景宗的皇后蕭燕燕。據《長編》卷五五，蕭燕燕的二姐嫁給了趙王（即喜隱），稱趙妃。趙王死後，趙妃在給蕭燕燕的酒中投毒，被奴婢揭發，遂被蕭燕燕鴆死。據《東都事略》，蕭燕燕的二姐叫蕭夷懶。

[5]王宋：據本書卷八《景宗本紀上》，保寧元年（969）四月戊申朔日，“改封趙王喜隱爲宋王”。

喜隱輕僄無恒，小得志即驕。上嘗召，不時至，怒而鞭之，由是憤怨謀亂。貶而復召，適見上與劉繼元書，[1]辭意卑遜，諫曰：“本朝於漢爲祖，[2]書旨如此，恐虧國體。”帝尋改之。授西南面招討使，[3]命之河東索吐蕃户，[4]稍見進用。復誘群小謀叛，上命械其手足，築圜土囚祖州。宋降卒二百餘人欲刼立喜隱，以城堅不得入，立其子留禮壽，[5]上京留守除室擒之。[6]留禮壽伏誅，[7]賜喜隱死。[8]

[1]劉繼元（？—991）：北漢的末代皇帝。本姓何，母爲北漢皇帝劉崇之女。被其舅父劉承鈞（後改名鈞）收養爲子。遼應曆十八年（968）七月，繼其同母異父兄劉繼恩之後爲北漢皇帝。公元

979 年降宋。《宋史》卷四八二《北漢劉氏世家》詳載其事。

[2]漢：劉崇所建朝代名。史稱北漢。存續於公元 951 年至 979 年，傳四帝而亡於宋。《宋史》卷四八二《北漢劉氏世家》詳載其事。

[3]西南面招討使：遼代設在西京道的西南面招討司的軍事長官。負責對西夏的用兵。據本書卷九《景宗本紀下》，喜隱被任命爲西南面招討使是在保寧九年（977）六月丙辰（初九日）。

[4]河東：地名。約當今山西省。因在黄河之東，漢唐時又在此設河東郡而得名。此處代指北漢。　吐蕃：此處“吐蕃”或係“吐谷渾”之誤。因爲據本書卷九《景宗本紀下》，喜隱任西南面招討使是在保寧九年六月至乾亨二年（980）六月間。在此期間，並無吐蕃户入河東之記載。惟保寧九年十一月有“吐谷渾叛入太原者四百余户，索而還之”。喜隱所索者或指此事。【李注】原爲中國古代藏族政權名，公元七至九世紀在青藏高原建立。吐蕃政權崩潰以後，宋元及明初史籍稱青藏高原上的土著族、部爲吐蕃。

[5]留禮壽（？—981）：人名。據本書卷九《景宗本紀下》，留禮壽被上京亂軍立爲僞帝是在乾亨三年五月丙午（初十日）。

[6]除室：人名。據本書卷九《景宗本紀下》，除室因平亂有功，於乾亨三年十一月加官同政事門下平章事。

[7]伏誅：據本書卷九《景宗本紀下》，留壽禮是在乾亨三年七月甲子（二十九日）伏誅。

[8]賜喜隱死：據本書卷九《景宗本紀下》，賜喜隱死是在乾亨四年七月壬辰（初三日）。

論曰：李胡殘酷驕盈，太祖知其不才而不能教，太后不知其惡而溺愛之。初以屋質之言定立世宗，而復謀廢立。子孫繼以逆誅，并及其身，可哀也已。

夫自太祖之世，剌葛、安端首倡禍亂，[1]太祖既不之誅，又復用之，固爲有君人之量。然惟太祖之才足以駕馭，庶乎其可也。李胡而下，宗王反側，無代無之，遼之内難與國始終。厥後嗣君雖嚴法以繩之，卒不可止。烏虖，創業垂統之主，所以貽厥孫謀者，[2]可不審歟！

[1]剌葛：字率懶，遼太祖耶律阿保機的二弟。曾發動反對遼太祖的叛亂。後自幽州南竄，爲人所殺。【李注】《通鑑》卷二七〇後梁均王貞明四年（918）於事後追述此事："初，契丹主之弟撒剌阿撥號北大王，謀作亂於其國。事覺，契丹主數之曰：'汝與吾如手足，而汝興此心，我若殺汝，則與汝何異！'乃囚之期年而釋之。撒剌阿撥帥其衆奔晉，晉王厚遇之，養爲假子，任爲刺史"；同年，晉軍渡河攻汴州，與梁戰於胡柳，失利，撒剌攜妻子奔梁。另據本書卷六四《皇子表》，剌葛後南竄。所謂"撒剌阿撥"可能就是剌葛，爲後唐莊宗李存勗所殺。《通鑑》卷二七二後唐莊宗同光元年（923）（冬十月）詔："契丹撒剌阿撥叛兄棄母，負恩背國，宜與［趙］巖等並誅於市。"

[2]貽厥孫謀：留給兒孫的法則。典出《尚書·五子之歌》"有典有則，貽厥子孫"和《詩經·文王有聲》"貽厥孫謀，以燕翼子"。

順宗名濬，[1]小字耶魯斡，道宗長子，[2]母宣懿皇后蕭氏。[3]幼而能言，好學知書。道宗嘗曰："此子聰慧，殆天授歟！"

[1]順宗：據本書卷二七《天祚本紀一》，天祚帝於乾統元年（1101）十月甲辰（十七日）給他父親耶律濬所追封的廟號。　名

濬：據《契丹國志》卷一三，耶律濬初名空古里，封秦王，後名元吉。據本書卷二一《道宗本紀一》，耶律濬生於清寧四年（1058）。

［2］道宗：遼代皇帝耶律洪（弘）基的廟號。

［3］宣懿皇后：遼道宗的皇后蕭觀音的謚號。由其孫天祚帝於乾統元年六月庚子（十三日）所追謚。本書卷七一有傳。

六歲封梁王。[1]明年，從上獵，矢連發三中。上顧左右曰："朕祖宗以來，騎射絶人，威震天下。是兒雖幼，不墜其風。"後遇十鹿，射獲其九。帝喜，設宴。八歲立爲皇太子。[2]大康元年兼領北、南樞密院事。[3]

［1］封梁王：據本書卷二二《道宗本紀二》，耶律濬被封梁王是在清寧九年（1063）。斯時恰爲六歲。

［2］立爲皇太子：據本書卷二二《道宗本紀二》，耶律濬被册爲皇太子是在咸雍元年（1065）正月朔日。

［3］大康：遼道宗耶律洪基年號（1075—1084）。　北、南樞密院：【李注】官署名。爲遼朝的實際宰輔機構，總領北、南面官。北樞密院又稱契丹樞密院，掌軍事、部族；南樞密院又稱漢人樞密院，掌漢人州縣之事。　大康元年兼領北、南樞密院事：據本書卷一一〇，皇太子耶律濬於大康元年"始預朝政，法度修明"。

及母后被害，[1]太子有憂色。[2]耶律乙辛爲北院樞密使，[3]常不自安。會護衛蕭忽古謀害乙辛，[4]事覺下獄。副點檢蕭十三謂乙辛曰：[5]"臣民心屬太子。公非閥閲，一日若立，吾輩措身何地！"迺與同知北院宣徽事蕭特裏特謀構陷太子，[6]陰令右護衛太保耶律查剌誣告都宫使耶律撒剌、知院蕭速撒、護衛蕭忽古謀廢立。[7]詔案無迹，不治。

[1]母后被害：據本書卷二三《道宗本紀三》，宣懿皇后於大康元年（1075）十一月辛酉（初三日）因被誣巇與伶官趙惟一通奸而賜死。又據王鼎《焚椒録》，皇后是被逼迫用白練上吊而死。遼道宗把裸着的皇后的屍體用葦蓆裹着退還給她娘家。

[2]太子有憂色：據《焚椒録》，皇后被害前，太子曾“被髮流涕乞代母死”。皇后被害後，皇太子投地大叫曰：“殺吾母者耶律乙辛也，他日不門誅此賊不爲人子。”

[3]耶律乙辛（？—1083）：【李注】五院部人。字胡覩衮。重熙中，爲文班吏。道宗清寧五年（1059）爲南院樞密使，改知北院，封趙王。九年重元亂平，拜北院樞密使，進封魏王。大康元年（1075）誣皇后蕭觀音致死，三年又害死太子耶律濬。七年冬坐以禁物鬻入外國，幽於來州。九年謀奔宋及私藏兵甲事發，伏誅。本書卷一一〇有傳。　北院樞密使：契丹北樞密院的首長。屬北面朝官。據本書卷四五《百官志一》，“掌兵機、武銓、群牧之政，凡契丹軍馬皆屬焉”。

[4]護衛：官名。據本書卷四五《百官志一》，屬北面御帳官。北護衛府和南護衛府均有左、右護衛。　蕭忽古：人名。本書卷九九有傳。

[5]副點檢：殿前副點檢的簡稱。殿前都點檢司的副長官。屬南面朝官。　蕭十三：耶律乙辛奸臣集團中的成員。本書卷一一〇有傳。其本傳中把他對耶律乙辛的話記爲：“今太子猶在，臣民屬心。大王素無根柢之助，復有誣皇后之怨。若太子立，王置身何地？宜熟計之。”

[6]同知北院宣徽事：官名。宣徽北院的官員。掌北院御前祇應事。　蕭特裏特：亦作“蕭得裏特”，耶律乙辛奸臣集團的成員。本書卷一一一有傳。

[7]右護衛太保耶律查剌：中華點校本校勘記曰，“右護衛太保”原誤“護衛太保”。據本書卷二三《道宗本紀三》大康三年五月及本書卷四五《百官志一》改。今從。　知院蕭速撒：中華點校本校勘記曰，“蕭”原誤“耶律”，據本書卷二三《道宗本紀三》大康二年六月及卷九九本傳改。今從。

乙辛復令牌印郎君蕭訛都斡等言：[1]“查剌前告非妄，臣實與謀，欲殺耶律乙辛等，然後立太子。臣若不言，恐事發連坐。”帝信之，幽太子于別室，以耶律燕哥鞫案。[2]太子具陳枉狀曰：[3]“吾爲儲副，尚何所求。公當爲我辨之。”燕哥乃乙辛之黨，易其言爲款伏。上大怒，廢太子爲庶人。將出，曰：“我何罪至是!”[4]十三叱登車，遣衛士闔其扉。徙于上京，囚圜堵中。乙辛尋遣達魯古、撒八往害之，[5]太子年方二十，上京留守蕭撻得紿以疾薨聞。[6]上哀之，命有司葬龍門山。[7]欲召其妃，乙辛陰遣人殺之。

[1]牌印郎君：官名。牌印局的首長。　蕭訛都斡：人名。耶律乙辛奸臣集團的成員。據漢字和契丹小字《宋魏國妃墓誌銘》，其曾祖父爲解里·桃隈，其祖父爲六温·高九，其父爲時時里·迪烈。本書卷一一一有傳。

[2]耶律燕哥：人名。耶律乙辛奸臣集團的成員。本書卷一一〇有傳。

[3]陳枉狀曰：太子所陳述的話在本書卷一一〇《耶律燕哥傳》中作：“帝惟我一子，今爲儲嗣，復何求，敢爲此事！公與我爲昆弟行，當念無辜，達意於帝。”

[4]我何罪：“我”原誤作“哉”，明抄本、南監本、北監本和

殿本均作“我”。中華點校本、修訂本、補注本徑改。今據改。長箋本引《羅校》出校。

[5]達魯古：即蕭達魯古，耶律乙辛奸臣集團的成員。本書卷一一一有傳。　撒八：亦作“撒把”，人名。時任近侍直長。　往害之：據本書卷二三《道宗本紀三》，太子被害是在大康三年(1077)十一月。

[6]蕭撻得：人名。耶律乙辛奸臣集團的成員。他利用上京留守的職權，與蕭達魯古和撒把一起“夜引力士至囚室，紿以有赦，召太子出，殺之，函其首以歸。詐云疾薨”。

[7]龍門山：山名。在祖州（今內蒙古自治區巴林左旗查干哈達蘇木石房子嘎查)。

帝後知其冤，[1]悔恨無及，謚曰昭懷太子，[2]以天子禮改葬玉峰山。乾統初，[3]追尊大孝順聖皇帝，[4]廟號順宗，妃蕭氏貞順皇后。[5]一子，延禧，[6]即天祚皇帝。[7]

[1]帝後知其冤：“帝”原本誤“州”。中華點校本據《大典》卷五二五二改。今從。

[2]謚曰昭懷太子：據本書卷二四《道宗本紀四》，耶律濬被追謚爲昭懷太子是在大康九年（1083）閏六月戊寅（初四日)。

[3]乾統：遼代天祚帝耶律延禧年號（1101—1110)。據本書卷二七《天祚皇帝本纪一》，追尊耶律濬爲大孝順聖皇帝是在乾統元年十月甲辰（十七日)。

[4]大孝順聖皇帝：《梁援墓誌》作“昭懷大孝德順宗皇帝”。

[5]貞順皇后：天祚帝於乾統元年十月甲辰（十七日）給他母親追封的謚號。據漢字《梁國太妃墓誌銘》，貞順皇后是本書卷九一有傳的蕭朮哲（漢名知微）和梁國太妃的長女。貞順皇后的母親梁國太妃是耶律仁先之妹。《契丹國志》卷一〇稱天祚帝之母爲

"木拙氏"，不足取。

[6]延禧（1075—1128）：即耶律延禧，小字果阿。遼朝末代皇帝。本書卷二七至卷三〇有本紀。

[7]天祚皇帝：耶律延禧於壽隆（即壽昌）七年（1101）正月甲戌（十三日）即皇帝位後，群臣給他所上的尊號。

論曰：道宗知太子之賢，而不能辨乙辛之詐，竟絶父子之親，爲萬世惜。乙辛知爲一身之計，不知有君臣之義，豈復知有太子乎！姦邪之臣亂人家國如此，可不戒哉！可不戒哉！

晉王，[1]小字敖盧斡，[2]天祚皇帝長子，母曰文妃蕭氏。[3]

[1]晉王：耶律敖盧斡的爵位。據本書卷二七《天祚皇帝本紀一》，敖盧斡被封晉王是在乾統六年（1106）十一月戊戌（十一日）。

[2]敖盧斡：人名。即耶律敖盧斡。本書卷六四《皇子表》作"敖魯斡"。

[3]文妃蕭氏：小字瑟瑟。本書卷七一有傳。

甫髫齔，馳馬善射。出爲大丞相耶律隆運後，[1]封晉王。性樂道人善，而矜人不能。時宮中見讀書者輒斥。敖盧斡嘗入寢殿，見小底茶剌閱書，[2]因取觀。會諸王至，陰袖而歸之，曰："勿令他人見也"。一時號稱長者。

[1]大丞相：官名。遼代南面朝官中書省的首長。　耶律隆運(941—1011)：原名韓德讓，其契丹語全名爲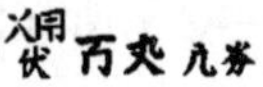（興寧·姚哥）。爲遼代開國功臣韓知古之孫，韓匡嗣第四子。遼聖宗時期的賢相。官至大丞相、總知二樞府事。賜國姓，隸横帳季父房後。玉諜聯名。遼代漢臣中最爲顯赫者。本書卷八二和《契丹國志》卷一八均有傳。據羅繼祖在《遼承天后與韓德讓》（《吉林大學社會科學學報》1962年第3期）一文的考證，承天后改嫁給了韓德讓。

[2]小底：内侍，小厮。亦作“小的”。　茶剌：人名。本書衹此一見。

及長，積有人望，内外歸心。保大元年南軍都統耶律余覩與其母文妃密謀立之。[1]事覺，余覩降金，[2]文妃伏誅。敖盧斡實不與謀，免。二年，耶律撒八等復謀立，不克。上知敖盧斡得人心，不忍加誅，令縊殺之。或勸之亡，敖盧斡曰：“安忍爲蕞爾之軀而失臣子之大節”。遂就死。聞者傷之。

[1]保大：遼代天祚帝耶律延禧年號（1121—1125）。　南軍都統：軍官名。南征都統所（亦稱南面行軍都統所）的首長。　耶律余覩（？—1132)：亦名余都姑。天祚帝文妃的妹夫。仕遼官至副都統。後降金。本書卷一〇二、《金史》卷一三三和《契丹國志》卷一九均有傳。

[2]降金：據《金史》卷二《太祖本紀》，耶律余覩降金是在金天輔五年即遼朝保大元年（1121）五月。

論曰：天祚不君，臣下謀立其子，適以殺之。敖盧斡重君父之命，不亡而死，申生其恭矣乎！[1]

[1]申生：人名。春秋時代晉獻公的大兒子。晉獻公寵驪姬。驪姬想讓晉獻公立她所生的兒子奚齊爲太子，於是就陷害申生。當申生把祭祀生母齊姜的胙肉按禮獻給獻公時，驪姬乘機把毒藥放入胙肉中。獻公回來之後，正想吃胙肉，驪姬攔住説："外面送進來的東西應先試試再吃。"於是把肉湯潑在地上一些，地上就鼓起了一個土包。又拿了一塊胙肉喂狗，狗被毒死了。又給一個小臣吃胙肉，小臣也被毒死了。驪姬向獻公進讒言，説申生欲害獻公。有人勸申生逃走，申生不肯，被迫自縊而死。其事詳載《左傳·僖公四年》和《史記》卷三九《晉世家》。　恭：申生的謚號。申生自縊死，陷父於不義，不得爲孝，但得謚恭。故謚恭世子。其事詳載《禮記·檀公上》。

（劉鳳翥校注　李錫厚補）

遼史　卷七三

列傳第三

耶律曷魯　蕭敵魯　阿古只　耶律斜涅赤　老古　頗德
耶律欲穩　耶律海里[1]

[1]“耶律曷魯”至“耶律海里”：原本、南監本、明抄本無，據北監本、殿本補。中華點校本、修訂本、補注本和長箋本有，但均未出校。

耶律曷魯字控温，一字洪隱，迭剌部人。[1]祖匣馬葛，[2]簡憲皇帝兄。[3]父偶思遙輦時爲本部夷离菫，[4]曷魯其長子也。

[1]迭剌部：契丹部族名。遙輦部落聯盟時期八部之外的強不可制的大部。【李注】據本書卷三二《營衛志·部族》，遙輦氏時期，原來耶律（即世里）有七部，後合併爲一，成爲迭剌部。遼代建國之後把此部析爲五院、六院二部。

[2]匣馬葛：契丹語人名的音譯。亦譯作“轄麥哥”。錢大昕《廿二史考異》稱，帖剌、蒲古只、匣馬葛爲一人三名。誤。據

契丹小字《耶律迪烈墓誌銘》記載，帖剌的長子爲蒲古只，次子爲匣馬葛。匣馬葛爲耶律羽之和耶律元寧（安世）的祖父。《耶律羽之墓誌銘》稱“祖諱曷魯·匣麥，夷离堇。兩奉王猷，控制藩屏”。《耶律元寧（安世）墓誌銘》稱“首拜國官夷离堇，即今北大王之秩諱曷魯·轄麥哥，公之烈祖也”。“匣馬葛”“匣麥”和“轄麥哥”爲契丹語同一單詞的異譯。由此看來，“匣馬葛”僅是此人契丹語名字的一部分，其全名應爲“曷魯·匣馬葛”或“曷魯·轄麥哥”。根據對契丹文字的解讀，契丹人的契丹語名字有“小名（孩子名）”和“第二個名”及“全名”之分，全名是把“小名”和“第二個名”疊加在一起，疊加時“第二個名”在前，“小名”在後。每一種名均可單獨使用。契丹小字《耶律迪烈墓誌銘》第七行有有“曷魯寧·轄麥哥夷离堇”。此人就是耶律羽之的祖父。確切音譯應爲“曷魯寧”，譯爲“曷魯”是省略了尾音［n］。

［3］簡憲皇帝：重熙二十一年（1052）七月朔日給遼太祖的祖父勻德實追尊的謚號。本書卷二〇和卷六六均作“簡獻皇帝”。兄：據契丹小字《耶律迪烈墓誌銘》記載，痕得·帖剌夷离堇是天皇帝（遼太祖）之祖父玄祖皇帝（簡憲皇帝）之胞兄，痕得·帖剌夷离堇的第二個兒子是曷魯寧·轄麥哥。因此，匣馬葛不是簡憲皇帝兄，而是簡憲皇帝之侄。這樣一來又與後面的釋魯是耶律曷魯的從父的記載相矛盾，姑且存疑待考。

［4］偶思：人名。《耶律羽之墓誌銘》作“列考諱謳思·涅列，夷离堇，金雲大王。劍履承家，旍麾顯世”。　遙輦：唐朝時期契丹族的部落聯盟名。　夷离堇：契丹部族官名。契丹小字作，意爲部長。【李注】源於突厥語官名“俟斤”（Irkin）。突厥各部的最高元首稱“可汗”（Qaghan），其他各部酋長則稱爲“俟斤”。初，契丹“其君大賀氏，有勝兵四萬，臣於突厥，以爲俟斤”（《新唐書》卷二一九《契丹傳》）。後，契丹首領自立爲可汗，其下所屬

各部酋長則稱爲“俟斤”，亦即夷离堇。契丹立國後，大部族之夷离堇稱王，小部族之夷离堇則稱爲節度使。舉凡一部之軍政、民政皆由其統掌。參韓儒林《穹廬集》（上海人民出版社 1982 年版，第 314—316 頁）。

性質厚。在髫髫與太祖遊，[1]從父釋魯奇之，[2]曰："興我家者，必二兒也。"太祖既長，相與易裘馬爲好，[3]然曷魯事太祖彌謹。會滑哥弒其父釋魯，[4]太祖顧曷魯曰："滑哥弒父，料我必不能容，將反噬我。今彼歸罪臺哂爲解，[5]我姑與之。是賊吾不忘也。"自是曷魯常佩刀從太祖，以備不虞。

［1］太祖：遼代皇帝耶律阿保機的廟號。

［2］從父：伯父和叔父的通稱。根據漢字和契丹小字《耶律智先墓誌銘》，釋魯是遼太祖的二伯父。根據前面的考釋，耶律曷魯的祖父匣馬葛是簡憲皇帝之侄，則耶律曷魯與遼太祖不是一輩的，而是比遼太祖晚一輩，姑且存疑，待考。　釋魯：人名。本書卷二《太祖本紀下》稱他“北征于厥、室韋，南略易、定、奚、霫，始興板築，置城邑，教民種桑麻，習組織，已有廣土衆民之志”。本書卷六四《皇子表》稱他“字述瀾，重熙中，追封爲隋國王，于越。駢脅多力，賢而有智。先遙輦氏可汗歲貢于突厥，至釋魯爲于越，始免”。《耶律仁先墓誌銘》稱他爲“述刺·實魯于越”。《耶律慶嗣墓誌銘》稱他爲“于越蜀國王述列·實魯，即太祖天皇帝之伯父也”。“述瀾”“述刺”“述列”爲同一個契丹語單詞不同的音譯。“釋魯”和“實魯”亦爲同一個契丹語單詞不同的音譯。由此看來，契丹人的名字一般由兩個單詞組成。“釋魯”僅是此人名字中的一個單詞，其全名應爲“述瀾·釋魯”“述刺·實魯”或“述列·實魯”。

[3]易裘馬爲好：契丹族表示友誼的最高禮節。本書卷一《太祖本紀上》遼太祖與李克用“易袍馬，約爲兄弟”。本書卷一〇“上（遼聖宗）與斜軫於太后前易弓矢鞍馬，約以爲友”。皆爲其例。

[4]滑哥（？—912）：人名。此人品行陰險。他與其父的小妾通奸，懼怕事情敗露後被他父親責罰，遂與蕭臺哂一起害死了他父親，並把責任推給蕭臺哂一人，從而暫時逍遙法外。遼太祖即位後，授以惕隱。後因謀反而與其子痕只俱被凌遲。本書卷一一二有傳。

[5]臺哂：人名。即蕭臺哂。任官剋。剋爲統兵官，契丹置。

居久之，曷魯父偶思病，召曷魯曰：“阿保機神略天授，[1]汝率諸弟赤心事之。”已而太祖來問疾，偶思執其手曰：“爾命世奇才。吾兒曷魯者他日可委以事，吾已諭之矣。”既而以諸子屬之。

[1]阿保機：遼太祖的契丹語名字。《通鑑》卷二六六注引趙志忠《虜庭雜記》云“太祖諱億，番名阿保謹，又諱斡里”。漢字文獻在處理契丹人的契丹語名字時，把“小名”作“名”，把“第二個名”處理爲“字”。凡“第二個名”均有尾音［n］。“阿保機”和“阿保謹”是同名異譯，是番名，即契丹语的“第二個名”。“阿保謹”的翻譯更符合尾音［n］語言特點。“小字”即小名。“啜里只”和“斡里”爲同名異譯，是小名。

太祖爲撻馬狘沙里參預部族事，[1]曷魯領數騎召小黄室韋來附。[2]太祖素有大志，而知曷魯賢，軍國事非曷魯議不行。會討越兀與烏古部，[3]曷魯爲前鋒，戰有功。

[1]撻馬狘（xuè）沙里：契丹語音譯詞。官名。意爲“管率衆人的郎君”。本書卷一一六《國語解》稱“撻馬，人從也。沙里，郎君也。管率衆人之官”。在契丹語中，謂語置於賓語後面。從語法分析，“狘”應爲作謂語用的動詞，“管率”之義。【李注】這是阿保機即位前首次擔任的官職，大概這一職位是爲契丹貴族子弟所獨擅，其地位高於一般撻馬。詳楊志玖《元史三論》（人民出版社 1985 年版，第 62 頁）。一般撻馬爲扈從官。

[2]小黄室韋：部族名。由唐代的黄頭室韋分化而來，遊牧於今洮兒河下游流域。【李注】據本書卷三三《營衛志下》：小黄室韋實即突呂不室韋的一部分，本名大、小二黄室韋户。阿保機爲撻馬狘沙里時，以計降伏大、小黄室韋，並且仍置爲二部。後設節度使，戍泰州（今吉林省白城市），隸屬東北路統軍司。

[3]越兀：部族名。其事不詳。　烏古部：部族名。“烏”原本誤作“鳥”，明抄本、南監本、北監本和殿本均作“烏”。中華點校本、修訂本、補注本徑改。今據改。長箋本引《羅校》出校。烏古，又稱嫗厥律、于厥律，居契丹西北。

及太祖爲迭剌部夷离堇，討奚部，[1]其長术里倨險而壘，[2]攻莫能下，命曷魯持一笴往諭之。既入，爲所執。廼説奚曰：“契丹與奚言語相通，實一國也。我夷离堇於奚豈有輚轢之心哉？漢人殺我祖奚首，[3]夷离堇怨次骨，日夜思報漢人。顧力單弱，使我求援於奚，傳矢以示信耳。夷离堇受命於天，撫下以德，故能有此衆也。今奚殺我，違天背德，不祥莫大焉。且兵連禍結，當自此始，豈爾國之利乎！”术里感其言，乃降。

[1]奚：【李注】部族名。即庫莫奚，與契丹“異種而同類”。據《五代會要》卷二八《奚》：“奚，本匈奴别種，即東胡之地，人物風俗與突厥同。族有五姓：一曰阿會部，管縣六；二曰啜米部，管縣四；三曰奥質部，管縣六；四曰奴皆部，管縣四；五曰黑訖支部，管縣三。每部有刺史，每縣有令，酋長號奚王。”此奚王是被契丹降伏以後的奚部族酋長。《新五代史》卷七四《四夷附録第三》所記奚各部名稱與《五代會要》相同：奚“分爲五部：一曰阿薈部，二曰啜米部，三曰粤質部，四曰奴皆部，五曰黑訖支部。後徙居琵琶川，在幽州東北數百里。地多黑羊，馬趫前蹄堅，善走，其登山逐獸，下上如飛”。奚本來衹有五部，阿保機降伏五部奚之後設置墮瑰部，而成六部。詳本書卷三三《營衛志下·部族下》。

[2]术里：人名。本書僅此一見。本書卷一《太祖本紀上》唐天復元年（901）條的“奚帥轄剌哥”，在時間、身份和讀音方面均與此相近，或許是同名異譯。

[3]奚首：人名。本書僅此一見，與“九奚首”不是一回事。有擬爲“奇首可汗”者，在時間和事實方面均不合。

太祖爲于越，[1]秉國政，欲命曷魯爲迭剌部夷离堇。辭曰：“賊在君側，未敢遠去。”太祖討黑車子室韋，[2]幽州劉仁恭遣養子趙霸率衆來救。[3]曷魯伏兵桃山，[4]俟霸衆過半而要之，與太祖合擊，斬獲甚衆，遂降室韋。太祖會李克用于雲州，[5]時曷魯侍，克用顧而壯之曰：“偉男子爲誰？”太祖曰：“吾族曷魯也。”

[1]于越：契丹語音譯詞。官名。本書卷一一六《國語解》稱“于越，貴官，無所職。其位在北、南大王上，非有大功德者不授”。

[2]黑車子室韋：部族名。室韋之一部，即《舊唐書》卷一九五《回紇傳》的“和解室韋”。由唐代初年室韋中的和解部發展而來。唐末時已遷徙至陰山之東。【李注】其住地當今内蒙古自治區東部呼倫湖東南，南與契丹接。詳王國維《觀堂集林》卷一四《黑車子室韋考》。

[3]幽州：州名。治所故址在今北京市。　劉仁恭（？—912）：【李注】唐末割據軍閥，深州樂壽（今河北省獻縣）人。早年爲晉王李克用壽陽鎮將，乾寧元年（894）又爲盧龍軍節度使。其子守文爲横海軍節度使，父子率兩鎮兵十萬，號稱三十萬，稱雄一方。仁恭後爲另一子守光所囚禁。乾化元年（911），守光自號大燕皇帝。次年仁恭父子爲晉王所擒殺。《新唐書》卷二一二有傳。據《舊五代史》卷一三七《外國列傳》：“劉仁恭鎮幽州，素知契丹軍情僞，選將練兵，乘秋深入，逾摘星嶺討之，霜降秋暮，即燔塞下野草，以困之，馬多饑死，即以良馬賂仁恭，以市牧地。仁恭季年荒恣，出居大安山，契丹背盟，數來寇鈔。”看來，劉仁恭的攻擊使契丹受到了嚴重的損失。　趙霸：人名。本書僅此一見。

[4]桃山：山名。陳漢章《索隱》：“案《一統志》，桃山在萬全縣西北，新河口堡東三里，亦名桃山臺。”

[5]李克用（856—908）：沙陀部人。朱邪赤心之子。唐末大同軍節度使。因鎮壓黄巢起義有功而升爲河東節度使。後進封晉王。唐朝亡後，割據河東與後梁對抗。後唐莊宗即位後，追謚爲太祖武皇帝。《舊五代史》卷二五至卷二六有本紀。　雲州：治所故址在今山西省大同市。《舊五代史》卷二六載：“天祐二年春，契丹阿保機始盛，武皇（李克用）召之，阿保機領部族三十萬至雲州，與武皇會於雲州之東，握手甚歡，結爲兄弟，旬日而去，留馬千匹，牛羊萬計，期以冬初渡河。”

會遙輦痕德堇可汗殁，[1]群臣奉遺命請立太祖。太祖辭曰："昔吾祖夷离堇雅里嘗以不當立而辭，[2]今若等復爲是言，何歟？"曷魯進曰："曩吾祖之辭，遺命弗及、符瑞未見，第爲國人所推戴耳。今先君言猶在耳，天人所與，若合符契。天不可逆，人不可拂，而君命不可違也。"太祖曰："遺命固然，汝焉知天道？"曷魯曰："聞于越之生也，神光屬天，異香盈幄，夢受神誨，龍錫金佩。天道無私，必應有德。我國削弱，齮齕於隣部日久，[3]以故生聖人以興起之。可汗知天意，故有是命。且遙輦九營棊布，[4]非無可立者。小大臣民屬心于越，天也。昔者于越伯父釋魯嘗曰：'吾猶蛇，兒猶龍也。'[5]天時人事，幾不可失。"太祖猶未許。是夜，獨召曷魯責曰："衆以遺命迫我，汝不明吾心而亦僥隨耶？"曷魯曰："在昔夷离堇雅里雖推戴者衆，辭之而立阻午爲可汗，[6]相傳十餘世，[7]君臣之分亂，紀綱之統隳。委質他國，若綴斿然。[8]羽檄蠭午，[9]民疲奔命。興王之運，實在今日。應天順人以答顧命，不可失也。"太祖乃許。明日，即皇帝位，命曷魯總軍國事。

[1]痕德堇：人名。亦作欽德。契丹遙輦氏部落聯盟的最後一位可汗。本書卷六三有"契丹王欽德，習爾之族也，是爲痕德堇可汗。光啓中，鈔略奚、室韋諸部，皆役服之，數與劉仁恭相攻，晚年政衰"。又據本書卷一，痕德堇可汗歿於唐天祐三年（906）。【李注】痕德堇爲契丹遙輦氏末代可汗名。"痕德堇"又稱"欽德"，其立爲契丹可汗應早於天復元年。據《新唐書》卷二一九《契丹傳》，咸通（860—874）間，契丹可汗爲習爾之。"習爾之死，族人欽德嗣。光啓時天下盜興，北疆多故，乃鈔奚、室韋，小

小部種皆役屬服之，因入寇幽、薊”。可見，光啓（885—888）時，欽德已在位。　可汗：突厥語和契丹語稱“王”或“皇帝”爲“可汗”或“可寒”。

［2］雅里：人名。亦作“泥禮”“涅里”。本書卷六三《世表》説他擁立迪輦俎里又作“迪輦祖里”“迪輦組里”，爲契丹遙輦氏部落聯盟的阻午可汗。本書卷二《太祖本紀下》説他是遼太祖的七世祖。還説他“始立制度，置官屬，刻木爲契，穴地爲牢”。

［3］齮（yǐ）齕（hé）：側齒咬。引申爲毁傷。典出《史記》卷九四《田儋傳》：“且秦復得志於天下，則齮齕用事者墳墓矣。”

［4］遙輦九營：亦稱“遙輦九帳”，對遙輦氏九任可汗後裔的總稱。遼朝建立後，對遙輦九帳給予優待，尊九帳於御營之上。並設有遙輦九帳大常袞司。【李注】掌遙輦窪可汗、阻午可汗、胡剌可汗、蘇可汗、鮮質可汗、昭古可汗、耶瀾可汗、巴剌可汗、痕德堇可汗等九世宫分之事。

［5］吾猶蛇，兒猶龍也：漢字《耶律智先墓誌銘》稱“遠祖于越蜀國王，諱述烈·實魯。我太祖大聖天皇帝之伯父也。時太祖尚幼，異而重之。嘗謂人曰：‘吾輩蛇爾，吾侄其龍乎！’乃誨宗屬與其子弟善當翊護”。《耶律慶嗣墓誌銘》稱“遠祖于越蜀國王，諱述列·實魯，即太祖大聖天皇帝之伯父也。有玄鑒澄量，當太祖潛德時，嘗謂族人曰：‘觀吾侄應變非常，乃龍之至神者。以吾輩匡之，則蛇虺爾。興吾國業，家一天下，非侄而何？爾曹宜肩一心，始終善愛戴之。’其先見遠識若此”。實魯即釋魯。

［6］阻午：契丹可汗的稱號。名叫迪輦組里。據本書卷六三《世表》，唐朝賜名李懷秀（亦作李懷節），“天寶四年降唐，拜松漠都督”。又據《舊唐書》卷九《玄宗本紀下》，“封外孫獨孤氏爲静樂公主，出降契丹松漠都督李懷節”。

［7］相傳十餘世：【李注】唐開元二十三年（735），可突于殘黨泥禮殺李過折，立阻午可汗，連同阻午可汗之前的窪可汗（可能是追尊），衹傳九世，至907年阿保機建國。

[8]斿（liú）：同“旒”。古代旌旗的下垂飾物。

[9]䲜午：紛然並起的樣子。衆䲜飛起，交横若午。

時制度未講、國用未充、扈從未備，而諸弟剌葛等往往覬非望。[1]太祖宫行營始置腹心部，[2]選諸部豪健二千餘充之，以曷魯及蕭敵魯總焉。[3]已而諸弟之亂作，太祖命曷魯總領軍事討平之，以功爲迭剌部夷离堇。[4]時民更兵焚剽，日以抏敝，曷魯撫輯有方，畜牧益滋，民用富庶。乃討烏古部，破之。自是震慴，不敢復叛。廼請制朝儀、建元，[5]率百官上尊號。[6]太祖既備禮受册，拜曷魯爲阿魯敦于越。[7]“阿魯敦”者，遼言“盛名”也。[8]

[1]剌葛（？—923）：亦作“撒剌阿撥”，人名。遼太祖的二弟。經常與諸弟發動反對其兄遼太祖的叛亂。據本書卷一《太祖本紀上》，神册二年（917）六月，剌葛與其子賽保里叛入幽州。《通鑑》卷二七〇貞明四年（918）條載：“初，契丹主之弟撒剌阿撥號北大王，謀作亂於其國。事覺，契丹主數之曰：‘汝與吾如手足，而汝興此心，我若殺汝，則與汝何異！’乃囚之。期年而釋之。撒剌阿撥帥其衆奔晉。晉王厚遇之，養爲假子，任爲刺史；胡柳之戰，以其妻子來奔（後梁）。”又據《舊五代史》卷三〇，同光元年（923）十月丙戌（十六日），斬撒剌阿撥并其妻孥於汴橋下。其事蹟詳載本書卷六四《皇子表》。

[2]腹心部：遼太祖建立的完全效忠於他的警衛部隊。

[3]蕭敵魯：人名。遼太祖的姑表弟。本書本卷有傳。

[4]爲迭剌部夷离堇：據本書卷一《太祖本紀上》，曷魯任此官是在太祖八年（914）正月甲辰（初七日）。

[5]建元：建立年號。據本書卷一《太祖本紀上》，太祖十年(916) 二月丙申（十一日），建元“神册”。這是遼代的第一個年號。

[6]上尊號：據本書卷一《太祖本紀上》，“神册元年春二月丙戌朔，上在龍化州，迭烈部夷离菫耶律曷魯等率百僚請上尊號，三表乃允。丙申，群臣及諸屬國築壇州東，上尊號曰大聖大明天皇帝”。

[7]拜曷魯爲阿魯敦于越：據中華點校本校勘記，阿魯敦，本書卷一《太祖本紀上》神册元年三月作“阿盧朶里”，爲契丹語譯音，漢語“貴顯”“盛名”之義。

[8]遼言：契丹語。

後太祖伐西南諸夷，[1]數爲前鋒。神册二年從逼幽州，[2]與唐節度使周德威拒戰可汗州西，[3]敗其軍，遂圍幽州，未下。太祖以時暑班師，留曷魯與盧國用守之，[4]俄而救兵繼至，曷魯等以軍少無援，退。

[1]太祖伐西南諸夷：指本書卷一《太祖本紀上》神册元年(916) 條所説的“秋七月壬申（十九日），親征突厥、吐渾、党項、小番、沙陀諸部，皆平之”。

[2]神册：遼太祖耶律阿保機年號（916—922）。

[3]唐：五代時期的朝代名。史稱後唐。李存勗於公元 923 年所建。936 年亡於後晉。　節度使：官名。唐初，武將行軍稱總管，本道則稱都督。永徽以後，都督帶使持節者稱節度使。唐代節度使一般封郡王，總掌軍旅，專誅殺。起初，僅在邊地設置，目的在於使軍事行動敏捷靈活。一節度使總管一道或數州。後來遍設於國内。衹管一州的軍事民政，用人理財，皆得自專。五代、遼、宋、金皆設此官。元廢。　周德威（？—918）：字鎮遠，朔州馬邑（今

山西省朔州市）人。五代時期後晉的勇將，累官至盧龍軍節度使。《舊五代史》卷五六和《新五代史》卷二五均有傳。　可汗：州名。州治故址在今河北省懷來縣。【李注】據本書卷四一《地理志五·西京道》，媯州改稱可汗州是在阿保機之先。“五代時，奚王去諸以數千帳徙媯州，自别爲西奚，號可汗州，太祖因之”。

[4]盧國用：即盧文進（？—944）。國用（亦作“大用”）乃是其字，幽州范陽（今北京市）人。原爲劉守光騎將。後唐莊宗攻幽州時，率先降莊宗，遙授壽州刺史。後與新州團練使李存矩不睦，於神册元年（916）四月朔日殺李存矩率衆降契丹。契丹任命他爲幽州留後。從此之後的十年間，經常率領契丹兵南侵幽、薊，擄掠數州士女而去。他傳授契丹人紡織、農耕等中原先進技術。天顯元年（926）十月，率衆投奔後唐莊宗。後晉建立後，又於天福元年（936）投奔吴（後改稱唐，史稱南唐）。卒於南唐保大二年（944）三月。《舊五代史》卷九七、《新五代史》卷四八、《十國春秋》卷二四和《契丹國志》卷一八均有傳。

三年七月皇都既成，[1]燕群臣以落之。[2]曷魯是日得疾薨，[3]年四十七。[4]既葬，賜名其阡宴答山曰于越峪，[5]詔立石紀功。清寧間命立祠上京。[6]

[1]皇都：即上京。故址在今内蒙古自治區巴林左旗林東鎮。

[2]落：一種慶祝宫殿竣工的祭祀儀式。典出《左傳·昭公七年》：“楚子成章華之臺，願與諸侯落之。”落，義爲“始”。

[3]是日得疾薨：據本書卷一《太祖本紀上》，耶律曷魯薨於神册三年（918）七月乙酉（十四日）。

[4]年四十七：由此推算，曷魯當生於唐朝咸通十三年（872）。

[5]阡：墳墓。此處指墳墓所在地。　宴答山：山名。今地

不詳。

［6］清寧：遼道宗耶律洪基年號（1055—1064）。

初，曷魯病革，［1］太祖臨視，問所欲言。曷魯曰："陛下聖德寬仁，群生咸遂，帝業隆興。臣既蒙寵遇，雖瞑目無憾。惟析迭剌部議未決，［2］願亟行之。"及薨，太祖流涕曰："斯人若登三五載，吾謀蔑不濟矣。"

［1］病革：病危將死。典出《禮記·檀公上》中"子之病革矣"。

［2］析迭剌部：據本書卷三三《營衛志下》，因爲迭剌部強大難制，而於天贊元年（922）把它析爲五院部和六院部兩個部。各置夷离堇。

後，太祖二十一功臣各有所擬，［1］以曷魯爲心云。子惕剌、撒剌，［2］俱不仕。

［1］二十一功臣：據日本松井等《契丹勃興史》（劉鳳翥譯，邢复禮校，《民族史譯文》第10輯，中國社會科學出版社1981年版）考證，指本書卷七三至卷七五所記載的耶律曷魯、蕭敵魯、蕭阿古只、耶律斜涅赤、耶律老古、耶律頗德、耶律欲穩、耶律海里、耶律敵剌、蕭痕篤、康默記、韓延徽、韓知古、耶律覿烈、耶律羽之、耶律鐸臻、耶律古、耶律突呂不、王郁、耶律圖魯窘等人。上述共二十人，尚缺一人待考。

［2］惕剌：人名。其他不詳。　撒剌：人名。其他不詳。

論曰：曷魯以肺腑之親任帷幄之寄，言如蓍龜，［1］

謀成戰勝可謂筭無遺策矣。其君臣相得之誠，庶吳漢之於光武歟![2]夫信其所可信，智也，太祖有焉。故曰“惟聖知聖，惟賢知賢”，斯近之矣。

[1]蓍龜：卜筮。引申爲説話靈驗。筮用蓍草，卜用龜甲。

[2]吳漢：人名。南陽宛縣（今河南省南陽市）人。東漢初期的重要將領。【李注】王莽末，往來燕、薊間，所至皆交結豪傑。仰慕光武，説服太守彭寵以精鋭歸附光武，光武拜漢大將軍。《後漢書》卷一八有傳。　光武：即光武帝。東漢世祖皇帝劉秀的謚號。《謚法》稱“能紹前業曰光，克定禍亂曰武”。

蕭敵魯字敵輦，[1]其母爲德祖女弟，[2]而淳欽皇后又其女弟也。[3]五世祖曰胡母里，[4]遙輦氏時嘗使唐，[5]唐留之幽州。一夕折關遁歸國，由是世爲決獄官。

[1]敵輦：人名。本書卷一《太祖本紀上》太祖七年（913）四月條作“迪里古”、五月條則作“迪輦”，《蕭義墓誌銘》作“迪烈寧”。“迪輦”乃“敵輦”和“迪烈寧”之異譯。“迪里古”乃“敵魯”的異譯。契丹族人的契丹語名字往往由兩個單詞組成。兩個單詞中的任何一個單詞都可作爲簡稱的名字。而在漢字典籍中往往把兩個單詞一個處理爲名，一個處理爲字。蕭敵魯的全名應爲“敵輦·敵魯”。

[2]德祖：遼太祖的父親撒剌的被追封的廟號。　女弟：妹妹。據本書卷七一《后妃傳·淳欽皇后傳》，蕭敵魯之父婆姑娶勻德恝之女。勻德恝即德祖之父玄祖勻德實。《蕭義墓誌銘》稱迪烈寧是遼太祖的姑表弟。這些記載均與蕭敵魯之母爲德祖女弟相符合。

[3]淳欽皇后：遼太祖的皇后述律平的謚號。　女弟：弟，各本均作“兄”。本書卷一《太祖本紀上》太祖四年（910）七月條

有“以后兄蕭敵魯爲北府宰相”。《蕭義墓誌銘》稱迪烈寧（敵魯）是“應天皇后（淳欽皇后）之長兄”。敵魯既然爲兄，皇后就應爲妹即“女弟”。據改。

[4]胡母里：人名。據本書卷七一《后妃傳·淳欽皇后傳》，蕭敵魯的四代先人依前後次序爲糯思、魏寧、慎婆姑。胡母里應爲糯思之父。

[5]唐：朝代名。李淵於公元 618 年所建。公元 907 年被朱温所篡。

敵魯性寬厚，膂力絶人，習軍旅事。太祖潛藩日侍左右，[1]凡征討必與行陣。既即位，敵魯與弟阿古只、耶律釋魯、耶律曷魯偕總宿衛。[2]拜敵魯北府宰相，[3]世其官。

[1]潛藩：未作皇帝之時。

[2]阿古只：人名。本書卷一《太祖本紀上》太祖七年（913）四月條作“遏古只”，神册二年（917）三月條作“阿骨只”。本書本卷有傳。　耶律釋魯：本書僅此一見。雖與遼太祖的三伯父同名，但不是同一個人。

[3]北府宰相：契丹部族官名。遼朝官分南、北面。北面官中又有北、南宰相府。北宰相亦稱北府宰相，南宰相亦稱南府宰相。北府宰相掌佐理軍國之大政。后族世預其選。本書卷一《太祖本紀上》太祖四年（910）條載，“秋七月戊子朔，以后兄蕭敵魯爲北府宰相。后族爲相自此始”。《蕭義墓誌銘》稱“佐佑風雲，贊翊日月。初置北相，首居其位”。

太祖征奚及討劉守光，[1]敵魯略地海濱，殺獲甚衆。頃之，剌葛等作亂，潰而北走。敵魯率輕騎追之，兼晝夜行。至榆河，[2]敗其黨，獲剌葛以獻。[3]太祖嘉之，錫賚甚渥。後討西南夷，功居諸將先。神册三年十二月卒。[4]

[1]劉守光（？—914）：深州樂壽（今河北省獻縣）人，劉仁恭之子，五代時期割據幽州的僭僞者。後梁開平元年（907）囚其父自稱幽州節度使。後梁乾化元年（911）八月十三日，自稱大燕皇帝，改元應天。乾化三年十二月被晉王李存勗擒獲，次年被殺。《舊五代史》卷一三五和《新五代史》卷三九均有傳。據本書卷一《太祖本紀上》，遼太祖親征劉守光是在太祖六年（912）二月戊午（初九日）。

[2]榆河：地名。《清一統志》有榆河，在今内蒙古科爾沁右翼前旗，疑即此。

[3]獲剌葛：據本書卷一《太祖本紀上》，擒獲剌葛是在太祖七年（913）五月甲寅（十三日）。

[4]十二月卒：據本書卷一《太祖本紀上》，蕭敵魯卒於神册三年（918）十二月辛丑（初二日）。有子蕭翰，本書卷一一三有傳。

敵魯有膽略，聞敵所在即馳赴，親冒矢石，前後戰未嘗少衄，必勝乃止。以故在太祖功臣列，喻以手云。[1]弟阿古只。[2]

[1]喻以手云：《蕭義墓誌銘》稱“聖元肇祚，用人若身，運使從心，目公爲手”。與此比喻相一致。

[2]弟阿古只：據本書卷六五《公主表》，蕭敵魯除了弟阿古只之外，還有一個弟弟蕭室魯，娶了太祖的女兒質古公主。舅父娶外甥女這種娶親不論輩分和近親結婚的婚俗在遼代契丹人中普遍

流行。

阿古只字撒本。少卓越，自放不羈。長，驍勇善射，臨敵敢前。每射甲楯輒洞貫。太祖爲于越時，以材勇充任使。既即位，與敵魯總腹心部。剌葛之亂也，淳欽皇后軍黑山，[1]阻險自固。太祖方經略奚地，命阿古只統百騎往衛之。逆黨迭里特、耶律滑哥素憚其勇略，[2]相戒曰："是不可犯也！"剌葛既北走，與敵魯追擒于榆河。

[1]黑山：山名。今名罕山，在今内蒙古自治區巴林右旗索博日嘎鎮。

[2]迭里特（？—914）：【李注】即耶律轄底之子解里。據本書卷一一二《轄底傳》，迭里"太祖在潛，已加眷遇，及即位拜迭剌部夷离堇"。後從剌葛亂，與其父轄底俱縊殺之。

神册初元，討西南夷有功；徇山西諸郡縣，[1]又下之，敗周德威軍。三年以功拜北府宰相，世其職。天贊初，[2]與王郁略地燕趙，[3]破磁窯鎮。[4]太祖西征，悉諉以南面邊事。

[1]山西：地名。指太行山以西地區。此指本書卷一《太祖本紀上》神册元年（916）"十一月，攻蔚、新、武、嬀、儒五州，斬首萬四千七百餘級"。諸州皆在山西。

[2]天贊：遼太祖耶律阿保機年號（922—926）。

[3]王郁：人名。本書卷七五有傳。　燕趙：地名。泛指今河北省地區。因戰國時期此地曾建立過燕國和趙國而得名。據本書卷

二《太祖本紀下》，蕭阿古只與王郁徇地燕趙是在天贊二年（923）七月。

［4］磁窯鎮：地名。今地不詳。疑即今山西省渾源縣大磁窯鎮。

攻渤海，[1]破扶餘城，[2]獨將騎兵五百，敗老相軍三萬。[3]渤海既平，改東丹國。[4]頃之，已降郡縣復叛，盜賊蜂起。阿古只與康默記討之，[5]所向披靡。會賊游騎七千自鴨渌府來援，[6]勢張甚。阿古只帥麾下精鋭直犯其鋒，一戰克之，斬馘三千餘，遂進軍破回跋城。[7]以病卒。

［1］渤海：唐代中國東北地區的割據政權名。粟末靺鞨族人大祚榮於公元698年所建，共傳十五王，歷二百二十九年，於公元926年亡於契丹。其事詳見《新唐書》卷二一九《渤海傳》和今人王承禮著《渤海簡史》（黑龍江人民出版社1984年版）。

［2］扶餘城：【李注】渤海國的地名。故址在今吉林省松原市。

［3］老相：渤海國的官名。即大内相，爲政事堂的首長。位在左、右相之上，執行國王的一切政令。相當於唐朝的尚書令。

［4］東丹國：遼朝的藩屬國名。渤海國被滅之後，改稱東丹國，臣屬於契丹。公元930年，其王耶律倍出逃後名存實亡。至乾亨四年（982）十二月撤銷東京中臺省，名也不存，成了遼朝直轄的東京道。

［5］康默記：人名。本書卷七四有傳。

［6］鴨渌府：渤海國的行政區劃名。其南京稱鴨渌府，轄有神、桓、豐、正四個州。府治故址在今吉林省臨江市。

［7］回跋城：渤海國的地名。故址在今吉林省輝南縣輝發城。

功臣中喻阿古只爲耳云。子安團，[1]官至右皮室詳穩。[2]

[1]安團：人名。本書僅此一見。

[2]右皮室：皮室亦作“比室”，契丹語軍種名的音譯。《契丹官儀》稱：“契丹謂金剛爲比室，取其堅利之名也。”《契丹國志》卷二三稱：“有皮室兵約三萬人騎，皆精甲也，爲其爪牙。”本書卷一一六《國語解》稱：“皮室，軍制。有南、北、左、右皮室及黄皮室，皆掌精兵。” 詳穩：契丹語官名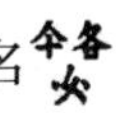的音譯，軍官名。本書卷一一六《國語解》釋爲“諸官府監治長官”。

耶律斜涅赤字撒剌，六院部舍利褭古直之族。[1]始字鐸盌，早隸太祖幕下，嘗有疾，賜鐏酒飲而愈。遼言酒尊曰“撒剌”，故詔易字焉。

[1]六院部：遼代契丹的部族名。天贊元年（922），由迭剌部分化出來。因有六個“爪”（百户）而得名。“爪”是契丹字（百）的音譯。 舍利：契丹語音譯詞。官名。契丹小字作。本書卷一一六《國語解》稱：“契丹豪民要裹頭巾者，納牛駞十頭，馬百匹，乃給官，名曰舍利。後遂爲諸帳官，以郎君繫之。” 褭（niǎo）古直：人名。據本書卷六四《皇子表》，字巖母根，懿祖的第四子。善射，官至舍利，墮馬而卒。

太祖即位，掌腹心部。天贊初分迭剌部爲北、南院，[1]斜涅赤爲北院夷离堇。帝西征至流沙，[2]威聲大振，諸夷潰散，廼命斜涅赤撫集之。

[1]北、南院：此處指五院部和六院部。

[2]流沙：地名。泛指遼朝西部的沙漠地區。

及討渤海，破扶餘城，斜涅赤從太子、大元帥率衆夜圍忽汗城。[1]大諲譔降，[2]已而復叛，命諸將分地攻之。詰旦，斜涅赤感勵士伍，鼓譟登陴，敵震懾莫敢禦，遂破之。

[1]太子：指皇太子耶律倍。　大元帥："天下兵馬大元帥"的簡稱。此處指當時擔任天下兵馬大元帥的耶律德光。　忽汗城：亦稱"上京城"，地名。渤海國的首都。故址在今黑龍江省寧安市渤海鎮。

[2]大諲譔：人名。渤海國的亡國之君。公元926年被契丹俘獲後押送到遼上京之西，築城以居。

天顯中卒，[1]年七十，居佐命功臣之一。姪老古、頗德。[2]

[1]天顯：遼太祖耶律阿保機和遼太宗耶律德光共用的年號(926—938)。

[2]老古：人名。本書卷一《太祖本紀上》太祖七年（913）正月條作"樂姑"，爲同名異譯。本書本卷有傳。

老古字撒懶，其母淳欽皇后姊也。老古幼養宮掖，既長，沉毅有勇略，隸太祖帳下。既即位，屢有戰功。剌葛之亂也，欲乘我不備爲掩襲計，紿降，[1]太祖將納之，命老古、耶律欲穩嚴號令，[2]勒士卒，控轡以防其變。逆黨知有備，懼而遁。以功授右皮室詳穩，典宿衛。

[1]給：原本誤作“紿”，明抄本誤作“始”，南監本、北監本和殿本均作“給”。中華點校本和修訂本徑改作“給”。今據改。

[2]耶律欲穩：人名。本書本卷有傳。

太祖侵燕趙，遇唐兵雲碧店，[1]老古恃勇輕敵，直犯其鋒。戰久之，被數創，歸營而卒。太祖深悼惜之，佐命功臣其一也。

[1]雲碧店：地名。今地不詳。

頗德字兀古鄰。弱冠事太祖。天顯初爲左皮室詳穩，典宿衛，遷南院夷离堇，治有聲。石敬瑭破張敬達軍於太原北，[1]時頗德勒兵爲援，敬達遁。敬瑭追至晉安寨圍之，[2]頗德領輕騎襲潞州，[3]塞其餉道。唐諸將懼，殺敬達以降。會同初，[4]改迭剌部夷离堇爲大王，即拜頗德，既而加採訪使。[5]

[1]石敬瑭（892—942）：五代時後晉開國的高祖皇帝。《舊五代史》卷七五至卷八〇《高祖紀》和《新五代史》卷八皆有本紀。　張敬達（？—936）：代州（今山西省代縣）人，後唐名將。累官至大同、彰國、振武、威塞等軍蕃漢馬步軍都部署。《舊五代史》卷七〇和《新五代史》卷三三均有傳。　太原：地名。今屬山西省。

[2]晉安寨：地名。故址在今山西省太原市晉祠鎮南。

[3]潞州：州治故址在今山西省長治市。

［4］會同：遼太宗耶律德光年號（938—947）。

［5］採訪使：官名。唐開元二十一年（733）分全國爲十五道，每道置採訪處置使，簡稱“採訪使”。掌管檢查刑獄和監察州縣官吏。天寶九載（750），其職權改爲僅考課官吏，不干預他政。遼代此官不常設，偶爾奉詔去州訪察刑獄。

舊制，肅祖以下宗室稱院；[1]德祖宗室號三父房，[2]稱橫帳；[3]百官子弟及籍没人稱著帳。[4]耶律斜的言：[5]“橫帳班列，不可與北、南院並。”太宗詔在廷議，[6]皆曰然。乃詔橫帳班列居上。頗德奏曰：“臣伏見官制，北、南院大王品在惕隱上。[7]今橫帳始圖爵位之高，願與北、南院參任；兹又恥與同列。夫橫帳與諸族皆臣也，班列奚以異？”帝乃諭百官曰：“朕所不知，卿等不宜面從。”詔仍舊制。其強直不撓如此。

頗德狀貌秀偉。初，太祖見之曰：“是子風骨異常兒，必爲國器。”後果然。卒年四十九。

［1］肅祖：遼太祖耶律阿保機的高祖父耨里思的廟號。乾統三年（1103）所追封。

［2］德祖宗室：據本書卷六四《皇子表》，“德祖”乃“玄祖”之誤。　三父房：遼代皇族孟父房、仲父房、季父房的總稱。遼太祖之父撒剌的有兄弟四人，其本人爲行四。長兄麻魯早亡無嗣。二兄巖木的子孫後裔屬孟父房。三兄釋魯的子孫後裔屬仲父房。其本人的子孫除了阿保機一支外，皆屬季父房。三父房皆帝之昆弟，最爲顯貴。

［3］橫帳：遼代的御帳。遼代皇族爲契丹族人，習於遊牧生活，實行四時捺鉢制度。其俗東向而尚左，御帳東向，遥輦九帳南向，

皇族三父房帳北向。東西爲經，南北爲緯。故謂御帳爲橫帳。引申爲皇族的代稱。有廣、狹兩義。廣義指三父房皇族，狹義僅指阿保機子孫後裔。實際應用廣義的較多。例如耶律習涅本是仲父房釋魯的後裔，在其墓誌中却稱大橫帳。在契丹文字中“橫帳”作，其本意是“兄弟的”，即與皇帝稱兄道弟者即爲皇族。

［4］著帳：即著帳户。遼代宫户中身份較低的一種人户。其來源有二。一爲從諸斡魯朵户中析出者，二爲世官之家及諸色人因犯罪籍没者。多充宫中雜役，凡承應小底、司藏、鷹坊、湯藥、尚飲、盥漱、尚膳尚衣、裁造等役及宫中、親王祗從、伶官之屬皆充任。也有的人執事禁衛。著帳户的釋宥、没入，隨時增損，無常額。設著帳司進行管理。

［5］耶律斜的：人名。本書僅此一見。

［6］太宗：遼代皇帝耶律德光的廟號。

［7］惕隱：亦名“梯里已”，契丹語音譯詞。官名。大惕隱司的首長，掌皇族的政教。本書卷一一六《國語解》稱：“典族屬官，即宗正職也。”

耶律欲穩字轄剌干，[1]突呂不部人。[2]

［1］轄剌干：本書卷一《太祖本紀上》太祖七年（913）正月條作“轄剌僅·阿鉢”。

［2］突呂不部：部族名。其最早的首領塔古里生活在阻午可汗時期。當時此部共有三營。阻午可汗命令塔古里分一營給其弟航斡另組突舉部。塔古里把剩下的兩個營改名爲北托不和南須兩個石烈，重新組成突呂不部。在遼代該部隸屬西北路招討司，其長官司徙居長春州（今吉林省松原市）西。

祖臺押，[1]遙輦時爲北邊拽剌。[2]簡獻皇后與諸子之罹難也，[3]嘗倚之以免。太祖思其功不忘，又多欲穩嚴重，有濟世志，[4]乃命典司近部，以遏諸族窺覬之想。

[1]臺押：人名。即耶律臺押。遼太祖的祖父玄祖被狠德所害後，玄祖諸子躲藏到耶律臺押家纔倖免於難。

[2]拽剌：亦作“曳剌”“夜剌”“曳落河”，契丹語音譯詞。官名。其原義爲“健兒”“壯士”。此處爲擔任巡警任務的低級軍官。

[3]簡獻皇后：遼玄祖的皇后蕭月里朶的謚號。重熙二十二年（1053）追封。本書卷七一有傳。

[4]濟世志：“志”原本作“忠”，明抄本、南監本、北監本和殿本均作“志”。中華點校本、修訂本、補注本徑改。今據改。長箋本引《羅校》出校。

欲穩既見器重，益感奮思報。太祖始置宮分以自衛，[1]欲穩率門客首附宮籍。帝益嘉其忠，詔以臺押配享廟廷。及平剌葛等亂，以功遷奚迭剌部夷离堇。[2]從征渤海有功。天顯初卒。

[1]宮分：即“宮分户”，亦稱“宮籍户”和“宮户”。遼代諸宮衛所管轄的專供皇帝、皇后等人使役的人户。包括正户、蕃漢轉户和著帳户。入宮籍後不隸屬國家的州縣，故名。本書卷三一《營衛志上》：“遼國之法，天子踐位，分州縣，析部族，籍户口，備兵馬。”籍户口就是爲宮衛籍宮分户。所分的州縣不再歸國家所轄，成爲宮衛所轄的皇帝的私人州縣。宮分出身的人亦可任大官。顯貴後經皇帝批准可改變宮分的出身，即出宮籍。例如韓德讓、姚景行即如此。

[2]奚迭剌部：應爲“迭剌部”，“奚”爲衍字。本書卷九八

《耶律胡呂傳》作“迭烈部”。

後，諸帝以太祖之與欲穩也爲故，往往取其子孫爲友。宮分中稱“八房”，皆其後也。弟霞里，[1]終奚六部禿里。[2]

[1]霞里：人名。本書卷七四作“轄里”。

[2]奚六部：亦稱“六部奚”。奚族六個部的總稱。奚族最初有遙里、伯德、奧里、梅只、楚里五部。天贊二年（923），東扒里厮胡損恃險抗命，被遼太祖消滅，遂以奚府給役户，併括諸部隱丁，收合流散而置墮瑰部。連同以前的五部共爲六部。遼聖宗時又把奧里、梅只、墮瑰三部合爲一部，另外特設了兩個剋部，仍爲六部之數。 禿里：亦作“吐里”，契丹語音譯詞。官名。經常以音譯和意譯相結合的“禿里太尉”的形式出現，因而“禿里”含有“太尉”之義，但不是漢語中的“太尉”本意。官名“禿里”也被金代採用。據《金史》卷五五《百官志一》，“鎮撫邊民之官曰禿里”。又據《金史》卷五七《百官志三》，“禿里一員，從七品，掌部落詞訟，防察違背之事”。

耶律海里字涅剌昆，遙輦昭古可汗之裔。[1]

[1]昭古可汗：契丹遙輦氏部落聯盟時期的第六任可汗。事蹟不詳。

太祖傳位，海里與有力焉。初受命，屬籍比局萌覬覦，而遙輦故族尤觖望。[1]海里多先帝知人之明，而素服太祖威德，獨歸心焉，以故太祖託爲耳目。數從征討，既清內亂，始置遙輦敞穩，[2]命海里領之。

[1]尤：原本、南監本和明抄本均作“瓦”，北監本和殿本作“尤”。中華點校本、修訂本和補注本徑改作“尤”。長箋本引《初校》出校。　觖（jué）望：因不滿而怨恨。

[2]敞穩：亦作“常衮”，契丹語音譯詞。官名。掌遙輦部族户籍等事。

天顯初征渤海，海里將遙輦糺破忽汗城。[1]師般，卒。

[1]糺：應作“糺”，爲混入漢字中的契丹大字。其讀音學界有“札”“查剌”“主因”“軍”“又”等説。在契丹大字《耶律昌允墓誌銘》中，“糺”字作爲音譯漢語借詞“千牛衛上將軍”中“牛”字的韻母。契丹大字“糺”字音“又”可成爲定論。關於契丹大字“糺”的字義，雖然多有主張爲“軍”者，但由於缺乏足夠的令人信服的證據，尚不能成爲定論。

（劉鳳翥校注　李錫厚補）

今注本二十四史

遼史

五

志〔三〕

元 脱脱等 撰

李錫厚 劉鳳翥 主持校注

中国社会科学出版社

遼史　卷四二

志第十二

曆象志上[1]

［1］《遼史》成書於元順帝至正四年（1344），署名爲元中書右丞相都總裁脱脱等修。至於《遼史·曆象志》三卷，究爲何人撰寫，則無史料記載。薄樹人先生曾查閲全書目録之前，有脱脱《進遼史表》，内中開列有參與撰史的主要人物共十一名，並無以天文曆法見長的人。唯一可能掛得上一點關係的是秘書著作佐郎徐昺。按元代的制度，秘書監管司天台，也掌管收藏包括各種天文曆法、陰陽術數等方面的書在内的秘籍圖書。這是徐昺的職責所在，可能多少也熟悉一些天文曆法方面的内容。故可能《曆象志》與他有關。但正因爲他不是天文曆法方面的行家，也因資料缺乏，致使本志爲正史天文志、曆志中篇幅較短，質量也存在諸多問題的一份了。

遼代的建國時間並不短，自遼太祖耶律阿保機於公元907年稱帝立國，至遼天祚帝保大五年（1125）爲金代所滅，共歷九帝二百一十九年（《遼史》撰者脱脱《進遼史表》有遼代“享國二百一十九載”之説），比北宋還要長一些。就字面的含義而言，《曆象志》

是遼代曆法和天象記録，理应與歷代的曆法志和天文志相當。但是，真正屬於遼代自己創作的唯一一部曆法，其真正内容，却未能記載下來。所謂曆象部分，除記載一段空泛的議論之外，衹是交待了有關天象吉祥，具載帝紀，不再重複。這就是説，有關遼代天象記録，就衹有到帝紀中查找了。

契丹的曆法，與宋朝的曆法素來相差一日。北宋熙寧十年（1077），蘇頌奉使賀遼道宗生辰，恰逢冬至，依遼朝曆法，冬至日先於宋朝一日。宋使副欲依宋曆祝賀，而契丹館伴官不接受。蘇頌精通曆學，與之泛論曆學，而實際上，還是遼曆更準確。宋人葉夢得《石林燕語》卷九記載此事説："元豐中，使虜適會冬至，虜曆先一日，趣使者入賀。虜人不禁天文術數之學，往往皆精。其實虜曆爲正也，然勢不可從。子容乃爲泛論曆學，援據詳博，虜人莫能測，無不聳聽。即徐曰：'此亦無足深較，但積刻差一刻爾，以半夜子論之，多一刻即爲今日，少一刻即爲明日，此蓋失之多爾。'虜不能遽折。及後歸奏，神宗大喜，即問'二曆竟孰是'，因以實言，太史皆坐罰。至元祐初遂命子容重修渾儀，製作之精，皆出前古。"據曾肇《曲阜集》卷三《贈司空蘇公墓誌銘》，蘇頌使遼與之論曆，是發生在熙寧十年（1077）冬至日。蘇頌憑着自己的曆學修養，明知契丹曆爲正，但爲一爭高下，竟與之泛論曆學。回到開封以後，宋神宗問明究竟，處罰了主管曆法的太史。此事證明遼朝天文曆象的研究水準，在某些方面是高過宋朝的。《曆象志》中最有價值的部分，爲中卷《閏考》和下卷《朔考》。這兩卷對歷史學家尤其重要。遼與中原的五代及宋王朝並存，但曆法却並不一致，其朔閏互異。遼國曆法又無遺存，若無這兩篇《閏考》和《朔考》，就無法知道遼國的曆日。清人錢大昕所撰《宋、遼、金、元四史朔閏考》等，就將其作爲主要依據。

遼以幽、營立國，[1]禮樂制度規模日完，授曆頒朔二百餘年。今奉詔修《遼史》，體與宋、金儗，其《大明曆》不可少也。曆書法禁不可得，求《大明曆》元，得祖沖之法于外史。[2]沖之之法，遼曆之所從出也歟？國朝亦嘗因之。[3]以沖之法算，而至於遼更曆之年，以起元數，是蓋遼《大明曆》。遼曆因是固可補，然弗之補，史貴闕文也。外史紀其法，司天存其職，遼史志是足矣。作《曆象志》。

[1]遼以幽、營立國：遼以幽州、營州立國。宋遼時的幽州，相當於現今的北京一帶；營州相當於今昌黎一帶。【劉注】此營州是指契丹興起以前之營州。據《新唐書》卷二一五《契丹傳》：在唐太宗貞觀二十二年（648）四月，契丹辱紇主（一部首領）曲據帥衆内附，唐以其地置玄州，以曲據爲刺史，隸營州都督府。當時的營州治所在柳城（今遼寧省朝陽市）。因柳城一帶陷於契丹，營州内遷。此歷史過程詳見本書《地理志》。

[2]求《大明曆》元，得祖沖之法于外史：據遼代文獻記載，遼代創立改用《大明曆》。但由於法禁的原因，搜集《大明曆》本文不可得，最終從外史中求得祖沖之的《大明曆》以爲遼曆之本。此處“求《大明曆》元”，似爲“求《大明曆》法”更爲妥貼，而“求《大明曆》元”，亦可理解爲與下文的“遼更曆之年，以起元數”相對應。外史，指司天監外的歷史文獻。【劉注】《大明曆》，曆法名。南朝宋著名數學家祖沖之以爲“古曆疏舛、頗不精密”，乃於大明六年（462）創制《大明甲子元曆》，簡稱《大明曆》。規定一回歸年爲365天。祖沖之首次引入了“歲差”的概念，從而使得曆法更加精確，是中國第二次較大的曆法改革。

[3]“沖之之法”至“國朝亦嘗因之”：作者以爲，遼代沿用了祖沖之的《大明曆》，即使是金或元代，也在沿用。這裏的國朝，當指元代。汪曰楨《古今推步諸術考》曰：“見遼史志，謂即劉宋

時祖沖之大明術，其説出於臆度附會。實則‘大明’之名偶同，非即祖術也。金楊級、趙知微之術，並以大明爲名，當即本遼術修之。《元史·劉秉忠傳》稱‘知微術爲遼術’，其明證也。今考楊、趙二術，歲餘約分二四三五九四六四，朔餘約分五三〇五九二七三，而祖術歲餘約分二四二八一四八一，朔餘約分五三〇五九一五二，殊不相合，且祖術求定朔，但有月離遲疾，尚無日躔盈縮之率，遼術必不疏闊如此也。”根據汪曰楨這一論斷，近世曆家錢寶琮、薄樹人、陳美東等，均認爲遼《大明曆》非祖沖之《大明曆》，作者從外史誤採引入失當。【劉注】祖沖之（429—500），字文遠。出生於建康（今江蘇省南京市），祖籍范陽郡遒縣（今河北省淶水縣），中國南北朝時期傑出的數學家、天文學家。祖沖之一生鑽研自然科學，主要貢獻在數學、天文曆法和機械製造三方面。他在刘徽开創的探索圓周率的精确方法的基础上，首次推算出圓周率 π 的不足近似值（朒數）3.1415926 和過剩近似值（盈數）3.1415927，指出 π 的真值在盈、朒兩限之間。

曆[1]

[1]《曆象志》三卷，分別對應於曆、閏考、朔考，但在朔考之後，又附以象、漏刻、星官，這部分内容雖然文字不多，却對應於歷代天文志。換句話説，《遼史·曆象志》的天文志部分衹是應個景而已，没有下功夫着力編寫。

大同元年，[1]太宗皇帝自晉汴京收百司僚屬伎術曆象，[2]遷于中京，[3]遼始有曆。先是，梁、唐仍用唐景福《崇玄曆》。[4]晉天福四年，[5]司天監馬重績奏上《乙未元曆》，號《調元曆》，太宗所收于汴是也。[6]穆宗應曆十一年，司天王白、李正等進曆，蓋《乙未元曆》也。[7]聖宗統和十二年，可汗州刺史賈俊進新曆，則《大明曆》是也。[8]高麗所志《大遼古今録》稱統和十二年始頒正朔改曆，驗矣。[9]《大明曆》本宋祖沖之法，具見沈約《宋書》。[10]具如左。

宋武帝大明六年，[11]祖沖之上甲子元曆法，未及施用，因名《大明曆》。

［1］大同：【劉注】遼太宗耶律德光年號（947）。

［2］太宗：【劉注】遼太宗耶律德光的廟號。　晉：【劉注】五代時期石敬瑭所建立的朝代，史稱後晉。　汴京：【劉注】後晉都城。今河南省開封市。

［3］中京：【劉注】遼代五京之一。故址在今内蒙古自治區寧城縣大明鎮。

［4］景福：【劉注】唐昭宗年號（892—893）。

［5］天福：【劉注】後晉高祖石敬瑭和出帝石重貴共用年號（936—944）。

［6］自“大同元年”至“收于汴是也”：是説遼太宗於大同元年（947）攻克晉都汴京，將晉都收藏的百司僚屬伎術曆象文物文獻資料，悉遷於中京，建立起類似漢人政權中的天文機構，自此之後，遼國纔有了自己的曆法，也包括漏刻、渾象等儀器。

［7］穆宗應曆十一年，司天王白、李正等進曆，蓋《乙未元曆》也：穆宗應曆十一年（961），即遼收後晉圖籍建立司天監後十四年，纔由司天監官王白、李正上書，建議頒行《乙未元曆》。有關乙未曆的來曆，汪曰楨《古今推步諸術考》曰：“後晉馬重績調元術，以唐天寶十四載乙未正月辛酉朔雨水爲元（故稱乙未術）。日法一萬。見《五代史記·司天考》云：以宣明氣朔、崇元星緯，二術相參爲之（故又名調元術）。遼史志謂大同元年遼始有馬重績

乙未術，又謂應曆十一年司天進術，即乙未術。疑中間必有改定，不可考矣。自後晉高祖天福四年己亥始用此術，迄齊王天福八年癸卯，凡五年。遼亦用此術，自太宗大同元年丁未迄聖宗統和十二年甲午，凡四十八年。”王白何許人也？據本書卷一〇八《方技傳》曰：“王白，冀州人，明天文，善卜筮，晉司天少監，太宗入汴得之。”由此可知，遼於大同元年（947）入汴，將晉圖書資料和人才一併收入中京。王白爲晉司天少監，晉正是通過他來頒行馬重績的乙未術。王白入遼之後，又將乙未術進獻給遼朝。由此可見，乙未術和王白等人入遼之後，先在内部試用，並用以推布民用曆書，至應曆十一年纔由王白等正式上書頒布。【劉注】應曆，遼穆宗耶律阮年號（951—969）。

[8]聖宗統和十二年，可汗州刺史賈俊進新曆，則《大明曆》是也：此處明載統和十二年（994）賈俊進“新曆”，即賈俊新造的曆法。僅僅由於曆名相同，作者便推定爲五百年之前祖沖之的舊法。於此汪曰楨《古今推步諸術考》曰：“此術統和十二年進，即宋淳化五年（994），史又謂即以統和十二年甲午爲元。蓋淳化四年閏十月，而十一月甲寅朔冬至，故用爲元首（賈俊《大明曆》之元首），其必非祖術明矣。自聖宗統和十三年乙未始用此術，迄天祚帝保大五年乙巳，凡一百三十一年。金亦用此術，自太祖天輔六年壬寅，迄熙宗天會十四年丙辰，凡一十五年，統計乙未至丙辰，大凡行用一百四十二年。”【劉注】統和，遼聖宗耶律隆緒年號（983—1012）。可汗州，治所在今河北省懷來縣。

[9]始頒正朔改曆，驗矣：從高麗《大遼古今録》所志，統和十二年改曆之事，可以得到證明，但並未證明賈俊所上《大明曆》就是祖沖之曆。

[10]《大明曆》本宋祖沖之法，具見沈約《宋書》：即指大明曆法具見《宋書》，即以上本志所述外史。“《大明曆》本宋祖沖之法”，據中華點校本校勘記，《考異》：“祖沖之曆，已見前史，而此志全録之，蓋作史者徒求卷帙之富，於史例無當也。”汪曰楨《古

今推步諸術考》云：“遼賈俊《大明曆》無考，見遼史志。謂即劉宋時祖沖之大明術，其説出於臆度附會；實則‘大明’之名偶同，非即祖術也。”檢本志下文稱：“至遼，聖宗以賈俊所進新曆，因宋大明舊號行之。”是元人修史時已知賈俊新曆與宋祖沖之術不同，不過因襲大明舊號。但本卷仍全録《宋書》所載祖沖之曆。【劉注】沈約（441—513），字休文，吳興郡武康縣（今浙江省德清縣）人。南朝著名政治家文學家、史學家。出身於門閥士族家庭，與梁武帝交好。官至尚書令，兼太子少傅，封建昌縣侯。著有《宋書》。《宋書》是一部記述南朝宋一代歷史的紀傳體史書。南朝梁沈約撰，含本紀十卷、志三十卷、列傳六十卷，共一百卷。

［11］宋：【劉注】南北朝時期劉裕所建朝代名。　大明：【劉注】南朝宋孝武帝劉駿的年號（457—464）。

上元甲子至宋大明七年癸卯，五萬一千九百三十九年筭外。

元法：五十九萬二千三百六十五。

紀法：三萬九千四百九十一。

章歲：三百九十一。

章月：四千八百三十六。

章閏：一百四十四。

閏法：十二。

月法：十一萬六千三百二十一。

日法：三千九百三十九。

餘數：二十萬七千四十四。

歲餘：九千五百八十九。

没分：三百六十萬五千九百五十一。

没法：五萬一千七百六十一。

周天：一千四百四十二萬四千六百六十四。

虛分：萬四百四十九。

行分法：二十三。

小分法：一千七百一十七。

通周：七十二萬六千八百一十。

會周：七十一萬七千七百七十七。

通法：二萬六千三百七十七。

差率：三十九。

推朔術：

置入上元年數筭外，以章月乘之，滿章歲爲積月，不盡爲閏餘。閏餘二百四十七以上，其年有閏。以月法乘積月，滿日法爲積日，[1]不盡爲小餘。六旬去積日，不盡爲大餘。大餘命以甲子，筭外，所求年天正十一月朔也。小餘千八百四十九以上，其月大。

[1]積日：原本誤作“積月”，中華點校本依《宋書》改。今從改。

求次月：

加大餘二十九，小餘二千九十。小餘滿日法從大餘，[1]大餘滿六旬去之，命如前，次月朔也。

[1]小餘滿日法從大餘：據中華點校本校勘記，“小”字原脱，依曆理補。

求弦望：

加朔大餘七，小餘千五百七，小分一。小分滿四從小餘，小餘滿日法從大餘，命如前，上弦日也。又加得望，又加得下弦，又加得後月朔也。

推閏術：

以閏餘減章歲，餘滿閏法得一月，命以天正，筭外，閏所在也。閏有進退，以無中氣爲正。

推二十四氣：[1]

置入上元年數筭外，以餘數乘之，滿紀法爲積日，不盡爲小餘。六旬去積日，不盡爲大餘。大餘命以甲子，筭外，天正十一月冬至日也。

求次氣：

加大餘十五，小餘八千六百二十六，小分五。小分滿六從小餘，小餘滿紀法從大餘，[2]命如前，次氣日也。

[1]推二十四氣：據中華修訂本校勘記，《宋書·律曆志》此下有"術"字，是。

[2]小餘滿紀法從大餘：據中華點校本校勘記，"小餘"二字原脱，依《宋書》補。

求土王用事：

加冬至大餘二十七，小餘萬五千五百二十八，季冬土用事日也。[1]又加大餘九十一，小餘萬二千二百七十，次土用事日也。

[1]季冬土用事日也：據中華點校本校勘記，"冬"字，原本誤作"月"，依《宋書》改。

推没術：

以九十乘冬至小餘，以減没分，滿没法爲日，不盡爲日餘，命日以冬至，筭外，没日也。

求次没：

加日六十九，日餘三萬四千四百四十二，餘滿没法從日，次没日也。日餘盡爲滅。

推日所在度術：

以紀法乘朔積日爲度實，周天去之，餘滿紀法爲積度，不盡爲度餘。命以虚一，次宿除之，筭外，天正十一月朔夜半日所在度也。

求次月：

大月加度三十，小月加度二十九，入虚去度分。

求行分：

以小分法除度餘，所得爲行分，不盡爲小分，小分滿法從行分，行分滿法從度。

求次日：

加一度。入虚去行分六，小分百四十七。

推月所在度術：

以朔小餘乘百二十四爲度餘，又以朔小餘乘八百六十爲微分，微分滿月法從度餘，[1]度餘滿紀法爲度。以減朔夜半日所在，則月所在度。

[1]微分滿月法從度餘：據中華點校本校勘記，“餘”字原脱，依曆理補。

求次月：

大月加度三十五，度餘三萬一千八百三十四，微分七萬七千九百六十七，小月加度二十二，度餘萬七千二百六十一，微分六萬三千七百三十六，入虚去度也。

遲疾曆：[1]

[1]據中華點校本校勘記，《遲疾曆》表中數字據曆理推算應校改如下：第一列：行五，行分“二十一”應作“二十二”；行二十，應補“行分一”；行二十二，月行度“十二”應作“十三”，行分“十二”亦應作“十三”；行二十五，行分“十六”應作“六”；行二十八，行分“十”應作“十四”。

第二列：行二十三，“三十七”應作“二十七”。

第三列：行四，“五百五萬八千三百八”，“三百八”應作“二百八”；行七，“七百七十七萬二千七百一十一”，末“一”字應删；行十七，“三百八十七萬五十四”，“五十四”應作“五百一十四”；行十八，“五百三十一萬”應作“五百三十萬”；行二十四，“六百九十萬”應作“六百九十一萬”；行二十五，“五百八十七萬一千”，“一千”應作“二千”。

第四列：行十八，“四千五百二十九”，“二十九”應作“三十九”；行二十，應補“四千七百九”五字；行二十八，“五千三百三十一”，“三十一”應作“二十一”。

月行度	損益率	盈縮積分	差法
一日十四行分十三	益七十	盈初	五千三百四
二日十四十一	益六十五	盈百八十四萬二千三百一十六	五千二百七十

三日十四八	益五十七	盈三百五十五萬七百六	五千二百一十九
四日十四四	益四十七	盈五百五萬八千三百八	五千一百五十一
五日十三二十一	益三十四	盈六百二十九萬七千八百五十七	五千六十六
六日十三十七	益二十二	盈七百二十萬二千六百九十一	四千九百八十一
七日十三十一	益六	盈七百七十七萬二千七百一十一	四千八百七十九
八日十三五	損九	盈七百九十四萬九百五十二	四千七百七十七
九日十二二十二	損二十四	盈七百七十萬七千四百一十五	四千六百七十五
十日十二十六	損三十九	盈七百七萬二千一百	四千五百七十三
十一日十二十一	損五十二	盈六百三萬五千七	四千四百八十八
十二日十二八	損六十	盈四百六十六萬三千一百	四千四百三十七
十三日十二六	損六十五	盈三百九萬三百三	四千四百三
十四日十二四	損七十	盈百三十八萬三千五百八十	四千三百六十九
十五日十二五	益六十七	縮四十五萬七千六十九	四千三百八十六
十六日十二七	益六十二	縮二百二十三萬七百五十五	四千四百二十

十七日十二十	益五十五	縮三百八十七萬五十四	四千四百七十一
十八日十二十四	益四十四	縮五百三十一萬九千三百八十五	四千五百二十九
十九日十二十九	益三十二	縮六百四十八萬四百四	四千六百二十四
二十日十三	益十九	縮七百三十一萬六千六百八	
二十一日十三七	益四	縮七百八十一萬七千九百九十六	四千八百一十一
二十二日十二十二	損十一	縮七百九十一萬七千六百七	四千九百一十三
二十三日十三十九	損三十七	縮七百六十一萬五千四百四十	五千一十五
二十四日十四一	損三十九	縮六百九十萬一千四百九十五	五千一百
二十五日十四十六	損五十二	縮五百八十七萬一千七百三十五	五千一百八十五
二十六日十四十	損六十二	縮四百四十九萬九千一百五十九	五千二百五十三
二十七日十四十二	損六十七	縮二百八十五萬七千七百三十二	五千二百八十七
二十八日十四十	損七十四	縮百八萬二千三百七十九	五千三百三十一

推入遲疾曆術：

以通法乘朔積日爲通實，通周去之，餘滿通法爲日，不盡爲日餘。命日筭外，天正十一月朔夜半入曆日也。

求次月：

大月加二日，小月加一日，日餘皆萬一千七百四十六。曆滿二十七日，日餘萬四千六百三十一，則去之。

求次日：

加一日。

求日所在定度：

以夜半入曆日餘乘損益率，以損益盈縮積分，如差率而一，所得滿紀法爲度，不盡爲度餘，以盈加縮減平行度及餘爲定度。益之或滿法，損之或不足，以紀法進退。求度行分如上法。求次日，如所入遲疾加之。虛去分，如上法。

陰陽曆：

	損益率	兼數
一日	益十六	初
二日	益十五	十六
三日	益十四	三十一
四日	益十二	四十五
五日	益九	五十七
六日	益五	六十六
七日	益一	七十一
八日	損二	七十二

九日	損六	七十
十日	損十	六十四
十一日	損十三	五十四
十二日	損十五	四十一
十三日	損十六	二十六
十四日	損十六	十

推入陰陽曆術：

置通實以會周去之，不滿交數三十五萬八千八百八十八半爲朔入陽曆分，[1]各去之，爲朔入陰曆分，各滿通法得一日，不盡爲日餘。命日筭外，天正十一月朔夜半入曆日也。

[1]不滿交數三十五萬八千八百八十八半爲朔入陽曆分：據中華點校本校勘記，“三”字，原本誤作“二”，據《宋書》改。

求次月：

大月加二日，小月加一日，日餘皆二萬七百七十九。曆滿十三日，日餘萬五千九百八十七半，則去之。陽竟入陰，陰竟入陽。

求次日：

加一日。

求朔望差：

以二千二十九乘朔小餘，滿三百三爲日餘，不盡倍之爲小分，則朔差數也。加一十四日，日餘二萬一百八十六，小分百二十五。小分滿六百六從日餘，日餘滿通法爲日，即望差數也。又加之，後月朔也。

求合朔月食：

置朔望夜半入陰陽曆及餘，有半者去之，置小分三百三，以差數加之。小分滿六百六從日餘，日餘滿通法從日，日滿一曆去之。命日筭外，則朔望加時入曆也。朔望加時入曆一日，日餘四千一百九十八，小分四百二十八以下，十二日，日餘萬一千七百八十八，小分四百八十一以上，朔則交會，望則月食。

求合朔月食定大小餘：

令差數日餘加夜半入遲疾曆餘，[1]日餘滿通法從日，則朔望加時入曆也。以入曆餘乘損益率，以損益盈縮積分，如差法而一，以盈減縮加本朔望小餘爲定小餘。益之或滿法，損之或不足，以日法進退日。

[1]令差數日餘加夜半入遲疾曆餘：據中華點校本校勘記，“令”字，原本誤作“合”，據《宋書》改。

求合朔月食加時：

以十二乘定小餘，滿日法得一辰，命以子，筭外，加時所在辰也。有餘者四之，滿日法得一爲少，二爲半，三爲太。又有餘者三之，滿日法得一爲強，以強并少爲少強，并半爲半強，并太爲太強。得二者爲少弱，以并太爲一辰弱，[1]以前辰名之。

[1]得二者爲少弱，以并太爲一辰弱：據中華修訂本校勘記，

《宋書·律曆志》同。王仲犖《宋書校勘記長編》謂此段文字據曆理當作“得二者爲少弱，以并少爲半弱，并半爲太弱，并太爲一辰弱”。

求月去日道度：

置入陰陽曆餘乘損益率，如通法而一，以損益兼數爲定。定數十二而一爲度。不盡四而一，爲少、半、太。又不盡者三而一，[1]一爲強，二爲少弱，則月去日道數也。陽曆在表，陰曆在裏。

[1]“不盡四而一”至“又不盡者三而一”：據中華點校本校勘記，“四”字，原本誤作“三”，“三而一”原脱，據算理補正。

測景漏刻中星數：[1]

[1]據中華點校本校勘記，測景漏刻中星數表中數字應校改如下：大寒，夜漏刻分“二”應作“三”，明中星度行分“六”應作“五”。

雨水，明中星度行分“七”應作“六”。

驚蟄，昏中星度“九十一”應作“九十七”，補行分“九”。

穀雨，日中景“二尺二寸六分”應作“三尺二寸六分”，昏中星度行分“三”應作“二”，明中星度“二百五十四”應作“二百五十五”。

立夏，明中星度行分“七”應作“十一”。

小滿，夜漏刻“二十六”應作“三十六”。

芒種，夜漏刻“二十五”應作“三十五”。

小暑，晝漏刻分“八分”，“分”字衍；夜漏刻分“一”應作

“二”；明中星度行分“一”應作“二”。

處暑，明中星度“二百五十四”應作“二百五十五”。

霜降，明中星度行分“七”應作“六”。

二十四氣	日中景	晝漏刻	夜漏刻	昏中星度	明中星度
冬至	一丈三尺	四十五	五十五	八十二行分二十一	二百八十三行分八
小寒	一丈二尺四寸三分	四十五六	五十四四	八十四	二百八十二六
大寒	一丈一尺二寸	四十六七	五十三二	八十六一	二百八十六
立春	九尺八寸	四十八四	五十一六	八十九三	二百七十七三
雨水	八尺一寸七分	五十五	四十九五	九十三	二百七十三七
驚蟄	六尺六寸七分	五十二九	四十七一	九十一	二百六十八二十
春分	五尺三寸七分	五十五五	四十四五	百二三	二百六十四三
清明	四尺二寸五分	五十八一	四十一九	百六二十一	二百五十九八
穀雨	二尺二寸六分	六十四	三十九六	百一十一三	二百五十四四
立夏	二尺五寸三分	六十二四	三十七六	百一十四十八	二百五十一七

小滿	一尺九寸九分	六十三九	二十六一	百一十七十二	二百四十八十七
芒種	一尺六寸九分	六十四八	二十五二	百一十九四	二百四十七二
夏至	一尺五寸	六十五	三十五	百一十九十二	二百四十六十七
小暑	一尺六寸九分	六十四八分	三十五一	百一十九四	二百四十七一
大暑	一尺九寸九分	六十三九	三十六一	百一十七十二	二百四十八十七
立秋	二尺五寸三分	六十二四	三十七六	百一十四十八	二百五十一十一
處暑	三尺二寸六分	六十四	三十九六	百一十一二	二百五十四四
白露	四尺二寸五分	五十八一	四十一九	百六二十一	二百五十九八
秋分	五尺三寸七分	五十五五	四十四五	百二三	二百六十四三
寒露	六尺六寸七分	五十二九	四十七一	九十七九	二百六十八二十
霜降	八尺一寸七分	五十五	四十九五	九十三	二百七十三七
立冬	九尺八寸	四十八四	五十一六	八十九三	二百七十七三
小雪	一丈一尺二寸	四十六七	五十三三	八十六一	二百八十六
大雪	一丈二尺四寸三分	四十五六	五十四四	八十四	二百八十二六

求昏明中星：

各以度數如夜半日所在，[1]則中星度。

[1]各以度數如夜半日所在：據中華修訂本校勘記，“如”字，金陵書局本《宋書·律曆志》作“加”，是。

推五星術：

木率：千五百七十五萬三千八十二。

火率：三千八十萬四千一百九十六。

土率：千四百九十三萬三百五十四。

金率：二千三百六萬一十四。

水率：四百五十七萬六千二百四。

推五星術：

置度實各以率去之，餘以減率，其餘，如紀法而一，爲入歲日，不盡爲日餘，命以天正朔，筭外，星合日。

求星合度：

以入歲日及餘從天正朔日積度及餘，滿紀法從度，滿三百六十餘度分則去之，命以虛一，筭外，星合所在度也。

求星見日：

以術伏日及餘加星合日及餘，餘滿紀法從日，命如前，見日也。

求星見度：

以術伏度及餘加星合度及餘，餘滿紀法從度，入虛去度分，命如前，星見度也。

行五星法：

以小分法除度餘，所得爲行分，不盡爲小分，及日加所行分，滿法從度，留者因前，逆則減之、伏不盡度。[1]從行入虚，去行分六，小分百四十七，逆行出虚，則加之。

[1]伏不盡度：據中華修訂本校勘記，“盡”字，《後漢書·律曆志下》及《宋書·律曆志中》所載《景初曆》皆作“書”，《宋書校勘記長編》從之，是。

木星：

初與日合，伏，十六日，日餘萬七千八百三十二，行二度，度餘三萬七千五百四，晨見東方。從，日行四分，百一十二日行十九度十一分。留，二十八日。逆，日行三分，八十六日退十一度五分。又留二十八日。[1]從，日行四分，百一十二日，[2]夕伏西方，日度餘如初。一終三百九十八日，日餘三萬五千六百六十四，[3]行三十三度，度餘二萬五千二百一十五。

[1]又留二十八日：據中華修訂本校勘記，“二”字，原本作“一”，據《宋書·律曆志》及嚴敦傑《祖沖之科學著作校釋》改。

[2]百一十二日：據中華修訂本校勘記，“二”字，原本作“五”，據《宋書·律曆志》及嚴敦傑《祖沖之科學著作校釋》改。

[3]日餘三萬五千六百六十四：據中華修訂本校勘記，“三萬”，原本作“五萬”，據《宋書·律曆志》及嚴敦傑《祖沖之科學著作校釋》改。

火星：

初與日合，伏，七十二日，[1]日餘六百八，行五十五度，度餘二萬八千八百六十五，晨見東方。從，疾，日行十七分，九十二日行六十八度。小遲，日行十四分，九十二日行五十六度。大遲，日行九分，九十二日行三十六度。留，十日。逆，日行六分，六十四日退十六度十六分。又留，十日。從，遲，日行九分，九十二日。小疾，日行十四分，九十二日。大疾，日行十七分，九十二日。夕伏西方，日度餘如初。一終七百八十日，日餘千二百一十六，行四百一十四度，度餘三萬二百五十八，除一周，定行四十九度，度餘萬九千八百九。

[1]初與日合，伏，七十二日：據中華修訂本校勘記，“七十二”，原本作“二十七”，據《宋書·律曆志》及嚴敦傑《祖沖之科學著作校釋》改。

土星：

初與日合，伏，十七日，日餘千三百七十八，行一度，度餘萬九千三百三十三，晨見東方，行順，日行二分，八十四日行七度七分。留，三十三日。行逆，日行一分，百一十日退四度十八分。又留，三十三日。從，日行二分，八十四日，夕伏西方，日度餘如初。一終三百七十八日，日餘二千七百五十六，行十二度，度餘三萬一千七百九十八。

金星：

初與日合，伏，三十九日，日餘三萬八千一百二十六，行四十九度，度餘三萬八千一百二十六，夕見西方。從，疾，日行一度五分，九十二日行百十二度。小遲，日行一度四分，九十二日行百八度。大遲，日行十七分，四十五日行三十三度六分。[1]留，九日。遲，日行十六分，[2]九日退六度六分，夕伏西方。伏五日，退五度，而與日合。又五日退五度，而晨見東方。逆，日行十六分，九日。留，九日。從日，[3]遲，日行十七分，四十五日。小疾，日行一度四分，九十二日。大疾，日行一度五分，九十二日。晨伏東方，日度餘如初。一終五百八十三日，日餘三萬六千七百六十一，行星如之。除一周，定行二百十八度，度餘二萬六千三百一十二，一合二百九十一日，[4]日餘三萬八千一百二十六，行星亦如之。

[1]四十五日行三十三度六分：據中華修訂本校勘記，“三十三”，原本作“二十三”，據《宋書·律曆志》及嚴敦傑《祖沖之科學著作校釋》改。

[2]遲，日行十六分：據中華修訂本校勘記，“遲”字，《宋書·律曆志》同。按下文既謂“退六度六分”，則當由留而退，知此字應作“逆”。

[3]從日：據中華修訂本校勘記，諸本皆同。金陵書局本《宋書·律曆志》無“日”字，是。

[4]度餘二萬六千三百一十二，一合二百九十一日：據中華修訂本校勘記，“一十二”，原本作“一十三”，“合”上“一”字原闕，據《宋書·律曆志》補。按一終一合乃曆家術語，《遼史》諸本蓋誤合“二”“一”兩字爲“三”。

水星：

初與日合，伏，十四日，日餘三萬七千一百一十五，行三十度，度餘三萬七千一百一十五，夕見西方。從，疾，日行一度六分，二十三日行二十九度。遲，日行二十分，八日行六度二十二分。留，二日。遲，日行十一分，[1]二日退二十二分，[2]夕伏西方。伏八日，退八度，而與日合。又八日退八度，晨見東方。逆，日行十一分，二日。留，二日。從，遲，日行二十分，八日。疾，日行一度六分，二十三日。晨伏東方，日度餘如初。一終百一十五日，日餘三萬四千七百三十九，行星如之。一合五十七日，日餘三萬七千一百一十五，行星亦如之。

[1]遲，日行十一分：據中華修訂本校勘記，“遲”字，《宋書·律曆志》同。按下文既稱“退二十二分”，則當由留而逆，《宋書校勘記長編》及嚴敦傑《祖沖之科學著作校釋》謂“遲”當作“逆”，是。

[2]二日退二十二分：據中華修訂本校勘記，“二十二”，原本作“二十一”，據《宋書·律曆志》及嚴敦傑《祖沖之科學著作校釋》改。

上元之歲，歲在甲子，天正甲子朔夜半冬至，日月五星聚于虛度之初，陰陽遲疾並自此始。[1]

梁武帝天監三年，沖之子暅上疏，論何承天曆乖謬不可用。九年正月，詔用祖沖之所造《甲子元曆》頒朔。陳氏因梁，亦用祖沖之曆。至遼，聖宗以賈俊所進新曆，因宋《大明》舊號行之。金曰重修《大明曆》。傳至皇元亦曰《重修大明曆》。[2]及改《授時曆》，別立司天監存肄之，每歲甲子冬至重修其法。書在太史院，禁莫得聞。[3]

[1]自“上元之歲”至“陰陽遲疾並自此始”：以上劉宋祖沖之《大明曆》本文，據本志交待，取自《宋書·律曆志》。由於祖沖之《大明曆》實際與遼代的政治歷史無關，本志的作者因錯誤理解纔誤引於此，故本注對此不再作注。對祖沖之《大明曆》想要作進一步了解的讀者，可見《宋書·律曆志》注。

[2]“金曰重修《大明曆》”至“亦曰《重修大明曆》”：在作者看來，《重修大明曆》與祖沖之《大明曆》没有什麼區别。

[3]“每歲甲子冬至重修其法”至“禁莫得聞”：作者認爲，每逢甲子冬至，曆法都得重加修理。如何修理，作者並不明白。這裏作者透露了一個當時不爲人們所知的消息，即使是編修官需要，也不能隨意進入太史院查閱天文曆法禁書。這纔導致互不通氣，作者對《大明曆》無所了解的局面。不過，這裏同時也暴露了作者自身的缺點：“禁莫得聞”，爲了辨别是非，是可以主動爭取了解的，但作者没有作這種努力。

（陳久金　劉鳳翥校注）

遼史　卷四三

志第十三

曆象志中

閏考[1]

[1]閏考：作者在整理遼代天文記録時發現遼代與五代和宋代的閏月並不完全相同，故利用所見具體記録，作出閏月差異的考證。這個内容，在二十四史天文曆律志中是絶無僅有的。作者通過五代、宋與遼閏月的系統對比，列載了具體的差異之處。並且述説了自己對這一差異的研究結果。不過必須説明，這種考證還衹是初步的，有些論證也不是很嚴密，故其結論也不一定正確，還有可商榷之處。但是，作者保存和列載了遼代二百餘年的第一手朔閏記録，是十分可貴的。

月度不足，是生朔虚；[1]天行有餘，是爲氣盈。[2]盈虚相懸，歲月乃牉。[3]積牉而差，寒暑互易，百穀不成，庶政不明。聖人驗以斗柄，準以歲星，[4]爰立閏法，信治百官。是故閏正而月正，月正而歲正。[5]歲月既正，頒令考績，無有不時。國史正歲年以敘事，莫重於此。

[1]月度不足，是生朔虚：古曆設一月三十日，每月三十度，但實際每月不足三十日，每月日行也不足三十度，故有朔虚之説。

[2]天行有餘，是爲氣盈：太陽每歲行三百六十五度餘，大於十二個月度，故白天行有餘，是爲氣盈。

[3]盈虚相懸，歲月乃牉（pàn）：盈虚積累起來，造成了歲月的差異。歲月乃牉，歲月相配合。

[4]驗以斗柄，準以歲星：以斗柄指向定月，並以昏旦中星的出没加以判斷。歲星，指季節昏旦中星。

[5]閏正而月正，月正而歲正：閏月設置正確了，月序也就正確，月序正確了，節氣也就正確了。

遼始徵曆梁、唐。[1]入晉之後，奄有帝制，[2]乙未、大明，曆法再變。[3]穆宗應曆六年，[4]周用顯德《欽天曆》；[5]十年，宋用建隆《應天曆》。[6]景宗乾亨四年，[7]宋用《乾元曆》。聖宗統和十九年，[8]宋用《儀天曆》；太平元年，[9]宋用《崇天曆》。道宗清寧十年，[10]宋用《明天曆》；大康元年，[11]宋用《奉元曆》；大安七年，[12]宋用《觀天曆》。天祚皇帝乾統六年，[13]宋用《紀元曆》。五代曆三變，[14]宋凡八變，遼終始再變。曆法不齊，故定朔置閏，時有不同，覽者惑焉。作《閏考》。[15]

[1]遼始徵曆梁、唐：遼始建國，諸事草創，曆法不備，向後梁、後唐徵用學習曆法，纔開始建立起自己的曆日制度。梁：【劉注】五代時期朱温所建立的朝代名，史稱後梁，歷三帝，共存續十

七年（907—923）。唐：【劉注】五代時期李存勗所建立的朝代名，史稱後唐，歷四帝，共存續十四年（923—936）。

[2]入晉之後，奄有帝制：攻入晉都之後，纔開始建立起一套帝皇統治的制度，其中也包括曆日制度在內。晉：【劉注】五代時期石敬瑭所建立的朝代名，史稱後晉。歷二帝，共存續十一年（936—946）。

[3]乙未、大明，曆法再變：遼先用乙未曆，然後再用大明曆，故曰曆法再變。此和下文所述"遼終始再變"相對應。

[4]穆宗：【劉注】遼代皇帝耶律述律的廟號。　應曆：【劉注】遼穆宗的年號（951—969）。

[5]周：【劉注】五代時期郭威所建立的朝代名，史稱後周。歷三帝，共存續十年（951—960）。

[6]宋：【劉注】趙匡胤所建立的朝代名，分北宋和南宋兩個時期，歷十八帝，共存續三百二十年（960—1279）。

[7]景宗：【劉注】遼代皇帝耶律賢的廟號。　乾亨：遼景宗的年號（979—983）。

[8]聖宗：【劉注】遼代皇帝耶律隆緒的廟號。　統和：遼聖宗的年號（983—1012）。

[9]太平：【劉注】遼聖宗的年號（1021—1031）。

[10]道宗：【劉注】遼代皇帝耶律弘基的廟號。　清寧：遼道宗的年號（1055—1064）。

[11]大康：【劉注】遼道宗的年號（1075—1084）。

[12]大安：【劉注】遼道宗的年號（1085—1094）。

[13]天祚皇帝：【劉注】遼代皇帝耶律延禧的尊號。　乾統：遼天祚皇帝的年號（1101—1110）。

[14]五代：【劉注】中國歷史上梁、唐、晉、漢、周五個短命的王朝，五個王朝總共存續了54年。

[15]曆法不齊，故定朔置閏，時有不同，覽者惑焉，作《閏考》：五代、宋與遼的朔閏時有不同，致使覽者產生疑惑，這是作

者作《閏考》的目的所在。以下爲作者編撰的《閏考表》。

年[1]	正	二	三	四	五	六	七	八	九	十	十一	十二
太祖神册五年首缺五閏。[2]						閏[3]耶律儼陳大任						
天贊二年[4]				梁閏								
太宗缺一閏。天顯三年								閏儼				
六年					閏儼唐							
九年	閏儼大任唐											
十一年											閏儼大任唐	

[1]閏考表竪行以帝皇紀年爲序，每逢閏之年則載，平年不載。横行以十二月排列，閏月紀在相應的月序内。

[2]首缺五閏：自遼太祖元年（907）建國以來，至神册五年（920）計十四年。通常爲十四年五閏。在此之前十四年中無閏月記録，故有此説。據中華點校本校勘記，“檢汪曰楨《歷代長術輯

要》（以下稱《輯要》）、陳垣《二十史朔閏表》（以下稱《陳表》），自太祖元年至神册四年，實缺四閏，即太祖三年閏八月，六年閏五月，九年閏二月，神册二年閏十月。按《閏考》登録遼及五代、宋之閏，頗多缺誤。因下卷《朔考》兼載閏、朔，兹於下卷詳校其訛脱，本卷僅舉例説明，以省煩文。”

［3］此表所引閏月記録共來自四處，其一是耶律儼，其二是陳大任，其三是五代和宋官方的文獻檔案，其四是高麗《大遼古今録》。

［4］天贊二年：據中華點校本校勘記，“二”字原闕。檢《舊五代史》之《梁末帝紀》《唐莊宗紀》及《輯要》《陳表》，梁龍德三年（唐同光元年，923）閏四月。是年當遼天贊二年，據補。又天贊四年閏十二月，通欄缺。下欄天顯三年“缺一閏”，即應指四年十二月之閏，凡此皆仍存原式不補。

會同二年[1]					閏 儼 大任 晉							
缺一閏。 七年												閏 儼 大任
大同元年[2]							閏 儼 大任 高麗 十年 七月					

［1］會同二年：據中華點校本校勘記，“檢《太祖紀》及《輯要》《陳表》，是年閏七月，此作閏五月誤。《朔考》不誤”。

［2］大同元年：據中華點校本校勘記，“元”字，原誤“九”。“按《紀》，大同元年世宗改元天禄，無九年。又據《輯要》《陳表》，大同元年閏七月。據改。又原注‘高麗十年七月’，疑當爲‘高麗來年七月’，謂高麗於次年閏七月也”。

穆宗缺再閏。應曆三年												
五年									閏 儼大任			
八年							閏 儼大任					
十一年			閏 儼大任宋									
十三年												宋閏
十六年								閏 儼大任宋				
十九年					宋閏							

景宗 保寧四年		閏 儼 大任 宋										
六年[1]										宋 閏		
九年							宋 閏					
乾亨二年			閏 儼 大任 宋									
四年												宋 閏

［1］（保寧）六年：【劉注】《石重貴墓誌銘》載："以其年（保寧六年）閏十月。" 此年遼、宋同閏十月。

聖宗統和 三年[1]									宋 閏			
六年					閏 儼 大任							
九年		閏 儼 大任 宋 高麗 [2]										

十一年[3]									宋閏 高麗		
十四年							閏 大任 宋					
十七年			宋閏									
十九年											閏 儼大任	宋閏 異
二十二年									閏 大任 宋			
二十五年					宋閏							
二十八年		宋閏										

[1]此據中華點校本校勘記，檢《輯要》《陳表》，統和三年(985)遼閏八月，與宋閏九月異，此失書遼閏。

[2]此據中華點校本校勘記，“高麗”二字原誤入下欄統和十一年（993）二月內，原本“高麗”二字下有云：“誤，當在九年。”今依注移此，省注文。

[3]（統和）十一年：【劉注】《蕭貴妃墓誌銘》載：“以其年(統和十一）閏十月。”

開泰元年										宋閏		

四年						宋閏						
七年[1]				宋閏								
九年[2]		閏儼										宋閏異
太平三年[3]									閏儼宋			
六年					宋閏							
九年		宋閏										
十一年										閏儼大任宋高麗		

［1］（開泰）七年：【劉注】《陳國公主墓誌銘》載："以當年（開泰七年）閏四月。"此年遼、宋同閏四月。

［2］（開泰）九年：中華點校本校勘記云："據推算，是年遼、宋同閏十二月，此由七月庚戌下小注亦可證明。今誤以遼閏二月，與宋閏十二月異，故以宋之三月當遼之閏二月，宋之四月，當遼之三月，如此類推。今按'原閏二月壬子'，當改'閏十二月丁未'，三月、四月、十二月下之注文均當删去。"校勘記的意見是正確的，《曆象志》的作者僅以耶律儼開泰九年（1020）閏二月的記載，於《朔考》三月、四月、十二月相應處加注文，説明宋、遼是年閏月

有異是草率的。主要證據是該年七月儠、大任、宋均載庚戌朔，可見原本耶律儠所引“二月閏”前漏一“十”字。

［3］太平三年：【劉注】漢字《耶律智先墓誌銘》載：“太平三癸亥年閏九月。”此年遼、宋同閏九月。

興宗重熙三年						宋閏						
六年				閏 儠宋								
八年												閏 儠宋高麗
十一年									閏 儠宋			
十四年［1］					閏 儠宋							
十七年	閏 儠宋高麗											
十九年											閏 儠宋高麗	
二十二年							閏 儠宋					

［1］（重熙）十四年：【劉注】《蕭和妻秦國太妃耶律氏墓誌銘》載："乙酉岁（重熙十四）閏五月。"

道宗清寧二年[1]			閏 儳宋									
四年												閏 儳宋
七年								宋閏				
十年					宋閏							
咸雍三年			宋閏									
五年											閏 大任宋	
八年[2]							閏 儳宋					
大康元年				閏 儳大任宋								
三年 宋閏來年正月，異。												閏 儳

六年[3]									宋閏			
九年						閏 儼 大任 宋						
十年[4]								遼閏				

[1]道宗清寧二年：原本無“道宗”二字，今據上下文意補。

[2]（清寧）八年：【劉注】《耶律宗愿墓誌銘》載：“咸雍八年閏七月。”此年遼、宋同閏七月。

[3]（清寧）六年：【劉注】契丹大字《多羅里本郎君墓誌碑》第13行載：“大康六年閏八月。”此年宋閏九月。遼、宋異。

[4]（清寧）十年：【劉校】此年原闕，據《清河公女墳記》補。是年遼閏八月。

大安四年[1]												閏 儼 大任 宋 高麗
七年[2]								宋閏				
十年[3]				閏 大任 宋								
壽昌三年		宋閏										

五年									閏 儳大任宋			

［1］大安四年：據中華點校本校勘記，按大安二年（1086）閏二月，此通欄缺，四年欄内亦漏注“缺一閏”。

［2］（大安）七年：【劉注】《法均大師遺行碑銘》載：“大安七年歲次辛未閏八月戊戌朔。”此年遼、宋同閏八月。

［3］（大安）十年：【劉注】《大憫忠寺觀音菩薩地宫舍利石函記》“大安十年歲次甲戌閏四月辛未朔二十二日壬辰甲時。”宋閏八月，遼、宋異。

天祚乾統二年						閏 儳大任宋						
五年		宋閏										
七年										宋閏		
十年[1]							閏 儳大任	宋閏異[2]				
天慶三年				閏 儳大任宋								

六年[3]	閏 儼 大任 宋											
八年									閏 儼 大任 宋			
保大元年					宋 閏							
四年			閏 儼 大任 宋									

[1]（乾統）十年：【劉注】契丹小字《義和仁壽皇太叔祖哀册》第四行載“乾統十年歲次庚寅，閏八月丁酉朔”，原表作閏七月，誤。此年遼、宋同閏八月。

[2]經統計，遼國二百一十九年歷史中，與五代宋之閏月，僅有兩處衹有一月之差，其餘全同。這兩處爲：遼聖宗統和十九年（1001）閏十一月，宋在十二月；遼天祚乾統十年（1110）閏七月，宋在八月。其不同的原因是在推算還是政治尚不清楚，故從對比的結果可以看出，遼與五代和宋閏月的差異是很小的。

[3]（天慶）六年：【劉注】《張世卿墓誌銘》載：“天慶六年丙申歲閏正月。”此年遼、宋同閏正月。

（陳久金　劉鳳翥校注）

遼史　卷四四

志第十四

曆象志下

朔考[1]

[1]《曆象志》作者發現遼的朔日干支與宋曆往往不同，故作《朔考》以示區別。

古者太史掌正歲年以敘事，國史以事繫日，以日、月、時繫年。時月不正，則敘事不一。故二史合爲一官，[1]頒曆授時，必大一統。

遼、漢、周、宋，俱行夏時，[2]各自爲曆。國史閏朔，頗有異同。遼初用《乙未元曆》，[3]本何承天《元嘉曆》法；[4]後用《大明曆》，[5]本祖沖之《甲子元曆》法。[6]承天日食晦朏，[7]一章必七閏；[8]沖之日必食朔，[9]或四年一閏。[10]用《乙未曆》，漢、周多同；[11]用《大明曆》，則間與宋異。[12]國史敘事，甲子不殊，[13]閏朔多異，以此故也。[14]耶律儼《紀》以《大明》法追正《乙未》月朔，[15]又與陳大任《紀》時或牴牾。[16]稽古君子，往往惑之。

用《五代》《職方考》志契丹州軍例，作朔考。法殊曰“異”；傳訛曰“誤”；《遼史》不書國，儼、大任偏見並見各名；他史以國冠朔。並見注于後。[17]

[1]二史合爲一官：太史執掌正歲，即制訂頒布曆法，史官記載國家史事，稱爲二史。後代又將二官合爲一官。

[2]遼、漢、周、宋，俱行夏時：唐以後除武周用周正外，均用夏時，此處不説後梁後唐，是由於其沿用唐代曆法。【劉注】遼，太祖耶律阿保機建立的朝代名，歷九帝，“享國二百一十九載”(907—1125)。漢，五代時期劉知遠建立的朝代名，史稱後漢，歷二帝，共存續四年（947—950）。周，五代時期郭威所建立的朝代名，史稱後周，歷三帝，共存續十年（951—960）。宋，趙匡胤所建立的朝代名，分北宋和南宋兩個時期，歷十八帝，共存續三百二十年（960—1279）。

[3]遼初用《乙未元曆》：遼用《乙未曆》，可分爲兩個階段，第一階段爲大同元年（947）遼入汴京得晉《乙未曆》及其曆官，回京後便參考行用。第二階段爲穆宗應曆十一年（961），王白、李正正式上書，提出頒行《乙未元曆》，一直行用至聖宗統和十二年(994) 頒行賈俊《大明曆》爲止。在入汴京以前，遼初建國，暫時征用後梁、後唐曆日。《乙未元曆》，即後晉司天監馬重績《調元曆》。

[4]本何承天《元嘉曆》法：《乙未元曆》的本源是何承天的《元嘉曆》。這是作者的臆度，而未經證實。【劉注】據中華修訂本校勘記，遼初用《乙未元曆》，本何承天《元嘉曆》法：本書卷四二《曆象志上》云：“晉天福四年，司天監馬重績奏上《乙未元

曆》，號《調元曆》，太宗所收于汴是也。穆宗應曆十一年，司天王白、李正等進曆，蓋《乙未元曆》也。”知遼初所行《乙未元曆》乃後晉馬重績《調元曆》，似與劉宋何承天《元嘉曆》無涉。

[5]後用《大明曆》：指遼聖宗統和十一年（993）頒行賈俊的《大明曆》，這種《大明曆》，一直使用到遼代滅亡（1125）。

[6]本祖沖之《甲子元曆》法：也是作者臆度，未經證實。

[7]承天日食晦朏（fěi）：何承天的《元嘉曆》推算的日食，很多都發生在晦日和朏日。晦日，每月的最後一天；朏日，初見新月之日。這是何承天《元嘉曆》用平朔注曆的結果。

[8]一章必七閏：《元嘉曆》仍沿用古老的十九年七閏法，故曰“一章必七閏”。

[9]日必食朔：諸本均作“日必食朔”，惟中華點校本認爲據文義曆理當改爲“日食必朔”。本注認爲二者文義無差别，不宜隨意改動原文，故恢復原狀。

[10]或四年一閏：作者認爲祖沖之的《大明曆》有四年閏一次，但這種説法是錯誤的，祖法無四年一閏之推算方法，其行用期間也無四年一閏的實例。

[11]用《乙未曆》，漢、周多同：遼使用《乙未曆》時，由於後漢、後周也用《乙未曆》，故曰“多同”。但自後周世宗顯德四年（957）頒行王樸《欽天曆》後，二國曆法就不同了。不過改曆之後僅三年，後周也就亡國了。這裏説法籠統，没有加以區别。

[12]用《大明曆》，則閏與宋異：由於遼與宋所用曆法不同，故推朔閏與宋異。

[13]國史敘事，甲子不殊：《遼史》記述國史，所用干支紀年、紀日的順序與宋無有不同。

[14]閏朔多異，以此故也：正是由於二國曆法不同，故有閏朔多異。

[15]耶律儼：在《閏考》和《朔考》表中，多引用儼、大任的《紀》。儼即耶律儼，大任即陳大任。耶律儼《遼史》有傳，但

未載有關著作之事。

[16]陳大任：《閏考》《朔考》中多有引用其《紀》的閏、朔記録。但《遼史》無傳，事蹟不明。

[17]後：【劉校】原本作“后”，據繁體字規範改。

年[1]	孟月朔	仲月朔	季月朔
太祖元年			
	丁未耶律儼。	梁丁丑[2]	
二年			梁任申
	乙亥儼[3]		
三年[4]		丁酉	
四年	梁壬辰		
	戊子儼		
五年	戊戌儼[5]		

		梁甲申	
	壬午儀		梁辛巳
六年[6]	丙戌[7]儀		
七年	甲辰儀	甲戌儀	甲辰儀
	癸酉儀	壬寅儀	壬申儀 梁庚寅，誤。
	辛丑儀	庚午儀	庚子梁
	己巳儀		戊辰儀
八年	戊戌儀		
	丁卯儀		
	丙申儀		
	甲子儀		
九年[8]	壬辰儀		
			庚寅儀
	庚申儀		
	戊子儀		

[1]以下是《遼史·曆象志》中的朔考表，其竪排是遼皇帝紀年，起自遼太祖建國元年（907），終於遼天祚帝保大五年（1125），逐年記載朔閏。其横排載春夏秋冬四季，每季又分孟、

仲、季各三個月，計十二個月的朔日干支。並載明朔日干支的來源：儼《紀》、大任《紀》、五代史、宋史或高麗史。逢閏之年，將閏月月序朔日干支，載在年名欄内，並注明出自何國何人的記録。這種記録和表述方式很客觀，也很清楚。便於後人加以各種研究和應用。

[2]太祖元年欄内，四月丁未，五月丁丑，原本誤書，於前行正月及二月點校本校勘記予以訂正是必要的。從朔考表即可看出，四月丁未朔是源於耶律儼《紀》的資料，記載的是遼國曆法的四月朔日干支，而五月丁丑朔，源於後梁五月的曆日記録，在朔考表中若不加分析，是不容易區分的。而在改編的對照表中，則分載於遼太祖元年和後梁太祖開平元年（907）兩欄之中，兩國曆法涇渭分明，各不相涉，一目了然。

[3]（太祖）二年：【劉注】據陳述《遼史朔閏正誤》（劉鳳翥、華祖根、盧勳主編《中國民族史研究》第四輯，以下簡稱《朔閏正誤》），正月癸酉表失書。三月梁壬申，遼應是與梁同。據中華點校本校勘記，十月乙亥，據《紀》及《輯要》《陳表》，當作己亥。

[4]諸本均無三年之欄，當爲漏刻。理當補上。然既已漏刻，便不知漏刻朔日干支。中華點校本校勘記從《遼史・太祖本紀》中找到二月丁酉朔的記事，即已補上。但這種補充是有問題的，是不倫不類的。《遼史》或其他史書中肯定還有朔考中未載的朔日記録，若要補時，將補不勝補。再説，這條記録不屬儼、大任，也不屬梁，更未載《遼史》，在體例上也不合。

[5]戊戌：據中華點校本校勘記，“戊戌”爲“丙戌”，傳寫之誤。

[6]（太祖）六年：【劉注】是年閏五月戊申朔，遼、梁同，此失書。

[7]丙戌：據中華點校本校勘記，“丙戌”當“庚辰”之誤。

[8]（太祖）九年：點校本校勘記云，諸本原有七至十一年五

欄，但太祖十年已改爲神册元年，今删原七、八年，將九、十、十一改爲七、八、九。又七年六月壬申朔原注曰“梁庚寅誤”，實爲後梁貞明元年（915）六月朔日干支誤入。又九年閏二月壬辰朔，遼與後梁同，此處失載。

神册元年[1]	丙辰儼	戊戌儼	乙卯儼
	乙酉儼		甲申儼
	甲寅儼	癸未儼	
	癸未儼	壬子儼	壬戌儼
二年[2]	辛亥儼	庚辰儼	庚戌儼
	己卯儼		戊寅儼
	戊申儼	戊寅儼	
	丁丑儼		
三年	乙亥儼	甲辰儼	甲戌
	癸卯儼	癸酉儼	
	壬申儼		
	辛丑儼		庚子
四年	庚午儼	己亥儼	
	戊戌儼	丁卯儼	
	丙寅儼	乙未儼	
	乙未儼		
五年[3]閏六月庚申儼 大任	甲子儼		癸亥儼誤，當作癸巳。梁
	癸巳儼	壬戌儼誤，當作壬辰。	辛亥儼誤，當作辛酉。

	庚寅儷	己未儷梁乙未，誤。	己丑儷大任
	己未儷	戊午儷誤，當作戊子。	
六年[4]	戊子儷	戊午儷	丁亥儷誤，當作丁巳。
	丁卯儷誤，當作丁亥。	丙戌儷誤，當作丙辰。大任	己卯儷　大任
	甲申儷		
	癸丑儷大任	壬午儷	

［1］神册元年：據中華點校本校勘記，二月“戊戌”當作“丙戌”，十二月“壬戌”當作“壬午”。

［2］（神册）二年：據中華點校本校勘記，是年閏十月丁未朔，遼、梁同，此失書。

［3］（神册）五年：此年作者對朔日干支的糾正皆誤，皆因作者對朔日支持的運算不明所致。據中華點校本校勘記，“貞明五年八月己未朔，是年當遼之神册四年。此蓋誤當五年”。因此年爲神册五年，文不對題。《歷代長術輯要》（以下稱《輯要》）庚辰梁六曰：“正甲子、三癸亥五壬戌、六辛卯、閏六庚申、八己未、十一戊子朔。按遼《朔考》云：三癸亥當作癸巳，五壬戌當作壬辰，皆以不誤爲誤。又云六月辛亥當作辛酉亦不合。”這就是説遼朔的三月、五月、六月、八月均以不誤爲誤，僅十一月戊午改爲戊子爲是。

［4］（神册）六年：此年錯誤干支較多。《輯要》曰：“正戊子、三丁亥、五丙戌、六乙卯、七甲申、九癸未、十一壬午朔。按

遼《朔考》云：三丁亥當作丁巳，五丙戌當作丙辰，皆以不誤爲誤。又云四丁卯儼誤作丁亥，又云耶律儼陳大任六己卯亦並不合。”

天贊元年			
二年[1]			
	辛未儼　大任梁		庚午儼　唐
三年[2]		唐己巳	
			丙申儼
	丙寅儼	乙未儼	
四年[3]			
	唐癸亥		

［1］（天贊）二年：【劉注】據陳述《遼史朔閏正誤》，閏四月乙亥朔，遼、梁同。此失書。

［2］（天贊）三年：【劉注】據陳述《遼史朔閏正誤》：“九月丙申朔。《紀》同。唐同光二年（924）九月丁酉。《輯要》《陳表》

作丁酉。十月丙寅，十一月乙未。《紀》《輯要》《陳表》並同。”

［3］（天贊）四年：【劉注】據陳述《遼史朔閏正誤》，閏十二月己丑朔，遼、唐同。此失書。

天顯元年			
	丁亥儼　大任		
		唐乙酉	
二年	唐癸丑	唐壬午	唐壬子
		己卯儼　唐	
三年閏八月癸卯儼[1]	戊申儼	丁丑儼　唐	丁未儼　唐
	丙子儼	乙巳儼	甲戌儼
	甲辰儼	癸酉儼	癸酉儼
	壬寅儼　大任癸卯，異。	壬申儼	壬寅儼
四年[2]	壬申儼　大任	辛丑儼	辛未儼
	庚子儼	己巳儼　唐	戊戌儼
	戊辰儼	丁丑儼	丁卯儼　大任
	丙申儼	丙寅儼	丙申儼
五年	丙寅儼	乙未儼	乙丑儼
	甲午儼	甲子儼	癸巳儼　唐

	壬戌儀	壬辰儀	辛酉儀
	辛卯儀	庚申儀　唐	庚寅儀
六年閏五月戊子儀　唐	庚申儀	己丑儀	己未儀
	己丑儀	戊午儀	丁巳儀
	丙戌儀	丙辰儀	乙酉儀
	乙卯儀	甲申儀　唐	甲寅儀　唐
七年	癸未儀	癸丑儀	癸未儀
	癸丑儀	壬午儀　大任	壬子儀
	辛巳儀　大任	庚戌儀	庚辰儀
	己酉儀	己卯儀	戊申儀
八年	戊寅儀	丁未儀	丁丑儀
	丁未儀	丙子儀	丙午儀
	乙亥儀		
	甲辰儀	癸酉儀	癸卯儀　大任己巳，異。[3]
九年閏正月壬寅唐	壬申儀唐	辛未儀	辛丑儀
	庚午儀	庚子儀	庚午儀
	己亥儀	己巳儀	戊戌儀
	戊辰儀	丁酉儀	丁卯儀
十年	丙申儀	丙寅儀	乙未儀
	乙丑儀	甲午儀　大任	甲子儀
	癸巳儀		癸巳儀

	壬戌儀	壬辰儀	壬戌儀
十一年[4]閏十一月丙辰 儀　唐　大任	辛卯儀	庚申儀	庚寅儀　大任
	己未儀	己丑儀	
	丁亥儀	丁巳儀	丁亥儀
	丙辰儀	丙戌儀	乙酉儀
十二年	甲寅儀　大任乙卯。晉二日乙卯，同。[5]	甲申儀	甲寅儀
	癸未儀	壬子儀	壬午儀
	辛亥儀	辛巳儀	庚戌儀
	庚辰儀	庚戌儀	己卯儀

[1]（天顯）三年：【劉注】閏八月癸卯，據陳述《遼史朔閏正誤》，閏八月癸卯朔。遼、後唐同。十月壬寅注："大任癸卯，異。"按《紀》作十月癸卯朔。

[2]（天顯）四年：【劉注】據陳述《遼史朔閏正誤》，八月丁丑當作"丁酉"。

[3]儀癸卯與汪曰楨推合。大任己巳誤，中華點校本校勘記認爲乙巳亦誤。

[4]（天顯）十一年：【劉注】據陳述《遼史朔閏正誤》，六月戊午，《紀》同，此失書。

[5]對於儀正月甲寅朔，與大任正月乙卯朔不同的記載，《輯要》説："按正月本當進爲乙卯朔，十二月本當進爲庚辰朔，當時避比年正旦日食，故皆不進。《新司天考》《五代春秋》'正乙卯

朔’，遼朔考大任‘正乙卯’，乃依推步本法也。”這就説明了出現差異的原因所在。

會同元年	戊申儼　大任己酉　異。晉同。[1]	戊寅儼	戊申儼
	戊寅儼　大任	丁未儼	丙子儼　大任
	丙午儼	乙亥儼	乙巳儼
	甲戌儼	甲辰儼	甲戌儼
二年閏七月儼　大任晉。[2]	癸卯儼	癸酉儼	癸卯儼
	壬申儼　晉	壬寅儼	辛未儼
	庚子儼	己亥儼	己巳儼
	戊戌儼	戊辰儼	丁酉儼
三年	丁卯儼	丁酉儼	丁卯儼
	丙申儼	丙寅儼	乙未儼
	甲子儼	甲午儼	癸亥儼
	癸巳儼	壬戌儼	壬辰儼
四年[3]	辛酉儼	辛卯儼	辛酉儼
	庚寅儼	庚申儼	庚寅儼
	己未儼	戊子儼	戊午儼
	丁亥儼	丁巳儼	丙戌儼
五年[4]閏三月甲申	丙辰儼	乙酉儼	乙卯儼

	甲寅儀　大任　晉	甲申儀	癸丑儀　大任
	癸未儀	壬子儀	壬午儀
	辛亥儀	辛巳儀	庚戌儀
六年[5]	庚辰儀	己酉儀	己卯儀　大任
	戊申儀	戊寅儀	丁未儀
	丁丑儀	丁未儀晉[6]	丙子儀
	丙午儀	乙亥儀	乙巳儀
七年閏十二月己巳儀　晉　大任	甲戌儀	甲辰儀　大任	癸酉儀　大任
	癸卯儀	壬申儀	辛丑儀
	辛未儀	辛丑儀	庚午儀　晉
	庚子儀	庚午儀	己卯儀　誤，當作己亥。[7]
八年	戊戌儀	戊辰儀	丁酉儀
	丙寅儀	丙申儀	乙丑儀
	乙未儀	甲子儀　晉	甲午儀
	甲子儀	甲午儀	癸亥儀
九年	癸巳儀	壬戌儀　晉	壬辰儀
	辛酉儀　大任	庚寅儀	庚申儀
	己丑儀	己未儀	戊子儀
	戊午儀	戊子儀　大任	丁巳儀

[1]戊申，儼、大任己酉異，晉同：儼紀爲正月戊申朔，大任和晉，均爲己酉朔。《輯要》説："按正月本己酉朔；二月本當進爲己卯朔，當時避正旦日食，强改正月爲戊申朔，故二月亦當進不進。""《十國春秋》南唐、南漢並正月己酉朔日食，遼朔考大任正己酉，皆依推步本法。"

[2]（會同）二年：即晉天福四年（939），晉用《乙未調元曆》。儼、大任、晉並載閏七月合。《閏考》閏五月誤。據中華點校本校勘記，是年閏七月庚午朔，遼、晉同，此脱"庚午"二字。

[3]（會同）四年：【劉注】《耶律羽之墓誌銘》載："會同四年歲次辛丑八月十一日戊戌，朔日應爲戊子。"

[4]（會同）五年：【劉注】《耶律羽之墓誌銘》載："以壬寅年（會同五年）三月六日庚申。朔日應爲乙卯。"

[5]（會同）六年：【劉校】據中華修訂本校勘記，"六年"二字原闕，據明抄本、南監本、北監本、殿本補。

[6]晉：原本作"陳"，據上下文意改。

[7]己卯：（會同）七年既有十一月庚午，又有閏十二月己巳，則十二月己卯一定是己亥之誤。

大同元年九月改天禄元年[1]	丁亥儼　大任	丁巳儼　大任	丙戌儼　大任
	丙辰儼　大任		甲寅儼　大任
		壬午　儼 大任	壬子　儼 大任
世宗天禄二年			
	庚辰儼　大任		漢戊寅

	漢戊申		
三年[2]	漢乙巳		
			漢癸酉
			辛丑儀　大任
四年[3]			戊戌儀　大任
			乙丑儀　大任
		漢甲子	
五年九月改元應曆	癸亥儀　大任		
		壬戌儀　大任	辛卯儀　大任
	辛酉儀　大任	丙辰儀　誤，當作庚寅	庚申儀　大任
穆宗應曆二年[4]	戊午儀　大任		周丁巳
	丙戌儀　大任	丙辰儀　大任	周乙酉
			甲寅儀　大任
	甲申儀　大任	癸丑儀　大任	癸未儀　大任

三年[5]	壬午儼 大任 周	辛亥儼 大任	庚申儼 大任
四年	周丙子	丙午儼 大任	
五年閏九月儼 大任[6]	辛未儼 大任	庚子儼 大任 周	
	遼己亥[7]		
		乙未儼 大任	乙丑儼 大任
六年			
			己未儼 大任
七年			
	戊午儼 大任		丙辰儼 大任

八年閏七月庚戌儼　大任			周壬午
		周辛巳	
九年			
		乙巳儼　大任　周	乙亥儼　大任
		甲戌儼　大任	
十年[8]	宋辛丑	宋辛未	宋庚子
	宋庚午	宋己亥	宋己巳
	己亥儼　宋	戊辰儼　大任　宋	宋戊戌
	宋丁亥[9]	宋丁酉	宋丙寅
十一年閏三月甲子宋　大任[10]	宋丙申	宋乙丑	宋乙未
	癸巳儼　大任　宋	宋癸亥	宋癸巳
	宋壬戌	宋壬辰	宋壬戌
	宋辛卯	宋辛酉	宋庚寅
十二年[11]	宋庚申	己丑儼　大任宋	宋戊午
	宋戊子	丁巳儼　宋戊午，異[12]	宋丁亥

	宋丙辰	宋丙戌	宋丙辰
	宋乙酉	宋乙卯	宋乙酉
十三年宋閏十二月己酉	宋甲寅	宋甲申	癸丑儼　大任　宋
	宋壬午	宋壬子	宋辛巳
	辛亥儼　大任　宋	宋庚辰	庚戌儼　大任　宋
	宋己卯	宋己酉	宋己卯
十四年[13]	戊寅儼　大任　宋	宋戊申	宋丁丑
	宋丁未	宋丙子	丙午儼　大任　宋乙巳，異。
	宋甲戌	宋甲辰	宋甲戌
	宋癸卯	宋癸酉	宋癸卯
十五年[14]	宋癸酉	壬寅儼　大任　宋	宋壬申
	宋辛丑	宋辛未	宋庚子
	宋己巳	宋戊戌	宋戊辰
	宋丁酉	宋丁卯	宋丁酉
十六年閏八月壬戌宋　大任[15]	丁卯　儼　大任　宋	宋丙申	宋丙寅
	宋丙申	宋乙丑	宋甲午
	宋甲子	宋癸巳	宋壬辰
	宋辛酉	宋辛卯	宋辛酉

十七年	庚寅儺　大任　宋	宋庚申	宋庚寅
	宋己未	宋己丑	宋戊午
	宋戊子	宋丁巳	丙戌大任　宋
	宋丙辰	宋乙酉	宋乙卯
十八年[16]	乙酉儺　大任　宋	宋甲寅	甲申儺　大任　宋乙酉，異。
	癸丑大任　宋	宋癸未	宋癸丑
	宋壬午	宋壬子	宋辛巳
	辛亥儺　大任　宋庚戌，異	宋庚辰	宋己酉
十九年宋閏五月丁未	己卯儺　大任　宋	己酉儺　大任　宋戊申，異。	宋戊寅
	戊申儺　大任　宋	宋丁丑	丙子儺　大任　宋
	宋丙午	宋丙子	宋乙巳
	宋乙亥	甲辰儺　大任	宋甲戌

[1]大同元年：是年遼始克汴，始用《調元曆》推算曆日。《閏考》該閏七月，汪曰楨推合。同理汪推大同三年，應曆三年、五年有閏，故《閏考》曰“缺再閏”。中華點校本校勘記云，“是年閏七月癸丑朔，遼、晉同，此失書”。

[2]（天禄）三年：據中華點校本校勘記，“六月漢癸酉，原誤書於七月，依《輯要》《陳表》移”。

[3]（天禄）四年：據中華點校本校勘記，“是年閏五月丁卯朔，遼、漢同，此失書”。

[4]穆宗應曆二年：【劉注】《感化寺智辛禪師塔記》載“應曆二年歲次壬子十月甲申朔廿五日戊申”。

[5]該年爲閏正月壬午，故正月壬午當作壬子，二月辛亥合，三月庚申當作庚辰。據中華點校本校勘記，“是年閏正月壬午朔，遼、周同，此失書”。

[6]（應曆）五年：據中華點校本校勘記，是年閏九月丙申朔，遼、周同，此脱“丙申”二字。

[7]遼己亥：【劉注】《北鄭院邑人起建陀羅尼幢記》載：“維應曆五年歲次乙卯肆月己亥朔八日丙午。”四月欄原本爲空白。據此補“遼己亥”三字。

[8]（應曆）十年：【劉注·朔閏考異】十月“丁亥”當作“丁卯”。錢大昕《四史朔閏考》已指出丁亥誤。

[9]按推步，丁亥當爲丁卯之誤。

[10]（應曆）十一年：【劉注·朔閏考異】三月甲午失書，宋乙未應作注。閏三月甲子，遼、宋同。《閏考》作儼、大任、宋。

[11]（應曆）十二年：【劉注·朔閏考異】五月丁巳注：“宋戊午，異”誤。遼、宋丁巳同。

[12]丁巳儼、宋戊午，異：此年爲宋太祖建隆三年（962）。按通常説法，《應天曆》頒行於建隆四年，此建隆三年五月戊午朔，已與舊曆有一日之差。

[13]（應曆）十四年：【劉注·朔閏考異】四月宋丁未應作丙午，注“宋丁未”。七月宋甲戌應作乙亥。注“宋甲戌”。

[14]（應曆）十五年：【劉注·朔閏考異】五月宋辛未應作庚午，注：“宋辛未”。

[15]（應曆）十六年：【劉注】《李崇菀爲亡父彦超造陀羅尼經幢記》載：“應曆十六年歲次丙寅五月乙丑朔。”此月遼、宋同爲乙丑朔。

[16]（應曆）十八年：【劉注·朔閏考異】三月甲申注：“宋乙酉，異。”誤。應作遼宋甲申同。

景宗保寧二年[1]	宋癸卯	宋壬申	宋壬寅
	宋辛未	宋辛丑	宋庚午
	宋庚子	宋庚午	宋己亥
	宋己巳	宋己亥	宋己巳
三年	宋戊戌	宋丁卯	宋丙申
	宋丙寅	宋乙未	宋乙丑
	宋甲午	甲子儼　大任　宋	宋甲午
	宋癸亥	宋癸巳	癸亥儼　大任　宋
四年[2]宋閏二月辛卯	宋壬辰	宋壬戌	庚申儼　大任　宋
	庚寅儼　大任　宋	宋己未	宋戊子
	宋戊午	宋戊子	宋丁巳
	丁亥儼　大任　宋	宋丁巳	宋丙戌
五年[3]	宋丙辰	宋丙戌	乙卯儼　大任　宋
	宋甲申	宋癸丑	宋癸未
	宋壬子	宋壬午	宋壬子
	宋辛巳	辛亥儼大任　宋	宋辛巳
六年[4]宋閏十月己巳	宋庚戌	宋庚辰	宋庚戌

	宋己卯	宋戊申	宋戊寅
	丁未儼　大任　宋	宋丙子	宋丙午
	乙亥儼　大任　宋	宋乙亥	宋甲辰
七年	甲戌儼　大任　宋	宋甲辰	宋癸酉
	宋癸卯	宋壬申	宋壬寅
	宋辛未	宋庚子	宋庚午
	宋己亥	宋己巳	宋己亥
八年[5]	宋戊辰	宋戊戌	宋戊辰
	宋丁卯	宋丁酉	宋丙申
	宋乙未	宋乙丑	甲子儼　大任　宋
	宋癸亥	宋癸巳	宋癸亥
九年宋閏七月庚寅	宋壬戌	宋壬辰	宋壬戌
	宋辛卯	宋辛酉	宋辛卯
	庚申儼　宋	宋己未	宋己丑
	宋戊午	丁亥儼　大任　宋	宋丁巳
十年	宋丙戌	宋丙辰	宋乙酉
	宋乙卯	宋乙酉	宋甲寅
	宋甲申	癸丑儼　大任　宋	宋癸未

	癸丑儼　大任 宋	宋癸未	宋壬子

[1]保寧二年：【劉注·朔閏考異】十二月宋己巳，誤。應作戊辰。《長編》十二月二十四日辛卯。《十國春秋》十二月七日乙亥，與此己巳同誤。《耿崇美墓誌銘》和《劉承嗣墓誌銘》“保寧二年歲次庚午十月己巳朔”。十月遼、宋同爲己巳朔。

[2]（保寧）四年：【劉注·朔閏考異】閏二月辛卯，遼、宋同。《閏考》有儼、大任。

[3]（保寧）五年：【劉注·朔閏考異】四月宋甲申，誤，應作乙酉，注：“宋甲申。”五月宋癸丑，誤，遼、宋同是甲寅朔。九月宋壬子，誤，遼、宋同是辛亥朔。

[4]（保寧）六年：【劉校】據中華點校本校勘記，是年閏十月乙巳朔，遼、宋同，原本作“己巳”誤。《石重貴墓誌銘》載“以其年（保寧六年）閏十月”。

[5]（保寧）八年：【劉注·朔閏考異】四、五兩月干支當互易，即四月丁酉朔，五月丁卯朔。七丙寅誤乙未。八月乙未誤乙丑。十月宋癸亥，誤，應作甲午。十一月、十二月亦當互易，即十一月癸亥，十二月癸巳。《王守謙墓誌》載“丙子歲（保寧八年）孟冬月二十七日庚申。十月朔日應爲甲午”。

乾亨元年[1]	宋辛巳	宋辛亥	宋庚辰
	宋己酉	己卯儼　大任 宋	宋己酉
	宋戊寅	宋戊申	宋丁丑
	宋丁未	宋丁丑	宋丙午

二年[2] 宋閏三月甲辰	丙子儀 大任 宋	宋乙巳	宋甲戌
	宋甲戌	宋癸卯	宋癸酉
	宋癸卯	宋壬申	宋壬寅
	辛未儀 大任 宋	庚子儀 大任 宋	庚午儀 大任 宋
三年[3]	宋庚子	宋己巳	
	宋戊辰	宋丁酉	
	宋丙申	宋乙丑	宋乙未
	宋乙丑	宋乙未	宋甲子
四年宋閏十二月戊子	宋甲午		
	宋壬戌		
		宋庚申	宋己丑
	己未儀 大任 宋	宋己丑	戊午儀 大任 宋
五年是歲改統和元年[4]	戊午儀 宋	戊子儀 宋 大任丁亥，異。	宋丁巳
	丙戌儀 大任 宋	丙辰儀 宋	乙酉儀 大任 宋
	甲寅儀 宋 大任乙卯，異。[5]	甲申儀 大任	癸丑儀 大任 宋
	癸未儀 大任	壬子儀 宋 大任	壬午儀 大任 宋

聖宗統和二年[6]	壬子儼宋	壬午儼	辛亥儼　宋大任庚戌，異。
	辛巳儼	庚戌儼	庚辰儼　宋大任己卯，異。
	己酉儼	戊寅儼	戊申儼　大任　宋
	丁丑儼　宋戊寅，異。	丁未　儼　宋	
三年[7]宋閏九月壬申	丙午儼　宋大任甲戌，異。	丙子儼　宋乙亥，異。	乙巳儼　宋
	乙亥儼　宋　大任甲戌，異。	乙巳儼　宋甲辰，異。	甲戌儼　宋大任癸酉，異。
	甲辰儼　宋	癸酉儼　大任宋	壬寅
	辛丑	辛未	庚子儼　宋
四年[8]	庚午儼　宋	己亥儼　宋庚子，異。	己巳儼　大任　宋
	己亥宋　大任	戊辰儼　宋	戊戌儼　宋
	宋戊辰	丁酉儼　宋　大任丙申，異。	丙寅儼　宋
	丙申儼　大任宋	乙丑儼　宋　大任丙寅，異。	丁酉儼誤，宋乙未，異。
五年[9]	甲子儼　宋	甲午儼　宋	癸亥儼　大任　宋

	癸巳儀　大任宋	壬戌儀　宋癸亥，異。	壬辰儀　宋
	壬戌	宋辛卯	宋辛酉
	宋庚寅	宋庚申	宋庚寅
六年[10]閏五月丙戌宋大任	己未儀　宋	戊子儀　宋己丑，異。	戊午儀　宋
	丁亥	丁巳儀　宋丙辰，異。	丙辰儀　宋
	乙酉	乙卯	乙酉儀　宋
	宋甲寅	甲申儀　宋	甲寅儀　宋
七年	癸未儀　大任宋	壬子儀　宋	壬午儀　大任　宋
	辛亥　儀　宋	庚辰大任　宋	庚戌
	宋己卯	宋己酉	宋己卯
	宋己酉	宋戊寅	宋戊申
八年	宋戊寅	丁未儀　宋	宋丙子
	丙午儀　宋	宋乙亥	宋甲辰
	宋甲戌	宋癸卯	宋癸酉
	宋癸卯	宋壬申	宋壬寅
九年[11]閏二月辛未儀宋	宋壬申	宋辛丑	庚子儀　宋
	宋庚午	宋己亥	宋己巳
	宋戊戌	宋丁卯	宋丁酉

	宋丙寅	宋丙申	宋丙寅
十年[12]	宋丙申	乙丑儀　宋	宋乙未
	宋甲子	甲午儀	宋癸亥
	宋壬辰	宋壬戌	宋壬辰
	庚申儀　誤，宋辛酉。	宋辛卯	宋庚申
十一年[13]宋閏十月甲申	宋庚寅	宋己未	宋己丑
	宋己未	宋戊子	宋戊午
	宋丁亥	宋丙辰	宋丙戌
	甲申儀　誤，宋乙卯。	宋甲寅	宋甲申
十二年[14]	癸丑儀　大任，宋甲寅，異。	宋癸未	宋癸丑
	宋壬午	宋壬子	辛巳儀　宋壬午，異。
	辛亥儀　大任　宋	庚辰儀　大任　宋	宋庚戌
	宋己卯	戊申儀　大任　宋	戊寅儀　大任　宋
十三年[15]	宋戊申	丁丑儀　大任　宋	宋丁未
	宋丙子	宋丙午	丙子儀　大任　宋

	己巳儀　大任　宋	宋乙亥	宋甲辰
	宋甲戌	宋癸卯高麗	宋癸酉
十四年閏七月己巳儀　大任　宋[16]	宋壬寅	宋壬申	宋辛丑
	宋辛未	宋辛丑	宋庚午
	宋己亥	宋己亥	宋戊辰
	宋戊戌	宋丁卯	宋丁酉
十五年	宋丙寅	丙申儀　大任　宋	乙丑儀　大任　宋
	乙未儀　大任　宋	甲子儀　大任　宋	宋癸巳
	宋癸亥	宋癸巳	宋癸亥
	壬辰儀　大任　宋	壬戌儀　大任　宋	宋壬辰
十六年	宋辛酉	宋庚寅	宋庚申
	宋己丑	宋戊午	戊子儀　大任　宋
	丁巳儀　大任　宋	丁亥儀　大任　宋	丁巳儀　大任　宋
	宋丙戌	宋丙辰	丙戌儀　大任　宋
十七年[17]宋閏三月甲申	乙卯儀　大任　宋丙辰，異。	宋乙酉	宋甲寅

	宋癸丑	宋壬午	宋壬子
	宋辛丑[18]	宋辛亥	庚辰儼　宋大任
	宋庚戌	宋庚辰	宋庚戌
十八年[19]	宋己卯	宋己酉	宋戊寅
	宋戊申	宋丁丑	宋丙午
	宋丙子	宋乙巳	乙亥儼　大任　宋
	宋甲辰	甲戌儼　大任宋	宋甲辰
十九年宋閏十二月戊辰[20]	宋甲戌	宋癸卯	宋壬申
	宋壬寅	宋壬申	宋辛丑
	庚午儼　大任宋	宋庚子	己巳儼　大任　宋
	宋己亥	宋戊辰	宋戊戌
二十年	宋丁酉	宋丁卯	宋丁酉
	丙寅儼　大任宋	宋丙申	宋乙丑
	甲午儼　大任宋	甲子儼　大任宋	癸巳儼　大任　宋
	癸亥儼　大任宋	宋壬辰	宋壬戌
二十一年	宋辛卯	宋辛酉	宋辛卯

	宋庚申	庚寅儀 大任 宋	宋己未
	宋己丑	宋戊午	宋戊子
	丁巳儀 大任 宋	丁亥儀 大任 宋	宋丙辰
二十二年閏九月壬子儀 宋 大任	宋丙戌	乙卯儀 大任 宋	宋乙酉
	宋甲寅	宋甲申	宋甲寅
	宋癸未	宋癸丑	宋壬午
	宋辛巳	宋辛亥	庚辰儀 大任 宋
二十三年[21]	宋庚戌	宋己卯	宋己酉
	宋戊寅	戊申儀 大任 宋	宋丁丑
	宋丁未	宋丁丑	宋丙午
	丙子儀 大任 宋	乙巳[22]	宋乙亥
二十四年	宋甲辰	宋甲戌	宋癸卯
	宋壬申	壬寅儀 大任 宋	宋辛未
	辛丑儀 大任 宋	宋辛未	宋庚子
	庚午儀 宋	宋庚子	宋己巳

二十五年[23]宋閏五月丙寅	宋己亥	宋戊辰	宋戊戌
	宋丁卯	宋丙申	宋乙未
	宋乙丑	宋甲午	宋甲子
	宋甲午	宋甲子	宋癸巳
二十六年[24]	宋癸亥	宋壬辰	宋壬戌
	辛卯儷　大任宋	庚申儷　宋	宋庚寅
	宋己未	宋己丑	宋戊午
	戊子儷　宋	宋戊午	宋丁亥
二十七年[25]	宋丁巳	宋丁亥	宋丙辰
	丙戌儷　大任宋	宋乙卯	宋甲申
	甲申儷誤　宋大任　甲寅	宋癸未	宋壬子
	宋壬午	壬子儷　大任宋	宋辛巳
二十八年[26]宋閏二月辛亥	辛亥儷　大任宋	宋辛巳	宋庚辰
	宋庚戌	己卯儷　大任宋乙卯，誤。	宋戊申
	宋戊寅	宋丁未	宋丙子

	丙午儼 大任 宋	宋丙子	宋乙巳
二十九年	乙亥儼 大任 宋	宋乙巳	宋甲戌
	宋甲辰	甲戌儼 大任 宋	宋癸卯
	宋壬申	宋壬寅	宋辛未
	宋庚子	庚午大任 宋	宋庚子

［1］乾亨元年：【劉注・朔閏考異】二月宋辛亥誤，遼、宋同是庚午。六月宋己酉誤，遼、宋同是戊申。

［2］（乾亨）二年：【劉注・朔閏考異】四月宋甲戌誤，遼、宋同是癸酉。七月宋癸卯誤，遼、宋同是壬寅。

［3］（乾亨）三年：【劉注】《劉繼文墓誌銘》載："乾亨三年歲次辛巳十一月乙未朔十五日己酉。"遼、宋十一月同爲乙未朔。

［4］統和元年：【劉注・朔閏考異】二月注："大任丁亥，異。"誤，遼、宋同是戊子朔。《紀》亦同作戊子。七月甲寅注："大任乙卯，異。"誤，遼、宋同是甲寅朔。《紀》亦同作甲寅。

［5］大任丁亥、大任乙卯：《輯要》曰："宋初用乾元術。""遼仍用調元術，同。按朔考，大任二丁亥、七乙卯並不合。"

［6］（統和）二年：【劉注・朔閏考異】三月辛亥注："大任庚戌，異。"誤。按四月辛巳朔，不能是三月庚戌朔。六月庚辰注"大任己卯，異"，應是宋庚辰、遼己卯，《紀》作"六月己卯朔"。《佛舍利銘記》："時統和二年歲在甲申四月辛巳朔十一日辛卯丙時。"

［7］（統和）三年：【劉注・朔閏考異】正月丙午注："大任甲戌，異。"按《紀》正月丙午朔，不作甲戌。四月乙亥注："大任甲

戌，異。”誤。遼、宋均乙亥朔。五月乙巳注：“大任甲辰，異。”誤。遼、宋均乙巳朔。六月甲戌注：“大任癸酉，異。”誤。按七月甲辰朔，則六月不能是癸酉朔。九月壬寅當作壬申，壬寅是宋朔。是年遼閏八月壬寅朔，與宋異，失書。《紀》作閏九月，不合。此外有脱文。下文丙子爲九月初五日，庚辰爲重九，駱駝山登高，賜君臣菊花酒，正合。

［8］（統和）四年：【劉注·朔閏考異】七月丁卯，失書。宋戊辰應作小注。

［9］（統和）五年：【劉注·朔閏考異】正月甲子應是遼乙丑，宋甲子。八月宋辛卯，誤，遼辛卯，宋戊子。

［10］（統和）六年：【劉注·朔閏考異】二月注“宋己丑，異”，誤，宋戊子。七月乙酉應作宋乙酉、遼丙戌。

［11］（統和）九年：【劉注】《韓瑜墓誌銘》載：“統和九年，歲次辛卯，十月丙寅朔。”可知遼、宋同爲十月丙寅朔。

［12］（統和）十年：【劉注·朔閏考異】五月甲午，應是遼癸巳，宋甲午。九月宋壬辰，誤，應是宋辛卯。十月庚申，儼誤宋辛酉，遼、宋均辛酉。十一月宋辛卯，誤，宋庚寅。

［13］（統和）十一年：【劉注·朔閏考異】十月甲申注：“儼誤，宋乙卯。”按儼不誤，遼甲申，宋乙卯。閏十月乙酉。原本作“閏十月甲申”，不合。《蕭貴妃墓誌銘》：“以其年（統和十一年）閏十月十六日庚子，朔日應爲乙酉。”

［14］（統和）十二年：【劉注·朔閏考異】十一月戊申，遼、宋同。《紀》亦同作戊申。《陳表》作己酉。《姜承義墓誌銘》載“時統和十二年歲次甲午四月癸未朔十二日甲午丙時”。宋四月壬午朔，遼、宋異。

［15］（統和）十三年：【劉注·朔閏考異】七月己巳，當作乙巳。《紀》作乙巳是。是年（995），初用賈俊《大明曆》。

［16］（統和）十四年，閏七月己巳：《輯要》曰：“按趙知微術，閏八八戊戌秋分，九己巳霜降。今進爲己亥秋分，使與閏七

相合。”

［17］（統和）十七年：【劉注·朔閏考異】四月遼甲申，宋癸丑。是年遼閏四月癸丑朔，與宋異，失書。七月辛丑誤。當作辛巳。錢大昕《四史朔閏考》作辛巳，注云“遼考誤刻辛丑”。

［18］宋癸丑：中華點校本校勘記曰：“是年遼閏四月癸丑朔，與宋異。”該説法没有文獻依據，《輯要》推步不能作爲依據。

［19］（統和）十八年：【劉注】《劉鑄墓誌銘》載“（統和）十八年，歲次庚子，十月甲辰朔，二十七日庚午。”遼、宋同爲十月甲辰朔。

［20］（統和）十九年，宋閏十二月戊辰：遼據重修《大明曆》推爲閏十一月戊戌朔。【劉注·朔閏考異】是年正月癸酉，宋甲戌，三月癸酉。十月戊戌，宋己亥。十二月丁卯，宋戊戌。是年遼閏十一月戊戌朔，與宋異，失書。宋閏十二月戊辰。因宋新用《渾天曆》。《閏考》《本紀》均不誤。

［21］（統和）二十三年：【劉注】《重鐫雲居寺碑記》：“統和乙巳歲（二十三）八月丁丑朔。”此年遼、宋八月同爲丁丑朔。

［22］乙巳：不書出處，考覈爲宋曆。

［23］（統和）二十五年：【劉注】《□奉殷墓誌》載：“維統和貳拾伍年歲次丁未，肆月丁卯朔。”此年遼、宋同爲四月丁卯朔。

［24］（統和）二十六年：【劉注·朔閏考異】聖宗千齡節爲十二月二十七日，《乘軺録》：“（統和二十六年十二月）二十八日，復宴武功殿，即虜主生辰也。”遼、宋曆差一日。《王説墓誌銘》載：“統和二十六歲次戊申八月己丑朔二十日戊申。”此年八月遼、宋同爲己丑朔。

［25］（統和）二十七年：【劉注·朔閏考異】七月甲申應是甲寅。儼誤，宋、大任作甲寅是。《紀》作甲寅。

［26］（統和）二十八年：【劉注·朔閏考異】五月注“宋乙卯”，誤。應是遼、宋己卯同。是年閏二月辛亥朔，遼、宋同。

開泰元年[1]宋閏十月己丑	宋己巳	宋己亥	宋戊辰
	宋戊戌	戊辰儼　大任　宋	宋丁酉
	宋丁卯	宋丙申	宋丙寅
	宋乙未	甲午大任　宋	宋甲子
二年	宋癸巳	宋癸亥	壬辰儼　大任　宋
	壬戌	辛卯儼　大任　宋	辛酉儼　大任　宋
	辛卯	宋庚申	宋庚寅
	己未儼　大任　宋	宋己丑	宋戊午
三年[2]	宋戊子	宋丁巳	宋丙戌
	宋丙辰	丙戌儼　大任　宋乙酉，異。	宋乙卯
	乙酉儼　大任　宋	甲寅儼　大任　宋	宋甲申
	甲寅儼　大任　宋	宋癸未	宋癸丑
四年[3]宋閏六月己卯	宋壬午	壬子儼　大任　宋	宋辛巳
	庚戌儼　大任　宋	宋庚辰	宋己酉
	宋戊申	宋戊寅	宋戊申

	宋戊寅	宋丁未	宋丁丑
五年[4]	宋丙午	宋丙子	乙巳儼 大任 宋
	宋甲戌	宋甲辰	宋甲戌
	宋癸卯	宋壬申	宋壬寅
	宋壬申	宋辛丑	宋辛未
六年[5]	宋辛丑	宋庚午	宋庚子
	宋己巳	戊戌儼 大任 宋	戊辰大任 宋
	宋丁酉	宋丙寅	宋丙申
	宋丙寅	宋乙未	宋乙丑
七年[6]宋閏四月癸巳	宋乙未	乙丑儼 大任 宋	宋乙未
	宋甲子	宋壬戌	宋壬辰
	宋辛酉	宋庚寅	宋庚申
	宋庚寅	宋己未	宋己丑
八年[7]	宋己未	宋己丑	宋戊午
	戊子儼 大任 宋	宋丁巳	宋丙戌
	宋丙辰	宋乙酉	宋甲寅
	宋甲申	宋癸丑	宋癸未
九年閏二月壬子儼[8]	宋癸丑	宋癸未	宋壬子以下宋朔同，月異。

	宋壬午儼三月。以下用此推之。	宋辛亥	宋辛巳
	庚戌儼　大任宋	宋庚辰	宋己酉
	宋戊寅	宋戊申	宋丁丑 宋閏丁未，異。

［1］開泰元年：【劉注·朔閏考異】三月宋戊辰，遼己巳。是年閏十月乙丑朔，遼、宋同，原本作“己丑”誤。

［2］（開泰）三年：【劉注·朔閏考異】五月丙戌誤。遼、宋均乙酉。《紀》作乙酉。《輯要》《陳表》宋、遼丙戌同。

［3］（開泰）四年：【劉注·朔閏考異】七月遼己卯宋戊申。是年遼閏七月戊申朔，與宋異，失書。《李進石棺銘》：“開泰四年歲次乙卯，五月三日壬午亡故。五月朔日爲庚辰。”此年五月朔日遼、宋同爲庚辰。

［4］（開泰）五年：【劉注·朔閏考異】“六月癸酉”，原本誤“甲戌”。

［5］（開泰）六年：【劉注】《朝陽東塔大陀羅尼經幢》載：“開泰六年歲次丁巳七月丁酉朔，十五日辛亥午時再建。”此年七月，遼、宋同爲丁酉朔。

［6］（開泰）七年：【劉注·朔閏考異】三月甲午，遼、宋同。原誤乙未。《陳國公主墓誌銘》：“以當年（開泰七年）閏四月。”此年遼、宋同閏四月。

［7］（開泰）八年：【劉注】《創建無垢淨光法舍利塔記》載：“時開泰八年歲次己未九月甲寅朔丁卯日建。”《趙匡禹墓誌銘》載：“開泰八年歲次己未九月戊午朔。”此年九月遼、宋同爲甲寅朔。《趙匡禹墓誌銘》謂“九月戊午朔”，疑誤。

[8]（開泰）九年，閏二月壬子儼：作者據耶律儼的記録，該年閏二月壬子，但該年據曆宋朝却是閏十二月丁未。閏考的記録與此相同。根據這一記録，作者於三月小注有“以下宋朔同月異”，四月小注有“儼三月以下，用此推之”。今改編對照表該年二國月朔表，據作者注文排出。但以上所見，遼與五代、宋之閏月，一直差之很小，絶大多數均相同，少數也衹有一月之差，今突然差之十個月，實出偶然。汪曰楨《輯要》據術推均在閏十二月，中華點校本校勘記亦以七月“庚戌儼、大任、宋”之記録爲證，故應是儼“閏二月壬子”記録錯了，閏二月當爲閏十二月之誤。這些小注均不該有。

太平元年[1]	宋丁丑	宋丙午	宋丙子
	宋丙午	宋乙亥	宋乙巳
	甲戌儼　大任宋	宋甲辰	宋甲戌
	宋癸卯	壬申儼　宋癸酉，異。	宋壬寅
二年	宋辛未	辛丑儼　大任宋庚子，異。	宋庚午
	宋庚子	宋己巳	宋己亥
	宋戊辰	宋戊戌	宋戊辰
	宋丁酉	宋丁卯	宋丙申
三年[2]閏九月壬辰儼　宋	宋丙寅高麗	宋乙未	宋甲子
	宋甲午	宋癸亥	宋癸巳
	宋壬戌	宋壬辰	宋壬戌

	宋辛酉	宋辛卯	宋庚申
四年[3]	宋庚寅	宋己未	戊子儷 宋
	宋戊午	宋丁亥	宋丁巳
	宋丙戌	宋丙辰	宋丙戌
	宋乙卯	宋乙酉	宋乙卯
五年[4]	宋甲申	宋甲寅	宋癸未
	宋壬子	宋壬午	宋辛亥
	宋庚辰	宋庚戌	宋庚辰
	宋己酉	宋己卯	宋己酉
六年[5]閏五月丙午宋	宋己卯	宋戊申	宋戊寅
	丁未儷 宋	宋丁丑	宋乙亥
	宋甲辰	宋甲戌	宋甲辰
	宋甲戌	宋癸卯	宋壬申
七年[6]	宋壬寅	宋壬申	宋壬寅
	宋辛未	宋庚子	宋庚午
	宋己亥	宋戊辰	宋戊戌
	宋丁卯	宋丁酉	宋丁卯
八年[7]	宋丁酉	宋丙寅	宋丙申
	宋丙寅	宋乙未	宋甲子
	宋甲午	宋癸亥	宋壬辰
	宋壬戌	宋辛卯	宋辛酉

九年[8]閏七月庚寅宋	宋辛卯	宋庚申	宋庚申
	宋己丑	宋己未	宋戊子
	戊午儼 大任 宋	丁卯儼誤，宋丁亥。	宋丙辰
	丙戌儼 大任 宋	乙卯儼 大任 宋	宋乙酉
十年[9]	宋乙卯	宋甲申	宋甲寅
	宋癸未	宋癸丑	宋癸未
	宋壬子	宋壬午	宋辛亥
	宋辛巳	宋庚戌	宋己卯
十一年[10]閏十月乙巳儼宋	宋己酉	宋戊寅	宋戊申
	宋丁丑	宋丁未	丁丑儼 大任 宋
	宋丙午	宋庚子誤，當作丙子。	宋丙午
	宋乙亥	宋甲戌	宋癸卯

[1]太平元年：【劉注·朔閏考異】四月宋丙午應是乙巳。九月宋甲戌應是癸酉。十一月注："宋癸酉，異。"應是壬申。十二月遼辛丑，宋壬寅。《耶律霞兹墓誌銘》："時太平元年歲次辛酉二月丙午朔七日丁酉申時。"此年二月遼、宋同爲丙午朔。

[2]（太平）三年：【劉注】漢字《耶律智先墓誌銘》："太平三癸亥年閏九月。"此年遼、宋同閏九月。

[3]（太平）四年：【劉注·朔閏考異】十二月遼乙卯宋甲寅。

［4］（太平）五年：【劉注·朔閏考異】七月遼辛巳宋庚辰。

［5］（太平）六年：【劉注·朔閏考異】五月丙子，遼、宋同。原誤丁丑。

［6］（太平）七年：【劉注】《王説墓誌銘》：“太平七年歲次丁卯正月戊寅朔十七日甲午，濟陽郡夫人蔡氏薨於潁州之私弟（第）。是歲四月辛未朔二十日甲午申時，祔葬先太師之舊□，禮也。”此年正月朔日遼、宋同爲戊寅。四月朔日遼、宋同爲辛未。

［7］（太平）八年：【劉注·朔閏考異】六月宋甲子疑是宋乙丑。

［8］（太平）九年：【劉注·朔閏考異】八月丁卯，按八月不能是丁卯朔，應是丁亥字誤。閏七月庚寅誤。宋閏二月庚寅。遼三月庚寅，閏三月庚申，與宋異，失書。

［9］（太平）十年：【劉注·朔閏考異】正月乙卯，遼、宋同。《紀》作己卯，己當是乙。《陳表》作甲寅，相差一日。十二月宋己卯，疑是庚辰。

［10］（太平）十一年：【劉注·朔閏考異】八月宋庚子誤，當作丙子。《遼聖宗皇帝哀册》作丙子。十二月丁辰，原本誤“癸卯”。《聖宗哀册》：“维太平十一年岁次辛未，六月丁丑朔，三日己卯。……八月丙子朔。二十七日壬寅。……十一月甲戌朔，二十一日甲子。”此年六月遼、宋同爲丁丑朔。八月遼、宋同爲丙子朔。十一月遼、宋同爲甲戌朔。

興宗重熙元年[1]	宋壬申	宋壬寅	壬申儼　宋
	宋辛丑	宋辛未	宋庚子
	宋庚午	宋庚子	宋己巳
	宋己亥	宋己巳	宋戊戌

二年	宋戊辰	宋丁酉	宋丙寅
	宋丙申	宋乙丑	宋甲午
	宋甲子	宋甲午	宋癸亥
	宋癸巳	宋癸亥	宋癸巳
三年閏六月戊午宋	宋壬戌	壬辰儀 宋	宋辛酉
	宋庚寅	庚申儀 宋	宋己丑
	戊子儀 宋	宋戊午	宋丁亥
	宋丁巳	宋丁亥	宋丁巳
四年[2]	宋丙戌	宋丙辰	乙酉儀 宋
	甲寅儀 宋	宋甲申	癸酉儀誤，宋癸丑
	壬午儀 宋	宋壬子	宋辛巳
	宋辛亥	宋辛巳	宋辛亥
五年	宋庚辰	宋庚戌	宋庚辰
	宋己酉	宋戊寅	宋戊申
	宋丁丑	丙午儀 宋	丙子
	宋乙巳	宋乙亥	宋乙巳
六年[3]閏四月癸酉宋	宋甲戌	宋甲辰	宋甲戌
	宋甲辰	宋壬寅	宋壬申
	辛丑儀 宋	宋庚午	宋庚子
	宋己巳	宋己亥	己亥儀誤，宋戊辰。

七年[4]	宋戊戌	宋戊辰	戊戌
	宋丁卯	宋丁酉	宋丙寅
	宋丙申	宋乙丑	宋甲午
	甲子儷　宋	宋癸巳	宋癸亥
八年閏十二月丁亥宋[5]	宋壬辰	宋壬戌	宋壬辰
	宋辛酉	宋辛卯	宋庚申
	宋庚寅	宋庚申	宋己丑
	宋己未	宋戊子	宋丁巳
九年[6]	丙辰儷　宋	宋丙戌	宋乙卯
	宋乙酉	乙卯儷　宋甲寅，異。	宋甲申
	宋甲寅	宋癸未	宋癸丑
	癸未儷　宋	宋壬子	宋壬午
十年[7]	宋辛亥	庚辰儷　宋	宋庚戌
	宋己卯	宋己酉	宋戊寅
	宋戊申	宋丁丑	宋丁未
	宋丁丑	宋丁未	宋丙子
十一年閏九月辛未[8]宋	宋丙午	宋乙亥	甲辰儷　宋
	甲戌儷　宋	宋癸卯	宋癸酉
	壬寅儷　宋	宋壬申	宋辛丑
	宋辛丑	宋庚午	宋庚子

十二年[9]	宋庚午	宋己亥	宋戊辰
	宋戊戌	宋丁卯	宋丙申
	丙寅儀　宋	乙未儀　宋高麗	壬申誤，宋乙丑。
	宋乙未	宋乙丑	宋甲午
十三年[10]	甲子儀　宋	宋甲午	宋癸亥
	宋壬辰	壬戌儀　宋	宋辛卯
	宋辛酉	宋庚寅	宋己未
	宋己丑	宋戊午	宋戊子
十四年閏五月丙戌[11]宋	宋戊午	宋戊子	宋丁巳
	宋丁亥	宋丙辰	宋乙卯
	甲申儀　宋	宋甲寅	宋癸未
	宋癸丑	壬午儀　宋	宋壬子
十五年[12]	宋壬午	宋壬子	宋辛巳
	辛亥儀　宋	宋庚辰	宋庚戌
	宋己卯	宋戊申	宋戊寅
	宋丁未	宋丁丑	宋丙午
十六年	宋丙子	宋丙午	宋乙亥
	乙巳儀　宋	宋乙亥	宋甲辰
	宋甲戌	宋癸卯	宋壬申
	宋壬寅	宋辛未	辛丑儀　宋
十七年閏正月庚子宋	宋庚午	宋己巳	宋己亥

	宋己巳	宋戊戌	宋戊辰
	宋丁酉	宋丁卯	宋丙申
	宋丙寅	乙未儼　宋	宋乙丑
十八年[13]	甲午儼　宋　高麗	宋甲子	宋癸巳
	宋癸亥	宋壬辰	宋壬戌
	宋壬辰	宋辛酉	宋辛卯
	宋庚申	宋庚寅	宋庚申
十九年閏十一月甲寅宋	宋己丑	宋戊午	宋戊子
	宋丁巳	宋丁亥	丙辰儼　宋
	丙戌	宋乙卯	宋乙酉
	宋乙卯	宋甲申	宋甲申
二十年[14]	宋癸丑	宋壬午	壬子儼　宋
	宋辛巳	宋庚戌	宋庚辰
	宋己酉	宋己卯	宋己酉
	己卯儼　宋	宋戊申	宋戊寅
二十一年	宋戊申	宋丁丑	宋丙午
	宋丙子	宋乙巳	宋甲戌
	甲辰儼　宋	癸酉儼　宋	宋癸卯
	宋癸酉	宋壬寅	宋壬申
二十二年[15]閏七月戊辰	宋壬寅	宋壬申	宋辛丑
	宋庚午	宋庚子	宋己巳

	宋戊戌	宋丁酉	宋丁卯
	丙申儼 宋	宋丙寅	丙申儼 宋
二十三年	宋丙寅	宋乙未	宋乙丑
	宋甲午	宋甲子	宋癸巳
	宋壬戌	宋壬辰	宋辛酉
	宋辛卯	宋庚申	宋庚寅
二十四年[16]	宋庚申	宋己丑	宋己未 高麗[17]
	宋己丑	宋戊午	宋戊子
	宋丁巳	宋丙戌	宋丙辰
	宋乙酉	宋乙卯	宋甲申

[1]重熙元年：【劉注・朔閏考異】正月宋壬申，《紀》壬申同。《輯要》《陳表》作癸酉，遼、宋同。

[2]（重熙）四年：【劉注・朔閏考異】六月癸酉，應作癸丑。《張哥墓誌銘》："重熙四年十一月乙巳朔。"遼十一月朔日與宋異。

[3]（重熙）六年：【劉注・朔閏考異】四月宋甲辰，誤，應是癸卯。十二月己亥，應是戊辰。不能十一月、十二月兩月同是己亥。

[4]（重熙）七年：【劉注】《秦國長公主耶律燕哥墓誌銘》："越（重熙）七年四月七日癸酉（朔日爲丁卯）。"《蕭紹宗墓誌銘》："重熙七年，歲次戊寅，十月一日甲子，寢疾薨於闕下，享年四十有三。……以其月二十八日辛卯，歸葬於中京之西山。"《胡化石棺記》："重熙七年戊寅歲十月甲子朔丙子日葬。以其月二十八日辛卯。"此年四月朔日遼宋同爲丁卯，十月朔日遼、宋同爲甲子。

[5]（重熙）八年：【劉注・朔閏考異】六月遼辛酉，宋庚申。

《張思忠墓誌銘》："以明年（重熙八）二月壬戌朔，十七日陪葬於亡父之塋次。"此年二月朔日，遼、宋異。

［6］（重熙）九年：【劉注・朔閏考異】十二月遼辛巳，宋壬午。《呂思支墓誌銘》："重熙九年歲次庚辰，十二月一日壬午乙時掩閉永記。"此年十二月朔日，遼、宋同爲壬午。

［7］（重熙）十年：【劉注・朔閏考異】八月戊寅，遼、宋同。原本作"丁丑"，不合。契丹大字《北大王墓誌銘》第19行："重熙十年二月十五甲午日。朔日应爲庚辰。"《李餘慶妻張氏石棺銘》："重熙十年歲次辛巳十月丁丑朔二十一日丁酉時葬訖。"此年二月朔日遼、宋同爲庚辰。十月朔日遼、宋同爲丁丑。

［8］（重熙）十一年：【劉注・朔閏考異】六月癸酉，遼、宋同。《耶律遂忠墓誌銘》："重熙十一年六月癸酉朔，八日庚子。"《大王鎮羅漢院建八大靈塔記》："重熙十一年歲次壬午七月壬寅朔十七日戊午甲時建。"此年六月朔日，遼、宋同爲癸酉。七月朔日，遼、宋同爲壬寅。

［9］（重熙）十二年：【劉注・朔閏考異】九月壬申誤，遼、宋同是乙丑。

［10］（重熙）十三年：【劉注・朔閏考異】七月辛酉，遼、宋同。十一月宋戊午，遼己未。《瀋陽塔灣無垢淨光舍利塔地宮石函》："重熙十三年歲次甲申四月大、壬辰朔。"《李繼成暨妻馬氏墓誌銘》："于當年歲次甲申（重熙十三年），八月庚寅朔，二十五日甲寅。"此年四月朔日，遼、宋同是壬辰朔。八月朔日，遼、宋同爲庚寅。

［11］（重熙）十四年：【劉注・朔閏考異】三月遼戊午，宋丁巳。是年閏五月丙戌，宋、遼同。原失書。《閏考》有。《蕭和妻秦國太妃耶律氏墓誌銘》："乙酉年（重熙十四年）閏五月十二日薨於潢河。"《無垢淨光塔地宮石函》："重熙十四年歲次乙酉，十月癸丑朔。"《王澤妻李氏墓誌銘》："以重熙十四年歲次乙酉，十月癸丑朔，十二日甲子，葬。"此年十月朔日，遼、宋同爲癸丑。

［12］（重熙）十五年：【劉注】《秦晉國大长公主墓誌銘》："即以其年（重熙十五年）二月壬子朔二十一日壬申。"《鐵舍利塔碑記》："重熙十五年丙戌歲十一月丁丑朔十六日壬辰。"此年二月朔日，遼、宋同爲壬子。十一月朔日，遼、宋同爲丁丑。

［13］（重熙）十八年：【劉注・朔閏考異】十二月宋庚申，遼己未。宋不應進而進。

［14］（重熙）二十年：【劉注】《葬石函記》："重熙二十年歲次辛卯三月壬子朔。"《平原公主墓誌銘》："重熙二十年歲次辛卯正月癸丑朔，十二日甲子，薨于永州東之行帳，……以其年夏四月辛巳朔十日庚寅。"此年正月朔日遼、宋同爲癸丑。三月朔日遼、宋同爲壬子。四月朔日遼、宋同爲辛巳。

［15］（重熙）二十二年：【劉注・朔閏考異】二月遼壬申，宋辛丑。《王澤墓誌銘》："重熙貳拾貳年歲次癸巳四月庚午朔貳拾貳日辛卯乙時記。"漢字《耶律宗教墓誌铭》："重熙二十二年歲次癸巳，六月二庚子日。朔日應爲己亥。……以其年八月十二日戊申。朔日應爲丁酉。"此年，四月朔日，遼、宋同爲庚午。六月朔日遼、宋異。八月朔日遼、宋同爲丁酉。

［16］（重熙）二十四年：【劉注】契丹小字《興宗皇帝哀册》："重熙廿四歲次乙未八月丙戌朔四日己丑。……清寧元年（重熙二十四年）十一月十日甲子。（朔日應爲乙卯。）"此年八月朔日遼、宋同爲丙戌。十一月朔日遼、宋同爲乙卯。

［17］高麗：【劉校】據中華修訂本校勘記，"高"字原闕，依文意補。按明抄本、南監本、北監本、殿本皆無"高麗"二字。

道宗清寧二年[1]宋閏三月癸未	宋甲寅	宋癸未	宋癸丑
	宋壬子	宋壬午	宋辛亥

	宋辛巳	宋庚戌	宋庚辰
	宋己酉	宋己卯	戊申儷　宋
三年[2]	宋戊寅高麗	宋丁未	宋丁丑
	宋丙午	宋丙子	宋丙午
	宋乙亥	宋乙巳	宋甲戌
	宋甲辰	宋癸酉	宋癸卯
四年[3]宋閏十二月丁卯	壬申儷　宋	宋壬寅	宋辛未
	宋辛丑	庚午儷　宋	宋庚子
	宋己巳	宋己亥	宋己巳
	戊戌儷　宋	宋戊辰	宋丁酉
五年[4]	宋丙申	宋丙寅	宋乙未
	甲子儷　宋乙丑，異。	宋甲午	宋癸亥
	宋癸巳	宋癸亥	宋癸巳
	壬子誤　宋壬戌	宋壬辰	宋壬戌
六年[5]	宋辛卯	宋庚申	宋庚寅
	宋己未	戊子儷　宋	戊午儷　宋
	宋丁亥	宋丁巳	宋丁亥
	宋丙辰	宋丙戌	宋丙辰
七年[6]閏八月辛巳宋	宋乙酉	宋乙卯	宋甲申

	宋甲寅	宋癸未	壬午儼誤 宋壬子
	宋壬午	宋辛亥	宋庚戌
	宋庚辰	宋庚戌	宋庚辰
八年[7]	宋己酉	宋己卯	戊申儼　宋
	宋戊寅	宋丁未	甲子儼誤 宋丙子
	宋丙午	宋乙亥	宋乙巳
	甲戌儼　宋	宋甲辰	宋甲戌
九年[8]	宋癸卯	宋癸酉	宋癸卯
	宋壬申	宋壬寅	宋辛未
	宋庚子	庚午儼　宋	宋己亥
	戊辰儼　宋	宋戊戌	宋戊辰
十年[9]閏五月丙寅宋	宋丁酉	宋丁卯	宋丁酉
	宋丁卯	宋丙申	宋乙未
	宋甲子	宋甲午	宋癸亥
	壬辰儼　宋癸巳，異。	宋壬戌	宋壬辰

[1]清寧二年：【劉注・朔閏考異】六月遼壬子，宋辛亥。《張文質爲父造石幢記》："清寧二年丙申歲九月小庚辰朔。"此年九月，遼、宋同爲庚辰朔。

[2]（清寧）三年：【劉注・朔閏考異】四月丙午誤，應作丁未。《張昌齡洎夫人耿氏墓誌銘》："粵清寧三年歲次丁酉八月乙巳

朔二十九日癸酉。”《丁求謹墓誌銘》：“清寧三年歲次丁酉十一月一日癸酉甲時。”《欽哀皇后哀册》：“維清寧三年，歲次丁酉。十二月癸卯朔，二十七日己巳。”此年八月朔日，遼、宋同爲乙巳，十一月朔日，遼、宋同爲癸酉，十二月朔日，遼、宋同爲癸卯。

［3］（清寧）四年：【劉注】《欽哀皇后哀册》：“粤明年（清寧四年）夏五月四日癸酉。”《白山院舍利塔石函記》：“維清寧四年，歲次戊戌年，六月庚子朔，十五甲寅日啓手，至七月己巳朔，十五己未日未時葬舍利訖。”此年五月朔日，遼、宋同爲庚午。六月朔日遼、宋同爲庚子，七月朔日，遼宋同爲己巳。

［4］（清寧）五年：【劉注·朔閏考異】六月遼甲子，《紀》作甲子同，宋癸未。十月壬戌，遼、宋同。十二月宋壬戌，遼辛酉，失書。《耶律庶幾墓誌銘》：“維清寧五年歲次己亥九月癸巳朔，蓂生十有一葉癸卯。”此年九月遼、宋同爲癸巳朔。

［5］（清寧）六年：【劉注】《趙匡禹墓誌銘》：“清寧六年歲次庚子四月己未朔九日丁卯建。”此年四月遼、宋同爲己未朔。

［6］（清寧）七年：【劉注·朔閏考異】六月壬午誤，應是壬子，遼、宋同。契丹大字《耶律昌允墓誌銘》：“清寧七辛丑年十二月庚辰朔，二十一日庚子日。”此年十二月，遼、宋同爲庚辰朔。

［7］（清寧）八年：【劉注·朔閏考異】六月甲子誤，應是丙子，遼、宋同。《劉永端墓誌銘》：“清寧八年五月丁未朔。”契丹大字《耶律昌允墓誌銘》：“清寧八壬寅年九月乙巳朔。”《耶律宗政墓誌銘》：“即以其年歲次壬寅（清寧八年）十月甲戌朔。”此年五月遼、宋同爲丁未朔。九月遼、宋同爲乙巳朔。十月遼、宋同爲甲戌朔。

［8］（清寧）九年：【劉注·朔閏考異】八月遼庚午。宋己巳，失書。《寂善大師墓誌銘》：“癸卯年（清寧九年）十二月戊辰朔二十七日甲午。”此年十二月遼、宋同爲戊辰朔。

［9］（清寧）十年：【劉注·朔閏考異】六月遼丙寅，宋乙未。遼閏六月乙未朔，失書。宋閏五月丙寅，異。十月壬辰遼、宋同。

原注“宋癸巳異”衍誤。契丹大字《蕭孝忠墓誌銘》:“甲辰年(清寧十年)四乙巳月二十八庚午日。(朔日爲癸卯。)”此年四月朔日遼爲癸卯,宋爲丁卯。

咸雍元年[1]	辛酉儮 大任 宋 高麗	宋辛卯	宋辛酉
	宋庚寅	宋庚申	宋己丑
	宋己未	宋戊子	宋戊午
	丁亥儮 大任 宋	宋丁巳	宋丙戌
二年[2]	宋丙辰	宋乙酉	宋乙卯
	宋甲申	宋甲寅	宋甲申
	癸丑儮 大任 宋	宋癸未	壬子儮 大任 宋
	宋壬午	宋辛亥	宋辛巳
三年閏二月己卯宋[3]	宋庚戌	宋庚辰	宋己酉
	宋戊申	宋戊寅	宋丁未
	宋丁丑	宋丁未	宋丙子
	宋丙午	宋乙亥	宋乙巳
四年[4]	甲戌儮 大任 宋	甲辰儮 大任 宋	宋癸酉
	宋壬寅	宋壬申	宋辛丑
	宋辛未	宋辛丑	宋庚午
	宋庚子	宋庚午	宋己亥

五年[5]閏十一月甲午宋	宋己巳	宋戊戌	宋戊辰
	宋丁酉	宋丙寅	宋丙申
	乙丑儼　大任宋	宋乙未	宋甲子
	宋甲午	宋甲子	宋癸亥
六年[6]	宋癸巳	宋癸亥	宋壬辰
	宋辛酉	宋庚寅	宋庚申
	宋己丑	宋戊午	宋戊子
	宋戊午	宋戊子	宋丁巳
七年[7]	宋丁亥	宋丁巳	宋丙戌
	宋丙辰	宋乙酉	宋甲寅
	甲申儼　大任宋	宋癸丑	宋壬午
	宋壬子	宋壬午	宋辛亥
八年[8]閏七月戊申宋	宋辛巳	宋辛亥	宋辛巳
	宋庚戌	宋庚辰	宋己酉
	宋戊寅	宋丁丑	宋丙午
	宋丙子	宋丙午	宋乙亥
九年[9]	宋乙巳	宋乙亥	宋甲辰
	宋甲戌	宋癸卯	宋癸酉
	宋壬寅	宋壬申	宋辛丑
	宋庚午	宋庚子	宋庚午

十年	宋己亥	宋己巳	宋戊戌
	宋戊辰	宋戊戌	宋丁卯
	宋丁酉	宋丙寅	宋丙申
	宋乙丑	宋乙未	宋甲子

[1]咸雍元年:【劉注】《耶律宗允墓誌銘》:“咸雍元年,歲次乙巳,四月庚寅朔,十一日庚子。”此年四月遼、宋同爲庚寅朔。

[2](咸雍)二年:【劉注】《耶律曷魯墓園經幢記》:“咸雍二年歲次丙午五月甲寅(朔),二十七日。”此年五月遼、宋同爲甲寅朔。

[3](咸雍)三年:閏二月己卯宋。按月朔干支推排,閏月己卯朔當爲閏三月,又《閏考》表載爲宋閏三月,知此處當爲閏三月乙卯之誤。

[4](咸雍)四年:【劉注】《陽臺山清水院藏經記》:“時咸雍四年歲次戊申三月癸酉朔四日丙子日巽時記。”此年三月,遼、宋同爲癸酉朔。

[5](咸雍)五年:【劉注】《秦晉國妃墓誌銘》:“咸雍五年,歲次己酉,七月乙丑朔。二十二日丙戌。……是歲十一月甲子朔。”此年七月遼、宋同爲乙丑朔。十一月遼、宋同爲甲子朔。

[6](咸雍)六年:【劉注·朔閏考異】二月宋癸亥,誤。遼、宋同是壬戌朔。《長編》作壬戌同。《續資治通鑑拾補》卷七:“熙寧三年二月壬戌朔。”按畢氏《通鑑考異》:“《遼史·天象志》以癸亥爲宋二月朔,乃正月晦日,與《長編》差一日。”八月遼己未,宋戊午。《陳顗妻曹氏墓誌銘(甲)》:“庚戌歲(咸雍六年)夏五月庚寅朔二十五日甲寅。”《蕭福延墓誌銘》:“咸雍六年夏五月七日丙申(朔日爲庚寅)。”此年五月宋同爲庚寅朔。

[7](咸雍)七年:【劉注】《蕭闓墓誌銘》:“咸雍七年,歲次

庚［辛］亥四月丙辰朔。”《蕭闉葬礼做佛事碑乙碑》：“咸雍七年，歲次庚［辛］亥四月丙辰朔。”《康文成墓誌》：“維咸雍七年歲次辛亥，當四月丙辰朔，八日癸亥逝。當年六月二十九日壬午（朔日爲甲寅）。”《蕭福延墓誌銘》：“越其年（咸雍七年）十月三日庚［戌，備］鹵簿（朔日應爲壬午）。”此年四月遼、宋同爲丙辰朔。六月遼、宋同爲甲寅朔。十月遼壬午朔，宋壬子朔。

［8］（咸雍）八年：【劉注】漢字《耶律仁先墓誌銘》：“以其年（咸雍八）九月丙午朔。”《耶律宗愿墓誌銘》：“咸雍八年閏七月。……维咸雍八年，歲次壬子十一月二十八日癸酉。朔日應爲丙午。”《蕭闡墓誌銘》：“以其年（咸雍八）閏七月二十五日。”此年遼宋同閏七月。九月遼、宋同爲丙午朔。十一月遼、宋同爲丙午朔。

［9］（咸雍）九年：【劉注・朔閏考異】五月遼甲辰，宋癸卯。八月壬申朔，遼、宋同。十二月己巳，遼、宋同。原誤宋庚午。

大康元年[1] 閏四月壬辰 宋	宋甲午	宋癸亥	宋癸巳
	宋壬戌	宋辛酉	宋辛卯
	辛酉宋	庚寅儼　大任 宋	宋庚申
	宋己丑	宋己未	宋己丑
二年[2]	宋戊午	宋丁亥	宋丙辰
	宋丙戌	宋丙辰	乙酉儼　大 任　宋
	宋乙卯	宋甲申	宋甲寅
	宋甲申	宋癸丑	宋癸未

三年[3]	宋壬子	壬午儼　大任　宋	宋辛亥
	宋庚辰	宋庚戌	己卯
	宋己酉	宋戊寅	宋戊申
	宋戊寅	宋戊申	宋丁丑
四年[4]閏五月丙子宋	宋丁未	宋丙午	宋乙亥
	宋甲辰	宋甲戌	宋癸卯
	宋癸酉	宋壬寅	宋壬申
	宋壬寅	宋辛未	宋辛丑
五年	宋辛未	宋庚子	宋庚午
	宋己亥	宋戊辰	宋戊戌
	宋丁卯	宋丙申	宋丙寅
	宋丙申	宋乙丑	宋乙未
六年[5]閏九月庚寅宋	宋乙丑	宋乙未	宋甲子
	宋甲午	癸亥大任	宋壬辰
	宋壬戌	宋辛卯	宋庚申
	己未儼　大任　宋	己丑儼　大任　宋	宋己未
七年[6]	己丑	宋戊午	宋戊子
	宋戊午	宋丁亥	宋丙辰
	宋丙戌	宋乙卯	宋甲申
	宋甲寅	宋癸未	宋癸丑

八年[7]	宋癸未	宋癸丑	宋壬午
	宋壬子	宋辛巳	辛亥儼　大任　宋
	宋庚辰	宋庚戌	宋己卯
	宋戊申	宋戊寅	宋丁未
九年[8]閏六月乙亥宋	宋丁丑	宋丁未	宋丙子
	丙午儼　大任　宋	宋丙子	宋乙巳
	宋甲辰	宋甲戌	癸卯儼　大任
	宋癸酉	宋壬寅	宋辛未
十年[9]	辛丑儼　大任　宋　高麗	庚午儼　宋	宋庚子
	宋庚午	宋己亥	宋己巳
	宋戊戌	宋戊辰	宋戊戌
	宋丁卯	宋丁酉	宋丙寅

[1]大康元年：【劉注·朔閏考異】正月遼癸巳，宋甲午。十二月宋己丑，誤。遼己丑，宋戊子。漢字《宣懿皇后哀册》："維大康元年歲次乙卯十一月己未朔，三日辛酉。"契丹小字《宣懿皇后哀册》第4行："大康元年歲次乙卯十一月己未朔，三日辛酉。"此年十一月遼、宋同爲己未朔。

[2]（大康）二年：【劉注】漢字《仁懿皇后哀册》："維大康二年歲次丙辰，三月丙辰朔，六日辛酉。……六月乙酉朔十日甲午。"契丹小字《仁懿皇后哀册》第11行："大康二丙辰年，三月

丙辰朔，六日辛酉。”第 14 行：“该年六月十日甲午，應爲乙酉朔。”此年三月遼、宋同爲丙辰朔，六月遼、宋同爲乙酉朔。

［3］（大康）三年：【劉注·朔閏考異】遼閏十二月丁未，失書。《閏考》有。本年宋蘇頌使遼，遇冬至，宋曆先一日。見《蘇魏公集》及《長編》。契丹大字《蕭孝忠墓誌銘》第 8、9 行：“大康三蛇年三甲辰月二十六日壬子（朔日應爲丁亥）。”《李文貞墓誌銘》：“維大康三年歲次丁巳，六月己卯朔，十九丁酉。”此年三月遼丁亥朔，宋辛亥朔。六月遼、宋同爲己卯朔。

［4］（大康）四年：【劉注·朔閏考異】正月遼丙子，宋丁未。宋閏正月丙子朔，原本作“五月”誤。《閏考》不誤。《穀積山院讀藏經之記碑》：“時大康四年歲次戊午，四月甲辰朔，十五日戊午。”此年四月遼、宋同爲甲辰朔。

［5］（大康）六年：【劉注·朔閏考異】是年遼閏八月庚申朔，與宋異，失書。九月庚寅。宋九月庚申，閏九月庚寅。契丹大字《多羅里本郎君墓誌碑》：“大康六年閏八月。”

［6］（大康）七年：【劉注】契丹大字《多羅里本郎君墓誌碑》：“大康七辛酉年三月戊子朔，十五壬寅日。”《仁德皇后哀册》：“維大康七年歲次辛酉，十月丙寅朔，八日辛酉。”此年三月遼、宋同爲戊子朔。十月遼丙寅朔，宋甲寅朔。

［7］（大康）八年：【劉注】契丹小字《耶律慈特墓誌銘》：“大康八壬戌年八月庚戌朔。”此年八月遼、宋同爲庚戌朔。

［8］（大康）九年：【劉注】《非覺大師塔記》：“大康九年歲次癸亥七月甲辰［朔］十七日庚申日甲申時建。”此九年七月遼、宋同爲甲辰朔。

［9］（大康）十年：【劉注】《清河公女墳記》：“大康十年閏八月十一日。”

大安元年[1] 缺一閏	宋丙申	宋乙丑	宋甲午

	宋甲子	宋癸巳	宋癸亥
	宋癸巳	宋壬戌	宋壬辰
	宋壬戌	辛卯高麗　宋	辛酉
二年[2]	宋庚寅	庚申	宋戊午
	宋戊子	丁巳儼　大任　宋	丁亥儼　大任丙午，誤。宋
	宋丙辰	宋丙戌	宋丙辰
	己酉儼誤　宋乙酉	宋庚午誤，當作乙卯。	宋乙酉
三年[3]	宋甲寅	宋甲申	宋癸丑
	宋壬午	宋壬子	宋辛巳
	宋庚戌	宋庚辰	宋庚戌
	宋己卯	宋己酉	宋己卯
四年[4]閏十二月癸卯宋	宋己酉	宋戊寅	宋戊申
	宋丁丑	宋丙午	宋丙子
	宋乙巳	宋甲戌	宋甲辰
	宋癸酉	宋癸卯	癸卯儼誤，大任　宋癸酉。
五年[5]	宋壬申	宋壬寅	宋壬申
	宋辛丑	宋庚午	宋庚子
	宋己巳	宋戊戌	宋戊辰

	宋丁酉	丁卯儼　大任　宋	宋丁酉
六年[6]	宋丁卯	宋丙申	宋丙寅
	宋丙申	宋乙丑	宋甲午
	宋甲子	宋癸巳	宋壬戌
	宋壬辰	宋辛酉	宋辛卯
七年[7]閏八月丁巳宋	宋辛酉	宋庚寅	宋庚申
	宋庚寅	己未儼　大任　宋	宋己丑
	戊午儼　大任　宋	宋戊子	宋丙戌
	宋丙辰	宋乙酉	宋乙卯
八年[8]	宋甲申	宋甲寅	宋甲申
	宋癸丑	宋癸未	宋癸丑
	宋壬午	宋壬子	宋辛巳
	庚戌儼　大任　宋	宋庚辰	宋己酉
九年[9]	宋己卯	宋戊申	宋戊寅
	宋丁未	宋丁丑	丁未儼　大任　宋
	宋丙子	宋丙午	宋丙子
	宋乙巳	宋乙亥	宋甲辰

十年[10]閏四月辛未宋	宋癸酉	宋癸卯	壬申儼　宋
	壬寅儼　大任宋	宋辛丑	宋庚午
	庚子大任　宋	宋庚午	宋己亥
	宋己巳	宋己亥	宋戊辰

[1]大安元年:【劉注·朔閏考異】"缺一閏"三字衍。按《清河公女墳記》去年即大康十年閏八月。

[2](大安)二年:【劉注·朔閏考異】是年閏二月己丑朔,遼、宋同,失書。六月遼、宋均丁亥。《紀》作丁亥同。十月乙酉,遼、宋同,己酉儼誤。十一月乙卯,遼、宋同,庚午誤。

[3](大安)三年:【劉注】《劉知微墓誌銘》:"洎大安三年,歲次丁卯,十月建辛亥,已卯朔,十六日甲午,故。"《蕭興言墓誌銘》:"大安三年十月二十二庚子日。朔日應爲己卯。"此年十月遼、宋同爲已卯朔。

[4](大安)四年:【劉注·朔閏考異】十二月癸卯誤,宋、遼均是癸酉。契丹小字《耶律永寧郎君墓誌銘》第43行:"大安四戊辰年正月己酉朔。"此年正月,遼、宋同爲己酉朔。

[5](大安)五年:【劉注】《三塔溝石函墓誌文》:"維大安五年歲次己巳三月壬午朔十四日。"《梁颖墓誌銘》:"大安五年歲次己巳三月壬申朔,二十九日庚子乙時敇葬。"漢字《蕭孝忠墓誌銘》:"大安五年岁次己巳十二月一日丁酉朔,二十五日辛酉日。"契丹大字《蕭孝忠墓誌銘》第11行:"五己巳年(大安五)十二丁丑月二十五辛酉日。朔日應爲丁酉。"此年三月遼、宋同爲壬申朔。十二月遼、宋同爲丁酉朔。《三塔溝石函墓誌文》謂三月壬午朔,存疑。

[6](大安)六年:【劉注】《鄭恪墓誌銘》:"維大安六年歲次

庚午十月建丁亥壬辰朔二十四日［乙卯□時掩］閉。”《陳顗妻曹氏墓誌銘（乙）》：“大安六年歲次庚午十一月辛酉朔七日丁卯。”此年十月遼、宋同爲壬辰朔。十一月遼、宋同爲辛酉朔。

［7］（大安）七年：【劉注·朔閏考異】遼閏八月戊午，失書。宋閏八月丁巳。王鼎撰《法均遺行碑》應是閏八月戊午朔，午作戌誤。九月宋丙戌，遼丁亥。《法均大師遺行碑銘》：“大安七年歲次辛未閏八月戊戌朔壬午日乾時建。”《耶律（韓）迪烈妻蕭烏盧本娘子墓誌銘》：“大安七年辛未歲四月庚寅朔二十日己酉日。”此年四月遼、宋同爲庚寅朔。

［8］（大安）八年：【劉注·朔閏考異】十月當進爲辛亥，應進未進故與宋同。《耶律昌允妻蘭陵郡夫人蕭氏墓誌銘》：“大安八年壬申歲正月壬寅二日乙酉。朔日應爲甲申。”《劉昔兄弟等爲亡父母造石經幢記殘石》：“維大安八年歲次壬申二月甲寅朔十九日子。”契丹大字《永寧郡公主墓誌銘》第24行：“大安八壬申年三月甲申朔，二乙酉日。”《會龍山塔碑銘》：“大安八年歲次壬申四月癸丑朔九日辛酉葬訖。”《覺花島海雲寺舍利塔碑銘》：“大安八年歲次壬申，九月辛巳朔，二十九日己酉辛□□掩藏記。”此年正月遼、宋同爲甲申朔。二月遼、宋同爲甲寅朔。三月遼、宋同爲甲申朔。四月遼、宋同爲癸丑朔。九月遼、宋同爲辛巳朔。

［9］（大安）九年：【劉注】《張匡正墓誌銘》：“至大安九年歲次癸酉四月丁未朔，十五日辛酉乙時。”《張文藻墓誌銘》：“大安九年歲次癸酉四月丁巳朔（按，朔日‘丁巳’應爲‘丁未’之誤），十五日辛酉乙時改葬於州北之隅。”此年四月遼、宋同爲丁未朔。

［10］（大安）十年：【劉注·朔閏考異】正月遼甲戌，失書。宋癸酉。五月遼壬申，宋辛丑。《大憫忠寺觀音菩薩地宮舍利石函記》：“大安十年歲次甲戌閏四月辛未朔二十二日壬辰甲時。”此年遼、宋同閏四月辛未朔。

壽隆元年[1]	戊戌儼　大任　宋	宋丁卯	宋丙申
	宋丙寅	乙未儼　大任　宋	宋乙丑
	宋甲午	宋甲子	宋癸巳
	宋癸亥	宋癸巳	宋癸亥
二年[2]	宋壬辰	宋壬戌	宋辛卯
	宋庚申	宋庚寅	宋己未
	宋戊子	宋戊午	宋丁亥
	宋丁巳	宋丁亥	宋丁巳
三年[3]閏二月丙戌宋	宋丙戌	丙辰儼　大任　宋	宋乙卯
	宋甲申	宋甲寅	宋癸未
	壬子大任	宋壬午	宋辛亥
	宋辛巳	宋辛亥	宋辛巳
四年	宋庚戌	宋庚辰	宋庚戌
	宋己卯	宋戊申	戊寅儼　大任　宋
	宋丁未	宋丙子	宋丙午
	乙亥儼　大任　宋	乙巳儼　大任　宋	宋乙亥
五年[4]閏九月庚午宋	宋甲辰	宋甲戌	宋甲辰
	宋癸酉	宋癸卯	宋壬申

	壬寅儼　大任宋	宋辛未	宋庚子
	己亥儼　大任宋	己巳儼	宋戊戌
六年[5]	宋戊辰	宋戊戌	宋戊辰
	丁酉儼　大任宋	宋丁卯	宋丙申
	宋丙寅	宋乙未	宋甲子
	宋甲午	宋癸亥	宋癸巳
七年[6]	壬戌儼　大任宋	壬辰儼　大任宋	宋壬戌
	宋辛卯	宋辛酉	宋庚寅
	宋庚申	宋庚寅	宋己未
	宋戊子	宋戊午	宋丁亥

［1］壽隆元年：【劉注·朔閏考異】九月宋癸巳疑宋甲午。壽隆：遼道宗耶律洪基年號（1195—1101）。據遼代碑刻和錢幣，應作“壽昌”。修訂本前言謂：“按此係陳大任《遼史》避金欽慈皇后‘壽昌’諱而改。後爲元修《遼史》所承襲。”契丹小字《蕭太山和永清公主墓誌銘》：“壽昌元乙亥年二月二十丙戌日。朔日應爲丁卯。……壽昌元甲戌年六月二十甲申日。朔日應爲乙丑。”此年二月遼、宋同爲丁卯朔。六月遼爲己丑朔，宋爲乙丑朔。

［2］（壽昌）二年：【劉注】《王翦妻高氏墓誌》：“維壽昌二年歲次丙子九月戊戌朔，十四庚子日坤時葬。”《耶律弘禮墓誌銘》：“壽昌二年歲次丙子十二月丁巳朔，二十九日乙酉乙時。”此年九月遼戊戌朔，与宋异。十二月遼、宋同爲丁巳朔。

［3］（壽昌）三年：【劉注】《董庠墓滅罪真言按語》：“維壽昌

三年歲次丁丑，六月癸未朔，十四日丙申乙時記。”《劉知古墓誌銘》：“維大遼國壽昌三年，歲次丁丑，八月壬午朔，十五日丙申坤時掩勘。”《王唯景墓誌銘》：“維壽昌三年歲次丁丑十一月建壬子辛亥朔十日庚申日坤時掩閉。”此年六月，遼、宋同爲癸未朔。八月，遼、宋同爲壬午朔。十一月，遼、宋同爲辛亥朔。

［4］（壽昌）五年：【劉注·朔閏考異】閏九月庚午，遼、宋同，此失書。《閏考》有。《王景石函》：“壽昌五年歲次己卯十月己亥朔十一日己酉庚時建。”《尚暐墓誌銘》：“壽昌五年歲次己卯冬十月己亥朔己酉日庚時。”此年十月，遼、宋同爲己亥朔。

［5］（壽昌）六年：【劉注】契丹小字《耶律弘用墓誌銘》第20行：“壽昌六庚辰年四月丁酉朔，廿四庚申日。”此年四月，遼、宋同爲丁酉朔。

［6］（壽昌）七年：【劉注】漢字《遼道宗哀册》：“維壽昌七年，歲次辛巳，正月壬戌朔，十三日甲戌。”契丹小字《遼道宗哀册》：“壽昌七年，歲次辛巳，正月壬戌朔，十三日甲戌。”契丹小字《耶律（韓）迪烈墓誌銘》：“壽昌七辛巳年二月壬辰朔廿八己未日。”壽昌七年與乾統元年是同一年。契丹小字《遼道宗哀册》第5、6行：“乾統元年，四月十日庚子。朔日應爲辛卯。”漢字《遼道宗哀册》：“乾統元年，六月庚寅朔，二十三日壬子。”此年正月，遼、宋同爲壬戌朔。二月，遼、宋同爲壬辰朔。四月，遼、宋同爲辛卯朔。六月，遼、宋同爲庚寅朔。

天祚乾統二年[1]閏六月甲寅宋	宋丁巳	宋丙戌	宋丙辰
	宋乙酉	宋乙卯	宋乙酉
	宋甲申	宋癸丑	宋癸未

	宋壬子	宋壬午	宋辛亥
三年[2]	宋辛巳	宋庚戌	宋庚辰
	宋己酉	宋己卯	宋戊申
	宋戊寅	宋丁未	宋丁丑
	宋丁未	宋丁丑	宋丙午
四年[3]	宋丙子	宋乙巳	宋甲戌
	宋甲辰	宋癸酉	宋壬寅
	宋壬申	宋壬寅	宋辛未
	宋辛丑	宋辛未	宋庚子
五年[4]閏二月己巳宋	宋庚午	宋庚子	宋戊戌
	宋戊辰	宋丁酉	宋丙寅
	宋丙申	宋乙丑	宋乙未
	宋乙丑	宋乙未	宋甲子
六年	宋甲午	宋甲子	宋癸巳
	宋壬戌	宋壬辰	宋辛酉
	宋庚寅	宋庚申	宋己丑
	宋己未	宋戊子	宋戊午
七年[5]閏十月癸未宋	宋戊子	宋戊午	宋丁亥
	宋丁巳	宋丙戌	宋丙辰
	宋乙酉	宋甲寅	宋甲申
	宋癸丑	宋壬子	宋壬午

八年[6]	宋壬子	宋壬午	宋辛亥高麗
	宋辛巳	宋庚戌	宋庚辰
	宋己酉	宋戊寅	宋戊申
	宋丁丑	宋丁未	宋丙子
九年[7]	丙午大任　宋	宋丙子	宋乙巳
	宋乙亥	宋乙巳	宋甲戌
	宋甲辰	宋癸酉	宋壬寅
	宋壬申	宋辛丑	宋辛未
十年[8]閏八月丁酉宋	宋庚子	宋庚午	宋己亥
	宋己巳	宋己亥	宋戊辰
	宋戊戌	宋丁卯	宋丙寅
	宋丙申	宋乙丑	宋乙未

[1]乾統二年：【劉注·朔閏考異】七月遼乙卯宋甲申。十月遼癸丑宋壬子。《王世方墓誌銘》："乾統二年歲次壬午九月庚戌朔二日甲申，注意二日甲申，朔日應爲癸未。不應爲庚戌。"契丹小字《耶律副部署墓誌銘》："第二壬午年（乾統二年）十一月壬午朔廿五丙午日。"《王仲興墓誌銘》："乾統二年歲次壬午，九月癸未朔，二十七日己酉之辰癸時記。"契丹小字《耶律迪里姑墓誌銘》第 17 行："乾統二年岁次壬午十二月辛亥朔，十一日辛酉。"此年九月，遼、宋同爲癸未朔。十一月，遼、宋同爲壬午朔。十二月，遼、宋同爲辛亥朔。

[2]（乾統）三年：【劉注·朔閏考異】八月遼戊申，宋丁未。

[3]（乾統）四年：【劉注】《石雕大佛頂尊勝陁羅尼經幢》：

“大遼乾統四年歲次甲申八月壬寅朔十九日庚申甲時建立。”《龔祥墓誌銘》:“維乾統四年歲次甲申十月辛丑朔二十一日辛酉辛時記。”此年八月，遼、宋同爲壬寅朔。九月，遼、宋同爲辛未朔，十月，遼、宋同爲辛丑朔。

[4]（乾統）五年:【劉注·朔閏考異】是年遼閏三月己亥朔，與宋異，失書。宋閏二月己巳，三月戊戌。《尊聖陀羅尼□□幢》:“乾統五年歲次乙酉九月己未朔，十四□□日。”《白懷友爲亡考妣造陀羅尼經幢記》:“乾統五年乙酉冬十月乙丑朔二十一日乙酉記。”《張讓墓誌銘》:“大遼乾統五年歲次乙酉十月乙丑朔，二十一日乙酉甲時。”《鐙幢記》:“乾統五年乙酉歲十一月乙未朔庚戌日坤時建記。”此年九月遼己未朔，宋乙未朔。十月遼、宋同爲乙丑朔。十一月遼、宋同爲乙未朔。

[5]（乾統）七年:【劉注·朔閏考異】四月遼丙辰，宋丁巳。五月遼乙酉，宋丙戌。六月遼乙卯，宋疑丙辰。《蕭知微妻梁國太妃墓誌銘》:“乾統六年冬十二月甲子，次年四月丁巳朔，十四日庚午癸時。”《無垢淨光塔地宮石函》:“乾統七年歲次丁亥四月小書丁巳朔十一日丁卯火日。”《梁援妻张氏墓誌銘》:“當年（乾統七年）四月十七日癸酉。”此年四月遼、宋同爲丁巳朔。

[6]（乾統）八年:【劉注】契丹大字《耶律祺墓誌銘》:“该年（乾統八年）六月三壬午日（朔日爲庚辰）。”《王三郎石函》:“乾統八年戊子十月丁丑朔九日乙酉丁時。”此年六月遼、宋同爲庚辰朔。十月遼、宋同爲丁丑朔。

[7]（乾統）九年:【劉注】《上京開化寺經幢記》:“乾統九年十月三日己丑（朔日爲丁亥）午時。”此年十月遼、宋同爲丁亥朔。

[8]（乾統）十年:【劉注·朔閏考異】遼閏八月丙申。失書。宋閏八月丁酉。錢大昕《四史朔閏考》遼閏七月，不合。《雲門寺經幢記》:“維乾統十年龍集庚寅三月巳亥朔十七日乙卯水巽時建。”漢字《義和仁壽皇太叔組耶律弘本哀册文》:“維乾統十年，歲次庚

寅，閏八月丁酉朔。……粤以十一月八日壬申（朔日應爲乙丑）。”契丹小字《皇太叔組哀册文》第4行：“乾統十年歲次庚寅，閏八月丁酉朔，廿五辛酉。……十月丙申朔，五日庚子。……十一月乙丑朔，八日壬申。”此年三月遼、宋同爲巳亥朔。遼、宋同閏八月丁酉朔。十月遼、宋同爲丙申朔。十一月遼、宋同爲乙丑朔。

天慶元年[1]	宋甲子	宋甲午	宋癸亥
	宋癸巳	宋壬戌	宋壬辰
	宋壬戌	宋辛卯	宋辛酉
	宋庚寅	宋庚申	宋己丑
二年[2]	己未儼　大任宋	宋戊子	宋戊午
	丁亥儼　大任宋	宋丁巳	宋丙戌
	宋丙辰	宋乙酉	宋乙卯
	宋乙酉	宋甲寅	宋甲申
三年[3]閏四月辛	宋甲寅	宋癸未	宋壬子
	宋壬午	宋庚辰	宋庚戌
	宋己卯	宋己酉	宋己卯
	宋戊申	宋戊寅	宋戊申
四年[4]	宋戊寅	宋丁未	宋丙子
	宋丙午	宋乙亥	宋甲辰
	宋甲戌	宋癸卯	宋癸酉

	壬寅儀　大任宋	宋壬申	宋壬寅
五年[5]	宋壬申	宋辛丑	宋辛未
	宋庚子	宋庚午	己亥儀　大任　宋
	宋戊辰	宋戊戌	丁卯儀　大任　宋
	宋丁酉	宋丙寅	宋丙申
六年[6]閏正月丙申宋	宋丙寅	宋乙丑	宋乙未
	宋甲子	宋甲午	宋癸亥
	宋壬辰	宋壬戌	宋辛卯
	宋辛酉	宋庚寅	宋庚申
七年[7]	宋庚寅	宋己未	宋己丑
	宋己未	宋戊子	宋戊午
	宋丁亥	宋丙辰	宋丙戌
	乙卯儀　大任宋	宋乙酉	宋甲寅
八年[8]閏五月庚戌宋	宋甲申	宋癸丑	宋癸未
	宋癸丑	壬午儀　宋	宋壬子
	宋辛巳	宋辛亥	宋庚辰
	宋己卯	宋己酉	宋戊寅

九年	宋戊申	宋丁丑	丁未儼　大任　宋
	宋丙子	宋丙午	宋丙子
	宋乙巳	宋乙亥	宋甲辰
	甲戌大任　宋	宋癸卯	宋癸酉
十年[9]	宋壬寅	宋壬申	宋辛丑
	宋辛未	宋庚子	宋庚午
	宋己亥	宋己巳	宋己亥
	宋戊辰	宋戊戌	宋丁卯

［1］天慶元年：【劉注】《韓師訓墓誌銘》："天慶元年歲次辛卯九月辛酉朔。" 此年九月遼、宋同爲辛酉朔。

［2］（天慶）二年：【劉注】《釋迦定光二佛舍利塔記》："天慶二年壬辰四月丁亥朔八日甲午時葬。" 此年四月遼、宋同爲丁亥朔。

［3］（天慶）三年：【劉注・朔閏考異】閏四月。遼、宋同。十月遼己酉、宋戊申。《無垢清淨光明陀羅尼經幢》："維天慶叁年歲次癸巳五月庚辰朔拾壹日庚寅艮時掩藏訖。"《馬直温妻张氏墓誌銘》："以其年（天慶三年）五月庚辰朔，二十四日癸卯，葬于燕京。"《張懿墓誌銘》："維天慶三年歲次癸巳，八月己酉朔，二十五日癸酉乾時建。"《惠州李祜墓幢記》："天慶三年九月二十五日癸卯(朔日爲己卯)。" 此年五月遼、宋同爲庚辰朔。八月遼、宋同爲己酉朔。九月遼、宋同爲己卯朔。

［4］（天慶）四年：【劉注】《劉慈墓誌》："天慶四年歲次甲午四月丙午朔壬申二十七日記。"《史洵直墓誌銘》："以天慶四年歲次甲午六月甲辰朔二十三日丙寅乙時。" 此四月遼、宋同爲丙午朔。六月遼、宋同爲甲辰朔。

[5]（天慶）五年：【劉注】契丹小字《故耶律氏銘石》："天慶五乙未年四月庚子朔十己酉日。"此年四月遼、宋同爲庚子朔。

[6]（天慶）六年：【劉注】《張世卿墓誌銘》："天慶六年丙申歲閏正月四日遘疾而終。是歲四月甲子朔，十日癸酉甲時，葬於福興。"《靈感寺釋迦佛舍利塔銘》："天慶六年歲次丙申八月壬戌朔甲戌十三日丙時建。"此年遼、宋同閏正月丙申朔。四月，遼、宋同爲甲子朔。八月，遼、宋同爲壬戌朔。

[7]（天慶）七年：【劉注】《張世古墓誌銘》："天慶七年丁酉歲四月己未朔十五日癸酉甲時葬。"《張恭誘墓誌銘》："天慶七年歲丁酉月孟夏蓂生滿葉日癸酉甲時掩閉。"此年四月遼、宋同爲己未朔。

[8]（天慶）八年：【劉注·朔閏考異】閏九月庚戌朔，遼、宋同，原本作"閏五月"誤。《金史·太祖紀》天輔三年亦閏九月。

[9]（天慶）十年：【劉注】《松壽等爲亡父特建法幢記》："天慶十年歲次庚子四月辛未朔，十五日乙丑日。"此年四月，遼、宋同爲辛未朔。

保大元年[1]閏五月甲子宋	丁酉儼　大任宋	宋丙寅	宋丙申
	宋乙丑	宋甲午	宋癸巳
	宋癸亥	宋癸巳	宋壬戌
	宋壬辰	宋壬戌	宋辛卯
二年	宋辛酉	庚寅儼　大任宋	宋庚申
	宋己丑	宋戊午	宋戊子

	丁巳儼 大任 宋	宋丁亥	宋丁巳
	宋丙戌	宋丙辰	宋丙戌
三年	宋乙卯	乙酉儼 宋	宋甲寅
	甲申儼 大任 宋	癸丑大任 宋	宋壬午
	宋壬子	宋辛巳	宋辛亥
	宋庚辰	宋庚戌	宋庚辰
四年閏三月戊寅宋	宋庚戌	宋己卯	宋己酉
	宋戊申	宋丁丑	宋丙午
	宋丙子	宋乙巳	宋甲戌
	宋甲辰	宋甲戌	宋甲辰
五年	宋癸酉	宋癸卯	宋癸酉
	宋壬寅	宋壬申	宋辛丑
	宋庚午	宋庚子	宋己巳
	宋戊戌	宋戊辰	宋戊戌

[1]保大元年：【劉注·朔閏考異】九月遼癸亥、宋壬戌。《鮮于氏墓誌銘》："保大元年……三月己未朔。"此年三月，遼己未朔，宋丙申朔。又，由五月甲午，六月癸巳，知其間必有閏五月甲子朔。

宋元豐元年十二月，[1]詔司天監考遼及高麗、日本國曆與《奉元曆》同異。[2]遼己未歲氣朔與《宣明曆》合，[3]日本戊午歲與遼曆相近，[4]高麗戊午年朔與《奉元曆》合，氣有不同。[5]戊午，遼大康四年；己未，五年也。[6]當遼、宋之世，二國司天固相參考矣。

高麗所進《大遼事跡》，載諸王册文，頗見月朔，因附入。[7]

［1］宋元豐元年：即公元1078年。元豐（1078—1085）爲北宋神宗趙頊（1048—1085）第二個年號。

［2］詔司天監考遼及高麗、日本國曆與《奉元曆》同異：皇帝命令司天監官瞭解遼國和高麗、日本與宋《奉元曆》的同異之處。在一個相當長的歷史時期内，朝鮮、日本都參考使用不同時期的中國曆法，並用以推算頒布曆書。所載曆日，與宋時有出入，故北宋政府頒詔予以調查。《奉元曆》，衛朴造，宋神宗熙寧八年（1075）至哲宗元祐八年（1093）頒行，歷時十九年。宋南渡亡失，史稱奉元術不存。大致增損《崇天曆》和《明天曆》爲之。宋神宗頒詔調查之期正逢奉元術頒行之時。【劉注】高麗：指王建創建的高麗王朝（918—1392）。統治地域在今朝鮮半島，首都在開京（今朝鮮開城市）。

［3］遼己未歲氣朔與《宣明曆》合：己未歲爲公元1079年。《宣明曆》唐日官所造（失名），行於唐長慶二年至景福元年（822—892），計71年，爲唐之善曆，故行之多年。檢驗表明，在公元1079年，遼曆氣朔與《宣明曆》合。

［4］日本戊午歲與遼曆相近：日本長期使用《宣明曆》，而遼曆上年與《宣明曆》合，故曰與遼曆相近。戊午歲，即公元1078年。

［5］高麗戊午年朔與《奉元曆》合，氣有不同：高麗與《奉元曆》朔合而節氣有所不同，即與奉元術朔日完全一致，而僅節氣微

有差異。

[6]戊午，遼大康四年；己未，五年也：戊午年，爲遼大康四年（1078），宋元豐元年；己未年，爲遼大康五年，宋元豐二年。

[7]自“高麗所進”至“因附入”：言高麗人所撰寫的《大遼事跡》，其中記載了許多月朔記録，所以附載於此。

象[1]

孟子有言：“天之高也，星辰之遠也，苟求其故，千歲之日至可坐而致。”甚哉！聖人之用心，可謂廣大精微，至矣盡矣。

日有晷景，月有明魄，斗有建除，星有昏旦。[2]觀天之變而制器以候之，八尺之表，六尺之筒，百刻之漏，日月星辰示諸掌上。[3]運行既察，度分既審，於是像天圜以顯運行，置地櫃以驗出入，渾象是作。[4]天道之常，尋尺之中可以俯窺，陶唐之象是矣。[5]設三儀以明度分，管一衡以正辰極，渾儀是作。天文之變，六合之表可以仰觀，有虞之璣是矣。[6]體莫固於金，用莫利於水。[7]範金走水，不出户而知天道，此聖人之所以爲聖也。[8]

歷代儀象表漏，各具于志。太宗大同元年，得晉曆象、刻漏、渾象。[9]後唐清泰二年已稱損折不可施用，其至中京者槩可知矣。[10]古之煉銅，黑黄白青之氣盡，然後用之，故可施於久遠。唐沙門一行鑄渾天儀，時稱精妙，未幾銅鐵漸澀，不能自轉，置不復用。金質不精，水性不行，況移之沍寒之地乎？[11]

[1]象：此處專指儀象，即天文儀器。

[2]日有晷景，月有明魄，斗有建除，星有昏旦：言聖人創立了利用日中晷影、月亮圓缺、斗柄指向、昏旦中星這四種定時節的方法。

[3]自"觀天之變"至"示諸掌上"：人們通過圭表、渾儀、漏刻，對日月星辰的運動了解得十分透徹，將其展現在指掌之上。

[4]自"運行既察"至"渾象是作"：是説人們了解了天體的運行規律，製作渾象來顯示。

[5]陶唐之象：言陶唐氏（即堯）發明俯窺以測晷影定季節。

[6]自"設三儀"至"有虞之璣"：言有虞氏（即舜）發明了以渾儀測日月星三辰的度分的方法。

[7]體莫固於金，用莫利於水：物體的堅固沒有比金屬更甚的，其周流循環沒有比水更爲便利的。

[8]自"範金走水"至"以爲聖也"：言聖人衹要掌握了固金走範的規律，便能足不出户而知天道。

[9]太宗大同元年，得晉曆象、刻漏、渾象：遼太宗於大同元年（947）改克汴京，得到了石晉的曆法、儀象、漏刻、渾象等儀象資料。

[10]自"後唐清泰"至"槩可知矣"：從汴京得到的天文儀器，早在後唐清泰二年（935）對其檢驗時，就發現其已損壞不可使用。這種情況，在將它們移至中京時就已經知道了。遼之中京，爲大定府址（今内蒙古自治區寧城縣大明鎮）。

[11]"唐沙門"至"沍寒之地"：言這些儀器移至中京後不能使用是符合常情的，一行製作時稱精妙的渾儀不久便不能自轉，更何況將汴京之器移至沍寒之地了。

刻漏

晉天福三年造。周官挈壺氏懸壺必爨之以火。地雖沍寒，蓋可施也。[1]

[1]自“晉天福三年造”至“蓋可施也”：在汴京得到的天文器，衹有漏壺，雖然移至沍寒之地，却仍可使用，上刻載晉天福三年（938）制造。沍寒之地，即北方寒冷的緯度偏高之地。

官星[1]

古者官星萬餘名。[2]遭秦焚滅圖籍，世祕不傳。[3]漢收散亡，得甘德、石申、巫咸三家圖經。經緯合千餘官，僅存什一。分爲三垣、四宮、二十八宿，樞以二極，建以北斗，緯以五星，日月代明，貴而太一，賤逮屎糠。占決之用，亦云備矣。[4]司馬遷《天官書》既以具録，後世保章守候，無出三家官星之外者。天象昭垂，歷代不易，而漢、晉、隋、唐之書累志天文，近於衍矣。且天象機祥，律格有禁，書于勝國之史，詿誤學者，不宜書。[5]其日食、星變、風雲、震雪之祥，具載《帝紀》，不復書。[6]

[1]官星：即星名。因中國星名大多以官員命名，故稱星官。此處對中國星名，專以一欄介紹。

[2]古者官星萬餘名：出自張衡《靈憲》：“微星之數，蓋萬一千五百二十。”此爲籠統之言，其實未經嚴格觀測統計。薄樹人1962年發表的《中國古代的恒星觀測》一文中説：“至於微星之數，則肯定是他的想象。”

[3]遭秦焚滅圖籍，世祕不傳：言這一萬餘名星官，因遭秦火亡失。這是没有根據的歸罪秦火的議論。其實先秦時對中國星座知識所知尚淺，哪會有一萬餘星名記録積存。

［4］自“漢收散亡”至“亦云備矣”：指後世逐步形成的三垣二十八宿中外星官體系。

［5］自“司馬遷”至“不宜書”：言記載星官之書衆多，天象歷代不易。天象機祥，律格有禁，見於勝國之史，故不宜書。作者輕描淡寫地一筆帶過，實則自知無力寫出勝於前史的創新之作。

［6］自“其日食”至“不復書”：言日食、星變、風雲、災異等天象記録，已載在《帝紀》，這裏不再重複記録了。

（陳久金　劉鳳翥校注）

遼史　卷四五

志第十五

百官志一[1]

[1]百官志一：【斬校】原本闕“志一”二字，今據文例補。

官生於職，職沿於事而名加之，後世沿名不究其實。吏部一太宰也，爲大司徒、[1]爲尚書、爲中書、爲門下；兵部一司馬也，爲大司馬、爲太尉、爲樞密使。[2]沿古官名，分今之職事以配之，於是先王統理天下之法如治絲而棼，名實淆矣。

[1]大司徒：丞相之職。《周禮·地官·司徒》：“大司徒之職，掌建邦之土地之圖與其人民之數，以佐王安擾邦國。”所謂“安擾”，即安定、馴導之義。《漢書·哀帝本紀》元壽二年（前1）改丞相爲大司徒。

[2]大司馬：《周禮·夏官·司馬》：“大司馬之職掌建邦國之九灋（法），以佐王平邦國。”注：“平，成也，正也。”《漢書·哀帝本紀》元壽二年五月“正三公官分職：大司馬衛將軍董賢爲大司馬，丞相孔光爲大司徒，御史大夫彭宣爲大司空”。

契丹舊俗事簡職專，官制朴實不以名亂之，其興也勃焉。太祖神册六年詔正班爵。[1]至于太宗兼制中國，官分南、北，[2]以國制治契丹，以漢制待漢人。國制簡朴，漢制則沿名之風固存也。[3]

[1]正班爵：論功行賞，授臣下以官爵。《晉書》卷七一《王鑒傳》："班爵序功，酬將士之勞。"

[2]官分南、北：會同元年（938），後晉將幽、薊等十六州"割獻"給契丹。契丹對這十六州的統治也基本上采取統治東丹的方式：將這一地區的全部統治機器接收過來，令其照常運轉。當時遼太宗曾對契丹中央官制進行一些變革，"置宣徽、閤門使、控鶴、客省、御史大夫、中丞、侍御、判官、文班牙署、諸宮院世燭"（本書卷七二《義宗傳》）。這些官署雖然後來多隸屬於南面官，但僅此而已，還不能説此時就已經形成了南面官系統。因爲當時遼朝仍然是沿襲原來的部落聯盟體制，幽、薊地區的地位，與其治下的各部族、屬國相同。遼世宗即位後，天禄元年（947）八月"癸未，始置北院樞密使，以安摶爲之"。九月，又以"高勳爲南院樞密使"（本書卷五《世宗本紀》）。至此，遼朝始有北、南樞密院，北、南面官體制開始確立。契丹王朝中央統治機構中出現了專門管理農耕民族事務的"南面官"，從而得以對漢人以及渤海人聚居地區實行直接統治；而北面官系統的形成也使得各部族首領變成了朝廷命官，各部族組織形式雖然依舊，就其性質而論却已經變成了契丹王朝統轄下的行政單位。北面官雖然主管部族事務，但它本身並不是在原來的部族聯盟體制基礎上發展起來的，同南面官一樣，也是依照中原王朝的設官制度建立起來的。北面官的核心機構是北樞密院。它顯然是依照後晉樞密院的模式建立的。

[3]沿名之風：指官員的實職之外附加各種名銜。《新唐書》卷四六《百官志》："其辨貴賤、敘勞能，則有品、有爵、有勳、有

階，以時考覈而升降之。”但至唐天授中，“始有試官之格，又有員外之置，尋爲檢校、試、攝、判、知之名”（《宋史》卷一六一《職官志》）。文散階有二十九，自開府儀同三司、特進直至某某大夫、某某郎；武散階有將軍、校尉等，凡四十五。宋人洪邁《容齋隨筆》三筆卷四《舊官銜冗贅》：“會稽禹廟有唐天復年越王錢鏐所立碑，其全銜九十五字，尤爲冗也。”遼的南面官沿襲唐末五代官銜冗贅舊習，如《禮志》中一再提及官員在典禮中要“通全銜”。所謂“全銜”，不僅包括官員的官職，還包括階、勳、檢校、持節等。《熱河志》卷九八載白川州廢城址内有遼開泰二年（1013）《佛頂尊勝陀羅尼石幢記》，爲白川州官吏所建，石幢記落款有：“長寧軍節度掌書記、儒林郎、試大理評事、武騎尉王桂撰；長寧軍節度管内觀察處置等使、金紫崇禄大夫、檢校太傅、使持節白川州諸軍事、白川州刺史兼御史大夫、上柱國（以下俱闕）。”石幢左方列銜可辨識者有：“銀青崇禄大夫兼監察御史、武騎尉、商税麴務都監王元泰；銀青崇禄大夫兼監察御史、武騎尉、同兼麴務張翼；三司押衙、麴務判官兼知商税事翟可行；銀青崇禄大夫、檢校工部尚書兼御史大夫、上柱國崔㞲；儒林郎、試大理寺評事、守白川州咸康縣令、武騎尉王□；銀青崇禄大夫、檢校左散騎常侍、兼殿中侍御史、驍騎尉江濤；觀察判官、儒林郎、試大理司直、雲騎尉、賜緋魚袋田能成；内觀察處置等使、金紫崇禄大夫、檢校太傅、使持節白川州諸軍事、白川州刺史兼御史大夫、上柱國、鉅鹿縣開國子、食邑五百户耿延皆。”

遼國官制分北、南院。北面治宮帳、部族、屬國之政，南面治漢人州縣租賦、軍馬之事。因俗而治，得其宜矣。初，太祖分迭剌夷离堇爲北、南二大王，[1]謂之北、南院；宰相、樞密、宣徽、林牙，下至郎君、護衛，皆分北、南，其實所治皆北面之事，語遼官制者不可不辨。凡遼朝官，北樞密視兵部、南樞密視吏部，[2]北、南二王視户部，夷离畢視刑部，[3]宣徽視工部，敵烈麻都視禮部，[4]北、南府宰相總之，[5]惕隱治宗族，[6]林牙修文告，[7]于越坐而論議以象公師。[8]朝廷之上事簡職專，此遼所以興也。

[1]北、南二大王：即契丹北院大王和南院大王。契丹部族官名。遼朝析迭剌部爲五院部和六院部。五院部在朝曰北大王院；六院部在朝曰南大王院。北院大王和南院大王即是五院部和六院部的首領，握有兵權。

[2]樞密：樞密使之設，最初始於唐中葉，以宦官充任。五代時，樞密使已用士人充任，其事權越來越重。本書卷四《太宗本紀下》大同元年（947），耶律德光入汴，以“晉李崧爲樞密使”，據《新五代史》卷五七《李崧傳》，他在後晉朝廷中的職務是“中書侍郎、同中書門下平章事兼樞密使”，德光衹保留了他的樞密使職務，是因爲新王朝以樞密使兼管軍事和行政。軍、政一體化，這是契丹部族固有的傳統。德光入汴以後雖然沿襲晉制，但却用其固有的傳統加以改造。爲適應遼朝統治下各民族社會經濟、文化具有顯著差異的情況，天禄元年（947）遼世宗返回塞外途中，設北、南兩個樞密院。南樞密院又稱爲“漢人樞密院”，北樞密院則稱爲“契丹樞密院”。《遼史·百官志》構擬出遼朝有三個樞密院：契丹北、南樞密院和漢人樞密院。這早已爲中外學者一致證明是不符合實際的。遼朝總共衹有兩個樞密院：北樞密院乃北面最高官衙，南樞密院乃南面最高官衙。北樞密院位在北、南二府之上。因此，北樞密院即是北面官中實際的宰輔機關，南樞密院則是南面官的最高機構，其下有南面宰相——平章事、參知政事及各職能部門。

[3]夷离畢：契丹官名。爲執政官，相當於副宰相參知政事。後來官分南、北，北面官有夷离畢院，主要掌刑政。

［4］敵烈麻都：契丹官名。本書卷一一六《國語解》稱："敵烈麻都，掌禮官。"遼設敵烈麻都司，負責宮廷禮儀，屬北面官。

［5］北、南府宰相：契丹部族官名。契丹可汗之下有北、南二府，各部族則分屬二府，二府分設北府宰相、南府宰相，簡稱北宰相、南宰相。乙室、楮特、突舉等部隸南府。五院部、六院部、品部、烏隗部、涅剌部、突呂不部等隸北府。

［6］惕隱：契丹官名。又稱梯里己，掌皇族政教。本書卷一一六《國語解》："惕隱，典族屬官，即宗正職也。"【劉注】契丹小字作。音譯。

［7］林牙：契丹官名。掌文翰，相當於翰林學士。

［8］于越：契丹官名。爲契丹貴官，非有大功德者不授。位在北、南大王之上。

北面

北面朝官

契丹北樞密院，[1]掌兵機、武銓、群牧之政，[2]凡契丹軍馬皆屬焉。以其牙帳居大内帳殿之北，故名北院。元好問所謂"北衙不理民"是也。[3]

北院樞密使。

知北院樞密使事。

知樞密院事。

北院樞密副使。

知北院樞密副使事。

同知北院樞密使事。

簽書北樞密院事。

北院都承旨。[4]

北院副承旨。

北院林牙。

知北院貼黄。[5]

給事北院知聖旨頭子事。

掌北院頭子。

北樞密院敞史。[6]

北院郎君。[7]

北樞密院通事。[8]

北院掾史。[9]

北樞密院中丞司：

北南樞密院點檢中丞司事。

總知中丞司事。

北院左中丞。

北院右中丞。

同知中丞司事。

北院侍御。

[1]契丹北樞密院："契丹"二字爲元朝修史時妄加。中華點校本又於其上加"北面"及"北面朝官"二目，更非《遼史》原稿所有，而是據道光殿本所增。中華點校本校勘記更進一步説明增補的理由："北面及北面朝官：原無此二目。按卷首目録有'北面'，下文卷四七有'南面''南面朝官'之目，《南面朝官序》云：'遼有北面朝官。'又《續通志》一三二《遼官制》亦列'北面''北面朝官'。道光殿本已增，今補。"這一條校勘記祇列出了增加此二目的根據，却忽略了不應作此增補的理由。傅樂焕先生經考證，指出："今《遼史·百官志》分'北面官'（卷四五、四六）

‘南面官’（卷四七、四八）兩大部門，愚疑此兩部門非出同源。北面官門當爲舊本《遼史》所有，南面官則爲元人新撰。”“北面官爲契丹政治之核心，遼人重視，遠過南面。余更疑今《百官志》北面官門，實爲舊《百官志》之‘全文’。其篇首之‘契丹南樞密’‘契丹北樞密院’兩目（‘契丹’頭銜乃元人妄加）亦係舊《志》固有。蓋北、南兩樞密院爲北、南官僚之最高衙門，乃弁之篇首。然以不重南面官，故僅列南樞密院一目，另未細裁。”“如以上之推測不誤，則今《百官志》南面官兩卷，乃北面‘（契丹）南樞密院’一條之複出。”（參《遼史叢考》第 301 至 302 頁）

［2］武銓：即武官的銓選，本書對此無具體記載。宋朝的武銓有相關考試科目的規定。據《宋會要輯稿》選舉六之一三，淳熙六年（1179）正月九日，詔：“近已降指揮，令武臣呈試材武或三等弓力事藝，或七書義三色，依舊法外，内呈試第二等、第三等弓力人，並令添試斷案一場，仍止試一道問目，少立條件，比文臣銓試題一半。”三月一日，臣僚言：“文官每歲止銓試一次，其使臣出官，却於春秋仲月兩次呈試。乞自今依文武銓試例，每歲止於春季收試一次。”從之。　群牧：契丹專門管理畜群的機構。諸路設群牧使司，下設某群太保、某群侍中、某群敞史；朝廷設總典群牧使司，有總典群牧部籍使、群牧都林牙等職。以“群”爲單位設某群牧司，設群牧使、群牧副使。此外，還有衹管理馬及牛群的機構。遼亡之後，金稱契丹群牧爲“烏魯古”。

［3］北衙不理民：元好問説：“嗚呼，世無史氏久矣。遼人主盟將二百年，至如‘南衙不主兵，北司不理民’，縣長官專用文吏，其間可記之事多矣。泰和中詔修《遼史》，書成，尋有南遷之變，簡册散失，世復不見。今人語遼事至不知起滅凡幾主，下者不論也。《資治通鑑長編》所附見及《亡遼録》《北顧備問》等書多敵國誹謗之辭，可盡信邪！”（《國朝文類》卷五一《故金漆水郡侯耶律公墓誌銘》）

［4］承旨：按照皇帝旨意處理政務的官員。宋朝有“學士承

旨”“樞密都承旨”等，“承旨”爲加官。

[5]貼黄：負責協助皇帝處理詔旨和奏章的小吏。宋人葉夢得《石林燕語》卷三：“唐制降敕有所更改以紙貼之，謂之貼黄。蓋敕書用黄紙，則貼者亦黄紙也。今奏狀、劄子皆白紙，有意所未盡，揭其要處以黄紙別書於後，乃謂之‘貼黄’，蓋失之矣。其表章略舉事目與日月、道里見於前及封皮者，又謂之引黄。”

[6]敞史：作爲官稱衹見於遼，當是職責寬泛的低級官吏。

[7]郎君：即“舍利”，契丹官名。本書卷一一六《國語解》：“契丹豪民要裹頭巾者，納牛駝十頭，馬百匹，乃給官名曰舍利。”

[8]通事：官名。唐於中書省置通事舍人十六人，從六品上，掌朝見引納、殿庭通奏。四夷入貢，也經由通事舍人轉呈皇帝。後，任此職者多通“四夷”語言。遼襲唐制。

[9]掾史：小吏。宋人洪邁《容齋隨筆》卷一一《南鄉掾史》云：“金石刻有晉南鄉太守司馬整碑，其陰刻掾史以下姓名合三百五十一。”“其冗如此。以晉史考之，南鄉本南陽西界，魏武平荆州，始分爲郡，至晉泰始中所管八縣，才二萬户耳，而掾史若是之多。掾史既然，吏士又可知矣，民力安得不困哉。”

契丹南樞密院，[1]掌文銓、部族、丁賦之政，凡契丹人民皆屬焉。以其牙帳居大内之南，故名南院。元好問所謂“南衙不主兵”是也。

南院樞密使。

知南院樞密使事。

知南院樞密事。

南院樞密副使。

知南院樞密副使事。

同知南院樞密使事。

簽書南樞密院事。

南院都承旨。

南院副承旨。

南院林牙。

知南院貼黄。

給事南院知聖旨頭子事。[2]

掌南院頭子。

南樞密院敞史。

南院郎君。

南樞密院通事。

南院掾史。

南樞密院中丞司：

北南樞密院點檢中丞司事。

總知中丞司事。

南院左中丞。

南院右中丞。

同知中丞司事。

南院侍御。

[1]契丹南樞密院：遼朝無此機構，下轄機構亦均不存在。遼朝衹有兩個樞密院：北樞密院即契丹樞密院，南樞密院即漢人樞密院。

[2]給事南院知聖旨頭子事：【劉校】“子”字，原作一空白格。修訂本校勘記云，據明抄本、南監本、北監本和殿本補。中華點校本徑補。今從。

北宰相府，掌佐理軍國之大政，皇族四帳世預其選：

北府左宰相。[1]

北府右宰相。

總知軍國事。

知國事。

南宰相府，掌佐理軍國之大政，國舅五帳世預其選：[2]

南府左宰相。

南府右宰相。

總知軍國事。

知國事。

[1]北府左宰相：本書本紀、列傳中衹見“北府宰相”“南府宰相”，而不見“左宰相”和“右宰相”。契丹官分南、北，南、北當中又分左、右，似與實際不符。

[2]“北宰相府”“皇族四帳世預其選”及“南宰相府”“國舅五帳世預其選”：【劉校】據中華點校本校勘記，“按本書《紀》《傳》所見，北府宰相多出於國舅五帳，南府宰相多出於皇族四帳。此應是錯簡”。

北大王院，分掌部族軍民之政。

北院大王，初名迭刺部夷离堇，[1]太祖分北、南院，太宗會同元年改夷离堇爲大王。

知北院大王事。

北院太師。

北院太保。

北院司徒。

北院司空。

北院郎君。

北院都統軍司，掌北院從軍之政令：

北院統軍使。

北院副統軍使。

北院統軍都監。

北院詳穩司，掌北院部族軍馬之政令：

北院詳穩。[2]

北院都監。

北院將軍。

北院小將軍。

北院都部署司，掌北院部族軍民之事：

北院都部署。

北院副部署。

[1]迭剌部：契丹部族名。據本書卷三二《營衛志中·部族上》，遙輦氏時期，原來耶律（即世里）有七部，後合併爲一，成爲迭剌部。　夷离堇：契丹部族官名。本書卷一一六《國語解》："夷离堇，統軍馬大官。會同初，改爲大王。"源於突厥語官名"俟斤"（Irkin），突厥各部的最高元首稱"可汗"（Qaghan），其他各部酋長則稱爲俟斤。初，契丹"其君大賀氏，有勝兵四萬，析八部，臣於突厥，以爲俟斤"（《新唐書》卷二一九《契丹傳》）。後，契丹首領自立爲可汗，其下所屬各部酋長則稱爲"俟斤"，亦

即夷离堇。契丹立國後，大部族之夷离堇稱王，小部族之夷离堇則稱爲節度使。舉凡一部之軍政、民政皆由其統掌。參見韓儒林《穹廬集》（上海人民出版社 1982 年版，第 314—316 頁）。

［2］詳穩：契丹官名。遼在元帥府下設大詳穩司。本書卷一一六《國語解》："詳穩，諸官府監治長官。""詳穩"即漢語"將軍"的轉譯。【劉注】"詳穩"即漢語"將軍"的轉譯的説法似有值得商榷之處。在契丹小字中，"詳穩"作，"將軍"作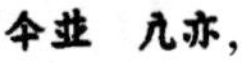，或、。在契丹大字中，"詳穩"作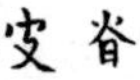，"將軍"作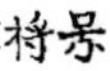。"詳穩"不是漢語"將軍"的轉譯，而是音譯的契丹語，契丹語中"將軍"是漢語借詞。

南大王院，分掌部族軍民之政：

南院大王。[1]

知南院大王事。

南院太師。

南院太保，天慶八年，省南院太保。

南院司徒。

南院司空。

南院郎君。

南院都統軍司，掌南院從軍之政令：

南院統軍使。

南院副統軍使。

南院統軍都監。

南院詳穩（衮）司，掌南院部族軍馬之政令：

南院詳穩（衮）。

南院都監。

南院將軍。

南院小將軍。

南院都部署司，掌南院部族軍民之事：

南院都部署。

南院副部署。

宣徽北院，太宗會同元年置，掌北院御前祗應之事：

北院宣徽使。[2]

知北院宣徽事。

北院宣徽副使。

同知北院宣徽事。

宣徽南院，會同元年置，掌南院御前祗應之事：

南院宣徽使。

知南院宣徽事。

南院宣徽副使。

同知南院宣徽事。

[1]南院大王：【靳校】“院”字，原本作“而”，中華修訂本校勘記云，明抄本、南監本、北監本和殿本作“面”，均誤，故據上下文改。今從改。

[2]宣徽使：遼朝官名。遼設北、南宣徽，分隸北、南樞密院之下，故北面官系統並不再分設北、南兩宣徽院，而衹有一個。宣徽北院使常執行軍事使命。此外，宣徽使還掌領朝會、宴饗、禮儀、祭祀及御前祗應之事。

大于越府，無職掌，[1]班百僚之上，非有大功德者不授，遼國尊官，猶南面之有三公。太祖以遙輦氏于越受禪。終遼之世，以于越得重名者三人：耶律曷魯、屋質、仁先，[2]謂之三于越。

大于越。

[1]無職掌：應是“大于越”無職掌，自此以下都是對“大于越”一職的説明，故應移至“大于越”之後。

[2]耶律曷魯（872—918）：契丹迭剌部人。阿保機“佐命功臣”之一。其父偶思，與阿保機之父撒剌的爲從兄弟。阿保機即位後以曷魯爲“阿魯敦于越”。本書卷七三有傳。　屋質：即耶律屋質（916—973）。遼宗室。字敵輦，會同間，爲惕隱。太宗死後，世宗初立，屋質調解太后與世宗的矛盾，得以避免大規模内戰。天禄二年（948），助世宗挫敗天德、蕭翰等謀反。三年，又表列泰寧王察割陰謀事，世宗不聽。後平定察割之亂及立穆宗，皆有功。本書卷七七有傳。　仁先：即耶律仁先（1012—1072）。契丹皇族。孟父房之後。字紀鄰，小字查剌。重熙三年（1034），補護衛。十一年，升北院樞密副使。與劉六符使宋，定議增歲幣。既還，同知南京留守事。十八年，再舉伐夏，仁先與皇太弟重元爲前鋒。清寧初，爲南院樞密使。九年（1063）重元謀逆，仁先受命討賊。事後，加尚父，進封宋王，爲北院樞密使。本書卷九六有傳。

大惕隱司，太祖置，掌皇族之政教。興宗重熙二十一年耶律義先拜惕隱，[1]戒族人曰：“國家三父房最爲貴族，凡天下風化之所自出，不孝、不義雖小不可爲。”其妻晉國長公主之女，每見中表必具禮服。義先以身率先，國族化之。遼國設官之實於此可見。太祖有國首設此官，其後百官擇人必先宗姓。

惕隱，亦曰梯里己。

知惕隱司事。

惕隱都監。

[1]二十一年：【劉校】原誤“二十二年”。中華點校本據本書卷二〇《興宗本紀三》重熙二十一年（1052）十二月、卷九〇《耶律義先傳》改。今從改。　耶律義先（1010—1052）：于越仁先之弟。重熙初，補祇候郎君班詳穩。十六年（1047），爲殿前都點檢，討蒲奴里，多所招降，獲其酋長陶得里以歸，以功改南京統軍使，封武昌郡王。二十一年，拜惕隱，進王富春。本書卷九〇有傳。

夷离畢院，掌刑獄：

夷离畢。

左夷离畢。

右夷离畢。

知左夷离畢事。

知右夷离畢事。

敞史。

選底，掌獄。[1]

[1]選底：契丹語官名。即掌獄。爲主獄官。參見本書卷一一六《國語解》。宋亦有掌獄官，負責拷訊。《文獻通考·刑考五·刑制》宋真宗天禧二年（1018）詔：“自今捕盜、掌獄官不稟長吏而捶囚，不甚傷而得情者止以違制失公坐過；差而不得情挾私拷決有所規求者以……違制論。”

大林牙院，掌文翰之事：

北面都林牙。

北面林牙承旨。

北面林牙。

左林牙。

右林牙。

敵烈麻都司，掌禮儀：

敵烈麻都，總知朝廷禮儀。[1]

總禮儀事。

[1]總知朝廷禮儀：此爲敵烈麻都的職掌，中華點校本將其另作一行爲官名。按，《遼史》中無“總知朝廷禮儀”這一官職。

文班司，所掌未詳：

文班太保。

文班林牙。

文班牙署。

文班吏。

阿札割只，[1]所掌未詳，遙輦故官後併樞密院：

阿札割只。

[1]阿札割只：【靳注】契丹官名。一作阿扎割只。本書卷一一六《國語解》云：“阿札割只，官名，位在樞密使下，蓋墩官也。”

北面御帳官

三皇聖人也，[1]當淳朴之世，重門擊柝猶嚴於待暴客。遼之先世未有城郭、溝池、宮室之固，氊車爲營，硬寨爲宮，[2]御帳之官不得不謹。出於貴戚爲侍衛，著帳爲近侍，北南部族爲護衛，武臣爲宿衛，親軍爲禁衛，百官番宿爲宿直奉宸以司供御，[3]三班以肅會朝，[4]硬寨以嚴晨夜。法制可謂嚴密矣。考其凡如左：

侍衛司，掌御帳親衛之事：

侍衛太師。

侍衛太保。

侍衛司徒。

侍衛司空。

侍衛。

近侍局：

近侍直長。

近侍。

近侍小底。

近侍詳穩司：

近侍詳穩。

近侍都監。

近侍將軍。

近侍小將軍。

北護衛府，掌北院護衛之事，皇太后宮有左右護衛：

北護衛太師。

北護衛太保。

北護衛司徒。

總領左右護衛司：

總領左右護衛。

左護衛司：

左護衛太保。

左護衛。

右護衛司：

右護衛太保。

右護衛。

南護衛府，掌南院護衛之事：

南護衛太師。

南護衛太保。

南護衛司徒。

總領左右護衛司：

總領左右護衛。

左護衛司：

左護衛太保。

左護衛。

右護衛司：

右護衛太保。

右護衛。

奉宸司，掌供奉宸御之事：

官名未詳。

奉宸。

三班院，掌左、右寄班之事：

左班都知。

右班都知。

寄班都知。

三班院祇候。

宿衛司，專掌宿衛之事：

總宿衛事，亦曰典宿衛事。

總知宿衛事。

同掌宿衛事。

宿衛官。

禁衛局：

總禁衛事。

禁衛長。

宿直司，掌輪直官員宿直之事，皇太后宮有宿直官：

宿直詳穩。

宿直都監。

宿直將軍。

宿直小將軍。

宿直官。

宿直護衛。

硬寨司，掌禁圍槍寨、下鋪、傳鈴之事：

硬寨太保。

皇太子惕隱司，掌皇太子宮帳之事：

皇太子惕隱。

[1]三皇：傳説中的上古帝王。所指説法不一。晉人皇甫謐所撰之《帝王世紀》依孔安國説，以伏羲、神農、黄帝爲三皇。

[2]硬寨爲宫：即將作爲皇宫的“捺鉢”打造成防守堅固的營壘。硬寨指防禦堅固的營壘。南宋李綱《梁谿集》卷七三《收降到馬友下潰兵步諒等奏狀》言及湖南步諒潰兵的硬寨：“其步諒等於衡山縣界吴集市札成硬寨，栽埋鹿角，建置木栅，將吴集市左側民居盡皆焚蕩，差發人兵四散虜掠。”

[3]奉宸以司供御：“宸”是帝王的代稱。奉宸司是專門負責供奉皇帝飲食起居的機構。

[4]三班：【劉注】宋代官制。以供奉官、左右班殿直爲三班，後亦以東西供奉，左右侍禁及承旨借職爲三班。宋人曾鞏《再議經費札子》：“國初承舊，以供奉官、左右班殿直爲三班，立都知、行首領之，又有殿前承旨，班院别立行首領之；端拱以後，分東西供奉，又置左、右侍禁及承旨借職，皆領於三班，三班之稱亦不改。”宋人崔公度《金華神記》卷二：“汴人有吴生者，世爲富人，而生以娶宗女，得官於三班。”遼倣宋制，分左、右班與寄班，掌御帳侍應之事。

北面著帳官

古者刑人不在君側，叛逆家屬没爲著帳，[1]執事禁衛可爲寒心，此遼世所以多變起肘掖歟。[2]

著帳郎君院，遥輦痕德堇可汗以蒲古只等三族害于越室魯，[3]家屬没入瓦里，[4]應天皇太后知國政析出之，[5]以爲著帳郎君、娘子，每加矜恤，世宗悉免之。其後内族、外戚及世官之家犯罪者皆没入瓦里，[6]人户益衆，因復故名。皇太后、皇太妃帳，皆有著帳諸局。

著帳郎君節度使。[7]

著帳郎君司徒。

祗候郎君班詳穩司：

祗候郎君班詳穩。

祗候郎君直長。

祗候郎君闈撒狘。

祗候郎君。

祗候郎君拽剌。[8]

左祗候郎君班詳穩司：

左祗候郎君班詳穩。

左祗候郎君直長。

左祗候郎君闈撒狘。

左祗候郎君。

左祗候郎君拽剌。

右祗候郎君班詳穩司：

右祗候郎君班詳穩。

右祗候郎君直長。

右祗候郎君闈撒狘。

右祗候郎君。

右祗候郎君拽剌。

筆硯局：

筆硯祗候郎君。

筆硯吏。

牌印局：

牌印郎君。

裀褥局：

裀褥郎君。

燈燭局：

燈燭郎君。

牀幔局：

牀幔郎君。

殿幄局：

殿幄郎君。

車輿局：

車輿郎君。

御盞局：

御盞郎君。

本班局：

本班郎君。

皇太后祗應司：

領皇太后諸局事。

知皇太后宫諸司事。

皇太妃祗應司。

皇后祗應司。

近位祗應司。

皇太子祗應司。

親王祗應司。

著帳户司，本諸斡魯朶户析出及諸色人犯罪没入。凡御帳、皇太后、皇太妃、皇后、皇太子、近位、親王祗從、伶官皆充其役。[9]

著帳節度使。

著帳殿中。

承應小底局：

筆硯小底。[10]

寢殿小底。

佛殿小底。

司藏小底。

習馬小底。

鷹坊小底。

湯藥小底。

尚飲小底。

盥漱小底。

尚膳小底。

尚衣小底。

裁造小底。

[1]没爲著帳："没"即"籍没"，依照中國古代法律，登記罪犯所有的家産，予以没收，稱爲"籍没"。遼代的籍没之法，還包括將犯罪者親屬收爲官奴婢，即所謂著帳人户。

[2]變起肘掖：遼朝以罪犯家屬、著帳户在宫中服役，甚至擔任禁衛，這是古昔相傳的老規矩，不獨遼朝爲然，商周時期亦然。這些侍者、禁衛整天和皇帝生活在一起，最切近，故被喻爲"肘腋"。《遼史·穆宗本紀贊》所説的"變起肘腋"，指穆宗被近侍小哥等六人殺害事件。這些近侍、著帳户均是皇帝的奴僕，非自由人。

［3］蒲古只：本書卷七五《耶律鐸臻傳》："耶律鐸臻，字敵輦，六院部人。祖蒲古只，遙輦氏時再爲本部夷离菫。耶律狼德等既害玄祖，暴横益肆。蒲古只以計誘其黨，悉誅夷之。"中華校點本卷六六校勘記引錢大昕《廿二史考異》云："帖剌、蒲古只、匣馬葛爲一人三名。"

［4］没入瓦里：本書卷一一六《國語解》："瓦里，官府名，宫帳、部族皆設之。凡宗室、外戚、大臣犯罪者，家屬没入於此。"另據本書卷三一《營衛志上》：諸宫衛轄"石烈二十三，瓦里七十四，抹里九十八"。由此可知"瓦里"衹是部族組織中小於石烈、大於抹里的單位。"没入瓦里"的貴族，實際上是交契丹民衆監管。

［5］應天皇太后（879—953）：即阿保機妻述律氏。漢名平，小字月里朶。其先爲回鶻人。本書卷七一有傳。

［6］内族、外戚及世官之家犯罪者：内族指的是耶律氏，此循金修《遼史》之例。據《金史》卷五九《宗室表》："金人初起完顏十二部，其後皆以部爲氏，史臣記録有稱'宗室'者，有稱完顏者。稱完顏者亦有二焉，有同姓完顏，蓋疏族，若石土門、迪古乃是也；有異姓完顏，蓋部人，若歡都是也。大定以前稱'宗室'，明昌以後避睿宗諱稱'内族'，其實一而已，書名不書氏，其制如此。"遼之耶律氏不入宗室屬籍者，稱"庶耶律"，如本書卷八九《耶律庶成傳》，此人本是季父房之後，"爲妻胡篤所誣，以罪奪官，絀爲庶耶律"。【劉校】犯罪者，原本誤作"罪犯者"。中華點校本依本書卷三一《營衛志上》著帳郎君條及文義改。今從改。

［7］著帳郎君節度使：紀、傳各卷均無關於此官名的記載，著帳郎君院的其他職官名也多是這種情況。因此這些官職是否存在無從證明。

［8］拽剌：契丹官名。契丹語"走卒"謂之"拽剌"，後爲軍官名。有掌旗鼓者，稱"旗鼓拽剌"，還有專司偵候、探報等職者。

［9］皇后：【劉校】"后"原本作"太"，中華修訂本據明抄本、南監本、北監本、殿本改。今從改。

[10]小底：遼宫中的雜役。據宋代余靖《武溪集》卷一八《契丹官儀》："十宫院人呼小底如官奴婢之屬也。"各類小底都由宫户、著帳户充，他們都不是官。

北面皇族帳官

肅祖長子洽奢之族在五院司，[1]叔子葛剌、季子洽禮及懿祖仲子帖剌、季子褭古直之族皆在六院司，[2]此五房者謂之二院皇族。玄祖伯子麻魯無後，[3]次子巖木之後曰孟父房，叔子釋魯曰仲父房。季子爲德祖，[4]德祖之元子是爲太祖天皇帝，謂之横帳，次曰剌葛，[5]曰迭剌，[6]曰寅底石，[7]曰安端，[8]曰蘇，[9]皆曰季父房。此一帳三房謂之四帳皇族。二院治之以北、南二王，四帳治之以大内惕隱，皆統於大惕隱司。

大内惕隱司，[10]掌皇族四帳之政教：

大内惕隱。

知大内惕隱事。

大内惕隱都監。

大横帳常衮司，掌太祖皇帝後九帳皇族之事：

横帳常衮，亦曰横帳敞穩。

横帳太師。

横帳太保。

横帳司空。

横帳郎君。

横帳知事。

孟父族帳常衮司，掌蜀國王巖木房族之事。

仲父族帳常衮司，掌隋國王釋魯房族之事。

季父族帳常衮司，掌德祖皇帝三房族之事。

四帳都詳穩司，掌四帳軍馬之事。

都詳穩。

都監。

將軍，本名敞史。

小將軍。

横帳詳穩司。

孟父帳詳穩司。

仲父帳詳穩司。

季父帳詳穩司。

舍利司，掌皇族之軍政：

舍利詳穩。

舍利都監。

舍利將軍。

舍利小將軍。

舍利。

梅里。

親王國，[11]官制未詳：

王府近侍。

王府祗候。

大東丹國中臺省，[12]太祖天顯元年置，乾亨四年聖宗省：[13]

左大相。

右大相。

左次相。

右次相。

王子院，掌王子各帳之事：

王子太師。

王子太保。

王子司徒。

王子司空。

王子班郎君。

駙馬都尉府，掌公主帳宅之事：

駙馬都尉。

[1]肅祖：遼太祖耶律阿保機之高祖耨里思的廟號。重熙二十一年（1052）七月追封。　五院：契丹部族名。天贊元年（922），以迭剌部強大難制，析五石烈爲五院，六爪爲六院，各置夷离堇。會同元年（938），更夷离堇爲大王，部隸北府，以鎮南境。

[2]懿祖：遼太祖耶律阿保機的曾祖父薩剌德的廟號。重熙二十一年七月追封。

[3]玄祖：遼太祖耶律阿保機祖父匀德實的廟號。重熙二十一年七月追封。本書卷五九《食貨志上》載："匀德實爲大迭烈府夷离堇，喜稼穡，善畜牧，相地利以教民耕。"

[4]德祖：阿保機父親撒剌的的廟號。重熙二十一年七月追封。

[5]剌葛：阿保機之弟。排行第二。關於他與諸弟謀作亂事，《通鑑》卷二七〇後梁均王貞明四年（918）追述其事云："初，契丹主之弟撒剌阿撥號北大王，謀作亂於其國。事覺，契丹主數之曰：'汝與吾如手足，而汝興此心，我若殺汝，則與汝何異！'乃囚之期年而釋之。撒剌阿撥帥其衆奔晉，晉王厚遇之，養爲假子，任爲刺史。"天祐十五年（918），晉軍渡河攻汴州，與梁戰於胡柳，失利，撒剌携妻子奔梁。另據本書卷六四《皇子表》，剌葛後南竄。

可見所謂“撒剌阿撥”可能就是剌葛，後爲唐莊宗李存勗所殺。《通鑑》卷二七二後唐莊宗同光元年（923）冬十月詔：“契丹撒剌阿撥叛兄棄母，負恩背國，宜與［趙］巖等並族誅於市。”

［6］迭剌：阿保機弟。排行第三。聰明過人，是契丹小字的創製者，曾參與其兄剌葛謀反。

［7］寅底石：阿保機之弟。字阿辛，排行第四。參與叛亂，太祖釋之，封許國王。太祖命其輔東丹王，淳欽皇后述律氏遣司徒劃沙殺之於路。

［8］安端：阿保機弟。排行第五，也曾參與“謀反”。世宗天禄初，賜號“明王”，成爲東丹國的統治者。

［9］蘇（？—926）：即阿保機幼弟。神册五年（920）爲惕隱。次年，爲南府宰相。據本書卷六四《皇子表》，滄州節度使劉守文求救，蘇曾奉阿保機之命，前去解滄州之圍。天顯元年（926），從太祖征渤海還，卒。

［10］大内惕隱司：【劉校】據中華點校本校勘記，馮家昇《遼史初校》載，大内惕隱司即大惕隱司。

［11］親王國：遼朝親王封某國王，如隋國王、陳國王等，其領地是他管轄下的頭下州，行政長官是節度使。遼朝没有兩漢那樣據有一定獨立性的封國。

［12］東丹國：天顯元年（926）正月，耶律阿保機率軍攻入渤海王都忽汗城，滅掉了號稱“海東盛國”的渤海國。《五代會要》卷二九《契丹》記載：“天成元年九月，攻渤海國扶餘城，下之，命其長子突欲爲國主，號東丹王。”天成元年即遼天顯元年。此處記作九月，可能是直至當年九月，消息纔傳到中原。阿保機以渤海故地建東丹國，並以其長子耶律倍爲東丹王，賜天子冠服，建元“甘露”。東丹建立之初仍都忽汗城，改稱天福城。耶律倍（899—936）是阿保機與述律氏的長子，又名圖欲（突欲），是當時契丹王朝的第三號人物。阿保機死後，其母述律氏立德光，德光怕東丹王耶律倍與渤海遺民聯合起來反對他，趁東丹王奔喪滯留上京期間，

納東丹國中臺省右次相耶律羽之成心腹。天顯二年，羽之升任左大相，取得了東丹的最高權力。羽之建議將東丹遺民遷徙至遼東地區。天顯三年十二月詔令，由羽之負責遷徙東丹的渤海遺民實東平（今遼寧省遼陽市）。當時，許多渤海人拒不服從，紛紛逃向新羅、女真境内。契丹不得已仍在形式上保留東丹政權，並升東平郡爲南京，設立東丹國機構，統治遷徙到其地的渤海人。除此之外，契丹統治者還把大批渤海人遷徙到遼西等地。德光部署既定，始於天顯五年四月放耶律倍回到南京。後唐明宗得知耶律倍不見容於德光，便遣使持書越海與倍秘密聯繫。倍應後唐之召，於天顯五年十一月，偷偷率部曲四十人離開遼南京，由遼東半島南端渡海，到達後唐境内的登州（今山東省蓬萊市）。後唐明宗賜其姓名李贊華。清泰三年（遼天顯十一年，936）石敬瑭率軍攻入洛陽，後唐末帝李從珂約倍與之同死，倍不從，遇害。

[13]乾亨四年聖宗省：此處“四年”二字，原誤“元年”，今從中華點校本改。按，本書卷一〇《聖宗本紀》乾亨四年十二月“庚辰，省置中臺省官”，是減省官吏員額。同卷，統和二年十二月辛丑以“大仁靖東京中臺省右平章事”。此事證明當時中臺省機構猶存。

北面諸帳官

遼太祖有帝王之度者三：代遙輦氏，[1]尊九帳於御營之上，[2]一也；滅渤海國，[3]存其族帳，亞於遙輦，二也；併奚王之衆，[4]撫其帳部擬於國族，[5]三也。有英雄之智者三：任國舅以耦皇族、崇乙室以抗奚王、列二院以制遙輦是已。[6]觀“北面諸帳官”可以見之矣。

遙輦九帳大常衮司，掌遙輦洼可汗、阻午可汗、胡剌可汗、蘇可汗、鮮質可汗、昭古可汗、耶瀾可汗、巴剌可汗、痕德堇可汗九世宫分之事。[7]太祖受位于遙輦，以九帳居皇族一帳之上，設常衮司以奉之，有司不與焉。凡遼十二宮、五京，皆太祖以來征討所得，非受之於遙輦也。其待先世之厚，蔑以加矣。遼俗東嚮而尚左，御帳東嚮，遙輦九帳南嚮，皇族三父帳北嚮。東西爲經，南北爲緯，故謂御營爲横帳云。

大常衮，亦曰敞穩。

遙輦太師。

遙輦太保。

遙輦太尉。

遙輦司徒。

遙輦司空。

遙輦侍中，一作世燭，太宗會同元年置。

敞史。

知事。

遙輦帳節度使司：

節度使。

節度副使。

遙輦糺詳穩司：

遙輦糺詳穩。[8]

遙輦糺都監。

遙輦糺將軍。

遙輦糺小將軍。

遙輦剋，官名未詳。

大國舅司，掌國舅乙室己、拔里二帳之事。太宗天顯十年合皇太后二帳爲國舅司；[9] 聖宗開泰三年又併乙室己、拔里二司爲一帳。

乙室己國舅大翁帳常衮，一作敞穩。

乙室己國舅小翁帳常衮。

拔里國舅大父帳常衮。

拔里國舅少父帳常衮。

國舅太師。

國舅太保。

國舅太尉。

國舅司徒。

國舅司空。

敞史，太宗會同元年改郎君爲敞史。

知事。[10]

國舅乙室己大翁帳詳穩司：

國舅詳穩。

國舅都監。

國舅本族將軍。

國舅本族小將軍，興宗重熙五年樞密院奏，國舅乙室己小翁帳敞史，[11]准大横帳洎國舅二父帳改爲將軍。

國舅乙室己小翁帳詳穩司。

國舅拔里大父帳詳穩司。

國舅拔里少父帳詳穩司。

國舅夷离畢司。

國舅夷离畢。

國舅左夷离畢。

國舅右夷离畢。

敞史。

國舅帳剋。

國舅别部，世宗置，官制未詳：

國舅别部敞史，聖宗太平八年見國舅别部敞史蕭塔葛。[12]

渤海帳司，官制未詳：

渤海宰相。

渤海太保。

渤海撻馬。

渤海近侍詳穩司。

奚王府。

乙室王府並見部族官。

[1]遙輦氏：契丹氏族。開元二十三年（735），可突于殘黨泥禮殺李過折，立阻午可汗，傳九世，至 907 年阿保機建國。遙輦九可汗繼位後各建宫衛，遼朝立國後，有遙輦九帳大常衮司之設，掌遙輦九世宫分之事務。

[2]御營：即遼朝皇帝的宫帳，如太祖宫帳弘義宫等。

[3]渤海：靺鞨粟末部在今東北地區建立的政權。唐武后聖曆元年（698），靺鞨粟末部首領大祚榮建立振國（亦稱震國）。唐玄宗先天二年（713，當年 12 月改元“開元”）遣使封大祚榮爲左驍衛大將軍、渤海郡王，又設置忽汗州，加授大祚榮爲忽汗州大都督，並改稱渤海。寶應元年（762）晉爲國。天顯元年（926）爲遼所滅，改稱東丹。【劉注】渤海國最初的國號爲“靺鞨”，不爲“震國”或“振國”。《新唐書》卷二一九《渤海傳》：“睿宗先天中

（應爲‘玄宗先天二年’），遣使拜祚榮爲左驍衛大將軍、渤海郡王。以所統爲忽汗州，領忽汗都督，自是始去靺鞨之號，專稱渤海”，這裏不稱“始去震國之號，專稱渤海”而稱“始去靺鞨之號，專稱渤海”。可見，稱“大祚榮建立震國”是混淆了封號與國號的區別。《新唐書》卷二一九《渤海傳》稱“武后封乞四比羽爲許國公，乞乞仲象（大祚榮之父）爲震國公”。“許國公”和“震國公”都是封號，並不意味着有“許國”“震國”等政權。乞乞仲象死後。他兒子大祚榮繼承了“震國公”的封號，但他不滿足“公”級别，所以“自號震國王”。“震國王”僅僅是封號，並不意味着有“震國”。少數民族往往以其民族名爲國號，如“契丹”“蒙古”等。渤海也應如此。

[4]奚王：對奚部族首領的稱呼。據《五代會要》卷二八《奚》：“奚，本匈奴别種，即東胡之地，人物風俗與突厥同。族有五姓：一曰阿會部，管縣六；二曰啜米部，管縣四；三曰奥質部，管縣六；四曰奴皆部，管縣四；五曰黑訖支部，管縣三。每部有刺史，每縣有令，酋長號奚王。”此奚王是被契丹降伏以後的奚部族酋長。《新五代史》卷七四《四夷附録第三》所記奚各部名稱與《五代會要》相同：奚“分爲五部：一曰阿薈部，二曰啜米部，三曰粤質部，四曰奴皆部，五曰黑訖支部。後徙居琵琶川，在幽州東北數百里。地多黑羊，馬趫前蹄堅善走，其登山逐獸，下上如飛”。奚本來衹有五部，阿保機降伏五部奚之後設置墮瑰部，而成六部。詳見本書卷三三《營衛志下·部族下》。

[5]擬於國族：【劉校】“擬”原本作“撫”，據中華修訂本校勘記，依明抄本、南監本、北監本和殿本改。中華點校本徑改。今從改。

[6]乙室：契丹部族名。遥輦氏阻午可汗時始置爲部。隸南府，駐守西南之境。

[7]昭古可汗：【劉校】據中華點校本校勘記，本書卷七九《耶律阿没里傳》作“嘲古可汗”。

［8］糺：【劉注】正確寫法應作“乣”。是混入漢字中的契丹大字。《北大王墓誌銘》和《耶律昌允墓誌銘》等契丹大字碑刻中都出現乣字。例如《耶律昌允墓誌銘》第二行有乍亥光乣[illegible][illegible] [illegible]将[illegible]，爲漢語借詞“左千牛衛上將軍”的音譯。光乣爲漢字“牛”的音譯。乣相當於漢字“牛”的韻母，從而知道它讀 iou。至於其字義尚待解讀。

［9］國舅司：掌管外戚事務的機構。與皇族通婚的蕭氏，即隋唐時期的乙室己部和拔里部，被稱爲“審密”，又稱孫氏，後來的蕭氏爲其異譯。參見蔡美彪《遼代后族與遼季后妃三案》（《歷史研究》1994 年第 2 期）。

［10］知事：【劉校】原在“敞史”一行之末，據中華點校本校勘記，依遥輦大常衮司之例，改另行。

［11］國舅乙室已小翁帳：【劉校】據中華點校本校勘記，“《紀》重熙五年正月作乙室小功帳”。

［12］聖宗太平八年，見國舅别部敞史蕭塔葛：【劉校】“舅别部”三字原脱，中華點校本據上文補。今從。又按本書卷六七《外戚表序》：“世宗以舅氏塔列葛爲國舅别部。”卷九〇《蕭塔剌葛傳》：“世宗即位，以舅氏故，補國舅别部敞史。”此言“聖宗太平八年”，相距八十餘年，未合。或爲另一人。

北面宫官

遼建諸宫斡魯朶，部族蕃户統以北面宫官。[1]具如左。

諸行宫都部署院，總契丹漢人諸行宫之事：

諸行宫都部署。[2]

知行宫諸部署司事。

諸行宫副部署。

諸行宫判官。

契丹行宮都部署司，總行在行軍諸斡魯朶之政令：

契丹行宮都部署。

知契丹行宮都部署事。

契丹行宮副部署。

契丹行宮判官。

行宮諸部署司，掌行在諸宮之政令：

行宮都部署。

行宮副部署。

行宮部署判官。

十二宮職名總目：

某宮：

某宮使。

某宮副使。

某宮太師。

某宮太保。

某宮侍中，太宗會同元年置，亦曰世燭。

某宮都部署司，掌本宮契丹軍民之事：

某宮都部署。

某宮副部署。

某宮判官。

某宮提轄司，官制未詳：

某宮馬群司：

侍中。

敞史。

某石烈，石烈，縣也：

夷离堇，本名彌里馬特本，改辛衮，會同元年升。

麻普，本名達剌干，會同元年改。

牙書，會同元年置。[3]

某瓦里，内族、外戚、世官犯罪，没入瓦里：

抹鶻。

某抹里。

閘撒狘。

某得里，官名未詳。

太祖弘義宫。

太宗永興宫。

世宗積慶宫。

應天皇太后長寧宫。

穆宗延昌宫。

景宗彰愍宫。

承天皇太后崇德宫。

聖宗興聖宫。

興宗延慶宫。

道宗太和宫。

天祚永昌宫。

孝文皇太弟敦睦宫。

文忠王府。

已上十二宫一府部署、提轄、石烈、瓦里、抹里、得里等，[4]並見《營衛志》。

押行宫輜重夷离畢司，掌諸宫巡幸扈從輜重之事：

夷离畢。

敞史。

[1]部族蕃户統以北面宫官：遼的諸宫斡魯朶是“析部族”而成，即從某些部族中分出若干個石烈、瓦里等單位組成。“部族蕃户”亦即從諸部族中分出而隸屬斡魯朶的蕃户，由北面諸宫官統轄。

[2]行宫：亦稱行帳，即遼帝轉徙隨時的車帳組成的朝廷。契丹語稱“捺鉢”。遼中葉逐漸形成“四時捺鉢”制度。　行宫都部署：遼北面行宫官。遼在北南面官系統中，分别設契丹行宫都部署和漢人行宫都部署，其上則有諸行宫都部署。行宫都部署完全是倣中原王朝官制設置的，它不同於專管斡魯朶事務的某宫都部署的宫官。宋朝皇帝巡幸亦有行宫，且亦有行宫都部署之設。後避英宗趙曙名諱，改稱行宫都總管。

[3]“麻普”及“牙書”：【劉校】中華點校本校勘記云，“按《紀》會同元年十一月，麻普作馬步，牙書作牙署”。下卷《部族職名總目》云：“麻普，亦曰馬步。”

[4]得里：【靳校】原本脱“里”字，中華修訂本校勘記云，據上下文補。中華點校本徑補。今從。

（李錫厚注　劉鳳翥校）

遼史　卷四六

志第十六

百官志二

北面部族官[1]

部族，詳見《營衛志》。設官之制具如左。

部族職名總目。

大部族：

某部大王，本名夷离堇。

某部左宰相。

某部右宰相。

某部太師。

某部太保。

某部太尉。

某部司徒，本名惕隱。

某部節度使司：

某部節度使。

某部節度副使。

某部節度判官。

某部族詳穩司：

某部族詳穩。

某部族都監。

某部族將軍。

某部族小將軍。

某石烈：[2]

某石烈夷离堇。

某石烈麻普，亦曰馬步，本名石烈達剌干。[3]

某石烈牙書。[4]

某彌里，彌里，鄉也：

辛袞，本曰馬特本。

[1]北面部族官：這一卷非《遼史》舊稿，是元修《遼史》新增，據本書《營衛志·部族》及《國語解》等編排而成。遼朝有官分南、北之制，專指中央官。上朝時，御座東向，大臣在殿前分列南、北，故有南、北面官。部族官不上朝，其上冠以“北面”，表明元人不諳遼朝官制。

[2]石烈：構成部族的小組織。相當於縣。

[3]達剌干：契丹官名。本書卷一一六《國語解》：“達剌干，縣官也，後陞副使。”

[4]牙書：契丹官名。本書卷一一六《國語解》：“牙署，官名。疑即牙書，石烈官也。”

小部族：

某部族司徒府：

某部族司徒。

某部族司空。

某部族節度使司。

某部族詳穩司。

某石烈：

令穩。[1]

麻普。

牙書。

某彌里：

辛袞。

[1]令穩：音譯的契丹語官名。據本書卷三三《營衛志下》："太祖更諸部夷离堇爲令穩。統和中，又改節度使。"

五院部，有知五院事，在朝曰北大王院。

六院部，有知六院事，在朝曰南大王院。[1]

乙室部，[2]在朝曰乙室王府。有乙室府迪骨里節度使司。

奚六部，[3]在朝曰奚王府。有二常袞，有二宰相，又有吐里太尉，有奚六部漢軍詳穩，[4]有奚拽剌詳穩，[5]有先離撻覽官。

已上四大王府，爲大部族。

[1]北大王院、南大王院：遼太祖阿保機以迭剌部強大難制，天贊元年（922）析該部五石烈爲五院，六爪爲六院。五院部在朝曰北大王院，六院部在朝曰南大王院，各置夷离堇爲首領。會同元年（938），又更夷离堇爲大王，即北院大王、南院大王。

[2]乙室部：契丹部族名。爲太祖阿保機時期二十部之一，統以本部夷离堇。會同二年（939），該部夷离堇稱大王，隸南府。其大王及都監率部鎮守西南境，負責防禦西夏。

[3]奚六部：參見本書卷五《世宗紀》奚王條注釋。

[4]漢軍：也稱“漢兵”。遼朝有衆多的漢軍，其中有阿保機收編的“山北八軍”以及趙延壽的軍隊。此外，遼朝還有自己按照中原軍隊編制組建的漢軍，其中最重要的是燕京等地的禁軍。據《資治通鑑長編》卷五五宋真宗咸平六年（1003）七月己酉記李信云：“國中所管幽州漢兵，謂之神武、控鶴、羽林、驍武等，約萬八千餘騎。”其中“羽林”“控鶴”是唐、五代禁軍舊有的名號。因此可以斷定李信所説的遼燕京的“漢兵”就是戍衛京城的禁軍。

[5]拽剌：契丹官名。契丹語“拽剌”爲走卒之意，後爲軍官名。有掌旗鼓者，稱“旗鼓拽剌”，還有專司偵候、探報等職者。

品部。[1]
楮特部。[2]
烏隗部。[3]
突呂不部。[4]
突舉部。[5]
涅剌部。[6]
遙里部。[7]
伯德部。[8]
墮瑰部。[9]
楚里部。[10]
奧里部。[11]
南剋部。
北剋部。[12]

突吕不室韋部。[13]
涅剌拏古部。[14]
迭剌迭達部。[15]
乙室奥隗部。[16]
楮特奥隗部。[17]
品達魯虢部。[18]
烏古涅剌部。[19]
圖魯部。[20]
撒里葛部。[21]
窈爪部。
耨盌爪部。
訛僕括部。[22]
特里特勉部。[23]
稍瓦部。[24]
曷术部。[25]
隗衍突厥部。
奥衍突厥部。[26]
涅剌越兀部。[27]
奥衍女直部。
乙典女直部。[28]
斡突盌烏古部。[29]
迭魯敵烈部。[30]
大黄室韋部。
小黄室韋部，二黄室韋闥林改爲僕射。[31]
术哲達魯虢部。[32]

梅古悉部。[33]

頡的部。

匿訖唐古部。

北唐古部。

南唐古部。

鶴剌唐古部。

河西部。[34]

北敵烈部。

薛特部。[35]

伯斯鼻骨［德］部。

達馬鼻骨［德］部。[36]

五國部。

已上四十九節度,[37]爲小部族。

[1]品部：又作品卑部。創建於阻午可汗之時，隸北府。本書卷一三《聖宗本紀四》載統和十五年（997）二月“勸品部富民出錢以贍貧民”。同月又“詔品部曠地令民耕種”。

[2]楮特部：契丹部族名。阻午可汗以其營爲部。隸南府。【劉注】《蕭孝恭墓誌銘》作初魯得部。這一部的人都姓蕭，如蕭孝恭、蕭孝資以及本書卷九六的蕭德、蕭惟信等。

[3]烏隗部：據本書卷三三《營衛志下·部族下》，烏隗部亦稱奥隗部，是契丹古老的部族組織。此外，契丹還有乙室奥隗部和楮特奥隗部，均係以所俘奚人設置。都活動於東京轄區。

[4]突呂不部：契丹部族名。據本書卷三三《營衛志下》，該部爲太祖二十部之一，創建於阻午可汗之時，隸北府，節度使屬西北路招討司，司徒居長春州西。

[5]突舉部：又突軌部。契丹阻午可汗時期部族名。據本書卷

三三《營衛志下·部族下》，太祖二十部中的突吕不部："其先曰塔古里，領三營。阻午可汗命分其一與弟航斡爲突舉部；塔古里得其二，更爲突吕不部。隸北府，節度使屬西北路招討司，司徒居長春州西。"

［6］涅剌部：其先曰涅勒，阻午可汗分其營爲部。節度使屬西南路招討司，居黑山北，司徒居郝里河側。

［7］遙里部：被契丹征服的奚族部落。

［8］伯德部：被契丹征服的奚族部落。

［9］墮瑰部：奚原爲五部，被契丹征服後建墮瑰部，成六部奚。

［10］楚里部：被征服的奚族部落。

［11］奥里部：被征服的奚族部落。

［12］"南剋部"及"北剋部"：據本書卷一一六《國語解》："北剋、南剋，掌軍官名。猶漢南北軍之職。"

［13］突吕不室韋部：本名大、小二黄室韋户。太祖爲達馬狘沙里，以計降之，乃置爲二部。隸北府，節度使屬東北路統軍司，戍泰州東北。

［14］涅剌拏古部：附屬於涅剌部的以被俘拏古部人户建立的部族。

［15］迭剌迭達部：本鮮質可汗所俘奚七百户，太祖即位，以爲十四石烈，置爲部。隸南府，節度使屬西南路招討司，戍黑山北，部民居慶州南。

［16］乙室奥隗部：係以所俘奚人設置。活動於東京轄區。

［17］楮特奥隗部：係以所俘奚人設置。活動於東京轄區。

［18］品達魯虢部：附屬於品部的以被俘達魯虢人户建立的部族。本書卷九五《耶律適禄傳》，遼末"加泰州觀察使，爲達魯虢部節度使"。達魯虢應是活動於上京東北部的部族。

［19］烏古涅剌部：附屬於涅剌部的以被俘烏古人户建立的部族。

［20］圖魯部：據本書卷三三《營衛志下》："太祖取于骨里户六

千，神册六年，析爲烏古涅剌及圖魯二部。俱隸北府，節度使屬西南路招討司。”按“于骨里”即烏古。

[21]撒里葛部：據本書卷三三《營衛志下》，與窈爪、耨盌爪俱爲奚三營，“太祖伐奚，乞降，願爲著帳子弟，籍於宮分，皆設夷离菫。聖宗各置爲部，改設節度使，皆隸南府，以備畋獵之役。居澤州東”。

[22]訛僕括部：據本書卷三三《營衛志下》：“與撒里葛三部同。居望雲縣東。”按望雲縣，治所在今河北省赤城縣北。

[23]特里特勉部：據本書卷三三《營衛志下》，該部“初於八部各析二十户以成奚，偵候落馬河及速魯河側，置二十詳穩。聖宗以户口蕃息，置爲部”。又卷三二《營衛志中》稱其與稍瓦、曷术同爲“部而不族者”。他們原本就是遼朝統治者以行政手段造成的部族。由一部分人户或以諸宮衛及横帳大族的奴隸構成而並非由氏族組成的部落，朝廷不賜予他們“耶律”和“蕭”這樣的姓氏，所以是“部而不族”，這一類，較奚和室韋的地位低。

[24]稍瓦部：據本書卷三三《營衛志下》：“初，取諸宮及横帳大族奴隸置稍瓦石烈，稍瓦，鷹坊也，居遼水東，掌羅捕飛鳥。聖宗以户口蕃息置部。節度使屬東京都部署司。”

[25]曷术部：據本書卷三三《營衛志下》：“初，取諸宮及横帳大族奴隸置曷术石烈，曷术，鐵也，以冶於海濱柳濕河、三黜古斯、手山。聖宗以户口蕃息置部。屬東京都部署司。”

[26]“隗衍突厥部”及“奥衍突厥部”：都是受契丹統治的突厥汗國瓦解後的餘部。據本書卷三三《營衛志下》：“隗衍突厥部。聖宗析四闢沙、四頗憊户置，以鎮東北女直之境。”“奥衍突厥部。與隗衍突厥同。”

[27]涅剌越兀部：據本書卷三三《營衛志下》，“以涅剌室韋户置”，即該部是涅剌部轄下的部族。

[28]“奥衍女直部”與“乙典女直部”：都是聖宗以女直户置。

[29]斡突盌烏古部：即該部是以被俘烏古人户所置，並隸屬窩篤盌斡魯朶。斡突盌，又作“窩篤盌”，是興宗延慶宫所轄斡魯朶之名。

[30]迭魯敵烈部：敵烈是西部地區叛服不常的大部族。契丹以其被俘人户建迭魯敵烈部。

[31]“大黄室韋部”及“小黄室韋部”：部族名。據本書卷三三《營衛志下》小黄室韋實即突吕不室韋的一部分，本名大、小二黄室韋户。阿保機爲撻馬狘沙里時，以計降伏大、小黄室韋，並且仍置爲二部。據中華點校本校勘記，即突吕不室韋、涅剌拏古二部。檢該二部已見上文，此是重出。

[32]术哲達魯虢部：與品達魯虢同，以俘户置。

[33]梅古悉部：據本書卷三三《營衛志下》：“聖宗以唐古户置。”以下頡的部、匿訖唐古部、北唐古部、南唐古部、鶴剌唐古部同。“唐古”又作“唐古特”，即吐蕃。

[34]河西部：晚唐直至宋初，河西地區除沙州歸義軍治下的漢族之外，還有吐蕃、回鶻等族在這一地區活動。遼以俘獲的河西各族人户建河西部。

[35]薛特部：據本書卷三三《營衛志下》：“開泰四年，以回鶻户置。隸北府，居慈仁縣北。”按慈仁縣治所在今内蒙古自治區翁牛特旗境内。這些回鶻户應是回鶻西遷後遺留下來的。

[36]“伯斯鼻骨部”及“達馬鼻骨部”：【劉校】據中華點校本校勘記，本書卷三三《營衛志下》作“伯斯鼻骨德部”“達馬鼻骨德部”。

[37]已上四十九節度：“四十九”與實數不合。據中華點校本校勘記，本書所載小部族自品部至五國部共五十部。突吕不室韋部、涅剌拏古部與大、小二黄室韋部爲前後異名，實四十八部；本書卷三三《營衛志下》又載：“奥里部，統和十二年以與梅只、墮瑰三部民籍數寡，合爲一部。”以上所列有墮瑰無梅只。按，在合併之後應除墮瑰，爲四十七部；未合之前，則應加梅只爲四十

九部。

北面坊場局冶牧厩等官

遼始祖涅里究心農工之事，[1]太祖尤拳拳焉，畜牧畋漁固俗尚也。坊場牧厩，設官如左。

諸坊職名總目：

某坊使。

某坊副使。

某坊詳穩司：

某坊詳穩。

某坊都監。

鷹坊。

鐵坊。

五坊，未詳。

八坊，内有軍器坊，餘未詳。

已上坊官。

圍場：

圍場都太師。

圍場都管。

圍場使。

圍場副使。

已上場官。

局官職名總目：

某局使。

某局副使。

客省局。[2]

器物局。
太醫局。
醫獸局，有四局都林牙。
　　已上局官。
五冶，未詳：
　　太師。
　　已上冶官。
群牧職名總目：
某路群牧使司：
　　某群太保。
　　某群侍中。
　　某群敞史。
總典群牧使司：
　　總典群牧部籍使。
　　群牧都林牙。
某群牧司：
　　群牧使。
　　群牧副使。
西路群牧使司。
倒塌嶺西路群牧使司。
渾河北馬群司。[3]
漠南馬群司。
漠北滑水馬群司。[4]
牛群司。
　　已上群牧官。

尚厩：

尚厩使。

尚厩副使。

飛龍院：[5]

飛龍使。

飛龍副使。

總領内外厩馬司。

總領内外厩馬。

已上諸厩官。

監鳥獸詳穩司職名總目：

監某鳥獸詳穩。

監某鳥獸都監。

監某鳥。

監某獸。

監鹿詳穩司。

監雉。

已上監養鳥獸官。

[1]涅里：阿保機一族的七世祖。又作雅里、尼里、泥禮。

[2]客省：官署名。會同元年（938）置，掌接待諸國使節。設官有都客省、客省使、左右客省使等。

[3]渾河：遼河支流。流經今遼寧省瀋陽市。

[4]漠北：中國北方大沙漠以北。《後漢書》卷八〇《杜篤傳》説衛青等“席捲漠北，叩勒祁連”。李賢注：“漠，沙漠也；祁連，匈奴中山名也。叩，擊也；勒。謂銜勒也。”

[5]飛龍院：養馬的機構。《五代會要》卷一二《馬》：“長興

元年七月，分飛龍院爲左、右，以小馬坊爲右飛龍院。”

北面軍官

遼宫帳、部族、京州、屬國，各自爲軍，體統相承，分數秩然。雄長二百餘年，凡以此也。考其可知者如左。

天下兵馬大元帥府，太子、親王總軍政：

天下兵馬大元帥。[1]

副元帥。

大元帥府，[2]大臣總軍馬之政：

大元帥。

副元帥。

都元帥府，大將總軍馬之事：

兵馬都元帥。

副元帥。

同知元帥府事。

便宜從事府，亦曰便宜行事：

便宜從事。

大詳穩司：

大詳穩。

都監。

將軍。

小將軍。

軍校。

隊帥。

東都省，分掌軍馬之政：

東都省太師。

西都省，分掌軍馬之政：

西都省太師。

大將軍府，各統所治軍之政令：

大將軍。

上將軍。

將軍。

小將軍。

護軍司：

護軍司徒。

衛軍司：

衛軍司徒。

諸路兵馬統署司：

諸路兵馬都統署。

諸路兵馬副統署。

左皮室詳穩司。[3]

右皮室詳穩司。

北皮室詳穩司。

南皮室詳穩司。

太宗選天下精甲三十萬爲皮室軍。初，太祖以行營爲宮，選諸部豪健千餘人，置爲腹心部，[4]耶律老古以功爲右皮室詳穩。則皮室軍自太祖時已有，即腹心部是也。太宗增多至三十萬耳。

黄皮室軍詳穩司，"黄皮室"屬國名。[5]

屬珊軍詳穩司，應天皇太后置，軍二十萬。選蕃漢精兵珍美如珊瑚，故名。

舍利軍詳穩司，[6]統皇族之從軍者，橫帳三父房屬焉。[7]

北王府舍利軍詳穩司，五院皇族屬焉。[8]

南王府舍利軍詳穩司，六院皇族屬焉。

禁軍都詳穩司，掌禁衛諸軍之事。

各部族舍利司，掌各部族子弟之軍政。

郎君軍詳穩司，掌著帳郎君之軍事。

拽剌軍詳穩司，走卒謂之拽剌。

旗鼓拽剌詳穩司，掌旗鼓之事。

千拽剌詳穩司。

猛拽剌詳穩司。

墨离軍詳穩司。

礮手軍詳穩司，[9]掌飛礮之事。

弩手軍詳穩司，掌強弩之事。

鐵林軍詳穩司。[10]

大鷹軍詳穩司。

鷹軍詳穩司。[11]

鶻軍詳穩司，大、小鶻軍，即二室韋軍號。

鳳軍詳穩司。

龍軍詳穩司。

飛龍軍詳穩司。

虎軍詳穩司。

熊軍詳穩司。[12]

左鐵鷂子軍詳穩司。

右鐵鷂子軍詳穩司。

龍衛軍詳穩司。[13]

威勝軍詳穩司。[14]

天雲軍詳穩司。[15]

特蒲軍詳穩司。[16]

敵烈軍詳穩司。[17]

敵烈皮室詳穩司。

肴里奚軍詳穩司。[18]

涅哥奚軍詳穩司。

渤海軍詳穩司。[19]

女古烈詳穩司。

奚王南剋軍詳穩司，諸帳並有剋官爲長，餘同詳穩司。

奚王北剋軍詳穩司。

國舅帳剋軍。

三剋軍。

頻必剋軍。[20]

九剋軍。

十二行糺軍，[21]諸糺並有司徒，餘同詳穩司。

各宮分糺軍。

遙輦糺軍。

各部族糺軍。

群牧二糺軍。

怨軍八營都詳穩司，[22]天祚天慶六年，命秦晉王淳募遼東飢民得二萬餘人,[23]謂之怨軍，及淳僭位改號常勝軍。

前宜營，八營皆以所募州名爲號。

後宜營。

前錦營。

後錦營。

乾營。

顯營。

乾顯大營。

巖州營。

[1]天下兵馬大元帥：遼朝往往以皇位繼承人出任天下兵馬大元帥，早年德光、李胡都曾封有天下兵馬大元帥頭銜。

[2]元帥府：主持遼朝南邊防務的機構。聖宗以後，大元帥在燕京開府。大元帥衹有一人，所謂“元帥府”也衹有一個。余靖《武溪集》卷一八《雜文》說：“契丹之掌兵者，燕中有元帥府，雜掌番漢兵，太弟總判之。”“大抵契丹以元帥府守山前，故有府官，又有統軍，掌契丹、渤海之兵。馬軍步軍一，掌漢兵。以乙室王府守山後，又有雲、應、蔚、朔、奉聖等五節度營兵，逐州又置鄉兵。”

[3]皮室：契丹軍名。意爲“金剛”。初爲阿保機所置，稱“腹心部”。後有南、北、左、右皮室及黃皮室等，皆掌精甲。

[4]腹心部：即阿保機的“算斡魯朵”。按照契丹語，“算”爲“心腹”之義，斡魯朵是契丹人的組織。本書卷七三《耶律曷魯傳》：“太祖宮行營始置腹心部，選諸部豪健二千餘充之，以曷魯及蕭敵魯總焉。”即腹心部是“選諸部豪健”，從契丹各部族選拔英勇善戰之人組成的。

[5]黄皮室，屬國名：【劉校】據中華點校本校勘記，按下文“諸部”名内有黄皮室韋部。

[6]舍利：契丹官名。即郎君。本書卷一一六《國語解》：“契丹豪民要裹頭巾者，納牛駝十頭，馬百匹，乃給官名曰舍利。”

[7]横帳：契丹以玄祖之後爲皇族，分爲三房：孟父房、仲父房和季父房。季父房一系太祖阿保機子孫爲“横帳”。本書卷四五《百官志一》：“玄祖伯子麻魯無後，次子巖木之後曰孟父房；叔子釋魯曰仲父房；季子爲德祖，德祖之元子是爲太祖天皇帝，謂之横帳；次曰剌葛，曰迭剌，曰寅底石，曰安端，曰蘇，皆曰季父房。”卷一六《聖宗本紀七》載開泰八年（1019）冬十月癸巳詔：“横帳三房不得與卑小帳族爲婚；凡嫁娶，必奏而後行。”【劉注】横帳，契丹小字作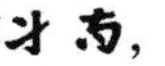，本義是“兄弟”，即皇帝兄弟行的人，亦即與皇帝稱兄道弟者。

[8]五院：契丹部族名。天贊元年（922），以迭剌部強大難制，析五石烈爲五院部，六爪爲六院部，各置夷离菫。會同元年（938），更名夷离菫爲大王，部隸北府，以鎮南境。

[9]礮手軍：【劉校】“礮”同“炮”，“手”原作“首”。據中華點校本校勘記，“按《紀》統和四年六月有炮手，壽隆元年九月有炮人、弩人，下文有‘弩手軍’”。今據改。

[10]鐵林軍：契丹軍號。本書卷八二《蕭陽阿傳》載其“歷鐵林、鐵鷂、大鷹三軍詳穩”。“鐵林”“鐵鷂”“大鷹”皆是軍號。

[11]鷹軍：契丹軍號。鷹，鷙鳥，以之名軍，取速捷之義。

[12]熊軍：契丹軍號。後改神軍，是駐守南京的契丹部族軍。【劉校】據中華點校本校勘記，“按《紀》統和八年七月，改南京熊軍爲神軍”。此仍用舊名。

[13]龍衛軍：漢軍號。遼西京地區的漢軍。《舊五代史》卷七六《晉高祖紀》載天福二年（937）“以前保太軍節度使、檢校太府張萬進爲右龍衛軍統軍”。

[14]威勝軍：【靳注】原係唐軍號。據《元和郡縣志》卷三

九：“威勝軍在積石軍西八十里宛肅城。”唐末、五代、北宋分别以乾州、鄧州等地爲威勝軍。遼以臨近宋界的蔚、朔等州漢軍爲威勝軍。

[15]天雲軍：【靳注】契丹軍號。本書卷一六《聖宗本紀七》載開泰七年十二月：“蕭排押等與高麗戰於茶、陀二河，遼軍失利，天雲、右皮室二軍没溺者衆，遥輦帳詳穩阿果達、客省使酌古、渤海詳穩高清明、天雲軍詳穩海里等皆死之。”

[16]特蒲軍：【劉校】諸本均作“特滿軍”。

[17]敵烈軍：以降伏的敵烈人組成的軍隊。

[18]肴里奚軍：以被征服的奚人組成的軍隊。【劉校】肴里，原本作“滑里”，中華點校本校勘記云，“據《紀》開泰八年七月及《高麗外記》改”。今從改。

[19]渤海軍：遼朝四類軍隊之一。以被征服的渤海人組成的軍隊。其餘爲契丹軍、奚軍和漢軍。

[20]頻必剋軍：“頻必”即品部。

[21]糺軍：遼代的軍號。【劉注】糺，正確寫法應作“乣”。是混入漢字中的契丹大字。《北大王墓誌銘》和《耶律昌允墓誌銘》等契丹大字碑刻中都出現乣字。例如《耶律昌允墓誌銘》第二行有乍夾光乣杓竽 半將丏，爲漢語借詞“左千牛衛上將軍”的音譯。光乣爲漢字“牛”的音譯。乣相當於漢字“牛”的韻母，從而知道它讀 iou。至於其字義尚待解讀。

[22]怨軍：遼末在遼東地區招募的一支軍隊。《三朝北盟會編》卷一〇載：“遼人始以征伐女真，爲女真所敗，多殺其父兄，乃立是軍，使之報怨女真，故謂之怨軍。”然而“每女真兵入，則怨軍從以爲亂，女真退則因而復服，常以爲苦。天祚與群下謀殺怨軍，除其患，故其中郭藥師等反，殺其首領而降都統蕭幹，遂拜金吾大將軍，俾守涿州”。郭藥師是渤海鐵州人，與多數“怨軍”將領一樣，也是一個反復之徒。保大二年（1122）耶律淳稱帝，改怨軍爲常勝軍。

［23］秦晉王淳：即耶律淳（1062—1122）。興宗之孫，南京留守、宋魏王和魯斡之子。遼亡前夕保大二年，在燕京立爲帝，年號建福，降封天祚帝爲湘陰王。數月後死去，廟號宣宗。有傳，附於本書卷三〇《天祚本紀》。

北面邊防官

遼境東接高麗，[1]南與梁、唐、晉、漢、周、宋六代爲（勍）敵，[2]北鄰阻卜、术不姑，[3]大國以十數；西制西夏、党項、吐渾、回鶻等，[4]強國以百數。居四戰之區，虎踞其間，莫敢與攖，制之有術故爾。觀於邊防之官，太祖、太宗之雄圖見矣。

［1］高麗：指王建創建的高麗王朝（918—1392）。統治地域在今朝鮮半島，首都在開京（今朝鮮開城市）。

［2］梁：指後梁（907—923）。公元907年朱温代唐稱帝，建都汴（今河南省開封市），國號梁。923年爲後唐所滅。共歷三帝十七年。　唐：指後唐（923—936）。公元923年李存勗代後梁稱帝，國號唐。公元936年爲後晉所滅。　晉：此指石敬瑭創立的後晉（936—947）。五代第三個王朝。石敬瑭初爲獲得契丹耶律德光支持，向德光割地、稱臣、稱兒。少帝石重貴繼位後，與契丹交惡，後晉爲契丹所滅。　漢：指五代時期的第四個王朝後漢（947—950）。劉知遠於公元947年所建，歷二主。又指五代時期的北漢（951—979），是十國之一。後漢乾祐四年（951），河東節度使劉崇稱帝，國號仍稱漢，都太原（今屬山西省），史稱北漢，依附契丹。太平興國四年（979）爲北宋所滅。　周：指五代第五個王朝後周（951—960）。郭威所建，都開封。盛時疆域約爲今山東、河南兩省全部，陝西、安徽、江蘇等省的大部，河北南部、湖北北部及内蒙古自治區、寧夏、甘肅、山西等省區的一部分，歷三帝（二姓），

共十年。

[3]阻卜：即達旦、韃靼。元人諱言達旦，而稱達旦爲阻卜，詳見王國維《觀堂集林》卷一四《達旦考》。 术不姑：本書卷一《太祖本紀上》載太祖六年（912），阿保機“親征术不姑，降之，俘獲以數萬計”。後，該部叛服不常。參見本書卷六九《部族表》。【劉注】术不姑是“阻卜”的異譯。

[4]党項：中國古代族名。又稱党項羌，唐以後主要活動於靈、慶、銀、夏等州，即今甘肅、寧夏、陝西和内蒙古自治區交界地區。 吐渾：古代部族名。即吐谷渾。據《新五代史》卷七四《四夷附録第三》，吐渾“自後魏以來，名見中國，居於青海之上。當唐至德中，爲吐蕃所攻，部族分散，其内附者，唐處之河西。其大姓有慕容、拓拔、赫連等族。懿宗時，首領赫連鐸爲陰山府都督，與討龐勛，以功拜大同軍節度使。爲晉王所破，其部族益微，散處蔚州界中”。“晉高祖立，割鴈門以北入於契丹，於是吐渾爲契丹役屬，而苦其苛暴”。另據《五代會要》卷二八《吐渾》：“至開運中，捍虜（契丹）於澶州”，“其族白可久，名在承福之亞，因牧馬率本帳北遁，契丹授以官爵，復遣潛誘承福。承福亦思叛去，事未果，漢高祖知之，乃以兵環其部族，擒承福與其族白鐵櫃、赫連海龍等五家，凡四百有餘人，伏誅。籍其牛馬，命别部長王義宗統其餘屬。” 回鶻：古代民族名。即回紇。本突厥别部。北魏時稱袁紇，亦曰烏擴、烏紇，至隋稱韋紇。大業元年（605），因反抗突厥的壓迫，與僕固、同羅、拔野古等成立聯盟，總稱回紇。唐天寶三年（744）破東突厥，建政權於今鄂爾渾河流域，有今蒙古高原之地。唐時助平安史之亂，屢尚公主。唐貞元四年（788）自請改稱回鶻。開成五年（840），爲轄戛斯所破，部衆分三支西遷：一支遷吐魯番盆地，稱高昌回鶻或西州回鶻；一支遷葱嶺以西楚河一帶，即葱嶺以西回鶻；一支遷河西走廊，稱河西回鶻或甘州回鶻。歷五代、遼、金，回鶻皆嘗入貢。元明時稱畏吾兒。其族在唐時奉摩尼教，宋元以來改奉回教。

諸軍都虞候司：

都虞候。[1]

奚王府，見《部族官》。

大惕隱司，見《帳官》。

大國舅司。

大常衮司。[2]

五院司，見《部族官》。

六院司。

沓温司，未詳。

已上上京路諸司，控制諸奚。

[1]都虞候：軍職。《唐會要》卷七九《諸使雜録》：唐太和四年（830）四月中書門下奏："自元年以來，頻有計代諸道薦送軍將，其數漸多"，"自今後軍官未至常侍及職兼都虞候、都知兵馬使、都押衙者不在薦送限"。

[2]常衮：契丹官名。遥輦九帳有常衮司之設，掌遥輦九宫分事務。此外奚六部也設常衮。本書卷八五《高勳傳》載統和八年（990），和朔奴上表曰："臣竊見太宗之時，奚六部二宰相、二常衮，誥命大常衮班在酋長左右，副常衮總知酋長五房族屬，二宰相匡輔酋長，建明善事。今宰相職如故，二常衮别無所掌，乞依舊制。"從之。

諸部署職名總目：

某兵馬都部署。

某兵馬副部署。

某兵馬都監。

某都部署判官。

諸指揮使職名總目：

　　某軍都指揮使。

　　某軍副指揮使。

　　某軍都監。

諸統軍使職名總目：

　　有都統軍使、副使、都監等官。

東京兵馬都部署司。

契丹、奚、漢、渤海四軍都指揮使司：

契丹奚軍都指揮使司。[1]

奚軍都指揮使司。

漢軍都指揮使司。

渤海軍都指揮使司。

東京都統軍使司。

東京都詳穩司。

保州都統軍司。[2]

湯河詳穩司，亦曰南女直湯河司。

杓窊司，未詳。

金吾營，[3]屬南面。

銅州北兵馬指揮使司。[4]

淶州南兵馬指揮使司。[5]

　　已上遼陽路諸司，控扼高麗。

［1］契丹奚軍都指揮使司：奚與契丹語言相通，被征服後奚軍漸與契丹軍合編，故有此機構。

［2］保州：《武經總要》前集卷一六下《戎狄舊地》："保州，渤海古城，東控鴨緑江新羅國界，仍置榷場，通互市之利。"

[3]金吾：遼禁軍有金吾衛。晉人崔豹《古今注》卷上："金吾亦棒也，以銅爲之，黄金塗兩末，謂爲'金吾'。御史大夫、司隸校尉亦得執焉。"

[4]銅州：渤海置，遼屬東京道，下轄析木縣，治所在今遼寧省海城市。

[5]淶州：殿本作"涑州"，據殿本本卷考證："'涑'原本訛'淶'，今據《地理志二》改。"按，殿本非是，當從本書卷三九《地理志三》作"來州"。來州，《武經總要》前集卷一六下《戎狄舊地》："來州，號歸德軍。女真國五部落相率來降，胡中因建州以居之。東至隰州七十里，西至遼州七十里，南至大海四十里，北至建州三百五十里。"

黄龍府兵馬都部署司，[1]一作都監署司。

黄龍府鐵驪軍詳穩司。[2]

咸州兵馬詳穩司，[3]有知咸州路兵馬事、同知咸州路兵馬事、咸州糺將。[4]

東北路都統軍使司，[5]有掌法官，道宗大安六年置。

已上長春路諸司，控制東北諸國。

[1]黄龍府兵馬都部署司：防禦女直的軍事機構。黄龍府地近生女直，治所在今吉林省農安縣。

[2]鐵驪軍：以鐵驪部人組成的軍隊。

[3]咸州：治所在今遼寧省鐵嶺市東北。

[4]糺將：【劉校】"糺"原本作"紀"，明抄本、南監本、北監本和殿本均作"糺"。中華點校本及修訂本徑改。今從改。

[5]東北路都統軍使司：遼末防禦女真的軍事機構。原來，對女真的防禦在遼朝的軍事部署中並不佔有重要地位，故一直由東京的軍事機構兼管。當生女真完顔部發動叛亂時，遼朝主持戰事始有

東北路統軍司。該機構設在寧江州（今吉林省松原市寧江區）。

南京都元帥府,[1]本南京兵馬都總管府，興宗重熙四年改，有都元帥、大元帥。

南京兵馬都總管府，屬南面,[2]有兵馬都總管，有總領南面邊事，有總領南面軍務，有總領南面戍兵等官。

南京馬步軍都指揮使司，屬南面。

侍衛控鶴都指揮使司，屬南面。

燕京禁軍詳穩司。[3]

南京都統軍司，又名燕京統軍司，聖宗統和十二年復置南京統軍都監。

牛欄都統領司：[4]

都統領。

副統領。

距馬河戍長司,[5]聖宗開泰七年沿距馬河宋界東西七百餘里，特置戍長一員巡察：[6]

戍長。

監軍寨統領司。

石門統領司。

南皮室軍詳穩司。

北皮室軍詳穩司。

猛拽剌詳穩司。

管押平州甲馬司：[7]

管押平州甲馬。

已上南京諸司，並隸元帥府，備禦宋國。

[1]南京都元帥府：即上文的“元帥府”。聖宗以後，大元帥在燕京開府。大元帥祇有一人，所謂“元帥府”也祇有一個。

[2]屬南面：屬於“南面防務”之義，非屬於南面官系統。遼“南衙不主兵”。

[3]燕京禁軍：指燕京的漢軍。據《長編》卷五五宋真宗咸平六年（1003）七月己酉記李信云：“國中所管幽州漢兵，謂之神武、控鶴、羽林、驍武等，約萬八千餘騎。”其中“羽林”“控鶴”是唐、五代禁軍舊有的名號。因此可以斷定李信所説的遼燕京的“漢兵”就是戍衛京城的禁軍。

[4]牛欄：即今北京市順義區境内牛欄山。

[5]距馬河：又作拒馬河，亦曰淶水。《明一統志》卷一：“拒馬河，在永清縣南，自桑乾河分流至固安，經縣界入三角淀；又一在房山縣。《水經》：拒馬出代郡淶山，西晉劉琨守此以拒石勒。”

[6]開泰七年特置戍長一員巡察事，此處與本紀所載不合。【劉校】據中華點校本校勘記，依本書卷一七《聖宗本紀八》，置戍長巡察事，始於太平八年（1028）二月。

[7]平州：治所在今河北省盧龍縣。

西南面安撫使司：

西南面安撫使。[1]

西南面都招討司，[2]太祖神册元年置，亦曰西南路招討司：

西南面招討使。

西南邊大詳穩司。

西南路詳穩司。

西南面五押招討司：[3]

五押招討大將軍。

西南路巡察司，又有西南巡邊官：

　　西南路巡察將軍。

西南面巡檢司：[4]

　　西南面巡檢。

　　西南面同巡檢。

西南面拽剌詳穩司。

山北路都部署司，[5]又有知山北道邊境事官。

金肅軍都部署司。[6]

南王府，見北面朝官。

北王府。

乙室王府。

山金司，一作山陰司，置在金山之北。

　　已上西京諸司，控制西夏。

［1］安撫使：地方軍政長官。宋稱經略安撫使。《宋史》卷一六七《職官志七》："經略安撫司，經略安撫使一人，以直秘閣以上充，掌一路兵民之事，皆帥其屬而聽其獄訟、頒其禁令、定其賞罰、稽其錢穀甲械出納之名籍，而行以法。"

［2］西南面都招討司：又作西南路招討司。契丹軍事機構名。設招討使一人，駐西京大同，負責對西夏的防務。

［3］五押：【劉注】遼朝官名。五押即"押五蕃"之意。其職管制西南面的五個部族。唐代安禄山曾任平盧節度使，兼柳城太守、押兩蕃、渤海、黑水四府經略使（見《新唐書》卷二二五上）。此處的兩蕃是指契丹和奚。"五押"對照"押兩蕃"就容易理解了。

［4］巡檢司：維持地方治安的機構。《文獻通考·兵考·兵制》載，宋熙寧五年（1072）詔"主户保丁願上番於巡檢司者，十日一

更；疾故者，次番代之。月給口糧、薪菜錢，分番巡警”。

[5]山北：唐稱新、嬀、儒、武、雲、應、寰、朔、蔚等九州爲“山北”，又稱“山後”。

[6]金肅軍：治所在今内蒙古自治區准格爾旗西北。

西北路招討使司，[1]有知西路招討事，有監軍。

西北路管押詳穩司。

西北路總領司，有總領西北路軍事官。

領西北路十二班軍使司。

契丹軍詳穩司。

吐渾軍詳穩司。

述律軍詳穩司。

禁軍詳穩司。

奚王府舍利軍詳穩司。

大室韋軍詳穩司。

小室韋軍詳穩司。

北王府軍詳穩司。

特滿軍詳穩司。

群牧軍詳穩司。

宮分軍詳穩司。[2]

西北路金吾軍，屬南面。

西北路兵馬都部署司。

西北路阻卜都部署司。

西北路統軍司。

西北路戍長司。

西北路禁軍都統司。

西北部鎮撫司，兼掌西北諸部軍民，有鎮撫西北部事官。

西北路巡檢司。

黑水河提轄司，在中京黔州置。[3]

已上西北路諸司，控制諸國。

[1]西北路招討使司：遼朝統治漠北屬部的最高軍政機構。聖宗以後，主要負責鎮壓阻卜。

[2]宮分軍：隸屬遼朝諸宮衛的軍隊。遼朝皇帝及攝政太后都有自己的宮衛。本書卷三一《營衛志上》："遼國之法，天子踐位置宮衛：分州縣、析部族、設官府、籍户口、備兵馬。崩則扈從后妃宮帳，以奉陵寢。有調發，則丁壯從戎事，老弱居守。"所謂"分州縣"即將一部分州縣劃歸宮衛管轄，在這些州縣"設官府"。在漢地則設諸宮衛提轄司負責征招軍隊。"析部族"即將一部分小於部族的組織如石烈、瓦里等從原來的部族中分離出來，隸屬宮衛。這些部族戰時也要出兵。因此，所謂"宮分軍"包括隸屬諸宮衛的部族軍和諸宮衛提轄司臨時點集、調發的軍隊。

[3]黔州：《武經總要》前集卷一六下《戎狄舊地》："黔州，遼主耶律德光初置，東北至望海峰五十里，東至顯州五十里，東南至梁家務六十里，北至閭山縣六十里。"

東北路兵馬詳穩司，亦曰東北面詳穩司。

東北路監軍馬司，有東北路監軍馬使，有管押東北路軍馬事官。

東北路女直詳穩司。

北女直兵馬司，在東京遼州置。[1]

已上東北路諸司。

[1]遼州：亦稱北白川州。【劉注】遼州州治在今遼寧省新民市公主屯鎮遼濱塔村遼城址。

東路兵馬都總管府，[1]有東路兵馬都總管，有同知東路兵馬事官。

東路都統軍使司。[2]

遙里等十軍都詳穩司。

遙里軍諸詳穩司，未詳。

九水諸夷安撫使。

已上東路諸司。

[1]東路兵馬都總管府：東路最高軍事機構。與主持南面防務的元帥府相當，駐南京的元帥府即原稱“兵馬都總管府”。

[2]東路都統軍使司：遼鎮撫東部邊境地區各部族及高麗的軍政機構。唐乾元中，始以都統名官，總諸道征伐。後若調諸道兵馬會戰，多置此職，爲臨時軍事長官，不賜旌節，事解即罷。遼設諸路兵馬都統署司，下有諸路兵馬都統署，都統爲其長官。本書卷三四《兵衛志上》載：凡舉兵，帝親征，“選勳戚大臣，充行營兵馬都統，副都統、都監各一人”。本書卷八三《烏不呂傳》：“從蕭恒德伐蒲盧毛朵部，以功爲東路統軍都監。及德讓爲大丞相，薦其材可任統軍使，太后曰：‘烏不呂嘗不遜於卿，何善而薦？’德讓奏曰：‘臣忝相位，於臣猶不屈，況於其餘。以此知可用。若任使之，必能鎮撫諸蕃。’”卷八五《蕭柳傳》載其統和十八年（1000）“遷東路統軍使。秩滿，百姓願留復任，許之。從伐高麗”。

西南面節制司，有節制西南諸軍事。

西南面都統軍司。[1]

已上西南邊諸司。

山西兵馬都統軍司。

西路招討使司。

西邊大詳穩司。

四蕃都軍所，聖宗統和四年置，授李繼冲。

夏州管内蕃落使，聖宗統和四年置，授李繼遷。[2]

倒塌嶺節度使司。[3]

倒塌嶺統軍司。

塌西節度使司。

塌母城節度使司。

已上西路諸司。

[1]西南面都統軍司：【靳注】林鵠《遼史百官志考訂》（中華書局2015年版，第146頁）認爲節制西南諸軍事意指出任西南面招討使一事，遼實際并無西南面節制司。西南面都統軍司乃是西南面招討司的重出。

[2]夏州：據《大清一統志》卷二三九："夏州故城在懷遠縣西。唐代貞元三年置夏州節度使，中和二年賜號定難軍，五代因之，宋爲西夏地。" 管内蕃落使：此爲"定難軍節度使"的加官。 李繼遷（963—1004）：党項首領。西夏王朝的奠基者。叛宋前任定難軍都知蕃落使。982年集結部衆，叛宋。985年，襲據銀州（今陝西省米脂縣），自稱定難軍留後，向遼稱臣。995年，擊敗宋朝五路討伐。997年，宋真宗立，李繼遷遣使求和，宋授爲夏州刺史、定難軍節度、夏銀綏宥靜等州觀察處置押蕃落等使。1002年李繼遷攻占靈州，改名西平府。次年，率軍西征，占領西涼府。因受詐降的吐蕃族大首領潘羅支的突襲，負重傷而死。子李德明嗣

立，追尊繼遷爲皇帝。夏景宗時謚神武，廟號太祖，陵號裕陵。

[3]倒塌嶺：地近阻卜（韃靼），故遼在此駐軍守護西路群牧。

北面行軍官

遼行軍官，樞密、都統、部署之司，上下相維，先鋒、兩翼嚴重，中軍於遠探偵候爲尤謹，臨陣委重於監戰。司存有常，秩然整暇，所以爲制勝之道也。

行樞密院，[1]有左、右林牙，有參謀。

行軍都統所，有監軍，有行軍諸部都監，有監戰：

行軍都統。[2]

行軍副都統。

行軍都監。

行軍都押司，有都押官、副押官。

行軍都部署司。

先鋒使司。

先鋒都統所。

左翼軍都統所。

右翼軍都統所。

中軍都統所。

御營都統所。

遠探軍，有小校，有拽剌。

候騎，有偵候，有候人，有拽剌。

東征行樞密院：

東征都統所，亦曰東面行軍都統所，又曰東路行軍都統所。

東征統軍司。

東征先鋒使司。

西征統軍司。

南征都統所，亦曰南面行軍都統所。

南征統軍司。

南面行營總管府。

南面行營都部署司。

河南道行軍都統所。

北道行軍都統所。

東北面行軍都統所。

西北面行軍都統所。

西南面行軍都統所。

［1］行樞密院：樞密院乃遼最高軍政機構。在與朝廷隔絶處設行樞密院，權決重大軍政事宜。金南遷後，在河北地區設行樞密院，當是仿遼制。《金史》卷四四《兵志》："及南遷，河北封九公，因其兵假以便宜從事。沿河諸城置行樞密院、元帥府，大者有便宜之號，小者有從宜之名。"

［2］行軍都統：軍官名。見於遼金兩代。

北面屬國官

遼制屬國、屬部官，大者擬王封，小者准部使。命其酋長與契丹人區别而用，恩威兼制，得柔遠之道。考其可知者具如左。

屬國職名總目：

　　某國大王。

　　某國于越。

某國左相。

某國右相。

某國惕隱，亦曰司徒。

某國太師。

某國太保。

某國司空，本名闥林。

某國某部節度使司：

某國某部節度使。

某國某部節度副使。

某國詳穩司：

某國詳穩。

某國都監。

某國將軍。

某國小將軍。

大部職名：

並同屬國。

諸部職名：

並同部族。

女直國順化王府，[1]景宗保寧九年女直國來請宰相、夷离堇之職，以次授者二十一人。聖宗統和八年封女直阿海爲順化王，亦作阿改。天祚天慶二年有順國女直阿鶻産大王。[2]

北女直國大王府。

南女直國大王府。

曷蘇館路女直國大王府，[3]亦曰合蘇衮部女直王，又曰合素女直王，又曰蘇館都大王。聖宗太平六年曷蘇館諸部許建旗鼓。[4]

長白山女直國大王府，聖宗統和三十年長白山三十部女直乞授爵秩。

鴨渌江女直大王府。

瀕海女直國大王府。

阻卜國大王府。

阻卜扎剌部節度使司。

阻卜諸部節度使司，聖宗統和二十九年置。

阻卜别部節度使司。

西阻卜國大王府。

北阻卜國大王府。

西北阻卜國大王府。

乞粟河國大王府。

城屈里國大王府。

术不姑國大王府，亦曰述不姑，又有直不姑。

阿薩蘭回鶻大王府，[5]亦曰阿思懶王府。

回鶻國單于府，興宗重熙二十二年詔回鶻部副使以契丹人充。

沙州回鶻敦煌郡王府。[6]

甘州回鶻大王府。[7]

高昌國大王府。

党項國大王府。

西夏國西平王府。[8]

高麗國王府。

新羅國王府。[9]
日本國王府。
吐谷渾國王府。
吐渾國王府。
轄戛斯國王府。[10]
室韋國王府。
黑車子室韋國王府。[11]
鐵驪國王府。
靺鞨國王府。
沙陀國王府。[12]
濊貊國王府。[13]
突厥國王府。
西突厥國王府。[14]
斡朗改國王府。
迪烈德國王府，亦曰敵烈，亦曰迭烈德。
于厥國王府。[15]
越離覩國王府，[16]亦曰斡離都。
阿里國王府。
褭里國王府。
朱灰國王府。
烏孫國王府。[17]
于闐國王府。[18]
獅子國王府。[19]
大食國王府。[20]
西蕃國王府。[21]

大蕃國王府。
小蕃國王府。
吐蕃國王府。
阿撒里國王府。
波剌國王府。
惕德國王府。[22]
仙門國王府。[23]
鐵不得國王府。[24]
鼻國德國王府。[25]
轄剌國只國王府。[26]
賃烈國王府。[27]
獲里國王府。
怕里國王府。
嗓温國王府。
阿鉢頗得國王府。
阿鉢押國王府。
紙没里國王府。[28]
要里國王府。
徒覩古國王府，亦曰徒魯古。
素撒國王府。
夷都衮國王府。
婆都魯國王府。
霸斯黑國王府。
達离諫國王府。
達盧古國王府。[29]

三河國王府。

覈列哥國王府。

述律子國王府。

殊保國王府。

蒲昵國王府。

烏里國王府。

已上諸國。

[1]順化王：遼加給女真酋長的封號。歷代王朝對歸順的部族首領常加此封號。

[2]阿鶻産：生女真部落酋長。該部後爲阿骨打所併。本書卷二七《天祚本紀一》："初，阿骨打混同江宴歸，疑上知其異志，遂稱兵，先併旁近部族。女直趙三、阿鶻産拒之，阿骨打虜其家屬。二人走訴咸州，詳穩司送北樞密院。樞密使蕭奉先作常事以聞上，仍送咸州詰責，欲使自新。後數召，阿骨打竟稱疾不至。"

[3]曷蘇館：即熟女真。《松漠紀聞》卷上稱："居混同江之南者謂之熟女真，以其服屬契丹也。江之北爲生女真，亦臣於契丹。"

[4]建旗鼓：設立象徵部族首領權威的儀仗。

[5]阿薩蘭回鶻大王府：阿薩蘭回鶻即高昌回鶻，也稱和州回鶻、西州回鶻，是回鶻西遷、匯合後主要的一支，直到元代，它仍自認是回鶻的嫡系。其疆域東至今哈密烏納格什湖，西通天山西部，南接酒泉，北達天山北麓。首府設在喀拉和卓，陪都設在天山北麓別失八里（即北庭）。其王早期稱阿薩蘭汗（意爲獅子王），較晚則稱亦都護。【劉校】阿薩蘭回鶻大王府，諸本均脱"府"字，中華點校本及修訂本依前後文補。今從。

[6]沙州回鶻敦煌郡王府：沙州，唐宣宗大中五年（851）至宋仁宗景佑三年（1036）的沙州地方政權。安史之亂時，吐蕃乘虛進攻隴右、河西。德宗貞元三年（787）沙州被吐蕃攻陷，直至唐宣

宗大中二年，沙州漢族人民在張議潮領導下舉行起義，趕走吐蕃鎮將，河西地區纔復歸唐朝。大中五年朝廷在沙州置歸義軍，以張議潮爲歸義軍節度使、十一州觀察使。但僖宗（874—888）後，沙州歸義軍所轄唯瓜、沙二州。唐亡時，張氏自立“金山國”。數年後，曹氏代替張氏掌握沙州地方政權，仍稱歸義軍節度使，向五代、北宋諸政權奉表入貢。唐莊宗時回鶻來朝，沙州留後曹義金亦遣使附回鶻以來，故有“沙州回鶻”之稱。至宋景佑三年（一説景佑二年）亡於西夏。【劉校】沙州回鶻敦煌郡王府，諸本均脱“府”字，中華點校本及修訂本依前後文補。今從。

[7]甘州回鶻：遊牧於甘州一帶的回鶻，也稱河西回鶻。9世紀中，回鶻的一支西遷，分佈在甘州、沙州、涼州、賀蘭山、秦州、合羅川（今額濟納河）等地。其中以遊牧於甘州一帶的“甘州回鶻”最爲強盛。

[8]西平王：原是宋對夏州党項首領的封號。《宋史》卷四八五《夏國傳》：夏州党項首領“［李］彝興，彝超之弟也，本名彝殷，避宋宣祖諱，改殷爲興。初爲行軍司馬，清泰二年彝超卒，遂加定難軍節度使。晉初加同平章事，開運初，契丹授西南招討使。漢初加兼侍中。周初加中書令。顯德初封西平王”。來西夏統治者李德明、李元昊等都稱西平王。

[9]新羅國王府：新羅係朝鮮半島古國，公元4世紀成爲半島東南部的強國。7世紀中滅百濟和高句麗，不久，統一半島大部。至9世紀衰落，公元935年王氏高麗所取代。【劉校】新羅國王府，據中華點校本校勘記，“新羅”爲“高麗”重出。

[10]轄戛斯：唐代西北民族名。原居西伯利亞葉尼塞河流域。契丹興起並據有漠北時，稱轄戛斯，遼朝在其地設有轄戛斯大王府。金代稱之爲紇里迄斯，蒙古人稱之爲吉利吉斯（吉爾吉斯），清代隨着准噶爾人的叫法稱之爲布魯特。西遼的西遷和13世紀蒙古的西征都影響到轄戛斯，促成部分轄戛斯人南遷。15世紀以後，轄戛斯人被准噶爾人驅逐到中亞費爾干納一帶。18世紀中葉，清朝

平定准噶爾，部分轄戛斯返回七河流域故居。俄國至今有哈卡斯自治共和國。首府阿巴坎，其主體民族即古代的轄戛斯。

［11］黑車子室韋：部族名。室韋之一部，即《舊唐書·回紇傳》的“和解室韋”。其住地當今内蒙古自治區東部的呼倫湖東南，南與契丹接境。詳見王國維《觀堂集林》卷一四《黑車子室韋考》。

［12］沙陀：中國古代族名。爲突厥别部，原來游牧於西北地區，唐末遷至河東（今山西省北部）。

［13］濊貊：朝鮮半島古代部族名。據《三國志》卷三〇《魏書·東夷傳》，曹魏間南與辰韓，北與高麗、沃沮接，東臨大海。大約占據朝鮮半島東部。户二萬。自漢以來，其官有侯邑君、三老，由他們管領下户。貴族自謂與高麗同種。其民言語法俗大抵與高麗相同，衣服則有區别。

［14］“濊貊國”“突厥國”及“西突厥國”：此爲諸國餘部。中華點校本校勘記云：“按此三國已亡，或是遺人用舊名貢獻者，因存於史册。下文烏孫國同此。”

［15］于厥：部族名。即烏古。

［16］越離覩：亦作越里篤，遼境内東北地區部族名。與剖阿里、奥里米、蒲奴里和越里吉統稱五國部。

［17］烏孫：古代民族名。漢代至拓跋魏中葉居於天山北麓伊犁河上游、伊塞克湖畔及納林河流域的游牧部族。它的族屬有突厥族、亞利安族諸説，尚無定論。

［18］于闐：塞克族於古代西域，即今新疆維吾爾自治區和田地區建立的政權。自漢至唐，皆入貢中國。安史之亂，絶不復至。晉天福中，其王李聖天自稱唐之宗屬，遣使來貢。晉高祖册聖天爲大寶于闐國王。宋初訖於宣和，朝享不絶。塞克族，古稱塞種。其語言屬印歐語系東伊朗語族。近代發現的于闐文書使用同慶、天興、中興、天壽等年號，或採用唐代官稱，或並用漢文、于闐文，或夾用漢字，足見于闐塞克族深受唐代政治、文化影響。

[19]獅子國：即高昌，亦即阿薩蘭回鶻。

[20]大食國：唐、宋時期中國對阿拉伯人的專稱與對伊朗語地區穆斯林的泛稱。當時人們還不知阿拉伯人、波斯人、穆斯林三者的區别，統稱爲大食。《遼史》有關於契丹遣嫁公主於大食王子等記載，其中大食顯然不是指遠在西方的阿拉伯人而言，而應是指中亞地區的某個穆斯林政權。

[21]西蕃：吐蕃部落。以下大蕃、小蕃、吐蕃皆同。

[22]惕德國王府:【劉校】“德”原本作“隱”，中華點校本及修訂本據上下文改。今從改。按修訂本校勘記，“本書所見遼屬國無‘惕隱’而有‘惕德’”。

[23]仙門國：國名。仙門爲鐵驪酋長。本書卷二〇《興宗本紀三》重熙十六年（1047）十月，“鐵驪仙門來朝，以始入貢，加右監門衛大將軍”。該國以酋長名爲國名，或因鐵驪另有别部貢於遼。

[24]鐵不得國：爲西北蕃部之一。

[25]鼻國德國：國名。《遼史》中另有異譯鱉骨德、鼻骨德等。

[26]轄剌國只國：國名。另有不同譯名。【劉校】據中華點校本校勘記，按“《紀》會同三年六月作轄剌骨只”。

[27]賃烈：不詳所屬。【劉校】據中華點校本校勘記，本書卷四《太宗本紀下》作“紝没里”。

[28]紝没里：【劉校】據中華修訂本校勘記，紝没里即上文之“賃烈”，此係重出。非是。紝没里與賃烈是有區别的兩個部族。

[29]達盧古：女真之一部。該部有城，稱達盧古城，一説位於拉林河以西地區，一説位於今吉林省前郭爾羅斯蒙古族自治縣興隆堡附近。

蒲盧毛朶部大王府。[1]

回跋部大王府。[2]
嵓母部大王府。[3]
黄龍府女直部大王府，道宗大康八年賜官及印。
吾秃婉部大王府。[4]
烏隈于厥部大王府。
婆离八部大王府。[5]
于厥里部族大王府，太宗會同三年賜旗鼓。
　已上大部。

[1]蒲盧毛朶部：女真部族。遼屬部，爲遼國外十部之一。

[2]回跋部：遼朝時期女真部族名。當時東北地區有大量的女真人，分佈在南部者稱“熟女真”；中部地區則有回跋女真，隸屬咸州（今遼寧省開原市老城）兵馬司；其在北者則是“生女真”。

[3]嵓（yán）母部：契丹部族之一。即品部，又作品卑部，創建於阻午可汗之時，隸北府。本書卷一三《聖宗本紀四》載統和十五年（997）二月“勸品部富民出錢以贍貧民”。同月又“詔品部曠地令民耕種”。

[4]吾秃婉部：契丹部族名。又作斡篤碗。天祚帝阿魯盌斡魯朶有抹里八，其中有斡篤盌，推測其後他收編其他部族而成爲大部。

[5]婆离八部：據本書卷六九《部族表》重熙十七年（1048），“婆离八部夷离堇虎骷等内附”。

生女直部。
直不姑部。
狐山部。
拔思母部。[1]

茶扎剌部。[2]
粘八葛部。[3]
耶覩刮部。[4]
耶迷只部。
撻朮不姑部。
渤海部。[5]
西北渤海部。
達里得部，亦曰達离底。
烏古部。
隈烏古部。
三河烏古部。
烏隈烏骨里部。
敵烈部。[6]
迪离畢部。
涅剌部。
烏濊部。

已上三部，隸夫人婆底里東北路管押司。[7]

鉏德部。[8]
諦居部，亦曰諦舉部。
涅剌奥隗部。
八石烈敵烈部。
迭剌葛部。
兀惹部，亦曰烏惹部。
党項部。
隗衍党項部。

山南党項部。

北大濃兀部。

南大濃兀部。

九石烈部。

嗢娘改部。[9]

鼻骨德部。[10]

退欲德部。

涅古部。

遙思拈部。[11]

劃离部，聖宗統和元年劃离部請今後詳穩於當部人内選授，[12]不許。

四部族部。

四蕃部。

三國部。[13]

素昆那山東部。

胡母思山部。[14]

盧不姑部。

照姑部。

白可久部。[15]

俞魯古部。

七火室韋部。

黄皮室韋部。

瑤穩部。

嘲穩部。

二女古部。

蔑思乃部。

麻達里別古部。[16]

梅里急部。[17]

斡魯部。

楡里底乃部。

率類部。

五部蕃部。

蒲奴里部。[18]

鬧古胡里扒部。

　　已上諸部。

[1]拔思母部：遼朝西北部叛服不常的部族之一。本書卷九四《耶律那也傳》："大安九年，爲倒塌嶺節度使。明年冬，以北阻卜長磨古斯叛，與招討都監耶律胡呂率精騎二千往討，破之。那也薦胡呂爲漢人行宫副部署。壽隆元年，復討達理、拔思等有功，賜詔褒美，改烏古敵烈部統軍使，邊境以寧。部民乞留，詔許再任。"這場由阻卜長磨古斯開始的西北諸部叛亂，茶扎剌、拔思母、耶覩刮等部也同時參與，直至壽昌末年纔被平定。

[2]茶扎剌部：西北方部族。參見上文拔思母條。

[3]粘八葛部：遼西北方鄰阻卜的部族。本書卷二六《道宗本紀六》載壽昌三年"阻卜長猛撒葛、粘八葛長禿骨撒、梅里急長忽魯八等請復舊地，貢方物，從之"。

[4]耶覩刮部：參見上文"拔思母"條。

[5]渤海部：遼朝鎮壓渤海人反抗鬬爭後，從遼東地區遷往中京及上京地區的渤海人組成的部族組織。以下"西北渤海部"並同。

[6]"烏隈烏骨里部"及"敵烈部"：本卷中二部皆重出。【劉

校】據中華點校本校勘記，“烏隈烏骨里部即上文烏隈于厥部；敵烈部即上文迪烈德，亦曰敵烈或迭烈德，《紀》開泰四年正月作迪烈得。均一部重出”。

[7]婆底里：契丹婦人名。又作婆里德。其夫生前爲東北路兵馬監軍，婆底里代夫行使職權。據本書卷一〇《聖宗本紀一》載：統和三年（985）十一月“丁丑，詔以東北路兵馬監軍妻婆底里存撫邊民”。卷一一又載：統和七年七月“甲午，以迪離畢、涅剌、烏濊三部各四人益東北路夫人婆里德，仍給印綬”。管押司者即朝廷賦與該夫人管押東北路上述三部族的權力。

[8]鉏德部：與小部族中的伯德部爲重出。【劉校】據中華點校本校勘記，“按《部族表》，‘會同六年六月，奚鋤勃德部進白麝’。疑鉏德即鋤勃德，亦即伯德部”。

[9]嘔娘改部：部族名。又作斡朗改，清代稱唐努烏梁海，其地後爲俄羅斯佔據。

[10]鼻骨德部：又作鱉古德、鼻古德。遼時黑龍江流域部族名。聖宗時分置伯斯鼻古德部與撻馬鼻古德部，均屬東北路統軍司。所在地相當於今黑龍江省富錦市至俄國境内哈巴羅夫斯克（伯力）沿江一帶。

[11]遙思拈部：【劉校】中華點校本校勘記云，“按《紀》開泰八年三月作遙恩拈部”。

[12]統和元年，劃離部請今後詳穩於當部人内選授：元年，當作“二年”。【劉校】中華點校本校勘記云，“按《紀》及《部族表》並作統和二年三月”。

[13]三國部：據本書卷一二《聖宗本紀三》載，統和七年二月“戊寅，阿薩蘭、于闐、轄烈並遣使來貢”，三國部可能即指前述三國。【劉校】據中華點校本校勘記，“三”疑當作“五”，即五國部。下文五部蕃部，亦指此五國部。本書卷九六《蕭樂音奴傳》：“監障海東青鶻，獲白花者十三，拜五蕃部節度使。”海東青鶻産於五國，五蕃部即五國部。

［14］胡母思山部：契丹西北方的吐蕃部落。阿保機西征曾到達該部。

［15］白可久部：該部是以酋長名爲部名，白可久爲該部酋長。【劉校】中華點校本校勘記云，“按上文又有退欲德部。《紀》天顯十年四月，‘吐谷渾酋長退欲德率衆内附’；會同九年四月，‘吐谷渾白可久來附’。退欲德、白可久均爲吐谷渾酋長名。與前吐谷渾、吐渾重出。或是當時吐谷渾之不同部分”。

［16］麻達里別古部：應是達麻里別古部。據本書卷二六《道宗本紀六》，壽隆二年（1069）二月癸亥“振達麻里別古部”。《本紀》係《遼史》舊稿，應以此爲准，《百官志》轉抄失誤。《部族表》雖轉抄，但不誤。

［17］梅里急部：遼西北方鄰近阻卜的部族。參見上文“粘八葛”條。

［18］蒲奴里部：遼東北部族名。與越里篤、剖阿里、奥里米和越里吉統稱五國部。

（李錫厚注　劉鳳翥校）

遼史　卷四七

志第十七上

百官志三

南面[1]

契丹國自唐太宗置都督、刺史，武后加以王封，玄宗置經略使，始有唐官爵矣。[2]其後習聞河北藩鎮受唐官名，於是太師、太保、司徒、司空施于部族，太祖因之。大同元年世宗始置北院樞密使，明年世宗以高勳爲南院樞密，[3]則樞密之設蓋自太宗入汴始矣。天禄四年建政事省。於是南面官僚可得而書。

[1]南面：傅樂焕云："今《百官志》南面官兩卷,乃北面（契丹）南樞密院一條之複出。"（見《遼史叢考》第302頁）

[2]始有唐官爵：《舊唐書》卷一九九下《契丹傳》載，貞觀二十二年（648），"窟哥等部咸請内屬，乃置松漠都督府，以窟哥爲左領軍將軍兼松漠都督府、無極縣男，賜姓李氏。顯慶初，又拜窟哥爲左監門大將軍。其曾孫祐莫離，則天時歷左衛將軍兼檢校彈

汗州刺史，歸順郡王”。

[3]高勳（？—978）：字鼎衛。初仕後晉，爲閤門使。會同九年（開運三年，946）隨杜重威降遼，後北遷。世宗即位，爲樞密使，總漢軍。穆宗應曆間，封趙王，任上京留守、南京留守。景宗即位，以定策功，封秦王。後謀殺蕭思温，事發，伏誅。　明年世宗以高勳爲南院樞密：按此事在同一年（947）。【劉校】據點校本校勘記，“按《紀》，大同元年八月始置北院樞密使，九月改大同元年爲天禄元年，以高勳爲南院樞密即在九月，雖改元而非明年”。

其始漢人樞密院兼尚書省，吏、兵、刑有承旨，户、工有主事，中書省兼禮部，别有户部使司。以營州之地加幽冀之半，[1]用是適足矣。中葉彌文，耶律楊六爲太傅知有三師矣，[2]忽古質爲太尉知有三公矣，[3]於斡古得爲常侍、劉涇爲禮部尚書知有門下、尚書省矣。[4]庫部、虞部、倉部員外出使，則知備郎官列宿之員。室昉監修則知國史有院，[5]程翥舍人則知起居有注，[6]邢抱朴承旨、王言敷學士則知有翰林内制，[7]張幹政事舍人則知有中書外制。大理、司農有卿，國子、少府有監，九卿、列監見矣。金吾、千牛有大將，十六列衛見矣。[8]太子上有師保，下有府率，東宫備官也。節度、觀察、防禦、團練、刺史，咸在方州，如唐制也。凡唐官可考見者列具于篇，[9]無徵者不書。

[1]以營州之地加幽冀之半：此爲遼南京統治區域，即遼的南樞密院（漢人樞密院）及其下轄之地。管轄所及衹限於南京地區。

[2]耶律楊六爲太傅：本書卷一四《聖宗本紀五》載，統和二十三年（1005）“九月甲戌，遣太尉阿里、太傅楊六賀宋主生辰”。

“太尉”“太傅”是阿里和楊六兩個契丹官員的加官。遼世宗即位後始有南樞密院和南面官，但是太尉等官稱加於契丹部族官之上，唐末以來流行已久，此事與南面官混爲一談，是元修《遼史》之誤。

[3]忽古質爲太尉：本書卷六《穆宗本紀上》載，應曆二年（952）正月“太尉忽古質謀逆，伏誅”。

[4]於斡古得爲常侍：【劉校】據中華點校本校勘記，“於”字衍。“斡”，原誤“韓”，依本書卷一九《興宗本紀二》重熙十四年（1045）正月及下文改。 劉涇：本書卷一五《聖宗本紀六》載，開泰二年（1013）正月“户部侍郎劉涇加工部尚書”。

[5]室昉（916—991）：遼南京（今北京）人。字夢奇。會同初，登進士第。保寧間，拜樞密使，兼北府宰相，加同政事門下平章事。乾亨初，監修國史。統和九年（991），薦韓德讓自代，不從。病劇，遣翰林學士張幹就第授中京留守，加尚父。卒，年七十五。本書卷七九有傳。

[6]程翥：本書卷一五《聖宗本紀六》載，開泰六年七月“遣禮部尚書劉京、翰林學士吳叔達、知制誥仇正己、起居舍人程翥、吏部員外郎南承顔、禮部員外郎王景運分路按察刑獄”。

[7]邢抱朴（？—1004）：遼應州人。保寧初，爲政事舍人、知制誥。統和四年，加户部尚書。遷翰林學士承旨，與室昉同修《實録》。十二年，拜參知政事。改南院樞密使，二十二年卒，贈侍中。本書卷八〇有傳。 王言敷：本書卷二四《道宗本紀四》載，大康七年（1081）六月“以翰林學士王言敷參知政事”。

[8]十六列衛：即十六衛，爲唐代拱衛京師的禁軍，包括左右衛、左右驍衛、左右武衛、左右威衛、左右領軍衛、左右金吾衛、左右監門衛、左右千牛衛。《文獻通考·職官考·官制總序》云：“十六衛以嚴其禁禦。”

[9]唐官可考見者具列于篇：上述這段文字中的“唐官”即遼所謂南面官，皆可在《遼史》本紀中考見，因此傅樂焕先生認爲由

此可證《百官志·南面》“全爲元人新作。遼南面官大體沿襲唐制，元人修史時取唐官制以爲式，摘取其見之《遼史》者分繫於下，實爲一篇‘《遼史》中所見唐官考’，非根據官書或舊檔著成之詳明遼官志也。故近年來出土之遼代墓誌，爲數雖不多，而其間所見官稱，已多爲《百官志》所不載”（《遼史叢考》第301頁）。

南面朝官

遼有北面朝官矣，既得燕、代十有六州，乃用唐制，復設南面三省、六部、臺、院、寺、監、諸衛、東宮之官。誠有志帝王之盛制，亦以招徠中國之人也。

三師府，本名三公，[1]漢以丞相、太尉、御史大夫爲三公，故稱三師：

太師，穆宗應曆三年見太師唐骨德。

太傅，太宗會同元年命馮道守太傅。[2]

太保，會同元年劉昫守太保。[3]

少師，《耶律資忠傳》見少師蕭把哥。[4]

少傅。

少保。

掌印，耶律乙辛重熙中掌太保印。[5]

三公府，先漢丞相、太尉、御史大夫，後漢更名大司徒、大司馬、大司空。唐太尉、司徒、司空，又名三司：

太尉，太宗天顯十一年見太尉趙思温。[6]

司徒，世宗天禄元年見司徒劃設。

司空，聖宗統和三十年見司空邢抱質。

[1]“三師”及“三公”：據《新唐書》卷七五《宰相世系表》，三公、三師七十一人，其中宗室親王二十人，以宰相及前宰相遷者二十七人，以軍功進者二十人，以恩澤進者四人。三公、三師並無實際職掌，衹是作爲對親貴、功臣的優禮。《文獻通考·職官考·官制總序》：“宋朝設官之制，名號、品秩一切襲用唐舊，然三師、三公不常置，宰相不專用三省長官，中書、門下並列於外，又别置中書於禁中，是謂政事堂，與樞密院對掌大政。”遼置三公、三師亦與唐宋相類似。

[2]馮道（882—954）：瀛州景城（今河北省滄州市）人。字可道。歷仕後唐、後晉、後漢、遼和後周，居相位。晚年自稱“長樂老”，頗以能在時勢多變的情況下自保榮華富貴而得意，但亦能提醒統治者不忘民間疾苦。此外，他還是首先宣導雕印“九經”者。　守太傅：非本制，地位稍遜。唐宋官制中有“檢校”“兼”“守”“判”“知”之類，皆非本制。宋人洪邁《容齋三筆》卷四《舊官銜冗贅》：“會稽禹廟有唐天復年越王錢鏐所立碑，其全銜九十五字，尤爲冗也。”遼的南面官沿襲唐末五代官銜，冗贅舊習，如《禮志》中一再提及官員在典禮中要“通全銜”。所謂“全銜”，不僅包括官員的官職，還包括階、勳、檢校、持節等。比如，《熱河志》卷九八載白川州廢城址内、内有遼開泰二年（1013）《佛頂尊勝陀羅尼石幢記》，爲白川州官吏所建，石幢記落款有：“長寧軍節度掌書記、儒林郎、試大理評事、武騎尉王桂撰；長寧軍節度管内觀察處置等使、金紫崇禄大夫、檢校太傅、使持節白川州諸軍事、白川州刺史兼御史大夫、上柱國（以下俱闕）。”石幢左方列銜可辨識者有：“銀青崇禄大夫兼監察御史、武騎尉、商税麴務都監王元泰；銀青崇禄大夫兼監察御史、武騎尉、同兼麴務張翼；三司押衙、麴務判官兼知商税事翟可行；銀青崇禄大夫、檢校工部尚書兼御史大夫、上柱國崔宬；儒林郎、試大理寺評事、守白川州咸康縣令、武騎尉王□；銀青崇禄大夫、檢校左散騎常侍、兼殿中侍御史、驍騎尉江濤；觀察判官、儒林郎、試大理司直、雲騎尉、賜

緋魚袋田能成；内觀察處置等使、金紫崇禄大夫、檢校太傅、使持節白川州諸軍事、白川州刺史兼御史大夫、上柱國、鉅鹿縣開國子、食邑五百户耿延皆。”

[3]劉昫（888—947）：涿州（今屬河北省）人。後唐明宗時拜相。後晉天福初，爲東都留守，判河南府事。曾奉使契丹。開運初復拜相。契丹德光陷汴京，仍舊以昫爲宰相。同年以病卒。《通鑑》卷二八一《後晉紀》高祖天福三年（938）載：“帝上尊號於契丹主及太后，［八月］戊寅，以馮道爲太后册禮使，左僕射劉昫爲契丹主册禮使，備鹵簿、儀仗、車輅，詣契丹行禮，契丹主大悦。【劉校】劉昫，原本、南監本、北監本和殿本均作“劉煦”，中華點校本及修訂本據上下文徑改。今從改。

[4]耶律資忠：字沃衍，小字劄刺，系出仲父房。博學，工辭章。開泰中授中丞。初，高麗臣服，遼取女直六部地賜高麗。後與高麗交惡，遼聖宗詔資忠前往索還六州舊地。高麗無歸地意。開泰三年再使高麗，被留。資忠每懷君親，輒有著述，號《西亭集》。返回後，出知來遠城事，歷保安、昭德二軍節度使。本書卷八八有傳。《高麗史》卷四《顯宗世家》載，顯宗四年（遼開泰二年）三月戊申，“契丹使左監門衛大將軍耶律行平來，責取興化等六城”。秋七月戊申，“契丹使耶律行平復來索六城”。顯宗五年（開泰三年）夏四月庚申，“契丹使將軍耶律行平來，又索六城，拘留不遣”。此耶律行平即《遼史》中的耶律資忠。行平（資忠）直至開泰九年纔被高麗放回。《高麗史》卷四《顯宗世家》載，顯宗十一年三月癸丑，“歸契丹使耶律行平”。

[5]耶律乙辛（？—1083）：五院部人。字胡覩衮。重熙中，爲文班吏，掌太保印。道宗清寧五年（1059），爲南院樞密使，改知北院，封趙王。九年，重元亂平，拜北院樞密使，進封魏王。咸雍五年（1069），加守太師。詔四方有軍旅，許以便宜從事，勢震中外。大康元年（1075），誣皇后致死，三年又害死太子耶律濬。七年冬，坐以禁物鬻入外國，幽於來州。九年，謀奔宋及私藏兵甲

事發，伏誅。卷一一〇有傳。

[6]趙思温（？—939）：盧龍（今屬河北省）人。字文美。原爲燕帥劉仁恭部將，後降後唐莊宗李存勗，任平州刺史兼平營薊三州都指揮使。降遼後從太祖征渤海，爲漢軍都團練使。太宗時，爲南京留守、盧龍軍節度使。本書卷七六有傳。

漢人樞密院本兵部之職，[1]在周爲大司馬，漢爲太尉。唐季宦官用事，内置樞密院，[2]後改用士人。晉天福中廢，[3]開運元年復置。[4]太祖初有漢兒司，韓知古總知漢兒司事。[5]太宗入汴，因晉置樞密院，掌漢人兵馬之政，初兼尚書省。[6]

樞密使，太宗大同元年見樞密使李崧。[7]

知樞密使事。

知樞密院事。

樞密副使，楊遵勗咸雍中爲樞密副使。[8]

同知樞密院事，聖宗太平六年見同知樞密院事耶律迷離已。

知樞密院副使事，楊皙興宗重熙十二年知樞密院副使事。[9]

樞密直學士，聖宗統和二年見樞密直學士郭暇。[10]

樞密都承旨，聖宗開泰九年見樞密都承旨韓紹芳。[11]

樞密副承旨，楊遵勗重熙中爲樞密副承旨。

吏房承旨。

兵刑房承旨。[12]

户房主事。

廳房即工部主事。[13]

［1］漢人樞密院：即南樞密院。《長編》卷一一〇宋仁宗天聖九年（遼太平十一年，1031）六月丁丑載："其官有契丹樞密院及［契丹］行宫都總管司，謂之北面，以其在牙帳之北，以主蕃事；又有漢人樞密院、中書省、［漢人］行宫都總管司，謂之南面，以其在牙帳之南，以主漢事。"

［2］唐季宦官用事，内置樞密院：樞密使之設，最初始於唐中葉，以宦官充任。《册府元龜》卷三〇八《宰輔部總序》云："唐氏中葉有樞密之任，宣傳制命，掌以内侍，宋（朱）梁而降，大建官署，崇署使號，並分吏局，兵戎之政、邦國之務，多所參掌，均於宰府。"五代時，樞密使已用士人充任，其事權越來越重。

［3］天福：後晉高祖及出帝年號（936—944）。

［4］開運：後晉出帝年號（944—947）。

［5］韓知古：薊州玉田（今屬河北省）人。早年爲契丹俘獲，阿保機即位後，受命爲中書令。其子孫韓匡嗣、韓德讓在遼位高權重，韓氏遂成爲遼朝漢人第一高門。本書卷七四有傳。

［6］初兼尚書省：【劉校】兼，原本作"無"，中華點校本及修訂本據明抄本、南監本、北監本和殿本改。今從改。

［7］李崧（？—947）：深州饒陽（今屬河北省）人。初爲唐魏王繼岌掌書記，從繼岌破蜀。明宗時，力薦以石敬瑭捍衛太原，其後晉高祖石敬瑭以兵入京師，拜中書侍郎、同中書門下平章事兼樞密使。出帝即位，以崧兼判三司，與馮玉對掌樞密。崧等又信趙延壽詐降，並數稱杜重威之材，晉卒以重威將大兵，其後敗於中渡。晉亡，契丹耶律德光入汴，稱："吾破南朝，得崧一人而已！"乃拜崧太子太師。契丹北還，崧與馮道等得還。北漢初，河中李守貞反，崧因被誣以蠟丸書通守貞，族誅。《舊五代史》卷一〇八及

《新五代史》卷五七有傳。

[8]楊遵勗：涿州范陽人。重熙十九年（1050）登進士第，調儒州軍事判官，累遷樞密院副承旨。道宗大康初爲參知政事，拜南府宰相。本書卷一〇五有傳。

[9]楊皙（？—1079）：安次（今河北省廊坊市）人。字昌時。太平十一年進士。興宗朝累遷樞密都承旨、權度支使。咸雍初拜樞密使。本書卷八九有傳。

[10]樞密直學士郭瑕（jiǎ）：爲"鄭瑕"之誤。【劉校】據中華點校本校勘記，"按《紀》統和二年十一月作鄭瑕"。

[11]韓紹芳：遼聖宗太平四年爲樞密直學士，興宗重熙十二年官至參知政事。

[12]兵刑房承旨：據《三朝北盟會編》卷二一，"尚書省併入樞密院，有副都承旨，吏房、兵刑房承旨"。可知，南樞密院兵刑爲一房，《百官志》所載不誤。南面不主兵，故兵刑合一。中華點校本校勘記所言非是。【劉校】據中華點校本校勘記，"按史願《亡遼録》：'尚書省併入樞密院，有副都承旨，吏房、兵房、刑房承旨。'據此，兵、刑分房"。

[13]廳房即工部主事：原文誤倒，據中華點校本改。中華點校本本卷校勘記載，"原'即工部'與'主事'誤倒。按《亡遼録》：'户房、廳房即工部也，主事各一員。'據改。"按，《亡遼録》一書今已不存，中華點校本所引該條見《三朝北盟會編》卷二一。

中書省，初名政事省。太祖置官，世宗天禄四年建政事省，興宗重熙十三年改中書省。[1]

中書令，韓延徽太祖時爲政事令，[2]韓知古天顯初爲中書令，會同五年又見政事令趙延壽。[3]

大丞相，太宗大同元年見大丞相趙延壽。

左丞相，聖宗太平四年見左丞相張儉。[4]

右丞相，聖宗開泰元年見右丞相馬保忠。[5]

知中書省事，蕭孝友興宗重熙十年知中書省事。[6]

中書侍郎，韓資讓壽隆初爲中書侍郎。[7]

同中書門下平章事，[8]太祖加王郁同政事門下平章事，[9]太宗大同元年見平章事張礪。[10]

參知政事，[11]聖宗統和十二年見參知政事邢抱朴。

堂後官，[12]太平二年見堂後官張克恭。

主事。

守當官，[13]並見耶律儼建官制度。[14]

令史，耶律儼道宗咸雍三年爲中書省令史。

中書舍人院：

中書舍人，[15]室昉景宗保寧間爲政事舍人，道宗咸雍三年見中書舍人馬鉉。

右諫院：

右諫議大夫，聖宗統和七年見諫議大夫馬得臣。[16]

右補闕。

右拾遺，劉景穆宗應曆初爲右拾遺。[17]

[1]重熙十三年改中書省：【劉校】據中華點校本校勘記，“檢《紀》，改中書省在重熙十二年”。會同三年（940）六月稱中書令蕭僧隱，五年正月又稱政事令。

[2]韓延徽（882—959）：安次（今河北省廊坊市）人。字藏

明。奉燕帥劉守光之命出使契丹，阿保機留之，令其參與謀議。本書卷七四有傳。　政事令：遼朝南面宰相。遼世宗天禄四年（950）建政事省之前，漢人宰相無定稱；建政事省之後，南面宰相稱“政事令”，且多由契丹貴族擔任這一職務。

[3]趙延壽（？-948）：恒山（今河北省正定縣）人。本姓劉，後爲劉守光偏將趙德鈞養子，改姓趙，並娶後唐明宗李嗣源之女爲妻。明宗即位，延壽爲駙馬都尉，樞密使。清泰三年（天顯十一年，936），在契丹圍攻晉安寨之役中與其父德鈞一同降遼。遼以延壽爲南京留守，總山南事。會同初，加政事令。大同元年（947），遼滅晉，趙延壽率漢軍攻入汴京，求爲皇太子，遼太宗不許。授中京留守。太宗死後又與兀欲爭位，失敗後被囚禁。次年，病死。本書卷七六有傳。

[4]張儉（963—1053）：宛平人。舉進士第一，受到聖宗賞識，太平六年（1026），爲南院樞密使。聖宗不豫，受遺詔輔立太子，即後來的興宗，拜太師、中書令，加尚父，徙王陳。在相位二十餘年。本書卷八〇有傳。

[5]“太平四年見左丞相張儉”至“開泰元年見右丞相馬保忠”：張儉與馬保忠任職時間與《本紀》所載不合。張儉任左丞相在太平六年，馬保忠任右丞相在開泰二年（1013）。中華點校本校勘記發現此類問題頻見，遂言“此類歧異不備注”。

[6]蕭孝友（990—1063）：契丹外戚蕭孝穆之弟。字撻不衍，小字陳留。開泰初，以戚屬爲小將軍。太平元年，以大册，加左武衛大將軍、檢校太保，賜名孝友。重熙元年（1032），累遷西北路招討使，封蘭陵郡王。八年，進王陳。十年，加政事令。清寧初，加尚父。後坐子胡覩首與重元亂，伏誅，年七十三。卷八七有傳。

[7]韓資讓：遼初著名漢臣韓延徽後代，韓紹芳之孫。壽昌初年拜中書侍郎、平章事。後任遼興軍節度使。本書卷七四有傳。

[8]同中書門下平章事：唐制，大臣中有此名義者即爲事實上的宰相。遼襲唐制，在分設北、南面官之後，以同中書門下平章事

爲南面宰相。

[9]王郁：京兆萬年（今陝西省西安市）人。唐義武軍（治所在定州）節度使王處直之子，後晉李克用的女婿，爲新州防禦使。神册六年（921）携家室及所部降遼。本書卷七五有傳。【劉校】郁，原本作“都”。據中華點校本校勘記，本書卷七五《王郁傳》：“從太祖平渤海，戰有功，加同政事門下平章事。”王都未曾入遼。據改。

[10]張礪（？—947）：磁州滏陽（今河北省磁縣）人。字夢臣。後唐同光初，擢進士第，初仕後唐，後入契丹。會同初，升翰林承旨，兼吏部尚書，從德光伐晉。入汴，建言“宜以中國人治之，不可專用國人及左右近習”。德光不聽。德光死後，爲蕭翰迫害致死。本書卷七六及《舊五代史》卷九八有傳。

[11]參知政事：官名。始見於唐前期，宋初作爲宰相，至真宗以後，其地位更與宰相同平章事等。遼朝參知政事的地位類似宋朝的參知政事，與同中書門下平章事一樣，都是中書省長官，都是宰相。

[12]堂後官：原屬幕職、堂吏。《太平治迹統類》卷二九《官制沿革》：“自唐至［後］漢、［後］周，率自京有司以有文才能書札、行正廉幹者抽補分掌諸房公事，年深即授檢校、少卿、監、同正、將軍。”

[13]守當官：此爲吏，而非官。《宋史》卷一六一《職官志》載，門下省“惟班簿本省雜務則歸吏房，吏四十有九，録事、主事各三人，令史六人，書令史十有八人，守當官十有九人，而外省吏十有九人，令史一人，書令史二人，守當官六人，守闕守當官十人”。

[14]耶律儼（？—1113）：析津府（今北京市）人。字若思，本姓李氏。咸雍進士。壽昌初，授樞密直學士。拜參知政事。修《皇朝實録》七十卷。本書卷九八有傳。

[15]中書舍人：《唐六典·中書省》：“中書舍人六人，正五品

上。中書舍人掌侍奉進奏、參議表章。凡詔旨、制敕及璽書、册命皆按典故起草進畫。既下，則署而行之。”

[16]馬得臣（？—989）：遼南京人。保寧間，累遷政事舍人、翰林學士。乾亨初，命爲南京副留守，復拜翰林學士承旨。聖宗即位，皇太后稱制，兼侍讀學士。本書卷八〇有傳。

[17]劉景（921—988）：河間（今河北省河間市）人。字可大。燕王趙延壽辟爲幽都府文學。應曆初，遷右拾遺、知制誥，爲翰林學士。景宗即位，任禮部尚書、宣政殿學士。頃之，爲南京副留守。與韓德讓共理京事。統和六年（988）致仕，加兼侍中。卒，年六十七。本書卷八六有傳。

門下省：

侍中，[1]趙思忠太宗會同中爲侍中。

常侍，興宗重熙十四年見常侍斡古得。

散騎常侍，[2]馬人望天祚乾統中爲左散騎常侍。[3]

給事中，[4]聖宗統和二年見給事中郭暇。

門下侍郎，[5]楊晳清寧初爲門下侍郎。

起居舍人院：

起居舍人，[6]聖宗開泰五年見起居舍人程翥。

知起居注，[7]耶律敵烈重熙末知起居注。

起居郎，杜防開泰中爲起居郎。

左諫院：

左諫議大夫。[8]

左補闕。[9]

左拾遺，[10]統和三年見左拾遺劉景。

通事舍人院：

通事舍人,[11]統和七年見通事舍人李琬。

符寶司:

符寶郎,[12]耶律玦重熙初爲符寶郎。

東上閤門司, 太宗會同元年置:

東上閤門使,[13]《韓延徽傳》見東上閤門使鄭延豐。

東上閤門副使。

西上閤門司:

西上閤門使, 統和二十一年見西上閤門使丁振。

西上閤門副使。

東頭承奉班:

東頭承奉官,[14]韓德讓景宗時爲東頭承奉官。[15]

西頭承奉班:

西頭承奉官。

通進司:[16]

左通進。

右通進, 耶律瑤質景宗時爲右通進。[17]

登聞鼓院:[18]

登聞鼓使。

匭院:[19]

知匭院使, 太平三年見知匭院事杜防。

誥院:[20]

誥院給事, 耶律鐸斡重熙末爲誥院給事。[21]

[1]侍中：官名。唐不設尚書令，最初以左、右僕射與中書令、侍中同爲宰相。中宗以後，不加同中書門下平章事者即不爲宰相。

[2]散騎常侍：據《文獻通考·職官考·門下省》："［唐］貞觀十七年復置，爲職事官。始以劉洎爲之，其後定制置四員，屬門下，掌侍從、規諫。顯慶二年遷二員隸屬中書，分爲左右。"左屬門下，右屬中書。

[3]馬人望：字儼叔。高祖馬胤卿，原爲石晉青州刺史，被俘，一族被遷徙至醫巫閭山。人望曾祖廷煦，官至南京留守。人望咸雍年間，進士及第，任松山縣令。轉任涿州新城縣知縣。被擢升中京度支司鹽鐵判官。天祚即位後，轉任南京三司度支判官，改任警巡使，後拜參知政事，判南京三司使事，又拜南院樞密使。本書卷一〇五有傳。

[4]給事中：唐因隋制置給事中。《唐六典·門下省》："給事中四人，正五品上"，"掌侍奉左右，分判省事。凡百司奏抄，侍中審定，則先讀而署之，以駁正違失。"

[5]門下侍郎：唐置門下侍郎二人，掌侍從署奏、矯正違失、通判省事。若侍中闕，則監封題、給驛券。

[6]起居舍人：據《唐六典·中書省》："起居舍人二人，從六品上。""掌修紀言之史，録天子之制誥、德音，如記事之制，以紀時政之損益，季終則授之於國史。"

[7]知起居注：官名。負責侍從皇帝、記載皇帝的言行。唐宋時凡朝廷命令赦宥、禮樂法度、賞罰除授、群臣進對、祭祀宴享、臨幸引見、四時氣候、户口增減、州縣廢置等事，皆按日記載。宋人王楙《野客叢書》卷一五："漢《起居注》在宫爲女史之職，自魏晉以來，《起居注》皆近侍之人所録，不復女職矣。"

[8]諫議大夫：《通典·職官典·宰相並官屬》：唐"以諫議大夫屬門下，凡四人，掌侍從、規諫"。

[9]補闕：《舊唐書》卷四三《職官志》："補闕、拾遺之職，掌供奉、諷諫、扈從乘輿，凡發令舉事有不便，於時不合於道，大

則廷議，小則上封。若賢良之遺滯於下，忠孝之不聞於上，則條其事狀而薦言之。"

[10]拾遺：見上文"補闕"條。

[11]通事舍人：官名。唐於中書省置通事舍人十六人，從六品上，掌朝見引納、殿庭通奏。四夷入貢，也經由通事舍人轉呈皇帝。後，任此職者多通"四夷"語言。

[12]符寶郎：官名。唐官。據《文獻通考·職官考·門下省》載，"其符節並納於宮中，有行從則請之。郎掌諸進符寶、出納幡節也"。

[13]閤門使：官名。即古者擯相之職。唐末、五代"凡取稟旨命、供奉乘輿、朝會遊宴，及贊導三公、群臣、蕃國朝見、辭謝，糾彈失儀之事"，由閤門使、副掌管。閤門使多以處武臣。參見《文獻通考·職官十二》。

[14]東頭承奉官：遼金官名。屬近侍。承奉，據中華點校本校勘記，石刻中並作供奉。金避章宗父允恭嫌名，改爲承奉。

[15]韓德讓（941—1011）：韓匡嗣第四子。統和初年承天稱制，韓德讓以南院樞密使的身份"總宿衛事"。統和十七年（999），北院樞密使、魏王耶律斜軫病故，承天太后以韓德讓兼知北院樞密使事，至此，遼朝的蕃漢軍政大權集其一身。統和二十二年，承天太后又賜韓德讓姓耶律，徙封晉王，並且仍舊爲大丞相，事無不統。次年十一月，她又詔德讓"出宮籍，屬於橫帳"。二十八年更名耶律隆運。與遼聖宗耶律隆緒是一個字輩。本書卷八二有傳。

[16]通進司：《宋史》卷一六一《職官志》："通進司，隸給事中，掌受三省、樞密院、六曹、寺、監百司奏牘，文武近臣表疏及章奏房所領天下章奏、案牘，具事目進呈，而頒布於中外。"

[17]耶律瑤質：積慶宮人。篤學廉介，統和十年，累遷至積慶宮使。從聖宗征高麗，以功擢拜四蕃部詳穩。本書卷八八有傳。

[18]登聞鼓院：本卷所載登聞鼓院，主官是登聞鼓使。但

《遼史》中並無任何人任職這一機構的記載。《文獻通考》卷六〇登聞鼓院條記載，宋朝原有“鼓司”，以内臣掌之，“景德四年詔改爲登聞鼓院，掌諸上封而進之，以達萬人之情。隸司諫、正言，凡文武臣寮、閤門無例通進文字者，並先經登聞鼓院進狀。未經鼓院者，檢院不得收接”。《能改齋漫録》卷二登聞鼓院之始條根據高承《事物紀原》記載登聞鼓院之始云：“《國朝會要》曰鼓院舊曰鼓司，景德四年五月九日詔改爲登聞鼓院。”此外，《玉海》和《山堂群書考索》也都記載景德四年（遼統和二十四年）宋改鼓司爲登聞鼓院。

[19]匭院：《新唐書》卷四七《百官志》：“武后垂拱二年，有魚保宗者，上書請置匭以受四方之書，乃鑄銅匭四，塗以方色，列於朝堂：青匭曰‘延恩’，在東，告養人、勸農之事者投之；丹匭曰‘招諫’，在南，論時政得失者投之；白匭曰‘伸冤’，在西，陳抑屈者投之；黑匭曰‘通玄’，在北，告天文祕謀者投之。以諫議大夫、補闕、拾遺一人充使，知匭事。御史中丞、侍御史一人爲理匭使。其後，同爲一匭。”

[20]誥院：五代後周有官誥院。《五代會要》卷二二《吏曹裁製》：“每年及第舉人，自於官誥院納官錢一千，買綾紙五張并縹軸，於當曹寫印縫縫，給於官誥院。”

[21]重熙末爲誥院給事：【靳校】“誥”，原本作一字空格。中華修訂本據明抄本、南監本、北監本和殿本補。今從。

尚書省，[1]太祖嘗置左右尚書：

尚書令，蕭思温景宗保寧初爲尚書令。[2]

左僕射，[3]太祖初康默記爲左尚書，[4]三年見左僕射韓知古。

右僕射，太宗會同元年見右僕射烈束。

左丞，武白爲尚書左丞。

右丞。

左司郎中。

右司郎中。

左司員外郎。

右司員外郎。

[1]尚書省：遼不設尚書省。太祖時期的尚書左、右僕射與後面形成的南面官系統無關。

[2]蕭思温（？—970）：宰相蕭敵魯族弟忽没里之子。小字寅古。通書史。穆宗時爲南京留守，但畏懦不敢戰。應曆八年（958），後周占領束城，遼軍退渡滹沱河而屯，思温飾他説請濟師。已而，後周圍瀛州，陷益津、瓦橋、淤口三關，迫近固安，思温不知計所出。十九年，穆宗遇弑。思温與南院樞密使高勛、飛龍使女里等立景宗。保寧初，爲北院樞密使，兼北府宰相，仍命世預其選。思温女册爲皇后（即睿智皇后），加尚書令，封魏王。保寧二年（970），爲賊所害。本書卷七八有傳。

[3]僕射：唐官名。唐不設尚書令，最初以左、右僕射與中書令、侍中爲宰相。中宗以後，不加同中書門下平章事者即不爲宰相。

[4]康默記（？—927）：原爲薊州衙校，後爲阿保機俘獲。爲阿保機辦理與中原交涉事宜，並參與執法斷獄及軍事活動，還曾主持修建皇都及阿保機陵墓。爲阿保機佐命功臣之一。本書卷七四有傳。

六部職名總目：

某部：

某部尚書，聖宗開泰元年見吏部尚書劉績。

某部侍郎，王觀興宗重熙中爲兵部侍郎，[1]李澣穆宗朝累遷工部侍郎。

某部郎中，劉輝道宗大安末爲禮部郎中。

某部員外郎，開泰五年見禮部員外郎王景運。

某部郎中，[2]聖宗統和九年見虞部郎中崔祐。諸曹郎官未詳。

[1]王觀：遼南京人。博學有才辯。重熙七年（1038），中進士乙科。道宗朝賜國姓，參知政事，兼知南院樞密事。後因矯制修私第，削爵爲民。本書卷九七有傳。

[2]某部郎中：【劉校】據中華點校本校勘記，"此目重出。按上文有禮部郎中劉輝。又《紀》統和九年崔祐官虞部員外郎。員外郎、郎中即郎官"。

御史臺，[1]太宗會同元年置：

御史大夫，會同九年見御史大夫耶律解里。[2]

御史中丞。

侍御，重熙七年見南面侍御壯骨里。

[1]御史臺：御史爲風霜之任，彈糾不法，百僚震恐，官之雄峻莫之比焉（《通典》卷二四《職官典·御史臺》）。

[2]耶律解里（？—914）：即海里，亦即耶律轄底之子迭里特。據本書卷一一二《耶律轄底傳》：迭里特"太祖在潛，已加眷遇，及即位拜迭剌部夷离堇"。後從剌葛亂，與其父轄底俱被縊殺。

殿中司：[1]

殿中，聖宗開泰元年見殿中高可恒。

殿中丞。

尚舍局，見《遼朝雜禮》。[2]

奉御。

尚乘局奉御。

尚輦局。

奉御。

尚食局。

奉御。

尚衣局。

奉御。

[1]殿中司：所轄諸局其職掌與北面官中的承應小底局同。疑遼朝無殿中司諸局。

[2]《遼朝雜禮》：書名。原書今已不存，但《遼史》禮、樂、儀衛諸志多取材於是書，元臣纂修《遼史》，得見太常卿徐世隆家藏《遼朝雜禮》。

翰林院，[1]掌天子文翰之事：

翰林都林牙，興宗重熙十三年見翰林都林牙耶律庶成。[2]

南面林牙，耶律磨魯古聖宗統和初爲南面林牙。

翰林學士承旨，《趙延壽傳》見翰林學士承旨張礪。

翰林學士，太宗大同元年見和凝爲翰林學士。[3]

翰林祭酒，韓德崇景宗保寧初爲翰林祭酒。

知制誥，[4]室昉太宗入汴詔知制誥。

翰林畫院：

翰林畫待詔，聖宗開泰七年見翰林畫待詔陳升。[5]

翰林醫官，[6]天祚保大二年見提舉翰林醫官李奭。

國史院：[7]

監修國史，聖宗統和九年見監修國史室昉。

史館學士，景宗保寧八年見史館學士。

史館修撰，劉輝大安末爲史館修撰。

修國史，耶律玦重熙初修國史。

[1]翰林院：始於唐玄宗開元間。宋人葉夢得《石林燕語》卷七："唐翰林院本内供奉藝能技術雜居之所，以辭臣侍書詔其間，乃藝能之一爾。"

[2]耶律庶成：皇族，季父房之後。字喜隱，小字陳六。通曉契丹文及漢文，善於作詩。聖宗時曾參與修訂律令；興宗時又參與修史，與蕭韓家奴録遙輦可汗至重熙以來事蹟。原來，契丹醫人很少懂得切脉、審藥，庶成奉命譯方脉書行於遼，自此以後，雖諸部族亦知醫事。爲妻胡篤所誣，以罪奪官，使吐蕃凡十二年，清寧間始歸。本書卷八九有傳。

[3]和凝（898—955）：鄆州須昌（今山東省東平西北）人。字成績。舉進士，後梁義成軍節度使賀瑰辟爲從事。後唐天成中，拜殿中侍御史，累遷翰林學士，知貢舉。後晉天福五年（940），拜中書侍郎、同中書門下平章事。出帝即位，加右僕射，歲餘，罷平章事，遷左僕射。漢高祖時，拜太子太傅，封魯國公。顯德二年

(955) 卒，年五十八，贈侍中。《舊五代史》卷一二七及《新五代史》卷五六有傳。

[4]知制誥：爲皇帝起草命令的官員。宋人洪邁《容齋三筆》卷一二《侍從兩制》："國朝官稱謂大學士至待制爲'侍從'，謂翰林學士、中書舍人爲'兩制'，言其掌行内外制也。舍人官未至者，則云'知制誥'，故稱美之爲三字。"

[5]陳升：宫廷畫師。本書卷一六《聖宗本紀七》開泰七年(1018) 秋七月"詔翰林待詔陳升寫《南征得勝圖》於上京五鸞殿"。宋有翰林圖畫院，亦稱翰林圖畫局，也有待詔。

[6]翰林醫官：即"太醫"。有關遼代醫官的記載，如宫分人耶律敵魯通醫術，察看患者形色，即知病之所在。統和中，此人見韓德讓日益貴寵，於是就有意識地向他獻殷勤，聲稱德讓應賜"國姓"，由是博得承天太后及韓德讓的好感，准予他家世預太醫之選。又有 1976 年内蒙古自治區寧城縣出土的遼保安軍節度使鄧中舉墓誌記載，其祖父鄧延貞是一位長於治療齒疾的御醫，興宗時，法天皇太后患齒疾，"工治不驗，因召入，遽以術止之"(《遼鄧中舉墓誌》，見向南《遼代石刻文編》，河北教育出版社 1995 年版，第 488 頁)。

[7]國史院：纂修實録、國史的機構。遼朝重視修史，本書卷七九《室昉傳》載景宗乾亨初，漢臣室昉拜樞密使，兼北、南宰相，監修國史。至統和八年 (990)，他"表進所撰《實録》二十卷"。興宗時期，又詔蕭韓家奴與耶律庶成等録遙輦可汗至重熙以來事蹟，集爲二十卷。道宗大安元年 (1085)，史臣又進太祖以下《七帝實録》，即太祖、太宗、世宗、穆宗、景宗、聖宗和興宗的實録。這是見於《遼史》記載的遼朝第三次纂修實録。本書卷九八《耶律儼傳》載，遼朝末年，耶律儼嘗修《皇朝實録》七十卷。這是遼朝第四次纂修立國以來歷代皇帝《實録》。宋人王銍在其所著《默記》卷下載趙至忠書中一件事云：" 趙至忠虞部自北廷歸朝，嘗仕遼中，爲翰林學士，修國史，著《北廷雜記》之類甚多。"

宣政殿：

宣政殿學士，穆宗應曆元年見宣政殿學士李澣。[1]

觀書殿：

觀書殿學士，王鼎壽隆初爲觀書殿學士。[2]

昭文館：

昭文館直學士，楊遵勗子晦爲昭文館直學士。

崇文館：

崇文館大學士，韓延徽太祖時爲崇文館大學士。

乾文閣：

乾文閣學士，王觀道宗咸雍五年爲乾文閣學士。

宣徽院，太宗會同元年置：

宣徽使，知宣徽院事，馬得臣統和初知宣徽院事。

宣徽副使。

同知宣徽使事。

同知宣徽院事。

[1]李澣：約公元940年前後在世。字日新。先仕晉，後入遼。累官至宣政殿學士。本書卷六《穆宗本紀上》載，應曆二年（952）六月壬辰，"國舅政事令蕭眉古得、宣政殿學士李澣等謀南奔，事覺，詔暴其罪"。《通鑑》卷二九〇後周太祖廣順二年（952）六月記事："太子賓客李濤之弟澣，在契丹爲勤政殿學士，與幽州節度使蕭海真善。海真，契丹主兀欲之妻弟也，澣說海真內

附，海真欣然許之。澣因定州諜者田重霸齎絹表以聞，且與濤書，言：'契丹主童騃，專事宴遊，無遠志，非前人之比，朝廷若能用兵，必克；不然，與和，必得。二者皆利於速，度其情勢，他日終不能力助河東者也。'壬寅，重霸至大梁，會中國多事，不果從。"本書卷一〇三有傳。

[2]王鼎：涿州（今屬河北省）人。字虛中。清寧進士，官至翰林學士，壽昌間升任觀書殿學士，後因細故，被奪官，流放到遼朝境内西北部的鎮州。流放期間所作《焚椒録》，記道宗宣懿皇后冤案始末，多不見載於《遼史》。本書卷一〇四有傳。

内省：[1]

内省使，聖宗太平九年初見内省使。

内省副使。

内藏庫。

内藏庫提點，道宗清寧元年見内藏庫提點耶律烏骨。

内侍省：[2]

黄門令。

内謁者。

内侍省押班。

内侍左厢押班。

内侍右厢押班。

契丹、漢兒、渤海内侍都知。

左承宣使。

右承宣使。

内庫：[3]

都提點内庫。

尚衣庫：

尚衣庫使。

湯藥局：

都提點、勾當湯藥。

内侍省官，並見《王繼恩》《趙安仁傳》。

客省，[4]太宗會同元年置：

都客省，興宗重熙十年見都客省回鶻重哥。

客省使，會同五年見客省使耶律化哥。[5]

左客省使，蕭護思應曆初爲左客省使。

右客省使。

客省副使。

四方館：[6]

四方館使，高勳太宗入汴爲四方館使。

四方館副使，道宗咸雍五年詔四方館副使止以契丹人充。

引進司：

引進使，聖宗統和二十八年見引進使韓杞。

點籤司：

同簽點籤司事，興宗重熙六年見同簽點籤司事耶律圓寧。[7]

禮信司：

勾當禮信司，[8]興宗重熙七年見勾當禮信司骨欲。

禮賓使司：

禮賓使，大公鼎曾祖忠爲禮賓使。

［1］内省：宋人程俱《麟臺故事》卷四載："大中祥符八年榮王宫火，焚及崇文院，命翰林學士陳彭年檢討建置館閣故事。彭年言：唐中書、門下兩省，宫城之内有内省，宫城之外有外省。"可知"内省"即中書、門下兩省在宫内之辦公處所。據本書《營衛志·行營》："皇帝四時巡守，契丹大小内外臣僚并應役次人，及漢人宣徽院所管百司皆從。漢人樞密院、中書省唯摘宰相一員，樞密院都副承旨二員，令史十人，中書令史一人，御史臺、大理寺選摘一人扈從。""宰相以下，還於中京居守，行遣漢人一切公事。"因此，在捺鉢行宫中自當有漢人樞密院、中書省官員的辦公處，這就是所謂"内省"。遼的冬夏捺鉢其佈局略似紫禁城，但規模不可同日而語。沈括於熙寧八年（遼大康元年，1075）使遼，當年五月至遼廷——道宗設在犢山（又作拖古烈，在永安山附近）的夏捺鉢，他見到的情形是這樣的："有屋，單于（道宗）之朝寢、后蕭之朝寢凡三，其餘皆氊廬，不過數十，悉東向，庭以松幹表其前，一人持牌，立松幹之間，曰'閤門'。其東，相向六、七帳，曰中書、樞密院、客省。又東，氊廬一，旁駐氊車六，前植纛，曰'太廟'，皆草莽之中。"（《熙寧使虜圖抄》，見《永樂大典》卷一〇八七七）。

［2］内侍省：《舊唐書》卷四四《職官志》："内侍之職，掌在内侍奉、出入宫掖、宣傳之事，總掖廷、宫闈、奚官、内僕、内府五局之官屬。"《歷代職官表》卷三七云："隋唐以後立内侍省，人主起居飲食之重不咨之大臣、任之士人，而悉委之於奄豎，其弊乃益滋矣。"

［3］内庫：將内庫視爲供皇帝私費的的藏庫，始於唐玄宗。《舊唐書》卷一〇五《王鉷傳》載："玄宗在位多載，妃御承恩多賞賜，不欲頻於左右藏取之。鉷探旨意，歲進錢寶百億萬，便貯於内

庫，以恣主恩錫賚。”至德宗時，内庫幾成人君私積。《唐會要》卷五九載：“國家舊制，天下財賦皆納於左庫藏。”“及第五琦爲度支鹽鐵使，時京師多豪將，求取無節，琦不能禁，乃悉以租賦進入大盈内庫，以中人主之意。天子以取給爲便，故不復出，是以天下公賦爲人君私積，有司不得窺其多少，國用不能計其贏縮。”

[4]客省：官署名。會同元年（938）置，掌接待諸國使節。設官有都客省、客省使、左右客省使等。

[5]耶律化哥：孟父楚國王之後。字弘隱。乾亨初，爲北院林牙。統和四年（986），拜上京留守，遷北院大王。十六年，侵宋，爲先鋒，以功遷南院大王，尋改北院樞密使。開泰元年，伐阻卜，以功封豳王。伐阻卜過程中掠阿薩蘭回鶻，諸蕃由此不附。聖宗使按之，削王爵。本書卷九四有傳。

[6]四方館：官署名。隋置四方館，對東西南北四方少數民族，各設使者一人，掌管往來及互相貿易等事，隸屬鴻臚寺。唐以通事舍人主管，隸屬中書省。宋置四方館使，掌管文武官朝見辭謝，國忌賜香及諸道元日、冬至、朔旦慶賀章表，郊祀、朝［會］、蕃官、貢舉人、進奉使、京官、致仕官、道釋、父老陪位等事。其職務與隋唐不同。遼的四方館，當是仿宋制。

[7]點簽司：應是同簽都點司之誤，遼因五代置殿前都點司。

[8]勾當禮信司：【靳注】官名。專掌禮信司庶務。勾當，主管、料理之義。

寺官職名總目：

某卿，興宗景福元年見崇禄卿李可封。

某少卿，耶律儼子處貞爲太常少卿。

某丞。

某主簿。

太常寺，[1]有博士、贊引、太祝、奉禮郎、協律郎。

諸署職名總目：

某署令。

某署丞。

太樂署。[2]

鼓吹署。[3]

法物庫，[4]《遼朝雜禮》有法物庫所掌圖籍。

法物庫使。

法物庫副使。

崇禄寺，[5]本光禄寺，避太宗諱改。

衛尉寺。[6]

宗正寺，[7]職在大惕隱司。

太僕寺，[8]有乘黄署。

大理寺，[9]有提點大理寺，有大理正，聖宗統和十二年置。

鴻臚寺。[10]

司農寺。[11]

[1]太常寺：官署名。《新唐書》卷四八《百官志三》："太常寺，卿一人，正三品；少卿二人，正四品上。掌禮樂、郊廟、社稷之事，總郊社、太樂、鼓吹、太醫、太卜、廩犧、諸祠廟等署。"

[2]太樂署：《新唐書》卷四八《百官志三》載："大樂署，令二人，從七品下；丞一人，從八品下；樂正八人，從九品下。令掌調鐘律，以供祭饗。凡習樂，立師以教，而歲考其師之課業爲三等，以上禮部。十年大校，未成則五年而校，以番上下，有故及不任供奉，則輸資錢以充伎衣、樂器之用。"

[3]鼓吹：即鼓吹樂，古代的一種器樂合奏曲。亦即《樂府詩

集》中的鼓吹曲。用鼓、鉦、簫、笳等樂器合奏。源於中國古代民族北狄。漢初邊軍用之，以壯聲威，後漸用於朝廷。宋人姜夔《白石道人歌曲》卷一《聖宋鐃歌鼓吹曲十四首》詩序："臣聞鐃歌者，漢樂也。殿前謂之鼓吹，軍中謂之騎吹。"此則謂編入儀仗隊中演奏鼓吹曲的樂隊。宋人司馬光《傳家集》卷二六《論董淑妃謚議策禮札子》："鹵簿本以賞軍功，未嘗施於婦人。唯唐平陽公主有舉兵佐高祖定天下之功，方給鼓吹。"

[4]法物：古代帝王用於儀仗、祭祀並能代表其身份的器物。《史記》卷三五《律書》："王者制事立法，物度軌則，壹禀於六律。六律爲萬事根本焉。"法物最重要的特性是必須合律、中度。《長編》卷七乾德四年（966）五月甲戌："先是，上遣右拾遺孫逢吉至成都收僞蜀圖書法物。乙亥，逢吉還，所上法物皆不中度，悉命焚毁，圖書付史館。"

[5]崇禄寺：官署名。本光禄寺，遼避太宗德光諱改。掌管祭祀。《新唐書》卷四八《百官志三》記載光禄寺："掌酒醴膳羞之政，總太官、珍羞、良醖，掌醢四署。"

[6]衛尉寺：官署名。《新唐書》卷四八《百官志三》："掌器械文物，總武庫、武器、守宫三署。兵器入者，皆籍其名數。祭祀、朝會，則供羽儀、節鉞、金鼓，帷帟、茵席。"

[7]宗正寺：《新唐書》卷四八《百官志三》："掌天子族親屬籍，以别昭穆。"

[8]太僕寺：《新唐書》卷四八《百官志三》："掌厩牧、輦輿之政。"

[9]大理寺：《新唐書》卷四八《百官志三》："掌折獄、詳刑。凡罪抵流、死，皆上刑部，覆於中書、門下。繫者五日一慮。"

[10]鴻臚寺：官署名。《舊唐書》卷四四《職官志三》："卿之職，掌賓客及凶儀之事。""凡四方夷狄君長朝見者，辨其等位，以賓待之；凡二王後及夷狄君長之子襲官爵者，皆辨其嫡庶，詳其可否，若諸蕃人酋渠有封禮命，則受册而往其國；凡天下寺觀、三綱

及京都大德，皆取其道德高妙、爲衆所推者補充，申尚書祠部；皇帝太子爲五服之親及大臣發哀臨弔，則贊相焉；凡詔葬大臣，一品則卿護其喪事，二品則少卿，三品丞一人往，皆命司儀，以示禮制。”

［11］司農寺：《新唐書》卷四八《百官志三》：“掌倉儲委積之事。”

諸監職名總目：

某太監，[1]興宗景福元年見少府監馬憚。

某少監，興宗重熙十七年見將作少監王企。[2]

某監丞。

某監主簿。

秘書監，[3]有秘書郎，秘書郎正字。[4]

著作局：

著作郎。

著作佐郎，楊晳聖宗太平十一年爲著作佐郎。

校書郎，楊佶統和中爲校書郎。

正字，開泰元年見正字李萬。

司天監，[5]有太史令，有司曆，靈臺郎，挈壺正，五官正，丞，主簿，五官靈臺郎、保章正、司曆、監候、挈壺正、司辰，[6]刻漏博士，典鐘，典鼓。

國子監，[7]上京國子監，太祖置。

祭酒。

司業。

監丞。

主簿。

國子學。

博士，武白爲上京國子博士。

助教。

太府監。[8]

少府監。

將作監。[9]

都水監。[10]

已上文官。

[1]某太監：同“大監”。即某監（機構）的主管官員，位在少監之上。中華點校本校勘記載：“按監職但稱某監，如‘太府監’‘少府監’及卷九六《姚景行傳》‘爲將作監’，不稱太監。《乘軺録》有秘書大監張肅。”秘書大監即秘書監的大監，足證諸監實有太監一職。

[2]王企：【劉校】據中華點校本校勘記，“按《紀》重熙十七年二月作王全”。

[3]秘書監：《舊唐書》卷四三《職官志二》：“秘書監之職，掌邦國經籍、圖書之事。”

[4]秘書郎正字：遼朝秘書郎与正字應是二職。正字爲唐官名。掌典籍校讎事。《舊唐書》卷四三《職官志二》：“秘書省有正字四人，著作局有正字二人，皆正九品下。”可見，“秘書郎”三字爲衍文。

[5]司天監：《舊唐書》卷四三《職官志二》：“司天臺，監一人，少監二人。太史令掌觀察天文、稽定曆數，凡日月星辰之變、風雲氣色之異，率其屬而占候之。”

[6]“五官靈臺郎”至“司辰”：【劉校】據中華點校本校勘記，“按《新唐書·百官志》司天臺有五官靈臺郎、五官保章正、

五官司曆、五官監候、五官挈壺正、五官司辰，注云：'武后長安二年置契壺正，乾元元年與靈臺郎、保章正、司曆、司辰皆加五官之名。'遼仿唐制，保章正、司曆、監候、挈壺正、司辰皆當冠以五官二字，史省其文"。

[7]國子監：據《舊唐書》卷四四《職官志三》，其主管官員稱"祭酒"，其副爲"司業"。"祭酒、司業之職，掌邦國儒學訓導之政令。"

[8]太府監：《金史》卷五六《百官志二》："掌出納邦國財用、錢穀之事。"

[9]將作監：據《舊唐書》卷四四《職官志三》，唐將作監有大匠一員，"掌供邦國修建土木工匠之政令"。

[10]都水監：《舊唐書》卷四四《職官志三》，"都水監，使者二人"，"使者掌川澤津梁之政令"。

諸衛職名總目：[1]

各衛：

大將軍，聖宗開泰七年見皇子宗簡右衛大將軍。

上將軍，王繼忠，統和二十二年加左武衛上將軍。[2]

將軍，聖宗太平四年見千牛衛將軍蕭順。

折衝都尉。

果毅都尉。

親衛。

勳衛。

翊衛。

左右衛。

左右驍衛。

左右武衛。

左右威衛。

左右領軍衛。

左右金吾衛。

左右監門衛。

左右千牛衛。

左右羽林軍。[3]

左右龍虎軍。

左右神武軍。

左右神策軍。

左右神威軍。

已上武官。

[1]諸衛：遼南京沿襲唐京師長安南北衙禁軍體制。《新唐書》卷五〇《兵志》云："夫所謂天子禁軍者，南、北衙兵也。南衙，諸衛兵是也；北衙者，禁軍也。"這種南、北衙拱衛京師的體制，是爲相互制約。唐長安，宮城在北，坊市在南，所以北衙禁軍處於更重要的地位。遼是"行國"，其朝廷不在京師，而在捺鉢，一年四季隨時遷徙，其捺鉢的警衛由契丹軍擔任。

[2]王繼忠（？—1023）：宋降將。本書卷八一有傳。《宋史》卷二七九《王繼忠傳》載："［繼忠］開封人。真宗在藩邸，得給事左右，以謹厚被親信。即位，補内殿崇班，累遷至殿前都虞候，領雲州觀察使，出爲深州副都部署，改鎮、定、高陽關三路鈐轄兼河北都轉運使，遷高陽關副都部署，俄徙定州。咸平六年，契丹數萬騎南侵，至望都，繼忠與大將王超及桑贊等領兵援之。繼忠至康村，與契丹戰，自日昳至乙夜，敵勢小卻。遲明復戰，繼忠陣東

偏，爲敵所乘，斷餉道，超、贊皆畏縮退師，竟不赴援。繼忠獨與麾下躍馬馳赴，服飾稍異，契丹識之，圍數十重。士皆重創，殊死戰，且戰且行，旁西山而北，至白城，遂陷於契丹。真宗聞之震悼，初謂已死，優詔贈大同軍節度，賵賻加等，官其四子。景德初，契丹請和，令繼忠奏章，乃知其尚在。朝廷從之，自是南北戢兵，繼忠有力焉。歲遣使至契丹，必以襲衣、金帶、器幣、茶藥賜之，繼忠對使者亦必泣下。嘗附表懇請召還，上以誓書約各無所求，不欲渝之，賜詔諭意。契丹主遇繼忠甚厚，更其姓名爲耶律顯忠，又改名宗信，封楚王。"

[3]羽林軍：據《長編》卷五五宋真宗咸平六年（1003）七月己酉記李信云："國中所管幽州漢兵，謂之神武、控鶴、羽林、驍武等，約萬八千餘騎。"其中"羽林""控鶴"是唐、五代禁軍舊有的名號。因此可以斷定李信所說的遼燕京的"漢兵"就是戍衛京城的禁軍。燕京地臨南朝，故以重兵防守。

東宮三師府，凡東宮官多見《遼朝雜禮》：[1]

太子太師，太宗大同元年見太子太師李崧。

太子太傅，世宗天禄五年見太子太傅趙瑩。[2]

太子太保，大同元年見太子太保趙瑩。

太子少師，聖宗太平十一年見太子少師蕭從順。

太子少傅，耶律合里重熙中爲太子少傅。

太子少保，大同元年見太子少保馮玉。[3]

太子賓客院：

太子賓客。

太子詹事院：

太子詹事。

少詹事。

詹事丞。

詹事主簿。

太子司直司：

太子司直。

左春坊：

太子左庶子。[4]

太子中允，聖宗太平五年見太子中允馮若谷。

太子司議郎。

太子左諭德。

太子左贊善大夫。

文學館：

崇文館學士。

崇文館直學士。

太子校書郎，聖宗太平五年見太子校書郎韓灤。[5]

司經局：

太子洗馬，劉輝大安末爲太子洗馬。

太子文學。

太子校書郎，聖宗太平五年見太子校書郎張昱。

太子正字。

典設局：

典設郎。

宮門局：

宮門郎。

右春坊：

太子右庶子。

太子中舍人。

太子舍人。

太子右諭德。[6]

右贊善大夫。

太子通事舍人。

太子家令寺：

太子家令。

丞。

主簿。

太子率更寺：

太子率更令。

丞。

主簿。

太子僕寺：

太子僕。

丞。

主簿。

太子率府職名總目：

某率，興宗重熙十四年見率府率習羅。[7]

太子左右衛率府。

太子左右司御率府。

太子左右清道率府。

太子左右監門率府。

太子左右内率府。

已上東宮官。

[1]東宮官：東宮指太子，因其是已確定的皇位繼承人，爲其配置一整套文武官僚系統，形成一個“影子小朝廷”，目的是讓太子未即位之前預先熟悉朝政的運作。而上位之後，“東宮舊人”往往執掌大權。遼朝是否有一整套東宮官系統，應存疑。因爲遼朝長期以來無立太子之制，景宗以前甚至没有預先確立皇位繼承人。聖宗、興宗、道宗即位前雖已經被確立爲皇位繼承人，但衹有興宗即位前已經被立爲太子，聖宗、道宗並無“太子”名分，而是以“梁王”名義作爲皇位繼承人。道宗先是以重元爲“皇太叔”，重元叛亂後纔立皇子濬，後濬又被誣陷致死。總之，遼朝的太子之制極不成功，所謂東宮官，多半是元人修史時所構擬。

[2]趙瑩（885—951）：華陰（今屬陝西省）人。字玄輝。石敬塘爲河東節度使，瑩爲節度判官。敬瑭稱帝建號，以瑩爲門下侍郎，同平章事，監修國史。石重貴即位後，爲開封尹。契丹滅晉，隨少帝北遷，遼世宗時，官太子太傅。卒於契丹。歸葬華陰。

[3]馮玉（？—956）：定州（今屬河北省）人。字璟臣。少舉進士不中。玉不知書，嘗以“姑息”二字問他人。後晉出帝時以后戚知制誥，拜中書舍人。遷樞密使、中書侍郎、同中書門下平章事，軍國大務，一決於玉。契丹滅後晉，自言願得持晉玉璽獻契丹，以冀恩獎。出帝之北，玉從入契丹，契丹以爲太子太保。周廣順三年（953），其子傑自契丹逃歸，玉懼，以憂卒。《新五代史》卷五六有傳。輯本《舊五代史》有傳，殘甚。

[4]太子左庶子：東宮官。遼沿唐制，左春坊置左庶子。據《唐六典》卷二六，太子左春坊置左庶子二人，正四品上。據《禮記》，古者周天子有“庶子”之官，負責諸侯、卿、大夫之庶子事務，“掌其戒令、與其教理，别其等、正其位”，至秦漢因之置中庶

子員，主管宮中並諸吏之適子及支庶版籍。隋門下坊置左庶子二人領之，典書坊置右庶子二人領之。唐朝因之，龍朔二年（662）改門下坊爲左春坊，左庶子爲太子左中護。咸亨元年（670）復故。左庶子在東宮，職擬侍中職掌侍從、贊相禮儀、駁正啓奏、監省封題等事。

[5]太子校書郎韓灤：【劉校】據中華點校本校勘記，“按《紀》太平五年十一月，‘以張昱等一十四人爲太子校書郎，韓欒等五十八人爲崇文館校書郎’，韓灤即韓欒。此學士、直學士、校書郎應移前崇文館下。文學如曾設專館，則太子文學等似應屬之。道光殿本《考證》云：‘《志》引張昱於司經局條下，則文學館條下應作校書郎，“太子”二字疑衍。’”

[6]諭德：【劉校】“諭”原本作“喻”，明抄本、南監本、北監本和殿本均作“諭”。中華點校本及修訂本徑改。今從改。

[7]率府率習羅：習羅任率府率，無據。【劉校】據中華點校本校勘記，“按《紀》重熙十四年正月：‘以常侍斡古得戰歿，命其子習羅爲帥。’非謂習羅爲率府率。《遼文匯》四《李内貞墓誌》稱内貞於景宗時曾官太子左衛率府率”。

王傅府。

王傅，蕭惟信重熙十五年爲燕趙王傅。[1]

親王内史府。

内史，道宗大康三年見内史吳家奴。

長史。

參軍。

諸王文學館：

諸王教授，姚景行重熙中爲燕趙國王教授。[2]

諸王伴讀，聖宗太平八年長沙郡王宗允等奏選諸王伴讀。

已上諸王府官。

[1]蕭惟信：契丹楮特部人。歷南京留守、左右夷离畢、北院樞密副使。卒於大康中。本書卷九六有傳。

[2]姚景行（？—1075）：始名景禧。隸漢人宫分。既貴，始出宫籍，貫興中縣。重熙五年（1036）進士。不數年，至翰林學士，樞密副使，參知政事。道宗即位，多被顧問，爲北府宰相。咸雍元年（1065），出爲武定軍節度使。明年，驛召拜南院樞密使。大康初，徙鎮遼興。本書卷九六有傳。　燕趙國王：即遼道宗耶律洪基。

南面宫官[1]

漢兒行宫都部署院，亦曰南面行宫都部署司，聖宗開泰九年改左僕射：[2]

漢兒行宫都部署，開泰七年見漢兒行宫都部署石用中。

漢兒行宫副部署，興宗重熙十五年見漢兒行宫副部署耶律敵烈。[3]

知南面諸行宫副部署，重熙十年見知南面諸行宫副部署耶律褭里。

同知漢兒行宫都部署事，道宗大康三年見同知漢兒行宫都部署事蕭撻不也。

同簽部署司事，耶律儼大康中爲同簽部署司事。

都部署判官，耶律儼咸雍中爲都部署判官。[4]

十二宫南面行宫都部署司職名總目：

某宫漢人行宫都部署。

某宫南面副都部署。

某宫同知漢人都部署。

弘義宫。

永興宫。

積慶宫。

長寧宫。

延昌宫。

彰愍宫。

崇德宫。

興聖宫。

延慶宫。

太和宫。

永昌宫。

敦睦宫。

[1]南面宫官：應當稱南面行宫官。按，南面無宫官，此目將宫官與行宫官混爲一談。行宫亦稱行帳，即轉徙隨時的朝廷，契丹語稱“捺鉢”，遼中葉逐漸形成“四時捺鉢”制度。南樞密院與漢人行宫都部署是南面官機構，有行宫官之設，而無宫官之設，因此不會有“某宫漢人行宫都部署”或“某宫南面行宫都部署”之職。所謂宫官，皆屬北面官。遼朝有十二宫一府，稱宫帳，諸宫事務僅隸屬於北面官。换言之，行宫是朝廷，北面諸宫的地位雖高於部族、屬國，但不能與朝廷並列。

[2]開泰九年改左僕射：【劉校】據中華點校本校勘記，“按

《紀》開泰九年十一月：'以夷离畢蕭孝順爲南面諸行宮都部署，加左僕射。'是加官，非改都部署爲左僕射"。

[3]漢兒行宮副部署耶律敵烈：【劉校】據中華點校本校勘記，"按《興宗本紀二》重熙十五年十一月，耶律敵烈爲漢人行宮都部署，非副部署"。

[4]耶律儼咸雍中爲都部署判官：【劉校】據中華點校本校勘記，本書卷九八《耶律儼傳》，大康初，儼歷都部署判官。非"咸雍中"。

（李錫厚注　劉鳳翥校）

遼史　卷四八

志第十七下

百官志四

南面京官

遼有五京，上京爲皇都，凡朝官、京官皆有之，[1]餘四京隨宜設官，爲制不一。大抵西京多邊防官，南京、中京多財賦官。五京並置者列陳之，特置者分列于後。

三京宰相府職名總目：[2]

左相。

右相。

左平章政事。

右平章政事。

東京宰相府，聖宗統和元年詔三京左右相，左右平章事。[3]

中京宰相府。

南京宰相府。

諸京内省客省職名總目：

某京某省使。

某京某省副使，耶律蒲奴開泰末爲上京内客省副使。

上京内省司。

東京内省司，《地理志》，東京大内不置宮嬪，唯以内省使、副、判官守之。

[1]朝官、京官：朝官是中央官。在朝廷上，皇帝東向坐，蕃漢朝官分列北、南，因此纔有官分北南之説。京官是地方官，無所謂北、南。皇帝衹有離開捺鉢在諸京舉行朝會時，京官纔上朝。本書卷五一《禮志三・常朝起居儀》："官班於三門外，當直舍人放起居，再拜，各衹候。次依兩府以下文武官於丹墀内面殿立，暨班諸司並供奉官於東西道外相向立定。當直閤使、副贊'放起居，再拜，各衹候'。退還幕次，公服。帝升殿坐，兩府並京官丹墀内聲'喏'，各衹候。教坊司同北班起居畢，奏事。"

[2]三京：《遼史》多處稱"三京"，所指不盡一致，《聖宗本紀》統和十年（992）所稱"三京"，當是指上京、東京和南京。因爲當時尚無中京和西京。本書卷三六《兵衛志下》"五京鄉丁"載："遼建五京：臨潢，契丹故壤；遼陽，漢之遼東，爲渤海故國；中京，漢遼西地，自唐以來契丹有之。三京丁籍可紀者二十二萬六千一百，蕃漢轉户爲多。析津、大同，故漢地，籍丁八十萬六千七百。契丹本户多隸宮帳、部族，其餘蕃漢户丁分隸者，皆不與焉。"這裏所謂"三京"則是指上京、中京和東京，而不包括南京和西京。

[3]三京左右相，左右平章事：天顯元年（926）正月，耶律阿保機率軍攻入渤海王都忽汗城，滅掉了號稱"海東盛國"的渤海國，以渤海故地建東丹國，並以其長子耶律倍爲東丹王，賜天子冠

服，建元“甘露”。東丹國有自己的朝廷，中臺省置左、右大相，左、右次相。上京、南京沿襲唐制置中書省，其宰相稱同平章事。“聖宗統和元年，詔三京左右相、左右平章事”，是詔東京中臺省的左、右相以及上京、南京的左右平章事。

五京諸使職名總目：

某京某使，王棠重熙中爲上京鹽鐵使。[1]

知某京某使事，張孝傑清寧間知户部使事。[2]

某京某副使，劉伸重熙中爲三司副使。[3]

同知某京某使事，道宗大康三年見撻不也同知度支使事。

某京某判官，聖宗太平九年見户部使判官。

上京鹽鐵使司。

東京户部使司。

中京度支使司。

南京三司使司。

南京轉運使司，亦曰燕京轉運使司。[4]

西京計司。

[1]王棠（？—1094）：涿州新城（今河北省高碑店市）人。重熙十五年（1046）進士，累遷上京鹽鐵使。遷東京户部使。大康三年（1077），入爲樞密副使，拜南府宰相。本書卷一〇五有傳。

[2]張孝傑：建州永霸縣（今遼寧省朝陽市）人。咸雍三年（1067），三知政事，同知樞密院事，加工部侍郎。八年，封陳國公。大康元年（1075），賜國姓。是年夏，耶律乙辛譖皇太子，誣害忠良，孝傑之謀居多。而道宗竟以其爲忠，可比狄仁傑，賜名仁傑。大安中，死於鄉。本書卷一一〇有傳。

［3］劉伸（？—1086）：宛平人。字濟時。重熙五年，登進士第。歷彰武軍節度使、西京副留守。以父憂，終制，爲三司副使。官至南院樞密使。本書卷九八有傳。　三司副使：唐宋以鹽鐵、度支、户部爲三司，主理財賦。三司長官爲三司使、三司副使。《通鑑》卷二六五唐昭宣帝天祐三年三月戊寅："以朱全忠爲鹽鐵、度支、户部三司都制置使。三司之名始於此。"遼在南京設三司使司，此外上京設鹽鐵使司，東京設户部使司，中京設度支使司，西京設計司。

［4］轉運使：唐以後主管徵解錢穀及財政等事務的中央或地方官職。轉運使之名始於唐。宋太祖鑒於五代藩臣擅有財賦，自乾德以後始置諸路轉運使，以總利權。太宗至道中詔諸路轉運使並兼按察使，兼領考察地方官吏、維持治安、清點刑獄、舉賢薦能等職責。宋真宗景德四年（1007）以前，轉運使實際上已成爲一路之最高行政長官。遼在境内南部各地設都轉運使司，各以使領之，掌管地方財政及徵解錢穀等事務。

五京留守司兼府尹職名總目：[1]

某京留守行某府尹事，聖宗統和元年見上京留守、行臨潢尹事吳王稍。[2]

某京副留守，天祚天慶六年見東京副留守高清臣。

知某京留守事，蕭惠開泰二年知東京留守事。[3]

某府少尹，聖宗太平四年見臨潢少尹鄭弘節。[4]

同知某京留守事，太平八年見中京同知耶律野。

同簽某京留守事，蕭滴冽太平六年同簽南京留守事。[5]

某京留守判官，室昉天禄中爲南京留守判官。[6]

某京留守推官，聖宗開泰元年見中京留守推官李可舉。

上京留守司。

東京留守司。

中京留守司，太宗大同元年命趙延壽爲中京留守，[7]治鎮州。聖宗統和十二年命室昉爲中京留守，治大定府。[8]

南京留守司，太宗天顯三年升東平郡爲南京，治遼陽。十三年以幽州爲南京，治析津。聖宗開泰元年改幽都府爲析津府。

西京留守司。

[1]留守司：實爲統轄某京的行政機構。《歷代職官表》卷三二《順天府》："遼雖分建五京，而每歲四時巡幸，春水、秋山，實無定所，並不常在京師。故五京皆置留守司，令兼府尹之事，軍民俱歸統轄。"

[2]吳王稍：無傳，《皇子表》亦不載。聖宗時曾任上京留守。

[3]蕭惠（982—1056）：契丹外戚。淳欽皇后述律平弟阿古只五世孫。字伯仁，小字脱古思。初爲國舅詳穩。從伯父排押征高麗，以功，授契丹行宫都部署。開泰二年（1013），改南京統軍使。後爲西北路招討使，封魏國公。興宗即位，知興中府，歷順義軍節度使、東京留守、西南面招討使，加開府儀同三司、檢校太師，兼侍中，封鄭王。重熙六年（1037），復爲契丹行宫都部署，加守太

師，徙王趙。拜南院樞密使，更王齊。惠贊成復取三關，與太弟帥師壓宋境，迫使宋朝增歲幣請和。惠以首事功，進王韓。重熙十七年，尚帝姊秦晉國長公主，拜駙馬都尉。本書卷九三有傳。

[4]太平四年見臨潢少尹鄭弘節：【劉校】據中華點校本校勘記，依本書卷一七《聖宗本紀八》載，鄭弘節爲臨潢少尹在太平五年（1025）三月。

[5]蕭滴冽（？—1050）：遙輦鮮質可汗宮人。字圖寧。重熙初，遙攝鎮國軍節度使。六年，奉詔使宋，傷足而跛，不告遂行，帝怒。及還，決以大杖，降同簽南京留守事。後爲中京留守，西京留守。本書卷九五有傳。　蕭滴冽太平六年同簽南京留守事：此誤。其仕宦生涯皆在重熙間。

[6]室昉（916—991）：南京（今北京市）人。字夢奇。會同初，登進士第。保寧間，拜樞密使，兼北府宰相，加同政事門下平章事。乾亨初，監修國史。統和九年（991），薦韓德讓自代，不從。病劇，遣翰林學士張幹就第授中京留守，加尚父。卒，年七十五。本書卷七九有傳。

[7]趙延壽（？-948）：恒山（今河北省正定縣）人。本姓劉，後爲劉守光偏將趙德鈞養子，改姓趙，並娶後唐明宗李嗣源之女爲妻。明宗即位，延壽爲駙馬都尉，樞密使。清泰三年（天顯十一年，936），在契丹圍攻晉安寨之役中與其父趙德鈞一同降遼。遼以延壽爲燕京留守，總山南事。會同初，加政事令。大同元年（947），遼滅晉，趙延壽率漢軍攻入汴京，求爲皇太子，遼太宗不許。授中京留守。太宗死後又與兀欲爭位，失敗後被囚禁。次年，病死。本書卷七六有傳。

[8]統和十二年命室昉爲中京留守，治大定府：據本書卷一四《聖宗本紀》統和二十五年始建中京，而室昉已於統和十六年前亡故。【劉校】中華點校本校勘記引錢大昕《廿二史考異》謂“中京大定府，始於統和二十五年，不應昉先得爲留守”。本書卷七九《室昉傳》稱“保寧間改南京副留守，統和八年請致政，令常居南

京，後病劇，遣張幹就第授中京留守”。中華點校本校勘記疑此處“中京”爲“南京”之訛，治大定者，則附益之説。

五京都總管府職名總目：[1]

某京都總管、知某府事。

同知某府事，聖宗太平五年見同知中京事蕭堯衮。

上京都總管府。

東京都總管府。

中京都總管府。

南京都總管府。

西京都總管府。

五京都虞候司職名總目：[2]

都虞候。

上京都虞候司。

東京都虞候司。

南京都虞候司。

西京都虞候司。

中京都虞候司。

五京警巡院職名總目：[3]

某京警巡使。

某京警巡副使。

上京警巡院。

東京警巡院。

中京警巡院。
南京警巡院。
西京警巡院。

五京處置使司職名總目：[4]
　　某京處置使。
上京處置司。
東京處置司。
中京處置司。
西京處置司。
南京處置司。

五京學職名總目：道宗清寧五年，詔設學養士，[5]頒經及傳疏，置傅士、助教各一員。
　　博士。
　　助教。
上京學，上京別有國子監，見朝官。
東京學。
中京學，中京別有國子監，與朝官同。
南京學，亦曰南京太學，太宗置。聖宗統和十三年，賜水磑莊一區。
西京學。
　　已上五京官。

[1]按某京都總管府，是一京最高軍事機構。例如主持南面防務的元帥府即原稱兵馬都總管府。

［2］都虞候：軍職。《唐會要》卷七九《諸使雜録》載太和“四年四月中書門下奏：自元年以來，頻有計代諸道薦送軍將，其數漸多。臣等商量”。“自今後軍官未至常侍大夫職兼都虞候、都知兵馬使、都押衙者不在薦送限。”

［3］警巡院：負責獄訟、治安事務的機構。金因遼制，在諸京設此機構。《金史》卷五七《百官志三》：“諸京警巡院，使一員，正六品，掌平理獄訟、員警别部，總判院事。”

［4］處置使司：非地方常設行政機構。元人方回《古今考》卷四：“宋以制置使、宣撫使專閫外，邊郡各設屯軍，立都統制領將佐爲軍官，郡守之在邊者兼節制。”宣撫使常帶“宣撫處置使”銜。《宋會要輯稿·刑法》三之二五—二六：“高宗建炎四年二月二十三日德音：‘昨差張浚爲川陜京西湖北路宣撫處置使，見在秦州置司，所有川陜等路去行在地里迂遠，民間疾苦無由得知，或負冤抑，無緣伸訴，仰宣撫處置司詢訪疾苦以聞。民有冤抑，亦仰經宣撫處置司陳訴。’”

［5］清寧五年，詔設學養士：【劉校】據中華點校本校勘記，本書卷二一《道宗本紀一》載，詔設學養士在清寧元年（1055）十二月。

上京城隍使司，[1]亦曰上京皇城使。

上京城隍使，韓德讓景宗時爲上京皇城使。[2]

東京渤海承奉官，聖宗開泰八年耶律八哥奏，渤海承奉班宜設官以統之，因置。

渤海承奉都知押班。

遼陽大都督府，太宗會同二年置。

遼陽大都督，會同二年都督曷魯泊等關防遼陽東都。

東京安撫使司：

東京安撫使。

東京軍巡院，《地理志》，東京有歸化營軍千餘人，籍河朔亡命於此，置軍巡院。

東京軍巡使。[3]

中京文思院：

中京文思使，馬人望父佺爲中京文思使。[4]

中京路按問使司：

中京路按問使，耶律和尚重熙二十四年爲中京路按問使。[5]

中京巡邏使司：

中京巡邏使，耶律古昱開泰間爲中京巡邏使。[6]

中京大内都部署司：

中京大内都部署，聖宗開泰元年見中京大内都部署。

中京大内副部署。

南京宣徽院：

南京宣徽使，道宗壽隆元年見宣徽使耶律特末。

知南京宣徽院使事。

知南京宣徽院事。

南京宣徽副使。

同知南京宣徽院事。

南京處置使司，聖宗開泰元年見秦王隆慶爲燕京管

内處置使：[7]

燕京管内處置使。

南京侍衛親軍馬步軍都指揮使司：[8]

南京侍衛親軍馬步軍都指揮使，蕭討古乾亨初爲南京侍衛親軍都指揮使。[9]

南京馬步副指揮使。

南京侍衛親軍馬軍都指揮使司：

南京馬軍都指揮使。

南京馬軍副指揮使。

南京侍衛親軍步軍都指揮使司：

南京步軍都指揮使。

南京步軍副指揮使。

南京栗園司：[10]

典南京栗園。

雲州宣諭招撫使司：[11]

雲州管内宣諭招撫使二員，統和四年見韓毗哥、邢抱朴爲雲州管内宣諭招撫使。[12]

［1］城隍使：負責維護城墻和護城河的官員。《晉書》卷一〇四《石勒載記上》："時城隍未修，乃於襄國築隔城重栅，設鄣以待之。"

［2］韓德讓（941—1011）：韓匡嗣四子。統和初年承天太后稱制，韓德讓以南院樞密使的身份"總宿衛事"。統和十七年（999），北院樞密使、魏王耶律斜軫病故，承天太后以韓德讓兼知北院樞密使事，至此，遼朝的蕃漢軍政大權集於其一身。統和二十二年，承天太后又賜韓德讓姓耶律，徙封晉王，並且仍舊爲大丞

相，事無不統。次年十一月，她又詔德讓“出宮籍，屬於横帳”。二十八年更名耶律隆運。本書卷八二有傳。　上京皇城使：“皇”，原本作“隍”，據中華點校本校勘記，依上文“亦曰上京皇城使”及卷八二本傳改。

[3]東京軍巡使：【劉校】“使”原本作“吏”，明抄本、南監本、北監本和殿本均作“使”。中華點校本及修訂本徑改。今從改。

[4]馬人望：字儼叔。高祖馬胤卿，原爲石晉青州刺史，被俘，一族被遷徙至醫巫閭山。人望曾祖廷煦，官至南京留守。人望咸雍年間，進士及第，任松山縣令。轉任涿州新城縣知縣。被擢升中京度支司鹽鐵判官。天祚帝即位後，轉任南京三司度支判官，改任警巡使，後拜參知政事，判南京三司使事，又拜南院樞密使。本書卷一〇五有傳。　父佺：【劉校】據中華點校本校勘記，“佺”，本書卷一〇五《馬人望傳》作“詮”。

[5]耶律和尚（？—1054）：契丹皇族。字特抹，系出季父房。重熙初，補祇候郎君。累遷至同知南院宣徽使事、南面林牙。重熙二十三年（1054），加天平軍節度使、檢校太師，徙中京路按問使。本書卷八九有傳。

[6]耶律古昱（982—1052）：字磨魯堇。工騎射。開泰間，爲烏古敵烈部都監。從樞密使耶律世良討平該部反叛，以功受詔鎮撫西北部。中京盜起，命古昱爲巡邏使。重熙二十二年，改天成軍節度使。卒於官。年七十。本書卷九二有傳。

[7]隆慶（？—1016）：即耶律隆慶，隆緒同母弟。統和中進封爲梁國王，拜南京留守，手握重兵，稱雄一方。統和十七年南征，隆慶率軍爲先鋒，至瀛州（今河北省河間市），與宋將范廷召相遇，隆慶命蕭柳迎戰，將宋軍擊潰，並圍而殲之。十九年，他復敗宋人於行唐（今屬河北省）。他的權勢、地位不斷上升，威脅著遼聖宗。《宋朝事實類苑》卷七七引《乘軺録》稱其“調度之物，悉侈於隆緒”。

[8]南京侍衛親軍馬步軍都指揮使司：隸屬元帥府的軍事機關，

非屬南面官。遼“南衙不主兵”。

[9]蕭討古：北府宰相蕭敵魯之孫。見本書卷六七《外戚表》。

[10]南京栗園司：遼於南京置栗園司。據本書卷一〇三《蕭韓家奴傳》載統和中蕭韓家奴爲右通進，典南京栗園。後興宗命爲詩友。興宗嘗從容問曰：“卿居外有異聞乎？”韓家奴對曰：“臣惟知炒栗：小者熟，則大者必生；大者熟，則小者必焦。使大小均熟，始爲盡美。不知其他。”

[11]雲州：治所在今山西省大同市。

[12]邢抱朴（？—1004）：應州人。保寧初，爲政事舍人、知制誥。統和四年，加户部尚書。遷翰林學士承旨，與室昉同修《實録》。十二年，拜參知政事。改南院樞密使，二十二年卒，贈侍中。本書卷八〇有傳。【劉校】抱朴，原誤“抱質”，中華點校本據本書卷一一《聖宗本紀二》統和四年六月及卷八〇本傳改。今從改。

南面大蕃府官

黄龍府：[1]

知黄龍府事，興宗重熙十三年見知黄龍府事耶律甌里斯。

同知黄龍府事。

黄龍府判官。

黄龍府侍衛親軍馬步軍都指揮使。

黄龍府侍衛親軍都指揮使。

黄龍府侍衛親軍副指揮使。

黄龍府侍衛馬軍都指揮使。

黄龍府侍衛步軍都指揮使。

黄龍府侍衛馬軍副指揮使。

黄龍府侍衛步軍副指揮使。

黄龍府學。

博士。

助教。

興中府：[2]

知興中府事。咸雍元年見知興中府事楊績。

同知興中府事。

興中府判官。

興中府學。

博士。

助教。

[1]黄龍府：治所在今吉林省農安縣。地近生女真界，是軍事重地。遼朝南衙不主兵，部族、屬國之事也統歸北面官，故黄龍府不可能隸屬南面官。

[2]興中府：治所在今遼寧省朝陽市。據本書卷三九《地理志三》，興中府隋唐原爲柳城郡，隸屬營州，“後爲奚所據。太祖平奚及俘燕民，將建城，命韓知方擇其處。乃完葺柳城，號霸州彰武軍，節度。統和中，制置建、霸、宜、錦、白川等五州。尋落制置，隸積慶宫。後屬興聖宫。重熙十年升興中府”。興中府所轄各州都是契丹以俘户建立的頭下州，且隸屬宫衛，並不歸南面官統轄。

南面方州官

遼東、西，燕、秦、漢、唐已置郡縣，設官職矣。高麗、渤海因之。[1]至遼，五京列峙，包括燕代，[2]悉爲畿甸。二百餘年，城郭相望，田野益闢。冠以節度，承以觀察、防禦、團練等使，分以刺史、縣令，大略采用唐制。其間宗室、外戚、大臣之家築城賜額，謂之“頭下州軍”；[3]唯節度使朝廷命之，後往往皆歸王府。不能州者謂之軍，不能縣者謂之城，不能城者謂之堡。其設官則未詳云。

［1］高麗：此指高句麗。唐以前佔據遼東的是高句麗，非高麗。

［2］燕代：指燕雲十六州。

［3］頭下軍州：又稱“頭下州軍”，在歷史上，遼朝首次將頭下制度納入國家行政體制。然而，究竟什麽是頭下軍州？這個問題在《遼史》中並没有提供現成答案。由頭下可以組成州，如果規模較小，則可以建成低級的行政單位：“不能州者謂之軍，不能縣者謂之城，不能城者謂之堡。”這樣的州、縣、城、堡都是在爲“置生口”、經“團集”而成爲頭下的基礎上建立的。朝廷賜州縣額的城郭即爲頭下州、縣，不賜州縣額的漢城，因其規模較小，則可以成爲“城”或“堡”。遼朝衹允許宗室、外戚、公主建頭下州、縣，實際上就是以國家權力保證他們能夠占有較大範圍的土地和依附於這塊土地上的俘户——漢人、渤海人或高麗人。在他們占有的頭下州、縣範圍内，有衆多的頭下人户爲他們納税。税收歸頭下州的主人，頭下州不隸屬南面官。上京、中京諸州幾乎盡是隸屬諸宫衛以及王公、外戚的頭下州，東京地區也有大量頭下州，頭下州雖然也有朝廷任命的節度史，但刺史以下皆以本主部曲充當，官位九品之下及井邑商賈之家，徵税各歸頭下；唯酒税課納上京鹽鐵司。

節度使職名總目：

某州某軍節度使。

某州某軍節度副使。

同知節度使事，耶律玦重熙中同知遼興軍節度使事。

行軍司馬。

軍事判官。

掌書記，劉伸重熙五年爲彰武軍節度使掌書記。[1]

衙官。

某馬步軍都指揮使司：

都指揮使。

副指揮使。

某馬軍指揮使司：

指揮使。

副指揮使。

某步軍指揮使司。

指揮使。

副指揮使。

[1]彰武：霸州軍號。後升興中府，治所在今遼寧省朝陽市。

上京道：[1]

懷州奉陵軍節度使司。

慶州玄寧軍節度使司。

泰州德昌軍節度使司。

長春州韶陽軍節度使司。

儀坤州啓聖軍節度使司。

龍化州興國軍節度使司。[2]

饒州匡義軍節度使司。
徽州宣德軍節度使司。
成州長慶軍節度使司。
懿州廣順軍節度使司。
渭州高陽軍節度使司。
鎮州建安軍節度使司。

［1］上京道：【劉校】據中華點校本校勘記，據本書卷三七《地理志一》，上京道缺祖州天成軍節度使司。

［2］龍化州：地名。傳説契丹始祖奇首可汗居此，原稱龍庭。治所在今内蒙古自治區奈曼旗東北。唐天復二年（902），阿保機成爲迭剌部夷离堇，破代北，遷徙代北居民，於此建州。《武經總要》前集卷一六下《戎狄舊地》："龍化州，州在木葉山東千里。阿保機始置四樓，此即是東樓也。會病卒葬於西南山，即今祖州也。以所卒之地置州，曰龍化門，化州也。東至泉州二十里，西至降聖州五十里，西南至蔚州四十里，南至遂州二百里，北至夢送河五十里。"

東京道：
開州鎮國軍節度使司。
保州宣義軍節度使司。
辰州奉國軍節度使司。
興州中興軍節度使司。
海州南海軍節度使司。
渌州鴨渌軍節度使司。
顯州奉先軍節度使司。
乾州廣德軍節度使司。

貴德州寧遠軍節度使司。
瀋州昭德軍節度使司。
遼州始平軍節度使司。
通州安遠軍節度使司。
雙州保安軍節度使司。[1]
同州鎮安軍節度使司。
咸州安東軍節度使司。
信州彰聖軍節度使司。
賓州懷化軍節度使司。
懿州寧昌軍節度使司。
蘇州安復軍節度使司。
復州懷德軍節度使司。
祥州瑞聖軍節度使司。[2]

[1]雙州：治所在今遼寧省鐵嶺市西南古城子村。《武經總要》前集卷一六下《戎狄舊地》："雙州，契丹號保安軍，有通吳軍營壘，東至逆流河二里入生女真界，西至遼州七十里，南至瀋州七十里，北至渝州百二十里。"

[2]祥州：治所在今吉林省農安縣東北萬金塔鄉。

中京道：
成州興府軍節度使司。
興中府彰武軍節度使司。[1]
宜州崇義軍節度使司。
錦州臨海軍節度使司。
川州長寧軍節度使司。

建州保靜軍節度使司。
來州歸德軍節度使司。

[1]興中府彰武軍節度使司：應是霸州彰武軍節度使司。【劉校】據中華點校本校勘記，“按《地理志三》，興中府本霸州彰武軍，重熙十年升府。升府後軍名已廢，已非節度州”。

南京道：
幽州盧龍軍節度使司。[1]
平州遼興軍節度使司。[2]

[1]幽州盧龍軍節度使司：此係幽州入遼之初的設置，後無。【劉校】據中華點校本校勘記，本書卷四〇《地理志四》載，幽州入遼以後即升南京，府曰幽都，軍號盧龍，開泰元年（1012）落軍額，已非節度州。

[2]平州：治所在今河北省盧龍縣。

西京道：[1]
雲中大同軍節度使司。[2]
雲内州開遠軍節度使司。
奉聖州武定軍節度使司。
蔚州忠順軍節度使司。
應州彰國軍節度使司。
朔州順義軍節度使司。

[1]西京道：此處不載豐州天德軍節度使司。按，豐州天德軍本五代後唐所置，阿保機神册五年（920）改軍號爲應天，後爲州，

故應天軍（天德軍）軍額已落，以致不爲史載。【劉校】中華點校本校勘記據本書卷四一《地理志五》云，“西京道缺豐州天德軍節度使司。另天德軍，後亦由招討升節度”。

[2]雲中大同軍節度使司：雲州割隸契丹以前，置雲中大同軍，後升西京。【劉校】中華點校本校勘記據本書卷四一《地理志五》載，大同於重熙十三年（1044）升爲西京，已非節度州。

觀察使職名總目：

某州軍觀察使。

某州軍觀察副使。

某州軍觀察判官，王鼎清寧五年爲易州觀察判官。

州學：

博士。

助教。

中京道：

高州觀察使司。

武安州觀察使司。

利州觀察使司。

東京道：

益州觀察使司。

寧州觀察使司。

歸州觀察使司。

寧江州混同軍觀察使司。

上京道：

永州永昌軍觀察使司。

靜州觀察使司。

團練使司職名總目：

某州團練使。

某州團練副使。

某州團練判官。

州學：

博士。

助教。

東京道：

安州團練使。

防禦使司職名總目：

某州防禦使。

某州防禦副使。

某州防禦判官。

州學：

博士。

助教。

東京道：

廣州防禦使司。

鎮海府防禦使司。

冀州防禦使司。[1]

衍州安廣軍防禦使司。

[1]冀州防禦使司：本書卷三八《地理志二》："冀州，防禦，聖宗建。升永安軍。"該州爲聖宗所建的防禦州，後升永安軍，即不再是防禦州。故中華點校本校勘記所言不確。【劉校】中華點校本校勘記云，"據《地理志》二，應作冀州永安軍防禦使司"。

州刺史職名總目：

某州刺史。

某州同知州事，耶律獨攧重熙中同知金肅軍事。[1]

某州録事參軍，世宗天禄五年，詔州録事參軍委政事省差注。

州學：

博士。

助教。

上京道五州：烏、降聖、維、防、招。

東京道三十七州：穆、賀、盧、鐵、崇、耀、嬪、遼西、康、宗、海北、巖、集、祺、遂、韓、銀、安遠、威、清、雍、湖、渤、郢、銅、涑、率賓、定理、鐵利、吉、麓、荆、勝、順化、連、肅、烏。[2]

中京道十三州：恩、惠、榆、澤、北安、潭、松山、安德、黔、嚴、隰、遷、潤。[3]

南京道八州：順、檀、涿、易、薊、景、灤、營。

西京道八州：弘、德、寧邊、歸化、可汗、儒、武、東勝。

[1]金肅軍：治所在今内蒙古自治區准格爾旗西北。

[2]東京道三十七州：【劉校】中華點校本校勘記云，“據《地理志》二，賀州下應有宣州、懷化軍，嬪州下應有嘉州。總數四十。又《地理志》，勝州作滕州；無烏州，有安州”。

[3]松山：治所在今内蒙古自治區赤峰市松山區。 隰：原誤“濕”。中華點校本據本書卷三九《地理志三》及《金史·地理志》改。今從改。

縣職名總目：

某縣令。

某縣丞。

某縣主簿，世宗天禄五年，詔縣主簿委政事省差注。[1]

某縣尉。

縣學，大公鼎爲良鄉縣尹，[2]建孔子廟：

博士。

助教。

五京諸州屬縣，見《地理志》。縣有驛遞、馬牛、旗鼓、鄉正、廳隸、倉司等役。有破産不能給者，良民患之。馬人望設法，使民出錢免役，[3]官自募人，倉司給使以公使充，人以爲便。

[1]委政事省差注：【靳校】原本闕“委”字，中華點校本及修訂本依殿本及本書上下文意補。修訂本校勘記云，本書卷五《世宗紀》天禄五年（951）五月壬戌，“詔州縣録事參軍、主簿，委政事省銓注”。今據補。

[2]大公鼎爲良鄉縣尹：【劉校】據中華點校本校勘記，本書卷一〇五《大公鼎傳》作“良鄉縣令”。

[3]出錢免役：據本書卷一〇五《馬人望傳》，天祚帝時期人望任南院樞密使，始行令民出錢免役之法，此即北宋境内實行的募役法。

南面分司官

平理庶獄，采摭民隱，漢唐以來，賢主以爲恤民之令典。官不常設，有詔，則選材望官爲之。

分决諸道滯獄使，聖宗統和九年命邢抱朴等五員，又命馬守瑛等三員，分决諸道滯獄。[1]

按察諸道刑獄使，開泰五年遣劉涇等分路按察刑獄。[2]

采訪使，太宗會同三年命于骨鄰爲采訪使。

[1]又命馬守瑛等三員，分决諸道滯獄：【劉校】據中華點校本校勘記，"按《紀》統和九年三月，'復遣庫部員外郎馬守琪、倉部員外郎祁正、虞部員外郎崔佑、薊北縣令崔簡等分决諸道滯獄'。馬守瑛即馬守琪，'三員'應作'四員'"。

[2]開泰五年遣劉涇等分路按察刑獄：【劉校】據中華點校本校勘記，"按《紀》開泰六年七月，'劉涇'作'劉京'"。

南面財賦官

遼國以畜牧、田漁爲稼穡，財賦之官初甚簡易。自涅里教耕織，而後鹽鐵諸利日以滋殖，既得燕代，益富饒矣。

諸錢帛司職名總目：

某州錢帛都點檢，大公鼎爲長春州錢帛都提點。

長春路錢帛司，興宗重熙二十二年置。

遼西路錢帛司。

平州路錢帛司。

轉運司職名總目：

某轉運使。

某轉運副使。

同知某轉運使。

某轉運判官。

山西路都轉運使司，楊晳興宗重熙二十年爲山西轉運使。[1]

奉聖州轉運使司，聖宗開泰三年置。

蔚州轉運使司。

應州轉運使司。

朔州轉運使司。

保州轉運使司，已上並開泰三年置。[2]

西山轉運使，[3]聖宗太平三年見西山轉運使郎玄化。

[1]重熙二十年：【劉校】據中華點校本校勘記，本書卷八九《楊晳傳》作“重熙十二年”。

[2]“奉聖州轉運使司”至“已上並開泰三年置”：【劉校】據中華點校本校勘記，“按《紀》開泰三年三月，南京、奉聖、平、蔚、雲、應、朔等州置轉運使。此缺南京、平州、雲州，多保州”。

[3]西山：中華點校本校勘記疑是“山西”之倒誤。龍門縣(今河北省赤城縣)、懷州（今内蒙古自治區巴林右旗）等地皆有西山，故不能確定“西山”爲倒誤。

南面軍官[1]

《傳》曰："雖楚有材，晉實用之。"遼自太祖以來，攻掠五代、宋境，得其人則就用之，東、北二鄙以農以工，有事則從軍政。計之善者也。

點檢司職名總目：

某都點檢，穆宗應曆十六年見殿前都點檢耶律夷刺葛。[2]

某副點檢，聖宗太平六年見副點檢耶律野。

同知某都點檢，道宗清寧九年見同知點檢司事耶律撻不也。[3]

點檢司。

殿前都點檢司。

點檢侍衛親軍馬步司。

[1]南面軍官：元人不懂遼朝北、南面官制度，故立此目。"南衙不主兵"即南樞密院不掌軍事，南面官系統中不包括軍官。

[2]應曆十六年：【劉校】"應曆"二字原闕，中華修訂本校勘記云，據本書卷七《穆宗紀下》應曆十六年（966）十二月甲子條補。中華點校本徑補。今從。　殿前都點檢：官名。五代後周世宗設置殿前司，以都點檢、副都點檢爲正副長官，位在都指揮使之上，爲禁軍統帥。宋初廢。遼設殿前都點檢，爲南面軍官，當係模倣周制。

[3]耶律撻不也（？—1077）：字撒班，其世系出於季父房。清寧年間補牌印郎君，累遷永興宮使。大康三年（1077），授北院宣徽使。耶律乙辛謀害太子，撻不也知乙辛奸惡，想要殺乙辛及蕭特里得、蕭十三等人。乙辛知道這一消息後，令其同黨誣構撻不也參與廢立事，於是撻不也被殺。本書卷九九有傳。

諸指揮使司職名總目：

某軍都指揮使。聖宗統和二年見侍衛親軍都指揮使韓倬。

某軍副指揮使。

某軍都監。

某軍都指揮使司。

某軍副指揮使司。

並同前。

侍衛親軍馬步軍都指揮使司。

侍衛親軍馬軍都指揮使司。

侍衛親軍步軍都指揮使司。

侍衛控鶴兵馬都指揮使司。

侍衛漢軍兵馬都指揮使司。[1]

四軍兵馬都指揮使司。

歸聖軍兵馬都指揮使司。聖宗統和五年，以宋降軍置七指揮署，左右廂，凡四十二員。七年，隸總管府。

歸聖軍左廂兵馬都指揮使司。

歸聖軍右廂兵馬都指揮使司。

第一左廂兵馬都指揮使司。

第一右廂兵馬都指揮使司。

第二左廂兵馬都指揮使司。

第二右廂兵馬都指揮使司。

第三左廂兵馬都指揮使司。

第三右廂兵馬都指揮使司。

第四左廂兵馬都指揮使司。

第四右厢兵馬都指揮使司。
第五左厢兵馬都指揮使司。
第五右厢兵馬都指揮使司。
第六左厢兵馬都指揮使司。
第六右厢兵馬都指揮使司。
第七左厢兵馬都指揮使司。
第七右厢兵馬都指揮使司。

宣力軍都指揮使司。

四捷軍都指揮使司。

天聖軍都指揮使司。

漢軍都指揮使司。

[1]漢軍：也稱“漢兵”。遼朝有衆多的漢軍，其中有阿保機收編的“山北八軍”以及趙延壽的軍隊。此外，遼朝還有自己按照中原軍隊編制組建的漢軍，其中最重要的是燕京等地的禁軍。據《長編》卷五五宋真宗咸平六年（1003）七月己酉記李信云：“國中所管幽州漢兵，謂之神武、控鶴、羽林、驍武等，約萬八千餘騎。”其中“羽林”“控鶴”是唐、五代禁軍舊有的名號。因此可以斷定李信所説的遼燕京的“漢兵”就是戍衛京城的禁軍。

諸軍都團練使職名總目：

某軍都團練使，趙思温太祖神册二年爲漢軍都團練使。[1]

某軍團練副使。

某軍團練判官。

漢軍都團練使司。

[1]趙思温（？—939）：盧龍（今河北省盧龍縣）人。字文美。原爲燕帥劉仁恭部將，後降後唐莊宗李存勗，任平州刺史兼平營薊三州都指揮使。降遼後從太祖征渤海，爲漢軍都團練使。太宗時，爲南京留守、盧龍軍節度使。本書卷七六有傳。

諸軍兵馬都總管府職名總目：

某兵馬都總管，聖宗太平四年見兵馬都總管。[1]

某兵馬副總管。

同知某兵馬事。

某兵馬判官。

兵馬都總管府。

歸聖軍兵馬都總管府。

[1]太平四年，見兵馬都總管：【劉校】據中華點校本校勘記，“按《紀》太平三年十一月有兵馬都總管韓制心”。

南面邊防官[1]

三皇、五帝寬柔之化，澤及漢、唐。好生惡殺，習與性成。雖五代極亂，習於戰鬥者才幾人耳。[2]宋以文勝，然遼之邊防猶重於南面，直以其地大民衆故耳。卒之親仁善鄰，桴鼓不鳴幾二百年。此遼之所以爲美也歟。

易州飛狐招安使司，[3]聖宗統和二十三年改安撫使司。

易州飛狐兵馬司，道宗咸雍四年改易州安撫司。

易州飛狐招撫司。

西南面招安使司，耶律合住景宗保寧初爲西南面招安使。

巡檢使司，耶律合住景宗保寧中爲巡檢使。

五州都總管府，耶律速撒穆宗應曆初爲義、霸、祥、順、聖五州都總管。[4]

山後五州都管司，[5]聖宗統和四年見蒲奴寧爲山後五州都管。

五州制置使司，聖宗開泰九年見霸、建、宜、泉、錦五州制置使。[6]

三州處置使司，韓德樞太宗時爲平、灤、營三州處置使。

霸州處置使司，統和二十七年廢。

[1]南面邊防官：遼朝無“南面邊防官”，掌南面邊防的機構是設在南京的元帥府。此外掌邊防的還有西南面招討司、西北路招討司、黄龍府都部署司、東京都部署司，皆屬北面。“南面邊防官”一目，與“南面軍官”一樣，皆是元代修史者傳遞的關於遼代官制的錯誤信息。

[2]才幾人耳：【劉校】原本、南監本、北監本均作“財幾人耳”，中華點校本及修訂本據殿本改。今從改。

[3]飛狐：古縣名。今河北省淶源縣在隋、唐、遼、宋、金、元時名飛狐縣。

[4]耶律速撒（？—1002）：字阿敏。應曆初，爲侍從，累遷突呂不部節度使。歷霸、濟、祥、順、聖五州都總管。保寧三年(971)，改九部都詳穩。四年，伐党項，屢立戰功。統和初以來，在邊二十年，安集諸蕃，威信大振。本書卷九四有傳。

[5]山後：又稱山北。即謂雲、應、寰、朔、蔚、新、嬀、儒、武九州。

[6]開泰九年，見霸、建、宜、泉、錦五州制置使：【劉校】據中華點校本校勘記，“按遼無泉州。檢本書卷二九《地理志三》，統和中制置建、霸、宜、錦、白川等五州，‘泉’應是白川之誤”。

（李錫厚注　劉鳳翥校）

遼史　卷四九

志第十八

禮志一

理自天設，情繇人生，以理制情而禮樂之用行焉。[1]林豺梁獺是生郊禘，[2]窪尊燔黍是生燕饗，[3]虆梩瓦棺是生喪葬，[4]儷皮緇布是生婚冠。[5]皇造帝秩三王彌文，[6]一文一質蓋本于忠。[7]變通革弊與時宜之，唯聖人爲能通其意。執理者膠瑟聚訟不適人情，[8]徇情者稊稗綿蕝不中天理。[9]秦漢而降君子無取焉。

[1]禮樂之用：即禮樂的功用。關於禮樂的功用以及理與情的關係，《遼史》禮志序表達的正是宋元理學的觀點。宋人黄榦《勉齋集》卷一七《復饒伯輿》南説："近亦頗覺古人爲學，大抵先於身心上用功……無非欲人檢點身心，存天理，去人慾而已。"所謂"理自天設，情由人生"，也就是理學家的"天理""人欲"之説。禮樂代表的是天理，是用以制約人的情感的。

[2]林豺梁獺：《禮記·王制》云："獺祭魚，然後虞人入澤梁；豺祭獸，然後田獵；鳩化爲鷹，然後設罻羅；草木零落，然後

入山林。”意思是説林中的豺狼秋季獵獲走獸，陳於住地四周，以備過冬食用，古人稱“豺祭獸”；早春時節水獺捕魚陳於水邊，古人稱“獺祭魚”。豺、獺有祭，啟發帝王以祖先配祭上天的郊禘大典。　郊禘：古帝王以祖先配祭昊天上帝的典禮。

[3]窪尊燔黍是生燕饗：鑿地爲尊，黍米放在燒石上加熱取食，這就是燕饗的起源。

[4]虆（léi）梩瓦棺是生喪葬：意思是説簡單裝斂、葬埋就是喪葬制度的開始。《孟子·滕文公上》：“蓋歸反虆梩而掩之，掩之誠是也，則孝子仁人之掩其親，亦必有道矣。”注云：“虆梩，籠臿之屬，可以取土者也。”《鹽鐵論·散不足》云：“古者瓦棺容屍，木板堲周，足以收形骸、藏髮齒而已。”“瓦棺”墓，東南沿海及臺灣等地均有發現。虆，是盛土器；梩，鍬、鍤之類的挖土工具。

[5]儷皮緇（zī）布是生婚冠：意即毛皮黑布，實是婚冠大禮的初階。“儷皮”是指成對的鹿皮。古人用爲聘問、酬謝或訂婚的禮物。《儀禮·士冠禮》：“乃禮賓以壹獻之禮，主人酬賓束帛、儷皮。”鄭玄注：“儷皮，兩鹿皮也。”“緇”是黑色。

[6]皇造帝秩：唐堯、虞舜禪讓有序，有如皇天上帝安排百神的位次一樣。　三王彌文：三王指商湯王、周文王和周武王。“彌文”是説他們不同於唐堯、虞舜禪讓，即位已充滿文明意味。

[7]一文一質：是説堯、舜時期與三王時代的區別，一是文明時代、一是質樸的原始時代。

[8]膠瑟聚訟：執一成不變之説，就有如不懂得調適樂器的音準，以至聚訟紛紜。“膠柱鼓瑟”，亦作“膠柱調瑟”，指不能靈活變通。漢代揚雄《法言·先知》：“以往聖人之法治將來，譬猶膠柱而調瑟。”

[9]稊稗綿蕝：喻運用稗綿等物可以演習整頓朝章典儀。“稊稗”是一種與穀物類似的野草。綿是蠶絲結成的片或團；蕝（蕞jué）是古代朝會時表示位次的茅束。《史記》卷九九《劉敬叔孫通列傳》載，叔孫通欲爲漢高祖立朝儀，遂與魯生三十人及高祖左右

學者及其弟子百餘人“爲綿蕞野外”，演習月餘，朝儀始成。《索隱》引韋昭云：“引繩爲綿，立表爲蕞。”又引賈逵云：“束茅以表位爲蕝。”

遼本朝鮮故壤，[1]箕子八條之教，[2]流風遺俗蓋有存者。自其上世，緣情制宜隱然有尚質之風。遙輦胡剌可汗制祭山儀，[3]蘇可汗制瑟瑟儀，[4]阻午可汗制柴册再生儀，[5]其情朴，其用儉。敬天恤災，施惠本孝，出於悃忱，[6]殆有得於膠瑟聚訟之表者。太古之上，椎輪五禮，[7]何以異兹。太宗克晉，稍用漢禮。

[1]朝鮮故壤：這裏説“遼本朝鮮故壤”，實屬“張冠李戴”，蓋因《遼史》卷三八《地理志二·東京道》將朝鮮半島上的一條名爲“浿水”的河流，“移”到了遼陽附近所致。中華點校本卷三八校勘記認爲本卷“東京遼陽府至中京顯德府”一節是“誤以遼陽爲平壤”。其實不止於此。以下在述及遼陽附近的河流時，除了遼河、渾河、大梁水（太子河）等河流之外，又説到有浿水。並説：“遼陽縣。本渤海國金德縣地。漢浿水縣，高麗改爲勾麗縣，渤海爲常樂縣。”浿水縣，漢屬樂浪郡。據《漢書·地理志》：“樂浪郡，武帝元封三年開。莽曰樂鮮。屬幽州。”該郡下轄二十五縣，其中浿水縣因水得名，“水西至增地入海”。浿水縣不在遼陽，它所屬的樂浪郡，應劭注“故朝鮮國也”。此外，樂浪郡的另一屬縣朝鮮縣，應劭注“武王封箕子於朝鮮”。關於浿水與樂浪郡，《高麗史》卷五八《地理志·樂浪郡》有如下記載：“周武王克商，封箕子於朝鮮，是爲後朝鮮。逮四十一代孫準時有燕人衛滿亡命，聚黨千餘人，來奪準地，都於王險城（原注：險，一作“儉”，即平壤），是爲衛滿朝鮮。其孫右渠不肯奉詔，漢武帝元封二年遣將討之，定爲四郡，以王險爲樂浪郡。……有大同江（原注：即浿江，

又名王城江。江之下流爲九津溺水）。”樂浪郡治所設在王險城，亦即今朝鮮平壤市。浿水或浿江，即流經平壤的大同江。皆與遼之疆域無涉。

［2］八條之教：《漢書·地理志》：“殷殷道衰，箕子去之朝鮮，教其民以禮義，田蠶織作。樂浪朝鮮民犯禁八條：相殺以當時償殺；相傷以穀償；相盜者男没入爲其家奴，女子爲婢，欲自贖者，人五十萬。雖免爲民，欲猶羞之，嫁取無所讎，是以其民終不相盜，無門户之閉，婦人貞信不淫辟。”

［3］遙輦胡剌可汗：傳説爲遙輦氏契丹第三世君主。　祭山儀：又作“拜山儀”。

［4］蘇可汗：傳説爲遙輦氏契丹第四世君主。　瑟瑟儀：契丹禮儀名。又作瑟瑟禮。

［5］阻午：傳説爲遙輦氏契丹第二世君主。

［6］悃（kǔn）忱：誠懇、忠誠之義。漢代班固《白虎通·三教》：“忠形於悃忱，故失野；敬形於祭祀，故失鬼；文形於飾貌，故失薄。”

［7］椎輪五禮：原始的無輻車輪謂之“椎輪”，亦指棧車，此用以比喻五禮草創。“五禮”謂吉禮、凶禮、賓禮、軍禮和嘉禮。

今國史院有金陳大任《遼禮儀志》，[1]皆其國俗之故，又有《遼朝雜禮》，漢儀爲多。别得宣文閣所藏耶律儼《志》，[2]視大任爲加詳。存其略著于篇。

［1］陳大任：金人。曾參與纂修《遼史》。金初纂修《遼史》，此事先由廣寧尹耶律固承擔。未及成書，耶律固先亡，於是又由其門人蕭永祺續成。這部《遼史》有紀三十卷，志五卷和傳四十卷，紀、傳卷數與今本元修《遼史》相同。書成後，未曾刊行。後至章宗時期，先後有移剌履、賈鉉、党懷英及蕭貢等人參與刊修，至泰

和七年（1207）由陳大任完成，但亦未刊行。金亡後，蕭永祺《遼史》稿本已散佚無存，陳大任《遼史》稿本也均已殘缺不全。

[2]耶律儼（？—1113）：析津（今北京市）人。字若思，本姓李氏。咸雍進士。壽昌初，授樞密直學士。拜參知政事。修《皇朝實録》七十卷，至元代纂修《遼史》時，書稿已殘缺不全。本書卷九八有傳。

吉儀

祭山儀：設天神、地祇位于木葉山，東鄉。[1]中立君樹，前植群樹，以像朝班。[2]又偶植二樹，以爲神門。皇帝、皇后至，夷离畢具“禮儀”。[3]牲用赭白馬、玄牛、赤白羊，皆牡。僕臣曰旗鼓拽剌，[4]殺牲，體割，懸之君樹。太巫以酒酹牲。禮官曰敵烈麻都奏“儀辦”。[5]皇帝服金文金冠，白綾袍，絳帶，懸魚，[6]三山絳垂，飾犀玉刀錯，絡縫烏靴。皇后御絳帓，絡縫紅袍，懸玉佩，雙結帕，絡縫烏靴。皇帝、皇后御鞍馬。群臣在南，命婦在北，[7]服從各部旗幟之色以從。皇帝、皇后至君樹前下馬，升南壇御榻坐。群臣、命婦分班，以次入就位；合班，拜訖，復位。皇帝、皇后詣天神、地祇位，致奠；閤門使讀祝訖，[8]復位坐。北府宰相及惕隱以次致奠于君樹，[9]徧及羣樹。樂作。群臣、命婦退。皇帝率孟父、仲父、季父之族，[10]三匝神門樹，餘族七匝。皇帝、皇后再拜，在位者皆再拜。上香，再拜如初。皇帝、皇后升壇，御龍文方茵坐。再聲警，詣祭東所，群臣、命婦從，班列如初。巫衣白衣，惕隱以素巾拜而冠之。巫三致辭。每致辭，皇帝、皇后一拜，在位者皆一拜。皇帝、皇后各舉酒二爵、肉二器，再奠。大臣、命婦右持酒，左持肉各一器，少後立，一奠。命惕隱東向擲之。皇帝、皇后六拜，在位者皆六拜。皇帝、皇后復位坐。命中丞奉茶果、餅餌各二器，奠于天神、地祇位。執事郎君二十人持福酒、胙肉，[11]詣皇帝、皇后前。太巫奠酹訖，皇帝、皇后再拜，在位者皆再拜。皇帝、皇后一拜，飲福，受胙，復位坐。在位者以次飲。皇帝、皇后率羣臣復班位，再拜。聲蹕，一拜。退。

[1]天神、地祇位：木葉山建有始祖廟，奇首可汗在在南廟，可敦在北廟，神位也是南、北分設。“中立君樹”是説在天神、地祇位與群樹之間植君樹。“君樹”代表木葉山神，他被賦與帝王的身份，就如同中原統治者將泰山神稱爲東嶽大帝一樣。　木葉山：此指永州境内一座山，契丹人視此山爲神山，其地在西拉木倫河與老哈河會合處。上建契丹始祖廟，奇首可汗在南廟，可敦（可汗之妻）在北廟，“繪塑二聖並八子神像”。《長編》卷九七宋天禧五年（1021）八月甲申（《宋會要·蕃夷》作天禧四年）記載，宋綬等始至木葉山，“山在中京東微北。自中京東過小河……度土河，亦云撞撞水，聚沙成墩，少人煙，多林木，其河邊平處，國主曾於此過冬。凡八十里至張司空館，七十里至木葉館。離中京皆無館舍，但宿穹帳，欲至木葉三十里許，始有居人瓦屋及僧舍。又歷荆榛荒草，復渡土河，至木葉山，本阿保機葬處。又云祭天之地。東向設氊屋，署曰省方殿，無階，以氊藉地，後有二大帳。次北，又設氊屋，曰慶壽殿，去山尚遠。國主帳在氊屋西北，望之不見”。按，據《營衛志》“省方殿”是冬捺鉢的殿帳，冬捺鉢在廣平淀，在永州東南三十里。可知木葉山即距此不遠。　鄉：通“向”。《漢書》

卷四《文帝紀》記載群臣勸進情形："羣臣皆伏，固請。代王西鄉讓者三，南鄉讓者再。"如淳曰："讓羣臣也。或曰賓主位東、西面，君臣位南、北面。故西鄉坐，三讓不受。羣臣猶稱宜，乃更南鄉坐，示變即君位之漸也。"師古曰："鄉，讀曰嚮。"契丹人拜日，日出東方，故東向而尚左。"君樹"象徵帝王，故東向。遼朝衹有行漢禮時，皇帝纔南向坐。

［2］朝班：遼群臣朝會，按既定次序列隊，稱"排班"，亦即"朝班"。君樹前植方——即其東方植群樹，象徵"朝班"。祭山儀始於何時雖不可考，但植樹以象徵君、臣、朝班的佈局，則應是在太宗以至景宗實行漢禮以後的事。

［3］夷离畢：遼官名。爲執政官，相當於副宰相參知政事。後來官分南、北，北面官有夷离閞畢院，主要掌刑政。

［4］拽剌：契丹語"走卒"謂之"拽剌"，後爲軍官名。有掌旗鼓者，稱"旗鼓拽剌"，還有專司偵候、探報等職者。

［5］敵烈麻都：官名。掌禮官，屬北面官。

［6］懸魚：唐代官吏佩戴盛放魚符（朝廷頒發的魚形符契）的袋，稱懸魚。宋以後，無魚符，仍佩魚袋。《宋史·輿服志五》："魚袋。其制自唐始，蓋以爲符契也……宋因之，其制以金銀飾爲魚形，公服則繫於帶而垂於後，以明貴賤，非復如唐之符契也。"

［7］命婦：有封號的婦人。在宮廷中則妃嬪等稱爲内命婦，在宮廷外則臣下之母妻有封號者稱爲外命婦。《禮記·禮器》："卿大夫從君，命婦從夫人。"唐代陳鴻《長恨歌傳》："每歲十月，駕幸華清宮，内外命婦，熠耀景從。"

［8］閤門使：官名。即古者擯相之職。唐末、五代凡取稟旨命、供奉乘輿、朝會遊宴及贊導三公、群臣、蕃國朝見、辭謝，糾彈失儀之事，由閤門使、副掌管。閤門使多以處武臣。參見《文獻通考·職官十二》。

［9］宰相：契丹部族官名。契丹可汗之下有北、南二府，各部族則分屬二府，故北宰相亦稱北府宰相，南宰相亦稱南府宰相。

[10]孟父、仲父、季父之族：契丹以玄祖之後爲皇族，分爲三房：孟父房、仲父房和季父房。季父房一系太祖阿保機子孫爲“横帳”。本書卷一六《聖宗本紀七》：開泰八年（1019）冬十月癸巳，詔“横帳、三房不得與卑小帳族爲婚；凡嫁娶，必奏而後行”。本書卷四五《百官志一》：“玄祖伯子麻魯無後，次子巖木之後曰孟父房；叔子釋魯曰仲父房；季子爲德祖，德祖之元子是爲太祖天皇帝，謂之横帳；次曰剌葛，曰迭剌，曰寅底石，曰安端，曰蘇，皆曰季父房。”

[11]郎君：即“舍利”，契丹官名。本書卷一一六《國語解》：“契丹豪民要裹頭巾者，納牛駝十頭，馬百匹，乃給官名曰舍利。”

太宗幸幽州大悲閣，[1]遷白衣觀音像建廟木葉山，[2]尊爲家神，於拜山儀過樹之後，增“詣菩薩堂儀”一節，然後拜神，非胡剌可汗之故也。興宗先有事于菩薩堂及木葉山遼河神，然後行拜山儀，冠服、節文多所變更，後因以爲常。神主樹木、懸牲告辦、班位奠祝、致嘏飲福，往往暗合于禮。天理人情放諸四海而準，信矣夫。興宗更制不能正以經術，無以大過於昔，故不載。

[1]幽州：治所在今北京市境内。　大悲閣：在幽州的佛寺名。太宗幸幽州大悲閣：【劉校】中華點校本校勘記云，“宗”原誤“祖”。據本書卷三七《地理志一》永州興王寺遷白衣觀音像事改。

[2]遷白衣觀音像：據本書卷三七《地理志一》永州條，“興王寺，有白衣觀音像，太宗援石晉主中國，自潞州回，入幽州，幸大悲閣，指此像曰：‘我夢神人令送石郎爲中國帝，即此也。’因移木葉山，建廟”。

瑟瑟儀：若旱，擇吉日行瑟瑟儀以祈雨。前期，置百柱天棚。及期，皇帝致奠于先帝御容，乃射柳。[1]皇帝再射，親王、宰執以次各一射。中柳者質誌柳者冠服，不中者以冠服質之。[2]不勝者進飲於勝者，然後各歸其冠服。又翼日，植柳天棚之東南，巫以酒醴，黍稗薦植柳，祝之。皇帝、皇后祭東方畢，子弟射柳。皇族、國舅、群臣與禮者，賜物有差。既三日雨，則賜敵烈麻都馬四疋、衣四襲；否則以水沃之。

道宗清寧元年，皇帝射柳訖，詣風師壇，[3]再拜。

[1]射柳：此爲瑟瑟儀中的一項遊藝活動，但並非始於契丹，其歷史可以追朔至漢魏時期的鮮卑和匈奴。《漢書》卷九四《匈奴傳》："五月大會龍城，祭其先、天地、鬼神。秋，馬肥，大會蹛林，課校人畜計。"注引服虔曰："蹛音帶。匈奴秋社，八月中會祭處也。"師古曰："蹛者，繞林木而祭也。鮮卑之俗自古相傳，秋天之祭，無林木者，尚豎柳枝，衆騎馳遶三周乃止，此其遺法。'計'者，人畜之數。"塞北其他遊牧民族也有與此相關風俗，如高車"其語略與匈奴同而時有小異，或云其先匈奴之甥也"。《魏書》卷一〇三《高車傳》云："俗不清潔，喜致震霆，每震則叫呼射天而棄之移去。至來歲秋馬肥，復相率候於震所，埋羖羊然火、拔刀，女巫祝説，似如中國祓除而群隊馳馬，旋繞百帀乃止。人持一束柳桋，回豎之，以乳酪灌焉。"《長編》卷一一〇宋仁宗天聖九年（1031）六月丁丑載：契丹"每謁木葉山，即射柳枝，諢子唱番歌，前導彈胡琴和之，已事而罷"。此外，祈雨也射柳。金初接待宋使，亦以射柳作爲一種遊樂項目。元朝和明朝也有此類活動。

[2]中柳者質誌柳者冠服，不中者以冠服質之：這裏説的是，射中者取指定目標者的冠服以爲質押，未射中者則以自己的冠服交

與誌柳者爲質。

［3］風師壇：設此壇以祭風伯。

柴册儀：[1]擇吉日。前期置柴册殿及壇。壇之制，厚積薪，以木爲三級，壇置其上，席百尺氈，龍文方茵。又置再生母后搜索之室。皇帝入再生室，行再生儀畢。八部之叟前導後扈，左右扶翼皇帝册殿之東北隅。拜日畢，乘馬，選外戚之老者御。皇帝疾馳，仆，御者、從者以氈覆之。皇帝詣高阜地，大臣、諸部帥列儀仗，遥望以拜。皇帝遣使勑曰："先帝升遐，有伯叔父兄在，當選賢者。冲人不德，何以爲謀？"群臣對曰："臣等以先帝厚恩，陛下明德，咸願盡心，敢有他圖。"皇帝令曰："必從汝等所願，我將信明賞罰。爾有功陟而任之，爾有罪黜而棄之。若聽朕命，則當謨之。"僉曰："唯帝命是從。"皇帝于所識之地，封土石以誌之。遂行。拜先帝御容，宴饗群臣。翼日，皇帝出册殿，護衛太保扶翼升壇。奉七廟神主置龍文方茵。北、南府宰相率群臣圜立，各舉氈邊，贊祝訖，樞密使奉玉寶、玉册入。[2]有司讀册訖，樞密使稱尊號以進，群臣三稱"萬歲"，皆拜。宰相、北南院大王、諸部帥進赭、白羊各一群。皇帝更衣，拜諸帝御容。遂宴群臣，賜賚各有差。

［1］柴册儀：契丹禮儀名。此禮源於中國傳統的"燔柴告天"，是古代天子祭天之禮。據《爾雅·釋天》："祭天曰燔柴。"行禮時，積薪於壇，取玉及牲置於柴上焚燒。此禮與契丹的再生禮合併舉

行，是爲契丹部落聯盟選汗和遼建國後新皇帝即位舉行的禮儀。相傳遙輦氏阻午可汗始制此儀，遼朝建國後有所增飾。

[2]樞密使：此爲契丹樞密院即北樞密院之樞密使，爲北面官之最高官職，掌軍事、部族。詳見本書卷四五《百官志一》。　玉寶：即玉璽。天子或后妃的玉印。據《新唐書·車服志》："至武后，改諸璽皆爲寶。"據本書卷五七《儀衛志三》《符印》，會同九年（947），太宗討伐後晉，末帝上降表並交出傳國寶一件、金印三件，符瑞即帝王受命於天的徵兆。於此時歸遼。　玉册：亦作"玉策"。古代册書的一種，帝王祭祀告天或上尊號用之。用玉簡製成。

拜日儀：[1]皇帝升露臺，[2]設褥，向日再拜，上香。門使通，閤使或副："應拜臣僚殿左右階陪位，再拜。"皇帝昇坐。奏牓訖，[3]北班起居畢，時相已下通名再拜，不出班，奏"聖躬萬福"。又再拜，各祗候。宣徽已下横班同。[4]諸司、閤門、北面先奏事；餘同。教坊與臣僚同。

[1]拜日儀：拜日也是塞北故有習俗。《漢書》卷九四《匈奴傳》載："單于朝出營拜日之始生，夕拜月。"塞北寒冷、人們生活在嚴酷的自然環境中，自然會産生對太陽的崇拜，因爲太陽給他們帶來温暖和光明。本書卷四九《禮志一》記載，遼朝皇帝有拜日儀。此外，本書卷五三《禮志六》《皇后生辰儀》也記載"臣僚昧爽朝。皇帝、皇后大帳前拜日，契丹、漢人臣僚陪拜。"契丹人拜日，在宋人詩中多有反映。劉攽有詩云："飲冰重見古人心，絶幕仍當暮雪深。朝出穹廬隨拜日，夜鳴刁斗候横參。胡兒射鴈爭娱客，羌女聽笳卻走林。聞説虜情親博望，一言珍重萬黄金。"（《彭城集》卷一三《次韻和張舍人使北歸》）他的另一首詩，也言及契丹人拜日："朔雪如沙萬里程，幽陰戴斗正嚴凝。終軍何必功横

草，沈尹無煩夕飲冰。茗粥邇來誇湩酪，氈裘仍自愧綿繒。歲寒拜日穹廬外，想見東南瑞氣升。(《彭城集》卷一三《王仲至使北》)

[2]露臺：明人周祈《名義考》卷三《堂室》："今人以正寢爲堂，燕寢爲室，殊非。堂，蓋正寢前露臺也。"他又引《爾雅》"古者爲室，自半以前虛之，謂之堂；半以後實之，謂之室"。所謂"半以前虛之"，也就是屋室前與之相接的露臺。皇家宮殿的露臺更寬敞、更豪華。

[3]奏牓訖：奏已經榜示拜日臣僚名單完畢。

[4]宣徽：即宣徽使。遼朝官名。遼設北、南宣徽，分隸北南樞密院之下。宣徽北院使常執行軍事使命。此外，宣徽使還掌領朝會、宴饗、禮儀、祭祀及御前祗應之事。　橫班：按照朝會時排班的位序，宋定内客省使至閤門使曰横班。據《玉海》卷七〇所載《唐貞元班序勑》，貞元二年（786）九月五日勑，文武百官朝謁班序："中書、門下各以本官序，供奉官在横班序，若入閤則各隨左右省主。御史大夫、中丞、侍御史在左，殿中侍御史在右。通事舍人分左右立，文武官行立班序。"

告廟儀：[1]至日臣僚昧爽朝服，詣太祖廟。次引臣僚合班，先見御容，再拜畢，引班首左上至褥位，再拜。贊："上香。"揖"欄内上香"畢，復褥位，再拜。各祗候立定。左右舉告廟祝版於御容前跪捧。[2]中書舍人俛跪讀訖，[3]俛興，[4]退。引班首左下復位，又再拜。分引上殿，次第進酒三。分班引出。

[1]告廟：古代祭祀行爲。天子或諸侯出巡或遇兵戎等重大事件而祭告祖廟。《左傳·桓公二年》："凡公行，告於宗廟，反行飲至，舍爵策勳焉，禮也。"《新五代史·伶官傳序》："莊宗受（三矢）而藏之於廟，其後用兵，則遣從事以一少牢告廟，請其矢，盛

以錦囊，負而前驅。”

[2]告廟祝版：即一塊寫有告廟祝辭的木板。

[3]俛跪：躬身下跪。“俛”，“俯”之異體。

[4]俛興：躬身站起。

謁廟儀：至日昧爽，南北臣僚各具朝服赴廟。車駕至，臣僚於門外依位序立，望駕鞠躬。班首不出班奏“聖躬萬福”。舍人贊“各祗候”畢，皇帝降車，分引南北臣僚左右入，至丹墀褥位。合班定，皇帝升露臺褥位。宣徽贊，“皇帝再拜”，殿上、下臣僚陪位皆再拜。上香畢，退，復位，再拜。分引臣僚左、右上殿位立，[1]進御容酒。依常禮：若即退，再拜。[2]舍人贊“好去”，引退。禮畢。

[1]上殿位立：按照上殿排班圖所示位置站立。

[2]這裏所謂的“常禮”是指舊時禮節，來時見面要行禮，分別時要再行禮。上至統治者，下至老百姓概莫能外。“依常禮：若即退，再拜”就是説進酒之後“依常禮”，若立即引退，則要“再拜”。

告廟、謁廟皆曰“拜容”，以先帝、先后生辰及忌辰行禮，自太宗始也。其後正旦、皇帝生辰、諸節辰皆行之。若忌辰及車駕行幸亦嘗遣使行禮。凡瑟瑟、柴册、再生、納后則親行之。凡柴册、親征則告，幸諸京則謁。四時有薦新。[1]

[1]薦新：祭祀祖宗陵廟的禮儀之一。唐制定在每年九月一日薦衣於陵寢。天寶二年（743）八月制（《唐大詔令集》卷七七《九月一日薦衣陵寢制》）："禋祀者，所以展誠敬之心；薦新者，所以申霜露之思。是知先王制禮，葢緣情而感時。朕纘承丕業，肅恭祀事，至於諸節，當修薦享。""自今以後，每至九月一日薦衣於陵寢。貽範千載，庶展孝思。"顧炎武《日知録》卷一五《陵》："今關中之俗有所謂送寒衣者，其遺教也，今俗乃用十月一日。"而遼制則四時有薦新。

孟冬朔拜陵儀：有司設酒饌于山陵。[1]皇帝、皇后駕至，敵烈麻都奏"儀辦"。閤門使贊："皇帝、皇后詣位，四拜。"訖。巫贊祝，燔胙及時服，[2]酹酒、薦牲。[3]大臣、命婦以次燔胙，四拜。皇帝、皇后率群臣、命婦循諸陵各三匝。還宫。翼日，群臣入謝。

[1]山陵：帝、后的墳墓。《水經注》卷一九《渭水三》："秦名天子塚曰山，漢曰陵，故通曰山陵矣。"拜陵，起於東晉，因其"非晉舊典"，屢遭非議。至唐代，拜陵仍然是引起爭議的話題。《舊唐書》卷二四《禮志》天寶八載（749）十一月，制："親巡陵改爲朝陵，有司行事爲拜陵。"唐朝皇帝是不拜陵的，"有司行事"纔稱爲"拜陵"。宋朝皇帝也不拜陵，而是遣宗室拜陵。遼朝拜陵，明顯多是契丹傳統。

[2]巫贊祝，燔胙（zuò）及時服：巫者向死者通報有烤好的肉即"燔胙"及適時服裝。

[3]薦牲：即獻牲。

爇節儀：皇帝即位，凡征伐叛國俘掠人民、或臣下進獻人口、或犯罪没官户，皇帝親覽閒田建州縣以居之，設官治其事。及帝崩，所置人户、府庫、錢粟，穹廬中置小氈殿，帝及后妃皆鑄金像納焉。節辰、忌日、朔望，皆致祭于穹廬之前。又築土爲臺，高丈餘，置大盤于上，祭酒食撤於其中，[1]焚之，國俗謂之爇節。[2]

[1]祭酒食撤於其中：【劉校】撤，原本、南监本、北监本均作“撤”，明抄本、殿本作“徹”，中華點校本及修訂本據明抄本、殿本改。今從改。

[2]爇節：又稱“燒飯”。《長編》卷一一〇天聖九年（1031）六月丁丑朔載：［契丹］每其主立，聚所剽人户馬牛金帛及其下所獻生口或犯罪没入者，别爲行宫領之。建州縣，置官屬。既死，則設大穹廬，鑄金爲像。朔望節辰忌日，輒致祭。築臺高逾丈，以盆焚食，謂之燒飯。

歲除儀：初夕，[1]敕使及夷离畢率執事郎君至殿前，以鹽及羊膏置爐中燎之。巫及大巫以次贊祝火神訖，[2]閤門使贊皇帝面火再拜。

初，皇帝皆親拜，至道宗始命夷离畢拜之。

[1]歲除儀：所谓“歲除儀”是“初夕”——而不是“除夕”的活動，初夕也就是《契丹國志·歲時雜記》所記正月一日夜晚。這顯然不能謂之“歲除儀”，是《遼史》編纂者定名之誤。一年最後一天的夜晚稱爲“除夕”，舊歲至此夕而除，次日即新歲。清人吳景旭《歷代詩話》卷五一《除日》：“除猶易也，以新易舊曰除，如新舊歲之交謂之‘歲除’。”宋人曾几《茶山集》卷六有以“壬戌歲除作明朝六十歲矣”爲題的一首詩，末兩句是：“休言四十明

朝過，看取霜髯六十翁。”“歲除”是指十二月的最後一日，年初一稱“元日”。

［2］火神：神話中司火之神，上古傳説中有燧人氏。契丹族與中國北方許多信奉薩滿教的民族一樣，也崇拜火神。

（李錫厚注　劉鳳翥校）

遼史　卷五〇

志第十九

禮志二

凶儀

喪葬儀：聖宗崩，興宗哭臨于菆塗殿。[1]大行之夕四鼓終，[2]皇帝率群臣入，柩前三致奠。奉柩出殿之西北門，就轀輬車，[3]藉以素裀。巫者祓除之。[4]詰旦發引，至祭所，凡五致奠。太巫祈禳。[5]皇族、外戚、大臣、諸京官以次致祭。乃以衣、弓矢、鞍勒、圖畫、馬駞、儀衛等物皆燔之。至山陵，葬畢，上哀册。[6]皇帝御幄，命改火，面火致奠，三拜。又東向再拜天地訖。乘馬，率送葬者過神門之木乃下，[7]東向又再拜。翼日詰旦率群臣、命婦詣山陵，行初奠之禮，[8]升御容殿，受遺賜。又翼日，再奠如初。

興宗崩，道宗親擇地以葬。道宗崩，菆塗于遊仙殿，有司奉喪服。天祚皇帝問禮于總知翰林院事耶律固，始服斬衰，[9]皇族、外戚、使相、矮墩官及郎君服如之，[10]餘官及承應人皆白枲衣巾以入，[11]哭臨。惕隱、三父房、南府宰相、遙輦常衮、九奚首郎君、夷离畢、國舅詳穩、十閘撒郎君、南院大王郎君，[12]各以次薦奠，進鞍馬、衣襲、犀玉帶等物，表列其數，讀訖焚表。諸國所賻器服，[13]親王、諸京留守奠祭進賻物亦如之。先帝小斂前一日，[14]皇帝喪服上香，奠酒，哭臨。其夜北院樞密使、契丹行宫都部署入，[15]小斂。翼日，遣北院樞密副使、林牙，[16]以所賵器服置之幽宫。[17]靈柩升車，親王推之，至食羖之次。蓋遼國舊俗，於此刑羖羊以祭。[18]皇族、外戚、諸京州官以次致祭。至葬所，靈柩降車就轝，[19]皇帝免喪服，步引至長福岡。是夕，皇帝入陵寢，授遺物于皇族、外戚及諸大臣，乃出。命以先帝寢幄，過於陵前神門之木。帝不親往，遣近侍冠服赴之。初奠，皇帝、皇后率皇族、外戚、使相、節度使、夫人以上命婦皆拜祭，循陵三匝而降。[20]再奠如初。辭陵而還。

[1]菆塗殿：停放靈柩之殿。《禮記·檀弓上》："天子之殯也，菆塗龍輴以槨。"原意爲堆疊木材於輴上爲槨形而塗之。後引申爲停放靈柩。

[2]大行：古代稱剛死而尚未定謚號的皇帝、皇后爲"大行皇帝""大行皇后"。《後漢書·安帝紀》："孝和皇帝懿德巍巍，光於四海；大行皇帝不永天年。"李賢注引韋昭曰："大行者，不反之辭也。天子崩，未有謚，故稱大行也。""在殯"，死者入殮後停柩以待葬。

[3]轀輬車：古代的卧車。亦用作喪車。《史記》卷八七《李

斯列傳》："李斯以爲上在外崩，無真太子，故祕之。置始皇居輼輬車。"

［4］祓（fú）除：有洗滌、清除之義，如"祓除不祥"。

［5］祈禳：道教最富特色的法術。祈即祈禱，指禱告神明以求平息災禍、福慶延長；内容廣泛，幾乎覆蓋社會生活的一切方面。

［6］哀册：文體的一種。用於頌揚帝王、后妃以及皇儲生前功德，刻石埋入陵墓中。遼代聖宗及其兩個皇后的漢字哀册、遼道宗皇帝和宣懿皇后的契丹小字和漢字的哀册石刻均現藏遼寧省博物館。遼興宗和仁義皇后的契丹小字和漢字册文仍埋在今内蒙古自治區巴林右旗索博日嘎鎮的瓦林忙哈地方的永興陵内。漢字和契丹小字的義和仁壽皇太叔祖的哀册石刻現存巴林右旗博物館。這些都是研究契丹小字的重要資料。

［7］神門之木：即象徵"神門"的二樹之間。參本書卷四九《禮志一·祭山儀》。

［8］初奠：置祭品祭祀鬼神或亡靈謂之奠。《禮記·檀弓下》："奠以素器，以生者有哀素之心也。"孔穎達《疏》："奠謂始死至葬之時祭名。""初奠"謂始死時之奠。

［9］斬衰：舊時五種喪服中最重的一種。用粗麻布製成，左右和下邊不縫。服制三年。子及未嫁女爲父母，媳爲公婆，承重孫爲祖父母，妻妾爲夫，均服斬衰。

［10］矮墩官：言契丹官員級别。本書卷一一六《國語解》："遼《排班圖》，有高墩、矮墩、方墩之列。自大丞相至阿扎割只，皆墩官也。"朝會時，臣僚有坐有立，所謂墩官，即在朝會時可就座者，因此，宋人陸游《老學庵筆記》卷八徑稱高墩官爲座官："契丹僭號有高坐官。"地位顯然比侍立者高。矮墩官地位則在高墩之下。宋使路振於大中祥符元年（遼統和二十六年，1008）使遼，遼聖宗在中京大内武功殿上接見。他在《乘軺録》（《宋朝事實類苑》卷七七）中記載聖宗見宋使的儀式説聖宗"左右侍立凡數人，皆胡豎。黄金飾柸案，四面懸金紡絳絲結網而爲案帳。漢官凡八人，分

東西偏而坐，坐皆繡墩”。　郎君：契丹官名。即“舍利”，卷一一六《國語解》：“契丹豪民要裹頭巾者，納牛駝十頭，馬百匹，乃給官名曰舍利。”

[11]白枲衣巾：傳統的喪服。“枲”即麻。

[12]惕隱：契丹官名。又稱梯里已，掌皇族政教。　宰相：契丹部族官名。契丹可汗之下有北、南二府，各部族則分屬二府，故北宰相亦稱北府宰相，南宰相亦稱南府宰相。　夷离畢：遼官名。爲執政官，相當於副宰相參知政事。後來官分南、北，北面官有夷离畢院，主要掌刑政。　詳穩：遼朝軍官名。元帥府下設大詳穩司。

[13]賻（fù）：出錢財助人辦理喪葬事，稱爲“賻金”“賻贈”。

[14]小斂：一種喪禮的儀式。即爲死者加斂衣。《禮記·喪服大記》：“小斂，君大夫、士皆用複衣、複衾。”《續漢志·禮儀志》下記載皇帝駕崩小斂，“是日，夜，下竹使符告郡國二千石、諸侯王。竹使符到，皆伏器盡哀，小斂如禮”。

[15]契丹行宮都部署：遼北面行宮官。遼在北南面官系統中，分別設契丹行宮都部署和漢人行宮都部署，其上則有諸行宮都部署。行宮都部署完全是倣中原王朝官制設置的，它不同於專管斡魯朶事務的某宮都部署的宮官。宋朝皇帝巡幸亦有行宮，且亦有行宮都部署之設。後避英宗趙曙名諱，改稱行宮都總管。

[16]林牙：契丹官名。掌文翰，相當於翰林學士。

[17]賵（fèng）：指送財物助人辦喪事的行爲，亦指助人辦喪事的財物。　幽宮：謂墳墓。唐代王維《過秦皇墓》詩：“古墓成蒼嶺，幽宮象紫臺。”

[18]羖（gǔ）羊：黑色的公羊。

[19]轝：同“輿”。

[20]循陵三匝而降：【劉校】“三”原本作“二”，明抄本、南監本、北監本、殿本均作“三”。中華點校本及修訂本徑改。今從改。

上謚册儀：先一日，於菆塗殿西廊設御幄并臣僚幕次。太樂令展宮懸於殿庭，[1]協律郎設舉麾位。[2]至日，北、南面臣僚朝服，昧爽赴菆塗殿。先置册、寶案于西廊下。[3]閤使引皇帝至御幄，服寬衣、皂帶。臣僚班齊，[4]分班引入，嚮殿合班立定。引册案上殿至褥位，寶案次之，設於西階。閤使引皇帝自西階升殿。初行樂作，至位立樂止。宣徽使揖"皇帝鞠躬、再拜"，陪位者皆再拜。翰林使執臺琖以進，[5]皇帝再拜。引至神座前，跪奠三，樂作；進奠訖，復位，樂止。又再拜，陪位者皆再拜。引皇帝于神座前北面立，捧册函者去蓋進前跪。册案退，置殿西壁下。引讀册者進前，俛伏跪，[6]自通全銜臣讀謚册。[7]讀訖，俛伏興，[8]復位。捧册函者置于案上。捧寶函者進前跪，讀寶官通銜跪讀訖，引皇帝至褥位再拜，陪位者皆再拜。禮畢，引皇帝歸御幄。初行樂作，至御幄樂止。引臣僚分班出。若皇太后奠酒，依常儀。

[1]太樂令：官名。太樂署長官。其職掌調樂器的音律及音樂人才的培養。《新唐書》卷四八《百官志三》載："大樂署令二人，從七品下……掌調鐘律，以供祭饗。凡習樂，立師以教而歲考其師之課業，爲三等，以上禮部，十年大校，未成則五年而校，以番上下。有故及不任供奉，則輸資錢以充伎衣、樂器之用。"　宮懸：古代鐘磬等樂器懸掛在架上，其形制因用樂者身份地位不同而有別。帝王懸掛四面，象徵宮室四面的牆壁，故名"宮縣"。

[2]協律郎：官名。正八品上，掌和律吕，即負責指揮皇家樂隊演奏。《新唐書》卷一一《禮樂志一》載，演奏時，"協律郎跪

俛伏舉麾"。麾落下即樂止。

[3]册：即玉册，亦作"玉策"。古代册書的一種，帝王祭祀告天或上尊號用之。用玉簡製成。　寶：即玉印，亦稱"玉璽"。天子或后妃的玉印。據《新唐書·車服志》"至武后，改諸璽皆爲寶"。據本書卷五七《儀衛志三·符印》，會同九年（947），太宗討伐後晉，末帝上降表並交出傳國寶一件、金印三件，傳國璽於此時歸遼。

[4]班齊：言臣僚按照"排班圖"列隊完畢。

[5]翰林使：官名。翰林院的侍讀、侍講、修撰、編修、檢討等，皆謂之翰林使。

[6]俛伏跪：躬身伏地下跪。

[7]自通全銜：自己通報全部名銜。

[8]俛伏興：躬身伏地起身。

忌辰儀：先一日，奏忌辰榜子，[1]預寫名紙。大紙一幅，用陰面後第三行書"文、武百僚宰臣某以下謹詣西上閤門進名奉慰"。至日，應拜大小臣僚並皂衣、皂鞓帶，[2]四鼓至時，於幕次前在京於僧寺班齊，依位望闕敘立。[3]直日舍人跪右，執名紙在前，班首以下皆再拜。引退。名紙於宣徽使面付内侍奏聞。

[1]榜子：臣下奏事文書體裁之一種。明人方以智《通雅》卷三一《器物》："唐人奏事，非表非狀者謂之劄子，亦謂之録子，又謂之榜子。"《通鑑》後唐潞王清泰二年（935）載："或事應嚴密，不以其日；或異日聽於閤門奏牓子。"據此，臣下奏事的榜子要交閤門使。

[2]皂衣：黑衣，素服。亦有著裝樸素之義。《漢書·蕭望之傳》："敞備皁衣二十餘年，嘗聞罪人贖矣，未聞盜賊起也。"顏師

古注引如淳曰："雖有五時服，至朝皆著皁衣。"

[3]望闕：向着宮闕方向。

宋使祭奠弔慰儀：太皇太后至菆塗殿，[1]服喪服。太后於北間南面垂簾坐，皇帝於南間北面坐。宋使至幕次，宣賜素服、皂帶。更衣訖，引南、北臣僚入班，立定。可矮墩以下並上殿依位立。先引祭奠使副捧祭文南洞門入殿，上下臣僚並舉哀，至丹墀立定。[2]西上閤門使自南階下，受祭文，上殿啟封，置於香案，哭止。祭奠禮物列殿前。引使副南階上殿至褥位立，[3]揖，再拜。引大使近前上香，退，再拜。大使近前跪，捧臺琖，進奠酒三，教坊奏樂，退，再拜。揖"中書二舍人跪捧祭文"，引大使近前俛伏跪，讀訖，舉哀。引使、副下殿立定，哭止。禮物擔牀出畢，引使副近南面北立。勾弔慰使副南洞門入。四使同見大行皇帝靈，[4]再拜。引出，歸幕次。皇太后別殿坐，服喪服。先引北、南面臣僚並於殿上、下依位立，弔慰使副捧書匣右入，當殿立。閤門使右下殿受書匣，上殿奏"封全"。開讀訖，引使副南階上殿，傳達弔慰訖，退，下殿立。引禮物擔床過畢，引使、副近南北面立。勾祭奠使、副入。四使同見，鞠躬，再拜。不出班，奏"聖躬萬福"，再拜。出班，謝面天顏，又再拜，立定。宣徽傳聖旨撫問，就位謝，再拜。引出，歸幕次。皇帝御南殿，服喪服。使副入見，如見皇太后儀，加謝遠接、撫問、湯藥，再拜。次宣賜使副并從人、祭奠使副。別賜讀祭文例物。即日就館賜宴。

高麗、夏國奉弔進賻等使禮略如之。[5]道宗崩，天祚皇帝問禮于耶律固。宋國遣使弔及致祭、歸賵，皇帝喪服御遊仙之北别殿。使入門，皇帝哭。使者詣柩前上香，讀祭文訖，又哭。有司讀遺詔，慟哭。使者出，少頃，復入，陳賻賵于柩前，皇帝入臨哭。退，更衣，御遊仙殿南之幄殿。使者入見且辭，勑有司賜宴於館。

[1]太皇太后：即興宗生母——聖宗欽哀皇后（亦即法天皇太后）。興宗駕崩，道宗即位，當時法天皇太后尚在世，是爲太皇太后，而道宗生母則爲皇太后。

[2]丹墀：指宫殿的赤色臺階或赤色地面。《漢書·外戚傳下·孝成班倢伃》："俯視兮丹墀，思君兮履綦。"顔師古注引孟康曰："丹墀，赤地也。"《宋書·百官志上》："殿以胡粉塗壁，畫古賢烈士。以丹朱色地，謂之丹墀。"

[3]使副：吊慰大使和副使。

[4]四使：指吊慰使及副使，還有祭奠使和副使。

[5]高麗：指王建創建的高麗王朝（918—1392）。統治地域在今朝鮮半島，首都在開京（今朝鮮開城市）。　夏國：指西夏（1038—1227）。以党項民族爲主體建立的政權。公元1038年，李元昊叛宋稱帝，建立大夏王朝，傳十代，至1227年爲蒙古所滅。李元昊稱帝以前，作爲北宋境内的地方割據政權，已經具有獨立性。史稱西夏，先後與遼、北宋及金、南宋並立於中國境内。境土包括今寧夏回族自治區全部、甘肅省大部、陝西省北部以及青海省、内蒙古自治區的部分地區。

宋使告哀儀：[1]皇帝素冠服，臣僚皁袍、皁鞓帶。宋使奉書右入，丹墀内立。西上閤門使右階下殿受書匣，上殿，欄内鞠躬，奏“封全”。開封，於殿西案授宰相讀訖，皇帝舉哀。[2]舍人引使者右階上，欄内俛跪，附奏起居訖，俛興，立。皇帝宣問“南朝皇帝聖躬萬福”，使者跪奏：“來時皇帝聖躬萬福。”起，退。舍人引使者右階下殿，於丹墀西，面東鞠躬。通事舍人通使者名某祇候見，[3]再拜。不出班，奏：“聖躬萬福。”再拜。出班，謝面天顔，再拜。又出班，謝遠接、撫問、湯藥，再拜。贊“祇候”，引出，就幕次，宣賜衣物。引從人入，通名拜，奏“聖躬萬福”，出就幕，賜衣，如使者之儀。又引使者入，面殿鞠躬，贊“謝恩”，再贊“有勑賜宴”，再拜。贊“祇候”，出就幕次宴。引從人謝恩，拜勑賜宴皆如初。宴畢歸館。

[1]宋使告哀儀：據本書卷二二《道宗本紀》：咸雍三年(1067)“三月癸亥，宋主曙殂，子頊嗣位，遣使告哀”。宋英宗趙曙崩，告哀於契丹。此前真宗、仁宗駕崩，據《長編》記載，也都曾向契丹告哀，但不見《遼史》記載，故不能確定此儀是哪一次的告哀悼儀式。“皇帝素冠服，臣僚皂袍、皂鞓帶”，都是表示對宋朝皇帝逝世的哀悼。

[2]舉哀：放聲哭。

[3]通事舍人：唐官名。唐於中書省置通事舍人十六人，從六品上，掌朝見引納，殿庭通奏。四夷入貢，也經由通事舍人轉呈皇帝。後，任此職者多通“四夷”語言。遼承唐制，亦設此官。

宋使進遺留禮物儀：百官昧爽朝服，[1]殿前班立。宋遺留使、告登位使副入内門，館伴副使引謝登位使就幕次坐。[2]館伴大使與遺留使、副奉書入，至西上閤門外氈位立。閤使受書匣，置殿西階下案。引進使引遺留物於西上閤門入，即於廊下橫門出。皇帝昇殿坐。宣徽使押殿前班起居畢，引宰臣押文、武班起居，引中書令西階上殿，奏宋使見牓子。契丹臣僚起居，控鶴官起居。[3]遺留使、副西上閤門入，面殿立。[4]舍人引使副西階上殿，附奏起居訖，引西階下殿，於丹墀東，西面鞠躬，通名奏"聖躬萬福"，如告哀使之儀。謝面天顏，謝遠接、撫問、湯藥。引遺留使從人見亦如之。次引告登位使副奉書匣，於東上閤門入，面殿立。閤使東階下殿受書匣。中書令讀訖，舍人引使副東階上殿，附奏起居。引下殿，南面立。告登位禮物入，即於廊下橫門出。退，西面鞠躬，附奏起居，謝面天顏、遠接等，皆如遺留使之儀。宣賜遺留、登位兩使、副併從人衣物，如告哀使。應坐臣僚皆上殿就位立，分引兩使、副等於兩廊立。皇帝問使副"衝涉不易"，丹墀内五拜。各引上殿祗候位立。大臣進酒，皇帝飲酒。契丹通、漢人贊：[5]"殿上臣僚皆拜"，稱"萬歲"。贊"各就坐"，行酒、殽、茶、饍、饅頭畢，從人出，水、飯畢，[6]臣僚皆起。契丹通，漢人贊"皆再拜"，稱"萬歲"。各祗候。獨引宋使副下殿謝，五拜。引出。控鶴官門外祗候，報閤門無事，供奉官捲班出。

[1]百官：【劉校】"百"原本誤作"可"，明抄本、南監本、北監本和殿本均作"百"。中華點校本及修訂本徑改。今從改。

[2]"遺留使"及"謝登位使"：【劉校】中華點校本校勘記

云，“使，按下文並應作使副”。

［3］控鶴官：軍官名。遼漢軍有控鶴軍，是禁衛軍，因此控鶴官當爲禁衛軍官。《長編》卷五五宋真宗咸平六年（1003）七月己酉記李信云：“國中所管幽州漢兵，謂之神武、控鶴、羽林、驍武等，約萬八千餘騎。”“控鶴”是唐、五代禁軍舊有的名號。

［4］遺留使、副西上閤門入，面殿立：宋人費衮《梁谿漫志》卷三《入閤》：“東晉太極殿有東、西閣，唐置紫宸上閤，法此制也……唐制，凡天子坐朝，必須立仗於正衙殿，或乘輿止御紫宸殿，既喚仗自宣政殿兩門入，是謂東、西上閤門也。”所謂東、西上閤門，即正殿通往便殿的東、西二門。遺留使和副使從西上閤門進入後，面殿而立。

［5］契丹通、漢人贊：漢臣赞唱的同时，契丹人也以自己的语言唱“殿上臣僚皆拜”。

［6］從人出，水、飯畢：隨從人員無資格享用殿上的國宴，故出去飲水、吃飯。從前遼寧農家盛夏時節將煮熟的高粱米飯過水，稱爲“水飯”。但這裏並不能理解爲這種“水飯”，而是飲水、吃飯。

高麗、夏國告終儀：先期，於行宮左右下御帳，設使客幕次於東南。至日，北面臣僚各常服，其餘臣僚並朝服入朝。使者至幕次，有司以嗣子表狀先呈樞密院，[1]准備奏呈。先引北面臣僚并矮墩已上近御帳相對立，其餘臣僚依班位序立。引告終人使右入，至丹墀面殿立。引右上，立。揖“少前”，拜，跪奏訖，宣問。若嗣子已立，恭身受聖旨，奏訖復位；嗣子未立，不宣問。引右下，丹墀面北鞠躬。通班畢，引面殿再拜。不出班奏“聖躬萬福”，再拜。出班謝面天顔，復位再拜。

出班謝遠接，復位再拜。贊“祗候”，退就幕次。再入，依前面北鞠躬，通辭，再拜；敘戀闕，再拜。贊“好去”。禮畢。

[1]樞密院：官府名。遼有北、南二樞密院，分别爲北、南官最高機構。此指北樞密院。北樞密院治宫帳、部族、屬國之事。屬國告哀，使者至幕次，通過有關官員先將嗣子——繼承人的表狀呈交樞密院審查，然後纔能上奏皇帝。

（李錫厚注　劉鳳翥校）

今注本二十四史

遼史

四

志〔二〕

元 脱脱等 撰

李錫厚 劉鳳翥 主持校注

中国社会科学出版社

遼史　卷三一

志第一

營衛志上

上古之世草衣木食、巢居穴處，熙熙于于，不求不爭。[1]爰自炎帝政衰，[2]蚩尤作亂，[3]始制干戈，以毒天下。軒轅氏作，[4]戮之涿鹿之阿，[5]處則象吻于宮，[6]行則懸旄于纛，[7]以爲天下萬世戒。於是師兵營衛，不得不設矣。

［1］不求不爭：【劉校】“爭”原本誤作“淨”，明抄本、南監本、北監本和殿本均作“爭”。中華點校本及修訂本徑改。今從改。

［2］炎帝：傳説中上古姜姓部族首領。號烈山氏，一作厲山氏。原居姜水流域，後向東發展到中原地區。曾與黄帝戰於阪泉（今河北省涿鹿縣東南），被打敗。一説炎帝即神農氏。

［3］蚩尤：傳説中的古代九黎族首領。以金作兵器，與黄帝戰於涿鹿，失敗被殺。但古籍所載，説法有多種：一説他是炎帝臣，另一説法是黄帝臣，還以蚩尤作爲惡人的代稱。

［4］軒轅氏：即傳説中的黄帝。【劉校】“氏”原本作“民”，

明抄本、南監本、北監本和殿本均作“氏”。中華點校本及修訂本徑改。今從改。

[5]涿鹿之阿：涿鹿是地名。故城在今河北省涿鹿縣南。“阿”指平地。《史記》卷一《五帝本紀》：“於是黄帝乃征師諸侯，與蚩尤戰於涿鹿之野，遂禽殺蚩尤。”裴駰“集解”引服虔曰：“涿鹿，山名，在涿郡。”同卷載黄帝“北逐葷粥，合符釜山，而邑于涿鹿之阿”。張守節“正義”：“廣平曰阿。涿鹿，山名。”“涿鹿故城在山下，即黄帝所都之邑於山下平地。”

[6]處則象吻于宫：是説中原帝王居處則有與天象吻合的宫室。

[7]懸旄于纛：纛是古時軍隊或儀仗隊的大旗。旄是犛牛尾，古代用作旗竿飾物。

冀州以南歷洪水之變，[1]夏后始制城郭，[2]其人土著而居綏服之中。[3]外奮武衛，内揆文教，守在四邊，營衛之設以備非常而已。并、營以北勁風多寒，[4]隨陽遷徙，歲無寧居，曠土萬里，寇賊奸宄乘隙而作，營衛之設以爲常然，其勢然也。

[1]冀州以南：即中原。冀州爲《尚書·禹貢》九州之一。

[2]夏后：中國歷史上第一個世襲王朝。《史記》卷二《夏本紀》：“禹於是遂即天子位，南面朝天下，國號曰夏后，姓姒氏。”

[3]綏服：古代王畿周邊疆域之一。上古以天子所居之王畿以外五百里爲甸服，甸服外五百里爲侯服，侯服外五百里爲綏服，綏服外爲要服、荒服，則是蠻夷地區。

[4]并、營以北：指塞外牧區。并州爲《周禮·職方》九州之一；《漢書》卷二八上《地理志上》：“堯遭洪水，褱山襄陵，天下分絶，爲十二州。”顔師古曰：“九州之外有并州、幽州、營州，故曰十二。”按，營州乃東漢始置。《後漢書》卷七四下《袁紹傳》：

"初平元年，乃分遼東爲遼西、中遼郡，並置太守。越海收東萊諸縣，爲營州刺史。"

有遼始大，設制尤密：居有宮衛謂之斡魯朶，[1]出有行營謂之捺鉢，[2]分鎮邊圉謂之部族。有事則以攻戰爲務，閒暇則以畋漁爲生。無日不營，無在不衛，立國規模莫重於此，作營衛志。

[1]居有宮衛謂之斡魯朶：這是元代修史者對遼朝制度的解釋，並不完全符合遼朝的歷史實際。蒙古人以斡魯朶爲宮帳，遼朝的"宮"除了斡魯朶之外，還包括直接管轄下的若干州、縣。遼朝皇帝並不住在斡魯朶，他們一年四季都在捺鉢行宮中活動。所謂"居有宮衛""出有行營"，是元人修史時添加的没有事實根據的解説。

[2]捺鉢：契丹語音譯詞，意爲"行在所"。【劉校】原本作"擦鉢"，據明抄本、南監本、北監本和殿本改。馮氏《初校》："'捺'，原本作'擦'，非。"點校本和修訂本徑改。

宮衛

遼國之法天子踐位置宮衛：分州縣、析部族、設官府、籍户口、備兵馬。崩則扈從后妃宮帳，以奉陵寢。有調發則丁壯從戎事，老弱居守。

太祖曰弘義宮，應天皇后曰長寧宮，太宗曰永興宮，[1]世宗曰積慶宮，穆宗曰延昌宮，景宗曰彰愍宮，承天太后曰崇德宮，聖宗曰興聖宮，興宗曰延慶宮，道宗曰太和宮，天祚曰永昌宮。又孝文皇太弟有敦睦宮，[2]丞相耶律隆運有文忠王府。[3]凡州三十八、縣十、提轄司四十一、石烈二十三、瓦里七十四、抹里九十八、得里二、閘撒十九。爲正户八萬、蕃漢轉户十二萬三千、共二十萬三千户。[4]

［1］太宗：【劉校】“太”原本作“大”，明抄本、南監本、北監本、殿本均作“太”。中華點校本和修訂本徑改。今從改。

［2］孝文皇太弟：即耶律隆慶（據《契丹國志》卷一四）。隆慶（973—1016）是聖宗隆緒之同母弟。統和中進封爲梁國王，拜南京留守，手握重兵，稱雄一方。統和十七年（999）南征，隆慶率軍爲先鋒，至瀛州（今河北省河間市），與宋將范廷召相遇，隆慶命蕭柳迎戰，將宋軍擊潰，並圍而殲之。十九年（1001）復敗宋人於行唐（今河北省行唐縣）。其權勢、地位不斷上升，威脅到遼聖宗。《宋朝事實類苑》卷七七《乘軺録》稱其“調度之物，悉侈於隆緒”。

［3］耶律隆運（941—1011）：即韓德讓，韓匡嗣第四子（按本書卷七四《韓匡嗣傳》，其有五子，德讓行二。而據陸續出土墓誌等研究成果，韓匡嗣九子，德讓行四）。統和初年承天稱制，韓德讓以南院樞密使的身份“總宿衛事”。統和十七年（999）北院樞密使、魏王耶律斜軫病故，承天太后以韓德讓兼知北院樞密使事，至此，遼朝的蕃漢軍政大權集於德讓一身。統和二十二年承天太后又賜韓德讓姓耶律，徙封晉王，並且仍舊爲大丞相，事無不統。次年十一月又詔德讓“出宮籍，屬於橫帳”。二十八年更名耶律隆運。本書卷八二有傳。

［4］提轄司：隸屬宮衛的軍事機構。遇有戰事，負責點集兵馬。遼在南京（今北京市）、西京（今山西省大同市）、奉聖州（今河北省涿鹿縣）和平州（今河北省盧龍縣）以及中京（今内蒙古自治區寧城縣大明鎮）、東京（今遼寧省遼陽市）和上京（今内蒙古自治區巴林左旗林東鎮波羅城）等處設提轄司，隸屬諸宮衛。提轄

司所管轄的人户也是有軍籍的漢族人户及渤海、高麗人户。　正户：户等名，即正式登記於國家户口帳上的民户，也就是有恒産的農户，即宋朝所謂“主户”以及爲他人佃作的農户。他們主要分佈在燕京、平州及西京大同等地。遼實行唐制，“户無主客，以見居爲簿。人無丁中，以貧富爲差”，亦即納税的主要依據，是按照貧富差别確定的户等。自遼太宗根據五京户丁的版籍以定賦税，上述地區的主户和客户都有賦税負擔，故統稱爲“正户”。據富弼《上神宗答詔問北邊事宜》（《宋朝諸臣奏議》卷一三七），熙寧八年（1075），遼宋議地界，宋割與契丹之河東地區，原有“主户約一千五百餘户，客户三四倍之”。遼朝幽、薊、大同地區主户與客户的比例，大約相同。　蕃漢轉户：户等名。是指塞外頭下州縣中那些自中原地區輾轉遷徙而來到蕃界的漢族人户。他們爲人佃作，實即客户，但身份低於燕京和西京地區正户中爲人佃作的客户。作爲征服者的契丹人，殘酷對待所俘獲的“生口”，將被俘的漢人“以長繩連頭繫之於木，漢人夜多自解逃去”（《新五代史》卷七二《四夷附録第一》），那些未逃脱者就成了契丹貴族的俘奴。這些俘奴中的少數被用於非生産性領域，多數則用於農業及手工業生産。當契丹貴族普遍以俘奴創建漢城、頭下時，爲獲得穩定的經濟收入，就不得不考慮如何維持和發展生産的問題了。阿保機在灤河上游建立漢城，率漢人耕種，“如幽州制度”（《新五代史》卷七二《四夷附録第一》）。與幽、薊地區鄰近的奚族地區，是逃亡和被俘掠到契丹境内的漢人較集中的地區。蘇轍在宋哲宗元祐四年（遼道宗大安五年，1089）使遼，途中賦詩云：“燕疆不過古北闕，連山漸少多平田。奚人自作草屋住，契丹騈車依水泉。橐駝羊馬散川谷，草枯水盡時一遷。漢人何年被流徙，衣服漸變存語言。力耕分穫世爲客，賦役稀少聊偷安。”（《欒城集》卷一六《奉使契丹二十八首·出山》）這首詩開頭是描寫中京地區作爲當地土著的奚人和契丹人的生活，他們一是仰賴農耕，一是仰賴游牧。而漢人流徙到這裏則世代爲客，他們衹能與主人分享收穫。除了靠近幽、薊的奚族地區之外，東京地區也是漢人流民較多的地區。東京地區地勢平坦，雨水適中，適宜發展農業生産。這一地區開發較早，秦漢以來即有漢人移居，是以漢族居民爲主的農業區。這一地區也有自遼初以來輾轉遷徙來的大量漢族人户。【劉校】“蕃”原本作“藩”，明抄本、南監本、北監本、殿本均作“蕃”。中華點校本和修訂本徑改。今從改。　正户八萬，蕃漢轉户十二萬三千：【劉校】據中華點校本校勘記，按下文各宮户數合計，正户爲八萬一千，蕃漢轉户爲十二萬四千。

算斡魯朶，太祖置。國語“心腹”曰“算”，“宫”曰“斡魯朶”，是爲弘義宫。以心腹之衛置，益以渤海俘錦州户。[1]其斡魯朶在臨潢府，[2]陵寢在祖州東南二十里。[3]正户八千，蕃漢轉户七千，出騎軍六千。

州五：錦、祖、嚴、祺、銀。

縣一：富義。

提轄司四：南京、西京、奉聖州、平州。

石烈二：曰須，曰速魯。

瓦里四：曰合不，曰撻撒，曰慢押，曰虎池。

抹里四：曰膻，曰預墩，曰鶻突，曰糺里闌。

得里二：曰述壘北，曰述壘南。

[1]渤海浮錦州户：即渤海俘中的錦州户。據本書卷三九《地理志·中京道》，隸屬錦州的巖州保肅軍，“本漢海陽縣地。太祖平渤海，遷漢户雜居興州境，聖宗於此建城焉，隸弘義宫”。渤海是靺鞨粟末部在今中國東北地區建立的政權。天顯元年（926）爲遼所滅。

[2]臨潢府：遼上京。府曰臨潢，治所在今内蒙古自治區巴林

左旗林東鎮波羅城。

[3]祖州：州名。遼置，因阿保機的高祖、曾祖、祖、父皆出生於此，故名。治所在今内蒙古自治區巴林左旗查干哈達蘇木石房子嘎查。轄境相當於今内蒙古自治區巴林左旗林東鎮及巴林右旗的一部分。金天會八年（1130）改爲奉州。這是一座漢城，據《武經總要》前集卷一六下《戎狄舊地》："祖州，阿保機既創西樓，又西南築一城，以貯漢人，今名祖州，在唐置饒樂府西北祖山之陽，因爲州名。阿保機葬所也，今號天成軍。"

國阿輦斡魯朶，太宗置。收國曰"國阿輦"，是爲永興宫。初名孤穩斡魯朶，以太祖平渤海俘户，東京、懷州提轄司及雲州懷仁縣、澤州灤河縣等户置。[1]其斡魯朶在游古河側，陵寢在懷州南三十里。正户三千，蕃漢轉户七千，出騎軍五千。

州四：懷、黔、開、來。

縣二：保和、灤河。

提轄司四：南京、西京、奉聖州、平州。

石烈一：北女古。

瓦里四：曰抹，曰母，曰合李只，曰述壘。

抹里十三：曰述壘軫，曰大隔蔑，曰小隔蔑，曰母，曰歸化不术，曰唐括，曰吐谷，曰百爾瓜忒，曰合魯不只，曰移馬不只，曰膻，曰清帶，曰速穩。

閘撒七：曰伯德部，曰守狘，曰穴骨只，曰合不頻尼，曰虎里狘，曰耶里只挾室，曰僧隱令公。

[1]懷州：州城故址在今内蒙古自治區巴林右旗幸福之路蘇木崗根嘎查舊城。本唐歸誠州，以契丹降部置。武后萬歲通天初，歸

誠州刺史孫萬榮與松漠都督李盡忠叛，寇營州，後廢。太宗德光行帳牧放於此，後葬於西山，曰懷陵。因置懷州奉陵軍。《武經總要》前集卷一六下《戎狄舊地》："懷州，契丹號奉陵軍，州將兼山陵都部署，即遼主德光葬所也。"　澤州：遼太祖俘蔚州民，在松亭關以北立寨居之，采煉陷河銀冶。開泰中大延琳反叛被鎮壓之後，原東京海州下轄的刺史州澤州民被遷移至此，置澤州。《武經總要》前集卷一六下《戎狄舊地》："澤州，松亭關北，遼澤之地。"

耶魯盌斡魯朶，世宗置。興盛曰"耶魯盌"，是爲積慶宮。以文獻皇帝衛從及太祖俘户，[1]及雲州提轄司，并高、宜等州户置。[2]其斡魯朶在土河東，[3]陵寢在長寧宫北。正户五千，蕃漢轉户八千，出騎軍八千。

州三：康、顯、宜。

縣一：山東。

提轄司四。[4]

石烈一：兮臘。

瓦里八：曰達撒，曰合不，曰吸烈，曰逼里，曰潭馬，曰槊不，曰耶里直，曰耶魯兀也。

抹里十：曰紇斯直，曰蠻葛，曰厥里，曰潭馬忒，曰出懶，曰速忽魯椀，曰牒里得，曰閻馬，曰迭里特，曰女古。

[1]文獻皇帝（899—936）：遼太祖耶律阿保機長子。漢名倍，契丹名圖欲（突欲），生母爲淳欽皇后述律氏。天顯元年（926）遼滅渤海建東丹國，突欲被册爲人皇王，主東丹國政。阿保機死後，其母述律氏立德光，突欲被迫浮海投奔後唐。後唐明宗賜其姓名李贊華。清泰三年（遼天顯十一年，936）石敬瑭率軍攻入洛陽，

後唐末帝李從珂約突欲與之同死，突欲不從，遇害。世宗即位，謚讓國皇帝，陵曰顯陵。統和中更謚文獻。重熙二十年（1051）增謚文獻欽義皇帝，廟號義宗。

［2］高：高州，遼開泰年間（1012—1020）以高麗俘户置，隸中京大定府。治所在今内蒙古自治區赤峰市東北哈拉木頭村西土城子古城。　宜：宜州，治所在今遼寧省義縣。

［3］土河：即老哈河，流經今内蒙古自治區東部赤峰地區，與西拉木倫河匯合。

［4］提轄司四：按此缺提轄司所在地名。應與弘義、永興兩宫同。下文長寧宫、彰愍宫、興聖宫、延慶宫仿此。

蒲速盌斡魯朶，應天皇太后置。[1]興隆曰“蒲速盌”，是爲長寧宫。以遼州及海濱縣等户置。[2]其斡魯朶在高州，陵寢在龍化州東一百里。[3]世宗分屬讓國皇帝宫院。[4]正户七千，蕃漢轉户六千，出騎軍五千。

州四：遼、儀坤、遼西、顯。

縣三：奉先、歸義、定霸。

提轄司四。

石烈一：北女古。

瓦里六：曰潭馬，曰合不，曰達撒，曰慢押，曰耶里只，曰渾只。

抹里十三：曰渾得移隣稍瓦只，曰合四卑臘因鐵里卑稍只，曰奪羅果只，曰拏葛只，曰合里只，曰婆渾昆母温，曰阿魯埃得本，曰東斯里門，曰西斯里門，曰東鑊里，曰西鑊里，曰牒得只，曰滅母隣母。

［1］應天皇太后：即阿保機妻述律氏。漢名平，小字月里朶。

其先爲回鶻人。本書卷七一有傳。

[2]遼州：此指遼置遼州。治所在今遼寧省瀋陽市西北一百八十里。【劉注】即今遼寧省新民市公主屯鎮遼濱塔村古城址。

[3]龍化州：地名。傳説契丹始祖奇首可汗居此，原稱龍庭。地當今内蒙古自治區奈曼旗東北。唐天復二年（902）阿保機成爲迭剌部夷离堇，破代北，遷徙代北居民，於此建州。《武經總要》前集卷一六下《戎狄舊地》："龍化州，州在木葉山東千里。阿保機始置四樓，此即是東樓也。會病卒葬於西南山，即今祖州也。以所卒之地置州，曰龍化門化州也。"

[4]讓國皇帝：即遼太祖耶律阿保機長子耶律倍。

奪里本斡魯朶，穆宗置，是爲延昌宫。討平曰"奪里本"。以國阿輦斡魯朶户及阻卜俘户，[1]中京提轄司、南京制置司、咸、信、韓等州户置。其斡魯朶在糺雅里山南，陵寢在京南。正户一千，蕃漢轉户三千，出騎軍二千。

州二：遂、韓。[2]

提轄司三：中京、南京、平州。

石烈一：曰須。

瓦里四：曰抹骨古等，曰兀没，曰潭馬，曰合里直。

抹里四：曰抹骨登兀没滅，曰土木直移鄰，曰息州決里，曰莫瑰奪石。

[1]阻卜：即達旦、韃靼。元人諱言達旦，而稱達旦爲阻卜。詳見王國維《觀堂集林》卷一四《達旦考》。

[2]遂：遂州。治所在今遼寧省彰武縣西北。《滿洲源流考》

卷一〇："此遂州屬上京，與鳳州相鄰。鳳州亦橐離國地，在韓州北二百里，西北至上京九百里。遂州西北至上京千里，則與韓州相去止百里。"　韓：韓州。遼聖宗時併三河、榆河二州置。初治於今内蒙古自治區科爾沁左翼後旗浩坦蘇木五家子村附近。《滿洲源流考》卷一〇："榆河在科爾沁右翼前旗，遼河在左翼東南四百五十里，經左翼後旗入邊。又左翼東南四百七十里有阿勒瑪圖城，近開原邊外，當即遼韓州故城也。"此爲初治也。後移治於今遼寧省昌圖縣三江口鄉小塔子屯，再移治於今昌圖縣八面城鎮，後又移治於今吉林省梨樹縣偏臉城。

監母斡魯朵，景宗置，是爲彰愍宫。遺留曰"監母"。以章肅皇帝侍衛及武安州户置。[1]其斡魯朵在合魯河，陵寢在祖州南。正户八千，蕃漢轉户一萬，出騎軍一萬。

州四：永、龍化、降聖、同。[2]

縣二：行唐、阜俗。[3]

提轄司四。

石烈二：曰監母，曰南女古。

瓦里七：曰潭馬，曰奚烈，曰埃合里直，曰鸞雅葛，曰特末，曰烏也，曰滅合里直。

抹里十一：曰尼母曷烈因稍瓦直，曰察改因麻得不，曰移失鄰斡直，曰辛古不直，曰撒改真，曰牙葛直，[4]曰虎狘阿里鄰，曰潑昆，曰潭馬，曰閘臘，曰楚兀真果鄰。

[1]章肅皇帝（912—960）：即耶律李胡。阿保機第三子。一名洪古，字奚隱。爲其母應天皇太后述律氏所鍾愛。太宗即位後，

天顯五年（930）立爲皇太弟，兼天下兵馬大元帥。太宗死後，應天皇太后反對世宗兀欲而欲立李胡，事敗，母子被囚。穆宗時因參與其子喜隱謀反事而下獄死。興宗時，更謚“章肅皇帝”。本書卷七二有傳。

［2］永：永州，治所在今内蒙古自治區翁牛特旗戈日僧蘇木白音塔拉嘎查，在今西拉木倫河與老哈河合流處。《武經總要》前集卷一六下《戎狄舊地》：“永州在木葉山之陽，潢［水］之北，契丹國舊地也。一路西北至韡淀二百里，一路西北至上京三百里。”　降聖：降聖州，州治故址在今内蒙古自治區赤峰市敖漢旗瑪尼罕鄉五十家子孟克河左岸一級臺地上，五十家村之西側。　同：同州。《三朝北盟會編》卷二〇政宣上帙載許亢宗《宣和乙巳奉使行程録》云：自燕京起程“第二十九程至同州，州地平壤，居民所在聚落耕種殆遍。地宜穄、黍，乃金人破契丹國於所至處遷其民於此，歲久安居。東望大山，金人云，此新羅山。山内深遠，無路可行。其間出人参、白附。深處與高麗接界”。

［3］縣二：後有縣四。按本書卷三七《地理志一》，保和縣、宣化縣均於統和八年（990）隸彰愍宮。　行唐：此係遼境内之行唐縣。治所在今北京市密雲區東北。本書卷四〇《地理志四》“南京道”：“本定州行唐縣。太祖掠定州，破行唐，盡驅其民，北至檀州，擇曠土居之，凡置十寨，仍名行唐縣。隸彰愍宮。”

［4］曰牙葛直：【劉校】“曰”，原本作一空格，據南監本、北監本和殿本補。中華點校本及修訂本徑改。今從改。

孤穩斡魯朵，承天太后置，是爲崇德宫。玉曰“孤穩”。[1]以乾、顯、雙三州户置。[2]其斡魯朵在土河東，陵祔景宗皇帝。正户六千，蕃漢轉户一萬，出騎軍一萬。

州四：乾、川、雙、貴德。[3]

縣一：潞（上京）。[4]

提轄司三：南京、西京、奉聖州。

石烈三：曰鑁里，曰滂，曰迭里特女古。

瓦里七：曰達撒，曰耶里，曰合不，曰歇不，曰合里直，曰慢押，曰耶里直。

抹里十一：曰阿里斯直述壘，曰預篤温稍瓦直，曰潭馬，曰賃預篤温一臘，曰牙葛直，曰牒得直，曰虎温，曰孤温，曰撒里僧，曰阿里葛斯過鄰，曰鐵里乖穩鑁里。

閘撒五：曰合不直迷里幾頻你，曰牒耳葛太保果直，曰爪里阿本果直，曰僧隱令公果直，曰老昆令公果直。

[1]玉曰“孤穩”：【劉校】“玉”，原本、南監本、北監本和殿本均作“王”，據本書卷一一六《國語解》改。中華點校本和修訂本徑改。

[2]乾：乾州。《明一統志》卷二五《登州府》：“乾州城在廣寧衛西南七里，本漢無慮縣地，遼置乾州廣德軍。”據清代李慎儒《遼史地理志考》，乾州當今遼寧省錦州市。【劉注】劉鳳翥據《東北歷史地理》下册（黑龍江人民出版社2013年版），認爲遼代乾州治所爲今遼寧省北鎮市廣寧鎮小常屯遼城址。　顯：顯州，治所在今遼寧省北鎮市。　雙：雙州。治所在今遼寧省鐵嶺縣以西，瀋陽市以北石佛寺村古城址。《滿洲源流考》卷一〇：“雙城故縣在鐵嶺西六十里，金時州廢，以縣屬瀋州。”《武經總要》前集卷一六下《戎狄舊地》：“雙州，契丹號保安軍，有通吳軍營壘，東至逆流河二里入生女真界，西至遼州七十里，南至瀋州七十里，北至渝州百二十里。”

[3]貴德：貴德州。《滿洲源流考》卷一一引趙萬里《元一統志》："公孫廢城在貴德州。漢末公孫度爲遼東太守，治襄平，傳子至孫，據有其地，遺址猶存。"按其州治故址當在今遼寧省撫順市城北高爾山前。

[4]潞（上京）：即上京地區的潞縣。是由幽州潞縣移民所置的僑縣。

女古斡魯朶，聖宗置，是爲興聖宫。金曰"女古"。以國阿輦、耶魯盌、蒲速盌三斡魯朶户置。其斡魯朶在女混活直，陵寢在慶州南安。[1]正户一萬，蕃漢轉户二萬，出騎軍五千。

州五：慶、隰、烏（上京）、烏（東京）、霸。[2]

提轄司四。

石烈四：曰毫兀真女姑，曰拏兀真女室，曰女特里特，曰女古滂。

瓦里六：曰女古，曰蒲速盌，[3]曰鶻篤，曰乙抵，曰蓊，曰埃也。

抹里九：曰乙辛不只，曰鐵乖温，曰埃合里只，曰嘲瑰，曰合魯山血古只，曰奪忒排登血古只，曰勞骨，曰虚沙，曰土鄰。

閘撒五：曰達鄰頻你，曰和里懶你，曰爪阿不厥真，曰粘獨里僧，曰袍達夫人厥只。

[1]慶州：州治故址在今内蒙古自治區巴林右旗索博日嘎鎮。慶陵：包括遼聖宗耶律隆緒和仁德皇后、欽愛皇后的永慶陵，遼興宗耶律宗真和仁懿皇后的永興陵，遼道宗耶律弘基和宣懿皇后的永福陵。位於今内蒙古自治區巴林右旗索博日嘎鎮西北約十餘公里

的瓦林茫哈地方。聖宗永慶陵中保存有壁畫，繪有人物、山水，尤以象徵四時捺鉢的四季山水圖彌足珍貴。三陵出土遺物多已散失，今僅存部分石刻哀册。其中漢文哀册有聖宗、仁德皇后、欽愛皇后、道宗、宣懿皇后的各一合，仁懿皇后哀册僅存篆蓋。契丹小字哀册有道宗、宣懿皇后的各一合。1922 年還從中抄寫出興宗和仁懿皇后的契丹小字哀册文，原石仍埋墓中。

［2］隰：隰州。治所在今遼寧省興城市西南。《武經總要》前集卷一六下《戎狄舊地》："隰州，遼主隆緒建爲州，東至海二百里，西至來州八十里，南至海五里，北至建州三百三十里。" 烏（上京）：烏州。治所在今吉林省雙遼市西。本書卷三七《地理志一》"上京道"："本烏丸之地，東胡之種也。遼北大王撥剌占爲牧，建城，後官收。隸興聖宮。"是一座漢人居住的頭下縣城。 霸：霸州，後升興中府，治所在今遼寧省朝陽市。

［3］曰蒲速盌：【劉校】原本闕"曰"字。據中華修訂本校勘記，不合"瓦里六"之數，"女古""蒲速盌"屢見上下文，今補。中華點校本徑補。

窩篤盌斡魯朶，興宗置，是爲延慶宫。孳息曰"窩篤盌"。以諸斡魯朶及饒州户置。[1]其斡魯朶在高州西，陵寢在上京慶州。正户七千，蕃漢轉户一萬，出騎軍一萬。

州三：饒、長春、泰。

提轄司四。

石烈二：曰窩篤盌，曰鶻篤骨。

瓦里六：曰窩篤盌，曰厮把，曰厮阿，曰紇里，曰得里，曰歐烈。

抹里六：曰歐里本，曰燕厮，曰緬四，曰乙僧，曰北得里，曰南得里。

[1]饒州：《武經總要》前集卷一六下《戎狄舊地》："饒州，唐建饒樂府都督以處奚人部落，契丹建爲饒州。在潢水之北，石橋傍，以渤海人居之。"潢水即西拉木倫河，石橋遺址在今内蒙古自治區林西縣城西南六十公里西拉木倫河上、林西縣新城子鎮黄土坑村南一公里處。

阿思斡魯朵，道宗置，是爲太和宫。寬大曰"阿思"。以諸斡魯朵御前承應人及興中府户置。[1]其斡魯朵在好水濼，陵寢在上京慶州。正户一萬，蕃漢轉户二萬，出騎軍一萬五千。

石烈二：曰阿厮，曰耶魯。

瓦里八：曰阿厮，曰耶魯，曰得里，曰糺里，曰撒不，曰鶻篤，曰蒲速斡，曰曷烈。

抹里七：曰恩州得里，曰斡奢得里，曰歐里本，曰特滿，曰查剌土鄰，曰糺里，曰阿里厮迷里。

[1]御前承應人：在宫中服役者，多係非自由人。

阿魯盌斡魯朵，天祚皇帝置，是爲永昌宫。輔祐曰"阿魯盌"。以諸斡魯朵御前承應人，春、宣州户置。[1]正户八千，蕃漢轉户一萬，出騎軍一萬。

石烈二：曰阿魯盌，曰榆魯盌。[2]

瓦里八：曰阿魯斡，曰合里也，曰鶻突，曰敵剌，曰謀魯斡，曰糺里，曰奪里剌，曰特末也。[3]

抹里八：曰蒲速盌，曰移輦，曰斡篤盌，曰特滿，曰謀魯盌，曰移典，曰悦，曰勃得本。

[1]春：春州，即長春州，治所在今吉林省前郭爾羅斯蒙古族自治縣西北部松花江畔的塔虎城。　宣州：治所在今朝鮮平安北道義州。本書卷三八《地理志二·東京道》："宣州，定遠軍，刺史。開泰三年徙漢户置，隸保州。"

[2]曰榆魯盌：【劉校】"盌"，原本、南監本和北監本均作"苑"，據殿本和馮氏《初校》改。中華點校本和修訂本徑改。今從改。

[3]曰特末也：【劉校】"末"原本作"未"，明抄本、南監本、北監本、殿本均作"末"。中華點校本和修訂本徑改。今從改。

孝文皇太弟敦睦宫，謂之赤寔得本斡魯朶。孝曰"赤寔得本"。文獻皇帝承應人及渤海俘，建、瀋、巖三州户置。[1]陵寢在祖州西南三十里。正户三千，蕃漢轉户五千，出騎軍五千。

州三：建、瀋、巖。

提轄司一：南京。

石烈二：曰嘲，曰與敦。

瓦里六：曰乙辛，曰得里，曰奚烈直，曰大潭馬，曰小潭馬，曰與墩。

抹里二：曰潭馬抹乖，曰柳實。

閘撒二：曰聶里頻你，曰打里頻你。

[1]建：建州，治所在當今遼寧省朝陽市西八十里處。　瀋：瀋州，治所在今遼寧省瀋陽市。《武經總要》前集卷一六下《戎狄

舊地》："瀋州，德光所建，仍曰昭德軍，契丹舊地也，東至大遼水。水東即女真界。"　巖：巖州，治所在今遼寧省燈塔市西大窑鎮城門口村石城山上古城。

大丞相晉國王耶律隆運，本韓氏，名德讓。以功賜國姓，出宮籍，[1]隸橫帳季父房。[2]贈尚書令，謚文忠。無子，以皇族魏王貼不子耶魯爲嗣，[3]早卒，天祚皇帝又以皇子敖魯斡繼之。[4]官給葬具，建廟乾陵側。擬諸宮例，建文忠王府。正户五千，蕃漢轉户八千，出騎軍一萬。

州一。[5]

提轄司六：上京、中京、南京、西京、奉聖州、平州。

[1]宮籍：宮分人之籍。起源甚早，遙輦氏時已經有宮分人。宮籍是一種法律身份，不能輕易改變，而且是世襲的。宮分人"出宮籍"甚至需要經皇帝特許。如韓德讓，就是即貴並且賜姓耶律之後才"出宮籍"的。繼韓德讓之後，興宗時的漢人宮分人姚景行出宮籍，也是在其官至翰林學士、樞密副使、參知政事以後。漢臣梁援，累世在遼朝做官，同時也具有宮籍。壽昌七年（1101）正月道宗死後，由他充玄官都部署，並撰謚册文。喪事既畢之後，始詔免其宮籍，而且"敕格餘人不以爲例，示特寵也"（《遼代石刻文編》，河北教育出版社 1995 年版，第 519 至 520 頁）。遼朝諸宮衛有所管轄人丁的統計數字，但奴婢不計算在内，本書卷三一《營衛志上》："凡諸宮衛人丁四十萬八千，騎軍十萬一千。著帳釋宥、没入，隨時增損，無常額"，這些没有統計在諸宮衛人丁總數之内者即奴婢，稱爲"宮户""宮分人"。遼亡之後，諸宮衛機構雖已不

存，但那些宫户、宫分人的身份並未改變；他們仍隸宫籍。於是，金朝始有宫籍監之設，用以管理前朝遺留的宫户，並依照新機構的名稱，稱他們爲“宫籍監户”或“監户”。遼朝一部分專門在皇帝身邊服役的“宫户”又稱爲“著帳户”。散居州縣當中的宫户與民户一様要向國家交納賦税，説明這些宫户的身份已經發生了改變。本書卷一三《聖宗本紀四》載，統和十五年（997）三月“壬午，通括宫分人户，免南京逋税及義倉粟”。將“通括宫分人户”一事，與“免南京逋税及義倉粟”一併實行，是因爲此二事都與賦税徵收有關。宫户因不堪忍受剥削和壓迫而被迫逃亡的事例有很多。據壽昌二年（1096）的《孟有孚墓誌銘》載：“時朝廷命復慶陵之逋民，詔公乘驛以督之。”（《全遼文》卷九）

［2］季父房：契丹以玄祖之後爲皇族，分爲三房：孟父房、仲父房和季父房。季父房爲玄祖季子德祖一系，其中太祖阿保機子孫，稱爲“横帳”。

［3］魏王貼不（？—1063）：即耶律貼不，聖宗弟隆祐（隆裕）之子。

［4］皇子敖魯斡（？—1122）：亦作“敖盧斡”，天祚皇帝長子，生母是文妃蕭氏。封晉王，有人望，内外歸心。保大元年（1121）蕭奉先使人誣告南軍都統耶律余覩與晉王母文妃密謀立晉王爲帝，余覩投降金朝，文妃被誅。二年天祚帝賜敖魯斡死。本書卷七二有傳，記事與本紀多有不合。

［5］州一：按本書卷三八《地理志二》：“宗州，下，刺史。在遼東石熊山，耶律隆運以所俘漢民置。聖宗立爲州，隸文忠王府。王薨，屬提轄司。”《地理志三》載川州“初隸崇德宫，統和中屬文忠王府”。

著帳郎君

著帳郎君，初，遥輦痕德堇可汗以蒲古只等三族害于越釋魯，[1]籍没家屬入瓦里。[2]淳欽皇后宥之，[3]以爲著帳郎君。世宗悉免。後族、戚、世官犯罪者没入。

[1]痕德堇可汗（？—906）：契丹遥輦氏末代可汗名。“痕德堇”又稱“欽德”，其立爲契丹可汗應早於唐天復元年（901）。據《新唐書》卷二一九《契丹傳》，咸通間，契丹可汗爲習爾之。“習爾之死，族人欽德嗣。光啓時，方天下盜興，北疆多故，乃鈔奚、室韋，小小部種皆役服之，因入寇幽、薊。”可見，唐光啓時（885—888），欽德已在位。　于越：契丹語官名。爲契丹貴官，非有大功德者不授。位在北、南大王之上。　釋魯：字述瀾。玄祖匀德實第三子，阿保機的伯父。據本書卷六四《皇子表》：賢而有智，爲迭剌部于越時教民種樹桑麻。年五十七，爲子滑哥所弑。重熙中追封爲隋國王。《耶律仁先墓誌》稱他爲“述剌實魯于越”。《耶律慶嗣墓誌》稱他爲“于越蜀國王述列實魯，即太祖天皇帝之伯父也”。“述瀾”“述剌”“述列”爲同一個契丹語單詞的不同的音譯。

[2]籍没：中國古代依照法律登記罪犯所有的家産，予以没收的稱爲“籍没”。遼代的籍没之法，還包括將犯罪者親屬收爲官奴婢。

[3]淳欽皇后：遼太祖阿保機皇后述律氏的謚號。遼興宗重熙二十一年（1052）九月追謚。本書卷七一有傳。

著帳户

著帳户，本諸斡魯朶析出，及諸罪没入者。凡承應小底、司藏、鷹坊、湯藥、尚飲、盥漱、尚膳、尚衣、裁造等役及宫中、親王祗從伶官之屬皆充之。[1]

[1]湯藥：【劉校】“藥”原本作“樂”，據中華修訂本校勘記，疑當作“藥”。《初校》謂：“按《百官志》有‘湯藥小底’。則

‘樂’當作‘藥’。”中華點校本徑改。今從改。

凡諸宫衛人丁四十萬八千，[1]騎軍十萬一千。著帳釋宥、没入，隨時增損，無常額。

[1]諸宫衛人丁四十萬八千：【劉校】據中華點校本校勘記：“永昌宫正户八千，正丁一萬四千。若按其他各宫每户二丁之例，則應是人丁一萬六千。諸宫衛人丁共爲四十一萬。”

（李錫厚注　劉鳳翥校）

遼史　卷三二

志第二

營衛志中

行營

《周官》土圭之法：日東，景夕多風；日北，景長多寒。天地之間風氣異宜，人生其間各適其便。[1]王者因三才而節制之。[2]長城以南多雨多暑，[3]其人耕稼以食、桑麻以衣、宮室以居、城郭以治；大漠之間多寒多風，[4]畜牧畋漁以食、皮毛以衣、轉徙隨時、車馬爲家，[5]此天時地利所以限南北也。遼國盡有大漠，浸包長城之境，因宜爲治。秋冬違寒，春夏避暑，隨水草就畋漁，歲以爲常，四時各有行在之所，謂之“捺鉢”。

[1]《周官》土圭之法：《周禮・地官・大司徒》講到“土圭之法”說：“日北，則景長多寒；日東，則景夕多風。”是說古人用土圭測地，如果太陽偏北，則土圭之影長，此地多寒；如果太陽偏東，則土圭之影在西邊，此地便多風。天地之間，各處的風和氣溫

不一樣，人們能適應者，也各不相同。人們生於天地間，各適其便。　景夕多風：【劉校】“夕”原誤“朝”，據中華點校本校勘記，依《周禮·地官·大司徒》改。

[2]三才：天、地、人。見《易·説卦》。漢代王符《潛夫論·本訓》：“是故天本諸陽，地本諸陰，人本中和。三才異務，相待而成。”

[3]多雨多暑：【劉校】“雨”原本作“疑”，中華修訂本據明抄本、南監本、北監本和殿本改。中華點校本徑改。今從。

[4]大漠：指我國北部一帶廣大的沙漠、草原地帶。

[5]徙：【劉校】原本作“徒”，中華點校本和修訂本徑改。今從改。

春捺鉢：[1]

曰鴨子河濼。皇帝正月上旬起牙帳，約六十日方至。天鵝未至，卓帳冰上，鑿冰取魚。冰泮乃縱鷹鶻捕鵝雁，晨出暮歸，從事弋獵。鴨子河濼東西二十里，南北三十里，在長春州東北三十五里，[2]四面皆沙堝，多榆柳杏林。皇帝每至，侍御皆服墨綠色衣，各備連鎚一柄、鷹食一器、刺鵝錐一枚，於濼周圍相去各五七步排立。皇帝冠巾衣時服，繫玉束帶，於上風望之。有鵝之處舉旗，探騎馳報，遠泊鳴鼓，[3]鵝驚騰起，左右圍騎皆舉幟麾之。五坊擎進海東青鶻，[4]拜授皇帝放之。鶻擒鵝墜，勢力不加，排立近者舉錐刺鵝，取腦以飼鶻，救鶻人例賞銀絹。皇帝得頭鵝，薦廟，[5]群臣各獻酒果，舉樂。更相酬酢，致賀語，皆插鵝毛于首以爲樂。賜從人酒，遍散其毛。弋獵網鈎，[6]春盡乃還。

[1]春捺鉢："捺鉢"是契丹語音譯詞，其義爲皇帝的"行在"。宋人龐元英《文昌雜録》卷六載："北人謂住坐處曰捺鉢，四時皆然，如春捺鉢之類是也，不曉其義。近者彼國中書舍人王師儒來修祭奠，余充接伴使，因以問，師儒答云：'是契丹家語，猶言行在也。'"王師儒道宗時官至參知政事、樞密副使。此外，宋代王易《重編燕北録》也記載："所謂捺鉢者，戎主所至處也。"遼朝的捺鉢雖然可以譯爲"行在""行宫"，但與宋朝皇帝的行宫却有很大區别。宋的朝廷在汴京（開封），行宫衹是皇帝出行時臨時活動的場所。而遼朝皇帝一年四季則無時不往返於四時捺鉢之間，聖宗以後更成爲定制。遼帝一年四季在適當地點坐冬、納涼、春水、秋山，是沿襲了游牧民族的古老傳統。太平興國九年（遼統和二年，984）知雄州賀令圖等曾上言："又訪得隆緒與其母蕭氏在國中，每歲冬月，多居西樓或幽州北廟城，就薪水，每出漁獵常月餘乃還，至春會遙樂河射鴨，夏居炭山，即上涇處，有屋室宫殿。"（《宋會要輯稿·蕃夷一》之一〇）。這裏所説的是聖宗即位初期四時捺鉢地點。統和二十二年（1004）遼宋議和之後，四時捺鉢的地點，始大體形成定制。春捺鉢的地點多在長春州魚兒濼，又稱長濼、長泊。大中祥符六年（遼開泰二年，1013）晁迥使遼，回來後向宋廷報告此行至長泊所見遼帝四時捺鉢活動的情況説："始至長泊，泊多野鵝鴨，遼主射獵，領帳下騎擊扁鼓，繞泊驚鵝鴨飛起，乃縱海東青擊之，或親射焉。遼人皆佩金玉錐，號殺鵝殺鴨錐。每初獲，即拔毛插之，以鼓爲坐，遂縱飲，最以此爲樂。又好以銅及石爲鎚以擊兔。每秋，則衣褐裘，呼鹿射之，夏月以布易氈帳，藉草圍棋、雙陸，或深澗張鷹。"（《長編》卷八一宋真宗大中祥符六年九月乙卯）在遼聖宗開泰七年（1018）的一座遼墓中，墓主駙馬蕭紹矩腰間的佩物内有一枚玉柄銀錐，據孫機先生考定，這是一枚遼代刺鵝錐，是在春捺鉢捕鵝雁活動中使用的（《一枚遼代刺鵝錐》，《文物》1987年第11期）。這一發現，爲《遼史·營衛志》關於春捺鉢的記載，提供了確實物證。春捺鉢的活動，帶有習武和

祭祖的性質，在古人看來，這正是國家生活中具有頭等重要意義的兩件大事，因此由皇帝親自主持。行宫（捺鉢）不衹是皇帝的一般居留地，而且還是皇帝處理朝政的場所。就是説，春水、秋山、坐冬、納涼都非單純游樂、休閑性質，而是從事政治活動的獨特形式。遼帝通過鈎魚、圍獵等活動，加强同少數民族各部酋長的聯繫，比如混同江鈎魚，諸部酋長來獻方物，已成慣例。

[2]長春州：治所在今吉林省前郭爾羅斯蒙古族自治縣西北部松花江畔的塔虎城。《武經總要》前集卷一六下《戎狄舊地》："長春州，契丹國舊地，仍曰昭陽軍，亦爲罪謫者配隸之所。"

[3]遠泊鳴鼓："泊"原本作"洎"，明抄本、南監本、北監本和殿本均作"泊"。中華點校本及修訂本徑改。今從改。

[4]五坊：契丹北面官機構名。據本書卷四六《百官志二》，五坊屬"北面坊場局冶牧厩等官"，大概與"農工之事"有關。《新唐書》卷四七《百官二》，"殿中省"載："閑厩使押五坊，以供時狩：一曰鵰坊，二曰鶻坊，三曰鷂坊，四曰鷹坊，五曰狗坊。"可見應是掌養鷹犬之官。　海東青鶻：猛禽，能擊殺天鵝。今俄羅斯遠東地區以東大海盛産珍珠，天鵝食蚌，珍珠藏於蚌嗉内。契丹人放出海東青鶻擊殺天鵝，獲取珍珠。

[5]薦廟：進獻給宗廟。

[6]弋獵網鈎：【劉校】"鈎"原本作"釣"，中華點校本徑作"鈎"，而據中華修訂本校勘記，"釣"，諸本皆同，疑當作"鈎"。今從改。

夏捺鉢：[1]

無常所，多在吐兒山。[2]道宗每歲先幸黑山，[3]拜聖宗、興宗陵，賞金蓮，乃幸子河避暑。吐兒山在黑山東北三百里，近饅頭山。黑山在慶州北十三里，[4]上有池，池中有金蓮。子河在吐兒山東北三百里。懷州西山有清涼殿，[5]亦爲行幸避暑之所。四月中旬起牙帳，卜吉地爲納涼所，五月末旬、六月上旬至，居五旬。與北、南臣僚議國事，暇日游獵，七月中旬乃去。

[1]夏捺鉢：設在夏捺鉢的遼朝廷具有極爲突出的中國傳統專制王朝朝廷的特徵。這不僅有其隨處可見的龍的裝飾爲證，就連捺鉢的總體佈局也是模仿中原都城的。宋代沈括於熙寧八年（遼大康元年，1075）使遼，當年五月至遼廷——道宗設在犢山（又作拖古烈、吐兒山，在永安山附近）的夏捺鉢，他見到的情形是這樣的："有屋，單于（道宗）之朝寢、蕭后之朝寢凡三，其餘皆氊廬，不過數十，悉東向，庭以松榦表其前，一人持牌，立松榦之間，曰'閤門'。其東向六、七帳，曰中書、樞密院、客省。又東，氊廬一，旁駐氊車六，前植纛，曰'太廟'，皆草莽之中。東數里有繚澗，澗東原隰十餘里，其西與北皆山也，其北山，庭之所依者曰'犢兒'。過犢兒北十餘里曰'市場'，小民之爲市者，以車從之於山間。"（《熙寧使虜圖抄》，載《永樂大典》卷一〇八七七）。行宮的殿帳悉東向，皇帝、皇后所居已不再是氊帳，而是真正的宮殿。宮殿東邊——即前方，是中書、樞密等機構，再東，還有可以隨遷的"太廟"，此外，稍遠的山後邊還有市場，可以說大體上就是《周禮·考工記·匠人》所謂"左祖右社，面朝後市"的格局。

[2]吐兒山：也稱犢山，又作拖古烈山。在永安山附近。沈括《熙寧使虜圖抄》（《永樂大典》卷一〇八七七）載："庭之所依者曰'犢兒'。"

[3]黑山：即今内蒙古自治區巴林右旗北罕山。黑山近慶陵，故"道宗每歲先幸黑山，拜聖宗、興宗陵，賞金蓮，乃幸子河避暑"。

[4]慶州：治所在今内蒙古自治區巴林右旗索博日嘎鎮。

[5]懷州：治所在今内蒙古自治區巴林右旗幸福之路蘇木崗根

嘎查舊城。本唐歸誠州，以契丹降部置。武后萬歲通天初，歸誠州刺史孫萬榮與松漠都督李盡忠叛，寇營州。即此。後廢。太宗德光行帳牧放於此，後葬於西山，曰懷陵。因置懷州奉陵軍。《武經總要》前集卷一六下《戎狄舊地》："懷州，契丹號奉陵軍，州將兼山陵都部署，即遼主德光葬所也。東南至中京三百五十里，西至平地松林四十里，北至潢河十里，河北至上京百五十里，西北門至韃靼國三百里。"

秋捺鉢：[1]

曰伏虎林。七月中旬自納涼處起牙帳，入山射鹿及虎。林在永州西北五十里，[2]嘗有虎據林，傷害居民畜牧。景宗領數騎獵焉，虎伏草際戰慄不敢仰視，上舍之，因號伏虎林。每歲車駕至，皇族而下分布濼水側。伺夜將半，鹿飲鹽水，令獵人吹角效鹿鳴，既集而射之。謂之"舐鹻鹿"，又名"呼鹿"。

[1]秋捺鉢：秋捺鉢的主要活動是狩獵。聖宗以後，其主要地點是在慶州（今内蒙古自治區巴林右旗索博日嘎鎮）西部諸山，因此秋捺鉢又稱"秋山"，意爲秋獵於山。春水、秋山與蕃漢臣僚共同參加的、處理全境政務的冬夏捺鉢活動不同，主要是爲了密切與諸部酋長的關係，没有漢式宫殿。

[2]永州：治所在今内蒙古自治區翁牛特旗戈日僧蘇木白音塔拉嘎查，位於西拉木倫河與老哈河合流處。《武經總要》前集卷一六下《戎狄舊地》："永州在木葉山之陽，潢［水］之北，契丹國舊地也。"

冬捺鉢：

曰廣平淀。[1]在永州東南三十里，本名白馬淀。東西二十餘里，南北十餘里。地甚坦夷，四望皆沙磧，木多榆柳。其地饒沙，冬月稍暖，牙帳多於此坐冬，與北、南大臣會議國事，時出校獵講武，兼受南宋及諸國禮貢。[2]皇帝牙帳以槍爲硬寨，[3]用毛繩連繫。每槍下黑氊傘一，以庇衛士風雪。槍外小氊帳一層，每帳五人，各執兵仗爲禁圍。南有省方殿，殿北約二里曰壽寧殿，皆木柱竹榱，[4]以氊爲蓋，彩繪韜柱，錦爲壁衣，加緋繡額。又以黄布繡龍爲地障，窗、槅皆以氊爲之，傅以黄油絹。基高尺餘，兩厢廊廡亦以氊蓋，[5]無門户。省方殿北有鹿皮帳，帳次北有八方公用殿。壽寧殿北有長春帳，衛以硬寨。宫用契丹兵四千人，每日輪番千人祗直。禁圍外卓槍爲寨，夜則拔槍移卓御寢帳。周圍拒馬外設鋪，傳鈴宿衛。

每歲四時，周而復始。[6]

[1]廣平淀：又稱白馬淀、藕絲淀、中會川。位於永州東南三十里。關於冬捺鉢地點，《遼史·營衛志》所記既不完備，亦不准確。這裏以傅樂焕《遼代四時捺鉢考五篇》爲據，擇其主要作介紹，詳見傅先生原著（載《遼史叢考》中華書局 1984 年版，第 86 頁）。宋熙寧元年至十年（遼咸雍四年至大康三年，1068—1077）使遼的蘇頌，在一首題爲《廣平宴會》的詩中寫道："遼中宫室本穹廬，暫對皇華辟廣除。編曲垣牆都草創，張旃帷幄類鶉居。朝儀强效鵷行列，享禮猶存體薦餘。玉帛係心真上策，方知三表術非疎。"（《蘇魏公文集》卷一三）這首詩題下有作者自注云："禮意極厚，雖名用漢儀，其實多參遼俗。"在蘇頌看來，廣平淀的宫室仍然不過是游牧民族的穹廬、氊帳，他們的所謂"行宫"，也不過

是對中原皇朝制度很不成樣子的模倣。他看不到這其實是遼朝本身統治的需要，而衹是單純看到宋朝“和戎”政策的成功。元祐四年（遼道宗大安五年，1089）蘇轍使遼，有一首題爲《虜帳》的詩，寫廣平淀冬捺鉢，也有同樣的觀點：“虜帳冬住沙陀中，索羊織葦稱行宫。從官星散依冢阜，氈廬窟室欺霜風。舂粱煮雪安得飽？擊兔射鹿誇強雄。朝廷經略窮海宇，歲遺繒絮消頑凶。我來致命適寒苦，積雪向日堅不融。聯翩歲旦有來使，屈指已復過奚封。禮成即日卷廬帳，釣魚射鵝滄海東。秋山既罷復來此，往返歲歲如旋篷。彎弓射獵本天性，拱手朝會愁心胸。甘心五餌墮吾術，勢類畜鳥游樊籠。祥符聖人會天意，至今燕趙常耕農。爾曹飲食自謂得，豈識圖霸先和戎。”（《欒城集》卷一六）。這首詩描寫作者初見廣平淀行宫的印象，與蘇頌大致相同，也認爲契丹人的所謂“行宫”實在不成樣子。他們儘管極力模倣漢文化，但仍重視射獵、習武；詩中還寫到作者的使命是爲了貫徹宋朝以歲幣换取和平的政策，因此不避艱辛，來到此地，看到契丹學習中原“拱手朝會”那套禮儀，是多麽不情願。但是契丹統治者爲了獲取物質方面的好處，仍不得不就範，這都是“祥符聖人”即宋真宗領會天意，與之講和，纔使得燕趙這一世戰之區得以發展耕農。北宋統治階級認爲向契丹繳納歲幣，是“圖霸”的第一步。蘇轍這首詩，儘管對契丹爲何要在四時捺鉢之間“往返歲歲如旋篷”表示不甚理解，但其中對遼道宗設在廣平淀的冬捺鉢的描述，與《遼史·營衛志》所記完全一致。彭汝礪元祐六年（遼道宗大安七年，1091）使遼，他這樣描述在廣平淀冬捺鉢所見：“廣平淀，謂北地險阻，至此始廣大而平易云。初至單于行在，其門以蘆箔爲藩垣，上不去其花以爲飾其上，謂之羊箔門，作山棚，以木爲牌，左曰紫府洞，右曰桃源洞，總謂之蓬萊宫，殿曰省方。”（《鄱陽集》卷八《律詩小序》）。以此與《遼史·營衛志》對廣平淀冬捺鉢的記載相對照，即可發現，同樣的契丹行宫，在宋朝人眼中與在遼人的眼中，有很大不同。

[2]南宋：遼對宋朝的稱呼。因宋位於遼的南邊，故稱其爲

"南宋"。此"南宋"非南渡後之宋朝。

[3]硬寨：防禦堅固的營壘。"硬寨爲宫"，即將作爲皇宫的"捺鉢"打造成防守堅固的營壘。南宋李綱《梁溪集》卷七三《收降到馬友下潰兵步諒等奏狀》言及湖南步諒潰兵的硬寨："其步諒等於衡山縣界吳集市劄成硬寨，栽埋鹿角，建置木栅，將吳集市左側民居盡皆焚蕩，差發人兵四散虜掠。"

[4]木柱竹榱：柱是房屋結構中主要承受壓力的竪向杆件，在結構中極爲重要，柱的破壞將導致整個結構的損壞與倒塌，故以木爲之。榱即屋椽。因捺鉢的建築以氈爲蓋，屋頂較輕，故用竹榱。這種建築，既有漢式結構，又采用北方游牧民族搭建氈帳的材料，可視爲兩種建築文化融合的産物。

[5]廊廡：堂前的廊屋。《漢書·竇嬰傳》："所賜金陳廊廡下。"顔師古曰："廊，堂下周屋也；廡，門屋也。"

[6]每歲四時，周而復始：是説遼帝一年四季都在四時捺鉢中渡過，周而復始，按規律重復。宋哲宗元祐四年（遼道宗大安五年，1089）蘇轍使遼，啓程時已是陰曆九月底。據《遼史·道宗本紀》載，這一年九月道宗"駐蹕藕絲淀"，藕絲淀即廣平淀。蘇轍使遼詩中説："禮成即日卷廬帳，釣魚射鵝滄海東。秋山既罷復來此，往返歲歲如旋篷。"遼帝在廣平淀冬捺鉢接待宋朝賀正旦使之後，馬上就準備前往春捺鉢射鵝雁，秋山過後又來廣平淀冬捺鉢，每年往復如此。

皇帝四時巡守，契丹大小内外臣僚并應役次人及漢人宣徽院所管百司皆從。漢人樞密院、中書省唯摘宰相一員，樞密院都副承旨二員，令史十人，中書令史一人，御史臺、大理寺選摘一人扈從。每歲正月上旬車駕啓行，宰相以下還於中京居守，行遣漢人一切公事。除拜官僚，止行堂帖權差，[1]俟會議行在所取旨、出給誥敕。[2]文官縣令、録事以下更不奏聞，聽中書銓選；武官須奏聞。

[1]堂帖：中書省發出的指令。《通鑑》卷二四五唐文宗太和八年（834）載："初，宋申錫與御史中丞宇文鼎受密詔誅鄭注，使京兆尹王璠掩捕之。璠密以堂帖示王守澄，注由是得免。"胡三省注云："帖由政事堂出，故謂之堂帖。"

[2]誥敕：皇帝發出的指令。《漢書·武帝本紀》元狩六年（前117）"夏四月乙巳廟立，皇子閎爲齊王，旦爲燕王，胥爲廣陵王。初作誥"。服虔曰："誥敕王，如《尚書》諸誥也。"李斐曰："今敕，封拜諸侯王策文亦是也。"

五月納涼行在所，南、北臣僚會議。[1]十月坐冬行在所，亦如之。

[1]南、北臣僚會議：遼朝以北、南臣僚會議爲最高決策機構，每年定期在冬、夏捺鉢舉行。傅樂焕先生説："所謂捺鉢者，初視之似僅爲遼帝弋獵網鉤，避暑消寒，暫時游幸之所。宜無足重視。然而夷考其實，此乃契丹民族生活之本色，有遼一代之大法，其君臣之日常活動在此，其國政之中心機構在此。凡遼之北、南面官，蕃漢人分治，種種特制，考其本源，無不出於是。"（見《遼史叢考》第37頁）

部族上

部落曰部，氏族曰族。契丹故俗分地而居，合族而處。有族而部者，[1]五院、六院之類是也；有部而族者，[2]奚王、室韋之類是也；有部而不族者，[3]特里特勉、稍瓦、曷术之類是也；有族而不部者，遥輦九帳、皇族三父房是也。[4]

[1]族而部："部族"是一個籠統的概念，實際上包含了部落和氏族兩個層級。氏族的基本特徵是實行族外婚，亦即禁止血親之間的婚配，這在人類歷史上是一影響深遠的進步。"氏族就是由這一進步直接引起的"（《馬克思恩格斯全集》第二一卷，人民出版社2006年版，第49頁）。互通婚姻的氏族構成部落，契丹人的"部"與"族"的關係表明血緣紐帶在他們中間的確曾起着重要的維繫作用。例如耶律氏和蕭氏，是兩個互通婚姻的氏族，這兩者即構成部落。迭剌部以及由此分化而成的五院部、六院部，都是由耶律氏和蕭氏兩族構成的部落。例如，"早隸太祖帳下，數從征討"的蕭痕篤，即迭剌部人。興宗時曾爲北府宰相的蕭塔列葛是五院部人。道宗時曾任東北路統軍都監的蕭迂魯也是五院部人。突吕不部爲"太祖二十部"之一。阿保機即位之初，"率門客首附宫籍"的耶律欲穩即該部人。而道宗時曾任北院樞密副使的蕭速撒，也是突吕不部人。像這樣由耶律氏和蕭氏兩個氏族構成的部落，即所謂"族而部"。這樣的部族是契丹部落聯盟最初的成員。當階級社會取代了無階級的原始氏族制度以後，氏族名稱就成了氏族貴族的代號，亦即成了他們的姓氏。"氏所以别貴賤，貴者有氏，賤者有名無氏。"（《通志·氏族略》）因此，"族而部"的另一含義，是説這樣的部族，不僅有部族組織，而且還有權貴家族。

[2]部而族：奚和室韋本來不屬契丹，他們都是被契丹征服的部族，有自己的氏族和部落組織。被征服之後，契丹始賜給這些部族首領以姓氏，因此，《遼史·營衛志》説他們是"部而族"，亦即先有部落，然後這些部落的貴族始有契丹族姓。以奚王爲例，聖宗、興宗以後，他們纔著蕭姓。蕭觀音奴"字耶寧，奚王搭紇之孫。統和十二年爲右祗候郎君班詳穩，遷奚六部大王"（本書卷八

五《蕭觀音奴傳》)。奚人也有姓耶律氏的。聖宗時曾出任東京留守的耶律斡臘，即奚迭刺部人。“迭剌”是契丹部落名稱。“奚迭剌部”是奚人被契丹征服後纔有的。其原有的部落組織並無以“迭剌”爲名者。由此看來，説奚是“部而族”也不盡然。被征服以後，契丹統治者對他們的部落氏族組織及名稱，都實行了變更。這類部族在遼朝的地位，自然要低於前一種。

[3]部而不族：指遼朝統治者以行政手段造成的部族，如特里特勉、稍瓦、曷术之類。由一部分人户或諸宫衛及横帳大族的奴隸構成而並非由氏族組成的部落，朝廷不賜予他們以“耶律”和“蕭”這樣的姓氏，所以是“部而不族”，這一類，較奚和室韋的地位還要低。

[4]遙輦九帳：即遙輦氏九個可汗的宫帳。“宫帳”又稱“宫衛”，負責管理可汗在掠奪戰爭中所俘獲的生口及其他私産。遙輦氏九可汗依次是：遙輦窪可汗、阻午可汗、胡剌可汗、蘇可汗、鮮質可汗、昭古可汗、耶瀾可汗、巴剌可汗以及痕德堇可汗。　皇族三父房：契丹以玄祖之後爲皇族，分爲三房：“玄祖伯子麻魯無後，次子巖木之後曰孟父房；叔子釋魯曰仲父房；季子爲德祖，德祖之元子是爲太祖天皇帝，謂之横帳；次曰剌葛，曰迭剌，曰寅底石，曰安端，曰蘇，皆曰季父房。”(本書卷四五《百官志一》)遙輦九帳和皇族三父房都是耶律氏，衹是氏族而不是部落。

奇首八部爲高麗、蠕蠕所侵，[1]僅以萬口附于元魏。[2]生聚未幾，北齊見侵，[3]掠男女十萬餘口。繼爲突厥所逼，[4]寄處高麗不過萬家。部落離散，非復古八部矣，别部有臣附突厥者。内附於隋者依紇臣水而居，[5]部落漸衆，分爲十部，有地遼西五百餘里。唐世大賀氏仍爲八部，[6]而松漠、玄州别出，[7]亦十部也。遙輦氏承萬榮、可突于散敗之餘更爲八部，[8]然遙輦、迭剌别出，又十部也。阻午可汗析爲二十部,[9]契丹始大。至于遼太祖，析九帳、三房之族，更列二十部。聖宗之世分置十有六、增置十有八，并舊爲五十四部，内有拔里、乙室已國舅族，外有附庸十部，盛矣！

[1]高麗：一般指王建創建的高麗王朝（918—1392）。統治地域在今朝鮮半島，首都在開京（今朝鮮開城市）。此處爲阿保機時代以前的高麗，應是高句麗。　蠕蠕：北魏太武帝對柔然的蔑稱。

[2]元魏：即拓跋氏建立的北魏（386—534）。拓跋氏後改稱元氏。

[3]北齊：朝代名（550—577）。由東魏權臣高歡次子高洋建立。

[4]突厥：古代族名。曾建立強大的突厥汗國，至公元6世紀分裂爲東西兩汗國。當阿保機建立契丹王朝時，突厥汗國早已滅亡。

[5]隋：朝代名（581—618）。由北周外戚楊堅建立。　紇臣水：即今老哈河。

[6]大賀氏：契丹權貴家族。隋唐之際世代擔任契丹可汗。開元二十三年（735）後爲遥輦氏所取代。

[7]松漠：契丹原住地。即今内蒙古自治區東部西遼河上游地區，又稱“平地松林”，唐初在此置松漠都督府以統契丹諸部。

[8]遥輦氏：契丹氏族。開元二十三年（735）可突于殘黨泥禮殺李過折，立阻午可汗，傳九世，至907年阿保機建國。遥輦九可汗繼位後各建宮衛，遼朝立國後，有遥輦九帳大常袞司之設，掌遥輦九世宮分之事務。

[9]阻午：契丹遥輦氏當政時期的第二任可汗。

其氏族可知者，略具《皇族》《外戚》二表。餘五院、六院、乙室部止見益古、撒里本，涅剌、烏古部止見撒里卜、涅勒，突呂不、突舉部止見塔古里、航斡，皆兄弟也。[1]奚王府部時瑟、哲里，則臣主也。[2]品部有拏女，楮特部有洼。其餘世繫名字，皆漫無所考矣。

[1]以上列舉各部的氏族都是兄弟氏族，即由同一氏族分化而成。

[2]奚王府的兩氏族是征服與被征服的關係，因此是君臣關係。

舊《志》曰："契丹之初草居野次，靡有定所。至涅里始制：[1]部族各有分地。太祖之興，以迭剌部強熾，析爲五院、六院。奚六部以下多因俘降而置，勝兵甲者即著軍籍，[2]分隸諸路詳穩、統軍、招討司。[3]番居内地者，[4]歲時田牧平莽間。邊防糺户，[5]生生之資仰給畜牧，績毛飲湩以爲衣食。各安舊風，狃習勞事，不見紛華異物而遷，故家給人足，戎備整完。卒之虎視四方，强朝弱附，東逾蟠木，[6]西越流沙，莫不率服，部族實爲之爪牙云。

[1]涅里：阿保機一族的始祖，又作雅里、泥里。

[2]軍籍：以被俘者隸軍籍，多有先例。《五代會要》卷一二《京城諸軍》載後周顯德二年（955）十二月"以新收復秦、鳳州所擒獲川軍，署爲懷恩軍"。遼著軍籍者除分隸諸路詳穩、統軍、招討司外，南京（今北京市）、西京（今山西省大同市）、奉聖州（今河北省涿鹿縣）和平州（今河北省盧龍縣）以及中京（今内蒙古自治區寧城縣大明鎮）、東京（今遼寧省遼陽市）和上京（今内蒙古自治區巴林左旗東鎮波羅城）還設提轄司，所管轄的人户也是

有軍籍的。提轄司是軍事機構，遇有戰事，負責點集兵馬。隸軍籍則不受州縣管轄。《通鑑》卷二三三唐德宗貞元七年（791）載："市井富民往往行賂，寄名軍籍，則府縣不能制。"

[3]詳穩：契丹語音譯詞。官名。遼在元帥府下設大詳穩司。按本書卷一一六《國語解》，"詳穩，諸官府監治之官"。【劉注】"詳穩"是音譯的契丹語，契丹語中另有"將軍"則是漢語借詞，二者有所區別。在契丹小字中，"詳穩"作，"將軍"作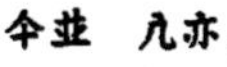，或作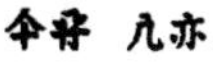、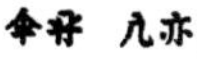；在契丹大字中，"詳穩"作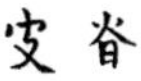，"將軍"作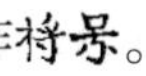。

[4]內地：契丹稱其原住地爲"內地"。

[5]糺户：【靳注】遼代邊地部族游牧户的稱呼。男子勝兵甲即著軍籍，分隸諸路，其家稱爲"糺户"，又作"乣户"。

[6]蟠木：傳説中的山名。一説即扶桑。清人錢大昕《廿二史考異·史記卷一·五帝本紀》："蟠木者扶木也。《呂覽·爲欲篇》：西至流沙，東至扶木栓。""扶木即扶桑。"

古八部：

悉萬丹部。

何大何部。

伏弗郁部。

羽陵部。[1]

日連部。

匹絜部。

黎部。[2]

吐六于部。

契丹之先曰奇首可汗，生八子。其後族屬漸盛，分爲八部，居松漠之間。[3]今永州木葉山有契丹始祖廟，[4]

奇首可汗、可敦併八子像在焉。[5]潢河之西、土河之北,[6]奇首可汗故壤也。

[1]伏弗郁部。羽陵部:【劉校】據中華點校本校勘記,“此二部名本《魏書·契丹傳》。《魏書·顯祖紀》兩見,並作具伏弗部、郁羽陵部,《册府元龜》卷九六九同。《魏書·勿吉傳》又見郁羽陵之名。《魏書·契丹傳》誤,《通典·邊防典》《北史·契丹傳》及本志均沿誤”。

[2]匹絜部、黎部:【劉校】據中華點校本校勘記,“此本《魏書·契丹傳》。《魏書·顯祖紀》《魏書·勿吉傳》並作匹黎爾部,《册府元龜》卷九六九、《通典·邊防典》作匹黎部,均作一部之名。本志沿《魏書·契丹傳》誤分爲二部。又《魏書·顯祖紀》來朝者爲具伏弗、郁羽陵、日連、匹黎爾、叱六于、悉萬丹、阿大何、羽真侯各部”。

[3]松漠:【劉校】“漠”原本作“漢”,今從中華點校本和修訂本改。

[4]木葉山:此指永州境内一座山,契丹人視此山爲神山,其地在西拉木倫河與老哈河匯合處一帶。上建契丹始祖廟,奇首可汗在南廟,可敦(可汗之妻)在北廟,繪塑二聖並八子神像。《長編》卷九七宋真宗天禧五年(1021)九月甲申(《宋會要·蕃夷》作天禧四年)記載,宋綬等始至木葉山,“山在中京東微北。自中京東過小河”,“度土河,亦云撞撞水,聚沙成墩,少人煙,多林木,其河邊平處,國主曾於此過冬。凡八十里至張司空館,七十里至木葉館。離中京皆無館舍,但宿穹帳,欲至木葉三十里許,始有居人瓦屋及僧舍。又歷荆榛荒草,復渡土河,至木葉山,本阿保機葬處。又云祭天之地。東向設氈屋,署曰省方殿,無階,以氈藉地,後有二大帳。次北,又設氈屋,曰慶壽殿,去山尚遠。國主帳在氈屋西北,望之不見”。按,據本書《營衛志》,“省方殿”是冬

捺鉢的殿帳，冬捺鉢在廣平淀，在永州東南三十里。可知木葉山即距此不遠。

[5]可敦：突厥及北方各族稱可汗妻爲“可敦”。《通鑑》卷二一五唐玄宗天寶四年（745）記載：“回紇懷仁可汗擊突厥白眉可汗，殺之，傳首京師。突厥毗伽可敦帥衆來降。”契丹早年附於突厥，故亦稱酋長之妻爲可敦。

[6]潢河：河流名。即今内蒙古自治區境内的西拉木倫河，屬西遼河上游。　土河：即今老哈河，流經今内蒙古自治區東部赤峰地區，與西拉木倫河匯合。

隋契丹十部：

元魏末，[1]莫弗賀勿于畏高麗、蠕蠕侵逼，[2]率車三千乘、衆萬口内附，乃去奇首可汗故壤，居白狼水東。[3]北齊文宣帝自平州三道來侵，[4]虜男女十餘萬口，分置諸州。又爲突厥所逼，以萬家寄處高麗境内。隋開皇四年，諸莫弗賀悉衆款塞，聽居白狼故地。又别部寄處高麗者曰出伏等，率衆内附，詔置獨奚那頡之北。[5]又别部臣附突厥者四千餘户來降，詔給糧遣還，固辭不去，部落漸衆，徙逐水草，依紇臣水而居。在遼西正北二百里，其地東西亘五百里，南北三百里。分爲十部，逸其名。

[1]元魏末：【劉校】“末”原本作“疑”，中華修訂本依明抄本、南監本、北監本和殿本改。中華點校本徑改。今從改。

[2]莫弗賀：契丹首領稱號。亦作“莫弗紇”。《魏書》卷一〇〇《契丹傳》：“有部落，於和龍之北數百里，多爲寇盜。真君以來，求朝獻，歲貢名馬。顯祖時，使莫弗紇何辰奉獻，得班饗於

諸國之末。歸而相謂，言國家之美，心皆忻慕，於是東北群狄聞之，莫不思服。悉萬丹部、何大何部、伏弗郁部、羽陵部、日連部、匹絜部、黎部、吐六于部等，各以其名馬文皮入獻天府，遂求爲常。皆得交市於和龍、密雲之間，貢獻不絶。太和三年高句麗竊與蠕蠕謀，欲取地豆于以分之。契丹懼其侵軼，其莫弗賀勿于率其部落車三千乘、衆萬餘口，驅徙雜畜，求入内附，止於白狼水東。自此歲常朝貢。”

[3]白狼水：河流名。即遼西大凌河。【劉校】據中華點校本校勘記，按《隋書》卷八四《契丹傳》作“白貔河”。

[4]平州：唐置，治所在今河北省盧龍縣。《北史》卷九四《契丹傳》，天保四年（553）九月“契丹犯塞，文［宣］帝親戎北討，至平州，遂西趣長塹。詔司徒潘相樂帥精騎五千，自東道趣青山。復詔安德王韓軌帥精騎四千東趣，斷契丹走路。帝親逾山嶺，奮擊，大破之。虜十餘萬口，雜畜數十萬頭。相樂又於青山大破契丹别部。所虜生口皆分置諸州，其後復爲突厥所逼，又以萬家寄於高麗”。

[5]獨奚那頡：【劉校】據中華點校本校勘記，本書卷六三《世表》及《隋書》卷八四《契丹傳》作“渴奚那頡”。

唐大賀氏八部：

達稽部，峭落州。

紇便部，彈汗州。

獨活部，無逢州。

芬問部，[1]羽陵州。

突便部，日連州。

芮奚部，徒河州。

墜斤部，萬丹州。

伏部，州二：匹黎、赤山。[2]

唐太宗置玄州，以契丹大帥據曲爲刺史。[3]又置松漠都督府，以窟哥爲都督，分八部，并玄州爲十州。則十部在其中矣。

[1]芬問部：【劉校】據中華點校本校勘記，《册府元龜》與《新唐書·地理志》《新唐書·契丹傳》同。本書卷三七《地理志一》作"芬阿部"。

[2]赤山：即今内蒙古自治區赤峰市境内紅山。"赤山州"應即在此。

[3]據曲：【劉校】據中華點校本校勘記，《新唐書·契丹傳》《新唐書·地理志》並作"曲據"。《舊唐書·地理志》作"李去閭"。

遙輦氏八部：

旦利皆部。

乙室活部。

實活部。[1]

納尾部。

頻没部。

納會雞部。[2]

集解部。

奚嗢部。

當唐開元、天寶間，大賀氏既微，遼始祖涅里立迪輦祖里爲阻午可汗。[3]時契丹因萬榮之敗，[4]部落凋散，即故有族衆分爲八部。涅里所統迭剌部自爲别部，不與其列。并遥輦、迭剌亦十部也。

[1]實活部:【劉校】據中華點校本校勘記，按本書卷三九《地理志三》作“室活部”。

[2]納會雞部:【劉校】據中華點校本校勘記，按本書卷三七《地理志一》作“内會雞部”。

[3]涅里：耶律氏祖先，據説當阻午可汗時，涅里曾爲相。迪輦祖里:【劉校】據中華點校本校勘記，本書卷六三《世表》作“迪輦俎里”。

[4]萬榮：即孫萬榮，松漠都督李盡忠妻兄。萬榮與盡忠皆居於營州城側。營州都督趙文翙剛愎自用，武則天萬歲通天元年(696)五月，“契丹饑不加賑給，視酋長如奴僕，故二人怨而反”(《通鑑》卷二〇五武則天萬歲通天元年記事)。盡忠自稱“無上可汗”，以萬榮爲前鋒，略地攻城，所至皆下，旬日之間，兵至數萬。武則天更號孫萬榮爲“孫萬斬”，李盡忠爲“李盡滅”。

遥輦阻午可汗二十部:

耶律七部。

審密五部。

八部。

涅里相阻午可汗，分三耶律爲七，二審密爲五，[1]并前八部爲二十部。三耶律：一曰大賀，二曰遥輦，三曰世里，即皇族也。二審密：一曰乙室已，[2]二曰拔里，即國舅也。其分部皆未詳，可知者曰迭剌，曰乙室，[3]曰品，曰楮特，曰烏隗，曰突呂不，曰捏剌，[4]曰突舉。又有右大部、左大部，凡十，逸其二。大賀、遥輦析爲六，而世里合爲一，兹所以迭剌部終遥輦之世彊不可制云。

［1］耶律、審密：皆是氏族而非部落。審密即蕭氏。

［2］乙室己：【劉注】原本、南監本、北監本作“乙室巳”，中華點校本作“乙室已”，殿本和中華修訂本作“乙室己”。契丹小字作，中的是復數格詞尾，的詞幹爲，從對契丹小字的擬音來考察，“乙室己”更爲正確。

［3］迭剌、乙室等部事，每一部當中都包含耶律氏和蕭氏，元修《遼史》根據這種情況，就做出判斷，認爲這些部落都是從耶律和審密分出的。氏族外婚，部落内婚。單獨一個氏族不能構成部落，而同一部落至少應包含兩個氏族，這樣纔能在同一部落内實行族外婚。前面已經列舉了迭剌部（五院部和六院部）及突吕不部都包含耶律氏和蕭氏，再如本書卷八五《列傳第十五》“耶律撒合，字率懶，乙室部人”，卷九九《列傳第二十九》“蕭巖壽，乙室部人”，這種情況足以證明，耶律和蕭都是氏族的族姓。他們原來都是某一部落的一部分，由單獨一個氏族不能派生出另一部落。

［4］捏剌：【劉校】按上下文均作“涅剌”。

（李錫厚注　劉鳳翥校）

遼史　卷三三

志第三

營衛志下

部族下

遼起松漠，[1]經營撫納竟有唐、晉帝王之器，[2]典章文物施及瀇海之區，[3]作史者尚可以故俗語耶？舊史有《部族志》，歷代之所無也。古者巡守于方岳，五服之君各述其職，[4]遼之部族實似之。故以部族置宮衛、行營之後云。

[1]松漠：契丹原住地。即今内蒙古自治區東部西遼河上游地區，又稱“平地松林”，唐初在此置松漠都督府以統契丹諸部。

[2]唐、晉帝王之器：指滅後晉所得後唐、後晉之法物。特別是“傳國璽”，尤爲契丹所重。宋人孔平仲《珩璜新論》：“玉璽者，傳國璽也。秦始皇始取藍田玉刻而爲之，面文曰‘受命於天，既壽永昌’。璽上隱起爲盤龍，文曰‘受天之命，皇帝壽昌’。方四寸，鈕鉤五龍盤。秦滅傳漢，歷王莽爲元后投之於地，遂一角缺。後傳至石季龍，季龍磨其隱起之文，又刻其傍爲文云‘天命石氏’。開

皇二年，琢爲‘受命璽’。至後唐，廢帝王從珂携以自焚，石晉再作受命寶，曰‘受天明命，惟德永昌’。契丹又盗而取之。”“仁宗朝有使北者，見北主傳國璽詩云：‘一時製美寶，千載助興王；中原既失守，此寶歸北方。子孫宜慎守，世業當永昌。’”

［3］潢海之區：即潢水流域及遼海地區。

［4］五服：古代以王畿爲中心，周邊統治區分爲“五服”。《尚書·夏書》孔傳：“五服，侯、甸、綏、要、荒服也。服，五百里。”五服之君，此處指契丹統治下的各地、各部族首領。

遼内四部族：［1］

遙輦九帳族。［2］

横帳、三父房族。［3］

國舅帳拔里、乙室已族。［4］

國舅别部。［5］

［1］遼内四部族：此四者並非“部族”，實爲宗族、家族。

［2］遙輦九帳族：即遙輦氏九個可汗宫帳的擁有者。遙輦氏九可汗依次是：遙輦洼可汗、阻午可汗、胡剌可汗、蘇可汗、鮮質可汗、昭古可汗、耶瀾可汗、巴剌可汗以及痕德堇可汗。這九可汗所屬的氏族在契丹具有崇高地位。

［3］横帳：契丹以玄祖之後爲皇族，分爲三房：孟父房、仲父房和季父房。季父房一系太祖阿保機子孫爲“横帳”。本書卷四五《百官志一》：“玄祖伯子麻魯無後，次子巖木之後曰孟父房；叔子釋魯曰仲父房；季子爲德祖，德祖之元子是爲太祖天皇帝，謂之横帳；次曰剌葛，曰迭剌，曰寅底石，曰安端，曰蘇，皆曰季父房。”本書卷一六《聖宗本紀七》載開泰八年（1019）冬十月癸巳詔：“横帳、三房不得與卑小帳族爲婚；凡嫁娶，必奏而後行。”【劉注】横帳三父房：根據劉鳳翥、張少珊《契丹文字中的“横帳”》

（載韓國嘉泉大學《亞細亞文化研究》（아시아문화연구）第 42 輯，2016 年 12 月版）一文可知，不單是季父房的人歸横帳，孟父房和仲父房的人也歸横帳，例如本書卷六六《皇族表》有“横帳孟父房巖木楚國王”。另外，漢字和契丹文字墓誌銘更是證明了這一點。漢字《耶律仁先墓誌銘》説：“遠祖曰仲父述剌·實魯，于越。即第二横帳。太祖皇帝之諸父也 。”述剌·實魯即《遼史·皇子表》中的釋魯，釋魯字述瀾。釋魯即實魯，述瀾即述剌，均爲同名異譯。述剌·實魯是契丹語名字的全名。“第二横帳”即“横帳仲父房”之意。契丹小字《蕭奮勿膩·圖古辭墓誌銘》第七行的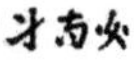 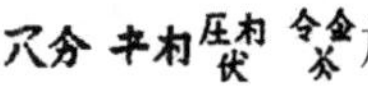於義爲“横帳之仲父房任寧·特末里”。契丹小字《蕭太山和永清公主墓誌銘》第六行 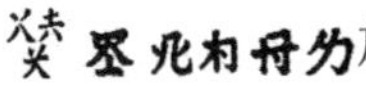於義爲“横帳之孟父房□□□太師之女”。契丹大字蕭孝忠墓誌銘第二行的於義爲“横帳之孟父房楚國王”。契丹大字《耶律習涅墓誌銘》第一行的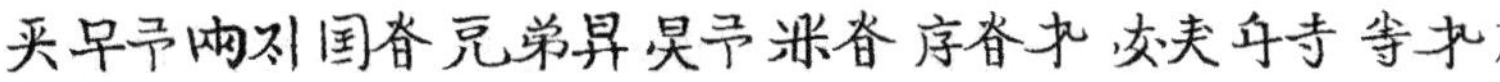於義爲“大中央契丹國之横帳之仲父房習涅副使墓誌”。可見，横帳與三父房不是並列關係，而是從屬關係。三個父房都從歸横帳。

[4]國舅帳：遼朝有大國舅司，掌乙室己、拔里二帳之事。

[5]國舅别部：世宗以其舅氏爲國舅别部。本書卷六七《外戚表》稱其“不知世次”。

太祖二十部，二國舅升帳分，止十八部。

五院部。其先曰益古，凡六營。阻午可汗時與弟撒里本領之，[1]曰迭剌部。傳至太祖，以夷离堇即位。[2]天贊元年以强大難制，[3]析五石烈爲五院，[4]六爪爲六院，各置夷离堇。會同元年更夷离堇爲大王。[5]部隸北府，以鎮南境。大王及都監春夏居五院部之側，秋冬居羊門甸。[6]石烈四：

大蔑孤石烈。

小蔑孤石烈。

甌昆石烈。太宗會同二年以烏古之地水草豐美命居之，[7]三年益以海勒水之地爲農田。

乙習本石烈。會同二年命以烏古之地。

六院部。隸北府，以鎮南境。其大王及都監春夏居泰德泉之北，秋冬居獨盧金。石烈四：

轄懶石烈。

阿速石烈。

斡納撥石烈。

斡納阿剌石烈。會同二年命居烏古，三年益以海勒水地。

乙室部。其先曰撒里本，阻午可汗之世與其兄益古分營而領之，曰乙室部。會同二年更夷离堇爲大王，[8]隸南府。其大王及都監鎮駐西南之境，司徒居鴛鴦泊，閘撒狘居車軸山。[9]石烈二：

阿里荅石烈。

欲主石烈。

品部。其先曰拏女，阻午可汗以其營爲部。太祖更諸部夷离堇爲令穩，統和中又改節度使。[10]隸北府，屬西北路招討司，[11]司徒居太子墳。凡戍軍隸節度使，留後户隸司徒。[12]石烈二：

北哲里只石烈。

南轄懶石烈。

楮特部。其先曰洼，阻午可汗以其營爲部，隸南府。節度使屬西北路招討司，司徒居栢坡山及鏵山之側。[13]石烈二：

北石烈。

南石烈。

烏隗部。其先曰撒里卜，與其兄涅勒同營，阻午可汗析爲二：撒里卜爲烏隗部，涅勒爲涅剌部，俱隸北府。烏隗部節度使屬東北路招討司，[14]司徒居徐母山、郝里河之側。[15]石烈二：

北石烈。

南石烈。

涅剌部。其先曰涅勒，阻午可汗分其營爲部。節度使屬西南路招討司，居黑山北，[16]司徒居郝里河側。石烈二：

北塌里石烈。

南察里石烈。

突呂不部。其先曰塔古里，領三營。阻午可汗命分其一與弟航斡爲突舉部，塔古里得其二，更爲突呂不部，隸北府。節度使屬西北路招討司，司徒居長春州西。[17]石烈二：

北托不石烈。

南須石烈。

突舉部。[18]其先曰航斡，阻午可汗分營置部，隸南府。戍於隗烏古部，司徒居冗泉側。石烈二：

北石烈。

南石烈。

奚王府六部五帳分。其先曰時瑟，事東遥里十帳部主哲里，後逐哲里自立爲奚王。卒，弟吐勒斯立。遥輦鮮質可汗討之，俘其拒敵者七百户，摭其降者。以時瑟鄰睦之故，止俘部曲之半，餘悉留焉，[19]奚勢由是衰矣。初爲五部：曰遥里，曰伯德，曰奥里，曰梅只，曰楚里，太祖盡降之，號五部奚。天贊二年有東扒里厮胡損者，[20]恃險堅壁於箭笴山以拒命，[21]揶揄曰："大軍何能爲，我當飲墮瑰門下矣！"太祖滅之，以奚府給役户併括諸部穩丁，[22]收合流散置墮瑰部，因墮瑰門之語爲名，遂號六部奚。命勃魯恩主之，仍號奚王。[23]太宗即位，置宰相、常衮各二員。聖宗合奥里、梅只、墮瑰三部爲一，特置二剋部以足六部之數。奚王和朔奴討兀惹，敗績，籍六部隸北府。[24]

突吕不室韋部。本名大、小二黄室韋户。太祖爲達馬狘沙里，以計降之，乃置爲二部，隸北府。節度使屬東北路統軍司，戍泰州東北。[25]

涅剌拏古部。與突吕不室韋部同。節度使戍泰州東。

迭剌迭達部。本鮮質可汗所俘奚七百户，太祖即位以爲十四石烈，置爲部，隸南府。節度使屬西南路招討司，戍黑山北，部民居慶州南。

乙室奥隗部。神册六年太祖以所俘奚户置，隸南府，節度使屬東北路兵馬司。

楮特奥隗部。太祖以奚户置，隸南府。節度使屬東京都部署司。

品達魯虢部。太祖以所俘達魯虢部置，隸南府。節度使屬西南路招討司，戍黑山北。

烏古涅剌部。[26]亦曰涅離部。太祖取于骨里户六千，[27]神册六年析爲烏古涅剌及圖魯二部，[28]俱隸北府。節度使屬西南路招討司。

圖魯部。節度使屬東北路統軍司。

已上太祖以遙輦氏舊部族分置者凡十部，增置者八。

[1]阻午可汗：契丹遙輦氏當政時期的第二任可汗。

[2]夷离堇：契丹部族官名。本書卷一一六《國語解》："夷离堇，統軍馬大官。會同初，改爲大王。"源於突厥語官名"俟斤"(Irkin)。契丹立國後，與突厥相似，首領稱可汗，其下所屬各部酋長稱爲俟斤，亦即夷离堇。舉凡一部之軍政、民政皆由其統掌。

[3]天贊：遼太祖年號（922—926）。

[4]石烈：契丹部族組織，是構成部族的小單位。

[5]會同：遼太宗年號（938—947）。

[6]秋冬居羊門甸：【靳校】"冬"字原脱，今據中華點校本補。

[7]烏古：部族名。又稱嫗厥律、于厥律，居契丹西北。

[8]會同二年，更夷离堇爲大王：按本書卷四《太宗本紀下》及上文，更夷离堇爲大王在會同元年（938）十一月。

[9]閘撒狘：契丹部族官名。據本書卷一一六《國語解》，係"抹里司官，亦掌宮衛之禁者"。

[10]統和：遼聖宗年號（983—1012）。

[11]西北路招討司：又稱西北路都招討司。遼朝統治漠北屬部的最高軍政機構。聖宗以後，主要負責鎮壓阻卜。

［12］留後户：品部作爲戍軍者隸屬節度使，留在後方者稱爲“留後户”，隸屬司徒。各部的司徒管民政。

［13］鏵山：【劉校】據中華修訂本校勘記，南監本同，明抄本、北監本、殿本作“鏵”，“鏵”“鏵”均不見字書，疑應作“鏵”或“韡”。

［14］東北路招討司：此一名稱與其他記載不符。遼朝時期，東北地區有大量的女真人，分佈在南部者稱“熟女真”，隸籍州縣；中部地區則有回跋女真，隸屬咸州（今遼寧省開原市老城）兵馬司；其在北者則是“生女真”。這部分女真人，“地方千餘里，户口十餘萬，散居山谷間，依舊界外野處，自推雄豪爲酋長”（《三朝北盟會編》卷三）。他們名義上雖然也臣屬遼朝，但並不馴服。不過，如前所述，遼末以前，對女真的防禦並不占重要地位，故一直由東京的軍事機構兼管。當生女真完顏部最初發動叛亂時，遼朝主持戰事始有東北路統軍司。因爲遼末在東北地區與女真戰事日益擴大，天祚帝不得不增派包括契丹軍在内的大批軍隊前去增援，並下詔親征，於是纔有都部署司之設，此即黄龍府都部署司。在此之前，主持東北邊防的，一直是寧江州的東北路統軍司。

［15］徐母山：或爲徐毋（無）山之誤。《清一統志》卷二九：“徐無山在玉田縣東北二十里。”

［16］黑山：本書卷三二《營衛志中》載：“黑山在慶州北十三里，上有池，池中有金蓮。”黑山近慶陵，故“道宗每歲先幸黑山，拜聖宗、興宗陵，賞金蓮，乃幸子河避暑”。另據本書卷三七《地理志一》“慶州”，“在州西二十里。有黑山、赤山、太保山、老翁嶺、饅頭山、興國湖、轄失濼、黑河”。慶州治所在今内蒙古自治區巴林右旗索博日嘎鎮。　居黑山北：【劉校】“居”，據中華點校本校勘記，疑當作“戍”。

［17］長春州：治所在今吉林省前郭爾羅斯蒙古族自治縣西北部松花江畔的塔虎城。《武經總要》前集卷一六下《戎狄舊地》：“長春州，契丹國舊地，仍曰昭陽軍，亦爲罪譴者配隸之所。北至黄龍

府百里，東北至龍化州四百里，南至微州三百五十里，西至新州四百里，西北至上京二百里。”

［18］突舉部：【劉校】據中華點校本校勘記，本書卷四《太宗本紀下》會同四年（941）正月作突軌部，統和四年（986）八月作諦居部。

［19］餘悉留焉：【劉校】“焉”原本作“馬”，明抄本、南監本、北監本和殿本均作“焉”。中華點校本和修訂本徑改。今從改。

［20］天贊二年：【劉校】二年，原誤“八年”。據中華點校本校勘記，依本書卷二《太祖本紀下》，天贊僅四年，滅胡損事在二年（923）三月，據改。

［21］箭笴（gǎn）山：地名。胡損奚所居地。【靳注】此爲山名。在今河北省撫寧縣東北葦子峪外。

［22］穩丁：【劉校】“穩”，諸本皆同。據中華修訂本校勘記，“穩丁”語義不明，疑當作“隱丁”。中華點校本徑改。

［23］奚王：對奚部族首領的稱呼。據《五代會要》卷二八《奚》：“奚，本匈奴别種，即東胡之地，人物風俗與突厥同。族有五姓：一曰阿會部，管縣六；二曰啜米部，管縣四；三曰粤質部，管縣六；四曰奴皆部，管縣四；五曰黑訖支部，管縣三。每部有刺史，每縣有令，酋長號奚王。”此奚王是被契丹降伏以後的奚部族酋長。《新五代史》卷七四《四夷附録第三》所記奚各部名稱與《五代會要》同：奚“分爲五部：一曰阿薈部，二曰啜米部，三曰奥質部，四曰奴皆部，五曰黑訖支部。後徙居琵琶川，在幽州東北數百里。地多黑羊，馬趬前蹄堅善走，其登山逐獸，下上如飛”。奚本來衹有五部，阿保機降伏五部奚之後設置墮瑰部，而成六部。

［24］隸北府：【劉校】據中華點校本校勘記，依本書卷三四《兵衛志上》，奚五部隸北府，屬東北路統軍司。

［25］泰州：治所在今吉林省白城市南。

［26］烏古涅剌部：【劉校】據中華點校本校勘記，依本書卷八二《蕭陽阿傳》作“烏古涅里”。

[27]于骨里：古代部族名。即烏古。居遼上京道北部。

[28]神册：遼太祖耶律阿保機年號（916—922）。

聖宗三十四部：

撒里葛部。奚有三營：曰撒里葛，曰窈爪，[1]曰耨盌爪。太祖伐奚，乞降，願爲著帳子弟，籍于宮分，皆設夷离堇。聖宗各置爲部，改設節度使，皆隸南府，以備畋獵之役。居澤州東。[2]

窈爪部。與撒里葛部同。居潭州南。[3]

耨盌爪部。節度使屬東京都部署司。

訛僕括部。與撒里葛三部同。居望雲縣東。[4]

特里特勉部。初於八部各析二十户以戍奚，偵候落馬河及速魯河側，置二十詳穩。聖宗以户口蕃息置爲部，設節度使，隸南府。戍倒塌嶺，[5]居橐駞岡。

稍瓦部。初，取諸宮及横帳大族奴隸置稍瓦石烈。"稍瓦"，鷹坊也，居遼水東，掌羅捕飛鳥。聖宗以户口蕃息置部。節度使屬東京都部署司。

曷术部。初，取諸宮及横帳大族奴隸置曷术石烈。"曷术"，鐵也，以冶于海濱柳濕河、三黜古斯、手山。[6]聖宗以户口蕃息置部。屬東京都部署司。

遙里部。居潭、利二州間。[7]石烈三：

撒里必石烈。

北石烈。

帖魯石烈。

伯德部。松山、平州之間，[8]太師、太保居中京西。石烈六：

啜勒石烈。

速古石烈。

腆你石烈。

迭里石烈。

旭特石烈。

悦里石烈。

楚里部。居潭州北。

奥里部。統和十二年以與梅只、墮瑰三部民籍數寡，合爲一部。并上三部，本屬奚王府，聖宗分置。

南剋部。

北剋部。統和十二年以奚府二剋分置二部。[9]

隗衍突厥部。[10]聖宗析四闢沙、四頗憊户置，以鎮東北女直之境。開泰九年節度使奏請置石烈。[11]隸北府，屬黄龍府都部署司。[12]

奥衍突厥部。與隗衍突厥同。

涅剌越兀部。以涅剌室韋户置，隸北府，節度使屬西南面招討司，戍黑山北。

奥衍女直部。聖宗以女直户置，隸北府，節度使屬西北招討司，戍鎮州境。[13]自此至河西部，皆俘獲諸國之民。初隸諸宫，户口蕃息置部。訖於五國，皆有節度使。

乙典女直部。聖宗以女直户置，隸南府，[14]居高州北。[15]

斡突盌烏古部。聖宗以烏古户置，隸南府，節度使屬西南面招討司，[16]戍黑山北。

迭魯敵烈部。聖宗以敵烈户置，隸北府，節度使屬烏古敵烈統軍司。[17]

室韋部。[18]聖宗以室韋户置，隸北府，[19]節度使屬西北路招討司。

术哲達魯虢部。聖宗以達魯虢户置，隸北府，節度使屬東北路統軍司，戍境内，居境外。[20]

梅古悉部。聖宗以唐古户置，隸北府，節度使屬西南面招討司。

頡的部。聖宗以唐古户置，隸北府，節度使屬西南面招討司。

北敵烈部。聖宗以敵烈户置，戍隗烏古部。[21]

匿訖唐古部。聖宗置，隸北府，節度使屬西南面招討司。

北唐古部。聖宗以唐古户置，隸北府，節度使屬黄龍府都部署司，戍府南。

南唐古部。聖宗置，隸北府。

鶴剌唐古部。與南唐古同，節度使屬西南面招討司。

河西部。[22]聖宗置，隸北府，節度使屬東北路統軍司。

薛特部。開泰四年以回鶻户置，[23]隸北府，居慈仁縣北。[24]

伯斯鼻骨德部。本鼻骨德户，初隸諸宫，聖宗以户口蕃息置部。隸北府，節度使屬東北路統軍司，戍境内，居境外。

達馬鼻骨德部。聖宗以鼻骨德户置，隸南府，節度使屬東北路統軍司。

五國部。剖阿里國、盆奴里國、[25]奥里米國、越里篤國、越里吉國，聖宗時來附，命居本土，以鎮東北境，屬黄龍府都部署司。重熙六年以越里吉國人尚海等訴酋帥渾敞貪污，[26]罷五國酋帥，設節度使以領之。

已上聖宗以舊部族置者十六，增置十八。

[1]窈爪：【劉校】“爪”原本作“介”，據中華點校本校勘記，依下文及本書卷三五《兵衛志中》、卷四六《百官志二》改。

[2]澤州：州名。治今河北省平泉縣五十家子北會洲古城遺址。本漢朝土垠縣。遼太祖俘蔚州民，在松亭關以北立寨居之，采煉陷河銀冶。開泰中大延琳反叛被鎮壓之後，原東京海州下轄的刺史州澤州民被遷移至此，置澤州。《武經總要》前集卷一六《戎狄舊地》：“澤州，松亭關北，遼澤之地。”

[3]潭州：遼代州名。在中京地區。治所在今遼寧省喀喇沁左翼蒙古族自治縣大城子鎮白塔子古城遺址。

[4]望雲縣：治所在今河北省赤城縣北。

[5]倒塌嶺：【靳注】山嶺名。在遼境内西部，接近阻卜地區。

[6]手山：據清人楊鑣、施鴻纂修《遼陽州志》卷七：首山，“城西南十五里，一作手山，山頂石上有掌指狀泉出其中，挹之不竭。晉司馬懿圍公孫淵於襄平有星墜首山，即此。唐太宗征高麗，嘗駐蹕於上數日，勒石紀功，改爲駐蹕山。上有清風寺”。

[7]利：利州，中京阜俗縣。境内有琵琶川。琵琶川是奚族地區的一條河流，據《清一統志》卷二七《承德府》，琵琶川在建昌縣南。

[8]松山、平州之間：松山，治所在今内蒙古自治區赤峰市松山區。平州，唐置，治所在今河北省盧龍縣。【劉校】據中華點校

本校勘記，“松山”前疑脱“戍”字。

[9]統和十二年：【劉校】十二年，原本作“二年”。據中華點校本校勘記，依本書卷一三《聖宗本紀四》，以二剋分置二部在統和十二年（994）十二月，據補。

[10]隗衍突厥部：【劉校】據中華點校本校勘記，依本書卷八九《耶律庶箴傳》作烏衍突厥部。　突厥：古代族名。曾建立強大的突厥汗國，至公元6世紀分裂爲東西兩汗國。當阿保機建立契丹王朝時，突厥汗國早已滅亡。這裏所謂“突厥”是指東突厥汗國的餘部，他們歸附契丹並成爲契丹統治下的部族。

[11]開泰：遼聖宗年號（1012—1021）。

[12]黄龍府：治所在今吉林省農安縣。

[13]鎮州：本古可敦城。陳得芝《耶律大石北行史地雜考》（《歷史地理》第二輯，上海人民出版社1982年版）説：遼朝統治漠北屬部的最高軍政機構是西北路招討司（又稱西北路都招討司），遼聖宗統和十二年（994）因西北“阻卜”諸部作亂，以蕭撻凛爲西北路招討使，命隨皇太妃（齊王妃）出征，“屯西鄙驢駒兒河，西捍韃靼，盡降之”。蕭撻凛鑒於達旦諸部叛服不常，上表乞建三城以鎮之。統和二十二年（1004）城完工，設置鎮、防、維三州。

[14]隸南府：【劉校】據中華點校本校勘記，依本書卷三六《兵衛志上》，此下脱“節度使屬西南路招討司”。

[15]高州：統和八年（990）更名武安州，隸大定府。治所在今内蒙古自治區敖漢旗東。

[16]西南面招討司：契丹軍事機構名。設招討使一人，駐西京大同，負責對西夏的防務。

[17]烏古敵烈統軍司：遼代西北部的軍事機構。烏古、敵烈是契丹西北方兩個部族名。烏古又稱嫗厥律、于厥律；敵烈又譯迪烈、敵烈德、迭烈德、達里底。遼時以游牧、捕獵爲業，分佈於臚朐河（今克魯倫河）流域。敵烈與烏古部並稱爲北邊大部。遼聖宗以敵烈部降人置迭魯敵烈部和北敵烈部。開泰四年（1015）築董城

於臚朐河北，安置敵烈、烏古降人。壽昌二年（1096）徙敵烈、烏古於烏納水西。金末元初，敵烈人逐漸與女真人、蒙古人等同化。

[18]室韋：部族名。北魏始見於記載，分佈於今黑龍江、嫩江流域，唐時分爲許多部，時契丹多爲其役屬。

[19]隸北府：【劉校】"隸北府"三字原脱，據中華點校本校勘記，依本書卷三六《兵衛志上》補。

[20]戍境内，居境外：契丹用境外部族戍守邊境。

[21]隗烏古部：【靳注】又作"限烏古部"，烏古部屬部。本書本卷"遼國外十部"中有"隗古部"，疑爲"隗烏古部"之誤。隗烏古部當屬羈縻統轄區。詳參程妮娜《遼朝黑龍江流域屬國、屬部朝貢活動研究》（《求是學刊》2012 年第 1 期）。

[22]河西部：晚唐直至宋初，河西地區除沙州歸義軍治下的漢族之外，還有吐蕃、回鶻等族在這一地區活動。遼以俘獲的河西各族人户建河西部。

[23]回鶻：即回紇。本突厥别部。北魏時稱袁紇，亦曰烏擴、烏紇，至隋稱韋紇。大業元年（605）因反抗突厥的壓迫，與僕固、同羅、拔野古等成立聯盟，總稱回紇。唐天寶三年（744）破東突厥，建政權於今鄂爾渾河流域，有今蒙古高原之地。唐時助平安史之亂，屢尚公主。唐貞元四年（788）自請改稱回鶻。開成五年（840）爲轄戛斯所破，部衆分三支西遷：一支遷吐魯番盆地，稱高昌回鶻或西州回鶻；一支遷葱嶺以西楚河一帶，即葱嶺以西回鶻；一支遷河西走廊，稱河西回鶻。歷五代遼金，回鶻皆嘗入貢。元明時稱畏吾兒。其族在唐時奉摩尼教，宋元以來改奉伊斯蘭教。

[24]慈仁縣：隸屬永州。治所在今内蒙古自治區翁牛特旗境内。

[25]盆奴里國：【劉校】據中華點校本校勘記，本書卷一四《聖宗本紀五》統和二十二年（1004）七月作"蒲奴里"。

[26]重熙：遼興宗年號（1032—1055）。　渾敞：【劉校】據中華點校本校勘記，本書卷一八《興宗本紀一》重熙六年（1037）八月作

“坤長”。

遼國外十部：[1]

烏古部。

敵烈八部。

隗古部。

回跋部。[2]

喦母部。

吾禿婉部。

迭剌葛部。

回鶻部。

長白山部。

蒲盧毛朶部。

右十部不能成國，附庸於遼，時叛時服，各有職貢，猶唐人之有羈縻州也。

［1］遼國外十部：【劉校】據中華點校本校勘記，依本書卷四六《百官志二》，烏古、敵烈、隗古、迭剌葛入“諸部”，回跋、喦母、吾禿婉、蒲盧毛朶入“大部”，長白山部作“長白山女直國”，與回鶻部併入“諸國”。

［2］回跋部：遼朝時期女真部族名。當時東北地區有大量的女真人，分佈在南部者稱“熟女真”；中部地區則有回跋女真，隸屬咸州（今遼寧省開原市老城）兵馬司；其在北者則稱“生女真”。

（李錫厚注　劉鳳翥校）

遼史　卷三四

志第四

兵衛志上

軒轅氏合符東海,邑于涿鹿之阿,[1]遷徙往來無常處,以兵爲營衛。飛狐以北,[2]無慮以東,[3]西暨流沙,四戰之地聖人猶不免於兵衛,地勢然耳。

[1]涿鹿之阿:涿鹿是地名。故城在今河北省涿鹿縣南。“阿”是指平地。《史記》卷一《五帝本紀》:“於是黄帝乃徵師諸侯,與蚩尤戰於涿鹿之野,遂禽殺蚩尤。”裴駰集解引服虔曰:“涿鹿,山名,在涿郡。”同卷載黄帝“北逐葷粥,合符釜山,而邑于涿鹿之阿”。張守節正義:“廣平曰阿。涿鹿,山名。”“涿鹿故城在山下,即黄帝所都之邑於山下平地。”

[2]飛狐:1. 古縣名,今河北省淶源縣在隋、唐、遼、宋、金、元時名飛狐縣;2. 要塞名,在今河北省淶源縣北、蔚縣南有飛狐口。

[3]無慮:古縣名。《讀史方輿紀要》卷三八載,無慮城,“本漢之無慮縣,屬遼東郡”。因境内醫巫閭山而得名。《大清一統志》

卷三四載："遼世宗置顯州奉先軍。屬東京道。"治所在今遼寧省北鎮市。

遼國左都遼海，右邑涿鹿，兵力莫強焉。其在隋世依紇臣水而居，[1]分爲十部，兵多者三千，少者千餘。順寒暑逐水草畜牧。侵伐則十部相與議，興兵致役合契而後動，獵則部得自行。至唐大賀氏勝兵四萬三千人，[2]分爲八部。大賀氏中衰，僅存五部。有耶律雅里者，[3]分五部爲八，立二府以總之，析三耶律氏爲七，二審密氏爲五，凡二十部。刻木爲契，政令大行；遜不有國，乃立遙輦氏代大賀氏，[4]兵力益振，即太祖六世祖也。[5]

[1]紇臣水：即今老哈河。

[2]大賀氏：契丹權貴家族，隋唐之際世代擔任契丹可汗。唐開元二十三年（735）後爲遙輦氏取代。

[3]雅里：遼太祖阿保機之始祖。又稱涅里、泥里。

[4]遙輦氏：契丹氏族。唐開元二十三年，可突于殘黨泥禮殺李過折，立阻午可汗，傳九世，至907年阿保機建國。遙輦九可汗繼位後各建宮衛，遼朝立國後，有遙輦九帳大常衮司之設，掌遙輦九世宮分之事務。

[5]六世祖：【劉校】據中華修訂本校勘記，本書卷二《太祖本紀下》所記太祖世系，雅里是太祖七世祖。

及太祖會李克用于雲中，[1]以兵三十萬，盛矣。

[1]李克用（856—908）：人名。沙陀部人，朱邪赤心之子。

早年因參與鎮壓黄巢起義，爲唐朝攻破長安，而被任命爲河東節度使。後進封晉王。曾長期與朱温交戰。克用死後，其子存勗在後梁龍德三年（923）建立後唐，追尊克用爲太祖。

遥輦耶瀾可汗十年，歲在辛酉，太祖授鉞專征，[1]破室韋、于厥、奚三國，[2]俘獲廬帳不可勝紀。十月授大迭烈府夷离堇，[3]明賞罰，繕甲兵，休息民庶，滋蕃群牧，務在戢兵。十一年總兵四十萬伐代北，[4]剋郡縣九，俘九萬五千口。十二年德祖討奚，[5]俘七千户。十五年遥輦可汗卒，遺命遜位于太祖。[6]

[1]遥輦耶瀾可汗十年，歲在辛酉，太祖授鉞專征：據中華點校本校勘記，本書卷六三《世表》，耶瀾可汗在唐會昌間，次巴剌可汗在咸通間，又次痕德堇可汗在光啓間。辛酉歲當天復元年(901)，不合。本書卷一《太祖紀上》："唐天復元年，歲辛酉，痕德堇可汗立，以太祖爲本部夷离堇，專征討。"較近實際。

[2]室韋：部族名。北魏始見於記載，分佈於今黑龍江、嫩江流域，唐時分爲許多部，時契丹多爲其役屬。　于厥：部族名。即烏古。

[3]大迭烈府夷离堇：即迭剌部夷离堇。夷离堇是契丹部族官名。本書卷一一六《國語解》："夷离堇，統軍馬大官。會同初改爲大王。"源於突厥語官名"俟斤"(Irkin)。突厥各部的最高元首稱"可汗"(Qaghan)，其他各部酋長則稱爲俟斤。初，契丹"其君大賀氏，有勝兵四萬，析八部，臣於突厥，以爲俟斤"（《新唐書》卷二一九《契丹傳》）。後，契丹首領自立爲可汗，其下所屬各部酋長則稱爲俟斤，亦即夷离堇。契丹立國後，大部族之夷离堇稱王，小部族之夷离堇則稱爲節度使。舉凡一部之軍政、民政皆由其統掌。參見韓儒林《穹廬集》（上海人民出版社 1982 年版，第

314—316 頁）。

［4］代北：唐河東道代北軍，又稱雁門軍，治代州（今山西省代縣），領代、忻二州，光啓中併入河東節度使。

［5］德祖：阿保機父親的廟號。重熙二十一年（1052）七月追尊。名撒剌的。

［6］十五年遙輦可汗卒，遺命遜位于太祖：據中華點校本校勘記，依本書卷一《太祖紀上》云，丙寅年（唐天祐三年，906）“十二月痕德堇可汗殂”，太祖翌年丁卯歲“正月即皇帝位”。

太祖即位五年討西奚、東奚，[1]悉平之，盡有奚、霫之衆。[2]六年春親征幽州，[3]東西旌旗相望，亘數百里。所經郡縣，望風皆下，俘獲甚衆，振旅而還。秋，親征背陰國，[4]俘獲數萬計。神册元年親征突厥、吐渾、党項、小蕃、沙陀諸部，[5]俘户一萬五千六百；攻振武，乘勝而東攻蔚、新、武、嬀、儒五州，[6]俘獲不可勝紀，斬不從命者萬四千七百級，盡有代北、河曲、陰山之衆，[7]遂取山北八軍。[8]四年親征于骨里國，[9]俘獲一萬四千二百口。五年征党項，俘獲二千六百口；攻天德軍，[10]拔十有二栅，徙其民。六年出居庸關，[11]分兵掠檀、順等州，安遠軍、三河、良鄉、望都、潞、滿城、遂城等縣，[12]俘其民徙内地。[13]皇太子略定州，[14]俘獲甚衆。天贊元年以户口滋繁，糺轄疏遠，分北大濃兀爲二部，立兩節度以統之。三年西征党項等國，俘獲不可勝紀。四年又親征渤海。[15]天顯元年，滅渤海國，地方五千里，兵數十萬，五京、十五府、六十二州，盡有其衆，契丹益大。

［1］西奚：即西部奚，奚族的一部分。據《五代會要》卷二八《奚》："自天祐初，契丹兵力漸盛，室韋、奚、霫皆受制焉。故奚之部族爲契丹代守邊土，暨虜人虐其首領，去諸怨之，以别部内附，徙於嬀州，依北山而居，漸至數千帳，故有東、西奚之號。去諸卒，其子掃剌代立。後唐莊宗破幽州，賜掃剌姓李，名紹威。"所謂"西奚"，亦即内徙至嬀州的那一部分奚族，因其住地在古北口外那部分奚人之西，故稱"西奚"。

［2］霫（xí）：古代部族名。原居潢水以北，其俗與契丹略同。後被契丹役屬，與奚、契丹諸族逐漸融合。

［3］幽州：治所在今北京市。

［4］背陰國：【劉校】據中華點校本校勘記，依本書卷一《太祖本紀上》太祖六年（912）七月作"术不姑"。

［5］突厥：中國古代族名。曾建立強大的突厥汗國，至公元6世紀分裂爲東西兩汗國。當阿保機建立契丹王朝時，突厥汗國早已滅亡。這裏所謂"突厥"是指東突厥汗國的餘部。　吐渾：中國古代部族名。即吐谷渾。據《新五代史》卷七四《四夷附録第三》，吐渾"自後魏以來，名見中國，居於青海之上。當唐至德中，爲吐蕃所攻，部族分散，其内附者，唐處之河西。其大姓有慕容、拓拔、赫連等族。懿宗時，首領赫連鐸爲陰山府都督，與討龐勛，以功拜大同軍節度使。爲晉王所破，其部族益微，散處蔚州界中"。"晉高祖立，割鴈門以北入於契丹，於是吐渾爲契丹役屬，而苦其苛暴"。另據《五代會要》卷二八《吐渾》："至開運中，捍虜（契丹）於澶州"，"其族白可久，名在承福之亞，因牧馬率本帳北遁，契丹授以官爵，復遣潛誘承福。承福亦思叛去，事未果，漢高祖知之，乃以兵環其部族，擒承福與其族白鐵櫃、赫連海龍等五家，凡四百有餘人，伏誅。籍其牛馬，命别部長王義宗統其餘屬"。　党項：中國古代族名。又稱党項羌，唐以後主要活動於靈、慶、銀、夏等州，即今甘肅、寧夏、陝西和内蒙古自治區交界地區。　小蕃：契丹對某些吐蕃部落的稱呼。本書卷四六《百官志二》"北面

屬國官”西蕃國王府、大蕃國王府、小蕃國王府和吐蕃國王府，當都是指吐蕃各部。　沙陀：中國古代族名。爲突厥别部，原來游牧於西北地區，唐末遷至河東（今山西省北部）。

[6]蔚：蔚州，治所在今河北省蔚縣。　新：新州，治所在今河北省涿鹿縣。　武：武州，治所在今河北省張家口市宣化區。　嬀：嬀州，治所在今河北省懷來縣。　儒：儒州，治所在今北京市延慶區。

[7]河曲：今屬山西省。　陰山：昆侖山的西北支。西起河套西北，向東綿亘於内蒙古、河北等省區，與内興安嶺相接。該山脈隨地易名，此所謂“陰山”，當是指内蒙古自治區境内的大青山。

[8]山北八軍：山北八個軍鎮的統稱。“山北”又稱“山後”，即新、嬀、儒、武等州。

[9]于骨里國：中國古代部族名。即烏古。遼時居上京道北部。【劉校】于骨里國，據中華點校本校勘記，依本書卷二《太祖本紀二》神册四年（919）九月作“烏古部”，卷七〇《屬國表》作“骨里國”。

[10]天德：唐軍鎮名。即豐州。遼太祖阿保機於神册五年（920）平党項，仍以此地爲天德軍。治所在今内蒙古自治區呼和浩特市東白塔一帶。

[11]居庸關：要塞名。位於今北京市昌平區西北。《畿輔通志》卷四〇：“居庸關在昌平州西北二十四里，關門南北相距四十里。兩山夾峙，下有巨澗、懸崖峭壁，稱爲絶險。《淮南子》：天下九塞，居庸其一也”；“《水經注》：居庸關在上谷沮陽城東南六十里，絶谷累石，崇墉峻壁，山岫層深，側道褊狹，林障邃險，路僅容軌。杜氏《通典》：北齊改居庸爲納款關。《唐十道志》：居庸亦名薊門關。《新唐書・地理志》：居庸關亦謂之軍都關”。

[12]安遠軍：唐末所置軍鎮。治所在今天津市薊州區西北。　三河：縣名。治所在今河北省三河市。　良鄉：舊縣名，治所在今北京市房山區境内。三河、良鄉都是趙德鈞鎮幽州時所置，據《新

五代史》卷七二《四夷附録第一》:“莊宗之末，趙德鈞鎮幽州，於鹽溝置良鄉縣，又於幽州東五十里築城，皆戍以兵。及破赫邈等，又於其東置三河縣。由是幽、薊之人，始得耕牧，而輸餉可通。”望都：縣名。治所在今河北省望都縣。　滿城：縣名。治所在今河北省保定市滿城區。　遂城：縣名。治所在今河北省保定市徐水區。

[13]内地：契丹稱其原住地爲“内地”。

[14]定州：治所在今河北省定州市。

[15]又親征渤海：【劉校】“又”原本作“疑”，中華修訂本依明抄本、南監本、北監本、殿本改。中華點校本徑改。今從改。

會同初太宗滅唐立晉，晉獻燕、代十六州，民衆兵強，莫之能禦矣。

兵制

遼國兵制，凡民年十五以上、五十以下隸兵籍。[1]每正軍一名馬三疋，打草穀、守營鋪家丁各一人。人鐵甲九事，馬韉轡，馬甲皮鐵，視其力；弓四，箭四百，長短鎗、錍𨪐、斧鉞、小旗、鎚錐、火刀石、馬盂、粆一斗、粆袋、搭鈓傘各一，縻馬繩二百尺，皆自備。[2]人馬不給糧草，日遣打草穀騎四出抄掠以供之。鑄金魚符，調發軍馬。其捉馬及傳命有銀牌二百。[3]軍所舍，有遠探攔子馬，[4]以夜聽人馬之聲。

[1]兵籍：兵士的名籍。唐代府兵制度規定凡民二十爲兵，六十而免。遼朝關於人民隸兵籍年齡及其他規定，與唐制略有不同，當是沿襲唐制而加以變更而成。這些規定都是針對遼朝統治下的漢

人、渤海人，而不是針對契丹等游牧民族的。本書卷三六《兵衛志下》“五京鄉丁”載：“遼建五京：臨潢，契丹故壤；遼陽，漢之遼東，爲渤海故國；中京，漢遼西地，自唐以來契丹有之。三京丁籍可紀者二十二萬六千一百，蕃漢轉户爲多。析津、大同，故漢地，籍丁八十萬六千七百。契丹本户多隸宫帳、部族，其餘蕃漢户丁分隸者，皆不與焉。”“丁籍”即“兵籍”，衹包括塞外三京地區的蕃漢轉户以及析津、大同地區的正户。契丹人稱“本户”，不在統計之内。

［2］“人鐵甲九事”至“皆自備”：軍士自備裝備事，遼與唐代府兵制有相同之處，即都實行寓兵於農，遇有戰事，臨時徵召，遼稱爲點集。遼朝軍士的裝備與《新唐書》卷五〇《兵制》記載相似：“士以三百人爲團，團有校尉；五十人爲隊，隊有正；十人爲火，火有長。火備六馱馬。凡火具烏布幕、鐵馬盂、布槽、鍤、钁、鑿、碓、筐、斧、鉗、鋸皆一，甲床二，鎌二；隊具火鑽一，胸馬繩一，首羈、足絆皆三；人具弓一，矢三十，胡禄、横刀、礪石、大觿、氈帽、氈裝、行縢皆一，麥飯九斗，米二斗，皆自備，並其介胄、戎具藏於庫。有所征行，則視其人而出給之。”搭鈺傘，【劉校】據中華點校本校勘記，按“鈺”字不見字書。道光殿本《考證》云：“《通考》作‘搭鈎氈繖’。史以鈎、氈二字偏旁誤合爲‘鈺’字。”

［3］銀牌：本書卷五七《儀衛志三》“符契”記載：“銀牌二百面，長尺，刻以國字，文曰宜速，又曰敕走馬牌。國有重事，皇帝以牌親授使者，手劄給驛馬若干。”“所至如天子親臨，須索更易，無敢違者。”

［4］攔子馬：又作“欄子馬”。《宋史》卷二六四《宋琪傳》：“契丹入界之時，步騎車帳不從阡陌，東西一概而行。大帳前及東西面，差大首領三人，各率萬騎，支散游奕，百十里外，亦交相偵邏，謂之欄子馬。”

凡舉兵，帝率蕃漢文武臣僚以青牛白馬祭告天、地、日神，[1]惟不拜月，分命近臣告太祖以下諸陵及木葉山神，[2]乃詔諸道徵兵。惟南、北、奚王、[3]東京渤海兵馬、燕京統軍兵馬，雖奉詔未敢發兵，必以聞上遣大將持金魚符合，然後行。始聞詔，攢户丁、推户力、覈籍齊衆以待。自十將以上，次第點集軍馬、器仗。符至，兵馬本司自領，使者不得與。唯再共點軍馬訖，又以上聞。量兵馬多少，再命使充軍主，與本司互相監督。又請引五方旗鼓，然後皇帝親點將校，又選勳戚大臣，充行營兵馬都統、副都統、都監各一人。[4]又選諸軍兵馬尤精鋭者三萬人爲護駕軍，又選驍勇三千人爲先鋒軍，[5]又選剽悍百人之上爲遠探攔子軍，以上各有將領。又於諸軍每部量衆寡，抽十人或五人合爲一隊，别立將領，以備勾取兵馬騰遞公事。

[1]青牛白馬：契丹祭祀天地用青牛白馬，表示不忘祖先。本書卷三七《地理志一·上京道》："相傳有神人乘白馬，自馬盂山浮土河而東，有天女駕青牛車，由平地松林泛潢河而下。至木葉山，二水合流，相遇爲配偶，生八子。其後族屬漸盛，分爲八部。每行軍及春秋時祭，必用白馬青牛，示不忘本云。"

[2]木葉山：此指永州境内一座山，契丹人視此山爲神山，其地在西拉木倫河與老哈河匯合處一帶。上建契丹始祖廟，奇首可汗在南廟，可敦（可汗之妻）在北廟，繪塑二聖並八子神像。《長編》卷九七宋真宗天禧五年（1021）九月甲申（《宋會要·蕃夷》作天禧四年）記載，宋綬等始至木葉山，"山在中京東微北。自中京東過小河"，"度土河，亦云撞撞水，聚沙成墩，少人煙，多林木，其河邊平處，國主曾於此過冬。凡八十里至張司空館，七十里

至木葉館。離中京皆無館舍，但宿穹帳，欲至木葉三十里許，始有居人瓦屋及僧舍。又歷荆榛荒草，復渡土河，至木葉山，本阿保機葬處。又云祭天之地。東向設氈屋，署曰省方殿，無階，以氈藉地，後有二大帳。次北，又設氈屋，曰慶壽殿，去山尚遠。國主帳在氈屋西北，望之不見"。按，據本書《營衛志》"省方殿"是冬捺鉢的殿帳，冬捺鉢在廣平淀，在永州東南三十里。可知木葉山即距此不遠。

[3]奚王：對奚部族首領的稱呼。據《五代會要》卷二八《奚》："奚，本匈奴別種，即東胡之地，人物風俗與突厥同。族有五姓：一曰阿會部，管縣六；二曰啜米部，管縣四；三曰奥質部，管縣六；四曰奴皆部，管縣四；五曰黑訖支部，管縣三。每部有刺史，每縣有令，酋長號奚王。"此奚王是被契丹降伏以後的奚部族酋長。《新五代史》卷七四《四夷附録第三》所記奚各部名稱與《五代會要》同：奚"分爲五部：一曰阿薈部，二曰啜米部，三曰粤質部，四曰奴皆部，五曰黑訖支部。後徙居琵琶川，在幽州東北數百里。地多黑羊，馬趫前蹄堅善走，其登山逐獸，下上如飛"。奚本來祇有五部，阿保機降伏五部奚之後設置墮瑰部，而成六部。詳見本書卷三三《營衛志下·部族下》。

[4]都統：官名。唐乾元中始以都統名官，總諸道征伐。後若調諸道兵馬會戰，多置此職，爲臨時軍事長官，不賜旌節，事解即罷。遼設諸路兵馬都統署司，下有諸路兵馬都統署，都統爲其長官。

[5]先鋒軍：作戰時衝鋒在先的軍隊。《武經總要》後集卷五："唐太宗嘗選精鋭千餘騎爲奇兵，皆皂衣黑甲，分爲左右隊。隊建大旗，令騎將秦叔寶、程咬金、尉遲敬德、翟長孫等分統之。每臨敵，太宗躬被黑甲，先鋒率之，候機而進，所向摧靡，常以少擊衆，賊徒氣懾。"

其南伐點兵多在幽州北千里鴛鴦泊。[1]及行，並取居庸關、曹王峪、白馬口、古北口、安達馬口、松亭關、榆關等路。[2]將至平州、幽州境，[3]又遣使分道催發，[4]不得久駐，恐踐禾稼。出兵不過九月，還師不過十二月。在路不得見僧、尼、喪服之人。[5]

[1]鴛鴦泊：位於今北京市延慶區。舊時周八十里。其水停積不流，自遼金以來，爲飛放之所。即今野鴨湖。

[2]古北口：位於今北京市密雲區東北，爲長城上的要塞之一。《畿輔通志》卷四〇："古北口關在密雲縣東北百二十里，兩崖壁立，中有路僅通一車，下有深澗，巨石磊砢，凡四十五里，爲險絶之道。亦曰虎北口。"　松亭關：位於今河北省遵化市北。　榆關：清人閻若璩《潛邱札記》卷六《與趙秋谷書》："榆，當作'渝'，音喻，水名。又曰'臨渝關'，在永平府撫寧縣東，今山海關即其移而更名者。"

[3]平州：唐置，治所在今河北省盧龍縣。

[4]催發：【劉校】"催"原本作"惟"，明抄本、南監本、北監本和殿本均作"催"。中華點校本和修訂本徑改。今從改。

[5]在路：【劉校】原本作"正路"，中華點校本和修訂本徑改。今從改。

皇帝親征，留親王一人在幽州權知軍國大事。既入南界分爲三路，廣信軍、雄州、霸州各一。[1]駕必由中道，兵馬都統、護駕等軍皆從。各路軍馬遇縣鎮，即時攻擊。若大州軍，必先料其虛實、可攻次第而後進兵。沿途民居、園囿、桑柘，必夷伐焚蕩。至宋北京，[2]三路兵皆會，以議攻取，及退亦然。三路軍馬前後左右有先鋒。遠探欄子馬各十數人，在先鋒前後二十餘里，全副衣甲，夜中每行十里或五里少駐，下馬側聽無有人馬之聲，有則擒之。力不可敵，飛報先鋒，齊力攻擊。如有大軍，走報主帥。敵中虚實，動必知之。

[1]廣信軍：遂州軍號。治所在今河北省保定市徐水區西。北宋爲威勇軍，澶淵之盟後改爲廣信軍。　雄州：治所在今河北省雄縣。　霸州：治所在今河北省霸州市。

[2]宋北京：即大名府，治所在今河北省大名縣。

軍行當道，州城防守堅固不可攻擊，引兵過之。恐敵人出城邀阻，乃圍射鼓譟，詐爲攻擊。敵方閉城固守，前路無阻，引兵進，分兵抄截，使隨處州城隔絶不通，孤立無援。所過大小州城，至夜恐城中出兵突擊，及與鄰州計會軍馬，甲夜，[1]每城以騎兵百人去城門左右百餘步，被甲執兵，立馬以待。兵出，力不能加，馳還勾集衆兵與戰。左右官道、斜徑、山路、河津，夜中並遣兵巡守。其打草穀家丁，各衣甲持兵旋團爲隊，必先斫伐園林，然後驅掠老幼運土木填壕塹。攻城之際，必使先登，矢石檑木併下，止傷老幼。又於本國州縣起漢人鄉兵萬人，隨軍專伐園林，填道路。御寨及諸營壘，唯用桑柘梨栗。[2]軍退，縱火焚之。

[1]甲夜：時刻名。據明楊慎《丹鉛摘録》卷一“一鼓謂之甲夜，二鼓謂之乙夜”。

[2]桑柘梨栗：【劉校】“栗”原本作“粟”，明抄本、南監本、

北監本和殿本均作“栗”。中華點校本和修訂本徑改。今從改。

敵軍既陣，料其陣勢小大、山川形勢、往回道路、救援捷徑、漕運所出，各有以制之。然後於陣四面列騎爲隊，每隊五、七百人，十隊爲一道，十道當一面，各有主帥。最先一隊走馬大噪，衝突敵陣，得利則諸隊齊進；若未利，引退，第二隊繼之。退者息馬飲水粆，諸道皆然。更退迭進，敵陣不動，亦不力戰。歷二三日待其困憊，又令打草穀家丁馬施雙箒，因風疾馳，揚塵敵陣，更互往來中既飢疲、目不相睹，可以取勝。若陣南獲勝、陣北失利，主將在中無以知之，則以本國四方山川爲號，聲以相聞，得相救應。[1]

[1]救應:【劉校】“救”原本作“捄”，中華點校本和修訂本徑改。今從改。

若帝不親征，重臣統兵不下十五萬衆，三路往還，北京會兵，進以九月，退以十二月，行事次第皆如之。若春以正月、秋以九月，不命都統，止遣騎兵六萬，不許深入、不攻城池、不伐林木，但於界外三百里内耗蕩生聚，不令種養而已。

軍入南界，步騎車帳不循阡陌。三道將領各一人率攔子馬各萬騎，支散游弈百十里外，更迭覘邏。及暮以吹角爲號，衆即頓舍，環繞御帳，自近及遠，折木稍屈，爲弓子鋪，不設鎗營、塹栅之備。[1]

[1]“軍入南界”至“不設鎗營壍栅之備”：這一段文字是因襲宋琪《平幽薊十策》，有删節，因此文義也有改變。原文是：“契丹入界之時，步騎車帳不從阡陌，東西一概而行。大帳前及東西面，差大首領三人，各率萬騎，支散游奕，百十里外，亦交相偵邏，謂之欄子馬。契丹主吹角爲號，衆即頓舍，環繞穹廬，以近及遠。折木梢屈之爲弓子鋪，不設槍營壍栅之備。”

每軍行，鼓三伐，不問晝夜大衆齊發。未遇大敵不乘戰馬，俟近敵師，乘新羈馬，蹄有餘力。成列不戰，退則乘之。多伏兵斷糧道，冒夜舉火，上風曳柴。餽餉自賫，散而復聚。善戰，能寒。此兵之所以強也。[1]

[1]“每軍行”至“此兵之所以強也”：這一段文字是因襲宋琪《平幽薊十策》，有删節。原文是：“每軍行，聽鼓三伐，不問昏晝，一匝便行。未逢大敵，不乘戰馬，俟近我師，即競乘之，所以新羈戰蹄有餘力也。且用軍之術，成列而不戰，俟退而乘之，多伏兵斷糧道，冒夜舉火，土風曳柴，餽餉自賫，退敗無耻，散而復聚，寒而益堅，此其所長也。”

（李錫厚注　劉鳳翥校）

遼史　卷三五

志第五

兵衛志中

御帳親軍

漢武帝多行幸之事，置期門、佽飛、羽林之目，天子始有親軍。[1]唐太宗加親、勳、翊、千牛之衛，[2]布腹心之地，防衛密矣。遼太祖宗室盛彊，分迭刺部爲二，宫衛内虚，經營四方，未遑鳩集。皇后述律氏居守之際，摘蕃漢精鋭爲屬珊軍。太宗益選天下精甲，置諸爪牙爲皮室軍。[3]合騎五十萬，國威壯矣。

[1]親軍：即守衛宫廷的禁軍。漢有此軍並不是始於武帝，而是始於漢初。西漢的未央宫在長安城的西南隅，守衛宫廷的禁軍，稱爲“南軍”，其餘守衛京師的衛戍部隊稱爲“北軍”。吕后以諸吕氏統率南、北軍。吕后死後，諸吕被誅，劉氏始安。

[2]唐太宗加親、勳、翊、千牛之衛：唐代長安宫廷在城内北部，警衛宫廷的禁軍稱“北衙兵”，而與漢代“北軍”相當的則是

“南衙兵”。《新唐書》卷五〇《兵志》載：“南衙，諸衛兵是也；北衙者，禁軍也。”“自肅宗以後，北軍增置威武、長興等軍，名類頗多，而廢置不一。惟羽林、龍武、神武、神策、神威最盛，總曰左右十軍矣。”

[3]皮室軍：即御帳親軍。此軍在阿保機時已經設置，本書卷三一《營衛志上》“宮衛”所言甚明。鄧恭三在《遼史兵衛志“御帳親軍”“大首領部族軍”兩事目考源辨誤》（見《鄧廣銘全集》第九卷，河北省教育出版社 2005 年版）一文辯析甚詳。

大帳皮室軍：

太宗置，凡三十萬騎。[1]

[1]太宗置，凡三十萬騎：【劉校】據中華點校本校勘記，依本書卷四六《百官志二》，太祖時已置。太宗增多至三十萬騎。

屬珊軍：

地皇后置，二十萬騎。

宮衛騎軍

太祖以迭剌部受禪，分本部爲五院、六院，[1]統以皇族，而親衛缺然。乃立斡魯朶法，[2]裂州縣，割户丁，以強幹弱支。詒謀嗣續，世建宮衛。[3]入則居守，出則扈從，葬則因以守陵。有兵事，則五京、二州各提轄司傳檄而集，[4]不待調發州縣、部族，十萬騎軍已立具矣。恩意親洽，兵甲犀利，教練完習。簡天下精鋭聚之腹心之中。懷舊者歲深，增新者世盛，此軍制之良者也。

[1]五院、六院：皆爲契丹部族名。天贊元年（922）以迭剌部強大難制，析五石烈爲五院，六爪爲六院，各置夷离菫。會同元年（938）更夷离菫爲大王，部隸北府，以鎮南境。

[2]斡魯朵：原義爲“帳幕”，引申爲“宮衛”，但斡魯朵不能等同於宮衛，而衹是宮衛的一部分。

[3]宮衛：又稱“宮院”，隸屬皇帝及攝政太后。早在契丹立國之前，宮衛制度就已經產生了。遼朝建立後有遙輦九帳大常衮司之設，掌遙輦九世宮分之事。阿保機即位後繼續按照這種制度組建自己的宮衛。遼的十二宮及五京都管轄有若干漢人州縣，上京、中京及東京地區的漢人、渤海人多是俘掠來的。遙輦九世宮分即遙輦氏先後在位的九個可汗宮衛，同樣主要由契丹立國前俘掠來的漢人構成，並且歸屬於遙輦氏。余靖在《武溪集》卷一八《契丹官儀》中寫道：“自阿保機而下，每主嗣位，即立宮置使領臣僚。每歲所獻生口及打虜外國所得之物，盡隸宮使。每宮皆有户口、錢帛以供虜主私費，猶中國之内藏也，十宮院名興聖宮、崇德宮、洪義宮、永興宮、積慶宮、長寧宮、延昌宮、敦睦宮、彰愍宮、延慶宮。”余靖使遼，是在宋仁宗慶曆三至五年，即遼興宗重熙十二至十四年（1043—1045），當時尚無道宗太和宮和天祚皇帝的永昌宮，大丞相耶律隆運的文忠王府亦不見記載。《遼史》編者由於缺乏資料，且不考宮衛制度的淵源，即想當然地認爲遼朝皇帝“居有宮衛，謂之斡魯朵；出有行營，謂之捺鉢”。姚從吾則將“捺鉢”與“宮衛”混爲一談，他説：“簡單地説，《遼史》卷三一《營衛志》所説的‘宮衛’，即是可汗比較久住的冬捺鉢。‘出有行營，謂之捺鉢’，即是可汗四時巡行各地的牙帳，也就是春捺鉢、夏捺鉢、秋捺鉢。”（《遼朝契丹族的捺鉢文化與軍事組織，世選習慣，兩元政治及游牧社會中的禮俗生活》，《中山學術文化集刊》第一集，1968 年版）這樣，其區别僅在於一爲皇帝所居，一爲皇帝出行所設。日本學者箭内亘誤信此説，以爲捺鉢即是“一時的牙帳也”，而斡魯朵則是“永久性的宮殿也”（日本箭内亘著，陳捷、陳清泉譯《元朝怯薛

及斡耳朵考》，上海商務印書館 1933 年版，第 126 頁）。依照這種説法，斡魯朶和捺鉢的地位則可以並列，但這完全是誤解。因爲遼朝皇帝經常居留、活動於行宫即捺鉢中，那便是遼的朝廷，是其全境的政治中心。而“宫衛”則顯然不同，這種宫衛至遼末多達 13 個。多中心即無中心，宫衛並不是號令全境的政治中心。

[4]提轄司：隸屬宫衛的軍事機構。遇有戰事，負責點集兵馬。遼在南京（今北京市）、西京（今山西省大同市）、奉聖州（今河北省涿鹿縣）和平州（今河北省盧龍縣）以及中京（今内蒙古自治區寧城縣大明鎮）、東京（今遼寧省遼陽市）和上京（今内蒙古自治區巴林左旗林東鎮波羅城）等處設提轄司，隸屬諸宫衛。提轄司所管轄的人户也是有軍籍的。

弘義宫：[1]
正丁一萬六千，
蕃漢轉丁一萬四千，[2]
騎軍六千。

[1]弘義宫：遼太祖耶律阿保機宫分。

[2]蕃漢轉丁：即蕃漢轉户的壯丁。“轉户”是指塞外頭下州縣中那些自中原地區輾轉遷徙而來到蕃界的漢族人户，他們爲人佃作，實即客户，但身份低於燕京和西京地區正户中爲人佃作的客户。與幽、薊地區鄰近的奚族地區是逃亡和被俘掠到契丹境内的漢人較集中的地區。除了靠近幽、薊的奚族地區，東京也是漢人流民較多的地區。東京地區地勢平坦，雨水適中，適宜於發展農業生産，因而開發較早，秦漢以來即有漢人移居，是以漢族居民爲主的農業區。這一地區也有自遼初以來輾轉遷徙來的大量漢族人户。

長寧宫：[1]

正丁一萬四千，
蕃漢轉丁一萬二千，
騎軍五千。

[1]長寧宮：應天皇太后述律氏宮分。

永興宮：[1]
正丁六千，
蕃漢轉丁一萬四千，
騎軍五千。

[1]永興宮：遼太宗耶律德光宮分。

積慶宮：[1]
正丁一萬，
蕃漢轉丁一萬六千，
騎軍八千。

[1]積慶宮：遼世宗耶律阮宮分。

延昌宮：[1]
正丁二千，
藩漢轉丁六千，
騎軍二千。

[1]延昌宮：遼穆宗耶律璟宮分。

彰愍宫：[1]
正丁一萬六千，
蕃漢轉丁二萬，
騎軍一萬。

[1]彰愍宫：遼景宗耶律賢宫分。

崇德宫：[1]
正丁一萬二千，
蕃漢轉丁二萬，
騎軍一萬。

[1]崇德宫：承天太后蕭氏宫分。

興聖宫：[1]
正丁二萬，
蕃漢轉丁四萬，
騎軍五千。

[1]興聖宫：遼聖宗耶律隆緒宫分。

延慶宫：[1]
正丁一萬四千，
蕃漢轉丁二萬，
騎軍一萬。

[1]延慶宮：遼興宗耶律宗真宮分。

太和宮：[1]
正丁二萬，
蕃漢轉丁四萬，
騎軍一萬五千。

[1]太和宮：遼道宗耶律洪基宮分。

永昌宮：[1]
正丁一萬四千，[2]
蕃漢轉丁二萬，
騎軍一萬。

[1]永昌宮：遼天祚帝耶律延禧宮分。

[2]正丁一萬四千：【劉校】據中華點校本校勘記："各宮丁數均爲户數之二倍，檢卷三一《營衛志上》，永昌宮正户八千。若非例外，則丁數應爲一萬六千。"

敦睦宮：[1]
正丁六千，
蕃漢轉丁一萬，
騎軍五千。

[1]敦睦宮：孝文皇太弟宮分。孝文皇太弟即耶律隆慶（據《契丹國志》卷一四）。隆慶（973—1016），聖宗隆緒之同母弟。統和中進封爲梁國王，拜南京留守，手握重兵，稱雄一方。統和十

七年（999）南征，隆慶率軍爲先鋒，至瀛州（今河北省河間市），與宋將范廷召相遇，隆慶命蕭柳迎戰，將宋軍擊潰，並圍而殲之。十九年（1001）他復敗宋人於行唐（今屬河北省）。他的權勢、地位不斷上升，威脅到皇權。《宋朝事實類苑》卷七七引《乘軺録》稱其“調度之物，悉侈於隆緒”。

文忠王府：[1]
正丁一萬，
蕃漢轉丁一萬六千，
騎兵一萬。

[1]文忠王府：大丞相耶律隆運所建宮衛。隆運以所俘漢民置宗州，隸屬文忠王府。

十二宮一府，自上京至南京總要之地，各置提轄司。重地每宮皆置，内地一二而已。[1]太和、永昌二宮宜與興聖、延慶同，舊史不見提轄司，蓋闕文也。

[1]内地：契丹稱其原住地爲“内地”。

南京：[1]
弘義宮提轄司。
長寧宮提轄司。
永興宮提轄司。
積慶宮提轄司。
延昌宮提轄司。
彰愍宮提轄司。

崇德宮提轄司。
興聖宮提轄司。
延慶宮提轄司。
敦睦宮提轄司。
文忠王府提轄司。

[1]南京：治所在今北京市。

西京：[1]
弘義宮提轄司。
長寧宮提轄司。
永興宮提轄司。
積慶宮提轄司。
彰愍宮提轄司。
崇德宮提轄司。
延慶宮提轄司。
文忠王府提轄司。

[1]西京：治所在今山西省大同市。【劉校】據中華點校本校勘記，本書卷三一《營衛志上》載，興聖宮提轄司四。此西京下無興聖宮提轄司，疑脱。

奉聖州：[1]
弘義宮提轄司。
長寧宮提轄司。
永興宮提轄司。

積慶宮提轄司。
彰愍宮提轄司。
崇德宮提轄司。
興聖宮提轄司。
延慶宮提轄司。
文忠王府提轄司。

[1]奉聖州：即新州。治所在今河北省涿鹿縣。

平州：[1]
弘義宮提轄司。
長寧宮提轄司。
永興宮提轄司。
積慶宮提轄司。
延昌宮提轄司。
彰愍宮提轄司。
興聖宮提轄司。
延慶宮提轄司。
文忠王府提轄司。

[1]平州：唐置，治所在今河北省盧龍縣。

中京：[1]
延昌宮提轄司。
文忠王府提轄司。

[1]中京：稱大定府，治所在今内蒙古自治區寧城縣大明鎮。

上京：[1]

文忠王府提轄司。

[1]上京：遼前期都城，稱臨潢府，治所在今内蒙古自治區巴林左旗林東鎮波羅城。

凡諸宫衛，丁四十萬八千，出騎軍十萬一千。[1]

[1]“凡諸宫衛”至“出騎軍十萬一千”：諸宫衛人丁及騎軍總數事，實際上不同時期總數不相同。例如穆宗延昌宫奪里本斡魯朶，是以太宗永興宫國阿輦斡魯朶户及阻卜俘户，中京提轄司、南京制置司、咸、信、韓等州户置。即延昌宫軍丁的一部分來自永興宫。諸宫皆有這種情況。將十二宫一府丁口及出騎軍的人數相加所得出的總數，是重複計算，大大超出了不同時期宫衛所擁有的人丁及軍兵的數量。

大首領部族軍[1]

遼親王大臣，體國如家，征伐之際，往往置私甲以從王事。大者千餘騎，小者數百人，著籍皇府。國有戎政，量借三五千騎，常留餘兵爲部族根本。

[1]大首領部族軍：此一目據上引鄧廣銘《遼史兵衛志“御帳親軍”“大首領部族軍”兩事目考源辨誤》一文考證，其内容皆出自《宋史》卷二六四《宋琪傳・平幽薊十策》，又見《宋會要輯稿》蕃夷一之一四至一九、《長編》卷二七、《歷代名臣奏議》卷

三二二《禦邊門》。

太子軍。[1]

偉王軍。[2]

永康王軍。[3]

于越王軍。[4]

麻荅軍。[5]

五押軍。[6]

[1]太子：指阿保機第三子李胡。

[2]偉王：指阿保機之弟安端。

[3]永康王：遼世宗繼位前的封號。

[4]于越王：指國舅蕭翰。

[5]麻荅：即太祖阿保機弟剌葛之子耶律拔里得（？—約947）。他隨德光南下滅後晉，於大同元年（947）入汴，以功授安國軍節度使，總領河北道事。德光北返之後，州郡多叛遼以應劉知遠，拔里得不得不北歸。世宗即位後，遷中京留守，尋即病死。

[6]五押：是官名而非人名。本書卷四六《百官志二》有西南面五押招討司、五押招討大將軍。以上詳見鄧廣銘《遼史兵衛志“御帳親軍”“大首領部族軍”兩事目考源辨誤》一文。

衆部族軍

衆部族分隸南北府，守衛四邊，各有司存，具如左。

北府凡二十八部。[1]

侍從宮帳：

奚王府部。[2]

鎮南境：
五院部。[3]
六院部。
東北路招討司：[4]
烏隗部。[5]
東北路統軍司：[6]
遙里部。[7]
伯德部。[8]
奥里部。[9]
南剋部。[10]
北剋部。
圖盧部。[11]
术者達魯虢部。[12]
河西部。[13]
西北路招討司：[14]
突呂不部。[15]
奥衍女直部。[16]
室韋部。[17]
西南路招討司：[18]
涅剌部。[19]
烏古涅剌部。[20]
涅剌越兀部。[21]
梅古悉部。[22]
頡的部。[23]
匿訖唐古部。[24]

鶴剌唐古部。

黄龍府都部署司：[25]

隗衍突厥部。[26]

奥衍突厥部。

北唐古部。

五國部。[27]

烏古敵烈統軍司：[28]

迭魯敵烈部。[29]

戍隗烏古部：

北敵烈部。[30]

[1]北府凡二十八部：據中華點校本校勘記，本書卷三三《營衛志下》載，尚有突呂不室韋部、涅剌拏古部、伯斯鼻古德部屬東北路統軍司，品部屬西北路招討司，均隸北府。凡三十二部。

[2]奚王：對奚部族首領的稱呼。據《五代會要》卷二八《奚》："奚，本匈奴別種，即東胡之地，人物風俗與突厥同。族有五姓：一曰阿會部，管縣六；二曰啜米部，管縣四；三曰奥質部，管縣六；四曰奴皆部，管縣四；五曰黑訖支部，管縣三。每部有刺史，每縣有令，酋長號奚王。"此奚王是被契丹降伏以後的奚部族酋長。《新五代史》卷七四《四夷附録第三》所記奚各部名稱與《五代會要》同：奚"分爲五部：一曰阿薈部，二曰啜米部，三曰粵質部，四曰奴皆部，五曰黑訖支部。後徙居琵琶川，在幽州東北數百里。地多黑羊，馬趫前蹄堅善走，其登山逐獸，下上如飛"。奚本來衹有五部，阿保機降伏五部奚之後設置墮瑰部，而成六部。詳見本書卷三三《營衛志下・部族下》。

[3]五院部：契丹部族名。原爲迭剌部一部分。太祖阿保機以迭剌部強大難制，析爲五院部和六院部。太宗會同元年（938）改

夷离堇爲大王。北院大王和南院大王即是五院部和六院部的首領。

[4]東北路招討司：此一名稱與其他記載不符。遼朝時期，東北地區有大量的女真人，分佈在南部者稱“熟女真”，隸籍州縣；中部地區則有回跋女真，隸屬咸州（今遼寧省開原市老城）兵馬司；其在北者則是“生女真”。這部分女真人，“地方千餘里，户口十餘萬，散居山谷間，依舊界外野處，自推雄豪爲酋長”（《三朝北盟會編》卷三）。他們名義上雖然也臣屬遼朝，但並不馴服。不過，如前所述，遼末以前，對女真的防禦並不占重要地位，故一直由東京的軍事機構兼管。生女真完顔部最初發動叛亂時，遼朝主持戰事始有東北路統軍司。後因遼末在東北地區與女真戰事日益擴大，天祚帝不得不增派包括契丹軍在内的大批軍隊前去增援，並下詔親征，於是纔有都部署司之設，此即黄龍府都部署司。在此之前，主持東北邊防的，一直是寧江州的東北路統軍司。

[5]烏隗部：據本書卷三三《營衛志下・部族下》，烏隗部亦稱奥隗部，是契丹古老的部族組織。此外，契丹還有乙室奥隗部和楮特奥隗部，均係以所俘奚人設置，都活動於東京轄區。

[6]東北路統軍司：遼末防禦女真的軍事機構。原來對女真的防禦在遼朝的軍事部署中並不占有重要地位，故一直由東京的軍事機構兼管。當生女真完顔部發動叛亂時，遼朝主持戰事始有東北路統軍司。該機構設在寧江州（今吉林省松原市寧江區伯都訥古城）。

[7]遙里部：被契丹征服的奚族部落。

[8]伯德部：被契丹征服的奚族部落。

[9]奥里部：被契丹征服的奚族部落。

[10]南剋部：據本書卷一一六《國語解》：“北剋、南剋，掌軍官名。猶漢南北軍之職。”

[11]圖盧部：【劉校】據中華點校本校勘記，本書卷三三《營衛志下》作“圖魯部”。

[12]术者達魯虢部：附屬於术者部的、以被俘達魯虢人户建立的部族。本書卷九五《耶律適禄傳》載其於遼末“加泰州觀察使，

爲達魯虢部節度使”。達魯虢應是活動於上京東北部的部族。【劉校】“達”原本作“違”，據中華修訂本校勘記，依本書卷三三《營衛志下·部族下》、卷四六《百官志二·北面部族官》改。

[13]河西部：晚唐直至宋初，河西地區除沙州歸義軍治下的漢族之外，還有吐蕃、回鶻等族在這一地區活動。遼以俘獲的河西各族人户建河西部。

[14]西北路招討司：又稱“西北路都招討司”，遼朝統治漠北屬部的最高軍政機構。聖宗以後，主要負責鎮壓阻卜。

[15]突呂不部：契丹部族名。據本書卷三三《營衛志下》，該部爲太祖二十部之一，創建於阻午可汗之時，“隸北府，節度使屬西北路招討司，司徒居長春州西”。

[16]奥衍女直部：奥衍女直部與乙典女直部，都是聖宗以女直户置。

[17]室韋：部族名。北魏始見於記載，分佈於今黑龍江、嫩江流域，唐時分爲許多部，時契丹多爲其役屬。

[18]西南路招討司：又作“西南面招討司”，契丹軍事機構名。設招討使一人，駐西京大同，負責對西夏的防務。

[19]涅剌部：據本書卷三三《營衛志下》：“其先曰涅勒，阻午可汗分其營爲部。節度使屬西南路招討司，居黑山北，司徒居郝里河側。”

[20]烏古涅剌部：附屬於涅剌部的、以被俘烏古人户建立的部族。【劉校】原本作“烏古剌部”，脱“涅”字，據中華修訂本校勘記，依卷三三《營衛志下》補。

[21]涅剌越兀部：據本書卷三三《營衛志下》，“以涅剌室韋户置”，即該部是涅剌部轄下的部族。

[22]梅古悉部：據本書卷三三《營衛志下》“聖宗以唐古户置”。以下頡的部、匿訖唐古部、北唐古部、南唐古部、鶴剌唐古部同。“唐古”又作“唐古特”，即吐蕃。

[23]頡的部：聖宗以唐古（吐蕃）人建立的部族。

[24]匿訖唐古部：以唐古人建立的附屬於契丹的部族。當係遼朝西南部的吐蕃部族。聖宗時有匿訖唐古部、北唐古部、南唐古部、鶴剌唐古部等部。耶律大石西行所歷諸部中也有唐古部。詳見本書卷三三《營衛志下·部族下》。

[25]黄龍府：治所在今吉林省農安縣。

[26]隗衍突厥部：本書卷三三《營衛志下》載："聖宗析四闢沙、四頗憊户置，以鎮東北女直之鏡。開泰九年節度使奏請置石烈。隸北府，屬黄龍府都部署司。"又作"烏衍突厥部"。

[27]五國部：遼東北部族名。越里篤、剖阿里、奥里米、蒲奴里和越里吉，統稱五國部。

[28]烏古敵烈統軍司：遼代西北部的軍事機構。烏古、敵烈是契丹西北方兩個部族名。烏古又稱嫗厥律、于厥律；敵烈又譯迪烈、敵烈德、迭烈德、達里底。遼時以游牧、捕獵爲業，分佈於臚朐河（今克魯倫河）流域。敵烈與烏古部並稱爲北邊大部。遼聖宗以敵烈部降人置迭魯敵烈部和北敵烈部。開泰四年（1015）築董城於臚朐河北，安置敵烈、烏古降人。壽昌二年（1096）徙敵烈、烏古於烏納水西。金末元初，敵烈人逐漸與女真人、蒙古人等同化。

[29]迭魯敵烈部：本書卷三三《營衛志下》載："聖宗以敵烈户置。隸北府，節度使屬烏古敵烈統軍司。""迭魯"，或爲數字"七"之義。

[30]北敵烈部：本書卷三三《營衛志下》載："聖宗以敵烈户置。戍隗烏古部。"

南府凡一十六部。[1]

鎮駐西南境：

乙室部。[2]

西南路招討司：

品部。[3]

迭達迭刺部。[4]

品達魯虢部。[5]

乙典女直部。[6]

西北路招討司：

楮特部。[7]

東北路統軍司：

達馬鼻古德部。[8]

東北路女直兵馬司：[9]

乙室奥隗部。

東京都部署司：[10]

楮特奥隗部。

窈爪部。[11]

稍瓦部。[12]

曷术部。[13]

戍倒塌嶺：

訛僕括部。[14]

屯駐本境：

撒里葛部。[15]

南唐古部。[16]

薛特部。[17]

[1]南府凡一十六部：【劉校】據中華點校本校勘記，按本書卷三三《營衛志下》，尚有耨盌爪部屬東京都部署司，隸南府，又品部、南唐古部隸北府。凡十五部。

[2]乙室部：契丹部族名。爲太祖阿保機時期二十部之一，統以本部夷离堇。會同二年（939）該部夷离堇稱大王，隸南府。其

大王及都監率部鎮守西南境，負責防禦西夏。

[3]品部：又作“品卑部”，創建於阻午可汗之時，隸北府。本書卷一三《聖宗本紀四》載統和十五年（997）二月“勸品部富民出錢以贍貧民”。同月又“詔品部曠地令民耕種”。【劉校】據中華點校本校勘記，本書卷四《太宗本紀下》會同四年正月作“品卑部”，卷一一《聖宗本紀二》統和四年四月作“頻不部”。

[4]迭達迭剌部：又作“迭剌迭達”，本鮮質可汗所俘奚七百户，太祖即位，以爲十四石烈，置爲部。隸南府，節度使屬西南路招討司，戍黑山北，部民居慶州南。迭達迭剌部，據中華點校本校勘記，本書卷三三《營衛志下》、卷四六《百官志二》並作“迭剌迭達部”。

[5]品達魯虢部：附屬於品部的、以被俘達魯虢人户建立的部族。本書卷九五《耶律適禄傳》載其遼末“加泰州觀察使，爲達魯虢部節度使”。達魯虢應是活動於上京東北部的部族。【劉校】品達魯虢部，據中華點校本校勘記，本書卷一六《聖宗本紀七》開泰七年（1018）六月作“品打魯瑰部”。

[6]乙典女直部：聖宗以女直户置。

[7]楮特部：契丹部族名。阻午可汗以其營爲部。隸南府。

[8]鼻古德：又作“鱉古德”，遼時黑龍江流域部族名。聖宗時分置伯斯鼻古德部與撻馬鼻古德部，均屬東北路統軍司。所在地相當於今黑龍江省富錦市至俄羅斯境内哈巴羅夫斯克（伯力）沿江一帶。

[9]東北路女直兵馬司：【劉校】據中華點校本校勘記，本書卷三三《營衛志下》作“東北路兵馬司”。

[10]東京都部署司：官署名。即東京兵馬都部署司。

[11]窈爪部：【劉校】“爪”原本作“瓜”，明抄本、南監本、北監本和殿本均作“爪”。中華點校本和修訂本徑改。今從改。

[12]稍瓦部：本書卷三三《營衛志下》載：“稍瓦部。初，取諸宮及横帳大族奴隸置稍瓦石烈。‘稍瓦’，鷹坊也。居遼水東，掌

羅捕飛鳥。聖宗以户口蕃息，置部。節度使屬東京都部署司。”

［13］曷术部：本書卷三三《營衛志下》載：“曷术部。初，取諸宮及横帳大族奴隸置曷术石烈。‘曷术’，鐵也，以冶於海濱柳濕河、三黜古斯、手山。聖宗以户口蕃息，置部。屬東京都部署司。”

［14］訛僕括部：【劉校】據中華點校本校勘記，本書卷三三《營衛志下》載，訛僕括部，與撒里葛三部同，居望雲縣東。特里特勉部戍倒塌嶺。

［15］撒里葛部：本書卷三三《營衛志下》載：“奚有三營：曰撒里葛，曰窈爪，曰耨盌爪。太祖伐奚，乞降，願爲著帳子弟，籍於宮分，皆設夷离菫。聖宗各置爲部，改設節度使，皆隸南府，以備畋獵之役。居澤州東。”

［16］南唐古部：【劉校】據中華點校本校勘記，本書卷三三《營衛志下》載，南唐古部隸北府。

［17］薛特部：本書卷三三《營衛志下》載：“薛特部。開泰四年以回鶻户置。”

（李錫厚注　劉鳳翥校）

遼史　卷三六

志第六

兵衛志下

五京鄉丁

遼建五京：臨潢，[1]契丹故壤；遼陽，[2]漢之遼東，爲渤海故國；[3]中京，[4]漢遼西地，自唐以來契丹有之。三京丁籍可紀者二十二萬六千一百，蕃漢轉户爲多。[5]析津、大同，[6]故漢地，籍丁八十萬六千七百。契丹本户多隸宫帳、部族，[7]其餘蕃漢户丁分隸者，皆不與焉。

[1]臨潢：即遼上京臨潢府。治所在今内蒙古自治區巴林左旗林東鎮。

[2]遼陽：即遼東京遼陽府。治所在今遼寧省遼陽市。

[3]渤海：靺鞨粟末部在今東北地區建立的政權。唐武后聖曆元年（698）靺鞨粟末部首領大祚榮建立振國（亦稱“震國”）。寶應元年（762）晉升爲國。天顯元年（926）爲遼所滅，改稱東丹，並遷至遼陽。唐玄宗先天二年（713，當年十二月改元“開元”）遣使封大祚榮爲左驍衛大將軍、渤海郡王，又設置忽汗州，

加授大祚榮爲忽汗州大都督，並改稱渤海。本書卷七三《蕭敵魯傳附阿古只傳》載："渤海既平，改東丹國。頃之，已降郡縣復叛，盜賊蜂起。"同卷《耶律斜涅赤傳》載，大諲譔"已而復叛，命諸將分地攻之"。渤海各地的反抗鬪爭，多打着亡國之君大諲譔的旗號。爲使渤海人不再對復興故國抱幻想，當年七月間，"衛送大諲譔於皇都西，築城以居之。賜諲譔名曰烏魯古，妻曰阿里只"（本書卷二《太祖本紀下》）。【劉注】渤海國最初的國號爲"靺鞨"，不爲"震國"或"振國"。《新唐書》卷二一九《渤海傳》："睿宗先天中（應爲'玄宗先天二年'），遣使拜祚榮爲左驍衛大將軍、渤海郡王。以所統爲忽汗州，領忽汗州都督，自是始去靺鞨號，專稱渤海。"這裏不稱"始去震國之號，專稱渤海"，而稱"始去靺鞨之號，專稱渤海"。可見，稱"大祚榮建立震國"是混淆了封號與國號的區別。《新唐書》卷二一九《渤海傳》稱"武后封乞四比羽爲許國公，乞乞仲象（大祚榮之父）爲震國公"。"許國公"和"震國公"都是封號，並不意味着有"許國""震國"等政权。乞乞仲象死後。他兒子大祚榮繼承了"震國公"的封號，但他不滿足"公"級別，所以"自號震國王"。"震國王"僅僅是封號，並不意味着有"震國"。少數民族往往以其民族名爲國號，如"契丹""蒙古"等。渤海也應如此。

［4］中京：遼五京之一。中京稱大定府，治所在今内蒙古自治區寧城縣大明鎮。

［5］蕃漢轉户：户等名。指塞外頭下州縣中那些自中原地區輾轉遷徙而來到蕃界的漢族人户。他們爲人佃作，實即客户，但身份低於燕京和西京地區正户中爲人佃作的客户。

［6］析津：遼南京析津府。治所在今北京市。　大同：遼西京大同府。治所在今山西省大同市。

［7］本户：遼以契丹爲"本户"，這種情況亦正如金以女真爲"本户"一樣。契丹本户多隸宫帳、部族，不屬五京各州縣，故亦不計入各地户丁統計數字中。

太祖建皇都于臨潢府。太宗定晉，晉主石敬瑭來獻十六城，[1]乃定四京，改皇都爲上京。有丁一十六萬七千二百。

臨潢府：

臨潢縣丁七千。

長泰縣丁八千。

保和縣丁六千。

定霸縣丁六千。

宣化縣丁四千。[2]

潞縣丁六千。

易俗縣丁一千五百。

遷遼縣丁一千五百。

祖州：[3]

長霸縣丁四千。

咸寧縣丁二千。

越王城丁二千。

懷州：[4]

扶餘縣丁三千。

顯理縣丁二千。

慶州玄寧縣丁一萬二千。[5]

泰州興國縣丁一千四百。[6]

長春州長春縣丁四千。[7]

烏州愛民縣丁二千。[8]

永州：[9]

長寧縣丁九千。

義豐縣丁三千。

慈仁縣丁八百。

儀坤州廣義縣丁五千。[10]

龍化州龍化縣丁二千。[11]

降聖州永安縣丁一千五百。[12]

饒州：[13]

長樂縣丁八千。

臨河縣丁二千。

安民縣丁二千。

頭下：

徽州丁二萬。[14]

成州丁八千。[15]

懿州丁八千。[16]

渭州丁二千。[17]

原州丁一千。[18]

壕州丁一萬二千。[19]

福州丁五百。[20]

横州丁四百。[21]

鳳州丁一千。[22]

遂州丁一千。[23]

豐州丁一千。[24]

順州丁二千。[25]

閭州丁二千。[26]

松山州丁一千。[27]

豫州丁一千。[28]

寧州丁六百。[29]

[1]晉主：【劉校】“主”原本作“王”，中華點校本校勘記云，據《大典》七七〇二改。今從改。　石敬瑭（892—942）：原本誤作“石敬塘”，今據文意改。後晉王朝開國皇帝，後唐明宗婿。清泰帝李從珂即位，當時敬瑭爲河東節度使，清泰帝令其移鎮天平（鄆州軍號）。由於雙方本來相互猜忌，於是，敬瑭不受命，並上表論從珂不當立。清泰帝下詔討除，敬瑭向契丹稱臣、稱兒、割地以求援，遂被契丹册立爲皇帝，國號晉，都汴州（今河南省開封市）。天福七年卒。

[2]宣化縣丁四千：【劉校】中華點校本校勘記云，據本書卷三七《地理志一》，宣化縣户四千。一户一丁，疑誤。

[3]祖州：州名。遼置，因阿保機的高祖、曾祖、祖、父皆出生於此，故名。治所在今内蒙古自治區巴林左旗哈達英格蘇木石房子嘎查。轄境相當於今内蒙古自治區巴林左旗、巴林右旗的一部分。金天會八年（1130）改爲奉州。阿保機秋季多在此狩獵。這是一座漢城，據《武經總要》前集卷一六下《戎狄舊地》：“祖州，阿保機既創西樓，又西南築一城，以貯漢人，今名祖州，在唐置饒樂府西北祖山之陽，因爲州名。阿保機葬所也，今號天成軍。”

[4]懷州：治所在今内蒙古自治區巴林右旗幸福之路蘇木崗根嘎查舊城。本唐歸誠州，以契丹降部置。武后萬歲通天初，歸誠州刺史孫萬榮與松漠都督李盡忠叛，寇營州。即此。後廢。太宗德光行帳牧放於此，後葬於西山，曰懷陵。因置懷州奉陵軍。《武經總要·戎狄舊地》：“懷州，契丹號奉陵軍，州將兼山陵都部署，即遼主德光葬所也。東南至中京三百五十里，西至平地松林四十里，北至潢河十里，河北至上京百五十里，西北門至韃靼國三百里。”

[5]慶州：治所在今内蒙古自治區巴林右旗索博日嘎鎮。　玄寧：【劉校】據中華點校本校勘記，本書卷三七《地理志一》作

“玄德”。

［6］泰州：治所在今吉林省白城市東南。

［7］長春州：治所在今吉林省前郭爾羅斯蒙古族自治縣西北部松花江畔的塔虎城。《武經總要·戎狄舊地》：“長春州，契丹國舊地，仍曰昭陽軍，亦爲罪讁者配隸之所。北至黄龍府百里，東北至龍化州四百里，南至徽州三百五十里，西至新州四百里，西北至上京二百里。”

［8］烏州：治所在今内蒙古自治區科爾沁左翼中旗境内烏斯吐古城遺址。原本東胡之種烏丸之地，被遼北大王撥剌占爲牧地，建城，後隸屬興聖宫。

［9］永州：在今西拉木倫河與老哈河合流處。《武經總要·戎狄舊地》：“永州在木葉山之陽，潢之北，契丹國舊地也。一路西北至韡淀二百里，一路西北至上京三百里。”

［10］儀坤州：治所在今内蒙古自治區翁牛特旗西北。係德光生母應天皇太后出生地。

［11］龍化州：地名。傳説契丹始祖奇首可汗居此，原稱龍庭。地當今内蒙古自治區奈曼旗東北。唐天復二年（902）阿保機成爲迭剌部夷离堇，破代北，遷徙代北居民，於此建州。《武經總要·戎狄舊地》：“龍化州，州在木葉山東千里。阿保機始置四樓，此即是東樓也。會病卒，葬於西南山，即今祖州也。以所卒之地置州，曰龍化門，化州也。東至泉州二十里，西至降聖州五十里，西南至蔚州四十里，南至遂州二百里，北至夢送河五十里。”

［12］降聖州：治所在今内蒙古自治區敖漢旗瑪尼罕鄉五十家子的孟克河左岸一級臺地上，五十家村之西側。

［13］饒州：《武經總要·戎狄舊地》：“饒州，唐建饒樂府都督以處奚人部落，契丹建爲饒州。在潢水之北，石橋傍，以渤海人居之。西南至平地松林百里，南至中京五百里，北至沱河十里，東至上京三十里，西北至祖州七十里。”潢水即今西拉木倫河，石橋遺址在今内蒙古自治區林西縣城西南六十公里西拉木倫河上，即新城

子鎮黄土坑村南一公里處。

[14]徽州：治所在今内蒙古自治區庫倫旗西南水泉之城子古城遺址。據本書卷三七《地理志一・上京道》，該州係遼景宗女秦晉大長公主以媵臣萬户所建。在宜州（今遼寧省義縣）之北二百里。

[15]成州：治所在今遼寧省阜新市西北五十里紅帽子村古城遺址。據本書《地理志一》，該州係遼聖宗女晉國長公主以上賜媵臣户置。在宜州北一百六十里。

[16]懿州：據本書《地理志一》，該州係遼聖宗女燕國長公主以上賜媵臣户置。在顯州東北二百里。【劉注】治所在今遼寧省阜新蒙古族自治縣塔營子鎮塔營子村古城址。

[17]渭州：治所在今遼寧省法庫縣葉茂臺鎮西二臺子古城址。據本書《地理志一》，該州係駙馬都尉蕭昌裔建。尚秦國王隆慶女韓國長公主，以所賜媵臣建州城。在顯州東北二百五十里。

[18]原州：治所在今遼寧省康平縣西北古城遺址。據本書《地理志一》，該州是國舅金德俘掠漢民建城，亦即頭下州城，在顯州東北三百里。

[19]壕州：即豪州。治所在今遼寧省彰武縣東北四合城古城遺址。據本書《地理志一》，該州係國舅宰相南征，俘掠漢民建，居遼東西安平縣故地。在顯州東北二百二十里。

[20]福州：治所在今遼寧省康平縣西北。據本書《地理志一》“上京道”，該州係國舅蕭寧南征，俘掠漢民建，居北安平縣故地。在原州北二十里。

[21]横州：治所在今遼寧省法庫縣四家子古城遺址。據本書卷三七《地理志一》，該州係國舅蕭克忠建。部下牧人居漢故遼陽縣地，因置州城。在遼州西北九十里。

[22]鳳州丁一千：據中華點校本校勘記，本書《地理志一》載，鳳州户四千。丁數少於户數，疑誤。鳳州，治所在今吉林省懷德縣西。據本書卷三七《地理志一》“上京道”，該州原係渤海之安寧郡境，後爲契丹南王府五帳分地。在韓州北二百里，西北至上

京九百里。

［23］遂州：治所在今内蒙古自治區庫倫旗東北三家子西南古城址。《滿洲源流考》卷一〇：“此遂州屬上京，與鳳州相鄰。”

［24］豐州：《大清一統志》卷一六〇：“豐州故城，今托克托城，即遼豐州地，本漢定襄郡地。遼置豐州天德軍，治富民縣，屬西京道。”《大同府志》：“豐州富民城在府西北五百里，近葫蘆海。按遼金時豐州州治在今歸化城（今内蒙古自治區呼和浩特市）地西。”

［25］順州：治所在今遼寧省阜新蒙古族自治縣東南大巴鎮英城子。契丹南下俘掠燕、薊、順（今北京市順義區）民在遼東地區僑置。

［26］閭州：治所在今遼寧省阜新蒙古族自治縣東十家子鎮附近。地近遼西醫巫閭山。

［27］松山州：治所在今内蒙古自治區赤峰市松山區。

［28］豫州：治所在今内蒙古自治區扎魯特旗巴雅爾圖胡碩鎮日木圖嘎查東北三公里處。橫帳陳王牧地。南至上京三百里。

［29］寧州：治所在今遼寧省瓦房店市西北永寧古城遺址。豫州東八十里。

東京，本渤海，以其地建南京遼陽府。[1] 統縣六，轄軍、府、州、城二十六，[2] 有丁四萬一千四百。天顯十三年，[3] 太宗改爲東京。

遼陽府：

遼陽縣丁三千。

仙鄉縣丁三千。

鶴野縣丁二千四百。

析木縣丁二千。

紫蒙縣丁二千。

興遼縣丁二千。

開州開遠縣丁二千。[4]

鹽州丁五百。[5]

穆州丁五百。[6]

賀州丁五百。[7]

定州定東縣丁一千六百。[8]

保州來遠縣丁二千。[9]

辰州丁四千。[10]

盧州丁五百。[11]

鐵州丁二千。[12]

興州丁三百。[13]

湯州丁七百。[14]

崇州丁一千。[15]

海州丁三千。[16]

耀州丁一千二百。[17]

嬪州丁七百。[18]

淥州丁四千。[19]

桓州丁一千。[20]

豐州丁五百。[21]

正州丁七百。[22]

慕州丁三百。[23]

[1]其地：【劉校】“地”原本作“他”，明抄本、南監本、北監本、殿本均作“地”。中華點校本和修訂本徑改。今從改。

[2]統縣六，轄軍、府、州、城二十六：【劉校】據中華點校

本校勘記，道光殿本《考證》云："按《地理志》，統縣九，轄軍、府、州、城八十七。此所載'縣六'，係據丁數可見者；其'二十六'之數，恐有舛誤。"

[3]天顯：遼太祖耶律阿保機年號。天顯元年（926）遼太宗耶律德光即位未改元。

[4]開州：治所在今遼寧省鳳城市。《武經總要》前集卷一六下《戎狄舊地》："開州，渤海古城也。遼主東討，新羅國都其城，要害，建爲州，仍曰開遠軍。西至來遠城一百二十里，西南至吉州七十里，東南至石城六十里。遼中庚戌年討新羅國，得要害地，築城以守之，即中國大中祥符三年也。東至新羅興化鎮四十里，南至海三十里，西至保州四十里。"

[5]鹽州：治所在今遼寧省鳳城市附近。據本書卷三八《地理志二·東京道》，該州本渤海龍河郡，隸開州。相去一百四十里。

[6]穆州：治所在今遼寧省岫巖滿族自治縣。據本書《地理志二》，該州本渤海會農郡，隸開州。東北至開州一百二十里。

[7]賀州：治所在今遼寧省鳳城市以東。據本書《地理志二》，該州本渤海吉理郡，隸開州。

[8]定州：治所在今朝鮮義州郡附近。據本書《地理志二》，定州，保寧軍。高麗置州，故縣一，曰定東。聖宗統和十三年（995）升軍，遷遼西民實之。隸東京留守司。

[9]保州：治所在今朝鮮新義州市西南。《武經總要·戎狄舊地》："保州，渤海古城，東控鴨緑江新羅國界，仍置榷場，通互市之利。"

[10]辰州：治所在今遼寧省蓋州市。《滿洲源流考》卷八以今蓋州爲辰州，"辰州，即今之蓋州，今爲蓋平縣"。

[11]盧州：治所在今遼寧省營口市鮁魚圈區熊岳古城。原渤海杉盧郡，地近渤海東京龍源府。

[12]鐵州：渤海置，因東有鐵嶺，故名。治所在今遼寧省營口市東南湯池古城。遼襲舊制，仍置鐵州建武軍刺史，治湯池縣。隸

屬東京道。

［13］興州：治所在今遼寧省鐵嶺市新臺子古城。據本書《地理志二》，本漢海冥縣地，屬玄菟郡。

［14］湯州：治所在今遼寧省遼中縣附近。據本書《地理志二》，本漢襄平縣地。《大清一統志》卷六〇《奉天府》："襄平故城在遼陽州北，漢置縣，爲遼東郡治賈耽曰：自營州東百八十里至燕郡城，又經汝羅守捉，渡遼水至安東都護府五百里。府故漢襄平地。"

［15］崇州：治所在今遼寧省瀋陽市附近。《後漢書》卷五二《崔駰傳》："［竇］憲不能容，稍疏之。因察駰高第，出爲長岑長。"李賢注："長岑，縣，屬樂浪郡，其地在遼東。

［16］海州：治所在今遼寧省海城市。據本書《地理志二》，海州本漢沃沮國。《後漢書》卷八五《東夷傳》："沃沮在高句驪蓋馬大山之東。"注："蓋馬，縣名，屬玄菟郡，其山在今平壤城西。"

［17］耀州：治所在今遼寧省營口市大石橋鎮北岳州古城遺址。隸屬海州的刺史州。

［18］嬪州：治所在今遼寧省海城市東北三十餘里之向陽寨。隸屬海州的刺史州。

［19］淥州：治所在今遼寧省東港市西北黑溝古城遺址。渤海號西京鴨淥府。《滿洲源流考》卷一〇："按：淥州城在平壤西境。"

［20］桓州：治所在今吉林省集安市西通溝古城遺址。隸屬淥州。

［21］豐州：治所在今吉林省撫松縣境内。隸屬淥州。

［22］正州：治所在遼寧省丹東市附近。隸屬淥州。

［23］慕州：治所在今遼寧省岫巖滿族自治縣東部。隸屬淥州。

南京析津府，統縣十一，[1] 轄軍、府、州、城九，有丁五十六萬六千。[2]

析津府：

析津縣丁四萬。

宛平縣丁四萬四千。[3]

昌平縣丁一萬四千。[4]

良鄉縣丁一萬四千。[5]

潞縣丁一萬一千。[6]

安次縣丁二萬四千。[7]

武清縣丁二萬。[8]

永清縣丁一萬。[9]

香河縣丁一萬四千。[10]

玉河縣丁二千。[11]

漷陰縣丁一萬。[12]

順州懷柔縣丁一萬。[13]

檀州：[14]

密雲縣丁一萬。

行唐縣丁六千。[15]

涿州：[16]

范陽縣丁二萬。[17]

固安縣丁二萬。[18]

新城縣丁二萬。[19]

歸義縣丁八萬。[20]

易州：[21]

易縣丁五萬。

淶水縣丁五萬四千。[22]

容城縣丁一萬。[23]

薊州：[24]

　　漁陽縣丁八千。[25]

　　三河縣丁六千。[26]

　　玉田縣丁六千。[27]

平州：[28]

　　盧龍縣丁一萬四千。[29]

　　安喜縣丁一萬。[30]

　　望都縣丁六千。[31]

灤州：[32]

　　義豐縣丁八千。[33]

　　馬城縣丁六千。[34]

　　石城縣丁六千。[35]

營州廣寧縣丁六千。[36]

景州遵化縣丁六千。[37]

[1]統縣十一：【劉校】"十一"，原本脱"一"字。據中華點校本校勘記，下列縣數十一，與本書卷四〇《地理志四》合，據補。

[2]有丁五十六萬：【劉校】"五"原本誤作"丑"，明抄本、南監本、北監本和殿本均作"五"。中華點校本和修訂本徑改。今從改。

[3]宛平縣：遼南京析津府的附郭縣。時治所在今北京市西城區西南。

[4]昌平縣：治所在今北京市昌平區。

[5]良鄉縣：舊縣名。治所在今北京市房山區境内。三河、良鄉都是趙德鈞鎮幽州時所置，據《新五代史》卷七二《四夷附録第一》："莊宗之末，趙德鈞鎮幽州，於鹽溝置良鄉縣，又於幽州東五十里築城，皆戍以兵。及破賀邈等，又於其東置三河縣。由是

幽、薊之人，始得耕牧，而輸餉可通。”

[6]潞縣：後晉縣名。遼因之，金升爲通州，治所在今北京市通州區。

[7]安次縣：治所在今河北省廊坊市。

[8]武清縣：治所在今天津市武清區。

[9]永清縣：治所在今河北省永清縣。

[10]香河縣：治所在今河北省香河縣。

[11]玉河縣：治所在今北京市門頭溝區城子村。《大清一統志》卷八：“玉河廢縣，在宛平縣西，五代時置”，“金廢”。

[12]漷陰縣：治所在今北京市通州區東南。《畿輔通志》卷五三：“漷陰故城，在通州南四十里，本漢泉州地。屬漁陽郡。遼置漷陰縣，屬析津府。元升爲漷州，屬大都路。明復爲縣，屬通州。”

[13]懷柔縣：治所在今北京市懷柔區。

[14]檀州：唐州名。治所在今北京市密雲區。

[15]行唐縣：治所在今河北省行唐縣。行唐在宋遼分立時屬宋，此係遼境内之行唐縣。本書卷四〇《地理志四·南京道》：“本定州行唐縣。太祖掠定州，破行唐，盡驅其民，北至檀州，擇曠土居之，凡置十寨，仍名行唐縣。隸彰愍宫。”

[16]涿州：治所在今河北省涿州市。

[17]范陽縣：治所在今河北省涿州市。

[18]固安縣：治所在今河北省固安縣。

[19]新城縣：治所在今河北省高碑店市。

[20]歸義縣丁八萬：【劉校】據中華點校本校勘記，本書卷四〇《地理志四》載，歸義縣户四千。“丁八萬”疑是丁八千之誤。歸義縣，治所在今河北省容城縣東。據《輿地廣記》卷一〇，該縣“晉時入於契丹，周顯德六年，世宗剋瓦橋關，置雄州，治歸義縣。皇朝太平興國元年改爲歸信”。

[21]易州：治所在今河北省易縣。

[22]淶水縣：治所在今河北省淶水縣。

[23]容城縣：治所在今河北省容城縣。五代後周以瓦橋關建雄州（今河北省雄縣），容城爲該州屬縣。

[24]薊州：治所在今天津市薊州區。

[25]漁陽縣：治所在今北京市密雲區。唐以後之薊州以漁陽爲治。

[26]三河縣：治所在今河北省三河市。

[27]玉田縣：治所在今河北省玉田縣。

[28]平州：唐置，治所在今河北省盧龍縣。

[29]盧龍縣：治所在今河北省盧龍縣。

[30]安喜縣：本漢令支縣地，久廢。遼太祖以定州安喜縣俘户置。金時改爲遷安縣。治所在今河北省遷安縣東北。

[31]望都縣：遼以所俘望都民置。望都當時屬宋。金時改爲海山縣。治所在今河北省盧龍縣南。

[32]灤州：治所在今河北省灤州市。《畿輔通志》卷一三："五代時入契丹，始析置灤州永安軍，屬平州，後又置義豐縣，爲州治。"

[33]義豐縣：隋置，唐屬定州。此係契丹以俘户僑置。治所在今河北省灤州市。

[34]馬城縣：舊縣名。元廢。治所在今河北省灤南縣東北馬城鎮。

[35]石城縣：舊縣名。元廢。治所在今河北省灤州市西南。

[36]廣寧縣：治所在今河北省昌黎縣。

[37]遵化縣：治所在今河北省遵化市。

西京大同府，統縣七，轄軍、府、州、城十七，有丁三十二萬二千七百。

大同府：

大同縣丁二萬。

雲中縣丁二萬。[1]
天成縣丁一萬。[2]
長青縣丁八千。[3]
奉義縣丁六千。[4]
懷仁縣丁六千。[5]
懷安縣丁六千。[6]

弘州：[7]
永寧縣丁二萬。[8]
順聖縣丁六千。[9]

德州宣德縣丁六千。[10]

豐州：
富民縣丁二千四百。[11]
振武縣鄉兵三百。[12]

奉聖州：[13]
永興縣丁一萬六千。[14]
礬山縣丁六千。[15]
龍門縣丁八千。[16]
望雲縣丁二千。[17]

歸化州文德縣丁二萬。[18]

可汗州懷來縣丁六千。[19]

儒州縉山縣丁一萬。[20]

蔚州：[21]
靈仙縣丁四萬。[22]
定安縣丁二萬。[23]
飛狐縣丁一萬。[24]

靈丘縣丁六千。[25]

廣陵縣丁六千。[26]

應州：[27]

金城縣丁一萬六千。[28]

渾源縣丁一萬。[29]

河陰縣丁六千。[30]

朔州：[31]

鄯陽縣丁八千。[32]

寧遠縣丁四千。[33]

馬邑縣丁六千。[34]

金肅軍防秋兵一千。[35]

武州神武縣丁一萬。[36]

河清軍防秋兵一千。[37]

[1]雲中縣：治所在今山西省大同市。

[2]天成縣：治所在今山西省天鎮縣。【劉校】“成”原本作“詳”，據中華點校本校勘記，據本書卷四一《地理志五》改。《金史·地理志》作“城”。

[3]長青縣：治所在今山西省陽高縣。

[4]奉義縣：治所在今山西省大同市北。

[5]懷仁縣：治所在今山西省懷仁縣。

[6]懷安縣：治所在今河北省懷安縣東南。

[7]弘州：見注[8]永寧縣。

[8]永寧縣：治所在今河北省陽原縣。《畿輔通志》卷一四：“西寧縣，本漢陽原縣，屬代郡。後漢省。東魏置北靈邱郡，北齊省。唐開元中置橫野軍，天寶後廢。遼統和中置永寧縣，兼置弘州永寧軍，後改博寧軍，屬西京道。金亦曰弘州，改軍曰保寧，尋

廢。大定七年改縣曰襄陰。元至元中以襄陰縣省入州，屬大同路。明初州廢，天順四年於故順聖縣築順聖川東城，於此築順聖川西城，俱屬萬全都指揮使司。本朝初屬蔚州衛，康熙三十二年改置西寧縣，以東城併入，屬宣化府。”

［9］順聖縣：見注［8］永寧縣。

［10］德州宣德縣：治所在今山西省左雲縣。據《山西通志》卷五〇：“左雲縣宣寧城，《金志》本遼德州昭聖軍宣德縣。”

［11］富民縣：治所在今内蒙古自治區呼和浩特市東陶卜齊古城遺址。本漢臨戎縣，屬朔方郡。遼改今名。

［12］振武縣：治所在今内蒙古自治區和林格爾縣西北土城子古城遺址。遼振武縣屬豐州，在漢爲定襄郡盛樂城。據《大清一統志》卷一六〇：“盛樂故城在歸化城（今内蒙古自治區呼和浩特市）南。”

［13］奉聖州：即新州。治所在今河北省涿鹿縣。

［14］永興縣：治所應在今河北省涿鹿縣。本漢涿鹿縣地。相傳黄帝與蚩尤戰於此。屬於上谷郡。

［15］礬山縣：治所在今河北省涿鹿縣礬山鎮。

［16］龍門縣：治所在今河北省赤城縣西南龍關鎮。

［17］望雲縣：治所在今河北省赤城縣北雲州鎮。

［18］歸化州：即武州。治所在今河北省張家口市宣化區。

［19］可汗州：治所在今河北省懷來縣。據本書卷四一《地理志五》“西京道”，嬀州改稱可汗州是在阿保機之先：“五代時，奚王去諸以數千帳徙嬀州，自别爲西奚，號可汗州，太祖因之。”

［20］儒州：治所在今北京市延慶區。

［21］蔚州：治所在今河北省蔚縣。

［22］靈仙縣：治所在今河北省蔚縣中西部地區。

［23］定安縣：治所在今河北省蔚縣東北。據《大清一統志》卷四〇，“故址在蔚州東北，遼置，屬蔚州”，“在州東北六十里”。

［24］飛狐縣：古縣名。治所在今河北省淶源縣，其在隋、唐、

遼、宋、金、元時名飛狐縣。

［25］靈丘縣：治所在今山西省靈丘縣。

［26］廣陵縣：治所在今山西省廣靈縣。

［27］應州：治所在今山西省應縣。

［28］金城縣：治所在今山西省應縣東。遼代應州屬縣，非甘肅省金城縣。明初廢。

［29］渾源縣：治所在今山西省渾源縣。

［30］河陰縣：治所在今山西省山陰縣東南。

［31］朔州：治所在今山西省朔州市。

［32］鄯陽縣：治所在今山西省朔州市。據《明一統志》卷二一，“鄯陽廢縣在朔州城内”。

［33］寧遠縣：治所在今山西省寧武縣。

［34］馬邑縣：治所在今山西省朔州市城内。

［35］金肅軍：治所在今内蒙古自治區准格爾旗西北。遼重熙十二年（1043）伐西夏置。　防秋：古代西北各游牧部落，往往趁秋高馬肥時南侵。屆時邊軍特加警衛，調兵防守，稱爲“防秋”。《舊唐書》卷一三九《陸贄傳》：“又以河隴陷蕃已來，西北邊常以重兵守備，謂之防秋。”

［36］神武縣：治所在今山西省山陰縣。

［37］河清軍：據《三朝北盟會編》卷二五政宣上帙宣和七年（1125）十二月十九日：“初，粘罕遣撒盧母使夏國，許割天德、雲内、武州及河東兜答、廝喇、曷童、野鵲、神崖、榆林、保大、裕民八館，河西金肅、河清（原刻誤爲‘清河’）二軍，約入攻麟、府以牽河東之勢，至是夏人由金肅、河清軍渡河，取天德、雲内、河東八館及武州，以應粘罕之約，盡陷其地。”按河清軍應在河套地區，夏人由河清軍渡河可以到達河東。

聖宗統和二十三年，[1] 城七金山，建大定府，號中京。統縣九，轄軍、府、州、城二十三。草創未定，丁籍莫考，可見者一縣：

高州三韓縣丁一萬。[2]

[1]統和：遼聖宗年號（983—1012）。

[2]高州：治所在今内蒙古自治區敖漢旗東。遼統和八年（990）更名武安州，隸大定府。

大約五京民丁可見者，一百一十萬七千三百爲鄉兵。

屬國軍

遼屬國可紀者五十有九，朝貢無常。有事則遣使徵兵，或下詔專征；不從者討之。助軍衆寡，各從其便，無常額。又有鐵不得國者，興宗重熙十七年乞以兵助攻夏國，[1]詔不許。

[1]重熙：遼興宗年號（1032—1055）。　夏國：即西夏。以党項民族爲主體建立的政權（1038—1227）。公元1038年，李元昊叛宋稱帝，建立大夏王朝，傳十代，至1227年爲蒙古所滅。元昊稱帝以前，党項作爲北宋境内的地方割據政權，已經具有獨立性。西夏先後與遼、北宋及金、南宋並立於時中國境内。境土包括今寧夏回族自治區全部、甘肅省大部、陝西省北部以及青海省、内蒙古自治區的部分地區。

吐谷渾。[1]

鐵驪。[2]

鞊鞨。[3]

兀惹。[4]

黑車子室韋。[5]

西奚。[6]

東部奚。

烏馬山奚。

斜離底。[7]

突厥。[8]

党項。[9]

小蕃。[10]

沙陀。[11]

阻卜。[12]

烏古。[13]

素昆那。[14]

胡母思山蕃。[15]

波斯。[16]

大食。[17]

甘州回鶻。[18]

新羅。[19]

烏孫。[20]

燉煌。[21]

賃烈。[22]

要里。[23]

回鶻。[24]

轄戛斯。[25]

吐蕃。[26]

黃室韋。[27]

小黃室韋。

大黃室韋。

阿薩蘭回鶻。[28]

于闐。[29]

師子。[30]

北女直。[31]

河西党項。[32]

南京女直。[33]

沙州燉煌。[34]

曷蘇館。[35]

沙州回鶻。[36]

查只底。[37]

蒲盧毛朶。[38]

蒲奴里。[39]

大蕃。[40]

高昌。[41]

回拔。[42]

頗里。[43]

達里底。[44]

拔思母。[45]

敵烈。[46]

粘八葛。[47]

梅里急。[48]

耶睹刮。[49]

鼻骨德。[50]

和州回鶻。[51]

斡朗改。[52]

高麗。[53]

西夏。

女直。

[1]吐谷渾：古代部族名。即吐渾。據《新五代史》卷七四《四夷附録第三》，吐渾“自後魏以來，名見中國，居於青海之上。當唐至德中，爲吐蕃所攻，部族分散，其内附者，唐處之河西。其大姓有慕容、拓拔、赫連等族。懿宗時，首領赫連鐸爲陰山府都督，與討龐勛，以功拜大同軍節度使。爲晉王所破，其部族益微，散處蔚州界中”。“晉高祖立，割鴈門以北入於契丹，於是吐渾爲契丹役屬，而苦其苛暴”。另據《五代會要》卷二八《吐渾》：“至開運中，捍虜於澶州，召承福等率其部衆從行，屬歲多暑熱，部下多死，復遣歸太原，移帳於嵐石州界。然承福馭下無法，多干軍令。其族白可久，名在承福之亞，因牧馬率本帳北遁，契丹授以官爵，復遣潛誘承福。承福亦思叛去，事未果，漢高祖知之，乃以兵環其部族，擒承福與其族白鐵櫃、赫連海龍等五家，凡四百有餘人，伏誅。籍其牛馬，命别部長王義宗統其餘屬。”

[2]鐵驪：古代族名。遼置鐵驪國王府，以統其衆。其地當在今黑龍江省東部松花江流域。

[3]靺鞨：古代民族名。據《舊唐書》卷一九九《靺鞨傳》：“靺鞨，蓋肅慎之地，後魏謂之勿吉，在京師東北六千餘里，東至於海，西接突厥，南界高麗，北鄰室韋。其國凡爲數十部，各有酋帥，或附於高麗，或臣於突厥。而黑水靺鞨最處北方，尤稱勁健，每恃其勇，恒爲鄰境之患。”其粟末部，在唐代建立了渤海國。此

外，北部的黑水部也很強大，遼代的生女真主要爲該部，後建立金朝。遼置靺鞨國王府，以統其餘各部。

[4]兀惹：遼金時北邊族名。本書卷四六《百官志二》載："兀惹部，亦曰烏惹部。"遼屬國軍中有兀惹軍，並内遷此部人於松花江上游北端，在今吉林省農安市東北紅石壘建賓州城。遼金二代均曾征此部。

[5]黑車子室韋：部族名。室韋之一部，即《舊唐書》卷一九五《回紇傳》的"和解室韋"。其住地當今内蒙古自治區東部的呼倫湖東南，南與契丹接境。詳見王國維《觀堂集林》卷一四《黑車子室韋考》。

[6]西奚：奚族的一部分。據《五代會要》卷二八《奚》："自天祐初，契丹兵力漸盛，室韋、奚、霫皆受制焉。故奚之部族爲契丹代守邊土，暨虜人虐其首領，去諸怨之，以别部内附，徙於嬀州，依北山而居，漸至數千帳，故有東、西奚之號。去諸卒，其子掃剌代立。後唐莊宗破幽州，賜掃剌姓李，名紹威。"所謂"西奚"，亦即内徙至嬀州的那一部分奚族，因其住地在古北口外那部分奚人之西，故稱"西奚"。

[7]斜離底：本書卷四六《百官志二》："達里得部，亦曰達離底。"按下文有"達里底"，疑與此爲重出。即中華點校本認爲斜離底即達里得（達離底、達里底），但無其他佐證。

[8]突厥：古代族名。曾建立強大的突厥汗國，至公元6世紀分裂爲東西兩汗國。當阿保機建立契丹王朝時，突厥汗國早已滅亡。這裏所謂的"突厥"是指東突厥汗國的餘部。

[9]党項：中國古代族名。又稱"党項羌"，唐以後主要活動於靈、慶、銀、夏等州，即今甘肅、寧夏、陝西和内蒙古自治區交界地區。

[10]小蕃：契丹對某些吐蕃部落的稱呼。本書卷四六《百官志二》"北面屬國官"所列西蕃國王府、大蕃國王府、小蕃國王府和吐蕃國王府，當是指吐蕃各部。

[11]沙陀：中國古代族名。爲突厥别部，原來游牧於西北地區，唐末遷至河東（今山西省北部）。

[12]阻卜：即達旦、韃靼。元人諱言“達旦”，而稱達旦爲“阻卜”。詳見王國維《觀堂集林》卷一四《達旦考》。【靳注】有關“阻卜”和“韃靼”的辨析，自王國維《達旦考》一文發表以來，便成了近百年來中國北方民族史學界的一個焦點話題。它凝聚着幾代學人的學術興趣，以至於20世紀80年代出版的《遼金時代蒙古考》（史衛民編，内蒙古自治區文史館1984年11月版）一書幾乎成了討論這個話題的專輯。阻卜即韃靼説，目前在學界已成共識。但有關“阻卜”一詞的語源，爭議頗多。王静如認爲來自藏語對蒙古人的稱呼Sog-po；余大均認爲《元朝秘史》和《史集》中的“主不兒”（蒙古語Jubur，原義是草原）是“阻卜”一詞的來源，爲當時這些部族的自稱；劉迎勝認爲《突厥語大辭典》中所記載的一個介於奚和達旦之間的强大部落Yabaqu，可以與《遼史》中的“朮不姑”“直不姑”等阻卜别稱相聯繫；劉浦江則認爲“阻卜”一詞應該來源於契丹語，是契丹人對室韋系蒙古部落的他稱，不大可能是這些民族的自稱。以上詳參劉浦江《再論阻卜與韃靼》（《歷史研究》2005年第2期）一文。

[13]烏古：部族名。又稱“嫗厥律”“于厥律”，居契丹西北。據中華點校本校勘記，本書卷七〇《屬國表》作“骨里國”，即烏骨里，亦作于骨里、于厥、于厥里。

[14]素昆那：山名。亦作部族名。本書卷二《太祖本紀下》天贊二年“曷剌等擊素昆那山東部族，破之”。

[15]胡母思山蕃：契丹西北方的吐蕃部落，阿保機西征曾到達該部。

[16]波斯：古代國家名。在今伊朗一帶。

[17]大食：唐、宋時期中國對阿拉伯人的專稱與對伊朗語地區穆斯林的泛稱。當時人們還不知阿拉伯人、波斯人、穆斯林三者的區别，統稱其爲大食。《遼史》有關於契丹遣嫁公主於大食王子等

記載，其中的大食顯然不是指遠在西方的阿拉伯人，而應是指中亞地區的某個穆斯林政權。

[18]甘州回鶻：遊牧於甘州一帶的回鶻。公元9世紀中，回鶻的一支西遷，分佈在甘州、沙州、涼州、賀蘭山、秦州、合羅川（今額濟納河）等地。其中以游牧於甘州一帶的“甘州回鶻”最爲強盛。

[19]新羅：朝鮮半島古國名。公元4世紀成爲半島東南部的強國。7世紀中滅百濟和高句麗，不久，統一半島大部。至9世紀衰落，公元935年爲王氏高麗所取代。

[20]烏孫：古代民族名。漢代至拓跋魏中葉居於天山北麓伊犁河上游、伊塞克湖畔及納林河流域的游牧部族。它的族屬有突厥族、亞利安族諸説，尚無定論。

[21]燉煌：此與下文“沙州燉煌”“沙州回鶻”爲重出。皆指唐、五代間“沙州”割據政權。唐置河西節度使，治涼州（今甘肅省武威市），統涼、甘、肅、伊、西、瓜、沙七州。唐德宗年間，吐蕃陷涼州，大曆中河西軍移治沙州（今甘肅省敦煌市）。貞元中又爲吐蕃所陷。大中間，沙州人張義潮率所屬十州地歸唐，因改置歸義軍，至宋初復陷於西夏。

[22]賃烈：不詳所屬。本書卷四《太宗本紀下》作“紝没里”。

[23]要里：不詳所屬。本書卷七〇《屬國表》載，會同七年（944）“賃烈、要里等國來貢”。

[24]回鶻：古代民族名。即回紇。本突厥别部。北魏時稱“袁紇”，亦曰烏擴、烏紇，至隋稱韋紇。大業元年（605），因反抗突厥的壓迫，與僕固、同羅、拔野古等成立聯盟，總稱回紇。唐天寶三載（744）破東突厥，建政權於今鄂爾渾河流域，有今蒙古高原之地。唐時助平安史之亂，屢尚公主。唐貞元四年（788）自請改稱回鶻。開成五年（840），爲轄戛斯所破，部衆分三支西遷：一支遷吐魯番盆地，稱高昌回鶻或西州回鶻；一支遷葱嶺以西楚河一

帶，即葱嶺以西回鶻；一支遷河西走廊，稱河西回鶻或甘州回鶻。歷五代、遼、金，回鶻皆嘗入貢。元明時稱畏吾兒。其族在唐時奉摩尼教，宋元以來改奉回教。

［25］轄戛斯：唐代西北民族名。又稱“黠戛斯”。原居西伯利亞葉尼塞河流域。契丹興起並據有漠北時，稱轄戛斯遼朝在其地設有轄戛斯大王府。金代稱之爲紇里迄斯（即吉尔吉斯），蒙古人稱之爲吉利吉斯，清代依准噶爾人的叫法稱之爲布魯特。西遼的西遷和13世紀蒙古的西征都影響到轄戛斯，促成部分轄戛斯人南遷。15世紀以後，轄戛斯人被准噶爾人驅逐到中亞費爾干納一帶。18世紀中葉，清朝平定准噶爾，部分轄戛斯返回七河流域故居。俄羅斯至今有哈卡斯自治共和國，首府阿巴坎，其主體民族哈卡斯即古代的轄戛斯。

［26］吐蕃：原爲中國古代藏族政權名，公元7至9世紀在青藏高原建立。吐蕃政權崩潰以後，宋元及明初史籍稱青藏高原上的土著族、部爲吐蕃。

［27］黄室韋：亦即突呂不室韋。有大、小黄室韋，阿保機建國前已將其降伏。

［28］阿薩蘭回鶻：即高昌回鶻，是回鶻西遷、匯合後主要的一支，直到元代，它仍自認是回鶻的嫡系。其疆域東至今哈密烏納格什湖，西通天山西部，南接酒泉，北達天山北麓。首府設在喀拉和卓，陪都設在天山北麓别失八里（即北庭）。其王早期稱阿薩蘭汗（意爲獅子王），較晚則稱亦都護。此與下文“師子”“高昌”“和州回鶻”爲重出。

［29］于闐：塞克族於今新疆維吾爾自治區和田地區建立的政權。自漢至唐，皆入貢中國。安史之亂，絶不復至。晉天福中，其王李聖天自稱唐之宗屬，遣使來貢。晉高祖册聖天爲大寶于闐國王。宋初訖於宣和，朝享不絶。塞克族，古稱塞種。其語言屬印歐語系東伊朗語族。近代發現的于闐文書使用同慶、天興、中興、天壽等年號，或採用唐代官稱，或並用漢文、于闐文，或夾用漢字，

足見于闐塞克族深受唐代政治、文化影響。

［30］師子：即阿薩蘭回鶻，又稱高昌回鶻。詳見注［28］。

［31］北女直：當是指東北地區南部的熟女直的一部。有北女直兵馬司，統管東北南部各州的軍事。

［32］河西党項：河西走廊地區的党項各部，對遼叛服不常。

［33］南京女直：【劉校】據中華點校本校勘記，本書卷一四《聖宗本紀五》統和二十二年（1004）九月“丙午，幸南京。女直遣使獻所獲烏昭慶妻子”。卷七〇《屬國表》誤作“南京女直遣使獻所獲烏昭慶妻子”。此“南京女直”似沿襲《屬國表》之誤。卷二四《紀》大安元年（1085）十一月，“以南女直詳穩蕭袍里爲北府宰相”。檢上文有北女直，則此目當作南女直。即《金史·世紀》所謂其在南者籍契丹，號熟女直；其在北者不在契丹籍，號生女直。下文不冠南北之女直，似指完顔強大以後之女直。

［34］沙州燉煌：此指唐宣宗大中五年（851）至宋仁宗景佑三年（1036）的沙州地方割據政權。安史之亂時，吐蕃乘虛進攻隴右、河西，德宗貞元三年（787）沙州被吐蕃攻陷，直至唐宣宗大中二年（848），沙州漢族人民在張議潮領導下舉行起義，趕走吐蕃鎮將，河西地區纔復歸唐朝。大中五年朝廷定在沙州置歸義軍，以張議潮爲歸義軍節度使、十一州觀察使。但僖宗後，沙州歸義軍所轄唯瓜、沙二州。唐亡時，張氏自立“金山國”。數年後，曹氏代替張氏掌握沙州地方政權，仍稱歸義軍節度使，向五代、北宋諸政權奉表入貢。至宋景佑三年（一説景佑二年）亡於西夏。

［35］曷蘇館：即熟女真。《松漠紀聞》卷上稱：“居混同江之南者謂之熟女真，以其服屬契丹也。江之北爲生女真，亦臣於契丹。”

［36］沙州回鶻：即沙州燉煌。唐莊宗時回鶻來朝，沙州留後曹義金亦遣使附回鶻以來，故有“沙州回鶻”之稱。詳見注［34］。

［37］查只底：不詳所屬。本書卷六九《部族表》載，“太平七年，查只底部來附”。是部，非屬國。

［38］蒲盧毛朶：女真部族。遼屬部，爲遼國外十部之一。

［39］蒲奴里：遼東北部族名。與越里篤、剖阿里、奧里米和越里吉統稱五國部。

［40］大蕃：契丹對某些吐蕃部落的稱呼。本書卷四六《百官志二》“北面屬國官”所列西蕃國王府、大蕃國王府、小蕃國王府和吐蕃國王府，當是指吐蕃各部。

［41］高昌：此指阿薩蘭回鶻。詳見注［28］。

［42］回拔：即回跋部，遼朝時期女真部族名。當時東北地區有大量的女真人，分佈在南部者稱“熟女真”；中部地區則有回跋女真，隸屬咸州（今遼寧省開原市老城）兵馬司；其在北者則是“生女真”。

［43］頗里：又作“婆離”。本書卷二〇《興宗本紀三》：“于越摩梅欲之子不葛一及婆離八部夷離堇虎骷等内附。”

［44］達里底：即遼金時北邊族名。即敵烈，又譯迪烈、迭烈德。遼時以游牧、捕獵爲業，分佈於臚朐河（今克魯倫河）流域。有八部，稱爲八部敵烈或八石烈敵烈。與烏古部並稱爲北邊大部。遼聖宗以敵烈部降人置迭魯敵烈部和北敵烈部。開泰四年（1015），築董城於臚朐河北，安置敵烈、烏古降人。壽昌二年（1096），徙敵烈、烏古於烏納水西。金末元初，敵烈人逐漸與女真人、蒙古人等同化。此與下文“敵烈”爲重出。

［45］拔思母：見注［49］“耶睹刮”。

［46］敵烈：見注［44］“達里底”。

［47］粘八葛：遼西北方鄰近阻卜的部族。本書卷二六《道宗本紀六》壽昌三年（1097），“阻卜長猛撒葛、粘八葛長禿骨撒、梅里急長忽魯八等請復舊地，貢方物，從之”。

［48］梅里急：遼西北方鄰近阻卜的部族。參見注［47］“粘八葛”。【劉校】據中華點校本校勘記，“按《紀》保大五年作密兒紀，即金、元之篾兒乞”。

［49］耶睹刮：遼朝西北部叛服不常的部族之一。本書卷九四《耶律那也傳》：“大安九年，爲倒塌嶺節度使。明年冬，以北阻卜

長磨古斯叛，與招討都監耶律胡呂率精騎二千往討，破之。那也薦胡呂爲漢人行宫副部署。壽隆元年，復討達理得、拔思母等有功，賜詔褒美，改烏古敵烈部統軍使，邊境以寧。部民乞留，詔許再任。”這場由阻卜長磨古斯開始的西北諸部叛亂，茶扎剌、拔思母、耶睹刮等部也同時參加，直至壽昌末年纔被平定。

[50]鼻骨德：又作“鱉古德”“鼻古德”等。遼時黑龍江流域部族名。聖宗時分置伯斯鼻古德部與撻馬鼻古德部，均屬東北路統軍司。所在地相當於今黑龍江省富錦市至俄羅斯境内哈巴羅夫斯克（伯力）沿江一帶。【劉校】據中華點校本校勘記，按本書卷四六《百官志二》作“鼻國德”。

[51]和州回鶻：回鶻之一部。又稱“西州回鶻”“高昌回鶻”。和州，治所在今新疆維吾爾自治區吐魯番市以東高昌故城。

[52]斡朗改：部族名。又作“嗢娘改”。其地不祥。【劉校】據中華點校本校勘記，“斡朗改”及“嗢娘改”本書屢見，一爲屬國，一爲部族。劉師培《左盦集》卷五《遼史部族表書後》云，均烏梁海之轉音，《元秘史》作“兀良合”。

[53]高麗：指王建創建的高麗王朝（918—1392）。公元918年，泰封君主弓裔部下起事推翻弓裔，擁立王建爲王，935年合併新羅，936年滅後百濟，實現了“三韓一統”。統治地域大體在今朝鮮半島中南部，首都在開京（今朝鮮開城市）。多次與遼爆發戰爭，從1034年到1044年，高麗築起“千里長城”，自鴨緑江江口到東朝鮮灣，作爲與遼的分界綫。

遼之爲國，鄰於梁、唐、晉、漢、周、宋。[1]晉以恩故，始則父子一家，終則寇讎相攻；梁、唐、周隱然一敵國；[2]宋惟太宗征北漢，遼不能捄，餘多敗衄，縱得亦不償失。良由石晉獻土，中國失五關之固然也。高麗小邦，屢喪遼兵，非以險阻足恃故歟！西夏彈丸之地，南敗宋、東抗遼。雖西北士馬雄勁，元昊、諒祚智勇過人，[3]能使党項、阻卜掣肘大國，蓋亦襟山帶河有以助其勢耳。雖然，宋久失地利，而舊《志》言兵，唯以敵宋爲務。踰三關，[4]聚議北京，猶不敢輕進。豈不以大河在前、三鎮在後，臨事好謀之審，不容不然歟。

[1]梁：指後梁（907—923），五代之一。907 年朱温代唐稱帝，建都汴（今河南省開封市），國號梁，史稱後梁。有今河南、山東兩省和陝西、山西、河北、寧夏、湖北、安徽、江蘇各一部分。　周：指後周（951—960），五代之一。郭威所建。都開封。盛時疆域約爲今山東、河南兩省，陝西、安徽、江蘇的大部，河北南部、湖北北部及内蒙古自治區、寧夏、甘肅、山西的一部分。

[2]隱然一敵國：【劉校】原作“德然然敵國”，中華修訂本據明抄本、南監本、北監本、殿本改。今從改。

[3]元昊：李元昊(1003—1048)。小字嵬理，李德明長子。1032年，李德明死後嗣位，宋授爲定難軍節度、夏銀綏宥靜等州觀察處置押蕃落使、西平王。遼封其爲夏國王。宋寶元元年(1038)十月，李元昊更名曩霄，建國號大夏，年號天授禮法延祚，自稱皇帝。進表宋朝，要求承認建國稱帝的既成事實，宋朝不允，雙方即發生戰爭。七年後，雙方重新媾和。西夏國主稱臣，宋朝同意每年給予銀、絹、茶、采共二十五萬五千兩、匹、斤。夏宋媾和後，夏遼矛盾隨即激化。西夏景宗與遼興平公主婚後失和，再加這時遼境内的党項部落多叛附西夏，糾紛益形擴大。遼興宗親征西夏，遭遇失敗。從此夏、宋、遼三方鼎峙的局勢形成。

[4]三關：宋與契丹分界的三關，即淤口關(位於今河北省霸州市東)、益津關(位於今河北省霸州市)、瓦橋關(位於今河北省雄縣)。【靳注】一説無淤口關，代以草橋關(位於今河北省高陽縣東)。

二帳、十二宮一府、五京，有兵一百六十四萬二千八百。宮丁、大首領、諸部族，中京、頭下等州、屬國之衆皆不與焉。不輕用之，[1]所以長世。

[1]不輕用之：【劉校】“用”原本作“州”，據明抄本、南監本、北監本和殿本改。中華點校本和修訂本徑改。

邊境戍兵

又得高麗《大遼事跡》，[1]載東境戍兵，以備高麗、女直等國，見其守國規模，布置簡要，舉一可知三邊矣。

[1]又得：【劉校】原本作“人得”，據殿本改。中華點校本和修訂本徑改。

東京至鴨渌西北峰爲界：

黄龍府正兵五千。

咸州正兵一千。[1]

[1]咸州：治所在今遼寧省鐵嶺市東北。

東京沿女直界至鴨渌江：

軍堡凡七十，[1]各守軍二十人，計正兵一千四百。

[1]七十：【劉校】原本作“十七”，據明抄本、南監本、北監

本和殿本改。中華點校本及修訂本徑改。

來遠城宣義軍營八：[1]

太子營正兵三百。

大營正兵六百。

蒲州營正兵二百。

新營正兵五百。

加陀營正兵三百。

王海城正兵三百。

柳白營正兵四百。

沃野營正兵一千。

[1]來遠城：位於鴨緑江西岸。築成後，成爲這一帶遼軍統帥部所在地。遼在東部邊境上是夾江設防的，而非僅在西岸設防。江東與來遠城隔江相望的開州也是遼所築。《武經總要》前集卷一六下《戎狄舊地》載："開州，渤海古城也。遼主東討，新羅國都其城，要害，建爲州，仍曰開遠軍，西至來遠城一百二十里，西南至吉州七十里，東南至石城六十里。遼中庚戌年討新羅國，得要害地，築城以守之，即中國大中祥符三年也。"依據這一記載，開州初建爲開遠軍，屬新羅。庚戌年（遼統和二十八年，宋大中祥符三年，1010），遼聖宗親自率軍東討，得到了開遠軍這一"要害地"，又建城守之。按，創建來遠等城的時間，是在統和十二年。《高麗史》卷三《成宗世家》載，（甲午）十三年（遼統和十二年，994）春二月，蕭遜寧致書曰："近奉宣命：但以彼國信好早通，境土相接，雖以小事大，固有規儀，而原始要終，須存悠久。若不設於預備，慮中阻於使人。遂與彼國相議，便於要衝路陌創築城池者。尋準宣命，自便斟酌，擬於鴨江西里，創築五城，取三月初擬到築城處，下手修築，伏請大王預先指揮，從安北府至鴨江東，計二百八

十里踏行穩便田地，酌量地里遠近，并令築城，發遣役夫，同時下手。其合築城數，早與回報。所貴交通車馬，長開貢覲之途，永奉朝廷，自協安康之計。”按，來遠城故址位於今遼寧省丹東市九連城鎮。

神虎軍城正兵一萬。大康十年置。[1]

[1]大康：遼道宗年號（1075—1084）。

右一府、一州、二城、七十堡、八營，計正兵二萬二千。

（李錫厚注　劉鳳翥校）

遼史　卷三七

志第七

地理志一

帝堯畫天下爲九州，[1]舜以冀、青地大，分幽、并、營，[2]爲州十有二。幽州在渤、碣之間，[3]并州北有代、朔，[4]營州東暨遼海。[5]其地負山帶海，其民執干戈、奮武衛，風氣剛勁，自古爲用武之地。太祖以迭剌部之衆代遥輦氏，[6]起臨潢，建皇都，[7]東併渤海，[8]得城邑之居百有三。[9]太宗立晉，[10]有幽、涿、檀、薊、順、營、平、蔚、朔、雲、應、新、媯、儒、武、寰十六州，[11]於是割古幽、并、營之境而跨有之。東朝高麗，[12]西臣夏國，[13]南子石晉而兄弟趙宋，[14]吳越、南唐航海輸貢。[15]嘻，其盛矣！

[1]九州：《漢書·地理志》："堯遭洪水，褱山襄陵，天下分絶，爲十二州，使禹治之。水土既平，更制九州，列五服，任土作貢。"師古曰："'褱'字與'懷'同。懷，包也；襄，駕也。言水

大汎溢，包山而駕陵也。”師古曰：“九州之外有并州、幽州、營州，故曰十二。”按，營州乃東漢始置。《後漢書·袁紹傳》：“初平元年乃分遼東爲遼西、中遼郡，並置太守。越海收東萊諸縣，爲營州刺史。”

［2］幽、并、營：皆上古州名。幽州，其地相當於今北京市、河北省北部及遼西一帶。《漢書·地理志》：“東北曰幽州：其山曰醫無閭。”并州，其地相當於今山西省及河北省、内蒙古部分地區。《漢書·地理志》：“正北曰并州：其山曰恒山。”營州，其地相當於今遼寧省及周邊地區。

［3］幽州在渤、碣之間：言幽州在渤海、碣石之間。《史記·夏本紀》“夾右碣石入於海”，《集解》孔安國曰：“碣石，海畔山也。”《史記索隱》引《漢書·地理志》云：“樂浪遂城縣有碣石山，長城所起。”又《水經》云：“在遼西臨渝縣南水中。”

［4］代：古地名。指代郡。始置於趙武靈王。　朔：古地名。指朔方郡。始置於漢武帝元朔二年（前 127）。

［5］遼海：指今遼東地區。

［6］迭剌部：契丹部族名。據本書卷三二《營衛志中·部族上》，遥輦氏時期，原來耶律（即世里）有七部，後合併爲一，成爲迭剌部。　遥輦氏：契丹氏族。開元二十三年（734），可突于殘黨泥禮殺李過折，立阻午可汗，傳九世，至公元 907 年阿保機建國。遥輦九可汗繼位後各建宫衛，遼朝立國後，有遥輦九帳大常衮司之設，掌遥輦九世宫分之事務。

［7］皇都：即遼上京臨潢府，治所在今内蒙古自治區巴林左旗林東鎮。

［8］渤海：靺鞨粟末部在今東北地區建立的政權。唐武后聖曆元年（698），靺鞨粟末部首領大祚榮建立振國（亦稱震國）。唐玄宗先天二年（713，當年十二月改元“開元”）遣使封大祚榮爲左驍衛大將軍、渤海郡王，又設置忽汗州，加授大祚榮爲忽汗州大都督，並改稱渤海。寶應元年（762）晉爲國。天顯元年（926）爲

遼所滅，改稱東丹。【劉注】渤海國最初的國號爲“靺鞨”，不爲“震國”或“振國”。《新唐書》卷二一九《渤海傳》：“睿宗先天中（應爲‘玄宗先天二年’），遣使拜祚榮爲左驍衛大將軍、渤海郡王。以所統爲忽汗州，領忽汗州都督，自是始去靺鞨號，專稱渤海。”這裏不稱“始去震國之號，專稱渤海”，而稱“始去靺鞨之號，專稱渤海”。可見，稱“大祚榮建立震國”是混淆了封號與國號的區別。《新唐書》卷二一九《渤海傳》稱“武后封乞四比羽爲許國公，乞乞仲象（大祚榮之父）爲震國公”。“許國公”和“震國公”都是封號，並不意味着有“許國”“震國”等政权。乞乞仲象死後。他兒子大祚榮繼承了“震國公”的封號，但他不滿足“公”級別，所以“自號震國王”。“震國王”僅僅是封號，並不意味着有“震國”。少數民族往往以其民族名爲國號，如“契丹”“蒙古”等。渤海也應如此。

［9］城邑之居：渤海統治下的東北東部是農耕地區，這裏的居民與遊牧民族契丹不同，有城郭邑屋。

［10］晉：即石敬瑭創立的後晉（936—946），五代第三個王朝。初，後唐河東節度使石敬瑭起兵造反，獲遼太宗耶律德光率大軍馳援，推翻後唐。公元936年（後唐清泰三年，遼天顯十一年）十一月，耶律德光册石敬瑭“爲大晉皇帝，約爲父子之國”。少帝石重貴繼位後，與契丹交惡，爲契丹所滅。

［11］十六州：本書卷四《太宗本紀》會同元年（938）“晉復遣趙瑩奉表來賀，以幽、薊、瀛、莫、涿、檀、順、嬀、儒、新、武、雲、應、朔、寰、蔚十六州并圖籍來獻”。【劉注】據中華點校本校勘記，“《紀》會同元年十一月，十六州内有瀛、莫，無營、平。《考異》謂遼得瀛、莫後未久旋失，後人因以營、平計入十六州，蓋相沿之誤”。

［12］高麗：指王建創建的高麗王朝（918—1392）。統治地域在今朝鮮半島，首都在開京（今朝鮮開城市）。

［13］夏國：以党項民族爲主體建立的政權（1038—1227）。公

元1038年，元昊叛宋稱帝，建立大夏王朝，傳十代，至1227年爲蒙古所滅。元昊稱帝以前，作爲北宋境内的地方割據政權，已經具有獨立性。史稱西夏，先後與遼、北宋及金、南宋並立於中國境内。境土包括今寧夏回族自治區全部、甘肅省大部、陝西省北部以及青海省、内蒙古自治區的部分地區。

[14]趙宋：指北宋。

[15]吳越（907—978）：五代時十國之一。都杭州。共歷五主，七十二年。　南唐（937—975）：五代時十國之一。公元937年李昪代吳稱帝，建都金陵（今江蘇省南京市），國號唐，史稱南唐。曾滅閩楚，極盛時有今江蘇、安徽淮河以南和福建、江西、湖南及湖北東部。975年爲北宋所滅。共歷三主，三十九年。

遼國其先曰契丹，[1]本鮮卑之地，[2]居遼澤中，去榆關一千一百三十里，[3]去幽州又七百一十四里。南控黄龍，[4]北帶潢水，[5]冷陘屏右，[6]遼河塹左。[7]高原多榆柳，下隰饒蒲葦。當元魏時有地數百里，[8]至唐，大賀氏蠶食扶餘、室韋、奚、靺鞨之區，[9]地方二千餘里。貞觀三年以其地置玄州，[10]尋置松漠都督府，[11]建八部爲州，各置刺史：達稽部曰峭落州，紇便部曰彈汗州，獨活部曰無逢州，芬阿部曰羽陵州，突便部曰日連州，芮奚部曰徒河州，墜斤部曰萬丹州，伏部曰匹黎、赤山二州。[12]以大賀氏窟哥爲使持節十州軍事。分州建官，蓋昉於此。

[1]契丹：【劉注】一爲中國北方古代民族名。源於東胡後裔鮮卑。金富軾《三國史記》卷一八《小獸林王》八年（378）條："九月，契丹犯北邊，陷八部落。"這是契丹之名見於史書的最早確

切年代。《魏書》始立《契丹傳》。是後《北史》《隨書》《舊唐書》《新唐書》《舊五代史》《新五代史》均有契丹傳。二爲朝代名。公元 907 年，耶律阿保機建國稱契丹。此後時稱契丹時遼。而契丹文字中則稱“契丹遼”或“遼契丹”的雙國號。公元 1125 年被金所滅。此處指遼朝最早的國號爲契丹。

［2］鮮卑：中國古代少數民族名。其語言屬東胡語系。秦、漢時曾居於遼東，附於匈奴。東漢時北匈奴西遷後，鮮卑進入匈奴故地，勢力漸盛，分東、中、西三部，各置大人統領。晉初分爲數部，其中以慕容、拓跋二氏爲最強。拓跋氏建號魏，史稱北魏，後分裂成東魏和西魏。取代東魏的北齊和取代西魏的北周，其統治者也都是鮮卑人或鮮卑化的漢人。隋、唐以後境内的鮮卑人逐漸融合於漢民族中。

［3］榆關：清人閻若璩《潛邱劄記》卷六《與趙秋穀書》：“榆，當作‘渝’，音‘喻’，水名。又曰‘臨渝關’，在永平府撫寧縣東，今山海關即其移而更名者。”

［4］黄龍：契丹黄龍府在今吉林省農安縣。

［5］潢水：今内蒙古自治區境内的西拉木倫河。

［6］冷陘：山名。《新唐書》卷二三五《北狄傳》載，契丹“地直京師東北五千里而贏，東距高麗，西奚，南營州，北靺鞨、室韋，阻冷陘山以自固”。《舊唐書》卷二一二《北狄傳》：“契丹，居潢水之南，黄龍之北，鮮卑之故地，在京城東北五千三百里。東與高麗鄰，西與奚國接，南至營州，北至室韋。冷陘山在其國南，與奚西山相崎。”據此，冷陘山當在契丹舊地與奚族地區相鄰處。

［7］遼河：發源於今内蒙古自治區境内，經今遼寧省入渤海。

［8］元魏：即拓跋部建立的北魏。拓跋氏後改姓元，故稱元魏。

［9］扶餘：古國名。位於松花江平原。吉林省扶餘市（今吉林省松原市）即其故地。晉太康年間爲鮮卑族慕容氏所破，後復頻受他族襲擾，至南朝宋、齊間消亡。　室韋：部族名。北魏始見於記載，分佈於今黑龍江、嫩江流域，唐時分爲許多部，多爲契丹役

屬。　奚：部族名。爲奚族的一部分。契丹強大後，奚爲其役屬，其中一部分不堪忍受契丹奴役者，在首領去諸率領下，歸附中原，遷居嬀州（今河北省懷來縣）。唐稱新、嬀、儒、武等州爲“山後”，又稱“山北”。“山北奚”當即是指這部分南遷的奚族。　靺鞨：部族名。爲肅慎、勿吉後裔。隋唐時“稱靺鞨”，分爲數十部，其中的粟末部建渤海國。此外，北部的黑水部也很強大，遼代的生女真主要爲該部，後建立金朝。遼置靺鞨國王府，以統其餘各部。

[10]貞觀：唐太宗年號（627—649）。

[11]松漠：契丹原住地。即今内蒙古自治區東部西遼河上游地區，又稱“平地松林”，唐初在此置松漠都督府。據《新唐書》卷二一九《契丹傳》，在唐太宗貞觀二十二年（648）四月，契丹辱紇主（一部首領）曲據帥衆内附，唐以其地置玄州，以曲據爲刺史，隸營州都督府。當時的營州治所在柳城（今遼寧省朝陽市）。同年十一月，契丹首領窟哥舉部内屬，唐置松漠都督府以窟哥爲都督，封爲無極男，賜姓李，並以契丹八部住地爲州，以各部首領辱紇主爲刺史：達稽部爲峭落州，紇便部爲彈汗州，獨活部爲無逢州，芬問部爲羽陵州，突便部爲日連州，芮奚部爲徒何州，墜斤部爲萬丹州，伏部爲匹黎、赤山二州，外加辱紇主曲據一部——隸屬營州都督的玄州，恰好十州。另據《新唐書》卷四三《地理志三》載，松漠都督府係“貞觀二十二年以内屬契丹窟哥部置，其別帥七部分置峭落等八州，李盡忠叛後廢，開元二年復置”。

[12]赤山：今内蒙古自治區赤峰市境内紅山。

迨于五代，闢地東西三千里。遥輦氏更八部曰旦利皆部、乙室活部、實活部、納尾部、頻没部、内會雞部、集解部、奚嗢部，[1]屬縣四十有一。每部設刺史，縣置令。太宗以皇都爲上京，升幽州爲南京，改南京爲東京，[2]聖宗城中京，[3]興宗升雲州爲西京，[4]於是五京備焉。又以征伐俘户建州襟要之地，多因舊居名之，加以私奴置投下州。[5]總京五，府六，州、軍、城百五十有六，縣二百有九，部族五十有二，屬國六十。東至于海，西至金山，暨于流沙，[6]北至臚朐河，[7]南至白溝，[8]幅員萬里。

［1］遙輦氏更八部：指唐至五代时契丹分爲八部。唐開元二十三年（734）可突于殘黨泥禮殺李過折，立阻午可汗，傳九世，至907年阿保機建國。五代時期遙輦氏仍統八部。據《五代會要》卷二九《契丹》，其名稱分别是旦利皆部、乙室活部、實活部、納尾部、頻没部、内會雞部、集解部和奚嗢部。

［2］“以皇都爲上京”三句：據本書卷四《太宗本紀》是在會同元年（938）十一月。

［3］城中京：事在統和二十五年（1007）。中京遺址在今内蒙古自治區寧城縣大明鎮。

［4］雲州：治所在今山西省大同市。

［5］投下州：即頭下州，詳本卷注釋“頭下”條。

［6］流沙：據《漢書·地理志》顔師古注，流沙在燉煌（今甘肅省敦煌市）西。

［7］臚朐河：黑龍江支流。據《水道提綱》卷二五：“克魯倫河，即臚朐河，源出肯忒山東南百餘里支峰西南麓。”

［8］白溝：【劉注】此處的白溝是河名。即今拒馬河，爲遼、宋界河。非指今集鎮名白溝鎮。

上京道

上京臨潢府，本漢遼東郡西安平之地，新莽曰北安平。[1]太祖取天梯、蒙國、别魯等三山之勢于葦甸，[2]射金齪箭以識之，謂之龍眉宮。神册三年城之，[3]名曰皇都。天顯十三年更名上京，[4]府曰臨潢。

[1]“西安平”與“北安平”：據《漢書·地理志》“西安平”注謂王莽改曰北安平。《後漢書·東夷傳》：“句驪一名貊耳，有別種依小水爲居，因名曰小水貊，出好弓，所謂‘貊弓‘是也。”注引《魏氏春秋》曰：“遼東郡西安平縣北有小水，南流入海，句驪別種因名之小水貊。”是北安平原住民小水貊，爲高麗別種，屬東夷，與屬於北狄的契丹不同種。將臨潢府與漢遼東郡西安平聯繫在一起，是没有根據的。

[2]天梯、蒙國、別魯等三山：【劉校】“蒙國”二字原脱，中華點校本據本書卷一一六《國語解》補。今從。

[3]神册：遼太祖耶律阿保機年號（916—922）。

[4]天顯：遼太祖耶律阿保機年號（926—938）。天顯元年，阿保機崩，遼太宗耶律德光即位而未改元。

涞流河自西北南流，[1]遶京三面，東入于曲江，[2]其北東流爲按出河。又有御河、沙河、黑河、潢河、鴨子河、他魯河、狼河、蒼耳河、輞子河、臚朐河、陰涼河、豬河、鴛鴦湖、興國惠民湖、廣濟湖、鹽濼、百狗濼、火神淀、馬盂山、兔兒山、野鵲山、鹽山、鑿山、松山、平地松林、大斧山、列山、屈劣山、勒得山唐所封大賀氏勒得王有墓存焉。[3]

[1]涞流河：河流名。即今黑龍江、吉林兩省交界處的拉林河。下文“按出河”則爲涞流河支流。涞流河流經金上京境内。此處《遼史》纂修者却以爲是遼上京境内的河流，誤以金上京爲遼上京。

元人犯這種錯誤並不奇怪。遼亡以後，遼上京很快就失去作爲京城的地位，衹稱臨潢府，“地名西樓，遼爲上京。國初因稱之，天眷元年改爲北京。天德二年改北京爲臨潢府路，以北京路都轉運司爲臨潢府路轉運司，天德三年罷。貞元元年以大定府爲北京後，但置北京臨潢路提刑司。大定後罷路，併入大定府路”（《金史》卷二四《地理志上》）。由於朝代變更、名稱變易，早在宋金時期，中原人分不清遼上京與金上京者就已經大有人在。宋代洪皓《松漠紀聞》載：“自上京至燕。二千七百五十里。上京即西樓也。”洪皓於建炎三年（1129）奉命使金，被扣留在金上京會寧府，直到紹興十二年（1142）纔被釋返回南宋。他記述了自己從會寧府出發，直到燕京所經行的六十多個鋪遞——驛站以及它們之間相距的里程，並且計算出總里程。他滯留金國期間，遼上京已經更名、降格。或許他原來就不知道遼、金各有一個上京，於是誤認爲他到達的金上京“即西樓也”。其實西樓即遼上京臨潢府（今内蒙古自治區巴林左旗林東鎮）。遼上京至燕京没有這樣遠的距離，也不需經行榆關（山海關）、瀋州（今遼寧瀋陽市），更不需渡混同江（松花江），而是出古北口北行即可。《遼史》纂修者繼洪皓之後又犯同樣的錯誤。涞流河以下皆含遼、金兩上京地名、水名。

［2］曲江：地名。在金上京，非河流名。據《金史》卷二四《地理志上》：“曲江，初名鎮東，大定七年置，十三年更今名。”

［3］御河：【劉校】據中華點校本校勘記，《永樂大典》卷七七〇二作“枯河”。　黑河：河流名。據本書本卷慶州條：“在州西二十里。有黑山、赤山、太保山、老翁嶺、饅頭山、興國湖、轄失濼、黑河。”【劉注】黑河即今内蒙古自治區巴林右旗境内的查干沐淪河。“查干沐淪”爲蒙古語音譯，意爲“白河”。因清代忌諱“黑”，故改“黑河”爲“白河”。　他魯河：【劉校】據中華點校本校勘記，“按本書《遊幸表》作撻魯河”。即今洮兒河。　鴛鴦湖：【劉校】據中華點校本校勘記，“按《紀》、《傳》及《遊幸表》並作鴛鴦濼”。　火神淀：【劉校】中華修訂本校勘記謂“原

作‘大神淀’，據《通考》三四六及《國志》四、五、六、一三各卷改”。今從改。　馬盂山：【劉注】因其形狀像馬盂而得名。即今河北省平泉市柳溪鎮上卧鋪村之北的光頭山，亦稱光秃山、光秃嶺。　兔兒山：又作吐兒山。清代張穆《蒙古游牧記》謂今内蒙古自治區扎魯特旗右翼圖爾山即遼上京之兔兒山。據中華點校本校勘記，本書卷三二《營衛志中》作“吐兒山”。　鑿山：【劉校】據中華點校本校勘記，《永樂大典》卷七七〇二作“鑒山”。　平地松林：遼上京地區的平原。《新五代史》卷七三胡嶠《陷虜記》載，自上京東去四十里，至真珠寨，始食菜。明日，東行，地勢漸高，西望平地松林鬱然數十里。遂入平川。　列山：【劉注】又稱“烈山”“裂峰山”，因該山的山峰裂了一個縫而得名，即今内蒙古自治區阿魯科爾沁旗罕蘇木蘇木古日班胡碩嘎查的朝克圖山。出土於該地的《耶律羽之墓誌銘》稱“以壬寅年三月六日庚申，葬於裂峰之陽”。出土於同地的耶律羽之之孫《耶律元寧墓誌銘》稱“以開泰四年四月十二日葬於烈山之陽”。出土於同地的《耶律道清墓誌銘》亦稱“葬於烈山之陽”。　屈劣山：【劉注】又作“渠劣山”，即今内蒙古自治區巴林左旗白音烏拉蘇木的白音罕山。出土於此地的《韓匡嗣墓誌銘》稱“以統和三年十月九日卜葬於渠劣山之陽”。出土於同地的《耶律（韓）遂正墓誌銘》稱“備禮葬於上京西北之屈劣山”。屈劣，爲契丹字的音譯，意爲“曠野、空曠”。

户三萬六千五百，轄軍、府、州、城二十五，[1]統縣十：

臨潢縣，太祖天贊初南攻燕薊，[2]以所俘人户散居潢水之北，縣臨潢水，故以名，地宜種植。户三千五百。

長泰縣本渤海國長平縣民，太祖伐大諲譔，[3]先得是邑，遷其人於京西北，與漢民雜居。户四千。

定霸縣本扶餘府強師縣民，[4]太祖下扶餘，遷其人於京西，與漢人雜處，分地耕種。統和八年以諸宫提轄司人户置，[5]隸長寧宫。[6]户二千。

保和縣本渤海國富利縣民，太祖破龍州，[7]盡徙富利縣人散居京南。統和八年以諸宫提轄司人户置，隸彰愍宫。[8]户四千。

潞縣本幽州潞縣民，[9]天贊元年太祖破薊州，掠潞縣民，布於京東，與渤海人雜處，隸崇德宫。[10]户三千。

易俗縣本遼東渤海之民，太平九年大延琳結構遼東夷叛，[11]圍守經年乃降，盡遷於京北，置縣居之。是年，又徙渤海叛人家屬置焉。户一千。

遷遼縣本遼東諸縣渤海人，大延琳叛，擇其謀勇者置之左右，後以城降，戮之，徙其家屬於京東北，故名。户一千。

渤海縣本東京人，因叛，徙置。

興仁縣，開泰二年置。[12]

宣化縣本遼東神化縣民，太祖破鴨渌府，[13]盡徙其民居京之南。統和八年以諸宫提轄司人户置，隸彰愍宫。户四千。

[1]轄軍、府、州、城二十五：【劉校】據中華點校本校勘記，“按‘二十五’與下文所列軍、府、州、城實數不合”。

[2]南攻燕薊：據本書卷二《太祖本紀下》：“天贊元年春二月

庚申，複徇幽薊地。”“幽薊”即“燕薊”，亦即今北京市、天津市周圍地區。

［3］大諲譔：渤海國末代國王。國破後被遼俘虜。

［4］扶餘府：原渤海國地名。治所在今吉林省農安縣。

［5］提轄司：隸屬宫衛的軍事機構。遇有戰事，負責點集兵馬。遼在南京（今北京市）、西京（今山西省大同市）、奉聖州（今河北省涿鹿縣）和平州（今河北省盧龍縣）以及中京、東京和上京等處設提轄司，隸屬諸宫衛。提轄司所管轄的人户也是有軍籍的。

［6］長寧宫：應天皇太后述律氏宫分。

［7］龍州：據本書卷三八《地理志二》，龍州“本渤海扶餘府。太祖平渤海還，至此崩，有黄龍見，更名”。治所在今吉林省農安縣。

［8］彰愍宫：遼景宗耶律賢宫分。

［9］潞縣：後晉縣名。遼因之，金升爲通州，今北京通州區。

［10］崇德宫：承天太后宫分。

［11］太平：遼聖宗年號（1021—1030）。　大延琳（？—1030）：渤海人。遼東京軍將。反遼鬭爭領導人。

［12］開泰：遼聖宗年號（1012—1020）。

［13］鴨渌府：高麗故地。渤海國時爲西京。據《新唐書·北狄傳》，“西京，曰鴨渌府，領神、桓、豐、正四州”。遼因之，隸屬東京留守司。

上京，太祖創業之地，負山抱海，天險足以爲固。地沃宜耕植，水草便畜牧。金齪一箭二百年之基，壯矣。天顯元年平渤海歸，乃展郛郭，建宫室，名以天贊。起三大殿：曰開皇、安德、五鸞。[1]中有歷代帝王御容，每月朔望、節辰、忌日，在京文武百官並赴致祭。[2]又於内城東南隅建天雄寺，奉安烈考宣簡皇帝遺像。[3]是歲太祖崩，應天皇后於義節寺斷腕，寘太祖陵。[4]即寺建斷腕樓，樹碑焉。太宗援立，晉遣宰相馮道、劉昫等持節，[5]具鹵簿、法服至此，[6]册上太宗及應天皇后尊號。太宗詔蕃部並依漢制，御開皇殿，闢承天門受禮，因改皇都爲上京。

[1]五鸞：【劉校】中華修訂本謂原作“五鑾”，據本書卷三《太宗紀》上、卷一五《聖宗紀六》、卷一六《聖宗紀七》、卷二四《道宗紀四》改。

[2]致祭：【劉校】據中華點校本校勘記，《大典》卷七七〇二作“致敬”。

[3]宣簡皇帝：阿保機之父撒剌的尊號。廟號德祖。其畫像安放在天雄寺，是阿保機主持修建的寺廟，在上京城内東南隅，今已不存。

[4]太祖陵：遼太祖耶律阿保機的葬所。位於祖州西五里，其地在今内蒙古自治區巴林左旗查干哈達蘇木石房子嘎查。

[5]馮道（882—954）：字可道。瀛州景城（今河北省滄州市）人。歷仕後唐、後晉、後漢、遼和後周，居相位。晚年自稱“長樂老”，頗以能在時勢多變的情況下自保榮華富貴而得意。但亦能提醒統治者不忘民間疾苦。此外，他還是首先宣導雕印“九經”者。劉昫（888—947）：涿州（今屬河北省）人。後唐明宗時拜相。後晉天福初，爲東都留守，判河南府事。曾奉使契丹。開運初復拜相。契丹德光陷汴京，仍舊以昫爲宰相。同年以病卒。《通鑑》卷二八一《後晉紀》高祖天福三年（938）載：“帝上尊號於契丹主及太后，［八月］戊寅，以馮道爲太后册禮使。”考異引《周世宗實録·馮道傳》云：“虜遣使加徽號於晉祖，晉亦獻徽號於虜。始命兵部尚書王權銜其命，權辭以老病。晉祖謂道曰：‘此行非卿不可。’道無難色。”“按《晉高祖實録》：‘天福三年八月戊寅，道爲

契丹太后册禮使。十月戊寅，北朝命使上帝徽號。戊子，王權以不受北狄使，停任。’周世宗實録誤也。”“左僕射劉昫爲契丹主册禮使，備鹵簿、儀仗、車輅，詣契丹行禮，契丹主大悦。”【劉校】劉昫，原本作“劉煦”，中華點校本及修訂本據南監本、北監本、殿本和《新五代史》卷五五《劉昫列傳》改。今從改。

[6]鹵簿：禮制儀仗名。帝王、皇親貴族、諸侯、大臣等出行時所用的儀仗、侍衛，兼作護衛。始自秦漢時期。漢代蔡邕《獨斷》卷下謂：“天子出，車駕次第謂之鹵簿。有大駕，有小駕，有法駕。大駕則公卿奉引，大將軍參乘，太僕御。屬車八十一乘，備千乘萬騎。在長安時出祠天於甘泉備之，百官有其儀注，名曰‘甘泉鹵簿’。中興以來，希用之。先帝時，時備大駕。上原陵也，不常用，唯遭大喪乃施之。法駕，公卿不在鹵簿。”　法服：官員不同等級的服飾。宋人孟元老《東京夢華録·車駕宿大慶殿》：“宰執百官皆服法服，其頭冠各有品從。”

城高二丈，不設敵樓，[1]幅員二十七里。[2]門，東曰迎春，曰鴈兒；南曰順陽，曰南福；[3]西曰金鳳，曰西鴈兒。其北謂之皇城，高三丈，有樓櫓。門，東曰安東，南曰大順，西曰乾德，北曰拱辰。中有大内。内南門曰承天，[4]有樓閣，東門曰東華，西曰西華。此通内出入之所。正南街東留守司衙，[5]次鹽鐵司，[6]次南門，龍寺街。南曰臨潢府，其側臨潢縣。縣西南崇孝寺，承天皇后建。[7]寺西長泰縣，又西天長觀。西南國子監，監北孔子廟，廟東節義寺。又西北安國寺，太宗所建。寺東齊天皇后故宅，[8]宅東有元妃宅，即法天皇后所建也。[9]其南貝聖尼寺，[10]綾錦院、内省司、麴院，贍國、省司二倉，皆在大内西南，八作司與天雄寺對。[11]南城謂之漢城，[12]南當横街，各有樓對峙，下列井肆。東門之北潞縣，又東南興仁縣。南門之東回鶻營，[13]回鶻商販留居上京，置營居之。西南同文驛，[14]諸國信使居之。驛西南臨潢驛，以待夏國使。驛西福先寺。寺西宣化縣，西南定霸縣，縣西保和縣。西門之北易俗縣，縣東遷遼縣。

[1]敵樓：城墻上禦敵的城樓。也叫譙樓。宋人程大昌《演繁露》卷四《更點》："南齊宮城有卻敵樓，樓上施鼓，持夜以應更唱。"

[2]幅員二十七里：據考古工作者實測，遼上京城垣規模，現存皇、漢兩城周長 8838.63 米。按唐制大里每里 543.6 米計算，合 16.25 里，與《遼史·地理志》所記相差 10.75 里。

[3]南曰順陽，曰南福：【劉校】順陽，《大典》作"順歸"。"曰南福"三字，原舛在"曰西鴈兒"下，《大典》引同，中華點校本據上下文改。今從改。

[4]門曰承天：承天門是歷代皇城正門。北京紫禁城正門，明時亦稱承天門，清順治八年（1651）重建後改稱天安門。《唐六典·尚書工部》："若元正、冬至、大陳設、燕會、赦過宥罪、除舊布新、受萬國之朝貢、四夷之賓客，則御承天門以聽政。"

[5]留守司：實爲統轄上京的行政機構。《歷代職官表》卷三二《順天府》："遼雖分建五京，而每歲四時巡幸，春水、秋山，實無定所，並不常在京師。故五京皆置留守司，令兼府尹之事，軍民俱歸統轄。"

[6]鹽鐵司：財政機構。宋人王溥《五代會要》卷二七《泉貨》載後晉天福三年（938）十二月詔："宜令三京、鄴都、諸道州府無問公私應有銅者，並許鑄錢。仍以天福元寶爲文，左環讀之。委鹽鐵司鑄様，頒下諸道。"

［7］承天皇后：應是承天太后（？—1009）。諱綽，小字燕燕，北府宰相蕭思温女。景宗即位，選爲貴妃。尋册爲皇后，生聖宗。景宗崩，尊爲皇太后，攝國政。統和元年（983），上尊號曰承天皇太后。

［8］齊天皇后（982—1032）：聖宗皇后。姓蕭氏，小字菩薩哥，睿智皇后弟隗因之女。年十二，選入掖庭。統和十九年（1001），册爲齊天皇后。生皇子二，皆早卒。開泰五年（1016），宫人蕭耨斤生興宗，齊天皇后養爲子。興宗即位後，耨斤自立爲太后。齊天皇后被害，年五十。追尊仁德皇后。與欽愛皇后並祔永慶陵。本書卷七一有傳。

［9］法天皇后：即蕭耨斤。聖宗元妃，興宗生母。本書卷一八《興宗本紀一》："［太平］十一年六月己卯聖宗崩，即皇帝位於柩前。壬午，尊母元妃蕭氏爲皇太后。"重熙元年（1032）"十一月己卯，帝率群臣上皇太后尊號曰法天應運仁德章聖皇太后"。

［10］貝聖尼寺：【劉校】"貝"原本作"具"，據中華點校本校勘記，南監本、北監本及乾隆殿本並作"具"，《大典》卷七七〇二亦作"具"。道光殿本改作"有"。

［11］八作司：據《文獻通考·職官考》，宋有"東、西八作司，掌京城内外繕修之事"。

［12］漢城：契丹境内各地漢人聚居地，皆稱爲"漢城"。此處指遼上京南部部分。

［13］回鶻：古代民族名。即回紇。本突厥别部。北魏時稱袁紇，亦曰烏擴、烏紇，至隋稱韋紇。大業元年（605）因反抗突厥的壓迫，與僕固、同羅、拔野古等成立聯盟，總稱回紇。唐天寶三載（744）破東突厥，建政權於今鄂爾渾河流域，有今蒙古高原之地。唐時助平安史之亂，屢尚公主。唐貞元四年（788）自請改稱回鶻。開成五年（840）爲轄戛斯所破，部衆分三支西遷：一支遷吐魯番盆地，稱高昌回鶻或西州回鶻；一支遷葱嶺以西楚河一帶，即葱嶺以西回鶻；一支遷河西走廊，稱河西回鶻。歷五代遼金，回

鶻皆嘗入貢。元明時稱畏吾兒。其族在唐時奉摩尼教，宋元以來改奉回教。

[14]同文驛：宋稱同文館，掌接待高麗使節。

周廣順中，[1]胡嶠《記》曰：[2]上京西樓，[3]有邑屋市肆，交易無錢而用布。[4]有綾錦諸工作，宦者、翰林、伎術、教坊、角觝、儒、僧尼、道士［等］，[5]［皆］中國人，［而］并、汾、幽、薊爲多。

[1]周（951—960）：五代之一。郭威所建。都開封。盛時疆域約爲今山東、河南兩省，陝西、安徽、江蘇的大部，河北南部、湖北北部及内蒙古、寧夏、甘肅、山西等省區的一部分。歷三帝（二姓），共十年。 廣順：【劉注】後周太祖郭威年號（951—953）。

[2]胡嶠《記》：即胡嶠《陷虜記》。《遼史》删節失當，以致里候錯亂。《新五代史》卷七三《四夷附録第二》的一段文字可據以校補：

> 《陷虜記》：初，蕭翰聞德光死，北歸，有同州郃陽縣令胡嶠爲翰掌書記，隨入契丹。而翰妻爭妒，告翰謀反，翰見殺，嶠無所依，居虜中七年。當周廣順三年，亡歸中國，略能道其所見。云："自幽州西北入居庸關，明日，又西北入石門關，關路崖狹，一夫可以當百，此中國控扼契丹之險也。又三日，至可汗州，南望五臺山，其一峰最高者，東臺也。又三日，至新武州，西北行五十里有雞鳴山，云唐太宗北伐聞雞鳴于此，因以名山。明日，入永定關，此唐故關也。又四日，至歸化州。又三日，登天嶺，嶺東西連亘，有路北下，四顧冥然，黄雲白草，不可窮極。契丹謂嶠曰：'此辭鄉嶺也，可一南望而爲永訣。'同行者皆慟哭，往往絶而復蘇。又行三四日，至黑

榆林，時七月，寒如深冬。又明日，入斜谷，谷長五十里，高崖峻谷，仰不見日，而寒尤甚。已出谷，得平地，氣稍温。又行二日，渡湟水。又明日，渡黑水。又二日，至湯城淀，地氣最温，契丹若大寒，則就温于此。其水泉清冷，草軟如茸，可藉以寢。而多異花，記其二種：一曰旱金，大如掌，金色爍人；一曰青囊，如中國金燈，而色類藍可愛。又二日，至儀坤州，渡麝香河。自幽州至此無里候，其所向不知爲南北。又二日，至赤崖。翰與兀欲相及，遂及述律戰于沙河。述律兵敗而北，兀欲追至獨樹渡，遂囚述律於撲馬山。又行三日，遂至上京，所謂西樓也。西樓有邑屋市肆，交易無錢而用布。有綾錦諸工作、宦者、翰林、伎術、教坊、角抵、秀才、僧、尼、道士等，皆中國人，而并、汾、幽、薊之人尤多。自上京東去四十里，至真珠寨，始食菜。明日，東行，地勢漸高，西望平地松林鬱然數十里。遂入平川，多草木，始食西瓜，云契丹破回紇得此種，以牛糞覆棚而種，大如中國冬瓜而味甘。又東行，至褭潭，始有柳，而水草豐美，有息雞草尤美，而本大，馬食不過十本而飽。自褭潭入大山，行十餘日而出，過一大林，長二三里，皆蕪荑，枝葉有芒刺如箭羽，其地皆無草。兀欲時卓帳於此，會諸部人葬德光。自此西南行，日六十里，行七日，至大山門，兩高山相去一里，而長松豐草，珍禽野卉，有屋室碑石，曰：'陵所也。'兀欲入祭，諸部大人惟執祭器者得入。入而門闔。明日開門，曰'抛盞'，禮畢。問其禮，皆秘不肯言。"嶠所目見囚述律、葬德光等事，與中國所記差異。

已而，翰得罪被鎖，嶠與部曲東之福州。福州，翰所治也。嶠等東行，過一山，名十三山，云此西南去幽州二千里。又東行，數日，過衛州，有居人三十餘家，蓋契丹所虜中國衛州人，築城而居之。嶠至福州而契丹多憐嶠，教其逃歸，嶠因得其諸國種類遠近。云："距契丹國東至于海，有鐵甸，其族野居皮帳，而人剛勇。其地少草木，水鹹濁，色如血，澄之久而後可飲。又東，女真，善射，多牛、鹿、野狗。其人無定居，行以牛負物，遇雨則張革爲屋。常作鹿鳴，呼鹿而射之，食其生肉。能釀糜爲酒，醉則縛之而睡，醒而後解，不然，則殺人。又東南，渤海，又東，遼國，皆與契丹略同。其南海曲，有魚鹽之利。又南，奚，與契丹略同，而人好殺戮。又南，至于榆關矣，西南至儒州，皆故漢地。西則突厥、回紇。西北至嫗厥律，其人長大，髦頭，酋長全其髪，盛以紫囊。地苦寒，水出大魚，契丹仰食。又多黑、白、黄貂鼠皮，北方諸國皆仰足。其人最勇，鄰國不敢侵。又其西，轄戛，又其北，單于突厥，皆與嫗厥律略同。又北，黑車子，善作車帳，其人知孝義，地貧無所産。云契丹之先，常役回紇，後背之走黑車子，始學作車帳。又北，牛蹄突厥，人身牛足，其地尤寒，水曰瓠𤬐河，夏秋冰厚二尺，春冬冰徹底，常燒器銷冰乃得飲。東北，至韈劫子，其人髦首，披布爲衣，不鞍而騎，大弓長箭，尤善射，遇人輒殺而生食其肉，契丹等國皆畏之。契丹五騎遇一韈劫子，則皆散走。其國三面皆室韋，一曰室韋，二曰黄頭室韋，三曰獸室韋。其地多銅、鐵、金、銀，其人工巧，銅鐵諸器皆精好，善織毛錦。地尤寒，馬溺至地成冰堆。又北，狗國，人身狗首，長毛不衣，手捕猛獸，語爲犬嘷，其妻皆人，能漢語，生男爲狗，女爲人，自相婚嫁，穴居食生，而妻女人食。云嘗有中國人至其國，其妻憐之使逃歸，與其箸十餘隻，教其每走十餘里遺一箸，狗夫追之，見其家物，必銜而歸，則不能追矣。”其説如此。又曰：“契丹嘗選百里馬二十匹，遣十人賫乾麨北行，窮其所見。其人自黑車子，歷牛蹄國以北，行一年，經四十三城，居人多以木皮爲屋，其語言無譯者，不知其國地、山川、部族、名號。其地氣，遇平地則温和，山林則寒冽。至三十三城，得一人，能鐵甸語，其言頗可解，云地名頡利烏于邪堰。云‘自此以北，龍蛇猛獸、魑魅群行，不可往矣’。其人乃還。此北荒之極也。”

契丹謂嶠曰："夷狄之人，豈能勝中國？然晉所以敗者，主暗而臣不忠。"因具道諸國事，曰："子歸悉以語漢人，使漢人努力事其主，無爲夷狄所虜，吾國非人境也。"嶠歸，録以爲《陷虜記》云。

[3]西樓：契丹建築。據《新五代史》卷七二《四夷附録第一》，阿保機"以其所居爲上京，起樓其間，號西樓，又於其東千里起東樓，北三百里起北樓，南木葉山起南樓，往來射獵四樓之間"。本卷也有關於"四樓"的記載："西樓"在上京，故上京又稱西樓。但陳述先生曾撰《阿保機營建四樓説證誤》（見《契丹社會經濟史稿·附録》，生活·讀書·新知三聯書店 1978 年版），認爲所謂"西樓"，也就是"世里"的異譯。而"四樓"則是漢人根據契丹有"西樓"附會而成，其實並無營建四樓之事。

[4]交易無錢而用布：遼朝歷代雖然皆鑄銅錢，不過主要是紀念意義，而與商業流通並無太大關係。1962 年内蒙古自治區考古工作者在遼上京遺址進行鑽探勘察，有貨幣 66 枚出土，除有唐代"開元通寶"10 枚，"乾元重寶"1 枚，其餘 55 枚均爲北宋錢幣（内蒙古自治區文物考古研究所：《遼上京城址勘查報告》，見《内蒙古自治區文物考古文集》第一輯，中國大百科全書出版社 1994 年版）。這説明當時上京地區的確缺少錢幣，能在商品交易中作爲流通手段而使用的少量錢幣也是唐、宋錢。

[5]伎術：古人稱卜筮爲伎術。宋人洪邁《容齋續筆》卷八《蓍龜卜筮》："漢《藝文志》劉向所輯《七略》，自龜書夏龜之屬凡十五家，至四百一卷，後世無傳焉。今之揲蓍者率多流入於影象，所謂龜策，惟市井細人始習此藝，其得不過數錢，士大夫未嘗過而問也。伎術標榜，所在如織，五星、六壬、衍禽、三命、軌析、太一、洞微、紫微、太素、遁甲，人人自以爲君平，家家自以爲季主。"　教坊：官署名。負責宫廷中表演的機構。有衆多樂舞表演者，《唐會要》卷三載，貞元二十一年（805）三月"出後宫及教坊女妓六百人，聽其親戚迎於九仙門，百姓莫不叫呼大喜"。

角觝：類似今日的摔跤，宋人稱之爲“相撲”。

宋大中祥符九年，[1]薛映《記》曰：[2]上京者，中京正北八十里至松山館，[3]七十里至崇信館，九十里至廣寧館，五十里至姚家寨館，五十里至咸寧館，三十里度潢水石橋，旁有饒州，[4]唐於契丹嘗置饒樂州，[5]今渤海人居之。五十里保和館，度黑水河，[6]七十里宣化館，五十里長泰館。館西二十里有佛舍、民居，即祖州。又四十里至臨潢府。[7]自過崇信館乃契丹舊境，其南奚地也。入西門，門曰金德，内有臨潢館。子城東門曰順陽。北行至景福門，又至承天門，内有昭德、宣政二殿，與氊廬皆東向。臨潢西北二百餘里號涼淀，[8]在饅頭山南，避暑之處多豐草，掘地丈餘即有堅冰。

[1]大中祥符：宋真宗年號（1008—1016）。

[2]薛映：宋人。字景陽。《宋史》卷三〇五有傳，稱其“好學有文，該覽強記，善筆札，章奏尺牘，下筆立成”。據《續資治通鑑長編》卷八八，真宗大中祥符九年九月己酉，時爲樞密直學士、工部侍郎的薛映，受命爲契丹國主生辰使，與副使張士遜使遼。《長編》所載薛映所記行程，證明《遼史》有删節的記載是歪曲了事實的：“映、士遜始至上京，自中京正北八十里至臨都館，又四十里至官窑館，又七十里至松山館，又七十里至崇信館，又九十里至廣寧館，又五十里至姚家寨館，又五十里至咸寧館，又三十里度潢水石橋，旁有饒州，蓋唐朝嘗於契丹置饒樂州也，今渤海人居之。又五十里至保和館，度黑河，七十里至宣化館，又五十里至長泰館，西二十里許有佛寺、民舍，云即祖州，亦有祖山，山中有阿保機廟，所服韡尚在，長四五尺許。又四十里至上京臨潢府。自

過崇信館，即契丹舊境，蓋其南皆奚地也。入西門，門曰金德，内有臨潢館。子城東門曰順陽，入門北行至景福門，又至承天門，内有昭德、宣政二殿，皆東向，其氊廬亦皆東向。臨潢西北二百餘里號涼淀，在漫頭山南，避暑之處，多豐草，掘丈餘即堅冰云。”又《契丹國志》卷二四所引《富鄭公行程録》是僞作，完全抄自薛映《記》。傅樂焕先生説：“薛映《記》與《富鄭公行程録》又衹是一件東西，而其確實的主人應當是薛映。現在先來證明兩者之應爲一物，然後再確定其究應誰屬。按兩者的内容幾於完全相同，如我們稍加比較，便可發見。不過，過去我國考證《遼史》的人，如厲樊榭以及《熱河志》《承德府志》的編纂者，竟全然不曾覺到。每當引用的時候，他們常將兩者兼列並舉。即在不久以前，金毓黻在《遼海叢書》本《陳襄語録》的跋語中，也仍將兩者並論。所以，這個問題實在仍有提出的必要。”（《遼史叢考》，中華書局 1984 年版，第 7—8 頁）中華點校本校勘記也一再徵引富弼《行程録》，不知點校者對傅氏考證結論持何種立場。

［3］中京正北八十里至松山館：中華點校本校勘記以富弼《行程録》爲參考，“由中京至臨都館、官窯館，再至松山館，爲一百九十里”。不確，此段行程應據《薛映記》校正。見注［2］。

［4］饒州：治所在今内蒙古自治區林西縣東櫻桃溝古城遺址。《武經總要》前集卷一六下《戎狄舊地》：“饒州，唐建饒樂府都督以處奚人部落，契丹建爲饒州。在潢水之北，石橋傍，以渤海人居之。西南至平地松林百里，南至中京五百里，北至沱河十里，東至上京三十里，西北至祖州七十里。”潢水即西拉木倫河，石橋遺址位於今内蒙古自治區林西縣新城子鎮黄土坑村南一公里處。

［5］唐於契丹嘗置饒樂州：【劉校】“州”字原脱，據中華點校本校勘記，據《契丹國志》卷二四補。

［6］黑水河：即黑河之誤。《遼史》中數見“黑河”。

［7］“中京正北八十里至松山館”至“又四十里至臨潢府”：據《武經總要》前集卷一六下《戎狄舊地》：“中京舊鮮卑之地，在

饒樂府西南，本奚王國牙帳之地。奚部落南距古北口、北距潢水、東即營州千餘里，皆其境土，後爲契丹所併。景德中，遼主築宫室、城垣，建爲中京，僞造號大定府。東至營州界青山嶺一百七十里，西即山後儒州界，東南至建州二百三十里，南至幽州九百里（一路由松亭關，一路由古北口），北至上京六百九十里，正北八十里至臨都館，又四十里至宫室館，又七十里至松亭館，又七十里至崇信館，又九十里至廣寧館，又五十里至桃砦館，又五十里至咸寧館，又三十里渡漢石橋，傍有饒州，蓋唐朝常於契丹至饒樂州。又五十里至保和館，又七十里渡黑水河至宣化館，又五十里至長秦館，西二十里即祖州，又四十里至上京。東微北至木葉山五百一十里。"

[8]涼淀：【劉校】據中華點校本校勘記，"按《紀》天顯四年六月、八月以下及《遊幸表》並作涼陘"。

祖州，天成軍，上，節度。本遼右八部世没里地。[1]太祖秋獵多於此，始置西樓，後因建城，號祖州。[2]以高祖昭烈皇帝、曾祖莊敬皇帝、祖考簡獻皇帝、皇考宣簡皇帝所生之地，故名。城高二丈，無敵棚，幅員九里。門，東曰望京，南曰大夏，西曰液山，北曰興國。西北隅有内城，殿曰兩明，奉安祖考御容；曰二儀，以白金鑄太祖像；曰黑龍，曰清秘，各有太祖微時兵仗器物及服御皮毳之類，[3]存之以示後嗣，使勿忘本。内南門曰興聖，凡三門，上有樓閣，東西有角樓。東爲州廨及諸官廨舍。綾錦院、班院祗候，蕃、漢、渤海三百人，供給内府取索。[4]東南横街，四隅有樓對峙，下連市肆。東長霸縣，西咸寧縣。有祖山，山有太祖天皇帝廟，御靴尚存。又有龍門、黎谷、液山、液泉、白馬、獨石、天梯之山。水則南沙河、西液泉。太祖陵鑿山爲殿，曰明殿。殿南嶺有膳堂，以備時祭。門曰黑龍。東偏有聖蹤殿，立碑述太祖遊獵之事；殿東有樓，立碑以紀太祖創業之功。皆在州西五里，天顯中太宗建。隸弘義宫，統縣二、城一：

長霸縣本龍州長平縣民遷於此，户二千。

咸寧縣本長寧縣，破遼陽，遷其民置，户一千。

越王城，太祖伯父于越王述魯西伐党項、吐渾，[5]俘其民放牧於此，因建城。在州東南二十里。户一千。

[1]"祖州，天成軍"至"右八部世没里地"：【劉校】據中華點校本校勘記，"天成軍，《大典》同。本書《太祖紀》《太宗紀》《聖宗紀》並作"天城軍"。右八部，疑當作"右大部"。本書卷三二《營衛志中》阻午可汗二十部中有"右大部"，下文儀坤州亦有"右大部"之名。

[2]祖州：州名。遼置，因阿保機的高祖、曾祖、祖、父皆出生於此，故名。治所在今内蒙古自治區巴林左旗哈達英格乡石房子村。轄境相當於今内蒙古自治區巴林左旗、巴林右旗的一部分。金天會八年（1130）改爲奉州。阿保機秋季多在此狩獵。這是一座漢城，據《武經總要》前集卷一六下《戎狄舊地》："祖州，阿保機既創西樓，又西南築一城，以貯漢人，今名祖州，在唐置饒樂府西北祖山之陽，因爲州名。阿保機葬所也，今號天成軍。南至饒州百八十里，北至上京四十里。"

[3]各有太祖微時兵仗器物及服御皮毳之類：【劉校】"仗"原作"伐"，中華修訂本據明抄本、南監本、北監本和殿本改。今從改。按《大典》卷七七〇二引《遼史·地理志》作"戈"。

[4]内府：皇室的倉庫。

[5]于越：契丹語官名。爲契丹貴官，非有大功德者不授。位在北、南大王之上。　党項：中國古代族名。又稱党項羌，唐以後主要活動於靈、慶、銀、夏等州，即今甘肅、寧夏、陝西和内蒙古自治區交界地區。　吐渾：古代部族名。即吐谷渾。據《新五代史》卷七四《四夷附録第三》，吐渾“自後魏以來，名見中國，居於青海之上。當唐至德中，爲吐蕃所攻，部族分散，其内附者，唐處之河西。其大姓有慕容、拓拔、赫連等族。懿宗時，首領赫連鐸爲陰山府都督，與討龐勛，以功拜大同軍節度使。爲晉王所破，其部族益微，散處蔚州界中”。“晉高祖立，割鴈門以北入於契丹，於是吐渾爲契丹役屬，而苦其苛暴”。另據《五代會要》卷二八《吐渾》：“至開運中，捍虜（契丹）於澶州”，“其族白可久，名在承福之亞，因牧馬率本帳北遁，契丹授以官爵，復遣潛誘承福。承福亦思叛去，事未果，漢高祖知之，乃以兵環其部族，擒承福與其族白鐵櫃、赫連海龍等五家，凡四百有餘人，伏誅。籍其牛馬，命别部長王義宗統其餘屬”。

懷州，奉陵軍，上，節度。本唐歸誠州，[1]太宗行帳放牧於此。天贊中從太祖破扶餘城，[2]下龍泉府，[3]俘其人築寨居之。會同中掠燕薊所俘亦置此。太宗崩，葬西山，曰懷陵。[4]大同元年世宗置州以奉焉。[5]是年，有騎十餘，獵于祖州西五十里大山中，見太宗乘白馬獨追白狐，射之，一發而斃，忽不見，但獲狐與矢。是日太宗崩於欒城。[6]後於其地建廟，又於州之鳳凰門繪太宗馳騎貫狐之像。穆宗被害，葬懷陵側，建鳳凰殿以奉焉。有清涼殿，爲行幸避暑之所，皆在州西二十里。隸永興宮。[7]統縣二：

扶餘縣本龍泉府，太祖遷渤海扶餘縣降户於此，世宗置縣。户一千五百。

顯理縣本顯理府人，太祖伐渤海，俘其王大諲譔，遷民於此，世宗置縣。户一千。

[1]歸誠州：唐以契丹别部所置的刺史州。《通鑑》卷二〇四武后垂拱三年（687）五月"或誣［劉］禕之受歸誠州都督孫萬榮金"。胡注："貞觀二十一年，以契丹别部置歸誠州，屬松漠都督府。"

[2]天贊中從太祖破扶餘城：【劉校】據中華點校本校勘記，"按《紀》，破扶餘城在天顯元年正月"。

[3]龍泉府：渤海國上京。治所在今黑龍江省寧安市渤海鎮東京城。

[4]懷陵：遼太宗德光、穆宗璟之陵，位於懷州境内。大同元年（947）遼置懷州奉陵軍，州隸永興宫。治所在今内蒙古自治區巴林右旗幸福之路蘇木崗根嘎查舊城。

[5]大同：遼太宗年號（947）。

[6]欒城：治所在今河北省石家莊市欒城區。《舊五代史》卷一〇九《杜重威傳》載："［開運］三年冬，晉少帝詔重威與李守貞等率師經略瀛、鄚。師至瀛州城下，晉騎將梁漢璋進與契丹接戰，漢璋死焉。重威即時命回軍，次武強，聞契丹主南下，乃西趨鎮州，至中渡橋，與契丹夾滹水而營。十二月八日，宋彦筠、王清等率軍數千人渡滹沲，陣於北岸，爲敵所破。時契丹游軍已至欒城，道路隔絶，人情危蹙，重威密遣人詣敵帳，潛布腹心。"

[7]永興宫：太宗德光宫分。

慶州，玄寧軍，[1]上，節度。本太保山黑河之地，巖谷險峻。穆宗建城，號黑河州，每歲來幸，射虎障鷹，軍國之事多委大臣，後遇弑於此。以地苦寒，統和八年州廢。[2]聖宗秋畋，愛其奇秀，建號慶州。遼國五代祖勃突貌異常，有武略，力敵百人，衆推爲王。生于勃突山，因以名；没，葬山下。在州二百里。[3]慶雲山，本黑嶺也。聖宗駐蹕，愛羨，曰："吾萬歲後，當葬此。"興宗遵遺命，建永慶陵。[4]有望仙殿、御容殿。置蕃、漢守陵三千户，並隸大内都總管司。在州西二十里。有黑山、赤山、太保山、老翁嶺、饅頭山、興國湖、轄失濼、黑河。景福元年複置，[5]更隸興聖宫。統縣三：

玄德縣本黑山黑河之地。景福元年括落帳人户，從便居之。户六千。

孝安縣。

富義縣本義州，太宗遷渤海義州民於此。[6]重熙元年降爲義豐縣，後更名。隸弘義宫。

[1]慶州，玄寧軍：【劉校】據中華點校本校勘記，"按《紀》大康十年十二月，改慶州大安軍曰興平"。玄寧應是大安以前或興平以後軍號。

[2]統和：遼聖宗年號（983—1012）。

[3]在州二百里：【劉校】據中華點校本校勘記，"州"字下疑脱方位字。

[4]永慶陵：即慶陵，包括遼聖宗耶律隆緒和仁德皇后、欽愛皇后的永慶陵，遼興宗耶律宗真和仁懿皇后的永興陵，遼道宗耶律弘基和宣懿皇后的永福陵。位於今内蒙古自治區巴林右旗索博日嘎鎮西北約十餘公里的瓦林茫哈地方。聖宗永慶陵中保存有壁畫，繪有人物、山水，尤以象徵四時捺鉢的四季山水圖彌足珍貴。三陵出土遺物多已散失，僅存石刻哀册。其中漢文哀册有聖宗、仁德皇

后、欽愛皇后、道宗、宣懿皇后的各一合，仁懿皇后哀册僅存篆蓋。契丹小字哀册有道宗、宣懿皇后的各一合。1922年還從陵中抄寫出興宗和仁懿皇后的契丹小字哀册册文，原石仍埋墓中。

[5]景福：遼興宗年號（1031—1032）。

[6]於此：【劉校】原本闕“此”字，中華修訂本據明抄本、南監本、北監本、殿本補。今從。

泰州，德昌軍，節度。本契丹二十部族放牧之地。因黑鼠族累犯通化州，民不能禦，遂移東南六百里，來建城居之，以近本族。黑鼠穴居，膚黑，吻鋭類鼠，故以名。州隸延慶宮，[1]兵事屬東北統軍司。統縣二：

樂康縣。倚郭。

興國縣。本山前之民，[2]因罪配遞至此，興宗置縣。户七百。

[1]延慶宮：遼興宗宮分。

[2]山前：石敬瑭割讓給契丹的十六州地，分爲山前、山後兩部分。其中幽、薊、瀛、莫、涿、澶、順等七州被稱爲山前，是中原防範北方遊牧民族南下的一道天然屏障，軍事上極爲重要。

長春州，[1]韶陽軍，下，節度。本鴨子河春獵之地。[2]興宗重熙八年置。隸延慶宮，兵事隸東北統軍司。統縣一：

長春縣。本混同江地。[3]燕薊犯罪者流配於此。户二千。

[1]長春州：治所在今吉林省前郭爾羅斯蒙古族自治縣西北部

松花江畔的塔虎城。《武經總要》前集卷一六下《戎狄舊地》："長春州，契丹國舊地，仍曰昭陽軍，亦爲罪譴者配隸之所。北至黄龍府百里，東北至龍化州四百里，南至微州三百五十里，西至新州四百里，西北至上京二百里。"

[2]春獵：四時捺鉢"春水"期間的活動。春水，意春漁於水。地點多在長春州漁兒濼（又稱"長濼""長泊"）。因其活動多在水上，故稱"春水"。

[3]混同江：即松花江。

烏州，靜安軍，刺史。本烏丸之地，[1]東胡之種也。遼北大王撥剌占爲牧，[2]建城，後官收，隸興聖宮。有遼河、夜河、烏丸川、烏丸山。統縣一：

愛民縣，撥剌王從軍南征俘漢民置於此，户一千。

[1]烏丸：古代部族名。又作"烏桓"，東胡的一支，原附匈奴，漢武帝擊敗匈奴後，始轉而附漢。建安十二年（207），曹操將其一部分遷至中原。撥剌所征之烏丸應是留居東北地區烏桓之後裔。

[2]遼北大王撥剌占爲牧：【劉校】據中華點校本校勘記，按"牧"下應有"地"或"場"字，文意始完。

永州，[1]永昌軍，觀察。承天皇太后所建，太祖於此置南樓。[2]乾亨三年置州於皇子韓八墓側。[3]東潢河，南土河，[4]二水合流，故號永州。冬月牙帳多駐此，謂之冬捺鉢。[5]有木葉山，[6]上建契丹始祖廟，奇首可汗在南廟，可敦在北廟，繪塑二聖并八子神像。相傳有神人乘白馬，自馬盂山浮土河而東，有天女駕青牛車由平地松林泛潢河而下。至木葉山，二水合流，相遇爲配偶，生八子。其後族屬漸盛，分爲八部。每行軍及春秋時祭，必用白馬青牛，示不忘本云。興王寺，有白衣觀音像。太宗援石晉主中國，[7]自潞州廻，[8]入幽州，幸大悲閣，指此像曰："我夢神人令送石郎爲中國帝，即此也。"因移木葉山，建廟，春秋告賽，尊爲家神。興軍必告之，乃合符傳箭於諸部。又有高淀山、柳林淀，亦曰白馬淀。[9]隸彰愍宫。統縣三：

長寧縣本顯德府縣名，太祖平渤海遷其民於此，户四千五百。

義豐縣本鐵利府義州，遼兵破之，遷其民於南樓之西北，仍名義州。重熙元年廢州改今縣，在州西北一百里。又嘗改富義縣，屬泰州。[10]始末不可具考，今兩存之。户一千五百。

慈仁縣，太宗以皇子只撒古亡，[11]置慈州壙西。重熙元年州廢，改今縣。户四百。

[1]永州：在今西拉木倫河與老哈河合流處。《武經總要》前集卷一六下《戎狄舊地》："永州在木葉山之陽，潢［水］之北，契丹國舊地也。一路西北至韡淀二百里，一路西北至上京三百里。"

[2]南樓：傳説阿保機建東、西、南、北四樓，陳述先生考證其於史實無據。見《契丹社會經濟史稿》附録。

[3]乾亨：遼景宗年號（979—982）。　皇子韓八：景宗子。卒於乾亨三年（981）五月。本書《皇子表》所載景宗第四子藥師奴是否即此子，待考。《聖宗本紀》稱"王子藥師奴"，"皇子"不應稱"王子"。

[4]土河：即老哈河。流經今内蒙古自治區東部赤峰地區，與西拉木倫河匯合。

[5]冬捺鉢：在廣平淀，亦稱平淀，位於永州東南三十里。遼中期以後每年冬季在冬捺鉢召開北南臣僚會議，討論軍國大事。

[6]木葉山：此指永州境内一座山，契丹人視此山爲神山，其地在今西拉木倫河與老哈河匯合處附近一帶。上建契丹始祖廟，奇首可汗在南廟，可敦（可汗之妻）在北廟，“繪塑二聖並八子神像”。《長編》卷九七宋天禧五年（1021）八月甲申（《宋會要·蕃夷》作天禧四年）記載，宋綬等始至木葉山，“山在中京東微北。自中京東過小河……度土河，亦云撞撞水，聚沙成墩，少人煙，多林木，其河邊平處，國主曾於此過冬。凡八十里至張司空館，七十里至木葉館。離中京皆無館舍，但宿穹帳，欲至木葉三十里許，始有居人瓦屋及僧舍。又歷荆榛荒草，復渡土河，至木葉山，本阿保機葬處。又云祭天之地。東向設氊屋，署曰省方殿，無階，以氊藉地，後有二大帳。次北，又設氊屋，曰慶壽殿，去山尚遠。國主帳在氊屋西北，望之不見”。按，據本書《營衛志》“省方殿”是冬捺鉢的殿帳，冬捺鉢在廣平淀，在永州東南三十里。可知木葉山即距此不遠。

[7]太宗援石晉主中國：【劉校】據中華點校本校勘記，“宗”原誤“祖”。援石晉爲太宗時事，因據改。今從。

[8]潞州：治所在今山西省長治市。

[9]亦曰白馬淀：【劉校】“白”字原脱。中華點校本校勘記云，“據《紀》重熙七年十月及《營衛志中》補”。今從改。

[10]又嘗改富義縣，屬泰州：【劉校】據中華點校本校勘記，按上文富義縣屬慶州。

[11]皇子只撒古：本書《皇子表》不載。

儀坤州，啓聖軍，[1]節度。本契丹右大部地，應天皇后建州。回鶻糯思居之，至四世孫容我梅里生應天皇后述律氏，[2]適太祖。太祖開拓四方，平渤海，后有力焉。俘掠有伎藝者多歸帳下，謂之屬珊。[3]以所生之地置州。州建啟聖院，中爲儀寧殿，太祖天皇帝、應天地皇后銀像在焉。隸長寧宫，統縣一：[4]

廣義縣本回鶻部牧地，應天皇后以四征所俘居之，因建州縣。統和八年以諸宫提轄司户置來遠縣，[5]十三年併入。户二千五百。

[1]儀坤州，啓聖軍：治所在今内蒙古自治區翁牛特旗西北。《武經總要》前集卷一六下《戎狄舊地》："宜坤州，契丹爲啓聖軍節度，即應天太后所生地也。東至長泊十五里，西南至上京二百里，北至踏弩河二千里，河北至大水泊五十里。"

[2]梅里：又作"梅録"，契丹部族官名。即蒙語的"梅林"。

[3]屬珊：本書卷四六《百官志二》："屬珊軍詳穩司。應天皇太后置，軍二十萬。選蕃漢精兵，珍美如珊瑚，故名。""屬珊"可能非漢語，"珍美如珊瑚"，或是以漢語解釋非漢語詞。

[4]統縣一：【劉校】原本闕"一"字，中華修訂本據明抄本、南監本、北監本和殿本補。今從。

[5]提轄司：【靳校】"轄"原本誤作"割"，從中華點校本及修訂本改。

龍化州，[1]興國軍，[2]下，節度。本漢北安平縣地。契丹始祖奇首可汗居此，稱龍庭。太祖於此建東樓。唐天復二年太祖爲迭烈部夷離堇，[3]破代北，[4]遷其民，建城居之。明年伐女直，[5]俘數百户實焉。天祐元年增修東城，[6]制度頗壯麗。十三年太祖於城東金鈴岡受尊號曰“大聖大明天皇帝”，建元神册。天顯元年崩於東樓。太宗升節度。隸彰愍宫，兵事屬北路女直兵馬司。刺史州一，未詳。統縣一：

龍化縣，太祖東伐女直、南掠燕薊所俘建城置邑，户一千。

［1］龍化州：【劉注】今内蒙古自治區庫倫旗扣河子鎮酒局子村古城址爲遼代龍化州州治。

［2］興國軍：遼軍鎮名。治所在龍化州，其地在今内蒙古自治區奈曼旗東北。

［3］天復：唐昭宗年號（901—904）。 迭烈部：即迭剌部。

［4］代北：唐河東道代北軍。又稱“鴈門軍”，治代州（今山西省代縣），領代、忻二州，光啓中併入河東節度使。

［5］女直：部族名。本作“女真”，因避遼興宗宗真名諱改稱女直。遼時居東北地區東部。其在南者入遼籍，稱“熟女真”或“合蘇館女真”；在北者不入遼籍，稱“生女真”。

［6］天祐：唐昭宗和末代皇帝哀帝年號（904—907）。

降聖州，[1]開國軍，下，刺史。本大部落東樓之地，太祖春月行帳多駐此。應天皇后夢神人金冠素服，執兵仗，貌甚豐美，異獸十二隨之。中有黑兔躍入后懷，因而有娠，遂生太宗。時黑雲覆帳，火光照室，有聲如雷，諸部異之。穆宗建州。四面各三十里，禁樵採放牧。先屬延昌宫，[2]後隸彰愍宫。統縣一：

永安縣本龍原府慶州縣名，太祖平渤海，破懷州之永安，遷其人置寨於此，建縣。户八百。

[1]降聖州：遼代降聖州城址位於赤峰市敖漢旗瑪尼罕鄉五十家子的孟克河左岸一級臺地上，五十家村之西側。1996年公佈爲自治區級重點文物保護單位。現在城垣爲長方形，南北約250米，東西寬225米，殘高2米左右，其外又有圍城牆，邊長約600米，但因耕作平整，衹見灰土帶。城内外有多處建築基址，1974年農田大會戰時均被夷爲平地。城内中軸綫偏北立一磚砌佛塔，爲八角形密簷空心式，塔簷十三級，高34米，底邊寬6米，塔刹部分爲元代維修時另加的，其餘爲遼代建築（此據博雅文化旅游網）。《武經總要》前集卷一六下《戎狄舊地》："降聖州，契丹國舊地。東，遼河；西，野狐山；東南至暉州三十里；南，平頂山；北至龍化州五十里。"【劉注】《東北歷史地理》下册謂，遼代降聖州州城故址在今内蒙古自治區庫倫旗水泉鄉昆都嶺村西城子屯古城址。

[2]延昌宫：遼穆宗宫分。

饒州，匡義軍，中，節度。本唐饒樂府地，貞觀中置松漠府，太祖完葺故壘。有潢河、長水濼、没打河、青山、大福山、松山。隸延慶宫。統縣三：

長樂縣本遼城縣名。太祖伐渤海，遷其民，建縣居之。户四千，内一千户納鐵。

臨河縣本豐永縣人，[1]太宗分兵伐渤海，遷於潢水之曲。户一千。

安民縣。太宗以渤海諸邑所俘雜置。户一千。

[1]豐永縣：【劉校】據中華點校本校勘記，按下文遼陽府仙鄉縣條作"永豐縣"。

頭下軍州[1]

頭下軍州,[2]皆諸王、外戚、大臣及諸部從征俘掠,或置生口,各團集建州縣以居之。横帳諸王、國舅、公主許創立州城,[3]自餘不得建城郭。朝廷賜州縣額。其節度使朝廷命之,刺史以下皆以本主部曲充焉。[4]官位九品之下及井邑商賈之家,徵税各歸頭下;[5]唯酒税課納上京鹽鐵司。

[1]此標題原本無,從中華點校本加。【劉校】中華點校本校勘記謂:“頭下軍州:原無此目。按‘頭下軍州’皆因諸王、外戚、大臣私城所建,與以上州軍不盡同。《國志》别出‘投下州’一項。今仿下文‘邊防城’例,增此一目。”頭下,又稱頭下户。大批漢族人作爲“生口”,被俘掠到契丹境内,脱離了原來的户貫及一切社會關係。契丹統治者要重新安置他們,必須先將他們組織起來,辦法就是“團集”。所謂“團集”也就是唐朝人所説的“團結”,即將這些互不聯繫的個人編制爲“團”,並以其中一人爲“團頭”,餘者即是所謂“頭下户”。團頭對頭下户有監管之責。這種頭下制度是當時管理“生口”、組織他們生産並防止他們逃跑的唯一可行的辦法。頭下的規模不可能很大,因爲團頭是與一般頭下户身份相同的勞動者,他衹能管理數量有限的人户。頭下之制很早以前就出現在唐朝的軍隊當中了。

[2]頭下軍州:又稱頭下州軍,是以頭下户爲主建立的州。遼朝頭下軍州是歷史上首次將頭下制度納入國家行政體制。然而,究竟什麽是頭下軍州,分析本卷開頭關於頭下軍州的定義即可發現,它是自相矛盾的。先説頭下軍州“皆諸王、外戚、大臣及諸部從征俘掠,或置生口,各團集建州縣以居之”。然後又説“横帳諸王、國舅,公主,許創立州城,自餘不得建城郭。朝廷賜州縣額”。如果後面所説的“横帳諸王”就是前面所説的“諸王”,而“外戚”

又包含了“國舅”，那麽除此之外，“大臣及諸部”到底可不可以建州縣城郭呢？按照上述定義是不可以的，但本書中另外兩處關於頭下軍州的定義，對這個問題又作了肯定的回答。本書卷五九《食貨志》説：“各部大臣從上征伐，俘掠人户，自置郛郭爲頭下軍州。”本書卷四八《百官志四·南面方州官》也説：“其間宗室、外戚、大臣之家築城賜額謂之頭下州軍。”《遼史》中關於頭下軍州的定義之所以自相矛盾，問題就在於將“建城郭”與“朝廷賜州縣額”這樣相互聯繫的兩個問題完全混爲一談了。因爲衹要是“從征俘掠”或“從上征伐”，不論是諸王、外戚還是大臣，都會得到一定數量的“生口”，主要是漢人和渤海人。如前所述，這些農業生産者都是城郭以居的，如果不許建城郭，參與征伐者如何安置俘獲的“生口”？豈不是等於衹準他們“從征”，而不許他們“俘掠”嗎？因此，衹要是被允許“從征俘掠”者，遼朝廷都得允許他們建城郭。但是，並非所有的城郭都是“頭下州軍”。州是五京管轄下的第一級行政單位。頭下可以組成州，如果規模較小，則可以建成低級的行政單位統轄：“不能州者謂之軍，不能縣者謂之城，不能城者謂之堡”（《遼史·百官志四》）。這樣的州、縣、城、堡都是在由“置生口”、經“團集”而成爲頭下的基礎上建立的。朝廷賜州縣額的城郭即爲頭下州、縣，不賜州縣額的漢城，因其規模較小，則可以成爲“城”或“堡”。遼朝衹允許宗室、外戚、公主建頭下州、縣，實際上就是以國家權力保證他們能够占有較大範圍的土地。在他們占有的頭下州、縣範圍内，有衆多的作爲頭下户的漢人爲他們納税。那些不屬於宗室、外戚的權貴們，朝廷不賜與州縣額，即不允許他們建立頭下州、縣，這樣不僅限制了他們占有土地的範圍，而且他們也享受不到向頭下户徵税的特權。

[3]横帳：本書卷四五《百官志一》：“玄祖伯子麻魯無後，次子巖木之後曰孟父房；叔子釋魯曰仲父房；季子爲德祖，德祖之元子是爲太祖天皇帝，謂之横帳；次曰剌葛，曰迭剌，曰寅底石，曰安端，曰蘇，皆曰季父房。”契丹以玄祖之後爲皇族，分爲三房：

孟父房、仲父房和季父房。季父房一系中太祖阿保機子孫爲“横帳”。本書卷一六《聖宗本紀七》載開泰八年（1019）冬十月癸巳詔：“横帳、三房不得與卑小帳族爲婚；凡嫁娶，必奏而後行。”

[4]部曲：其身份是賤口，但高於奴婢。部曲、客女對主人有很强的人身隸屬關係，他們衹注家籍，而不隸籍州縣。他們中的很大一部分是隨從、僕役、私家武裝之類，並不從事生産勞動。

[5]徵税：【靳校】原本作“征税”，今據文意當改爲“徵税”。

徽州，[1]宣德軍，節度。景宗女秦晉大長公主所建。媵臣萬户，在宜州之北二百里，因建州城。北至上京七百里。節度使以下皆公主府署。户一萬。

[1]徽州：該州位置在宜州（今遼寧省義縣）之北二百里。【靳注】據《東北歷史地理》下册，該州治所在今遼寧省阜新蒙古族自治縣舊廟鄉他不郎村古城址。

成州，長慶軍，節度。聖宗女晉國長公主以上賜媵臣户置，在宜州北一百六十里因建州城。[1]北至上京七百四十里，户四千。

[1]宜州北一百六十里：【劉校】原本誤作“宜州北然百六十里”，明抄本、南監本、北監本和殿本均不誤。中華點校本及修訂本徑改。今從改。

懿州，[1]廣順軍，節度。聖宗女燕國長公主以上賜媵臣户置，在顯州東北二百里因建州城。西北至上京八百里，户四千。

［1］懿州：【劉注】今遼寧省阜新蒙古族自治縣塔營子鎮塔營子村古城址爲遼代頭下州懿州州治。

渭州，[1]高陽軍，節度。駙馬都尉蕭昌裔建。尚秦國王隆慶女韓國長公主，[2]以所賜媵臣建州城。顯州東北二百五十里。[3]遼制，皇子嫡生者，其女與帝女同。户一千。

［1］渭州：【劉注】今遼寧省法庫縣葉茂臺鎮二臺子村北古城址爲遼代渭州州治。

［2］秦國王：【劉校】據中華點校本校勘記，本書卷六四《皇子表》、《契丹國志》卷一四並作"秦晉國王"。　隆慶（？—1016）：隆緒同母弟。統和中進封爲梁國王，拜南京留守，手握重兵，稱雄一方。統和十七年（999）南征，隆慶率軍爲先鋒，至瀛州（今河北省河間市），與宋將范廷召相遇，隆慶命蕭柳迎戰，將宋軍擊潰，並圍而殲之。十九年（1001），隆慶復敗宋人於行唐（今河北省行唐縣），其權勢、地位不斷上升，威脅着遼聖宗。《宋朝事實類苑》卷七七引《乘軺録》稱其"調度之物，悉侈於隆緒"。

［3］顯州：治所在今遼寧省北鎮市。

壕州，[1]國舅宰相南征俘掠漢民，[2]居遼東西安平縣故地。在顯州東北二百二十里，西北至上京七百二十里。[3]户六千。

［1］壕州：【劉注】今遼寧省彰武縣小南窪村古城址爲遼代壕州州治。

［2］宰相：契丹部族官名。契丹可汗之下有北、南二府，各部族則分屬二府，故北宰相亦稱北府宰相，南宰相亦稱南府宰相。

［3］“壕州”至“七百二十里”：顯州處在遼上京道與東京道鄰界，其東北二百二十里當不在上京道境内。稱壕州“居遼東西安平縣故地”，其地與遼上京無涉，已見前注。以下原州、神州既均在漢安平縣境，則均不在上京道。

原州本遼東北安平縣地，顯州東北三百里，國舅金德俘掠漢民建城。西北至上京八百里。户五百。

福州，國舅蕭寧建。南征俘掠漢民，居北安平縣故地。在原州北二十里，西北至上京七百八十里。户三百。

横州，國舅蕭克忠建。部下牧人居漢故遼陽縣地，因置州城。在遼州西北九十里，[1]西北至上京七百二十里。有横山。户二百。

［1］遼州：遼置。故治在今遼寧省瀋陽市西北一百八十里新民縣。

鳳州，槀離國故地，[1]渤海之安寧郡境，[2]南王府五帳分地。在韓州北二百里，西北至上京九百里。户四千。[3]

［1］槀離國：《滿州源流考》卷九《疆域·沃沮·濊》：“東明爲百濟之祖，自槀離渡河，以之名地。當與槀離國相近。考遼志槀離爲鳳州、韓州，皆在今開原境。”

［2］渤海之安寧郡：《滿州源流考》卷一〇《疆域·渤海國

境》："《遼史》上京'鳳州，稾離國故地，渤海之安寧郡境，在韓州北二百里，西北至上京九百里'。按：鳳州與韓州相鄰，皆稾離故地。此安寧郡當爲鄚頡府之支郡，今附於此。"

[3]户四千：【劉校】據中華點校本校勘記，本書卷三六《兵衛志下》，"鳳州丁一千。按一户二丁通例，户、丁數疑誤"。

遂州本高州地，[1]南王府五帳放牧於此。在檀州西二百里，[2]西北至上京一千里。户五百。

[1]高州：統和八年（990）更名武安州，隸大定府。治所在今内蒙古自治區敖漢旗東。

[2]檀州：唐始置，治所在今北京市密雲區。

豐州本遼澤大部落，[1]遙輦氏僧隱牧地。北至上京三百五十里。户五百。

[1]豐州：僑置。據本書卷四一《地理志五》豐州振武縣條："太祖神册元年伐吐渾還，攻之，盡俘其民以東。"在東部置豐州。【劉注】今内蒙古自治區翁牛特旗烏丹鎮爲遼代頭下軍州豐州治所。

順州本遼隊縣地。[1]横帳南王府俘掠燕薊順州之民，建城居之。在顯州東北一百二十里，西北至上京九百里。户一千。

[1]順州：契丹南下俘掠燕薊地区的順州（今北京市順義區）之民在遼東地區僑置。【靳注】據《東北歷史地理》下册，該州治所在今遼寧省阜新蒙古族自治縣大巴鎮五家子村。

閭州，羅古王牧地，近醫巫閭山。在遼州西一百三十里，西北至上京九百五十里。[1]户一千。

[1]西北至上京九百五十里：此處記載方位有誤。醫巫閭山在顯州（今遼寧省北鎮市）境内，據本書本卷載，顯州東北二百二十里有壕州，其西北至上京衹有七百二十里。推測顯州境内的醫巫閭山距上京亦不會有九百五十里。【靳注】今據現代衛星地圖實測，醫巫閭山距遼上京臨潢府（今内蒙古自治區巴林左旗林東鎮）約三百三十公里，合計六百六十里。

松山州本遼澤大部落，[1]横帳普古王牧地，有松山。北至上京一百七十里。户五百。

[1]松山州：【劉注】今内蒙古自治區巴林右旗白音查幹鄉布敦花村古城址爲遼代頭下松山州州治。

豫州，[1]横帳陳王牧地。南至上京三百里。户五百。

[1]豫州：【劉注】今内蒙古自治區扎魯特旗格日朝魯鄉格日朝魯村古城址爲遼代頭下州豫州州治。

寧州本大賀氏勒得山，[1]横帳管寧王放牧地。在豫州東八十里，西南至上京三百五十里。户三百。

[1]寧州：【靳注】據《東北歷史地理》下册，該州治所當在今内蒙古自治區扎魯特旗巴雅爾吐胡碩鄉駐地巴雅爾吐胡碩村東之古城址。

邊防城

遼國西北界防邊城因屯戍而立，務據形勝，[1]不資丁賦。具列如左：

靜州，觀察。本泰州之金山，[2]天慶六年升。[3]

[1]形勝：【斬校】“形”原本作“刑”，今從中華點校本及修訂本改。

[2]泰州：治所在今吉林省白城市東南。

[3]天慶：天祚皇帝年號（1111—1120）。

鎮州，建安軍，節度。本古可敦城，[1]統和二十二年皇太妃奏置。[2]選諸部族二萬餘騎充屯軍，專捍禦室韋、羽厥等國，[3]凡有征討，不得抽移。渤海、女直、漢人配流之家七百餘户，[4]分居鎮、防、維三州。東南至上京三千餘里。

[1]可敦城：即鎮州。故址在今蒙古國布爾干省青托羅蓋古城。陳得芝《耶律大石北行史地雜考》（《歷史地理》第二輯）説，遼朝統治漠北屬部的最高軍政機構是西北路招討司（又稱西北路都招討司），遼聖宗統和十二年（994）因西北“阻卜”諸部作亂，以蕭撻凜爲西北路招討使，命隨皇太妃（齊王妃）出征，“屯西鄙驢駒兒河，西捍韃靼，盡降之”。蕭撻凜鑒於達旦諸部叛服不常，上表乞建三城以鎮之。統和二十二年（1004）三城完工，設置鎮、防、維三州。

[2]皇太妃：即齊妃，太宗第二子罨撒葛之妻。景宗即位，進封罨撒葛爲齊王，保寧四年（972）閏二月戊申薨，“追册爲皇太叔”，故其妻稱“皇太妃”。《長編》卷五五宋真宗咸平六年

(1003）秋七月己酉遼降人李信言：“［承天太后］蕭氏有姊二人，長適齊王，王死，自稱齊妃，領兵三萬屯西鄙驢駒兒河。嘗閱馬，見蕃奴達覽阿鉢姿貌甚美，因召侍帳中。蕭氏聞之，縶達覽阿鉢，抶以沙囊四百而離之。踰年，齊妃請于蕭氏，願以爲夫，蕭氏許之，使西捍達靼，盡降之，因謀帥其黼奔骨曆紥國，結兵以篡蕭氏。蕭氏知之，遂奪其兵，命領幽州。次適趙王，王死，趙妃因會飲寘毒蕭氏，爲婢所發，蕭氏酖殺之。”

［3］羽厥：即于厥，又稱烏古。

［4］渤海、女直、漢人配流之家七百餘户：【劉校】渤海，原本誤作“流海”，明抄本、南監本、北監本和殿本均作“渤海”。中華點校本及修訂本徑改。今從改。

維州，刺史。

防州，刺史。

河董城本回鶻可敦城，語訛爲河董城。久廢，遼人完之以防邊患。高州界女直常爲盜，劫掠行旅，遷其族於此。東南至上京一千七百里。

靜邊城本契丹二十部族水草地，北鄰羽厥，每入爲盜，建城，置兵千餘騎防之。東南至上京一千五百里。

皮被河城，[1]地控北邊，置兵五百於此防托。[2]皮被河出回紇北，東南經羽厥入臚朐河，沿河董城北，東流合沱漉河入于海。南至上京一千五百里。

［1］皮被河城：【靳注】據《東北歷史地理》下册，該城在今内蒙古自治區額爾古納旗黑山頭古城址。

［2］防托：邊防用語。有設防、備禦之義。《長編》卷二三五熙寧五年（1072）七月戊子載，已而雄州又言：“有兩逃軍報北界，

云南朝欲以九月十日發兵二十萬取燕京，契丹見聚兵二十万防托。”又卷五一三秋七月丙寅：“蘭州未有金城以前，每歲河凍，非用兵馬防托，不敢開城門。”

招州，綏遠軍，刺史。開泰三年以女直户置，隸西北路招討司。

塔懶主城，[1]大康九年置，在臚朐河。

[1]塔懶主城：【劉校】據中華點校本校勘記，“塔懶”即“撻覽”；“主”應作“王”。

（李錫厚注　劉鳳翥校）

遼史　卷三八

志第八

地理志二

東京道

東京遼陽府本朝鮮之地。[1]周武王釋箕子囚，[2]去之朝鮮，因以封之。作八條之教，[3]尚禮義，富農桑，外户不閉，人不爲盜，傳四十餘世。燕屬真番、朝鮮，始置吏築障。秦屬遼東外徼。[4]漢初，燕人滿王故空地。[5]武帝元封三年，定朝鮮爲真番、臨屯、樂浪、玄菟四郡，[6]後漢出入青、幽二州。[7]遼東、玄菟二郡沿革不常。[8]漢末爲公孫度所據，[9]傳子康，孫淵自稱燕王，[10]建元紹漢，魏滅之。晉陷高麗，後歸慕容垂，[11]子寶以勾麗王安爲平州牧居之。[12]元魏太武遣使至其所居平壤城。[13]遼東京本此。唐高宗平高麗，於此置安東都護府，[14]後爲渤海大氏所有，大氏始保挹婁之東牟山。[15]武后萬歲通天中爲契丹盡忠所逼，[16]有乞乞仲象者，度遼水自固，武后封爲震國公，傳子祚榮，[17]建都邑，自稱震王，併吞海北，地方五千里，兵數十萬。中宗賜所都曰忽汗州，封渤海郡王。十有二世至彝震，[18]僭號改元，擬建宫闕，有五京、十五府、六十二州，爲遼東盛國。忽汗州即故平壤城也，[19]號中京顯德府。[20]太祖建國，攻渤海，拔忽汗城，俘其王大諲譔，[21]以爲東丹王國，立太子圖欲爲人皇王以主之。[22]神册四年葺遼陽故城，以渤海、漢户建東平郡，爲防禦州，[23]天顯三年遷東丹國民居之，升爲南京。

[1]朝鮮之地：説遼"本朝鮮之地"，實屬"張冠李戴"，蓋因本書本卷"東京道"將朝鮮半島上的一條名爲"浿水"的河流，"移"到了遼陽附近所致。中華點校本本卷校勘記認爲"東京遼陽府至中京顯德府"一節是"誤以遼陽爲平壤"。其實不止於此。以下在述及遼陽附近的河流時，除了遼河、渾河、大梁水（太子河）等河流之外，又説到有浿水。並説："遼陽縣。本渤海國金德縣地。漢浿水縣，高麗改爲勾麗縣，渤海爲常樂縣。"浿水縣，漢屬樂浪郡。據《漢書·地理志》："樂浪郡，武帝元封三年開。莽曰樂鮮。屬幽州。"該郡下轄二十五縣，其中浿水縣因水得名，"水西至增地入海"。浿水縣不在遼陽，它所屬的樂浪郡，應劭注"故朝鮮國也"。此外，樂浪郡的另一屬縣朝鮮縣，應劭注"武王封箕子於朝鮮"。

[2]箕子：殷宗室，殷亡前遭紂王關押。《通鑑》卷一〇漢高祖三年（前202）"武王入殷，表商容之閭，釋箕子之囚，封比干之墓"。胡注："紂囚箕子，殺比干。武王克殷，釋箕子囚，封比干墓。"宋人徐兢《宣和奉使高麗圖經》卷一《始封》："高麗之先蓋周武王封箕子胥餘於朝鮮，寔子姓也。歷周、秦至漢高祖十二年，燕人衛滿亡命，聚黨椎結服役蠻夷，寖有朝鮮之地而王之。自子姓

有國八百餘年而爲衞氏。"

[3]八條之教：《漢書·地理志》："殷道衰，箕子去之朝鮮，教其民以禮義，田蠶織作。樂浪、朝鮮民犯禁八條：相殺以當時償殺；相傷以穀償；相盜者男没入爲其家奴，女子爲婢，欲自贖者，人五十萬。雖免爲民，欲猶羞之，嫁取無所讎，是以其民終不相盜，無門户之閉，婦人貞信不淫辟。"

[4]秦屬遼東外徼：【劉校】"秦"原本作"泰"，明抄本、南監本、北監本和殿本均作"秦"。中華點校本及修訂本徑改。今從改。

[5]燕人滿：《史記·朝鮮列傳》："王滿者，故燕人也。自始全燕時，嘗略屬真番朝鮮，爲置吏、築鄣塞。秦滅燕，屬遼東外徼。漢興，爲其遠，難守，復修遼東故塞，至浿水爲界，屬燕。燕王盧綰反，入匈奴，滿亡命，聚黨千餘人，魋結蠻夷服而東走出塞，渡浿水，居秦故空地上下鄣，稍役屬真番、朝鮮蠻夷及故燕、齊亡命者王之，都王險。"

[6]四郡：《漢書·朝鮮傳》載元封三年（前108）"定朝鮮爲真番、臨屯、樂浪、玄菟四郡"。另據《漢書·武帝本紀》，"以其地爲樂浪、臨屯、玄菟、真番郡"。注曰："《茂陵書》，臨屯郡治東暆縣，去長安六千一百三十八里，十五縣；真番郡，治霅縣，去長安七千六百四十里，十五縣。"

[7]後漢：東漢（25—220）。　青：青州。《漢書·地理志》顔師古注"青州"曰："東北據海，西南距岱。岱即太山也。""太山"即泰山。

[8]遼東：郡名。據《漢書·地理志》顔師古注，該郡"秦置，屬幽州"。

[9]公孫度（150—204）：遼東襄平（今遼寧省遼陽市）人。字升濟。初平元年（190），被董卓任命爲遼東太守。不久，中原亂起，公孫度趁機自立爲遼東侯、平州牧。繼則東伐高句麗，西擊烏桓，南取遼東半島，越海取膠東半島北部東萊諸縣，成爲割據遼東

地區軍閥。死後，子公孫康繼承其位。

[10]淵：公孫淵（？—238）。遼東太守公孫度之孫、公孫康之子。字文懿。太和二年（228），魏明帝拜淵爲遼東太守、大司馬，封樂浪公。淵在孫吳與曹魏之間首鼠兩端，景初元年（237），在擊敗前來討伐的毌丘儉後叛魏，自立爲燕王。次年，魏遣太尉司馬懿率軍討伐。淵大敗，並其子爲魏俘斬。

[11]慕容垂（326—396）：昌黎棘城（今遼寧省義縣）鮮卑族人。十六國時期前燕文明帝慕容皝的第五子。因爲太傅慕容評所逼而出走前秦，並受到前秦君主苻堅的寵信。淝水之戰後慕容垂乘時而起，建立後燕。後在與北魏交戰中發病而亡。

[12]勾麗王安："勾麗"即高句麗。《魏書·劉芳傳》附永傳，記載劉永"神龜中，兼大鴻臚卿，持策拜高麗王安，還，除范陽太守"。"神龜"是北魏孝明帝年號（518—520）

[13]元魏太武帝遣使至其所居平壤城：此處與《魏書》記載不符。太武帝拓跋燾，424年至451年在位，後六十餘年魏始遣使至高句麗。

[14]安東都護府：原置於平壤，《通鑑》卷二〇二唐高宗儀鳳元年（676）二月甲戌"徙安東都護府於遼東故城"。注引《考異》曰："《實録》咸亨元年，楊昉、高侃討安舜，始拔安東都護府，自平壤城移於遼東州。儀鳳元年二月甲戌，以高麗餘衆反叛，移安東都護府於遼東城，蓋咸亨元年言移府者，終言之也。儀鳳元年言高麗反者，本其所以移也。《會要》無咸亨元年移府事，此年云移於遼東故城，今從之。"按，安舜爲高麗王藏外孫，咸亨元年（670）高麗酋長劍牟岑反，立安舜爲主。唐以左監門大將軍高侃爲東州道行軍總管，發兵討之。此役已經將安東都護府移至遼東。

[15]東牟山：唐武則天時，粟末靺鞨首領大祚榮據此山，自號震國王。地處太白山（今長白山）東北。《舊唐書·渤海傳》載大祚榮"率其衆東保桂婁（《新唐書》作"挹婁"）之故地，據東牟山，築城以居之"。後大祚榮受唐封爲渤海郡王，其都城稱渤海舊

京。東牟山在舊京附近。今吉林省敦化市敖東城爲舊京遺址，城東南二十餘里有城子山古城，或即東牟山所在地。

［16］盡忠：即李盡忠，契丹首領窟哥之孫。唐初受封爲松漠都督，與其妻兄孫萬榮皆居於營州城側。武則天萬歲通天元年（696）五月，盡忠自稱“無上可汗”，以萬榮爲前鋒，叛唐。略地攻城，所至皆下，武則天更號孫萬榮爲“孫萬斬”，李盡忠爲“李盡滅”，又連命梁王武三思、建安王武攸宜率軍出征。唐軍與契丹戰於平州，抵擋不住，衹好堅壁清野，向南退却。漁陽（今天津市薊州區）、幽州（今北京市）等地先後被攻陷，契丹進至趙州（今河北省趙縣）一帶。後來，借助突厥的力量始在次年將這次反叛鎮壓下去。

［17］祚榮：即大祚榮（？—719）。靺鞨民族粟末部人。乞乞仲象之子，渤海國建立者。698 年至 719 年在位。

［18］彝震：即大彝震。渤海國第十一代君主。830 年至 857 年在位。

［19］忽汗州：渤海上京龍泉府。治所在今黑龍江省寧安市渤海鎮。

［20］“東京遼陽府”至“號中京顯德府”：【劉校】“本朝鮮之地”，中華點校本校勘記云：“據《史記》一一五《朝鮮傳》、《漢書》二八下《地理志》，應作“本燕國地”。本節誤以遼陽爲平壤。又據《新唐書》二一九《渤海傳》，忽汗州爲上京龍泉府，非平壤城，亦非遼陽。”

［21］大諲譔：渤海國末王。其世不詳。公元 906 年即位，926 年春正月，契丹攻陷渤海都城，大諲譔降而復叛，被俘，送遼上京西，築城居之。契丹更其名爲烏魯古，其妻名阿里只。烏魯古與阿里只是遼太祖及述律后受諲譔降時所乘二馬之名。按，契丹征渤海的時間，《高麗史》之記載要早於《遼史》之記載。《高麗史》卷一《太祖世家》於八年（乙酉）秋九月庚子載：“渤海禮部卿大和鈞均、老司政大元鈞、工部卿大福謨、左右衛將軍大審理等率民一

百户來附。渤海本粟末靺鞨也，唐武后時高句麗人大祚榮走保遼東，睿宗封爲渤海郡王。因自稱渤海國，並有扶餘、肅慎等十餘國，有文字、禮樂、官府制度，五京、十五府、六十二州，地方五千餘里，衆數十萬，鄰於我境而與契丹世仇。至是契丹主謂左右曰：'世仇未雪，豈宜安處。'乃大舉攻渤海大諲譔，圍忽汗城。大諲譔戰敗乞降，遂滅渤海。於是其國人來奔者相繼。"

[22]人皇王：即遼太祖阿保機長子耶律倍（898—936）。契丹名圖欲（突欲），生母爲淳欽皇后述律氏。天顯元年（926），阿保機滅渤海建東丹國，突欲被册爲人皇王，主東丹國政。據其傳載"神册元年春立爲皇太子"。阿保機死後，其母述律氏立德光，突欲被迫浮海投奔後唐。後唐明宗賜其姓名李贊華。清泰三年（遼天顯十一年，936），石敬瑭率軍攻入洛陽，後唐末帝李從珂約突欲與之同死，突欲不從，遇害。本書卷七二有傳。

[23]"太祖建國，攻渤海，拔忽汗城"至"建東平郡，爲防禦州"：阿保機建元稱帝是在神册元年（916），攻渤海拔忽汗城是在天顯元年（926）。中華點校本校勘記認爲，"葺遼陽故城、建東平郡在前，攻渤海、拔忽汗城在後，敘次倒舛。疑神册四年之前脱'先是'二字"。此説非確。所謂"敘次倒舛"是因爲將兩件事合而爲一了。實際情況爲：前一件事是攻渤海拔忽汗城建東丹國，都發生在忽汗城（今黑龍江省寧安市東京城）；後一件事是説神册四年至天顯三年遼陽城的變化。

城名天福，[1]高三丈，有樓櫓，[2]幅員三十里。八門：東曰迎陽，東南曰韶陽，南曰龍原，西南曰顯德，西曰大順，西北曰大遼，北曰懷遠，東北曰安遠。宮城在東北隅，高三丈，具敵樓，南爲三門，壯以樓觀，四隅有角樓，相去各二里。宮牆北有讓國皇帝御容殿。[3]大内建二殿，不置宮嬪，唯以内省使副、判官守之。

《大東丹國新建南京碑銘》在宫門之南。外城謂之漢城，分南北市，中爲看樓：晨集南市，夕集北市。街西有金德寺、大悲寺、駙馬寺鐵幡竿在焉、趙頭陀寺、留守衙、户部司、[4]軍巡院。歸化營軍千餘人，河朔亡命皆籍于此。[5]東至北烏魯虎克四百里，南至海邊鐵山八百六十里，西至望平縣海口三百六十里，北至挹婁縣范河二百七十里。[6]東、西、南三面抱海。遼河出東北山口爲范河，西南流爲大口，入于海。東梁河自東山西流，[7]與渾河合爲小口，會遼河入于海。又名太子河，亦曰大梁水。渾河在東梁、范河之間。[8]沙河出東南山西北流，徑蓋州入于海。[9]有蒲河、清河，浿水亦曰泥河，[10]又曰蓒芋濼，水多蓒芋之草。駐蹕山，唐太宗征高麗，駐蹕其巔數日，勒石紀功焉，俗稱手山，[11]山巔平石之上有掌指之狀，泉出其中，取之不竭。又有明王山、白石山亦曰横山。天顯十三年改南京爲東京，府曰遼陽。

[1]城名天福：天福城原爲忽汗城，即渤海上京龍泉府，治所在今黑龍江省寧安市渤海鎮。後來東丹國遷遼陽，東京遼陽亦稱天福城。

[2]樓櫓：《後漢書·南匈奴傳》："初，帝造戰車，可駕數牛，上作樓櫓，置於塞上，以拒匈奴。"注："櫓即樓也。《釋名》曰：樓無屋爲櫓也。"

[3]讓國皇帝：即遼太祖長子耶律倍。

[4]户部司：官署名。梁、陳並置左户尚書，並掌户籍，兼知工官之事。後魏、北齊有度支尚書，亦左民、右户之任。隋初曰度支尚書，開皇三年（583）改爲民部司。唐朝因之，貞觀二十三年（649）改爲户部司。爲户部所屬四司之首，掌全國户口籍帳、土

地、賦役等。

[5]河朔亡命：河、朔一帶自行逃亡到契丹境内的漢人。

[6]挹婁縣：嘉慶《大清一統志》卷六〇《奉天府》："挹婁故城在鐵嶺縣南六十里，遼置興州中興軍，治常安縣。屬東京道。金大定二十九年改爲挹婁縣，屬瀋州。元廢，明時訛爲'懿路'。城周三里有奇，永樂五年修築，置左、中二千户所於此。"今爲懿路村，在遼寧省鐵嶺市新臺子鎮南。

[7]東梁河：《滿洲源流考》卷一〇："《金史》瀋州章義縣，遼舊廣州，皇統三年降爲縣，來屬。有遼河、東梁河、遼河大口。按：東梁河即太子河，亦名大梁河。《明志》章義故城在瀋陽中衛西南六十里，有章義站。"

[8]渾河：河流名。遼河支流，流經今遼寧省瀋陽市。　范河：一名"泛河"，遼河支流。據《大清一統志》卷五九，范河在鐵嶺縣南三十里。

[9]蓋州：嘉慶《大清一統志》卷六〇《奉天府》："蓋州故城，今蓋平縣治。"治所在今遼寧省蓋州市。

[10]浿水：關於浿水與樂浪郡，《高麗史》卷五八《地理志·樂浪郡》有如下記載："周武王克商，封箕子於朝鮮，是爲後朝鮮。逮四十一代孫準時有燕人衛滿亡命，聚黨千餘人，來奪準地，都於王險城（原注：險，一作'儉'，即平壤），是爲衛滿朝鮮。其孫右渠不肯奉詔，漢武帝元封二年遣將討之，定爲四郡，以王險爲樂浪郡"，"有大同江（原注：既浿江，又名'王城江'。江之下流爲九津溺水）"。樂浪郡治所設在王險城，亦即今朝鮮平壤市。浿水或浿江，即流經平壤的大同江。皆與遼之疆域無涉。

[11]手山：據清人楊鑣、施鴻纂修《遼陽州志》卷七"首山""城西南十五里，一作手山，山頂石上有掌指狀泉出其中，挹之不竭。晉司馬懿圍公孫淵於襄平，有星墜首山，即此。唐太宗征高麗，嘗駐蹕於上數日，勒石紀功，改爲駐蹕山。上有清風寺。"

户四萬六百四。轄州、府、軍、城八十七。[1]統縣九：

遼陽縣本渤海國金德縣地，漢浿水縣，[2]高麗改爲勾麗縣，渤海爲常樂縣。户一千五百。

仙鄉縣本漢遼隊縣，[3]渤海爲永豐縣。《神仙傳》云：[4]“仙人白仲理能煉神丹、點黄金，以救百姓。”户一千五百。

鶴野縣本漢居就縣地，[5]渤海爲雞山縣。昔丁令威家此，[6]去家千年，化鶴來歸，集於華表柱，[7]以咮畫表云：“有鳥有鳥丁令威，去家千年今來歸；城郭雖是人民非，何不學仙塚纍纍。”户一千二百。

析木縣本漢望平縣地，[8]渤海爲花山縣。户一千。

紫蒙縣本漢鏤芳縣地，[9]後拂涅國置東平府，[10]領蒙州紫蒙縣。後徙遼城併入黄嶺縣。渤海復爲紫蒙縣。户一千。

興遼縣本漢平郭縣地，[11]渤海改爲長寧縣。唐元和中，渤海王大仁秀南定新羅，[12]北略諸部，開置郡邑，遂定今名，[13]户一千。

肅慎縣，以渤海户置。

歸仁縣。

順化縣。

[1]轄州、府、軍、城八十七：【劉校】據中華點校本校勘記，“八十七”與下文所列州、府、軍、城之數不合。

[2]漢浿水縣：漢屬樂浪郡。據《漢書·地理志》：“樂浪郡，武帝元封三年開。莽曰樂鮮。屬幽州。”該郡下轄二十五縣，其中

涓水縣因水得名。

［3］漢遼隊縣：漢代縣名。據《漢書·地理志》，該縣爲遼東郡屬縣，注謂“莽曰順睦”。

［4］《神仙傳》：書名。歷代以《神仙傳》爲名目者有多種。《四庫全書總目提要·道家類》著録《神仙傳》十卷，晉人葛洪撰（兩淮鹽政采進本）。“是書據洪自序，蓋於《抱樸子·内篇》既成之後，因其弟子滕升問仙人有無而作，所録凡八十四人。序稱秦大夫阮倉所記凡數百人，劉向所撰又七十一人，今復抄集古之仙者見於仙經、服食方、百家之書、先師所説、耆儒所論以爲十卷。又稱劉向所述殊甚簡略，而自謂此傳有愈於向。今考其書惟容成公彭祖二條與《列仙傳》重出，餘皆補向所未載。其中如黄帝之見廣成子、盧敖之遇若士，皆莊周之寓言。不過鴻蒙云將之類，未嘗實有其人。淮南王劉安謀反自殺，李少君病死，具載《史記》《漢書》，亦實無登仙之事，洪一概登載，未免附會。”此外，宋人王觀國《學林》卷四《王喬》又載：“近世有《王氏神仙傳》一集。”

［5］漢居就縣：據嘉慶《大清一統志》卷六〇《奉天府》：“居就故城在遼陽州西南。”

［6］丁令威：丁令威傳説是傳自《續搜神記》。宋人張淏《雲谷雜記》卷三載：“前輩詩文中多用化鶴事，其事有二，雖若相類，其實不同。《神仙傳》：蘇仙公者，桂陽人（原注：《洞仙傳》云，蘇公名眈）。漢文帝時得道，有白鶴數十降於門，乃跪白母曰‘某當仙，被召有期，即便拜辭’。遂升雲漢而去，後白鶴來，止郡城東北樓上。或挾彈彈之鶴，以爪攫樓板，似漆書云‘城郭是人民非，三百甲子一來歸，吾是蘇君彈何爲’此一事也。《續搜神記》：遼東城門華表柱忽有白鶴來集，人或欲射之，於空中歌曰‘有鳥有鳥丁令威，去家千歲今來歸，城郭猶是人民非’（原注：又《洞仙傳》云，令威，遼東人，少隨師學，得仙道分身，任意所欲。嘗暫歸化爲白鶴，集郡城門，餘同上）。此又一事也。”

［7］集於華表柱：【劉校】“柱”原本作“桂”，明抄本、南監

本、北監本和殿本均作“柱”。中華點校本及修訂本徑改。今從改。

[8]漢望平縣：據《漢書·地理志》漢遼東郡有望平縣，注：“大遼水出塞外，南至安市入海，行千二百五十里。”另據嘉慶《大清一統志》卷六五《錦州府》：“望平舊城在廣寧縣東北，漢置縣，屬遼東郡，後漢因。”“按《水經注》‘大遼水自塞外東流，直遼東之望平縣西。’漢縣蓋在遼河之東，故晉初改屬玄菟郡。金縣在河西，非漢故縣也。遼金二《志》又謂山東縣本漢望平，亦誤。”

[9]漢鏤芳縣：【劉注】據中華點校本校勘記，鏤芳，《漢書·地理志》和《後漢書·郡國志》均作“鏤方”。另據《漢書·地理志》，漢鏤方縣屬樂浪郡，當在今朝鮮境内。

[10]拂涅國：“拂涅”爲古部族名。唐時數入貢。據《滿洲源流考》卷一一，“《明一統志》，遼濵廢縣，在瀋陽衛西北一百八十里，本拂涅國地，遼爲遼州治”。

[11]漢平郭縣：嘉慶《大清一統志》卷六〇《奉天府》：“平郭故城，在蓋平縣南，漢置縣，屬遼東郡。”

[12]大仁秀（？—830）：渤海國第十代君主，818年至830年在位，在位期間渤海國達到鼎盛。廟號宣王。　新羅：朝鮮半島古國，公元4世紀成爲半島東南部的強國。7世紀中滅百濟和高句麗，不久，統一半島大部。至9世紀衰落，公元935年爲王氏高麗所取代。

[13]遂定今名：【劉校】“名”原本作“民”，明抄本、南監本、北監本和殿本均作“名”。中華點校本及修訂本徑改。今從改。

開州，鎮國軍，節度。本濊貊地，[1]高麗爲慶州。渤海爲東京龍原府，[2]有宮殿，都督慶、鹽、穆、賀四州事；故縣六：曰龍原、永安、烏山、壁谷、熊山、白楊，皆廢。疊石爲城，周圍二十里。唐薛仁貴征高麗，[3]與其大將温沙門戰熊山，擒善射者於石城，即此。

太祖平渤海，徙其民于大部落，城遂廢。聖宗伐高麗還，[4]周覽城基，復加完葺。開泰三年遷雙、韓二州千餘户實之，號開封府開遠軍，節度，更名鎮國軍。隸東京留守，兵事屬東京統軍司。[5]統州三、縣一。

開遠縣本栅城地，高麗爲龍原縣，[6]渤海因之，遼初廢。聖宗東討，復置以軍額。民户一千。

鹽州本渤海龍河郡，故縣四：海陽、接海、格川、龍河，皆廢。户三百，隸開州，相去一百四十里。

穆州，保和軍，刺史。本渤海會農郡，故縣四：會農、水岐、順化、美縣，皆廢。户三百，隸開州，東北至開州一百二十里。統縣一：

會農縣。

賀州，刺史。本渤海吉理郡，故縣四：洪賀、送誠、吉理、石山，皆廢。户三百，隸開州。

[1]濊貊：《漢書·食貨志》："彭吳穿穢貊、朝鮮，置滄海郡。"師古曰："彭吳，人姓名也，本皆荒梗，始開通之也，故言穿也。"按，"穢貊"同"濊貊"。另據明時朝鮮人所撰《朝鮮史略》卷一載："濊貊本朝鮮之地，南與辰韓、北與高句麗、沃沮接，東窮大海，西至樂浪。漢武帝元朔五年，濊君南閭叛降於漢，以其地爲滄海郡。濊即今江陵府，貊即今春川府。"

[2]渤海爲東京龍原府：《滿洲源流考》卷一〇《渤海國境》："按《一統志》，開州，遼末復入於高麗，謂之蜀莫郡，開遠廢縣，故開州治也，渤海爲龍原縣，慶州治焉。則慶州爲龍原府附郭之州，而龍原縣爲附郭之縣，永安、烏山、壁谷、熊山、白楊五縣亦爲慶州所屬明矣，非朝鮮慶尚道之慶州也。"按此説，渤海東京龍原府即遼開州，是在今朝鮮境内。又嘉慶《大清一統志》卷六〇

《奉天府》："開州故城，即今岫巖廳所轄鳳凰城。""《全遼志》：開州城在遼陽城東三百六十里，即今鳳凰山堡。四面石崖峭壁，東、北二門，城隨山鋪砌，可容十萬衆。唐太宗駐蹕於此，城今廢。"按，鳳凰城治所在今遼寧省鳳城市。東京龍原府爲鳳凰城説不確，參見本卷注釋來遠城條。

[3]薛仁貴（614—683）：名禮，字仁貴。河東道絳州龍門縣（今山西省河津市）人。唐初名將，自貞觀末年以來，征戰數十年，曾大敗九姓鐵勒，降伏高句麗，擊破突厥。高宗時，累官至瓜州長史、右領軍衛將軍，封平陽郡公。

[4]聖宗伐高麗還：【劉校】高麗，據中華點校本校勘記，原誤"新羅"，"據《紀》統和三年七月、十年正月改"。今從改。

[5]東京統軍司：遼設於東京的軍事機構。

[6]高麗爲龍原縣：《滿洲源流考》卷一〇則謂："開遠縣，本栅城地，高麗爲龍原縣，渤海因之。"治所在今朝鮮境内。

定州，保寧軍。高麗置州，故縣一，曰定東。聖宗統和十三年升軍，遷遼西民實之。隸東京留守司。統縣一：

定東縣，高麗所置，遼徙遼西民居之。户八百。

保州，宣義軍，節度。高麗置州，故縣一，曰來遠。聖宗以高麗王詢擅立，問罪不服，統和末高麗降，[1]開泰三年取其保、定二州，於此置榷場。隸東京統軍司。統州、軍二，縣一：

來遠縣，初徙遼西諸縣民實之，又徙奚、漢兵七百防戍焉。[2]户一千。

宣州，定遠軍，刺史。開泰三年徙漢户置。隸保州。

懷化軍，下，刺史。開泰三年置，隸保州。

[1]統和末高麗降：【劉校】據中華點校本校勘記，“統和末高麗降”六字，原誤在“開泰三年，取其保、定二州”之下，時間倒舛，今改。

[2]漢兵：也稱“漢軍”。遼朝有衆多的漢軍，其中有阿保機收編的“山北八軍”以及趙延壽的軍隊。此外，遼朝還有自己按照中原軍隊編制組建的漢軍，其中最重要的是燕京等地的禁軍。據《長編》卷五五宋真宗咸平六年（1003）七月己酉記李信云：“國中所管幽州漢兵，謂之神武、控鶴、羽林、驍武等，約萬八千餘騎。”其中“羽林”“控鶴”是唐、五代禁軍舊有的名號。因此可以斷定李信所説的遼燕京的“漢兵”就是戍衛京城的禁軍。

辰州，奉國軍，節度。本高麗蓋牟城。[1]唐太宗會李世勣攻破蓋牟城，[2]即此。渤海改爲蓋州，又改辰州，以辰韓得名。[3]井邑駢列，最爲衝會。遼徙其民於祖州。初曰長平軍，户二千，隸東京留守司。統縣一：

建安縣。

[1]蓋牟城：即蓋州（辰州）故城。在今遼寧省蓋州市。

[2]李世勣（594—669）：唐初名將。因避太宗諱，稱李勣。原名徐世勣，字懋功，曹州離狐（今山東省菏澤市東明縣）人。唐太宗時曾征戰高句麗。一生功勛卓著，爲凌煙閣二十四功臣之一。

[3]辰韓：公元前2世紀末至公元4世紀前後朝鮮半島南部“三韓”部落集團之一。因其居民中多有秦朝遺民，又稱“秦韓”。《滿洲源流考》卷八以今蓋州爲辰州，“辰州，即今之蓋州，今爲蓋平縣”。辰州之名與辰韓無關。

盧州，玄德軍，刺史。本渤海杉盧郡，故縣五：山陽、杉盧、漢陽、白巖、霜巖，皆廢。户三百。在京東一百三十里。兵事屬南女直湯河司。統縣一：

熊岳縣。西至海一十五里，傍海有熊岳山。[1]

[1]熊岳山：山名。在今遼寧省營口市鮁魚圈區。按，《滿洲源流考》卷一〇以爲熊岳山在渤海東京龍原府。非是。東京龍原府爲渤海國五京之一，按前述龍原府治所或在今朝鮮境內，與此地亦相距甚遠。

來遠城本熟女直地。[1]統和中伐高麗，以燕軍驍猛，置兩指揮，建城防戍。兵事屬東京統軍司。

[1]來遠城：該城確址，本書《地理志》中並無明確記載。本書卷一五《聖宗本紀六》載統和二十九年（1011）春正月乙亥朔，遼軍“班師，所降諸城復叛。至貴州南峻嶺谷，大雨連日，馬駝皆疲，甲仗多遺棄，霽乃得渡。己丑，次鴨淥江。庚寅，皇后及皇弟楚國王隆祐迎于來遠城”。據《高麗史》卷四《顯宗世家》，正月“癸卯，契丹主渡鴨緑江引去”。這就是説，遼聖宗退兵至鴨淥江邊，半月後他纔渡江。而在他到達鴨淥江的次日，皇后及皇弟楚國王隆祐已經在來遠城迎接他了，表明來遠城是在江的東岸。如以來遠城爲地標，則其東面還有屬於遼朝的保州和開州。《中國歷史地圖集》第六册圖八、九，以開州、開遠及來遠爲同一地，值得商榷。《中國歷史地圖集釋文彙編（東北卷）》第136頁引《武經總要》前集卷一六下上述一段文字，在“遼中庚戌年”之前加“來遠城”三字，作：“來遠城。遼中庚戌年。”似與本義不符。因爲這一年遼得到的是開州而不是來遠城。書中所載“東至新羅興化鎮四

十里，南至海三十里，西至保州四十里”，也是開州（開遠軍）的方位，而不是來遠城的方位。按，一説來遠城故址或在遼寧省丹東市九連城鎮境内。

鐵州，建武軍，刺史。本漢安市縣，[1]高麗爲安市城。唐太宗攻之不下，薛仁貴白衣登城，即此。渤海置州，故縣四：位城、河端、蒼山、龍珍，[2]皆廢。户一千。在京西南六十里。統縣一：

湯池縣。

[1]漢安市縣：嘉慶《大清一統志》卷六〇《奉天府》：“安市故城在蓋平縣東北，漢置縣，屬遼東郡，後漢及晉初因之，後入高句麗爲安市城……金時蓋州所統有湯池縣，即遼鐵州，高麗安市城，故漢縣也。考今湯池堡去安市廢縣僅十里耳，良是。”

[2]河端：【劉校】據中華點校本校勘記，道光殿本《考證》引《永樂大典》作“河瑞”。

興州，中興軍，節度。本漢海冥縣地。[1]渤海置州，故縣三：盛吉、蒜山、鐵山，皆廢。户二百。在京西南三百里。

[1]漢海冥縣：據《漢書·地理志》，海冥縣西漢屬玄菟郡，劉昭《續漢志·郡國志》則稱東漢時該縣屬東浪郡。

湯州本漢襄平縣地。[1]渤海置州，[2]故縣五：靈峰、常豐、白石、均谷、嘉利，皆廢。户五百。在京西北一百里。

[1]漢襄平縣：嘉慶《大清一統志》卷六〇《奉天府》："襄平故城，在遼陽州北，漢置縣，爲遼東郡治……賈耽曰：自營州東百八十里至燕郡城，又經汝羅守捉，渡遼水至安東都護府五百里。府故漢襄平城地。"

[2]渤海置州：【劉校】據中華點校本校勘記，"渤海置州"四字原脱，道光殿本據《通考》補。今從之。

崇州，[1]隆安軍，刺史。本漢長岑縣地。[2]渤海置州，故縣三：崇山、潙水、緑城，皆廢。户五百。在京東北一百五十里。統縣一：

崇信縣。

[1]崇州：參見本卷貴德州條。

[2]漢長岑縣：《後漢書·崔駰傳》："［竇］憲不能容，稍疏之。因察駰高第，出爲長岑長。"李賢注："長岑縣，屬樂浪郡，其地在遼東。"

海州，南海軍，節度。本沃沮國地。[1]高麗爲沙卑城，唐李世勣嘗攻焉。渤海號南京南海府。[2]疊石爲城，幅員九里，都督沃、晴、椒三州。故縣六：沃沮、鷲巖、龍山、濱海、昇平、靈泉，皆廢。太平中大延琳叛，[3]南海城堅守，經歲不下，别部酋長皆被擒，乃降。因盡徙其人於上京，置遷遼縣，移澤州民來實之。[4]户一千五百。統州二、縣一：

臨溟縣。

耀州，[5]刺史。本渤海椒州，故縣五：椒山、貂嶺、澌泉、尖山、巖淵，皆廢。户七百，隸海州。東北至海州二百里。統縣一：

巖淵縣，東界新羅，故平壤城在縣西南。東北至海州一百二十里。

嬪州，柔遠軍，刺史。本渤海晴州，故縣五：天晴、神陽、蓮池、狼山、仙巖，皆廢。户五百，隸海州。東南至海州一百二十里。

[1]沃沮國：《後漢書·東夷傳》："東沃沮在高句驪蓋馬大山之東。"注："蓋馬，縣名，屬玄菟郡，其山在今平壤城西。"

[2]渤海號南京南海府：《新唐書》卷二一九《渤海傳》渤海以"沃沮故地爲南京曰南海府"。【靳注】南京南海府，渤海國五京之一。故址在今朝鮮咸興市。或有别説。

[3]大延琳（？—1030）：渤海人。遼東京軍將。反遼鬬爭領導人。

[4]澤州：遼太祖俘蔚州民，在松亭關以北立寨居之，採煉陷河銀冶。開泰中大延琳反叛被鎮壓之後，原東京海州下轄的刺史州澤州民被遷移至此，置澤州。《武經總要》前集卷一六下《戎狄舊地》："澤州，松亭關北，遼澤之地。"【靳注】松亭關，故址在今河北省寬城滿族自治縣西南。

[5]耀州：《武經總要·戎狄舊地》："耀州，地控新羅界，胡中要害之地，東鴨緑江女真界，西大遼南石城，北至東京百五十里。"

渌州，[1]鴨渌軍，節度。本高麗故國，渤海號西京鴨渌府。城高三丈，廣輪二十里，都督神、桓、豐、正四州事。故縣三：神鹿、神化、劍門，皆廢。大延琳叛，遷餘黨於上京，置易俗縣居之。在者户二千。隸東京留守司。統州四、縣二：

弘聞縣。

神鄉縣。

桓州，高麗中都城，故縣三：桓都、神鄉、淇水，[2]皆廢。高麗王於此創立宮闕，[3]國人謂之新國。五世孫釗，晉康帝建元初爲慕容皝所敗，[4]宮室焚蕩。户七百，隸渌州，在西南二百里。

豐州，渤海置盤安郡，故縣四：安豐、渤恪、隰壤、硤石，皆廢。户三百，隸渌州，在東北二百一十里。

正州本沸流王故地，國爲公孫康所併。渤海置沸流郡。有沸流水。[5]户五百，隸渌州，在西北三百八十里。統縣一：

東那縣本漢東耐縣地，[6]在州西七十里。

慕州本渤海安遠府地，故縣二：慕化、崇平，久廢。户二百。隸渌州。在西北二百里。

[1]渌州：《滿洲源流考》卷一〇："按：渌州城在平壤西境，因鴨緑江爲名也。鴨緑江之'緑'，《北史》《新唐書》《遼史》俱作'渌'。"遼東京轄區包括鴨緑江以東女真地區，渌州下轄的州縣當在這一地區或渤海西京轄區，即今朝鮮境内。

[2]淇水：【劉校】據中華點校本校勘記，趙萬里《元一統志》卷二記有涀水。"淇"字誤。

[3]高麗王於此：【劉校】原本作"於高麗王於此"，衍"於"字，中華點校本及修訂本徑改。今從改。

[4]慕容皝（297—348）：前燕創建者。字元真，小字萬年。

昌黎棘城（今遼寧省義縣）人，鮮卑族。西晉遼東公慕容廆第三子，十六國時期創建前燕，稱文明帝。

［5］沸流水：《滿洲源流考》卷一〇："按《通考》魏正始五年，幽州刺史毌丘儉出玄菟，討高麗，戰於沸流，高麗王位宫敗走，儉追至赬峴，登丸都山，屠其所都。則沸流固應與桓都相近，亦今朝鮮境内地。"

［6］本漢東耐縣地：【劉校】據中華點校本校勘記，"道光殿本《考證》謂，漢無東耐縣，或是《後漢書·郡國志》東暆、不而之脱誤。《索隱》疑是唐羈縻代那州"。

顯州，[1]奉先軍，上，節度。本渤海顯德府地。世宗置，以奉顯陵。顯陵者，[2]東丹人皇王墓也。人皇王性好讀書，不喜射獵，購書數萬卷，置醫巫閭山絶頂，[3]築堂曰望海。山南去海一百三十里。大同元年世宗親護人皇王靈駕歸自汴京，[4]以人皇王愛醫巫閭山水奇秀，因葬焉。山形掩抱六重，於其中作影殿，制度宏麗。州在山東南，遷東京三百餘户以實之。應曆元年穆宗葬世宗於顯陵西山，[5]仍禁樵採。有十三山，有沙河。隸長寧、積慶二宫，[6]兵事屬東京都部署司。統州三、縣三：

奉先縣本漢無慮縣，[7]即醫巫閭，幽州鎮山。世宗析遼東長樂縣民以爲陵户，隸長寧宫。

山東縣本漢望平縣，穆宗割渤海永豐縣民爲陵户，隸積慶宫。

歸義縣，初置顯州，渤海民自來助役，世宗嘉憫，因籍其人户置縣，隸長寧宫。

嘉州，嘉平軍，下，刺史。隸顯州。

遼西州，阜成軍，中，刺史。本漢遼西郡地，[8]世宗置州，隸長寧宫，屬顯州。統縣一：

長慶縣，統和八年以諸宫提轄司人户置。[9]

康州，下，刺史。世宗遷渤海率賓府人户置，屬顯州。初隸長寧宫，後屬積慶宫。統縣一：

率賓縣本渤海率賓府地。[10]

[1]顯州：地名。治所在今遼寧省北鎮市，即顯陵所在之顯州，非渤海顯德府之顯州，兩個顯州名稱雖相同，但時空不一致。遼朝所建的顯州在遼西北鎮，而渤海國中京顯德府雖然也稱顯州，卻在今吉林省敦化市。《長編》卷七四宋真宗大中祥符三年（1010）九月戊辰載："知雄州李允則言契丹由顯州東侵高麗。"這證明該顯州靠近高麗，亦即原渤海顯德府在遼仍稱顯州。這樣，遼朝實際上存在兩個顯州，但《地理志》卻將兩個顯州合而爲一，並將這個顯州説成是原渤海顯德府，然後又説顯陵和醫巫閭山也在原顯德府。一錯再错。

[2]顯陵：東丹王耶律倍陵寢。在顯州醫巫閭山。

[3]醫巫閭山：遼西地區的名山。位於今遼寧省北鎮市。

[4]大同：遼太宗年號（947）。

[5]應曆：遼穆宗年號（951—969）。

[6]積慶宫：遼世宗宫分。

[7]漢無慮縣：嘉慶《大清一統志》卷六五《錦州府》："無慮故城，今廣寧縣治，漢置縣，屬遼東郡……［遼］顯州奉先縣當在今縣東南。又考渤海顯德府，在渤海上京之南，吉林南境。《遼史》爲顯州本顯德府地，誤。"按清廣寧縣，即今遼寧省興城市。

[8]漢遼西郡：《明一統志》卷二五《登州府》："秦以幽州爲遼西郡，營州爲遼東郡，漢初因之。武帝拓朝鮮地，並割遼東屬邑

置樂浪、玄菟、真番、臨屯四郡。”

[9]提轄司：隸屬宮衛的軍事機構，遇有戰事，負責點集兵馬。遼在南京（今北京市）、西京（今山西省大同市）、奉聖州（今河北省涿鹿縣）和平州（今河北省盧龍縣）以及中京、東京和上京等處設提轄司，隸屬諸宮衛。提轄司所管轄的人户也是有軍籍的。

[10]率賓縣本渤海率賓府地：【劉校】據中華點校本校勘記，《索隱》："既云遷率賓府人户置，則非故地。"

宗州，[1]下，刺史。在遼東石熊山，耶律隆運以所俘漢民置。聖宗立爲州，隸文忠王府。王薨，屬提轄司。統縣一：

熊山縣本渤海縣地。

[1]宗州：《武經總要》前集卷一六下《戎狄舊地》："宗州，石熊山之陽，管熊山一縣。古遼東之地，東遼水，南至顯州一百里，北潢水。"

乾州，[1]廣德軍，上，節度。本漢無慮縣地。聖宗統和三年置，[2]以奉景宗乾陵。[3]有凝神殿。隸崇德宮，兵事屬東京都部署司。統州一、縣四：

奉陵縣本漢無慮縣地。括諸落帳户，助營山陵。[4]

延昌縣，析延昌宮户置。

靈山縣本渤海靈峰縣地。

司農縣本渤海麓郡縣，併麓波、雲川二縣入焉。

海北州，廣化軍，中，刺史。世宗以所俘漢户置。地在閭山之西，[5]南海之北。初隸宣州，[6]後屬乾州。統縣一：

開義縣。

[1]乾州：在顯州附近。《三朝北盟會編》卷二〇政宣上帙許亢宗《宣和乙巳奉使行程録》載："第二十二程至顯州，出榆關以東行，南瀕海而北限大山，盡皆戴石不毛。至此，山忽峭拔摩空，蒼翠萬仞，全類江左，乃醫巫閭山也。成周之時，幽州以醫巫閭作鎮，其遠如此。契丹原欲葬於此山，離［顯］州七里，别建乾州，以奉陵寢。"《明一統志》卷二五《登州府》："乾州城在廣寧衛西南七里，本漢無慮縣地，遼置乾州廣德軍。"

[2]聖宗統和三年置：【劉校】據中華點校本校勘記，"按《紀》乾亨四年十一月置乾州"。

[3]乾陵：遼景宗陵寢。

[4]山陵：帝、后的墳墓。《水經注》卷一九《渭水三》："秦名天子塚曰山，漢曰陵，故通曰山陵矣。"

[5]閭山：即醫巫閭山。

[6]宣州：【劉校】據中華點校本校勘記，"宣"應作"宜"。"此即中京道宜州。屬縣開義，《金史·地理志》同，本書中京道宜州條下作'聞義'"。

貴德州，[1]寧遠軍，下，節度。本漢襄平縣地，漢公孫度所據。[2]太宗時察割以所俘漢民置。[3]後以弒逆誅，没入焉。聖宗建貴德軍，[4]後更名。有陀河、大寶山。[5]隸崇德宫，兵事屬東京都部署司。統縣二：

貴德縣本漢襄平縣，渤海爲崇山縣。

奉德縣本渤海緣城縣地，[6]嘗置奉德州。

[1]貴德州：《滿洲源流考》卷一一引趙萬里《元一統志》："公孫廢城在貴德州。漢末公孫度爲遼東太守，治襄平，傳子至孫，據有其地，遺址猶存。"按其故城址當在今遼寧省撫順市城北高爾山前。

[2]漢公孫度所據：【劉校】據中華點校本校勘記，依上下文例，"漢"下脱"末"字。

[3]察割：即耶律察割，遼皇族，其父即明王安端，爲阿保機同母弟。世宗即位，察割封泰寧王。天禄五年（951）九月，南伐途中行弑逆，隨即被誘殺。

[4]聖宗建貴德軍：【劉校】"建"原作"外"，中華修訂本據明抄本、南监本、北监本和殿本改。今從改。

[5]大寶山：《滿洲源流考》卷一一引趙萬里《元一統志》："大寶城在廢貴德州。"是大寶城因山得名。

[6]本渤海緣城縣地：中華點校本本卷校勘記謂"緣城，上文崇州條作緑城"。所言甚是。崇州原屬渤海，故縣三：崇山、潙水、緑城。遼滅渤海後，三縣皆廢，以渤海崇山縣民置貴德縣，以緑城縣民置奉德縣。二縣皆非故地，而是在貴德州境内。渤海崇州屬中京顯德府。治所在崇山縣（今吉林省敦化市東北大山咀子鎮）。轄境約當今吉林省敦化市東北牡丹江流域一帶。疑遼無崇州。參見本卷集州條。

瀋州，[1]昭德軍，中，節度。本挹婁國地。渤海建瀋州，故縣九，皆廢。[2]太宗置興遼軍，後更名。初隸永興宫，[3]後屬敦睦宫，[4]兵事隸東京都部署司。統州一、縣二：

樂郊縣，太祖俘薊州三河民建三河縣，[5]後更名。

靈源縣，太祖俘薊州吏民建漁陽縣，[6]後更名。

巖州，白巖軍，下，刺史。本渤海白巖城，太宗撥屬瀋州。初隸長寧宮，後屬敦睦宮。統縣一：

白巖縣，渤海置。

［1］瀋州：治所在今遼寧省瀋陽市。《武經總要》前集卷一六下《戎狄舊地》："瀋州，德光所建，仍曰昭德軍，契丹舊地也，東至大遼水。水東即女真界。"

［2］渤海建瀋州，故縣九，皆廢：【劉校】據中華點校本校勘記，道光殿本《考證》："按《元一統志》，渤海建定理府，都督瀋、定二州，領定理、平邱、巖城、慕美、安夷、瀋水、安定、保山、能利九縣，並廢。"

［3］永興宮：太宗德光宮分。【劉校】中華點校本校勘記云，此處"宮"字原脱，據本書《營衛志》補。

［4］敦睦宮：孝文皇太弟耶律隆慶宮分。

［5］薊州：治所在今天津市薊州區。　三河：縣名，治所在今河北省三河縣。【劉校】薊州三河民，原本和南監本作"蘇州三河民"，中華點校本及修訂本據北監本和殿本改。今從改。

［6］太祖俘薊州吏民：【劉校】原本和南監本作"太祖俘蘇州吏民"，據北監本和殿本改。　漁陽縣：唐以後之薊州以漁陽爲治。治所在今天津市薊州區。

集州，[1]懷衆軍，下，刺史。古陴離郡地，[2]漢屬險瀆縣，[3]高麗爲霜巖縣，渤海置州。統縣一：

奉集縣，渤海置。

［1］集州：《金史》卷二四《地理志》："貴德州，刺史，下。遼貴德州寧遠軍，國初廢軍，降爲刺郡。户二萬八百九十六。縣二：貴德（倚，有范河），奉集（遼集州懷遠軍。奉集縣本渤海舊縣，有渾河。）"《滿洲源流考》卷一〇："按奉集廢縣在今撫順城

南八十里。"

［2］古陴離郡：《晉書》卷九七《四夷傳·裨離等十國》："裨離國在肅慎西北，馬行可二百日，領户二萬。"據此，陴（裨）離當遠在今俄羅斯西伯利亞地區。

［3］漢險瀆縣：據《漢書·地理志》，遼東郡有險瀆縣。注引應劭曰："朝鮮王滿都也，依水險，故曰險瀆。"臣瓚曰："王險城在樂浪郡，浿水之東。此自是險瀆也。"師古曰："瓚説是也。"按，奉集縣其地變遷過程是，高句麗時地近王險城，渤海時屬集州，遼俘其民於貴德州境内建奉集縣。遼應再無集州。貴德州如"奉德"與"奉集"非同一縣則應統縣三。

廣州，[1]防禦，漢屬襄平縣，高麗爲當山縣，渤海爲鐵利郡。太祖遷渤海人居之，建鐵利州。統和八年省。開泰七年以漢户置。統縣一：

昌義縣。

［1］廣州：《金史》卷二四《地理志上》載，瀋州章義縣"遼舊廣州，皇統三年降爲縣，來屬。有遼河、東梁河、遼河大口"。《松漠紀聞》卷二記載從金上京至燕京的行程，途經"瀋州六十里至廣州"。即廣州在瀋州（今遼寧省沈陽市）西南六十里處。

遼州，[1]始平軍，下，節度。本拂涅國城，渤海爲東平府。唐太宗親征高麗，李世勣拔遼城，高宗詔程振、蘇定方討高麗，[2]至新城大破之，皆此地也。太祖伐渤海，先破東平府，遷民實之。故東平府都督伊、蒙、陀、黑、北五州，[3]共領縣十八，皆廢。太祖改爲州，軍曰東平，太宗更爲始平軍。有遼河、羊腸河、錐子河、蛇山、狼山、黑山、巾子山。隸長寧宫，兵事屬北女直兵馬司。統州一、縣二：

遼濱縣。

安定縣。

[1]遼州：遼置。《滿洲源流考》卷一〇："按《志》云遼州有遼河、羊腸河、錐子河、蛇山、狼山、黑山、巾子山。今考羊腸河在廣寧縣城東四十五里；錐子河在廣寧城東北四十里，即珠子河也。遼河亦經廣寧縣東北二百三十里。蛇山一在廣寧城東三十里，一在東北九十五里；狼山在廣寧城東北二十里，今名狼虎山；黑山在廣寧城東北八十里；又有西黑山在城東北七十五里；大黑山在城東七十里；小黑山在城東六十里。則渤海之東平府實在今廣寧東北也。遼東平府治遼濱縣，故城在今承德西北。"綜上所述可知，遼東平府非渤海東平府，渤海之東平府在廣寧（今遼寧省興城市），而遼之東平府則在清承德縣（今遼寧省瀋陽市）西北。《武經部要前集》卷一六下《戎狄舊地》："北白川州，遼州，遼縣故地，本朝天禧中契丹建爲州，仍曰始平軍。東至乾州百二十里，西北至宜州四十里，南至海二百里，北至中京五百五十里，北至醫巫閭山八十里。"【劉注】今遼寧省新民市公主屯鎮濱塔村遼城址爲遼代遼州州治。

[2]程振：係"程名振"之誤。《新唐書》卷三《高宗本紀》載永徽六年（655）二月："乙丑營州都督程名振、左衛中郎將蘇定方伐高麗。五月壬午，及高麗戰於貴端水，敗之。" 蘇定方（592—667）：唐朝傑出的軍事家。冀州武邑縣（今河北省武邑縣）人。名烈，以字行。太宗時，曾隨李靖北伐東突厥，攻破頡利可汗的牙帳，爲擊滅東突厥立下不朽戰功。

[3]伊、蒙、陀、黑、北五州：【劉校】據中華點校本校勘記，"北"，《新唐書》卷二一九《渤海傳》作"比"。

祺州，[1]佑聖軍，下，刺史。本渤海蒙州地。太祖以檀州俘於此建檀州，[2]後更名。隸弘義宫，兵事屬北女直兵馬司。統縣一：

慶雲縣，太祖俘密雲民於此建密雲縣，後更名。

[1]祺州：《滿洲源流考》卷一〇："按遼祺州統慶雲縣，以所俘檀州密雲民建州治所，金廢州，以慶雲縣隸咸平府。元又廢縣爲慶雲驛，在今鐵嶺西北五十里。"

[2]檀州：始置於唐。治所在今北京市密雲區。

遂州，[1]刺史。本渤海美州地，採訪使耶律頗德以部下漢民置。穆宗時，頗德嗣絶，没入焉。隸延昌宫。統縣一：

山河縣本渤海縣，併黑川、麓川二縣置。

[1]遂州：《滿洲源流考》卷一〇："此遂州屬上京，與鳳州相鄰。鳳州亦槀離國地，在韓州北二百里，西北至上京九百里。遂州西北至上京千里，則與韓州相去止百里。"【劉注】今遼寧省昌圖縣七家子鄉駐地七家子村古城址爲遼代遂州州治。

通州，[1]安遠軍，節度。本扶餘國王城，渤海號扶餘城。太祖改龍州，聖宗更今名。保寧七年以黄龍府叛人燕頗餘黨千餘户置，[2]升節度。[3]統縣四：

通遠縣本渤海扶餘縣，併布多縣置。

安遠縣本渤海顯義縣，併鵲川縣置。

歸仁縣本渤海強帥縣，[4]併新安縣置。

漁谷縣本渤海縣。

[1]通州：《滿洲源流考》卷一〇“按”歷述遼之通州與龍州之區别：“《遼史》既言改夫餘府爲龍州，又言改龍州爲通州，而所置諸縣或沿或併，尚仍其舊，史有訛誤，疑遼之龍州，其地本廣，因燕頗之役，舊治已廢。開泰中移黄龍府於東北，又分置通州也。黄龍府所屬長平等縣爲扶州屬邑，通州所屬夫餘等縣即爲仙州屬縣也。又按渤海夫餘府與契丹爲鄰，未能過開原以北。遼之黄龍府境又稍廣。《舊五代史》言北至混江僅百里，則又《遼史》遷府於東北之明證也。”

[2]保寧：遼景宗年號（969—978）。　燕頗：渤海人。燕頗殺守臣以叛，耶律吼之子何魯不討之，破於鴨渌江。坐不親追擊，以至失賊，受杖罰。

[3]“聖宗更今名”至“升節度”：【劉校】據中華點校本校勘記：“按聖宗在景宗保寧之後。景宗保寧七年已增置户口，升節度，聖宗時，始更名通州。”

[4]强師縣：【劉校】據中華點校本校勘記，《金史·地理志》作“强師縣”。

韓州，[1]東平軍，下，刺史。本槀離國舊治柳河縣。高麗置鄚頡府，都督鄚、頡二州。[2]渤海因之。今廢。太宗置三河、榆河二州。[3]聖宗併二州置。隸延昌宫，兵事屬北女直兵馬司。統縣一：

柳河縣本渤海粤喜縣地，併萬安縣置。

[1]韓州：《武經總要》前集卷一六下《戎狄舊地》：“韓州，在三韓之地，本渤海西北邊之邑，舊有三州，契丹併爲韓州。”《滿

洲源流考》卷一〇“按”載：“榆河在科爾沁右翼前旗，遼河在左翼東南四百五十里，經左翼後旗入邊。又左翼東南四百七十里有阿拉瑪圖城，近開原邊外，當即遼韓州故城也。”

[2]鄚頡府，都督鄚、頡二州：【劉校】據中華點校本校勘記：“按《新唐書》二一九《渤海傳》，鄚頡府領鄚、高二州。”

[3]三河、榆河二州：榆河爲河流名。流經遼寧省西南部，入大靈河。契丹以俘虜三河（今屬河北省）及榆河流域的百姓置二州。

雙州，[1]保安軍，下，節度。本挹婁故地。渤海置安定郡，久廢。漚里僧王從太宗南征，以俘鎮、定二州之民建城置州。察割弒逆誅，没入焉。初隸延昌宮，後屬崇德宮，兵事隸北女直兵馬司。統縣一：

雙城縣本渤海安夷縣地。

[1]雙州：《滿洲源流考》卷一〇按語：“雙城故縣在鐵嶺西六十里，金時州廢，以縣屬瀋州。”《武經總要》前集卷一六下《戎狄舊地》：“雙州，契丹號保安軍，有通吳軍營壘，東至逆流河二里入生女真界，西至遼州七十里，南至瀋州七十里，北至渝州百二十里。”

銀州，[1]富國軍，下，刺史。本渤海富州，太祖以銀冶更名。隸弘義宮，兵事屬北女直兵馬司。統縣三：

延津縣本渤海富壽縣，境有延津故城，更名。

新興縣本故越喜國地，[2]渤海置銀冶，嘗置銀州。[3]

永平縣本渤海優富縣地，太祖以俘户置。舊有永平寨。

[1]銀州:《武經總要》前集卷一六《戎狄舊地》:"銀州,阿保機所建,女真國舊地,東至逆流河五里入生女真界,西至雙州七十里,南至東京三百里,北至渤海州六十里。"

[2]越喜國地:本新興縣之地,渤海亦嘗置銀州,遼移其名。新興縣,金隸咸平府。《满州源流考》卷九《疆域》志云:"南有范河,北有柴河,西有遼河。以今水道考之,外遼河在鐵嶺城西十里;柴河源出城東南百八十里,繞至城北西入於遼;范河出城東南百二十里,西流過城南,西入遼河。則粤喜國城,正在今鐵嶺縣也。"按,"粤喜國"即"越喜國"。

[3]嘗置銀州:【劉校】"嘗"原本作"常",中華點校本據南監本、北監本和殿本改。今從改。

同州,[1]鎮安軍,下,節度。本漢襄平縣地,渤海爲東平寨。太祖置州,軍曰鎮東,後更名。隸彰愍宫,兵事屬北女直兵馬司。統州一,未詳;縣二:

東平縣本漢襄平縣地。産鐵,撥户三百採鍊,隨征賦輸。

永昌縣本高麗永寧縣地。

[1]同州:《三朝北盟會編》政宣上帙載許亢宗《宣和乙巳奉使行程録》云,自燕京起程"二十九程至同州,州地平壤,居民所在成聚落,耕種殆徧。地宜穄、黍,乃金人破契丹國於所至處遷其民於此,歲久安居。東望大山,金人云此新羅山。山内深遠,無路可行。其間出人參、白附。深處與高麗接界"。《武經總要》前集卷一六下《戎狄舊地》:"同州,阿保機所建,仍曰鎮安軍,契丹舊地。東至生女真界,西南至東京二百里,西北至雙州七十里,東北至集州七十里。"

咸州，[1]安東軍，下，節度。本高麗銅山縣地，渤海置銅山郡。地在漢候城縣北、渤海龍泉府南。地多山險，寇盜以爲淵藪，乃招平、營等州客户數百建城居之，初號郝里太保城，[2]開泰八年置州。兵事屬北女直兵馬司。統縣一：

咸平縣。唐安東都護，天寶中治營、平二州間，即此。太祖滅渤海，復置安東軍。開泰中置縣。[3]

[1]咸州：治所在今遼寧省鐵嶺市東北。《三朝北盟會編》政宣上帙載許亢宗《宣和乙巳奉使行程録》云："第二十八程至咸州。未至州一里許，有幕屋數間，供帳略備。州守出迎，禮儀如制。就坐樂作，有腰鼓、蘆管、笛、琵琶、方響、箏、笙、箜篌、大鼓、拍板，曲調與中朝一同，但腰鼓下手太闊，聲遂下而管瑟聲高，韻多不合。每拍聲後繼一小聲。舞者十六七人，但如常服，出手袖外，迴旋曲折，莫知起止，殊不可觀也。酒五行，樂作，迎歸舘。老幼夾觀，填溢道路。次日早有中使撫問，别一使賜酒菓。又一使賜宴，赴州宅就坐，樂作，酒九行，菓子唯松子數類。胡法飲酒食肉不隨盞下，俟酒畢，隨粥飯一發致前，鋪滿几案。地少羊，唯豬、鹿、兔、鴈，饅頭、炊餅、白熟胡餅之類最重。油煮麵食以蜜塗拌，名曰茶食，非厚意不設。以極肥豬肉或脂闊切大片一小盤子，虚裝架起，間插青葱三數莖，名曰肉盤子，非大宴不設，人各攜歸舍。金人每賜行人宴，必以貴臣押伴。是日押伴貴臣以酒醉，輒大言詫金人之強'控弦百萬，無敵於天下'。使長折之曰：'宋有天下二百年，幅員三萬里，勁兵數百萬，豈爲弱耶！某銜命遠來賀大金皇帝登寶位，而大金皇帝止令太尉來伴行人酒食，何嘗令大言以相罔也？'"

[2]郝里太保城：【劉校】據中華點校本校勘記，"郝，《紀》開泰八年十月作'秏'"。

[3]開泰中置縣：【劉校】“縣”原本誤作“隸”，明抄本、南監本、北監本和殿本均作“縣”。中華點校本及修訂本徑改。今從改。

信州，彰聖軍，下，節度。[1]本越喜故城。渤海置懷遠府，今廢。聖宗以地鄰高麗，開泰初置州，以所俘漢民實之。兵事屬黄龍府都部署司。統州三，未詳；縣二：

武昌縣本渤海懷福縣地，析平州提轄司及豹山縣一千户隸之。

定武縣本渤海豹山縣地，析平州提轄司併乳水縣人户置。初名定功縣。

[1]信州：《滿洲源流考》卷一〇：“考信州故城在今科爾沁左翼東南三百八十里開原邊外。《金（全）遼志》稱‘自開原東北至信州三百十里’，是也。今有古城，周一里，門八，土人猶呼信州城。”【劉校】“信州，彰聖軍，下，節度”，據中華點校本校勘記，本書卷四八《百官志四》作“信州，彰聖軍，節度，同”。“卷九一《耶律僕里篤傳》，太平中累遷彰聖軍節度使，《紀》大安八年有彰聖軍節度使耶律涅里。下文郢州，軍號與信州同，但爲刺史州，非節鎮。《百官志四》刺史州内有郢州。又《皇子表》及卷八二《蕭陽阿傳》有彰信軍節度，《金史·地理志》作信州彰信軍”。

賓州，懷化軍，節度。本渤海城。統和十七年遷兀惹户置刺史於鴨子、混同二水之間，[1]後升。兵事隸黄龍府都部署司。[2]

［1］鴨子：鴨子河。即二道松花江，源出今吉林省東南部。經安圖、敦化、撫松、樺甸等市縣與頭道松花江（混同江）合流。遼賓州（今吉林省農安縣）即在二水合流處。《水道提綱》卷二五："鴨子河即混同江，亦曰吉林烏喇。有數源，皆出長白山北之支峰。"《金史》卷一二八《紇石烈德傳》："貞祐二年，遷肇州防禦使。是歲，肇州升爲武興軍節度，德爲節度使宣撫司署都提控。肇州圍急，食且盡，有糧三百船在鴨子河，去州五里不能至。德乃浚濠增陴，築甬道導濠水屬之河。"　置刺史於鴨子、混同二水之間：【劉校】據中華點校本校勘記："按《紀》太平四年二月，'詔改鴨子河曰混同江'，但此後仍沿用鴨子河名稱，卷九八《耶律儼傳》：'父仲禧……清寧四年城鴨子、混同二水間。'"

［2］黄龍府都部署司：【劉校】據中華點校本校勘記，"司"原誤"事"。"據上下文及《兵衛志》中、《營衛志》下、《百官志》二改"。今從改。

龍州，黄龍府，本渤海扶餘府。[1]太祖平渤海還，至此崩，有黄龍見，更名。保寧七年軍將燕頗叛，府廢。開泰九年遷城于東北，以宗州、檀州漢户一千復置。統州五、縣三：

黄龍縣本渤海長平縣，併富利、佐慕、肅慎置。

遷民縣本渤海永寧縣，併豐水、扶羅置。

永平縣，渤海置。

益州，觀察。屬黄龍府。統縣一：

静遠縣。

安遠州，懷義軍，刺史。屬黄龍府。

威州，武寧軍，刺史。屬黄龍府。

清州，建寧軍，刺史。屬黄龍府。

雍州，刺史。屬黄龍府。

[1]渤海扶餘府：渤海國地名。治所在今吉林省農安縣。遼改黄龍府。

湖州，興利軍，刺史。渤海置。兵事隸東京統軍司。統縣一：

長慶縣。

渤州，清化軍，刺史。渤海置。[1]兵事隸東京統軍司。統縣一：

貢珍縣，渤海置。

[1]渤海置：《遼史》所謂“渤海置”，未可盡信爲渤海所置。《滿洲源流考》卷一〇：“按遼地《志》云：遼以征伐俘户建州襟要之地，多因舊居名之。故渤海州縣，遼移其名於他所者十之五六，如建州在長白山，而遼移之廣寧西北，其明證也。遼《志》中稍爲分别者，如曰某州本渤海某州民户，則爲遼所移；曰某州，渤海置，則似仍渤海之舊。然如《遼史》稱集州‘高麗爲霜巖縣，渤海置州’。今考霜巖縣，屬盧州，無集州之名。則史文固有疏略也。”

郢州，[1]彰聖軍，刺史。渤海置。兵事隸北女直兵馬司。統縣一：

延慶縣。

銅州，廣利軍，刺史。渤海置。兵事隸北兵馬司。統縣一：

析木縣本漢望平縣地,[2]渤海爲花山縣。初隸東京，後來屬。

[1]鄚州：治所在今黑龍江省寧安市北、依蘭縣南。

[2]析木縣：《明一統志》卷二五《登州府》："析木廢縣在海州衛東南四十里，本漢望平縣地，渤海置花山縣，遼改曰析木，置銅州廣利軍。金屬澄州，元省。"按明海州衛設在海城縣城内，即今遼寧省海城市。

涑州,[1]刺史。渤海置。兵事隸南兵馬司。

[1]涑州：因粟末水得名。"粟末水"即松花江。以下率賓府、定理府並在松花江流域，皆渤海置。

率賓府，刺史。故率賓國地。

定理府，刺史。故挹婁國地。

鐵利府,[1]刺史。故鐵利國地。

[1]鐵利府：《新唐書》卷二一九《渤海傳》："鐵利府領廣、汾、蒲、海、義、歸六州。"是渤海鐵利府在今遼寧省中部。本書卷六〇《食貨志下》："及平渤海，得廣州，本渤海鐵利府，改曰鐵利州，地亦多鐵。"據此，鐵利府、鐵利州及廣州，乃一地三名。參前"廣州"條。

安定府。[1]

長嶺府。[2]

[1]安定府：【劉校】據中華點校本校勘記，“按《紀》天顯元年三月作安邊府”。

[2]長嶺府：渤海國府名。治所在今吉林省樺甸縣蘇密城遺址（參李殿福等《渤海國》，第65頁）。

鎮海府，防禦。兵事隸南女直湯河司。統縣一：

平南縣。

冀州，防禦。聖宗建，升永安軍。

東州，以渤海户置。

尚州，以渤海户置。

吉州，福昌軍，刺史。

麓州，下，刺史。渤海置。

荆州，刺史。

懿州，[1]寧昌軍，節度。太平三年越國公主以媵臣户置。[2]初曰慶懿軍，更曰廣順軍，隸上京。清寧七年宣懿皇后進入，[3]改今名。統縣二：

寧昌縣本平陽縣。

順安縣。

[1]懿州：遼清寧七年（1061）改廣順軍置，治寧昌縣（今遼寧省阜新蒙古族自治縣東北滿漢營子附近）。《明一統志》卷二五《登州府》：“廢懿州、廢耀州在廣寧衞北二百二十里……在海州衞西南二百里。”《滿洲源流考》卷一〇按語：“遼亦有懿州，而靈山則屬乾州。考明一統志，乾州在廣寧衞西南七里，懿州在廣寧衞北二百二十里。蓋金時廢乾州而以靈山縣移隸懿州也。”

[2]越國公主（976—997）：景宗第三女延壽女。生母爲睿智皇后。下嫁蕭恒德。年二十一，以疾終。

[3]宣懿皇后（1040—1075）：欽愛皇后弟樞密使蕭惠之女。小字觀音。清寧初年，立爲懿德皇后。生太子濬，有專房之寵。大康元年（1075），宫中婢女單登、教坊朱頂鶴誣告皇后與伶官趙惟一有私情，道宗詔令誅殺趙惟一全族，賜皇后自盡。天祚帝乾統元年（1101），追謚爲宣懿皇后，與道宗合葬慶陵。本書卷七一有傳。

媵州，[1]昌永軍，刺史。

[1]媵州：即東勝州。遼屬西京道，治所在今内蒙古自治區鄂爾多斯市東勝區。此地與東京道的媵州無關。媵州應是隸屬懿州的刺史州，是越國公主以媵户置。遼代高爲裘和其子高澤二人之墓誌出土於今山西省朔州市南五公里新安庄村東。此地緊臨東勝，故高氏墓地也與東京道的媵州無涉。【劉校】媵州，按中華修訂本校勘記云，本書卷四八《百官志四》南面方州官條及《蕭僅墓誌》《高爲裘墓誌》《高澤墓誌》均作“勝州”。

順化城，嚮義軍，下，刺史。開泰三年以漢户置，兵事隸東京統軍司。

寧州，觀察。統和二十九年伐高麗，以渤海降户置，兵事隸東京統軍司。統縣一：

新安縣。

衍州，安廣軍，防禦。以漢户置，初“刺史”，後升軍。兵事屬東京統軍司。統縣一：

宜豐縣。[1]

[1]宜豐縣：《明一統志》卷二五《登州府》：“宜豐廢縣在都司城西南一百里，遼置衍州廣安軍，治宜豐縣。金屬遼陽府，元省

入遼陽。”按，明初在遼陽設遼東都指揮使司。

連州，德昌軍，刺史。以漢户置，兵事屬東京統軍司。統縣一：

安民縣。

歸州，[1]觀察。太祖平渤海，以降户置，後廢。統和二十九年伐高麗，以所俘渤海户復置。兵事屬南女直湯河司。統縣一：

歸勝縣。

[1]歸州：嘉慶《大清一統志》卷六〇《奉天府》：“歸州故城在蓋平縣西南九十里。遼初置州，後廢。統和十九年復置，治歸勝縣。金廢州，降縣爲鎮，隸復州。今有土堡曰歸州城，週一里有奇，即其故址。”

蘇州，[1]安復軍，節度。本高麗南蘇，興宗置州，兵事屬南女直湯河司。統縣二：

來蘇縣。

懷化縣。

[1]蘇州：金代王寂《鴨江行部志》云：“自永康次順化營。中途望西南兩山，巍然浮于海上。訪諸野老，云：‘此蘇州關也。’遼之蘇州，今改爲化成縣。關禁設自有遼，以其南來舟楫，非出此途，不能登岸。相傳隋、唐之伐高麗，兵糧戰艦亦自此來。南去百里有山曰鐵山，常屯甲七千人，以防海路。每夕平安火報自此始焉。”

復州，懷德軍，節度。[1]興宗置，兵事屬南女直湯河司。統縣二：

永寧縣。

德勝縣。

[1]復州：《明一統志》卷二五《登州府》："復州衛，在都司城南四百二十里，本蓋牟地，遼爲遷民縣，屬黄龍府。後置復州懷德軍，改縣曰永寧，金改永寧曰永康。元州、縣並廢。本朝洪武十四年置衛。"【劉注】今遼寧省瓦房店市西北部之復州鎮舊城區爲遼代復州州治。　復州，懷德軍，節度：【劉校】據中華點校本校勘記，《金史·地理志》載："復州，下，刺史，遼懷遠軍節度。"

肅州，信陵軍，刺史。重熙十年州民亡入女直，取之復置。兵事隸北女直兵馬司。統縣一：

清安縣。

安州，刺史。[1]兵事隸北女直兵馬司。

榮州。

率州。

荷州。

源州。

渤海州。

[1]安州，刺史：【劉校】據中華點校本校勘記，"按《紀》統和二十八年十一月，馬保佑曾爲安州團練使，卷九四《耶律何魯掃古傳》，清寧初加安州團練使，《百官志》四亦作團練。惟《國志》二二刺史州内有安州。或初是刺史，後升團練"。本書卷一〇五《蕭文傳》："父直善，安州防禦使。"文官於大康、壽昌間。又

《紀》統和二十八年十一月，“以政事舍人馬保佑爲開京留守，安州團練使王八爲副留守”。當時馬保佑不任安州團練使。

寧江州,[1]混同軍，觀察。清寧中置，初防禦，後升。兵事屬東北統軍司。統縣一：

混同縣。

[1]寧江州：治所在今吉林省松原市寧江區伯都鄉伯都村古城(原屬扶餘市)。

河州，德化軍。置軍器坊。

祥州,[1]瑞聖軍，節度。興宗以鐵驪户置,[2]兵事隸黄龍府都部署司。統縣一：懷德縣。

[1]祥州：治所在今吉林省懷德縣。

[2]鐵驪：族名。遼置鐵驪國王府，以統其衆。其地當在今黑龍江省東部松花江流域。

(李錫厚注　劉鳳翥校)

遼史　卷三九

志第九

地理志三

中京道

中京大定府，虞爲營州，[1]夏屬冀州，[2]周在幽州之分。[3]秦郡天下，是爲遼西。[4]漢爲新安平縣，[5]漢末步奚居之，[6]幅員千里，多大山深谷，阻險足以自固。魏武北征，縱兵大戰，降者二十餘萬，去之松漠。[7]其後拓拔氏乘遼建牙于此，[8]當饒樂河水之南，[9]温渝河水之北。[10]唐太宗伐高麗，[11]駐蹕於此。部帥蘇支從征有功。奚長可度率衆内附，[12]爲置饒樂都督府。咸通以後契丹始大，[13]奚族不敢復抗。太祖建國，舉族臣屬。聖宗嘗過七金山土河之濱，[14]南望雲氣有郛郭樓闕之狀，因議建都。擇良工於燕薊，董役二歲，郛郭、宮掖、樓閣、府庫、市肆、廊廡，擬神都之制。[15]統和二十四年五帳院進故奚王牙帳地。[16]二十五年城之，實以漢户，號曰中京，府曰大定。

［1］虞爲營州：《漢書・地理志》："堯遭洪水，懷山襄陵，天下分絶，爲十二州，使禹治之。水土既平，更制九州。"師古曰："九州之外有并州、幽州、營州，故曰十二。"按，營州乃東漢始置。《後漢書・袁紹傳》："初平元年（190）乃分遼東爲遼西、中遼郡，並置太守。越海收東萊諸縣，爲營州刺史。"

［2］夏屬冀州：《漢書・地理志》"冀州既載"，師古曰："兩河間曰冀州。載，始也。冀州，堯所都，故禹治水自冀州始也。"【劉校】"冀"原本作"異"，明抄本、南監本、北監本和殿本均作"冀"。中華點校本及修訂本徑改。今從改。

［3］周在幽州之分：占候家者流以天星運行配以郡國分野。從而視天象變化以附會人事，預言吉凶。宋人王應麟《六經天文編》卷上："十二分野即辰、次所臨之地也。在天爲十二辰、十二次；在地爲十二國、十二州。凡日月之交食、星辰之變異，以所臨分野占之，或吉或凶，各有當之者矣。"對此類謬説，古人已有斥其爲"坐井觀天"者。明人王英時《曆體略》卷上："十二辰分界從赤道剖之，乃占候家遂配以郡國分野。夫十二次盡乎天矣，華夏郡國亦盡乎地耶？多見其爲坐井也。"

［4］遼西：《漢書・地理志》："遼西郡，秦置。有小水四十八，並三千四十六里，屬幽州。"

［5］新安平縣：秦漢遼西郡十四屬縣之一。

［6］步奚：奚族的步兵。《長編》卷二七宋太宗雍熙三年（986）春正月戊寅宋琪上疏言契丹事："别族則有奚、霫，勝兵亦千餘人，少馬多步。奚，其王阿保得者，昔年犯闕時，令送劉晞、崔廷勳屯河洛者也。（奚王，拽剌也，此云阿保得，當考。）"

［7］松漠：契丹原住地。即今内蒙古自治區東部西遼河上游地區，又稱"平地松林"，唐初在此置松漠都督府以統契丹諸部。

［8］其後拓拔氏乘遼建牙于此：【劉校】據中華點校本校勘記，"乘遼"二字不解，疑有訛脱。按趙萬里《元一統志》大寧路："奚匿松漠間。元魏時，其部族始於此建牙帳。"

［9］饒樂河：即英金河。《熱河志》卷七〇："大寧以北之水，源遠流長無如英金河者，故知爲古饒洛水也。"英金河上游來自陰河和錫伯河，這兩條河流匯合爲英金河，流經今内蒙古自治區赤峰市境内，匯入老哈河。

［10］温渝河：即温榆河。發源於今北京市昌平區軍都山麓，由東沙河、北沙河、南沙河三條支流匯合而成，流經北京市東北部。

［11］唐太宗伐高麗："高麗"其實是指高句驪。而非稍晚的高麗王朝（918—1392）。

［12］奚長可度：《新唐書》卷二一九《北狄傳·奚》："太宗貞觀三年始來朝，閱十七歲，凡四朝貢。帝伐高麗，大酋蘇支從戰有功。不數年，其長可度者内附，帝爲置饒樂都督府，拜可度者使持節六州諸軍事、饒樂都督，封樓煩縣公，賜李氏。"

［13］咸通：唐懿宗年號（860—874）。

［14］聖宗嘗過七金山：【劉校】原本、南監本、北監本和殿本均作"聖宗常過七金山"，中華點校本徑改"常"爲"嘗"。今從改。　土河：即老哈河，流經今内蒙古自治區東部赤峰地區，與西拉木倫河匯合。

［15］神都：即唐東都洛陽。《通鑑》卷二〇三唐高宗光宅元年（684）："改東都爲神都，宮名太初。"

［16］統和：遼聖宗年號（983—1011）。　奚王：對奚部族首領的稱呼。據《五代會要》卷二八《奚》："奚，本匈奴别種，即東胡之地，人物風族與突厥同。族有五姓：一曰阿薈部，管縣六；二曰啜米部，管縣四；三曰奥質部，管縣六；四曰奴皆部，管縣四；五曰黑訖支部，管縣三。每部有刺史，每縣有令，酋長號奚王。"此奚王是被契丹降伏以後的奚部族酋長。《新五代史》卷七四《四夷附録第三》所記奚各部名稱與《五代會要》相同：奚"分爲五部：一曰阿薈部，二曰啜米部，三曰粤質部，四曰奴皆部，五曰黑訖支部。後徙居琵琶川，在幽州東北數百里。地多黑羊，馬趫前蹄堅善走，其登山逐獸，下上如飛"。奚本來衹有五部，阿保機降伏五部

奚之後設置墮瑰部，而成六部。詳見卷三三《營衛志下・部族下》。

統和二十四年，五帳院進故奚王牙帳地：【劉校】據中華點校本校勘記，"按《紀》在統和二十年十二月"。

皇城中有祖廟，景宗、承天皇后御容殿。[1] 城池湫濕，多鑿井泄之，人以爲便。大同驛以待宋使，朝天館待新羅使，[2] 來賓館待夏使。[3] 有七金山、馬盂山、雙山、松山、土河。[4]

[1]承天皇后：應是承天皇太后（？—1009）。北府宰相蕭思温女。諱綽，小字燕燕。景宗即位，選爲貴妃。尋册爲皇后，生聖宗。景宗崩，尊爲皇太后，攝國政。統和元年（983），上尊號曰承天皇太后。本書卷七一有傳。

[2]新羅：朝鮮半島古國。公元4世紀成爲半島東南部的强國。7世紀中滅百濟和高句麗，不久，統一半島大部。至9世紀衰落，公元935年爲王氏高麗所取代。

[3]夏：即夏國（1038—1227），是以党項民族爲主體建立的政權。1038年，李元昊叛宋稱帝，建立大夏王朝，傳十代，至1227年爲蒙古所滅。元昊稱帝以前，党項作爲北宋境内的地方割據政權，已經具有獨立性，故遼亦稱之爲夏國或西夏。

[4]七金山：【劉注】曾改名九頭山。21世紀初，又改稱七金山，位於今内蒙古自治區寧城縣大明鎮。　馬盂山：因其形狀像馬盂而得名。即今河北省平泉市柳溪鎮上卧鋪村之北的光頭山，亦稱"光秃山""光秃嶺"。　松山：位於今内蒙古自治區赤峰市松山區。

統州十、縣九：

大定縣，白霫故地。[1]以諸國俘户居之。

長興縣本漢賓從縣。[2]以諸部人居之。

富庶縣本漢新安平地。開泰二年析京民置。[3]

勸農縣本漢賓從縣地。開泰二年析京民置。

文定縣，開泰二年析京民置。

升平縣，開泰二年析京民置。

歸化縣本漢柳城縣地。[4]

神水縣本漢徒河縣地。[5]開泰二年置。

金源縣本唐青山縣境。[6]開泰二年析京民置。

［1］白霫：回鶻别部。據《新唐書》卷二一七下《回鶻傳》："白霫居鮮卑故地，直京師東北五千里，與同羅、僕骨接。避薛延陀，保奥支水、冷陘山，南契丹，北烏羅渾，東靺鞨，西拔野古，地圓袤二千里，山繚其外，勝兵萬人。業射獵，以赤皮緣衣，婦貫銅釧，以子鈴綴襟。其部有三：曰居延，曰無若没，曰潢水。其君長臣突厥頡利可汗爲俟斤。貞觀中再來朝，後列其地爲寘顔州，以别部爲居延州，即用俟斤爲刺史。顯慶五年，授酋長李含珠爲居延都督。含珠死，弟厥都繼之。後無聞焉。"《通鑑》卷一九八《唐紀》貞觀二十一年（647）正月丙申，以"白霫爲寘顔州"。

［2］長興：【劉校】原誤"長安"。中華點校本據《金史・地理志》、趙萬里《元一統志》卷二及陳襄《使遼語録》改。今從改。漢賓從縣：實係唐置。《太平寰宇記》卷七一《河北道》："鮮州今治賓從縣。唐武德五年分饒樂郡都督府，奚部落置隸營州都督。萬歲通天元年遷於青州安置，神龍初改隸幽州……賓從縣初治營州，自青州還寄治潞縣之古潞城。"

［3］開泰：遼聖宗年號（1012—1020）。

[4]漢柳城縣：據《漢書·地理志》，柳城縣隸屬遼西郡。唐以前營州治柳城（今遼寧省朝陽市），契丹興起以後，唐逐漸放棄營州所在的柳城，從阿保機在柳城建霸州彰武軍起，以柳城爲治所的營州就徹底廢棄。阿保機以定州俘户置廣寧縣，是在今昌黎縣境内，而唐時曾在這裹僑置柳城縣。唐柳城縣與漢柳城縣非同一地點。

[5]漢徒河縣：據《漢書·地理志》，徒河縣屬遼西郡。嘉慶《大清一統志》卷六五《錦州府》："徒河故城在錦縣西北。相傳虞舜時已有此城。劉恕《外紀》周惠王三十三年齊桓公救燕，破屠河，即徒河也。漢置縣，屬遼西郡。後漢安帝時改屬遼東，屬國都尉。魏晉省入昌黎郡界。後慕容氏復置。太康十年慕容廆遷於徒河之青山。元康四年移居棘城。《魏書·地形志》真君八年併徒河，屬廣興縣。《通典》徒河青山在營州郡城東一百九十里。"

[6]唐青山縣：《新唐書》卷四三《地理志》："青山州，景雲元年析玄州置，僑治范陽之水門村。縣一：青山。"景雲元年（710）置青山州和青山縣時，營州、柳城早已陷契丹，故祇能僑治范陽。也就是説，遼中京大定府境内並不包含唐青山縣的範圍。

恩州，[1]懷德軍，下，刺史。本漢新安平縣地，太宗建州，開泰中以渤海户實之。[2]初隸永興宫，[3]後屬中京。統縣一：

恩化縣，開泰中渤海人户置。

[1]恩州：《武經總要》前集卷一六下《戎狄舊地》："恩州，德光所建，本烏桓舊地。南至中京六十里，西至馬盂（盂）山六十里，西北曼頭山三十里，山地至宜坤州五十里，西南至上京二百五十里，北至高州百二十里。"【劉注】今内蒙古自治區喀喇沁旗西橋鄉七家子村古城址爲遼代恩州州治。

[2]渤海户：指渤海國滅亡後的遺民。

[3]永興宫：太宗德光宫分。

惠州，惠和軍，中，刺史。本唐歸義州地。[1]太祖俘漢民數百户兔麛山下創城居之，置州。屬中京。統縣一：

惠和縣，聖宗遷上京惠州民，[2]括諸宫院落帳户置。[3]

[1]唐歸義州：嘉慶《大清一統志》卷六五《錦州府》："歸義舊縣在廣寧縣東北，遼置，屬顯州，金省。"

[2]惠州：《武經總要》前集卷一六下《中京四面諸州》："惠州，阿保機所建，在鮮卑之地。本朝景德初，契丹入寇，河北德清軍失守，俘虜人民，於此置城居之。城方二里，之至低小，城内瓦舍、倉廪，人多漢服。"

[3]落帳户：即"落帳人户"，當指原屬某宫帳的人户。後因某種原因而脱離了對宫帳的隸屬關係。本書卷三七《地理志一·上京道慶州》玄德縣"本黑山黑河之地。景福元年括落帳人户，從便居之"。

高州，[1]觀察。唐信州之地。萬歲通天元年以契丹室活部置。[2]開泰中聖宗伐高麗，以俘户置高州。有平頂山、灤河。[3]屬中京。統縣一：

三韓縣，[4]辰韓爲扶餘，弁韓爲新羅，馬韓爲高麗。開泰中聖宗伐高麗，俘三國之遺人置縣。户五千。

[1]高州：《武經總要》前集卷一六下《中京四面諸州》載：

“高州，契丹收新羅諸國，俘虜人民，置州以居之，仍置倚郭一縣，以三韓爲名。”

[2]萬歲通天：武則天年號（696—697）。　室活部：又作“失活部”。《舊唐書》卷三九《地理志》：“信州，萬歲通天元年置，處契丹失活部落，隸營州都督。二年遷於青州安置。神龍初還隸幽州都督。天寶領縣一，户四百一十四，口一千六百。黄龍，州所治，寄治范陽縣。”

[3]平頂山：【劉校】據中華點校本校勘記，“平”原誤“半”。按趙萬里《元一統志》：“平頂山在高州北五里。”據改。今從。　灤河：發源於今河北省沽源縣，流經該省北部，至灤州市、樂亭縣分道入海。【劉校】據中華點校本校勘記，“灤”原誤“欒”，按下文澤州條及王曾《行程録》並作“灤河”，據改。今從。

[4]三韓：朝鮮半島上的三個古老國家馬韓、辰韓、弁韓的統稱。據明代朝鮮無名氏所撰《朝鮮史略》卷一：“馬韓（今全羅地），箕準避衞滿，浮海居韓地金馬郡（今益山郡），號韓王，其民土著，知蠶桑，作綿布，性勇悍。居處作土屋，其户向上。統國五十四。後百濟王温祚併之。自箕子至亡，一千餘年。辰韓（今慶州），秦亡人避入韓，韓割東界以與之，常用馬韓人作主。地宜五穀，俗饒蠶桑，善作縑布，乘駕牛馬。男女有别，行者讓路。統國十二。弁韓（‘弁’一作‘卞’，今平壤）立國於韓地，不知其始祖年代，屬於辰韓，亦統十二國。”【靳注】此三韓縣亦爲高州州治所在，其地在今内蒙古自治區赤峰市元寶區。

武安州，觀察。唐沃州地。[1]太祖俘漢民居木葉山下，[2]因建城以遷之，號杏堝新城。[3]復以遼西户益之，更曰新州。統和八年改今名。初刺史，後升。有黄柏嶺、臬羅水、箇没里水。[4]屬中京。統縣一：

沃野縣。

[1]唐沃州：《新唐書》卷四三《地理志》："沃州，載初中析昌州置。萬歲通天元年没於李盡忠，開元二年復置，後僑治薊之南回城。"

[2]木葉山：契丹稱大山爲"木葉山"，此指永州境内一座山，契丹人視此山爲神山，其地在西拉木倫河與老哈河會合處。上建契丹始祖廟，奇首可汗在南廟，可敦（可汗之妻）在北廟，"繪塑二聖並八子神像"。詳本書卷三七《地理志一·上京道》。

[3]杏堝：城名。阿保機初俘漢民置木葉山下，因建城於此以遷之，曰杏堝新城。復以遼西户益之，更名新州。統和八年改曰武安州。該城故址在今内蒙古自治區敖漢旗東。

[4]裊羅水、箇没里水：【劉校】據中華點校本校勘記，"《契丹國志》卷首《初興本末》作'裊羅個没里'。'裊羅個'，黄也；'没里'，水也。即潢河，並非兩水"。

利州，中，觀察。本中京阜俗縣。統和二十六年置刺史州，開泰元年升。[1]屬中京。統縣一：

阜俗縣，唐末契丹漸熾，役使奚人，遷居琵琶川。[2]統和四年置縣。初隸彰愍宫，[3]更隸中京。後置州，仍屬中京。

[1]統和二十六年置刺史州，開泰元年升：【劉校】據中華點校本校勘記，"據《遼文匯續編·王悦墓誌》，統和二十三年已有利州。《北蕃地理》云，利州，承天太后所建。又按《紀》，統和二十九年六月升"。

[2]琵琶川：奚族地區的一條河流，據嘉慶《大清一統志》卷四三《承德府》，琵琶川在建昌縣南。《新五代史》卷七四《四夷附録第三》："奚，本匈奴之别種。當唐之末居陰涼川，在營府之西，幽州之西南，皆數百里。有人馬二萬騎。分爲五部：一曰阿薈

部，二曰啜米部，三曰粤質部，四曰奴皆部，五曰黑訖支部。後徙居琵琶川，在幽州東北數百里。”

[3]彰愍宫：遼景宗宫分。

榆州，高平軍，下，刺史。本漢臨渝縣地，[1]後隸右北平驪城縣。[2]唐載初二年析慎州置黎州，[3]處靺鞨部落，[4]後爲奚人所據。太宗南征，横帳解里以所俘鎮州民置州。[5]開泰中没入。屬中京。統縣二：

和衆縣本新黎縣地。

永和縣本漢昌城縣地。[6]統和二十二年置。

[1]漢臨渝縣：《漢書・地理志》載臨渝縣屬遼西郡，“渝水首受白狼，東入塞外，又有侯水，北入渝”。臨渝又作“臨榆”。嘉慶《大清一統志》卷一八《永平府》：“臨榆縣在府東一百七十里……本漢陽樂、海陽二縣地，隋爲盧龍縣地。開皇三年城渝關。遼聖宗平大延琳，置遷民縣，爲遷州治。金州縣俱廢，爲遷民鎮。明洪武十四年置山海衛。本朝乾隆二年析撫寧縣灤州地改衛爲縣，屬永平府。”

[2]右北平驪城縣：驪城，應作“驪成”。《漢書・地理志》右北平郡有驪成縣，“大揭石山在縣西南，莽曰揭石”。

[3]載初：武則天年號（689）。　慎州：【劉校】原誤“鎮州”，中華點校本據《新唐書・地理志》改。今從改。

[4]靺鞨：部族名。爲肅慎、勿吉後裔。隋唐時稱靺鞨，分爲數十部，其中的粟末部，建渤海國。此外，北部的黑水部也很强大，遼代的生女真主要爲該部，後建立金朝。遼置靺鞨國王府，以統其餘各部。

[5]横帳：契丹以玄祖之後爲皇族，分爲三房：孟父房、仲父房和季父房。季父房一系太祖阿保機子孫爲“横帳”。本書卷一六

《聖宗本紀七》載，開泰八年（1019）冬十月癸巳，詔“橫帳、三房不得與卑小帳族爲婚；凡嫁娶，必奏而後行”。本書卷四五《百官志一》：“玄祖伯子麻魯無後，次子巖木之後曰孟父房；叔子釋魯曰仲父房；季子爲德祖，德祖之元子是爲太祖天皇帝，謂之橫帳；次曰剌葛，曰迭剌，曰寅底石，曰安端，曰蘇，皆曰季父房。”解里：即耶律轄底之子迭里特（？—914）。據本書卷一一二《轄底傳》，迭里特“太祖在潛，已加眷遇，及即位拜迭剌部夷離堇”。後從剌葛亂，與其父轄底俱縊殺之。

[6]漢昌城縣：據《漢書・地理志》，昌城縣屬右北平郡。

澤州，廣濟軍，下，刺史。本漢土垠縣地。[1]太祖俘蔚州民立寨居之，[2]採煉陷河銀冶。[3]隸中京留守司。開泰中置澤州。有松亭關、神山、九宮嶺、石子嶺、灤河、撒河。[4]屬中京。統縣二：

神山縣，神山在西南。

灤河縣本漢徐無縣地。[5]屬永興宮。

[1]漢土垠縣：漢屬右北平郡。嘉慶《大清一統志》卷四五《遵化州》：“土垠故城在豐潤縣東，漢置，北齊廢。《後漢書・耿弇傳》注：土垠故城在今平州西南。《方輿紀要》：土垠廢縣在豐潤縣西北六十里。《縣志》：南關城在縣東十里，即土垠故城也。”按：遼中京大定府不包括漢土垠縣地。

[2]蔚州：治所在今河北省蔚縣。

[3]陷河銀冶：【靳注】即陷河畔山中的銀礦。據本書卷一一六《國語解》：“萬役陷河冶。地名。本漢土垠縣，有銀礦。太祖募民立寨以採煉，故名陷河冶。”遼澤州陷河冶，經考證在今河北省平泉市郊一帶山中；陷河，即流經平泉市的瀑河。

[4]松亭關：位於今河北省遵化市。清人高士奇《松亭行紀》

卷下："駕出喜峰口。按：喜峰口，古松亭山也，奇峰削下，腰有洞，高二丈餘，深倍之。《遼史》爲松亭關。"《四庫全書總目提要》辨明其説不準確："聖祖仁皇帝恭奉太皇太后行幸温泉。四月戊子駕出喜峰口，士奇皆扈從，紀其往來所經，謂喜峰口爲古松亭關，故以名書。然松亭關在喜峰口外八十里，士奇合而一之，未詳考也。"

[5]漢徐無縣：漢屬右北平。嘉慶《大清一統志》卷四五《遵化州》："徐無山在玉田縣東北二十里，後漢建安中，田疇入徐無山，營深險平敞地而居之十一年。"

北安州，[1]興化軍，上，刺史。本漢女祁縣地，屬上谷郡。[2]晉爲馮跋所據。[3]唐爲奚王府西省地。聖宗以漢户置北安州，屬中京。統縣一：

興化縣本漢且居縣地。[4]

[1]北安州：《御批通鑑輯覽》卷八一宋宣和四年（1122）三月"金尼瑪哈（粘罕）敗遼奚王於北安州"。注："遼置，金曰興州。故城在今熱河南喀喇河屯。"即北安州治所在今河北省承德市雙灤區灤河鎮。【劉注】今河北省隆化縣駐地隆化鎮土城子村古城址爲遼代北安州州治。

[2]本漢女祁縣地，屬上谷郡：嘉慶《大清一統志》卷四〇《宣化府》："女祁故城在龍門縣東，漢置縣，屬上谷郡，爲東部都尉治。後漢省。《水經注》陽樂水逕女祁縣故城南。按遼《志》以文德縣及中京北安州爲女祁縣地，皆非是。"

[3]馮跋（？—430）：長樂信都（今河北省冀州市）人。字文起，小字乞直伐，是胡化的漢人。公元409年建立北燕政權，史稱北燕文成帝。

[4]興化縣：【劉校】據中華點校本校勘記，"原誤'利民縣'，

據《遼文匯》五《宋匡世墓誌》及《考異》改。利民爲金承安五年以利民寨升置，遼無利民縣"。今從改。　漢且居縣：嘉慶《大清一統志》卷四〇《宣化府》："且居故城，在宣化縣東，漢置縣，屬上谷郡，後漢省。《水經注》：于水逕且居縣故城南。舊《志》：且居故城在衛東六十里，周一里，元時因舊址修築，明時復修，爲戍守之所。"按，漢且居縣不在遼中京範圍之内。

潭州，廣潤軍，下，刺史。本中京之龍山縣，開泰中置州，仍屬中京。統縣一：

龍山縣，本漢交黎縣地。[1]開泰二年以習家寨置。

[1]漢交黎縣：據《漢書·地理志》，交黎縣屬遼西郡，"交黎，渝水首受塞外，南入海，東部都尉治。莽曰禽虜"。應劭曰："今昌黎。"

松山州，勝安軍，下，刺史。開泰中置，統和八年省，[1]復置，屬中京。統縣一：

松山縣本漢文成縣地。[2]邊松漠，商賈會衝。開泰二年置縣，有松山川。

[1]開泰中置，統和八年省：此處次序倒舛。

[2]松山縣：據嘉慶《大清一統志》卷四三《承德府》："松山故城在赤峰縣境，遼置松山州，治松山縣，屬中京。金皇統三年廢州，以縣屬大定府。元中統時復置松州，改屬上都路。至元二年以松山縣省入，明初廢。今縣境地名小烏不穆沁，有廢城址，高四五尺，週四里，即故城遺址。"【劉校】松山州及松山縣，據中華點校本校勘記，"松山州，'山'原誤'江'，據《百官志四》及《金

史·地理志》改。松山縣，‘山’原亦誤‘江’，據《紀》開泰二年二月及《金史·地理志》改”。今從改。

宋王曾《上契丹事》曰：[1]出燕京北門至望京館，[2]五十里至順州。[3]七十里至檀州，漸入山。[4]五十里至金溝館。將至館，川原平曠，謂之金溝淀。[5]自此入山，詰曲登陟，無復里堠，但以馬行記日，[6]約其里數。九十里至古北口，[7]兩傍峻崖僅容車軌。[8]又度德勝嶺，盤道數層，俗名思鄉嶺，八十里至新館。過雕窠嶺、偏槍嶺，四十里至卧如來館。[9]過烏灤河，[10]東有灤州，[11]又過摸斗嶺一名渡雲嶺，[12]芹菜嶺，七十里至柳河館。[13]松亭嶺甚險峻，[14]七十里至打造部落館。[15]東南行五十里至牛山館。八十里至鹿兒峽館。過蝦蟆嶺，九十里至鐵漿館。過石子嶺，自此漸出山，七十里至富谷館。[16]八十里至通天館。二十里至中京大定府，城垣卑小，方圓纔四里許。門但重屋，無築闍之制。[17]南門曰朱夏，門内通步廊，[18]多坊門。又有市樓四：曰天方、大衢、通闤、望闕。次至大同館。其門正北曰陽德、閶闔。城内西南隅岡上有寺。[19]城南有園圃，宴射之所。自過古北口，[20]居人草庵板屋，耕種，但無桑柘，所種皆從壟上，虞吹沙所壅。山中長松鬱然，深谷中時見畜牧牛馬橐駞，多青羊黄豕。[21]

[1]王曾《上契丹事》：見《長編》卷七九大中祥符五年(1012)冬十月己酉記事。是時宋以主客郎中、知制誥王曾爲契丹國主生辰使，宫苑使、滎州刺史高繼勳副之。“契丹使邢祥接伴，

祥詑其國中親賢賜鐵券，曾折之曰：‘鐵券者，衰世以寵權臣，用安反側，豈所以待親賢耶?’祥媿不復語”。所謂《上契丹事》是王曾“使還”所上言。

[2]索《長編》之《上契丹事》原文，“出燕京北門”之前還有一大段文字如下：“是歲契丹改統和三十一年爲開泰元年，以幽州爲析津府。國主弟隆裕卒；隆裕初封吳王，後封楚國王。初，奉使者止達幽州，後至中京，又至上京，或西涼淀、北安州、炭山、長泊。自雄州白溝驛度河，四十里至新城縣，古督亢亭之地。又七十里至涿州。北度涿水、范水、劉李河，六十里至良鄉縣。度盧溝河，六十至幽州，僞號燕京。子城就羅郭西南爲之。正南曰啓夏門，内有元和殿、洪政殿，東門曰宣和。城中坊門皆有樓。有閔忠寺，本唐太宗爲征遼陣亡將士所造；又有開泰寺，魏王耶律漢寧造。皆邀朝使遊觀。城南門内有于越王廨，爲宴集之所。門外永平館，舊名碣石館，請和後易之。南即桑乾河。”

[3]“出燕京北門”至“至順州”中間略去以下一段文字：“出北門，過古長城、延芳淀，四十里至孫侯館，後改爲望京館，稍移故處。望楮谷山、五龍池，過温餘河、大夏坡，坡西北即涼淀，避暑之地。五十里至順州。”王曾出燕京北門走了九十里而不是五十里，纔到達順州（今北京市順義區）。説明他不是自燕京直接奔順州。

[4]此處自順州至檀州所經過的地方被略去，《長編》原文爲：“東北過白嶼河，北望銀冶山，又有黄羅、螺盤、牛闌山，七十里至檀州。”“漸入山”是説從檀州“自北漸入山”。檀州，始置於唐。治所在今北京市密雲區。

[5]金溝淀：按《上契丹事》文，是遼“國主嘗於此過冬”的地方。

[6]此處文字應爲“但以馬行記日影而約其里數”，而非“但以馬行記日”。因爲自金溝淀“過朝鯉河，亦名七度河，九十里至古北口”。九十里路程，是馬行一天之内的行程，不需要“記日”，

而是根據日影記時而約略計算路程。【劉校】據中華點校本校勘記，按王曾《行程録》作“以馬行記日影而約其里數”。

［7］古北口：位於今北京市密雲區東北，爲長城上的要塞之一。《畿輔通志》卷四〇：“古北口關在密雲縣東北百二十里，兩崖壁立，中有路，僅通一車，下有深澗，巨石磊砢，凡四十五里，爲險絶之道。亦曰虎北口。”

［8］兩傍峻崖僅容車軌：下脱“口北有鋪，彀弓連繩，本范陽防阨奚、契丹之所，最爲隘束。然幽州東趨營、平州，路甚平坦，自頃犯邊，多由斯出”等文字。

［9］至卧如來館：【劉校】原本下脱“蓋山中有卧佛像故也”等文字。據中華點校本校勘記，“‘至’字原脱，據《行程録》補”。今從改。

［10］過烏灤河：【劉校】據中華點校本校勘記，“‘灤’原誤‘濼’。據《行程録》改”。今從改。

［11］東有灤州：下脱“因河爲名”等字。

［12］又過摸斗嶺：【劉校】據中華點校本校勘記，“摸”原誤“黑”，“《行程録》作墨。按陳襄在《使遼語録》、沈括《使遼圖抄》、蘇頌《使北詩》並作摸，據改”。嶺，原本作“領”，中華點校本據南監本、北監本和殿本改。以上今從改。　一名渡雲嶺：下脱“長二十里許”等字。【劉校】據中華點校本校勘記，“‘一名’二字原脱，‘渡’原作‘度’，並據《行程録》補正”。今從改。

［13］至柳河館：下脱若干文字：“河在館旁，西北有鐵冶，多渤海人所居，就河漉沙石煉得鐵。渤海俗，每歲時聚會作樂，先命善歌舞者數輩前行，士女相隨，更相唱和，迴旋宛轉，號曰‘踏錘’；所居屋，皆就山牆開門。”

［14］松亭嶺甚險峻：前脱“過”字，應是“過松亭嶺，甚險峻”。

［15］至打造部落館：下脱若干文字：“有蕃户百餘，編荆爲籬，鍛鐵爲兵器。”【劉校】據中華點校本校勘記，“‘至’‘館’二

字原脱，據《行程録》補”。今從。

［16］至富谷館：下脱若干文字：“居民多造車者，云渤海人。正東望馬雲山，山多鳥獸、林木，國主多於此打圍。”

［17］無築闍之制：是説城樓衹有棚而無垣墻。“闍”即墻。

［18］門内通步廊：應爲“門内夾道步廊”。

［19］城内西南隅：【劉校】據中華點校本校勘記，“‘城内’原誤‘城西内’。據《行程録》改”。今從改。

［20］自過古北口：下脱“即蕃境”。【劉校】據中華點校本校勘記，“‘古北口’之‘古’字原脱，據《行程録》補”。今從補。

［21］“深谷中”至“青羊黄豕”：《上契丹事》原文這段文字爲：“深谷中多燒炭爲業，時見畜牧牛馬槖駝，尤多青羊黄豕。亦有挈車帳，逐水草射獵。食止麋粥、粆糒。”【劉校】據中華點校本校勘記，“‘青羊黄豕’中的‘羊’，原本作‘鹽’。此據《行程録》改”。今從改。

成州，[1]興府軍，節度。晉國長公主以媵户置，[2]軍曰長慶，隸上京。復改軍名。[3]統縣一：

同昌縣。

［1］成州：【劉注】今遼寧省阜新蒙古族自治縣紅帽子鄉西紅帽子村古城址爲遼代成州州治。

［2］晉國長公主：聖宗第三女槊古，欽哀皇后生。初封越國公主，進封晉國。景福初，封晉蜀國長公主。清寧初，加大長公主。下嫁蕭孝忠。

［3］復改軍名：中華點校本校勘記認爲，“按上京道作成州長慶軍。《紀》太平元年三月，‘駙馬都尉蕭紹業建私城，賜名睦州，軍曰長慶’。是此州原爲頭下州，名睦州，軍曰長慶；後隸上京道即成州長慶軍；改隸中京道以後爲成州興府軍。‘復改軍名’之上，

應有‘後來屬’三字”。此説非確。本書卷三七《地理志一・上京道・頭下州》載：“成州，長慶軍，節度。聖宗女晉國長公主以上賜媵臣户置。”此與卷三九之成州興府軍條爲重出。既稱“長公主”（興宗景福初所封），則知該州是興宗時置。初與睦州軍號同，後更興府軍，説明睦州長慶軍可能仍存，故無充分證據證明二者是同一頭下州。

興中府本霸州彰武軍，節度。古孤竹國，[1]漢柳城縣地。慕容皝以柳城之北、龍山之南福德之地，[2]乃築龍城，構宫廟，改柳城爲龍城縣，[3]遂遷都，號曰和龍宫。慕容垂復居焉，[4]後爲馮跋所滅。元魏取爲遼西郡。隋平高保寧，[5]置營州。煬帝廢州置柳城郡。唐武德初改營州總管府，[6]尋爲都督府。萬歲通天中陷李萬榮。[7]神龍初移府幽州。開元四年復治柳城，八年西徙漁陽，[8]十年還柳城，後爲奚所據。太祖平奚及俘燕民，將建城，命韓知方擇其處。[9]乃完葺柳城，號霸州彰武軍，節度。統和中制置建、霸、宜、錦、白川等五州。尋落制置，隸積慶宫，[10]後屬興聖宫。重熙十年升興中府。有大華山、小華山、香高山、麝香崖天授皇帝刻石在焉、駐龍峪、神射泉、小靈河。統州二、縣四：

興中縣本漢柳城縣地。太祖掠漢民居此，建霸城縣。重熙中置府，更名。

營丘縣，析霸城置。

象雷縣，開泰二年以麥務川置。初隸中京，後屬。

閭山縣，本漢且慮縣。開泰二年以羅家軍置。隸中京，後屬。

安德州，化平軍，下，刺史。以霸州安德縣置，來屬。統縣一：

安德縣，統和八年析霸城東南龍山徒河境户置。初隸乾州，[11]更屬霸州，置州來屬。

黔州，[12]阜昌軍，下，刺史。本漢遼西郡地。太祖平渤海，以所俘户居之，隸黑水河提轄司。安帝置州，[13]析宜、霸二州漢户益之。初隸永興宫，更隸中京，後置府，來屬。統縣一：

盛吉縣，太祖平渤海，俘興州盛吉縣民來居，因置縣。

[1]孤竹國：《史記·周本紀》："伯夷、叔齊在孤竹。"《集解》："應劭曰：在遼西令支。"《正義》引《括地志》云："孤竹故城在平州盧龍縣南十二里，殷時諸侯孤竹國也，姓墨氏也。"

[2]慕容皝（297—348）：字元真，小字萬年，昌黎棘城（今遼寧省義縣）人，鮮卑族，西晉遼東公慕容廆第三子，十六國時期創建前燕，稱文明帝。

[3]龍城縣：《晉書》卷一〇九《慕容皝載紀》：皝伐石季龍（石虎），"入於高陽，所過焚燒積聚。掠徙幽冀三萬餘户，使陽裕、唐柱等築龍城、構宫廟，改柳城爲龍城縣"。"咸康七年皝遷都龍城"。

[4]慕容垂（326—396）：昌黎棘城（今遼寧省義縣）鮮卑族人。十六國時期前燕文明帝慕容皝的第五子。因爲慕容評所逼出走前秦，並受到前秦君主苻堅的寵信。淝水之戰後慕容垂乘勢而起，建立後燕。後在與北魏交戰中發病而亡。

[5]高保寧：代人（鮮卑人或胡化的漢人）。不知其所從來，武平（570—575）末爲營州刺史，鎮黄龍，夷夏重其威信。周武帝

平齊，遣信招慰，不受勑書。(《北史》作“高寶寧”。)

[6]武德：唐高祖年號（618—626）。

[7]李萬榮：應是契丹首領孫萬榮。萬歲通天中與李盡忠起兵反唐。

[8]漁陽：治所在今天津市薊州區。唐以後之薊州以漁陽爲治所。

[9]命韓知方擇其處：【劉校】據中華點校本校勘記，本書卷七四《韓知古傳》，神册初知古曾授彰武節度使，與此事蹟合。疑“方”是“古”字之訛。

[10]積慶宫：遼世宗宫分。

[11]乾州：《明一統志》卷二五《登州府》：“乾州城在廣寧衛西南七里，本漢無慮縣地，遼置乾州廣德軍。”李慎儒《遼史地理志考證》以爲乾州當今遼寧省錦州市。【劉注】今遼寧省北鎮市廣寧鎮小常屯遼城址爲遼代乾州州治。

[12]黔州：《武經總要》前集卷一六下《戎狄舊地》：“黔州，遼主耶律德光初置，東北至望海峰五十里，東至顯州五十里，東南至梁家務六十里，北至閭山縣六十里。”【劉注】今遼寧省義縣九道嶺子鎮永寧鋪村古城址爲遼代黔州州治。

[13]安帝置州：此句文義不明。

宜州，[1]崇義軍，上，節度。本遼西絫縣地。東丹王每秋畋于此。興宗以定州俘户建州。[2]有墳山，松栢連亘百餘里，禁樵採；淩河，累石爲堤。[3]隸積慶宫。[4]統縣二：

弘政縣，世宗以定州俘户置。民工織絍，多技巧。

聞義縣，世宗置。初隸海北州，後來屬。

[1]宜州：《武經總要》前集卷一六下《戎狄舊地》：“宜州，

按《皇華四達記》營州東百八十里，凡九遞至燕郡城。自燕郡東經波羅寺抵渡遼州七十里驛，至安東都護府約五百里。今以契丹地圖校，至東京五百二十里。東京即安東都護治所，即古之燕郡城是也，本遼西之地。”【劉注】今遼寧省義縣駐地義州鎮古城址爲遼代宜州州治。

[2]興宗以定州俘户建州：【劉校】據中華點校本校勘記，“按《紀》，統和八年三月置宜州。《遼文匯》四《李内貞墓誌》有宜州觀察，《劉繼文墓誌》亦有宜州。卷七五《王郁傳》稱太祖時已有宜州。所屬弘政縣，爲‘世宗以定州俘户置’。蓋因頭下州而建置者”。

[3]淩河，累石爲堤：【劉校】“淩”原作“堎”，中華修訂本據明抄本、南監本、北監本和殿本改。今從改。

[4]隸積慶宫：【劉校】“隸”原本作“穎”，明抄本、南監本、北監本和殿本均作“隸”。中華點校本及修訂本徑改。今從改。

錦州，[1]臨海軍，中，節度。本漢遼東無慮縣，[2]慕容皝置西樂縣，太祖以漢俘建州。有大胡僧山、小胡僧山、大查牙山、小查牙山、淘河島。隸弘義宫。[3]統州一、縣二：

永樂縣。

安昌縣。

[1]錦州：【劉注】今遼寧省錦州市舊城爲遼代錦州州治。

[2]無慮縣：據《漢書·地理志》注：“無慮，西部都尉治。”“應劭曰：慮音閭。師古曰‘即所謂醫巫閭’。”是無慮縣因醫巫閭而得名。《大清一統志》卷六五《錦州府》：“無慮故城，今廣寧縣治。漢置縣，屬遼東郡，爲西部都尉治。”

[3]弘義宫：遼太祖阿保機宫分。

巖州，[1]保肅軍，下，刺史。本漢海陽縣地。太祖平渤海，遷漢户雜居興州境，聖宗於此建城焉。隸弘義宫，來屬。[2]統縣一：

興城縣。

[1]巖州：巖州既然是漢海陽縣地，就不可能在渤海興州境内。據《漢書·地理志》，遼西郡有海陽縣；又“《魏土地記》曰：令支城南六十里有海陽城”（《水經注》卷一四）。令支故城在今河北省遷安縣西。因此，漢海陽縣應在遷安西南，臨海。因爲《漢書·地理志》載，該縣有鹽官。而《中國歷史地圖》將渤海國興州故址定位於今吉林省撫松縣與和龍市之間。這就與漢海陽縣故址相距千餘里了。【劉注】一説今遼寧省興城市曹莊鎮（駐大甸子村）四城子村古城址爲遼代巖州州治。

[2]隸弘義宫，來屬：【劉校】據中華點校本校勘記，應是“初隸弘義宫，後來屬”。

川州，[1]長寧軍，中，節度。本唐青山州地，太祖弟明王安端置，[2]會同三年詔爲白川州。[3]安端子察割以大逆誅，[4]没入，省曰川州。初隸崇德宫，統和中屬文忠王府。[5]統縣三：

弘理縣，統和八年以諸宫提轄司户置。

咸康縣。

宜民縣，統和中置。

[1]川州：【劉注】遼代川州，前期治所在今遼寧省北票市南八家子鄉四家板村古城址；後期治所在今遼寧省北票市黑城子鎮駐地黑城子村古城址。

［2］安端：在阿保機兄弟中排行第五，也曾參與“謀反”。世宗天禄初，賜號“明王”，成爲東丹國的統治者。

［3］白川州：遼代州名。據嘉慶《大清一統志》卷四三，舊城在朝陽縣（今遼寧省朝陽市）東北六十七里。初置川州，會同中改爲白川州。《熱河志》卷九八：“《武經總要》謂白川州西南至霸州七十里。今土默特右翼旗北一百五里地名四角阪，有廢城址，東西一百五丈，南北一百六十丈，周不及三里，蒙古名‘卓索喀喇城’。其西南距縣治六十七里，與《武經總要》所記方位正合。城内有遼開泰二年《佛頂尊勝陀羅尼石幢記》，爲白川州官吏所建，知即遼時故白川州城。石幢記首云：‘奉爲神贊天輔皇帝、齊天彰德皇后萬歲，親王公主千秋，文武百僚恒居禄位，風調雨順，海晏河清，一切有情同霑利樂。長寧軍節度掌書記、儒林郎、試大理評事、武騎尉王桂撰；長寧軍節度管内觀察處置等使、金紫崇禄大夫、檢校太傅、使持節白川州諸軍事、白川州刺史兼御史大夫、上柱國（以下俱闕）。’‘神贊天輔’爲聖宗尊號，《遼史·仁德皇后傳》云册爲齊天皇后。碑云‘齊天彰德皇后’，則史文闕畧也。左方列銜可辨識者有“銀青崇禄大夫兼監察御史、武騎尉、商税麴務都監王元泰；銀青崇禄大夫兼監察御史、武騎尉、同兼麴務張翼；三司押衙、麴務判官兼知商税事翟可行；銀青崇禄大夫、檢校工部尚書兼御史大夫、上柱國崔扆；儒林郎、試大理寺評事、守白川州咸康縣令、武騎尉王□；銀青崇禄大夫、檢校左散騎常侍、兼殿中侍御史、驍騎尉江濤；觀察判官、儒林郎、試大理司直、雲騎尉、賜緋魚袋田能成；内觀察處置等使、金紫崇禄大夫、檢校太傅、使持節白川州諸軍事、白川州刺史兼御史大夫、上柱國、鉅鹿縣開國子、食邑五百户耿延皆。‘官此土者也，左方同列名者則有寺主僧義超、都維那僧義訓、其末行云石作院使王德辛鐫字。”《武經總要》前集卷一六下：“白川州築城在遼澤之中，東距醫巫閭山，西至營州，地桑柘，民知織紝之利。歲奉中國幣帛多書‘白川州税户所輸’云。東至黔州七十里，西至中京四百三十里，東南至宜州百里，西

南至霸州七十里。”

[4]察割：即耶律察割（？—951）。遼皇族。其父即明王安端，爲阿保機同母弟。世宗即位，察割封泰寧王。天禄五年（951）九月，南伐途中行弑逆，隨即被誘殺。

[5]文忠王府：大丞相耶律隆運所建宮衛。隆運以所俘漢民置宗州，隸屬文忠王府。

建州，[1]保静軍，上，節度。唐武德中置昌樂縣，太祖完葺故壘，置州。漢乾祐元年，故石晉太后詣世宗，[2]求於漢城側耕墾自贍。許於建州南四十里給地五十頃，營構房室，創立宗廟。州在靈河之南，屢遭水害，聖宗遷於河北唐崇州故城，[3]初名武寧軍，[4]隸永興宫，後屬敦睦宫。[5]統縣二：

永霸縣。

永康縣本唐昌黎縣地。

[1]建州：地當今遼寧省朝陽市西八十里處。《武經總要》前集卷一六下《戎狄舊地》：“建州，胡中地，今號保静軍節度，本遼西之地，德光立爲州。嗣王即位，三關之地復爲周世宗所取，時江南諸國欲牽制中原，遣使齎金幣泛海至契丹國，乞出師南牧，卒不能用其謀。入蕃人使舟棹、水師悉留之，建州、雙州、霸州並置營居之，號通吳軍。東南至器仗山三十里，東北至霸州九十里，南至渝州五十里，西南至小陵河十里。”以下注[2]引《新五代史》云“自遼陽東南行千二百里至建州”，方位完全錯誤。建州在遼陽西。

[2]石晉太后：指晉高祖皇后李氏（？—950）。唐明宗皇帝女。晉出帝即位，册尊皇后爲皇太后。開運三年（945）十二月，契丹攻入開封，出帝與太后李氏上表降。《新五代史》卷一七《晉

家人傳》載皇后李氏事蹟：四年正月辛卯，德光降封出帝爲“負義侯”，遷於黃龍府。“德光使人謂太后曰：‘吾聞重貴不從母教而至於此，可求自便，勿與俱行。’太后答曰：‘重貴事妾甚謹。所失者，違先君之志，絶兩國之歡。然重貴此去，幸蒙大惠，全生保家，母不隨子，欲何所歸！’於是太后與馮皇后、皇弟重睿、皇子延煦、延寶等舉族從帝而北，以宫女五十、宦者三十、東西班五十、醫官一、控鶴官四、御厨七、茶酒司三、儀鸞司三、六軍士二十人從，衛以騎兵三百。所經州縣，皆故晉將吏，有所供饋，不得通。路傍父老，爭持羊酒爲獻，衛兵推隔不使見帝，皆涕泣而去。自幽州行十餘日，過平州，出榆關，行砂磧中，饑不得食，遣宫女、從官，採木實、野蔬而食。又行七八日，至錦州，虜人迫帝與太后拜阿保機畫像。帝不勝其辱，泣而呼曰：‘薛超誤我，不令我死！’又行五六日，過海北州，至東丹王墓，遣延煦拜之。又行十餘日，渡遼水，至渤海國鐵州。又行七八日，過南海府，遂至黃龍府。是歲六月，契丹國母徙帝、太后於懷密州，州去黃龍府西北一千五百里。行過遼陽二百里，而國母爲永康王所囚，永康王遣帝、太后還止遼陽，稍供給之。明年四月，永康王至遼陽，帝白衣紗帽，與太后、皇后詣帳中上謁，永康王止帝以常服見。帝伏地雨泣，自陳過咎。永康王使人扶起之，與坐，飲酒奏樂。而永康王帳下伶人、從官，望見故主，皆泣下，悲不自勝，爭以衣服、藥餌爲遺……明年乃漢乾祐二年，其二月，徙帝、太后於建州。自遼陽東南行千二百里至建州，節度使趙延暉避正寢以館之。去建州數十里外得地五十餘頃，帝遣從行者耕而食之。明年三月，太后寢疾，無醫藥，常仰天而泣，南望戟手罵杜重威、李守貞等曰：‘使死者無知則已，若其有知，不赦爾於地下！’八月疾亟，謂帝曰：‘我死，焚其骨送范陽佛寺，無使我爲虜地鬼也！’遂卒。帝與皇后、宫人、宦者、東西班，皆被發徒跣，扶舁其柩至賜地，焚其骨，穿地而葬焉。周顯德中，有中國人自契丹亡歸者，言見帝與皇后諸子皆無恙。後不知其所終。”

[3]唐崇州故城：【劉校】據中華點校本校勘記，“唐”原誤“康”。中華點校本據《新唐書·地理志》改。今從改。

[4]初名武寧軍：【劉校】據中華點校本校勘記，“‘名’原誤‘屬’。《金史·地理志》：‘建州，遼初名軍曰武寧。’據改”。今從改。

[5]敦睦宮：孝文皇太弟宮分。

來州，[1]歸德軍，下，節度。聖宗以女直五部歲饑來歸，置州居之。初刺史，後升。隸永興宫。有三州山、六州山、五脂山。[2]統州二、縣一：[3]

來賓縣本唐來遠縣地。

[1]來州：《武經總要》前集卷一六下《戎狄舊地》：“來州，號歸德軍。女真國五部落相率來降，胡中因建州以居之。東至隰州七十里，西至遼州七十里，南至大海四十里，北至建州三百五十里。”【劉注】今遼寧省綏中縣前衛鎮駐地前衛村古城址爲遼代來州州治。

[2]五脂山：【劉校】據中華點校本校勘記，“脂”疑應作“指”。

[3]統州二：【劉校】據中華點校本校勘記，按下文實統三州。

隰州，[1]平海軍，下，刺史。慕容皝置集寧縣。聖宗括帳户遷信州，[2]大雪不能進，建城於此置焉，隸興聖宫，[3]來屬。統縣一：

海濱縣本漢縣。瀕海，地多鹻鹵，置鹽場於此。

[1]隰州：《武經總要》前集卷一六下《戎狄舊地》：“隰州，

遼主隆緒建爲州，東至海二百里，西至來州八十里，南至海五里，北至建州三百三十里。”【劉注】遼代隰州州治爲今遼寧省興城市東辛莊鎮東關店村古城址。

[2]信州：《滿洲源流考》卷一〇：“考信州故城在今科爾沁左翼東南三百八十里開原邊外。《金（全）遼志》稱‘自開原東北至信州三百十里’，是也。今有古城，周一里，門八，土人猶呼信州城。”

[3]隸興聖宫：【劉校】原本作“隸與聖宫”，據南監本、北監本改。

遷州，[1]興善軍，下，刺史。本漢陽樂縣地。[2]聖宗平大延琳，[3]遷歸州民置，[4]來屬。有箭笴山。[5]統縣一：

遷民縣。

[1]遷州：【劉注】今河北省秦皇島市山海關爲遼代遷州州治。

[2]漢陽樂縣：嘉慶《大清一統志》卷一九《永平府》：“陽樂故城，在撫寧縣，西漢置，屬遼西郡。後漢爲郡治，晉因之，後魏仍屬遼西郡，北齊省。《水經注·地理風俗記》曰：‘陽樂，故燕也。遼西郡治。秦始皇二十二年置。’《魏氏土地記》曰：‘海陽城西南有陽樂城，《後漢書》注：陽樂故城在平州東。’舊《志》在今撫寧縣西關外。按：陽樂，後漢時爲遼西郡治。《趙苞傳》：苞爲遼西太守，迎母到郡，道經柳城。則陽樂故縣應在柳城之東，今府東北口外。舊《志》陡河西南百里有陽樂城是也。豈魏晉時移此城於肥如東界耶？”肥如古城在今河北省盧龍縣北，陽樂城址當是因戰亂遷移。

[3]大延琳（？—1030）：渤海人，遼東京軍將。反遼鬬爭領導人。

[4]歸州：嘉慶《大清一統志》卷六〇《奉天府》：“歸州故城

在蓋平縣西南九十里。遼初置州，後廢。統和二十九年復置，治歸勝縣属东京道。金廢州，降縣爲鎮，隸復州。今有上（土）堡曰歸州城，周一里有奇，即其故址。”

[5]箭笴（gǎn）山：地名。胡損奚所居地。【靳注】此爲山名。在今河北省撫寧縣東北葦子峪外。

潤州，海陽軍，下，刺史。聖宗平大延琳，遷寧州之民居此，置州。統縣一：

海陽縣本漢陽樂縣地，[1]遷潤州，本東京城内渤海民户，因叛移於此。

[1]海陽縣：【劉校】據中華點校本校勘記，“原與隰州海濱縣互舛。《金史·地理志》：‘海陽縣，遼潤州海陽軍故縣也。’‘海濱縣，遼隰州平海軍故縣也。’按海陽縣與軍名同，海濱縣瀕海。輯本《元一統志》二：‘遼隰州治海濱縣。’據改”。今從改。

（李錫厚注　劉鳳翥校）

遼史　卷四〇

志第十

地理志四

南京道

南京析津府本古冀州之地，[1]高陽氏謂之幽陵，[2]陶唐曰幽都，[3]有虞析爲幽州。[4]商併幽於冀，周分并爲幽。[5]《職方》，[6]“東北〔曰〕幽州，〔其〕山鎮〔曰〕醫巫閭，[7]〔其〕澤藪〔曰〕貕養，[8]〔其〕川河泲，[9]〔其〕浸菑、時，[10]其利魚、鹽，其畜馬、牛、豕，其穀黍、稷、稻。”[11]武王封太保奭于燕。[12]秦以其地爲漁陽、上谷、右北平、遼西、遼東五郡。漢爲燕國，歷封臧荼、盧綰、劉建、劉澤、劉旦，嘗置涿郡廣陽國。[13]後漢爲廣平國廣陽郡，或合于上谷復置幽州。後周置燕及范陽郡，隋爲幽州總管。唐置大都督府，改范陽節度使。安禄山、史思明、李懷仙、朱滔、劉怦、劉濟相繼割據。[14]劉總歸唐。[15]至張仲武、張允仲，[16]以正得民。劉仁恭父子僭爭，[17]遂入五代。自唐而晉，高祖以遼有援立之勞，[18]割幽州等十六州以獻。[19]太宗升爲南京，[20]又曰燕京。

[1]古冀州：九州之一。幽、并、營三州在九州之外。《尚書·虞書》："禹治水之後，舜分冀州爲幽州、并州，分青州爲營州，始置十二州。"

[2]高陽氏：據《史記·五帝本紀》，高陽氏即帝顓頊，是黄帝之孫，昌意之子。《集解》引張晏云："高陽者，所興地名也。"

[3]陶唐：據《史記·五帝本紀》："帝堯爲陶唐。"《集解》："韋昭曰：陶唐皆國名，猶湯稱殷商矣。張晏曰：堯爲唐侯，國於中山，唐縣是也。"《漢書·地理志》"冀州既載"，師古曰："兩河閒曰冀州。載，始也。冀州，堯所都，故禹治水自冀州始也。"是唐堯都冀，而非都幽。禹治水之後，舜始分冀爲幽，堯時豈有"幽都"！

[4]有虞：《史記·五帝本紀》："帝舜爲有虞。"《集解》："皇甫謐曰：舜嬪于虞，因以爲氏。今河東大陽西山上虞城是也。"

[5]商併幽於冀，周分並爲幽：清代學者胡渭撰《禹貢錐指》，其書卷一八謂："殷之制分並爲幽，合青爲營，分梁以入於雍、荆；周之制合梁爲雍，合徐爲青而並與幽、冀復三焉。"

[6]《職方》：即《周禮·夏官·職方氏》。此處《遼史》引《職方》文，多有脱漏，文爲："東北曰幽州，其山鎮曰醫無閭，其澤藪曰貕養，其川河、泲，其浸菑、時。"

[7]醫巫閭：即遼西名山醫巫閭山。

[8]貕養：《職方》原文注云"貕養在長廣"。長廣縣，西漢屬琅琊郡。《漢書·地理志》："長廣，有萊山，萊王祠，奚養澤在西，秦地圖曰'劇清'，地幽州。藪有鹽官。"嘉慶《大清一統志》卷一七三《登州府》："長廣故城在萊陽縣東。"

[9]泲（jǐ）：同"濟"。古水名。四瀆之一。發源於今河南省

濟源市王屋山，歷代多次變遷，自漢以後故道有二，南、北二濟水匯於鉅野。今該水東流至山東省東北部入海。

［10］菑、時：二水名。菑水出萊蕪，時水出般陽（今山東省萊陽市）。

［11］“其畜馬、牛、豕”二句：這兩句的《周禮》原文是：“其畜宜四擾，其穀宜三種。”注：“四擾：馬、牛、羊、豕。三種：黍、稷、稻。”

［12］太保奭：即燕召公。《史記·燕召公世家》：“召公奭與周同姓，姓姬氏。周武王之滅紂，封召公於北燕。其在成王時，召公爲三公。”太保屬“三公”之一。

［13］廣陽國：據《漢書·武帝本紀》，元狩六年（前 122）立皇子旦爲燕王。《史記·三王世家》燕王策云：“建爾國家，封於北土，世爲漢藩輔。”另據《漢書·宣帝本紀》，宣帝本始元年（前 73）始立建爲廣陽王。《史記·三王世家》：“立燕故太子建爲廣陽王，以奉燕王祭祀。”當是褚少孫補。《正義》引《括地志》云：“廣陽故城，今在幽州良鄉縣東北三十七里。”良鄉縣，今廢，爲北京市房山區機關所在地。

［14］安禄山（703—757）：唐營州柳城（今遼寧省朝陽市）胡人。本姓康，隨母嫁突厥人安延偃，改姓安，名禄山。初爲互市郎，被幽州節度使張守珪養以爲子。後任平盧、范陽、河東三鎮節度使。天寶十四載（755）起兵叛亂，兩年後爲其子所殺。安禄山死後，史思明統率該部繼續對抗唐朝。安史亂後，幽州繼續爲割據狀態。

［15］劉總：唐憲宗時爲幽州節度使。

［16］張仲武：唐武宗會昌二年（842）討回鶻有功，受盧龍軍節度使。

［17］劉仁恭父子：劉仁恭是唐末割據軍閥，深州樂壽（今河北省獻縣）人。早年爲晉王李克用壽陽鎮將，乾寧元年（894）又爲盧龍軍節度使。其子守文爲横海軍節度使，父子率兩鎮兵十萬，

號稱三十萬，稱雄一方。後，仁恭爲另一子守光所囚禁。乾化元年（911）守光自號大燕皇帝。次年仁恭父子爲晉王李存勗所擒殺。《新唐書》卷二一二有傳。據《舊五代史》卷一三七《外國列傳》："劉仁恭鎮幽州，素知契丹軍情僞，選將練兵，乘秋深入，逾摘星嶺討之，霜降秋暮，即燔塞下野草，以困之，馬多饑死，即以良馬賂仁恭，以市牧地。仁恭季年荒恣，出居大安山，契丹背盟，數來寇鈔。"看來，劉仁恭的攻擊，使契丹受到了嚴重的損失。

[18]高祖以遼有援立之勞：【劉校】援立，據中華點校本校勘記，原作"援力"。"據《地理志五》：'晉高祖以契丹有援立功，割山西、代北地爲賂。'又《地理志一》：'太宗援立晉。'據改"。今從改。

[19]十六州：本書卷四《太宗本紀下》會同元年（938）十一月："晉復遣趙瑩奉表來賀，以幽、薊、瀛、莫、涿、檀、順、嬀、儒、新、武、雲、應、朔、寰、蔚十六州并圖籍來獻。"　割幽州等十六州以獻：【劉校】原本作"割幽州等十六年以獻"，衍"等"字，明抄本、南監本、北監本和殿本不誤。中華點校本及修訂本徑改。今從改。

[20]太宗升爲南京：天顯十三（938）年十一月，後晉又派馮道、韋勳、劉昫、盧重等出使契丹，德光與其母述律太后分別在上京開皇殿召見馮道一行。晉使獻上幽薊十六州圖籍，並上德光尊號曰"睿文神武法天啟運明德章信至道廣敬昭孝嗣聖皇帝"，述律氏曰"廣德至仁昭烈崇簡應天皇太后"。德光改天顯十三年爲會同元年，同時又下詔以皇都爲上京，升幽州爲南京。

城方三十六里，[1]崇三丈，衡廣一丈五尺。敵樓、戰櫓具。[2]八門：東曰安東、迎春，南曰開陽、丹鳳，西曰顯西、清晉，北曰通天、拱辰。大內在西南隅。皇城内有景宗、聖宗御容殿二，東曰宣和，南曰大內。內門曰宣教，改“元和”；外三門曰南端、左掖、右掖。左掖改萬春，右掖改千秋。門有樓閣，毬場在其南，東爲永平館。皇城西門曰顯西，設而不開，北曰子北。西城巔有涼殿，東北隅有燕角樓。坊市、廨舍、寺觀，蓋不勝書。[3]其外有居庸、松亭、榆林之關，[4]古北之口，[5]桑乾河、高梁河、石子河、大安山、燕山中有瑤嶼。[6]府曰幽都，[7]軍號盧龍，開泰元年落軍額。[8]

[1]城方三十六里：遼南京城比唐幽州薊城略大。宋人路振《乘軺録》記載遼幽州城周長有二十五里。宋人晁補之《雞肋集》卷二四《上皇帝論北事書》記載：“度燕城之大，二十七里而止，一人而守地六尺，三圍之則滿卒三萬守地無餘。”宋人許亢宗《奉使金國行程録》也記載“燕山府城周圍二十七里”，説明金代燕京城與路振所記遼燕京差不多。文物考古工作者經實地考察，並結合文獻記載，認爲路振所記比較接近實際。遼南京的東城垣，在法源寺以東，今琉璃廠（遼時海王村）是遼南京城東門外郊區一個小村落。城之北垣在復興門南，與金中都北垣一致，即在今會城門村（軍事博物館南）一綫。南城墻大致與右安門城墻相近。遼南京城西垣大約在會城門村東貫穿白石橋東，向南延長的一綫，白石橋下的小河或即當日的城濠（參見《北京考古四十年》，北京燕山出版社 1990 年版，第 141—142 頁）

[2]敵樓、戰櫓：統稱“樓櫓”。《後漢書·南匈奴傳》：“初，帝造戰車可駕數牛，上作樓櫓，置於塞上以拒匈奴。”注：“櫓即樓也。《釋名》曰：樓無屋爲櫓。”

[3]坊市：由城内道路分割而成的居民區和鬧市區。遼南京城内幹道，從相對城門引伸直交成井字形。全城共八門，因此主要街道則應爲兩縱、兩横。本書卷一七《聖宗本紀八》記載，太平五年（1025）“是歲燕民以年穀豐熟，車駕臨幸，爭以土物來獻。上禮高

年、惠鰥寡、賜酺飲。至夕，六街燈火如晝，士庶嬉遊，上亦微行觀之”。所謂“六街”，蓋指都城鬧市。燕京城内除了幹道之外，也還應有小的街巷。被街巷分割的一個個居民區則稱爲“坊”。這是座具有相當規模的城市，因其是在唐幽州薊城的基礎上擴建而成，故仍然沿襲唐朝坊市分開的制度。燕京的街和坊都有名稱。據大中祥符元年（遼統和二十六年，1008）使遼的路振在《乘軺録》（《宋朝事實類苑》卷七七《安邊禦寇·契丹》）中記載，幽州“城中凡二十六坊，坊有門樓，大署其額，有罽賓、肅慎、盧龍等坊，並唐時舊坊名也。居民棋布，巷端直，列肆者百室，俗皆漢服，中有胡服者，蓋雜契丹、渤海婦女耳”。罽賓又稱迦濕彌羅，即喀什米爾的異譯。該邦人士多務農，同時也善造金銀銅器。“罽賓坊”當是唐代以來在此從事金屬加工業的罽賓人聚居區；“肅慎坊”是來自東北的少數民族聚居區。燕京五方雜處，有來自不同國度、不同民族的居民。坊有坊門、門樓，這是坊的標誌，也是沿襲唐幽州薊城的舊制。坊的名稱書於坊門之上。坊内有府第、寺廟和一般居民住宅。除了見於路振記載的三個坊名之外，見於出土墓誌和石刻藏經題記者還有隗臺坊、北羅坊、齊禮坊、永平坊、遼西坊、棠蔭坊、大田坊、歸厚坊、和時坊、宣化坊等。

[4]居庸：關名。要塞，位於今北京市昌平區西北。《畿輔通志》卷四〇：“居庸關在昌平州西北二十四里，關門南北相距四十里。兩山夾峙，下有巨澗、懸崖峭壁，稱爲絶險。《淮南子》天下九塞，居庸其一也。”“《水經注》：居庸關在上谷沮陽城東南六十里，絶谷累石，崇墉峻壁，山岫層深，側道褊狹，林障邃險，路僅容軌。杜氏《通典》：北齊改居庸爲納款關，《唐十道志》居庸亦名薊門關，《新唐書·地理志》居庸關亦謂之軍都關。”　松亭：關名。位於今河北省遵化市。清人高士奇《松亭行紀》卷下：“駕出喜峰口。按，喜峰口，古松亭山也，奇峰削下，腰有洞高二丈餘，深倍之。《遼史》爲松亭關。”《四庫全書總目提要》辨明其説不準確：“聖祖仁皇帝恭奉太皇太后行幸温泉。四月戊子駕出喜峰

口，士奇皆扈從，因記其往來所經，謂喜峰口爲古松亭關，故以名書。然松亭關在喜峰口外八十里，士奇合而一之，未詳考也。”榆林：關名。清人閻若璩《潛邱札記》卷六《與趙秋谷書》：“榆，當作渝，音喻，水名。又曰臨渝關，在永平府撫寧縣東，今山海關即其移而更名者。”【劉校】榆林關，據中華點校本校勘記，“《索隱》謂，今山海關，《隋書》曰渝關，亦曰臨渝關。此榆林蓋臨渝之聲同而倒誤者”。

[5]古北之口：即古北口，位於今北京市密雲區東北，爲長城上的要塞之一。《畿輔通志》卷四〇：“古北口關在密雲縣東北百二十里，兩崖壁立，中有路僅通一車，下有深澗，巨石磊砢，凡四十五里，爲險絶之道。亦曰虎北口。”

[6]桑乾河：源出山西馬邑，即今山西省朔州市。遼西京大同府近桑乾河上游，故聖宗獵於此。　高梁河：故道在今北京城西直門外。《宋史》卷四《太宗本紀》載，太平興國四年七月癸未“帝督諸軍及契丹大戰於高梁河，敗績。甲申班師”。《默記》卷中載：“太宗自燕京城下軍潰，北虜追之，僅得脱。凡行在服御寶器盡爲所奪，從人宫嬪盡陷没。股上中兩箭，歲歲必發。其棄天下竟以箭瘡發云。”　大安山：位於今北京市房山區境内。

[7]幽都：府名。據本書卷一五《聖宗本紀六》開泰元年十一月，改幽都府析津府。

[8]開泰：遼聖宗年號（1012—1020）。　開泰元年落軍額：【劉校】據中華點校本校勘記，“按《紀》開泰元年十一月，改幽都府爲析津府”。

統州六、縣十一：

析津縣本晉薊縣，改薊北縣，開泰元年更今名。以燕分野旅寅爲析木之津，[1]故名。[2]户二萬。

宛平縣本晉幽都縣，[3]開泰元年改今名。[4]户二萬二千。

昌平縣本漢軍都縣，[5]後漢屬廣陽郡，晉屬燕國，元魏置東燕州平昌郡及昌平縣。[6]郡廢，縣隸幽州，在京北九十里。户七千。

良鄉縣，[7]燕爲中都縣，漢改良鄉縣，舊屬涿郡，北齊天保七年省入薊縣，武平六年復置。唐聖曆元年改固節鎮，神龍元年復爲良鄉縣，劉守光徙治此。在京南六十里。户七千。

潞縣本漢舊縣，[8]屬漁陽郡。唐武德二年置元州，貞觀元年州廢，復爲縣。有潞水。在京東六十里。户六千。

安次縣本漢舊縣，[9]屬漁陽郡。唐武德四年徙置東南五十里石梁城，貞觀八年又徙今縣西五里常道城，開元二十三年又徙耿就橋行市南。在京南一百二十里。户一萬二千。

永清縣本漢益昌縣，[10]隋置通澤縣，唐置武隆縣，改會昌，天寶初爲永清縣。在京南一百五十里。户五千。

武清縣，前漢雍奴縣，[11]屬漁陽郡。《水經注》：[12]雍奴者，藪澤之名，四面有水曰雍，不流曰奴。唐天寶初改武清。在京東南一百五十里。户一萬。

香河縣本武清孫村。[13]遼於新倉置榷鹽院，居民聚集，因分武清、三河、潞三縣户置。[14]在京東南一百二十里。户七千。

玉河縣本泉山地。[15]劉仁恭於大安山創宫觀，師煉丹羽化之術于方士王若訥，因割薊縣分置，以供給之。在京西四十里。户一千。

漷陰縣本漢泉山之霍村鎮。[16]遼每季春弋獵於延芳淀，[17]居民成邑，就城故漷陰鎮，後改爲縣。在京東南九十里。延芳淀方數百里，春時鵝鶩所聚，夏秋多菱芡。國主春獵，衛士皆衣墨緑，各持連鎚、鷹食、刺鵝錐，列水次，相去五七步。上風擊鼓，驚鵝稍離水面。國主親放海東青鶻擒之。[18]鵝墜，恐鶻力不勝，在列者以佩錐刺鵝，急取其腦飼鶻。得頭鵝者，例賞銀絹。國主、皇族、群臣各有分地。户五千。

[1]燕分野旅寅：這是皇甫謐《帝王世紀》中的説法。占候家者流以天星運行配以郡國分野。從而視天象變化以附會人事，預言吉凶。宋人王應麟《六經天文編》卷上："十二分野即辰、次所臨之地也。在天爲十二辰、十二次；在地爲十二國、十二州。凡日月之交食、星辰之變異，以所臨分野占之，或吉或凶，各有當之者矣。"對此類謬説，古人已有斥其爲"坐井觀天"者。明人王英時《曆體略》卷上："十二辰分界從赤道剖之，乃占候家遂配以郡國分野。夫十二次盡乎天矣，華夏郡國亦盡乎地耶？多見其爲坐井也。"

[2]故名：【劉校】原本、南監本、北監本和殿本均作"故民"，中華點校本徑改爲"名"。今從改。

[3]晉幽都縣：幽都縣非晉置。《太平寰宇記》卷六九："幽都縣，十二鄉，舊縣，即薊縣地，今邑治薊西界。按《郡國縣道記》云：建中二年於羅城内廢燕州廨置，在府北一里。其燕州本國因栗（粟）末靺羯首領突地稽，當隋開皇中領部落歸化，處之於營州界。煬帝八年爲置遼西郡，以突地稽爲太守，治營州東二百里汝羅城。後遭邊寇侵抄，又寄治於營州城内。唐武德二年改遼西郡爲燕州，

仍置總管。六年自營幽徙居幽州城内。歷代襲燕州刺史。建中初爲朱滔所破滅，尋州廢，立此縣於故城。”幽都縣是唐建中間（780—783）所置，治所就在幽州城内，既非西晉，亦非石晉所置。《輿地廣記》卷一二亦云：“建中二年爲朱滔所滅，因廢爲縣。”所謂“爲朱滔所滅”，即原來的燕州總管府被朱滔所攻破，始廢州置縣。本晉幽都縣：【劉校】據中華點校本校勘記，“《索隱》謂晉無幽都縣，《唐志》幽州范陽郡有幽都縣，‘晉’應作‘唐’”。

[4]改今名：【劉校】“名”原本作“民”，明抄本、南監本、北監本和殿本均作“名”。中華點校本及修訂本徑改。今從改。

[5]昌平縣本漢軍都縣：《太平寰宇記》卷六九：“昌平縣西北九十三里，今四鄉，本漢軍都縣，屬上谷郡。”【劉校】據中華點校本校勘記，按昌平、軍都並漢置縣，後魏始廢昌平入軍都。

[6]元魏置東燕州平昌郡及昌平縣：【劉校】“州平昌”三字原脱。據中華點校本校勘記，趙萬里《元一統志》卷一：“後魏即縣郭置東燕州及平昌郡昌平縣，後郡廢縣存，以隸幽州。”據補。

[7]良鄉縣：治所在今北京市房山區境内。《太平寰宇記》卷六九：“在燕爲中都，漢爲良鄉縣，屬涿郡。北齊天寶七年（556）省入薊縣，武平六年（575）復置，唐聖曆元年（698）改爲國節縣，神龍元年（705）復舊爲良鄉。”另據《輿地廣記》卷一二，良鄉縣“聖曆元年改曰固節，神龍元年復故名”。是“國節”實爲“固節”之誤。良鄉縣被廢，不是在武后聖曆元年，而是以後。趙德鈞鎮幽州時復置，據《新五代史》卷七二《四夷附録第一》：“莊宗之末，趙德鈞鎮幽州，於鹽溝置良鄉縣，又於幽州東五十里築城，皆戍以兵。及破赫邈等，又於其東置三河縣。由是幽、薊之人，始得耕牧，而輸餉可通。”

[8]潞縣：治所在今北京市通州區境内。嘉慶《大清一統志》卷八《順天府》：“潞縣故城在通州東，漢置縣，以潞水爲名。《水經注》鮑邱水逕潞縣故城西。漢光武遣吴漢、耿弇等破銅馬五幡於潞東，謂是縣也。”《資治通鑑》卷二七八後唐明宗長興三年（932）

七月："初，契丹既強，寇抄盧龍諸州皆遍，幽州城門之外虜騎充斥，每自涿州運糧入幽州，虜多伏兵於閻溝掠取之。及趙德鈞爲節度使，城閻溝而戍之，爲良鄉縣，糧道稍通。幽州東十里之外，人不敢樵牧。德鈞於州東五十里城潞縣而戍之，近州之民始得稼穡。至是，又於州東北百餘里城三河縣，以通薊州運路。虜騎來爭，德鈞擊却之。"胡三省注："據《水經》，漢涿郡故安縣有閻鄉，其西山則易水所出也，歐史作'鹽溝'。良鄉，漢古縣，趙德鈞移之於閻溝耳。《匈奴須知》：閻溝縣北至燕六十里，古良鄉空城，南至涿州四十里。蓋契丹得燕之後，改良鄉縣爲閻溝縣，而所謂古良鄉空城，即趙德鈞未移縣之前古城也。"

[9]安次縣：治所在今河北省廊坊市。《畿輔通志》卷五三："漢安次故城在今縣西北四十里，其址尚存，俗呼古縣。"

[10]永清縣：治所在今河北省永清縣。　漢益昌縣：《畿輔通志》卷五三："益昌故城在霸州東北，漢置，屬涿郡，後漢廢。《水經注》：巨馬水東逕益昌縣故城南。"

[11]武清縣：治所在今天津市武清區。　雍奴縣：據《漢書·地理志》雍奴縣屬漁陽郡。《畿輔通志》卷二一："三角淀在武清縣南八十里，即古雍奴水。"

[12]《水經注》：【劉校】據中華點校本校勘記，"注字原脱。按'雍奴者'云云，非《水經》經文，爲酈道元《注》，據補"。

[13]香河縣：治所在今河北省香河縣。

[14]因分武清、三河、潞三縣户置：【劉校】據中華點校本校勘記，三河，原誤"香河"，"按香河爲分武清、三河、潞三縣户所新置，非舊有。據改"。今從。

[15]玉河縣：嘉慶《大清一統志》卷八："玉河廢縣，在宛平縣西，五代時置。"金廢。　本泉山地：【劉校】據中華點校本校勘記，陳漢章《索隱》："泉山上當有'玉'字。《清一統志》玉泉山在宛平縣西北二十五里。玉河源出於玉泉山，亦名御河。玉河廢縣在宛平縣西南。"

[16]漷陰縣：《畿輔通志》卷五三："漷陰故城在通州南四十里，本漢泉州地。屬漁陽郡。遼置漷陰縣，屬析津府。元陞爲漷州，屬大都路。明復爲縣，屬通州。"

[17]延芳淀：位於今北京市通州區西。遼時廣數百畝，中多菱芡、鶩雁之屬。遼主每春季則弋獵於此。

[18]國主親放海東青鶻：海東青鶻，猛禽，能擊殺天鵝。今俄羅斯遠東地區以東大海盛産珍珠，天鵝食蚌，珍珠藏於蚌嗉内。契丹人放出海東青鶻擊殺天鵝，獲取珍珠。【劉校】國主，原本作"國王"，明抄本、南監本、北監本和殿本均作"國主"。中華點校本及修訂本徑改。今從改。

宋王曾《上契丹事》曰：[1]自雄州白溝驛渡河，[2]四十里至新城縣，[3]古督亢亭之地。又七十里至涿州。北渡范水、劉李河，[4]六十里至良鄉縣。渡盧溝河，六十里至幽州，號燕京。子城就羅郭西南爲之。正南曰啟夏門，内有元和殿，東門曰宣和。城中坊閈皆有樓。有閔忠寺，本唐太宗爲征遼陣亡將士所造；又有開泰寺，魏王耶律漢寧造。皆遣朝使遊觀。南門外有于越王廨，爲宴集之所。門外永平館，舊名碣石館，請和後易之。南即桑乾河。

[1]王曾《上契丹事》：見《長編》卷七九宋真宗大中祥符五年（1012）冬十月己酉記事。文見本書卷三九注文。

[2]白溝驛：驛因宋遼界河白溝河得名。據《畿輔通志》卷四三："安肅縣白溝驛在縣治東。元時在縣北十里，明洪武六年移置於此。"安肅縣後改徐水縣。白溝今爲河北省高碑店市下轄鎮。渡河：【劉校】諸本均作"度河"，中華點校本徑改"度"爲

“渡”。今從改。

[3]新城縣：治所在今河北省高碑店市。

[4]劉李河：發源於北京大房山，至霸州匯入巨馬河（拒馬河）。　北渡范水、劉李河：【劉校】據中華點校本校勘記，“渡”原誤“復”。“據王曾《行程録》改。又《行程録》范水上有涿水，下文元和殿后有洪政殿”。今從改。

順州，[1]歸化軍，中，刺史。秦上谷、漢范陽、北齊歸德郡境，隋開皇中粟末靺鞨與高麗戰不勝，[2]厥稽部長突地稽率八部勝兵數千人，自扶餘城西北舉落内附，置順州以處之。[3]唐武德初改燕州，會昌中改歸順州，唐末仍爲順州。有温渝河、白遂河、曹王山，曹操嘗駐軍于此。黍谷山，鄒衍吹律之地，[4]南有齊長城。[5]城東北有華林、天柱二莊，遼建涼殿，春賞花、夏納涼。初，軍曰歸寧，後更名。統縣一：

懷柔縣，[6]唐貞觀六年置，治五柳城，改順義縣。開元四年置松漠府彈汗州，[7]天寶元年改歸化郡，[8]乾元元年復今名。户五千。

[1]順州：明初改爲順義縣，治所在今北京市順義區。

[2]高麗：指高句麗。

[3]置順州以處之：【劉校】“之”原本作“書”，中華修訂本據明抄本、南監本、北監本和殿本改。今從改。

[4]黍谷山，鄒衍吹律之地：漢代劉向云：“燕有谷地寒不生黍稷，鄒衍吹律，以温其氣，故名山曰黍谷。”明人彭大翼《山堂肆考》卷一七《黍谷》山在順天府懷柔縣東跨密雲界。

[5]齊長城：【劉校】據中華點校本校勘記，“按此地非齊境，

《索隱》謂齊當作燕。《昌平山水記》則謂北齊天保中所築”。【李校】《索隱》誤，《昌平山水記》是。

[6]懷柔縣：治所在今北京市懷柔區。

[7]松漠：契丹原住地。即今内蒙古自治區東部西遼河上游地區，又稱“平地松林”，唐初在此置松漠都督府以統契丹諸部。

[8]改歸化郡：【劉校】據中華點校本校勘記，“郡”原誤“縣”。據《舊唐書·地理志》及《寰宇記》卷六九改。

檀州，[1]武威軍，下，刺史。本燕漁陽郡地，漢爲白檀縣。《魏書》：曹西歷白檀，[2]破烏丸於柳城。[3]《續漢書》：白檀在右北平。[4]元魏創密雲郡，兼置安州。後周改爲元州。隋開皇十八年割燕樂、密雲二縣置檀州。唐天寶元年改密雲郡，乾元元年復爲檀州。遼加今軍號。有桑溪、鮑丘山、桃花山、螺山。統縣二：

密雲縣本漢白檀縣，後漢以居厗奚。元魏置密雲郡，領白檀、要陽、密雲三縣。高齊廢郡及二縣，來屬。户五千。

行唐縣本定州行唐縣。太祖掠定州，[5]破行唐，盡驅其民，北至檀州，擇曠土居之，凡置十寨，仍名行唐縣。隸彰愍宫。户三千。

[1]檀州：始置於唐。治所在今北京市密雲區。

[2]曹西歷白檀：是指《三國志·魏書》記載的曹操征烏丸事，但非原文。《宋書》卷二二《樂志》載《定武功曲》“今第七曲《屠柳城》，言曹公越北塞，歷白檀，破三郡烏桓于柳城也”。

[3]烏丸：古代部族名。又作“烏桓”，東胡的一支，原附匈奴，漢武帝擊敗匈奴後，始轉而附漢。建安十二年（207），曹操將

其一部分遷至中原。

[4]右北平：《畿輔通志》卷五三："右北平故城在玉田縣界，後漢置。《括地志》'漁陽縣東南七十里，右北平城。以燕山爲版築。'《水經》：鮑邱水東逕右北平郡故城南。"

[5]掠定州：神册六年（921）阿保機南下至定州救援張文禮，爲後唐莊宗李存勖所敗，並未到達遠在今河北省西南部的行唐縣。契丹掠行唐，並以所俘的行唐人在檀州僑置行唐縣，應是在太宗德光立晉及滅晉兩次南下俘掠的結果。

涿州，[1]永泰軍，上，刺史。漢高祖六年分燕置涿郡。魏文帝改范陽郡，[2]晉爲范陽國，元魏復爲郡。隋開皇二年罷郡，屬幽州，大業三年以幽州爲涿郡。唐武德元年郡廢爲涿縣，七年改范陽縣，大曆四年置涿州。石晉以歸太宗。[3]有大房山、六聘山、涿水、樓桑河、横溝河、禮遜河、祁溝河。[4]統縣四：

范陽縣本漢涿縣，[5]唐武德中改范陽縣。有涿水、范水。户一萬。

固安縣本漢方城縣，[6]先屬廣陽國。隋開皇九年自易州淶水縣移置，屬幽州，取漢故安縣名。唐武德四年屬北義州，徙治章信堡。貞觀二年義州廢，移今治，復屬幽州。在州東南九十里。户一萬。

新城縣本漢新昌縣，唐大曆四年析固安縣置，後省。後唐天成四年復析范陽縣置。在州南六十里。户一萬。

歸義縣本漢易縣地，齊併入鄚縣。唐武德五年置北義州，州廢，復置縣來屬。民居在巨馬河南僑治新城。[7]户四千。

[1]涿州：治所在今河北省涿州市。《三朝北盟會編》政宣上帙引《茆齊自敘》，宣和四年（1122）“五月十八日晚過白溝，食時至燕界新城縣，差到契丹漢兒官一員引伴。須臾有父老數百人填擁驛外，詢使人何處來。僕遂出榜讀之，衆皆驚愕。有漢兒劉宗吉者，自後竊出，相謂云：‘使人今夕當宿涿州。宗吉，涿州人也，見隸白溝軍中，願得勅榜副本攜示諸人，他日南師入境願先開門以獻，今夕復當密至驛中。’遂攜二副本徃。晚抵涿州，入小使驛，祇接如國信禮”。

[2]魏文帝：曹丕。

[3]石晉以歸太宗：【劉校】諸本均作“石晉以歸太宗祖”，衍“祖”字，今據中華點校本改。

[4]大房山：《明一統志》卷一：“大房山在房山縣西一十五里，境内諸山唯此山雄峻而秀。古碑云乃幽燕奥室，故曰‘大房山’。下有聖水泉。山西南有伏龍穴，名龍喊峪。”大房山綿亘數十里，支峰十餘處，其中有老龍窩、煙筒尖、黄山、將軍坨、栗子城、穀積山、正陽山、半壁山、大寨山、馬鞍山。其中最著名的是上房山(今上方山)、石經山。雲居寺位於今北京市西南房山區大石窩鎮水頭村，距北京市中心七十公里。雲居寺始建於隋末唐初，初名“智泉寺”，後改稱“雲居寺”，20世紀40年代毁於日軍炮火中。　六聘山：《明一統志》卷一：“在房山縣西三十里。”　涿水：《明一統志》卷一：“涿水，源自上谷涿鹿山，流至涿州北入挾河。”

[5]范陽縣：與涿州治所原爲同一地。《明一統志》卷一：“范水在涿州城西南，魏置范陽郡取此。”嘉慶《大清一統志》卷六：“明洪武初以州治范陽縣省入，屬順天府，本朝因之。”

[6]固安縣：治所在今河北省固安縣。

[7]巨馬河：即拒馬河。《明一統志》卷一：“拒馬河，在永清

縣南，自桑乾河分流至固安經縣界入三角淀；又一在房山縣。《水經》：拒馬出代郡淶山西，晉劉琨守此以拒石勒。”巨馬河南僑置的新城縣屬宋，下文容城縣亦同。

易州，[1]高陽軍，上，刺史。漢爲易、故安二縣地。[2]隋置易州，隋末爲上谷郡。唐武德四年復易州，天寶元年仍上谷郡，乾元元年又改易州。五代隸定州節度使。會同九年孫方簡以其地來附，[3]應曆九年爲周世宗所取，[4]後屬宋。統和七年攻克之，升高陽軍。[5]有易水、淶水、狼山、太寧山、白馬山。統縣三：

易縣本漢縣，故城在今縣東南六十里。齊天保七年省。隋開皇十六年，於故安城西北隅置縣，即今縣治也。户二萬五千。

淶水縣本漢道縣，[6]今縣北一里故道城是也。元魏移於故城南，即今縣置。周大象二年省。隋開皇十八年改淶水縣，[7]在州東四十里。有淶水。户二萬七千。

容城縣本漢縣，[8]先屬涿郡，故城在雄州西南。唐武德五年屬北義州，貞觀元年還本屬，聖曆二年改全忠縣，天寶元年復名容城縣，在州東八十里。户民皆居巨馬河南，僑治涿州新城縣。[9]户五千。

[1]易州：治所在今河北省易縣。

[2]易、故安二縣地：【劉校】據中華點校本校勘記，故安，原誤“安故”，據《漢書·地理志》及上文改。今從改。

[3]孫方簡：《舊五代史》卷八四《晉少帝紀》於開運三年（946）六月庚申朔載“狼山招收指揮使孫方簡叛，據狼山歸契

丹”。孫方簡用邪教組織信衆入契丹境抄掠，據《通鑑》卷二八五後晉出帝開運三年三月載：“方簡時入契丹境鈔掠，多所殺獲。既而邀求不已，朝廷小不副其意，則舉寨降於契丹，請爲鄉道以入寇。時河北大饑，民餓死者所在以萬數，兖、鄆、滄、貝之間，盜賊蜂起，吏不能禁。天雄節度使杜威遣元隨軍將劉延翰市馬於邊，方簡執之，獻於契丹。延翰逃歸，六月，壬戌，至大梁，言‘方簡欲乘中國凶饑，引契丹入寇，宜爲之備’。”

[4]應曆：遼穆宗年號（951—969）。　周世宗：【劉注】後周第二任皇帝柴榮的廟號。

[5]升高陽軍：本書卷一二《聖宗本紀三》載統和七年（989）春正月癸巳：“諭諸軍趣易州。己亥，禁部從伐民桑梓。癸卯，攻易州，宋兵出遂城來援，遣鐵林軍擊之，擒其指揮使五人。甲辰，大軍齊進，破易州。”此事見於《續資治通鑑長編》卷二九宋太宗端拱元年（988）記載：“十一月，契丹大至唐河北，將入寇。諸將欲以詔書從事，堅壁清野勿與戰。定州監軍、判四方館事袁繼忠曰：‘契丹在近，今城中屯重兵而不能剪滅，令長驅深入，侵略它郡，謀自安之計可也，豈折衝禦侮之用乎！我將身先士卒，死於敵矣。’辭氣慷慨，衆皆伏。中黄門林延壽等五人猶執詔書止之，都部署李繼隆曰：‘閫外之事，將帥得專焉。往年河間不即死者，固將有以報國家耳。’乃與繼忠出兵距戰。先是，易州靜塞騎兵尤驍果，繼隆取以隸麾下，留妻子城中。繼忠言於繼隆曰：‘此精卒，止可令守城，萬一寇至，城中誰與捍敵？’繼隆不從，既而敵果入寇，易州遂陷，卒之妻子皆爲敵所掠。（易州陷，守將不知主名，亦不得其月日，但於此略見事跡耳，國史疏略如此，良可惜也。）”

[6]淶水縣：治所在今河北省淶水縣。　本漢遒縣：【劉校】據中華點校本校勘記，“《索隱》謂‘道’當作遒，《漢志·注》：‘遒，古遒字，音字由反。’《續志》亦作遒，《晉志》始作遒。”

[7]【劉校】此處“二年省隋開皇”六字原脱。據中華點校本校勘記，“北周於大象三年（581）二月爲隋所滅，無十八年。《寰

宇記》六七云，後周大象二年省遒縣入涿縣。《隋志》云，開皇元年以范陽爲遒，更置范陽於此；六年爲固安，八年廢；十年又置爲永陽，十八年改爲淶水。據補”。今從改。

[8]容城：周以瓦橋關建雄州（今河北省雄縣），容城爲該州屬縣。

[9]僑治涿州新城縣：【劉校】諸本均作“橋治涿州新城縣”，“僑”誤“橋”，今據中華點校本改。

薊州，[1]尚武軍，上，刺史。秦漁陽、右北平二郡地。隋開皇中徙治玄州總管府，[2]煬帝改漁陽郡。唐武德元年廢入幽州，開元十八年分立薊州。統縣三：

漁陽縣本漢縣，[3]屬漁陽郡。晉省，復置。元魏省。唐屬幽州，開元十八年置薊州。有鮑丘水。户四千。

三河縣本漢臨朐縣地，[4]唐開元四年析潞州置。[5]户三千。

玉田縣本春秋無終子國。[6]漢置無終縣，屬右北平郡。元魏屬漁陽郡治，省，唐武德二年復置。貞觀初省，乾封中復置。萬歲通天元年更名玉田，屬營州。開元四年還屬幽州，八年屬營州，十一年又屬幽州，十八年來屬。《搜神記》：“雍伯，[7]洛陽人，性孝，父母没葬無終山。山高八十里，上無水，雍伯置飲。人有就飲者，與石一斗，種生玉，因名玉田。”户三千。

[1]薊州：治所在今天津市薊州區。

[2]玄州：《太平寰宇記》卷七一《河北道》：“玄州，今治靜蕃縣，隋開皇初置，處契丹李去閭部。萬歲通天二年移於徐宋州安置。神龍元年復舊。今隸幽州。元領縣一，靜蕃，户唐天寶領户六

百一十八。靜蓄縣，州治所范陽縣之魯泊村。”

[3]漁陽縣：《大清一統志》卷八：“漁陽故城在密雲縣西南……《括地志》：漁陽故城在密雲縣南十八水之陽。《縣志》：漁陽故城在縣西南三十里也。”

[4]三河縣：治所在今河北省三河市。

[5]本漢臨朐（qú）縣地，唐開元四年析潞州置：中華點校本校勘記引陳漢章《索隱》云：“兩《漢志》俱無臨泃縣。唐武德二年析潞縣置臨泃。貞觀元年省。開元四年復析潞縣置三河縣，即臨泃故地。”“臨朐”係“臨泃”之誤。漢臨朐縣在今爲山東省濰坊市下轄縣。《明一統志》卷一：三河縣“本漢臨泃縣地，唐析潞縣地置三河縣，屬幽州，以地近七渡、鮑邱、臨泃三水故名”。故三河縣係“漢臨泃縣”之説亦誤。

[6]玉田縣：治所在今河北省玉田縣。

[7]雍伯：《史記·貨殖列傳》：“行賈，丈夫賤行也，而雍、樂成以饒；販脂，辱處也，而雍伯千金。”《集解》徐廣曰：“雍，一作翁。”《索隱》：“《漢書》作翁伯也。”《藝文類聚·寶玉部》引《搜神記》述雍伯故事，更詳。

景州，[1]清安軍，下，刺史。本薊州遵化縣，重熙中置。[2]户三千。

遵化縣本唐平州買馬監，爲縣來屬。

[1]景州：此爲契丹僑置。五代時，另有景州州治在今河北省東南部滄州市，屬於宋。

[2]重熙：遼興宗年號（1032—1054）。

平州，[1]遼興軍，上，節度。商爲孤竹國，春秋山戎國。秦爲遼西、右北平二郡地，漢因之。漢末，公孫度據有，[2]傳子康、孫淵，[3]入魏。隋開皇中改平州，大業初復爲郡。唐武德初改州，天寶元年仍北平郡。後唐復爲平州。太祖天贊二年取之，[4]以定州俘户錯置其地。統州二、縣三：

盧龍縣本肥如國。[5]春秋晉滅肥，肥子奔燕，受封於此。漢、晉屬遼西郡。元魏爲郡治，兼立平州。北齊屬北平郡。隋開皇中省肥如入新昌，十八年改新昌曰盧龍。唐爲平州，後因之。户七千。

安喜縣本漢令支縣地，[6]久廢。太祖以定州安喜縣俘户置。在州東北六十里。户五千。

望都縣本漢海陽縣，[7]久廢。太祖以定州望都縣俘户置。有海陽山。縣在州南三十里。户三千

灤州，[8]永安軍，中，刺史。本古黄洛城。[9]灤河環繞，[10]在盧龍山南。齊桓公伐山戎，[11]見山神俞鬼，即此。秦爲右北平。漢爲石城縣，後名海陽縣。漢末爲公孫度所有。晉以後屬遼西。石晉割地在平州之境。[12]太祖以俘户置。灤州負山帶河，爲朔漢形勝之地。有扶蘇泉，甚甘美，秦太子扶蘇北築長城嘗駐此。[13]臨榆山，峰巒崛起，高千餘仞，下臨渝河。統縣三：

義豐縣本黄洛故城。黄洛水北出盧龍山，南流入於濡水。漢屬遼西郡，久廢。唐季入契丹，世宗置縣。户四千。

馬城縣本盧龍縣地。[14]唐開元二十八年析置縣，以通水運。東北有千金冶，東有茂鄉鎮。遼割隸灤州。在州西南四十里。户三千。

石城縣，[15]漢置，屬右北平郡，久廢。唐貞觀中於此置臨渝縣，萬歲通天元年改石城縣，在灤州南三十里，唐儀鳳石刻在焉。今縣又在其南五十里，遼徙置以就鹽官。户三千。

營州，[16]鄰海軍，下，刺史。本商孤竹國。秦屬遼西郡。漢爲昌黎郡。前燕慕容皝徙都于此。元魏立營州，領昌黎、建德、遼東、樂浪、冀陽、營丘六郡。[17]後周爲高寶寧所據。隋開皇置州，大業改遼西郡。唐武德元年改營州，萬歲通天元年始入契丹。聖曆二年僑治漁陽。開元五年還治柳城。天寶元年改曰柳城郡。後唐復爲營州。太祖以居定州俘户。統縣一：

廣寧縣，漢柳城縣，屬遼西郡。東北與奚、契丹接境。萬歲通天元年入契丹李萬榮，[18]神龍元年移幽州界，開元四年復舊地。遼改今名。户三千。

[1]平州：治所在今河北省盧龍縣。

[2]公孫度（150—204）：字升濟，遼東襄平（今遼寧省遼陽縣）人，初平元年（190）被董卓任命爲遼東太守。不久，中原亂起，公孫度趁機自立爲遼東侯、平州牧。繼則東伐高句麗，西擊烏桓，南取遼東半島，越海取膠東半島北部東萊諸縣，成爲割據遼東地區軍閥。

[3]子康：即公孫康（生卒年不詳）。爲公孫度的長子。建安九年（204）公孫度去世，公孫康繼任遼東太守，承襲父位。　孫淵：即公孫淵（？—238）。公孫度之孫、公孫康之子。太和二年（228）魏明帝拜淵爲遼東太守、大司馬，封樂浪公。淵在孫吴與曹魏之間首鼠兩端，景初元年（237）在擊敗前來討伐的毌丘儉後叛魏，自立爲燕王。次年，魏遣太尉司馬懿率軍來伐。淵大敗，並其

子爲魏俘斬。

[4]天贊：遼太祖年號（922—926）。契丹取平州的時間，據《通鑑》卷二六八《後梁紀》乾化元年（911）八月甲子，是日劉守光稱帝，“受册之日，契丹陷平州，燕人驚擾”。同書卷二七六《後唐紀》明宗天成三年（928）正月，契丹又“陷平州”。其間契丹多次南下。後唐“同光二年（924）春正月甲辰，幽州奏契丹入寇至瓦橋”。

[5]盧龍縣：治所在今河北省盧龍縣。

[6]漢令支縣：據《漢書·地理志》，遼西郡有令支縣，注：“有孤竹城，莽曰令氏亭。應劭曰：故伯夷國，今有孤竹城。”

[7]望都縣：遼僑置縣。遼以所俘望都民置。另有望都縣，在今保定地區，當時屬宋。

[8]灤州：《畿輔通志》卷一三：“五代時入契丹，始析置灤州永安軍，屬平州，後又置義豐縣，爲州治。”

[9]黄洛城：《明一統志》卷五：“在灤州，殷時諸侯之國。”

[10]灤河：發源於河北省沽源縣，流經該省北部，至灤州市、樂亭縣分道入海。

[11]齊桓公伐山戎：《史記·五帝本記》載：“北山戎、發、息慎。”《史記·齊太公世家》：“二十三年，山戎伐燕，燕告急於齊，齊桓公救燕，遂伐山戎，至於孤竹而還。”《集解》：“服虔曰：‘山戎，北狄，蓋今鮮卑也。’何休曰：‘山戎者，戎中之别名也。’”按，齊桓公二十三年爲公元前663年。山戎究竟是東夷還是北狄，其説不一。

[12]石晉割地在平州之境：【劉校】據中華點校本校勘記，“此九字衍文。按石晉割地在太宗時，灤州爲太祖以俘户置，不在十六州之内”。【李校】灤州是隸屬平州的刺史州，石晉割獻十六州之前，平州已屬契丹。故不在十六州之内。

[13]扶蘇（？—前209）：秦始皇長子，以數直諫而激怒始皇，故被派遣至上郡監蒙恬軍。三十七年（前209）始皇出游至沙丘病

甚，書召扶蘇至咸陽，實有令其準備即位之意。書未發出而始皇崩，宦者趙高與丞相李斯密不發喪，並矯詔賜扶蘇與蒙恬死，而立始皇少子胡亥。

［14］馬城縣：《畿輔通志》卷五四："馬城故城在懷安縣北，漢置縣，晉廢。《水經注》修水東南逕馬城縣故城北。《十三州志》曰馬城在高柳東二百四十里。"懷安，明屬宣府鎮，在今河北省張家口市。灤州馬城縣當亦是僑置。

［15］石城縣：舊縣名。元廢，當今河北省灤州市西南。

［16］營州：地名。歷史上有兩個營州和兩個昌黎，清代學者顧祖禹曾有明確辨析，他在《讀史方輿記要》卷一七中說："漢置交黎縣，屬遼西郡。後漢改曰昌黎，其地在今廢營州境。五代梁末，契丹以定州俘户置廣寧縣於故柳城縣，兼置營州鄰海軍。金大定二十九年，改爲昌黎縣。"前一"廢營州"即治所設在柳城（今遼寧省朝陽市）的營州，昌黎是其下轄的郡。"今縣界"是指清以後的昌黎，即今河北省昌黎縣，五代梁以後的營州、廣寧縣（昌黎縣）都在這裏，而不在遼西柳城（今遼寧省朝陽市）。唐以前營州治柳城，而遼代營州在今河北省昌黎縣。契丹興起以後，唐逐漸放棄營州所在的柳城，這一過程是從武后時期開始的，從阿保機在柳城建霸州彰武軍起，以柳城爲治所的營州就徹底廢棄了。本卷所載"營州鄰海軍"一段文字，"後唐"以前，講的都是以柳城爲治所的營州。"後唐復爲營州"是說以今河北省昌黎縣爲營州，因爲此時柳城早已在契丹治下，並已成爲霸州彰武軍的治所了。"後唐復爲營州。太祖以居定州俘户。統縣一：廣寧縣。"這說的是以今昌黎縣爲治所的營州和廣寧縣。這個廣寧縣，"大定二十九年以與廣寧府重，改曰昌黎"。中華點校本卷四〇校勘記〔二〇〕說："廣寧縣漢柳城縣，《拾遺》云，漢當作唐。《元豐九域志》：'河北路營州下都督柳城郡，領羈縻四州，柳城一縣。'漢柳城在中京道。《索隱》謂自此以下至'復舊地'，應移入中京道興中縣下。"阿保機以定州俘户置廣寧縣，是在今昌黎縣境内，而這一地區如前所述，唐時

曾在這裏僑置柳城縣。明確這一點，就可以知道，這個廣寧縣是在唐僑置柳城縣故址設立的，是遼營州唯一屬縣，其地也就是今昌黎縣，是不應移入中京道的。

［17］冀陽：【劉注】中華點校本校勘記云，“冀”原誤“翼”，據《魏書·地形志》《隋書·地理志》改。今從改。

［18］李萬榮：【劉注】中華點校本校勘記云，“榮”原誤“營”，據《世表》及《舊唐書》卷一九九、《新唐書》卷二一九《契丹傳》改。今從改。

（李錫厚注　劉鳳翥校）

遼史　卷四一

志第十一

地理志五

西京道

西京大同府，陶唐冀州之域，[1]虞分并州，[2]夏復屬冀州。周《職方》：正北曰并州。[3]戰國屬趙，武靈王始置雲中郡，[4]秦屬代王國，[5]後爲平城縣，魏屬新興郡，晉仍屬鴈門。劉琨表封猗盧爲代王，[6]都平城，元魏道武於此遂建都邑。[7]孝文帝改爲司州牧，[8]置代尹，遷都洛邑，改萬年，又置恒州。[9]高齊文宣帝廢州爲恒安鎮，[10]今謂之東城，尋復恒州。周復恒安鎮，改朔州。隋仍爲鎮。唐武德四年置北恒州，[11]七年廢。貞觀十四年移雲中定襄縣於此。[12]永淳元年默啜爲民患，[13]移民朔州。開元十八年置雲州，[14]天寶元年改雲中郡，[15]乾元元年曰雲州。[16]乾符三年大同軍節度使李國昌子克用爲雲中守捉使，[17]殺防禦使，據州以聞。僖宗赦克用，以國昌爲大同軍防禦使，不受命。廣明元年李琢攻國昌，[18]國昌兵敗，與克用奔北地。黃巢入京師，詔發代北軍，尋赦國昌使討賊。克用率三萬五千騎而南，收京師，功第一，國昌封隴西郡王。國昌卒，克用取雲州。[19]既而所向失利，乃卑詞厚禮與太祖會于雲州之東城，[20]謀大舉兵攻梁，不果。克用子存勗滅梁，[21]是爲唐莊宗。同光復以雲州爲大同軍節度使。[22]

[1]陶唐：據《史記・五帝本紀》："帝堯爲陶唐。"《集解》："韋昭曰：陶唐皆國名，猶湯稱殷商矣。張晏曰：堯爲唐侯國，於中山唐縣是也。"《漢書・地理志》"冀州既載"，師古曰："兩河閒曰冀州。載，始也。冀州，堯所都，故禹治水自冀州始也。"按，是唐堯都冀，而非都幽。禹治水之後，舜始分冀爲幽，堯時豈有"幽都"！

[2]虞分并州：《尚書・舜典》"傳"曰："禹治水之後，舜分冀州爲幽州、并州，分青州爲營州，始置十二州。"虞，有虞氏。《史記・五帝本紀》："帝舜爲有虞。"《集解》："皇甫謐曰：舜嬪於虞，因以爲氏。今河東大陽西山上虞城是也。"

[3]正北曰并州：見《周禮・夏官・職方氏》。

[4]武靈王始置雲中郡：據《漢書・地理志》："雲中郡，秦置，莽曰'受降'，屬并州。"

[5]秦屬代王國：據《漢書・陳勝項籍列傳》，秦末楚漢相爭之際，"陳餘迎故趙王歇反之趙，趙王因立餘爲代王"。

[6]猗盧：《通鑑》卷八二晉惠帝元康五年（295）載："拓跋祿官分其國爲三部：一居上谷之北，濡源之西，自統之；一居代郡參合陂之北，使兄沙漠汗之子猗㐌統之；一居定襄之盛樂故城，使猗㐌弟猗盧統之。猗盧善用兵，西擊匈奴、烏桓諸部，皆破之。代人衛操與從子雄及同郡箕澹往依拓跋氏，說猗㐌、猗盧招納晉人，猗㐌悅之，任以國事，晉人附者稍衆。"

［7］元魏道武：即拓跋珪，史稱北魏道武帝，廟號太祖，鮮卑人，拓跋部首領什翼犍之孫。登國元年（386）復立代國，即代王位於牛川，不久改稱魏王。皇始三年（398），確定國號爲“魏”，將國都從盛樂城遷到平城，即皇帝位。天賜六年（409），清河王拓跋紹發動宮廷政變，遇弒身亡。

［8］孝文帝：即拓跋宏，後改名元宏。獻文帝拓跋弘長子。北魏第七位皇帝。471 年至 499 年在位。在位期間確立三長制，實行均田；遷都洛陽，全面改革鮮卑舊俗，推動北方各民族人民的融合和發展。

［9］恒州：《魏書》卷一〇六上《地形志二上》：“恒州，天興中置司州，治代都平城。太和中改。孝昌中陷。天平二年置，寄治肆州秀容郡城。”按，遷都洛陽，司州治鄴城，原司州改恒州。

［10］高齊文宣帝：高洋，北齊神武帝高歡次子。東魏武定八年（550），迫東魏孝靜帝禪位，遂登基稱帝，改國號爲齊，史稱北齊。550 年至 559 年在位。

［11］武德：唐高祖年號（618—626）。　唐武德四年置北恒州：【劉校】據中華點校本校勘記，“按《新唐書・地理志》作武德元年置。《舊唐書・地理志》作武德六年”。

［12］貞觀：唐太宗年號（627—649）。

［13］永淳：唐高宗年號（682—683）。　默啜：突厥骨篤禄可汗之弟，武后延載元年（694）即位爲可汗。

［14］開元：唐玄宗年號（713—741）。　開元十八年置雲州：【劉校】據中華點校本校勘記，“雲州，原誤‘雲中州’。據《新唐書・地理志》改。《舊唐書・地理志》作開元二十年”。今從改

［15］天寶：唐玄宗年號（742—756）。　雲中郡：《新唐書》卷三九《地理志》：“雲州雲中郡，下，都督府。貞觀十四年自朔州北定襄城徙治定襄縣，永淳元年爲默啜所破，徙其民於朔州。開元十八年復置。”

［16］乾元：唐肅宗年號（758—759）。

［17］乾符：唐僖宗年號（974—979）。　克用：李克用（856—908）。沙陀部人，朱邪赤心（漢名李國昌）之子。早年因參與鎮壓黄巢起義，爲唐朝攻破長安，而被任命爲河東節度使。後進封晉王。曾長期與朱温交戰。克用死後，其子存勗在後梁龍德三年（923）建立後唐，追尊克用爲太祖。

［18］廣明：唐僖宗年號（880—881）。

［19］克用取雲州：【劉校】“州”原誤“南”，中華點校本據《太祖紀》及《新五代史》卷四改。今從改。

［20］與太祖會于雲州之東城：此即雲州會盟。據《通鑑》卷二六六後梁太祖開平元年（907）載：“是歲，阿保機帥衆三十萬寇雲州，晉王與之連和，面會東城，約爲兄弟，延之帳中，縱酒，握手盡歡，約以今冬共擊梁。或勸晉王：‘因其來，可擒也’。王曰：‘仇敵未滅而失信夷狄，自亡之道也。’阿保機留旬日乃去，晉王贈以金繒數萬。阿保機留馬三千匹，雜畜萬計以酬之。阿保機歸而背盟，更附于梁，晉王由是恨之。”關於阿保機背盟的原因，據《新五代史》卷七二《四夷附録第一》記載，阿保機爲了求得已稱帝的朱梁對自己的“封册”，故背棄與晉王李克用的盟約：“既歸而背約，遣使者袍笏梅老聘梁。梁遣太府卿高頃、軍將郎公遠等報聘。逾年，頃還，遣使者解里隨頃，以良馬、貂裘、朝霞錦聘梁，奉表稱臣以求封册。梁復遣公遠及司農卿渾特以詔書報勞，别以紀事賜之，約共舉兵滅晉，然後封册爲甥舅之國，又使以子弟三百騎人衛京師。克用聞之，大恨。克用病，臨卒，以一箭屬莊宗，期必滅契丹。渾特等至契丹，阿保機不能如約，梁亦未嘗封册。而終梁之世，契丹使者四至。”根據以上記載可知，雲州會盟原約是雙方共同進攻後梁。阿保機於會盟後，即背盟附梁，進攻晉王的盟友劉仁恭。

［21］存勗滅梁：指李存勗滅後梁。907年朱温代唐稱帝，建都汴（今河南省開封市），國號梁，史稱後梁，有今河南、山東兩省和陝西、山西、河北、寧夏、湖北、安徽、江蘇各一部分，共歷三

帝十七年。923年爲李存勗之後唐所滅。

[22]同光：後唐莊宗年號（923—925）。

晉高祖代唐，以契丹有援立功，割山前、代北地爲賂，[1]大同來屬，因建西京。敵樓、棚櫓具，廣袤二十里。門，東曰迎春，南曰朝陽，西曰定西，北曰拱極。元魏宫垣占城之北面，雙闕尚在。[2]遼既建都，用爲重地，非親王不得主之。清寧八年建華嚴寺，[3]奉安諸帝石像、銅像。又有天王寺，留守司衙南曰西省。[4]北門之東曰大同府，北門之西曰大同驛。初爲大同軍節度，重熙十三年升爲西京，[5]府曰大同。

[1]山前：石敬瑭割讓給契丹的十六州地，分爲山前、山後兩部分。山前是指幽、薊、瀛、莫、涿、澶、順七州，是中原防範北方游牧民族南下的一道天然屏障，軍事上極爲重要。　代北：唐河東道代北軍，又稱雁門軍，治代州（今山西省代縣），領代、忻二州。石晉割獻契丹的十六州中的山後九州：媯、儒、新、武、雲、應、朔、寰、蔚，不屬於代北。

[2]元魏宫垣之雙闕：宫門、城門兩側的高臺，中間有道路，臺上起樓觀。《山西通志》卷五八："元魏之平城即漢鴈門郡之平城縣也。"

[3]華嚴寺：據《山西通志》卷一六九，華嚴寺"在［大同縣］西門内，遼建。内有南北閣、東西廊。北閣下銅、石像數尊。中石像五，男三、女二；銅像六，男四女二。内一銅人衮冕，帝王之像，垂足而坐，餘皆巾幘常服危坐。相傳遼帝后像。金（遼）重熙七年建薄伽教藏於殿東南"。

[4]西省：官府名。即遼西京的中書省。明代彭大翼撰《山堂

肆考》卷四四載“門下尚書省爲左省，中書省爲右省，又謂之西省”。

［5］重熙：遼興宗年號（1032—1054）。

統州二、縣七：

大同縣本大同川地。重熙十七年西夏犯邊，[1]析雲中縣置。户一萬。

雲中縣，趙置。沿革與京府同。户一萬。

天成縣本極塞之地。[2]魏道武帝置廣牧縣，唐武德五年置定襄縣，遼析雲中置。在京北一百八十里。户五千。

長青縣本白登臺地。[3]冒頓單于縱精騎三十餘萬圍漢高帝於白登七日，即此。遼始置縣，有青陂。梁元帝《横吹曲》云：[4]“朝跋青陂，暮上白登。”[5]在京東北一百一十里。户四千。

奉義縣本漢陶林縣地。[6]後唐武皇與太祖會此。遼析雲中置。户三千。

懷仁縣本漢沙南縣。[7]元魏葛榮亂，[8]縣廢，隋開皇二年移雲内于此。[9]大業二年置大利縣，[10]屬雲州，改屬定襄郡。隋末陷突厥。[11]李克用敗赫連鐸，[12]駐兵於此。遼改懷仁。在京南六十里。户三千。

懷安縣本漢夷興縣地。[13]歷魏至隋爲突厥所據。唐克頡利，[14]縣遂廢爲懷荒鎮。高勳鎮燕，[15]奏分歸化州文德縣置。[16]初隸奉聖州，後來屬。在州西北二百八十里。户三千。

弘州，[17]博寧軍，下，刺史。東魏静帝置北靈丘縣。唐初地陷突厥，開元中置横野軍安邊縣，天寶亂廢，後爲襄陰村。統和中以寰州近邊，[18]爲宋將潘美所破，廢之，乃於此置弘州，初軍曰永寧。有桑乾河、白道泉、白登山，[19]亦曰火燒山，有火井。統縣二：

永寧縣户一萬。[20]

順聖縣本魏安塞軍，[21]五代兵廢。高勳鎮幽州，奏景宗分永興縣置。[22]初隸奉聖州。在州西北二百八十里。户三千。

德州，下，刺史。唐會昌中以西德店置德州。開泰八年以漢户復置。[23]有步落泉、金河山、野狐嶺、白道阪。縣一：

宣德縣本漢桐過縣地，[24]屬雲中郡，後隸定襄郡，漢末廢。高齊置紫阿鎮。唐會昌中置縣。[25]户三千。

[1]西夏：即夏國（1038—1227），是以党項民族爲主體建立的政權。公元1038年元昊叛宋稱帝，建立大夏王朝，傳十代，至1227年爲蒙古所滅。元昊稱帝以前，作爲北宋境内的地方割據政權，已經具有獨立性。故遼亦稱之爲夏國或西夏。

[2]天成縣：治所在今山西省天鎮縣。【劉校】據中華點校本校勘記，《金史·地理志》作“天城縣”。

[3]長青縣：治所在今山西省陽高縣。【劉校】據中華點校本校勘記，“長青縣，《兵衛志》下同。《遼文匯續編·董匡信墓誌》《金史·地理志》並作‘長清縣’”。

[4]横吹曲：《樂府詩集》卷二一：“横吹曲，其始亦謂之‘鼓吹’，馬上奏之，蓋軍中之樂也。北狄諸國皆馬上作樂，故自漢已來北狄樂總歸鼓吹署，其後分爲二部：有簫笳者爲鼓吹，用之朝會、道路，亦以給賜。漢武帝時南越七郡皆給鼓吹是也；有鼓角者

爲横吹，用之軍中，馬上所奏者是也。”

［5］暮上白登：《樂府詩集》卷二三有梁元帝《關山月》一首：“朝望清波道，夜上白登臺。月中含桂樹，流影自徘徊。寒沙逐風起，春花犯雪開，夜長無與晤，衣單誰爲裁。”宋人潘自牧《記纂淵海》卷二四《郡縣部·雲中府路》作“朝跋青陂道，暮上白登臺”。

［6］奉義縣：嘉慶《大清一統志》卷一四六《大同府》：“奉義故城在大同縣北，遼置縣，金省爲鎮。”　漢陶林縣：嘉慶《大清一統志》卷一四六《大同府》：“按漢陶林縣屬雲中郡，爲東部，在今朔平府北塞外，非今大同縣境，遼志誤。”

［7］懷仁縣：治所在今山西省懷仁市。

［8］葛榮（？—528）：鮮卑族。初爲懷朔鎮將，後加入鮮于修禮起義軍，成爲領袖，自稱天子，國號大齊。曾佔據河北廣大地區，擁衆數十萬。永安元年（528）在相州滏口之戰中，敗於爾朱榮，被俘遇害。

［9］開皇：隋文帝年號（581—600）。

［10］大業：隋煬帝年號（605—617）。

［11］突厥：古代族名。曾建立強大的突厥汗國，公元6世紀分裂爲東西兩汗國。當阿保機建立契丹王朝時，突厥汗國早已滅亡。這裏所謂“突厥”可能是指東突厥汗國的餘部。

［12］赫連鐸：原爲吐谷渾酋長。唐末因功授雲州刺史、大同軍防禦使。昭宗大順二年（891），李克用攻破雲州，赫連鐸逃入吐谷渾，後被李克用攻殺。

［13］懷安縣：治所在今河北省懷安縣。

［14］頡利：指頡利可汗（579－634）。姓阿史那氏，啓民可汗之子。公元620年，繼其兄處羅爲可汗而成爲東突厥可汗。唐初爲患北部邊境。貞觀四年（630）爲李靖所俘。

［15］高勳（？—978）：字鼎衛。初仕後晉爲閤門使。會同九年（開運二年，946）隨杜重威降遼，後北遷。世宗即位，爲樞密

使，總漢軍。穆宗應曆間，封趙王，任上京留守、南京留守。景宗即位，以定策功，封秦王。後謀殺蕭思温事發伏誅。本書卷八五有傳。

[16]歸化州：即武州。治所在今河北省張家口市宣化區。

[17]弘州：見注[20]“永寧縣”。

[18]統和：遼聖宗年號（983—1010）。

[19]桑乾河：源出山西省馬邑縣，遼西京大同府近桑乾河上游，故聖宗獵於此。

[20]永寧縣：清《畿輔通志》卷一四：“西寧縣，本漢陽原縣，屬代郡。後漢省。東魏置北靈邱郡，北齊省。唐開元中置橫野軍，天寶後廢。遼統和中置永寧縣，兼置弘州永寧軍，後改博寧軍，屬西京道。金亦曰弘州，改軍曰保寧，尋廢。大定七年改縣曰襄陰。元至元中以襄陰縣省入州，屬大同路。明初州廢，天順四年，於故順聖縣築順聖川東城，於此築順聖川西城，俱屬萬全都指揮使司。本朝初屬蔚州衛，康熙三十二年改置西寧縣，以東城併入，屬宣化府。”

[21]順聖縣：見注[20]“永寧縣”。

[22]奏景宗分永興縣置：【劉校】據中華點校本校勘記，“據《紀》應曆十三年正月、卷八五《高勳傳》及《金史·地理志》，景宗應作穆宗”。

[23]開泰：遼聖宗年號（1012—1020）。

[24]宣德縣：治所在今山西省左雲縣。據《山西通志》卷五八：“左雲縣宣寧城，金《志》‘本遼德州昭聖軍宣德縣’。”

[25]唐會昌中置縣：中華點校本校勘記引本書卷一六《聖宗本紀七》云，“開泰八年十一月，置雲州宣德縣”，並稱新、舊《唐書·地理志》無宣德縣”。此説似是而非。《舊唐書》卷三九《地理志二》：“開元二十年，與州復置。仍改定襄爲雲中縣。”即遼宣德縣在唐時稱爲雲中縣。“唐會昌中置縣”非謂置宣德縣，故不應在兩《唐書》中搜索宣德縣。

豐州，[1]天德軍，[2]節度使。秦爲上郡北境，漢屬五原郡。地磧鹵，少田疇。自晉永嘉之亂，[3]屬赫連勃勃。[4]後周置永豐鎮。[5]隋開皇中升永豐縣，改豐州。大業七年爲五原郡。義寧元年太守張遜奏改歸順郡。唐武德元年爲豐州總管府，六年省，遷民於白馬縣，[6]遂廢。貞觀四年分靈州境置豐州都督府，[7]領蕃户。天寶初改九原郡。乾元元年復豐州，後入回鶻。[8]會昌中克之，[9]後唐改天德軍。太祖神册五年攻下，[10]更名應天軍復爲州。[11]有大鹽濼、九十九泉、没越濼、古磧口、青塚即王昭君墓。[12]兵事屬西南面招討司。[13]統縣二：

富民縣本漢臨戎縣，[14]遼改今名。户一千二百。

振武縣本漢定襄郡盛樂縣。[15]背負陰山，[16]前帶黄河。元魏嘗都盛樂，即此。唐武德四年克突厥，建雲中都督府。麟德三年改單于大都督府，[17]聖曆元年又改安北都督。[18]開元七年割隸東受降城，[19]八年置振武軍節度使，會昌五年爲安北都護府。[20]後唐莊宗以兄嗣本爲振武節度使。[21]太祖神册元年伐吐渾還，[22]攻之，盡俘其民以東，唯存鄉兵三百人防戍，後更爲縣。

[1]豐州：乾隆《大清一統志》卷一二四："豐州故城今托克托城，即遼豐州地，本漢定襄郡地。遼置豐州天德軍，治富民縣，屬西京道。金因之，元至元四年省縣入州，屬大同路，明初廢。《大同府志》：豐州富民城在府西北五百里，近葫蘆海。按遼金時豐州州治在今歸化城地西，去隋唐豐州八百餘里。《遼史·地理志》誤襲舊文，謂即隋唐豐州，《元史》從之，殊爲失考。《遼史》又云本漢五原郡地。今考漢五原郡在黄河北，遼豐州與大同接壤，乃漢

定襄郡地。《遼史》以隋唐豐州有五原之名，遂謂即漢之五原郡。”

[2]天德軍：即豐州。遼太祖阿保機於神册五年（920）平党項，此地更名爲應天軍，遼另有天德軍。

[3]永嘉之亂：是指西晉懷帝永嘉間（307—312）的内亂，此後晉室南渡，喪失了對北方的統治。

[4]赫連勃勃：匈奴鐵弗部人，其父劉衛辰於公元407年建立夏國，自稱大單于，定都統萬城（今陝西省靖邊縣北）。赫連勃勃即位後，曾一度攻取長安。

[5]後周（951—960）：五代之一。郭威所建。都開封。盛時疆域約爲今山東、河南兩省，陝西、安徽、江蘇等省的大部，河北南部、湖北北部及内蒙古、寧夏、甘肅、山西等省區的一部分。歷三帝（二姓），共十年。

[6]白馬縣：《元和郡縣誌》卷三：“本漢鬱郅縣地，後魏於今縣理（注書者按：此避唐高宗諱，‘縣理’即縣治，縣城是也）置朔州，隋開皇中改置合水縣，武德六年移豐州户住此，仍分合水縣置白馬縣，以西臨白馬川水爲名。天寶元年改名延慶縣。”

[7]靈州：治所在今寧夏回族自治區靈武市。據《宋史》卷四八五《夏國傳》，咸平五年（遼統和二十年，1002）三月，李繼遷大集蕃部，攻陷靈州，以爲西平府。

[8]回鶻：古代民族名。即回紇。本突厥别部。北魏時稱袁紇，亦曰烏擴、烏紇，至隋稱韋紇。大業元年（605）因反抗突厥的壓迫，與僕固、同羅、拔野古等成立聯盟，總稱回紇。唐天寶三載（744）破東突厥，建政權於今鄂爾渾河流域，有今蒙古高原之地。唐時助平安史之亂，屢尚公主。唐貞元四年（788）自請改稱回鶻。開成五年（840）爲轄戛斯所破，部衆分三支西遷：一支遷吐魯番盆地，稱高昌回鶻或西州回鶻；一支遷葱嶺以西楚河一帶，即葱嶺以西回鶻；一支遷河西走廊，稱河西回鶻。歷五代遼金，回鶻皆嘗入貢。元明時稱畏吾兒。其族在唐時奉摩尼教，宋元以來改奉伊斯蘭教。

［9］會昌：唐武宗年號（841—846）。

［10］神册：遼太祖耶律阿保機年號（916—922）。

［11］更名應天軍復爲州：【劉校】據中華點校本校勘記，“按《金史·地理志》豐州天德軍，遼嘗更名應天，尋復”。

［12］九十九泉：【劉注】又稱百泉嶺，位於今内蒙古自治區卓資縣北二十里。　青塚：即王昭君墓，位於今内蒙古自治區呼和浩特市南。

［13］西南面招討司：契丹軍事機構名。設招討使一人，駐西京大同，負責對西夏的防務。

［14］臨戎縣：據《漢書·地理志》，臨戎縣屬朔方郡。

［15］盛樂縣：治所在今内蒙古自治區呼和浩特市。歷史上有兩個盛樂城。乾隆《大清一統志》卷一二四《歸化城》考證甚詳：“盛樂故城，在歸化城（呼和浩特）南，漢置成樂縣，爲定襄郡治。後漢建武十年省，後移定襄郡治善無，以縣屬雲中郡，漢末廢。章懷太子曰：‘定襄故城在今勝州界，後魏之初建都於此。’《通鑑》魏甘露三年，鮮卑拓跋力微始遷於定襄之盛樂。晉建興元年，猗盧城盛樂，以爲北都。咸康六年，什翼犍始都雲中之盛樂宮。太元十一年，代王珪徙居定襄之盛樂，二十年珪還雲中之盛樂。［胡三省］注：盛樂，《前漢書》作成樂，屬定襄；《後漢書》作盛樂，屬雲中。疑定襄之成樂即雲中之盛樂也。然《魏書》帝什翼犍三年移都於雲中之盛樂，明年築盛樂於故城南八里，則已非後漢之盛樂。疑定襄之盛樂乃前漢之成樂。城雲中之盛樂，乃後漢之故城也。蓋建武之初，匈奴侵擾，民悉内徙，其後掃地更爲必有非其故處者。”

［16］陰山：崑崙山的西北支。西起河套西北，向東綿亘於内蒙古、河北等省區，與内興安嶺相接。該山脈隨地易名，此所謂“陰山”，應是指内蒙古自治區境内的大青山。

［17］麟德：唐高宗年號（664—665）。　改單于大都督府：【劉校】據中華點校本校勘記，“《索隱》：‘督，當作護。’新、舊

《唐書·地理志》並作‘龍朔三年置雲中都護府，麟德元年改爲單于大都護府’”。

[18]聖曆：武后年號（698—699）。

[19]東受降城：唐軍戍名。唐朝爲防止突厥、回鶻襲擾而設，治所在今内蒙古自治區托克托縣大皇城遺址。乾隆《大清一統志》卷一二四：“東受降城，在托克托城地，黄河東岸。唐景龍二年張仁願築。《元和志》：東受降城，本漢雲中郡地，在榆林縣東北八里，今屬振武節度。東北至單于都護府一百二十里，東南至朔州四百里，西至中受降城三百里，北至磧口八百里。《唐書·地理志》寶應元年節度使張惟清以東城瀕河，徙至綏遠烽南。《元史·地理志》即今東勝州是也。《大同府志》在府西北五百里。”

[20]會昌五年爲安北都護府：【劉校】據中華點校本校勘記，“《索隱》：‘案《方鎮表》會昌三年改。’”

[21]嗣本：李嗣本，後唐振武節度使。振武軍治所在蔚州（今河北省蔚縣）。後文李嗣本爲契丹所擒，當是在蔚州，而非朔州。據《舊五代史》卷二八《唐莊宗紀》載：“是月，契丹入蔚州，振武節度使李嗣本陷於契丹。”另據《舊五代史》卷一二七載：“天祐十三年八月，阿保機率諸部號稱百萬，自麟、勝陷振武，長驅雲、朔，北邊居擾，莊宗赴援於代，敵衆方退。”契丹雖然一開始取得了勝利，但最後還是被李存勗擊退了。

[22]吐渾：古代部族名。即吐谷渾。據《新五代史》卷七四《四夷附録第三》，吐渾“自後魏以來，名見中國，居於青海之上。當唐至德中，爲吐蕃所攻，部族分散，其内附者，唐處之河西。其大姓有慕容、拓拔、赫連等族。懿宗時，首領赫連鐸爲陰山府都督，與討龐勛，以功拜大同軍節度使。爲晉王所破，其部族益微，散處蔚州界中”。“晉高祖立，割鴈門以北入於契丹，於是吐渾爲契丹役屬，而苦其苛暴”。另據《五代會要》卷二八《吐渾》：“至開運中，捍虜（契丹）於澶州”，“其族白可久，名在承福之亞，因牧馬率本帳北遁，契丹授以官爵，復遣潛誘承福。承福亦思叛去，

事未果，漢高祖知之，乃以兵環其部族，擒承福與其族白鐵櫃、赫連海龍等五家，凡四百有餘人，伏誅。籍其牛馬，命別部長王義宗統其餘屬。”

雲内州，[1]開遠軍，下，節度。本中受降城地，[2]遼初置代北雲朔招討司，改雲内州。清寧初升。[3]有威塞軍、古可敦城、大同川、天安軍、永濟柵、安樂戍、拂雲堆。[4]兵事屬西南面招討司。縣二：

柔服縣。

寧人縣。[5]

[1]雲内州：治所在今内蒙古自治區托克托縣古城鎮白塔古城遺址。乾隆《大清一統志》卷一〇九：“雲内故城，在懷仁縣西南五十里。”但據陳得芝考證，應在天德軍以東，大黑河下游，即《古豐識略》所記歸化城西南八十里西白塔古城。據《山西通志》卷一七七《雲内州考》：唐於雲中郡置都督府，後改横塞軍，又移天德軍，即中受降城地。遼初爲開遠軍，置代州北，雲朔招討。道宗清寧初改雲内州，雲内州之名始此。領柔服、寧人二縣，有威塞軍、古可敦城、大同川、天安軍、永濟柵、安樂戍、拂雲堆，在黄河東。西壖金仍爲雲内州領柔服、雲川二縣及寧人鎮。元廢雲川縣，設録事司。至正四年省司，縣入州。按《朔平誌》謂今歸化城西南托克托城北有舊城址，古塔石柱刻“金正隆中雲内州録事司郭説字”云。

[2]中受降城：據乾隆《大清一統志》卷四〇九，中受降城在烏喇忒前、中、後三旗，在歸化城（呼和浩特）西三百六十里，即“唐景龍二年張仁願於河外築三受降城，此爲中受降城地”。

[3]清寧：遼道宗年號（1055—1064）。

[4]可敦城：即鎮州。故址在今蒙古國布爾干省青托羅蓋古城。

陳得芝《耶律大石北行史地雜考》(《歷史地理》第二輯)說，遼朝統治漠北屬部的最高軍政機構是西北路招討司（又稱西北路都招討司），遼聖宗統和十二年（994）因西北“阻卜”諸部作亂，以蕭撻凜爲西北路招討使，命隨皇太妃（齊王妃）出征，“屯西鄙驢駒兒河，西捍韃靼，盡降之”。蕭撻凜鑒於達旦諸部叛服不常，上表乞建三城以鎮之。統和二十二年（1004）三城完工，設置鎮、防、維三州。　大同川：【劉校】據中華點校本校勘記，“川”原作“州”。據下文及《新唐書·地理志》改。今從改。

[5]寧人縣：【劉校】據中華點校本校勘記，“按即寧仁縣。《紀》開泰六年七月以西南路招討請，置寧仁縣於勝州。此隸雲内，或是以後改屬。《金史·地理志》雲内州有寧仁舊縣”。

天德軍本中受降城。[1]唐開元中廢横塞軍，置天安軍於大同川。乾元中改天德軍，移永濟栅，今治是也。太祖平党項，[2]遂破天德，盡掠吏民以東，後置招討司，漸成井邑，乃以國族爲天德軍節度使。有黄河、黑山峪、廬城、威塞軍、秦長城、唐長城，又有牟那山，鉗耳觜城在其北。

[1]天德軍：此爲遼將唐天德軍東移後之天德軍。

[2]党項：中國古代族名。又稱党項羌，唐以後主要活動於靈、慶、銀、夏等州，即今甘肅、寧夏、陝西和内蒙古等省區交界地區。

寧邊州，鎮西軍，下，刺史。本唐隆鎮，遼置。兵事屬西南面招討司。

奉聖州，武定軍，上，節度。本唐新州。[1]後唐置團練使，總山後八軍，[2]莊宗以弟存矩爲之。軍亂，殺存矩于祁州，[3]擁大將盧文進亡歸。[4]太祖克新州，莊宗遣李嗣源復取之。[5]同光二年升威塞軍。[6]石晉高祖割獻，太宗改升。有兩河會、温泉、龍門山、涿鹿山。東南至南京三百里，西北至西京四百四十里。兵事屬西京都部署司。統州三、縣四：

永興縣本漢涿鹿縣地，[7]黄帝與蚩尤戰于此。户八千。

礬山縣本漢軍都縣。[8]山出白緑礬，故名。有礬山、桑乾河。在州南六十里。户三千。

龍門縣，[9]有龍門山，石壁對峙，高數百尺，望之若門。徼外諸河及沙漠潦水，皆於此趣海。雨則俄頃水踰十仞，晴則清淺可涉，實塞北控扼之衝要也。在州東北二百八十里。户四千。

望雲縣本望雲川地。[10]景宗於此建潛邸，因而成井肆。穆宗崩，景宗入紹國統，號御莊。後置望雲縣，直隸彰愍宫，[11]附庸于此。在州東北二百六十里。户一千。

歸化州，[12]雄武軍，上，刺史。本漢下洛縣。元魏改文德縣。唐升武州，僖宗改毅州。後唐太祖復武州，明宗又爲毅州，潞王仍爲武州。晉高祖割獻于遼，改今名。有桑乾河、會河川、愛陽川、炭山又謂之陘頭，[13]有涼殿，承天皇后納涼於此。[14]山東北三十里有新涼殿，景宗納涼於此，唯松棚數陘而已。斷雲嶺，極高峻，故名。州西北至西京四百五十里。統縣一：

文德縣本漢女祁縣地。元魏置。户一萬。

可汗州，[15]清平軍，下，刺史。本漢潘縣，元魏廢。北齊置北燕郡，[16]改懷戎縣。隋廢郡，屬涿郡。唐武德中復置北燕州，縣仍舊。貞觀八年改嬀州。五代時，奚王去諸以數千帳徙嬀州，[17]自别爲西奚，號可汗州，太祖因之。有嬀泉在城中，相傳舜嬪二女於此。又有温泉、版泉、磨笄山、雞鳴山、喬山、歷山。統縣一：

懷來縣本懷戎縣，[18]太祖改。户三千。

儒州，[19]縉陽軍，中，刺史。唐置。後唐同光二年隸新州，太宗改奉聖州，仍屬。有南溪河、沽河、宋王峪、桃峪口。統縣一：

縉山縣本漢廣寧縣地，唐天寶中割嬀川縣置。户五千。

[1]唐新州：指奉聖州。治所在今河北省涿鹿縣。漢縣，唐光啓中改置新州。

[2]山後八軍：神册元年（916）十二月阿保機“收山北八軍”，是遼有漢軍之始。“山北”又稱“山後”，包括燕雲十六州中的新、嬀、儒、武、雲、應、寰、朔、蔚九州。阿保機收編的“山北八軍”是原屬後唐莊宗李存勗在這一地區的八個軍鎮，其統帥是新州團練使李存矩。李存勗與梁爭天下，調存矩發山北兵南下擊梁，於是山北空虚。阿保機乘虚而入，並利用存矩手下一將領盧文進發動叛亂之機，收編了這支軍隊。《新五代史》卷七二《四夷附録第一》載：“莊宗天祐十三年，阿保機攻晉蔚州，執其振武節度使李嗣本。是時，莊宗已得魏博，方南向與梁爭天下，遣李存矩發山北兵。存矩至祁溝關，兵叛，擁偏將盧文進擊殺存矩，亡入

契丹。"

［3］祁州：【劉校】據中華點校本校勘記，《新五代史》卷四八及《通鑑》並作"祁溝關"。

［4］盧文進亡歸：盧文進，字國用。他投降契丹是在神册二年二月，此處所記"盧國用來降"與神册二年二月所記"晉新州裨將盧文進殺節度使李存矩來降"爲同一件事。

［5］李嗣源：李克用養子。因屢建戰功，爲宣武軍節度使，兼蕃漢内外馬步軍總管。後唐莊宗李存勗當面許諾"天下與爾共之"。同光元年（923）拜中書令。以名位高，見疑忌。天成元年（926），趙在禮反於魏，嗣源奉命討除，與叛軍合，南下入汴州。莊宗在洛陽爲亂軍所殺。嗣源隨即入洛陽，即位。更名亶，是爲後唐明宗。卒於長興四年（933）。

［6］同光：後唐莊宗年號（823—825）。　升威塞軍：【劉校】據中華點校本校勘記，《通考》卷三一六作"威勝軍"。

［7］漢涿鹿縣：屬於上谷郡。遼永興縣應在今河北省涿鹿縣，屬張家口地區。

［8］礬山縣：治所在今河北省張家口市涿鹿縣礬山鎮。

［9］龍門縣：治所在今河北省赤城縣西南龍關鎮。

［10］望雲縣：遼縣名。屬西京奉聖州，景宗潛邸有此號御莊，後置縣。治所在今河北省赤城縣北雲州鎮。

［11］彰愍宫：遼景宗宫分。

［12］歸化州：即武州，治所在今河北省張家口市宣化區。《輿地廣記》卷一九記載："毅州，本武州，唐末置。後唐長興元年改曰毅州。領縣一，下，文德縣。"《文獻通考》卷三一六《輿地考》亦載："武州。唐末置，屬河東道，後唐改爲毅州，石晉時没於契丹，契丹改爲歸化州。南至新州七十里。宣和五年來歸，六年築固疆堡。尋復爲女真所取。領縣一，文德。"宋人不承認契丹對該州更名，仍稱武州。《輿地廣記》成書於北宋末年，《文獻通考》則成書於南宋末年。二書都記載該州曾在後唐時更名毅州，且都記載

有一屬縣，曰“文德縣”，説明二者記載一致，且與《遼史·地理志》有關歸化州的記載也一致。

[13]炭山：山名。據《新五代史》卷七二《四夷附録第一》：“漢城在炭山東南灤河上，有鹽鐵之利，乃後魏滑鹽縣也。其地可植五穀，阿保機率漢人耕種，爲治城郭、邑屋、廛市如幽州制度，漢人安之，不復思歸。”炭山在歸化州（武州，即今張家口宣化區）。

[14]承天皇后（？—1009）：諱綽，小字燕燕，北府宰相蕭思温女。景宗即位，選爲貴妃。尋册爲皇后，生聖宗。景宗崩，尊爲皇太后，攝國政。統和元年（983），上尊號曰承天皇太后。

[15]可汗州：治所在今河北省懷來縣。

[16]北齊置北燕郡：【劉校】據中華點校本校勘記，《索隱》：“郡，當作州。《隋志》，後齊置北燕州，領長寧、永豐二郡。”

[17]奚王：對奚部族首領的稱呼。據《五代會要》卷二八《奚》：“奚，本匈奴别種，即東胡之地，人物風俗與突厥同。族有五姓：一曰阿會部，管縣六；二曰啜米部，管縣四；三曰奥質部，管縣六；四曰奴皆部，管縣四；五曰黑訖支部，管縣三；每部有刺史，每縣有令，酋長號奚王。”　去諸以數千帳徙嬀州：【劉校】“徙”原誤“欲”。中華點校本據《新五代史·附録》改。今從改。

[18]懷來縣：治所在今河北省懷來縣。爲五代時的嬀州州治。

[19]儒州：治所在今北京市延慶區。

蔚州，[1]忠順軍，上，節度。周《職方》：并州川曰滹夷，在州境飛狐縣。趙襄子滅代、武靈王置代郡，[2]項羽徙趙歇爲代王、歇還趙立陳餘王代，[3]漢韓信斬餘復置代郡，[4]文帝初封代，[5]皆此地。周宣帝始置蔚州，[6]隋開皇中廢，唐武德四年復置。至德二年改興唐縣。[7]乾元元年仍舊。大中後朱邪執宜爲刺史，[8]有功，賜姓名李國昌。[9]子克用乞爲留後，[10]僖宗不許。廣明初，[11]攻敗國昌，[12]代北無備，太祖來攻，克之，俘掠居民而去。石晉獻地，升忠順軍，後更武安軍。統和四年入宋，尋復之，降刺史，隸奉聖州，升觀察，[13]復忠順軍節度。兵事屬西京都部署司。統縣五：

靈仙縣，[14]唐置興唐縣，梁改隆化縣，後唐同光初復置，晉改今名。户二萬。

定安縣本漢東安陽縣地，[15]久廢。後唐太祖伐劉仁恭，[16]次蔚州，晨霧晦冥，占，不利深入，會雷電大作，燕軍解去，即此。遼置定安縣。西北至州六十里。户一萬。

飛狐縣，[17]後周大象二年置廣昌縣于五龍城即此。[18]隋仁壽元年改名飛狐。[19]相傳有狐於紫荆嶺食五粒松子，成飛仙，故云。西北至州一百四十里。户五千。

靈丘縣，[20]漢置，後漢省。東魏復置，屬靈丘郡。隋開皇中罷郡來屬，大業初改隸代州。唐武德六年仍舊。東北至州一百八十里。户三千。

廣陵縣本漢延陵縣，[21]隋唐爲鎮州，後唐同光初分興唐縣置。石晉割屬遼。東南至州四十里。户三千。

[1]蔚州：治所在今河北省蔚縣。

[2]趙襄子：簡子之子。《史記·趙世家》："襄子姊前爲代王夫人。簡子既葬，未除服，北登夏屋，請代王。使厨人操銅枓以食代王及從者，行斟，陰令宰人各以枓擊殺代王及從官，遂興兵平代地。其姊聞之，泣而呼天，摩笄自殺。代人憐之，所死地名之爲摩

筓之山。”趙武靈王在位第十九年（前 307）“胡服騎射”，趙成爲强國。《史記·集解》引應劭曰：“武靈王葬代郡靈丘縣。”《正義》引《括地志》云：“趙武靈王墓在蔚州靈丘縣東三十里。”

[3]陳餘（？—前 204）：秦末大梁（今河南省開封市）人。先與張耳一起投奔陳勝，後跟隨武臣佔據趙地。武臣死後，又與張耳立趙歇爲趙王。後來張耳隨項羽入關中，得封王，陳餘僅封侯，遂與張耳爲仇敵。事見《史記·張耳陳餘列傳》。

[4]韓信：初屬項羽，項羽不能用其中策，遂投漢王劉邦，拜大將。漢三年（前 204）出奇兵在井陘大破趙兵，斬陳餘。

[5]文帝：西漢第三代皇帝。公元前 179 年至前 157 年在位。

[6]周宣帝：北周皇帝。公元 579 年在位。

[7]至德：唐肅宗年號（756—758）。

[8]大中：唐宣宗年號（847—860）。　朱邪執宜：唐末代北沙陀人，世爲沙陀酋長，太和四年（930）爲陰山都督、代北行營招撫使，居雲朔塞下，爲唐捍禦北邊。其子赤心曾率沙陀三部落助唐討伐龐勛。

[9]賜姓名李國昌：賜姓名李國昌者非朱邪執宜，而是其子朱邪赤心。李國昌子爲李克用。此處記載有誤。

[10]留後：官名。唐朝節度使如遇事故，往往自擇將吏以統馭其軍，稱“兵馬留後”。那些殺長官而自立的野心家也往往自稱“留後”，並迫使朝廷予以承認。

[11]廣明：唐僖宗年號（880—881）。

[12]攻敗國昌：據《新唐書》卷九《僖宗本紀》：李國昌反唐以後，廣明元年（880）七月辛未“李可舉及李國昌戰于藥兒嶺，敗之”。【劉校】“攻”原本作“功”，明抄本、南監本、北監本和殿本均作“攻”。中華點校本及修訂本徑改。今從改。

[13]升觀察：【劉校】據中華點校本校勘記，“按《紀》，統和二十九年六月升”。

[14]靈仙縣：其縣境在今河北省蔚縣中西部地區。

[15]漢東安陽縣：據《漢書·地理志》屬代郡，“東安陽，莽曰竟安。師古曰：闞駰云，五原有安陽，故此加東也”。

[16]劉仁恭：深州樂壽（今河北省獻縣）人。早年爲晉王李克用壽陽鎮將，乾寧元年（894）又爲盧龍軍節度使。其子守文爲横海軍節度使，父子率兩鎮兵十萬，號稱三十萬，稱雄一方。仁恭後爲另一子守光所囚禁。乾化元年（911）守光自號大燕皇帝。次年仁恭父子爲晉王所擒殺。《新唐書》卷二一二有傳。據《舊五代史》卷一三七《外國列傳》：“劉仁恭鎮幽州，素知契丹軍情僞，選將練兵，乘秋深入，逾摘星嶺討之，霜降秋暮，即燔塞下野草，以困之，馬多饑死，即以良馬賂仁恭，以市牧地。仁恭季年荒恣，出居大安山，契丹背盟，數來寇鈔。”看來，劉仁恭的攻擊使契丹受到了嚴重損失。

[17]飛狐：古縣名。今河北省淶源縣在隋、唐、遼、宋、金、元時名飛狐縣。

[18]大象：北周靜帝年號（579—580）。

[19]仁壽：隋文帝年號（601—604）。

[20]靈丘縣：治所在今山西省靈丘縣。

[21]廣陵縣：治所在今山西省廣靈縣。

應州，[1]彰國軍，上，節度。唐武德中置金城縣，後改應州。後唐明宗，[2]州人也。天成元年升彰國軍節度，興唐軍、寰州隸焉。遼因之。北龍首山，南鴈門。兵事屬西京都部署司。統縣三。

金城縣本漢陰館縣地，漢末廢爲陰館城。隋大業末陷突厥。[3]唐始置金城縣，遼因之。户八千。

渾源縣，[4]唐置，有渾源川。在州東南一百五十里。户五千。

河陰縣本漢陰館縣地。[5]初隸朔州，清寧中來屬。户三千。

[1]應州：治所在今山西省應州市。

[2]後唐明宗：即李嗣源。本契丹人，其父爲鴈門部將，其子以騎射事李克用，克用賜此子姓李，名嗣源。莊宗李存勗死後，李嗣源即位，公元926年至933年在位。

[3]隋大業末陷突厥：【劉校】據中華點校本校勘記，"'隋'字原脱。大業爲隋年號，據補"。今從。

[4]渾源縣：治所在今山西省渾源縣。

[5]河陰縣：治所在今山西省山陰縣東南。

朔州，[1]順義軍，下，節度。本漢馬邑縣地，元魏孝文帝始置朔州，在今州北三百八十里定襄故城。葛榮亂，廢。高齊天保六年復置，[2]在今州南四十七里新城。八年徙馬邑，即今城。武成帝置北道行臺，周武帝置朔州總管府，隋大業三年改馬邑郡，唐武德四年復朔州，遼升順義軍節度。兵事屬西京都部署司。統州一、縣三：

鄯陽縣本漢定襄縣地，[3]建安中置新興郡，元魏置桑乾郡，高齊置招遠縣，郡仍舊。隋開皇三年罷郡，隸朔州。大業元年初名鄯陽縣，遼因之。户四千。

寧遠縣，[4]齊天保六年於朔州西置招遠縣，唐乾元元年改今名，遼因之。有寧遠鎮。東至朔州八十里。户二千。

馬邑縣，[5]漢置，屬鴈門郡。唐開元五年析鄯陽縣東三十里置大同軍，倚郭置馬邑縣。南至朔州四十里。户三千。

武州，宣威軍，[6]下，刺史。趙惠王置武川塞，[7]魏置神武縣，唐末置武州，唐改毅州，重熙九年復武州，號宣威軍。統縣一：

神武縣，[8]魏置。晉改新城。後唐太祖生神武川之新城即此。初隸朔州，後置州，併寧遠爲一縣來屬。户五千。

[1]朔州：治所在今山西省朔州市。

[2]天保：北齊文宣帝年號（550—558）。

[3]鄯陽縣：《明一統志》卷二一："鄯陽廢縣在朔州城内。"【劉校】鄯陽，據中華點校本校勘記，"《隋書》、《唐書·地理志》及《通考》三一六作善陽。《遼文匯》一〇《寧鑒墓誌》、《元和郡縣誌》作鄯陽"。

[4]寧遠縣：故治在今山西省寧武縣。

[5]馬邑縣：歷史上的馬邑縣，治所在今山西省朔州城内。

[6]武州，宣威軍：更名毅州卻祇見於《遼史》，其統縣也與前一武州不同。中華點校本在武州宣威軍"唐改毅州"之上加"後"字加"校勘記"説："後字原脱，據上文"唐末"及《通考》三一六補。"《通考》明確記載後唐改毅州的武州是石晉割獻契丹十六州之一的武州，後改歸化州，其治所在今河北省張家口市宣化區，而據乾隆《大清一統志》卷一四八，另一武州其"故城在左雲縣南"。校勘記不僅没有校出本書《地理志》張冠李戴之誤，反而曲解《通考》有關文字，以至進一步製造混亂。

[7]趙惠王：應是趙惠文王，公元前298年至前266年在位。

[8]神武縣：治所在今山西省神池縣。

東勝州，[1]武興軍，下，刺史。隋開皇七年置勝州，大業五年改榆林郡。唐貞觀五年於南河地置決勝州，故謂此爲東勝州。天寶七年又爲榆林郡，乾元元年復爲勝州。太祖神册元年破振武軍，勝州之民皆趨河東，州廢。晉割代北來獻，復置。兵事屬西南面招討司。統縣二：

榆林縣。[2]

河濱縣。[3]

[1]東勝州：今内蒙古自治區鄂爾多斯市東勝區。【劉校】據中華點校本校勘記，“按《紀》開泰六年七月作勝州。《紀》清寧四年三月、保大二年四月、四年七月、《百官志四》並作東勝州”。

[2]榆林縣：治所在今陝西省榆林市。

[3]河濱縣：《明一統志》卷二一《大同府》：“河濱廢縣在府城西五百餘里，隋榆林縣地，唐析置此縣，屬勝州。縣東北有河濱關，後廢。遼復置，屬東勝州。”

金肅州，[1]重熙十二年伐西夏置，割燕民三百户，防秋軍一千實之，[2]屬西南面招討司。

[1]金肅州：《陝西通志》卷五：“有金宿城在府谷縣木瓜園北寨外。延綏志按：金宿即金肅也，在府谷縣北河套中。”

[2]防秋：古代西北各遊牧部落，往往趁秋高馬肥時南侵。届時邊軍特加警衛，調兵防守，稱爲“防秋”。《舊唐書·陸贄傳》：“又以河隴陷蕃已來，西北邊常以重兵守備，謂之防秋。”

河清軍。[1]西夏歸遼，開直路以趨上京。重熙十二年建城，號河清軍。徙民五百户，防秋兵一千人實之，屬西南面招討司。

［1］河清軍：《三朝北盟會編》卷二五政宣上帙宣和七年（1125）十二月十八日："初，粘罕遣撒盧拇使夏國，許割天德、雲内、武州及河東兕答、廝喇、曷童、野鵲、神崖、榆林、保大、裕民八舘、河西金肅、河清（原刻誤爲'清河'）二軍，約入寇麟、府以牽河東之勢，至是夏人由金肅、河清軍渡河，取天德、雲内、河東八舘及武州，以應粘罕之約，盡陷其地。"按河清軍應在河套地區，夏人由河清軍渡河可以到達河東。

（李錫厚注　劉鳳翥校）

今注本二十四史

遼史

三

紀〔三〕志〔一〕

元　脱脱等　撰

李錫厚　劉鳳翥　主持校注

中國社会科学出版社

遼史　卷一八

本紀第十八

興宗一

興宗神聖孝章皇帝諱宗真，字夷不堇，小字只骨，聖宗長子，母曰欽愛皇后蕭氏。[1]上始生，齊天皇后取養之。[2]幼而聰明，長而魁偉，龍顔日角，豁達大度。善騎射，好儒術，通音律。三歲封梁王，太平元年册爲皇太子，十年六月判北南院樞密使事。[3]

[1]欽愛皇后（？—1057）：太祖淳欽皇后弟阿古只五世孫。姓蕭氏，小字耨斤。爲聖宗元妃，生宗真。仁德皇后無子，取宗真而養之如己出。聖宗死後，宗真即位，耨斤自立爲皇太后，攝政，並殺害仁德皇后，謀廢興宗立重元。本書卷七一有傳。【劉校】欽愛皇后，原作“欽哀皇后”，其哀册篆蓋作“欽愛皇后哀册”，據改。

[2]齊天皇后（982—1032）：聖宗皇后，姓蕭氏，小字菩薩哥，景宗睿智皇后弟隗因之女。年十二選入掖庭。統和十九年（1001），册爲齊天皇后。生皇子二，皆早卒。開泰五年（1016），

宫人耨斤生興宗，後養爲子。興宗即位後，耨斤自立爲太后。齊天皇后被耨斤所害，死時年五十。後追尊仁德皇后。與欽愛並祔慶陵。本書卷七一有傳。

[3]判：唐宋官制。以大兼小，即以高官兼較低職位的官稱判。故興宗即位前以皇太子之尊負責北南院樞密院事稱爲“判”。

十一年夏六月己卯，聖宗崩，即皇帝位於柩前。壬午，尊母元妃蕭氏爲皇太后。甲申，遣使告哀於宋及夏、高麗。[1]是年，御宣政殿放進士劉貞等五十七人。[2]辛卯，大赦，改元景福。乙未，奉大行皇帝梓宫殯于永安山太平殿。[3]辛丑，皇太后賜駙馬蕭鉏不里、蕭匹敵死，圍場都太師女直著骨里、右祗候郎君詳穩蕭延留等七人皆棄市，[4]籍其家，遷齊天皇后於上京。

[1]高麗：指王建創建的高麗王朝（918—1392）。統治地域在今朝鮮半島，首都在開京（今朝鮮開城市）。

[2]放進士劉貞等五十七人：【劉校】《羅校》謂是次年放進士劉師貞等五十七人之複出。

[3]大行皇帝：尚未確定謚號的皇帝、皇后稱“大行皇帝”“大行皇后”。　梓宫：【劉注】入殮後的皇帝、皇后的棺材。　永安山：遼帝夏捺钵地。傅樂焕《遼代四時捺鉢考》云：“原名緬山，聖宗時改稱。《聖宗紀》‘太平三年七月丁亥，賜緬山名曰永安’。後聖宗慶陵即營建其地。聖宗崩後，興宗即陵置州，是曰慶州，更稱慶陵曰慶雲山。”（《遼史叢考》第86頁）

[4]棄市：執行死刑。古代在鬧市上行刑，並暴屍於街頭，稱爲棄市。

秋七月丙午朔，皇太后率皇族大臨于太平殿。高麗遣使弔慰。上召晉王蕭普古等飲博，夜分乃罷。丁未，擊鞠。[1]戊申，以耶律韓八爲左夷离畢，[2]特末里爲左祗候郎君詳穩，[3]横帳郎君樂古權右祗候郎君詳穩。[4]己酉，以耶律鄭留爲于厥迪烈都詳穩，[5]高八右皮室詳穩。[6]庚戌，振薊州饑民。[7]癸丑，詔寫大行皇帝御容。甲寅，録囚。以觀察姚居信爲上將軍。建慶州于慶陵之南，[8]徙民實之，充奉陵邑。乙卯，以比歲豐稔，罷給東京統軍司糧。丁巳，上謁大行皇帝御容，哀慟久之，因詔寫北府宰相蕭孝先、南府宰相蕭孝穆象于御容殿。[9]以蕭阿姑軫爲東京留守。丁卯，謁太平殿，焚先帝所御弓矢。幸晉王普古第視疾。辛未，録囚。壬申，上謁神主帳，時奥隈蕭氏始入宫，亦命拜之。

[1]擊鞠：即打馬球，是當時流行的競技活動。因爲參賽者都在馬上擊球，奔馳的快馬有時會失控，因此具有一定的危險性。統和六年（988），一日承天太后觀看臣下擊鞠，她的寵臣韓德讓被胡里室衝撞墜馬，太后一怒之下，竟下令將胡里室斬首。今内蒙古自治區敖漢旗皮匠溝1號遼墓墓門西側的穹隆頂下部，有一幅打馬球圖。現存寬180釐米、高50釐米。畫面有多處剥落，但大體可辨。

[2]夷离畢：契丹官名。爲執政官，相當於副宰相參知政事。後來官分南、北，北面官有夷离畢院，主要掌刑政。

[3]詳穩：契丹語官名。即漢語將軍的轉譯。【劉注】詳穩爲契丹小字官名的音譯。本書卷一一六《國語解》：“詳穩，諸官府監治之官。”“詳穩”不是漢語“將軍”的轉譯，而是契丹語的音譯。契丹語中另有“將軍”一詞是漢語借詞。

［4］横帳：契丹以玄祖之後爲皇族，分爲三房：孟父房、仲父房和季父房。季父房一系太祖阿保機子孫爲“横帳”。本書卷一六《聖宗本紀七》：開泰八年（1019）冬十月癸巳，詔“横帳、三房不得與卑小帳族爲婚；凡嫁娶，必奏而後行”。本書卷四五《百官志一》：“玄祖伯子麻魯無後，次子巖木之後曰孟父房；叔子釋魯曰仲父房；季子爲德祖，德祖之元子是爲太祖天皇帝，謂之横帳；次曰剌葛，曰迭剌，曰寅底石，曰安端，曰蘇，皆曰季父房。”

［5］于厥：部族名。即烏古。

［6］皮室：契丹軍名。意爲“金剛”。初爲阿保機所置，稱“腹心部”。後有南、北、左、右皮室及黄皮室等，皆掌精甲。

［7］薊州：治所在今天津市薊州區。

［8］慶州：州城治所在今内蒙古自治區巴林右旗索博日嘎鎮。慶陵：包括遼聖宗耶律隆緒和仁德皇后、欽愛皇后的永慶陵，遼興宗耶律宗真和仁懿皇后的永興陵，遼道宗耶律弘基和宣懿皇后的永福陵。位於今内蒙古自治區巴林右旗索博力嘎鎮（白塔子）北約十餘公里的瓦林茫哈地方。聖宗永慶陵中保存有壁畫，繪有人物、山水，尤以象徵四時捺鉢的四季山水圖，彌足珍貴。三陵出土遺物多已散失，今僅存部分石刻哀册。其中漢文哀册有聖宗、仁德皇后、欽愛皇后、道宗、宣懿皇后各一盒，仁懿皇后哀册僅存篆蓋。契丹小字哀册有道宗、宣懿皇后各一盒。1922 年還從中抄寫出興宗和仁懿皇后的契丹小字哀册册文，原石仍埋陵内。

［9］蕭孝先：聖宗欽愛皇后蕭耨斤和蕭孝穆之弟。字延寧，小字海里。尚南陽公主，拜駙馬都尉。爲東京留守。大延琳反，被圍數月，穴地而出。欽愛弑仁德皇后蕭菩薩哥，孝先多爲其謀。本書卷八七有傳。　蕭孝穆（？—1043）：太祖淳欽皇后弟阿古只五世孫。小字胡獨堇。統和二十八年（1010）累遷西北路招討都監。開泰元年（1012）冬，進軍可敦城，敗阻卜結五群牧長謀叛，拜北府宰相。太平九年（1029）平定大延琳謀反，改東京留守。興宗即位，復爲南京留守。本書卷八七有傳。

八月壬午，[1]遷大行皇帝梓宫於菆塗殿。

[1]壬午：【劉校】據中華點校本校勘記，《遼文匯》卷五《聖宗哀册》作“壬寅”。

九月戊申，躬視慶陵。庚戌，問安于皇太后。辛亥，宋遣王隨、曹儀致祭，王礹、許懷信、梅詢、張綸來慰兩宫，范諷、孫繼業賀即位，孔道輔、魏昭文賀皇太后册禮。戊午，焚弧矢、鞍勒於菆塗殿。[1]庚申，夏國遣使來慰。[2]庚午，以宋使弔祭，喪服臨菆塗殿。甲戌，遣御史中丞耶律翥、司農卿張確、詳穩耶律勵、四方館使高維翰謝宋弔慰。

[1]弧矢：弓箭。

[2]夏國（1038—1227）：以党項民族爲主體建立的政權。公元1038年，元昊叛宋稱帝，建立大夏王朝，傳十代，至1227年爲蒙古所滅。元昊稱帝以前，作爲北宋境内的地方割據政權，已經具有獨立性。史稱西夏，先後與遼、北宋及金、南宋並立於中國境内。境土包括今寧夏回族自治區全部、甘肅省大部、陝西省北部以及青海省、内蒙古自治區的部分地區。

冬十月戊寅，宰臣吕德懋薨。癸未，殺鉏不里黨彌勒奴、觀音奴等。丙戌，遣工部尚書高德順、崇禄卿李可封致先帝遺物于宋。[1]以右領軍衛上將軍耶律遜、少府監馬惲充皇太后謝宋使，右監門衛上將軍耶律元載、引進使魏永充皇帝謝宋使。丁酉，夏國遣使來賻。戊戌，以蕭革、趙爲果、耶律鬱、馬保業充來歲賀宋正旦使副。[2]

［1］高德順：【劉校】據中華點校本校勘記："《長編》作'蕭德順'。"

［2］蕭革（？—1063）：契丹外戚。國舅房林牙和尚之子。重熙十二年（1043）爲北院樞密副使。十三年，拜北府宰相。革怙寵專權，同僚以其奸佞，言用之將敗事，興宗不聽。拜南院樞密使，詔班諸王上。道宗即位後，與國舅蕭阿剌同掌朝政。清寧九年（1063）秋重元之亂，革參預其謀，凌遲處死。本書卷一一三有傳。賀宋正旦使副：【靳校】原闕"副"字，中華點校本據南監本、北監本和殿本補。今從。

閏月辛亥，謁菆塗殿，閱玄宮閟器。[1]有司請以生辰爲永壽節，皇太后生辰爲應聖節，從之。辛酉，閱新造鎧甲。丁卯，振黄龍府饑民。[2]

［1］玄宮：北方的宮殿稱"玄宮"，這里是指菆塗殿。興宗謁菆塗殿，並觀看殿中秘器。

［2］黄龍府：治所在今吉林省農安縣。

十一月壬辰，上率百僚奠於菆塗殿。出大行皇帝服御、玩好焚之，縱五坊鷹鶻。甲午，葬文武大孝宣皇帝於慶陵。乙未，祭天地。問安皇太后。丙申，謁慶陵，以遺物賜群臣，名其山曰慶雲，殿曰望仙。

十二月癸丑，至自慶陵。皇太后聽政，帝不親庶務，群臣表請，不從。

是歲，以興平公主下嫁夏國王李德昭子元昊，[1]以元昊爲夏國公、駙馬都尉。

[1]李德昭（981—1032）：即李德明，遼避景宗諱，改德明爲德昭。西夏李繼遷之子。年二十四嗣位。公元1005年，遼册封他爲西平王。次年，宋授其爲定難軍節度使，封西平王。死後其子元昊追謚光聖皇帝，廟號太宗。　元昊（1003—1048）：即李元昊。小字嵬理，李德明長子。1031年，李德明死後嗣位，宋授定難軍節度、夏銀綏宥靜等州觀察處置押蕃落使、西平王。遼封他爲夏國王。宋寶元元年（1038）十月，他更名曩霄，建國號大夏，年號天授禮法延祚，自稱皇帝。進表宋朝，要求承認建國稱帝的既成事實，雙方隨即發生戰爭。七年後，雙方重新媾和。西夏國主稱臣，宋朝同意每年給予銀、絹、茶、采共二十五萬五千兩、匹、斤。夏宋媾和，夏遼矛盾隨之激化。西夏景宗與遼興平公主婚後失和，再加這時遼境内的党項部落多叛附西夏，糾紛益形擴大。遼興宗親征西夏，遭遇失敗。從此夏、宋、遼三方鼎峙的局勢形成。

重熙元年春正月壬申朔，皇太后御正殿，受帝與群臣朝。宋遣任布、王遵範、陳琰、王克善來賀。[1]乙亥，宋遣鄭向、郭遵範來賀永壽節。[2]丁丑，如雪林。

[1]王克善：據傅樂焕《宋遼聘使表》應爲王克忠（見《遼史叢考》第195頁）。

[2]宋遣鄭向、郭遵範來賀永壽節：宋賀遼帝后生辰使節到達時間，均與受賀者生辰不符。其原因有二：一是遼方考慮到宋使行程季節之方便，二是遼接待之方便。傅樂焕先生有如下論述："宋遼互賀，雙方遣使，例在賀期前三二月。如賀正旦使，例遣於九月左右……考《長編》所記賀遼生辰聘使，自興宗之後，統命遣於八

九月間，與賀正旦使同時。則到遼亦應在十二月一月之間。初疑遼諸帝后生辰何以均在此兩月之内，於是轉而求諸帝生辰確日。由前表可見除聖宗確生十二月外，餘如興宗生二月，天祚生四月，而道宗生八月，揆以事理，宋廷決不能在期前一年即行遣使。繼見《長編》所載此期生辰使不獨與正旦使同遣，且確於十二月或一月與正旦使先後抵遼。尤可異者《遼史》記宋賀生辰使之到達，亦多在十二月一月，换言之即與《長編》合，而與其本身所載諸帝生辰不相符……金宋通好時，金帝生辰嘗改期以受宋賀。改期之原因，則以避免雨水霖潦，以便行人。頗疑金人未必有此雅量，其所以改期或别有原由，而遼帝生辰《長編》《遼史》記載之抵牾，亦或與之有關……蓋遼帝等終年遊獵，居處無定所。今爲接待異國使人，須趕往三數地點，坐待無謂禮儀之舉行，其爲苦事，可想像而知也……是使臣之涖臨，打斷其‘鉤魚射鵝’之樂，加之以‘拱手朝會’之苦，改賀之制在以上種種局勢下産生，事甚自然也。”（參傅樂焕《遼史叢考》第 241 至 244 頁）

二月，大蒐。[1]

三月壬申朔，尚父、漆水郡王敵烈復爲惕隱。[2]

[1]大蒐：即春蒐，春季打獵。蒐，打獵。典出《左傳》隱公五年：“春蒐、夏苗、秋獮、冬狩”。

[2]惕隱：契丹官名。又稱梯里己，掌皇族政教。

是春，皇太后誣齊天皇后以罪，[1]遣人即上京行弑。后請具浴以就死，許之。有頃，后崩。

[1]皇太后誣齊天皇后以罪：據《九朝編年備要》卷九宋仁宗天聖九年（1031）末載：“是歲契丹主隆緒死，子宗真立。隆緒自

與朝廷通好，歲貢方物，無鉅細必親閲之，守約甚堅。至是病劇，召東平王蕭孝先，使輔立其子宗真，且戒毋失朝廷信誓。隆緒妻號齊天聖后，妾號順聖元妃。順聖生宗真，小名木不孤。隆緒遺命以齊天爲皇太后，順聖爲皇太妃。順聖匿之，乃自爲皇太后，令人誣告齊天謀叛，縊殺之。於是宗真立，改元景福，謚其父曰天輔皇帝，廟號聖宗。”

夏四月乙巳，清暑别輦斗。

秋七月，獵平地松林。[1]以蕭達溥、王英秀、蕭麓、張素羽充來歲賀宋正旦生辰使。

[1]平地松林：西遼河上游中古時期生態良好，有茂密的松林，稱“平地松林”。《新五代史》卷七三《四夷附録第二》引胡嶠《陷虜記》説：“自上京東去四十里至真珠寨，始食菜。明日東行，地勢漸高，西望平地松林，鬱然數十里，遂入平川，多草木。”

八月丙午，駐蹕剌河源。皇子洪基生。[1]

[1]洪基：【劉注】《仁懿皇后哀册》作“弘基”。即後來的遼道宗。據《耶律弘世墓誌銘》，遼道宗的二弟名弘本，三弟名弘世。他們都是“弘”字輩的。

冬十月己酉，幸中京。

十一月己卯，帝率群臣上皇太后尊號曰法天應運仁德章聖皇太后；群臣上皇帝尊號曰文武仁聖昭孝皇帝。大赦，改元重熙。癸未，宋遣劉隨、王德本來賀應聖節。[1]以楊佶爲翰林承旨。丙戌，夏國遣使來賀。辛卯，五國酋長來貢。[2]夏國王李德昭薨，册其子夏國公元昊爲夏國王。

［1］宋遣劉隨、王德本來賀應聖節：《長編》卷一一一宋仁宗明道元年（1032）八月壬子："以鹽鐵副使、刑部員外郎劉隨爲契丹國母生辰使，内殿承制、閤門祗候王德基副之；開封府判官、職方員外郎楊日嚴爲國主生辰使，客省副使王克基副之；太常博士、直集賢、同修起居注胥偃爲國母正旦使，閤門宣事舍人王從益副之；監察禦史崔暨爲國主正旦使，東染院副使趙振副之。"王德基，此避道宗洪基名改"德本"。

［2］五國：即五國部。遼以越里篤、剖阿里、奥里米、蒲奴里和越里吉等五部統稱五國部。

十二月庚戌，宋遣胥偃、王從益、崔暨、張懷志來賀來歲正旦；又遣楊日嚴、王克纂來賀永壽節。[1]以北大王耶律求翰同平章事。

是年，放進士劉師貞等五十七人。

［1］王克纂：【劉校】據中華點校本校勘記："《長編》作'王克基'。此避道宗洪基名改。"

二年春正月庚辰，東幸。乙酉，夏國遣使來貢。壬辰，女直詳穩臺押率所部來貢。宋遣曹琮來告母后劉氏哀，章得象、安繼昌來饋母后遺物。即遣興聖宫使耶律壽寧、給事中知制誥李奎充祭奠使，天德軍節度使耶律卿寧、大理卿和道亨、河西軍節度使耶律嵩、引進使馬世卿充兩宫弔慰使。[1]

［1］天德軍：唐軍鎮名，即豐州。遼太祖阿保機於神册五年（920）平党項，乃以此地爲天德軍。其地在今内蒙古自治區呼和浩特市東白塔一帶。

秋七月甲子朔，以耶律寔、高升、耶律迪、王惟允充兩宫賀宋生辰使、副，[1]以耶律師古、劉五常充賀宋來歲正旦使、副。[2]

［1］以耶律寔、高升、耶律迪、王惟允充兩宫賀宋生辰使、副：【劉校】中華修訂本稱“耶律寔”，道光殿本引《大典》作“耶律實”，明抄本、南監本、北監本、殿本皆作“耶律楚”，《長編》卷一一四宋仁宗景祐元年（遼重熙三年，1034）四月庚子作“耶律述”。又“高升”“王惟允”，《長編》作“高昇”“王惟永”。

［2］正旦：【劉校】原本作“三旦”，明抄本、南監本、北監本和殿本均作“正旦”。中華點校本及修訂本徑改。今從改。

八月丁酉，幸温泉宫。乙卯，遣使閲諸路禾稼。

冬十一月甲申，宋遣劉寶、符忠、李昭述、張茂實等來謝慰奠。[1]

［1］宋遣劉寶、符忠、李昭述、張茂實等來謝慰奠：傅樂焕云，劉寶，《長編》作“劉賽”。符忠，《長編》作“符惟忠”。《宋遼聘使表》作“惟忠”，《宋史》卷四六三有傳，曾載此次使事。《遼史》作“符忠”蓋脱“惟”字（見《遼史叢考》第196頁）。

十二月乙未，宋遣丁度、王繼凝來賀應聖節。己酉，禁夏國使沿路私市金、鐵。甲寅，宋遣章頻、李懿、王沖睦、張緯、李紘、李繼一來賀永壽節及來歲正旦。庚申，以北府宰相蕭孝先爲樞密使。

三年春正月丁卯，宋使章頻卒，詔有司賻贈，[1]命近侍護喪以歸。[2]辛卯，如春水。[3]

[1]賻（fù）贈：贈送財物給辦喪事的人家。

[2]近侍：皇帝身邊的奴僕。

[3]春水：即春捺鉢。地點多在長春州（今吉林省前郭爾羅斯蒙古族自治縣塔虎城）魚兒濼，又稱長濼、長泊。因其活動多在水上，故稱“春水”。

二月壬辰朔，[1]以北院樞密使蕭普古爲東京留守。[2]戊申，耶律大師奴有侍繈褓恩，詔入屬籍。

[1]二月壬辰朔：【劉校】“朔”字原闕，中華點校本據本書卷四四《曆象志下·朔考》補。今從。

[2]北院樞密使：即契丹樞密院之樞密使，爲北面官之最高官職，掌軍事、部族。詳本書卷四五《百官志一》。

夏四月甲寅，振耶迷只部。

五月庚申朔，清暑沿柳湖。是月，皇太后還政於上，躬守慶陵。[1]

[1]皇太后還政於上，躬守慶陵：據此，似乎皇太后是自願退出政治舞臺的。這顯然是史官有意爲尊者諱。《長編》卷一一五宋仁宗景祐元年（1034）八月壬申記事：“契丹法天太后專制其國，用蕭氏兄弟分監南北蕃漢事，蕭氏奴團練、防禦、節度、觀察使者

至四十人，范陽無賴輩以故多占名爲蕭氏奴。契丹主以上尊酒、銀帶賜樂工，太后怒，鞭樂工。契丹主疑内品告太后，使左右殺内品一人。太后愈怒，下吏雜治，語連契丹主。契丹主曰：‘我貴爲天子，乃與囚同答狀。’欝欝不平，即與耶律憙孫謀率兵逐太后，以黄布車載送慶州，守聖宗塚。遂殺永興宫都總管郭沁格及内侍數十族。命内庫都提點王繼、内侍都知趙安仁等監南北面蕃漢臣僚。”《契丹國志》卷一三《聖宗欽哀皇后蕭氏傳》載：法天太后臨朝，“南北面蕃漢公事率其弟兄掌握之，凡所呈奏，弟兄聚議，各各弄權，朝臣朋黨，每事必知。太后臨朝凡四年，興宗方幽而廢之，國中已困矣。太后之未廢也，諸舅以次權勢熏灼，帝懼内難，乃與殿前都點檢耶律喜孫、護衛太保耶律劉三等定謀廢后。召硬寨曳剌護衛等三百餘人，帝立馬於行宫東之二里小山上，喜孫等直入太后宫，驅后登黄布車，幽於慶州，諸舅以次分兵捕獲，或死或徙，餘黨並誅。是時乃重熙之三年也”。

六月己亥，以蕭普古爲南院樞密使。[1]

[1]南院樞密使：即漢人樞密院之樞密使。爲南面官最高官職。詳見本書卷四七《百官志三》。

秋七月戊子朔，上始親政，以耶律庶徵、劉六符、耶律睦、薄可久充賀宋來歲正旦使、副。[1]壬辰，如秋山。[2]

[1]以耶律庶徵、劉六符、耶律睦、薄可久充賀宋來歲正旦使、副：傅樂焕《宋遼聘使表》載：“本年遼興宗逐其母法天太后，自此迄重熙八年，宋停遣契丹國母生辰正旦賀使。庶徵《長編》作庶幾。按《遼史》全書中除此一處外，未再見庶徵一名。而卷八九有

耶律庶成及弟庶箴傳，疑‘庶徵’爲‘庶箴’之誤。”（見《遼史叢考》第197頁）。 劉六符（？—1055）：劉慎行之子。六符重熙初遷政事舍人，擢翰林學士。十一年（1042）與宣徽使蕭特末使宋索十縣地，還，爲漢人行宫副部署。會宋遣使增歲幣以易十縣，復與耶律仁先使宋，還，加同中書門下平章事。及宋幣至，命六符爲三司使以受之。本書卷八六有傳。

［2］秋山：即秋捺鉢。秋捺鉢的主要活動是狩獵，聖宗以後，其主要地點是在慶州（今内蒙古自治區巴林右旗西北白塔子）西部諸山。

冬十月己未，駐蹕中會川。

十二月，宋遣段少連、杜仁贇來賀來歲正旦，楊偕、李守忠來賀永壽節。

四年春正月庚寅，如耶迷只里。

三月乙酉朔，立皇后蕭氏。[1]

［1］皇后蕭氏：【劉注】指仁懿皇后蕭氏，小字撻里，欽愛皇后弟孝穆之長女。性寬容，姿貌端麗。帝即位，入宫，生道宗。重熙四年（1035）立爲皇后。

夏四月甲寅朔，如涼陘。

五月庚子，清暑散水源。

六月癸丑朔，皇子寶信奴生。以耶律信、呂士宗、蕭袞、郭揆充賀宋生辰及來歲正旦使、副。

秋七月壬午朔，獵于黑嶺。

九月己酉，駐蹕長寧淀。

冬十月，如王子城。

十一月壬午，改南京總管府爲元帥府。[1]乙酉，行柴册禮於白嶺，大赦。加尚父耶律信寧、政事令耶律求翰耆宿贊翊功臣。[2]

十二月癸丑，詔諸軍炮、弩、弓、劍手以時閲習。庚申，宋遣鄭戩、柴貽範、楊日華、張士禹來賀永壽節及正旦。

[1]元帥府：主持遼朝南邊防務的機構。遼朝往往以皇位繼承人出任天下兵馬大元帥，早年德光、李胡都曾具有大元帥頭銜。後來，大元帥在燕京開府。余靖《武溪集》卷一七《契丹官儀》説："胡人之掌兵者，燕中有元帥府，雜掌番漢兵，太弟總判之……大抵胡人以元帥府守山前，故有府官，又有統軍，掌契丹、渤海之兵。馬軍步軍一，掌漢兵。以乙室王府守山後，又有雲、應、蔚、朔、奉聖等五節度營兵，諸州又置鄉兵。"

[2]政事令：遼朝南面宰相。掌中外事悉令參決。

五年春正月甲申，如魚兒濼。樞密使蕭延寧請改國舅乙室小功帳敞史爲將軍，[1]從之。

[1]乙室小功帳：【劉校】中華修訂本校勘記："本書卷四五《百官志一》作'乙室己小翁帳'，當是。"

夏四月庚申，[1]以潞王查葛爲南府宰相，[2]崇德宫使耶律馬六爲惕隱。甲子，幸后弟蕭無曲第，[3]曲水泛觴賦詩。丁卯，頒新定條制。己巳，上與大臣分朋擊鞠。

[1]夏四月：【劉校】原無"夏"字，據中華點校本補。

［2］潞王查葛：【劉注】查葛爲耶律宗正的契丹語名。據《耶律宗正墓誌銘》："（重熙）四年，國家以肇膺駿命，始上鴻名。廼眷靈源。宜均睿澤，寵膺一字。進封魯王。"潞王應爲"魯王"之。

［3］幸后弟蕭無曲第：【劉注】蕭無曲，蕭孝穆第二子，蕭德温之叔。無曲是漢名，契丹語小名撒八，契丹語第二個名周隱。七歲，以戚屬加左右千牛衛大將軍。重熙初，補祇候郎君。尚魏國公主，拜駙馬都尉。重熙末，出爲西北路招討使，武寧郡王，居官以治稱。清寧初薨，年三十九，追封齊王。本書卷八七有傳。《蕭德温墓誌銘》稱："故西北路招討使、駙馬都尉、齊王，諱舞曲，則叔也。"（見陳述校輯《全遼文》（中華書局 1982 年版）第 216 頁）

五月甲午，南幸。丁未，如胡土白山清暑。庚申，幸北院大王高十行帳拜奥，[1]賜銀絹。壬戌，詔修南京宫闕、府署。

［1］北院大王：契丹部族官。遼朝析迭剌部爲五院部和六院部。五院部有知五院事，在朝曰北大王院；六院部有知六院事，在朝曰南大王院。北院大王和南院大王即是五院部和六院部的首領，握有兵權。

秋七月辛丑，録囚。耶律把八誣其弟韓哥謀殺己，有司奏當反坐。臨刑，其弟泣訴："臣惟一兄，乞貸其死。"上憫而從之。

九月癸巳，獵黄花山，獲熊三十六，賞獵人有差。

冬十月丁未，幸南京。辛亥，曲赦析津府境内囚。[1]壬子，御元和殿，[2]以《日射三十六熊賦》《幸燕詩》試進士於廷，賜馮立、趙徽四十九人進士第。以馮立爲右補闕，趙徽以下皆爲太子中舍，賜緋衣、銀魚，遂大宴。御試進士自此始。宋遣宋郊、王世文來賀永壽節。[3]甲子，宰臣張儉等請幸禮部貢院，歡飲至暮而罷，賜物有差。以耶律祥、張素民、耶律甫、王澤充賀宋生辰正旦使、副。

[1]曲赦：猶特赦。《通鑑》卷八三晉惠帝元康元年（291）八月"曲赦洛陽"，胡三省注曰："不普赦天下而獨赦洛陽，故曰曲赦。"　析津：府名。今北京市。

[2]元和殿：宫殿名。在遼南京皇城内。【劉注】本書卷四〇《地理志·南京道》引王曾《上契丹事》云："正南曰啟夏門，内有元和殿。"

[3]宋遣宋郊、王世文來賀永壽節：傅樂焕《宋遼聘使表》載"宋祁《遼史》作'宋郊'誤"（見《遼史叢考》第198頁）。

六年春正月丁丑，西幸。

三月戊寅，以秦王蕭孝穆爲北院樞密使，徙封吴王；晉王蕭孝先爲南京留守。

夏四月，獵野狐嶺。

閏月，獵龍門縣西山。[1]

[1]龍門縣：治所在今河北省赤城縣西南龍關鎮。

五月己酉，清暑炭山。[1]以耶律韓八爲北院大王，蕭把哥左夷离畢，王子郎君詳穩鼻姑得林牙，[2]簽北面事耶律涅哥同簽點檢司。甲寅，録囚。以南大王耶律信寧故匿重囚及侍婢贓汙，命撻以劍脊而奪其官。都監坐阿附及侍婢罪，皆論死，詔貸之。丙辰，以耶律信寧爲西南路招討使。庚申，出飛龍廄馬，賜皇太弟重元及北、南面侍臣有差。癸亥，以上京留守耶律胡覩衮爲南大王，平章事蕭查刺寧上京留守，侍中管寧行宮都部署，耶律蒲奴寧烏古迪烈得都詳穩。甲子，以上京留守耶律洪古爲北院大王。[3]

[1]炭山：山名。據《新五代史》卷七二《四夷附録第一》："漢城在炭山東南灤河上，有鹽鐵之利，乃後魏滑鹽縣也。其地可植五谷，阿保機率漢人耕種，爲治城郭、邑屋、廛市如幽州制度，漢人安之，不復思歸。"另據本書卷四一《地理志·西京道》，炭山在歸化州，即武州，今河北省張家口市宣化區。

[2]林牙：契丹官名。掌文翰，相當於翰林學士。

[3]以上京留守耶律洪古爲北院大王：【劉校】據中華點校本校勘記："依本書卷九五本傳，洪古作'弘古'，本年由上京留守遷南院大王。又弘古字胡睹堇，此與上文以上京留守耶律胡覩衮爲南大王係一事重出，北院應作'南院'。"

六月壬申朔，以善寧爲殿前都點檢，護衛太保耶律合住兼長寧宮使，[1]蕭阿剌里、耶律烏魯斡、耶律和尚、蕭韓家奴、蕭特里、蕭求翰爲各宮都部署。[2]上酒酣賦詩，吳國王蕭孝穆、北宰相蕭撒八等皆屬和，[3]夜中乃罷。己卯，祀天地。癸未，賜南院大王耶律胡覩衮命，上親爲製誥詞，並賜詩以寵之。丙申，以北院大王侯哂爲南京統軍使。

［1］殿前都點檢：官名。五代後周世宗設置殿前司，以都點檢、副都點檢爲正副長官，位在都指揮使之上，爲禁軍統帥。宋初廢。遼設殿前都點檢，爲南面軍官，當係模倣周制。　耶律合住：契丹皇族。字粘衮，又作昌主（《紀》保寧六年三月作“昌朮”），漢名琮。太祖弟迭剌之孫。保寧初加右龍虎衛上將軍，拜涿州刺史。合住久任邊防，不妄生事以邀近功。力主與宋和好。本書卷八六有傳。　長寧宮：應天皇太后述律氏宮分。

［2］耶律和尚（？—1054）：契丹皇族。字特抹，係出季父房。重熙初補祗候郎君。歷積慶、永興宮使，累遷至同知南院宣徽使事、南面林牙。十六年（1047），出爲懷化軍節度使。二十三年加天平軍節度使、檢校太師，徙中京路按問使。本書卷八九有傳。　蕭韓家奴（？—1078）：字括寧，奚長渤魯恩之後。太平中補祗候郎君，累遷敦睦宮使。改奚六部大王。清寧初封韓國公，歷南京統軍使、北院宣徽使，封蘭陵郡王。平定重元之亂有功，遷殿前都點檢，封荆王，賜資忠保義奉國竭貞平亂功臣。大康初皇太子爲耶律乙辛誣構，韓家奴上書力言其冤。本書卷九六有傳。

［3］蕭撒八：【劉校】據中華點校本校勘記，原誤“蕭八撒”。按本書卷八一《蕭孝忠傳》：“字撒板，……太平中擢北府宰相，重熙七年爲東京留守。”撒八即撒板之異譯。據改。下文重熙七年（1038）十二月“北府宰相撒八寧再任兼知東京留守事”，亦即此人。

秋七月辛丑朔，以北、南樞密院獄空，賞賚有差。壬寅，以皇太弟重元生子，賜詩及寶玩器物，曲赦死罪以下。[1]癸卯，如秋山。

［1］死罪以下：較死罪爲輕的罪刑，即笞、杖、徒、流之罪。

八月己卯，北樞密院言越棘部民苦其酋帥坤長不法，[1]多流亡，詔罷越棘等五國酋帥，以契丹節度使一員領之。

[1]越棘部：即五国部中的越里吉。

冬十月癸酉，駐蹕石竇岡。

十一月己亥朔，阻卜酋長來貢。[1]辛亥，以契丹行宮都部署蕭惠爲南院樞密使。壬子，以管寧爲南院樞密使，[2]蕭掃古諸行宮都部署，[3]耶律褭里知南面行宮副部署，蕭阿剌里左祗候郎君詳穩，耶律曷主右祗候郎君詳穩。庚申，幸晉國公主行帳視疾。[4]封皇子洪基爲梁王。[5]

[1]阻卜：即達旦、韃靼。元人諱言達旦，而稱達旦爲阻卜。詳王國維《觀堂集林》卷一四《達旦考》。

[2]以契丹行宮都部署蕭惠爲南院樞密使、以管寧爲南院樞密使：【劉校】據中華點校本校勘記："連日以一官任二人，不合。檢上文本年五月，以侍中管寧爲行宮都部署，本書《蕭惠傳》云，'興宗即位，兼侍中'，'重熙六年，復爲契丹行宮都部署'，'徙王趙，拜南院樞密使'，是管寧即蕭惠，一事重出。"

[3]諸行宮都部署：遼職官名。遼在北南面官系統中，分别設契丹行宮都部署和漢人行宮都部署，其上則有諸行宮都部署。行宮都部署完全是倣中原王朝官制設置的，它不同於專管斡魯朶事務的某宮都部署的宮官。宋朝皇帝巡幸亦有行宮，且亦有行宮都部署之設。後避英宗趙曙名諱，改稱行宮都總管。

[4]晉國公主：世宗次女。名觀音，保寧間封晉國長公主。下

嫁蕭夏剌。

[5]梁王：遼皇位繼承人的封號。

十二月，以楊佶爲忠順軍節度使。[1]遣耶律斡、秦鑑、耶律德、崔繼芳賀宋生辰及正旦。

[1]忠順軍：蔚州軍號。在今河北省蔚縣。

七年春正月戊戌朔，宋遣高若訥、夏元正、謝絳、張茂實來賀正旦及永壽節。辛丑，如混同江。[1]

[1]混同江：即松花江。

二月庚午，如春州。[1]乙亥，駐蹕東川。丁丑，高麗遣使來貢。[2]壬午，幸五坊閱鷹鶻。乙酉，遣使慶州問安皇太后。

[1]春州：即長春州，治所在今吉林省前郭爾羅斯蒙古族自治縣塔虎城。

[2]高麗遣使來貢：《高麗史》卷六《靖宗世家》靖宗四年(遼重熙七年，1037)三月辛亥，崔延嘏還自契丹，［遼興宗］詔曰："省所奏，乞修朝貢事具悉。以小事大，列國之通規；舍舊謀新，諸侯之格訓。卿本世稟聲朔，歲奉梯航，先國公方屬嗣藩，遂稽任土。時候屢更於灰管，天朝未審於事情。近覽奏章，備觀誠懇。欲率大弓之俗，薦陳楛矢之儀。載念傾虔，信爲愛戴，允俞之外，嘉歎良多。勉思永圖，無曠述職。"

三月戊戌朔，幸皇太弟重元行帳。壬寅，如蒲河淀。辛亥，夏國遣使來貢。甲寅，録囚。

夏四月己巳，以興平公主薨，遣北院承旨耶律庶成持詔問夏國王李元昊，[1]公主生與元昊不睦，没，詰其故。己卯，獵白馬堝。甲申，射兔新淀井。乙未，獵金山，遣楊家進鹿尾茸於大安宫。

[1]耶律庶成：皇族。季父房之後。字喜隱，小字陳六。通曉契丹文及漢文，善於作詩。原來，契丹醫人很少懂得切脈、審藥，庶成奉命譯方脈書行於遼，自此以後，雖諸部族亦知醫事。爲妻胡篤所誣，以罪奪官，使吐蕃凡十二年，清寧間始歸。本書卷八九有傳。

六月乙亥，御清涼殿試進士，賜邢彭年以下五十五人第。[1]

[1]賜邢彭年以下五十五人第：【劉注】天慶四年（1114）的《王師儒墓誌銘》稱："父諱祁，重和七年，二十一歲，舉進士狀元第。""重和"即"重熙"，因避天祚帝耶律延禧名諱改。五十五人中的狀元是王師儒的父親王祁。

秋七月甲辰，録囚。乙巳，阻卜酋長屯秃古斯來朝。戊申，如黑嶺。

九月丁未，駐蹕平淀。[1]

[1]平淀：即廣平淀，在永州東南三十里，爲遼中期以後冬捺鉢所在地。詳本書卷三二《營衛志中》。

冬十月甲子朔，渡遼河。丙寅，駐蹕白馬淀。壬申，録囚。

十一月癸巳朔，以耶律元方、張泥、韓至德、蕭傅充賀宋生辰正旦使、副。[1]辛丑，問安皇太后，進珍玩。庚申，録囚。

[1]耶律元方、張泥、韓至德、蕭傅：【劉校】據中華點校本校勘記："《長編》作'耶律九方、張渥、韓志德、蕭溥'。"

十二月，召善擊鞠者數十人於東京，令與近臣角勝，上臨觀之。己巳，以皇太弟重元判北南院樞密使事，北府宰相撒八寧再任兼知東京留守事，[1]耶律應穩南府宰相，查割折大内惕隱，乙室已帳蕭翰乾州節度使，[2]劉六符參知政事，王子帳冠哥王子郎君詳穩，鉏窘大王平州節度使，[3]宰臣張克恭守司空，宰臣韓紹芳加侍中，[4]惕隱耶律馬六北院宣徽使，[5]傅父耶律喜孫南府宰相。[6]癸未，宋遣王舉正、張士禹來賀永壽節。甲申，命日進酒于大安宫，致薦慶陵。丁亥，録囚。非故殺者減科。南面侍御壯骨里詐取女直貢物罪死，[7]上以有吏能，黥而流之。

[1]判北南院樞密使事：興宗爲皇太子時曾判北南院樞密使事，重元作爲皇太弟亦判北南院樞密使事，表明他是皇位繼承人。

[2]乙室已帳：遼國舅帳。遼朝有大國舅司，掌乙室已、拔里二帳之事。

[3]平州：唐置，治所在今河北省盧龍縣。

[4]韓紹芳：遼初著名漢臣韓延徽之曾孫，仕至東京户部使。死於大延琳叛亂。

[5]宣徽使：遼朝官名。遼設北、南宣徽，分隸北南樞密院之下。宣徽北院使常執行軍事使命。此外，宣徽使還掌領朝會、宴饗、禮儀、祭祀及御前祇應之事。

[6]“耶律應穩南府宰相”及“耶律喜孫南府宰相”事：【劉校】據中華點校本校勘記：“一官同時任二人，不合。卷九七《耶律喜孫傳》，字盈隱。應穩即盈隱異譯，一事重出。”

[7]女直：本作女真，因避遼興宗耶律宗真名諱，改稱女直。遼時居東北東部。在南者入遼籍，稱熟女真，或合蘇館女真；在北者不入遼籍，稱生女真。

八年春正月壬辰朔，宋遣韓琦、王從益來賀。丙申，如混同江觀漁。戊戌，振品部。庚戌，叉魚於率没里河。丁巳，禁朔州鬻羊於宋。[1]

[1]朔州：治所在今山西省朔州市。

二月丙子，駐蹕長春河。

夏六月乙丑，詔括户口。

秋七月丁巳，謁慶陵，致奠於望仙殿，迎皇太后至顯州，[1]謁園陵，還京。

[1]顯州：治所在今遼寧省北鎮市。

冬十月，駐蹕東京。

十一月甲午，詔有言北院處事失平，擊鐘及邀駕告者，悉以奏聞。戊戌，朝皇太后，召僧論佛法。戊申，皇太后行再生禮，[1]大赦。己酉，城長春。

閏十二月壬辰，視吳國王蕭孝穆疾。宋遣龐籍、杜贇來賀永壽節。[2]

[1]再生禮：契丹傳統禮儀之一。據本書卷一一六《國語解》載，依契丹故俗，此種禮儀每隔十二年舉行一次，而且衹有皇帝、太后、太子及夷离堇得行此禮。這是與選汗儀式同時舉行的禮儀，禮儀十分煩瑣。先期，候選者入一帳中，"再生母后"入帳搜索，並與在場衆人反復問答。

[2]宋遣龐籍、杜贇來賀永壽節：《長編》卷一二四宋仁宗寶元二年（1039）八月"乙酉，刑部員外郎、天章閣待制龐籍爲契丹生辰使，内殿崇班、閤門衹候杜贇副之；右正言、直集賢院、判都磨勘司王拱辰爲正旦使，西京左藏庫副使彭再問副之"。卷一二五寶元二年十一月戊戌"兵部郎中、知制誥聶冠卿爲契丹生辰使，代龐籍也"。知龐籍出發前已爲聶冠卿代。

九年春正月丙辰朔，上進酒于皇太后宫，御正殿。宋遣王拱辰、彭再思來賀。[1]庚申，如鴨子河。

[1]王拱辰（1012—1086）：開封咸平（今河南省通許縣）人。字君貺。慶曆元年（1041），爲翰林學士。權知開封府，拜御史中丞。《宋史》卷三一八有傳。

二月，駐蹕魚兒濼。

三月辛未，以應聖節，大赦。

五月乙卯朔，清暑永安山。[1]

六月，射柳祈雨。[2]

[1]永安山：遼帝夏捺钵地。傅樂焕《遼代四時捺鉢考》云："原名緬山，聖宗時改稱。《聖宗紀》'太平三年七月丁亥，賜緬山名曰永安'。後聖宗慶陵即營建其地。聖宗崩後，興宗即陵置州，是曰慶州，更稱慶陵曰慶雲山。"（見《遼史叢考》第86頁）

[2]射柳祈雨：亦稱祈雨射柳。契丹的一種禮儀，包括祈雨和射柳兩部分，始於遙輦蘇可汗。祈雨稱爲瑟瑟儀。《遼史》卷四九《禮志》載："瑟瑟儀：若旱，擇吉日行瑟瑟儀以祈雨。"瑟瑟儀祈雨如果奏效，主持此儀式的官員敵烈麻都就會受到賞賜，否則就要受到戲弄。這是因爲他作爲禮官，不僅是這一禮儀的主持者，同時還被看作契丹人與祖先溝通的中間人。射柳也可以單獨舉行。《長編》卷一一〇宋仁宗天聖九年（1031）六月丁丑載：契丹"每謁木葉山即射柳枝，諢子唱番歌，前導彈胡琴和之，已事而罷"。此外，祈雨也射柳。金初接待宋使，亦以射柳作爲一種遊樂項目，元朝、明朝也有此類活動。

秋七月癸酉，宋遣郭禎以伐夏來報，[1]遣樞密使杜防報聘。[2]丁丑，如秋山。

[1]宋遣郭禎以伐夏來報：郭禎，《宋史》作"郭稹"，《遼史》誤。郭稹（？—1040）字仲微，開封祥符人。累遷尚書刑部員外郎，同修起居注。據《宋史》卷三〇一《郭稹傳》："康定元年（遼重熙九年，1040）使契丹，告用兵西鄙。契丹厚禮之，與同出觀獵，延稹射。稹一發中走兔，衆皆愕視，契丹主遺以所乘馬及他物甚厚。"

[2]遣樞密使杜防報聘：【劉校】據中華點校本校勘記："樞密使，卷八六本傳作'樞密副使'，《長編》作'契丹遣工部尚書、

修國史杜防來聘’。”

冬十月癸未朔，駐蹕中會川。[1]

[1]中會川：即藕絲淀。則靴淀中會川亦爲廣平淀之别名。宋人王易《重編燕北録》謂，遼帝冬捺鉢在靴甸住坐。即以靴淀代廣平淀（參傅樂焕《遼史叢考》第70頁）。

十一月甲子，女直侵邊，發黄龍府鐵驪軍拒之。[1]宋遣蘇伸、向傳範來賀應聖節。[2]

[1]鐵驪：族名。遼置鐵驪國王府，以統其衆。其地當今黑龍江省東部松花江流域。

[2]宋遣蘇伸、向傳範來賀應聖節：傅樂焕云，蘇紳，《宋史》卷二九四有傳，《遼史》作“蘇伸”誤（見《遼史叢考》第199頁）。

十二月庚寅，以北大王府布猥帳郎君自言先世與國聯姻，許置敞史，命本帳蕭胡覩爲之。[1]辛卯，以所得女直户置肅州。[2]以蕭迪、劉三嘏、耶律元方、王惟吉、耶律庶忠、孫文昭、蕭紹筠、秦德昌充賀宋生辰及來歲正旦使、副。[3]詔諸犯法者，不得爲官吏。諸職官非婚祭，不得沉酗廢事。有治民安邊之略者，悉具以聞。

[1]蕭胡覩（？—1063）：遼外戚。字乙辛。重熙中尚秦國長公主，授駙馬都尉，以不諧離婚，復尚齊國公主，爲北面林牙。清寧中歷北、南院樞密副使。清寧九年（1063）七月參與重元叛亂，

失敗投水死。五子，同日誅之。本書卷一一四有傳。

[2]肅州：【劉注】遼代肅州州治在今遼寧省昌圖縣馬仲河鎮馬仲河村古城址。

[3]秦德昌（995—1072）：【劉注】據《秦德昌墓誌銘》，秦德昌，字世京，宛平縣池水里人。曾祖諱美，左拾遺，知縉陽縣事。祖諱遂，兵部郎中，知范陽縣事。考諱英照，左番殿直。母鄭氏。秦德昌十六歲時，因“躰皃魁秀”被燕京留守耶律隆慶看中，把他推薦給聖宗，從此養入宮中。興宗時，曾出使西夏、高麗和宋朝。

（李錫厚注　劉鳳翥校）

遼史　卷一九

本紀第十九

興宗二

十年春正月辛亥朔，宋遣梁適、張從一、富弼、趙日宣來賀。[1]甲子，復遣吳育、馮戴來賀永壽節。

[1]宋遣梁適、張從一、富弼、趙日宣來賀：《長編》卷一二八宋仁宗康定元年（1040）八月“乙未，刑部員外郎、知制誥蘇紳爲契丹國母生辰使，西京左藏庫副使向傳範副之。傳範，敏中子也。右正言、知制誥吳台爲契丹主生辰使，東頭供奉官、閤門祇候馮載副之；右正言梁適爲契丹國母正旦使，西染院副使張從一副之；從一，耆子。太常丞、史館修撰富弼爲契丹主正旦使，供備庫副使趙日宣副之（原注：據富弼語録，副使乃張從一，非趙日宣也）”。

二月庚辰朔，詔蒲盧毛朶部歸曷蘇館户之没入者使復業。[1]甲申，北樞密院言，南、北二王府及諸部節度、侍衛、祇候郎君皆出族帳，既免與民戍邊，其祇候事，請亦得以部曲代行。詔從其請。

[1]蒲盧毛朶部：女真部族。遼屬部，爲遼國外十部之一。曷蘇館：即熟女真。《松漠紀聞》卷上稱："居混同江之南者謂之熟女真，以其服屬契丹也。江之北爲生女真，亦臣於契丹。"

夏四月，詔罷修鴨渌江浮梁及漢兵屯戍之役。[1]又以東京留守蕭撒八言，弛東京擊鞠之禁。[2]

[1]鴨渌江：即鴨緑江。　漢兵：遼朝軍隊名。也稱"漢軍"。遼朝有衆多的漢軍，其中有阿保機收編的"山北八軍"以及趙延壽的軍隊。此外，遼朝還有自己按照中原軍隊編制組建的漢軍，其中最重要的是燕京等地的禁軍。據《長編》卷五五宋真宗咸平六年（1003）七月己酉記李信云：契丹"國中所管幽州漢兵，謂之神武、控鶴、羽林、驍武等，約萬八千餘騎"。其中"羽林""控鶴"是唐、五代禁軍舊有的名號。因此可以斷定李信所説的遼燕京的"漢兵"就是戍衛京城的禁軍。

[2]擊鞠：即打馬球，是當時流行的競技活動。因爲參賽者都在馬上擊球，奔馳的快馬有時會失控，因此具有一定的危險性。統和六年（988），一日承天太后觀看臣下擊鞠，她的寵臣韓德讓被胡里室衝撞墜馬，太后一怒之下，竟下令將胡里室斬首。内蒙古敖漢旗皮匠溝1號遼墓墓門西側的穹隆頂下部，有一幅打馬球圖。現存寬180釐米、高50釐米。畫面有多處剥落，但大體可辨。

六月戊寅朔，[1]以蕭寧、耶律坦、崔禹稱、馬世良、耶律仁先、劉六符充賀宋生辰使、副；[2]耶律庶成、趙成、耶律烈、張旦充來歲賀宋正旦使、副。[3]

[1]六月戊寅朔：【劉校】原本無“朔”字，中華點校本據本書卷四四《曆象志下·朔考》補。今從。

[2]以蕭寧等充賀宋生辰使副事：傅樂煥《宋遼聘使表》認爲：“仁先、六符二名衍。蓋賀生辰使例只四人，無需六人。且仁先於本年方使宋賀生辰，決不致再受命，而六符於明年正月使宋議關南事，亦非賀生辰使。”（見《遼史叢考》第200頁）

[3]耶律庶成：皇族，季父房之後。字喜隱，小字陳六。通曉契丹文及漢文，善於作詩。原來，契丹醫人很少懂得切脉、審藥，庶成奉命譯方脈書行於遼，自此以後，雖諸部族亦知醫事。爲妻胡篤所誣，以罪奪官，使吐蕃凡十二年，清寧間始歸。本書卷八九有傳。

秋七月壬戌，詔諸職官私取官物者，以正盜論。[1]諸敢以先朝已斷事相告言者，罪之。諸帳郎君等於禁地射鹿決三百，[2]不徵償。小將軍決二百以下，及百姓犯者罪同郎君論。

[1]正盜：劫盜案的案犯。諸職官私取官物，即按照劫盜案的案犯治罪。

[2]郎君：即“舍利”，契丹官名。本書卷一一六《國語解》：“契丹豪民要裹頭巾者，納牛駞十頭，馬百疋，乃給官名曰舍利。後遂爲諸帳官，以郎君繫之。”

八月丙戌，以醫者鄧延貞治詳穩蕭留寧疾驗，[1]贈其父母官以奬之。

[1]醫者鄧延貞：即鄧延正。【劉注】據1976年内蒙古自治區

寧城縣出土《鄧仲舉墓誌銘》（劉鳳翥拓本）記載，鄧延貞是一位長於治療齒疾的御醫。“大父延正，通術數，尤長醫卜。興廟時，皇太后齒疾，工治不驗。因召入，遽以術止之。爾後出入扈從，蔚有緩佗之能。至於寓泊塗舍貧賤惸獨嬰疾恙者，皆陰治活之。後累官至節度使，加勤勞奉職功臣、右千牛衛上將軍。”

九月辛亥，朝皇太后。國舅留寧薨。庚申，皇太后射獲熊，上進酒爲壽。癸亥，上獵馬盂山，草木蒙密，恐獵者誤射傷人，命耶律迪姑各書姓名於矢以志之。丙寅，夏國獻宋俘。[1]以石硬砦太保郭三避虎不射，[2]免官。

[1]夏國（1038—1227）：以党項民族爲主體建立的政權。公元1038年，元昊叛宋稱帝，建立大夏王朝，傳十代，至1227年爲蒙古所滅。元昊稱帝以前，作爲北宋境内的地方割據政權，已經具有獨立性。史稱西夏，先後與遼、北宋及金、南宋並立於中國境内。境土包括今寧夏回族自治區全部、甘肅省大部、陝西省北部以及青海省、内蒙古自治區的部分地區。

[2]石硬砦太保：【劉校】據中華點校本校勘記，硬砦太保即硬寨太保，官名。見本書卷四五《百官志一》及卷二九《天祚皇帝本紀三》保大三年（1123）四月，“石”字衍。

冬十月丙戌，詔東京留守蕭孝忠察官吏有廉幹清彊者，[1]具以名聞。庚寅，以女直太師臺押爲曷蘇館都大王。[2]辛卯，以皇子胡盧斡里生，北宰相、駙馬撒八寧迎上至其第宴飲，[3]上命衛士與漢人角觝爲樂。[4]壬辰，復飲皇太后殿，以皇子生，肆赦。夕，復引公主、駙馬及内族大臣入寢殿劇飲。甲午，幸中京。庚子，以駙馬都尉蕭忽列爲國舅詳穩。

[1]蕭孝忠（？—1043）：遼駙馬。尚越國公主，拜駙馬都尉，累遷殿前都點檢。太平中擢北府宰相。重熙七年（1038）爲東京留守。十二年入朝，封楚王，拜北院樞密使。本書卷八一有傳。

[2]女直：本作女真，因避遼興宗耶律宗真名諱，改稱女直。遼時居東北東部。在南者入遼籍，稱熟女真，或合蘇館女真；在北者不入遼籍，稱生女真。

[3]宰相：契丹部族官名。契丹可汗之下有北、南二府，各部族則分屬二府，分設宰相，故北宰相亦稱北府宰相，南宰相亦稱南府宰相。

[4]角觝（dǐ）：類似今日的摔跤，宋人稱之爲“相撲”。

十一月丙辰，回鶻遣使來貢。

十二月丙子朔，宋遣劉沆、王整來賀應聖節。乙未，置撻朮不姑酋長。以胡撻剌爲平章事。上聞宋設關河，[1]治壕塹，恐爲邊患，與南、北樞密吳國王蕭孝穆、趙國王蕭貫寧謀取宋舊割關南十縣地，[2]遂遣蕭英、劉六符使宋。[3]庚寅，宋遣張沔、侯宗亮、薛申、侍其濬、施昌言、潘永照來賀永壽節及來歲正旦。以宣政殿學士楊佶爲吏部尚書、判順義軍節度使事。[4]丁酉，議伐宋，詔諭諸道。

[1]設關河：在河上設關隘。

[2]趙國王蕭貫寧：【劉校】據中華點校本校勘記：“蕭貫寧即蕭惠，卷九三有傳。上文六年五月、十一月並作管寧。”

[3]遂遣蕭英、劉六符使宋：【劉校】據中華點校本校勘記："明年正月，遣南院宣徽使蕭特末、翰林學士劉六符使宋，取晉陽及瓦橋以南十縣地，與此爲一事。英即特末漢名。此記定議遣使，明年正月成行。"　劉六符（？—1055）：劉慎行之子。六符重熙初，遷政事舍人，擢翰林學士。十一年與宣徽使蕭特末使宋索十縣地，還，爲漢人行宫副部署。會宋遣使增歲幣以易十縣，復與耶律仁先使宋，還，加同中書門下平章事。及宋幣至，命六符爲三司使以受之。本書卷八六有傳。《九朝編年備要》卷一一宋仁宗慶曆二年（1042）二月載："契丹遣其臣蕭英、劉六符來求石晉所割瓦橋關十縣。其書略曰：'李元昊於北朝爲甥舅之親，設罪合致討，曷不以一介爲報？況營築長堤、填塞隘路、歸決塘水、添置邊軍，既稔猜疑，慮隳信睦。倘思久好，共遣疑懷，以晉陽舊附之區、關南元割之縣見歸敝國，共康黎元。'初有涿州進士梁濟世嘗主文書遼帳下，一日得罪來歸，言彼將有割地之請。又知雄州杜推序亦先得其事以聞。至是上發書示輔臣，色皆不動，六符亦疑其書之先漏。"

[4]判順義軍節度使事：【劉校】據中華點校本校勘記，"義"原誤作"度"。順義爲朔州軍號。據本書卷四一《地理志五》及卷八九《楊佶傳》改。

十一年春正月戊申，奉迎皇太后于内殿。庚戌，遣南院宣徽使蕭特末、翰林學士劉六符使宋，[1]取晉陽及瓦橋以南十縣地，[2]且問興師伐夏及沿邊疏濬水澤，增益兵戍之故。

[1]宣徽使：遼朝官名。遼設北、南宣徽，分隸北南樞密院之下。宣徽北院使常執行軍事使命。此外，宣徽使還掌領朝會、宴饗、禮儀、祭祀及御前祇應之事。　蕭特末：大安初，娶道宗第三女越國公主。後爲都統，與金人戰，敗於石輦鐸，被擒。

［2］晉陽：指原北漢統治區域。　瓦橋關：在今河北省雄縣。關南十縣地原屬遼，被後周攻取。

二月壬寅，如鴛鴦濼。[1]

［1］鴛鴦濼：湖名。在今北京市延慶區境内。舊時周八十里。其水停積不流，自遼金以來，爲飛放之所。即今野鴨湖。

夏四月甲戌朔，頒南征賞罰令。

六月乙亥，宋遣富弼、張茂實奉書來聘，[1]以書答之。壬午，御含涼殿，放進士王寔等六十四人。禁氈、銀鬻入宋。

［1］宋遣富弼、張茂實奉書來聘：據《宋史》卷一一《仁宗本紀》記載，慶曆二年（1042）四月庚辰，"知制誥富弼報使契丹"，"是月契丹集兵幽州，聲言來侵，河北、京東皆爲邊備"。七月癸亥，"富弼再使契丹"。《長編》卷一三五慶曆二年四月庚辰，"以右正言知制誥富弼爲回謝契丹國信使，西上閤門使符惟忠副之"。《長編》卷一三六慶曆二年五月癸丑，"命知貝州供備庫使、恩州團練使張茂實爲回謝契丹國信副使，代符惟忠也。惟忠行至武強病卒。富弼請以茂實代之，詔從其請"。富張二人所奉書，《長編》卷一三五有記。慶曆二年四月庚辰載復書曰："昔我烈考章聖皇帝保有基圖，惠養黎庶，與大契丹昭聖皇帝弭兵講好，通聘著盟。肆餘纂承，共遵謨訓，邊民安堵垂四十年。兹者專致使臣，特詒緘問。且以瓦橋内地，晉陽故封，援石氏之割域，述周朝之復境，繫於異代，安及本朝！粵自景德之初，始敦鄰寶之信，凡諸細故，咸不寘懷。況太宗皇帝親駕並郊，匪圖燕壤，當時貴國亟發援兵，既交石

嶺之鋒，遂舉薊門之役。義非反覆，理有因緣。元昊賜姓稱藩，稟朔受禄，忽謀狂僭，俶擾邊陲。向議討除，已嘗聞達。杜防、郭稹傳道備詳。及此西征，豈云無報。聘軺旁午，屢聞嫉惡之談；慶問交馳，未喻聯親之故。忽窺異論，良用憫然。謂將軫於在原，反致譏於忌器。復云營築隄埭，開決陂塘，昨緣霖潦之餘，大爲衍溢之患。既非疏導，當稍繕防。豈藴猜嫌，以虧信睦。至於備塞隘路，閲集兵夫，蓋邊臣謹職之常。及鄉兵充籍之舊，在於貴境，寧撤戍兵，一皆示以坦夷。兩何形於疑阻。顧惟歡契。方保悠長，遽興請地之言，殊非載書之約。信辭至悉，靈鑒孔昭，兩地不得相侵，緣邊各守疆界。誓書之外，一無所求。期在久要，勿違先志。諒惟聰達，應切感思，甫屬清和，妙臻戩谷。自餘令富弼口陳。"書詞，翰林學士王拱辰所撰也。"初，契丹書言太宗'舉無名之師，直抵燕薊'。一時莫知所答。拱辰獨請間曰：'河東之役，本誅僭僞。契丹遣使行在致誠款，已而寇石嶺關，潛假兵以援賊。太宗怒其反覆，既平繼元，遂下令北征，安得謂之無名。'上喜曰：'事本末乃如此。'乃諭執政曰：'非拱辰詳識故事，殆難答也。'劉六符嘗謂賈昌朝曰：'南朝塘濼何爲者哉。一葦可杭，投箠可平。不然，決其堤，十萬土囊遂可踰矣。'時議者亦請涸其地以養兵。上問拱辰，對曰：'兵事尚詭，彼誠有謀，不應以語敵。此六符誇言耳。設險守國，先王不廢。且祖宗所以限敵騎也。'上深然之。"

秋七月壬寅朔，詔盜易官馬者減死論。外路官勤瘁正直者考滿代，不治事者即易之。

八月丙申，宋復遣富弼、張茂實奉書來聘，乞增歲幣銀絹，以書答之。[1]

[1]宋復遣富弼、張茂實奉書來聘：據《宋史》卷三一三《富弼傳》：弼歸復命，復持二議及受口傳之詞於政府以往。行次樂壽，

謂副使張茂實曰："吾爲使者而不見國書，脱書詞與口傳異，吾事敗矣。"啟視果不同，即馳還都，以晡時入見，易書而行。及至，契丹不復求婚，專欲增幣，曰："南朝遺我之辭當曰'獻'，否則曰'納'。"弼爭之，契丹主曰："南朝既懼我矣，於二字何有？若我擁兵而南，得無悔乎！"弼曰："本朝兼愛南北，故不憚更成，何名爲懼？或不得已至於用兵，則當以曲直爲勝負，非使臣之所知也。"契丹主曰："卿勿固執，古亦有之。"弼曰："自古唯唐高祖借兵於突厥，當時贈遺，或稱獻納。其後頡利爲太宗所擒，豈復有此禮哉！"弼聲色俱厲，契丹知不可奪，乃曰："吾當自遣人議之。"復使劉六符來。弼歸奏曰："臣以死拒之，彼氣折矣，可勿許也。"朝廷竟以"納"字與之。始受命，聞一女卒；再命，聞一子生，皆不顧。又除樞密直學士，遷翰林學士，皆懇辭，曰："增歲幣非臣本志，特以方討元昊，未暇與角，故不敢以死爭，其敢受乎！"

九月壬寅，遣北院樞密副使耶律仁先、漢人行宫副部署劉六符使宋約和。[1]是時，富弼爲上言，大意謂遼與宋和，坐獲歲幣，則利在國家，臣下無與；與宋交兵，則利在臣下，害在國家。[2]上感其言，和好始定。

[1]遣北院樞密副使耶律仁先、漢人行宫副部署劉六符使宋約和：《長編》卷一三七宋仁宗慶曆二年（1042）九月癸亥記事：富弼、張茂實以八月乙未至契丹清泉淀金氊館，持國書二、誓書三以語館伴耶律仁先、劉六符。仁先、六符問所以然者，弼曰："姻事合則以姻事盟。能令夏國復歸款，則歲入金帛增二十萬，否則十萬。國書所以有二，誓書所以有三也。"翌日，引弼等見契丹主，太弟宗元、子梁王洪基侍，蕭孝思、孝穆、馬保忠、杜防分立帳外。國主曰："姻事使南朝骨肉暌離，或公主與梁王不相悦，則將奈何？固不若歲增金帛，但無名爾，須於誓書中加一'獻'字乃

可。”弼曰：“‘獻’字乃下奉上之辭，非可施於敵國。況南朝爲兄，豈有兄獻於弟乎？”國主曰：“南朝以厚幣遺我，是懼我也。‘獻’字何惜？”弼曰：“南朝皇帝守祖宗之土宇，繼先皇之盟好，故致幣帛以代干戈，蓋惜生靈也，豈懼北朝哉！今陛下忽發此言，正欲棄絶舊好，以必不可冀相要爾，則南朝亦何暇顧生靈哉！”國主曰：“改爲‘納’字如何？”弼曰：“亦不可。”國主曰：“誓書何在，取二十萬者來。”弼既與之。國主曰：“必與寡人加一‘納’字，卿無固執，恐敗乃主事。我若擁兵南下，豈不禍乃國乎？”弼曰：“陛下用兵能保其必勝否？”國主曰：“不能。”弼曰：“勝未可必，安知其不敗邪。”國主曰：“南朝既以厚幣與我，‘納’字何惜？況古有之。”弼曰：“自古惟唐高祖借兵於突厥，故臣事之。當時所遺或稱‘獻’、‘納’，亦不可知。其後頡利爲太宗所擒，豈復更有此理！”國主默然，見弼詞色俱厲，度不可奪，曰：“我自遣使與南朝皇帝議之。若南朝許我，卿將何如？”弼曰：“若南朝許陛下，請陛下與南朝書具言臣等於此妄有爭執，請加之罪，臣等不敢辭。”國主曰：“此乃卿等忠孝爲國之事，豈可罪乎。”弼退而與劉六符言，指帳前高山曰：“此尚可踰，若欲‘獻’、‘納’二字，則如天不可得而升也，使臣頸可斷，此議決不敢諾。”於是敵留所許歲增金帛二十萬誓書，復遣耶律仁先、劉六符齎其國誓書以來，仍求“納”字。二十萬誓書蓋明著令夏國納款事。國主不悅，欲令弼改之，弼不可，敵亦卒不肯報其事於誓書，但於國書中敘述爾。是月乙巳，弼等還至雄州，詔即以弼爲接伴事，有朝廷合先知者急置以聞。弼奏曰：“彼求‘獻’、‘納’二字，臣既以死拒之，敵氣折矣，可勿復許。”然朝廷竟從晏殊議，許稱“納”字，弼不預也。乙丑，契丹樞密副使保大節度使耶律仁先、樞密使禮部侍郎同修國史劉六符入見，其誓書曰：“維重熙十一年，歲次壬午，八月壬申朔，二十九日庚子，弟大契丹皇帝謹致書於兄大宋皇帝闕下，來書云：‘謹按景德元年十二月七日章聖皇帝與昭聖皇帝誓曰：共遵成約，虔守歡盟，以風土之儀物，備軍旅之費用。每歲以絹二十萬疋、銀一十萬兩，更不差使臣專往北朝，只令三司差人般送至雄州交割。沿邊州軍，各守疆界，兩地人户不得交侵。或有賊盜逋逃，彼此勿令停匿。至於隴畝稼穡，南北勿縱騷擾。所有兩朝城池，並各依舊存守，淘壕完葺，一切如常，即不得創築城隍，開決河道。誓書之外，一無所求。各務協心，庶同悠久，自此保安黎庶，謹守封疆，質於天地神祇，告於宗廟社稷。子孫共守，傳之無窮，有渝此盟，不克享國。昭昭天鑒，共當殛之。’昭聖皇帝復答云：‘孤雖不才，敢遵此約，謹當告於天地，誓之子孫、神明具知。嗚呼，此盟可改，後嗣何述。’竊以兩朝修睦三紀於此，邊鄙用寧，干戈載偃。追懷先約，炳若日星。今綿禩已深，敦好如故。如關南縣邑，本朝傳守，懼難依從。别納金帛之儀，用代賦税之物。每年增絹一十萬疋、銀一十萬兩，前來銀絹般至雄州白溝交割。兩界塘淀已前開畎者並依舊外，自今已後不得添展。其見堤堰水口逐時決泄，壅塞，量差兵夫取便修壘疏導，非時霖潦，别至大叚漲溢，並不在關報之限。南朝河北沿邊州軍，北朝自古北口以南沿邊軍民，除見管數目依常教閲，無故不得大叚添屯兵馬。如有事故添屯，即令逐州軍移牒關報。兩界所屬之處，其自來乘例更替及本路移易，不在關防之限。兩界逃走作過諸色人，並依先朝誓書外，更不得似日前停留容縱。恭惟二聖，威靈在天，顧兹纂承，各當遵奉，共循大體，無介小嫌。且夫守約爲信，善鄰爲義，二者缺一，罔以守國。皇天厚地，實聞此盟。文藏宗廟，副在有司。餘並依景德統和兩朝誓書，顧惟不德，必執大信。苟有食言，必如前誓。”時契丹實固惜盟好，特爲虛聲以動中國。中國方困西兵，宰相吕夷簡等持之不堅，許與過厚，遂爲無窮之害。敵既歲得金帛五十萬，因勒碑紀功，擢劉六符極漢官之貴，子孫重於國中。

[2]遼與宋和，坐獲歲幣，則利在國家，臣下無與；與宋交兵，則利在臣下，害在國家：《長編》卷一三七宋仁宗慶曆二年（1042）七月壬戌記載此事：初，富弼張茂實以結婚及增歲幣二事往報契丹，惟所擇。弼等至没打河，劉六符館之，謂弼曰：“北朝皇帝堅

欲割地，如何？”弼曰：“北朝若欲割地，此必志在敗盟，假此爲名。南朝決不從，有横戈相待耳。”六符曰：“若南朝堅執，則事安得濟？”弼曰：“北朝無故求割地，南朝不即發兵拒卻，而遣使好辭更議嫁女、益歲幣，猶不從，此豈南朝堅執乎？”及見國主，弼曰：“兩朝人主，父子繼好，垂四十年，一旦忽求割地，何也？”國主曰：“南朝違約塞鴈門、增塘水、治城隍、籍民兵，此何意也？羣臣競請舉兵，而寡人以謂不若遣使求關南故地，求而不得，舉兵未晚也。”弼曰：“北朝忘章聖皇帝之大德乎？澶淵之役，若從諸將之言，北兵無得脱者。且北朝與中國通好，則人主專其利，而臣下無所獲；若用兵，則利歸臣下，而人主任其禍。故北朝諸臣爭勸用兵者，皆爲其身謀，非國計也。”國主驚曰：“何謂也？”弼曰：“晉高祖欺天叛君而求助於北，末帝昏亂，神人棄之。是時中國狹小，上下離叛，故契丹全師獨克，雖虜獲金幣，充牣諸臣之家，而壯士健馬物故大半，此誰任其禍者。今中國提封萬里，所在精兵以萬計，法令修明，上下一心，北朝欲用兵，能保其必勝乎？”曰：“不能。”弼曰：“勝負未可知，就使其勝，所亡士馬羣臣當之歟，抑人主當之歟？若通好不絶，歲幣盡歸人主，臣下所得止奉使者歲一二人耳，羣臣何利焉？”國主大悟，首肯者久之。

閏月癸未，耶律仁先遣人報：“宋歲增銀、絹十萬兩、匹，文書稱‘貢’，[1]送至白溝。”帝喜，宴群臣於昭慶殿。[2]是日，振恤三父族之貧者。[3]辛卯，仁先、劉六符還，進宋國誓書。

[1]文書稱“貢”：其實誓書中稱“納”。

[2]昭慶殿：宫殿名。當在遼南京城内。本書卷四《太宗本紀》載：會同三年四月“壬戌，御昭慶殿，宴南京群臣”。

[3]三父族：即三父房族。皇族孟父房、仲父房、季父房的

總稱。

冬十一月丁亥，群臣加上尊號曰聰文聖武英略神功睿哲仁孝皇帝，册皇后蕭氏曰貞懿宣慈崇聖皇后。[1]大赦。梁王洪基進封燕國王。

[1]貞懿宣慈崇聖皇后：即興宗仁懿皇后蕭氏（？—1076）。小字撻里，聖宗欽哀皇后弟蕭孝穆之長女。重熙四年（1035），立爲皇后。二十三年，號貞懿慈和文惠孝敬廣愛崇聖皇后。道宗即位，尊爲皇太后。本書卷七一有傳。

十二月癸卯，朝皇太后。甲辰，封皇太弟重元子涅魯古爲安定郡王。己酉，以宣獻皇后忌日，上與皇太后素服，飯僧於延壽、憫忠、三學三寺。[1]辛亥，詔蠲預備伐宋諸部租税一年。壬子，以吐渾、党項多鬻馬夏國，[2]詔謹邊防。己未，宋遣賀正旦及永壽節使居邸，帝微服往觀。丁卯，禁喪葬殺牛馬及藏珍寶。

[1]飯僧：向僧人施飯，奉佛藉以祈福。《舊唐書》卷一一八《王縉傳》："初，代宗喜祠祀，未甚重佛，而元載、杜鴻漸與［王］縉喜飯僧徒。代宗嘗問以福業報應事，載等因而啟奏，代宗由是奉之過當，嘗令僧百餘人於宮中陳設佛像，經行念誦，謂之内道場。其飲膳之厚，窮極珍異，出入乘廄馬，度支具廩給。每西蕃入寇，必令群僧講誦《仁王經》，以攘虜寇。苟幸其退，則横加錫賜。"

[2]吐渾：古代部族名。即吐谷渾。據《新五代史》卷七四《四夷附録第三》，吐渾"自後魏以來，名見中國，居於青海之上。當唐至德中，爲吐蕃所攻，部族分散，其内附者，唐處之河西。其

大姓有慕容、拓拔、赫連等族。懿宗時，首領赫連鐸爲陰山府都督，與討龐勛，以功拜大同軍節度使。爲晉王所破，其部族益微，散處蔚州界中”。“晉高祖立，割鴈門以北入於契丹，於是吐渾爲契丹役屬，而苦其苛暴”。另據《五代會要》卷二八《吐渾》：“至開運中，捍虜於澶州，召承福等率其部衆從行，屬歲多暑熱，部下多死，復遣歸太原，移帳於嵐石州界。然承福馭下無法，多幹軍令。其族子白可久，名在承福之亞，因牧馬率本帳北遁，契丹授以官爵，復遣潛誘承福。承福亦思叛去，事未果，漢高祖知之，乃以兵環其部族，擒承福與其族白鐵櫃、赫連海龍等五家，凡四百有餘人，伏誅。籍其牛馬，命別部長王義宗統其餘屬。”　党項：中國古代族名。又稱党項羌。唐以後主要活動於靈、慶、銀、夏等州，即今甘肅、寧夏、陝西和内蒙古等省區交界地區。

十二年春正月辛未，遣同知析津府事耶律敵烈、樞密院都承旨王惟吉諭夏國與宋和。壬申，以吳國王蕭孝穆爲南院樞密使，北府宰相蕭孝忠北院樞密使、封楚王，[1]韓國王蕭惠北府宰相、同知元帥府事，[2]韓八南院大王，[3]耶律侯哂東京留守，[4]北院樞密副使耶律仁先同知東京留守事，[5]北面林牙蕭革北院樞密副使。[6]甲戌，如武清寨葦淀。

[1]北院樞密使：即契丹樞密院之樞密使，爲北面官之最高官職，掌軍事、部族。詳本書卷四五《百官志一》。

[2]蕭惠（982—1056）：契丹外戚。淳欽皇后弟阿古只五世孫。字伯仁。初爲國舅詳穩。從伯父排押征高麗，以功授契丹行宫都部署。開泰二年（1013）改南京統軍使。後爲西北路招討使，封魏國公。興宗即位，知興中府，歷順義軍節度使、東京留守、西南

面招討使。重熙十七年（1048）尚帝姊秦晉國長公主，拜駙馬都尉。本書卷九三有傳。

[3]韓八南院大王：【劉校】據中華點校本校勘記，本書卷九一本傳作“北院大王”，是。　南院大王：契丹部族官。遼朝析迭剌部爲五院部和六院部。五院部有知五院事，在朝曰北大王院；六院部有知六院事，在朝曰南大王院。北院大王和南院大王即是五院部和六院部的首領，握有兵權。

[4]耶律侯哂：【劉校】侯哂，原誤作“遼哂”。中華點校本據下文及本書卷九二本傳改。今從改。

[5]同知東京留守事：【劉校】據中華點校本校勘記，本書卷九六本傳作“同知南京留守事”。

[6]蕭革（？—1063）：契丹外戚。國舅房林牙和尚之子。重熙十二年（1043）爲北院樞密副使。十三年，拜北府宰相。革怙寵專權，同僚以其奸佞，言用之將敗事，興宗不聽。拜南院樞密使，詔班諸王上。道宗即位後，與國舅蕭阿剌同掌朝政。清寧九年（1063）秋重元之亂，革參預其謀，凌遲處死。本書卷一一三有傳。

二月壬寅，禁關南漢民弓矢。己酉，夏國以加上尊號，遣使來賀。甲寅，耶律敵烈等使夏國還，奏元昊罷兵，[1]即遣使報宋。

[1]元昊（1003—1048）：即李元昊。李德明長子。小字嵬理。1031年，李德明死後嗣位，宋授定難軍節度、夏銀綏宥靜等州觀察處置押蕃落使、西平王。遼封他爲夏國王。宋寶元元年（1038）十月，他更名曩霄，建國號大夏，年號天授禮法延祚，自稱皇帝。進表宋朝，要求承認建國稱帝的既成事實，雙方隨即發生戰爭。七年後，雙方重新媾和。西夏國主稱臣，宋朝同意每年給予銀、絹、茶、采共二十五萬五千兩、匹、斤。夏宋媾和，夏遼矛盾隨之激

化。西夏景宗與遼興平公主婚後失和，再加這時遼境内的党項部落多叛附西夏，糾紛益形擴大。遼興宗親征西夏，遭遇失敗。從此夏、宋、遼三方鼎峙的局勢形成。

三月辛卯，幸南京。壬辰，高麗國以加上尊號，[1]遣使來賀。

[1]高麗：指王建創建的高麗王朝（918—1392）。統治地域在今朝鮮半島，首都在開京（今朝鮮開城市）。

夏四月己亥，置回跋部詳穩、都監。[1]庚子，夏國遣使進馬、駞。

[1]回跋部：遼朝時期女真部族名。當時東北地區有大量的女真人，分佈在南部者稱“熟女真”；中部地區則有回跋女真，隸屬咸州（今遼寧省開原市老城）兵馬司；其在北者則是“生女真”。

五月辛卯，斡魯、蒲盧毛朶部二使來貢失期，宥而遣還。[1]乙未，詔復定禮制。是月，幸山西。

[1]宥而遣還：【劉校】“宥”原本作“春”，明抄本、南監本、北監本、殿本均作“宥”。中華點校本及修訂本徑改。今從改。

六月丙午，詔世選宰相、節度使族屬及身爲節度使之家，[1]許葬用銀器；仍禁殺牲以祭。庚戌，詔漢人宫分户絶，[2]恒産以親族繼之。辛亥，阻卜大王屯秃古斯弟太尉撒葛里來朝。[3]丙辰，回鶻遣使來貢。甲子，以南院樞密使吳國王蕭孝穆爲北院樞密使，徙封齊國王。

[1]世選：氏族社會遺留下的選任首領和官員的制度，契丹立國初期汗位繼承在形式上仍實行世選。世選與世襲的區別在於：世襲之制即漢族封建時代盛行的嫡長子繼承制，在這種制度下，嫡長子是當然的繼承人。世襲制度下的繼承問題，是皇帝自己的事情，不容許他人介入；世選之制則不同，在這種制度下，有權勢、地位的貴族們都可介入確定汗位繼承人之事，由他們在可汗的兄弟子侄中量才推選繼承人。這種“世選”制度不僅存在於契丹社會中，在這一發展階段上的各個民族，無不如此。

[2]宮分户：亦稱宮户、宮分人户。他們是隸屬宮分而不隸州縣的人户。宮分人户有宮籍，多是統治者的私奴。宮籍是世襲的，未經統治者宣佈廢除，子孫則世代爲宮分人户。遼亡之後，諸宮衛機構雖已不存，但那些宮户、宮分人的身份並未改變，他們仍隸宮籍。於是，金朝始有宮籍監之設，用以管理這些宮户，並依照新機構的名稱，稱他們爲“宮籍監户”或“監户”。

[3]阻卜：即達旦、韃靼。元人諱言達旦，而稱達旦爲阻卜。詳王國維《觀堂集林》卷一四《達旦考》。

秋七月丙寅朔，北院樞密使蕭孝忠薨，特釋繫囚。庚寅，夏國遣使上表請伐宋，不從。

八月丙申，謁慶陵。[1]辛丑，燕國王洪基加尚書令，知北、南院樞密使事，進封燕趙國王。戊午，以前西北路招討使蕭塔烈葛爲右夷离畢。[2]庚申，于越耶律洪古薨。[3]甲子，阻卜來貢。

[1]慶陵：包括遼聖宗耶律隆緒和仁德皇后、欽愛皇后的永慶陵，遼興宗耶律宗真和仁懿皇后的永興陵，遼道宗耶律弘基和宣懿皇后的永福陵。位於今内蒙古自治區巴林右旗索博日嘎（白塔子）鎮西北約十餘公里的慶雲山中。聖宗永慶陵中保存有壁畫，繪有人物、山水，尤以象徵四時捺鉢的四季山水圖彌足珍貴。三陵出土遺物多已散失，今僅存部分石刻哀册。其中漢文哀册有聖宗、仁德皇后、欽愛皇后、道宗、宣懿皇后各一盒，仁懿皇后哀册僅存篆蓋。契丹小字哀册有道宗、宣懿皇后各一盒。1922年還從陵中抄寫出興宗和仁懿皇后的契丹小字哀册册文，原石已仍埋陵中。

[2]夷离畢：契丹官名。爲執政官，相當於副宰相參知政事。後來官分南、北，北面官有夷离畢院，主要掌刑政。

[3]于越：契丹語官名的音譯。貴官，非有大功德不授。無具體執掌。位在北、南大王之上。

九月壬申，朝皇太后，謁望仙殿。壬午，謁懷陵。[1]

[1]懷陵：遼太宗、穆宗之陵。其址位於懷州境内。大同元年（947）遼置懷州奉陵軍，治所在今内蒙古自治區巴林右旗幸福之路蘇木崗根嘎查古城址。州隸永興宫。

冬十月丁酉，駐蹕中會川。[1]己亥，北院樞密使蕭孝穆薨，追贈大丞相、晉國王。庚子，詔諸路上重囚，遣官詳讞。辛亥，參知政事韓紹芳爲廣德軍節度使，[2]三司使劉六符長寧軍節度使。[3]壬子，以夏人侵党項，遣延昌宫使高家奴讓之。[4]甲子，北府宰相蕭惠爲北院樞密使，豳王遂哥爲惕隱，[5]惕隱敵魯古封漆水郡王、西北路招討使，樞密副使蕭阿剌同知北院宣徽事。出飛龍廄馬，分賜群臣。

[1]中會川：即藕絲淀。則靴淀中會川亦爲廣平淀之别名。宋人王易《重編燕北録》謂，遼帝冬捺鉢在靴甸住坐。即以靴淀代廣平淀。參傅樂焕《遼史叢考》第70頁。

[2]廣德軍：乾州軍號。【劉注】遼代乾州州治在今遼寧省北鎮市廣寧鎮小常屯古城址。

[3]三司使：唐宋以鹽鐵、度支、户部爲三司，主理財賦。其長官爲三司使。《通鑑》卷二六五唐昭宣帝天祐三年（906）三月戊寅："以朱全忠爲鹽鐵、度支、户部三司都制置使。三司之名始於此。"遼代在南京設三司使司。此外，在上京設鹽鐵使司，東京設户部使司，中京設度支使司，西京設計司。　長寧軍：川州軍號。據《嘉慶重修一統志·承德府》："白川州故城在朝陽縣東北六十七里。遼置川州，會同中改爲白川州，治咸康縣。……今縣境東北之四角阪有廢城週二里餘，蒙古名卓索喀喇城。城内有遼開泰二年《佛頂尊勝陀羅尼石幢記》。爲白川州官吏所建，知即故白川州地。"

[4]延昌宫：穆宗宫分。

[5]惕隱：契丹官名。又稱梯里已，掌皇族政教。

十一月丁丑，追封楚王蕭孝忠爲楚國王。丁亥，以上京歲儉，復其民租税。癸巳，朝皇太后。

十二月戊申，改政事省爲中書省。[1]

[1]政事省：遼官署。後改稱中書省，爲南面官宰輔機構。

十三年春正月甲子朔，朝皇太后。戊辰，如混同江。辛未，獵兀魯館岡。

二月庚戌，如魚兒濼。[1]丙辰，以参知政事杜防爲南府宰相。

[1]魚兒濼：又稱長濼、長泊，在長春州（治所在今吉林省前郭爾羅斯蒙古族自治縣塔虎城）境内。

三月丁亥，高麗遣使來貢。以宣政殿學士楊佶参知政事。是月，置契丹警巡院。夏四月己酉，遣東京留守耶律侯哂、知黄龍府事耶律歐里斯將兵攻蒲盧毛朶部。甲寅，南院大王耶律高十奏党項等部叛附夏國。丙辰，西南面招討都監羅漢奴、詳穩斡魯母等奏，山西部族節度使屈烈以五部叛入西夏，[1]乞南、北府兵援送實威塞州户。[2]詔富者遣行，餘留屯田天德軍。[3]

[1]部族：【斠校】原本作"郡族"，中華點校本據南監本、北監本和殿本改。今從改。

[2]威塞州：地望不詳，應是臨近豐州的邊塞州。

[3]天德：唐軍鎮名，即豐州。遼太祖阿保機於神册五年(920) 平党項，仍以此地爲天德軍。其地在今内蒙古自治區呼和浩特市東白塔一帶。

五月壬戌朔，羅漢奴奏所發部兵與党項戰不利，招討使蕭普達、四捷軍詳穩張佛奴殁于陣。李元昊來援叛黨。戊辰，詔徵諸道兵會西南邊以討元昊。[1]

[1]元昊：【劉校】“昊”原本作“是”，明抄本、南監本、北監本和殿本均作“昊”。中華點校本及修訂本徑改。今從改。

六月甲午，阻卜酋長烏八遣其子執元昊所遣求援使窊邑改來，[1]乞以兵助戰，從之。駐蹕永安山。以將伐夏，遣延昌宮使耶律高家奴告宋。丙申，詔前南院大王耶律谷欲、[2]翰林都林牙耶律庶成等編集國朝上世以來事跡。[3]丙午，高麗遣使來貢。丁未，録囚。

[1]烏八遣其子執元昊所遣求援使：【劉校】據中華點校本校勘記，“求”原誤“來”。依本書卷七〇《屬國表》改。

[2]耶律谷欲：【劉校】“耶”原本誤作“即”，明抄本、南監本、北監本和殿本均作“耶”。中華點校本及修訂本徑改。今從改。

[3]國朝上世以來事跡：即契丹王朝建立以前大賀氏、遙輦氏時期的歷史。

秋七月辛酉，香河縣民李宜兒以左道惑衆，[1]伏誅。庚午，行再生禮。[2]庚辰，夏國遣使來朝。

[1]香河：縣名。治所在今河北省香河縣。　縣民：【劉校】“民”原本誤作“辰”，明抄本、南監本、北監本和殿本均作“民”。中華點校本和修訂本徑改。今從改。

[2]再生禮：契丹傳統禮儀之一。據本書卷一一六《國語解》載，依契丹故俗，此種禮儀每隔十二年舉行一次，而且衹有皇帝、太后、太子及夷离堇得行此禮。這是與選汗儀式同時舉行的禮儀，禮儀十分煩瑣。先期，候選者入一帳中，“再生母后”入帳搜索，並與在場衆人反復問答。

八月乙未，以夏使對不以情，羈之。[1]丁巳，夏國復遣使來，詢以事宜，又不以實對，笞之。

[1]羈之：【劉校】“羈”原本作“霸”，明抄本、南監本、北監本和殿本均作“羈”。中華點校本和修訂本徑改。今從改。

九月戊辰，宋以親征夏國，遣余靖致贐禮。[1]壬申，會大軍於九十九泉，以皇太弟重元、北院樞密使韓國王蕭惠將先鋒兵西征。[2]

[1]贐禮：送行的禮金。宋朝爲遼興宗親征夏國，遣余靖致送禮金，爲其送行。

[2]先鋒兵：作戰時衝鋒在先的軍隊。

冬十月庚寅，祭天地。丙申，獲党項偵人，射鬼箭。[1]丁酉，李元昊上表謝罪。己亥，元昊遣使來奏，欲收叛黨以獻，從之。辛亥，元昊遣使來進方物，詔北院樞密副使蕭革迓之。壬子，軍於河曲。[2]革言元昊親率党項三部來，詔革詰其納叛背盟，元昊伏罪，賜酒，許以自新，遣之。召群臣議，皆以大軍既集，宜加討伐。癸丑，督數路兵掩襲，殺數千人，駙馬都尉蕭胡覩爲夏人所執。[3]丁巳，元昊遣使以先被執者來歸，詔所留夏使亦還其國。

[1]射鬼箭：契丹人的巫術、刑罰。皇帝出征及祭祀先帝時，都要行這種巫術。取死囚一人，置於所要前往之方向，以亂箭射

殺，名爲射鬼箭。契丹人認爲，以此可以祓除不祥。班師歸來則以俘虜射鬼箭。後來則以此作爲刑罰的一種。

［2］河曲：【靳注】當在今内蒙古自治區鄂爾多斯市境。

［3］“革言元昊親率党項三部來”至“駙馬都尉蕭胡覩爲夏人所執”：《宋史》卷四八五《夏國傳》載：是歲（慶曆四年，遼重熙十三年，1044），“遼夾山部落呆兒族八百户歸元昊，興宗責還，元昊不遣。遂親將騎兵十萬出金肅城，弟天齊王馬步軍大元帥將騎七千出南路，韓國王［蕭惠］將兵六萬出北路，三路濟河長驅。興宗入夏境四百里，不見敵，據得勝寺南壁以待。八月五日，韓國王自賀蘭北與元昊接戰，數勝之。遼兵至者日益，夏乃請和，退十里，韓國王不從。如是退者三，凡百餘里矣，每退必赭其地，遼馬無所食，因許和。夏乃遷延，以老其師，而遼之馬益病，因急攻之，遂敗，復攻南壁，興宗大敗。入南樞王蕭孝友砦，擒其鶻突姑（即蕭胡覩）駙馬，興宗從數騎走，元昊縱其去”。　蕭胡覩（？—1063）：遼外戚，字乙辛。重熙中尚秦國長公主，授駙馬都尉，以不諧離婚，復尚齊國公主，爲北面林牙。清寧中歷北、南院樞密副使，清寧九年（1063）七月參與重元叛亂，失敗投水死。五子，同日誅之。本書卷一一四有傳。【劉校】蕭胡覩，原本作“蕭覩親”，明抄本、南監本、北監本和殿本均作“蕭胡覩”。中華點校本和修訂本徑改。今從改。

十一月辛酉，賜有功將校有差。甲子，班師。丁卯，改雲州爲西京。[1]辛巳，朝皇太后。

［1］雲州：治所在今山西省大同市。

十二月己丑，幸西京。戊戌，以北院樞密副使耶律敵烈爲右夷离畢。己亥，高麗遣使來貢。戊申，蕭胡覩自夏來歸。

十四年春正月庚申，以侍中蕭虛烈爲南院統軍使，封遼西郡王。庚午，如鴛鴦濼。壬午，以金吾衛大將軍敵魯古爲乙室大王。[1]甲申，夏國遣使進鶻。以常侍斡古得戰歿，命其子習羅爲帥。

[1]乙室：契丹部族名。遙輦氏阻午可汗時始置爲部。隸南府，駐守西南境。

二月庚子，朝皇太后。駐蹕撒刺濼。

三月己卯，宋以伐夏師還，遣使來賀。[1]

[1]宋以伐夏師還，遣使來賀：據《長編》卷一五四宋仁宗慶曆五年（1045）正月丙子記此事：契丹遣林牙彰聖軍節度使耶律宗睦來告討夏人回。先是元昊既敗契丹，遣使齎表獻俘，詔卻其俘而受其表。及宗睦來，知制誥余靖言："朝廷受表卻俘，此誠欲敦示大體，兩存其好也。竊緣臣昨到契丹，敵中君臣將元昊表狀皆示與臣，其間亦有毀讟本朝之語，但敵主佯詈元昊小人翻覆，交鬬兩朝，如此而已。臣愚以爲，今亦宜使館伴宗睦者，將元昊獻俘表示與宗睦，兼言本朝不受所獻，復令送還北朝之意，使敵人知本朝聞其敗衄，不敢分外邀求也。"樞密副使韓琦言："朝廷已册封夏國，又契丹以西征回來告。當此之時，若便謂太平無事，則後必有大憂者三；若以前日之患而慮及經遠，則後必有大利者一。請略言之。自羌人盜邊以來，於今七年，小入大至，未嘗挫其鋒。今乘累勝之氣而與朝廷講和者，得非凡軍興之物悉取其國人，而所獲不償所費。又久絶在邊和市，上下困乏，故暫就稱臣之虛名，而歲邀二十萬之厚賂，非爲得計耶？且契丹勢素强而夏人尚敢與之抗，若使其

歲享金繒及和市之利，國内充實，一旦我之邊備少弛，則有窺圖關輔之心，此臣所謂後必有大憂者一也。契丹昨以羌人誘致邊民，遽往伐之，既不得志而還，見朝廷封册曩霄，其心必不樂。近諜者傳契丹國人語云：‘往河西趨沙漠中，所得者唯牛羊爾；若議南牧，則子女玉帛不勝其有。’臣恐契丹異日更有邀求，或請絶西人之和，以隳盟誓，且河北兵驕不練，忽爾奔衝，則必震動京師。此臣所謂後必有大憂者二也。又昔石晉假契丹之力以得天下，歲才遺繒帛三十萬，今朝廷歲遺契丹五十萬，夏國二十萬，使敵日以富強，而國家取之於民，日以朘削。不幸數乘水旱之災，則患生腹心，不獨在二敵。此臣所謂後必有大憂者三也。昨契丹自恃盛強，意欲平吞夏人，倉卒興師，反成敗衄。北敵之性，切於復讎，必恐自此交兵未已。且二敵相攻者，中國之利，此誠朝廷養晦觀釁之時也。若能内輯綱紀，外練將卒，休息民力，畜斂財用，以坐待二敵之敝，則幽薊靈夏之地，一舉而可圖，振耀威靈，彈壓夷夏，豈不休哉。此臣所謂後必有大利者一也。臣願陛下深思，去大憂而取大利，則爲天下之福。”

四月辛亥，[1]高麗遣使來貢。

[1]四月辛亥：【劉校】據中華點校本校勘記，“四月”二字原脱。檢本書卷四四《曆象志下·朔考》，三月丁巳朔，無辛亥；四月丁亥朔，辛亥爲二十五日。檢卷七〇《屬國表》，高麗來貢正在四月。據補。

閏五月癸丑，清暑永安山。

六月丁卯，[1]謁慶陵。己卯，阻卜大王屯秃古斯率諸酋長來朝。庚辰，夏國遣使來貢。辛巳，[2]以西南面招討使蕭普達戰殁，贈同中書門下平章事。[3]

[1]六月丁卯：【劉校】據中華點校本校勘記，“六月”二字原脱。檢本書卷四四《曆象志下·朔考》，閏五月丙戌朔，無丁卯；六月乙卯朔，丁卯爲十三日。檢卷七〇《屬國表》，阻卜來貢正在六月。據補。

[2]辛巳：【劉校】據中華點校本校勘記，原誤“辛亥”，“按六月乙卯朔，無辛亥。庚辰之後，七月之前，只有辛巳，據改”。

[3]同中書門下平章事：唐制，大臣中有此名義者即爲事實上的宰相。遼襲唐制，在分設北、南面官之後，以同中書門下平章事爲南面宰相。

秋七月戊申，駐蹕中會川。

冬十月甲子，望祀木葉山。[1]

[1]木葉山：山名。契丹語稱“大”爲“木葉”。“木葉山”可以泛指任何“大山”，也可專指某一大山爲“木葉山”。此處專指永州境内一座山，契丹人視此山爲神山，其地在今内蒙古自治區翁牛特旗新蘇莫蘇木的西拉木倫河與老哈河匯合處一帶。“上建契丹始祖廟，奇首可汗在南廟，可敦（可汗之妻）在北廟，繪塑二聖并八子神像。”詳見本書卷三七《地理志一》永州條。

十一月壬午朔，回鶻阿薩蘭遣使來貢。[1]甲辰，以同知北院宣徽事蕭阿剌爲北府宰相。

[1]回鶻阿薩蘭：亦稱阿薩蘭回鶻，即高昌回鶻。回鶻各部西遷、匯合後主要的一支。直到元代，它仍自認是回鶻的嫡系。其疆域東至今哈密烏納格什湖，西通天山西部，南接酒泉，北達天山北麓。首府設在喀拉和卓，陪都設在天山北麓别失八里（即北庭）。其王早期稱阿薩蘭汗（意爲獅子王），較晚則稱亦都護。

十二月癸丑，觀漢軍習炮射、擊刺。[1]癸亥，決滯獄。

[1]炮射、擊刺：【劉校】“射”原本作“謝”，明抄本、南監本、北監本和殿本均作“射”。中華點校本及修訂本徑改。今從改。

十五年春正月乙酉，如混同江。禁契丹以奴婢鬻與漢人。

二月乙卯，如長春河。丙寅，蒲盧毛朶界曷懶河户來附，詔撫之。

三月甲申，朝皇太后。乙酉，以應聖節，減死罪，釋徒以下。[1]辛卯，朝皇太后。丁酉，高麗遣使來貢。詔諸道歲具獄訟以聞。

[1]徒以下：即笞、杖罪。【靳注】唐律有五刑制度，包括笞、杖、徒、流、死五种基本的法定刑罰。遼襲唐律。

夏四月辛亥朔，[1]禁五京吏民擊鞠。戊午，罷遙輦帳戍軍。[2]壬戌，以北女直詳穩蕭高六爲奚六部大王。[3]甲子，清暑永安山。甲戌，蒲盧毛朵曷懶河百八十户來附。

[1]夏四月辛亥朔：【劉校】原本無“朔”字，中華點校本據本書卷四四《曆象志下·朔考》補。今從。

[2]遙輦帳：遙輦九可汗宮賬，亦稱宮衛。唐開元二十三年(735)，可突於殘黨泥禮殺李過折，立阻午可汗，傳九世，至公元

907年阿保機建國。遙輦九可汗繼位後各建宫衛，遼朝立國後，有遙輦九帳大常袞司之設，掌遙輦九世宫分之事務。

[3]奚六部大王：對奚部族首領的稱呼。據《五代會要》卷二八《奚》："奚，本匈奴别種，即東胡之地，人物風俗與突厥同。族有五姓：一曰阿會部，管縣六；二曰啜米部，管縣四；三曰奥質部，管縣六；四曰奴皆部，管縣四；五曰黑訖支部，管縣三。每部有刺史，每縣有令，酋長號奚王。"此奚王是被契丹降伏以後的奚部族酋長。《新五代史》卷七四《四夷附録第三》所記奚各部名稱與《五代會要》略有不同：奚"分爲五部：一曰阿薈部，二曰啜米部，三曰粤質部，四曰奴皆部，五曰黑訖支部。後徙居琵琶川，在幽州東北數百里。地多黑羊，馬趫前蹄堅善走，其登山逐獸，下上如飛"。奚本來衹有五部，阿保機降伏五部奚之後設置墮瑰部，而成六部。詳本書卷三三《營衛志·部族下》。

六月癸丑，以西京留守耶律馬六爲漢人行宫都部署，參知政事楊佶出爲武定軍節度使。[1]戊辰，御清涼殿，放進士王棠等六十八人。甲戌，西北路招討使耶律敵魯古坐贓免官。

[1]武定軍：遼代軍號。治奉聖州（今河北省涿鹿縣）。

秋七月乙酉，豳王遂哥薨。戊子，觀穫。乙未，以北院宣徽使旅墳爲左夷离畢，[1]前南府宰相耶律喜孫東北路詳穩。丙申，籍諸路軍。丁酉，如秋山。辛丑，禁扈從踐民田。丁未，以女直部長遮母率衆來附，加太師。

八月癸丑，高麗王欽薨，[2]遣使來告。

[1]旅墳（991—1053）：【劉注】亦作“驢糞”，耶律宗教的契丹語名的音譯。據漢字和契丹小字《耶律宗教墓誌銘》，旅墳是遼聖宗二弟耶律隆慶之子。其最後官銜是保義軍節度使、同中書門下平章事、判奉先軍節度使事、廣陵郡王。

[2]高麗王欽薨：【劉校】據中華點校本校勘記，本書卷一一五《高麗外記》同。按《高麗史》卷五，欽立於辛未（遼景福元年，1031），卒於甲戌（重熙三年，1034）。而卒於本年（丙戌、重熙十五年）之高麗王是亨，非欽。

九月甲辰，禁以罝網捕狐兔。

冬十月己酉，駐蹕中會川。

十一月丁亥，以南院樞密使蕭孝友爲北府宰相，契丹行宮都部署耶律仁先南院大王，北府宰相蕭革同知北院樞密使事，知夷离畢事耶律信先漢人行宮都部署，左夷离畢旅墳惕隱，漢人行宮都部署耶律敵烈左夷离畢。己亥，渤海部以契丹户例通括軍馬。[1]乙巳，振南京貧民。

[1]渤海部：【劉校】原本“渤”字處爲空白。中華修訂本據明抄本、南監本、北監本和殿本補。今從。

十二月壬申，曲赦徒以下罪。[1]是日爲聖宗在時生辰。

[1]曲赦：猶特赦。赦令的一種。不普赦天下而獨赦一地、两地或數地叫作曲赦。此舉始於晉惠帝。《通鑑》卷八三晉惠帝元康

元年（291）八月“曲赦洛陽”，胡三省注曰：“不普赦天下而獨赦洛陽，故曰曲赦。”【劉校】原本“曲赦徒”三字處爲空白，中華修訂本據明抄本、南監本、北監本和殿本補。今從。

（李錫厚注　劉鳳翥校）

遼史　卷二〇

本紀第二十

興宗三

十六年春正月己卯，如混同江。[1]

[1]混同江：河流名。即松花江。

二月庚申，如魚兒濼。[1]辛酉，禁群臣遇宴樂奏請私事。詔世選之官，[2]從各部耆舊擇材能者用之。

[1]魚兒濼：又稱長濼、長泊，在長春州境内，位於今吉林省前郭爾羅斯蒙古族自治縣西北部。

[2]世選：氏族社會遺留下的選任首領和官員的制度，契丹立國初期汗位繼承在形式上仍實行世選。世選與世襲的區別在於：世襲之制即漢族封建時代盛行的嫡長子繼承制，在這種制度下，嫡長子是當然的繼承人。世襲制度下的繼承問題，是皇帝自己的事情，不容許他人介入；世選之制則不同，在這種制度下，有權勢、地位的貴族們介入確定汗位繼承人之事，由他們在可汗的兄弟子侄中量

才推選繼承人。這種“世選”制度不僅存在於契丹社會中，在這一發展階段上的各個民族，無不如此。

三月丁亥，如黑水濼。癸巳，遣使審決雙州囚。[1]壬寅，大雪。

[1]雙州：【劉注】遼代雙州州治爲今遼寧省瀋陽市新城子區石佛寺鄉石佛寺村古城址。

夏四月乙巳朔，皇太后不豫，[1]上馳往視疾。丙午，皇太后愈，復如黑水濼。丁卯，肆赦。

[1]不豫：泛稱尊長有疾。

六月戊申，清暑永安山。[1]丁巳，阻卜大王屯秃古斯來朝，[2]獻方物。戊午，詔士庶言事。

[1]永安山：遼帝夏捺钵地。“原名緬山，聖宗時改稱。《聖宗紀》‘太平三年七月丁亥，賜緬山名曰永安’。後聖宗慶陵即營建其地。聖宗崩後，興宗即陵置州，是曰慶州，更稱慶陵曰慶雲山。”參傅樂焕《遼代四時捺鉢考》（《遼史叢考》第86頁）。

[2]阻卜：部族名。即達旦、韃靼。元人諱言達旦，而稱達旦爲阻卜。詳王國維《觀堂集林》卷一四《達旦考》。

秋七月辛卯，幸慶州。[1]自是月至於九月，日射獵于楚不溝、霞列、繫輪、石塔諸山。

[1]慶州：遼州名。州治在今内蒙古自治區巴林右旗索博日嘎鎮。

冬十月辛亥，幸中京，謁祖廟。丙辰，定公主行婦禮於舅姑儀。庚午，鐵驪仙門來朝，[1]以始入貢，加右監門衛大將軍。

[1]鐵驪：部族名。遼置鐵驪國王府，以統其衆。其地當今黑龍江省東部松花江流域。

十一月戊寅，祠木葉山。[1]己丑，幸中京，朝皇太后。壬辰，禁漏泄宫中事。

[1]祠：祭名。春祭。　木葉山：山名。契丹語稱“大”爲“木葉”。“木葉山”可以泛指任何“大山”，也可專指某一大山爲“木葉山”。此處專指永州境内一座山，契丹人視此山爲神山，其地在今内蒙古自治區翁牛特旗新蘇莫蘇木的西拉木倫河與老哈河匯合處一帶。“上建契丹始祖廟，奇首可汗在南廟，可敦（可汗之妻）在北廟，繪塑二聖并八子神像。”詳見本書卷三七《地理志一》永州條。

十二月辛丑朔，女直遣使來貢。[1]辛亥，謁太祖廟，觀太宗收晉圖。[2]癸丑，問安皇太后。乙卯，以太后瘉，雜犯死罪減一等論，徒以下免。[3]庚申，南府宰相杜防、韓紹榮奏事有誤，[4]各以大杖決之。出防爲武定軍節度使。[5]壬戌，高麗遣使來貢。[6]

[1]女直：本作女真，因避遼興宗耶律宗真名諱，改稱女直。遼時居東北東部。在南者入遼籍，稱熟女真，或合蘇館女真；在北者不入遼籍，稱生女真。

[2]晉：朝代名，此指石敬瑭創立的後晉（936—946），五代第三個王朝。初，石敬瑭獲得契丹耶律德光支持，並向德光割地、稱臣、稱兒。少帝石重貴繼位後，與契丹交惡，爲契丹所滅。

[3]徒以下：即笞、杖及流罪。

[4]宰相：契丹部族官名。契丹可汗之下有北、南二府，各部族則分屬二府，分設宰相，故北宰相亦稱北府宰相，南宰相亦稱南府宰相。

[5]武定軍：遼代軍號。治奉聖州（今河北省涿鹿縣）。

[6]高麗：指王建創建的高麗王朝（918—1392）。統治地域在今朝鮮半島，首都在開京（今朝鮮開城市）。

十七年春正月丁亥，如春水。[1]

[1]春水：契丹制度名。即四時捺鉢中的春捺鉢，地點多在長春州魚兒濼，又稱長濼、長泊。因其活動多在水上，故稱“春水”。

閏月癸丑，射虎于候里吉。

二月辛巳，振瑤穩、嘲穩部。是月，詔士庶言國家利便不得及己事，奴婢所見許白其主，不得自陳。夏國王李元昊薨，[1]其子諒祚遣使來告，[2]即遣永興宮使耶律褭里、右護衛太保耶律興老、將作少監王全慰奠。[3]

[1]夏國（1038—1227）：以党項民族爲主體建立的政權。公元1038年，元昊叛宋稱帝，建立大夏王朝，傳十代，至1227年爲

蒙古所滅。元昊稱帝以前，作爲北宋境内的地方割據政權，已經具有獨立性。史稱西夏，先後與遼、北宋及金、南宋並立於中國境内。境土包括今寧夏回族自治區全部、甘肅省大部、陝西省北部以及青海省、内蒙古自治區的部分地區。　李元昊（1003—1048）：小字嵬理，李德明長子。1031 年，李德明死後嗣位，宋授爲定難軍節度、夏銀綏宥靜等州觀察處置押蕃落使、西平王。遼封他爲夏國王。宋寶元元年（1038）十月，他更名曩霄，建國號大夏，年號天授禮法延祚，自稱皇帝。進表宋朝，要求承認建國稱帝的既成事實，雙方隨即發生戰爭。七年後，雙方重新媾和。西夏國主稱臣，宋朝同意每年給予銀、絹、茶、采共二十五萬五千兩、匹、斤。夏宋媾和，夏遼矛盾隨之激化。元昊與遼興平公主婚後失和，再加這時遼境内的党項部落多叛附西夏，糾紛益形擴大。遼興宗親征西夏，遭遇失敗。從此夏、宋、遼三方鼎峙的局勢形成。

[2]諒祚：即李諒祚。元昊之子，生母爲没藏氏。公元 1048 年至 1067 年在位。幼年繼位，國相没藏訛龐與其妹太后没藏氏盡攬朝政。1049 年，遼興宗乘西夏景宗元昊新死，大舉親征，但爲夏軍所敗。1061 年，訛龐父子陰謀殺害諒祚，諒祚在大將漫咩支援下，擒殺訛龐父子，盡誅其家族，廢皇后没藏氏（訛龐女），納梁氏爲后，以后弟梁乙埋爲國相。諒祚下令停止使用蕃禮，改行漢禮。死於 1067 年，廟號毅宗。

[3]永興宫：遼太宗所置宫衛。

三月癸卯，以同知南京留守事蕭塔烈葛爲左夷离畢，[1]知右夷离畢事唐古爲右夷离畢。丙午，夏國李諒祚遣使上其父元昊遺物。丁卯，鐵不得國使來，乞以本部軍助攻夏國，不許。

[1]夷离畢：契丹官名。爲執政官，相當於副宰相參知政事。

後來官分南、北，北面官有夷离畢院，主要掌刑政。

夏四月辛未，武定軍節度使杜防復爲南府宰相。丙子，高麗遣使來貢。甲申，蒲盧毛朶部大王蒲輦以造舟人來獻。[1]

[1]蒲盧毛朶部：部族名。女真族，遼屬部，爲遼國外十部之一。

六月庚辰，阻卜獻馬、駞二萬。辛卯，長白山太師柴葛、回跋部太師撒剌都來貢方物。[1]

[1]回跋部：遼朝時期女真部族名。當時東北地區有大量的女真人，分佈在南部者稱“熟女真”；中部地區則有回跋女真，隸屬咸州（今遼寧省開原市老城）兵馬司；其在北者則是“生女真”。

秋七月丁未，于越摩梅欲之子不葛一及婆离八部夷离菫虎骷等内附。[1]甲寅，録囚，減雜犯死罪。

[1]于越：契丹語官名的音譯。貴官，非有大功德不授。無具體執掌。位在北、南大王之上。　夷离菫：契丹部族官名。源於突厥語官名“俟斤”（Irkin）。突厥各部的最高元首稱“可汗”（Qaghan），其他各部酋長則稱爲俟斤。初，契丹“其君大賀氏，有勝兵四萬，臣於突厥，以爲俟斤”（《新唐書》卷二一九《契丹傳》）。後，契丹首領自立爲可汗，其下所屬各部酋長則稱爲“俟斤”，亦即夷离菫。契丹立國後，大部族之夷离菫稱王，小部族之夷离菫則稱爲節度使。舉凡一部之軍政、民政皆由其統掌。參韓儒

林《穹廬集》(上海人民出版社 1982 年版，第 314—316 頁)。

八月丙戌，復南京貧户租税。戊子，以殿前都點檢耶律義先爲行軍都部署、忠順軍節度使夏行美副部署、東北面詳穩耶律朮者爲監軍，[1]伐蒲奴里酋陶得里。

[1]殿前都點檢：官名。五代後周世宗設置殿前司，以都點檢、副都點檢爲正副長官，位在都指揮使之上，爲禁軍統帥。宋初廢。遼設殿前都點檢，爲南面軍官，當係模倣周制。　耶律義先(1010—1052)：于越仁先之弟。重熙初補祗候郎君班詳穩。十六年(1047) 爲殿前都點檢，討蒲奴里，多所招降，獲其酋長陶得里以歸，以功改南京統軍使，封武昌郡王。二十一年拜惕隱，進王富春。本書卷九〇有傳。　夏行美（？—1048)：渤海人。太平九年(1029) 大延琳叛，時行美總渤海軍於保州，拒絶參與反遼。以功加同政事門下平章事。本書卷八七有傳。　東北面詳穩耶律朮者爲監軍：【劉校】據中華點校本校勘記，本書卷九一《蕭朮哲傳》："蒲奴里酋長陶得里叛，朮哲爲統軍都監，從都統耶律義先討之。"此耶律朮者應是蕭朮哲。

冬十月甲申，南院大王耶律韓八薨。[1]甲午，駐蹕獨盧金。[2]

[1]南院大王：契丹部族官名。遼朝析迭剌部爲五院部和六院部。五院部有知五院事，在朝曰北大王院；六院部有知六院事，在朝曰南大王院。北院大王和南院大王即是五院部和六院部的首領，握有兵權。

[2]獨盧金：地名。在遼西京大同府雲中縣境内。傅樂焕《春

水秋山考》："《遼史》云獨盧金，《長編》作云中甸，名雖有異，地實相同。文彥博《潞公集》卷七《贈國信畢少卿仲衍》詩有云：'朔風不度龍沙遠，只向雲中講信回。' 仲衍使遼在元豐二年，當遼大康五年。檢是年《遼紀》道宗亦駐蹕獨盧金。知獨盧金與雲中甸確指同一地點。獨盧金《遼史》不詳所在，由前後相關地名準之，知在西京境內。今悉又稱雲中甸，雲中爲遼西京大同府倚郭縣，雲中甸即謂雲中縣境郊野之地。"（見《遼史叢考》第48頁）

十一月乙未朔，遣使括馬。丁巳，賜皇太弟重元金券。[1]封皇子和魯斡爲越王，[2]阿璉許王，[3]忠順軍節度使謝家奴陳王，西京留守貼不漢王，[4]惕隱旅墳遼西郡王，行宮都部署別古得柳城郡王，[5]奉陵軍節度使侯古饒樂郡王，[6]安定郡王涅魯古進封楚王。

［1］金券：鐵券的美稱。鐵券即鐵契。《續古今考》卷五："後世賜鐵券，謂不死。"《長編》卷七九宋真宗大中祥符五年（1012）冬十月己酉載：以主客郎中知制誥王曾爲契丹國主生辰使，宮苑使榮州刺史高繼勳副之。"契丹使邢祥接伴，祥詑其國中親賢賜鐵券，曾折之曰：'鐵券者，衰世以寵權臣，用安反側，豈所以待親賢耶。' 祥媿不復語。"《宋朝事實類苑》卷九："祥符中王沂公奉使契丹，館伴邢祥頗肆談辨，深自衒鬻，且矜賜鐵券。公曰：'鐵券蓋勳臣有功高不賞之懼，賜之以安反側耳。何爲輒及？' 邢祥大沮。"

［2］和魯斡（1041—1111）：即耶律弘本。興宗第二子，字阿輦。重熙十七年（1048），封越王。乾統初爲天下兵馬大元帥，加守太師，免拜，不名。三年（1103），册爲皇太叔。【劉注】和魯斡，耶律弘本的契丹語小名音譯。天祚帝時，封義和仁壽皇太叔祖。其事蹟詳載漢字和契丹小字《義和仁壽皇太叔祖哀册》。

［3］阿璉（？—1087）：即耶律弘世。興宗第三子，仁懿皇后

生。重熙十七年（1048）封許王。清寧初徙陳王、秦王，進封秦越國。清寧中出爲遼興軍節度使。咸雍間歷西京、上京留守。死於大安三年（1087），追封秦魏國王。

[4]貼不：聖宗弟隆祐之子。

[5]行宮都部署别古得：【劉校】據中華點校本校勘記，别古得，《皇子表》作“别古特”，“行宮都部署”前有“契丹”二字。

[6]侯古（1009—1072）：【劉注】耶律宗愿的契丹語小名的音譯。遼聖宗仲子，母耿氏。其事蹟詳載《耶律宗愿墓誌銘》。

十八年春正月甲午朔，日有食之。戊戌，留夏國賀正使不遣。己亥，遣北院樞密副使蕭惟信以伐夏告宋。[1]辛丑，録囚。丙午，如鴛鴦濼。[2]丙辰，獵霸特山。耶律義先奏蒲奴里捷。

[1]蕭惟信：契丹楮特部人。歷南京留守、左右夷离畢，北院樞密副使。卒於大康中。本書卷九六有傳。

[2]鴛鴦濼：湖名。在今北京市延慶區境内。舊時周八十里。其水停積不流，自遼金以來，爲飛放之所。即今野鴨湖。

二月庚辰，幸燕趙國王洪基帳視疾。乙酉，耶律義先等執陶得里以獻。

三月乙巳，高昌國遣使來貢。[1]壬子，以洪基疾愈，赦雜犯死罪以下。[2]丁巳，烏古遣使送款。[3]

[1]高昌：即阿薩蘭回鶻。回鶻西遷、匯合後主要的一支。直到元代，它仍自認是回鶻的嫡系。其疆域東至今哈密烏納格什湖，西通天山西部，南接酒泉，北達天山北麓。首府設在喀拉和卓，陪

都設在天山北麓别失八里（即北庭）。其王早期稱阿薩蘭汗（意爲獅子王），較晚則稱亦都護。

［2］死罪以下：較死罪爲輕的罪刑，即笞、杖、徒、流之罪。

［3］烏古：部族名。又稱嫗厥律、于厥律，居契丹西北。據《新五代史》卷七三《四夷附録第二》："嫗厥律，其人長大，髦頭，酋長全其髪，盛以紫囊。地苦寒，水出大魚，契丹仰食。又多黑、白、黄貂鼠皮，北方諸國皆仰足。其人最勇，鄰國不敢侵。"

夏四月癸酉，以南府宰相耶律高十爲南京統軍使。

五月甲辰，五國酋長各率其部來附。庚戌，回跋部長兀迭臺紮等來朝。戊午，五國節度使耶律仙童以降烏古叛人，[1]授左監門衛上將軍。

［1］烏古叛人：【劉校】"烏"原本作"爲"，明抄本、南監本、北監本和殿本均作"烏"。中華點校本和修訂本徑改。今從改。

六月壬戌朔，以韓國王蕭惠爲河南道行軍都統，[1]趙王蕭孝友、漢王貼不副之。[2]乙丑，録囚。丙寅，行十二神纛禮。己巳，宋以遼師伐夏，遣錢逸致賵禮。[3]庚辰，阻卜來貢馬、駞、珍玩。辛巳，夏國使來貢，留之不遣。丁亥，行再生禮。[4]

［1］蕭惠（982—1056）：契丹外戚。淳欽皇后弟阿古只五世孫。字伯仁。初爲國舅詳穩。從伯父排押征高麗，以功授契丹行宫都部署。開泰二年（1013）改南京統軍使。後爲西北路招討使，封魏國公。興宗即位，知興中府，歷順義軍節度使、東京留守、西南面招討使。重熙十七年尚帝姊秦晉國長公主，拜駙馬都尉。本書卷

九三有傳。

[2]蕭孝友（990—1063）：契丹外戚蕭孝穆之弟，字撻不衍，小字陳留。開泰初以戚屬爲小將軍。太平元年（1021），以大册，加左武衛大將軍、檢校太保，賜名孝友。重熙元年（1032），累遷西北路招討使，封蘭陵郡王。八年進王陳。十年加政事令。清寧初加尚父。後坐子胡覩首與重元亂，伏誅，年七十三。本書卷八七有傳。

[3]遣錢逸致贐禮：【劉校】據中華點校本校勘記，錢逸，《長編》卷一六六作"錢明逸"，《宋史》卷三一七有傳。此避穆宗耶律明名諱改。

[4]再生禮：契丹傳統禮儀之一。據本書卷一一六《國語解》載，依契丹故俗，此種禮儀每隔十二年舉行一次，而且衹有皇帝、太后、太子及夷离菫得行此禮。這是與選汗儀式同時舉行的禮儀，禮儀十分煩瑣。先期，候選者入一帳中，"再生母后"入帳搜索，並與在場衆人反復問答。

秋七月戊戌，親征。

八月辛酉朔，[1]渡河。夏人遁，乃還。

[1]八月辛酉朔：【劉校】原本闕"朔"字，中華點校本據本書卷四四《曆象志下·朔考》補。今從。

九月丁未，蕭惠等爲夏人所敗。[1]

[1]蕭惠等爲夏人所敗：《長編》卷一六八宋仁宗皇祐二年（1050）三月庚子記此事：契丹遣殿前副點檢、忠正節度使耶律益，彰德節度使趙柬之來告伐夏國還。益自言契丹三路進討，契丹主出中路，大捷。北路兵至西涼府，獲羊百萬、橐駝二十萬、牛五百，

俘老幼甚衆；惟南路小失利，恐夏人妄説軍勝誇南朝。然得邊奏，皆以謂遼主濟河不遇賊，無水草，馬多死。耶律貫寧大敗於師子口。惟劉五常獲陝西所陷屬户羌二十餘人因而來獻。其言多俘獲，蓋妄也。

冬十月，北道行軍都統耶律敵魯古率阻卜諸軍至賀蘭山，獲李元昊妻及其官僚家屬，遇夏人三千來戰，殪之；烏古敵烈部都詳穩蕭慈氏奴、南克耶律斡里死焉。

十二月戊寅，慶陵林木火。[1]己卯，録囚。有弟從兄爲強盜者，兄弟俱無子，特原其弟。

[1]慶陵：包括遼聖宗耶律隆緒和仁德皇后、欽愛皇后的永慶陵，遼興宗耶律宗真和仁懿皇后的永興陵，遼道宗耶律弘基和宣懿皇后的永福陵。位於今内蒙古自治區巴林右旗索博力嘎（白塔子）鎮西北約十餘公里的大興安嶺中。此指聖宗永慶陵，陵墓中保存有壁畫，繪有人物、山水，尤以象徵四時捺鉢的四季山水圖彌足珍貴。三陵出土遺物多已散失，今僅存部分石刻哀册。其中漢文哀册有聖宗、仁德皇后、欽愛皇后、道宗、宣懿皇后各一盒，仁懿皇后哀册僅存篆蓋。契丹小字哀册有道宗、宣懿皇后各一盒。1922年還從陵中抄寫出興宗和仁懿皇后的契丹小字哀册册文，原石仍埋陵中。

十九年春正月庚寅，僧惠鑑加檢校太尉。庚子，耶律敵魯古復封漆水郡王，[1]諸將校及阻卜等部酋長各進爵有差。贈蕭慈氏奴同中書門下平章事。[2]辛丑，遣使問罪於夏國。壬寅，如魚兒濼。

［1］耶律敵魯古：【劉注】即本書卷八二有傳的韓滌魯。據漢字《耶律宗福墓誌銘》，其漢名爲宗福。

［2］同中書門下平章事：唐制，大臣中有此名義者即爲事實上的宰相。遼襲唐制，在分設北、南面官之後，以同中書門下平章事爲南面宰相。

二月丁亥，夏將洼普、猥貨、乙靈紀等來攻金肅城，[1]南面林牙耶律高家奴等破之。[2]洼普被創遁去，殺猥貨、乙靈紀。

［1］金肅城：據本書卷四一《地理志五》，金肅州，重熙十二年（1043）伐西夏置，割燕民三百户、防秋軍一千實之，屬西南面招討司。另據《陝西通志》卷五，金肅"在府谷縣北，河套中"。

［2］林牙：契丹官名。掌文翰，相當於翰林學士。

三月戊戌，殿前都點檢蕭迭里得與夏戰於三角川，敗之。癸卯，命西南招討使蕭蒲奴、北院大王宜新、林牙蕭撒抹等帥師伐夏，[1]以行宫都部署别古得監戰。甲辰，遣同知北院樞密使蕭革按軍邊城，[2]以爲聲援。己酉，駐蹕息雞淀。[3]丙辰，幸殿前都點檢蕭迭里得、駙馬都尉蕭胡覩帳視疾。[4]

［1］蕭蒲奴：奚王楚不寧之後。字留隱。開泰間選充護衛，稍進用。後遷奚六部大王。太平九年（1029），討平大延琳叛亂有功，加兼侍中。本書卷八七《蕭蒲奴傳》記載：重熙十五年（1046）"爲西南面招討使，西征夏國"，"明年，復西征，懸兵深入，大掠而還，復爲奚六部大王。致仕，卒"。年代與本紀相關記載不符。

[2]北院樞密使：即契丹樞密院之樞密使，爲北面官之最高官職，掌軍事、部族。詳本書卷四五《百官志一》。 蕭革（？—1063）：契丹外戚。國舅房林牙和尚之子。重熙十二年（1043）爲北院樞密副使。十三年，拜北府宰相。革怙寵專權，同僚以其奸佞，言用之將敗事，興宗不聽。拜南院樞密使，詔班諸王上。道宗即位後，與國舅蕭阿剌同掌朝政。清寧九年（1063）秋重元之亂，革參預其謀，凌遲處死。本書卷一一三有傳。

[3]息雞淀：地名。據乾隆《大清一統志》卷四〇七"息雞淀，五代史奚當唐末居陰涼山即此"。息雞淀源出陰涼河。今内蒙古赤峰市西南有錫伯河即陰涼河。

[4]蕭胡覩（？—1063）：遼外戚。字乙辛。重熙中尚秦國長公主，授駙馬都尉，以不諧離婚，尚齊國公主，爲北面林牙。清寧中歷北、南院樞密副使，清寧九年（1063）七月參與重元叛亂，失敗投水死。五子，同日誅之。本書卷一一四有傳。

夏四月丙寅，如魚兒濼。壬申，蒲盧毛朶部惕隱信篤來貢。甲申，高麗遣使來貢。

五月己丑，如涼陘。癸巳，蕭蒲奴等入夏境，不與敵遇，縱軍俘掠而還。丁酉，夏國洼普來降。己亥，遠夷拔思母部遣使來貢。

六月丙辰朔，置倒塌嶺都監。丙寅，謁慶陵。庚午，幸慶州，謁大安殿。壬申，詔醫卜、屠販、奴隸及倍父母或犯事逃亡者，不得舉進士。回跋、曷蘇館、蒲盧毛朶部各遣使貢馬。甲戌，宋遣使來賀伐夏捷，高麗使俱至。辛巳，御金鑾殿試進士。

秋七月壬辰，駐蹕括里蒲碗。[1]癸巳，以燕趙國王洪基領北、南樞密院。乙未，阻卜長豁得剌弟斡得來朝，加太尉遣之。戊戌，録囚。戊申，以左夷离畢蕭唐古爲北院樞密副使。壬子，獵候里吉。

[1]括里蒲碗：【劉校】"里"原本作"皇"，明抄本、南監本、北監本和殿本均作"里"。中華點校本及修訂本徑改。

八月丁卯，阻卜酋長喘只葛拔里斯來朝。[1]

[1]喘只葛拔里斯：【劉校】"拔"原本作"放"，明抄本、南監本、北監本和殿本均作"拔"。中華點校本及修訂本徑改。

九月壬寅，夏人侵邊，敵魯古遣六院軍將海里擊敗之。[1]

[1]敵魯古：【劉校】原本作"敵魯疑"，中華修訂本據明抄本、南監本、北監本和殿本改。今從改。

冬十月庚午，還上京。辛未，夏國王李諒祚母遣使乞依舊稱藩。使還，詔諭别遣信臣詣闕，當徐思之。[1]壬申，釋臨潢府役徒。甲戌，如中會川。[2]

[1]當徐思之：【劉校】原本作"之徐思之"，中華修訂本據明抄本、南監本、北監本和殿本改。今從改。

[2]中會川：中會川即藕絲淀。則靴淀中會川亦爲廣平淀之别名。宋人王易《重編燕北録》謂，遼帝冬捺鉢在靴甸住坐。即以靴淀代廣平淀。見傅樂焕《遼史叢考》第70頁。

十一月甲午，阻卜酋長豁得剌遣使來貢。庚戌，録囚。壬子，出南府宰相韓知白爲武定軍節度使，樞密副使楊績長寧軍節度使，[1]翰林學士王綱澤州刺史，[2]張宥徽州刺史，[3]知制誥周白海北州刺史。[4]

[1]長寧軍：川州軍號。據《嘉慶重修一統志·承德府》："白川州故城在朝陽縣東北六十七里。遼置川州，會同中改爲白川州，治咸康縣。……今縣境東北之四角阪有廢城週二里餘，蒙古名卓索喀喇城。城内有遼開泰二年《佛頂尊勝陀羅尼石幢記》。爲白川州官吏所建，知即故白川州地。"

[2]澤州：遼太祖俘蔚州民，在松亭關以北立寨居之，採煉陷河銀冶。開泰中大延琳反叛被鎮壓之後，原東京海州下轄的刺史州澤州民被遷移至此，置澤州。《武經總要》前集卷一六《戎狄舊地》：澤州，松亭關北，遼澤之地。

[3]徽州：該州位置在宜州（今遼寧省義縣）之北二百里。

[4]海北州：据本書卷三八《地理志二》："廣化軍，中，刺史。世宗以所俘漢户置。地在閭山之西，南海之北。初隸宜州，後屬乾州。"

閏月乙卯，以漢王貼不爲中京留守。辛未，以同知北院樞密使事蕭革爲南院樞密使，[1]南院大王耶律仁先知北院樞密使事，封宋王。[2]

[1]南院樞密使：即漢人樞密院之樞密使。

[2]耶律仁先（1012—1072）：契丹皇族。孟父房之後。字糺鄰，小字查剌。重熙三年（1034）補護衛。十一年升北院樞密副使。與劉六符使宋，定議增歲幣。既還，同知南京留守事。十八年

再舉伐夏，仁先與皇太弟重元爲前鋒。清寧初爲南院樞密使。九年(1063)，重元謀逆，仁先受命討賊。事後，加尚父，進封宋王，爲北院樞密使。本書卷九六有傳。　南院大王耶律仁先知北院樞密使事，封宋王：【劉校】據中華點校本校勘記："依本書卷九六本傳，仁先於重熙間由北院大王遷北院樞密使，封吳王，清寧末始進封宋王。"

十二月丁亥，北府宰相趙王蕭孝友出爲東京留守，東京留守蕭塔列葛爲北府宰相，[1]南院樞密使潞王查葛爲南院大王。[2]庚戌，韓國王蕭惠徙封魏王，致仕。壬子，[3]夏國李諒祚遣使上表，乞依舊臣屬。

[1]蕭塔列葛：契丹五院部人。八世祖以功爲北府宰相，世預其選。塔列葛仕開泰間，累遷西南面招討使。重熙十二年（1043）改右夷离畢、同知南京留守，轉左夷离畢，俄授東京留守，以世選爲北府宰相，卒。本書卷八五有傳。

[2]查葛（1003—1062)：【劉注】漢名耶律宗政，耶律隆慶之子。聖宗在位時，隆慶薨後追贈爲皇太弟。

[3]壬子：【靳校】原本闕"壬"字，中華點校本據南監本、北監本和殿本改。今從。

二十年春正月戊戌，駐蹕混同江。

二月甲申，遣前北院都監蕭友括等使夏國，索党項叛户。[1]己丑，如蒼耳濼。甲辰，吐蕃遣使來貢。[2]

[1]党項：中國古代族名。又稱党項羌，唐以後主要活動於靈、慶、銀、夏等州，即今甘肅、寧夏、陝西和内蒙古等省區交界

地區。

[2]吐蕃：原爲中國古代藏族政權名。公元七至九世紀在青藏高原建立。吐蕃政權崩潰以後，宋元及明初史籍稱青藏高原上的土著族、部爲吐蕃。

三月壬子朔，幸黑水。[1]

[1]黑水：【劉注】即今内蒙古自治區巴林右旗境内的查干沐淪河。

夏五月癸丑，蕭友括等使夏還，李諒祚母表乞如党項權進馬、駞、牛、羊等物。[1]己巳，夏國遣使求唐隆鎮及乞罷所建城邑，以詔答之。[2]

[1]馬、駞、牛、羊等物：【劉校】原本作“之駞牛羊等物”，中華修訂本據明抄本、南監本、北監本和殿本改。今從改。

[2]以詔答之：【劉校】“詔”原本作“語”，明抄本、南監本、北監本和殿本均作“詔”。中華點校本及修訂本徑改。

六月丙戌，詔以所獲李元昊妻及前後所俘夏人，安置蘇州。[1]以伐夏所獲物遣使遺宋。

秋七月，如秋山。[2]

[1]蘇州：金人王寂《鴨江行部志》云：“自永康次順化營。中途望西南兩山，巍然浮於海上。訪諸野老云：‘此蘇州關也。’遼之蘇州，今改爲化成縣。關禁設自有遼，以其南來舟楫，非出此途，不能登岸。相傳隋、唐之伐高麗，兵糧戰艦亦自此來。南去百里有

山曰鐵山，常屯甲七千人，以防海路。每夕平安火報自此始焉。”【劉注】蘇州，治所在今遼寧省大連市金州區金洲鎮舊城。

[2]秋山：所謂“秋山”亦即秋獵，届時皇帝的居留地即是秋捺鉢。聖宗以後，其主要地點是在慶州（今内蒙古自治區巴林右旗西索博日嘎鎮）西部諸山。

九月，詔更定條制。駐蹕中會川。

冬十月己卯朔，括諸道軍籍。[1]

[1]軍籍：據本書卷三二《營衛志中》：“奚六部以下，多因俘降而置。勝兵甲者即著軍籍，分隸諸路詳穩、統軍、招討司。番居内地者，歲時田牧平莽間。”此外，遼在南京（今北京市）、西京（今山西省大同市）、奉聖州（今河北省涿鹿縣）和平州（今河北省盧龍縣）以及中京、東京和上京設提轄司，提轄司所管轄的人户也是有軍籍的。提轄司是軍事機構，遇有戰事，負責點集兵馬。

十一月庚申，以惕隱都監蕭謨魯爲左夷离畢。甲子，命東京留守司總領户部、内省事。丁卯，罷中丞記録職官過犯，令承旨總之。

十二月乙酉，以皇太后行再生禮，肆赦。

二十一年春正月辛亥，如混同江。

二月，如魚兒濼。

夏四月癸未，以國舅詳穩蕭阿剌爲西北路招討使，[1]封西平郡王。

[1]蕭阿剌（？—1061）：契丹外戚。北院樞密使孝穆之子。字阿里懶。幼養宫中。重熙二十一年（1052）拜西北路招討使，封

西平郡王。尚秦晉國王公主，拜駙馬都尉。清寧二年（1056）任北院樞密使，徙王陳。後出任東京留守。七年入朝陳時政得失。蕭革以事中傷，道宗怒，縊殺阿剌。本書卷九〇有傳。

六月丙子，駐蹕永安山。

秋七月甲辰朔，召北府宰相蕭塔烈葛、南府宰相漢王貼不、南院樞密使蕭革、知北院樞密使事仁先等賜坐，論古今治道。戊申，祀天地。己酉，詔北、南樞密院，日再奏事。壬子，追尊太祖之祖爲簡獻皇帝，廟號玄祖，[1]祖妣爲簡獻皇后；太祖之考爲宣簡皇帝，廟號德祖，[2]妣爲宣簡皇后。追封太祖伯父夷离菫巌木爲蜀國王，于越釋魯爲隋國王。以燕趙國王洪基爲天下兵馬大元帥、知惕隱事，[3]賜詔諭之。癸亥，近侍小底盧寶僞學御畫，[4]免死，配役終身。甲子，如秋山。戊辰，謁慶陵。以南院樞密使蕭革爲北院樞密使，封吴王。辛未，如慶州。壬申，追封太祖弟寅底石爲許國王。

[1]玄祖：阿保機祖父匀德實。

[2]德祖：阿保機之父撒剌的。

[3]天下兵馬大元帥：遼最高軍職。天贊元年（922）十一月，太祖以皇子堯骨（耶律德光）爲天下兵馬大元帥，後繼位。此後，遼朝歷代皇帝立皇儲繼承者，多加此號，成爲皇帝以下的最高尊稱。

[4]僞學御畫：據《長編》卷一八宋仁宗至和二年（1055）八月己丑，“宗真善畫，嘗以所畫鵝鴈來獻，上作飛白書答之”。

八月戊子，太尉烏者薨，詔配享聖宗廟。九月乙卯，平州進白兔。[1]己未，謁懷陵。[2]庚申，追上嗣聖皇帝、天順皇帝尊謚，[3]及更謚彰德皇后曰靖安。[4]癸亥，謚齊天皇后曰仁德皇后。[5]甲子，謁祖陵。[6]增太祖謚大聖大明神烈天皇帝，[7]更謚貞烈皇后曰淳欽，[8]恭順皇帝曰章肅，[9]后蕭氏謚曰和敬。

[1]平州：唐置，治所在今河北省盧龍縣。

[2]懷陵：遼太宗、穆宗之陵。位於懷州境内。大同元年（947）遼置懷州奉陵軍，治所在今内蒙古自治區巴林右旗幸福之路蘇木崗根嘎查古城址。州隸永興宫。

[3]嗣聖皇帝：即太宗耶律德光。　天順皇帝：即遼穆宗耶律璟。

[4]彰德皇后：即遼太宗皇后蕭氏。天顯十年（935）死，謚曰“彰德”。本書卷七一有傳。

[5]齊天皇后（982—1032）：聖宗皇后。姓蕭氏，小字菩薩哥，景宗睿智皇后蕭綽弟隗因之女。年十二，選入掖庭。統和十九年（1001），册爲齊天皇后。生皇子二，皆早卒。開泰五年（1016）宫人耨斤生興宗，后收其爲養子。興宗即位後，耨斤自立爲太后，殺齊天皇后，時年五十。追尊仁德皇后。與欽哀皇后並祔慶陵。本書卷七一有傳。

[6]祖陵：遼太祖耶律阿保機的葬所。位於祖州西南約五里，其地在今内蒙古自治區巴林左旗查干哈達蘇木石房子嘎查。

[7]大聖大明神烈天皇帝：阿保機謚號。詳本書卷二《太祖本紀》。

[8]淳欽：遼太祖阿保機皇后述律氏的謚號。遼興宗重熙二十一年（1052）九月追謚。本書卷七一有傳。

[9]恭順皇帝：阿保機第三子李胡（912—960），天顯五年（930）立爲皇太弟，兼天下兵馬大元帥。遼太宗死後，應天皇太后

反對世宗兀欲而欲立李胡，失敗，母子被囚。穆宗時因參與其子喜隱謀反事而下獄死。統和二十六年（1008）謚“恭順皇帝”。後因陳大任避金章宗父允恭諱，改“欽順”。

冬十月戊寅，駐蹕中會川。丁亥，夏國李諒祚遣使乞弛邊備，即遣蕭友括奉詔論之。戊子，幸顯、懿二州。[1]甲午，遼興軍節度使蕭虛烈封鄭王，[2]南院大王、潞王查葛爲南院樞密使，進封越國王。[3]戊戌，射虎于南撒葛柏。辛丑，謁乾陵。[4]

[1]顯、懿二州：顯州和懿州。【劉注】遼代顯州州治在今遼寧省北鎮市駐地廣寧鎮古城址；懿州州治在今遼寧省阜新蒙古族自治縣塔營子鎮塔營子村古城址。

[2]遼興軍：平州軍號。治所在今河北省盧龍縣。

[3]進封越國王：【劉校】越國，按下文清寧二年（1056）十一月作“趙國”。

[4]乾陵：遼景宗陵。其址位於乾州。《武經總要》前集卷一六下《戎狄舊地》乾州在醫巫閭山之南，古遼澤之地，遼主景宗陵寢在焉。今置廣德軍節度，兼山陵都部署。【劉注】遼代乾州在今遼寧省北鎮市廣寧鎮小常屯遼城址。

十一月壬寅朔，增謚文獻皇帝爲文獻欽義皇帝，[1]及謚二后曰端順，曰柔貞。[2]復更謚世宗孝烈皇后爲懷節。[3]丁未，增孝成皇帝謚曰孝成康靖皇帝，[4]更謚聖神宣獻皇后爲睿智。[5]甲子，次中會川。回鶻阿薩蘭遣使貢名馬、文豹。丙寅，録囚。

［1］文獻皇帝（898—936）：遼太祖耶律阿保機長子。漢名倍，契丹名圖欲（突欲），生母爲淳欽皇后述律氏。遼天顯元年（926），遼滅渤海建東丹國，倍被册爲人皇王，主東丹國政。阿保機死後，其母述律氏立德光，倍被迫浮海投奔後唐。後唐明宗賜其姓名李贊華。後晉清泰三年（遼天顯十一年，936）石敬瑭率軍攻入洛陽，後唐末帝李從珂約倍與之同死，倍不從，遇害。世宗即位，謚讓國皇帝，陵曰顯陵。統和中，更謚文獻。重熙二十一年（1052），增謚文獻欽義皇帝，廟號義宗。

［2］柔貞：即柔貞皇后蕭氏。據本書卷七二《義宗倍傳》：倍有二后，曰端順，曰柔貞。柔貞后爲世宗生母，天禄五年（951）與世宗一同死於察割叛亂。

［3］謚世宗孝烈皇后爲懷節：【劉注】懷節皇后小字撒葛只，太祖淳欽皇后弟阿古只之女。世宗爲永康王時納之，生景宗，天禄末立爲皇后。本書卷七一有傳。

［4］孝成康靖皇帝：【劉注】指遼世宗耶律阮。

［5］聖神宣獻皇后：【劉注】指景宗皇后蕭綽（蕭燕燕）。本書卷七一有傳。

十二月戊戌，以北府宰相塔烈葛爲南京統軍使，鄭王虚烈北府宰相，契丹行宫都部署耶律義先惕隱。釋役徒限年者。

二十二年春正月乙巳，如混同江。

二月丙子，回鶻阿薩蘭爲鄰國所侵，遣使求援。庚辰，如春水。

三月癸亥，李諒祚以賜詔許降，遣使來謝。丙寅，如黑水濼。

夏四月戊子，獵鶴淀。

五月壬寅，詔内地州縣植果。[1]

[1]内地：契丹稱其原住地爲“内地”。

六月壬申，駐蹕胡呂山。癸未，高麗遣使來貢。

秋七月己酉，阻卜大王屯禿古斯率諸部長獻馬、駞。庚申，如黑嶺。[1]

[1]黑嶺：即慶雲山。據本書卷三七《地理志一》，慶州有慶雲山，“本黑嶺也，聖宗駐蹕，愛羨，曰：‘吾萬歲後，當葬此。’興宗遵遺命，建永慶陵。有望仙殿、御容殿。置蕃、漢守陵三千户，並隸大内都總管司”。

閏月庚午，烏古來貢。癸巳，長春州置錢帛司。[1]

[1]置錢帛司：錢帛司爲南面官中主管財富的機構。【劉校】“置”原本作“直”，明抄本、南監本、北監本和殿本均作“置”。中華點校本及修訂本徑改。今從改。

九月壬辰，夏國李諒祚遣使進降表。甲午，遣南面林牙高家奴等奉詔撫諭。

冬十月丙申朔，日有食之。

十一月辛卯，詔諸職事官以禮受代及以罪去者置籍，[1]歲申樞密院。

[1]職事官：執掌具體政務的官吏。《新唐書》卷一五七《陸

贊傳》："按甲令，有職事官、有散官、有勳官、有爵號。其賦事受奉者，惟職事一官，以敘才能，以位勳德，所謂施實利而寓虛名也；勳、散、爵號，止於服色、資蔭，以馭崇貴，以甄功勞，所謂假虛名佐實利者也。"【劉校】"官"原本作"宫"，明抄本、南監本、北監本和殿本均作"官"。中華點校本及修訂本徑改。今從改。

十二月丙申朔，詔回鶻部副使以契丹人充。庚子，應聖節，[1]曲赦徒以下罪。壬子，詔大臣曰："朕與宋主約爲兄弟，歡好歲久，欲見其繪像，可諭來使。"

[1]應聖節：興宗法天太后生辰。

二十三年春正月己巳，如混同江。癸酉，獵雙子淀。戊子，夏國遣使貢方物。壬辰，如春水。甲午，獵盤直坡。

三月丁亥，幸皇太弟重元帳。

夏四月癸卯，高麗遣使來貢。癸丑，獵合只忽里。

五月己巳，李諒祚乞進馬、駞，詔歲貢之。庚寅，駐蹕永安山。壬辰，夏國遣使來貢。

六月丙申，如慶州。己亥，謁慶陵。壬寅，高麗王徽請官其子，詔加檢校太尉。辛亥，吐蕃遣使來貢。

秋七月己巳，夏國李諒祚遣使來求婚。甲戌，如秋山。己卯，詔八房族巾幘。[1]

[1]八房族：耶律欲穩子孫在諸宮分稱爲"八房"。見本書卷七三《耶律欲穩傳》。【劉注】八房族，應爲九房族，即本書卷六

四《皇子表》中的夷离堇房、舍利房、孟父房、仲父房、季父房和本書卷六七《外戚表》中的大父房、少父房、大翁帳、小翁帳。

九月庚寅，獵，遇三虎，縱犬獲之。

冬十月丁酉，駐蹕中京。戊戌，幸新建秘書監。辛丑，有事于祖廟。癸丑，以開泰寺鑄銀佛像，[1]曲赦在京囚。丙辰，李諒祚遣使進誓表。

[1]開泰寺：燕京佛寺名。據《長編》卷七九宋真宗大中祥符五年（1012）冬十月己酉引王曾《上契丹事》："開泰寺，魏王耶律漢寧造。"

十一月乙丑，阻卜部長來貢。壬申，帝率群臣上皇太后尊號曰仁慈聖善欽孝廣德安靜貞純懿和寬厚崇覺儀天皇太后，大赦。内外官進級有差。癸未，録囚。甲申，群臣上皇帝尊號曰欽天奉道祐世興曆武定文成聖神仁孝皇帝，册皇后蕭氏曰貞懿慈和文惠孝敬廣愛崇聖皇后。

十二月丙申，如中會川。

二十四年春正月癸亥，如混同江。戊辰，朝皇太后。辛巳，宋遣使來賀，饋馴象。[1]

[1]宋遣使來賀，饋馴象：《長編》卷一七七宋仁宗至和元年（1054）九月辛巳載此事：三司使、吏部侍郎王拱辰爲回謝契丹使，德州刺史李珣副之。拱辰見契丹主於混同江，其國每歲春漲，於水上置宴釣魚，惟貴族近臣得與，一歲盛禮在此。每得魚，必親酌勸

拱辰，又親鼓琵琶侑之。謂其相劉六符曰："南朝少年狀元入翰林十五年矣，吾故厚待之。"契丹國母愛其少子宗元，欲以爲嗣，問拱辰曰："南朝太祖、太宗何親屬也？"拱辰曰："兄弟也。"曰："善哉，何其義也。"契丹主曰："太宗、真宗何親屬也？"拱辰曰："父子也。"曰："善哉，何其禮也。"既而契丹主屏人謂拱辰曰："吾有頑弟，他日得國，恐南朝未得高枕也。"另據至和元年《王拱辰别録》，契丹主又云："更爲西界昨報休兵事，從初不稟朝命，邊上頭作過犯，遂行征討，緣元昊地界黄河屈曲，寡人先領兵直入，已奪得唐隆鎮。韓國大王揷糧船遶頭轉來，寡人本意待與除滅，卻爲韓國大王有失備禦，卻被西人伏兵邀截船糧，是致失利。今來既謝罪，遂且許和。"拱辰答云："元昊前來激惱南朝，續次不順北朝。始初，南朝亦欲窮兵討滅，卻陛下頻有書來解救，遂且許和。自聞皇帝失利，南朝甚不樂。"契丹主云："兄弟之國，可知不樂。"拱辰又云："南朝亦知北朝公主先聘與元昊，殊不禮待，憂幽而卒。"契丹主云："直是飲恨而卒，然只是皇族之女。"拱辰云："雖知只是宗女，亦須名爲陛下公主下嫁，豈可如此不禮。今或陛下更與通親，毋乃太自屈也。"契丹主云："更做甚與他爲親，只封册至今亦未曾與。"拱辰慮其再通姻好，即與中國不便，故因話而諷之。拱辰又云："今來陛下且與函容，亦是好事。"壬午，送契丹國馴象。

二月己丑朔，召宋使釣魚、賦詩。癸巳，如長春河。甲寅，夏國遣使來賀。

三月癸亥，皇太弟重元生子，曲赦行在及長春、鎮北二州徒以下罪。[1]

[1]鎮北州：【劉注】遼代鎮北州州治在今吉林省大安市廣安鎮腰新荒村遼城址。

夏五月，駐蹕南崖。

秋七月壬午，如秋山。次南崖之北峪，不豫。

八月丁亥，疾大漸，召燕趙國王洪基，諭以治國之要。戊子，大赦，縱五坊鷹鶻，焚鉤魚之具。己丑，帝崩於行宮，[1]年四十。遺詔燕趙國王洪基嗣位。[2]清寧元年十月庚子上尊謚爲神聖孝章皇帝，廟號興宗。

［1］行宮：即捺鉢。興宗是死於秋捺鉢。

［2］遺詔：【劉校】"遺"原本作"遣"，明抄本、南監本、北監本和殿本均作"遺"。中華點校本及修訂本徑改。今從改。

贊曰：興宗即位年十有六矣，不能先尊母后而尊其母，以致臨朝專政，賊殺不辜，又不能以禮幾諫，使齊天死於弑逆，有虧王者之孝，[1]惜哉！若夫大行在殯，[2]飲酒博鞠疊見簡書，及其謁遺像而哀慟、受宋弔而衰絰，[3]所爲若出二人，何爲其然歟？至於感富弼之言而申南宋之好，許諒祚之盟而罷西夏之兵，邊鄙不聳、政治内修、親策進士、大修條制，下至士庶得陳便宜，則求治之志切矣。于時左右大臣，曾不聞一賢之進、一事之諫，欲庶幾古帝王之風，其可得乎！雖然，聖宗而下可謂賢君矣。

［1］有虧王者之孝：指興宗尊生母而未立母后爲太后，有違王者之孝。宋代程頤《代彭思永上英宗皇帝論濮王典禮疏》説："竊以濮王之生陛下，而仁宗皇帝以陛下爲嗣，承祖宗大統。則仁廟，陛下之皇考；陛下，仁廟之適子。濮王，陛下所生之父，於屬爲

伯；陛下，濮王出繼之子，於屬爲侄。此天地大義，生人大倫，如乾坤定位，不可得而變易者也。”“王者之孝在乎得四海之歡心，胡爲以不正無益之稱，使億兆之口指斥謗讟，致濮王之靈不安於上。”

[2]大行在殯：古代稱剛死而尚未定謚號的皇帝、皇后爲“大行皇帝”“大行皇后”。《後漢書》卷五《安帝紀》：“孝和皇帝懿德巍巍，光於四海；大行皇帝不永天年。”李賢注引韋昭曰：“大行者，不反之辭也。天子崩，未有謚，故稱大行也。”“在殯”，死者入殮後停柩以待葬。

[3]衰絰：穿喪服。《禮記·雜記下》：“三年之喪，如或遺之酒肉，則受之，必三辭，主人衰絰而受之。”

（李錫厚注　劉鳳翥校）

遼史　卷二一

本紀第二十一

道宗一

道宗孝文皇帝諱洪基，[1]字涅鄰，小字查剌。興宗皇帝長子，母曰仁懿皇后蕭氏。[2]六歲封梁王，重熙十一年進封燕國，總領中丞司事。明年，總北南院樞密使事，加尚書令，進封燕趙國王。二十一年爲天下兵馬大元帥，[3]知惕隱事，[4]預朝政。帝性沉静、嚴毅，每朝，興宗爲之斂容。

[1]道宗孝文皇帝諱洪基：【劉注】據中華點校本校勘記，洪，《遼文匯》卷二《聖宗欽哀皇后哀册》及《仁德皇后哀册》均作“弘”。

[2]仁懿皇后蕭氏（？—1076）：聖宗欽愛皇后蕭耨斤弟孝穆之長女。小字撻里。重熙四年（1035）立爲皇后。道宗即位，尊爲皇太后。清寧九年（1063）秋重元與其子涅魯古反，太后親督衛士破逆黨。大康二年（1076）崩，謚仁懿皇后。本書卷七一有傳。

[3]天下兵馬大元帥：遼最高軍職。天贊元年（922）十一月，

太祖以皇子堯骨（耶律德光）爲天下兵馬大元帥，後繼位。此後，遼朝歷代皇帝立皇儲繼承者，多加此號，成爲皇帝以下的最高尊稱。

[4]惕隱：契丹官名。又稱梯里己，掌皇族政教。

二十四年八月己丑，興宗崩，即皇帝位於柩前，哀慟不聽政。辛卯，百僚上表固請，[1]許之。詔曰："朕以菲德託居士民之上，第恐智識有不及、群下有未信，賦斂妄興、賞罰不中，上恩不能及下，下情不能達上。凡爾士庶直言無諱，可則擇用，否則不以爲愆。卿等其體朕意。"壬辰，以皇太弟重元爲皇太叔，[2]免漢拜、不名。癸巳，遣使報哀於宋及夏、高麗。[3]甲午，遣重元安撫南京軍民。戊戌，以遺詔，命西北路招討使西平郡王蕭阿剌爲北府宰相，[4]仍權知南院樞密使事，北府宰相蕭虛烈爲武定軍節度使。[5]辛丑，改元清寧，大赦。

[1]百僚上表固請：【斬校】"請"原本作"疑"，中華點校本據南監本、北監本和殿本改。今從改。

[2]重元（1021—1063）：聖宗次子。原名宗元，因避興宗諱，改重元，小字孛吉只，亦作孛已只。太平三年（1023）封秦國王。聖宗死後，欽愛皇后稱制，曾密謀立重元。重元以所謀告於興宗，封爲皇太弟。賜以金券誓書。道宗即位，册爲皇太叔，爲天下兵馬大元帥。清寧九年（1063）與其子涅魯古謀亂，失敗自殺。本書卷一一二有傳。

[3]夏：即夏國（1038—1227），以党項民族爲主體建立的政權。公元1038年，元昊叛宋稱帝，建立大夏王朝，傳十代，至1227年爲蒙古所滅。元昊稱帝以前，作爲北宋境内的地方割據政

權，已經具有獨立性。先後與遼、北宋及金、南宋並立於中國境內。境土包括今寧夏回族自治區全部、甘肅省大部、陝西省北部以及青海省、內蒙古自治區的部分地區。　高麗：指王建創建的高麗王朝（918—1392）。統治地域在今朝鮮半島，首都在開京（今朝鮮開城市）。

[4]蕭阿剌（？—1061）：契丹外戚，北院樞密使孝穆之子。字阿里懶。幼養宮中。重熙二十一年（1052），拜西北路招討使，封西平郡王。尚秦晉國王公主，拜駙馬都尉。清寧二年（1056）任北院樞密使，徙王陳。後出任東京留守。七年入朝陳時政得失。蕭革以事中傷，道宗怒，縊殺阿剌。本書卷九〇有傳。　宰相：契丹部族官名。契丹可汗之下有北、南二府，各部族則分屬二府，分設宰相，故北宰相亦稱北府宰相，南宰相亦稱南府宰相。

[5]武定軍：遼代軍號。治奉聖州（今河北省涿鹿縣）。

九月戊午，詔常所幸圍場外毋禁。庚申，詔除護衛士，餘不得佩刃入宮；非勳戚後及夷离堇、副使、承應諸職事人不得冠巾。[1]壬戌，詔夷离堇及副使之族並民如賤，[2]不得服駞尼、水獺裘，刀柄、兔鶻、鞍勒，珮子不許用犀玉、骨突犀；惟大將軍不禁。乙丑，賜内外臣僚爵賞有差。庚午，尊皇太后爲太皇太后。辛未，遣左夷离畢蕭謨魯、翰林學士韓運以先帝遺物遺宋。[3]癸酉，遣使以即位報宋。丙子，尊皇后爲皇太后，宴菆塗殿。以上京留守宿國王陳留爲南京留守。[4]壬午，遣使賜高麗、夏國先帝遺物。

[1]夷离堇：契丹部族官名。源於突厥語官名“俟斤”（Irkin）。突厥各部的最高元首稱“可汗”（Qaghan），其他各部酋長則稱爲

俟斤。初，契丹“其君大賀氏，有勝兵四萬，臣於突厥，以爲俟斤”（《新唐書》卷二一九《契丹傳》）。後，契丹首領自立爲可汗，其下所屬各部酋長則稱爲“俟斤”，亦即夷离堇。契丹立國後，大部族之夷离堇稱王，小部族之夷离堇則稱爲節度使。舉凡一部之軍政、民政皆由其統掌。參韓儒林《穹廬集》（第314—316頁）。

[2]並民如賤：【劉校】據中華點校本校勘記，疑“民如”二字倒舛，應作“並如民賤”。

[3]夷离畢：契丹官名。爲執政官，相當於副宰相參知政事。後來官分南、北，北面官有夷离畢院，主要掌刑政。　左夷离畢蕭謨魯、翰林學士韓運：【劉校】據中華點校本校勘記，《長編》作：“右宣徽使、左金吾衛上將軍蕭運，翰林學士、給事中、史館修撰史運。”

[4]以上京留守宿國王陳留爲南京留守：【劉校】據中華點校本校勘記：“按卷八七《蕭孝友傳》，孝友小字陳留，改上京留守，更王秦；頃之，復守東京。檢下文二年又以東京留守宿國王陳留爲北府宰相。則此南京應是東京之訛。”

冬十月丁亥，有司請以帝生日爲天安節，從之。以吳王仁先同知南京留守事，[1]陳王塗孛特爲南府宰相，進封吳王。壬寅，以順義軍節度使十神奴爲南院大王。[2]

[1]吳王仁先：即耶律仁先（1012—1072）。契丹皇族。孟父房之後。字糺鄰，小字查剌。重熙三年（1034）補護衛。十一年陞北院樞密副使。與劉六符使宋，定議增歲幣。既還，同知南京留守事。十八年再舉伐夏，仁先與皇太弟重元爲前鋒。清寧初爲南院樞密使。九年（1063），重元謀逆，仁先受命討賊。事後，加尚父，進封宋王，爲北院樞密使。本書卷九六有傳。

[2]順義軍：遼代軍號。治朔州（今山西省朔州市）。　南院大王：契丹部族官。遼朝析迭剌部爲五院部和六院部。五院部有知五院事，在朝曰北大王院；六院部有知六院事，在朝曰南大王院。北院大王和南院大王即是五院部和六院部的首領，握有兵權。

十一月甲子，葬興宗皇帝於慶陵。[1]宋及高麗遣使來會。名其山曰永興。丙寅，以南院大王侯古爲中京留守，[2]北府宰相西平郡王蕭阿剌進封韓王。壬申，次懷州。[3]有事於太宗、穆宗廟。甲戌，謁祖陵。[4]戊寅，冬至，有事於太祖、景宗、興宗廟，不受群臣賀。

[1]慶陵：包括遼聖宗耶律隆緒和仁德皇后、欽愛皇后的永慶陵，遼興宗耶律宗真和仁懿皇后的永興陵，遼道宗耶律弘基和宣懿皇后的永福陵。位於今内蒙古自治區巴林右旗索博日嘎（白塔子）鎮西北約十餘公里的瓦林茫哈地方。聖宗永慶陵中保存有壁畫，繪有人物、山水，尤以象徵四時捺鉢的四季山水圖，彌足珍貴。三陵出土遺物多已散失，今僅存部分石刻哀册。其中漢文哀册有聖宗、仁德皇后、欽愛皇后、道宗、宣懿皇后的各一合，仁懿皇后哀册僅存篆蓋。契丹小字哀册有道宗、宣懿皇后的各一合。1922 年還從陵中抄寫出興宗和仁懿皇后的契丹小字哀册册文，原石仍埋墓中。

[2]侯古（1009—1072）：【劉注】耶律宗愿契丹語小名的音譯，聖宗仲子，母耿氏。其事蹟詳載《耶律宗愿墓誌銘》。

[3]懷州：懷州奉陵軍，治所在今内蒙古自治區巴林右旗幸福之路苏木崗根嘎查古城址。

[4]祖陵：遼太祖耶律阿保機的葬所。位於祖州西五里，其地在今内蒙古自治區巴林左旗查干哈達蘇木石房子嘎查。

十二月丙戌，詔左夷离畢曰："朕以眇沖獲嗣大位，[1]夙夜憂懼，恐弗克任，欲聞直言，以匡其失。今已數月，未見所以副朕委任股肱耳目之意。其令内外百官，比秩滿，各言一事。仍轉諭所部，無貴賤老幼，皆得直言無諱。"戊子，應聖節，[2]上太皇太后壽，宴群臣、命婦，册妃蕭氏爲皇后。[3]進封皇弟越王和魯斡爲魯國王，[4]許王阿璉爲陳國王，[5]楚王涅魯古徙封吳王。辛卯，詔部署院：[6]事有機密即奏，其投謗訕書，輒受及讀者並棄市。[7]癸巳，皇族十公悖母，伏誅。甲午，以樞密副使姚景行爲參知政事，[8]翰林學士吳湛爲樞密副使，參知政事、同知樞密院事韓紹文爲上京留守。丙申，宋遣歐陽脩等來賀即位。[9]戊戌，詔設學養士，頒五經傳疏，置博士、助教各一員。癸卯，以知涿州楊績參知政事兼同知樞密院事，[10]庚戌，以聖宗在時生辰，赦上京囚。

[1]眇沖：幼小之人。帝王自稱之詞。

[2]應聖節：興宗法天后生辰。

[3]册妃蕭氏爲皇后：【劉注】據本書卷七一《后妃傳》，"蕭觀音，姿容冠絶，工詩，善談論。重熙中帝王燕趙，納爲妃。清寧初立爲懿德皇后"。

[4]和魯斡（1041—1110）：【劉注】耶律弘本契丹語小名的音譯。興宗第二子，字阿輦。重熙十七年（1048），封越王。乾統初爲天下兵馬大元帥，加守太師，免拜，不名。三年，册爲義和仁壽皇太叔祖叔。其事蹟詳載漢字和契丹小字《義和仁壽皇太叔祖叔哀册》。

[5]阿璉（？—1087）：【劉注】耶律弘世，契丹語小名的音

譯。興宗第三子，仁懿皇后生。重熙十七年封許王。清寧初徙陳王、秦王，進封秦越國。清寧中出爲遼興軍節度使。咸雍間歷西京、上京留守。死於大安三年（1087），追封秦魏國王，欽正。其事蹟詳載漢字《耶律弘世墓誌銘》。

[6]部署院：即行宫都部署院。爲管諸宫衛之最高權力機關。

[7]棄市：執行死刑。古代在鬧市上行刑，並暴屍於街頭，稱爲棄市。

[8]姚景行（？—1075）：始名景禧。隸漢人宫分。既貴始出宫籍，貫興中縣。重熙五年（1036）進士。不數年，至翰林學士，樞密副使，參知政事。道宗即位，多被顧問，爲北府宰相。咸雍元年（1065），出爲武定軍節度使。大康初徙鎮遼興。本書卷九六有傳。

[9]宋遣歐陽脩等來賀即位：《長編》卷一八〇宋仁宗至和二年（1055）八月辛丑記事，“翰林學士、吏部郎中、知制誥、史館修撰歐陽脩爲契丹國母生辰使，四方館使、果州團練使向傳範副之。右正言、知制誥劉敞爲契丹生辰使，文思副使竇舜卿副之。起居舍人、直秘閣、知諫院範鎮爲契丹國母正旦使，内殿承制、閤門祗候王光祖副之。權度支判官、刑部員外郎李復圭爲契丹正旦使，内殿崇班、閤門祗候李克忠副之。時朝廷未知契丹主已卒，故生辰、正旦遣使如例。既而御史趙抃言克忠多由内降得差遣，請改命，乃以染院副使兼閤門通事舍人柴貽範代之（改命柴貽範在九月癸酉今並書之）”。同月癸丑再記事：“改命歐陽脩、向傳範爲賀契丹登寶位使。龍圖閣直學士、兵部郎中吕公弼爲契丹祭奠使，西上閤門使、英州刺史郭諮副之。鹽鐵副使、工部郎中李参爲契丹弔慰使，内苑使兼閤門通事舍人夏佺副之。甲寅，改命劉敞、竇舜卿爲契丹國母生辰使。户部副使、工部郎中張掞爲契丹生辰使，西染院副使兼閤門通事舍人王道恭副之。”

[10]涿州：治所在今河北省涿州市。

是年，御清涼殿，放進士張孝傑等四十四人。[1]

[1]張孝傑：建州永霸縣（今遼寧省朝陽市）人。咸雍三年（1067），参知政事，同知樞密院事，加工部侍郎。八年封陳國公。大康元年（1075）賜國姓。是年夏，耶律乙辛譖皇太子，誣害忠良，孝傑之謀居多。而道宗竟以其爲忠，可比狄仁傑，賜名仁傑。大安中死於鄉。本書卷一一〇有傳。

二年春正月丙辰，詔州郡官及僚屬決囚，[1]如諸部族例。己巳，詔二女古部與世預宰相、節度使之選者免皮室軍。[2]是月，幸魚兒濼。[3]

[1]決囚：責打犯人。《新唐書》卷一二七《裴耀卿傳》裴耀卿上疏稱："凡大暑決囚多死，秋冬乃有全者。請今貸死決杖會盛夏生長時並停，則有再生之實。"

[2]皮室軍：契丹軍名。皮室，意爲"金剛"。初爲阿保機所置，稱"腹心部"。後有南、北、左、右皮室及黄皮室等，皆掌精甲。

[3]魚兒濼：又稱長濼、長泊，在長春州境内，位於今吉林省前郭爾羅斯蒙古族自治縣西北部。

二月乙酉，以左夷离畢蕭謨魯知西南面招討都監事。[1]乙巳，以興宗在時生辰，宴群臣，命各賦詩。

[1]西南面招討都監：遼代官名。爲西南路都招討司官員。該機構主要任務是控制西夏。

三月丁巳，應聖節，曲赦百里内囚。[1]己卯，御製《放鷹賦》賜群臣，諭任臣之意。

[1]曲赦：猶特赦。《通鑑》卷八三晉惠帝元康元年（291）八月"曲赦洛陽"，胡三省注曰："不普赦天下而獨赦洛陽，故曰曲赦。"

閏月己亥，始行東京所鑄錢。[1]乙巳，南京獄空，進留守以下官。

[1]行東京所鑄錢：據本書卷四八《百官志四》，遼在長春路設有錢帛司，大公鼎爲長春州錢帛都提點。

夏四月甲子，詔曰："方夏，長養鳥獸孳育之時，不得縱火於郊。"

五月戊戌，謁慶陵。甲辰，有事於興宗廟。

六月丁巳，詔宰相舉才能之士。戊午，命有司籍軍補邊戍。辛酉，阻卜酋長來朝，[1]貢方物。丁卯，高麗遣使來貢。辛未，罷史官預聞朝議，俾問宰相而後書。乙亥，中京蝗蝻爲災。丙子，詔強盜得實者，聽諸路決之。丁丑，南院樞密使趙國王查葛爲上京留守，[2]同知南京留守事吳王仁先爲南院樞密使。乙酉，遣使分道平賦税，繕戎器，勸農桑，禁盜賊。

[1]阻卜：即達旦、韃靼。元人諱言達旦，而稱達旦爲阻卜。詳王國維《觀堂集林》卷一四《達旦考》。

[2]南院樞密使：即漢人樞密院之樞密使。爲南面官最高官職。詳見本書卷四七《百官志三》。　查葛：【劉注】耶律宗正契丹語小名的音譯。耶律隆慶之子。聖宗在位時，隆慶死後追贈爲皇太弟。

八月辛未，如秋山。[1]

[1]秋山：所謂“秋山”亦即秋獵，屆時皇帝的居留地即是秋捺鉢。聖宗以後，其主要地點是慶州（今内蒙古自治區巴林右旗西北索博日嘎鎮）西部諸山。

九月庚子，幸中京，祭聖宗、興宗於會安殿。

冬十月丙子，如中會川。[1]

[1]中會川：即藕絲淀。則靴淀中會川亦爲廣平淀之别名。宋人王易《重編燕北録》謂，遼帝冬捺鉢在靴甸住坐。即以靴淀代廣平淀。見傅樂焕《遼史叢考》第70頁。

十一月戊戌，知左夷离畢事耶律劃里爲夷离畢，北院大王耶律仙童知黄龍府事。[1]甲辰，文武百僚上尊號曰天祐皇帝，后曰懿德皇后。大赦。乙巳，以皇太叔重元爲天下兵馬大元帥，徙封趙國王查葛爲魏國王、魯國王和魯斡爲宋國王、陳國王阿璉爲秦國王，吴王涅魯古進封楚國王，百官進遷有差。

[1]黄龍府：治所在今吉林省農安縣。

十二月戊申朔，以韓王蕭阿剌爲北院樞密使，[1]東京留守宿國王陳留北府宰相，宋國王和魯斡上京留守，秦國王阿璉知中丞司事。甲寅，上皇太后尊號曰慈懿仁和文惠孝敬廣愛宗天皇太后。

[1]北院樞密使：即契丹樞密院之樞密使，爲北面官之最高官職，掌軍事、部族。詳本書卷四五《百官志一》。

三年春正月庚辰，如鴨子河。[1]丙戌，置倒塌嶺節度使。[2]乙未，五國部長來貢方物。[3]

[1]鴨子河：即混同江，今稱松花江。

[2]倒塌嶺：地近阻卜，故遼在此駐軍守護西路群牧。

[3]五國部：遼東北部族名。越里篤、剖阿里、奥里米、蒲奴里和越里吉，統稱五國部。

二月己未，如大魚濼。[1]

[1]大魚濼：湖泊名。遼帝春水處，傅樂焕云："除魚兒濼，鴛鴦濼外，遼帝春獵地點尚多，如薩隄淀、山榆淀、大魚濼、黑水濼、延芳淀、長濼均是。唯其重要性逮非魚兒濼之比。此數地當今何所，太半無考，僅延芳淀與長濼，大略可指。"（見《遼史叢考》第51頁）

三月辛巳，以楚國王涅魯古爲武定軍節度使。

夏四月丙辰，清暑永安山。[1]

[1]永安山：遼帝夏捺钵地。“原名緬山，聖宗時改稱。《聖宗紀》‘太平三年七月丁亥，賜緬山名曰永安’。後聖宗慶陵即營建其地。聖宗崩後，興宗即陵置州，是曰慶州，更稱慶陵曰慶雲山。”參傅樂焕《遼代四時捺鉢考》（《遼史叢考》第86頁）。

五月己亥，如慶陵，獻酎於金殿、同天殿。

六月辛未，以魏國王查葛爲惕隱，同知樞密院事蕭唐古南府宰相，魏國王貼不東京留守。

秋七月甲申，南京地震，赦其境内。乙酉，如秋山。

八月辛亥，帝以《君臣同志華夷同風詩》進皇太后。

九月庚子，幸中會川。

冬十月己酉，謁祖陵。庚申，謁讓國皇帝及世宗廟。[1]辛酉，奠酎於玉殿。

[1]讓國皇帝：漢名耶律倍（898—936），契丹名圖欲（突欲），遼太祖耶律阿保機長子，生母爲淳欽皇后述律氏。天顯元年（926），遼滅渤海建東丹國，突欲被册爲人皇王，主東丹國政。阿保機死後，其母述律氏立德光，突欲被迫浮海投奔後唐。後唐明宗賜其姓名李贊華。清泰三年（遼天顯十一年，936）石敬瑭率軍攻入洛陽，後唐末帝李從珂約倍與之同死，倍不從，遇害。其子世宗兀欲即位後，天禄元年（947）追謚爲“讓國皇帝”。本書卷七二有傳。

十一月丙子，以左夷离畢蕭謨魯爲契丹行宫都部署。[1]庚子，高麗遣使來貢。

[1]契丹行宮都部署：遼北面行宮官。遼在北南面官系統中，分别設契丹行宮都部署和漢人行宮都部署，其上則有諸行宮都部署。行宮都部署完全是倣中原王朝官制設置的，它不同於專管斡魯朶事務的某宮都部署的宫官。宋朝皇帝巡幸亦有行宫，且亦有行宫都部署之設。後避英宗趙曙名諱，改稱行宫都總管。

十二月庚戌，禁職官於部内假貸貿易。戊辰，太皇太后不豫，曲赦行在五百里内囚。[1]己巳，太皇太后崩。

[1]行在：皇帝出行時所在之地。遼是行國，行在即爲其政治中心，契丹語稱捺鉢。

四年春正月壬申朔，遣使報哀於宋、夏。如鴨子河鉤魚。[1]癸酉，宋遣使奉宋主繪像來。[2]丁亥，知易州事耶律頗得秩滿，部民乞留，許之。

[1]鉤魚：鑿冰捕魚。

[2]宋遣使奉宋主繪像來：《長編》卷一八五宋仁宗嘉祐二年(1057)三月戊戌記事："右諫議大夫、權御史中丞張昪爲回謝契丹使，單州防禦使劉永年副之。初，契丹主宗真送其畫像及隆緒畫像凡二軸，求易真宗皇帝及上御容。既許之，會宗真死，遂寢。至是遣使再求，故命昪等諭令更持洪基畫像來，即予之。翰林學士胡宿草國書，奏曰：'陛下先已許之，今文成即世而不與，則傷信。且以尊行求卑屬，萬一不聽命，責先約，而遂與之，則愈屈矣。'不從。昪等至，契丹果欲先得聖容。昪折之曰：'昔文成弟也，弟先面兄，於禮爲順。今南朝乃伯父，當先致恭。'契丹不能對。初以未如其請，夜載巨石塞其門，衆皆恐。永年擲去之，由是世傳永年

有神力。”《長編》卷一八六嘉祐二年九月庚子記事：“契丹遣樞密使右金吾衛上將軍蕭扈、宣政殿學士、禮部尚書吴湛來，再求御容，且言當致洪基像。”冬十月己酉，“翰林學士、兼侍讀學士、工部郎中、知制誥、史館修撰胡宿回謝契丹使，禮賓使李綬副之。且許以御容，約因賀正使置衣篋中交致焉”。明人馮琦《經濟類編》卷六九：“仁宗時契丹主宗真來求御容，會卒乃已。至是洪基復遣使來求，欲成先志。帝遣張昪報聘，且諭之曰：‘昔文成弟也，弟先面兄，於禮爲順。今南方乃伯父之尊，當先致恭。’”於是復使其臣蕭扈來致其象。胡宿奉御容如契丹，契丹主具儀仗迎謁，及瞻視，驚肅再拜。謂左右曰：“我若生中國，不過與之執鞭持蓋，一都虞侯耳。”宋人歐陽脩《文忠集》卷一一一《論契丹求御容劄子》（嘉祐二年）：“臣伏見契丹所遣泛使，專爲御容而來。中外之議，皆謂前歲既已許之，於理不可中止，失於不早踐言，至彼非時遣使，及朝夕以來傳聞頗異，或云大臣共議，欲遂拒而不與。若然則臣恐釁隙之端自此而始，禍患之起未易遽言。大凡爲國謀事者，必先明信義、重曲直、酌人情、量事勢，四者皆得，然後可以不疑。苟一有未然，尚恐敗事，況四者俱失，豈可不思。契丹與中國通盟久矣，而向來宗真特於信好，自表殷懃，别有家書，繼以畫像。聖朝納其來意，許以報之，而乃遷延至今，遂欲食言而中輟，是則彼以推誠結我，我以不信待之。失信傷義，甚非中國待遠人之術，而又其曲在我，使彼易以爲辭。自南北通和以來，信問往復之際，每於報答，常從優厚。假借既久，其心已驕。況此畫像之來，特表殷懃之意，是則於平常之禮厚報以驕之，殷懃之來則不報以沮之。沮之彼必怒，不報彼必恥。懷恥蓄怒，何所不爲，此人之常情也。許其父不許其子，厚薄之際，此亦人情之難處也。臣竊見契丹來書，初無寒温候問之言，直以踐言孤約爲説，其意在於必得。若此時被沮，勢必更來。事既再三，豈能堅執。若待其失於遜順，已成釁隙，然後與之，則重爲中國之辱。又使契丹謂中國難以恩意交，惟可以勢力脅，因之引惹，别有他求，則爲後患何可涯哉。今北主雖弱，而中國邊備未完，廟謀未勝，未可生事，而欲執我曲彼直之議，以起戎而結禍，夫察彼事勢必不能中止。量我事勢又未能必沮之，臣故曰四者俱失也。臣又聞北使入境之日，地震星殞，變異非常，先事深防，猶恐不及，失計招禍，豈可自爲。臣願聖慈出於獨斷，勿沮其善意，無失我信言。臣今欲乞回諭彼中，告以如約，直候今冬，因遣常使時與之，則於事體稍便。伏乞速下兩府商議，上繫國家利害，臣不敢不言，今取進止。"

二月丙午，詔夷离畢：諸路鞫死罪，獄雖具，仍令別州縣覆按，無冤，然後決之；稱冤者，即具奏。庚戌，如魚兒濼。

三月戊寅，募天德、鎮武、東勝等處勇捷者，[1]籍爲軍。甲午，肆赦。

[1]天德：唐軍鎮名。即豐州。遼太祖阿保機於神册五年(920)平党項，仍以此地爲天德軍。治所在今内蒙古自治區呼和浩特市東白塔一帶。　鎮武：【劉校】據中華點校本校勘記，應作"振武"。《索隱》："唐朔州軍額本作振武，遼已改爲順義軍，此仍舊名。"　東勝：本書卷四一《地理志五》作"勝州"。治所在今内蒙古自治區托克托縣。

夏四月甲辰，謁慶陵。丁卯，宋遣使弔祭。

五月庚午朔，上大行太皇太后尊謚曰欽哀皇后。[1]癸酉，葬慶陵。夏國、高麗遣使來會。乙酉，如永安山清暑。

[1]欽哀皇后：【劉注】據其哀册篆蓋作"欽愛皇后"。

六月乙丑，以北院樞密使鄭王蕭革爲南院樞密使，[1]徙封楚王，南院樞密使吳王仁先爲北院樞密使。

[1]蕭革（？—1063）：契丹外戚。國舅房林牙和尚之子。重熙十二年（1043）爲北院樞密副使。十三年，拜北府宰相。革怙寵專權，同僚以其奸佞，言用之將敗事，興宗不聽。拜南院樞密使，詔班諸王上。道宗即位後，與國舅蕭阿剌同掌朝政。清寧九年（1063）秋重元之亂，革參預其謀，凌遲處死。本書卷一一三有傳。

秋七月辛巳，制諸掌内藏庫官盜兩貫以上者，許奴婢告。壬午，獵于黑嶺。[1]

[1]黑嶺：即慶雲山。據本書卷三七《地理志一》，慶州有慶雲山，“本黑嶺也，聖宗駐蹕，愛羨，曰：‘吾萬歲後，當葬此。’興宗遵遺命，建永慶陵。有望仙殿、御容殿。置蕃、漢守陵三千户，並隸大内都總管司”。

冬十月戊戌朔，以同知東京留守事侯古爲南院大王，保安軍節度使奚底爲奚六部大王。[1]

[1]奚六部大王：對奚部族首領的稱呼。據《五代會要》卷二八《奚》：“奚，本匈奴别種，即東胡之地，人物風俗與突厥同。族有五姓：一曰阿會部，管縣六；二曰啜米部，管縣四；三曰奥質部，管縣六；四曰奴皆部，管縣四；五曰黑訖支部，管縣三；每部有刺史，每縣有令，酋長號奚王。”此奚王是被契丹降伏以後的奚部族酋長。《新五代史》卷七四《四夷附録第三》所記奚各部名稱與《五代會要》略有不同：奚“分爲五部：一曰阿薈部，二曰啜

米部，三曰粤質部，四曰奴皆部，五曰黑訖支部。後徙居琵琶川，在幽州東北數百里。地多黑羊，馬趫前蹄堅善走，其登山逐獸，下上如飛”。奚本來衹有五部，阿保機降伏五部奚之後設置墮瑰部，而成六部。詳本書卷三三《營衛志·部族下》。

十一月癸酉，行再生及柴册禮，[1]宴群臣於八方陂。庚辰，御清風殿受大册禮。大赦。以吳王仁先爲南京兵馬副元帥，徙封隋王。壬午，謁太祖及諸帝宫。丙戌，祠木葉山。[2]禁造玉器。

[1]再生及柴册禮：柴册禮和再生禮合併舉行的禮儀。柴册禮源於中國傳統的“燔柴告天”，是古代天子祭天之禮。據《爾雅·釋天》：“祭天曰燔柴。”行禮時，積薪於壇，取玉及牲置於柴上焚燒。此禮與契丹的再生禮合併舉行，是爲契丹部落聯盟選汗和遼建國後新皇帝即位舉行的禮儀。相傳遙輦氏阻午可汗始制此儀，遼朝建國後有所增飾。其儀或選九人扮作皇帝，與將要即位的皇帝本人分别進入十頂廬帳，由契丹大臣“捉認天子”，而後行册禮，上尊號；或由八部耆老引皇帝拜日，由后族長者爲皇帝駕車，皇帝登高阜，諸部帥遥拜，皇帝謙辭，群臣表示“唯皇帝命是從”。而後皇帝登柴壇，行册禮，上尊號。

[2]木葉山：山名。契丹語稱“大”爲“木葉”。“木葉山”可以泛指任何“大山”，也可專指某一大山爲“木葉山”。此處指永州境内一座山，契丹人視此山爲神山，其地在今内蒙古自治區翁牛特旗新蘇莫蘇木的西拉木倫河與老哈河匯合處一帶。“上建契丹始祖廟，奇首可汗在南廟，可敦（可汗之妻）在北廟，繪塑二聖并八子神像。”詳見本書卷三七《地理志一》永州條。

十二月辛丑，弛駝尼、水獺裘之禁。乙巳，許士庶畜鷹。辛亥，南院樞密使楚王蕭革復爲北院樞密使。

閏月己巳，賜皇太叔重元金券。[1]

是歲，皇子濬生。

[1]金券：鐵券的美稱。鐵券即鐵契。《續古今考》卷五："後世賜鐵券，謂不死。"《長編》卷七九宋真宗大中祥符五年（1012）冬十月己酉載：以主客郎中知制誥王曾爲契丹國主生辰使，宮苑使、榮州刺史高繼勳副之。"契丹使邢祥接伴，祥詫其國中親賢賜鐵券，曾折之曰：'鐵券者，衰世以寵權臣，用安反側，豈所以待親賢耶。'祥媿不復語。"《宋朝事實類苑》卷九："祥符中王沂公奉使契丹，館伴邢祥頗肆談辨，深自衒鬻，且矜賜鐵券。公曰：'鐵券蓋勳臣有功高不賞之懼，賜之以安反側耳。何爲輒及？'邢祥大沮。"

五年春，如春州。[1]

[1]春州：即長春州，治所在今吉林省前郭爾羅斯蒙古族自治縣西北部松花江畔的塔虎城。

夏六月甲子朔，駐蹕納葛濼。[1]己丑，以南院樞密使蕭阿速爲北府宰相，樞密副使耶律乙辛南院樞密使，[2]惕隱査葛遼興軍節度使，[3]魯王謝家奴武定軍節度使，東京留守吳王貼不西京留守。

[1]納葛濼：據傅樂焕考證"當即今熱河經棚縣（今内蒙古自治區克什克騰旗駐地經棚镇）西之達里濼。在遼上京之南"（見《遼史叢考》第84頁）。

［2］耶律乙辛（？—1083）：五院部人。字胡覩衮。重熙中爲文班吏。清寧五年（1059），爲南院樞密使，改知北院，封趙王。九年重元亂平，拜北院樞密使，進封魏王。咸雍五年（1069），加守太師。詔四方有軍旅，許以便宜從事，勢震中外。大康元年（1075），誣皇后蕭觀音致死，三年又害死太子耶律濬。七年冬坐以禁物鬻入外國，幽於來州。九年謀奔宋及私藏兵甲事發，伏誅。本書卷一一〇有傳。

［3］遼興軍：平州軍號。治所在今河北省盧龍縣。

秋七月丁酉，以烏古敵烈詳穩蕭謨魯爲左夷离畢。[1]

［1］烏古敵烈：原爲二部。烏古又稱嫗厥律、于厥律，居契丹西北；敵烈又譯迪烈、敵烈德、迭烈德、達里底。遼時以遊牧、捕獵爲業，分佈於臚朐河（今克魯倫河）流域。有八部，稱爲八部敵烈或八石烈敵烈。與烏古部並稱爲北邊大部。遼聖宗以敵烈部降人置迭魯敵烈部和北敵烈部。開泰四年（1015），築河董城於臚朐河北，安置敵烈、烏古降人。壽昌二年（1096）徙敵烈、烏古於烏納水西。遼置烏古敵烈統軍司以應對阻卜諸部的反抗。金末元初，敵烈人逐漸與女真人、蒙古人等同化。

冬十月壬子朔，幸南京，祭興宗於嘉寧殿。

十一月，禁獵。

十二月壬戌，以北院林牙奚馬六爲右夷离畢，[1]參知政事吳湛以弟洵冒入仕籍，[2]削爵爲民。

［1］林牙：契丹官名。掌文翰，相當於翰林學士。

[2]仕籍：指記載官吏名籍的簿册。

是年，上御百福殿，放進士梁援等百一十五人。[1]

[1]梁援（1038—1101）：【劉注】字輔臣，其先著籍於定州。其事蹟詳載《梁援墓誌銘》，“四代祖諱文規，字德仁，官至吏部尚書，以太子太保致仕，寓居於燕臺。王父諱延敬，内供奉班祗候，雅有德望。娶荆王女耶律氏，生子曰仲方，公之考也。母鄭氏。五歲誦《孝經》《論語》《爾雅》。十一通《五經大義》。十三作《牽馬嶺碑文》。人頗異之。清寧五年，梁援二十有六歲，乃登甲科。所作辭賦，世稱其能。初命儒林郎、守右拾遺、直史館，歷左補闕、起居郎，並充史館修撰。三奉命接送南朝國信副使。六充館伴副使。一充皇太后南朝正旦國信副使。提按刑獄者六次。銓讀考試典掌貢舉者十次。其他出使小國雜領繁務者率在其間。蓋以善禮容、長決斷、精藻鑒之故也。適值賊臣耶律英弼等畏東宫之英斷，肆巧言以構之。公欲冒死上奏。潛作二書，一以致父母，一以示子孫，用史館印識之。遂奏狀曰：‘皇太子年小，事理暗昧，不同凡庶。’及陳故事，用啓上心。英弼等大怒，請下吏，孝文皇帝不令致辨。至今家藏二書永以爲寶”。

六年春，如鴛鴦濼。[1]

[1]鴛鴦濼：湖名。在今北京市延慶區境内。舊時周八十里。其水停積不流，自遼金以來，爲飛放之所。即今野鴨湖。

夏五月戊子朔，監修國史耶律白請編次御制詩賦，仍命白爲序。己酉，駐蹕納葛濼。

六月戊午朔，以東北路女直詳穩高家奴爲惕隱。壬戌，遣使録囚。丙寅，中京置國子監，命以時祭先聖先師。[1]癸未，以隋王仁先爲北院大王，賜御制誥。

[1]先聖先師：《禮記·文王世子》："凡始立學者，必釋奠於先聖先師。"鄭玄注："先聖，周公若孔子。"漢以後，儒家思想成爲統治思想，歷代王朝均廟祀孔子。魏正始到隋大業年間，以孔子爲先聖，顏回爲先師。唐初改以周公爲先聖，孔子爲先師。尋復舊。故遼祭先聖先師，當是祭孔子和顏回。

冬十月甲子，駐蹕藕絲淀。[1]

[1]藕絲淀：即廣平淀。在永州（今内蒙古自治區翁牛特旗白音他拉古城）東南三十里，爲遼中期以後冬捺鉢所在地。詳本書卷三二《營衛志中》。

七年春三月庚戌，如春州。以耶律乙辛知北院樞密使事。

夏四月辛未，禁吏民畜海東青鶻。[1]

[1]海東青鶻：猛禽名。能擊殺天鵝。俄遠東地區以東大海盛産珍珠，天鵝食蚌，珍珠藏於蚌嗉内。契丹人放出海東青鶻擊殺天鵝，獲取珍珠。

五月丙戌，清暑永安山。丙午，謁慶陵。辛亥，殺東京留守陳王蕭阿剌。

六月壬子朔，日有食之。甲子，以蕭謨魯爲順義軍節度使。丁卯，幸弘義、永興、崇德三宮致祭。[1]射柳，[2]賜宴，賞賚有差。戊辰，行再生禮，復命群臣分朋射柳。丁丑，以楚國王涅魯古知南院樞密使事。

[1]弘義、永興、崇德三宮：分别爲太祖、太宗及承天太后宫分。

[2]射柳：遼朝的一種禮儀。《長編》卷一一〇宋仁宗天聖九年（1031）六月丁丑載：契丹“每謁木葉山即射柳枝，譚子唱番歌，前導彈胡琴和之，已事而罷”。此外，祈雨也射柳。金初接待宋使，亦以射柳作爲一種遊樂項目，元朝、明朝也有此類活動。

秋九月丁丑，駐蹕藕絲淀。

冬十二月壬午，[1]以知黄龍府事耶律阿里只爲南院大王。

[1]冬十二月壬午：【劉校】十二，原作“十一”。據中華點校本校勘記，“十一月庚戌朔，無壬午；十二月庚辰朔，初三日爲壬午”。據改。

（李錫厚注　劉鳳翥校）

遼史　卷二二

本紀第二十二

道宗二

八年春正月癸丑，如鴨子河。[1]

[1]鴨子河：即混同江，今稱松花江。

二月，駐蹕納葛濼。

三月戊申朔，楚王蕭革致仕，[1]進封鄭國王。

[1]蕭革（？—1063）：契丹外戚。國舅房林牙和尚之子。重熙十二年（1043）爲北院樞密副使。十三年，拜北府宰相。革怙寵專權，同僚以其奸佞，言用之將敗事，興宗不聽。拜南院樞密使，詔班諸王上。道宗即位後，與國舅蕭阿剌同掌朝政。清寧九年（1063）秋重元之亂，革參預其謀，凌遲處死。本書卷一一三有傳。

夏五月，吾獨婉惕隱屯禿葛等乞歲貢馬、駞，[1]

許之。

[1]吾獨婉：本書卷三一《營衛志上》有窩篤盌斡魯朶，“興宗置。是爲延慶宮。孳息曰‘窩篤盌’”。

六月丙子朔，駐蹕拖古烈。[1]辛丑，以右夷离畢奚馬六爲奚六部大王。[2]是月，御清涼殿，放進士王鼎等九十三人。

[1]拖古烈：山名。又作犢山，在永安山附近。遼朝夏捺鉢即依此山而設。宋人沈括於熙寧八年（遼大康元年，1075）使遼，當年五月至遼廷——道宗的夏捺鉢。其《熙寧使虜圖抄》（《永樂大典》卷一〇八七七）載：“西與北皆山也，其北山，庭之所依者曰‘犢兒’。”

[2]夷离畢：契丹官名。爲執政官，相當於副宰相參知政事。後來官分南、北，北面官有夷离畢院，主要掌刑政。　奚六部大王：對奚部族首領的稱呼。據《五代會要》卷二八《奚》：“奚，本匈奴别種，即東胡之地，人物風俗與突厥同。族有五姓：一曰阿會部，管縣六；二曰啜米部，管縣四；三曰奥質部，管縣六；四曰奴皆部，管縣四；五曰黑訖支部，管縣三；每部有刺史，每縣有令，酋長號奚王。”此奚王是被契丹降伏以後的奚部族酋長。《新五代史》卷七四《四夷附録第三》所記奚各部名稱與《五代會要》略有不同：奚“分爲五部：一曰阿薈部，二曰啜米部，三曰粵質部，四曰奴皆部，五曰黑訖支部。後徙居琵琶川，在幽州東北數百里。地多黑羊，馬趫前蹄堅善走，其登山逐獸，下上如飛”。奚本來衹有五部，阿保機降伏五部奚之後設置墮瑰部，而成六部。詳本書卷三三《營衛志·部族下》。

秋七月甲子，射熊於外室剌。

冬十月甲戌朔，駐蹕獨盧金。[1]

[1]獨盧金：地名。在遼西京大同府雲中縣境内。傅樂焕《春水秋山考》："《遼史》云獨盧金，《長編》作雲中甸，名雖有異，地實相同。文彦博《潞公集》卷七《贈國信畢少卿仲衍》詩有云：'朔風不度龍沙遠，只向雲中講信回。'仲衍使遼在元豐二年，當遼大康五年。檢是年《遼紀》道宗亦駐蹕獨盧金。知獨盧金與雲中甸確指同一地點。獨盧金《遼史》不詳所在，由前後相關地名準之，知在西京境内。今悉又稱雲中甸，雲中爲遼西京大同府倚郭縣，雲中甸即謂雲中縣境郊野之地。"参《遼史叢考》第48頁。

十二月庚辰，以知北院樞密使事蕭圖古辭爲北院樞密使。[1]癸未，幸西京。戊子，以皇太后行再生禮，[2]曲赦西京囚。[3]

[1]蕭圖古辭：契丹楮特部人。字何寧。仕重熙中，累遷左中丞。清寧初歷北面林牙，改北院樞密副使。六年（1060）出知黄龍府。八年拜南府宰相。頃之，爲北院樞密使，詔許便宜從事。爲人奸佞，爲樞密數月，所薦引多爲重元黨與，由是免爲庶人。後没入興聖宫。本書卷一一一有傳。　北院樞密使：即契丹樞密院之樞密使，爲北面官之最高官職，掌軍事、部族。詳本書卷四五《百官志一》。

[2]再生禮：契丹傳統禮儀之一。據本書卷一一六《國語解》載，依契丹故俗，此種禮儀每隔十二年舉行一次，而且衹有皇帝、太后、太子及夷离堇得行此禮。這是與選汗儀式同時舉行的禮儀。

[3]曲赦：猶特赦。《通鑑》卷八三晉惠帝元康元年（291）八月"曲赦洛陽"，胡三省注曰："不普赦天下而獨赦洛陽，故曰曲赦。"

九年春正月辛亥，幸鴛鴦濼。[1]辛未，禁民鬻銅。

[1]鴛鴦濼：湖名。在今北京市延慶區境内。舊時周八十里。其水停積不流，自遼金以來，爲飛放之所。即今野鴨湖。

三月辛未，宋主禎殂，以姪曙爲子嗣位。

夏五月丙午，以隋王仁先爲南院樞密使，[1]徙封許王。是月，清暑曷里狘。

[1]仁先：即耶律仁先（1012—1072）。契丹皇族。孟父房之後。字糺鄰，小字查剌。重熙三年（1034）補護衛。十一年陞北院樞密副使。與劉六符使宋，定議增歲幣。既還，同知南京留守事。十八年再舉伐夏，仁先與皇太弟重元爲前鋒。清寧初爲南院樞密使。九年（1063），重元謀逆，仁先受命討賊。事後，加尚父，進封宋王，爲北院樞密使。本書卷九六有傳。　南院樞密使：即漢人樞密院之樞密使。爲南面官最高官職。詳見本書卷四七《百官志三》。

秋七月丙辰，如太子山。戊午，皇太叔重元與其子楚國王涅魯古及陳國王陳六、同知北院樞密使事蕭胡覩、衛王貼不、林牙涅剌溥古、統軍使蕭迭里得、駙馬都尉參及弟朮者、圖骨、旗鼓拽剌詳穩耶律郭九、文班太保奚叔、内藏提點烏骨、護衛左太保敵不古、按荅、副宮使韓家奴、寶神奴等凡四百人，[1]誘脅弩手軍犯行宮。[2]時南院樞密使許王仁先、知北樞密院事趙王耶律乙辛、南府宰相蕭唐古、北院宣徽使蕭韓家奴、北院樞密副使蕭惟信、敦睦宮使耶律良等率宿衛士卒數千人禦之。[3]涅魯古躍馬突出，將戰，爲近侍詳穩渤海阿廝、護衛蘇射殺之。[4]己未，族逆黨家。庚申，重元亡入大漠，自殺。辛酉，詔諭諸道。壬戌，以仁先爲北院樞密使，進封宋王，加尚父，耶律乙辛南院樞密使，蕭韓家奴殿前都點檢，[5]封荆王。蕭惟信、耶律馮家奴並加太子太傅。宿衛官蕭乙辛、回鶻海鄰、褭里、耶律撻不也、阿廝、宫分人急里哥、霞抹、乙辛、只魯並加上將軍。諸護衛及士卒、庖夫、弩手、傘子等三百餘人，各授官有差。耶律良密告重元變，命籍横帳夷离堇房，[6]爲漢人行宫都部署。[7]癸亥，貼不訴爲重元等所脅，詔削爵爲民，流鎮州。[8]戊辰，以黑白羊祭天。[9]

[1]重元（1021—1063）：聖宗次子。原名宗元，因避興宗諱，改重元，小字孛吉只，亦作孛己只。太平三年（1023）封秦國王。聖宗死後，欽愛皇后稱制，曾密謀立重元。重元以所謀告於興宗，封爲皇太弟。賜以金券誓書。道宗即位，册爲皇太叔，爲天下兵馬大元帥。清寧九年（1063）與其子涅魯古謀亂，失敗自殺。本書卷一一二有傳。　蕭胡覩（？—1063）：遼外戚，字乙辛。重熙中，尚秦國長公主，授駙馬都尉，以不諧離婚，復尚齊國公主，爲北面林牙。清寧中歷北、南院樞密副使，清寧九年（1063）七月參與重元叛亂，失敗投水死。五子，同日誅之。本書卷一一四有傳。　貼不：聖宗弟隆祐之子。　林牙：契丹官名。掌文翰，相當於翰林學士。　蕭迭里得（？—1063）：國舅少父房之後，字胡覩堇。太平中以外戚補祗候郎君，歷延昌宫使、殿前副點檢。重熙十九年以伐夏功命知漢人行宫都部署事，出爲西南面招討使。清寧中爲南京統軍使。後從重元子涅魯古等亂，敗走被擒，伏誅。本書卷一一四有傳。　拽剌：契丹語“走卒”謂之“拽剌”，後爲軍官名。有掌旗

鼓者，稱“旗鼓拽剌”；還有專司偵候、探報等職者。

［2］行宫：亦稱行帳、行在，契丹語稱捺鉢。是遼朝皇帝所居處，也是朝廷所在地。此次重元之亂即從攻打行宫開始。

［3］耶律乙辛（？—1083）：五院部人。字胡覩衮。重熙中爲文班吏。道宗清寧五年（1059）爲南院樞密使，改知北院，封趙王。九年重元亂平，拜北院樞密使，進封魏王。咸雍五年（1069）加守太師。詔四方有軍旅，許以便宜從事，勢震中外。大康元年（1075）誣皇后蕭觀音致死，三年又害死太子耶律濬。七年冬，坐以禁物鬻入外國，幽於來州。九年謀奔宋及私藏兵甲事發，伏誅。本書卷一一〇有傳。　宰相：契丹部族官名。契丹可汗之下有北、南二府，各部族則分屬二府，分設宰相，故北宰相亦稱北府宰相，南宰相亦稱南府宰相。　蕭韓家奴（？—1078）：字括寧，奚長渤魯恩之後。太平中補祗候郎君，累遷敦睦宫使。改奚六部大王。清寧初封韓國公，歷南京統軍使、北院宣徽使，封蘭陵郡王。平定重元之亂有功，遷殿前都點檢，封荆王，賜資忠保義奉國竭貞平亂功臣。大康初皇太子被耶律乙辛誣構，韓家奴上書力言其冤。本書卷九六有傳。　蕭惟信：契丹楮特部人，歷南京留守、左右夷离畢，北院樞密副使。卒於大康中。本書卷九六有傳。　敦睦宫：孝文皇太弟宫分。　耶律良（？—1065）：著帳郎君之後，字習撚，小字蘇。重熙中補寢殿小底，尋爲燕趙國王近侍。清寧中爲敦睦宫使，兼權知皇太后宫諸局事。聞重元與子涅魯古謀亂，密言於皇太后。太后託疾，召帝白其事。亂平，以功遷漢人行宫都部署。咸雍初同知南院樞密使事，爲愓隱，出知中京留守事。未幾卒。

［4］近侍詳穩渤海阿厮：【劉校】據中華點校本校勘記，本書卷一一二《涅魯古傳》同。阿厮，卷九六本傳作“阿思”。“近侍詳穩渤海”，本傳作“渤海近侍詳穩”，檢本書卷四五《百官志一》有“渤海近侍詳穩司”，此處“渤海”與“近侍詳穩”互倒。

［5］蕭韓家奴：【靳校】原本無“蕭”字。中華點校本據南監本、北監本和殿本補。今從。　殿前都點檢：官名。五代後周世宗

設置殿前司，以都點檢、副都點檢爲正副長官，位在都指揮使之上，爲禁軍統帥。宋初廢。遼設殿前都點檢，爲南面軍官，當係模倣周制。

[6]横帳：契丹以玄祖之後爲皇族，分爲三房：孟父房、仲父房和季父房。季父房一系太祖阿保機子孫爲“横帳”。本書卷一六《聖宗本紀七》：開泰八年冬十月癸巳，詔“横帳、三房不得與卑小帳族爲婚；凡嫁娶，必奏而後行”。本書卷四五《百官志一》：“玄祖伯子麻魯無後，次子巖木之後曰孟父房；叔子釋魯曰仲父房；季子爲德祖，德祖之元子是爲太祖天皇帝，謂之横帳；次曰剌葛，曰迭剌，曰寅底石，曰安端，曰蘇，皆曰季父房。”【劉注】契丹小字中“横帳”作才丙火，本義是“兄弟的”，即與皇帝稱兄道弟者就是皇族。

[7]漢人行宫都部署：遼在北南面官系統中，分别設契丹行宫都部署和漢人行宫都部署，其上則有諸行宫都部署。行宫都部署完全是倣中原王朝官制設置的，它不同於專管斡魯朶事務的某宫都部署的宫官。宋朝皇帝巡幸亦有行宫，且亦有行宫都部署之設。後避英宗趙曙名諱，改稱行宫都總管。詳本書卷四七《百官志三》。

[8]鎮州：本古可敦城。統和二十二年（1004）置鎮州，建安軍。陳得芝《耶律大石北行史地雜考》（《歷史地理》第二輯）説：遼朝統治漠北屬部的最高軍政機構是西北路招討司（又稱西北路都招討司），遼聖宗統和十二年（994）因西北“阻卜”諸部作亂，以蕭撻凛爲西北路招討使，命隨皇太妃（齊王妃）出征，“屯西鄙驢駒兒河，西捍韃靼，盡降之”。蕭撻凛鑒於達旦諸部叛服不常，上表乞建三城以鎮之。統和二十二年三城完工，設置鎮、防、維三州。

[9]祭天：古代的重大祭祀。《儀禮·喪服》以爲天是“天子及其始祖之所自出”。契丹傳統是以青牛白馬祭天地。以黑白羊祭天，與契丹傳統祭天地的儀式不合，當是用漢禮。

八月庚午朔，遣使安撫南京吏民。癸酉，以永興宫使耶律塔不也有定亂功，[1]爲同知點檢司事。

[1]永興宫：太宗耶律德光宫分。

冬十月戊辰朔，幸興王寺。庚午，以六院部太保耶律合朮知南院大王事。[1]是月，駐蹕藕絲淀。[2]

[1]六院部：太祖析迭剌部爲五院部和六院部。太宗會同元年（938）改夷离堇爲大王。北院大王和南院大王即五院部和六院部的首領。

[2]藕絲淀：即廣平淀，在永州（今内蒙古自治區翁牛特旗白音他拉古城）東南三十里，遼中期以後冬捺鉢所在地。詳本書卷三二《營衛志中》。

十一月辛丑，以南院宣徽使蕭九哥爲北府宰相。[1]己未，追封故富春郡王耶律義先爲許王。[2]

是歲，封皇子濬爲梁王。

[1]蕭九哥：全書僅此一見，其事不詳。

[2]耶律義先（1010—1052）：于越仁先之弟。重熙初補祗候郎君班詳穩。十六年（1047）爲殿前都點檢，討蒲奴里，多所招降，獲其酋長陶得里以歸，以功改南京統軍使，封武昌郡王。二十一年拜惕隱，進王富春。本書卷九〇有傳。

十年春正月己亥，北幸。

二月，禁南京民決水種粳稻。

秋七月壬申，詔決諸路囚。辛巳，禁僧尼私詣行在，[1]妄述禍福取財物。

[1]行在：皇帝出行時所在之地。遼是“行國”，其行在稱“捺鉢”，是其朝廷所在。

九月壬寅，幸懷州，[1]謁太宗、穆宗廟。

[1]懷州：遺址在今内蒙古自治區巴林左旗林東鎮幸福之路蘇木崗根嘎查舊城。本唐歸誠州，以契丹降部置。武后萬歲通天初，歸誠州刺史孫萬榮與松漠都督李盡忠叛，寇營州。即此。後廢。太宗德光行帳牧放於此，後葬於西山，曰懷陵。因置懷州奉陵軍。《武經總要》前集卷一六下《戎狄舊地》：“懷州，契丹號奉陵軍，州將兼山陵都部署，即遼主德光葬所也。東南至中京三百五十里，西至平地松林四十里，北至潢河十里，河北至上京百五十里，西北門至韃靼國三百里。”

冬十月壬辰朔，駐蹕中京。戊午，禁民私刊印文字。

十一月甲子，定吏民衣服之制。辛未，禁六齋日屠殺。[1]丁丑，詔求乾文閣所闕經籍，命儒臣校讎。庚辰，以彰國軍節度使韓謝十爲惕隱。[2]詔南京不得私造御用彩緞，私貨鐵，及非時飲酒。命南京三司，每歲春秋以官錢饗將士。

[1]六齋日：陰曆每月的八日、十四日、十五日、二十三日、二十九日、三十日。佛教認爲此六日是“惡日”，應持齋修福。見

《大智度論》卷六五。

[2]彰國軍：治應州，在今山西省應縣。

十二月癸巳，以北院大王蕭兀古匿爲契丹行宮都部署。[1]

是歲，南京、西京大熟。

[1]北院大王：契丹部族官。五院部的首領。

咸雍元年春正月辛酉朔，文武百僚加上尊號曰聖文神武全功大略廣智聰仁睿孝天祐皇帝。改元，大赦。册梁王濬爲皇太子，内外官賜級有差。甲子，如魚兒濼。[1]庚寅，詔諸遇正旦、重午、冬至，别表賀東宫。[2]

[1]魚兒濼：又稱長濼、長泊。在長春州境内，位於今吉林省前郭爾羅斯蒙古族自治縣西北部。

[2]詔諸遇正旦、重午、冬至，别表賀東宫：【劉校】據中華點校本校勘記，“諸”下疑脱“路”或“道”字。

三月丁亥，以知興中府事楊績知樞密院事。[1]

[1]興中府：治所在今遼寧省朝陽市。

夏四月辛卯，以知樞密院事張嗣復疾，改知興中府事。庚子，清暑拖古烈。

五月辛巳，夏國遣使來貢。[1]

[1]夏國（1038—1227）：以党項民族爲主體建立的政權。公元1038年，元昊叛宋稱帝，建立大夏王朝，傳十代，至1227年爲蒙古所滅。元昊稱帝以前，作爲北宋境内的地方割據政權，已經具有獨立性。史稱西夏，先後與遼、北宋及金、南宋並立於中國境内。境土包括今寧夏回族自治區全部、甘肅省大部、陝西省北部以及青海省、内蒙古自治區的部分地區。

秋七月丙子，以皇太后射獲熊，賞賚百官有差。

八月丙申，客星犯天廟，[1]詔諸路備盜賊，嚴火禁。

[1]天廟：星名。即營室。《國語·周語上》："日月底於天廟，土乃脈發。"韋昭注："天廟，營室也。"《晉書》卷一一《天文志》："北方南斗六星，天廟也，丞相、太宰之位，主褒賢進士、稟授爵禄，又主兵。"

九月乙亥，駐蹕藕絲淀。丁丑，左夷离畢慥古爲孟父敞穩。[1]

[1]孟父敞穩：契丹官名。即孟父房敞穩。契丹以玄祖之後爲皇族，分爲三房：孟父房、仲父房和季父房。本書卷四五《百官志一》："玄祖伯子麻魯無後，次子巖木之後曰孟父房。""敞穩"亦作"常袞"，是諸帳官員。

冬十月丁亥朔，幸醫巫閭山。[1]己亥，皇太后射獲虎，大宴群臣，令各賦詩。

[1]醫巫閭山：遼西地區的名山。

十一月壬戌，有星如斗，逆行，隱隱有聲。

十二月甲午，以遼王仁先爲南京留守，徙封晉王。辛亥，以南京留守蕭惟信爲左夷离畢。壬子，熒惑與月並行，自旦至午。

二年春正月丁巳，如鴨子河。宋賀正使王嚴卒，以禮送還。癸未，幸山榆淀。

二月甲午，詔武定軍節度使姚景行問以治道，[1]拜南院樞密使。

[1]姚景行（？—1075）：始名景禧。隸漢人宫分。既貴始出宫籍，貫興中縣。重熙五年（1036）進士。不數年至翰林學士、樞密副使，參知政事。道宗即位，多被顧問，爲北府宰相。咸雍元年（1065）出爲武定軍節度使。明年，驛召拜南院樞密使。大康初徙鎮遼興。本書卷九六有傳。

三月辛巳，以東北路詳穩耶律韓福奴爲北院大王。壬午，彗星見於西方。

夏四月，霖雨。

五月乙亥，駐蹕拖古烈。辛巳，以户部使劉詵爲樞密副使。[1]

[1]以户部使劉詵爲樞密副使：【劉校】據中華點校本校勘記，劉詵，即“劉伸”，字濟時，宛平人。本書卷九八有傳。

六月丙戌，回鶻來貢。甲辰，阻卜來貢。[1]

[1]阻卜：即達旦、韃靼。元人諱言達旦，而稱達旦爲阻卜。詳王國維《觀堂集林》卷一四《達旦考》。

秋七月癸丑朔，以西北路招討使蕭朮者爲北府宰相，左夷离畢蕭惟信南院樞密使，[1]同知南院樞密使事耶律白惕隱。丙辰，南院樞密使姚景行致仕。庚申，録囚。辛酉，景行復前職。丁卯，如藕絲淀。以歲旱，遣使振山後貧民。[2]

[1]蕭惟信南院樞密使：【劉校】據中華點校本校勘記，本書卷九六本傳作“北院樞密副使”。

[2]山後：又稱山北。《通鑑》卷二八〇胡注：山北諸州謂雲、應、寰、朔等州。

九月壬子朔，日有食之。以參知政事韓孚爲樞密副使。

冬十二月壬午，以知樞密院事楊績爲南院樞密使，樞密副使劉詵參知政事。戊子，僧守志加守司徒。丁酉，以西京留守合朮爲南院大王。辛丑，以蕭朮者爲武定軍節度使。

是年，御永安殿放進士張臻等百一人。

三年春正月辛亥，[1]如鴨子河。甲子，御安流殿鉤魚。[2]

[1]三年春正月：【劉校】原本和北監本作“二年春正月”，據殿本改。中華點校本和修訂本徑改。

[2]鉤魚：鑿冰捕魚。

三月癸亥，宋主曙殂，子頊嗣位，遣使告哀。[1]即遣右護衛太保蕭撻不也、翰林學士陳覺等弔祭。[2]

[1]宋主曙殂，子頊嗣位，遣使告哀：宋英宗崩，神宗繼位。據《宋史》卷一四《神宗本紀》，治平四年（1067）正月丁巳，“英廟崩，帝即皇帝位。戊午，赦天下常赦所不原者，遣馮行已告哀於遼”。

[2]蕭撻不也：國舅郡王高九之孫。字斡里端。大康元年（1075）爲彰湣宫使，尚趙國公主，拜駙馬都尉。三年改同知漢人行宫都部署。與北院宣徽使耶律撻不也善，耶律乙辛嫉之，令人誣告謀廢立事。不勝搒掠，誣伏。遂見殺。本書卷九九有傳。

閏月丁亥，扈駕軍營火，賜錢、粟及馬有差。辛卯，駐蹕春州北淀。乙巳，以蕭兀古匿爲北府宰相。

夏五月壬辰，駐蹕納葛濼。壬寅，賜隨駕官諸工人馬。

六月戊申，有司奏新城縣民楊從謀反，[1]僞署官吏。上曰：“小人無知，此兒戲爾。”獨流其首惡，餘釋之。庚戌，宋遣使饋其先帝遺物。[2]辛亥，宋以即位，遣陳襄來報，[3]即遣知黄龍府事蕭圖古辭、中書舍人馬鉉往賀。[4]壬戌，南府宰相韓王蕭唐古致仕。壬申，以廣德軍節度使耶律蘗奴爲南府宰相，度支使趙徽參知政事。

[1]新城縣：治所在今河北省高碑店市。

[2]宋遣使饋其先帝遺物：宋遣史照、周孟陽、李評、李琦等

爲北朝遺留禮信使副。見傅樂焕《宋遼聘使表》(《遼史叢考》第212頁)。

[3]陳襄：福州侯官人。字述古。宋治平四年（1067）宋神宗即位，陳襄以諫議大夫使遼。有《使遼録》一卷，載《遼海叢書》者爲優。《宋史》卷三二一有傳。

[4]蕭圖古辭（1017—1068)：【劉注】據契丹小字《蕭奮勿膩·圖古辭墓誌銘》，契丹語小名（圖古辭)，第二個名(奮勿膩)。他是國舅楊寧宰相的後人。祖父爲團寧大王，其父爲阿古真大王，其母爲横帳季父房秦王（指韓匡嗣）家的  （普你·大漢）招討（指韓德威）之女。曾任國舅詳穩都監、工部尚書等職。後以黄龍府府尹的身份出使宋朝，慶賀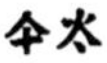   （宋國的新可汗）即位。咸雍四年（1068）二月二十五日薨於黄龍府府衙，享年五十一歲。

秋七月辛丑，熒惑晝見，[1]凡三十五日。

[1]熒惑：星名，古指火星。因隱現不定，令人迷惑，故名。

九月戊戌，詔給諸路囚糧。癸卯，幸南京。

冬十一月壬辰，夏國遣使進回鶻僧《金佛梵覺經》。[1]

[1]回鶻僧《金佛梵覺經》：《遼史拾遺》卷一六作“回鶻僧撰《金佛梵覺經》”。

十二月丁未，以參知政事劉詵爲樞密副使，東北路詳穩高八南院大王，樞密直學士張孝傑參知政事。[1]己酉，以張孝傑同知樞密院事。丁巳，行再生禮，赦死罪以下。[2]是月，夏國王李諒祚薨。[3]

是歲，南京旱、蝗。

[1]張孝傑：建州永霸縣（今遼寧省朝陽市）人。重熙二十四年（1055）進士。咸雍三年（1067）参知政事，同知樞密院事，加工部侍郎。八年封陳國公。大康元年（1075）賜國姓。是年夏乙辛譖皇太子，誣害忠良，孝傑之謀居多。而道宗竟以其爲忠，可比狄仁傑，賜名仁傑。大安中死於鄉。本書卷一一〇有傳。

[2]死罪以下：較死罪爲輕的罪刑，即笞、杖、徒、流之罪。

[3]李諒祚：西夏國主。李元昊之子，生母爲没藏氏。公元1048年至1067年在位。幼年繼位，國相没藏訛龐與其妹太后没藏氏盡攬朝權。1049年，遼興宗乘西夏景宗元昊新死，大舉親征，但爲夏軍所敗。1061年，訛龐父子陰謀殺害諒祚，諒祚在大將漫咩支援下，擒殺訛龐父子，盡誅其家族，廢皇后没藏氏（訛龐女），納梁氏爲后，以后弟梁乙埋爲國相。諒祚下令停止使用蕃禮，改行漢禮。死於1067年，廟號毅宗。

四年春正月甲戌朔，日有食之。丙子，如鴛鴦濼。辛巳，改易州兵馬使爲安撫使。[1]丁亥，獵炭山。[2]辛卯，遣使振西京饑民。

[1]易州：治所在今河北省易縣。

[2]炭山：山名。據《新五代史》卷七二《四夷附録第一》："漢城在炭山東南灤河上，有鹽鐵之利，乃後魏滑鹽縣也。其地可植五谷，阿保機率漢人耕種，爲治城郭、邑屋、廛市如幽州制度，

漢人安之，不復思歸。”另據本書卷四一《地理志·西京道》，炭山在歸化州，即武州（今河北省張家口市宣化區）。

二月甲辰朔，詔元帥府募軍。壬子，夏國王李諒祚子秉常遣使告哀。[1]癸丑，頒行御制《華嚴經贊》。[2]丁卯，北行。

[1]秉常：即李秉常，西夏惠宗。公元1067年至1086年在位。七歲繼位，母梁太后攝政，梁乙埋任國相。改行蕃禮。1076年，親政，又下令以漢禮代替蕃禮。這項措施雖得到皇族的支持，但遭到朝中后黨的強烈反對，無法施行。梁太后並將秉常囚禁，後迫於擁帝勢力的強大，又讓其復位。死於1086年，廟號惠宗。

[2]華嚴經：《大方廣佛華嚴經》的簡稱。據説是釋迦牟尼成道之初在菩提樹下所説的大乘無上法門。因其高深，解悟者少。

三月丙子，遣使夏國弔祭。甲申，振應州饑民。[1]乙酉，詔南京除軍行地，餘皆得種稻。庚寅，振朔州饑民。[2]乙未，夏國李秉常遣使獻其父諒祚遺物。

[1]應州：治所在今山西省應縣。

[2]朔州：治所在今山西省朔州市。

夏四月戊午，阿薩蘭回鶻遣使來貢。

五月丙戌，駐蹕拖古烈。

六月壬子，西北路雨穀，[1]方三十里。丙寅，以北院林牙耶律趙三爲北院大王，右夷离畢蕭素颯中京留守。[2]

［1］雨穀：指布穀鳥。宋人盧祖皋《月城春·壽無爲趙秘書》詞："雨穀催耕，風簾戲鼓，家家歡笑。"【劉注】從"方三十里"來理解"雨穀"，不應是布穀鳥，而是天上掉穀粒之意。

［2］蕭素颯：字特免，契丹五院部人。重熙間始仕，累遷北院承旨、彰湣宮使。清寧初歷左皮室詳穩、右夷离畢。咸雍五年（1069）徙北院林牙，改南院副部署，卒。本書卷九五有傳。

秋七月壬申，置烏古敵烈部都統軍司。[1]丙子，獵黑嶺。[2]是月，南京霖雨，地震。

［1］烏古敵烈部：部族名。原爲二部。烏古又稱嫗厥律、于厥律，居契丹西北；敵烈又譯迪烈、敵烈德、迭烈德、達里底。遼時以遊牧、捕獵爲業，分佈於臚朐河（今克魯倫河）流域。有八部，稱爲八部敵烈或八石烈敵烈。與烏古部並稱爲北邊大部。遼聖宗以敵烈部降人置迭魯敵烈部和北敵烈部。開泰四年（1015），築河董城於臚朐河北，安置敵烈、烏古降人。壽昌二年（1096），徙敵烈、烏古於烏納水西。遼置烏古敵烈統軍司以應對阻卜諸部的反抗。金末元初，敵烈人逐漸與女真人、蒙古人等同化。

［2］黑嶺：即慶雲山。據本書卷三七《地理志一》，慶州有慶雲山，"本黑嶺也，聖宗駐蹕，愛羨，曰：'吾萬歲後，當葬此。'興宗遵遺命，建永慶陵。有望仙殿、御容殿。置蕃、漢守陵三千户，並隸大内都總管司"。

九月己亥，駐蹕藕絲淀。

冬十月辛亥，曲赦南京徒罪以下囚。永清、武清、安次、固安、新城、歸義、容城諸縣水，[1]復一歲租。戊辰，册李秉常爲夏國王。

十二月辛亥，夏國遣使來貢。

[1]永清：治所在今河北省永清縣。　武清：治所在今天津市武清區。　安次：治所在今河北省廊坊市。　固安：治所在今河北省固安縣。　歸義：治所在今河北省雄縣。　容城：後周以瓦橋關建雄州（今河北省雄縣），容城爲該州屬縣。

五年春三月，[1]阻卜叛，以晉王仁先爲西北路招討使，領禁軍討之。

[1]春三月：【劉校】中華點校本據北監本、殿本作"春正月"。今從修訂本仍作"春三月"。

夏六月己亥，駐蹕拖古烈。丙午，吐蕃遣使來貢。[1]壬戌，以南院樞密使蕭惟信知北院樞密使事。

[1]吐蕃：原爲中國古代藏族政權名。公元七至九世紀在青藏高原建立。吐蕃政權崩潰以後，宋元及明初史籍稱青藏高原上的土著族、部爲吐蕃。

秋七月乙丑朔，日有食之。戊辰，夏國遣使來謝封册。癸未，詔禁皇族恃勢侵漁細民。

八月，謁慶陵。[1]

[1]慶陵：包括遼聖宗耶律隆緒和仁德皇后、欽愛皇后的永慶陵，遼興宗耶律宗真和仁懿皇后的永興陵，遼道宗耶律弘基和宣懿皇后的永福陵。位於今内蒙古自治區巴林右旗索博日嘎（白塔子）

鎮西北約十餘公里的瓦林茫哈地方。聖宗永慶陵中保存有壁畫，繪有人物、山水，尤以象徵四時捺鉢的四季山水圖彌足珍貴。三陵出土遺物多已散失，今僅存部分石刻哀册。其中漢文哀册有聖宗、仁德皇后、欽愛皇后、道宗、宣懿皇后的各一合，仁懿皇后哀册僅存篆蓋。契丹小字哀册有道宗、宣懿皇后的各一合。1922年還從陵中抄寫出興宗和仁懿皇后的契丹小字哀册册文，原石仍埋墓中。

九月戊辰，仁先遣人奏阻卜捷。

冬十月己亥，駐蹕藕絲淀。

十一月丁卯，詔四方館副使止以契丹人充。[1]丁丑，五國部剖阿里部叛，[2]命蕭素颯討之。

[1]四方館：官署名。隋置四方館，對東西南北四方少數民族，各設使者一人，掌管往來及互相貿易等事，隸屬鴻臚寺。唐以通事舍人主管，隸屬中書省。宋置四方館使，掌管文武官朝見辭謝，國忌賜香及諸道元日、冬至、朔旦、慶賀章表、郊祀、朝蕃官、貢舉人、進奉使、京官、致仕官、道釋、父老陪位等事。其職務與隋唐不同。遼的四方館，當是倣宋制。

[2]五國部剖阿里部叛：【劉校】原本、北監本和殿本均脱“剖”字，中華點校本據南監本和本書卷三三《營衛志下》及卷六九《部族表》補。今從。

閏月戊申，夏國王李秉常遣使乞賜印綬。[1]己未，僧志福加守司徒。

[1]印綬：印信和繫印信的絲帶。古人印信上繫有絲帶，佩帶在身，用以表明身份。《舊唐書》卷一七〇《裴度傳》：“帶丞相之

印綬，所以尊其名；賜諸侯之斧鉞，所以重其命。”

十二月甲子，行皇太子再生禮，減諸路徒以下罪一等。乙丑，詔百官廷議國政。甲戌，五國來降，仍獻方物。

六年春正月甲午，如千鵝濼。

二月丙寅，阻卜來朝，貢方物。

夏四月癸未，西北路招討司以所降阻卜酋長至行在。

五月甲辰，清暑拖古烈。甲寅，設賢良科，[1]詔應是科者，先以所業十萬言進。

[1]賢良科：唐宋時期考試選拔人才的科目。宋人徐度《卻掃編》卷下：“國朝制科初因唐制，有賢良方正，能直言極諫；經學優深，可爲師法；詳明吏理，達於教化。凡三科，應内外職官、前資見任、黄衣草澤人並許諸州及本司解送上吏部對御試策一道，限三千字以上。”宋人高承《事物紀原》卷三《學校舉貢部》：“漢唐逮今，取士之制有賢良方正、茂才異等六科，謂之制舉，亦曰大科，通謂之賢良。其制蓋自漢文帝始。《史記·文紀》一年十二月日食，令舉賢良方正能直言極諫，以輔不逮。”遼朝策賢良，蓋承唐制。

六月辛巳，阻卜來朝。乙酉，以惕隱耶律白爲中京留守。是月，御永安殿放進士趙廷睦等百三十八人。

秋七月辛亥，獵於合魯聶特。

八月丙子，耶律白薨，追封遼西郡王。

九月庚戌，幸藕絲淀。甲寅，以馬希白詩才敏妙，十吏書不能給，召試之。

冬十月丁卯，五國部長來朝。[1]壬申，西北路招討司擒阻卜酋長來獻。

[1]五國部：遼東北部族名。越里篤、剖阿里、奥里米、蒲奴里和越里吉，統稱五國部。

十一月乙卯，禁鬻生熟鐵於回鶻、阻卜等界。

十二月戊午，加圓釋、法鈞二僧並守司空。己未，以坤寧節，[1]赦死罪以下。[2]辛酉，禁漢人捕獵。

[1]坤寧節：【劉校】"節"原本作"郎"，明抄本、南監本、北監本和殿本均作"節"。中華點校本及修訂本徑改。【靳注】坤寧節，遼興宗仁懿皇后蕭撻里生辰。

[2]赦死罪以下：【劉校】據中華修訂本校勘記，明抄本、南監本、北監本、殿本皆作"赦徒罪以下。"

七年春正月戊子，如鴨子河。

二月乙丑，女直進馬。[1]丙寅，以南院樞密使姚景行知興中府事。

[1]女直：本作女真，因避遼興宗耶律宗真名諱，改稱女直。遼時居東北東部。在南者入遼籍，稱熟女真，或合蘇館女真；在北者不入遼籍，稱生女真。

三月己酉，以討五國功，加知黄龍府事蒲延、懷化軍節度使高元紀、易州觀察使高正並千牛衛上將軍，五國節度使蕭陶蘇斡、寧江州防禦使大榮並静江軍節度使。[1]幸黑水。

[1]蕭陶蘇斡：契丹突吕不部人。字乙辛隱。天慶四年（1114）爲漢人行宫副部署。當時金兵初起，攻陷寧江州。陶蘇斡主張大規模征發諸道兵，以威勢壓制女直。其計未被採用。本書卷一〇一有傳。　寧江州：治所在今吉林省松原市寧江區伯都鄉伯都村古城。　防禦使：原爲唐官名。在遼爲防禦州的長官，官階低於團練使而高於刺史。

夏四月癸酉，如納葛濼。乙亥，禁布帛短狹不中尺度者。

六月己卯，吐蕃來貢。癸未，南院大王高八致仕。

秋七月甲申朔，以東北路詳穩合里只爲南院大王，西南面招討使拾得奴爲奚六部大王。己丑，遣使按問五京囚。庚子，如藕絲淀。

八月辛巳，置佛骨於招仙浮圖，罷獵，禁屠殺。

冬十月己卯，如醫巫閭山。壬戌，以南府宰相耶律蘖奴爲南京統軍使。戊辰，謁乾陵。

十一月戊子，免南京流民租。己丑，振饒州饑民。丙午，高麗遣使來貢。[1]

[1]高麗：指王建創建的高麗王朝（918—1392）。統治地域在今朝鮮半島，首都在開京（今朝鮮開城市）。

十二月壬子，以契丹行宫都部署耶律胡覩知北院樞密使事，知北院樞密使事蕭惟信爲南府宰相，兼契丹行宫都部署。丁巳，漢人行宫都部署李仲禧、北院宣徽使劉霂、樞密副使王觀、都承旨楊興工各賜國姓。[1]戊寅，回鶻來貢。

是歲，春州斗粟六錢。

[1]李仲禧：析津（今北京市）人。重熙中始仕。咸雍初遷漢人行宫都部署。七年（1071）賜國姓，八年封韓國公，九年爲南院樞密使。與耶律乙辛等誣陷皇太子。事蹟見本書卷九八其子耶律儼傳。

（李錫厚注　劉鳳翥校）

遼史　卷二三

本紀第二十三

道宗三

八年春正月癸未，烏古敵烈部詳穩耶律巢等奏克北邊捷。[1]以戰多殺人，飯僧南京、中京。[2]甲申，如魚兒濼。[3]壬寅，昏霧連日。

[1]烏古敵烈部：部族名。原爲二部。烏古又稱嫗厥律、于厥律，居契丹西北；敵烈又譯迪烈、敵烈德、迭烈德、達里底。遼時以遊牧、捕獵爲業，分佈於臚朐河（今克魯倫河）流域。有八部，稱爲八部敵烈或八石烈敵烈。與烏古部並稱爲北邊大部。遼聖宗以敵烈部降人置迭魯敵烈部和北敵烈部。開泰四年（1015）築河董城於臚朐河北，安置敵烈、烏古降人。壽昌二年（1096）徙敵烈、烏古於烏納水西。遼置烏古敵烈統軍司以應對阻卜諸部的反抗。金末元初，敵烈人逐漸與女真人、蒙古人等同化。

[2]飯僧：向僧人施飯，奉佛藉以祈福。《舊唐書》卷一一八《王縉傳》："初，代宗喜祠祀，未甚重佛，而元載、杜鴻漸與［王］縉喜飯僧徒。代宗嘗問以福業報應事，載等因而啟奏，代宗由是奉

之過當，嘗令僧百餘人於宫中陳設佛像，經行念誦，謂之内道場。其飲膳之厚，窮極珍異，出入乘廄馬，度支具廩給。每西蕃入寇，必令群僧講誦《仁王經》，以攘虜寇。苟幸其退，則横加錫賜。”

[3]魚兒濼：又稱長濼、長泊。在長春州境内，位於今吉林省前郭爾羅斯蒙古族自治縣西北部。

二月丙辰，北、南樞密院言無事可陳。[1]壬戌，以討北部功，烏古敵烈部詳穩耶律巢知北院大王事，都監蕭阿魯帶烏古敵烈部詳穩，加左監門衛上將軍。戊辰，歲饑，免武安州租税，[2]振恩、蔚、順、惠等州民。[3]

[1]北、南樞密院：官署名。爲遼朝的實際宰輔機構，分别爲北、南面官的首腦機構。北樞密院又稱契丹樞密院，掌軍事、部族。南樞密院又稱漢人樞密院，掌漢人州縣之事。

[2]武安州：阿保機初俘漢民，置木葉山下，因建城於此以遷之，初名杏堝新城。復以遼西户益之，更名新州。統和八年改曰武安州。在今内蒙古自治區敖漢旗東。

[3]恩、蔚、順、惠等州：【劉注】遼代恩州州治爲今内蒙古自治區喀喇沁旗西橋鄉七家子村遼城址；蔚州州治爲今河北省蔚縣；順州州治爲今遼寧省阜新蒙古族自治縣大巴鎮五家子村遼城址；惠州州治爲今遼寧省建平縣建平鎮八家子村（祁家灣屯）遼城址。

三月癸卯，有司奏春、泰、寧江三州三千餘人願爲僧尼，[1]受具足戒，[2]許之。

[1]春州：即長春州。治所在今吉林省前郭爾羅斯蒙古族自治

縣西北部塔虎城。　泰州：治所在今吉林省白城市東南。　寧江州：治所在今吉林省松原市寧江區佰都鄉佰都村古城。

[2]受具足戒：佛家語。佛教信徒出家落髮爲僧尼之後，經若干時日，在一定的儀式下接受戒律，稱爲“受戒”。“不殺生”，“不偷盜”，“不邪淫”，“不妄語”，“不飲酒”，“不坐高大床上”，“不著香華瓔珞，不著香油塗身，不著香薰衣”，“不自歌舞作樂，亦不往觀聽”，統稱“八戒”。全部接受這“八戒”，即“具足受戒”。

夏四月壬子，振義、饒二州民。[1]丁巳，駐蹕塔里捨。[2]己卯，清暑拖古烈。[3]

[1]義州：【劉注】遼代州名。據劉鳳翥、王雲龍《契丹大字〈耶律昌允墓誌銘〉之研究》，遼代義州故址在今内蒙古自治區赤峰市元寶山區小五家子回族自治鄉大營子村。　饒州：遼代州名。故城位於巴林左旗西南六十公里的西拉木倫河北岸臺地上，北靠群山。

[2]塔里捨：【劉校】據中華點校本校勘記，“《紀》大安八年三月作撻里捨”。

[3]拖古烈：山名。又作犢山，在永安山附近。遼朝夏捺鉢即依此山而設。宋代沈括於熙寧八年（遼大康元年，1075）使遼，當年五月至遼廷——道宗的夏捺鉢。其《熙寧使虜圖抄》（《永樂大典》卷一〇八七七）載：“西與北皆山也，其北山，庭之所依者曰‘犢兒’。”

五月壬午，晉王仁先薨。[1]

[1]仁先：即耶律仁先（1012—1072）。爲契丹皇族，孟父房之後。字糺鄰，小字查剌。重熙三年（1034）補護衛。十一年陞北院

樞密副使。與劉六符使宋，定議增歲幣。既還，同知南京留守事。十八年再舉伐夏，仁先與皇太弟重元爲前鋒。清寧初爲南院樞密使。九年（1063），重元謀逆，仁先受命討賊。事後，加尚父，進封宋王，爲北院樞密使。本書卷九六有傳。

六月甲寅，振易州貧民。[1]己未，振中京。甲子，振興中府。[2]甲戌，封北府宰相楊績爲趙王，[3]樞密副使耶律觀參知政事兼知南院樞密使事。丁丑，高麗遣使來貢。[4]

[1]易州：治所在今河北省易縣。

[2]興中府：治所在今遼寧省朝陽市。

[3]北府宰相：契丹部族官名。契丹可汗之下有北、南二府，各部族則分屬二府，分設宰相，故北宰相亦稱北府宰相，南宰相亦稱南府宰相。

[4]高麗：指王建創建的高麗王朝（918—1392）。統治地域在今朝鮮半島，首都在開京（今朝鮮開城市）。

秋七月己卯，慶州靳文高八世同居，[1]詔賜爵。丙申，振饒州饑民。丁酉，幸黑嶺。[2]丁未，以御書《華嚴經五頌》出示群臣。[3]

[1]慶州：遼代州名。州城遺址在今内蒙古自治區巴林右旗索博日嘎鎮。

[2]黑嶺：即慶雲山。據本書卷三七《地理志一》，慶州有慶雲山，“本黑嶺也，聖宗駐蹕，愛羨，曰：‘吾萬歲後，當葬此。’興宗遵遺命，建永慶陵。有望仙殿、御容殿。置蕃、漢守陵三千

户，並隸大内都總管司”。

[3]華嚴經：《大方廣佛華嚴經》的簡稱。據説是釋迦牟尼成道之初在菩提樹下所説的大乘無上法門。因其高深，解悟者少。

閏月辛未，射熊於羖羊山。

八月庚辰，混同郡王侯古薨，[1]遣使致祭。

[1]侯古（1009—1072）：【劉注】耶律宗愿契丹語小名的音譯，其契丹語第二個名是訛里本。聖宗仲子，母耿氏。其事蹟詳載《耶律宗愿墓誌銘》。

九月甲子，駐蹕藕絲淀。[1]

[1]藕絲淀：即廣平淀。在永州（今内蒙古自治區翁牛特旗白音他拉古城）東南三十里，遼中期以後冬捺鉢所在地。詳本書卷三二《營衛志中》。契丹語寬大曰阿斯，即藕絲。

冬十月己丑，參知政事耶律觀矯制營私第，降爲庶人。癸巳，回鶻來貢。[1]

[1]回鶻：古代部族名。據本書卷三三《營衛志下》，爲遼朝外十部之一。即回紇。本突厥别部。北魏時稱袁紇，亦曰烏擴、烏紇，至隋稱韋紇。大業元年（605）因反抗突厥的壓迫，與僕固、同羅、拔野古等成立聯盟，總稱回紇。唐天寶三載（744）破東突厥，建政權於今鄂爾渾河流域，有今蒙古高原之地。唐時助平安史之亂，屢尚公主。唐貞元四年（788）自請改稱回鶻。開成五年（840）爲轄戛斯所破，部衆分三支西遷：一支遷吐魯番盆地，稱高

昌回鶻或西州回鶻；一支遷葱嶺以西楚河一帶，即葱嶺以西回鶻；一支遷河西走廊，稱河西回鶻。歷五代遼金，回鶻皆嘗入貢。元明時稱畏吾兒。其族在唐時奉摩尼教，宋元以來改奉伊斯蘭教。

十一月庚戌，免祖州税。[1]丙辰，大雪，許民樵採禁地。丁卯，賜延昌宫貧户錢。[2]

［1］祖州：遼代州名。治所在今内蒙古自治區巴林左旗林東鎮西南查干哈達蘇木石房子嘎查，因係阿保機祖先出生之地，故名。遼在此置祖州天成軍。

［2］延昌宫：穆宗宫分。

十二月戊辰，漢人行宫都部署耶律仲禧封韓國公，[1]樞密副使、參知政事趙徽出爲武定軍節度使，[2]樞密副使柴德滋參知政事，漢人行宫副部署耶律大悲奴陞都部署，[3]同知南院樞密使事蕭韓家奴知左夷离畢事。[4]丁丑，以坤寧節，大赦。庚寅，賜高麗佛經一藏。

［1］耶律仲禧：即李仲禧。析津（今北京市）人。重熙中始仕。清寧初同知南院宣徽使事。四年（1058）拜北院宣徽使。咸雍初遷漢人行宫都部署。七年（1071）賜國姓，八年封韓國公，九年爲南院樞密使。與耶律乙辛等誣陷皇太子。事蹟見本書卷九八其子耶律儼傳。

［2］武定軍：奉聖州（即新州）軍號。治所在今河北省涿鹿縣。

［3］都部署：即漢人行宫都部署。遼在北、南面官系統中，分别設契丹行宫都部署和漢人行宫都部署，其上則有諸行宫都部署。

行宫都部署完全是倣中原王朝官制設置的，它不同於專管斡魯朶事務的某宫都部署的宫官。宋朝皇帝巡幸亦有行宫，且亦有行宫都部署之設。後避英宗趙曙名諱，改稱行宫都總管。詳本書卷四七《百官志三》。

[4]夷离畢：契丹官名。爲執政官，相當於副宰相參知政事。後來官分南、北，北面官有夷离畢院，主要掌刑政。

九年春正月丁未，如雙濼。

夏四月壬辰，如旺國崖。

秋七月甲辰，獵大熊山。戊申，烏古敵烈統軍言，八石烈敵烈人殺其節度使以叛。[1]己酉，詔隗烏古部軍分道擊之。[2]丙寅，南京奏歸義、淶水兩縣蝗飛入宋境，[3]餘爲蜂所食。

[1]石烈：構成部族的小單位。《遼史·百官志》以之對應爲“縣”。

[2]烏古：部族名。又稱嫗厥律、于厥律，居契丹西北。據《新五代史》卷七三《四夷附録第二》：“嫗厥律，其人長大，髦頭，酋長全其髪，盛以紫囊。地苦寒，水出大魚，契丹仰食。又多黑、白、黄貂鼠皮，北方諸國皆仰足。其人最勇，鄰國不敢侵。”

[3]歸義：縣名。治所在今河北省雄縣。　淶水：縣名。治所在今河北省淶水縣。

八月丙申，以耶律仲禧爲南院樞密使。

九月癸卯，駐蹕獨盧金。[1]

冬十月，幸陰山，[2]遂如西京。

［1］獨盧金：地名。在遼西京大同府雲中縣境内。傅樂焕《春水秋山考》："《遼史》云獨盧金，《長編》作雲中甸，名雖有異，地實相同。文彦博《潞公集》卷七《贈國信畢少卿仲衍》詩有云：'朔風不度龍沙遠，只向雲中講信回。'仲衍使遼在元豐二年，當遼大康五年。檢是年《遼紀》道宗亦駐蹕獨盧金。知獨盧金與雲中甸確指同一地點。獨盧金《遼史》不詳所在，由前後相關地名準之，知在西京境内。今悉又稱雲中甸，雲中爲遼西京大同府倚郭縣，雲中甸即謂雲中縣境郊野之地。"參《遼史叢考》第48頁。

［2］陰山：崑崙山北支。西起河套西北，向東綿亘於内蒙古、河北等省區，與内興安嶺相接，隨地易名。此處所謂"陰山"，可能指内蒙古境内的大青山。

十一月戊午，詔行幸之地免租一年。甲子，南院大王合理只致仕。[1]

［1］南院大王：契丹部族官。遼朝析迭剌部爲五院部和六院部。五院部有知五院事，在朝曰北大王院；六院部有知六院事，在朝曰南大王院。北院大王和南院大王即五院部和六院部的首領，握有兵權。

十二月辛未，以知北院樞密使事耶律宜新爲中京留守，[1]南院宣徽使耶律撒剌爲南院大王。[2]壬辰，高麗、夏國並遣使來貢。[3]

［1］北院樞密使：即契丹樞密院之樞密使，爲北面官之最高官職，掌軍事、部族。詳本書卷四五《百官志一》。

［2］宣徽使：遼朝官名。遼設北、南宣徽，分隸北南樞密院之

下。宣徽北院使常執行軍事使命。此外，宣徽使還掌領朝會、宴饗、禮儀、祭祀及御前祗應之事。

[3]夏國（1038—1227）：以党項民族爲主體建立的政權。公元 1038 年，元昊叛宋稱帝，建立大夏王朝，傳十代，至 1227 年爲蒙古所滅。元昊稱帝以前，作爲北宋境内的地方割據政權，已經具有獨立性。史稱西夏，先後與遼、北宋及金、南宋並立於中國境内。境土包括今寧夏回族自治區全部、甘肅省大部、陝西省北部以及青海省、内蒙古自治區的部分地區。

十年春正月乙卯，如鴛鴦濼。[1]

[1]鴛鴦濼：湖名。在今北京市延慶區境内。舊時周八十里。其水停積不流，自遼金以來，爲飛放之所。即今野鴨湖。

二月癸未，蠲平州復業民租賦。[1]戊子，阻卜來貢。[2]

[1]平州：唐置，治所在今河北省盧龍縣。

[2]阻卜：即達旦、韃靼。元人諱言達旦，而稱達旦爲阻卜。詳王國維《觀堂集林》卷一四《達旦考》。

三月甲子，如拖古烈。以耶律巢爲北院大王。

夏四月，旱。辛未，以奚人達魯三世同居，賜官旌之。

五月丙寅，録囚。

六月戊辰，親出題試進士。壬申，詔臣庶言得失。丙子，御永定殿，[1]策賢良。[2]

[1]永定殿:【靳校】原本作“永安殿”,中華點校本據南監本、北監本和殿本改。今從改。

[2]賢良:唐宋考試選拔人才的科目。宋人徐度《卻掃編》卷下:“國朝制科初因唐制,有賢良方正,能直言極諫;經學優深,可爲師法;詳明吏理,達於教化。凡三科,應内外職官、前資見任、黄衣草澤人並許諸州及本司解送上吏部對御試策一道,限三千字以上。”宋人高承《事物紀原》卷三《學校舉貢部》:“漢唐逮今,取士之制有賢良方正、茂才異等六科,謂之制舉,亦曰大科,通謂之賢良。其制蓋自漢文帝始。史記文紀一年十二月日食,令舉賢良方正能直言極諫,以輔不逮。”遼朝策賢良,蓋承唐制。

秋七月丙辰,如秋山。[1]癸亥,謁慶陵。[2]

[1]秋山:契丹秋捺鉢的主要活動是行獵,因其多在山區進行,故稱秋山。

[2]慶陵:包括遼聖宗耶律隆緒和仁德皇后、欽愛皇后的永慶陵,遼興宗耶律宗真和仁懿皇后的永興陵,遼道宗耶律弘基和宣懿皇后的永福陵。位於今内蒙古自治區巴林右旗索博日嘎(白塔子)鎮西北約十公里的瓦林茫哈地方。聖宗永慶陵中保存有壁畫,繪有人物、山水,尤以象徵四時捺鉢的四季山水圖彌足珍貴。三陵出土遺物多已散失,今僅存部分石刻哀册。其中漢文哀册有聖宗、仁德皇后、欽愛皇后、道宗、宣懿皇后的各一合,仁懿皇后哀册僅存篆蓋。契丹小字哀册有道宗、宣懿皇后的各一合。1922年還從陵中抄寫出興宗和仁懿皇后的契丹小字哀册册文,原石仍埋墓中。

九月庚戌,幸東京。謁二儀、五鸞殿。[1]癸亥,祠木葉山。[2]

[1]謁二儀、五鸞殿：庚戌十三天后是癸亥，謁“二儀、五鸞殿”應是在離開東京十日之後。二儀、五鸞殿皆在上京地區，而非東京。【劉注】據本書卷三七《地理志一·祖州》“殿曰兩明，奉安祖考御容；曰二儀，以白金鑄太祖像”。從而知道遼代的二儀殿，不在上京，而在祖州。

[2]木葉山：山名。契丹語稱“大”爲“木葉”。“木葉山”可以泛指任何“大山”，也可專指某一大山爲“木葉山”。此處指永州境内一座山，契丹人視此山爲神山，其地在今内蒙古自治區翁牛特旗新蘇莫蘇木的西拉木倫河與老哈河匯合處一帶。“上建契丹始祖廟，奇首可汗在南廟，可敦（可汗之妻）在北廟，繪塑二聖并八子神像。”詳見本書卷三七《地理志一》永州條。

冬十月丁卯，駐蹕藕絲淀。丁丑，詔有司頒行《史記》、《漢書》。[1]

[1]史記：史書名。西漢司馬遷撰。紀傳體通史，記事從五帝時代直至西漢武帝時。　漢書：史書名。東漢班固撰，内容爲西漢一代歷史。

十一月戊午，高麗遣使來貢。

十二月辛巳，改明年爲大康，大赦。

大康元年春正月乙未，如混同江。[1]壬寅，振雲州饑。[2]

[1]混同江：即松花江。

[2]雲州：治所在今山西省大同市。

二月丁卯，祥州火，[1]遣使恤災。乙酉，駐蹕大魚濼。丁亥，以獲鵝，加鷹坊使耶律楊六爲工部尚書。[2]

[1]祥州：治所在今吉林省懷德縣。

[2]鷹坊使：遼朝北面官。本書卷四六《百官志二》在“北面坊場局冶牧廄等官”中有鷹坊。

三月乙巳，命皇太子寫佛書。

夏四月丙子，振平州饑。乙酉，如犢山。

閏月丙午，振平、灤二州饑。[1]庚戌，皇孫延禧生。[2]

[1]灤州：治所在今河北省灤州市。

[2]延禧：即遼朝末代皇帝天祚帝。

五月甲子，賜妃之親及東宫僚屬爵有差。

六月癸巳，以興聖宫使奚謝家奴知奚六部大王事。[1]戊戌，知三司使事韓操以錢谷增羡，[2]授三司使。癸卯，遣使按問諸路囚。以惕隱大悲奴爲始平軍節度使，[3]參知政事柴德滋武定軍節度使。乙卯，吐蕃來貢。[4]丙辰，詔皇太子總領朝政，仍戒諭之。以武定軍節度使趙徽爲南府宰相，樞密副使楊遵勗參知政事。

[1]奚六部大王：遼對歸附以後的奚族首領的稱呼。奚本來衹有五部，阿保機降伏五部奚之後設置墮瑰部，而成六部。詳本書卷三三《營衛志・部族下》。

[2]三司使：唐宋以鹽鐵、度支、户部爲三司，主理財賦。其長官爲三司使。《通鑑》卷二六五唐昭宣帝天祐三年（906）三月戊寅："以朱全忠爲鹽鐵、度支、户部三司都制置使。三司之名始於此。"遼代在南京設三司使司。此外，在上京設鹽鐵使司，東京設户部使司，中京設度支使司，西京設計司。

[3]惕隱：契丹官名。又稱梯里已，掌皇族政教。　始平軍：遼州軍號。遼州隸屬東京道，原屬渤海。

[4]吐蕃：原爲中國古代藏族政權名。公元七至九世紀在青藏高原建立。吐蕃政權崩潰以後，宋元及明初史籍稱青藏高原上的土著族、部爲吐蕃。

秋七月辛酉朔，獵平地松林。[1]丙寅，振南京貧民。

[1]平地松林：西遼河上游中古時期生態良好，有茂密的松林，稱"平地松林"。《新五代史》卷七三《四夷附録第二》引胡嶠《陷虜記》説："自上京東去四十里至真珠寨，始食菜。明日東行，地勢漸高，西望平地松林，鬱然數十里，遂入平川，多草木。"

八月庚寅朔，日有食之。

九月乙亥，駐蹕藕絲淀。己卯，以南京饑，免租税一年，仍出錢粟振之。

冬十月，西北路酋長遐搭、雛搭、雙古等來降。

十一月辛酉，皇后被誣，賜死。[1]殺伶人趙惟一、高長命，並籍其家屬。

[1]皇后被誣，賜死：大康元年（1075）六月，道宗詔皇太子總領朝政。奸臣耶律乙辛發現皇太子年輕有爲，是他專權固寵的最

大障礙，於是決定通過誣陷皇后，進而達到動搖皇太子地位的目的。道宗在位日久，昏庸愈甚，飾非拒諫，無以復加，對知書達禮的宣懿皇后越來越疏遠。皇后嘗作《回心院詞》排解心中的苦悶，並被之管弦，與伶人趙惟一在宮中演唱。遼朝没有類似中原王朝那樣嚴格的後宮制度，伶人出入宮禁，陪伴皇后消遣，本不足怪。然而皇后身邊有一宮女名單登，是漢人，見此情景甚爲驚異。不久，此事便被乙辛知道了，乙辛以爲可以大加利用，於是，指使單登與教坊朱頂鶴一同誣陷皇后私通趙惟一。其證據據説是皇后爲單登手書的《十香詞》及《懷古詩》。然而《十香詞》格調低下，淫俗不堪，與皇后的身份、教養及性格絶不相類，明眼人不問便可發現是故意栽贓陷害。至於《懷古詩》，乙辛一夥更是肆意曲解。詩云："宮中只數趙家妝，敗雨殘雲誤漢王；惟有知情一片月，曾窺飛燕入昭陽。"詩中寫的是漢成帝皇后趙飛燕，誣陷者以詩中有"趙惟一"三字，即硬説是皇后與之私通的證據。道宗並不認真分析和調查，而是把此案交給原本是幕後策劃者的耶律乙辛及張孝傑處理，於是一切都被"證實"了。大康元年（1075）十一月，道宗賜皇后自盡，無辜的伶官趙惟一亦遭族誅。宣懿皇后遭誣陷的《十香詞》冤案始末，在《遼史》中並無具體記載，而是詳載於王鼎《焚椒録》中。王鼎，字虚中，涿州（今屬河北省）人，清寧進士，官至翰林學士，壽昌間升任觀書殿學士，後因細故，被奪官，流放到遼朝境内西北部的鎮州。《焚椒録》是他流放期間所作，前有自敘，内稱冤案初起時，他正在宮禁中侍奉道宗。當時他家奶母有女名蒙哥，是乙辛家婢女，甚得寵，王鼎即通過這條渠道獲悉此事的詳細經過。除此之外，還有"蕭司徒"者亦向他講述過這件事的始末。這就是説，《焚椒録》所記《十香詞》冤案實有所本。清王士禛作《居易録》，以王鼎書所記與《契丹國志》不合，即懷疑其爲僞書，這是没有根據的。《契丹國志》基本上雜抄宋人著作成書，其中失實、缺漏之處不一而足。《焚椒録》所記這一冤案雖不見《契丹國志》記載，但與《遼史》所記不但並無抵牾，而且恰好可以互爲補充，王鼎書基本可信。

十二月己丑朔，[1]以南京統軍使耶律燊奴爲惕隱，漢人行宫都部署耶律霂樞密副使，同知東京留守事蕭鐸剌夷离畢。庚寅，賜張孝傑國姓。[2]壬辰，以西京留守蕭燕六爲左夷离畢。

[1]十二月己丑朔：【劉校】原本闕“朔”字，中華點校本據本書卷四四《曆象志下·朔考》補。今從。

[2]張孝傑：建州永霸縣（今遼寧省朝陽市）人。重熙二十四年（1055）進士。咸雍三年（1067）參知政事，同知樞密院事，加工部侍郎。八年封陳國公。大康元年（1075）賜國姓。是年夏，耶律乙辛譖皇太子，誣害忠良，孝傑之謀居多。而道宗竟以其爲忠，可比狄仁傑，賜名仁傑。大安中死於鄉。本書卷一一〇有傳。

二年春正月己未，如春水。[1]庚辰，駐蹕雙濼。

[1]春水：統和二十二年（1004）遼宋議和之後，四時捺鉢的地點，始大體形成定制。春捺鉢的地點多在長春州魚兒濼（又稱長濼、長泊）。因其活動主要是在水上鑿冰鉤魚，故稱春水。春捺鉢的活動，帶有習武和祭祖的性質，在古人看來，這兩者正是國家生活中具有頭等重要意義的大事，因此由皇帝親自主持。

二月戊子，振黄龍府饑。[1]癸丑，南京路饑，免租税一年。

[1]黄龍府：治所在今吉林省農安縣。

三月辛酉，皇太后崩。[1]壬戌，遣殿前副點檢耶律轄古報哀于宋。癸亥，遣使報哀于高麗、夏國。丁卯，大赦。戊寅，以皇太后遺物遣使遺宋、夏。

[1]皇太后：指興宗仁懿皇后蕭撻里（？—1076）。欽愛皇后蕭耨斤弟孝穆之長女。重熙四年（1035）立爲皇后。道宗即位，尊爲皇太后。清寧九年（1063）秋，重元與其子涅魯古反，太后親督衛士破逆黨。大康二年（1076）崩，謚仁懿皇后。本書卷七一有傳。

夏六月乙酉朔，上大行皇太后尊謚曰仁懿皇后。戊子，宋及高麗、夏國各遣使弔祭。甲午，葬仁懿皇后于慶陵。己亥，駐蹕拖古烈。壬寅，出北院樞密使魏王耶律乙辛爲中京留守。[1]丁未，册皇后蕭氏，[2]封其父祗候郎君鱉里剌爲趙王，叔西北路招討使餘里也遼西郡王，兄漢人行宮都部署、駙馬都尉霞抹柳城郡王，[3]參知政事楊遵勗知南院樞密使事，北院樞密副使蕭速撒知北院樞密使事，[4]漢人行宮副部署劉詵參知政事。己酉，南府宰相趙徽致仕。

[1]耶律乙辛（？—1083）：五院部人。字胡覩衮。重熙中爲文班吏。清寧五年（1059）爲南院樞密使，改知北院，封趙王。九年重元亂平，拜北院樞密使，進封魏王。咸雍五年（1069）加守太師。詔四方有軍旅，許以便宜從事，勢震中外。大康元年（1075）誣皇后蕭觀音枉致死，三年又害死太子耶律濬。七年冬坐以禁物鬻入外國，幽於來州。九年謀奔宋及私藏兵甲事發，伏誅。本書卷一一〇有傳。

[2]皇后蕭氏：【劉注】小字坦思。大康二年乙辛譽之，選入宮掖，立爲皇后。後降爲惠妃。本書卷七一有傳。

[3]兄漢人行宮都部署、駙馬都尉霞抹：【劉校】“兄”字原脱，中華點校本據本書卷七一《道宗惠妃蕭氏傳》及本句文義補。今從。

[4]蕭速撒（？—1077）：突吕不部人，字秃魯堇。清寧中歷北面林牙、彰國軍節度使，入爲北院樞密副使。大康二年乙辛銜之，誣構速撒首謀廢立，按之無驗，出爲上京留守。耶律乙辛復令蕭訛都斡以前事誣告，上怒，不復加訊，遣使殺之。本書卷九九有傳。

秋七月戊辰，如秋山。癸酉，柳城郡王霞抹薨。

八月庚寅，獵，遇麛失其母，憫之，不射。

九月戊午，以南京蝗，免明年租税。己卯，駐蹕藕絲淀。

冬十月戊戌，召中京留守魏王耶律乙辛復爲北院樞密使。

十一月甲戌，上欲觀《起居注》，[1]修注郎不攧及忽突堇等不進，各杖二百，罷之，流林牙蕭岩壽於烏隗部。[2]是月，南京地震，民舍多壞。

[1]起居注：【劉注】皇帝的言行録。兩漢時由宫内修撰，魏、晉以後設官專修。唐宋時凡朝廷命令赦宥、禮樂法度、賞罰除授、群臣進對、祭祀宴享、臨幸引見、四時氣候、户口增減、州縣廢置等事，皆按日記載。元明以後趨於簡單。《舊唐書·經籍志上》：“乙部爲史，其類十有三……五曰起居注，以紀人君言動。”

[2]林牙：契丹官名。掌文翰，相當於翰林學士。

十二月己丑，以左夷离畢蕭撻不也爲南京統軍使。[1]

[1]蕭撻不也（？—1077）：國舅郡王高九之孫。字斡里端。大康元年（1075）爲彰滑宮使，尚趙國公主，拜駙馬都尉。三年改同知漢人行宮都部署。與北院宣徽使耶律撻不也善，乙辛嫉之，令人誣告謀廢立事。不勝搒掠，誣伏。遂見殺。本書卷九九有傳。

三年春正月癸丑，如混同江。乙卯，省諸道春貢金帛，及停周歲所輸尚方銀。[1]

[1]尚方：製造帝王所用器物的官署。

二月壬午朔，東北路統軍使蕭韓家奴加尚父，[1]封吳王。甲申，詔北院樞密使魏王耶律乙辛同母兄大奴、同母弟阿思世預北、南院樞密之選，其異母諸弟世預夷离堇之選。[2]己丑，如魚兒濼。辛卯，中京饑，罷巡幸。

[1]蕭韓家奴（？—1078）：奚長渤魯恩之後。字括寧。曾任奚六部大王，清寧初歷南京統軍使、北院宣徽使，封蘭陵郡王。九年（1063）重元亂，以功遷殿前都點檢，封荆王。咸雍二年（1066）遷西南面招討使。大康初皇太子爲耶律乙辛所誣構，幽於上京。韓家奴上書力言其冤，不報。四年（1078）復爲西南面招討使。本書卷九六有傳。

[2]世預夷离堇之選：即參預夷离堇世選。世選爲氏族社會遺留下的選任首領和官員的制度。契丹立國初期汗位繼承在形式上仍實行世選。世選與世襲的區別在於：世襲之制即中國古代盛行的嫡

長子繼承制，在這種制度下，嫡長子是當然的繼承人。世襲制度下的繼承問題，是皇帝自己的事情，不容許他人介入；世選之制則不同，在這種制度下，有權勢、地位的貴族們介入確定汗位繼承人之事，由他們在可汗的兄弟子侄中量纔推選繼承人。這種“世選”制度不僅存在於契丹社會中，在這一發展階段的各個民族，無不如此。

夏四月乙酉，泛舟黑龍江。[1]

[1]黑龍江：此黑龍江即混同江。《金史·世紀》：“生女直地有混同江、長白山，混同江亦號黑龍江，所謂‘白山、黑水’是也。”

五月丙辰，玉田、安次蝝傷稼。[1]癸亥，日中有黑子。己巳，駐蹕犢山。乙亥，北院樞密使耶律乙辛奏，右護衛太保查刺等告知北院樞密使事蕭速撒等八人謀立皇太子，[2]上以無狀，不治，出速撒等三人補外，護衛撒撥等六人各鞭百餘，徙於邊。丙子，以西北路招討使遼西郡王蕭余里也爲北府宰相，[3]兼知契丹行宮都部署事。戊寅，詔告謀逆事者，重加官賞。

[1]玉田：治所在今河北省玉田縣。　安次：治所在今河北省廊坊市。

[2]知北院樞密使事蕭速撒：【劉校】據中華點校本校勘記，“知”“事”二字原脱。“按上下文任北院樞密使者爲耶律乙辛，蕭速撒時爲知北院樞密使事，見上文二年六月。據補”。

[3]蕭余里也：外戚蕭孝穆之子，字訛都椀。清寧初補祗候郎君，尚鄭國公主，拜駙馬都尉，累遷南面林牙。咸雍中有人告余里

也與族人朮哲謀害耶律乙辛，經按問雖無此事，仍出爲寧遠軍節度使。自後余里也揣乙辛意，傾心事之。大康初封遼西郡王。乙辛謀構皇太子，余里也多助成之。本書卷一一一有傳。

六月己卯朔，耶律乙辛權杖印郎君蕭訛都斡誣首嘗預速撒等謀，籍其姓名以告。即命乙辛及耶律仲禧、蕭余里也、耶律孝傑、楊遵勗、燕哥、抄只、蕭十三等鞫治，[1]杖皇太子，囚之宮中。辛巳，殺宿直官敵里剌等三人。壬午，殺宣徽使撻不也等二人。癸未，殺始平軍節度使撒剌等十人，又遣使殺上京留守速撒，及已徙護衛撒撥等六人。乙酉，殺耶律撻不也及其弟陳留。[2]丙戌，廢皇太子爲庶人，囚之上京。己丑，回鶻來貢。殺東京留守同知耶律回里不。辛卯，殺速撒等諸子，籍其家。戊申，遣使按五京諸道獄。

[1]鞫治：審理處治。

[2]“壬午，殺宣徽使撻不也等二人”至“乙酉，殺耶律撻不也及其弟陳留”：【劉校】據中華點校本校勘記，“按蕭撻不也未嘗爲宣徽使，而耶律撻不也則以宣徽使見殺，見卷九九《蕭撻不也傳》及《耶律撻不也傳》。是死於壬午者爲耶律撻不也，乙酉被殺者爲蕭撻不也，紀文所記互倒”。　耶律撻不也（？—1077）：字撒班，其世系出於季父房。清寧年間補牌印郎君，累經遷爲永興宮使。大康三年（1077）授北院宣徽使。耶律乙辛謀害太子，撻不也知乙辛奸惡，想要殺乙辛及蕭特里得、蕭十三等人。乙辛知道這一消息後，令其同黨誣構撻不也參與廢立事，於是撻不也被殺。本書卷九九有傳。

秋七月辛亥，護衛太保查剌加鎮國大將軍預突呂不部節度使之選，[1]室韋查剌及蕭寶神奴、謀魯古並加左衛大將軍，[2]牌印郎君訛都斡尚皇女趙國公主授駙馬都尉、始平軍節度使，祗候郎君耶律撻不也及蕭圖古辭並加監門衛上將軍。[3]壬子，知北院樞密副使蕭韓家奴爲漢人行宮都部署。乙丑，如秋山。丁丑，謁慶陵。

[1]護衛太保查剌：【劉校】“剌”原本作“剌”，明抄本、南監本、北監本和殿本均作“剌”。中華點校本及修訂本徑改。　突呂不部：契丹部族名。據本書卷三三《營衛志下》，該部爲太祖二十部之一，創建於阻午可汗之時，隸北府，節度使屬西北路招討司，司徒居長春州西。

[2]室韋：部族名。北魏始見於記載，分佈於今黑龍江、嫩江流域，唐時分爲許多部。契丹多爲其役屬。

[3]蕭圖古辭：契丹楮特部人。字何寧。仕重熙中，累遷左中丞。清寧初歷北面林牙，改北院樞密副使。六年（1060）出知黃龍府。八年拜南府宰相。頃之爲北院樞密使，詔許便宜從事。爲人奸佞，爲樞密數月，所薦引多爲重元黨與，由是免爲庶人。後没入興聖宫。本書卷一一一有傳。

八月庚寅，漢人行宮都部署蕭韓家奴薨。辛丑，謁慶陵。

九月癸亥，玉田貢嘉禾。壬申，修乾陵廟。[1]

[1]乾陵：遼景宗陵。其址位於乾州。《武經總要》前集卷一六下《戎狄舊地》乾州在醫巫閭山之南，古遼澤之地，遼主景宗陵寢在焉。今置廣德軍節度，兼山陵都部署。【劉注】遼代乾州州治

爲今遼寧省北鎮市廣寧鎮小常屯遼城址。

冬十月辛丑，駐蹕藕絲淀。

十一月，北院樞密使耶律乙辛遣其私人盜殺庶人濬於上京。

閏十二月戊午，以北府宰相遼西郡王蕭余里也知北院樞密使事，左夷离畢耶律燕哥爲契丹行宫都部署。[1]丙寅，預行正旦禮。

是歲，南京大熟。

[1]耶律燕哥（？—1095）：季父房之後，字善寧。祖先鐸穩，是太祖異母弟。清寧間燕哥爲左護衛太保。大康初樞密使耶律乙辛以燕哥爲耳目，拜左夷离畢。乙辛殺害忠良，多燕哥之謀。本書卷一一〇有傳。

四年春正月庚辰，如春水。甲午，振東京饑。

二月乙丑，駐蹕掃獲野。戊辰，以東路統軍使耶律王九爲惕隱。

夏四月辛亥，高麗遣使乞賜鴨渌江以東地，[1]不許。

[1]鴨渌江以東地：指遼屬江東女真地區。《滿洲源流考》卷一〇："鴨緑江之'緑'，《北史》《新唐書》《遼史》俱作'渌'。"遼東京轄區包括鴨緑江以東女真地區。

五月丙戌，駐蹕散水原。

六月甲寅，阻卜諸酋長進良馬。

秋七月甲戌，諸路奏飯僧尼三十六萬。

八月癸卯，詔有司决滯獄。

九月乙未，駐蹕藕絲淀。庚子，五國部長來貢。[1]

[1]五國部：遼東北部族名。越里篤、剖阿里、奥里米、蒲奴里和越里吉，統稱五國部。

冬十月癸卯，以參知政事劉伸爲保静軍節度使。[1]

[1]保静軍：【劉注】建州軍號。遼代建州，前期治所爲今遼寧省朝陽縣木頭城子鄉駐地木頭城子村古城址；後期治所爲今朝陽縣太平房鄉黄花灘村古城址。

十一月丁亥，禁士庶服用錦綺、日月、山龍之文。己丑，回鶻遣使來貢。庚寅，南院樞密使耶律仲禧爲廣德軍節度使。[1]辛卯，錦州民張寶四世同居，[2]命諸子三班院祗候。

[1]廣德軍：遼代軍號。治乾州。

[2]錦州：臨海軍。本漢遼東無慮縣，故城即今遼寧省北鎮市。

十二月丁卯，以北院樞密副使耶律霂知北院樞密使事。

（李錫厚注　劉鳳翥校）

遼史　卷二四

本紀第二十四

道宗四

五年春正月壬申，如混同江。[1]癸酉，賜宰相耶律孝傑名仁傑。[2]乙亥，如山榆淀。

[1]混同江：即松花江。

[2]耶律孝傑：即張孝傑。建州永霸縣（今遼寧省朝陽市）人。重熙二十四年（1055）進士。咸雍三年（1067）參知政事，同知樞密院事，加工部侍郎。八年封陳國公。大康元年（1075）賜國姓。是年夏，耶律乙辛譖皇太子，誣害忠良，孝傑之謀居多。而道宗竟以其爲忠，可比狄仁傑，賜名仁傑。大安中死於鄉。本書卷一一〇有傳。

三月辛未，以宰相仁傑獲頭鵝，加侍中。壬辰，以北院樞密使魏王耶律乙辛知南院大王事，[1]加于越，[2]知北院樞密使事耶律霂爲北院樞密使，北院樞密副使耶律特里底知北院樞密使事，左夷离畢耶律世遷同知北院樞密使事。[3]

[1]北院樞密使：即契丹樞密院之樞密使，爲北面官之最高官職，掌軍事、部族。詳本書卷四五《百官志一》。　耶律乙辛（？—1083）：五院部人。字胡覩衮。重熙中爲文班吏。道宗清寧五年（1059）爲南院樞密使，改知北院，封趙王。九年重元亂平拜北院樞密使，進封魏王。咸雍五年（1069）加守太師。詔四方有軍旅，許以便宜從事，勢震中外。大康元年（1075）誣皇后蕭觀音致死，三年又害死太子耶律濬。七年冬坐以禁物鬻入外國，幽於來州。九年謀奔宋及私藏兵甲事發，伏誅。本書卷一一〇有傳。　南院大王：契丹部族官。遼朝析迭剌部爲五院部和六院部。五院部有知五院事，在朝曰北大王院；六院部有知六院事，在朝曰南大王院。北院大王和南院大王即五院部和六院部的首領，握有兵權。

[2]于越：契丹語官名的音譯。貴官，非有大功德不授。無具體執掌。位在北、南大王之上。

[3]夷离畢：契丹官名。爲執政官，相當於副宰相參知政事。後來官分南、北，北面官有夷离畢院，主要掌刑政。

夏四月己未，如納葛濼。

五月丁亥，謁慶陵。[1]以契丹行宫都部署耶律燕哥爲南府宰相，[2]北面林牙耶律永寧爲夷离畢，[3]同知南院樞密使事蕭撻不也及殿前副點檢、駙馬都尉蕭酬斡並封蘭陵郡王。[4]

[1]慶陵：包括遼聖宗耶律隆緒和仁德皇后、欽愛皇后的永慶陵，遼興宗耶律宗真和仁懿皇后的永興陵，遼道宗耶律弘基和宣懿

皇后的永福陵。位於今内蒙古自治區巴林右旗索博日嘎（白塔子）鎮西北約十餘公里的瓦林茫哈地方。聖宗永慶陵中保存有壁畫，繪有人物、山水，尤以象徵四時捺鉢的四季山水圖彌足珍貴。三陵出土遺物多已散失，今僅存部分石刻哀册。其中漢文哀册有聖宗、仁德皇后、欽愛皇后、道宗、宣懿皇后的各一合，仁懿皇后哀册僅存篆蓋。契丹小字哀册有道宗、宣懿皇后的各一合。1922 年還從陵中抄寫出興宗和仁懿皇后的契丹小字哀册册文，原石仍埋墓中。

[2]耶律燕哥（？—1095）：字善寧，季父房之後。祖先鐸穩，是太祖異母弟。清寧間燕哥爲左護衛太保。大康初樞密使耶律乙辛以燕哥爲耳目，拜左夷离畢。乙辛殺害忠良，多燕哥之謀。本書卷一一〇有傳。

[3]林牙：契丹官名。掌文翰，相當於翰林學士。

[4]蕭撻不也：與被殺於大康三年（1077）的蕭撻不也同姓名。　蕭酬斡（？—1116）：字訛里本，國舅少父房之後。年十四，尚越國公主，拜駙馬都尉。後因皇后蕭坦思（酬斡妹）失寵，詔酬斡與公主離婚，籍興聖宫，流烏古敵烈部。天慶中以妹復尊爲太皇太妃，召酬斡爲南女直詳穩，遷征東副統軍。天慶六年（1116）東京高永昌叛，酬斡力戰，歿於陣。本書卷一〇〇有傳。

六月辛亥，阻卜來貢。[1]丁巳，以北府宰相、遼西郡王蕭余里也爲西北路招討使。[2]己未，遣使録囚。是月，放進士劉瓘等百一十三人。

[1]阻卜：即達旦、韃靼。元人諱言達旦，而稱達旦爲阻卜。詳王國維《觀堂集林》卷一四《達旦考》。

[2]蕭余里也：字訛都碗，外戚蕭孝穆之子。清寧初補袛候郎君，尚鄭國公主，拜駙馬都尉，累遷南面林牙。咸雍中有人告余里也與族人朮哲謀害耶律乙辛，經按問雖無此事，仍出爲寧遠軍節度

使。自後余里也揣乙辛意，傾心事之。大康初封遼西郡王。乙辛謀構陷皇太子，余里也多助成之。本書卷一一一有傳。

秋七月己卯，獵夾山。[1]

[1]夾山：即今内蒙古土默特左旗東北、武川縣西南之大青山。據陳得芝《耶律大石北行史地雜考》（《歷史地理》第二輯），夾山應在天德軍附近之漁陽嶺以北。據《長春真人西遊記》漁陽嶺在豐州之西五十里，當即呼和浩特西北之吳公壩。是夾山應指吳公壩北武川縣附近地區。

八月庚申，命有司撰《太宗神功碑》，立於南京。

九月己卯，詔諸路毋禁僧徒開壇。[1]壬午，禁扈從擾民。

[1]開壇：僧道開展宗教生活或舉行祈禱法事的場所。

冬十月戊戌，夏國遣使來貢。[1]己亥，駐蹕獨盧金。[2]壬子，詔惟皇子仍一字王，餘並削降。丁巳，振平州貧民。[3]己未，以趙王楊績爲遼西郡王，魏王耶律乙辛降封混同郡王，吳王蕭韓家奴蘭陵郡王，[4]致仕。

[1]夏國（1038—1227）：以党項民族爲主體建立的政權。公元1038年，元昊叛宋稱帝，建立大夏王朝，傳十代，至1227年爲蒙古所滅。元昊稱帝以前，作爲北宋境内的地方割據政權，已經具有獨立性。史稱西夏，先後與遼、北宋及金、南宋並立於中國境内。境土包括今寧夏回族自治區全部、甘肅省大部、陝西省北部以

及青海省、内蒙古自治區的部分地區。

[2]獨盧金：地名。在遼西京大同府雲中縣境内。傅樂焕《春水秋山考》："《遼史》雲獨盧金，《長編》作雲中甸，名雖有異，地實相同。文彦博《潞公集》卷七《贈國信畢少卿仲衍》詩有云：'朔風不度龍沙遠，只向雲中講信回。'仲衍使遼在元豐二年，當遼大康五年。檢是年《遼紀》道宗亦駐蹕獨盧金。知獨盧金與雲中甸確指同一地點。獨盧金《遼史》不詳所在，由前後相關地名準之，知在西京境内。今悉又稱雲中甸，雲中爲遼西京大同府倚郭縣，雲中甸即謂雲中縣境郊野之地。"（見《遼史叢考》第48頁）

[3]平州：唐置，治所在今河北省盧龍縣。

[4]蕭韓家奴（？—1078）：奚長渤魯恩之後。曾任奚六部大王。清寧初歷南京統軍使、北院宣徽使，封蘭陵郡王。九年（1063）重元亂平，以功遷殿前都點檢，封荆王。咸雍二年（1066）遷西南面招討使。大康初皇太子爲耶律乙辛所誣構，幽於上京。韓家奴上書力言其冤，不報。四年復爲西南面招討使。本書卷九六有傳。

十一月丁丑，召沙門守道開壇於内殿。癸未，復南京流民差役三年，被火之家免租税一年。

十二月丙午，彗星犯尾。乙卯，幸西京。[1]戊午，行再生禮，[2]赦雜犯死罪以下。[3]

[1]西京：即今山西省大同市。

[2]再生禮：契丹傳統禮儀之一。據本書卷一一六《國語解》載，依契丹故俗，此種禮儀每隔十二年舉行一次，而且衹有皇帝、太后、太子及夷离堇得行此禮。這是與選汗儀式同時舉行的禮儀，十分煩瑣。

[3]死罪以下：較死罪爲輕的罪刑，即笞、杖、徒、流之罪。

六年春正月癸酉，如鴛鴦濼。[1]辛卯，耶律乙辛出知興中府事。[2]

[1]鴛鴦濼：湖名。在今北京市延慶區境内。舊時周八十里。其水停積不流，自遼金以來，爲飛放之所。即今野鴨湖。

[2]興中府：治所在今遼寧省朝陽市。

三月庚寅，封皇孫延禧爲梁王，[1]忠順軍節度使耶律頗德南院大王，耶律仲禧南院樞密使，[2]户部使陳毅參知政事。

[1]梁王：遼皇位繼承人的封號。

[2]南院樞密使：即漢人樞密院之樞密使。爲南面官最高官職。詳見本書卷四七《百官志三》。　耶律仲禧南院樞密使：【劉校】中華點校本校勘記載："此事已見咸雍九年八月。既非再任，當是重出。"

夏四月乙卯，獵炭山。[1]

[1]炭山：山名。據《新五代史》卷七二《四夷附録第一》："漢城在炭山東南灤河上，有鹽鐵之利，乃後魏滑鹽縣也。其地可植五谷，阿保機率漢人耕種，爲治城郭、邑屋、廛市如幽州制度，漢人安之，不復思歸。"另據本書卷四一《地理志・西京道》，炭山在歸化州，即武州（今河北省張家口市宣化區）。

五月壬申，免平州復業民租賦一年。[1]庚寅，以旱，禱雨，命左右以水相沃，俄而雨降。

[1]復業民：逃亡歸來之民。

六月戊戌，駐蹕納葛濼。戊申，以度支使王績參知政事。庚戌，女直遣使來貢。[1]

[1]女直：本作女真，因避遼興宗耶律宗真名諱，改稱女直。遼時居東北東部。在南者入遼籍，稱熟女真，或合蘇館女真；在北者不入遼籍，稱生女真。

秋七月戊辰，觀市。癸未，爲皇孫梁王延禧設旗鼓拽剌六人衛護之。[1]甲申，獵沙嶺。

[1]拽剌：契丹語“走卒”謂之“拽剌”，後爲軍官名。有掌旗鼓者，稱“旗鼓拽剌”，還有專司偵候、探報等職者。

閏九月壬寅，[1]祠木葉山。[2]己酉，駐蹕藕絲淀。[3]

[1]閏九月壬寅：【劉校】據中華點校本校勘記，“閏”字原脱。依本書卷四四《曆象志下·朔考》，九月庚申朔，無壬寅、己酉；閏九月庚寅朔，壬寅十三日，己酉二十日。據補。

[2]木葉山：山名。契丹語稱“大”爲“木葉”。“木葉山”可以泛指任何“大山”，也可專指某一大山爲“木葉山”。此處指永州境内一座山，契丹人視此山爲神山，其地在今内蒙古自治區翁牛特旗新蘇莫蘇木的西拉木倫河與老哈河匯合處一帶。“上建契丹始祖廟，奇首可汗在南廟，可敦（可汗之妻）在北廟，繪塑二聖并八子神像。”詳見本書卷三七《地理志一》“永州”條。

[3]藕絲淀：即廣平淀，藕絲是阿斯的異譯。契丹語寬大曰阿

斯。在永州東南三十里，爲遼中期以後冬捺鉢所在地。詳本書卷三二《營衛志中》。

冬十月己未朔，省同知廣德軍節度使事，[1]命奉先軍節度使兼巡警乾、顯二州。[2]丁卯，耶律仁傑出爲武定軍節度使。庚午，參知政事劉詵致仕。癸酉，以陳毅爲漢人行宫都部署，[3]王績同知樞密院事。辛巳，回鶻遣使來貢。[4]

[1]廣德軍：乾州軍號。乾州州治爲今遼寧省北鎮市廣寧鎮小常屯遼城址。

[2]奉先軍：顯州軍號。顯州州治在今遼寧省北鎮市。

[3]漢人行宫都部署：遼在北、南面官系統中，分别設契丹行宫都部署和漢人行宫都部署，其上則有諸行宫都部署。行宫都部署完全是倣中原王朝官制設置的，它不同於專管斡魯朶事務的某宫都部署的宫官。宋朝皇帝巡幸亦有行宫，且亦有行宫都部署之設。後避英宗趙曙名諱，改稱行宫都總管。詳本書卷四七《百官志三》。

[4]回鶻：中國北方與西北古代民族名。又名回紇。原爲鐵勒，公元8世紀40年代，骨咄禄毗伽可汗曾建立了回鶻汗國。公元840年左右，回鶻汗國崩潰。除一部分人南下附屬唐朝外，其餘分三支向西北遷徙，和西域原住的同族人匯合，而先後建成高昌回鶻、河西回鶻（甘州回鶻）和喀喇汗王朝（黑汗王朝）三個政權。回鶻西遷後，和中原諸王朝仍然保持着密切關係。甘州回鶻對五代、北宋朝貢不絶；高昌回鶻曾同時爲遼朝及北宋的屬國。

十一月己丑朔，日有食之。癸卯，召群臣議政。

十二月甲子，以耶律特里底爲孟父敞穩。[1]乙丑，以蕭撻不也爲北府宰相，耶律世遷知北院樞密使事，耶律慎思同知北院樞密使事。庚午，免西京流民租賦一年。甲戌，減民賦。丁亥，豫行正旦禮。戊子，如混同江。

[1]孟父：契丹以玄祖之後爲皇族，分爲三房：孟父房、仲父房和季父房。

七年春正月戊申，五國部長來貢。[1]甲寅，女直貢良馬。

[1]五國部：遼東北部族名。越里篤、剖阿里、奥里米、蒲奴里和越里吉，統稱五國部。

二月甲子，如魚兒濼。

夏五月壬子，駐蹕嶺西。癸丑，有司奏永清、武清、固安三縣蝗。[1]甲寅，以蕭撻不也兼殿前都點檢，[2]蕭酬斡爲漢人行宫都部署兼知樞密院事。

[1]永清：治所在今河北省永清縣。　武清：治所在今天津市武清區。　固安：治所在今河北省固安縣。

[2]殿前都點檢：官名。五代後周世宗設置殿前司，以都點檢、副都點檢爲正副長官，位在都指揮使之上，爲禁軍統帥。宋初廢。遼設殿前都點檢，爲南面軍官，當係模倣周制。

六月甲子，詔月祭觀德殿，歲寒食，諸帝在時生辰及忌日，詣景宗御容殿致奠。丙寅，阻卜余古赧來貢。丁卯，以翰林學士王言敷參知政事，封北院宣徽使石篤溙水郡王。[1]

[1]宣徽使：遼朝官名。遼設北、南宣徽，分隸北、南樞密院之下。宣徽北院使常執行軍事使命。此外，宣徽使還掌領朝會、宴饗、禮儀、祭祀及於前祗應之事。

秋七月戊子，如秋山。丙申，謁慶陵。

八月丁卯，射鹿赤山，加圍場使涅葛爲静江軍節度使。[1]

[1]静江軍：治桂州，在今廣西壯族自治區桂林市。因其不在遼朝境内，爲遙授。

九月戊子，次懷州，命皇后謁懷陵。[1]辛卯，次祖州，[2]命皇后謁祖陵。[3]乙巳，駐蹕藕絲淀。

[1]懷陵：遼太宗、穆宗之陵。其址位於懷州境内。大同元年(947)遼置懷州奉陵軍，治所在今内蒙古自治區巴林右旗幸福之路蘇木崗根嘎查古城址。州隸永興宮。

[2]祖州：遼代地名。治所在今内蒙古自治區巴林左旗林東鎮西南查干哈達蘇木石房子嘎查，因係阿保機祖先出生之地，故名。遼在此置祖州天成軍。

[3]祖陵：遼太祖耶律阿保機的葬所。遼官名。位於祖州西五里，其地在今内蒙古自治區巴林左旗查干哈達蘇木石房子嘎查。

冬十月戊辰，以惕隱王九爲南院大王，[1]夷离畢奚抄只爲彰國軍節度使。[2]

[1]惕隱：契丹官名。又稱梯里已，掌皇族政教。

[2]彰國軍：應州軍號。在今山西省應縣。

十一月乙酉，詔歲出官錢，振諸宮分及邊戍貧户。[1]丁亥，幸駙馬都尉蕭酬斡第，方飲，宰相梁穎諫曰："天子不可飲人臣家。"上即還宮。己亥，高麗遣使來貢。[2]辛亥，除絹帛尺度狹短之令。[3]

[1]宮分：亦稱宮户、宮分户。他們是隸屬宮分而不隸州縣的人户。宮分人户有宮籍，多是統治者的私奴。宮籍是世襲的，未經統治者宣佈廢除，子孫則世代爲宮分人户。遼亡之後，諸宮衛機構雖已不存，但那些宮户、宮分人的身份並未改變，他們仍隸宮籍。於是，金朝始有宮籍監之設，用以管理這些宮户，並依照新機構的名稱，稱他們爲"宮籍監户"或"監户"。

[2]高麗：指王建創建的高麗王朝（918—1392）。統治地域在今朝鮮半島，首都在開京（今朝鮮開城市）。

[3]除絹帛尺度狹短之令：咸雍七年（1071）四月有令："禁布帛短狹不中尺度者。"現廢除，可入市交易。

十二月丁卯，武定軍節度使耶律仁傑以罪削爵爲民。辛未，知興中府事耶律乙辛以罪囚於來州。[1]

[1]來州：遼聖宗時置，治所在來賓縣（今遼寧省綏中縣西南前衛鎮）。轄境相當於今遼寧省綏中縣西南一帶。《武經總要》前

集卷一六下《戎狄舊地》：來州，號歸德軍。女真國五部落相率來降，胡中因建州以居之。【劉校】“來”原作“萊”。據本書卷三九《地理志三》改。參中華點校本卷一六校勘記。

八年春正月甲申，如混同江。丁酉，鐵驪、五國諸長各貢方物。[1]

[1]鐵驪：族名。遼置鐵驪國王府，以統其衆。其地當今黑龍江省東部松花江流域。

二月戊午，如山榆淀。辛酉，詔北、南院官，凡給驛者必先奏聞。貢新及奏獄訟方許馳驛，[1]餘並禁之。己巳，夏國獲宋將張天一，[2]遣使來獻。壬申，以耶律頗德爲南府宰相兼知北院樞密使，[3]燕哥爲惕隱，蕭撻不也兼知契丹行宫都部署事。

[1]貢新：進貢新熟農産品，如新茶、新米等。

[2]宋將張天一：【劉校】據中華點校本校勘記，本書卷一一五《西夏外記》作“張天益”。

[3]耶律頗德：【劉注】即耶律頗的，字撒版，季父房奴瓜之孫。本書卷八六有傳。

三月庚戌，黄龍府女直部長朮乃率部民内附，[1]予官，賜印綬。[2]是月，詔行秬黍所定升斗。[3]

[1]黄龍府：治所在今吉林省農安縣。

[2]印綬：印信和繫印信的絲帶。古人印信上系有絲帶，佩帶

在身，是其身份的標誌。《舊唐書》卷一七〇《裴度傳》："帶丞相之印綬，所以尊其名；賜諸侯之斧鉞，所以重其命。"

[3]行秬黍所定升斗：黍是古時度量衡定制的基本依據。長度即取黍的中等子粒，以一個縱黍爲一分，百黍即一尺；容量千有二百黍爲一合，十合爲一升；重量千有二百黍重十二銖，二十四銖爲一兩。參《漢書·律曆志上》。

夏四月壬戌，以耶律世遷爲上京留守。

六月辛亥朔，駐蹕納葛濼。[1]丙辰，夏國遣使來貢。丁巳，以耶律頗德爲北院樞密使，耶律巢哥南府宰相，劉筠南院樞密使，蕭撻不也兼知北院樞密使事，王績漢人行宫都部署，蕭酬斡國舅詳穩。乙丑，阻卜長來貢。丙子，以耶律慎思知右夷离畢事。

秋七月甲午，如秋山。南京霖雨，沙河溢永清、歸義、新城、安次、武清、香河六縣，[2]傷稼。

[1]納葛濼：據傅樂焕考證"當即今熱河經棚縣（今内蒙古自治區克什克騰旗駐地經棚镇）西之達里濼。在遼上京之南"（參《遼史叢考》第84頁）。

[2]歸義：縣名。治所在今河北省雄縣。　新城：縣名。治所在今河北省高碑店市。　安次：縣名。治所在今河北省廊坊市。　武清：縣名。治所在今天津市武清區。　香河：縣名。治所在今河北省香河縣。

九月庚寅，謁慶陵。丁未，駐蹕藕絲淀。大風雪，牛馬多死，賜扈從官以下衣、馬有差。

冬十月乙卯，詔化哥傅導梁王延禧，[1]加金吾衛大將軍。丙子，謁乾陵。

［1］化哥：即耶律化哥。字弘隱，孟父楚國王之後。乾亨初爲北院林牙。統和四年（986）拜上京留守，遷北院大王。十六年侵宋，爲先鋒，以功遷南院大王，不久改任北院樞密使。開泰元年（1012）伐阻卜，以功封豳王。伐阻卜過程中掠阿薩蘭回鶻，諸蕃由此不附。聖宗遣使按問，削其王爵。本書卷九四有傳。

十一月壬午，以乙室大王蕭何葛爲南院宣徽使、權知奚六部大王事，[1]圖趕爲本部大王。

［1］乙室：契丹部族名。遙輦氏阻午可汗時始置爲部。隸南府，駐守西南境。

十二月癸丑，烏古敵烈統軍使耶律馬五爲北院大王。庚申，降皇后爲惠妃，出居乾陵。

九年春正月辛巳，如春水。

夏四月丙午朔，大雪，平地丈餘，馬死者十六七。

五月，如黑嶺。[1]

［1］黑嶺：即慶雲山。據本書卷三七《地理志一》，慶州有慶雲山，“本黑嶺也，聖宗駐蹕，愛羨，曰：‘吾萬歲後，當葬此。’興宗遵遺命，建永慶陵。有望仙殿、御容殿。置蕃、漢守陵三千户，並隸大内都總管司”。

六月己未，駐蹕散水原。甲子，以耶律阿思爲契丹行宫都部署，耶律慎思北院樞密副使。庚午，詔諸路檢括脱户，[1]罪至死者原之。

[1]脱户：《唐律疏議》卷一二《户婚律》："諸脱户者，家長徒三年。無課役者減二等，女户又減一二等。"疏義曰："率土黔庶皆有籍書，若一户之内盡脱漏不附籍者，所由家長合徒三年。身及户内並無課役者減二等，徒二年。若户内並無男夫，直以女人爲户而脱者，又減一二等，合杖一百。"依據唐律，脱户如係家長之責，最高刑罰徒三年而已。因脱户而罪至死，當是遼代法律。

閏月丁丑，以漢人行宫副部署可汗奴爲南院大王。戊寅，追謚庶人濬爲昭懷太子。丁亥，阻卜來貢。己丑，以知興中府事邢熙年爲漢人行宫都部署，漢人行宫都部署王績爲南院樞密副使。

秋七月乙巳，獵馬尾山。丁巳，謁慶陵。癸亥，禁外官部内貸錢取息及使者館于民家。

八月，高麗王徽薨。[1]

[1]八月，高麗王徽薨：據《高麗史》卷九《世家卷第九·文宗三》載，徽壽六十五，在位三十七年，薨於是年（遼大康九年，1083）七月辛酉。

九月癸卯朔，日有食之。己酉，射熊于白石山，加圍場使涅葛左金吾衛大將軍。己巳，以高麗王徽子三韓國公勳權知國事。辛未，五國部長來貢。壬申，召北、南樞密院官議政事。

冬十月丁丑，謁觀德殿。己卯，南院樞密使劉筠薨。壬辰，混同郡王耶律乙辛謀亡入宋，伏誅。[1]

[1]耶律乙辛謀亡入宋，伏誅：據本書卷一一〇本傳：大康七年（1081）冬，“坐以禁物鬻入外國，下有司議，法當死。乙辛黨耶律燕哥獨奏當入八議，得減死論，擊以鐵骨朵，幽於來州。後謀奔宋及私藏兵甲事覺，縊殺之”。

十一月丙午，進封梁王延禧爲燕國王，大赦。以南院宣徽使蕭何葛爲南府宰相，三司使王經參知政事兼知樞密事。[1]甲寅，詔僧善知讎校高麗所進佛經，頒行之。己未，定諸令史、譯史遷敘等級。

[1]三司使：唐宋以鹽鐵、度支、户部爲三司，主理財賦。其長官爲三司使。《通鑑》卷二六五唐昭宣帝天祐三年（906）三月戊寅：“以朱全忠爲鹽鐵、度支、户部三司都制置使。三司之名始於此。”遼代在南京設三司使司。此外，在上京設鹽鐵使司，東京設户部使司，中京設度支使司，西京設計司。

十二月丁亥，以邢熙年知南院樞密使事。辛卯，以王言敷漢人行宫都部署。高麗三韓國公王勳薨。

是年，御前放進士李君裕等五十一人。[1]

[1]放進士李君裕等五十一人：【劉注】《時立愛墓誌銘》“大康九年，登進士第”。《金史》卷七八《時立愛傳》“遼大康九年，中進士第”。可知，五十一人中包括時立愛。

十年春正月辛丑朔，如春水。丙午，復建南京奉福寺浮圖。[1]戊辰，如山榆淀。

[1]奉福寺：《日下舊聞考》卷三七載："今城外白雲觀西南有廣恩寺，即遼金奉福寺。"　浮圖：此指佛塔。《吳都文粹》卷九陸絳《新建佛殿記》："姑蘇走百里有邑常熟，邑西偏有佛宇曰寶嚴，即梁天監中所建也。倚山面湖，秀若屏障。嘗有希辯師者心悟大乘，是焉棲處。錢氏伯國時以名聞，召歸餘杭，錢氏獻土，隨詔請見，賜紫方袍，號曰惠明大師。既而厭居京國，歸隱舊刹，錢氏以師人境俱勝，復施金五百兩造七級浮圖。"

二月庚午朔，萌古國遣使來聘。[1]

[1]萌古：即蒙古。

三月戊申，遠萌古國遣使來聘。丁巳，命知制誥王師儒、牌印郎君耶律固傅導燕國王延禧。[1]

[1]王師儒（1040—1101）：范陽人。父諱祁，重熙七年（1038）二十一歲舉進士狀元第。師儒"年二十有六舉進士，屈於丙科"（《全遼文》第291頁）。蘇轍元祐四年（遼大安五年，1089）使遼，"彼以其侍讀學士王師儒館伴。師儒稍讀書，能道先君及子瞻所爲文，曰'恨未見公全集'。然亦既誦《服伏苓賦》等"（《欒城後集》卷一二《潁濱遺老傳》）。他主張維持與宋和好。據《長編》卷五〇三載，宋哲宗元符元年（遼壽昌四年，1098）冬十月乙亥朔，"雄州奏契丹新置魏州，欲徙上等户二千以實之。宰相王師儒以爲不可，力諫不從，退而自刺其腹。賴左右救止，微傷而已。遼主遽從其言，仍賜壓驚錢三千緡，加三官"。

夏四月丁丑，女直貢良馬。

五月壬戌，駐蹕散水原。乙丑，阻卜來貢。丙寅，降國舅詳穩班位在敞穩之下。

六月壬辰，禁毁銅錢爲器。

秋七月甲辰，如黑嶺。

九月癸亥，駐蹕藕絲淀。

冬十二月乙未，改慶州大安軍曰興平。是月，改明年爲大安，赦雜犯死罪以下。

大安元年春正月丁酉，如混同江。癸卯，王績知南院樞密使事，邢熙年爲中京留守。戊申，以樞密直學士杜公謂參知政事。[1]庚戌，五國酋長來貢良馬。

[1]杜公謂：【劉校】原本作“杜公疑”，中華修訂本稱據明抄本、南監本、北監本和殿本改。今從。

二月辛未，如山榆淀。

夏四月乙酉，宋主頊殂，子煦嗣位，[1]使來告哀。辛卯，西幸。

[1]宋主頊殂，子煦嗣位：據《宋史》卷一七《哲宗本紀》元豐八年（遼大安元年，1085）三月戊戌，“神宗崩，太子即皇帝位”。

六月戊辰，駐蹕拖古烈。[1]壬申，以王績爲南府宰相，蕭撻不也兼知南院樞密使事。丁丑，遣使弔祭于宋。戊寅，宋遣王真、甄祐等饋其先帝遺物。[2]

[1]掩古烈：山名，又作犢山，在永安山附近。遼朝夏捺鉢即依此山而設。宋代沈括於熙寧八年（遼大康元年，1075）使遼，當年五月至遼廷——道宗的夏捺鉢。其《熙寧使虜圖抄》（《永樂大典》卷一〇八七七）載："西與北皆山也，其北山，庭之所依者曰'犢兒'。"

[2]王真：【劉校】據中華點校本校勘記，《長編》作"王震"，《宋史》卷三二〇有傳。

秋七月乙巳，遣使賀宋主即位。戊午，獵於赤山。

八月丁卯，幸慶州。戊辰，謁慶陵。

冬十月癸亥，駐蹕好草淀。戊辰，夏國王李秉常遣使報其母梁氏哀。[1]甲申，以蕭撻不也爲南院樞密使。

[1]夏國王：【靳注】原本作"夏國主"，據上下文意改。　李秉常：夏國王。公元1067年至1086年在位。七歲繼位，母梁太后攝政，梁乙埋任國相。改行蕃禮。1076年親政，又下令以漢禮代替蕃禮。這項措施雖得到皇族的支持，但遭到朝中后黨的強烈反對，無法施行。梁太后並將秉常囚禁，後迫於擁帝勢力的強大，又讓其復位。死於公元1086年，廟號惠宗。

十一月乙未，詔："比者外官因譽進秩，[1]久而不調，民被其害。今後皆以資給遷轉。"丁酉，以南女直詳穩蕭袍里爲北府宰相。辛亥，史臣進太祖以下七帝《實録》。丙辰，遣使册三韓國公王勳弟運爲高麗國王。[2]己未，詔僧尼無故不得赴闕。

[1]進秩：增加廩給。

[2]册三韓國公王勳弟運：【劉校】據中華點校本校勘記，“弟”原誤“子”，依《高麗史》卷七改。今從。　王勳、王運：【靳注】王勳，高麗順宗。文宗王徽子。在位僅數月即卒。王運，高麗宣宗。文宗第二子，順宗母弟。

十二月甲戌，宋遣蔡卞來謝弔祭。

二年春正月辛卯，如混同江。己酉，五國諸部長來貢。癸丑，召權翰林學士趙孝嚴、知制誥王師儒等講《五經》大義。[1]

[1]《五經》：五部儒家經典，即《詩》《書》《易》《禮》《春秋》。

二月癸酉，駐蹕山榆淀。是月，太白犯歲星。[1]

[1]太白犯歲星：太白即金星。又名啟明、長庚。歲星爲木星。古代星象家以爲太白星主殺伐，故多以喻兵戎。“太白犯歲星”表明將要發生戰爭。

三月乙酉，女直貢良馬。

夏四月戊戌，北幸。癸丑，遣使加統軍使蕭訛都斡太子太保，[1]裨將老古金吾衛大將軍，蕭雅哥靜江軍節度使，耶律燕奴右監門衛大將軍，仍賜賚諸軍士。

[1]蕭訛都斡：國舅少父房之後。咸雍中補牌印郎君。大康三年（1077）樞密使耶律乙辛令護衛太保耶律查剌誣告耶律撒剌等謀廢立。訛都斡迎合乙辛旨意，坐實其事。後與乙辛議論不合，被

誅。本書卷一一一有傳。

五月丁巳朔，以牧馬蕃息多至百萬，賞群牧官，[1]以次進階。乙亥，駐蹕納葛濼。戊寅，宰相梁穎出知興中府事。[2]是月，放進士張轂等二十六人。[3]

[1]群牧：契丹專門管理畜群的機構。諸路設群牧使司，下設某群太保、某群侍中、某群敞史，朝廷設總典群牧使司，有總典群牧部籍使、群牧都林牙。以“群”爲單位設某群牧司，設群牧使、群牧副使。此外，還有衹管理馬及牛群的機構。遼亡之後，金稱契丹群牧爲“烏魯古”。

[2]梁穎（1025—1088）：【劉注】涿州范陽（今河北省涿州市）人。字秀卿。“曾祖諱琬，不仕。曾祖母劉氏。祖諱謙，贈昭義軍節度使、同中書門下平章事。祖母齊氏，贈鄭國太夫人。父諱世雄，贈安國軍節度使兼侍中。以能刑名、善決訟有名於時，辨疑獄、雪冤枉不可勝數。母陳氏，贈魯國太夫人。梁穎年二十餘，與諸生切磋相學問，號能辭賦。重熙二十四年（1055）興廟御清涼殿，以三題考群進士，其所作合格入選，中得進士第，試職於外，以幹濟聞。經十四年十三遷而爲副都承旨，由昭文館直學士提點大理寺，遂爲樞密直學士，又四遷爲樞密副使。是時，張孝傑與樞密使耶律英弼，姦橫相表里，招權利顧，金錢爭納，四方遺賂，引置邪佞，譖逐賢士大夫。上稍聞知，欲退之，事無所發。梁穎性剛嫉惡，日與孝傑爭曲直，以氣乘之不少假。上知公勁直可大用，大康六年冬出孝傑爲武定軍節度使，遂拜公門下侍郎、同中書門下平章事、知樞密院事、監修國史。”其事蹟詳載《梁穎墓誌銘》。

[3]張轂：【劉注】據《張懿墓誌銘》，張彀爲張懿之弟，“其先燕都淅津人也。曾翁庭美，不仕。祖翁利涉，進士登第，寓居白霫，因通權於昇平縣，客官案上貫其户籍。未歷職而不禄。張轂頗

好聽讀，進士。妻劉氏。子女三：女二。長曰松哥，適楊才，蚤逝；次曰師姑，適進士李天羽。男一，諱角，進仕，妻王氏”。

六月丁亥朔，以左夷离畢耶律坦爲惕隱，知樞密院事耶律斡特剌兼知左夷离畢事。[1]丙申，阻卜來朝。癸卯，遣使按諸路獄。甲辰，以同知南京留守事耶律那也知右夷离畢事。乙巳，阻卜酋長余古赧及愛的來朝，詔燕國王延禧相結爲友。[2]戊申，以契丹行宮都部署耶律阿思兼知北院大王事。[3]壬子，高墩以下、縣令、録事兄弟及子，[4]悉許敘用。

[1]耶律斡特剌（1036—1105）：許國王寅底石六世孫。字乙辛隱。大安四年遷知北院樞密使事，賜翼聖佐義功臣。兩度出任西北路招討使，討伐耶睹刮部，因功加守太保，賜奉國匡化功臣。本書卷九七有傳。據契丹小字《許王墓誌》，封爵爲許王，死於乾統五年，享年七十歲。

[2]友：即蒙古人所説的“那可兒”“伴當”，也就是首領的親兵。【劉注】這裏的“友”應理解爲朋友。

[3]耶律阿思（1033—1108）：【劉注】據漢字《耶律祺墓誌銘》殘石和契丹大字《耶律祺墓誌銘》，阿思爲契丹大字小名的音譯，確切的譯法應爲“阿思里”，第二個名爲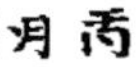（撒班），漢名爲祺。其最後身份是于越守太師尚父齊王。卒於乾統八年（1108）正月二十三日，享年七十五歲。本書卷七六有傳。

[4]高墩以下：言契丹官員級别。本書卷一一六《國語解》：“遼《排班圖》，有高墩、矮墩、方墩之列。自大丞相至阿紮割只，皆墩官也。”朝會時，臣僚有坐有立，所謂墩官，即在朝會時可就座者，因此，宋人陸游《老學庵筆記》卷八徑稱高墩官爲高座官：

"契丹僭號有高坐官。"地位顯然比侍立者高。宋使路振於大中祥符元年（遼統和二十六年，1008）使遼，遼聖宗在中京大内武功殿上接見。他在《乘軺録》（《宋朝事實類苑》卷七七）中記載聖宗見宋使的儀式説聖宗"左右侍立凡數人，皆胡豎。黄金飾拯案，四面懸金紡絳絲結網而爲案帳。漢官凡八人，分東西偏而坐，坐皆繡墩"。

秋七月丁巳，惠妃母燕國夫人削古以厭魅梁王事覺，[1]伏誅，子蘭陵郡王蕭酬斡除名，置邊郡，仍隸興聖宫。[2]戊午，獵沙嶺。甲子，賜興聖、積慶二宫貧民錢。[3]乙酉，出粟振遼州貧民。[4]

[1]厭魅：亦作"厭媚"。用迷信方法祈禱鬼神以迷惑或傷害别人。本書卷一〇七《耶律奴妻蕭氏傳》："嘗與娣姒會，爭言厭魅以取夫寵。"

[2]興聖宫：聖宗宫分。

[3]積慶宫：世宗宫分。

[4]遼州：治所在今山西省左權縣。

八月戊子，以雪罷獵。

九月庚午，還上京。壬申，發粟振上京、中京貧民。丙子，謁二儀、五鸞二殿。己卯，出太祖、太宗所御鎧仗示燕國王延禧，諭以創業征伐之難。辛巳，召南府宰相議國政。

冬十月乙酉朔，以樞密副使竇景庸知樞密院事。丙戌，五國部長來貢。丁亥，以夏國王李秉常薨，遣使詔其子乾順知國事。[1]

[1]乾順：即夏崇宗李乾順（1083—1139）。西夏第四代皇帝。三歲即位。母梁氏，與弟乙逋擅政。永安元年（1099），梁太后死，乾順親政，年十七，謹事遼朝，但與宋交惡。遼以宗室女封公主下嫁。遼亡前夕，他曾出兵援遼，後臣於金。

十一月甲戌，爲燕國王延禧行再生禮，曲赦上京囚。[1]戊寅，高麗遣使謝封册。癸未，出粟振乾、顯、成、懿四州貧民。[2]

[1]曲赦：猶特赦。《通鑑》卷八三晉惠帝元康元年（291）八月"曲赦洛陽"，胡三省注曰："不普赦天下而獨赦洛陽，故曰曲赦。"

[2]成州：【劉注】今遼寧省阜新蒙古族自治縣紅帽子鄉駐地紅帽子村古城址爲遼代成州。　懿州：【劉注】治所在今遼寧省阜新蒙古族自治縣塔營子鎮塔營子村古城址爲遼代懿州。

十二月辛卯，以蘭陵郡王蕭撻不也爲南院樞密使。[1]己亥，夏國王李乾順遣使上其父遺物。

[1]以蘭陵郡王蕭撻不也爲南院樞密使：【劉校】據中華點校本校勘記，此與大安元年（1085）十月所記重出。

（李錫厚注　劉鳳翥校）

遼史　卷二五

本紀第二十五

道宗五

三年春正月乙卯，如魚兒濼。[1]甲戌，出錢粟振南京貧民，仍復其租賦。己卯，大雪。

[1]魚兒濼：又稱長濼、長泊。在長春州境内，位於今吉林省前郭爾羅斯蒙古族自治縣西北部。

二月丙戌，發粟振中京饑。甲辰，以民多流散，除安泊逃户徵償法。

三月乙卯，高麗遣使來貢。[1]己未，免錦州貧民租一年。[2]甲戌，免上京貧民租如錦州。庚辰，女直貢良馬。[3]

[1]高麗：指王建創建的高麗王朝（918—1392）。統治地域在今朝鮮半島，首都在開京（今朝鮮開城市）。

[2]錦州：州城故址在今遼寧省北鎮市。本書卷三九《地理志三》載："錦州，臨海軍，中，節度。本漢遼東無慮縣。"

[3]女直：本作女真，因避遼興宗耶律宗真名諱改稱女直。遼時居東北東部。在南者入遼籍，稱熟女真，或合蘇館女真；在北者不入遼籍，稱生女真。

夏四月戊子，賜中京貧民帛及免諸路貢輸之半。丙申，賜隈烏古部貧民帛。[1]庚子，如涼陘。甲辰，南府宰相王績薨。[2]乙巳，詔出户部司粟，振諸路流民及義州之饑。[3]

[1]隈烏古部：【劉校】中華點校本校勘記作"隈烏古部。按《紀》清寧九年七月及《營衛志》下並作隗烏古部"。這條校勘記有誤。首先《紀》清寧九年七月和《營衛志下》並没有"隗烏古部"，其次"隗烏古部……並作隗烏古部"等於没有校勘。故修訂本删去這條校勘記。

[2]宰相：契丹部族官名。契丹可汗之下有北、南二府，各部族則分屬二府，分設宰相，故北宰相亦稱北府宰相，南宰相亦稱南府宰相。

[3]義州：【劉注】據劉鳳翥、王雲龍《契丹大字〈耶律昌允墓誌銘〉之研究》，遼代義州州城故址在今内蒙古自治區赤峰市元寶山區小五家子回族自治鄉大營子村。

五月庚申，海雲寺進濟民錢千萬。

秋七月丙辰，獵黑嶺。[1]丁巳，出雜帛賜興聖宮貧民。[2]庚午，大雨，罷獵。丁丑，秦越國王阿璉薨。[3]

[1]黑嶺：即慶雲山。據本書卷三七《地理志一》，慶州有慶雲山，“本黑嶺也，聖宗駐蹕，愛羨，曰：‘吾萬歲後，當葬此。’興宗遵遺命，建永慶陵。有望仙殿、御容殿。置蕃、漢守陵三千户，並隸大内都總管司”。

[2]興聖宮：聖宗宮分。

[3]阿璉：即耶律弘世（？—1087）。興宗第三子。仁懿皇后生。重熙十七年（1048）封許王。清寧初徙陳王、秦王，進封秦越國王。清寧中出爲遼興軍節度使。咸雍間歷西京、上京留守。死於大安三年（1087），追封秦魏國王。

九月乙亥，駐蹕匣魯金。

冬十月庚辰，以參知政事王經爲三司使。[1]壬辰，罷節度使已下官進珍玩。癸卯，追封秦越國王阿璉爲秦魏國王。

[1]三司使：唐宋以鹽鐵、度支、户部爲三司，主理財賦。其長官爲三司使。《通鑑》卷二六五唐昭宣帝天祐三年（906）三月戊寅：“以朱全忠爲鹽鐵、度支、户部三司都制置使。三司之名始於此。”遼代在南京設三司使司。此外，在上京設鹽鐵使司，東京設户部使司，中京設度支使司，西京設計司。

十一月甲寅，以惕隱耶律坦同知南京留守事，[1]遼興軍節度使耶律王九爲南府宰相。[2]

十二月己卯朔，以樞密直學士呂嗣立參知政事。

[1]惕隱：契丹官名。又稱梯里已，掌皇族政教。

[2]遼興軍：平州軍號。治所在今河北省盧龍縣。

四年春正月庚戌，如混同江。[1]甲寅，太白晝見。[2]甲子，五國部長來貢。[3]庚午，免上京逋逃及貧户税賦。甲戌，以上京、南京饑，許良人自鬻。丁丑，曲赦西京役徒。[4]

[1]混同江：即松花江。

[2]太白：即金星，星名。又名啟明、長庚。古星象家以爲太白星主殺伐，故多以喻兵戎。

[3]五國部：遼東北部族名。越里篤、剖阿里、奥里米、蒲奴里和越里吉，統稱五國部。

[4]曲赦：猶特赦。《通鑑》卷八三晉惠帝元康元年（291）八月“曲赦洛陽”，胡三省注曰：“不普赦天下而獨赦洛陽，故曰曲赦。”

二月己丑，如魚兒濼。甲午，曲赦春州役徒，終身者皆五歲免。己亥，如春州。赦泰州役徒。[1]

[1]泰州：治所在今吉林省白城市東南。

三月乙丑，免高麗歲貢。己巳，振上京及平、錦、來三州饑。[1]

[1]來州：【劉注】遼代來州州治在今遼寧省綏中縣前衛鎮駐地前衛村古城址。

夏四月己卯，振蘇、吉、復、淥、鐵五州貧民，[1]並免其租税。甲申，振慶州貧民。[2]乙酉，減諸路常貢服御物。丁酉，立入粟補官法。癸卯，西幸。召樞密直學士耶律儼講《尚書・洪範》。[3]

[1]蘇州：【劉注】治所在今遼寧省大連市金州區金洲鎮舊城。　吉州：【劉注】治所在今遼寧省東港市北部某地。確址待考。　復州：【劉注】治所在今遼寧省瓦房店市西北部之復州鎮舊城區。　渌州：【劉注】治所在今遼寧省營口市老邊區二道溝鄉二道溝村東十里的原土城子村遼城址。　鐵州：【劉注】治所在今遼寧省大石橋市湯池鎮北湯池村古城址。

[2]慶州：治所在今内蒙古自治區巴林右旗索博日嘎鎮。

[3]耶律儼（？—1113）：析津（今北京市）人。字若思，本姓李氏。咸雍進士。壽昌初授樞密直學士，拜參知政事。修《皇朝實録》七十卷。本書卷九八有傳。

五月辛亥，命燕國王延禧寫《尚書・五子之歌》。[1]乙卯，振祖州貧民。[2]丁巳，詔免役徒，終身者五歲免之。己未，振春州貧民。丙寅，禁挾私引水犯田。

[1]《尚書・五子之歌》：古文《尚書・夏書》中的一篇。夏太康失道，畋遊十旬不返，其弟五人待於洛河之濱，述大禹之誡，作《五子之歌》。

[2]祖州：遼代地名。治所在今内蒙古自治區巴林左旗林東鎮西南查干哈達蘇木石房子嘎查，因係阿保機祖先出生之地，故名。遼在此置祖州天成軍。

六月庚辰，駐蹕散水原。丁亥，命燕國王延禧知中丞司事，以同知南院樞密使事耶律聶里知右夷离畢，[1]

知右夷离畢事耶律那也同知南院樞密使事。[2]庚寅，北院樞密使耶律頗德致仕。

[1]夷离畢：契丹官名。爲執政官，相當於副宰相參知政事。後來官分南、北，北面官有夷离畢院，主要掌刑政。

[2]南院樞密使：即漢人樞密院之樞密使。爲南面官最高官職。詳見本書卷四七《百官志三》。

秋七月戊申，曲赦奉聖州役徒。[1]丙辰，遣使册李乾順爲夏國王。[2]庚申，如秋山。[3]己巳，禁錢出境。

[1]奉聖州：治所在今河北省涿鹿縣。

[2]夏國（1038—1227）：以党項民族爲主體建立的政權。公元1038年，元昊叛宋稱帝，建立大夏王朝，傳十代，至1227年爲蒙古所滅。元昊稱帝以前，作爲北宋境内的地方割據政權，已經具有獨立性。史稱西夏，先後與遼、北宋及金、南宋並立於中國境内。境土包括今寧夏回族自治區全部、甘肅省大部、陝西省北部以及青海省、内蒙古自治區的部分地區。

[3]秋山：即秋捺鉢。主要活動是狩獵，聖宗以後，其主要地點是慶州（今内蒙古自治區巴林右旗索博日嘎鎮）西部諸山。

八月庚辰，有司奏宛平、永清蝗爲飛鳥所食。[1]庚寅，謁慶陵。[2]

[1]宛平：遼南京析津府（今北京市）的附郭縣。　永清：治所在今河北省永清縣。

[2]慶陵：包括遼聖宗耶律隆緒和仁德皇后、欽愛皇后的永慶

陵，遼興宗耶律宗真和仁懿皇后的永興陵，遼道宗耶律弘基和宣懿皇后的永福陵。位於今内蒙古自治區巴林右旗索博日嘎（白塔子）鎮西北約十餘公里的瓦林茫哈地方。聖宗永慶陵中保存有壁畫，繪有人物、山水，尤以象徵四時捺鉢的四季山水圖彌足珍貴。三陵出土遺物多已散佚，今僅存部分石刻哀册。其中漢文哀册有聖宗、仁德皇后、欽愛皇后、道宗、宣懿皇后的各一合，仁懿皇后哀册僅存篆蓋。契丹小字哀册有道宗、宣懿皇后的各一合。現均存遼寧省博物館。1922 年還從陵中抄寫出興宗和仁懿皇后的契丹小字哀册册文，原石仍埋墓中。

冬十月丁丑，獵遼水之濱。己卯，駐蹕藕絲淀。[1]癸未，免百姓所貸官粟。己丑，知北院樞密使事耶律阿思封漆水郡王。[2]癸巳，以乙室大王耶律敵烈知西北路招討使事，[3]權知西北路招討使事蕭朽哥知乙室大王事。壬寅，詔諸部長官親鞫獄訟。

[1]藕絲淀：即廣平淀。在永州（今内蒙古自治區翁牛特旗白音他拉古城）東南三十里，遼中期以後冬捺鉢所在地。詳本書卷三二《營衛志中》。契丹語寬大曰阿斯。“藕絲”爲“阿斯”的異譯。

[2]耶律阿思（1033—1108）：字撒班。清寧初補祗候郎君。重元之亂，與護衛蘇射殺涅魯古，賜號靖亂功臣，徙契丹行宫都部署。壽昌元年（1095）爲北院樞密使，監修國史。道宗崩，受顧命，加于越。受賂，包庇乙辛黨人。本書卷九六有傳。【劉注】耶律阿思，據漢字《耶律祺墓誌銘》殘石和契丹大字《耶律祺墓誌銘》，阿思爲契丹大字小名的音譯，確切的譯法應爲“阿思里”，第二個名爲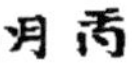（撒班），漢名爲祺。其最後身份是于越守太師尚父齊王。卒於乾統八年正月二十三日，享年七十五歲。

[3]乙室：契丹部族名。遥輦氏阻午可汗時始置爲部。隸南府，

駐守西南境。　西北路招討使：職官名。西北路招討司的軍政長官。西北路招討司又稱西北路都招討司，是遼朝統治漠北屬部的最高軍政機構。

十一月庚申，興中府民張化法以父兄犯盜當死，[1]請代，皆免。

[1]興中府：治所在今遼寧省朝陽市。

十二月戊寅，南府宰相耶律王九致仕。癸未，以孟父敞穩耶律慎思爲中京留守。[1]

[1]孟父敞穩：契丹官名。即孟父房敞穩。契丹以玄祖之後爲皇族，分爲三房：孟父房、仲父房和季父房。本書卷四五《百官志一》："玄祖伯子麻魯無後，次子巖木之後曰孟父房。""敞穩"亦作"常衮"，是諸帳官員。

閏十二月癸卯朔，預行正旦禮。丙午，如混同江。

五年春正月癸未，如魚兒濼。甲午，高麗遣使來貢。

三月癸酉，詔析津、大定二府精選舉人以聞，[1]仍詔諭學者當窮經明道。[2]

[1]析津府：即遼南京。在今北京市。　大定府：即中京。在今内蒙古自治區寧城縣大明鎮。

[2]當窮經明道：【劉校】"當"原本作"常"，明抄本、南監本、北監本和殿本均作"當"。中華點校本及修訂本徑改。

夏四月甲辰，以知奚六部大王事涅葛爲本部大王。[1]壬子，獵北山。甲子，霖雨，罷獵。

[1]奚六部大王：遼對歸附以後的奚族首領的稱呼。奚本來衹有五部，阿保機降伏五部奚之後設置墮瑰部，而成六部。詳本書卷三三《營衛志·部族下》。

五月丁亥，駐蹕赤勒嶺。己丑，以阻卜磨古斯爲部長。[1]癸巳，回鶻遣使貢良馬。[2]己亥，以同知南院樞密使事耶律那也知右夷离畢事，左祗候郎君班詳穩耶律涅里知北院大王事。

[1]阻卜：即達旦、韃靼。元人諱言達旦，而稱達旦爲阻卜。詳王國維《觀堂集林》卷一四《達旦考》。

[2]回鶻：中國北方與西北古代民族名。又作回紇。原爲鐵勒，公元8世紀40年代，骨咄禄毗伽可汗曾建立了回鶻汗國。公元840年左右，回鶻汗國崩潰。除一部分人南下附屬唐朝外，其餘分三支向西北遷徙，和西域原住的同族人匯合，而先後建成高昌回鶻、河西回鶻（甘州回鶻）和喀喇汗王朝（黑汗王朝）三個政權。回鶻西遷後，和中原諸王朝仍然保持着密切關係。甘州回鶻對五代、北宋朝貢不絶；高昌回鶻曾同時爲遼朝及北宋的屬國。

六月甲寅，夏國遣使來謝封册。壬戌，以參知政事王言敷爲樞密副使，前樞密副使賈士勳參知政事，兼同知樞密院事。[1]

[1]賈士勳參知政事，兼同知樞密院事：【劉注】據中華點校

本校勘記，賈士勳，有墓誌出土，作“賈師訓”。見《遼文匯》卷七。

秋七月庚午，獵沙嶺。

九月辛卯，遣使遺宋鹿脯。壬辰，駐蹕藕絲淀。

冬十月乙巳，以新定法令太煩，[1]復行舊法。庚申，以遼興軍節度使何葛爲乙室大王。

[1]新定法令：咸雍六年（1070），道宗認爲契丹、漢人風俗雖然各不相同，但國法不可以有不同的實施辦法，於是命惕隱耶律蘇、樞密使耶律乙辛等修定條制。關於新定法令及其存廢，詳見本書卷六二《刑法志下》。

十一月丁卯朔，燕國王延禧生子，大赦，妃之族屬進爵有差。

六年春正月，如混同江。

二月辛丑，駐蹕雙山。

三月辛未，女直遣使來貢。

夏四月丁酉，東北路統軍司設掌法官。[1]庚子，以同知南院樞密使事耶律吐朵知左夷离畢事。

[1]東北路統軍司：遼末防禦女真的軍事機構。原來，對女真的防禦在遼朝的軍事部署中並不占有重要地位，故一直由東京的軍事機構兼管。當生女真完顏部發動叛亂時，遼朝主持戰事始有東北路統軍司。該機構設在寧江州（今吉林省松原市寧江區伯都鄉伯都村古城）。

五月壬辰，駐蹕散水原。

六月甲寅，遣使決五京囚。

秋七月丙子，如黑嶺。

冬十月丁酉，駐蹕藕絲淀。

十一月壬戌，高麗遣使來貢。己巳，以南府宰相竇景庸爲武定軍節度使。[1]

是年，放進士文充等七十二人。

[1]竇景庸（？—1093）：【劉注】中京人，中書令振之子。清寧初第進士，授秘書省校書郎。大安初遷南院樞密副使，監修國史。授武定軍節度使，審決冤滯，輕重得宜以獄空聞。七年拜中京留守。死後葬今河北省平泉市柳溪鄉。本書卷九七有傳。　武定軍：遼代軍號。治奉聖州（今河北省涿鹿縣）。

七年春正月壬戌，如混同江。

二月己亥，駐蹕魚兒濼。壬寅，詔給渭州貧民耕牛、布絹。[1]

[1]渭州：【劉注】遼代渭州州治爲今遼寧法庫縣葉茂臺鎮二臺子村古城址。

三月丙戌，駐蹕黑龍江。[1]

[1]黑龍江：此黑龍江即混同江。《金史·世紀》："生女直地有混同江、長白山，混同江亦號黑龍江，所謂'白山、黑水'是也。"

夏四月丙辰，以漢人行宫副部署耶律谷欲知乙室大王事。

五月己未朔，日有食之。

六月甲午，駐蹕赤勒嶺。己亥，倒塌嶺人進古鼎，[1]有文曰“萬歲永爲寶用”。辛丑，回鶻遣使貢方物。癸卯，以權知東京留守蕭陶隗爲契丹行宫都部署。[2]丁未，端拱殿門災。[3]

[1]倒塌嶺：遼西北地名。地近阻卜，故遼在此駐軍守護西路群牧。

[2]契丹行宫都部署：遼北面行宫官。遼在北、南面官系統中，分别設契丹行宫都部署和漢人行宫都部署，其上則有諸行宫都部署。行宫都部署完全是倣中原王朝官制設置的，它不同於專管斡魯朵事務的某宫都部署的宫官。宋朝皇帝巡幸亦有行宫，且亦有行宫都部署之設。後避英宗趙曙名諱，改稱行宫都總管。

[3]端拱殿：【劉注】本書卷五二《禮志五》謂“册皇后儀：至日，北南臣僚、内外命婦詣端拱殿幕次”。既然册皇后的儀式在端拱殿舉行，則端拱殿應當在上京。

秋七月戊午朔，回鶻遣使來貢異物，不納，厚賜遣之。

八月庚寅，以霖雨，罷獵。壬寅，幸慶州，謁慶陵。

九月丙申，還上京。己亥，日本國遣鄭元、鄭心及僧應範等二十八人來貢。[1]

[1]日本國遣鄭元、鄭心及僧應範等二十八人來貢：【劉校】

應範，據中華點校本校勘記，在日本古籍如《百練抄》等書中俱作“明範”。此似避穆宗名諱明改。

冬十月辛巳，命燕國王延禧爲天下兵馬大元帥，[1]總北南院樞密使事。

[1]天下兵馬大元帥：遼最高軍職。天贊元年（922）十一月，太祖以皇子堯骨（耶律德光）爲天下兵馬大元帥，後繼位。此後，遼朝歷代皇帝立皇儲繼承者，多加此號，成爲皇帝以下的最高尊稱。

十一月庚子，如藕絲淀。甲子，望祀木葉山。[1]

[1]木葉山：山名。契丹語稱“大”爲“木葉”。“木葉山”可以泛指任何“大山”，也可專指某一大山爲“木葉山”。此處指永州境内一座山，契丹人視此山爲神山，其地在今内蒙古自治區翁牛特旗新蘇莫蘇木的西拉木倫河與老哈河匯合處一帶。“上建契丹始祖廟，奇首可汗在南廟，可敦（可汗之妻）在北廟，繪塑二聖并八子神像。”詳見本書卷三七《地理志一》永州條。

八年春正月乙酉，如山榆淀。乙未，阻卜諸長來降。

三月己亥，駐蹕撻里捨淀。丁未，曲赦中京、蔚州役徒。

夏四月乙卯，阻卜長來貢。丁丑，獵西山。惕德酋長胡里只來附。

五月甲辰，駐蹕赤勒嶺。

六月乙丑，夏國爲宋侵，遣使乞援。

秋七月丁亥，獵沙嶺。

九月乙巳，駐蹕藕絲淀。丁未，日本國遣使來貢。

冬十月庚戌朔，遣使遺宋鹿脯。丙辰，振西北路饑。辛酉，阻卜磨古斯殺金吾吐古斯以叛，遣奚六部禿里耶律郭三發諸蕃部兵討之。壬申，南府宰相王經薨。戊寅，以左夷离畢耶律涅里爲彰聖軍節度使。[1]

[1]彰聖軍：【劉注】郢州軍號。故址在今遼寧省昌圖縣境内。

十一月戊子，以樞密副使王是敦兼知樞密院事，權參知政事韓資讓參知政事，[1]漢人行宫都部署奚回離保知奚六部大王事。[2]丁酉，以通州潦水害稼，遣使振之。戊申，北院大王合魯薨。[3]

[1]韓資讓：遼初著名漢臣韓延徽後代。韓紹芳之孫。壽昌初年拜中書侍郎、平章事。後任遼興軍節度使。本書卷七四有傳。

[2]奚回離保（？—1123）：奚王忒鄰的後代。一名翰，字挼懶。大安年間補護衛，稍陞遷爲鐵鷂軍詳穩。保大二年（1122）金兵來攻，天祚逃亡，回離保率官吏、民衆擁立秦晉國王耶律淳爲帝。同年，金兵由居庸關進入燕京，回離保知北樞密院。三年，其於箭笴山自立，號稱奚國皇帝，改元天復。後爲郭藥師的常勝軍所敗，於是一軍離心離德，回離保爲其同黨所殺。本書卷一一四有傳。

[3]北院大王：契丹部族官。遼朝析迭剌部爲五院部和六院部。五院部有知五院事，在朝曰北大王院；六院部有知六院事，在朝曰南大王院。北院大王和南院大王即五院部和六院部的首領，握有

兵權。

是年，放進士冠尊文等五十三人。[1]

[1]冠尊文：【劉校】據中華點校本校勘記，“冠”疑當作“寇”。

九年春正月庚辰，如混同江。

二月，磨古斯來侵。

三月，西北路招討使耶律阿魯掃古追磨古斯還，都監蕭張九遇賊，與戰不利。二室韋、拽剌、北王府、特滿、群牧、宮分等軍多陷没。[1]

[1]二室韋、拽剌、北王府、特滿、群牧、宮分等：皆西北駐軍名。本書卷四六《百官志二》有大室韋軍詳穩司、小室韋軍詳穩司、北王府軍詳穩司、特滿軍詳穩司、群牧軍詳穩司、宮分軍詳穩司，皆隸屬西北路招討使司。“拽剌軍詳穩司”在同卷隸屬東北路統軍司。西北路招討司也應有“拽剌軍詳穩司”，應是失載。

乙卯，興中府甘露降，遣使祠佛飯僧。[1]癸酉，獵西山。

[1]飯僧：向僧人施飯，奉佛藉以祈福。《舊唐書》卷一一八《王縉傳》：“初，代宗喜祠祀，未甚重佛，而元載、杜鴻漸與［王］縉喜飯僧徒。代宗嘗問以福業報應事，載等因而啟奏，代宗由是奉之過當，嘗令僧百餘人於宮中陳設佛像，經行念誦，謂之内道場。其飲膳之厚，窮極珍異，出入乘廄馬，度支具稟給。每西蕃入寇，

必令群僧講誦《仁王經》，以攘虜寇。苟幸其退，則横加錫賜。”

六月丁未朔，駐蹕散水原。庚申，以遼興軍節度使榮哥爲南院大王，知左夷离畢事耶律吐朶爲左夷离畢。

秋七月辛卯，如黑嶺。壬寅，遣使賜高麗羊。

九月癸卯，振西北路貧民。

冬十月庚戌，有司奏磨古斯詒西北路招討使耶律撻不也僞降，[1]既而乘虚來襲，撻不也死之。阻卜烏古札叛，[2]達里底、拔思母並寇倒塌嶺。壬子，遣使籍諸路兵。癸丑，以南院大王特末同知南京留守事，命鄭家奴率兵往援倒塌嶺。甲寅，駐蹕藕絲淀，以左夷离畢耶律秃朶、圍場都管撒八並爲西北路行軍都監。乙卯，詔以馬三千給烏古部。丙辰，有司奏阻卜長轄底掠西路群牧。[3]丁巳，振西北路貧民。己未，燕國王延禧生子，肆赦，妃之族屬並進級。壬戌，以樞密直學士趙廷睦參知政事兼同知南院樞密使事。癸亥，烏古敵烈統軍使蕭朽哥奏討阻卜等部捷。甲子，宋遣使告其母后曹氏哀，[4]即遣使弔祭。己巳，詔廣積貯，以備水旱。

[1]耶律撻不也：【劉注】與被殺於大康三年的耶律撻不也（？—1077）同姓名。

[2]烏古札：【劉校】按下文十年正月及本書卷七〇《屬國表》並作“烏古扎”。

[3]群牧：此指專門管理契丹國家畜群的機構。諸路設群牧使司，下設某群太保、某群侍中、某群敞史；朝廷設總典群牧使司，有總典群牧部籍使、群牧都林牙。以“群”爲單位設某群牧司，設

群牧使、群牧副使。此外，還有衹管理馬及牛群的機構。遼亡之後，金稱契丹群牧爲“烏魯古”。

[4]宋遣使告其母后曹氏哀：【劉注】清人錢大昕《廿二史考異》載，是歲宋元祐八年（1093），太皇太后高氏崩，非曹氏。

十一月辛巳，特抹等奏討阻卜捷。

十二月丙辰，宋遣使以母后遺留物來饋。

十年春正月，如春水。癸未，惕德來貢。戊子，烏古扎等來降，達里底、拔思母二部來侵，四捷軍都監特抹死之。[1]

[1]四捷軍：遼以宋降者分立二部：一曰四捷軍，一曰歸聖軍。

二月甲辰，以破阻卜，賞有功者。丙午，西南面招討司奏討拔思母捷。[1]癸丑，排雅、僕里、同葛、虎骨、僕果等來降。達里底來侵。

[1]西南面招討司：契丹軍事機構名。設招討使一人，駐西京大同，負責對西夏的防務。

三月壬申朔，日有食之。山北路副部署蕭阿魯帶奏討達里底捷。[1]

[1]山北路：【劉校】中華點校本校勘記引《羅校》，“山”當作“西”。　蕭阿魯帶：字乙辛隱，烏隗部人。少習騎射，曉兵法。大安七年（1091）遷山北副部署。九年達理得、拔思母二部來侵，率兵擊卻之，並多有斬獲。壽昌元年（1095）以功加同中書門下平

章事，進爵郡公，改西北路招討使。本書卷九四有傳。

夏四月壬寅朔，惕德萌得斯、老古得等各率所部來附，詔復舊地。甲辰，駐蹕春州北平淀。丙午，烏古部節度使耶律陳家奴奏討茶扎剌捷。[1]庚戌，以知北院樞密使事耶律斡特剌爲都統，[2]夷离畢耶律禿朶爲副統，龍虎衛上將軍耶律胡呂都監討磨古斯，遣積慶宮使蕭紆里監戰。辛亥，朽哥奏頗里八部來侵。擊破之。己巳，除玉田、密雲流民租賦一年。[3]

[1]茶扎剌：西北部族之一。據本書卷三〇《天祚本紀》附大石傳，耶律大石西行，“駐北庭都護府，會威武、崇德、會蕃、新、大林、紫河、駝等七州及大黄室韋、敵剌、王紀剌、茶赤剌……”茶赤剌即茶扎剌。【劉注】本書卷四六《百官志二》有“茶扎剌部”。

[2]耶律斡特剌：許國王寅底石六世孫。字乙辛隱。大安四年（1078）遷知北院樞密使事，賜翼聖佐義功臣。兩度出任西北路招討使，討伐耶覩刮部，因功加守太保，賜奉國匡化功臣。死於乾統初。本書卷九七有傳。

[3]玉田：縣名。治所在今河北省玉田縣。　密雲：縣名。治所在今北京市密雲區。

閏月庚子，賜西北路貧民錢。達里底、拔思母二部來降。

五月甲辰，駐蹕赤勒嶺。甲寅，括馬。戊午，西北路招討司奏敵烈等部來侵，統軍司出兵與戰，不利，招討司以兵擊破之，敦睦宮太師耶律愛奴及其子死之。[1]

辛酉，以知國舅詳穩事蕭阿烈同領西北路行軍事。

［1］敦睦宮：孝文皇太弟宮分。

六月辛未，宋遣使來謝弔祭。乙酉，烏古敵烈統軍使朽哥有罪，除名。丙戌，和烈葛等部來聘。癸巳，惕德來貢。己亥，禁邊民與蕃部爲婚。

是夏，高麗國王運薨，子昱遣使來告，即遣使賻贈。[1]

［1］賻（fù）贈：贈送財物給辦喪事的人家。

秋七月庚子朔，獵赤山。是月，阻卜等寇倒塌嶺，盡掠西路群牧馬去，東北路統軍使耶律石柳以兵追及，[1]盡獲所掠而還。

［1］東北路統軍使耶律石柳：應是"西北路統軍使"之誤。石柳大康初爲夷离畢郎君。太子既廢，以石柳附太子，流鎮州。大安間耶律石柳獲平反，出任西北路統軍使，本書卷九九本傳不載。

九月己未，以南院大王特末爲南院樞密使。甲子，敵烈諸酋來降，釋其罪。是月，斡特剌破磨古斯。

冬十月丙子，駐蹕藕絲淀。壬午，山北路副部署蕭阿魯帶以討達里底功，加左金吾衛上將軍。癸巳，西北路統軍司獲阻卜長拍撒葛、蒲魯等來獻。

十一月乙巳，惕德銅刮、阻卜的烈等來降。達里底及拔思母等復來侵，山北副部署阿魯帶擊敗之。

十二月癸酉，三河縣民孫賓及其妻皆百歲，[1]復其家。甲戌，以參知政事趙廷睦兼同知樞密院事，樞密副使王師儒參知政事兼同知樞密院事。己卯，詔録西北路有功將士及戰殁者，贈官。乙酉，詔改明年元，減雜犯死罪以下，[2]仍除貧民租賦。戊子，西北路統軍司奏討磨古斯捷。

[1]三河：縣名。治所在今河北省三河縣。

[2]死罪以下：較死罪爲輕的罪刑，即笞、杖、徒、流之罪。

（李錫厚注　劉鳳翥校）

遼史　卷二六

本紀第二十六

道宗六

壽隆元年春正月己亥，[1]如混同江。[2]庚戌，西南面招討司奏拔思母來侵，[3]蕭阿魯帶等擊破之。[4]乙卯，振奉聖州貧民。[5]

[1]壽隆：遼道宗年號（1095—1102）。據遼代碑刻和錢幣，此年號當爲"壽昌"之誤。【劉注】據中華修訂本校勘記，此係陳大任《遼史》避金欽慈皇后"壽昌"諱而改。後爲元修《遼史》所承襲。

[2]混同江：即松花江。

[3]西南面招討司：契丹軍事機構名。設招討使一人，駐西京大同，負責對西夏的防務。

[4]蕭阿魯帶：烏隗部人。字乙辛隱。少習騎射，曉兵法。大安九年（1093），達理得、拔思母二部來侵，率兵擊卻之，並多有斬獲。壽昌元年（1095）以功加同中書門下平章事，進爵郡公，改西北路招討使。本書卷九四有傳。

[5]奉聖州：治所在今河北省涿鹿縣。

二月戊辰，賜左、右二皮室貧民錢。[1]癸酉，高麗遣使來貢。[2]乙亥，駐蹕魚兒濼。[3]

[1]皮室：契丹軍名。意爲“金剛”。初爲阿保機所置，稱“腹心部”。後有南、北、左、右皮室及黄皮室等，皆掌精甲。

[2]高麗：指王建創建的高麗王朝（918—1392）。統治地域在今朝鮮半島，首都在開京（今朝鮮開城市）。

[3]魚兒濼：又稱長濼、長泊。在長春州境内，位於今吉林省前郭爾羅斯蒙古族自治縣西北部。

三月丙午，賜東北路貧民絹。

夏四月丁卯，斡特剌奏討耶睹刮捷。乙亥，[1]女直遣使來貢。[2]庚寅，録西北路有功將士。

[1]乙亥：【劉校】中華點校本校勘記謂“乙亥，原誤己亥。按《朔考》，四月丙寅朔，無己亥，初十日乙亥，據改”。今從。

[2]女直：本作女真，因避遼興宗耶律宗真名諱，改稱女直。遼時居東北東部。在南者入遼籍，稱熟女真，或合蘇館女真；在北者不入遼籍，稱生女真。

五月乙未朔，左夷离畢耶律吐朵爲惕隱，[1]南京宣徽使耶律特末爲北院大王。[2]癸卯，贈陣亡者官。丁巳，駐蹕特禮嶺。

[1]夷离畢：契丹官名。爲執政官，相當於副宰相參知政事。

後來官分南、北，北面官有夷离畢院，主要掌刑政。　惕隱：契丹官名。又稱梯里己，掌皇族政教。

[2]宣徽使：遼朝官名。遼設北、南宣徽，分隸北南樞密院之下。宣徽北院使常執行軍事使命。此外，宣徽使還掌領朝會、宴饗、禮儀、祭祀及御前祗應之事。　北院大王：契丹部族官。遼朝析迭剌部爲五院部和六院部。五院部有知五院事，在朝曰北大王院；六院部有知六院事，在朝曰南大王院。北院大王和南院大王即五院部和六院部的首領，握有兵權。

六月己巳，以知奚六部大王事回里不爲本部大王，[1]權參知政事趙孝嚴爲漢人行宫都部署，[2]圍場都管撒八以討阻卜功加鎮國大將軍。[3]癸巳，阻卜長禿里底及圖木葛來貢。[4]

[1]奚六部大王：遼對歸附以後的奚族首領的稱呼。奚本來祇有五部，阿保機降伏五部奚之後設置墮瑰部，而成六部。詳本書卷三三《營衛志·部族下》。

[2]漢人行宫都部署：遼在北、南面官系統中，分别設契丹行宫都部署和漢人行宫都部署，其上則有諸行宫都部署。行宫都部署完全是倣中原王朝官制設置的，它不同於專管斡魯朵事務的某宫都部署的宫官。宋朝皇帝巡幸亦有行宫，且亦有行宫都部署之設。後避英宗趙曙名諱，改稱行宫都總管。詳本書卷四七《百官志三》。

[3]阻卜：即達旦、韃靼。元人諱言達旦，而稱達旦爲阻卜。詳王國維《觀堂集林》卷一四《達旦考》。

[4]禿里底：【劉校】中華點校本校勘記謂，原誤“香里底”，依本書卷七〇《屬國表》改。今從。殿本作“杳里底”，亦誤。

秋七月庚子，阻卜長猛達斯等來貢。癸卯，獵沙嶺。癸丑，頗里八部來附，進方物。甲寅，斡特剌奏磨古斯捷。[1]

[1]磨古斯：【劉注】人名。北阻卜酋長。

九月甲寅，祠木葉山。[1]丙辰，詔西京砲人、弩人教西北路漢軍。[2]

[1]木葉山：山名。契丹語稱“大”爲“木葉”。“木葉山”可以泛指任何“大山”，也可專指某一大山爲“木葉山”。此處指永州境内一座山，契丹人視此山爲神山，其地在今内蒙古自治區翁牛特旗新蘇莫蘇木的西拉木倫河與老哈河匯合處一帶。“上建契丹始祖廟，奇首可汗在南廟，可敦（可汗之妻）在北廟，繪塑二聖并八子神像。”詳見本書卷三七《地理志一》永州條。

[2]漢軍：遼朝有衆多的漢軍，其中有阿保機收編的“山北八軍”以及趙延壽的軍隊。此外，遼朝還有自己按照中原軍隊編制組建的漢軍，其中最重要的是燕京等地的禁軍。據《長編》卷五五宋真宗咸平六年（1003）七月己酉記李信云：“國中所管幽州漢兵，謂之神武、控鶴、羽林、驍武等，約萬八千餘騎。”其中“羽林”“控鶴”是唐、五代禁軍舊有的名號。因此可以斷定李信所説的遼燕京的“漢兵”就是戍衛京城的禁軍。

冬十月甲子，駐蹕藕絲淀。[1]甲戌，以北面林牙耶律大悲奴爲右夷离畢。[2]癸未，以參知政事王師儒爲樞密副使，[3]漢人行宫都部署趙孝嚴參知政事。壬辰，録討阻卜有功將士。

［1］藕絲淀：即廣平淀，在永州（今内蒙古自治區翁牛特旗白音他拉古城）東南三十里，遼中期以後冬捺鉢所在地。詳本書卷三二《營衛志中》。契丹語寬大曰阿斯。"藕絲"是"阿斯"的異譯。

［2］林牙：契丹官名。掌文翰，相當於翰林學士。

［3］王師儒（1040—1101）：范陽人。父諱祁，重熙七年二十一歲舉進士狀元第。師儒"年二十有六舉進士，屈於丙科"（《全遼文·王師儒墓誌銘》）。蘇轍元祐四年（遼大安五年，1089）使遼，"彼以其侍讀學士王師儒館伴。師儒稍讀書，能道先君及子瞻所爲文，曰'恨未見公全集'。然亦既誦《服伏苓賦》等"（《欒城後集》卷一二《潁濱遺老傳》）。他主張維持與宋和好。據《長編》卷五〇三載，宋哲宗元符元年（遼壽昌四年，1098）冬十月乙亥朔，"雄州奏契丹新置魏州，欲徙上等户二千以實之。宰相王師儒以爲不可，力諫不從，退而自刺其腹。賴左右救止，微傷而已。遼主遽從其言，仍賜壓驚錢三千緡，加三官"。

十一月丙申，女直遣使進馬。己亥，以都統斡特剌爲西北路招討使，封漆水郡王。甲辰，夏國進貝多葉佛經。[1]庚申，高麗王昱疾，命其叔顒權知國事。[2]

［1］夏國（1038—1227）：以党項民族爲主體建立的政權。公元1038年，元昊叛宋稱帝，建立大夏王朝，傳十代，至1227年爲蒙古所滅。元昊稱帝以前，作爲北宋境内的地方割據政權，已經具有獨立性。史稱西夏，先後與遼、北宋及金、南宋並立於中國境内。境土包括今寧夏回族自治區全部、甘肅省大部、陝西省北部以及青海省、内蒙古自治區的部分地區。　貝多葉佛經：古代印度人將佛經書寫於貝多羅樹的葉子上，故稱。

［2］命其叔顒權知國事：【劉校】據中華點校本校勘記，"叔"原誤"子"，"按《高麗史》，徽三子：勳、運、顒。昱係運之子，

于顒爲侄”。據改。

十二月癸亥朔，以知北院樞密使事耶律阿思爲北院樞密使。[1]

是年，放進士陳衡甫等百三十人。

[1]耶律阿思（1033—1108）：字撒班。清寧初補祗候郎君。重元之亂，與護衛蘇射殺涅魯古，賜號靖亂功臣，徙契丹行宮都部署。壽昌元年（1095）爲北院樞密使，監修國史。道宗崩受顧命，加于越。受賂，包庇乙辛黨人。本書卷九六有傳。【劉注】耶律阿思，據漢字《耶律祺墓誌銘》殘石和契丹大字《耶律祺墓誌銘》，阿思爲契丹大字小名正来的音譯，確切的譯法應爲“阿思里”，第二個名爲月 丙（撒班），漢名爲祺。其最後身份是于越守太師尚父齊王。卒於乾統八年（1743）正月二十三日，享年七十五歲。　北院樞密使：即契丹樞密院之樞密使，爲北面官之最高官職，掌軍事、部族。詳本書卷四五《百官志一》。

二年春正月甲午，如春水。癸卯，西南面招討司討拔思母，[1]破之。乙卯，駐蹕瑟尼思。辛酉，市牛給烏古、敵烈、隈烏古部貧民。

[1]拔思母：遼朝西北部叛服不常的部族之一。本書卷九四《耶律那也傳》“壽隆元年，復討達理得、拔思母等有功，賜詔褒美，改烏古敵烈部統軍使，邊境以寧”。這場由阻卜磨古斯開始的西北諸部叛亂，茶扎剌、拔斯母、耶覩刮等部也同時反叛，直至壽昌末年纔被平定。

二月癸亥，振達麻里別古部。
夏四月己卯，振西北邊軍。
六月辛酉，駐蹕撒里乃。
秋七月甲午，阻卜來貢。丙午，獵赤山。[1]

[1]赤山：【劉注】據《巴林左旗志》（内蒙古人民出版社 1996 年版）第 168 頁稱“烏蘭達壩，遼代稱‘赤山’”。故遼代的“赤山”應是今内蒙古自治區巴林左旗境内的烏蘭達壩。

八月乙丑，頗里八部進馬。[1]

[1]頗里八部：“頗里”又作“婆離”，卷二〇《興宗紀》“于越摩梅欲之子不葛一及婆离八部夷离菫虎等内附”。另據卷三六《兵衛志・屬國軍》，頗里當是西北部族。

九月丙午，徙烏古敵烈部於烏納水，[1]以扼北邊之衝。

[1]烏古敵烈部：部族名。原爲二部。烏古又稱嫗厥律、于厥律，居契丹西北；敵烈又譯迪烈、敵烈德、迭烈德、達里底。遼時以遊牧、捕獵爲業，分佈於臚朐河（今克魯倫河）流域。有八部，稱爲八部敵烈或八石烈敵烈。與烏古部並稱爲北邊大部。遼聖宗以敵烈部降人置迭魯敵烈部和北敵烈部。開泰四年（1015），築河董城於臚朐河北，安置敵烈、烏古降人。壽昌二年（1096），徙敵烈、烏古於烏納水西。遼置烏古敵烈統軍司以應對阻卜諸部的反抗。金末元初，敵烈人逐漸與女真人、蒙古人等同化。　烏納水：即今内蒙古自治區牙克石市海拉爾河支流免渡河及其上源紮敦河。

冬十月戊辰，駐蹕藕絲淀。庚辰，高麗遣使來貢。

十二月己未，斡特剌討梅里急，破之。壬戌，南府宰相耶律鐸魯斡致仕。[1]癸亥，蕭撻不也爲北府宰相，[2]耶律大悲奴殿前都點檢。[3]乙亥，夏國獻宋俘。

[1]宰相：契丹部族官名。契丹可汗之下有北、南二府，各部族則分屬二府，分設宰相，故北宰相亦稱北府宰相，南宰相亦稱南府宰相。　耶律鐸魯斡：季父房之後。字乙辛隱。咸雍間累遷同知南京留守事。大康初年改任西南面招討使，爲北面林牙，轉任左夷离畢。大安五年（1089）拜南府宰相。壽昌初年致仕，卒。本書卷一〇五有傳。

[2]蕭撻不也：【劉注】與被殺於大康三年（1077）的蕭撻不也同姓名。

[3]殿前都點檢：官名。五代後周世宗設置殿前司，以都點檢、副都點檢爲正副長官，位在都指揮使之上，爲禁軍所統帥。宋初廢。遼設殿前都點檢，爲南面軍官，當係模倣周制。

三年春正月丁亥，如春水。壬寅，烏古部節度使耶律陳家奴以功加尚書右僕射。[1]癸卯，駐蹕雙山。

[1]耶律陳家奴：阿保機曾祖父懿祖薩拉德之弟葛剌的八世孫。字綿辛。重熙中歷任鷹坊、尚廄、四方館副使，改任徒魯古皮室詳穩。清寧初累遷右夷离畢。後皇太子被廢，道宗懷疑陳家奴黨附太子，予以罷官。本書卷九五有傳。

二月丙辰朔，[1]南京水，遣使振之。

[1]二月丙辰朔：【劉校】據中華點校本校勘記，“丙”原誤“甲”。按正月丙戌朔，下推三十一日丙辰，《朔考》二月丙辰朔。據改。

閏月丙午，[1]阻卜長猛撒葛、粘八葛長禿骨撒、梅里急長忽魯八等請復舊地，[2]貢方物，從之。

[1]閏月丙午：【劉校】據中華點校本校勘記，“閏月二字原脱，按二月丙辰朔，無丙午，閏二月丙戌朔，丙午二十一日，據補”。

[2]梅里急：本書卷三〇《天祚皇帝本纪四》，大石北行会十八部众有该部，作“密儿纪”。《元朝秘史》作“篾儿乞”或“篾儿乞惕”。

三月辛酉，燕國王延禧生子。癸亥，賜名撻魯。[1]妃之父長哥遷左監門衛上將軍，仍賜官屬錢。

是春，高麗王昱薨。

[1]撻魯：據本書卷七一《后妃傳》，此子係天祚德妃所生，然本書卷六四《皇子表》卻云“未詳所出”。

夏四月，南府宰相趙廷睦出知興中府事，[1]參知政事牛温舒兼同知樞密院事。[2]

[1]興中府：治所在今遼寧省朝陽市。

[2]牛温舒（？—1105）：范陽（今河北省涿州市）人。咸雍年間進士及第。兩度出任參知政事，乾統五年（1105）使宋，調解

宋夏關係，歸來加中書令，卒。本書卷八六有傳。

五月癸亥，斡特剌討阻卜，破之。己巳，駐蹕撒里乃。

六月甲申，詔罷諸路馳駟貢新。[1]丙戌，詔每冬駐蹕之所，宰相以下構宅毋役其民。辛丑，夏人來告宋城要地，遣使之宋，諭與夏和。庚戌，以契丹行宮都部署耶律吾也爲南院大王。

[1]馳駟：駕乘驛馬疾行。　貢新：進貢新熟農産品，如新茶、新米等。

秋七月壬子朔，獵黑嶺。[1]

八月己亥，蒲盧毛朵部長率其民來歸。[2]乙巳，彗星見西方。

[1]黑嶺：即慶雲山。據本書卷三七《地理志一》，慶州有慶雲山，“本黑嶺也，聖宗駐蹕，愛羨，曰：‘吾萬歲後，當葬此。’興宗遵遺命，建永慶陵。有望仙殿、御容殿。置蕃、漢守陵三千户，並隸大内都總管司”。

[2]蒲盧毛朵部：女真部族。遼屬部，爲遼國外十部之一。

九月壬申，駐蹕藕絲淀。丁丑，以武定軍節度使梁援爲漢人行宮都部署。[1]戊寅，斡特剌奏討梅里急捷。己卯，五國部長來貢。[2]

［1］梁援（1034—1101）：【劉注】字輔臣，其先著籍於定州。其事蹟詳載《梁援墓誌銘》。“四代祖諱文規，字德仁，官至吏部尚書，以太子太保致仕，寓居於燕臺。王父諱延敬，内供奉班祗候，雅有德望。娶荆王女耶律氏，生子曰仲方，公之考也。母鄭氏。五歲誦《孝經》《論語》《爾雅》。十一通《五經大義》。十三作《牽馬嶺碑文》。人頗異之。清寧五年，梁援二十有六歲，乃登甲科。所作辭賦，世稱其能。初命儒林郎、守右拾遺、直史館，歷左補闕、起居郎，並充史館修撰。三奉命接送南朝國信副使。六充館伴副使。一充皇太后南朝正旦國信副使。提按刑獄者六次。銓讀考試典掌貢舉者十次。其他出使小國雜領繁務者率在其間。蓋以善禮容、長決斷、精藻鑒之故也。適值賊臣耶律英弼等畏東宫之英斷，肆巧言以構之。公欲冒死上奏。潛作二書，一以致父母，一以示子孫，用史館印識之。遂奏狀曰：‘皇太子年小，事理暗昧，不同凡庶。’及陳故事，用啓上心。英弼等大怒，請下吏，孝文皇帝不令致辨。至今家藏二書永以爲寶。”

［2］五國部：遼東北部族名。越里篤、剖阿里、奥里米、蒲奴里和越里吉，統稱五國部。

冬十月庚戌，以西北路招討使斡特剌爲南府宰相。

十一月乙卯，蒲盧毛朶部來貢。戊午，以安車召醫巫閭山僧志達。[1]己未，以中京留守韓資讓知樞密院事，[2]同知南院樞密使事蕭藥師奴知右夷离畢。丁丑，西北路統軍司奏討梅里急捷。

［1］安車：古代可以坐乘的小車。古車立乘，此爲坐乘，故稱安車。供年老的高級官員及貴婦人乘用。《周禮·春官·巾車》：“安車，雕面鷖總，皆有容蓋。”鄭玄注：“安車，坐乘車。凡婦人車皆坐乘。”《漢書》卷八一《張禹傳》：“爲相六歲，鴻嘉元年，

以老病乞骸骨，上加優再三乃聽許。賜安車駟馬，黄金百斤，罷就第。”

[2]韓資讓：遼初著名漢臣韓延徽後代，韓紹芳之孫。壽昌初年拜中書侍郎、平章事。後任遼興軍節度使。本書卷七四有傳。

四年春正月壬子，如魚兒濼。己巳，徙阻卜等貧民於山前。[1]辛未，宋遣使來饋錦綺。

[1]山前：石敬瑭割讓給契丹的十六州地，分爲山前、山後兩部分。山前是指幽、薊、瀛、莫、涿、檀、順七州，是中原防範北方遊牧民族南下的一道天然屏障，在軍事上極爲重要。

三月庚午，幸春州。丙子，有司奏黄河清。

夏四月辛丑，以雨，罷獵。

五月癸酉，那也奏北邊捷。甲戌，駐蹕撒里乃。

六月戊寅朔，夏國爲宋所攻，遣使求援。丁亥，以遼興軍節度使涅里爲惕隱，[1]前知惕隱事耶律郭三爲南京統軍使。甲午，以參知政事牛温舒兼知中京留守事。

[1]遼興軍：平州軍號。治所在今河北省盧龍縣。

秋七月戊午，如黑嶺。

冬十月乙亥朔，駐蹕藕絲淀。己卯，以南府宰相斡特剌兼契丹行宫都部署，以傅導燕國王延禧。

十一月乙巳朔，知右夷离畢事蕭藥師奴、樞密直學士耶律儼使宋，諷與夏和。[1]辛酉，夏復遣使求援。

[1]耶律儼（？—1113）：析津（今北京市）人。字若思。本姓李氏。咸雍進士。壽昌初授樞密直學士。拜參知政事。修《皇朝實録》七十卷。本書卷九八有傳。關於遼使宋朝與夏議和事，據《宋史》卷四八六《夏國傳》，遼使是蕭德崇。

十二月壬辰，爲燕國王延禧行再生禮，曲赦三百里内囚。[1]

[1]曲赦：猶特赦。《通鑑》卷八三晉惠帝元康元年（291）八月“曲赦洛陽”，胡三省注曰：“不普赦天下而獨赦洛陽，故曰曲赦。”

五年春正月乙巳，如魚兒濼。己酉，詔夏國王李乾順伐拔思母等部。[1]

[1]李乾順（1083—1139）：西夏第四代皇帝。三歲即位。母梁氏，與弟乙逋擅政。永安元年（1098）梁太后死，乾順親政，年十七，謹事遼朝，但與宋交惡。遼以宗室女封公主下嫁。遼亡前夕，他曾出兵援遼，後臣於金。

夏五月壬戌，藥師奴等使宋廻，奏宋罷兵。[1]癸亥，謁乾陵。戊辰，以南府宰相斡特剌兼西北路招討使、禁軍都統。己巳，駐蹕沿柳湖。

[1]宋罷兵：據《長編》卷五〇九宋哲宗元符二年（1099）夏四月辛卯，遼使蕭德崇向夏國轉達宋朝對其求和答復：“若出自至誠，深悔前罪，所言可信，聽命無違，即當徐度所宜，開以自新

之路。”

六月甲申，以奚六部大王回離保爲契丹行宫都部署，[1]知右夷离畢事蕭藥師奴南面林牙，兼知契丹行宫都部署事。乙未，五國部長來朝。戊戌，阻卜來貢。己亥，以興聖宫使耶律郝家奴爲右夷离畢。[2]

[1]奚六部大王回離保（？—1123）：奚王忒鄰的後代。一名翰，字挼懶。大安年間補護衛，稍陞遷爲鐵鷂軍詳穩。保大二年（1122）金兵來攻，天祚逃亡，回離保率官吏、民衆擁立秦晉國王耶律淳爲帝。同年，金兵由居庸關進入燕京，回離保知北樞密院。三年，其於箭笴山自立，號稱奚國皇帝，改元天復，後爲郭藥師的常勝軍所敗，於是一軍離心離德，回離保爲其同黨所殺。本書卷一一四有傳。

[2]興聖宫：聖宗宫分。

秋七月壬寅朔，惕德長秃的等來貢。辛亥，如大牢古山。

閏九月丙子，駐蹕獨盧金。[1]

[1]獨盧金：地名。在遼西京大同府雲中縣境内。傅樂焕《春水秋山考》：“《遼史》雲獨盧金，《長編》作雲中甸，名雖有異，地實相同。文彦博《潞公集》卷七《贈國信畢少卿仲衍》詩有云：‘朔風不度龍沙遠，只向雲中講信回。’仲衍使遼在元豐二年，當遼大康五年。檢是年《遼紀》道宗亦駐蹕獨盧金。知獨盧金與雲中甸確指同一地點。獨盧金《遼史》不詳所在，由前後相關地名準之，知在西京境内。今悉又稱雲中甸，雲中爲遼西京大同府倚郭縣，雲

中甸即謂雲中縣境郊野之地。”（見《遼史叢考》第48頁）

冬十月己亥朔，高麗王顒遣使乞封册。丁巳，斡特剌奏討耶覩刮捷。丙寅，以同知南京留守事蕭得里底知北院樞密使事。[1]丁卯，宋遣郭知章、曹平來聘。戊辰，振遼州饑，[2]仍免租賦一年。

[1]蕭得里底（？—1122）：晉王蕭孝先之孫。字紇鄰。乾統元年（1101）爲北面林牙，同知北院樞密使，受詔與北院樞密使耶律阿思懲治乙辛餘黨。阿思受賄，多爲乙辛餘黨減輕治罪；得里底也附會阿思的做法。女直初起，得里底阻礙發兵進討。後任北院樞密使，受到天祚信任。保大二年（1122）天祚率衛兵出逃，得里底離開天祚後，爲耶律淳所獲，不食數日而卒。本書卷一〇〇有傳。

[2]遼州：治所在今山西省左權縣。

十一月甲戌，振南、北二糺。乙酉，夏國以宋罷兵，遣使來謝。

十二月甲子，以參知政事趙孝嚴爲漢人行宫都部署，漢人行宫都部署梁援爲遼興軍節度使。

六年春正月癸酉，南院大王耶律吾也薨。壬午，以太師致仕禿開起爲奚六部大王。丁亥，如春水。辛卯，斡特剌執磨古斯來獻。丙申，詔問民疾苦。

二月丁未，以烏古部節度使陳家奴爲南院大王。己酉，磔磨古斯於市。[1]癸丑，出絹賜五院貧民。[2]辛酉，宋遣使告宋主煦殂，弟佶嗣位，即日遣使弔祭。

[1]磔（zhé）：古代的一種酷刑。以車分裂人體。當契丹興起時，中原地區早已廢除。據《唐律疏議·名例律》，唐朝死刑衹有二等，爲“絞”和“斬”。

[2]五院：即五院部。

三月甲申，弛朔州山林之禁。[1]

[1]朔州：治所在今山西省朔州市。

夏四月丁酉朔，日有食之。癸卯，如炭山。[1]

[1]炭山：山名。據《新五代史》卷七二《四夷附録第一》："漢城在炭山東南灤河上，有鹽鐵之利，乃後魏滑鹽縣也。其地可植五谷，安巴堅（阿保機）率漢人耕種，爲治城郭、邑屋、廛市如幽州制度，漢人安之，不復思歸。"另據本書卷四一《地理志·西京道》，炭山在歸化州，即武州（今河北省張家口市宣化區）。

五月壬午，烏古部討茶扎剌，破之。乙酉，漢人行宫都部署趙孝嚴薨。丙戌，駐蹕納葛濼。辛卯，宋遣使饋先帝遺物。[1]乙未，以東京留守何魯掃古爲惕隱，[2]南院宣徽使蕭常哥爲漢人行宫都部署。[3]

[1]先帝：指宋哲宗，公元1085年至1100年在位。

[2]何魯掃古：即耶律何魯掃古。字烏古鄰，是孟父房的後代。大安八年（1092）爲知西北路招討使事，以功加左僕射銜。再討耶覩刮等部族，由於誤擊阻卜酋長磨古斯，北阻卜因此背叛朝命，而何魯掃古不以實情奏聞，被削去官職，並以大杖決罰。道宗駕崩，

何魯掃古與宰相耶律儼總領陵墓事務。乾統中致仕，卒。本書卷九四有傳。

［3］蕭常哥（？—1111）：【劉注】契丹語小名常哥，第二個名胡獨堇，漢名義，字守常。生居外戚之家，世處大臣之位。懸車致政，高蹈於前規；出綍申恩，載定於遺烈。其先迪烈寧（蕭敵魯），太祖姑表弟，應天皇后之長兄也。贊翊日月。初置北相，首居其位。時聖元肇祚，用人若身。運使從心，目公爲手。王父恭，在聖宗朝，高尚自晦。起家授南面丞旨。歷林牙、夷离畢等官。拜平章事。父宗石，贈中書令。母陳國太夫人耶律氏，故北府名王世遷之姊。實生三男，公其季子也。壽昌元年，歷南女直都監，授東京四軍副都指揮使。天祚皇帝初九潛龍，有大聖德。公之次女，選儷諸闈。輔佐於中，周旋有度。乾統二年，授遼興軍節度使。其最終身份是推誠保義守正崇仁全德功臣、北宰相、武寧軍節度，徐、宿等州觀察處置等使，開府儀同三司、檢校太尉、守太傅、兼中書令，行徐州大都督府長史、上柱國、蘭陵郡陳國公、食邑六千户、食實封陸伯户、致仕、贈守太師、謚恭穆。其事蹟詳載《蕭義墓誌銘》。另本書卷八二有傳。

六月庚子，遣使賀宋主。辛丑，以有司案牘書宋帝“嗣位”爲“登寶位”，詔奪宰相鄭顓以下官，出顓知興中府事，韓資讓爲崇義軍節度使，御史中丞韓君義爲廣順軍節度使。癸丑，阻卜長來貢。戊午，遣使決五京滯獄。己未，以遼興軍節度使梁援爲樞密副使。

秋七月庚午，如沙嶺。壬申，耶覩刮諸部寇西北路。

八月，斡特剌以兵擊敗之，使來獻捷。

九月癸未，望祠木葉山。戊子，駐蹕藕絲淀。

冬十月壬寅，以樞密副使王師儒監修國史。癸卯，五國諸部長來貢。甲寅，以平州饑，[1]復其租賦一年。

[1]平州：唐置，治所在今河北省盧龍縣。

十一月壬申，以天德軍民田世榮三世同居，[1]詔官之，令一子三班院祗候。丙子，召醫巫閭山僧志達設壇於内殿。[2]戊子，夏國王李乾順遣使請尚公主。

[1]天德：即豐州，唐軍鎮名。遼太祖阿保機於神册五年（920）平党項，仍以此地爲天德軍。治所在今内蒙古自治區呼和浩特市東白塔一帶。

[2]醫巫閭山：一作醫無慮山，俗呼廣寧山。醫巫閭系鮮卑語，意爲“大山”。在遼寧省西部，大淩河以東、遼河平原西緣。東北—西南走向。海拔400米左右。主峰望海山，海拔867米。

十二月乙未，女直遣使來貢。己亥，以知右夷離畢事郝家奴爲北面林牙。辛亥，詔燕國王延禧擬注大將軍以下官。庚申，鐵驪來貢。[1]宋遣使來謝。帝不豫。

[1]鐵驪：族名。遼置鐵驪國王府，以統其衆。其地當今黑龍江省東部松花江流域。

是歲，封高麗王顒長子俣爲三韓國公。[1]放進士康秉儉等八十七人。

[1]封高麗王顒長子俁爲三韓國公：【劉校】“長子俁”三字原脱，中華點校本校勘記云，“據《高麗史》十一，顒册封爲高麗王在丁丑（壽昌三年），顒之長子俁册爲三韓國公在庚辰（壽昌六年）。據補”。今從。

七年春正月壬戌朔，力疾御清風殿受百官及諸國使賀。是夜，白氣如練自天而降，黑雲起于西北，疾飛有聲。北有青赤黑白氣，相雜而落。癸亥，如混同江。甲戌，上崩于行宮，[1]年七十。遺詔燕國王延禧嗣位。

[1]行宫：契丹語爲“捺鉢”。聖宗時，四時捺鉢皆有固定地點，冬捺鉢在廣平淀。承天太后死於廣平淀冬捺鉢。

六月庚子，上尊謚仁聖大孝文皇帝，廟號道宗。

贊曰：道宗初即位，求直言、訪治道、勸農興學、救菑恤患，粲然可觀。及夫謗訕之令既行，告訐之賞日重。群邪並興，讒巧競進；賊及骨肉，皇基寖危。衆正淪胥，[1]諸部反側，甲兵之用無寧歲矣。一歲而飯僧三十六萬，[2]一日而祝發三千。徒勤小惠，蔑計大本，尚足與論治哉！[3]

[1]淪胥：相率牽連。《詩·小雅·雨無正》：“若此無罪，淪胥以鋪。”毛傳：“淪，率也。”鄭玄箋：“胥，相鋪徧也。言王使此無罪者見牽率相引而徧得罪也。”王引之《經義述聞·毛詩中》：“‘鋪’字當訓病，《韓詩》作‘痡’，本字也。謂相率而入於刑，入於刑則病苦。”

[2]飯僧：向僧人施飯，奉佛藉以祈福。《舊唐書》卷一一八

《王縉傳》:“初，代宗喜祠祀，未甚重佛，而元載、杜鴻漸與［王］縉喜飯僧徒。代宗嘗問以福業報應事，載等因而啟奏，代宗由是奉之過當，嘗令僧百餘人於宮中陳設佛像，經行念誦，謂之內道場。其飲膳之厚，窮極珍異，出入乘廄馬，度支具廩給。每西蕃入寇，必令群僧講誦《仁王經》，以攘虜寇。苟幸其退，則橫加錫賜。”

［3］與論治哉:【劉校】“哉”原本作“成”，明抄本、南監本、北監本和殿本均作“哉”。中華點校本及修訂本徑改。

（李錫厚注　劉鳳翥校）

遼史　卷二七

本紀第二十七

天祚皇帝一

天祚皇帝諱延禧，字延寧，小字阿果。道宗之孫，父順宗大孝順聖皇帝，[1]母貞順皇后蕭氏。[2]大康元年生。[3]六歲封梁王，[4]加守太尉兼中書令。後三年進封燕國王。大安七年總北、南院樞密使事，加尚書令，爲天下兵馬大元帥。[5]

[1]順宗：即昭懷太子耶律濬（1058—1077）。道宗長子。小字耶魯斡，生母是宣懿皇后蕭觀音。六歲封梁王，八歲立爲皇太子。大康元年（1075）兼管北、南樞密院事。因受奸臣耶律乙辛陷害，於大康三年被廢，隨即被乙辛殺害。壽昌七年（1101）天祚即位後，上尊號爲大孝順聖皇帝，廟號順宗。本書卷七二有傳。

[2]貞順皇后（？—1077）：【劉注】蕭知微（契丹語小名朮哲，本書卷九一有傳）之長女。母爲耶律仁先胞妹。太子濬之妃，與太子同年爲耶律乙辛所害。壽昌七年天祚即位後，追尊貞順皇后。

[3]大康：【劉注】遼道宗年號（1074—1084）。

[4]梁王：遼中期以後皇位繼承人的封號。聖宗以下諸帝即位前都曾封梁王。

[5]天下兵馬大元帥：遼最高軍職。天贊元年（922）十一月，太祖以皇子堯骨（耶律德光）爲天下兵馬大元帥，後繼位。此後，遼朝歷代皇帝立爲皇儲，多加此號，成爲皇帝以下的最高尊稱。

壽隆七年正月甲戌，[1]道宗崩，奉遺詔即皇帝位於柩前。群臣上尊號曰天祚皇帝。

[1]壽隆：【劉注】遼道宗年號（1095—1101）。

二月壬辰朔，改元乾統，大赦。詔爲耶律乙辛所誣陷者復其官爵，[1]籍没者出之，[2]流放者還之。乙未，遣使告哀于宋及西夏、高麗。[3]乙巳，以北府宰相蕭兀納爲遼興軍節度使，[4]加守太傅。

[1]耶律乙辛（？—1083）：五院部人。字胡覩衮。重熙中爲文班吏。道宗清寧五年（1059）爲南院樞密使，改知北院，封趙王。九年重元亂平，拜北院樞密使，進封魏王。咸雍五年（1069）加守太師。大康元年（1075）誣皇后蕭觀音致死，三年又害死太子耶律濬。七年冬坐以禁物鬻入外國，幽於來州。九年謀奔宋及私藏兵甲事發伏誅。本書卷一一〇有傳。

[2]籍没：依照中國古代法律登記罪犯所有的家産，予以没收的稱爲“籍没”。遼代的籍没之法，還包括將犯罪者親屬收爲官奴婢。

[3]高麗：指王建創建的高麗王朝（918—1392）。統治地域在

今朝鮮半島，首都在開京（今朝鮮開城市）。

[4]蕭兀納：六院部人。一名撻不也，字特免。大康初年爲北院宣徽使。當時耶律乙辛已經陷害了太子，兀納護衛皇孫即後來的天祚皇帝，未爲乙辛所害。天祚即位後，兀納外放爲遼興軍節度使，加“守太傅”銜。天慶元年（1111）兀納任黃龍府知府，改任東北路統軍使。參與對女直戰爭，無功。本書卷九八有傳。　遼興軍：平州軍號。治所在今河北省盧龍縣。

三月丁卯，詔有司以張孝傑家屬分賜群臣。[1]甲戌，召僧法頤放戒於内庭。[2]

[1]張孝傑：建州永霸縣（今遼寧省朝陽市）人。重熙二十四年（1055）進士。咸雍三年（1067）參知政事，同知樞密院事，加工部侍郎。八年封陳國公。大康元年（1075），賜國姓。是年夏耶律乙辛譖皇太子，誣害忠良，孝傑之謀居多。而道宗竟以其爲忠，可比狄仁傑，賜名仁傑。大安中死於鄉。本書卷一一〇有傳。

[2]戒：佛教徒應守的行爲規範，本梵語“三婆羅”的義譯。唐代玄應《一切經音義》卷一四：“戒，亦律之别義也。梵言‘三婆羅’，此譯云‘禁戒’者，亦禁義也。”

夏四月，旱。

六月庚寅朔，如慶州。[1]甲午，宋遣王潸等來弔祭。丙申，高麗、夏國各遣使慰奠。[2]戊戌，以南府宰相斡特剌兼南院樞密使。[3]庚子，追謚懿德皇后爲宣懿皇后。[4]壬寅，以宋魏國王和魯斡爲天下兵馬大元帥。[5]乙巳，以北平郡王淳進封鄭王。[6]丁未，北院樞密使耶律阿思加于越。[7]辛亥，葬仁聖大孝文皇帝、宣懿皇后于慶陵。[8]

[1]慶州：治所在今内蒙古自治區巴林右旗索博日嘎鎮。

[2]夏國（1038—1227）：以党項民族爲主體建立的政權。公元1038年，元昊叛宋稱帝，建立大夏王朝，傳十代，至1227年爲蒙古所滅。元昊稱帝以前，作爲北宋境内的地方割據政權，已經具有獨立性。史稱西夏，先後與遼、北宋及金、南宋並立於中國境内。境土包括今寧夏回族自治區全部、甘肅省大部、陝西省北部以及青海省、内蒙古自治區的部分地區。

[3]南院樞密使：即漢人樞密院之樞密使。爲南面官最高官職。詳見本書卷四七《百官志三》。　耶律斡特剌（1036—1105）：字乙辛隱，許國王寅底石六世孫。大安四年（1088）遷知北院樞密使事，賜翼聖佐義功臣。兩度出任西北路招討使，討伐耶覩刮部，因功加守太保，賜奉國匡化功臣。死於乾統五年（1105）。享年七十五歲。死後封許王。本書卷九七有傳。有契丹小字《許王墓誌》出土。

[4]宣懿皇后（1040—1075）：欽愛皇后蕭耨斤弟樞密使蕭孝惠之女。小字觀音。清寧元年（1055）立爲懿德皇后。生太子濬，有專房之寵。大康元年（1075）宫中婢女單登、教坊朱頂鶴誣告皇后與伶官趙惟一有私情，道宗詔令誅殺趙惟一全族，賜皇后自盡。天祚帝乾統元年（1101），追謚爲宣懿皇后，與道宗合葬慶陵。本書卷七一有傳。

[5]和魯斡（1041—1111）：【劉注】和魯斡爲耶律弘本契丹語小名的音譯。字阿輦。興宗第二子。重熙十七年（1048）封越王。乾統初爲天下兵馬大元帥，加守太師，免拜，不名。三年册爲義和仁壽皇太叔祖。其事蹟詳載漢字和契丹小字《義和仁壽皇太叔祖哀册》。

[6]北平郡王淳：即耶律淳（1062—1122）。興宗第四孫，南京

留守、宋魏王和魯斡之子。遼亡前夕保大二年（1122）在燕京自立爲帝，年號建福，降封天祚帝爲湘陰王。數月後死去，廟號宣宗。有傳附於本書卷三〇《天祚本紀》。

[7]北院樞密使：即契丹樞密院之樞密使，爲北面官之最高官職，掌軍事、部族。詳本書卷四五《百官志一》。　于越：契丹語官名的音譯。貴官，非有大功德不授。無具體執掌。位在北、南大王之上。　耶律阿思（1033—1108）：字撒班。清寧初補祗候郎君。重元之亂，與護衛蘇射殺涅魯古，賜號靖亂功臣，徙契丹行宮都部署。壽昌元年（1095）爲北院樞密使，監修國史。道宗崩，受顧命，加于越。受賂，包庇乙辛黨人。本書卷九六有傳。【劉注】耶律阿思，據漢字《耶律祺墓誌銘》殘石和契丹大字《耶律祺墓誌銘》，阿思爲契丹大字小名的音譯，確切的譯法應爲“阿思里”，第二個名爲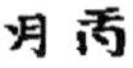（撒班），漢名爲祺。其最後身份是于越守太師尚父齊王。卒於乾統八年正月二十三日，享年七十五歲。

[8]辛亥，葬仁聖大孝文皇帝、宣懿皇后於慶陵：【劉校】據中華點校本校勘記，“《遼文匯》八《道宗哀册》《宣懿哀册》並作壬子將遷座於永福陵”。　慶陵：包括遼聖宗耶律隆緒和仁德皇后、欽愛皇后的永慶陵，遼興宗耶律宗真和仁懿皇后的永興陵，遼道宗耶律弘基和宣懿皇后的永福陵。位於今内蒙古自治區巴林右旗索博日嘎（白塔子）鎮西北約十餘公里的瓦林茫哈地方。聖宗永慶陵中保存有壁畫，繪有人物、山水，尤以象徵四時捺鉢的四季山水圖彌足珍貴。三陵出土遺物多已散失，今僅存部分石刻哀册。其中漢文哀册有聖宗、仁德皇后、欽愛皇后、道宗、宣懿皇后的各一合，仁懿皇后哀册僅存漢字篆蓋。契丹小字哀册有道宗、宣懿皇后的各一合。1922 年還從陵中抄寫出興宗和仁懿皇后的契丹小字哀册册文，原石仍埋墓中。

秋七月癸亥，阻卜、鐵驪來貢。[1]

[1]阻卜：即達旦、韃靼。元人諱言達旦，而稱達旦爲阻卜。詳王國維《觀堂集林》卷一四《達旦考》。　鐵驪：族名。遼置鐵驪國王府，以統其衆。住地當今黑龍江省東部松花江流域。

八月甲寅，謁慶陵。

九月壬申，謁懷陵。[1]乙亥，駐蹕藕絲淀。[2]

[1]懷陵：遼太宗、穆宗之陵。位於懷州境内。大同元年(947)遼置懷州奉陵軍，治所在今内蒙古自治區巴林右旗幸福之路蘇木崗根嘎查古城址。州隸永興宫。

[2]藕絲淀：即廣平淀，又名白馬淀。契丹語寬大曰阿斯。"藕絲"是阿斯的異譯。在永州東南三十里，爲遼中期以後冬捺鉢所在地。詳本書卷三二《營衛志中》。

冬十月壬辰，謁乾陵。[1]甲辰，上皇考昭懷太子謚曰大孝順聖皇帝，廟號順宗，皇妣曰貞順皇后。

[1]乾陵：遼景宗陵。位於乾州。《武經總要》前集卷一六下《戎狄舊地》乾州在醫巫閭山之南，古遼澤之地，遼主景宗陵寢在焉。今置廣德軍節度，兼山陵都部署。【劉注】據《東北歷史地理》下册，遼代乾州州治爲今遼寧省北鎮市廣寧鎮小常屯遼城址。

十二月戊子，以樞密副使張琳知樞密院事，[1]翰林學士張奉珪參知政事兼同知樞密院事。癸巳，宋遣黄實來賀即位。丁酉，高麗、夏國並遣使來賀。乙巳，詔先朝已行事，不得陳告。

[1]張琳（？—1123）：瀋州（今遼寧省瀋陽市）人。壽昌末年入仕。天祚即位擢升南府宰相，付以東征女直事。待中京失陷，天祚駕臨雲中，留張琳與李處温輔助魏國王淳守南京。淳稱帝，琳遭受排擠，鬱悒而卒。本書卷一〇二有傳。

初，以楊割爲生女直部節度使，[1]其俗呼爲太師。是歲楊割死，傳于兄之子烏雅束，束死，其弟阿骨打襲。[2]

[1]女直：本作女真，因避遼興宗耶律宗真名諱，改稱女直。遼時居東北東部。在南者入遼籍，稱熟女真，或合蘇館女真；在北者不入遼籍，稱生女真。

[2]其弟阿骨打襲：【劉校】據中華點校本校勘記，“按《金史世紀》，楊割（盈歌）卒於乾統三年癸未，烏雅束襲；烏雅束卒於天慶三年癸巳，阿骨打襲。此係帶敘，年份未合”。　阿骨打（1068—1123）：即金太祖。公元1115年至1123年在位。漢名旻。女真族完顏部人。遼天慶三年（1113）爲女真各部的都勃極烈（都部長）。連敗遼兵於寧江州（今吉林省松原市寧江區佰都鄉佰都村古城）、出河店（今黑龍江省肇源縣）。天慶五年（1115），建金國，稱帝，年號收國。取遼黄龍府（今吉林省農安縣），擊潰遼天祚帝親征軍。次年擊滅渤海人高永昌軍，招降保（今朝鮮新義州北）、開（今遼寧省鳳城市）等州的系遼籍女真人。天輔三年（1119）命完顏希尹創制女真文字。四年，取遼上京（今内蒙古自治區巴林左旗林東鎮）。六年，取遼中京（今内蒙古自治區寧城縣西北大明城）、南京（今北京市）。次年，西逐天祚帝，病死途中。廟號太祖，謚武元皇帝，墓號睿陵。

二年春正月，如鴨子河。[1]

[1]鴨子河：即混同江。今稱松花江。

二月辛卯，如春州。[1]

[1]春州：即長春州。治今吉林省前郭爾羅斯蒙古族自治縣西北部松花江畔的塔虎城。

三月，大寒，冰復合。

夏四月辛亥，詔誅乙辛黨，徙其子孫於邊。發乙辛、得里特之墓，[1]剖棺戮屍，[2]以其家屬分賜被殺之家。

[1]得里特：即蕭得里特。其祖先是遙輦注可汗時期的宮分人。清寧初年耶律乙辛受重用執掌大權，得里特甚受重用，累經陞遷爲北面林牙、同知北院宣徽使事。是乙辛謀害太子的同夥。大康年間陞遷爲西南招討使。後因對道宗心懷不滿，全家籍没爲興聖宮宮分人，貶至西北統軍司。本書卷一一一有傳。

[2]戮屍：刑罰的一種。陳屍示衆，以示羞辱。

五月乙丑，斡特剌獻耶覩刮等部捷。[1]

[1]耶覩刮：遼朝西北部叛服不常的部族之一。本書卷九四《耶律那也傳》"大安九年，爲倒塌嶺節度使。明年冬，以北阻卜長磨古斯叛，與招討都監耶律胡呂率精騎二千往討，破之"。這場由阻卜長磨古斯開始的西北諸部叛亂，茶扎剌、拔斯母、耶覩刮等部也同時反叛，直至壽昌末年纔被平定。

六月壬辰，以雨罷獵，駐蹕散水原。丙午，夏國王李乾順復遣使請尚公主。[1]丁未，南院大王陳家奴致仕。壬子，李乾順爲宋所攻，遣李造福、田若水求援。

[1]李乾順（1083—1139）：西夏第四代皇帝。三歲即位。母梁氏與弟乙逋擅政。永安元年（1098）梁太后死，乾順親政，年十七，謹事遼朝，但與宋交惡。遼以宗室女封公主下嫁。遼亡前夕，他曾出兵援遼，後臣於金。謚號崇宗。

閏月庚申，策賢良。[1]壬申，降惠妃爲庶人。[2]

[1]賢良：唐宋考試選拔人才的科目。宋人徐度《卻掃編》卷下："國朝制科初因唐制，有賢良方正，能直言極諫；經學優深，可爲師法；詳明吏理，達於教化。凡三科，應内外職官、前資見任、黄衣草澤人並許諸州及本司解送上吏部對御試策一道，限三千字以上。"宋人高承《事物紀原》卷三《學校舉貢部》："漢唐逮今，取士之制有賢良方正、茂才異等六科，謂之制舉，亦曰大科，通謂之賢良。其制蓋自漢文帝始。"遼朝策賢良，蓋承唐制。

[2]惠妃：即遼道宗惠妃蕭氏（？—1118）。小字坦思，駙馬都尉蕭霞抹之妹。大康二年（1076）因受到乙辛讚譽，選入後宫，立爲皇后。八年（1082）皇孫延禧封梁王，坦思降爲惠妃，遷徙至乾陵。不久其母燕國夫人厭魅，伏誅。天祚即位後，乾統二年（1102）貶惠妃爲庶人。天慶六年（1116）召其回宫，封太皇太妃。兩年後，逃奔黑頂山，死後葬於太子山。本書卷七一有傳。

秋七月，獵黑嶺，[1]以霖雨給獵人馬。阻卜來侵，斡特剌等戰敗之。

[1]黑嶺：即慶雲山。據本書卷三七《地理志一》，慶州有慶雲山，“本黑嶺也，聖宗駐蹕，愛羡，曰：‘吾萬歲後，當葬此。’興宗遵遺命，建永慶陵。有望仙殿、御容殿。置蕃、漢守陵三千户，並隸大内都總管司”。

冬十月乙卯，蕭海里叛，劫乾州武庫器甲。命北面林牙郝家奴捕之，[1]蕭海里亡入陪朮水阿典部。丙寅，以南府宰相耶律斡特剌爲北院樞密使，參知政事牛温舒知南院樞密使事。[2]

[1]林牙：契丹官名。掌文翰，相當於翰林學士。

[2]牛温舒（？—1105）：范陽（今河北省涿州市）人。咸雍年間，進士及第。兩度出任參知政事，乾統五年（1105）使宋，調解宋夏關係，歸來加中書令，卒。本書卷八六有傳。

十一月乙未，郝家奴以不獲蕭海里，免官。壬寅，以上京留守耶律慎思爲北院樞密副使。有司請以帝生日爲天興節。

三年春正月辛巳朔，如混同江。女直函蕭海里首遣使來獻。戊申，如春州。

二月庚午，以武清縣大水，[1]弛其陂澤之禁。

[1]武清縣：治所在今天津市武清區。

夏五月戊子，以獵人多亡，嚴立科禁。乙巳，清暑赤勒嶺。丙午，謁慶陵。

六月辛酉，夏國王李乾順復遣使請尚公主。

秋七月，中京雨雹傷稼。

冬十月甲辰，如中京。己未，吐蕃遣使來貢。[1]庚申，夏國復遣使求援。己巳，有事於觀德殿。[2]

[1]吐蕃：原爲中國古代藏族政權名。公元七世紀至九世紀在青藏高原建立。吐蕃政權崩潰以後，宋元及明初史籍稱青藏高原上的土著族、部爲吐蕃。

[2]觀德殿：中京宫殿名。本書卷一五《聖宗本紀六》載，開泰元年“十二月丙寅，奉遷南京諸帝石像於中京觀德殿”。

十一月丙申，文武百官加上尊號曰惠文智武聖孝天祚皇帝，大赦，以宋魏國王和魯斡爲皇太叔祖，[1]梁王撻魯進封燕國王，[2]鄭王淳爲東京留守，進封越國王，百官各進一階。丁酉，以惕隱耶律何魯掃古爲南院大王。[3]戊戌，以受尊號，告廟。[4]乙巳，謁太祖廟，追尊太祖之高祖曰昭烈皇帝、廟號肅祖，[5]妣曰昭烈皇后；曾祖曰莊敬皇帝、廟號懿祖，[6]妣曰莊敬皇后。召監修國史耶律儼纂太祖諸帝《實録》。[7]

[1]皇太叔祖：【劉校】“祖”字原脱，據漢字和契丹小字《義和仁壽皇太叔祖哀册》補。

[2]撻魯：天祚第三子。見本書卷六四《皇子表》。

[3]惕隱：契丹官名。又稱梯里已，掌皇族政教。　耶律何魯掃古：孟父房的後代。字烏古鄰。大安八年（1092）爲知西北路招討使事，以功加左僕射銜。再討耶覩刮等部族，因誤擊阻卜酋長磨古斯，北阻卜由此背叛朝命，而何魯掃古不以實情奏聞，被削去官

職，並以大杖決罰。道宗駕崩，與宰相耶律儼總領陵墓事務。乾統中致仕，卒。本書卷九四有傳。

[4]告廟：古代天子或諸侯出巡或遇兵戎等重大事件而祭告祖廟，稱“告廟”。《左傳·桓公二年》：“凡公行，告於宗廟，反行，飲至、舍爵、策勳焉，禮也。”《新五代史》卷三七《伶官傳序》：“莊宗受（三矢）而藏之于廟，其後用兵，則遣從事以一少牢告廟，請其矢，盛以錦囊，負而前驅。”

[5]肅祖：名褥里思。

[6]懿祖：名薩剌德。

[7]耶律儼（？—1113）：析津（今北京市）人。字若思，本姓李氏。咸雍進士，壽昌初授樞密直學士，拜參知政事。修《皇朝實録》七十卷。本書卷九八有傳。“太祖諸帝《實録》”文義不通，應是太祖以下諸帝實録。

十二月戊申，如藕絲淀。

是年，放進士馬恭回等百三人。

四年春正月戊子，幸魚兒濼。[1]壬寅，獵木嶺。癸卯，燕國王撻魯薨。

[1]魚兒濼：又稱長濼、長泊。在長春州境内，位於今吉林省前郭爾羅斯蒙古族自治縣西北部。

二月丁丑，鼻骨德遣使來貢。[1]

[1]鼻骨德：遼時黑龍江流域部族名。又作鱉古德，聖宗時分置伯斯鼻骨德部與撻馬鼻骨德部，均隸屬東北路統軍司。所在地相當於今黑龍江省富錦市至俄國境内哈巴羅夫斯克（伯力）沿江

一帶。

夏六月甲辰，駐蹕旺國崖。甲寅，夏國遣李造福、田若水求援。癸亥，吐蕃遣使來貢。

秋七月，南京蝗。庚辰，獵南山。癸未，以西北路招討使蕭得里底、北院樞密副使耶律慎思並知北院樞密使事。[1]辛卯，以同知南院樞密使事蕭敵里爲西北路招討使。

[1]蕭得里底（？—1122）：晉王蕭孝先之孫。字糺鄰。乾統元年（1101）爲北面林牙、同知北院樞密使，受詔與北院樞密使耶律阿思懲治乙辛餘黨。阿思受賄，多爲乙辛餘黨減輕治罪；得里底也附會阿思的做法。女直初起，得里底阻礙發兵進討。後任北院樞密使，受到天祚信任。保大二年（1122）天祚率衛兵出逃，得里底離開天祚後，爲耶律淳所獲，不食數日而卒。本書卷一〇〇有傳。

冬十月己酉，鳳凰見於漷陰。[1]己未，幸南京。

[1]漷陰：遼置，屬析津府。治所在今北京市通州區東南四十里漷縣鎮。本書卷四〇《地理志四》："本漢泉山之霍村鎮。遼每季春，弋獵於延芳淀，居民成邑，就城故漷陰鎮，後改爲縣。在京東南九十里。"

十一月乙亥，御迎月樓，賜貧民錢。

十二月辛丑，以張琳爲南府宰相。

五年春正月乙亥，夏國遣李造福等來求援，且乞伐宋。庚寅，以遼興軍節度使蕭常哥爲北府宰相。[1]丁酉，遣樞密直學士高端禮等諷宋罷伐夏兵。

[1]蕭常哥（1039—1111）：【劉注】契丹語小名常哥，第二個名胡獨堇，漢名義，字守常。生居外戚之家，世處大臣之位。懸車致政，高蹈於前規；出綍申恩，載定於遺烈。其先迪烈寧（蕭敵魯），太祖姑表弟，應天皇后之長兄也。賛翊日月。初置北相，首居其位。時聖元肇祚，用人若身。運使從心，目公爲手。王父恭，在聖宗朝，高尚自晦。起家授南面丞旨。歷林牙、夷离畢等官。拜平章事。父宗石，贈中書令。母陳國太夫人耶律氏，故北府名王世遷之姊。實生三男，公其季子也。壽昌元年，歷南女直都監，授東京四軍副都指揮使。天祚皇帝初九潛龍，有大聖德。公之次女，選儷諸闈。輔佐於中，周旋有度。乾統二年，授遼興軍節度使。其最終身份是推誠保義守正崇仁全德功臣、北宰相、武寧軍節度，徐、宿等州觀察處置等使，開府儀同三司、檢校太尉、守太傅、兼中書令，行徐州大都督府長史、上柱國、蘭陵郡陳國公、食邑六千户、食實封陸佰户、致仕、贈守太師、謚恭穆。其事蹟詳載《蕭義墓誌銘》。另本書卷八二有傳。

二月癸卯，微行視民疾苦。丙午，幸鴛鴦濼。[1]

[1]鴛鴦濼：湖名。在今北京市延慶區境内。舊時周八十里。其水停積不流，自遼金以來，爲飛放之所。即今野鴨湖。

三月壬申，以族女南仙封成安公主，下嫁夏國王李乾順。

夏四月甲申，射虎炭山。[1]

[1]炭山：地名。據《新五代史》卷七二《四夷附録第一》："漢城在炭山東南灤河上，有鹽鐵之利，乃後魏滑鹽縣也。其地可植五谷，阿保機率漢人耕種，爲治城郭、邑屋、廛市如幽州制度，漢人安之，不復思歸。"另據本書卷四一《地理志·西京道》，炭山在歸化州，即武州（今河北省張家口市宣化區）。

五月癸卯，清暑南崖。壬子，宋遣曾孝廣、王戩報聘。

六月甲戌，夏國遣使來謝及貢方物。己丑，幸候里吉。

秋七月，謁慶陵。

九月辛亥，駐蹕藕絲淀。乙卯，謁乾陵。

冬十一月戊戌，禁商賈之家應進士舉。丙辰，高麗三韓國公王顒薨，[1]子俁遣使來告。

[1]高麗三韓國公王顒：此時爲三韓國公者非顒，而是其子俁，顒先以晉封爲國王。《高麗史》卷一一《肅宗世家》庚辰五年（壽昌六年，1100）九月壬子"遼遣蕭好古、高士寧來册王太子，勑曰：'卿嗣膺祖服，遙臨海表之區，將建後昆，虔俟天朝之命……册命卿長子俁爲三韓國公。'"

十二月己巳，夏國復遣李造福、田若水求援。癸酉，宋遣林洙來議與夏約和。[1]

[1]林洙：【劉校】據中華點校本校勘記，《契丹國志》卷一〇、《宋史》卷二〇及《長編》並作"林攄"。

六年春正月辛丑，遣知北院樞密使事蕭得里底、[1]知南院樞密使事牛温舒使宋，諷歸所侵夏地。[2]

[1]知北院樞密使事蕭得里底：【劉校】據中華點校本校勘記，“事”字原脱，據上文四年六月及卷一〇〇本傳補。

[2]關於此番宋夏衝突，《宋史》卷四八六《夏國傳》載：宋徽宗崇寧四年（1105），“詔西邊能招致者，毋問首從，賞同斬級令，用京計也。陶節夫在延州，大加招誘，乾順遣使巽請，皆拒之，又令殺其牧放者。夏人遂入鎮戎，略數萬口，執知鄯州高永年而去，又攻湟州，自是兵連者三年。大觀元年，始遣人修貢”。

夏五月，清暑散水原。

六月辛巳，夏國遣李造福等來謝。

秋七月癸巳，阻卜來貢。甲午，如黑嶺。庚子，獵鹿角山。

冬十月乙亥，宋與夏通好，遣劉正符、曹穆來告。[1]庚辰，以皇太叔祖南京留守和魯斡兼惕隱，[2]東京留守、越國王淳爲南府宰相。

[1]劉正符：【劉校】據中華點校本校勘記，《契丹國志》卷一〇、《宋史》卷二〇及《長編》並作“劉正夫”。

[2]以皇太叔祖南京留守和魯斡兼惕隱：【劉校】“祖”字原脱，據漢字和契丹小字《義和仁壽皇太叔祖哀册》補。

十一月乙未，以謝家奴爲南院大王，馬奴爲奚六部大王。[1]丙申，行柴册禮。[2]戊戌，大赦。以和魯斡爲義和仁壽皇太叔祖，[3]越國王淳進封魏國王，封皇子敖盧斡爲晉王，[4]習泥烈爲饒樂郡王。己亥，謁太祖廟。甲辰，祠木葉山。[5]

[1]奚六部大王：遼對歸附以後的奚族首領的稱呼。奚本來衹有五部，阿保機降伏五部奚之後設置墮瑰部，而成六部。詳本書卷三三《營衛志·部族下》。

[2]柴册禮：此禮源於中國傳統的“燔柴告天”，是古代天子祭天之禮。據《爾雅·釋天》：“祭天曰燔柴。”行禮時，積薪於壇，取玉及牲置於柴上焚燒。此禮與契丹的再生禮合併舉行，是爲契丹部落聯盟選汗和遼建國後新皇帝即位舉行的禮儀。相傳遙輦氏阻午可汗始制此儀，遼朝建國後有所增飾。

[3]以和魯斡爲義和仁壽皇太叔祖：【劉校】原作“以和魯斡爲義和仁聖皇太叔”，據漢字和契丹小字《義和仁壽皇太叔祖哀册》改“聖”爲“壽”。

[4]晉王敖盧斡（？—1122）：天祚皇帝長子。生母是文妃蕭氏。有人望，内外歸心。保大元年（1121）蕭奉先使人誣告南軍都統耶律余覩與晉王母文妃密謀立晉王爲帝，余覩投降金朝，文妃被誅。二年天祚帝賜敖盧斡死。本書卷七二有傳，記事與本紀多有不合。

[5]木葉山：山名。契丹語稱“大”爲“木葉”。“木葉山”可以泛指任何“大山”，也可專指某一大山爲“木葉山”。此處指永州境内一座山，契丹人視此山爲神山，其地在今内蒙古自治區翁牛特旗新蘇莫蘇木的西拉木倫河與老哈河匯合處一帶。“上建契丹始祖廟，奇首可汗在南廟，可敦（可汗之妻）在北廟，繪塑二聖并八子神像。”詳見本書卷三七《地理志一》“永州”條。

十二月己巳，封耶律儼爲漆水郡王，餘官進爵有差。

七年春正月，鉤魚於鴨子河。[1]

[1]鉤魚：鑿冰捕魚。

二月，駐蹕大魚濼。

夏六月，次散水原。

秋七月，如黑嶺。

冬十月，謁乾陵，獵醫巫閭山。[1]

[1]醫巫閭山：一作醫無慮山，俗呼廣寧山。醫巫閭係鮮卑語，意思是“大山”。在遼寧省西部，大淩河以東、遼河平原西緣。東北—西南走向。海拔400米左右。主峰望海山，海拔867米。

是年，放進士李石等百人。[1]

[1]李石：後更名李安弼。

八年春正月，如春州。

夏四月丙申，封高麗王俁爲三韓國公，贈其父顒爲高麗國王。[1]

[1]封高麗王俁爲三韓國公，贈其父顒爲高麗國王：【劉注】據中華點校本校勘記，依《高麗史》卷一一《肅宗世家》，壽昌三年（1097）已封顒爲高麗王，六年已封俁爲三韓國公。又卷一二，六年二月，遼遣使册俁爲高麗王，顒無追封之事。

五月，清暑散水原。

六月壬辰，西北路招討使蕭敵里率諸蕃來朝。丙申，射柳祈雨。[1]壬寅，夏國王李乾順以成安公主生子，遣使來告。丁未，如黑嶺。

[1]射柳祈雨：亦稱祈雨射柳。契丹的一種禮儀。分爲祈雨和射柳兩部分，始於遙輦蘇可汗。祈雨稱爲瑟瑟儀。本書卷四九《禮志一》載："瑟瑟儀：若旱，擇吉日行瑟瑟儀以祈雨。"瑟瑟儀祈雨如果奏效，主持此儀式的官員敵烈麻都將受到賞賜，否則就要受到戲弄。這是因爲他作爲禮官，不僅是這一禮儀的主持者，同時還被看作契丹人與祖先溝通的中間人。射柳也可以單獨舉行。《長編》卷一一〇宋仁宗天聖九年（1031）六月丁丑載：契丹"每謁木葉山，即射柳枝，諢子唱番歌，前導彈胡琴和之，已事而罷"。此外，祈雨也射柳。金初接待宋使，亦以射柳作爲一種遊樂項目，元朝、明朝也有此類活動。

秋七月戊辰，以雨罷獵。

冬十二月己卯，高麗遣使來謝。

九年春正月丙午朔，如鴨子河。

二月，如春州。

三月戊午，夏國以宋不歸地，遣使來告。

夏四月壬午，五國部來貢。[1]

[1]五國部：遼東北部族名。越里篤、剖阿里、奥里米、蒲奴里和越里吉，統稱五國部。

六月乙亥，清暑特禮嶺。

秋七月，隕霜，傷稼。甲寅，獵于候里吉。
八月丁酉，雪，罷獵。
冬十月癸酉，望祠木葉山。丁丑，詔免今年租税。
十二月甲申，高麗遣使來貢。
是年，放進士劉楨等九十人。
十年春正月辛丑，預行立春禮。[1]如鴨子河。

[1]立春禮：遼朝禮儀。又作立春儀。本書卷四二《曆象志上》載："大同元年，太宗皇帝自晉汴京收百司僚屬、伎術、曆象，遷於中京，遼始有曆……聖宗統和十二年，可汗州刺史賈俊進新曆，則大明曆是也。"遼初無曆，當然也就無正旦、立春、冬至等禮儀。後來遼宋雙方曆法不同，但正旦等朝賀儀式卻相似，因爲遼多模倣宋。遼朝立春儀與宋主要不同之處是將中原民間迎春活動也納入了皇家禮儀。如《遼史》卷五三《禮志六》載："皇帝於土牛前上香，三奠酒，不拜。教坊動樂，侍儀使跪進彩杖。皇帝鞭土牛。""鞭土牛"非契丹故俗。《大唐開元禮》卷三載："凡立春前，兩京及諸州縣門外並造土牛。"這種習俗甚爲久遠。《文獻通考·郊社考》載："立春前五日，於州大門外之東造青土牛兩頭、耕夫、犂具。立春有司迎春於東郊，竪青幡於青牛之旁。"以上記載可證，迎春造土牛乃各地官府之事，更無皇帝"鞭土牛"一節。孟元老《東京夢華録·立春》"前一日，開封府進春牛入禁中，鞭春。開封、祥符兩縣置春牛於府前，至日絶早，府僚打春如方州儀"。府雖進春牛入禁中，但並無皇帝"鞭土牛"之記載。鞭打土牛亦是小兒遊戲。宋人楊萬里《誠齋集》卷一二《觀小兒戲打春牛》詩有"小兒著鞭鞭土牛，學翁打春先打頭"的詩句。遼朝皇帝親自鞭打土牛，確實反映了燕京等漢族地區農業經濟的重要地位。

二月庚午朔，駐蹕大魚濼。

夏四月丙子，五國部長來貢。丙戌，預行再生禮。癸巳，獵於北山。

六月甲戌，清暑玉丘。癸未，夏國遣李造福等來貢。甲午，阻卜來貢。

秋七月辛丑，謁慶陵。

閏月辛亥，謁懷陵。己未，謁祖陵。[1]壬戌，皇太叔祖和魯斡薨。

[1]祖陵：遼太祖耶律阿保機的葬所。位於祖州西五里，其地在今内蒙古自治區巴林左旗查干哈達蘇木石房子嘎查。

九月甲戌，免重九節禮。

冬十月，駐蹕藕絲淀。

十二月己酉，改明年元。

是歲，大饑。

天慶元年春正月，鉤魚於鴨子河。

二月，如春州。

三月乙亥，五國部長來貢。

夏五月，清暑散水原。

秋七月，獵。

冬十月，駐蹕藕絲淀。

二年春正月己未朔，如鴨子河。丁丑，五國部長來貢。

二月丁酉，如春州，幸混同江鉤魚，[1]界外生女直酋長在千里内者，以故事皆來朝。適遇“頭魚宴”，[2]酒半酣，上臨軒，命諸酋次第起舞，獨阿骨打辭以不能。諭之再三，終不從。他日上密謂樞密使蕭奉先曰："前日之燕，阿骨打意氣雄豪，顧視不常，可託以邊事誅之。否則，必貽後患。"[3]奉先曰："麄人不知禮義，無大過而殺之，恐傷向化之心。假有異志，又何能爲？"其弟吳乞買、粘罕、胡舍等嘗從獵，[4]能呼鹿，刺虎，搏熊。上喜，輒加官爵。

[1]混同江：【劉校】據中華點校本校勘記，"按《紀》太平四年二月，詔改鴨子河曰混同江"。但此後鴨子河之名仍沿用未廢。

[2]頭魚宴：遼俗，春季在混同江上鑿冰鈎魚，舉行宴會，爲一歲之盛禮，屆時貴族、近臣皆以獲准出席這一盛禮爲莫大榮幸。宋仁宗至和元年（遼重熙二十三年，1054）九月王拱辰使遼，曾出席頭魚宴，見《長編》卷一七七至和元年九月記載。

[3]阿骨打赴宴事：《三朝北盟會編》卷三載："天慶二年春，天祚混同江釣（鈎）魚。舊例，諸國酋長盡來獻方物，宴會犒勞，使諸酋長歌舞爲樂。至阿骨打，但端立正視，辭以'不能'。天祚謂蕭奉先曰：'阿骨打筵上意氣雄豪，可託一邊事殺之，不然恐貽後患。'"奉先諫而止。阿骨打自宴漁河歸，即懷異志，疑遼見伐。

[4]吳乞買（1075—1135）：即金太宗。公元1123年至1135年在位。漢名完顏晟，金太祖弟。收國元年（1115），輔太祖建國，爲諳班勃極烈。天輔五年（1121）奉詔副太祖執國政。七年八月太祖死，九月即帝位，改元天會。天會三年（1125）滅遼，俘遼天祚帝。南下攻宋，四年底入汴京，滅北宋，五年俘徽、欽二帝北去。旋又大舉侵南宋，連年用兵。在位期間改革勃極烈制，建立中樞機構。燕雲地區則採用漢官制度。在原屬北宋的汴京地區建齊國傀儡政權。舉行科舉考試，建立賦税制度，將大批女真人遷往漢地。天會八年立太祖孫合剌（熙宗）爲諳班勃極烈，作爲皇位繼承人。

粘罕（1080—1137）：即完顔宗翰。金宗室，撒改長子。女真名粘没喝，又譯粘罕。早年參預擁立太祖阿骨打及對遼戰爭，隨太祖取燕京。太宗時對宋作戰，粘罕爲西路軍統帥。天會四年（1126）與東路軍統帥宗望會兵攻下汴京。熙宗即位，拜太保、尚書令，領三省事，封晉國王。《金史》卷七四有傳。　其弟吳乞買、粘罕、胡舍等嘗從獵：【劉注】按《契丹國志》卷一〇云："阿骨打有弟侄曰吳乞馬、粘罕、胡舍輩，天祚歲入秋山，數人必從行。"吳乞馬即吳乞買，漢名晟，爲阿骨打之弟。粘罕，本名粘没喝，又作粘哥，《金史》七四有傳作宗翰。胡舍，《大金國志》卷二七有傳，作骨舍。二人均爲阿骨打之侄。

夏六月庚寅，清暑南崖。甲午，和州回鶻來貢。[1]戊戌，成安公主來朝。甲辰，阻卜來貢。

[1]和州回鶻：又稱西州回鶻、高昌回鶻。和州，在今新疆維吾爾自治區吐魯番市以東高昌故城。

秋七月乙丑，獵南山。

九月己未，射獲熊，燕群臣，上親御琵琶。初，阿骨打混同江宴歸，疑上知其異志，遂稱兵，先併旁近部族。[1]女直趙三、阿鶻產拒之，[2]阿骨打虜其家屬。二人走訴咸州，[3]詳穩司送北樞密院。樞密使蕭奉先作常事以聞上，仍送咸州詰責，欲使自新。後數召，阿骨打竟稱疾不至。

[1]先併旁近部族：據《三朝北盟會編》卷三載："阿骨打自宴漁河歸，益懷異志，疑遼見伐。粘罕曰：'迎風縱棹，順阪走丸，

禍至速矣。不如乘其無備，先併鄰國，聚衆爲備，以待其變。’於是併瀕海部族。”

[2]女直趙三、阿鶻產：趙三、阿鶻產，又作“阿骨產、趙三大王”。此二人敵不過阿骨打，於是逃到了遼國境内。據《三朝北盟會編》卷三所載，阿骨打向遼朝提出的十項要求中的第十項就是“送還阿鶻產、趙三大王”。

[3]咸州：治所在今遼寧省開原市。

冬十月辛亥，高麗三韓國公王俁之母死，來告，即遣使致祭，起復。是月，駐蹕奉聖州。[1]

[1]奉聖州：即新州。治所在今河北省涿鹿縣。

十一月乙卯，幸南京。丁卯，謁太祖廟。

是年，放進士韓昉等七十七人。[1]

[1]韓昉：燕京（今北京市）人。字公美。累世通顯。天慶二年（1112）中進士第一。降金，曾充高麗國信使。天會四年（1126）高麗奉表稱藩而不肯進誓表，韓昉迫使高麗進誓表稱臣。《金史》卷一二五有傳。

三年春正月丙寅，賜南京貧民錢。丁卯，如大魚濼。甲戌，禁僧尼破戒。[1]丙子，獵狗牙山，大寒，獵人多死。

[1]破戒：指受戒僧尼違反佛教戒律。《百喻經·斫樹取果喻》：“如彼伐樹，復欲還活，都不可得，破戒之人亦復如是。”

三月，籍諸道户，徙大牢古山圍場地居民于别土。阿骨打一日率五百騎突至咸州，吏民大驚。翌日，赴詳穩司，與趙三等面折庭下。阿骨打不屈，送所司問狀。一夕遁去。遣人訴於上，謂詳穩司欲見殺，故不敢留。自是召不復至。

夏閏四月，李弘以左道聚衆爲亂，支解，分示五京。

六月乙卯，斡朗改國遣使來貢良犬。[1]丙辰，夏國遣使來貢。

[1]斡朗改：遼屬國部。《遼史·兵衛志》"斡朗改"亦作"嗢娘改"。《元秘史》作"兀良合"，清代稱"烏梁海"，分为三部。其中之一的唐努烏梁海部，同治三年（1864）沙皇俄國迫清政府簽訂《中俄勘分西北界約記》，割去其西北十佐領之地，即今俄羅斯哈卡斯自治州和克麥羅沃州南部。1912年，中部二十七佐領又爲沙俄侵佔，1948年改爲蘇聯圖瓦自治州。東部九佐領之地，即今蒙古國庫蘇古爾省。本書卷四六《百官志二》有"斡朗改國王府"。

秋七月，幸秋山。

九月，駐蹕藕絲淀。

十一月甲午，以三司使虞融知南院樞密使事，[1]西南面招討使蕭樂古爲南府宰相。

[1]三司使：唐宋以鹽鐵、度支、户部爲三司，主理財賦。其長官爲三司使。《通鑑》卷二六五唐昭宣帝天祐三年（906）三月戊寅："以朱全忠爲鹽鐵、度支、户部三司都制置使。三司之名始於此。"遼代在南京設三司使司。此外，在上京設鹽鐵使司，東京

設户部使司，中京設度支使司，西京設計司。

十二月庚戌，高麗遣使來謝致祭。癸丑，回鶻遣使來貢。甲寅，以樞密直學士馬人望參知政事。[1]丙辰，知樞密院事耶律儼薨。癸亥，高麗遣使來謝起復。

[1]馬人望：字儼叔。高祖馬胤卿，原爲後晉青州刺史，被俘，一族被遷徙至醫巫閭山。曾祖廷煦，官至南京留守。人望咸雍年間，進士及第，任松山縣令。轉任涿州新城縣知縣。被擢升中京度支司鹽鐵判官。天祚即位後，轉任南京三司度支判官。本書卷一〇五有傳。

四年春正月，如春州。初，女直起兵，以紇石烈部人阿疏不從，[1]遣其部撒改討之。[2]阿疏弟狄故保來告，詔諭使勿討，不聽，阿疏來奔。至是女直遣使來索，不發。

[1]阿疏：女直紇石烈部首領。壽昌二年（1096）唐括部跋葛勃堇被温都部人跋忒殺害，生女直完顏部首領盈哥命其侄阿骨打率師討伐跋忒，然而爲紇石烈部的阿疏所阻。當盈哥親自率師前來討伐時，阿疏則向遼求援。乾統三年（1103）盈哥病故，其兄劾里鉢之子烏雅束襲位，在位十一年。這期間，完顏部進一步加強了對生女直各部的控制。天慶三年（1113）十月烏雅束病故，阿骨打襲位，稱“都勃極烈”。阿骨打襲位後，亦遣使至遼要求遣送阿疏。天慶四年再次派遣宗室習古廼及完顏銀朮可向遼索還阿疏。其實，他們的真實使命是要探聽遼朝虛實，索還叛人不過是個藉口。同年九月阿骨打進軍寧江州。天慶六年阿疏反遼，失敗。《金史》卷六

七有傳。

[2]撒改（？—1121）：女直景祖烏古廼之孫。大安十年（1094）穆宗盈歌初襲生女直節度使位，命撒改爲國相。天慶三年金太祖阿骨打稱都勃極烈，與撒改分治諸部，匹脱水以北太祖統之，來流水人民撒改統之。太宗吳乞買爲諳班勃極烈，撒改爲國論勃極烈，位高權重。死於天輔五年（1121）。《金史》卷七〇有傳。

夏五月，清暑散水原。

秋七月，女直復遣使取阿疏，不發。乃遣侍御阿息保問境上多建城堡之故，[1]女直以慢語答曰："若還阿疏，朝貢如故；不然，城未能已。"遂發渾河北諸軍，益東北路統軍司。阿骨打乃與弟粘罕、胡舍等謀，[2]以銀朮割、移烈、婁室、闍母等爲帥，[3]集女直諸部兵，擒遼障鷹官。[4]及攻寧江州，[5]東北路統軍司以聞，時上在慶州射鹿，聞之略不介意，遣海州刺史高仙壽統渤海軍應援。[6]蕭撻不也遇女直，[7]戰于寧江東，敗績。

[1]阿息保：即耶律阿息保。五院部人。字特里典。天慶初年轉任樞密院侍御。金兵攻陷寧江州後，與耶律章奴等持天祚帝書信往見女直首領，被拘，后逃回。待天祚親征敗績之後，轉任都巡捕使，加領軍衛大將軍。天祚從廣平淀出走，阿息保因進見不及時，被殺。本書卷一〇一及《金史》卷六七有傳。　問境上：【劉校】中華修訂本校勘記謂"境"，原作一字空格，據《大典》卷五二五一引《遼史·天祚皇帝紀》、明抄本、南監本、北監本、殿本及本書卷七〇《屬國表》補。今從。

[2]阿骨打乃與弟粘罕、胡舍等謀：【劉校】弟，中華點校本以爲應作"侄"。

[3]銀朮割：亦作銀朮可（1073—1140）。金宗室子，首先向阿骨打建議伐遼。《金史》卷七二有傳。　移烈：未詳所指。　婁室（1077—1130）：字斡里衍，完顏部人。女直將領。《金史》卷七二有傳。　闍母（1089—1129）：金太祖阿骨打異母弟。《金史》卷七一有傳。

[4]障鷹官：負責從女直地區捕海東青鶻的官員。

[5]寧江州：治所在今吉林省松原市寧江區佰都鄉佰都村古城。

[6]渤海軍：遼朝四類軍隊之一，另有契丹軍、奚軍和漢軍。

[7]蕭撻不也：【劉注】本書卷九九的蕭撻不也已經在道宗時期被殺，與天慶四年（1114）七月"遇女直，戰于寧江東"的蕭撻不也不是一個人。衹是同名而已。

冬十月壬寅朔，[1]以守司空蕭嗣先爲東北路都統，静江軍節度使蕭撻不也爲副，發契丹、奚軍三千人，中京禁兵及土豪二千人，[2]別選諸路武勇二千餘人，以虞候崔公義爲都押官、控鶴指揮邢穎爲副，[3]引軍屯出河店。[4]兩軍對壘，女直軍潛渡混同江掩擊遼衆，蕭嗣先軍潰，崔公義、邢穎、耶律佛留、蕭葛十等死之，其獲免者十有七人。蕭奉先懼其弟嗣先獲罪，輒奏："東征潰軍所至劫掠，若不肆赦，恐聚爲患。"上從之，嗣先但免官而已。諸軍相謂曰："戰則有死而無功，退則有生而無罪。"故士無鬭志，望風奔潰。

[1]冬十月壬寅朔：【劉校】原脱"冬""朔"二字。"冬"字，依文例補。"朔"字，中華點校本據本書卷四四《曆象志下·朔考》補。今從。

[2]中京禁兵：遼朝漢軍之一部。遼朝按民族分別組建軍隊，

有契丹軍、奚軍、渤海軍和漢軍，故北遼有“四軍大王”。

[3]控鶴：漢軍名號之一。

[4]出河店：在今黑龍江省肇源縣。

十一月壬辰，都統蕭敵里等營於斡鄰濼東，又爲女直所襲，士卒死者甚衆。甲午，蕭敵里亦坐免官。[1]辛丑，以西北路招討使耶律斡里朶爲行軍都統，[2]副點檢蕭乙薛、同知南院樞密使事耶律章奴副之。[3]

[1]蕭敵里亦坐免官：【劉校】據中華點校本校勘記，此蕭敵里即上文蕭嗣先，《金史》作“蕭糺里”。

[2]西北路招討使耶律斡里朶爲行軍都統：【劉校】據中華點校本校勘記，《契丹國志》卷一〇作“北樞密副使耶律斡离朶涞流河路都統”。

[3]耶律章奴（？—1115）：季父房的後代。字特末衍。天慶四年（1114）授東北路統軍副使。次年當天祚親征女直時，以章奴爲都監。大軍渡鴨子河，章奴與魏國王耶律淳的妻兄蕭敵里及其外甥蕭延留等謀立淳爲帝，誘軍隊將領和士卒三百餘人從前綫逃回。但耶律淳不配合他們行動。叛軍攻打上京不克，章奴於是逃往北方。順國女直阿鶻産率兵追趕，將其擊敗，章奴伏誅。本書卷一〇〇有傳。　蕭乙薛（？—1122）：國舅少父房之後。字特免。天慶初年知國舅詳穩事，轉任殿前副點檢。金朝起兵，爲行軍副都統。以作戰失利被撤職。十年（1120），金兵攻陷上京，天祚詔令乙薛兼上京留守、東北路統軍使。保大二年（1122）金兵發動大規模進攻，乙薛軍潰敗，降爲西南面招討使。天祚出逃後，拜乙薛爲殿前都點檢。後爲耶律大石所殺。本書卷一〇一有傳。

十二月，咸、賓、祥三州及鐵驪、兀惹皆叛入女直。[1]乙薛往援賓州，[2]南軍諸將實婁、特烈等往援咸州，並爲女直所敗。

[1]兀惹：【劉注】遼代屬國名。《長編》卷五五載宋真宗咸平六年（1003）秋七月己巳，李信云："遼陽城，即號東京者也。又東北六百里至兀惹城。"故地約在今黑龍江省拉林河流域，一説在今黑龙江省通河縣城附近。

[2]賓州：【劉注】遼代賓州州治在今吉林省農安縣靠山屯鎮廣元店村古城址。

（李錫厚注　劉鳳翥校）

遼史　卷二八

本紀第二十八

天祚皇帝二

五年春正月，下詔親征，遣僧家奴持書約和，斥阿骨打名。阿骨打遣賽剌復書，[1]若歸叛人阿疏，遷黃龍府於別地，[2]然後議之。都統耶律斡里朵等與女直兵戰於達魯古城，[3]敗績。

[1]賽剌：【劉校】據中華點校本校勘記，又見本年九月。本書卷七〇《屬國表》並作“塞剌”。

[2]黃龍府：治所在今吉林省農安縣。

[3]女直：本作女真，因避遼興宗耶律宗真名諱，改稱女直。遼時居東北東部。在南者入遼籍，稱熟女真，或合蘇館女真；在北者不入遼籍，稱生女真。　達魯古城：爲防禦女直所築，其地當在黃龍府以东。

二月，饒州渤海古欲等反，[1]自稱大王。

[1]饒州：據《讀史方輿紀要》卷一八，該州在“臨潢西南二百三十里”。【劉注】據孫進己、馮永謙編《東北歷史地理》下册所載，遼代饒州州治在今内蒙古自治區林西縣小城子鄉西拉木倫河北岸的西櫻桃溝村黄土坑屯東古城址。

三月，以蕭謝佛留等討之。遣耶律張家奴等六人齎書使女直，[1]斥其主名，冀以速降。

[1]耶律張家奴：即耶律章奴（？—1115）。字特末衍，是季父房的後代。天慶四年（1114）授東北路統軍副使。次年當天祚親征女直時，以章奴爲都監。大軍渡鴨子河，章奴與魏國王耶律淳的妻兄蕭敵里及其外甥蕭延留等謀立淳爲帝，誘軍隊將領和士卒三百餘人從前綫逃回。但耶律淳不配合他們行動。叛軍攻打上京不克，章奴於是逃往北方。順國女直阿鶻産率兵追趕，將其擊敗，章奴伏誅。本書卷一〇〇有傳。

夏四月癸丑，蕭謝佛留等爲渤海古欲所敗，以南面副部署蕭陶蘇斡爲都統，[1]赴之。

[1]蕭陶蘇斡：契丹突呂不部人。字乙辛隱。天慶四年（1114）爲漢人行宫副部署。當時金兵初起，攻陷寧江州。陶蘇斡主張大規模征發諸道兵，以威勢壓制女直。其計不被採用。本書卷一〇一有傳。

五月，陶蘇斡及古欲戰，敗績。張家奴等以阿骨打書來，復遣之往。

六月己亥朔，清暑特禮嶺。壬子，張家奴等還，阿骨打復書，亦斥名諭之使降。癸丑，以親征諭諸道。丙辰，陶蘇斡招獲古欲等。癸亥，以惕隱耶律末里爲北院大王。[1]是月，遣蕭辭剌使女直，以書辭不屈見留。

[1]惕隱：契丹官名。又稱梯里己，掌皇族政教。　北院大王：契丹部族官。遼朝析迭剌部爲五院部和六院部。五院部有知五院事，在朝曰北大王院；六院部有知六院事，在朝曰南大王院。北院大王和南院大王即五院部和六院部的首領，握有兵權。　耶律末里：【劉校】“律”原本作“非”，明抄本、南監本、北監本和殿本均作“律”。中華點校本及修訂本徑改。今從改。

秋七月辛未，宋遣使致送助軍銀絹。丙子，獵於嶺東。是月，都統斡里朵等與女直戰于白馬濼，敗績。

八月甲子，罷獵，趨軍中。以斡里朵等軍敗，免官。丙寅，以圍場使阿不爲中軍都統、耶律張家奴爲都監率番漢兵十萬，[1]蕭奉先充御營都統、諸行營都部署耶律章奴爲副，以精兵二萬爲先鋒，[2]餘分五部爲正軍、貴族子弟千人爲硬軍、扈從百司爲護衛軍，北出駱駝口；以都點檢蕭胡覩姑爲都統、樞密直學士柴誼爲副，[3]將漢步騎三萬南出寧江州。[4]自長春州分道而進，[5]發數月糧，期必滅女直。

[1]漢兵：也稱“漢軍”。遼朝有衆多的漢軍，其中有阿保機收編的“山北八軍”以及趙延壽的軍隊。此外，遼朝還有自己按照中原軍隊編制組建的漢軍，其中最重要的是燕京等地的禁軍。據《長編》卷五五宋真宗咸平六年（1003）七月己酉記李信云：“國中所管幽州漢兵，謂之神武、控鶴、羽林、驍武等，約萬八千餘騎。”

其中“羽林”“控鶴”是唐、五代禁軍舊有的名號。因此可以斷定李信所説的遼燕京的“漢兵”就是戍衛京城的禁軍。

[2]“耶律張家奴爲都監”至“耶律章奴爲副”:【劉校】中華點校本校勘記云，耶律章奴即耶律張家奴，《金史》作“張奴”。紀事重複。

[3]都點檢：即殿前都點檢。五代後周世宗設置殿前司，以都點檢、副都點檢爲正副長官，位在都指揮使之上，爲禁軍統帥。宋初廢。遼設殿前都點檢，爲南面軍官，當係模倣周制。

[4]寧江州：治所在今吉林省松原市寧江區佰都鄉佰都村古城。

[5]長春州：治所在今吉林省前郭爾羅斯蒙古族自治縣塔虎城。

九月丁卯朔，女直軍陷黄龍府。己巳，知北院樞密使蕭得里底出爲西南面招討使。[1]辭剌還，女直復遣賽剌以書來報：[2]若歸我叛人阿疏等，即當班師。上親征。粘罕、兀朮等以書來上，陽爲卑哀之辭，實欲求戰。書上，上怒，下詔有“女直作過，大軍翦除”之語。女直主聚衆，剺面仰天慟哭曰：“始與汝等起兵，蓋苦契丹殘忍，欲自立國。今主上親征，奈何？非人死戰莫能當也。不若殺我一族，汝等迎降，轉禍爲福。”諸軍皆曰：“事已至此，惟命是從。”乙巳，耶律章奴反，[3]奔上京，謀迎立魏國王淳。[4]上遣駙馬蕭昱領兵詣廣平淀護后妃，[5]行宫小底乙信持書馳報魏國王。時章奴先遣王妃親弟蕭諦里以所謀説魏國王。王曰：“此非細事，主上自有諸王當立，北、南面大臣不來，而汝言及此何也？”密令左右拘之。有頃乙信等賫御劄至，備言章奴等欲廢立事。魏國王立斬蕭諦里等首以獻，單騎間道詣廣平淀待罪。上遇之如初。章奴知魏國王不聽，率麾下掠慶、饒、懷、祖等州，[6]結渤海群盜，衆至數萬，趨廣平淀犯行宫。順國女直阿鶻産以三百騎一戰而勝，擒其貴族二百餘人，並斬首以徇。其妻子配役繡院，或散諸近侍爲婢，餘得脱者皆奔女直。章奴詐爲使者，欲奔女直，爲邏者所獲，縛送行在，腰斬於市，剖其心以獻祖廟，支解以徇五路。

[1]蕭得里底（？—1122）：晉王蕭孝先之孫。字紏鄰。乾統元年（1101）爲北面林牙，同知北院樞密使，受詔與北院樞密使耶律阿思懲治乙辛餘黨。阿思受賄，多爲乙辛餘黨減輕治罪；得里底也附會阿思的做法。女直初起，得里底阻礙發兵進討。後任北院樞密使，受到天祚信任。保大二年（1122）天祚率衛兵出逃，得里底離開天祚後，爲耶律淳所獲，不食數日而卒。本書卷一〇〇有傳。

北院樞密使：即契丹樞密院之樞密使，爲北面官之最高官職，掌軍事、部族。詳本書卷四五《百官志一》。

[2]女直復遣賽剌以書來報：據《金史》卷二《太祖本紀》，女直未向遼遣使，而是以書信交遼使帶回。但不知賽剌是何人。

[3]耶律章奴反：與本年十二月乙巳，耶律張家奴叛爲同一件事，章奴謀反時間當以十二月爲是。本書卷三二《營衛志中》："十月，坐冬行在所。"帝、后到廣平淀坐冬的時間是十月上旬至來年正月上旬。九月間后妃尚未到達廣平淀。

[4]魏國王淳：即耶律淳（1062—1122）。興宗第四孫，南京留守、宋魏王和魯斡之子。遼亡前夕保大二年，在燕京自立爲帝，年號建福，降封天祚帝爲湘陰王。數月後死去，廟號宣宗。有傳，附於本書卷三〇《天祚本紀四》。

[5]廣平淀：在永州東南三十里，爲遼中期以後冬捺鉢所在地。詳本書卷三二《營衛志中》。

[6]慶：即慶州，治所在今内蒙古自治區巴林右旗索博日嘎鎮。　饒：即饒州，治所在今内蒙古自治區林西縣小城子鄉。　懷：即懷州，治所在今内蒙巴林右旗幸福之路苏木崗根嘎查古城址。　祖：即祖州，遼代地名。治所在今内蒙古自治區巴林左旗林東鎮西南查干哈達蘇木石房子嘎查，因係阿保機祖先出生之地，故名。遼在此置祖州天成軍。

冬十一月，遣駙馬蕭特末、林牙蕭察剌等將騎兵五萬、步卒四十萬、親軍七十萬至駞門。[1]

[1]遼天祚帝集結大軍親征事據《金史》卷二《太祖本紀》載：收國元年九月，"克黄龍府……十一月，遼主聞取黄龍府，大懼，自將七十萬至駝門。駙馬蕭特末、林牙蕭查剌等將騎五萬、步四十萬至斡鄰濼"。八月所載之"駱駝口"即"駝門"。此一路稱"御營"，表明是親征主力。另一路出寧江州，亦即《金史》所記斡鄰濼一路。兵分三路是遼的傳統戰法，御營所在即中路，另有左、右翼。　蕭特末：大安初，娶道宗第三女越國公主。後爲都統，與金人戰，敗於石輦鐸，被擒。

十二月乙巳，耶律張家奴叛。[1]戊申，親戰于護步答岡，[2]敗績，盡亡其輜重。己未，錦州刺史耶律朮者叛應張家奴。[3]庚申，北面林牙耶律馬哥討張家奴。癸亥，以北院宣徽使蕭韓家奴知北院樞密使事，[4]南院宣徽使蕭特末爲漢人行宫都部署。

[1]耶律張家奴叛：【劉校】按此即上文九月乙巳耶律章奴反，奔上京，謀迎立魏國王淳事。以下章奴事重出不備舉。

［2］護步答岡：地名。《讀史方輿紀要》卷三八載："耶律章奴作亂，遼主引還，金人追敗之于護步答岡。蓋在混同江之西。"

［3］錦州：治所在今遼寧省錦州市舊城。　錦州刺史耶律朮者：【劉校】按本書卷一〇〇本傳，左遷銀州刺史。錦州爲節度，非刺史。

［4］蕭韓家奴：昭懷太子女延壽之夫。延壽於乾統元年（1101）進封趙國公主，加秦晉國長公主。

六年春正月丙寅朔，東京夜有惡少年十餘人乘酒執刃，踰垣入留守府，問留守蕭保先所在："今軍變，請爲備。"蕭保先出，刺殺之。户部使大公鼎聞亂，[1]即攝留守事，與副留守高清明集奚、漢兵千人，[2]盡捕其衆斬之，撫定其民。東京故渤海地，太祖力戰二十餘年乃得之。而蕭保先嚴酷，渤海苦之，故有是變。其裨將渤海高永昌僭號，稱隆基元年。[3]遣蕭乙薛、高興順招之，不從。[4]

［1］大公鼎（1042—1121）：渤海人。咸雍十年（1074）進士及第。天祚即位後，歷任長寧軍節度使、南京副留守，改任東京户部使。拜中京留守。本書卷一〇五有傳。

［2］攝：代理，兼理。　副留守高清明：【劉校】據中華點校本校勘記，本書卷四八《百官志四》及《契丹國志》卷一〇並作"高清臣"。

［3］隆基：【劉校】據中華點校本校勘記，《契丹國志》卷一〇作"應順"。

［4］蕭乙薛（？—1122）：國舅少父房之後。字特免。天慶初年知國舅詳穩事，轉任殿前副點檢。金起兵，爲行軍副都統。以作

戰失利，被撤職。十年金兵攻陷上京，天祚詔令乙薛兼上京留守、東北路統軍使。保大二年（1122）金兵發動大規模進攻，乙薛軍潰敗，降爲西南面招討使。天祚出逃後，拜乙薛爲殿前都點檢。後爲耶律大石所殺。本書卷一〇一有傳。

閏月己亥，遣蕭韓家奴、張琳討之。[1]戊午，貴德州守將耶律余覩以廣州渤海叛附永昌，[2]我師擊敗之。

[1]張琳（？—1123）：瀋州（今遼寧省瀋陽市）人。壽昌末年入仕。天祚即位，擢升南府宰相，付與東征女直事。待中京失陷，天祚駕臨雲中，留張琳與李處温輔助魏國王淳守南京。淳稱帝，琳遭受排擠，鬱悒而卒。本書卷一〇二有傳。

[2]貴德州：其州城故址當在今遼寧省撫順市城北高爾山前。

二月戊辰，侍御司徒撻不也等討張家奴，戰于祖州，敗績。乙酉，遣漢人行宮都部署蕭特末率諸將討張家奴。戊子，張家奴誘饒州渤海及中京賊侯槩等萬餘人，攻陷高州。[1]

[1]高州：統和八年更名武安州，隸大定府。治所在今内蒙古自治區敖漢旗東。

三月，東面行軍副統酬斡等擒侯概於川州。[1]

[1]川州：遼代州名。據《嘉慶重修一統志·承德府》：舊城在朝陽縣（今遼寧省朝陽市）東北六十七里。初置川州，會同（938—947）中改爲白川州。【劉注】遼代川州，前期治所爲今遼

寧省北票市南八家子鄉四家板村古城址；後期治所爲今遼寧省北票市黑城子鎮駐地黑城子村古城址。

夏四月戊辰，親征張家奴。癸酉，敗之。甲戌，誅叛黨，饒州渤海平。丙子，賞平賊將士有差，而蕭韓家奴、張琳等復爲賊所敗。

五月，清暑散水原。女直軍攻下瀋州，[1]復陷東京，擒高永昌。東京州縣族人痕孛、鐸剌、吳十、撻不也、道剌、酬斡等十三人皆降女直。[2]

[1]瀋州：治所在今遼寧省瀋陽市。

[2]族人：指契丹人。

六月乙丑，籍諸路兵，有雜畜十頭以上者皆從軍。庚辰，魏國王淳進封秦晉國王爲都元帥，上京留守蕭撻不也爲契丹行宮都部署兼副元帥。丁亥，知北院樞密使事蕭韓家奴爲上京留守。

秋七月，獵秋山。春州渤海二千餘户叛，[1]東北路統軍使勒兵追及，盡俘以還。

[1]春州：即長春州。

八月，烏古部叛，[1]遣中丞耶律撻不也等招之。

[1]烏古：部族名。又稱嫗厥律、于厥律，居契丹西北。據《新五代史》卷七三《四夷附録第二》：“嫗厥律，其人長大，髦頭，

酋長全其髪，盛以紫囊。地苦寒，水出大魚，契丹仰食。又多黑、白、黄貂鼠皮，北方諸國皆仰足。其人最勇，鄰國不敢侵。”

九月丙午，謁懷陵。[1]

[1]懷陵：遼太宗、穆宗之陵。位於懷州境内。大同元年（947）遼置懷州奉陵軍，治所在今内蒙古自治區巴林右旗幸福之路蘇木崗根嘎查古城址。州隸永興宫。

冬十月丁卯，以張琳軍敗，奪官。庚辰，烏古部來降。

十一月，東面行軍副統馬哥等攻曷蘇館，[1]敗績。

[1]曷蘇館：即熟女真。《松漠紀聞》卷上稱：“居混同江之南者謂之熟女真，以其服屬契丹也。江之北爲生女真，亦臣於契丹。”

十二月乙亥，封庶人蕭氏爲太皇太妃。[1]辛巳，削副統耶律馬哥官。

[1]庶人蕭氏：即道宗惠妃蕭氏（？—1118）。小字坦思，駙馬都尉蕭霞抹之妹。大康二年（1076）因受到乙辛讚譽，選入後宫，立爲皇后。八年（1082）皇孫延禧封梁王，坦思降爲惠妃，遷徙至乾陵。不久，其母燕國夫人厭魅，伏誅。貶惠妃爲庶人。天慶六年（1116）召其回宫，封太皇太妃。兩年後逃奔黑頂山，死後葬於太子山。本書卷七一有傳。

七年春正月甲寅，減廄馬粟，分給諸局。是月，女直軍攻春州，東北面諸軍不戰自潰，女古、皮室四部及渤海人皆降，復下泰州。[1]

[1]女古、皮室四部及渤海人皆降，復下泰州：按《金史》卷七六《完顏杲傳》，“杲以兵一萬攻泰州，下金山縣，女固、脾室四部及渤海人皆來降，遂克泰州”。泰州，治所在今吉林省白城市東南。

二月，淶水縣賊董厖兒聚衆萬餘，[1]西京留守蕭乙薛、南京統軍都監查剌與戰於易水，[2]破之。

[1]淶水縣：治所在今河北省淶水縣。

[2]易水：河流名。在今河北省西部。大清河上源支流，有北、中、南三支，均源出易縣境，匯合後在定興縣入南拒馬河。東南流注大清河。

三月，厖兒黨復聚，乙薛復擊破之于奉聖州。[1]

[1]奉聖州：治所在今河北省涿鹿縣。

夏五月庚寅，東北面行軍諸將涅里、合魯、涅哥、虚古等棄市。[1]乙巳，諸圍場隙地，縱百姓樵採。

[1]棄市：執行死刑。古代在鬧市上行刑，並暴屍於街頭，稱爲棄市。

六月辛巳，以同知樞密院事余里也爲北院大王。

秋七月癸卯，獵秋山。

八月丙寅，獵狘斯那里山，命都元帥秦晉王赴沿邊，[1]會四路兵馬防秋。[2]

[1]秦晉王：【劉校】“王”原本作“非”，明抄本、南監本、北監本和殿本均作“王”。中華點校本及修訂本徑改。今從改。

[2]防秋：古代西北各遊牧部落往往趁秋高馬肥時南侵。屆時邊軍特加警衛，調兵防守，稱爲“防秋”。《舊唐書》卷一三九《陸贄傳》：“又以河隴陷蕃已來，西北邊常以重兵守備，謂之防秋。”

九月，上自燕至陰涼河，[1]置怨軍八營：募自宜州者曰前宜、後宜，[2]自錦州者曰前錦、後錦，自乾自顯者曰乾、曰顯，[3]又有乾顯大營、岩州營，[4]凡二萬八千餘人，屯衛州蒺藜山。[5]丁酉，獵輞子山。

[1]陰涼河：流經臨潢府南境，合於潢河。

[2]怨軍：遼末在在遼東地區招募的一支軍隊。《三朝北盟會編》卷一〇載：“遼人始以征伐女真，爲女真所敗，多殺其父兄，乃立是軍，使之報怨女真，故謂之怨軍。”然而“每女真兵入，則怨軍從以爲亂，女真退則因而復服，常以爲苦，天祚與群下謀殺怨軍，除其患，故其中郭藥師等反，殺其首領而降都統蕭幹，遂拜金吾大將軍，俾守涿州”。郭藥師是渤海鐵州人，與多數“怨軍”將領一樣，也是一個反復之徒。保大二年（1122）耶律淳稱帝，改怨軍爲常勝軍。　宜州：治所在今遼寧省義縣。

[3]乾：指乾州。【劉注】遼代乾州州治爲今遼寧省北鎮市廣寧鎮小常屯古城址。　顯：指顯州。【劉注】治所在今遼寧省北

鎮市。

[4]岩州：唐太宗時置，治白岩城（今遼寧省遼陽市東燕州城）。後廢。轄境相當今遼寧省遼陽市以東、本溪市以西地區。遼復置，治白岩縣。屬沈州。

[5]衛州蒺藜山：在今遼寧省阜新蒙古族自治縣北。《金史·太祖紀》：天輔元年（1117），“斡魯古等敗耶律捏里兵于蒺藜山”即此。

冬十月乙卯朔，至中京。

十二月丙寅，都元帥秦晉國王淳遇女直軍戰於蒺藜山，敗績。女直復拔顯州旁近州郡。庚午，下詔自責。癸酉，遣夷离畢查剌與大公鼎諸路募兵。[1]丁丑，以西京留守蕭乙薛爲北府宰相，[2]東北路行軍都統奚霞末知奚六部大王事。[3]

[1]夷离畢：契丹官名。爲執政官，相當於副宰相參知政事。後來官分南、北，北面官有夷离畢院，主要掌刑政。

[2]宰相：契丹部族官名。契丹可汗之下有北、南二府，各部族則分屬二府，分設宰相，故北宰相亦稱北府宰相，南宰相亦稱南府宰相。

[3]奚六部大王：遼對歸附以後的奚族首領的稱呼。奚本來衹有五部，阿保機降伏五部奚之後設置墮瑰部，而成六部。詳本書卷三三《營衛志下·部族下》。

是歲，女直阿骨打用鐵州楊朴策即皇帝位，[1]建元天輔，國號金。楊朴又言，自古英雄開國或受禪，必先求大國封册，遂遣使議和，以求封册。[2]

[1]阿骨打：【劉校】“打”原本作“行”，明抄本、南監本、北監本和殿本均作“打”。中華點校本及修訂本徑改。今從改。

[2]楊朴：《三朝北盟會編》卷三載：“有楊朴者，鐵州人，少第進士，累官至秘書郎。説阿骨打曰：‘匠者與人規矩，不能使人必巧；師者，人之模範，不能使人必行。大王創興師旅，當變家爲國，圖霸天下，謀萬乘之國，非千乘所能比也。諸部兵衆皆歸大王，今力可拔山填海，而不能革故鼎新。願大王册帝號、封諸蕃，傳檄響應，千里而定。東接海隅，南連大宋，西通西夏，北安遠國之民，建萬世之鎡基，興帝王之社稷。行之有疑，禍如發矢。大王如何？’阿骨打大悦。吳乞買等皆推尊楊朴之言，上阿骨打尊號爲皇帝，國號大金……改元收國。令韓企先訓字，以王爲姓，以旻爲名。楊朴又稱説，自古英雄開國，或受禪，或求大國封册。遣人使大遼以求封册，其事有十：乞徽號‘大聖大明’者一也；國號‘大金’者二也；玉輅者三也；衮冕者四也；玉刻印‘御前之寶’者五也；以弟兄通問者六也；生辰正旦遣使者七也；歲輸銀絹十五萬兩疋者八也；割遼東、長春兩路者九也；送還女真阿鶻産、趙三大王者十也。”《契丹國志》卷一〇載：“有楊朴者，遼東鐵州人也，本渤海大族，登進士第，累官校書郎。先是高永昌叛時，降女真，頗用事，勸阿骨打稱皇帝，改元天輔。以王爲姓，以旻爲名。以其國産金，號大金。又陳説阿骨打曰：‘自古英雄開國受禪，必先求大國封册。’八月阿骨打遣人詣天祚求封册，其事有十：徽號‘大聖大明皇帝’，一也；國號‘大金’，二也；玉輅，三也；衮冕，四也；玉刻‘御前之寶’，五也；以弟兄通問，六也；生辰正旦遣使，七也；歲輸銀絹二十五萬疋兩，分南宋歲幣之半，八也；割遼東、長春二路，九也；送還女直阿鶻産、趙三大王，十也。”

八年春正月，幸鴛鴦濼。[1]丁亥，遣耶律奴哥等使金議和。[2]庚寅，保安軍節度使張崇以雙州二百户降金。[3]東路諸州盜賊蜂起，掠民自隨以充食。

[1]鴛鴦濼：湖名。在今北京市延慶區境内。舊時周八十里。其水停積不流，自遼金以來，爲飛放之所。即今野鴨湖。

[2]使金議和：據《三朝北盟會編》卷三："天祚付南北面大臣會議，蕭奉先等悉從所請。遂差靜江軍節度使奚王府監軍蕭習泥烈、翰林學士楊勉充封册使副，歸州觀察使張孝偉、太常少卿王甫充慶問使副，衛尉少卿劉湜充管押禮物官，將作少監楊邱忠充讀册文官。"册使非耶律奴哥。

[3]保安軍：雙州軍號。本書卷三八《地理志二》載，雙州係"漚里僧王從太宗南征，以俘鎮、定二州之民建城置州"。統縣一，雙城縣。《滿洲源流考》卷一〇："雙城故縣在鐵嶺西六十里，金時州廢，以縣屬瀋州。"即今遼寧省鐵嶺縣西南六十里古城子村。

二月，耶律奴哥還自金，金主復書曰："能以兄事朕，歲貢方物，歸我上、中京、興中府三路州縣，以親王、公主、駙馬、大臣子孫爲質，還我行人及元給信符，[1]並宋、夏、高麗往復書詔、表牒，則可以如約。"

[1]行人：使者的通稱。

三月甲午，復遣奴哥使金。

夏四月辛酉，以西南面招討使蕭得里底爲北院樞密使。

五月壬午朔，奴哥以書來，約不踰此月見報。戊戌，復遣奴哥使金，要以酌中之議。是月，至納葛濼。[1]賊安生兒、張高兒衆二十萬，耶律馬哥等斬生兒於龍化州，[2]高兒亡入懿州，[3]與霍六哥相合。金主遣胡突衮與奴哥持書，報如前約。

[1]納葛濼：據傅樂焕考證“當即今熱河經棚縣（今内蒙古自治區克什克騰旗駐地經棚镇）西之達里濼。在遼上京之南”（參《遼史叢考》第84頁）。

[2]龍化州：傳説契丹始祖奇首可汗居此，原稱龍庭。地當今内蒙古自治區奈曼旗東北。唐天復二年（902），阿保機成爲迭剌部夷离堇，破代北，遷徙代北居民，於此建州。詳本書卷三七《地理志一・上京道》。

[3]懿州：【劉注】治所在今遼寧省阜新市蒙古族自治縣塔營子鎮塔營子村古城址。

六月丁卯，遣奴哥等齎宋、夏、高麗書詔、表牒至金。霍六哥陷海北州，趣義州，[1]軍帥回離保等擊敗之。[2]通、祺、雙、遼四州之民八百餘户降於金。[3]

[1]義州：【劉注】據劉鳳翥、王雲龍《契丹大字〈耶律昌允墓誌銘〉之研究》，遼代義州故址在今内蒙古自治區赤峰市元寶山區小五家回族鄉大營子村。

[2]回離保（？—1123）：奚人。一名翰，字挼懶，奚王忒鄰的後代。大安年間補護衛，稍陞遷爲鐵鷂軍詳穩。保大二年（1122）金兵來攻，天祚逃亡，回離保率官吏、民衆擁立秦晉國王耶律淳爲帝。同年金兵由居庸關進入燕京，回離保知北樞密院。三年，其於箭笴山自立，號稱奚國皇帝，改元天復。後爲郭藥師的常勝軍所敗，於是一軍離心離德，回離保爲其同黨所殺。本書卷一一四有傳。

[3]通：即通州，【劉注】治所在今吉林省四平市西部一面城

遼城址。　祺：即祺州，【劉注】治所在今遼寧省康平縣郝官屯鎮小塔子村古城址。　雙：即雙州，【劉注】治所在今遼寧省瀋陽市新城子區石佛寺村古城址。　遼：即遼州，【劉注】治所在今遼寧省新民市公主屯鎮遼濱塔村遼城址。

秋七月，獵秋山。金復遣胡突衮來，免取質子及上京、興中府所屬州郡，裁減歲幣之數，"如能以兄事朕，册用漢儀，可以如約"。

八月庚午，遣奴哥、突迭使金，議册禮。

九月，突迭見留。遣奴哥還，謂之曰："言如不從，勿復遣使。"

閏月丙寅，遣奴哥復使金，而蕭寶、訛里等十五人各率户降于金。[1]

[1]蕭寶、訛里等十五人各率户降于金：【劉校】據中華點校本校勘記，本書卷七〇《屬國表》："蕭寶、訛里野、特末、霍石、韓慶和、王伯龍等各率衆歸於金。"《金史》卷二《太祖紀》亦作蕭寶、訛里野。

冬十月，奴哥、突迭持金書來。龍化州張應古等四人率衆降金。

十一月，副元帥蕭撻不也薨。

十二月甲申，議定册禮，遣奴哥使金。寧昌軍節度使劉宏以懿州户三千降金。時山前諸路大饑，乾、顯、宜、錦、興中等路，斗粟直數縑，民削榆皮食之，既而人相食。

是年，放進士王翬等百三人。

九年春正月，金遣烏林荅贊謨持書來迎册。

二月，至鴛鴦濼。賊張撒八誘中京射糧軍，[1]僭號。南面軍帥余覩擒撒八。

[1]射糧軍：遼金兵役制度。關於“射糧軍”，《遼史》失載。金朝的射糧軍是被刺面在軍中充雜役的，不僅地位低下，而且没有人身自由。《金史》卷四四《兵志》：“諸路所募射糧軍，五年一籍三十以下、十七以上強壯者，皆刺其口，所以兼充雜役者也。”

三月丁未朔，遣知右夷离畢事蕭習泥烈等册金主爲東懷國皇帝。[1]己酉，烏林荅贊謨、奴哥等先以書報。

[1]册金主爲東懷國皇帝：《九朝編年備要》卷二八記載此事爲重和元年（1118），即遼天慶八年，“女真衆中有楊朴者，遼東人也。勸阿骨打稱皇帝，以王爲姓，以旻爲名。以其國産金，故稱大金，改元天輔，皆從之。樸又勸阿骨打遣人詣天祚求封册。天祚付南北面大臣議，蕭奉先喜以爲自此可無患矣，請許之。天祚遂遣使備衮冕之服，册阿骨打‘東懷皇帝’。阿骨打召楊朴等觀驗，以儀物不純用天子之制，大怒，欲斬其使諸臣，爲謝乃解，猶人笞百餘，尋遣還。要其稱‘大金皇帝兄’，不然則提兵取上京。天祚惡聞女真事，蕭奉先揣其意不以聞。明年上京破，和議遂格”。

夏五月，阻卜補疏只等叛，[1]執招討使耶律斡里朶，都監蕭斜里得死之。

[1]阻卜：即達旦、韃靼。元人諱言達旦，而稱達旦爲阻卜。詳王國維《觀堂集林》卷一四《達旦考》。

秋七月，獵南山。金復遣烏林荅贊謨來，責册文無“兄事”之語，不言“大金”而云“東懷”，乃小邦懷其德之義；及册文有“渠材”二字，語涉輕侮；若“遙芬多戩”等語，皆非善意，殊乖體式。[1]如依前書所定，然後可從。楊詢卿、羅子韋率衆降金。

［1］“金復遣烏林荅贊謨來”至“殊乖體式”：金以爲册書非善意。《契丹國志》卷一〇載：册立阿骨打爲東懷國至聖至明皇帝，其册文略曰：“眷惟肅慎之區，實介扶餘之俗。土濱上國，材布中嶔。雅有山川之名，承其父祖之蔭。碧雲袤野，固須挺於渠材；皓雪飛霜，疇不雄於絶駕。封章屢報，誠意交孚；載念遙芬，宜膺多戩。是用遣蕭習泥烈等持節備禮，册爲東懷國至聖至明皇帝。義敦友睦，地裂豐腴。嗚呼，戒哉欽哉，式孚於休。”所有徽號緣犯祖號，改爲至聖至明，餘悉從之。使人自十月發行，十二月至金國。楊朴以儀物不全用天子之制，又東懷國乃小邦懷其德之義，仍無册爲兄之文。如“遙芬多戩”，皆非美意；彤弓象輅，亦諸侯事；“渠材”二字意似輕侮。命習泥烈歸易其文。隨答云“兄友弟恭”，出自《周書》，言友睦則兄之義見矣。楊朴等面折，以爲非是。阿骨打大怒，叱出使、副，欲腰斬之。粘罕諸人爲謝，乃解，尚人笞百餘。次年三月，止遣蕭習泥烈、楊立忠回，云：“册文罵我，我都不曉，徽號、國號、玉輅、御寶，我都有之。須稱我大金皇帝兄即已，能從我，今秋可至軍前。不然，我提兵取上京矣。”帝惡聞女直事，蕭奉先揣其意，皆不以聞。遷延久之，聞上京已破，和議遂寢。後天祚雖復請和，皆不報。是歲宋徽宗重和元年。按：金攻佔遼上京是在遼天慶十年（宣和二年，1120）春二月，宋遣中奉大夫、右文殿修撰趙良嗣假朝奉大夫，以買馬爲名，由登州泛海使女真。四月十四日抵達遼東。當時女真三路大軍正準備對遼上京發起攻擊，便約趙良嗣前去觀戰。　渠材：言其爲“大材”，或“首領之材”。金人認爲這是遼站在高高在上的立場上評價他們的領導人，

故認爲“語涉輕侮”。

八月，以趙王習泥烈爲西京留守。

九月，至西京。復遣習泥烈、楊立忠先持册稿使金。[1]

[1]楊立忠：【劉校】按本書卷七〇《屬國表》，作“楊近忠”。

冬十月甲戌朔，耶律陳圖奴等二十餘人謀反，伏誅。是月，遣使送烏林荅贊謨持書以還。

十年春二月，幸鴛鴦濼。金復遣烏林荅贊謨持書及册文副本以來，仍責乞兵于高麗。

三月己酉，民有群馬者，十取其一，給東路軍。庚申，以金人所定“大聖”二字，與先世稱號同，復遣習泥烈往議。金主怒，遂絶之。

夏四月，獵胡土白山，聞金師再舉，耶律白斯不等選精兵三千以濟遼師。

五月，金主親攻上京，克外郛，留守撻不也率衆出降。

六月乙酉，以北府宰相蕭乙薛爲上京留守、知鹽鐵内省兩司、東北統軍司事。

秋，獵沙嶺。

冬，復至西京。

（李錫厚注　劉鳳翥校）

遼史　卷二九

本紀第二十九

天祚皇帝三

保大元年春正月丁酉朔，改元，肆赦。初，金人興兵，郡縣所失幾半。上有四子：長趙王，母趙昭容；[1]次晉王，母文妃；[2]次秦王、許王，皆元妃生。[3]國人知晉王之賢，深所屬望。元妃之兄樞密使蕭奉先恐秦王不得立，[4]潛圖之。文妃姊妹三人：長適耶律撻曷里，次文妃，次適余覩。[5]一日其姊若妹俱會軍前，奉先諷人誣駙馬蕭昱及余覩等謀立晉王，[6]事覺，昱、撻曷里等伏誅，文妃亦賜死，獨晉王未忍加罪。余覩在軍中聞之大懼，即率千餘騎叛入金。[7]上遣知奚王府事蕭遐買、北府宰相蕭德恭、太常衮耶律諦里姑、歸州觀察使蕭和尚奴、四軍太師蕭幹將所部兵追之，[8]及諸閆山縣。[9]諸將議曰："主上信蕭奉先言，奉先視吾輩蔑如也。余覩乃宗室豪俊，常不肯爲奉先下，若擒余覩，他日吾黨皆余覩也，不若縱之。"還，即紿曰："追襲不及。"奉先既見余覩之亡，恐後日諸校亦叛，遂勸驟加爵賞，以結衆心。以蕭遐買爲奚王，[10]蕭德恭試中書門下平章事兼判上京留守事，耶律諦里姑爲龍虎衛上將軍，蕭和尚奴金吾衛上將軍，蕭幹鎮國大將軍。

[1]“上有四子”至“母趙昭容”：【劉校】據中華點校本校勘記，依本書卷六四《皇子表》，天祚六子。《初校》：“趙昭容，‘趙’字衍。”

[2]文妃：即天祚文妃蕭氏（？—1121）。小字瑟瑟。國舅大父房之女。乾統三年（1103）冬，立爲文妃。生蜀國公主、晉王敖盧斡。敖盧斡平素在衆人之中有威望。天祚元妃之兄蕭奉先對敖盧斡深懷妒忌，於是誣巇南軍都統耶律余覩陰謀立晉王敖盧斡，以爲文妃參與此事，賜死。本書卷七一有傳。

[3]元妃：小字貴哥，隨天祚逃亡西部，因病而卒。然《契丹國志》卷一三稱其後爲金人擒獲，粘罕收爲次室。本書卷七一有傳。

[4]蕭奉先（？—1122）：天祚元妃之兄。因元妃故，奉先得以累次陞遷，最後官至樞密使，封蘭陵郡王。天慶四年（1114）阿骨打起兵進犯寧江州，天祚命奉先弟嗣先爲都統，率領番、漢兵前去征討，於出河店敗績逃走。奉先擔心其弟嗣先被誅，奏請天祚肆赦。從此以後士無斗志，遇敵即潰。當初，蕭奉先曾誣告耶律余覩勾結駙馬蕭昱陰謀立其外甥晉王爲帝，導致蕭昱被殺，余覩投奔女直。本書卷一〇二有傳。

[5]余覩：即耶律余覩（？—1121）。皇族。保大初年曾任副都統。其妻是天祚文妃之妹，文妃生晉王；蕭奉先之妹是天祚元妃，生秦王。奉先怕秦王不能繼承皇位，於是指使人誣陷余覩結納駙馬蕭昱等陰謀立晉王爲帝。天祚爲此殺蕭昱，賜文妃死。余覩在軍中得知此事後，恐怕不能自明而被誅，即率千餘士兵，連同軍帳

中的親信叛歸女直。本書卷一〇二有傳。

[6]駙馬蕭昱：【劉注】《契丹國志》卷一〇作“長公主駙馬蕭昱”。

[7]即率千餘騎叛入金：【劉校】據中華點校本校勘記，依《契丹國志》卷一一、《金史·太祖本紀》，余覩叛入金在本年五月。

[8]蕭幹：即奚回離保（？—1123）。一名翰，字挼懶。奚王忒鄰的後代。大安年間補護衛，稍陞遷爲鐵鷂軍詳穩。保大二年（1122）金兵來攻，天祚逃亡，回離保率官吏、民衆擁立秦晉國王耶律淳爲帝。同年，金兵由居庸關進入燕京，回離保知北樞密院。三年，其於箭笴山自立，號稱奚國皇帝，改元天復。後爲郭藥師的常勝軍所敗，於是一軍離心離德，回離保爲其同黨所殺。本書卷一一四有傳。

[9]�

[10]奚王：對奚族首領的稱呼。本書卷四六《百官志二》：“奚六部在朝曰奚王府。”

二月，幸鴛鴦濼。[1]

[1]鴛鴦濼：湖名。在今北京市延慶區境内。舊時周八十里。其水停積不流，自遼金以來，爲飛放之所。即今野鴨湖。

夏五月，至曷里狘。

秋七月，獵炭山。[1]

[1]炭山：山名。據《新五代史》卷七二《四夷附録第一》：“漢城在炭山東南灤河上，有鹽鐵之利，乃後魏滑鹽縣也。其地可植五谷，阿保機率漢人耕種，爲治城郭、邑屋、廛市如幽州制度，

漢人安之，不復思歸。”另據本書卷四一《地理志五·西京道》，炭山在歸化州，即武州（今河北省張家口市宣化區）。

九月，至南京。

冬十一月癸亥，以西京留守趙王習泥烈爲惕隱。[1]

[1]趙王習泥烈：天祚第四子。　惕隱：契丹官名。又稱梯里已，掌皇族政教。

二年春正月乙亥，金克中京，進下澤州。[1]上出居庸關，[2]至鴛鴦濼。聞余覩引金人婁室孛堇奄至，[3]蕭奉先曰：“余覩乃王子班之苗裔，此來欲立甥晉王耳。若爲社稷計，不惜一子，明其罪誅之，可不戰而余覩自廻矣。”上遂賜晉王死，素服三日，耶律撒八等皆伏誅。王素有人望，諸軍聞其死，無不流涕，由是人心解體。余覩引金人逼行宮，上率衛兵五千餘騎幸雲中，[4]遺傳國璽于桑乾河。[5]

[1]澤州：【劉注】遼代澤州州治在今河北省平泉市會州村古城址。

[2]居庸關：要塞名。位於今北京市昌平區西北。

[3]婁室孛堇：即完顏婁室（1077—1130）。字斡里衍，金女真完顏部人。年二十一，代父白荅爲雅撻懶等七水部長。從阿骨打（金太祖）起兵，屢勝遼軍。以萬户守黄龍府。進爲都統，從完顏杲取中京（今内蒙古自治區寧城縣），與闍母破西京（今山西省大同市），擒獲遼天祚帝後，取河中府（今山西省永濟市西）、京兆府（今陝西省西安市附近）、鳳翔，進克延安府，降境内諸州、寨、

堡。與婆盧火守延安。進爲右副元帥，總陝西征伐諸軍事。死於涇州，追封金源郡王，謚壯義。爲金朝開國功臣之一。《金史》卷七二有傳。

[4]雲中：即雲州，在今山西省大同市。

[5]桑乾河：源出今山西省朔州市。遼西京大同府近桑乾河上游，故聖宗獵於此。

二月庚寅朔，日有食之，既。甲午，知北院大王事耶律馬哥、漢人行宫都部署蕭特末並爲都統，[1]太和宫使耶律補得副之，將兵屯鴛鴦濼。己亥，金師敗奚王霞末於北安州，[2]遂降其城。

[1]北院大王：契丹部族官。遼朝析迭剌部爲五院部和六院部。五院部有知五院事，在朝曰北大王院；六院部有知六院事，在朝曰南大王院。北院大王和南院大王即五院部和六院部的首領，握有兵權。　蕭特末：大安初，娶道宗第三女越國公主。後爲都統，與金人戰，敗於石輦鐸，被擒。

[2]北安州：北安州：《御批通鑒輯覽》卷八一宋宣和四年三月“金尼瑪哈（粘罕）敗遼奚王于北安州”。注：“遼置，金曰興州。故城在今熱河南喀喇河屯。”即河北省承德市雙灤區灤河鎮。【劉注】據河北省文物研究所鄭紹宗所長調查，遼代北安州州治在今河北省灤平縣縣城。　於北安州：【劉校】中華修訂本謂，“於”原作“非”，據《大典》卷五二五一引《遼史·天祚皇帝紀》及明抄本、南監本、北監本和殿本改。今從。

三月辛酉，上聞金師將出嶺西，遂趨白水濼。乙丑，群牧使謨魯斡降金。[1]丙寅，上至女古底倉。聞金兵將近，計不知所出，乘輕騎入夾山。[2]方悟奉先之不忠，怒曰：“汝父子誤我至此，今欲誅汝，何益於事！恐軍心忿怨，爾曹避敵苟安，禍必及我，其勿從行。”奉先下馬哭拜而去，行未數里，左右執其父子縛送金兵。金人斬其長子昂，以奉先及其次子昱械送金主，道遇遼軍，奪以歸國，遂並賜死。逐樞密使蕭得里底。[3]召撻不也典禁衛。丁卯，以北院樞密副使蕭僧孝奴知北院樞密使事，同知北院樞密使事蕭查剌爲左夷离畢。[4]戊辰，同知殿前點檢事耶律高八率衛士降金。己巳，偵人蕭和尚、牌印郎君耶律哂斯爲金師所獲。癸酉，以諸局百工多亡，凡扈從不限吏民皆官之。初，詔留宰相張琳、李處温與秦晉國王淳守燕。[5]處温聞上入夾山，數日命令不通，即與弟處能、子奭外假怨軍，[6]内結都統蕭幹謀立淳。遂與諸大臣耶律大石、左企弓、虞仲文、曹勇義、康公弼集蕃漢百官、諸軍及父老數萬人詣淳府。[7]處温邀張琳至，白其事。琳曰：“攝政則可。”[8]處温曰：“天意人心已定，請立班耳。”處温等請淳受禮，淳方出，李奭持赭袍被之，令百官拜舞山呼。淳驚駭，再三辭，不獲已而從之。以處温守太尉，[9]左企弓守司徒，曹勇義知樞密院事，虞仲文參知政事，張琳守太師，李處能直樞密院，李奭爲少府少監、提舉翰林醫官。李爽、陳秘十餘人曾與大計，並賜進士及第，授官有差。蕭幹爲北樞密使，駙馬都尉蕭旦知樞密院事。改怨軍爲常勝軍。於是肆赦，自稱天錫皇帝，改元建福，降封天祚爲湘陰王。遂據有燕、雲、平及上京、遼西六路。天祚所有沙漠已北西南、西北路兩都招討府諸蕃部族而已。

[1]群牧使：管理契丹國家畜群機構的官員。契丹有專門機構管理畜群，這類機構亦稱“群牧”。諸路設群牧使司，下設某群太保、某群侍中、某群敞史；朝廷設總典群牧使司，有總典群牧部籍使、群牧都林牙。以“群”爲單位設某群牧司，設群牧使、群牧副使。此外，還有衹管理馬及牛群的機構。遼亡之後，金稱契丹群牧爲“烏魯古”。

[2]夾山：今内蒙古土默特左旗東北、武川縣西南之大青山。據陳得芝《耶律大石北行史地雜考》（《歷史地理》第二輯），夾山應在天德軍附近之漁陽嶺以北。據《長春真人西遊記》，漁陽嶺在豐州之西五十里。當即今内蒙古自治區呼和浩特市西北之吴公壩。故夾山應指吴公壩北武川縣附近地區。

[3]蕭得里底（？—1122）：晉王蕭孝先之孫。字糺鄰。乾統元年（1101）爲北面林牙、同知北院樞密事，受詔與北院樞密使耶律阿思懲治乙辛餘黨。阿思受賄，多爲乙辛餘黨減輕治罪，得里底也附會阿思的做法。女直初起，得里底阻礙發兵進討。後任北院樞密使，受到天祚信任。保大二年（1122）天祚率衛兵出逃，得里底離開天祚後，爲耶律淳所獲，不食數日而卒。本書卷一〇〇有傳。

[4]夷离畢：契丹官名。爲執政官，相當於副宰相參知政事。後來官分南、北，北面官有夷离畢院，主要掌刑政。

[5]張琳（？—1123）：瀋州（今遼寧省沈陽市）人。壽昌末年入仕。天祚即位，擢陞南府宰相，付與東征女直事。中京失陷，天祚駕臨雲中，留張琳與李處温輔助魏國王淳守南京。淳稱帝，琳遭受排擠，鬱悒而卒。本書卷一〇二有傳。　李處温：析津（今北京市）人。李儼之侄。儼卒，蕭奉先推薦處温爲相。保大初年金人攻陷中京，天祚逃奔夾山，處温與族弟處能、子奭，外靠怨軍聲

援，勾結都統蕭幹立魏國王耶律淳爲帝。魏國王死後，蕭幹擁契丹兵，立王妃蕭氏爲太后，暫時主持軍國大事。處温曾密謀挾持蕭后歸宋，事發賜死。本書卷一〇二有傳。

[6]怨軍：遼末在遼東地區招募的一支軍隊。《三朝北盟會編》卷一〇載，“遼人始以征伐女真，爲女真所敗，多殺其父兄，乃立是軍，使之報怨女真，故謂之怨軍”。然而“每女真兵入，則怨軍從以爲亂，女真退則因而復服，常以爲苦，天祚與群下謀殺怨軍，除其患，故其中郭藥師等反，殺其首領而降都統蕭幹，遂拜金吾大將軍，俾守涿州”。郭藥師是渤海鐵州（今遼寧省營口市）人，與多數“怨軍”將領一樣，也是一個反復之徒。保大二年耶律淳稱帝，改怨軍爲常勝軍。

[7]耶律大石（1094—1143）：遼太祖阿保機八代孫。字重德。通漢文及契丹文字，且善騎射，是遼末契丹皇室中少有的文武全才。登天慶五年（1115）進士第。燕京陷落後，大石在保大四年七月脱離天祚。最初他活動於今内蒙古東部地區，要在契丹初興之地復興遼朝。但是由於抵擋不住金軍的攻擊，他衹好向西北的遊牧部族地區退卻，並在那里“置北、南面官屬，自立爲王，率所部西去”。號召遊牧各部與他“共救君父”。大石沿襲遼朝傳統的政治體制，建立了有南、北面官的政權。這個政權的實際首領雖是大石，但它仍然承認天祚皇帝作爲遼朝合法君主的地位，這一政權爲以後西遼在中亞立國做了準備。大石約於1132年在八拉沙衮稱帝改元，號葛兒罕。復上漢尊號曰天祐皇帝，改元延慶。本書卷三〇有傳，但所記時間未可盡信。　左企弓（1051—1124）：燕京（今北京市）人。字君材。中進士，天慶末拜廣陵軍節度使，同中書門下平章事、知樞密院事。天祚自鴛鴦濼亡入夾山，秦晉國王耶律淳於保大二年三月自立於燕，企弓守司徒。數月後耶律淳死，德妃攝政，企弓加侍中。三年初金占燕京，企弓等奉表降。金既定燕京，根據當初約定，以燕京與宋人。企弓獻詩，略曰：“君王莫聽捐燕議，一寸山河一寸金。”是時，置樞密院於廣寧府。保大四年五月

企弓等將赴廣寧，過平州，被遼將張轂殺於栗林下，年七十三。《金史》卷七五有傳。　虞仲文、曹勇義、康公弼：燕京陷落後降金，保大四年金人令其東遷。路經平州時，被張轂處死。

[8]攝政：代理、兼理政務。

[9]守：本品高而職事官低者謂之守某官。

夏四月辛卯，西南面招討使耶律佛頂降金，雲内、寧邊、東勝等州皆降。[1]阿疏爲金兵所擒。[2]金已取西京，沙漠以南部族皆降。上遂遁於訛莎烈。時北部謨葛失贐馬、駝、食羊。

[1]雲内：據陳得芝考證，應在天德軍以東，大黑河下游，即《古豐識略》所記歸化城西南八十里西白塔古城。　寧邊：【劉注】遼代州名。治所在今内蒙古自治區准格爾旗東南黄河西岸。　東勝：【劉注】遼代州名。治所在今内蒙古自治區托克托縣的大皇城古城址。

[2]阿疏：女直紇石烈部首領。壽昌二年（1096）唐括部跋葛勃堇被温都部人跋忒殺害，生女直完顔部首領盈哥命其侄阿骨打率師討伐跋忒，但爲紇石烈部的阿疏所阻。當盈哥親自率師前來討伐時，阿疏則向遼求援。乾統三年（1103）盈哥病故，其兄劾里鉢之子烏雅束襲位，在位十一年。這期間，完顔部進一步加強了對生女直各部的控制。天慶三年（1113）十月，烏雅束病故，阿骨打襲位，稱“都勃極烈”。阿骨打襲位後，亦遣使至遼要求遣送阿疏。天慶四年（1114）再次派遣宗室習古迺及完顔銀術可向遼索還阿疏。其實，他們的真實使命是要探聽遼朝虛實，索還叛人不過是個藉口。同年九月阿骨打進軍寧江州。天慶六年阿疏反遼失敗。《金史》卷六七有傳。

五月甲戌，都統馬哥收集散亡，會於漚里謹。丙子，以馬哥知北院樞密使事兼都統。

六月，淳寢疾。聞上傳檄天德、雲内、朔、武、應、蔚等州，[1]合諸蕃精兵五萬騎約以八月入燕，並遣人問勞，索衣裘、茗藥。淳甚驚，命南、北面大臣議，而李處温、蕭幹等有迎秦拒湘之説。[2]集蕃漢百官議之，從其議者東立，惟南面行營都部署耶律寧西立。處温等問故，寧曰："天祚果能以諸蕃兵大舉奪燕，則是天數未盡，豈能拒之？否則秦、湘父子也，拒則皆拒，自古安有迎子而拒其父者？"處温等相顧微笑，以寧扇亂軍心，欲殺之。淳欹枕長歎曰："彼忠臣也，焉可殺！天祚果來，吾有死耳，復何面目相見耶。"已而淳死，衆乃議立其妻蕭氏爲皇太后主軍國事，奉遺命，迎立天祚次子秦王定爲帝。[3]太后遂稱制，改元德興。處温父子懼禍，南通童貫，欲挾蕭太后納土于宋；北通于金，欲爲内應，外以援立大功自陳。蕭太后罵曰："誤秦晉國王者，皆汝父子。"悉數其過數十，賜死，臠其子奭而磔之。[4]籍其家得錢七萬緡，[5]金玉寶器稱是，爲宰相數月之間所取也。謨葛失以兵來援，爲金人敗于洪灰水，擒其子陀古及其屬阿敵音。夏國援兵至，[6]亦爲金所敗。

[1]朔：即朔州，治所在今山西省朔州市。　武：即武州，治所在今河北省張家口市宣化區。　應：即應州，治所在今山西省應縣。　蔚：即蔚州，治所在今河北省蔚縣。

[2]迎秦拒湘：耶律淳在燕京的朝廷欲立秦王定爲繼承人，而拒絶承認天祚帝。

[3]秦王定：此處言“天祚次子”，實際爲天祚第五子，至青塚濼，爲金師所獲。

[4]磔（zhé）：古代的一種酷刑，即車裂。當契丹興起時，中原地區早已廢除。據《唐律疏議·名例律》，唐朝死刑衹有二等，爲“絞”和“斬”。

[5]籍其家得錢七萬緡：【劉校】據中華點校本校勘記，《契丹國志》卷一一作“得見錢十萬餘貫”。

[6]夏國（1038—1227）：以党項民族爲主體建立的政權。公元1038年，元昊叛宋稱帝，建立大夏王朝，傳十代，至1227年爲蒙古所滅。元昊稱帝以前，作爲北宋境内的地方割據政權，已經具有獨立性。史稱西夏，先後與遼、北宋及金、南宋並立於中國境内。境土包括今寧夏回族自治區全部、甘肅省大部、陝西省北部以及青海省、内蒙古自治區的部分地區。

秋七月丁巳朔，敵烈部皮室叛，烏古部節度使耶律棠古討平之，[1]加太子太保。乙丑，上京毛八十率二千户降金。[2]辛未，夏國遣曹價來問起居。

[1]烏古：部族名。又稱嫗厥律、于厥律，居契丹西北。據《新五代史》卷七三《四夷附録第二》：“嫗厥律，其人長大，髦頭，酋長全其髮，盛以紫囊。地苦寒，水出大魚，契丹仰食。又多黑、白、黄貂鼠皮，北方諸國皆仰足。其人最勇，鄰國不敢侵。” 耶律棠古（1050—1122）：字蒲速宛，六院郎君葛剌的後代。天慶初年，烏古敵烈部反叛，棠古受召，拜烏古部節度使。至該部，諭令該部投降。然後拿出自己私人錢財及富民積蓄，用以振濟部民困乏，於是部民大悦，棠古加鎮國上將軍。保大元年（1121）請求致仕。二年天祚出逃，棠古謁見於倒塌嶺，再拜烏古部節度使。及至該部，敵烈以五千人前來攻擊，棠古率家奴將來犯的敵烈人擊潰。

本書卷一〇〇有傳。

[2]毛八十率二千户降金：【劉校】據中華點校本校勘記，“毛八十即毛子廉。《金史》卷七五本傳稱‘率户二千六百來歸’”。

八月戊戌，親遇金軍，戰於石輦驛，[1]敗績，都統蕭特末及其姪撒古被執。辛丑，會軍於歡撻新查剌，金兵追之急，棄輜重以遁。

[1]石輦驛：【劉校】據中華點校本校勘記，本書卷一〇一《耶律阿息保傳》、卷一一四《蕭特烈傳》作“石輦鐸”，《金史》卷七四《宗望傳》作“石輦驛”。

九月，敵烈部叛，都統馬哥克之。

冬十月，金兵攻蔚州，降。

十一月乙丑，聞金兵至奉聖州，[1]遂率衛兵屯於落昆髓。秦晉王淳妻蕭德妃五表于金，求立秦王，不許，以勁兵守居庸。及金兵臨關，厓石自崩，戍卒多壓死，不戰而潰。德妃出古北口，[2]趨天德軍。

[1]奉聖州：治所在今河北省涿鹿縣。

[2]古北口：位於今北京市密雲區東北，爲長城上的要塞之一。

十二月，知金主撫定南京，[1]上遂由埽里關出居四部族詳穩之家。

[1]金主撫定南京：據《九朝編年備要》卷二九，宣和四年

(遼保大二年，1122）十二月金人入燕。

三年春正月丁巳，奚王回離保僭號，稱天復元年，命都統馬哥討之。甲子，初，張穀爲遼興軍節度副使，[1]民推穀領州事。秦晉王淳既死，蕭德妃遣時立愛知平州。[2]穀知遼必亡，練兵畜馬，籍丁壯爲備。立愛至，穀弗納。金帥粘罕入燕，[3]首問平州事於故參知政事康公弼，公弼曰："穀狂妄寡謀，雖有鄉兵，彼何能爲？示之不疑，圖之未晚。"金人招時立愛赴軍前，加穀臨海軍節度使，[4]仍知平州。既而又欲以精兵三千先下平州，擒張穀。公弼曰："若加兵，是趣之叛也。"公弼請自往覘之。穀謂公弼曰："遼之八路，七路已降，獨平州未解甲者，防蕭幹耳。"厚賂公弼而還。公弼復粘罕曰："彼無足慮。"金人遂改平州爲南京，加穀試中書門下平章事，判留守事。庚辰，宜、錦、乾、顯、成、川、豪、懿等州相繼皆降，上京盧彦倫叛，[5]殺契丹人。

[1]張穀（？—1124）：亦作張覺。平州義豐（今河北省灤州市）人。在遼第進士，仕至遼興軍節度副使。金占燕京，以平州爲南京，穀爲留守。但他仍幻想天祚勢力復振。金以燕京與宋，保大四年（1124）五月，東遷者路經平州，穀將左企弓、虞仲文、曹勇義、康公弼等遼降臣處死，公開反金。失敗奔宋，入燕京。宗望以納叛責宋宣撫司，索要張穀。宣撫王安中不得已，殺張穀，函其首以與金人。《金史》卷一三三有張覺傳。　遼興軍：平州軍號。治所在今河北省盧龍縣。

[2]時立愛（1055—1137）：涿州新城人。字昌壽。遼大康九年（1083）中進士第。累遷遼興軍節度使兼漢軍都統。保大二年（1122）金占燕京後，時立愛以平州降金，金以平州爲南京，用張覺爲留守，立愛既去平州歸鄉里。及宗望再取燕山，立愛拜同中書門下平章事。天會十五年（1137）致仕，卒於家，年八十二。《金史》卷七八有傳。

[3]粘罕（1080—1137）：即完顔宗翰。金宗室，撒改長子。女真名粘没喝，又譯粘罕。早年參預擁立太祖阿骨打及對遼戰爭，隨太祖取燕京。太宗時對宋作戰，粘罕爲西路軍統帥。天會四年（1126）與東路軍統帥宗望會兵攻下汴京。熙宗即位，拜太保、尚書令，領三省事，封晉國王。《金史》卷七四有傳。

[4]臨海軍：錦州軍號。在今遼寧省北鎮市。【劉注】遼代錦州州治在今遼寧省錦州市舊城，不在北鎮。

[5]盧彦倫（1082—1151）：臨潢（今内蒙古自治區巴林左旗）人。遼天慶初授殿直、勾當兵馬公事。遼兵敗於出河店，還至臨潢，散居民家，令給養之，彦倫不滿。遼授彦倫團練使、勾當留守司公事。據《金史》卷七五本傳，天慶十年（1120）彦倫從上京留守撻不野出降。【靳校】盧彦倫，原本作“盧彦綸”，中華修訂本據《永樂大典》卷五二五一引《遼史·天祚皇帝紀》、《金史·盧彦倫傳》改。今從改。

二月乙酉朔，興中府降金。來州歸德軍節度使田顥、權隰州刺史杜師回、權遷州刺史高永昌、權潤州刺史張成，[1]皆籍所管户降金。丙戌，誅蕭德妃，降淳爲庶人，盡釋其黨。癸巳，興中、宜州復城守。

三月，駐蹕於雲内州南。

[1]潤州：【靳校】原本作“閏州”，中華修訂本據本書卷三九

《地理志三》潤州條及《金史·太祖紀》改。今從改。

夏四月甲申朔，以知北院樞密使蕭僧孝奴爲諸道大都督。丙申，金兵至居庸關，[1]擒耶律大石。戊戌，金兵圍輜重於青塚，[2]硬寨太保特母哥竊梁王雅里以遁，秦王、許王、諸妃、公主、從臣皆陷没。庚子，梁宋大長公主特里亡歸。壬寅，金遣人來招。癸卯，答言請和。丙午，金兵送族屬、輜重東行，乃遣兵邀戰於白水濼，趙王習泥烈、蕭道寧皆被執。上遣牌印郎君謀盧瓦送兔紐金印僞降，遂西遁雲内。駙馬都尉乳奴詣金降。己酉，金復以書來招，答其書。壬子，金帥書來，[3]不許請和。是月，特母哥挈雅里至，上怒不能盡救諸子，詰之。

[1]金兵至居庸關：據《九朝編年備要》卷二九記載，金人至居庸關是在保大二年（1122）十二月。據《建炎以來系年要録》卷一宣和四年（保大二年）十二月戊子："後三日金主旻入燕，林牙大石以七千騎奔夾山，蕭太后偕行，爲遼主禧所殺。"

[2]青塚：即王昭君墓，在今内蒙古自治區呼和浩特市南。

[3]金帥：【劉注】應爲斡魯和宗望。

五月乙卯，夏國王李乾順遣使請臨其國。[1]庚申，軍將耶律敵烈等夜劫梁王雅里奔西北部，[2]立以爲帝，改元神曆。辛酉，渡河，止于金肅軍北。[3]回離保爲衆所殺。

[1]李乾順（1083—1139）：即夏崇宗。西夏第四代皇帝。三歲即位。母梁氏與弟乙逋擅政。永安元年（1098）梁太后死，乾順親政，年十七，謹事遼朝，但與宋交惡。遼以宗室女封公主下嫁。遼亡前夕，他曾出兵援遼，後臣於金。

[2]梁王雅里：本書卷三〇有傳。

[3]金肅軍：又稱金肅州。治所在今内蒙古自治區准格爾旗西北。

六月，遣使册李乾順爲夏國皇帝。

秋九月，耶律大石自金來歸。

冬十月，復渡河東還，居突呂不部。梁王雅里殁，耶律朮烈繼之。

十一月，朮烈爲衆所殺。

四年春正月，上趨都統馬哥軍。金人來攻，棄營北遁，馬哥被執。謨葛失來迎，贐馬、駞、羊，又率部人防衛。時侍從乏糧數日，[1]以衣易羊。至烏古敵烈部，以都點檢蕭乙薛知北院樞密使事，[2]封謨葛失爲神于越王。特母哥降金。

[1]乏糧數日：【劉校】"乏"原本作"之"，明抄本、南監本、北監本和殿本均作"乏"。中華點校本及修訂本徑改。今從改。

[2]蕭乙薛（？—1122）：國舅少父房之後。字特免。天慶初年知國舅詳穩事，轉任殿前副點檢。金朝起兵，爲行軍副都統，以作戰失利，被撤職。十年金兵攻陷上京，天祚詔令乙薛兼上京留守、東北路統軍使。保大二年（1122）金兵發動大規模進攻，乙薛軍潰敗，降爲西南面招討使。天祚出逃後，拜乙薛爲殿前都點檢。後爲耶律大石所殺。本書卷一〇一有傳。　殿前都點檢：遼官名。

五代後周世宗設置殿前司，以都點檢、副都點檢爲正副長官，位在都指揮使之上，爲禁軍統帥。宋初廢。遼設殿前都點檢，爲南面軍官，當係模倣周制。

二月，耶律遙設等十人謀叛，伏誅。

夏五月，金人既克燕，驅燕之大家東徙，以燕空城及涿、易、檀、順、景、薊州與宋以塞盟。[1]左企弓、康公弼、曹勇義、虞仲文皆東遷。燕民流離道路，不勝其苦，入平州，言於留守張瑴曰："宰相左企弓不謀守燕，使吾民流離，無所安集。公今臨巨鎮，握强兵，盡忠於遼，必能使我復歸鄉土，人心亦惟公是望。"瑴遂召諸將領議，皆曰："聞天祚兵勢復振，出没漠南。公若仗義勤王，奉迎天祚，以圖中興，先責左企弓等叛降之罪而誅之，盡歸燕民，使復其業，而以平州歸宋，則宋無不接納，平州遂爲藩鎮矣。即後日金人加兵，内用平山之軍，外得宋爲之援，又何懼焉！"瑴曰："此大事也，不可草草。翰林學士李石智而多謀，可召與議。"石至，其言與之合。乃遣張謙率五百餘騎，傳留守令，召宰相左企弓、曹勇義、樞密使虞仲文、參知政事康公弼至灤河西岸，[2]遣議事官趙秘校往數十罪曰：[3]"天祚播遷夾山不即奉迎，一也；勸皇叔秦晉王僭號，二也；詆訐君父，降封湘陰，三也；天祚遣知閤王有慶來議事而殺之，四也；檄書始至，有迎秦拒湘之議，五也；不謀守燕而降，六也；不顧大義，臣事於金，七也；根括燕財，取悦于金，八也；使燕人遷徙失業，九也；教金人發兵先下平州，十也。爾有十罪，所不容誅。"左企弓等無以對，皆縊殺之。仍稱保大三年，畫天祚象，朝夕謁，事必告而後行，稱遼官秩。

［1］“金人既克燕”至“與宋以塞盟”：金以燕空城歸宋。據《九朝編年備要》卷二九，宋宣和五年（1123）夏四月金人來歸燕京六州。

［2］灤河：發源於今河北省沽源縣，流經該省北部，至灤州市、樂亭縣分道入海。

［3］趙秘校：【劉校】據中華點校本校勘記，《契丹國志》卷一二作“趙能”。

六月，榜諭燕人復業，恒産爲常勝軍所占者，悉還之。燕民既得歸，大悦。翰林學士李石更名安弼，偕故三司使高黨往燕山，説宋王安中曰：“平州帶甲萬餘，瑴有文武材，可用爲屏翰；不然，將爲肘腋之患。”安中深然之，令安弼與黨詣宋。宋主詔帥臣王安中、詹度厚加安撫，與免三年常賦。[1]瑴聞之，[2]自謂得計。

［1］宋接受張瑴歸降事：據《三朝北盟會編》卷一八載此事於宣和五年（1123）六月五日，引史願《亡遼録》。

［2］瑴聞之：【靳校】原本作“瑴問之”，據上下文意改。

秋七月，金人屯來州，闍母聞平州附宋，[1]以二千騎問罪，[2]先入營州，瑴以精兵萬騎擊敗之。宋建平州爲泰寧軍，[3]以瑴爲節度使，以安弼、黨爲徽猷閣待制，令宣撫司出銀絹數萬犒賞。瑴喜，遠迎。金人諜知，舉兵來襲，穀不得歸，奔燕。金人克三州，[4]始來索穀，王安中諱之。索急，斬一人貌類者去。金人曰非穀也，以兵來取。安中不得已，殺穀，函其首送金。[5]天祚既得林牙耶律大石兵歸，又得陰山室韋謨葛失兵，[6]自謂得天助，再謀出兵，復收燕云。大石林牙力諫曰："自金人初陷長春、遼陽，則車駕不幸廣平淀而都中京；及陷上京，則都燕山；及陷中京，則幸雲中；自雲中而播遷夾山。向以全師不謀戰備，使舉國漢地皆爲金有。國勢至此而方求戰，非計也。當養兵待時而動，不可輕舉。"不從。大石遂殺乙薛及坡里括，置北、南面官屬，自立爲王，率所部西去。上遂率諸軍出夾山，下漁陽嶺，取天德、東勝、寧邊、雲内等州。南下武州，[7]遇金人，戰於奄遏下水，復潰，直趨山陰。[8]

[1]聞平州附宋：【劉校】原本、南監本作"開平州附宋"，據北監本和殿本改。中華點校本和修訂本徑改。

[2]二千騎：【劉校】據中華點校本校勘記，依《契丹國志》卷一二，作"三千騎"。

[3]宋建平州爲泰寧軍：據《建炎以來系年要録》卷一宣和五年（遼保大三年，1123）六月丙戌，"燕山宣撫使真定王安中以營平形勝，勸上皇（宋徽宗）受之，穀邀回金人所遷燕京職官户口，乃拜穀泰寧軍節度使，世襲平州"。

[4]三州：謂營州（今河北省昌黎縣）、平州（今河北省盧龍縣）、欒州（今河北省灤州市）。

[5]"夏五月，金人既克燕"至"殺穀，函其首送金"：中華點校本以爲此一大段應屬三年。

[6]陰山：昆侖山北支。西起河套西北，向東綿亘於今内蒙、

河北等省區，與内興安嶺相接，隨地易名。此處所謂“陰山”，可能指内蒙境内的大青山。　室韋：部族名。北魏始見於記載，分佈於黑龍江、嫩江流域，唐時分爲許多部。契丹，多爲其役屬。

[7]武州：治所在今河北省張家口市宣化區。

[8]山陰：本書卷四一《地理志五》作“河陰”。《索隱》：“遼置河陰縣，金改山陰。”河陰縣，治所在今山西省山陰縣東南。

八月，國舅詳穩蕭撻不也、筆硯祗候察刺降金。是月，金主阿骨打死。[1]

[1]是月，金主阿骨打死：【劉校】據中華點校本校勘記，依《金史·太祖本紀》，阿骨打死於天輔七年（保大三年，1123）八月戊申。

九月，建州降金。[1]

[1]建州：地當今遼寧省朝陽市西八十里處。《武經總要》前集卷一六下《戎狄舊地》：“建州，胡中地，今號保静軍節度，本遼西之地，德光立爲州。嗣王即位，三關之地復爲周世宗所取，時江南諸國欲牽制中原，遣使齎金幣泛海至契丹國，乞出師南牧，卒不能用其謀。入蕃人使舟棹、水師悉留之，建州、雙州、霸州並置營居之，號通吳軍。東南至器仗山三十里，東北至霸州九十里，南至渝州五十里，西南至小陵河十里。”《新五代史》云“自遼陽東南行千二百里至建州”，方位完全錯了。建州在遼陽西。【劉注】遼代後期建州州治爲今遼寧省朝陽縣大平房鄉黄花灘村古城址。

冬十月，納突呂不部人訛哥之妻諳葛，以訛哥爲本部節度使。昭古牙率衆降金。金攻興中府，降之。

十一月，從行者舉兵亂，北護衛太保朮者、舍利詳穩牙不里等擊敗之。

十二月，置二總管府。

（李錫厚注　劉鳳翥校）

遼史　卷三〇

本紀第三十

天祚皇帝四

五年春正月辛巳，党項小斛禄遣人請臨其地。[1]戊子，趨天德，[2]過沙漠，金兵忽至。上徒步出走，近侍進珠帽，[3]卻之，乘張仁貴馬得脱，至天德。[4]己丑，遇雪，無御寒具，朮者以貂裘帽進；途次絶糧，朮者進麨與棗；[5]欲憩，朮者即跪坐，倚之假寐。朮者輩惟齧冰雪以濟饑。過天德。至夜，將宿民家，紿曰偵騎，其家知之，乃叩馬首，跪而大慟，潛宿其家。居數日，嘉其忠，遥授以節度使，遂趨党項。以小斛禄爲西南面招討使，總知軍事，仍賜其子及諸校爵賞有差。

[1]党項：中國古代族名。又稱党項羌，唐以後主要活動於靈、慶、銀、夏等州，即今甘肅、寧夏、陝西和内蒙古等省區交界地區。

[2]天德：唐軍鎮名，即豐州。遼太祖阿保機於神册五年

(920）平党項，仍以此地爲天德軍。治所在今内蒙古自治區呼和浩特市東白塔一帶。

[3]近侍：遼朝皇帝身邊的奴僕。

[4]至天德：【劉校】據中華點校本校勘記，依《金史》卷八二《蕭仲恭傳》作“至霍里底泊”。

[5]朮者進麨與棗：【劉校】中華修訂本謂，“麨”原作“之”，據《大典》卷五二五一引《遼史・天祚皇帝紀》及明抄本、南監本、北監本和殿本改。今從。

二月，至應州新城東六十里，[1]爲金人完顔婁室等所獲。[2]

[1]應州：治所在今山西省應縣。

[2]完顔婁室（1077—1130）：金女真完顔部人。字斡里衍。年二十一，代父白荅爲七水諸部長。從阿骨打（金太祖）起兵，屢勝遼軍。以萬户守黄龍府。進爲都統，從完顔杲取中京（今内蒙古自治區寧城縣），與闍母破西京（今山西省大同市），擒獲遼天祚帝後，取河中府（今山西省永濟市西）、京兆府（今陝西省西安市附近）、鳳翔，進克延安府，降境内諸州、寨、堡。與婆盧火守延安。進爲右副元帥，總陝西征伐諸軍事。死於涇州，追封金源郡王，謚壯義。爲金朝開國功臣之一。《金史》卷七二有傳。

八月癸卯，至金。丙午，降封海濱王。以疾終，年五十有四，[1]在位二十四年。金皇統元年二月改封豫王。五年，葬於廣寧府閭陽縣乾陵傍。

[1]關於天祚卒年事，據《宋史全文》卷一四：“乙巳宣和七

年春正月辛丑，故遼國主天祚爲金人所擒，削封海濱王。後踰年而卒。”《松漠紀聞》卷一：“乃走小博囉，復不納。乃夜回，欲之雲中，未明，遇牒者言婁室軍且至，天祚大驚。時從騎尚千餘，有精金鑄佛長丈有六尺者，他寶貨稱是，皆委之而遁。值天微雪，車馬皆有轍跡，爲敵所及。先遣近貴論降未復，婁室下馬跽於天祚前曰：‘奴婢不佞，乃以介胄犯皇帝天威，死有餘罪。’因捧觴而進，遂俘以還，封海濱王，處之東海上。”

耶律淳者，世號爲北遼。淳小字涅里，興宗第四孫，南京留守、宋魏王和魯斡之子。[1]清寧初太后鞠育之。[2]既長，篤好文學。昭懷太子得罪，[3]上欲以淳爲嗣。上怒耶律白斯不，知與淳善，出淳爲彰聖等軍節度使。

[1]和魯斡（1041—1110）：興宗第二子。字阿輦。重熙十七年（1048）封越王。乾統初爲天下兵馬大元帥，加守太師，免拜，不名。三年（1103）册爲皇太叔祖。【劉注】和魯斡是耶律弘本契丹語小名的音譯。乾統三年被册爲義和仁壽皇太叔祖。其事蹟詳載漢字和契丹小字《義和仁壽皇太叔祖哀册》。

[2]清寧初太后鞠育之：【劉校】據中華點校本校勘記，淳死於保大二年（1122），若“年六十”無誤，則當生於清寧九年（1063），“清寧初”有誤字。

[3]昭懷太子：即耶律濬（1058—1077）。道宗長子。天祚帝生父。大康三年（1077）被廢，隨即被耶律乙辛殺害。九年追謚昭懷太子。本書卷七二有傳。

天祚即位，進王鄭。[1]乾統二年加越王。[2]六年拜南府宰相，[3]首議制兩府禮儀，上喜，徙王魏。其父和魯斡薨，即以淳襲父守南京。冬夏入朝，[4]寵冠諸王。

[1]天祚即位，進王鄭：【劉校】中華點校本校勘記云，“按《紀》乾統元年六月，以北平郡王淳進封鄭王”。

[2]乾統二年加越王：【劉校】中華點校本校勘記云，“按《紀》乾統三年十一月，鄭王淳進封越國王”。

[3]宰相：契丹部族官名。契丹可汗之下有北、南二府，各部族則分屬二府，分設宰相，故北宰相亦稱北府宰相，南宰相亦稱南府宰相。

[4]冬夏入朝：參與北、南臣僚會議。

天慶五年東征，都監章奴濟鴨子河，[1]與淳子阿撒等三百餘人亡歸，先遣敵里等以廢立之謀報淳，[2]淳斬敵里首以獻，進封秦晉國王，拜都元帥，賜金券，免漢拜禮，不名。許自擇將士，乃募燕雲精兵。東至錦州，[3]隊長武朝彥作亂，劫淳。淳匿而免，收朝彥誅之。會金兵至，聚兵戰于阿里軫斗，[4]敗績，收亡卒數千人拒之。淳入朝，釋其罪，詔南京刻石紀功。

[1]章奴：即耶律章奴（？—1115）。季父房的後代。字特末衍。天慶四年（1114）授東北路統軍副使。次年當天祚親征女直時，以章奴爲都監。大軍渡鴨子河，章奴與魏國王耶律淳的妻兄蕭敵里及其外甥蕭延留等謀立淳爲帝，誘軍隊將領和士卒三百餘人從前綫逃回。但耶律淳不配合他們行動。叛軍攻打上京不克，章奴於是逃往北方。順國女直阿鶻産率兵追趕將其擊敗，章奴伏誅。本書卷一〇〇有傳。

[2]敵里：本書卷二八作“蕭諦里”。天慶五年（1115）九月，“章奴先遣王妃親弟蕭諦里以所謀説魏國王”。

[3]錦州：【劉注】遼代錦州州治爲今錦州市舊城。

[4]阿里軫斗：本書卷二八作“蒺藜山”。天慶七年十二月丙寅，“都元帥秦晉國王淳遇女直軍，戰於蒺藜山，敗績”。蒺藜山在今辽宁省阜新蒙古族自治县北。

保大二年，天祚入夾山，[1]奚王回離保、林牙耶律大石等引唐靈武故事，[2]議欲立淳。淳不從。官屬勸進曰：“主上蒙塵，中原擾攘，若不立王，百姓何歸？宜熟計之。”遂即位。百官上號天錫皇帝，改保大二年爲建福元年，大赦。放進士李寶信等一十九人，遙降天祚爲湘陰王。以燕、雲、平、上京、中京、遼西六路，淳主之；沙漠以北南、北路兩都招討府諸蕃部族等，仍隸天祚。自此遼國分矣。封其妻普賢女爲德妃，以回離保知北院樞密使事，軍旅之事悉委大石。又遣使報宋，[3]免歲幣，結好。宋人發兵問罪，擊敗之。[4]尋遣使奉表于金，乞爲附庸。事未決，淳病死，年六十。百官僞謚曰孝章皇帝，廟號宣宗，葬燕西香山永安陵。

[1]夾山：據陳得芝《耶律大石北行史地雜考》（《歷史地理》第二輯），夾山應在天德軍附近之漁陽嶺以北。據《長春真人西遊記》漁陽嶺在豐州之西五十里，當即呼和浩特西北之吴公壩。故夾山應指吴公壩北武川縣附近地區。

[2]奚王回離保（？—1123）：奚王忒鄰的後代。一名翰，字挼懶。大安年間補護衛，稍陞遷爲鐵鷂軍詳穩。保大二年（1122）金兵來攻，天祚逃亡，回離保率官吏、民衆擁立秦晉國王耶律淳爲

帝。同年金兵由居庸關進入燕京，回離保知北樞密院。三年，其於箭笴山自立，號稱奚國皇帝，改元天復。後爲郭藥師的常勝軍所敗，於是一軍離心離德，回離保爲其同黨所殺。本書卷一一四有傳。　靈武故事：指安史之亂，天寶十五年（756）玄宗入蜀，唐肅宗於靈武繼位的故事。

[3]耶律淳即位遣使報宋之事據《三朝北盟會編》卷五載，宣和四年（遼保大二年，1122）三月十七日丙子，“遼秦晉國王耶律淳篡立於燕山，遣使來告謝，不受”。《宋史全文》卷一四“［宣和四年］三月，金人初以正月癸酉陷中京，天祚奔夾山。李處温謀立燕王淳，淳於天祚爲從叔，號天錫皇帝，遂廢天祚爲湘陰王，遼國自此分矣。朝廷遂遣童貫勒兵十五萬巡邊”。

[4]宋人發兵問罪，擊敗之：《三朝北盟會編》卷六引《茆齋自敘》曰：“明日（五月十八日），燕京差到，漢兒官牛稔充接伴使，達燕京門外，復遣四方館使蕭奥、禮部郎中張覺（乃後來據平州者）充館伴，館淨垢寺。次日，有殿前指揮使姚璠、樞密承旨蕭夔、都管乙信來伴食，因請所持書榜云：‘兩府官欲借看。’僕云：‘宣撫司令見九大王親納，不敢先以示人。’辭難久之，衆持榜去。既暮，諸人親來云：‘書榜中語言大段狂悖，多是指斥，不通商量，安敢進呈，今復納回。’僕笑而取之，謂諸人曰：‘貴朝不度德量力，不審天時人事。此何等時而較此閒事耶？’蕭夔曰：‘南朝禮義之國，今不顧盟好輒先舉兵。兵貴有名，不知兵戈緣何至此？’僕答曰：‘朝廷命將出師，使人不能盡知。但略聞北朝興兵累年，並不相報。天祚皇帝播遷，不發赴難之師乃篡立於燕京，鄰國義均兄弟，今來問天祚皇帝車駕所在。又聞已削降爲湘陰王，事出非常，興師問罪，訪尋邊主存亡，舉合禮經，何謂無名！’夔云：‘國不可一日無主，本朝緣天祚失道奔竄，宗社顛危，臣民推戴册立今上，事與貴朝殊無干涉，何至問罪！況自古有之，唐明皇奔蜀，肅宗即位於靈武，但期中興，豈不與此事體一同。南朝宜念鄰國久和之義，假借兵力，共除大難。今乃乘釁攘奪民土，豈所望於大國哉？’

僕曰：'明皇幸蜀，太子監國既即位，乃册明皇爲太上皇，禍亂既定，迎還明皇，肅宗親步控馬，此則君臣父子之道盡矣。貴朝初非委託自立，又貶削湘陰之號，何可少望古人，況假師求救，當在志誠，包胥泣秦，孔明趨吳，皆竭誠意，則鄰國寧不相應耶。貴朝泥於矯飾，未常行一信使，本朝雖有哀救之心，無所施設。今大兵壓境，止在旦夕，禍福存亡，貴朝君臣自裁可也。'諸人唯唯而退。"《九朝編年備要》卷二九："［宣和四年］五月，我師與燕人遇戰，失利。六月退保雄州。"

遺命遥立秦王定以存社稷，[1]德妃爲皇太后，稱制，改建福爲德興元年，[2]放進士李球等百八人。時宋兵來攻，[3]戰敗之，由是人心大悦，兵勢日振。宰相李純等潛納宋兵，[4]居民内應，抱關者被殺甚衆。[5]翌日，攻内東門，衛兵力戰，宋軍大潰，踰城而走，死者相藉。五表于金，求立秦王，不從。而金兵大至，德妃奔天德軍，見天祚。天祚怒，誅德妃，降淳庶人，[6]除其屬籍。

［1］秦王定：天祚第五子。至青塚濼，爲金師所獲。

［2］改建福爲德興元年：事在保大二年（1122）六月。

［3］宋兵來攻：宋兵五月來攻，失利，九月間再度來攻。《九朝編年备要》卷二九宋宣和四年（1122）九月載"我師再舉，遼高鳳、郭藥師以易州、涿州來"。

［4］宰相李純：【劉校】據中華點校本校勘記，"《紀》保大二年三月及本書卷一〇二本傳並作李處温"。

［5］抱關者：守城門的小吏。

［6］天祚怒，誅德妃：《三朝北盟會編》卷一二："［宣和四年十二月］五日庚寅，金人到居庸關，蕭后與蕭幹、大石林牙夜出燕

城。《亡遼録》曰：蕭后纔聞居庸失險，夜率契丹并老幼、車帳駐城下，聲言剳野寨迎敵，其實避竄。宰相左企弓以下拜辭於門外，蕭后諭曰：'國難至此，我親統大軍盡死一戰，爲社稷計勝則再與卿等見，萬一失利，則我誓死於陣前，卿等多方保全。合境漢民無使濫被殘害。'遂泣下數行。行至松亭關，議所往，耶律大石林牙者，契丹也，欲歸天祚；四軍大王蕭幹，欲就奚王府立國。於是契丹、奚軍列陣相拒而分矣。奚、渤海諸軍從蕭幹，留奚王府；大石林牙挾蕭后歸陰山見天祚，取蕭后殺之。《亡遼録》曰：蕭后行五十里，金人遊騎已到城下，左企弓等語百官共議力拒未定，已報統軍副使蕭乙信開啟夏門，放入婁宿孛堇軍登城。"

耶律雅里者，天祚皇帝第二子也，字撒鸞。七歲，欲立爲皇太子，別置禁衛，封梁王。

保大三年金師圍青塚寨，雅里在軍中。太保特母哥挾之出走，[1]間道行至陰山。[2]聞天祚失利趨雲内，[3]雅里馳赴。時扈從者千餘人，多於天祚。天祚慮特母哥生變，欲誅之。責以不能全救諸王，將訊之。仗劍召雅里問曰："特母哥教汝何爲？"雅里對曰："無他言。"迺釋之。

[1]太保特母哥：【劉校】"太"原本作"大"，明抄本、南監本、北監本和殿本均作"太"。中華點校本及修訂本徑改。今從改。

[2]陰山：崑崙山北支。西起河套西北，向東綿亘於今内蒙古、河北等省區，與内興安嶺相接，隨地易名。此處所謂"陰山"，可能指内蒙境内的大青山。

[3]雲内：據陳得芝考證，應在天德軍以東，大黑河下游，即《古豐識略》所記歸化城西南八十里西白塔古城。

天祚渡河奔夏，[1]隊帥耶律敵列等劫雅里北走。[2]至沙嶺，見蛇横道而過，識者以爲不祥。後三日，群僚共立雅里爲主。雅里遂即位，改元神曆，命士庶上便宜。

[1]渡河奔夏：【劉注】本書卷二九保大三年（1123）五月“辛酉，渡河，止於金肅軍北”。

[2]耶律敵列等劫雅里北走：【劉注】本書卷二九保大三年五月“庚申，軍將耶律敵烈劫梁王雅里奔西北部，立以爲帝，改元神曆”。

雅里性寬大，惡誅殺。獲亡者，笞之而已。有自歸者，即官之。因謂左右曰：“欲附來歸，不附則去。何須威逼耶？”每取《唐貞觀政要》及林牙資忠所作《治國詩》，[1]令侍從讀之。烏古部節度使糺哲、迭烈部統軍撻不也、都監突里不等各率其衆來附。[2]自是諸部繼至。而雅里日漸荒怠，好擊鞠。[3]特母哥切諫，乃不復出。以耶律敵列爲樞密使，特母哥副之。敵列劾西北路招討使蕭糺里熒惑衆心，志有不臣，與其子麻涅並誅之。以遥設爲招討使，與諸部戰，數敗，杖免官。

[1]《唐貞觀政要》：史書名。唐吴兢撰。宋《中興書目》稱兢於《太宗實録》外採其與羣臣問答之語，作此書，總四十篇。《新唐書》著録十卷，均與今本合。　林牙資忠：即耶律資忠，字沃衍，小字劄剌，系出仲父房。博學，工辭章。開泰中授中丞。初，高麗臣服，遼取女直六部地賜高麗。後與高麗交惡，遼聖宗詔資忠前往索還六州舊地。高麗無歸地意。三年（1014）再使高麗，被留。資忠每懷君親，輒有著述，號《西亭集》。返回後，出知來

遠城事，歷保安、昭德二軍節度使。本書卷八八有傳。

[2]烏古：部族名。又稱嫗厥律、于厥律，居契丹西北。據《新五代史》卷七三《四夷附録第二》："嫗厥律，其人長大，髦頭，酋長全其髪，盛以紫囊。地苦寒，水出大魚，契丹仰食。又多黑、白、黄貂鼠皮，北方諸國皆仰足。其人最勇，鄰國不敢侵。"

[3]擊鞠：即打馬球，是當時流行的競技活動。因爲參賽者都在馬上擊球，奔馳的快馬有時會失控，因此具有一定的危險性。統和六年（988），一日承天太后觀看臣下擊鞠，她的寵臣韓德讓被胡里室衝撞墜馬，太后一怒之下，下令將胡里室斬首。内蒙古敖漢旗皮匠溝1號遼墓墓門西側的穹隆頂下部，有一幅打馬球圖。現存寬180釐米、高50釐米。畫面有多處剥落，但大體可辨。

從行有疲困者，輒振給之。直長保德諫曰："今國家空虚，賜賚若此，將何以相給耶？"雅里怒曰："昔畋於福山，卿誣獵官，今復有此言。若無諸部，我將何取？"不納。初，令群牧運鹽濼倉粟而民盜之，[1]議籍以償。雅里乃自爲直：每粟一車償一羊，三車一牛，五車一馬，八車一駝。左右曰："今一羊易粟二斗且不可得，乃償一車！"雅里曰："民有則我有。若令盡償，民何堪？"[2]

[1]群牧：此指管理契丹國家畜群的機構。諸路設群牧使司，下設某群太保、某群侍中、某群敞史。朝廷設總典群牧使司，有總典群牧部籍使、群牧都林牙。以"群"爲單位設某群牧司，設群牧使、群牧副使。此外，還有衹管理馬及牛群的機構。遼亡之後，金稱契丹群牧爲"烏魯古"。

[2]民何堪：【劉校】"何"字，原作一字空格，中華修訂本據

《大典》卷五二五一引《遼史·天祚皇帝紀》及明抄本、南監本、北監本和殿本改。今從。

後獵查剌山，一日而射黄羊四十，狼二十一，因致疾，卒，[1]年三十。

[1]因致疾，卒：【劉校】“卒”字，原作一字空格，中華修訂本據《大典》卷五二五一引《遼史·天祚皇帝紀》及明抄本、南監本、北監本和殿本改。今從。

耶律大石者，世號爲西遼。大石字重德，太祖八代孫也。通遼、漢字，善騎射，登天慶五年進士第，擢翰林應奉，尋陞承旨。遼以翰林爲林牙，故稱大石林牙。歷泰、祥二州刺史，[1]遼興軍節度使。[2]

[1]泰州：治所在今吉林省白城市東南。　祥州：治所在今吉林省懷德縣。

[2]遼興軍：平州軍號。治所在今河北省盧龍縣。

保大二年金兵日逼，天祚播越，與諸大臣立秦晉王淳爲帝。淳死，立其妻蕭德妃爲太后以守燕。及金兵至，蕭德妃歸天祚。天祚怒誅德妃而責大石曰：“我在，汝何敢立淳?”對曰：“陛下以全國之勢不能一拒敵，棄國遠遁，使黎民塗炭。即立十淳，皆太祖子孫，豈不勝乞命於他人耶?”上無以答，賜酒食，赦其罪。

大石不自安，遂殺蕭乙薛、坡里括，[1]自立爲王，率鐵騎二百宵遁。北行三日，過黑水，[2]見白達達詳穩牀古兒。[3]牀古兒獻馬四百，駞二十，羊若干。西至可敦城，[4]駐北庭都護府，[5]會威武、崇德、會蕃、新、大林、紫河、駞等七州及大黄室韋、敵剌、王紀剌、茶赤剌、也喜、鼻古德、尼剌、達剌乖、達密里、密兒紀、合主、烏古里、阻卜、普速完、唐古、忽母思、奚的、糺而畢十八部王衆，[6]諭曰："我祖宗艱難創業歷世九主，歷年二百，金以臣屬逼我國家、殘我黎庶、屠翦我州邑，使我天祚皇帝蒙塵于外，日夜痛心疾首。我今仗義而西，欲借力諸蕃翦我仇敵、復我疆宇，惟爾衆亦有軫我國家、憂我社稷、思共救君父、濟生民於難者乎?"遂得精兵萬餘，置官吏，立排甲，具器仗。

[1]蕭乙薛（？—1122）：國舅少父房之後。字特免。天慶初年，知國舅詳穩事，轉任殿前副點檢。金朝起兵，爲行軍副都統。以作戰失利，被撤職。十年（1120）金兵攻陷上京，天祚詔令乙薛兼上京留守、東北路統軍使。保大二年（1122）金兵發動大規模進攻，乙薛軍潰敗，降爲西南面招討使。天祚出逃之後，拜乙薛爲殿前都點檢。後被耶律大石所殺。本書卷一〇一有傳。

[2]黑水：即《大清一統志》所載之"愛畢哈河"，今稱艾不蓋河，在今内蒙古自治區達爾罕茂明安聯合旗東北。一説爲呼和浩特市南大黑河。

[3]白達達：即後來的蒙古汪古部。

[4]可敦城：即鎮州。陳得芝《耶律大石北行史地雜考》（《歷史地理》第二輯）説：遼朝統治漠北屬部的最高軍政機構是西北路招討司（又稱西北路都招討司），遼聖宗統和十二年（994）因西北"阻卜"諸部作亂，以蕭撻凛爲西北路招討使，命隨皇太妃

(齊王妃）出征，“屯西鄙驢駒兒河，西捍韃靼，盡降之”。蕭撻凛鑒於達旦諸部叛服不常，上表乞建三城以鎮之。統和二十二年（1004）城完工，設置鎮、防、維三州。

[5]駐北庭都護府：此句是《遼史》編者的錯誤。耶律大石西征途中確實駐“北庭”（別失八里），回鶻王把他迎入宮内，大宴三日。

[6]“大黄室韋”至“十八部王衆”：【劉校】據中華點校本校勘記，“敵剌，《百官志》二作敵烈；王紀剌即《金史》之廣吉剌、元史之宏吉剌；茶赤剌，《紀》大安十年四月、《百官志》二並作茶札剌，即《元史》之札只剌特；鼻古特，《百官志》二作鼻國德；密兒紀，《紀》壽隆三年閏二月作梅里急，即《元秘史》之篾兒乞；忽母思，即《百官志》二之胡母思山部，《兵衛志》下之胡母思山蕃；糺而畢，《部族表》作紀而畢”。

明年二月甲午，以青牛白馬祭天地、祖宗，[1]整旅而西。先遺書回鶻王畢勒哥曰：“昔我太祖皇帝北征過卜古罕城，[2]即遣使至甘州，[3]詔爾祖烏母主曰：‘汝思故國耶，朕即爲汝復之；汝不能返耶，朕則有之。在朕，猶在爾也。’爾祖即表謝，以爲遷國於此十有餘世，軍民皆安土重遷，不能復返矣。是與爾國非一日之好也。今我將西至大食，[4]假道爾國，其勿致疑。”畢勒哥得書，即迎至邸，大宴三日。臨行，獻馬六百，駞百，羊三千，願質子孫爲附庸，送至境外。所過敵者勝之，降者安之。兵行萬里，歸者數國，獲駞、馬、牛、羊、財物，不可勝計。軍勢日盛，鋭氣日倍。

[1]青牛白馬祭天地：契丹祭祀天地用青牛白馬，表示不忘祖

先。本書卷三七《地理志一·上京道》:“相傳有神人乘白馬，自馬盂山浮土河而東，有天女駕青牛車，由平地松林泛潢河而下。至木葉山，二水合流，相遇爲配偶，生八子。其后族屬漸盛，分爲八部。每行軍及春秋時祭，必用白馬青牛，示不忘本云。”

[2]卜古罕城：即本書卷二《太祖本紀下》所記之古回鶻城，其地當在今蒙古國鄂爾渾河上游左岸哈喇八喇哈孫。

[3]甘州：治所在今甘肅省張掖市。

[4]大食國：此指中亞某國。大食是唐宋時期中國對阿拉伯人的專稱與對伊朗語地區穆斯林的泛稱。當時人們還不知阿拉伯人、波斯人、穆斯林三者的區别，統稱爲大食。《遼史》有關於契丹遣嫁公主於大食王子等記載，其中大食顯然不是指遠在西方的阿拉伯人而言，而應是指中亞地區的某個穆斯林政權。

至尋思干，[1]西域諸國舉兵十萬號“忽兒珊”來拒戰，兩軍相望二里許。諭將士曰：“彼軍雖多而無謀，攻之則首尾不救，我師必勝。”遣六院司大王蕭斡里剌、招討副使耶律松山等將兵二千五百攻其右，樞密副使蕭剌阿不、[2]招討使耶律朮薛等將兵二千五百攻其左，自以衆攻其中。三軍俱進，忽兒珊大敗，僵屍數十里。駐軍尋思幹凡九十日，回回國王來降，貢方物。

[1]尋思干：文淵閣四庫全書本《遼史》作“塔什干”，其實應是撒馬爾罕，今屬烏兹别克斯坦。

[2]蕭剌阿不：【劉校】據中華點校本校勘記，下文作“蕭查剌阿”。

又西至起兒漫，文武百官册立大石爲帝，以甲辰歲二月五日即位，[1]年三十八，號葛兒罕，[2]復上漢尊號曰天祐皇帝，改元延慶。追謚祖父爲嗣元皇帝，祖母爲宣義皇后，册元妃蕭氏爲昭德皇后。因謂百官曰："朕與卿等行三萬里，跋涉沙漠，夙夜艱勤。賴祖宗之福卿等之力，冒登大位。爾祖爾父宜加恤典，共用尊榮。"自蕭斡里剌等四十九人祖、父封爵有差。

[1]大石稱帝事：大石約於1132年即紹興二年壬子在八拉沙衮稱帝改元。　甲辰歲：【劉注】遼朝應是保大四年（1124）。

[2]葛兒罕：又譯作"菊兒汗""古兒汗"，意爲"衆汗之汗"。伊朗歷史學家志費尼《世界征服者史》（内蒙古人民出版社1981年版，上册第417至418頁）載："該邦（指八剌沙渾）的君王是一個把他的先世追溯到阿甫剌西牙卜、但無能無力的人。該地的哈剌魯和康里突厥人已擺脱了對他的隸屬，而且經常欺凌他，襲擊他的部屬和牲口，進行抄掠。這個當君王的傢夥，不能阻止他們或者把他們趕跑。聽説菊兒汗（即大石）及其部下的移居，以及他們人多，他向他們遣出使者，把自己的軟弱、康人和哈剌魯人的強大和奸詐告訴他，並請求他到他的都城去，以此他可以把他的整個版圖置於他的治下，從而使他自己擺脱這塵世的煩惱。菊兒汗進抵八剌撒渾，登上那不費他分文的寶座。他從阿甫剌西牙蔔後人那里接受汗的稱號，授與後者夷离堇突厥蠻的頭銜。"

延慶三年班師東歸，馬行二十日得善地，遂建都城號虎思斡耳朵，[1]改延慶爲康國元年。三月，以六院司大王蕭斡里剌爲兵馬都元帥，敵剌部前同知樞密院事蕭查剌阿不副之，茶赤剌部秃魯耶律燕山爲都部署，護衛耶律鐵哥爲都監，率七萬騎東征。以青牛白馬祭天，樹旗以誓於衆曰："我大遼自太祖、太宗艱難而成帝業，其後嗣君躭樂無厭、不恤國政，盜賊蠭起，天下土崩。朕率爾衆遠至朔漠，期復大業，以光中興，此非朕與爾世居之地。"申命元帥斡里剌曰："今汝其往，信賞必罰，與士卒同甘苦，擇善水草以立營，量敵而進，毋自取禍敗也。"行萬餘里無所得，牛馬多死，勒兵而還。大石曰："皇天弗順，數也！"康國十年殁，在位二十年，廟號德宗。

[1]虎思斡耳朶：或譯作骨斯訛魯朶。據《金史》卷一二一《粘割韓奴傳》載："大定中，回紇移習覽三人至西南招討司貿易，自言本國回紇鄒括番部，所居城名骨斯訛魯朶。俗無兵器，以田爲業，所獲十分之一輸官。耆老相傳，先時契丹至不能拒，因臣之。契丹所居屯營，乘馬行自旦至日中始周匝。"鄒括番部也就是被契丹耶律大石征服的喀拉汗王朝，土著居民信奉伊斯蘭教，故稱爲"移習覽"（伊斯蘭）。他們所居之城，後來雖名骨斯訛魯朶（即虎思斡耳朶），但顯然是契丹人到來之前就存在的，地當今中亞吉爾吉斯斯坦楚河流域之托克瑪克城附近，突厥人原稱爲八剌沙衮，即《唐書·地理志》上的裴羅將軍城（王國維《觀堂集林》卷一四《西遼都城虎思斡耳朶考》）。但應指出的是契丹人並不住在城中，他們另有"屯營"而不與土著居民混雜。這個屯營與土著居民的城相去不甚遠，故兩者皆稱虎思斡耳朶，真正的虎思斡耳朶顯然是指契丹人的屯營，而不是指土著居民的城。這個屯營範圍很大，以至於騎馬繞行一周也得花上大半天，也就是説，比明清時期的北京城還要大。

子夷列年幼，遺命皇后權國。后名塔不煙，號感天皇后，稱制，改元咸清，在位七年。子夷列即位，改元紹興。籍民十八歲以上，得八萬四千五百户。在位十三年殁，廟號仁宗。

子幼，遺詔以妹普速完權國，稱制，改元崇福，號承天太后。后與駙馬蕭朶魯不弟朴古只沙里通，出駙馬爲東平王，羅織殺之。駙馬父斡里剌以兵圍其宮，射殺普速完及朴古只沙里。普速完在位十四年。

仁宗次子直魯古即位，改元天禧，在位三十四年。時秋出獵，乃蠻王屈出律以伏兵八千擒之而據其位，[1]遂襲遼衣冠，尊直魯古爲太上皇，皇后爲皇太后，朝夕問起居，以侍終焉。直魯古死，遼絶。

[1]直魯古被擒：西遼紀年存在很多爭議，此據魏良弢著《西遼史綱》附《西遼王朝紀年表》直魯古是在天禧三十四年（1211）被擒。

耶律淳在天祚之世歷王大國，受賜金券、贊拜不名，一時恩遇無與爲比。當天祚播越，以都元帥留守南京，獨不可奮大義以激燕民及諸大臣興勤王之師，東拒金而迎天祚乎？乃自取之，是篡也，況忍王天祚哉！

大石既帝淳而王天祚矣，復歸天祚。天祚責以大義，乃自立爲王而去之，幸藉祖宗餘威遺智，建號萬里之外。雖寡母弱子，更繼迭承，幾九十年，亦可謂難矣。

然淳與雅里、大石之立，皆在天祚之世，有君而復君之，其可乎哉？諸葛武侯爲獻帝發喪，[1]而後立先主爲帝者，不可同年語矣。故著以爲戒云。

[1]諸葛武侯爲獻帝發喪：《通鑑》卷六九曹魏黄初二年(221)三月："蜀中傳言漢帝已遇害，於是漢中王發喪制服，謚曰孝湣皇帝。群下競言符瑞，勸漢中王稱尊號。""夏四月丙午，漢中王即皇帝位於武擔之南部郡。"

贊曰：遼起朔野，兵甲之盛，鼓行寰外，席卷河朔，樹晉植漢，何其壯歟？太祖、太宗乘百戰之勢，輯新造之邦，英謀叡略可謂遠矣。雖以世宗中才、穆宗殘暴，連遘弑逆而神器不搖，蓋由祖宗威令猶足以震疊其國人也。

聖宗以來，内修政治，外拓疆宇。既而申固鄰好，四境乂安，維持二百餘年之基，有自來矣。

降臻天祚，既丁末運，又觖人望，崇信姦回，自椓國本，群下離心。金兵一集内難先作，廢立之謀、叛亡之跡相繼蠭起，[1]馴致土崩瓦解，不可復支，良可哀也！耶律與蕭世爲甥舅，義同休戚。奉先挾私滅公，[2]首釁構難，一至於斯。天祚窮蹙，始悟奉先誤己，不幾晚乎！

[1]廢立之謀：指蕭奉先誣告耶律余覩勾結駙馬蕭昱陰謀立其外甥晉王爲帝一事。　叛亡之跡：蕭奉先誣陷余覩結納駙馬蕭昱等陰謀立晉王爲帝。天祚爲此殺蕭昱，賜文妃死。余覩在軍中得知此事後，恐怕不能自明而被誅，即率千餘士兵，連同軍帳中的親信叛歸女直。

［2］奉先：即蕭奉先（？—1122）。天祚元妃之兄。因元妃故，奉先得以累次陞遷，最後官至樞密使，封蘭陵郡王。天慶四年（1114）阿骨打起兵進犯寧江州，天祚命奉先弟嗣先爲都統，率領番、漢兵前去征討，於出河店敗績逃走。奉先擔心其弟嗣先被誅，奏請天祚肆赦。從此以後士無鬭志，遇敵即潰。本書卷一〇二有傳。

淳、雅里所謂名不正，言不順，事不成者也。大石苟延，彼善於此，亦幾何哉？

（李錫厚注　劉鳳翥校）

今注本二十四史

遼史

二

紀〔二〕

元 脱脱等 撰

李錫厚 劉鳳翥 主持校注

中国社会科学出版社

遼史　卷七

本紀第七

穆宗下

十四年春正月戊寅朔，奉安神纛。[1]戊戌，漢以宋將來襲，[2]馳告。

[1]神纛：契丹儀仗名。遼有國仗，即所謂天子旗鼓。據《新唐書·契丹傳》載，貞觀二年（628），契丹首領摩會入朝，唐朝賜其鼓纛，此即契丹國仗。

[2]宋將來襲：《長編》卷五宋太祖乾德二年（964）正月載："是月昭義節度使李繼勳、兵馬鈐轄康延沼、馬步軍都軍頭尹勳等帥步騎萬餘攻遼州。北漢馬軍都指揮使郝貴超領兵來援，戰於城下，貴超大敗"，"北漢尋誘契丹步騎六萬入侵，繼勳復與彰德節度使羅彦瓌、西山巡檢使郭進、内客省使曹彬等領六萬衆赴之，大破契丹及北漢軍於遼州城下"。

二月壬子，詔西南面招討使撻烈進兵援漢。癸亥，如潢河。[1]戊辰，支解鹿人没荅、海里等七人于野，封土識其地。己巳，如老林東濼。壬申，漢以敗宋兵石州來告。[2]

[1]潢河：今内蒙古自治區境内的西拉木倫河，即西遼河上游。
[2]石州：治所在今山西省離石縣。

夏四月丁巳，漢以擊退宋軍，遣使來謝。是月，黄龍府甘露降。[1]

[1]黄龍府：治所在今吉林省農安縣。

五月，射舐鹻鹿于白鷹山，至於浹旬。
六月丙午朔，獵於玉山，竟月忘返。
秋七月壬辰，以酒脯祀黑山。[1]

[1]黑山：據本書卷三二《營衛志中》，“黑山在慶州北十三里，上有池，池中有金蓮”。黑山近慶陵，故“道宗每歲先幸黑山，拜聖宗、興宗陵，賞金蓮，乃幸子河避暑”。另據卷三七《地理志一·慶州》，“在州西二十里。有黑山、赤山、太保山、老翁嶺、饅頭山、興國湖、轄失濼、黑河”。慶州在今内蒙古自治區巴林右旗索博日嘎鎮。

八月乙巳，如磑子嶺，呼鹿射之，獲鹿四，賜虞人女瓌等物有差。[1]丁未，還宫。戊申，以生日值天赦，[2]不受賀，曲赦京師囚。[3]乙卯，録囚。

[1]虞人：古代掌山澤苑囿之官。《周禮·夏官·大司馬》："虞人萊所田之野爲表。"賈公彦疏："虞人者，若田在澤，澤虞；若田在山，山虞。"《左傳·昭公二十年》："十二月，齊侯田於沛，招虞人以弓，不進。"杜預注："虞人，掌山澤之官。"

[2]天赦：中國古代曆象推定一年四季中某些特定日爲"天赦日"，不可以斷極刑。《宋史》卷四六一《苗訓傳》載，淳化二年（991）司天監苗守信上言："春戊寅、夏甲午、秋戊申、冬甲子爲天赦日，及上慶誕日，皆不可以斷極刑。"明人萬民英《三命通會》卷三亦云："有天赦日，春戊寅、夏甲午、秋戊申、冬甲子。"

[3]曲赦：猶特赦。《通鑑》卷八三《晉紀五》惠帝永康元年（300）五月己卯"曲赦洛陽"，胡三省注曰："不普赦天下而獨赦洛陽，故曰曲赦。"

九月，黄室韋叛。[1]

[1]黄室韋：部族名。實即突呂不室韋的一部分。據本書卷三三《營衛志下》："突呂不室韋，本名大、小二黄室韋户。太祖爲撻馬狘沙里時，以計降之，乃爲二部、隸北府，節度使屬東北路統軍司。戍泰州（今吉林省白城市）東北。"

冬十月丙午，近侍烏古者進石錯，[1]賜白金二百五十兩。丙辰，以掌鹿矧思代斡里爲閘撒狘，[2]賜金帶、金盞，銀二百兩。所隸死罪以下得專之。[3]

[1]近侍：皇帝身邊的奴僕。

[2]閘撒狘：契丹部族官。據本書卷一一六《國語解》，係"抹里司官，亦掌宫衛之禁者"。

[3]死罪以下：指較死罪爲輕的罪刑，即笞、杖、徒、流之罪。

十一月壬午，日南至，宴飲達旦。自是晝寢夜飲。殺近侍小六於禁中。

十二月丙午，以黑兔祭神。烏古叛，[1]掠民財畜。詳穩僧隱與戰，[2]敗績，僧隱及乙實等死之。

[1]烏古：部族名。又稱嫗厥律、于厥律，居契丹西北。據《新五代史》卷七四《四夷附録第二》引胡嶠《陷虜記》："嫗厥律，其人長大，髦頭，酋長全其髮，盛以紫囊。地苦寒，水出大魚，契丹仰食。又多黑、白、黄貂鼠皮，北方諸國皆仰足。其人最勇，隣國不敢侵。"

[2]詳穩：契丹軍官名。即漢語"將軍"的轉譯。【劉注】"詳穩"即漢語"將軍"轉譯的説法似有值得商榷之處。在契丹小字中，"詳穩"作，"將軍"作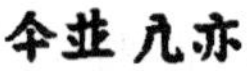，或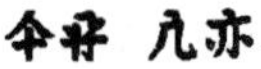、。"詳穩"不是漢語"將軍"的轉譯，而是音譯的契丹語，"將軍"是漢語借詞。

十五年春正月己卯，以樞密使雅里斯爲行軍都統、虎軍詳穩楚思爲行軍都監，益以突吕不部軍三百合諸部兵討之。[1]烏古夷离堇子勃勒底獨不叛，[2]詔褒之。是月，老人星見。[3]

[1]突吕不部：契丹部族名。據本書卷三三《營衛志下》，該部爲太祖二十部之一，創建於阻午可汗之時，隸北府，節度使屬西北路招討司，司徒居長春州（治所在今吉林省前郭爾羅斯蒙古族自治縣西北塔虎村）西。

[2]夷离堇：原爲突厥語官名。亦譯作"俟斤"（Irkin）。突厥諸部最高元首稱"可汗"（Qaghan），其他諸部君長則稱爲俟斤、

亦都護。初，契丹“其君大賀氏，有勝兵四萬，析八部，臣於突厥，以爲俟斤”（《新唐書》卷二一九《契丹傳》）。後，契丹首領自立爲可汗，所屬各部長則稱爲“俟斤”，亦即“夷离堇”。契丹立國後，大部族之夷离堇稱王，小部族夷离堇稱爲節度使。舉凡一部軍政、民政皆由其統掌（參見韓儒林《穹廬集》第314—316頁）。

[3]老人星：又稱“南極老人星”“壽星”。《宋史》卷一〇三《禮儀志》：景德三年，詔定壽星之祀。太常禮院言：“按《月令》：‘八月，命有司享壽星於南郊。’《注》云：‘秋分日，祭壽星於南郊。壽星，南極老人星也。’《爾雅》云：‘壽星，角、亢也。’《注》云：‘數起角、亢，列宿之長，故云壽星。’唐開元中，特置壽星壇，常以千秋節日祭老人星及角、亢七宿。請用祀靈星小祠禮，其壇亦如靈星壇制，築於南郊，以秋分日祭之。”

二月壬寅朔，日有食之。上東幸。甲寅，以獲鴨，除鷹坊刺面、腰斬之刑，復其徭役。是月，烏古殺其長窣离底，餘衆降，復叛。三月癸酉，近侍東兒進匕筯不時，手刃刺之。丁丑，大黄室韋酋長寅尼吉叛。癸未，五坊人四十户叛入烏古。[1]癸巳，虞人沙剌迭偵鵝失期，[2]加炮烙、鐵梳之刑而死。[3]

[1]五坊：契丹北面官機構名。具體職掌不詳。據本書卷四六《百官志二》，五坊屬“北面坊場局冶牧廄等官”，大概與“農工之事”有關。

[2]偵鵝失期：【劉校】鵝，據中華點校本校勘記，《大典》卷二四〇七作“天鵝”。

[3]炮烙、鐵梳之刑：炮烙指用燒紅的鐵烙人的刑罰。鐵梳的用途見於《太平御覽》卷六〇五，“作筆當以鐵梳梳兔豪毛及羊青

毛”。以鐵梳施刑罰，僅見於遼。

夏四月乙巳，小黄室韋叛。雅里斯、楚思等擊之，爲室韋所敗。[1]遣使詰之。乙卯，以禿里代雅里斯爲都統，以女古爲監軍，率輕騎進討，仍令撻馬尋吉里持詔招諭。

[1]室韋：部族名。北魏始見於記載，分佈於黑龍江、嫩江流域，唐時分爲許多部。多爲契丹役屬。

五月壬申，尋吉里奏，諭之不從。雅里斯以撻凜、蘇二群牧兵追至柴河，[1]與戰不利。甲申，庫古只奏室韋長寅尼吉亡入敵烈。[2]

[1]群牧：此指畜群。契丹有專門機構管理畜群，這類機構亦稱“群牧”。諸路設群牧使司，下設某群太保、某群侍中、某群敞史；朝廷設總典群牧使司，有總典群牧部籍使、群牧都林牙。以“群”爲單位設某群牧司，設群牧使、群牧副使。此外，還有衹管理馬群及牛群的機構。遼亡之後，金稱契丹群牧爲“烏魯古”。

[2]敵烈：遼金時北邊族名。又譯迪烈、敵烈德、迭烈德、達里底。遼時以遊牧、捕獵爲業，分佈於臚朐河（今克魯倫河）流域。有八部，稱爲八部敵烈或八石烈敵烈。與烏古部並稱爲北邊大部。遼聖宗以敵烈部降人置迭魯敵烈部和北敵烈部。開泰四年（1015）築河董城於臚朐河北，安置敵烈、烏古降人。壽昌二年（1096）徙敵烈、烏古於烏納水西。金末元初，敵烈人逐漸同化於女真人、蒙古人等。

六月辛亥，俞魯古獻良馬，賜銀二千兩。以近侍忽剌比馬至先以聞，賜銀千兩。是月，敵烈來降。

秋七月甲戌，雅里斯奏烏古至河德濼，遣夷离堇畫里、夷离畢常思擊之。[1]丁丑，烏古掠上京北榆林峪居民，[2]遣林牙蕭幹討之。[3]庚辰，雅里斯等與烏古戰，不利。

[1]夷离畢：契丹官名。爲執政官，相當於副宰相參知政事。後來官分南、北，北面官有夷离畢院，主要掌刑政。

[2]上京：遼前期都城。稱臨潢府，今内蒙古自治區巴林左旗林東鎮波羅城。

[3]林牙：契丹官名。掌文翰，相當於翰林學士。

冬十月丁未，[1]常思與烏古戰，敗之。

[1]冬十月：【劉校】原本、北監本、南監本和殿本均缺“冬”字，據中華點校本補。

十二月甲辰，以近侍喜哥私歸，殺其妻。丁未，殺近侍隨魯。駐蹕黑山平淀。

十六年春正月丁卯朔，被酒，不受賀。甲申，微行市中，賜酒家銀絹。乙酉，殺近侍白海及家僕衫福、押剌葛、樞密使門吏老古、撻馬失魯。

三月己巳，東幸。庚午獲鴨，甲申獲鵝，皆飲達旦。

五月甲申，以歲旱，泛舟于池禱雨。不雨，舍舟立水中而禱，俄頃乃雨。

六月丙申，以白海死非其罪，賜其家銀絹。

秋七月壬午，諭有司：凡行幸之所，必高立標識，令民勿犯，違以死論。

八月丁酉，漢遣使貢金器、鎧甲。

閏月乙丑，觀野鹿入馴鹿群，立馬飲至晡。[1]

[1]晡：申時，即午後三時至五時。

九月庚子，以重九宴飲，夜以繼日，至壬子乃罷。己未，殺狼人褭里。

冬十月庚辰，[1]漢主有母喪，遣使賻弔。

[1]冬十月：【劉校】原本、北監本、南監本和殿本均缺"冬"字，據中華點校本補。

十二月甲子，幸酒人拔剌哥家，復幸殿前都點檢耶律夷臘葛第，[1]宴飲連日。賜金盂、細錦及孕馬百疋，左右授官者甚衆。戊辰，漢遣使來貢。是冬，駐蹕黑山平淀。

[1]殿前都點檢：官名。五代後周世宗設置殿前司，以都點檢、副都點檢爲正副長官，位在都指揮使之上，爲禁軍統帥。宋初廢。遼設殿前都點檢，爲南面軍官，當係模倣周制。

十七年春正月庚寅朔，林牙蕭斡、郎君耶律賢適討烏古還，[1]帝執其手，[2]賜卮酒，授賢適右皮室詳穩。[3]雅里斯、楚思、霞里三人賜醨酒以辱之。乙卯，夷离畢骨欲獻烏古俘。

［1］蕭幹：【劉校】原作“蕭斡”，本書卷八四有傳。據中華點校本校勘記，“傳文作幹，卷首目録作斡。檢上文十五年七月，下文乾亨二年十一月，及卷八三《休哥傳》並作蕭幹”。據改。　耶律賢適（927—980）：字阿古真。出身顯貴。穆宗時，朝臣多以言獲譴，景宗在藩邸，常與韓匡嗣、女里等遊，賢適勸以宜早疏絶，由是穆宗終不見疑。景宗立，陰以賢適爲腹心。保寧二年（970）秋，拜北院樞密使兼侍中。大丞相高勳、契丹行宫都部署女里席寵放恣，及帝姨母、保母仗勢受賄，賢適患之，言於帝，不報。本書卷七九有傳。

［2］帝執其手：【劉注】是對立功者的一種禮遇。本書卷一一六《國語解》：“執手禮，將帥有克敵功，上親執手慰勞；若將在軍，則遣人代行執手禮。優遇之意。”

［3］右皮室：【劉注】軍種。本書卷一一六《國語解》：“皮室，軍制，有南、北、左、右皮室及黄皮室，皆掌精兵。”　詳穩：契丹小字的音譯。軍官名。

二月甲子，高勳奏宋將城益津關，[1]請以偏師擾之，[2]上從之。

［1］高勳（？—978）：字鼎衛，初仕後晉爲閤門使。會同九年（開運二年，946）隨杜重威降遼，後北還。世宗即位，爲樞密使，總漢軍。穆宗應曆間，封趙王，任上京留守、南京留守。景宗即位，以定策功，封秦王。後謀殺蕭思温事發，伏誅。本書卷八五有

傳。　益津關：在今河北省霸州市。

［2］偏師：非主力之師。《左傳》桓公八年：“季梁曰：‘楚人上，左君必左。無與王遇，且攻其右。右無良焉，必敗。偏敗，衆乃攜矣。’”

夏四月戊辰，殺鷹人敵魯。丙子，射柳祈雨，[1]復以水沃群臣。

［1］射柳祈雨：亦稱祈雨射柳。爲契丹的一種禮儀，包括祈雨和射柳兩部分，始於遙輦蘇可汗。祈雨稱爲瑟瑟儀。本書卷四九《禮志一》載：“瑟瑟儀：若旱，擇吉日行瑟瑟儀以祈雨。”瑟瑟儀祈雨如果奏效，主持此儀式的官員敵烈麻都就會受到賞賜，否則就要受到戲弄。這是因爲他作爲禮官，不僅是這一禮儀的主持者，同時還被看作契丹人與祖先溝通的中間人。射柳也可以單獨舉行。《長編》卷一一〇宋仁宗天聖九年（1031）六月丁丑載：契丹“每謁木葉山即射柳枝，諢子唱番歌，前導彈胡琴和之，已事而罷”。此外，祈雨也射柳。金初接待宋使，亦以射柳作爲一種遊樂項目，元朝和明朝也有此類活動。

五月辛卯，殺鹿人劄葛。壬辰，北府宰相蕭海璃薨，[1]輟朝，[2]罷重五宴。

［1］宰相：契丹部族官名。契丹可汗之下有北、南二府，各部族則分屬二府，分設宰相，故北宰相亦稱北府宰相，南宰相亦稱南府宰相。

［2］輟（chuò）朝：中止臨朝聽政。

六月己未，支解雉人壽哥、念古，殺鹿人四十四人。是夏，駐蹕褭潭。

秋八月辛酉，生日，以政事令阿不底病亟，[1]不受賀。

[1]政事令：遼朝南面宰相。掌中外事悉令參訣。遼世宗以後多爲加官之職。

九月自丙戌朔，獵於黑山、赤山，至於月終。

冬十月乙丑，殺酒人粹你。

十一月辛卯，殺近侍廷壽。壬辰，殺豕人阿不劄、曷魯、朮里者、涅里括。庚子，司天臺奏月當食不虧，上以爲祥，歡飲達旦。壬寅，殺鹿人唐果、直哥、撒剌。

十二月辛未，手殺饔人海里，復臠之。

是冬，駐蹕黑河平淀。

十八年春正月乙酉朔，宴於宮中，不受賀。己亥，觀燈於市。以銀百兩市酒，命群臣亦市酒，縱飲三夕。

二月乙卯，幸五坊使霞實里家，宴飲達旦。

三月甲申朔，如潢河。乙酉，獲駕鵝，祭天地。造大酒器，刻爲鹿文，名曰“鹿甀”，貯酒以祭天。[1]庚戌，殺鶻人胡特魯、近侍化葛及監囚海里，仍剉海里之屍。

[1]祭天：古代的重大祭祀。《儀禮·喪服》以爲天是“天子及其始祖之所自出”。契丹傳統是以青牛白馬祭天地。貯酒以祭天，

与契丹傳統祭天地的儀式不合，當是用漢禮。

夏四月癸丑朔，[1]殺饔人抄里只。己巳，詔左右從班有材器幹局者不次擢用，老耄者增俸以休於家。

[1]癸丑朔：【劉校】原本闕“朔”字，中華點校本據本書卷四四《曆象志下·朔考》補。今從。

五月丁亥，重五，以被酒不受賀。壬辰，獲鵝於述占水，野飲終夜。丁酉，與政事令蕭排押、南京留守高勳、太師昭古、劉承訓等酣飲連日夜。[1]己亥，殺鹿人頗德、臈哥、陶瑰、劄不哥、蘇古涅、雛保、彌古特、敵荅等。

[1]昭古：【劉校】據中華點校本校勘記，本書卷六八《遊幸表》作“女古”。

六月丙辰，殺饔人屯奴。己未，爲殿前都點檢夷臈葛置神帳，[1]曲赦京畿囚。甲戌，撻烈於鶥窠中得牝犬來進。是夏，清暑褭潭。

[1]神帳：即載有天子旗鼓的車帳。

秋七月辛丑，漢主承鈞殂，[1]子繼元立，[2]來告，遣使弔祭。

[1]漢主承鈞殂：指劉承均死。劉承均爲北漢第二位皇帝，即位後稱劉鈞，臣服契丹，稱遼穆宗爲父。公元954年至968年在位。在位期間，與遼關係緊張，死前不久，遼穆宗曾對其嚴厲指責，據《宋史》卷四八二《北漢劉氏世家》："爾不稟我命，其罪三：擅改年號，一也；助李筠有所覬覦，二也；殺段常，三也。"鈞皇恐曰："父爲子隱，願赦罪。"自是北漢使契丹者被留不遣。

[2]子繼元立：繼元，應是"繼恩"。《新五代史》卷七〇《東漢世家》："承鈞立十三年病卒，其養子繼恩立。""承鈞卒，繼恩告哀於契丹而後立……九月，繼恩置酒會諸大臣宗子，飲罷，卧閣中。供奉官侯霸榮率十餘人挺刃入閣，閉户而殺之。郭無爲遣人以梯登屋入，殺霸榮並其黨。"無爲立繼元。

九月戊子，殺詳穩八剌、拽剌痕篤等四人。[1]己丑，登小山祭天地。戊戌，知宋欲襲河東，諭西南面都統、南院大王撻烈豫爲之備。[2]己亥，獵熊，以唤鹿人鋪姑并掖庭户賜夷臘葛。甲辰，以夷臘葛兼政事令，仍以黑山東抹真之地數十里賜之，以女瑰爲近侍，女直詳穩戞陌爲本部夷离堇。

[1]拽剌：契丹語"走卒"謂之"拽剌"，後爲軍官名。有掌旗鼓者，稱"旗鼓拽剌"，還有專司偵候、探報等職者。

[2]南院大王：契丹部族官。遼朝析迭剌部爲五院部和六院部。五院部有知五院事，在朝曰北大王院；六院部有知六院事，在朝曰南大王院。北院大王和南院大王即是五院部和六院部的首領，握有兵權。

是秋，獵於西京諸山。[1]

[1]西京諸山：【劉校】據中華點校本校勘記，“按《紀》重熙十三年十一月始改雲州爲西京，此‘西京’應是京西倒誤或追稱”。

冬十月辛亥朔，宋圍太原，[1]詔撻烈爲兵馬總管，發諸道兵救之。

[1]宋圍太原：宋開寶元年（968）九月，繼恩死，《長編》卷九開寶元年九月辛卯記載：“繼元始立，王師已入其境，乃急遣使上表契丹，且請兵爲援。又遣侍衛都虞候劉繼業、馮進珂領軍扼團柏谷。以將作監馬峰爲樞密使，監其軍。”

十一月癸卯，冬至，被酒，不受賀。

十二月丁丑，殺酒人搭烈葛。

是冬，駐蹕黑山東川。

十九年春正月己卯朔，宴宮中，不受賀。己丑，立春，被酒，命殿前都點檢夷臘葛代行擊土牛禮。[1]甲午，與群臣爲葉格戲。[2]戊戌，醉中驟加左右官。乙巳，詔太尉化哥曰：“朕醉中處事有乖，無得曲從。酒解，可覆奏。”自立春飲至月終，不聽政。

[1]擊土牛：又稱鞭土牛、鞭春。此非契丹故俗。此非契丹故俗。這種習俗甚爲久遠。《大唐開元禮》卷三載：“凡立春前，兩京及諸州縣門外並造土牛。”宋元時鞭牛習俗盛行。孟元老《東京夢華録·立春》：“立春前一日，開封府進春牛入禁中，鞭春。開封、祥符兩縣置春牛於府前，至日絶早，府僚打春如方州儀。”元代馬端臨《文獻通考·郊社考》：“立春前五日，於州大門外之東

造青土牛兩頭、耕夫、犁具。立春有司迎春於東郊，豎青幡於青牛之旁。”以上記載可證，迎春造土牛乃各地官府之事，並無皇帝“鞭土牛”事。鞭打土牛亦是小兒遊戲。《宋詩抄》卷四〇七有楊萬里《觀小兒戲打春牛》詩。

[2]葉格戲：即葉子格戲，博戲之一種。《歐陽文忠公集·歸田録》卷二：“唐世士人宴聚風行葉子格，五代國初猶然，後漸廢不傳。”《分門古今事類》卷二：“唐一行禪師制葉子格進之，當時士大夫宴集皆用焉。葉子格者，其字乃二十世李也，唐果傳二十帝。”

二月甲寅，[1]漢劉繼元嗣立，[2]遣使乞封册。辛酉，遣韓知範册爲皇帝。[3]癸亥，殺前導末及益剌，剉其屍棄之。甲子，漢遣使進白麃。己巳，如懷州，獵獲熊，歡飲方醉，馳還行宫。[4]是夜，近侍小哥、盥人花哥、庖人辛古等六人反，帝遇弑，年三十九。廟號穆宗。後附葬懷陵。[5]重熙二十一年謚曰孝安敬正皇帝。

[1]二月甲寅：【劉校】二月，原誤“三月”。據中華點校本校勘記，“按三月戊寅朔，無甲寅、己巳；二月戊申朔，七日甲寅，二十二日己巳。下卷《景宗紀》敘‘穆宗遇弑’亦在二月”。據改。

[2]劉繼元：北漢皇帝劉承鈞養子，天會十二年（遼應曆十八年，968）九月即位，次年，遼册立其爲大漢皇帝。廣運二年（遼保寧七年，975）遼加繼元爲大漢英武皇帝。廣運六年（宋太平興國四年，979）年降於宋，北漢亡。

[3]韓知範：【劉校】據中華點校本校勘記，“《新五代史》卷七〇《東漢世家》及《長編》並作韓知璠”。

[4]行宫：亦稱行帳，即皇帝轉徙隨時的車帳。

[5]懷陵：遼太宗、穆宗之陵。其址位於懷州境内。大同元年（947）遼置懷州奉陵軍，治所在今内蒙古自治區巴林右旗幸福之路蘇木之崗根嘎查古城址。州隸永興宮。

贊曰：穆宗在位十八年，知女巫妖妄見誅，諭臣下濫刑切諫，非不明也，而荒耽於酒、畋獵無厭。偵鵝失期，加炮烙鐵梳之刑；獲鴨甚歡，[1]除鷹坊刺面之令。賞罰無章，朝政不視而嗜殺不已。變起肘腋，[2]宜哉！

[1]獲鴨甚歡：【劉校】“鴨”，原本、明抄本作“鳴”。大典本、南監本、北監本和殿本均作“鴨”。中華點校本、修訂本徑改。今從改。

[2]變起肘腋：指穆宗被近侍小哥等六人殺害的事件。遼朝以罪犯家屬、“著帳户”在宮中服役，甚至擔任禁衛，他們整天和皇帝生活在一起，最切近，故被喻爲“肘腋”。《三國志·蜀志·法正傳》：“主公之在公安也，北畏曹公之強，東憚孫權之逼，近則懼孫夫人生變於肘腋之下。”

（李錫厚注　劉鳳翥校）

遼史　卷八

本紀第八

景宗上

景宗孝成康靖皇帝諱賢，字賢寧，小字明扆。[1]世宗皇帝第二子，母曰懷節皇后蕭氏。[2]察割之亂，[3]帝甫四歲。穆宗即位，養永興宫。[4]既長，穆宗酗酒怠政。帝一日與韓匡嗣語及時事，[5]耶律賢適止之。[6]帝悟，不復言。

[1]諱賢，字賢寧，小字明扆（yǐ）：【劉校】據中華點校本校勘記，“《契丹國志》卷六、《長編》及《東都事略》並作‘諱明記，更名賢’”。

[2]懷節皇后蕭氏（？—951）：淳欽皇后弟阿古只之女。生景宗。天禄末立爲皇后。察割作亂，遇害。

[3]察割：即耶律察割（？—951）。遼皇族。其父明王安端爲阿保機同母弟。世宗即位，察割封泰寧王。天禄五年（951）九月南伐途中行弑逆，隨即爲壽安王誘殺。

[4]永興宫：太宗德光宫分。

[5]韓匡嗣（917—983）：遼初著名漢臣韓知古之子。隸屬宮籍。初以善醫直長樂宮。《韓匡嗣墓誌》透露出他最初是受到太宗德光（即嗣聖皇帝）賞識，這可能與靖安皇后有關。因爲匡嗣是景宗耶律賢藩邸故人，所以景宗即位以後，他很快受到重用。保寧二年（970）景宗睿智皇后之父蕭思温遭謀殺，十年（978）景宗發現並處決了殺害蕭思温的兇手高勳和女里，此後，韓匡嗣更成了景宗和睿智皇后僅存的心腹人物，加開府儀同三司、政事令，授南面行營都統、燕京留守，封燕王。晚年任西南面招討使，與景宗死於同一年。本書卷七四有傳。

[6]耶律賢適（927—980）：字阿古真。出身顯貴。穆宗時，朝臣多以言獲譴，景宗在藩邸，常與韓匡嗣、女里等遊，賢適勸以宜早疏絶，由是得以免除穆宗懷疑。景宗立，陰以賢適爲腹心。保寧二年秋，拜北院樞密使兼侍中。當時大丞相高勳、契丹行宮都部署女里席寵放恣，景宗姨母、保母也仗勢受賄，賢適患之，言於帝，不報。本書卷七九有傳。

應曆十九年二月戊辰，[1]入見。穆宗曰："吾兒已成人，可付以政。"己巳，穆宗遇弒，帝率飛龍使女里、侍中蕭思温、南院樞密使高勳率甲騎千人馳赴。[2]黎明，至行在，[3]哭之慟。群臣勸進，遂即皇帝位於柩前。百官上尊號曰天贊皇帝，大赦，改元保寧。以殿前都點檢耶律夷臘、[4]右皮室詳穩蕭烏里只宿衛不嚴，[5]斬之。

[1]應曆：遼穆宗年號（951—969）。

[2]女里（？—978）：積慶宮分人。字涅烈衮。景宗在藩邸，以女里出自其父世宗宮分，故待遇殊厚，女里亦傾心結納。及穆宗遇弒，女里翼戴景宗即位，以功加政事令、契丹行宮都部署。保寧末坐私藏甲胄及謀殺樞密使蕭思温，賜死。本書卷七九有傳。　蕭

思温（？—970）：宰相蕭敵魯族弟忽没里之子。小字寅古。通書史。穆宗時爲南京留守，但非將帥才。應曆八年（958），後周占束城，遼軍退渡滹沱河而屯，思温飾他説請濟師。已而，後周圍瀛州，陷益津、瓦橋、淤口三關，迫近固安，思温不知計所出。十九年（969）穆宗遇弒。思温與南院樞密使高勳、飛龍使女里等立景宗。保寧初爲北院樞密使，兼北府宰相，仍命世預其選。思温女册爲皇后（即睿智皇后），加尚書令，封魏王。保寧二年（970）爲賊所害。卷七八有傳。　高勳（？—978）：字鼎衛，初仕後晉爲閤門使。會同九年（開運二年，946）隨杜重威降遼，後北遷。世宗即位，爲樞密使，總漢軍。穆宗應曆間，封趙王，任上京留守、南京留守。景宗即位，以定策功，封秦王。後謀殺蕭思温，事發，伏誅。本書卷八五有傳。

[3]行在：皇帝出行時所在之地，遼爲行國，皇帝一年四季居無定所，皆在遷徙中渡過。其行在又稱“行宫”，契丹語爲“捺鉢”。

[4]殿前都點檢：官名。五代後周世宗設置殿前司，以都點檢、副都點檢爲正副長官，位在都指揮使之上，爲禁軍統帥。宋初廢。遼設殿前都點檢，爲南面軍官，當係模倣周制。　耶律夷臘：【劉校】據中華點校本校勘記，“按即上卷應曆十六年十二月之殿前都點檢耶律夷臘葛，《百官志》四作耶律夷剌葛。卷七八有傳”。

[5]右皮室：【劉注】軍種。本書卷一一六《國語解》：“皮室，軍制，有南、北、左、右皮室及黄皮室，皆掌精兵。”　詳穩：契丹小字的音譯。軍官名。

三月丙戌，入上京，以蕭思温爲北院樞密使。[1]太平王罨撒葛亡入沙沱。[2]己丑，夷离畢粘木衮以陰附罨撒葛伏誅。[3]癸巳，罨撒葛入朝。甲午，以北院樞密使蕭思温兼北府宰相。[4]己亥，南院樞密使高勳封秦王。

[1]北院樞密使：即契丹樞密院之樞密使，爲北面官之最高官職，掌軍事、部族。詳本書卷四五《百官志一》。

[2]罨撒葛（934—972）：即阿鉢撒葛里。德光第二子。靖安皇后蕭氏生，會同二年（939）封太平王。穆宗在位時，因謀亂貶戍西北邊。景宗即位後釋罪，召還，以病卒。

[3]夷离畢：遼官名。爲執政官，相當於副宰相參知政事。後來官分南、北，北面官有夷离畢院，主要掌刑政。

[4]宰相：契丹部族官名。契丹可汗之下有北、南二府，各部族則分屬二府，分設宰相，故北宰相亦稱北府宰相，南宰相亦稱南府宰相。

夏四月戊申朔，進封太平王罨撒葛爲齊王，改封趙王喜隱爲宋王，[1]封隆先爲平王，[2]稍爲吳王，[3]道隱爲蜀王，[4]必攝爲越王，[5]敵烈爲冀王，[6]宛爲衛王。[7]

[1]喜隱（？—981）：阿保機幼子李胡之子。字完德，初封趙王。穆宗時曾兩次謀反下獄。景宗保寧初宥之，妻以皇后之姊，封宋王，授西南面招討使。稍見進用，復誘群小謀叛，囚於祖州。乾亨三年（981）宋降卒二百餘人欲劫立喜隱，以城堅不得入，立其子留禮壽，上京留守除室擒之。留禮壽伏誅，賜喜隱死。本書卷七二有傳。

[2]隆先：東丹王耶律倍之子，母大氏。景宗即位始封平王。未幾兼政事令，留守東京。本書卷七二有傳。

[3]稍：即耶律稍。東丹王耶律倍第三子。聖宗時曾任上京留守。無傳，本書卷六四《皇子表》亦不載。

[4]道隱（？—983）：即耶律道隱。東丹王耶律倍第五子。字留隱，母高氏。生於後唐，倍遇害時年尚幼，洛陽僧匿而養之，因名道隱。太宗滅後唐，還。景宗即位，封蜀王，爲上京留守。乾亨

元年（979）遷南京留守。本書卷七二有傳。

[5]必攝：太宗第五子。

[6]敵烈（933—979）：本書卷六四《皇子表》所載敵烈即皇子提里古，宫人蕭氏生，保寧初封冀王。乾亨初北宋進攻北漢，敵烈往援，戰死於白馬嶺。

[7]宛：即耶律宛。李胡之子。

五月戊寅，立貴妃蕭氏爲皇后。[1]丙申朔，[2]射柳祈雨。[3]有司請以帝生日爲天清節，從之。壬寅，漢遣李匡弼、劉繼文、李元素等來賀。[4]

[1]貴妃蕭氏（？—1009）：諱綽，小字燕燕，北府宰相思温女。景宗即位選爲貴妃。尋册爲皇后，生聖宗。景宗崩，尊爲皇太后，攝國政。統和元年（983）上尊號曰承天皇太后。本書卷七一有傳。

[2]丙申朔：【劉校】依中華點校本校勘記，按本書卷四四《曆象志下·朔考》，“五月丁丑朔。上文戊寅已是初二日，丙申爲二十日，朔字衍。《宏簡録》作壬午”。

[3]射柳祈雨：亦稱祈雨射柳。爲契丹的一種禮儀，包括祈雨和射柳兩部分，始於遙輦蘇可汗。祈雨稱爲瑟瑟儀。本書卷四九《禮志一》載：“瑟瑟儀：若旱，擇吉日行瑟瑟儀以祈雨。”瑟瑟儀祈雨如果奏效，主持此儀式的官員敵烈麻都就會受到賞賜，否則就要受到戲弄。這是因爲他作爲禮官，不僅是這一禮儀的主持者，同時還被看作契丹人與祖先溝通的中間人。射柳也可以單獨舉行。《長編》卷一一〇宋仁宗天聖九年（1031）六月丁丑載：契丹“每謁木葉山即射柳枝，諢子唱番歌，前導彈胡琴和之，已事而罷”。此外，祈雨也射柳。金初接待宋使，亦以射柳作爲一種遊樂項目，元朝、明朝也有此類活動。

［4］漢遣李匡弼、劉繼文、李元素等來賀：【劉校】據中華點校本校勘記，“《十國春秋·北漢紀》記此次遣使僅匡弼、元素，無繼文”。

冬十月，東幸褭潭。

十一月甲辰朔，行柴册禮，[1]祠木葉山，[2]駐蹕鶴谷。乙巳，蕭思温封魏王，北院大王屋質加于越。[3]

［1］柴册禮：此禮源於中國傳統的“燔柴告天”，是古代天子祭天之禮。《爾雅·釋天》：“祭天曰燔柴。”行禮時，積薪於壇，取玉及牲置於柴上焚燒。此禮與契丹的再生禮合併舉行，是爲契丹部落聯盟選汗和遼建國後新皇帝即位舉行的禮儀。相傳遥輦氏阻午可汗始製此儀，遼朝建國後有所增飾。

［2］木葉山：山名。契丹語稱“大”爲“木葉”。“木葉山”可以泛指任何“大山”，也可專指某一大山爲“木葉山”。此處指永州境内一座山，契丹人視此山爲神山，其地在今内蒙古自治區翁牛特旗新蘇莫蘇木的西拉木倫河與老哈河匯合處一帶。“上建契丹始祖廟，奇首可汗在南廟，可敦（可汗之妻）在北廟，繪塑二聖并八子神像。”詳見本書卷三七《地理志一》永州條。

［3］北院大王：契丹部族官。遼朝析迭剌部爲五院部和六院部。五院部有知五院事，在朝曰北大王院；六院部有知六院事，在朝曰南大王院。北院大王和南院大王即是五院部和六院部的首領，握有兵權。　屋質：即耶律屋質（916—973）。遼宗室、功臣。會同間爲惕隱，太宗死後，世宗初立，屋質积极調解太后與世宗的矛盾以避免内訌。天禄二年（948）助世宗挫敗天德、蕭翰等謀反。三年又表列泰寧王察割陰謀事，世宗不聽。後平定察割之亂及立穆宗。本書卷七七有傳。　于越：契丹語官名的音譯。意思是官人、智者。貴官，非有大功德不授。位在北、南大王之上。無具體執掌。

二年春正月丁未，如潢河。[1]

[1]潢河：今内蒙古自治區境内的西拉木倫河，即西遼河上游。

夏四月，幸東京，致奠于讓國皇帝及世宗廟。[1]

[1]讓國皇帝（898—936）：遼太祖耶律阿保機長子。漢名倍，契丹名圖欲（突欲）。生母爲淳欽皇后述律氏。天顯元年（926），遼滅渤海建東丹國，被册爲人皇王，主東丹國政。阿保機死後，其母述律氏立德光，圖欲被迫浮海投奔後唐。後唐明宗賜其姓名李贊華。清泰三年（遼天顯十一年，936）石敬瑭率軍攻入洛陽，後唐末帝李從珂約圖欲與之同死，圖欲不從，遇害。其子世宗兀欲即位後，天禄元年（947）追謚爲“讓國皇帝”。本書卷七二有傳。

五月癸丑，西幸。乙卯，次盤道嶺。盜殺北院樞密使蕭思温。

六月，還上京。

秋七月，以右皮室詳穩賢適爲北院樞密使。

九月辛丑，得國舅蕭海只及海里殺蕭思温狀，皆伏誅，流其弟神睹于黄龍府。[1]

冬十二月庚午，漢遣使來貢。

[1]黄龍府：治所在今吉林省農安縣。

三年春正月甲寅，右夷离畢奚底遣人獻敵烈俘，[1]詔賜有功將士。庚申，置登聞鼓院。[2]辛酉，南京統軍使魏國公韓匡美封鄴王。[3]

[1]敵烈：遼金時北邊族名。又譯迪烈、敵烈德、迭烈德、達里底。遼時以遊牧、捕獵爲業，分佈於臚朐河（今克魯倫河）流域。有八部，稱爲八部敵烈或八石烈敵烈。與烏古部並稱爲北邊大部。遼聖宗以敵烈部降人置迭魯敵烈部和北敵烈部。開泰四年（1015），築河董城於臚朐河北，安置敵烈、烏古降人。壽昌二年（1096），徙敵烈、烏古於烏納水西。金末元初，敵烈人逐漸同化於女真人、蒙古人等。

[2]登聞鼓院：本書卷四七《百官志三·南面》有登聞鼓院，主官是登聞鼓使。但《遼史》中並無任何人任職這一機構的記載。《文獻通考》卷六〇《職官考》登聞鼓院條記載，宋朝原有“鼓司”，以内臣掌之，“景德四年詔改爲登聞鼓院，掌諸上封而進之，以達萬人之情。隸司諫正言，凡文武臣僚、閤門無例通進文字，並先經登聞鼓院進狀。未經鼓院者，檢院不得收接”。宋人吳曾《能改齋漫録》卷二《登聞鼓院之始》條根據高承《事物紀原》記載登聞鼓院之始云：“《國朝會要》曰鼓院舊曰鼓司，景德四年五月九日詔改爲登聞鼓院。”此外，《玉海》和《山堂群書考索》也都記載景德四年（遼統和二十九年，1007）宋改鼓司爲登聞鼓院。

[3]韓匡美：韓匡嗣之弟。據匡美之子韓瑜墓誌記載：“烈考（匡美）燕京統軍使、天雄軍節度管内處置等使、開府儀同三司、檢校太師兼政事令、鄴王。”（《滿洲金石志》卷一）保寧三年（971）正月封鄴王。

二月癸酉，東幸。壬午，遣鐸遏使阿薩蘭回鶻。[1]己丑，以青牛白馬祭天地。[2]

[1]阿薩蘭回鶻：即高昌回鶻。是回鶻西遷、匯合後主要的一

支。直到元代，它仍自認爲是回鶻的嫡系。其疆域東至今哈密烏納格什湖，西通天山西部，南接酒泉，北達天山北麓。首府設在喀拉和卓（今新疆維吾爾自治區吐魯番市東高昌古城遺址），陪都設在天山北麓别失八里（即北庭，今新疆維吾爾自治區吉木薩爾縣破城子）。其王早期稱阿薩蘭汗（意爲獅子王），較晚則稱亦都護。

[2]以青牛白馬祭天地：契丹祭祀天地用青牛白馬，表示不忘祖先。本書卷三七《地理志一·上京道》："相傳有神人乘白馬，自馬盂山浮土河而東，有天女駕青牛車由平地松林泛潢河而下。至木葉山，二水合流，相遇爲配偶，生八子。其后族屬漸盛，分爲八部。每行軍及春秋時祭，必用白馬青牛，示不忘本云。"

三月丁未，以飛龍使女里爲契丹行宫都部署。[1]

[1]契丹行宫都部署：爲北面官中的高級職務，有權参加北、南臣僚會議。詳見本書卷四五《百官志一》。

夏四月丁卯，世宗妃啜里及蒲哥厭魅，[1]賜死。己卯，祠木葉山，行再生禮。[2]丙戌，至自東幸。戊子，蕭神覩伏誅。

[1]厭魅：亦作"厭媚"。用迷信方法祈禱鬼神以迷惑或傷害别人。本書卷一〇七《耶律奴妻蕭氏傳》："嘗與娣姒會，爭言厭魅以取夫寵。"

[2]再生禮：契丹傳統禮儀之一。本書卷一一六《國語解》載："國俗，每隔十二年一次，行始生之禮，名曰再生。惟帝與太后、太子及夷离堇得行之。又名覆誕。"這是與選汗儀式同時舉行的禮儀，禮儀十分煩瑣。

六月丙子，漢遣使問起居。自是繼月而至。丁丑，回鶻遣使來貢。[1]

[1]回鶻：亦作回紇。中國北方與西北古代民族名。原爲鐵勒，8世紀40年代，骨咄禄毗伽可汗曾建立了回鶻汗國。公元840年左右，回鶻汗國崩潰。除一部分人南下依附唐朝外，其餘分三支向西北遷徙，和西域原住的同族人匯合，而先後建立高昌回鶻、河西回鶻（甘州回鶻）和喀喇汗王朝（黑汗王朝）三個政權。回鶻西遷後，和中原諸王朝仍然保持着密切關係。甘州回鶻對五代、北宋朝貢不絶；高昌回鶻曾同時爲遼朝及北宋的屬國。

秋七月辛丑，以北院樞密使賢適爲西北路招討使。

八月甲戌，如秋山。[1]辛卯，祭皇兄吼墓，[2]追册爲皇太子，謚莊聖。

[1秋山：即秋捺鉢，主要活動是狩獵。聖宗以後，其主要地點是在慶州（今内蒙古自治區巴林右旗西北索博日嘎鎮）西部諸山。

[2]皇兄吼：即本書卷六四《皇子表》中的世宗嫡長子吼阿不，早薨。墓號太子院。

九月乙巳，賜傅父侍中達里迭、太保楚補、太保婆兒、保母回室、押雅等户口、牛羊有差。[1]又以潛邸給使者爲撻馬部，[2]置官主之。[3]壬子，幸歸化州。[4]甲寅，如南京。

[1]傅父：古代保育、輔導貴族子女的老年男子。《孔子家

語·曲禮子夏問》："古者男子外有傅父，内有慈母，君命所使教子者也。"

[2]撻馬部：最高統治者的扈從、親軍。

[3]置官主之：【劉校】"主"原本誤作"堂"，今據南監本、北監本和殿本改。另，中華點校本據張元濟《百衲本〈遼史〉校勘記》改爲"掌"；中華修訂本據《大典》卷五二四八引《遼史·景宗紀》亦改爲"掌"。

[4]歸化州：即武州（治所在今河北省張家口市宣化區）。

冬十月己巳，以黑白羊祀神。癸未，漢遣使來貢。丙戌，鼻骨德、吐谷渾來貢。[1]

[1]鼻骨德：遼時黑龍江流域部族名。又作鱉古德。聖宗時分置伯斯鼻古德部與撻馬鼻古德部，均屬東北路統軍司。所在地相當於今黑龍江省富錦市至俄羅斯境内哈巴羅夫斯克（伯力）沿江一帶。　吐谷渾：古代部族名。亦作吐渾。據《新五代史》卷七四《四夷附録第三》："吐渾，本號吐谷渾"。"自後魏以來，名見中國，居於青海之上。當唐至德中，爲吐蕃所攻，部族分散，其内附者，唐處之河西。其大姓有慕容、拓拔、赫連等族。懿宗時，首領赫連鐸爲陰山府都督，與討龐勳，以功拜大同軍節度使。爲晉王所破，其部族益微，散處蔚州界中。""晉高祖立，割鴈門以北入於契丹，於是吐渾爲契丹役屬。"

十一月庚子，臚朐河于越延尼里等率户四百五十來附，乞隸宫籍。[1]詔留其户，分隸敦睦、積慶、永興三宫，[2]優賜遣之。

［1］宫籍：宫分人之籍。有宫籍的宫分人，多是統治者的私奴，但宫分人中也有契丹權貴。宫籍是世襲的，未經統治者宣佈廢除，子孫則世代爲宫分人。

［2］敦睦宫：孝文皇太弟宫分。　積慶宫：世宗宫分。

十二月癸酉，以青牛白馬祭天地。己丑，皇子隆緒生。[1]是冬，駐蹕金川。

［1］隆緒：後即位，廟號聖宗。

四年春二月癸亥，漢以皇子生，遣使來賀。

閏月戊申，齊王罨撒葛薨。

三月庚申朔，追册爲皇太叔。

夏四月庚寅朔，追封蕭思温爲楚國王。

是夏，駐蹕冰井。

秋七月，如雲州。[1]丁丑，鼻骨德來貢。

［1］雲州：治所在今山西省大同市。

冬十月丁亥朔，如南京。

十二月甲午，詔内外官上封事。[1]

［1］上封事：上奏密封的奏章。古時臣下上書奏事，防有洩漏，用皂囊封緘，故稱。

五年春正月甲子，惕隱休哥伐党項，[1]破之，以俘獲之數來上。漢遣使來貢。庚午，御五鳳樓觀燈。

[1]党項：中國古代族名。又稱党項羌，唐以後主要活動於靈、慶、銀、夏等州，即今甘肅、寧夏、陝西和內蒙古等省區交界地區。　耶律休哥（？—998）：字遜寧。出身皇族，應曆末爲惕隱。乾亨元年（979）與耶律斜軫分左右翼，擊敗宋軍於高梁河。是年冬，休哥率本部兵從韓匡嗣等戰於滿城。匡嗣敗績。休哥整兵進擊，敵乃卻。詔總南面戍兵，爲北院大王。聖宗即位，太后稱制，令休哥總南面軍務，多有戰功。統和四年（986）封宋國王。本書卷八三有傳。

二月丁亥，近侍實魯里誤觸神纛，[1]法論死，杖釋之。壬辰，越王必攝獻党項俘獲之數。戊申，以青牛白馬祭天地。辛亥，幸新城。

[1]近侍：皇帝身邊的奴僕。　神纛：契丹儀仗名。遼有國仗，即所謂天子旗鼓。據《新唐書·契丹傳》，貞觀二年（628），契丹首領摩會入朝，唐朝賜其鼓纛，此即契丹國仗。

三月乙卯朔，復幸新城。追封皇后祖胡母里爲韓王，贈伯胡魯古兼政事令，[1]尼古只兼侍中。

[1]政事令：遼朝南面宰相。

夏四月丙申，白氣晝見。

五月癸亥，于越屋質薨，輟朝三日。[1]辛未，女直侵邊，[2]殺都監達里迭、拽剌斡里魯，[3]驅掠邊民牛馬。

己卯，阿薩蘭回鶻來貢。

[1]輟（chuò）朝：中止臨朝聽政。

[2]女直：本作女真，因避遼興宗耶律宗真名諱，改稱女直。遼時居東北東部。在南者入遼籍，稱熟女真，或合蘇館女真；在北者不入遼籍，稱生女真。

[3]拽剌：契丹語"走卒"謂之"拽剌"，後爲軍官名。有掌旗鼓者，稱"旗鼓拽剌"，還有專司偵候、探報等職者。

六月庚寅，女直宰相及夷离堇來朝。[1]丙申，漢遣人以宋事來告。

[1]夷离堇：原爲突厥語官名。亦譯作"俟斤"（Irkin）。突厥諸部最高元首稱"可汗"（Qaghan），其他諸部君長則稱爲俟斤、亦都護。初，契丹"其君大賀氏，有勝兵四萬，析八部，臣於突厥，以爲俟斤"（《新唐書》卷二一九《契丹傳》）。後，契丹首領自立爲可汗，所屬各部長則稱爲"俟斤"，亦即"夷离堇"。契丹立國後，大部族之夷离堇稱王，小部族夷离堇稱爲節度使。舉凡一部軍政、民政皆由其統掌（參見韓儒林《穹廬集》第314—316頁）。

秋七月庚辰，以保大軍節度使耶律斜里底爲中臺省左相。[1]是月，駐蹕燕子城。

[1]中臺省：東丹國宰輔機構。設左、右大相及左、右次相。

九月壬子，鼻骨德部長曷魯撻覽來貢。

冬十月丁酉，如南京。

十一月辛亥朔，始獲應曆逆黨近侍小哥、花哥、辛古等，誅之。

十二月戊戌，漢將改元，[1]遣使稟命。是月，如歸化州。

[1]漢將改元：漢以改元廣運，遣使稟命於遼。

六年春正月癸未，幸南京。

三月，宋遣使請和，以涿州刺史耶律曷朮加侍中與宋議和。[1]

[1]涿州：治所在今河北省涿州市。　耶律曷朮：【劉注】曷朮，原作“昌朮”，據《羅校》改。中華修訂本亦作“曷昌朮”。本書卷八六本傳作耶律合住，字粘衮。據其《神道碑》知其漢名琮，字伯玉，爲遼太祖弟迭剌之孫，耶律允之子。其神道碑原立於内蒙古自治區喀喇沁旗西橋鄉鐵家營子村，《東北考古與歷史》第一輯（文物出版社 1982 年版）所載李逸友《遼耶律琮墓石刻及神道碑銘》一文著録了碑文。

夏四月，宋王喜隱坐謀反廢。

秋七月丁未朔，閤門使酌古加檢校太尉兼御史大夫，[1]男海里以告喜隱事，遥授隴州防禦使。[2]庚申，獵於平地松林。[3]

[1]閤門使：官名。即古儐相之職。唐末、五代凡取稟旨命、供奉乘輿、朝會遊宴及贊導三公、群臣、蕃國朝見、辭謝，糾彈失儀之事，由閤門使、副掌管。閤門使多以處武臣。參見《文獻通

考·職官十二》。

［2］防禦使：原爲唐官名。在遼爲防禦州的長官，官階低於團練使而高於刺史。

［3］平地松林：西遼河上游中古時期生態良好，有茂密的松林，稱“平地松林”。《新五代史》卷七三《四夷附録第二》引胡嶠《陷虜記》説：“自上京東去四十里至真珠寨，始食菜。明日東行，地勢漸高，西望平地松林，鬱然數十里，遂入平川，多草木。”

冬十月乙亥朔，還上京。

十二月戊子，以沙門昭敏爲三京諸道僧尼都總管，加兼侍中。

七年春正月甲戌朔，宋遣使來賀。壬寅，望祠木葉山。

二月癸亥，漢鴈門節度使劉繼文來朝，[1]貢方物。丙寅，以青牛白馬祭天地。

［1］鴈門：一般指古鴈門關。在關西鴈門山上，又稱西徑關。元廢。今鴈門關在代縣西北，係明代所置。此處爲唐、五代方鎮名。一度改成代北節度。治所在代州（今山西省代縣）。　劉繼文：北漢劉繼元之弟。穆宗應曆十三年（963）使遼，被扣留。景宗即位後遣回。乾亨元年（979）北漢將亡時奔遼，受封爲彭城郡王。《長編》卷一一開寶三年（970）正月載：“北漢主遣使持禮幣賀契丹主，樞密使高勳言於契丹主曰：‘我與晉陽，父子之國也，歲嘗遣使來覲，非其大臣，即其子弟。先君以一怒而盡拘其使，甚無謂也。今嗣主新立，左右皆非舊人，國有憂患，寧不我怨？宜以此時盡歸其使。’契丹主曰：‘善。’乃悉索北漢使者，前後凡十六人，厚其禮而歸之。即命李弼爲樞密使，劉繼文爲保義節度使，詔北漢

主委任之。繼文等久駐契丹，復受其命，歸秉國政，左右皆譖毀之。未幾，繼文爲代州刺史，弼爲憲州刺史。契丹主聞之，下詔責北漢主曰：‘朕以爾國連喪二主，僻處一隅，期於再安，必資共治。繼文爾之令弟，李弼爾之舊臣，一則有同氣之親，一則有耆年之故，遂行並命，俾效純誠，庶幾輯甯，保成歡好。而席未遑暖，身已棄捐，將順之心，于我何有！’北漢主得書恐懼，且疑繼文報契丹，乃密遣使按責繼文，繼文以憂懼死。”

三月壬午，耶律速撒等獻党項俘，分賜群臣。

夏四月，遣郎君矧思使宋。[1]己酉，祠木葉山。辛亥，射柳祈雨。如頻蹕淀清暑。

[1]矧思使宋：【劉校】矧思，據中華點校本校勘記，“《長編》、《宋史》二並作慎思。又均繫此事於三月”。

五月丙戌，祭神姑。

秋七月，黃龍府衛將燕頗殺都監張琚以叛，[1]遣敞史耶律曷里必討之。[2]

[1]燕頗：渤海人。燕頗殺守臣以叛，耶律吼之子曷里必（何魯不）討之，破於鴨淥江。“坐不親追擊，以至失賊，受杖罰”（本書卷七七《何魯不傳》）。其後燕頗投奔兀惹，又率軍侵鐵驪，並戰勝遼聖宗派來的援軍。

[2]耶律曷里必：【劉校】據中華點校本校勘記，“‘曷里必’按本書卷七七本傳作何魯不，討燕頗時，已官北院大王”。

九月，敗燕頗於治河，遣其弟安摶追之。燕頗走保兀惹城，[1]安搏乃還，以餘黨千餘户城通州。是秋，至自頻蹕淀。

[1]兀惹城：在今黑龙江省通河縣縣城附近。

冬十月，鉤魚土河。[1]

[1]鉤魚：鑿冰捕魚。　土河：即老哈河，源出今河北省平泉縣的永安山，流經今内蒙古自治區東部赤峰地區，與西拉木倫河匯合。

八年春正月癸酉，宋遣使來聘。

二月壬寅，諭史館學士，書皇后言亦稱“朕”暨“予”，著爲定式。

三月辛未，遣五使廉問四方鰥寡孤獨及貧乏失職者，振之。

夏六月，以西南面招討使耶律斜軫爲北院大王。[1]

[1]以西南面招討使耶律斜軫爲北院大王：【劉校】據中華點校本校勘記，本書卷八三《耶律斜軫傳》作“命節制西南諸軍，仍援河東，改南院大王”。本紀記載無誤，應是爲北院大王在先，本傳失載；改南院大王在後，本傳繫此事於保寧初不確。　耶律斜軫（？—999）：字韓隱，于越曷魯之孫。保寧初，受命節制西南面諸軍，仍援河東。改南院大王。乾亨元年（979）秋，宋軍攻下河東，乘勝襲燕，高梁河一戰，他與耶律休哥分左右翼夾擊，大敗宋軍。統和初，承天皇太后蕭綽稱制，益見委任，爲北院樞密使。四年（986）宋軍三路來攻，斜軫指揮擊退西路來攻的宋軍，以功加

守太保。本書卷八三有傳。

秋七月丙寅朔，寧王只没妻安只伏誅，只没、高勳等除名。辛未，宋遣使來賀天清節。

八月癸卯，漢遣使言天清節設無遮會，[1]飯僧祝釐。[2]丁未，如秋山。己酉，漢以宋事來告。是月，女直侵貴德州東境。

[1]無遮會：【靳注】佛教以佈施爲主要内容的法會，五年一次，又稱無遮大會。

[2]飯僧：向僧人施飯，奉佛藉以祈福。《舊唐書》卷一一八《王縉傳》："初，代宗喜祠祀，未甚重佛，而元載、杜鴻漸與［王］縉喜飯僧徒。代宗嘗問以福業報應事，載等因而啟奏，代宗由是奉之過當，嘗令僧百餘人於宫中陳設佛像，經行念誦，謂之内道場。其飲膳之厚，窮極珍異，出入乘廄馬，度支具廩給。每西蕃入寇，必令群僧講誦《仁王經》，以攘虜寇。苟幸其退，則横加錫賜。"

九月己巳，謁懷陵。[1]辛未，東京統軍使察鄰、詳穩涸奏女直襲歸州五寨，剽掠而去。乙亥，鼻骨德來貢。壬午，漢爲宋人所侵，遣使求援，命南府宰相耶律沙、冀王敵烈赴之。[2]戊子，漢以宋師壓境，[3]遣駙馬都尉盧俊來告。[4]

[1]懷陵：遼太宗、穆宗之陵。位於懷州境内。大同元年（947）遼置懷州奉陵軍，治所在今内蒙古自治區巴林右旗幸福之路蘇木崗根嘎查古城址。州隸永興宫。

[2]耶律沙（？—988）：字安隱。景宗即位，總領南面邊防

務。保寧間宋攻河東，沙將兵救之，有功，加守太保。乾亨初沙將兵再援北漢，敗於白馬嶺。復與宋戰於高梁河，並從韓匡嗣攻宋。卷八四有傳。

[3]宋師壓境：《長編》卷一七開寶九年（976）九月壬申載：黨進帥兵抵北漢城下，列寨於汾河之南，敗其軍數千人於太原之北，獲馬千餘匹及兵仗六百餘副。

[4]盧俊：北漢駙馬都尉。保寧八年（976）宋師壓境，俊詣遼乞師，有功。乾亨元年（979）白馬嶺之役，遼相耶律沙敗於宋軍。後耶律斜軫來援，始擊退宋軍。將趨太原，會俊以國亡出奔，言太原已陷。遼軍遂勒兵還。俊至遼，署同政事門下平章事，尚景宗公主，復拜駙馬都尉。《十國春秋》卷一〇七有傳。

冬十月辛丑，漢以遼師退宋軍來謝。[1]

[1]遼師退宋軍：宋軍雖暫退走，但西北少數民族越過黄河，襲擊北漢。《長編》卷一七開寶九年（976）十月甲午載："定難節度使李光叡率所部兵次於天朝、定朝兩關，遣使言伺黄河凍合即入北漢界。丁酉，安守忠言與洛羅寨兵馬監押馬繼恩領兵出遼州路，焚北漢四十餘寨，獲牛羊人口數千。"

十一月丙子，宋主匡胤殂，[1]其弟炅自立，遣使來告。[2]辛卯，遣郎君王六、撻馬涅木古等使宋弔慰。

[1]宋主匡胤殂：據《長編》與《宋史》記載，宋太祖趙匡胤死於開寶九年（976）十月癸丑。

[2]宋遣使來告：《長編》卷一七開寶九年十一月壬午載："遣著作郎馮正、著作佐郎張玘使契丹，告終、稱嗣也。"

十二月壬寅，遣蕭只古、馬哲賀宋即位。丁未，漢以宋軍復至、掠其軍儲來告，[1]且乞賜糧爲助。戊午，詔南京復禮部貢院。是月，轄戛斯國遣使來貢。

[1]漢以宋軍復至、掠其軍儲來告：《長編》卷一七開寶九年(976)十月壬戌載："李光叡言率兵入北漢界，破吳保寨，斬首七百級，擒寨主侯遇，獲牛羊、鎧甲數千計。"

(李錫厚注　劉鳳翥校)

遼史　卷九

本紀第九

景宗下

九年春正月丙寅，女直遣使來貢。[1]

[1]女直：本作女真，因避遼興宗耶律宗真名諱，改稱女直。遼時居東北東部。在南者入遼籍，稱熟女真，或合蘇館女真；在北者不入遼籍，稱生女真。

二月庚子，宋遣使致其先帝遺物。甲寅，以青牛白馬祭天地。[1]

[1]以青牛白馬祭天地：契丹祭祀天地用青牛白馬，表示不忘祖先。本書卷三七《地理志一・上京道》："相傳有神人乘白馬，自馬盂山浮土河而東，有天女駕青牛車由平地松林泛潢河而下。至木葉山，二水合流，相遇爲配偶，生八子。其后族屬漸盛，分爲八部。每行軍及春秋時祭，必用白馬青牛，示不忘本云。"

三月癸亥，耶律沙、敵烈獻援漢之役所獲宋俘。[1]戊辰，詔以粟二十萬斛助漢。

[1]耶律沙（？—988）：字安隱。景宗即位，總領南邊防務。保寧間宋攻河東，沙將兵救之，有功，加守太保。乾亨初沙將兵再援北漢，敗於白馬嶺。復與宋戰於高梁河，並從韓匡嗣攻宋。本書卷八四有傳。　敵烈（933—979）：即皇子提里古，太宗第四子。字巴速堇。保寧初封冀王，乾亨初北宋進攻北漢，敵烈往援，戰死於白馬嶺。

夏五月庚午，[1]漢遣使來謝，且以宋事來告。己丑，女直二十一人來請宰相、夷离堇之職，[2]以次授之。

[1]夏五月：【劉校】原本、南監本、北監本和殿本均無“夏”，據中華點校本補。

[2]宰相：契丹部族官名。契丹可汗之下有北、南二府，各部族則分屬二府，分設宰相，故北宰相亦稱北府宰相，南宰相亦稱南府宰相。　夷离堇：契丹部族官名。源於突厥語官名“俟斤”（Irkin）。突厥各部的最高元首稱“可汗”（Qaghan），其他各部酋長則稱爲俟斤。初，契丹“其君大賀氏，有勝兵四萬，臣於突厥，以爲俟斤”（《新唐書》卷二一九《契丹傳》）。後，契丹首領自立爲可汗，其下所屬各部酋長則稱爲“俟斤”，亦即夷离堇。契丹立國後，大部族之夷离堇稱王，小部族之夷离堇則稱爲節度使。舉凡一部之軍政、民政皆由其統掌。參見韓儒林《穹廬集》（上海人民出版社1982年版，第314—316頁）。

六月丙辰，以宋王喜隱爲西南面招討使。[1]

[1]喜隱（？—981）：阿保機幼子李胡之子。字完德，初封趙王。穆宗時曾兩次謀反，下獄。景宗保寧初宥之，妻以皇后之姊，封宋王，授西南面招討使。稍見進用，復誘群小謀叛，囚於祖州。乾亨三年（981）宋降卒二百餘人欲劫立喜隱，以城堅不得入，立其子留禮壽，上京留守除室擒之。留禮壽伏誅，賜喜隱死。本書卷七二有傳。

秋七月庚申朔，回鶻遣使來貢。甲子，宋遣使來聘。[1]壬申，漢以宋侵來告。丙子，遣使助漢戰馬。

[1]宋遣使來聘：《長編》卷一八宋太宗太平興國二年（977）五月庚午載：命起居舍人辛仲甫使於契丹，右贊善大夫穆被副之。仲甫至境上，聞朝廷議興師伐北漢，［北漢］實倚契丹爲援，遲留未敢進，飛奏竢報。有詔遣行，既至，契丹主問曰："聞中朝有黨進者真驍將，如進之比凡幾人？"仲甫對曰："名將甚多，如進鷹犬之材，何可勝數。"契丹主頗欲留之，仲甫曰："信以成義，義不可留，有死而已。"契丹主知其秉節不可奪，厚禮遣還。

八月，漢遣使進葡萄酒。

冬十月甲子，耶律沙以党項降酋可丑、買友來見，[1]賜詔撫諭。丁卯，以可丑爲司徒，買友爲太保，各賜物遣之。壬申，女直遣使來貢。乙酉，漢復遣使以宋事來告。

[1]党項：中國古代族名。又稱党項羌，唐以後主要活動於靈、慶、銀、夏等州，即今甘肅、寧夏、陝西和內蒙古等省區交界地區。

十一月丁亥朔，司天奏日當食不虧。戊戌，吐谷渾叛入太原者四百餘户，[1]索而還之。癸卯，祠木葉山。[2]乙巳，遣太保迭烈割等使宋。乙卯，漢復遣使以宋事來告。

[1]吐谷渾：即吐渾，古代部族名。據《新五代史》卷七四《四夷附録第三》，吐渾“自後魏以來，名見中國，居於青海之上。當唐至德中，爲吐蕃所攻，部族分散，其内附者，唐處之河西。其大姓有慕容、拓拔、赫連等族。懿宗時，首領赫連鐸爲陰山府都督，與討龐勛，以功拜大同軍節度使。爲晉王所破，其部族益微，散處蔚州界中……晉高祖立，割鴈門以北入於契丹，於是吐渾爲契丹役屬，而苦其苛暴”。另據《五代會要》卷二八《吐渾》：“至開運中，捍虜（契丹）於澶州……其族子白可久，名在承福之亞，因牧馬率本帳北遁，契丹授以官爵，復遣潛誘承福。承福亦思叛去，事未果，漢高祖知之，乃以兵環其部族，擒承福與其族白鐵匱、赫連海龍等五家，凡四百有餘人，伏誅。籍其牛馬，命别部長王義宗統其餘屬。”

[2]木葉山：山名。契丹語稱“大”爲“木葉”。“木葉山”可以泛指任何“大山”，也可專指某一大山爲“木葉山”。此處指永州境内一座山，契丹人視此山爲神山，其地在今内蒙古自治區翁牛特旗新蘇莫蘇木的西拉木倫河與老哈河匯合處一帶。“上建契丹始祖廟，奇首可汗在南廟，可敦（可汗之妻）在北廟，繪塑二聖并八子神像。”詳見本書卷三七《地理志一》永州條。

十二月戊辰，獵於近郊，以所獲祭天。[1]

[1]祭天：古代的重大祭祀。《儀禮·喪服》以爲天是“天子及其始祖之所自出”。契丹傳統是以青牛白馬祭天地。此處衹祭天，

當是用漢禮。

十年春正月癸丑，如長濼。[1]

[1]長濼：遼時湖泊名又作長泊，亦稱魚兒濼，是遼春捺鉢的地點，在長春州（今吉林省前郭爾羅斯蒙古族自治縣塔虎城）境內。宋大中祥符六年（遼開泰二年，1013），晁迥使遼，回來後向宋廷報告此行至長泊所見遼帝四時捺鉢活動的情況。

二月庚午，阿薩蘭回鶻來貢。[1]

[1]阿薩蘭回鶻：即高昌回鶻。回鶻西遷、匯合後主要的一支。直到元代，它仍自認爲是回鶻的嫡系。其疆域東至今哈密烏納格什湖，西通天山西部，南接酒泉，北達天山北麓。首府設在喀拉和卓（今新疆維吾爾自治區吐魯番市東高昌古城），陪都設在天山北麓別失八里（即北庭，今新疆維吾爾自治區吉木薩爾縣北破城子）。其王早期稱阿薩蘭汗（意爲獅子王），較晚則稱亦都護。

三月庚寅，祭顯陵。[1]

[1]顯陵：東丹王耶律倍及世宗陵寢。在顯州（今遼寧省北鎮市）。大同元年（947）世宗以其父東丹王耶律倍生前愛醫巫閭山水奇秀，因葬於此。應曆元年（951）穆宗葬世宗於顯陵西山。

夏四月丁卯，西幸。己巳，女直遣使來貢。

五月癸卯，賜女里死，遣人誅高勳等。[1]

[1]女里（？—978）：積慶宮分人。字涅烈袞。景宗在藩邸，以女里出自其父世宗宮分，故待遇殊厚，女里亦傾心結納。及穆宗遇弒，女里翼戴景宗即位，以功加政事令、契丹行宮都部署。保寧末坐私藏甲五百屬及謀殺樞密使蕭思温，賜死。卷七九有傳。　高勳（？—978）：字鼎衛，初仕後晉爲閤門使。會同九年（開運二年，946）隨杜重威降遼，後北遷。世宗即位，爲樞密使，總漢軍。穆宗應曆間，封趙王，任上京留守、南京留守。景宗即位，以定策功封秦王。後謀殺蕭思温事發，伏誅。卷八五有傳。

六月己未，駐蹕沿柳湖。

秋七月庚戌，享太祖廟。

九月癸未朔，[1]平王隆先子陳哥謀害其父，[2]車裂以徇。

是冬，駐蹕金川。

[1]癸未朔：【劉校】"朔"字原闕，中華點校本據本書卷四四《曆象志下·朔考》補。今從。

[2]平王隆先：東丹王耶律倍之子。母大氏。景宗即位，始封平王。未幾兼政事令，留守東京。卷七二有傳。

乾亨元年春正月乙酉，遣撻馬長壽使宋，[1]問興師伐劉繼元之故。[2]丙申，長壽還，言"河東逆命，所當問罪。若北朝不援，和約如舊；不然則戰"。

[1]撻馬：契丹官名。係"撻馬狘沙里"之簡稱。擔任扈從。

[2]劉繼元：北漢皇帝劉承鈞養子。天會十二年（遼應曆十八年，968）九月即位，次年，遼册立其爲大漢皇帝。廣運二年（遼

保寧七年，975）遼加繼元爲大漢英武皇帝。廣運六年（宋太平興國四年，979），據《九朝編年備要》卷三，是年正月宋太宗“命潘美伐北漢”，“二月上親征北漢。三月契丹救北漢，郭進敗之。戰於石嶺關之南”。“夏四月上圍太原”，“即自草詔賜繼元，諭以速降，終保富貴。劉繼元降，北漢平”。

二月丁卯，漢以宋兵壓境，遣使乞援。詔南府宰相耶律沙爲都統、冀王敵烈爲監軍赴之；又命南院大王斜軫以所部從，[1]樞密副使抹只督之。

[1]南院大王：契丹部族官。遼朝析迭剌部爲五院部和六院部。五院部有知五院事，在朝曰北大王院；六院部有知六院事，在朝曰南大王院。北院大王和南院大王即是五院部和六院部的首領，握有兵權。

三月辛巳，速撒遣人以別部化哥等降，納之。丙戌，漢遣使謝撫諭軍民，詔北院大王奚底、乙室王撒合等以兵戍燕。[1]己丑，漢復告宋兵入境，詔左千牛衛大將軍韓倬、大同軍節度使耶律善補以本路兵南援。[2]辛卯，女直遣使來貢。丁酉，耶律沙等與宋戰於白馬嶺，[3]不利。冀王敵烈及突呂不部節度使都敏、黄皮室詳穩唐筈皆死之，士卒死傷甚衆。

[1]乙室：契丹部族名。遥輦氏阻午可汗時始置爲部。隸南府，駐守西南之境。

[2]耶律善補：遼宗室。字瑶升。景宗即位，授千牛衛大將軍，遷大同軍節度使。後爲惕隱、南京統軍使、南府宰相、南院大王。

凡征討，憚攻戰。年七十四卒。本書卷八四有傳。

[3]白馬嶺：宋朝方面記載，此次雙方戰於石嶺關南。《長編》卷二〇宋太宗太平興國四年（979）三月乙未載："郭進言契丹數萬騎入侵，大破之石嶺關南。於是北漢援絶。北漢主復遣使間道齎蠟書走契丹告急，進捕得之，徇於城下，城中氣始奪矣。"《宋會要輯稿·蕃夷》一之五載："［太平興國四年］三月，石嶺關總管郭進言：契丹率衆數萬騎寇石嶺關，以援晉陽，即出兵敗之。"

夏四月辛亥，漢以行軍事宜來奏，盧俊自代州馳狀告急。[1]辛酉，敵烈來貢。

[1]代州：治所在今山西省代縣。　盧俊：北漢駙馬都尉。保寧八年（976）宋師壓境，俊詣遼乞師，有功。乾亨元年（979）白馬嶺之役，遼相耶律沙敗於宋軍。後耶律斜軫來援，始擊退宋軍。將趨太原，會俊以國亡出奔，言太原已陷。遼軍遂勒兵還。俊至遼，署同政事門下平章事，尚景宗公主，復拜駙馬都尉。《十國春秋》卷一〇七有傳。

五月己卯朔，[1]宋兵至河東，漢與戰，不利，[2]劉繼文、盧俊來奔。[3]

[1]己卯朔：【劉校】"朔"字原闕，中華點校本據本書卷四四《曆象志下·朔考》補。今從。

[2]宋兵至河東，漢與戰，不利：《長編》卷二〇宋太宗太平興國四年（979）五月己卯朔載："［宋太宗］幸［太原］城西南隅，夜督諸將急攻。遲明，陷羊馬城。北漢宣徽使范超來降，攻城者疑超出戰，禽之以獻，斬於纛下。既而北漢主盡殺超妻子，梟其首，投於城外。辛巳，幸城西北隅，北漢馬步軍都指揮使郭萬超來

降。壬午，幸城南，上謂諸將曰：‘翌日重午，當食於城中。’遂自草詔賜北漢主。夜，漏上一刻，城上有蒼白雲如人狀（注引《九國志》云：太宗駕至城下，築連堤壅汾河灌城。五月四日城東南隅壞，水入注夾城中。繼元大恐，自督衆負土塞之。然實録、正史畧不載灌城事，當考）。”

［3］劉繼文：北漢劉繼元之弟。穆宗時使遼，被扣留。景宗即位後遣回。乾亨元年（979）北漢將亡時奔遼，受封爲彭城郡王。《長編》卷二〇宋太宗太平興國四年（979）五月癸未引宋《國史·郭守文傳》云：北漢劉繼元投降後，“劉繼元弟繼文據代州，依契丹以拒命。［郭］守文討平之”。

六月，劉繼元降宋，漢亡。[1]甲子，封劉繼文爲彭城郡王，盧俊同政事門下平章事。宋主來侵。[2]丁卯，北院大王奚底、統軍使蕭討古、乙室王撒合擊之。[3]戰於沙河，[4]失利。己巳，宋主圍南京。[5]丁丑，詔諭耶律沙及奚底、討古等軍中事宜。

［1］劉繼元降宋，漢亡：劉繼元降宋是在五月癸未。《長編》卷二〇宋太宗太平興國四年（979）五月癸未載：“［太宗］幸城南，督諸將急攻。士奮怒，爭乘城，不可遏。上恐屠其城，因麾衆少退。城中人猶欲固守。左僕射致仕馬峯以病卧家，舁入見北漢主，流涕以興亡諭之。北漢主乃降。夜漏上十刻，遣客省使李勳上表納欵。上喜，即命通事舍人薛文寶齎詔入城撫諭。夜漏未盡，幸城北，宴從臣於城臺，受其降。甲申，遲明，劉繼元率其官屬素服紗帽待罪臺下，詔釋之。召升臺勞問，繼元叩頭曰：‘臣自聞車駕親臨，即欲束身歸命。致陛下鑾輿暴露，尚敢以孤壘拒戰。蓋亡命卒懼死，劫臣不得降耳。’上令籍亡命者至，悉斬之。”

［2］宋主來侵：《長編》卷二〇宋太宗太平興國四年（979）六

月甲寅載："遣使發京東、河北諸州軍儲赴北面行營。庚申車駕北征，發鎮州……辛酉，次定州，遣使告祀北嶽。上作《悲陷蕃民》詩，令從臣和。丙寅，次金臺頓，契丹據有之地也，募其民能爲鄉導者百人，人賜錢二千。遣東西班指揮使浚儀孔守正等先趣岐溝關。守正夜踰短垣，過鹿角，臨斷橋，説關使劉禹以大軍且至，宜開門出降。禹解懸橋，邀守正入聽命。守正慰撫軍民，還詣行在所。"

[3]北院大王奚底：【劉校】據中華點校本校勘記，"本書卷八四《蕭幹傳》作五院糺詳穩奚底"。按：奚底的官稱或有變化，本紀與列傳記載不一致，並不能相互否定。

[4]戰於沙河：沙河，當在岐溝關附近。《長編》卷二〇宋太宗太平興國四年六月丁卯載："上躬擐甲冑，率兵次岐溝關。契丹東易州刺史劉禹以州降，留兵千人守之。東易州即岐溝關也。東西班指揮使衡水傅潛與孔守正先至涿州，擊契丹敗之，生擒五百餘人。"【劉校】"於"，原本和南監本誤作"千"，據北監本和殿本改。

[5]宋主圍南京：宋軍到達遼南京（今北京市）的日期非己巳，而是次日庚午。《長編》卷二〇宋太宗太平興國四年六月載："己巳，次鹽溝頓，民有得契丹之馬來獻，賜以束帛。庚午，遲明，次幽州城南，駐蹕於寶光寺。契丹萬餘衆屯城北。上親率兵乘之，斬首千餘級，餘黨遁去。"

秋七月癸未，沙等及宋兵戰於高粱河，[1]少卻；休哥、斜軫橫擊，[2]大敗之。宋主僅以身免，至涿州，竊乘驢車遁去。甲申，擊宋餘軍，所殺甚衆，獲兵仗、器甲、符印、糧饋、貨幣不可勝計。辛丑，耶律沙遣人上俘獲，以權知南京留守事韓德讓、權南京馬步軍都指揮使耶律學古、知三司事劉弘皆能安人心、捍城池，[3]並賜詔褒獎。

[1]高梁河：故道在北京城區西直門外。《宋史》卷四《太宗本紀一》載：太平興國四年（981）七月癸未“帝督諸軍及契丹大戰於高梁河，敗績。甲申班師。”王銍《默記》卷中載：“太宗自燕京城下軍潰，北虜追之，僅得脱。凡行在服御寶器盡爲所奪，從人宫嬪盡陷没。股上中兩箭，歲歲必發。其棄天下竟以箭瘡發云。”

[2]休哥：即耶律休哥（？—998）。字遜寧。出身皇族，應曆末爲惕隱。乾亨元年（979）與耶律斜軫分左右翼，擊敗宋軍於高梁河。是年冬，休哥率本部兵從韓匡嗣等戰於滿城。匡嗣敗績。休哥整兵進擊，敵乃卻。詔總南面戍兵，爲北院大王。聖宗即位，太后稱制，令休哥總南面軍務，多有戰功。統和四年（986）封宋國王。本書卷八三有傳。　斜軫：即耶律斜軫（？—999）。字韓隱，于越曷魯之孫。保寧初受命節制西南面諸軍，仍援河東。改南院大王。乾亨元年（979）秋，宋軍攻下河東，乘勝襲燕，高梁河一戰，他與耶律休哥分左右翼夾擊，大敗宋軍。統和初，承天太后蕭綽稱制，益見委任，爲北院樞密使。四年（986），宋軍三路來攻，斜軫指揮擊退西路來攻的宋軍，以功加守太保。本書卷八三有傳。

[3]韓德讓（942—1011）：韓匡嗣第四子。統和初承天太后稱制，韓德讓以南院樞密使的身份“總宿衛事”。統和十七年（999），北院樞密使、魏王耶律斜軫病故，承天太后以韓德讓兼知北院樞密使事，至此，遼朝的蕃漢軍政大權就集於一身了。統和二十二年，承天太后賜韓德讓姓耶律，徙封晉王，並且仍舊爲大丞相，事無不統。次年十一月，又詔德讓“出宫籍，屬於横帳”。本書卷八二有傳。　耶律學古：本書卷八三有傳。

八月壬子，阻卜惕隱曷魯、夷离菫阿里覩等來朝。[1]乙丑，耶律沙等獻俘。丙寅，以白馬之役責沙、抹只，復以走宋主功釋之；奚底遇敵而退，以劍背擊之；撒合雖卻，部伍不亂，宥之；冀王敵烈麾下先遁者斬之；都監以下杖之。壬申，宴沙、抹只等將校，賜物有差。

［1］阻卜：即達旦、韃靼。元人諱言達旦，而稱達旦爲阻卜，詳見王國維《觀堂集林》卷一四《達旦考》。　惕隱：契丹官名。又稱梯里已，掌皇族政教。　夷离堇：原爲突厥語官名。亦譯作"俟斤"（Irkin）。突厥諸部最高元首稱"可汗"（Qaghan），其他諸部君長則稱爲俟斤、亦都護。初，契丹"其君大賀氏，有勝兵四萬，析八部，臣於突厥，以爲俟斤"（《新唐書》卷二一九《契丹傳》）。後，契丹首領自立爲可汗，所屬各部長則稱爲"俟斤"，亦即"夷离堇"。契丹立國後，大部族之夷离堇稱王，小部族夷离堇稱爲節度使。舉凡一部軍政、民政皆由其統掌（參見韓儒林《穹廬集》第314—316頁）。

九月己卯，燕王韓匡嗣爲都統，[1]南府宰相耶律沙爲監軍，惕隱休哥、南院大王斜軫、權奚王抹只等各率所部兵南伐，[2]仍命大同軍節度使善補領山西兵分道以進。

［1］韓匡嗣（917—983）：遼初著名漢臣韓知古之子。隸屬宮籍。初以善醫直長樂宮。《韓匡嗣墓誌》透露出他最初是受到太宗德光賞識，這可能與靖安皇后有關。因爲匡嗣是景宗耶律賢藩邸故人，所以在景宗即位以後很快受到重用。保寧二年（970）景宗睿智皇后父親蕭思温遭謀殺，十年景宗又殺了殺害蕭思温的兇手高勳和女里，韓匡嗣更成了景宗和睿智皇后僅存的心腹人物，加開府儀

同三司、政事令，授南面行營都統、燕京留守，封燕王。晚年任西南面招討使，與景宗死於同一年。本書卷七四有傳。

[2]奚王：對奚部族首領的稱呼。《五代會要》卷二八《奚》載："奚，本匈奴别種，即東胡之地，人物風俗與突厥同。族有五姓：一曰阿會部，管縣六；二曰啜米部，管縣四；三曰奧質部，管縣六；四曰奴皆部，管縣四；五曰黑訖支部，管縣三；每部有刺史，每縣有令，酋長號奚王。"此奚王是被契丹降伏以後的奚部族酋長。《新五代史》卷七四《四夷附録第三》所記奚各部名稱與《五代會要》略有不同：奚"分爲五部：一曰阿薈部，二曰啜米部，三曰粵質部，四曰奴皆部，五曰黑訖支部。後徙居琵琶川，在幽州東北數百里。地多黑羊，馬趫前蹄堅善走，其登山逐獸，下上如飛"。奚本來衹有五部，阿保機降伏五部奚之後設置墮瑰部，而成六部。詳本書卷三三《營衛志·部族下》。

冬十月乙丑，韓匡嗣與宋兵戰於滿城，[1]敗績。辛未，太保矧思與宋兵戰於火山，[2]敗之。乙亥，詔數韓匡嗣五罪，[3]赦之。

[1]滿城：縣名。治所在今河北省保定市滿城區。據宋朝方面記載，此次契丹與宋軍戰於遂城（今河北省保定市徐水區西），而非滿城。《長編》卷二〇宋太宗太平興國四年（981）九月丙午載："契丹大入侵，鎮州都鈐轄、雲州觀察使浚儀、劉延翰帥衆禦之，先陣於徐河。崔彦進潛師出黑盧隄北，緣長城口，銜枚躡敵後，李漢瓊及崔翰亦領兵繼至。""三戰，大破之。敵衆崩潰，悉走西山，投坑谷中，死者不可勝計。追奔至遂城，斬首萬餘級，獲馬千餘匹，生擒酋長三人，俘老幼三萬口及兵器、車帳、羊畜甚衆。冬十月庚午，捷書聞，手詔褒之。"

[2]火山：契丹南侵，多以東西兩路分進，因此，該火山可能

是指内蒙古、山西交界的黄河河曲一帶的火山。

[3]韓匡嗣五罪：據本書卷七四《韓知古附匡嗣傳》，景宗歷數匡嗣之罪有五："違爾衆謀，深入敵境，爾罪一也；號令不肅，行伍不整，爾罪二也；棄我師旅，挺身鼠竄，爾罪三也；偵候失機，守禦弗備，爾罪四也；捐棄旗鼓，損威辱國，爾罪五也"。

十一月戊寅，宴賞休哥及有功將校。乙未，南院樞密使兼政事令郭襲上書諫畋獵，[1]嘉納之。辛丑，冬至，赦，改元乾亨。

[1]南院樞密使：即漢人樞密院之樞密使。爲南面官最高官職。詳見本書卷四七《百官志三》。　政事令：遼朝南面宰相。遼世宗天禄四年（950）建政事省之前，漢人宰相無定稱；建政事省之後，南面宰相稱"政事令"，且多由契丹貴族擔任這一職務。

十二月乙卯，燕王韓匡嗣遥授晉昌軍節度使，[1]降封秦王。壬戌，蜀王道隱南京留守，徙封荆王。

是冬，駐蹕南京。

[1]晉昌軍：後晉在雍州置晉昌軍，即今陝西省西安市。因其不在遼朝境内，故晉昌軍節度使稱"遥授"。

二年春正月丙子朔，封皇子隆緒爲梁王，[1]隆慶爲恒王。[2]丁亥，以惕隱休哥爲北院大王，前樞密使賢適封西平郡王。[3]

[1]隆緒：即後來的遼聖宗。

[2]隆慶（？—1016）：隆緒同母弟。統和中進封爲梁國王，拜南京留守，手握重兵，稱雄一方。統和十七年（999）南征，隆慶率軍爲先鋒，至瀛州（今河北省河間市），與宋將范廷召相遇，隆慶命蕭柳迎戰，將宋軍擊潰，並圍而殲之。十九年復敗宋人於行唐（今屬河北省）。他的權勢、地位不斷上升，威脅着遼聖宗。《宋朝事實類苑》卷七七引《乘軺録》稱其“調度之物，悉侈於隆緒”。

[3]賢適：即耶律賢適（927—980）。字阿古真。出身顯貴。穆宗時，朝臣多以言獲譴，景宗在藩邸，常與韓匡嗣、女里等遊，賢適勸以宜早疏絶，由是得以免除穆宗懷疑。景宗立，陰以賢適爲腹心。保寧二年（970）秋，拜北院樞密使，兼侍中。當時大丞相高勳、契丹行宫都部署女里席寵放恣，景帝姨母、保母仗勢受賄，賢適患之，言於帝，不報。本書卷七九有傳。

二月戊辰，如清河。

三月丁亥，西南面招討副使耶律王六、太尉化哥遣人獻党項俘。

閏月庚午，有鵶飛止御帳，獲以祭天。

夏四月庚辰，祈雨。[1]戊子，清暑燕子城。

[1]祈雨：遼朝的一種禮儀，稱爲瑟瑟儀。本書卷四九《禮志一》載：“瑟瑟儀：若旱，擇吉日行瑟瑟儀以祈雨。”瑟瑟儀祈雨如果奏效，主持此儀式的官員敵烈麻都就要會受到賞賜，否則就要受到戲弄。這是因爲他作爲禮官，不僅是這一禮儀的主持者，同時還被看作契丹人與祖先溝通的中間人。

五月，雷火乾陵松。

六月己亥，喜隱復謀反，囚於祖州。[1]

[1]祖州：遼代地名。治所在今内蒙古自治區巴林左旗林東鎮西南查干哈達蘇木石房子嘎查，因係阿保機祖先出生之地，故名。遼在此置祖州天成軍。

秋七月戊午，王六等獻党項俘。

八月戊戌，東幸。

冬十月辛未朔，命巫者祠天地及兵神。辛巳，將南伐，祭旗鼓。癸未，次南京。丁亥，獲敵人，射鬼箭。[1]庚寅，次固安，[2]以青牛白馬祭天地。己亥，圍瓦橋關。[3]

[1]射鬼箭：契丹人的巫術、刑罰。皇帝出征及祭祀先帝時，都要行這種巫術。取死囚一人，置於所要前往之方向，以亂箭射殺，名爲射鬼箭。契丹人認爲，以此可以祓除不祥。班師歸來則以俘虜射鬼箭。後來則以此作爲刑罰的一種。

[2]固安：縣名。治所在今河北省固安縣。

[3]瓦橋關：在今河北省雄縣。

十一月庚子朔，宋兵夜襲營，突呂不部節度使蕭幹及四捷軍詳穩耶律痕德戰卻之。[1]壬寅，休哥敗宋兵於瓦橋東，守將張師引兵出戰，[2]休哥奮擊，敗之。戊申，宋兵陣於水南，休哥涉水擊破之，追至莫州，[3]殺傷甚衆。己酉，宋兵復來，擊之殆盡。丙辰，班師。乙丑，還次南京。

十二月庚午朔，休哥拜于越。大饗軍士。

[1]突呂不部節度使蕭幹及四捷軍詳穩耶律痕德戰卻之：【劉校】據中華點校本校勘記，本書卷八四《蕭幹傳》作“宋兵圍瓦橋，夜襲我營，幹及耶律勻骨戰卻之”。

[2]張師：應是守禦瓦橋關（雄州）的龍猛副指揮使荆嗣。《長編》卷二一太平興國五年（980）十一月載：“［壬寅］契丹寇雄州，（實録、本紀皆不載此事，獨契丹傳十一月書此。）據龍灣堤，龍猛副指揮使荆嗣率兵千人，力戰奪路。會中使有至州閱城壘者出郛外，敵進圍之。諸軍赴援，多被傷，嗣與其衆夜相失，三鼓，乃突圍走莫州。敵爲橋於界河以濟，嗣邀擊之，殺獲甚衆。”

[3]莫州：治所在今河北省任丘縣。

三年春二月丙子，東幸。己丑，復幸南京。

三月乙卯，皇子韓八卒。[1]辛酉，葬潢、土二河之間，置永州。[2]以秦王韓匡嗣爲西南面招討使。

[1]韓八：【劉校】據中華點校本校勘記，“《紀》統和元年（983）五月、《皇子表》並作藥師奴”。

[2]永州：【劉注】治所在今内蒙古自治區翁牛特旗白音他拉古城址。

夏五月丙午，[1]上京漢軍亂，[2]劫立喜隱不克，僞立其子留禮壽，上京留守除室擒之。

[1]夏五月：【劉校】原本、南監本、北監本和殿本均闕“夏”字，據中華點校本補。

[2]漢軍：也稱“漢兵”。遼朝有衆多的漢軍，其中有阿保機收編的“山北八軍”以及趙延壽的軍隊。此外，遼朝還有自己按照中原軍隊編制組建的漢軍，其中最重要的是燕京等地的禁軍。《長編》卷五五宋真宗咸平六年（1003）七月己酉記李信云：“國中所管幽州漢兵，謂之神武、控鶴、羽林、驍武等，約萬八千餘騎。”其中“羽林”“控鶴”是唐、五代禁軍舊有的名號。因此可以斷定李信所說的遼燕京的“漢兵”就是戍衛京城的禁軍。

秋七月甲子，留禮壽伏誅。

冬十月，如蒲瑰坡。

十一月辛亥，加除室同政事門下平章事。是月，以南院樞密使郭襲爲武定軍節度使。[1]

[1]武定軍：遼代軍號。治奉聖州（今河北省涿鹿縣）。

十二月，以遼興軍節度使韓德讓爲南院樞密使。[1]

[1]遼興軍：平州軍號。治所在今河北省盧龍縣。

四年春正月己亥，如華林、天柱。

三月乙未，清明。與諸王大臣較射，宴飲。

夏四月，自將南伐。[1]至滿城，戰不利，守太尉奚瓦里中流矢死。統軍使善補爲伏兵所圍，樞密使斜軫救免，詔以失備杖之。

[1]自將南伐：此次契丹分三路南進，《長編》卷二三宋太宗太平興國七年（982）五月載：“是月契丹三萬騎分道入寇。一襲雁

門，潘美擊破之，斬首三千級，逐北至其境，破壘三十六，俘老幼萬餘口，獲牛馬五萬計；一攻府州，折御卿擊破之新澤寨，斬首七百級，禽酋長百餘人，獲兵器、羊馬萬計；一趨高陽關，崔彥進擊破之唐興口，斬首二千級，獲兵器、羊馬數萬。”

五月，班師。清暑燕子城。

秋七月壬辰，遣使賜喜隱死。

八月，如西京。

九月庚子，幸雲州。[1]甲辰，獵于祥古山，[2]帝不豫。壬子，次焦山，崩於行在。[3]年三十五，在位十三年。遺詔梁王隆緒嗣位，軍國大事聽皇后命。統和元年正月壬戌，上尊謚孝成皇帝，廟號景宗。重熙二十一年，加謚孝成康靖皇帝。

[1]雲州：治所在今山西省大同市。

[2]祥古山：山名。據本書卷五《世宗本紀》，此山在歸化州（今河北省張家口市宣化區）。

[3]行在：皇帝出行時所在之地。遼是行國，以行在爲朝廷，稱捺鉢。

贊曰：遼興六十餘年，神册、會同之間日不暇給，[1]天禄、應曆之君不令其終。[2]保寧而來人人望治，以景宗之資，任人不疑、信賞必罰，若可與有爲也。而竭國之力以助河東，[3]破軍殺將無救滅亡。雖一取償於宋，得不償失。知匡嗣之罪，數而不罰；善郭襲之諫，納而不用。沙門昭敏以左道亂德，寵以侍中。不亦惑乎！

[1]神册：遼太祖耶律阿保機年號（916—922）。　會同：遼太宗耶律德光年號（938—947）。

[2]天禄、應曆之君，不令其終：【劉注】是説世宗和穆宗都遇弑而亡。

[3]河東：指五代時期的北漢，是十國之一。後漢乾祐四年（951）河東節度使劉崇稱帝，國號仍稱漢，都太原（今山西省太原市），史稱北漢。依附契丹。太平興國四年（979）爲北宋所滅。歷四主，凡二十九年。　破軍殺將：【劉校】原本作“被軍殺將”，中華點校本據南監木、北監本和殿本改。今從。

（李錫厚注　劉鳳翥校）

遼史　卷一〇

本紀第十

聖宗一

聖宗文武大孝宣皇帝諱隆緒，小字文殊奴，景宗皇帝長子，母曰睿智皇后蕭氏。[1]帝幼喜書翰，十歲能詩。既長，精射法、曉音律、好繪畫。乾亨二年，[2]封梁王。[3]四年秋九月壬子，景宗崩。癸丑，即皇帝位於柩前，時年十二。皇后奉遺詔攝政，詔諭諸道。

[1]睿智皇后蕭氏（？—1009）：名綽，小字燕燕，北府宰相思温女。景宗即位選爲貴妃，尋册爲皇后。生聖宗。景宗崩尊爲皇太后，攝國政。統和元年（983）上尊號曰承天皇太后。本書卷七一有傳。

[2]乾亨：遼景宗年號（979—983）。

[3]梁王：遼朝皇位繼承人的封號。

冬十月己未朔，帝始臨朝。辛酉，群臣上尊號曰昭聖皇帝,[1]尊皇后爲皇太后，大赦。以南院大王勃古哲總領山西諸州事,[2]北院大王于越休哥爲南面行軍都統,[3]奚王和朔奴副之,[4]同政事門下平章事蕭道寧領本部軍駐南京。乙丑，如顯州。[5]

[1]昭聖皇帝：【劉校】“聖”原本誤作“望”，大典本、南監本、北監本和殿本均作“聖”。中華點校本及修訂本徑改。今從改。

[2]南院大王：契丹部族官。遼朝析迭剌部爲五院部和六院部。五院部有知五院事，在朝曰北大王院；六院部有知六院事，在朝曰南大王院。北院大王和南院大王即是五院部和六院部的首領，握有兵權。

[3]于越：契丹語官名的音譯。貴官，非有大功德不授。無具體執掌。位在北、南大王之上。　耶律休哥（？—998）：字遜寧。出身皇族，應曆末爲惕隱。乾亨元年（979）與耶律斜軫分左右翼，擊敗宋軍於高梁河。是年冬休哥率本部兵從韓匡嗣等戰於滿城。匡嗣敗績，休哥整兵進擊，敵乃卻。詔總南面戍兵，爲北院大王。聖宗即位，太后稱制，令休哥總南面軍務，多有戰功。統和四年（986）封宋國王。本書卷八三有傳。

[4]奚王：對奚部族首領的稱呼。《五代會要》卷二八《奚》：“奚，本匈奴別種，即東胡之地，人物風俗與突厥同。族有五部：一曰阿會部，管縣六；二曰啜米部，管縣四；三曰奥質部，管縣六；四曰奴皆部，管縣四；五曰黑訖支部，管縣三；每部有刺史，每縣有令，酋長號奚王。”此奚王是被契丹降伏以後的奚部族酋長。《新五代史》卷七四《四夷附録第三》所記奚各部名稱與《五代會要》略有不同：奚“分爲五部：一曰阿薈部，二曰啜米部，三曰粤質部，四曰奴皆部，五曰黑訖支部。後徙居琵琶川，在幽州東北數百里。地多黑羊，馬趨前蹄堅善走，其登山逐獸，下上如飛”。奚本來衹有五部，阿保機降伏五部奚之後設置墮瑰部，而成六部。詳

見本書卷三三《營衛志·部族下》。

[5]顯州：治所在今遼寧省北鎮市。

十一月甲午，置乾州。[1]

[2]乾州：遼乾亨四年（982）置，治所在奉陵縣（今遼寧北鎮滿族自治縣西南十二里觀音洞附近）。本書《地理志二》乾州條載，"以奉景宗乾陵"，故名。

十二月戊午朔，耶律速撒討阻卜。[1]辛酉，南京留守荆王道隱奏宋遣使獻犀帶請和，[2]詔以無書卻之。甲子，撻剌干乃萬十醉言宮掖事，[3]法當死，杖而釋之。辛未，西南面招討使秦王韓匡嗣薨。[4]癸酉，奉大行皇帝梓宮于菆塗殿。庚辰，省置中臺省官。[5]

[1]耶律速撒（？—1002）：字阿敏。應曆初爲侍從，累遷突呂不部節度使。保寧三年（971）改九部都詳穩。四年伐党項，屢立戰功。統和初以後，在邊二十年，安集諸蕃，威信大振。卷九四有傳。　阻卜：即達旦、韃靼。元人諱言達旦，而稱達旦爲阻卜，詳見王國維《觀堂集林》卷一四《達旦考》。

[2]道隱（？—983）：東丹王耶律倍之子。字留隱，母高氏。生於唐，倍遇害時年尚幼，洛陽僧匿而養之，因名道隱。太宗滅唐，還。景宗即位封蜀王，爲上京留守。乾亨元年（979）遷南京留守。按，宋朝方面無"遣使獻犀帶"記載。

[3]撻剌干：契丹部族官名。會同元年（938）定制，以達剌干爲副使。　乃萬十：【劉校】中華點校本校勘記，"《刑法志》作乃方十"。

［4］西南面招討使：【劉校】“西”字原脱，中華點校本據本書卷九《景宗紀二》乾亨三年（981）三月及本書卷七四本傳補。今從。　韓匡嗣（917—983）：遼初著名漢臣韓知古之子。隸屬宫籍。初以善醫直長樂宫。《韓匡嗣墓誌》透露出他最初是受到太宗德光賞識，這可能與靖安皇后有關。因爲匡嗣是景宗耶律賢藩邸故人，所以景宗即位以後他很快即受到重用。保寧二年（970）皇后父親蕭思温遭謀殺，十年（978）景宗殺了高勳和女里之後，韓匡嗣更成了景宗和睿智皇后僅存的心腹人物，加開府儀同三司、政事令，授南面行營都統、燕京留守，封燕王。晚年任西南面招討使，與景宗死於同一年。

［5］中臺省：東丹國宰輔機構。設左、右大相及左、右次相。

統和元年春正月戊午朔，以大行在殯，[1]不受朝。乙丑，奉遺詔，召先帝庶兄質睦于菆塗殿前，[2]復封寧王。加宰相室昉、宣徽使普領等恩。[3]丙寅，荆王道隱有疾，詔遣使存問，是日皇太后幸其邸視疾。戊辰，以烏隈烏骨里部節度使耶律章瓦同政事門下平章事。[4]甲戌，荆王道隱薨，輟朝三日，[5]追封晉王，遣使撫慰其家。丙子，以于越休哥爲南京留守，仍賜南面行營總管印綬，[6]總邊事。渤海撻馬解里以受先帝厚恩乞殉葬，[7]詔不許，賜物以旌之。戊寅，遣使賜于越休哥及奚王籌寧、統軍使頗德等湯藥。命惒篤持送休哥下車牓以諭燕民。辛巳，速撒獻阻卜俘。壬午，涿州刺史安吉奏宋築城河北，[8]詔留守于越休哥撓之，勿令就功。趙妃及公主胡骨典、奚王籌寧、宰相安寧、北大王普奴寧、惕隱屈烈、吴王稍、寧王只没與横帳、國舅、契丹、漢官等並進助山陵費。[9]癸未，齊國公主率内外命婦進物如之。[10]甲申，西南面招討使韓德威奏党項十五部侵邊，[11]以兵擊破之。乙酉，以速撒破阻卜，下詔褒美，仍諭與大漢討党項諸部。[12]丁亥，樞密使兼政事令室昉以年老請解兼職，[13]詔不允。

[1]大行在殯：古代稱剛死而尚未定謚號的皇帝、皇后爲“大行皇帝”“大行皇后”。《後漢書·安帝紀》：“孝和皇帝懿德巍巍，光於四海；大行皇帝不永天年。”李賢注引韋昭曰：“大行者，不反之辭也。天子崩，未有謚，故稱大行也。”“在殯”，死者入殮後停柩以待葬。

[2]質睦：即景宗第三子只没，妃甄氏生，字和魯。景宗封爲寧王，保寧八年（976）奪爵。統和元年（983）皇太后稱制，詔復舊爵。應曆、保寧間曾兩度奪爵。通契丹字、漢字，能詩。

[3]宰相：契丹部族官名。契丹可汗之下有北、南二府，各部族則分屬二府，分設宰相，故北宰相亦稱北府宰相，南宰相亦稱南府宰相。　室昉（916—991）：南京人。字夢奇。會同初登進士第。保寧間拜樞密使兼北府宰相，加同政事門下平章事。乾亨初監修國史。九年（991）薦韓德讓自代，不從。病劇，遣翰林學士張幹就第授中京留守，加尚父。卒，年七十五。本書卷七九有傳。　宣徽使：遼朝官名。遼設北、南宣徽，分隸北、南樞密院之下。宣徽北院使常執行軍事使命。此外，宣徽使還掌領朝會、宴饗、禮儀、祭祀及御前祇應之事。

[4]烏隈烏骨里：【靳注】部族名。亦作“隈烏古”“隗烏古”“烏隈于厥”。其居住地在今内蒙古自治區阿魯科爾沁旗、扎魯特旗附近。

[5]輟（chuò）朝：中止臨朝聽政。

[6]南面行營總管：遼軍官名。屬北面行軍官系統。　印綬：印信和繫印信的絲帶。古人印信上系有絲帶，佩戴在身，用以表明

身份。《舊唐書》卷一七〇《裴度傳》："帶丞相之印綬，所以尊其名；賜諸侯之斧鉞，所以重其命。"

［7］撻馬：契丹官名。爲"撻馬狘沙里"之簡稱。擔任扈從。

［8］涿州：治所在今河北省涿州市。　宋築城河北：是指宋朝修邊備。從《長編》所記載的情況來看，當時遼宋雙方都在築城，修邊備。契丹雖"以剽掠爲務"，但對宋防務，主要是依靠燕京漢軍，因此同樣需要築城。《長編》卷二四太平興國八年（983）十一月載：高陽關捕得契丹生口，送至闕下。戊午，上召見，言契丹種族攜貳，慮王師致討，頗於近塞築城爲備。上謂宰相曰："戎人以剽略爲務，乃修築城壘，爲自全之計耳。曩者劉繼元盜據汾晉，周世宗及太祖皆親征不利，朕決取之，爲世宗、太祖刷恥，親擒繼元。今日視之，猶几上肉耳。當其保堅城，結北鄙爲援，豈易制乎？"

［9］公主胡骨典：世宗懷節皇后生，保寧間封秦國長公主。下嫁侍中蕭啜里。　惕隱：契丹官名。又稱梯里已，掌皇族政教。　吳王稍：耶律倍第三子。本書無傳，《皇子表》亦不載。聖宗時曾任上京留守。　橫帳：契丹以玄祖之後爲皇族，分爲三房：孟父房、仲父房和季父房。季父房一系太祖阿保機子孫爲"橫帳"。本書卷一六《聖宗本紀七》載：開泰八年（1019）冬十月癸巳，詔"橫帳、三房不得與卑小帳族爲婚；凡嫁娶，必奏而後行"。本書卷四五《百官志一》載："玄祖伯子麻魯無後，次子巖木之後曰孟父房；叔子釋魯曰仲父房；季子爲德祖，德祖之元子是爲太祖天皇帝，謂之橫帳；次曰剌葛，曰迭剌，曰寅底石，曰安端，曰蘇，皆曰季父房。"　國舅：遼的外戚蕭氏。遼朝有大國舅司，掌蕭氏中的乙室已、拔里二帳之事。世宗以其舅氏爲國舅別部。

［10］齊國公主：景宗長女觀音女。睿智皇后生，封魏國公主，進封齊國。興宗時封燕國大長公主。下嫁北府宰相蕭繼先。曾受賜奴婢萬口。

［11］韓德威（941—996）：韓匡嗣之子、韓德讓之弟。保寧初

自燕臺軍旅之列校，授西頭供奉官、銀青崇禄大夫、檢校右散騎常侍兼侍御史、驍騎尉。不數年，授羽林軍將軍、檢校司徒。這是御林軍的官職，即所謂“登環衛之資，廁勾陳之列”。保寧十一年(979)德威“擢居親近之用，首冠殿庭之班，授宣徽北院使，彰武軍節度使、檢校太尉，進封開國伯，增食邑，賜功臣四字”。其墓誌現存遼上京博物館。　党項：中國古代族名。又稱党項羌，唐以後主要活動於靈、慶、銀、夏等州，即今甘肅、寧夏、陝西和内蒙古等省區交界地區。

[12]大漢：【劉注】韓德威契丹語小名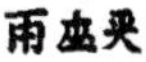的音譯。其第二個名是，《韓滌魯墓誌銘》把音譯爲“普你”。

[13]政事令：遼朝南面宰相。遼世宗天禄四年（950）建政事省之前，漢人宰相無定稱；建政事省之後，南面宰相稱“政事令”，且多由契丹貴族擔任這一職務。

二月戊子朔，禁所在官吏軍民不得無故聚衆私語及冒禁夜行，違者坐之。己丑，南京奏，聞宋多聚糧邊境及宋主將如臺山，[1]詔休哥嚴爲之備。甲午，葬景宗皇帝於乾陵，[2]以近幸朗、掌飲伶人撻魯爲殉。上與皇太后因爲書附上大行。丙申，皇太后詣陵置奠，命繪近臣於御容殿，賜山陵工人物有差。庚子，以先帝遺物賜皇族及近臣。辛丑，南京統軍使耶律善補奏宋邊七十餘村來附，[3]詔撫存之。乙巳，以御容殿爲玉殿，酒谷爲聖谷。速撒奏討党項捷，遣使慰勞。戊申，以惕隱化哥爲北院大王，[4]解領爲南府宰相。辛亥，幸聖山，遂謁三陵。甲寅，以皇女長壽公主下嫁國舅宰相蕭婆項之子吳留。[5]

[1]臺山：【劉校】據中華點校本校勘記，“按下文本年十一月，應作五臺山”。

[2]乾陵：遼景宗陵。位於乾州（今遼寧省北鎮市）。《武經總要》前集卷一六下《戎狄舊地》乾州在醫巫閭山之南，“古遼澤之地，遼主景宗陵寢在焉。今置廣德軍節度，兼山陵都部署”。

[3]耶律善補：字瑤升，孟父楚國王之後。景宗即位，授千牛衛大將軍，遷大同軍節度使。統和初爲惕隱。凡征討，憚攻戰，急還，以故戰多不利。年七十四卒。本書卷八四有傳。　耶律善補奏：【劉校】“奏”原本誤作“養”，大典本、南監本、北監本和殿本均作“奏”。中華點校本及修訂本徑改。今從改。

[4]化哥：即耶律化哥。字弘隱，孟父楚國王之後。善騎射。乾亨初爲北院林牙。統和四年（986）拜上京留守，遷北院大王。十六年侵宋，爲先鋒，以功遷南院大王，尋改北院樞密使。開泰元年（1012）伐阻卜，以功封豳王。伐阻卜過程中掠阿薩蘭回鶻，諸蕃由此不附。聖宗使按之，削王爵。本書卷九四有傳。

[5]以皇女長壽公主下嫁國舅宰相蕭婆項之子吳留：【劉校】據中華點校本校勘記，蕭婆項即蕭斡，吳留即蕭恒德。“檢《公主表》，景宗第二女長壽，封衛國公主，嫁蕭排押；第三女延壽，封越國公主，嫁蕭恒德。又卷八八《蕭排押傳》及《蕭恒德傳》，排押‘尚衛國公主’，恒德‘統和元年尚越國公主’。則此長壽應作延壽。”

三月戊午，天德軍節度使頹剌父子戰歿，[1]以其弟涅离襲爵。己未，次獨山。遣使賞西南面有功將士。辛酉，以大父帳太尉耶律曷魯寧爲惕隱。[2]甲子，駐蹕遼河之平淀。[3]辛巳，以國舅同平章事蕭道寧爲遼興軍節度使，[4]仍賜號忠亮佐理功臣。壬午，以青牛白馬祭天地。[5]

[1]天德軍：唐軍鎮名。即豐州。遼太祖阿保機於神册五年（920）平党項，仍以此地爲天德軍。治所在今内蒙古自治區呼和浩特市東白塔一帶。

[2]大父帳：屬國舅司，詳本書卷四五《百官志一》，爲拔里國舅大父帳。

[3]平淀：即廣平淀，在永州東南三十里，即潢河（西拉木倫河）和土河（老哈河）匯合處的一片平原，遼中期以後冬捺鉢所在地。詳本書卷三二《營衛志中》。

[4]遼興軍：平州軍號。治所在今河北省盧龍縣。

[5]以青牛白馬祭天地：契丹祭祀天地用青牛白馬，表示不忘祖先。本書卷三七《地理志一・上京道》："相傳有神人乘白馬，自馬盂山浮土河而東，有天女駕青牛車由平地松林泛潢河而下。至木葉山，二水合流，相遇爲配偶，生八子。其后族屬漸盛，分爲八部。每行軍及春秋時祭，必用白馬青牛，示不忘本云。"

夏四月丙戌朔，幸東京。[1]以樞密副使耶律末只兼侍中，[2]爲東京留守。庚寅，謁太祖廟。癸巳，詔賜物命婦寡居者。丙申，南幸。辛丑，謁三陵，[3]以東京所進物分賜陵寢官吏。復詔賜西南路招討使大漢劍，不用命者得專殺。壬寅，致享於凝神殿。癸卯，謁乾陵。乙巳，遣人以酒脯祭平章耶律河陽墓。庚戌，幸夫人烏骨里第，謁太祖御容，禮畢，幸公主胡古典第飲，賜與甚厚。壬子，大臣以太后預政宜有尊號，請下有司詳定册禮。詔樞密院諭沿邊節將，至行禮日，止遣子弟奉表稱賀，恐失邊備。樞密請詔北府司徒頗德譯南京所進律文，[4]從之。遂如徽州。[5]以耶律慶朗爲信州節度使。[6]

[1]東京：遼五京之一。在今遼寧省遼陽市。

[2]耶律末只（？—1012）：即耶律抹只，字留隱，仲父隋國王之後。初以皇族入侍。景宗即位，爲林牙。保寧間遷樞密副使。乾亨元年（979）冬從都統韓匡嗣伐宋，戰於滿城，諸軍奔潰；獨抹只部伍不亂，徐整旗鼓而歸。乾亨二年拜樞密副使。統和初爲東京留守。宋將曹彬、米信等來攻，抹只引兵至南京，與耶律休哥逆戰於涿州之東，克之。統和末卒。本書卷八四有傳。

[3]三陵：應爲讓國皇帝耶律倍、世宗和景宗的陵。

[4]南京所進律文：南京（今北京）地區奉行的《唐律》。

[5]徽州：遼景宗女秦晉大長公主以媵臣萬户所建。治所在宜州（今遼寧省義縣）之北二百里。

[6]信州：本書卷三八《地理志二》"謂開泰初置州"。治所一説在今遼寧省開原市南、鐵嶺市東北。一説在今吉林省公主嶺市秦家屯鎮古城。

五月丙辰朔，國舅政事門下平章事蕭道寧以皇太后慶壽，[1]請歸父母家行禮，而齊國公主及命婦、群臣各進物。設宴，賜國舅帳耆年物有差。壬戌，西南路招討請益兵討西突厥諸部，[2]詔北王府耶律蒲奴寧以敵畢、迭烈二部兵赴之。[3]癸亥，以于越休哥在南院過用吏人，詔南大王毋相循襲。[4]庚午，耶律善補招亡入宋者，得千餘户歸國，詔令撫慰。辛未，次永州，[5]祭王子藥師奴墓。[6]乙亥，詔近臣議皇太后上尊號册禮，樞密使韓德度以後漢太后臨朝故事草定上之。[7]丙子，以青牛白馬祭天地。戊寅，幸木葉山。[8]西南路招討使大漢奏，近遣拽剌跋剌哥諭党項諸部，[9]來者甚衆，下詔褒美。

[1]皇太后：景宗睿智皇后，聖宗繼位後稱皇太后。

[2]突厥：古代族名。曾建立強大的突厥汗國，至公元6世紀分裂爲東西兩汗國。當阿保機建立契丹王朝時，突厥汗國早已滅亡。這裏所謂“突厥”可能是指東突厥汗國的餘部。

[3]敵畢、迭烈二部：敵畢當是遼西北部族。迭烈即迭烈德，亦即敵烈，又譯迪烈、迭烈德、達里底。遼時以遊牧、捕獵爲業，分佈於臚朐河（今克魯倫河）流域。有八部，稱爲八部敵烈或八石烈敵烈。與烏古部並稱爲北邊大部。遼聖宗以敵烈部降人置迭魯敵烈部和北敵烈部。開泰四年（1015）築河董城於臚朐河北，安置敵烈、烏古降人。壽昌二年（1096）徙敵烈、烏古於烏納水西。金末元初，敵烈人逐漸同化於女真人、蒙古人等。

[4]南大王：即南院大王，南院部首領。

[5]永州：【劉注】治所在今内蒙古自治區翁牛特旗白音他拉古城址（在今西拉木倫河與老哈河匯流處）。

[6]王子藥師奴：景宗第四子。早卒。

[7]後漢太后臨朝故事：太后臨朝，契丹自有傳統。北方遊牧民族大汗過世，選出新汗之前，由大汗之妻攝政。阿保機死後次日，淳欽皇后述律氏即宣佈由她“稱制，權決軍國事”，直至一年後德光繼位。景宗睿智皇后不循此例，而循東漢太后臨朝故事，即意在長期把持朝政。《後漢書》卷一〇《皇后本紀》序：“東京皇統屢絶，權歸女主。外立者四帝，臨朝者六后。（章懷太子李賢注：謂安、質、桓、靈，章帝竇太后、和熹鄧太后、安思閻太后、順烈梁太后、桓思竇太后、靈思何太后也。）莫不定策帷帟，委事父兄，貪孩童以久其政，抑明賢以專其威。”

[8]木葉山：山名。契丹語稱“大”爲“木葉”。“木葉山”可以泛指任何“大山”，也可專指某一大山爲“木葉山”。此處指永州境内一座山，契丹人視此山爲神山，其地在今内蒙古自治區翁牛特旗新蘇莫蘇木的西拉木倫河與老哈河匯合處一帶。“上建契丹始祖廟，奇首可汗在南廟，可敦（可汗之妻）在北廟，繪塑二聖并八

子神像。”詳見本書卷三七《地理志一》永州條。

[9]拽剌：契丹語“走卒”謂之“拽剌”，後爲軍官名。有掌旗鼓者，稱“旗鼓拽剌”，還有專司偵候、探報等職者。

六月乙酉朔，詔有司册皇太后日，給三品以上法服，[1]三品以下用大射柳之服。[2]西南路招討使奏党項酋長執夷离堇子隈引等乞内附，[3]詔撫納之，仍察其誠僞，謹邊備。丙戌，還上京。己丑，有司奏，同政事門下平章事、駙馬都尉盧俊與公主不協，[4]詔離之，遂出俊爲興國軍節度使。辛卯，有事於太廟。[5]甲午，上率群臣上皇太后尊號曰承天皇太后，群臣上皇帝尊號曰天輔皇帝，大赦，改元統和。丁未，覃恩中外，文武官各進爵一級。以樞密副使耶律斜軫守司徒。[6]

[1]法服：漢官不同等級的服飾。宋人孟元老《東京夢華録·車駕宿大慶殿》："宰執百官，皆服法服，其頭冠各有品從。"

[2]大射柳之服："射柳"源於古鮮卑族秋祭時馳馬繞柳枝三周的儀式。《漢書·匈奴傳上》"大會蹛林"［唐］顔師古注："蹛者，繞林木而祭也。鮮卑之俗，自古相傳，秋天之祭，無林者尚豎柳枝，衆騎馳遶三周乃止。此其遺法。"《金史》卷三五《禮志·拜天》："金因遼舊俗，以重五、中元、重九日行拜天之禮。""射柳、擊球之戲，亦遼俗也，金因之。凡重五日拜天禮畢，插柳球場，爲兩行，當射者以尊卑序。"射柳是拜天儀式的一部分。"大射柳之服"當即拜天之服。

[3]夷离堇子隈引：關於隈引，無其他記載。"夷离堇子隈引"當是叛入党項的契丹部族官之子，故党項執之以討好契丹。夷离堇，原爲突厥語官名。亦譯作"俟斤"（Irkin）。突厥諸部最高元

首稱“可汗”（Qaghan），其他諸部君長則稱爲俟斤、亦都護。初，契丹“其君大賀氏，有勝兵四萬，析八部，臣於突厥，以爲俟斤”（《新唐書》卷二一九《契丹傳》）。後，契丹首領自立爲可汗，所屬各部長則稱爲“俟斤”，亦即“夷离堇”。契丹立國後，大部族之夷离堇稱王，小部族夷离堇稱爲節度使。舉凡一部軍政、民政皆由其統掌（參見韓儒林《穹廬集》第314—316頁）。

[4]盧俊：北漢駙馬都尉。保寧八年（976）宋師壓境，俊詣遼乞師，有功。乾亨元年（979）白馬嶺之役，遼相耶律沙敗於宋軍。後耶律斜軫來援，始擊退宋軍。將趨太原，會俊以國亡出奔，言太原已陷。遼軍遂勒兵還。俊至遼，署同政事門下平章事，尚景宗公主，復拜駙馬都尉。《十國春秋》卷一〇七有傳。

[5]太廟：遼朝太廟隨四時捺鉢遷徙。據宋人沈括《熙寧使虜圖抄》（《永樂大典》卷一〇八七七）太廟有“氊廬一，旁駐氊車六，前植纛，曰太廟”。

[6]耶律斜軫（？—999）：于越曷魯之孫。字韓隱。保寧初受命節制西南面諸軍，仍援河東。改南院大王。乾亨元年（979）秋，宋軍攻下河東，乘勝襲燕，高梁河一戰，他與耶律休哥分左右翼夾擊，大敗宋軍。統和初，承天皇太后蕭綽稱制，益見委任，爲北院樞密使。四年（986）宋軍三路來攻，斜軫指揮擊退西路來攻的宋軍，以功加守太保。本書卷八三有傳。

秋七月甲寅朔，皇太后聽政。乙卯，上親録囚。王子司徒婁國坐稱疾不赴山陵，[1]笞二十。辛酉，行再生禮。[2]癸酉，臨潢尹裹究進飲饌。上與諸王分朋擊鞠。[3]丙子，韓德威遣詳穩轄馬上破党項俘獲數，并送夷离堇之子來獻。辛巳，賞西南面有功將士。

[1]婁國（？—952）：東丹王耶律倍之子。字勉辛。天禄五年

(951) 遥授武定軍節度使。及察割作亂，婁國手刃察割。改南京留守。誘敵獵及群不逞謀逆。事覺，縊於可汗州西谷。本書卷一一二有傳。　山陵：帝、后的墳墓。《水經注》卷一九《渭水三》："秦名天子塚曰山，漢曰陵，故通曰山陵矣。"

[2]再生禮：契丹傳統禮儀之一。據本書卷一一六《國語解》載，依契丹故俗，此種禮儀每隔十二年舉行一次，而且衹有皇帝、太后、太子及夷离堇得行此禮。這是與選汗儀式同時舉行的禮儀，禮儀十分煩瑣。

[3]擊鞠：即打馬球，是當時流行的競技活動。因爲參賽者都在馬上擊球，奔馳的快馬有時會失控，因此具有一定的危險性。統和六年（988），一日承天太后觀看臣下擊鞠，她的寵臣韓德讓被胡里室衝撞墜馬，太后一怒之下，竟下令將胡里室斬首。内蒙古自治區敖漢旗皮匠溝 1 號遼墓墓門西側的穹隆頂下部，有一幅打馬球圖。現存寬 180 釐米、高 50 釐米。畫面有多處剥落，但大體可辨。

八月戊子，上西巡。己丑，謁祖陵。[1]辛卯，皇太后祭楚國王蕭思温墓。[2]癸巳，上與皇太后謁懷陵，[3]遂幸懷州。甲午，上與斜軫於太后前易弓矢、鞍馬，約以爲友。[4]己亥，獵赤山，[5]遣使薦熊肪、鹿脯於乾陵之凝神殿。以政事令孫禎無子，詔國舅小翁帳郎君桃隈爲之後。[6]乙巳，詔于越休哥提點元城。壬子，韓德威表請伐党項之復叛者，詔許之。仍發别部兵數千以助之。

[1]祖陵：遼太祖耶律阿保機的葬所。位於祖州西五里，其地在今内蒙古自治區巴林左旗查干哈達蘇木石房子嘎查古城址。

[2]蕭思温（？—970）：小字寅古，宰相蕭敵魯族弟忽没里之子。通書史。穆宗時爲南京留守，但非將帥才。應曆八年（958）

周占東城，遼軍退渡滹沱河而屯，思温飾他説請濟師。已而，後周圍瀛州，陷益津、瓦橋、淤口三關，迫近固安，思温不知計所出。十九年穆宗遇弑。思温與南院樞密使高勳、飛龍使女里等立景宗。保寧初爲北院樞密使兼北府宰相，仍命世預其選。思温女册爲皇后（即睿智皇后），加尚書令，封魏王。保寧二年（970）爲賊所害。

[3]懷陵：遼太宗、穆宗之陵。位於懷州境内。大同元年（947）遼置懷州奉陵軍，治所在今内蒙古自治區巴林右旗幸福之路蘇木崗根嘎查古城址。州隸永興宫。

[4]約以爲友：所謂“友”，即蒙古人所説的“那可兒”“伴當”，也就是首領的親兵。

[5]赤山：今内蒙古自治區赤峰市境内紅山。【劉注】《巴林左旗志》（内蒙古人民出版社 1996 年版，第 168 頁）稱“烏蘭達壩，遼代稱‘赤山’”。故遼代的“赤山”應是今内蒙古自治區巴林左旗境内的烏蘭達壩。

[6]國舅小翁帳：國舅乙室已有大翁帳及小翁帳。

九月癸丑朔，以東京、平州旱蝗，[1]詔振之。乙卯，謁永興、長寧、敦睦三宫。[2]丙辰，南京留守奏，秋霖害稼，請權停關征，以通山西糴易，從之。庚申，謁宣簡皇帝廟。[3]辛酉，幸祖州，謁祖陵。壬戌，還上京。辛未，有司請以帝生日爲千齡節，從之。皇太后言故于越屋只有傅導功，[4]宜録其子孫；遂命其子泮泱爲林牙。[5]丙子，如老翁川。

[1]平州：唐置，治所在今河北省盧龍縣。

[2]永興宫：太宗耶律德光宫分。　長寧宫：應天皇太后述律氏宫分。　敦睦宫：孝文皇太弟宫分。

[3]宣簡皇帝：阿保機之父撒剌的尊號。廟號德祖。

[4]于越屋只：即耶律屋質（916—973）。遼宗室。字敵輦，會同間爲惕隱。太宗死後，世宗初立，屋質調解太后與世宗的矛盾，得以避免大規模内戰。天禄二年（948）助世宗挫敗天德、蕭翰等謀反。三年又表列泰寧王察割陰謀事，世宗不聽。後平定察割之亂及立穆宗，皆有功。本書卷七七有傳。　于越：契丹語官名的音譯。貴官，非有大功德不授。位在北、南大王之上。

[5]林牙：契丹官名。掌文翰，相當於翰林學士。

冬十月癸未朔，司天奏老人星見。[1]戊子，以公主淑哥下嫁國舅詳穩照姑。[2]癸巳，速撒奏敵烈部及叛蕃來降，悉復故地。乙未，以燕京留守于越休哥言，每歲諸節度使貢獻，如契丹官例，止進鞍馬，從之。丁酉，以吳王稍爲上京留守，行臨潢尹事。上將征高麗，[3]親閱東京留守耶律末只所總兵馬。丙午，命宣徽使兼侍中蒲領、林牙肯德等將兵東討，賜旗鼓及銀符。

[1]老人星：又稱“南極老人星”“壽星”。《宋史》卷一〇三《禮儀志》：景德三年，詔定壽星之祀。太常禮院言：“按《月令》：‘八月，命有司享壽星於南郊。’《注》云：‘秋分日，祭壽星於南郊。壽星，南極老人星也。’《爾雅》云：‘壽星，角、亢也。’《注》云：‘數起角、亢，列宿之長，故云壽星。’唐開元中，特置壽星壇，常以千秋節日祭老人星及角、亢七宿。請用祀靈星小祠禮，其壇亦如靈星壇制，築於南郊，以秋分日祭之。”

[2]照姑：【劉注】據中華點校本校勘記，本書卷六五《公主表》作“蕭神奴”。

[3]高麗：指王建創建的高麗王朝（918—1392）。統治地域在

今朝鮮半島，首都在開京（今朝鮮開城市）。

十一月壬子朔，觀漁撻馬濼。癸丑，應州奏：[1]獲宋諜者，言宋除道五臺山，將入靈丘界。[2]詔諜者及居停人並磔於市。[3]庚辰，上與皇太后祭乾陵。下詔諭三京左右相、左右平章事、副留守判官、諸道節度使判官、諸軍事判官、録事參軍等，[4]當執公方，毋得阿順。諸縣令佐如遇州官及朝使非理徵求，毋或畏徇。恒加采聽，以爲殿最。[5]民間有父母在别籍異居者，聽鄰里覺察，坐之；有孝于父母三世同居者，旌其門閭。[6]

[1]應州：治所在今山西省應縣。

[2]靈丘：縣名。治所在今山西省靈丘市。

[3]磔（zhé）：古代的一種酷刑。以車分裂人體。當契丹興起時，中原地區早已廢除。據《唐律疏議·名例律》，唐朝死刑衹有二等，爲“絞”和“斬”。

[4]三京：指遼上京（今内蒙古自治區巴林左旗林東鎮）、東京（今遼寧省遼陽市）和南京（今北京市）。東京有東丹朝廷，設左大相、右大相、左次相和右次相；左、右平章事是上京南面官宰相；副留守判官是諸京留守的下屬官員。

[5]殿最：古代考核政績或軍功，下等稱爲“殿”，上等稱爲“最”。《漢書·宣帝紀》：“其令郡國歲上繫囚以掠笞若瘐死者所坐名、縣、爵、里，丞相御史課殿最以聞。”顔師古注：“凡言殿最者：殿，後也，課居後也；最，凡要之首也，課居先也。”

[6]旌其門閭：指官府爲忠孝節義的人立牌坊賜匾額，以示表彰。門有旌表，於是義聞鄉閭。

十二月壬午朔，謁凝神殿，遣使分祭諸陵，賜守殿官屬酒。是日幸顯州。丁亥，以顯州歲貢綾錦分賜左右。甲午，東幸。己亥，皇太后觀漁于玉盆灣。辛丑，觀漁於濬淵。甲辰，勑諸刑辟已結正決遣而有冤者，聽詣臺訴。[1]是夕然萬魚燈於雙溪。戊申，千齡節，[2]祭日月禮畢，百僚稱賀。

[1]詣臺訴：向御史臺申訴。《新唐書》卷四八《百官志》："凡冤而無告者，三司詰之。三司謂御史大夫、中書、門下也。"

[2]千齡節：遼聖宗的誕辰。

二年春正月甲子，如長濼。[1]

[1]長濼：遼時湖泊名。又作長泊，亦稱魚兒濼，是遼春捺鉢的地點，在長春州（治所在今吉林省前郭爾羅斯蒙古族自治縣塔虎城）境内。宋大中祥符六年（遼開泰二年，1013），晁迥使遼，回來後向宋廷報告此行至長泊所見遼帝四時捺鉢活動的情況。

二月癸巳，國舅帳彰德軍節度使蕭闥覽來朝。[1]甲午，賜將軍耶律敵不春衣、束帶。丙申，東路行軍、宣徽使耶律蒲寧奏討女直捷，[2]遣使執手獎諭。庚子，朝皇太后，太后因從觀獵於饒樂川。[3]乙巳，五國烏隈于厥節度使耶律隗洼以所轄諸部難治，[4]乞賜詔給劍，便宜行事，從之。丙午，上與諸王大臣較射。丁未，韓德威以征党項迴，遂襲河東，獻所俘，賜詔褒美。

[1]蕭撻覽：即蕭撻凛（？—1004）。字駝寧，蕭思温之再從侄。保寧初爲宿直官。統和四年（986）以諸軍副部署，從樞密使耶律斜軫敗宋將楊繼業於朔州。十一年與東京留守蕭恒德伐高麗，破之。後攻西夏、阻卜皆有功。二十二年攻宋，進至澶淵，未接戰，中伏弩卒。本書卷八五有傳。

[2]耶律蒲寧：【劉校】原誤“蕭蒲寧”。據中華點校本校勘記，下文又作“耶律普寧”。本書卷七九《耶律阿没里傳》：“阿没里，字蒲鄰。”蒲寧、普寧均爲蒲鄰異譯，即耶律阿没里一人。又據本傳，“東路行軍”下應有“都統”二字。　女直：本作女真，因避遼興宗耶律宗真名諱，改稱女直。遼時居東北東部。在南者入遼籍，稱熟女真，或合蘇館女真；在北者不入遼籍，稱生女真。

[3]饒樂川：西拉木倫河古稱饒樂水。

[4]五國烏隈于厥節度使耶律隗洼：【劉校】據中華點校本校勘記，按本書卷六九《部族表》作“五國隈烏古部節度使耶律隈洼”。　于厥：部族名。即烏古。

三月乙卯，劃離部請今後詳穩止從本部選授爲宜，上曰：“諸部官惟在得人，豈得定以所部爲限。”不允。贈故同平章事趙延煦兼侍中。[1]

[1]趙延煦：趙思温之子。據元人王惲《秋澗先生大全文集》卷四八《盧龍趙氏家傳》，趙思温共十二子，延煦爲第十子。

夏四月丁亥，宣徽使、同平章事耶律普寧、都監蕭勤德獻征女直捷，授普寧兼政事令，勤德神武衛大將軍，各賜金器諸物。庚寅，皇太后臨決滯獄。辛卯，祭風伯。壬辰，以宣徽南院使劉承規爲承德軍節度使，崇德宫都部署、保義軍節度使張德筠爲宣徽北院使。

五月乙卯，祠木葉山。丁丑，駐蹕沿柳湖。

六月己卯朔，皇太后決獄，至月終。

秋七月癸丑，皇太后行再生禮。

八月辛卯，東京留守兼侍中耶律末只奏：女直朮不直、賽里等八族乞舉衆内附，詔納之。

九月戊申朔，駐蹕土河。[1]辛未，以景宗忌日，詔諸道京鎮遣官行香飯僧。[2]

［1］土河：即老哈河，源出永安山（又稱馬盂山，即今河北省平泉縣柳溪鎮光頭山），流經今内蒙古自治區東部赤峰地區，與西拉木倫河匯合。

［2］飯僧：向僧人施飯，奉佛藉以祈福。《舊唐書》卷一一八《王縉傳》："初，代宗喜祠祀，未甚重佛，而元載、杜鴻漸與［王］縉喜飯僧徒。代宗嘗問以福業報應事，載等因而啟奏，代宗由是奉之過當，嘗令僧百餘人於宫中陳設佛像，經行念誦，謂之内道場。其飲膳之厚，窮極珍異，出入乘廄馬，度支具廩給。每西蕃入寇，必令群僧講誦《仁王經》，以攘虜寇。苟幸其退，則横加錫賜。"

冬十月丁丑朔，以歸化州刺史耶律普寧爲彰德軍節度使，[1]右武衛大將軍韓倬爲彰國軍節度使兼侍衛親軍兵馬都指揮使。[2]

［1］歸化州：即武州（治所在今河北省張家口市宣化區）。彰德軍：治所在相州（今河南省安陽市）。耶律普寧爲彰德軍節度使是遥授，相州並不在遼朝境内。

［2］彰國軍：治所在應州（今山西省應縣）。　韓倬：【劉注】

據北京市文物研究所所存《韓佚墓誌銘》，韓倬是韓延徽之孫，韓隣之仲子，韓佚之弟。曾任宣徽北院使、鎮安軍節度使、太尉。

十一月壬子，[1]以樞密直學士、給事中鄭嘏爲儒州刺史。[2]是月，速撒等討阻卜，殺其酋長撻剌干。

[1]十一月：【劉校】原本“十一月”前有“冬”字，據中華點校本校勘記，其十月前已有“冬”字，此處“冬”字爲衍文，故删。

[2]儒州：治所在今北京市延慶區。

十二月辛丑，以翰林學士承旨馬得臣爲宣政殿學士，[1]耶律頗德南京統軍使，[2]耶律瑤昇大内惕隱，[3]大仁靖東京中臺省右平章事。[4]

[1]馬得臣（？—989）：南京（今北京市）人。保寧間累遷政事舍人、翰林學士。乾亨初命爲南京副留守，復拜翰林學士承旨。聖宗即位，皇太后稱制，兼侍讀學士。本書卷八〇有傳。

[2]耶律頗德：本書卷三八另有一同名之人，會同間任採訪使。

[3]耶律瑤昇：即耶律善補。

[4]中臺省右平章事：即中臺省右相。

三年春正月丙午朔，如長濼。丁巳，以翰林學士邢抱朴爲尚書禮部侍郎、知制誥，[1]左拾遺知制誥劉景、吏部郎中知制誥牛藏用並政事舍人。[2]

[1]邢抱樸（？—1004）：應州（今山西省應縣）人。保寧初

爲政事舍人、知制誥。統和四年（986）加户部尚書。遷翰林學士承旨，與室昉同修《實録》。十二年拜參知政事。改南院樞密使，二十二年（1004）卒，贈侍中。本書卷八〇有傳。

[2]劉景（921—988）：河間（今河北省河間市）人。字可大。燕王趙延壽辟爲幽都府文學。應曆初遷右拾遺、知制誥，爲翰林學士。景宗即位，任禮部尚書、宣政殿學士。頃之，爲南京副留守，與韓德讓共理京事。統和六年（988）致仕，加兼侍中。卒，年六十七。本書卷八六有傳。中華點校本卷八六校勘記："劉景統和六年致仕按《紀》，統和六年二月，大同軍節度使、同平章政事劉京致仕。"然統和六年致仕以前，據劉景本傳"召爲户部使，歷武定、開遠二軍節度使"，并無出任大同節度使之經歷，故其雖與劉京同年致仕，但若據此判斷二者爲同一人，證據不足。

二月丙子朔，以牛藏用知樞密直學士。

三月乙巳朔，樞密奏契丹諸役户多困乏，請以富户代之。上因閲諸部籍，涅剌、烏隈二部户少而役重，並量免之。

夏四月乙亥朔，祠木葉山。壬午，以鳳州刺史趙匡符爲保静軍節度使。[1]癸未，以左監門衛大將軍王庭勗爲奉先軍節度使，[2]彰武軍節度使韓德凝爲崇義軍節度使。[3]

[1]鳳州：據《地理志·上京道》，該州原係渤海之安寧郡境，後爲契丹南王府五帳分地。在韓州北二百里，西北至上京九百里。趙匡符：遼初名將趙思温之孫。元人王惲《秋澗先生大全文集》卷四八《盧龍趙氏家傳》載："趙氏自五季迄今三百餘年，子孫蕃衍幾於千人，忠傳學繼，世濟其美。越不事宦遊者，學術行義亦昭

晰於時，與韓、劉、馬共稱爲燕四大族，至比唐李、鄭、崔、盧。由開府太師、衛國公、忠毅奮發，捐軀爲國。敦篤大本，君子之澤其流淵長亶其然乎，推延威特進府君第五房，一傳而二。”第五房延威二子，除匡符，另一子爲禹。

[2]左監門衛大將軍：唐禁軍有左、右監門衛，各有大將軍一人。據《唐六典》卷二五《諸衛府》，左右監門衛大將軍之職“掌諸門禁衛、門籍之法。凡京司應以籍入宮殿門者，皆本司具其官爵、姓名移牒其門，以門司送與監門勘同，然後聽入。凡財物、器用應入宮者，所由以籍傍取左監門將軍判，門司檢以入之；應出宮者，所由亦以籍傍取右監門將軍判，門司檢以出之”。　奉先軍：顯州軍號。治所在今遼寧省北鎮市。

[3]彰武：霸州軍號。後升興中府，治所在今遼寧省朝陽市。　崇義軍：宜州軍號。治所在今遼寧義縣。

五月壬子，還上京。癸酉，以國舅蕭道寧同平章事、知瀋州軍州事。[1]

[1]蕭道寧：【劉注】國舅族。乾亨四年（982）駐守南京，統和元年（983）三月爲遼興軍節度使，仍賜號忠亮佐理功臣，三年五月知瀋州軍州事，七月任昭德軍節度使。　瀋州：治所在今遼寧省瀋陽市。

六月甲戌朔，[1]如栢坡。皇太后親決滯獄。乙亥，以歸義軍節度使王希嚴爲興國軍節度使。[2]

[1]甲戌朔：【劉校】“朔”字原闕，中華點校本據本書卷四四《曆象志下·朔考》補。今從。

[2]興國軍：遼軍鎮名，治所在龍化州，其地在今内蒙古自治

區奈曼旗東北。

秋七月甲辰朔，詔諸道繕甲兵，以備東征高麗。甲寅，東幸。甲子，遣郎君班褭賜秦王韓匡嗣葬物。丙寅，駐蹕土河。以暴漲，命造船橋，明日乘步輦出聽政。老人星見。丁卯，遣使閱東京諸軍兵器及東征道路。以平章事蕭道寧爲昭德軍節度使，[1]武定軍節度使、守司空兼政事令郭襲爲天平軍節度使，[2]大同軍節度使、守太子太師兼政事令劉延構爲義成軍節度使，[3]贈尚父秦王韓匡嗣尚書令。

[1]昭德軍：治瀋州。在今遼寧省瀋陽市。

[2]武定軍：遼代軍號。治奉聖州（今河北省涿鹿縣）。　天平軍：治鄆州，在今山東省東平縣。

[3]義成軍：滑州軍號。治白馬縣（今河南省滑縣）。不在遼朝境内，劉延構爲義成軍節度使，爲遙領。

八月癸酉朔，以遼澤沮洳，罷征高麗。命樞密使耶律斜軫爲都統，駙馬都尉蕭懇德爲監軍，以兵討女直。丁丑，次稾城。庚辰，至顯州，[1]謁凝神殿。辛巳，幸乾州，觀新宮。癸未，謁乾陵。甲申，命南、北面臣僚分巡山陵林木，及令乾、顯二州上所部里社之數。丙戌，北皮室詳穩進勇敢士七人。[2]戊子，故南院大王諧領已里婉妻蕭氏奏夫死不能葬，[3]詔有司助之。庚寅，東征都統所奏路尚陷濘，未可進討，詔俟澤涸深入。癸巳，皇太后謁顯陵。[4]庚子，謁乾陵。辛丑，西幸。

［1］顯州：治所在今遼寧省北鎮市。

［2］皮室：契丹軍名。意思爲金剛。初爲阿保機所置，稱腹心部，後有南、北、左、右皮室及黄皮室等，皆精甲。

［3］已里婉：【劉注】疑“婉”字爲“娩”字之誤。已里娩又作乙里娩，爲契丹語封號的音譯。丈夫爵位爲王之婦女，纔有可能獲此封號，意爲王妃或貴夫人。

［4］顯陵：東丹王耶律倍及世宗陵寢。在顯州（今遼寧省北鎮市）。大同元年（947），世宗以其父東丹王耶律倍生前愛醫巫閭山水奇秀，因葬於此。應曆元年（951），穆宗葬世宗於顯陵西山。

閏九月癸酉，[1]命邢抱朴勾檢顯陵。[2]丙子，行次海上。庚辰，重九，駱駝山登高，賜群臣菊花酒。辛巳，詔諭東征將帥，乘水涸進討。丙申，女直宰相朮不里來貢。戊戌，駐蹕東古山。己亥，速撒奏朮不姑諸部至近淀，夷离堇易魯姑請行俘掠，上曰：“諸部於國無惡，何故俘掠，徒生事耳。”不允。

［1］閏九月癸酉：【劉校】據中華點校本校勘記，“按是年遼閏八月，閏字下當有脱文。閏八月壬寅朔，九月壬申朔，癸酉爲九月初二，丙子初五，庚辰爲重九，正合。《大典》一二〇四三引亦作‘九月丙子，行次海上。庚辰重九，次駱駝山登高，賜群臣菊花酒’”。

［2］勾檢：中古時期的制度名。明於勘覆，稽失無隱。

冬十一月甲戌，詔吳王稍領秦王韓匡嗣葬祭事。丁丑，詔以東北路兵馬監軍妻婆底里存撫邊民。戊寅，賜公主胡骨典葬夫金帛、工匠。辛卯，以韓德讓兼政事令。[1]癸巳，禁行在市易布帛不中尺度者。[2]丙申，東征女直，都統蕭闥覽、菩薩奴以行軍所經地里、物産來上。

[1]韓德讓（942—1011）：韓匡嗣第四子。統和初年承天太后稱制，韓德讓以南院樞密使的身份“總宿衛事”。統和十七年（999）北院樞密使、魏王耶律斜軫病故，承天太后以韓德讓兼知北院樞密使事，至此，遼朝的蕃漢軍政大權就集於一身了。統和二十二年承天太后賜韓德讓姓耶律，徙封晉王，並且仍舊爲大丞相，事無不統。次年十一月，又詔德讓“出宮籍，屬於横帳”。二十八年更名耶律隆運。

[2]行在市易：遼朝在夏捺鉢所在地永安山附近設有集市，在行宫之北，取《周禮》“前朝後市”之義。宋人沈括《熙寧使虜圖抄》載：“其北山，庭（行宫）之所依者曰‘犢兒’。過犢兒北十餘里曰‘市場’，小民之爲市者，以車從之於山間。”

（李錫厚注　劉鳳翥校）

遼史　卷一一

本紀第十一

聖宗二

四年春正月甲戌，觀漁土河。[1]林牙耶律謀魯姑、彰德軍節度使蕭闥覽上東征俘獲，[2]賜詔獎諭。丙子，樞密使耶律斜軫、林牙勤德等上討女直所獲生口十餘萬、馬二十餘萬及諸物。[3]己卯，朝皇太后。決滯訟。[4]壬午，樞密使斜軫、林牙勤德、謀魯姑、節度使闥覽、統軍使室羅、侍中抹只、奚王府監軍迪烈與安吉等克女直還軍。[5]遣近侍泥里吉詔旌其功，[6]仍執手撫諭，[7]賜酒果勞之。甲午，幸長濼。[8]

[1]土河：即老哈河，源出永安山（又稱馬盂山，即今河北省平泉縣柳溪鎮光頭山），流經今内蒙古自治區東部赤峰地區，與西拉木倫河匯合。

[2]林牙：契丹官名。掌文翰，相當於翰林學士。　蕭闥覽：即蕭撻凛（？—1004）。字駝寧，蕭思温之再從侄。保寧初爲宿直

官。統和四年（986）以諸軍副部署，從樞密使耶律斜軫敗楊繼業於朔州。十一年與東京留守蕭恒德伐高麗，破之。後攻西夏、阻卜皆有功。二十二年攻宋，進至澶淵，未接戰，中伏弩卒。本書卷八五有傳。

[3]耶律斜軫（？—999）：于越曷魯之孫。字韓隱。保寧初受命節制西南面諸軍，仍援河東。改南院大王。乾亨元年（979）秋，宋軍攻下河東，乘勝襲燕，高梁河一戰，他與耶律休哥分左右翼夾擊，大敗宋軍。統和初，承天皇太后蕭綽稱制，益見委任，爲北院樞密使。四年（986）宋軍三路來攻，斜軫指揮擊退西路來攻的宋軍，以功加守太保。本書卷八三有傳。　女直：本作女真，因避遼興宗耶律宗真名諱，改稱女直。遼時居東北東部。在南者入遼籍，稱熟女真，或合蘇館女真；在北者不入遼籍，稱生女真。

[4]滯訟：久拖不決的訟案。

[5]耶律抹只（？—1012）：契丹將領。字留隱，仲父房隋國王之後。初以皇族入侍。景宗即位爲林牙。保寧間遷樞密副使。乾亨元年冬，從都統韓匡嗣伐宋，戰於滿城，諸軍奔潰；獨抹只部伍不亂，徐整旗鼓而歸。乾亨二年拜樞密副使。統和初爲東京留守。四年宋將曹彬、米信等來攻，抹只引兵至南京，與耶律休哥逆戰於涿州之東，克之。本書卷八四有傳。　奚王府監軍：奚部族軍官名。奚原分五部，阿保機降伏五部奚之後設置墮瑰部，而成六部。其首領仍稱奚王，設奚大王府，作爲治理六部奚的機構。奚的武裝力量屬於“部族軍”。

[6]近侍：皇帝身邊的奴僕。

[7]執手撫諭：即行執手禮。本書卷一一六《國語解》：“執手禮，將帥有克敵功，上親執手慰勞；若將在軍，則遣人代行執手禮。優遇之意。”

[8]長濼：遼時湖泊名。又稱魚兒濼、長泊，在長春州（治所在今吉林省前郭爾羅斯蒙古族自治縣塔虎城）境内。

二月壬寅，以四番都統軍李繼忠爲檢校司徒、上柱國。[1]癸卯，西夏李繼遷叛宋來降，[2]以爲定難軍節度使、銀夏綏宥等州觀察處置等使、特進檢校太師、都督夏州諸軍事。[3]西番酋帥瓦泥乞移爲保大軍節度使、鄜坊等州觀察處置等使。[4]甲寅，耶律斜軫、蕭闥覽、謀魯姑等族帥來朝，[5]行飲至之禮，賞賚有差。丙寅，行次褭里井。

[1]李繼忠：【劉校】據中華點校本校勘記，本書卷四六《百官志二》作"李繼沖"。

[2]李繼遷（963—1004）：党項首領。西夏王朝的奠基者。叛宋前任定難軍都知蕃落使。公元982年集結部衆，叛宋。985年，襲據銀州（今陝西省米脂縣），自稱定難軍留後，向遼稱臣。995年，擊敗宋朝五路討伐。997年，宋真宗立，李繼遷遣使求和，宋授爲夏州刺史、定難軍節度、夏銀綏宥靜等州觀察處置押蕃落等使。1002年李繼遷攻佔靈州，改名西平府。次年，率軍西征，佔領西涼府。因受詐降的吐蕃族大首領潘羅支的突襲，負重傷而死。子李德明嗣立，追尊繼遷爲皇帝。夏景宗時謚神武，廟號太祖，陵號裕陵。

[3]銀夏綏宥等州：唐後期置定難軍，統銀夏綏宥等州，以統萬城爲治所，城址在今陝西省靖邊縣境内。　觀察處置等使：唐乾元元年（758），改採訪處置使爲觀察處置使，掌考察州縣官吏政績，後兼理民事，轄一道或數州。凡不設節度使者即以觀察使爲一道的行政長官；設節度使之處，亦兼觀察使。至宋代，觀察使一職成爲武將升遷時兼帶的虛銜。

[4]鄜州：治所在今陝西省富縣。　坊州：【劉注】唐武德二年（619）分鄜州設置，因境内有馬坊，故名坊州。治所在今陝西省黄陵縣西北隆坊鎮。元初州廢，併入鄜州。

［5］耶律斜軫、蕭闥覽、謀魯姑等族帥來朝：【劉校】據中華點校本校勘記，“族”疑應作“諸”。

三月甲戌，于越休哥奏：宋遣曹彬、崔彦進、米信由雄州道，[1]田重進飛狐道，[2]潘美、楊繼業鴈門道來侵，[3]岐溝、涿州、固安、新城皆陷。[4]詔宣徽使蒲領馳赴燕南與休哥議軍事，[5]分遣使者徵諸部兵益休哥以擊之，復遣東京留守耶律抹只以大軍繼進，賜劍專殺。乙亥，以親征告陵廟、山川。丙子，統軍使耶律頗德敗宋軍于固安。休哥絶其糧餉，擒將吏，獲馬牛、器仗甚衆。庚辰，寰州刺史趙彦章以城叛，[6]附于宋。辛巳，宋兵入涿州。順義軍節度副使趙希贊以朔州叛，[7]附於宋。時上與皇太后駐兵駞羅口，[8]詔趣東徵兵馬以爲應援。壬午，詔林牙勤德以兵守平州之海岸以備宋。[9]仍報平州節度使迪里姑，若勤德未至遣人趣行，馬乏則括民馬，[10]鎧甲闕則取於顯州之甲坊。[11]癸未，遼軍與宋田重進戰於飛狐，不利，冀州防禦使大鵬翼、康州刺史馬贇、馬軍指揮使何萬通陷焉。[12]丁亥，以北院樞密使耶律斜軫爲山西兵馬都統，[13]以北院宣徽使蒲領爲南征都統，[14]以副于越休哥。彰國軍節度使艾正、觀察判官宋雄以應州叛，[15]附于宋。庚寅，遣飛龍使亞剌、文班吏亞達哥閲馬以給先發諸軍，詔駙馬都尉蕭繼遠領之。辛卯，武定軍馬步軍都指揮使、郢州防禦使吕行德、副都指揮使張繼從、馬軍都指揮使劉知進等以飛狐叛，[16]附于宋。癸巳，賜林牙謀魯姑旗鼓四、劍一，率禁軍之驍鋭者南助休哥。丙申，步軍都指揮使穆超以靈丘叛,[17]附于宋。詔遣使賜樞密使斜軫密旨及彰國軍節度使杓窊印,[18]以趣征討。

[1]于越：契丹語官名的音譯。貴官，非有大功德不授。無具體執掌。位在北、南大王之上。 耶律休哥（？—998）：字遜寧。出身皇族，應曆末爲惕隱。乾亨元年（979）與耶律斜軫分左右翼，擊敗宋軍於高梁河。是年冬，休哥率本部兵從韓匡嗣等戰於滿城。匡嗣敗績。休哥整兵進擊，敵乃卻。詔總南面戍兵，爲北院大王。聖宗即位，太后稱制，令休哥總南面軍務，多有戰功。統和四年（986）封宋國王。本書卷八三有傳。 曹彬（931—999）：北宋將領。字國華。真定靈壽（今河北省靈壽縣）人。後周時累官至引進使。宋初參加滅蜀及征北漢之役，皆有功。開寶七年（974）受命率軍滅南唐，自出師至凱旋，士衆畏服，無肆意殺掠者。未幾，拜樞密使、檢校太尉、忠武軍節度使。宋太宗即位，加同平章事，封魯國公，益得信任。雍熙三年（986）宋分兵三路攻遼，曹彬任幽州（今北京）道行營前軍馬步水陸都部署，率宋軍主力自雄州（今河北省雄縣）向涿州（今屬河北省）進發。大敗於岐溝關（位於今河北省淶水縣東）。致使其他兩路軍也被迫退兵。《宋史》卷二五八有傳。 崔彦進：【靳注】宋將。大名（今河北省大名縣）人。歷任後周控鶴指揮使、東西班指揮使等職。入宋後，又任侍衛步軍都指揮使、彰信軍節度使等，屢立戰功。後因宋雍熙三年北伐失利而遭貶官。《宋史》卷二五九有傳。 米信（928—994）：奚族人。舊名海進。少勇悍、善射。趙匡胤總領後周禁兵，以米信隸麾下，委爲心腹。及即位補殿前指揮使。宋太宗即位轉散都頭指揮使繼領高州團練使。太平興國八年改領彰化軍節度使。雍熙三年征幽薊，命信爲幽州西北道行營馬步軍都部署，敗契丹於新城。契丹率衆復來戰，王師稍卻，信獨以麾下龍衛卒三百禦敵，敵圍之數重，信以百餘騎突圍得免。《宋史》卷二五九有傳。

[2]飛狐道：今河北省淶源縣北、蔚縣南有飛狐口，由此可出塞外。

[3]潘美：【靳注】北宋開國名將。大名（今河北省大名縣）人。父璘，以軍校戍常山。美少倜儻，隸府中典謁。後官至忠武軍節度使，進封韓國公。因伐遼指揮失當致楊繼業身死，被降爲檢校太保。卒後爲宋真宗追封爲鄭王，配享太宗廟庭。《宋史》卷二五八有傳。　楊繼業（？—986）：即楊業。麟州（今陝西省神木縣）人。父信爲後漢麟州刺史。業早年爲戰將，屢立戰功，所向克捷，國人號爲“無敵”。隨其主劉繼元降宋，宋太宗以業熟悉邊事，授代州兼三交駐泊兵馬都部署，以功遷雲州觀察使，仍判鄭州、代州，自是契丹望見業旌旗即退走。雍熙三年（遼統和四年，986）副雲應路行營都部署、忠武軍節度使潘美北上攻遼。諸軍連拔雲應寰朔四州，師次桑乾河，會曹彬之師不利，諸路班師。太宗詔遷四州之民於宋朝内地，令潘美等以所部之兵護送。當時契丹國母蕭氏領衆十餘萬復陷寰州，潘美等迫楊業出戰，苦戰殺敵，馬重傷不能進，遂爲契丹所俘，不食三日而死。《宋史》卷二七二有傳。　鴈門：古鴈門關在關西鴈門山上，又稱西徑關。元廢。今鴈門關在代縣西北，係明代所置。

[4]涿州、固安、新城：縣名。今皆屬河北省。其中，舊新城縣，今已更名高碑店市。

[5]宣徽使：遼朝官名。遼設北、南宣徽，分隸北、南樞密院之下。宣徽北院使常執行軍事使命。

[6]寰州：五代後唐置，遼廢。故治在今山西省朔州市東。　趙彦章：【劉校】據中華點校本校勘記，“《長編》《宋史》五並作‘趙彦辛’”。《長編》卷二七雍熙三年（986）三月載：“庚辰，刺史趙彦辛舉寰州降。”

[7]順義軍：遼代軍號。治朔州（今山西省朔州市）。【劉校】順義，原誤“義順”。中華點校本據本書卷四一《地理志五》及《遼文匯》卷四《張正嵩墓誌》改。今從。

［8］虒羅口：地名。在今河北省涿州市東北。

［9］平州：唐置，治所在今河北省盧龍縣。

［10］馬乏：【劉校】“乏”原本誤作“之”，大典本、北監本和殿本作“乏”。中華點校本和修訂本徑改。

［11］顯州：治所在今遼寧省北鎮市。

［12］防禦使：原爲唐官名。在遼爲防禦州的長官，官階低於團練使而高於刺史。世宗以後，官分南、北，防禦使屬南面。　大鵬翼：《長編》卷二七雍熙三年（986）三月載：癸未，［荆］嗣還力戰，一日五七合，敵不勝，將遁去。重進遂以大軍乘之，敵北騎崩潰，生擒大鵬翼及監軍馬頵、副將何萬通並契丹、渤海千餘人，斬首數千級，俘老幼七百人，獲馬畜鎧累萬計。《武經總要》前集卷五《伏兵》本朝雍熙中王師北征，以田重進爲定州路行營馬步軍都督署，兵至飛狐城下，敵遣其將大鵬翼等來援。監軍袁繼忠謂重進曰：“敵多騎兵，利於平地，不如乘險逆擊之。”重進率兵伏飛狐南口，敵兵方出，乃麾擊之，遂擒鵬翼。　馬贇：【劉校】據中華點校本校勘記，《契丹國志》卷七作“馬碩”，《長編》及《宋史》卷五、《通考》卷三四六並作“馬頵”。

［13］北院樞密使：即契丹樞密院之樞密使，爲北面官之最高官職，掌軍事、部族。詳本書卷四五《百官志一》。

［14］蒲領：【劉校】據中華點校本校勘記，又作蒲寧、普寧，即耶律阿没里。本書卷七九本傳作“蒲鄰”。“蒲領爲南征都統”，本傳作都監，下文本年四月亦稱監軍。　爲南征都統：【劉校】“爲”原本誤作“馬”，北監本和殿本作“馬”。中華點校本和修訂本徑改。今從改。

［15］觀察判官宋雄以應州叛：《長編》卷二七雍熙三年三月丁亥，“潘美轉攻應州，其節度使艾正、觀察判官宋雄舉城降”。

［16］武定軍：遼代軍號。治奉聖州（今河北省涿鹿縣）。《長編》誤爲定武軍。　郢州防禦使呂行德等叛：《長編》卷二七雍熙三年三月載：“［丁亥］田重進圍飛狐，令大鵬翼至城下，諭其守

將，定武軍馬步軍都指揮使、郢州防禦使呂行德尚欲堅守，重進急攻之。辛卯，行德乃與其副都指揮使張繼從、馬軍都指揮使劉知進等舉城降。”

[17]步軍都指揮使穆超以靈丘叛：《長編》卷二七雍熙三年三月載：“［辛卯］重進又圍靈丘。丙申，其守將步軍都指揮使穆超舉城降。”此外，降宋的還有靈丘縣令趙某，此人後在宋朝境内繼續當縣令。《河南集》卷一四《故朝奉郎行許州陽翟令贈太常博士趙公墓誌銘》：“爲飛狐尉，遷蔚州靈丘令。雍熙中王師至其地，得歸京師，授河南偃師令，累調江陵、岐山、義烏、陽翟四令。”　靈丘：治所在今山西省靈丘縣。

[18]杓窊印：【靳注】印紐刻成鷙鳥形的印，即鷹紐印。行軍詔賜將帥所使用。杓窊，契丹語音譯詞，鷙鳥的總稱。

夏四月己亥朔，次南京北郊。庚子，惕隱瑤升、西南面招討使韓德威以捷報。[1]辛丑，宋潘美陷雲州。[2]壬寅，遣抹只、謀魯姑、勤德等領偏師以助休哥，仍賜旗鼓、杓窊印撫諭將校。癸卯，休哥復以捷報，[3]上以酒脯祭天地，率群臣賀于皇太后。詔勤德還軍。丙午，頗德上所獲鎧仗數。戊申，監軍、宣徽使蒲領奏敵軍引退，而奚王籌寧、北大王蒲奴寧、統軍使頗德等以兵追躡，[4]皆勝之。遣敞史勤德持詔褒美，及詔侍中抹只統諸軍赴行在所。[5]頻不部節度使和盧覩、黄皮室詳穩解里等各上所獲兵甲。[6]又詔兩部突騎赴蔚州，[7]以助闥覽。横帳郎君老君奴率諸郎君巡徼居庸之北。[8]將軍化哥統平州兵馬、横帳郎君奴哥爲黄皮室都監、郎君謁里爲北府都監，[9]各以步兵赴蔚州以助斜軫。庚戌，以斜軫爲諸路兵馬都統、闥覽兵馬副部署、迪子都監，[10]以代善補、韓德威。癸丑，以艾正、趙希贊及應州、朔州節度副使、奚軍小校隘离轄、渤海小校貫海等叛入于宋，籍其家屬，分賜有功將校。宋將曹彬、米信北渡拒馬河，與于越休哥對壘，挑戰，南北列營長六七里。時上次涿州東五十里。甲寅，詔于越休哥、奚王籌寧、宣徽使蒲領、南、北二王等嚴備水道，無使敵兵得潛至涿州。乙卯，休哥等敗宋軍，獻所獲器甲、貨財，賜詔褒美。蔚州左右都押衙李存璋、許彦欽等殺節度使蕭啜里，執監城使、銅州節度使耿紹忠以城叛，[11]附于宋。丙辰，復涿州，[12]告天地。戊午，上次沙姑河之北淀，召林牙勤德議軍事。諸將校各以所俘獲來上。奚王籌寧、南、北二王率所部將校來朝。以近侍粘米里所進自落鴇祭天地。己未，休哥、蒲領來朝，詔三司給軍前夏衣布。庚申，上朝皇太后。辛酉，大軍次固安。壬戌，圍固安城，統軍使頗德先登，城遂破，大縱俘獲。居民先被俘者，命以官物贖之。甲子，賞攻城將士有差。

[1]瑤升：即耶律善補，字瑤升，孟父楚國王之後。景宗即位，授千牛衛大將軍，遷大同軍節度使。統和初爲惕隱。凡征討，憚攻戰，急還，以故戰多不利。年七十四卒。本書卷八四有傳。　韓德威（941—996）：韓匡嗣之子、韓德讓之弟。保寧初自燕臺軍旅之列校，授西頭供奉官、銀青崇禄大夫、檢校右散騎常侍兼侍御史、驍騎尉。不數年，授羽林軍將軍、檢校司徒。這是御林軍的官職，即所謂“登環衛之資，廁勾陳之列”。保寧十一年（979）德威“擢居親近之用，首冠殿庭之班，授宣徽北院使、彰武軍節度使、檢校太尉，進封開國伯，增食邑，賜功臣四字”。其墓誌現存遼上

京博物館。本書卷八二有傳。

[2]宋潘美陷雲州：《長編》卷二七雍熙三年（986）夏四月辛丑載："潘美克雲州，斬首千級。田重進破敵援軍於飛狐北，斬首千級，俘四百人。"

[3]休哥復以捷報：所謂"捷報"，實際上是指前一天在新城的戰斗，雙方互有勝負。《長編》卷二七雍熙三年四月壬寅載：米信破敵於新城，斬首三百級。敵衆復集，信兵稍卻。信獨以麾下龍衛卒三百人禦之，被圍數重，矢下如雨，信自射殺數人，麾下多死。日將暮，信持大刀，率從騎百餘人大呼突圍，殺數十人。會曹彬遣李繼宣等援之，遂大破敵於新城東北，斬首千級，獲馬一百疋。《宋史》卷二六〇《米信傳》也記載：雍熙三年，征幽薊，命信爲幽州西北道行營馬步軍都部署，敗契丹於新城。契丹率衆復來戰，王師稍卻，信獨以麾下龍衛卒三百禦敵，敵圍之數重，矢下如雨，信射中數人，麾下士多死。會暮，信持大刀，率從騎大呼，殺數十人，敵遂小卻，信以百餘騎突圍得免。坐失律，議當死，詔特原之，責授右屯衛大將軍。

[4]奚王：對奚部族首領的稱呼。　北大王：又稱北院大王，契丹部族官。遼朝析迭剌部爲五院部和六院部。五院部有知五院事，在朝曰北大王院；六院部有知六院事，在朝曰南大王院。北院大王和南院大王即是五院部和六院部的首領，握有兵權。

[5]行在所：契丹是"行國"，皇帝一年四季往返於四時捺鉢，"捺鉢"即行在所，亦即遼朝的朝廷。

[6]皮室：契丹軍名。意爲"金剛"。初爲阿保機所置，稱"腹心部"。後有南、北、左、右皮室及黄皮室等，皆掌精甲。

[7]突騎：用於衝鋒陷陣的精鋭騎兵。《漢書·晁錯傳》："若夫平原易地，輕車突騎，則匈奴之衆易撓亂也。"顔師古注："突騎，言其驍鋭，可用衝突敵人也。"

[8]横帳：契丹以玄祖之後爲皇族，分爲三房：孟父房、仲父房和季父房。季父房一系太祖阿保機子孫爲"横帳"。本書卷一六

《聖宗本紀七》：開泰八年（1019）冬十月癸巳，詔“横帳、三房不得與卑小帳族爲婚；凡嫁娶，必奏而後行”。卷四五《百官志一》：“玄祖伯子麻魯無後，次子巖木之後曰孟父房；叔子釋魯曰仲父房；季子爲德祖，德祖之元子是爲太祖天皇帝，謂之横帳；次曰剌葛，曰迭剌，曰寅底石，曰安端，曰蘇，皆曰季父房。”【劉注】契丹小字“横帳”爲“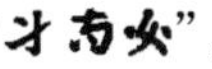”，本義是“兄弟的”，即與皇帝稱兄道弟的，就是皇族。 巡徼：巡行視察。《通鑑》卷二七五後唐明宗天成元年（926）四月：“公善巡徼，以待魏王。”胡三省注：“言善巡徼宫闕及皇城内外坊市，以待魏王繼岌。”

[9]横帳郎君奴哥爲黄皮室都監：【劉校】奴哥，據中華點校本校勘記，本書卷八五本傳作“奴瓜”，“統和四年，宋楊繼業來侵，奴瓜爲黄皮室糺都監，擊敗之”。

[10]迪子都監：【劉校】迪子，據中華點校本校勘記，本書卷八五本傳作“題子”，“授西南面招討都監”。

[11]銅州：【劉校】據中華點校本校勘記，《長編》作“同州”。 耿紹忠：【劉注】據遼寧朝陽博物館所存《耿崇美墓誌銘》，耿紹忠爲耿崇美第二子，任上京副留守、金紫崇禄大夫、檢校太傅、兼御史大夫、上柱國、上谷縣開國子、食邑五百户。幼聞孝悌，長許公忠。不啚鍾考之憂，果委継先之政。

[12]復涿州：曹彬所部宋軍於四月間兩度佔領涿州，但《長編》不載具體日期。《遼史》於此處載“復涿州”，亦即宋軍第一次自涿州退守雄州的日期。《長編》卷二七雍熙三年（986）四月載：“彬至涿州，留十餘日，食盡，乃退師至雄州，以援供饋。上聞之，大駭曰：‘豈有敵人在前，而卻軍以援芻粟乎？何失策之甚也。’亟遣使止之，令勿復前，引師緣白溝河與米信軍接，養兵畜鋭以張西師之勢，待美盡略山後之地，會重進東下趣幽州與彬、信合，以全師制敵，必勝之道也。而彬所部諸將聞美及重進累戰獲利，自以握重兵不能有所攻取，謀畫蜂起，更相矛盾，彬不能制，乃裹五十日糧，再往攻涿州。敵當其前，且行且戰，去城才百里，

曆二十日始至。有敵酋領萬騎與米信戰，相持不解，俄遣使紿言乞降。上蔡令大名柳開督饋餉隨軍，謂信曰：'此兵法所謂無約而請和者也。彼將有謀，急攻之，必勝。'信遲疑不決。踰二日，敵復引兵挑戰。後偵知，果以矢盡，俟取於幽州也。彬雖復得涿州，時方炎暑，軍士疲乏，所齎糧又不繼，乃復棄之，還師境上。"

五月庚午，遼師與曹彬、米信戰於岐溝關，[1]大敗之，追至拒馬河，[2]溺死者不可勝紀。餘衆奔高陽，[3]又爲遼師衝擊，死者數萬，棄戈甲若丘陵。輓漕數萬人匿岐溝空城中，圍之。壬申，以皇太后生辰，縱還。癸酉，班師，還次新城。休哥、蒲領奏宋兵奔逃者皆殺之。甲戌，以軍捷，遣使分諭諸路京鎮。丁丑，詔：諸將校論功行賞，無有不實。己卯，次固安南，以青牛白馬祭天地。[4]庚辰，以所俘宋人射鬼箭。[5]詔遣詳穩排亞率弘義宫兵及南、北皮室、郎君、拽剌四軍赴應、朔二州界，[6]與惕隱瑤升、招討韓德威等同禦宋兵在山西之未退者。辛巳，以瑤升軍赴山西。壬午，還次南京。癸未，休哥、籌寧、蒲奴寧進俘獲。斜軫遣判官蒲姑奏復蔚州，斬首二萬餘級，乘勝攻下靈丘、飛狐，賜蒲姑酒及銀器。丙戌，御元和殿，[7]大宴從軍將校，封休哥爲宋國王，加蒲領、籌寧、蒲奴寧及諸有功將校爵賞有差。丁亥，發南京，詔休哥備器甲，儲粟，待秋大舉南征。戊子，斜軫奏宋軍復圍蔚州，擊破之。詔以兵授瑤升、韓德威等。壬辰，以宋兵至平州，瑤升、韓德威不盡追殺，降詔詰責。仍諭，據城未降者，必盡掩殺，無使遁逃。癸巳，以軍前降卒分賜扈從。乙未，賞頗德諸將校士卒。

[1]岐溝關：在今河北省淶水縣東。《黄氏日抄》卷六三："曹彬敗於祈溝關，在行者二十萬。"《宋史》卷二五八《曹彬傳》："及彬次涿州，旬日食盡，因退師雄州以援餉饋。上聞之曰：'豈有敵人在前，反退軍以援芻粟，失策之甚也。'亟遣使止彬勿前，急引師緣白溝河與米信軍會，案兵養鋭，以張西師之勢；俟美等盡略山後地，會重進之師而東，合勢以取幽州。時彬部下諸將，聞美及重進累建功，而己握重兵不能有所攻取，謀議蜂起。彬不得已，乃復裹糧再往攻涿州。契丹大衆當前，時方炎暑，軍士乏困，糧且盡，彬退軍，無復行伍，遂爲所躡而敗。"《九朝編年備要》卷四："彬等之行也，上諭以'潘美之師但先趣雲、應，卿以十萬之衆聲言取幽州，持重緩行，毋貪小利。虜聞大兵至，必悉衆救范陽，不暇援山後矣'。彬至涿州，留十餘日，食盡，退師雄州，以援供饋。上聞之大駭曰：'豈有敵人在前，而却軍以援粟乎！'亟遣使止之。彬所部聞美及重進屢捷，耻不能有所攻取，乃再趨涿州，復以糧食不繼退師。至岐溝關，北虜追及之，我師大敗。"

[2]拒馬河：即淶水，源出山西，流經今河北省涿州市西南。《長編》卷二七雍熙三年（986）四月載："彬初欲令所部將開封盧斌以兵萬人戍涿州，斌懇言：'涿州深入北地，外無援，内無食，丁籍殘失，守必不利，不若以此萬人結陣而去，比於固守，其利百矣。'彬從其言，令斌擁城中老幼並狼山而南。彬等以大軍退，無復行伍，爲敵所躡。五月庚午，至岐溝關北，敵追及之，我師大敗。彬等收餘軍，宵涉巨馬河，營於易水之南。李繼宣力戰巨馬河上，敵始退，追奔至孤山，方涉巨馬河，人畜相蹂踐而死者甚衆。"

[3]高陽：治所在今河北省高陽縣。

[4]以青牛白馬祭天地：契丹祭祀天地用青牛白馬，表示不忘祖先。本書卷三七《地理志一·上京道》："相傳有神人乘白馬，自

馬盂山浮土河而東，有天女駕青牛車由平地松林泛潢河而下。至木葉山，二水合流，相遇爲配偶，生八子。其后族屬漸盛，分爲八部。每行軍及春秋時祭，必用白馬青牛，示不忘本云。”

[5]射鬼箭：契丹人的巫術、刑罰。皇帝出征及祭祀先帝時，都要行這種巫術。取死囚一人，置於所要前往之方向，以亂箭射殺，名爲射鬼箭。契丹人認爲，以此可以祓除不祥。班師歸來則以俘虜射鬼箭。後來則以此作爲刑罰的一種。

[6]詳穩：即漢語“將軍”的轉譯。【劉注】詳穩爲契丹小字官名的音譯。本書卷一一六《國語解》：“詳穩，諸官府監治之官。”“詳穩”不是漢語“將軍”的轉譯，而是音譯的契丹語官名，“將軍”是漢語借詞。　排亞：即蕭排押（？—1023）。字韓隱，國舅少父房之後。統和初爲左皮室詳穩。四年（986），破宋將曹彬、米信兵於望都，與樞密使耶律斜軫收復山西所陷城邑。是冬攻宋，以功改南京統軍使。十三年歷北、南院宣徽使。十五年加政事令，遷東京留守。二十二年與宋和議成，爲北府宰相。兩度從聖宗征高麗。本書卷八八有傳。　弘義宫：遼太祖阿保機宫分。　拽剌：契丹語“走卒”謂之“拽剌”，後爲軍官名。有掌旗鼓者，稱“旗鼓拽剌”，還有專司偵候、探報等職者。　應州：治所在今山西省應縣。　朔州：治所在今山西省朔州市。契丹調瑤升軍赴應、朔二州，説明涿州、岐溝關之戰事已經結束。《長編》未記載曹彬部戰敗具體日期，卷二七李燾自注云：“然彬初以三月十三日下涿州，留旬餘卻回師援糧道。其再往涿州，當是四月初。此時軍實未敗也。普劄子又言：‘般軍糧者説大軍被圍’，此必彬自涿州卻回時，當四月末五月初也。普以是月聞其事，尋具手疏論諫，既達朝廷，則班師之詔已發，故太宗答普詔言諸將違節度事甚詳。”

[7]元和殿：宫殿名。在遼南京皇城内。本書卷四〇《地理志四·南京道》引王曾《上契丹事》云：“正南曰啟夏門，内有元和殿。”

六月戊戌朔，詔韓德威赴闕，加統軍使頗德檢校太師。甲辰，詔南京留守休哥遣礮手西助斜軫。乙巳，以夷离畢姪里古部送輜重行宮，[1]暑行日五十里，人馬疲乏，遣使讓之。丁未，度居庸關。[2]壬子，南京留守奏百姓歲輸三司鹽鐵錢，折絹不如直，詔增之。甲寅，斜軫奏復寰州。乙卯，皇太妃、諸王、公主迎上嶺表，設御幄道傍，置景宗御容，率從臣進酒，陳俘獲於前，遂大宴。戊午，幸涼陘。以所俘分賜皇族及乳母。己未，聞所遣宣諭回鶻、[3]覈列哿國度里、亞里等爲朮不姑邀留，詔速撒賜朮不姑貨幣，諭以朝廷來遠之意，使者由是乃得行。癸亥，以節度使韓毗哥、翰林學士邢抱朴等充雲州宣諭招撫使。[4]丙寅，以太尉王八所俘生口分賜趙妃及于越迪輦乙里婉。[5]

［1］夷离畢：契丹官名。爲執政官，相當於副宰相參知政事。後來官分南、北，北面官有夷离畢院，主要掌刑政。

［2］居庸關：要塞名。在北京昌平區西北。

［3］回鶻：中國北方與西北古代民族名。原爲鐵勒，8 世紀 40 年代，骨咄禄毗伽可汗曾建立回鶻汗國。公元 840 年左右，回鶻汗國崩潰。除一部分人南下附屬唐朝外，其餘分三支向西北遷徙，和西域原住的同族人匯合，而先後建成高昌回鶻、河西回鶻（甘州回鶻）和喀喇汗王朝（黑汗王朝）三個政權。回鶻西遷後，和中原諸王朝仍然保持着密切關係。甘州回鶻對五代、北宋朝貢不絶；高昌回鶻曾同時爲遼朝及北宋的屬國。

［4］邢抱朴：【劉校】“朴”，原本、大典本、南監本和北監本均誤作“扑”，據殿本改。馮氏《初校》：“‘朴’，《百》《北》作‘扑’，非。”中華點校本、修訂本、補注本徑改。

[5]乙里婉：【劉注】疑“婉”爲“娩”字之誤。乙里娩是女性契丹語封號的音譯，衹有丈夫被封王的婦人才有可能獲得這種封號，其義爲“王妃”或“誥命夫人”。

秋七月丙子，樞密使斜軫遣侍御涅里底、斡勤哥奏復朔州，擒宋將楊繼業，及上所獲將校印綬、誥敕，[1]賜涅里底等酒及銀器。辛巳，以捷告天地。以宋歸命者二百四十人分賜從臣。又以殺敵多，詔上京開龍寺建佛事一月，飯僧萬人。[2]辛卯，斜軫奏：大軍至蔚州，營于州左。得諜報，敵兵且至，乃設伏以待。敵至，縱兵逆擊，追奔逐北至飛狐口。遂乘勝鼓行而西，入寰州，殺守城吏卒千餘人。宋將楊繼業初以驍勇自負，號楊無敵，北據雲、朔數州。至是，引兵南出朔州三十里，至狼牙村，惡其名，不進，左右固請乃行。遇斜軫，伏四起，中流矢，墮馬被擒。[3]瘡發不食，三日死。遂函其首以獻。詔詳穩轄麥空傳其首于越休哥，以示諸軍，仍以朔州之捷宣諭南京、平州將吏。自是宋守雲、應諸州者，聞繼業死皆棄城遁。

[1]印綬：印信和繫印信的絲帶。古人印信上繫有絲帶，佩帶在身，用以表明身份。《舊唐書》卷一七〇《裴度傳》：“帶丞相之印綬，所以尊其名；賜諸侯之斧鉞，所以重其命。”　誥敕：朝廷封官授爵的文書，也是身份的證明，故隨身攜帶。

[2]飯僧：向僧人施飯，奉佛藉以祈福。《舊唐書》卷一一八《王縉傳》：“初，代宗喜祠祀，未甚重佛，而元載、杜鴻漸與［王］縉喜飯僧徒。代宗嘗問以福業報應事，載等因而啟奏，代宗由是奉之過當，嘗令僧百餘人於宮中陳設佛像，經行念誦，謂之内道場。

其飲膳之厚，窮極珍異，出入乘廄馬，度支具廩給。每西蕃入寇，必令群僧講誦《仁王經》，以攘虜寇。苟幸其退，則横加錫賜。”“飯僧”原倒訛爲“僧飯”。據前後文例改。

［3］“宋將楊繼業初以驍勇自負”至“墮馬被擒”：《長編》等宋朝文獻作“楊業”，且以其陷敵時間是在八月初。《長編》卷二七雍熙三年（986）八月初八月載：“初徙雲、朔、寰、應四州民，詔潘美、楊業等以所部兵護送之。時契丹國母蕭氏與其大臣耶律漢寧、南北皮室及五押惕隱，領衆十餘萬，復陷寰州。業謂美等曰：‘今寇鋒益盛，不可與戰。朝廷止令取數州之民，但領兵出大石路，先遣人密告雲、朔守將，俟大軍離代州日，令雲州之衆先出，我師次應州，契丹必悉兵來拒，即令朔州吏民出城，直入石碣谷，遣強弩三千列於谷口，以騎士援於中路，則三州之衆，保萬全矣。’監軍、西上閤門使、蔚州刺史王侁沮其議，曰：‘領數萬精兵而畏懦如此，但趨雁門北川中，鼓行而往馬邑。’軍器庫使、順州團練使劉文裕亦贊成之。業曰：‘不可，必敗之勢也。’侁曰：‘君素號無敵，今見敵逗撓不戰，得非有他志乎。’業曰：‘業非避死，蓋時有未利，徒殺傷士卒而功不立。今君責業以不死，當爲諸公先死耳。’乃引兵自石峽路趨朔州，將行，泣謂美曰：‘此行必不利，業太原降將，分當死。上不殺，寵以連帥，授之兵柄，非縱敵不擊，蓋伺其便，將立尺寸功以報國恩。今諸君責業以避敵，業當先死於敵。’因指陳家谷口曰：‘諸君於此張步兵強弩，爲左右翼以援，竢業轉戰至此，即以步兵夾擊救之，不然者，無遺類矣。’美即與侁領麾下兵陣於谷口，自寅至已，侁使人登托邏臺望之，以爲敵敗走，侁欲爭其功，即領兵離谷口，美不能制。乃緣灰河西南行一十里，俄聞業敗，即麾兵却走。業力戰，自日中至暮，果至谷口，望見無人，即拊膺大慟，再率帳下士力戰，身被數十創，士卒殆盡。業猶手刃數十百人，馬重傷不能進，遂爲敵所擒。”

八月丁酉朔,[1]置先离闥覽官六員,[2]領于骨里、女直、迪烈於等諸部人之隸宫籍者。[3]以北大王蒲奴寧爲山後五州都管。[4]乙巳，韓德讓奏宋兵所掠州郡，其逃民禾稼宜募人收穫，以其半給收者，從之。乙卯，斜軫還自軍，獻俘。己未，用室昉、韓德讓言，復山西今年租賦。詔第山西諸將校功過而賞罰之。乙室帳宰相安寧以功過相當,[5]追告身一通,[6]諦居部節度使佛奴笞五十。惕隱瑶昇、拽剌歘烈、朔州節度使慎思、應州節度使骨只、雲州節度使化哥、軍校李元迪、蔚州節度使佛留、都監崔其、劉繼琛，皆以聞敵逃遁奪官，歘烈仍配隸本貫,[7]領國舅軍王六笞五十。[8]壬戌，以斜軫所部將校前破女直，後有宋捷，第功加賞。癸亥，加斜軫守太保。

[1]八月丁酉朔：【劉校】“朔”字原闕，中華點校本據本書卷四四《曆象志下·朔考》補。今從。

[2]先离闥覽官：【劉注】契丹語官名。其義不詳。本書卷一一六《國語解》:“先离闥覽，奚、渤海等國官名，疑即‘撻林’字訛。”

[3]于骨里：即烏古。　宫籍：宫分人之籍。有宫籍的宫分人，多是統治者的私奴，但宫分人中也有契丹權貴。宫籍是世襲的，未經統治者宣佈廢除，子孫則世代爲宫分人。

[4]山後：又稱山北。《通鑑》卷二八〇《後晉紀》胡注:“山北諸州謂雲、應、寰、朔等州。”

[5]乙室：契丹部族名。遙輦氏阻午可汗時始置爲部。隸南府，駐守西南之境。　宰相：契丹部族官名。契丹可汗之下有北、南二府，各部族則分屬二府，分設宰相，故北宰相亦稱北府宰相，南宰

相亦稱南府宰相。

[6]告身：古代授官的文憑。

[7]欸烈仍配隸本貫：【劉校】中華點校本校勘記，“欸”原誤作“配”，據上文及《大典》卷五二四九改。今從改。

[8]王六：【劉注】即蕭王六。據本書卷六五《公主表》，他是聖宗第十四女興哥公主的丈夫。又據劉鳳翥所存《永清公主墓誌銘》拓本，“王六”是“王五”之誤。

九月丙寅朔，皇太妃以上納后，[1]進衣物、駞馬，以助會親頒賜。甲戌，次黑河，[2]以重九登高于高水南阜，祭天。賜從臣命婦菊花酒。丁丑，次河陽北。[3]戊寅，内外命婦進會親禮物。辛巳，納皇后蕭氏。[4]丙戌，次儒州，[5]以大軍將南征，詔遣皮室詳穩乞的、郎君拽剌先赴本軍繕甲兵。[6]己丑，召北大王蒲奴寧赴行在所。甲午，皇太后行再生禮。[7]

[1]皇太妃：中華點校本校勘記引陳漢章《索隱》謂“皇太妃”當作“王太妃”。我們認爲，作“皇太妃”並不誤。此人即齊妃，太宗第二子罨撒葛之妻。景宗即位，進封罨撒葛爲“齊王”，保寧四年（972）閏二月戊申薨，“追册爲皇太叔”，故其妻稱“皇太妃”。

[2]黑河：河流名。據本書卷三七《地理志一·慶州》：“在州西二十里。有黑山、赤山、太保山、老翁嶺、饅頭山、興國湖、轄失濼、黑河。”【劉注】遼代黑河即今内蒙古自治區巴林右旗境内的查干沐淪（蒙古語“白河”之意），因蒙古語忌諱“黑”，故改稱“白河”。

[3]河陽：當即黑河之北岸。

[4]皇后蕭氏：統和十九年（1001）以罪降爲貴妃。

[5]儒州：治所在今北京市延慶區。

[6]遣皮室詳穩乞的、郎君拽剌先赴本軍繕甲兵：【劉校】乞的，據中華點校本校勘記，下卷六年十二月作“乞得”。“郎君拽剌爲官名，下疑脱一人名，或即下文本年十一月之郎君拽剌雙骨里”。

[7]再生禮：契丹傳統禮儀之一。據本書卷一一六《國語解》載，依契丹故俗，此種禮儀每隔十二年舉行一次，而且衹有皇帝、太后、太子及夷離堇得行此禮。這是與選汗儀式同時舉行的禮儀，禮儀十分煩瑣。

冬十月丙申朔，党項、阻卜遣使來貢。[1]丁酉，皇太后復行再生禮，爲帝祭神祈福。己亥，以乙室王帳郎君吳留爲御史大夫。政事令室昉奏山西四州自宋兵後，[2]人民轉徙，盜賊充斥，乞下有司禁止。命新州節度使蒲打里選人分道巡檢。[3]北大王帳郎君曷葛只里言本府王蒲奴寧十七罪，詔横帳太保覈國底鞫之。蒲奴寧伏其罪十一，笞二十釋之。曷葛只里亦伏誣告六事，命詳酌罪之。知事勤德連坐，杖一百，免官。甲辰，出居庸關。乙巳，詔諸京鎮相次軍行，諸細務權停理問。庚戌，分遣拽剌沿邊偵候。辛亥，命皇族廬帳駐東京延芳淀。[4]壬子，詔以勑牓付于越休哥以南征諭拒馬河南六州。[5]乙卯，幸南京。戊午，以南院大王留寧言，復南院部民今年租賦。壬戌，以銀鼠、青鼠及諸物賜京官、僧道、耆老。甲子，上與大臣分朋擊鞠。[6]

[1]党項：中國古代族名。又稱党項羌，唐以後主要活動於靈、

慶、銀、夏等州，即今甘肅、寧夏、陝西和内蒙古等省區交界地區。　阻卜：即達旦、韃靼。元人諱言達旦，而稱達旦爲阻卜。詳王國維《觀堂集林》卷一四《達旦考》。

[2]政事令：遼朝南面宰相。　山西四州：遼宋發生戰事的雲、朔、寰、應四州。【劉校】中華點校本校勘記云，“州”原誤爲“川”，按下文有“山西五州”，據改。今從。

[3]新州：治所在今河北省涿鹿縣。

[4]東京延芳淀：【劉注】此淀在居庸關至南京途中，非東京之延芳淀。“東京”當作“南京”或“京東”。

[5]拒馬河南六州：拒馬河南六州屬宋。

[6]擊鞠：即打馬球，是當時流行的競技活動。因爲參賽者都在馬上擊球，奔馳的快馬有時會失控，因此具有一定的危險性。統和六年（988），一日承天太后觀看臣下擊鞠，她的寵臣韓德讓被胡里室衝撞墜馬，太后一怒之下，竟下令將胡里室斬首。今内蒙古自治區敖漢旗皮匠溝1號遼墓墓門西側的穹隆頂下部，有一幅打馬球圖。現存寬180釐米、高50釐米。畫面有多處剥落，但大體可辨。

十一月丙寅朔，党項來貢。庚午，以政事令韓德讓守司徒。壬申，以古北、松亭、榆關征税不法，[1]致阻商旅，遣使鞫之。女直請以兵從征，許之。癸酉，御正殿，大勞南征將校。丙子，南伐，次狹底堝，皇太后親閱輜重兵甲。丁丑，以休哥爲先鋒都統。戊寅，日南至，上率從臣祭酒景宗御容。辛巳，詔以北大王蒲奴寧居奉聖州，山西五州公事並聽與節度使蒲打里共裁決之。[2]癸未，祭日月，爲駙馬都尉勤德祈福。乙酉，置諸部監，勒所部各守營伍，毋相錯雜。丙戌，遣謀魯姑、蕭繼遠沿邊巡徼。以所獲宋卒射鬼箭。丁亥，以青牛白馬祭天地。辛卯，次白佛塔川，獲自落馴狐，以爲吉徵，祭天地。詔駙馬都尉蕭繼遠、林牙謀魯姑、太尉林八等固守封疆，毋漏間諜。軍中無故不得馳馬，仍縱諸軍殘南境桑果。壬辰，至唐興縣。[3]時宋軍屯滹沱橋北，[4]選將亂射之，橋不能守，進焚其橋。癸巳，涉沙河，[5]休哥來議事。北皮室詳穩排亞獻所獲宋諜二人，上賜衣物，令還招諭泰州。[6]楮特部節度使盧補古、都監耶律盻與宋戰於泰州，[7]不利。甲午，祭麃鹿神。以盧補古臨陣遁逃奪告身一通，其判官、都監各杖之。郎君拽剌雙骨里遇宋先鋒於望都，[8]擒其士卒九人，獲甲馬十一，賜酒及銀器。乙未，以盧補古等罪詔諭諸軍。以御盞郎君化哥權楮特部節度使，横帳郎君佛留爲都監，代盧補古。權領國舅軍桃畏請置二校領散卒，詔以郎君世音、頗德等充。命彰德軍節度使蕭闥覽、將軍迪子略地東路。詔休哥、排亞等議軍事。

[1]古北：即今古北口。幽州通往塞外的要塞，在今北京市密雲區境内。　松亭：松亭關。在今河北省遵化市北。　榆關：即今山海關。

[2]山西五州：即雲、應、寰、朔及奉聖州。

[3]唐興縣：舊縣名。宋廢，併入莫縣。治所在今河北省安新縣。

[4]滹沱：河流名。滹沱河流經今山西省、河北省境内，匯入子牙河，歷史上河道屢次變遷。

[5]沙河：發源於今山西省繁峙縣東白坡頭口，經河北省曲陽縣入新樂縣，又東經定州境而入安國市界。

[6]泰州：此爲保州之舊稱。治清苑（今河北省保定市清苑

區），後徙滿城（今河北省保定市滿城區）。

[7]楮特部：契丹部族名。阻午可汗以其營爲部。隸南府。

[8]望都：縣名。治所在今河北省望都縣。

十二月己亥，休哥敗宋軍於望都，遣人獻俘。壬寅，營於滹沱北，詔休哥以騎兵絶宋兵，毋令入邢州；[1]命太師王六謹偵候。癸卯，小校曷主遇宋輜重，引兵殺獲甚衆，並焚其芻粟。甲辰，詔南大王與休哥合勢進討，宰相安寧領迪离部及三克軍殿。上率大軍與宋將劉廷讓、李敬源戰于莫州，[2]敗之。乙巳，擒宋將賀令圖、楊重進等。[3]國舅詳穩撻烈哥、宫使蕭打里死之。丙午，詔休哥以下入内殿，賜酒勞之。丁未，築京觀。復以南京禁軍擊楊團城，[4]守將以城降。[5]詔禁侵掠。己酉，營神榆村，詔上楊團城粟麥、兵甲之數。辛亥，以黑白二牲祭天地。癸丑，拔馮母鎮，[6]大縱俘掠。丙辰，邢州降。[7]丁巳，拔深州，[8]以不即降，誅守將以下，縱兵大掠。李繼遷引五百騎款塞，願婚大國，永作藩輔。詔以王子帳節度使耶律襄之女汀封義成公主下嫁，賜馬三千疋。

[1]毋令入邢州：【劉校】邢州，據中華點校本校勘記，《契丹國志》卷七作“祁州”。《長編》，是年契丹長驅入深、祁。下文云“拔深州”。邢應作祁。祁州，治所在今河北省安國市。

[2]上率大軍與宋將劉廷讓、李敬源戰于莫州：按此役，宋軍與契丹軍戰於君子館，非莫州（今河北省任丘市）。君子館在今河北省河間市西北三十里。《長編》卷二七雍熙三年（986）年末：

“契丹將耶律遜寧號于越者，以數萬騎入寇瀛州，都部署劉廷讓與戰於君子館。會天大寒，我師不能彀弓弩。敵圍廷讓數重，廷讓先以麾下精卒與滄州都部署李繼隆，令後殿，緩急期相救。及廷讓被圍，繼隆退屯樂壽，御前忠佐神勇指揮使巨野桑贇以所部兵力戰，自辰至申，而敵援兵復至，贇引衆先遁，廷讓全軍皆没，死者數萬人。廷讓得麾下他馬乘之，僅脱死。先鋒將六宅使、平州團練使、知雄州賀令圖、武州團練使、高陽關部署楊重進俱陷於敵。”【靳注】劉廷讓（929—987），宋將。本名光義（一作毅），宋太宗即位後賜名廷讓。祖籍涿州范陽（今河北省涿州市），曾祖劉仁恭，唐盧龍軍節度使。嘗入後周太祖帳下，任至侍衛司龍捷右厢都指揮使。《宋史》卷二五九有傳。李敬源，宋將，雍熙北伐時，與劉廷讓、楊重進等併擊遼軍，力戰而死。其餘不詳。

［3］擒宋將賀令圖、楊重進等：《長編》卷二七雍熙三年年末：“令圖性貪功生事，復輕而無謀。于越素知令圖，嘗使諜紿之曰：‘我獲罪於契丹，旦夕願歸朝，無路自投，幸君少留意焉。’令圖不虞其詐，自以爲終獲大功，私遺于越重錦十兩。至是，于越傳言軍中，願得見雄州賀使君。令圖先爲所紿，意其來降，即引麾下數十騎逆之。將至其帳數步外，于越據胡床罵曰：‘汝嘗好經度邊事，今乃送死來耶。’麾左右盡殺其從騎，反縛令圖而去，重進力戰，死之。初，令圖與父懷浦首謀北伐，一歲中父子皆敗，天下笑之。重進太原人也。丙午，瀛州以聞，廷讓詣闕請罪。上知爲繼隆所誤，不責。逮繼隆，令中書問狀，尋亦釋之。東頭供奉官馬知節監博州軍，聞廷讓敗，恐敵乘勝復入寇，因繕完城壘、治器械、料丁壯、集芻糧，十有五日而具。始興役，官吏居民皆不悦其生事，既而寇果至，見有備，乃引去，衆始歎伏。”《九朝編年備要》卷四雍熙三年十二月：“契丹寇瀛州，劉廷讓禦之，戰於君子館，全軍敗没，廷讓僅以身免，賀令圖爲契丹所紿縛而去。令圖貪功生事，輕而無謀，初與其父懷浦首謀北伐，一歲中父子皆敗，天下笑之。”【靳注】賀令圖（948—986），宋將。開封陳留（今河南省開封市

東南）人。太祖賀皇后侄。少隸太宗。歷任幽州行營壕砦使、知雄州等職，雍熙三年北伐時爲遼所俘，時年三十九。《宋史》卷四六三有傳。楊重進（923—986），宋將。太原（今屬山西省）人。少有膂力，嘗隸周太祖帳下。入宋後，纍遷至内殿直都虞候。太平興國初，改龍衛軍衛都校，領徐州刺史。雍熙三年北伐時被俘，不知所終。見《宋史》卷四六三《賀令圖附楊重進傳》。

[4]復以南京禁軍擊楊團城：【劉校】中華點校本校勘記云，“以”原作“入”，據《大典》卷五二四九改。今從改。

[5]守將：【劉校】原本誤作“手將”，中華點校本據南監本、北監本和殿本改。今從。

[6]馮母鎮：本書卷七八《蕭思温傳》有“周師來侵，圍馮母鎮”，説明當時這一地區在遼境内。【靳注】位於今河北省巨鹿縣與新河縣之間。

[7]邢州：治所在今河北省邢臺市。

[8]深州：治所在今河北省深州市南。

（李錫厚注　劉鳳翥校）

遼史　卷一二

本紀第十二

聖宗三

五年春正月乙丑，破束城縣，縱兵大掠。丁卯，次文安，遣人諭降，不聽，遂擊破之，盡殺其丁壯，俘其老幼。[1]戊寅，上還南京。己卯，御元和殿，[2]大賚將士。壬辰，如華林、天柱。[3]

[1]遼軍破束城等地及殺掠情況：《長編》卷二八雍熙四年(987)春正月載："初，曹彬及劉廷讓等相繼敗覆，軍亡死者，前後數萬人，緣邊創痍之卒，不滿萬計，皆無復鬭志。河朔震恐，悉料鄉民爲兵以守城，皆白徒，未嘗習戰陣，但堅壁自固，不敢禦敵。敵勢益振，長驅入深、祁，陷易州，殺官吏，擄士民，所過郡邑，攻不能下者，則俘取村墅子女，縱火、大掠，輦金帛而去。魏、博之北，咸被其禍。"【靳注】束城縣，舊縣名。治所在今河北省河間市。

[2]元和殿：宮殿名。在遼南京（今北京市）皇城内。【劉注】本書卷四〇《地理志四·南京道》引王曾《上契丹事》云："正南

曰啟夏門，内有元和殿。”

[3]華林、天柱：二莊名。本書卷四〇《地理志四》載：順州（今北京市順義區）“城東北有華林、天柱二莊，遼建涼殿，春賞花，夏納涼”。

二月甲午朔，至自天柱。

三月癸亥朔，幸長春宮，賞花釣魚，以牡丹徧賜近臣，歡宴累日。丁丑，以諦居部下拽剌解里偵候有功，[1]命入御盞郎君班祗候。

[1]拽剌：契丹語“走卒”謂之“拽剌”，後爲軍官名。有掌旗鼓者，稱“旗鼓拽剌”，還有專司偵候、探報等職者。

夏四月癸巳朔，幸南京。丁酉，上率百僚册上皇太后尊號曰睿德神略應運啟化承天皇太后，禮畢，群臣上皇帝尊號曰至德廣孝昭聖天輔皇帝。[1]戊戌，詔有司條上勳舊，等第加恩。癸丑，清暑冰井。

[1]“册上皇太后尊號”至“上皇帝尊號”：【劉校】據中華點校本校勘記：“按本年所上皇太后及聖宗‘尊號’與二十四年所上同。考本書卷七一《后妃傳》，事在二十四年，五年無此事。疑此係重出。”

六月壬辰朔，[1]召大臣決庶政。丙申，以耶律蘇爲遙郡刺史。

[1]六月壬辰朔：【劉校】原本無“朔”字，中華點校本據本

書卷四四《曆象志下·朔考》補。今從。

秋七月戊辰，涅剌部節度使撒葛里有惠政，[1]民請留，從之。是月，獵平地松林。[2]

九月丙戌，幸南京。是冬止焉。

[1]涅剌部：其先曰涅勒，阻午可汗分其營爲部。節度使屬西南路招討司，居黑山（今内蒙古自治區巴林右旗北罕山）北，司徒居郝里河側。

[2]平地松林：西遼河上游中古時期生態良好，有茂密的松林，稱“平地松林”。《新五代史》卷七三《四夷附録第二》引胡嶠《陷虜記》説：“自上京東去四十里至真珠寨，始食菜。明日東行，地勢漸高，西望平地松林，鬱然數十里，遂入平川，多草木。”

六年春正月庚申，如華林、天柱。

二月丁未，奚王籌寧殺無罪人李浩，[1]所司議貴，[2]請貸其罪，令出錢贍浩家，從之。甲寅，大同軍節度使、同平章政事劉京致仕。[3]

[1]奚王：對奚部族首領的稱呼。據《五代會要》卷二八《奚》：奚族原有五部，酋長號奚王。被契丹降伏以後的奚部族酋長仍號奚王。詳本書卷三三《營衛志·部族下》。

[2]議貴：《唐律》中關於對權貴犯罪應減免處罰的規定，爲“八議”之一。《唐律疏義》卷二《名例律》：“議者，原情議罪，稱定刑之律而不正決之。”

[3]劉京：中華點校本本卷校勘記云：“劉景統和六年致仕。按《紀》，統和六年二月，大同軍節度使、同平章政事劉京致仕。”

統和六年致仕以前，據劉景本傳"召爲户部使，歷武定、開遠二軍節度使"，無出任大同節度使之經歷，其與劉京雖同年致仕，但若據此判斷二者爲同一人，證據不足。另外，还有一劉京於太平五年（1025）出任參知政事，此則爲另一人。

三月己未，[1]休哥奏宋事宜，[2]上親覽之。丙寅，以司天趙宗德、齊泰、王守平、邵祺、閻梅從征四載，言天象數有徵，賜物有差。癸未，李繼遷遣使來貢。[3]

[1]三月己未：【劉校】據中華點校本校勘記，"三月"二字，原誤在下文"癸未"上。按本書卷四四《曆象志下·朔考》，二月戊子朔，無己未、丙寅；三月戊午朔，己未初二日。據改。

[2]休哥：即耶律休哥（？—998）。字遜寧，出身皇族。應曆末，爲惕隱。乾亨元年（979），與耶律斜軫分左右翼，擊敗宋軍於高梁河。是年冬，休哥率本部兵從韓匡嗣等戰於滿城。匡嗣敗績。休哥整兵進擊，擊退宋軍。詔總南面戍兵，爲北院大王。聖宗即位，太后稱制，令休哥總南面軍務，多有戰功。統和四年（986），封宋國王，死後葬今遼寧省阜新蒙古族自治縣大板鎮腰衙門村。本書卷八三有傳。

[3]李繼遷（963—1004）：党項首領。西夏王朝的奠基者。叛宋前任定難軍都知蕃落使。公元982年集結部衆，叛宋。985年，襲據銀州（今陝西省米脂縣），自稱定難軍留後，向遼稱臣。995年，擊敗宋朝五路討伐。997年宋真宗立，李繼遷遣使求和，宋授爲夏州刺史、定難軍節度、夏銀綏宥静等州觀察處置押蕃落等使。1002年李繼遷攻佔靈州，改名西平府。次年，率軍西征，佔領西涼府。因受詐降的吐蕃族大首領潘羅支的突襲，負重傷而死。子李德明嗣立，追尊繼遷爲皇帝。夏景宗時謚神武，廟號太祖，陵號裕陵。

夏四月乙未，幸南京。丁酉，胡里室横突韓德讓墮馬，[1]皇太后怒，殺之。戊戌，幸宋國王休哥第。

[1]韓德讓（942—1011）：韓匡嗣第四子。統和初年承天稱制，韓德讓以南院樞密使的身份“總宿衛事”。統和十七年（999）北院樞密使、魏王耶律斜軫病故，承天太后以韓德讓兼知北院樞密使事，至此，遼朝的蕃漢軍政大權就集於一身了。統和二十二年承天太后賜韓德讓姓耶律，徙封晉王，並且仍舊爲大丞相，事無不統。次年十一月，又詔德讓“出宫籍，屬於橫帳”。二十八年更名耶律隆運。本書卷八二有傳。

五月癸亥，南府宰相耶律沙薨。[1]

[1]耶律沙（？—988）：字安隱。景宗即位，總領南邊防務。保寧間宋攻河東，沙將兵救之，有功，加守太保。乾亨初沙將兵再援北漢，敗於白馬嶺。復與宋戰於高粱河，並從韓匡嗣攻宋。本書卷八八有傳。

閏月丙戌朔，奉聖州言太祖所建金鈴閣壞，[1]乞加修繕。詔以南征，恐重勞百姓，待軍還治之。壬寅，阿薩蘭回鶻來貢。[2]甲寅，烏隈于厥部以歲貢貂鼠、青鼠皮非土産，[3]皆於他處貿易以獻，乞改貢。詔自今止進牛馬。

[1]奉聖州：即新州。治所在今河北省涿鹿縣。

[2]阿薩蘭回鶻：即高昌回鶻。是回鶻西遷、匯合後主要的一支。直到元代，它仍自認爲是回鶻的嫡系。其疆域東至今哈密烏納

格什湖，西通天山西部，南接酒泉，北達天山北麓。首府設在喀拉和卓（今新疆維吾爾自治區吐魯番市東高昌古城遺址），陪都設在天山北麓别失八里（即北庭，今新疆維吾爾自治區吉木薩爾縣破城子）。其王早期稱阿薩蘭汗（意爲獅子王），較晚則稱亦都護。

[3]于厥：部族名。即烏古。

六月癸亥，党項太保阿剌恍來朝，[1]貢方物。乙丑，諭諸道兵馬備南征攻城器具。乙酉，夷离堇阿魯勃送沙州節度使曹恭順還，[2]授于越。[3]

[1]党項：中國古代族名。又稱党項羌，唐以後主要活動於靈、慶、銀、夏等州，即今甘肅、寧夏、陝西和内蒙古等省區交界地區。

[2]夷离堇：原爲突厥語官名。亦譯作“俟斤”（Irkin）。突厥諸部最高元首稱“可汗”（Qaghan），其他諸部君長則稱爲俟斤、亦都護。初，契丹“其君大賀氏，有勝兵四萬，析八部，臣於突厥，以爲俟斤”（《新唐書》卷二一九《契丹傳》）。後，契丹首領自立爲可汗，所屬各部長則稱爲“俟斤”，亦即“夷离堇”。契丹立國後，大部族之夷离堇稱王，小部族夷离堇稱爲節度使。舉凡一部軍政、民政皆由其統掌（參韓儒林《穹廬集》第314—316頁）。沙州：唐宣宗大中五年（851）至宋仁宗景祐三年（1036）的沙州地方政權。安史之亂時，吐蕃乘虚進攻隴右、河西，德宗貞元三年（787）沙州被吐蕃攻陷，直至唐宣宗大中二年（848），沙州漢族人民在張議潮領導下舉行起義，趕走吐蕃鎮將，河西地區纔復歸唐朝。大中五年朝廷在沙州置歸義軍，以張議潮爲歸義軍節度使、十一州觀察使。但僖宗後，沙州歸義軍所轄唯瓜、沙二州。唐亡時，張氏自立“金山國”。數年後，曹氏代替張氏掌握沙州地方政權，仍稱歸義軍節度使，向五代、北宋諸政權奉表入貢。至宋景祐

三年（一説景祐二年）亡於西夏。《長編》卷八二大中祥符七年（1014）四月："甲子，以歸義軍留後曹賢順爲歸義節度使，弟賢慧知瓜州。於是，賢順遣使入貢，言其父宗壽既卒，以其母及國人之請求嗣位，詔予之，仍賜以金字藏經及茶藥等，亦從所請也。"時爲遼開泰三年（1014），由此可證此前沙州節度使不是曹恭順。聖宗本紀記載有誤。曹恭順應是曹延禄。恭順，因避景宗耶律賢名諱改爲賢順。

[3]于越：契丹語官名的音譯。貴官，非有大功德不授。無具體執掌。位在北、南大王之上。

秋七月丙戌，觀市。[1]己亥，遣南面招討使韓德威討河、湟諸蕃違命者。[2]賜休哥、排亞部諸軍戰馬。[3]己酉，駐蹕於洛河。壬子，加韓德威開府儀同三司兼政事令、門下平章事，[4]東京留守兼侍中、漆水郡王耶律抹只爲大同軍節度使。[5]癸丑，排亞請增置涿州驛傳。[6]

[1]觀市：聖宗觀看的是夏捺鉢的市場。因爲直至七月中旬，皇帝始離開永安山夏捺鉢前往秋捺鉢。遼朝在夏捺鉢所在地永安山附近設有集市，在行宫之北，取《周禮》"前朝後市"之義。沈括《熙寧使虜圖抄》載："其北山，庭（行宫）之所依者曰'犢兒'。過犢兒北十餘里曰'市場'，小民之爲市者，以車從之於山間。"

[2]南面招討使：【劉校】據中華點校本校勘記，本書卷八二本傳作"西南面招討使"。　韓德威（941—996）：韓匡嗣之子、韓德讓之弟。保寧初自燕臺軍旅之列校，授西頭供奉官、銀青崇禄大夫、檢校右散騎常侍兼侍御史、驍騎尉。不數年，授羽林軍將軍，檢校司徒。這是御林軍的官職，即所謂"登環衛之資，廁勾陳之列"。保寧十一年（979）德威"擢居親近之用，首冠殿庭之班，授宣徽北院使，彰武軍節度使、檢校太尉，進封開國伯，增食邑，

賜功臣四字”。其墓誌現存遼上京博物館。

[3]排亞：即蕭排押（？—1023）。字韓隱，國舅少父房之後。統和初爲左皮室詳穩。四年（986），破宋將曹彬、米信兵於望都，與樞密使耶律斜軫收復山西所陷城邑。是冬攻宋，以功改南京統軍使。十三年歷北、南院宣徽使。十五年加政事令，遷東京留守。二十二年與宋和議成，爲北府宰相。兩度從聖宗征高麗。本書卷八八有傳。

[4]政事令：遼朝南面宰相。遼世宗天禄四年（950）建政事省之前，漢人宰相無定稱；建政事省之後，南面宰相稱“政事令”，且多由契丹貴族擔任這一職務。

[5]耶律抹只（？—1012）：仲父隋國王之後。字留隱。初以皇族入侍。景宗即位，爲林牙。保寧間遷樞密副使。乾亨元年（979）冬從都統韓匡嗣伐宋，戰於滿城，諸軍奔潰；獨抹只部伍不亂，徐整旗鼓而歸。乾亨二年拜樞密副使。統和初爲東京留守。宋將曹彬、米信等來攻，抹只引兵至南京，與耶律休哥逆戰於涿之東，克之。統和末卒。本書卷八四有傳。

[6]涿州：治所在今河北省涿州市。

八月丙辰，[1]以青牛白馬祭天地。[2]戊午，休哥與排亞、裹里曷捉生，[3]將至易州，[4]遇宋兵，殺其指揮使而還。庚申，幸黎園温湯。癸亥，以將伐宋，遣使祭木葉山。[5]丁丑，瀕海女直遣使速魯里來朝。[6]西北路管押詳穩速撒哥以伐折立、助里二部，上所俘獲。東路林牙蕭勤德及統軍石老以擊敗女直兵，[7]獻俘。大同軍節度使耶律抹只奏今歲霜旱乏食，乞增價折粟，以利貧民。詔從之。濱海女直遣廝魯里來修土貢。[8]

[1]八月丙辰：【劉校】據中華點校本校勘記，“八月”二字，原誤在下文“戊午”上。按本書卷四四《曆象志下·朔考》，八月乙卯朔，丙辰初二日。據改。

[2]以青牛白馬祭天地：契丹祭祀天地用青牛白馬，表示不忘祖先。本書卷三七《地理志一·上京道》：“相傳有神人乘白馬，自馬盂山浮土河而東，有天女駕青牛車由平地松林泛潢河而下。至木葉山，二水合流，相遇爲配偶，生八子。其後族屬漸盛，分爲八部。每行軍及春秋時祭，必用白馬青牛，示不忘本云。”

[3]捉生：捉俘虜。《武經總要》前集卷三《捉生》：“凡軍中立威怖敵，莫重捉生。獲賊千兵，不如生擒一將。”

[4]易州：治所在今河北省易縣。

[5]木葉山：山名。契丹語稱“大”爲“木葉”。“木葉山”可以泛指任何“大山”，也可專指某一大山爲“木葉山”。此處專指永州境内一座山，契丹人視此山爲神山，其地在今内蒙古自治區翁牛特旗新蘇莫蘇木的西拉木倫河與老哈河匯合處一帶。“上建契丹始祖廟，奇首可汗在南廟，可敦（可汗之妻）在北廟，繪塑二聖并八子神像。”詳見本書卷三七《地理志一》永州條。

[6]女直：本作女真，因避遼興宗耶律宗真名諱，改稱女直。遼時居東北東部。在南者入遼籍，稱熟女真，或合蘇館女真；在北者不入遼籍，稱生女真。

[7]林牙：契丹官名。掌文翰，相當於翰林學士。

[8]濱海女直遣廝魯里來修土貢：【劉注】此事與上文“瀕海女直遣使速魯里來朝”爲一事重出。參中華點校本校勘記。

九月丙申，[1]化哥與朮不姑春古里來貢。休哥遣詳穩意德里獻所獲宋諜者。丁酉，皇太后幸韓德讓帳，厚加賞賚，命從臣分朋雙陸以盡歡。[2]戊戌，幸南京。己亥，有事于太宗皇帝廟。以唐元德爲奉陵軍節度使。[3]

癸卯，祭旗鼓南伐。庚戌，次涿州，射帛書諭城中降，不聽。

[1]九月丙申：【劉校】據中華點校本校勘記，“九月”二字，原誤在下文“戊戌”上。按本書卷四四《曆象志下·朔考》，九月乙酉朔，丙申十二日。據改。

[2]雙陸：局如棋盤，是我國中古時代流行的一種博戲。

[3]奉陵軍：遼懷州軍號。治所在今內蒙古自治區巴林右旗東北。【劉校】“陵”原本誤作“陸”，大典本、南監本、北監本和殿本均作“陵”。中華點校本及修訂本徑改。今從改。

冬十月乙卯，[1]縱兵四面攻之，城破乃降，因撫諭其衆。駙馬蕭勤德、太師闥覽皆中流矢。[2]勤德載帝車中以歸。聞宋軍退，遣斜軫、排亞等追擊，[3]大敗之。戊午，攻沙堆驛，破之。己巳，以黑白羊祭天地。庚午，以宋降軍分置七指揮，號“歸聖軍”。壬申，行軍參謀、宣政殿學士馬得臣言諭降宋軍，[4]恐終不爲用，請並放還，詔不允。丙子，籌寧奏破狼山捷。[5]辛巳，復奏敗宋兵於益津關。[6]癸未，進軍長城口，[7]宋定州守將李興以兵來拒，休哥擊敗之，追奔五、六里。

[1]冬十月乙卯：【劉校】據中華點校本校勘記，“冬十月”三字，原誤在下文“戊午”上。按本書卷四四《曆象志下·朔考》，十月甲寅朔，乙卯初二日。據改。

[2]闥覽：即蕭撻凜（？—1004）。字駝寧，蕭思温之再從侄。保寧初爲宿直官。統和四年（986），以諸軍副部署，從樞密使耶律斜軫敗楊繼業於朔州。十一年與東京留守蕭恒德伐高麗，破之。後

攻西夏、阻卜皆有功。二十二年攻宋，進至澶淵，未接戰，中伏弩卒。本書卷八五有傳。

[3]斜軫：即耶律斜軫（？—999）。字韓隱，于越曷魯之孫。保寧初受命節制西南面諸軍，仍援河東。改南院大王。乾亨元年（979）秋，宋下河東，乘勝襲燕，高梁一戰，與耶律休哥分左右翼夾擊，大敗宋軍。統和初皇太后稱制，益見委任，爲北院樞密使。四年（986）宋軍三路來攻，斜軫指揮擊退西路來攻的宋軍，以功加守太保。本書卷八三有傳。

[4]馬得臣：遼南京（今北京市）人。保寧間累遷政事舍人、翰林學士，乾亨初命爲南京副留守，復拜翰林學士承旨。聖宗即位，皇太后稱制，兼侍讀學士。俄兼諫議大夫，知宣徽院事。本書卷八〇有傳。

[5]狼山：據《嘉慶重修一統志·保定府》，在唐縣（今河北省唐縣）西二十里。

[6]益津關：位於今河北省霸州市。

[7]長城口：此指燕趙分界處古長城之長城口，位於今河北省固安縣南。

十一月甲申朔，[1]上以將攻長城口，詔諸軍備攻具。庚寅，駐長城口。督大軍四面進攻。士潰圍，委城遁，[2]斜軫招之，不降；上與韓德讓邀擊之，殺獲殆盡，獲者分隸燕軍。辛卯，攻滿城，[3]圍之。甲午，拔其城，軍士開北門遁，[4]上使諭其將領，乃率衆降。戊戌，攻下祁州，[5]縱兵大掠。己亥，拔新樂。[6]庚子，破小狼山砦。[7]丁未，宋軍千人出益津關，國舅郎君桃委、詳穩十哥擊走之，殺副將一人。己酉，休哥獻黄皮室詳穩徇地莫州所獲馬二十匹，[8]士卒二十人。命賜降者衣帶，使隸燕京。辛亥，西路又送降卒二百餘人，給寒者裘衣。以馬得臣權宣徽院事。

[1]十一月甲申朔：【劉校】原本無“朔”字，中華點校本據本書卷四四《曆象志下·朔考》補。今從。

[2]士潰圍，委城遁：【劉校】據中華點校本校勘記，《羅校》以爲“士”上奪“軍”字。

[3]滿城：治所在今河北省保定市滿城區。

[4]軍士：【劉校】“士”原本作“事”，大典本、南監本、北監本和殿本均作“士”。中華點校本及修訂本徑改。今從改。

[5]祁州：治所在今河北省安國市。

[6]新樂：治所在今河北省新樂市。按此役勝負，遼宋文獻記載各執一詞。

[7]小狼山砦：據《通鑑》胡注引《匈奴須知》，狼山寨東北至易州（今河北省易縣）八十里。小狼山砦是否在其附近，不得而知。

[8]莫州：治所在今河北省任丘市。

十二月甲寅朔，賜皮室詳穩乞得禿骨里戰馬。横帳郎君達打里劫掠，[1]命杖之。丙辰，畋於沙河。[2]休哥獻奚詳穩耶魯所獲宋諜。丁巳，遣北宰相蕭繼遠等往覘安平。[3]侍衛馬軍司奏攻祁州、新樂，都頭劉贇等三十人有功，乞加恩賞。是月，大軍駐宋境。

[1]横帳：契丹以玄祖之後爲皇族，分爲三房：孟父房、仲父房和季父房。季父房一系太祖阿保機子孫爲“横帳”。本書卷一六《聖宗本紀七》：開泰八年（1019）冬十月癸巳，詔“横帳、三房

不得與卑小帳族爲婚；凡嫁娶，必奏而後行”。本書卷四五《百官志一》：“玄祖伯子麻魯無後，次子巖木之後曰孟父房；叔子釋魯曰仲父房；季子爲德祖，德祖之元子是爲太祖天皇帝，謂之横帳；次曰剌葛，曰迭剌，曰寅底石，曰安端，曰蘇，皆曰季父房。”【劉注】契丹小字“横帳”爲“**才为女**”，本義是“兄弟的”，即與皇帝稱兄道弟者，就是皇族。

[2]沙河：在定州南。發源於今山西省繁峙縣東白坡頭口，經河北省曲陽縣入新樂縣，又東經定州境而入安國市界。《長編》卷二九端拱元年（988）十一月：“契丹大至唐河北，將入寇，諸將欲以詔書從事，堅壁清野勿與戰。定州監軍、判四方館事袁繼忠曰：‘契丹在近，今城中屯重兵而不能剪滅，令長驅深入，侵畧它郡，謀自安之計可也，豈折衝禦侮之用乎！我將身先士卒，死於敵矣。’辭氣慷慨，衆皆伏。中黄門林延壽等五人猶執詔書止之，都部署李繼隆曰：‘閫外之事，將帥得專焉。往在河間不即死者，固將有以報國家爾。’乃與繼忠出兵拒戰。先是，易州靜塞騎兵尤驍果，繼隆取以隸麾下，留妻子城中。繼忠言於繼隆曰：‘此精卒，止可令守城，萬一寇至，城中誰與捍敵。’繼隆不從，既而敵果入，易州遂陷，卒之妻子皆爲敵所掠（易州陷，守將不知主名亦不得其月日，但於此畧見事跡耳。國史疎畧如此，良可惜也）。繼隆欲以卒分隸諸軍，繼忠曰：‘不可，但奏陞其軍額，優以廩給，使之盡節可也。’繼隆從其言，衆皆感悦。繼忠因乞之隸麾下，至是摧鋒先入，敵騎大潰，追擊逾曹河，斬首萬五千級，獲馬萬匹。己丑，捷奏聞，羣臣稱賀，上降璽書褒答，賜予甚厚。”

[3]北宰相：即北府宰相。契丹部族官。契丹可汗之下有北、南二府，各部族則分屬二府，分設宰相，故北宰相亦稱北府宰相，南宰相亦稱南府宰相。　安平：治所在今河北省安平縣。

是歲，詔開貢舉，放高舉一人及第。[1]

[1]放高舉一人及第：【劉校】中華點校本校勘記云，“放高舉”三字原闕，據《大典》卷五二四九補。今從。

七年春正月癸未朔，班師。戊子，宋雞壁砦守將郭榮率衆來降，詔屯南京。庚寅，次長城口。三卒出營劫掠，笞以徇衆，[1]以所獲物分賜左右。壬辰，李繼遷與兄繼捧有怨，[2]乞與通好，上知其非誠，不許。癸巳，諭諸軍趣易州。己亥，禁部從伐民桑梓。[3]癸卯，攻易州，宋兵出遂城來援，[4]遣鐵林軍擊之，擒其指揮使五人。甲辰，大軍齊進，破易州，降刺史劉墀，守陴士卒南遁，上帥師邀之，無敢出者。即以馬質爲刺史，趙質爲兵馬都監。遷易州軍民於燕京。以東京騎將夏貞顯之子仙壽先登，授高州刺史。[5]乙巳，幸易州，御五花樓，撫諭士庶。丙午，以青牛白馬祭天地。詔諭三京諸道。戊申，次淶水，[6]謁景宗皇帝廟。詔遣涿州刺史耶律守雄護送易州降人八百還隸本貫。己酉，次岐溝，[7]射鬼箭。[8]辛亥，還次南京，六軍解嚴。

[1]笞以徇衆：【劉校】“笞”原本作“答”，大典本、南監本、北監本和殿本均作“笞”。中華點校本及修訂本徑改。今從改。

[2]繼捧：即李繼捧（？—1004）。夏州（今陝西省靖邊縣）人。本姓拓跋氏。唐末，有名拓跋思恭者鎮夏州，統銀、夏、綏、宥、靜五州地，討黄巢有功，賜李姓。其後，世爲夏州党項首領。太平興國五年（980），李繼筠卒，弟繼捧立。以太平興國七年率族人入朝，族弟繼遷叛宋。宋授繼捧彰德軍節度使，並官其昆弟十二人有差，遂曲赦銀、夏管内。端拱初，改感德軍節度使。宋屢發兵討繼遷不克，用宰相趙普計，欲委繼捧以邊事，令圖之。因召赴

闕，賜姓趙氏，更名保忠，授夏州刺史，充定難軍節度使、夏銀綏宥靜等州觀察處置押蕃落等使。二年（989），加保忠特進、同中書門下平章事。

[3]桑梓：此言桑樹和梓樹。前人通常以“桑梓”代故里。《詩·小雅·小弁》：“維桑與梓，必恭敬止。”

[4]遂城：治所在今河北省保定市徐水區。

[5]高州：統和八年（990）更名武安州，隸大定府。治所在今內蒙古自治區敖漢旗東。

[6]淶水：【劉校】據中華點校本校勘記，原作“漆水”，依本書卷四〇《地理志四》改。今從。

[7]岐溝：即岐溝關。在今河北省涿州市西南。

[8]射鬼箭：契丹人的巫術、刑罰。皇帝出征及祭祀先帝時，都要行這種巫術。取死囚一人，置於所要前往之方向，以亂箭射殺，名爲射鬼箭。契丹人認爲，以此可以祓除不祥。班師歸來則以俘虜射鬼箭。後來則以此作爲刑罰的一種。

二月壬子朔，上御元和殿，受百官賀。詔雞壁砦民二百户徙居檀、順、薊三州。[1]甲寅，回鶻、于闐、師子等國來貢。[2]乙卯，大饗軍士，爵賞有差。樞密使韓德讓封楚國王，駙馬都尉蕭寧遠同政事門下平章事。是日，幸長春宮。甲子，詔南征所俘有親屬分隸諸帳者，給官錢贖之，使相從。乙丑，賞南征女直軍，使東還。丙寅，禁舉人匿名飛書，謗訕朝廷。[3]癸酉，吐蕃、党項來貢。[4]甲戌，雲州租賦請止輸本道，[5]從之。丙子，以女直活骨德爲本部相。分遣巫覡祭名山大川。丁丑，皇子佛寶奴生。[6]戊寅，阿薩蘭、於闐、轄烈並遣使來貢。

［1］檀州：治所在今北京市密雲區。　薊州：治所在今天津市薊州區。

［2］回鶻：古代民族名。即回紇。本突厥别部。北魏時稱袁紇，亦曰烏擭、烏紇，至隋稱韋紇。大業元年（605）因反抗突厥的壓迫，與僕固、同羅、拔野古等成立聯盟，總稱回紇。唐天寶三年（744）破東突厥，建政權於今鄂爾渾河流域，有今蒙古高原之地。唐時助平安史之亂，屢尚公主。唐貞元四年（788）自請改稱回鶻。開成五年（840）爲轄戛斯所破，部衆分三支西遷：一支遷吐魯番盆地，稱高昌回鶻或西州回鶻；一支遷葱嶺以西楚河一帶，即葱嶺以西回鶻；一支遷河西走廊，稱河西回鶻。歷五代、遼、金，回鶻皆嘗入貢。元明時稱畏吾兒。其族在唐時信奉摩尼教，宋元以來改奉伊斯蘭教。　于闐：塞克族於古代西域，即今新疆維吾爾自治區和田地區建立的政權。自漢至唐，皆入貢中國。安史之亂後不復至。後晉天福中，其王李聖天自稱唐之宗屬，遣使來貢。晉高祖命供奉官張匡鄴持節册聖天爲大寶于闐國王。宋初訖於宣和，朝享不絶。塞克族，古稱塞種。其語言屬印歐語系東伊朗語族。近代發現的于闐文書使用同慶、天興、中興、天壽等年號，或採用唐代官稱，或並用漢文、于闐文，或夾用漢字，足見于闐塞克族深受唐代政治、文化影響。

［3］飛書：匿名信。《後漢書》卷三四《梁統傳附松傳》："松數爲私書請托郡縣，［永平］二年，發覺免官，遂懷怨望。四年冬，乃縣飛書誹謗，下獄死，國除。"李賢注："飛書者，無根而至，若飛來也，即今匿名書也。"　謗訕：譭謗譏刺。《漢書·淮陽憲王劉欽傳》："王舅張博數遺王書，非毀政治，謗訕天子。"

［4］吐蕃：原爲中國古代藏族政權名。公元七至九世紀在青藏高原建立。吐蕃政權崩潰以後，宋元及明初史籍稱青藏高原上的土著族、部爲吐蕃。

［5］雲州：治所在今山西省大同市。

［6］佛寶奴：本書卷一八《興宗本紀一》及卷六四《皇子表》

皆以興宗爲聖宗長子，而佛寶奴不載《皇子表》。

三月壬午朔，遣使祭木葉山。禁芻牧傷禾稼。宋進士十七人挈家來歸，命有司考其中第者，補國學官，餘授縣主簿、尉。李繼遷遣使來貢。丁亥，詔知易州趙質收戰亡士卒骸骨，[1]築京觀。[2]戊子，賜于越宋國王紅珠筋線，[3]命入内神帳行再生禮，[4]皇太后賜物甚厚。以雞壁砦民成廷朗等八户隸飛狐。[5]己丑，詔免雲州逋賦。乙室王貫寧擊鞠，[6]爲所部郎君高四縱馬突死，詔訊高四罪。丙申，詔開奇峰路通易州市。戊戌，以王子帳耶律襄之女封義成公主，下嫁李繼遷。[7]

[1]知易州趙質：【劉校】據中華點校本校勘記："按上文正月甲辰馬質爲刺史，趙質爲兵馬都監，此趙質應是馬質。"

[2]京觀：古代勝利者收葬敵方戰死士卒的屍體，封土其上以成高塚，即所謂"京觀"。

[3]于越宋國王：即耶律休哥。

[4]神帳：即載有天子旗鼓的車帳。　再生禮：契丹傳統禮儀之一。據本書卷一一六《國語解》載，依契丹故俗，此種禮儀每隔十二年舉行一次，而且祇有皇帝、太后、太子及夷离堇得行此禮。這是與選汗儀式同時舉行的禮儀，禮儀十分煩瑣。先期，候選者入一帳中，"再生母后"入帳搜索，並與在場衆人反復問答。

[5]飛狐：縣名。治所在今河北省淶源縣。

[6]乙室：契丹部族名。遙輦氏阻午可汗時始置爲部。隸南府，駐守西南境。　擊鞠：即打馬球，是當時流行的競技活動。因爲參賽者都在馬上擊球，奔馳的快馬有時會失控，因此具有一定的危險性。統和六年（988），一日承天太后觀看臣下擊鞠，她的寵臣韓德

讓被胡里室衝撞墜馬，太后一怒之下，下令將胡里室斬首。内蒙古自治區敖漢旗皮匠溝 1 號遼墓墓門西側的穹隆頂下部，有一幅打馬球圖。現存寬 180 釐米、高 50 釐米。畫面有多處剥落，但大體可辨。

[7]以王子帳耶律襄之女封義成公主，下嫁李繼遷：【劉校】據中華點校本校勘記："按耶律襄女出嫁事，已見四年十二月。檢本書卷一一五《西夏外記》出嫁在本年。或是請婚在四年，七年成行。"

是春，駐蹕延芳淀。[1]

[1]延芳淀：位於今北京市通州區西。遼時廣數百畝，中多菱芡、鶖鴈之屬。每年春季則弋獵於此。

夏四月甲寅，還京。乙卯，國舅太師蕭闥覽爲子排亞請尚皇女延壽公主，[1]許之。丙辰，謁太宗皇帝廟。以御史大夫烏骨領乙室大王。己未，幸延壽寺飯僧。[2]甲子，諫議大夫馬得臣以上好擊球，上疏切諫："臣伏見陛下聽朝之暇以擊球爲樂。臣思此事有三不宜：上下分朋，君臣爭勝，君得臣奪，君輸臣喜，一不宜也；往來交錯，前後遮約，爭心競起，禮容全廢，若貪月杖，[3]誤拂天衣，臣既失儀，君又難責，二不宜也；輕萬乘之貴，逐廣場之娱，地雖平至爲堅确，馬雖良亦有驚蹶，或因奔擊失其控御，聖體寧無虧損，太后豈不驚懼？三不宜也。臣望陛下念繼承之重，止危險之戲。"疏奏，大嘉納之。丁卯，吐渾還金、回鶻安進、吐蕃獨朶等自宋來歸，[4]皆賜衣帶。皇太后謁奇首可汗廟。丙子，以舍利軍耶律杳爲常衮。[5]己卯，駐蹕儒州龍泉。[6]

[1]蕭闥覽爲子排亞請尚皇女延壽公主：【劉校】據中華點校本校勘記："按本書卷六五《公主表》，排亞作排押，娶長壽公主，延壽公主嫁蕭恒德。延壽應作長壽。參見卷一〇校勘記。"請尚皇女，原本、南監本、北監本和殿本均作"請上皇女"，今據中華點校本改。

[2]飯僧：向僧人施飯，奉佛藉以祈福。《舊唐書》卷一一八《王縉傳》："初，代宗喜祠祀，未甚重佛，而元載、杜鴻漸與[王]縉喜飯僧徒。代宗嘗問以福業報應事，載等因而啟奏，代宗由是奉之過當，嘗令僧百餘人於宫中陳設佛像，經行念誦，謂之内道場。其飲膳之厚，窮極珍異，出入乘廄馬，度支具廩給。每西蕃入寇，必令群僧講誦《仁王經》，以攘虜寇。苟幸其退，則横加錫賜。"

[3]月杖：古代馬球運動中的擊球用具。球棍長數尺，頭端形如偃月，故名。也稱球杖、鞠杖。

[4]吐渾：古代部族名。即吐谷渾。據《新五代史》卷七四《四夷附録第三》，吐渾"自後魏以來，名見中國，居於青海之上。當唐至德中，爲吐蕃所攻，部族分散，其内附者，唐處之河西。其大姓有慕容、拓拔、赫連等族。懿宗時，首領赫連鐸爲陰山府都督，與討龐勛，以功拜大同軍節度使。爲晉王所破，其部族益微，散處蔚州界中"。"晉高祖立，割鴈門以北入於契丹，於是吐渾爲契丹役屬，而苦其苛暴"。另據《五代會要》卷二八《吐渾》："至開運中，捍虜於澶州，召承福等率其部衆從行，屬歲多暑熱，部下多死，復遣歸太原，移帳於嵐石州界。然承福馭下無法，多幹軍令。其族子白可久，名在承福之亞，因牧馬率本帳北遁，契丹授以官爵，復遣潛誘承福。承福亦思叛去，事未果，漢高祖知之，乃以兵

環其部族，擒承福與其族白鐵櫃、赫連海龍等五家，凡四百有餘人，伏誅。籍其牛馬，命别部長王義宗統其餘屬。”

[5]常衮：本書卷一一六《國語解》：“常衮，官名。掌遥輦部族户籍等事；奚六部常衮掌奚之族屬。”

[6]儒州：治所在今北京市延慶區。

五月庚辰朔，[1]遣宣徽使蒲領等率兵分道備宋。[2]以遥輦副使控骨离爲舍利拽剌詳穩。[3]辛巳，祭風伯于儒州白馬村。休哥引軍至滿城，招降卒七百餘人，遣使來獻，詔隸東京。辛卯，獵桑乾河。[4]壬辰，燕京奏宋兵至邊，時暑未敢與戰，且駐易州，俟彼動則進擊，退則班師。從之。

[1]五月庚辰朔：【劉校】“五月”二字，原誤在下文“辛巳”上；“庚辰”下脱“朔”字。據中華點校本校勘記，按本書卷四四《曆象志下·朔考》，五月庚辰朔。今並補正。

[2]宣徽使：遼朝官名。遼設北、南宣徽，分隸北、南樞密院之下。宣徽北院使常執行軍事使命。此外，宣徽使還掌領朝會、宴饗、禮儀、祭祀及御前祇應之事。

[3]遥輦：契丹氏族。開元二十三年（735），可突於殘黨泥禮殺李過折，立阻午可汗，傳九世，至907年阿保機建國。

[4]桑乾河：源出今山西省朔州市。遼西京大同府近桑乾河上游，故聖宗獵於此。

六月庚戌朔，乙太師柘母迎合，撾之二十。辛酉，詔燕樂、密雲二縣荒地許民耕種，[1]免賦役十年。甲戌，宣政殿學士馬得臣卒，詔贈太子少保，賜錢十萬，粟百石。乙亥，詔出諸畜賜邊部貧民。是月，休哥、排亞破宋兵於泰州。[2]

[1]燕樂、密雲二縣：【劉校】據中華點校本校勘記，按本書卷四〇《地理志四》，檀州，隋開皇十八年（598）以燕樂、密雲二縣置。遼無燕樂縣，此係用舊名。兩縣舊治均位於今北京市密雲區。

[2]泰州：此爲保州之舊稱。治清苑（今河北省保定市清苑區），後徙滿城（今保定市滿城區）。

秋七月乙酉，御含涼殿視朝。丙戌，以中丞耶律覈麥哥權夷离畢，[1]横帳郎君耶律延壽爲御史大夫。癸巳，遣兵南征。甲午，以迪离畢、涅剌、烏濊三部各四人益東北路夫人婆里德，[2]仍給印綬。[3]丁酉，勞南征將士。是日，帝與皇太后謁景宗皇帝廟。

[1]夷离畢：契丹官名。爲執政官，相當於副宰相參知政事。後來官分南、北，北面官有夷离畢院，主要掌刑政。

[2]婆里德：【劉校】據中華點校本校勘記，“按上文統和三年十一月、《百官志》二並作婆底里”。

[3]印綬：印信和繫印信的絲帶。古人印信上繫有絲帶，佩帶在身，用以表明身份。《舊唐書》卷一七〇《裴度傳》：“帶丞相之印綬，所以尊其名；賜諸侯之斧鉞，所以重其命。”

八月庚午，放進士高正等二人及第。

冬十月，禁罝網捕兔。

十一月甲申，于闐張文寶進内丹書。

十二月甲寅，鉤魚于沈子濼。[1]癸亥，獵於好草嶺。

[1]鉤魚：鑿冰捕魚。

（李錫厚注　劉鳳翥校）

遼史　卷一三

本紀第十三

聖宗四

八年春正月辛巳，如臺湖。庚寅，詔決滯獄。庚子，如沈子濼。

二月丁未朔，于闐、回鶻各遣使來貢。[1]壬申，女直遣使來貢。[2]

[1]于闐：塞克族於古代西域，即今新疆維吾爾自治區和田地區建立的政權。自漢至唐，皆入貢中國。安史之亂後不復至。後晉天福中，其王李聖天自稱唐之宗屬，遣使來貢。後晉高祖命供奉官張匡鄴持節册聖天爲大寶于闐國王。宋初訖於宣和，朝享不絶。塞克族，古稱塞種。其語言屬印歐語系東伊朗語族。近代發現的于闐文書使用同慶、天興、中興、天壽等年號，或採用唐代官稱，或並用漢文、于闐文，或夾用漢字，足見于闐塞克族深受唐代政治、文化影響。　回鶻：中國北方與西北古代民族名。原爲鐵勒，公元8世紀40年代，骨咄禄毗伽可汗曾建立了回鶻汗國。公元840年左右，回鶻汗國崩潰。除一部分人南下附屬唐朝外，其餘分三支向西

北遷徙，和西域原住的同族人匯合，而先後建成高昌回鶻、河西回鶻（甘州回鶻）和喀喇汗王朝（黑汗王朝）三個政權。回鶻西遷後，和中原諸王朝仍然保持着密切關係。甘州回鶻對五代、北宋朝貢不絶；高昌回鶻曾同時爲遼朝及北宋的屬國。

[2]女直：本作女真，因避遼興宗耶律宗真名諱，改稱女直。遼時居東北東部。在南者入遼籍，稱熟女真，或合蘇館女真；在北者不入遼籍，稱生女真。

三月丁丑，李繼遷遣使來貢。[1]庚辰，太白、熒惑鬬，[2]凡十有五次。乙酉，城杏堝，[3]以宋俘實之。辛丑，置宜州。[4]

[1]李繼遷（963—1004）：党項首領。西夏王朝的奠基者。叛宋前任定難軍都知蕃落使。公元982年集結部衆，叛宋。985年襲據銀州（今陝西省米脂縣），自稱定難軍留後，向遼稱臣。995年擊敗宋朝五路討伐。997年宋真宗立，李繼遷遣使求和，宋授爲夏州刺史、定難軍節度、夏銀綏宥靜等州觀察處置押蕃落等使。1002年李繼遷攻佔靈州，改名西平府。次年率軍西征，佔領西涼府。因受詐降的吐蕃族大首領潘羅支的突襲，負重傷而死。子李德明嗣立，追尊繼遷爲皇帝。夏景宗時謚神武，廟號太祖，陵號裕陵。

[2]太白、熒惑鬬：【靳注】一種天象。寓義有兵災。太白，古代指金星；熒惑，古代指火星。

[3]杏堝：城名。阿保機初俘漢民，置木葉山下，因建城於此以遷之，曰杏堝新城。復以遼西户益之，更名新州。統和八年改曰武安州。治所在今内蒙古自治區敖漢旗東。【劉注】據孫進己、馮永謙《東北歷史地理》（黑龍江人民出版社2013，下册第115頁），今内蒙古自治區敖漢旗南塔鄉白塔子村古城址爲武安州。

[4]宜州：治所在今遼寧省義縣。

夏四月丙午朔，嚴州刺史李壽英有惠政，[1]民請留，從之。庚戌，女直遣使來貢。庚午，以歲旱諸部艱食，振之。

[1]嚴州：治所在今遼寧省興城市。

五月戊子，以宋降卒分隸諸軍。庚寅，女直宰相阿海來貢，封順化王。[1]丙申，清暑胡土白山。詔括民田。

[1]順化王：遼有女直國順化王府。景宗保寧九年（977）女直國來請宰相、夷离堇之職，以次授者二十一人。詳本書卷四六《百官志二》。

六月丙午，以北面林牙磨魯古爲北院大王。[1]阿薩蘭回鶻于越、達剌幹各遣使來貢。[2]甲寅，月掩天駟第一星。丙辰，女直遣使來貢。

[1]林牙：契丹官名。掌文翰，相當於翰林學士。　北院大王：契丹部族官。遼朝析迭剌部爲五院部和六院部。五院部有知五院事，在朝曰北大王院；六院部有知六院事，在朝曰南大王院。北院大王和南院大王即五院部和六院部的首領，握有兵權。

[2]阿薩蘭回鶻：即高昌回鶻。回鶻西遷、匯合後的主要一支，直到元代，它仍自認爲是回鶻的嫡系。其疆域東至今哈密烏納格什湖，西通天山西部，南接酒泉，北達天山北麓。首府設在喀拉和卓（今新疆維吾爾自治區吐魯番市東高昌古城遺址），陪都設在天山北麓別失八里（即北庭，今新疆維吾爾自治區吉木薩爾縣破城子）。其王早期稱阿薩蘭汗（意爲獅子王），較晚則稱亦都護。　于越：

契丹語官名的音譯。貴官，非有大功德不授。位在北、南大王之上。遼倣此官稱，授其他部族首領以此稱號。　達剌幹：契丹官名。會同元年（938）定制，以達剌幹爲副使。【劉校】達剌幹，原本、南監本、殿本均作“達剌於”，中華點校本據北監本改。今從改。

秋七月庚辰，改南京熊軍爲神軍。詔東京路諸宫分提轄司分置定霸、保和、宣化三縣，[1]白川州置洪理、儀坤州置廣義、遼西州置長慶、乾州置安德各一縣。[2]省遂、嬀、松、饒、寧、海、瑞、玉、鐵里、奉德等十州，[3]及玉田、遼豐、松山、弘遠、懷清、雲龍、平澤、平山等八縣，以其民分隸他郡。

[1]定霸：縣名。治所在今内蒙古自治區巴林左旗林東鎮波羅城西。　保和：縣名。治所在今内蒙古自治區巴林左旗林東鎮波羅城西南。　宣化：縣名。治所在今内蒙古自治區巴林左旗林東鎮波羅城南。　分置定霸、保和、宣化三縣：【劉校】中華點校本校勘記云，“分置”原誤“置分”。據《大典》卷五二四九改。今從改。

[2]白川州：遼代州名。原爲阿保機弟明王安端私城，會同三年（940），以爲白川州。安端子察割謀反，没入，稱川州。初隸崇德宫（承天皇太后宫院），後屬文忠王府。據《嘉慶重修一統志·承德府》，舊城在朝陽縣（今遼寧省朝陽市）東北六十七里。　洪理：【劉注】縣名。治所在今遼寧省北票市五間房子鎮土城子村。　儀坤州：德光生母應天皇太后出生地，治所在今内蒙古自治區翁牛特旗西北。【劉注】一説治所在今内蒙古自治區敖漢旗雙廟鄉五十家子村古城址。　廣義：【劉注】縣名。治所在今内蒙古自治區克什克騰旗榆樹林子遺址。　長慶：縣名。治所在今遼寧義縣石佛堡鄉王民屯。　安德：縣名。治所在今遼寧省朝陽縣二十家子鎮五

十家子古城。初隸乾州，後屬霸州，再屬安德州。　“白川州置洪理”至“乾州置安德各一縣”：【劉校】據中華點校本校勘記，按本書卷三九《地理志三》，“洪理”作“弘理”，卷三八《地理志二》乾州無安德縣。

[3]省遂、嬀、松、饒、寧、海、瑞、玉、鐵里、奉德等十州：【劉校】據中華點校本校勘記，本書卷三八《地理志二》“鐵里”作“鐵利”。“松”即本書卷三九《地理志三》之“松山州”。“嬀”原本誤作“僞”，大典本、南監本、北監本和殿本均作“嬀”。中華點校本及修訂本徑改。今從改。

八月乙卯，以黑白羊祭天地。

九月乙亥，北女直四部請内附。[1]壬辰，李繼遷獻宋俘。

[1]北女直：即生女直。

冬十月丙午，以大敗宋軍，復遣使來告。己酉，阻卜等遣使來貢。[1]是月，駐蹕大王川。[2]

[1]阻卜：即達旦、韃靼。元人諱言達旦，而稱達旦爲阻卜。詳王國維《觀堂集林》卷一四《達旦考》。

[2]大王川：【劉校】中華點校本校勘記云，“川”原誤“州”，據本書卷六八《遊幸表》及《大典》卷五二四九改。今從改。

十一月庚寅，以吐谷渾民饑，[1]振之。丁酉，太白晝見。

[1]吐谷渾：古代部族名。即吐渾。據《新五代史》卷七四《四夷附録第三》，吐渾“自後魏以來，名見中國，居於青海之上。當唐至德中，爲吐蕃所攻，部族分散，其内附者，唐處之河西。其大姓有慕容、拓拔、赫連等族。懿宗時，首領赫連鐸爲陰山府都督，與討龐勛，以功拜大同軍節度使。爲晉王所破，其部族益微，散處蔚州界中……晉高祖立，割鴈門以北入於契丹，於是吐渾爲契丹役屬，而苦其苛暴”。另據《五代會要》卷二八《吐渾》：“至開運中，捍虜於澶州，召承福等率其部衆從行，屬歲多暑熱，部下多死，復遣歸太原，移帳於嵐石州界。然承福馭下無法，多幹軍令。其族子白可久，名在承福之亞，因牧馬率本帳北遁，契丹授以官爵，復遣潛誘承福。承福亦思叛去，事未果，漢高祖知之，乃以兵環其部族，擒承福與其族白鐵櫃、赫連海龍等五家，凡四百有餘人，伏誅。籍其牛馬，命别部長王義宗統其餘屬。”

十二月癸卯，李繼遷下宋麟、鄜等州，[1]遣使來告。女直遣使來貢。庚戌，遣使封李繼遷爲夏國王。[2]癸丑，回鶻來貢。

是歲，放鄭雲從等二人及第。

[1]麟州：治所在今陝西省神木縣。　鄜州：治所在今陝西省富縣。

[2]遣使封李繼遷爲夏國王：【劉注】據《韓椅墓誌銘》“以公持節封李繼遷爲夏國王”。從而得知“遣使”是遣韓椅封李繼遷爲夏國王。

九年春正月甲戌，女直遣使來貢。丙子，詔禁私度僧尼。庚辰，如臺湖。乙酉，樞密使、監修國史室昉等進《實録》，[1]賜物有差。戊子，選宋降卒五百置爲宣力軍。辛卯，詔免三京諸道租賦，仍罷括田。

[1]室昉（916—991）：遼南京（今北京市）人。字夢奇。會同初，登進士第。保寧間，拜樞密使，兼北府宰相，加同政事門下平章事。乾亨初，監修國史。統和九年（991），薦韓德讓自代，不從。病劇，遣翰林學士張幹就第授中京留守，加尚父。卒，年七十五。本書卷七九有傳。

二月丙午，夏國遣使告伐宋捷。丁未，以涿州刺史耶律王六爲惕隱。[1]甲子，建威寇、振化、來遠三城，[2]屯戍卒。

[1]涿州：治所在今河北省涿州市。　惕隱：契丹官名。又稱梯里已，掌皇族政教。

[2]來遠城：位於鴨緑江西岸，築成後，成爲這一帶遼軍統帥部所在地。遼在東部邊境上是夾江設防的，而非盡在西岸設防。江東與來遠城隔江相望的開州城也是遼所築。《武經總要》前集卷一六下《戎狄舊地》載："開州，渤海古城也。遼主東討，新羅國都其城，要害，建爲州，仍曰開遠軍，西至來遠城一百二十里，西南至吉州七十里，東南至石城六十里。遼中庚戌年討新羅國，得要害地，築城以守之，即中國大中祥符三年也，東至新羅新化鎮四十里，南至海三十里。西至保州四十里。"依據這一記載，開州初建爲開遠軍，屬新羅。庚戌年（遼統和二十八年，宋大中祥符三年，1010），遼聖宗親自率軍東討，得到了開遠軍這一"要害地"，又建城守之。按：創建來遠等城的時間，是在統和十二年（994）。《高麗史》卷三《成宗世家》：（甲午）十三年（遼統和十二年）春二月，蕭遜寧致書曰："近奉宣命，但以彼國信好早通，境土相接，

雖以小事大固有規儀，而原始要終，須存悠久。若不設於預備，慮中阻於使人。遂與彼國相議，便於要衝路陌，創築城池者。尋准宣命，自便斟酌，擬於鴨江西里，創築五城，取三月初擬到築城處，下手修築，伏請大王預先指揮，從安北府至鴨江東，計二百八十里，踏行穩便田地，酌量地里遠近，並令築城，發遣役夫，同時下手。其合築城數，早與回報。所貴交通車馬，長開貢覲之途，永奉朝廷，自協安康之計。”

閏月辛未朔，日有食之。壬申，遣翰林承旨邢抱朴、三司使李嗣、給事中劉京、政事舍人張幹、南京副留守吳浩分決諸道滯獄。[1]

[1]邢抱朴（？—1004）：應州（今山西省應縣）人。保寧初，爲政事舍人、知制誥。統和四年（986），加户部尚書，遷翰林學士承旨，與室昉同修《實録》。十二年，拜參知政事，改南院樞密使。二十二年卒，贈侍中。本書卷八〇有傳。　三司使：唐宋以鹽鐵、度支、户部爲三司，主理財賦。其長官爲三司使。《通鑑》卷二六五唐昭宗天祐三年（906）三月戊寅：“以朱全忠爲鹽鐵、度支、户部三司都制置使。三司之名始於此。”遼代在南京設三司使司。此外，在上京設鹽鐵使司，東京設户部使司，中京設度支使司，西京設計司。　劉京：據本書卷一七《聖宗本紀》太平五年（1025）十二月：“庚午，以參知政事劉京爲順義軍節度使。”故此劉京非於統和六年在大同軍節度使任上致仕之劉京，亦非劉景。

三月庚子朔，振室韋、烏古諸部。[1]戊申，復遣庫部員外郎馬守琪、倉部員外郎祁正、虞部員外郎崔祐，薊北縣令崔簡等分決諸道壿獄。[2]甲子，幸南京。

[1]室韋：部族名。北魏始見於記載，分佈於今黑龍江、嫩江流域，唐時分爲許多部。契丹，多爲其役屬。　烏古：部族名。又稱嫗厥律、于厥律，居契丹西北。據《新五代史》卷七三《四夷附録第二》："嫗厥律，其人長大，髦頭，酋長全其髮，盛以紫囊。地苦寒，水出大魚，契丹仰食。又多黑、白、黄貂鼠皮，北方諸國皆仰足。其人最勇，鄰國不敢侵。"

[2]薊北縣：即析津縣，治所在今北京市。　崔蔄：【劉校】南監本、北監本、殿本均作"崔簡"。　壖獄：【劉校】南監本、北監本、殿本均作"滯獄"。

夏四月甲戌，回鶻來貢。乙亥，夏國王李繼遷遣杜白來謝封册。丙戌，清暑炭山。[1]

[1]炭山：山名。據《新五代史》卷七二《四夷附録第一》："漢城在炭山東南灤河上，有鹽鐵之利，乃後魏滑鹽縣也。其地可植五谷，阿保機率漢人耕種，爲治城郭、邑屋、廛市如幽州制度，漢人安之，不復思歸。"另據本書卷四一《地理志五·西京道》，炭山在歸化州，即武州，治所在今河北省張家口市宣化區。

五月己未，以秦王韓匡嗣私城爲全州。[1]

[1]韓匡嗣（917—983）：遼初著名漢臣韓知古之子。隸屬宫籍。初以善醫直長樂宫。《韓匡嗣墓誌》透露出他最初是受到太宗德光（即嗣聖皇帝）賞識，這可能與靖安皇后有關。因爲匡嗣是景宗耶律賢藩邸故人，所以景宗即位以後他很快就受到重用。保寧二年（970）皇后父親蕭思温遭謀殺，十年（978）景宗殺了高勳和女里之後，韓匡嗣更成了景宗和睿智皇后僅存的心腹人物，加開府儀同三司、政事令，授南面行營都統、燕京留守，封燕王。晚年任

西南面招討使，與景宗死於同一年。本書卷七四有傳。　全州：治所在今内蒙古自治區巴林左旗碧流台鎮四方城村古城址。

六月丁亥，突厥來貢。[1]是月，南京霖雨傷稼。

[1]突厥：古代族名。曾建立強大的突厥汗國，至公元6世紀分裂爲東、西兩汗國。當阿保機建立契丹王朝時，突厥汗國早已滅亡。這裏所謂"突厥"可能是指東突厥汗國的餘部。

秋七月癸卯，通括户口。乙巳，詔諸道舉才行、察貪酷、撫高年、禁奢僭，有殁於王事者官其子孫。己未，夏國以復綏、銀二州，[1]遣使來告。

[1]綏州：治所在今陝西省綏德縣。　銀州：唐治儒林縣（今陝西省横山縣東），宋元豐五年（1082）移治今陝西省米脂縣西百五十里永樂城。

八月癸酉，銅州嘉禾生，東京甘露降。戊寅，女直進唤鹿人。壬午，東京進三足烏。

九月庚子，鼻骨德來貢。[1]己酉，駐蹕廟城。南京地震。

[1]鼻骨德：又作鱉古德、鼻古德，遼時黑龍江流域部族名。聖宗時分置伯斯鼻古德部與撻馬鼻古德部，均屬東北路統軍司。所在地相當於今黑龍江省富錦市至俄國境内哈巴羅夫斯克（伯力）沿江一帶。

冬十月丁卯，阿薩蘭回鶻來貢。壬申，夏國王李繼遷遣使來上宋所授勑命。丁丑，定難軍節度使李繼捧來附，授推忠効順啟聖定難功臣、開府儀同三司、檢校太師兼侍中，封西平王。

十一月己亥，以青牛白馬祭天地。[1]

[1]以青牛白馬祭天地：契丹祭祀天地用青牛白馬，表示不忘祖先。本書卷三七《地理志一·上京道》："相傳有神人乘白馬，自馬盂山浮土河而東，有天女駕青牛車由平地松林泛潢河而下。至木葉山，二水合流，相遇爲配偶，生八子。其後族屬漸盛，分爲八部。每行軍及春秋時祭，必用白馬青牛，示不忘本云。"

十二月，夏國王李繼遷潛附于宋，遣招討使韓德威持詔諭之。[1]

是歲，放進士石用中一人及第。

[1]韓德威（941—996）：韓匡嗣之子、韓德讓之弟。保寧初自燕臺軍旅之列校，授西頭供奉官、銀青崇禄大夫、檢校右散騎常侍兼侍御史、驍騎尉。不數年，授羽林軍將軍、檢校司徒。這是御林軍的官職，即所謂"登環衛之資，廁勾陳之列"。保寧十一年（979）德威"擢居親近之用，首冠殿庭之班，授宣徽北院使，彰武軍節度使、檢校太尉，進封開國伯，增食邑，賜功臣四字"。其墓誌銘現存遼上京博物館。

十年春正月丁酉，禁喪葬禮殺馬及藏甲胄、金銀、器玩。丙午，如臺湖。

二月乙丑朔，日有食之。韓德威奏李繼遷稱故不出，至靈州俘掠以還。[1]壬申，兀惹來貢。[2]壬午，免雲州租賦。[3]庚寅，夏國以韓德威俘掠，遣使來奏，賜詔安慰。辛卯，給復雲州流民。

[1]靈州：治所在今寧夏回族自治區靈武市。

[2]兀惹：西北部族名。亦名烏惹部。

[3]雲州：治所在今山西省大同市。

三月甲辰，鐵驪來貢。[1]丙辰，如炭山。

[1]鐵驪：部族名。遼置鐵驪國王府，以統其衆。其地當今黑龍江省東部松花江流域。

夏四月乙丑，以臺湖爲望幸里。庚寅，命群臣較射。

五月癸巳，朔州流民給復三年。[1]

[1]朔州：治所在今山西省朔州市。

七月辛酉，鐵驪來貢。

八月癸亥，觀稼，仍遣使分閱苗稼。

九月癸卯，幸五臺山金河寺飯僧。[1]

[1]金河寺：【劉校】原本作“今河寺”，中華修訂本據《大典》卷五二四九引《遼史・聖宗紀》及南監本和殿本改。中華點校本徑改。今從改。　飯僧：向僧人施飯，奉佛藉以祈福。《舊唐

書》卷一一八《王縉傳》："初，代宗喜祠祀，未甚重佛，而元載、杜鴻漸與［王］縉喜飯僧徒。代宗嘗問以福業報應事，載等因而啟奏，代宗由是奉之過當，嘗令僧百餘人於宮中陳設佛像，經行念誦，謂之内道場。其飲膳之厚，窮極珍異，出入乘廄馬，度支具廩給。每西蕃入寇，必令群僧講誦《仁王經》，以攘虜寇。苟幸其退，則横加錫賜。"

冬十月壬申，夏國王遣使來貢。戊寅，鐵驪來貢。

十一月壬辰，回鶻來貢。

十二月庚辰，獵儒州東川。[1]拜天。是月，以東京留守蕭恒德等伐高麗。[2]

［1］儒州：治所在今北京市延慶區。

［2］高麗：指王建創建的高麗王朝（918—1392）。統治地域在今朝鮮半島，首都在開京（今朝鮮開城市）。契丹與高麗衝突不斷。此次契丹入侵高麗，是爲報復高麗統和四年（986）戰爭中援助宋朝。《河南集》卷一六《韓公（國華）墓誌銘》："雍熙中王師北伐，聞高麗與契丹嘗爲仇怨，會公諭旨以分敵勢，公至，其王治畏葸無報復意。公爲陳中國威畧，動以禍福，乃承詔，然遷延師期。公曰：'兵不即發，不若勿奉詔；出不及敵境，不若勿發兵。'口語激切，又繼以書，至十返。治憚公堅正，知大國不可欺，乃命其大相韓光、元朝趙抗兵二萬五千侵契丹，且俾光等率將校詣公，公猶留館，須其兵出境乃復命。"

十一年春正月壬寅，[1]回鶻來貢。丙午，出内帑錢賜南京統軍司軍。高麗王治遣樸良柔奉表請罪，[2]詔取女直鴨渌江東數百里地賜之。[3]

[1]春正月：【劉校】中華點校本校勘記云，“正”原誤“三”，據本書卷六八《遊幸表》及《大典》卷五二四九改。今從改。

[2]高麗王治（？—994）：王氏高麗第六任君主。太平興國七年（982）襲位，並接受宋朝封册。但亦不敢得罪遼朝。此次遣使契丹，奉表請罪，是因上年末受到契丹征伐。事後又求助於宋，宋未能相助，故此後倒向契丹。據《宋史》卷四八七《高麗傳》載：淳化五年（遼統和十二年，994）六月，“遣使元鬱來乞師，訴以契丹寇境。朝廷以北鄙甫寧，不可輕動干戈，爲國生事，但賜詔慰撫，厚禮其使遣還。自是受制於契丹，朝貢中絶”。《高麗史》卷三《成宗世家》（甲午）十三年（遼統和十二年，994）六月遣元郁如宋乞師，以報前年之役，宋以北鄙甫寧，不宜輕動，但優禮遣還，自是與宋絶。

[3]鴨渌江：即鴨緑江。

二月癸亥，霸州民妻王氏以妖惑衆，[1]伏誅。

[1]霸州：治所在今河北省霸州市。

夏四月，幸炭山清暑。

六月，大雨。

秋七月己丑，桑乾、羊河溢居庸關西，[1]害禾稼殆盡，奉聖、南京居民廬舍多墊溺者。[2]

[1]羊河：【靳注】今羊河，爲永定河之上游支流，發源於内蒙古自治區興和縣，在今河北省涿鹿縣與懷來縣交界處匯入桑乾河。古稱修水、于延水，遼稱羊河。　居庸關：要塞，在今北京市昌平區西北。

[2]奉聖：州名。奉聖州即新州，治所在今河北省涿鹿縣。

八月，如秋山。[1]

[1]秋山：所謂“秋山”亦即秋獵，届時皇帝的居留地即是秋捺鉢。聖宗以後，其主要地點在慶州（今内蒙古自治區巴林右旗索博日嘎鎮）西部諸山。

冬十月甲申朔，駐蹕蒲瑰阪。

是年，[1]放進士王熙載等二人及第。

[1]是年：【劉校】原本、南監本、北監本和殿本均作“是時”，中華點校本據《大典》卷五二四九改。今從改。

十二年春正月癸丑朔，漷陰鎮水，[1]漂溺三十餘村，詔疏舊渠。[2]甲寅，以同政事門下平章事耶律磧老爲惕隱。詔復行在五十里内租。[3]乙卯，幸延芳淀。[4]戊午，蠲宜州賦調。[5]庚申，郎君耶律鼻舍等謀叛，伏誅。壬戌，以南院大王耶律景爲上京留守，封漆水郡王。霸州民李在宥年百三十有三，賜束帛、錦袍、銀帶，[6]月給羊酒，仍復其家。

[1]漷陰鎮：遼置，屬析津府。治所在今北京市通州區東南四十里漷縣鎮。本書卷四〇《地理志四》：本漢泉山之霍村鎮。遼每季春，弋獵於延芳淀，居民成邑，就城故漷陰鎮，後改爲縣。在京東南九十里。

[2]詔疏舊渠：【劉校】“疏”原本作“數”，中華修訂本據

《大典》卷五二四九引《遼史·聖宗紀》及南監本、北監本、殿本改。中華點校本徑改。今從改。

[3]行在：皇帝出行時所在之地，遼爲行國，皇帝一年四季居無定所，皆在遷徙中渡過。其行在又稱“行宫”，契丹語爲“捺鉢”。

[4]延芳淀：位於今北京市通州區西。遼時廣數百畝，中多菱芡、鶩雁之屬。遼帝每年春季則弋獵於此。

[5]蠲（juān）：減免。

[6]束帛：捆爲一束的五匹帛。古代用爲聘問、饋贈的禮物。《周禮·春官·大宗伯》“孤執皮帛”，漢鄭玄注：“皮帛者，束帛而表以皮爲之。”賈公彦疏：“束者十端，每端丈八尺，皆兩端合卷，總爲五匹。”

二月甲申，免南京被水户租賦。己丑，高麗來貢。甲午，免諸部歲輸羊及關征。庚子，回鶻來貢。

三月丁巳，高麗遣使請所俘人畜，詔贖還。戊午，幸南京。丙寅，遣使撫諭高麗。己巳，涿州木連理。壬申，如長春宫觀牡丹。是月，復置南京統軍都監。

夏四月辛卯，幸南京。壬辰，樞密直學士劉恕爲南院樞密副使。戊戌，以景宗石像成，幸延壽寺飯僧。

五月甲寅，詔北皮室軍老不任事者免役。[1]戊午，如炭山清暑。庚辰，武定軍節度使韓德沖秩滿其民請留，[2]從之。

[1]皮室軍：契丹軍名。皮室，意爲“金剛”。初爲阿保機所置，稱“腹心部”。後有南、北、左、右皮室及黄皮室等，皆掌精甲。

[2]武定軍：遼代軍號。治奉聖州（今河北省涿鹿縣）。　韓德沖：韓匡嗣第六子。曾任户部使、威勝軍節度使，官至太尉。

六月辛巳朔，詔州縣長吏有才能無過者，減一資考任之。癸未，可汗州刺史賈俊進新曆。[1]庚子，録囚。[2]甲辰，詔龍、鳳兩軍老疾者代之。是月，太白、歲星相犯。

[1]可汗州：治所在今河北省懷來縣。

[2]録囚：【劉校】“録”字，原本爲一字空白。中華修訂本據《大典》卷五二四九引《遼史·聖宗紀》及南監本、北監本和殿本補。中華點校本徑改。今從。

秋七月辛亥朔，日有食之。甲寅，遣使視諸道禾稼。辛酉，南院樞密使室昉爲中京留守，加尚父。丙寅，女直遣使來貢。戊辰，觀穫。庚午，詔契丹人犯十惡者依漢律。[1]己卯，以翰林承旨邢抱朴參知政事。

[1]十惡：《唐律疏議》卷一《名例》所開列的“其數甚惡”的十類罪過，有謀反、謀大逆、謀叛、惡逆、不道、大不敬、不孝、不睦、不義和内亂。

八月庚辰朔，詔皇太妃領西北路烏古等部兵及永興宫分軍，[1]撫定西邊；以蕭撻凜督其軍事。[2]乙酉，宋遣使求和，不許。戊子，以國舅帳尅蕭徒骨爲夷离畢。[3]乙未，下詔戒諭中外官吏。丁酉，録囚，雜犯死罪以下釋之。[4]

[1]皇太妃：即齊妃，太宗第二子罨撒葛之妻。景宗即位，進封罨撒葛爲“齊王”。保寧四年（972）閏二月戊申，罨撒葛薨，“追册爲皇太叔”，故其妻稱“皇太妃”。《長編》卷五五宋真宗咸平六年（1003）秋七月己酉遼降人李信言：“［承天太后］蕭氏有姊二人，長適齊王，王死，自稱齊妃，領兵三萬屯西鄙驢駒兒河。嘗閲馬，見蕃奴達覽阿缽姿貌甚美，因召侍帳中。蕭氏聞之，縶達覽阿缽，抶以沙囊四百而離之。踰年，齊妃請於蕭氏，願以爲夫，蕭氏許之，使西捍達靼，盡降之，因謀帥其觽奔骨曆紥國，結兵以篡蕭氏。蕭氏知之，遂奪其兵，命領幽州。次適趙王，王死，趙妃因會飲寘毒蕭氏，爲婢所發，蕭氏酖殺之。”骨歷紥即卷九二《蕭奪剌傳》之北阻卜耶覩刮。　永興宮：太宗德光宮分。

[2]蕭撻凜（？—1004）：亦作蕭闥覽。字駝寧，蕭思温之再從侄。保寧初，爲宿直官。統和四年（986），以諸軍副部署，從樞密使耶律斜軫敗繼業於朔州。十一年，與東京留守蕭恒德伐高麗，破之。後攻西夏、阻卜皆有功。二十二年，攻宋，進至澶淵，未接戰，中伏弩卒。本書卷八五有傳。

[3]國舅帳：遼朝有大國舅司，掌乙室已、拔里二帳之事。世宗以其舅氏爲國舅别部，剌只撒古魯應掌國舅别部。

[4]死罪以下：較死罪爲輕的罪刑，即笞、杖、徒、流之罪。

九月壬子，室韋、党項、吐谷渾等來貢。[1]辛酉，宋復遣使求和，不許。壬戌，行拜奥禮。癸酉，阻卜等來貢。

[1]党項：中國古代族名。又稱党項羌，唐以後主要活動於靈、慶、銀、夏等州，即今甘肅、寧夏、陝西和内蒙古等省區交界

地區。

冬十月乙酉，獵可汗州之西山。乙巳，詔定均稅法。丁未，大理寺置少卿及正。

十一月戊申朔，行再生禮。[1]鐵驪來貢。詔諸部所俘宋人有官吏、儒生、抱器能者、諸道軍有勇健者具以名聞。庚戌，詔郡邑貢明經、茂材異等。[2]甲寅，詔南京決滯獄。己未，官宋俘衛德升等六人。

[1]再生禮：契丹傳統禮儀之一。據本書卷一一六《國語解》載，依契丹故俗，此種禮儀每隔十二年舉行一次，而且衹有皇帝、太后、太子及夷离堇得行此禮。這是與選汗儀式同時舉行的禮儀，禮儀十分煩瑣。先期，候選者入一帳中，“再生母后”入帳搜索，並與在場衆人反復問答。

[2]明經：常舉分秀才、明經、進士、明法、明書和明算等科。唐初，秀才科等級最高，到唐太宗時，此科幾至廢絶，士人的趨向才開始轉變爲明經、進士兩科。明經主要試帖經、經義及時務策。茂材異等：初爲漢代選舉人才名目。《漢書·武帝本紀》載，元封五年（前106）夏四月，初置刺史部十三州，名臣文武欲盡，詔曰：“蓋有非常之功，必待非常之人，故馬或奔踶而致千里，士或有負俗之累而立功名。夫泛駕之馬，跅馳之士，亦在御之而已。其令州、郡察吏、民有茂材、異等可爲將、相及使絶國者。”《宋史》卷一五六《選舉志二》載，仁宋初制“茂材異等科，以待布衣之被舉者”。遼有茂材異等科，在宋之先。

十二月戊寅朔，日有食之。詔並奚王府奥理、墮隗、梅只三部爲一，[1]其二剋各分爲部，以足六部之數。

甲申，賜南京統軍司貧户耕牛。戊子，高麗進妓樂，卻之。庚寅，禁遊食民。癸巳，女直以宋人浮海賂本國及兀惹叛來告。丁未，幸南京。

是年，放進士呂德懋等二人及第。

[1]奚王府：奚部族官府名。奚原分五部，阿保機降伏五部奚之後設置墮瑰部，而成六部。其首領仍稱奚王，設奚大王府，作爲治理六部奚的機構。詳本書卷三三《營衛志·部族下》。　奥理：【劉校】據中華點校本校勘記："《營衛志下》及《百官志二》並作奥里。"

十三年春正月壬子，幸延芳淀。甲寅，置廣靈縣。[1]丁巳，增泰州、遂城等縣賦。[2]庚申，詔諸道勸農。癸亥，長寧軍節度使蕭解里秩滿，[3]民請留，從之。庚午，如長春宫。

[1]廣靈縣：遼置，亦稱廣陵縣，屬蔚州。今屬山西省。

[2]泰州：此指保州（今河北省保定市）之舊稱。　遂城：治所在今河北省保定市徐水區西。

[3]長寧軍：川州軍號。川州治所在今遼寧省朝陽縣。據《嘉慶重修一統志·承德府》：白川州故城在"朝陽縣東北六十七里。遼置川州，會同中改爲白川州，治咸康縣。……今縣境東北之四角阪有廢城週二里餘，蒙古名卓索喀喇城。城内有遼開泰二年《佛頂尊勝陀羅尼石幢記》。爲白川州官吏所建，知即故白川州地"。

二月丁丑朔，[1]女直遣使來貢。甲辰，高麗遣李周楨來貢。

[1]二月丁丑朔：【劉校】據中華點校本校勘記，“朔”字原闕，依本書卷四四《朔考》補。

三月癸丑，夏國遣使來貢。戊辰，武清縣百餘人入宋境剽掠，[1]命誅之，還其所獲人畜財物。

[1]武清縣：治所在今天津市武清區。

夏四月己卯，參知政事邢抱樸以母憂去官，起復。丙戌，詔諸道民户應曆以來脅從爲部曲者，[1]仍籍州縣。甲午，如炭山清暑。

[1]部曲：其身份是賤口，但高於奴婢。部曲對主人有很強的人身隸屬關係，他們衹注家籍，而不隸籍州縣。他們中的很大一部分是隨從、僕役、私家武裝之類，並不從事生産勞動。

五月壬子，高麗進鷹。乙亥，北、南、乙室三府請括富民馬以備軍需，[1]不許，給以官馬。

[1]乙室：契丹部族名。遥輦氏阻午可汗時始置爲部。隸南府，駐守西南境。

六月丙子朔，敵聖軍節度使劉繼琛秩滿，[1]民請留，從之。丁丑，詔減前歲括田租賦。甲申，以宣徽使阿没里私城爲豐州。[2]丙戌，詔許昌平、懷柔等縣諸人請業荒地。[3]

[1]敢聖軍：儀坤州軍號。德光生母應天皇太后出生地，治所在今内蒙古自治區翁牛特旗西北。【劉注】一説治所在今内蒙古自治區敖漢旗雙廟鄉五十家子村古城址。

[2]宣徽使：遼朝官名。遼設北、南宣徽，分隸北、南樞密院之下。宣徽北院使常執行軍事使命。此外，宣徽使還掌領朝會、宴饗、禮儀、祭祀及御前祗應之事。　豐州：【劉注】據孫進己、馮永謙編《東北歷史地理》下册，遼代豐州州治在今内蒙古自治區翁牛特旗烏丹鎮東北的古城址。

[3]昌平、懷柔：舊縣名。昌平縣治所在今北京市昌平區，懷柔縣治所在今北京市懷柔區。

秋七月乙巳朔，女直遣使來貢。丁巳，兀惹烏昭度、渤海燕頗等侵鐵驪，[1]遣奚王和朔奴等討之。壬戌，詔蔚、朔等州龍衛、威勝軍更戍。[2]

[1]兀惹部：亦曰烏惹部。遼西北部族名。　烏昭度：【劉校】據中華點校本校勘記："下文十七年六月、二十二年九月及卷七〇《屬國表》並作烏昭慶。"　渤海：指渤海國亡後的殘餘勢力。

[2]朔州：治所在今山西省朔州市。　龍衛、威勝等軍：遼漢軍名號。

八月丙子，夏國遣使進馬。壬辰，詔修山澤祠宇、先哲廟貌，以時祀之。

九月戊午，以南京太學生員浸多，特賜水磑莊一區。丁卯，奉安景宗及皇太后石像于延芳淀。

冬十月乙亥，置義倉。[1]辛巳，回鶻來貢。甲申，高麗遣李知白來貢。戊子，兀惹歸款，詔諭之。庚子，鼻骨德來貢。

［1］置義倉：按本書卷五九《食貨志上》："統和十三年詔諸道置義倉。"義倉即各地爲備荒而設置的糧倉。《隋書》卷四六《長孫平傳》："平見天下州縣多罹水旱，百姓不給，奏令民間每秋家出粟麥一石已下，貧富差等，儲之閭巷，以備凶年，名曰義倉。"遼倣此於諸道置義倉。

十一月乙巳，阿薩蘭回鶻遣使來貢。辛酉，遣使册王治爲高麗國王。[1]戊辰，高麗遣童子十人來學本國語。[2]

［1］遣使册王治爲高麗國王：《高麗史》卷三《成宗世家》（丙申）十五年（統和十四年，996）春三月："契丹遣翰林學士張幹、忠正軍節度使蕭熟葛來册王曰：'漢重呼韓，位列侯王之上；周尊熊繹，世開土宇之封。朕法古爲君，推恩及遠。惟東溟之外域，順北極以來王，歲月屢遷，梯航靡倦。宜舉真封之禮，用旌内附之誠。爰采彝章，敬敷寵數。咨爾高麗國王王治，地臨鯷壑，勢壓蕃隅；繼先人之茂勳，理君子之舊國。文而有禮，智以識機。能全事大之儀，盡協酌中之體。鴨江西限，曾無恃險之心；鳳扆北瞻，克備以時之貢。言念忠敬，宜示封崇。升一品之貴階，正獨坐之榮秩。仍疏王爵，益表國恩，册爾爲開府儀同三司尚書令高麗國王。於戲！海岱之表，汝惟獨尊；辰卞之區，汝惟全有。守茲富貴，戒彼滿盈，無庸小人之謀，勿替大君之命。敬修乃事，用合朝經。俾爾國人，同躋壽域。永揚休命，可不美哉。'幹等至西郊，築壇傳册，王備禮受册，大赦。"

［2］高麗遣童子十人來學本國語：《高麗史》卷三《成宗世家》亦記載此事：（乙未）十四年（遼統和十三年，995）"遣童子十人

於契丹，習其語”。

十二月己卯，鐵驪遣使來貢鷹、馬。辛巳，夏國以敗宋人遣使來告。

是年，放進士王用極等二人。

十四年春正月己酉，漁於潞河。[1]丁巳，蠲三京及諸州税賦。丙寅，夏國遣使來貢。庚午，以宣徽使阿没里家奴閻貴爲豐州刺史。

[1]潞河：源出今河北省張家口市宣化區，流經北京市密雲區、通州區，經天津市匯於衛河入海。

二月庚寅，回鶻遣使來貢。

三月壬寅，高麗王治表乞爲婚，許以東京留守、駙馬蕭恒德女嫁之。[1]庚戌，高麗復遣童子十人來學本國語。甲寅，韓德威奏討党項捷。甲子，詔安集朔州流民。

[1]嫁之：【劉校】原本作“家之”。中華點校本據南監本、北監本和殿本改。今從改。

夏四月甲戌，東邊諸糺各置都監。[1]庚寅，如炭山清暑。己亥，鑿大安山取劉守光所藏錢。[2]是月，奚王和朔奴、東京留守蕭恒德等五人以討兀惹不克，削官。改諸部令穩爲節度使。[3]

[1]東邊諸糺：【劉注】據中華點校本校勘記，糺字，本史所見並同。《金史》屢見，俱作乣。應從《金史》。凡研究遼、金、元史者，誰也避不開“乣”字。遼代之前，字書中無“乣”字，這是漢籍中混入的契丹大字。遼代契丹大字墓誌中經常出現“乣”字，例如在契丹大字《耶律昌允墓誌銘》第二行音譯的漢語借詞官名乍（左）夾（千）光乣（牛）扨（衛）竿光（上）将（將）号（軍）。乣是漢字“牛”的韻母，讀 iou。

[2]大安山：位於今北京市房山區境內。　劉守光所藏錢：【劉校】據中華點校本校勘記，畢沅《續通鑑》作“劉仁恭所藏錢”。《拾遺》亦稱“大安山藏錢”，《唐書》《御覽》俱作“劉仁恭事”。非劉守光。

[3]令穩：契丹官名。小部落首領。

五月癸卯，詔參知政事邢抱朴決南京滯獄。庚戌，朔州威勝軍一百七人叛入宋。

六月辛未，如炭山清暑。鐵驪來貢。乙酉，回鶻來貢。己丑，高麗遣使來問起居。後至無時。

秋七月戊午，回鶻等來貢。

閏月丁丑，五院部進穴地所得金馬。[1]

[1]五院部：契丹部族名。原爲迭剌部一部分。太祖阿保機以迭剌部強大難制，析爲五院部和六院部。

冬十月丙辰，命劉遂教南京神武軍士劍法，[1]賜袍帶錦幣。戊午，烏昭度乞内附。[2]

[1]神武軍：遼燕京禁軍名號。據《長編》卷五五宋真宗咸平

六年（1003）七月己酉記李信云：“國中所管幽州漢兵，謂之神武、控鶴、羽林、驍武等，約萬八千餘騎。”其中“羽林”“控鶴”是唐、五代禁軍舊有的名號。因此可以斷定李信所説的遼燕京的“漢兵”就是戍衛京城的禁軍。

[2]烏昭度：人名。兀惹部部酋。

十一月甲戌，詔諸軍官毋非時畋獵妨農。[1]乙酉，奉安景宗及太后石像於乾州。是月，回鶻阿薩蘭遣使爲子求婚，不許。

[1]妨農：【劉校】原本作“放農”，中華點校本據南監本、北監本和殿本改。今從改。

十二月甲寅，以南京道新定税法太重，減之。甲子，撻凛誘叛酋阿魯敦等六十人斬之，封蘭陵郡王。幸南京。

是年，放進士張儉等三人。[1]

[1]張儉（？—1053）：宛平（今北京市）人。舉進士第一，受到聖宗常識，太平六年（1026）爲南院樞密使。聖宗不豫，受遺詔輔立太子，是爲興宗，拜太師、中書令，加尚父，封陳王。在相位二十餘年。本書卷八〇有傳。

十五年春正月庚午，幸延芳淀。丙子，以河西党項叛，詔韓德威討之。庚辰，詔諸道勸民種樹。癸未，兀惹長武周來降。戊子，女直遣使來貢。己丑，詔南京決滯囚。乙未，免流民税。

二月丙申朔，如長春宮。戊戌，勸品部富民出錢以贍貧民。[1]庚子，徙梁門、遂城、泰州、北平民於内地。[2]丙午，夏國遣使來貢。甲寅，問安皇太后。丙辰，韓德威奏破党項捷。丁巳，詔品部曠地令民耕種。

[1]品部：契丹部族名。屬太祖二十部之列。隸北府，屬西北路招討司。

[2]梁門：即梁門口。後周有梁門口寨。宋太平興國六年(981)，置靜戎軍，治所在今河北省保定市徐水區。　内地：契丹稱其原住地爲“内地”。

三月乙丑朔，党項來貢。戊辰，募民耕灤州荒地，[1]免其租賦十年。己巳，夏國破宋兵，遣使來告。己卯，封夏國王李繼遷爲西平王。壬午，通括宮分人户，[2]免南京逋税及義倉粟。甲申，河西党項乞内附。庚寅，兀惹烏昭度以地遠，乞歲時免進鷹、馬、貂皮，詔以生辰、正旦貢如舊，餘免。癸巳，宋主炅殂，[3]子恒嗣位。[4]甲午，皇太妃獻西邊捷。

[1]灤州：契丹分平州地置，治義豐（今河北省灤州市）。

[2]宮分人户：亦稱宮户、宮分户。他們是隸屬宮分而不隸州縣的人户。宮分人户有宮籍，多是統治者的私奴。宮籍是世襲的，未經統治者宣佈廢除，子孫則世代爲宮分人户。遼亡之後，諸宮衛機構雖已不存，但那些宮户、宮分人的身份並未改變，他們仍隸宮籍。於是，金朝始有宮籍監之設，用以管理這些宮户，並依照新機構的名稱，稱他們爲“宮籍監户”或“監户”。

[3]宋主炅：即宋太宗趙炅。本名趙匡義，後避其兄名諱而改

名趙光義，即位後改此名。

[4]恒：宋真宗名。

夏四月乙未朔，罷奚五部歲貢麕。戊戌，録囚。壬寅，發義倉粟振南京諸縣民。丙午，廣德軍節度使韓德凝有善政，秩滿，其民請留，從之。己酉，幸南京。丁巳，致奠于太宗皇帝廟。己未，如炭山清暑。

五月甲子朔，日有食之。己巳，詔平州決滯獄。[1]是月，敵烈八部殺詳穩以叛，[2]蕭撻凜追擊，獲部族之半。

[1]平州：唐置，治所在今河北省盧龍縣。

[2]詳穩：【劉注】契丹小字官名的音譯。本書卷一一六《國語解》："詳穩，諸官府監治之官。"

六月丙申，鐵驪來貢。壬子，夏國遣使來謝封册。

秋七月戊辰，党項來貢。辛未，禁吐谷渾别部鬻馬於宋。丙子，高麗遣韓彦敬奉幣弔越國公主之喪。[1]辛卯，詔南京疾決獄訟。

[1]越國公主（976—997）：景宗第三女延壽女。生母爲睿智皇后。下嫁蕭恒德。年二十一以疾終。

八月丁酉，獵于平地松林，[1]皇太后誡曰："前聖有言：欲不可縱。吾兒爲天下主，馳騁田獵，萬一有銜橛之變，[2]適遺予憂。其深戒之！"

[1]平地松林：西遼河上游中古時期生態良好，有茂密的松林，稱“平地松林”。《新五代史》卷七三《四夷附録第二》引胡嶠《陷虜記》説：“自上京東去四十里至真珠寨，始食菜。明日東行，地勢漸高，西望平地松林，鬱然數十里，遂入平川，多草木。”

[2]銜橛之變：指車馬傾覆的危險。亦喻意外發生的事故。

九月丙寅，罷東邊戍卒。庚午，幸饒州，[1]致奠太祖廟。戊子，蕭撻凜奏討阻卜捷。

[1]饒州：據《讀史方輿紀要》卷一八，該州在“臨潢西南二百三十里”。【劉注】據孫進己、馮永謙編《東北歷史地理》下册所載，遼代饒州州治在今内蒙古自治區林西縣小城子鄉西拉木倫河北岸的西櫻桃溝村黄土坑屯東古城址。

冬十月壬辰朔，駐蹕駞山，罷奚王諸部貢物。乙未，賜宿衛時服。丁酉，禁諸山寺毋濫度僧尼。戊戌，弛東京道魚濼之禁。[1]戊申，以上京獄訟繁冗，詰其主者。辛酉，録囚。

[1]東京道：遼以遼陽府（今遼寧省遼陽縣）爲東京，其轄下的地區又稱東京道。

十一月壬戌朔，録囚。丙戌，幸顯州。[1]戊子，謁顯陵。[2]庚寅，謁乾陵。是月高麗王治薨，侄誦遣王同穎來告。[3]

[1]顯州：治所在今遼寧省北鎮市。

[2]顯陵：東丹王耶律倍及世宗陵寢。其址在顯州（今遼寧省北鎮市）。大同元年（947）世宗以其父東丹王耶律倍生前愛醫巫閭山水奇秀，因葬於此。應曆元年（951）穆宗葬世宗於顯陵西山。

[3]王誦（？—1010）：高麗國王。遼統和十五年（997）十一月其叔治卒，誦繼位。十六年，遼遣使册誦爲高麗國王。二十八年高麗西京留守康肇弑其主誦，擅立誦從兄詢。

十二月乙巳，鉤魚土河。[1]己酉，駐蹕駞山。壬子，夏國遣使來貢。甲寅，遣使祭高麗王治，詔其侄權知國事。丙辰，録囚。

是年，放進士陳鼎等二人。

[1]鉤魚：鑿冰捕魚。　土河：即老哈河，源出永安山（又稱馬盂山，即今河北省平泉縣柳溪鎮光頭山），流經今内蒙古自治區東部赤峰地區，與西拉木倫河匯合。

（李錫厚注　劉鳳翥校）

遼史　卷一四

本紀第十四

聖宗五

十六年春正月乙丑，如長濼。[1]

[1]長濼：遼時湖泊名。又作長泊，亦稱魚兒濼，是遼春捺鉢的地點，在長春州（治所在今吉林省前郭爾羅斯蒙古族自治縣塔虎城）境内。宋大中祥符六年（遼開泰二年，1013），晁迥使遼，回來後向宋廷報告此行至長泊所見遼帝四時捺鉢活動的情況。

二月庚子，夏國遣使來貢。[1]丙午，以監門衛上將軍耶律喜羅爲中臺省左相。[2]

[1]夏國（1038—1227）：以党項民族爲主體建立的政權。1038年，元昊叛宋稱帝，建立大夏王朝，傳十代，至1227年爲蒙古所滅。元昊稱帝以前，作爲北宋境内的地方割據政權，已經具有獨立性。史稱西夏，先後與遼、北宋及金、南宋並立於中國境内。境土包括今寧夏回族自治區全部、甘肅省大部、陝西省北部以及青海

省、内蒙古自治區的部分地區。

[2]中臺省：東丹國宰輔機構。設左、右大相及左、右次相。

三月甲子，女直遣使來貢。[1]乙亥，鼻骨德酋長來貢。[2]

[1]女直：本作女真，因避遼興宗耶律宗真名諱，改稱女直。遼時居東北東部。在南者入遼籍，稱熟女真，或合蘇館女真；在北者不入遼籍，稱生女真。

[2]鼻骨德：又作鱉古德、鼻古德，遼時黑龍江流域部族名。聖宗時分置伯斯鼻古德部與撻馬鼻古德部，均屬東北路統軍司。所在地相當於今黑龍江省富錦市至俄國境内哈巴羅夫斯克（伯力）沿江一帶。

夏四月癸卯，振崇德宫所隸州縣民之被水者。[1]丁未，罷民輸官俸，給自内帑。己酉，祈雨。乙卯，如木葉山。[2]

[1]崇德宫：承天太后宫分。有正户六千，蕃漢轉户一萬。轄：乾、川、雙、貴德四州及潞縣（在上京地區）一縣。

[2]木葉山：山名。契丹語稱“大”爲“木葉”。“木葉山”可以泛指任何“大山”，也可專指某一大山爲“木葉山”。此處專指永州境内一座山，契丹人視此山爲神山，其地在今内蒙古自治區翁牛特旗新蘇莫蘇木的西拉木倫河與老哈河匯合處一帶。“上建契丹始祖廟，奇首可汗在南廟，可敦（可汗之妻）在北廟，繪塑二聖并八子神像。”詳見本書卷三七《地理志一》永州條。

五月甲子，祭白馬神。丁卯，祠木葉山，告來歲南伐。庚辰，鐵驪來貢。[1]乙酉，還上京。婦人年踰九十者賜物。

[1]鐵驪：族名。遼置鐵驪國王府，以統其衆。其地當今黑龍江省東部松花江流域。

六月戊子朔，致奠於祖、懷二陵。[1]是月，清暑炭山。[2]

[1]祖陵：遼太祖耶律阿保機的葬所。位於祖州西五里，其地在今内蒙古自治區巴林左旗查干哈達蘇木石房子嘎查。　懷陵：遼太宗、穆宗之陵。其址位於懷州境内。大同元年（947）遼置懷州奉陵軍，治所在今内蒙古自治區巴林右旗幸福之路蘇木崗根嘎查古城址。州隸永興宫。

[2]炭山：山名。據《新五代史》卷七二《四夷附録第一》："漢城在炭山東南灤河上，有鹽鐵之利，乃後魏滑鹽縣也。其地可植五谷，阿保機率漢人耕種，爲治城郭、邑屋、廛市如幽州制度，漢人安之，不復思歸。"另據本書卷四一《地理志·西京道》，炭山在歸化州，即武州（今河北省張家口市宣化區）。

秋七月丁巳朔，録囚，聽政。

八月丁亥朔，東幸。

九月丁巳朔，駐蹕得勝口。[1]

冬十一月，遣使册高麗國王誦。[2]

[1]得勝口：據《日下舊聞考》卷一三四《京畿·昌平州》：

“翠平口在昌平北二里，舊名得勝口，金大定二十五年五月改名。”（《元混一方輿勝覽》）得勝口又名“德勝口”。乾隆《清一統志》卷七：“德勝口在昌平州北二十里，又名翠屏口。北去鴈門口五里，又東有賢莊口。”

[2]高麗：指王建創建的高麗王朝（918—1392）。統治地域在今朝鮮半島，首都在開京（今朝鮮開城市）。　王誦（？—1010）：高麗國王。遼統和十五年（997）十一月其叔治卒，誦繼叔位。二十八年高麗西京留守康肇弒其主誦，擅立誦從兄詢。《高麗史》卷三《穆宗世家》（己亥）二年（統和十七年，999）冬十月，“契丹遣右常侍劉績來加册王尚書令”。

十二月丙戌朔，[1]宋國王休哥薨，[2]輟朝五日。進封皇弟恒王隆慶爲梁國王、南京留守，[3]鄭王隆祐爲吴國王。[4]

[1]十二月丙戌朔：【劉校】原本無“朔”字，據中華點校本校勘記，依本書卷四四《朔考》補。

[2]休哥：即耶律休哥（？—998）。字遜寧，出身皇族，應曆末，爲惕隱。乾亨元年（979），與耶律斜軫分左右翼，擊敗宋軍於高梁河。是年冬，休哥率本部兵從韓匡嗣等戰於滿城。匡嗣敗績。休哥整兵進擊，擊退宋軍。詔總南面戍兵，爲北院大王。聖宗即位，太后稱制，令休哥總南面軍務，多有戰功。統和四年（986），封宋國王。本書卷八三有傳。

[3]隆慶：即耶律隆慶（？—1016）。遼聖宗耶律隆緒同母弟。統和中進封爲梁國王，拜南京留守，手握重兵，稱雄一方。統和十七年（999）南征，隆慶率軍爲先鋒，至瀛州（今河北省河間市），與宋將范廷召相遇，隆慶命蕭柳迎戰，將宋軍擊潰，並圍而殲之。十九年（1001），他復敗宋人於行唐（今河北省行唐縣）。他的權

勢、地位不斷上升，威脅皇權。《宋朝事實類苑》卷七七引《乘軺録》稱其“調度之物，悉侈於隆緒”。

[4]隆祐（？—1012）：景宗第三子。小字高七，一字胡都。乾亨初封鄭王。至是徙王吳，更王楚。開泰初改王齊。曾任西南面招討使、北院樞密使。【劉注】隆祐，《契丹國志》卷一四：“齊國王隆裕，番名高七，母曰籓氏，景宗第三子。”又據劉鳳翥、唐彩蘭、青格勒編著《遼上京地區出土的遼代碑刻彙輯》所收《秦晉國大長公主墓誌銘》，大長公主次女“適齊國王隆裕”。《宋會要輯稿》第七六九五頁亦作“隆裕”。這都説明“隆祐”應作“隆裕”。

是年，放進士楊又玄等二人。[1]

[1]楊又玄：【劉校】原本、南監本和北監本均作“楊又立”，據中華點校本校勘記：“《大典》五二四九同。《紀》開泰七年十一月作‘人玄’，殿本作‘又玄’。太平二年十月，百、殿兩本並作又玄。核其事蹟，確是一人。按《道德經》‘玄之又玄’，似取名所本，據改。下同。”今從改。

十七年春正月乙卯朔，如長春宮。

夏四月，如炭山清暑。

六月，兀惹烏昭慶來。[1]

[1]兀惹：部族名。本書卷四六《百官志二》：“兀惹部，亦曰烏惹部。”　烏昭慶：人名。本書卷一三《聖宗紀四》作“烏昭度”。

秋七月，以伐宋詔諭諸道。

九月庚辰朔，幸南京。己亥，南伐。癸卯，射鬼箭。[1]北院樞密使魏王耶律斜軫薨，[2]以韓德讓兼知北院樞密使事。[3]

[1]射鬼箭：契丹人的巫術、刑罰。皇帝出征及祭祀先帝時，都要行這種巫術。取死囚一人，置於所要前往之方向，以亂箭射殺，名爲射鬼箭。契丹人認爲，以此可以祓除不祥。班師歸來則以俘虜射鬼箭。後來則以此作爲刑罰的一種。

[2]北院樞密使：即契丹樞密院之樞密使。爲北面官之最高官職，掌軍事、部族。詳本書卷四五《百官志一》。　耶律斜軫（？—999）：于越曷魯之孫。字韓隱。保寧初受命節制西南面諸軍，仍援河東。改南院大王。乾亨元年（979）秋，宋軍攻下河東，乘勝襲燕，高梁河一戰，他與耶律休哥分左右翼夾擊，大敗宋軍。統和初，承天皇太后蕭綽稱制，益見委任，爲北院樞密使。四年（986）宋軍三路來攻，斜軫指揮擊退西路來攻的宋軍，以功加守太保。本書卷八三有傳。

[3]韓德讓（942—1011）：韓匡嗣第四子。統和初年承天稱制，韓德讓以南院樞密使的身份“總宿衛事”。統和十七年（999）北院樞密使、魏王耶律斜軫病故，承天太后以韓德讓兼知北院樞密使事，至此，遼朝的蕃漢軍政大權就集於其一身了。統和二十二年（1004），承天太后賜韓德讓姓耶律，徙封晉王，並且仍舊爲大丞相，事無不統。次年十一月又詔德讓“出宮籍，屬於横帳”。二十八年更名耶律隆運。本書卷八二有傳。

冬十月癸酉，攻遂城，[1]不克。遣蕭繼遠攻狼山鎮石砦，破之。次瀛州，[2]與宋軍戰，擒其將康昭裔、宋順，[3]獲兵仗、器甲無算。進攻樂壽縣，[4]拔之。次遂城，敵衆臨水以拒，縱騎兵突之，殺戮殆盡。

是年，放進士初錫等四人及第。

[1]遂城：縣名。治所在今河北省保定市徐水區。

[2]瀛州：治所在今河北省河間市。

[3]康昭裔：河南洛陽（今河南省洛陽市）人。亦作康保裔。後周時曾屢立戰功，開寶中又從諸將破契丹於石嶺關。端拱初授淄州團練使，徙定州、天雄軍駐泊部署。真宗即位，領彰國軍節度，出爲並代都部署，徙知天雄軍，復爲高陽關都部署。《宋史》卷四四六有傳。本傳稱："契丹兵大入，諸將與戰於河間，保裔選精鋭赴之，會暮，約詰朝合戰。遲明，契丹圍之數重，左右勸易甲馳突以出，保裔曰：'臨難無苟免。'遂決戰。二日，殺傷甚衆，蹴踐塵深二尺，兵盡矢絶，援不至，遂没焉。時車駕駐大名，聞之震悼，廢朝二日，贈侍中。以其子繼英爲六宅使、順州刺史，繼彬爲洛苑使，繼明爲内園副使，幼子繼宗爲西頭供奉官，孫惟一爲將作監主簿。""方保裔及契丹血戰，而援兵不至，惟張凝以高陽關路鈐轄領先鋒，李重貴以高陽關行營副都部署率衆策應，遇契丹兵交戰，保裔爲敵所覆，重貴與凝赴援，腹背受敵，自申至寅力戰，敵乃退。"以上所載康保裔作戰的地點與《遼史》記載相同，唯《宋史》不記此役發生之具體年、月、日。《宋史》稱康保裔戰没，而《遼史》則記其被俘，並受遼官職，《遼史》記載可信。《長編》卷四六咸平三年（1000）正月甲申："先是范廷召自中山分兵擊敵求援於高陽關都部署、馬軍都虞候、彰國節度使康保裔，保裔即領兵赴之。至瀛州西南裴村，而廷召後陣已與敵遇，使來趣兵，保裔選精鋭與之。會日暮，約以詰旦合戰。及夕，廷召潛師以遁，保裔不之覺。遲明，敵騎圍之數重，左右請易甲而逃。保裔曰：'臨難無苟免，此吾効死之日矣。'遂大呼決戰，凡數十合，兵盡矢窮，士卒以勁弩擊敵，殺傷甚衆。所蹴踏塵深二尺而救兵不至，保裔没焉。

敵遂自德、棣濟河，掠淄、齊而去。上既聞保裔死，其部曲畏誅，聲言保裔投賊。密詔駕前走馬承受榆次夏守贇察之。守贇變服入軍中廉問，既得其實，於是優詔贈侍中，以其子寄班供奉官繼英爲六宅使順州刺史，餘五子及孫悉加寵秩。”保裔降遼是事實，並非“部曲畏誅，聲言保裔投賊”。夏守贇調察結果，不但無助於釐清真象，反而掩蓋了康保裔降敵的事實。

[4]樂壽縣：治所在今河北省獻縣。　進攻樂壽縣：《長編》卷四五咸平二年（999）十月末：“契丹寇定州，次懷遠驛。詔遣南作坊使李繼宣領兵三千往襲之，至則敵已壞橋，繼宣梁木而度，追奔五十餘里。敵又焚常山、中度二橋，繼宣復領兵趨焉，契丹聞之，拔寨遁去。繼宣鋭於擊敵，數詣都部署傅潛請行，潛每抑之，不令遠襲，以故無功。”

十八年春正月，還次南京，賞有功將士，罰不用命者。詔諸軍各還本道。

二月，幸延芳淀。[1]

[1]延芳淀：位於今北京市通州區西。遼時廣數百畝，中多菱芡、鶩雁之屬。遼帝每年春季則弋獵於此。

夏四月己未，駐蹕于清泉淀。

五月丁酉，清暑炭山。

六月，阻卜叛酋鶻碾之弟鐵剌不率部衆來附，[1]鶻碾無所歸，遂降，詔誅之。

[1]阻卜：即達旦、韃靼。元人諱言達旦，而稱達旦爲阻卜。詳王國維《觀堂集林》卷一四《達旦考》。

秋七月，駐蹕於湯泉。

九月乙亥朔，駐蹕黑河。[1]

［1］黑河：河流名。據本書卷三七《地理志一・慶州》："在州西二十。有黑山、赤山、太保山、老翁嶺、饅頭山、興國湖、轄失濼、黑河。"【劉注】遼代黑河即發源於今内蒙古自治區巴林右旗索博日嘎鎮堙王溝的查干沐淪（蒙古語"白河"的音譯）河。清代忌諱"黑"，故改稱黑河爲白河。

冬十一月甲戌朔，授西平王李繼遷子德昭朔方軍節度使。[1]

［1］德昭：即李德昭（981—1031），《宋史》卷一一五《西夏傳》作"德明"，遼避穆宗及景宗諱，改爲德昭。西夏李繼遷之子。1004 年嗣位。1005 年，遼册封他爲西平王。次年，宋授爲定難軍節度使，封西平王。死後其子元昊追謚光聖皇帝，廟號太宗。

十二月，回鶻來貢。[1]

是年，放進士南承保等三人及第。

［1］回鶻：中國北方與西北古代民族名。原爲鐵勒，8 世紀 40 年代，骨咄禄毗伽可汗曾建立了回紇汗國。公元 840 年左右，回紇汗國崩潰。除一部分人南下附屬唐朝外，其餘分三支向西北遷徙，和西域原住的同族人匯合，而先後建成高昌回鶻、河西回鶻（甘州回鶻）和喀喇汗王朝（黑汗王朝）三個政權。回鶻西遷後，和中原諸王朝仍然保持着密切關係。甘州回鶻對五代、北宋朝貢不絶；高昌回鶻曾同時爲遼朝及北宋的屬國。

十九年春正月辛巳，以祗候郎君班詳穩觀音爲奚六部大王。[1]甲申，回鶻進梵僧名醫。

［1］奚六部大王：遼對歸附以後的奚族首領的稱呼。奚本來祇有五部，阿保機降伏五部奚之後設置墮瑰部，而成六部。詳本書卷三三《營衛志·部族下》。

三月乙亥，夏國遣李文貴來貢。乙酉，西南面招討司奏党項捷。[1]壬辰，皇后蕭氏以罪降爲貴妃。[2]賜大丞相韓德讓名德昌。[3]

［1］西南面招討司：契丹軍事機構名。設招討使一人，駐西京大同（今山西省大同市），負責對西夏的防務。

［2］皇后蕭氏：統和四年（986）聖宗納蕭氏爲皇后。

［3］賜大丞相韓德讓名德昌：據《韓匡嗣墓誌》及《韓德昌墓誌》，匡嗣幼子（第九子）名德昌，死於乾亨五年（983）。以亡弟名賜其兄，有悖情理。

夏四月乙巳，幸吳國王隆祐第視疾。丙午，問安皇太后。

五月癸酉，清暑炭山。丙戌，册蕭氏爲齊天皇后。[1]庚寅，以千拽剌詳穩耶律王奴爲乙室大王。[2]辛卯，以青牛白馬祭天地。[3]

［1］齊天皇后（982—1032）：聖宗皇后。姓蕭氏，小字菩薩哥，睿智皇后弟隗因之女。其母是韓匡嗣之女。年十二，選入掖庭。統和十九年（1001），册爲齊天皇后。生皇子二，皆早卒。開

泰五年（1016），宫人耨斤生興宗，后養爲子。興宗即位後，耨斤自立爲皇太后。齊天皇后被害，年五十。追尊仁德皇后。與欽哀皇后並祔慶陵。本書卷七一有傳。

[2]乙室：契丹部族名。遙輦氏阻午可汗時始置爲部。隸南府，駐守西南之境。

[3]以青牛白馬祭天地：契丹祭祀天地用青牛白馬，表示不忘祖先。本書卷三七《地理志一·上京道》："相傳有神人乘白馬，自馬盂山浮土河而東，有天女駕青牛車由平地松林泛潢河而下。至木葉山，二水合流，相遇爲配偶，生八子。其後族屬漸盛，分爲八部。每行軍及春秋時祭，必用白馬青牛，示不忘本云。"

六月乙巳，以所俘宋將康昭裔爲昭順軍節度使。[1]戊午，夏國奏下宋恒、環、慶等三州，[2]賜詔褒之。

[1]昭順軍：爲遼遙授官職。五代後唐境内有昭順軍，後周改保信軍，宋因之。治廬州（今安徽省合肥市）。

[2]恒：恒州。古州名。東魏時僑置恒州，後爲蘆板寨城（今山西省原平縣境内）。　環：環州。治所在今陝西省環縣。　慶：慶州。治所在今甘肅省慶陽市。

秋七月丙戌，以東京統軍使耶律奴瓜爲南府宰相。[1]

[1]宰相：契丹部族官名。契丹可汗之下有北、南二府，各部族則分屬二府，分設宰相，故北宰相亦稱北府宰相，南宰相亦稱南府宰相。　耶律奴瓜：字延寧，太祖異母弟南府宰相蘇之孫。本書卷八五有傳。

八月庚戌，達盧骨部來貢。[1]

[1]達盧骨：部族名。又作達魯古。女真之一部，該部有城，稱達盧古城，位於拉林河以西地區。一説位於今吉林省前郭爾羅斯蒙古族自治縣興隆堡附近。

九月己巳朔，問安皇太后。戊子，駐蹕昌平。[1]庚寅，西南面招討司奏討吐谷渾捷。[2]辛卯，幸南京。

[1]昌平：縣名。治所在今北京市昌平區。

[2]吐谷渾：古代部族名。即吐渾。據《新五代史》卷七四《四夷附録第三》，吐渾"自後魏以來，名見中國，居於青海之上。當唐至德中，爲吐蕃所攻，部族分散，其内附者，唐處之河西。其大姓有慕容、拓拔、赫連等族。懿宗時，首領赫連鐸爲陰山府都督，與討龐勛，以功拜大同軍節度使。爲晉王所破，其部族益微，散處蔚州界中"。"晉高祖立，割雁門以北入于契丹，於是吐渾爲契丹役屬，而苦其苛暴"。

冬十月己亥，南伐。壬寅，次鹽溝。[1]徙封吳國王隆祐爲楚國王，留守京師。丁未，梁國王隆慶統先鋒軍以進。[2]辛亥，射鬼箭。壬子，以青牛白馬祭天地。甲寅，遼軍與宋兵戰於遂城，敗之。庚申，以黑白羊祭天地。丙寅，次滿城，[3]以泥淖班師。

[1]鹽溝：水名。又作閻溝，位於今北京市房山區良鄉鎮南。

[2]先鋒軍：作戰時衝鋒在先的軍隊。《武經總要》後集卷五《故事》載：唐太宗嘗選精鋭千餘騎爲奇兵，皆皂衣黑甲，分爲左

右隊。隊建大旗，令騎將秦叔寶、程咬金、尉遲敬德、翟長孫等分統之。每臨敵，太宗躬被黑甲，先鋒率之，候機而進，所向摧靡，常以少擊衆，賊徒氣懾。

[3]滿城：縣名。治所在今河北省保定市滿城區。

十一月庚午，射鬼箭。丙子，宋兵出淤口、益津關來侵，[1]偵候諜注、虞人招古擊敗之。[2]己卯，觀漁儒門濼。

[1]淤口：即淤口關，位於今河北省霸州市東。　益津關：位於今河北省霸州市。

[2]虞人：古代掌山澤苑囿之官。《周禮·夏官·大司馬》："虞人萊所田之野爲表。"賈公彦疏："虞人者，若田在澤，澤虞；若田在山，山虞。"《左傳·昭公二十年》："十二月，齊侯田於沛，招虞人以弓，不進。"杜預注："虞人，掌山澤之官。"

閏月己酉，鼻骨德來貢。己未，減關市稅。[1]

[1]關市税：即商業税。遼太平九年（1029）遼東地區因徵收過重的商税，引發渤海人反抗。

十二月庚辰，免南京、平州租税。[1]

[1]平州：唐置，治所在今河北省盧龍縣。

二十年春正月庚子，如延芳淀。癸丑，東方五色虹見。詔安撫西南面向化諸部。甲寅，夏國遣使貢馬、驰。辛酉，女直宰相夷离底來貢。

二月丁丑，女直遣其子來朝。高麗遣使賀伐宋捷。

三月甲寅，遣北府宰相蕭繼遠等南伐。壬戌，駐蹕鴛鴦濼。[1]

[1]鴛鴦濼：湖名。在今北京市延慶區境内。舊時周八十里。其水停積不流，自遼金以來，爲放飛之所。今名野鴨湖。

夏四月丙寅朔，文班太保達里底敗宋兵于梁門。[1]甲戌，南京統軍使蕭撻凛破宋軍於泰州。[2]乙酉，南征將校獻俘，賜爵賞有差。戊子，鐵驪遣使來貢。

[1]梁門：地名。太平興國六年（981），於梁門寨置静戎軍，於遂城縣置威虜軍。時號“銅梁門，鐵遂城”，言其險固。景德初，改静戎軍爲安肅軍，在今河北省保定市徐水區。

[2]泰州：此爲保州之舊稱。治清苑（今河北省保定市清苑區），後徙滿城（今河北省保定市滿城區）。

五月乙卯，幸炭山清暑。

六月，夏國遣劉仁勗來告下靈州。[1]

[1]靈州：治所在今寧夏回族自治區靈武市。據《宋史》卷四八五《夏國傳》宋真宗咸平五年（遼統和二十年，1002）三月，繼遷大集蕃部，攻陷靈州，以爲西平府。

秋七月甲午朔，日有食之。丁酉，以邢抱朴爲南院樞密使。[1]辛丑，高麗遣使來貢本國《地里圖》。

[1]南院樞密使：即漢人樞密院之樞密使。爲南面官最高官職。詳見本書卷四七《百官志三》。　邢抱朴（？—1004）：應州（今山西省應縣）人。保寧初，爲政事舍人、知制誥。統和四年（986），加户部尚書，遷翰林學士承旨，與室昉同修《實録》。十二年，拜參知政事，改南院樞密使。二十二年（1004）卒，贈侍中。本書卷八〇有傳。

九月癸巳朔，謁顯陵，[1]告南伐捷。

[1]顯陵：東丹王耶律倍及世宗陵寢。在顯州（今遼寧省北鎮市）。大同元年（947）世宗以其父東丹王耶律倍生前愛醫巫閭山水奇秀，因葬於此。應曆元年（951）穆宗葬世宗於顯陵西山。

冬十月癸亥朔，至自顯陵。

十二月，奚王府五帳六節度獻七金山土河川地，[1]賜金幣。

是歲，南京、平州麥秀兩岐。放進士邢祥等六人及第。

[1]奚王府：奚部族官府名。奚原分五部，阿保機降伏五部奚之後設置墮瑰部，而成六部。其首領仍稱奚王，設奚大王府，作爲治理六部奚的機構。詳本書卷三三《營衛志·部族下》。　七金山土河川地：遼聖宗在其地建成中京。中京故址在今内蒙古自治區寧城縣大明城。

二十一年春正月，如鴛鴦濼。

三月壬辰，詔修《日曆》官毋書細事。[1]甲午，朝皇太后。戊午，鐵驪來貢。

[1]《日曆》：史官對朝政事務的按日記録，也是史官纂修《實録》和《國史》的依據。此制始於唐。宋代吳曾《能改齋漫録》卷二《事始》載："唐順宗時宰相韋執誼監修國史，奏始令史官撰《日曆》，此《日曆》之始也。"宋代亦重《日曆》，《續資治通鑑長編》卷二九九元豐二年（1079）八月己未王存言："近制諸司供報事，直供編修《日曆》所，則起居注之職，除臣僚告謝詔事外，更無文字可備編録，恐失置官之意。"

夏四月乙丑，女直遣使來貢。戊辰，兀惹、渤海、奥里米、越里篤、越里吉等五部遣使來貢。[1]是月，耶律奴瓜、蕭撻凛獲宋將王繼忠於望都。[2]

[1]越里吉：【劉校】"吉"原本作"古"。據中華點校本校勘記："按《屬國表》作越里吉，《紀》重熙六年八月作越棘，知'古'是吉之訛，據改。"今從改。

[2]王繼忠（？—1023）：宋降將。本書卷八一有傳。《宋史》卷二七九《王繼忠傳》載："［繼忠］開封人。真宗在藩邸，得給事左右，以謹厚被親信。即位，補内殿崇班，累遷至殿前都虞候，領雲州觀察使，出爲深州副都部署，改鎮、定、高陽關三路鈐轄兼河北都轉運使，遷高陽關副都部署，俄徙定州。咸平六年，契丹數萬騎南侵，至望都，繼忠與大將王超及桑贊等領兵援之。繼忠至康村，與契丹戰，自日昳至乙夜，敵勢小卻。遲明復戰，繼忠陣東偏，爲敵所乘，斷餉道，超、贊皆畏縮退師，竟不赴援。繼忠獨與

麾下躍馬馳赴，服飾稍異，契丹識之，圍數十重。士皆重創，殊死戰，且戰且行，旁西山而北，至白城，遂陷於契丹。真宗聞之震悼，初謂已死，優詔贈大同軍節度，賵賻加等，官其四子。景德初，契丹請和，令繼忠奏章，乃知其尚在。朝廷從之，自是南北戢兵，繼忠有力焉。歲遣使至契丹，必以襲衣、金帶、器幣、茶藥賜之，繼忠對使者亦必泣下。嘗附表懇請召還，上以誓書約各無所求，不欲渝之，賜詔諭意。契丹主遇繼忠甚厚，更其姓名爲耶律顯忠，又改名宗信，封楚王。”

五月庚寅朔，清暑炭山。丁巳，西平王李繼遷薨，[1]其子德昭遣使來告。

[1]李繼遷薨：據《宋史》卷四八五《夏國傳》，繼遷“景德元年（遼統和二十二年，1004）正月二日卒，年四十二”。

六月己卯，贈繼遷尚書令，遣西上閤門使丁振吊慰。[1]辛巳，党項來貢。乙酉，阻卜鐵剌里率諸部來降。是月，修可敦城。[2]

[1]閤門使：官名。即古之擯相之職。唐末、五代凡取稟旨命、供奉乘輿、朝會遊宴及贊導三公、群臣、蕃國朝見、辭謝，糾彈失儀之事，由閤門使、副掌管。閤門使多以處武臣。參見《文獻通考·職官十二》。

[2]可敦城：即鎮州。故址在今蒙古國布爾根省青托羅蓋古城。陳得芝《耶律大石北行史地雜考》（《歷史地理》第二輯）説，遼朝統治漠北屬部的最高軍政機構是西北路招討司（又稱西北路都招討司），遼聖宗統和十二年（994），因西北“阻卜”諸部作亂，以

蕭撻凜爲西北路招討使，命隨皇太妃（齊王妃）出征，“屯西鄙驢駒兒河，西捍韃靼，盡降之”。蕭撻凜鑒於達旦諸部叛服不常，上表乞建三城以鎮之。統和二十二年（1004）三城完工，設置鎮、防、維三州。

秋七月庚戌，阻卜、烏古來貢。[1]甲寅，以奚王府監軍耶律室魯爲南院大王。[2]

[1]烏古：部族名。又稱嫗厥律、于厥律，居契丹西北。據《新五代史》卷七三《四夷附録第二》：“嫗厥律，其人長大，髦頭，酋長全其髪，盛以紫囊。地苦寒，水出大魚，契丹仰食。又多黑、白、黄貂鼠皮，北方諸國皆仰足。其人最勇，鄰國不敢侵。”

[2]南院大王：契丹部族官。遼朝析迭剌部爲五院部和六院部。五院部有知五院事，在朝曰北大王院；六院部有知六院事，在朝曰南大王院。北院大王和南院大王即是五院部和六院部的首領，握有兵權。　耶律室魯爲南院大王：【劉校】據中華點校本校勘記，本書卷八一本傳作“北院大王”，下文二十九年三月亦稱室魯爲“北院大王”，“南”字疑誤。

八月乙酉，阻卜鐵剌里來朝。丙戌，朝皇太后。

九月己亥，夏國李德昭遣使來謝吊贈。癸丑，幸女河湯泉，改其名曰松林。

冬十月丁巳朔，[1]駐蹕七渡河。[2]戊辰，以楚國王隆祐爲西南面招討使。

[1]丁巳朔：【劉校】原本無“朔”字，據中華點校本校勘記，依本書卷四四《朔考》補。

[2]七渡河：發源於今北京市懷柔區北部，至通州區流入北運河。

十一月壬辰，故于越耶律休哥之子道士奴、高九等謀叛，伏誅。丙申，通括南院部民。

十二月癸未，罷三京諸道貢。

二十二年春正月丁亥，如鴛鴦濼。

二月乙卯朔，女直遣使來貢。丙寅，南院樞密使邢抱樸薨，輟朝三日。

三月己丑，罷番部賀千齡節及冬至、重五貢。[1]乙未，西夏李德昭遣使上繼遷遺物。

[1]千齡節：遼以聖宗生日爲千齡節。

夏四月丁卯，朝皇太后。

五月，清暑炭山。

六月戊午，[1]以可敦城爲鎮州，軍曰建安。

[1]六月戊午：【劉校】據中華點校本校勘記，“午”原本作“子”。“南、北、殿各本同，惟《大典》五二四九作戊午。按本年六月甲寅朔，戊午初五日，據改”。今從改。

秋七月甲申，遣使封夏國李德昭爲西平王。丁亥，兀惹、蒲奴里、剖阿里、越里篤、奧里米等部來貢。

八月丙辰，党項來貢。庚申，阻卜酋鐵剌里來朝。戊辰，鐵剌里求婚，不許。[1]丙子，駐蹕犬牙山。

[1]鐵剌里求婚，不許：【劉校】據中華點校本校勘記，本書卷七〇《屬國表》作“鐵剌里求婚，許之”。

九月己丑，以南伐諭高麗。丙午，幸南京。女直遣使獻所獲烏昭慶妻子。丁未，致祭于太宗皇帝廟。以北院大王磨魯古、太尉老君奴監北、南王府兵。庚戌，命楚國王隆祐留守京師。

閏月己未，南伐。[1]癸亥，次固安。以所獲諜者射鬼箭。甲子，以青牛白馬祭天地。丙寅，遼師與宋兵戰于唐興，[2]大破之。丁卯，蕭撻凜與宋軍戰於遂城，敗之。庚午，軍於望都。

[1]南伐：此爲景德元年（1004）閏月宋遼戰事。《九朝編年備要》卷七景德元年閏月：“契丹大舉入寇。契丹主同其母蕭氏大舉寇邊，遣其統軍達蘭引兵掠威虜、安順軍，魏能、石普帥兵禦之，敗其前鋒。又攻北平寨，田敏等擊走之。遂東趨保州，攻城不克，乃與契丹主及其母合兵以攻定州，王超等陳於唐河以拒之。敵駐兵於陽城淀，又分兵圍岢嵐軍，守臣賈宗擊走之。”《宋史》卷七《真宗本紀》景德元年“閏月乙卯詔：河北吏民殺契丹者，所至援之。仍頒賞格”。癸酉，“威虜軍合兵大破契丹”。乙亥“契丹統軍撻覽率衆攻威虜、順安軍，三路都部署擊敗之，斬偏將，獲其輜重。又攻北平砦及保州，復爲州、砦兵所敗。撻覽與契丹主及其母並衆攻定州，宋兵拒於唐河，擊其游騎。契丹駐陽城淀，因王繼忠致書于莫州石普以講和。丙子，以天雄軍都部署周瑩爲駕前貝、冀路都部署，侍衛馬軍都指揮使葛霸爲駕前邢、洺路都部署。己卯，高繼勳率兵擊敗契丹數萬騎於岢嵐軍”。

[2]唐興：舊縣名。唐神龍元年（705）改武興縣，屬莫州。

後晉改宜川縣，不久復爲唐興縣，後周廢。治所在今河北省安新縣。

冬十月乙酉，以黑白羊祭天地。丙戌，攻瀛州，[1]不克。甲午，下祁州，[2]賚降兵。以酒脯祭天地。己酉，西平王李德昭遣使謝封册。

[1]攻瀛州：《長編》卷五八景德元年（1004）十月己酉載："初，契丹自定州帥衆東駐陽城淀，遂緣胡盧河逾關南。是月丙戌，抵瀛州城下。勢甚盛，晝夜攻城，擊鼓伐木之聲，聞於四面。大設攻具，驅奚人負板秉燭、乘墉而上。知州、西京左藏庫使李延渥率州兵、強壯，又集貝、冀巡檢史普所部拒守，發礧石巨木擊之，皆累累而墜。逾十數日，多所殺傷。契丹主及其母又親鼓衆急擊，矢集城上如雨，死者三萬餘人，傷者倍之，竟弗能克，乃遁去。獲鎧甲、兵矢、竿牌數百萬，驛書以聞。"《九朝編年備要》卷七景德元年十月："契丹寇瀛州，守臣李延渥敗之，敵衆死者三萬餘人，傷者倍之。乃解去。"《宋史》卷七《真宗本紀》載十月癸卯，"保、莫州、威虜、岢嵐軍及北平砦皆擊敗契丹"。十一月乙卯，"契丹攻瀛州，知州李延渥率兵敗之，殺傷十餘萬衆，遁去"。己未，"契丹逼冀州，知州王嶼擊走之"。庚午，"車駕北巡。司天言：日抱珥，黄氣充塞，宜不戰而却。癸酉，駐蹕韋城縣"。

[2]祁州：治今河北省安國市。

十一月癸亥，馬軍都指揮使耶律課里遇宋兵於洺州，[1]擊退之。甲子，東京留守蕭排押獲宋魏府官吏田逢吉、郭守榮、常顯、劉綽等以獻。[2]丁卯，南院大王善補奏宋遣人遺王繼忠弓矢，密請求和。[3]詔繼忠與使會，許和。庚午，攻破德清軍。[4]壬申，次澶淵。[5]蕭撻凜中伏弩死。乙亥，攻破通利軍。[6]丁丑，宋遣崇儀副使曹利用請和，[7]即遣飛龍使韓杞持書報聘。[8]

[1]洺州：治所在今河北省邯鄲市永年區。

[2]魏府：即大名府。唐魏州，爲天雄軍治，後唐曰興唐府。治所在今河北省大名縣。　蕭排押（？—1023）：國舅少父房之後。字韓隱。統和初爲左皮室詳穩。四年（986），破宋將曹彬、米信兵於望都，與樞密使耶律斜軫收復山西所陷城邑。是冬攻宋，以功改南京統軍使。十三年歷北、南院宣徽使。十五年加政事令，遷東京留守。二十二年與宋和議成，爲北府宰相。兩度從聖宗征高麗。本書卷八八有傳。

[3]善補：即耶律善補。字瑤升，遼宗室。景宗即位，授千牛衛大將軍，遷大同軍節度使。後爲惕隱、南京統軍使、南府宰相、南院大王。凡征討，憚攻戰。年七十四卒。本書卷八四有傳。　宋遣人遺王繼忠弓矢，密請求和：契丹諱言和議自己出，其實上月他們已向宋朝提出言和。《九朝編年備要》卷七景德元年（1004）十月："契丹來議和。遣曹利用使其軍，與定約。初王繼忠戰敗陷敵，敵授以官。繼忠嘗爲敵言和好之利。至是雖大舉深入，復遣李興等以繼忠書詣莫州部署石普，且緻密奏一封進闕下。上覽奏，遂手詔諭繼忠，繼忠欲朝廷先遣使命，上未許。敵之攻瀛州也，繼忠遂附奏乞遣使議和，上乃命利用奉書往。至大名，王欽若疑敵不誠，留之不敢遣。敵尋復因張皓來請，乃詔督利用前去。"

[4]德清軍：治清豐，在今河南省清豐縣。

[5]澶淵：地名。位於今河南省濮陽市。

[6]通利軍：治黎陽，在今河南省浚縣東。

[7]曹利用（？—1029）：宋臣。字用之，趙州寧晉（今河北省寧晉縣）人。景德元年（1004），契丹進攻河北，真宗幸澶州，

射殺契丹大將蕭撻覽，契丹欲收兵去，使王繼忠議和。宋朝擇可使契丹者，時利用適奏事行在，遂授閤門祗候、崇儀副使，奉書詣契丹軍。《宋史》卷二九〇《曹利用傳》記載其與契丹太后談判過程頗詳："利用馳至軍中，耶律隆緒母見利用車上，車軛設横板，布食器，召與飲食，其從臣重行坐。飲食畢，果議關南地，利用拒之。遣其臣韓杞來報命，利用再使契丹。契丹母曰：'晉德我，畀我關南地，周世宗取之，今宜還我。'利用曰：'晉人以地畀契丹，周人取之，我朝不知也。若歲求金帛以佐軍，尚不知帝意可否，割地之請，利用不敢以聞。'其政事舍人高正始遽前曰：'我引衆以來，圖復故地。若止得金帛歸，則愧吾國人矣。'利用曰：'子盍爲契丹熟計，使契丹用子言，恐連兵結釁，不得而息，非國利也。'契丹度不可屈，和議遂定，利用奉約書以歸。擢東上閤門使、忠州刺史，賜第京師。契丹遣使來聘，遂命利用迎勞之。"《九朝編年備要》卷七景德元年十一月："上親征至澶州。契丹之初入寇也，中外震駭，陳堯叟請幸蜀，王欽若請幸江南。上召寇准問之，准曰：'誰爲陛下畫此策者？'上曰：'卿姑斷其可否，勿問也。'准曰：'臣欲得獻策之人斬之以釁鼓，然後北伐耳。'遂定親征之議。准又以欽若多智，恐妄有疑沮，白上出之，命判天雄軍兼都部署。車駕之北巡也，敵攻天雄軍，孫全照却之，遂南陷德清軍。上駐蹕韋城，有告上宜且避其鋒者，上意稍惑，召准問之。准言：'陛下惟可進尺，不可退寸。'殿前都指揮使高瓊亦贊之。車駕至衛南，敵擁衆抵澶州，圍合三面，李繼隆等整兵成列，出禦之，敵騎將達蘭中弩死，敵大挫，退却不敢動。車駕至澶州將止，准固請渡河，瓊遂麾衛士進輦，至浮橋，瓊執檛築輦夫背，令亟行。既至，登北城門樓，張黄龍旗，諸軍皆呼萬歲，聲聞數十里。敵相視怖駭。是時利用之書已通敵，尋遣韓杞與利用偕來。"《宋史》卷七《真宗本紀二》：景德元年十一月"甲戌，王繼忠數馳奏請和，帝謂宰相曰：'繼忠言契丹請和，雖許之，然河冰已合，且其情多詐，不可不爲之備。'契丹兵至澶州北，直犯前軍西陣，其大帥撻覽耀兵出陣，俄中伏弩死。丙子，帝次澶州。渡河，幸北砦，禦城北樓，召諸將撫慰。鄆州得契丹諜者，斬之。戊寅，曹利用使契丹還。十二月庚辰朔，日有食之。契丹使韓杞來講和”。“甲申，契丹使姚柬之來獻御衣、食物。乙酉，御行營南樓觀河，遂宴從官及契丹使。丙戌，遣使撫諭懷、孟、澤、潞、鄭、滑等州，放強壯歸農。遣監西京左藏庫李繼昌使契丹定和，戒諸將勿出兵邀其歸路”。“乙未，契丹使丁振以誓書來。丁酉，契丹兵出塞。戊戌，至自澶州”。

[8]飛龍使韓杞：【劉校】據中華點校本校勘記，按《長編》作“左飛龍使韓杞”。

十二月庚辰朔，日有食之，既。癸未，宋復遣曹利用來，以無還地之意，遣監門衛大將軍姚柬之持書往報。[1]戊子，宋遣李繼昌請和，[2]以太后爲叔母，願歲輸銀十萬兩，絹二十萬匹。許之。即遣閤門使丁振持書報聘。己丑，詔諸軍解嚴。是月，班師。皇太后賜大丞相齊王韓德昌姓耶律，徙王晉。

是年，放進士李可封等三人。

[1]監門衛大將軍：【劉校】據中華點校本校勘記，《長編》作“右監門衛大將軍”。　姚柬：【劉校】原作“姚東”，中華點校本據《長編》改。今從改。

[2]宋遣李繼昌請和：《長編》卷五八景德元年（1004）十二月癸未：“曹利用與韓杞至契丹寨，契丹復以關南故地爲言，利用輒沮之。且謂曰：‘北朝既興師尋盟，若歲希南朝金帛之資以助軍旅，則猶可議也。’其接伴政事舍人高正始遽曰：‘今兹引衆而來，本謀關南之地。若不遂所圖，則本國之人負愧多矣。’利用答以‘稟命專對，有死而已。若北朝不恤後悔，恣其邀求，地固不可得，

兵亦未易息也’。其國主及母聞之，意稍怠。但欲歲取金帛，利用許遺絹二十萬匹，銀一十萬兩，議始定。契丹復遣王繼忠見利用，且言：‘南北通和，實爲美事。國主年少，願兄事南朝。’又慮南朝或於緣邊開移河道，廣浚壕塹，別有舉動之意，因附利用密奏，請立誓，並乞遣近上使臣持誓書至彼。甲申，利用即與其右監門衛大將軍姚柬之持國主書俱還，並獻御衣、食物，其郊勞館穀，並如韓杞之禮。命趙安仁接伴。柬之談次，頗矜兵強戰勝。安仁曰：‘聞君多識前言，老氏云：“佳兵者，不祥之器。聖人不得已而用之。”勝而不美而美之者，是樂殺人。樂殺人者，不得志於天下。’柬之自是不敢復談。柬之又屢稱王繼忠之材。安仁曰：‘繼忠早事藩邸，聞其稍謹，不知其他也。’安仁敏於酬對，皆切事機。議者嘉其得體。乙酉，柬之入對於行宮，中使受其書，書辭猶言曹利用所稱未合王繼忠前議。然利用固有成約，悉具繼忠密奏中矣。是日，上御行宮之南樓，觀大河，宴從官，召柬之與焉。丙戌，柬之入辭，命西京左藏庫使、奬州刺史李繼昌假左衛大將軍，持誓書與柬之俱往報聘，金帛之數如利用所許，其他亦依繼忠所奏云。先是，上謂輔臣曰：‘韓杞與柬之來，皆言其國母附達起居，而不述其主，此蓋母專其政，人不畏其主也。朕詢於利用，其言亦同。仍云：聞聽之間，蓋因其主不慧。如是，則繼昌之行，宜亦致書其母。可令潛以此意訪于柬之。’既而利用言：‘柬之云國母比欲致書，以南朝未有緘題，故寢而不議。若南朝許發簡翰，頗合便宜。’遂并致兩書，又各送衣服、茶藥、金器等以答柬之所獻者。柬之又言：‘收衆北歸，恐爲緣邊邀擊。’有詔諸路部署及諸州軍，勿輒出兵馬以襲契丹歸師。詔：‘昨所調京畿民車乘輦運芻粟，並令輸於澶州而罷遣之。其還京車乘，有司別爲規畫。’”

二十三年春正月戊午，還次南京。庚申，大饗將卒爵賞有差。

二月丙戌，復置榷場於振武軍。[1]丁巳，夏國遣使告下宋青城。辛酉，朝皇太后。以惕隱化哥爲南院大王，[2]行軍都監老君奴爲惕隱。乙丑，振党項部。丁卯，回鶻來貢。丁丑，改易州飛狐招安使爲安撫使。[3]

[1]振武軍：治金河，在今内蒙古自治區和林格爾縣上土城。

[2]惕隱：契丹官名。又稱梯里已，掌皇族政教。　化哥：即耶律化哥。字弘隱，孟父楚國王之後。乾亨初，爲北院林牙。統和四年（986），拜上京留守，遷北院大王。十六年，侵宋，爲先鋒，以功遷南院大王，尋改北院樞密使。開泰元年（1012），伐阻卜，以功封豳王。伐阻卜過程中掠阿薩蘭回鶻，諸蕃由此不附。聖宗使按之，削王爵。本書卷九四有傳。

[3]飛狐：縣名。治所在今河北省淶源縣。

夏四月丙戌，[1]女直及阿薩蘭回鶻各遣使來貢。[2]乙未，鐵驪來貢。己亥，党項來侵。

[1]四月丙戌：【劉校】原本作“四月丙成”，據南監本、北監本、殿本、馮氏《初校》改。中華點校本及修訂本徑改。

[2]阿薩蘭回鶻：即高昌回鶻，又稱阿厮蘭回鶻。“阿薩蘭”“阿厮蘭”均爲突厥語音譯，意思是“獅子”。是回鶻西遷、匯合後主要的一支，直到元代，它仍自認爲是回鶻的嫡系。其疆域東至今哈密烏納格什湖，西通天山西部，南接酒泉，北達天山北麓。首府設在喀拉和卓（今新疆維吾爾自治區吐魯番市東高昌古城遺址），陪都設在天山北麓別失八里（即北庭，今新疆維吾爾自治區吉木薩爾縣破城子）。其王早期稱阿薩蘭汗（意爲獅子王），較晚則稱亦都護。

五月戊申朔，宋遣孫僅等來賀皇太后生辰。乙卯，以金帛賜陣亡將士家。丙寅，高麗以與宋和，遣使來賀。

六月壬辰，清暑炭山。甲午，阻卜酋鐵剌里遣使賀與宋和。己亥，達旦國九部遣使來聘。[1]

[1]達旦：即韃靼。中國古代族名。唐末始見於史籍。分佈至廣，在南者，近塞，東起陰山，西逾黄河、額濟納河流域，至北宋中葉並散居青海附近。在《遼史》中也被稱爲阻卜。

秋七月癸丑，問安皇太后。戊午，党項來貢。辛酉，以青牛白馬祭天地。壬戌，烏古來貢。丁卯，女直遣使來貢。阿薩蘭回鶻遣使來請先留使者，皆遣之。

九月甲戌，遣太尉阿里、太傅楊六賀宋主生辰。

冬十月丙子朔，鼻骨德來貢。戊子，朝皇太后。甲午，駐蹕七渡河。癸卯，宋歲幣始至，後爲常。

十一月戊申，上遣太保合住、頒給使韓㮚，[1]太后遣太師盆奴、政事舍人高正使宋賀正旦。[2]辛亥，觀漁桑乾河。[3]丁巳，詔大丞相耶律德昌出宮籍，屬於横帳。[4]

十二月丙申，宋遣周漸等來賀千齡節。丁酉，復遣張若谷等來賀正旦。

[1]韓㮚：【劉校】“㮚”原本誤“簡”，據國家圖書館所存《韓㮚墓誌》拓本改。

[2]使宋賀正旦：《長編》卷六一景德二年（1005）十二月

"庚子，契丹遣使保靜軍節度使耶律乾寧、左衛大將軍耶律昌主、副使宗正卿高正、右金吾衛將軍韓椅奉書禮來賀來年正旦"。

[3]桑乾河：源出今山西省朔州市。遼西京大同府近桑乾河上游，故聖宗獵於此。

[4]横帳：契丹以玄祖之後爲皇族，分爲三房：孟父房、仲父房和季父房。季父房一係太祖阿保機子孫爲"横帳"。本書卷一六《聖宗本紀七》：開泰八年冬十月癸巳，詔"横帳、三房不得與卑小帳族爲婚；凡嫁娶，必奏而後行"。本書卷四五《百官志一》："玄祖伯子麻魯無後，次子巖木之後曰孟父房；叔子釋魯曰仲父房；季子爲德祖，德祖之元子是爲太祖天皇帝，謂之横帳；次曰剌葛，曰迭剌，曰寅底石，曰安端，曰蘇，皆曰季父房。"【劉注】契丹小字"横帳"爲**才丙女**，本義是"兄弟的"，即與皇帝稱兄道弟的，就是皇族。

二十四年春正月，如鴛鴦濼。

夏五月壬寅朔，幸炭山清暑。幽皇太妃胡輦於懷州，[1]囚夫人夷懶于南京，餘黨皆生瘞之。[2]

[1]皇太妃胡輦：按，中華點校本卷一三校勘記引陳漢章《索隱》謂"皇太妃"當作"王太妃"。其實，作"皇太妃"並不誤。此人即齊妃，太宗第二子罨撒葛之妻。景宗即位，進封罨撒葛爲"齊王"，保寧四年（972）閏二月戊申薨，"追册爲皇太叔"，故其妻稱"皇太妃"。　懷州：治所在今内蒙古自治區巴林左旗林東鎮幸福之路蘇木崗根嘎查。本書卷三七《地理志一》載："本唐歸誠州，以契丹降部置。武后萬歲通天初，歸誠州刺史孫萬榮與松漠都督李盡忠叛，寇營州。即此。後廢。《遼志》：廢歸誠州，太宗德光行帳牧放於此，後葬於西山，曰懷陵。因置懷州奉陵軍，其附郭縣曰扶餘縣，本渤海扶餘縣俘户也。"

[2]生瘞（yì）：即活埋。遼朝特有的酷刑。據本書卷六一《刑法志上》，太祖初年“權宜立法”，即有此刑，與梟磔、射鬼箭、炮擲、支解等刑一起“歸於重法，閑民使不爲變耳”，即主要用來鎮壓人民群衆的反抗鬪爭。

秋七月辛丑朔，南幸。

八月丙戌，改南京宫宣教門爲元和，外三門爲南端，左掖門爲萬春，右掖門爲千秋。是月，沙州燉煌王曹壽遣使進大食國馬及美玉，[1]以對衣、銀器等物賜之。

[1]燉煌王曹壽：【劉校】據中華點校本校勘記：“《宋史》四九〇、《通考》三三五並作曹宗壽。此避興宗宗真名諱，省宗字。” 大食國：當指中亞地區的某個穆斯林政權。大食是唐、宋時期中國對阿拉伯人的專稱與對伊朗語地區穆斯林的泛稱。當時人們還不知阿拉伯人、波斯人、穆斯林三者的區别，故統稱爲大食。《遼史》有關於契丹遣嫁公主於大食王子等記載，其中大食顯然不是指遠在西方的阿拉伯人而言，而應是來自中亞地區。

九月，幸南京。

冬十月庚午朔，帝率群臣上皇太后尊號曰睿德神略應運啟化承天皇太后，[1]群臣上皇帝尊號曰至德廣孝昭聖天輔皇帝。[2]大赦。

是年，放進士楊佶等二十三人及第。

[1]上皇太后尊號曰睿德神略應運啟化承天皇太后：【劉注】《長編》卷六四宋真宗景德三年（1006）十二月載：“契丹上其國母蕭氏燕燕號曰睿德神略應運啟化法道洪仁聖武開統承天皇太后。”

“尊號”中比《遼史》多“法道洪仁聖武開統”八個字。

[2]至德廣孝昭聖天輔皇帝：【劉注】《長編》卷六四宋真宗景德三年十二月作“洪文宣武至德廣道昭孝皇帝”。

二十五年春正月，建中京。[1]

[1]建中京：【劉注】《長編》卷六四景德三年（1006）十二月作“置中京於七金山下，其地本奚王牙帳地”。遼中京故址在今内蒙古自治區寧城縣大明城。

二月，如鴛鴦濼。

夏四月，清暑炭山。

六月，賜皇太妃胡輦死於幽所。

秋七月壬申，西平王李德昭母薨，遣使弔祭。甲戌，遣使起復。

九月，西北路招討使蕭圖玉討阻卜，[1]破之。

[1]蕭圖玉：北府宰相海瓈之子。字兀衍。統和初，皇太后稱制，以戚屬入侍。十九年（1001），總領西北路軍事。後尚金鄉公主，拜駙馬都尉，加同政事令門下平章事。本書卷九三有傳。

冬十月丙申，駐蹕中京。

十二月己酉，振饒州饑民。[1]

[1]饒州：據《讀史方輿紀要》卷一八，該州在“臨潢西南二百三十里”。【劉注】據孫進己、馮永謙編《東北歷史地理》下册所載，遼代饒州州治在今内蒙古自治區林西縣小城子鄉西拉木倫河

北岸的西櫻桃溝村黄土坑屯東古城址。

二十六年春二月，如長濼。

夏四月辛卯朔，祠木葉山。

五月庚申朔，還上京。丙寅，高麗進龍鬚草席。[1]己巳，遣使賀中京成。庚午，致祭祖、懷二陵。辛未，駐蹕懷州。

[1]龍鬚草席：【靳注】指用龍鬚草製作的涼席。

秋七月，增太祖、太宗、讓國皇帝、世宗謚，仍謚皇太弟李胡曰欽順皇帝。[1]

[1]李胡（912—960）：阿保機第三子。天顯五年（930）立爲皇太弟，兼天下兵馬大元帥。遼太宗死後，應天皇太后反對世宗兀欲而欲立李胡，失敗，母子被囚。穆宗時因參與其子喜隱謀反事而下獄死。　欽順皇帝：【劉校】據中華修訂本校勘記，按“欽順”當作“恭順”，陳大任避金章宗父完顏允恭名諱改。

冬十月戊子朔，幸中京。

十二月，蕭圖玉奏討甘州回鶻，[1]降其王耶剌里，撫慰而還。

是年，放進士史克忠等一十三人。

[1]甘州回鶻：遊牧於甘州一帶的回鶻。9世紀中，回鶻的一支西遷後，分佈在甘州、沙州、涼州、賀蘭山、秦州、合羅川（今

額濟納河）等地。其中以遊牧於甘州一帶的“甘州回鶻”最爲强盛。

二十七年春正月，鉤魚土河。[1]獵于瑞鹿原。

[1]鉤魚：鑿冰捕魚。　土河：即老哈河，源出永安山（又稱馬盂山，即今河北省平泉縣柳溪鎮光頭山），流經今内蒙古自治區東部赤峰地區，與西拉木倫河匯合。

夏四月丙戌朔，駐蹕中京，營建宫室。庚戌，廢霸州處置司。

秋七月甲寅朔，霖雨，潢、土、斡剌、陰涼四河皆溢，[1]漂没民舍。

[1]潢：潢河。即今内蒙古自治區境内的西拉木倫河，屬西遼河上游。　陰涼河：即今内蒙古自治區赤峰市西南錫伯河。

八月甲申，北幸。

冬十一月壬子朔，行柴册禮。[1]

[1]柴册禮：此禮源於中國傳統的“燔柴告天”，是古代天子祭天之禮。據《爾雅·釋天》：“祭天曰燔柴。”行禮時，積薪於壇，取玉及牲置於柴上焚燒。此禮與契丹的再生禮合併舉行，是爲契丹部落聯盟選汗和遼建國後新皇帝即位舉行的禮儀。相傳遥輦氏阻午可汗始制此儀，遼朝建國後有所增飾。

十二月乙酉，南幸。皇太后不豫。戊子，肆赦。辛卯，皇太后崩于行宫。[1]壬辰，遣使報哀于宋、夏、高麗。戊申，如中京。己酉，詔免賀千齡節。

[1]行宫：契丹語爲“捺鉢”。聖宗時，四時捺鉢皆有固定地點，冬捺鉢在廣平淀。承天太后死於廣平淀冬捺鉢。

是歲，御前引試劉二宜等三人。

（李錫厚注　劉鳳翥校）

遼史　卷一五

本紀第十五

聖宗六

二十八年春正月辛亥朔，[1]不受賀。甲寅，如乾陵。[2]癸酉，奉安大行皇太后梓宮於乾州菆塗殿。[3]

[1]二十八年：【劉校】原本作“一十八年”，明抄本、南監本、北監本和殿本均作“二十八年”。中華點校本及修訂本徑改。今從改。

[2]乾陵：遼景宗陵。其址位於乾州（今遼寧省北鎮市）。《武經總要》前集卷一六下《戎狄舊地》載乾州在醫巫閭山之南，“古遼澤之地，遼主景宗陵寢在焉。今置廣德軍節度，兼山陵都部署”。

[3]大行皇太后：未定謚號的承天皇太后。古代稱剛死而尚未定謚號的皇帝、皇后爲“大行皇帝”“大行皇后”。《後漢書·安帝紀》：“孝和皇帝，懿德巍巍，光於四海；大行皇帝不永天年。”李賢注引韋昭曰：“大行者，不反之辭也。天子崩，未有謚，故稱大行也。”“在殯”，死者入殮後停柩以待葬。

二月丙戌，宋遣王隨、王儒等來弔祭。[1]己亥，高麗遣魏守愚等來祭。[2]是月，遣左龍虎衛上將軍蕭合卓饋大行皇太后遺物于宋，[3]仍遣臨海軍節度使蕭虛列、左領軍衛上將軍張崇濟謝宋弔祭。

[1]王儒：【劉校】《羅校》謂："王儒，《長編》作王曙。"《宋史》卷二八六有傳。

[2]高麗：指王建創建的高麗王朝（918—1392）。統治地域在今朝鮮半島，首都在開京（今朝鮮開城市）。

[3]蕭合卓（？—1025）：突呂不部人。字合魯隱。始爲本部吏。統和十八年（1000），使宋還，遷北院樞密副使。開泰三年（1014），爲左夷离畢。本書卷八一有傳。

三月癸卯，上大行皇太后謚爲聖神宣獻皇后。是月，宋、高麗遣使來會葬。

夏四月甲子，葬太后於乾陵。賜大丞相耶律德昌名曰隆運。[1]庚午，賜宅及陪葬地。

[1]隆運：耶律隆運（941—1011）即韓德讓。韓匡嗣子。統和初年承天太后稱制，韓德讓以南院樞密使的身份"總宿衛事"。統和十七年（999），北院樞密使、魏王耶律斜軫病故，承天太后以韓德讓兼知北院樞密使事，至此，遼朝的蕃漢軍政大權集其一身。統和二十二年（1004），承天太后又賜韓德讓姓耶律，徙封晉王，並且仍舊爲大丞相，事無不統。次年十一月，她又詔德讓"出宮籍，屬於橫帳"。二十八年更名耶律隆運。

五月己卯朔，如中京。辛卯，清暑七金山。乙巳，西北路招討使蕭圖玉奏伐甘州回鶻,[1]破肅州，盡俘其民。詔修土隗口故城以實之。丙午，高麗西京留守康肇弒其主誦，擅立誦從兄詢,[2]詔諸道繕甲兵，以備東征。

[1]蕭圖玉：北府宰相海瓈之子。字兀衍。統和初皇太后稱制，以戚屬入侍。十九年（1001）總領西北路軍事。後尚金鄉公主，拜駙馬都尉，加同政事令門下平章事。本書卷九三有傳。　甘州回鶻：河西回鶻中主要的一支。到北宋初年，整個河西回鶻的勢力分佈，除甘、沙二州外，還有涼（今甘肅省武威市）、肅（今甘肅省酒泉市）、秦（今甘肅省天水市）三州以及賀蘭山（時在西夏境内）、合羅川（今額濟納河，時在西夏境内）等地。到明代，這一部分人被稱爲撒里畏吾爾（黄頭回鶻），一般即認爲是今甘南地區裕固族的先民。

[2]誦（979—1009）：高麗國王。遼統和十五年（997）十一月，其叔治卒，誦繼叔位，十六年，遼遣使册誦爲高麗國王。　康肇弒其主誦：事發上一年。“康肇”亦作“康兆”。據《高麗史》卷三《穆宗世家》，（己酉）十二年（統和二十七年，1009）正月壬申，西京都巡檢使康兆領甲卒而至，遂謀廢立。二月戊子，請王出御龍興歸法寺。己丑，日色如張紅幕，兆兵闌入宫門，王知不免，與太后號泣出御法王寺。俄而俞義等奉院君而至，遂即位。兆廢王爲讓國公，遣兵殺金致陽父子及庾行簡等七人。王出自宣仁門，侍臣初皆步從，至是始有騎而從者。至歸法寺，解御衣，换食而進。兆召還沆等供職，王謂沆曰：“頃府庫災而變起所忽，皆由予不德，夫復何怨。但願歸老於鄉，卿可奏新君且善輔佐。”遂向忠州。太后欲食，王親奉盤盂，太后欲御馬，王親執鞚。行至積城縣，兆使人弒之。以王自刎聞。取門扇爲棺，權厝於館。王在位十二年，壽三十。契丹是通過女真人得知高麗王誦遇弒的。《高麗史》卷四《顯宗世家》顯宗元年（統和二十八年，1010）五月甲申，

女真訴於契丹。契丹主謂群臣曰："高麗康兆弒君，大逆也，宜發兵問罪。"　從兄詢：【劉校】原本誤作"從兄誦"，中華點校本徑改。今從改。另參中華點校本卷一一五《二國外記》校勘記，《宋史》卷四八七《高麗傳》作"誦卒，弟詢權知國事"。另據中華修訂本校勘記："據《高麗史》及《宣和奉使高麗圖經》卷二《世次》，詢當爲誦之從弟。"

秋八月戊申，振平州饑民。[1]辛亥，幸中京。丙寅，謁顯、乾二陵。[2]丁卯，自將伐高麗，遣使報宋。以皇弟楚國王隆祐留守京師，[3]北府宰相、駙馬都尉蕭排押爲都統，[4]北面林牙僧奴爲都監。[5]

[1]平州：唐置，治所在今河北省盧龍縣。

[2]顯陵：東丹王耶律倍及世宗陵寢。在顯州（今遼寧省北鎮市）。大同元年（947）世宗以其父東丹王耶律倍生前愛醫巫閭山水奇秀，因葬於此。應曆元年（951）穆宗葬世宗於顯陵西山。

[3]隆祐（？—1012）：景宗第三子。小字高七，一字胡都。乾亨初封鄭王。至是徙王吳，更王楚。開泰初改王齊。曾任西南面招討使、北院樞密使。【劉注】隆祐，《契丹國志》卷一四"齊國王隆裕，番名高七，母曰蕭氏，景宗第三子"。又據劉鳳翥、唐彩蘭、青格勒編著《遼上京地區出土的遼代碑刻彙輯》所收《秦晉國大長公主墓誌銘》，大長公主次女"適齊國王隆裕"。《宋會要輯稿·蕃夷一·遼上》亦作"隆裕"。這都説明"隆祐"應作"隆裕"。

[4]宰相：契丹部族官名。契丹可汗之下有北、南二府，各部族則分屬二府，分設宰相，故北宰相亦稱北府宰相，南宰相亦稱南府宰相。　蕭排押（？—1023）：國舅少父房之後。字韓隱。統和初爲左皮室詳穩。四年（986），破宋將曹彬、米信兵於望都，與樞

密使耶律斜軫收復山西所陷城邑。是冬攻宋，以功改南京統軍使。十三年歷北、南院宣徽使。十五年加政事令，遷東京留守。二十二年與宋和議成，爲北府宰相。兩度從聖宗征高麗。本書卷八八有傳。

[5]林牙：契丹官名。掌文翰，相當於翰林學士。

九月乙酉，遣使册西平王李德昭爲夏國王。[1]辛卯，遣樞密直學士高正、引進使韓杞宣問高麗王詢。[2]

[1]李德昭（981—1031）：即李德明。遼避景宗諱，改德明爲德昭。西夏李繼遷之子。年二十四嗣位。1005年，遼册封他爲西平王。次年，宋授定難軍節度使，封西平王。死後子元昊追謚其爲光聖皇帝，廟號太宗。　夏國（1038—1227）：以党項民族爲主體建立的政權。公元1038年，元昊叛宋稱帝，建立大夏王朝，傳十代，至1227年爲蒙古所滅。元昊稱帝以前，其作爲北宋境内的地方割據政權，已經具有獨立性。先後與遼、北宋及金、南宋並立於今中國境内。境土包括今寧夏回族自治區全部、甘肅省大部、陝西省北部以及青海省、内蒙古自治區的部分地區。

[2]契丹遣使宣問高麗王詢：《高麗史》卷四《顯宗世家》載：顯宗元年（統和二十八年，1010）冬十月癸丑，“契丹遣給事中高正、閤門引進使韓杞來告興師。参知政事李禮均、右僕射王同穎如契丹請和”。

冬十月丙午朔，女直進良馬萬匹，[1]乞從征高麗，許之。王詢遣使奉表乞罷師，不許。[2]

[1]女直：本作女真，因避遼興宗耶律宗真名諱，改稱女直。遼時居東北東部。在南者入遼籍，稱熟女真，或合蘇館女真；在北

者不入遼籍，稱生女真。

[2]王詢遣使奉表乞罷師：《高麗史》卷四《顯宗世家》載：顯宗元年（統和二十八年，1010）九月，“遣左司員外郎金延保如契丹秋季問候。左司郎中王佐暹、將作丞白日昇如契丹東京修好”。

十一月乙酉，大軍渡鴨渌江，[1]康肇拒戰，敗之，退保銅州。[2]丙戌，肇復出，右皮室詳穩耶律敵魯擒肇及副將李立，[3]追殺數十里，獲所棄糧餉、鎧仗。戊子，銅、霍、貴、寧等州皆降。[4]排押至奴古達嶺，遇敵兵，戰敗之。辛卯，王詢遣使上表請朝，[5]許之。禁軍士俘掠。以政事舍人馬保祐爲開京留守，安州團練使王八爲副留守。遣太子太師乙凜將騎兵一千，送保祐等赴京。壬辰，守將卓思正殺遼使者韓喜孫等十人，領兵出拒，保祐等還。遣乙凜領兵擊之，思正遂奔西京。圍之五日不克，駐蹕城西。高麗禮部郎中渤海陀失來降。庚子，遣排押、盆奴等攻開京，遇高麗兵，敗之。王詢棄城遁去，遂焚開京，至清江，[6]還。

[1]鴨渌江：即鴨緑江。《高麗史》卷四《顯宗世家》顯宗元年（統和二十八年，1010）十一月辛卯，“契丹主自將步騎四十萬渡鴨緑江，圍興化鎮。楊規、李守和等固守不降”。

[2]銅州：【劉校】據中華點校本校勘記，本書卷一一五《高麗外記》同，《高麗史》卷四作“通州”。

[3]擒肇：擒康肇。“康肇”又作“康兆”。《高麗史》卷四《顯宗世家》顯宗元年（統和二十八年，1010）十一月己亥，“康兆與契丹戰于通州，敗績就擒”。　右皮室詳穩耶律敵魯擒肇及副將李立：【劉校】敵魯，據中華點校本校勘記，本書卷八八本傳作

"的球"，"右皮室詳穩"作"左皮室詳穩"；李立，本書卷八八《耶律的球傳》及同卷《耶律盆奴傳》並作"李玄蘊"。

[4]銅、霍、貴、寧：此四州皆在江東高麗境内。

[5]王詢遣使上表請朝：《高麗史》卷四《顯宗世家》顯宗元年（統和二十八年，1010）十一月甲戌，"次楊州，遣何拱辰及户部員外郎高英起奉表往丹營請和"。

[6]清江：《高麗史》卷四《顯宗世家》顯宗元年（統和二十八年）十一月壬子，"丹兵至清水江，安北都護府使工部侍郎朴暹棄城遁，州民皆潰"。

二十九年春正月乙亥朔，班師，[1]所降諸城復叛。至貴州南峻嶺谷，大雨連日，[2]馬駝皆疲，甲仗多遺棄，霽乃得渡。己丑，次鴨渌江。[3]庚寅，皇后及皇弟楚國王隆祐迎於來遠城。[4]壬辰，詔罷諸軍。己亥，次東京。[5]

[1]班師：《高麗史》卷四《顯宗世家》顯宗二年（統和二十九年，1011）正月乙酉，"丹兵退"。

[2]大雨連日：【劉校】"連"原本爲"速"，明抄本、南監本、北監本、殿本均作"連"。中華點校本及修訂本徑改。今從改。

[3]次鴨渌江：《高麗史》卷四《顯宗世家》顯宗二年（統和二十九年）正月癸卯，"契丹主渡鴨緑江引去"。

[4]來遠城：位於鴨緑江西岸，築成後，成爲這一帶遼軍統帥部所在地。遼在東部邊境上是夾江設防的，而非盡在西岸設防。江東與來遠城隔江相望的開州也是遼所築。《武經總要》前集卷一六下《戎狄舊地》載："開州，渤海古城也。遼主東討，新羅國都其城，要害，建爲州，仍曰開遠軍，西至來遠城一百二十里，西南至吉州七十里，東南至石城六十里。遼中庚戌年討新羅國，得要害

地，築城以守之，即中國大中祥符三年也，東至新羅新化鎮四十里，南至海三十里。西至保州四十里。”依據這一記載，開州初建爲開遠軍，屬新羅。庚戌年（遼統和二十八年，宋大中祥符三年，1010），遼聖宗親自率軍東討，得到了開遠軍這一“要害地”，又建城守之。按：創建來遠等城的時間，是在統和十二年。《高麗史》卷三《成宗世家》（甲午）十三年（遼統和十二年，994）春二月，蕭遜寧致書曰：“近奉宣命：‘但以彼國信好早通，境土相接，雖以小事大，固有規儀，而原始要終，須存悠久。若不設於預備，慮中阻於使人。遂與彼國相議，便於要衝路陌創築城池者。尋准宣命，自便斟酌，擬於鴨江西里，創築五城，取三月初擬到築城處，下手修築，伏請大王預先指揮，從安北府至鴨江東，計二百八十里踏行穩便田地，酌量地里遠近，並令築城，發遣役夫，同時下手。其合築城數，早與回報。所貴交通車馬，長開貢覲之途，永奉朝廷，自協安康之計。’”

[5]東京：遼五京之一。故址在今遼寧省遼陽市。

二月己酉，謁乾、顯二陵。戊午，所俘高麗人分置諸陵廟，餘賜内戚、大臣。

三月己卯，大丞相晉國王耶律隆運薨。庚辰，皇弟楚國王隆祐權知北院樞密使事，[1]樞密直學士高正爲北院樞密副使。庚寅，南京、平州水，振之。己亥，以北院大王耶律室魯爲北院樞密使，[2]封韓王，北院郎君耶律世良爲北院大王，[3]前三司使劉慎行參知政事兼知南院樞密使事。[4]

[1]北院樞密使：即契丹樞密院之樞密使。爲北面官之最高官職，掌軍事、部族。詳本書卷四五《百官志一》。

[2]北院大王：契丹部族官。初名迭剌部夷离堇，太祖析迭剌部爲五院部和六院部。太宗會同元年（938）改夷离堇爲大王。北院大王和南院大王即是五院部和六院部的首領，握有兵權。

[3]耶律世良（？—1016）：六院部人。小字斡。統和末爲北院大王。開泰初加檢校太尉、同政事門下平章事。拜北院樞密使。四年（1015）伐高麗，爲副部署。都統劉慎行逗留失期，執還京師，世良獨進兵。本書卷九四有傳。

[4]三司使：唐宋以鹽鐵、度支、户部爲三司，主理財賦。其長官爲三司使。《通鑑》卷二六五唐昭宣帝天祐三年（906）三月戊寅："以朱全忠爲鹽鐵、度支、户部三司都制置使。三司之名始於此。"遼代在南京設三司使司。此外，在上京設鹽鐵使司，東京設户部使司，中京設度支使司，西京設計司。　劉慎行：河間（今河北省河間市）人。官至北府宰相、監修國史。其子三嘏、四端俱尚主，次子劉二玄又是遼聖宗之弟秦晉國王隆慶之妃的第三任丈夫。重熙七年（1038）十二月，六子劉六符出任參知政事。曾多次出使宋朝，在與宋朝辦理交涉中，以強硬著稱。本書卷八六有傳。

夏四月，清暑老古堝。

五月甲戌朔，詔已奏之事送所司附《日曆》。[1]又詔帳族有罪黥墨，[2]依諸部人例。乙未，以劉慎行爲南院樞密使，[3]南府宰相邢抱質知南院樞密使事。

[1]《日曆》：史官對朝政事務的按日記録，是史官纂修《實録》《國史》的依據。此制始於唐。宋代吳曾《能改齋漫録》卷二《事始》載："唐順宗時宰相韋執誼監修國史，奏始令史官撰《日歷》，此《日歷》之始也。"宋代亦重《日曆》，《續資治通鑑長編》卷二九九元豐二年（1079）八月己未王存言："近制諸司供報事，直供編修《日曆》所，則起居注之職，除臣僚告謝詔事外，更無文

字可備編録，恐失置官之意。”

［2］帳族：契丹貴族。包括遥輦九帳、横帳（皇族）及國舅帳等成員。　黥墨：古代肉刑之一。也稱墨刑、黥刑。在犯人臉上刺字後塗以墨。起源甚早。《三國志·魏志·毛玠傳》稱：“漢法所行黥墨之刑，存於古典。”此外，黥墨也施於士卒。

［3］南院樞密使：即漢人樞密院之樞密使。爲南面官最高官職。詳見本書卷四七《百官志三》。

六月庚戌，升蔚州、利州爲觀察使。乙卯，韓王耶律室魯薨。丙辰，以南院大王化哥爲北院樞密使。[1]丁巳，詔西北路招討使、駙馬都尉蕭圖玉安撫西鄙。置阻卜諸部節度使。[2]

［1］化哥：即耶律化哥。字弘隱，孟父楚國王之後。乾亨初，爲北院林牙。統和四年（986），拜上京留守，遷北院大王。十六年，侵宋，爲先鋒，以功遷南院大王，尋改北院樞密使。（按《聖宗本紀》統和二十三年以化哥爲南院大王，二十九年改任北院樞密使。）開泰元年（1012），伐阻卜，以功封豳王。伐阻卜過程中掠阿薩蘭回鶻，諸蕃由此不附。聖宗使按之，削王爵。本書卷九四有傳。

［2］阻卜：即達旦、韃靼。元人諱言達旦，而稱達旦爲阻卜。詳王國維《觀堂集林》卷一四《達旦考》。

是秋，獵於平地松林。[1]

［1］平地松林：西遼河上游中古時期生態良好，有茂密的松林，稱“平地松林”。《新五代史》卷七三《四夷附録第二》引胡嶠

《陷虜記》説:“自上京東去四十里，至真珠寨，始食菜。明日東行，地勢漸高，西望平地松林，鬱然數十里，遂入平川，多草木。”

冬十月庚子朔,[1]駐蹕廣平淀。[2]甲寅，贈大丞相晉國王耶律隆運尚書令，謚文忠。

[1]十月庚子朔:【劉校】原本“朔”字原闕，中華點校本據本書卷四四《曆象志下・朔考》補。今從。

[2]廣平淀:在永州東南三十里，爲遼中期以後冬捺鉢所在地。詳本書卷三二《營衛志中》。【劉注】廣平淀在今内蒙古自治區翁牛特旗東北。

十一月庚午朔，幸顯州。[1]

[1]顯州:治所在今遼寧省北鎮市。

十二月庚子朔,[1]復如廣平淀。癸丑，以知南院樞密使事邢抱質年老，詔乘小車入朝。是月，置歸、寧二州。[2]

是年，御試，放高承顔等二人及第。

[1]十二月庚子朔:【劉校】原本“朔”字原闕，中華點校本據本書卷四四《曆象志下・朔考》補。今從。

[2]歸州:《嘉慶重修一統志・奉天府》:“歸州故城在蓋平縣西南九十里。遼初置州，後廢。統和二十九年復置，治歸勝縣，屬東京道。金廢州，降縣爲鎮，隸復州。今有土堡曰歸州城，週一里有奇，即其故址。”州城故址在今遼寧省蓋州市歸州街道歸州村。

寧州：治所在今遼寧省瓦房店市永寧鎮。

開泰元年春正月己巳朔，宋遣趙湘、符成翰來賀。[1]癸未，長白山三十部女直酋長來貢，乞授爵秩。甲申，駐蹕王子院。丙戌，望祠木葉山。[2]丁亥，女直太保蒲撚等來朝。戊子，獵於買曷魯林。[3]庚寅，祠木葉山。辛卯，曷蘇館大王曷里喜來朝。[4]

[1]符成翰：【劉校】據中華點校本校勘記，《長編》卷七六、卷八二作"符承翰"。

[2]祠：祭祀。　木葉山：山名。契丹語稱"大"爲"木葉"。"木葉山"可以泛指任何"大山"，也可專指某一大山爲"木葉山"。此處專指永州境内一座山，契丹人視此山爲神山，其地在今内蒙古自治區翁牛特旗新蘇莫蘇木的西拉木倫河與老哈河匯合處一帶。"上建契丹始祖廟，奇首可汗在南廟，可敦（可汗之妻）在北廟，繪塑二聖并八子神像。"詳見本書卷三七《地理志一》永州條。

[3]買曷魯林：【劉校】據中華點校本校勘記，本書卷六八《遊幸表》作"賈曷魯林"。

[4]曷蘇館：即熟女真。《松漠紀聞》卷上稱："居混同江之南者謂之熟女真，以其服屬契丹也。江之北爲生女真，亦臣於契丹。"

二月壬子，駐蹕瑞鹿原。

三月甲戌，以蔚州爲觀察，[1]不隸武定軍。[2]乙亥，如葦濼。丁丑，詔封皇女八人爲郡主。[3]乙酉，詔卜日行拜山、大射柳之禮。[4]命北宰相、駙馬、蘭陵郡王蕭寧，樞密使、司空邢抱質督有司具儀物。丁亥，皇弟楚國王隆祐徙封齊國王，留守東京。

[1]蔚州：治所在今河北省蔚縣。

[2]武定軍：遼代軍號。治奉聖州（今河北省涿鹿縣）。

[3]郡主：唐制，太子之女爲郡主。宋沿唐制，而宗室女亦得封郡主。宋代歐陽修《歸田録》卷二："宗室女封郡主者，謂其夫爲郡馬。"遼封宗室女爲郡主，亦是沿襲唐制。

[4]拜山：又作祭山，遙輦胡剌可汗制祭山儀。詳本書卷四九《禮志一·吉儀》。 大射柳：射柳是遼朝的一種禮儀。《長編》卷一一〇宋仁宗天聖九年（1031）六月丁丑載：契丹"每謁木葉山即射柳枝，譚子唱番歌，前導彈胡琴和之，已事而罷"。此外，祈雨也射柳。金初接待宋使，亦以射柳作爲一種遊樂項目，元朝、明朝也有此類活動。

夏四月庚子，高麗遣蔡忠順來，乞稱臣如舊，[1]詔王詢親朝。[2]壬寅，夏國遣使進良馬。己酉，祀風伯。辛酉，以前孟父房敞穩蕭佛奴爲左夷离畢。[3]

[1]乞稱臣：【劉校】"乞"原本誤爲"寇"。明抄本、北監本、南監本和殿本作"乞"。馮氏《初校》云："'乞'，《百》作'寇'，《南》作'叩'，非。"中華點校本及修訂本徑改。今從改。

[2]詔王詢親朝：《高麗史》卷四顯宗三年（開泰元年，1012）四月，"契丹詔王親朝"。

[3]孟父房：契丹以玄祖之後爲皇族，分爲三房：孟父房、仲父房和季父房。本書卷四五《百官志一》："玄祖伯子麻魯無後，次子巖木之後曰孟父房。" 夷离畢：契丹官名。爲執政官，相當於副宰相參知政事。後來官分南、北，北面官有夷离畢院，主要掌刑政。

五月戊辰朔，還上京。詔裴玄感、邢祥知禮部貢舉，放進士史簡等十九人及第。以駙馬蕭紹宗爲鄭州防禦使。[1]乙亥，以邢抱質爲大同軍節度使。[2]

[1]蕭紹宗（996—1038）：【劉注】字克構，契丹語小名匹里。遼重熙八年（1039）《蕭紹宗墓誌銘》載，“曾祖諱胡毛里，贈韓王。祖諱守興，駙馬都尉、贈楚國王。烈考諱繼遠，上京留守、兼政事令、駙馬都尉、蘭陵郡王，贈宋王。母秦晉國大長公主。未冠歲，尚秦國長公主。釋褐，授鄭州防禦史、駙馬都尉。次加左威衛大將軍，遷授林牙。改殿前副點檢，昇宣徽北院使，加永清軍節度使，同政事門下平章事，職如故。出授武定軍節度使，入拜太子太傅，同知諸行宫都部署司事”。“改宣徽南院使，移大國舅都鈐轄。再授宣徽南院使，兼侍中，仍賜忠勤匡佐四字功臣”。興宗嗣位之始，授樞密使。“再嘉宣績，式示均勞，出授遼興軍節度使，封陳王，進封魯王”。未幾，復加吳王，加守太傅。其墓誌銘存今河北省平泉市博物館。　防禦使：原爲唐官名。在遼爲防禦州的長官，官階低於團練使而高於刺史。

[2]大同軍：治雲州，在今山西省大同市。

六月，駐蹕上京。

七月丙子，以耶律遂貞爲遼興軍節度使，[1]遂正北院宣徽使，[2]張昭瑩南院宣徽使，耶律受益上京副留守，寇卿彰德軍節度使。[3]命耶律釋身奴、李操充賀宋生辰國信使、副，蕭涅袞、齊泰賀宋正旦使、副。進士康文昭、張素臣、郎玄達坐論知貢舉裴玄感、邢祥私曲，秘書省正字李萬上書，辭涉怨訕，皆杖而徒之，萬役陷河冶。

[1]耶律遂貞：即韓制心。小字可汗奴。韓德讓之侄，聖宗齊天皇后表弟。太平中歷中京留守、惕隱、南京留守，徙王燕，遷南院大王。本書卷八二有傳。

[2]遂正：【劉注】即耶律遂正（976—1027）。本姓韓。據《耶律遂正墓誌銘》，其曾祖韓知古，祖父韓匡嗣，考諱德威。"初授衛將軍，次硬寨監軍。權東京留守，遷上京留守，改中京留守。復授遼興軍節度使。所至之鄉，化而成俗。或延賓介，或恤刑名。事簡民安，政清吏肅。悉去強豪，錢如粟而馬如羊。太平七年三月二十四日薨於遼興軍廨宇"。享年五十三歲。其墓誌銘存遼上京博物館。北院宣徽使：遼朝官名。遼設北、南宣徽，分隸北、南樞密院之下。北院宣徽使常執行軍事使命。

[3]彰德軍：治相州，在今河南省安陽市。

八月丙申朔，[1]鐵驪那沙等送兀惹百餘户至賓州，[2]賜絲絹。是日，那沙乞賜佛像、儒書。詔賜護國仁王佛像一，《易》《詩》《書》《春秋》《禮記》各一部。己未，高麗王詢遣田拱之奉表稱病不能朝，詔復取六州地。[3]是月，齊國王隆祐薨，輟朝五日。[4]

[1]八月丙申朔：【劉校】原本無"朔"字，中華點校本據本書卷四四《曆象志下·朔考》補。今從。

[2]鐵驪：族名。遼置鐵驪國王府，以統其衆。地當今黑龍江省東部松花江流域。

[3]六州：《高麗史》卷四《顯宗世家》壬子三年（開泰元年，1012）六月甲子，"遣刑部侍郎田拱之如契丹夏季問候，且告王病不能親朝。丹主怒，詔取興化、通州、龍州、鐵州、郭州、龜州等六城"。按：此六州原系女真故地，遼以賜高麗。

[4]輟（chuò）朝：中止臨朝聽政。

冬十月辛亥，如中京。

閏月丁卯，贈隆祐守太師，謚仁孝。

十一月甲午朔，[1]文武百官加上尊號曰弘文宣武尊道至德崇仁廣孝聰睿昭聖神贊天輔皇帝。大赦，改元開泰。改幽都府爲析津府，[2]薊北縣爲析津縣，[3]幽都縣爲宛平縣，[4]覃恩中外。己亥，賜夏國使、東頭供奉官曹文斌、吕文貴、竇珪祐、守榮、武元正等爵有差。癸卯，前遼州録事張庭美六世同居，[5]儀坤州劉興胤四世同居，[6]各給復三年。甲辰，西北招討使蕭圖玉奏七部太師阿里底因其部民之怨，殺本部節度使霸暗並屠其家以叛，阻卜執阿里底以獻，而沿邊諸部皆叛。

[1]十一月：【劉校】原本誤作“十月”，中華點校本據《大典》卷五二四九及前後文改。今從改。

[2]析津府：府治在今北京城内。

[3]析津縣：析津府附郭縣。治所在城内。

[4]宛平縣：析津府附郭縣。治所在城内。

[5]遼州：遼有二遼州，一屬西京道，治所在今山西省左權縣；另一遼州屬東京道，治所在今遼寧省新民市公主屯鎮濱塔村古城址。

[6]儀坤州：德光生母應天皇太后出生地。治所在今内蒙古自治區翁牛特旗西北。【劉注】一説治所在今内蒙古自治區敖漢旗雙廟鄉五十家子村古城址。

十二月丙寅，奉遷南京諸帝石像於中京觀德殿，景宗及宣獻皇后于上京五鸞殿。[1]壬申，振奉聖州饑民。庚辰，賜皇弟秦晉國王隆慶鐵券。[2]癸未，劉晨言殿中高可垣、中京留守推官李可舉治獄明允，詔超遷之。甲申，詔諸道水蓄饑民質男女者，起來年正月，日計傭錢十文，價折傭盡，遣還其家。歸州言其居民本新羅所遷，[3]未習文字，請設學以教之，詔允所請。貴德、龍化、儀坤、雙、遼、同、祖七州，至是有詔始征商。己丑，詔諸鎮建宣敕樓。

[1]宣獻皇后：承天太后的謚號。

[2]隆慶：即耶律隆慶（？—1016）。聖宗同母弟。統和中進封爲梁國王，拜南京留守，手握重兵，稱雄一方。統和十七年（999）南征，隆慶率軍爲先鋒，至瀛州（今河北省河間市），與宋將范廷召相遇，隆慶命蕭柳迎戰，將宋軍擊潰，並圍而殲之。十九年（1001），他復敗宋人於行唐（今屬河北省）。他的權勢、地位不斷上升，威脅皇權。《宋朝事實類苑》卷七七引《乘軺録》稱其“調度之物，悉侈於隆緒”。　鐵券：即鐵契。《續古今考》卷五：“後世賜鐵券，謂不死。”《續資治通鑑長編》卷七九大中祥符五年（1012）冬十月己酉載：“以主客郎中、知制誥王曾爲契丹國主生辰使，宫苑使、榮州刺史高繼勳副之。”“契丹使邢祥接伴，祥詑其國中親賢賜鐵券，曾折之曰：‘鐵券者，衰世以寵權臣，用安反側，豈所以待親賢耶？’祥愧不復語。”《宋朝事實類苑》卷九：“祥符中王沂公奉使契丹，館伴邢祥頗肆談辨，深自衒鬻，且矜賜鐵券。公曰：‘鐵券蓋勳臣有功高不賞之懼，賜之以安反側耳。何爲輒及？’邢祥大沮。”

[3]新羅：朝鮮半島古國。公元 4 世紀成爲半島東南部的強國。7 世紀中滅百濟和高句麗，不久，統一半島大部。至 9 世紀衰落，公元 935 年爲王氏高麗所取代。

二年春正月癸巳朔，以裴玄感爲翰林承旨，邢祥給事中，石用中翰林學士，吕德推樞密直學士，張儉政事舍人，[1]邢抱質加開府儀同三司、守司空兼侍中，王繼忠中京留守、檢校太師，[2]户部侍郎劉涇加工部尚書，駙馬蕭紹宗加檢校太師，耶律控温加政事令，[3]封幽王。[4]丁未，如瑞鹿原。北院樞密使耶律化哥封豳王。以馬氏爲麗儀，耿氏淑儀，[5]尚寢白氏昭儀，尚服李氏順儀，尚功艾氏芳儀，尚儀孫氏和儀。己未，録囚。烏古、敵烈叛，[6]右皮室詳穩延壽率兵討之。是月，達旦國兵圍鎮州，[7]州軍堅守，尋引去。

[1]張儉（？—1053）：宛平（今北京市）人。舉進士第一，受到聖宗常識，太平六年（1026），爲南院樞密使。聖宗不豫，受遺詔輔立太子，即後之興宗，拜太師、中書令，加尚父，徙王陳。在相位二十餘年。本書卷八〇有傳。

[2]王繼忠（？—1023）：宋降將。本書卷八一有傳。《宋史》卷二七九《王繼忠傳》載："［繼忠］開封人。真宗在藩邸，得給事左右，以謹厚被親信。即位，補内殿崇班，累遷至殿前都虞候，領雲州觀察使，出爲深州副都部署，改鎮、定、高陽關三路鈐轄兼河北都轉運使，遷高陽關副都部署，俄徙定州。咸平六年，契丹數萬騎南侵，至望都，繼忠與大將王超及桑贊等領兵援之。繼忠至康村，與契丹戰，自日昳至乙夜，敵勢小卻。遲明復戰，繼忠陣東偏，爲敵所乘，斷餉道，超、贊皆畏縮退師，竟不赴援。繼忠獨與麾下躍馬馳赴，服飾稍異，契丹識之，圍數十重。士皆重創，殊死戰，且戰且行，旁西山而北，至白城，遂陷於契丹。真宗聞之震悼，初謂已死，優詔贈大同軍節度，賵賻加等，官其四子。景德初，契丹請和，令繼忠奏章，乃知其尚在。朝廷從之，自是南北戢

兵，繼忠有力焉。歲遣使至契丹，必以襲衣、金帶、器幣、茶藥賜之，繼忠對使者亦必泣下。嘗附表懇請召還，上以誓書約各無所求，不欲渝之，賜詔諭意。契丹主遇繼忠甚厚，更其姓名爲耶律顯忠，又改名宗信，封楚王。”

[3]政事令：遼朝南面宰相。遼世宗天禄四年（950）建政事省之前，漢人宰相無定稱；建政事省之後，南宰相稱“政事令”，且多由契丹貴族擔任。

[4]豳王：【劉校】當作“豳王”。據中華點校本校勘記：“卷九四《耶律化哥傳》，化哥字弘隱，弘隱即控温，開泰元年伐阻卜，後封豳王。此與下文化哥封豳王爲重出。”

[5]耿氏淑儀（984—1063）：【劉注】祖諱崇美，考諱紹忠，母耶律氏。生而端麗，合於法相。年二十一，進御於寢。生子耶律宗愿。聖宗死後，出家爲尼，法諱圓𥨊。死後謚寂善大師。葬於譽州東赤崖（今内蒙古自治區紮魯特旗烏日根塔拉農場）。其墓誌銘現存紮魯特旗文物管理所。墓誌録文載劉鳳翥、唐彩蘭、青格勒編《遼上京地區出土的遼代碑刻彙輯》（社會科學文獻出版社 2009 年版）。

[6]烏古：部族名。又稱嫗厥律、于厥律，居契丹西北。據《新五代史》卷七三《四夷附録第二》：“嫗厥律，其人長大，髦頭，酋長全其髮，盛以紫囊。地苦寒，水出大魚，契丹仰食。又多黑、白、黄貂鼠皮，北方諸國皆仰足。其人最勇，鄰國不敢侵。”

[7]達旦：即韃靼。中國古代族名。唐末始見於史籍。分佈至廣，在南者，近塞，東起陰山，西逾黄河、額濟納河流域，至北宋中葉並散居青海附近。在《遼史》中也被稱爲阻卜。　鎮州：本古可敦城。故址在今蒙古國布爾根省青托羅蓋古城。統和二十二年（1004）置鎮州，建安軍。陳得芝《耶律大石北行史地雜考》（《歷史地理》第二輯）説：遼朝統治漠北屬部的最高軍政機構是西北路招討司（又稱西北路都招討司），遼聖宗統和十二年（994），因西北“阻卜”諸部作亂，以蕭撻凜爲西北路招討使，命隨皇太妃

（齊王妃）出征，“屯西鄙驢駒兒河，西捍韃靼，盡降之”。蕭撻凜鑒於達旦諸部叛服不常，上表乞建三城以鎮之。統和二十二年（1004）三城完工，設置鎮、防、維三州。

二月丙子，詔以麥務川爲象雷縣，[1]女河川爲神水縣，[2]羅家軍爲閭山縣，[3]山子川爲富庶縣，[4]習家砦爲龍山縣，[5]阿覽峪爲勸農縣，[6]松山川爲松山縣，[7]金甸子爲金原縣。[8]壬午，遣北院樞密副使高正按察諸道獄。

[1]象雷縣：【劉注】據孫進己、馮永謙編《東北歷史地理》下册（黑龍江人民出版社 2013 年版），象雷縣故址應在今内蒙古自治區寧城縣與遼寧省朝陽市間求之，大體方位已定，確址待考。

[2]神水縣：【劉注】據孫進己、馮永謙編《東北歷史地理》下册，遼代神水縣故址在今遼寧省朝陽縣南雙廟鄉一帶。

[3]閭山縣：【劉注】據孫進己、馮永謙編《東北歷史地理》下册，閭山縣城址待考，應於今遼寧省朝陽市之西、内蒙古自治區寧城縣之東求之。

[4]富庶縣：【劉注】據孫進己、馮永謙編《東北歷史地理》下册，遼代富庶縣故址在今遼寧省喀喇沁左翼蒙古族自治縣公營子鎮公營子村。此古城址曾出土印文爲“富庶縣印”的銅印。此印現存遼寧省博物館。

[5]龍山縣：【劉注】據孫進己、馮永謙編《東北歷史地理》下册，龍山縣故址爲潭州依郭，與州同城，在今遼寧省喀喇沁左翼蒙古族自治縣白塔子村。

[6]勸農縣：【劉注】據孫進己、馮永謙編《東北歷史地理》下册，遼代勸農縣故址在今内蒙古自治區寧城縣五化鄉得力胡同村。

[7]松山縣：【劉注】據孫進己、馮永謙編《東北歷史地理》

下册，遼代松山縣爲松山州的依郭，與州同城，故址在今内蒙古自治區赤峰市松山區城子鄉城子村。

[8]金原縣：【劉注】據中華點校本校勘記，本書卷三九《地理志三》與《金史·地理志》並作“金源縣”。又據孫進己、馮永謙編《東北歷史地理》下册，遼代金源縣故址在今遼寧省建平縣朱碌科鄉房身村。

三月壬辰朔，化哥以西北路略平，[1]留兵戍鎮州，赴行在。[2]

[1]西北路略平：【劉校】“路”原本誤爲“潞”。《羅校》云：“‘路’，元本誤‘潞’。”據大典本、明抄本、南監本、北監本和殿本改。中華點校本及修訂本徑改。

[2]行在：皇帝出行時所在之地，遼朝是行國，“行在”即是其朝廷所在地，契丹語稱“捺鉢”。

夏四月甲子，拜日。[1]詔從上京請，以韓斌所括贍國、撻魯河、奉、豪等州户二萬五千四百有奇，[2]置長霸、興仁、保和等十縣。[3]丙子，如緬山。

[1]拜日：契丹故俗。本書卷四九《禮志一》記載，遼朝皇帝有拜日儀。此外，本書卷五三《禮志六》“皇后生辰儀”也記載：“臣僚昧爽朝。皇帝、皇后大帳前拜日，契丹、漢人臣僚陪拜。”契丹拜日在宋人詩中多有反映。劉攽有詩云：“飲冰重見古人心，絶幕仍當暮雪深。朝出穹廬隨拜日，夜鳴刁斗候横參。胡兒射鴈爭娱客，羌女聽笳卻走林。聞説虜情親博望，一言珍重萬黄金。”（《彭城集》卷一三《次韻和張舍人使北歸》）他的另一首詩，也言及

契丹人拜日："朔雪如沙萬里程，幽陰戴斗正嚴凝。終軍何必功横草，沈尹無煩夕飲冰。茗粥邇來誇湩酪，氊裘仍自愧綿繒。歲寒拜日穹廬外，想見東南瑞氣升。"（《彭城集》卷一三《王仲至使北》）

[2]撻魯河：【劉注】今吉林省的洮兒河。　奉：奉州。治所當在今内蒙古自治區通遼市或其相鄰地區。　豪：豪州。治所在今遼寧省彰武縣小南洼村古城址。

[3]長霸：【劉注】縣名。治所在今内蒙古自治區巴林左旗查干哈達蘇木石房子嘎查古城。清人顧祖禹《讀史方輿紀要》謂：祖州城"東爲州廨，又南，則東爲長霸縣，西爲咸寧縣，俱在州城内"。長霸縣衙署在祖州城内，居民則居住在祖州城外。　興仁：縣名。治所在今内蒙古自治區巴林左旗林東鎮。興仁縣衙署在上京漢城之東門内。居民散住在上京城外。　保和：縣名。治所在今内蒙古自治區巴林左旗林東鎮南古城。保和縣衙署在上京漢城西南隅。縣民居於上京城外的南部。

五月辛卯朔，復命化哥等西討。

六月辛酉朔，遣中丞耶律資忠使高麗，[1]取六州舊地。

[1]耶律資忠：字沃衍，小字札剌，系出仲父房。博學，工辭章。開泰中，授中丞。初，高麗臣服，遼取女直六州地賜高麗。後與高麗交惡，遼聖宗詔資忠前往索還六州舊地。高麗無歸地意。三年（1014），再使高麗，被留。資忠每懷君親，輒有著述，號《西亭集》。返回後，出知來遠城事，歷保安、昭德二軍節度使。本書卷八八有傳。《高麗史》卷四顯宗四年（遼開泰二年，1013）三月戊申載："契丹使左監門衛大將軍耶律行平來，責取興化等六城。"秋七月戊申又載："契丹使耶律行平復來索六城。"顯宗六年夏四月

庚申又載："契丹使將軍耶律行平來又索六城，拘留不遣。"此耶律行平即《遼史》中的耶律資忠。行平（資忠）直至開泰九年（1020）纔被高麗放回。《高麗史》卷四《顯宗世家》於庚申年（開泰九年，1020）三月癸丑載："歸契丹使耶律行平。"

秋七月壬辰，烏古、敵烈皆復故疆。乙未，西南招討使、政事令斜軫奏，[1]党項諸部叛者皆遁黄河北模赧山，[2]其不叛者曷黨、烏迷兩部因據其地，今復西遷，詰之則曰逐水草。不早圖之，後恐爲患。又聞前後叛者多投西夏，[3]西夏不納。詔遣使再問西遷之意，若歸故地，則可就加撫諭。使不報，上怒，欲伐之。遂詔李德昭："今党項叛，我欲西伐，爾當東擊，毋失掎角之勢。"仍命諸軍各市肥馬。丁酉，以惕隱耶律滌洌爲南府宰相，[4]太尉五哥爲惕隱。[5]癸卯，鉤魚曲溝。[6]戊申，詔以敦睦宫子錢振貧民。[7]己酉，化哥等破阻卜酋長烏八之衆。丁卯，封皇子宗訓大内惕隱。[8]

[1]斜軫：【劉注】按西南面招討使、北院樞密使耶律斜軫統和十七年（999）已死，此處記載有誤。另據中華修訂本校勘記，此處所記"斜軫"，疑其爲"蕭排押"。二人皆字韓隱，且均曾任西南面招討使，故易致混淆。

[2]党項：中國古代族名。又稱党項羌，唐以後主要活動於靈、慶、銀、夏等州，即今甘肅、寧夏、陝西和内蒙古等省區交界地區。其接近契丹境内者，爲其役屬。

[3]西夏：即夏國（1038—1227）。以党項民族爲主體建立的政權。1038年，元昊叛宋稱帝，建立大夏王朝，傳十代，至公元1227年爲蒙古所滅。元昊稱帝以前，作爲北宋境内的地方割據政

權，已經具有獨立性。故遼亦稱之爲夏國或西夏。　又聞前後叛者：【劉校】北監本作“又爲前後叛者”。“聞”原本誤爲“問”，大典本、明抄本、南監本和殿本均作“聞”。中華點校本及修訂本徑改“問”爲“聞”。今從改。

[4]惕隱：契丹官名。又稱梯里已，掌皇族政教。

[5]五哥爲惕隱：【劉校】據中華點校本校勘記，“五哥即吳哥，漢名宗訓。惕隱即大内惕隱。此與下文封宗訓大内惕隱爲重出”。

[6]鉤魚：鑿冰捕魚。

[7]敦睦宮：孝文皇太弟宮分。　子錢：貸給他人用以取利之錢。此外，利息也稱爲子錢。這里是指聖宗詔令以敦睦宮放高利貸所得之利息振濟貧民。

[8]宗訓：即本書卷六四《皇子表》所記聖宗第四子吳哥，字洪隱。僕隗氏生。

八月壬戌，遣引進使李延弘賜夏國王李德昭及義成公主車馬。[1]己丑，耶律資忠使高麗還。

[1]義成公主：西夏首領李繼遷之妻。統和四年（986）遼以王子帳節度使耶律襄之女汀封義成公主下嫁。

冬十月己未朔，畋麃井之北。命耶律阿營等使宋賀生辰。[1]辛酉，駐蹕長濼。[2]丙寅，詳穩張馬留獻女直人知高麗事者。上問之，曰：“臣三年前爲高麗所虜，爲郎官，故知之。自開京東馬行七日，有大砦，廣如開京，旁州所貢珍異，皆積於此。勝、羅等州之南，亦有二大砦，所積如之。若大軍行由前路，取曷蘇館女直北直渡鴨渌江，並大河而上，至郭州與大路會，高麗可取而有也。”上納之。

[1]耶律阿營：【劉校】據中華點校本校勘記：“營，《大典》五二四九作管，《長編》作果。管、果音近，應作阿管。”

[2]長濼：遼時湖泊名。又稱長泊，在长春州（治所在今吉林省前郭爾羅斯蒙古族自治縣塔虎城）境内。

十一月甲午，録囚。癸丑，樞密使豳王化哥以西征有罪，削其官封，出爲大同軍節度使。

十二月甲子，以北院大王耶律世良爲北院樞密使，封岐王。以宰臣劉晟監修國史，[1]牛璘爲彰國軍節度使，[2]蕭孝穆爲西北路招討使。[3]

放進士鮮於茂昭等六人及第。

[1]劉晟：即劉慎行。

[2]彰國軍：治應州，在今山西省應縣。

[3]蕭孝穆（？—1043）：小字胡獨堇，淳欽皇后弟阿古只五世孫。統和二十八年（1010）累遷西北路招討都監。開泰元年（1012）冬進軍可敦城，敗阻卜結五群牧長謀叛，拜北府宰相。太平九年（1029）平定大延琳謀反，改東京留守。興宗即位，復爲南京留守。本書卷八七有傳。　西北路：【劉校】原本誤爲“曲北路”，明抄本、南監本、北監本和殿本均作“西北路”。中華點校本及修訂本徑改。今從改。

三年春正月己丑，録囚。阻卜酋長烏八來朝，封爲王。乙未，如渾河。[1]丁酉，女直及鐵驪各遣使來貢。

是夕，彗星見西方。丙午，畋潢河濱。[2]壬子，帝及皇后獵瑞鹿原。

[1]渾河：即桑乾河。以其水渾濁，故名。

[2]潢河：河流名。即今内蒙古自治區境内的西拉木倫河，屬西遼河上游。

二月戊午，詔增樞密使以下月俸。甲子，遣上京副留守耶律資忠復使高麗取六州舊地。

三月庚子，遣耶律世良城招州。[1]戊申，南京、奉聖、平、蔚、雲、應、朔等州置轉運使。[2]

[1]招州：軍號綏遠軍，隸西北路招討司。遼開泰三年（1014）以女直户置，治所在今蒙古國後杭愛省鄂爾渾河上游河東、烏歸湖西古城。一説即今祖赫雷姆（遼皮被河城）附近西赫雷姆城。爲上京道邊防城。後廢。

[2]轉運使：唐以後主管徵解錢谷及財政等事務的中央或地方官職。轉運使之名始於唐。宋太祖鑒於五代藩臣擅有財賦。自乾德以後始置諸路轉運使，以總利權。太宗至道中詔諸路轉運使並兼按察使，兼領考察地方官吏、維持治安、清點刑獄、舉賢薦能等職責。宋真宗景德四年（1007）以前，轉運使實際上已成爲一路之最高行政長官。遼在境内南部各地設都轉運使司，各以使領之，掌管地方財政及徵解錢谷等事務。

夏四月戊午，詔南京管内毋淹刑獄，以妨農務。癸亥，烏古叛。乙亥，沙州回鶻曹順遣使來貢。[1]丙子，以西北路招討都監蕭孝穆爲北府宰相。

[1]沙州回鶻：唐宣宗大中五年（851）至宋仁宗景祐三年（1036）的沙州地方政權。安史之亂時，吐蕃乘虛進攻隴右、河西，德宗貞元三年（787）沙州被吐蕃攻陷，直至唐宣宗大中二年（848），沙州漢族人民在張議潮領導下舉行起義，趕走吐蕃鎮將，河西地區纔復歸唐朝。大中五年（851）朝廷定在沙州置歸義軍，以張議潮爲歸義軍節度使、十一州觀察使。但僖宗（873—888）後，沙州歸義軍所轄唯瓜、沙二州。唐亡時，張氏自立“金山國”。數年後，曹氏代替張氏掌握沙州地方政權，仍稱歸義軍節度使，向五代、北宋諸政權奉表入貢。唐莊宗時回鶻來朝，沙州留後曹義金亦遣使附回鶻以來，故有“沙州回鶻”之稱。至宋景祐三年（一説景祐二年）亡於西夏。

五月乙酉朔，清暑緬山。

六月乙亥，合拔里、乙室二國舅爲一帳，[1]以乙室夷离畢蕭敵烈爲詳穩以總之。甲申，封皇姪胡都古爲廣平郡王。[2]

[1]乙室：契丹部族名。遙輦氏阻午可汗時始置爲部。隸南府，駐守西南境。

[2]皇姪胡都古：【劉注】遼聖宗三弟耶律隆祐之子，漢名耶律宗業。

是夏，詔國舅詳穩蕭敵烈、東京留守耶律團石等討高麗，造浮梁于鴨渌江，城保（宣義）、〔宣〕（定遠）等州。[1]

[1]城保（宣義）、〔宣〕（定遠）：分别指保州（宣義軍）和

宣州（定遠軍）。原本作“城保、宣義、定遠等州”。保州，據本書卷三八《地理志二》：“保州宣義軍，節度。高麗置州，故縣一，曰來遠。聖宗以高麗王詢擅立，問罪不服，統和末，高麗降。開泰三年取其保、定二州，於此置榷場。隸東京統軍司。”“宣州，定遠軍，刺史。開泰三年徙漢户置。隸保州。”

秋七月乙酉朔，如平地松林。壬辰，詔政事省、樞密院，[1]酒間授官釋罪，毋即奉行，明日覆奏。

[1]政事省：遼官署名。後改稱中書省，爲南面官宰輔機構。

八月甲寅朔，[1]幸沙嶺。

[1]甲寅朔：【劉校】“甲”原本誤爲“日”，明抄本、南監本、北監本和殿本均作“甲”。中華點校本及修訂本徑改。今從改。

九月丁酉，八部敵烈殺其詳穩稍瓦，皆叛，詔南府宰相耶律吾剌葛招撫之。辛亥，釋敵烈數人，令招諭其衆。壬子，耶律世良遣使獻敵烈俘。

冬十月甲寅朔，幸中京。丙子，以旗鼓拽剌詳穩題里姑爲奚六部大王。[1]

放進士張用行等三十一人及第出身。

[1]拽剌：契丹語“走卒”謂之“拽剌”，後爲軍官名。有掌旗鼓者，稱“旗鼓拽剌”，還有專司偵候、探報等職者。　題里姑爲奚六部大王：【劉校】據中華修訂本校勘記：“此事又見於下文開泰四年九月，本書卷六九《部族表》亦繫於四年九月，疑此係一事

重出。”

四年春正月乙酉，如瑞鹿原。丙戌，詔耶律世良再伐迪烈得。戊子，命詳穩拔姑瀦水瑞鹿原，[1]以備春蒐。[2]丁酉，獵馬蘭淀。壬寅，東征。[3]東京留守善寧、平章涅里衮奏，已總大軍及女直諸部兵分道進討，遂遣使齎密詔軍前。

［1］瀦水（zhū）：蓄水。【劉校】“瀦”原本作“溺”。中華點校本據《大典》卷五二四九改。今從改。

［2］春蒐：古代帝王春獵。

［3］東征：《高麗史》卷四《顯宗世家》載，（乙卯）顯宗六年（開泰四年，1015）春正月癸卯，“契丹兵圍興化鎮，將軍高積餘、趙弋等擊却之，甲辰，又侵通州”。（丙辰）七年秋七月甲辰都兵馬使奏：“將軍高積餘、中郎將徐肯、郎將守岩等三千一百八人曾於通州之役殺獲甚多，請不拘存没增職一級。”

二月壬子朔，如薩堤濼。于闐國來貢。[1]

［1］于闐：塞克族於古代西域地區建立的政權，地當今新疆維吾爾自治區和田地區。自漢至唐，皆入貢中原政權。安史之亂，絶不復至。後晉天福中，其王李聖天自稱唐之宗屬，遣使來貢。後晉高祖册聖天爲大寶于闐國王。宋初訖於宣和，朝享不絶。塞克族，古稱塞種。其語言屬印歐語系東伊朗語族。近代發現的于闐文書使用同慶、天興、中興、天壽等年號，或采用唐代官稱，或並用漢文、于闐文，或夾用漢字，足見于闐塞克族深受唐代政治、文化影響。

夏四月癸丑，以林牙建福爲北院大王。甲寅，蕭敵烈等伐高麗還。丙辰，曷蘇館部請括女直王殊只你户舊無籍者，會其丁入賦役，從之。樞密使貫寧奏大破八部迪烈得，詔侍御撒剌獎諭，代行執手之禮。[1]丙寅，耶律世良等上破阻卜俘獲數。戊辰，駐蹕沿柳湖。己巳，女直遣使來貢。壬申，耶律世良討烏古，[2]破之。甲戌，遣使賞有功將校。世良討迪烈得至清泥堝。時于厥既平，[3]朝廷議内徙其衆，于厥安土重遷，遂叛。世良懲創，既破迪烈得，輒殲其丁壯。[4]勒兵渡曷剌河，進擊餘黨，斥候不謹，[5]其將勃括聚兵稠林中，擊遼軍不備。遼軍小卻，結陣河曲。勃括是夜來襲。翌日，遼後軍至，勃括誘于厥之衆皆遁，世良追之，軍至險阨。勃括方阻險少休，遼軍偵知其所，世良不亟掩之，勃括輕騎遁去。獲其輜重及所誘于厥之衆，併遷迪烈得所獲轄麥里部民，[6]城臚朐河上以居之。[7]是月，蕭楊哥尚南平郡主。

[1]執手之禮：契丹皇帝對立功將士的一種禮遇。本書卷一一六《國語解》："執手禮：將帥有克敵功，上親執手慰勞；若將在軍，則遣人代行執手禮。優遇之意。"

[2]世良：【劉校】"世"原本爲"出"，各本均作"世"。中華點校本及修訂本徑改。今從改。

[3]于厥：部族名。即烏古。

[4]輒殲其丁壯：【劉校】"輒"原本爲"轉"，明抄本、南監本、北監本和殿本均作"輒"。中華點校本及修訂本徑改。今從改。

[5]斥候不謹：言偵察不夠周密。斥候即偵察、候望之意。

[6]轄麥里：【劉校】“轄”原本誤爲“轜”。馮氏《初校》云：“‘轄’，《百》作‘轜’，非。”大典本、明抄本、南監本、北監本和殿本均作“轄”。中華點校本及修訂本徑改。今從改。

[7]臚（lú）朐（qú）河：黑龍江支流。即今克魯倫河。據《水道提綱》卷二五：“克魯倫河即臚朐河，源出肯忒山東南百餘里支峰西南麓。”其幹流位於今蒙古國境内，向東注入中國呼倫湖。

五月辛巳，命北府宰相劉晟爲都統，樞密使耶律世良爲副，殿前都點檢蕭屈烈爲都監以伐高麗。[1]晟先攜家置邊郡，致緩師期，追還之。以世良、屈烈總兵進討。以耶律德政爲遼興軍節度使，蕭年骨烈天城軍節度使。[2]李仲舉卒，詔賻恤其家。

[1]殿前都點檢：官名。五代後周世宗設置殿前司，以都點檢、副都點檢爲正副長官，位在都指揮使之上，爲禁軍統帥。宋初廢。遼設殿前都點檢，爲南面軍官，當係模倣周制。

[2]天城軍：祖州軍號。

六月庚戌，上拜日如禮。以麻都骨世勳，易衣馬爲好。以上京留守耶律八哥爲北院樞密副使。

秋七月，上又拜日，遂幸秋山。[1]

[1]秋山：即秋捺鉢，主要活動是狩獵，聖宗以後，其主要地點在慶州（今内蒙古自治區巴林右旗索博日嘎鎮）西部諸山。

自八月射鹿至於九月，復自癸丑至於辛酉，連獵于有柏、碎石、太保、響應、松山諸山。[1]丁卯，與夷离畢、兵部尚書蕭榮寧定爲交契，以重君臣之好。丙子，以旗鼓拽剌詳穩題里姑爲六部奚王。[2]

[1]松山：位於今内蒙古自治區赤峰市西南。

[2]奚王：對奚部族首領的稱呼。據《五代會要》卷二八《奚》："奚，本匈奴别種，即東胡之地，人物風俗與突厥同。族有五姓：一曰阿會部，管縣六；二曰啜米部，管縣四；三曰奥質部，管縣六；四曰奴皆部，管縣四；五曰黑訖支部，管縣三；每部有刺史，每縣有令，酋長號奚王。"此奚王是被契丹降伏以後的奚部族酋長。《新五代史》卷七四《四夷附録第三》所記奚各部名稱與《五代會要》略有不同：奚"分爲五部：一曰阿薈部，二曰啜米部，三曰粤質部，四曰奴皆部，五曰黑訖支部。後徙居琵琶川，在幽州東北數百里。地多黑羊，馬趫前蹄堅善走，其登山逐獸，下上如飛"。奚本來衹有五部，阿保機降伏五部奚之後設置墮瑰部，而成六部。詳本書卷三三《營衛志·部族下》。

冬十月，駐蹕撻剌割濼。

十一月庚申，詔汰東京僧，[1]及命上京、中京洎諸宫選精兵五萬五千人以備東征。

[1]詔汰東京僧：【劉注】此事非在開泰四年（1015）十一月，據中華點校本校勘記："按《大典》八七〇六，此事在開泰五年十一月。"

十二月，南巡海徼。還，幸顯州。

五年春正月丁未，北幸。庚戌，耶律世良、蕭屈烈與高麗戰于郭州西，[1]破之，斬首數萬級，盡獲其輜重。

乙卯，師次南海軍，耶律世良薨於軍。癸酉，駐蹕雪林。

[1]耶律世良、蕭屈烈與高麗戰于郭州西：《高麗史》卷四《顯宗世家》七年（丙辰，開泰五年，1016）春正月庚戌："契丹耶律世良、蕭屈烈侵郭州。我軍與戰，死者數萬人，獲輜重而歸。"郭州：【靳注】高麗地名。朝鮮尹廷琦《東寰録·徐熙六城》載："郭州，今郭山。"即今朝鮮平安北道郭山郡。

二月己卯，阻卜長來朝。辛巳，如薩堤濼。庚寅，以前東京統軍使耶律韓留爲右夷离畢。戊戌，皇子宗真生。[1]

[1]宗真：即遼興宗。

三月乙卯，鼻骨德長撒保特、賽剌等來貢。[1]辛酉，諸道獄空，詔進階賜物。丙寅，以前北院大王耶律敬温爲阿紥割只。[2]辛未，党項魁可來降。

[1]鼻骨德：又作鱉古德、鼻古德，遼時今黑龍江流域部族名。聖宗時分置伯斯鼻古德部與撻馬鼻古德部，均屬東北路統軍司。所在地相當於今黑龍江省富錦市至俄羅斯境内哈巴羅夫斯克（伯力）沿江一帶。

[2]阿紥割只：本書卷四五《百官志一》稱其"所掌未詳。遙輦故官，後並樞密院"。

夏四月乙亥，振招州民。戊寅，以左夷离畢蕭合卓爲北院樞密使，曷魯寧爲副使。庚辰，清暑孤樹淀。

五月甲子，尚書蕭姬隱坐出使後期，削其官。丁卯，以耿元吉爲户部使。[1]

[1]耿元吉：【劉注】應是耿崇美後人，但缺乏相關資料。

六月，以政事舍人吴克昌按察霸州刑獄。丁丑，回鶻獻孔雀。

秋七月甲辰，獵於赤山。

八月丙子，幸懷州，有事於諸陵。戊寅，還上京。

九月癸卯，皇弟南京留守秦晉國王隆慶來朝，上親出迎勞至實德山，因同獵於松山。乙丑，駐蹕杏堝。[1]

[1]杏堝：阿保機初俘漢民，置木葉山下，因建城於此以遷之，初名杏堝新城。復以遼西户益之，更名新州。統和八年（990），改曰武安州。【劉注】杏堝在今内蒙古自治區敖漢旗豐收鄉白塔子村古城。

冬十月甲午，封秦晉國王隆慶長子查割中山郡王，[1]次子遂哥樂安郡王。[2]

[1]查割（1003—1062）：【劉注】本書卷六四《皇子表》作“查葛”，乃契丹語同名異譯。漢名宗政，字去回。封爵爲魏國王。其生平詳載《耶律宗正墓誌銘》。墓誌原石現存遼寧省北鎮市文物管理處。墓誌拓本和録文載劉鳳翥、唐彩蘭、青格勒編著《遼上京地區出土的遼代碑刻彙輯》（社會科學文獻出版社 2009 年版）。

[2]遂哥（1005—1064）：【劉注】漢名宗允，字保信。清寧初

拜南宰相，位在宰相上。封爵爲鄭王。其生平詳載《耶律宗允墓誌銘》。墓誌原石現存遼寧省北鎮市文物管理處。墓誌拓本和録文載《遼上京地區出土的遼代碑刻彙輯》。

十一月辛丑朔，[1]以參知政事馬保忠同知樞密院事、監修國史。丁巳，以北面林牙蕭隈洼爲國舅詳穩。

[1]十一月辛丑朔：【劉校】原本無“朔”字，中華點校本據本書卷四四《曆象志下·朔考》補。今從。

十二月乙酉，秦晉國王隆慶還，至北安薨。[1]訃聞，上爲哀慟，輟朝七日。丁酉，宋遣張遜、王承德來賀千齡節。

是歲，放進士孫傑等四十八人及第。

[1]北安：《御批通鑒輯覽》卷八一宋宣和四年（1122）三月：“金尼瑪哈（粘罕）敗遼奚王于北安州。”注：“遼置，金曰興州。故城在今熱河南喀喇河屯。”即今河北省承德市雙灤區灤河鎮。【劉注】據河北省文物研究所鄭紹宗所長調查，遼代北安州州城故址在今河北省灤平縣縣城。

六年春正月癸卯，如錐子河。

二月甲戌，以公主賽哥殺無罪婢，駙馬蕭圖玉不能齊家，降公主爲縣主，削圖玉同平章事。丁丑，[1]詔國舅帳詳穩蕭隗洼將本部兵東征高麗，其國舅司事以都監攝之。庚辰，以南面林牙涅合爲南院大王。

[1]丁丑：【劉校】原本奪“丁”，中華修訂本據《大典》卷五二四九引《遼史·聖宗紀》及南監本、北監本和殿本補。今從。

三月乙巳，如顯州，葬秦晉國王隆慶。有事於顯、乾二陵。追册隆慶爲太弟。[1]

[1]追册：【劉校】“册”原本誤爲“州”，明抄本、南監本、北監本和殿本均作“册”。中華點校本及修訂本徑改。今從改。

夏四月辛卯，封隆慶少子謝家奴爲長沙郡王，[1]以樞密使漆水郡王耶律制心權知諸行宫都部署事。[2]壬辰，禁命婦再醮。丙申，如敘陘。

[1]長沙郡王：【劉校】“沙”原本誤爲“以”，明抄本、南監本、北監本和殿本均作“沙”。中華點校本及修訂本徑改。今從改。

[2]耶律制心：【劉注】據中華點校本校勘記：“即上文開泰元年七月之耶律遂貞。耶律，下文亦作韓。本姓韓，賜姓耶律。……《遼文匯》六《韓椅墓誌》稱‘諱遂貞，賜名直心’，直心即制心。”

五月戊戌朔，命樞密使蕭合卓爲都統，[1]漢人行宫都部署王繼忠爲副，殿前都點檢蕭屈烈爲都監以伐高麗。翌日，賜合卓劍，俾得專殺。丙午，録囚。己酉，設四帳都詳穩。甲寅，以南京統軍使蕭惠爲右夷离畢。乙卯，祠木葉山、潢河。乙丑，駐蹕九層臺。

[1]命樞密使蕭合卓爲都統：【劉校】原本“命”字原脱，中

華點校本依上文例補。今從。

六月戊辰朔，德妃蕭氏賜死，葬兔兒山西。後數日，大風起塚上，晝暝，[1]大雷電而雨不止者踰月。是月，南京諸縣蝗。

[1]晝暝：【劉校】原本作“晝撰”，中華修訂本據《大典》卷五二四九引《遼史·聖宗紀》及南監本、北監本、殿本改。今從改。按，明抄本作“晝夜”。

秋七月辛亥，如秋山。遣禮部尚書劉京、翰林學士吳叔達、知制誥仇正己、起居舍人程翥、吏部員外郎南承顏、禮部員外郎王景運分路按察刑獄。辛酉，以西南路招討請，置寧仁縣於勝州。[1]

[1]勝州：治所在今内蒙古自治區托克托縣，位於大青山南麓、黄河上中游分界處北岸的土默川平原上。

九月庚子，還上京，以皇子屬思生，[1]大赦。丁未，以駙馬蕭璉、節度使化哥、知制誥仇正己、楊佶充賀宋生辰正旦使、副。乙卯，蕭合卓等攻高麗興化軍不克，還師。

[1]皇子屬思：不見載本書卷六四《皇子表》。

冬十月丁卯，南京路饑，輓雲、應、朔、弘等州粟振之。[1]

辛未，獵鞾子河。庚寅，駐蹕達離山。

十一月乙卯，建州節度使石匡弼卒。[2]

[1]弘州：治所在今河北省陽原縣。

[2]建州：地當今遼寧省朝陽市西八十里處。《武經總要》前集卷一六下《戎狄舊地》："建州，胡中地，今號保静軍節度，本遼西之地，德光立爲州。嗣王即位，三關之地復爲周世宗所取，時江南諸國欲牽制中原，遣使齎金幣泛海至契丹國，乞出師南牧，卒不能用其謀。入蕃人使舟棹、水師悉留之，建州、雙州、霸州並置營居之，號通吳軍。東南至器仗山三十里，東北至霸州九十里，南至渝州五十里，西南至小陵河十里。"【劉注】遼代後期建州州治爲今遼寧省朝陽縣大平房鄉黄花灘村古城址。

十二月丁卯，上輕騎還上京。戊子，宋遣李行簡、張信來賀千齡節。[1]翌日，宋馮元、張綸來賀正旦。[2]

[1]張信：【劉校】據中華點校本校勘記，《長編》卷九〇作"張佶"。《宋史》三〇八有傳。

[2]宋使賀千齡節及賀正旦：《長編》卷九〇天禧元年（開泰六年，1017）九月甲寅："以兵部員外郎龍圖閣待制李行簡爲契丹國主生辰使，佐騏驥使、宜州刺史張佶副之，太子中允直龍圖閣馮元爲正旦使，内殿崇班閤門祇候張綸副之。"

（李錫厚注　劉鳳翥校）

遼史　卷一六

本紀第十六

聖宗七

七年春正月甲辰，如達離山。

二月乙丑朔，拜日，[1]如渾河。[2]

[1]拜日：契丹故俗。本書卷四九《禮志一》記載，遼朝皇帝有拜日儀。此外，本書卷五三《禮志六》"皇后生辰儀"也記載："臣僚昧爽朝。皇帝、皇后大帳前拜日，契丹、漢人臣僚陪拜。"契丹拜日在宋人詩中多有反映。劉攽有詩云："飲冰重見古人心，絶幕仍當暮雪深。朝出穹廬隨拜日，夜鳴刁斗候横参。胡兒射鴈爭娱客，羌女聽笳卻走林。聞説虜情親博望，一言珍重萬黄金。"（《彭城集》卷一三《次韻和張舍人使北歸》）他的另一首詩，也言及契丹人拜日："朔雪如沙萬里程，幽陰戴斗正嚴凝。終軍何必功横草，沈尹無煩夕飲冰。茗粥邇來誇湩酪，氈裘仍自愧綿繒。歲寒拜日穹廬外，想見東南瑞氣升。"　（《彭城集》卷一三《王仲至使北》）

[2]渾河：即桑乾河。以其水渾濁，故名。

三月辛丑，命東北越里篤、剖阿里、奥里米、蒲奴里、鐵驪等五部歲貢貂皮六萬五千，[1]馬三百。丙午，烏古部節度使蕭普達討叛命敵烈，[2]滅之。

[1]鐵驪：族名。遼置鐵驪國王府，以統其衆。地當今黑龍江省東部松花江流域。　五部：即五國部，遼東北部族名。越里篤、剖阿里、奥里米、蒲奴里和越里吉，統稱五國部。

[2]烏古：部族名。又稱嫗厥律、于厥律，居契丹西北。據《新五代史》卷七三《四夷附録第二》："嫗厥律，其人長大，髦頭，酋長全其髪，盛以紫囊。地苦寒，水出大魚，契丹仰食。又多黑、白、黄貂鼠皮，北方諸國皆仰足。其人最勇，鄰國不敢侵。"

夏四月，拜日。丙寅，振川、饒二州饑。[1]辛未，振中京貧乏。[2]癸酉，禁匿名書。壬辰，以三司使呂德懋爲樞密副使。[3]

[1]川：川州，即白川州。遼代州名。據《嘉慶重修一統志·承德府》，舊城在朝陽縣（今遼寧省朝陽市）東北六十七里。初置川州，會同中改爲白川州。【劉注】遼代川州，前期治所爲今遼寧省北票市南八家子鄉四家板村古城址；後期治所爲今遼寧省北票市黑城子鎮駐地黑城子村古城址。　饒：即饒州。據《讀史方輿紀要》卷一八，該州在"臨潢西南二百三十里"。【劉注】據孫進己、馮永謙編《東北歷史地理》下册所載，遼代饒州州治在今内蒙古自治區林西縣小城子鄉西拉木倫河北岸的西櫻桃溝村黄土坑屯東古城址。

[2]中京：即今内蒙古自治區寧城縣大明城。

[3]三司使：唐宋以鹽鐵、度支、户部爲三司，主理財賦。其

長官爲三司使。《通鑑》卷二六五唐昭宣帝天祐三年（906）三月戊寅："以朱全忠爲鹽鐵、度支、户部三司都制置使。三司之名始于此。" 遼代在南京設三司使司。此外，在上京設鹽鐵使司，東京設户部使司，中京設度支使司，西京設計司。

閏月壬子，以蕭進忠爲彰武軍節度使兼五州制置。[1]戊午，吐蕃王並里尊奏，[2]凡朝貢，乞假道夏國，[3]從之。

[1]彰武軍：霸州軍號。後升興中府，治所在今遼寧省朝陽市。

[2]吐蕃：原爲中國古代藏族政權名。公元七至九世紀在青藏高原建立。吐蕃政權崩潰以後，宋元及明初史籍稱青藏高原上的土著族、部爲吐蕃。

[3]夏國（1038—1227）：以党項民族爲主體建立的政權。公元1038年，元昊叛宋稱帝，建立大夏王朝，傳十代，至1227年爲蒙古所滅。元昊稱帝以前，作爲北宋境内的地方割據政權，已經具有獨立性。史稱西夏，先後與遼、北宋及金、南宋並立於當時中國境内。境土包括今寧夏回族自治區全部、甘肅省大部、陝西省北部以及青海省、内蒙古自治區的部分地區。

五月丙寅，皇子宗真封梁王，[1]宗元永清軍節度使，[2]宗簡右衛大將軍，[3]宗愿左驍衛大將軍，[4]宗偉右衛大將軍，[5]皇姪宗範昭義軍節度使，[6]宗熙鎮國軍節度使，[7]宗亮絳州節度使，[8]宗弼濮州觀察使，[9]宗奕曹州防禦使，[10]宗顯、宗肅皆防禦使。[11]以張儉守司徒兼政事令。[12]

[1]梁王：遼中期以後皇位繼承人的封號。開泰七年（1018），時年三歲，宗真即受封爲梁王。聖宗早年亦曾受封爲梁王，這表明，宗真作爲皇位繼承人的地位，已經確定。

[2]宗元（？—1063）：因避興宗諱，改重元，小字孛吉只，亦作孛已只，聖宗次子。太平三年（1023）封秦國王。聖宗死後，欽愛皇后稱制，曾密謀立重元。重元以所謀告於興宗，封爲皇太弟。賜以金券誓書。道宗即位，册爲皇太叔，爲天下兵馬大元帥，復賜金券。清寧九年（1063）與其子涅魯古謀亂，失敗自殺。本書卷一一二有傳。【劉校】中華修訂本校勘記云："太平元年三月戊戌'皇子勃已只生'即重元之契丹語名，知其太平元年始生，則此處'宗元'或有訛誤。"　永清軍：治貝州，今河北省南宮市。

[3]宗簡：即别古特，字撒懶。重熙中累遷契丹行宫都部署，封柳城郡王。另有宗訓：即吴哥，字洪隱。聖宗第四子，封燕王。開泰二年爲惕隱，出爲南京留守。薨於南京。

[4]宗愿（1009—1072）：【劉注】據劉鳳翥編著《契丹文字研究類編》（中華書局2014年版）所載漢字《寂善大師墓誌銘》、漢字《耶律宗愿墓誌銘》和契丹小字《耶律弘用墓誌銘》拓本照片和録文，耶律宗愿是遼聖宗第六子，母爲耿淑儀（《皇子表》誤作姜氏），契丹語小名侯古，第二個名訛里本。漢名宗愿，字德恭。初授左驍衛大將軍、檢校太保。興宗即位，授建雄軍節度使，轉右宣徽使。道宗即位，授中京留守，判大定尹事。轉上京留守、臨潢府尹事。封混同郡王。咸雍八年（1072）閏七月十七日薨於位，享年六十四歲。葬於門山之膴原（今内蒙古自治區紮魯特旗烏日根塔拉農場）。

[5]宗偉：可能是聖宗第五子狗兒。字屠魯昆，太平元年拜南府宰相。暴疾薨於上京。

[6]宗範：【劉注】據《契丹國志》卷一八和本書卷六四《皇子表》以及《蕭興言墓誌銘》，宗範是聖宗三弟齊國王耶律隆裕之子。契丹語名合禄。歷龍化州節度使、燕京留守，封韓王。他是蕭

興言的岳父。　昭義軍：治潞州，在今山西省長治市。遼昭義軍節度使屬遥授。

[7]宗熙：【劉注】劉鳳翥編著《契丹文字研究類編》（中華書局2014年版）所載漢字《永清公主墓誌銘》謂："父宗熙，齊國王第三子。帝以連其近戚，初封裕彰郡王，次進封衛王。"據本書卷六四《皇子表》齊國王隆祐（隆裕）第三子契丹語名貼不。　鎮國軍：治華州（今陝西省華縣），另外陝州也設鎮國軍。此兩地均不在遼境。

[8]絳州：治所在今山西省新絳縣，不在遼境内，絳州節度使爲遥授。

[9]濮州：治所在今山東省鄄城縣北，不在遼朝境内，濮州觀察使屬遥授。

[10]曹州：治所在今山東省曹縣西北，不在遼境内，曹州防禦使屬遥授。　防禦使：原爲唐官名。在遼爲防禦州的長官，官階低於團練使而高於刺史。

[11]宗肅：【劉校】原本、南監本、北監本和殿本均作"宗蕭"，今從馮氏《初校》和中華點校本改。

[12]張儉（？—1053）：宛平人。舉進士第一，受到聖宗賞識，太平六年（1026）爲南院樞密使。聖宗不豫，受遺詔輔立太子，是爲興宗，拜太師、中書令，加尚父，徙王陳。在相位二十餘年。本書卷八〇有傳。　政事令：遼朝南面宰相。遼世宗天禄四年（950）建政事省之前，漢人宰相無定稱；建政事省之後，南面宰相稱"政事令"，且多由契丹貴族擔任。

六月丙申，[1]品打魯瑰部節度使勃魯里至鼻灑河，遇微雨，忽天地晦冥，大風飄四十三人飛旋空中，良久乃墮數里外。勃魯里幸獲免。一酒壺在地乃不移。

[1]六月丙申：【劉校】“六月”二字原脱。據中華點校本校勘記，依本書卷四四《曆象志下·朔考》，五月壬戌朔，六月壬辰朔，丙申已入六月。據補。

八月丙午，[1]行大射柳之禮。[2]庚申，以耶律留寧、吳守達使宋賀生辰，[3]蕭高九、馬貽謀使宋賀正旦。加平章蕭弘義開府儀同三司、尚父兼政事令。

[1]八月丙午：【劉校】據中華點校本校勘記，“八月丙午”四字夾於上文六月與下文七月之間，六月壬辰朔，丙午是十五日，“八月”二字疑衍，或是八月一段應在七月、九月之間。

[2]射柳：遼朝的一種禮儀。《長編》卷一一〇宋仁宗天聖九年（1031）六月丁丑載：契丹“每謁木葉山即射柳枝，諢子唱番歌，前導彈胡琴和之，已事而罷”。此外，祈雨也射柳。金初接待宋使，亦以射柳作爲一種遊樂項目，元朝、明朝也有此類活動。

[3]吳守達：據傅樂焕《宋遼聘使表》，應是“吳叔達”之誤(見《遼史叢考》第189頁)。

秋七月甲子，詔翰林待詔陳升寫《南征得勝圖》於上京五鸞殿。[1]丁卯，蒲奴里部來貢。

[1]五鸞殿：遼上京臨潢府三大殿之一。

九月庚申朔，[1]蒲昵國使奏本國與烏里國封壤相接，數侵掠不寧，賜詔諭之。戊辰，詔內外官，因事受賕，事覺而稱子孫僕從者，禁之。庚午，録囚。括馬給東征軍。是月，駐蹕土河川。[2]

[1]九月庚申朔：【劉校】“朔”字原闕，中華點校本據本書卷四四《曆象志下·朔考》補。今從。

[2]土河川：即老哈河。

冬十月，名中京新建二殿曰延慶，曰永安。壬寅，以順義軍節度使石用中爲漢人行宮都部署。[1]丙辰，詔以東平郡王蕭排押爲都統，[2]殿前都點檢蕭虛列爲副統，[3]東京留守耶律八哥爲都監，伐高麗。[4]仍諭高麗守吏，能率衆自歸者，厚賞；堅壁相拒者，追悔無及。

[1]順義軍：遼代軍號。治朔州（今山西省朔州市）。　漢人行宮都部署：行宮官。遼在北南面官系統中，分别設契丹行宮都部署和漢人行宮都部署，其上則有諸行宮都部署。行宮都部署完全是做中原王朝官制設置的，它不同於專管斡魯朶事務的某宮都部署的宮官。宋朝皇帝巡幸亦有行宮，且亦有行宮都部署之設。後避英宗趙曙名諱，改稱行宮都總管。詳本書卷四七《百官志三》。

[2]蕭排押（？—1023）：字韓隱，國舅少父房之後。統和初爲左皮室詳穩。四年（986），破宋將曹彬、米信兵於望都，與樞密使耶律斜軫收復山西所陷城邑。是冬攻宋，以功改南京統軍使。十三年歷北、南院宣徽使。十五年加政事令，遷東京留守。二十二年與宋和議成，爲北府宰相。兩度從聖宗征高麗。本書卷八八有傳。

[3]殿前都點檢：官名。五代後周世宗設置殿前司，以都點檢、副都點檢爲正副長官，位在都指揮使之上，爲禁軍統帥。宋初廢。遼設殿前都點檢，爲南面軍官，當係模倣周制。【劉校】殿前都點檢，原本作“殿前邵點檢”，據南監本、北監本、殿本改。中華點校本及修訂本徑改。

[4]高麗：指王建創建的高麗王朝（918—1392）。統治地域在今朝鮮半島，首都在開京（今朝鮮開城市）。

十一月壬戌，以吕德懋知吏部尚書，楊又玄知詳覆院，[1]劉晟爲霸州節度使，北府宰相劉慎行爲彰武軍節度使。[2]庚辰，禁服用明金、縷金、貼金。戊子，幸中京。

[1]楊又玄：【劉校】原本作“楊人玄”，中華修訂本據明抄本、南監本、北監本和殿本及下文太平二年（1022）十月改。今從改。　詳覆院：科舉考試進行覆試的專門機構。唐有覆試，但無專門機構。《通典》卷一五《選舉三》載：“［開元］二十五年二月，制：‘明經每經帖十，取通五以上，免舊試一帖；仍按問大義十條，取通六以上，免試經策十條；令答時務策三道，取粗有文理者與及第。其進士停小經，準明經帖大經十帖，取通四以上，然後準例試雜文及策，考通與及第。其明經中有明五經以上，試無不通者；進士中兼有精通一史，能試策十條得六以上者：奏聽進止。其應試進士等，唱第訖，具所試雜文及策，送中書、門下詳覆。’”

[2]劉慎行：河間（今河北省河間市）人。其父劉景，穆宗應曆初，遷右拾遺、知制誥，爲翰林學士。景宗即位，以劉景爲南京副留守，與留守韓匡嗣子德讓共理京事。慎行官至北府宰相、監修國史。開泰四年（1015）伐高麗，慎行爲都統，樞密使耶律世良爲副，慎行挈家邊上，致緩師期，追還之。本書卷八六有傳。　劉晟爲霸州節度使，北府宰相劉慎行爲彰武軍節度使：【劉校】據中華點校本校勘記，劉慎行即劉晟，彰武軍即霸州，係一事重出。

十二月丁酉，宋遣吕夷簡、曹琦來賀千齡節。[1]是月，蕭排押等與高麗戰于茶、陀二河，遼軍失利，[2]天雲、右皮室二軍没溺者衆，遥輦帳詳穩阿果達、客省使酌古、渤海詳穩高清明、天雲軍詳穩海里等皆死之。[3]

[1]曹璋：據傅樂焕《宋遼聘使表》應是“曹琮”之誤（見《遼史叢考》第189頁）。曹琮，《宋史》卷二五八有傳。

[2]蕭排押等與高麗戰于茶、陀二河，遼軍失利：據卷八〇《耶律八哥傳》：“七年，上命東平王蕭排押帥師伐高麗，八哥爲都監，至開京，大掠而還。濟茶、陀二河，高麗追兵至。諸將皆欲使敵渡兩河擊之，獨八哥以爲不可，曰：‘敵若渡兩河，必殊死戰，乃危道也；不若擊於兩河之間。’排押從之，戰，敗績。”另據卷八八《蕭排押傳》：“七年，再伐高麗，至開京，敵奔潰，縱兵俘掠而還。渡茶、陀二河，敵夾射，排押委甲仗走，坐是免官。”綜上所述，遼軍是在攻陷開京以後北返途中在茶、陀二河間遇高麗軍伏擊。二河應在開京以北不遠處。《高麗史》卷四《顯宗世家》顯宗九年（遼開泰七年，1018）十二月戊戌：“契丹蕭遜寧以兵十萬來侵，王以平章事姜邯贊爲上元帥，大將軍姜民瞻副之。帥兵至興化鎮，大敗之。遜寧引兵直趨京城，民瞻追及於慈州，又大敗之。”

[3]遙輦帳：遙輦九可汗宫賬，亦稱宫衛。唐開元二十三年（735），可突於殘黨泥禮殺李過折，立阻午可汗，傳九世，至公元907年阿保機建國。遙輦九可汗繼位後各建宫衛，遼朝立國後，有遙輦九帳大常衮司之設，掌遙輦九世宫分之事務。　客省：官署名。會同元年（938）置，掌接待諸國使節。設官有都客省、客省使、左右客省使等。

放進士張克恭等三十七人及第。[1]

[1]張克恭等三十七人：【劉注】《王澤墓誌銘》稱：“開泰七年，登進士第。”此年中進士的三十七人中，除了張克恭外，還有王澤。

八年春正月，宋遣陳堯佐、張群來賀。[1]壬戌，鐵驪來貢。建景宗廟於中京。封沙州節度使曹順爲燉煌郡王。[2]

[1]宋遣張群來賀：張群，據傅樂焕《宋遼聘使表》應是“張君平”之誤（見《遼史叢考》第189頁）。張君平，《宋史》卷三二六有傳。

[2]燉煌：這里是指唐、五代間的一個割據政權。唐置河西節度使，治涼州（今甘肅省武威市），統涼、甘、肅、伊、西、瓜、沙七州。唐德宗間，吐蕃陷涼州，大曆中河西軍移治沙州（今甘肅省敦煌市）。貞元中又爲吐蕃所陷。大中間，沙州人張義潮率所屬十州地歸唐，因改置歸義軍，至宋初復陷於西夏。

二月丁未，以前南院樞密使韓制心爲中京留守，[1]漢人行宮都部署王繼忠南院樞密使。[2]丙辰，祭風伯。

[1]南院樞密使：即漢人樞密院之樞密使。爲南面官最高官職。詳見本書卷四七《百官志三》。　韓制心：契丹名耶律遂貞，小字可汗奴。韓德讓之侄，聖宗齊天皇后表弟。太平中歷中京留守、惕隱、南京留守，徙王燕，遷南院大王。本書卷八二有傳。

[2]王繼忠（？—1023）：遼之將領、宋之降將。本書卷八一有傳。《宋史》卷二七九《王繼忠傳》載：“［繼忠］開封人。真宗在藩邸，得給事左右，以謹厚被親信。即位，補内殿崇班，累遷至殿前都虞候，領雲州觀察使，出爲深州副都部署，改鎮、定、高陽關三路鈐轄兼河北都轉運使，遷高陽關副都部署，俄徙定州。咸平六年，契丹數萬騎南侵，至望都，繼忠與大將王超及桑贊等領兵援之。繼忠至康村，與契丹戰，自日昳至乙夜，敵勢小卻。遲明復戰，繼忠陣東偏，爲敵所乘，斷餉道，超、贊皆畏縮退師，竟不赴援。繼忠獨與麾下躍馬馳赴，服飾稍異，契丹識之，圍數十重。士

皆重創，殊死戰，且戰且行，旁西山而北，至白城，遂陷於契丹。真宗聞之震悼，初謂已死，優詔贈大同軍節度，賵賻加等，官其四子。景德初，契丹請和，令繼忠奏章，乃知其尚在。朝廷從之，自是南北戢兵，繼忠有力焉。歲遣使至契丹，必以襲衣、金帶、器幣、茶藥賜之，繼忠對使者亦必泣下。嘗附表懇請召還，上以誓書約各無所求，不欲渝之，賜詔諭意。契丹主遇繼忠甚厚，更其姓名爲耶律顯忠，又改名宗信，封楚王。"

三月己未，以契丹弘義宮使赫石爲興聖宮都部署，[1]前遙恩拈部節度使控骨里積慶宮都部署，[2]左祗候郎君耶律罕四捷軍都監。[3]乙亥，東平王蕭韓寧、東京留守耶律八哥、國舅平章事蕭排押、林牙要只等討高麗還，[4]坐失律，數其罪而釋之。己卯，詔加征高麗有功渤海將校官。壬午，閱飛龍院馬。[5]癸未，回跋部太師踏剌葛來貢。[6]丙戌，置東京渤海承奉官都知押班。

[1]弘義宮：遼太祖阿保機宮分。　興聖宮：聖宗宮分。

[2]積慶宮：世宗宮分。

[3]四捷軍：【劉注】遼代對宋降者編制的兵種。本書卷一一六《國語解》稱："遼以宋降者分立二部：一曰四捷軍；一曰歸聖軍。"

[4]東平王蕭韓寧、東京留守耶律八哥、國舅平章事蕭排押、林牙要只等討高麗還：《高麗史》卷四《顯宗世家》載：己未（開泰八年，1019）"二月己丑朔，丹兵過龜州，邯贊等邀戰，大敗之，生還者僅數千人"。【劉校】據中華點校本校勘記，依本書卷八八《蕭排押傳》所載，排押字韓隱，開泰五年進王東平。"隱""寧"二字音近，蕭韓寧即蕭排押，重出。　林牙：契丹官名。掌文翰，

相當於翰林學士。

[5]飛龍院：【劉注】遼代養馬的機構。

[6]回跋部：遼朝時期女真部族名。當時東北地區有大量的女真人，分佈在南部者稱“熟女真”；中部地區則有回跋女真，隸屬咸州（今遼寧省開原市老城）兵馬司；其在北者則是“生女真”。

夏四月戊子朔，如緬山。

五月壬申，以駙馬蕭克忠爲長寧軍節度使。[1]乙亥，遷寧州渤海户于遼、土二河之間。[2]己卯，曷蘇館惕隱阿不葛、宰相賽剌來貢。

[1]長寧軍：川州軍號。據《嘉慶重修一統志·承德府》：“白川州故城在朝陽縣東北六十七里。遼置川州，會同中改爲白川州，治咸康縣。……今縣境東北之四角阪有廢城，週二里餘，蒙古名卓索喀喇城，城内有遼開泰二年《佛頂尊勝陀羅尼石幢記》。爲白川州官吏所建，知即故白川州地。”

[2]寧州：【劉注】據孫進己、馮永謙編《東北歷史地理》下册（黑龍江人民出版社2013年版），遼代寧州州治爲今遼寧省瓦房店市上城子鄉西陽臺村古城址。

六月戊子，録征高麗戰殁將校子弟。己丑，以左夷离畢蕭解里爲西南面招討使，[1]御史大夫蕭要只爲夷离畢。己亥，惕隱耶律合葛爲南府宰相，南面林牙耶律韓留爲惕隱。癸卯，弛大攞山猿嶺採木之禁。乙巳，以南皮室軍校等討高麗有功，[2]賜金帛有差。

[1]夷离畢：契丹官名。爲執政官，相當於副宰相參知政事。

後來官分南、北，北面官有夷离畢院，主要掌刑政。

[2]皮室軍：契丹軍名。皮室，意爲“金剛”。初爲阿保機所置，稱“腹心部”。後有南、北、左、右皮室及黄皮室等，皆掌精甲。

秋七月己未，征高麗戰殁諸將，詔益封其妻。庚申，以東北路詳穩耶律獨迭爲北院大王。[1]辛酉，肴里、涅哥二奚軍征高麗有功，[2]皆賜金帛。癸亥，詔阻卜依舊歲貢馬千七百，[3]駞四百四十，貂鼠皮萬，青鼠皮二萬五千。戊辰，觀稼。己巳，回跋部太保麻門來貢。庚午，觀市，曲赦市中繫囚。[4]命解寧、馬翼充賀宋生辰使、副。[5]

[1]北院大王：五院部在朝曰北大王院。北院大王和南院大王即是五院部和六院部的首領，握有兵權。

[2]肴里：【劉校】“肴”原本作“有”，明抄本、南監本、北監本和殿本均作“肴”。中華點校本和修訂本徑改。今從改。

[3]阻卜：即達旦、韃靼。元人諱言達旦，而稱達旦爲阻卜。詳王國維《觀堂集林》卷一四《達旦考》。

[4]曲赦：猶特赦。《通鑑》卷八三晉惠帝元康元年（291）八月“曲赦洛陽”，胡三省注曰：“不普赦天下而獨赦洛陽，故曰曲赦。”

[5]關於此次遣使賀宋生辰事，《長編》卷九四宋真宗天禧三年（1019）十一月庚辰載：“契丹遣使工部尚書蕭吉哩、副使尚書左丞馬翼來賀承天節。”

八月庚寅，遣郎君曷不吕等率諸部兵會大軍討高麗。

九月己巳，以石用中參知政事。[1]宋遣崔遵度、王應昌來賀千齡節。壬申，録囚。甲戌，復録囚。庚辰，曷蘇館惕隱阿不割來貢。壬午，駐蹕土河川。

[1]參知政事：始見於唐前期，宋初作爲副宰相，至真宗以後，其地位更與宰相同平章事等。遼朝參知政事的地位類似宋朝的參知政事，與同中書門下平章事一樣，都是中書省長官，都是宰相。

冬十月乙酉，詔諸道事無巨細已斷者，每三月一次條奏。戊子，遣耶律繼崇、鄭玄瑕賀宋正旦。[1]癸巳，詔橫帳、三房不得與卑小帳族爲婚；[2]凡嫁娶，必奏而後行。癸卯，以前北院大王建福爲阿紥割只。[3]甲辰，改東路秏里太保城爲咸州，[4]建節以領之。[5]

[1]遣耶律繼崇、鄭玄瑕賀宋正旦：【劉校】據中華點校本校勘記，繼崇，《長編》作“繼宗”。玄瑕，《長編》作“去瑕”。

[2]橫帳：季父房一系太祖阿保機子孫爲“橫帳”。本書卷四五《百官志一》：“玄祖伯子麻魯無後，次子巖木之後曰孟父房；叔子釋魯曰仲父房；季子爲德祖，德祖之元子是爲太祖天皇帝，謂之橫帳；次曰剌葛，曰迭剌，曰寅底石，曰安端，曰蘇，皆曰季父房。”三房：契丹以玄祖之後爲皇族，分爲三房：孟父房、仲父房和季父房。

[3]阿紥割只：本書卷四五《百官志一》稱其“所掌未詳。遙輦故官，後並樞密院”。

[4]咸州：治所在今遼寧省鐵嶺市東北。

[5]建節以領之：【靳校】“節”原本作“即”，中華點校本據

南監本、北監本和殿本改。今從改。

十一月甲寅，置雲州宣德縣。[1]

[1]雲州：治所在今山西省大同市。

十二月辛卯，駐蹕中京。乙巳，以廣平郡王宗業爲中京留守、大定尹，韓制心爲惕隱。[1]辛亥，高麗王詢遣使乞貢方物，詔納之。

[1]廣平郡王：【劉校】原本、南監本、北監本和殿本均作“廣平都王”，據馮氏《初校》改。

九年春正月，宋遣劉平、張元普來賀。

二月，如鴛鴦濼。[1]

[1]鴛鴦濼：湖名。在今北京市延慶區境内。舊時周八十里。其水停積不流，自遼金以來，爲飛放之所。今名野鴨湖。

五月庚午，耶律資忠使高麗還，[1]王詢表請稱藩納貢，歸所留王人只剌里。[2]只剌里在高麗六年，忠節不屈，以爲林牙。辛未，遣使釋王詢罪，並允其請。癸酉，以耶律宗教檢校太傅，[3]宗誨啟聖軍節度使，[4]劉晟太子太傅，仍賜保節功臣。

[1]耶律資忠：字沃衍，小字劄剌，係出仲父房。博學，工辭

章。開泰中授中丞。初，高麗臣服，遼取女直六部地賜高麗。後與高麗交惡，遼聖宗詔資忠前往索還六州舊地。高麗無歸地意。三年（1014）再使高麗，被留。資忠每懷君親，輒有著述，號《西亭集》。返回後，出知來遠城事，歷保安、昭德二軍節度使。本書卷八八有傳。《高麗史》卷四《顯宗世家》載，顯宗四年（遼開泰二年，1013）三月戊申，“契丹使左監門衛大將軍耶律行平來，責取興化等六城”。秋七月戊申，“契丹使耶律行平復來索六城”。顯宗五年（開泰三年，1014）夏四月庚申，“契丹使將軍耶律行平來，又索六城，拘留不遣”。此耶律行平即《遼史》中的耶律資忠。行平（資忠）直至開泰九年（1020）纔被高麗放回。《高麗史》卷四《顯宗世家》載，顯宗十一年三月癸丑，“歸契丹使耶律行平”。

[2]歸所留王人只剌里：【劉校】據中華點校本校勘記，按本書卷八八《耶律資忠傳》，資忠小字劄剌。只剌里即劄剌異譯。

[3]耶律宗教（991—1053）：【劉注】據1991年出土於遼寧省北寧市鮑家鄉高起村的《耶律宗教墓誌銘》記載，此人是興宗宗真之堂兄。“字希古，實孝成皇帝之諸孫，孝貞皇太叔之胤子。母曰蕭氏，故渤海聖王孫女，遲女娘子也。王機神高朗，宇韻宏坦。敏從政而多裕，樂爲善而秉彝。岐嶷含章，聯達著美。星潢稟潤，靈派本殊。天驅呈材，奇蹤自遠。開泰八年，始授王子郎君將軍。太平初，改授始平軍節度。五年，南面林牙。循東周之舊制，通達友邦；擢西楚之茂材，端居辭禁。七年，出領彰國軍節度使。俄換崇義節制。重熙元年，遷天德軍節度使。三之治其政如一，環封飲惠，載路興謠。七年，入爲南面契丹諸行宮副部署，明年，轉都部署、同中書門下平章事。時朝議以挹婁古壤，肅慎荒陬，思得懿親，以綏遐俗。十年，授東北路達領將軍。再歲，徵拜宣徽使。十四年，出知忠順軍節度使事。董戎關域，屢宣方邵之勳。謨謨廟堂，登贊皋夔之職。十五年，拜左夷离畢。其年冬，遷授大内惕隱。十七年，特封廣陵郡王。未幾，改遼興軍節度使。翌歲，判興中府。二十一年，移鎮顯州。王荷兩朝公爵之恩，承二紀展親之

寵。洎領是鎮，益施精力。親奉蒸嘗，致虔於聖寢。無舍蚤夜，盡智於公家。積勞成痾，靡登修數。”

[4]敵聖軍：儀坤州軍號。德光生母應天皇太后出生地，治所在今内蒙古自治區翁牛特旗西北。【劉注】一説治所在今内蒙古自治區敖漢旗雙廟鄉五十家子村古城址。

秋七月庚戌朔，日有食之，詔以近臣代拜救日。甲寅，遣使賜沙州回鶻燉煌郡王曹順衣物。以查剌、耿元吉、韓九、宋璋爲來年賀宋生辰正旦使、副。

九月戊午，以駙馬蕭紹宗平章事。丁卯，文武百僚奉表上尊號，不許；表三上，迺從之。乙亥，沙州回鶻燉煌郡王曹順遣使來貢。括諸道漢民馬賜東征軍。以夷离畢延寧爲兵馬副都部署，總兵東征。是月，駐蹕金絣濼。宋遣宋綬、駱繼倫賀千齡節。[1]

[1]駱繼倫：據傅樂焕《宋遼聘使表》應作“譚繼倫”（見《遼史叢考》第189頁）。

冬十月戊寅朔，[1]以涅里爲奚王都監，突迭里爲北王府舍利軍詳穩。郎君老使沙州還，詔釋宿累。國家舊使遠國，多用犯徒罪而有才略者，使還，即除其罪。戊子，西南招討奏党項部有宋犀族輸貢不時，[2]常有他意，宜以時遣使督之。詔曰：“邊鄙小族歲有常貢，邊臣驕縱徵斂無度，彼懷懼不能自達耳。第遣清慎官將示以恩信，無或侵漁，自然效順。”復奏諦居迭烈德部言節度使韓留有惠政，今當代，請留，上命進其治狀。辛丑，如中京。壬寅，大食國遣使進象及方物，[3]爲子册割請婚。

[1]十月戊寅朔：【劉校】原闕“朔”字，中華點校本據本書卷四四《曆象志下·朔考》補。今從。

[2]党項：中國古代族名。又稱党項羌，唐以後主要活動於靈、慶、銀、夏等州，即今甘肅、寧夏、陝西和内蒙古等省區交界地區。

[3]大食國：唐、宋時期中國對阿拉伯人的專稱與對伊朗語地區穆斯林的泛稱。當時人們還不知阿拉伯人、波斯人、穆斯林三者的區别，統稱爲大食。《遼史》有關於契丹遣嫁公主於大食王子等記載，其中大食顯然不是指遠在西方的阿拉伯人，而是指中亞地區的某個穆斯林政權。

十一月丁巳，以漆水郡王韓制心爲南京留守、析津尹、兵馬都總管。[1]己未，以夷离畢蕭孝順爲南面諸行宫都部署，加左僕射。[2]

[1]析津尹：析津府的行政長官。遼南京稱析津府，即今北京市。

[2]左僕射：唐官名。遼延用，即南面宰相。唐不設尚書令，最初以左、右僕射與中書令、侍中爲宰相。中宗以後，不加同中書門下平章事者即不爲宰相。

十二月丁亥，禁僧燃身煉指。[1]戊子，詔中京建太祖廟，制度、祭器皆從古制。乙巳，詔來年冬行大册禮。

放進士張仲舉等四十五人。

[1]燃身煉指：佛教僧尼及信衆的自殘修行方法。石晉天福二年（937）亦曾嚴加禁絶。《五代會要》卷一二《雜録》載其禁令稱："有僧尼俗士自前多有捨身燒臂煉指、釘截手足、帶鈐燃燈諸般毁壞肢體，戲弄符篆，左道妖惑之類，今後一切止絶。如此色人，仰所在嚴斷，遣配邊遠，仍勒歸俗。其所犯罪重者准格律處分。"《宋高僧傳》卷二三《晉江州廬山香積庵景超傳》："釋景超不知何許人也，素持戒範，若護浮囊；性惟矢直，言不面從。及乎遊方，役足選勝，棲身至於廬峯，便有息行之意。惟誦《法華》，鞠爲恒務。九江之人，且多景仰，嘗禮《華嚴經》一字拜之，計已二徧，乃燒一指爲燈，供養慶禮經周矣。次禮《法華經》同前，身膚内隱隱出舍利，磊落圓瑩，或有求者，坐席行地，拾之無算。"這種陋俗，屢禁不絶。清初湯斌撰《湯子遺書》卷九《嚴禁婦女入寺燃身以正風化告諭》稱："乃聞開元等寺何物妖僧，創爲報母之説，煽惑民間婦女百十成羣，裸體燃燭肩臂，謂之'點肉身燈'，夜以繼日，男女混雜，傷風敗俗，聞者掩耳，而乃習久不察，視爲故常，良可哀憫。"【靳校】燃身煉指，原本作"然身煉指"，中華點校本據南監本、北監本和殿本改。今從改。

太平元年春正月丁丑朔，宋使魯宗道、成吉來賀。[1]如渾河。

[1]宋使魯宗道、成吉來賀：【劉校】據中華點校本校勘記，成吉，《長編》作"侯成吉"。

二月乙卯，幸鈹河。壬戌，獵高柳林。三月戊戌，皇子勃己只生。[1]庚子，駙馬都尉蕭紹業建私城，賜名睦州，[2]軍曰長慶。是月，大食國王復遣使請婚，封王子班郎君胡思里女可老爲公主，嫁之。

［1］勃己只：【劉校】本書卷六四《皇子表》及卷一一二《耶律重元傳》作“孛吉只”，即耶律重元。

［2］睦州：【劉注】《蕭琳墓誌銘》稱：“葬於徽、睦之間，青山之左。”《蕭琳墓誌銘》出土於内蒙古自治區奈曼旗青龍山鎮。遼代睦州應當在此附近。

夏四月戊申，東京留守奏，女直三十部酋長請各以其子詣闕祗候。[1]詔與其父俱來受約。乙卯，録囚。丁卯，置來州。[2]是月，清暑緬山。

［1］女直：本作女真，因避遼興宗耶律宗真名諱，改稱女直。遼時居東北東部。在南者入遼籍，稱熟女真，或合蘇館女真；在北者不入遼籍，稱生女真。

［2］來州：治所在今遼寧省綏中縣西南前衛鎮。轄境相當於今綏中縣西南一帶。【劉校】據中華點校本校勘記，“來”原作“萊”。據本書卷三九《地理志三》和卷三一《營衛志上》及卷一一〇《耶律乙辛傳》改。

秋七月甲戌朔，賜從獵女直人秋衣。乙亥，遣骨里取石晉所上玉璽於中京。阻卜來貢。辛巳，如沙嶺。是月，獵潢河。[1]

［1］潢河：今内蒙古自治區境内的西拉木倫河，即西遼河上游。

九月，幸中京。

冬十月丁未，敵烈酋長頗白來貢馬、駞。戊申，録囚。壬子，宋使李懿、王仲賓來賀千齡節，[1]及蘇惟甫、周鼎賀來歲元正，即遣蕭善、程翥報聘。党項長曷魯來貢。己未，以薩敏解里爲都點檢，高六副點檢，耶律羅漢奴左皮室詳穩，嗓姑右皮室詳穩，聊了西北路金吾，耶律僧隱御史大夫，求哥駙馬都尉，蕭春、骨里並大將軍。庚申，幸通天觀，觀魚龍曼衍之戲。翌日，再幸。還，升玉輅，自内三門入萬壽殿，奠酒七廟御容，因宴宗室。

[1]宋使李懿、王仲賓來賀千齡節：據傅樂焕《宋遼聘使表》，李諮，《宋史》卷二九一有傳，《遼史》作“李懿”誤；王仲寶，《宋史》卷三二五有傳，《遼史》作“王仲賓”誤（見《遼史叢考》第190頁）。

十一月癸未，上御昭慶殿，[1]文武百僚奉册上尊號曰睿文英武遵道至德崇仁廣孝功成治定昭聖神贊天輔皇帝，大赦，改元太平，中外官進級有差。宋遣使來聘，[2]夏、高麗遣使來貢。甲申，册皇子梁王宗真爲皇太子。

[1]昭慶殿：宫殿名。在遼中京城内。

[2]宋遣使來聘：據傅樂焕《宋遼聘使表》，本年除正旦生辰使外，宋未再遣使，此條當是衍文（見《遼史叢考》第190頁）。

二年春正月，如納水鉤魚。[1]

[1]鉤魚：鑿冰捕魚。

二月辛丑朔，駐蹕魚兒濼。[1]

[1]魚兒濼：又稱長濼、長泊，在長春州（治所在今吉林省前郭爾羅斯蒙古族自治縣塔虎城）境内。

三月甲戌，如長春州。[1]丁丑，宋使薛貽廓來告宋主恒殂，[2]子禎嗣位。遣都點檢耶律僧隱等充宋祭奠使、副，林牙蕭日新、觀察馮延休充宋後弔慰使、副。戊寅，遣金吾耶律諧領、引進姚居信充宋主弔慰使、副。戊子，爲宋主飯三京僧。是月，地震，雲、應二州屋摧地陷，嵬白山裂數百步，泉湧成流。

[1]長春州：治所在今吉林省前郭爾羅斯蒙古族自治縣西北部松花江畔的塔虎城。

[2]宋主恒殂：據《長編》卷九八宋真宗乾興元年（1022）二月"戊午，上崩於延慶殿，仁宗即皇帝位。……遣内殿承制、閤門祇候薛貽廓告哀契丹"。

夏四月，如緬山清暑。

五月乙亥，[1]參知政事石用中薨。庚辰，鐵驪遣使獻兀惹十六户。

[1]五月乙亥：【劉校】原作“五月乙亥朔”。按本書卷四四《曆象志下·朔考》，五月己巳朔，乙亥是初七日。“朔”字衍，今删。

六月己未，[1]宋遣使薛由等來饋其先帝遺物。[2]

[1]六月己未：【劉校】據中華點校本校勘記，己未，原誤“乙未”。按本書卷四四《曆象志下·朔考》，六月己亥朔，有己未，無乙未。據改。

[2]宋遣薛由等來饋其先帝遺物：據傅樂焕《宋遼聘使表》，薛田，《宋史》三〇一有傳，《遼史》作“薛由”誤（見《遼史叢考》第190頁）。

秋七月己卯，以耶律信寧爲奉陵軍節度使，高麗國參知政事王同顯静海軍節度使，[1]耶律遂忠長寧軍節度使，[2]耿延毅昭德軍節度使，[3]高守貞河西軍節度使。

[1]高麗國參知政事王同顯静海軍節度使：【劉校】據中華點校本校勘記：“《羅校》，王同顯，疑即統和十五年之高麗使者王同穎（‘穎’，殿本作‘潁’）。”

[2]耶律遂忠（980—1037）：【劉注】據《耶律遂忠墓誌銘》，耶律遂忠實姓韓，是遼代開國功臣韓知古的曾孫，韓匡嗣第九子韓德昌之子。

[3]耿延毅：遼初漢臣耿崇美之孫。耿延毅兩娶，皆爲大族韓氏（賜姓耶律）。耿氏“入居環衛，出領藩維；改職版圖，扈隨輦下”，與皇室關係密切。【靳注】據中華修訂本校勘記，此處文字有誤。按《耿延毅墓誌》，耿氏卒於開泰八年（1019），而此處所記事繫於太平二年（1022）。

九月癸巳，遣尚書僧隱、韓格賀宋主即位。

冬十月壬寅，[1]遣堂後官張克恭充賀夏國王李德昭生日使，[2]耶律掃古、韓王充賀宋太后生日使、副，[3]耶律仙寧、史克忠充賀宋正旦使、副。是月，駐蹕胡魯古思淀。癸卯，[4]賜宰臣呂德懋、參知政事吳叔達、樞密副使楊又玄、右丞相馬保忠錢物有差。辛亥，至上京，曲赦畿内囚。

[1]冬十月壬寅：【劉校】據中華點校本校勘記，"冬十月"三字原脱。按本書卷四四《曆象志下·朔考》，九月戊辰朔，無壬寅；十月丁酉朔，壬寅初六日。據補。

[2]李德昭（981—1031）：即李德明。遼避景宗諱，改德明爲德昭。西夏李繼遷之子。年二十四嗣位。公元1005年，遼册封他爲西平王。次年，宋授爲定難軍節度使，封西平王。死後其子元昊追謚光聖皇帝，廟號太宗。

[3]韓王：【劉校】據中華點校本校勘記，"王"字疑誤，《長編》作"韓玉"。

[4]癸卯：【劉校】據中華點校本校勘記，原誤作"冬十月癸卯朔"。按本書卷四四《曆象志下·朔考》，十月丁酉朔，癸卯初七日。"冬十月"已見於壬寅，則此"冬十月"三字與"朔"字均衍文。並删。

十一月丙戌，宋遣使來謝。

十二月辛丑，高麗王詢薨，其子欽遣使來報，即命使册欽爲高麗國王。[1]甲寅，宋遣劉燁、郭志言來賀千齡節。是年，放進士張漸等四十七人。

[1]高麗王詢薨，其子欽遣使來報，即命使册欽爲高麗國王：按《高麗史》卷四《顯宗世家一》，本年是册高麗太子王欽爲“高麗國公”。此時王詢尚未卒。另據《高麗史》卷五，王詢卒於遼太平十一年（1031）。

三年春正月丙寅朔，如納水鉤魚。以僧隱爲平章事。乙亥，以蕭台德爲南王府都監，林牙耶律信甯西北路招討都監。辛巳，賜越國公主私城之名曰懿州，[1]軍曰慶懿。

[1]越國公主：【劉注】本書卷六五《公主表》稱聖宗第三女延壽女，封越國公主。　懿州：【劉注】州城故址在今遼寧省阜新蒙古族自治縣塔營子鎮塔營子村古城址。

二月丙申，以丁振爲武信軍節度使，[1]改封蘭陵郡王。[2]戊申，以東平郡王蕭排押爲西南面都招討，進封豳王。

[1]武信軍：治遂寧（今屬江西省），不在遼境。

[2]蘭陵郡王：契丹外戚蕭氏封爵。蘭陵郡是蕭氏郡望。戰國楚置蘭陵縣，在今山東省蒼山縣西南蘭陵鎮。西晉置蘭陵郡，治丞縣（今山東省棗莊市嶧城區南，在古蘭陵縣西）。此蕭氏與契丹蕭氏並無血緣關係。

夏四月，以耶律守寧爲都點檢。

五月，清暑緬山。

六月戊申，以南院宣徽使劉涇參知政事，蕭孝惠爲副點檢，[1]蕭孝恭東京統軍兼沿邊巡檢使。戊午，以蕭璉爲左夷离畢，[2]蕭琳爲詳穩。[3]

[1]蕭孝惠：【劉注】據《晉國夫人蕭氏墓誌銘》，蕭孝惠爲蕭諧里（漢名蕭和）第五子，“次諱孝惠，北宰相、殿前都點檢、楚王”。

[2]蕭璉：【劉注】據《蕭琳墓誌銘》，蕭璉是蕭琳之弟。曾任武定軍節度使、檢校太師、駙馬都尉、知同洲軍州事。

[3]蕭琳（990—1032）：【劉注】據《蕭琳墓誌銘》，蕭琳，字桂芳。“曾祖諱允，字守信，金紫崇禄大夫、檢校太師兼侍中。祖父諱壽，字永從，金紫崇禄大夫、檢校太傅兼侍中。皇考諱仲，字敬和，即尚父令公，謚蘭陵郡王。皇妣耶律氏，國太夫人。兄弟四人，行二。公爰從弱年，孝敬父兄，和順弟姪，信義朋友，禮樂鄉間。賑族漸盈，桂玉恒給者，蓋公之勠力也。自太平五年授左夷离畢，功顯牢盆，榮應憲府。至九年，可南面諸行宮都部署，超授崇禄大夫、尚書左僕射。爰秉德清，掌樞機之重任；別彰藻鑒，協總紀之洪猷。十年，可臨海軍節度使，錦、嚴、來等州觀察處置等使，檢校太師、右千牛衛上將軍、使持節錦州諸軍事、行晉州刺史，加御史大夫。出爲將也，揮戈必靜於邊甿；入作相焉，握管克符於寶祚。”

秋七月戊寅，以南府宰相耶律合葛爲上京留守，封漆水郡王。丙戌，以皇后生辰爲順天節。丁亥，賜緬山名曰永安。[1]是月，獵赤山。[2]

[1]緬山：【劉注】在今内蒙古自治區巴林右旗索博日嘎鎮。

[2]赤山：【劉注】據《巴林左旗志》（内蒙古人民出版社1996年版）第168頁稱：“烏蘭達壩，遼代稱‘赤山’。”

閏九月壬辰朔，[1]以蕭伯達、韓紹雍充賀宋正旦使、副，唐骨德、程昭文賀宋生辰使、副。

[1]閏九月壬辰朔：【劉校】“九”“朔”二字原脱，中華點校本據本書卷四四《曆象志下·朔考》補。今從。

冬十月庚辰，宋遣薛奎、郭盛來賀順天節，[1]王臻、慕容惟素賀千齡節。東征軍奏：“統帥諧領、常衮課奴率師自毛母國嶺入，林牙高九、裨將大臣逸等率師鼓山嶺入。閏月未至撻離河，[2]不遇敵而還。以是月會於弘怕只嶺，駞、馬死者甚衆。”駐蹕遼河。

[1]順天節：據傅樂煥先生推測，遼以齊天皇后生辰爲順天節，其生辰當在十月下旬。參《遼宋聘使表》附考丙《遼帝后生辰改期受賀考》(《遼史叢考》第248頁)。

[2]閏月未至撻離河：【劉校】據中華點校本校勘記，按“閏月未”費解。未字或係“末”字之訛，即指閏九月末而言。若是“未”字，則未字上應脱一天干字。

十一月辛卯朔，以皇姪宗範爲歸德軍節度使，北府宰相蕭孝穆南京留守，[1]封燕王，南京留守韓制心南院大王、兵馬都總管，仇正燕京轉運使。[2]

[1]蕭孝穆（？—1043）：小字胡獨堇。淳欽皇后弟阿古只五世孫。統和二十八年（1010）累遷西北路招討都監。開泰元年（1012）冬，進軍可敦城，敗阻卜結五群牧長謀叛，拜北府宰相。太平九年（1029）平定大延琳謀反，改東京留守。興宗即位，復爲

南京留守。本書卷八七有傳。

[2]南京留守韓制心南院大王、兵馬都總管，仇正燕京轉運使：【劉注】據中華點校本校勘記："《遼文匯》六《韓橁墓誌》稱制心爲'四十萬兵馬都總管兼侍中、南大王'，則此'兵馬都總管'當屬制心所任官。仇正，疑是上文開泰六年七月及九月之仇正已。"

十二月壬戌，以宗範爲平章事，封三韓郡王，仇道衡中京副留守，馮延休順州刺史，郎玄化西山轉運使，[1]趙其樞密直學士。丁卯，以蕭永爲太子太師。己卯，封皇子重元秦國王。

[1]西山：中華點校本校勘記云："疑是'山西'之倒誤。"然龍門縣（今河北省赤城縣）、懷州（今內蒙古自治區巴林右旗）等地皆有西山，故不能確定"西山"爲倒誤。

四年春正月庚寅朔，宋遣張傳、張士禹、程琳、丁保衡來賀。如鴨子河。

二月己未朔，[1]獵撻魯河。詔改鴨子河曰混同江，[2]撻魯河曰長春河。[3]

[1]二月己未朔：【劉校】原闕"朔"字，中華點校本據本書卷四四《曆象志下·朔考》補。今從。

[2]混同江：即松花江。

[3]撻魯河：【劉注】今吉林省的洮兒河。

三月戊子朔，[1]千齡節，詔賜諸宮分耆老食。

［1］三月戊子朔：【劉校】原本闕“朔”字，中華點校本據本書卷四四《曆象志下・朔考》補。今從。

夏四月癸酉，以右丞相馬保忠之子世弘使嶺表，至平地松林爲盜所殺，[1]特贈昭信軍節度使。[2]

［1］平地松林：西遼河上游中古時期生態良好，有茂密的松林，稱“平地松林”。《新五代史》卷七三《四夷附録第二》引胡嶠《陷虜記》説：“自上京東去四十里至真珠寨，始食菜。明日東行，地勢漸高，西望平地松林，鬱然數十里，遂入平川，多草木。”

［2］昭信軍：贛州（今江西省贛州市）軍號。不在遼境。

五月，清暑永安山。

六月己未，[1]南院大王韓制心薨。戊辰，以鄭弘節爲兵部郎中，劉慎行順義軍節度使。辛未，以燕王蕭孝穆子順爲千牛衛將軍。甲戌，以中山郡王查哥爲保靜軍節度使，[2]樂安郡王遂哥廣德軍節度使，[3]蕭解里彰德軍節度使。[4]庚辰，以遼興軍節度使周王胡都古爲臨海軍節度使，[5]漆水郡王敵烈南院大王。

［1］六月己未：【劉校】據中華點校本校勘記，“六月”二字原脱。按本書卷四四《曆象志下・朔考》，六月丁巳朔，己未是初三日。下文戊辰、辛未、甲戌、庚辰，均屬六月。據補。

［2］保靜軍：建州軍號。建州，地當今遼寧省朝陽市西八十里處。【劉注】遼代後期建州治爲今遼寧省朝陽縣大平房鄉黄花灘村古城址。

［3］廣德軍：遼代軍號。治乾州。【劉注】遼代乾州州治在今

遼寧省北鎮市廣寧鎮小常屯古城址。

[4]彰德軍：治所在相州，在今河南省安陽市。蕭解里爲彰德軍節度使是遙授。

[5]臨海軍：滄州軍號。治所在今河北省滄州市，不在遼境内。

周王胡都古：【劉注】據本書卷六四《皇子表》和《契丹國志》卷一八，周王胡都古是遼聖宗三弟耶律隆裕（《遼史》誤作“隆祐”）之子，漢名宗業。

秋七月，如秋山。

八月丙辰朔，[1]以韓紹芳爲樞密直學士，[2]駙馬蕭匹敵都點檢。

[1]八月丙辰朔：【劉校】原本闕“朔”字，中華點校本據本書卷四四《曆象志下·朔考》補。今從。

[2]韓紹芳：【劉注】遼代開國功臣韓延徽之曾孫，韓德樞之孫。重熙間任參知政事，加兼侍中。時廷議征李元昊，力諫不聽，出爲廣德軍節度使。聞敗，嘔血卒。本書卷七四有傳。

九月，以駙馬蕭紹宗爲武定軍節度使，[1]耶律宗福安國軍節度使。[2]

[1]蕭紹宗（996—1038）：【劉注】即蕭匹里。匹里是契丹語名，紹宗是漢名。據《蕭紹宗墓誌銘》，蕭紹宗字克構，“曾祖諱胡毛里，贈韓王。祖諱守興，故推誠啟運翊世同德致理功臣、樞密使、守尚書令、行政事令、駙馬都尉、贈楚國王。烈考諱繼遠（《遼史》作‘繼先’），故嘉謀弘略匡弼定霸功臣、上京留守兼政事令、駙馬都尉、蘭陵郡王、贈宋王。母趙魏國大長公主（本人墓

誌作‘秦晉國大長公主’）。未弱冠，尚秦國長公主。授鄭州防禦使、駙馬都尉，加左威衛大將軍，遷授林牙。改殿前副點檢，昇宣徽北院使，加永清軍節度使、同政事門下平章事，職如故。出授武定軍節度使，入拜太子太傅，同知諸行宫都部署司事。改宣徽南院使，移大國舅都鈐轄兼侍中。興宗即位，授樞密使，封陳王，進封魯王”。　武定軍：奉聖州（即新州）軍號。治所在今河北省涿鹿縣。

[2]耶律宗福（998—1071）：【劉注】即韓滌魯。本書卷八二有傳。遼代開國功臣韓知古之玄孫，韓德威之孫，韓雱金之子。據《耶律宗福（韓滌魯）墓誌銘》，特蒙聖宗皇帝升於子息之曹，今與興宗糸於昆弟之列。貴處宸禁，榮連御名。跟興宗是一個字輩的。其最後官銜是北宰相、陳王。　安國軍：治所在邢州，即今河北省邢臺市。

冬十月，駐蹕遼河。宋遣蔡齊、李用和來賀千齡節。

十一月，追封南院大王韓制心爲陳王。

十二月，以蕭從政爲歸義軍節度使，[1]康筠監門衛，充賀宋正旦使、副。

是年，放進士李炯等四十七人。

[1]歸義軍：沙州軍號。治敦煌，位於今甘肅省境内，不屬遼。沙州歸義軍爲唐宣宗大中五年（851）至宋仁宗景祐三年（1036）的沙州地方政權。安史之亂時，吐蕃乘虚進攻隴右、河西，德宗貞元三年（787）沙州被吐蕃攻陷，直至唐宣宗大中二年（848），沙州漢族人民在張議潮領導下舉行起義，趕走吐蕃鎮將，河西地區纔復歸唐朝。大中五年朝廷定在沙州置歸義軍，以張議潮爲歸義軍節度使、十一州觀察使。但僖宗（873—888）後，沙州歸義軍所轄唯

瓜、沙二州。唐亡時，張氏自立“金山國”。數年後，曹氏代替張氏掌握沙州地方政權，仍稱歸義軍節度使，向五代、北宋諸政權奉表入貢。至宋景祐三年（一説景祐二）亡於西夏。

（李錫厚注　劉鳳翥校）

遼史　卷一七

本紀第十七

聖宗八

五年春正月乙酉，如混同江。[1]

[1]混同江：即松花江。

二月戊午，禁天下服用明金及金線綺，國親當服者，奏而後用。是月，如魚兒濼。[1]

[1]魚兒濼：又稱長濼、長泊。在長春州（治所在今吉林省前郭爾羅斯蒙古族自治縣塔虎城）境内。

三月壬辰，以左丞相張儉爲武定軍節度使、同政事門下平章事，[1]鄭弘節臨潢少尹，[2]劉慎行遼興軍節度使，[3]武定軍節度使蕭匹敵契丹行宮都部署，[4]樞密副使楊又玄吏部尚書、參知政事兼樞密使。是月，如長春河魚兒濼。有聲如雷，其水一夕越沙岡四十里，[5]别爲一陂。

[1]張儉（？—1053）：宛平（今北京）人。舉進士第一，受到聖宗賞識，太平六年（1026）爲南院樞密使。聖宗不豫，受遺詔輔立太子，是爲興宗，拜太師、中書令，加尚父，徙王陳。在相位二十餘年。本書卷八〇有傳。　武定軍：奉聖州（即新州）軍號。治所在今河北省涿鹿縣。

[2]臨潢：遼上京稱臨潢府，治所在今内蒙古自治區巴林左旗林東鎮。

[3]劉慎行：河間（今河北省河間市）人。其父劉景，穆宗應曆初遷右拾遺、知制誥，爲翰林學士。景宗即位，以劉景爲南京副留守，與留守韓匡嗣子德讓共理京事。慎行官至北府宰相、監修國史。開泰四年（1015）伐高麗，慎行爲都統，樞密使耶律世良爲副，慎行挈家邊上，致緩師期，追還之。其子煆、端俱尚主，劉二玄又是遼聖宗之弟秦晉國王隆慶之妃的第三任丈夫。重熙七年（1038）十二月，慎行之子劉六符出任參知政事。曾多次出使宋朝，在與宋朝辦理交涉中，以強硬著稱。本書卷八六有劉六符傳。　遼興軍：平州軍號。治所在今河北省盧龍縣。

[4]契丹行宫都部署：遼北面行宫官。遼在北南面官系統中，分别設契丹行宫都部署和漢人行宫都部署，其上則有諸行宫都部署。行宫都部署完全是倣中原王朝官制設置的，它不同於專管斡魯朵事務的某宫都部署的宫官。宋朝皇帝巡幸亦有行宫，且亦有行宫都部署之設。後避英宗趙曙名諱，改稱行宫都總管。

[5]有聲如雷，其水一夕：【劉校】北監本、殿本作“其水一夕有聲如雷”。中華修訂本據此改。今從改。

夏五月，清暑永安山。[1]以蕭從順爲太子太師，[2]吳叔達翰林學士，道士馮若谷加太子中允，耶律晨武定軍節軍使，張儉彰信軍節度使，[3]呂士宗禮部員外郎，李可舉順義軍節度使。[4]

[1]永安山：遼帝夏捺钵地。“原名緬山，聖宗時改稱。《聖宗紀》‘太平三年七月丁亥，賜緬山名曰永安’。後聖宗慶陵即營建其地。聖宗崩後，興宗即陵置州，是曰慶州，更稱慶陵曰慶雲山。”參傅樂焕《遼代四時捺鉢考》（《遼史叢考》第86頁）。

[2]以蕭從順爲太子太師：【劉校】中華點校本校勘記云：“下文太平十年四月又有蕭從順加太子太師，與此重複。檢本書《百官志三》，太平十一年見太子少師蕭從順。此或誤少師爲太師，《百官志》殆誤五年爲十一年。”

[3]張儉彰信軍節度使：【劉注】按《張儉墓誌銘》，張儉是彰國軍節度使。

[4]順義軍：遼代軍號。治朔州（今山西省朔州市）。

秋七月，獵平地松林。[1]

[1]平地松林：西遼河上游中古時期生態良好，有茂密的松林，稱“平地松林”。《新五代史》卷七三《四夷附録第二》引胡嶠《陷虜記》説：“自上京東去四十里至真珠寨，始食菜。明日東行，地勢漸高，西望平地松林，鬱然數十里，遂入平川，多草木。”

九月，駐蹕南京。己亥，以蕭迪烈、李紹琪充賀宋太后生辰使、副，耶律守寧、劉四端充賀宋主生辰使、副。

冬十月辛未，宋太后遣馮元宗、史方來賀順

天節。[1]

[1]宋太后遣馮元宗、史方來賀順天節：馮元宗，錢大昕《奉使年表》謂應從《長編》作“馬宗元”。據傅樂焕《宋遼聘使表》：馬宗元，《遼史》作“馮元宗”。考《宋史》卷二九四有《馮元傳》，“元，字道宗。仁宗初爲户部員外郎、直學士兼侍講龍圖閣學士等職，似即此人，然則《長編》、《遼史》均誤”（見《遼史叢考》第192頁）。

十一月庚子，幸内果園宴，京民聚觀。求進士得七十二人，命賦詩，第其工拙，以張昱等一十四人爲太子校書郎，韓欒等五十八人爲崇文館校書郎。辛丑，以左祇候郎君詳穩蕭羅羅爲右夷离畢。[1]

[1]祥穩：漢語“將軍”的音譯。【劉注】“詳穩”即漢語“將軍”音譯的説法似有值得商榷之處。在契丹小字中，“詳穩”作，“將軍”作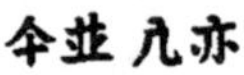，或、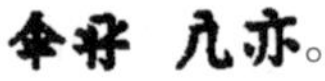。“詳穩”不是漢語“將軍”的音譯，而是音譯的契丹語，“將軍”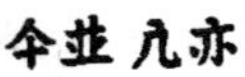，或、是漢語借詞。夷离畢：契丹官名。爲執政官，相當於副宰相参知政事。後來官分南、北，北面官有夷离畢院，主要掌刑政。

十二月丁巳，以漢人行宫都部署蕭孝先爲上京留守，[1]皇姪長沙郡王謝家奴匡義軍節度使，[2]耶律仁舉興國軍節度使。[3]甲子，蕭守寧爲點檢侍衛親軍馬步軍。[4]乙丑，北院樞密使蕭合卓薨。[5]戊辰，[6]以北府宰相蕭普古爲北院樞密使。[7]己巳，遣蕭諧、李琪充賀宋正旦使、副。庚午，以叅知政事劉京爲順義軍節度使。乙亥，宋使李維、張綸來賀千齡節。[8]

[1]蕭孝先：聖宗欽愛皇后蕭耨斤和蕭孝穆之弟。字延寧，小字海里。尚南陽公主，拜駙馬都尉。爲東京留守。大延琳反，被圍數月，穴地而出。欽愛弑仁德皇后蕭菩薩哥，孝先多爲其謀。本書卷八七有傳。

[2]匡義軍：饒州軍號。饒州故城位於今内蒙古自治區巴林左旗西南六十公里的西拉木倫河北岸臺地上，北靠群山。

[3]興國軍：遼軍鎮名。治所在龍化州，其地在今内蒙古自治區奈曼旗東北。

[4]點檢侍衛親軍馬步軍：即查覈該軍。遼南京有侍衛親軍馬步軍都指揮使司，是漢軍的指揮機構，其長官爲侍衛親軍馬步軍都指揮使。

[5]北院樞密使：即契丹樞密院之樞密使，爲北面官之最高官職，掌軍事、部族。詳本書卷四五《百官志一》。

[6]戊辰：【劉校】據中華點校本校勘記："原作'"十二月戊辰'。按'十二月'三字已見前，衍文從删。"

[7]宰相：契丹部族官名。契丹可汗之下有北、南二府，各部族則分屬二府，分設宰相，故北宰相亦稱北府宰相，南宰相亦稱南府宰相。

[8]千齡節：遼以聖宗生日爲千齡節。

是歲，燕民以年谷豐熟，車駕臨幸，爭以土物來獻。上禮高年，惠鰥寡，賜酺飲。[1]至夕，六街燈火如晝，[2]士庶嬉遊，上亦微行觀之。丁丑，禁工匠不得銷毁金銀器。

[1]酺（pú）飲：大飲酒。
[2]六街：蓋指都城鬧市。

六年春正月己卯朔，宋遣徐奭、裴繼起、張若谷、崔準來賀。[1]

庚辰，如鴛鴦濼。[2]

[1]宋遣徐奭、裴繼起、張若谷、崔準來賀：《長編》卷一〇四宋仁宗天聖四年（遼太平六年，1026）八月乙未："以右諫議大夫、權三司使范雍爲契丹生辰使，東染院使、帶御器械侯繼隆副之；起居郎、知制誥徐奭爲正旦使，供奉官、閤門祗候裴繼已副之；淮南江浙荆湖制置發運使、刑部郎中張若谷爲契丹妻正旦使，右侍禁、閤門祗候崔准副之。據傅樂焕《宋遼娉使表》附考丁《遼史所記宋賀使糾謬》，如果此一行人等賀太平六年正旦，出發時間應爲宋天聖三年；按，如《長編》所記出發時間無誤，則應是賀下一年——太平七年正旦。另《長編》所記"裴繼起"爲裴繼已。

[2]鴛鴦濼：湖名。在今北京市延慶區境内。舊時周八十里。其水停積不流，自遼金以來，爲飛放之所。今名野鴨湖。

二月己酉，以迷离己同知樞密院，黄翩爲兵馬都部署，達骨只副之，赫石爲都監，引軍城混同江、䟽木河之間。黄龍府請建堡障三、烽臺十，[1]詔以農隙築之。東京留守八哥奏黄翩領兵入女直界徇地，[2]俘獲人、馬、牛、豕，不可勝計，得降户二百七十，詔奬諭之。戊午，以耶律野爲副點檢，以國舅帳蕭柳氏、徒魯骨領西北路十二班軍、奚王府舍利軍。[3]己巳，南京水，遣使振之。庚午，詔党項別部塌西設契丹節度使治之。[4]

[1]黄龍府：治所在今吉林省農安縣。

[2]女直：本作女真，因避遼興宗耶律宗真名諱，改稱女直。遼時居東北東部。在南者入遼籍，稱熟女真，或合蘇館女真；在北者不入遼籍，稱生女真。

[3]國舅帳：遼朝有大國舅司，掌乙室己、拔里二帳之事。世宗以其舅氏爲國舅別部，剌只撒古魯應掌國舅別部。 奚王府：奚部族官府名。奚原分五部，阿保機降伏五部奚之後設置墮瑰部，而成六部。其首領仍稱奚王，設奚大王府，作爲治理六部奚的機構。詳本書卷三三《營衛志・部族下》。

[4]党項：中國古代族名。又稱党項羌，唐以後主要活動於靈、慶、銀、夏等州，即今甘肅、寧夏、陝西和内蒙古等省區交界地區。

三月戊寅朔，[1]以大同軍節度使張儉入爲南院樞密使、左丞相兼政事令，[2]參知政事吳叔達責授將作少監，出爲東州刺史。[3]是月，阻卜來侵，[4]西北路招討使蕭惠破之。[5]

[1]三月戊寅朔：【劉校】原本闕“朔”字，中華點校本據本書卷四四《曆象志下・朔考》補。今從。

[2]南院樞密使：即漢人樞密院之樞密使。爲南面官最高官職。詳見本書卷四七《百官志三》。 政事令：遼朝南面宰相。遼世宗天禄四年（950）建政事省之前，漢人宰相無定稱；建政事省之後，南面宰相稱“政事令”，且多由契丹貴族擔任。

[3]東州：【劉校】據中華點校本校勘記，本書卷八〇《張儉傳》作“康州”。

[4]阻卜：即達旦、韃靼。元人諱言達旦，而稱達旦爲阻卜。詳王國維《觀堂集林》卷一四《達旦考》。

[5]蕭惠（982—1056）：契丹外戚。字伯仁，淳欽皇后弟阿古只五世孫。初爲國舅詳穩。從伯父排押征高麗，以功授契丹行宮都部署。開泰二年（1013）改南京統軍使。後爲西北路招討使，封魏國公。興宗即位，知興中府，歷順義軍節度使、東京留守、西南面招討使。重熙十七年（1048）尚帝姊秦晉國長公主，拜駙馬都尉。本書卷九三有傳。

夏四月丁未朔，以武定軍節度使耶律洪古爲惕隱。[1]戊申，蒲盧毛朵部多兀惹户，[2]詔索之。丙寅，如永安山。

[1]耶律洪古：【劉校】據中華點校本校勘記：“‘洪古’原誤‘漢古’，據下文八月惕隱耶律洪古改。本書卷九五本傳作弘古。”　惕隱：契丹官名。又稱梯里已，掌皇族政教。

[2]蒲盧毛朵部：女真部族，遼屬部，爲遼國外十部之一。

五月辛卯，以東京統軍使蕭慥古爲契丹行宮都部署。癸卯，遣西北路招討使蕭惠將兵伐甘州回鶻。[1]

[1]甘州回鶻：遊牧於甘州一帶的回鶻。9世紀中，回鶻的一支西遷，分佈在甘州、沙州、涼州、賀蘭山、秦州、合羅川（今額濟納河）等地。其中以遊牧於甘州一帶的“甘州回鶻”最爲強盛。

六月辛丑，詔凡官畜並印其左以識之。[1]

[1]識之：【劉校】“識”原本作“職”，明抄本、南監本、北監本和殿本均作“識”。中華點校本和修訂本徑改。今從改。

秋七月戊申，獵黑嶺。[1]

八月，蕭惠攻甘州不克，師還。自是阻卜諸部皆叛，遼軍與戰，皆爲所敗，監軍涅里姑、國舅帳太保曷不呂死之。詔遣惕隱耶律洪古、林牙化哥等將兵討之。[2]

[1]黑嶺：即慶雲山。據本書卷三七《地理志一》，慶州有慶雲山，“本黑嶺也，聖宗駐蹕，愛羨，曰：‘吾萬歲後，當葬此。’興宗遵遺命，建永慶陵。有望仙殿、御容殿。置蕃、漢守陵三千户，並隸大内都總管司”。

[2]林牙：契丹官名。掌文翰，相當於翰林學士。　化哥：即耶律化哥。字弘隱，孟父楚國王之後。乾亨初爲北院林牙。統和四年（986）拜上京留守，遷北院大王。十六年侵宋爲先鋒，以功遷南院大王，尋改北院樞密使。開泰元年（1012），伐阻卜以功封豳王。伐阻卜過程中掠阿薩蘭回鶻，諸蕃由此不附。聖宗使按之，削王爵。本書卷九四有傳。

九月，駐蹕遼河滸。

冬十月丙子，曷蘇館諸部長來朝。[1]庚辰，遣使問夏國五月與宋交戰之故。[2]辛巳，以前南院大王直魯衮爲烏古敵烈都詳穩。[3]庚寅，以蕭孝順、蕭紹宗兼侍中，駙馬蕭紹業平章政事，前南院大王胡覩堇同知上京留守，安哥通化州節度使。[4]

［1］曷蘇館：即熟女真。《松漠紀聞》卷上稱：“居混同江之南者謂之熟女真，以其服屬契丹也。江之北爲生女真，亦臣於契丹。”

［2］夏國（1038—1227）：以党項民族爲主體建立的政權。公元1038年元昊叛宋稱帝，建立大夏王朝，傳十代，至公元1227年爲蒙古所滅。元昊稱帝以前，作爲北宋境内的地方割據政權，已經具有獨立性。史稱西夏，先後與遼、北宋及金、南宋並立於中國境内。境土包括今寧夏回族自治區全部、甘肅省大部、陝西省北部以及青海省、内蒙古自治區的部分地區。

［3］南院大王：契丹部族官。遼朝析迭剌部爲五院部和六院部。五院部有知五院事，在朝曰北大王院；六院部有知六院事，在朝曰南大王院。北院大王和南院大王即是五院部和六院部的首領，握有兵權。　烏古敵烈：原爲二部。烏古又稱嫗厥律、于厥律，居契丹西北；敵烈又譯迪烈、敵烈德、迭烈德、達里底。遼時以遊牧、捕獵爲業，分佈於臚朐河（今克魯倫河）流域。有八部，稱爲八部敵烈或八石烈敵烈。與烏古部並稱爲北邊大部。遼聖宗以敵烈部降人置迭魯敵烈部和北敵烈部。開泰四年（1015）築河董城於臚朐河北，安置敵烈、烏古降人。壽昌二年（1096）徙敵烈、烏古於烏納水西。遼置烏古敵烈統軍司以應對阻卜諸部的反抗。金末元初，敵烈人逐漸與女真人、蒙古人等同化。

［4］通化州：其地在泰州西北六百里。據本書卷三七《地理志一》：“泰州，德昌軍，節度。本契丹二十部族放牧之地。因黑鼠族累犯通化州，民不能禦，遂移東南六百里，來建城居之，以近本族。”

十一月乙丑，[1]宋遣韓翼、田承説來賀順天節。[2]戊辰，西北路招討司小校掃姑訴招討蕭惠三罪，詔都監奥骨禎按之。

[1]十一月乙丑:【劉校】據中華點校本校勘記,“十一月”三字,原在下文“戊辰”上。按本書卷四四《曆象志下·朔考》,十一月癸卯朔,乙丑是二十三日。今據改。

[2]宋遣韓翼、田承説來賀順天節:【劉校】據中華點校本校勘記:“按翼原名億,因奉使遼廷避太祖耶律億名改意,《遼史》又改翼。”

十二月庚辰,曷蘇館部乞建旗鼓,[1]許之。[2]辛巳,詔北、南諸部廉察州縣及石烈、彌里之官,[3]不治者罷之。詔大小職官有貪暴殘民者立罷之,終身不録;其不廉直雖處重任,即代之;能清勤自持者,在卑位亦當薦拔;其内族受賂事發,[4]與常人所犯同科。戊戌,遣杜防、蕭蘊充賀宋生辰使、副。庚子,駐蹕遼河。

[1]建旗鼓:設立象徵部族首領權威的儀仗。

[2]許之:【劉校】原本作“訴之”,據南監本、北監本、殿本、馮氏《初校》改。中華點校本及修訂本徑改。

[3]石烈:構成部族的小單位,《遼史·百官志》以之對應爲“縣”。 彌里:構成石烈的小單位,《遼史·百官志》以之對應爲“鄉”。

[4]内族:皇族,宗室。

七年春正月壬寅朔,宋遣張保維、孫繼業、孔道輔、馬崇至來賀。[1]如混同江。辛亥,以女直白縷爲惕隱,蒲馬爲巖母部太師。甲寅,蒲盧毛朵部遣使來貢。

[1]宋遣張保維等來賀：據傅樂煥《宋遼聘使表》，張保維應爲“張保雍”，孫繼業應爲“孫繼鄴”（見《遼史叢考》第193頁）。《長編》卷一〇五天聖五年（遼太平七年，1027）九月：“庚子……户部判官、職方員外郎張保雍爲正旦使，崇儀副使孫繼鄴副之；左正言、直史館孔道輔爲契丹妻正旦使，左侍禁、閤門祇候馬崇副之。”如四人果遣於天聖四年，則《長編》誤；如遣於天聖五年則《遼史》誤。

夏四月乙未，獵黑嶺。

五月，清暑永安山。西南路招討司奏陰山中産金銀，[1]請置冶，從之。復遣使循遼河源求産金銀之丱。[2]

[1]陰山：昆侖山北支。西起河套西北，向東綿亘於今内蒙、河北等省區，與内興安嶺相接，隨地易名。此處所謂“陰山”，可能是指内蒙境内的大青山。

[2]金銀之丱：【劉校】南監本、北監本和殿本均作“金銀之所”。中華點校本作“金銀之礦”。“丱”古“礦”字。

六月，禁諸屯田不得擅貨官粟。[1]癸巳，詔蕭惠再討阻卜。

[1]屯田：國家招募戍卒或農民墾種國有土地或無主荒地，稱爲屯田。此指專司屯田的機構和官員不得擅自將屯田收穫的糧食（官粟）變賣。

秋七月己亥朔，詔更定法令。庚子，詔諭駙馬蕭鉏不、公主粘米袞：“爾於后有父母之尊，后或臨幸，祇謁先祖、祇拜空帳，失致敬之禮。今後可設像拜謁。”[1]乙巳，詔輦路所經旁三十步內不得耕種者，[2]不在訴訟之限。

[1]公主粘米衮：本書卷六四《公主表》作巖母，聖宗女，欽哀皇后生，開泰七年（1018）封魏國公主。進封秦國長公主，改封秦晉國長公主。清寧初加大長公主。　后或臨幸，祇謁先祖、祇拜空帳，失致敬之禮：是說皇后臨幸，爾等（公主與駙馬）祇謁先祖，祇拜空帳，對皇后失致敬之禮。

[2]輦路：皇帝、后妃乘車經行的道路。

九月，駐蹕遼河。

冬十月丁卯朔，詔諸帳院庶孽並從其母論貴賤。[1]

[1]庶孽：非正妻所生之子。

十一月，宋遣石中立、石貽孫來賀千齡節，王博文、王雙賀順天節。[1]辛亥，以楊又玄、邢祥知貢舉。己未，[2]匡義軍節度使中山郡王查葛、保寧軍節度使長沙郡王謝家奴、廣德軍節度使樂安郡王遂哥奏，[3]各將之官，乞選伴讀書史，從之。癸亥，以三韓王欽爲啟聖軍節度使，[4]楊佶刑部侍郎。甲子，以左千牛衛上將軍耶律古昱爲北院大王。[5]

[1]宋遣石中立、石貽孫來賀千齡節，王博文、王雙賀順天節：據《長編》卷一〇五宋仁宗天聖五年（1027）九月“庚子，以吏

部郎中、知制誥石中立爲契丹賀生辰使，崇儀使石貽孫副之"，王博文、王雙不見《長編》記載。【靳校】石貽孫，原本作"石貽縣"，中華點校本據南監本、北監本和殿本改。今從改。

[2]己未：【劉校】據中華點校本校勘記，"己"原誤"乙"。按本書卷四四《曆象志下·朔考》，十一月丁酉朔，無乙未。檢此日在辛亥、癸亥之間，乙卯十九日，己未二十二日，己誤爲乙，據改。

[3]匡義軍節度使中山郡王查葛、保寧軍節度使長沙郡王謝家奴：【劉校】據中華點校本校勘記："按上文太平四年六月，查哥（即查葛）爲保靜軍節度使，五年十二月，謝家奴爲匡義軍節度使，與此互歧。"　廣德軍：遼代乾州軍號。乾州，遼代州名。遼乾亨四年（982）置，治所在奉陵縣（今遼寧省北鎮市西南十二里觀音洞附近）。《遼史·地理志》乾州："以奉景宗乾陵"，故名。【劉注】遼代乾州州治在今遼寧省北鎮市廣寧鎮小常屯遼城址。

[4]啟聖軍：儀坤州軍號。儀坤州是德光生母應天皇太后出生地，在今内蒙古自治區翁牛特旗西北。

[5]耶律古昱（982—1052）：契丹將領。字磨魯堇。開泰間爲烏古敵烈部都監。從樞密使耶律世良討平該部反叛，以功受詔鎮撫西北部。本書卷九二有傳。

十二月丁卯朔，[1]遣耶律遂英、王永錫充賀宋太后生辰，蕭速撒、馬保永充賀正旦使、副。癸酉，以金吾蕭高六爲奚舍利軍詳穩。

[1]十二月丁卯朔：【劉校】原本闕"朔"字，中華點校本據本書卷四四《曆象志下·朔考》補。今從。

八年春正月己亥，如混同江。庚申，党項侵邊，破之。甲子，詔州縣長吏勸農。

二月戊子，燕京留守蕭孝穆乞于拒馬河接宋境上置戍長巡察，[1]詔從之。

[1]蕭孝穆（？—1043）：小字胡獨堇。太祖淳欽皇后弟蕭阿古只五世孫。統和二十八年（1010）累遷西北路招討都監。開泰元年（1012）冬，進軍可敦城，敗阻卜結五群牧長謀叛，拜北府宰相。太平九年（1029）平定大延琳謀反，改東京留守。興宗即位，復爲南京留守。本書卷八七有傳。　置戍長巡察：【劉校】巡，原本作“城”，中華修訂本據明抄本、南監本、北監本、殿本改。今從改。

三月，駐蹕長春河。

夏五月，清暑永安山。

六月，以韓寧、劉湘充賀宋太后生辰使、副，吳克荷充賀夏國王李德昭生辰使。[1]癸巳，權北院大王耶律鄭留奏，今歲十一月皇太子納妃，[2]諸族備會親之帳。詔以豪盛者三十户給其費。

[1]李德昭（981—1031）：即李德明。遼避景宗諱，改德明爲德昭。西夏李繼遷之子。年二十四嗣位。公元1005年，遼册封他爲西平王。次年，宋授其爲定難軍節度使，封西平王。死後其子元昊追謚光聖皇帝，廟號太宗。

[2]太子：指耶律宗真。

秋七月丁酉，以遙輦帳郎君陳哥爲西北路巡檢，[1]與蕭諧領同管二招討地。以南院大王耶律敵烈爲上京留守。戊戌，獵平地松林。

［1］遙輦帳：遙輦九可汗宮賬，亦稱宮衛。唐開元二十三年(735)，可突於殘黨泥禮殺李過折，立阻午可汗，傳九世，至公元907年阿保機建國。遙輦九可汗繼位後各建宮衛，遼朝立國後，有遙輦九帳大常衮司之設，掌遙輦九世宮分之事務。

九月壬辰朔，以渤海宰相羅漢權東京統軍使。壬子，幸中京。北敵烈部節度使耶律延壽請視諸部，賜旗鼓，詔從之。癸丑，阻卜別部長胡懶來降。乙卯，阻卜長春古來降。

冬十月，宋遣唐肅、葛懷滑來賀順天節。樞密使、魏王耶律斜軫孫婦阿聒指斥乘輿，[1]其孫骨欲爲之隱，事覺，乃并坐之，仍籍其家。詔燕城將士，若敵至，總管備城之東南，統軍守其西北，馬步軍備其野戰，統軍副使繕壁壘，課士卒，各練其事。

［1］耶律斜軫（？—999）：于越曷魯之孫。字韓隱。保寧初受命節制西南面諸軍，仍援河東。改南院大王。乾亨元年（979）秋，宋軍攻下河東，乘勝襲燕，高梁河一戰，他與耶律休哥分左右翼夾擊，大敗宋軍。統和初，承天皇太后蕭綽稱制，益見委任，爲北院樞密使。四年（986）宋軍三路來攻，斜軫指揮擊退西路來攻的宋軍，以功加守太保。本書卷八三有傳。　指斥乘輿：見《史記》卷九《呂后本紀》，猶言指摘、斥責皇帝。《史記集解》引蔡邕説："天子至尊，不敢渫瀆言之，故託於乘輿也。乘猶載也，輿猶車也。天子以天下爲家，不以京師宮室爲常處，則當乘車輿以行天下。故羣臣託乘輿以言之也。"

十一月丙申，皇太子納妃蕭氏。以耶律求翰爲北院大王。

十二月辛酉朔，[1]以遙輦太尉謝佛留爲天雲軍詳穩。壬申，以前北院大王耶律留寧爲雙州節度使，[2]康筠崇德宮都部署，[3]謝十永興宮都部署，[4]旅墳宜州節度使，[5]□庵遼州節度使，[6]耶律野同知中京留守，耶律曷魯突媿爲大將軍。丁丑，詔庶孽雖已爲良，不得預世選。[7]丁亥，宋遣寇瑊、康德來賀千齡節，[8]朱諫、曹英、張逸、劉永釗賀來歲兩宮正旦。詔兩國舅及南、北王府乃國之貴族，賤庶不得任本部官。

是歲，放進士張宥等五十七人。

[1]十二月辛酉朔：【劉校】據中華點校本校勘記，原作“冬十二月辛酉朔”，“冬”字已見前文十月，衍文從删。

[2]雙州：【劉注】據《東北歷史地理》下册，遼代雙州州治爲今遼寧省瀋陽市新城子區石佛寺鄉石佛寺村古城址。

[3]崇德宮：景宗承天太后宮分。

[4]永興宮：太宗德光宮分。

[5]旅墳（991—1053）：【劉注】亦作“驢糞”，耶律宗教的契丹語名的音譯。據漢字和契丹小字《耶律宗教墓誌銘》，旅墳是遼聖宗二弟耶律隆慶之子。其最後官銜是保義軍節度使、同中書門下平章事、判奉先軍節度使事、廣陵郡王。

[6]遼州：治所在今山西省左權縣。

[7]世選：氏族社會遺留下的選任首領和官員的制度，契丹立國初期汗位繼承在形式上仍實行世選。世選與世襲的區别在於：世襲之制即漢族封建時代盛行的嫡長子繼承制，在這種制度下，嫡長子是當然的繼承人。世襲制度下的繼承問題，是皇帝自己的事情，

不容許他人介入；世選之制則不同，在這種制度下，有權勢、地位的貴族們介入確定汗位繼承人之事，由他們在可汗的兄弟子侄中量才推選繼承人。這種“世選”制度不僅存在於契丹社會中，在這一發展階段上的各個民族，無不如此。

[8]康德：據傅樂焕《宋遼聘使表》應是“康德輿”（見《遼史叢考》第193頁）。康德輿，《宋史》卷二二六有傳。

九年春正月，至自中京。

二月戊辰，遣使賜高麗王欽物。[1]如斡濼河。

[1]高麗：指王建創建的高麗王朝（918—1392）。統治地域在今朝鮮半島，首都在開京（今朝鮮開城市）。　王欽：廟號德宗。公元1031年至1034年在位。

夏五月，清暑永安山。

六月戊子朔，[1]以長沙郡王謝家奴爲廣德軍節度使，樂安郡王遂哥匡義軍節度使，中山郡王查葛保定軍節度使，[2]進封潞王，豫章王貼不長寧軍節度使。[3]以耶律思忠、耶律荷、耶律㬤、遙輦謝佛留、陳邈、韓紹一、韓知白、張震充賀宋兩宮生辰及來歲正旦使副。[4]

[1]六月戊子朔：【劉校】原本闕“朔”字，中華點校本據本書卷四四《曆象志下·朔考》補。今從。

[2]保定軍節度使：【劉校】據中華點校本校勘記，本書《地理志》無“保定軍”。上文太平四年（1024）六月作“保靜軍”。

[3]長寧軍：川州軍號。據《嘉慶重修一統志·承德府》：白川州故城在朝陽縣東北六十七里。遼置川州，會同中改爲白川州，

治咸康縣。……今縣境東北之四角阪有廢城週二里餘，蒙古名卓索喀喇城。城内有遼開泰二年《佛頂尊勝陀羅尼石幢記》。爲白川州官吏所建，知即故白川州地。　貼不：【劉注】據本書卷六四《皇族表》，貼不爲遼聖宗三弟耶律隆裕（《遼史》誤作“隆祐”）的第三子。

［4］陳邈：【劉注】《秦國長公主耶律燕哥墓誌銘》的撰者，墓誌銘説：“翰林學士、大中大夫、給事中、知制誥、充史館修撰、判館事、柱國、潁川郡開國侯、食邑一千户、賜紫金魚袋臣陳邈奉勅撰。”　充賀宋兩宫生辰及來歲正旦使副：【劉校】據中華點校本校勘記，“使副”二字原脱，依文義補。下文十二月耶律元吉等充來歲賀宋正旦使副，使副二字亦同此例補。

秋七月戊午朔，如黑嶺。

八月己丑，東京舍利軍詳穩大延琳囚留守、駙馬都尉蕭孝先及南陽公主，[1]殺户部使韓紹勳、副使王嘉、四捷軍都指揮使蕭頗得，[2]延琳遂僭位，號其國爲興遼，年爲天慶。初，東遼之地自神册來附，[3]未有榷酤鹽麴之法，[4]關市之征亦甚寬弛。[5]馮延休、韓紹勳相繼以燕地、平山之法繩之，[6]民不堪命。燕又仍歲大饑，户部副使王嘉復獻計造船，使其民諳海事者，漕粟以振燕民，水路艱險，多至覆没。雖言不信，鞭楚搒掠，[7]民怨思亂。故延琳乘之，首殺紹勳、嘉，以快其衆。延琳先事與副留守王道平謀，道平夜棄其家，踰城走，與延琳所遣召黄龍府黄翩者，俱至行在告變。[8]上即徵諸道兵，以時進討。時國舅詳穩蕭匹敵治近延琳，先率本管及家兵據其要害，絶其西渡之計。渤海太保夏行美亦舊主兵，[9]戍保州，[10]延琳密馳書使圖統帥耶律蒲古。行美乃以實告，蒲古得書，遂殺渤海兵八百人，而斷其東路。延琳知黄龍、保州皆不附，遂分兵西取瀋州，[11]其節度使蕭王六初至，其副張傑聲言欲降，故不急攻。及知其詐而已有備，攻之不克而還。時南、北女直皆從延琳，高麗亦稽其貢。及諸道兵次第皆至，延琳嬰城固守。

[1]大延琳（？—1030）：渤海人，遼東京軍將。反遼鬬爭領導人。　蕭孝先：字延寧，小字海里，聖宗欽愛皇后蕭耨斤和蕭孝穆之弟。尚南陽公主，拜駙馬都尉。爲東京留守。大延琳反，被圍數月，穴地而出。欽愛弒仁德皇后蕭菩薩哥，孝先多爲其謀。本書卷八七有傳。　南陽公主：本書卷六四《公主表》作“南陽郡主，進封公主”。是聖宗第四女崔八。

[2]韓紹勳（？—1029）：韓延徽曾孫，德樞之孫。仕至東京户部使。大延琳叛，被殺。本書卷七四有傳。從《遼史》與墓誌記載還可以知道，平州（今河北省盧龍縣）一直是在韓氏勢力控制之下。德樞自遼東被召回，“入爲南院宣徽使，遙授天平軍節度使，平、灤、營三州管内觀察處置等使”。德樞四世孫資讓，也曾“改鎮遼興”。“遼興”爲平州軍號。韓紹勳熟悉平州賦税徵收辦法，並將其用之於東平，結果引發反抗。

[3]神册：遼太祖耶律阿保機年號（916—922）。

[4]榷酤鹽麯之法：榷鹽和榷麯之法，亦即對釀酒的管制措施和對鹽實行的專賣制度。榷酤亦作“榷沽”。漢以後歷代政府所實行的酒專賣制度；也泛指一切管制酒業取得酒利的措施。遼代“榷鹽法”，是沿襲唐代中葉實行的鹽專賣制度。

[5]關市之征：即關市税，商業税。

[6]燕地、平山之法：即燕京地區和平州地區的賦税徵收之法。

[7]鞭楚搒掠：【劉校】原本作“鞭琳搒掠”，中華修訂本據明

抄本、南監本、北監本和殿本改。今從改。

[8]行在：皇帝出行時所在之地。遼是“行國”，遼帝居無定所，一年四季隨時遷徙。“行在”即指“四時捺鉢”。

[9]夏行美（？—1048）：渤海人。太平九年（1029）大延琳叛，時行美總渤海軍於保州，拒絶參與反遼。以功加同政事門下平章事。本書卷八七有傳。

[10]保州：【劉注】遼代保州州治在今遼寧省丹東市鎮安區九連城鎮璦河上尖村古城址。

[11]瀋州：治所在今遼寧省瀋陽市。

冬十月丙戌朔，以南京留守燕王蕭孝穆爲都統、國舅詳穩蕭匹敵爲副統、奚六部大王蕭蒲奴爲都監以討之。

十一月乙卯朔，如顯陵。丙寅，以瀋州節度副使張傑爲節度使，其皇城進士張人紀、趙睦等二十二人入朝，[1]試以詩賦，皆賜第。超授保州戍將夏行美平章事。壬申，以駙馬劉四端權知宣徽南院事。[2]

[1]其皇城進士張人紀、趙睦等二十二人入朝：【劉校】據中華點校本校勘記，道光殿本改“皇城”爲“防城”，按曰：“防城原作皇城，與下文‘入朝’文義不屬。蓋張人紀與張傑同守瀋州拒大延琳者，故與張傑、夏行美同加恩擢。今據《永樂大典》改。”

[2]駙馬劉四端：【劉注】劉景之子，尚聖宗第十一女擘失公主。

十二月丁未，宋遣仇永、韓永錫來賀千齡節。[1]命耶律育、吳克荷、蕭可觀、趙利用充賀宋生辰使、副，耶律元吉、崔閏、蕭昭古、竇振充來歲賀宋正旦使、副。[2]

[1]宋遣仇永、韓永錫來賀千齡節：《長編》卷一〇八天聖七年（遼太平九年，1029）八月癸卯，“禮部員外郎、兼侍御史知雜事鞠詠爲契丹主生辰使，供奉官、閤門祗候王永錫副之；職方員外郎、判三司理欠司張髃爲正旦使，如京副使石元孫副之；户部判官、度支員外郎蘇耆爲契丹妻正旦使，内殿承制、閤門祗候王德明副之”。仇永，應是“鞠詠”。韓永錫，應是“王永錫”。

[2]命耶律育、吳克荷、蕭可觀、趙利用充賀宋生辰使、副，耶律元吉、崔閏、蕭昭古、竇振充來歲賀宋正旦使、副：《長編》卷一〇九天聖八年（遼太平十年，1030）十二月“癸卯，契丹遣天德軍節度使蕭昭古、引進使竇振來賀皇太后正旦。甲辰，遣啟聖軍節度使耶律元吉、少府監崔潤來賀正旦”。崔閏，《長編》作“崔潤”。

十年春正月乙卯朔，[1]宋遣王夷簡、竇處約、張易、張士宜來賀。[2]

[1]乙卯：【劉校】據中華點校本校勘記，原誤作“己卯”。據本書卷四四《曆象志下·朔考》改。

[2]宋遣王夷簡、竇處約、張易、張士宜來賀：傅樂煥《宋遼聘使表》附考丁《遼史所記宋賀使糾謬》云：“《廿四史》中《遼史》最疏謬，前人論之詳矣。其於對宋聘使之記載，可爲疏謬之明證。百餘年通和期中，僅三十餘年有不完之記載，而此僅有之不完記載中，顛倒錯亂，出人想像……大體自太平四年迄十年，除八年之朱諫曹英張逸劉永釗而外，《遼史》、《長編》於宋賀契丹正旦使之記載完全矛盾。是不可不考也。此矛盾現象最早見於太平四年。

四年《遼史》云：正月庚寅朔，宋遣張傳張士禹程琳丁保衡來賀。太平四年當天聖二年，張傳等於元正到，當遣於去年，即天聖元年。天聖元年《長編》記云：九月戊子，以程琳爲賀契丹正旦使，丁保衡副之。（卷一〇一）此僅見程丁二人，而張傳張士禹二人反見之明年：天聖二年九月癸卯，以張傳爲賀契丹正旦使，張士禹副之。（卷一〇二）《遼史》所載同時到達者，今《長編》竟分繫兩年。問題因此更爲複雜。然解決之綫索，亦正在於此……細審八年一條與其他諸條有一差異之處，即八年條獨繫賀使於十二月，其餘諸條則均繫正月。乃悟錯誤關鍵，或即在此：大致《遼史》原本（元人修史依據之本）於太平四年正月記程琳丁保衡來賀，又於同年十二月記張傳張士禹（一年兩書，一書賀本年，一書賀明年，雖有違史家書法，尚不誤）。六年十二月記徐奭裴繼起等，七年十二月記朱諫曹英等，十年十二月記王夷簡竇處約等。元人修《遼史》時見太平四年正月十二月各記宋賀正旦使二人，而此後每年均爲四人，未加細考，遽疑《遼史》（原本）誤將程琳丁保衡張傳張士禹分繫兩處，乃將十二月之張傳張士禹提而置之程琳丁保衡之前，以足四人之數，於是原本在程丁後之二張，躐居程丁之前，自後更將每年賀正使由年底提至元旦，致造成此矛盾現象。八年一條仍舊未動，致吾人尚可藉之考得究竟，亦不幸中之幸也。如以上推測不誤，則太平十年十二月，宋遣王夷簡、竇處約、張易、張士宜來賀明年正旦。”（參《遼史叢考》第250至253頁）【劉校】據中華點校本校勘記，張易，《長編》作“張億”，此避遼太祖耶律億名改；張士宜，《長編》作“張士宣”。

二月，幸龍化州。[1]

[1]龍化州：傳説契丹始祖奇首可汗居此，原稱龍庭。地當今内蒙古自治區奈曼旗東北。唐天復二年（902），阿保機成爲迭剌部

夷离堇，破代北，遷徙代北居民，於此建州。詳本書卷三七《地理志一·上京道》。

三月甲寅朔，詳穩蕭匹敵至自遼東，[1]言都統蕭孝穆去城四面各五里許，築城堡以圍之。駙馬延寧與其妹穴地遁去，[2]惟公主崔八在後，爲守陴者覺而止。

[1]遼東：指遼東京，在今遼寧省遼陽市。

[2]駙馬延寧：【劉注】"延寧"是蕭孝先的字。

夏四月，如乾陵。以耶律行平爲廣平軍節度使，[1]夏行美爲忠順軍節軍使，[2]李延弘知易州，蕭從順加太子太師。

[1]耶律行平：即耶律資忠。《高麗史》作耶律行平，出使高麗被扣留。《高麗史》卷四《顯宗世家》於十一年三月癸丑載："歸契丹使耶律行平。"　廣平軍：《文獻通考》作"廣德軍"，宋太平興國四年（979）建。在今安徽省境内。

[2]忠順：【劉校】據中華點校本校勘記，原誤作"中順"。據本書卷八七本傳及卷四一《地理志五》改。

五月戊申，[1]清暑栢坡。

[1]五月戊申：【劉校】據中華點校本校勘記，按本書卷四四《曆象志下·朔考》五月癸丑朔，無戊申日，當有誤字。

秋七月壬午，詔來歲行貢舉法。[1]

[1]貢舉法：古時地方向朝廷薦舉人才，後世稱科舉爲貢舉。此則專指科舉考試的辦法。

八月丙午，東京賊將楊詳世密送款，夜開南門納遼軍。擒延琳，渤海平。

冬十月，駐蹕長寧淀。

十一月辛亥，南京留守燕王蕭孝穆以東征將士凱還，戎服見上，上大加宴勞。翌日，以孝穆爲東平王、東京留守，國舅詳穩、駙馬都尉蕭匹敵封蘭陵郡王，奚王蒲奴加侍中。[1]以權燕京留守兼侍中蕭惠爲燕京統軍使，前統軍委窊大將軍、節度使，宰相兼樞密使馬保忠權知燕京留守，奚王府都監蕭阿古軫東京統軍使。詔渤海舊族有勳勞材力者敘用，餘分居來、隰、遷、潤等州。[2]

[1]奚王：對奚部族首領的稱呼。據《五代會要》卷二八《奚》："奚，本匈奴别種，即東胡之地，人物風俗與突厥同。族有五姓：一曰阿會部，管縣六；二曰啜米部，管縣四；三曰奥質部，管縣六；四曰奴皆部，管縣四；五曰黑訖支部，管縣三；每部有刺史，每縣有令，酋長號奚王。"此奚王是被契丹降伏以後的奚部族酋長。《新五代史》卷七四《四夷附録第三》所記奚各部名稱與《五代會要》略有不同：奚"分爲五部：一曰阿薈部，二曰啜米部，三曰粵質部，四曰奴皆部，五曰黑訖支部。後徙居琵琶川，在幽州東北數百里。地多黑羊，馬趫前蹄堅善走，其登山逐獸，下上如飛"。奚本來衹有五部，阿保機降伏五部奚之後設置墮瑰部，而成六部。詳本書卷三三《營衛志·部族下》。

[2]餘分居來、隰、遷、潤等州：【劉校】"潤"原誤作"閏"。

中華點校本據本書卷三九《地理志三》改。今從改。

十二月乙巳，宋遣梅詢、王令傑來賀千齡節。漆水郡王耶律敵烈加尚父。烏古部節度使蕭普達爲乙室部大王，[1]尚書左僕射蕭琳爲臨海軍節度使。[2]

[1]烏古：部族名。又稱嫗厥律、于厥律，居契丹西北。據《新五代史》卷七三《四夷附録第二》："嫗厥律，其人長大，髦頭，酋長全其髮，盛以紫囊。地苦寒，水出大魚，契丹仰食。又多黑、白、黄貂鼠皮，北方諸國皆仰足。其人最勇，鄰國不敢侵。"　乙室：契丹部族名。遙輦氏阻午可汗時始置爲部。隸南府，駐守西南境。

[2]左僕射：唐官名。唐不設尚書令，最初以左、右僕射與中書令、侍中同爲宰相。中宗以後，不加同中書門下平章事者即不爲宰相。　蕭琳（990—1032）：【劉注】據《蕭琳墓誌銘》，蕭琳，字桂芳，曾祖諱允，字守信，金紫崇禄大夫、檢校太師兼侍中。祖父諱壽，字永從，金紫崇禄大夫、檢校太傅兼侍中。皇考諱仲，字敬和，即尚父令公，謚蘭陵郡王。皇妣耶律氏，國太夫人。兄弟四人，行二。公爰從弱年，孝敬父兄，和順弟姪，信義朋友，禮樂鄉間。賬族漸盈，桂玉恒給者，蓋公之戮力也。自太平五年授左夷离畢，功顯牢盆，榮應憲府。至九年，可南面諸行宮都部署，超授崇禄大夫、尚書左僕射。爰秉德清，掌樞機之重任；别彰藻鑒，協總紀之洪猷。十年，可臨海軍節度使，錦、嚴、來等州觀察處置等使，檢校太師、右千牛衛上將軍、使持節錦州諸軍事、行晉州刺史，加御史大夫。出爲將也，揮戈必靜於邊甿；入作相焉，握管克符於寶祚。

十一年春正月己酉朔，如混同江。

二月，如長春河。

三月，上不豫。

夏五月，大雨水，諸河横流，皆失故道。

六月丁丑朔，駐蹕大福河之北。己卯，帝崩於行宫，[1]年六十一，在位四十九年。景福元年閏十月壬申，[2]上尊謚曰文武大孝宣皇帝，廟號聖宗。

[1]行宫：亦稱行帳，即指由遼代皇帝轉徙隨時的車賬組成的朝廷。契丹語稱“捺鉢”，遼中葉逐漸形成“四時捺鉢”制度。此處指大福河的行宫。

[2]景福：【劉注】遼興宗年號（1031—1032）。

贊曰：聖宗幼沖嗣位，政出慈闈。[1]及宋人二道來攻，[2]親御甲胄，一舉而復燕雲，破信、彬，[3]再舉而躪河朔，不亦偉歟！[4]既而侈心一啟，佳兵不祥，東有茶、陀之敗，[5]西有甘州之喪，[6]此狃於常勝之過也。然其踐阼四十九年，理冤滯、舉才行、察貪殘、抑奢僭。録死事之子孫，振諸部之貧乏；責迎合不忠之罪，卻高麗女樂之歸。遼之諸帝，在位長久、令名無窮，其唯聖宗乎！

[1]慈闈：亦作“慈幃”“慈帷”。舊時母親的代稱。

[2]宋人二道來攻：指統和四年（986）的遼宋戰爭。

[3]信：宋將米信。　彬：宋將曹彬。

[4]不亦偉歟：【劉校】原本作“不亦他歟”，中華修訂本據明抄本、南監本、北監本、殿本改。今從改。

[5]茶、陀之敗：指開泰七年（1018）進攻高麗之役失利。當年遼軍攻下開京後，北返途中至茶、陀二河之間遇高麗伏擊，遭受嚴重損失。【劉校】茶、陀之敗，原本作“有、陀之敗”，“茶”誤作“有”，明抄本、南監本、北監本和殿本均作“茶”。中華點校本及修訂本徑改。今從改。

[6]甘州之喪：指太平六年（1026）蕭惠攻甘州不克。

（李錫厚注　劉鳳翥校）